■ 金城片

■ 河西片

■ 银吴片

■ 北疆片

兰银官话方音字汇

莫超 / 著

民族出版社

前 言

二十世纪八十年代初，首次接触兰州话，觉得跟笔者所说的陇南话有很大的不同。读硕士研究生期间，才知道了兰银官话的概念：古全浊入声归阳平，其余入声归去声的一种区域较广的官话方言。兰州话属于兰银官话的金城片，此外还有河西片、银吴片、北疆片。

后来读博士研究生，师从刘俐李教授学习汉语方言学。老师在新疆学习、工作多年，在新疆汉语方言研究方面成就卓著，所获得的北京大学王力语言学家奖、中国社会科学院青年语言学家奖两个大奖，都是对其研究新疆汉语方言成就的充分肯定。由此，笔者知道了汉语西北方言的研究价值。那时候兰银官话的研究成果还不是太多，很多方言小片也还没有被调查和描述，存在较大的研究空间，于是笔者对兰银官话的研究产生了浓厚兴趣。

近二十多年来，笔者对兰银官话的调查研究涉猎比较广泛。首先是跟张文轩先生合著《兰州方言词典》（中国社会科学出版社，2008），这是对金城片方言语音、词汇研究的一个标志性成果。此后，相继出版了《近代西北方言文献集成》（人民出版社，2018）、主编了《中国语言资源集·甘肃卷》（中华书局，2022）等成果，而在这些著述中，与兰银官话相关的内容不少。2013 年起，笔者作为刘俐李教授主持的国家社科基金重大项目“汉语方言自然口语有声基础语料库建设”子项目负责人，深入调查了银川市及周边的汉语方言；同时，作为邢向东教授主持的国家社科基金重大项目“西北汉语方言地图集”的参与者，调查了甘肃永登县、皋兰县、天祝藏族自治县、景泰县红水镇、古浪县、凉州区黄羊镇、民乐县等地的汉语方言音系；2022—2023 年还承担了国家语言资源保护中心委托的“青藏疆口头文化语料转写课题”，其中有乌鲁木齐、奇台、石河子、巴里坤、塔城等兰银官话方言点的音系和语料。近十年中，笔者陆续拜读了研究兰银官话的几乎全部文章和专著，也跟兰银官话研究学者有着广泛的联系和交流，因而对兰银官话的全貌以及四个片区之间的异同有了较清晰的认识。

2019年底，笔者向国家社科规划办呈报了重大招标项目的一个选题“兰银官话方言史研究”，并进入了2020年获选名单。笔者组织团队撰写了十多万字的投标书，但遗憾的是没有竞争方（即没有其他投标方），最终未能立项。好在笔者提交的国家社科基金一般项目“兰银官话的形成与演变研究”顺利获批。自此，对兰银官话的进一步调查研究，终于有了经费和组织保障，可以顺利实施了。

研究方言史，最好的抓手是韵书和方言文献。而西北方言没有相关的韵书，方言文献也较晚近，如涉及兰银官话的方志方言文献到了清末才出现。笔者只能通过《广韵》音系、《中原官话》音系等作为参照，将兰银官话区代表性方言点的音系悉数掌握，纵横比较，探求方言语音演进的轨迹。依据《中国语言地图集》，兰银官话分布于甘肃、宁夏、新疆3省区，共56个县市，1173万人口。内部又分4片：金城片（甘肃4县市）、河西片（甘肃17县市）、银吴片（宁夏13县市）、塔密片（即北疆片，新疆22县市）①。周磊在《兰银官话的分区（稿）》（《方言》，2005年第5期）对各片所属区域进行了修订，将兰银官话区由原56个县市调整为69个，人口约1800万人。具体情况如下：金城片由4个市县改为5个——比《中国语言地图集》（1987）增加了白银市；河西片由17个市县改为18个——比《中国语言地图集》（1987）增加了敦煌市党河西；银吴片由13个市县减为12个——比《中国语言地图集》（1987）减少了陶乐（因陶乐县2003年撤县，该县原所属乡镇并入平罗等县市）；北疆片由22个市县增加到34个——比《中国语言地图集》（1987）增加了五家渠、石河子、克拉玛依、奎屯、温泉、布尔津、富蕴、福海、哈巴河、吉木乃、托里和布克赛尔。本书中，笔者选了43个方言点，占69个县市的62%，基本可以反映兰银官话的全貌。其中金城片有6个点：甘肃省兰州市城关区、永登县、榆中县、皋兰县，白银市白银区，武威市民勤县；河西片有15个点：甘肃省武威市凉州区、天祝藏族自治县（简称天祝县）、古浪县，白银市景泰县红水镇，金昌市永昌县，张掖市甘州区、临泽县、民乐县、山丹县、高台县，酒泉市肃州区、金塔县、肃北蒙古族自治县（简称肃北县）、玉门市、瓜州县；银吴片有9个点：宁夏回族自治区银川市西夏区、贺兰县，灵武市永宁县、东塔镇，中卫市沙坡头区、中宁县，吴忠市盐池县，石嘴山市平罗县渠口乡，内蒙

① 李荣、傅懋勣、温楝帆等主编：《中国语言地图集》，香港，香港朗文有限出版公司，1987。

古自治区阿拉善左旗；北疆片有 13 个点：新疆维吾尔自治区乌鲁木齐市，昌吉回族自治州阜康市、呼图壁县、吉木萨尔县、奇台县，阿勒泰地区阿勒泰市、布尔津县，博尔塔拉蒙古自治州博乐市，塔城地区乌苏市、额敏县，哈密市伊州区、伊吾县、巴里坤哈萨克自治县。依照北京大学中文系语言学教研室编纂、文字改革出版社 1989 年出版的《汉语方音字汇》（第二版）的体例，笔者采用国际音标标注了 43 个方言点 2952 个字的字音，编成了《兰银官话方音字汇》（下文简称《字汇》）书稿。这是研究兰银官话演变的基础材料，也是国家社科基金项目“兰银官话的形成与演变研究”（20BYY049）的阶段性成果。

本书较为系统地记录了兰银官话各地同一时期的语音事实。作为兰银官话的一个字音平台，可以为研究兰银官话乃至西北方言的学者提供可据比较的材料。

在本书的编写过程中，刘俐李教授（南京师范大学）、林涛教授（北方民族大学）、张秋红教授（北方民族大学）等都提供了重要帮助。刘俐李教授提供了兰银官话北疆片多个方言点的音系，张秋红同志提供了石嘴山市平罗县渠口乡、吴忠市利通区扁担沟镇、吴忠市青铜峡小坝镇、吴忠市同心县韦州镇、吴忠市盐池县花马池镇、银川市贺兰县洪广镇、银川市灵武市东塔镇、中卫市沙坡头区兴仁镇、中卫市中宁县石空镇等乡镇方言点的字音材料，作为编写银吴片方音字汇的参考。林涛教授提供了阿拉善左旗的方言音系，并介绍了境外东干语中的兰银官话成分。此外，笔者《字汇》还参考了西北方言学者著述中有关兰银官话语音的内容，恕不一一列举。责任编辑严格把关，多有切磋指正，从而保证了本书的质量！在此一并致谢！

限于本人水平和能力，不足之处难免，恳请读者诸君批评指正！

莫　超

2024 年 10 月

目 录

凡　例

一、方言点

本书收入43个汉语方言点的字音材料。这些方言点可以代表兰银官话各方言片。它们的排列顺序如下：

金城片：甘肃省兰州市城关区、永登县、榆中县、皋兰县，白银市白银区，武威市民勤县。

河西片：甘肃省武威市凉州区、天祝县、古浪县，白银市景泰县红水镇，金昌市永昌县，张掖市甘州区、临泽县、民乐县、山丹县、高台县，酒泉市肃州区、金塔县、肃北县、玉门市、瓜州县。

银吴片：宁夏回族自治区银川市西夏区、贺兰县，灵武市永宁县、东塔镇，中卫市沙坡头区、中宁县，吴忠市盐池县，石嘴山市平罗县渠口乡，内蒙古自治区阿拉善左旗。

北疆片：新疆维吾尔自治区乌鲁木齐市，昌吉回族自治州阜康市、呼图壁县、吉木萨尔县、奇台县，博尔塔拉蒙古自治州博乐市，阿勒泰地区阿勒泰市、布尔津县，塔城地区乌苏市、额敏县，哈密市伊州区、巴里坤哈萨克自治县、伊吾县。

二、字目

本书收入字目2952个。一个字目代表古韵书中的一个字（词）。一个字（词）中的某意项如果韵书有异读，就另立字目，如“差（差别）”和“差（差错）”。中古时期曾经是不同的词而现代汉语已经合并成一个词的，仍然分立字目，如“离（离别）”和“离（离开）”。

字目按国家通用语音序排列。先按韵母顺序排列。韵母的顺序如下：

a、ia、ua，ɤ、uɤ，iɤ、yɛ，ɿ、ʅ、ɚ，i、u、y，ɛ、uɛ，ei、uei，ɔ、iɔ，

əu、iəu，an、ian、uan、yan，ən、in、un、yn，aŋ、iaŋ、uaŋ，əŋ、iŋ、uŋ、ioŋ、yŋ。

韵母相同的按声母顺序排列。声母的顺序如下：

p、pʻ、m、f，t、tʻ、n、l，ts、tsʻ、s，tʂ、tʂʻ、ʂ、ʐ，tɕ、tɕʻ、ɕ，k、kʻ、x，ø。

声韵母都相同的再按调类顺序排列。调类的顺序是：阴平、阳平、上声、去声。

声韵调都相同的同音字按中古音音序排列，基本上按照中国社会科学院语言研究所编《方言调查字表》中字音的摄、开合口、等、调、韵、声的先后顺序。

字目右下括号中的小字注例是用来与同形词相区别的。例如“几（几个）”和“几（几乎）”相区别，“着（衣着）”和“着（着手）”相区别。

三、音标

用国际音标标写字音的声母和韵母，用五度标记法标记调值。因兰银官话方言调类的数量、归并情况比较特殊，为了方便比较，不使用传统的发圈标记法，而采用声调调值左上标数字标记法，如“巴：pa^{53}”“杰：$tɕiə^{53}$”等。

四、方言字音

各方言点的字音以所在县城（涉及个别镇）的中老年人口音作为依据，不收乡村口音。

方言中一个字（词）有文白异读的，将两个读音都列出，先列文读音，后列白读音，如“色 sɤ”和“色 ʂɤ”、“庵 ŋan”和“庵 nan”等。

五、中古音切

字目下列出中古音，包括声、韵、调、摄、等、呼各项。例如“边”字下列“山开四平仙帮”，是说“边”字在中古韵书中的音韵地位（本书按照《方言调查字表》的归纳）是山摄开口四等平声仙韵帮母。对于有不同音切的情况（又音），在所在字表的下方予以说明，如“易”字，一个切音是“梗开三入昔以”，另一切音为“以豉切，止开三去寘以”，将后者作为注释附在该表之下；如果还有别的读音，也附在注释之列。

音序表

LANYIN GUANHUA FANGYIN ZIHUI

兰银官话方音字汇

字目 / 方言点 \ 中古音	巴	疤	八	拔	把 把握	爸①	坝	把 刀把
中古音	假开二平麻帮	假开二平麻帮	山开二入黠帮	山开二入黠並	假开二上马帮	果合一上果並	假开二去祃帮	假开二去祃帮
兰州市（城关区）	pa^{53}	pa^{53}	pa^{13}	pa^{51}	pa^{44}	pa^{13}	pa^{13}	pa^{13}
永登县	pa^{42}	pa^{42}	pa^{13}	pa^{53}	pa^{354}	pa^{13}	pa^{13}	pa^{13}
榆中县	pa^{51}	pa^{51}	pa^{13}	pa^{332}	pa^{44}	pa^{13}	pa^{13}	pa^{13}
皋兰县	pa^{42}	pa^{42}	pa^{13}	pa^{53}	pa^{342}	pa^{13}	pa^{13}	pa^{13}
白银区	pa^{44}	pa^{44}	pa^{13}	pa^{51}	pa^{343}	pa^{13}	pa^{13}	pa^{13}
天祝县	pa^{44}	pa^{44}	pa^{213}	pa^{53}	pa^{44}	pa^{213}	pa^{213}	pa^{213}
景泰县（红水镇）	pa^{44}	pa^{44}	pa^{213}	pa^{53}	pa^{44}	pa^{213}	pa^{213}	pa^{213}
古浪县	pa^{44}	pa^{44}	pa^{31}	pa^{53}	pa^{44}	pa^{31}	pa^{31}	pa^{31}
凉州区	pa^{33}	pa^{33}	pa^{13}	pa^{13}	pa^{33}	pa^{53}	pa^{53}	pa^{53}
民勤县	pa^{44}	pa^{44}	pa^{42}	pa^{53}	pa^{214}	pa^{42}	pa^{42}	pa^{42}
永昌县	pa^{44}	pa^{44}	pa^{53}	pa^{13}	pa^{13}	pa^{31}	pa^{53}	pa^{53}
甘州区	pa^{44}	pa^{44}	pa^{31}	pa^{53}	pa^{53}	pa^{31}	pa^{31}	pa^{31}
临泽县	pa^{44}	pa^{44}	pa^{214}	pa^{53}	pa^{44}	pa^{214}	pa^{214}	pa^{214}
民乐县	pa^{44}	pa^{44}	pa^{42}	pa^{53}	pa^{213}	pa^{42}	pa^{42}	pa^{42}
山丹县	pa^{24}	pa^{24}	pa^{41}	pa^{53}	pa^{53}	pa^{41}	pa^{41}	pa^{41}
高台县	pa^{44}	pa^{44}	pa^{214}	pa^{53}	pa^{44}	pa^{214}	pa^{214}	pa^{214}
肃州区	pa^{44}	pa^{44}	pa^{214}	pa^{53}	pa^{44}	pa^{214}	pa^{214}	pa^{214}
金塔县	pa^{44}	pa^{44}	pa^{13}	pa^{53}	pa^{53}	pa^{13}	pa^{13}	pa^{13}
肃北县	pa^{44}	pa^{44}	pa^{213}	pa^{213}	pa^{53}	pa^{213}	pa^{213}	pa^{213}
玉门市	pa^{44}	pa^{44}	pa^{213}	pa^{213}	pa^{53}	pa^{213}	pa^{213}	pa^{213}
瓜州县	pa^{44}	pa^{44}	pa^{213}	pa^{213}	pa^{53}	pa^{213}	pa^{213}	pa^{213}

①又＊必驾切，假开二去祃帮。又＊部下切，假开二上马並。

续表

西夏区	pa^{44}	pa^{44}	pa^{13}	pa^{13}	pa^{53}	pa^{13}	pa^{13}	pa^{13}
贺兰县	pa^{44}	pa^{44}	pa^{13}	pa^{13}	pa^{53}	pa^{13}	pa^{13}	pa^{13}
灵武市（东塔镇）	pa^{44}	pa^{44}	pa^{13}	pa^{13}	pa^{52}	pa^{13}	pa^{13}	pa^{13}
永宁县	pa^{44}	pa^{44}	pa^{13}	pa^{13}	pa^{53}	pa^{13}	pa^{13}	pa^{13}
中宁县	pa^{44}	pa^{44}	pa^{13}	pa^{53}	pa^{53}	pa^{13}	pa^{13}	pa^{13}
沙坡头区	pa^{44}	pa^{44}	pa^{13}	pa^{53}	pa^{53}	pa^{13}	pa^{13}	pa^{13}
盐池县	pa^{44}	pa^{44}	pa^{13}	pa^{13}	pa^{52}	pa^{13}	pa^{13}	pa^{13}
平罗县（渠口乡）	pa^{44}	pa^{44}	pa^{13}	pa^{13}	pa^{53}	pa^{13}	pa^{13}	pa^{13}
阿拉善左旗	pa^{44}	pa^{44}	pa^{213}	pa^{213}	pa^{51}	pa^{213}	pa^{213}	pa^{213}
乌鲁木齐市	pa^{44}	pa^{44}	pa^{213}	pa^{213}	pa^{52}	pa^{213}	pa^{213}	pa^{213}
阜康市	pa^{55}	pa^{55}	pa^{213}	pa^{213}	pa^{51}	pa^{213}	pa^{213}	pa^{213}
呼图壁县	pa^{44}	pa^{44}	pa^{213}	pa^{213}	pa^{51}	pa^{213}	pa^{213}	pa^{213}
吉木萨尔县	pa^{44}	pa^{44}	pa^{213}	pa^{213}	pa^{51}	pa^{213}	pa^{213}	pa^{213}
奇台县	pa^{44}	pa^{44}	pa^{213}	pa^{213}	pa^{52}	pa^{213}	pa^{213}	pa^{213}
博乐市	pa^{45}	pa^{45}	pa^{24}	pa^{24}	pa^{51}	pa^{24}	pa^{24}	pa^{24}
阿勒泰市	pa^{44}	pa^{44}	pa^{23}	pa^{23}	pa^{51}	pa^{23}	pa^{23}	pa^{23}
布尔津县	pa^{44}	pa^{44}	pa^{51}	pa^{51}	pa^{23}	pa^{51}	pa^{51}	pa^{51}
乌苏市	pa^{55}	pa^{55}	pa^{213}	pa^{213}	pa^{51}	pa^{213}	pa^{213}	pa^{213}
额敏县	pa^{44}	pa^{44}	pa^{34}	pa^{51}	pa^{51}	pa^{34}	pa^{34}	pa^{34}
伊州区	pɑ^{44}	pɑ^{44}	pɑ^{213}	pɑ^{213}	pɑ^{51}	pɑ^{213}	pɑ^{213}	pɑ^{213}
巴里坤县	pa^{45}	pa^{45}	pa^{24}	pa^{51}	pa^{51}	pa^{24}	pa^{24}	pa^{24}
伊吾县	pɑ^{44}	pɑ^{44}	pɑ^{213}	pɑ^{213}	pɑ^{51}	pɑ^{213}	pɑ^{213}	pɑ^{213}

笔者注：玛纳斯与吉木萨尔县音系基本相同（《吉木萨尔县方言同音字汇》，1991 年第 1 期），故玛纳斯点从略。精河与博乐音系基本相同，故精河从略。

字目 / 中古音 / 方音 / 方言点	骂	发（出发）	乏	伐	罚	法	发（头发）	搭
	假开二去祃明	山合三入月非	咸合三入乏奉	山合三入月奉	山合三入月奉	咸合三入乏非	山合三入月奉	咸开一入合端
兰州市（城关区）	ma^{13}	fa^{13}	fa^{51}	fa^{51}	fa^{51}	fa^{13}	fa^{51}	ta^{13}
永登县	ma^{13}	fa^{13}	fa^{53}	fa^{53}	fa^{53}	fa^{13}	fa^{53}	ta^{13}
榆中县	ma^{13}	fa^{13}	fa^{332}	fa^{332}	fa^{332}	fa^{13}	fa^{332}	ta^{13}
皋兰县	ma^{13}	fa^{13}	fa^{53}	fa^{53}	fa^{53}	fa^{13}	fa^{53}	ta^{13}
白银区	ma^{13}	fa^{13}	fa^{51}	fa^{51}	fa^{51}	fa^{13}	fa^{51}	ta^{13}
天祝县	ma^{213}	fa^{213}	fa^{53}	fa^{53}	fa^{53}	fa^{213}	fa^{53}	ta^{213}
景泰县（红水镇）	ma^{213}	fa^{213}	fa^{53}	fa^{53}	fa^{53}	fa^{213}	fa^{53}	ta^{213}
古浪县	ma^{31}	fa^{31}	fa^{53}	fa^{53}	fa^{53}	fa^{31}	fa^{53}	ta^{31}
凉州区	ma^{53}	fa^{53}	fa^{53}	fa^{13}	fa^{13}	fa^{53}	fa^{13}	ta^{53}
民勤县	ma^{42}	fa^{42}	fa^{53}	fa^{53}	fa^{53}	fa^{42}	fa^{53}	ta^{42}
永昌县	ma^{53}	fa^{53}	fa^{13}	fa^{13}	fa^{13}	fa^{53}	fa^{13}	ta^{53}
甘州区	ma^{31}	fa^{31}	fa^{53}	fa^{53}	fa^{53}	fa^{31}	fa^{53}	ta^{31}
临泽县	ma^{214}	fa^{31}	fa^{53}	fa^{53}	fa^{53}	fa^{214}	fa^{53}	ta^{214}
民乐县	ma^{42}	fa^{42}	fa^{53}	fa^{53}	fa^{53}	fa^{42}	fa^{53}	ta^{42}
山丹县	ma^{41}	fa^{41}	fa^{53}	fa^{53}	fa^{53}	fa^{41}	fa^{53}	ta^{41}
高台县	ma^{214}	fa^{31}	fa^{53}	fa^{53}	fa^{53}	fa^{214}	fa^{53}	ta^{214}
肃州区	ma^{214}	fa^{31}	fa^{53}	fa^{53}	fa^{53}	fa^{214}	fa^{53}	ta^{214}
金塔县	ma^{13}	fa^{13}	fa^{53}	fa^{53}	fa^{53}	fa^{13}	fa^{53}	ta^{13}
肃北县	ma^{213}	fa^{213}	fa^{53}	fa^{53}	fa^{53}	fa^{213}	fa^{53}	ta^{213}
玉门市	ma^{213}	fa^{213}	fa^{53}	fa^{53}	fa^{53}	fa^{213}	fa^{53}	ta^{213}
瓜州县	ma^{213}	fa^{213}	fa^{53}	fa^{53}	fa^{53}	fa^{213}	fa^{53}	ta^{213}
西夏区	ma^{13}	fa^{13}	fa^{13}	fa^{13}	fa^{13}	fa^{13}	fa^{13}	ta^{13}

续表

贺兰县	ma^{13}	fa^{13}	fa^{13}	fa^{13}	fa^{13}	fa^{13}	fa^{13}	ta^{13}
灵武市（东塔镇）	ma^{13}	fa^{13}	fa^{13}	fa^{13}	fa^{13}	fa^{13}	fa^{13}	ta^{13}
永宁县	ma^{13}	fa^{13}	fa^{13}	fa^{13}	fa^{13}	fa^{13}	fa^{13}	ta^{13}
中宁县	ma^{13}	fa^{13}	fa^{53}	fa^{53}	fa^{53}	fa^{13}	fa^{13}	ta^{13}
沙坡头区	ma^{13}	fa^{13}	fa^{53}	fa^{53}	fa^{53}	fa^{13}	fa^{13}	ta^{13}
盐池县	ma^{13}	fa^{13}	fa^{13}	fa^{13}	fa^{13}	fa^{13}	fa^{13}	ta^{13}
平罗县（渠口乡）	ma^{13}	fa^{13}	fa^{53}	fa^{53}	fa^{53}	fa^{13}	fa^{13}	ta^{13}
阿拉善左旗	ma^{213}	fa^{213}	fa^{51}	fa^{51}	fa^{51}	fa^{213}	fa^{51}	ta^{213}
乌鲁木齐市	ma^{213}	fa^{213}	fa^{52}	fa^{52}	fa^{52}	fa^{213}	fa^{52}	ta^{213}
阜康市	ma^{213}	fa^{213}	fa^{51}	fa^{51}	fa^{51}	fa^{213}	fa^{51}	ta^{213}
呼图壁县	ma^{213}	fa^{213}	fa^{51}	fa^{51}	fa^{51}	fa^{213}	fa^{51}	ta^{213}
吉木萨尔县	ma^{213}	fa^{213}	fa^{51}	fa^{51}	fa^{51}	fa^{213}	fa^{51}	ta^{213}
奇台县	ma^{213}	fa^{213}	fa^{52}	fa^{52}	fa^{52}	fa^{213}	fa^{52}	ta^{213}
博乐市	ma^{24}	fa^{24}	fa^{51}	fa^{51}	fa^{51}	fa^{24}	fa^{51}	ta^{24}
阿勒泰市	ma^{23}	fa^{23}	fa^{51}	fa^{51}	fa^{51}	fa^{23}	fa^{51}	ta^{23}
布尔津县	ma^{51}	fa^{51}	fa^{23}	fa^{23}	fa^{23}	fa^{51}	fa^{51}	ta^{51}
乌苏市	ma^{213}	fa^{213}	fa^{51}	fa^{51}	fa^{51}	fa^{213}	fa^{51}	ta^{213}
额敏县	ma^{34}	fa^{34}	fa^{51}	fa^{51}	fa^{51}	fa^{34}	fa^{51}	ta^{34}
伊州区	$mɑ^{213}$	$fɑ^{213}$	$fɑ^{51}$	$fɑ^{51}$	$fɑ^{51}$	$fɑ^{213}$	$fɑ^{51}$	$tɑ^{213}$
巴里坤县	ma^{24}	fa^{24}	fa^{51}	fa^{51}	fa^{51}	fa^{24}	fa^{51}	ta^{24}
伊吾县	$mɑ^{213}$	$fɑ^{213}$	$fɑ^{51}$	$fɑ^{51}$	$fɑ^{51}$	$fɑ^{213}$	$fɑ^{51}$	$tɑ^{213}$

字目 中古音 方言点	答	达	打 打击	大① 大小	他	塌②	塔	獭③
	咸开一入合端	山开一入曷定	梗开二上梗端	果开一去箇定	果开一平歌透	咸开一入盍透	咸开一入盍透	山开一入曷透
兰州市（城关区）	ta^{13}	ta^{51}	ta^{44}	ta^{13}	t‘a^{53}	t‘a^{13}	t‘a^{13}	t‘a^{13}
永登县	ta^{13}	ta^{51}	ta^{354}	ta^{13}	t‘a^{353}	t‘a^{13}	t‘a^{13}	t‘a^{13}
榆中县	ta^{13}	ta^{332}	ta^{44}	ta^{13}	t‘a^{51}	t‘a^{13}	t‘a^{13}	t‘a^{13}
皋兰县	ta^{13}	ta^{51}	ta^{342}	ta^{13}	t‘a^{342}	t‘a^{13}	t‘a^{13}	t‘a^{13}
白银区	ta^{13}	ta^{51}	ta^{343}	ta^{13}	t‘a^{53}	t‘a^{13}	t‘a^{13}	t‘a^{13}
天祝县	ta^{213}	ta^{53}	ta^{44}	ta^{213}	t‘a^{44}	t‘a^{213}	t‘a^{213}	t‘a^{213}
景泰县（红水镇）	ta^{213}	ta^{53}	ta^{44}	ta^{213}	t‘a^{44}	t‘a^{213}	t‘a^{213}	t‘a^{213}
古浪县	ta^{31}	ta^{53}	ta^{44}	ta^{31}	t‘a^{44}	t‘a^{31}	t‘a^{31}	t‘a^{31}
凉州区	ta^{53}	ta^{13}	ta^{33}	ta^{53}	t‘a^{33}	t‘a^{53}	t‘a^{53}	t‘a^{53}
民勤县	ta^{42}	ta^{53}	ta^{214}	ta^{42}	t‘a^{44}	t‘a^{42}	t‘a^{42}	t‘a^{42}
永昌县	ta^{53}	ta^{13}	ta^{13}	ta^{53}	t‘a^{44}	t‘a^{53}	t‘a^{53}	t‘a^{53}
甘州区	ta^{31}	ta^{53}	ta^{53}	ta^{31}	t‘a^{44}	t‘a^{31}	t‘a^{31}	t‘a^{31}
临泽县	ta^{214}	ta^{53}	ta^{44}	ta^{214}	t‘a^{44}	t‘a^{214}	t‘a^{214}	t‘a^{214}
民乐县	ta^{42}	ta^{53}	ta^{213}	ta^{42}	t‘a^{44}	t‘a^{42}	t‘a^{42}	t‘a^{42}
山丹县	ta^{41}	ta^{53}	ta^{53}	ta^{41}	t‘a^{24}	t‘a^{41}	t‘a^{41}	t‘a^{41}
高台县	ta^{214}	ta^{53}	ta^{44}	ta^{214}	t‘a^{44}	t‘a^{214}	t‘a^{214}	t‘a^{214}
肃州区	ta^{214}	ta^{53}	ta^{44}	ta^{214}	t‘a^{44}	t‘a^{214}	t‘a^{214}	t‘a^{214}
金塔县	ta^{13}	ta^{53}	ta^{53}	ta^{13}	t‘a^{44}	t‘a^{13}	t‘a^{13}	t‘a^{13}
肃北县	ta^{213}	ta^{53}	ta^{53}	ta^{213}	t‘a^{44}	t‘a^{213}	t‘a^{213}	t‘a^{213}

①又徒盖切，蟹开一去泰定。

②又敌盍切，咸开一入盍定。

③又他辖切，山开二入辖透。

续表

玉门市	ta^{213}	ta^{53}	ta^{53}	ta^{213}	t‘a^{44}	t‘a^{213}	t‘a^{213}	t‘a^{213}
瓜州县	ta^{213}	ta^{53}	ta^{53}	ta^{213}	t‘a^{44}	t‘a^{213}	t‘a^{213}	t‘a^{213}
西夏区	ta^{13}	ta^{13}	ta^{53}	ta^{13}	t‘a^{44}	t‘a^{13}	t‘a^{13}	t‘a^{13}
贺兰县	ta^{13}	ta^{13}	ta^{53}	ta^{13}	t‘a^{44}	t‘a^{13}	t‘a^{13}	t‘a^{13}
灵武市（东塔镇）	ta^{13}	ta^{13}	ta^{52}	ta^{13}	t‘a^{44}	t‘a^{13}	t‘a^{13}	t‘a^{13}
永宁县	ta^{13}	ta^{13}	ta^{53}	ta^{13}	t‘a^{44}	t‘a^{13}	t‘a^{13}	t‘a^{13}
中宁县	ta^{13}	ta^{53}	ta^{53}	ta^{13}	t‘a^{44}	t‘a^{13}	t‘a^{13}	t‘a^{13}
沙坡头区	ta^{13}	ta^{53}	ta^{53}	ta^{13}	t‘a^{44}	t‘a^{13}	t‘a^{13}	t‘a^{13}
盐池县	ta^{13}	ta^{13}	ta^{52}	ta^{13}	t‘a^{44}	t‘a^{13}	t‘a^{13}	t‘a^{13}
平罗县（渠口乡）	ta^{13}	ta^{53}	ta^{53}	ta^{13}	t‘a^{44}	t‘a^{13}	t‘a^{13}	t‘a^{13}
阿拉善左旗	ta^{213}	ta^{51}	ta^{51}	ta^{213}	t‘a^{44}	t‘a^{213}	t‘a^{213}	t‘a^{213}
乌鲁木齐市	ta^{213}	ta^{52}	ta^{52}	ta^{213}	t‘a^{44}	t‘a^{213}	t‘a^{213}	t‘a^{213}
阜康市	ta^{213}	ta^{51}	ta^{51}	ta^{213}	t‘a^{55}	t‘a^{213}	t‘a^{213}	t‘a^{213}
呼图壁县	ta^{213}	ta^{51}	ta^{51}	ta^{213}	t‘a^{44}	t‘a^{213}	t‘a^{213}	t‘a^{213}
吉木萨尔县	ta^{213}	ta^{51}	ta^{51}	ta^{213}	t‘a^{44}	t‘a^{213}	t‘a^{213}	t‘a^{213}
奇台县	ta^{213}	ta^{52}	ta^{52}	ta^{213}	t‘a^{44}	t‘a^{213}	t‘a^{213}	t‘a^{213}
博乐市	ta^{24}	ta^{51}	ta^{51}	ta^{24}	t‘a^{45}	t‘a^{24}	t‘a^{24}	t‘a^{24}
阿勒泰市	ta^{23}	ta^{51}	ta^{51}	ta^{23}	t‘a^{44}	t‘a^{23}	t‘a^{23}	t‘a^{23}
布尔津县	ta^{51}	ta^{23}	ta^{23}	ta^{51}	t‘a^{44}	t‘a^{51}	t‘a^{51}	t‘a^{51}
乌苏市	ta^{213}	ta^{51}	ta^{51}	ta^{213}	t‘a^{55}	t‘a^{213}	t‘a^{213}	t‘a^{213}
额敏县	ta^{34}	ta^{51}	ta^{51}	ta^{34}	t‘a^{44}	t‘a^{34}	t‘a^{34}	t‘a^{34}
伊州区	tɑ^{213}	tɑ^{51}	tɑ^{51}	tɑ^{213}	t‘ɑ^{44}	t‘ɑ^{213}	t‘ɑ^{213}	t‘ɑ^{213}
巴里坤县	ta^{24}	ta^{51}	ta^{51}	ta^{24}	t‘a^{45}	t‘a^{24}	t‘a^{24}	t‘a^{24}
伊吾县	tɑ^{213}	tɑ^{51}	tɑ^{51}	tɑ^{213}	t‘ɑ^{44}	t‘ɑ^{213}	t‘ɑ^{213}	t‘ɑ^{213}

字目 中古音 方言点	踏①	榻	拿	纳	拉	腊 腊月	蜡	辣
	咸开一 入合透	山开一 入盍透	假开二 平麻泥	咸开一 入合泥	咸开一 入合来	咸开一 入盍来	咸开一 入盍来	山开一 入曷来
兰州市 （城关区）	t‘a^{13}	t‘a^{13}	la^{51}	la^{13}	la^{13}	la^{13}	la^{13}	la^{13}
永登县	t‘a^{13}	t‘a^{13}	na^{53}	na^{13}	la^{13}	la^{13}	la^{13}	la^{13}
榆中县	t‘a^{13}	t‘a^{13}	la^{332}	la^{13}	la^{13}	la^{13}	la^{13}	la^{13}
皋兰县	t‘a^{13}	t‘a^{13}	na^{53}	na^{13}	la^{13}	la^{13}	la^{13}	la^{13}
白银区	t‘a^{13}	t‘a^{13}	la^{51}	la^{13}	la^{13}	la^{13}	la^{13}	la^{13}
天祝县	t‘a^{213}	t‘a^{213}	la^{53}	la^{213}	la^{213}	la^{213}	la^{213}	la^{213}
景泰县 （红水镇）	t‘a^{213}	t‘a^{213}	la^{53}	la^{213}	la^{213}	la^{213}	la^{213}	la^{213}
古浪县	t‘a^{31}	t‘a^{31}	la^{53}	la^{31}	la^{31}	la^{31}	la^{31}	la^{31}
凉州区	t‘a^{53}	t‘a^{53}	la^{13}	la^{53}	la^{53}	la^{53}	la^{53}	la^{53}
民勤县	t‘a^{42}	t‘a^{42}	la^{53}	la^{42}	la^{42}	la^{42}	la^{42}	la^{42}
永昌县	t‘a^{53}	t‘a^{53}	la^{13}	la^{53}	la^{53}	la^{53}	la^{53}	la^{53}
甘州区	t‘a^{31}	t‘a^{31}	la^{53}	la^{31}	la^{31}	la^{31}	la^{31}	la^{31}
临泽县	t‘a^{214}	t‘a^{214}	la^{53}	la^{214}	la^{214}	la^{214}	la^{214}	la^{214}
民乐县	t‘a^{42}	t‘a^{42}	la^{53}	la^{42}	la^{42}	la^{42}	la^{42}	la^{42}
山丹县	t‘a^{41}	t‘a^{41}	la^{53}	la^{41}	la^{41}	la^{41}	la^{41}	la^{41}
高台县	t‘a^{214}	t‘a^{214}	la^{53}	la^{214}	la^{214}	la^{214}	la^{214}	la^{214}
肃州区	t‘a^{214}	t‘a^{214}	la^{53}	la^{214}	la^{214}	la^{214}	la^{214}	la^{214}
金塔县	t‘a^{13}	t‘a^{13}	la^{53}	la^{13}	la^{13}	la^{13}	la^{13}	la^{13}
肃北县	t‘a^{213}	t‘a^{213}	la^{53}	la^{213}	la^{213}	la^{213}	la^{213}	la^{213}
玉门市	t‘a^{213}	t‘a^{213}	la^{53}	la^{213}	la^{213}	la^{213}	la^{213}	la^{213}
瓜州县	t‘a^{213}	t‘a^{213}	la^{53}	la^{213}	la^{213}	la^{213}	la^{213}	la^{213}

①又达合切，咸开一入合定。

续表

西夏区	tʻa^{13}	tʻa^{13}	na^{53}	na^{13}	la^{13}	la^{13}	la^{13}	la^{13}
贺兰县	tʻa^{13}	tʻa^{13}	na^{53}	na^{13}	la^{13}	la^{13}	la^{13}	la^{13}
灵武市（东塔镇）	tʻa^{13}	tʻa^{13}	na^{52}	na^{13}	la^{13}	la^{13}	la^{13}	la^{13}
永宁县	tʻa^{13}	tʻa^{13}	na^{53}	na^{13}	la^{13}	la^{13}	la^{13}	la^{13}
中宁县	tʻa^{13}	tʻa^{13}	na^{53}	na^{13}	la^{13}	la^{13}	la^{13}	la^{13}
沙坡头区	tʻa^{13}	tʻa^{13}	na^{53}	na^{13}	la^{13}	la^{13}	la^{13}	la^{13}
盐池县	tʻa^{13}	tʻa^{13}	na^{13}	na^{13}	la^{13}	la^{13}	la^{13}	la^{13}
平罗县（渠口乡）	tʻa^{13}	tʻa^{13}	na^{53}	na^{13}	la^{13}	la^{13}	la^{13}	la^{13}
阿拉善左旗	tʻa^{213}	tʻa^{213}	na^{51}	na^{213}	la^{213}	la^{213}	la^{213}	la^{213}
乌鲁木齐市	tʻa^{213}	tʻa^{213}	la^{52}	la^{213}	la^{213}	la^{213}	la^{213}	la^{213}
阜康市	tʻa^{213}	tʻa^{213}	la^{52}	la^{213}	la^{213}	la^{213}	la^{213}	la^{213}
呼图壁县	tʻa^{213}	tʻa^{213}	la^{52}	la^{213}	la^{213}	la^{213}	la^{213}	la^{213}
吉木萨尔县	tʻa^{213}	tʻa^{213}	la^{53}	la^{213}	la^{213}	la^{213}	la^{213}	la^{213}
奇台县	tʻa^{212}	tʻa^{212}	la^{52}	la^{212}	la^{212}	la^{212}	la^{212}	la^{212}
博乐市	tʻa^{24}	tʻa^{24}	la^{51}	la^{24}	la^{24}	la^{24}	la^{24}	la^{24}
阿勒泰市	tʻa^{23}	tʻa^{23}	na^{51}	na^{23}	la^{23}	la^{23}	la^{23}	la^{23}
布尔津县	tʻa^{23}	tʻa^{23}	na^{51}	na^{23}	la^{23}	la^{23}	la^{23}	la^{23}
乌苏市	tʻa^{213}	tʻa^{213}	na^{51}	na^{213}	la^{213}	la^{213}	la^{213}	la^{213}
额敏县	tʻa^{34}	tʻa^{34}	na^{51}	na^{34}	la^{34}	la^{34}	la^{34}	la^{34}
伊州区	tʻɑ^{213}	tʻɑ^{213}	nɑ^{51}	nɑ^{213}	lɑ^{213}	lɑ^{213}	lɑ^{213}	lɑ^{213}
巴里坤县	tʻa^{24}	tʻa^{24}	na^{51}	na^{24}	la^{24}	la^{24}	la^{24}	la^{24}
伊吾县	tʻɑ^{213}	tʻɑ^{213}	nɑ^{51}	nɑ^{213}	lɑ^{213}	lɑ^{213}	lɑ^{213}	lɑ^{213}

字目 / 中古音 / 方言点	扎 包扎	杂	擦	洒①	渣	扎 扎针	闸	炸 油炸
	山开二入黠庄	咸开一入合从	山开一入曷清	假开二上马生	假开二平麻庄	咸开二入洽知	咸开二入洽崇	咸开二入洽崇
兰州市（城关区）	tʂa^{13}	tsa^{51}	tsʻa^{13}	sa^{44}	tʂa^{53}	tʂa^{13}	tʂa^{13}	tʂa^{13}
永登县	tʂa^{13}	tsa^{53}	tsʻa^{13}	sa^{354}	tʂa^{42}	tʂa^{13}	tʂa^{13}	tʂa^{13}
榆中县	tʂa^{13}	tsa^{332}	tsʻa^{13}	sa^{44}	tʂa^{51}	tʂa^{13}	tʂa^{13}	tʂa^{13}
皋兰县	tʂa^{13}	tsa^{53}	tsʻa^{13}	sa^{342}	tʂa^{42}	tʂa^{13}	tʂa^{13}	tʂa^{13}
白银区	tʂa^{13}	tsa^{51}	tsʻa^{13}	sa^{343}	tʂa^{44}	tʂa^{13}	tʂa^{13}	tʂa^{13}
天祝县	tʂa^{213}	tsa^{53}	tsʻa^{213}	sa^{44}	tʂa^{44}	tʂa^{213}	tʂa^{213}	tʂa^{213}
景泰县（红水镇）	tʂa^{213}	tsa^{53}	tsʻa^{213}	sa^{44}	tʂa^{44}	tʂa^{213}	tʂa^{213}	tʂa^{213}
古浪县	tʂa^{31}	tsa^{53}	tsʻa^{31}	sa^{44}	tʂa^{44}	tʂa^{31}	tʂa^{31}	tʂa^{31}
凉州区	tʂa^{53}	θsa^{13}	tsʻa^{53}	sa^{33}	tʂa^{33}	tʂa^{53}	tʂa^{53}	tʂ^{53}
民勤县	tsa^{42}	tsa^{53}	tsʻa^{42}	sa^{214}	tsa^{44}	tsa^{42}	tsa^{42}	tsa^{42}
永昌县	tʂa^{53}	tsa^{13}	tsʻa^{53}	sa^{13}	tʂa^{44}	tʂa^{53}	tʂa^{53}	tʂ^{53}
甘州区	tʂa^{31}	tsa^{53}	tsʻa^{31}	sa^{53}	tʂa^{44}	tʂa^{31}	tʂa^{31}	tʂa^{31}
临泽县	tʂa^{214}	tsa^{53}	tsʻa^{214}	sa^{44}	tʂa^{44}	tʂa^{214}	tʂa^{214}	tʂa^{214}
民乐县	tsa^{42}	tsa^{53}	tsʻa^{42}	sa^{213}	tsa^{44}	tsa^{42}	tsa^{42}	tsa^{42}
山丹县	tʂa^{41}	tsa^{53}	tsʻa^{41}	sa^{53}	tʂa^{24}	tʂa^{41}	tʂa^{41}	tʂa^{41}
高台县	tʂa^{214}	tsa^{53}	tsʻa^{214}	sa^{44}	tʂa^{44}	tʂa^{214}	tʂa^{214}	tʂa^{214}
肃州区	tʂa^{214}	tsa^{53}	tsʻa^{214}	sa^{44}	tʂa^{44}	tʂa^{214}	tʂa^{214}	tʂa^{214}
金塔县	tʂa^{13}	tsa^{53}	tsʻa^{13}	sa^{53}	tʂa^{44}	tʂa^{13}	tʂa^{13}	tʂa^{13}
肃北县	tʂa^{213}	tsa^{53}	tsʻa^{213}	sa^{53}	tʂa^{44}	tʂa^{213}	tʂa^{213}	tʂa^{213}
玉门市	tʂa^{213}	tsa^{53}	tsʻa^{213}	sa^{53}	tʂa^{44}	tʂa^{213}	tʂa^{213}	tʂa^{213}
瓜州县	tʂa^{213}	tsa^{53}	tsʻa^{213}	sa^{53}	tʂa^{44}	tʂa^{213}	tʂa^{213}	tʂa^{213}

①又所蟹开，蟹开二上蟹生；所卖切，蟹开二去卦生。

续表

西夏区	tʂa^{13}	tsa^{13}	tsʻa^{13}	sa^{53}	tʂa^{44}	tʂa^{13}	tʂa^{13}	tʂa^{13}
贺兰县	tʂa^{13}	tsa^{13}	tsʻa^{13}	sa^{53}	tʂa^{44}	tʂa^{13}	tʂa^{13}	tʂa^{13}
灵武市（东塔镇）	tʂa^{13}	tsa^{13}	tsʻa^{13}	sa^{52}	tʂa^{44}	tʂa^{13}	tʂa^{13}	tʂa^{13}
永宁县	tʂa^{13}	tsa^{13}	tsʻa^{13}	sa^{53}	tʂa^{44}	tʂa^{13}	tʂa^{13}	tʂa^{13}
中宁县	tʂa^{44}	tsa^{53}	tsʻa^{13}	sa^{53}	tʂa^{44}	tʂa^{44}	tʂa^{13}	tʂa^{13}
沙坡头区	tʂa^{44}	tsa^{53}	tsʻa^{13}	sa^{53}	tʂa^{44}	tʂa^{44}	tʂa^{13}	tʂa^{13}
盐池县	tʂa^{13}	tsa^{13}	tsʻa^{13}	sa^{52}	tʂa^{44}	tʂa^{13}	tʂa^{13}	tʂa^{13}
平罗县（渠口乡）	tʂa^{44}	tsa^{53}	tsʻa^{13}	sa^{53}	tʂa^{44}	tʂa^{44}	tʂa^{13}	tʂa^{13}
阿拉善左旗	tsa^{213}	tsa^{51}	tsʻa^{213}	sa^{51}	tʂa^{44}	tʂa^{213}	tʂa^{213}	tʂa^{213}
乌鲁木齐市	tsa^{213}	tsa^{52}	tsʻa^{213}	sa^{52}	tʂa^{44}	tʂa^{213}	tʂa^{213}	tʂa^{213}
阜康市	tsa^{213}	tsa^{51}	tsʻa^{213}	sa^{51}	tʂa^{55}	tʂa^{213}	tʂa^{213}	tʂa^{213}
呼图壁县	tsa^{213}	tsa^{51}	tsʻa^{213}	sa^{51}	tʂa^{44}	tʂa^{213}	tʂa^{213}	tʂa^{213}
吉木萨尔县	tsa^{213}	tsa^{51}	tsʻa^{213}	sa^{51}	tʂa^{44}	tʂa^{213}	tʂa^{213}	tʂa^{213}
奇台县	tsa^{213}	tsa^{52}	tsʻa^{213}	sa^{52}	tʂa^{44}	tʂa^{213}	tʂa^{213}	tʂa^{213}
博乐市	tsa^{24}	tsa^{51}	tsʻa^{24}	sa^{51}	tʂa^{45}	tʂa^{24}	tʂa^{24}	tʂa^{24}
阿勒泰市	tsa^{23}	tsa^{51}	tsʻa^{23}	sa^{51}	tʂa^{44}	tʂa^{23}	tʂa^{23}	tʂa^{23}
布尔津县	tsa^{51}	tsa^{23}	tsʻa^{51}	sa^{23}	tʂa^{44}	tʂa^{51}	tʂa^{51}	tʂa^{51}
乌苏市	tsa^{213}	tsa^{51}	tsʻa^{213}	sa^{51}	tʂa^{55}	tʂa^{213}	tʂa^{213}	tʂa^{213}
额敏县	tsa^{34}	tsa^{51}	tsʻa^{34}	sa^{51}	tʂa^{44}	tʂa^{34}	tʂa^{34}	tʂa^{34}
伊州区	tsɑ^{213}	tsɑ^{51}	tsʻɑ^{213}	sɑ^{51}	tʂɑ^{44}	tʂɑ^{213}	tʂɑ^{213}	tʂɑ^{213}
巴里坤县	tsa^{24}	tsa^{51}	tsʻa^{24}	sa^{51}	tʂa^{45}	tʂa^{24}	tʂa^{24}	tʂa^{24}
伊吾县	tsɑ^{213}	tsɑ^{51}	tsʻɑ^{213}	sɑ^{51}	tʂɑ^{44}	tʂɑ^{213}	tʂɑ^{213}	tʂɑ^{213}

字目 / 中古音 / 方言点	札	铡	诈	榨	炸 炸弹	叉	差 差错	插①
中古音	山开二入黠庄	山开一入辖崇	假开二去祃庄	假开二去祃庄	假开二去麻庄	假开二平麻初	假开二平麻初	咸开二入恰初
兰州市（城关区）	tʂa^{13}	tʂa^{51}	tʂa^{13}	tʂa^{13}	tʂa^{13}	tʂʻa^{53}	tʂʻa^{53}	tʂʻa^{13}
永登县	tʂa^{13}	tʂa^{53}	tʂa^{13}	tʂa^{13}	tʂa^{13}	tʂʻa^{42}	tʂʻa^{42}	tʂʻa^{13}
榆中县	tʂa^{13}	tʂa^{332}	tʂa^{13}	tʂa^{13}	tʂa^{13}	tʂʻa^{51}	tʂʻa^{51}	tʂʻa^{13}
皋兰县	tʂa^{13}	tʂa^{53}	tʂa^{13}	tʂa^{13}	tʂa^{13}	tʂʻa^{42}	tʂʻa^{42}	tʂʻa^{13}
白银区	tʂa^{13}	tʂa^{51}	tʂa^{13}	tʂa^{13}	tʂa^{13}	tʂʻa^{44}	tʂʻa^{44}	tʂʻa^{13}
天祝县	tʂa^{213}	tʂa^{53}	tʂa^{213}	tʂa^{213}	tʂa^{213}	tʂʻa^{44}	tʂʻa^{44}	tʂʻa^{44}
景泰县（红水镇）	tʂa^{213}	tʂa^{53}	tʂa^{213}	tʂa^{213}	tʂa^{213}	tʂʻa^{44}	tʂʻa^{44}	tʂʻa^{44}
古浪县	tʂa^{31}	tʂa^{53}	tʂa^{31}	tʂa^{31}	tʂa^{31}	tʂʻa^{44}	tʂʻa^{44}	tʂʻa^{44}
凉州区	tʂa^{53}	tʂa^{13}	tʂa^{53}	tʂa^{53}	tʂa^{53}	tʂʻa^{33}	tʂʻa^{33}	tʂʻa^{33}
民勤县	tsa^{42}	tsa^{53}	tsa^{42}	tsa^{42}	tsa^{42}	tsʻa^{44}	tsʻa^{44}	tsʻa^{42}
永昌县	tʂa^{53}	tʂa^{53}	tʂa^{53}	tʂa^{53}	tʂa^{53}	tʂʻa^{13}	tʂʻa^{44}	tʂʻa^{44}
甘州区	tʂa^{31}	tʂa^{53}	tʂa^{31}	tʂa^{31}	tʂa^{31}	tʂʻa^{53}	tʂʻa^{44}	tʂʻa^{44}
临泽县	tʂa^{214}	tʂa^{53}	tʂa^{214}	tʂa^{214}	tʂa^{214}	tʂʻa^{44}	tʂʻa^{44}	tʂʻa^{44}
民乐县	tsa^{42}	tsa^{53}	tsa^{42}	tsa^{42}	tsa^{42}	tsʻa^{44}	tsʻa^{44}	tsʻa^{42}
山丹县	tʂa^{41}	tʂa^{53}	tʂa^{41}	tʂa^{41}	tʂa^{41}	tʂʻa^{53}	tʂʻa^{24}	tʂʻa^{24}
高台县	tʂa^{214}	tʂa^{53}	tʂa^{214}	tʂa^{214}	tʂa^{214}	tʂʻa^{44}	tʂʻa^{44}	tʂʻa^{44}
肃州区	tʂa^{214}	tʂa^{53}	tʂa^{214}	tʂa^{214}	tʂa^{214}	tʂʻa^{44}	tʂʻa^{44}	tʂʻa^{44}
金塔县	tʂa^{13}	tʂa^{53}	tʂa^{13}	tʂa^{13}	tʂa^{13}	tʂʻa^{53}	tʂʻa^{44}	tʂʻa^{44}
肃北县	tʂa^{213}	tʂa^{53}	tʂa^{213}	tʂa^{213}	tʂa^{213}	tʂʻa^{53}	tʂʻa^{44}	tʂʻa^{44}
玉门市	tʂa^{213}	tʂa^{53}	tʂa^{213}	tʂa^{213}	tʂa^{213}	tʂʻa^{53}	tʂʻa^{44}	tʂʻa^{44}

①又磣歃切，咸开三入葉初。

续表

瓜州县	tʂa^{213}	tʂa^{53}	tʂa^{213}	tʂa^{213}	tʂa^{213}	tʂʻa^{53}	tʂʻa^{44}	tʂʻa^{44}
西夏区	tʂa^{13}	tʂa^{13}	tʂa^{13}	tʂa^{13}	tʂa^{13}	tʂʻa^{44}	tʂʻa^{44}	tʂʻa^{13}
贺兰县	tʂa^{13}	tʂa^{13}	tʂa^{13}	tʂa^{13}	tʂa^{13}	tʂʻa^{44}	tʂʻa^{44}	tʂʻa^{13}
灵武市（东塔镇）	tʂa^{13}	tʂa^{13}	tʂa^{13}	tʂa^{13}	tʂa^{13}	tʂʻa^{44}	tʂʻa^{44}	tʂʻa^{13}
永宁县	tʂa^{13}	tʂa^{13}	tʂa^{13}	tʂa^{13}	tʂa^{13}	tʂʻa^{44}	tʂʻa^{44}	tʂʻa^{13}
中宁县	tʂa^{13}	tʂa^{53}	tʂa^{13}	tʂa^{13}	tʂa^{13}	tʂʻa^{44}	tʂʻa^{44}	tʂʻa^{13}
沙坡头区	tʂa^{13}	tʂa^{53}	tʂa^{13}	tʂa^{13}	tʂa^{13}	tʂʻa^{44}	tʂʻa^{44}	tʂʻa^{13}
盐池县	tʂa^{13}	tʂa^{13}	tʂa^{13}	tʂa^{13}	tʂa^{13}	tʂʻa^{44}	tʂʻa^{44}	tʂʻa^{13}
平罗县（渠口乡）	tʂa^{13}	tʂa^{53}	tʂa^{13}	tʂa^{13}	tʂa^{13}	tʂʻa^{44}	tʂʻa^{44}	tʂʻa^{13}
阿拉善左旗	tsa^{213}	tsa^{51}	tsa^{213}	tsa^{213}	tsa^{213}	tsʻa^{51}	tsʻa^{44}	tsʻa^{44}
乌鲁木齐市	tsa^{213}	tsa^{52}	tsa^{213}	tsa^{213}	tsa^{213}	tsʻa^{52}	tsʻa^{44}	tsʻa^{44}
阜康市	tsa^{213}	tsa^{51}	tsa^{213}	tsa^{213}	tsa^{213}	tsʻa^{51}	tsʻa^{55}	tsʻa^{55}
呼图壁县	tsa^{213}	tsa^{51}	tsa^{213}	tsa^{213}	tsa^{213}	tsʻa^{51}	tsʻa^{44}	tsʻa^{44}
吉木萨尔县	tsa^{213}	tsa^{51}	tsa^{213}	tsa^{213}	tsa^{213}	tsʻa^{51}	tsʻa^{44}	tsʻa^{44}
奇台县	tsa^{213}	tsa^{52}	tsa^{213}	tsa^{213}	tsa^{213}	tsʻa^{51}	tsʻa^{44}	tsʻa^{44}
博乐市	tsa^{24}	tsa^{51}	tsa^{24}	tsa^{24}	tsa^{24}	tsʻa^{51}	tsʻa^{45}	tsʻa^{45}
阿勒泰市	tsa^{23}	tsa^{51}	tsa^{23}	tsa^{23}	tsa^{23}	tsʻa^{51}	tsʻa^{44}	tsʻa^{44}
布尔津县	tsa^{51}	tsa^{23}	tsa^{51}	tsa^{51}	tsa^{51}	tsʻa^{23}	tsʻa^{44}	tsʻa^{44}
乌苏市	tsa^{213}	tsa^{51}	tsa^{213}	tsa^{213}	tsa^{213}	tsʻa^{51}	tsʻa^{55}	tsʻa^{55}
额敏县	tsɑ^{34}	tsɑ^{51}	tsɑ^{34}	tsɑ^{34}	tsɑ^{34}	tsʻɑ^{51}	tsʻɑ^{44}	tsʻɑ^{44}
伊州区	tsa^{213}	tsa^{51}	tsa^{213}	tsa^{213}	tsa^{213}	tsʻa^{51}	tsʻa^{44}	tsʻa^{44}
巴里坤县	tsa^{24}	tsa^{51}	tsa^{24}	tsa^{24}	tsa^{24}	tsʻa^{51}	tsʻa^{45}	tsʻa^{45}
伊吾县	tsɑ^{34}	tsɑ^{51}	tsɑ^{34}	tsɑ^{34}	tsɑ^{34}	tsʻɑ^{51}	tsʻɑ^{44}	tsʻɑ^{44}

字目 中古音 方言点	茶	查 调查	察	差① 差别	岔	沙② 沙土	纱	杀
	假开二 平麻澄	假开二 平麻牀	山开二 入黠初	假开二 平麻初	假开二 去祃初	假开二 平麻生	假开二 平麻生	山开二 入黠生
兰州市 （城关区）	tʂʻa^{51}	tʂʻa^{51}	tʂʻa^{13}	tʂʻa^{53}	tʂʻa^{13}	ʂa^{53}	ʂa^{53}	ʂa^{13}
永登县	tʂʻa^{53}	tʂʻa^{53}	tʂʻa^{13}	tʂʻa^{42}	tʂʻa^{13}	ʂa^{42}	ʂa^{42}	ʂa^{13}
榆中县	tʂʻa^{332}	tʂʻa^{332}	tʂʻa^{13}	tʂʻa^{52}	tʂʻa^{13}	ʂa^{52}	ʂa^{52}	ʂa^{13}
皋兰县	tʂʻa^{53}	tʂʻa^{53}	tʂʻa^{13}	tʂʻa^{42}	tʂʻa^{13}	ʂa^{42}	ʂa^{42}	ʂa^{13}
白银区	tʂʻa^{51}	tʂʻa^{51}	tʂʻa^{13}	tʂʻa^{44}	tʂʻa^{13}	ʂa^{44}	ʂa^{44}	ʂa^{13}
天祝县	tʂʻa^{53}	tʂʻa^{53}	tʂʻa^{213}	tʂʻa^{44}	tʂʻa^{213}	ʂa^{44}	ʂa^{44}	ʂa^{213}
景泰县 （红水镇）	tʂʻa^{53}	tʂʻa^{53}	tʂʻa^{213}	tʂʻa^{44}	tʂʻa^{213}	ʂa^{44}	ʂa^{44}	ʂa^{213}
古浪县	tʂʻa^{53}	tʂʻa^{53}	tʂʻa^{31}	tʂʻa^{44}	tʂʻa^{31}	ʂa^{44}	ʂa^{44}	ʂa^{31}
凉州区	tʂʻa^{13}	tʂʻa^{13}	tʂʻa^{53}	tʂʻa^{33}	tʂʻa^{53}	ʂa^{33}	ʂa^{33}	ʂa^{53}
民勤县	tsʻa^{53}	tsʻa^{53}	tsʻa^{42}	tsʻa^{44}	tsʻa^{42}	sa^{44}	sa^{44}	sa^{42}
永昌县	tʂʻa^{13}	tʂʻa^{13}	tʂʻa^{53}	tʂʻa^{44}	tʂʻa^{53}	ʂa^{44}	ʂa^{44}	ʂa^{53}
甘州区	tʂʻa^{53}	tʂʻa^{53}	tʂʻa^{31}	tʂʻa^{44}	tʂʻa^{31}	ʂa^{44}	ʂa^{44}	ʂa^{31}
临泽县	tʂʻa^{53}	tʂʻa^{53}	tʂʻa^{214}	tʂʻa^{44}	tʂʻa^{214}	ʂa^{44}	ʂa^{44}	ʂa^{214}
民乐县	tsʻa^{53}	tsʻa^{53}	tsʻa^{42}	tsʻa^{44}	tsʻa^{42}	sa^{44}	sa^{44}	sa^{42}
山丹县	tʂʻa^{53}	tʂʻa^{53}	tʂʻa^{41}	tʂʻa^{24}	tʂʻa^{41}	ʂa^{24}	ʂa^{24}	ʂa^{41}
高台县	tʂʻa^{53}	tʂʻa^{53}	tʂʻa^{214}	tʂʻa^{44}	tʂʻa^{214}	ʂa^{44}	ʂa^{44}	ʂa^{214}
肃州区	tʂʻa^{53}	tʂʻa^{53}	tʂʻa^{214}	tʂʻa^{44}	tʂʻa^{214}	ʂa^{44}	ʂa^{44}	ʂa^{214}
金塔县	tʂʻa^{53}	tʂʻa^{53}	tʂʻa^{13}	tʂʻa^{44}	tʂʻa^{13}	ʂa^{44}	ʂa^{44}	ʂa^{13}
肃北县	tʂʻa^{53}	tʂʻa^{53}	tʂʻa^{213}	tʂʻa^{44}	tʂʻa^{213}	ʂa^{44}	ʂa^{44}	ʂa^{213}

①又初嫁切，假开二去祃初。

②又山宜切，止开三平支生。

续表

玉门市	tʂʻa^{53}	tʂʻa^{53}	tʂʻa^{213}	tʂʻa^{44}	tʂʻa^{213}	ʂa^{44}	ʂa^{44}	ʂa^{213}
瓜州县	tʂʻa^{53}	tʂʻa^{53}	tʂʻa^{213}	tʂʻa^{44}	tʂʻa^{213}	ʂa^{44}	ʂa^{44}	ʂa^{213}
西夏区	tʂʻa^{53}	tʂʻa^{53}	tʂʻa^{13}	tʂʻa^{44}	tʂʻa^{13}	ʂa^{44}	ʂa^{44}	ʂa^{13}
贺兰县	tʂʻa^{53}	tʂʻa^{53}	tʂʻa^{13}	tʂʻa^{44}	tʂʻa^{13}	ʂa^{44}	ʂa^{44}	ʂa^{13}
灵武市 （东塔镇）	tʂʻa^{52}	tʂʻa^{52}	tʂʻa^{13}	tʂʻa^{44}	tʂʻa^{13}	ʂa^{44}	ʂa^{44}	ʂa^{13}
永宁县	tʂʻa^{53}	tʂʻa^{53}	tʂʻa^{13}	tʂʻa^{44}	tʂʻa^{13}	ʂa^{44}	ʂa^{44}	ʂa^{13}
中宁县	tʂʻa^{53}	tʂʻa^{53}	tʂʻa^{53}	tʂʻa^{44}	tʂʻa^{13}	ʂa^{44}	ʂa^{44}	ʂa^{13}
沙坡头区	tʂʻa^{53}	tʂʻa^{53}	tʂʻa^{53}	tʂʻa^{44}	tʂʻa^{13}	ʂa^{44}	ʂa^{44}	ʂa^{13}
盐池县	tʂʻa^{13}	tʂʻa^{13}	tʂʻa^{13}	tʂʻa^{44}	tʂʻa^{13}	ʂa^{44}	ʂa^{44}	ʂa^{13}
平罗县 （渠口乡）	tʂʻa^{53}	tʂʻa^{53}	tʂʻa^{13}	tʂʻa^{44}	tʂʻa^{13}	ʂa^{44}	ʂa^{44}	ʂa^{13}
阿拉善左旗	tsʻa^{51}	tsʻa^{51}	tsʻa^{213}	tsʻa^{44}	tsʻa^{213}	sa^{44}	sa^{44}	sa^{213}
乌鲁木齐市	tsʻa^{52}	tsʻa^{52}	tsʻa^{213}	tsʻa^{44}	tsʻa^{213}	sa^{44}	sa^{44}	sa^{213}
阜康市	tsʻa^{51}	tsʻa^{51}	tsʻa^{213}	tsʻa^{55}	tsʻa^{213}	sa^{55}	sa^{55}	sa^{213}
呼图壁县	tsʻa^{51}	tsʻa^{51}	tsʻa^{213}	tsʻa^{44}	tsʻa^{213}	sa^{44}	sa^{44}	sa^{213}
吉木萨尔县	tsʻa^{51}	tsʻa^{51}	tsʻa^{213}	tsʻa^{44}	tsʻa^{213}	sa^{44}	sa^{44}	sa^{213}
奇台县	tsʻa^{52}	tsʻa^{52}	tsʻa^{213}	tsʻa^{44}	tsʻa^{213}	sa^{44}	sa^{44}	sa^{213}
博乐市	tsʻa^{51}	tsʻa^{51}	tsʻa^{24}	tsʻa^{45}	tsʻa^{24}	sa^{45}	sa^{45}	sa^{24}
阿勒泰市	tsʻa^{51}	tsʻa^{51}	tsʻa^{23}	tsʻa^{44}	tsʻa^{23}	sa^{44}	sa^{44}	sa^{23}
布尔津县	tsʻa^{23}	tsʻa^{23}	tsʻa^{51}	tsʻa^{44}	tsʻa^{51}	sa^{44}	sa^{44}	sa^{51}
乌苏市	tsʻa^{51}	tsʻa^{51}	tsʻa^{213}	tsʻa^{55}	tsʻa^{213}	sa^{55}	sa^{55}	sa^{213}
额敏县	tsʻa^{51}	tsʻa^{51}	tsʻa^{34}	tsʻa^{44}	tsʻa^{34}	sa^{44}	sa^{44}	sa^{34}
伊州区	tsʻɑ^{51}	tsʻɑ^{51}	tsʻɑ^{213}	tsʻɑ^{44}	tsʻɑ^{213}	sɑ^{44}	sɑ^{44}	sɑ^{213}
巴里坤县	tsʻa^{51}	tsʻa^{51}	tsʻa^{24}	tsʻa^{45}	tsʻa^{24}	sa^{45}	sa^{45}	sa^{24}
伊吾县	tsʻɑ^{51}	tsʻɑ^{51}	tsʻɑ^{213}	tsʻɑ^{44}	tsʻɑ^{213}	sɑ^{44}	sɑ^{44}	sɑ^{213}

字目 / 中古音 / 方言点	煞	傻	霎①	阿	加	嘉	家	佳②
	山开二入黠生	假合二上马生	咸开二入恰生	果开一平歌影	假开二平麻见	假开二平麻见	假开二平麻见	蟹开二平佳见
兰州市（城关区）	ʂa^{13}	ʂa^{44}	ʂa^{13}	a^{53}	tɕia^{53}	tɕia^{53}	tɕia^{53}	tɕia^{53}
永登县	ʂa^{13}	ʂa^{354}	ʂa^{13}	a^{42}	tɕia^{42}	tɕia^{42}	tɕia^{42}	tɕia^{42}
榆中县	ʂa^{13}	ʂa^{44}	ʂa^{13}	a^{51}	tɕia^{51}	tɕia^{51}	tɕia^{51}	tɕia^{51}
皋兰县	ʂa^{13}	ʂa^{342}	ʂa^{13}	a^{42}	tɕia^{42}	tɕia^{42}	tɕia^{42}	tɕia^{42}
白银区	ʂa^{13}	ʂa^{343}	ʂa^{13}	a^{44}	tɕia^{44}	tɕia^{44}	tɕia^{44}	tɕia^{44}
天祝县	ʂa^{213}	ʂa^{44}	ʂa^{213}	a^{44}	tɕia^{44}	tɕia^{44}	tɕia^{44}	tɕia^{44}
景泰县（红水镇）	ʂa^{213}	ʂa^{44}	ʂa^{213}	a^{44}	tɕia^{44}	tɕia^{44}	tɕia^{44}	tɕia^{44}
古浪县	ʂa^{31}	ʂa^{44}	ʂa^{31}	a^{44}	tɕia^{44}	tɕia^{44}	tɕia^{44}	tɕia^{44}
凉州区	ʂa^{53}	ʂa^{33}	ʂa^{53}	a^{33}	tɕia^{33}	tɕia^{33}	tɕia^{33}	tɕia^{33}
民勤县	sa^{42}	sa^{214}	sa^{42}	a^{44}	tɕia^{44}	tɕia^{44}	tɕia^{44}	tɕia^{44}
永昌县	ʂa^{53}	ʂa^{33}	ʂa^{53}	a^{44}	tɕia^{44}	tɕia^{44}	tɕia^{44}	tɕia^{44}
甘州区	ʂa^{31}	ʂa^{53}	ʂa^{31}	a^{44}	tɕia^{44}	tɕia^{44}	tɕia^{44}	tɕia^{44}
临泽县	ʂa^{214}	ʂa^{44}	ʂa^{214}	a^{44}	tɕia^{44}	tɕia^{44}	tɕia^{44}	tɕia^{44}
民乐县	sa^{42}	sa^{213}	sa^{42}	a^{44}	tɕia^{44}	tɕia^{44}	tɕia^{44}	tɕia^{44}
山丹县	ʂa^{41}	ʂa^{53}	ʂa^{41}	a^{24}	tɕia^{24}	tɕia^{24}	tɕia^{24}	tɕia^{24}
高台县	ʂa^{214}	ʂa^{44}	ʂa^{214}	a^{44}	tɕia^{44}	tɕia^{44}	tɕia^{44}	tɕia^{44}
肃州区	ʂa^{214}	ʂa^{44}	ʂa^{214}	a^{44}	tɕia^{44}	tɕia^{44}	tɕia^{44}	tɕia^{44}
金塔县	ʂa^{13}	ʂa^{53}	ʂa^{13}	a^{44}	tɕia^{44}	tɕia^{44}	tɕia^{44}	tɕia^{44}
肃北县	ʂa^{213}	ʂa^{53}	ʂa^{213}	a^{44}	tɕia^{44}	tɕia^{44}	tɕia^{44}	tɕia^{44}
玉门市	ʂa^{213}	ʂa^{53}	ʂa^{213}	a^{44}	tɕia^{44}	tɕia^{44}	tɕia^{44}	tɕia^{44}

①又山辄切，咸开三入叶生。

②又通“嘉”，居牙切，假开二平麻见。

续表

瓜州县	ʂa^{213}	ʂa^{53}	ʂa^{213}	a^{44}	tɕia^{44}	tɕia^{44}	tɕia^{44}	tɕia^{44}
西夏区	ʂa^{13}	ʂa^{53}	ʂa^{13}	a^{44}	tɕia^{44}	tɕia^{44}	tɕia^{44}	tɕia^{44}
贺兰县	ʂa^{13}	ʂa^{53}	ʂa^{13}	a^{44}	tɕia^{44}	tɕia^{44}	tɕia^{44}	tɕia^{44}
灵武市（东塔镇）	ʂa^{13}	ʂa^{52}	ʂa^{13}	a^{44}	tɕia^{44}	tɕia^{44}	tɕia^{44}	tɕia^{44}
永宁县	ʂa^{13}	ʂa^{53}	ʂa^{13}	a^{44}	tɕia^{44}	tɕia^{44}	tɕia^{44}	tɕia^{44}
中宁县	ʂa^{13}	ʂa^{53}	ʂa^{13}	a^{44}	tɕia^{44}	tɕia^{44}	tɕia^{44}	tɕia^{44}
沙坡头区	ʂa^{13}	ʂa^{53}	ʂa^{13}	a^{44}	tɕia^{44}	tɕia^{44}	tɕia^{44}	tɕia^{44}
盐池县	ʂa^{13}	ʂa^{52}	ʂa^{13}	a^{44}	tɕia^{44}	tɕia^{44}	tɕia^{44}	tɕia^{44}
平罗县（渠口乡）	ʂa^{13}	ʂa^{53}	ʂa^{13}	a^{44}	tɕia^{44}	tɕia^{44}	tɕia^{44}	tɕia^{44}
阿拉善左旗	sa^{213}	sa^{51}	sa^{213}	a^{44}	tɕia^{44}	tɕia^{44}	tɕia^{44}	tɕia^{44}
乌鲁木齐市	sa^{213}	sa^{52}	sa^{213}	a^{44}	tɕia^{44}	tɕia^{44}	tɕia^{44}	tɕia^{44}
阜康市	sa^{213}	sa^{51}	sa^{213}	a^{55}	tɕia^{55}	tɕia^{55}	tɕia^{55}	tɕia^{55}
呼图壁县	sa^{213}	sa^{51}	sa^{213}	a^{44}	tɕia^{44}	tɕia^{44}	tɕia^{44}	tɕia^{44}
吉木萨尔县	sa^{213}	sa^{51}	sa^{213}	a^{44}	tɕia^{44}	tɕia^{44}	tɕia^{44}	tɕia^{44}
奇台县	sa^{213}	sa^{52}	sa^{213}	a^{44}	tɕia^{44}	tɕia^{44}	tɕia^{44}	tɕia^{44}
博乐市	sa^{24}	sa^{51}	sa^{24}	a^{45}	tɕia^{45}	tɕia^{45}	tɕia^{45}	tɕia^{45}
阿勒泰市	sa^{23}	sa^{51}	sa^{23}	a^{44}	tɕia^{44}	tɕia^{44}	tɕia^{44}	tɕia^{44}
布尔津县	sa^{51}	sa^{23}	sa^{51}	a^{44}	tɕia^{44}	tɕia^{44}	tɕia^{44}	tɕia^{44}
乌苏市	sa^{213}	sa^{51}	sa^{213}	a^{55}	tɕia^{55}	tɕia^{55}	tɕia^{55}	tɕia^{55}
额敏县	sa^{34}	sa^{51}	sa^{34}	a^{44}	tɕia^{44}	tɕia^{44}	tɕia^{44}	tɕia^{44}
伊州区	sɑ^{213}	sɑ^{51}	sɑ^{213}	a^{44}	tɕia^{44}	tɕia^{44}	tɕia^{44}	tɕia^{44}
巴里坤县	sa^{24}	sa^{51}	sa^{24}	a^{45}	tɕia^{45}	tɕia^{45}	tɕia^{45}	tɕia^{45}
伊吾县	sɑ^{213}	sɑ^{51}	sɑ^{213}	a^{44}	tɕia^{44}	tɕia^{44}	tɕia^{44}	tɕia^{44}

字目 中古音 方言点	夹 夹板	夹 夹袄	假 真假	贾 姓	甲	假 放假	稼	嫁
	咸开二入恰见	咸开二入恰见	假开二上马见	假开二上马见	咸开二入狎见	假开二去祃见	假开二去祃见	假开二去祃见
兰州市（城关区）	$tɕia^{13}$	$tɕia^{13}$	$tɕia^{44}$	$tɕia^{44}$	$tɕia^{13}$	$tɕia^{13}$	$tɕia^{13}$	$tɕia^{13}$
永登县	$tɕia^{13}$	$tɕia^{13}$	$tɕia^{354}$	$tɕia^{354}$	$tɕia^{13}$	$tɕia^{13}$	$tɕia^{13}$	$tɕia^{13}$
榆中县	$tɕia^{13}$	$tɕia^{13}$	$tɕia^{44}$	$tɕia^{44}$	$tɕia^{13}$	$tɕia^{13}$	$tɕia^{13}$	$tɕia^{13}$
皋兰县	$tɕia^{13}$	$tɕia^{13}$	$tɕia^{342}$	$tɕia^{342}$	$tɕia^{13}$	$tɕia^{13}$	$tɕia^{13}$	$tɕia^{13}$
白银区	$tɕia^{13}$	$tɕia^{13}$	$tɕia^{343}$	$tɕia^{343}$	$tɕia^{13}$	$tɕia^{13}$	$tɕia^{13}$	$tɕia^{13}$
天祝县	$tɕia^{213}$	$tɕia^{213}$	$tɕia^{44}$	$tɕia^{44}$	$tɕia^{213}$	$tɕia^{213}$	$tɕia^{213}$	$tɕia^{213}$
景泰县（红水镇）	$tɕia^{213}$	$tɕia^{213}$	$tɕia^{44}$	$tɕia^{44}$	$tɕia^{213}$	$tɕia^{213}$	$tɕia^{213}$	$tɕia^{213}$
古浪县	$tɕia^{31}$	$tɕia^{31}$	$tɕia^{44}$	$tɕia^{44}$	$tɕia^{31}$	$tɕia^{31}$	$tɕia^{31}$	$tɕia^{31}$
凉州区	$tɕia^{53}$	$tɕia^{53}$	$tɕia^{33}$	$tɕia^{33}$	$tɕia^{53}$	$tɕia^{53}$	$tɕia^{53}$	$tɕia^{53}$
民勤县	$tɕia^{42}$	$tɕia^{42}$	$tɕia^{214}$	$tɕia^{214}$	$tɕia^{42}$	$tɕia^{42}$	$tɕia^{42}$	$tɕia^{42}$
永昌县	$tɕia^{53}$	$tɕia^{53}$	$tɕia^{13}$	$tɕia^{13}$	$tɕia^{53}$	$tɕia^{53}$	$tɕia^{53}$	$tɕia^{53}$
甘州区	$tɕia^{31}$	$tɕia^{31}$	$tɕia^{53}$	$tɕia^{53}$	$tɕia^{31}$	$tɕia^{31}$	$tɕia^{31}$	$tɕia^{31}$
临泽县	$tɕia^{214}$	$tɕia^{214}$	$tɕia^{44}$	$tɕia^{44}$	$tɕia^{214}$	$tɕia^{214}$	$tɕia^{214}$	$tɕia^{214}$
民乐县	$tɕia^{42}$	$tɕia^{42}$	$tɕia^{213}$	$tɕia^{213}$	$tɕia^{42}$	$tɕia^{42}$	$tɕia^{42}$	$tɕia^{42}$
山丹县	$tɕia^{41}$	$tɕia^{41}$	$tɕia^{53}$	$tɕia^{53}$	$tɕia^{41}$	$tɕia^{41}$	$tɕia^{41}$	$tɕia^{41}$
高台县	$tɕia^{214}$	$tɕia^{214}$	$tɕia^{44}$	$tɕia^{44}$	$tɕia^{214}$	$tɕia^{214}$	$tɕia^{214}$	$tɕia^{214}$
肃州区	$tɕia^{214}$	$tɕia^{214}$	$tɕia^{44}$	$tɕia^{44}$	$tɕia^{214}$	$tɕia^{214}$	$tɕia^{214}$	$tɕia^{214}$
金塔县	$tɕia^{13}$	$tɕia^{13}$	$tɕia^{53}$	$tɕia^{53}$	$tɕia^{13}$	$tɕia^{13}$	$tɕia^{13}$	$tɕia^{13}$
肃北县	$tɕia^{213}$	$tɕia^{213}$	$tɕia^{53}$	$tɕia^{53}$	$tɕia^{213}$	$tɕia^{213}$	$tɕia^{213}$	$tɕia^{213}$
玉门市	$tɕia^{213}$	$tɕia^{213}$	$tɕia^{53}$	$tɕia^{53}$	$tɕia^{213}$	$tɕia^{213}$	$tɕia^{213}$	$tɕia^{213}$
瓜州县	$tɕia^{213}$	$tɕia^{213}$	$tɕia^{53}$	$tɕia^{53}$	$tɕia^{213}$	$tɕia^{213}$	$tɕia^{213}$	$tɕia^{213}$
西夏区	$tɕia^{13}$	$tɕia^{13}$	$tɕia^{53}$	$tɕia^{53}$	$tɕia^{13}$	$tɕia^{13}$	$tɕia^{13}$	$tɕia^{13}$

续表

贺兰县	tɕia^{13}	tɕia^{13}	tɕia^{53}	tɕia^{53}	tɕia^{13}	tɕia^{13}	tɕia^{13}	tɕia^{13}
灵武市（东塔镇）	tɕia^{13}	tɕia^{13}	tɕia^{52}	tɕia^{52}	tɕia^{13}	tɕia^{13}	tɕia^{13}	tɕia^{13}
永宁县	tɕia^{13}	tɕia^{13}	tɕia^{53}	tɕia^{53}	tɕia^{13}	tɕia^{13}	tɕia^{13}	tɕia^{13}
中宁县	tɕia^{13}	tɕia^{13}	tɕia^{53}	tɕia^{53}	tɕia^{13}	tɕia^{13}	tɕia^{13}	tɕia^{13}
沙坡头区	tɕia^{13}	tɕia^{13}	tɕia^{53}	tɕia^{53}	tɕia^{13}	tɕia^{13}	tɕia^{13}	tɕia^{13}
盐池县	tɕia^{13}	tɕia^{13}	tɕia^{52}	tɕia^{52}	tɕia^{13}	tɕia^{13}	tɕia^{13}	tɕia^{13}
平罗县（渠口乡）	tɕia^{13}	tɕia^{13}	tɕia^{53}	tɕia^{53}	tɕia^{13}	tɕia^{13}	tɕia^{13}	tɕia^{13}
阿拉善左旗	tɕia^{213}	tɕia^{213}	tɕia^{51}	tɕia^{51}	tɕia^{213}	tɕia^{213}	tɕia^{213}	tɕia^{213}
乌鲁木齐市	tɕia^{213}	tɕia^{213}	tɕia^{52}	tɕia^{52}	tɕia^{213}	tɕia^{213}	tɕia^{213}	tɕia^{213}
阜康市	tɕia^{213}	tɕia^{213}	tɕia^{51}	tɕia^{51}	tɕia^{213}	tɕia^{213}	tɕia^{213}	tɕia^{213}
呼图壁县	tɕia^{213}	tɕia^{213}	tɕia^{51}	tɕia^{51}	tɕia^{213}	tɕia^{213}	tɕia^{213}	tɕia^{213}
吉木萨尔县	tɕia^{213}	tɕia^{213}	tɕia^{51}	tɕia^{51}	tɕia^{213}	tɕia^{213}	tɕia^{213}	tɕia^{213}
奇台县	tɕia^{213}	tɕia^{213}	tɕia^{52}	tɕia^{52}	tɕia^{213}	tɕia^{213}	tɕia^{213}	tɕia^{213}
博乐市	tɕia^{24}	tɕia^{24}	tɕia^{51}	tɕia^{51}	tɕia^{24}	tɕia^{24}	tɕia^{24}	tɕia^{24}
阿勒泰市	tɕia^{23}	tɕia^{23}	tɕia^{51}	tɕia^{51}	tɕia^{23}	tɕia^{23}	tɕia^{23}	tɕia^{23}
布尔津县	tɕia^{51}	tɕia^{51}	tɕia^{23}	tɕia^{23}	tɕia^{5}	tɕia^{51}	tɕia^{51}	tɕia^{51}
乌苏市	tɕia^{213}	tɕia^{213}	tɕia^{51}	tɕia^{51}	tɕia^{213}	tɕia^{213}	tɕia^{213}	tɕia^{213}
额敏县	tɕia^{34}	tɕia^{34}	tɕia^{51}	tɕia^{51}	tɕia^{34}	tɕia^{34}	tɕia^{34}	tɕia^{34}
伊州区	tɕia^{213}	tɕia^{213}	tɕia^{51}	tɕia^{51}	tɕia^{213}	tɕia^{213}	tɕia^{213}	tɕia^{213}
巴里坤县	tɕia^{24}	tɕia^{24}	tɕia^{51}	tɕia^{51}	tɕia^{24}	tɕia^{24}	tɕia^{24}	tɕia^{24}
伊吾县	tɕia^{213}	tɕia^{213}	tɕia^{51}	tɕia^{51}	tɕia^{213}	tɕia^{213}	tɕia^{213}	tɕia^{213}

字目 / 中古音 / 方言点	架	驾	价	掐	卡	恰	虾① 鱼虾	瞎
	假开二 去祃见	假开二 去祃见	假开二 去祃见	咸开二 入洽溪		咸开二 入洽溪	假开二 平麻匣	山开二 入鎋晓
兰州市 （城关区）	tɕia^{13}	tɕia^{13}	tɕia^{13}	tɕʻia^{13}	tɕʻia^{44} kʻa^{44}	tɕʻia^{13}	ɕia^{53}	ɕia^{13}
永登县	tɕia^{13}	tɕia^{13}	tɕia^{13}	tɕʻia^{13}	tɕʻia^{354} kʻa^{3554}	tɕʻia^{13}	ɕia^{53}	ɕia^{13}
榆中县	tɕia^{13}	tɕia^{13}	tɕia^{13}	tɕʻia^{13}	tɕʻia^{44} kʻa^{44}	tɕʻia^{13}	ɕia^{332}	ɕia^{13}
皋兰县	tɕia^{13}	tɕia^{13}	tɕia^{13}	tɕʻia^{13}	tɕʻia^{342} kʻa^{342}	tɕʻia^{13}	ɕia^{53}	ɕia^{13}
白银区	tɕia^{13}	tɕia^{13}	tɕia^{13}	tɕʻia^{13}	tɕʻia^{343} kʻa^{343}	tɕʻia^{13}	ɕia^{53}	ɕia^{13}
天祝县	tɕia^{213}	tɕia^{213}	tɕia^{213}	tɕʻia^{213}	tɕʻia^{44} kʻa^{44}	tɕʻia^{213}	ɕia^{53}	ɕia^{213}
景泰县 （红水镇）	tɕia^{213}	tɕia^{213}	tɕia^{213}	tɕʻia^{213}	tɕʻia^{44} kʻa^{44}	tɕʻia^{213}	ɕia^{53}	ɕia^{213}
古浪县	tɕia^{31}	tɕia^{31}	tɕia^{31}	tɕʻia^{31}	tɕʻia^{44} kʻa^{44}	tɕʻia^{31}	ɕia^{53}	ɕia^{31}
凉州区	tɕia^{53}	tɕia^{53}	tɕia^{53}	tɕʻia^{53}	tɕʻia^{33} kʻa^{33}	tɕʻia^{53}	ɕia^{13}	ɕia^{53}
民勤县	tɕia^{42}	tɕia^{42}	tɕia^{42}	tɕʻia^{42}	tɕʻia^{214} kʻa^{214}	tɕʻia^{42}	ɕia^{53}	ɕia^{42}
永昌县	tɕia^{53}	tɕia^{53}	tɕia^{53}	tɕʻia^{53}	tɕʻia^{13} kʻa^{13}	tɕʻia^{53}	ɕia^{13}	ɕia^{53}
甘州区	tɕia^{31}	tɕia^{31}	tɕia^{31}	tɕʻia^{31}	tɕʻia^{53} kʻa^{53}	tɕʻia^{31}	ɕia^{44}	ɕia^{31}

①又虚加切，假开二平麻晓。

续表

临泽县	tɕia^{214}	tɕia^{214}	tɕia^{214}	tɕʻia^{214}	tɕʻia^{44} kʻa^{44}	tɕʻia^{214}	ɕia^{53}	ɕia^{214}
民乐县	tɕia^{42}	tɕia^{42}	tɕia^{42}	tɕʻia^{42}	tɕʻia^{213} kʻa^{213}	tɕʻia^{42}	ɕia^{53}	ɕia^{42}
山丹县	tɕia^{41}	tɕia^{41}	tɕia^{41}	tɕʻia^{41}	tɕʻia^{53} kʻa^{53}	tɕʻia^{41}	ɕia^{24}	ɕia^{41}
高台县	tɕia^{214}	tɕia^{214}	tɕia^{214}	tɕʻia^{214}	tɕʻia^{53} kʻa^{53}	tɕʻia^{214}	ɕia^{44}	ɕia^{214}
肃州区	tɕia^{214}	tɕia^{214}	tɕia^{214}	tɕʻia^{214}	tɕʻia^{53} kʻa^{53}	tɕʻia^{214}	ɕia^{44}	ɕia^{214}
金塔县	tɕia^{13}	tɕia^{13}	tɕia^{13}	tɕʻia^{13}	tɕʻia^{53} kʻa^{53}	tɕʻia^{13}	ɕia^{44}	ɕia^{13}
肃北县	tɕia^{213}	tɕia^{213}	tɕia^{213}	tɕʻia^{213}	tɕʻia^{53} kʻa^{53}	tɕʻia^{213}	ɕia^{44}	ɕia^{213}
玉门市	tɕia^{213}	tɕia^{213}	tɕia^{213}	tɕʻia^{213}	tɕʻia^{53} kʻa^{53}	tɕʻia^{213}	ɕia^{44}	ɕia^{213}
瓜州县	tɕia^{213}	tɕia^{213}	tɕia^{213}	tɕʻia^{213}	tɕʻia^{53} kʻa^{53}	tɕʻia^{213}	ɕia^{44}	ɕia^{213}
西夏区	tɕia^{13}	tɕia^{13}	tɕia^{13}	tɕʻia^{13}	tɕʻia^{53} kʻa^{53}	tɕʻia^{13}	ɕia^{44}	ɕia^{13}
贺兰县	tɕia^{13}	tɕia^{13}	tɕia^{13}	tɕʻia^{13}	tɕʻia^{53} kʻa^{53}	tɕʻia^{13}	ɕia^{44}	ɕia^{13}
灵武市 （东塔镇）	tɕia^{13}	tɕia^{13}	tɕia^{13}	tɕʻia^{13}	tɕʻia^{52}	tɕʻia^{13}	ɕia^{44}	ɕia^{13}
永宁县	tɕia^{13}	tɕia^{13}	tɕia^{13}	tɕʻia^{13}	tɕʻia^{53} kʻa^{53}	tɕʻia^{13}	ɕia^{44}	ɕia^{13}
中宁县	tɕia^{13}	tɕia^{13}	tɕia^{13}	tɕʻia^{13}	tɕʻia^{53} kʻa^{53}	tɕʻia^{13}	ɕia^{44}	ɕia^{13}
沙坡头区	tɕia^{13}	tɕia^{13}	tɕia^{13}	tɕʻia^{13}	tɕʻia^{53} kʻa^{53}	tɕʻia^{13}	ɕia^{44}	ɕia^{13}
盐池县	tɕia^{13}	tɕia^{13}	tɕia^{13}	tɕʻia^{13}	tɕʻia^{52}	tɕʻia^{13}	ɕia^{44}	ɕia^{13}

续表

平罗县 （渠口乡）	tɕia^{13}	tɕia^{13}	tɕia^{13}	tɕʻia^{13}	tɕʻia^{53} kʻa^{53}	tɕʻia^{13}	ɕia^{44}	ɕia^{13}
阿拉善左旗	tɕia^{213}	tɕia^{213}	tɕia^{213}	tɕʻia^{213}	tɕʻia^{51} kʻa^{51}	tɕʻia^{213}	ɕia^{44}	ɕia^{213}
乌鲁木齐市	tɕia^{213}	tɕia^{213}	tɕia^{213}	tɕʻia^{213}	tɕʻia^{52} kʻa^{52}	tɕʻia^{213}	ɕia^{44}	ɕia^{213}
阜康市	tɕia^{213}	tɕia^{213}	tɕia^{213}	tɕʻia^{213}	tɕʻia^{51} kʻa^{51}	tɕʻia^{213}	ɕia^{55}	ɕia^{213}
呼图壁县	tɕia^{213}	tɕia^{213}	tɕia^{213}	tɕʻia^{213}	tɕʻia^{51} kʻa^{51}	tɕʻia^{213}	ɕia^{44}	ɕia^{213}
吉木萨尔县	tɕia^{213}	tɕia^{213}	tɕia^{213}	tɕʻia^{213}	tɕʻia^{51} kʻa^{51}	tɕʻia^{213}	ɕia^{44}	ɕia^{213}
奇台县	tɕia^{213}	tɕia^{213}	tɕia^{213}	tɕʻia^{213}	tɕʻia^{52} kʻa^{52}	tɕʻia^{213}	ɕia^{44}	ɕia^{213}
博乐市	tɕia^{24}	tɕia^{24}	tɕia^{24}	tɕʻia^{24}	tɕʻia^{51} kʻa^{51}	tɕʻia^{24}	ɕia^{45}	ɕia^{24}
阿勒泰市	tɕia^{23}	tɕia^{23}	tɕia^{23}	tɕʻia^{23}	tɕʻia^{51} kʻa^{51}	tɕʻia^{23}	ɕia^{44}	ɕia^{23}
布尔津县	tɕia^{51}	tɕia^{51}	tɕia^{51}	tɕʻia^{51}	tɕʻia^{23} kʻa^{23}	tɕʻia^{51}	ɕia^{44}	ɕia^{51}
乌苏市	tɕia^{213}	tɕia^{213}	tɕia^{213}	tɕʻia^{213}	tɕʻia^{51} kʻa^{51}	tɕʻia^{213}	ɕia^{55}	ɕia^{213}
额敏县	tɕia^{34}	tɕia^{34}	tɕia^{34}	tɕʻia^{34}	tɕʻia^{51} kʻa^{51}	tɕʻia^{34}	ɕia^{44}	ɕia^{34}
伊州区	tɕia^{213}	tɕia^{213}	tɕia^{213}	tɕʻia^{213}	tɕʻia^{51} kʻa^{51}	tɕʻia^{213}	ɕia^{44}	ɕia^{213}
巴里坤县	tɕia^{24}	tɕia^{324}	tɕia^{24}	tɕʻia^{24}	tɕʻia^{51} kʻa^{51}	tɕʻia^{24}	ɕia^{45}	ɕia^{24}
伊吾县	tɕia^{213}	tɕia^{213}	tɕia^{213}	tɕʻia^{213}	tɕʻia^{51} kʻa^{51}	tɕʻia^{213}	ɕia^{44}	ɕia^{213}

字目 / 中古音 / 方音 / 方言点	霞	狭	辖	下 山下	下 下山	夏 春夏	鸦	丫 丫头
	假开二平麻匣	咸开二入洽匣	山开二入洽匣	假开二上马匣	假开二去祃匣	假开二去祃匣	假开二平麻影	假开二平麻影
兰州市（城关区）	ɕia51	ɕia51	ɕia51	ɕia13	ɕia13	ɕia13	ia53	ia53
永登县	ɕia53	ɕia53	ɕia53	ɕia13	ɕia13	ɕia13	ia42	ia42
榆中县	ɕia332	ɕia332	ɕia332	ɕia13	ɕia13	ɕia13	ia51	ia51
皋兰县	ɕia53	ɕia53	ɕia53	ɕia13	ɕia13	ɕia13	ia42	ia42
白银区	ɕia51	ɕia51	ɕia51	ɕia13	ɕia13	ɕia13	ia44	ia44
天祝县	ɕia53	ɕia53	ɕia53	ɕia213	ɕia213	ɕia213	ia44	ia44
景泰县（红水镇）	ɕia53	ɕia53	ɕia53	ɕia213	ɕia213	ɕia213	ia44	ia44
古浪县	ɕia53	ɕia53	ɕia53	ɕia31	ɕia31	ɕia31	ʑia44	ʑia44
凉州区	ɕia13	ɕia13	ɕia13	ɕia53	ɕia53	ɕia53	ia33	ia33
民勤县	ɕia53	ɕia53	ɕia53	ɕia42	ɕia42	ɕia42	ia44	ia44
永昌县	ɕia13	ɕia13	ɕia13	ɕia53	ɕia53	ɕia53	ia44	ia44
甘州区	ɕia53	ɕia53	ɕia53	ɕia31	ɕia31	ɕia31	ia44	ia44
临泽县	ɕia53	ɕia53	ɕia53	ɕia214	ɕia214	ɕia214	ʑia44	ʑia44
民乐县	ɕia53	ɕia53	ɕia53	ɕia42	ɕia42	ɕia42	ʑia44	ʑia44
山丹县	ɕia53	ɕia53	ɕia53	ɕia41	ɕia41	ɕia41	ia24	ia24
高台县	ɕia53	ɕia53	ɕia53	ɕia214	ɕia214	ɕia214	ia44	ia44
肃州区	ɕia53	ɕia53	ɕia53	ɕia214	ɕia214	ɕia214	ʑia44	ʑia44
金塔县	ɕia53	ɕia53	ɕia53	ɕia13	ɕia13	ɕia13	ʑia44	ʑia44
肃北县	ɕia53	ɕia53	ɕia53	ɕia213	ɕia213	ɕia213	ia44	ia44
玉门市	ɕia53	ɕia53	ɕia53	ɕia213	ɕia213	ɕia213	ia44	ia44
瓜州县	ɕia53	ɕia53	ɕia53	ɕia213	ɕia213	ɕia213	ia44	ia44
西夏区	ɕia53	ɕia13	ɕia13	ɕia13	ɕia13	ɕia13	ia44	ia44

续表

贺兰县	$çia^{53}$	$çia^{13}$	$çia^{13}$	$çia^{13}$	$çia^{13}$	$çia^{13}$	ia^{44}	ia^{44}
灵武市（东塔镇）	$çia^{52}$	$çia^{13}$	$çia^{13}$	$çia^{13}$	$çia^{13}$	$çia^{13}$	ia^{44}	ia^{44}
永宁县	$çia^{53}$	$çia^{13}$	$çia^{13}$	$çia^{13}$	$çia^{13}$	$çia^{13}$	ia^{44}	ia^{44}
中宁县	$çia^{53}$	$çia^{53}$	$çia^{53}$	$çia^{13}$	$çia^{13}$	$çia^{13}$	ia^{44}	ia^{44}
沙坡头区	$çia^{53}$	$çia^{53}$	$çia^{53}$	$çia^{13}$	$çia^{13}$	$çia^{13}$	ia^{44}	ia^{44}
盐池县	$çia^{13}$	$çia^{13}$	$çia^{13}$	$çia^{13}$	$çia^{13}$	$çia^{13}$	ia^{44}	ia^{44}
平罗县（渠口乡）	$çia^{53}$	$çia^{53}$	$çia^{53}$	$çia^{13}$	$çia^{13}$	$çia^{13}$	ia^{44}	ia^{44}
阿拉善左旗	$çia^{51}$	$çia^{51}$	$çia^{51}$	$çia^{213}$	$çia^{213}$	$çia^{213}$	jia^{44}	jia^{44}
乌鲁木齐市	$çia^{52}$	$çia^{52}$	$çia^{52}$	$çia^{213}$	$çia^{213}$	$çia^{213}$	ia^{44}	ia^{44}
阜康市	$çia^{51}$	$çia^{51}$	$çia^{51}$	$çia^{213}$	$çia^{213}$	$çia^{213}$	ia^{55}	ia^{55}
呼图壁县	$çia^{51}$	$çia^{51}$	$çia^{51}$	$çia^{213}$	$çia^{213}$	$çia^{213}$	ia^{44}	ia^{44}
吉木萨尔县	$çia^{51}$	$çia^{51}$	$çia^{51}$	$çia^{213}$	$çia^{213}$	$çia^{213}$	ia^{44}	ia^{44}
奇台县	$çia^{52}$	$çia^{52}$	$çia^{52}$	$çia^{213}$	$çia^{213}$	$çia^{213}$	jia^{44}	jia^{44}
博乐市	$çia^{51}$	$çia^{51}$	$çia^{51}$	$çia^{24}$	$çia^{24}$	$çia^{24}$	ia^{45}	ia^{45}
阿勒泰市	$çia^{51}$	$çia^{51}$	$çia^{51}$	$çia^{23}$	$çia^{23}$	$çia^{23}$	ia^{44}	ia^{44}
布尔津县	$çia^{23}$	$çia^{23}$	$çia^{23}$	$çia^{51}$	$çia^{51}$	$çia^{51}$	ia^{44}	ia^{44}
乌苏市	$çia^{51}$	$çia^{51}$	$çia^{51}$	$çia^{213}$	$çia^{213}$	$çia^{213}$	jia^{55}	jia^{55}
额敏县	$çia^{51}$	$çia^{51}$	$çia^{51}$	$çia^{34}$	$çia^{34}$	$çia^{34}$	ia^{44}	ia^{44}
伊州区	$çia^{51}$	$çia^{51}$	$çia^{51}$	$çia^{213}$	$çia^{213}$	$çia^{213}$	ia^{44}	ia^{44}
巴里坤县	$çia^{51}$	$çia^{51}$	$çia^{51}$	$çia^{24}$	$çia^{24}$	$çia^{24}$	ia^{45}	ia^{45}
伊吾县	$çia^{51}$	$çia^{51}$	$çia^{51}$	$çia^{213}$	$çia^{213}$	$çia^{213}$	ia^{44}	ia^{44}

字目 中古音 方言点	鸭	押	压	牙	芽	涯①	崖	雅
	咸开二入狎影	咸开二入狎影	咸开二入狎影	假开二平麻疑	假开二平麻疑	蟹开二平佳疑	蟹开二平佳疑	假开二上马疑
兰州市（城关区）	ia^{13}	ia^{13}	ia^{13}	ia^{51}	ia^{51}	ia^{51}	ia^{51}	ia^{44}
永登县	ia^{13}	ia^{13}	ia^{13}	ia^{53}	ia^{53}	ia^{53}	ia^{53}	ia^{354}
榆中县	ia^{13}	ia^{13}	ia^{13}	ia^{332}	ia^{332}	ia^{332}	ia^{332}	ia^{44}
皋兰县	ia^{13}	ia^{13}	ia^{13}	ia^{53}	ia^{53}	ia^{53}	ia^{53}	ia^{342}
白银区	ia^{13}	ia^{13}	ia^{13}	ia^{51}	ia^{51}	ia^{51}	ia^{51}	ia^{343}
天祝县	ia^{213}	ia^{213}	ia^{213}	ia^{53}	ia^{53}	ia^{53}	ia^{53}	ia^{44}
景泰县（红水镇）	ia^{213}	ia^{213}	ia^{213}	ia^{53}	ia^{53}	ia^{53}	ia^{53}	ia^{44}
古浪县	ia^{31}	ia^{31}	ia^{31}	ia^{53}	ia^{53}	ia^{53}	ia^{53}	ia^{44}
凉州区	ia^{13}	ia^{13}	ia^{13}	ia^{31}	ia^{31}	ia^{31}	ia^{31}	ia^{33}
民勤县	ia^{42}	ia^{42}	ia^{42}	ia^{53}	ia^{53}	ia^{53}	ia^{53}	ia^{214}
永昌县	ia^{53}	ia^{53}	ia^{53}	ia^{13}	ia^{13}	ia^{13}	ia^{13}	ia^{13}
甘州区	ia^{31}	ia^{31}	ia^{31}	ia^{53}	ia^{53}	ia^{53}	ia^{53}	ia^{53}
临泽县	$ʑia^{214}$	$ʑia^{214}$	ia^{214}	$ʑia^{53}$	$ʑia^{53}$	$ʑia^{53}$	$ʑia^{53}$	$ʑia^{44}$
民乐县	$ʑia^{42}$	$ʑia^{42}$	$ʑia^{42}$	$ʑia^{53}$	$ʑia^{53}$	$ʑia^{53}$	$ʑia^{53}$	$ʑia^{213}$
山丹县	ia^{41}	ia^{41}	ia^{41}	ia^{53}	ia^{53}	ia^{53}	ia^{53}	ia^{53}
高台县	ia^{214}	ia^{214}	ia^{214}	ia^{53}	ia^{53}	ia^{53}	ia^{53}	ia^{44}
肃州区	$ʑia^{214}$	$ʑia^{214}$	$ʑia^{214}$	$ʑia^{53}$	$ʑia^{53}$	$ʑia^{53}$	$ʑia^{53}$	$ʑia^{44}$
金塔县	$ʑia^{13}$	$ʑia^{13}$	$ʑia^{13}$	$ʑia^{53}$	$ʑia^{53}$	$ʑia^{53}$	$ʑia^{53}$	$ʑia^{53}$
肃北县	ia^{213}	ia^{213}	ia^{213}	ia^{53}	ia^{53}	ia^{53}	ia^{53}	ia^{53}
玉门市	ia^{213}	ia^{213}	ia^{213}	ia^{53}	ia^{53}	ia^{53}	ia^{53}	ia^{53}

①又牛加切，假开二平麻疑。

续表

瓜州县	ia^{213}	ia^{213}	ia^{213}	ia^{53}	ia^{53}	ia^{53}	ia^{53}	ia^{53}
西夏区	ia^{13}	ia^{13}	ia^{13}	ia^{53}	ia^{53}	ia^{53}	ia^{53}	ia^{53}
贺兰县	ia^{13}	ia^{13}	ia^{13}	ia^{53}	ia^{53}	ia^{53}	ia^{53}	ia^{53}
灵武市（东塔镇）	ia^{13}	ia^{13}	ia^{13}	ia^{52}	ia^{52}	ia^{52}	ia^{52}	ia^{52}
永宁县	ia^{13}	ia^{13}	ia^{13}	ia^{53}	ia^{53}	ia^{53}	ia^{53}	ia^{53}
中宁县	ia^{13}	ia^{13}	ia^{13}	ia^{53}	ia^{53}	ia^{53}	ia^{53}	ia^{53}
沙坡头区	ia^{13}	ia^{13}	ia^{13}	ia^{53}	ia^{53}	ia^{53}	ia^{53}	ia^{53}
盐池县	ia^{13}	ia^{13}	ia^{13}	ɪa^{13}	ɪa^{13}	ɪa^{13}	ɪa^{13}	ia^{52}
平罗县（渠口乡）	ia^{13}	ia^{13}	ia^{13}	ia^{53}	ia^{53}	ia^{53}	ia^{53}	ia^{53}
阿拉善左旗	ia^{213}	ia^{213}	ia^{213}	ia^{51}	ia^{51}	ia^{51}	ia^{51}	ia^{51}
乌鲁木齐市	ia^{213}	ia^{213}	ia^{213}	ia^{52}	ia^{52}	ia^{52}	ia^{52}	ia^{52}
阜康市	ia^{213}	ia^{213}	ia^{213}	ia^{51}	ia^{51}	ia^{51}	ia^{51}	ia^{51}
呼图壁县	ia^{213}	ia^{213}	ia^{213}	ia^{51}	ia^{51}	ia^{51}	ia^{51}	ia^{51}
吉木萨尔县	ia^{213}	ia^{213}	ia^{213}	ia^{51}	ia^{51}	ia^{51}	ia^{51}	ia^{51}
奇台县	jia^{213}	jia^{213}	jia^{213}	jia^{52}	jia^{52}	jia^{52}	jia^{52}	jia^{52}
博乐市	ia^{24}	ia^{24}	ia^{24}	ia^{51}	ia^{51}	ia^{51}	ia^{51}	ia^{51}
阿勒泰市	ia^{23}	ia^{23}	ia^{23}	ia^{51}	ia^{51}	ia^{51}	ia^{51}	ia^{51}
布尔津县	ia^{51}	ia^{51}	ia^{51}	ia^{23}	ia^{23}	ia^{23}	ia^{23}	ia^{23}
乌苏市	jia^{213}	jia^{213}	jia^{213}	jia^{51}	jia^{51}	jia^{51}	jia^{51}	jia^{51}
额敏县	ia^{34}	ia^{34}	ia^{34}	ia^{51}	ia^{51}	ia^{51}	ia^{51}	ia^{51}
伊州区	ia^{213}	ia^{213}	ia^{213}	ia^{51}	ia^{51}	ia^{51}	ia^{51}	ia^{51}
巴里坤县	ia^{24}	ia^{24}	ia^{24}	ia^{51}	ia^{51}	ia^{51}	ia^{51}	ia^{51}
伊吾县	ia^{213}	ia^{213}	ia^{213}	ia^{51}	ia^{51}	ia^{51}	ia^{51}	ia^{51}

字目 / 中古音 / 方音 / 方言点	哑	亚	抓①	刷	耍	瓜	刮	寡
	假开二上马影	假开二去祃影	效开二平肴庄	山合二入鎋生	假合二上马生	假合二平麻见	山合二入鎋见	假合二上马见
兰州市（城关区）	ia^{44}	ia^{13}	pfa^{53}	fa^{13}	fa^{44}	kua^{53}	kua^{13}	kua^{44}
永登县	ia^{354}	ia^{13}	pfa^{42}	fa^{13}	fa^{354}	kua^{42}	kua^{13}	kua^{354}
榆中县	ia^{44}	ia^{13}	tʂua^{51}	ʂua^{13}	ʂua^{44}	kua^{51}	kua^{13}	kua^{44}
皋兰县	ia^{342}	ia^{13}	pfa^{42}	fa^{13}	fa^{342}	kua^{42}	kua^{13}	kua^{342}
白银区	ia^{343}	ia^{13}	pfa^{44}	fa^{13}	fa^{343}	kua^{44}	kua^{13}	kua^{343}
天祝县	ia^{44}	ia^{213}	pfa^{44}	fa^{213}	fa^{44}	kua^{44}	kua^{213}	kua^{44}
景泰县（红水镇）	ia^{44}	ia^{213}	tʂua^{44}	fa^{213}	fa^{44}	kua^{44}	kua^{213}	kua^{44}
古浪县	ia^{44}	ia^{31}	tʂua^{53}	ʂua^{13}	ʂua^{44}	kua^{53}	kua^{31}	kua^{44}
凉州区	ia^{33}	ia^{53}	tʂua^{13}	ʂua^{53}	ʂua^{33}	kua^{13}	kua^{53}	kua^{33}
民勤县	ia^{214}	ia^{42}	tʂua^{44}	ʂua^{42}	ʂua^{214}	kua^{44}	kua^{42}	kua^{214}
永昌县	ia^{13}	ia^{53}	tʂua^{13}	ʂua^{53}	ʂua^{13}	kua^{44}	kua^{53}	kua^{13}
甘州区	ia^{53}	ia^{31}	tʂua^{44}	ʂua^{31}	ʂua^{53}	kua^{44}	kua^{31}	kua^{53}
临泽县	ia^{53}	ʑia^{214}	tʂua^{53}	ʂua^{214}	ʂua^{53}	kua^{53}	kua^{214}	kua^{44}
民乐县	ʑia^{213}	ʑia^{42}	tʂua^{44}	ʂua^{42}	ʂua^{213}	kua^{44}	kua^{42}	kua^{213}
山丹县	ia^{53}	ia^{41}	tʂua^{24}	ʂua^{41}	ʂua^{53}	kua^{24}	kua^{41}	kua^{53}
高台县	ia^{53}	ia^{214}	tʂua^{53}	ʂua^{214}	ʂua^{214}	kua^{53}	kua^{214}	kua^{44}
肃州区	ʑia^{53}	ʑia^{214}	tʂua^{53}	ʂua^{214}	ʂua^{214}	kua^{53}	kua^{214}	kua^{44}
金塔县	ʑia^{53}	ʑia^{13}	tʂua^{44}	ʂua^{31}	ʂua^{53}	kua^{44}	kua^{13}	kua^{53}
肃北县	ia^{53}	ia^{213}	tʂua^{44}	ʂua^{213}	ʂua^{53}	kua^{44}	kua^{213}	kua^{53}
玉门市	ia^{53}	ia^{213}	tʂua^{44}	ʂua^{213}	ʂua^{53}	kua^{44}	kua^{213}	kua^{53}

①又侧绞切，效开二上巧庄。

续表

瓜州县	ia^{53}	ia^{213}	tʂua^{44}	ʂua^{213}	ʂua^{53}	kua^{44}	kua^{213}	kua^{53}
西夏区	ia^{53}	ia^{13}	tʂua^{44}	ʂua^{13}	ʂua^{53}	kua^{44}	kua^{13}	kua^{53}
贺兰县	ia^{53}	ia^{13}	tʂua^{44} kua^{44}	ʂua^{13} fa^{13}	ʂua^{53} fa^{53}	kua^{44}	kua^{13}	kua^{53}
灵武市（东塔镇）	ia^{52}	ia^{13}	tʂua^{44}	ʂua^{13}	ʂua^{52}	kua^{44}	kua^{13}	kua^{52}
永宁县	ia^{53}	ia^{13}	tʂua^{44}	ʂua^{13}	ʂua^{53}	kua^{44}	kua^{13}	kua^{53}
中宁县	ia^{53}	ia^{13}	tʂua^{44}	ʂua^{13}	ʂua^{53}	kua^{44}	kua^{13}	kua^{53}
沙坡头区	ia^{53}	ia^{13}	tʂua^{44}	ʂua^{13}	ʂua^{53}	kua^{44}	kua^{13}	kua^{53}
盐池县	ia^{52}	ia^{13}	tʂua^{44}	ʂua^{13}	ʂua^{52}	kua^{44}	kua^{13}	kua^{52}
平罗县（渠口乡）	ia^{53}	ia^{13}	tʂua^{44}	ʂua^{13}	ʂua^{53}	kua^{44}	kua^{13}	kua^{53}
阿拉善左旗	ia^{51}	ia^{213}	tʂua^{44}	ʂua^{213}	ʂua^{51}	kua^{44}	kua^{213}	kua^{51}
乌鲁木齐市	ia^{52}	ia^{213}	tʂua^{44}	ʂua^{213}	ʂua^{52}	kua^{44}	kua^{213}	kua^{52}
阜康市	ia^{51}	ia^{213}	tʂua^{55}	fa^{213}	fa^{51}	kua^{55}	kua^{213}	kua^{51}
呼图壁县	ia^{51}	ia^{213}	tʂua^{44}	ʂua^{213}	ʂua^{51}	kua^{44}	kua^{213}	kua^{51}
吉木萨尔县	ia^{51}	ia^{213}	tʂua^{44}	ʂua^{213}	ʂua^{51}	kua^{44}	kua^{213}	kua^{51}
奇台县	jia^{52}	jia^{213}	tʂua^{44}	ʂua^{213}	ʂua^{52}	kua^{44}	kua^{213}	kua^{52}
博乐市	ia^{51}	ia^{24}	tʂua^{45}	ʂua^{24}	ʂua^{51}	kua^{45}	kua^{24}	kua^{51}
阿勒泰市	ia^{51}	ia^{23}	tʂua^{44}	ʂua^{23}	ʂua^{51}	kua^{44}	kua^{23}	kua^{51}
布尔津县	ia^{23}	ia^{51}	tʂua^{44}	ʂua^{51}	ʂua^{23}	kua^{44}	kua^{51}	kua^{23}
乌苏市	jia^{51}	jia^{213}	tʂua^{55}	fa^{213}	fa^{51}	kua^{55}	kua^{213}	kua^{51}
额敏县	ia^{51}	ia^{34}	tʂua^{44}	ʂua^{34}	ʂua^{51}	kua^{44}	kua^{34}	kua^{51}
伊州区	ia^{51}	ia^{213}	tʂuɑ^{44}	ʂuɑ^{213}	ʂuɑ^{51}	kuɑ^{44}	kuɑ^{213}	kuɑ^{51}
巴里坤县	ia^{51}	ia^{24}	tʂua^{45}	ʂua^{24}	ʂua^{51}	kua^{45}	kua^{24}	kua^{51}
伊吾县	ia^{51}	ia^{213}	tʂuɑ^{44}	ʂuɑ^{213}	ʂuɑ^{51}	kuɑ^{44}	kuɑ^{213}	kuɑ^{51}

字目 / 中古音 / 方音 / 方言点	挂	卦	夸	垮	跨	花	华 中华	划 划船
	蟹合二去卦见	蟹合二去卦见	假合二平麻溪	假合二上麻溪	假合二去祃溪	假合二平麻晓	假合二平麻匣	假合二平麻匣
兰州市（城关区）	kua¹³	kua¹³	kʻua⁵³	kʻua⁴⁴	kʻua¹³	xua⁵³	xua⁵¹	xua⁵¹
永登县	kua¹³	kua¹³	kʻua⁴²	kʻua³⁵⁴	kʻua¹³	xua⁴²	xua⁵³	xua⁵³
榆中县	kua¹³	kua¹³	kʻua⁵¹	kʻua⁴⁴	kʻua¹³	xua⁵¹	xua³³²	xua³³²
皋兰县	kua¹³	kua¹³	kʻua⁴²	kʻua³⁴²	kʻua¹³	xua⁴²	xua⁵³	xua⁵³
白银区	kua¹³	kua¹³	kʻua⁴⁴	kʻua³⁴³	kʻua¹³	xua⁴⁴	xua⁵¹	xua⁵¹
天祝县	kua²¹³	kua²¹³	kʻua⁴⁴	kʻua⁴⁴	kʻua²¹³	xua⁴⁴	xua⁵³	xua⁵³
景泰县（红水镇）	kua²¹³	kua²¹³	kʻua⁴⁴	kʻua⁴⁴	kʻua²¹³	xua⁴⁴	xua⁵³	xua⁵³
古浪县	kua³¹	kua³¹	kʻua⁴⁴	kʻua⁴⁴	kʻua³¹	xua⁴⁴	xua⁵³	xua⁵³
凉州区	kua⁵³	kua⁵³	kʻua³³	kʻua³³	kʻua⁵³	xua³³	xua¹³	xua¹³
民勤县	kua⁴²	kua⁴²	kʻua⁴⁴	kʻua²¹⁴	kʻua⁴²	xua⁴⁴	xua⁵³	xua⁵³
永昌县	kua⁵³	kua⁵³	kʻua⁴⁴	kʻua¹³	kʻua⁵³	xua⁴⁴	xua¹³	xua¹³
甘州区	kua³¹	kua³¹	kʻua⁴⁴	kʻua⁵³	kʻua³¹	xua⁴⁴	xua⁵³	xua⁵³
临泽县	kua²¹⁴	kua²¹⁴	kʻua⁴⁴	kʻua⁴⁴	kʻua²¹⁴	xua⁴⁴	xua⁵³	xua⁵³
民乐县	kua⁴²	kua⁴²	kʻua⁴⁴	kʻua²¹³	kʻua⁴²	xua⁴⁴	xua⁵³	xua⁵³
山丹县	kua⁴¹	kua⁴¹	kʻua²⁴	kʻua⁵³	kʻua⁴¹	xua²⁴	xua⁵³	xua⁵³
高台县	kua²¹⁴	kua²¹⁴	kʻua⁴⁴	kʻua⁴⁴	kʻua²¹⁴	xua⁴⁴	xua⁵³	xua⁵³
肃州区	kua²¹⁴	kua²¹⁴	kʻua⁴⁴	kʻua⁴⁴	kʻua²¹⁴	xua⁴⁴	xua⁵³	xua⁵³
金塔县	kua¹³	kua¹³	kʻua⁴⁴	kʻua⁵³	kʻua¹³	xua⁴⁴	xua⁵³	xua⁵³
肃北县	kua²¹³	kua²¹³	kʻua⁴⁴	kʻua⁵³	kʻua²¹³	xua⁴⁴	xua⁵³	xua⁵³
玉门市	kua²¹³	kua²¹³	kʻua⁴⁴	kʻua⁵³	kʻua²¹³	xua⁴⁴	xua⁵³	xua⁵³
瓜州县	kua²¹³	kua²¹³	kʻua⁴⁴	kʻua⁵³	kʻua²¹³	xua⁴⁴	xua⁵³	xua⁵³
西夏区	kua¹³	kua¹³	kʻua⁴⁴	kʻua⁵³	kʻua¹³	xua⁴⁴	xua⁴⁴	xua⁵³

续表

贺兰县	kua^{13}	kua^{13}	kʻua^{44}	kʻua^{53}	kʻua^{13}	xua^{44}	xua^{44}	xua^{53}
灵武市（东塔镇）	kua^{13}	kua^{13}	kʻua^{44}	kʻua^{52}	kʻua^{13}	xua^{44}	xua^{44}	xua^{52}
永宁县	kua^{13}	kua^{13}	kʻua^{44}	kʻua^{53}	kʻua^{13}	xua^{44}	xua^{44}	xua^{53}
中宁县	kua^{13}	kua^{13}	kʻua^{44}	kʻua^{53}	kʻua^{13}	xua^{44}	xua^{53}	xua^{53}
沙坡头区	kua^{13}	kua^{13}	kʻua^{44}	kʻua^{53}	kʻua^{13}	xua^{44}	xua^{53}	xua^{53}
盐池县	kua^{13}	kua^{13}	kʻua^{44}	kʻua^{52}	kʻua^{13}	xua^{44}	xua^{44}	xua^{13}
平罗县（渠口乡）	kua^{13}	kua^{13}	kʻua^{44}	kʻua^{53}	kʻua^{13}	xua^{44}	xua^{53}	xua^{53}
阿拉善左旗	kua^{213}	kua^{213}	kʻua^{44}	kʻua^{51}	kʻua^{213}	xua^{44}	xua^{51}	xua^{51}
乌鲁木齐市	kua^{213}	kua^{213}	kʻua^{44}	kʻua^{52}	kʻua^{213}	xua^{44}	xua^{52}	xua^{52}
阜康市	kua^{213}	kua^{213}	kʻua^{55}	kʻua^{51}	kʻua^{213}	xua^{55}	xua^{51}	xua^{51}
呼图壁县	kua^{213}	kua^{213}	kʻua^{44}	kʻua^{51}	kʻua^{213}	xua^{44}	xua^{51}	xua^{51}
吉木萨尔县	kua^{213}	kua^{213}	kʻua^{44}	kʻua^{51}	kʻua^{213}	xua^{44}	xua^{51}	xua^{51}
奇台县	kua^{213}	kua^{213}	kʻua^{44}	kʻua^{52}	kʻua^{213}	xua^{44}	xua^{52}	xua^{52}
博乐市	kua^{24}	kua^{24}	kʻua^{45}	kʻua^{51}	kʻua^{24}	xua^{45}	xua^{51}	xua^{51}
阿勒泰市	kua^{23}	kua^{23}	kʻua^{44}	kʻua^{51}	kʻua^{23}	xua^{44}	xua^{51}	xua^{51}
布尔津县	kua^{51}	kua^{51}	kʻua^{44}	kʻua^{23}	kʻua^{51}	xua^{44}	xua^{23}	xua^{23}
乌苏市	kua^{213}	kua^{213}	kʻua^{55}	kʻua^{51}	kʻua^{213}	xua^{55}	xua^{51}	xua^{51}
额敏县	kua^{34}	kua^{34}	kʻua^{44}	kʻua^{51}	kʻua^{34}	xua^{44}	xua^{51}	xua^{51}
伊州区	kuɑ^{213}	kuɑ^{213}	kʻuɑ^{44}	kʻuɑ^{51}	kʻuɑ^{213}	xuɑ^{44}	xuɑ^{51}	xuɑ^{51}
巴里坤县	kua^{24}	kua^{24}	kʻua^{45}	kʻua^{51}	kʻua^{24}	xua^{45}	xua^{51}	xua^{51}
伊吾县	kuɑ^{213}	kuɑ^{213}	kʻuɑ^{44}	kʻuɑ^{51}	kʻuɑ^{213}	xuɑ^{44}	xuɑ^{51}	xuɑ^{51}

字目 / 中古音 / 方言点	滑①	化②	画③	话④	划⑤ 计划	蛙⑥	挖	瓦 砖瓦
	山合二入黠匣	假合二去祃晓	蟹合二去卦匣	蟹合二去夬匣	梗合二入麦匣	假合二平麻影	山合二入黠影	假合二上马疑
兰州市（城关区）	xua^{51}	xua^{13}	xua^{13}	xua^{13}	xua^{13}	va^{53}	va^{13}	va^{44}
永登县	xua^{53}	xua^{13}	xua^{13}	xua^{13}	xua^{13}	va^{42}	va^{13}	va^{354}
榆中县	xua^{332}	xua^{13}	xua^{13}	xua^{13}	xua^{13}	va^{51}	va^{13}	va^{44}
皋兰县	xua^{53}	xua^{13}	xua^{13}	xua^{13}	xua^{13}	va^{42}	va^{13}	va^{342}
白银区	xua^{51}	xua^{13}	xua^{13}	xua^{13}	xua^{13}	va^{44}	va^{13}	va^{343}
天祝县	xua^{53}	xua^{213}	xua^{213}	xua^{213}	xua^{213}	va^{44}	va^{213}	va^{44}
景泰县（红水镇）	xua^{53}	xua^{213}	xua^{213}	xua^{213}	xua^{213}	va^{44}	va^{213}	va^{44}
古浪县	xua^{53}	xua^{31}	xua^{31}	xua^{31}	xua^{31}	va^{44}	va^{31}	va^{44}
凉州区	xua^{13}	xua^{53}	xua^{53}	xua^{53}	xua^{53}	va^{33}	va^{53}	va^{33}
民勤县	xua^{53}	xua^{42}	xua^{42}	xua^{42}	xua^{42}	va^{44}	va^{42}	va^{214}
永昌县	xua^{13}	xua^{53}	xua^{53}	xua^{53}	xua^{53}	va^{44}	va^{44}	va^{13}
甘州区	xua^{53}	xua^{31}	xua^{31}	xua^{31}	xua^{31}	va^{44}	va^{31}	va^{53}
临泽县	xua^{53}	xua^{214}	xua^{214}	xua^{214}	xua^{214}	va^{44}	va^{214}	va^{44}
民乐县	xua^{53}	xua^{42}	xua^{42}	xua^{42}	xua^{42}	va^{44}	va^{42}	va^{213}
山丹县	xua^{53}	xua^{41}	xua^{41}	xua^{41}	xua^{31}	va^{24}	va^{41}	va^{53}
高台县	xua^{53}	xua^{214}	xua^{214}	xua^{214}	xua^{214}	va^{44}	va^{214}	va^{44}
肃州区	xua^{53}	xua^{214}	xua^{214}	xua^{214}	xua^{214}	va^{44}	va^{214}	va^{44}

①又户骨切，臻合一入没匣。

②又呼瓜切，假合二平麻晓。

③又胡麦切，梗合二入麦匣。

④又胡化切，假合二去祃匣。

⑤又呼麦切，梗合二入麦晓。

⑥又乌娲切，蟹合二平佳影。

续表

金塔县	xua^{53}	xua^{13}	xua^{13}	xua^{13}	xua^{13}	va^{44}	va^{13}	va^{53}
肃北县	xua^{53}	xua^{213}	xua^{213}	xua^{213}	xua^{213}	va^{44}	va^{213}	va^{53}
玉门市	xua^{53}	xua^{213}	xua^{213}	xua^{213}	xua^{213}	va^{44}	va^{213}	va^{53}
瓜州县	xua^{53}	xua^{213}	xua^{213}	xua^{213}	xua^{213}	va^{44}	va^{213}	va^{53}
西夏区	xua^{13}	xua^{13}	xua^{13}	xua^{13}	xua^{13}	va^{44}	va^{13}	va^{53}
贺兰县	xua^{13}	xua^{13}	xua^{13}	xua^{13}	xua^{13}	va^{44}	va^{13}	va^{53}
灵武市（东塔镇）	xua^{13}	xua^{13}	xua^{13}	xua^{13}	xua^{13}	va^{44}	va^{13}	va^{52}
永宁县	xua^{13}	xua^{13}	xua^{13}	xua^{13}	xua^{13}	va^{44}	va^{13}	va^{53}
中宁县	xua^{53}	xua^{13}	xua^{13}	xua^{13}	xua^{13}	va^{44}	va^{13}	va^{53}
沙坡头区	xua^{53}	xua^{13}	xua^{13}	xua^{13}	xua^{13}	va^{44}	va^{13}	va^{53}
盐池县	xua^{13}	xua^{13}	xua^{13}	xua^{13}	xua^{13}	va^{44}	va^{13}	va^{52}
平罗县（渠口乡）	xua^{53}	xua^{13}	xua^{13}	xua^{13}	xua^{13}	va^{44}	va^{13}	va^{53}
阿拉善左旗	xua^{51}	xua^{213}	xua^{213}	xua^{213}	xua^{213}	va^{44}	va^{213}	va^{51}
乌鲁木齐市	xua^{52}	xua^{213}	xua^{213}	xua^{213}	xua^{213}	va^{44}	va^{213}	va^{52}
阜康市	xua^{51}	xua^{213}	xua^{213}	xua^{213}	xua^{213}	va^{55}	va^{213}	va^{51}
呼图壁县	xua^{51}	xua^{213}	xua^{213}	xua^{213}	xua^{213}	va^{44}	va^{213}	va^{51}
吉木萨尔县	xua^{51}	xua^{213}	xua^{213}	xua^{213}	xua^{213}	va^{44}	va^{213}	va^{51}
奇台县	xua^{52}	xua^{213}	xua^{213}	xua^{213}	xua^{213}	va^{44}	va^{213}	va^{52}
博乐市	xua^{51}	xua^{24}	xua^{24}	xua^{24}	xua^{24}	va^{45}	va^{24}	va^{51}
阿勒泰市	xua^{51}	xua^{23}	xua^{23}	xua^{23}	xua^{23}	va^{44}	va^{23}	va^{51}
布尔津县	xua^{23}	xua^{51}	xua^{51}	xua^{51}	xua^{51}	va^{44}	va^{51}	va^{23}
乌苏市	xua^{51}	xua^{213}	xua^{213}	xua^{213}	xua^{213}	ʋa^{55}	ʋa^{213}	ʋa^{51}
额敏县	xua^{51}	xua^{34}	xua^{34}	xua^{34}	xua^{34}	va^{44}	va^{34}	va^{51}
伊州区	xuɑ^{51}	xuɑ^{213}	xuɑ^{213}	xuɑ^{213}	xuɑ^{213}	vɑ^{44}	vɑ^{213}	vɑ^{51}
巴里坤县	xua^{51}	xua^{24}	xua^{24}	xua^{24}	xua^{24}	va^{45}	va^{24}	va^{51}
伊吾县	xuɑ^{51}	xuɑ^{213}	xuɑ^{213}	xuɑ^{213}	xuɑ^{213}	vɑ^{44}	vɑ^{213}	vɑ^{51}

字目 方音 中古音 方言点	袜	得	德	特	乐 快乐	勒	则	择
中古音	山合三 入月微	曾开一 入德端	曾开一 入德端	曾开一 入德定	宕开一 入铎来	曾开一 入德来	曾开一 入德精	梗开二 入陌澄
兰州市 （城关区）	va^{13}	tɤ^{13}	tɤ^{13}	t‘ɤ^{13}	lɤ^{13}	lɤ^{13}	tsɤ^{13}	tsɤ^{51}
永登县	va^{13}	tə^{13}	tə^{13}	t‘ə^{13}	lə^{13}	lə^{13}	tsə^{13}	tsə^{53}
榆中县	va^{13}	tə^{13}	tə^{13}	t‘ə^{13}	lə^{13}	lə^{13}	tsə^{13}	tsə^{332}
皋兰县	va^{13}	tə^{13}	tə^{13}	t‘ə^{13}	lə^{13}	lə^{13}	tsə^{13}	tsə^{53}
白银区	va^{13}	tə^{13}	tə^{13}	t‘ə^{13}	lə^{13}	lə^{13}	tsə^{13}	tsə^{51}
天祝县	va^{213}	tɤ^{213}	tɤ^{213}	t‘ɤ^{213}	lɤ^{213}	lɤ^{213}	tsɤ^{213}	tsɤ^{53}
景泰县 （红水镇）	va^{213}	tɤ^{213}	tɤ^{213}	t‘ɤ^{213}	lɤ^{213}	lɤ^{213}	tsɤ^{213}	tsɤ^{53}
古浪县	va^{31}	tɤ^{31}	tɤ^{31}	t‘ɤ^{31}	lɤ^{31}	lɤ^{31}	tsɤ^{31}	tsɤ^{53}
凉州区	va^{53}	tə^{53}	tə^{53}	t‘ə^{53}	lə^{53}	lə^{53}	tsə^{53}	tsə^{13}
民勤县	va^{42}	tɤ^{42}	tɤ^{42}	t‘ɤ^{42}	lɤ^{42}	lɤ^{42}	tsɤ^{42}	tsɤ^{53}
永昌县	va^{53}	tə^{53}	tə^{53}	t‘ə^{53}	lə^{53}	lə^{53}	tsə^{53}	tsə^{13}
甘州区	va^{31}	tə^{31}	tə^{31}	t‘ə^{31}	lə^{31}	lə^{31}	tsə^{31}	tsə^{53}
临泽县	va^{214}	tə^{214}	tə^{214}	t‘ə^{214}	lə^{214}	lə^{214}	tsə^{214}	tsə^{53}
民乐县	va^{42}	tɤ^{42}	tɤ^{42}	t‘ɤ^{42}	lɤ^{42}	lɤ^{42}	tsɤ^{42}	tsɤ^{53}
山丹县	va^{41}	tɤ^{41}	tɤ^{41}	t‘ɤ^{41}	lɤ^{41}	lɤ^{41}	tsɤ^{41}	tsɤ^{53}
高台县	va^{214}	tiɛ^{214}	tiɛ^{214}	t‘ɤ^{214}	lɤ^{214}	lɤ^{214}	tsɤ^{214}	tsɤ^{53}
肃州区	va^{214}	tiæ^{214}	tiæ^{214}	t‘ɤ^{214}	lɤ^{214}	lɤ^{214}	tsɤ^{214}	tsɤ^{53}
金塔县	va^{13}	tɤ^{13}	tɤ^{13}	t‘ɤ^{13}	lɤ^{13}	lɤ^{13}	tsɤ^{13}	tsɤ^{53}
肃北县	va^{213}	tɤ^{213}	tɤ^{213}	t‘ɤ^{213}	lɤ^{213}	lɤ^{213}	tsɤ^{213}	tsɤ^{53}
玉门市	va^{213}	tɤ^{213}	tɤ^{213}	t‘ɤ^{213}	lɤ^{213}	lɤ^{213}	tsɤ^{213}	tsɤ^{53}
瓜州县	va^{213}	tɤ^{213}	tɤ^{213}	t‘ɤ^{213}	lɤ^{213}	lɤ^{213}	tsɤ^{213}	tsɤ^{53}

续表

西夏区	va^{13}	tə^{13}	tə^{13}	tʻə^{13}	lə^{13}	lə^{13}	tsə^{13}	tsə^{13}
贺兰县	va^{13}	tə^{13}	tə^{13}	tʻə^{13}	lə^{13}	lə^{13}	tsə^{13}	tsə^{13}
灵武市（东塔镇）	va^{13}	tə^{13}	tə^{13}	tʻə^{13}	lə^{13}	lə^{13}	tsə^{13}	tsə^{13}
永宁县	va^{13}	tə^{13}	tə^{13}	tʻə^{13}	lə^{13}	lə^{13}	tsə^{13}	tsə^{13}
中宁县	va^{13}	tɤ^{13}	tɤ^{13}	tʻɤ^{13}	lɤ^{13}	lɤ^{13}	tsɤ^{13}	tsɤ^{13}
沙坡头区	va^{13}	tə^{13}	tə^{13}	tʻə^{13}	lə^{13}	lə^{13}	tsə^{13}	tsə^{13}
盐池县	va^{13}	tə^{13}	tə^{13}	tʻə^{13}	lə^{13}	lə^{13}	tsə^{13}	tsə^{13}
平罗县（渠口乡）	va^{13}	tə^{13}	tə^{13}	tʻə^{13}	lə^{13}	lə^{13}	tsə^{13}	tsə^{13}
阿拉善左旗	va^{213}	tə^{213}	tə^{213}	tʻə^{213}	lə^{213}	lə^{213}	tsə^{213}	tsə^{51}
乌鲁木齐市	va^{213}	tə^{213}	tə^{213}	tʻə^{213}	lə^{213}	lə^{213}	tsə^{213}	tsə^{52}
阜康市	va^{213}	tɤ^{213}	tɤ^{213}	tʻɤ^{213}	lɤ^{213}	lɤ^{213}	tsɤ^{213}	tsɤ^{51}
呼图壁县	va^{213}	tɤ^{213}	tɤ^{213}	tʻɤ^{213}	lɤ^{213}	lɤ^{213}	tsɤ^{213}	tsɤ^{51}
吉木萨尔县	va^{213}	tɤ^{213}	tɤ^{213}	tʻɤ^{213}	lɤ^{213}	lɤ^{213}	tsɤ^{213}	tsɤ^{51}
奇台县	va^{213}	tɤ^{213}	tɤ^{213}	tʻɤ^{213}	lɤ^{213}	lɤ^{213}	tsɤ^{213}	tsɤ^{52}
博乐市	va^{24}	tɤ^{24}	tɤ^{24}	tʻɤ^{24}	lɤ^{24}	lɤ^{24}	tsɤ^{24}	tsɤ^{51}
阿勒泰市	va^{23}	tɤ^{23}	tɤ^{23}	tʻɤ^{23}	lɤ^{23}	lɤ^{23}	tsɤ^{23}	tsɤ^{51}
布尔津县	va^{51}	tɤ^{51}	tɤ^{51}	tʻɤ^{51}	lɤ^{51}	lɤ^{51}	tsɤ^{51}	tsɤ^{23}
乌苏市	ʋa^{213}	tɤ^{213}	tɤ^{213}	tʻɤ^{213}	lɤ^{213}	lɤ^{213}	tsɤ^{213}	tsɤ^{51}
额敏县	va^{34}	tɤ^{34}	tɤ^{34}	tʻɤ^{34}	lɤ^{34}	lɤ^{34}	tsɤ^{34}	tsɤ^{51}
伊州区	vɑ^{213}	tɤ^{213}	tɤ^{213}	tʻɤ^{213}	lɤ^{213}	lɤ^{213}	tsɤ^{213}	tsɤ^{51}
巴里坤县	va^{24}	tə^{24}	tə^{24}	tʻə^{24}	lə^{24}	lə^{24}	tsə^{24}	tsə^{51}
伊吾县	vɑ^{213}	tɤ^{213}	tɤ^{213}	tʻɤ^{213}	lɤ^{213}	lɤ^{213}	tsɤ^{213}	tsɤ^{51}

字目 中古音 方言点	泽	责	厕 厕所	侧①	测	策	册	涩
	梗开二入陌澄	梗开二入麦庄	止开三去志初	曾开三入职庄	曾开三入职初	梗开二入麦初	梗开二入麦初	深开三入缉生
兰州市（城关区）	tsɤ^{51}	tsɤ^{13}	tsʻɤ^{13}	tsʻɤ^{13}	tsʻɤ^{13}	tʂʻɤ^{13}	tsʻɤ^{13}	sɤ^{13}
永登县	tsə^{53}	tsə^{13}	tsʻə^{13}	tsʻə^{13}	tsʻə^{13}	tʂʻə^{13}	tsʻə^{13}	sə^{13}
榆中县	tsə^{332}	tsə^{13}	tsʻə^{13}	tsʻə^{13}	tsʻə^{13}	tʂʻə^{13}	tsʻə^{13}	sə^{13}
皋兰县	tsə^{53}	tsə^{13}	tsʻə^{13}	tsʻə^{13}	tsʻə^{13}	tʂʻə^{13}	tsʻə^{13}	sə^{13}
白银区	tsə^{51}	tsə^{13}	tsʻə^{13}	tsʻə^{13}	tsʻə^{13}	tʂʻə^{13}	tsʻə^{13}	sə^{13}
天祝县	tsɤ^{53}	tsɤ^{213}	tsʻɤ^{213}	tsʻɤ^{213}	tsʻɤ^{213}	tʂʻɤ^{213}	tsʻɤ^{213}	sɤ^{213}
景泰县（红水镇）	tsɤ^{53}	tsɤ^{213}	tsʻɤ^{213}	tsʻɤ^{213}	tsʻɤ^{213}	tʂʻɤ^{213}	tsʻɤ^{213}	sɤ^{213}
古浪县	tsɤ^{53}	tsɤ^{31}	tsʻɤ^{31}	tsʻɤ^{31}	tsʻɤ^{31}	tʂʻɤ^{31}	tsʻɤ^{31}	sɤ^{31}
凉州区	tsə^{13}	tsə^{53}	tsʻə^{53}	tsʻə^{53}	tsʻə^{53}	tʂʻə^{53}	tsʻə^{53}	sə^{53}
民勤县	tsɤ^{53}	tsɤ^{42}	tsʻɤ^{42}	tsʻɤ^{42}	tsʻɤ^{42}	tʂʻɤ^{42}	tsʻɤ^{42}	sɤ^{42}
永昌县	tsə^{13}	tsə^{53}	tsʻə^{53}	tsʻə^{53}	tsʻə^{53}	tʂʻə^{53}	tsʻə^{53}	sə^{53}
甘州区	tsə^{53}	tsə^{31}	tsʻə^{31}	tsʻə^{31}	tsʻə^{31}	tʂʻə^{31}	tsʻə^{31}	sə^{31}
临泽县	tsə^{53}	tsə^{214}	tsʻə^{214}	tsʻə^{214}	tsʻə^{214}	tʂʻə^{214}	tsʻə^{214}	sə^{214}
民乐县	tsɤ^{53}	tsɤ^{42}	tsʻɤ^{42}	tsʻɤ^{42}	tsʻɤ^{42}	tʂʻɤ^{42}	tsʻɤ^{42}	sɤ^{42}
山丹县	tsɤ^{53}	tsɤ^{41}	tsʻɤ^{41}	tsʻɤ^{41}	tsʻɤ^{41}	tʂʻɤ^{41}	tsʻɤ^{41}	sɤ^{41}
高台县	tsɤ^{53}	tsɤ^{214}	tsʻɤ^{214}	tsʻɤ^{214}	tsʻɤ^{214}	tʂʻɤ^{214}	tsʻɤ^{214}	sɤ^{214}
肃州区	tsɤ^{53}	tsɤ^{214}	tsʻɤ^{214}	tsʻɤ^{214}	tsʻɤ^{214}	tʂʻɤ^{214}	tsʻɤ^{214}	sɤ^{214}
金塔县	tsɤ^{53}	tsɤ^{13}	tsʻɤ^{13}	tsʻɤ^{13}	tsʻɤ^{13}	tʂʻɤ^{13}	tsʻɤ^{13}	sɤ^{13}
肃北县	tsɤ^{53}	tsɤ^{213}	tsʻɤ^{213}	tsʻɤ^{213}	tsʻɤ^{213}	tʂʻɤ^{213}	tsʻɤ^{213}	sɤ^{213}
玉门市	tsɤ^{53}	tsɤ^{213}	tsʻɤ^{213}	tsʻɤ^{213}	tsʻɤ^{213}	tʂʻɤ^{213}	tsʻɤ^{213}	sɤ^{213}

①又通“厕”，察色切，曾开三入职初。

续表

瓜州县	tsɤ^{53}	tsɤ^{213}	tsʻɤ^{213}	tsʻɤ^{213}	tsʻɤ^{213}	tʂʻɤ^{213}	tsʻɤ^{213}	sɤ^{213}
西夏区	tsə^{13}	tsə^{13}	tsʻə^{13}	tsʻə^{13}	tsʻə^{13}	tsʻə^{13}	tsʻə^{13}	sə^{13}
贺兰县	tsə^{13}	tsə^{13}	tsʻə^{13}	tsʻə^{13}	tsʻə^{13}	tsʻə^{13}	tsʻə^{13}	sə^{13}
灵武市（东塔镇）	tsə^{13}	tsə^{13}	tsʻə^{13}	tsʻə^{13}	tsʻə^{13}	tsʻə^{13}	tsʻə^{13}	sə^{13}
永宁县	tsə^{13}	tsə^{13}	tsʻə^{13}	tsʻə^{13}	tsʻə^{13}	tsʻə^{13}	tsʻə^{13}	sə^{13}
中宁县	tsɤ^{13}	tsɤ^{53}	tsʻɤ^{13}	tsʻɤ^{13}	tsʻɤ^{13}	tsʻɤ^{13}	tsʻɤ^{13}	sɤ^{13}
沙坡头区	tsə^{13}	tsə^{13}	tsʻə^{13}	tsʻə^{13}	tsʻə^{13}	tsʻə^{13}	tsʻə^{13}	sə^{13}
盐池县	tsə^{13}	tsə^{13}	tsʻə^{13}	tsʻə^{13}	tsʻə^{13}	tsʻə^{13}	tsʻə^{13}	sə^{13}
平罗县（渠口乡）	tsə^{13}	tsə^{13}	tsʻə^{13}	tsʻə^{13}	tsʻə^{13}	tsʻə^{13}	tsʻə^{13}	sə^{13}
阿拉善左旗	tsə^{51}	tsə^{213}	tsʻə^{213}	tsʻə^{213}	tsʻə^{213}	tʂʻə^{213}	tsʻə^{213}	sə^{213}
乌鲁木齐市	tsə^{52}	tsə^{213}	tsʻə^{213}	tsʻə^{213}	tsʻə^{213}	tʂʻə^{213}	tsʻə^{213}	sə^{213}
阜康市	tsɤ^{51}	tsɤ^{213}	tsʻɤ^{213}	tsʻɤ^{213}	tsʻɤ^{213}	tʂʻɤ^{213}	tsʻɤ^{213}	sɤ^{213}
呼图壁县	tsɤ^{51}	tsɤ^{213}	tsʻɤ^{213}	tsʻɤ^{213}	tsʻɤ^{213}	tʂʻɤ^{213}	tsʻɤ^{213}	sɤ^{213}
吉木萨尔县	tsɤ^{51}	tsɤ^{213}	tsʻɤ^{213}	tsʻɤ^{213}	tsʻɤ^{213}	tʂʻɤ^{213}	tsʻɤ^{213}	sɤ^{213}
奇台县	tsɤ^{52}	tsɤ^{213}	tsʻɤ^{213}	tsʻɤ^{213}	tsʻɤ^{213}	tʂʻɤ^{213}	tsʻɤ^{213}	sɤ^{213}
博乐市	tsɤ^{51}	tsɤ^{24}	tsʻɤ^{24}	tsʻɤ^{24}	tsʻɤ^{24}	tʂʻɤ^{24}	tsʻɤ^{24}	sɤ^{24}
阿勒泰市	tsɤ^{51}	tsɤ^{23}	tsʻɤ^{23}	tsʻɤ^{23}	tsʻɤ^{23}	tʂʻɤ^{23}	tsʻɤ^{23}	sɤ^{23}
布尔津县	tsɤ^{23}	tsɤ^{51}	tsʻɤ^{51}	tsʻɤ^{51}	tsʻɤ^{51}	tʂʻɤ^{51}	tsʻɤ^{51}	sɤ^{51}
乌苏市	tsɤ^{51}	tsɤ^{213}	tsʻɤ^{213}	tsʻɤ^{213}	tsʻɤ^{213}	tʂʻɤ^{213}	tsʻɤ^{213}	sɤ^{213}
额敏县	tsɤ^{51}	tsɤ^{34}	tsʻɤ^{34}	tsʻɤ^{34}	tsʻɤ^{34}	tʂʻɤ^{34}	tsʻɤ^{34}	sɤ^{34}
伊州区	tsɤ^{51}	tsɤ^{213}	tsʻɤ^{213}	tsʻɤ^{213}	tsʻɤ^{213}	tʂʻɤ^{213}	tsʻɤ^{213}	sɤ^{213}
巴里坤县	tsə^{51}	tsə^{24}	tsʻə^{24}	tsʻə^{24}	tsʻə^{24}	tʂʻə^{24}	tsʻə^{24}	sə^{24}
伊吾县	tsɤ^{51}	tsɤ^{213}	tsʻɤ^{213}	tsʻɤ^{213}	tsʻɤ^{213}	tʂʻɤ^{213}	tsʻɤ^{213}	sɤ^{213}

字目 / 中古音 / 方言点	瑟	塞 闭塞	啬	色	遮	折 折叠	哲	折 折断
	臻开三入栉生	曾开一入德心	曾开三入职生	曾开三入职生	假开三平麻章	咸开三入叶章	山开三入薛知	山开三入薛章
兰州市（城关区）	sɤ^{13}	sɤ^{13}	sɤ^{13}	ʂɤ^{13}	tʂɤ^{53}	tʂɤ^{13}	tʂɤ^{13}	tʂɤ^{13}
永登县	sə^{13}	sə^{13}	sə^{13}	ʂə^{13}	tʂə^{42}	tʂə^{13}	tʂə^{13}	tʂə^{13}
榆中县	sə^{13}	sə^{13}	sə^{13}	ʂə^{13}	tʂə^{51}	tʂə^{13}	tʂə^{13}	tʂə^{13}
皋兰县	sə^{13}	sə^{13}	sə^{13}	ʂə^{13}	tʂə^{42}	tʂə^{13}	tʂə^{13}	tʂə^{13}
白银区	sə^{13}	sə^{13}	sə^{13}	ʂə^{13}	tʂə^{44}	tʂə^{13}	tʂə^{13}	tʂə^{13}
天祝县	sɤ^{213}	sɤ^{213}	sɤ^{213}	ʂɤ^{213}	tʂɤ^{44}	tʂɤ^{213}	tʂɤ^{213}	tʂɤ^{213}
景泰县（红水镇）	sɤ^{213}	sɤ^{213}	sɤ^{213}	ʂɤ^{213}	tʂɤ^{44}	tʂɤ^{213}	tʂɤ^{213}	tʂɤ^{213}
古浪县	sɤ^{31}	sɤ^{31}	sɤ^{31}	ʂɤ^{31}	tʂɤ^{44}	tʂɤ^{31}	tʂɤ^{31}	tʂɤ^{31}
凉州区	sə^{53}	sə^{53}	sə^{53}	ʂə^{53}	tʂə^{33}	tʂə^{53}	tʂə^{53}	tʂə^{53}
民勤县	sɤ^{42}	sɤ^{42}	sɤ^{42}	ʂɤ^{42}	tʂɤ^{44}	tʂɤ^{42}	tʂɤ^{42}	tʂɤ^{42}
永昌县	sə^{53}	sə^{53}	sə^{53}	ʂə^{53}	tʂə^{44}	tʂə^{53}	tʂə^{53}	tʂə^{53}
甘州区	sə^{31}	sə^{31}	sə^{31}	ʂə^{31}	tʂə^{44}	tʂə^{31}	tʂə^{31}	tʂə^{31}
临泽县	sə^{214}	sə^{214}	sə^{214}	ʂə^{214}	tʂə^{44}	tʂə^{214}	tʂə^{214}	tʂə^{214}
民乐县	sɤ^{42}	sɤ^{42}	sɤ^{42}	ʂɤ^{42}	tʂɤ^{44}	tʂɤ^{42}	tʂɤ^{42}	tʂɤ^{42}
山丹县	sɤ^{41}	sɤ^{41}	sɤ^{41}	ʂɤ^{41}	tʂɤ^{24}	tʂɤ^{41}	tʂɤ^{41}	tʂɤ^{41}
高台县	sɤ^{214}	sɤ^{214}	sɤ^{214}	ʂɤ^{214}	tʂɤ^{44}	tʂɤ^{214}	tʂɤ^{214}	tʂɤ^{214}
肃州区	sɤ^{214}	sɤ^{214}	sɤ^{214}	ʂɤ^{214}	tʂɤ^{44}	tʂɤ^{214}	tʂɤ^{214}	tʂɤ^{214}
金塔县	sɤ^{13}	sɤ^{13}	sɤ^{13}	ʂɤ^{13}	tʂɤ^{44}	tʂɤ^{13}	tʂɤ^{13}	tʂɤ^{13}
肃北县	sɤ^{213}	sɤ^{213}	sɤ^{213}	ʂɤ^{213}	tʂɤ^{44}	tʂɤ^{213}	tʂɤ^{213}	tʂɤ^{213}
玉门市	sɤ^{213}	sɤ^{213}	sɤ^{213}	ʂɤ^{213}	tʂɤ^{44}	tʂɤ^{213}	tʂɤ^{213}	tʂɤ^{213}
瓜州县	sɤ^{213}	sɤ^{213}	sɤ^{213}	ʂɤ^{213}	tʂɤ^{44}	tʂɤ^{213}	tʂɤ^{213}	tʂɤ^{213}
西夏区	sə^{13}	sə^{13}	sə^{13}	sə^{13}	tʂə^{44}	tʂə^{13}	tʂə^{13}	tʂə^{13}

续表

贺兰县	sə^{13}	sə^{13}	sə^{13}	sə^{13}	tʂə^{44}	tʂə^{13}	tʂə^{13}	tʂə^{13}
灵武市（东塔镇）	sə^{13}	sə^{13}	sə^{13}	sə^{13}	tʂə^{44}	tʂə^{13}	tʂə^{13}	tʂə^{13}
永宁县	sə^{13}	sə^{13}	sə^{13}	sə^{13}	tʂə^{44}	tʂə^{13}	tʂə^{13}	tʂə^{13}
中宁县	sɣ^{13}	sɣ^{13}	sɣ^{13}	sɣ^{13}	tʂɣ^{44}	tʂɣ^{13}	tʂɣ^{13}	tʂɣ^{13}
沙坡头区	sə^{13}	sə^{13}	sə^{13}	sə^{13}	tʂə^{44}	tʂə^{13}	tʂə^{13}	tʂə^{13}
盐池县	sə^{13}	sə^{13}	sə^{13}	sə^{13}	tʂə^{44}	tʂə^{13}	tʂə^{13}	tʂə^{13}
平罗县（渠口乡）	sə^{13}	sə^{13}	sə^{13}	sə^{13}	tʂə^{44}	tʂə^{13}	tʂə^{13}	tʂə^{13}
阿拉善左旗	sə^{213}	sə^{213}	sə^{213}	ʂə^{213}	tʂə^{44}	tʂə^{213}	tʂə^{213}	tʂə^{213}
乌鲁木齐市	sə^{213}	sə^{213}	sə^{213}	ʂə^{213}	tʂə^{44}	tʂə^{213}	tʂə^{213}	tʂə^{213}
阜康市	sɣ^{213}	sɣ^{213}	sɣ^{213}	ʂɣ^{213}	tʂɣ^{55}	tʂɣ^{213}	tʂɣ^{213}	tʂɣ^{213}
呼图壁县	sɣ^{213}	sɣ^{213}	sɣ^{213}	ʂɣ^{213}	tʂɣ^{44}	tʂɣ^{213}	tʂɣ^{213}	tʂɣ^{213}
吉木萨尔县	sɣ^{213}	sɣ^{213}	sɣ^{213}	ʂɣ^{213}	tʂɣ^{44}	tʂɣ^{213}	tʂɣ^{213}	tʂɣ^{213}
奇台县	sɣ^{213}	sɣ^{213}	sɣ^{213}	ʂɣ^{213}	tʂɣ^{44}	tʂɣ^{213}	tʂɣ^{213}	tʂɣ^{213}
博乐市	sɣ^{24}	sɣ^{24}	sɣ^{24}	ʂɣ^{24}	tʂɣ^{45}	tʂɣ^{24}	tʂɣ^{24}	tʂɣ^{24}
阿勒泰市	sɣ^{23}	sɣ^{23}	sɣ^{23}	ʂɣ^{23}	tʂɣ^{44}	tʂɣ^{23}	tʂɣ^{23}	tʂɣ^{23}
布尔津县	sɣ^{51}	sɣ^{51}	sɣ^{51}	ʂɣ^{51}	tʂɣ^{44}	tʂɣ^{51}	tʂɣ^{51}	tʂɣ^{51}
乌苏市	sɣ^{213}	sɣ^{213}	sɣ^{213}	ʂɣ^{213}	tʂɣ^{55}	tʂɣ^{213}	tʂɣ^{213}	tʂɣ^{213}
额敏县	sɣ^{34}	sɣ^{34}	sɣ^{34}	ʂɣ^{34}	tʂɣ^{44}	tʂɣ^{34}	tʂɣ^{34}	tʂɣ^{34}
伊州区	sɣ^{213}	sɣ^{213}	sɣ^{213}	ʂɣ^{213}	tʂɣ^{44}	tʂɣ^{213}	tʂɣ^{213}	tʂɣ^{213}
巴里坤县	sə^{24}	sə^{24}	sə^{24}	ʂə^{24}	tʂə^{45}	tʂə^{24}	tʂə^{24}	tʂə^{24}
伊吾县	sɣ^{213}	sɣ^{213}	sɣ^{213}	ʂɣ^{213}	tʂɣ^{44}	tʂɣ^{213}	tʂɣ^{213}	tʂɣ^{213}

字目 / 中古音 / 方音 / 方言点	者	蔗	浙	车 车辆	扯	撤[1]	彻[1]	赊
	假开三 上马章	假开三 去祃章	山开三 入薛章	假开三 平麻昌	假开三 上马昌	山开三 入薛彻	山开三 入薛彻	假开三 平麻书
兰州市 （城关区）	tʂɤ^{44}	tʂɤ^{13}	tʂɤ^{13}	tʂʻɤ^{53}	tʂʻɤ^{44}	tʂʻɤ^{13}	tʂʻɤ^{13}	ʂɤ^{53}
永登县	tʂə^{354}	tʂə^{13}	tʂə^{13}	tʂʻə^{42}	tʂʻə^{354}	tʂʻə^{13}	tʂʻə^{13}	ʂə^{42}
榆中县	tʂə^{44}	tʂə^{13}	tʂə^{13}	tʂʻə^{51}	tʂʻə^{44}	tʂʻə^{13}	tʂʻə^{13}	ʂə^{51}
皋兰县	tʂə^{342}	tʂə^{13}	tʂə^{13}	tʂʻə^{42}	tʂʻə^{342}	tʂʻə^{13}	tʂʻə^{13}	ʂə^{42}
白银区	tʂə^{343}	tʂə^{13}	tʂə^{13}	tʂʻə^{44}	tʂʻə^{343}	tʂʻə^{13}	tʂʻə^{13}	ʂə^{44}
天祝县	tʂɤ^{44}	tʂɤ^{213}	tʂɤ^{213}	tʂʻɤ^{44}	tʂʻɤ^{44}	tʂʻɤ^{213}	tʂʻɤ^{213}	ʂɤ^{44}
景泰县 （红水镇）	tʂɤ^{44}	tʂɤ^{213}	tʂɤ^{213}	tʂʻɤ^{44}	tʂʻɤ^{44}	tʂʻɤ^{213}	tʂʻɤ^{213}	ʂɤ^{44}
古浪县	tʂɤ^{44}	tʂɤ^{31}	tʂɤ^{31}	tʂʻɤ^{44}	tʂʻɤ^{44}	tʂʻɤ^{31}	tʂʻɤ^{31}	ʂɤ^{44}
凉州区	tʂə^{33}	tʂə^{53}	tʂə^{53}	tʂʻə^{33}	tʂʻə^{33}	tʂʻə^{53}	tʂʻə^{53}	ʂə^{33}
民勤县	tʂɤ^{214}	tʂɤ^{42}	tʂɤ^{42}	tʂʻɤ^{44}	tʂʻɤ^{214}	tʂʻɤ^{42}	tʂʻɤ^{42}	ʂɤ^{44}
永昌县	tʂə^{44}	tʂə^{53}	tʂə^{53}	tʂʻə^{44}	tʂʻə^{13}	tʂʻə^{53}	tʂʻə^{53}	ʂə^{44}
甘州区	tʂə^{44}	tʂə^{31}	tʂə^{31}	tʂʻə^{44}	tʂʻə^{53}	tʂʻə^{31}	tʂʻə^{31}	ʂə^{44}
临泽县	tʂə^{44}	tʂə^{214}	tʂə^{214}	tʂʻə^{44}	tʂʻə^{44}	tʂʻə^{214}	tʂʻə^{214}	ʂə^{44}
民乐县	tʂɤ^{213}	tʂɤ^{42}	tʂɤ^{42}	tʂʻɤ^{44}	tʂʻɤ^{213}	tʂʻɤ^{42}	tʂʻɤ^{42}	ʂɤ^{44}
山丹县	tʂɤ^{24}	tʂɤ^{41}	tʂɤ^{41}	tʂʻɤ^{24}	tʂʻɤ^{53}	tʂʻɤ^{41}	tʂʻɤ^{41}	ʂɤ^{24}
高台县	tʂɤ^{44}	tʂɤ^{214}	tʂɤ^{214}	tʂʻɤ^{44}	tʂʻɤ^{44}	tʂʻɤ^{214}	tʂʻɤ^{214}	ʂɤ^{44}
肃州区	tʂɤ^{44}	tʂɤ^{214}	tʂɤ^{214}	tʂʻɤ^{44}	tʂʻɤ^{44}	tʂʻɤ^{214}	tʂʻɤ^{214}	ʂɤ^{44}
金塔县	tʂɤ^{44}	tʂɤ^{13}	tʂɤ^{13}	tʂʻɤ^{44}	tʂʻɤ^{53}	tʂʻɤ^{13}	tʂʻɤ^{13}	ʂɤ^{44}
肃北县	tʂɤ^{44}	tʂɤ^{213}	tʂɤ^{213}	tʂʻɤ^{44}	tʂʻɤ^{53}	tʂʻɤ^{213}	tʂʻɤ^{213}	ʂɤ^{44}
玉门市	tʂɤ^{44}	tʂɤ^{213}	tʂɤ^{213}	tʂʻɤ^{44}	tʂʻɤ^{53}	tʂʻɤ^{213}	tʂʻɤ^{213}	ʂɤ^{44}

①又直列切，山开三入薛澄。

续表

瓜州县	tʂɤ^{44}	tʂɤ^{213}	tʂɤ^{213}	tʂʻɤ^{44}	tʂʻɤ^{53}	tʂʻɤ^{213}	tʂʻɤ^{213}	ʂɤ^{44}
西夏区	tʂə^{44}	tʂə^{13}	tʂə^{13}	tʂʻə^{44}	tʂʻə^{53}	tʂʻə^{13}	tʂʻə^{13}	ʂə^{44}
贺兰县	tʂə^{44}	tʂə^{13}	tʂə^{13}	tʂʻə^{44}	tʂʻə^{52}	tʂʻə^{13}	tʂʻə^{13}	ʂə^{44}
灵武市（东塔镇）	tʂə^{44}	tʂə^{13}	tʂə^{13}	tʂʻə^{44}	tʂʻə^{53}	tʂʻə^{13}	tʂʻə^{13}	ʂə^{44}
永宁县	tʂə^{44}	tʂə^{13}	tʂə^{13}	tʂʻə^{44}	tʂʻə^{53}	tʂʻə^{13}	tʂʻə^{13}	ʂə^{44}
中宁县	tʂɤ^{44}	tʂɤ^{13}	tʂɤ^{13}	tʂʻɤ^{44}	tʂʻɤ^{53}	tʂʻɤ^{13}	tʂʻɤ^{13}	ʂɤ^{44}
沙坡头区	tʂə^{44}	tʂə^{13}	tʂə^{13}	tʂʻə^{44}	tʂʻə^{53}	tʂʻə^{13}	tʂʻə^{13}	ʂə^{44}
盐池县	tʂə^{44}	tʂə^{13}	tʂə^{13}	tʂʻə^{44}	tʂʻə^{53}	tʂʻə^{13}	tʂʻə^{13}	ʂə^{44}
平罗县（渠口乡）	tʂə^{44}	tʂə^{13}	tʂə^{13}	tʂʻə^{44}	tʂʻə^{53}	tʂʻə^{13}	tʂʻə^{13}	ʂə^{44}
阿拉善左旗	tʂə^{44}	tʂə^{213}	tʂə^{213}	tʂʻə^{44}	tʂʻə^{51}	tʂʻə^{213}	tʂʻə^{213}	ʂə^{44}
乌鲁木齐市	tʂə^{44}	tʂə^{213}	tʂə^{213}	tʂʻə^{44}	tʂʻə^{53}	tʂʻə^{213}	tʂʻə^{213}	ʂə^{44}
阜康市	tʂɤ^{55}	tʂɤ^{213}	tʂɤ^{213}	tʂʻɤ^{55}	tʂʻɤ^{51}	tʂʻɤ^{213}	tʂʻɤ^{213}	ʂɤ^{55}
呼图壁县	tʂɤ^{44}	tʂɤ^{213}	tʂɤ^{213}	tʂʻɤ^{44}	tʂʻɤ^{51}	tʂʻɤ^{213}	tʂʻɤ^{213}	ʂɤ^{44}
吉木萨尔县	tʂɤ^{44}	tʂɤ^{213}	tʂɤ^{213}	tʂʻɤ^{44}	tʂʻɤ^{51}	tʂʻɤ^{213}	tʂʻɤ^{213}	ʂɤ^{44}
奇台县	tʂɤ^{44}	tʂɤ^{213}	tʂɤ^{213}	tʂʻɤ^{44}	tʂʻɤ^{52}	tʂʻɤ^{213}	tʂʻɤ^{213}	ʂɤ^{44}
博乐市	tʂɤ^{45}	tʂɤ^{24}	tʂɤ^{24}	tʂʻɤ^{45}	tʂʻɤ^{51}	tʂʻɤ^{24}	tʂʻɤ^{24}	ʂɤ^{45}
阿勒泰市	tʂɤ^{44}	tʂɤ^{23}	tʂɤ^{23}	tʂʻɤ^{44}	tʂʻɤ^{51}	tʂʻɤ^{23}	tʂʻɤ^{23}	ʂɤ^{44}
布尔津县	tʂɤ^{44}	tʂɤ^{51}	tʂɤ^{51}	tʂʻɤ^{44}	tʂʻɤ^{23}	tʂʻɤ^{51}	tʂʻɤ^{51}	ʂɤ^{44}
乌苏市	tʂɤ^{55}	tʂɤ^{213}	tʂɤ^{213}	tʂʻɤ^{55}	tʂʻɤ^{51}	tʂʻɤ^{213}	tʂʻɤ^{213}	ʂɤ^{55}
额敏县	tʂɤ^{44}	tʂɤ^{34}	tʂɤ^{34}	tʂʻɤ^{44}	tʂʻɤ^{51}	tʂʻɤ^{34}	tʂʻɤ^{34}	ʂɤ^{44}
伊州区	tʂɤ^{44}	tʂɤ^{213}	tʂɤ^{213}	tʂʻɤ^{44}	tʂʻɤ^{51}	tʂʻɤ^{213}	tʂʻɤ^{213}	ʂɤ^{44}
巴里坤县	tʂə^{45}	tʂə^{24}	tʂə^{24}	tʂʻə^{45}	tʂʻə^{51}	tʂʻə^{24}	tʂʻə^{24}	ʂə^{45}
伊吾县	tʂɤ^{44}	tʂɤ^{213}	tʂɤ^{213}	tʂʻɤ^{44}	tʂʻɤ^{51}	tʂʻɤ^{213}	tʂʻɤ^{213}	ʂɤ^{44}

字目 / 中古音 / 方音 / 方言点	蛇	舌	舍 舍弃	射①	赦②	舍 宿舍	社	摄③
中古音	假开三 平麻船	山开三 入薛船	假开三 上马书	假开三 去祃船	假开三 去祃书	假开三 去祃书	假开三 上马禅	咸开三 入叶书
兰州市 （城关区）	ʂɤ^{51}	ʂɤ^{51}	ʂɤ^{44}	ʂɤ^{13}	ʂɤ^{13}	ʂɤ^{13}	ʂɤ^{13}	ʂɤ^{13}
永登县	ʂə^{42}	ʂə^{53}	ʂə^{354}	ʂə^{13}	ʂə^{13}	ʂə^{13}	ʂə^{13}	ʂə^{13}
榆中县	ʂə^{332}	ʂə^{332}	ʂə^{44}	ʂə^{13}	ʂə^{13}	ʂə^{13}	ʂə^{13}	ʂə^{13}
皋兰县	ʂə^{42}	ʂə^{53}	ʂə^{342}	ʂə^{13}	ʂə^{13}	ʂə^{13}	ʂə^{13}	ʂə^{13}
白银区	ʂə^{51}	ʂə^{51}	ʂə^{343}	ʂə^{13}	ʂə^{13}	ʂə^{13}	ʂə^{13}	ʂə^{13}
天祝县	ʂɤ^{53}	ʂɤ^{53}	ʂɤ^{44}	ʂɤ^{213}	ʂɤ^{213}	ʂɤ^{213}	ʂɤ^{213}	ʂɤ^{213}
景泰县 （红水镇）	ʂɤ^{53}	ʂɤ^{53}	ʂɤ^{44}	ʂɤ^{213}	ʂɤ^{213}	ʂɤ^{213}	ʂɤ^{213}	ʂɤ^{213}
古浪县	ʂɤ^{53}	ʂɤ^{53}	ʂɤ^{44}	ʂɤ^{31}	ʂɤ^{31}	ʂɤ^{31}	ʂɤ^{31}	ʂɤ^{31}
凉州区	ʂə^{13}	ʂə^{13}	ʂə^{33}	ʂə^{53}	ʂə^{53}	ʂə^{53}	ʂə^{53}	ʂə^{53}
民勤县	ʂɤ^{53}	ʂɤ^{53}	ʂɤ^{214}	ʂɤ^{42}	ʂɤ^{42}	ʂɤ^{42}	ʂɤ^{42}	ʂɤ^{42}
永昌县	ʂə^{13}	ʂə^{13}	ʂə^{13}	ʂə^{53}	ʂə^{53}	ʂə^{53}	ʂə^{53}	ʂə^{53}
甘州区	ʂə^{53}	ʂə^{53}	ʂə^{53}	ʂə^{31}	ʂə^{31}	ʂə^{31}	ʂə^{31}	ʂə^{31}
临泽县	ʂə^{53}	ʂə^{53}	ʂə^{44}	ʂə^{214}	ʂə^{214}	ʂə^{214}	ʂə^{214}	ʂə^{214}
民乐县	ʂɤ^{53}	ʂɤ^{53}	ʂɤ^{213}	ʂɤ^{42}	ʂɤ^{42}	ʂɤ^{42}	ʂɤ^{42}	ʂɤ^{42}
山丹县	ʂɤ^{53}	ʂɤ^{53}	ʂɤ^{53}	ʂɤ^{41}	ʂɤ^{41}	ʂɤ^{41}	ʂɤ^{41}	ʂɤ^{41}
高台县	ʂɤ^{53}	ʂɤ^{53}	ʂɤ^{44}	ʂɤ^{214}	ʂɤ^{214}	ʂɤ^{214}	ʂɤ^{214}	ʂɤ^{214}
肃州区	ʂɤ^{53}	ʂɤ^{53}	ʂɤ^{44}	ʂɤ^{214}	ʂɤ^{214}	ʂɤ^{214}	ʂɤ^{214}	ʂɤ^{214}
金塔县	ʂɤ^{53}	ʂɤ^{53}	ʂɤ^{53}	ʂɤ^{13}	ʂɤ^{13}	ʂɤ^{13}	ʂɤ^{13}	ʂɤ^{13}
肃北县	ʂɤ^{53}	ʂɤ^{53}	ʂɤ^{53}	ʂɤ^{213}	ʂɤ^{213}	ʂɤ^{213}	ʂɤ^{213}	ʂɤ^{213}

①又食亦切，梗开二入昔船。

②又始野切，假开三上马书。

③又挪协切，咸开三入叶泥。

续表

玉门市	ʂɤ^{53}	ʂɤ^{53}	ʂɤ^{53}	ʂɤ^{213}	ʂɤ^{213}	ʂɤ^{213}	ʂɤ^{213}	ʂɤ^{213}
瓜州县	ʂɤ^{53}	ʂɤ^{53}	ʂɤ^{53}	ʂɤ^{213}	ʂɤ^{213}	ʂɤ^{213}	ʂɤ^{213}	ʂɤ^{213}
西夏区	ʂə^{53}	ʂə^{13}	ʂə^{53}	ʂə^{13}	ʂə^{13}	ʂə^{13}	ʂə^{13}	ʂə^{13}
贺兰县	ʂə^{53}	ʂə^{13}	ʂə^{53}	ʂə^{13}	ʂə^{13}	ʂə^{13}	ʂə^{13}	ʂə^{13}
灵武市（东塔镇）	ʂə^{52}	ʂə^{13}	ʂə^{52}	ʂə^{13}	ʂə^{13}	ʂə^{13}	ʂə^{13}	ʂə^{13}
永宁县	ʂə^{53}	ʂə^{13}	ʂə^{53}	ʂə^{13}	ʂə^{13}	ʂə^{13}	ʂə^{13}	ʂə^{13}
中宁县	ʂɤ^{53}	ʂɤ^{53}	ʂɤ^{53}	ʂɤ^{13}	ʂɤ^{13}	ʂɤ^{13}	ʂɤ^{13}	ʂɤ^{53}
沙坡头区	ʂə^{13}	ʂə^{13}	ʂə^{52}	ʂə^{13}	ʂə^{13}	ʂə^{13}	ʂə^{13}	ʂə^{13}
盐池县	ʂə^{13}	ʂə^{13}	ʂə^{52}	ʂə^{13}	ʂə^{13}	ʂə^{13}	ʂə^{13}	ʂə^{13}
平罗县（渠口乡）	ʂə^{53}	ʂə^{13}	ʂə^{53}	ʂə^{13}	ʂə^{13}	ʂə^{13}	ʂə^{13}	ʂə^{13}
阿拉善左旗	ʂə^{51}	ʂə^{51}	ʂə^{51}	ʂə^{213}	ʂə^{213}	ʂə^{213}	ʂə^{213}	ʂə^{213}
乌鲁木齐市	ʂə^{52}	ʂə^{52}	ʂə^{52}	ʂə^{213}	ʂə^{213}	ʂə^{213}	ʂə^{213}	ʂə^{213}
阜康市	ʂɤ^{51}	ʂɤ^{51}	ʂɤ^{51}	ʂɤ^{213}	ʂɤ^{213}	ʂɤ^{213}	ʂɤ^{213}	ʂɤ^{213}
呼图壁县	ʂɤ^{51}	ʂɤ^{51}	ʂɤ^{51}	ʂɤ^{213}	ʂɤ^{213}	ʂɤ^{213}	ʂɤ^{213}	ʂɤ^{213}
吉木萨尔县	ʂɤ^{51}	ʂɤ^{51}	ʂɤ^{51}	ʂɤ^{213}	ʂɤ^{213}	ʂɤ^{213}	ʂɤ^{213}	ʂɤ^{213}
奇台县	ʂɤ^{52}	ʂɤ^{52}	ʂɤ^{52}	ʂɤ^{213}	ʂɤ^{213}	ʂɤ^{213}	ʂɤ^{213}	ʂɤ^{213}
博乐市	ʂɤ^{51}	ʂɤ^{51}	ʂɤ^{51}	ʂɤ^{24}	ʂɤ^{24}	ʂɤ^{24}	ʂɤ^{24}	ʂɤ^{24}
阿勒泰市	ʂɤ^{51}	ʂɤ^{51}	ʂɤ^{51}	ʂɤ^{23}	ʂɤ^{23}	ʂɤ^{23}	ʂɤ^{23}	ʂɤ^{23}
布尔津县	ʂɤ^{23}	ʂɤ^{23}	ʂɤ^{23}	ʂɤ^{23}	ʂɤ^{51}	ʂɤ^{51}	ʂɤ^{51}	ʂɤ^{51}
乌苏市	ʂɤ^{51}	ʂɤ^{51}	ʂɤ^{51}	ʂɤ^{213}	ʂɤ^{213}	ʂɤ^{213}	ʂɤ^{213}	ʂɤ^{213}
额敏县	ʂɤ^{51}	ʂɤ^{51}	ʂɤ^{51}	ʂɤ^{34}	ʂɤ^{34}	ʂɤ^{34}	ʂɤ^{34}	ʂɤ^{34}
伊州区	ʂɤ^{51}	ʂɤ^{51}	ʂɤ^{51}	ʂɤ^{213}	ʂɤ^{213}	ʂɤ^{213}	ʂɤ^{213}	ʂɤ^{213}
巴里坤县	ʂə^{51}	ʂə^{51}	ʂə^{51}	ʂə^{24}	ʂə^{24}	ʂə^{24}	ʂə^{24}	ʂə^{24}
伊吾县	ʂɤ^{51}	ʂɤ^{51}	ʂɤ^{51}	ʂɤ^{213}	ʂɤ^{213}	ʂɤ^{213}	ʂɤ^{213}	ʂɤ^{213}

字目 / 中古音 / 方言点	涉	设	惹	热	歌	哥	鸽	割
中古音	咸开三入叶禅	山开三入薛书	假开三上马日	山开三入薛日	果开一平歌见	果开一平歌见	咸开一入合见	山开一入曷见
兰州市（城关区）	ʂɤ^{13}	ʂɤ^{13}	ʐɤ^{44}	ʐɤ^{13}	kɤ^{53}	kɤ^{53}	kɤ^{13}	kɤ^{13}
永登县	ʂə^{13}	ʂə^{13}	ʐə^{354}	ʐə^{13}	kə^{42}	kə^{42}	kə^{13}	kə^{13}
榆中县	ʂə^{13}	ʂə^{13}	ʐə^{44}	ʐə^{13}	kə^{51}	kə^{51}	kə^{13}	kə^{13}
皋兰县	ʂə^{13}	ʂə^{13}	ʐə^{342}	ʐə^{13}	kə^{42}	kə^{42}	kə^{13}	kə^{13}
白银区	ʂə^{13}	ʂə^{13}	ʐə^{343}	ʐə^{13}	kə^{44}	kə^{44}	kə^{13}	kə^{13}
天祝县	ʂɤ^{213}	ʂɤ^{213}	ʐɤ^{44}	ʐɤ^{213}	kɤ^{44}	kɤ^{44}	kɤ^{213}	kɤ^{213}
景泰县（红水镇）	ʂɤ^{213}	ʂɤ^{213}	ʐɤ^{44}	ʐɤ^{213}	kɤ^{44}	kɤ^{44}	kɤ^{213}	kɤ^{213}
古浪县	ʂɤ^{31}	ʂɤ^{31}	ʐɤ^{44}	ʐɤ^{31}	kɤ^{44}	kɤ^{44}	kɤ^{31}	kɤ^{31}
凉州区	ʂə^{53}	ʂə^{53}	ʐə^{33}	ʐə^{53}	kə^{33}	kə^{33}	kə^{53}	kə^{53}
民勤县	ʂɤ^{42}	ʂɤ^{42}	ʐɤ^{214}	ʐɤ^{42}	kɤ^{44}	kɤ^{44}	kɤ^{42}	kɤ^{42}
永昌县	ʂə^{53}	ʂə^{53}	ʐə^{13}	ʐə^{53}	kə^{44}	kə^{44}	kə^{53}	kə^{53}
甘州区	ʂə^{31}	ʂə^{31}	ʐə^{53}	ʐə^{31}	kə^{44}	kə^{44}	kə^{31}	kə^{31}
临泽县	ʂə^{214}	ʂə^{214}	ʐə^{44}	ʐə^{214}	kə^{44}	kə^{44}	kə^{214}	kə^{214}
民乐县	ʂɤ^{42}	ʂɤ^{42}	ʐɤ^{213}	ʐɤ^{42}	kɤ^{44}	kɤ^{44}	kɤ^{42}	kɤ^{42}
山丹县	ʂɤ^{41}	ʂɤ^{41}	ʐɤ^{53}	ʐɤ^{41}	kɤ^{24}	kɤ^{24}	kɤ^{41}	kɤ^{41}
高台县	ʂɤ^{214}	ʂɤ^{214}	ʐɤ^{44}	ʐɤ^{214}	kɤ^{44}	kɤ^{44}	kɤ^{214}	kɤ^{214}
肃州区	ʂɤ^{214}	ʂɤ^{214}	ʐɤ^{44}	ʐɤ^{214}	kɤ^{44}	kɤ^{44}	kɤ^{214}	kɤ^{214}
金塔县	ʂɤ^{13}	ʂɤ^{13}	ʐɤ^{53}	ʐɤ^{13}	kɤ^{44}	kɤ^{44}	kɤ^{13}	kɤ^{13}
肃北县	ʂɤ^{213}	ʂɤ^{213}	ʐɤ^{53}	ʐɤ^{213}	kɤ^{44}	kɤ^{44}	kɤ^{213}	kɤ^{213}
玉门市	ʂɤ^{213}	ʂɤ^{213}	ʐɤ^{53}	ʐɤ^{213}	kɤ^{44}	kɤ^{44}	kɤ^{213}	kɤ^{213}
瓜州县	ʂɤ^{213}	ʂɤ^{213}	ʐɤ^{53}	ʐɤ^{213}	kɤ^{44}	kɤ^{44}	kɤ^{213}	kɤ^{213}
西夏区	ʂə^{13}	ʂə^{13}	ʐə^{53}	ʐə^{13}	kə^{44}	kə^{44}	kə^{13}	kə^{13}

续表

贺兰县	ʂə^{13}	ʂə^{13}	ʐə^{53}	ʐə^{13}	kə^{44}	kə^{44}	kə^{13}	kə^{13}
灵武市 （东塔镇）	ʂə^{13}	ʂə^{13}	ʐə^{52}	ʐə^{13}	kə^{44}	kə^{44}	kə^{13}	kə^{13}
永宁县	ʂə^{13}	ʂə^{13}	ʐə^{53}	ʐə^{13}	kə^{44}	kə^{44}	kə^{13}	kə^{13}
中宁县	ʂɤ^{13}	ʂɤ^{13}	ʐɤ^{53}	ʐɤ^{13}	kɤ^{44}	kɤ^{44}	kɤ^{13}	kɤ^{13}
沙坡头区	ʂə^{13}	ʂə^{13}	ʐə^{53}	ʐə^{13}	kə^{44}	kə^{44}	kə^{13}	kə^{13}
盐池县	ʂə^{13}	ʂə^{13}	ʐə^{52}	ʐə^{13}	kə^{44}	kə^{44}	kə^{13}	kə^{13}
平罗县 （渠口乡）	ʂə^{13}	ʂə^{13}	ʐə^{53}	ʐə^{13}	kə^{44}	kə^{44}	kə^{13}	kə^{13}
阿拉善左旗	ʂə^{213}	ʂə^{213}	ʐə^{51}	ʐə^{213}	kə^{44}	kə^{44}	kə^{213}	kə^{213}
乌鲁木齐市	ʂə^{13}	ʂə^{13}	ʐə^{52}	ʐə^{13}	kə^{44}	kə^{44}	kə^{13}	kə^{13}
阜康市	ʂɤ^{213}	ʂɤ^{213}	ʐɤ^{51}	ʐɤ^{213}	kɤ^{55}	kɤ^{55}	kɤ^{213}	kɤ^{213}
呼图壁县	ʂɤ^{213}	ʂɤ^{213}	ʐɤ^{51}	ʐɤ^{213}	kɤ^{44}	kɤ^{44}	kɤ^{213}	kɤ^{213}
吉木萨尔县	ʂɤ^{213}	ʂɤ^{213}	ʐɤ^{51}	ʐɤ^{213}	kɤ^{44}	kɤ^{44}	kɤ^{213}	kɤ^{213}
奇台县	ʂɤ^{213}	ʂɤ^{213}	ʐɤ^{52}	ʐɤ^{213}	kɤ^{44}	kɤ^{44}	kɤ^{213}	kɤ^{213}
博乐市	ʂɤ^{24}	ʂɤ^{24}	ʐɤ^{51}	ʐɤ^{24}	kɤ^{45}	kɤ^{45}	kɤ^{24}	kɤ^{24}
阿勒泰市	ʂɤ^{23}	ʂɤ^{23}	ʐɤ^{51}	ʐɤ^{23}	kɤ^{44}	kɤ^{44}	kɤ^{23}	kɤ^{23}
布尔津县	ʂɤ^{51}	ʂɤ^{51}	ʐɤ^{23}	ʐɤ^{51}	kɤ^{44}	kɤ^{44}	kɤ^{51}	kɤ^{51}
乌苏市	ʂɤ^{213}	ʂɤ^{213}	ʐɤ^{51}	ʐɤ^{213}	kɤ^{55}	kɤ^{55}	kɤ^{213}	kɤ^{213}
额敏县	ʂɤ^{34}	ʂɤ^{34}	ʐɤ^{51}	ʐɤ^{34}	kɤ^{44}	kɤ^{44}	kɤ^{34}	kɤ^{34}
伊州区	ʂɤ^{213}	ʂɤ^{213}	ʐɤ^{51}	ʐɤ^{213}	kɤ^{44}	kɤ^{44}	kɤ^{213}	kɤ^{213}
巴里坤县	ʂə^{24}	ʂə^{24}	ʐə^{51}	ʐə^{24}	kə^{45}	kə^{45}	kə^{24}	kə^{24}
伊吾县	ʂɤ^{213}	ʂɤ^{213}	ʐɤ^{51}	ʐɤ^{213}	kɤ^{44}	kɤ^{44}	kɤ^{213}	kɤ^{213}

字目 / 方音	葛	阁	搁	格	隔	革	个 个人	各
中古音 / 方言点	山开一入曷见	宕开一入铎见	宕开一入铎见	梗开二入陌见	梗开二入麦见	梗开二入麦见	果开一去箇见	宕开一入铎见
兰州市（城关区）	kɤ^{13}	kɤ^{13}	kɤ^{13}	kɤ^{13}	kɤ^{13}	kɤ^{13}	kɤ^{13}	kɤ^{13}
永登县	kə^{13}	kə^{13}	kə^{13}	kə^{13}	kə^{13}	kə^{13}	kə^{13}	kə^{13}
榆中县	kə^{13}	kə^{13}	kə^{13}	kə^{13}	kə^{13}	kə^{13}	kə^{13}	kə^{13}
皋兰县	kə^{13}	kə^{13}	kə^{13}	kə^{13}	kə^{13}	kə^{13}	kə^{13}	kə^{13}
白银区	kə^{13}	kə^{13}	kə^{13}	kə^{13}	kə^{13}	kə^{13}	kə^{13}	kə^{13}
天祝县	kɤ^{213}	kɤ^{213}	kɤ^{213}	kɤ^{213}	kɤ^{213}	kɤ^{213}	kɤ^{213}	kɤ^{213}
景泰县（红水镇）	kɤ^{213}	kɤ^{213}	kɤ^{213}	kɤ^{213}	kɤ^{213}	kɤ^{213}	kɤ^{213}	kɤ^{213}
古浪县	kɤ^{31}	kɤ^{31}	kɤ^{31}	kɤ^{31}	kɤ^{31}	kɤ^{31}	kɤ^{31}	kɤ^{31}
凉州区	kə^{53}	kə^{53}	kə^{53}	kə^{53}	kə^{53}	kə^{53}	kə^{53}	kə^{53}
民勤县	kɤ^{42}	kɤ^{42}	kɤ^{42}	kɤ^{42}	kɤ^{42}	kɤ^{42}	kɤ^{42}	kɤ^{42}
永昌县	kə^{53}	kə^{53}	kə^{53}	kə^{53}	kə^{53}	kə^{53}	kə^{53}	kə^{53}
甘州区	kə^{31}	kə^{31}	kə^{31}	kə^{31}	kə^{31}	kə^{31}	kə^{31}	kə^{31}
临泽县	kə^{214}	kə^{214}	kə^{214}	kə^{214}	kə^{214}	kə^{214}	kə^{214}	kə^{214}
民乐县	kɤ^{42}	kɤ^{42}	kɤ^{42}	kɤ^{42}	kɤ^{42}	kɤ^{42}	kɤ^{42}	kɤ^{42}
山丹县	kɤ^{41}	kɤ^{41}	kɤ^{41}	kɤ^{41}	kɤ^{41}	kɤ^{41}	kɤ^{41}	kɤ^{41}
高台县	kɤ^{214}	kɤ^{214}	kɤ^{214}	kɤ^{214}	kɤ^{214}	kɤ^{214}	kɤ^{214}	kɤ^{214}
肃州区	kɤ^{214}	kɤ^{214}	kɤ^{214}	kɤ^{214}	kɤ^{214}	kɤ^{214}	kɤ^{214}	kɤ^{214}
金塔县	kɤ^{13}	kɤ^{13}	kɤ^{13}	kɤ^{13}	kɤ^{13}	kɤ^{13}	kɤ^{13}	kɤ^{13}
肃北县	kɤ^{213}	kɤ^{213}	kɤ^{213}	kɤ^{213}	kɤ^{213}	kɤ^{213}	kɤ^{213}	kɤ^{213}
玉门市	kɤ^{213}	kɤ^{213}	kɤ^{213}	kɤ^{213}	kɤ^{213}	kɤ^{213}	kɤ^{213}	kɤ^{213}
瓜州县	kɤ^{213}	kɤ^{213}	kɤ^{213}	kɤ^{213}	kɤ^{213}	kɤ^{213}	kɤ^{213}	kɤ^{213}
西夏区	kə^{13}	kə^{13}	kə^{13}	kə^{13}	kə^{13}	kə^{13}	kə^{13}	kə^{13}

续表

贺兰县	kə^{13}	kə^{13}	kə^{13}	kə^{13}	kə^{13}	kə^{13}	kə^{13}	kə^{13}
灵武市（东塔镇）	kə^{13}	kə^{13}	kə^{13}	kə^{13}	kə^{13}	kə^{13}	kə^{13}	kə^{13}
永宁县	kə^{13}	kə^{13}	kə^{13}	kə^{13}	kə^{13}	kə^{13}	kə^{13}	kə^{13}
中宁县	kɤ^{13}	kɤ^{13}	kɤ^{13}	kɤ^{13}	kɤ^{13}	kɤ^{13}	kɤ^{13}	kɤ^{13}
沙坡头区	kə^{13}	kə^{13}	kə^{13}	kə^{13}	kə^{13}	kə^{13}	kə^{13}	kə^{13}
盐池县	kə^{13}	kə^{13}	kə^{13}	kə^{13}	kə^{13}	kə^{13}	kə^{13}	kə^{13}
平罗县（渠口乡）	kə^{13}	kə^{13}	kə^{13}	kə^{13}	kə^{13}	kə^{13}	kə^{13}	kə^{13}
阿拉善左旗	kə^{213}	kə^{213}	kə^{213}	kə^{213}	kə^{213}	kə^{213}	kə^{213}	kə^{213}
乌鲁木齐市	kə^{213}	kə^{213}	kə^{213}	kə^{213}	kə^{213}	kə^{213}	kə^{213}	kə^{213}
阜康市	kɤ^{213}	kɤ^{213}	kɤ^{213}	kɤ^{213}	kɤ^{213}	kɤ^{213}	kɤ^{213}	kɤ^{213}
呼图壁县	kɤ^{213}	kɤ^{213}	kɤ^{213}	kɤ^{213}	kɤ^{213}	kɤ^{213}	kɤ^{213}	kɤ^{213}
吉木萨尔县	kɤ^{213}	kɤ^{213}	kɤ^{213}	kɤ^{213}	kɤ^{213}	kɤ^{213}	kɤ^{213}	kɤ^{213}
奇台县	kɤ^{213}	kɤ^{213}	kɤ^{213}	kɤ^{213}	kɤ^{213}	kɤ^{213}	kɤ^{213}	kɤ^{213}
博乐市	kɤ^{24}	kɤ^{24}	kɤ^{24}	kɤ^{24}	kɤ^{24}	kɤ^{24}	kɤ^{24}	kɤ^{24}
阿勒泰市	kɤ^{23}	kɤ^{23}	kɤ^{23}	kɤ^{23}	kɤ^{23}	kɤ^{23}	kɤ^{23}	kɤ^{23}
布尔津县	kɤ^{51}	kɤ^{51}	kɤ^{51}	kɤ^{51}	kɤ^{51}	kɤ^{51}	kɤ^{51}	kɤ^{51}
乌苏市	kɤ^{213}	kɤ^{213}	kɤ^{213}	kɤ^{213}	kɤ^{213}	kɤ^{213}	kɤ^{213}	kɤ^{213}
额敏县	kɤ^{34}	kɤ^{34}	kɤ^{34}	kɤ^{34}	kɤ^{34}	kɤ^{34}	kɤ^{34}	kɤ^{34}
伊州区	kɤ^{213}	kɤ^{213}	kɤ^{213}	kɤ^{213}	kɤ^{213}	kɤ^{213}	kɤ^{213}	kɤ^{213}
巴里坤县	kə^{24}	kə^{24}	kə^{24}	kə^{24}	kə^{24}	kə^{24}	kə^{24}	kə^{24}
伊吾县	kɤ^{213}	kɤ^{213}	kɤ^{213}	kɤ^{213}	kɤ^{213}	kɤ^{213}	kɤ^{213}	kɤ^{213}

字目 中古音 方言点	科	棵①	颗	磕②	壳③	可	渴	课
	果开一平戈溪	果开一平戈溪	果开一上果溪	咸开一入盍溪	江开二入觉溪	果开一上哿溪	山开一入曷溪	果合一去过溪
兰州市（城关区）	kʻɤ^{53}	kʻɤ^{53}	kʻɤ^{44}	kʻɤ^{13}	kʻɤ^{13}	kʻɤ^{44}	kʻɤ^{13}	kʻɤ^{13}
永登县	kʻə^{42}	kʻə^{42}	kʻə^{354}	kʻə^{13}	kʻə^{13}	kʻə^{354}	kʻə^{13}	kʻə^{13}
榆中县	kʻə^{51}	kʻə^{51}	kʻə^{44}	kʻə^{13}	kʻə^{13}	kʻə^{44}	kʻə^{13}	kʻə^{13}
皋兰县	kʻə^{42}	kʻə^{42}	kʻə^{354}	kʻə^{13}	kʻə^{13}	kʻə^{354}	kʻə^{13}	kʻə^{13}
白银区	kʻə^{44}	kʻə^{44}	kʻə^{343}	kʻə^{13}	kʻə^{13}	kʻə^{343}	kʻə^{13}	kʻə^{13}
天祝县	kʻɤ^{44}	kʻɤ^{44}	kʻɤ^{44}	kʻɤ^{213}	kʻɤ^{213}	kʻɤ^{44}	kʻɤ^{213}	kʻɤ^{213}
景泰县（红水镇）	kʻɤ^{44}	kʻɤ^{44}	kʻɤ^{44}	kʻɤ^{213}	kʻɤ^{213}	kʻɤ^{44}	kʻɤ^{213}	kʻɤ^{213}
古浪县	kʻɤ^{44}	kʻɤ^{44}	kʻɤ^{44}	kʻɤ^{31}	kʻɤ^{31}	kʻɤ^{44}	kʻɤ^{31}	kʻɤ^{31}
凉州区	kʻə^{33}	kʻə^{33}	kʻə^{33}	kʻə^{53}	kʻə^{53}	kʻə^{33}	kʻə^{53}	kʻə^{53}
民勤县	kʻɤ^{44}	kʻɤ^{44}	kʻɤ^{214}	kʻɤ^{42}	kʻɤ^{42}	kʻɤ̩^{14}	kʻɤ^{42}	kʻɤ^{42}
永昌县	kʻə^{44}	kʻə^{13}	kʻə^{13}	kʻə^{53}	kʻə^{53}	kʻə^{13}	kʻə^{53}	kʻə^{53}
甘州区	kʻə^{44}	kʻə^{53}	kʻə^{53}	kʻə^{31}	kʻə^{31}	kʻə^{53}	kʻə^{31}	kʻə^{31}
临泽县	kʻə^{44}	kʻə^{44}	kʻə^{44}	kʻə^{214}	kʻə^{214}	kʻə^{44}	kʻə^{214}	kʻə^{214}
民乐县	kʻɤ^{44}	kʻɤ^{44}	kʻɤ^{213}	kʻɤ^{42}	kʻɤ^{42}	kʻɤ̩^{14}	kʻɤ^{42}	kʻɤ^{42}
山丹县	kʻɤ^{24}	kʻɤ^{53}	kʻɤ^{53}	kʻɤ^{41}	kʻɤ^{41}	kʻɤ^{53}	kʻɤ^{41}	kʻɤ^{41}
高台县	kʻɤ^{44}	kʻɤ^{44}	kʻɤ^{44}	kʻɤ^{214}	kʻɤ^{214}	kʻɤ^{44}	kʻɤ^{214}	kʻɤ^{214}
肃州区	kʻɤ^{44}	kʻɤ^{44}	kʻɤ^{44}	kʻɤ^{214}	kʻɤ^{214}	kʻɤ^{44}	kʻɤ^{214}	kʻɤ^{214}
金塔县	kʻɤ^{44}	kʻɤ^{53}	kʻɤ^{53}	kʻɤ^{13}	kʻɤ^{13}	kʻɤ^{53}	kʻɤ^{13}	kʻɤ^{13}
肃北县	kʻɤ^{44}	kʻɤ^{53}	kʻɤ^{53}	kʻɤ^{213}	kʻɤ^{213}	kʻɤ^{53}	kʻɤ^{213}	kʻɤ^{213}

①又苦卧切，果合一去过溪。

②又辖腊切，咸开一去盍匣。

③又空谷切，通合一入屋溪。

续表

玉门市	kʻɤ^{44}	kʻɤ^{53}	kʻɤ^{53}	kʻɤ^{213}	kʻɤ^{213}	kʻɤ^{53}	kʻɤ^{213}	kʻɤ^{213}
瓜州县	kʻɤ^{44}	kʻɤ^{53}	kʻɤ^{53}	kʻɤ^{213}	kʻɤ^{213}	kʻɤ^{53}	kʻɤ^{213}	kʻɤ^{213}
西夏区	kʻə^{44}	kʻə^{44}	kʻə^{53}	kʻə^{13}	kʻə^{13}	kʻə^{53}	kʻə^{13}	kʻə^{13}
贺兰县	kʻə^{44}	kʻə^{44}	kʻə^{53}	kʻə^{13}	kʻə^{13}	kʻə^{53}	kʻə^{13}	kʻə^{13}
灵武市（东塔镇）	kʻə^{44}	kʻə^{44}	kʻə^{52}	kʻə^{13}	kʻə^{13}	kʻə^{52}	kʻə^{13}	kʻə^{13}
永宁县	kʻə^{44}	kʻə^{44}	kʻə^{53}	kʻə^{13}	kʻə^{13}	kʻə^{53}	kʻə^{13}	kʻə^{13}
中宁县	kʻɤ^{44}	kʻɤ^{44}	kʻɤ^{53}	kʻɤ^{13}	kʻɤ^{13}	kʻɤ^{53}	kʻɤ^{13}	kʻɤ^{13}
沙坡头区	kʻə^{44}	kʻə^{44}	kʻə^{53}	kʻə^{13}	kʻə^{13}	kʻə^{53}	kʻə^{13}	kʻə^{13}
盐池县	kʻə^{44}	kʻə^{44}	kʻə^{52}	kʻə^{13}	kʻə^{13}	kʻə^{52}	kʻə^{13}	kʻə^{13}
平罗县（渠口乡）	kʻə^{44}	kʻə^{44}	kʻə^{53}	kʻə^{13}	kʻə^{13}	kʻə^{53}	kʻə^{13}	kʻə^{13}
阿拉善左旗	kʻə^{44}	kʻə^{51}	kʻə^{51}	kʻə^{213}	kʻə^{213}	kʻə^{51}	kʻə^{213}	kʻə^{213}
乌鲁木齐市	kʻə^{44}	kʻə^{52}	kʻə^{52}	kʻə^{213}	kʻə^{213}	kʻə^{52}	kʻə^{213}	kʻə^{213}
阜康市	kʻuə^{55}	kʻuə^{51}	kʻuə^{51}	kʻɤ^{213}	kʻɤ^{213}	kʻɤ^{51}	kʻɤ^{213}	kʻɤ^{213}
呼图壁县	kʻɤ^{44}	kʻɤ^{51}	kʻɤ^{51}	kʻɤ^{213}	kʻɤ^{213}	kʻɤ^{51}	kʻɤ^{213}	kʻɤ^{213}
吉木萨尔县	kʻɤ^{44}	kʻɤ^{51}	kʻɤ^{51}	kʻɤ^{213}	kʻɤ^{213}	kʻɤ^{51}	kʻɤ^{213}	kʻɤ^{213}
奇台县	kʻɤ^{44}	kʻɤ^{52}	kʻɤ^{52}	kʻɤ^{213}	kʻɤ^{213}	kʻɤ^{51}	kʻɤ^{213}	kʻɤ^{213}
博乐市	kʻɤ^{45}	kʻɤ^{51}	kʻɤ^{51}	kʻɤ^{24}	kʻɤ^{24}	kʻɤ^{51}	kʻɤ^{24}	kʻɤ^{24}
阿勒泰市	kʻɤ^{44}	kʻɤ^{51}	kʻɤ^{51}	kʻɤ^{23}	kʻɤ^{23}	kʻɤ^{51}	kʻɤ^{23}	kʻɤ^{23}
布尔津县	kʻɤ^{44}	kʻɤ^{23}	kʻɤ^{23}	kʻɤ^{51}	kʻɤ^{51}	kʻɤ^{23}	kʻɤ^{51}	kʻɤ^{51}
乌苏市	kʻuɤ^{55}	kʻuɤ^{51}	kʻuɤ^{51}	kʻɤ^{213}	kʻɤ^{213}	kʻɤ^{51}	kʻɤ^{213}	kʻɤ^{213}
额敏县	kʻɤ^{44}	kʻɤ^{51}	kʻɤ^{51}	kʻɤ^{34}	kʻɤ^{34}	kʻɤ^{51}	kʻɤ^{34}	kʻɤ^{34}
伊州区	kʻɤ^{44}	kʻɤ^{51}	kʻɤ^{51}	kʻɤ^{213}	kʻɤ^{213}	kʻɤ^{51}	kʻɤ^{213}	kʻɤ^{213}
巴里坤县	kʻə^{45}	kʻə^{51}	kʻə^{51}	kʻə^{24}	kʻə^{24}	kʻə^{51}	kʻə^{24}	kʻə^{24}
伊吾县	kʻɤ^{44}	kʻɤ^{51}	kʻɤ^{51}	kʻɤ^{213}	kʻɤ^{213}	kʻɤ^{51}	kʻɤ^{213}	kʻɤ^{213}

字目 / 中古音 / 方音 / 方言点	克	刻	客	喝 喝水	何	河	荷 荷花	禾
	曾开一入德溪	曾开一入德溪	梗开二入陌溪	咸开一入合晓	果开一平歌匣	果开一平歌匣	果开一平歌匣	果开一平戈匣
兰州市（城关区）	$k^{ʻ}ɤ^{13}$	$k^{ʻ}ɤ^{13}$	$k^{ʻ}ɤ^{13}$	$xɤ^{13}$	$xɤ^{51}$	$xɤ^{51}$	$xɤ^{51}$	$xɤ^{51}$
永登县	$k^{ʻ}ə^{13}$	$k^{ʻ}ə^{13}$	$k^{ʻ}ə^{13}$	$xə^{13}$	$xə^{53}$	$xə^{53}$	$xə^{53}$	$xə^{53}$
榆中县	$k^{ʻ}ə^{13}$	$k^{ʻ}ə^{13}$	$k^{ʻ}ə^{13}$	$xə^{13}$	$xə^{332}$	$xə^{332}$	$xə^{332}$	$xə^{332}$
皋兰县	$k^{ʻ}ə^{13}$	$k^{ʻ}ə^{13}$	$k^{ʻ}ə^{13}$	$xə^{13}$	$xə^{53}$	$xə^{53}$	$xə^{53}$	$xə^{53}$
白银区	$k^{ʻ}ə^{13}$	$k^{ʻ}ə^{13}$	$k^{ʻ}ə^{13}$	$xə^{13}$	$xə^{51}$	$xə^{51}$	$xə^{51}$	$xə^{51}$
天祝县	$k^{ʻ}ɤ^{213}$	$k^{ʻ}ɤ^{213}$	$k^{ʻ}ɤ^{213}$	$xɤ^{213}$	$xɤ^{53}$	$xɤ^{53}$	$xɤ^{53}$	$xɤ^{53}$
景泰县（红水镇）	$k^{ʻ}ɤ^{213}$	$k^{ʻ}ɤ^{213}$	$k^{ʻ}ɤ^{213}$	$xɤ^{213}$	$xɤ^{53}$	$xɤ^{53}$	$xɤ^{53}$	$xɤ^{53}$
古浪县	$k^{ʻ}ɤ^{31}$	$k^{ʻ}ɤ^{31}$	$k^{ʻ}ɤ^{31}$	$xɤ^{31}$	$xɤ^{53}$	$xɤ^{53}$	$xɤ^{53}$	$xɤ^{53}$
凉州区	$k^{ʻ}ə^{53}$	$k^{ʻ}ə^{53}$	$k^{ʻ}ə^{53}$	$xə^{53}$	$xə^{13}$	$xə^{13}$	$xə^{13}$	$xə^{13}$
民勤县	$k^{ʻ}ɤ^{42}$	$k^{ʻ}ɤ^{42}$	$k^{ʻ}ɤ^{42}$	$xɤ^{42}$	$xɤ^{53}$	$xɤ^{53}$	$xɤ^{53}$	$xɤ^{53}$
永昌县	$k^{ʻ}ə^{53}$	$k^{ʻ}ə^{53}$	$k^{ʻ}ə^{53}$	$xə^{53}$	$xə^{13}$	$xə^{13}$	$xə^{13}$	$xə^{13}$
甘州区	$k^{ʻ}ə^{31}$	$k^{ʻ}ə^{31}$	$k^{ʻ}ə^{31}$	$xə^{31}$	$xə^{53}$	$xə^{53}$	$xə^{53}$	$xə^{53}$
临泽县	$k^{ʻ}ə^{214}$	$k^{ʻ}ə^{214}$	$k^{ʻ}ə^{214}$	$xə^{214}$	$xə^{53}$	$xə^{53}$	$xə^{53}$	$xə^{53}$
民乐县	$k^{ʻ}ɤ^{42}$	$k^{ʻ}ɤ^{42}$	$k^{ʻ}ɤ^{42}$	$xɤ^{42}$	$xɤ^{53}$	$xɤ^{53}$	$xɤ^{53}$	$xɤ^{53}$
山丹县	$k^{ʻ}ɤ^{41}$	$k^{ʻ}ɤ^{41}$	$k^{ʻ}ɤ^{41}$	$xɤ^{41}$	$xɤ^{53}$	$xɤ^{53}$	$xɤ^{53}$	$xɤ^{53}$
高台县	$k^{ʻ}ɤ^{214}$	$k^{ʻ}ɤ^{214}$	$k^{ʻ}ɤ^{214}$	$xɤ^{214}$	$xɤ^{53}$	$xɤ^{53}$	$xɤ^{53}$	$xɤ^{53}$
肃州区	$k^{ʻ}ɤ^{214}$	$k^{ʻ}ɤ^{214}$	$k^{ʻ}ɤ^{214}$	$xɤ^{214}$	$xɤ^{53}$	$xɤ^{53}$	$xɤ^{53}$	$xɤ^{53}$
金塔县	$k^{ʻ}ɤ^{13}$	$k^{ʻ}ɤ^{13}$	$k^{ʻ}ɤ^{13}$	$xɤ^{13}$	$xɤ^{53}$	$xɤ^{53}$	$xɤ^{53}$	$xɤ^{53}$
肃北县	$k^{ʻ}ɤ^{213}$	$k^{ʻ}ɤ^{213}$	$k^{ʻ}ɤ^{213}$	$xɤ^{213}$	$xɤ^{53}$	$xɤ^{53}$	$xɤ^{53}$	$xɤ^{53}$
玉门市	$k^{ʻ}ɤ^{213}$	$k^{ʻ}ɤ^{213}$	$k^{ʻ}ɤ^{213}$	$xɤ^{213}$	$xɤ^{53}$	$xɤ^{53}$	$xɤ^{53}$	$xɤ^{53}$
瓜州县	$k^{ʻ}ɤ^{213}$	$k^{ʻ}ɤ^{213}$	$k^{ʻ}ɤ^{213}$	$xɤ^{213}$	$xɤ^{53}$	$xɤ^{53}$	$xɤ^{53}$	$xɤ^{53}$
西夏区	$k^{ʻ}ə^{13}$	$k^{ʻ}ə^{13}$	$k^{ʻ}ə^{13}$	$xə^{13}$	$xə^{53}$	$xə^{53}$	$xə^{53}$	$xə^{53}$

续表

贺兰县	kʻə^{13}	kʻə^{13}	kʻə^{13}	xə^{13} xuə^{13}	xə^{53} xuə^{53}	xə^{53} xuə^{53}	xə^{53} xuə^{53}	xə^{53} xuə^{53}
灵武市 （东塔镇）	kʻə^{13}	kʻə^{13}	kʻə^{13}	xə^{13}	xə^{52}	xə^{52}	xə^{52}	xə^{52}
永宁县	kʻə^{13}	kʻə^{13}	kʻə^{13}	xə^{13}	xə^{53}	xə^{53}	xə^{53}	xə^{53}
中宁县	kʻɤ^{13}	kʻɤ^{13}	kʻɤ^{13}	xɤ^{13}	xɤ^{53}	xɤ^{53}	xɤ^{53}	xɤ^{53}
沙坡头区	kʻə^{13}	kʻə^{13}	kʻə^{13}	xə^{13}	xə^{53}	xə^{53}	xə^{53}	xə^{53}
盐池县	kʻə^{13}	kʻə^{13}	kʻə^{13}	xə^{13}	xə^{13}	xə^{13}	xə^{13}	xə^{13}
平罗县 （渠口乡）	kʻə^{13}	kʻə^{13}	kʻə^{13}	xə^{13}	xə^{53}	xə^{53}	xə^{53}	xə^{53}
阿拉善左旗	kʻei^{213}	kʻei^{213}	kʻei^{213}	xə^{213}	xə^{51}	xə^{51}	xə^{51}	xə^{51}
乌鲁木齐市	kʻə^{213}	kʻə^{213}	kʻə^{213}	xɤ^{213}	xə^{52}	xə^{52}	xə^{52}	xə^{52}
阜康市	kʻei^{213}	kʻei^{213}	kʻei^{213}	xɤ^{213}	xɤ^{51}	xɤ^{51}	xɤ^{51}	xɤ^{51}
呼图壁县	kʻei^{213}	kʻei^{213}	kʻei^{213}	xɤ^{213}	xɤ^{51}	xɤ^{51}	xɤ^{51}	xɤ^{51}
吉木萨尔县	kʻei^{213}	kʻei^{213}	kʻei^{213}	xɤ^{213}	xɤ^{51}	xɤ^{51}	xɤ^{51}	xɤ^{51}
奇台县	kʻei^{213}	kʻei^{213}	kʻei^{213}	xɤ^{213}	xɤ^{52}	xɤ^{52}	xɤ^{52}	xɤ^{52}
博乐市	kʻei^{24}	kʻei^{24}	kʻei^{24}	xɤ^{24}	xɤ^{51}	xɤ^{51}	xɤ^{51}	xɤ^{51}
阿勒泰市	kʻei^{23}	kʻei^{23}	kʻei^{23}	xɤ^{23}	xɤ^{51}	xɤ^{51}	xɤ^{51}	xɤ^{51}
布尔津县	kʻei^{51}	kʻei^{51}	kʻei^{51}	xɤ^{51}	xɤ^{23}	xɤ^{23}	xɤ^{23}	xɤ^{23}
乌苏市	kʻei^{213}	kʻei^{213}	kʻei^{213}	xɤ^{213}	xɤ^{51}	xɤ^{51}	xɤ^{51}	xɤ^{51}
额敏县	kʻei^{34}	kʻei^{34}	kʻei^{34}	xɤ^{34}	xɤ^{51}	xɤ^{51}	xɤ^{51}	xɤ^{51}
伊州区	kʻei^{213}	kʻei^{213}	kʻei^{213}	xɤ^{213}	xɤ^{51}	xɤ^{51}	xɤ^{51}	xɤ^{51}
巴里坤县	kʻei^{24}	kʻei^{24}	kʻei^{24}	xə^{24}	xə^{51}	xə^{51}	xə^{51}	xə^{51}
伊吾县	kʻei^{213}	kʻei^{213}	kʻei^{213}	xɤ^{213}	xɤ^{51}	xɤ^{51}	xɤ^{51}	xɤ^{51}

字目 / 中古音 / 方言点	和 和气	合[①] 合作	盒	核 桃核	核 核对	贺	喝 喝采	鹤
	果合一 平戈匣	咸开一 入合匣	咸开一 入合匣	梗开二 入麦匣	梗开二 入麦匣	果开一 去箇匣	山开一 入曷晓	宕开一 入铎匣
兰州市（城关区）	$xɤ^{51}$	$xɤ^{51}$	$xɤ^{51}$	$xɤ^{51}$	$xɤ^{51}$	$xɤ^{13}$	$xɤ^{13}$	$xɤ^{13}$
永登县	$xə^{53}$	$xə^{53}$	$xə^{53}$	$xə^{53}$	$xə^{53}$	$xə^{13}$	$xə^{13}$	$xə^{13}$
榆中县	$xə^{332}$	$xə^{332}$	$xə^{332}$	$xə^{332}$	$xə^{332}$	$xə^{13}$	$xə^{13}$	$xə^{13}$
皋兰县	$xə^{53}$	$xə^{53}$	$xə^{53}$	$xə^{53}$	$xə^{53}$	$xə^{13}$	$xə^{13}$	$xə^{13}$
白银区	$xə^{51}$	$xə^{51}$	$xə^{51}$	$xə^{51}$	$xə^{51}$	$xə^{13}$	$xə^{13}$	$xə^{13}$
天祝县	$xɤ^{53}$	$xɤ^{53}$	$xɤ^{53}$	$xɤ^{53}$	$xɤ^{53}$	$xɤ^{213}$	$xɤ^{213}$	$xɤ^{213}$
景泰县（红水镇）	$xɤ^{53}$	$xɤ^{53}$	$xɤ^{53}$	$xɤ^{53}$	$xɤ^{53}$	$xɤ^{213}$	$xɤ^{213}$	$xɤ^{213}$
古浪县	$xɤ^{53}$	$xɤ^{53}$	$xɤ^{53}$	$xɤ^{53}$	$xɤ^{53}$	$xɤ^{31}$	$xɤ^{31}$	$xɤ^{31}$
凉州区	$xə^{13}$	$xə^{13}$	$xə^{13}$	$xə^{13}$	$xə^{13}$	$xə^{53}$	$xə^{53}$	$xə^{53}$
民勤县	$xɤ^{53}$	$xɤ^{53}$	$xɤ^{53}$	$xɤ^{53}$	$xɤ^{53}$	$xɤ^{31}$	$xɤ^{31}$	$xɤ^{31}$
永昌县	$xə^{13}$	$xə^{13}$	$xə^{13}$	$xə^{13}$	$xə^{13}$	$xə^{53}$	$xə^{53}$	$xə^{53}$
甘州区	$xə^{13}$	$xə^{13}$	$xə^{13}$	$xə^{13}$	$xə^{13}$	$xə^{53}$	$xə^{53}$	$xə^{53}$
临泽县	$xə^{53}$	$xə^{53}$	$xə^{53}$	$xə^{53}$	$xə^{53}$	$xə^{31}$	$xə^{31}$	$xə^{31}$
民乐县	$xə^{53}$	$xə^{53}$	$xə^{53}$	$xə^{53}$	$xə^{53}$	$xə^{214}$	$xə^{214}$	$xə^{214}$
山丹县	$xɤ^{53}$	$xɤ^{53}$	$xɤ^{53}$	$xɤ^{53}$	$xɤ^{53}$	$xɤ^{31}$	$xɤ^{31}$	$xɤ^{31}$
高台县	$xɤ^{53}$	$xɤ^{53}$	$xɤ^{53}$	$xɤ^{53}$	$xɤ^{53}$	$xɤ^{41}$	$xɤ^{41}$	$xɤ^{41}$
肃州区	$xɤ^{53}$	$xɤ^{53}$	$xɤ^{53}$	$xɤ^{53}$	$xɤ^{53}$	$xɤ^{214}$	$xɤ^{214}$	$xɤ^{214}$
金塔县	$xɤ^{53}$	$xɤ^{53}$	$xɤ^{53}$	$xɤ^{53}$	$xɤ^{53}$	$xɤ^{214}$	$xɤ^{214}$	$xɤ^{214}$
肃北县	$xɤ^{53}$	$xɤ^{53}$	$xɤ^{53}$	$xɤ^{53}$	$xɤ^{53}$	$xɤ^{13}$	$xɤ^{13}$	$xɤ^{13}$
玉门市	$xɤ^{53}$	$xɤ^{53}$	$xɤ^{53}$	$xɤ^{53}$	$xɤ^{53}$	$xɤ^{213}$	$xɤ^{213}$	$xɤ^{213}$

①又通“佮”，古沓切，咸开一入合见。

续表

瓜州县	xɤ^{53}	xɤ^{53}	xɤ^{53}	xɤ^{53}	xɤ^{53}	xɤ^{213}	xɤ^{213}	xɤ^{213}
西夏区	xɤ^{53}	xɤ^{53}	xɤ^{53}	xɤ^{53}	xɤ^{53}	xɤ^{213}	xɤ^{213}	xɤ^{213}
贺兰县	xə^{53} xuə^{53}	xə^{13} xuə^{13}	xə^{13} xuə^{13}	xə^{13}	xə^{13}	xə^{13} xuə^{13}	xə^{13} xə^{13}	xə^{13} xə^{13}
灵武市（东塔镇）	xə^{52}	xə^{13}	xə^{13}	xə^{13}	xə^{13}	xə^{13}	xə^{13}	xə^{13}
永宁县	xə^{53}	xə^{13}	xə^{13}	xə^{13}	xə^{13}	xə^{13}	xə^{13}	xə^{13}
中宁县	xɤ^{53}	xɤ^{53}	xɤ^{53}	xɤ^{53}	xɤ^{53}	xɤ^{13}	xɤ^{13}	xɤ^{13}
沙坡头区	xə^{53}	xə^{13}	xə^{13}	xə^{13}	xə^{13}	xə^{13}	xə^{13}	xə^{13}
盐池县	xə^{13}	xə^{13}	xə^{13}	xə^{13}	xə^{13}	xə^{13}	xə^{13}	xə^{13}
平罗县（渠口乡）	xə^{53}	xə^{13}	xə^{13}	xə^{13}	xə^{13}	xə^{13}	xə^{13}	xə^{13}
阿拉善左旗	xə^{51}	xə^{51}	xə^{51}	xə^{51}	xə^{51}	xə^{213}	xə^{213}	xə^{213}
乌鲁木齐市	xə^{52}	xə^{52}	xə^{52}	xə^{52}	xə^{52}	xə^{213}	xə^{213}	xə^{213}
阜康市	xɤ^{51}	xɤ^{51}	xɤ^{51}	xɤ^{51}	xɤ^{51}	xɤ^{213}	xɤ^{213}	xɤ^{213}
呼图壁县	xɤ^{51}	xɤ^{51}	xɤ^{51}	xɤ^{51}	xɤ^{51}	xɤ^{213}	xɤ^{213}	xɤ^{213}
吉木萨尔县	xɤ^{51}	xɤ^{51}	xɤ^{51}	xɤ^{51}	xɤ^{51}	xɤ^{213}	xɤ^{213}	xɤ^{213}
奇台县	xɤ^{52}	xɤ^{52}	xɤ^{52}	xɤ^{52}	xɤ^{52}	xɤ^{213}	xɤ^{213}	xɤ^{213}
博乐市	xɤ^{51}	xɤ^{51}	xɤ^{51}	xɤ^{51}	xɤ^{51}	xɤ^{24}	xɤ^{24}	xɤ^{24}
阿勒泰市	xɤ^{51}	xɤ^{51}	xɤ^{51}	xɤ^{51}	xɤ^{51}	xɤ^{23}	xɤ^{23}	xɤ^{23}
布尔津县	xɤ^{23}	xɤ^{23}	xɤ^{23}	xɤ^{23}	xɤ^{23}	xɤ^{51}	xɤ^{51}	xɤ^{51}
乌苏市	xɤ^{51}	xɤ^{51}	xɤ^{51}	xɤ^{51}	xɤ^{51}	xɤ^{213}	xɤ^{213}	xɤ^{213}
额敏县	xɤ^{51}	xɤ^{51}	xɤ^{51}	xɤ^{51}	xɤ^{51}	xɤ^{34}	xɤ^{34}	xɤ^{34}
伊州区	xɤ^{51}	xɤ^{51}	xɤ^{51}	xɤ^{51}	xɤ^{51}	xɤ^{213}	xɤ^{213}	xɤ^{213}
巴里坤县	xə^{51}	xə^{51}	xə^{51}	xə^{51}	xə^{51}	xə^{24}	xə^{24}	xə^{24}
伊吾县	xɤ^{51}	xɤ^{51}	xɤ^{51}	xɤ^{51}	xɤ^{51}	xɤ^{213}	xɤ^{213}	xɤ^{213}

字目 方音 中古音 方言点	吓	鹅	蛾	俄	额	饿	腭	恶 善恶
	梗开二 入陌晓	果开一 平歌疑	果开一 平歌疑	果开一 平歌疑	梗开二 入陌疑	果开一 去箇疑	宕开一 入铎疑	宕开一 入铎影
兰州市 （城关区）	ɕia13	ɤ51	ɤ51	ɤ51	ɤ13	ɤ13	ɤ13	ɤ13
永登县	ɕia13	ə53	ə53	ə53	ə13	ə13	ə13	ə13
榆中县	ɕia13	ə332	ə332	ə332	ə13	ə13	ə13	ə13
皋兰县	ɕia13	ə53	ə53	ə53	ə13	ə13	ə13	ə13
白银区	ɕia13	ə51	ə51	ə51	ə13	ə13	ə13	ə13
天祝县	ɕia213	ɤ53	ɤ53	ɤ53	ɤ213	ɤ213	ɤ213	ɤ213
景泰县 （红水镇）	ɕia213	ɣɤ53	ɣɤ53	ɣɤ53	ɣɤ213	ɣɤ213	ɣɤ213	ɣɤ213
古浪县	ɕia31	ɤ53	ɤ53	ɤ53	ɤ31	ɤ31	ɤ31	ɤ31
凉州区	ɕia53	ə13	ə13	ə13	ə53	ə53	ə53	ə53
民勤县	ɕia42	ɤ53	ɤ53	ɤ53	ɤ42	ɤ42	ɤ42	ɤ42
永昌县	ɕia53	ə13	ə13	ə13	ə53	ə53	ə53	ə53
甘州区	ɕia31	ə53	ə53	ə53	ə31	ə31	ə31	ə31
临泽县	ɕia214	ə53	ə53	ə53	ə214	ə214	ə214	ə214
民乐县	ɕia42	ɤ53	ɤ53	ɤ53	ɤ42	ɤ42	ɤ42	ɤ42
山丹县	ɕia41	ɤ53	ɤ53	ɤ53	ɤ41	ɤ41	ɤ41	ɤ41
高台县	ɕia214	ɤ53	ɤ53	ɤ53	ɤ214	ɤ214	ɤ214	ɤ214
肃州区	ɕia214	ɤ53	ɤ53	ɤ53	ɤ214	ɤ214	ɤ214	ɤ214
金塔县	ɕia13	ɤ53	ɤ53	ɤ53	ɤ13	ɤ13	ɤ13	ɤ13
肃北县	ɕia213	ɤ53	ɤ53	ɤ53	ɤ213	ɤ213	ɤ213	ɤ213
玉门市	ɕia213	ɤ53	ɤ53	ɤ53	ɤ213	ɤ213	ɤ213	ɤ213
瓜州县	ɕia213	ɤ53	ɤ53	ɤ53	ɤ213	ɤ213	ɤ213	ɤ213
西夏区	ɕia13	ə53	ə53	ə53	ə13	ə13	ə13	ə13

续表

贺兰县	ɕia^{13}	ə^{53}	ə^{53}	ə^{53}	ə^{13}	ə^{13}	ə^{13}	ə^{13}
灵武市（东塔镇）	ɕia^{13}	ə^{52}	ə^{52}	ə^{52}	ə^{13}	ə^{13}	ə^{13}	ə^{13}
永宁县	ɕia^{13}	ə^{53}	ə^{53}	ə^{53}	ə^{13}	ə^{13}	ə^{13}	ə^{13}
中宁县	ɕia^{13}	ɤ^{53}	ɤ^{53}	ɤ^{53}	ɤ^{13}	ɤ^{13}	ɤ^{53}	ɤ^{13}
沙坡头区	ɕia^{13}	ə^{53}	ə^{53}	ə^{53}	ə^{13}	ə^{13}	ə^{13}	ə^{13}
盐池县	ɕia^{13}	ə^{13}	ə^{13}	ə^{13}	ə^{13}	ə^{13}	ə^{13}	ə^{13}
平罗县（渠口乡）	ɕia^{13}	ə^{53}	ə^{53}	ə^{53}	ə^{13}	ə^{13}	ə^{13}	ə^{13}
阿拉善左旗	ɕia^{213}	ɣə^{51}	ɣə^{51}	ɣə^{51}	ɣə^{213}	ɣə^{213}	ɣə^{213}	ɣə^{213}
乌鲁木齐市	ɕia^{213}	ə^{52}	ə^{52}	ə^{52}	ə^{213}	ə^{213}	ə^{213}	ə^{213}
阜康市	ɕia^{213}	ŋɤ^{51}	ŋɤ^{51}	ŋɤ^{51}	ŋɤ^{213}	ŋɤ^{213}	ŋɤ^{213}	ŋɤ^{213}
呼图壁县	ɕia^{213}	ɤ^{51}	ɤ^{51}	ɤ^{51}	ɤ^{213}	ɤ^{213}	ɤ^{213}	ɤ^{213}
吉木萨尔县	ɕia^{213}	ŋɤ^{51}	ŋɤ^{51}	ŋɤ^{51}	ŋɤ^{213}	ŋɤ^{213}	ŋɤ^{213}	ŋɤ^{213}
奇台县	ɕia^{213}	ŋɤ^{52}	ŋɤ^{52}	ŋɤ^{52}	ŋɤ^{213}	ŋɤ^{213}	ŋɤ^{213}	ŋɤ^{213}
博乐市	ɕia^{24}	ɤ^{51}	ɤ^{51}	ɤ^{51}	ɤ^{24}	ɤ^{24}	ɤ^{24}	ɤ^{24}
阿勒泰市	ɕia^{23}	ŋɤ^{51}	ŋɤ^{51}	ŋɤ^{51}	ŋɤ^{23}	ŋɤ^{23}	ŋɤ^{23}	ŋɤ^{23}
布尔津县	ɕia^{51}	ɣɤ^{23}	ɣɤ^{23}	ɣɤ^{23}	ɣɤ^{51}	ɣɤ^{51}	ɣɤ^{51}	ɣɤ^{51}
乌苏市	ɕia^{213}	ʋɤ^{51}	ʋɤ^{51}	ʋɤ^{51}	ʋɤ^{213}	ʋɤ^{213}	ʋɤ^{213}	ʋɤ^{213}
额敏县	ɕia^{34}	ɣɤ^{51}	ɣɤ^{51}	ɣɤ^{51}	ɣɤ^{34}	ɣɤ^{34}	ɣɤ^{34}	ɣɤ^{34}
伊州区	ɕia^{213}	ɤ^{51}	ɤ^{51}	ɤ^{51}	ɤ^{213}	ɤ^{213}	ɤ^{213}	ɤ^{213}
巴里坤县	ɕia^{24}	ə^{51}	ə^{51}	ə^{51}	ə^{24}	ə^{24}	ə^{24}	ə^{24}
伊吾县	ɕia^{213}	ɤ^{51}	ɤ^{51}	ɤ^{51}	ɤ^{213}	ɤ^{213}	ɤ^{213}	ɤ^{213}

字目 中古音 方音 方言点	波 波	菠	播	玻①	拨②	剥	勃	博
	果合一平戈帮	果合一平戈帮	果合一去过帮	果合一平戈滂	山合一入末帮	江开二入觉帮	臻合一入没並	宕开一入铎帮
兰州市（城关区）	$pɤ^{53}$	$pɤ^{53}$	$pɤ^{13}$	$pɤ^{53}$	$pɤ^{13}$	$pɤ^{13}$	$pɤ^{13}$	$pɤ^{13}$
永登县	$pə^{42}$	$pə^{42}$	$pə^{13}$	$pə^{42}$	$pə^{13}$	$pə^{13}$	$pə^{13}$	$pə^{13}$
榆中县	$pə^{51}$	$pə^{51}$	$pə^{13}$	$pə^{51}$	$pə^{13}$	$pə^{13}$	$pə^{13}$	$pə^{13}$
皋兰县	$pə^{42}$	$pə^{42}$	$pə^{13}$	$pə^{42}$	$pə^{13}$	$pə^{13}$	$pə^{13}$	$pə^{13}$
白银区	$pə^{44}$	$pə^{44}$	$pə^{13}$	$pə^{44}$	$pə^{13}$	$pə^{13}$	$pə^{13}$	$pə^{13}$
天祝县	$pɤ^{44}$	$pɤ^{44}$	$pɤ^{231}$	$pɤ^{44}$	$pɤ^{213}$	$pɤ^{213}$	$pɤ^{213}$	$pɤ^{213}$
景泰县（红水镇）	$pɤ^{44}$	$pɤ^{44}$	$pɤ^{231}$	$pɤ^{44}$	$pɤ^{213}$	$pɤ^{213}$	$pɤ^{213}$	$pɤ^{213}$
古浪县	$pɤ^{44}$	$pɤ^{44}$	$pɤ^{31}$	$pɤ^{44}$	$pɤ^{31}$	$pɤ^{31}$	$pɤ^{31}$	$pɤ^{31}$
凉州区	$pə^{33}$	$pə^{33}$	$pə^{53}$	$pə^{33}$	$pə^{53}$	$pə^{53}$	$pə^{53}$	$pə^{53}$
民勤县	$pɤ^{44}$	$pɤ^{44}$	$pɤ^{42}$	$pɤ^{44}$	$pɤ^{42}$	$pɤ^{42}$	$pɤ^{42}$	$pɤ^{42}$
永昌县	$pə^{44}$	$pə^{44}$	$pə^{53}$	$pə^{44}$	$pə^{53}$	$pə^{53}$	$pə^{53}$	$pə^{53}$
甘州区	$pə^{44}$	$pə^{44}$	$pə^{31}$	$pə^{44}$	$pə^{31}$	$pə^{31}$	$pə^{31}$	$pə^{31}$
临泽县	$pə^{44}$	$pə^{44}$	$pə^{214}$	$pə^{44}$	$pə^{214}$	$pə^{214}$	$pə^{214}$	$pə^{214}$
民乐县	$pɤ^{44}$	$pɤ^{44}$	$pɤ^{42}$	$pɤ^{44}$	$pɤ^{42}$	$pɤ^{42}$	$pɤ^{42}$	$pɤ^{42}$
山丹县	$pɤ^{24}$	$pɤ^{24}$	$pɤ^{41}$	$pɤ^{24}$	$pɤ^{41}$	$pɤ^{41}$	$pɤ^{41}$	$pɤ^{41}$
高台县	$pɤ^{44}$	$pɤ^{44}$	$pɤ^{214}$	$pɤ^{44}$	$pɤ^{214}$	$pɤ^{214}$	$pɤ^{214}$	$pɤ^{214}$
肃州区	$pɤ^{44}$	$pɤ^{44}$	$pɤ^{214}$	$pɤ^{44}$	$pɤ^{214}$	$pɤ^{214}$	$pɤ^{214}$	$pɤ^{214}$
金塔县	$pɤ^{44}$	$pɤ^{44}$	$pɤ^{13}$	$pɤ^{44}$	$pɤ^{13}$	$pɤ^{13}$	$pɤ^{13}$	$pɤ^{13}$
肃北县	$pɤ^{44}$	$pɤ^{44}$	$pɤ^{213}$	$pɤ^{44}$	$pɤ^{213}$	$pɤ^{213}$	$pɤ^{213}$	$pɤ^{213}$
玉门市	$pɤ^{44}$	$pɤ^{44}$	$pɤ^{213}$	$pɤ^{44}$	$pɤ^{213}$	$pɤ^{213}$	$pɤ^{213}$	$pɤ^{213}$

① 《广韵》滂禾切，果合一平戈滂。

② 又蒲拨切，山合一入末并。

续表

瓜州县	pɤ^{44}	pɤ^{44}	pɤ^{213}	pɤ^{44}	pɤ^{213}	pɤ^{213}	pɤ^{213}	pɤ^{213}
西夏区	pə^{44}	pə^{44}	pə^{13}	pə^{44}	pə^{13}	pə^{13}	pə^{13}	pə^{13}
贺兰县	pə^{44}	pə^{44}	pə^{13}	pə^{44}	pə^{13}	pə^{13}	pə^{13}	pə^{13}
灵武市（东塔镇）	pə^{44}	pə^{44}	pə^{13}	pə^{44}	pə^{13}	pə^{13}	pə^{13}	pə^{13}
永宁县	pə^{44}	pə^{44}	pə^{13}	pə^{44}	pə^{13}	pə^{13}	pə^{13}	pə^{13}
中宁县	pɤ^{44}	pɤ^{44}	pɤ^{13}	pɤ^{44}	pɤ^{13}	pɤ^{13}	pɤ^{13}	pɤ^{13}
沙坡头区	pə^{44}	pə^{44}	pə^{13}	pə^{44}	pə^{13}	pə^{13}	pə^{13}	pə^{13}
盐池县	pə^{44}	pə^{44}	pə^{13}	pə^{44}	pə^{13}	pə^{13}	pə^{13}	pə^{13}
平罗县（渠口乡）	pə^{44}	pə^{44}	pə^{13}	pə^{44}	pə^{13}	pə^{13}	pə^{13}	pə^{13}
阿拉善左旗	pə^{44}	pə^{44}	pə^{213}	pə^{44}	pə^{213}	pə^{213}	pə^{213}	pə^{213}
乌鲁木齐市	pə^{44}	pə^{44}	pə^{213}	pə^{44}	pə^{213}	pə^{213}	pə^{213}	pə^{213}
阜康市	pɤ^{55}	pɤ^{55}	pɤ^{213}	pɤ^{55}	pɤ^{213}	pɤ^{213}	pɤ^{213}	pɤ^{213}
呼图壁县	pɤ^{44}	pɤ^{44}	pɤ^{213}	pɤ^{44}	pɤ^{213}	pɤ^{213}	pɤ^{213}	pɤ^{213}
吉木萨尔县	pɤ^{44}	pɤ^{44}	pɤ^{213}	pɤ^{44}	pɤ^{213}	pɤ^{213}	pɤ^{213}	pɤ^{213}
奇台县	pɤ^{44}	pɤ^{44}	pɤ^{213}	pɤ^{44}	pɤ^{213}	pɤ^{213}	pɤ^{213}	pɤ^{213}
博乐市	puo^{45}	puo^{45}	puo^{24}	puo^{45}	puo^{24}	puo^{24}	puo^{24}	puo^{24}
阿勒泰市	pɤ^{44}	pɤ^{44}	pɤ^{23}	pɤ^{44}	pɤ^{23}	pɤ^{23}	pɤ^{23}	pɤ^{23}
布尔津县	pɤ^{44}	pɤ^{44}	pɤ^{51}	pɤ^{44}	pɤ^{51}	pɤ^{51}	pɤ^{51}	pɤ^{51}
乌苏市	pɤ^{55}	pɤ^{55}	pɤ^{213}	pɤ^{55}	pɤ^{213}	pɤ^{213}	pɤ^{213}	pɤ^{213}
额敏县	pɤ^{44}	pɤ^{44}	pɤ^{34}	pɤ^{44}	pɤ^{34}	pɤ^{34}	pɤ^{34}	pɤ^{34}
伊州区	pɤ^{44}	pɤ^{44}	pɤ^{213}	pɤ^{44}	pɤ^{213}	pɤ^{213}	pɤ^{213}	pɤ^{213}
巴里坤县	pə^{45}	pə^{45}	pə^{24}	pə^{45}	pə^{24}	pə^{24}	pə^{24}	pə^{24}
伊吾县	pɤ^{44}	pɤ^{44}	pɤ^{213}	pɤ^{44}	pɤ^{213}	pɤ^{213}	pɤ^{213}	pɤ^{213}

字目 / 中古音 / 方言点	驳	伯	簸①	坡②	颇③	泼	婆	破
	江开二 入觉帮	梗开二 入陌帮	果合一 上果帮	果合一 平戈滂	果合一 平戈滂	山合一 入末滂	果合一 平戈並	果合一 去过滂
兰州市 （城关区）	pɤ^{13}	pɤ^{13}	pɤ^{44}	pʻɤ^{53}	pʻɤ^{53}	pʻɤ^{13}	pʻɤ^{51}	pʻɤ^{13}
永登县	pə^{13}	pə^{13}	pə^{354}	pʻə^{42}	pʻə^{42}	pʻə^{13}	pʻə^{53}	pʻə^{13}
榆中县	pə^{13}	pə^{13}	pə^{44}	pʻə^{51}	pʻə^{51}	pʻə^{13}	pʻə^{332}	pʻə^{13}
皋兰县	pə^{13}	pə^{13}	pə^{342}	pʻə^{42}	pʻə^{42}	pʻə^{13}	pʻə^{53}	pʻə^{13}
白银区	pə^{13}	pə^{13}	pə^{343}	pʻə^{44}	pʻə^{44}	pʻə^{13}	pʻə^{51}	pʻə^{13}
天祝县	pɤ^{213}	pɤ^{213}	pɤ^{44}	pʻɤ^{44}	pʻɤ^{44}	pʻɤ^{213}	pʻɤ^{53}	pʻɤ^{213}
景泰县 （红水镇）	pɤ^{213}	pɤ^{213}	pɤ^{44}	pʻɤ^{44}	pʻɤ^{44}	pʻɤ^{213}	pʻɤ^{53}	pʻɤ^{213}
古浪县	pɤ^{31}	pɤ^{31}	pɤ^{44}	pʻɤ^{44}	pʻɤ^{44}	pʻɤ^{31}	pʻɤ^{53}	pʻɤ^{31}
凉州区	pə^{53}	pə^{53}	pə^{33}	pʻə^{33}	pʻə^{33}	pʻə^{53}	pʻə^{13}	pʻə^{53}
民勤县	pɤ^{42}	pɤ^{42}	pɤ^{214}	pʻɤ^{44}	pʻɤ^{44}	pʻɤ^{42}	pʻɤ^{53}	pʻɤ^{42}
永昌县	pə^{53}	pə^{53}	pə^{13}	pʻə^{44}	pʻə^{44}	pʻə^{53}	pʻə^{13}	pʻə^{53}
甘州区	pə^{31}	pə^{31}	pə^{53}	pʻə^{44}	pʻə^{44}	pʻə^{31}	pʻə^{53}	pʻə^{31}
临泽县	pə^{214}	pə^{214}	pə^{44}	pʻə^{44}	pʻə^{44}	pʻə^{214}	pʻə^{53}	pʻə^{214}
民乐县	pɤ^{42}	pɤ^{42}	pɤ^{213}	pʻɤ^{44}	pʻɤ^{44}	pʻɤ^{42}	pʻɤ^{53}	pʻɤ^{42}
山丹县	pɤ^{41}	pɤ^{41}	pɤ^{53}	pʻɤ^{24}	pʻɤ^{24}	pʻɤ^{41}	pʻɤ^{53}	pʻɤ^{41}
高台县	pɤ^{214}	pɤ^{214}	pɤ^{44}	pʻɤ^{44}	pʻɤ^{44}	pʻɤ^{214}	pʻɤ^{53}	pʻɤ^{214}
肃州区	pɤ^{214}	pɤ^{214}	pɤ^{44}	pʻɤ^{44}	pʻɤ^{44}	pʻɤ^{214}	pʻɤ^{53}	pʻɤ^{214}
金塔县	pɤ^{13}	pɤ^{13}	pɤ^{53}	pʻɤ^{44}	pʻɤ^{44}	pʻɤ^{13}	pʻɤ^{53}	pʻɤ^{13}

①又补过切，果合一去过帮。

②又通“陂”逋禾切，果合一平戈帮。

③又普火切，果合一上果滂。

续表

肃北县	pɤ^{213}	pɤ^{213}	pɤ^{53}	pʻɤ^{44}	pʻɤ^{44}	pʻɤ^{213}	pʻɤ^{53}	pʻɤ^{213}
玉门市	pɤ^{213}	pɤ^{213}	pɤ^{53}	pʻɤ^{44}	pʻɤ^{44}	pʻɤ^{213}	pʻɤ^{53}	pʻɤ^{213}
瓜州县	pɤ^{213}	pɤ^{213}	pɤ^{53}	pʻɤ^{44}	pʻɤ^{44}	pʻɤ^{213}	pʻɤ^{53}	pʻɤ^{213}
西夏区	pə^{13}	pə^{13}	pə^{53}	pʻə^{44}	pʻə^{44}	pʻə^{13}	pʻə^{53}	pʻə^{13}
贺兰县	pə^{13}	pə^{13}	pə^{53}	pʻə^{44}	pʻə^{44}	pʻə^{13}	pʻə^{53}	pʻə^{13}
灵武市（东塔镇）	pə^{13}	pə^{13}	pə^{52}	pʻə^{44}	pʻə^{44}	pʻə^{13}	pʻə^{52}	pʻə^{13}
永宁县	pə^{13}	pə^{13}	pə^{53}	pʻə^{44}	pʻə^{44}	pʻə^{13}	pʻə^{53}	pʻə^{13}
中宁县	pɤ^{13}	pɤ^{13}	pɤ^{53}	pʻɤ^{44}	pʻɤ^{44}	pʻɤ^{13}	pʻɤ^{53}	pʻɤ^{13}
沙坡头区	pə^{13}	pə^{13}	pə^{53}	pʻə^{44}	pʻə^{44}	pʻə^{13}	pʻə^{53}	pʻə^{13}
盐池县	pə^{13}	pə^{13}	pə^{52}	pʻə^{44}	pʻə^{44}	pʻə^{13}	pʻə^{13}	pʻə^{13}
平罗县（渠口乡）	pə^{13}	pə^{13}	pə^{53}	pʻə^{44}	pʻə^{44}	pʻə^{13}	pʻə^{53}	pʻə^{13}
阿拉善左旗	pə^{213}	pə^{213}	pə^{51}	pʻə^{44}	pʻə^{44}	pʻə^{213}	pʻə^{51}	pʻə^{213}
乌鲁木齐市	pə^{213}	pə^{213}	pə^{52}	pʻə^{44}	pʻə^{44}	pʻə^{213}	pʻə^{52}	pʻə^{213}
阜康市	pɤ^{213}	pɤ^{213}	pɤ^{51}	pʻɤ^{55}	pʻɤ^{55}	pʻɤ^{213}	pʻɤ^{51}	pʻɤ^{213}
呼图壁县	pɤ^{213}	pɤ^{213}	pɤ^{51}	pʻɤ^{44}	pʻɤ^{44}	pʻɤ^{213}	pʻɤ^{51}	pʻɤ^{213}
吉木萨尔县	pɤ^{213}	pɤ^{213}	pɤ^{51}	pʻɤ^{44}	pʻɤ^{44}	pʻɤ^{213}	pʻɤ^{51}	pʻɤ^{213}
奇台县	pɤ^{213}	pɤ^{213}	pɤ^{52}	pʻɤ^{44}	pʻɤ^{44}	pʻɤ^{213}	pʻɤ^{52}	pʻɤ^{213}
博乐市	puo^{24}	puo^{24}	puo^{51}	pʻuo^{45}	pʻuo^{45}	pʻuo^{24}	pʻuo^{51}	pʻuo^{24}
阿勒泰市	pɤ^{23}	pɤ^{23}	pɤ^{51}	pʻɤ^{44}	pʻɤ^{44}	pʻɤ^{23}	pʻɤ^{51}	pʻɤ^{23}
布尔津县	pɤ^{51}	pɤ^{51}	pɤ^{23}	pʻɤ^{44}	pʻɤ^{44}	pʻɤ^{51}	pʻɤ^{23}	pʻɤ^{51}
乌苏市	pɤ^{213}	pɤ^{213}	pɤ^{51}	pʻɤ^{55}	pʻɤ^{55}	pʻɤ^{213}	pʻɤ^{51}	pʻɤ^{213}
额敏县	pɤ^{34}	pɤ^{34}	pɤ^{51}	pʻɤ^{44}	pʻɤ^{44}	pʻɤ^{34}	pʻɤ^{51}	pʻɤ^{34}
伊州区	pɤ^{213}	pɤ^{213}	pɤ^{51}	pʻɤ^{44}	pʻɤ^{44}	pʻɤ^{213}	pʻɤ^{51}	pʻɤ^{213}
巴里坤县	pə^{24}	pə^{24}	pə^{51}	pʻə^{45}	pʻə^{45}	pʻə^{24}	pʻə^{51}	pʻə^{24}
伊吾县	pɤ^{213}	pɤ^{213}	pɤ^{51}	pʻɤ^{44}	pʻɤ^{44}	pʻɤ^{213}	pʻɤ^{51}	pʻɤ^{213}

字目 / 中古音 / 方言点	迫①	魄	摸	摩	磨 磨刀	魔	模	膜 薄膜
中古音	梗开二入陌帮	梗开二入陌滂	宕开一入铎明	果合一平戈明	果合一平戈明	果合一平戈明	果合一平模明	宕开一入铎明
兰州市（城关区）	pʻɤ^{13}	pʻɤ^{13}	mɤ^{13}	mɤ^{13}	mɤ^{51}	mɤ^{51}	mɤ^{51}	mɤ^{51}
永登县	pʻə^{13}	pʻə^{13}	mə^{13}	mə^{13}	mə^{53}	mə^{53}	mə^{53}	mə^{53}
榆中县	pʻə^{13}	pʻə^{13}	mə^{13}	mə^{13}	mə^{332}	mə^{332}	mə^{332}	mə^{332}
皋兰县	pʻə^{13}	pʻə^{13}	mə^{13}	mə^{13}	mə^{53}	mə^{53}	mə^{53}	mə^{53}
白银区	pʻə^{13}	pʻə^{13}	mə^{13}	mə^{13}	mə^{51}	mə^{51}	mə^{51}	mə^{51}
天祝县	pʻɤ^{213}	pʻɤ^{213}	mɤ^{213}	mɤ^{213}	mɤ^{53}	mɤ^{53}	mɤ^{53}	mɤ^{53}
景泰县（红水镇）	pʻɤ^{213}	pʻɤ^{213}	mɤ^{213}	mɤ^{213}	mɤ^{53}	mɤ^{53}	mɤ^{53}	mɤ^{53}
古浪县	pʻɤ^{31}	pʻɤ^{31}	mɤ^{31}	mɤ^{31}	mɤ^{53}	mɤ^{53}	mɤ^{53}	mɤ^{53}
凉州区	pʻə^{53}	pʻə^{53}	mə^{53}	mə^{53}	mə^{13}	mə^{13}	mə^{13}	mə^{13}
民勤县	pʻɤ^{42}	pʻɤ^{42}	mɤ^{42}	mɤ^{42}	mɤ^{53}	mɤ^{53}	mɤ^{53}	mɤ^{53}
永昌县	pʻə^{53}	pʻə^{53}	mə^{53}	mə^{53}	mə^{13}	mə^{13}	mə^{13}	mə^{13}
甘州区	pʻə^{31}	pʻə^{31}	mə^{31}	mə^{31}	mə^{53}	mə^{53}	mə^{53}	mə^{53}
临泽县	pʻə^{214}	pʻə^{214}	mə^{214}	mə^{214}	mə^{53}	mə^{53}	mə^{53}	mə^{53}
民乐县	pʻɤ^{42}	pʻɤ^{42}	mɤ^{42}	mɤ^{42}	mɤ^{53}	mɤ^{53}	mɤ^{53}	mɤ^{53}
山丹县	pʻɤ^{41}	pʻɤ^{41}	mɤ^{41}	mɤ^{41}	mɤ^{53}	mɤ^{53}	mɤ^{53}	mɤ^{53}
高台县	pʻɤ^{214}	pʻɤ^{214}	mɤ^{214}	mɤ^{214}	mɤ^{53}	mɤ^{53}	mɤ^{53}	mɤ^{53}
肃州区	pʻɤ^{214}	pʻɤ^{214}	mɤ^{214}	mɤ^{214}	mɤ^{53}	mɤ^{53}	mɤ^{53}	mɤ^{53}
金塔县	pʻɤ^{13}	pʻɤ^{13}	mɤ^{13}	mɤ^{13}	mɤ^{53}	mɤ^{53}	mɤ^{53}	mɤ^{53}
肃北县	pʻɤ^{213}	pʻɤ^{213}	mɤ^{213}	mɤ^{213}	mɤ^{53}	mɤ^{53}	mɤ^{53}	mɤ^{53}
玉门市	pʻɤ^{213}	pʻɤ^{213}	mɤ^{213}	mɤ^{213}	mɤ^{53}	mɤ^{53}	mɤ^{53}	mɤ^{53}

①又匹陌切，更开二入陌滂。

续表

瓜州县	pʻɤ^{213}	pʻɤ^{213}	mɤ^{213}	mɤ^{213}	mɤ^{53}	mɤ^{53}	mɤ^{53}	mɤ^{53}
西夏区	pʻə^{13}	pʻə^{13}	mə^{13}	mə^{53}	mə^{53}	mə^{53}	mə^{53}	mə^{13}
贺兰县	pʻə^{13}	pʻə^{13}	mə^{13}	mə^{53}	mə^{53}	mə^{53}	mə^{53}	mə^{13}
灵武市（东塔镇）	pʻə^{13}	pʻə^{13}	mə^{13}	mə^{52}	mə^{52}	mə^{52}	mə^{52}	mə^{13}
永宁县	pʻə^{13}	pʻə^{13}	mə^{13}	mə^{53}	mə^{53}	mə^{53}	mə^{53}	mə^{13}
中宁县	pʻɤ^{13}	pʻɤ^{13}	mɤ^{13}	mɤ^{53}	mɤ^{53}	mɤ^{53}	mɤ^{53}	mɤ^{13}
沙坡头区	pʻə^{13}	pʻə^{13}	mə^{13}	mə^{53}	mə^{53}	mə^{53}	mə^{53}	mə^{13}
盐池县	pʻə^{13}	pʻə^{13}	mə^{13}	mə^{13}	mə^{13}	mə^{13}	mə^{13}	mə^{13}
平罗县（渠口乡）	pʻə^{13}	pʻə^{13}	mə^{13}	mə^{53}	mə^{53}	mə^{53}	mə^{53}	mə^{13}
阿拉善左旗	pʻə^{213}	pʻə^{213}	mə^{213}	mə^{213}	mə^{51}	mə^{51}	mə^{51}	mə^{51}
乌鲁木齐市	pʻə^{213}	pʻə^{213}	mə^{213}	mə^{213}	mə^{52}	mə^{52}	mə^{52}	mə^{52}
阜康市	pʻɤ^{213}	pʻɤ^{213}	mɤ^{213}	mɤ^{213}	mɤ^{51}	mɤ^{51}	mɤ^{51}	mɤ^{51}
呼图壁县	pʻɤ^{213}	pʻɤ^{213}	mɤ^{213}	mɤ^{213}	mɤ^{51}	mɤ^{51}	mɤ^{51}	mɤ^{51}
吉木萨尔县	pʻɤ^{213}	pʻɤ^{213}	mɤ^{213}	mɤ^{213}	mɤ^{51}	mɤ^{51}	mɤ^{51}	mɤ^{51}
奇台县	pʻɤ^{213}	pʻɤ^{213}	mɤ^{213}	mɤ^{213}	mɤ^{52}	mɤ^{52}	mɤ^{52}	mɤ^{52}
博乐市	pʻuo^{24}	pʻuo^{24}	muo^{24}	muo^{24}	muo^{51}	muo^{51}	muo^{51}	muo^{51}
阿勒泰市	pʻɤ^{23}	pʻɤ^{23}	mɤ^{23}	mɤ^{23}	mɤ^{51}	mɤ^{51}	mɤ^{51}	mɤ^{51}
布尔津县	pʻɤ^{51}	pʻɤ^{51}	mɤ^{51}	mɤ^{51}	mɤ^{23}	mɤ^{23}	mɤ^{23}	mɤ^{23}
乌苏市	pʻɤ^{213}	pʻɤ^{213}	mɤ^{213}	mɤ^{213}	mɤ^{51}	mɤ^{51}	mɤ^{51}	mɤ^{51}
额敏县	pʻɤ^{34}	pʻɤ^{34}	mɤ^{34}	mɤ^{34}	mɤ^{51}	mɤ^{51}	mɤ^{51}	mɤ^{51}
伊州区	pʻɤ^{213}	pʻɤ^{213}	mɤ^{213}	mɤ^{213}	mɤ^{51}	mɤ^{51}	mɤ^{51}	mɤ^{51}
巴里坤县	pʻə^{24}	pʻə^{24}	mə^{24}	mə^{24}	mə^{51}	mə^{51}	mə^{51}	mə^{51}
伊吾县	pʻɤ^{213}	pʻɤ^{213}	mɤ^{213}	mɤ^{213}	mɤ^{51}	mɤ^{51}	mɤ^{51}	mɤ^{51}

字目 中古音 方音 方言点	抹[1]	磨 石磨	沫	末	没 沉没	莫	漠	墨
	山合一入末明	果合一去过明	山合一入末明	山合一入末明	臻合一入没明	宕开一入铎明	宕开一入铎明	曾开一入德明
兰州市（城关区）	$mɤ^{13}$	$mɤ^{13}$	$mɤ^{13}$	$mɤ^{13}$	$mɤ^{13}$	$mɤ^{13}$	$mɤ^{13}$	$mɤ^{13}$
永登县	$mə^{13}$	$mə^{13}$	$mə^{13}$	$mə^{13}$	$mə^{13}$	$mə^{13}$	$mə^{13}$	$mə^{13}$
榆中县	$mə^{13}$	$mə^{13}$	$mə^{13}$	$mə^{13}$	$mə^{13}$	$mə^{13}$	$mə^{13}$	$mə^{13}$
皋兰县	$mə^{13}$	$mə^{13}$	$mə^{13}$	$mə^{13}$	$mə^{13}$	$mə^{13}$	$mə^{13}$	$mə^{13}$
白银区	$mə^{13}$	$mə^{13}$	$mə^{13}$	$mə^{13}$	$mə^{13}$	$mə^{13}$	$mə^{13}$	$mə^{13}$
天祝县	$mɤ^{213}$	$mɤ^{213}$	$mɤ^{213}$	$mɤ^{213}$	$mɤ^{213}$	$mɤ^{213}$	$mɤ^{213}$	$mɤ^{213}$
景泰县（红水镇）	$mɤ^{213}$	$mɤ^{213}$	$mɤ^{213}$	$mɤ^{213}$	$mɤ^{213}$	$mɤ^{213}$	$mɤ^{213}$	$mɤ^{213}$
古浪县	$mɤ^{31}$	$mɤ^{31}$	$mɤ^{31}$	$mɤ^{31}$	$mɤ^{31}$	$mɤ^{31}$	$mɤ^{31}$	$mɤ^{31}$
凉州区	$mə^{53}$	$mə^{53}$	$mə^{53}$	$mə^{53}$	$mə^{53}$	$mə^{53}$	$mə^{53}$	$mə^{53}$
民勤县	$mɤ^{42}$	$mɤ^{42}$	$mɤ^{42}$	$mɤ^{42}$	$mɤ^{42}$	$mɤ^{42}$	$mɤ^{42}$	$mɤ^{42}$
永昌县	$mə^{53}$	$mə^{53}$	$mə^{53}$	$mə^{53}$	$mə^{53}$	$mə^{53}$	$mə^{53}$	$mə^{53}$
甘州区	$mə^{31}$	$mə^{31}$	$mə^{31}$	$mə^{31}$	$mə^{31}$	$mə^{31}$	$mə^{31}$	$mə^{31}$
临泽县	$mə^{214}$	$mə^{214}$	$mə^{214}$	$mə^{214}$	$mə^{214}$	$mə^{214}$	$mə^{214}$	$mə^{214}$
民乐县	$mɤ^{42}$	$mɤ^{42}$	$mɤ^{42}$	$mɤ^{42}$	$mɤ^{42}$	$mɤ^{42}$	$mɤ^{42}$	$mɤ^{42}$
山丹县	$mɤ^{41}$	$mɤ^{41}$	$mɤ^{41}$	$mɤ^{41}$	$mɤ^{41}$	$mɤ^{41}$	$mɤ^{41}$	$mɤ^{41}$
高台县	$mɤ^{214}$	$mɤ^{214}$	$mɤ^{214}$	$mɤ^{214}$	$mɤ^{214}$	$mɤ^{214}$	$mɤ^{214}$	$mɤ^{214}$
肃州区	$mɤ^{214}$	$mɤ^{214}$	$mɤ^{214}$	$mɤ^{214}$	$mɤ^{214}$	$mɤ^{214}$	$mɤ^{214}$	$mɤ^{214}$
金塔县	$mɤ^{13}$	$mɤ^{13}$	$mɤ^{13}$	$mɤ^{13}$	$mɤ^{13}$	$mɤ^{13}$	$mɤ^{13}$	$mɤ^{13}$
肃北县	$mɤ^{213}$	$mɤ^{213}$	$mɤ^{213}$	$mɤ^{213}$	$mɤ^{213}$	$mɤ^{213}$	$mɤ^{213}$	$mɤ^{213}$
玉门市	$mɤ^{213}$	$mɤ^{213}$	$mɤ^{213}$	$mɤ^{213}$	$mɤ^{213}$	$mɤ^{213}$	$mɤ^{213}$	$mɤ^{213}$

①又莫八切，山开二入黠明。

续表

瓜州县	mɤ^{213}	mɤ^{213}	mɤ^{213}	mɤ^{213}	mɤ^{213}	mɤ^{213}	mɤ^{213}	mɤ^{213}
西夏区	mə^{13}	mə^{13}	mə^{13}	mə^{13}	mə^{13}	mə^{13}	mə^{13}	mə^{13}
贺兰县	mə^{13}	mə^{13}	mə^{13}	mə^{13}	mə^{13}	mə^{13}	mə^{13}	mə^{13}
灵武市（东塔镇）	mə^{13}	mə^{13}	mə^{13}	mə^{13}	mə^{13}	mə^{13}	mə^{13}	mə^{13}
永宁县	mə^{13}	mə^{13}	mə^{13}	mə^{13}	mə^{13}	mə^{13}	mə^{13}	mə^{13}
中宁县	mɤ^{13}	mɤ^{13}	mɤ^{13}	mɤ^{13}	mɤ^{13}	mɤ^{13}	mɤ^{13}	mɤ^{13}
沙坡头区	mə^{13}	mə^{13}	mə^{13}	mə^{13}	mə^{13}	mə^{13}	mə^{13}	mə^{13}
盐池县	mə^{13}	mə^{13}	mə^{13}	mə^{13}	mə^{13}	mə^{13}	mə^{13}	mə^{13}
平罗县（渠口乡）	mə^{13}	mə^{13}	mə^{13}	mə^{13}	mə^{13}	mə^{13}	mə^{13}	mə^{13}
阿拉善左旗	mə^{213}	mə^{213}	mə^{213}	mə^{213}	mə^{213}	mə^{213}	mə^{213}	mə^{213}
乌鲁木齐市	mə^{213}	mə^{213}	mə^{213}	mə^{213}	mə^{213}	mə^{213}	mə^{213}	mə^{213}
阜康市	mɤ^{213}	mɤ^{213}	mɤ^{213}	mɤ^{213}	mɤ^{213}	mɤ^{213}	mɤ^{213}	mɤ^{213}
呼图壁县	mɤ^{213}	mɤ^{213}	mɤ^{213}	mɤ^{213}	mɤ^{213}	mɤ^{213}	mɤ^{213}	mɤ^{213}
吉木萨尔县	mɤ^{213}	mɤ^{213}	mɤ^{213}	mɤ^{213}	mɤ^{213}	mɤ^{213}	mɤ^{213}	mɤ^{213}
奇台县	mɤ^{213}	mɤ^{213}	mɤ^{213}	mɤ^{213}	mɤ^{213}	mɤ^{213}	mɤ^{213}	mɤ^{213}
博乐市	muo^{24}	muo^{24}	muo^{24}	muo^{24}	muo^{24}	muo^{24}	muo^{24}	muo^{24}
阿勒泰市	mɤ^{23}	mɤ^{23}	mɤ^{23}	mɤ^{23}	mɤ^{23}	mɤ^{23}	mɤ^{23}	mɤ^{23}
布尔津县	mɤ^{51}	mɤ^{51}	mɤ^{51}	mɤ^{51}	mɤ^{51}	mɤ^{51}	mɤ^{51}	mɤ^{51}
乌苏市	mɤ^{213}	mɤ^{213}	mɤ^{213}	mɤ^{213}	mɤ^{213}	mɤ^{213}	mɤ^{213}	mɤ^{213}
额敏县	mɤ^{34}	mɤ^{34}	mɤ^{34}	mɤ^{34}	mɤ^{34}	mɤ^{34}	mɤ^{34}	mɤ^{34}
伊州区	mɤ^{213}	mɤ^{213}	mɤ^{213}	mɤ^{213}	mɤ^{213}	mɤ^{213}	mɤ^{213}	mɤ^{213}
巴里坤县	mə^{24}	mə^{24}	mə^{24}	mə^{24}	mə^{24}	mə^{24}	mə^{24}	mə^{24}
伊吾县	mɤ^{213}	mɤ^{213}	mɤ^{213}	mɤ^{213}	mɤ^{213}	mɤ^{213}	mɤ^{213}	mɤ^{213}

字目 中古音 方音 方言点	默	陌 陌生	佛	多	夺	朵	躲	舵
	曾开一入德明	梗开二入陌明	臻合三入物奉	果开一平歌端	山合一入末定	果合一上果端	果合一上果端	果开一上哿定
兰州市（城关区）	mɤ13	mɤ13	fɤ51	tuɤ53	tuɤ51	tuɤ44	tuɤ44	tuɤ13
永登县	mə13	mə13	fə53	tuə42	tuə53	tuə354	tuə354	tuə13
榆中县	mə13	mə13	fə332	tuə51	tuə332	tuə44	tuə44	tuə13
皋兰县	mə13	mə13	fə53	tuə42	tuə53	tuə342	tuə342	tuə13
白银区	mə13	mə13	fə51	tuə44	tuə51	tuə343	tuə343	tuə13
天祝县	mɤ213	mɤ213	fɤ52	tuə44	tuə53	tuə44	tuə44	tuə213
景泰县（红水镇）	mɤ213	mɤ213	fɤ52	tuɤ44	tuɤ53	tuɤ44	tuɤ44	tuɤ213
古浪县	mɤ31	mɤ31	fɤ53	tuə44	tuə53	tuə44	tuə44	tuə31
凉州区	mə53	mə53	fə13	tuə33	tuə13	tuə33	tuə33	tuə53
民勤县	mɤ42	mɤ42	fɤ53	tuə44	tuə53	tuə214	tuə214	tuə42
永昌县	mə53	mə53	fə13	tuə44	tuə13	tuə13	tuə13	tuə53
甘州区	mə31	mə31	fə53	tuə44	tuə53	tuə53	tuə53	tuə31
临泽县	mə214	mə214	fə53	tuə44	tuə53	tuə44	tuə44	tuə214
民乐县	mɤ42	mɤ42	fɤ53	tuə44	tuə53	tuə213	tuə213	tuə42
山丹县	mɤ41	mɤ41	fɤ53	tuə24	tuə53	tuə53	tuə53	tuə41
高台县	mɤ214	mɤ214	fɤ53	tuə44	tuə53	tuə44	tuə44	tuə214
肃州区	mɤ214	mɤ214	fɤ53	tuə44	tuə53	tuə44	tuə44	tuə214
金塔县	mɤ13	mɤ13	fɤ53	tuə44	tuə53	tuə53	tuə53	tuə13
肃北县	mɤ213	mɤ213	fɤ53	tuə44	tuə53	tuə53	tuə53	tuə213
玉门市	mɤ213	mɤ213	fɤ53	tuə44	tuə53	tuə53	tuə53	tuə213
瓜州县	mɤ213	mɤ213	fɤ53	tuə44	tuə53	tuə53	tuə53	tuə213
西夏区	mə13	mə13	fə13	tuə44	tuə13	tuə53	tuə53	tuə13

续表

贺兰县	mə^{13}	mə^{13}	fə^{13}	tuə^{44}	tuə^{13}	tuə^{53}	tuə^{53}	tuə^{13}
灵武市（东塔镇）	mə^{13}	mə^{13}	fə^{13}	tuə^{44}	tuə^{13}	tuə^{52}	tuə^{52}	tuə^{13}
永宁县	mə^{13}	mə^{13}	fə^{13}	tuə^{44}	tuə^{13}	tuə^{53}	tuə^{53}	tuə^{13}
中宁县	mɤ^{13}	mɤ^{13}	fɤ^{13}	tuɤ^{44}	tuɤ^{13}	tuɤ^{53}	tuɤ^{53}	tuɤ^{13}
沙坡头区	mə^{13}	mə^{13}	fə^{13}	tuə^{44}	tuə^{13}	tuə^{53}	tuə^{53}	tuə^{13}
盐池县	mə^{13}	mə^{13}	fə^{13}	tuə^{44}	tuə^{13}	tuə^{52}	tuə^{52}	tuə^{13}
平罗县（渠口乡）	mə^{13}	mə^{13}	fə^{13}	tuə^{44}	tuə^{13}	tuə^{53}	tuə^{53}	tuə^{13}
阿拉善左旗	mə^{213}	mə^{213}	fə^{51}	tuə^{44}	tuə^{51}	tuə^{51}	tuə^{51}	tuə^{213}
乌鲁木齐市	mə^{213}	mə^{213}	fə^{52}	tuə^{44}	tuə^{52}	tuə^{52}	tuə^{52}	tuə^{213}
阜康市	mɤ^{213}	mɤ^{213}	fɤ^{51}	tuɤ^{55}	tuɤ^{51}	tuɤ^{51}	tuɤ^{51}	tuɤ^{213}
呼图壁县	mɤ^{213}	mɤ^{213}	fɤ^{51}	tuɤ^{44}	tuɤ^{51}	tuɤ^{51}	tuɤ^{51}	tuɤ^{213}
吉木萨尔县	mɤ^{213}	mɤ^{213}	fɤ^{51}	tuɤ^{44}	tuɤ^{51}	tuɤ^{51}	tuɤ^{51}	tuɤ^{213}
奇台县	mɤ^{213}	mɤ^{213}	fɤ^{52}	tuɤ^{44}	tuɤ^{52}	tuɤ^{52}	tuɤ^{52}	tuɤ^{213}
博乐市	muo^{24}	muo^{24}	fɤ^{51}	tuɤ^{45}	tuɤ^{51}	tuɤ^{51}	tuɤ^{51}	tuɤ^{24}
阿勒泰市	mɤ^{23}	mɤ^{23}	fɤ^{51}	tuɤ^{44}	tuɤ^{51}	tuɤ^{51}	tuɤ^{51}	tuɤ^{23}
布尔津县	mɤ^{51}	mɤ^{51}	fɤ^{23}	tuə^{44}	tuə^{23}	tuə^{23}	tuə^{23}	tuə^{51}
乌苏市	mɤ^{213}	mɤ^{213}	fɤ^{51}	tuɤ^{55}	tuɤ^{51}	tuɤ^{51}	tuɤ^{51}	tuɤ^{213}
额敏县	mɤ^{34}	mɤ^{34}	fɤ^{51}	tuɤ^{44}	tuɤ^{51}	tuɤ^{51}	tuɤ^{51}	tuɤ^{34}
伊州区	mɤ^{213}	mɤ^{213}	fɤ^{51}	tuɤ^{44}	tuɤ^{51}	tuɤ^{51}	tuɤ^{51}	tuɤ^{213}
巴里坤县	mə^{24}	mə^{24}	fə^{51}	tuə^{44}	tuə^{51}	tuə^{51}	tuə^{51}	tuə^{24}
伊吾县	mɤ^{213}	mɤ^{213}	fɤ^{51}	tuɤ^{44}	tuɤ^{51}	tuɤ^{51}	tuɤ^{51}	tuɤ^{213}

字目 / 中古音 / 方音 / 方言点	堕	惰①	拖	脱	托 委托	托 托盘	驼	驮 驮起
	果合一上果定	果合一上果定	果开一平歌透	山合一入末透	宕开一入铎透	宕开一入铎透	果开一平歌定	果开一平歌定
兰州市（城关区）	tuɤ^{13}	tuɤ^{13}	tʻuɤ^{53}	tʻuɤ^{13}	tʻuɤ^{13}	tʻuɤ^{13}	tʻuɤ^{51}	tʻuɤ^{51}
永登县	tuə^{13}	tuə^{13}	tʻuə^{42}	tʻuə^{13}	tʻuə^{13}	tʻuə^{13}	tʻuə^{53}	tʻuə^{53}
榆中县	tuə^{13}	tuə^{13}	tʻuə^{51}	tʻuə^{13}	tʻuə^{13}	tʻuə^{13}	tʻuə^{332}	tʻuə^{332}
皋兰县	tuə^{13}	tuə^{13}	tʻuə^{42}	tʻuə^{13}	tʻuə^{13}	tʻuə^{13}	tʻuə^{53}	tʻuə^{53}
白银区	tuə^{13}	tuə^{13}	tʻuə^{44}	tʻuə^{13}	tʻuə^{13}	tʻuə^{13}	tʻuə^{51}	tʻuə^{51}
天祝县	tuə^{213}	tuə^{213}	tʻuə^{44}	tʻuə^{213}	tʻuə^{213}	tʻuə^{213}	tʻuə^{53}	tʻuə^{53}
景泰县（红水镇）	tu□^{213}	tu□^{213}	tʻu□^{44}	tʻu□^{213}	tʻu□^{213}	tʻu□^{213}	tʻu□^{53}	tʻu□^{53}
古浪县	tuə^{31}	tuə^{31}	tʻuə^{44}	tʻuə^{31}	tʻuə^{31}	tʻuə^{31}	tʻuə^{53}	tʻuə^{53}
凉州区	tuə^{53}	tuə^{53}	tʻuə^{33}	tʻuə^{53}	tʻuə^{53}	tʻuə^{53}	tʻuə^{13}	tʻuə^{13}
民勤县	tuə^{42}	tuə^{42}	tʻuə^{44}	tʻuə^{42}	tʻuə^{42}	tʻuə^{42}	tʻuə^{53}	tʻuə^{53}
永昌县	tuə^{53}	tuə^{53}	tʻuə^{44}	tʻuə^{53}	tʻuə^{53}	tʻuə^{53}	tʻuə^{13}	tʻuə^{13}
甘州区	tuə^{31}	tuə^{31}	tʻuə^{44}	tʻuə^{31}	tʻuə^{31}	tʻuə^{31}	tʻuə^{53}	tʻuə^{53}
临泽县	tuə^{214}	tuə^{214}	tʻuə^{44}	tʻuə^{214}	tʻuə^{214}	tʻuə^{214}	tʻuə^{53}	tʻuə^{53}
民乐县	tuə^{42}	tuə^{42}	tʻuə^{44}	tʻuə^{42}	tʻuə^{42}	tʻuə^{42}	tʻuə^{53}	tʻuə^{53}
山丹县	tuə^{41}	tuə^{41}	tʻuə^{24}	tʻuə^{41}	tʻuə^{41}	tʻuə^{41}	tʻuə^{53}	tʻuə^{53}
高台县	tuə^{214}	tuə^{214}	tʻuə^{44}	tʻuə^{214}	tʻuə^{214}	tʻuə^{214}	tʻuə^{53}	tʻuə^{53}
肃州区	tuə^{214}	tuə^{214}	tʻuə^{44}	tʻuə^{214}	tʻuə^{214}	tʻuə^{214}	tʻuə^{53}	tʻuə^{53}
金塔县	tuə^{13}	tuə^{13}	tʻuə^{44}	tʻuə^{13}	tʻuə^{13}	tʻuə^{13}	tʻuə^{53}	tʻuə^{53}
肃北县	tuə^{213}	tuə^{213}	tʻuə^{44}	tʻuə^{213}	tʻuə^{213}	tʻuə^{213}	tʻuə^{53}	tʻuə^{53}
玉门市	tuə^{213}	tuə^{213}	tʻuə^{44}	tʻuə^{213}	tʻuə^{213}	tʻuə^{213}	tʻuə^{53}	tʻuə^{53}

①又徒卧切，果合一去过定。

续表

瓜州县	tuə^{213}	tuə^{213}	tʻuə^{44}	tʻuə^{213}	tʻuə^{213}	tʻuə^{213}	tʻuə^{53}	tʻuə^{53}
西夏区	tuə^{13}	tuə^{13}	tʻuə^{44}	tʻuə^{13}	tʻuə^{13}	tʻuə^{13}	tʻuə^{53}	tʻuə^{53}
贺兰县	tuə^{13}	tuə^{13}	tʻuə^{44}	tʻuə^{13}	tʻuə^{13}	tʻuə^{13}	tʻuə^{53}	tʻuə^{53}
灵武市（东塔镇）	tuə^{13}	tuə^{13}	tʻuə^{44}	tʻuə^{13}	tʻuə^{13}	tʻuə^{13}	tʻuə^{52}	tʻuə^{52}
永宁县	tuə^{13}	tuə^{13}	tʻuə^{44}	tʻuə^{13}	tʻuə^{13}	tʻuə^{13}	tʻuə^{53}	tʻuə^{53}
中宁县	tuɤ^{13}	tuɤ^{13}	tʻuɤ^{44}	tʻuɤ^{13}	tʻuɤ^{13}	tʻuɤ^{13}	tʻuɤ^{53}	tʻuɤ^{53}
沙坡头区	tuə^{13}	tuə^{13}	tʻuə^{44}	tʻuə^{13}	tʻuə^{13}	tʻuə^{13}	tʻuə^{53}	tʻuə^{53}
盐池县	tuə^{13}	tuə^{13}	tʻuə^{44}	tʻuə^{13}	tʻuə^{13}	tʻuə^{13}	tʻuə^{13}	tʻuə^{13}
平罗县（渠口乡）	tuə^{13}	tuə^{13}	tʻuə^{44}	tʻuə^{13}	tʻuə^{13}	tʻuə^{13}	tʻuə^{53}	tʻuə^{53}
阿拉善左旗	tuə^{213}	tuə^{213}	tʻuə^{44}	tʻuə^{213}	tʻuə^{213}	tʻuə^{213}	tʻuə^{51}	tʻuə^{51}
乌鲁木齐市	tuə^{213}	tuə^{213}	tʻuə^{44}	tʻuə^{213}	tʻuə^{213}	tʻuə^{213}	tʻuə^{52}	tʻuə^{52}
阜康市	tuɤ^{213}	tuɤ^{213}	tʻuɤ^{55}	tʻuɤ^{213}	tʻuɤ^{213}	tʻuɤ^{213}	tʻuɤ^{51}	tʻuɤ^{51}
呼图壁县	tuə^{213}	tuə^{213}	tʻuə^{44}	tʻuə^{213}	tʻuə^{213}	tʻuə^{213}	tʻuə^{51}	tʻuə^{51}
吉木萨尔县	tuɤ^{213}	tuɤ^{213}	tʻuɤ^{44}	tʻuɤ^{213}	tʻuɤ^{213}	tʻuɤ^{213}	tʻuɤ^{51}	tʻuɤ^{51}
奇台县	tuɤ^{213}	tuɤ^{213}	tʻuɤ^{44}	tʻuɤ^{213}	tʻuɤ^{213}	tʻuɤ^{213}	tʻuɤ^{52}	tʻuɤ^{52}
博乐市	tuɤ^{24}	tuɤ^{24}	tʻuɤ^{45}	tʻuɤ^{24}	tʻuɤ^{24}	tʻuɤ^{24}	tʻuɤ^{51}	tʻuɤ^{51}
阿勒泰市	tuɤ^{23}	tuɤ^{23}	tʻuɤ^{44}	tʻuɤ^{23}	tʻuɤ^{23}	tʻuɤ^{23}	tʻuɤ^{51}	tʻuɤ^{51}
布尔津县	tuə^{51}	tuə^{51}	tʻuə^{44}	tʻuə^{51}	tʻuə^{51}	tʻuə^{51}	tʻuə^{23}	tʻuə^{23}
乌苏市	tuɤ^{213}	tuɤ^{213}	tʻuɤ^{55}	tʻuɤ^{213}	tʻuɤ^{213}	tʻuɤ^{213}	tʻuɤ^{51}	tʻuɤ^{51}
额敏县	tuɤ^{34}	tuɤ^{34}	tʻuɤ^{44}	tʻuɤ^{34}	tʻuɤ^{34}	tʻuɤ^{34}	tʻuɤ^{51}	tʻuɤ^{51}
伊州区	tuo^{213}	tuo^{213}	tʻuo^{44}	tʻuo^{213}	tʻuo^{213}	tʻuo^{213}	tʻuo^{51}	tʻuo^{51}
巴里坤县	tuə^{24}	tuə^{24}	tʻuə^{45}	tʻuə^{24}	tʻuə^{24}	tʻuə^{24}	tʻuə^{51}	tʻuə^{51}
伊吾县	tuo^{213}	tuo^{213}	tʻuo^{44}	tʻuo^{213}	tʻuo^{213}	tʻuo^{213}	tʻuo^{51}	tʻuo^{51}

字目 / 中古音 / 方言点	妥	糯①	诺	罗	锣	箩	萝 藤萝	螺
	果合一上果透	果合一去过泥	宕开一入铎泥	果开一平歌来	果开一平歌来	果开一平歌来	果开一平歌来	果合一平戈来
兰州市（城关区）	tʻuɤ^{44}	luɤ^{13}	luɤ^{13}	luɤ^{51}	luɤ^{51}	luɤ^{51}	luɤ^{51}	luɤ^{51}
永登县	tʻuə^{354}	nuə^{13}	nuə^{13}	luə^{53}	luə^{53}	luə^{53}	luə^{53}	luə^{53}
榆中县	tʻuə^{44}	nuə^{13}	nuə^{13}	luə^{332}	luə^{332}	luə^{332}	luə^{332}	luə^{332}
皋兰县	tʻuə^{342}	nuə^{13}	nuə^{13}	luə^{53}	luə^{53}	luə^{53}	luə^{53}	luə^{53}
白银区	tʻuə^{343}	luə^{13}	luə^{13}	luə^{51}	luə^{51}	luə^{51}	luə^{51}	luə^{51}
天祝县	tʻuə^{44}	nuə^{213}	nuə^{213}	luə^{53}	luə^{53}	luə^{53}	luə^{53}	luə^{53}
景泰县（红水镇）	tʻuɤ^{44}	nuɤ^{213}	nuɤ^{213}	luɤ^{53}	luɤ^{53}	luɤ^{53}	luɤ^{53}	luɤ^{53}
古浪县	tʻuə^{44}	nuə^{31}	nuə^{31}	luə^{53}	luə^{53}	luə^{53}	luə^{53}	luə^{53}
凉州区	tʻuə^{33}	nuə^{53}	nuə^{53}	luə^{13}	luə^{13}	luə^{13}	luə^{13}	luə^{13}
民勤县	tʻuə^{214}	nuə^{42}	nuə^{42}	luə^{53}	luə^{53}	luə^{53}	luə^{53}	luə^{53}
永昌县	tʻuə^{33}	nuə^{53}	nuə^{53}	luə^{13}	luə^{13}	luə^{13}	luə^{13}	luə^{13}
甘州区	tʻuə^{53}	nuə^{31}	nuə^{31}	luə^{53}	luə^{53}	luə^{53}	luə^{53}	luə^{53}
临泽县	tʻuə^{44}	nuə^{214}	nuə^{214}	luə^{53}	luə^{53}	luə^{53}	luə^{53}	luə^{53}
民乐县	tʻuə^{213}	nuə^{42}	nuə^{42}	luə^{53}	luə^{53}	luə^{53}	luə^{53}	luə^{53}
山丹县	tʻuə^{53}	nuə^{41}	nuə^{41}	luə^{53}	luə^{53}	luə^{53}	luə^{53}	luə^{53}
高台县	tʻuə^{44}	nuə^{214}	nuə^{214}	luə^{53}	luə^{53}	luə^{53}	luə^{53}	luə^{53}
肃州区	tʻuə^{44}	nuə^{214}	nuə^{214}	luə^{53}	luə^{53}	luə^{53}	luə^{53}	luə^{53}
金塔县	tʻuə^{53}	nuə^{13}	nuə^{13}	luə^{53}	luə^{53}	luə^{53}	luə^{53}	luə^{53}
肃北县	tʻuə^{53}	nuə^{213}	nuə^{213}	luə^{53}	luə^{53}	luə^{53}	luə^{53}	luə^{53}
玉门市	tʻuə^{53}	nuə^{213}	nuə^{213}	luə^{53}	luə^{53}	luə^{53}	luə^{53}	luə^{53}

①又奴乱切，山合一去换泥。

续表

瓜州县	tʻuə53	nuə213	nuə213	luə53	luə53	luə53	luə53	luə53
西夏区	tʻuə53	nuə13	nuə13	luə53	luə53	luə53	luə53	luə53
贺兰县	tʻuə53	nuə13	nuə13	luə53	luə53	luə53	luə53	luə53
灵武市（东塔镇）	tʻuə52	nuə13	nuə13	luə52	luə52	luə52	luə52	luə52
永宁县	tʻuə53	nuə13	nuə13	luə53	luə53	luə53	luə53	luə53
中宁县	tʻuɤ53	nuɤ13	nuɤ13	luɤ53	luɤ53	luɤ53	luɤ53	luɤ53
沙坡头区	tʻuə53	nuə13	nuə13	luə53	luə53	luə53	luə53	luə53
盐池县	tʻuə52	nuə13	nuə13	luə13	luə13	luə13	luə13	luə13
平罗县（渠口乡）	tʻuə53	nuə13	nuə13	luə53	luə53	luə53	luə53	luə53
阿拉善左旗	tʻuə51	nuə213	nuə213	luə51	luə51	luə51	luə51	luə51
乌鲁木齐市	tʻuə52	luə213	luə213	luə52	luə52	luə52	luə52	luə52
阜康市	tʻuɤ51	nuɤ213	nuɤ213	luɤ51	luɤ51	luɤ51	luɤ51	luɤ51
呼图壁县	tʻuə51	nuə213	nuə213	luə51	luə51	luə51	luə51	luə51
吉木萨尔县	tʻuɤ51	nuɤ213	nuɤ213	luɤ51	luɤ51	luɤ51	luɤ51	luɤ51
奇台县	tʻuɤ52	nuɤ213	nuɤ213	luɤ52	luɤ52	luɤ52	luɤ52	luɤ52
博乐市	tʻuɤ51	nuɤ23	nuɤ23	luɤ51	luɤ51	luɤ51	luɤ51	luɤ51
阿勒泰市	tʻuɤ51	nuɤ23	nuɤ23	luɤ51	luɤ51	luɤ51	luɤ51	luɤ51
布尔津县	tʻuə23	nuə51	nuə51	luə23	luə23	luə23	luə23	luə23
乌苏市	tʻuɤ51	nuɤ213	nuɤ213	luɤ51	luɤ51	luɤ51	luɤ51	luɤ51
额敏县	tʻuɤ51	nuɤ34	nuɤ34	luɤ51	luɤ51	luɤ51	luɤ51	luɤ51
伊州区	tʻuo51	nuo213	nuo213	luo51	luo51	luo51	luo51	luo51
巴里坤县	tʻuə51	nuə24	nuə24	luə51	luə51	luə51	luə51	luə51
伊吾县	tʻuo51	nuo213	nuo213	luo51	luo51	luo51	luo51	luo51

字目 中古音 方音 方言点	骡	萝① 萝卜	洛	落	骆	络	昨	左②
	果合一平戈来	遇合一平模来	宕开一入铎来	宕开一入铎来	宕开一入铎来	宕开一入铎来	宕开一入铎从	果开一上哿精
兰州市（城关区）	$luɤ^{51}$	$luɤ^{51}$	$luɤ^{13}$	$luɤ^{13}$	$luɤ^{13}$	$luɤ^{13}$	$tsuɤ^{51}$	$tsuɤ^{44}$
永登县	$luə^{53}$	$luə^{53}$	$luə^{13}$	$luə^{13}$	$luə^{13}$	$luə^{13}$	$tsuə^{53}$	$tsuə^{354}$
榆中县	$luə^{332}$	$luə^{332}$	$luə^{13}$	$luə^{13}$	$luə^{13}$	$luə^{13}$	$tsuə^{332}$	$tsuə^{44}$
皋兰县	$luə^{53}$	$luə^{53}$	$luə^{13}$	$luə^{13}$	$luə^{13}$	$luə^{13}$	$tsuə^{53}$	$tsuə^{342}$
白银区	$luə^{51}$	$luə^{51}$	$luə^{13}$	$luə^{13}$	$luə^{13}$	$luə^{13}$	$tsuə^{51}$	$tsuə^{343}$
天祝县	$luə^{53}$	$luə^{53}$	$luə^{213}$	$luə^{213}$	$luə^{213}$	$luə^{213}$	$tsuə^{53}$	$tsuə^{44}$
景泰县（红水镇）	$luɤ^{53}$	$luɤ^{53}$	$luɤ^{213}$	$luɤ^{213}$	$luɤ^{213}$	$luɤ^{213}$	$tsuɤ^{53}$	$tsuɤ^{44}$
古浪县	$luə^{53}$	$luə^{53}$	$luə^{31}$	$luə^{31}$	$luə^{31}$	$luə^{31}$	$tsuə^{53}$	$tsuə^{44}$
凉州区	$luə^{13}$	$luə^{13}$	$luə^{53}$	$luə^{53}$	$luə^{53}$	$luə^{53}$	$tsuə^{13}$	$tsuə^{33}$
民勤县	$luə^{53}$	$luə^{53}$	$luə^{42}$	$luə^{42}$	$luə^{42}$	$luə^{42}$	$tsuə^{53}$	$tsuə^{214}$
永昌县	$luə^{13}$	$luə^{13}$	$luə^{53}$	$luə^{53}$	$luə^{53}$	$luə^{53}$	$tsuə^{13}$	$tsuə^{13}$
甘州区	$luə^{53}$	$luə^{53}$	$luə^{31}$	$luə^{31}$	$luə^{31}$	$luə^{31}$	$tsuə^{53}$	$tsuə^{53}$
临泽县	$luə^{53}$	$luə^{53}$	$luə^{214}$	$luə^{214}$	$luə^{214}$	$luə^{214}$	$tsuə^{53}$	$tsuə^{44}$
民乐县	$luə^{53}$	$luə^{53}$	$luə^{42}$	$luə^{42}$	$luə^{42}$	$luə^{42}$	$tsuə^{53}$	$tsuə^{213}$
山丹县	$luə^{53}$	$luə^{53}$	$luə^{41}$	$luə^{41}$	$luə^{41}$	$luə^{41}$	$tsuə^{53}$	$tsuə^{53}$
高台县	$luə^{53}$	$luə^{53}$	$luə^{214}$	$luə^{214}$	$luə^{214}$	$luə^{214}$	$tsuə^{53}$	$tsuə^{53}$
肃州区	$luə^{53}$	$luə^{53}$	$luə^{214}$	$luə^{214}$	$luə^{214}$	$luə^{214}$	$tsuə^{53}$	$tsuə^{53}$
金塔县	$luə^{53}$	$luə^{53}$	$luə^{13}$	$luə^{13}$	$luə^{13}$	$luə^{13}$	$tsuə^{53}$	$tsuə^{53}$
肃北县	$luə^{53}$	$luə^{53}$	$luə^{213}$	$luə^{213}$	$luə^{213}$	$luə^{213}$	$tsuə^{53}$	$tsuə^{53}$

①又良何切，果开一平歌来。

②又则箇切，果开一去箇精。

续表

玉门市	luə^{53}	luə^{53}	luə^{213}	luə^{213}	luə^{213}	luə^{213}	tsuə^{53}	tsuə^{53}
瓜州县	luə^{53}	luə^{53}	luə^{213}	luə^{213}	luə^{213}	luə^{213}	tsuə^{53}	tsuə^{53}
西夏区	luə^{53}	luə^{53}	luə^{13}	luə^{13}	luə^{13}	luə^{13}	tsuə^{13}	tsuə^{53}
贺兰县	luə^{53}	luə^{53}	luə^{13}	luə^{13}	luə^{13}	luə^{13}	tsuə^{13}	tsuə^{53}
灵武市（东塔镇）	luə^{52}	luə^{52}	luə^{13}	luə^{13}	luə^{13}	luə^{13}	tsuə^{13}	tsuə^{52}
永宁县	luə^{53}	luə^{53}	luə^{13}	luə^{13}	luə^{13}	luə^{13}	tsuə^{13}	tsuə^{53}
中宁县	luɤ^{53}	luɤ^{53}	luɤ^{44}	luɤ^{13}	luɤ^{13}	luɤ^{13}	tsuɤ^{53}	tsuɤ^{53}
沙坡头区	luə^{53}	luə^{53}	luə^{13}	luə^{13}	luə^{13}	luə^{13}	tsuə^{13}	tsuə^{53}
盐池县	luə^{13}	luə^{13}	luə^{13}	luə^{13}	luə^{13}	luə^{13}	tsuə^{13}	tsuə^{52}
平罗县（渠口乡）	luə^{53}	luə^{53}	luə^{13}	luə^{13}	luə^{13}	luə^{13}	tsuə^{13}	tsuə^{53}
阿拉善左旗	luə^{51}	luə^{51}	luə^{213}	luə^{213}	luə^{213}	luə^{213}	tsuə^{51}	tsuə^{51}
乌鲁木齐市	luə^{52}	luə^{52}	luə^{213}	luə^{213}	luə^{213}	luə^{213}	tsuə^{52}	tsuə^{52}
阜康市	luɤ^{51}	luɤ^{51}	luɤ^{213}	luɤ^{213}	luɤ^{213}	luɤ^{213}	tsuɤ^{51}	tsuɤ^{51}
呼图壁县	luə^{51}	luə^{51}	luə^{213}	luə^{213}	luə^{213}	luə^{213}	tsuə^{51}	tsuə^{51}
吉木萨尔县	luɤ^{51}	luɤ^{51}	luɤ^{213}	luɤ^{213}	luɤ^{213}	luɤ^{213}	tsuɤ^{51}	tsuɤ^{51}
奇台县	luɤ^{52}	luɤ^{52}	luɤ^{213}	luɤ^{213}	luɤ^{213}	luɤ^{213}	tsuɤ^{52}	tsuɤ^{52}
博乐市	luɤ^{51}	luɤ^{51}	luɤ^{45}	luɤ^{23}	luɤ^{23}	luɤ^{23}	tsuɤ^{51}	tsuɤ^{51}
阿勒泰市	luɤ^{51}	luɤ^{51}	luɤ^{44}	luɤ^{23}	luɤ^{23}	luɤ^{23}	tsuɤ^{51}	tsuɤ^{51}
布尔津县	luə^{23}	luə^{23}	luə^{44}	luə^{51}	luə^{51}	luə^{51}	tsuə^{23}	tsuə^{23}
乌苏市	luɤ^{51}	luɤ^{51}	luɤ^{55}	luɤ^{213}	luɤ^{213}	luɤ^{213}	tsuɤ^{51}	tsuɤ^{51}
额敏县	luɤ^{51}	luɤ^{51}	luɤ^{44}	luɤ^{34}	luɤ^{34}	luɤ^{34}	tsuɤ^{51}	tsuɤ^{51}
伊州区	luo^{51}	luo^{51}	luo^{213}	luo^{213}	luo^{213}	luo^{213}	tsuo^{51}	tsuo^{51}
巴里坤县	luə^{51}	luə^{51}	luə^{45}	luə^{24}	luə^{24}	luə^{24}	tsuə^{51}	tsuə^{51}
伊吾县	luo^{51}	luo^{51}	luo^{213}	luo^{213}	luo^{213}	luo^{213}	tsuo^{51}	tsuo^{51}

字目 / 中古音 / 方音 / 方言点	做①	坐	座	作②	搓	撮③	锉④	错 错误
	果开一去箇精	果合一上果从	果合一去过从	宕开一入铎精	果开一平歌清	山开一入末清	宕开一入铎清	宕开一入铎清
兰州市（城关区）	tsu^{13}	tsuɤ^{13}	tsuɤ^{13}	tsuɤ^{13}	tsʻuɤ^{53}	tsʻuɤ^{13}	tsʻuɤ^{13}	tsʻuɤ^{13}
永登县	tsu^{13}	tsuə^{13}	tsuə^{13}	tsuə^{13}	tsʻuə^{42}	tsʻuə^{13}	tsʻuə^{13}	tsʻuə^{13}
榆中县	tsu^{13}	tsuə^{13}	tsuə^{13}	tsuə^{13}	tsʻuə^{51}	tsʻuə^{13}	tsʻuə^{13}	tsʻuə^{13}
皋兰县	tsu^{13}	tsuə^{13}	tsuə^{13}	tsuə^{13}	tsʻuə^{42}	tsʻuə^{13}	tsʻuə^{13}	tsʻuə^{13}
白银区	tsu^{13}	tsuə^{13}	tsuə^{13}	tsuə^{13}	tsʻuə^{44}	tsʻuə^{13}	tsʻuə^{13}	tsʻuə^{13}
天祝县	tsu^{213}	tsuə^{213}	tsuə^{213}	tsuə^{213}	tsʻuə^{44}	tsʻuə^{213}	tsʻuə^{213}	tsʻuə^{213}
景泰县（红水镇）	tsu^{213}	tsuɤ^{213}	tsuɤ^{213}	tsuɤ^{213}	tsʻuɤ^{44}	tsʻuɤ^{213}	tsʻuɤ^{213}	tsʻuɤ^{213}
古浪县	tsu^{31}	tsuə^{31}	tsuə^{31}	tsuə^{31}	tsʻuə^{44}	tsʻuə^{31}	tsʻuə^{31}	tsʻuə^{31}
凉州区	tsu^{53}	tsuə^{53}	tsuə^{53}	tsuə^{53}	tsʻuə^{33}	tsʻuə^{53}	tsʻuə^{53}	tsʻuə^{53}
民勤县	tsu^{42}	tsuə^{42}	tsuə^{42}	tsuə^{42}	tsʻuə^{44}	tsʻuə^{42}	tsʻuə^{42}	tsʻuə^{42}
永昌县	tsu^{53}	tsuə^{53}	tsuə^{53}	tsuə^{53}	tsʻuə^{44}	tsʻuə^{53}	tsʻuə^{53}	tsʻuə^{53}
甘州区	tsu^{31}	tsuə^{31}	tsuə^{31}	tsuə^{31}	tsʻuə^{44}	tsʻuə^{31}	tsʻuə^{31}	tsʻuə^{31}
临泽县	tsu^{214}	tsuə^{214}	tsuə^{214}	tsuə^{214}	tsʻuə^{44}	tsʻuə^{214}	tsʻuə^{214}	tsʻuə^{214}
民乐县	tsu^{42}	tsuə^{42}	tsuə^{42}	tsuə^{42}	tsʻuə^{44}	tsʻuə^{42}	tsʻuə^{42}	tsʻuə^{42}
山丹县	tsu^{41}	tsuə^{41}	tsuə^{41}	tsuə^{41}	tsʻuə^{24}	tsʻuə^{41}	tsʻuə^{41}	tsʻuə^{41}
高台县	tsu^{214}	tsuə^{214}	tsuə^{214}	tsuə^{214}	tsʻuə^{44}	tsʻuə^{214}	tsʻuə^{214}	tsʻuə^{214}
肃州区	tsu^{214}	tsuə^{214}	tsuə^{214}	tsuə^{214}	tsʻuə^{44}	tsʻuə^{214}	tsʻuə^{214}	tsʻuə^{214}
金塔县	tsu^{13}	tsuə^{13}	tsuə^{13}	tsuə^{13}	tsʻuə^{44}	tsʻuə^{13}	tsʻuə^{13}	tsʻuə^{13}

①又臧祚切，遇合一去暮精。

②又则箇切，果合一去箇精；臧祚切，遇合一去暮精。

③又子括切，山开一入末精。

④《玉篇》又音“厝”，仓故切，遇合一去暮清。

续表

肃北县	tsu^{213}	tsuə^{213}	tsuə^{213}	tsuə^{213}	tsʻuə^{44}	tsʻuə^{213}	tsʻuə^{213}	tsʻuə^{213}
玉门市	tsu^{213}	tsuə^{213}	tsuə^{213}	tsuə^{213}	tsʻuə^{44}	tsʻuə^{213}	tsʻuə^{213}	tsʻuə^{213}
瓜州县	tsu^{213}	tsuə^{213}	tsuə^{213}	tsuə^{213}	tsʻuə^{44}	tsʻuə^{213}	tsʻuə^{213}	tsʻuə^{213}
西夏区	tsu^{13}	tsuə^{13}	tsuə^{13}	tsuə^{13}	tsʻuə^{44}	tsʻuə^{13}	tsʻuə^{13}	tsʻuə^{13}
贺兰县	tsu^{13}	tsuə^{13}	tsuə^{13}	tsuə^{13}	tsʻuə^{44}	tsʻuə^{13}	tsʻuə^{13}	tsʻuə^{13}
灵武市（东塔镇）	tsu^{13}	tsuə^{13}	tsuə^{13}	tsuə^{13}	tsʻuə^{44}	tsʻuə^{13}	tsʻuə^{13}	tsʻuə^{13}
永宁县	tsu^{13}	tsuə^{13}	tsuə^{13}	tsuə^{13}	tsʻuə^{44}	tsʻuə^{13}	tsʻuə^{13}	tsʻuə^{13}
中宁县	tsu^{13}	tsuɤ^{13}	tsuɤ^{13}	tsuɤ^{13}	tsʻuɤ^{44}	tsʻuɤ^{13}	tsʻuɤ^{13}	tsʻuɤ^{13}
沙坡头区	tsu^{13}	tsuə^{13}	tsuə^{13}	tsuə^{13}	tsʻuə^{44}	tsʻuə^{13}	tsʻuə^{13}	tsʻuə^{13}
盐池县	tsu^{13}	tsuə^{13}	tsuə^{13}	tsuə^{13}	tsʻuə^{44}	tsʻuə^{13}	tsʻuə^{13}	tsʻuə^{13}
平罗县（渠口乡）	tsu^{13}	tsuə^{13}	tsuə^{13}	tsuə^{13}	tsʻuə^{44}	tsʻuə^{13}	tsʻuə^{13}	tsʻuə^{13}
阿拉善左旗	tsu^{213}	tsuə^{213}	tsuə^{213}	tsuə^{213}	tsʻuə^{44}	tsʻuə^{213}	tsʻuə^{213}	tsʻuə^{213}
乌鲁木齐市	tsu^{213}	tsuə^{213}	tsuə^{213}	tsuə^{213}	tsʻuə^{44}	tsʻuə^{213}	tsʻuə^{213}	tsʻuə^{213}
阜康市	tsu^{213}	tsuɤ^{213}	tsuɤ^{213}	tsuɤ^{213}	tsʻuɤ^{55}	tsʻuɤ^{213}	tsʻuɤ^{213}	tsʻuɤ^{213}
呼图壁县	tsu^{213}	tsuə^{213}	tsuə^{213}	tsuə^{213}	tsʻuə^{44}	tsʻuə^{213}	tsʻuə^{213}	tsʻuə^{213}
吉木萨尔县	tsu^{213}	tsuɤ^{213}	tsuɤ^{213}	tsuɤ^{213}	tsʻuɤ^{44}	tsʻuɤ^{213}	tsʻuɤ^{213}	tsʻuɤ^{213}
奇台县	tsu^{213}	tsuɤ^{213}	tsuɤ^{213}	tsuɤ^{213}	tsʻuɤ^{44}	tsʻuɤ^{213}	tsʻuɤ^{213}	tsʻuɤ^{213}
博乐市	tsu^{24}	tsuɤ^{24}	tsuɤ^{24}	tsuɤ^{24}	tsʻuɤ^{45}	tsʻuɤ^{24}	tsʻuɤ^{24}	tsʻuɤ^{24}
阿勒泰市	tsu^{23}	tsuɤ^{23}	tsuɤ^{23}	tsuɤ^{23}	tsʻuɤ^{44}	tsʻuɤ^{23}	tsʻuɤ^{23}	tsʻuɤ^{23}
布尔津县	tsu^{51}	tsuə^{51}	tsuə^{51}	tsuə^{51}	tsʻuə^{44}	tsʻuə^{51}	tsʻuə^{51}	tsʻuə^{51}
乌苏市	tsu^{213}	tsuɤ^{213}	tsuɤ^{213}	tsuɤ^{213}	tsʻuɤ^{55}	tsʻuɤ^{213}	tsʻuɤ^{213}	tsʻuɤ^{213}
额敏县	tsu^{34}	tsuɤ^{34}	tsuɤ^{34}	tsuɤ^{34}	tsʻuɤ^{44}	tsʻuɤ^{23}	tsʻuɤ^{34}	tsʻuɤ^{34}
伊州区	tsu^{213}	tsuo^{213}	tsuo^{213}	tsuo^{213}	tsʻuo^{44}	tsʻuo^{213}	tsʻuo^{213}	tsʻuo^{213}
巴里坤县	tsu^{24}	tsuə^{24}	tsuə^{24}	tsuə^{24}	tsʻuə^{24}	tsʻuə^{24}	tsʻuə^{24}	tsʻuə^{24}
伊吾县	tsu^{213}	tsuo^{213}	tsuo^{213}	tsuo^{213}	tsʻuo^{44}	tsʻuo^{213}	tsʻuo^{213}	tsʻuo^{213}

字目 / 中古音 / 方言点	错① 交错	蓑	梭	缩	锁	所	索 绳索	索 索取
	宕开一入铎清	果合一平戈心	果合一平戈心	通合三入屋生	果合一上果心	遇合三上语生	宕开一入铎心	梗开二入陌生
兰州市（城关区）	tsʻuɤ^{13}	suɤ^{53}	suɤ^{53}	suɤ^{13}	suɤ^{44}	suɤ^{44}	suɤ^{13}	suɤ^{13}
永登县	tsʻuə^{13}	suə^{42}	suə^{42}	suə^{13}	suə^{354}	suə^{354}	suə^{13}	suə^{13}
榆中县	tsʻuə^{13}	suə^{51}	suə^{51}	suə^{13}	suə^{44}	suə^{44}	suə^{13}	suə^{13}
皋兰县	tsʻuə^{13}	suə^{42}	suə^{42}	suə^{13}	suə^{342}	suə^{342}	suə^{13}	suə^{13}
白银区	tsʻuə^{13}	suə^{44}	suə^{44}	suə^{13}	suə^{343}	suə^{343}	suə^{13}	suə^{13}
天祝县	tsʻuə^{213}	suə^{44}	suə^{44}	suə^{231}	suə^{44}	suə^{44}	suə^{213}	suə^{213}
景泰县（红水镇）	tsʻuɤ^{213}	suɤ^{44}	suɤ^{44}	suɤ^{231}	suɤ^{44}	suɤ^{44}	suɤ^{213}	suɤ^{213}
古浪县	tsʻuə^{31}	suə^{44}	suə^{44}	suə^{31}	suə^{44}	suə^{44}	suə^{31}	suə^{31}
凉州区	tsʻuə^{53}	suə^{33}	suə^{33}	suə^{53}	suə^{33}	suə^{33}	suə^{53}	suə^{53}
民勤县	tsʻuə^{42}	suə^{44}	suə^{44}	suə^{42}	suə^{214}	suə^{214}	suə^{42}	suə^{42}
永昌县	tsʻuə^{53}	suə^{44}	suə^{44}	suə^{53}	suə^{13}	suə^{13}	suə^{53}	suə^{53}
甘州区	tsʻuə^{31}	suə^{44}	suə^{44}	suə^{31}	suə^{53}	suə^{53}	suə^{31}	suə^{31}
临泽县	tsʻuə^{214}	suə^{44}	suə^{44}	suə^{214}	suə^{44}	suə^{44}	suə^{214}	suə^{214}
民乐县	tsʻuə^{41}	suə^{24}	suə^{24}	suə^{41}	suə^{53}	suə^{53}	suə^{41}	suə^{41}
山丹县	tsʻuə^{41}	suə^{24}	suə^{24}	suə^{41}	suə^{53}	suə^{53}	suə^{41}	suə^{41}
高台县	tsʻuə^{214}	suə^{44}	suə^{44}	suə^{214}	suə^{44}	suə^{53}	suə^{214}	suə^{214}
肃州区	tsʻuə^{214}	suə^{44}	suə^{44}	suə^{214}	suə^{44}	suə^{53}	suə^{214}	suə^{214}
金塔县	tsʻuə^{13}	suə^{44}	suə^{44}	suə^{13}	suə^{53}	suə^{53}	suə^{13}	suə^{13}
肃北县	tsʻuə^{213}	suə^{44}	suə^{44}	suə^{213}	suə^{53}	suə^{53}	suə^{213}	suə^{213}
玉门市	tsʻuə^{213}	suə^{44}	suə^{44}	suə^{213}	suə^{53}	suə^{53}	suə^{213}	suə^{213}

①又仓故切，遇合一去暮清。

②又山则切，梗开二去麦生。

续表

瓜州县	tsʻuə^{213}	suə^{44}	suə^{44}	suə^{213}	suə^{53}	suə^{53}	suə^{213}	suə^{213}
西夏区	tsʻuə^{13}	suə^{44}	suə^{44}	suə^{13}	suə^{53}	suə^{53}	suə^{13}	suə^{13}
贺兰县	tsʻuə^{13}	suə^{44}	suə^{44}	suə^{13}	suə^{53}	suə^{53}	suə^{13}	suə^{13}
灵武市（东塔镇）	tsʻuə^{13}	suə^{44}	suə^{44}	suə^{13}	suə^{52}	suə^{52}	suə^{13}	suə^{13}
永宁县	tsʻuə^{13}	suə^{44}	suə^{44}	suə^{13}	suə^{53}	suə^{53}	suə^{13}	suə^{13}
中宁县	tsʻuɤ^{13}	suɤ^{44}	suɤ^{44}	suɤ^{13}	suɤ^{53}	suɤ^{53}	suɤ^{13}	suɤ^{13}
沙坡头区	tsʻuə^{13}	suə^{44}	suə^{44}	suə^{13}	suə^{53}	suə^{53}	suə^{13}	suə^{13}
盐池县	tsʻuə^{13}	suə^{44}	suə^{44}	suə^{13}	suə^{52}	suə^{52}	suə^{13}	suə^{13}
平罗县（渠口乡）	tsʻuə^{13}	suə^{44}	suə^{44}	suə^{13}	suə^{53}	suə^{53}	suə^{13}	suə^{13}
阿拉善左旗	tsʻuə^{213}	tsʻuə^{44}	suə^{44}	suə^{44}	suə^{213}	suə^{51}	suə^{51}	suə^{213}
乌鲁木齐市	tsʻuə^{213}	suə^{44}	suə^{44}	suə^{213}	suə^{52}	suə^{52}	suə^{213}	suə^{213}
阜康市	tsʻuɤ^{213}	suɤ^{55}	suɤ^{55}	suɤ^{213}	suɤ^{51}	suɤ^{51}	suɤ^{213}	suɤ^{213}
呼图壁县	tsʻuə^{213}	suə^{44}	suə^{44}	suə^{213}	suə^{51}	suə^{51}	suə^{213}	suə^{213}
吉木萨尔县	tsʻuɤ^{213}	suɤ^{44}	suɤ^{44}	suɤ^{213}	suɤ^{51}	suɤ^{51}	suɤ^{213}	suɤ^{213}
奇台县	tsʻuɤ^{213}	suɤ^{44}	suɤ^{44}	suɤ^{213}	suɤ^{52}	suɤ^{52}	suɤ^{213}	suɤ^{213}
博乐市	tsʻuɤ^{24}	suɤ^{45}	suɤ^{45}	suɤ^{24}	suɤ^{51}	suɤ^{51}	suɤ^{24}	suɤ^{24}
阿勒泰市	tsʻuɤ^{23}	suɤ^{44}	suɤ^{44}	suɤ^{23}	suɤ^{51}	suɤ^{51}	suɤ^{23}	suɤ^{23}
布尔津县	tsʻuə^{51}	suə^{44}	suə^{44}	suə^{51}	suə^{23}	suə^{23}	suə^{51}	suə^{51}
乌苏市	tsʻuɤ^{213}	suɤ^{55}	suɤ^{55}	suɤ^{213}	suɤ^{51}	suɤ^{51}	suɤ^{213}	suɤ^{213}
额敏县	tsʻuɤ^{34}	suɤ^{44}	suɤ^{44}	suɤ^{34}	suɤ^{51}	suɤ^{51}	suɤ^{34}	suɤ^{34}
伊州区	tsʻuo^{213}	suo^{44}	suo^{44}	suo^{213}	suo^{51}	suo^{51}	suo^{213}	suo^{213}
巴里坤县	tsʻuə^{24}	suə^{45}	suə^{45}	suə^{24}	suə^{51}	suə^{51}	suə^{24}	suə^{24}
伊吾县	tsʻuo^{213}	suo^{44}	suo^{44}	suo^{213}	suo^{51}	suo^{51}	suo^{213}	suo^{213}

字目 / 方音 / 方言点	桌	捉	啄①	浊	镯	戳②	绰	说
中古音	江开二入觉知	江开二入觉庄	江开二入觉知	江开二入觉澄	江开二入觉崇	江开二入觉彻	宕开三入药昌	山合三入薛书
兰州市（城关区）	pfɤ^{13}	pfɤ^{13}	pfɤ^{13}	pfɤ^{51}	pfɤ^{13}	pfʻɤ^{13}	pfʻɤ^{13}	fɤ^{13}
永登县	pfə^{13}	pfə^{13}	pfə^{13}	pfə^{53}	pfə^{13}	pfʻə^{13}	pfʻə^{13}	fə^{13}
榆中县	tʂuə^{13}	tʂuə^{13}	tʂuə^{13}	tʂuə^{332}	tʂuə^{13}	tʂʻuə^{13}	tʂʻuə^{13}	ʂuə^{13}
皋兰县	pfə^{13}	pfə^{13}	pfə^{13}	pfə^{53}	pfə^{13}	pfʻə^{13}	pfʻə^{13}	fə^{13}
白银区	tʂuə^{13}	tʂuə^{13}	tʂuə^{13}	tʂuə^{51}	tʂuə^{13}	tʂʻuə^{13}	tʂʻuə^{13}	ʂuə^{13}
天祝县	tʂuə^{213}	tʂuə^{213}	tʂuə^{213}	tʂuə^{53}	tʂuə^{213}	tʂʻuə^{213}	tʂʻuə^{213}	ʂuə^{213}
景泰县（红水镇）	tʂuɤ^{213}	tʂuɤ^{213}	tʂuɤ^{213}	tʂuɤ^{53}	tʂuɤ^{213}	tʂʻuɤ^{213}	tʂʻuɤ^{213}	ʂuɤ^{213}
古浪县	tʂuə^{31}	tʂuə^{31}	tʂuə^{31}	tʂuə^{53}	tʂuə^{31}	tʂʻuə^{31}	tʂʻuə^{31}	ʂuə^{31}
凉州区	tʂuə^{53}	tʂuə^{53}	tʂuə^{53}	tʂuə^{13}	tʂuə^{53}	tʂʻuə^{53}	tʂʻuə^{53}	ʂuə^{53}
民勤县	tʂuə^{42}	tʂuə^{42}	tʂuə^{42}	tʂuə^{53}	tʂuə^{42}	tʂʻuə^{42}	tʂʻuə^{42}	ʂuə^{42}
永昌县	tʂuə^{53}	tʂuə^{53}	tʂuə^{53}	tʂuə^{13}	tʂuə^{53}	tʂʻuə^{53}	tʂʻuə^{53}	ʂuə^{53}
甘州区	tʂfɤ^{31}	tʂfɤ^{31}	tʂfɤ^{31}	tʂfɤ^{53}	tʂfɤ^{31}	tʂfʻɤ^{31}	tʂfʻɤ^{31}	fɤ^{31}
临泽县	tʂuə^{214}	tʂuə^{214}	tʂuə^{214}	tʂuə^{53}	tʂuə^{214}	tʂʻuə^{214}	tʂʻuə^{214}	ʂuə^{214}
民乐县	tʂfɤ^{42}	tʂfɤ^{42}	tʂfɤ^{42}	tʂfɤ^{53}	tʂfɤ^{42}	tʂfʻɤ^{42}	tʂfʻɤ^{42}	fɤ^{42}
山丹县	tʂuə^{41}	tʂuə^{41}	tʂuə^{41}	tʂuə^{53}	tʂuə^{41}	tʂʻuə^{41}	tʂʻuə^{41}	ʂuə^{214}
高台县	tʂuə^{214}	tʂuə^{214}	tʂuə^{214}	tʂuə^{53}	tʂuə^{214}	tʂʻuə^{214}	tʂʻuə^{214}	fɤ^{214}
肃州区	tʂuə^{214}	tʂuə^{214}	tʂuə^{214}	tʂuə^{53}	tʂuə^{214}	tʂʻuə^{214}	tʂʻuə^{214}	ʂuə^{214}
金塔县	tʂuə^{13}	tʂuə^{13}	tʂuə^{13}	tʂuə^{53}	tʂuə^{13}	tʂʻuə^{13}	tʂʻuə^{13}	ʂuə^{13}
肃北县	tʂuə^{213}	tʂuə^{213}	tʂuə^{213}	tʂuə^{53}	tʂuə^{213}	tʂʻuə^{213}	tʂʻuə^{213}	ʂuə^{213}
玉门市	tʂuə^{213}	tʂuə^{213}	tʂuə^{213}	tʂuə^{53}	tʂuə^{213}	tʂʻuə^{213}	tʂʻuə^{213}	ʂuə^{213}

①又丁木切，通合一入屋端。

②又直角切，江开二入觉澄。

续表

瓜州县	tʂuə^{213}	tʂuə^{213}	tʂuə^{213}	tʂuə^{53}	tʂuə^{213}	tʂʻuə^{213}	tʂʻuə^{213}	ʂuə^{213}
西夏区	tʂuə^{13}	tʂuə^{13}	tʂuə^{13}	tʂuə^{13}	tʂuə^{13}	tʂʻuə^{13}	tʂʻuə^{13}	ʂuə^{13}
贺兰县	tʂuə^{13} kuə^{13}	tʂuə^{13} kuə^{13}	tʂuə^{13} kuə^{13}	tʂuə^{13} kuə^{13}	tʂuə^{13} kuə^{13}	tʂʻuə^{13} kuə^{13}	tʂʻuə^{13} kʻuə^{13}	ʂuə^{13} fə^{13}
灵武市 （东塔镇）	tʂuə^{13}	tʂuə^{13}	tʂuə^{13}	tʂuə^{13}	tʂuə^{13}	tʂʻuə^{13}	tʂʻuə^{13}	ʂuə^{13}
永宁县	tʂuə^{13}	tʂuə^{13}	tʂuə^{13}	tʂuə^{13}	tʂuə^{13}	tʂʻuə^{13}	tʂʻuə^{13}	ʂuə^{13}
中宁县	tʂuɤ^{13}	tʂuɤ^{13}	tʂuɤ^{53}	tʂuɤ^{53}	tʂuɤ^{53}	tʂʻuɤ^{13}	tʂʻuɤ^{13}	ʂuɤ^{13}
沙坡头区	tʂuə^{13}	tʂuə^{13}	tʂuə^{13}	tʂuə^{13}	tʂuə^{13}	tʂʻuə^{13}	tʂʻuə^{13}	ʂuə^{13}
盐池县	tʂuə^{13}	tʂuə^{13}	tʂuə^{13}	tʂuə^{13}	tʂuə^{13}	tʂʻuə^{13}	tʂʻuə^{13}	ʂuə^{13}
平罗县 （渠口乡）	tʂuə^{13}	tʂuə^{13}	tʂuə^{13}	tʂuə^{13}	tʂuə^{13}	tʂʻuə^{13}	tʂʻuə^{13}	ʂuə^{13}
阿拉善左旗	tʂuə^{213}	tʂuə^{213}	tʂuə^{213}	tʂuə^{51}	tʂuə^{213}	tʂʻuə^{213}	tʂʻuə^{213}	ʂuə^{213}
乌鲁木齐市	tʂuə^{213}	tʂuə^{213}	tʂuə^{213}	tʂuə^{52}	tʂuə^{213}	tʂʻuə^{213}	tʂʻuə^{213}	ʂuə^{213}
阜康市	tʂuɤ^{213}	tʂuɤ^{213}	tʂuɤ^{51}	tʂuɤ^{51}	tʂuɤ^{51}	tʂʻuɤ^{213}	tʂʻuɤ^{213}	ʂuɤ^{213}
呼图壁县	tʂuə^{213}	tʂuə^{213}	tʂuə^{213}	tʂuə^{51}	tʂuə^{213}	tʂʻuə^{213}	tʂʻuə^{213}	ʂuə^{213}
吉木萨尔县	tʂuɤ^{213}	tʂuɤ^{213}	tʂuɤ^{51}	tʂuɤ^{51}	tʂuɤ^{51}	tʂʻuɤ^{213}	tʂʻuɤ^{213}	ʂuɤ^{213}
奇台县	tʂuɤ^{213}	tʂuɤ^{213}	tʂuɤ^{52}	tʂuɤ^{52}	tʂuɤ^{52}	tʂʻuɤ^{213}	tʂʻuɤ^{213}	ʂuɤ^{213}
博乐市	tʂuɤ^{24}	tʂuɤ^{24}	tʂuɤ^{51}	tʂuɤ^{51}	tʂuɤ^{51}	tʂʻuɤ^{24}	tʂʻuɤ^{24}	ʂuɤ^{24}
阿勒泰市	tʂuɤ^{23}	tʂuɤ^{23}	tʂuɤ^{51}	tʂuɤ^{51}	tʂuɤ^{51}	tʂʻuɤ^{23}	tʂʻuɤ^{23}	ʂuɤ^{23}
布尔津县	tʂuə^{51}	tʂuə^{51}	tʂuə^{23}	tʂuə^{23}	tʂuə^{23}	tʂʻuə^{51}	tʂʻuə^{51}	ʂuə^{51}
乌苏市	tʂuɤ^{213}	tʂuɤ^{213}	tʂuɤ^{51}	tʂuɤ^{51}	tʂuɤ^{51}	tʂʻuɤ^{213}	tʂʻuɤ^{213}	ʂuɤ^{213}
额敏县	tʂuɤ^{34}	tʂuɤ^{34}	tʂuɤ^{51}	tʂuɤ^{51}	tʂuɤ^{51}	tʂʻuɤ^{34}	tʂʻuɤ^{34}	ʂuɤ^{34}
伊州区	tʂuo^{213}	tʂuo^{213}	tʂuo^{213}	tʂuo^{51}	tʂuo^{213}	tʂʻuo^{213}	tʂʻuo^{213}	ʂuo^{213}
巴里坤县	tʂuə^{24}	tʂuə^{24}	tʂuə^{51}	tʂuə^{51}	tʂuə^{51}	tʂʻuə^{24}	tʂʻuə^{24}	ʂuə^{24}
伊吾县	tʂuo^{213}	tʂuo^{213}	tʂuo^{213}	tʂuo^{51}	tʂuo^{213}	tʂʻuo^{213}	tʂʻuo^{213}	ʂuo^{213}

方言点＼中古音＼字目	朔	若	弱	锅	过 过逾	郭	国	果
	江开二入觉生	宕开三入药日	宕开三入药日	果合一平戈见	果合一平戈见	宕开一入铎见	曾合一入德见	果合一上果见
兰州市（城关区）	fɤ^{13}	vɤ^{13}	vɤ^{13}	kuɤ^{53}	kuɤ^{13}	kuɤ^{13}	kuɤ^{13}	kuɤ^{44}
永登县	və^{13}	və^{13}	və^{13}	kuə^{42}	kuə^{13}	kuə^{13}	kuə^{13}	kuə^{354}
榆中县	ʂuə^{13}	ʐuə^{13}	ʐuə^{13}	kuə^{51}	kuə^{13}	kuə^{13}	kuə^{13}	kuə^{44}
皋兰县	və^{13}	və^{13}	və^{13}	kuə^{42}	kuə^{13}	kuə^{13}	kuə^{13}	kuə^{342}
白银区	ʂuə^{13}	ʐuə^{13}	ʐuə^{13}	kuə^{44}	kuə^{13}	kuə^{13}	kuə^{13}	kuə^{343}
天祝县	ʂuə^{213}	ʐuə^{213}	ʐuə^{213}	kuə^{44}	kuə^{213}	kuə^{213}	kuə^{213}	kuə^{44}
景泰县（红水镇）	ʂuɤ^{213}	ʐuɤ^{213}	ʐuɤ^{213}	kuɤ^{44}	kuɤ^{213}	kuɤ^{213}	kuɤ^{213}	kuɤ^{44}
古浪县	ʂuə^{31}	ʐuə^{31}	ʐuə^{31}	kuə^{44}	kuə^{31}	kuə^{31}	kuə^{31}	kuə^{44}
凉州区	ʂuə^{53}	ʐuə^{53}	ʐuə^{53}	kuə^{33}	kuə^{53}	kuə^{53}	kuə^{53}	kuə^{33}
民勤县	ʂuə^{42}	ʐuə^{42}	ʐuə^{42}	kuə^{44}	kuə^{42}	kuə^{42}	kuə^{42}	kuə^{214}
永昌县	ʂuə^{53}	ʐuə^{53}	ʐuə^{53}	kuə^{44}	kuə^{53}	kuə^{53}	kuə^{53}	kuə^{13}
甘州区	vɤ^{31}	vɤ^{31}	və^{31}	kuə^{44}	kuə^{31}	kuə^{31}	kuə^{31}	kuə^{53}
临泽县	ʂuə^{214}	ʐuə^{214}	ʐuə^{214}	kuə^{44}	kuə^{214}	kuə^{214}	kuə^{214}	kuə^{53}
民乐县	fɤ^{42}	vɤ^{42}	vɤ^{42}	kuə^{44}	kuə^{42}	kuə^{42}	kuə^{42}	kuə^{213}
山丹县	ʂuə^{41}	ʐuə^{41}	ʐuə^{41}	kuə^{24}	kuə^{41}	kuə^{41}	kuə^{41}	kuə^{53}
高台县	ʂuə^{214}	ʐuə^{214}	ʐuə^{214}	kuə^{44}	kuə^{214}	kuə^{214}	kuə^{214}	kuə^{53}
肃州区	ʂuə^{214}	ʐuə^{214}	ʐuə^{214}	kuə^{44}	kuə^{214}	kuə^{214}	kuə^{214}	kuə^{53}
金塔县	ʂuə^{13}	ʐuə^{13}	ʐuə^{13}	kuə^{44}	kuə^{13}	kuə^{13}	kuə^{13}	kuə^{53}
肃北县	ʂuə^{213}	ʐuə^{213}	ʐuə^{213}	kuə^{44}	kuə^{213}	kuə^{213}	kuə^{213}	kuə^{53}
玉门市	ʂuə^{213}	ʐuə^{213}	ʐuə^{213}	kuə^{44}	kuə^{213}	kuə^{213}	kuə^{213}	kuə^{53}
瓜州县	ʂuə^{213}	ʐuə^{213}	ʐuə^{213}	kuə^{44}	kuə^{213}	kuə^{213}	kuə^{213}	kuə^{53}
西夏区	ʂuə^{13}	ʐuə^{13}	ʐuə^{13}	kuə^{44}	kuə^{13}	kuə^{13}	kuə^{13}	kuə^{53}

续表

贺兰县	ʂuə^{13} fə^{13}	ʐuə^{13} və^{13}	ʐuə^{13} və^{13}	kuə^{44}	kuə^{13}	kuə^{13}	kuə^{13}	kuə^{53}
灵武市 （东塔镇）	ʂuə^{13}	ʐuə^{13}	ʐuə^{13}	kuə^{44}	kuə^{13}	kuə^{13}	kuə^{13}	kuə^{52}
永宁县	ʂuə^{13}	ʐuə^{13}	ʐuə^{13}	kuə^{44}	kuə^{13}	kuə^{13}	kuə^{13}	kuə^{53}
中宁县	ʂuɤ^{13}	ʐuɤ^{13}	ʐuɤ^{13}	kuɤ^{44}	kuɤ^{13}	kuɤ^{13}	kuɤ^{13}	kuɤ^{53}
沙坡头区	ʂuə^{13}	ʐuə^{13}	ʐuə^{13}	kuə^{44}	kuə^{13}	kuə^{13}	kuə^{13}	kuə^{53}
盐池县	ʂuə^{13}	ʐuə^{13}	ʐuə^{13}	kuə^{44}	kuə^{13}	kuə^{13}	kuə^{13}	kuə^{52}
平罗县 （渠口乡）	ʂuə^{13}	ʐuə^{13}	ʐuə^{13}	kuə^{44}	kuə^{13}	kuə^{13}	kuə^{13}	kuə^{53}
阿拉善左旗	ʂuə^{213}	ʐuə^{213}	ʐuə^{213}	kuə^{44}	kuə^{213}	kuə^{213}	kuə^{213}	kuə^{51}
乌鲁木齐市	ʂuə^{213}	ʐuə^{213}	ʐuə^{213}	kuə^{44}	kuə^{213}	kuə^{213}	kuə^{213}	kuə^{52}
阜康市	ʂuɤ^{213}	ʐuɤ^{213}	ʐuɤ^{213}	kuɤ^{55}	kuɤ^{213}	kuɤ^{213}	kuɤ^{213}	kuɤ^{51}
呼图壁县	ʂuə^{213}	ʐuə^{213}	ʐuə^{213}	kuə^{44}	kuə^{213}	kuə^{213}	kuə^{213}	kuə^{51}
吉木萨尔县	ʂuɤ^{213}	ʐuɤ^{213}	ʐuɤ^{213}	kuɤ^{44}	kuɤ^{213}	kuɤ^{213}	kuɤ^{213}	kuɤ^{52}
奇台县	ʂuɤ^{213}	ʐuɤ^{213}	ʐuɤ^{213}	kuɤ^{44}	kuɤ^{213}	kuɤ^{213}	kuɤ^{213}	kuɤ^{51}
博乐市	ʂuɤ^{24}	ʐuɤ^{24}	ʐuɤ^{24}	kuɤ^{45}	kuɤ^{24}	kuɤ^{24}	kuɤ^{24}	kuɤ^{51}
阿勒泰市	ʂuɤ^{23}	ʐuɤ^{23}	ʐuɤ^{23}	kuɤ^{44}	kuɤ^{23}	kuɤ^{23}	kuɤ^{23}	kuɤ^{51}
布尔津县	ʂuə^{51}	ʐuə^{51}	ʐuə^{51}	kuə^{44}	kuə^{51}	kuə^{51}	kuə^{51}	kuə^{23}
乌苏市	ʂuɤ^{213}	ʐuɤ^{213}	ʐuɤ^{213}	kuɤ^{55}	kuɤ^{213}	kuɤ^{213}	kuɤ^{213}	kuɤ^{51}
额敏县	ʂuɤ^{34}	ʐuɤ^{34}	ʐuɤ^{34}	kuɤ^{44}	kuɤ^{34}	kuɤ^{34}	kuɤ^{34}	kuɤ^{51}
伊州区	ʂuo^{213}	ʐuo^{213}	ʐuo^{213}	kuo^{44}	kuo^{213}	kuo^{213}	kuo^{213}	kuo^{51}
巴里坤县	ʂuə^{24}	ʐuə^{24}	ʐuə^{24}	kuə^{44}	kuə^{24}	kuə^{24}	kuə^{24}	kuə^{51}
伊吾县	ʂuo^{213}	ʐuo^{213}	ʐuo^{213}	kuo^{44}	kuo^{213}	kuo^{213}	kuo^{213}	kuo^{51}

字目 / 中古音 / 方言点	裹	过 过失	括 包括	阔	扩	廓	豁	活
中古音	果合一 上果见	果合一 去过见	山合一 入末见	山合一 入末溪	宕合一 入铎溪	宕合一 入铎溪	山合一 入末晓	山合一 入末匣
兰州市 （城关区）	kuɤ^{44}	kuɤ^{13}	kʻuɤ^{13}	kʻuɤ^{13}	kʻuɤ^{13}	kʻuɤ^{13}	xuɤ^{13}	xuɤ^{51}
永登县	kuə^{354}	kuə^{13}	kʻuə^{13}	kʻuə^{13}	kʻuə^{13}	kʻuə^{13}	xuə^{13}	xuə^{53}
榆中县	kuə^{44}	kuə^{13}	kʻuə^{13}	kʻuə^{13}	kʻuə^{13}	kʻuə^{13}	xuə^{13}	xuə^{332}
皋兰县	kuə^{342}	kuə^{13}	kʻuə^{13}	kʻuə^{13}	kʻuə^{13}	kʻuə^{13}	xuə^{13}	xuə^{53}
白银区	kuə^{343}	kuə^{13}	kʻuə^{13}	kʻuə^{13}	kʻuə^{13}	kʻuə^{13}	xuə^{13}	xuə^{51}
天祝县	kuə^{44}	kuə^{213}	kʻuə^{213}	kʻuə^{213}	kʻuə^{213}	kʻuə^{213}	xuə^{213}	xuə^{53}
景泰县 （红水镇）	kuɤ^{44}	kuɤ^{213}	kʻuɤ^{213}	kʻuɤ^{213}	kʻuɤ^{213}	kʻuɤ^{213}	xuɤ^{213}	xuɤ^{53}
古浪县	kuə^{44}	kuə^{31}	kʻuə^{31}	kʻuə^{31}	kʻuə^{31}	kʻuə^{31}	xuə^{31}	xuə^{53}
凉州区	kuə^{33}	kuə^{53}	kʻuə^{53}	kʻuə^{53}	kʻuə^{53}	kʻuə^{53}	xuə^{53}	xuə^{13}
民勤县	kuə^{214}	kuə^{42}	kʻuə^{42}	kʻuə^{42}	kʻuə^{42}	kʻuə^{42}	xuə^{42}	xuə^{53}
永昌县	kuə^{44}	kuə^{53}	kʻuə^{53}	kʻuə^{53}	kʻuə^{53}	kʻuə^{53}	xuə^{53}	xuə^{13}
甘州区	kuə^{53}	kuə^{31}	kʻuə^{31}	kʻuə^{31}	kʻuə^{31}	kʻuə^{31}	xuə^{31}	xuə^{53}
临泽县	kuə^{44}	kuə^{214}	kʻuə^{214}	kʻuə^{214}	kʻuə^{214}	kʻuə^{214}	xuə^{214}	xuə^{53}
民乐县	kuə^{213}	kuə^{42}	kʻuə^{42}	kʻuə^{42}	kʻuə^{42}	kʻuə^{42}	xuə^{42}	xuə^{53}
山丹县	kuə^{53}	kuə^{41}	kʻuə^{41}	kʻuə^{41}	kʻuə^{41}	kʻuə^{41}	xuə^{41}	xuə^{53}
高台县	kuə^{53}	kuə^{214}	kʻuə^{214}	kʻuə^{214}	kʻuə^{214}	kʻuə^{214}	xuə^{214}	xuə^{53}
肃州区	kuə^{53}	kuə^{214}	kʻuə^{214}	kʻuə^{214}	kʻuə^{214}	kʻuə^{214}	xuə^{214}	xuə^{53}
金塔县	kuə^{53}	kuə^{13}	kʻuə^{13}	kʻuə^{13}	kʻuə^{13}	kʻuə^{13}	xuə^{13}	xuə^{53}
肃北县	kuə^{53}	kuə^{213}	kʻuə^{213}	kʻuə^{213}	kʻuə^{213}	kʻuə^{213}	xuə^{213}	xuə^{53}
玉门市	kuə^{53}	kuə^{213}	kʻuə^{213}	kʻuə^{213}	kʻuə^{213}	kʻuə^{213}	xuə^{213}	xuə^{53}
瓜州县	kuə^{53}	kuə^{213}	kʻuə^{213}	kʻuə^{213}	kʻuə^{213}	kʻuə^{213}	xuə^{213}	xuə^{53}
西夏区	kuə^{53}	kuə^{13}	kʻuə^{13}	kʻuə^{13}	kʻuə^{13}	kʻuə^{13}	xuə^{13}	xuə^{13}

续表

贺兰县	kuə^{53}	kuə^{13}	kʻuə^{13}	kʻuə^{13}	kʻuə^{13}	kʻuə^{13}	xuə^{13}	xuə^{13}
灵武市（东塔镇）	kuə^{52}	kuə^{13}	kʻuə^{13}	kʻuə^{13}	kʻuə^{13}	kʻuə^{13}	xuə^{13}	xuə^{13}
永宁县	kuə^{53}	kuə^{13}	kʻuə^{13}	kʻuə^{13}	kʻuə^{13}	kʻuə^{13}	xuə^{13}	xuə^{13}
中宁县	kuɤ^{53}	kuɤ^{13}	kʻuɤ^{13}	kʻuɤ^{13}	kʻuɤ^{13}	kʻuɤ^{13}	xuɤ^{13}	xuɤ^{13}
沙坡头区	kuə^{53}	kuə^{13}	kʻuə^{13}	kʻuə^{13}	kʻuə^{13}	kʻuə^{13}	xuə^{13}	xuə^{13}
盐池县	kuə^{52}	kuə^{13}	kʻuə^{13}	kʻuə^{13}	kʻuə^{13}	kʻuə^{13}	xuə^{13}	xuə^{13}
平罗县（渠口乡）	kuə^{53}	kuə^{13}	kʻuə^{13}	kʻuə^{13}	kʻuə^{13}	kʻuə^{13}	xuə^{13}	xuə^{13}
阿拉善左旗	kuə^{51}	kuə^{213}	kʻuə^{213}	kʻuə^{213}	kʻuə^{213}	kʻuə^{213}	xuə^{213}	xuə^{51}
乌鲁木齐市	kuə^{52}	kuə^{213}	kʻuə^{213}	kʻuə^{213}	kʻuə^{213}	kʻuə^{213}	xuə^{213}	xuə^{52}
阜康市	kuɤ^{51}	kuɤ^{213}	kʻuɤ^{213}	kʻuɤ^{213}	kʻuɤ^{213}	kʻuɤ^{213}	xuɤ^{213}	xuɤ^{51}
呼图壁县	kuə^{51}	kuə^{213}	kʻuə^{213}	kʻuə^{213}	kʻuə^{213}	kʻuə^{213}	xuə^{213}	xuə^{51}
吉木萨尔县	kuɤ^{51}	kuɤ^{213}	kʻuɤ^{213}	kʻuɤ^{213}	kʻuɤ^{213}	kʻuɤ^{213}	xuɤ^{213}	xuɤ^{51}
奇台县	kuɤ^{52}	kuɤ^{213}	kʻuɤ^{213}	kʻuɤ^{213}	kʻuɤ^{213}	kʻuɤ^{213}	xuɤ^{213}	xuɤ^{52}
博乐市	kuɤ^{51}	kuɤ^{24}	kʻuɤ^{24}	kʻuɤ^{24}	kʻuɤ^{24}	kʻuɤ^{24}	xuɤ^{24}	xuɤ^{51}
阿勒泰市	kuɤ^{51}	kuɤ^{23}	kʻuɤ^{23}	kʻuɤ^{23}	kʻuɤ^{23}	kʻuɤ^{23}	xuɤ^{23}	xuɤ^{51}
布尔津县	kuə^{23}	kuə^{51}	kʻuə^{51}	kʻuə^{51}	kʻuə^{51}	kʻuə^{51}	xuə^{51}	xuə^{23}
乌苏市	kuɤ^{51}	kuɤ^{213}	kʻuɤ^{213}	kʻuɤ^{213}	kʻuɤ^{213}	kʻuɤ^{213}	xuɤ^{213}	xuɤ^{51}
额敏县	kuɤ^{51}	kuɤ^{34}	kʻuɤ^{34}	kʻuɤ^{34}	kʻuɤ^{34}	kʻuɤ^{34}	xuɤ^{34}	xuɤ^{51}
伊州区	kuo^{51}	kuo^{213}	kʻuo^{213}	kʻuo^{213}	kʻuo^{213}	kʻuo^{213}	xuo^{213}	xuo^{51}
巴里坤县	kuə^{51}	kuə^{24}	kʻuə^{24}	kʻuə^{24}	kʻuə^{24}	kʻuə^{24}	xuə^{24}	xuə^{51}
伊吾县	kuo^{51}	kuo^{213}	kʻuo^{213}	kʻuo^{213}	kʻuo^{213}	kʻuo^{213}	xuo^{213}	xuo^{51}

字目 / 中古音 / 方言点	火	伙	货	祸	霍	获[①] 收获	或	获[①] 获得
	果合一上果晓	果合一上果晓	果合一去过晓	果合一上果匣	宕合一入铎晓	宕合一入铎匣	曾合一入德匣	梗开二入麦匣
兰州市（城关区）	$xuɤ^{44}$	$xuɤ^{44}$	$xuɤ^{13}$	$xuɤ^{13}$	$xuɤ^{13}$	$xuɤ^{51}$	$xuɤ^{51}$	$xuɤ^{51}$
永登县	$xuə^{354}$	$xuə^{354}$	$xuə^{13}$	$xuə^{13}$	$xuə^{13}$	$xuə^{53}$	$xuə^{53}$	$xuə^{53}$
榆中县	$xuə^{44}$	$xuə^{44}$	$xuə^{13}$	$xuə^{13}$	$xuə^{13}$	$xuə^{332}$	$xuə^{332}$	$xuə^{332}$
皋兰县	$xuə^{342}$	$xuə^{342}$	$xuə^{13}$	$xuə^{13}$	$xuə^{13}$	$xuə^{53}$	$xuə^{53}$	$xuə^{53}$
白银区	$xuə^{343}$	$xuə^{343}$	$xuə^{13}$	$xuə^{13}$	$xuə^{13}$	$xuə^{51}$	$xuə^{51}$	$xuə^{51}$
天祝县	$xuə^{44}$	$xuə^{44}$	$xuə^{213}$	$xuə^{213}$	$xuə^{213}$	$xuə^{44}$	$xuə^{44}$	$xuə^{44}$
景泰县（红水镇）	$xuɤ^{44}$	$xuɤ^{44}$	$xuɤ^{213}$	$xuɤ^{213}$	$xuɤ^{213}$	$xuɤ^{44}$	$xuɤ^{44}$	$xuɤ^{44}$
古浪县	$xuə^{44}$	$xuə^{44}$	$xuə^{31}$	$xuə^{31}$	$xuə^{31}$	$xuə^{44}$	$xuə^{44}$	$xuə^{44}$
凉州区	$xuə^{33}$	$xuə^{33}$	$xuə^{53}$	$xuə^{53}$	$xuə^{53}$	$xuə^{33}$	$xuə^{33}$	$xuə^{33}$
民勤县	$xuə^{214}$	$xuə^{214}$	$xuə^{42}$	$xuə^{42}$	$xuə^{42}$	$xuə^{53}$	$xuə^{53}$	$xuə^{53}$
永昌县	$xuə^{13}$	$xuə^{13}$	$xuə^{53}$	$xuə^{53}$	$xuə^{53}$	$xuə^{13}$	$xuə^{13}$	$xuə^{13}$
甘州区	$xuə^{53}$	$xuə^{53}$	$xuə^{31}$	$xuə^{31}$	$xuə^{31}$	$xuə^{53}$	$xuə^{53}$	$xuə^{53}$
临泽县	$xuə^{44}$	$xuə^{44}$	$xuə^{214}$	$xuə^{214}$	$xuə^{214}$	$xuə^{44}$	$xuə^{44}$	$xuə^{44}$
民乐县	$xuə^{213}$	$xuə^{213}$	$xuə^{42}$	$xuə^{42}$	$xuə^{42}$	$xuə^{53}$	$xuə^{53}$	$xuə^{53}$
山丹县	$xuə^{53}$	$xuə^{53}$	$xuə^{41}$	$xuə^{41}$	$xuə^{41}$	$xuə^{53}$	$xuə^{53}$	$xuə^{53}$
高台县	$xuə^{53}$	$xuə^{53}$	$xuə^{214}$	$xuə^{214}$	$xuə^{214}$	$xuə^{53}$	$xuə^{214}$	$xuə^{53}$
肃州区	$xuə^{53}$	$xuə^{53}$	$xuə^{214}$	$xuə^{214}$	$xuə^{214}$	$xuə^{53}$	$xuə^{214}$	$xuə^{53}$
金塔县	$xuə^{53}$	$xuə^{53}$	$xuə^{13}$	$xuə^{13}$	$xuə^{13}$	$xuə^{53}$	$xuə^{53}$	$xuə^{53}$
肃北县	$xuə^{53}$	$xuə^{53}$	$xuə^{213}$	$xuə^{213}$	$xuə^{213}$	$xuə^{53}$	$xuə^{53}$	$xuə^{53}$
玉门市	$xuə^{53}$	$xuə^{53}$	$xuə^{213}$	$xuə^{213}$	$xuə^{213}$	$xuə^{53}$	$xuə^{53}$	$xuə^{53}$

①又胡陌切，梗开而入陌匣。

续表

瓜州县	xuə^{53}	xuə^{53}	xuə^{213}	xuə^{213}	xuə^{213}	xuə^{53}	xuə^{53}	xuə^{53}
西夏区	xuə^{53}	xuə^{53}	xuə^{13}	xuə^{13}	xuə^{13}	xuə^{13}	xuə^{13}	xuə^{13}
贺兰县	xuə^{53}	xuə^{53}	xuə^{13}	xuə^{13}	xuə^{13}	xuə^{13}	xuə^{13}	xuə^{13}
灵武市（东塔镇）	xuə^{52}	xuə^{52}	xuə^{13}	xuə^{13}	xuə^{13}	xuə^{13}	xuə^{13}	xuə^{13}
永宁县	xuə^{53}	xuə^{53}	xuə^{13}	xuə^{13}	xuə^{13}	xuə^{13}	xuə^{13}	xuə^{13}
中宁县	xuɤ^{53}	xuɤ^{53}	xuɤ^{13}	xuɤ^{13}	xuɤ^{13}	xuɤ^{13}	xuɤ^{13}	xuɤ^{13}
沙坡头区	xuə^{53}	xuə^{53}	xuə^{13}	xuə^{13}	xuə^{13}	xuə^{13}	xuə^{13}	xuə^{13}
盐池县	xuə^{52}	xuə^{52}	xuə^{13}	xuə^{13}	xuə^{13}	xuə^{13}	xuə^{13}	xuə^{13}
平罗县（渠口乡）	xuə^{53}	xuə^{53}	xuə^{13}	xuə^{13}	xuə^{13}	xuə^{13}	xuə^{13}	xuə^{13}
阿拉善左旗	xuə^{51}	xuə^{51}	xuə^{213}	xuə^{213}	xuə^{213}	xuə^{51}	xuə^{51}	xuə^{51}
乌鲁木齐市	xuə^{52}	xuə^{52}	xuə^{213}	xuə^{213}	xuə^{213}	xuə^{52}	xuə^{52}	xuə^{52}
阜康市	xuɤ^{51}	xuɤ^{51}	xuɤ^{213}	xuɤ^{213}	xuɤ^{213}	xuɤ^{213}	xuɤ^{51}	xuɤ^{51}
呼图壁县	xuə^{51}	xuə^{51}	xuə^{213}	xuə^{213}	xuə^{213}	xuə^{51}	xuə^{51}	xuə^{51}
吉木萨尔县	xuɤ^{51}	xuɤ^{51}	xuɤ^{213}	xuɤ^{213}	xuɤ^{213}	xuɤ^{213}	xuɤ^{51}	xuɤ^{51}
奇台县	xuɤ^{52}	xuɤ^{52}	xuɤ^{213}	xuɤ^{213}	xuɤ^{213}	xuɤ^{213}	xuɤ^{52}	xuɤ^{52}
博乐市	xuɤ^{51}	xuɤ^{51}	xuɤ^{24}	xuɤ^{24}	xuɤ^{24}	xuɤ^{24}	xuɤ^{51}	xuɤ^{51}
阿勒泰市	xuɤ^{51}	xuɤ^{51}	xuɤ^{23}	xuɤ^{23}	xuɤ^{23}	xuɤ^{23}	xuɤ^{51}	xuɤ^{51}
布尔津县	xuə^{23}	xuə^{23}	xuə^{51}	xuə^{51}	xuə^{51}	xuə^{51}	xuə^{23}	xuə^{23}
乌苏市	xuɤ^{51}	xuɤ^{51}	xuɤ^{213}	xuɤ^{213}	xuɤ^{213}	xuɤ^{213}	xuɤ^{51}	xuɤ^{51}
额敏县	xuɤ^{51}	xuɤ^{51}	xuɤ^{34}	xuɤ^{34}	xuɤ^{34}	xuɤ^{34}	xuɤ^{51}	xuɤ^{51}
伊州区	xuo^{51}	xuo^{51}	xuo^{213}	xuo^{213}	xuo^{213}	xuo^{51}	xuo^{51}	xuo^{51}
巴里坤县	xuə^{51}	xuə^{51}	xuə^{24}	xuə^{24}	xuə^{24}	xuə^{24}	xuə^{51}	xuə^{51}
伊吾县	xuo^{51}	xuo^{51}	xuo^{213}	xuo^{213}	xuo^{213}	xuo^{51}	xuo^{51}	xuo^{51}

字目 中古音 / 方言点	窝	蜗[①] 蜗牛	我	卧	握	沃[②]	鳖	别[③] 区别
	果合一平戈影	假合二平麻见	果开一上哿疑	果合一去过疑	江开二入觉影	通合一入沃影	山开三入薛帮	山开三入薛帮
兰州市（城关区）	vɤ⁵³	vɤ⁵³	vɤ⁴⁴	vɤ¹³	vɤ¹³	vɤ¹³	pie¹³	pie¹³
永登县	və⁴²	və⁴²	və³⁵⁴	və¹³	və¹³	və¹³	piə¹³	piə¹³
榆中县	və⁵¹	və⁵¹	və⁴⁴	və¹³	və¹³	və¹³	piᴇ¹³	piᴇ¹³
皋兰县	və⁴²	və⁴²	və³⁴²	və¹³	və¹³	və¹³	piɛi¹³	piɛi¹³
白银区	vɤ⁴⁴	vɤ⁴⁴	vɤ³⁴³	vɤ¹³	vɤ¹³	vɤ¹³	piə¹³	piə¹³
天祝县	vɤ⁴⁴	vɤ⁴⁴	vɤ⁴⁴	vɤ²¹³	vɤ²¹³	vɤ²¹³	piə²¹³	piə²¹³
景泰县（红水镇）	vɤ⁴⁴	vɤ⁴⁴	vɤ⁴⁴	vɤ²¹³	vɤ²¹³	vɤ²¹³	piɤ²¹³	piɤ²¹³
古浪县	vɤ⁴⁴	vɤ⁴⁴	vɤ⁴⁴	vɤ³¹	vɤ³¹	vɤ³¹	piə³¹	piə³¹
凉州区	və³³	və³³	və³³	və⁵³	və⁵³	və⁵³	piɛ⁵³	piɛ⁵³
民勤县	vɤ⁴⁴	vɤ⁴⁴	vɤ²¹⁴	vɤ⁴²	vɤ⁴²	vɤ⁴²	piɛ⁴²	piɛ⁴²
永昌县	və⁴⁴	və⁴⁴	və¹³	və⁵³	və⁵³	və⁵³	piə⁵³	piə⁵³
甘州区	vɤ⁴⁴	vɤ⁴⁴	vɤ⁵³	vɤ³¹	vɤ³¹	vɤ³¹	piə³¹	piə³¹
临泽县	və⁴⁴	və⁴⁴	və⁴⁴	və²¹⁴	və²¹⁴	və²¹⁴	piə²¹⁴	piə²¹⁴
民乐县	vɤ⁴⁴	vɤ⁴⁴	vɤ²¹³	vɤ⁴²	vɤ⁴²	vɤ⁴²	piɛ⁴²	piɛ⁴²
山丹县	vɤ²⁴	vɤ²⁴	vɤ⁵³	vɤ⁴¹	vɤ⁴¹	vɤ⁴¹	piə⁴¹	piə⁴¹
高台县	vɤ⁴⁴	vɤ⁴⁴	vɤ⁵³	vɤ²¹⁴	vɤ²¹⁴	vɤ²¹⁴	piɛ²¹⁴	piɛ²¹⁴
肃州区	vɤ⁴⁴	vɤ⁴⁴	vɤ⁵³	vɤ²¹⁴	vɤ²¹⁴	vɤ²¹⁴	piæ²¹⁴	piæ²¹⁴
金塔县	vɤ⁴⁴	vɤ⁴⁴	vɤ⁵³	vɤ¹³	vɤ¹³	vɤ¹³	piæ¹³	piæ¹³
肃北县	vɤ⁴⁴	vɤ⁴⁴	vɤ⁵³	vɤ²¹³	vɤ²¹³	vɤ²¹³	piɛ²¹³	piɛ²¹³

①又古蛙切，蟹合二平佳见。

②又郁缚切，宕合三入药影。

③油皮列切，山开三入薛并。

续表

玉门市	$vɤ^{44}$	$vɤ^{44}$	$vɤ^{53}$	$vɤ^{213}$	$vɤ^{213}$	$vɤ^{213}$	$piɛ^{213}$	$piɛ^{213}$
瓜州县	$vɤ^{44}$	$vɤ^{44}$	$vɤ^{53}$	$vɤ^{213}$	$vɤ^{213}$	$vɤ^{213}$	$piə^{213}$	$piə^{213}$
西夏区	$və^{44}$	$və^{44}$	$və^{53}$	$və^{13}$	$və^{13}$	$və^{13}$	$piə^{13}$	$piə^{13}$
贺兰县	$və^{44}$	$və^{44}$	$və^{53}$	$və^{13}$	$və^{13}$	$və^{13}$	$piə^{13}$	$piə^{13}$
灵武市（东塔镇）	$və^{44}$	$və^{44}$	$və^{52}$	$və^{13}$	$və^{13}$	$və^{13}$	$piɛ^{13}$	$piɛ^{13}$
永宁县	$və^{44}$	$və^{44}$	$və^{53}$	$və^{13}$	$və^{13}$	$və^{13}$	pie^{13}	pie^{13}
中宁县	$vɤ^{44}$	$vɤ^{44}$	$vɤ^{53}$	$vɤ^{13}$	$vɤ^{13}$	$vɤ^{13}$	$piɤ^{13}$	$piɤ^{13}$
沙坡头区	$və^{44}$	$və^{44}$	$və^{53}$	$və^{13}$	$və^{13}$	$və^{13}$	$piə^{13}$	$piə^{13}$
盐池县	$və^{44}$	$və^{44}$	$və^{52}$	$və^{13}$	$və^{13}$	$və^{13}$	$piɛ^{13}$	$piɛ^{13}$
平罗县（渠口乡）	$və^{44}$	$və^{44}$	$və^{53}$	$və^{13}$	$və^{13}$	$və^{13}$	$piə^{13}$	$piə^{13}$
阿拉善左旗	$və^{44}$	$və^{44}$	$və^{51}$	$və^{213}$	$və^{213}$	$və^{213}$	$piə^{213}$	$piə^{213}$
乌鲁木齐市	$və^{44}$	$və^{44}$	$və^{52}$	$və^{213}$	$və^{213}$	$və^{213}$	$piɛ^{213}$	$piɛ^{213}$
阜康市	$vɤ^{55}$	$vɤ^{55}$	$vɤ^{51}$	$vɤ^{213}$	$vɤ^{213}$	$vɤ^{213}$	$piɤ^{213}$	$piɤ^{213}$
呼图壁县	$və^{44}$	$və^{44}$	$və^{51}$	$və^{213}$	$və^{213}$	$və^{213}$	$piə^{213}$	$piə^{213}$
吉木萨尔县	$vɤ^{44}$	$vɤ^{44}$	$vɤ^{51}$	$vɤ^{213}$	$vɤ^{213}$	$vɤ^{213}$	$piɤ^{213}$	$piɤ^{213}$
奇台县	$vɤ^{44}$	$vɤ^{44}$	$vɤ^{52}$	$vɤ^{213}$	$vɤ^{213}$	$vɤ^{213}$	$piɤ^{213}$	$piɤ^{213}$
博乐市	$vɤ^{45}$	$vɤ^{45}$	$vɤ^{51}$	$vɤ^{24}$	$vɤ^{24}$	$vɤ^{24}$	$piɤ^{24}$	$piɤ^{24}$
阿勒泰市	$vɤ^{44}$	$vɤ^{44}$	$vɤ^{51}$	$vɤ^{23}$	$vɤ^{23}$	$vɤ^{23}$	$piɤ^{23}$	$piɤ^{23}$
布尔津县	$və^{44}$	$və^{44}$	$və^{23}$	$və^{51}$	$və^{51}$	$və^{51}$	$piə^{51}$	$piə^{51}$
乌苏市	$ʋɤ^{55}$	$ʋɤ^{55}$	$ʋɤ^{51}$	$ʋɤ^{213}$	$ʋɤ^{213}$	$ʋɤ^{213}$	$piɤ^{213}$	$piɤ^{213}$
额敏县	$vɤ^{44}$	$vɤ^{44}$	$vɤ^{51}$	$vɤ^{34}$	$vɤ^{34}$	$vɤ^{34}$	$piɛ^{34}$	$piɛ^{34}$
伊州区	$vɤ^{44}$	$vɤ^{44}$	$vɤ^{51}$	$vɤ^{213}$	$vɤ^{213}$	$vɤ^{213}$	$piɛ^{213}$	$piɛ^{213}$
巴里坤县	$və^{45}$	$və^{45}$	$və^{51}$	$və^{24}$	$və^{24}$	$və^{24}$	$piə^{24}$	$piə^{24}$
伊吾县	$vɤ^{44}$	$vɤ^{44}$	$vɤ^{51}$	$vɤ^{213}$	$vɤ^{213}$	$vɤ^{213}$	$piɛ^{213}$	$piɛ^{213}$

字目 / 中古音 / 方音 / 方言点	别 别离	撇	灭	爹	跌	叠	蝶	碟
	山开三 入薛并	山开四 入屑滂	山开三 入薛明	假开三 平麻知	山开四 入屑定	咸开四 入帖定	咸开四 入帖定	咸开四 入帖定
兰州市 （城关区）	pie^{51}	$p‘ie^{13}$	mie^{13}	tie^{53}	tie^{51}	tie^{51}	tie^{51}	tie^{51}
永登县	$piə^{53}$	$p‘iə^{13}$	$miə^{13}$	$tiə^{42}$	$tiə^{53}$	$tiə^{53}$	$tiə^{53}$	$tiə^{53}$
榆中县	$θiᴇ^{332}$	$p‘iᴇ^{13}$	$miᴇ^{13}$	$tiᴇ^{51}$	$tiᴇ^{332}$	$tiᴇ^{332}$	$tiᴇ^{332}$	$tiᴇ^{332}$
皋兰县	$piɛi^{53}$	$p‘iɛi^{13}$	$miɛi^{13}$	$tiɛi^{42}$	$tiɛi^{53}$	$tiɛi^{53}$	$tiɛi^{53}$	$tiɛi^{53}$
白银区	$piə^{51}$	$p‘iə^{13}$	$miə^{13}$	$tiə^{44}$	$tiə^{51}$	$tiə^{51}$	$tiə^{51}$	$tiə^{51}$
天祝县	$piə^{53}$	$p‘iə^{213}$	$miə^{213}$	$tiə^{44}$	$tiə^{53}$	$tiə^{53}$	$tiə^{53}$	$tiə^{53}$
景泰县 （红水镇）	$piɤ^{53}$	$p‘iɤ^{213}$	$miɤ^{213}$	$tiɤ^{44}$	$tiɤ^{53}$	$tiɤ^{53}$	$tiɤ^{53}$	$tiɤ^{53}$
古浪县	$piə^{53}$	$p‘iə^{31}$	$miə^{31}$	$tiə^{44}$	$tiə^{53}$	$tiə^{53}$	$tiə^{53}$	$tiə^{53}$
凉州区	$piɛ^{13}$	$p‘iɛ^{53}$	$miɛ^{53}$	$tiɛ^{33}$	$tiɛ^{13}$	$tiɛ^{13}$	$tiɛ^{13}$	$tiɛ^{13}$
民勤县	$piɛ^{53}$	$p‘iɛ^{42}$	$miɛ^{42}$	$tiɛ^{44}$	$tiɛ^{53}$	$tiɛ^{53}$	$tiɛ^{53}$	$tiɛ^{53}$
永昌县	$piə^{13}$	$p‘iə^{53}$	$miə^{53}$	$tiə^{44}$	$tiə^{13}$	$tiə^{13}$	$tiə^{13}$	$tiə^{13}$
甘州区	$piə^{53}$	$p‘iə^{31}$	$miə^{31}$	$tiə^{44}$	$tiə^{53}$	$tiə^{53}$	$tiə^{53}$	$tiə^{53}$
临泽县	$piə^{53}$	$p‘iə^{214}$	$miə^{214}$	$tiə^{44}$	$tiə^{53}$	$tiə^{53}$	$tiə^{53}$	$tiə^{53}$
民乐县	$piɛ^{53}$	$p‘iɛ^{42}$	$miɛ^{42}$	$tiɛ^{44}$	$tiɛ^{53}$	$tiɛ^{53}$	$tiɛ^{53}$	$tiɛ^{53}$
山丹县	$piə^{53}$	$p‘iə^{41}$	$miə^{41}$	$tiə^{24}$	$tiə^{53}$	$tiə^{53}$	$tiə^{53}$	$tiə^{53}$
高台县	$piɛ^{53}$	$p‘iɛ^{214}$	$miɛ^{214}$	$tiɛ^{44}$	$tiɛ^{53}$	$tiɛ^{53}$	$tiɛ^{53}$	$tiɛ^{53}$
肃州区	$piæ^{53}$	$p‘iæ^{214}$	$miæ^{214}$	$tiæ^{44}$	$tiæ^{53}$	$tiæ^{53}$	$tiæ^{53}$	$tiæ^{53}$
金塔县	$piæ^{53}$	$p‘iæ^{13}$	$miæ^{13}$	$tiæ^{44}$	$tiæ^{53}$	$tiæ^{53}$	$tiæ^{53}$	$tiæ^{53}$
肃北县	$piɛ^{53}$	$p‘iɛ^{213}$	$miɛ^{213}$	$tiɛ^{44}$	$tiɛ^{53}$	$tiɛ^{53}$	$tiɛ^{53}$	$tiɛ^{53}$
玉门市	$piɛ^{53}$	$p‘iɛ^{213}$	$miɛ^{213}$	$tiɛ^{44}$	$tiɛ^{53}$	$tiɛ^{53}$	$tiɛ^{53}$	$tiɛ^{53}$
瓜州县	$piə^{53}$	$p‘iə^{213}$	$miə^{213}$	$tiə^{44}$	$tiə^{53}$	$tiə^{53}$	$tiə^{53}$	$tiə^{53}$
西夏区	$piə^{13}$	$p‘iə^{13}$	$miə^{13}$	$tiə^{44}$	$tiə^{13}$	$tiə^{13}$	$tiə^{13}$	$tiə^{13}$

续表

贺兰县	piə^{13}	pʻiə^{13}	miə^{13}	tiə^{44}	tiə^{13}	tiə^{13}	tiə^{13}	tiə^{13}
灵武市（东塔镇）	piɛ^{13}	pʻiɛ^{13}	miɛ^{13}	tiɛ^{44}	tiɛ^{13}	tiɛ^{13}	tiɛ^{13}	tiɛ^{13}
永宁县	pie^{13}	pʻie^{13}	mie^{13}	tie^{44}	tie^{13}	tie^{13}	tie^{13}	tie^{13}
中宁县	piɤ^{53}	pʻiɤ^{44}	miɤ^{13}	tiɤ^{44}	tiɤ^{13}	tiɤ^{53}	tiɤ^{53}	tiɤ^{53}
沙坡头区	piə^{13}	pʻiə^{13}	miə^{13}	tiə^{44}	tiə^{13}	tiə^{13}	tiə^{13}	tiə^{13}
盐池县	piɛ^{13}	pʻiɛ^{13}	miɛ^{13}	tiɛ^{44}	tiɛ^{13}	tiɛ^{13}	tiɛ^{13}	tiɛ^{13}
平罗县（渠口乡）	piə^{13}	pʻiə^{13}	miə^{13}	tiə^{44}	tiə^{13}	tiə^{13}	tiə^{13}	tiə^{13}
阿拉善左旗	piə^{51}	pʻiə^{213}	miə^{213}	tiə^{44}	tiə^{213}	tiə^{213}	tiə^{213}	tiə^{213}
乌鲁木齐市	piɛ^{52}	pʻiɛ^{213}	miɛ^{213}	tiɛ^{44}	tiɛ^{52}	tiɛ^{52}	tiɛ^{52}	tiɛ^{52}
阜康市	piɤ^{51}	pʻiɤ^{55}	miɤ^{213}	tiɤ^{55}	tiɤ^{51}	tiɤ^{51}	tiɤ^{51}	tiɤ^{51}
呼图壁县	piə^{51}	pʻiə^{213}	miə^{213}	tiə^{44}	tiə^{213}	tiə^{213}	tiə^{213}	tiə^{213}
吉木萨尔县	piɤ^{51}	pʻiɤ^{44}	miɤ^{213}	tiɤ^{44}	tiɤ^{51}	tiɤ^{51}	tiɤ^{51}	tiɤ^{51}
奇台县	piɤ^{52}	pʻiɤ^{44}	miɤ^{213}	tiɤ^{44}	tiɤ^{52}	tiɤ^{52}	tiɤ^{52}	tiɤ^{52}
博乐市	piɤ^{51}	pʻiɤ^{45}	miɤ^{213}	tiɤ^{45}	tiɤ^{51}	tiɤ^{51}	tiɤ^{51}	tiɤ^{51}
阿勒泰市	piɤ^{51}	pʻiɤ^{44}	miɤ^{23}	tiɤ^{44}	tiɤ^{51}	tiɤ^{51}	tiɤ^{51}	tiɤ^{51}
布尔津县	piə^{23}	pʻiə^{44}	miə^{51}	tiə^{44}	tiə^{23}	tiə^{23}	tiə^{23}	tiə^{23}
乌苏市	piɤ^{51}	pʻiɤ^{55}	miɤ^{213}	tiɤ^{55}	tiɤ^{51}	tiɤ^{51}	tiɤ^{51}	tiɤ^{51}
额敏县	piɛ^{51}	pʻiɛ^{44}	miɛ^{34}	tiɛ^{44}	tiɛ^{51}	tiɛ^{51}	tiɛ^{51}	tiɛ^{51}
伊州区	piɛ^{51}	pʻiɛ^{213}	miɛ^{213}	tiɛ^{44}	tiə^{213}	tiə^{213}	tiɛ^{213}	tiɛ^{213}
巴里坤县	piə^{51}	pʻiə^{45}	miə^{24}	tiə^{45}	tiə^{51}	tiə^{51}	tiə^{51}	tiə^{51}
伊吾县	piɛ^{51}	pʻiɛ^{213}	miɛ^{213}	tiɛ^{44}	tiə^{213}	tiə^{213}	tiɛ^{213}	tiɛ^{213}

字目 / 方言点	谍① 谍	贴	帖	铁	捏	聂	孽	猎
中古音	咸开四入帖定	咸开四入帖透	咸开四入帖透	山开四入屑透	山开四入屑泥	咸开三入葉泥	山开三入薛疑	咸开三入葉来
兰州市（城关区）	tie^{51}	tʻie^{13}	tʻie^{13}	tʻie^{13}	lie^{13}	lie^{13}	lie^{13}	lie^{13}
永登县	tiə^{53}	tʻiə^{13}	tʻiə^{13}	tʻiə^{13}	ȵiə^{13}	ȵiə^{13}	ȵiə^{13}	liə^{13}
榆中县	tiᴇ^{332}	tʻiᴇ^{13}	tʻiᴇ^{13}	tʻiᴇ^{13}	ȵiᴇ^{13}	ȵiᴇ^{13}	ȵiᴇ^{13}	liᴇ^{13}
皋兰县	tiɛi^{53}	tʻiɛi^{13}	tʻiɛi^{13}	tʻiɛi^{13}	niɛi^{13}	niɛi^{13}	niɛi^{13}	liɛi^{13}
白银区	tiə^{51}	tʻiə^{13}	tʻiə^{13}	tʻiə^{13}	ȵiə^{13}	ȵiə^{13}	ȵiə^{13}	liə^{13}
天祝县	tiə^{53}	tʻiə^{213}	tʻiə^{213}	tʻiə^{213}	ȵiə^{213}	ȵiə^{213}	ȵiə^{213}	liə^{213}
景泰县（红水镇）	tiɤ^{53}	tʻiɤ^{213}	tʻiɤ^{213}	tʻiɤ^{213}	ȵiɤ^{213}	ȵiɤ^{213}	ȵiɤ^{213}	liɤ^{213}
古浪县	tiə^{53}	tʻiə^{31}	tʻiə^{31}	tʻiə^{31}	ȵiə^{31}	ȵiə^{31}	ȵiə^{31}	liə^{31}
凉州区	tiɛ^{13}	tʻiɛ^{53}	tʻiɛ^{53}	tʻiɛ^{53}	ȵiɛ^{53}	ȵiɛ^{53}	ȵiɛ^{53}	liɛ^{53}
民勤县	tiɛ^{53}	tʻiɛ^{42}	tʻiɛ^{42}	tʻiɛ^{42}	ȵiɛ^{42}	ȵiɛ^{42}	ȵiɛ^{42}	liɛ^{42}
永昌县	tiə^{13}	tʻiə^{53}	tʻiə^{53}	tʻiə^{53}	ȵiə^{53}	ȵiə^{53}	ȵiə^{53}	liə^{53}
甘州区	tiə^{53}	tʻiə^{31}	tʻiə^{31}	tʻiə^{31}	ȵiə^{31}	ȵiə^{31}	ȵiə^{31}	liə^{31}
临泽县	tiə^{53}	tʻiə^{214}	tʻiə^{214}	tʻiə^{214}	ȵiə^{214}	ȵiə^{214}	ȵiə^{214}	liə^{214}
民乐县	tiɛ^{53}	tʻiɛ^{42}	tʻiɛ^{42}	tʻiɛ^{42}	ȵiɛ^{42}	ȵiɛ^{42}	ȵiɛ^{42}	liɛ^{42}
山丹县	tiə^{53}	tʻiə^{41}	tʻiə^{41}	tʻiə^{41}	ȵiə^{41}	ȵiə^{41}	ȵiə^{41}	liə^{41}
高台县	tiɛ^{53}	tʻiɛ^{214}	tʻiɛ^{214}	tʻiɛ^{214}	ȵiɛ^{214}	ȵiɛ^{214}	ȵiɛ^{214}	liɛ^{214}
肃州区	tiæ^{53}	tʻiæ^{214}	tʻiæ^{214}	tʻiæ^{214}	ȵiæ^{214}	ȵiæ^{214}	ȵiæ^{214}	liæ^{214}
金塔县	tiæ^{53}	tʻiæ^{13}	tʻiæ^{13}	tʻiæ^{13}	ȵiæ^{13}	ȵiæ^{13}	ȵiæ^{13}	liæ^{13}
肃北县	tiɛ^{53}	tʻiɛ^{213}	tʻiɛ^{213}	tʻiɛ^{213}	ȵiɛ^{213}	ȵiɛ^{213}	ȵiɛ^{213}	liɛ^{213}
玉门市	tiɛ^{53}	tʻiɛ^{213}	tʻiɛ^{213}	tʻiɛ^{213}	ȵiɛ^{213}	ȵiɛ^{213}	ȵiɛ^{213}	liɛ^{213}

①又讬协切，咸开四入帖透。

续表

瓜州县	tiə^{53}	tʻiə^{213}	tʻiə^{213}	tʻiə^{213}	ȵiə^{213}	ȵiə^{213}	ȵiə^{213}	liə^{213}
西夏区	tiə^{13}	tʻiə^{13}	tʻiə^{13}	tʻiə^{13}	ȵiə^{13}	ȵiə^{13}	ȵiə^{13}	liə^{13}
贺兰县	tiə^{13}	tʻiə^{13}	tʻiə^{13}	tʻiə^{13}	ȵiə^{13}	ȵiə^{13}	ȵiə^{13}	liə^{13}
灵武市（东塔镇）	tiɛ^{13}	tʻiɛ^{13}	tʻiɛ^{13}	tʻiɛ^{13}	ȵiɛ^{13}	ȵiɛ^{13}	ȵiɛ^{13}	liɛ^{13}
永宁县	tie^{13}	tʻie^{13}	tʻie^{13}	tʻie^{13}	ȵie^{13}	ȵie^{13}	ȵie^{13}	lie^{13}
中宁县	tiɤ^{53}	tʻiɤ^{13}	tʻiɤ^{13}	tʻiɤ^{13}	ȵiɤ^{13}	ȵiɤ^{13}	ȵiɤ^{13}	liɤ^{13}
沙坡头区	tiə^{13}	tʻiə^{13}	tʻiə^{13}	tʻiə^{13}	ȵiə^{13}	ȵiə^{13}	ȵiə^{13}	liə^{13}
盐池县	tiɛ^{13}	tʻiɛ^{13}	tʻiɛ^{13}	tʻiɛ^{13}	ȵiɛ^{13}	ȵiɛ^{13}	ȵiɛ^{13}	liɛ^{13}
平罗县（渠口乡）	tiə^{13}	tʻiə^{13}	tʻiə^{13}	tʻiə^{13}	ȵiə^{13}	ȵiə^{13}	ȵiə^{13}	liə^{13}
阿拉善左旗	tiə^{51}	tʻiə^{213}	tʻiə^{213}	tʻiə^{213}	ȵiə^{213}	ȵiə^{213}	ȵiə^{213}	liə^{213}
乌鲁木齐市	tiɛ^{52}	tiɛ^{213}	tʻiɛ^{213}	tʻiɛ^{213}	ȵiɛ^{213}	ȵiɛ^{213}	ȵiɛ^{213}	liɛ^{213}
阜康市	tiɤ^{51}	tʻiɤ^{213}	tʻiɤ^{213}	tʻiɤ^{213}	ȵiɤ^{213}	ȵiɤ^{213}	ȵiɤ^{213}	liɤ^{213}
呼图壁县	tiə^{51}	tʻiə^{213}	tʻiə^{213}	tʻiə^{213}	ȵiə^{213}	ȵiə^{213}	ȵiə^{213}	liə^{213}
吉木萨尔县	tiɤ^{51}	tʻiɤ^{213}	tʻiɤ^{213}	tʻiɤ^{213}	ȵiɤ^{213}	ȵiɤ^{213}	ȵiɤ^{213}	liɤ^{213}
奇台县	tiɤ^{52}	tʻiɤ^{213}	tʻiɤ^{213}	tʻiɤ^{213}	ȵiɤ^{213}	ȵiɤ^{213}	ȵiɤ^{213}	liɤ^{213}
博乐市	tiɤ^{51}	tʻiɤ^{24}	tʻiɤ^{24}	tʻiɤ^{24}	ȵiɤ^{24}	ȵiɤ^{213}	ȵiɤ^{24}	liɤ^{24}
阿勒泰市	tiɤ^{51}	tʻiɤ^{23}	tʻiɤ^{23}	tʻiɤ^{23}	niɤ^{23}	niɤ^{23}	niɤ^{23}	liɤ^{23}
布尔津县	tiə^{23}	tʻiə^{51}	tʻiə^{51}	tʻiə^{51}	niə^{51}	niə^{51}	niə^{51}	liə^{51}
乌苏市	tiɤ^{51}	tʻiɤ^{213}	tʻiɤ^{213}	tʻiɤ^{213}	ȵiɤ^{213}	ȵiɤ^{213}	ȵiɤ^{213}	liɤ^{213}
额敏县	tiɛ^{51}	tʻiɛ^{34}	tʻiɛ^{34}	tʻiɛ^{34}	niɛ^{34}	niɛ^{34}	niɛ^{34}	liɛ^{34}
伊州区	tiɛ^{51}	tʻiɛ^{213}	tʻiɛ^{213}	tʻiɛ^{213}	ȵiɛ^{213}	ȵiɛ^{213}	ȵiɛ^{213}	liɛ^{213}
巴里坤县	tiə^{51}	tʻiə^{24}	tʻiə^{24}	tʻiə^{24}	niə^{24}	niə^{24}	niə^{24}	liə^{24}
伊吾县	tiɛ^{51}	tʻiɛ^{213}	tʻiɛ^{213}	tʻiɛ^{213}	ȵiɛ^{213}	ȵiɛ^{213}	ȵiɛ^{213}	liɛ^{213}

字目 / 中古音 / 方音 / 方言点	列	烈	裂	劣	皆	阶	街①	接
	山开三入薛来	山开三入薛来	山开三入薛来	山开三入薛来	蟹开二平皆见	蟹开二平皆见	蟹开二平佳见	咸开三入叶精
兰州市（城关区）	lie^{13}	lie^{13}	lie^{13}	lie^{13}	$tɕie^{53}$	$tɕie^{53}$	$tɕie^{53}$	$tɕie^{13}$
永登县	$liə^{13}$	$liə^{13}$	$liə^{13}$	$liə^{13}$	$tɕiə^{42}$	$tɕiə^{42}$	$tɕiə^{42}$	$tɕiə^{13}$
榆中县	$liᴇ^{13}$	$liᴇ^{13}$	$liᴇ^{13}$	$liᴇ^{13}$	$tɕiᴇ^{51}$	$tɕiᴇ^{51}$	$tɕiᴇ^{51}$	$tɕiᴇ^{13}$
皋兰县	$liɛi^{13}$	$liɛi^{13}$	$liɛi^{13}$	$liɛi^{13}$	$tɕiɛi^{42}$	$tɕiɛi^{42}$	$tɕiɛi^{42}$	$tɕiɛi^{13}$
白银区	$liə^{13}$	$liə^{13}$	$liə^{13}$	$liə^{13}$	$tɕiə^{44}$	$tɕiə^{44}$	$tɕiə^{44}$	$tɕiə^{13}$
天祝县	$liə^{213}$	$liə^{213}$	$liə^{213}$	$liə^{213}$	$tɕiə^{44}$	$tɕiə^{44}$	$tɕiə^{44}$	$tɕiə^{213}$
景泰县（红水镇）	$liɤ^{213}$	$liɤ^{213}$	$liɤ^{213}$	$liɤ^{213}$	$tɕiɤ^{44}$	$tɕiɤ^{44}$	$tɕiɤ^{44}$	$tɕiɤ^{213}$
古浪县	$liə^{31}$	$liə^{31}$	$liə^{31}$	$liə^{31}$	$tɕiə^{44}$	$tɕiə^{44}$	$tɕiə^{44}$	$tɕiə^{31}$
凉州区	$liɛ^{53}$	$liɛ^{53}$	$liɛ^{53}$	$liɛ^{53}$	$tɕiɛ^{33}$	$tɕiɛ^{33}$	$tɕiɛ^{33}$	$tɕiɛ^{53}$
民勤县	$liɛ^{42}$	$liɛ^{42}$	$liɛ^{42}$	$liɛ^{42}$	$tɕiɛ^{44}$	$tɕiɛ^{44}$	$tɕiɛ^{44}$	$tɕiɛ^{42}$
永昌县	$liə^{53}$	$liə^{53}$	$liə^{53}$	$liə^{53}$	$tɕiə^{44}$	$tɕiə^{44}$	$tɕiə^{44}$	$tɕiə^{53}$
甘州区	$liə^{31}$	$liə^{31}$	$liə^{31}$	$liə^{31}$	$tɕiə^{44}$	$tɕiə^{44}$	$tɕiə^{44}$	$tɕiə^{31}$
临泽县	$liə^{214}$	$liə^{214}$	$liə^{214}$	$liə^{214}$	$tɕiə^{44}$	$tɕiə^{44}$	$tɕiə^{44}$	$tɕiə^{214}$
民乐县	$liɛ^{42}$	$liɛ^{42}$	$liɛ^{42}$	$liɛ^{42}$	$tɕiɛ^{44}$	$tɕiɛ^{44}$	$tɕiɛ^{44}$	$tɕiɛ^{42}$
山丹县	$liə^{41}$	$liə^{41}$	$liə^{41}$	$liə^{41}$	$tɕiə^{24}$	$tɕiə^{24}$	$tɕiə^{24}$	$tɕiə^{41}$
高台县	$liɛ^{214}$	$liɛ^{214}$	$liɛ^{214}$	$liɛ^{214}$	$tɕiɛ^{44}$	$tɕiɛ^{44}$	$tɕiɛ^{44}$	$tɕiɛ^{214}$
肃州区	$liæ^{214}$	$liæ^{214}$	$liæ^{214}$	$liæ^{214}$	$tɕiæ^{44}$	$tɕiæ^{44}$	$tɕiæ^{44}$	$tɕiæ^{214}$
金塔县	$liæ^{13}$	$liæ^{13}$	$liæ^{13}$	$liæ^{13}$	$tɕiæ^{44}$	$tɕiæ^{44}$	$tɕiæ^{44}$	$tɕiæ^{13}$
肃北县	$liɛ^{213}$	$liɛ^{213}$	$liɛ^{213}$	$liə^{213}$	$tɕiɛ^{44}$	$tɕiɛ^{44}$	$tɕiɛ^{44}$	$tɕiɛ^{213}$
玉门市	$liɛ^{213}$	$liɛ^{213}$	$liɛ^{213}$	$liə^{213}$	$tɕiɛ^{44}$	$tɕiɛ^{44}$	$tɕiɛ^{44}$	$tɕiɛ^{213}$

①又古谐切，蟹开二平皆见。

续表

瓜州县	liə^{213}	liə^{213}	liə^{213}	liə^{213}	tɕiə^{44}	tɕiə^{44}	tɕiə^{44}	tɕiə^{213}
西夏区	liə^{13}	liə^{13}	liə^{13}	liə^{13}	tɕiə^{44}	tɕiə^{44}	tɕiə^{44}	tɕiə^{13}
贺兰县	liə^{13}	liə^{13}	liə^{13}	liə^{13}	tɕiə^{44}	tɕiə^{44}	tɕiə^{44}	tɕiə^{13}
灵武市（东塔镇）	liɛ^{13}	liɛ^{13}	liɛ^{13}	liɛ^{13}	tɕiɛ^{44}	tɕiɛ^{44}	tɕiɛ^{44}	tɕiɛ^{13}
永宁县	lie^{13}	lie^{13}	lie^{13}	lie^{13}	tɕie^{44}	tɕie^{44}	tɕie^{44}	tɕie^{13}
中宁县	liɤ^{13}	liɤ^{13}	liɤ^{13}	liɤ^{13}	tɕiɤ^{44}	tɕiɤ^{44}	tɕiɤ^{44}	tɕiɤ^{13}
沙坡头区	liə^{13}	liə^{13}	liə^{13}	liə^{13}	tɕiə^{44}	tɕiə^{44}	tɕiə^{44}	tɕiə^{13}
盐池县	lie^{13}	lie^{13}	lie^{13}	lie^{13}	tɕie^{44}	tɕie^{44}	tɕie^{44}	tɕie^{13}
平罗县（渠口乡）	liə^{13}	liə^{13}	liə^{13}	liə^{13}	tɕiə^{44}	tɕiə^{44}	tɕiə^{44}	tɕiə^{13}
阿拉善左旗	liə^{213}	liə^{213}	liə^{213}	liə^{213}	tɕiə^{44}	tɕiə^{44}	tɕiə^{44}	tɕiə^{213}
乌鲁木齐市	liɛ^{213}	liɛ^{213}	liɛ^{213}	liɛ^{213}	tɕiɛ^{44}	tɕiɛ^{44}	tɕiɛ^{44}	tɕiɛ^{213}
阜康市	liɤ^{213}	liɤ^{213}	liɤ^{213}	liɤ^{213}	tɕiɤ^{55}	tɕiɤ^{55}	tɕiɤ^{55}	tɕiɤ^{213}
呼图壁县	liə^{213}	liə^{213}	liə^{213}	liə^{213}	tɕiə^{44}	tɕiə^{44}	tɕiə^{44}	tɕiə^{213}
吉木萨尔县	liɤ^{213}	liɤ^{213}	liɤ^{213}	liɤ^{213}	tɕiɤ^{44}	tɕiɤ^{44}	tɕiɤ^{44}	tɕiɤ^{213}
奇台县	liɤ^{213}	liɤ^{213}	liɤ^{213}	liɤ^{213}	tɕiɤ^{44}	tɕiɤ^{44}	tɕiɤ^{44}	tɕiɤ^{213}
博乐市	liɤ^{24}	liɤ^{24}	liɤ^{24}	liɤ^{24}	tɕiɤ^{45}	tɕiɤ^{45}	tɕiɤ^{45}	tɕiɤ^{24}
阿勒泰市	liɤ^{23}	liɤ^{23}	liɤ^{23}	liɤ^{23}	tɕiɤ^{44}	tɕiɤ^{44}	tɕiɤ^{44}	tɕiɤ^{23}
布尔津县	liə^{51}	liə^{51}	liə^{51}	liə^{51}	tɕiə^{44}	tɕiə^{44}	tɕiə^{44}	tɕiə^{51}
乌苏市	liɤ^{213}	liɤ^{213}	liɤ^{213}	liɤ^{213}	tɕiɤ^{55}	tɕiɤ^{55}	tɕiɤ^{55}	tɕiɤ^{213}
额敏县	liɛ^{34}	liɛ^{34}	liɛ^{34}	liɛ^{34}	tɕiɛ^{44}	tɕiɛ^{44}	tɕiɛ^{44}	tɕiɛ^{34}
伊州区	liɛ^{213}	liɛ^{213}	liɛ^{213}	liɛ^{213}	tɕiɛ^{44}	tɕiɛ^{44}	tɕiɛ^{44}	tɕiɛ^{213}
巴里坤县	liə^{24}	liə^{24}	liə^{24}	liə^{24}	tɕiə^{45}	tɕiə^{45}	tɕiə^{45}	tɕiə^{24}
伊吾县	liɛ^{213}	liɛ^{213}	liɛ^{213}	liɛ^{213}	tɕiɛ^{44}	tɕiɛ^{44}	tɕiɛ^{44}	tɕiɛ^{213}

字目 / 中古音 / 方音 / 方言点	揭①	结②	捷	劫	杰	竭③	节	截
	山开三入月见	山开四入屑见	咸开三入葉从	咸开三入业见	山开三入薛群	山开三入月群	山开四入屑精	山开四入屑从
兰州市（城关区）	tɕie13	tɕie13	tɕie51	tɕie13	tɕie51	tɕie51	tɕie13	tɕie51
永登县	tɕiə13	tɕiə13	tɕiə53	tɕiə13	tɕiə53	tɕiə53	tɕiə13	tɕiə53
榆中县	tɕiᴇ13	tɕiᴇ13	tɕiᴇ332	tɕiᴇ13	tɕiᴇ332	tɕiᴇ332	tɕiᴇ13	tɕiᴇ332
皋兰县	tɕiɛi13	tɕiɛi13	tɕiɛi53	tɕiɛi13	tɕiɛi53	tɕiɛi53	tɕiɛi13	tɕiɛi53
白银区	tɕiə13	tɕiə13	tɕiə51	tɕiə13	tɕiə51	tɕiə51	tɕiə13	tɕiə51
天祝县	tɕiə213	tɕiə213	tɕiə53	tɕiə213	tɕiə53	tɕiə53	tɕiə213	tɕiə53
景泰县（红水镇）	tɕiɤ213	tɕiɤ213	tɕiɤ53	tɕiɤ213	tɕiɤ53	tɕiɤ53	tɕiɤ213	tɕiɤ53
古浪县	tɕiə31	tɕiə31	tɕiə53	tɕiə31	tɕiə53	tɕiə53	tɕiə31	tɕiə53
凉州区	tɕiɛ53	tɕiɛ53	tɕiɛ13	tɕiɛ53	tɕiɛ13	tɕiɛ13	tɕiɛ53	tɕiɛ13
民勤县	tɕiɛ42	tɕiɛ42	tɕiɛ53	tɕiɛ42	tɕiɛ53	tɕiɛ53	tɕiɛ42	tɕiɛ53
永昌县	tɕiə53	tɕiə53	tɕiə13	tɕiə53	tɕiə13	tɕiə13	tɕiə53	tɕiə13
甘州区	tɕiə31	tɕiə31	tɕiə53	tɕiə31	tɕiə53	tɕiə53	tɕiə31	tɕiə53
临泽县	tɕiə214	tɕiə214	tɕiə53	tɕiə214	tɕiə53	tɕiə53	tɕiə214	tɕiə53
民乐县	tɕiɛ42	tɕiɛ42	tɕiɛ53	tɕiɛ42	tɕiɛ53	tɕiɛ53	tɕiɛ42	tɕiɛ53
山丹县	tɕiə41	tɕiə41	tɕiə53	tɕiə41	tɕiə53	tɕiə53	tɕiə41	tɕiə53
高台县	tɕiɛ214	tɕiɛ214	tɕiɛ53	tɕiɛ214	tɕiɛ53	tɕiɛ53	tɕiɛ214	tɕiɛ53
肃州区	tɕiæ214	tɕiæ214	tɕiæ53	tɕiæ214	tɕiæ53	tɕiæ53	tɕiæ214	tɕiæ53
金塔县	tɕiæ13	tɕiæ13	tɕiæ53	tɕiæ13	tɕiæ53	tɕiæ53	tɕiæ13	tɕiæ53

①又其谒切，山开三入月群；居列首，山开三入薛见；丘竭切，山开三入薛溪；渠列切，山开三入薛群；丘谒切，山开三入薛群。

②又激质切，臻开三入质见。

③又渠列切，山开三入薛群。

续表

肃北县	tɕiɛ^{213}	tɕiɛ^{213}	tɕiɛ^{213}	tɕiɛ^{213}	tɕiɛ^{213}	tɕiɛ^{213}	tɕiɛ^{213}	tɕiɛ^{213}
玉门市	tɕiɛ^{213}	tɕiɛ^{213}	tɕiɛ^{213}	tɕiɛ^{213}	tɕiɛ^{213}	tɕiɛ^{213}	tɕiɛ^{213}	tɕiɛ^{213}
瓜州县	tɕiə^{213}	tɕiə^{213}	tɕiə^{213}	tɕiə^{213}	tɕiə^{213}	tɕiə^{213}	tɕiə^{213}	tɕiə^{213}
西夏区	tɕiə^{13}	tɕiə^{13}	tɕiə^{13}	tɕiə^{13}	tɕiə^{13}	tɕiə^{13}	tɕiə^{13}	tɕiə^{13}
贺兰县	tɕiə^{13}	tɕiə^{13}	tɕiə^{13}	tɕiə^{13}	tɕiə^{13}	tɕiə^{13}	tɕiə^{13}	tɕiə^{13}
灵武市（东塔镇）	tɕiɛ^{13}	tɕiɛ^{13}	tɕiɛ^{13}	tɕiɛ^{13}	tɕiɛ^{13}	tɕiɛ^{13}	tɕiɛ^{13}	tɕiɛ^{13}
永宁县	tɕie^{13}	tɕie^{13}	tɕie^{13}	tɕie^{13}	tɕie^{13}	tɕie^{13}	tɕie^{13}	tɕie^{13}
中宁县	tɕiɤ^{13}	tɕiɤ^{13}	tɕiɤ^{53}	tɕiɤ^{13}	tɕiɤ^{53}	tɕiɤ^{53}	tɕiɤ^{13}	tɕiɤ^{53}
沙坡头区	tɕiə^{13}	tɕiə^{13}	tɕiə^{13}	tɕiə^{13}	tɕiə^{13}	tɕiə^{13}	tɕiə^{13}	tɕiə^{13}
盐池县	tɕie^{13}	tɕie^{13}	tɕie^{13}	tɕie^{13}	tɕie^{13}	tɕie^{13}	tɕie^{13}	tɕie^{13}
平罗县（渠口乡）	tɕiə^{13}	tɕiə^{13}	tɕiə^{13}	tɕiə^{13}	tɕiə^{13}	tɕiə^{13}	tɕiə^{13}	tɕiə^{13}
阿拉善左旗	tɕiə^{213}	tɕiə^{213}	tɕiə^{213}	tɕiə^{213}	tɕiə^{213}	tɕiə^{213}	tɕiə^{213}	tɕiə^{213}
乌鲁木齐市	tɕiɛ^{213}	tɕiɛ^{213}	tɕiɛ^{213}	tɕiɛ^{213}	tɕiɛ^{213}	tɕiɛ^{213}	tɕiɛ^{213}	tɕiɛ^{213}
阜康市	tɕiɤ^{213}	tɕiɤ^{213}	tɕiɤ^{51}	tɕiɤ^{213}	tɕiɤ^{51}	tɕiɤ^{51}	tɕiɤ^{213}	tɕiɤ^{213}
呼图壁县	tɕiə^{213}	tɕiə^{213}	tɕiə^{213}	tɕiə^{213}	tɕiə^{213}	tɕiə^{213}	tɕiə^{213}	tɕiə^{213}
吉木萨尔县	tɕiɤ^{213}	tɕiɤ^{213}	tɕiɤ^{51}	tɕiɤ^{213}	tɕiɤ^{51}	tɕiɤ^{51}	tɕiɤ^{213}	tɕiɤ^{213}
奇台县	tɕiɤ^{213}	tɕiɤ^{213}	tɕiɤ^{52}	tɕiɤ^{213}	tɕiɤ^{52}	tɕiɤ^{52}	tɕiɤ^{213}	tɕiɤ^{213}
博乐市	tɕiɤ^{24}	tɕiɤ^{24}	tɕiɤ^{51}	tɕiɤ^{24}	tɕiɤ^{51}	tɕiɤ^{51}	tɕiɤ^{24}	tɕiɤ^{24}
阿勒泰市	tɕiɤ^{23}	tɕiɤ^{23}	tɕiɤ^{51}	tɕiɤ^{23}	tɕiɤ^{51}	tɕiɤ^{51}	tɕiɤ^{23}	tɕiɤ^{23}
布尔津县	tɕiə^{51}	tɕiə^{51}	tɕiə^{23}	tɕiə^{51}	tɕiə^{23}	tɕiə^{23}	tɕiə^{51}	tɕiə^{51}
乌苏市	tɕiɤ^{213}	tɕiɤ^{213}	tɕiɤ^{51}	tɕiɤ^{213}	tɕiɤ^{51}	tɕiɤ^{51}	tɕiɤ^{213}	tɕiɤ^{213}
额敏县	tɕiɛ^{34}	tɕiɛ^{34}	tɕiɛ^{51}	tɕiɛ^{34}	tɕiɛ^{51}	tɕiɛ^{51}	tɕiɛ^{34}	tɕiɛ^{34}
伊州区	tɕiɛ^{213}	tɕiɛ^{213}	tɕiɛ^{213}	tɕiɛ^{213}	tɕiɛ^{213}	tɕiɛ^{213}	tɕiɛ^{213}	tɕiɛ^{213}
巴里坤县	tɕiə^{24}	tɕiə^{24}	tɕiə^{51}	tɕiə^{24}	tɕiə^{51}	tɕiə^{51}	tɕiə^{24}	tɕiə^{24}
伊吾县	tɕiɛ^{213}	tɕiɛ^{213}	tɕiɛ^{213}	tɕiɛ^{213}	tɕiɛ^{213}	tɕiɛ^{213}	tɕiɛ^{213}	tɕiɛ^{213}

字目 / 中古音 / 方音 / 方言点	洁	姐	解 解开	借① 借用	借② 借口	介	界	疥
	山开四入屑见	假开三上马精	蟹开二上蟹见	假开三去祃精	假开三去祃从	蟹开二去怪见	蟹开二去怪见	蟹开二去怪见
兰州市（城关区）	tɕie13	tɕie44	tɕie44	tɕie13	tɕie13	tɕie13	tɕie13	tɕie13
永登县	tɕiə13	tɕiə354	tɕiə354	tɕiə13	tɕiə13	tɕiə13	tɕiə13	tɕiə13
榆中县	tɕiᴇ13	tɕiᴇ44	tɕiᴇ44	tɕiᴇ13	tɕiᴇ13	tɕiᴇ13	tɕiᴇ13	tɕiᴇ13
皋兰县	tɕiɛi13	tɕiɛi342	tɕiɛi342	tɕiɛi13	tɕiɛi13	tɕiɛi13	tɕiɛi13	tɕiɛi13
白银区	tɕiə13	tɕiə343	tɕiə343	tɕiə13	tɕiə13	tɕiə13	tɕiə13	tɕiə13
天祝县	tɕiə213	tɕiə44	tɕiə44	tɕiə213	tɕiə213	tɕiə213	tɕiə213	tɕiə213
景泰县（红水镇）	tɕiɤ213	tɕiɤ44	tɕiɤ44	tɕiɤ213	tɕiɤ213	tɕiɤ213	tɕiɤ213	tɕiɤ213
古浪县	tɕiə31	tɕiə44	tɕiə44	tɕiə31	tɕiə31	tɕiə31	tɕiə31	tɕiə31
凉州区	tɕiɛ53	tɕiɛ33	tɕiɛ33	tɕiɛ53	tɕiɛ53	tɕiɛ53	tɕiɛ53	tɕiɛ53
民勤县	tɕiɛ42	tɕiɛ214	tɕiɛ214	tɕiɛ42	tɕiɛ42	tɕiɛ42	tɕiɛ42	tɕiɛ42
永昌县	tɕiə53	tɕiə44	tɕiə13	tɕiə53	tɕiə53	tɕiə53	tɕiə53	tɕiə53
甘州区	tɕiə31	tɕiə53	tɕiə53	tɕiə31	tɕiə31	tɕiə31	tɕiə31	tɕiə31
临泽县	tɕiə214	tɕiə44	tɕiə44	tɕiə214	tɕiə214	tɕiə214	tɕiə214	tɕiə214
民乐县	tɕiɛ42	tɕiɛ213	tɕiɛ213	tɕiɛ42	tɕiɛ42	tɕiɛ42	tɕiɛ42	tɕiɛ42
山丹县	tɕiə41	tɕiə53	tɕiə53	tɕiə41	tɕiə41	tɕiə41	tɕiə41	tɕiə41
高台县	tɕiɛ214	tɕiɛ44	tɕiɛ44	tɕiɛ214	tɕiɛ214	tɕiɛ214	tɕiɛ214	tɕiɛ214
肃州区	tɕiæ214	tɕiæ44	tɕiæ44	tɕiæ214	tɕiæ214	tɕiæ214	tɕiæ214	tɕiæ214
金塔县	tɕiæ13	tɕiæ53	tɕiæ53	tɕiæ13	tɕiæ13	tɕiæ13	tɕiæ13	tɕiæ13
肃北县	tɕiɛ213	tɕiɛ53	tɕiɛ53	tɕiɛ213	tɕiɛ213	tɕiɛ213	tɕiɛ213	tɕiɛ213
玉门市	tɕiɛ213	tɕiɛ53	tɕiɛ53	tɕiɛ213	tɕiɛ213	tɕiɛ213	tɕiɛ213	tɕiɛ213

①又资昔切，梗开三入昔精。

②又秦昔切，梗开三入昔从。

续表

瓜州县	tɕiə^{213}	tɕiə^{53}	tɕiə^{53}	tɕiə^{213}	tɕiə^{213}	tɕiə^{213}	tɕiə^{213}	tɕiə^{213}
西夏区	tɕiə^{13}	tɕiə^{53}	tɕiə^{53}	tɕiə^{13}	tɕiə^{13}	tɕiə^{13}	tɕiə^{13}	tɕiə^{13}
贺兰县	tɕiə^{13}	tɕiə^{53}	tɕiə^{53}	tɕiə^{13}	tɕiə^{13}	tɕiə^{13}	tɕiə^{13}	tɕiə^{13}
灵武市（东塔镇）	tɕiɛ^{13}	tɕiɛ^{52}	tɕiɛ^{52}	tɕiɛ^{13}	tɕiɛ^{13}	tɕiɛ^{13}	tɕiɛ^{13}	tɕiɛ^{13}
永宁县	tɕie^{13}	tɕie^{53}	tɕie^{53}	tɕie^{13}	tɕie^{13}	tɕie^{13}	tɕie^{13}	tɕie^{13}
中宁县	tɕiɤ^{13}	tɕiɤ^{53}	tɕiɤ^{53}	tɕiɤ^{13}	tɕiɤ^{13}	tɕiɤ^{13}	tɕiɤ^{13}	tɕiɤ^{13}
沙坡头区	tɕiə^{13}	tɕiə^{53}	tɕiə^{53}	tɕiə^{13}	tɕiə^{13}	tɕiə^{13}	tɕiə^{13}	tɕiə^{13}
盐池县	tɕie^{13}	tɕie^{52}	tɕie^{52}	tɕie^{13}	tɕie^{13}	tɕie^{13}	tɕie^{13}	tɕie^{13}
平罗县（渠口乡）	tɕiə^{13}	tɕiə^{53}	tɕiə^{53}	tɕiə^{13}	tɕiə^{13}	tɕiə^{13}	tɕiə^{13}	tɕiə^{13}
阿拉善左旗	tɕiə^{213}	tɕiə^{51}	tɕiə^{51}	tɕiə^{213}	tɕiə^{213}	tɕiə^{213}	tɕiə^{213}	tɕiə^{213}
乌鲁木齐市	tɕiɛ^{213}	tɕiɛ^{52}	tɕiɛ^{52}	tɕiɛ^{213}	tɕiɛ^{213}	tɕiɛ^{213}	tɕiɛ^{213}	tɕiɛ^{213}
阜康市	tɕiɤ^{213}	tɕiɤ^{51}	tɕiɤ^{51}	tɕiɤ^{213}	tɕiɤ^{213}	tɕiɤ^{213}	tɕiɤ^{213}	tɕiɤ^{213}
呼图壁县	tɕiə^{213}	tɕiə^{51}	tɕiə^{51}	tɕiə^{213}	tɕiə^{213}	tɕiə^{213}	tɕiə^{213}	tɕiə^{213}
吉木萨尔县	tɕiɤ^{213}	tɕiɤ^{51}	tɕiɤ^{51}	tɕiɤ^{213}	tɕiɤ^{213}	tɕiɤ^{213}	tɕiɤ^{213}	tɕiɤ^{213}
奇台县	tɕiɤ^{213}	tɕiɤ^{52}	tɕiɤ^{52}	tɕiɤ^{213}	tɕiɤ^{213}	tɕiɤ^{213}	tɕiɤ^{213}	tɕiɤ^{213}
博乐市	tɕiɤ^{24}	tɕiɤ^{51}	tɕiɤ^{51}	tɕiɤ^{24}	tɕiɤ^{24}	tɕiɤ^{24}	tɕiɤ^{24}	tɕiɤ^{24}
阿勒泰市	tɕiɤ^{23}	tɕiɤ^{51}	tɕiɤ^{51}	tɕiɤ^{23}	tɕiɤ^{23}	tɕiɤ^{23}	tɕiɤ^{23}	tɕiɤ^{23}
布尔津县	tɕiə^{51}	tɕiə^{23}	tɕiə^{23}	tɕiə^{51}	tɕiə^{51}	tɕiə^{51}	tɕiə^{51}	tɕiə^{23}
乌苏市	tɕiɤ^{213}	tɕiɤ^{51}	tɕiɤ^{51}	tɕiɤ^{213}	tɕiɤ^{213}	tɕiɤ^{213}	tɕiɤ^{213}	tɕiɤ^{213}
额敏县	tɕiɛ^{34}	tɕiɛ^{51}	tɕiɛ^{51}	tɕiɤ^{34}	tɕiɛ^{34}	tɕiɛ^{34}	tɕiɛ^{34}	tɕiɛ^{34}
伊州区	tɕiɛ^{213}	tɕiɛ^{51}	tɕiɛ^{51}	tɕiɛ^{213}	tɕiɛ^{213}	tɕiɛ^{213}	tɕiɛ^{213}	tɕiɛ^{213}
巴里坤县	tɕiə^{24}	tɕiə^{51}	tɕiə^{51}	tɕiə^{24}	tɕiə^{24}	tɕiə^{24}	tɕiə^{24}	tɕiə^{24}
伊吾县	tɕiɛ^{213}	tɕiɛ^{51}	tɕiɛ^{51}	tɕiɛ^{213}	tɕiɛ^{213}	tɕiɛ^{213}	tɕiɛ^{213}	tɕiɛ^{213}

字目 / 中古音 / 方音 / 方言点	芥	戒	切 切开	茄 茄子	且	切 一切	妾	怯
	蟹开二 去怪见	蟹开二 去怪见	山开四 入屑清	果开三 平戈群	假开三 上马清	蟹开四 去霁清	咸开三 入葉清	咸开三 入业溪
兰州市 （城关区）	tɕie^{13} kɛ^{13}	tɕie^{13}	tɕʻie^{13}	tɕʻie^{51}	tɕʻie^{44}	tɕʻie^{13}	tɕʻie^{13}	tɕʻie^{13}
永登县	kɛ^{13} tɕiə^{13}	tɕiə^{13}	tɕʻiə^{13}	tɕʻiə^{53}	tɕʻiə^{42}	tɕʻiə^{13}	tɕʻiə^{13}	tɕʻiə^{13}
榆中县	tɕie^{13} kɛ^{13}	tɕiᴇ^{13}	tɕʻiᴇ^{13}	tɕʻiᴇ^{332}	tɕʻiᴇ^{44}	tɕʻiᴇ^{13}	tɕʻiᴇ^{13}	tɕʻiᴇ^{13}
皋兰县	kɛi^{13} tɕiɛi^{13}	tɕiɛi^{13}	tɕʻiɛi^{13}	tɕʻiɛi^{53}	tɕʻiɛi^{42}	tɕʻiɛi^{13}	tɕʻiɛi^{13}	tɕʻiɛi^{13}
白银区	kɛ^{13} tɕiə^{13}	tɕiə^{13}	tɕʻiə^{13}	tɕʻiə^{51}	tɕʻiə^{343}	tɕʻiə^{13}	tɕʻiə^{13}	tɕʻiə^{13}
天祝县	kɛ^{213} tɕiə^{213}	tɕiə^{213}	tɕʻiə^{213}	tɕʻiə^{53}	tɕʻiə^{44}	tɕʻiə^{213}	tɕʻiə^{213}	tɕʻiə^{213}
景泰县 （红水镇）	kɛe^{213} tɕiɤ^{213}	tɕiɤ^{213}	tɕʻiɤ^{213}	tɕʻiɤ^{53}	tɕʻiɤ^{44}	tɕʻiɤ^{213}	tɕʻiɤ^{213}	tɕʻiɤ^{213}
古浪县	kɛ^{31} tɕiə^{31}	tɕiə^{31}	tɕʻiə^{31}	tɕʻiə^{53}	tɕʻiə^{44}	tɕʻiə^{31}	tɕʻiə^{31}	tɕʻiə^{31}
凉州区	kɛ^{53} tɕiɛ^{53}	tɕiɛ^{53}	tɕʻiɛ^{53}	tɕʻiɛ^{13}	tɕʻiɛ^{33}	tɕʻiɛ^{53}	tɕʻiɛ^{53}	tɕʻiɛ^{53}
民勤县	kɛ^{42} tɕiɛ^{42}	tɕiɛ^{42}	tɕʻiɛ^{42}	tɕʻiɛ^{44}	tɕʻiɛ^{214}	tɕʻiɛ^{42}	tɕʻiɛ^{42}	tɕʻiɛ^{42}
永昌县	kɛ^{53} tɕiə^{53}	tɕiə^{53}	tɕʻiə^{53}	tɕʻiə^{13}	tɕʻiə^{53}	tɕʻiə^{53}	tɕʻiə^{53}	tɕʻiə^{53}
甘州区	kɛ^{31} tɕiə^{31}	tɕiə^{31}	tɕʻiə^{31}	tɕʻiə^{53}	tɕʻiə^{44}	tɕʻiə^{31}	tɕʻiə^{31}	tɕʻiə^{31}
临泽县	kɛ^{214} tɕiə^{214}	tɕiə^{214}	tɕʻiə^{214}	tɕʻiə^{53}	tɕʻiə^{44}	tɕʻiə^{214}	tɕʻiə^{214}	tɕʻiə^{214}
民乐县	kɛ^{42} tɕiɛ^{42}	tɕiɛ^{42}	tɕʻiɛ^{42}	tɕʻiɛ^{44}	tɕʻiɛ^{213}	tɕʻiɛ^{42}	tɕʻiɛ^{42}	tɕʻiɛ^{42}
山丹县	kɛ^{41} tɕiə^{41}	tɕiə^{41}	tɕʻiə^{41}	tɕʻiə^{53}	tɕʻiə^{24}	tɕʻiə^{41}	tɕʻiə^{41}	tɕʻiə^{41}

续表

高台县	kɛ^{214} tɕiɛ^{214}	tɕiɛ^{214}	tɕʻiɛ^{214}	tɕʻiɛ^{53}	tɕʻiɛ^{53}	tɕʻiɛ^{214}	tɕʻiɛ^{214}	tɕʻiɛ^{214}
肃州区	kɛ^{214} tɕiæ^{214}	tɕiæ^{214}	tɕʻiæ^{214}	tɕʻiæ^{53}	tɕʻiæ^{53}	tɕʻiæ^{214}	tɕʻiæ^{214}	tɕʻiæ^{214}
金塔县	kɛ^{13} tɕiæ^{13}	tɕiæ^{13}	tɕʻiæ^{13}	tɕʻiæ^{53}	tɕʻiæ^{44}	tɕʻiæ^{13}	tɕʻiæ^{13}	tɕʻiæ^{13}
肃北县	kɛ^{213} tɕiɛ^{213}	tɕiɛ^{213}	tɕʻiɛ^{213}	tɕʻiɛ^{53}	tɕʻiɛ^{53}	tɕʻiɛ^{213}	tɕʻiɛ^{213}	tɕʻiɛ^{213}
玉门市	kɛ^{213} tɕiɛ^{213}	tɕiɛ^{213}	tɕʻiɛ^{213}	tɕʻiɛ^{53}	tɕʻiɛ^{53}	tɕʻiɛ^{213}	tɕʻiɛ^{213}	tɕʻiɛ^{213}
瓜州县	kɛ^{213} tɕiə^{213}	tɕiə^{213}	tɕʻiə^{213}	tɕʻiə^{53}	tɕʻiə^{53}	tɕʻiə^{213}	tɕʻiə^{213}	tɕʻiə^{213}
西夏区	kɛ^{13} tɕiə^{13}	tɕiə^{13}	tɕʻiə^{13}	tɕʻiə^{53}	tɕʻiə^{53}	tɕʻiə^{13}	tɕʻiə^{13}	tɕʻiə^{13}
贺兰县	kɛ^{13} tɕiə^{13}	tɕiə^{13}	tɕʻiə^{13}	tɕʻiə^{53}	tɕʻiə^{53}	tɕʻiə^{13}	tɕʻiə^{13}	tɕʻiə^{13}
灵武市 （东塔镇）	kɛ^{13} tɕiɛ^{13}	tɕiɛ^{13}	tɕʻiɛ^{13}	tɕʻiɛ^{52}	tɕʻiɛ^{52}	tɕʻiɛ^{13}	tɕʻiɛ^{13}	tɕʻiɛ^{13}
永宁县	kɛ^{13} tɕie^{13}	tɕie^{13}	tɕʻie^{13}	tɕʻie^{53}	tɕʻie^{53}	tɕʻie^{13}	tɕʻie^{13}	tɕʻie^{13}
中宁县	kɛ^{13} tɕiɤ^{13}	tɕiɤ^{13}	tɕʻiɤ^{13}	tɕʻiɤ^{53}	tɕʻiɤ^{53}	tɕʻiɤ^{13}	tɕʻiɤ^{13}	tɕʻiɤ^{13}
沙坡头区	kãi^{13} tɕiə^{13}	tɕiə^{13}	tɕʻiə^{13}	tɕʻiə^{53}	tɕʻiə^{53}	tɕʻiə^{13}	tɕʻiə^{13}	tɕʻiə^{13}
盐池县	kɛ^{13} tɕie^{13}	tɕie^{13}	tɕʻie^{13}	tɕʻie^{13}	tɕʻie^{53}	tɕʻie^{13}	tɕʻie^{13}	tɕʻie^{13}
平罗县 （渠口乡）	kɛ^{13} tɕiə^{13}	tɕiə^{13}	tɕʻiə^{13}	tɕʻiə^{53}	tɕʻiə^{53}	tɕʻiə^{13}	tɕʻiə^{13}	tɕʻiə^{13}
阿拉善左旗	kɛ^{213} tɕiə^{213}	tɕiə^{213}	tɕʻiə^{213}	tɕʻiə^{51}	tɕʻiə^{51}	tɕʻiə^{213}	tɕʻiə^{213}	tɕʻiə^{213}
乌鲁木齐市	kɛ^{213} tɕiɛ^{213}	tɕiɛ^{213}	tɕʻiɛ^{213}	tɕʻiɛ^{52}	tɕʻiɛ^{52}	tɕʻiɛ^{213}	tɕʻiɛ^{213}	tɕʻiɛ^{213}
阜康市	kɛ^{213} tɕiɤ^{213}	tɕiɤ^{213}	tɕʻiɤ^{213}	tɕʻiɤ^{51}	tɕʻiɤ^{51}	tɕʻiɤ^{213}	tɕʻiɤ^{213}	tɕʻiɤ^{213}

续表

呼图壁县	kɛ^{213} tɕiə^{213}	tɕiə^{213}	tɕʻiə^{213}	tɕʻiə^{51}	tɕʻiə^{51}	tɕʻiə^{213}	tɕʻiə^{213}	tɕʻiə^{213}
吉木萨尔县	kai^{213} tɕiɤ^{213}	tɕiɤ^{213}	tɕʻiɤ^{213}	tɕʻiɤ^{51}	tɕʻiɤ^{51}	tɕʻiɤ^{213}	tɕʻiɤ^{213}	tɕʻiɤ^{213}
奇台县	kai^{213} tɕiɤ^{213}	tɕiɤ^{213}	tɕʻiɤ^{213}	tɕʻiɤ^{52}	tɕʻiɤ^{52}	tɕʻiɤ^{213}	tɕʻiɤ^{213}	tɕʻiɤ^{213}
博乐市	kɛ^{24} tɕiɤ^{24}	tɕiɤ^{24}	tɕʻiɤ^{24}	tɕʻiɤ^{51}	tɕʻiɤ^{51}	tɕʻiɤ^{24}	tɕʻiɤ^{24}	tɕʻiɤ^{24}
阿勒泰市	kɑi^{23} tɕiɤ^{23}	tɕiɤ^{23}	tɕʻiɤ^{23}	tɕʻiɤ^{51}	tɕʻiɤ^{51}	tɕʻiɤ^{23}	tɕʻiɤ^{23}	tɕʻiɤ^{23}
布尔津县	kɛ^{51} tɕiə^{51}	tɕiə^{51}	tɕʻiə^{44}	tɕʻiə^{23}	tɕʻiə^{23}	tɕʻiə^{51}	tɕʻiə^{51}	tɕʻiə^{51}
乌苏市	kɛ^{213} tɕiɤ^{213}	tɕiɤ^{213}	tɕʻiɤ^{213}	tɕʻiɤ^{51}	tɕʻiɤ^{51}	tɕʻiɤ^{213}	tɕʻiɤ^{213}	tɕʻiɤ^{213}
额敏县	kɑi^{34} tɕiɛ^{34}	tɕiɛ^{34}	tɕʻiɛ^{34}	tɕʻiɛ^{51}	tɕʻiɛ^{51}	tɕʻiɛ^{34}	tɕʻiɛ^{34}	tɕʻiɛ^{34}
伊州区	kɛ^{213} tɕiɛ^{213}	tɕiɛ^{213}	tɕʻiɛ^{213}	tɕʻiɛ^{51}	tɕʻiɛ^{51}	tɕʻiɛ^{213}	tɕʻiɛ^{213}	tɕʻiɛ^{213}
巴里坤县	kæ^{24} tɕiə^{24}	tɕiə^{24}	tɕʻiə^{24}	tɕʻiə^{51}	tɕʻiə^{51}	tɕʻiə^{24}	tɕʻiə^{24}	tɕʻiə^{24}
伊吾县	kɛ^{213} tɕiɛ^{213}	tɕiɛ^{213}	tɕʻiɛ^{213}	tɕʻiɛ^{51}	tɕʻiɛ^{51}	tɕʻiɛ^{213}	tɕʻiɛ^{213}	tɕʻiɛ^{213}

字目 / 中古音 / 方言点	窃	些	歇	邪	斜	鞋①	胁	协
	山开四入屑清	假开三平麻心	山开三入月晓	假开三平麻邪	假开三平麻邪	蟹开二平佳匣	咸开三入业晓	咸开四入帖匣
兰州市（城关区）	tɕʻie^{13}	ɕie^{53}	ɕie^{13}	ɕie^{51}	ɕie^{51}	ɕie^{51}	ɕie^{13}	ɕie^{51}
永登县	tɕʻiə^{13}	ɕiə^{42}	ɕiə^{13}	ɕiə^{53}	ɕiə^{53}	ɕiə^{53}	ɕiə^{13}	ɕiə^{53}
榆中县	tɕʻiE^{13}	ɕiE^{51}	ɕiE^{13}	ɕiE^{332}	ɕiE^{332}	ɕiE^{332}	ɕiE^{13}	ɕiE^{332}
皋兰县	tɕʻiɛi^{13}	ɕiɛi^{42}	ɕiɛi^{13}	ɕiɛi^{53}	ɕiɛi^{53}	ɕiɛi^{53}	ɕiɛi^{13}	ɕiɛi^{53}
白银区	tɕʻiə^{13}	ɕiə^{44}	ɕiə^{13}	ɕiə^{51}	ɕiə^{51}	ɕiə^{51}	ɕiə^{13}	ɕiə^{51}
天祝县	tɕʻiə^{213}	ɕiə^{44}	ɕiə^{213}	ɕiə^{53}	ɕiə^{53}	ɕiə^{53}	ɕiə^{213}	ɕiə^{53}
景泰县（红水镇）	tɕʻiɤ^{213}	ɕiɤ^{44}	ɕiɤ^{213}	ɕiɤ^{53}	ɕiɤ^{53}	ɕiɤ^{53}	ɕiɤ^{213}	ɕiɤ^{53}
古浪县	tɕʻiə^{31}	ɕiə^{44}	ɕiə^{31}	ɕiə^{53}	ɕiə^{53}	ɕiə^{53}	ɕiə^{31}	ɕiə^{53}
凉州区	tɕʻiɛ^{53}	ɕiɛ^{33}	ɕiɛ^{53}	ɕiɛ^{13}	ɕiɛ^{13}	ɕiɛ^{13}	ɕiɛ^{53}	ɕiɛ^{13}
民勤县	tɕʻiɛ^{42}	ɕiɛ^{44}	ɕiɛ^{42}	ɕiɛ^{53}	ɕiɛ^{53}	ɕiɛ^{53}	ɕiɛ^{42}	ɕiɛ^{53}
永昌县	tɕʻiə^{53}	ɕiə^{44}	ɕiə^{53}	ɕiə^{13}	ɕiə^{13}	ɕiə^{13}	ɕiə^{53}	ɕiə^{13}
甘州区	tɕʻiə^{31}	ɕiə^{44}	ɕiə^{31}	ɕiə^{53}	ɕiə^{53}	ɕiə^{53}	ɕiə^{31}	ɕiə^{53}
临泽县	tɕʻiə^{214}	ɕiə^{44}	ɕiə^{214}	ɕiə^{53}	ɕiə^{53}	ɕiə^{53}	ɕiə^{214}	ɕiə^{53}
民乐县	tɕʻiɛ^{42}	ɕiɛ^{44}	ɕiɛ^{42}	ɕiɛ^{53}	ɕiɛ^{53}	ɕiɛ^{53}	ɕiɛ^{42}	ɕiɛ^{53}
山丹县	tɕʻiə^{41}	ɕiə^{24}	ɕiə^{41}	ɕiə^{53}	ɕiə^{53}	ɕiə^{53}	ɕiə^{41}	ɕiə^{53}
高台县	tɕʻiɛ^{214}	ɕiæ^{44}	ɕiɛ^{214}	ɕiɛ^{53}	ɕiɛ^{53}	ɕiɛ^{53}	ɕiɛ^{214}	ɕiɛ^{53}
肃州区	tɕʻiæ^{214}	ɕiɛ^{44}	ɕiæ^{214}	ɕiæ^{53}	ɕiæ^{53}	ɕiæ^{53}	ɕiæ^{214}	ɕiæ^{53}
金塔县	tɕʻiæ^{13}	ɕiæ^{44}	ɕiæ^{13}	ɕiæ^{53}	ɕiæ^{53}	ɕiæ^{53}	ɕiæ^{13}	ɕiæ^{53}
肃北县	tɕʻiɛ^{213}	ɕiɛ^{44}	ɕiɛ^{213}	ɕiɛ^{53}	ɕiɛ^{53}	ɕiɛ^{53}	ɕiɛ^{213}	ɕiɛ^{213}
玉门市	tɕʻiɛ^{213}	ɕiɛ^{44}	ɕiɛ^{213}	ɕiɛ^{53}	ɕiɛ^{53}	ɕiɛ^{53}	ɕiɛ^{213}	ɕiɛ^{213}
瓜州县	tɕʻiə^{213}	ɕiə^{44}	ɕiə^{213}	ɕiə^{53}	ɕiə^{53}	ɕiə^{53}	ɕiə^{213}	ɕiə^{213}

①又户皆切，蟹开二平皆匣。

续表

西夏区	tɕʻiə^{13}	ɕiə^{44}	ɕiə^{13}	ɕiə^{53}	ɕiə^{53}	ɕiə^{53}	ɕiə^{13}	ɕiə^{13}
贺兰县	tɕʻiə^{13}	ɕiə^{44}	ɕiə^{13}	ɕiə^{53}	ɕiə^{53}	ɕiə^{53} xɛ^{53}	ɕiə^{13}	ɕiə^{13}
灵武市 （东塔镇）	tɕʻiɛ^{13}	ɕiɛ^{44}	ɕiɛ^{13}	ɕiɛ^{52}	ɕiɛ^{52}	ɕiɛ^{52}	ɕiɛ^{13}	ɕiɛ^{13}
永宁县	tɕʻie^{13}	ɕie^{44}	ɕie^{13}	ɕie^{53}	ɕie^{53}	ɕie^{53}	ɕie^{13}	ɕie^{13}
中宁县	tɕʻiɤ^{13}	ɕiɤ^{44}	ɕiɤ^{13}	ɕiɤ^{53}	ɕiɤ^{53}	ɕiɤ^{53}	ɕiɤ^{44}	ɕiɤ^{13}
沙坡头区	tɕʻiə^{13}	ɕiə^{44}	ɕiə^{13}	ɕiə^{53}	ɕiə^{53}	ɕiə^{53} xãi^{53}	ɕiə^{13}	ɕiə^{13}
盐池县	tɕʻie^{13}	ɕie^{44}	ɕie^{13}	ɕie^{13}	ɕie^{13}	ɕie^{13} xɛ^{13}	ɕie^{13}	ɕie^{13}
平罗县 （渠口乡）	tɕʻiə^{13}	ɕiə^{44}	ɕiə^{13}	ɕiə^{53}	ɕiə^{53}	ɕiə^{53} xɛ^{53}	ɕiə^{13}	ɕiə^{13}
阿拉善左旗	tɕʻiə^{213}	ɕiə^{44}	ɕiə^{213}	ɕiə^{51}	ɕiə^{51}	ɕiə^{51} xɛ^{51}	ɕiə^{213}	ɕiə^{213}
乌鲁木齐市	tɕiɛ^{213}	ɕiɛ^{44}	ɕiɛ^{213}	ɕiɛ^{52}	ɕiɛ^{52}	ɕiɛ^{52}	ɕiɛ^{213}	ɕiɛ^{213}
阜康市	tɕʻiɤ^{213}	ɕiɤ^{55}	ɕiɤ^{213}	ɕiɤ^{51}	ɕiɤ^{51}	ɕiɤ^{51}	ɕiɤ^{55}	ɕiɤ^{213}
呼图壁县	tɕʻiə^{213}	ɕiə^{44}	ɕiə^{213}	ɕiə^{51}	ɕiə^{51}	ɕiə^{51} xɛ^{51}	ɕiə^{213}	ɕiə^{213}
吉木萨尔县	tɕʻiɤ^{213}	ɕiɤ^{44}	ɕiɤ^{213}	ɕiɤ^{51}	ɕiɤ^{51}	ɕiɤ^{51}	ɕiɤ^{44}	ɕiɤ^{213}
奇台县	tɕʻiɤ^{213}	ɕiɤ^{44}	ɕiɤ^{213}	ɕiɤ^{52}	ɕiɤ^{52}	ɕiɤ^{52}	ɕiɤ^{44}	ɕiɤ^{213}
博乐市	tɕʻiɤ^{24}	ɕiɤ^{45}	ɕiɤ^{24}	ɕiɤ^{51}	ɕiɤ^{51}	ɕiɤ^{51}	ɕiɤ^{45}	ɕiɤ^{24}
阿勒泰市	tɕʻiɤ^{23}	ɕiɤ^{44}	ɕiɤ^{23}	ɕiɤ^{51}	ɕiɤ^{51}	ɕiɤ^{51}	ɕiɤ^{44}	ɕiɤ^{23}
布尔津县	tɕʻiə^{51}	ɕiə^{44}	ɕiə^{51}	ɕiə^{23}	ɕiə^{23}	ɕiə^{23}	ɕiə^{44}	ɕiə^{51}
乌苏市	tɕʻiɤ^{213}	ɕiɤ^{55}	ɕiɤ^{213}	ɕiɤ^{51}	ɕiɤ^{51}	ɕiɤ^{51}	ɕiɤ^{55}	ɕiɤ^{213}
额敏县	tɕʻiɛ^{34}	ɕiɛ^{44}	ɕiɛ^{34}	ɕiɛ^{51}	ɕiɛ^{51}	ɕiɛ^{51}	ɕiɛ^{44}	ɕiɛ^{34}
伊州区	tɕʻiɛ^{213}	ɕiɛ^{44}	ɕiɛ^{213}	ɕiɛ^{51}	ɕiɛ^{51}	ɕiɛ^{51} xɛ^{51}	ɕiɛ^{213}	ɕiɛ^{213}
巴里坤县	tɕʻiə^{24}	ɕiə^{45}	ɕiə^{24}	ɕiə^{51}	ɕiə^{51}	ɕiə^{51}	ɕiə^{45}	ɕiə^{24}
伊吾县	tɕʻiɛ^{213}	ɕiɛ^{44}	ɕiɛ^{213}	ɕiɛ^{51}	ɕiɛ^{51}	ɕiɛ^{51} xɛ^{51}	ɕiɛ^{213}	ɕiɛ^{213}

字目 / 中古音 / 方言点	写	血	泻	卸	谢	械	蟹①	泄
中古音	假开二上马心	山合四入屑晓	假开三去祃心	假开三去祃心	假开三去祃邪	蟹开二去怪匣	蟹开二上蟹匣	山开三入薛心
兰州市（城关区）	ɕie^{44}	ɕie^{13}	ɕie^{13}	ɕie^{13}	ɕie^{13}	tɕie^{13}	ɕie^{13}	ɕie^{13}
永登县	ɕiə^{354}	ɕiə^{13}	ɕiə^{13}	ɕiə^{13}	ɕiə^{13}	tɕiə^{13}	ɕiə^{13}	ɕiə^{13}
榆中县	ɕiᴇ^{44}	ɕiᴇ^{13}	ɕiᴇ^{13}	ɕiᴇ^{13}	ɕiᴇ^{13}	tɕiᴇ^{13}	ɕiᴇ^{13}	ɕiᴇ^{13}
皋兰县	ɕiɛi^{342}	ɕiɛi^{13}	ɕiɛi^{13}	ɕiɛi^{13}	ɕiɛi^{13}	tɕiɛi^{13}	ɕiɛi^{13}	ɕiɛi^{13}
白银区	ɕiə^{343}	ɕiə^{13}	ɕiə^{13}	ɕiə^{13}	ɕiə^{13}	tɕiə^{13}	ɕiə^{13}	ɕiə^{13}
天祝县	ɕiə^{44}	ɕiə^{213}	ɕiə^{213}	ɕiə^{213}	ɕiə^{213}	tɕiə^{213}	ɕiə^{213}	ɕiə^{213}
景泰县（红水镇）	ɕiɤ^{44}	ɕiɤ^{213}	ɕiɤ^{213}	ɕiɤ^{213}	ɕiɤ^{213}	tɕiɤ^{213}	ɕiɤ^{213}	ɕiɤ^{213}
古浪县	ɕiə^{44}	ɕiə^{31}	ɕiə^{31}	ɕiə^{31}	ɕiə^{31}	tɕiə^{31}	ɕiə^{31}	ɕiə^{31}
凉州区	ɕiɛ^{33}	ɕiɛ^{53}	ɕiɛ^{53}	ɕiɛ^{53}	ɕiɛ^{53}	tɕiɛ^{53}	ɕiɛ^{53}	ɕiɛ^{53}
民勤县	ɕiɛ^{214}	ɕiɛ^{42}	ɕiɛ^{42}	ɕiɛ^{42}	ɕiɛ^{42}	tɕiɛ^{42}	ɕiɛ^{42}	ɕiɛ^{42}
永昌县	ɕiə^{13}	ɕiə^{53}	ɕiə^{53}	ɕiə^{53}	ɕiə^{53}	tɕiə^{53}	ɕiə^{53}	ɕiə^{53}
甘州区	ɕiə^{53}	ɕiə^{31}	ɕiə^{31}	ɕiə^{31}	ɕiə^{31}	tɕiə^{31}	ɕiə^{31}	ɕiə^{31}
临泽县	ɕiə^{53}	ɕiə^{214}	ɕiə^{214}	ɕiə^{214}	ɕiə^{214}	tɕiə^{214}	ɕiə^{214}	ɕiə^{214}
民乐县	ɕiɛ^{213}	ɕiɛ^{42}	ɕiɛ^{42}	ɕiɛ^{42}	ɕiɛ^{42}	tɕiɛ^{42}	ɕiɛ^{42}	ɕiɛ^{42}
山丹县	ɕiə^{53}	ɕiə^{41}	ɕiə^{41}	ɕiə^{41}	ɕiə^{41}	tɕiə^{41}	ɕiə^{41}	ɕiə^{41}
高台县	ɕiɛ^{53}	ɕiɛ^{214}	ɕiɛ^{214}	ɕiɛ^{214}	ɕiɛ^{214}	tɕiɛ^{214}	ɕiɛ^{214}	ɕiɛ^{214}
肃州区	ɕiæ^{53}	ɕiæ^{214}	ɕiæ^{214}	ɕiæ^{214}	ɕiæ^{214}	tɕiæ^{214}	ɕiæ^{214}	ɕiæ^{214}
金塔县	ɕiæ^{53}	ɕiæ^{13}	ɕiæ^{13}	ɕiæ^{13}	ɕiæ^{13}	tɕiæ^{13}	ɕiæ^{13}	ɕiæ^{13}
肃北县	ɕiɛ^{53}	ɕiɛ^{213}	ɕiɛ^{213}	ɕiɛ^{213}	ɕiɛ^{213}	tɕiɛ^{213}	xɛ^{53} ɕiɛ^{53}	ɕiɛ^{213}

①曹宪《博雅音》（胡文焕本《广雅》）呼买切，蟹开二上蟹晓。

续表

玉门市	ɕiɛ^{53}	ɕiɛ^{213}	ɕiɛ^{213}	ɕiɛ^{213}	ɕiɛ^{213}	tɕiɛ^{213}	xɛ^{53} ɕiɛ^{53}	ɕiɛ^{213}
瓜州县	ɕiə^{53}	ɕiə^{213}	ɕiə^{213}	ɕiə^{213}	ɕiə^{213}	tɕiə^{213}	xɛ^{53} ɕiə^{53}	ɕiə^{213}
西夏区	ɕiə^{53}	ɕiə^{13}	ɕiə^{13}	ɕiə^{13}	ɕiə^{13}	tɕiə^{13}	xɛ^{53} ɕiə^{53}	ɕiə^{13}
贺兰县	ɕiə^{53}	ɕiə^{13}	ɕiə^{13}	ɕiə^{13}	ɕiə^{13}	tɕiə^{13}	ɕiə^{53}	ɕiə^{13}
灵武市（东塔镇）	ɕiɛ^{52}	ɕiɛ^{13}	ɕiɛ^{13}	ɕiɛ^{13}	ɕiɛ^{13}	tɕiɛ^{13}	ɕiɛ^{52}	ɕiɛ^{13}
永宁县	ɕie^{53}	ɕie^{13}	ɕie^{13}	ɕie^{13}	ɕie^{13}	tɕie^{13}	xɛ^{53} ɕie^{53}	ɕie^{13}
中宁县	ɕiɤ^{53}	ɕiɤ^{13}	ɕiɤ^{13}	ɕiɤ^{13}	ɕiɤ^{13}	tɕiɤ^{13}	xɛ^{53} ɕiɤ^{53}	ɕiɤ^{13}
沙坡头区	ɕiə^{53}	ɕiə^{13}	ɕiə^{13}	ɕiə^{13}	ɕiə^{13}	tɕiə^{13}	ɕiə^{53}	ɕiə^{13}
盐池县	ɕie^{53}	ɕie^{13}	ɕie^{13}	ɕie^{13}	ɕie^{13}	tɕie^{13}	ɕie^{13}	ɕie^{13}
平罗县（渠口乡）	ɕiə^{53}	ɕiə^{13}	ɕiə^{13}	ɕiə^{13}	ɕiə^{13}	tɕiə^{13}	ɕiə^{53}	ɕiə^{13}
阿拉善左旗	ɕiə^{51}	ɕiə^{213}	ɕiə^{213}	ɕiə^{213}	ɕiə^{213}	tɕiə^{213}	ɕiə^{51}	ɕiə^{213}
乌鲁木齐市	ɕiɛ^{52}	ɕiɛ^{213}	ɕiɛ^{213}	ɕiɛ^{213}	ɕiɛ^{213}	tɕiɛ^{213}	xɛ^{52} ɕiɛ^{52}	ɕiɛ^{213}
阜康市	ɕiɤ^{51}	ɕiɤ^{213}	ɕiɤ^{213}	ɕiɤ^{213}	ɕiɤ^{213}	tɕiɤ^{213}	xɛ^{51} ɕiɤ^{51}	ɕiɤ^{213}
呼图壁县	ɕiə^{51}	ɕiə^{213}	ɕiə^{213}	ɕiə^{213}	ɕiə^{213}	tɕiə^{213}	ɕiə^{51}	ɕiə^{213}
吉木萨尔县	ɕiɤ^{51}	ɕiɤ^{213}	ɕiɤ^{213}	ɕiɤ^{213}	ɕiɤ^{213}	tɕiɤ^{213}	xai^{51} ɕiɤ^{51}	ɕiɤ^{213}
奇台县	ɕiɤ^{52}	ɕiɤ^{213}	ɕiɤ^{213}	ɕiɤ^{213}	ɕiɤ^{213}	tɕiɤ^{213}	xai^{52} ɕiɤ^{52}	ɕiɤ^{213}
博乐市	ɕiɤ^{51}	ɕiɤ^{24}	ɕiɤ^{24}	ɕiɤ^{24}	ɕiɤ^{24}	tɕiɤ^{24}	xɛ^{51} ɕiɤ^{51}	ɕiɤ^{24}
阿勒泰市	ɕiɤ^{51}	ɕiɤ^{23}	ɕiɤ^{23}	ɕiɤ^{23}	ɕiɤ^{23}	tɕiɤ^{23}	xɑi^{51} ɕiɤ^{51}	ɕiɤ^{23}
布尔津县	ɕiə^{23}	ɕiə^{51}	ɕiə^{51}	ɕiə^{51}	ɕiə^{51}	tɕiə^{51}	xɛ^{23} ɕiə^{23}	ɕiə^{51}

续表

乌苏市	$ɕiɤ^{51}$	$ɕiɤ^{213}$	$ɕiɤ^{213}$	$ɕiɤ^{213}$	$ɕiɤ^{213}$	$tɕiɤ^{213}$	$xɛ^{51}$ $ɕiɤ^{51}$	$ɕiɤ^{213}$
额敏县	$ɕiɛ^{51}$	$ɕiɛ^{34}$	$ɕiɛ^{34}$	$ɕiɛ^{34}$	$ɕiɛ^{34}$	$tɕiɛ^{34}$	$xɑi^{51}$ $ɕiɛ^{51}$	$ɕiɛ^{34}$
伊州区	$ɕiɛ^{51}$	$ɕiɛ^{213}$	$ɕiɛ^{213}$	$ɕiɛ^{213}$	$ɕiɛ^{213}$	$tɕiɛ^{213}$	$ɕiɛ^{51}$	$ɕiɛ^{213}$
巴里坤县	$ɕiə^{51}$	$ɕiə^{24}$	$ɕiə^{24}$	$ɕiə^{24}$	$ɕiə^{24}$	$tɕiə^{24}$	$xæ^{51}$ $ɕiə^{51}$	$ɕiə^{24}$
伊吾县	$ɕiɛ^{51}$	$ɕiɛ^{213}$	$ɕiɛ^{213}$	$ɕiɛ^{213}$	$ɕiɛ^{213}$	$tɕiɛ^{213}$	$ɕiɛ^{51}$	$ɕiɛ^{213}$

字目 中古音 方言点	屑	噎①	爷②	也	野	夜	叶 树叶	业
	山开四 入屑心	山开四 入屑影	假开三 平麻以	假开三 上马以	假开三 上马以	假开三 去祃以	咸开三 入葉以	咸开三 入业疑
兰州市 （城关区）	çie^{13}	ie^{13}	ie^{51}	ie^{44}	ie^{44}	ie^{13}	ie^{13}	ie^{13}
永登县	çiə^{13}	iə^{13}	iə^{53}	iə^{42}	iə^{42}	iə^{13}	iə^{13}	iə^{13}
榆中县	çiᴇ^{13}	iᴇ^{13}	iᴇ^{332}	iᴇ^{44}	iᴇ^{44}	iᴇ^{13}	iᴇ^{13}	iᴇ^{13}
皋兰县	çiɛi^{13}	iɛi^{13}	iɛi^{53}	iɛi^{42}	iɛi^{42}	iɛi^{13}	iɛi^{13}	iɛi^{13}
白银区	çiə^{13}	iə^{13}	iə^{51}	iə^{44}	iə^{44}	iə^{13}	iə^{13}	iə^{13}
天祝县	çiə^{213}	iə^{213}	iə^{53}	iə^{44}	iə^{44}	iə^{213}	iə^{213}	iə^{213}
景泰县 （红水镇）	çiɤ^{213}	iɤ^{213}	iɤ^{53}	iɤ^{44}	iɤ^{44}	iɤ^{213}	iɤ^{213}	iɤ^{213}
古浪县	çiə^{31}	ʑiə^{31}	ʑiə^{53}	ʑiə^{44}	ʑiə^{44}	ʑiə^{31}	ʑiə^{31}	ʑiə^{31}
凉州区	çiɛ^{53}	iɛ^{53}	iɛ^{13}	iɛ^{33}	iɛ^{33}	iɛ^{53}	iɛ^{53}	iɛ^{53}
民勤县	çiɛ^{42}	iɛ^{42}	iɛ^{53}	iɛ^{214}	iɛ^{214}	iɛ^{42}	iɛ^{42}	iɛ^{42}
永昌县	çiə^{53}	iə^{53}	iə^{13}	iə^{13}	iə^{13}	iə^{53}	iə^{53}	iə^{53}
甘州区	çiə^{31}	iə^{31}	iə^{53}	iə^{53}	iə^{53}	iə^{31}	iə^{31}	iə^{31}
临泽县	çiə^{214}	ʑiə^{214}	ʑiə^{53}	ʑiə^{44}	iə^{44}	ʑiə^{214}	ʑiə^{214}	ʑiə^{214}
民乐县	çiɛ^{42}	ʑiɛ^{42}	ʑiɛ^{53}	ʑiɛ^{213}	ʑiɛ^{213}	ʑiɛ^{42}	ʑiɛ^{42}	ʑiɛ^{42}
山丹县	çiə^{41}	iə^{41}	iə^{53}	iə^{53}	iə^{53}	iə^{41}	iə^{41}	iə^{41}
高台县	çiɛ^{214}	iɛ^{214}	iɛ^{53}	iɛ^{53}	iɛ^{53}	iɛ^{214}	iɛ^{214}	iɛ^{214}
肃州区	çiæ^{214}	ʑiæ^{214}	ʑiæ^{53}	ʑiæ^{53}	ʑiæ^{53}	ʑiæ^{214}	ʑiæ^{214}	ʑiæ^{214}
金塔县	çiæ^{13}	ʑiæ^{13}	ʑiæ^{53}	ʑiæ^{53}	ʑiæ^{53}	ʑiæ^{13}	ʑiæ^{13}	ʑiæ^{13}
肃北县	çiɛ^{213}	iɛ^{213}	iɛ^{53}	iɛ^{53}	iɛ^{53}	iɛ^{213}	iɛ^{213}	iɛ^{213}

①又益悉切，臻开三入质影。

②《玉篇》以遮切，假开三平麻以。

续表

玉门市	ɕiɛ^{213}	iɛ^{213}	iɛ^{53}	iɛ^{53}	iɛ^{53}	iɛ^{213}	iɛ^{213}	iɛ^{213}
瓜州县	ɕiə^{213}	iə^{213}	iə^{53}	iə^{53}	iə^{53}	iə^{213}	iə^{213}	iə^{213}
西夏区	ɕiə^{13}	iə^{13}	iə^{53}	iə^{53}	iə^{53}	iə^{13}	iə^{13}	iə^{13}
贺兰县	ɕiə^{13}	iə^{13}	iə^{53}	iə^{53}	iə^{53}	iə^{13}	iə^{13}	iə^{13}
灵武市（东塔镇）	ɕiɛ^{13}	iɛ^{13}	iɛ^{52}	iɛ^{52}	iɛ^{52}	iɛ^{13}	iɛ^{13}	iɛ^{13}
永宁县	ɕie^{13}	ie^{13}	ie^{53}	ie^{53}	ie^{53}	ie^{13}	ie^{13}	ie^{13}
中宁县	ɕiɤ^{13}	iɤ^{13}	iɤ^{53}	iɤ^{53}	iɤ^{53}	iɤ^{13}	iɤ^{13}	iɤ^{13}
沙坡头区	ɕiə^{13}	iə^{13}	iə^{53}	iə^{53}	iə^{53}	iə^{13}	iə^{13}	iə^{13}
盐池县	ɕie^{13}	ie^{13}	ie^{53}	ie^{52}	ie^{52}	ie^{13}	ie^{13}	ie^{13}
平罗县（渠口乡）	ɕiə^{13}	iə^{13}	iə^{53}	iə^{53}	iə^{53}	iə^{13}	iə^{13}	iə^{13}
阿拉善左旗	ɕiə^{213}	iə^{213}	iə^{51}	iə^{51}	iə^{51}	iə^{213}	iə^{213}	iə^{213}
乌鲁木齐市	ɕiɛ^{213}	iɛ^{213}	iɛ^{52}	iɛ^{52}	iɛ^{52}	iɛ^{213}	iɛ^{213}	iɛ^{213}
阜康市	ɕiɤ^{213}	iɤ^{213}	iɤ^{51}	iɤ^{51}	iɤ^{51}	iɤ^{213}	iɤ^{213}	iɤ^{213}
呼图壁县	ɕiə^{213}	iə^{213}	iə^{51}	iə^{51}	iə^{51}	iə^{213}	iə^{213}	iə^{213}
吉木萨尔县	ɕiɤ^{213}	iɤ^{213}	iɤ^{51}	iɤ^{51}	iɤ^{51}	iɤ^{213}	iɤ^{213}	iɤ^{213}
奇台县	ɕiɤ^{213}	jiɤ^{213}	jiɤ^{52}	jiɤ^{52}	jiɤ^{52}	jiɤ^{213}	jiɤ^{213}	jiɤ^{213}
博乐市	ɕiɤ^{24}	iɤ^{24}	iɤ^{51}	iɤ^{51}	iɤ^{51}	iɤ^{24}	iɤ^{24}	iɤ^{24}
阿勒泰市	ɕiɤ^{23}	iɤ^{23}	iɤ^{51}	iɤ^{51}	iɤ^{51}	iɤ^{23}	iɤ^{23}	iɤ^{23}
布尔津县	ɕiə^{51}	iə^{51}	iə^{23}	iə^{23}	iə^{23}	iə^{51}	iə^{51}	iə^{51}
乌苏市	ɕiɤ^{213}	jiɤ^{213}	jiɤ^{51}	jiɤ^{51}	jiɤ^{51}	jiɤ^{213}	jiɤ^{213}	jiɤ^{213}
额敏县	ɕiɛ^{34}	iɛ^{34}	iɛ^{51}	iɛ^{51}	iɛ^{51}	iɛ^{34}	iɛ^{34}	iɛ^{34}
伊州区	ɕiɛ^{213}	iɛ^{213}	iɛ^{51}	iɛ^{51}	iɛ^{51}	iɛ^{213}	iɛ^{213}	iɛ^{213}
巴里坤县	ɕiə^{24}	iə^{24}	iə^{51}	iə^{51}	iə^{51}	iə^{24}	iə^{24}	iə^{24}
伊吾县	ɕiɛ^{213}	iɛ^{213}	iɛ^{51}	iɛ^{51}	iɛ^{51}	iɛ^{213}	iɛ^{213}	iɛ^{213}

字目 / 中古音 / 方言点	液	虐	疟	略	绝	掘[①]	决	觉 感觉
	梗开三入昔以	宕开三入药疑	宕开三入药疑	宕开三入药来	山合三入薛从	山合三入月群	山合四入屑见	江开二入觉见
兰州市（城关区）	ie^{13}	lye^{13}	lye^{13}	lye^{13}	tɕye^{51}	tɕye^{51}	tɕye^{13}	tɕye^{13}
永登县	iə^{13}	ȵyə^{13}	ȵyə^{13}	lɛ^{13}	tɕyə^{53}	tɕyə^{53}	tɕyə^{13}	tɕyə^{13}
榆中县	iᴇ^{13}	ȵyᴇ^{13}	ȵyᴇ^{13}	lyᴇ^{13}	tɕyᴇ^{332}	tɕyᴇ^{332}	tɕyᴇ^{13}	tɕyᴇ^{13}
皋兰县	iɛi^{13}	nyɛi^{13}	nyɛi^{13}	lyɛi^{13}	tɕyɛi^{53}	tɕyɛi^{53}	tɕyɛi^{13}	tɕyɛi^{13}
白银区	iə^{13}	nyə^{13}	nyə^{13}	lyə^{13}	tɕyə^{51}	tɕyə^{51}	tɕyə^{13}	tɕyə^{13}
天祝县	iə^{213}	ȵyə^{213}	ȵyə^{213}	lyə^{213}	tɕyə^{53}	tɕyə^{53}	tɕyə^{213}	tɕyə^{213}
景泰县（红水镇）	iɤ^{213}	ȵyɤ^{213}	ȵyɤ^{213}	lyɤ^{213}	tɕyɤ^{53}	tɕyɤ^{53}	tɕyɤ^{213}	tɕyɤ^{213}
古浪县	ʑiə^{31}	ȵyə^{31}	ȵyə^{31}	lyə^{31}	tɕyə^{53}	tɕyə^{53}	tɕyə^{31}	tɕyə^{31}
凉州区	iɛ^{53}	ȵyɛ^{53}	ȵyɛ^{53}	lyɛ^{53}	tɕyɛ^{13}	tɕyɛ^{13}	tɕyɛ^{53}	tɕyɛ^{53}
民勤县	iɛ^{42}	ȵyɛ^{42}	ȵyɛ^{42}	lyɛ^{42}	tɕyɛ^{53}	tɕyɛ^{53}	tɕyɛ^{42}	tɕyɛ^{42}
永昌县	iə^{53}	ȵyə^{53}	ȵyə^{53}	lyə^{53}	tɕyə^{13}	tɕyə^{13}	tɕyə^{53}	tɕyə^{53}
甘州区	iə^{31}	ȵyə^{31}	ȵyə^{31}	lyə^{31}	tɕyə^{53}	tɕyə^{53}	tɕyə^{31}	tɕyə^{31}
临泽县	ʑiə^{214}	ȵyə^{214}	ȵyə^{214}	lyə^{214}	tɕyə^{53}	tɕyə^{53}	tɕyə^{214}	tɕyə^{214}
民乐县	ʑiɛ^{42}	ȵyɛ^{42}	ȵyɛ^{42}	lyɛ^{42}	tɕyɛ^{53}	tɕyɛ^{53}	tɕyɛ^{42}	tɕyɛ^{42}
山丹县	iə^{41}	ȵyə^{41}	ȵyə^{41}	lyə^{41}	tɕyə^{53}	tɕyə^{53}	tɕyə^{41}	tɕyə^{41}
高台县	iɛ^{214}	ȵyɛ^{214}	ȵyɛ^{214}	lyɛ^{214}	tɕyɛ^{53}	tɕyɛ^{53}	tɕyɛ^{214}	tɕyɛ^{214}
肃州区	ʑiæ^{214}	ȵyə^{214}	ȵyə^{214}	lyə^{214}	tɕyə^{53}	tɕyə^{53}	tɕyə^{214}	tɕyə^{214}
金塔县	ʑiæ^{13}	ȵyæ^{13}	ȵyæ^{13}	lyæ^{13}	tɕyæ^{53}	tɕyæ^{53}	tɕyæ^{13}	tɕyæ^{13}
肃北县	iɛ^{213}	ȵyɛ^{213}	ȵyɛ^{213}	lyɛ^{213}	tɕyɛ^{213}	tɕyɛ^{213}	tɕyɛ^{213}	tɕyɛ^{213}

①又衢物切，臻合三入物群。

续表

玉门市	iɛ^{213}	ȵyɛ^{213}	ȵyɛ^{213}	lyɛ^{213}	tɕyɛ^{213}	tɕyɛ^{213}	tɕyɛ^{213}	tɕyɛ^{213}
瓜州县	iə^{213}	ȵyə^{213}	ȵyə^{213}	lyə^{213}	tɕyə^{213}	tɕyə^{213}	tɕyə^{213}	tɕyə^{213}
西夏区	iə^{13}	ȵyə^{13}	ȵyə^{13}	lyə^{13}	tɕyə^{13}	tɕyə^{13}	tɕyə^{13}	tɕyə^{13}
贺兰县	iə^{13}	ȵyə^{13}	ȵyə^{13}	lyə^{13}	tɕyə^{13}	tɕyə^{13}	tɕyə^{13}	tɕyə^{13}
灵武市（东塔镇）	iɛ^{13}	ȵyɛ^{13}	ȵyɛ^{13}	lyɛ^{13}	tɕyɛ^{13}	tɕyɛ^{13}	tɕyɛ^{13}	tɕyɛ^{13}
永宁县	ie^{13}	ȵye^{13}	ȵye^{13}	lye^{13}	tɕye^{13}	tɕye^{13}	tɕye^{13}	tɕye^{13}
中宁县	iɤ^{13}	ȵyɤ^{13}	ȵyɤ^{13}	lyɤ^{13}	tɕyɤ^{53}	tɕyɤ^{53}	tɕyɤ^{13}	tɕyɤ^{13}
沙坡头区	iə^{13}	ȵyə^{13}	ȵyə^{13}	lyə^{13}	tɕyə^{13}	tɕyə^{13}	tɕyə^{13}	tɕyə^{13}
盐池县	ie^{13}	ȵye^{13}	ȵye^{13}	lye^{13}	tɕye^{13}	tɕye^{13}	tɕye^{13}	tɕye^{13}
平罗县（渠口乡）	iə^{13}	ȵyə^{13}	ȵyə^{13}	lyə^{13}	tɕyə^{13}	tɕyə^{13}	tɕyə^{13}	tɕyə^{13}
阿拉善左旗	iə^{213}	ȵyə^{213}	ȵyə^{213}	lyə^{213}	tɕyə^{213}	tɕyə^{213}	tɕyə^{213}	tɕyə^{213}
乌鲁木齐市	iɛ^{213}	ȵyɛ^{213}	ȵyɛ^{213}	lyɛ^{213}	tɕyɛ^{213}	tɕyɛ^{213}	tɕyɛ^{213}	tɕyɛ^{213}
阜康市	iɤ^{213}	ȵyɤ^{213}	ȵyɤ^{213}	lyɤ^{213}	tɕyɤ^{213}	tɕyɤ^{213}	tɕyɤ^{213}	tɕyɤ^{213}
呼图壁县	iə^{213}	ȵyə^{213}	ȵyə^{213}	lyə^{213}	tɕyə^{213}	tɕyə^{213}	tɕyə^{213}	tɕyə^{213}
吉木萨尔县	iɤ^{213}	ȵyɤ^{213}	ȵyɤ^{213}	lyɤ^{213}	tɕyɤ^{213}	tɕyɤ^{213}	tɕyɤ^{213}	tɕyɤ^{213}
奇台县	jiɤ^{213}	ȵyɤ^{213}	ȵyɤ^{213}	lyɤ^{213}	tɕyɤ^{213}	tɕyɤ^{213}	tɕyɤ^{213}	tɕyɤ^{213}
博乐市	iɤ^{24}	ȵyɤ^{24}	ȵyɤ^{24}	lyɤ^{24}	tɕyɤ^{24}	tɕyɤ^{24}	tɕyɤ^{24}	tɕyɤ^{24}
阿勒泰市	iɤ^{23}	nyɤ^{23}	nyɤ^{23}	lyɤ^{23}	tɕyɤ^{23}	tɕyɤ^{23}	tɕyɤ^{23}	tɕyɤ^{23}
布尔津县	iə^{51}	nyə^{51}	nyə^{51}	lyə^{51}	tɕyə^{51}	tɕyə^{51}	tɕyə^{51}	tɕyə^{51}
乌苏市	jiɤ^{213}	ȵyɤ^{213}	ȵyɤ^{213}	lyɤ^{213}	tɕyɤ^{213}	tɕyɤ^{213}	tɕyɤ^{213}	tɕyɤ^{213}
额敏县	iɛ^{34}	nyɛ^{34}	nyɛ^{34}	lyɛ^{34}	tɕyɛ^{34}	tɕyɛ^{34}	tɕyɛ^{34}	tɕyɛ^{34}
伊州区	iɛ^{213}	ȵyɛ^{213}	ȵyɛ^{213}	lyɛ^{213}	tɕyɛ^{213}	tɕyɛ^{213}	tɕyɛ^{213}	tɕyɛ^{213}
巴里坤县	iə^{24}	nyə^{24}	nyə^{24}	lyə^{24}	tɕyə^{24}	tɕyə^{24}	tɕyə^{24}	tɕyɛ^{34}
伊吾县	iɛ^{213}	ȵyɛ^{213}	ȵyɛ^{213}	lyɛ^{213}	tɕyɛ^{213}	tɕyɛ^{213}	tɕyɛ^{213}	tɕyɛ^{213}

字目 / 中古音 / 方言点	缺①	雀	鹊	却	确	靴	薛	削
中古音	山合四入屑溪	宕开三入药精	宕开三入药清	宕开三入药溪	江开二入觉溪	果合三平戈晓	山开三入薛心	宕开三入药心
兰州市（城关区）	tɕʻye^{13}	tɕʻye^{13}	tɕʻye^{13}	tɕʻye^{13}	tɕʻye^{13}	ɕye^{53}	ɕye^{13}	ɕye^{13}
永登县	tɕʻyə^{13}	tɕʻyə^{13}	tɕʻyə^{13}	tɕʻyə^{13}	tɕʻyə^{13}	ɕyə^{42}	ɕyə^{13}	ɕyə^{13}
榆中县	tɕʻyᴇ^{13}	tɕʻyᴇ^{13}	tɕʻyᴇ^{13}	tɕʻyᴇ^{13}	tɕʻyᴇ^{13}	ɕyᴇ^{51}	ɕyᴇ^{13}	ɕyᴇ^{13}
皋兰县	tɕʻyɛi^{13}	tɕʻyɛi^{13}	tɕʻyɛi^{13}	tɕʻyɛi^{13}	tɕʻyə^{13}	ɕyɛi^{42}	ɕyɛi^{13}	ɕyɛi^{13}
白银区	tɕʻyə^{13}	tɕʻyə^{13}	tɕʻyə^{13}	tɕʻyə^{13}	tɕʻyə^{13}	ɕyə^{44}	ɕyə^{13}	ɕyə^{13}
天祝县	tɕʻyə^{213}	tɕʻyə^{213}	tɕʻyə^{213}	tɕʻyə^{213}	tɕʻyə^{213}	ɕyə^{44}	ɕyə^{213}	ɕyə^{213}
景泰县（红水镇）	tɕʻyɤ^{213}	tɕʻyɤ^{213}	tɕʻyɤ^{213}	tɕʻyɤ^{213}	tɕʻyɤ^{213}	ɕyɤ^{44}	ɕyɤ^{213}	ɕyɤ^{213}
古浪县	tɕʻyə^{31}	tɕʻyə^{31}	tɕʻyə^{31}	tɕʻyə^{31}	tɕʻyə^{31}	ɕyə^{44}	ɕyə^{31}	ɕyə^{31}
凉州区	tɕʻyɛ^{53}	tɕʻyɛ^{53}	tɕʻyɛ^{53}	tɕʻyɛ^{53}	tɕʻyɛ^{53}	ɕyɛ^{33}	ɕyɛ^{53}	ɕyɛ^{53}
民勤县	tɕʻyɛ^{42}	tɕʻyɛ^{42}	tɕʻyɛ^{42}	tɕʻyɛ^{42}	tɕʻyɛ^{42}	ɕyɛ^{44}	ɕyɛ^{42}	ɕyɛ^{42}
永昌县	tɕʻyə^{53}	tɕʻyə^{53}	tɕʻyə^{53}	tɕʻyə^{53}	tɕʻyə^{53}	ɕyə^{44}	ɕyə^{53}	ɕyə^{53}
甘州区	tɕʻyə^{31}	tɕʻyə^{31}	tɕʻyə^{31}	tɕʻyə^{31}	tɕʻyə^{31}	ɕyə^{44}	ɕyə^{31}	ɕyə^{31}
临泽县	tɕʻyə^{214}	tɕʻyə^{214}	tɕʻyə^{214}	tɕʻyə^{214}	tɕʻyə^{214}	ɕyə^{44}	ɕyə^{214}	ɕyə^{214}
民乐县	tɕʻyɛ^{42}	tɕʻyɛ^{42}	tɕʻyɛ^{42}	tɕʻyɛ^{42}	tɕʻyɛ^{42}	ɕyɛ^{44}	ɕyɛ^{42}	ɕyɛ^{42}
山丹县	tɕʻyə^{214}	tɕʻyə^{41}	tɕʻyə^{41}	tɕʻyə^{41}	tɕʻyə^{41}	ɕyə^{24}	ɕyə^{41}	ɕyə^{41}
高台县	tɕʻyɛ^{214}	tɕʻyɛ^{214}	tɕʻyɛ^{214}	tɕʻyɛ^{214}	tɕʻyɛ^{214}	ɕyɛ^{44}	ɕyɛ^{214}	ɕyɛ^{214}
肃州区	tɕʻyə^{214}	tɕʻyə^{214}	tɕʻyə^{214}	tɕʻyə^{214}	tɕʻyə^{214}	ɕyə^{44}	ɕyə^{214}	ɕyə^{214}
金塔县	tɕʻyæ^{13}	tɕʻyæ^{13}	tɕʻyæ^{13}	tɕʻyæ^{13}	tɕʻyæ^{13}	ɕyæ^{44}	ɕyæ^{13}	ɕyæ^{13}
肃北县	tɕʻyɛ^{213}	tɕʻyɛ^{213}	tɕʻyɛ^{213}	tɕʻyɛ^{213}	tɕʻyɛ^{213}	ɕyɛ^{44}	ɕyɛ^{213}	ɕyɛ^{213}
玉门市	tɕʻyɛ^{213}	tɕʻyɛ^{213}	tɕʻyɛ^{213}	tɕʻyɛ^{213}	tɕʻyɛ^{213}	ɕyɛ^{44}	ɕyɛ^{213}	ɕyɛ^{213}

①又倾雪切，山合三入薛溪。

续表

瓜州县	tɕʻyə^{213}	tɕʻyə^{213}	tɕʻyə^{213}	tɕʻyə^{213}	tɕʻyə^{213}	ɕyə^{44}	ɕyə^{213}	ɕyə^{213}
西夏区	tɕʻyə^{13}	tɕʻyə^{13}	tɕʻyə^{13}	tɕʻyə^{13}	tɕʻyə^{13}	ɕyə^{44}	ɕyə^{13}	ɕyə^{13}
贺兰县	tɕʻyə^{13}	tɕʻyə^{13}	tɕʻyə^{13}	tɕʻyə^{13}	tɕʻyə^{13}	ɕyə^{44}	ɕyə^{13}	ɕyə^{13}
灵武市（东塔镇）	tɕʻyɛ^{13}	tɕʻyɛ^{13}	tɕʻyɛ^{13}	tɕʻyɛ^{13}	tɕʻyɛ^{13}	ɕyɛ^{44}	ɕyɛ^{13}	ɕyɛ^{13}
永宁县	tɕʻye^{13}	tɕʻye^{13}	tɕʻye^{13}	tɕʻye^{13}	tɕʻye^{13}	ɕye^{44}	ɕye^{13}	ɕye^{13}
中宁县	tɕʻyɤ^{13}	tɕʻyɤ^{13}	tɕʻyɤ^{13}	tɕʻyɤ^{13}	tɕʻyɤ^{13}	ɕyɤ^{44}	ɕyɤ^{13}	ɕyɤ^{13}
沙坡头区	tɕʻyə^{13}	tɕʻyə^{13}	tɕʻyə^{13}	tɕʻyə^{13}	tɕʻyə^{13}	ɕyə^{44}	ɕyə^{13}	ɕyə^{13}
盐池县	tɕʻye^{13}	tɕʻye^{13}	tɕʻye^{13}	tɕʻye^{13}	tɕʻye^{13}	ɕye^{44}	ɕye^{13}	ɕye^{13}
平罗县（渠口乡）	tɕʻyə^{13}	tɕʻyə^{13}	tɕʻyə^{13}	tɕʻyə^{13}	tɕʻyə^{13}	ɕyə^{44}	ɕyə^{13}	ɕyə^{13}
阿拉善左旗	tɕʻyə^{213}	tɕʻyə^{213}	tɕʻyə^{213}	tɕʻyə^{213}	tɕʻyə^{213}	ɕyə^{44}	ɕyə^{213}	ɕyə^{213}
乌鲁木齐市	tɕʻyɛ^{213}	tɕʻyɛ^{213}	tɕʻyɛ^{213}	tɕʻyɛ^{213}	tɕʻyɛ^{213}	ɕyɛ^{44}	ɕyɛ^{213}	ɕyɛ^{213}
阜康市	tɕʻyɤ^{213}	tɕʻyɤ^{213}	tɕʻyɤ^{213}	tɕʻyɤ^{213}	tɕʻyɤ^{213}	ɕyɤ^{55}	ɕyɤ^{213}	ɕyɤ^{213}
呼图壁县	tɕʻyə^{213}	tɕʻyə^{213}	tɕʻyə^{213}	tɕʻyə^{213}	tɕʻyə^{213}	ɕyə^{44}	ɕyə^{213}	ɕyə^{213}
吉木萨尔县	tɕʻyɤ^{213}	tɕʻyɤ^{213}	tɕʻyɤ^{213}	tɕʻyɤ^{213}	tɕʻyɤ^{213}	ɕyɤ^{44}	ɕyɤ^{213}	ɕyɤ^{213}
奇台县	tɕʻyɤ^{213}	tɕʻyɤ^{213}	tɕʻyɤ^{213}	tɕʻyɤ^{213}	tɕʻyɤ^{213}	ɕyɤ^{44}	ɕyɤ^{213}	ɕyɤ^{213}
博乐市	tɕʻyɤ^{24}	tɕʻyɤ^{24}	tɕʻyɤ^{24}	tɕʻyɤ^{24}	tɕʻyɤ^{24}	ɕyɤ^{45}	ɕyɤ^{24}	ɕyɤ^{24}
阿勒泰市	tɕʻyɤ^{23}	tɕʻyɤ^{23}	tɕʻyɤ^{23}	tɕʻyɤ^{23}	tɕʻyɤ^{23}	ɕyɤ^{44}	ɕyɤ^{23}	ɕyɤ^{23}
布尔津县	tɕʻyə^{51}	tɕʻyə^{51}	tɕʻyə^{51}	tɕʻyə^{51}	tɕʻyə^{51}	ɕyə^{44}	ɕyə^{51}	ɕyə^{51}
乌苏市	tɕʻyɤ^{213}	tɕʻyɤ^{213}	tɕʻyɤ^{213}	tɕʻyɤ^{213}	tɕʻyɤ^{213}	ɕyɤ^{55}	ɕyɤ^{213}	ɕyɤ^{213}
额敏县	tɕʻyɛ^{34}	tɕʻyɛ^{34}	tɕʻyɛ^{34}	tɕʻyɛ^{34}	tɕʻyɛ^{34}	ɕyɛ^{44}	ɕyɛ^{34}	ɕyɛ^{34}
伊州区	tɕʻyɛ^{213}	tɕʻyɛ^{213}	tɕʻyɛ^{213}	tɕʻyɛ^{213}	tɕʻyɛ^{213}	ɕyɛ^{44}	ɕyɛ^{213}	ɕyɛ^{213}
巴里坤县	tɕʻyə^{24}	tɕʻyə^{24}	tɕʻyə^{24}	tɕʻyə^{24}	tɕʻyə^{24}	ɕyə^{45}	ɕyə^{24}	ɕyə^{24}
伊吾县	tɕʻyɛ^{213}	tɕʻyɛ^{213}	tɕʻyɛ^{213}	tɕʻyɛ^{213}	tɕʻyɛ^{213}	ɕyɛ^{44}	ɕyɛ^{213}	ɕyɛ^{213}

字目 / 中古音 / 方言点	穴	学	雪	约	悦	阅	月	越
	山合四入屑匣	江开二入觉匣	山合三入薛心	宕开三入药影	山合三入薛以	山合三入薛以	山合三入月疑	山合三入月云
兰州市（城关区）	ɕye^{51}	ɕye^{51}	ɕye^{13}	ye^{13}	ye^{13}	ye^{13}	ye^{13}	ye^{13}
永登县	ɕyə^{53}	ɕyə^{53}	ɕyə^{13}	yə^{13}	yə^{13}	yə^{13}	yə^{13}	yə^{13}
榆中县	ɕyᴇ^{332}	ɕyᴇ^{332}	ɕyᴇ^{13}	yᴇ^{13}	yᴇ^{13}	yᴇ^{13}	yᴇ^{13}	yᴇ^{13}
皋兰县	ɕyɛi^{53}	ɕyɛi^{53}	ɕyɛi^{13}	yɛi^{13}	yɛi^{13}	yɛi^{13}	yɛi^{13}	yɛi^{13}
白银区	ɕyə^{51}	ɕyə^{51}	ɕyə^{13}	yə^{13}	yə^{13}	yə^{13}	yə^{13}	yə^{13}
天祝县	ɕyə^{53}	ɕyə^{53}	ɕyə^{213}	yə^{213}	yə^{213}	yə^{213}	yə^{213}	yə^{213}
景泰县（红水镇）	ɕyɤ^{53}	ɕyɤ^{53}	ɕyɤ^{213}	yɤ^{213}	yɤ^{213}	yɤ^{213}	yɤ^{213}	yɤ^{213}
古浪县	ɕyə^{53}	ɕyə^{53}	ɕyə^{31}	yə^{31}	yə^{31}	yə^{31}	yə^{31}	yə^{31}
凉州区	ɕyɛ^{13}	ɕyɛ^{13}	ɕyɛ^{53}	yɛ^{53}	yɛ^{53}	yɛ^{53}	yɛ^{53}	yɛ^{53}
民勤县	ɕyɛ^{53}	ɕyɛ^{53}	ɕyɛ^{42}	yɛ^{42}	yɛ^{42}	yɛ^{42}	yɛ^{42}	yɛ^{42}
永昌县	ɕyə^{13}	ɕyə^{13}	ɕyə^{53}	yə^{53}	yə^{53}	yə^{53}	yə^{53}	yə^{53}
甘州区	ɕyə^{53}	ɕyə^{53}	ɕyə^{31}	yə^{31}	yə^{31}	yə^{31}	yə^{31}	yə^{31}
临泽县	ɕyə^{53}	ɕyə^{53}	ɕyə^{214}	ʑyə^{214}	ʑyə^{214}	ʑyə^{214}	ʑyə^{214}	ʑyə^{214}
民乐县	ɕyɛ^{53}	ɕyɛ^{53}	ɕyɛ^{42}	ʑyɛ^{42}	ʑyɛ^{42}	ʑyɛ^{42}	ʑyɛ^{42}	ʑyɛ^{42}
山丹县	ɕyə^{53}	ɕyə^{53}	ɕyə^{41}	yə^{41}	yə^{41}	yə^{41}	yə^{41}	yə^{41}
高台县	ɕyɛ^{53}	ɕyɛ^{53}	ɕyɛ^{214}	yɛ^{214}	yɛ^{214}	yɛ^{214}	yɛ^{214}	yɛ^{214}
肃州区	ɕyə^{53}	ɕyə^{53}	ɕyə^{214}	yə^{214}	yə^{214}	yə^{214}	yə^{214}	yə^{214}
金塔县	ɕyæ^{53}	ɕyæ^{53}	ɕyæ^{13}	yæ^{13}	yæ^{13}	yæ^{13}	yæ^{13}	yæ^{13}
肃北县	ɕyɛ^{213}	ɕyɛ^{213}	ɕyɛ^{213}	yɛ^{213}	yɛ^{213}	yɛ^{213}	yɛ^{213}	yɛ^{213}
玉门市	ɕyɛ^{213}	ɕyɛ^{213}	ɕyɛ^{213}	yɛ^{213}	yɛ^{213}	yɛ^{213}	yɛ^{213}	yɛ^{213}
瓜州县	ɕyə^{213}	ɕyə^{213}	ɕyə^{213}	yə^{213}	ʑyə^{213}	yə^{213}	yə^{213}	yə^{213}
西夏区	ɕyə^{13}	ɕyə^{13}	ɕyə^{13}	yə^{13}	yə^{13}	yə^{13}	yə^{13}	yə^{13}

续表

贺兰县	ɕyə^{13}	ɕyə^{13}	ɕyə^{13}	yə^{13}	yə^{13}	yə^{13}	yə^{13}	yə^{13}
灵武市（东塔镇）	ɕyɛ^{13}	ɕyɛ^{13}	ɕyɛ^{13}	yɛ^{13}	yɛ^{13}	yɛ^{13}	yɛ^{13}	yɛ^{13}
永宁县	ɕye^{13}	ɕye^{13}	ɕye^{13}	ye^{13}	ye^{13}	ye^{13}	ye^{13}	ye^{13}
中宁县	ɕyɤ^{53}	ɕyɤ^{53}	ɕyɤ^{13}	yɤ^{13}	yɤ^{13}	yɤ^{13}	yɤ^{13}	yɤ^{13}
沙坡头区	ɕyə^{13}	ɕyə^{13}	ɕyə^{13}	yə^{13}	yə^{13}	yə^{13}	yə^{13}	yə^{13}
盐池县	ɕye^{13}	ɕye^{13}	ɕye^{13}	ye^{13}	ye^{13}	ye^{13}	ye^{13}	ye^{13}
平罗县（渠口乡）	ɕyə^{13}	ɕyə^{13}	ɕyə^{13}	yə^{13}	yə^{13}	yə^{13}	yə^{13}	yə^{13}
阿拉善左旗	ɕyə^{213}	ɕyə^{213}	ɕyə^{213}	yə^{213}	yə^{213}	yə^{213}	yə^{213}	yə^{213}
乌鲁木齐市	ɕyɛ^{213}	ɕyɛ^{213}	ɕyɛ^{213}	yɛ^{213}	yɛ^{213}	yɛ^{213}	yɛ^{213}	yɛ^{213}
阜康市	ɕyɤ^{51}	ɕyɤ^{51}	ɕyɤ^{213}	yɤ^{213}	yɤ^{213}	yɤ^{213}	yɤ^{213}	yɤ^{213}
呼图壁县	ɕyə^{213}	ɕyə^{213}	ɕyə^{213}	yə^{213}	yə^{213}	yə^{213}	yə^{213}	yə^{213}
吉木萨尔县	ɕyɤ^{51}	ɕyɤ^{51}	ɕyɤ^{213}	yɤ^{213}	yɤ^{213}	yɤ^{213}	yɤ^{213}	yɤ^{213}
奇台县	ɕyɤ^{52}	ɕyɤ^{52}	ɕyɤ^{213}	yɤ^{213}	yɤ^{213}	yɤ^{213}	yɤ^{213}	yɤ^{213}
博乐市	ɕyɤ^{51}	ɕyɤ^{51}	ɕyɤ^{24}	yɤ^{24}	yɤ^{24}	yɤ^{24}	yɤ^{24}	yɤ^{24}
阿勒泰市	ɕyɤ^{51}	ɕyɤ^{51}	ɕyɤ^{23}	yɤ^{23}	yɤ^{23}	yɤ^{23}	yɤ^{23}	yɤ^{23}
布尔津县	ɕyə^{23}	ɕyə^{23}	ɕyə^{51}	yə^{51}	yə^{51}	yə^{51}	yə^{51}	yə^{51}
乌苏市	ɕyɤ^{51}	ɕyɤ^{51}	ɕyɤ^{213}	ɥyɤ^{213}	ɥyɤ^{213}	ɥyɤ^{213}	ɥyɤ^{213}	ɥyɤ^{213}
额敏县	ɕyɛ^{51}	ɕyɛ^{51}	ɕyɛ^{34}	yɛ^{34}	yɛ^{34}	yɛ^{34}	yɛ^{34}	yɛ^{34}
伊州区	ɕyɛ^{213}	ɕyɛ^{213}	ɕyɛ^{213}	yɛ^{213}	yɛ^{213}	yɛ^{213}	yɛ^{213}	yɛ^{213}
巴里坤县	ɕyə^{51}	ɕyə^{51}	ɕyə^{24}	yə^{24}	yə^{24}	yə^{24}	yə^{24}	yə^{24}
伊吾县	ɕyɛ^{213}	ɕyɛ^{213}	ɕyɛ^{213}	yɛ^{213}	yɛ^{213}	yɛ^{213}	yɛ^{213}	yɛ^{213}

字目 中古音 方言点	粤	跃	岳	乐 音乐	资	姿	兹	滋
	山合三 入月云	宕开三 入药以	江开二 入觉疑	江开二 入觉疑	止开三 平脂精	止开三 平脂精	止开三 平之精	山开三 平之精
兰州市 （城关区）	ye^{13}	ye^{13}	ye^{13}	ye^{13}	tsɿ^{53}	tsɿ^{53}	tsɿ^{53}	tsɿ^{53}
永登县	yə^{13}	yə^{13}	yə^{13}	yə^{13}	tsɿ^{44}	tsɿ^{44}	tsɿ^{44}	tsɿ^{44}
榆中县	yᴇ^{13}	yᴇ^{13}	yᴇ^{13}	yᴇ^{13}	tsɿ^{51}	tsɿ^{51}	tsɿ^{51}	tsɿ^{51}
皋兰县	yεi^{13}	yεi^{13}	yεi^{13}	yεi^{13}	tsɿ^{42}	tsɿ^{42}	tsɿ^{42}	tsɿ^{42}
白银区	yə^{13}	yə^{13}	yə^{13}	yə^{13}	tsɿ^{44}	tsɿ^{44}	tsɿ^{44}	tsɿ^{44}
天祝县	yə^{213}	yə^{213}	yə^{213}	yə^{213}	tsɿ^{53}	tsɿ^{53}	tsɿ^{53}	tsɿ^{53}
景泰县 （红水镇）	yɤ^{213}	yɤ^{213}	yɤ^{213}	yɤ^{213}	tsɿ^{53}	tsɿ^{53}	tsɿ^{53}	tsɿ^{53}
古浪县	ʑyə^{31}	ʑyə^{31}	ʑyə^{31}	ʑyə^{31}	tsɿ^{44}	tsɿ^{44}	tsɿ^{44}	tsɿ^{44}
凉州区	yε^{53}	yε^{53}	yε^{53}	yε^{53}	tsɿ^{33}	tsɿ^{33}	tsɿ^{33}	tsɿ^{33}
民勤县	yε^{42}	yε^{42}	yε^{42}	yε^{42}	tsɿ^{44}	tsɿ^{44}	tsɿ^{44}	tsɿ^{44}
永昌县	yə^{53}	yə^{53}	yə^{53}	yə^{53}	tsɿ^{44}	tsɿ^{44}	tsɿ^{44}	tsɿ^{44}
甘州区	yə^{31}	yə^{31}	yə^{31}	yə^{31}	tsɿ^{44}	tsɿ^{44}	tsɿ^{44}	tsɿ^{44}
临泽县	ʑyə^{214}	ʑyə^{214}	ʑyə^{214}	ʑyə^{214}	tsɿ^{44}	tsɿ^{44}	tsɿ^{44}	tsɿ^{44}
民乐县	ʑyε^{42}	ʑyε^{42}	ʑyε^{42}	ʑyε^{42}	tsɿ^{44}	tsɿ^{44}	tsɿ^{44}	tsɿ^{44}
山丹县	yə^{41}	yə^{41}	yə^{41}	yə^{41}	tsɿ^{24}	tsɿ^{24}	tsɿ^{24}	tsɿ^{24}
高台县	yε^{214}	yε^{214}	yə^{214}	yə^{214}	tsɿ^{44}	tsɿ^{44}	tsɿ^{44}	tsɿ^{44}
肃州区	ʑyə^{214}	ʑyə^{214}	ʑyə^{214}	ʑyə^{214}	tsɿ^{44}	tsɿ^{44}	tsɿ^{44}	tsɿ^{44}
金塔县	ʑyæ^{13}	ʑyæ^{13}	ʑyæ^{13}	ʑyæ^{13}	tsɿ^{44}	tsɿ^{44}	tsɿ^{44}	tsɿ^{44}
肃北县	yε^{213}	yε^{213}	yε^{213}	yε^{213}	tsɿ^{44}	tsɿ^{44}	tsɿ^{44}	tsɿ^{44}
玉门市	yε^{213}	yε^{213}	yε^{213}	yε^{213}	tsɿ^{44}	tsɿ^{44}	tsɿ^{44}	tsɿ^{44}
瓜州县	yə^{213}	yə^{213}	yə^{213}	yə^{213}	tsɿ^{44}	tsɿ^{44}	tsɿ^{44}	tsɿ^{44}
西夏区	yə^{13}	yə^{13}	yə^{13}	yə^{13}	tsɿ^{44}	tsɿ^{44}	tsɿ^{44}	tsɿ^{44}

续表

贺兰县	yə^{13}	yə^{13}	yə^{13}	yə^{13}	tsɿ^{44}	tsɿ^{44}	tsɿ^{44}	tsɿ^{44}
灵武市（东塔镇）	yɛ^{13}	yɛ^{13}	yɛ^{13}	yɛ^{13}	tsɿ^{44}	tsɿ^{44}	tsɿ^{44}	tsɿ^{44}
永宁县	ye^{13}	ye^{13}	ye^{13}	ye^{13}	tsɿ^{44}	tsɿ^{44}	tsɿ^{44}	tsɿ^{44}
中宁县	yɤ^{13}	yɤ^{13}	yɤ^{13}	yɤ^{13}	tsɿ^{44}	tsɿ^{44}	tsɿ^{44}	tsɿ^{44}
沙坡头区	yə^{13}	yə^{13}	yə^{13}	yə^{13}	tsɿ^{44}	tsɿ^{44}	tsɿ^{44}	tsɿ^{44}
盐池县	ye^{13}	ye^{13}	ye^{13}	ye^{13}	tsɿ^{44}	tsɿ^{44}	tsɿ^{44}	tsɿ^{44}
平罗县（渠口乡）	yə^{13}	yə^{13}	yə^{13}	yə^{13}	tsɿ^{44}	tsɿ^{44}	tsɿ^{44}	tsɿ^{44}
阿拉善左旗	yə^{213}	yə^{213}	yə^{213}	yə^{213}	tsɿ^{44}	tsɿ^{44}	tsɿ^{44}	tsɿ^{44}
乌鲁木齐市	yɛ^{213}	yɛ^{213}	yɛ^{213}	yɛ^{213}	tsɿ^{44}	tsɿ^{44}	tsɿ^{44}	tsɿ^{44}
阜康市	yɤ^{213}	yɤ^{213}	yɤ^{213}	yɤ^{213}	tsɿ^{55}	tsɿ^{55}	tsɿ^{55}	tsɿ^{55}
呼图壁县	yə^{213}	yə^{213}	yə^{213}	yə^{213}	tsɿ^{44}	tsɿ^{44}	tsɿ^{44}	tsɿ^{44}
吉木萨尔县	yɤ^{213}	yɤ^{213}	yɤ^{213}	yɤ^{213}	tsɿ^{44}	tsɿ^{44}	tsɿ^{44}	tsɿ^{44}
奇台县	yɤ^{213}	yɤ^{213}	yɤ^{213}	yɤ^{213}	tsɿ^{44}	tsɿ^{44}	tsɿ^{44}	tsɿ^{44}
博乐市	yɤ^{24}	yɤ^{24}	yɤ^{24}	yɤ^{24}	tsɿ^{45}	tsɿ^{45}	tsɿ^{45}	tsɿ^{45}
阿勒泰市	yɤ^{23}	yɤ^{23}	yɤ^{23}	yɤ^{23}	tsɿ^{44}	tsɿ^{44}	tsɿ^{44}	tsɿ^{44}
布尔津县	yə^{51}	yə^{51}	yə^{51}	yə^{51}	tsɿ^{44}	tsɿ^{44}	tsɿ^{44}	tsɿ^{44}
乌苏市	ɥyɤ^{213}	ɥyɤ^{213}	ɥyɤ^{213}	ɥyɤ^{213}	tsɿ^{55}	tsɿ^{55}	tsɿ^{55}	tsɿ^{55}
额敏县	yɛ^{34}	yɛ^{34}	yɛ^{34}	yɛ^{34}	tsɿ^{44}	tsɿ^{44}	tsɿ^{44}	tsɿ^{44}
伊州区	yɛ^{213}	yɛ^{213}	yɛ^{213}	yɛ^{213}	tsɿ^{44}	tsɿ^{44}	tsɿ^{44}	tsɿ^{44}
巴里坤县	yə^{24}	yə^{24}	yə^{24}	yə^{24}	tsɿ^{45}	tsɿ^{45}	tsɿ^{45}	tsɿ^{45}
伊吾县	yɛ^{213}	yɛ^{213}	yɛ^{213}	yɛ^{213}	tsɿ^{44}	tsɿ^{44}	tsɿ^{44}	tsɿ^{44}

字目 中古音 方言点	紫	姊	子	自	字	雌	瓷	慈
	止开三 上纸精	止开三 上旨精	止开三 上止精	止开三 去至从	止开三 去志从	止开三 平支清	止开三 平脂从	止开三 平之从
兰州市 （城关区）	tsɿ^{44}	tsɿ^{44}	tsɿ^{44}	tsɿ^{13}	tsɿ^{13}	tsʻɿ^{44}	tsʻɿ^{51}	tsʻɿ^{51}
永登县	tsɿ^{354}	tsɿ^{354}	tsɿ^{354}	tsɿ^{13}	tsɿ^{13}	tsʻɿ^{354}	tsʻɿ^{53}	tsʻɿ^{53}
榆中县	tsɿ^{44}	tsɿ^{44}	tsɿ^{44}	tsɿ^{13}	tsɿ^{13}	tsʻɿ^{44}	tsʻɿ^{332}	tsʻɿ^{332}
皋兰县	tsɿ^{342}	tsɿ^{342}	tsɿ^{342}	tsɿ^{13}	tsɿ^{13}	tsʻɿ^{342}	tsʻɿ^{53}	tsʻɿ^{53}
白银区	tsɿ^{343}	tsɿ^{343}	tsɿ^{343}	tsɿ^{13}	tsɿ^{13}	tsʻɿ^{343}	tsʻɿ^{51}	tsʻɿ^{51}
天祝县	tsɿ^{44}	tsɿ^{44}	tsɿ^{44}	tsɿ^{213}	tsɿ^{213}	tsʻɿ^{44}	tsʻɿ^{53}	tsʻɿ^{53}
景泰县 （红水镇）	tsɿ^{44}	tsɿ^{44}	tsɿ^{44}	tsɿ^{213}	tsɿ^{213}	tsʻɿ^{44}	tsʻɿ^{53}	tsʻɿ^{53}
古浪县	tsɿ^{44}	tsɿ^{44}	tsɿ^{44}	tsɿ^{31}	tsɿ^{31}	tsʻɿ^{44}	tsʻɿ^{53}	tsʻɿ^{53}
凉州区	tsɿ^{33}	tsɿ^{33}	tsɿ^{33}	tsɿ^{53}	tsɿ^{53}	tsʻɿ^{33}	tsʻɿ^{13}	tsʻɿ^{13}
民勤县	tsɿ^{214}	tsɿ^{214}	tsɿ^{214}	tsɿ^{42}	tsɿ^{42}	tsʻɿ^{214}	tsʻɿ^{53}	tsʻɿ^{53}
永昌县	tsɿ^{13}	tsɿ^{13}	tsɿ^{13}	tsɿ^{53}	tsɿ^{53}	tsʻɿ^{44}	tsʻɿ^{13}	tsʻɿ^{13}
甘州区	tsɿ^{53}	tsɿ^{53}	tsɿ^{53}	tsɿ^{31}	tsɿ^{31}	tsʻɿ^{53}	tsʻɿ^{53}	tsʻɿ^{53}
临泽县	tsɿ^{44}	tsɿ^{44}	tsɿ^{44}	tsɿ^{214}	tsɿ^{214}	tsʻɿ^{44}	tsʻɿ^{53}	tsʻɿ^{53}
民乐县	tsɿ^{213}	tsɿ^{213}	tsɿ^{213}	tsɿ^{42}	tsɿ^{42}	tsʻɿ^{213}	tsʻɿ^{53}	tsʻɿ^{53}
山丹县	tsɿ^{53}	tsɿ^{53}	tsɿ^{53}	tsɿ^{41}	tsɿ^{41}	tsʻɿ^{53}	tsʻɿ^{53}	tsʻɿ^{53}
高台县	tsɿ^{53}	tsɿ^{53}	tsɿ^{53}	tsɿ^{214}	tsɿ^{214}	tsʻɿ^{44}	tsʻɿ^{53}	tsʻɿ^{53}
肃州区	tsɿ^{53}	tsɿ^{53}	tsɿ^{53}	tsɿ^{214}	tsɿ^{214}	tsʻɿ^{44}	tsʻɿ^{53}	tsʻɿ^{53}
金塔县	tsɿ^{53}	tsɿ^{53}	tsɿ^{53}	tsɿ^{13}	tsɿ^{13}	tsʻɿ^{53}	tsʻɿ^{53}	tsʻɿ^{53}
肃北县	tsɿ^{53}	tsɿ^{53}	tsɿ^{53}	tsɿ^{213}	tsɿ^{213}	tsʻɿ^{53}	tsʻɿ^{53}	tsʻɿ^{53}
玉门市	tsɿ^{53}	tsɿ^{53}	tsɿ^{53}	tsɿ^{213}	tsɿ^{213}	tsʻɿ^{53}	tsʻɿ^{53}	tsʻɿ^{53}
瓜州县	tsɿ^{53}	tsɿ^{53}	tsɿ^{53}	tsɿ^{213}	tsɿ^{213}	tsʻɿ^{53}	tsʻɿ^{53}	tsʻɿ^{53}
西夏区	tsɿ^{53}	tsɿ^{53}	tsɿ^{53}	tsɿ^{13}	tsɿ^{13}	tsʻɿ^{53}	tsʻɿ^{53}	tsʻɿ^{53}

续表

贺兰县	tsɿ^{53}	tsɿ^{53}	tsɿ^{53}	tsɿ^{13}	tsɿ^{13}	tsʅ^{53}	tsʅ^{53}	tsʅ^{53}
灵武市（东塔镇）	tsɿ^{52}	tsɿ^{52}	tsɿ^{52}	tsɿ^{13}	tsɿ^{13}	tsʅ^{52}	tsʅ^{52}	tsʅ^{52}
永宁县	tsɿ^{53}	tsɿ^{53}	tsɿ^{53}	tsɿ^{13}	tsɿ^{13}	tsʅ^{53}	tsʅ^{53}	tsʅ^{53}
中宁县	tsɿ^{53}	tsɿ^{53}	tsɿ^{53}	tsɿ^{13}	tsɿ^{13}	tsʅ^{53}	tsʅ^{53}	tsʅ^{53}
沙坡头区	tsɿ^{53}	tsɿ^{53}	tsɿ^{53}	tsɿ^{13}	tsɿ^{13}	tsʅ^{53}	tsʅ^{53}	tsʅ^{53}
盐池县	tsɿ^{52}	tsɿ^{52}	tsɿ^{52}	tsɿ^{13}	tsɿ^{13}	tsʅ^{52}	tsʅ^{13}	tsʅ^{13}
平罗县（渠口乡）	tsɿ^{53}	tsɿ^{53}	tsɿ^{53}	tsɿ^{13}	tsɿ^{13}	tsʅ^{53}	tsʅ^{53}	tsʅ^{53}
阿拉善左旗	tsɿ^{51}	tsɿ^{51}	tsɿ^{51}	tsɿ^{213}	tsɿ^{213}	tsʅ^{51}	tsʅ^{51}	tsʅ^{51}
乌鲁木齐市	tsɿ^{52}	tsɿ^{52}	tsɿ^{52}	tsɿ^{213}	tsɿ^{213}	tsʅ^{52}	tsʅ^{52}	tsʅ^{52}
阜康市	tsɿ^{51}	tsɿ^{51}	tsɿ^{51}	tsɿ^{213}	tsɿ^{213}	tsʅ^{51}	tsʅ^{51}	tsʅ^{51}
呼图壁县	tsɿ^{51}	tsɿ^{51}	tsɿ^{51}	tsɿ^{213}	tsɿ^{213}	tsʅ^{51}	tsʅ^{51}	tsʅ^{51}
吉木萨尔县	tsɿ^{51}	tsɿ^{51}	tsɿ^{51}	tsɿ^{213}	tsɿ^{213}	tsʅ^{51}	tsʅ^{51}	tsʅ^{51}
奇台县	tsɿ^{52}	tsɿ^{52}	tsɿ^{52}	tsɿ^{213}	tsɿ^{213}	tsʅ^{52}	tsʅ^{52}	tsʅ^{52}
博乐市	tsɿ^{51}	tsɿ^{51}	tsɿ^{51}	tsɿ^{24}	tsɿ^{24}	tsʅ^{51}	tsʅ^{51}	tsʅ^{51}
阿勒泰市	tsɿ^{51}	tsɿ^{51}	tsɿ^{51}	tsɿ^{23}	tsɿ^{23}	tsʅ^{51}	tsʅ^{51}	tsʅ^{51}
布尔津县	tsɿ^{23}	tsɿɿ^{23}	tsɿɿ^{23}	tsɿ^{51}	tsɿ^{51}	tsʅ^{23}	tsʅ^{23}	tsʅ^{23}
乌苏市	tsɿ^{51}	tsɿ^{51}	tsɿ^{51}	tsɿ^{213}	tsɿ^{213}	tsʅ^{51}	tsʅ^{51}	tsʅ^{51}
额敏县	tsɿ^{51}	tsɿ^{51}	tsɿ^{51}	tsɿ^{34}	tsɿ^{34}	tsʅ^{51}	tsʅ^{51}	tsʅ^{51}
伊州区	tsɿ^{51}	tsɿ^{51}	tsɿ^{51}	tsɿ^{213}	tsɿ^{213}	tsʅ^{51}	tsʅ^{51}	tsʅ^{51}
巴里坤县	tsɿ^{51}	tsɿ^{51}	tsɿ^{51}	tsɿ^{24}	tsɿ^{24}	tsʅ^{51}	tsʅ^{51}	tsʅ^{51}
伊吾县	tsɿ^{51}	tsɿ^{51}	tsɿ^{51}	tsɿ^{213}	tsɿ^{213}	tsʅ^{51}	tsʅ^{51}	tsʅ^{51}

字目 中古音 方音 方言点	磁 磁石	辞	词	祠	此	刺①	赐	次
	止开三 平之从	止开三 平之邪	止开三 平之邪	止开三 平之邪	止开三 平纸清	止开三 去寘清	止开三 去寘心	止开三 去止清
兰州市 （城关区）	tsʻɿ^{51}	tsʻɿ^{51}	tsʻɿ^{51}	tsʻɿ^{51}	tsʻɿ^{44}	tsʻɿ^{13}	tsʻɿ^{13}	tsʻɿ^{13}
永登县	tsʻɿ^{53}	tsʻɿ^{53}	tsʻɿ^{53}	tsʻɿ^{53}	tsʻɿ^{354}	tsʻɿ^{13}	tsʻɿ^{13}	tsʻɿ^{13}
榆中县	tsʻɿ^{332}	tsʻɿ^{332}	tsʻɿ^{332}	tsʻɿ^{332}	tsʻɿ^{44}	tsʻɿ^{13}	tsʻɿ^{13}	tsʻɿ^{13}
皋兰县	tsʻɿ^{53}	tsʻɿ^{53}	tsʻɿ^{53}	tsʻɿ^{53}	tsʻɿ^{342}	tsʻɿ^{13}	tsʻɿ^{13}	tsʻɿ^{13}
白银区	tsʻɿ^{51}	tsʻɿ^{51}	tsʻɿ^{51}	tsʻɿ^{51}	tsʻɿ^{343}	tsʻɿ^{13}	tsʻɿ^{13}	tsʻɿ^{13}
天祝县	tsʻɿ^{53}	tsʻɿ^{53}	tsʻɿ^{53}	tsʻɿ^{53}	tsʻɿ^{44}	tsʻɿ^{213}	tsʻɿ^{213}	tsʻɿ^{213}
景泰县 （红水镇）	tsʻɿ^{53}	tsʻɿ^{53}	tsʻɿ^{53}	tsʻɿ^{53}	tsʻɿ^{44}	tsʻɿ^{213}	tsʻɿ^{213}	tsʻɿ^{213}
古浪县	tsʻɿ^{53}	tsʻɿ^{53}	tsʻɿ^{53}	tsʻɿ^{53}	tsʻɿ^{44}	tsʻɿ^{31}	tsʻɿ^{31}	tsʻɿ^{31}
凉州区	tsʻɿ^{13}	tsʻɿ^{13}	tsʻɿ^{13}	tsʻɿ^{13}	tsʻɿ^{33}	tsʻɿ^{53}	tsʻɿ^{53}	tsʻɿ^{53}
民勤县	tsʻɿ^{53}	tsʻɿ^{53}	tsʻɿ^{53}	tsʻɿ^{53}	tsʻɿ^{214}	tsʻɿ^{42}	tsʻɿ^{42}	tsʻɿ^{42}
永昌县	tsʻɿ^{13}	tsʻɿ^{13}	tsʻɿ^{13}	tsʻɿ^{13}	tsʻɿ^{13}	tsʻɿ^{53}	tsʻɿ^{53}	tsʻɿ^{53}
甘州区	tsʻɿ^{53}	tsʻɿ^{53}	tsʻɿ^{53}	tsʻɿ^{53}	tsʻɿ^{53}	tsʻɿ^{31}	tsʻɿ^{31}	tsʻɿ^{31}
临泽县	tsʻɿ^{53}	tsʻɿ^{53}	tsʻɿ^{53}	tsʻɿ^{53}	tsʻɿ^{44}	tsʻɿ^{214}	tsʻɿ^{214}	tsʻɿ^{214}
民乐县	tsʻɿ^{53}	tsʻɿ^{53}	tsʻɿ^{53}	tsʻɿ^{53}	tsʻɿ^{213}	tsʻɿ^{42}	tsʻɿ^{42}	tsʻɿ^{42}
山丹县	tsʻɿ^{53}	tsʻɿ^{53}	tsʻɿ^{53}	tsʻɿ^{53}	tsʻɿ^{53}	tsʻɿ^{41}	tsʻɿ^{41}	tsʻɿ^{41}
高台县	tsʻɿ^{53}	tsʻɿ^{53}	tsʻɿ^{53}	tsʻɿ^{53}	tsʻɿ^{53}	tsʻɿ^{214}	tsʻɿ^{214}	tsʻɿ^{214}
肃州区	tsʻɿ^{53}	tsʻɿ^{53}	tsʻɿ^{53}	tsʻɿ^{53}	tsʻɿ^{53}	tsʻɿ^{214}	tsʻɿ^{214}	tsʻɿ^{214}
金塔县	tsʻɿ^{53}	tsʻɿ^{53}	tsʻɿ^{53}	tsʻɿ^{53}	tsʻɿ^{53}	tsʻɿ^{13}	tsʻɿ^{13}	tsʻɿ^{13}
肃北县	tsʻɿ^{53}	tsʻɿ^{53}	tsʻɿ^{53}	tsʻɿ^{53}	tsʻɿ^{53}	tsʻɿ^{213}	tsʻɿ^{213}	tsʻɿ^{213}
玉门市	tsʻɿ^{53}	tsʻɿ^{53}	tsʻɿ^{53}	tsʻɿ^{53}	tsʻɿ^{53}	tsʻɿ^{213}	tsʻɿ^{213}	tsʻɿ^{213}

①又七迹切，梗开三入昔清。

续表

瓜州县	tsʅ^{53}	tsʅ^{53}	tsʅ^{53}	tsʅ^{53}	tsʅ^{53}	tsʅ^{213}	tsʅ^{213}	tsʅ^{213}
西夏区	tsʅ^{53}	tsʅ^{53}	tsʅ^{53}	tsʅ^{53}	tsʅ^{53}	tsʅ^{13}	tsʅ^{13}	tsʅ^{13}
贺兰县	tsʅ^{53}	tsʅ^{53}	tsʅ^{53}	tsʅ^{53}	tsʅ^{53}	tsʅ^{13}	tsʅ^{13}	tsʅ^{13}
灵武市（东塔镇）	tsʅ^{52}	tsʅ^{52}	tsʅ^{52}	tsʅ^{52}	tsʅ^{52}	tsʅ^{13}	tsʅ^{13}	tsʅ^{13}
永宁县	tsʅ^{53}	tsʅ^{53}	tsʅ^{53}	tsʅ^{53}	tsʅ^{53}	tsʅ^{13}	tsʅ^{13}	tsʅ^{13}
中宁县	tsʅ^{53}	tsʅ^{53}	tsʅ^{53}	tsʅ^{53}	tsʅ^{53}	tsʅ^{13}	tsʅ^{13}	tsʅ^{13}
沙坡头区	tsʅ^{53}	tsʅ^{53}	tsʅ^{53}	tsʅ^{53}	tsʅ^{53}	tsʅ^{13}	tsʅ^{13}	tsʅ^{13}
盐池县	tsʅ^{13}	tsʅ^{13}	tsʅ^{13}	tsʅ^{13}	tsʅ^{52}	tsʅ^{13}	tsʅ^{13}	tsʅ^{13}
平罗县（渠口乡）	tsʅ^{53}	tsʅ^{53}	tsʅ^{53}	tsʅ^{53}	tsʅ^{53}	tsʅ^{13}	tsʅ^{13}	tsʅ^{13}
阿拉善左旗	tsʅ^{51}	tsʅ^{51}	tsʅ^{51}	tsʅ^{51}	tsʅ^{51}	tsʅ^{213}	tsʅ^{213}	tsʅ^{213}
乌鲁木齐市	tsʅ^{52}	tsʅ^{52}	tsʅ^{52}	tsʅ^{52}	tsʅ^{52}	tsʅ^{213}	tsʅ^{213}	tsʅ^{213}
阜康市	tsʅ^{51}	tsʅ^{51}	tsʅ^{51}	tsʅ^{51}	tsʅ^{51}	tsʅ^{213}	tsʅ^{213}	tsʅ^{213}
呼图壁县	tsʅ^{51}	tsʅ^{51}	tsʅ^{51}	tsʅ^{51}	tsʅ^{51}	tsʅ^{213}	tsʅ^{213}	tsʅ^{213}
吉木萨尔县	tsʅ^{51}	tsʅ^{51}	tsʅ^{51}	tsʅ^{51}	tsʅ^{51}	tsʅ^{213}	tsʅ^{213}	tsʅ^{213}
奇台县	tsʅ^{52}	tsʅ^{52}	tsʅ^{52}	tsʅ^{52}	tsʅ^{52}	tsʅ^{213}	tsʅ^{213}	tsʅ^{213}
博乐市	tsʅ^{51}	tsʅ^{51}	tsʅ^{51}	tsʅ^{51}	tsʅ^{51}	tsʅ^{24}	tsʅ^{24}	tsʅ^{24}
阿勒泰市	tsʅ^{51}	tsʅ^{51}	tsʅ^{51}	tsʅ^{51}	tsʅ^{51}	tsʅ^{23}	tsʅ^{23}	tsʅ^{23}
布尔津县	tsʅ^{34}	tsʅ^{34}	tsʅ^{34}	tsʅ^{34}	tsʅ^{34}	tsʅ^{51}	tsʅ^{51}	tsʅ^{51}
乌苏市	tsʅ^{51}	tsʅ^{51}	tsʅ^{51}	tsʅ^{51}	tsʅ^{51}	tsʅ^{213}	tsʅ^{213}	tsʅ^{213}
额敏县	tsʅ^{51}	tsʅ^{51}	tsʅ^{51}	tsʅ^{51}	tsʅ^{51}	tsʅ^{34}	tsʅ^{34}	tsʅ^{34}
伊州区	tsʅ^{51}	tsʅ^{51}	tsʅ^{51}	tsʅ^{51}	tsʅ^{51}	tsʅ^{213}	tsʅ^{213}	tsʅ^{213}
巴里坤县	tsʅ^{51}	tsʅ^{51}	tsʅ^{51}	tsʅ^{51}	tsʅ^{51}	tsʅ^{24}	tsʅ^{24}	tsʅ^{24}
伊吾县	tsʅ^{51}	tsʅ^{51}	tsʅ^{51}	tsʅ^{51}	tsʅ^{51}	tsʅ^{213}	tsʅ^{213}	tsʅ^{213}

字目 / 中古音 / 方言点	斯	撕①	私	司	丝	思②	死	四
	止开三平支心	止开三平支心	止开三平脂心	止开三平之心	止开三平之心	止开三平之心	止开三上旨心	止开三去至心
兰州市（城关区）	sɿ53	sɿ53	sɿ53	sɿ53	sɿ53	sɿ53	sɿ44	sɿ13
永登县	sɿ42	sɿ42	sɿ42	sɿ42	sɿ42	sɿ42	sɿ354	sɿ13
榆中县	sɿ52	sɿ52	sɿ52	sɿ52	sɿ52	sɿ532	sɿ44	sɿ13
皋兰县	sɿ42	sɿ42	sɿ42	sɿ42	sɿ42	sɿ42	sɿ354	sɿ13
白银区	sɿ44	sɿ44	sɿ44	sɿ44	sɿ44	sɿ44	sɿ343	sɿ13
天祝县	sɿ44	sɿ44	sɿ44	sɿ44	sɿ44	sɿ44	sɿ44	sɿ213
景泰县（红水镇）	sɿ44	sɿ44	sɿ44	sɿ44	sɿ44	sɿ44	sɿ44	sɿ213
古浪县	sɿ44	sɿ44	sɿ44	sɿ44	sɿ44	sɿ44	sɿ44	sɿ31
凉州区	sɿ33	sɿ33	sɿ33	sɿ33	sɿ33	sɿ33	sɿ33	sɿ53
民勤县	sɿ44	sɿ44	sɿ44	sɿ44	sɿ44	sɿ44	sɿ214	sɿ42
永昌县	sɿ44	sɿ44	sɿ44	sɿ44	sɿ44	sɿ44	sɿ13	sɿ53
甘州区	sɿ44	sɿ44	sɿ44	sɿ44	sɿ44	sɿ44	sɿ53	sɿ31
临泽县	sɿ44	sɿ44	sɿ44	sɿ44	sɿ44	sɿ44	sɿ44	sɿ214
民乐县	sɿ44	sɿ44	sɿ44	sɿ44	sɿ44	sɿ44	sɿ213	sɿ42
山丹县	sɿ24	sɿ24	sɿ24	sɿ24	sɿ24	sɿ24	sɿ53	sɿ41
高台县	sɿ44	sɿ44	sɿ44	sɿ44	sɿ44	sɿ44	sɿ44	sɿ214
肃州区	sɿ44	sɿ44	sɿ44	sɿ44	sɿ44	sɿ44	sɿ44	sɿ214
金塔县	sɿ44	sɿ44	sɿ44	sɿ44	sɿ44	sɿ44	sɿ53	sɿ13
肃北县	sɿ44	sɿ44	sɿ44	sɿ44	sɿ44	sɿ44	sɿ53	sɿ213
玉门市	sɿ44	sɿ44	sɿ44	sɿ44	sɿ44	sɿ44	sɿ53	sɿ213

①又山宜切，止开三平支生。

②又相吏切，止开三去志心。

续表

瓜州县	sɿ^{44}	sɿ^{44}	sɿ^{44}	sɿ^{44}	sɿ^{44}	sɿ^{44}	sɿ^{53}	sɿ^{213}
西夏区	sɿ^{44}	sɿ^{44}	sɿ^{44}	sɿ^{44}	sɿ^{44}	sɿ^{44}	sɿ^{53}	sɿ^{13}
贺兰县	sɿ^{44}	sɿ^{44}	sɿ^{44}	sɿ^{44}	sɿ^{44}	sɿ^{44}	sɿ^{53}	sɿ^{13}
灵武市（东塔镇）	sɿ^{44}	sɿ^{44}	sɿ^{44}	sɿ^{44}	sɿ^{44}	sɿ^{44}	sɿ^{52}	sɿ^{13}
永宁县	sɿ^{44}	sɿ^{44}	sɿ^{44}	sɿ^{44}	sɿ^{44}	sɿ^{44}	sɿ^{53}	sɿ^{13}
中宁县	sɿ^{44}	sɿ^{44}	sɿ^{44}	sɿ^{44}	sɿ^{44}	sɿ^{44}	sɿ^{53}	sɿ^{13}
沙坡头区	sɿ^{44}	sɿ^{44}	sɿ^{44}	sɿ^{44}	sɿ^{44}	sɿ^{44}	sɿ^{53}	sɿ^{13}
盐池县	sɿ^{44}	sɿ^{44}	sɿ^{44}	sɿ^{44}	sɿ^{44}	sɿ^{44}	sɿ^{52}	sɿ^{13}
平罗县（渠口乡）	sɿ^{44}	sɿ^{44}	sɿ^{44}	sɿ^{44}	sɿ^{44}	sɿ^{44}	sɿ^{53}	sɿ^{13}
乌鲁木齐市	sɿ^{44}	sɿ^{44}	sɿ^{44}	sɿ^{44}	sɿ^{44}	sɿ^{44}	sɿ^{52}	sɿ^{213}
阜康市	sɿ^{55}	sɿ^{55}	sɿ^{55}	sɿ^{55}	sɿ^{55}	sɿ^{55}	sɿ^{51}	sɿ^{213}
呼图壁县	sɿ^{44}	sɿ^{44}	sɿ^{44}	sɿ^{44}	sɿ^{44}	sɿ^{44}	sɿ^{51}	sɿ^{213}
吉木萨尔县	sɿ^{44}	sɿ^{44}	sɿ^{44}	sɿ^{44}	sɿ^{44}	sɿ^{44}	sɿ^{51}	sɿ^{213}
奇台县	sɿ^{44}	sɿ^{44}	sɿ^{4}	sɿ^{44}	sɿ^{44}	sɿ^{44}	sɿ^{52}	sɿ^{213}
博乐市	sɿ^{45}	sɿ^{45}	sɿ^{45}	sɿ^{45}	sɿ^{45}	sɿ^{45}	sɿ^{51}	sɿ^{24}
阿勒泰市	sɿ^{44}	sɿ^{44}	sɿ^{44}	sɿ^{44}	sɿ^{44}	sɿ^{44}	sɿ^{51}	sɿ^{23}
布尔津县	sɿ^{44}	sɿ^{44}	sɿ^{44}	sɿ^{44}	sɿ^{44}	sɿ^{44}	sɿ^{23}	sɿ^{44}
乌苏市	sɿ^{55}	sɿ^{55}	sɿ^{55}	sɿ^{55}	sɿ^{55}	sɿ^{55}	sɿ^{51}	sɿ^{213}
额敏县	sɿ^{44}	sɿ^{44}	sɿ^{44}	sɿ^{44}	sɿ^{44}	sɿ^{44}	sɿ^{51}	sɿ^{34}
伊州区	sɿ^{44}	sɿ^{44}	sɿ^{44}	sɿ^{44}	sɿ^{44}	sɿ^{44}	sɿ^{51}	sɿ^{213}
巴里坤县	sɿ^{45}	sɿ^{45}	sɿ^{45}	sɿ^{45}	sɿ^{45}	sɿ^{45}	sɿ^{51}	sɿ^{24}
伊吾县	sɿ^{44}	sɿ^{44}	sɿ^{44}	sɿ^{44}	sɿ^{44}	sɿ^{44}	sɿ^{51}	sɿ^{213}
阿拉善左旗	sɿ^{44}	sɿ^{44}	sɿ^{44}	sɿ^{44}	sɿ^{44}	sɿ^{44}	sɿ^{51}	sɿ^{213}

字目 / 中古音 / 方言点	肆 放肆	似	祀	寺	饲	知① 知道	蜘	支
	止开三去至心	止开三上止邪	止开三上止邪	止开三上志邪	止开三上志邪	止开三平支知	止开三平支知	止开三平支章
兰州市（城关区）	sɿ13	sɿ13	sɿ13	sɿ13	sɿ13	tʂʅ53	tʂʅ53	tʂʅ53
永登县	sɿ13	sɿ13	sɿ13	sɿ13	sɿ13	tʂʅ42	tʂʅ42	tʂʅ42
榆中县	sɿ13	sɿ13	sɿ13	sɿ13	sɿ13	tʂʅ44	tʂʅ44	tʂʅ44
皋兰县	sɿ13	sɿ13	sɿ13	sɿ13	sɿ13	tʂʅ42	tʂʅ42	tʂʅ42
白银区	sɿ13	sɿ13	sɿ13	sɿ13	sɿ13	tʂʅ53	tʂʅ53	tʂʅ53
天祝县	sɿ213	sɿ213	sɿ213	sɿ213	sɿ213	tʂʅ44	tʂʅ44	tʂʅ44
景泰县（红水镇）	sɿ213	sɿ213	sɿ213	sɿ213	sɿ213	tʂʅ44	tʂʅ44	tʂʅ44
古浪县	sɿ31	sɿ31	sɿ31	sɿ31	sɿ31	tʂʅ44	tʂʅ44	tʂʅ44
凉州区	sɿ53	sɿ53	sɿ53	sɿ53	sɿ53	tʂʅ33	tʂʅ33	tʂʅ33
民勤县	sɿ42	sɿ42	sɿ42	sɿ42	sɿ42	tʂʅ44	tʂʅ44	tsɿ44
永昌县	sɿ53	sɿ53	sɿ53	sɿ53	sɿ53	tʂʅ44	tʂʅ44	tʂʅ44
甘州区	sɿ31	sɿ31	sɿ31	sɿ31	sɿ31	tʂʅ44	tʂʅ44	tʂʅ44
临泽县	sɿ214	sɿ214	sɿ214	sɿ214	sɿ214	tʂʅ44	tʂʅ44	tʂʅ44
民乐县	sɿ42	sɿ42	sɿ42	sɿ42	sɿ42	tʂʅ44	tʂʅ44	tsɿ44
山丹县	sɿ41	sɿ41	sɿ41	sɿ41	sɿ41	tʂʅ24	tʂʅ24	tʂʅ24
高台县	sɿ214	sɿ214	sɿ214	sɿ214	sɿ214	tʂʅ44	tʂʅ44	tʂʅ44
肃州区	sɿ214	sɿ214	sɿ214	sɿ214	sɿ214	tʂʅ44	tʂʅ44	tsɿ44
金塔县	sɿ13	sɿ13	sɿ13	sɿ13	sɿ13	tʂʅ44	tʂʅ44	tsɿ44
肃北县	sɿ213	sɿ213	sɿ213	sɿ213	sɿ213	tʂʅ44	tʂʅ44	tsɿ44
玉门市	sɿ213	sɿ213	sɿ213	sɿ213	sɿ213	tʂʅ44	tʂʅ44	tsɿ44

①又通“智”，知义切，止开三去寘知。

续表

瓜州县	sɿ^{213}	sɿ^{213}	sɿ^{213}	sɿ^{213}	sɿ^{213}	tʂʅ^{44}	tʂʅ^{44}	tsɿ^{44}
西夏区	sɿ^{13}	sɿ^{13}	sɿ^{13}	sɿ^{13}	sɿ^{13}	tʂʅ^{44}	tʂʅ^{44}	tʂʅ^{44}
贺兰县	sɿ^{13}	sɿ^{13}	sɿ^{13}	sɿ^{13}	sɿ^{13}	tʂʅ^{44}	tʂʅ^{44}	tʂʅ^{44}
灵武市（东塔镇）	sɿ^{13}	sɿ^{13}	sɿ^{13}	sɿ^{13}	sɿ^{13}	tʂʅ^{44}	tʂʅ^{44}	tʂʅ^{44}
永宁县	sɿ^{13}	sɿ^{13}	sɿ^{13}	sɿ^{13}	sɿ^{13}	tʂʅ^{44}	tʂʅ^{44}	tʂʅ^{44}
中宁县	sɿ^{13}	sɿ^{13}	sɿ^{13}	sɿ^{13}	sɿ^{13}	tʂʅ^{44}	tʂʅ^{44}	tʂʅ^{44}
沙坡头区	sɿ^{13}	sɿ^{13}	sɿ^{13}	sɿ^{13}	sɿ^{13}	tʂʅ^{44}	tʂʅ^{44}	tʂʅ^{44}
盐池县	sɿ^{13}	sɿ^{13}	sɿ^{13}	sɿ^{13}	sɿ^{13}	tʂʅ^{44}	tʂʅ^{44}	tsɿ^{44}
平罗县（渠口乡）	sɿ^{13}	sɿ^{13}	sɿ^{13}	sɿ^{13}	sɿ^{13}	tʂʅ^{44}	tʂʅ^{44}	tʂʅ^{44}
阿拉善左旗	sɿ^{213}	sɿ^{213}	sɿ^{213}	sɿ^{213}	sɿ^{213}	tʂʅ^{44}	tʂʅ^{44}	tsɿ^{44}
乌鲁木齐市	sɿ^{213}	sɿ^{213}	sɿ^{213}	sɿ^{213}	sɿ^{213}	tʂʅ^{44}	tʂʅ^{44}	tsɿ^{44}
阜康市	sɿ^{213}	sɿ^{213}	sɿ^{213}	sɿ^{213}	sɿ^{213}	tʂʅ^{55}	tʂʅ^{55}	tsɿ^{55}
呼图壁县	sɿ^{213}	sɿ^{213}	sɿ^{213}	sɿ^{213}	sɿ^{213}	tʂʅ^{44}	tʂʅ^{44}	tsɿ^{44}
吉木萨尔县	sɿ^{213}	sɿ^{213}	sɿ^{213}	sɿ^{213}	sɿ^{213}	tʂʅ^{44}	tʂʅ^{44}	tsɿ^{44}
奇台县	sɿ^{213}	sɿ^{213}	sɿ^{213}	sɿ^{213}	sɿ^{213}	tʂʅ^{44}	tʂʅ^{44}	tsɿ^{44}
博乐市	sɿ^{24}	sɿ^{24}	sɿ^{24}	sɿ^{24}	sɿ^{24}	tʂʅ^{45}	tʂʅ^{45}	tsɿ^{45}
阿勒泰市	sɿ^{23}	sɿ^{23}	sɿ^{23}	sɿ^{23}	sɿ^{23}	tʂʅ^{44}	tʂʅ^{44}	tsɿ^{44}
布尔津县	sɿ^{51}	sɿ^{51}	sɿ^{51}	sɿ^{51}	sɿ^{51}	tʂʅ^{44}	tʂʅ^{44}	tsɿ^{44}
乌苏市	sɿ^{213}	sɿ^{213}	sɿ^{213}	sɿ^{213}	sɿ^{213}	tʂʅ^{55}	tʂʅ^{55}	tsɿ^{55}
额敏县	sɿ^{34}	sɿ^{34}	sɿ^{34}	sɿ^{34}	sɿ^{34}	tʂʅ^{44}	tʂʅ^{44}	tsɿ^{44}
伊州区	sɿ^{213}	sɿ^{213}	sɿ^{213}	sɿ^{213}	sɿ^{213}	tʂʅ^{44}	tʂʅ^{44}	tsɿ^{44}
巴里坤县	sɿ^{24}	sɿ^{24}	sɿ^{24}	sɿ^{24}	sɿ^{24}	tʂʅ^{45}	tʂʅ^{45}	tsɿ^{45}
伊吾县	sɿ^{213}	sɿ^{213}	sɿ^{213}	sɿ^{213}	sɿ^{213}	tʂʅ^{44}	tʂʅ^{44}	tsɿ^{44}

字目 / 中古音 / 方言点	枝	肢	脂	之	芝	汁	织	只
	止开三平支章	止开三平支章	止开三平脂章	止开三平之章	止开三平之章	深开三入缉章	曾开三入职章	梗开三入昔章
兰州市（城关区）	tʂʅ^{53}	tʂʅ^{53}	tʂʅ^{53}	tʂʅ^{53}	tʂʅ^{53}	tʂʅ^{13}	tʂʅ^{13}	tʂʅ^{13}
永登县	tʂʅ^{42}	tʂʅ^{42}	tʂʅ^{42}	tʂʅ^{42}	tʂʅ^{42}	tʂʅ^{13}	tʂʅ^{13}	tʂʅ^{13}
榆中县	tʂʅ^{51}	tʂʅ^{51}	tʂʅ^{51}	tʂʅ^{51}	tʂʅ^{51}	tʂʅ^{13}	tʂʅ^{13}	tʂʅ^{13}
皋兰县	tʂʅ^{42}	tʂʅ^{42}	tʂʅ^{42}	tʂʅ^{42}	tʂʅ^{42}	tʂʅ^{13}	tʂʅ^{13}	tʂʅ^{13}
白银区	tʂʅ^{44}	tʂʅ^{44}	tʂʅ^{44}	tʂʅ^{44}	tʂʅ^{44}	tʂʅ^{13}	tʂʅ^{13}	tʂʅ^{13}
天祝县	tʂʅ^{44}	tʂʅ^{44}	tʂʅ^{44}	tʂʅ^{44}	tʂʅ^{44}	tʂʅ^{213}	tʂʅ^{213}	tʂʅ^{213}
景泰县（红水镇）	tʂʅ^{44}	tʂʅ^{44}	tʂʅ^{44}	tʂʅ^{44}	tʂʅ^{44}	tʂʅ^{213}	tʂʅ^{213}	tʂʅ^{213}
古浪县	tʂʅ^{44}	tʂʅ^{44}	tʂʅ^{44}	tʂʅ^{44}	tʂʅ^{44}	tʂʅ^{31}	tʂʅ^{31}	tʂʅ^{31}
凉州区	tʂʅ^{33}	tʂʅ^{33}	tʂʅ^{33}	tʂʅ^{33}	tʂʅ^{33}	tʂʅ^{53}	tʂʅ^{53}	tʂʅ^{53}
民勤县	tsɿ^{44}	tsɿ^{44}	tsɿ^{44}	tsɿ^{44}	tsɿ^{44}	tʂʅ^{42}	tʂʅ^{42}	tʂʅ^{42}
永昌县	tʂʅ^{44}	tʂʅ^{44}	tʂʅ^{44}	tʂʅ^{44}	tʂʅ^{44}	tʂʅ^{53}	tʂʅ^{53}	tʂʅ^{53}
甘州区	tʂʅ^{44}	tʂʅ^{44}	tʂʅ^{44}	tʂʅ^{44}	tʂʅ^{44}	tʂʅ^{31}	tʂʅ^{31}	tʂʅ^{31}
临泽县	tʂʅ^{44}	tʂʅ^{44}	tʂʅ^{44}	tʂʅ^{44}	tʂʅ^{44}	tʂʅ^{214}	tʂʅ^{214}	tʂʅ^{214}
民乐县	tsɿ^{44}	tsɿ^{44}	tsɿ^{44}	tsɿ^{44}	tsɿ^{44}	tʂʅ^{42}	tʂʅ^{42}	tʂʅ^{42}
山丹县	tʂʅ^{24}	tʂʅ^{24}	tʂʅ^{24}	tʂʅ^{24}	tʂʅ^{24}	tʂʅ^{41}	tʂʅ^{41}	tʂʅ^{41}
高台县	tʂʅ^{44}	tʂʅ^{44}	tʂʅ^{44}	tʂʅ^{44}	tʂʅ^{44}	tʂʅ^{214}	tʂʅ^{214}	tʂʅ^{214}
肃州区	tʂʅ^{44}	tʂʅ^{44}	tʂʅ^{44}	tʂʅ^{44}	tʂʅ^{44}	tʂʅ^{214}	tʂʅ^{214}	tʂʅ^{214}
金塔县	tʂʅ^{44}	tʂʅ^{44}	tʂʅ^{44}	tʂʅ^{44}	tʂʅ^{44}	tʂʅ^{13}	tʂʅ^{13}	tʂʅ^{13}
肃北县	tʂʅ^{44}	tʂʅ^{44}	tʂʅ^{44}	tʂʅ^{44}	tʂʅ^{44}	tʂʅ^{213}	tʂʅ^{213}	tʂʅ^{213}
玉门市	tʂʅ^{44}	tʂʅ^{44}	tʂʅ^{44}	tʂʅ^{44}	tʂʅ^{44}	tʂʅ^{213}	tʂʅ^{213}	tʂʅ^{213}
瓜州县	tʂʅ^{44}	tʂʅ^{44}	tʂʅ^{44}	tʂʅ^{44}	tʂʅ^{44}	tʂʅ^{213}	tʂʅ^{213}	tʂʅ^{213}
西夏区	tʂʅ^{44}	tʂʅ^{44}	tʂʅ^{44}	tʂʅ^{44}	tʂʅ^{44}	tʂʅ^{13}	tʂʅ^{13}	tʂʅ^{13}

续表

贺兰县	tʂʅ^{44}	tʂʅ^{44}	tʂʅ^{44}	tʂʅ^{44}	tʂʅ^{44}	tʂʅ^{13}	tʂʅ^{13}	tʂʅ^{13}
灵武市（东塔镇）	tʂʅ^{44}	tʂʅ^{44}	tʂʅ^{44}	tʂʅ^{44}	tʂʅ^{44}	tʂʅ^{13}	tʂʅ^{13}	tʂʅ^{13}
永宁县	tʂʅ^{44}	tʂʅ^{44}	tʂʅ^{44}	tʂʅ^{44}	tʂʅ^{44}	tʂʅ^{13}	tʂʅ^{13}	tʂʅ^{13}
中宁县	tʂʅ^{44}	tʂʅ^{44}	tʂʅ^{44}	tʂʅ^{44}	tʂʅ^{44}	tʂʅ^{13}	tʂʅ^{13}	tʂʅ^{13}
沙坡头区	tʂʅ^{44}	tʂʅ^{44}	tʂʅ^{44}	tʂʅ^{44}	tʂʅ^{44}	tʂʅ^{13}	tʂʅ^{13}	tʂʅ^{13}
盐池县	tsɿ^{44}	tsɿ^{44}	tsɿ^{44}	tsɿ^{44}	tsɿ^{44}	tʂʅ^{44}	tʂʅ^{44}	tʂʅ^{44}
平罗县（渠口乡）	tʂʅ^{44}	tʂʅ^{44}	tʂʅ^{44}	tʂʅ^{44}	tʂʅ^{44}	tʂʅ^{13}	tʂʅ^{13}	tʂʅ^{13}
阿拉善左旗	tsɿ^{44}	tsɿ^{44}	tsɿ^{44}	tsɿ^{44}	tsɿ^{44}	tʂʅ^{213}	tʂʅ^{213}	tʂʅ^{213}
乌鲁木齐市	tsɿ^{44}	tsɿ^{44}	tsɿ^{44}	tsɿ^{44}	tsɿ^{44}	tʂʅ^{213}	tʂʅ^{213}	tʂʅ^{213}
阜康市	tsɿ^{55}	tsɿ^{55}	tsɿ^{55}	tsɿ^{55}	tsɿ^{55}	tʂʅ^{213}	tʂʅ^{213}	tʂʅ^{213}
呼图壁县	tsɿ^{44}	tsɿ^{44}	tsɿ^{44}	tsɿ^{44}	tsɿ^{44}	tʂʅ^{213}	tʂʅ^{213}	tʂʅ^{213}
吉木萨尔县	tsɿ^{44}	tsɿ^{44}	tsɿ^{44}	tsɿ^{44}	tsɿ^{44}	tʂʅ^{213}	tʂʅ^{213}	tʂʅ^{213}
奇台县	tsɿ^{44}	tsɿ^{44}	tsɿ^{44}	tsɿ^{44}	tsɿ^{4}	tʂʅ^{213}	tʂʅ^{213}	tʂʅ^{213}
博乐市	tsɿ^{45}	tsɿ^{45}	tsɿ^{45}	tsɿ^{45}	tsɿ^{45}	tʂʅ^{24}	tʂʅ^{24}	tʂʅ^{24}
阿勒泰市	tsɿ^{44}	tsɿ^{44}	tsɿ^{44}	tsɿ^{44}	tsɿ^{44}	tʂʅ^{23}	tʂʅ^{23}	tʂʅ^{23}
布尔津县	tsɿ^{44}	tsɿ^{44}	tsɿ^{44}	tsɿ^{44}	tsɿ^{44}	tʂʅ^{51}	tʂʅ^{51}	tʂʅ^{51}
乌苏市	tsɿ^{55}	tsɿ^{55}	tsɿ^{55}	tsɿ^{55}	tsɿ^{55}	tʂʅ^{213}	tʂʅ^{213}	tʂʅ^{213}
额敏县	tsɿ^{44}	tsɿ^{44}	tsɿ^{44}	tsɿ^{44}	tsɿ^{44}	tʂʅ^{34}	tʂʅ^{34}	tʂʅ^{34}
伊州区	tsɿ^{44}	tsɿ^{44}	tsɿ^{44}	tsɿ^{44}	tsɿ^{44}	tʂʅ^{213}	tʂʅ^{213}	tʂʅ^{213}
巴里坤县	tsɿ^{45}	tsɿ^{45}	tsɿ^{45}	tsɿ^{45}	tsɿ^{45}	tʂʅ^{35}	tʂʅ^{35}	tʂʅ^{35}
伊吾县	tsɿ^{44}	tsɿ^{44}	tsɿ^{44}	tsɿ^{44}	tsɿ^{44}	tʂʅ^{213}	tʂʅ^{213}	tʂʅ^{213}

字目 / 中古音 / 方言点	执	侄①	直	值②	职	植③	只④ 只有	纸
	深开三入缉章	臻开三入质澄	曾开三入职澄	曾开三入职澄	曾开三入职章	曾开三入职禅	止开三上纸章	止开三上纸章
兰州市（城关区）	tʂʅ^{13}	tʂʅ^{51}	tʂʅ^{51}	tʂʅ^{51}	tʂʅ^{13}	tʂʅ^{13}	tʂʅ^{44}	tʂʅ^{44}
永登县	tʂʅ^{13}	tʂʅ^{53}	tʂʅ^{53}	tʂʅ^{53}	tʂʅ^{13}	tʂʅ^{13}	tʂʅ^{354}	tʂʅ^{354}
榆中县	tʂʅ^{13}	tʂʅ^{332}	tʂʅ^{332}	tʂʅ^{332}	tʂʅ^{13}	tʂʅ^{13}	tʂʅ^{44}	tʂʅ^{44}
皋兰县	tʂʅ^{13}	tʂʅ^{53}	tʂʅ^{53}	tʂʅ^{53}	tʂʅ^{13}	tʂʅ^{13}	tʂʅ^{342}	tʂʅ^{342}
白银区	tʂʅ^{13}	tʂʅ^{51}	tʂʅ^{51}	tʂʅ^{51}	tʂʅ^{13}	tʂʅ^{13}	tʂʅ^{343}	tʂʅ^{343}
天祝县	tʂʅ^{213}	tʂʅ^{53}	tʂʅ^{53}	tʂʅ^{53}	tʂʅ^{213}	tʂʅ^{213}	tʂʅ^{44}	tʂʅ^{44}
景泰县（红水镇）	tʂʅ^{213}	tʂʅ^{53}	tʂʅ^{53}	tʂʅ^{53}	tʂʅ^{213}	tʂʅ^{213}	tʂʅ^{44}	tʂʅ^{44}
古浪县	tʂʅ^{31}	tʂʅ^{53}	tʂʅ^{53}	tʂʅ^{53}	tʂʅ^{31}	tʂʅ^{31}	tʂʅ^{44}	tʂʅ^{44}
凉州区	tʂʅ^{53}	tʂʅ^{13}	tʂʅ^{13}	tʂʅ^{13}	tʂʅ^{42}	tʂʅ^{42}	tʂʅ^{33}	tʂʅ^{33}
民勤县	tʂʅ^{42}	tʂʅ^{53}	tʂʅ^{53}	tʂʅ^{53}	tʂʅ^{42}	tʂʅ^{42}	tʂʅ^{214}	tsɿ^{214}
永昌县	tʂʅ^{53}	tʂʅ^{13}	tʂʅ^{13}	tʂʅ^{13}	tʂʅ^{53}	tʂʅ^{13}	tʂʅ^{13}	tʂʅ^{13}
甘州区	tʂʅ^{31}	tʂʅ^{53}	tʂʅ^{53}	tʂʅ^{53}	tʂʅ^{31}	tʂʅ^{31}	tʂʅ^{53}	tʂʅ^{53}
临泽县	tʂʅ^{214}	tʂʅ^{53}	tʂʅ^{53}	tʂʅ^{53}	tʂʅ^{214}	tʂʅ^{214}	tʂʅ^{44}	tʂʅ^{44}
民乐县	tʂʅ^{42}	tʂʅ^{53}	tʂʅ^{53}	tʂʅ^{53}	tʂʅ^{42}	tʂʅ^{42}	tʂʅ^{213}	tsɿ^{213}
山丹县	tʂʅ^{41}	tʂʅ^{53}	tʂʅ^{53}	tʂʅ^{53}	tʂʅ^{41}	tʂʅ^{41}	tʂʅ^{53}	tʂʅ^{53}
高台县	tʂʅ^{214}	tʂʅ^{53}	tʂʅ^{53}	tʂʅ^{53}	tʂʅ^{214}	tʂʅ^{214}	tʂʅ^{44}	tʂʅ^{53}
肃州区	tʂʅ^{214}	tʂʅ^{53}	tʂʅ^{53}	tʂʅ^{53}	tʂʅ^{214}	tʂʅ^{214}	tʂʅ^{44}	tsɿ^{53}
金塔县	tʂʅ^{13}	tʂʅ^{53}	tʂʅ^{53}	tʂʅ^{53}	tʂʅ^{13}	tʂʅ^{13}	tʂʅ^{53}	tsɿ^{53}

①又徒结切，山开四入屑定。

②《广韵》直吏切，归志韵，现据《集韵》逐力切，归职韵。又丞职禅。

③又逐力切，曾开三入职澄。

④又章移切，止开三平支章。

续表

肃北县	tʂʅ^{213}	tʂʅ^{53}	tʂʅ^{53}	tʂʅ^{53}	tʂʅ^{213}	tʂʅ^{213}	tʂʅ^{53}	tsɿ^{53}
玉门市	tʂʅ^{213}	tʂʅ^{53}	tʂʅ^{53}	tʂʅ^{53}	tʂʅ^{213}	tʂʅ^{213}	tʂʅ^{53}	tsɿ^{53}
瓜州县	tʂʅ^{213}	tʂʅ^{53}	tʂʅ^{53}	tʂʅ^{53}	tʂʅ^{213}	tʂʅ^{213}	tʂʅ^{53}	tsɿ^{53}
西夏区	tʂʅ^{13}	tʂʅ^{13}	tʂʅ^{13}	tʂʅ^{13}	tʂʅ^{13}	tʂʅ^{13}	tʂʅ^{53}	tʂʅ^{53}
贺兰县	tʂʅ^{13}	tʂʅ^{13}	tʂʅ^{13}	tʂʅ^{13}	tʂʅ^{13}	tʂʅ^{13}	tʂʅ^{53}	tʂʅ^{53}
灵武市（东塔镇）	tʂʅ^{13}	tʂʅ^{13}	tʂʅ^{13}	tʂʅ^{13}	tʂʅ^{13}	tʂʅ^{13}	tʂʅ^{52}	tʂʅ^{52}
永宁县	tʂʅ^{13}	tʂʅ^{13}	tʂʅ^{13}	tʂʅ^{13}	tʂʅ^{13}	tʂʅ^{13}	tʂʅ^{53}	tʂʅ^{53}
中宁县	tʂʅ^{13}	tʂʅ^{53}	tʂʅ^{53}	tʂʅ^{53}	tʂʅ^{13}	tʂʅ^{53}	tʂʅ^{53}	tʂʅ^{53}
沙坡头区	tʂʅ^{13}	tʂʅ^{53}	tʂʅ^{53}	tʂʅ^{53}	tʂʅ^{13}	tʂʅ^{53}	tʂʅ^{53}	tʂʅ^{53}
盐池县	tʂʅ^{44}	tʂʅ^{13}	tʂʅ^{13}	tʂʅ^{13}	tʂʅ^{44}	tʂʅ^{13}	tʂʅ^{53}	tsɿ^{52}
平罗县（渠口乡）	tʂʅ^{13}	tʂʅ^{13}	tʂʅ^{13}	tʂʅ^{13}	tʂʅ^{13}	tʂʅ^{13}	tʂʅ^{53}	tʂʅ^{53}
阿拉善左旗	tʂʅ^{213}	tʂʅ^{51}	tʂʅ^{51}	tʂʅ^{51}	tʂʅ^{213}	tʂʅ^{213}	tʂʅ^{51}	tsɿ^{51}
乌鲁木齐市	tʂʅ^{213}	tʂʅ^{52}	tʂʅ^{52}	tʂʅ^{52}	tʂʅ^{213}	tʂʅ^{213}	tʂʅ^{52}	tsɿ^{52}
阜康市	tʂʅ^{213}	tʂʅ^{51}	tʂʅ^{51}	tʂʅ^{51}	tʂʅ^{213}	tʂʅ^{213}	tʂʅ^{51}	tsɿ^{51}
呼图壁县	tʂʅ^{213}	tʂʅ^{51}	tʂʅ^{51}	tʂʅ^{51}	tʂʅ^{213}	tʂʅ^{213}	tʂʅ^{51}	tsɿ^{51}
吉木萨尔县	tʂʅ^{213}	tʂʅ^{51}	tʂʅ^{51}	tʂʅ^{51}	tʂʅ^{213}	tʂʅ^{213}	tʂʅ^{51}	tsɿ^{51}
奇台县	tʂʅ^{213}	tʂʅ^{52}	tʂʅ^{52}	tʂʅ^{52}	tʂʅ^{213}	tʂʅ^{213}	tʂʅ^{52}	tsɿ^{52}
博乐市	tʂʅ^{24}	tʂʅ^{51}	tʂʅ^{51}	tʂʅ^{51}	tʂʅ^{24}	tʂʅ^{24}	tʂʅ^{51}	tsɿ^{51}
阿勒泰市	tʂʅ^{23}	tʂʅ^{51}	tʂʅ^{51}	tʂʅ^{51}	tʂʅ^{23}	tʂʅ^{23}	tʂʅ^{51}	tsɿ^{51}
布尔津县	tʂʅ^{51}	tʂʅ^{23}	tʂʅ^{23}	tʂʅ^{23}	tʂʅ^{51}	tʂʅ^{51}	tʂʅ^{23}	tsɿ^{23}
乌苏市	tʂʅ^{213}	tʂʅ^{51}	tʂʅ^{51}	tʂʅ^{51}	tʂʅ^{213}	tʂʅ^{213}	tʂʅ^{51}	tsɿ^{51}
额敏县	tʂʅ^{34}	tʂʅ^{51}	tʂʅ^{51}	tʂʅ^{51}	tʂʅ^{34}	tʂʅ^{34}	tʂʅ^{51}	tsɿ^{51}
伊州区	tʂʅ^{213}	tʂʅ^{51}	tʂʅ^{51}	tʂʅ^{51}	tʂʅ^{213}	tʂʅ^{213}	tʂʅ^{51}	tsɿ^{51}
巴里坤县	tʂʅ^{24}	tʂʅ^{51}	tʂʅ^{51}	tʂʅ^{51}	tʂʅ^{24}	tʂʅ^{24}	tʂʅ^{51}	tsɿ^{51}
伊吾县	tʂʅ^{213}	tʂʅ^{51}	tʂʅ^{51}	tʂʅ^{51}	tʂʅ^{213}	tʂʅ^{213}	tʂʅ^{51}	tsɿ^{51}

字目 / 中古音 / 方音 / 方言点	旨	指	止	址	滞	制 制度	制 制造	智
	止开三上旨章	止开三上旨章	止开三上止章	止开三上止章	蟹开三去祭澄	蟹开三去祭章	蟹开三去祭章	止开三去寘知
兰州市（城关区）	tʂʅ^{44}	tʂʅ^{44}	tʂʅ^{44}	tʂʅ^{44}	tʂʅ^{13}	tʂʅ^{13}	tʂʅ^{13}	tʂʅ^{13}
永登县	tʂʅ^{354}	tʂʅ^{354}	tʂʅ^{354}	tʂʅ^{354}	tʂʅ^{13}	tʂʅ^{13}	tʂʅ^{13}	tʂʅ^{13}
榆中县	tʂʅ^{44}	tʂʅ^{44}	tʂʅ^{44}	tʂʅ^{44}	tʂʅ^{13}	tʂʅ^{13}	tʂʅ^{13}	tʂʅ^{13}
皋兰县	tʂʅ^{342}	tʂʅ^{342}	tʂʅ^{342}	tʂʅ^{342}	tʂʅ^{13}	tʂʅ^{13}	tʂʅ^{13}	tʂʅ^{13}
白银区	tʂʅ^{343}	tʂʅ^{343}	tʂʅ^{343}	tʂʅ^{343}	tʂʅ^{13}	tʂʅ^{13}	tʂʅ^{13}	tʂʅ^{13}
天祝县	tʂʅ^{44}	tʂʅ^{44}	tʂʅ^{44}	tʂʅ^{44}	tʂʅ^{213}	tʂʅ^{213}	tʂʅ^{213}	tʂʅ^{213}
景泰县（红水镇）	tʂʅ^{44}	tʂʅ^{44}	tʂʅ^{44}	tʂʅ^{44}	tʂʅ^{213}	tʂʅ^{213}	tʂʅ^{213}	tʂʅ^{213}
古浪县	tʂʅ^{44}	tʂʅ^{44}	tʂʅ^{44}	tʂʅ^{44}	tʂʅ^{31}	tʂʅ^{31}	tʂʅ^{31}	tʂʅ^{31}
凉州区	tʂʅ^{33}	tʂʅ^{33}	tʂʅ^{33}	tʂʅ^{33}	tʂʅ^{53}	tʂʅ^{53}	tʂʅ^{53}	tʂʅ^{53}
民勤县	tsɿ^{214}	tsɿ^{214}	tsɿ^{214}	tsɿ^{214}	tsɿ^{42}	tʂʅ^{42}	tʂʅ^{42}	tʂʅ^{42}
永昌县	tʂʅ^{13}	tʂʅ^{13}	tʂʅ^{13}	tʂʅ^{13}	tʂʅ^{53}	tʂʅ^{53}	tʂʅ^{53}	tʂʅ^{53}
甘州区	tʂʅ^{53}	tʂʅ^{53}	tʂʅ^{53}	tʂʅ^{53}	tʂʅ^{31}	tʂʅ^{31}	tʂʅ^{31}	tʂʅ^{31}
临泽县	tʂʅ^{44}	tʂʅ^{44}	tʂʅ^{44}	tʂʅ^{44}	tʂʅ^{214}	tʂʅ^{214}	tʂʅ^{214}	tʂʅ^{214}
民乐县	tsɿ^{213}	tsɿ^{213}	tsɿ^{213}	tsɿ^{213}	tsɿ^{42}	tʂʅ^{42}	tʂʅ^{42}	tʂʅ^{42}
山丹县	tʂʅ^{53}	tʂʅ^{53}	tʂʅ^{53}	tʂʅ^{53}	tʂʅ^{41}	tʂʅ^{41}	tʂʅ^{41}	tʂʅ^{41}
高台县	tʂʅ^{53}	tʂʅ^{53}	tʂʅ^{53}	tʂʅ^{44}	tʂʅ^{214}	tʂʅ^{214}	tʂʅ^{214}	tʂʅ^{214}
肃州区	tsɿ^{53}	tsɿ^{53}	tsɿ^{53}	tsɿ^{44}	tʂʅ^{214}	tʂʅ^{214}	tʂʅ^{214}	tʂʅ^{214}
金塔县	tsɿ^{53}	tsɿ^{53}	tsɿ^{53}	tsɿ^{53}	tʂʅ^{13}	tʂʅ^{13}	tʂʅ^{13}	tʂʅ^{13}
肃北县	tsɿ^{53}	tsɿ^{53}	tsɿ^{53}	tsɿ^{53}	tʂʅ^{213}	tʂʅ^{213}	tʂʅ^{213}	tʂʅ^{213}
玉门市	tsɿ^{53}	tsɿ^{53}	tsɿ^{53}	tsɿ^{53}	tʂʅ^{213}	tʂʅ^{213}	tʂʅ^{213}	tʂʅ^{213}
瓜州县	tsɿ^{53}	tsɿ^{53}	tsɿ^{53}	tsɿ^{53}	tʂʅ^{213}	tʂʅ^{213}	tʂʅ^{213}	tʂʅ^{213}
西夏区	tʂʅ^{53}	tʂʅ^{53}	tʂʅ^{53}	tʂʅ^{53}	tʂʅ^{53}	tʂʅ^{13}	tʂʅ^{13}	tʂʅ^{13}

续表

贺兰县	tʂʅ^{53}	tʂʅ^{53}	tʂʅ^{53}	tʂʅ^{53}	tʂʅ^{53}	tʂʅ^{13}	tʂʅ^{13}	tʂʅ^{13}
灵武市（东塔镇）	tʂʅ^{52}	tʂʅ^{52}	tʂʅ^{52}	tʂʅ^{52}	tʂʅ^{52}	tʂʅ^{13}	tʂʅ^{13}	tʂʅ^{13}
永宁县	tʂʅ^{53}	tʂʅ^{53}	tʂʅ^{53}	tʂʅ^{53}	tʂʅ^{53}	tʂʅ^{13}	tʂʅ^{13}	tʂʅ^{13}
中宁县	tʂʅ^{53}	tʂʅ^{53}	tʂʅ^{53}	tʂʅ^{53}	tʂʅ^{53}	tʂʅ^{13}	tʂʅ^{13}	tʂʅ^{13}
沙坡头区	tʂʅ^{53}	tʂʅ^{53}	tʂʅ^{53}	tʂʅ^{53}	tʂʅ^{53}	tʂʅ^{13}	tʂʅ^{13}	tʂʅ^{13}
盐池县	tsɿ^{52}	tsɿ^{52}	tsɿ^{52}	tsɿ^{52}	tsɿ^{52}	tʂʅ^{13}	tʂʅ^{13}	tʂʅ^{13}
平罗县（渠口乡）	tʂʅ^{53}	tʂʅ^{53}	tʂʅ^{53}	tʂʅ^{53}	tʂʅ^{53}	tʂʅ^{13}	tʂʅ^{13}	tʂʅ^{13}
阿拉善左旗	tsɿ^{51}	tsɿ^{51}	tsɿ^{51}	tsɿ^{51}	tʂʅ^{213}	tʂʅ^{213}	tʂʅ^{213}	tʂʅ^{213}
乌鲁木齐市	tsɿ^{52}	tsɿ^{52}	tsɿ^{52}	tsɿ^{52}	tʂʅ^{213}	tʂʅ^{213}	tʂʅ^{213}	tʂʅ^{213}
阜康市	tsɿ^{51}	tsɿ^{51}	tsɿ^{51}	tsɿ^{51}	tʂʅ^{213}	tʂʅ^{213}	tʂʅ^{213}	tʂʅ^{213}
呼图壁县	tsɿ^{51}	tsɿ^{51}	tsɿ^{51}	tsɿ^{51}	tʂʅ^{213}	tʂʅ^{213}	tʂʅ^{213}	tʂʅ^{213}
吉木萨尔县	tsɿ^{51}	tsɿ^{51}	tsɿ^{51}	tsɿ^{51}	tʂʅ^{213}	tʂʅ^{213}	tʂʅ^{213}	tʂʅ^{213}
奇台县	tsɿ^{52}	tsɿ^{52}	tsɿ^{52}	tsɿ^{52}	tʂʅ^{213}	tʂʅ^{213}	tʂʅ^{213}	tʂʅ^{213}
博乐市	tsɿ^{51}	tsɿ^{51}	tsɿ^{51}	tsɿ^{51}	tʂʅ^{24}	tʂʅ^{24}	tʂʅ^{24}	tʂʅ^{24}
阿勒泰市	tsɿ^{51}	tsɿ^{51}	tsɿ^{51}	tsɿ^{51}	tʂʅ^{23}	tʂʅ^{23}	tʂʅ^{23}	tʂʅ^{23}
布尔津县	tsɿ^{23}	tsɿ^{23}	tsɿ^{23}	tsɿ^{23}	tʂʅ^{51}	tʂʅ^{51}	tʂʅ^{51}	tʂʅ^{51}
乌苏市	tsɿ^{51}	tsɿ^{51}	tsɿ^{51}	tsɿ^{51}	tʂʅ^{213}	tʂʅ^{213}	tʂʅ^{213}	tʂʅ^{213}
额敏县	tsɿ^{51}	tsɿ^{51}	tsɿ^{51}	tsɿ^{51}	tʂʅ^{34}	tʂʅ^{34}	tʂʅ^{34}	tʂʅ^{34}
伊州区	tsɿ^{51}	tsɿ^{51}	tsɿ^{51}	tsɿ^{51}	tʂʅ^{213}	tʂʅ^{213}	tʂʅ^{213}	tʂʅ^{213}
巴里坤县	tsɿ^{51}	tsɿ^{51}	tsɿ^{51}	tsɿ^{51}	tʂʅ^{24}	tʂʅ^{24}	tʂʅ^{24}	tʂʅ^{24}
伊吾县	tsɿ^{51}	tsɿ^{51}	tsɿ^{51}	tsɿ^{51}	tʂʅ^{213}	tʂʅ^{213}	tʂʅ^{213}	tʂʅ^{213}

字目 / 方言点	致	质[①] 人质	稚	至	置	治[②]	志 志向	志 杂志
中古音	止开三去至知	止开三去至知	止开三去至澄	止开三去至章	止开三去志知	止开三去志澄	止开三去志章	止开三去志章
兰州市（城关区）	tʂʅ^{13}	tʂʅ^{13}	tʂʅ^{51}	tʂʅ^{13}	tʂʅ^{13}	tʂʅ^{13}	tʂʅ^{13}	tʂʅ^{13}
永登县	tʂʅ^{13}	tʂʅ^{13}	tʂʅ^{53}	tʂʅ^{13}	tʂʅ^{13}	tʂʅ^{13}	tʂʅ^{13}	tʂʅ^{13}
榆中县	tʂʅ^{13}	tʂʅ^{13}	tʂʅ^{332}	tʂʅ^{13}	tʂʅ^{13}	tʂʅ^{13}	tʂʅ^{13}	tʂʅ^{13}
皋兰县	tʂʅ^{13}	tʂʅ^{13}	tʂʅ^{53}	tʂʅ^{13}	tʂʅ^{13}	tʂʅ^{13}	tʂʅ^{13}	tʂʅ^{13}
白银区	tʂʅ^{13}	tʂʅ^{13}	tʂʅ^{51}	tʂʅ^{13}	tʂʅ^{13}	tʂʅ^{13}	tʂʅ^{13}	tʂʅ^{13}
天祝县	tʂʅ^{213}	tʂʅ^{213}	tʂʅ^{53}	tʂʅ^{213}	tʂʅ^{213}	tʂʅ^{213}	tʂʅ^{213}	tʂʅ^{213}
景泰县（红水镇）	tʂʅ^{213}	tʂʅ^{213}	tʂʅ^{53}	tʂʅ^{213}	tʂʅ^{213}	tʂʅ^{213}	tʂʅ^{213}	tʂʅ^{213}
古浪县	tʂʅ^{31}	tʂʅ^{31}	tʂʅ^{53}	tʂʅ^{31}	tʂʅ^{31}	tʂʅ^{31}	tʂʅ^{31}	tʂʅ^{31}
凉州区	tʂʅ^{53}	tʂʅ^{53}	tʂʅ^{13}	tʂʅ^{53}	tʂʅ^{53}	tʂʅ^{53}	tʂʅ^{53}	tʂʅ^{53}
民勤县	tʂʅ^{42}	tʂʅ^{42}	tʂʅ^{53}	tʂʅ^{42}	tʂʅ^{42}	tʂʅ^{42}	tsɿ^{42}	tsɿ^{42}
永昌县	tʂʅ^{53}	tʂʅ^{53}	tʂʅ^{13}	tʂʅ^{53}	tʂʅ^{53}	tʂʅ^{53}	tʂʅ^{53}	tʂʅ^{53}
甘州区	tʂʅ^{31}	tʂʅ^{31}	tʂʅ^{53}	tʂʅ^{31}	tʂʅ^{31}	tʂʅ^{31}	tʂʅ^{31}	tʂʅ^{31}
临泽县	tʂʅ^{214}	tʂʅ^{214}	tʂʅ^{53}	tʂʅ^{214}	tʂʅ^{214}	tʂʅ^{214}	tʂʅ^{214}	tʂʅ^{214}
民乐县	tʂʅ^{42}	tʂʅ^{42}	tʂʅ^{53}	tʂʅ^{42}	tʂʅ^{42}	tʂʅ^{42}	tsɿ^{42}	tsɿ^{42}
山丹县	tʂʅ^{41}	tʂʅ^{41}	tʂʅ^{53}	tʂʅ^{41}	tʂʅ^{41}	tʂʅ^{41}	tʂʅ^{41}	tʂʅ^{41}
高台县	tʂʅ^{214}	tʂʅ^{214}	tʂʅ^{53}	tʂʅ^{214}	tʂʅ^{214}	tʂʅ^{214}	tʂʅ^{214}	tʂʅ^{214}
肃州区	tʂʅ^{214}	tʂʅ^{214}	tʂʅ^{53}	tʂʅ^{214}	tʂʅ^{214}	tʂʅ^{214}	tsɿ^{214}	tsɿ^{214}
金塔县	tʂʅ^{13}	tʂʅ^{13}	tʂʅ^{53}	tʂʅ^{13}	tʂʅ^{13}	tʂʅ^{13}	tsɿ^{13}	tsɿ^{13}
肃北县	tʂʅ^{213}	tʂʅ^{213}	tʂʅ^{53}	tʂʅ^{213}	tʂʅ^{213}	tʂʅ^{213}	tsɿ^{213}	tsɿ^{213}
玉门市	tʂʅ^{213}	tʂʅ^{213}	tʂʅ^{53}	tʂʅ^{213}	tʂʅ^{213}	tʂʅ^{213}	tsɿ^{213}	tsɿ^{213}

①又通“挚”，脂利切，止开三去至章。

②又直之切，止开三平之澄。

续表

瓜州县	tʂʅ213	tʂʅ213	tʂʅ53	tʂʅ213	tʂʅ213	tʂʅ213	tsɿ213	tsɿ213
西夏区	tʂʅ13	tʂʅ13	tʂʅ13	tʂʅ13	tʂʅ13	tʂʅ13	tʂʅ13	tʂʅ13
贺兰县	tʂʅ13	tʂʅ13	tʂʅ13	tʂʅ13	tʂʅ13	tʂʅ13	tʂʅ13	tʂʅ13
灵武市（东塔镇）	tʂʅ13	tʂʅ13	tʂʅ13	tʂʅ13	tʂʅ13	tʂʅ13	tʂʅ13	tʂʅ13
永宁县	tʂʅ13	tʂʅ13	tʂʅ13	tʂʅ13	tʂʅ13	tʂʅ13	tʂʅ13	tʂʅ13
中宁县	tʂʅ13	tʂʅ13	tʂʅ53	tʂʅ13	tʂʅ13	tʂʅ13	tʂʅ13	tʂʅ13
沙坡头区	tʂʅ13	tʂʅ13	tʂʅ53	tʂʅ13	tʂʅ13	tʂʅ13	tʂʅ13	tʂʅ13
盐池县	tʂʅ13	tʂʅ13	tʂʅ13	tʂʅ13	tʂʅ13	tʂʅ13	tsɿ13	tsɿ13
平罗县（渠口乡）	tʂʅ13	tʂʅ13	tʂʅ13	tʂʅ13	tʂʅ13	tʂʅ13	tʂʅ13	tʂʅ13
阿拉善左旗	tʂʅ213	tʂʅ213	tʂʅ51	tʂʅ213	tʂʅ213	tʂʅ213	tsɿ213	tsɿ213
乌鲁木齐市	tʂʅ213	tʂʅ213	tʂʅ52	tʂʅ213	tʂʅ213	tʂʅ213	tsɿ213	tsɿ213
阜康市	tʂʅ213	tʂʅ213	tʂʅ51	tʂʅ213	tʂʅ213	tʂʅ213	tsɿ213	tsɿ213
呼图壁县	tʂʅ213	tʂʅ213	tʂʅ51	tʂʅ213	tʂʅ213	tʂʅ213	tsɿ213	tsɿ213
吉木萨尔县	tʂʅ213	tʂʅ213	tʂʅ51	tʂʅ213	tʂʅ213	tʂʅ213	tsɿ213	tsɿ213
奇台县	tʂʅ213	tʂʅ213	tʂʅ52	tʂʅ213	tʂʅ213	tʂʅ213	tsɿ213	tsɿ213
博乐市	tʂʅ24	tʂʅ24	tʂʅ51	tʂʅ24	tʂʅ24	tʂʅ24	tsɿ24	tsɿ24
阿勒泰市	tʂʅ23	tʂʅ23	tʂʅ51	tʂʅ23	tʂʅ23	tʂʅ23	tsɿ23	tsɿ23
布尔津县	tʂʅ51	tʂʅ51	tʂʅ23	tʂʅ51	tʂʅ51	tʂʅ51	tsɿ51	tsɿ51
乌苏市	tʂʅ213	tʂʅ213	tʂʅ51	tʂʅ213	tʂʅ213	tʂʅ213	tsɿ213	tsɿ213
额敏县	tʂʅ34	tʂʅ34	tʂʅ51	tʂʅ34	tʂʅ34	tʂʅ34	tsɿ34	tsɿ34
伊州区	tʂʅ213	tʂʅ213	tʂʅ51	tʂʅ213	tʂʅ213	tʂʅ213	tsɿ213	tsɿ213
巴里坤县	tʂʅ24	tʂʅ24	tʂʅ51	tʂʅ24	tʂʅ24	tʂʅ24	tsɿ24	tsɿ24
伊吾县	tʂʅ213	tʂʅ213	tʂʅ51	tʂʅ213	tʂʅ213	tʂʅ213	tsɿ213	tsɿ213

字目 / 中古音 / 方言点	痣	质 质量	痴	吃 吃饭	池	驰	匙	迟
	止开三去志章	臻开三入质章	止开三平之彻	梗开四入锡溪	止开三平支澄	止开三平支澄	止开三平支禅	止开三平脂澄
兰州市（城关区）	tʂʅ^{13}	tʂʅ^{13}	tʂʻʅ^{53}	tʂʻʅ^{13}	tʂʻʅ^{51}	tʂʻʅ^{51}	tʂʻʅ^{51}	tʂʻʅ^{51}
永登县	tʂʅ^{13}	tʂʅ^{13}	tʂʻʅ^{42}	tʂʻʅ^{13}	tʂʻʅ^{53}	tʂʻʅ^{53}	tʂʻʅ^{53}	tʂʻʅ^{53}
榆中县	tʂʅ^{13}	tʂʅ^{13}	tʂʻʅ^{51}	tʂʻʅ^{13}	tʂʻʅ^{332}	tʂʻʅ^{332}	tʂʻʅ^{332}	tʂʻʅ^{332}
皋兰县	tʂʅ^{13}	tʂʅ^{13}	tʂʻʅ^{42}	tʂʻʅ^{13}	tʂʻʅ^{53}	tʂʻʅ^{53}	tʂʻʅ^{53}	tʂʻʅ^{53}
白银区	tʂʅ^{13}	tʂʅ^{13}	tʂʻʅ^{44}	tʂʻʅ^{13}	tʂʻʅ^{51}	tʂʻʅ^{51}	tʂʻʅ^{51}	tʂʻʅ^{51}
天祝县	tʂʅ^{213}	tʂʅ^{213}	tʂʻʅ^{44}	tʂʻʅ^{213}	tʂʻʅ^{53}	tʂʻʅ^{53}	tʂʻʅ^{53}	tʂʻʅ^{53}
景泰县（红水镇）	tʂʅ^{213}	tʂʅ^{213}	tʂʻʅ^{44}	tʂʻʅ^{213}	tʂʻʅ^{53}	tʂʻʅ^{53}	tʂʻʅ^{53}	tʂʻʅ^{53}
古浪县	tʂʅ^{31}	tʂʅ^{31}	tʂʻʅ^{44}	tʂʻʅ^{31}	tʂʻʅ^{53}	tʂʻʅ^{53}	tʂʻʅ^{53}	tʂʻʅ^{53}
凉州区	tʂʅ^{53}	tʂʅ^{53}	tʂʻʅ^{33}	tʂʻʅ^{53}	tʂʻʅ^{13}	tʂʻʅ^{13}	tʂʻʅ^{13}	tʂʻʅ^{13}
民勤县	tsɿ^{42}	tʂʅ^{42}	tʂʻʅ^{44}	tʂʻʅ^{42}	tʂʻʅ^{53}	tʂʻʅ^{53}	tʂʻʅ^{53}	tʂʻʅ^{53}
永昌县	tʂʅ^{53}	tʂʅ^{53}	tʂʻʅ^{44}	tʂʻʅ^{53}	tʂʻʅ^{13}	tʂʻʅ^{13}	tʂʻʅ^{13}	tʂʻʅ^{13}
甘州区	tʂʅ^{214}	tʂʅ^{214}	tʂʻʅ^{44}	tʂʻʅ^{214}	tʂʻʅ^{53}	tʂʻʅ^{53}	tʂʻʅ^{53}	tʂʻʅ^{53}
临泽县	tʂʅ^{31}	tʂʅ^{31}	tʂʻʅ^{44}	tʂʻʅ^{31}	tʂʻʅ^{53}	tʂʻʅ^{53}	tʂʻʅ^{53}	tʂʻʅ^{53}
民乐县	tsɿ^{42}	tʂʅ^{42}	tʂʻʅ^{44}	tʂʻʅ^{42}	tʂʻʅ^{53}	tʂʻʅ^{53}	tʂʻʅ^{53}	tʂʻʅ^{53}
山丹县	tʂʅ^{41}	tʂʅ^{41}	tʂʻʅ^{24}	tʂʻʅ^{41}	tʂʻʅ^{53}	tʂʻʅ^{53}	tʂʻʅ^{53}	tʂʻʅ^{53}
高台县	tʂʅ^{214}	tʂʅ^{214}	tʂʻʅ^{44}	tʂʻʅ^{214}	tʂʻʅ^{53}	tʂʻʅ^{53}	tʂʻʅ^{53}	tʂʻʅ^{53}
肃州区	tʂʅ^{214}	tʂʅ^{214}	tʂʻʅ^{44}	tʂʻʅ^{214}	tʂʻʅ^{53}	tʂʻʅ^{53}	tʂʻʅ^{53}	tʂʻʅ^{53}
金塔县	tʂʅ^{13}	tʂʅ^{13}	tʂʻʅ^{44}	tʂʻʅ^{13}	tʂʻʅ^{53}	tʂʻʅ^{53}	tʂʻʅ^{53}	tʂʻʅ^{53}
肃北县	tʂʅ^{213}	tʂʅ^{213}	tʂʻʅ^{44}	tʂʻʅ^{213}	tʂʻʅ^{53}	tʂʻʅ^{53}	tʂʻʅ^{53}	tʂʻʅ^{53}
玉门市	tʂʅ^{213}	tʂʅ^{213}	tʂʻʅ^{44}	tʂʻʅ^{213}	tʂʻʅ^{53}	tʂʻʅ^{53}	tʂʻʅ^{53}	tʂʻʅ^{53}
瓜州县	tʂʅ^{213}	tʂʅ^{213}	tʂʻʅ^{44}	tʂʻʅ^{213}	tʂʻʅ^{53}	tʂʻʅ^{53}	tʂʻʅ^{53}	tʂʻʅ^{53}
西夏区	tʂʅ^{13}	tʂʅ^{13}	tʂʻʅ^{44}	tʂʻʅ^{13}	tʂʻʅ^{53}	tʂʻʅ^{53}	tʂʻʅ^{53}	tʂʻʅ^{53}

续表

贺兰县	tʂʅ^{13}	tʂʅ^{13}	tʂʻʅ^{44}	tʂʻʅ^{13}	tʂʻʅ^{53}	tʂʻʅ^{53}	tʂʻʅ^{53}	tʂʻʅ^{53}
灵武市（东塔镇）	tʂʅ^{13}	tʂʅ^{13}	tʂʻʅ^{44}	tʂʻʅ^{13}	tʂʻʅ^{52}	tʂʻʅ^{52}	tʂʻʅ^{52}	tʂʻʅ^{52}
永宁县	tʂʅ^{13}	tʂʅ^{13}	tʂʻʅ^{44}	tʂʻʅ^{13}	tʂʻʅ^{53}	tʂʻʅ^{53}	tʂʻʅ^{53}	tʂʻʅ^{53}
中宁县	tʂʅ^{13}	tʂʅ^{13}	tʂʻʅ^{44}	tʂʻʅ^{13}	tʂʻʅ^{53}	tʂʻʅ^{53}	tʂʻʅ^{53}	tʂʻʅ^{53}
沙坡头区	tʂʅ^{13}	tʂʅ^{13}	tʂʻʅ^{44}	tʂʻʅ^{13}	tʂʻʅ^{53}	tʂʻʅ^{53}	tʂʻʅ^{53}	tʂʻʅ^{53}
盐池县	tsɿ^{13}	tʂʅ^{13}	tʂʻʅ^{44}	tʂʻʅ^{44}	tʂʻʅ^{13}	tʂʻʅ^{13}	tʂʻʅ^{13}	tʂʻʅ^{13}
平罗县（渠口乡）	tʂʅ^{13}	tʂʅ^{13}	tʂʻʅ^{44}	tʂʻʅ^{13}	tʂʻʅ^{53}	tʂʻʅ^{53}	tʂʻʅ^{53}	tʂʻʅ^{53}
阿拉善左旗	tsɿ^{213}	tʂʅ^{213}	tʂʻʅ^{44}	tʂʻʅ^{213}	tʂʻʅ^{51}	tʂʻʅ^{51}	tʂʻʅ^{51}	tʂʻʅ^{51}
乌鲁木齐市	tsɿ^{213}	tʂʅ^{213}	tʂʻʅ^{44}	tʂʻʅ^{213}	tʂʻʅ^{52}	tʂʻʅ^{52}	tʂʻʅ^{52}	tʂʻʅ^{52}
阜康市	tsɿ^{213}	tʂʅ^{213}	tʂʻʅ^{55}	tʂʻʅ^{213}	tʂʻʅ^{51}	tʂʻʅ^{51}	tʂʻʅ^{51}	tʂʻʅ^{51}
呼图壁县	tsɿ^{213}	tʂʅ^{213}	tʂʻʅ^{44}	tʂʻʅ^{213}	tʂʻʅ^{51}	tʂʻʅ^{51}	tʂʻʅ^{51}	tʂʻʅ^{51}
吉木萨尔县	tsɿ^{213}	tʂʅ^{213}	tʂʻʅ^{44}	tʂʻʅ^{213}	tʂʻʅ^{51}	tʂʻʅ^{51}	tʂʻʅ^{51}	tʂʻʅ^{51}
奇台县	tsɿ^{213}	tʂʅ^{213}	tʂʻʅ^{44}	tʂʻʅ^{213}	tʂʻʅ^{52}	tʂʻʅ^{52}	tʂʻʅ^{52}	tʂʻʅ^{52}
博乐市	tsɿ^{24}	tʂʅ^{24}	tʂʻʅ^{45}	tʂʻʅ^{24}	tʂʻʅ^{51}	tʂʻʅ^{51}	tʂʻʅ^{51}	tʂʻʅ^{51}
阿勒泰市	tsɿ^{23}	tʂʅ^{23}	tʂʻʅ^{44}	tʂʻʅ^{23}	tʂʻʅ^{51}	tʂʻʅ^{51}	tʂʻʅ^{51}	tʂʻʅ^{51}
布尔津县	tsɿ^{51}	tʂʅ^{251}	tʂʻʅ^{44}	tʂʻʅ^{51}	tʂʻʅ^{23}	tʂʻʅ^{23}	tʂʻʅ^{23}	tʂʻʅ^{23}
乌苏市	tsɿ^{213}	tʂʅ^{213}	tʂʻʅ^{55}	tʂʻʅ^{213}	tʂʻʅ^{51}	tʂʻʅ^{51}	tʂʻʅ^{51}	tʂʻʅ^{51}
额敏县	tsɿ^{34}	tʂʅ^{34}	tʂʻʅ^{44}	tʂʻʅ^{34}	tʂʻʅ^{51}	tʂʻʅ^{51}	tʂʻʅ^{51}	tʂʻʅ^{51}
伊州区	tsɿ^{213}	tʂʅ^{213}	tʂʻʅ^{44}	tʂʻʅ^{213}	tʂʻʅ^{51}	tʂʻʅ^{51}	tʂʻʅ^{51}	tʂʻʅ^{51}
巴里坤县	tsɿ^{24}	tʂʅ^{24}	tʂʻʅ^{45}	tʂʻʅ^{24}	tʂʻʅ^{51}	tʂʻʅ^{51}	tʂʻʅ^{51}	tʂʻʅ^{51}
伊吾县	tsɿ^{213}	tʂʅ^{213}	tʂʻʅ^{44}	tʂʻʅ^{213}	tʂʻʅ^{51}	tʂʻʅ^{51}	tʂʻʅ^{51}	tʂʻʅ^{51}

字目 / 中古音 / 方音 / 方言点	持	耻	齿	尺	翅	赤	施①	师
	止开三平之澄	止开三上止彻	止开三上止昌	梗开三入昔昌	止开三去寘书	梗开三入昔昌	止开三平支书	止开三平脂生
兰州市（城关区）	tʂʅ^{53}	tʂʅ^{44}	tʂʅ^{44}	tʂʅ^{13}	tʂʅ^{13}	tʂʅ^{13}	ʂʅ^{53}	ʂʅ^{53}
永登县	tʂʅ^{42}	tʂʅ^{354}	tʂʅ^{354}	tʂʅ^{13}	tʂʅ^{13}	tʂʅ^{13}	ʂʅ^{42}	ʂʅ^{42}
榆中县	tʂʅ^{51}	tʂʅ^{44}	tʂʅ^{44}	tʂʅ^{13}	tʂʅ^{13}	tʂʅ^{13}	ʂʅ^{51}	ʂʅ^{51}
皋兰县	tʂʅ^{42}	tʂʅ^{354}	tʂʅ^{354}	tʂʅ^{13}	tʂʅ^{13}	tʂʅ^{13}	ʂʅ^{42}	ʂʅ^{42}
白银区	tʂʅ^{44}	tʂʅ^{343}	tʂʅ^{343}	tʂʅ^{13}	tʂʅ^{13}	tʂʅ^{13}	ʂʅ^{44}	ʂʅ^{44}
天祝县	tʂʅ^{44}	tʂʅ^{44}	tʂʅ^{44}	tʂʅ^{213}	tʂʅ^{213}	tʂʅ^{213}	ʂʅ^{44}	ʂʅ^{44}
景泰县（红水镇）	tʂʅ^{44}	tʂʅ^{44}	tʂʅ^{44}	tʂʅ^{213}	tʂʅ^{213}	tʂʅ^{213}	ʂʅ^{44}	ʂʅ^{44}
古浪县	tʂʅ^{44}	tʂʅ^{44}	tʂʅ^{44}	tʂʅ^{31}	tʂʅ^{31}	tʂʅ^{31}	ʂʅ^{44}	ʂʅ^{44}
凉州区	tʂʅ^{33}	tʂʅ^{33}	tʂʅ^{33}	tʂʅ^{53}	tʂʅ^{53}	tʂʅ^{53}	ʂʅ^{33}	ʂʅ^{33}
民勤县	tʂʅ^{44}	tʂʅ^{214}	tʂʅ^{214}	tʂʅ^{42}	tʂʅ^{42}	tʂʅ^{42}	sɿ^{44}	sɿ^{44}
永昌县	tʂʅ^{13}	tʂʅ^{13}	tʂʅ^{13}	tʂʅ^{53}	tʂʅ^{53}	tʂʅ^{53}	ʂʅ^{44}	ʂʅ^{44}
甘州区	tʂʅ^{53}	tʂʅ^{53}	tʂʅ^{53}	tʂʅ^{31}	tʂʅ^{31}	tʂʅ^{31}	ʂʅ^{44}	ʂʅ^{44}
临泽县	tʂʅ^{44}	tʂʅ^{44}	tʂʅ^{44}	tʂʅ^{214}	tʂʅ^{214}	tʂʅ^{214}	ʂʅ^{44}	ʂʅ^{44}
民乐县	tʂʅ^{44}	tʂʅ^{213}	tʂʅ^{213}	tʂʅ^{42}	tʂʅ^{42}	tʂʅ^{42}	sɿ^{44}	sɿ^{44}
山丹县	tʂʅ^{53}	tʂʅ^{53}	tʂʅ^{53}	tʂʅ^{41}	tʂʅ^{41}	tʂʅ^{41}	ʂʅ^{24}	ʂʅ^{24}
高台县	tʂʅ^{44}	tʂʅ^{44}	tʂʅ^{44}	tʂʅ^{214}	tʂʅ^{214}	tʂʅ^{214}	ʂʅ^{44}	ʂʅ^{44}
肃州区	tʂʅ^{44}	tʂʅ^{44}	tʂʅ^{44}	tʂʅ^{214}	tʂʅ^{214}	tʂʅ^{214}	ʂʅ^{44}	sɿ^{44}
金塔县	tʂʅ^{53}	tʂʅ^{53}	tʂʅ^{53}	tʂʅ^{13}	tʂʅ^{13}	tʂʅ^{13}	sɿ^{44}	sɿ^{44}
肃北县	tʂʅ^{53}	tʂʅ^{53}	tʂʅ^{53}	tʂʅ^{213}	tʂʅ^{213}	tʂʅ^{213}	sɿ^{44}	sɿ^{44}
玉门市	tʂʅ^{53}	tʂʅ^{53}	tʂʅ^{53}	tʂʅ^{213}	tʂʅ^{213}	tʂʅ^{213}	sɿ^{44}	sɿ^{44}

①又施智切，止开三去寘书。

续表

瓜州县	tʂʅ53	tʂʅ53	tʂʅ53	tʂʅ213	tʂʅ213	tʂʅ213	sɿ44	sɿ44
西夏区	tʂʅ53	tʂʅ53	tʂʅ53	tʂʅ13	tʂʅ13	tʂʅ13	ʂʅ44	ʂʅ44
贺兰县	tʂʅ53	tʂʅ53	tʂʅ53	tʂʅ13	tʂʅ13	tʂʅ13	ʂʅ44	ʂʅ44
灵武市（东塔镇）	tʂʅ52	tʂʅ52	tʂʅ52	tʂʅ13	tʂʅ13	tʂʅ13	ʂʅ44	ʂʅ44
永宁县	tʂʅ53	tʂʅ53	tʂʅ53	tʂʅ13	tʂʅ13	tʂʅ13	ʂʅ44	ʂʅ44
中宁县	tʂʅ53	tʂʅ53	tʂʅ53	tʂʅ13	tʂʅ13	tʂʅ13	ʂʅ44	ʂʅ44
沙坡头区	tʂʅ53	tʂʅ53	tʂʅ53	tʂʅ13	tʂʅ13	tʂʅ13	ʂʅ44	ʂʅ44
盐池县	tʂʅ52	tʂʅ52	tsʅ52	tʂʅ13	tʂʅ13	tʂʅ13	sɿ13	sɿ44
平罗县（渠口乡）	tʂʅ53	tʂʅ53	tʂʅ53	tʂʅ13	tʂʅ13	tʂʅ13	ʂʅ44	ʂʅ44
阿拉善左旗	tʂʅ51	tʂʅ51	tʂʅ51	tʂʅ213	tʂʅ213	tʂʅ213	sɿ44	sɿ44
乌鲁木齐市	tʂʅ52	tʂʅ52	tʂʅ52	tʂʅ213	tʂʅ213	tʂʅ213	sɿ44	sɿ44
阜康市	tʂʅ51	tʂʅ51	tʂʅ51	tʂʅ213	tʂʅ213	tʂʅ213	sɿ55	sɿ55
呼图壁县	tʂʅ51	tʂʅ51	tʂʅ51	tʂʅ213	tʂʅ213	tʂʅ213	sɿ44	sɿ44
吉木萨尔县	tʂʅ51	tʂʅ51	tʂʅ51	tʂʅ213	tʂʅ213	tʂʅ213	sɿ44	sɿ44
奇台县	tʂʅ52	tʂʅ52	tʂʅ52	tʂʅ213	tʂʅ213	tʂʅ213	sɿ44	sɿ44
博乐市	tʂʅ51	tʂʅ51	tʂʅ51	tʂʅ24	tʂʅ24	tʂʅ24	sɿ45	sɿ45
阿勒泰市	tʂʅ51	tʂʅ51	tʂʅ51	tʂʅ23	tʂʅ23	tʂʅ23	sɿ44	sɿ44
布尔津县	tʂʅ23	tʂʅ23	tʂʅ23	tʂʅ51	tʂʅ51	tʂʅ51	sɿ44	sɿ44
乌苏市	tʂʅ51	tʂʅ51	tʂʅ51	tʂʅ213	tʂʅ213	tʂʅ213	sɿ55	sɿ55
额敏县	tʂʅ51	tʂʅ51	tʂʅ51	tʂʅ34	tʂʅ34	tʂʅ34	sɿ44	sɿ44
伊州区	tʂʅ51	tʂʅ51	tʂʅ51	tʂʅ213	tʂʅ213	tʂʅ213	sɿ44	sɿ44
巴里坤县	tʂʅ51	tʂʅ51	tʂʅ51	tʂʅ24	tʂʅ24	tʂʅ24	sɿ45	sɿ45
伊吾县	tʂʅ51	tʂʅ51	tʂʅ51	tʂʅ213	tʂʅ213	tʂʅ213	sɿ44	sɿ44

字目 / 中古音 / 方言点 方音	狮	尸	诗	湿	虱	失	时	十
	止开三平脂生	止开三平脂书	止开三平之书	深开三入缉书	臻开三入栉生	臻开三入质书	止开三平之禅	深开三入缉禅
兰州市（城关区）	ʂʅ53	ʂʅ53	ʂʅ53	ʂʅ13	ʂʅ13	ʂʅ13	ʂʅ51	ʂʅ51
永登县	ʂʅ42	ʂʅ42	ʂʅ42	ʂʅ13	ʂʅ13	ʂʅ13	ʂʅ53	ʂʅ53
榆中县	ʂʅ51	ʂʅ51	ʂʅ51	ʂʅ13	ʂʅ13	ʂʅ13	ʂʅ332	ʂʅ332
皋兰县	ʂʅ42	ʂʅ42	ʂʅ42	ʂʅ13	ʂʅ13	ʂʅ13	ʂʅ53	ʂʅ53
白银区	ʂʅ44	ʂʅ44	ʂʅ44	ʂʅ13	ʂʅ13	ʂʅ13	ʂʅ51	ʂʅ51
天祝县	ʂʅ44	ʂʅ44	ʂʅ44	ʂʅ213	ʂʅ213	ʂʅ213	ʂʅ53	ʂʅ53
景泰县（红水镇）	ʂʅ44	ʂʅ44	ʂʅ44	ʂʅ213	ʂʅ213	ʂʅ213	ʂʅ53	ʂʅ53
古浪县	ʂʅ44	ʂʅ44	ʂʅ44	ʂʅ31	ʂʅ31	ʂʅ31	ʂʅ53	ʂʅ53
凉州区	ʂʅ33	ʂʅ33	ʂʅ33	ʂʅ53	ʂʅ53	ʂʅ53	ʂʅ13	ʂʅ13
民勤县	sɿ44	sɿ44	sɿ44	ʂʅ42	ʂʅ42	ʂʅ42	ʂʅ53	ʂʅ53
永昌县	ʂʅ44	ʂʅ44	ʂʅ44	ʂʅ53	ʂʅ53	ʂʅ53	ʂʅ13	ʂʅ13
甘州区	ʂʅ44	ʂʅ44	ʂʅ44	ʂʅ31	ʂʅ31	ʂʅ31	ʂʅ53	ʂʅ53
临泽县	ʂʅ44	ʂʅ44	ʂʅ44	ʂʅ214	ʂʅ214	ʂʅ214	ʂʅ53	ʂʅ53
民乐县	sɿ44	sɿ44	sɿ44	ʂʅ42	ʂʅ42	ʂʅ42	ʂʅ53	ʂʅ53
山丹县	ʂʅ24	ʂʅ24	ʂʅ24	ʂʅ41	ʂʅ41	ʂʅ41	ʂʅ53	ʂʅ53
高台县	ʂʅ44	ʂʅ44	ʂʅ44	ʂʅ214	ʂʅ214	ʂʅ214	ʂʅ53	ʂʅ53
肃州区	sɿ44	sɿ44	sɿ44	ʂʅ214	ʂʅ214	ʂʅ214	ʂʅ53	ʂʅ53
金塔县	sɿ44	sɿ44	sɿ44	ʂʅ13	ʂʅ13	ʂʅ13	ʂʅ53	ʂʅ53
肃北县	sɿ44	sɿ44	sɿ44	ʂʅ213	ʂʅ213	ʂʅ213	ʂʅ53	ʂʅ53
玉门市	sɿ44	sɿ44	sɿ44	ʂʅ213	ʂʅ213	ʂʅ213	ʂʅ53	ʂʅ53
瓜州县	sɿ44	sɿ44	sɿ44	ʂʅ213	ʂʅ213	ʂʅ213	ʂʅ53	ʂʅ53
西夏区	ʂʅ44	ʂʅ44	ʂʅ44	ʂʅ13	ʂʅ13	ʂʅ13	ʂʅ53	ʂʅ13

续表

贺兰县	ʂʅ^{44}	ʂʅ^{44}	ʂʅ^{44}	ʂʅ^{13}	ʂʅ^{13}	ʂʅ^{13}	ʂʅ^{53}	ʂʅ^{13}
灵武市（东塔镇）	ʂʅ^{44}	ʂʅ^{44}	ʂʅ^{44}	ʂʅ^{13}	ʂʅ^{13}	ʂʅ^{13}	ʂʅ^{52}	ʂʅ^{13}
永宁县	ʂʅ^{44}	ʂʅ^{44}	ʂʅ^{44}	ʂʅ^{13}	ʂʅ^{13}	ʂʅ^{13}	ʂʅ^{53}	ʂʅ^{13}
中宁县	ʂʅ^{44}	ʂʅ^{44}	ʂʅ^{44}	ʂʅ^{13}	ʂʅ^{13}	ʂʅ^{13}	ʂʅ^{53}	ʂʅ^{53}
沙坡头区	ʂʅ^{44}	ʂʅ^{44}	ʂʅ^{44}	ʂʅ^{13}	ʂʅ^{13}	ʂʅ^{13}	ʂʅ^{53}	ʂʅ^{53}
盐池县	sɿ^{44}	sɿ^{44}	sɿ^{44}	ʂʅ^{13}	ʂʅ^{13}	ʂʅ^{13}	sɿ^{13}	ʂʅ^{13}
平罗县（渠口乡）	ʂʅ^{44}	ʂʅ^{44}	ʂʅ^{44}	ʂʅ^{13}	ʂʅ^{13}	ʂʅ^{13}	ʂʅ^{53}	ʂʅ^{13}
阿拉善左旗	sɿ^{44}	sɿ^{44}	sɿ^{44}	ʂʅ^{213}	ʂʅ^{213}	ʂʅ^{213}	ʂʅ^{51}	ʂʅ^{51}
乌鲁木齐市	sɿ^{44}	sɿ^{44}	sɿ^{44}	ʂʅ^{213}	ʂʅ^{213}	ʂʅ^{213}	ʂʅ^{51}	ʂʅ^{51}
阜康市	sɿ^{55}	sɿ^{55}	sɿ^{55}	ʂʅ^{213}	ʂʅ^{213}	ʂʅ^{213}	ʂʅ^{51}	ʂʅ^{51}
呼图壁县	sɿ^{44}	sɿ^{44}	sɿ^{44}	ʂʅ^{213}	ʂʅ^{213}	ʂʅ^{213}	ʂʅ^{51}	ʂʅ^{51}
吉木萨尔县	sɿ^{44}	sɿ^{44}	sɿ^{44}	ʂʅ^{213}	ʂʅ^{213}	ʂʅ^{213}	ʂʅ^{51}	ʂʅ^{51}
奇台县	sɿ^{44}	sɿ^{44}	sɿ^{44}	ʂʅ^{213}	ʂʅ^{213}	ʂʅ^{213}	ʂʅ^{52}	ʂʅ^{52}
博乐市	sɿ^{45}	sɿ^{45}	sɿ^{45}	ʂʅ^{25}	ʂʅ^{25}	ʂʅ^{25}	ʂʅ^{51}	ʂʅ^{51}
阿勒泰市	sɿ^{44}	sɿ^{44}	sɿ^{44}	ʂʅ^{23}	ʂʅ^{23}	ʂʅ^{23}	ʂʅ^{51}	ʂʅ^{51}
布尔津县	sɿ^{44}	sɿ^{44}	sɿ^{44}	ʂʅ^{51}	ʂʅ^{51}	ʂʅ^{51}	ʂʅ^{23}	ʂʅ^{23}
乌苏市	sɿ^{55}	sɿ^{55}	sɿ^{55}	ʂʅ^{213}	ʂʅ^{213}	ʂʅ^{213}	ʂʅ^{51}	ʂʅ^{51}
额敏县	sɿ^{44}	sɿ^{44}	sɿ^{44}	ʂʅ^{34}	ʂʅ^{34}	ʂʅ^{34}	ʂʅ^{51}	ʂʅ^{51}
伊州区	sɿ^{44}	sɿ^{44}	sɿ^{44}	ʂʅ^{213}	ʂʅ^{213}	ʂʅ^{213}	ʂʅ^{51}	ʂʅ^{51}
巴里坤县	sɿ^{45}	sɿ^{45}	sɿ^{45}	ʂʅ^{24}	ʂʅ^{24}	ʂʅ^{24}	ʂʅ^{51}	ʂʅ^{51}
伊吾县	sɿ^{44}	sɿ^{44}	sɿ^{44}	ʂʅ^{213}	ʂʅ^{213}	ʂʅ^{213}	ʂʅ^{51}	ʂʅ^{51}

方音 中古音 字目 方言点	拾 拾取	实	食	蚀	识	石	史	使 使用
	深开三入缉禅	臻开三入质船	曾开三入职船	曾开三入职船	曾开三入职书	梗开三入昔禅	止开三上止生	止开三上止生
兰州市（城关区）	ʂʅ^{51}	ʂʅ^{51}	ʂʅ^{51}	ʂʅ^{51}	ʂʅ^{13}	ʂʅ^{51}	ʂʅ^{44}	ʂʅ^{44}
永登县	ʂʅ^{53}	ʂʅ^{53}	ʂʅ^{53}	ʂʅ^{53}	ʂʅ^{13}	ʂʅ^{53}	ʂʅ^{354}	ʂʅ^{354}
榆中县	ʂʅ^{332}	ʂʅ^{332}	ʂʅ^{332}	ʂʅ^{332}	ʂʅ^{13}	ʂʅ^{332}	ʂʅ^{44}	ʂʅ^{44}
皋兰县	ʂʅ^{53}	ʂʅ^{53}	ʂʅ^{53}	ʂʅ^{53}	ʂʅ^{13}	ʂʅ^{53}	ʂʅ^{342}	ʂʅ^{342}
白银区	ʂʅ^{51}	ʂʅ^{51}	ʂʅ^{51}	ʂʅ^{51}	ʂʅ^{13}	ʂʅ^{51}	ʂʅ^{343}	ʂʅ^{343}
天祝县	ʂʅ^{53}	ʂʅ^{53}	ʂʅ^{53}	ʂʅ^{53}	ʂʅ^{213}	ʂʅ^{53}	ʂʅ^{44}	ʂʅ^{44}
景泰县（红水镇）	ʂʅ^{53}	ʂʅ^{53}	ʂʅ^{53}	ʂʅ^{53}	ʂʅ^{213}	ʂʅ^{53}	ʂʅ^{44}	ʂʅ^{44}
古浪县	ʂʅ^{53}	ʂʅ^{53}	ʂʅ^{53}	ʂʅ^{53}	ʂʅ^{31}	ʂʅ^{53}	ʂʅ^{44}	ʂʅ^{44}
凉州区	ʂʅ^{13}	ʂʅ^{13}	ʂʅ^{13}	ʂʅ^{13}	ʂʅ^{53}	ʂʅ^{13}	ʂʅ^{33}	ʂʅ^{33}
民勤县	ʂʅ^{53}	ʂʅ^{53}	ʂʅ^{53}	ʂʅ^{53}	ʂʅ^{42}	ʂʅ^{53}	sɿ^{214}	sɿ^{214}
永昌县	ʂʅ^{13}	ʂʅ^{13}	ʂʅ^{13}	ʂʅ^{13}	ʂʅ^{53}	ʂʅ^{13}	ʂʅ^{13}	ʂʅ^{13}
甘州区	ʂʅ^{53}	ʂʅ^{53}	ʂʅ^{53}	ʂʅ^{53}	ʂʅ^{31}	ʂʅ^{53}	ʂʅ^{53}	ʂʅ^{53}
临泽县	ʂʅ^{53}	ʂʅ^{53}	ʂʅ^{53}	ʂʅ^{53}	ʂʅ^{214}	ʂʅ^{53}	ʂʅ^{44}	ʂʅ^{44}
民乐县	ʂʅ^{53}	ʂʅ^{53}	ʂʅ^{53}	ʂʅ^{53}	ʂʅ^{42}	ʂʅ^{53}	sɿ^{213}	sɿ^{213}
山丹县	ʂʅ^{53}	ʂʅ^{53}	ʂʅ^{53}	ʂʅ^{53}	ʂʅ^{41}	ʂʅ^{53}	ʂʅ^{53}	ʂʅ^{53}
高台县	ʂʅ^{53}	ʂʅ^{53}	ʂʅ^{53}	ʂʅ^{53}	ʂʅ^{214}	ʂʅ^{53}	ʂʅ^{53}	ʂʅ^{53}
肃州区	ʂʅ^{53}	ʂʅ^{53}	ʂʅ^{53}	ʂʅ^{53}	ʂʅ^{214}	ʂʅ^{53}	sɿ^{53}	sɿ^{53}
金塔县	ʂʅ^{53}	ʂʅ^{53}	ʂʅ^{53}	ʂʅ^{53}	ʂʅ^{13}	ʂʅ^{53}	sɿ^{53}	sɿ^{53}
肃北县	ʂʅ^{53}	ʂʅ^{53}	ʂʅ^{53}	ʂʅ^{53}	ʂʅ^{213}	ʂʅ^{53}	sɿ^{53}	sɿ^{53}
玉门市	ʂʅ^{53}	ʂʅ^{53}	ʂʅ^{53}	ʂʅ^{53}	ʂʅ^{213}	ʂʅ^{53}	sɿ^{53}	sɿ^{53}
瓜州县	ʂʅ^{53}	ʂʅ^{53}	ʂʅ^{53}	ʂʅ^{53}	ʂʅ^{213}	ʂʅ^{53}	sɿ^{53}	sɿ^{53}
西夏区	ʂʅ^{13}	ʂʅ^{13}	ʂʅ^{13}	ʂʅ^{13}	ʂʅ^{13}	ʂʅ^{13}	ʂʅ^{53}	ʂʅ^{53}

续表

贺兰县	ʂʅ^{13}	ʂʅ^{13}	ʂʅ^{13}	ʂʅ^{13}	ʂʅ^{13}	ʂʅ^{13}	ʂʅ^{53}	ʂʅ^{53}
灵武市（东塔镇）	ʂʅ^{13}	ʂʅ^{13}	ʂʅ^{13}	ʂʅ^{13}	ʂʅ^{13}	ʂʅ^{13}	ʂʅ^{52}	ʂʅ^{52}
永宁县	ʂʅ^{13}	ʂʅ^{13}	ʂʅ^{13}	ʂʅ^{13}	ʂʅ^{13}	ʂʅ^{13}	ʂʅ^{53}	ʂʅ^{53}
中宁县	ʂʅ^{53}	ʂʅ^{53}	ʂʅ^{53}	ʂʅ^{53}	ʂʅ^{13}	ʂʅ^{53}	ʂʅ^{53}	ʂʅ^{53}
沙坡头区	ʂʅ^{53}	ʂʅ^{53}	ʂʅ^{53}	ʂʅ^{53}	ʂʅ^{13}	ʂʅ^{53}	ʂʅ^{53}	ʂʅ^{53}
盐池县	ʂʅ^{13}	ʂʅ^{13}	ʂʅ^{13}	ʂʅ^{13}	ʂʅ^{13}	ʂʅ^{13}	ʂʅ^{52}	ʂʅ^{52}
平罗县（渠口乡）	ʂʅ^{13}	ʂʅ^{13}	ʂʅ^{13}	ʂʅ^{13}	ʂʅ^{13}	ʂʅ^{13}	ʂʅ^{53}	ʂʅ^{53}
阿拉善左旗	ʂʅ^{51}	ʂʅ^{51}	ʂʅ^{51}	ʂʅ^{51}	ʂʅ^{213}	ʂʅ^{51}	sɿ^{51}	sɿ^{51}
乌鲁木齐市	ʂʅ^{52}	ʂʅ^{52}	ʂʅ^{52}	ʂʅ^{52}	ʂʅ^{213}	ʂʅ^{52}	sɿ^{52}	sɿ^{52}
阜康市	ʂʅ^{51}	ʂʅ^{51}	ʂʅ^{51}	ʂʅ^{51}	ʂʅ^{213}	ʂʅ^{51}	sɿ^{51}	sɿ^{51}
呼图壁县	ʂʅ^{51}	ʂʅ^{51}	ʂʅ^{51}	ʂʅ^{51}	ʂʅ^{213}	ʂʅ^{51}	sɿ^{51}	sɿ^{51}
吉木萨尔县	ʂʅ^{51}	ʂʅ^{51}	ʂʅ^{51}	ʂʅ^{51}	ʂʅ^{213}	ʂʅ^{51}	sɿ^{51}	sɿ^{51}
奇台县	ʂʅ^{52}	ʂʅ^{52}	ʂʅ^{52}	ʂʅ^{52}	ʂʅ^{213}	ʂʅ^{52}	sɿ^{52}	sɿ^{52}
博乐市	ʂʅ^{51}	ʂʅ^{51}	ʂʅ^{51}	ʂʅ^{51}	ʂʅ^{24}	ʂʅ^{51}	sɿ^{51}	sɿ^{51}
阿勒泰市	ʂʅ^{51}	ʂʅ^{51}	ʂʅ^{51}	ʂʅ^{51}	ʂʅ^{23}	ʂʅ^{51}	sɿ^{51}	sɿ^{51}
布尔津县	ʂʅ^{23}	ʂʅ^{23}	ʂʅ^{23}	ʂʅ^{23}	ʂʅ^{51}	ʂʅ^{23}	sɿ^{23}	sɿ^{23}
乌苏市	ʂʅ^{51}	ʂʅ^{51}	ʂʅ^{51}	ʂʅ^{51}	ʂʅ^{213}	ʂʅ^{51}	sɿ^{51}	sɿ^{51}
额敏县	ʂʅ^{51}	ʂʅ^{51}	ʂʅ^{51}	ʂʅ^{51}	ʂʅ^{34}	ʂʅ^{51}	sɿ^{51}	sɿ^{51}
伊州区	ʂʅ^{51}	ʂʅ^{51}	ʂʅ^{51}	ʂʅ^{51}	ʂʅ^{213}	ʂʅ^{51}	sɿ^{51}	sɿ^{51}
巴里坤县	ʂʅ^{51}	ʂʅ^{51}	ʂʅ^{51}	ʂʅ^{51}	ʂʅ^{24}	ʂʅ^{51}	sɿ^{51}	sɿ^{51}
伊吾县	ʂʅ^{51}	ʂʅ^{51}	ʂʅ^{51}	ʂʅ^{51}	ʂʅ^{213}	ʂʅ^{51}	sɿ^{51}	sɿ^{51}

字目 / 中古音 / 方音 / 方言点	驶	使 大使	始	世	势	誓	是	示
	止开三 上止生	止开三 去志生	止开三 上止书	蟹开三 去祭书	蟹开三 去祭书	蟹开三 去祭禅	止开三 上纸禅	止开三 去至船
兰州市 （城关区）	$ʂʅ^{44}$	$ʂʅ^{44}$	$ʂʅ^{44}$	$ʂʅ^{13}$	$ʂʅ^{13}$	$ʂʅ^{13}$	$ʂʅ^{13}$	$ʂʅ^{13}$
永登县	$ʂʅ^{354}$	$ʂʅ^{353}$	$ʂʅ^{354}$	$ʂʅ^{13}$	$ʂʅ^{13}$	$ʂʅ^{13}$	$ʂʅ^{13}$	$ʂʅ^{13}$
榆中县	$ʂʅ^{44}$	$ʂʅ^{44}$	$ʂʅ^{44}$	$ʂʅ^{13}$	$ʂʅ^{13}$	$ʂʅ^{13}$	$ʂʅ^{13}$	$ʂʅ^{13}$
皋兰县	$ʂʅ^{342}$	$ʂʅ^{342}$	$ʂʅ^{342}$	$ʂʅ^{13}$	$ʂʅ^{13}$	$ʂʅ^{13}$	$ʂʅ^{13}$	$ʂʅ^{13}$
白银区	$ʂʅ^{343}$	$ʂʅ^{343}$	$ʂʅ^{343}$	$ʂʅ^{13}$	$ʂʅ^{13}$	$ʂʅ^{13}$	$ʂʅ^{13}$	$ʂʅ^{13}$
天祝县	$ʂʅ^{44}$	$ʂʅ^{44}$	$ʂʅ^{44}$	$ʂʅ^{213}$	$ʂʅ^{213}$	$ʂʅ^{213}$	$ʂʅ^{213}$	$ʂʅ^{213}$
景泰县 （红水镇）	$ʂʅ^{44}$	$ʂʅ^{44}$	$ʂʅ^{44}$	$ʂʅ^{213}$	$ʂʅ^{213}$	$ʂʅ^{213}$	$ʂʅ^{213}$	$ʂʅ^{213}$
古浪县	$ʂʅ^{44}$	$ʂʅ^{44}$	$ʂʅ^{44}$	$ʂʅ^{31}$	$ʂʅ^{31}$	$ʂʅ^{31}$	$ʂʅ^{31}$	$ʂʅ^{31}$
凉州区	$ʂʅ^{33}$	$ʂʅ^{33}$	$ʂʅ^{33}$	$ʂʅ^{53}$	$ʂʅ^{53}$	$ʂʅ^{53}$	$ʂʅ^{53}$	$ʂʅ^{53}$
民勤县	$sɿ^{214}$	$sɿ^{214}$	$sɿ^{214}$	$ʂʅ^{42}$	$ʂʅ^{42}$	$ʂʅ^{42}$	$sɿ^{42}$	$sɿ^{42}$
永昌县	$ʂʅ^{13}$	$ʂʅ^{13}$	$ʂʅ^{13}$	$ʂʅ^{53}$	$ʂʅ^{53}$	$ʂʅ^{53}$	$ʂʅ^{53}$	$ʂʅ^{53}$
甘州区	$ʂʅ^{53}$	$ʂʅ^{53}$	$ʂʅ^{53}$	$ʂʅ^{31}$	$ʂʅ^{31}$	$ʂʅ^{31}$	$ʂʅ^{31}$	$ʂʅ^{31}$
临泽县	$ʂʅ^{44}$	$ʂʅ^{44}$	$ʂʅ^{44}$	$ʂʅ^{214}$	$ʂʅ^{214}$	$ʂʅ^{214}$	$ʂʅ^{214}$	$ʂʅ^{214}$
民乐县	$sɿ^{213}$	$sɿ^{213}$	$sɿ^{213}$	$ʂʅ^{42}$	$ʂʅ^{42}$	$ʂʅ^{42}$	$sɿ^{42}$	$sɿ^{42}$
山丹县	$ʂʅ^{53}$	$ʂʅ^{53}$	$ʂʅ^{53}$	$ʂʅ^{41}$	$ʂʅ^{41}$	$ʂʅ^{41}$	$ʂʅ^{41}$	$ʂʅ^{41}$
高台县	$ʂʅ^{53}$	$ʂʅ^{53}$	$ʂʅ^{53}$	$ʂʅ^{214}$	$ʂʅ^{214}$	$ʂʅ^{214}$	$ʂʅ^{214}$	$ʂʅ^{214}$
肃州区	$ʂʅ^{53}$	$ʂʅ^{53}$	$ʂʅ^{53}$	$ʂʅ^{214}$	$ʂʅ^{214}$	$ʂʅ^{214}$	$ʂʅ^{214}$	$ʂʅ^{214}$
金塔县	$ʂʅ^{53}$	$ʂʅ^{53}$	$ʂʅ^{53}$	$ʂʅ^{13}$	$ʂʅ^{13}$	$ʂʅ^{13}$	$ʂʅ^{13}$	$ʂʅ^{13}$
肃北县	$ʂʅ^{53}$	$ʂʅ^{53}$	$ʂʅ^{53}$	$ʂʅ^{213}$	$ʂʅ^{213}$	$ʂʅ^{213}$	$ʂʅ^{213}$	$ʂʅ^{213}$
玉门市	$ʂʅ^{53}$	$ʂʅ^{53}$	$ʂʅ^{53}$	$ʂʅ^{213}$	$ʂʅ^{213}$	$ʂʅ^{213}$	$ʂʅ^{213}$	$ʂʅ^{213}$
瓜州县	$ʂʅ^{53}$	$ʂʅ^{53}$	$ʂʅ^{53}$	$ʂʅ^{213}$	$ʂʅ^{213}$	$ʂʅ^{213}$	$ʂʅ^{213}$	$ʂʅ^{213}$
西夏区	$ʂʅ^{53}$	$ʂʅ^{13}$	$ʂʅ^{53}$	$ʂʅ^{13}$	$ʂʅ^{13}$	$ʂʅ^{13}$	$ʂʅ^{13}$	$ʂʅ^{13}$

续表

贺兰县	ʂʅ^{53}	ʂʅ^{13}	ʂʅ^{53}	ʂʅ^{13}	ʂʅ^{13}	ʂʅ^{13}	ʂʅ^{13}	ʂʅ^{13}
灵武市（东塔镇）	ʂʅ^{52}	ʂʅ^{13}	ʂʅ^{52}	ʂʅ^{13}	ʂʅ^{13}	ʂʅ^{13}	ʂʅ^{13}	ʂʅ^{13}
永宁县	ʂʅ^{53}	ʂʅ^{13}	ʂʅ^{53}	ʂʅ^{13}	ʂʅ^{13}	ʂʅ^{13}	ʂʅ^{13}	ʂʅ^{13}
中宁县	ʂʅ^{53}	ʂʅ^{13}	ʂʅ^{53}	ʂʅ^{13}	ʂʅ^{13}	ʂʅ^{13}	ʂʅ^{13}	ʂʅ^{13}
沙坡头区	ʂʅ^{53}	ʂʅ^{13}	ʂʅ^{53}	ʂʅ^{13}	ʂʅ^{13}	ʂʅ^{13}	ʂʅ^{13}	ʂʅ^{13}
盐池县	sɿ^{52}	sɿ^{52}	sɿ^{52}	ʂʅ^{13}	ʂʅ^{13}	ʂʅ^{13}	sɿ^{13}	sɿ^{13}
平罗县（渠口乡）	ʂʅ^{53}	ʂʅ^{13}	ʂʅ^{53}	ʂʅ^{13}	ʂʅ^{13}	ʂʅ^{13}	ʂʅ^{13}	ʂʅ^{13}
阿拉善左旗	ʂʅ^{51}	ʂʅ^{51}	ʂʅ^{51}	ʂʅ^{213}	ʂʅ^{213}	ʂʅ^{213}	ʂʅ^{213}	ʂʅ^{213}
乌鲁木齐市	ʂʅ^{52}	ʂʅ^{52}	ʂʅ^{52}	ʂʅ^{213}	ʂʅ^{213}	ʂʅ^{213}	ʂʅ^{213}	ʂʅ^{213}
阜康市	ʂʅ^{51}	ʂʅ^{51}	ʂʅ^{51}	ʂʅ^{213}	ʂʅ^{213}	ʂʅ^{213}	ʂʅ^{213}	ʂʅ^{213}
呼图壁县	ʂʅ^{51}	ʂʅ^{51}	ʂʅ^{51}	ʂʅ^{213}	ʂʅ^{213}	ʂʅ^{213}	ʂʅ^{213}	ʂʅ^{213}
吉木萨尔县	ʂʅ^{51}	ʂʅ^{51}	ʂʅ^{51}	ʂʅ^{213}	ʂʅ^{213}	ʂʅ^{213}	ʂʅ^{213}	ʂʅ^{213}
奇台县	ʂʅ^{52}	ʂʅ^{52}	ʂʅ^{52}	ʂʅ^{213}	ʂʅ^{213}	ʂʅ^{213}	ʂʅ^{213}	ʂʅ^{213}
博乐市	ʂʅ^{51}	ʂʅ^{51}	ʂʅ^{51}	ʂʅ^{24}	ʂʅ^{24}	ʂʅ^{24}	ʂʅ^{24}	ʂʅ^{24}
阿勒泰市	ʂʅ^{51}	ʂʅ^{51}	ʂʅ^{51}	ʂʅ^{23}	ʂʅ^{23}	ʂʅ^{23}	ʂʅ^{23}	ʂʅ^{23}
布尔津县	ʂʅ^{23}	ʂʅ^{23}	ʂʅ^{23}	ʂʅ^{51}	ʂʅ^{51}	ʂʅ^{51}	ʂʅ^{51}	ʂʅ^{51}
乌苏市	ʂʅ^{51}	ʂʅ^{51}	ʂʅ^{51}	ʂʅ^{213}	ʂʅ^{213}	ʂʅ^{213}	ʂʅ^{213}	ʂʅ^{213}
额敏县	ʂʅ^{51}	ʂʅ^{51}	ʂʅ^{51}	ʂʅ^{34}	ʂʅ^{34}	ʂʅ^{34}	ʂʅ^{34}	ʂʅ^{34}
伊州区	ʂʅ^{51}	ʂʅ^{51}	ʂʅ^{51}	ʂʅ^{213}	ʂʅ^{213}	ʂʅ^{213}	ʂʅ^{213}	ʂʅ^{213}
巴里坤县	ʂʅ^{51}	ʂʅ^{51}	ʂʅ^{51}	ʂʅ^{24}	ʂʅ^{24}	ʂʅ^{24}	ʂʅ^{24}	ʂʅ^{24}
伊吾县	ʂʅ^{51}	ʂʅ^{51}	ʂʅ^{51}	ʂʅ^{213}	ʂʅ^{213}	ʂʅ^{213}	ʂʅ^{213}	ʂʅ^{213}

字目 / 中古音 / 方音 / 方言点	视①	士	柿	事②	试	市	室	饰
	止开三去至禅	止开三上止崇	止开三上止崇	止开三去志崇	止开三去志书	止开三上至禅	臻开三入质书	曾开三入职书
兰州市（城关区）	ʂʅ^{13}	ʂʅ^{13}	ʂʅ^{13}	ʂʅ^{13}	ʂʅ^{13}	ʂʅ^{13}	ʂʅ^{13}	ʂʅ^{13}
永登县	ʂʅ^{13}	ʂʅ^{13}	ʂʅ^{13}	ʂʅ^{13}	ʂʅ^{13}	ʂʅ^{13}	ʂʅ^{13}	ʂʅ^{13}
榆中县	ʂʅ^{13}	ʂʅ^{13}	ʂʅ^{13}	ʂʅ^{13}	ʂʅ^{13}	ʂʅ^{13}	ʂʅ^{13}	ʂʅ^{13}
皋兰县	ʂʅ^{13}	ʂʅ^{13}	ʂʅ^{13}	ʂʅ^{13}	ʂʅ^{13}	ʂʅ^{13}	ʂʅ^{13}	ʂʅ^{13}
白银区	ʂʅ^{13}	ʂʅ^{13}	ʂʅ^{13}	ʂʅ^{13}	ʂʅ^{13}	ʂʅ^{13}	ʂʅ^{13}	ʂʅ^{13}
天祝县	ʂʅ^{213}	ʂʅ^{213}	ʂʅ^{213}	ʂʅ^{213}	ʂʅ^{213}	ʂʅ^{213}	ʂʅ^{213}	ʂʅ^{213}
景泰县（红水镇）	ʂʅ^{213}	ʂʅ^{213}	ʂʅ^{213}	ʂʅ^{213}	ʂʅ^{213}	ʂʅ^{213}	ʂʅ^{213}	ʂʅ^{213}
古浪县	ʂʅ^{31}	ʂʅ^{31}	ʂʅ^{31}	ʂʅ^{31}	ʂʅ^{31}	ʂʅ^{31}	ʂʅ^{31}	ʂʅ^{31}
凉州区	ʂʅ^{53}	ʂʅ^{53}	ʂʅ^{53}	ʂʅ^{53}	ʂʅ^{53}	ʂʅ^{53}	ʂʅ^{53}	ʂʅ^{53}
民勤县	sɿ^{42}	sɿ^{42}	sɿ^{42}	sɿ^{42}	sɿ^{42}	sɿ^{42}	ʂʅ^{42}	ʂʅ^{42}
永昌县	ʂʅ^{53}	ʂʅ^{53}	ʂʅ^{53}	ʂʅ^{53}	ʂʅ^{53}	ʂʅ^{53}	ʂʅ^{53}	ʂʅ^{53}
甘州区	ʂʅ^{31}	ʂʅ^{31}	ʂʅ^{31}	ʂʅ^{31}	ʂʅ^{31}	ʂʅ^{31}	ʂʅ^{31}	ʂʅ^{31}
临泽县	ʂʅ^{214}	ʂʅ^{214}	ʂʅ^{214}	ʂʅ^{214}	ʂʅ^{214}	ʂʅ^{214}	ʂʅ^{214}	ʂʅ^{214}
民乐县	sɿ^{42}	sɿ^{42}	sɿ^{42}	sɿ^{42}	sɿ^{42}	sɿ^{42}	ʂʅ^{42}	ʂʅ^{42}
山丹县	ʂʅ^{41}	ʂʅ^{41}	ʂʅ^{41}	ʂʅ^{41}	ʂʅ^{41}	ʂʅ^{41}	ʂʅ^{41}	ʂʅ^{41}
高台县	ʂʅ^{214}	ʂʅ^{214}	ʂʅ^{214}	ʂʅ^{214}	ʂʅ^{214}	ʂʅ^{214}	ʂʅ^{214}	ʂʅ^{214}
肃州区	sɿ^{214}	sɿ^{214}	sɿ^{214}	sɿ^{214}	sɿ^{214}	sɿ^{214}	ʂʅ^{214}	ʂʅ^{214}
金塔县	sɿ^{13}	sɿ^{13}	sɿ^{13}	sɿ^{13}	sɿ^{13}	sɿ^{13}	ʂʅ^{13}	ʂʅ^{13}
肃北县	sɿ^{213}	sɿ^{213}	sɿ^{213}	sɿ^{213}	sɿ^{213}	sɿ^{213}	ʂʅ^{213}	ʂʅ^{213}
玉门市	sɿ^{213}	sɿ^{213}	sɿ^{213}	sɿ^{213}	sɿ^{213}	sɿ^{213}	ʂʅ^{213}	ʂʅ^{213}

①又承矢切，止开三上旨禅。

②又士史切，止开三上止崇。

续表

瓜州县	sɿ^{213}	sɿ^{213}	sɿ^{213}	sɿ^{213}	sɿ^{213}	sɿ^{213}	ʂʅ^{213}	ʂʅ^{213}
西夏区	ʂʅ^{13}	ʂʅ^{13}	ʂʅ^{13}	ʂʅ^{13}	ʂʅ^{13}	ʂʅ^{13}	ʂʅ^{13}	ʂʅ^{13}
贺兰县	ʂʅ^{13}	ʂʅ^{13}	ʂʅ^{13}	ʂʅ^{13}	ʂʅ^{13}	ʂʅ^{13}	ʂʅ^{13}	ʂʅ^{13}
灵武市（东塔镇）	ʂʅ^{13}	ʂʅ^{13}	ʂʅ^{13}	ʂʅ^{13}	ʂʅ^{13}	ʂʅ^{13}	ʂʅ^{13}	ʂʅ^{13}
永宁县	ʂʅ^{13}	ʂʅ^{13}	ʂʅ^{13}	ʂʅ^{13}	ʂʅ^{13}	ʂʅ^{13}	ʂʅ^{13}	ʂʅ^{13}
中宁县	ʂʅ^{13}	ʂʅ^{13}	ʂʅ^{13}	ʂʅ^{13}	ʂʅ^{13}	ʂʅ^{13}	ʂʅ^{13}	ʂʅ^{13}
沙坡头区	ʂʅ^{13}	ʂʅ^{13}	ʂʅ^{13}	ʂʅ^{13}	ʂʅ^{13}	ʂʅ^{13}	ʂʅ^{13}	ʂʅ^{13}
盐池县	sɿ^{52}	sɿ^{52}	sɿ^{52}	sɿ^{13}	sɿ^{13}	sɿ^{13}	ʂʅ^{13}	ʂʅ^{13}
平罗县（渠口乡）	ʂʅ^{13}	ʂʅ^{13}	ʂʅ^{13}	ʂʅ^{13}	ʂʅ^{13}	ʂʅ^{13}	ʂʅ^{13}	ʂʅ^{13}
阿拉善左旗	sɿ^{213}	sɿ^{213}	sɿ^{213}	sɿ^{213}	sɿ^{213}	sɿ^{213}	ʂʅ^{213}	ʂʅ^{213}
乌鲁木齐市	sɿ^{213}	sɿ^{213}	sɿ^{213}	sɿ^{213}	sɿ^{213}	sɿ^{213}	ʂʅ^{213}	ʂʅ^{213}
阜康市	sɿ^{213}	sɿ^{213}	sɿ^{213}	sɿ^{213}	sɿ^{213}	sɿ^{213}	ʂʅ^{213}	ʂʅ^{213}
呼图壁县	sɿ^{213}	sɿ^{213}	sɿ^{213}	sɿ^{213}	sɿ^{213}	sɿ^{213}	ʂʅ^{213}	ʂʅ^{213}
吉木萨尔县	sɿ^{213}	sɿ^{213}	sɿ^{213}	sɿ^{213}	sɿ^{213}	sɿ^{213}	ʂʅ^{213}	ʂʅ^{213}
奇台县	sɿ^{213}	sɿ^{213}	sɿ^{213}	sɿ^{213}	sɿ^{213}	sɿ^{213}	ʂʅ^{213}	ʂʅ^{213}
博乐市	sɿ^{24}	sɿ^{24}	sɿ^{24}	sɿ^{24}	sɿ^{24}	sɿ^{24}	ʂʅ^{24}	ʂʅ^{24}
阿勒泰市	sɿ^{23}	sɿ^{23}	sɿ^{23}	sɿ^{23}	sɿ^{23}	sɿ^{23}	ʂʅ^{23}	ʂʅ^{23}
布尔津县	sɿ^{51}	sɿ^{51}	sɿ^{51}	sɿ^{51}	sɿ^{251}	sɿ^{51}	ʂʅ^{51}	ʂʅ^{51}
乌苏市	sɿ^{213}	sɿ^{213}	sɿ^{213}	sɿ^{213}	sɿ^{213}	sɿ^{213}	ʂʅ^{213}	ʂʅ^{213}
额敏县	sɿ^{34}	sɿ^{34}	sɿ^{34}	sɿ^{34}	sɿ^{34}	sɿ^{34}	ʂʅ^{34}	ʂʅ^{34}
伊州区	sɿ^{213}	sɿ^{213}	sɿ^{213}	sɿ^{213}	sɿ^{213}	sɿ^{213}	ʂʅ^{213}	ʂʅ^{213}
巴里坤县	sɿ^{24}	sɿ^{24}	sɿ^{24}	sɿ^{24}	sɿ^{24}	sɿ^{24}	ʂʅ^{24}	ʂʅ^{24}
伊吾县	sɿ^{213}	sɿ^{213}	sɿ^{213}	sɿ^{213}	sɿ^{213}	sɿ^{213}	ʂʅ^{213}	ʂʅ^{213}

字目 中古音 方言点 方音	式	适	释	日	儿	而	耳①	二
	曾开三入职书	梗开三入昔书	梗开三入昔书	臻开三入质日	止开三平支日	止开三平之日	止开三上止日	止开三去至日
兰州市（城关区）	ʂʅ^{13}	ʂʅ^{13}	ʂʅ^{13}	ʐʅ^{13}	ɯ^{51}	ɯ^{51}	ɯ^{44}	ɯ^{13}
永登县	ʂʅ^{13}	ʂʅ^{13}	ʂʅ^{13}	ʐʅ^{13}	a^{53}	a^{53}	a^{354}	a^{13}
榆中县	ʂʅ^{13}	ʂʅ^{13}	ʂʅ^{13}	ʐʅ^{13}	ɣə^{332}	ɣə^{332}	ɣə^{44}	ɣə^{13}
皋兰县	ʂʅ^{13}	ʂʅ^{13}	ʂʅ^{13}	ʐʅ^{13}	ɯ^{53}	ɯ^{53}	ɯ^{342}	ɯ^{13}
白银区	ʂʅ^{13}	ʂʅ^{13}	ʂʅ^{13}	ʐʅ^{13}	ɯ^{51}	ɯ^{51}	ɯ^{343}	ɯ^{13}
天祝县	ʂʅ^{213}	ʂʅ^{213}	ʂʅ^{213}	ʐʅ^{213}	a^{53}	a^{53}	a^{44}	a^{213}
景泰县（红水镇）	ʂʅ^{213}	ʂʅ^{213}	ʂʅ^{213}	ʐʅ^{213}	ɣə^{53}	ɣə^{53}	ɣə^{44}	ɣə^{213}
古浪县	ʂʅ^{31}	ʂʅ^{31}	ʂʅ^{31}	ʐʅ^{31}	ɣə^{53}	ɣə^{53}	ɣə^{44}	ɣə^{31}
凉州区	ʂʅ^{53}	ʂʅ^{53}	ʂʅ^{53}	ʐʅ^{53}	ɣə^{13}	ɣə^{13}	ɣə^{33}	ɣə^{53}
民勤县	ʂʅ^{42}	ʂʅ^{42}	ʂʅ^{42}	ʐʅ^{42}	ɯ^{53}	ɯ^{53}	ɯ^{214}	ɯ^{42}
永昌县	ʂʅ^{53}	ʂʅ^{53}	ʂʅ^{53}	ʐʅ^{53}	ɯ^{13}	ɯ^{13}	ɯ^{13}	ɯ^{53}
甘州区	ʂʅ^{31}	ʂʅ^{31}	ʂʅ^{31}	ʐʅ^{31}	ɣə^{53}	ɣə^{53}	ɣə^{53}	ɣə^{31}
临泽县	ʂʅ^{214}	ʂʅ^{214}	ʂʅ^{214}	ʐʅ^{214}	ɣə^{53}	ɣə^{53}	ɣə^{44}	ɣə^{214}
民乐县	ʂʅ^{42}	ʂʅ^{42}	ʂʅ^{42}	ʐʅ^{42}	ɣə^{53}	ɣə^{53}	ɣə^{213}	ɣə^{42}
山丹县	ʂʅ^{41}	ʂʅ^{41}	ʂʅ^{41}	ʐʅ^{41}	ɣə^{53}	ɣə^{53}	ɣə^{53}	ɣə^{41}
高台县	ʂʅ^{214}	ʂʅ^{214}	ʂʅ^{214}	ʐʅ^{214}	ɯ^{53}	ɯ^{53}	ɯ^{44}	ɯ^{214}
肃州区	ʂʅ^{214}	ʂʅ^{214}	ʂʅ^{214}	ʐʅ^{214}	ɣə^{53}	ɣə^{53}	ɣə^{44}	ɣə^{214}
金塔县	ʂʅ^{13}	ʂʅ^{13}	ʂʅ^{13}	ʐʅ^{13}	ɣə^{53}	ɣə^{53}	ɣə^{53}	ɣə^{13}
肃北县	ʂʅ^{213}	ʂʅ^{213}	ʂʅ^{213}	ʐʅ^{213}	ɚ^{53}	ɚ^{53}	ɚ^{53}	ɚ^{213}
玉门市	ʂʅ^{213}	ʂʅ^{213}	ʂʅ^{213}	ʐʅ^{213}	ɣə^{53}	ɣə^{53}	ɣə^{53}	ɣə^{213}

①又仍拯切，曾开三上拯日。

续表

瓜州县	ʂʅ^{213}	ʂʅ^{213}	ʂʅ^{213}	ʐʅ^{213}	ɣə^{53}	ɣə^{53}	ɣə^{53}	ɣə^{213}
西夏区	ʂʅ^{13}	ʂʅ^{13}	ʂʅ^{13}	ʐʅ^{13}	a^{53}	a^{53}	a^{53}	a^{13}
贺兰县	ʂʅ^{13}	ʂʅ^{13}	ʂʅ^{13}	ʐʅ^{13}	ɛr^{53}	ɛr^{53}	ɛr^{53}	ɛr^{13}
灵武市 （东塔镇）	ʂʅ^{13}	ʂʅ^{13}	ʂʅ^{13}	ʐʅ^{13}	a^{52}	a^{52}	a^{52}	a^{13}
永宁县	ʂʅ^{13}	ʂʅ^{13}	ʂʅ^{13}	ʐʅ^{13}	a^{53}	a^{53}	a^{53}	a^{13}
中宁县	ʂʅ^{13}	ʂʅ^{13}	ʂʅ^{13}	ʐʅ^{13}	a^{53}	a^{53}	a^{53}	a^{13}
沙坡头区	ʂʅ^{13}	ʂʅ^{13}	ʂʅ^{13}	ʐʅ^{13}	a^{53}	a^{53}	a^{53}	a^{13}
盐池县	ʂʅ^{13}	ʂʅ^{13}	ʂʅ^{13}	ʐʅ^{13}	ər^{13}	ər^{13}	ər^{52}	ər^{13}
平罗县 （渠口乡）	ʂʅ^{13}	ʂʅ^{13}	ʂʅ^{13}	ʐʅ^{13}	ər^{53} a^{53}	ər^{53} a^{5}	ər^{53} a^{53}	ər^{13} a^{13}
阿拉善左旗	ʂʅ^{213}	ʂʅ^{213}	ʂʅ^{213}	ʐʅ^{213}	ɚ^{51}	ɚ^{51}	ɚ^{51}	ɚ^{213}
乌鲁木齐市	ʂʅ^{213}	ʂʅ^{213}	ʂʅ^{213}	ʐʅ^{213}	ər^{52}	ər^{52}	ər^{52}	ər^{213}
阜康市	ʂʅ^{213}	ʂʅ^{213}	ʂʅ^{213}	ʐʅ^{213}	ɚ^{51}	ɚ^{51}	ɚ^{51}	ɚ^{213}
呼图壁县	ʂʅ^{213}	ʂʅ^{213}	ʂʅ^{213}	ʐʅ^{213}	ɚ^{51}	ɚ^{51}	ɚ^{51}	ɚ^{213}
吉木萨尔县	ʂʅ^{213}	ʂʅ^{213}	ʂʅ^{213}	ʐʅ^{213}	ɚ^{51}	ɚ^{51}	ɚ^{51}	ɚ^{213}
奇台县	ʂʅ^{213}	ʂʅ^{213}	ʂʅ^{213}	ʐʅ^{213}	ər^{52}	ər^{52}	ər^{52}	ər^{213}
博乐市	ʂʅ^{24}	ʂʅ^{24}	ʂʅ^{24}	ʐʅ^{24}	ɚ^{51}	ɚ^{51}	ɚ^{51}	ɚ^{24}
阿勒泰市	ʂʅ^{23}	ʂʅ^{23}	ʂʅ^{23}	ʐʅ^{23}	ɚ^{51}	ɚ^{51}	ɚ^{51}	ɚ^{23}
布尔津县	ʂʅ^{51}	ʂʅ^{51}	ʂʅ^{51}	ʐʅ^{51}	ɚ^{23}	ɚ^{23}	ɚ^{23}	ɚ^{51}
乌苏市	ʂʅ^{213}	ʂʅ^{213}	ʂʅ^{213}	ʐʅ^{213}	ɚ^{51}	ɚ^{51}	ɚ^{51}	ɚ^{213}
额敏县	ʂʅ^{34}	ʂʅ^{34}	ʂʅ^{34}	ʐʅ^{34}	ɚ^{51}	ɚ^{51}	ɚ^{51}	ɚ^{34}
伊州区	ʂʅ^{213}	ʂʅ^{213}	ʂʅ^{213}	ʐʅ^{213}	ɚ^{51}	ɚ^{51}	ɚ^{51}	ɚ^{213}
巴里坤县	ʂʅ^{24}	ʂʅ^{24}	ʂʅ^{24}	ʐʅ^{24}	ɚ^{51}	ɚ^{51}	ɚ^{51}	ɚ^{24}
伊吾县	ʂʅ^{213}	ʂʅ^{213}	ʂʅ^{213}	ʐʅ^{213}	ɚ^{51}	ɚ^{51}	ɚ^{51}	ɚ^{213}

字目 中古音 方音 方言点	逼 咸开二 入恰见	鼻 咸开二 入恰见	彼 假开二 上马见	鄙 假开二 上马见	比 咸开二 入狎见	笔 假开二 去祃见	蔽① 假开二 去祃见	敝 假开二 去祃见
兰州市（城关区）	pi^{13}	pi^{51}	pi^{44}	pi^{44}	pi^{44}	pi^{13}	pi^{13}	pi^{13}
永登县	pi^{13}	pi^{53}	pi^{354}	pi^{354}	pi^{354}	pi^{13}	pi^{13}	pi^{13}
榆中县	pi^{13}	pi^{332}	pi^{44}	pi^{44}	pi^{44}	pi^{13}	pi^{13}	pi^{13}
皋兰县	pi^{13}	pi^{53}	pi^{342}	pi^{342}	pi^{342}	pi^{13}	pi^{13}	pi^{13}
白银区	pi^{13}	pi^{51}	pi^{343}	pi^{343}	pi^{343}	pi^{13}	pi^{13}	pi^{13}
天祝县	pi^{213}	pi^{51}	pi^{44}	pi^{44}	pi^{44}	pi^{213}	pi^{213}	pi^{213}
景泰县（红水镇）	pi^{213}	pi^{51}	pi^{44}	pi^{44}	pi^{44}	pi^{213}	pi^{213}	pi^{213}
古浪县	pi^{31}	pi^{53}	pi^{44}	pi^{44}	pi^{44}	pi^{31}	pi^{31}	pi^{31}
凉州区	pi^{53}	pi^{31}	pi^{33}	pi^{33}	pi^{33}	pi^{53}	pi^{53}	pi^{53}
民勤县	pi^{42}	pi^{53}	pi^{214}	pi^{214}	pi^{214}	pi^{42}	pi^{42}	pi^{42}
永昌县	pi^{53}	pi^{13}	pi^{13}	pi^{13}	pi^{13}	pi^{53}	pi^{53}	pi^{53}
甘州区	pi^{31}	pi^{53}	pi^{53}	pi^{53}	pi^{53}	pi^{31}	pi^{31}	pi^{31}
临泽县	pi^{214}	pi^{53}	pi^{44}	pi^{44}	pi^{44}	pi^{214}	pi^{214}	pi^{214}
民乐县	pi^{42}	pi^{53}	pi^{213}	pi^{213}	pi^{213}	pi^{42}	pi^{42}	pi^{42}
山丹县	pi^{41}	pi^{53}	pi^{53}	pi^{53}	pi^{53}	pi^{41}	pi^{41}	pi^{41}
高台县	pi^{214}	pi^{53}	pi^{53}	pi^{44}	pi^{44}	pi^{214}	pi^{214}	pi^{214}
肃州区	pi^{214}	pi^{53}	pi^{53}	pi^{44}	pi^{44}	pi^{214}	pi^{214}	pi^{214}
金塔县	pi^{13}	pi^{53}	pi^{53}	pi^{53}	pi^{53}	pi^{13}	pi^{13}	pi^{13}
肃北县	pi^{213}	pi^{53}	pi^{53}	pi^{53}	pi^{53}	pi^{213}	pi^{213}	pi^{213}
玉门市	pi^{213}	pi^{53}	pi^{53}	pi^{53}	pi^{53}	pi^{213}	pi^{213}	pi^{213}

①又毗祭切，蟹开三去祭并。

续表

瓜州县	pi^{213}	pi^{53}	pi^{53}	pi^{53}	pi^{53}	pi^{213}	pi^{213}	pi^{213}
西夏区	pi^{13}	pi^{53}	pi^{53}	pi^{53}	pi^{53}	pi^{13}	pi^{13}	pi^{13}
贺兰县	pi^{13}	pi^{53}	pi^{53}	pi^{53}	pi^{53}	pi^{13}	pi^{13}	pi^{13}
灵武市（东塔镇）	pi^{13}	pi^{52}	pi^{52}	pi^{52}	pi^{52}	pi^{13}	pi^{13}	pi^{13}
永宁县	pi^{13}	pi^{53}	pi^{53}	pi^{53}	pi^{53}	pi^{13}	pi^{13}	pi^{13}
中宁县	pi^{13}	pi^{53}	pi^{53}	pi^{53}	pi^{53}	pi^{13}	pi^{13}	pi^{13}
沙坡头区	pi^{13}	pi^{53}	pi^{53}	pi^{53}	pi^{53}	pi^{13}	pi^{13}	pi^{13}
盐池县	pi^{13}	pi^{13}	pi^{52}	pi^{52}	pi^{52}	pi^{13}	pi^{13}	pi^{13}
平罗县（渠口乡）	pi^{13}	pi^{53}	pi^{53}	pi^{53}	pi^{53}	pi^{13}	pi^{13}	pi^{13}
阿拉善左旗	pi^{213}	pi^{51}	pi^{51}	pi^{51}	pi^{51}	pi^{213}	pi^{213}	pi^{213}
乌鲁木齐市	pi^{213}	pi^{52}	pi^{52}	pi^{52}	pi^{52}	pi^{213}	pi^{213}	pi^{213}
阜康市	pi^{213}	pi^{51}	pi^{51}	pi^{51}	pi^{51}	pi^{213}	pi^{213}	pi^{213}
呼图壁县	pi^{213}	pi^{51}	pi^{51}	pi^{51}	pi^{51}	pi^{213}	pi^{213}	pi^{213}
吉木萨尔县	pi^{213}	pi^{51}	pi^{51}	pi^{51}	pi^{51}	pi^{213}	pi^{213}	pi^{213}
奇台县	pi^{213}	pi^{52}	pi^{52}	pi^{52}	pi^{52}	pi^{213}	pi^{213}	pi^{213}
博乐市	pi^{24}	pi^{51}	pi^{51}	pi^{51}	pi^{51}	pi^{24}	pi^{24}	pi^{24}
阿勒泰市	pi^{23}	pi^{51}	pi^{51}	pi^{51}	pi^{51}	pi^{23}	pi^{23}	pi^{23}
布尔津县	pi^{51}	pi^{23}	pi^{23}	pi^{23}	pi^{23}	pi^{51}	pi^{51}	pi^{51}
乌苏市	pi^{213}	pi^{51}	pi^{51}	pi^{51}	pi^{51}	pi^{213}	pi^{213}	pi^{213}
额敏县	pi^{34}	pi^{51}	pi^{51}	pi^{51}	pi^{51}	pi^{34}	pi^{34}	pi^{34}
伊州区	pi^{213}	pi^{51}	pi^{51}	pi^{51}	pi^{51}	pi^{213}	pi^{213}	pi^{213}
巴里坤县	pi^{24}	pi^{51}	pi^{51}	pi^{51}	pi^{51}	pi^{24}	pi^{24}	pi^{24}
伊吾县	pi^{213}	pi^{51}	pi^{51}	pi^{51}	pi^{51}	pi^{213}	pi^{213}	pi^{213}

字目 中古音 方音 方言点	弊	币①	毙	闭	臂	避	蓖	毕
	蟹开三去祭並	蟹开三去祭並	蟹开三去祭並	蟹开四去霁帮	止开三去寘帮	止开三去寘並	止开三去至並	臻开三入质帮
兰州市（城关区）	pi^{13}	pi^{13}	pi^{13}	pi^{13}	pi^{13}	pi^{13}	pi^{13}	pi^{13}
永登县	pi^{13}	pi^{13}	pi^{13}	pi^{13}	pi^{13}	pi^{13}	pi^{13}	pi^{13}
榆中县	pi^{13}	pi^{13}	pi^{13}	pi^{13}	pi^{13}	pi^{13}	pi^{13}	pi^{13}
皋兰县	pi^{13}	pi^{13}	pi^{13}	pi^{13}	pi^{13}	pi^{13}	pi^{13}	pi^{13}
白银区	pi^{13}	pi^{13}	pi^{13}	pi^{13}	pi^{13}	pi^{13}	pi^{13}	pi^{13}
天祝县	pi^{213}	pi^{213}	pi^{213}	pi^{213}	pi^{213}	pi^{213}	pi^{213}	pi^{213}
景泰县（红水镇）	pi^{213}	pi^{213}	pi^{213}	pi^{213}	pi^{213}	pi^{213}	pi^{213}	pi^{213}
古浪县	pi^{31}	pi^{31}	pi^{31}	pi^{31}	pi^{31}	pi^{31}	pi^{31}	pi^{31}
凉州区	pi^{53}	pi^{53}	pi^{53}	pi^{53}	pi^{53}	pi^{53}	pi^{53}	pi^{53}
民勤县	pi^{42}	pi^{42}	pi^{42}	pi^{42}	pi^{42}	pi^{42}	pi^{42}	pi^{42}
永昌县	pi^{53}	pi^{53}	pi^{53}	pi^{53}	pi^{53}	pi^{53}	pi^{53}	pi^{53}
甘州区	pi^{31}	pi^{31}	pi^{31}	pi^{31}	pi^{31}	pi^{31}	pi^{31}	pi^{31}
临泽县	pi^{214}	pi^{214}	pi^{214}	pi^{214}	pi^{214}	pi^{214}	pi^{214}	pi^{214}
民乐县	pi^{42}	pi^{42}	pi^{42}	pi^{42}	pi^{42}	pi^{42}	pi^{42}	pi^{42}
山丹县	pi^{41}	pi^{41}	pi^{41}	pi^{41}	pi^{41}	pi^{41}	pi^{41}	pi^{41}
高台县	pi^{214}	pi^{214}	pi^{214}	pi^{214}	pi^{214}	pi^{214}	pi^{214}	pi^{214}
肃州区	pi^{214}	pi^{214}	pi^{214}	pi^{214}	pi^{214}	pi^{214}	pi^{214}	pi^{214}
金塔县	pi^{13}	pi^{13}	pi^{13}	pi^{13}	pi^{13}	pi^{13}	pi^{13}	pi^{13}
肃北县	pi^{213}	pi^{213}	pi^{213}	pi^{213}	pi^{213}	pi^{213}	pi^{213}	pi^{213}
玉门市	pi^{213}	pi^{213}	pi^{213}	pi^{213}	pi^{213}	pi^{213}	pi^{213}	pi^{213}

①又必袂切，蟹开三去祭帮。

续表

瓜州县	pi^{213}	pi^{213}	pi^{213}	pi^{213}	pi^{213}	pi^{213}	pi^{213}	pi^{213}
西夏区	pi^{13}	pi^{13}	pi^{13}	pi^{13}	pi^{13}	pi^{13}	pi^{13}	pi^{13}
贺兰县	pi^{13}	pi^{13}	pi^{13}	pi^{13}	pi^{13}	pi^{13}	pi^{13}	pi^{13}
灵武市（东塔镇）	pi^{13}	pi^{13}	pi^{13}	pi^{13}	pi^{13}	pi^{13}	pi^{13}	pi^{13}
永宁县	pi^{13}	pi^{13}	pi^{13}	pi^{13}	pi^{13}	pi^{13}	pi^{13}	pi^{13}
中宁县	pi^{13}	pi^{13}	pi^{13}	pi^{13}	pi^{13}	pi^{13}	pi^{13}	pi^{13}
沙坡头区	pi^{13}	pi^{13}	pi^{13}	pi^{13}	pi^{13}	pi^{13}	pi^{13}	pi^{13}
盐池县	pi^{13}	pi^{13}	pi^{13}	pi^{13}	pi^{13}	pi^{13}	pi^{13}	pi^{13}
平罗县（渠口乡）	pi^{13}	pi^{13}	pi^{13}	pi^{13}	pi^{13}	pi^{13}	pi^{13}	pi^{13}
阿拉善左旗	pi^{213}	pi^{213}	pi^{213}	pi^{213}	pi^{213}	pi^{213}	pi^{213}	pi^{213}
乌鲁木齐市	pi^{213}	pi^{213}	pi^{213}	pi^{213}	pi^{213}	pi^{213}	pi^{213}	pi^{213}
阜康市	pi^{213}	pi^{213}	pi^{213}	pi^{213}	pi^{213}	pi^{213}	pi^{213}	pi^{213}
呼图壁县	pi^{213}	pi^{213}	pi^{213}	pi^{213}	pi^{213}	pi^{213}	pi^{213}	pi^{213}
吉木萨尔县	pi^{213}	pi^{213}	pi^{213}	pi^{213}	pi^{213}	pi^{213}	pi^{213}	pi^{213}
奇台县	pi^{213}	pi^{213}	pi^{213}	pi^{213}	pi^{213}	pi^{213}	pi^{213}	pi^{213}
博乐市	pi^{24}	pi^{24}	pi^{24}	pi^{24}	pi^{24}	pi^{24}	pi^{24}	pi^{24}
阿勒泰市	pi^{23}	pi^{23}	pi^{23}	pi^{23}	pi^{23}	pi^{23}	pi^{23}	pi^{23}
布尔津县	pi^{51}	pi^{51}	pi^{51}	pi^{51}	pi^{51}	pi^{51}	pi^{51}	pi^{51}
乌苏市	pi^{213}	pi^{213}	pi^{213}	pi^{213}	pi^{213}	pi^{213}	pi^{213}	pi^{213}
额敏县	pi^{34}	pi^{34}	pi^{34}	pi^{34}	pi^{34}	pi^{34}	pi^{34}	pi^{34}
伊州区	pi^{213}	pi^{213}	pi^{213}	pi^{213}	pi^{213}	pi^{213}	pi^{213}	pi^{213}
巴里坤县	pi^{24}	pi^{24}	pi^{24}	pi^{24}	pi^{24}	pi^{24}	pi^{24}	pi^{24}
伊吾县	pi^{213}	pi^{213}	pi^{213}	pi^{213}	pi^{213}	pi^{213}	pi^{213}	pi^{213}

字目 / 方音 / 中古音 / 方言点	必	碧①	璧	壁	批	坯 土坯	披	劈
	臻开三入质帮	梗开三入陌帮	梗开三入昔帮	梗开四入锡帮	蟹开四入齐滂	蟹开一平灰滂	止开三平支滂	梗开四入锡滂
兰州市（城关区）	pi^{13}	pi^{13}	pi^{13}	pi^{13}	p‘i^{13}	p‘ei^{44}	p‘ei^{44}	p‘i^{13}
永登县	pi^{13}	pi^{13}	pi^{13}	pi^{13}	p‘i^{13}	p‘ei^{354}	p‘ei^{354}	p‘i^{13}
榆中县	pi^{13}	pi^{13}	pi^{13}	pi^{13}	p‘i^{13}	p‘ei^{44}	p‘ei^{44}	p‘i^{13}
皋兰县	pi^{13}	pi^{13}	pi^{13}	pi^{13}	p‘i^{13}	p‘ei^{342}	p‘ei^{342}	p‘i^{13}
白银区	pi^{13}	pi^{13}	pi^{13}	pi^{13}	p‘i^{13}	p‘ei^{343}	p‘ei^{343}	p‘i^{13}
天祝县	pi^{213}	pi^{213}	pi^{213}	pi^{213}	p‘i^{213}	p‘ei^{44}	p‘ei^{44}	p‘i^{44}
景泰县（红水镇）	pi^{213}	pi^{213}	pi^{213}	pi^{213}	p‘i^{213}	p‘ei^{44}	p‘ei^{44}	p‘i^{44}
古浪县	pi^{31}	pi^{31}	pi^{31}	pi^{31}	p‘i^{31}	p‘ei^{44}	p‘ei^{44}	p‘i^{44}
凉州区	pi^{53}	pi^{53}	pi^{53}	pi^{53}	p‘i^{53}	p‘ei^{33}	p‘ei^{33}	p‘i^{33}
民勤县	pi^{42}	pi^{42}	pi^{42}	pi^{42}	p‘i^{42}	p‘ei^{214}	p‘ei^{214}	p‘i^{42}
永昌县	pi^{53}	pi^{53}	pi^{53}	pi^{53}	p‘i^{53}	p‘ei^{44}	p‘ei^{44}	p‘i^{13}
甘州区	pi^{31}	pi^{31}	pi^{31}	pi^{31}	p‘i^{31}	p‘ei^{44}	p‘ei^{44}	p‘i^{53}
临泽县	pi^{214}	pi^{214}	pi^{214}	pi^{214}	p‘i^{214}	p‘ei^{44}	p‘ei^{44}	p‘i^{44}
民乐县	pi^{42}	pi^{42}	pi^{42}	pi^{42}	p‘i^{42}	p‘ei^{213}	p‘ei^{213}	p‘i^{42}
山丹县	pi^{41}	pi^{41}	pi^{41}	pi^{41}	p‘i^{41}	p‘ei^{24}	p‘ei^{24}	p‘i^{53}
高台县	pi^{214}	pi^{214}	pi^{214}	pi^{214}	p‘i^{214}	p‘ei^{44}	p‘ei^{44}	p‘i^{44}
肃州区	pi^{214}	pi^{214}	pi^{214}	pi^{214}	p‘i^{214}	p‘ei^{44}	p‘ei^{44}	p‘i^{44}
金塔县	pi^{13}	pi^{13}	pi^{13}	pi^{13}	p‘i^{13}	p‘ei^{44}	p‘ei^{44}	p‘i^{53}
肃北县	pi^{213}	pi^{213}	pi^{213}	pi^{213}	p‘i^{213}	p‘ei^{44}	p‘ei^{44}	p‘i^{53}
玉门市	pi^{213}	pi^{213}	pi^{213}	pi^{213}	p‘i^{213}	p‘ei^{44}	p‘ei^{44}	p‘i^{53}
瓜州县	pi^{213}	pi^{213}	pi^{213}	pi^{213}	p‘i^{213}	p‘ei^{44}	p‘ei^{44}	p‘i^{53}

①《广韵》彼役切，归昔韵，现据裴务齐正字本《刊谬不确切韵》改逋逆切，归陌韵。

续表

西夏区	pi^{13}	pi^{13}	pi^{13}	pi^{13}	pʻi^{13}	pʻei^{44}	pʻei^{44}	pʻi^{13}
贺兰县	pi^{13}	pi^{13}	pi^{13}	pi^{13}	pʻi^{13}	pʻei^{44}	pʻei^{44}	pʻi^{13}
灵武市（东塔镇）	pi^{13}	pi^{13}	pi^{13}	pi^{13}	pʻi^{13}	pʻei^{44}	pʻei^{44}	pʻi^{13}
永宁县	pi^{13}	pi^{13}	pi^{13}	pi^{13}	pʻi^{13}	pʻei^{44}	pʻei^{44}	pʻi^{13}
中宁县	pi^{13}	pi^{13}	pi^{13}	pi^{13}	pʻi^{13}	pʻei^{44}	pʻei^{44}	pʻi^{13}
沙坡头区	pi^{13}	pi^{13}	pi^{13}	pi^{13}	pʻi^{13}	pʻei^{44}	pʻei^{44}	pʻi^{13}
盐池县	pi^{13}	pi^{13}	pi^{13}	pi^{13}	pʻi^{13}	pʻei^{44}	pʻei^{44}	pʻi^{13}
平罗县（渠口乡）	pi^{13}	pi^{13}	pi^{13}	pi^{13}	pʻi^{13}	pʻei^{44}	pʻei^{44}	pʻi^{13}
阿拉善左旗	pi^{213}	pi^{213}	pi^{213}	pi^{213}	pʻi^{213}	pʻei^{44}	pʻei^{44}	pʻi^{51}
乌鲁木齐市	pi^{213}	pi^{213}	pi^{213}	pi^{213}	pʻi^{213}	pʻei^{44}	pʻei^{44}	pʻi^{53}
阜康市	pi^{213}	pi^{213}	pi^{213}	pi^{213}	pʻi^{213}	pʻei^{55}	pʻei^{55}	pʻi^{51}
呼图壁县	pi^{213}	pi^{213}	pi^{213}	pi^{213}	pʻi^{213}	pʻei^{44}	pʻei^{44}	pʻi^{51}
吉木萨尔县	pi^{213}	pi^{213}	pi^{213}	pi^{213}	pʻi^{213}	pʻei^{44}	pʻei^{44}	pʻi^{51}
奇台县	pi^{213}	pi^{213}	pi^{213}	pi^{213}	pʻi^{213}	pʻei^{44}	pʻei^{44}	pʻi^{51}
博乐市	pi^{24}	pi^{24}	pi^{24}	pi^{24}	pʻi^{24}	pʻei^{45}	pʻei^{45}	pʻi^{51}
阿勒泰市	pi^{23}	pi^{23}	pi^{23}	pi^{23}	pʻi^{23}	pʻei^{44}	pʻei^{44}	pʻi^{51}
布尔津县	pi^{51}	pi^{51}	pi^{51}	pi^{51}	pʻi^{51}	pʻei^{44}	pʻei^{44}	pʻi^{23}
乌苏市	pi^{213}	pi^{213}	pi^{213}	pi^{213}	pʻi^{213}	pʻei^{55}	pʻei^{55}	pʻi^{51}
额敏县	pi^{34}	pi^{34}	pi^{34}	pi^{34}	pʻi^{34}	pʻei^{44}	pʻei^{44}	pʻi^{51}
伊州区	pi^{213}	pi^{213}	pi^{213}	pi^{213}	pʻi^{213}	pʻei^{44}	pʻei^{44}	pʻi^{51}
巴里坤县	pi^{24}	pi^{24}	pi^{24}	pi^{24}	pʻi^{24}	pʻei^{45}	pʻei^{45}	pʻi^{51}
伊吾县	pi^{213}	pi^{213}	pi^{213}	pi^{213}	pʻi^{213}	pʻei^{44}	pʻei^{44}	pʻi^{51}

字目 / 中古音 / 方音 / 方言点	皮	疲	脾	匹	譬	屁	僻[①]	辟[②] 开辟
	止开三平止並	止开三平止並	止开三平止並	臻开三入质滂	止开三去寘滂	止开三去至滂	梗开三入昔滂	梗开三入昔並
兰州市（城关区）	pʻi^{51}	pʻi^{51}	pʻi^{51}	pʻi^{13}	pʻi^{13}	pʻi^{13}	pʻi^{13}	pʻi^{13}
永登县	pʻi^{53}	pʻi^{53}	pʻi^{53}	pʻi^{13}	pʻi^{13}	pʻi^{13}	pʻi^{13}	pʻi^{13}
榆中县	pʻi^{332}	pʻi^{32}	pʻi^{332}	pʻi^{13}	pʻi^{13}	pʻi^{13}	pʻi^{13}	pʻi^{13}
皋兰县	pʻi^{53}	pʻi^{53}	pʻi^{53}	pʻi^{13}	pʻi^{13}	pʻi^{13}	pʻi^{13}	pʻi^{13}
白银区	pʻi^{51}	pʻi^{51}	pʻi^{51}	pʻi^{13}	pʻi^{13}	pʻi^{13}	pʻi^{13}	pʻi^{13}
天祝县	pʻi^{53}	pʻi^{53}	pʻi^{53}	pʻi^{213}	pʻi^{213}	pʻi^{213}	pʻi^{213}	pʻi^{213}
景泰县（红水镇）	pʻi^{53}	pʻi^{53}	pʻi^{53}	pʻi^{213}	pʻi^{213}	pʻi^{213}	pʻi^{213}	pʻi^{213}
古浪县	pʻi^{53}	pʻi^{53}	pʻi^{53}	pʻi^{31}	pʻi^{31}	pʻi^{31}	pʻi^{31}	pʻi^{31}
凉州区	pʻi^{13}	pʻi^{13}	pʻi^{13}	pʻi^{53}	pʻi^{53}	pʻi^{53}	pʻi^{53}	pʻi^{53}
民勤县	pʻi^{53}	pʻi^{53}	pʻi^{53}	pʻi^{42}	pʻi^{42}	pʻi^{42}	pʻi^{42}	pʻi^{42}
永昌县	pʻi^{13}	pʻi^{13}	pʻi^{13}	pʻi^{53}	pʻi^{53}	pʻi^{53}	pʻi^{53}	pʻi^{53}
甘州区	pʻi^{53}	pʻi^{53}	pʻi^{53}	pʻi^{31}	pʻi^{31}	pʻi^{31}	pʻi^{31}	pʻi^{31}
临泽县	pʻi^{53}	pʻi^{53}	pʻi^{53}	pʻi^{214}	pʻi^{214}	pʻi^{214}	pʻi^{214}	pʻi^{214}
民乐县	pʻi^{53}	pʻi^{53}	pʻi^{53}	pʻi^{42}	pʻi^{42}	pʻi^{42}	pʻi^{42}	pʻi^{42}
山丹县	pʻi^{53}	pʻi^{53}	pʻi^{53}	pʻi^{41}	pʻi^{41}	pʻi^{41}	pʻi^{41}	pʻi^{41}
高台县	pʻi^{53}	pʻi^{53}	pʻi^{53}	pʻi^{214}	pʻi^{214}	pʻi^{214}	pʻi^{214}	pʻi^{214}
肃州区	pʻi^{53}	pʻi^{53}	pʻi^{53}	pʻi^{214}	pʻi^{214}	pʻi^{214}	pʻi^{214}	pʻi^{214}
金塔县	pʻi^{53}	pʻi^{53}	pʻi^{53}	pʻi^{13}	pʻi^{13}	pʻi^{13}	pʻi^{13}	pʻi^{13}
肃北县	pʻi^{53}	pʻi^{53}	pʻi^{53}	pʻi^{213}	pʻi^{213}	pʻi^{213}	pʻi^{213}	pʻi^{213}

①又普击切，梗开四入锡滂。

②又匹辟切，梗开三入昔滂。

续表

玉门市	pʻi^{53}	pʻi^{53}	pʻi^{53}	pʻi^{213}	pʻi^{213}	pʻi^{213}	pʻi^{213}	pʻi^{213}
瓜州县	pʻi^{53}	pʻi^{53}	pʻi^{53}	pʻi^{213}	pʻi^{213}	pʻi^{213}	pʻi^{213}	pʻi^{213}
西夏区	pʻi^{53}	pʻi^{53}	pʻi^{53}	pʻi^{13}	pʻi^{13}	pʻi^{13}	pʻi^{13}	pʻi^{13}
贺兰县	pʻi^{53}	pʻi^{53}	pʻi^{53}	pʻi^{13}	pʻi^{13}	pʻi^{13}	pʻi^{13}	pʻi^{13}
灵武市（东塔镇）	pʻi^{52}	pʻi^{52}	pʻi^{52}	pʻi^{13}	pʻi^{13}	pʻi^{13}	pʻi^{13}	pʻi^{13}
永宁县	pʻi^{53}	pʻi^{53}	pʻi^{53}	pʻi^{13}	pʻi^{13}	pʻi^{13}	pʻi^{13}	pʻi^{13}
中宁县	pʻi^{53}	pʻi^{53}	pʻi^{53}	pʻi^{13}	pʻi^{13}	pʻi^{13}	pʻi^{13}	pʻi^{13}
沙坡头区	pʻi^{53}	pʻi^{53}	pʻi^{53}	pʻi^{13}	pʻi^{13}	pʻi^{13}	pʻi^{13}	pʻi^{13}
盐池县	pʻi^{13}	pʻi^{13}	pʻi^{13}	pʻi^{13}	pʻi^{13}	pʻi^{13}	pʻi^{13}	pʻi^{13}
平罗县（渠口乡）	pʻi^{53}	pʻi^{53}	pʻi^{53}	pʻi^{13}	pʻi^{13}	pʻi^{13}	pʻi^{13}	pʻi^{13}
阿拉善左旗	pʻi^{51}	pʻi^{51}	pʻi^{51}	pʻi^{213}	pʻi^{213}	pʻi^{213}	pʻi^{213}	pʻi^{213}
乌鲁木齐市	pʻi^{52}	pʻi^{52}	pʻi^{52}	pʻi^{213}	pʻi^{213}	pʻi^{213}	pʻi^{213}	pʻi^{213}
阜康市	pʻi^{51}	pʻi^{51}	pʻi^{51}	pʻi^{213}	pʻi^{213}	pʻi^{213}	pʻi^{213}	pʻi^{213}
呼图壁县	pʻi^{51}	pʻi^{51}	pʻi^{51}	pʻi^{213}	pʻi^{213}	pʻi^{213}	pʻi^{213}	pʻi^{213}
吉木萨尔县	pʻi^{51}	pʻi^{51}	pʻi^{51}	pʻi^{213}	pʻi^{213}	pʻi^{213}	pʻi^{213}	pʻi^{213}
奇台县	pʻi^{52}	pʻi^{52}	pʻi^{52}	pʻi^{213}	pʻi^{213}	pʻi^{213}	pʻi^{213}	pʻi^{213}
博乐市	pʻi^{51}	pʻi^{51}	pʻi^{51}	pʻi^{24}	pʻi^{24}	pʻi^{24}	pʻi^{24}	pʻi^{24}
阿勒泰市	pʻi^{51}	pʻi^{51}	pʻi^{51}	pʻi^{23}	pʻi^{23}	pʻi^{23}	pʻi^{23}	pʻi^{23}
布尔津县	pʻi^{23}	pʻi^{23}	pʻi^{23}	pʻi^{51}	pʻi^{51}	pʻi^{51}	pʻi^{51}	pʻi^{51}
乌苏市	pʻi^{51}	pʻi^{51}	pʻi^{51}	pʻi^{213}	pʻi^{213}	pʻi^{213}	pʻi^{213}	pʻi^{213}
额敏县	pʻi^{51}	pʻi^{51}	pʻi^{51}	pʻi^{34}	pʻi^{34}	pʻi^{34}	pʻi^{34}	pʻi^{34}
伊州区	pʻi^{51}	pʻi^{51}	pʻi^{51}	pʻi^{213}	pʻi^{213}	pʻi^{213}	pʻi^{213}	pʻi^{213}
巴里坤县	pʻi^{51}	pʻi^{51}	pʻi^{51}	pʻi^{24}	pʻi^{24}	pʻi^{24}	pʻi^{24}	pʻi^{24}
伊吾县	pʻi^{51}	pʻi^{51}	pʻi^{51}	pʻi^{213}	pʻi^{213}	pʻi^{213}	pʻi^{213}	pʻi^{213}

字目 / 中古音 / 方音 / 方言点	迷①	谜② 谜语	弥	米	秘	密	蜜	觅
	蟹开四平齐明	蟹开四平霁明	止开三平支明	蟹开四上荠明	止开三入至帮	臻开三入质明	臻开三入质明	梗开四入锡明
兰州市（城关区）	mi^{51}	mi^{51}	mi^{51}	mi^{44}	mi^{13}	mi^{13}	mi^{13}	mi^{13}
永登县	mi^{53}	mi^{53}	mi^{53}	mi^{354}	mi^{13}	mi^{13}	mi^{13}	mi^{13}
榆中县	mi^{332}	mi^{332}	mi^{332}	mi^{44}	mi^{13}	mi^{13}	mi^{13}	mi^{13}
皋兰县	mi^{53}	mi^{53}	mi^{53}	mi^{342}	mi^{13}	mi^{13}	mi^{13}	mi^{13}
白银区	mi^{51}	mi^{51}	mi^{51}	mi^{343}	mi^{13}	mi^{13}	mi^{13}	mi^{13}
天祝县	mi^{53}	mi^{53}	mi^{53}	mi^{44}	mi^{213}	mi^{213}	mi^{213}	mi^{213}
景泰县（红水镇）	mi^{53}	mi^{53}	mi^{53}	mi^{44}	mi^{213}	mi^{213}	mi^{213}	mi^{213}
古浪县	mi^{53}	mi^{53}	mi^{53}	mi^{44}	mi^{31}	mi^{31}	mi^{31}	mi^{31}
凉州区	mi^{53}	mi^{13}	mi^{13}	mi^{33}	mi^{53}	mi^{53}	mi^{53}	mi^{53}
民勤县	mi^{53}	mi^{53}	mi^{51}	mi^{214}	mi^{42}	mi^{42}	mi^{42}	mi^{42}
永昌县	mi^{53}	mi^{13}	mi^{13}	mi^{13}	mi^{53}	mi^{53}	mi^{53}	mi^{53}
甘州区	mi^{53}	mi^{53}	mi^{53}	mi^{53}	mi^{31}	mi^{31}	mi^{31}	mi^{31}
临泽县	mi^{53}	mi^{53}	mi^{53}	mi^{44}	mi^{214}	mi^{214}	mi^{214}	mi^{214}
民乐县	mi^{53}	mi^{53}	mi^{51}	mi^{213}	mi^{42}	mi^{42}	mi^{42}	mi^{42}
山丹县	mi^{53}	mi^{53}	mi^{53}	mi^{53}	mi^{41}	mi^{41}	mi^{41}	mi^{41}
高台县	mi^{53}	mi^{53}	mi^{53}	mi^{53}	mi^{214}	mi^{214}	mi^{214}	mi^{214}
肃州区	mi^{53}	mi^{53}	mi^{53}	mi^{53}	mi^{214}	mi^{214}	mi^{214}	mi^{214}
金塔县	mi^{53}	mi^{53}	mi^{53}	mi^{53}	mi^{13}	mi^{13}	mi^{13}	mi^{13}
肃北县	mi^{53}	mi^{53}	mi^{53}	mi^{53}	mi^{213}	mi^{213}	mi^{213}	mi^{213}

①又民卑切，止开三平齐明。

②又绵批切，蟹开四平齐明。

续表

玉门市	mi^{53}	mi^{53}	mi^{53}	mi^{53}	mi^{213}	mi^{213}	mi^{213}	mi^{213}
瓜州县	mi^{53}	mi^{53}	mi^{53}	mi^{53}	mi^{213}	mi^{213}	mi^{213}	mi^{213}
西夏区	mi^{53}	mi^{53}	mi^{53}	mi^{53}	mi^{13}	mi^{13}	mi^{13}	mi^{13}
贺兰县	mi^{53}	mi^{53}	mi^{53}	mi^{53}	mi^{13}	mi^{13}	mi^{13}	mi^{13}
灵武市（东塔镇）	mi^{52}	mi^{52}	mi^{52}	mi^{52}	mi^{13}	mi^{13}	mi^{13}	mi^{13}
永宁县	mi^{53}	mi^{53}	mi^{53}	mi^{53}	mi^{13}	mi^{13}	mi^{13}	mi^{13}
中宁县	mi^{53}	mi^{53}	mi^{53}	mi^{53}	mi^{13}	mi^{13}	mi^{13}	mi^{13}
沙坡头区	mi^{53}	mi^{53}	mi^{53}	mi^{53}	mi^{13}	mi^{13}	mi^{13}	mi^{13}
盐池县	mi^{13}	mi^{13}	mi^{13}	mi^{52}	mi^{13}	mi^{13}	mi^{13}	mi^{13}
平罗县（渠口乡）	mi^{53}	mi^{53}	mi^{53}	mi^{53}	mi^{13}	mi^{13}	mi^{13}	mi^{13}
阿拉善左旗	mi^{51}	mi^{51}	mi^{51}	mi^{51}	mi^{213}	mi^{213}	mi^{213}	mi^{213}
乌鲁木齐市	mi^{52}	mi^{52}	mi^{52}	mi^{52}	mi^{213}	mi^{213}	mi^{213}	mi^{213}
阜康市	mi^{51}	mi^{51}	mi^{51}	mi^{51}	mi^{213}	mi^{213}	mi^{213}	mi^{213}
呼图壁县	mi^{51}	mi^{51}	mi^{51}	mi^{51}	mi^{213}	mi^{213}	mi^{213}	mi^{213}
吉木萨尔县	mi^{51}	mi^{51}	mi^{51}	mi^{51}	mi^{213}	mi^{213}	mi^{213}	mi^{213}
奇台县	mi^{52}	mi^{52}	mi^{52}	mi^{52}	mi^{213}	mi^{213}	mi^{213}	mi^{213}
博乐市	mi^{51}	mi^{51}	mi^{51}	mi^{51}	mi^{24}	mi^{24}	mi^{24}	mi^{24}
阿勒泰市	mi^{51}	mi^{51}	mi^{51}	mi^{51}	mi^{23}	mi^{23}	mi^{23}	mi^{23}
布尔津县	mi^{23}	mi^{23}	mi^{23}	mi^{23}	mi^{51}	mi^{51}	mi^{51}	mi^{51}
乌苏市	mi^{51}	mi^{51}	mi^{51}	mi^{51}	mi^{213}	mi^{213}	mi^{213}	mi^{213}
额敏县	mi^{51}	mi^{51}	mi^{51}	mi^{51}	mi^{34}	mi^{34}	mi^{34}	mi^{34}
伊州区	mi^{51}	mi^{51}	mi^{51}	mi^{51}	mi^{213}	mi^{213}	mi^{213}	mi^{213}
巴里坤县	mi^{51}	mi^{51}	mi^{51}	mi^{51}	mi^{24}	mi^{24}	mi^{24}	mi^{24}
伊吾县	mi^{51}	mi^{51}	mi^{51}	mi^{51}	mi^{213}	mi^{213}	mi^{213}	mi^{213}

字目 / 中古音 / 方音 / 方言点	低	堤①	滴	的 的确	敌	狄	笛	底
	蟹开四平齐端	蟹开四平齐端	梗开四入锡端	梗开四入锡端	梗开四入锡定	梗开四入锡定	梗开四入锡定	蟹开四上荠端
兰州市（城关区）	ti^{53}	ti^{53}	ti^{13}	ti^{13}	ti^{51}	ti^{51}	ti^{51}	ti^{44}
永登县	ti^{42}	ti^{42}	ti^{13}	ti^{13}	ti^{53}	ti^{53}	ti^{53}	ti^{354}
榆中县	ti^{51}	ti^{51}	ti^{13}	ti^{13}	ti^{332}	ti^{332}	ti^{332}	ti^{44}
皋兰县	ti^{42}	ti^{42}	ti^{13}	ti^{13}	ti^{53}	ti^{53}	ti^{53}	ti^{342}
白银区	ti^{44}	ti^{44}	ti^{13}	ti^{13}	ti^{51}	ti^{51}	ti^{51}	ti^{343}
天祝县	ti^{51}	ti^{51}	ti^{213}	ti^{213}	ti^{53}	ti^{53}	ti^{53}	ti^{44}
景泰县（红水镇）	ti^{51}	ti^{51}	ti^{213}	ti^{213}	ti^{53}	ti^{53}	ti^{53}	ti^{44}
古浪县	ti^{44}	ti^{44}	ti^{31}	ti^{31}	ti^{53}	ti^{53}	ti^{53}	ti^{44}
凉州区	ti^{33}	ti^{33}	ti^{53}	ti^{53}	ti^{13}	ti^{13}	ti^{13}	ti^{33}
民勤县	ti^{44}	ti^{44}	ti^{42}	ti^{42}	ti^{53}	ti^{53}	ti^{53}	ti^{214}
永昌县	ti^{44}	ti^{44}	ti^{53}	ti^{53}	ti^{13}	ti^{13}	ti^{13}	ti^{13}
甘州区	ti^{44}	ti^{44}	ti^{31}	ti^{31}	ti^{53}	ti^{53}	ti^{53}	ti^{53}
临泽县	ti^{44}	ti^{44}	ti^{214}	ti^{214}	ti^{53}	ti^{53}	ti^{53}	ti^{44}
民乐县	ti^{44}	ti^{44}	ti^{42}	ti^{42}	ti^{53}	ti^{53}	ti^{53}	ti^{213}
山丹县	ti^{24}	ti^{24}	ti^{41}	ti^{41}	ti^{53}	ti^{53}	ti^{53}	ti^{53}
高台县	ti^{44}	ti^{44}	ti^{214}	ti^{214}	ti^{53}	ti^{53}	ti^{53}	ti^{53}
肃州区	ti^{44}	ti^{44}	ti^{214}	ti^{214}	ti^{53}	ti^{53}	ti^{53}	ti^{53}
金塔县	ti^{44}	ti^{44}	ti^{13}	ti^{13}	ti^{53}	ti^{53}	ti^{53}	ti^{53}
肃北县	ti^{44}	ti^{44}	ti^{213}	ti^{213}	ti^{53}	ti^{53}	ti^{53}	ti^{53}
玉门市	ti^{44}	ti^{44}	ti^{213}	ti^{213}	ti^{53}	ti^{53}	ti^{53}	ti^{53}

①又田黎切，蟹开四平齐定。

续表

瓜州县	ti^{44}	ti^{44}	ti^{213}	ti^{213}	ti^{53}	ti^{53}	ti^{53}	ti^{53}
西夏区	ti^{44}	ti^{44}	ti^{13}	ti^{13}	ti^{13}	ti^{13}	ti^{13}	ti^{53}
贺兰县	ti^{44}	ti^{44}	ti^{13}	ti^{13}	ti^{13}	ti^{13}	ti^{13}	ti^{53}
灵武市（东塔镇）	ti^{44}	ti^{44}	ti^{13}	ti^{13}	ti^{13}	ti^{13}	ti^{13}	ti^{52}
永宁县	ti^{44}	ti^{44}	ti^{13}	ti^{13}	ti^{13}	ti^{13}	ti^{13}	ti^{53}
中宁县	ti^{44}	ti^{44}	ti^{13}	ti^{13}	ti^{53}	ti^{53}	ti^{53}	ti^{53}
沙坡头区	ti^{44}	ti^{44}	ti^{13}	ti^{13}	ti^{53}	ti^{53}	ti^{53}	ti^{53}
盐池县	ti^{44}	ti^{44}	ti^{13}	ti^{13}	ti^{13}	ti^{13}	ti^{13}	ti^{52}
平罗县（渠口乡）	ti^{44}	ti^{44}	ti^{13}	ti^{13}	ti^{13}	ti^{13}	ti^{13}	ti^{53}
阿拉善左旗	ti^{44}	ti^{44}	ti^{213}	ti^{213}	ti^{51}	ti^{51}	ti^{51}	ti^{51}
乌鲁木齐市	ti^{44}	ti^{44}	ti^{213}	ti^{213}	ti^{52}	ti^{52}	ti^{52}	ti^{52}
阜康市	ti^{55}	ti^{55}	ti^{213}	ti^{213}	ti^{51}	ti^{51}	ti^{51}	ti^{51}
呼图壁县	ti^{44}	ti^{44}	ti^{213}	ti^{213}	ti^{51}	ti^{51}	ti^{51}	ti^{51}
吉木萨尔县	ti^{44}	ti^{44}	ti^{213}	ti^{213}	ti^{51}	ti^{51}	ti^{51}	ti^{51}
奇台县	ti^{44}	ti^{44}	ti^{213}	ti^{213}	ti^{52}	ti^{52}	ti^{52}	ti^{52}
博乐市	ti^{45}	ti^{45}	ti^{24}	ti^{24}	ti^{51}	ti^{51}	ti^{51}	ti^{51}
阿勒泰市	ti^{44}	ti^{44}	ti^{23}	ti^{23}	ti^{51}	ti^{51}	ti^{51}	ti^{51}
布尔津县	ti^{44}	ti^{44}	ti^{51}	ti^{51}	ti^{23}	ti^{23}	ti^{23}	ti^{51}
乌苏市	ti^{55}	ti^{55}	ti^{213}	ti^{213}	ti^{51}	ti^{51}	ti^{51}	ti^{51}
额敏县	ti^{44}	ti^{44}	ti^{34}	ti^{34}	ti^{51}	ti^{51}	ti^{51}	ti^{51}
伊州区	ti^{44}	ti^{44}	ti^{213}	ti^{213}	ti^{51}	ti^{51}	ti^{51}	ti^{51}
巴里坤县	ti^{45}	ti^{45}	ti^{24}	ti^{24}	ti^{51}	ti^{51}	ti^{51}	ti^{51}
伊吾县	ti^{44}	ti^{44}	ti^{213}	ti^{213}	ti^{51}	ti^{51}	ti^{51}	ti^{51}

字目 / 中古音 / 方音 / 方言点	抵	牴	帝①	弟	第	递②	地③	梯
	蟹开四上荠端	蟹开四上荠端	蟹开四去霁端	蟹开四上荠定	蟹开四去霁定	蟹开四去霁定	止开三去至定	蟹开四去齐透
兰州市（城关区）	ti^{44}	ti^{44}	ti^{13}	ti^{13}	ti^{13}	ti^{13}	ti^{13}	tʻi^{13}
永登县	ti^{354}	ti^{354}	ti^{13}	ti^{13}	ti^{13}	ti^{13}	ti^{13}	tʻi^{13}
榆中县	ti^{44}	ti^{44}	ti^{13}	ti^{13}	ti^{13}	ti^{13}	ti^{13}	tʻi^{13}
皋兰县	ti^{342}	ti^{342}	ti^{13}	ti^{13}	ti^{13}	ti^{13}	ti^{13}	tʻi^{13}
白银区	ti^{343}	ti^{343}	ti^{13}	ti^{13}	ti^{13}	ti^{13}	ti^{13}	tʻi^{13}
天祝县	ti^{44}	ti^{44}	ti^{213}	ti^{213}	ti^{213}	ti^{213}	ti^{213}	tʻi^{213}
景泰县（红水镇）	ti^{44}	ti^{44}	ti^{213}	ti^{213}	ti^{213}	ti^{213}	ti^{213}	tʻi^{213}
古浪县	ti^{44}	ti^{44}	ti^{31}	ti^{31}	ti^{31}	ti^{31}	ti^{31}	tʻi^{31}
凉州区	ti^{33}	ti^{33}	ti^{53}	ti^{53}	ti^{53}	ti^{53}	ti^{53}	tʻi^{53}
民勤县	ti^{214}	ti^{214}	ti^{42}	ti^{42}	ti^{42}	ti^{42}	ti^{42}	tʻi^{42}
永昌县	ti^{13}	ti^{13}	ti^{53}	ti^{53}	ti^{53}	ti^{53}	ti^{53}	tʻi^{53}
甘州区	ti^{53}	ti^{53}	ti^{31}	ti^{31}	ti^{31}	ti^{31}	ti^{31}	tʻi^{31}
临泽县	ti^{44}	ti^{44}	ti^{214}	ti^{214}	ti^{214}	ti^{214}	ti^{214}	tʻi^{214}
民乐县	ti^{213}	ti^{213}	ti^{42}	ti^{42}	ti^{42}	ti^{42}	ti^{42}	tʻi^{42}
山丹县	ti^{53}	ti^{53}	ti^{41}	ti^{41}	ti^{41}	ti^{41}	ti^{41}	tʻi^{41}
高台县	ti^{53}	ti^{53}	ti^{214}	ti^{214}	ti^{214}	ti^{214}	ti^{214}	tʻi^{214}
肃州区	ti^{53}	ti^{53}	ti^{214}	ti^{214}	ti^{214}	ti^{214}	ti^{214}	tʻi^{214}
金塔县	ti^{53}	ti^{53}	ti^{13}	ti^{13}	ti^{13}	ti^{13}	ti^{13}	tʻi^{13}
肃北县	ti^{53}	ti^{53}	ti^{213}	ti^{213}	ti^{213}	ti^{213}	ti^{213}	tʻi^{213}

①又丁易切，止开三去　端。

②又徒礼切，蟹开四上荠定。

③又大计切，蟹开四去霁定。

续表

玉门市	ti^{53}	ti^{53}	ti^{213}	ti^{213}	ti^{213}	ti^{213}	ti^{213}	tʻi^{213}
瓜州县	ti^{53}	ti^{53}	ti^{213}	ti^{213}	ti^{213}	ti^{213}	ti^{213}	tʻi^{213}
西夏区	ti^{53}	ti^{53}	ti^{13}	ti^{13}	ti^{13}	ti^{13}	ti^{13}	tʻi^{13}
贺兰县	ti^{53}	ti^{53}	ti^{13}	ti^{13}	ti^{13}	ti^{13}	ti^{13}	tʻi^{13}
灵武市（东塔镇）	ti^{52}	ti^{52}	ti^{13}	ti^{13}	ti^{13}	ti^{13}	ti^{13}	tʻi^{13}
永宁县	ti^{53}	ti^{53}	ti^{13}	ti^{13}	ti^{13}	ti^{13}	ti^{13}	tʻi^{13}
中宁县	ti^{53}	ti^{53}	ti^{13}	ti^{13}	ti^{13}	ti^{13}	ti^{13}	tʻi^{13}
沙坡头区	ti^{53}	ti^{53}	ti^{13}	ti^{13}	ti^{13}	ti^{13}	ti^{13}	tʻi^{13}
盐池县	ti^{52}	ti^{52}	ti^{13}	ti^{13}	ti^{13}	ti^{13}	ti^{13}	tʻi^{13}
平罗县（渠口乡）	ti^{53}	ti^{53}	ti^{13}	ti^{13}	ti^{13}	ti^{13}	ti^{13}	tʻi^{13}
阿拉善左旗	ti^{51}	ti^{51}	ti^{213}	ti^{213}	ti^{213}	ti^{213}	ti^{213}	tʻi^{213}
乌鲁木齐市	ti^{52}	ti^{52}	ti^{213}	ti^{213}	ti^{213}	ti^{213}	ti^{213}	tʻi^{213}
阜康市	ti^{51}	ti^{51}	ti^{213}	ti^{213}	ti^{213}	ti^{213}	ti^{213}	tʻi^{213}
呼图壁县	ti^{51}	ti^{51}	ti^{213}	ti^{213}	ti^{213}	ti^{213}	ti^{213}	tʻi^{213}
吉木萨尔县	ti^{51}	ti^{51}	ti^{213}	ti^{213}	ti^{213}	ti^{213}	ti^{213}	tʻi^{213}
奇台县	ti^{52}	ti^{52}	ti^{213}	ti^{213}	ti^{213}	ti^{213}	ti^{213}	tʻi^{213}
博乐市	ti^{51}	ti^{51}	ti^{24}	ti^{24}	ti^{24}	ti^{24}	ti^{24}	tʻi^{24}
阿勒泰市	ti^{51}	ti^{51}	ti^{23}	ti^{23}	ti^{23}	ti^{23}	ti^{23}	tʻi^{23}
布尔津县	ti^{23}	ti^{23}	ti^{51}	ti^{51}	ti^{51}	ti^{51}	ti^{51}	tʻi^{51}
乌苏市	ti^{51}	ti^{51}	ti^{213}	ti^{213}	ti^{213}	ti^{213}	ti^{213}	tʻi^{213}
额敏县	ti^{51}	ti^{51}	ti^{34}	ti^{34}	ti^{34}	ti^{34}	ti^{34}	tʻi^{34}
伊州区	ti^{51}	ti^{51}	ti^{213}	ti^{213}	ti^{213}	ti^{213}	ti^{213}	tʻi^{213}
巴里坤县	ti^{51}	ti^{51}	ti^{24}	ti^{24}	ti^{24}	ti^{24}	ti^{24}	tʻi^{24}
伊吾县	ti^{51}	ti^{51}	ti^{213}	ti^{213}	ti^{213}	ti^{213}	ti^{213}	tʻi^{213}

字目 / 中古音 / 方音 / 方言点	踢	剔	题	提	啼	蹄	体①	替
	梗开四入锡透	梗开四入锡透	蟹开四平齐定	蟹开四平齐定	蟹开四平齐定	蟹开四平齐定	蟹开四上荠透	蟹开四去霁透
兰州市（城关区）	tʻi^{13}	tʻi^{13}	tʻi^{51}	tʻi^{51}	tʻi^{51}	tʻi^{51}	tʻi^{44}	tʻi^{13}
永登县	tʻi^{13}	tʻi^{13}	tʻi^{53}	tʻi^{53}	tʻi^{53}	tʻi^{53}	tʻi^{354}	tʻi^{13}
榆中县	tʻi^{13}	tʻi^{13}	tʻi^{332}	tʻi^{332}	tʻi^{332}	tʻi^{332}	tʻi^{44}	tʻi^{13}
皋兰县	tʻi^{13}	tʻi^{13}	tʻi^{53}	tʻi^{53}	tʻi^{53}	tʻi^{53}	tʻi^{342}	tʻi^{13}
白银区	tʻi^{13}	tʻi^{13}	tʻi^{51}	tʻi^{51}	tʻi^{51}	tʻi^{51}	tʻi^{343}	tʻi^{13}
天祝县	tʻi^{213}	tʻi^{213}	tʻi^{53}	tʻi^{53}	tʻi^{53}	tʻi^{53}	tʻi^{44}	tʻi^{213}
景泰县（红水镇）	tʻi^{213}	tʻi^{213}	tʻi^{53}	tʻi^{53}	tʻi^{53}	tʻi^{53}	tʻi^{44}	tʻi^{213}
古浪县	tʻi^{31}	tʻi^{31}	tʻi^{53}	tʻi^{53}	tʻi^{53}	tʻi^{53}	tʻi^{44}	tʻi^{31}
凉州区	tʻi^{53}	tʻi^{53}	tʻi^{13}	tʻi^{13}	tʻi^{13}	tʻi^{13}	tʻi^{33}	tʻi^{53}
民勤县	tʻi^{42}	tʻi^{42}	tʻi^{53}	tʻi^{53}	tʻi^{53}	tʻi^{53}	tʻi^{214}	tʻi^{42}
永昌县	tʻi^{53}	tʻi^{53}	tʻi^{13}	tʻi^{13}	tʻi^{13}	tʻi^{13}	tʻi^{13}	tʻi^{53}
甘州区	tʻi^{31}	tʻi^{31}	tʻi^{53}	tʻi^{53}	tʻi^{53}	tʻi^{53}	tʻi^{53}	tʻi^{31}
临泽县	tʻi^{214}	tʻi^{214}	tʻi^{53}	tʻi^{53}	tʻi^{53}	tʻi^{53}	tʻi^{44}	tʻi^{214}
民乐县	tʻi^{42}	tʻi^{42}	tʻi^{53}	tʻi^{53}	tʻi^{53}	tʻi^{53}	tʻi^{213}	tʻi^{42}
山丹县	tʻi^{41}	tʻi^{41}	tʻi^{53}	tʻi^{53}	tʻi^{53}	tʻi^{53}	tʻi^{53}	tʻi^{41}
高台县	tʻi^{214}	tʻi^{214}	tʻi^{53}	tʻi^{53}	tʻi^{53}	tʻi^{53}	tʻi^{44}	tʻi^{214}
肃州区	tʻi^{214}	tʻi^{214}	tʻi^{53}	tʻi^{53}	tʻi^{53}	tʻi^{53}	tʻi^{44}	tʻi^{214}
金塔县	tʻi^{13}	tʻi^{13}	tʻi^{53}	tʻi^{53}	tʻi^{53}	tʻi^{53}	tʻi^{53}	tʻi^{13}
肃北县	tʻi^{213}	tʻi^{213}	tʻi^{53}	tʻi^{53}	tʻi^{53}	tʻi^{53}	tʻi^{53}	tʻi^{213}
玉门市	tʻi^{213}	tʻi^{213}	tʻi^{53}	tʻi^{53}	tʻi^{53}	tʻi^{53}	tʻi^{53}	tʻi^{213}
瓜州县	tʻi^{213}	tʻi^{213}	tʻi^{53}	tʻi^{53}	tʻi^{53}	tʻi^{53}	tʻi^{53}	tʻi^{213}

①又天以切，止开三上止透。

续表

西夏区	tʻi^{13}	tʻi^{13}	tʻi^{53}	tʻi^{53}	tʻi^{53}	tʻi^{53}	tʻi^{53}	tʻi^{13}
贺兰县	tʻi^{13}	tʻi^{13}	tʻi^{53}	tʻi^{53}	tʻi^{53}	tʻi^{53}	tʻi^{53}	tʻi^{13}
灵武市（东塔镇）	tʻi^{13}	tʻi^{13}	tʻi^{52}	tʻi^{52}	tʻi^{52}	tʻi^{52}	tʻi^{52}	tʻi^{13}
永宁县	tʻi^{13}	tʻi^{13}	tʻi^{53}	tʻi^{53}	tʻi^{53}	tʻi^{53}	tʻi^{53}	tʻi^{13}
中宁县	tʻi^{13}	tʻi^{13}	tʻi^{53}	tʻi^{53}	tʻi^{53}	tʻi^{53}	tʻi^{53}	tʻi^{13}
沙坡头区	tʻi^{13}	tʻi^{13}	tʻi^{53}	tʻi^{53}	tʻi^{53}	tʻi^{53}	tʻi^{53}	tʻi^{13}
盐池县	tʻi^{13}	tʻi^{13}	tʻi^{13}	tʻi^{13}	tʻi^{13}	tʻi^{13}	tʻi^{52}	tʻi^{13}
平罗县（渠口乡）	tʻi^{13}	tʻi^{13}	tʻi^{53}	tʻi^{53}	tʻi^{53}	tʻi^{53}	tʻi^{53}	tʻi^{13}
阿拉善左旗	tʻi^{213}	tʻi^{213}	tʻi^{51}	tʻi^{51}	tʻi^{51}	tʻi^{51}	tʻi^{51}	tʻi^{213}
乌鲁木齐市	tʻi^{213}	tʻi^{213}	tʻi^{52}	tʻi^{52}	tʻi^{52}	tʻi^{52}	tʻi^{52}	tʻi^{213}
阜康市	tʻi^{213}	tʻi^{213}	tʻi^{51}	tʻi^{51}	tʻi^{51}	tʻi^{51}	tʻi^{51}	tʻi^{213}
呼图壁县	tʻi^{213}	tʻi^{213}	tʻi^{51}	tʻi^{51}	tʻi^{51}	tʻi^{51}	tʻi^{51}	tʻi^{213}
吉木萨尔县	tʻi^{213}	tʻi^{213}	tʻi^{51}	tʻi^{51}	tʻi^{51}	tʻi^{51}	tʻi^{51}	tʻi^{213}
奇台县	tʻi^{213}	tʻi^{213}	tʻi^{52}	tʻi^{52}	li^{52}	tʻi^{52}	tʻi^{52}	tʻi^{213}
博乐市	tʻi^{24}	tʻi^{24}	tʻi^{51}	tʻi^{51}	li^{51}	li^{51}	tʻi^{51}	tʻi^{24}
阿勒泰市	tʻi^{23}	tʻi^{23}	tʻi^{51}	tʻi^{51}	li^{51}	li^{51}	tʻi^{51}	tʻi^{23}
布尔津县	tʻi^{51}	tʻi^{51}	tʻi^{23}	li^{23}	tʻi^{23}	tʻi^{23}	tʻi^{51}	tʻi^{51}
乌苏市	tʻi^{213}	tʻi^{213}	tʻi^{51}	tʻi^{51}	tʻi^{51}	tʻi^{51}	tʻi^{51}	tʻi^{213}
额敏县	tʻi34	tʻi^{34}	tʻi^{51}	tʻi^{51}	tʻi^{51}	tʻi^{51}	tʻi^{51}	tʻi ^{34}
哈密市	tʻi^{213}	tʻi^{213}	tʻi^{51}	tʻi^{51}	tʻi^{51}	tʻi^{51}	tʻi^{51}	tʻi^{213}
巴里坤县	tʻi24	tʻi^{24}	tʻi^{51}	tʻi^{51}	tʻi^{51}	tʻi^{51}	tʻi^{51}	tʻi ^{24}
伊吾县	tʻi^{213}	tʻi^{213}	tʻi^{51}	tʻi^{51}	tʻi^{51}	tʻi^{51}	tʻi^{51}	tʻi ^{213}

字目 / 中古音 / 方言点	涕①	剃	悌	泥 泥土	尼	呢 呢绒	你②	腻
中古音	蟹开四 去霁透	蟹开四 去霁透	梗开四 入锡透	蟹开四 平齐泥	止开三 平脂泥		止开三 上止泥	止开三 去至泥
兰州市 （城关区）	tʻi^{13}	tʻi^{13}	tʻi^{13}	li^{51}	li^{51}	li^{51}	li^{44}	li^{13}
永登县	tʻi^{13}	tʻi^{13}	tʻi^{13}	ȵi^{53}	ȵi^{53}	ȵi^{53}	ȵi^{354}	ȵi^{13}
榆中县	tʻi^{13}	tʻi^{13}	tʻi^{13}	li^{332}	li^{332}	li^{332}	li^{44}	li^{13}
皋兰县	tʻi^{13}	tʻi^{13}	tʻi^{13}	ni^{53}	ni^{53}	ni^{53}	ni^{354}	ni^{13}
白银区	tʻi^{13}	tʻi^{13}	tʻi^{13}	li^{51}	li^{51}	li^{51}	li^{343}	li^{13}
天祝县	tʻi^{213}	tʻi^{213}	tʻi^{213}	li^{53}	li^{53}	li^{53}	li^{44}	li^{213}
景泰县 （红水镇）	tʻi^{213}	tʻi^{213}	tʻi^{213}	li^{53}	li^{53}	li^{53}	li^{44}	li^{213}
古浪县	tʻi^{31}	tʻi^{31}	tʻi^{31}	li^{53}	li^{53}	li^{53}	li^{44}	li^{31}
凉州区	tʻi^{53}	tʻi^{53}	tʻi^{53}	li^{13}	li^{13}	li^{13}	li^{33}	li^{53}
民勤县	tʻi^{42}	tʻi^{42}	tʻi^{42}	li^{53}	li^{53}	li^{53}	li^{214}	li^{42}
永昌县	tʻi^{53}	tʻi^{53}	tʻi^{53}	li^{13}	li^{13}	li^{13}	li^{13}	li^{53}
甘州区	tʻi^{31}	tʻi^{31}	tʻi^{31}	li^{53}	li^{53}	li^{53}	li^{53}	li^{31}
临泽县	tʻi^{214}	tʻi^{214}	tʻi^{214}	li^{53}	li^{53}	li^{53}	li^{44}	li^{214}
民乐县	tʻi^{42}	tʻi^{42}	tʻi^{42}	li^{53}	li^{53}	li^{53}	li^{213}	li^{42}
山丹县	tʻi^{41}	tʻi^{41}	tʻi^{41}	li^{53}	li^{53}	li^{53}	li^{53}	li^{41}
高台县	tʻi^{214}	tʻi^{214}	tʻi^{214}	li^{53}	li^{53}	li^{53}	li^{53}	li^{214}
肃州区	tʻi^{214}	tʻi^{214}	tʻi^{214}	li^{53}	li^{53}	li^{53}	li^{53}	li^{214}
金塔县	tʻi^{13}	tʻi^{13}	tʻi^{13}	li^{53}	li^{53}	li^{53}	li^{53}	li^{13}
肃北县	tʻi^{213}	tʻi^{213}	tʻi^{213}	li^{53}	li^{53}	li^{53}	li^{53}	li^{213}
玉门市	tʻi^{213}	tʻi^{213}	tʻi^{213}	li^{53}	li^{53}	li^{53}	li^{53}	li^{213}

①又他礼切，蟹开四上齐透；天以切，止开三上止透。

②又乃以切，止开三上纸泥。

续表

瓜州县	tʻi^{213}	tʻi^{213}	tʻi^{213}	li^{53}	li^{53}	li^{53}	li^{53}	li^{213}
西夏区	tʻi^{13}	tʻi^{13}	tʻi^{13}	ȵi^{53} mi^{53}	ȵi^{53}	ȵi^{53}	ȵi^{53}	ȵi^{13}
贺兰县	tʻi^{13}	tʻi^{13}	tʻi^{13}	ȵi^{53} mi^{53}	ȵi^{53}	ȵi^{53}	ȵi^{53}	ȵi^{13}
灵武市 （东塔镇）	tʻi^{13}	tʻi^{13}	tʻi^{13}	ȵi^{52} mi^{52}	ȵi^{52}	ȵi^{52}	ȵi^{52}	ȵi^{13}
永宁县	tʻi^{13}	tʻi^{13}	tʻi^{13}	ȵi^{53} mi^{53}	ȵi^{53}	ȵi^{53}	ȵi^{53}	ȵi^{13}
中宁县	tʻi^{13}	tʻi^{13}	tʻi^{13}	ni^{53}	ni^{53}	ni^{53}	ni^{53}	ni^{13}
沙坡头区	tʻi^{13}	tʻi^{13}	tʻi^{13}	ni^{53}	ni^{53}	ni^{53}	ni^{53}	ni^{13}
盐池县	tʻi^{13}	tʻi^{13}	tʻi^{13}	ȵi^{13}	ȵi^{13}	ȵi^{13}	ȵi^{52}	ȵi^{13}
平罗县 （渠口乡）	tʻi^{13}	tʻi^{13}	tʻi^{13}	ȵi^{53} mi^{53}	ȵi^{13}	ȵi^{53}	ȵi^{53}	ȵi^{53}
阿拉善左旗	tʻi^{213}	tʻi^{213}	tʻi^{213}	li^{51}	li^{51}	li^{51}	li^{51}	li^{213}
乌鲁木齐市	tʻi^{213}	tʻi^{213}	tʻi^{213}	ȵi^{52}	ȵi^{52}	ȵi^{52}	ȵi^{52}	ȵi^{213}
阜康市	tʻi^{213}	tʻi^{213}	tʻi^{213}	li^{51}	li^{51}	li^{51}	li^{51}	li^{213}
呼图壁县	tʻi^{213}	tʻi^{213}	tʻi^{213}	li^{51}	li^{51}	li^{51}	li^{51}	li^{213}
吉木萨尔县	tʻi^{213}	tʻi^{213}	tʻi^{213}	li^{51}	li^{51}	li^{51}	li^{51}	li^{213}
奇台县	tʻi^{213}	tʻi^{213}	tʻi^{213}	li^{52}	li^{52}	li^{52}	li^{52}	li^{213}
博乐市	tʻi^{24}	tʻi^{24}	tʻi^{24}	li^{51}	li^{51}	li^{51}	li^{51}	li^{24}
阿勒泰市	tʻi^{23}	tʻi^{23}	tʻi^{23}	li^{51}	li^{51}	li^{51}	li^{51}	li^{23}
布尔津县	tʻi^{51}	tʻi^{51}	tʻi^{51}	li^{23}	li^{23}	li^{23}	li^{23}	li^{51}
乌苏市	tʻi^{213}	tʻi^{213}	tʻi^{213}	li^{51}	li^{51}	li^{51}	li^{51}	li^{213}
额敏县	tʻi^{34}	tʻi^{34}	tʻi^{34}	li^{51}	li^{51}	li^{51}	li^{51}	li^{34}
伊州区	tʻi^{213}	tʻi^{213}	tʻi^{213}	li^{51}	li^{51}	li^{51}	li^{51}	li^{213}
巴里坤县	tʻi^{24}	tʻi^{24}	tʻi^{24}	li^{51}	li^{51}	li^{51}	li^{51}	li^{24}
伊吾县	tʻi^{213}	tʻi^{213}	tʻi^{213}	li^{51}	li^{51}	li^{51}	li^{51}	li^{213}

字目 / 中古音 / 方言点	逆	溺	犁①	黎②	离 离别	篱	离③ 离开	梨④
	梗开三入陌疑	梗开四入锡泥	蟹开四平齐来	蟹开四平齐来	止开三平支来	止开三平支来	止开三去寘来	止开三平脂来
兰州市（城关区）	li^{51}	li^{13}	li^{51}	li^{51}	li^{51}	li^{51}	li^{13}	li^{51}
永登县	ȵi^{53}	ȵi^{13}	li^{53}	li^{53}	li^{53}	li^{53}	li^{13}	li^{53}
榆中县	ȵi^{332}	ȵi^{13}	li^{332}	li^{332}	li^{332}	li^{332}	li^{13}	li^{332}
皋兰县	ni^{53}	ni^{13}	li^{53}	li^{53}	li^{53}	li^{53}	li^{13}	li^{53}
白银区	li^{51}	li^{13}	li^{51}	li^{51}	li^{51}	li^{51}	li^{13}	li^{51}
天祝县	ȵi^{44}	ȵi^{213}	li^{53}	li^{53}	li^{53}	li^{53}	li^{213}	li^{53}
景泰县（红水镇）	ȵi^{44}	ȵi^{213}	li^{53}	li^{53}	li^{53}	li^{53}	li^{213}	li^{53}
古浪县	ȵi^{44}	ȵi^{31}	li^{53}	li^{53}	li^{53}	li^{53}	li^{31}	li^{53}
凉州区	ȵi^{33}	ȵi^{53}	li^{13}	li^{13}	li^{13}	li^{13}	li^{53}	li^{13}
民勤县	li^{53}	li^{42}	li^{53}	li^{53}	li^{53}	li^{53}	li^{42}	li^{53}
永昌县	ȵi^{13}	ȵi^{53}	li^{13}	li^{13}	li^{13}	li^{13}	li^{53}	li^{13}
甘州区	ȵi^{31}	ȵi^{31}	li^{53}	li^{53}	li^{53}	li^{53}	li^{31}	li^{53}
临泽县	ȵi^{44}	ȵi^{214}	li^{53}	li^{53}	li^{53}	li^{53}	li^{214}	li^{53}
民乐县	li^{53}	li^{42}	li^{53}	li^{53}	li^{53}	li^{53}	li^{42}	li^{53}
山丹县	ȵi^{41}	ȵi^{41}	li^{53}	li^{53}	li^{53}	li^{53}	li^{41}	li^{53}
高台县	ȵi^{214}	ȵi^{214}	li^{53}	li^{53}	li^{53}	li^{53}	li^{214}	li^{53}
肃州区	ȵi^{214}	ȵi^{214}	li^{53}	li^{53}	li^{53}	li^{53}	li^{214}	li^{53}
金塔县	ȵi^{13}	ȵi^{13}	li^{53}	li^{53}	li^{53}	li^{53}	li^{13}	li^{53}

①又力脂切，止开三平脂来。
②又良脂切，止开三平脂来。
③又郎计切，蟹开四去霁来。
④又怜题切，蟹开四平齐来。

续表

肃北县	ȵi^{213}	ȵi^{213}	li^{53}	li^{53}	li^{53}	li^{53}	li^{213}	li^{53}
玉门市	ȵi^{213}	ȵi^{213}	li^{53}	li^{53}	li^{53}	li^{53}	li^{213}	li^{53}
瓜州县	ȵi^{213}	ȵi^{213}	li^{53}	li^{53}	li^{53}	li^{53}	li^{213}	li^{53}
西夏区	ȵi^{13}	ȵi^{13}	li^{53}	li^{53}	li^{53}	li^{53}	li^{13}	li^{53}
贺兰县	ȵi^{13}	ȵi^{13}	li^{53}	li^{53}	li^{53}	li^{53}	li^{13}	li^{53}
灵武市（东塔镇）	ȵi^{13}	ȵi^{13}	li^{52}	li^{52}	li^{52}	li^{52}	li^{13}	li^{52}
永宁县	ȵi^{13}	ȵi^{13}	li^{53}	li^{53}	li^{53}	li^{53}	li^{13}	li^{53}
中宁县	ni^{13}	ni^{13}	li^{53}	li^{53}	li^{53}	li^{53}	li^{13}	li^{53}
沙坡头区	ni^{13}	ni^{13}	li^{53}	li^{53}	li^{53}	li^{53}	li^{13}	li^{53}
盐池县	ȵi^{13}	ȵi^{13}	li^{13}	li^{13}	li^{13}	li^{13}	li^{13}	li^{13}
平罗县（渠口乡）	ȵi^{13}	ȵi^{13}	li^{53}	li^{53}	li^{53}	li^{53}	li^{13}	li^{53}
阿拉善左旗	ȵi^{213}	ȵi^{213}	li^{51}	li^{51}	li^{51}	li^{51}	li^{213}	li^{51}
乌鲁木齐市	li^{213}	li^{213}	li^{52}	li^{52}	li^{52}	li^{52}	li^{213}	li^{52}
阜康市	ȵi^{213}	ȵi^{213}	li^{51}	li^{51}	li^{51}	li^{51}	li^{213}	li^{51}
呼图壁县	ȵi^{213}	ȵi^{213}	li^{51}	li^{51}	li^{51}	li^{51}	li^{213}	li^{51}
吉木萨尔县	ȵi^{213}	ȵi^{213}	li^{51}	li^{51}	li^{51}	li^{51}	li^{213}	li^{51}
奇台县	ȵi^{213}	ȵi^{213}	li^{52}	li^{52}	li^{52}	li^{52}	li^{213}	li^{52}
博乐市	ȵi^{24}	ȵi^{24}	li^{51}	li^{51}	li^{51}	li^{51}	li^{24}	li^{51}
阿勒泰市	ni^{23}	ni^{23}	li^{51}	li^{51}	li^{51}	li^{51}	li^{23}	li^{51}
布尔津县	ni^{51}	ni^{51}	li^{23}	li^{23}	li^{23}	li^{23}	li^{51}	li^{23}
乌苏市	ȵi^{213}	ȵi^{213}	li^{51}	li^{51}	li^{51}	li^{51}	li^{213}	li^{51}
额敏县	ni^{34}	ni^{34}	li^{51}	li^{51}	li^{51}	li^{51}	li^{34}	li^{51}
伊州区	ȵi^{213}	ȵi^{213}	li^{51}	li^{51}	li^{51}	li^{51}	li^{213}	li^{51}
巴里坤县	ni^{24}	ni^{24}	li^{51}	li^{51}	li^{51}	li^{51}	li^{24}	li^{51}
伊吾县	ȵi^{213}	ȵi^{213}	li^{51}	li^{51}	li^{51}	li^{51}	li^{213}	li^{51}

字目 中古音 方音 方言点	厘	狸	礼①	李	里 里程	理	鲤	里② 里外
	止开三平之来	止开三平之来	蟹开四上荠来	止开三上止来	止开三上止来	止开三上止来	止开三上止来	止开三上止来
兰州市（城关区）	li^{51}	li^{44}	li^{44}	li^{44}	li^{44}	li^{44}	li^{44}	li^{44}
永登县	li^{53}	li^{354}	li^{354}	li^{354}	li^{354}	li^{354}	li^{354}	li^{354}
榆中县	li^{332}	li^{44}	li^{44}	li^{44}	li^{44}	li^{44}	li^{44}	li^{44}
皋兰县	li^{53}	li^{342}	li^{342}	li^{342}	li^{342}	li^{342}	li^{342}	li^{342}
白银区	li^{51}	li^{343}	li^{343}	li^{343}	li^{343}	li^{343}	li^{343}	li^{343}
天祝县	li^{53}	li^{44}	li^{44}	li^{44}	li^{44}	li^{44}	li^{44}	li^{44}
景泰县（红水镇）	li^{53}	li^{44}	li^{44}	li^{44}	li^{44}	li^{44}	li^{44}	li^{44}
古浪县	li^{53}	li^{44}	li^{44}	li^{44}	li^{44}	li^{44}	li^{44}	li^{44}
凉州区	li^{13}	li^{33}	li^{33}	li^{33}	li^{33}	li^{33}	li^{33}	li^{33}
民勤县	li^{53}	li^{214}	li^{214}	li^{214}	li^{214}	li^{214}	li^{214}	li^{214}
永昌县	li^{13}	li^{13}	li^{13}	li^{13}	li^{13}	li^{13}	li^{13}	li^{13}
甘州区	li^{53}	li^{53}	li^{53}	li^{53}	li^{53}	li^{53}	li^{53}	li^{53}
临泽县	li^{53}	li^{53}	li^{53}	li^{53}	li^{53}	li^{53}	li^{53}	li^{53}
民乐县	li^{53}	li^{213}	li^{213}	li^{213}	li^{213}	li^{213}	li^{213}	li^{213}
山丹县	li^{53}	li^{53}	li^{53}	li^{53}	li^{53}	li^{53}	li^{53}	li^{53}
高台县	li^{53}	li^{53}	li^{53}	li^{53}	li^{53}	li^{53}	li^{53}	li^{53}
肃州区	li^{53}	li^{53}	li^{53}	li^{53}	li^{53}	li^{53}	li^{53}	li^{53}
金塔县	li^{53}	li^{53}	li^{53}	li^{53}	li^{53}	li^{53}	li^{53}	li^{53}
肃北县	li^{53}	li^{53}	li^{53}	li^{53}	li^{53}	li^{53}	li^{53}	li^{53}

①又邻以切，止开三上止来。

②又良志切，止开三去志来。

续表

玉门市	li^{53}	li^{53}	li^{53}	li^{53}	li^{53}	li^{53}	li^{53}	li^{53}
瓜州县	li^{53}	li^{53}	li^{53}	li^{53}	li^{53}	li^{53}	li^{53}	li^{53}
西夏区	li^{53}	li^{53}	li^{53}	li^{53}	li^{53}	li^{53}	li^{53}	li^{53}
贺兰县	li^{53}	li^{53}	li^{53}	li^{53}	li^{53}	li^{53}	li^{53}	li^{53}
灵武市（东塔镇）	li^{52}	li^{52}	li^{52}	li^{52}	li^{52}	li^{52}	li^{52}	li^{52}
永宁县	li^{53}	li^{53}	li^{53}	li^{53}	li^{53}	li^{53}	li^{53}	li^{53}
中宁县	li^{53}	li^{53}	li^{53}	li^{53}	li^{53}	li^{53}	li^{53}	li^{53}
沙坡头区	li^{53}	li^{53}	li^{53}	li^{53}	li^{53}	li^{53}	li^{53}	li^{53}
盐池县	li^{13}	li^{52}	li^{52}	li^{52}	li^{52}	li^{52}	li^{52}	li^{52}
平罗县（渠口乡）	li^{53}	li^{53}	li^{53}	li^{53}	li^{53}	li^{53}	li^{53}	li^{53}
阿拉善左旗	li^{51}	li^{51}	li^{51}	li^{51}	li^{51}	li^{51}	li^{51}	li^{51}
乌鲁木齐市	li^{52}	li^{52}	li^{52}	li^{52}	li^{52}	li^{52}	li^{52}	li^{52}
阜康市	li^{51}	li^{51}	li^{51}	li^{51}	li^{51}	li^{51}	li^{51}	li^{51}
呼图壁县	li^{51}	li^{51}	li^{51}	li^{51}	li^{51}	li^{51}	li^{51}	li^{51}
吉木萨尔县	li^{51}	li^{51}	li^{51}	li^{51}	li^{51}	li^{51}	li^{51}	li^{51}
奇台县	li^{52}	li^{52}	li^{52}	li^{52}	li^{52}	li^{52}	li^{52}	li^{52}
博乐市	li^{51}	li^{51}	li^{51}	li^{51}	li^{51}	li^{51}	li^{51}	li^{51}
阿勒泰市	li^{51}	li^{51}	li^{51}	li^{51}	li^{51}	li^{51}	li^{51}	li^{51}
布尔津县	li^{23}	li^{23}	li^{23}	li^{51}	li^{23}	li^{23}	li^{23}	li^{23}
乌苏市	li^{51}	li^{51}	li^{51}	li^{51}	li^{51}	li^{51}	li^{51}	li^{51}
额敏县	li^{51}	li^{51}	li^{51}	li^{51}	li^{51}	li^{51}	li^{51}	li^{51}
伊州区	li^{51}	li^{51}	li^{51}	li^{51}	li^{51}	li^{51}	li^{51}	li^{51}
巴里坤县	li^{51}	li^{51}	li^{51}	li^{51}	li^{51}	li^{51}	li^{51}	li^{51}
伊吾县	li^{51}	li^{51}	li^{51}	li^{51}	li^{51}	li^{51}	li^{51}	li^{51}

字目 中古音 方音 方言点	例	厉	励	丽[①] 美丽	隶[①]	荔[②]	利	痢
	蟹开三去祭来	蟹开三去祭来	蟹开三去祭来	蟹开四去霁来	蟹开四去霁来	止开三去寘来	止开三去至来	止开三去至来
兰州市（城关区）	li^{13}	li^{13}	li^{13}	li^{13}	li^{13}	li^{13}	li^{13}	li^{13}
永登县	li^{13}	li^{13}	li^{13}	li^{13}	li^{13}	li^{13}	li^{13}	li^{13}
榆中县	li^{13}	li^{13}	li^{13}	li^{13}	li^{13}	li^{13}	li^{13}	li^{13}
皋兰县	li^{13}	li^{13}	li^{13}	li^{13}	li^{13}	li^{13}	li^{13}	li^{13}
白银区	li^{13}	li^{13}	li^{13}	li^{13}	li^{13}	li^{13}	li^{13}	li^{13}
天祝县	li^{213}	li^{213}	li^{213}	li^{213}	li^{213}	li^{213}	li^{213}	li^{213}
景泰县（红水镇）	li^{213}	li^{213}	li^{213}	li^{213}	li^{213}	li^{213}	li^{213}	li^{213}
古浪县	li^{31}	li^{31}	li^{31}	li^{31}	li^{31}	li^{31}	li^{31}	li^{31}
凉州区	li^{53}	li^{53}	li^{53}	li^{53}	li^{53}	li^{53}	li^{53}	li^{53}
民勤县	li^{42}	li^{42}	li^{42}	li^{42}	li^{42}	li^{42}	li^{42}	li^{42}
永昌县	li^{53}	li^{53}	li^{53}	li^{53}	li^{53}	li^{53}	li^{53}	li^{53}
甘州区	li^{31}	li^{31}	li^{31}	li^{31}	li^{31}	li^{31}	li^{31}	li^{31}
临泽县	li^{214}	li^{214}	li^{214}	li^{214}	li^{214}	li^{214}	li^{214}	li^{214}
民乐县	li^{42}	li^{42}	li^{42}	li^{42}	li^{42}	li^{42}	li^{42}	li^{42}
山丹县	li^{41}	li^{41}	li^{41}	li^{41}	li^{41}	li^{41}	li^{41}	li^{41}
高台县	li^{214}	li^{214}	li^{214}	li^{214}	li^{214}	li^{214}	li^{214}	li^{214}
肃州区	li^{214}	li^{214}	li^{214}	li^{214}	li^{214}	li^{214}	li^{214}	li^{214}
金塔县	li^{13}	li^{13}	li^{13}	li^{13}	li^{13}	li^{13}	li^{13}	li^{13}
肃北县	li^{213}	li^{213}	li^{213}	li^{213}	li^{213}	li^{213}	li^{213}	li^{213}
玉门市	li^{213}	li^{213}	li^{213}	li^{213}	li^{213}	li^{213}	li^{213}	li^{213}

①又力智切，止开三去寘来。

②又郎计切，蟹开四去霁来。

续表

瓜州县	li^{213}	li^{213}	li^{213}	li^{213}	li^{213}	li^{213}	li^{213}	li^{213}
西夏区	li^{13}	li^{13}	li^{13}	li^{13}	li^{13}	li^{13}	li^{13}	li^{13}
贺兰县	li^{13}	li^{13}	li^{13}	li^{13}	li^{13}	li^{13}	li^{13}	li^{13}
灵武市（东塔镇）	li^{13}	li^{13}	li^{13}	li^{13}	li^{13}	li^{13}	li^{13}	li^{13}
永宁县	li^{13}	li^{13}	li^{13}	li^{13}	li^{13}	li^{13}	li^{13}	li^{13}
中宁县	li^{13}	li^{13}	li^{13}	li^{13}	li^{13}	li^{13}	li^{13}	li^{13}
沙坡头区	li^{13}	li^{13}	li^{13}	li^{13}	li^{13}	li^{13}	li^{13}	li^{13}
盐池县	li^{13}	li^{13}	li^{13}	li^{13}	li^{13}	li^{13}	li^{13}	li^{13}
平罗县（渠口乡）	li^{13}	li^{13}	li^{13}	li^{13}	li^{13}	li^{13}	li^{13}	li^{13}
阿拉善左旗	li^{213}	li^{213}	li^{213}	li^{213}	li^{213}	li^{213}	li^{213}	li^{213}
乌鲁木齐市	li^{213}	li^{213}	li^{213}	li^{213}	li^{213}	li^{213}	li^{213}	li^{213}
阜康市	li^{213}	li^{213}	li^{213}	li^{213}	li^{213}	li^{213}	li^{213}	li^{213}
呼图壁县	li^{213}	li^{213}	li^{213}	li^{213}	li^{213}	li^{213}	li^{213}	li^{213}
吉木萨尔县	li^{213}	li^{213}	li^{213}	li^{213}	li^{213}	li^{213}	li^{213}	li^{213}
奇台县	li^{213}	li^{213}	li^{213}	li^{213}	li^{213}	li^{213}	li^{213}	li^{213}
博乐市	li^{24}	li^{24}	li^{24}	li^{24}	li^{24}	li^{24}	li^{24}	li^{24}
阿勒泰市	li^{23}	li^{23}	li^{23}	li^{23}	li^{23}	li^{23}	li^{23}	li^{23}
布尔津县	li^{51}	li^{51}	li^{51}	li^{51}	li^{51}	li^{51}	li^{51}	li^{51}
乌苏市	li^{213}	li^{213}	li^{213}	li^{213}	li^{213}	li^{213}	li^{213}	li^{213}
额敏县	li^{34}	li^{34}	li^{34}	li^{34}	li^{34}	li^{34}	li^{34}	li^{34}
伊州区	li^{213}	li^{213}	li^{213}	li^{213}	li^{213}	li^{213}	li^{213}	li^{213}
巴里坤县	li^{24}	li^{24}	li^{24}	li^{24}	li^{24}	li^{24}	li^{24}	li^{24}
伊吾县	li^{213}	li^{213}	li^{213}	li^{213}	li^{213}	li^{213}	li^{213}	li^{213}

字目 中古音 方音 方言点	吏	立	粒	笠	栗	力	历 历史	历 日历
	止开三去志来	深开三入缉来	深开三入缉来	深开三入缉来	臻开三入质来	曾开三入职来	梗开四入锡来	梗开四入锡来
兰州市（城关区）	li^{13}	li^{13}	li^{13}	li^{13}	li^{13}	li^{13}	li^{13}	li^{13}
永登县	li^{13}	li^{13}	li^{13}	li^{13}	li^{13}	li^{13}	li^{13}	li^{13}
榆中县	li^{13}	li^{13}	li^{13}	li^{13}	li^{13}	li^{13}	li^{13}	li^{13}
皋兰县	li^{13}	li^{13}	li^{13}	li^{13}	li^{13}	li^{13}	li^{13}	li^{13}
白银区	li^{13}	li^{13}	li^{13}	li^{13}	li^{13}	li^{13}	li^{13}	li^{13}
天祝县	li^{213}	li^{213}	li^{213}	li^{213}	li^{213}	li^{213}	li^{213}	li^{213}
景泰县（红水镇）	li^{213}	li^{213}	li^{213}	li^{213}	li^{213}	li^{213}	li^{213}	li^{213}
古浪县	li^{31}	li^{31}	li^{31}	li^{31}	li^{31}	li^{31}	li^{31}	li^{31}
凉州区	li^{53}	li^{53}	li^{53}	li^{53}	li^{53}	li^{53}	li^{53}	li^{53}
民勤县	li^{42}	li^{42}	li^{42}	li^{42}	li^{42}	li^{42}	li^{42}	li^{42}
永昌县	li^{53}	li^{53}	li^{53}	li^{53}	li^{53}	li^{53}	li^{53}	li^{53}
甘州区	li^{31}	li^{31}	li^{31}	li^{31}	li^{31}	li^{31}	li^{31}	li^{31}
临泽县	li^{214}	li^{214}	li^{214}	li^{214}	li^{214}	li^{214}	li^{214}	li^{214}
民乐县	li^{42}	li^{42}	li^{42}	li^{42}	li^{42}	li^{42}	li^{42}	li^{42}
山丹县	li^{41}	li^{41}	li^{41}	li^{41}	li^{41}	li^{41}	li^{41}	li^{41}
高台县	li^{214}	li^{214}	li^{214}	li^{214}	li^{214}	li^{214}	li^{214}	li^{214}
肃州区	li^{214}	li^{214}	li^{214}	li^{214}	li^{214}	li^{214}	li^{214}	li^{214}
金塔县	li^{13}	li^{13}	li^{13}	li^{13}	li^{13}	li^{13}	li^{13}	li^{13}
肃北县	li^{213}	li^{213}	li^{213}	li^{213}	li^{213}	li^{213}	li^{213}	li^{213}
玉门市	li^{213}	li^{213}	li^{213}	li^{213}	li^{213}	li^{213}	li^{213}	li^{213}
瓜州县	li^{213}	li^{213}	li^{213}	li^{213}	li^{213}	li^{213}	li^{213}	li^{213}
西夏区	li^{13}	li^{13}	li^{13}	li^{13}	li^{13}	li^{13}	li^{13}	li^{13}

续表

贺兰县	li^{13}	li^{13}	li^{13}	li^{13}	li^{13}	li^{13}	li^{13}	li^{13}
灵武市（东塔镇）	li^{13}	li^{13}	li^{13}	li^{13}	li^{13}	li^{13}	li^{13}	li^{13}
永宁县	li^{13}	li^{13}	li^{13}	li^{13}	li^{13}	li^{13}	li^{13}	li^{13}
中宁县	li^{13}	li^{13}	li^{13}	li^{13}	li^{13}	li^{13}	li^{13}	li^{13}
沙坡头区	li^{13}	li^{13}	li^{13}	li^{13}	li^{13}	li^{13}	li^{13}	li^{13}
盐池县	li^{13}	li^{13}	li^{13}	li^{13}	li^{13}	li^{13}	li^{13}	li^{13}
平罗县（渠口乡）	li^{13}	li^{13}	li^{13}	li^{13}	li^{13}	li^{13}	li^{13}	li^{13}
阿拉善左旗	li^{213}	li^{213}	li^{213}	li^{213}	li^{213}	li^{213}	li^{213}	li^{213}
乌鲁木齐市	li^{213}	li^{213}	li^{213}	li^{213}	li^{213}	li^{213}	li^{213}	li^{213}
阜康市	li^{213}	li^{213}	li^{213}	li^{213}	li^{213}	li^{213}	li^{213}	li^{213}
呼图壁县	li^{213}	li^{213}	li^{213}	li^{213}	li^{213}	li^{213}	li^{213}	li^{213}
吉木萨尔县	li^{213}	li^{213}	li^{213}	li^{213}	li^{213}	li^{213}	li^{213}	li^{213}
奇台县	li^{213}	li^{213}	li^{213}	li^{213}	li^{213}	li^{213}	li^{213}	li^{213}
博乐市	li^{24}	li^{24}	li^{24}	li^{24}	li^{24}	li^{24}	li^{24}	li^{24}
阿勒泰市	li^{23}	li^{23}	li^{23}	li^{23}	li^{23}	li^{23}	li^{23}	li^{23}
布尔津县	li^{51}	li^{51}	li^{51}	li^{51}	li^{51}	li^{51}	li^{51}	li^{51}
乌苏市	li^{213}	li^{213}	li^{213}	li^{213}	li^{213}	li^{213}	li^{213}	li^{213}
额敏县	li^{34}	li^{34}	li^{34}	li^{34}	li^{34}	li^{34}	li^{34}	li^{34}
伊州区	li^{213}	li^{213}	li^{213}	li^{213}	li^{213}	li^{213}	li^{213}	li^{213}
巴里坤县	li^{24}	li^{24}	li^{24}	li^{24}	li^{24}	li^{24}	li^{24}	li^{24}
伊吾县	li^{213}	li^{213}	li^{213}	li^{213}	li^{213}	li^{213}	li^{213}	li^{213}

字目 / 方音 / 方言点	稽 稽查	鸡	饥 饥饿	基	几 几乎	机	饥	积
中古音	蟹开四平齐见	蟹开四平齐见	止开三平脂见	止开三平之见	止开三平微见	止开三平微见	止开三平微见	梗开三入昔精
兰州市（城关区）	tɕi^{53}	tɕi^{53}	tɕi^{53}	tɕi^{53}	tɕi^{53}	tɕi^{53}	tɕi^{53}	tɕi^{13}
永登县	tɕi^{42}	tɕi^{42}	tɕi^{42}	tɕi^{42}	tɕi^{42}	tɕi^{42}	tɕi^{42}	tɕi^{13}
榆中县	tɕi^{51}	tɕi^{51}	tɕi^{51}	tɕi^{51}	tɕi^{51}	tɕi^{51}	tɕi^{51}	tɕi^{13}
皋兰县	tɕi^{42}	tɕi^{42}	tɕi^{42}	tɕi^{42}	tɕi^{42}	tɕi^{42}	tɕi^{42}	tɕi^{13}
白银区	tɕi^{44}	tɕi^{44}	tɕi^{44}	tɕi^{44}	tɕi^{44}	tɕi^{44}	tɕi^{44}	tɕi^{13}
天祝县	tɕi^{44}	tɕi^{44}	tɕi^{44}	tɕi^{44}	tɕi^{44}	tɕi^{44}	tɕi^{44}	tɕi^{213}
景泰县（红水镇）	tɕi^{44}	tɕi^{44}	tɕi^{44}	tɕi^{44}	tɕi^{44}	tɕi^{44}	tɕi^{44}	tɕi^{213}
古浪县	tɕi^{44}	tɕi^{44}	tɕi^{44}	tɕi^{44}	tɕi^{44}	tɕi^{44}	tɕi^{44}	tɕi^{31}
凉州区	tɕi^{33}	tɕi^{33}	tɕi^{33}	tɕi^{33}	tɕi^{33}	tɕi^{33}	tɕi^{33}	tɕi^{53}
民勤县	tɕi^{44}	tɕi^{44}	tɕi^{44}	tɕi^{44}	tɕi^{44}	tɕi^{44}	tɕi^{44}	tɕi^{42}
永昌县	tɕi^{44}	tɕi^{44}	tɕi^{44}	tɕi^{44}	tɕi^{44}	tɕi^{44}	tɕi^{44}	tɕi^{44}
甘州区	tɕi^{44}	tɕi^{44}	tɕi^{44}	tɕi^{44}	tɕi^{44}	tɕi^{44}	tɕi^{44}	tɕi^{31}
临泽县	tɕi^{44}	tɕi^{44}	tɕi^{44}	tɕi^{44}	tɕi^{44}	tɕi^{44}	tɕi^{44}	tɕi^{214}
民乐县	tɕi^{44}	tɕi^{44}	tɕi^{44}	tɕi^{44}	tɕi^{44}	tɕi^{44}	tɕi^{44}	tɕi^{42}
山丹县	tɕi^{24}	tɕi^{24}	tɕi^{24}	tɕi^{24}	tɕi^{24}	tɕi^{24}	tɕi^{24}	tɕi^{41}
高台县	tɕi^{44}	tɕi^{44}	tɕi^{44}	tɕi^{44}	tɕi^{44}	tɕi^{44}	tɕi^{44}	tɕi^{214}
肃州区	tɕi^{44}	tɕi^{44}	tɕi^{44}	tɕi^{44}	tɕi^{44}	tɕi^{44}	tɕi^{44}	tɕi^{214}
金塔县	tɕi^{44}	tɕi^{44}	tɕi^{44}	tɕi^{44}	tɕi^{44}	tɕi^{44}	tɕi^{44}	tɕi^{13}
肃北县	tɕi^{44}	tɕi^{44}	tɕi^{44}	tɕi^{44}	tɕi^{44}	tɕi^{44}	tɕi^{44}	tɕi^{213}
玉门市	tɕi^{44}	tɕi^{44}	tɕi^{44}	tɕi^{44}	tɕi^{44}	tɕi^{44}	tɕi^{44}	tɕi^{213}
瓜州县	tɕi^{44}	tɕi^{44}	tɕi^{44}	tɕi^{44}	tɕi^{44}	tɕi^{44}	tɕi^{44}	tɕi^{213}
西夏区	tɕi^{44}	tɕi^{44}	tɕi^{44}	tɕi^{44}	tɕi^{44}	tɕi^{44}	tɕi^{44}	tɕi^{13}

续表

贺兰县	tɕi^{44}	tɕi^{44}	tɕi^{44}	tɕi^{44}	tɕi^{44}	tɕi^{44}	tɕi^{44}	tɕi^{13}
灵武市 （东塔镇）	tɕi^{44}	tɕi^{44}	tɕi^{44}	tɕi^{44}	tɕi^{44}	tɕi^{44}	tɕi^{44}	tɕi^{13}
永宁县	tɕi^{44}	tɕi^{44}	tɕi^{44}	tɕi^{44}	tɕi^{44}	tɕi^{44}	tɕi^{44}	tɕi^{13}
中宁县	tɕi^{44}	tɕi^{44}	tɕi^{44}	tɕi^{44}	tɕi^{44}	tɕi^{44}	tɕi^{44}	tɕi^{13}
沙坡头区	tɕi^{44}	tɕi^{44}	tɕi^{44}	tɕi^{44}	tɕi^{44}	tɕi^{44}	tɕi^{44}	tɕi^{13}
盐池县	tɕi^{44}	tɕi^{44}	tɕi^{44}	tɕi^{44}	tɕi^{44}	tɕi^{44}	tɕi^{44}	tɕi^{13}
平罗县 （渠口乡）	tɕi^{44}	tɕi^{44}	tɕi^{44}	tɕi^{44}	tɕi^{44}	tɕi^{44}	tɕi^{44}	tɕi^{13}
阿拉善左旗	tɕi^{44}	tɕi^{44}	tɕi^{44}	tɕi^{44}	tɕi^{44}	tɕi^{44}	tɕi^{44}	tɕi^{213}
乌鲁木齐市	tɕi^{44}	tɕi^{44}	tɕi^{44}	tɕi^{44}	tɕi^{44}	tɕi^{44}	tɕi^{44}	tɕi^{213}
阜康市	tɕi^{55}	tɕi^{55}	tɕi^{55}	tɕi^{55}	tɕi^{55}	tɕi^{55}	tɕi^{55}	tɕi^{213}
呼图壁县	tɕi^{44}	tɕi^{44}	tɕi^{44}	tɕi^{44}	tɕi^{44}	tɕi^{44}	tɕi^{44}	tɕi^{213}
吉木萨尔县	tɕi^{44}	tɕi^{44}	tɕi^{44}	tɕi^{44}	tɕi^{44}	tɕi^{44}	tɕi^{44}	tɕi^{213}
奇台县	tɕi^{44}	tɕi^{44}	tɕi^{44}	tɕi^{44}	tɕi^{44}	tɕi^{44}	tɕi^{44}	tɕi^{213}
博乐市	tɕi^{45}	tɕi^{45}	tɕi^{45}	tɕi^{45}	tɕi^{45}	tɕi^{45}	tɕi^{45}	tɕi^{24}
阿勒泰市	tɕi^{44}	tɕi^{44}	tɕi^{44}	tɕi^{44}	tɕi^{44}	tɕi^{44}	tɕi^{44}	tɕi^{23}
布尔津县	tɕi^{44}	tɕi^{44}	tɕi^{44}	tɕi^{44}	tɕi^{44}	tɕi^{44}	tɕi^{44}	tɕi^{51}
乌苏市	tɕi^{55}	tɕi^{55}	tɕi^{55}	tɕi^{55}	tɕi^{55}	tɕi^{55}	tɕi^{55}	tɕi^{213}
额敏县	tɕi^{44}	tɕi^{44}	tɕi^{44}	tɕi^{44}	tɕi^{44}	tɕi^{44}	tɕi^{44}	tɕi^{34}
伊州区	tɕi^{44}	tɕi^{44}	tɕi^{44}	tɕi^{44}	tɕi^{44}	tɕi^{44}	tɕi^{44}	tɕi^{213}
巴里坤县	tɕi^{45}	tɕi^{45}	tɕi^{45}	tɕi^{45}	tɕi^{45}	tɕi^{45}	tɕi^{45}	tɕi^{24}
伊吾县	tɕi^{44}	tɕi^{44}	tɕi^{44}	tɕi^{44}	tɕi^{44}	tɕi^{44}	tɕi^{44}	tɕi^{213}

字目 / 中古音 / 方音 / 方言点	激	击	集	急	级	及	疾	吉
	梗开四入锡见	梗开四入锡见	深开三入缉从	深开三入缉见	深开三入缉见	深开三入缉群	臻开三入质从	臻开三入质见
兰州市（城关区）	tɕi13	tɕi13	tɕi51	tɕi13	tɕi13	tɕi51	tɕi51	tɕi13
永登县	tɕi13	tɕi13	tɕi53	tɕi13	tɕi13	tɕi53	tɕi53	tɕi13
榆中县	tɕi13	tɕi13	tɕi332	tɕi13	tɕi13	tɕi332	tɕi332	tɕi13
皋兰县	tɕi13	tɕi13	tɕi53	tɕi13	tɕi13	tɕi53	tɕi53	tɕi13
白银区	tɕi13	tɕi13	tɕi51	tɕi13	tɕi13	tɕi51	tɕi51	tɕi13
天祝县	tɕi213	tɕi213	tɕi53	tɕi213	tɕi213	tɕi53	tɕi53	tɕi213
景泰县（红水镇）	tɕi213	tɕi213	tɕi53	tɕi213	tɕi213	tɕi53	tɕi53	tɕi213
古浪县	tɕi31	tɕi31	tɕi53	tɕi31	tɕi31	tɕi53	tɕi53	tɕi31
凉州区	tɕi53	tɕi53	tɕi13	tɕi53	tɕi53	tɕi13	tɕi13	tɕi53
民勤县	tɕi42	tɕi42	tɕi53	tɕi42	tɕi42	tɕi53	tɕi53	tɕi42
永昌县	tɕi53	tɕi53	tɕi13	tɕi53	tɕi53	tɕi13	tɕi13	tɕi53
甘州区	tɕi31	tɕi31	tɕi53	tɕi31	tɕi31	tɕi53	tɕi53	tɕi31
临泽县	tɕi214	tɕi214	tɕi53	tɕi214	tɕi214	tɕi53	tɕi53	tɕi214
民乐县	tɕi42	tɕi42	tɕi53	tɕi42	tɕi42	tɕi53	tɕi53	tɕi42
山丹县	tɕi41	tɕi41	tɕi53	tɕi41	tɕi41	tɕi53	tɕi53	tɕi41
高台县	tɕi214	tɕi214	tɕi53	tɕi214	tɕi214	tɕi53	tɕi53	tɕi214
肃州区	tɕi214	tɕi214	tɕi53	tɕi214	tɕi214	tɕi53	tɕi53	tɕi214
金塔县	tɕi13	tɕi13	tɕi53	tɕi13	tɕi13	tɕi53	tɕi53	tɕi13
肃北县	tɕi213	tɕi213	tɕi53	tɕi213	tɕi213	tɕi53	tɕi53	tɕi213
玉门市	tɕi213	tɕi213	tɕi53	tɕi213	tɕi213	tɕi53	tɕi53	tɕi213
瓜州县	tɕi213	tɕi213	tɕi53	tɕi213	tɕi213	tɕi53	tɕi53	tɕi213
西夏区	tɕi13	tɕi13	tɕi13	tɕi13	tɕi13	tɕi53	tɕi13	tɕi13

续表

贺兰县	tɕi^{13}	tɕi^{13}	tɕi^{13}	tɕi^{13}	tɕi^{13}	tɕi^{53}	tɕi^{13}	tɕi^{13}
灵武市 （东塔镇）	tɕi^{13}	tɕi^{13}	tɕi^{13}	tɕi^{13}	tɕi^{13}	tɕi^{52}	tɕi^{13}	tɕi^{13}
永宁县	tɕi^{13}	tɕi^{13}	tɕi^{13}	tɕi^{13}	tɕi^{13}	tɕi^{53}	tɕi^{13}	tɕi^{13}
中宁县	tɕi^{13}	tɕi^{13}	tɕi^{13}	tɕi^{13}	tɕi^{13}	tɕi^{53}	tɕi^{53}	tɕi^{13}
沙坡头区	tɕi^{13}	tɕi^{13}	tɕi^{13}	tɕi^{13}	tɕi^{13}	tɕi^{53}	tɕi^{53}	tɕi^{13}
盐池县	tɕi^{13}	tɕi^{13}	tɕi^{13}	tɕi^{13}	tɕi^{13}	tɕi^{52}	tɕi^{13}	tɕi^{13}
平罗县 （渠口乡）	tɕi^{13}	tɕi^{13}	tɕi^{13}	tɕi^{13}	tɕi^{13}	tɕi^{53}	tɕi^{13}	tɕi^{13}
阿拉善左旗	tɕi^{213}	tɕi^{213}	tɕi^{51}	tɕi^{213}	tɕi^{213}	tɕi^{51}	tɕi^{51}	tɕi^{213}
乌鲁木齐市	tɕi^{213}	tɕi^{213}	tɕi^{52}	tɕi^{213}	tɕi^{213}	tɕi^{52}	tɕi^{52}	tɕi^{213}
阜康市	tɕi^{213}	tɕi^{213}	tɕi^{51}	tɕi^{213}	tɕi^{213}	tɕi^{51}	tɕi^{51}	tɕi^{213}
呼图壁县	tɕi^{213}	tɕi^{213}	tɕi^{51}	tɕi^{213}	tɕi^{213}	tɕi^{51}	tɕi^{51}	tɕi^{213}
吉木萨尔县	tɕi^{213}	tɕi^{213}	tɕi^{51}	tɕi^{213}	tɕi^{213}	tɕi^{51}	tɕi^{51}	tɕi^{213}
奇台县	tɕi^{213}	tɕi^{213}	tɕi^{52}	tɕi^{213}	tɕi^{213}	tɕi^{52}	tɕi^{521}	tɕi^{213}
博乐市	tɕi^{24}	tɕi^{24}	tɕi^{51}	tɕi^{24}	tɕi^{24}	tɕi^{51}	tɕi^{51}	tɕi^{24}
阿勒泰市	tɕi^{23}	tɕi^{23}	tɕi^{51}	tɕi^{23}	tɕi^{23}	tɕi^{51}	tɕi^{51}	tɕi^{23}
布尔津县	tɕi^{51}	tɕi^{51}	tɕi^{23}	tɕi^{51}	tɕi^{51}	tɕi^{23}	tɕi^{23}	tɕi^{51}
乌苏市	tɕi^{213}	tɕi^{213}	tɕi^{51}	tɕi^{213}	tɕi^{213}	tɕi^{51}	tɕi^{51}	tɕi^{213}
额敏县	tɕi^{34}	tɕi^{34}	tɕi^{51}	tɕi^{34}	tɕi^{34}	tɕi^{51}	tɕi^{51}	tɕi^{34}
伊州区	tɕi^{213}	tɕi^{213}	tɕi^{51}	tɕi^{213}	tɕi^{213}	tɕi^{51}	tɕi^{51}	tɕi^{213}
巴里坤县	tɕi^{24}	tɕi^{24}	tɕi^{51}	tɕi^{24}	tɕi^{24}	tɕi^{51}	tɕi^{51}	tɕi^{24}
伊吾县	tɕi^{213}	tɕi^{213}	tɕi^{51}	tɕi^{213}	tɕi^{213}	tɕi^{51}	tɕi^{51}	tɕi^{213}

字目 / 中古音 / 方音 / 方言点	即	极	籍 籍贯	挤①	己	几 几个	脊	祭
	曾开三入职精	曾开三入职群	梗开三入昔从	蟹开四上荠精	止开三上止见	止开三上尾见	梗开三入昔精	蟹开三去祭精
兰州市（城关区）	$tɕi^{13}$	$tɕi^{51}$	$tɕi^{13}$	$tɕi^{44}$	$tɕi^{44}$	$tɕi^{44}$	$tɕi^{13}$	$tɕi^{13}$
永登县	$tɕi^{13}$	$tɕi^{53}$	$tɕi^{13}$	$tɕi^{354}$	$tɕi^{354}$	$tɕi^{354}$	$tɕi^{13}$	$tɕi^{13}$
榆中县	$tɕi^{13}$	$tɕi^{332}$	$tɕi^{13}$	$tɕi^{44}$	$tɕi^{44}$	$tɕi^{44}$	$tɕi^{13}$	$tɕi^{13}$
皋兰县	$tɕi^{13}$	$tɕi^{53}$	$tɕi^{13}$	$tɕi^{342}$	$tɕi^{342}$	$tɕi^{342}$	$tɕi^{13}$	$tɕi^{13}$
白银区	$tɕi^{13}$	$tɕi^{51}$	$tɕi^{13}$	$tɕi^{343}$	$tɕi^{343}$	$tɕi^{343}$	$tɕi^{13}$	$tɕi^{13}$
天祝县	$tɕi^{213}$	$tɕi^{53}$	$tɕi^{213}$	$tɕi^{44}$	$tɕi^{44}$	$tɕi^{44}$	$tɕi^{213}$	$tɕi^{213}$
景泰县（红水镇）	$tɕi^{213}$	$tɕi^{53}$	$tɕi^{213}$	$tɕi^{44}$	$tɕi^{44}$	$tɕi^{44}$	$tɕi^{213}$	$tɕi^{213}$
古浪县	$tɕi^{31}$	$tɕi^{53}$	$tɕi^{31}$	$tɕi^{44}$	$tɕi^{44}$	$tɕi^{44}$	$tɕi^{31}$	$tɕi^{31}$
凉州区	$tɕi^{53}$	$tɕi^{13}$	$tɕi^{53}$	$tɕi^{33}$	$tɕi^{33}$	$tɕi^{33}$	$tɕi^{53}$	$tɕi^{53}$
民勤县	$tɕi^{42}$	$tɕi^{53}$	$tɕi^{42}$	$tɕi^{214}$	$tɕi^{214}$	$tɕi^{214}$	$tɕi^{42}$	$tɕi^{42}$
永昌县	$tɕi^{53}$	$tɕi^{13}$	$tɕi^{53}$	$tɕi^{13}$	$tɕi^{13}$	$tɕi^{13}$	$tɕi^{53}$	$tɕi^{53}$
甘州区	$tɕi^{31}$	$tɕi^{53}$	$tɕi^{31}$	$tɕi^{53}$	$tɕi^{53}$	$tɕi^{53}$	$tɕi^{31}$	$tɕi^{31}$
临泽县	$tɕi^{214}$	$tɕi^{53}$	$tɕi^{214}$	$tɕi^{53}$	$tɕi^{53}$	$tɕi^{53}$	$tɕi^{214}$	$tɕi^{214}$
民乐县	$tɕi^{42}$	$tɕi^{53}$	$tɕi^{42}$	$tɕi^{213}$	$tɕi^{213}$	$tɕi^{213}$	$tɕi^{42}$	$tɕi^{42}$
山丹县	$tɕi^{41}$	$tɕi^{53}$	$tɕi^{41}$	$tɕi^{53}$	$tɕi^{53}$	$tɕi^{53}$	$tɕi^{41}$	$tɕi^{41}$
高台县	$tɕi^{214}$	$tɕi^{53}$	$tɕi^{214}$	$tɕi^{53}$	$tɕi^{53}$	$tɕi^{53}$	$tɕi^{214}$	$tɕi^{214}$
肃州区	$tɕi^{214}$	$tɕi^{53}$	$tɕi^{214}$	$tɕi^{53}$	$tɕi^{53}$	$tɕi^{53}$	$tɕi^{214}$	$tɕi^{214}$
金塔县	$tɕi^{13}$	$tɕi^{53}$	$tɕi^{13}$	$tɕi^{53}$	$tɕi^{53}$	$tɕi^{53}$	$tɕi^{13}$	$tɕi^{13}$
肃北县	$tɕi^{213}$	$tɕi^{53}$	$tɕi^{213}$	$tɕi^{53}$	$tɕi^{53}$	$tɕi^{53}$	$tɕi^{213}$	$tɕi^{213}$
玉门市	$tɕi^{213}$	$tɕi^{53}$	$tɕi^{213}$	$tɕi^{53}$	$tɕi^{53}$	$tɕi^{53}$	$tɕi^{213}$	$tɕi^{213}$

①又祖稽切，蟹开四平齐精；子计切，蟹开四去霁精。

续表

瓜州县	tɕi^{213}	tɕi^{53}	tɕi^{213}	tɕi^{53}	tɕi^{53}	tɕi^{53}	tɕi^{213}	tɕi^{213}
西夏区	tɕi^{13}	tɕi^{13}	tɕi^{13}	tɕi^{53}	tɕi^{53}	tɕi^{53}	tɕi^{13}	tɕi^{13}
贺兰县	tɕi^{13}	tɕi^{13}	tɕi^{13}	tɕi^{53}	tɕi^{53}	tɕi^{53}	tɕi^{13}	tɕi^{13}
灵武市（东塔镇）	tɕi^{13}	tɕi^{13}	tɕi^{13}	tɕi^{52}	tɕi^{52}	tɕi^{52}	tɕi^{13}	tɕi^{13}
永宁县	tɕi^{13}	tɕi^{13}	tɕi^{13}	tɕi^{53}	tɕi^{53}	tɕi^{53}	tɕi^{13}	tɕi^{13}
中宁县	tɕi^{13}	tɕi^{53}	tɕi^{53}	tɕi^{53}	tɕi^{53}	tɕi^{53}	tɕi^{13}	tɕi^{13}
沙坡头区	tɕi^{13}	tɕi^{53}	tɕi^{53}	tɕi^{53}	tɕi^{53}	tɕi^{53}	tɕi^{13}	tɕi^{13}
盐池县	tɕi^{13}	tɕi^{13}	tɕi^{13}	tɕi^{52}	tɕi^{52}	tɕi^{52}	tɕi^{13}	tɕi^{13}
平罗县（渠口乡）	tɕi^{13}	tɕi^{13}	tɕi^{13}	tɕi^{53}	tɕi^{53}	tɕi^{53}	tɕi^{13}	tɕi^{13}
阿拉善左旗	tɕi^{213}	tɕi^{51}	tɕi^{213}	tɕi^{51}	tɕi^{51}	tɕi^{51}	tɕi^{213}	tɕi^{213}
乌鲁木齐市	tɕi^{213}	tɕi^{52}	tɕi^{213}	tɕi^{52}	tɕi^{52}	tɕi^{52}	tɕi^{213}	tɕi^{213}
阜康市	tɕi^{213}	tɕi^{51}	tɕi^{213}	tɕi^{51}	tɕi^{51}	tɕi^{51}	tɕi^{213}	tɕi^{213}
呼图壁县	tɕi^{213}	tɕi^{51}	tɕi^{213}	tɕi^{51}	tɕi^{51}	tɕi^{51}	tɕi^{213}	tɕi^{213}
吉木萨尔县	tɕi^{213}	tɕi^{51}	tɕi^{213}	tɕi^{51}	tɕi^{51}	tɕi^{51}	tɕi^{213}	tɕi^{213}
奇台县	tɕi^{213}	tɕi^{52}	tɕi^{213}	tɕi^{52}	tɕi^{52}	tɕi^{52}	tɕi^{213}	tɕi^{213}
博乐市	tɕi^{24}	tɕi^{51}	tɕi^{24}	tɕi^{51}	tɕi^{51}	tɕi^{51}	tɕi^{24}	tɕi^{24}
阿勒泰市	tɕi^{23}	tɕi^{51}	tɕi^{23}	tɕi^{51}	tɕi^{51}	tɕi^{51}	tɕi^{23}	tɕi^{23}
布尔津县	tɕi^{51}	tɕi^{23}	tɕi^{51}	tɕi^{23}	tɕi^{23}	tɕi^{23}	tɕi^{51}	tɕi^{51}
乌苏市	tɕi^{213}	tɕi^{51}	tɕi^{213}	tɕi^{51}	tɕi^{51}	tɕi^{51}	tɕi^{213}	tɕi^{213}
额敏县	tɕi^{34}	tɕi^{51}	tɕi^{34}	tɕi^{51}	tɕi^{51}	tɕi^{51}	tɕi^{34}	tɕi^{34}
伊州区	tɕi^{213}	tɕi^{51}	tɕi^{213}	tɕi^{51}	tɕi^{51}	tɕi^{51}	tɕi^{213}	tɕi^{213}
巴里坤县	tɕi^{24}	tɕi^{51}	tɕi^{24}	tɕi^{51}	tɕi^{51}	tɕi^{51}	tɕi^{24}	tɕi^{24}
伊吾县	tɕi^{213}	tɕi^{51}	tɕi^{213}	tɕi^{51}	tɕi^{51}	tɕi^{51}	tɕi^{213}	tɕi^{213}

字目 方音 中古音 方言点	际	济 救济	剂	计	继①	寄	技②	妓
	蟹开三去祭精	蟹开四去霁精	蟹开四去霁从	蟹开四去霁见	蟹开四去霁见	止开三去寘见	止开三上纸群	止开三上纸群
兰州市（城关区）	tɕi^{13}	tɕi^{13}	tɕi^{13}	tɕi^{13}	tɕi^{13}	tɕi^{13}	tɕi^{13}	tɕi^{13}
永登县	tɕi^{13}	tɕi^{13}	tɕi^{13}	tɕi^{13}	tɕi^{13}	tɕi^{13}	tɕi^{13}	tɕi^{13}
榆中县	tɕi^{13}	tɕi^{13}	tɕi^{13}	tɕi^{13}	tɕi^{13}	tɕi^{13}	tɕi^{13}	tɕi^{13}
皋兰县	tɕi^{13}	tɕi^{13}	tɕi^{13}	tɕi^{13}	tɕi^{13}	tɕi^{13}	tɕi^{13}	tɕi^{13}
白银区	tɕi^{13}	tɕi^{13}	tɕi^{13}	tɕi^{13}	tɕi^{13}	tɕi^{13}	tɕi^{13}	tɕi^{13}
天祝县	tɕi^{213}	tɕi^{213}	tɕi^{213}	tɕi^{213}	tɕi^{213}	tɕi^{213}	tɕi^{213}	tɕi^{213}
景泰县（红水镇）	tɕi^{213}	tɕi^{213}	tɕi^{213}	tɕi^{213}	tɕi^{213}	tɕi^{213}	tɕi^{213}	tɕi^{213}
古浪县	tɕi^{31}	tɕi^{31}	tɕi^{31}	tɕi^{31}	tɕi^{31}	tɕi^{31}	tɕi^{31}	tɕi^{31}
凉州区	tɕi^{53}	tɕi^{53}	tɕi^{53}	tɕi^{53}	tɕi^{53}	tɕi^{53}	tɕi^{53}	tɕi^{53}
民勤县	tɕi^{42}	tɕi^{42}	tɕi^{42}	tɕi^{42}	tɕi^{42}	tɕi^{42}	tɕi^{42}	tɕi^{42}
永昌县	tɕi^{53}	tɕi^{53}	tɕi^{53}	tɕi^{53}	tɕi^{53}	tɕi^{53}	tɕi^{53}	tɕi^{53}
甘州区	tɕi^{31}	tɕi^{31}	tɕi^{31}	tɕi^{31}	tɕi^{31}	tɕi^{31}	tɕi^{31}	tɕi^{31}
临泽县	tɕi^{214}	tɕi^{214}	tɕi^{214}	tɕi^{214}	tɕi^{214}	tɕi^{214}	tɕi^{214}	tɕi^{214}
民乐县	tɕi^{42}	tɕi^{42}	tɕi^{42}	tɕi^{42}	tɕi^{42}	tɕi^{42}	tɕi^{42}	tɕi^{42}
山丹县	tɕi^{41}	tɕi^{41}	tɕi^{41}	tɕi^{41}	tɕi^{41}	tɕi^{41}	tɕi^{41}	tɕi^{41}
高台县	tɕi^{214}	tɕi^{214}	tɕi^{214}	tɕi^{214}	tɕi^{214}	tɕi^{214}	tɕi^{214}	tɕi^{214}
肃州区	tɕi^{214}	tɕi^{214}	tɕi^{214}	tɕi^{214}	tɕi^{214}	tɕi^{214}	tɕi^{214}	tɕi^{214}
金塔县	tɕi^{13}	tɕi^{13}	tɕi^{13}	tɕi^{13}	tɕi^{13}	tɕi^{13}	tɕi^{13}	tɕi^{13}
肃北县	tɕi^{213}	tɕi^{213}	tɕi^{213}	tɕi^{213}	tɕi^{213}	tɕi^{213}	tɕi^{213}	tɕi^{213}
玉门市	tɕi^{213}	tɕi^{213}	tɕi^{213}	tɕi^{213}	tɕi^{213}	tɕi^{213}	tɕi^{213}	tɕi^{213}

①又吉弃切，止开三去至见。

②又奇寄切，止开三去寘群。

续表

瓜州县	tɕi^{213}	tɕi^{213}	tɕi^{213}	tɕi^{213}	tɕi^{213}	tɕi^{213}	tɕi^{213}	tɕi^{213}
西夏区	tɕi^{13}	tɕi^{13}	tɕi^{13}	tɕi^{13}	tɕi^{13}	tɕi^{13}	tɕi^{13}	tɕi^{13}
贺兰县	tɕi^{13}	tɕi^{13}	tɕi^{13}	tɕi^{13}	tɕi^{13}	tɕi^{13}	tɕi^{13}	tɕi^{13}
灵武市（东塔镇）	tɕi^{13}	tɕi^{13}	tɕi^{13}	tɕi^{13}	tɕi^{13}	tɕi^{13}	tɕi^{13}	tɕi^{13}
永宁县	tɕi^{13}	tɕi^{13}	tɕi^{13}	tɕi^{13}	tɕi^{13}	tɕi^{13}	tɕi^{13}	tɕi^{13}
中宁县	tɕi^{13}	tɕi^{13}	tɕi^{13}	tɕi^{13}	tɕi^{13}	tɕi^{13}	tɕi^{13}	tɕi^{13}
沙坡头区	tɕi^{13}	tɕi^{13}	tɕi^{13}	tɕi^{13}	tɕi^{13}	tɕi^{13}	tɕi^{13}	tɕi^{13}
盐池县	tɕi^{13}	tɕi^{13}	tɕi^{13}	tɕi^{13}	tɕi^{13}	tɕi^{13}	tɕi^{13}	tɕi^{13}
平罗县（渠口乡）	tɕi^{13}	tɕi^{13}	tɕi^{13}	tɕi^{13}	tɕi^{13}	tɕi^{13}	tɕi^{13}	tɕi^{13}
阿拉善左旗	tɕi^{213}	tɕi^{213}	tɕi^{213}	tɕi^{213}	tɕi^{213}	tɕi^{213}	tɕi^{213}	tɕi^{213}
乌鲁木齐市	tɕi^{213}	tɕi^{213}	tɕi^{213}	tɕi^{213}	tɕi^{213}	tɕi^{213}	tɕi^{213}	tɕi^{213}
阜康市	tɕi^{213}	tɕi^{213}	tɕi^{213}	tɕi^{213}	tɕi^{213}	tɕi^{213}	tɕi^{213}	tɕi^{213}
呼图壁县	tɕi^{213}	tɕi^{213}	tɕi^{213}	tɕi^{213}	tɕi^{213}	tɕi^{213}	tɕi^{213}	tɕi^{213}
吉木萨尔县	tɕi^{213}	tɕi^{213}	tɕi^{213}	tɕi^{213}	tɕi^{213}	tɕi^{213}	tɕi^{213}	tɕi^{213}
奇台县	tɕi^{213}	tɕi^{213}	tɕi^{213}	tɕi^{213}	tɕi^{213}	tɕi^{213}	tɕi^{213}	tɕi^{213}
博乐市	tɕi^{24}	tɕi^{24}	tɕi^{24}	tɕi^{24}	tɕi^{24}	tɕi^{24}	tɕi^{24}	tɕi^{24}
阿勒泰市	tɕi^{23}	tɕi^{23}	tɕi^{23}	tɕi^{23}	tɕi^{23}	tɕi^{23}	tɕi^{23}	tɕi^{23}
布尔津县	tɕi^{51}	tɕi^{51}	tɕi^{51}	tɕi^{51}	tɕi^{51}	tɕi^{51}	tɕi^{51}	tɕi^{51}
乌苏市	tɕi^{213}	tɕi^{213}	tɕi^{213}	tɕi^{213}	tɕi^{213}	tɕi^{213}	tɕi^{213}	tɕi^{213}
额敏县	tɕi^{34}	tɕi^{34}	tɕi^{34}	tɕi^{34}	tɕi^{34}	tɕi^{34}	tɕi^{34}	tɕi^{34}
伊州区	tɕi^{213}	tɕi^{213}	tɕi^{213}	tɕi^{213}	tɕi^{213}	tɕi^{213}	tɕi^{213}	tɕi^{213}
巴里坤县	tɕi^{24}	tɕi^{24}	tɕi^{24}	tɕi^{24}	tɕi^{24}	tɕi^{24}	tɕi^{24}	tɕi^{24}
伊吾县	tɕi^{213}	tɕi^{213}	tɕi^{213}	tɕi^{213}	tɕi^{213}	tɕi^{213}	tɕi^{213}	tɕi^{213}

字目 中古音 方音 方言点	纪	记	忌[①]	既[②]	季	迹	绩	寂
	止开三上止见	止开三去志见	止开三去志群	止开三去未见	止合三去至见	梗开三入昔精	梗开四入锡精	梗开四入锡从
兰州市（城关区）	$tɕi^{13}$	$tɕi^{13}$	$tɕi^{13}$	$tɕi^{13}$	$tɕi^{13}$	$tɕi^{13}$	$tɕi^{13}$	$tɕi^{13}$
永登县	$tɕi^{13}$	$tɕi^{13}$	$tɕi^{13}$	$tɕi^{13}$	$tɕi^{13}$	$tɕi^{13}$	$tɕi^{13}$	$tɕi^{13}$
榆中县	$tɕi^{13}$	$tɕi^{13}$	$tɕi^{13}$	$tɕi^{13}$	$tɕi^{13}$	$tɕi^{13}$	$tɕi^{13}$	$tɕi^{13}$
皋兰县	$tɕi^{13}$	$tɕi^{13}$	$tɕi^{13}$	$tɕi^{13}$	$tɕi^{13}$	$tɕi^{13}$	$tɕi^{13}$	$tɕi^{13}$
白银区	$tɕi^{13}$	$tɕi^{13}$	$tɕi^{13}$	$tɕi^{13}$	$tɕi^{13}$	$tɕi^{13}$	$tɕi^{13}$	$tɕi^{13}$
天祝县	$tɕi^{213}$	$tɕi^{213}$	$tɕi^{213}$	$tɕi^{213}$	$tɕi^{213}$	$tɕi^{213}$	$tɕi^{213}$	$tɕi^{213}$
景泰县（红水镇）	$tɕi^{213}$	$tɕi^{213}$	$tɕi^{213}$	$tɕi^{213}$	$tɕi^{213}$	$tɕi^{213}$	$tɕi^{213}$	$tɕi^{213}$
古浪县	$tɕi^{31}$	$tɕi^{31}$	$tɕi^{31}$	$tɕi^{31}$	$tɕi^{31}$	$tɕi^{31}$	$tɕi^{31}$	$tɕi^{31}$
凉州区	$tɕi^{53}$	$tɕi^{53}$	$tɕi^{53}$	$tɕi^{53}$	$tɕi^{53}$	$tɕi^{53}$	$tɕi^{53}$	$tɕi^{53}$
民勤县	$tɕi^{42}$	$tɕi^{42}$	$tɕi^{42}$	$tɕi^{42}$	$tɕi^{42}$	$tɕi^{42}$	$tɕi^{42}$	$tɕi^{42}$
永昌县	$tɕi^{53}$	$tɕi^{53}$	$tɕi^{53}$	$tɕi^{53}$	$tɕi^{53}$	$tɕi^{53}$	$tɕi^{53}$	$tɕi^{53}$
甘州区	$tɕi^{31}$	$tɕi^{31}$	$tɕi^{31}$	$tɕi^{31}$	$tɕi^{31}$	$tɕi^{31}$	$tɕi^{31}$	$tɕi^{31}$
临泽县	$tɕi^{214}$	$tɕi^{214}$	$tɕi^{214}$	$tɕi^{214}$	$tɕi^{214}$	$tɕi^{214}$	$tɕi^{214}$	$tɕi^{214}$
民乐县	$tɕi^{42}$	$tɕi^{42}$	$tɕi^{42}$	$tɕi^{42}$	$tɕi^{42}$	$tɕi^{42}$	$tɕi^{42}$	$tɕi^{42}$
山丹县	$tɕi^{41}$	$tɕi^{41}$	$tɕi^{41}$	$tɕi^{41}$	$tɕi^{41}$	$tɕi^{41}$	$tɕi^{41}$	$tɕi^{41}$
高台县	$tɕi^{214}$	$tɕi^{214}$	$tɕi^{214}$	$tɕi^{214}$	$tɕi^{214}$	$tɕi^{214}$	$tɕi^{214}$	$tɕi^{214}$
肃州区	$tɕi^{214}$	$tɕi^{214}$	$tɕi^{214}$	$tɕi^{214}$	$tɕi^{214}$	$tɕi^{214}$	$tɕi^{214}$	$tɕi^{214}$
金塔县	$tɕi^{13}$	$tɕi^{13}$	$tɕi^{13}$	$tɕi^{13}$	$tɕi^{13}$	$tɕi^{13}$	$tɕi^{13}$	$tɕi^{13}$
肃北县	$tɕi^{213}$	$tɕi^{213}$	$tɕi^{213}$	$tɕi^{213}$	$tɕi^{213}$	$tɕi^{213}$	$tɕi^{213}$	$tɕi^{213}$
玉门市	$tɕi^{213}$	$tɕi^{213}$	$tɕi^{213}$	$tɕi^{213}$	$tɕi^{213}$	$tɕi^{213}$	$tɕi^{213}$	$tɕi^{213}$

①又巨已切，止开三上止群。

②又几利切，止开三去至见。

续表

瓜州县	$tɕi^{213}$	$tɕi^{213}$	$tɕi^{213}$	$tɕi^{213}$	$tɕi^{213}$	$tɕi^{213}$	$tɕi^{213}$	$tɕi^{213}$
西夏区	$tɕi^{13}$	$tɕi^{13}$	$tɕi^{13}$	$tɕi^{13}$	$tɕi^{13}$	$tɕi^{13}$	$tɕi^{13}$	$tɕi^{13}$
贺兰县	$tɕi^{13}$	$tɕi^{13}$	$tɕi^{13}$	$tɕi^{13}$	$tɕi^{13}$	$tɕi^{13}$	$tɕi^{13}$	$tɕi^{13}$
灵武市（东塔镇）	$tɕi^{13}$	$tɕi^{13}$	$tɕi^{13}$	$tɕi^{13}$	$tɕi^{13}$	$tɕi^{13}$	$tɕi^{13}$	$tɕi^{13}$
永宁县	$tɕi^{13}$	$tɕi^{13}$	$tɕi^{13}$	$tɕi^{13}$	$tɕi^{13}$	$tɕi^{13}$	$tɕi^{13}$	$tɕi^{13}$
中宁县	$tɕi^{13}$	$tɕi^{13}$	$tɕi^{13}$	$tɕi^{13}$	$tɕi^{13}$	$tɕi^{13}$	$tɕi^{13}$	$tɕi^{53}$
沙坡头区	$tɕi^{13}$	$tɕi^{13}$	$tɕi^{13}$	$tɕi^{13}$	$tɕi^{13}$	$tɕi^{13}$	$tɕi^{13}$	$tɕi^{53}$
盐池县	$tɕi^{13}$	$tɕi^{13}$	$tɕi^{13}$	$tɕi^{13}$	$tɕi^{13}$	$tɕi^{13}$	$tɕi^{13}$	$tɕi^{13}$
平罗县（渠口乡）	$tɕi^{13}$	$tɕi^{13}$	$tɕi^{13}$	$tɕi^{13}$	$tɕi^{13}$	$tɕi^{13}$	$tɕi^{13}$	$tɕi^{13}$
阿拉善左旗	$tɕi^{213}$	$tɕi^{213}$	$tɕi^{213}$	$tɕi^{213}$	$tɕi^{213}$	$tɕi^{213}$	$tɕi^{213}$	$tɕi^{213}$
乌鲁木齐市	$tɕi^{213}$	$tɕi^{213}$	$tɕi^{213}$	$tɕi^{213}$	$tɕi^{213}$	$tɕi^{213}$	$tɕi^{213}$	$tɕi^{213}$
阜康市	$tɕi^{213}$	$tɕi^{213}$	$tɕi^{213}$	$tɕi^{213}$	$tɕi^{213}$	$tɕi^{213}$	$tɕi^{213}$	$tɕi^{213}$
呼图壁县	$tɕi^{213}$	$tɕi^{213}$	$tɕi^{213}$	$tɕi^{213}$	$tɕi^{213}$	$tɕi^{213}$	$tɕi^{213}$	$tɕi^{213}$
吉木萨尔县	$tɕi^{213}$	$tɕi^{213}$	$tɕi^{213}$	$tɕi^{213}$	$tɕi^{213}$	$tɕi^{213}$	$tɕi^{213}$	$tɕi^{213}$
奇台县	$tɕi^{213}$	$tɕi^{213}$	$tɕi^{213}$	$tɕi^{213}$	$tɕi^{213}$	$tɕi^{213}$	$tɕi^{213}$	$tɕi^{213}$
博乐市	$tɕi^{24}$	$tɕi^{24}$	$tɕi^{24}$	$tɕi^{24}$	$tɕi^{24}$	$tɕi^{24}$	$tɕi^{24}$	$tɕi^{24}$
阿勒泰市	$tɕi^{23}$	$tɕi^{23}$	$tɕi^{23}$	$tɕi^{23}$	$tɕi^{23}$	$tɕi^{23}$	$tɕi^{23}$	$tɕi^{23}$
布尔津县	$tɕi^{51}$	$tɕi^{51}$	$tɕi^{51}$	$tɕi^{51}$	$tɕi^{51}$	$tɕi^{51}$	$tɕi^{51}$	$tɕi^{51}$
乌苏市	$tɕi^{213}$	$tɕi^{213}$	$tɕi^{213}$	$tɕi^{213}$	$tɕi^{213}$	$tɕi^{213}$	$tɕi^{213}$	$tɕi^{213}$
额敏县	$tɕi^{34}$	$tɕi^{34}$	$tɕi^{34}$	$tɕi^{34}$	$tɕi^{34}$	$tɕi^{34}$	$tɕi^{34}$	$tɕi^{34}$
伊州区	$tɕi^{213}$	$tɕi^{213}$	$tɕi^{213}$	$tɕi^{213}$	$tɕi^{213}$	$tɕi^{213}$	$tɕi^{213}$	$tɕi^{213}$
巴里坤县	$tɕi^{24}$	$tɕi^{24}$	$tɕi^{24}$	$tɕi^{24}$	$tɕi^{24}$	$tɕi^{24}$	$tɕi^{24}$	$tɕi^{24}$
伊吾县	$tɕi^{213}$	$tɕi^{213}$	$tɕi^{213}$	$tɕi^{213}$	$tɕi^{213}$	$tɕi^{213}$	$tɕi^{213}$	$tɕi^{213}$

字目 / 方音 / 中古音 / 方言点	妻	凄	欺	期 时期	七	漆	戚	齐
	蟹开四 平齐清	蟹开四 平齐清	止开三 平之溪	止开三 平之群	臻开三 入质清	臻开三 入质清	梗开四 入锡清	蟹开四 平齐从
兰州市 （城关区）	tɕʻi^{53}	tɕʻi^{53}	tɕʻi^{53}	tɕʻi^{53}	tɕʻi^{13}	tɕʻi^{13}	tɕʻi^{13}	tɕʻi^{51}
永登县	tɕʻi^{42}	tɕʻi^{42}	tɕʻi^{42}	tɕʻi^{42}	tɕʻi^{13}	tɕʻi^{13}	tɕʻi^{13}	tɕʻi^{53}
榆中县	tɕʻi^{51}	tɕʻi^{51}	tɕʻi^{51}	tɕʻi^{51}	tɕʻi^{13}	tɕʻi^{13}	tɕʻi^{13}	tɕʻi^{332}
皋兰县	tɕʻi^{42}	tɕʻi^{42}	tɕʻi^{42}	tɕʻi^{42}	tɕʻi^{13}	tɕʻi^{13}	tɕʻi^{13}	tɕʻi^{53}
白银区	tɕʻi^{44}	tɕʻi^{44}	tɕʻi^{44}	tɕʻi^{44}	tɕʻi^{13}	tɕʻi^{13}	tɕʻi^{13}	tɕʻi^{51}
天祝县	tɕʻi^{44}	tɕʻi^{44}	tɕʻi^{44}	tɕʻi^{44}	tɕʻi^{213}	tɕʻi^{213}	tɕʻi^{213}	tɕʻi^{53}
景泰县 （红水镇）	tɕʻi^{44}	tɕʻi^{44}	tɕʻi^{44}	tɕʻi^{44}	tɕʻi^{213}	tɕʻi^{213}	tɕʻi^{213}	tɕʻi^{53}
古浪县	tɕʻi^{44}	tɕʻi^{44}	tɕʻi^{44}	tɕʻi^{44}	tɕʻi^{31}	tɕʻi^{31}	tɕʻi^{31}	tɕʻi^{53}
凉州区	tɕʻi^{33}	tɕʻi^{33}	tɕʻi^{33}	tɕʻi^{33}	tɕʻi^{53}	tɕʻi^{53}	tɕʻi^{53}	tɕʻi^{13}
民勤县	tɕʻi^{44}	tɕʻi^{44}	tɕʻi^{44}	tɕʻi^{44}	tɕʻi^{42}	tɕʻi^{42}	tɕʻi^{42}	tɕʻi^{53}
永昌县	tɕʻi^{44}	tɕʻi^{44}	tɕʻi^{44}	tɕʻi^{44}	tɕʻi^{53}	tɕʻi^{53}	tɕʻi^{53}	tɕʻi^{13}
甘州区	tɕʻi^{44}	tɕʻi^{44}	tɕʻi^{44}	tɕʻi^{44}	tɕʻi^{31}	tɕʻi^{31}	tɕʻi^{31}	tɕʻi^{53}
临泽县	tɕʻi^{44}	tɕʻi^{44}	tɕʻi^{44}	tɕʻi^{44}	tɕʻi^{214}	tɕʻi^{214}	tɕʻi^{214}	tɕʻi^{53}
民乐县	tɕʻi^{44}	tɕʻi^{44}	tɕʻi^{44}	tɕʻi^{44}	tɕʻi^{42}	tɕʻi^{42}	tɕʻi^{42}	tɕʻi^{53}
山丹县	tɕʻi^{24}	tɕʻi^{24}	tɕʻi^{24}	tɕʻi^{24}	tɕʻi^{41}	tɕʻi^{41}	tɕʻi^{41}	tɕʻi^{53}
高台县	tɕʻi^{44}	tɕʻi^{44}	tɕʻi^{44}	tɕʻi^{44}	tɕʻi^{214}	tɕʻi^{214}	tɕʻi^{214}	tɕʻi^{53}
肃州区	tɕʻi^{44}	tɕʻi^{44}	tɕʻi^{44}	tɕʻi^{44}	tɕʻi^{214}	tɕʻi^{214}	tɕʻi^{214}	tɕʻi^{53}
金塔县	tɕʻi^{44}	tɕʻi^{44}	tɕʻi^{44}	tɕʻi^{44}	tɕʻi^{13}	tɕʻi^{13}	tɕʻi^{13}	tɕʻi^{53}
肃北县	tɕʻi^{44}	tɕʻi^{44}	tɕʻi^{44}	tɕʻi^{44}	tɕʻi^{213}	tɕʻi^{213}	tɕʻi^{213}	tɕʻi^{53}
玉门市	tɕʻi^{44}	tɕʻi^{44}	tɕʻi^{44}	tɕʻi^{44}	tɕʻi^{213}	tɕʻi^{213}	tɕʻi^{213}	tɕʻi^{53}
瓜州县	tɕʻi^{44}	tɕʻi^{44}	tɕʻi^{44}	tɕʻi^{44}	tɕʻi^{213}	tɕʻi^{213}	tɕʻi^{213}	tɕʻi^{53}
西夏区	tɕʻi^{44}	tɕʻi^{44}	tɕʻi^{44}	tɕʻi^{44}	tɕʻi^{13}	tɕʻi^{13}	tɕʻi^{13}	tɕʻi^{53}

续表

贺兰县	tɕʻi^{44}	tɕʻi^{44}	tɕʻi^{44}	tɕʻi^{44}	tɕʻi^{13}	tɕʻi^{13}	tɕʻi^{13}	tɕʻi^{53}
灵武市（东塔镇）	tɕʻi^{44}	tɕʻi^{44}	tɕʻi^{44}	tɕʻi^{44}	tɕʻi^{13}	tɕʻi^{13}	tɕʻi^{13}	tɕʻi^{52}
永宁县	tɕʻi^{44}	tɕʻi^{44}	tɕʻi^{44}	tɕʻi^{44}	tɕʻi^{13}	tɕʻi^{13}	tɕʻi^{13}	tɕʻi^{53}
中宁县	tɕʻi^{44}	tɕʻi^{44}	tɕʻi^{44}	tɕʻi^{44}	tɕʻi^{13}	tɕʻi^{13}	tɕʻi^{13}	tɕʻi^{53}
沙坡头区	tɕʻi^{44}	tɕʻi^{44}	tɕʻi^{44}	tɕʻi^{44}	tɕʻi^{13}	tɕʻi^{13}	tɕʻi^{13}	tɕʻi^{53}
盐池县	tɕʻi^{44}	tɕʻi^{44}	tɕʻi^{44}	tɕʻi^{44}	tɕʻi^{13}	tɕʻi^{13}	tɕʻi^{13}	tɕʻi^{13}
平罗县（渠口乡）	tɕʻi^{44}	tɕʻi^{44}	tɕʻi^{44}	tɕʻi^{44}	tɕʻi^{13}	tɕʻi^{13}	tɕʻi^{13}	tɕʻi^{53}
阿拉善左旗	tɕʻi^{44}	tɕʻi^{44}	tɕʻi^{44}	tɕʻi^{44}	tɕʻi^{213}	tɕʻi^{213}	tɕʻi^{213}	tɕʻi^{51}
乌鲁木齐市	tɕʻi^{44}	tɕʻi^{44}	tɕʻi^{44}	tɕʻi^{44}	tɕʻi^{213}	tɕʻi^{213}	tɕʻi^{213}	tɕʻi^{52}
阜康市	tɕʻi^{55}	tɕʻi^{55}	tɕʻi^{55}	tɕʻi^{55}	tɕʻi^{213}	tɕʻi^{213}	tɕʻi^{213}	tɕʻi^{51}
呼图壁县	tɕʻi^{44}	tɕʻi^{44}	tɕʻi^{44}	tɕʻi^{44}	tɕʻi^{213}	tɕʻi^{213}	tɕʻi^{213}	tɕʻi^{51}
吉木萨尔县	tɕʻi^{44}	tɕʻi^{44}	tɕʻi^{44}	tɕʻi^{44}	tɕʻi^{213}	tɕʻi^{213}	tɕʻi^{213}	tɕʻi^{51}
奇台县	tɕʻi^{44}	tɕʻi^{44}	tɕʻi^{44}	tɕʻi^{44}	tɕʻi^{213}	tɕʻi^{213}	tɕʻi^{213}	tɕʻi^{52}
博乐市	tɕʻi^{45}	tɕʻi^{45}	tɕʻi^{45}	tɕʻi^{45}	tɕʻi^{24}	tɕʻi^{24}	tɕʻi^{24}	tɕʻi^{51}
阿勒泰市	tɕʻi^{44}	tɕʻi^{44}	tɕʻi^{44}	tɕʻi^{44}	tɕʻi^{23}	tɕʻi^{23}	tɕʻi^{23}	tɕʻi^{51}
布尔津县	tɕʻi^{44}	tɕʻi^{44}	tɕʻi^{44}	tɕʻi^{44}	tɕʻi^{51}	tɕʻi^{51}	tɕʻi^{51}	tɕʻi^{44}
乌苏市	tɕʻi^{55}	tɕʻi^{55}	tɕʻi^{55}	tɕʻi^{55}	tɕʻi^{213}	tɕʻi^{213}	tɕʻi^{213}	tɕʻi^{51}
额敏县	tɕʻi^{44}	tɕʻi^{44}	tɕʻi^{44}	tɕʻi^{44}	tɕʻi^{34}	tɕʻi^{34}	tɕʻi^{34}	tɕʻi^{51}
伊州区	tɕʻi^{44}	tɕʻi^{44}	tɕʻi^{44}	tɕʻi^{44}	tɕʻi^{213}	tɕʻi^{213}	tɕʻi^{213}	tɕʻi^{51}
巴里坤县	tɕʻi^{45}	tɕʻi^{45}	tɕʻi^{45}	tɕʻi^{45}	tɕʻi^{24}	tɕʻi^{24}	tɕʻi^{24}	tɕʻi^{51}
伊吾县	tɕʻi^{44}	tɕʻi^{44}	tɕʻi^{44}	tɕʻi^{44}	tɕʻi^{213}	tɕʻi^{213}	tɕʻi^{213}	tɕʻi^{51}

字目 / 中古音 / 方言点	脐	奇 奇怪	骑 骑马	祁	其	旗	棋	麒
	蟹开四平齐从	止开三平支群	止开三平支群	止开三平脂群	止开三平之群	止开三平之群	止开三平之群	止开三平之群
兰州市（城关区）	tɕʰi⁵¹	tɕʰi⁵¹	tɕʰi⁵¹	tɕʰi⁵¹	tɕʰi⁵¹	tɕʰi⁵¹	tɕʰi⁵¹	tɕʰi⁵¹
永登县	tɕʰi⁵³	tɕʰi⁵³	tɕʰi⁵³	tɕʰi⁵³	tɕʰi⁵³	tɕʰi⁵³	tɕʰi⁵³	tɕʰi⁵³
榆中县	tɕʰi³³²	tɕʰi³³²	tɕʰi³³²	tɕʰi³³²	tɕʰi³³²	tɕʰi³³²	tɕʰi³³²	tɕʰi³³²
皋兰县	tɕʰi⁵³	tɕʰi⁵³	tɕʰi⁵³	tɕʰi⁵³	tɕʰi⁵³	tɕʰi⁵³	tɕʰi⁵³	tɕʰi⁵³
白银区	tɕʰi⁵¹	tɕʰi⁵¹	tɕʰi⁵¹	tɕʰi⁵¹	tɕʰi⁵¹	tɕʰi⁵¹	tɕʰi⁵¹	tɕʰi⁵¹
天祝县	tɕʰi⁵³	tɕʰi⁵³	tɕʰi⁵³	tɕʰi⁵³	tɕʰi⁵³	tɕʰi⁵³	tɕʰi⁵³	tɕʰi⁵³
景泰县（红水镇）	tɕʰi⁵³	tɕʰi⁵³	tɕʰi⁵³	tɕʰi⁵³	tɕʰi⁵³	tɕʰi⁵³	tɕʰi⁵³	tɕʰi⁵³
古浪县	tɕʰi⁵³	tɕʰi⁵³	tɕʰi⁵³	tɕʰi⁵³	tɕʰi⁵³	tɕʰi⁵³	tɕʰi⁵³	tɕʰi⁵³
凉州区	tɕʰi¹³	tɕʰi¹³	tɕʰi¹³	tɕʰi¹³	tɕʰi¹³	tɕʰi¹³	tɕʰi¹³	tɕʰi¹³
民勤县	tɕʰi⁵³	tɕʰi⁵³	tɕʰi⁵³	tɕʰi⁵³	tɕʰi⁵³	tɕʰi⁵³	tɕʰi⁵³	tɕʰi⁵³
永昌县	tɕʰi¹³	tɕʰi¹³	tɕʰi¹³	tɕʰi¹³	tɕʰi¹³	tɕʰi¹³	tɕʰi¹³	tɕʰi¹³
甘州区	tɕʰi⁵³	tɕʰi⁵³	tɕʰi⁵³	tɕʰi⁵³	tɕʰi⁵³	tɕʰi⁵³	tɕʰi⁵³	tɕʰi⁵³
临泽县	tɕʰi⁵³	tɕʰi⁵³	tɕʰi⁵³	tɕʰi⁵³	tɕʰi⁵³	tɕʰi⁵³	tɕʰi⁵³	tɕʰi⁵³
民乐县	tɕʰi⁵³	tɕʰi⁵³	tɕʰi⁵³	tɕʰi⁵³	tɕʰi⁵³	tɕʰi⁵³	tɕʰi⁵³	tɕʰi⁵³
山丹县	tɕʰi⁵³	tɕʰi⁵³	tɕʰi⁵³	tɕʰi⁵³	tɕʰi⁵³	tɕʰi⁵³	tɕʰi⁵³	tɕʰi⁵³
高台县	tɕʰi⁵³	tɕʰi⁵³	tɕʰi⁵³	tɕʰi⁵³	tɕʰi⁵³	tɕʰi⁵³	tɕʰi⁵³	tɕʰi⁵³
肃州区	tɕʰi⁵³	tɕʰi⁵³	tɕʰi⁵³	tɕʰi⁵³	tɕʰi⁵³	tɕʰi⁵³	tɕʰi⁵³	tɕʰi⁵³
金塔县	tɕʰi⁵³	tɕʰi⁵³	tɕʰi⁵³	tɕʰi⁵³	tɕʰi⁵³	tɕʰi⁵³	tɕʰi⁵³	tɕʰi⁵³
肃北县	tɕʰi⁵³	tɕʰi⁵³	tɕʰi⁵³	tɕʰi⁵³	tɕʰi⁵³	tɕʰi⁵³	tɕʰi⁵³	tɕʰi⁵³
玉门市	tɕʰi⁵³	tɕʰi⁵³	tɕʰi⁵³	tɕʰi⁵³	tɕʰi⁵³	tɕʰi⁵³	tɕʰi⁵³	tɕʰi⁵³
瓜州县	tɕʰi⁵³	tɕʰi⁵³	tɕʰi⁵³	tɕʰi⁵³	tɕʰi⁵³	tɕʰi⁵³	tɕʰi⁵³	tɕʰi⁵³
西夏区	tɕʰi⁵³	tɕʰi⁵³	tɕʰi⁵³	tɕʰi⁵³	tɕʰi⁵³	tɕʰi⁵³	tɕʰi⁵³	tɕʰi⁵³

续表

贺兰县	tɕʻi^{53}	tɕʻi^{53}	tɕʻi^{53}	tɕʻi^{53}	tɕʻi^{53}	tɕʻi^{53}	tɕʻi^{53}	tɕʻi^{53}
灵武市（东塔镇）	tɕʻi^{52}	tɕʻi^{52}	tɕʻi^{52}	tɕʻi^{52}	tɕʻi^{52}	tɕʻi^{52}	tɕʻi^{52}	tɕʻi^{52}
永宁县	tɕʻi^{53}	tɕʻi^{53}	tɕʻi^{53}	tɕʻi^{53}	tɕʻi^{53}	tɕʻi^{53}	tɕʻi^{53}	tɕʻi^{53}
中宁县	tɕʻi^{53}	tɕʻi^{53}	tɕʻi^{53}	tɕʻi^{53}	tɕʻi^{53}	tɕʻi^{53}	tɕʻi^{53}	tɕʻi^{53}
沙坡头区	tɕʻi^{53}	tɕʻi^{53}	tɕʻi^{53}	tɕʻi^{53}	tɕʻi^{53}	tɕʻi^{53}	tɕʻi^{53}	tɕʻi^{53}
盐池县	tɕʻi^{13}	tɕʻi^{13}	tɕʻi^{13}	tɕʻi^{13}	tɕʻi^{13}	tɕʻi^{13}	tɕʻi^{13}	tɕʻi^{13}
平罗县（渠口乡）	tɕʻi^{53}	tɕʻi^{53}	tɕʻi^{53}	tɕʻi^{53}	tɕʻi^{53}	tɕʻi^{53}	tɕʻi^{53}	tɕʻi^{53}
阿拉善左旗	tɕʻi^{51}	tɕʻi^{51}	tɕʻi^{51}	tɕʻi^{51}	tɕʻi^{51}	tɕʻi^{51}	tɕʻi^{51}	tɕʻi^{51}
乌鲁木齐市	tɕʻi^{52}	tɕʻi^{52}	tɕʻi^{52}	tɕʻi^{52}	tɕʻi^{52}	tɕʻi^{52}	tɕʻi^{52}	tɕʻi^{52}
阜康市	tɕʻi^{51}	tɕʻi^{51}	tɕʻi^{51}	tɕʻi^{51}	tɕʻi^{51}	tɕʻi^{51}	tɕʻi^{51}	tɕʻi^{51}
呼图壁县	tɕʻi^{51}	tɕʻi^{51}	tɕʻi^{51}	tɕʻi^{51}	tɕʻi^{51}	tɕʻi^{51}	tɕʻi^{51}	tɕʻi^{51}
吉木萨尔县	tɕʻi^{51}	tɕʻi^{51}	tɕʻi^{51}	tɕʻi^{51}	tɕʻi^{51}	tɕʻi^{51}	tɕʻi^{51}	tɕʻi^{51}
奇台县	tɕʻi^{52}	tɕʻi^{52}	tɕʻi^{52}	tɕʻi^{52}	tɕʻi^{52}	tɕʻi^{52}	tɕʻi^{52}	tɕʻi^{52}
博乐市	tɕʻi^{51}	tɕʻi^{51}	tɕʻi^{51}	tɕʻi^{51}	tɕʻi^{51}	tɕʻi^{51}	tɕʻi^{51}	tɕʻi^{51}
阿勒泰市	tɕʻi^{51}	tɕʻi^{51}	tɕʻi^{51}	tɕʻi^{51}	tɕʻi^{51}	tɕʻi^{51}	tɕʻi^{51}	tɕʻi^{51}
布尔津县	tɕʻi^{23}	tɕʻi^{23}	tɕʻi^{23}	tɕʻi^{23}	tɕʻi^{23}	tɕʻi^{23}	tɕʻi^{23}	tɕʻi^{23}
乌苏市	tɕʻi^{51}	tɕʻi^{51}	tɕʻi^{51}	tɕʻi^{51}	tɕʻi^{51}	tɕʻi^{51}	tɕʻi^{51}	tɕʻi^{51}
额敏县	tɕʻi^{51}	tɕʻi^{51}	tɕʻi^{51}	tɕʻi^{51}	tɕʻi^{51}	tɕʻi^{51}	tɕʻi^{51}	tɕʻi^{51}
伊州区	tɕʻi^{51}	tɕʻi^{51}	tɕʻi^{51}	tɕʻi^{51}	tɕʻi^{51}	tɕʻi^{51}	tɕʻi^{51}	tɕʻi^{51}
巴里坤县	tɕʻi^{51}	tɕʻi^{51}	tɕʻi^{51}	tɕʻi^{51}	tɕʻi^{51}	tɕʻi^{51}	tɕʻi^{51}	tɕʻi^{51}
伊吾县	tɕʻi^{51}	tɕʻi^{51}	tɕʻi^{51}	tɕʻi^{51}	tɕʻi^{51}	tɕʻi^{51}	tɕʻi^{51}	tɕʻi^{51}

字目 中古音 方音 方言点	祈	启①	企②	起	岂	乞	契 契约	器
	止开三平微群	蟹开四上荠溪	止开三上纸溪	止开三上止溪	止开三上尾溪	臻开三入迄溪	蟹开四去霁溪	止开三去至溪
兰州市（城关区）	tɕʻi^{51}	tɕʻi^{44}	tɕʻi^{44}	tɕʻi^{44}	tɕʻi^{44}	tɕʻi^{13}	tɕʻi^{13}	tɕʻi^{13}
永登县	tɕʻi^{53}	tɕʻi^{354}	tɕʻi^{354}	tɕʻi^{354}	tɕʻi^{354}	tɕʻi^{13}	tɕʻi^{13}	tɕʻi^{13}
榆中县	tɕʻi^{332}	tɕʻi^{44}	tɕʻi^{44}	tɕʻi^{44}	tɕʻi^{44}	tɕʻi^{13}	tɕʻi^{13}	tɕʻi^{13}
皋兰县	tɕʻi^{53}	tɕʻi^{342}	tɕʻi^{342}	tɕʻi^{342}	tɕʻi^{342}	tɕʻi^{13}	tɕʻi^{13}	tɕʻi^{13}
白银区	tɕʻi^{51}	tɕʻi^{343}	tɕʻi^{343}	tɕʻi^{343}	tɕʻi^{343}	tɕʻi^{13}	tɕʻi^{13}	tɕʻi^{13}
天祝县	tɕʻi^{53}	tɕʻi^{44}	tɕʻi^{44}	tɕʻi^{44}	tɕʻi^{44}	tɕʻi^{213}	tɕʻi^{213}	tɕʻi^{213}
景泰县（红水镇）	tɕʻi^{53}	tɕʻi^{44}	tɕʻi^{44}	tɕʻi^{44}	tɕʻi^{44}	tɕʻi^{213}	tɕʻi^{213}	tɕʻi^{213}
古浪县	tɕʻi^{53}	tɕʻi^{44}	tɕʻi^{44}	tɕʻi^{44}	tɕʻi^{44}	tɕʻi^{31}	tɕʻi^{31}	tɕʻi^{31}
凉州区	tɕʻi^{13}	tɕʻi^{33}	tɕʻi^{33}	tɕʻi^{33}	tɕʻi^{33}	tɕʻi^{53}	tɕʻi^{53}	tɕʻi^{53}
民勤县	tɕʻi^{53}	tɕʻi^{214}	tɕʻi^{214}	tɕʻi^{214}	tɕʻi^{214}	tɕʻi^{42}	tɕʻi^{42}	tɕʻi^{42}
永昌县	tɕʻi^{13}	tɕʻi^{13}	tɕʻi^{13}	tɕʻi^{13}	tɕʻi^{13}	tɕʻi^{53}	tɕʻi^{53}	tɕʻi^{53}
甘州区	tɕʻi^{53}	tɕʻi^{53}	tɕʻi^{53}	tɕʻi^{53}	tɕʻi^{53}	tɕʻi^{31}	tɕʻi^{31}	tɕʻi^{31}
临泽县	tɕʻi^{53}	tɕʻi^{53}	tɕʻi^{53}	tɕʻi^{53}	tɕʻi^{53}	tɕʻi^{214}	tɕʻi^{214}	tɕʻi^{214}
民乐县	tɕʻi^{53}	tɕʻi^{213}	tɕʻi^{213}	tɕʻi^{213}	tɕʻi^{213}	tɕʻi^{42}	tɕʻi^{42}	tɕʻi^{42}
山丹县	tɕʻi^{53}	tɕʻi^{53}	tɕʻi^{53}	tɕʻi^{53}	tɕʻi^{53}	tɕʻi^{41}	tɕʻi^{41}	tɕʻi^{41}
高台县	tɕʻi^{53}	tɕʻi^{53}	tɕʻi^{53}	tɕʻi^{53}	tɕʻi^{53}	tɕʻi^{214}	tɕʻi^{214}	tɕʻi^{214}
肃州区	tɕʻi^{53}	tɕʻi^{53}	tɕʻi^{53}	tɕʻi^{53}	tɕʻi^{53}	tɕʻi^{214}	tɕʻi^{214}	tɕʻi^{214}
金塔县	tɕʻi^{53}	tɕʻi^{53}	tɕʻi^{53}	tɕʻi^{53}	tɕʻi^{53}	tɕʻi^{13}	tɕʻi^{13}	tɕʻi^{13}
肃北县	tɕʻi^{53}	tɕʻi^{53}	tɕʻi^{53}	tɕʻi^{53}	tɕʻi^{53}	tɕʻi^{213}	tɕʻi^{213}	tɕʻi^{213}
玉门市	tɕʻi^{53}	tɕʻi^{53}	tɕʻi^{53}	tɕʻi^{53}	tɕʻi^{53}	tɕʻi^{213}	tɕʻi^{213}	tɕʻi^{213}

①又诘以切，止开三上止溪。

②又去智切，止开三去寘溪。

续表

瓜州县	tɕʻi^{53}	tɕʻi^{53}	tɕʻi^{53}	tɕʻi^{53}	tɕʻi^{53}	tɕʻi^{213}	tɕʻi^{213}	tɕʻi^{213}
西夏区	tɕʻi^{53}	tɕʻi^{53}	tɕʻi^{53}	tɕʻi^{53}	tɕʻi^{53}	tɕʻi^{13}	tɕʻi^{13}	tɕʻi^{13}
贺兰县	tɕʻi^{53}	tɕʻi^{53}	tɕʻi^{53}	tɕʻi^{53}	tɕʻi^{53}	tɕʻi^{13}	tɕʻi^{13}	tɕʻi^{13}
灵武市（东塔镇）	tɕʻi^{52}	tɕʻi^{52}	tɕʻi^{52}	tɕʻi^{52}	tɕʻi^{52}	tɕʻi^{13}	tɕʻi^{13}	tɕʻi^{13}
永宁县	tɕʻi^{53}	tɕʻi^{53}	tɕʻi^{53}	tɕʻi^{53}	tɕʻi^{53}	tɕʻi^{13}	tɕʻi^{13}	tɕʻi^{13}
中宁县	tɕʻi^{53}	tɕʻi^{53}	tɕʻi^{53}	tɕʻi^{53}	tɕʻi^{53}	tɕʻi^{13}	tɕʻi^{13}	tɕʻi^{13}
沙坡头区	tɕʻi^{53}	tɕʻi^{53}	tɕʻi^{53}	tɕʻi^{53}	tɕʻi^{53}	tɕʻi^{13}	tɕʻi^{13}	tɕʻi^{13}
盐池县	tɕʻi^{13}	tɕʻi^{52}	tɕʻi^{52}	tɕʻi^{52}	tɕʻi^{52}	tɕʻi^{13}	tɕʻi^{13}	tɕʻi^{13}
平罗县（渠口乡）	tɕʻi^{53}	tɕʻi^{53}	tɕʻi^{53}	tɕʻi^{53}	tɕʻi^{53}	tɕʻi^{13}	tɕʻi^{13}	tɕʻi^{13}
阿拉善左旗	tɕʻi^{51}	tɕʻi^{51}	tɕʻi^{51}	tɕʻi^{51}	tɕʻi^{51}	tɕʻi^{213}	tɕʻi^{213}	tɕʻi^{213}
乌鲁木齐市	tɕʻi^{52}	tɕʻi^{52}	tɕʻi^{52}	tɕʻi^{52}	tɕʻi^{52}	tɕʻi^{213}	tɕʻi^{213}	tɕʻi^{213}
阜康市	tɕʻi^{51}	tɕʻi^{51}	tɕʻi^{51}	tɕʻi^{51}	tɕʻi^{51}	tɕʻi^{213}	tɕʻi^{213}	tɕʻi^{213}
呼图壁县	tɕʻi^{51}	tɕʻi^{51}	tɕʻi^{51}	tɕʻi^{51}	tɕʻi^{51}	tɕʻi^{213}	tɕʻi^{213}	tɕʻi^{213}
吉木萨尔县	tɕʻi^{51}	tɕʻi^{51}	tɕʻi^{51}	tɕʻi^{51}	tɕʻi^{51}	tɕʻi^{213}	tɕʻi^{213}	tɕʻi^{213}
奇台县	tɕʻi^{52}	tɕʻi^{52}	tɕʻi^{52}	tɕʻi^{52}	tɕʻi^{52}	tɕʻi^{213}	tɕʻi^{213}	tɕʻi^{213}
博乐市	tɕʻi^{51}	tɕʻi^{51}	tɕʻi^{51}	tɕʻi^{51}	tɕʻi^{51}	tɕʻi^{24}	tɕʻi^{24}	tɕʻi^{24}
阿勒泰市	tɕʻi^{51}	tɕʻi^{51}	tɕʻi^{51}	tɕʻi^{51}	tɕʻi^{51}	tɕʻi^{23}	tɕʻi^{23}	tɕʻi^{23}
布尔津县	tɕʻi^{23}	tɕʻi^{23}	tɕʻi^{23}	tɕʻi^{23}	tɕʻi^{23}	tɕʻi^{51}	tɕʻi^{51}	tɕʻi^{51}
乌苏市	tɕʻi^{51}	tɕʻi^{51}	tɕʻi^{51}	tɕʻi^{51}	tɕʻi^{51}	tɕʻi^{213}	tɕʻi^{213}	tɕʻi^{213}
额敏县	tɕʻi^{51}	tɕʻi^{51}	tɕʻi^{51}	tɕʻi^{51}	tɕʻi^{51}	tɕʻi^{34}	tɕʻi^{34}	tɕʻi^{34}
伊州区	tɕʻi^{51}	tɕʻi^{51}	tɕʻi^{51}	tɕʻi^{51}	tɕʻi^{51}	tɕʻi^{213}	tɕʻi^{213}	tɕʻi^{213}
巴里坤县	tɕʻi^{51}	tɕʻi^{51}	tɕʻi^{51}	tɕʻi^{51}	tɕʻi^{51}	tɕʻi^{24}	tɕʻi^{24}	tɕʻi^{24}
伊吾县	tɕʻi^{51}	tɕʻi^{51}	tɕʻi^{51}	tɕʻi^{51}	tɕʻi^{51}	tɕʻi^{213}	tɕʻi^{213}	tɕʻi^{213}

字目 中古音 方音 方言点	弃	气	汽	泣	西①	犀①	溪	牺
	止开三去至溪	止开三去未溪	止开三去未溪	深开三入缉溪	蟹开四平齐心	蟹开四平齐心	蟹开四平齐溪	止开三平支晓
兰州市（城关区）	tɕʰi^{13}	tɕʰi^{13}	tɕʰi^{13}	tɕʰi^{13}	ɕi^{53}	ɕi^{53}	ɕi^{53}	ɕi^{53}
永登县	tɕʰi^{13}	tɕʰi^{13}	tɕʰi^{13}	tɕʰi^{13}	ɕi^{42}	ɕi^{42}	ɕi^{42}	ɕi^{42}
榆中县	tɕʰi^{13}	tɕʰi^{13}	tɕʰi^{13}	tɕʰi^{13}	ɕi^{51}	ɕi^{51}	ɕi^{51}	ɕi^{51}
皋兰县	tɕʰi^{13}	tɕʰi^{13}	tɕʰi^{13}	tɕʰi^{13}	ɕi^{42}	ɕi^{42}	ɕi^{42}	ɕi^{42}
白银区	tɕʰi^{13}	tɕʰi^{13}	tɕʰi^{13}	tɕʰi^{13}	ɕi^{44}	ɕi^{44}	ɕi^{44}	ɕi^{44}
天祝县	tɕʰi^{213}	tɕʰi^{213}	tɕʰi^{213}	tɕʰi^{213}	ɕi^{44}	ɕi^{44}	ɕi^{44}	ɕi^{44}
景泰县（红水镇）	tɕʰi^{213}	tɕʰi^{213}	tɕʰi^{213}	tɕʰi^{213}	ɕi^{44}	ɕi^{44}	ɕi^{44}	ɕi^{44}
古浪县	tɕʰi^{31}	tɕʰi^{31}	tɕʰi^{31}	tɕʰi^{31}	ɕi^{44}	ɕi^{44}	ɕi^{44}	ɕi^{44}
凉州区	tɕʰi^{53}	tɕʰi^{53}	tɕʰi^{53}	tɕʰi^{53}	ɕi^{33}	ɕi^{33}	ɕi^{33}	ɕi^{33}
民勤县	tɕʰi^{42}	tɕʰi^{42}	tɕʰi^{42}	tɕʰi^{42}	ɕi^{44}	ɕi^{44}	ɕi^{44}	ɕi^{44}
永昌县	tɕʰi^{53}	tɕʰi^{53}	tɕʰi^{53}	tɕʰi^{53}	ɕi^{44}	ɕi^{44}	ɕi^{44}	ɕi^{44}
甘州区	tɕʰi^{31}	tɕʰi^{31}	tɕʰi^{31}	tɕʰi^{31}	ɕi^{44}	ɕi^{44}	ɕi^{44}	ɕi^{44}
临泽县	tɕʰi^{214}	tɕʰi^{214}	tɕʰi^{214}	tɕʰi^{214}	ɕi^{44}	ɕi^{44}	ɕi^{44}	ɕi^{44}
民乐县	tɕʰi^{42}	tɕʰi^{42}	tɕʰi^{42}	tɕʰi^{42}	ɕi^{44}	ɕi^{44}	ɕi^{44}	ɕi^{44}
山丹县	tɕʰi^{41}	tɕʰi^{41}	tɕʰi^{41}	tɕʰi^{41}	ɕi^{24}	ɕi^{24}	ɕi^{24}	ɕi^{24}
高台县	tɕʰi^{214}	tɕʰi^{214}	tɕʰi^{214}	tɕʰi^{214}	ɕi^{44}	ɕi^{44}	ɕi^{44}	ɕi^{44}
肃州区	tɕʰi^{214}	tɕʰi^{214}	tɕʰi^{214}	tɕʰi^{214}	ɕi^{44}	ɕi^{44}	ɕi^{44}	ɕi^{44}
金塔县	tɕʰi^{13}	tɕʰi^{13}	tɕʰi^{13}	tɕʰi^{13}	ɕi^{44}	ɕi^{44}	ɕi^{44}	ɕi^{44}
肃北县	tɕʰi^{213}	tɕʰi^{213}	tɕʰi^{213}	tɕʰi^{213}	ɕi^{44}	ɕi^{44}	ɕi^{44}	ɕi^{44}
玉门市	tɕʰi^{213}	tɕʰi^{213}	tɕʰi^{213}	tɕʰi^{213}	ɕi^{44}	ɕi^{44}	ɕi^{44}	ɕi^{44}

①又相咨切，止开三平职心。

续表

瓜州县	tɕʻi^{213}	tɕʻi^{213}	tɕʻi^{213}	tɕʻi^{213}	ɕi^{44}	ɕi^{44}	ɕi^{44}	ɕi^{44}
西夏区	tɕʻi^{13}	tɕʻi^{13}	tɕʻi^{13}	tɕʻi^{13}	ɕi^{44}	ɕi^{44}	ɕi^{44}	ɕi^{44}
贺兰县	tɕʻi^{13}	tɕʻi^{13}	tɕʻi^{13}	tɕʻi^{13}	ɕi^{44}	ɕi^{44}	ɕi^{44}	ɕi^{44}
灵武市（东塔镇）	tɕʻi^{13}	tɕʻi^{13}	tɕʻi^{13}	tɕʻi^{13}	ɕi^{44}	ɕi^{44}	ɕi^{44}	ɕi^{44}
永宁县	tɕʻi^{13}	tɕʻi^{13}	tɕʻi^{13}	tɕʻi^{13}	ɕi^{44}	ɕi^{44}	ɕi^{44}	ɕi^{44}
中宁县	tɕʻi^{13}	tɕʻi^{13}	tɕʻi^{13}	tɕʻi^{13}	ɕi^{44}	ɕi^{44}	ɕi^{44}	ɕi^{44}
沙坡头区	tɕʻi^{13}	tɕʻi^{13}	tɕʻi^{13}	tɕʻi^{13}	ɕi^{44}	ɕi^{44}	ɕi^{44}	ɕi^{44}
盐池县	tɕʻi^{13}	tɕʻi^{13}	tɕʻi^{13}	tɕʻi^{13}	ɕi^{44}	ɕi^{44}	ɕi^{44}	ɕi^{44}
平罗县（渠口乡）	tɕʻi^{13}	tɕʻi^{13}	tɕʻi^{13}	tɕʻi^{13}	ɕi^{44}	ɕi^{44}	ɕi^{44}	ɕi^{44}
阿拉善左旗	tɕʻi^{213}	tɕʻi^{213}	tɕʻi^{213}	tɕʻi^{213}	ɕi^{44}	ɕi^{44}	ɕi^{44}	ɕi^{44}
乌鲁木齐市	tɕʻi^{213}	tɕʻi^{213}	tɕʻi^{213}	tɕʻi^{213}	ɕi^{44}	ɕi^{44}	ɕi^{44}	ɕi^{44}
阜康市	tɕʻi^{213}	tɕʻi^{213}	tɕʻi^{213}	tɕʻi^{213}	ɕi^{55}	ɕi^{55}	ɕi^{55}	ɕi^{55}
呼图壁县	tɕʻi^{213}	tɕʻi^{213}	tɕʻi^{213}	tɕʻi^{213}	ɕi^{44}	ɕi^{44}	ɕi^{44}	ɕi^{44}
吉木萨尔县	tɕʻi^{213}	tɕʻi^{213}	tɕʻi^{213}	tɕʻi^{213}	ɕi^{44}	ɕi^{44}	ɕi^{44}	ɕi^{44}
奇台县	tɕʻi^{213}	tɕʻi^{213}	tɕʻi^{213}	tɕʻi^{213}	ɕi^{44}	ɕi^{44}	ɕi^{44}	ɕi^{44}
博乐市	tɕʻi^{24}	tɕʻi^{24}	tɕʻi^{24}	tɕʻi^{24}	ɕi^{45}	ɕi^{45}	ɕi^{45}	ɕi^{45}
阿勒泰市	tɕʻi^{23}	tɕʻi^{23}	tɕʻi^{23}	tɕʻi^{23}	ɕi^{44}	ɕi^{44}	ɕi^{44}	ɕi^{44}
布尔津县	tɕʻi^{51}	tɕʻi^{51}	tɕʻi^{51}	tɕʻi^{51}	ɕi^{44}	ɕi^{44}	ɕi^{44}	ɕi^{44}
乌苏市	tɕʻi^{213}	tɕʻi^{213}	tɕʻi^{213}	tɕʻi^{213}	ɕi^{55}	ɕi^{55}	ɕi^{55}	ɕi^{55}
额敏县	tɕʻi^{34}	tɕʻi^{34}	tɕʻi^{34}	tɕʻi^{34}	ɕi^{44}	ɕi^{44}	ɕi^{44}	ɕi^{44}
伊州区	tɕʻi^{213}	tɕʻi^{213}	tɕʻi^{213}	tɕʻi^{213}	ɕi^{44}	ɕi^{44}	ɕi^{44}	ɕi^{44}
巴里坤县	tɕʻi^{24}	tɕʻi^{24}	tɕʻi^{24}	tɕʻi^{24}	ɕi^{45}	ɕi^{45}	ɕi^{45}	ɕi^{45}
伊吾县	tɕʻi^{213}	tɕʻi^{213}	tɕʻi^{213}	tɕʻi^{213}	ɕi^{44}	ɕi^{44}	ɕi^{44}	ɕi^{44}

字目 / 中古音 / 方言点	希 止开三 平微晓	稀 止开三 平微晓	吸 深开三 入缉晓	悉 臻开三 入质心	膝 臻开三 入质心	息 曾开三 入职心	熄 曾开三 入职心	惜 梗开三 入昔心
兰州市（城关区）	$ɕi^{53}$	$ɕi^{53}$	$ɕi^{13}$	$ɕi^{13}$	$ɕi^{13}$	$ɕi^{13}$	$ɕi^{13}$	$ɕi^{13}$
永登县	$ɕi^{42}$	$ɕi^{42}$	$ɕi^{13}$	$ɕi^{13}$	$ɕi^{13}$	$ɕi^{13}$	$ɕi^{13}$	$ɕi^{13}$
榆中县	$ɕi^{51}$	$ɕi^{51}$	$ɕi^{13}$	$ɕi^{13}$	$ɕi^{13}$	$ɕi^{13}$	$ɕi^{13}$	$ɕi^{13}$
皋兰县	$ɕi^{42}$	$ɕi^{42}$	$ɕi^{13}$	$ɕi^{13}$	$ɕi^{13}$	$ɕi^{13}$	$ɕi^{13}$	$ɕi^{13}$
白银区	$ɕi^{44}$	$ɕi^{44}$	$ɕi^{13}$	$ɕi^{13}$	$ɕi^{13}$	$ɕi^{13}$	$ɕi^{13}$	$ɕi^{13}$
天祝县	$ɕi^{44}$	$ɕi^{44}$	$ɕi^{213}$	$ɕi^{213}$	$ɕi^{213}$	$ɕi^{213}$	$ɕi^{213}$	$ɕi^{213}$
景泰县（红水镇）	$ɕi^{44}$	$ɕi^{44}$	$ɕi^{213}$	$ɕi^{213}$	$ɕi^{213}$	$ɕi^{213}$	$ɕi^{213}$	$ɕi^{213}$
古浪县	$ɕi^{44}$	$ɕi^{44}$	$ɕi^{31}$	$ɕi^{31}$	$ɕi^{31}$	$ɕi^{31}$	$ɕi^{31}$	$ɕi^{31}$
凉州区	$ɕi^{33}$	$ɕi^{33}$	$ɕi^{53}$	$ɕi^{53}$	$ɕi^{53}$	$ɕi^{53}$	$ɕi^{53}$	$ɕi^{53}$
民勤县	$ɕi^{44}$	$ɕi^{44}$	$ɕi^{42}$	$ɕi^{42}$	$ɕi^{42}$	$ɕi^{42}$	$ɕi^{42}$	$ɕi^{42}$
永昌县	$ɕi^{44}$	$ɕi^{44}$	$ɕi^{53}$	$ɕi^{53}$	$ɕi^{53}$	$ɕi^{53}$	$ɕi^{53}$	$ɕi^{53}$
甘州区	$ɕi^{44}$	$ɕi^{44}$	$ɕi^{31}$	$ɕi^{31}$	$ɕi^{31}$	$ɕi^{31}$	$ɕi^{31}$	$ɕi^{31}$
临泽县	$ɕi^{44}$	$ɕi^{44}$	$ɕi^{214}$	$ɕi^{214}$	$ɕi^{214}$	$ɕi^{214}$	$ɕi^{214}$	$ɕi^{214}$
民乐县	$ɕi^{44}$	$ɕi^{44}$	$ɕi^{42}$	$ɕi^{42}$	$ɕi^{42}$	$ɕi^{42}$	$ɕi^{42}$	$ɕi^{42}$
山丹县	$ɕi^{24}$	$ɕi^{24}$	$ɕi^{41}$	$ɕi^{41}$	$ɕi^{41}$	$ɕi^{41}$	$ɕi^{41}$	$ɕi^{41}$
高台县	$ɕi^{44}$	$ɕi^{44}$	$ɕi^{214}$	$ɕi^{214}$	$ɕi^{214}$	$ɕi^{214}$	$ɕi^{214}$	$ɕi^{214}$
肃州区	$ɕi^{44}$	$ɕi^{44}$	$ɕi^{214}$	$ɕi^{214}$	$ɕi^{214}$	$ɕi^{214}$	$ɕi^{214}$	$ɕi^{214}$
金塔县	$ɕi^{44}$	$ɕi^{44}$	$ɕi^{13}$	$ɕi^{13}$	$ɕi^{13}$	$ɕi^{13}$	$ɕi^{13}$	$ɕi^{13}$
肃北县	$ɕi^{44}$	$ɕi^{44}$	$ɕi^{213}$	$ɕi^{213}$	$ɕi^{213}$	$ɕi^{213}$	$ɕi^{213}$	$ɕi^{213}$
玉门市	$ɕi^{44}$	$ɕi^{44}$	$ɕi^{213}$	$ɕi^{213}$	$ɕi^{213}$	$ɕi^{213}$	$ɕi^{213}$	$ɕi^{213}$
瓜州县	$ɕi^{44}$	$ɕi^{44}$	$ɕi^{213}$	$ɕi^{213}$	$ɕi^{213}$	$ɕi^{213}$	$ɕi^{213}$	$ɕi^{213}$
西夏区	$ɕi^{44}$	$ɕi^{44}$	$ɕi^{13}$	$ɕi^{13}$	$ɕi^{13}$	$ɕi^{13}$	$ɕi^{13}$	$ɕi^{13}$

续表

贺兰县	ɕi^{44}	ɕi^{44}	ɕi^{13}	ɕi^{13}	ɕi^{13}	ɕi^{13}	ɕi^{13}	ɕi^{13}
灵武市（东塔镇）	ɕi^{44}	ɕi^{44}	ɕi^{13}	ɕi^{13}	ɕi^{13}	ɕi^{13}	ɕi^{13}	ɕi^{13}
永宁县	ɕi^{44}	ɕi^{44}	ɕi^{13}	ɕi^{13}	ɕi^{13}	ɕi^{13}	ɕi^{13}	ɕi^{13}
中宁县	ɕi^{44}	ɕi^{44}	ɕi^{13}	ɕi^{13}	ɕi^{13}	ɕi^{13}	ɕi^{13}	ɕi^{13}
沙坡头区	ɕi^{44}	ɕi^{44}	ɕi^{13}	ɕi^{13}	ɕi^{13}	ɕi^{13}	ɕi^{13}	ɕi^{13}
盐池县	ɕi^{44}	ɕi^{44}	ɕi^{13}	ɕi^{13}	ɕi^{13}	ɕi^{13}	ɕi^{13}	ɕi^{13}
平罗县（渠口乡）	ɕi^{44}	ɕi^{44}	ɕi^{13}	ɕi^{13}	ɕi^{13}	ɕi^{13}	ɕi^{13}	ɕi^{13}
阿拉善左旗	ɕi^{44}	ɕi^{44}	ɕi^{213}	ɕi^{213}	ɕi^{213}	ɕi^{213}	ɕi^{213}	ɕi^{213}
乌鲁木齐市	ɕi^{44}	ɕi^{44}	ɕi^{213}	ɕi^{213}	ɕi^{213}	ɕi^{213}	ɕi^{213}	ɕi^{213}
阜康市	ɕi^{55}	ɕi^{55}	ɕi^{213}	ɕi^{213}	ɕi^{213}	ɕi^{213}	ɕi^{213}	ɕi^{213}
呼图壁县	ɕi^{44}	ɕi^{44}	ɕi^{213}	ɕi^{213}	ɕi^{213}	ɕi^{213}	ɕi^{213}	ɕi^{213}
吉木萨尔县	ɕi^{44}	ɕi^{44}	ɕi^{213}	ɕi^{213}	ɕi^{213}	ɕi^{213}	ɕi^{213}	ɕi^{213}
奇台县	ɕi^{44}	ɕi^{44}	ɕi^{213}	ɕi^{213}	ɕi^{213}	ɕi^{213}	ɕi^{213}	ɕi^{213}
博乐市	ɕi^{45}	ɕi^{45}	ɕi^{24}	ɕi^{24}	ɕi^{24}	ɕi^{24}	ɕi^{24}	ɕi^{24}
阿勒泰市	ɕi^{44}	ɕi^{44}	ɕi^{23}	ɕi^{23}	ɕi^{23}	ɕi^{23}	ɕi^{23}	ɕi^{23}
布尔津县	ɕi^{44}	ɕi^{44}	ɕi^{51}	ɕi^{51}	ɕi^{51}	ɕi^{51}	ɕi^{51}	ɕi^{51}
乌苏市	ɕi^{55}	ɕi^{55}	ɕi^{213}	ɕi^{213}	ɕi^{213}	ɕi^{213}	ɕi^{213}	ɕi^{213}
额敏县	ɕi^{44}	ɕi^{44}	ɕi^{34}	ɕi^{34}	ɕi^{34}	ɕi^{34}	ɕi^{34}	ɕi^{34}
伊州区	ɕi^{44}	ɕi^{44}	ɕi^{213}	ɕi^{213}	ɕi^{213}	ɕi^{213}	ɕi^{213}	ɕi^{213}
巴里坤县	ɕi^{45}	ɕi^{45}	ɕi^{24}	ɕi^{24}	ɕi^{24}	ɕi^{24}	ɕi^{24}	ɕi^{24}
伊吾县	ɕi^{44}	ɕi^{44}	ɕi^{213}	ɕi^{213}	ɕi^{213}	ɕi^{213}	ɕi^{213}	ɕi^{213}

字目 / 中古音 / 方音 / 方言点	昔	夕	析	锡	习	袭	席	洗[①] 洗刷
	梗开三入昔心	梗开三入昔邪	梗开四入锡心	梗开四入锡心	深开三入缉邪	深开三入缉邪	梗开三入昔邪	蟹开四上荠心
兰州市（城关区）	$ɕi^{13}$	$ɕi^{13}$	$ɕi^{13}$	$ɕi^{13}$	$ɕi^{51}$	$ɕi^{13}$	$ɕi^{51}$	$ɕi^{44}$
永登县	$ɕi^{13}$	$ɕi^{13}$	$ɕi^{13}$	$ɕi^{13}$	$ɕi^{53}$	$ɕi^{13}$	$ɕi^{53}$	$ɕi^{354}$
榆中县	$ɕi^{13}$	$ɕi^{13}$	$ɕi^{13}$	$ɕi^{13}$	$ɕi^{332}$	$ɕi^{13}$	$ɕi^{332}$	$ɕi^{44}$
皋兰县	$ɕi^{13}$	$ɕi^{13}$	$ɕi^{13}$	$ɕi^{13}$	$ɕi^{53}$	$ɕi^{13}$	$ɕi^{53}$	$ɕi^{342}$
白银区	$ɕi^{13}$	$ɕi^{13}$	$ɕi^{13}$	$ɕi^{13}$	$ɕi^{51}$	$ɕi^{13}$	$ɕi^{51}$	$ɕi^{343}$
天祝县	$ɕi^{213}$	$ɕi^{213}$	$ɕi^{213}$	$ɕi^{213}$	$ɕi^{53}$	$ɕi^{213}$	$ɕi^{53}$	$ɕi^{44}$
景泰县（红水镇）	$ɕi^{213}$	$ɕi^{213}$	$ɕi^{213}$	$ɕi^{213}$	$ɕi^{53}$	$ɕi^{213}$	$ɕi^{53}$	$ɕi^{44}$
古浪县	$ɕi^{31}$	$ɕi^{31}$	$ɕi^{31}$	$ɕi^{31}$	$ɕi^{53}$	$ɕi^{31}$	$ɕi^{53}$	$ɕi^{44}$
凉州区	$ɕi^{53}$	$ɕi^{53}$	$ɕi^{53}$	$ɕi^{53}$	$ɕi^{13}$	$ɕi^{53}$	$ɕi^{13}$	$ɕi^{33}$
民勤县	$ɕi^{42}$	$ɕi^{42}$	$ɕi^{42}$	$ɕi^{42}$	$ɕi^{53}$	$ɕi^{42}$	$ɕi^{53}$	$ɕi^{214}$
永昌县	$ɕi^{53}$	$ɕi^{53}$	$ɕi^{53}$	$ɕi^{53}$	$ɕi^{13}$	$ɕi^{53}$	$ɕi^{13}$	$ɕi^{33}$
甘州区	$ɕi^{31}$	$ɕi^{31}$	$ɕi^{31}$	$ɕi^{31}$	$ɕi^{53}$	$ɕi^{31}$	$ɕi^{53}$	$ɕi^{53}$
临泽县	$ɕi^{214}$	$ɕi^{214}$	$ɕi^{214}$	$ɕi^{214}$	$ɕi^{53}$	$ɕi^{214}$	$ɕi^{53}$	$ɕi^{53}$
民乐县	$ɕi^{42}$	$ɕi^{42}$	$ɕi^{42}$	$ɕi^{42}$	$ɕi^{53}$	$ɕi^{42}$	$ɕi^{53}$	$ɕi^{213}$
山丹县	$ɕi^{41}$	$ɕi^{41}$	$ɕi^{41}$	$ɕi^{41}$	$ɕi^{53}$	$ɕi^{41}$	$ɕi^{53}$	$ɕi^{53}$
高台县	$ɕi^{214}$	$ɕi^{214}$	$ɕi^{214}$	$ɕi^{214}$	$ɕi^{53}$	$ɕi^{214}$	$ɕi^{53}$	$ɕi^{53}$
肃州区	$ɕi^{214}$	$ɕi^{214}$	$ɕi^{214}$	$ɕi^{214}$	$ɕi^{53}$	$ɕi^{214}$	$ɕi^{53}$	$ɕi^{53}$
金塔县	$ɕi^{13}$	$ɕi^{13}$	$ɕi^{13}$	$ɕi^{13}$	$ɕi^{53}$	$ɕi^{13}$	$ɕi^{53}$	$ɕi^{53}$
肃北县	$ɕi^{213}$	$ɕi^{213}$	$ɕi^{213}$	$ɕi^{213}$	$ɕi^{53}$	$ɕi^{213}$	$ɕi^{53}$	$ɕi^{53}$
玉门市	$ɕi^{213}$	$ɕi^{213}$	$ɕi^{213}$	$ɕi^{213}$	$ɕi^{53}$	$ɕi^{213}$	$ɕi^{53}$	$ɕi^{53}$

①又酥典切，山开四上铣心。

续表

瓜州县	ɕi^{213}	ɕi^{213}	ɕi^{213}	ɕi^{213}	ɕi^{53}	ɕi^{213}	ɕi^{53}	ɕi^{53}
西夏区	ɕi^{13}	ɕi^{13}	ɕi^{13}	ɕi^{13}	ɕi^{13}	ɕi^{13}	ɕi^{13}	ɕi^{53}
贺兰县	ɕi^{13}	ɕi^{13}	ɕi^{13}	ɕi^{13}	ɕi^{13}	ɕi^{13}	ɕi^{13}	ɕi^{53}
灵武市（东塔镇）	ɕi^{13}	ɕi^{13}	ɕi^{13}	ɕi^{13}	ɕi^{13}	ɕi^{13}	ɕi^{13}	ɕi^{52}
永宁县	ɕi^{13}	ɕi^{13}	ɕi^{13}	ɕi^{13}	ɕi^{13}	ɕi^{13}	ɕi^{13}	ɕi^{53}
中宁县	ɕi^{13}	ɕi^{13}	ɕi^{13}	ɕi^{13}	ɕi^{13}	ɕi^{13}	ɕi^{13}	ɕi^{53}
沙坡头区	ɕi^{13}	ɕi^{13}	ɕi^{13}	ɕi^{13}	ɕi^{13}	ɕi^{13}	ɕi^{13}	ɕi^{53}
盐池县	ɕi^{13}	ɕi^{13}	ɕi^{13}	ɕi^{13}	ɕi^{13}	ɕi^{13}	ɕi^{13}	ɕi^{52}
平罗县（渠口乡）	ɕi^{13}	ɕi^{13}	ɕi^{13}	ɕi^{13}	ɕi^{13}	ɕi^{13}	ɕi^{13}	ɕi^{53}
阿拉善左旗	ɕi^{213}	ɕi^{213}	ɕi^{213}	ɕi^{213}	ɕi^{51}	ɕi^{213}	ɕi^{51}	ɕi^{51}
乌鲁木齐市	ɕi^{213}	ɕi^{213}	ɕi^{213}	ɕi^{213}	ɕi^{52}	ɕi^{213}	ɕi^{52}	ɕi^{52}
阜康市	ɕi^{213}	ɕi^{213}	ɕi^{213}	ɕi^{213}	ɕi^{51}	ɕi^{213}	ɕi^{51}	ɕi^{51}
呼图壁县	ɕi^{213}	ɕi^{213}	ɕi^{213}	ɕi^{213}	ɕi^{51}	ɕi^{213}	ɕi^{51}	ɕi^{51}
吉木萨尔县	ɕi^{213}	ɕi^{213}	ɕi^{213}	ɕi^{213}	ɕi^{51}	ɕi^{213}	ɕi^{51}	ɕi^{51}
奇台县	ɕi^{213}	ɕi^{213}	ɕi^{213}	ɕi^{213}	ɕi^{52}	ɕi^{213}	ɕi^{52}	ɕi^{52}
博乐市	ɕi^{24}	ɕi^{24}	ɕi^{24}	ɕi^{24}	ɕi^{51}	ɕi^{24}	ɕi^{51}	ɕi^{51}
阿勒泰市	ɕi^{23}	ɕi^{23}	ɕi^{23}	ɕi^{23}	ɕi^{51}	ɕi^{23}	ɕi^{51}	ɕi^{51}
布尔津县	ɕi^{51}	ɕi^{51}	ɕi^{51}	ɕi^{51}	ɕi^{23}	ɕi^{51}	ɕi^{23}	ɕi^{23}
乌苏市	ɕi^{213}	ɕi^{213}	ɕi^{213}	ɕi^{213}	ɕi^{51}	ɕi^{213}	ɕi^{51}	ɕi^{51}
额敏县	ɕi^{34}	ɕi^{34}	ɕi^{34}	ɕi^{34}	ɕi^{51}	ɕi^{34}	ɕi^{51}	ɕi^{51}
伊州区	ɕi^{213}	ɕi^{213}	ɕi^{213}	ɕi^{213}	ɕi^{51}	ɕi^{213}	ɕi^{51}	ɕi^{51}
巴里坤县	ɕi^{24}	ɕi^{24}	ɕi^{24}	ɕi^{24}	ɕi^{51}	ɕi^{24}	ɕi^{51}	ɕi^{51}
伊吾县	ɕi^{213}	ɕi^{213}	ɕi^{213}	ɕi^{213}	ɕi^{51}	ɕi^{213}	ɕi^{51}	ɕi^{51}

字目 / 中古音 / 方音 / 方言点	喜	细	系 系统	戏	医	衣	依	一
	止开三 上止晓	蟹开四 去霁心	蟹开四 去霁匣	止开三 去寘晓	止开三 平之影	止开三 平微影	止开三 平微影	臻开三 入质影
兰州市 （城关区）	ɕi^{44}	ɕi^{13}	ɕi^{13}	ɕi^{13}	i^{53}	i^{53}	i^{53}	i^{13}
永登县	ɕi^{354}	ɕi^{13}	ɕi^{13}	ɕi^{13}	i^{42}	i^{42}	i^{42}	i^{13}
榆中县	ɕi^{44}	ɕi^{13}	ɕi^{13}	ɕi^{13}	i^{51}	i^{51}	i^{51}	i^{13}
皋兰县	ɕi^{342}	ɕi^{13}	ɕi^{13}	ɕi^{13}	i^{42}	i^{42}	i^{42}	i^{13}
白银区	ɕi^{343}	ɕi^{13}	ɕi^{13}	ɕi^{13}	i^{44}	i^{44}	i^{44}	i^{13}
天祝县	ɕi^{44}	ɕi^{213}	ɕi^{213}	ɕi^{213}	ʑi^{44}	ʑi^{44}	ʑi^{44}	ʑi^{213}
景泰县 （红水镇）	ɕi^{44}	ɕi^{213}	ɕi^{213}	ɕi^{213}	ʑi^{44}	ʑi^{44}	ʑi^{44}	ʑi^{213}
古浪县	ɕi^{44}	ɕi^{31}	ɕi^{31}	ɕi^{31}	ʑi^{44}	ʑi^{44}	ʑi^{44}	ʑi^{31}
凉州区	ɕi^{13}	ɕi^{53}	ɕi^{53}	ɕi^{53}	i^{33}	i^{33}	i^{33}	i^{53}
民勤县	ɕi^{214}	ɕi^{42}	ɕi^{42}	ɕi^{42}	ʑi^{44}	ʑi^{44}	ʑi^{44}	ʑi^{42}
永昌县	ɕi^{13}	ɕi^{53}	ɕi^{53}	ɕi^{53}	ʑi^{44}	ʑi^{44}	ʑi^{44}	ʑi^{53}
甘州区	ɕi^{53}	ɕi^{31}	ɕi^{31}	ɕi^{31}	ʑi^{44}	ʑi^{44}	ʑi^{44}	ʑi^{31}
临泽县	ɕi^{53}	ɕi^{214}	ɕi^{214}	ɕi^{214}	ʑi^{44}	ʑi^{44}	ʑi^{44}	ʑi^{214}
民乐县	ɕi^{213}	ɕi^{42}	ɕi^{42}	ɕi^{42}	ʑi^{44}	ʑi^{44}	ʑi^{44}	ʑi^{42}
山丹县	ɕi^{53}	ɕi^{41}	ɕi^{41}	ɕi^{41}	ʑi^{24}	ʑi^{24}	ʑi^{24}	ʑi^{41}
高台县	ɕi^{53}	ɕi^{214}	ɕi^{214}	ɕi^{214}	ʑi^{44}	ʑi^{44}	ʑi^{44}	ʑi^{214}
肃州区	ɕi^{53}	ɕi^{214}	ɕi^{214}	ɕi^{214}	ʑi^{44}	ʑi^{44}	ʑi^{44}	ʑi^{214}
金塔县	ɕi^{53}	ɕi^{13}	ɕi^{13}	ɕi^{13}	ʑi^{44}	ʑi^{44}	ʑi^{44}	ʑi^{13}
肃北县	ɕi^{53}	ɕi^{213}	ɕi^{213}	ɕi^{213}	ʑi^{44}	ʑi^{44}	ʑi^{44}	ʑi^{213}
玉门市	ɕi^{53}	ɕi^{213}	ɕi^{213}	ɕi^{213}	ʑi^{44}	ʑi^{44}	ʑi^{44}	ʑi^{213}
瓜州县	ɕi^{53}	ɕi^{213}	ɕi^{213}	ɕi^{213}	ʑi^{44}	ʑi^{44}	ʑi^{44}	ʑi^{213}
西夏区	ɕi^{53}	ɕi^{13}	ɕi^{13}	ɕi^{13}	i^{44}	i^{44}	i^{44}	i^{13}

续表

贺兰县	ɕi^{53}	ɕi^{13}	ɕi^{13}	ɕi^{13}	i^{44}	i^{44}	i^{44}	i^{13}
灵武市（东塔镇）	ɕi^{52}	ɕi^{13}	ɕi^{13}	ɕi^{13}	i^{44}	i^{44}	i^{44}	i^{13}
永宁县	ɕi^{53}	ɕi^{13}	ɕi^{13}	ɕi^{13}	i^{44}	i^{44}	i^{44}	i^{13}
中宁县	ɕi^{53}	ɕi^{13}	ɕi^{13}	ɕi^{13}	i^{44}	i^{44}	i^{44}	i^{13}
沙坡头区	ɕi^{53}	ɕi^{13}	ɕi^{13}	ɕi^{13}	i^{44}	i^{44}	i^{44}	i^{13}
盐池县	ɕi^{52}	ɕi^{13}	ɕi^{13}	ɕi^{13}	i^{44}	i^{44}	i^{44}	i^{13}
平罗县（渠口乡）	ɕi^{53}	ɕi^{13}	ɕi^{13}	ɕi^{13}	i^{44}	i^{44}	i^{44}	i^{13}
阿拉善左旗	ɕi^{51}	ɕi^{213}	ɕi^{213}	ɕi^{213}	ji^{44}	ji^{44}	ji^{44}	ji^{213}
乌鲁木齐市	ɕi^{52}	ɕi^{213}	ɕi^{213}	ɕi^{213}	i^{44}	i^{44}	i^{44}	i^{213}
阜康市	ɕi^{51}	ɕi^{213}	ɕi^{213}	ɕi^{213}	ji^{55}	ji^{55}	ji^{55}	ji^{213}
呼图壁县	ɕi^{51}	ɕi^{213}	ɕi^{213}	ɕi^{213}	i^{44}	i^{44}	i^{44}	i^{213}
吉木萨尔县	ɕi^{51}	ɕi^{213}	ɕi^{213}	ɕi^{213}	i^{44}	i^{44}	i^{44}	i^{213}
奇台县	ɕi^{52}	ɕi^{213}	ɕi^{213}	ɕi^{213}	ji^{44}	ji^{44}	ji^{44}	ji^{213}
博乐市	ɕi^{51}	ɕi^{24}	ɕi^{24}	ɕi^{24}	i^{45}	i^{45}	i^{45}	i^{24}
阿勒泰市	ɕi^{51}	ɕi^{23}	ɕi^{23}	ɕi^{23}	i^{44}	i^{44}	i^{44}	i^{23}
布尔津县	ɕi^{23}	ɕi^{51}	ɕi^{51}	ɕi^{51}	i^{44}	i^{44}	i^{44}	i^{51}
乌苏市	ɕi^{51}	ɕi^{213}	ɕi^{213}	ɕi^{213}	ji^{55}	ji^{55}	ji^{55}	ji^{213}
额敏县	ɕi^{51}	ɕi^{34}	ɕi^{34}	ɕi^{34}	i^{44}	i^{44}	i^{44}	i^{34}
伊州区	ɕi^{51}	ɕi^{213}	ɕi^{213}	ɕi^{213}	i^{44}	i^{44}	i^{44}	i^{213}
巴里坤县	ɕi^{51}	ɕi^{24}	ɕi^{24}	ɕi^{24}	i^{45}	i^{45}	i^{45}	i^{24}
伊吾县	ɕi^{51}	ɕi^{213}	ɕi^{213}	ɕi^{213}	i^{44}	i^{44}	i^{44}	i^{213}

字目 / 中古音 / 方音 / 方言点	宜	仪	移	夷	姨	疑	遗 遗失	蚁
	止开三 平支疑	止开三 平支疑	止开三 平支以	止开三 平脂以	止开三 平脂以	止开三 平之疑	止合三 平脂以	止开三 上纸疑
兰州市 (城关区)	i^{51}	i^{51}	i^{51}	i^{51}	i^{51}	i^{51}	i^{51}	i^{13}
永登县	i^{53}	i^{53}	i^{53}	i^{53}	i^{53}	i^{53}	i^{53}	i^{13}
榆中县	i^{332}	i^{332}	i^{332}	i^{332}	i^{332}	i^{332}	i^{332}	i^{13}
皋兰县	i^{53}	i^{53}	i^{53}	i^{53}	i^{53}	i^{53}	i^{53}	i^{13}
白银区	i^{51}	i^{51}	i^{51}	i^{51}	i^{51}	i^{51}	i^{51}	i^{13}
天祝县	ʑi^{53}	ʑi^{53}	ʑi^{53}	ʑi^{53}	ʑi^{53}	ʑi^{53}	ʑi^{53}	ʑi^{213}
景泰县 (红水镇)	ʑi^{53}	ʑi^{53}	ʑi^{53}	ʑi^{53}	ʑi^{53}	ʑi^{53}	ʑi^{53}	ʑi^{213}
古浪县	ʑi^{53}	ʑi^{53}	ʑi^{53}	ʑi^{53}	ʑi^{53}	ʑi^{53}	ʑi^{53}	ʑi^{31}
凉州区	i^{13}	i^{13}	i^{13}	i^{13}	i^{13}	i^{13}	i^{13}	i^{53}
民勤县	ʑi^{53}	ʑi^{53}	ʑi^{53}	ʑi^{53}	ʑi^{53}	ʑi^{53}	ʑi^{53}	ʑi^{42}
永昌县	ʑi^{13}	ʑi^{13}	ʑi^{13}	ʑi^{13}	ʑi^{13}	ʑi^{13}	ʑi^{13}	ʑi^{13}
甘州区	ʑi^{53}	ʑi^{53}	ʑi^{53}	ʑi^{53}	ʑi^{53}	ʑi^{53}	ʑi^{53}	ʑi^{31}
临泽县	ʑi^{53}	ʑi^{53}	ʑi^{53}	ʑi^{53}	ʑi^{53}	ʑi^{53}	ʑi^{53}	ʑi^{214}
民乐县	ʑi^{53}	ʑi^{53}	ʑi^{53}	ʑi^{53}	ʑi^{53}	ʑi^{53}	ʑi^{53}	ʑi^{42}
山丹县	ʑi^{53}	ʑi^{53}	ʑi^{53}	ʑi^{53}	ʑi^{53}	ʑi^{53}	ʑi^{53}	ʑi^{41}
高台县	ʑi^{53}	ʑi^{53}	ʑi^{53}	ʑi^{53}	ʑi^{53}	ʑi^{53}	ʑi^{53}	ʑi^{214}
肃州区	ʑi^{53}	ʑi^{53}	ʑi^{53}	ʑi^{53}	ʑi^{53}	ʑi^{53}	ʑi^{53}	ʑi^{214}
金塔县	ʑi^{53}	ʑi^{53}	ʑi^{53}	ʑi^{53}	ʑi^{53}	ʑi^{53}	ʑi^{53}	ʑi^{213}
肃北县	ʑi^{53}	ʑi^{53}	ʑi^{53}	ʑi^{53}	ʑi^{53}	ʑi^{53}	ʑi^{53}	ʑi^{213}
玉门市	ʑi^{53}	ʑi^{53}	ʑi^{53}	ʑi^{53}	ʑi^{53}	ʑi^{53}	ʑi^{53}	ʑi^{213}
瓜州县	ʑi^{53}	ʑi^{53}	ʑi^{53}	ʑi^{53}	ʑi^{53}	ʑi^{53}	ʑi^{53}	ʑi^{213}
西夏区	i^{53}	i^{53}	i^{53}	i^{53}	i^{53}	i^{53}	i^{53}	i^{13}

续表

贺兰县	i^{53}	i^{53}	i^{53}	i^{53}	i^{53}	i^{53}	i^{53}	i^{13}
灵武市（东塔镇）	i^{52}	i^{52}	i^{52}	i^{52}	i^{52}	i^{52}	i^{52}	i^{13}
永宁县	i^{53}	i^{53}	i^{53}	i^{53}	i^{53}	i^{53}	i^{53}	i^{13}
中宁县	i^{53}	i^{53}	i^{53}	i^{53}	i^{53}	i^{53}	i^{53}	i^{13}
沙坡头区	i^{53}	i^{53}	i^{53}	i^{53}	i^{53}	i^{53}	i^{53}	i^{13}
盐池县	i^{13}	i^{13}	i^{13}	i^{13}	i^{13}	i^{13}	i^{13}	i^{13}
平罗县（渠口乡）	i^{53}	i^{53}	i^{53}	i^{53}	i^{53}	i^{53}	i^{53}	i^{13}
阿拉善左旗	ji^{51}	ji^{51}	ji^{51}	ji^{51}	ji^{51}	ji^{51}	ji^{51}	ji^{213}
乌鲁木齐市	i^{52}	i^{52}	i^{52}	i^{52}	i^{52}	i^{52}	i^{52}	i^{213}
阜康市	ji^{51}	ji^{51}	ji^{51}	ji^{51}	ji^{51}	ji^{51}	ji^{51}	ji^{213}
呼图壁县	i^{51}	i^{51}	i^{51}	i^{51}	i^{51}	i^{51}	i^{51}	i^{213}
吉木萨尔县	i^{51}	i^{51}	i^{51}	i^{51}	i^{51}	i^{51}	i^{51}	i^{213}
奇台县	ji^{52}	ji^{52}	ji^{52}	ji^{52}	ji^{52}	ji^{52}	ji^{52}	ji^{213}
博乐市	i^{51}	i^{51}	i^{51}	i^{51}	i^{51}	i^{51}	i^{51}	i^{24}
阿勒泰市	i^{51}	i^{51}	i^{51}	i^{51}	i^{51}	i^{51}	i^{51}	i^{23}
布尔津县	i^{23}	i^{23}	i^{23}	i^{23}	i^{23}	i^{23}	i^{23}	i^{51}
乌苏市	ji^{51}	ji^{51}	ji^{51}	ji^{51}	ji^{51}	ji^{51}	ji^{51}	ji^{213}
额敏县	i^{51}	i^{51}	i^{51}	i^{51}	i^{51}	i^{51}	i^{51}	i^{34}
伊州区	i^{51}	i^{51}	i^{51}	i^{51}	i^{51}	i^{51}	i^{51}	i^{213}
巴里坤县	i^{51}	i^{51}	i^{51}	i^{51}	i^{51}	i^{51}	i^{51}	i^{24}
伊吾县	i^{51}	i^{51}	i^{51}	i^{51}	i^{51}	i^{51}	i^{51}	i^{213}

字目 / 中古音 / 方言点	倚	椅	已	以	乙	艺	义	议
	止开三上纸影	止开三上纸影	止开三上止以	止开三上止以	臻开三入质影	蟹开三去祭疑	蟹开三去寘疑	蟹开三去寘疑
兰州市（城关区）	i^{44}	i^{44}	i^{44}	i^{44}	i^{13}	i^{13}	i^{13}	i^{13}
永登县	i^{354}	i^{354}	i^{354}	i^{354}	i^{13}	i^{13}	i^{13}	i^{13}
榆中县	i^{44}	i^{44}	i^{44}	i^{44}	i^{13}	i^{13}	i^{13}	i^{13}
皋兰县	i^{342}	i^{342}	i^{342}	i^{342}	i^{13}	i^{13}	i^{13}	i^{13}
白银区	i^{343}	i^{343}	i^{343}	i^{343}	i^{13}	i^{13}	i^{13}	i^{13}
天祝县	ʑi^{44}	ʑi^{44}	ʑi^{44}	ʑi^{44}	ʑi^{213}	ʑi^{213}	ʑi^{213}	ʑi^{213}
景泰县（红水镇）	ʑi^{44}	ʑi^{44}	ʑi^{44}	ʑi^{44}	ʑi^{213}	ʑi^{213}	ʑi^{213}	ʑi^{213}
古浪县	ʑi^{44}	ʑi^{44}	ʑi^{44}	ʑi^{44}	ʑi^{31}	ʑi^{31}	ʑi^{31}	ʑi^{31}
凉州区	i^{33}	i^{33}	i^{33}	i^{33}	i^{53}	i^{53}	i^{53}	i^{53}
民勤县	ʑi^{214}	ʑi^{214}	ʑi^{214}	ʑi^{214}	ʑi^{42}	ʑi^{42}	ʑi^{42}	ʑi^{42}
永昌县	ʑi^{13}	ʑi^{13}	ʑi^{13}	ʑi^{13}	ʑi^{53}	ʑi^{53}	ʑi^{53}	ʑi^{53}
甘州区	ʑi^{53}	ʑi^{53}	ʑi^{53}	ʑi^{53}	ʑi^{31}	ʑi^{31}	ʑi^{31}	ʑi^{31}
临泽县	ʑi^{53}	ʑi^{53}	ʑi^{53}	ʑi^{53}	ʑi^{214}	ʑi^{214}	ʑi^{214}	ʑi^{214}
民乐县	ʑi^{213}	ʑi^{213}	ʑi^{213}	ʑi^{213}	ʑi^{42}	ʑi^{42}	ʑi^{42}	ʑi^{42}
山丹县	ʑi^{53}	ʑi^{53}	ʑi^{53}	ʑi^{53}	ʑi^{41}	ʑi^{41}	ʑi^{41}	ʑi^{41}
高台县	ʑi^{53}	ʑi^{53}	ʑi^{53}	ʑi^{53}	ʑi^{214}	ʑi^{214}	ʑi^{214}	ʑi^{214}
肃州区	ʑi^{53}	ʑi^{53}	ʑi^{53}	ʑi^{53}	ʑi^{214}	ʑi^{214}	ʑi^{214}	ʑi^{214}
金塔县	ʑi^{53}	ʑi^{53}	ʑi^{53}	ʑi^{53}	ʑi^{13}	ʑi^{13}	ʑi^{13}	ʑi^{13}
肃北县	ʑi^{53}	ʑi^{53}	ʑi^{53}	ʑi^{53}	ʑi^{213}	ʑi^{213}	ʑi^{213}	ʑi^{213}
玉门市	ʑi^{53}	ʑi^{53}	ʑi^{53}	ʑi^{53}	ʑi^{213}	ʑi^{213}	ʑi^{213}	ʑi^{213}
瓜州县	ʑi^{53}	ʑi^{53}	ʑi^{53}	ʑi^{53}	ʑi^{213}	ʑi^{213}	ʑi^{213}	ʑi^{213}
西夏区	i^{53}	i^{53}	i^{53}	i^{53}	i^{13}	i^{13}	i^{13}	i^{13}

续表

贺兰县	i^{53}	i^{53}	i^{53}	i^{53}	i^{13}	i^{13}	i^{13}	i^{13}
灵武市（东塔镇）	i^{52}	i^{52}	i^{52}	i^{52}	i^{13}	i^{13}	i^{13}	i^{13}
永宁县	i^{53}	i^{53}	i^{53}	i^{53}	i^{13}	i^{13}	i^{13}	i^{13}
中宁县	i^{53}	i^{53}	i^{53}	i^{53}	i^{13}	i^{13}	i^{13}	i^{13}
沙坡头区	i^{53}	i^{53}	i^{53}	i^{53}	i^{13}	i^{13}	i^{13}	i^{13}
盐池县	i^{52}	i^{52}	i^{52}	i^{52}	i^{13}	i^{13}	i^{13}	i^{13}
平罗县（渠口乡）	i^{53}	i^{53}	i^{53}	i^{53}	i^{13}	i^{13}	i^{13}	i^{13}
阿拉善左旗	ji^{51}	ji^{51}	ji^{51}	ji^{51}	ji^{213}	ji^{213}	ji^{213}	ji^{213}
乌鲁木齐市	i^{52}	i^{52}	i^{52}	i^{52}	i^{213}	i^{213}	i^{213}	i^{213}
阜康市	ji^{51}	ji^{51}	ji^{51}	ji^{51}	ji^{213}	ji^{213}	ji^{213}	ji^{213}
呼图壁县	i^{51}	i^{51}	i^{51}	i^{51}	i^{213}	i^{213}	i^{213}	i^{213}
吉木萨尔县	i^{51}	i^{51}	i^{51}	i^{51}	i^{213}	i^{213}	i^{213}	i^{213}
奇台县	ji^{52}	ji^{52}	ji^{52}	ji^{52}	ji^{213}	ji^{213}	ji^{213}	ji^{213}
博乐市	i^{51}	i^{51}	i^{51}	i^{51}	i^{24}	i^{24}	i^{24}	i^{24}
阿勒泰市	i^{51}	i^{51}	i^{51}	i^{51}	i^{23}	i^{23}	i^{23}	i^{23}
布尔津县	i^{23}	i^{23}	i^{23}	i^{23}	i^{51}	i^{51}	i^{51}	i^{51}
乌苏市	ji^{51}	ji^{51}	ji^{51}	ji^{51}	ji^{213}	ji^{213}	ji^{213}	ji^{213}
额敏县	i^{51}	i^{51}	i^{51}	i^{51}	i^{34}	i^{34}	i^{34}	i^{34}
伊州区	i^{51}	i^{51}	i^{51}	i^{51}	i^{213}	i^{213}	i^{213}	i^{213}
巴里坤县	i^{51}	i^{51}	i^{51}	i^{51}	i^{24}	i^{24}	i^{24}	i^{24}
伊吾县	i^{51}	i^{51}	i^{51}	i^{51}	i^{213}	i^{213}	i^{213}	i^{213}

字目 方音 中古音 方言点	易 容易	意	异	逸	忆	亿	抑	翼
	止开三去寘以	止开三去志影	止开三去志以	臻开三入质以	曾开三入职影	曾开三入职影	曾开三入职影	曾开三入职以
兰州市（城关区）	i^{13}	i^{13}	i^{13}	i^{13}	i^{13}	i^{13}	i^{13}	i^{13}
永登县	i^{13}	i^{13}	i^{13}	i^{13}	i^{13}	i^{13}	i^{13}	i^{13}
榆中县	i^{13}	i^{13}	i^{13}	i^{13}	i^{13}	i^{13}	i^{13}	i^{13}
皋兰县	i^{13}	i^{13}	i^{13}	i^{13}	i^{13}	i^{13}	i^{13}	i^{13}
白银区	i^{13}	i^{13}	i^{13}	i^{13}	i^{13}	i^{13}	i^{13}	i^{13}
天祝县	ʑi^{213}	ʑi^{213}	ʑi^{213}	ʑi^{213}	ʑi^{213}	ʑi^{213}	ʑi^{213}	ʑi^{213}
景泰县（红水镇）	ʑi^{213}	ʑi^{213}	ʑi^{213}	ʑi^{213}	ʑi^{213}	ʑi^{213}	ʑi^{213}	ʑi^{213}
古浪县	ʑi^{31}	ʑi^{31}	ʑi^{31}	ʑi^{31}	ʑi^{31}	ʑi^{31}	ʑi^{31}	ʑi^{31}
凉州区	i^{53}	i^{53}	i^{53}	i^{53}	i^{53}	i^{53}	i^{53}	i^{53}
民勤县	ʑi^{42}	ʑi^{42}	ʑi^{42}	ʑi^{42}	ʑi^{42}	ʑi^{42}	ʑi^{42}	ʑi^{42}
永昌县	ʑi^{53}	ʑi^{53}	ʑi^{53}	ʑi^{53}	ʑi^{53}	ʑi^{53}	ʑi^{53}	ʑi^{53}
甘州区	ʑi^{31}	ʑi^{31}	ʑi^{31}	ʑi^{31}	ʑi^{31}	ʑi^{31}	ʑi^{31}	ʑi^{31}
临泽县	ʑi^{214}	ʑi^{214}	ʑi^{214}	ʑi^{214}	ʑi^{214}	ʑi^{214}	ʑi^{214}	ʑi^{214}
民乐县	ʑi^{42}	ʑi^{42}	ʑi^{42}	ʑi^{42}	ʑi^{42}	ʑi^{42}	ʑi^{42}	ʑi^{42}
山丹县	ʑi^{41}	ʑi^{41}	ʑi^{41}	ʑi^{41}	ʑi^{41}	ʑi^{41}	ʑi^{41}	ʑi^{41}
高台县	ʑi^{214}	ʑi^{214}	ʑi^{214}	ʑi^{214}	ʑi^{214}	ʑi^{214}	ʑi^{214}	ʑi^{214}
肃州区	ʑi^{214}	ʑi^{214}	ʑi^{214}	ʑi^{214}	ʑi^{214}	ʑi^{214}	ʑi^{214}	ʑi^{214}
金塔县	ʑi^{13}	ʑi^{13}	ʑi^{13}	ʑi^{13}	ʑi^{13}	ʑi^{13}	ʑi^{13}	ʑi^{13}
肃北县	ʑi^{213}	ʑi^{213}	ʑi^{213}	ʑi^{213}	ʑi^{213}	ʑi^{213}	ʑi^{213}	ʑi^{213}
玉门市	ʑi^{213}	ʑi^{213}	ʑi^{213}	ʑi^{213}	ʑi^{213}	ʑi^{213}	ʑi^{213}	ʑi^{213}
瓜州县	ʑi^{213}	ʑi^{213}	ʑi^{213}	ʑi^{213}	ʑi^{213}	ʑi^{213}	ʑi^{213}	ʑi^{213}
西夏区	i^{13}	i^{13}	i^{13}	i^{13}	i^{13}	i^{13}	i^{13}	i^{13}

续表

贺兰县	i^{13}	i^{13}	i^{13}	i^{13}	i^{13}	i^{13}	i^{13}	i^{13}
灵武市（东塔镇）	i^{13}	i^{13}	i^{13}	i^{13}	i^{13}	i^{13}	i^{13}	i^{13}
永宁县	i^{13}	i^{13}	i^{13}	i^{13}	i^{13}	i^{13}	i^{13}	i^{13}
中宁县	i^{13}	i^{13}	i^{13}	i^{13}	i^{13}	i^{13}	i^{13}	i^{13}
沙坡头区	i^{13}	i^{13}	i^{13}	i^{13}	i^{13}	i^{13}	i^{13}	i^{13}
盐池县	i^{13}	i^{13}	i^{13}	i^{13}	i^{13}	i^{13}	i^{13}	i^{13}
平罗县（渠口乡）	i^{13}	i^{13}	i^{13}	i^{13}	i^{13}	i^{13}	i^{13}	i^{13}
阿拉善左旗	ji^{213}	ji^{213}	ji^{213}	ji^{213}	ji^{213}	ji^{213}	ji^{213}	ji^{213}
乌鲁木齐市	i^{213}	i^{213}	i^{213}	i^{213}	i^{213}	i^{213}	i^{213}	i^{213}
阜康市	ji^{213}	ji^{213}	ji^{213}	ji^{213}	ji^{213}	ji^{213}	ji^{213}	ji^{213}
呼图壁县	i^{213}	i^{213}	i^{213}	i^{213}	i^{213}	i^{213}	i^{213}	i^{213}
吉木萨尔县	i^{213}	i^{213}	i^{213}	i^{213}	i^{213}	i^{213}	i^{213}	i^{213}
奇台县	ji^{213}	ji^{213}	ji^{213}	ji^{213}	ji^{213}	ji^{213}	ji^{213}	ji^{213}
博乐市	i^{24}	i^{24}	i^{24}	i^{24}	i^{24}	i^{24}	i^{24}	i^{24}
阿勒泰市	i^{23}	i^{23}	i^{23}	i^{23}	i^{23}	i^{23}	i^{23}	i^{23}
布尔津县	i^{51}	i^{51}	i^{51}	i^{51}	i^{51}	i^{51}	i^{51}	i^{51}
乌苏市	ji^{213}	ji^{213}	ji^{213}	ji^{213}	ji^{213}	ji^{213}	ji^{213}	ji^{213}
额敏县	i^{34}	i^{34}	i^{34}	i^{34}	i^{34}	i^{34}	i^{34}	i^{34}
伊州区	i^{213}	i^{213}	i^{213}	i^{213}	i^{213}	i^{213}	i^{213}	i^{213}
巴里坤县	i^{24}	i^{24}	i^{24}	i^{24}	i^{24}	i^{24}	i^{24}	i^{24}
伊吾县	i^{213}	i^{213}	i^{213}	i^{213}	i^{213}	i^{213}	i^{213}	i^{213}

字目 / 中古音 / 方言点 / 方音	益	亦	译	易① 交易	疫	役	补	捕
	梗开三入昔影	梗开三入昔以	梗开三入昔以	梗开三入昔以	梗开三入昔以	梗开三入昔以	遇合一上姥帮	遇合一去暮並
兰州市（城关区）	i^{13}	i^{13}	i^{13}	i^{13}	i^{13}	i^{13}	pu^{44}	pu^{13}
永登县	i^{13}	i^{13}	i^{13}	i^{13}	i^{13}	i^{13}	pu^{354}	pu^{13}
榆中县	i^{13}	i^{13}	i^{13}	i^{13}	i^{13}	i^{13}	pu^{44}	pu^{13}
皋兰县	i^{13}	i^{13}	i^{13}	i^{13}	i^{13}	i^{13}	pu^{342}	pu^{13}
白银区	i^{13}	i^{13}	i^{13}	i^{13}	i^{13}	i^{13}	pu^{343}	pu^{13}
天祝县	ʑi^{213}	ʑi^{213}	ʑi^{213}	ʑi^{213}	ʑi^{213}	ʑi^{213}	pu^{44}	pu^{213}
景泰县（红水镇）	ʑi^{213}	ʑi^{213}	ʑi^{213}	ʑi^{213}	ʑi^{213}	ʑi^{213}	pu^{44}	pu^{213}
古浪县	ʑi^{31}	ʑi^{31}	ʑi^{31}	ʑi^{31}	ʑi^{31}	ʑi^{31}	pu^{44}	pu^{31}
凉州区	i^{53}	i^{53}	i^{53}	i^{53}	i^{53}	i^{53}	pu^{33}	pu^{53}
民勤县	ʑi^{42}	ʑi^{42}	ʑi^{42}	ʑi^{42}	ʑi^{42}	ʑi^{42}	pu^{214}	pu^{42}
永昌县	ʑi^{53}	ʑi^{53}	ʑi^{53}	ʑi^{53}	ʑi^{53}	ʑi^{53}	pu^{13}	pu^{53}
甘州区	ʑi^{31}	ʑi^{31}	ʑi^{31}	ʑi^{31}	ʑi^{31}	ʑi^{31}	pu^{53}	pu^{31}
临泽县	ʑi^{214}	ʑi^{214}	ʑi^{214}	ʑi^{214}	ʑi^{214}	ʑi^{214}	ɵu^{53}	pu^{214}
民乐县	ʑi^{42}	ʑi^{42}	ʑi^{42}	ʑi^{42}	ʑi^{42}	ʑi^{42}	pu^{213}	pu^{42}
山丹县	ʑi^{41}	ʑi^{41}	ʑi^{41}	ʑi^{41}	ʑi^{41}	ʑi^{41}	pu^{53}	pu^{41}
高台县	ʑi^{214}	ʑi^{214}	ʑi^{214}	ʑi^{214}	ʑi^{214}	ʑi^{214}	ɵu^{53}	pu^{214}
肃州区	ʑi^{214}	ʑi^{214}	ʑi^{214}	ʑi^{214}	ʑi^{214}	ʑi^{214}	ɵu^{53}	pu^{214}
金塔县	ʑi^{13}	ʑi^{13}	ʑi^{13}	ʑi^{13}	ʑi^{13}	ʑi^{13}	pu^{53}	pu^{13}
肃北县	ʑi^{213}	ʑi^{213}	ʑi^{213}	ʑi^{213}	ʑi^{213}	ʑi^{213}	pu^{53}	pu^{213}
玉门市	ʑi^{213}	ʑi^{213}	ʑi^{213}	ʑi^{213}	ʑi^{213}	ʑi^{213}	pu^{53}	pu^{213}

①又以豉切，止开三去寘以。

续表

瓜州县	ʑi^{213}	ʑi^{213}	ʑi^{213}	ʑi^{213}	ʑi^{213}	ʑi^{213}	pu^{53}	pu^{213}
西夏区	i^{13}	i^{13}	i^{13}	i^{13}	i^{13}	i^{13}	pu^{53}	pu^{13}
贺兰县	i^{13}	i^{13}	i^{13}	i^{13}	i^{13}	i^{13}	pu^{53}	pu^{13}
灵武市（东塔镇）	i^{13}	i^{13}	i^{13}	i^{13}	i^{13}	i^{13}	pu^{52}	pu^{13}
永宁县	i^{13}	i^{13}	i^{13}	i^{13}	i^{13}	i^{13}	pu^{53}	pu^{13}
中宁县	i^{13}	i^{13}	i^{13}	i^{13}	i^{13}	i^{13}	pu^{53}	pu^{13}
沙坡头区	i^{13}	i^{13}	i^{13}	i^{13}	i^{13}	i^{13}	pu^{53}	pu^{13}
盐池县	i^{13}	i^{13}	i^{13}	i^{13}	i^{13}	i^{13}	pu^{52}	pu^{13}
平罗县（渠口乡）	i^{13}	i^{13}	i^{13}	i^{13}	i^{13}	i^{13}	pu^{53}	pu^{13}
阿拉善左旗	ji^{213}	ji^{213}	ji^{213}	ji^{213}	ji^{213}	ji^{213}	pu^{51}	pu^{213}
乌鲁木齐市	i^{213}	i^{213}	i^{213}	i^{213}	i^{213}	i^{213}	pu^{52}	pu^{213}
阜康市	ji^{213}	ji^{213}	ji^{213}	ji^{213}	ji^{213}	ji^{213}	pu^{51}	pu^{213}
呼图壁县	i^{213}	i^{213}	i^{213}	i^{213}	i^{213}	i^{213}	pu^{51}	pu^{213}
吉木萨尔县	i^{213}	i^{213}	i^{213}	i^{213}	i^{213}	i^{213}	pu^{51}	pu^{213}
奇台县	ji^{213}	ji^{213}	ji^{213}	ji^{213}	ji^{213}	ji^{213}	pu^{52}	pu^{213}
博乐市	i^{24}	i^{24}	i^{24}	i^{24}	i^{24}	i^{24}	pu^{51}	pu^{24}
阿勒泰市	i^{23}	i^{23}	i^{23}	i^{23}	i^{23}	i^{23}	pu^{51}	pu^{23}
布尔津县	i^{51}	i^{51}	i^{51}	i^{51}	i^{51}	i^{51}	pu^{23}	pu^{51}
乌苏市	ji^{213}	ji^{213}	ji^{213}	ji^{213}	ji^{213}	ji^{213}	pu^{51}	pu^{213}
额敏县	i^{34}	i^{34}	i^{34}	i^{34}	i^{34}	i^{34}	pu^{51}	pu^{34}
伊州区	i^{213}	i^{213}	i^{213}	i^{213}	i^{213}	i^{213}	pu^{51}	pu^{213}
巴里坤县	i^{24}	i^{24}	i^{24}	i^{24}	i^{24}	i^{24}	pu^{51}	pu^{24}
伊吾县	i^{213}	i^{213}	i^{213}	i^{213}	i^{213}	i^{213}	pu^{51}	pu^{213}

字目 / 中古音 / 方言点	布 布匹	布 散布	怖①	部 部队	簿	步	埠② 商埠	不③
	遇合一去暮帮	遇合一去暮帮	遇合一去暮滂	遇合一上姥並	遇合一上姥並	遇合一去暮並		
兰州市（城关区）	pu^{13}	pu^{13}	pu^{13}	pu^{13}	pu^{13}	pu^{13}	pu^{13}	pu^{13}
永登县	pu^{13}	pu^{13}	pu^{13}	pu^{13}	pu^{13}	pu^{13}	pu^{13}	pu^{13}
榆中县	pu^{13}	pu^{13}	pu^{13}	pu^{13}	pu^{13}	pu^{13}	pu^{13}	pu^{13}
皋兰县	pu^{13}	pu^{13}	pu^{13}	pu^{13}	pu^{13}	pu^{13}	pu^{13}	pu^{13}
白银区	pu^{13}	pu^{13}	pu^{13}	pu^{13}	pu^{13}	pu^{13}	pu^{13}	pu^{13}
天祝县	pu^{213}	pu^{213}	pu^{213}	pu^{213}	pu^{213}	pu^{213}	pu^{213}	pu^{213}
景泰县（红水镇）	pu^{213}	pu^{213}	pu^{213}	pu^{213}	pu^{213}	pu^{213}	pu^{213}	pu^{213}
古浪县	pu^{31}	pu^{31}	pu^{31}	pu^{31}	pu^{31}	pu^{31}	pu^{31}	pu^{31}
凉州区	pu^{53}	pu^{53}	pu^{53}	pu^{53}	pu^{53}	pu^{53}	pu^{53}	pu^{53}
民勤县	pu^{42}	pu^{42}	pu^{42}	pu^{42}	pu^{42}	pu^{42}	pu^{42}	pu^{42}
永昌县	pu^{53}	pu^{53}	pu^{53}	pu^{53}	pu^{53}	pu^{53}	pu^{53}	pu^{53}
甘州区	pu^{31}	pu^{31}	pu^{31}	pu^{31}	pu^{31}	pu^{31}	pu^{31}	pu^{31}
临泽县	pu^{214}	pu^{214}	pu^{214}	pu^{214}	pu^{214}	pu^{214}	pu^{214}	pu^{214}
民乐县	pu^{42}	pu^{42}	pu^{42}	pu^{42}	pu^{42}	pu^{42}	pu^{42}	pu^{42}
山丹县	pu^{41}	pu^{41}	pu^{41}	pu^{41}	pu^{41}	pu^{41}	pu^{41}	pu^{41}
高台县	pu^{214}	pu^{214}	pu^{214}	pu^{214}	pu^{214}	pu^{214}	pu^{214}	pu^{214}
肃州区	pu^{214}	pu^{214}	pu^{214}	pu^{214}	pu^{214}	pu^{214}	pu^{214}	pu^{214}
金塔县	pu^{13}	pu^{13}	pu^{13}	pu^{13}	pu^{13}	pu^{13}	pu^{13}	pu^{13}

①《广韵》谱故切，遇合一去暮滂。

②柳宗元《永州铁炉步志》："江之浒，凡舟可縻而上下者曰步"，"步"即"埠"，薄故切，遇合一去暮并。

③《广韵》分物切，臻合三入物非。《切韵指掌图》列帮母。

续表

肃北县	pu^{213}	pu^{213}	pu^{213}	pu^{213}	pu^{213}	pu^{213}	pu^{213}	pu^{213}
玉门市	pu^{213}	pu^{213}	pu^{213}	pu^{213}	pu^{213}	pu^{213}	pu^{213}	pu^{213}
瓜州县	pu^{213}	pu^{213}	pu^{213}	pu^{213}	pu^{213}	pu^{213}	pu^{213}	pu^{213}
西夏区	pu^{13}	pu^{13}	pu^{13}	pu^{13}	pu^{13}	pu^{13}	pu^{13}	pu^{13}
贺兰县	pu^{13}	pu^{13}	pu^{13}	pu^{13}	pu^{13}	pu^{13}	pu^{13}	pu^{13}
灵武市（东塔镇）	pu^{13}	pu^{13}	pu^{13}	pu^{13}	pu^{13}	pu^{13}	pu^{13}	pu^{13}
永宁县	pu^{13}	pu^{13}	pu^{13}	pu^{13}	pu^{13}	pu^{13}	pu^{13}	pu^{13}
中宁县	pu^{13}	pu^{13}	pu^{13}	pu^{13}	pu^{13}	pu^{13}	pu^{13}	pu^{13}
沙坡头区	pu^{13}	pu^{13}	pu^{13}	pu^{13}	pu^{13}	pu^{13}	pu^{13}	pu^{13}
盐池县	pu^{13}	pu^{13}	pu^{13}	pu^{13}	pu^{13}	pu^{13}	pu^{13}	pu^{13}
平罗县（渠口乡）	pu^{13}	pu^{13}	pu^{13}	pu^{13}	pu^{13}	pu^{13}	pu^{13}	pu^{13}
阿拉善左旗	pu^{213}	pu^{213}	pu^{213}	pu^{213}	pu^{213}	pu^{213}	pu^{213}	pu^{213}
乌鲁木齐市	pu^{213}	pu^{213}	pu^{213}	pu^{213}	pu^{213}	pu^{213}	pu^{213}	pu^{213}
阜康市	pu^{213}	pu^{213}	pu^{213}	pu^{213}	pu^{213}	pu^{213}	pu^{213}	pu^{213}
呼图壁县	pu^{213}	pu^{213}	pu^{213}	pu^{213}	pu^{213}	pu^{213}	pu^{213}	pu^{213}
吉木萨尔县	pu^{213}	pu^{213}	pu^{213}	pu^{213}	pu^{213}	pu^{213}	pu^{213}	pu^{213}
奇台县	pu^{213}	pu^{213}	pu^{213}	pu^{213}	pu^{213}	pu^{213}	pu^{213}	pu^{213}
博乐市	pu^{24}	pu^{24}	pu^{24}	pu^{24}	pu^{24}	pu^{24}	pu^{24}	pu^{24}
阿勒泰市	pu^{23}	pu^{23}	pu^{23}	pu^{23}	pu^{23}	pu^{23}	pu^{23}	pu^{23}
布尔津县	pu^{51}	pu^{51}	pu^{51}	pu^{51}	pu^{51}	pu^{51}	pu^{51}	pu^{51}
乌苏市	pu^{213}	pu^{213}	pu^{213}	pu^{213}	pu^{213}	pu^{213}	pu^{213}	pu^{213}
额敏县	pu^{34}	pu^{34}	pu^{34}	pu^{34}	pu^{34}	pu^{34}	pu^{34}	pu^{34}
伊州区	pu^{213}	pu^{213}	pu^{213}	pu^{213}	pu^{213}	pu^{213}	pu^{213}	pu^{213}
巴里坤县	pu^{24}	pu^{24}	pu^{24}	pu^{24}	pu^{24}	pu^{24}	pu^{24}	pu^{24}
伊吾县	pu^{213}	pu^{213}	pu^{213}	pu^{213}	pu^{213}	pu^{213}	pu^{213}	pu^{213}

字目 中古音 方言点 方音	铺 铺设	扑①	蒲②	脯 胸脯	莆	仆③ 仆人	谱	普
	遇合一 平模滂	遇合一 入屋滂	遇合一 平模並	遇合一 平模並	遇合一 平模並	遇合一 平屋並	遇合一 上姥帮	遇合一 上姥滂
兰州市 （城关区）	pʻu^{53}	pʻu^{13}	pʻu^{51}	pʻu^{51}	pʻu^{51}	pʻu^{51}	pʻu^{44}	pʻu^{44}
永登县	pʻu^{42}	pʻu^{13}	pʻu^{53}	pʻu^{53}	pʻu^{53}	pʻu^{53}	pʻu^{354}	pʻu^{354}
榆中县	pʻu^{51}	pʻu^{13}	pʻu^{332}	pʻu^{332}	pʻu^{332}	pʻu^{332}	pʻu^{44}	pʻu^{44}
皋兰县	pʻu^{42}	pʻu^{13}	pʻu^{53}	pʻu^{53}	pʻu^{53}	pʻu^{53}	pʻu^{342}	pʻu^{342}
白银区	pʻu^{53}	pʻu^{13}	pʻu^{51}	pʻu^{51}	pʻu^{51}	pʻu^{51}	pʻu^{343}	pʻu^{343}
天祝县	pʻu^{44}	pʻu^{213}	pʻu^{53}	pʻu^{53}	pʻu^{53}	pʻu^{53}	pʻu^{44}	pʻu^{44}
景泰县 （红水镇）	pʻu^{44}	pʻu^{213}	pʻu^{53}	pʻu^{53}	pʻu^{53}	pʻu^{53}	pʻu^{44}	pʻu^{44}
古浪县	pʻu^{44}	pʻu^{31}	pʻu^{53}	pʻu^{53}	pʻu^{53}	pʻu^{53}	pʻu^{44}	pʻu^{44}
凉州区	pʻu^{33}	pʻu^{53}	pʻu^{13}	pʻu^{13}	pʻu^{13}	pʻu^{13}	pʻu^{33}	pʻu^{33}
民勤县	pʻu^{44}	pʻu^{42}	pʻu^{53}	pʻu^{53}	pʻu^{53}	pʻu^{53}	pʻu^{214}	pʻu^{214}
永昌县	pʻu^{44}	pʻu^{53}	pʻu^{13}	pʻu^{13}	pʻu^{13}	pʻu^{13}	pʻu^{13}	pʻu^{13}
甘州区	pʻu^{44}	pʻu^{31}	pʻu^{53}	pʻu^{53}	pʻu^{53}	pʻu^{53}	pʻu^{53}	pʻu^{53}
临泽县	pʻu^{44}	pʻu^{214}	pʻu^{53}	pʻu^{53}	pʻu^{53}	pʻu^{53}	pʻu^{44}	pʻu^{44}
民乐县	pʻu^{44}	pʻu^{42}	pʻu^{53}	pʻu^{53}	pʻu^{53}	pʻu^{53}	pʻu^{213}	pʻu^{213}
山丹县	pʻu^{24}	pʻu^{41}	pʻu^{53}	pʻu^{53}	pʻu^{53}	pʻu^{53}	pʻu^{53}	pʻu^{53}
高台县	pʻu^{44}	pʻu^{214}	pʻu^{53}	pʻu^{53}	pʻu^{53}	pʻu^{53}	pʻu^{44}	pʻu^{44}
肃州区	pʻu^{44}	pʻu^{214}	pʻu^{53}	pʻu^{53}	pʻu^{53}	pʻu^{53}	pʻu^{44}	pʻu^{44}
金塔县	pʻu^{44}	pʻu^{13}	pʻu^{53}	pʻu^{53}	pʻu^{53}	pʻu^{53}	pʻu^{53}	pʻu^{53}
肃北县	pʻu^{44}	pʻu^{213}	pʻu^{53}	pʻu^{53}	pʻu^{53}	pʻu^{53}	pʻu^{53}	pʻu^{53}

①又皮角切，江开二入觉滂。

②又伴老切，遇合一上姥并。

③又蒲沃切，通合一入沃并。

续表

玉门市	pʻu^{44}	pʻu^{213}	pʻu^{53}	pʻu^{53}	pʻu^{53}	pʻu^{53}	pʻu^{53}	pʻu^{53}
瓜州县	pʻu^{44}	pʻu^{213}	pʻu^{53}	pʻu^{53}	pʻu^{53}	pʻu^{53}	pʻu^{53}	pʻu^{53}
西夏区	pʻu^{44}	pʻu^{13}	pʻu^{53}	pʻu^{53}	pʻu^{53}	pʻu^{53}	pʻu^{53}	pʻu^{53}
贺兰县	pʻu^{44}	pʻu^{13}	pʻu^{53}	pʻu^{53}	pʻu^{53}	pʻu^{53}	pʻu^{53}	pʻu^{53}
灵武市（东塔镇）	pʻu^{44}	pʻu^{13}	pʻu^{52}	pʻu^{52}	pʻu^{52}	pʻu^{52}	pʻu^{52}	pʻu^{52}
永宁县	pʻu^{44}	pʻu^{13}	pʻu^{53}	pʻu^{53}	pʻu^{53}	pʻu^{53}	pʻu^{53}	pʻu^{53}
中宁县	pʻu^{44}	pʻu^{13}	pʻu^{53}	pʻu^{53}	pʻu^{53}	pʻu^{53}	pʻu^{53}	pʻu^{53}
沙坡头区	pʻu^{44}	pʻu^{13}	pʻu^{53}	pʻu^{53}	pʻu^{53}	pʻu^{53}	pʻu^{53}	pʻu^{53}
盐池县	pʻu^{44}	pʻu^{13}	pʻu^{13}	pʻu^{13}	pʻu^{13}	pʻu^{13}	pʻu^{52}	pʻu^{52}
平罗县（渠口乡）	pʻu^{44}	pʻu^{13}	pʻu^{53}	pʻu^{53}	pʻu^{53}	pʻu^{53}	pʻu^{53}	pʻu^{53}
阿拉善左旗	pʻu^{44}	pʻu^{213}	pʻu^{51}	pʻu^{51}	pʻu^{51}	pʻu^{51}	pʻu^{51}	pʻu^{51}
乌鲁木齐市	pʻu^{44}	pʻu^{213}	pʻu^{52}	pʻu^{52}	pʻu^{52}	pʻu^{52}	pʻu^{52}	pʻu^{52}
阜康市	pʻu^{55}	pʻu^{213}	pʻu^{51}	pʻu^{51}	pʻu^{51}	pʻu^{51}	pʻu^{51}	pʻu^{51}
呼图壁县	pʻu^{44}	pʻu^{213}	pʻu^{51}	pʻu^{51}	pʻu^{51}	pʻu^{51}	pʻu^{51}	pʻu^{51}
吉木萨尔县	pʻu^{44}	pʻu^{213}	pʻu^{51}	pʻu^{51}	pʻu^{51}	pʻu^{51}	pʻu^{51}	pʻu^{51}
奇台县	pʻu^{44}	pʻu^{213}	pʻu^{52}	pʻu^{52}	pʻu^{52}	pʻu^{52}	pʻu^{52}	pʻu^{52}
博乐市	pʻu^{45}	pʻu^{24}	pʻu^{51}	pʻu^{51}	pʻu^{51}	pʻu^{51}	pʻu^{51}	pʻu^{51}
阿勒泰市	pʻu^{44}	pʻu^{23}	pʻu^{51}	pʻu^{51}	pʻu^{51}	pʻu^{51}	pʻu^{51}	pʻu^{51}
布尔津县	pʻu^{44}	pʻu^{51}	pʻu^{23}	pʻu^{23}	pʻu^{23}	pʻu^{23}	pʻu^{23}	pʻu^{23}
乌苏市	pʻu^{55}	pʻu^{213}	pʻu^{51}	pʻu^{51}	pʻu^{51}	pʻu^{51}	pʻu^{51}	pʻu^{51}
额敏县	pʻu^{44}	pʻu^{34}	pʻu^{51}	pʻu^{51}	pʻu^{51}	pʻu^{51}	pʻu^{51}	pʻu^{51}
伊州区	pʻu^{44}	pʻu^{213}	pʻu^{51}	pʻu^{51}	pʻu^{51}	pʻu^{51}	pʻu^{51}	pʻu^{51}
巴里坤县	pʻu^{45}	pʻu^{24}	pʻu^{51}	pʻu^{51}	pʻu^{51}	pʻu^{51}	pʻu^{51}	pʻu^{51}
伊吾县	pʻu^{44}	pʻu^{213}	pʻu^{51}	pʻu^{51}	pʻu^{51}	pʻu^{51}	pʻu^{51}	pʻu^{51}

字目 / 中古音 / 方音 / 方言点	浦	朴 朴素	铺 店铺	母	亩	牡①	暮	慕
	遇合一平姥滂	江开二入觉滂	遇合一去暮滂	流开一上厚明	流开一上厚明	流开一上厚明	遇合一去暮明	遇合一去暮明
兰州市（城关区）	$p^{h}u^{53}$	$p^{h}u^{13}$	$p^{h}u^{13}$	mu^{44}	mu^{44}	mu^{44}	mu^{13}	mu^{13}
永登县	$p^{h}u^{42}$	$p^{h}u^{13}$	$p^{h}u^{13}$	mu^{354}	mu^{354}	mu^{354}	mu^{13}	mu^{13}
榆中县	$p^{h}u^{51}$	$p^{h}u^{13}$	$p^{h}u^{13}$	mu^{44}	mu^{44}	mu^{44}	mu^{13}	mu^{13}
皋兰县	$p^{h}u^{42}$	$p^{h}u^{13}$	$p^{h}u^{13}$	mu^{342}	mu^{342}	mu^{342}	mu^{13}	mu^{13}
白银区	$p^{h}u^{53}$	$p^{h}u^{13}$	$p^{h}u^{13}$	mu^{343}	mu^{343}	mu^{343}	mu^{13}	mu^{13}
天祝县	$p^{h}u^{44}$	$p^{h}u^{213}$	$p^{h}u^{213}$	mu^{44}	mu^{213}	mu^{44}	mu^{213}	mu^{213}
景泰县（红水镇）	$p^{h}u^{44}$	$p^{h}u^{213}$	$p^{h}u^{213}$	mu^{44}	mu^{213}	mu^{44}	mu^{213}	mu^{213}
古浪县	$p^{h}u^{44}$	$p^{h}u^{31}$	$p^{h}u^{31}$	mu^{44}	mu^{31}	mu^{44}	mu^{31}	mu^{31}
凉州区	$p^{h}u^{33}$	$p^{h}u^{53}$	$p^{h}u^{53}$	mu^{33}	mu^{53}	mu^{33}	mu^{53}	mu^{53}
民勤县	$p^{h}u^{44}$	$p^{h}u^{42}$	$p^{h}u^{42}$	mu^{44}	mu^{214}	mu^{214}	mu^{42}	mu^{42}
永昌县	$p^{h}u^{13}$	$p^{h}u^{53}$	$p^{h}u^{53}$	mu^{13}	mu^{53}	mu^{13}	mu^{53}	mu^{53}
甘州区	$p^{h}u^{53}$	$p^{h}u^{31}$	$p^{h}u^{31}$	mu^{53}	mu^{31}	mu^{53}	mu^{31}	mu^{31}
临泽县	$p^{h}u^{44}$	$p^{h}u^{214}$	$p^{h}u^{214}$	mu^{53}	mu^{214}	mu^{53}	mu^{214}	mu^{214}
民乐县	$p^{h}u^{44}$	$p^{h}u^{42}$	$p^{h}u^{42}$	mu^{44}	mu^{213}	mu^{213}	mu^{42}	mu^{42}
山丹县	$p^{h}u^{53}$	$p^{h}u^{41}$	$p^{h}u^{41}$	mu^{53}	mu^{41}	mu^{53}	mu^{41}	mu^{41}
高台县	$p^{h}u^{44}$	$p^{h}u^{214}$	$p^{h}u^{214}$	mu^{53}	mu^{214}	mu^{53}	mu^{214}	mu^{214}
肃州区	$p^{h}u^{44}$	$p^{h}u^{214}$	$p^{h}u^{214}$	mu^{53}	mu^{214}	mu^{53}	mu^{214}	mu^{214}
金塔县	$p^{h}u^{53}$	$p^{h}u^{13}$	$p^{h}u^{13}$	mu^{53}	mu^{13}	mu^{53}	mu^{13}	mu^{13}
肃北县	$p^{h}u^{53}$	$p^{h}u^{213}$	$p^{h}u^{213}$	mu^{53}	mu^{213}	mu^{53}	mu^{213}	mu^{213}
玉门市	$p^{h}u^{53}$	$p^{h}u^{213}$	$p^{h}u^{213}$	mu^{53}	mu^{213}	mu^{53}	mu^{213}	mu^{213}

①又满捕切，遇合一上姥明。

续表

瓜州县	pʻu^{53}	pʻu^{213}	pʻu^{213}	mu^{53}	mu^{213}	mu^{53}	mu^{213}	mu^{213}
西夏区	pʻu^{44}	pʻu^{13}	pʻu^{13}	mu^{53}	mu^{53}	mu^{53}	mu^{13}	mu^{13}
贺兰县	pʻu^{44}	pʻu^{13}	pʻu^{13}	mu^{53}	mu^{53}	mu^{53}	mu^{13}	mu^{13}
灵武市（东塔镇）	pʻu^{44}	pʻu^{13}	pʻu^{13}	mu^{52}	mu^{52}	mu^{52}	mu^{13}	mu^{13}
永宁县	pʻu^{44}	pʻu^{13}	pʻu^{13}	mu^{53}	mu^{53}	mu^{53}	mu^{13}	mu^{13}
中宁县	pʻu^{44}	pʻu^{13}	pʻu^{13}	mu^{53}	mu^{53}	mu^{53}	mu^{13}	mu^{13}
沙坡头区	pʻu^{44}	pʻu^{13}	pʻu^{13}	mu^{53}	mu^{53}	mu^{53}	mu^{13}	mu^{13}
盐池县	pʻu^{13}	pʻu^{13}	pʻu^{13}	mu^{52}	mu^{13}	mu^{52}	mu^{13}	mu^{13}
平罗县（渠口乡）	pʻu^{44}	pʻu^{13}	pʻu^{13}	mu^{53}	mu^{53}	mu^{53}	mu^{13}	mu^{13}
阿拉善左旗	pʻu^{51}	pʻu^{213}	pʻu^{213}	mu^{51}	mu^{213}	mu^{51}	mu^{213}	mu^{213}
乌鲁木齐市	pʻu^{52}	pʻu^{213}	pʻu^{213}	mu^{52}	mu^{213}	mu^{52}	mu^{213}	mu^{213}
阜康市	pʻu^{51}	pʻu^{213}	pʻu^{213}	mu^{51}	mu^{213}	mu^{51}	mu^{213}	mu^{213}
呼图壁县	pʻu^{51}	pʻu^{213}	pʻu^{213}	mu^{51}	mu^{213}	mu^{51}	mu^{213}	mu^{213}
吉木萨尔县	pʻu^{51}	pʻu^{213}	pʻu^{213}	mu^{51}	mu^{213}	mu^{51}	mu^{213}	mu^{213}
奇台县	pʻu^{52}	pʻu^{213}	pʻu^{213}	mu^{52}	mu^{213}	mu^{52}	mu^{213}	mu^{213}
博乐市	pʻu^{51}	pʻu^{24}	pʻu^{24}	mu^{51}	mu^{24}	mu^{51}	mu^{24}	mu^{24}
阿勒泰市	pʻu^{51}	pʻu^{23}	pʻu^{23}	mu^{51}	mu^{23}	mu^{51}	mu^{23}	mu^{23}
布尔津县	pʻu^{23}	pʻu^{51}	pʻu^{51}	mu^{23}	mu^{51}	ɱu^{23}	mu^{51}	mu^{51}
乌苏市	pʻu^{51}	pʻu^{213}	pʻu^{213}	mu^{51}	mu^{213}	mu^{51}	mu^{213}	mu^{213}
额敏县	pʻu^{51}	pʻu^{34}	pʻu^{34}	mu^{51}	mu^{34}	mu^{51}	mu^{34}	mu^{34}
伊州区	pʻu^{51}	pʻu^{213}	pʻu^{213}	mu^{51}	mu^{213}	mu^{51}	mu^{213}	mu^{213}
巴里坤县	pʻu^{51}	pʻu^{24}	pʻu^{24}	mu^{51}	mu^{24}	mu^{51}	mu^{24}	mu^{24}
伊吾县	pʻu^{51}	pʻu^{213}	pʻu^{213}	mu^{51}	mu^{213}	mu^{51}	mu^{213}	mu^{213}

字目 中古音 方音 方言点	墓	幕	木	目	牧	肤	夫 夫妻	敷
	遇合一去暮明	宕开一入铎明	通合一入屋明	通合三入屋明	通合三入屋明	通合三平虞非	通合三平虞非	通合三平虞敷
兰州市（城关区）	mu^{13}	mu^{13}	mu^{13}	mu^{13}	mu^{13}	fu^{53}	fu^{53}	fu^{53}
永登县	mu^{13}	mu^{13}	mu^{13}	mu^{13}	mu^{13}	fu^{42}	fu^{42}	fu^{42}
榆中县	mu^{13}	mu^{13}	mu^{13}	mu^{13}	mu^{13}	fu^{51}	fu^{51}	fu^{51}
皋兰县	mu^{13}	mu^{13}	mu^{13}	mu^{13}	mu^{13}	fu^{42}	fu^{42}	fu^{42}
白银区	mu^{13}	mu^{13}	mu^{13}	mu^{13}	mu^{13}	fu^{44}	fu^{44}	fu^{44}
天祝县	mu^{213}	mu^{213}	mu^{213}	mu^{213}	mu^{213}	fu^{44}	fu^{44}	fu^{44}
景泰县（红水镇）	mu^{213}	mu^{213}	mu^{213}	mu^{213}	mu^{213}	fu^{44}	fu^{44}	fu^{44}
古浪县	mu^{31}	mu^{31}	mu^{31}	mu^{31}	mu^{31}	fu^{44}	fu^{44}	fu^{44}
凉州区	mu^{53}	mu^{53}	mu^{53}	mu^{53}	mu^{53}	fu^{33}	fu^{33}	fu^{33}
民勤县	mu^{42}	mu^{42}	mu^{42}	mu^{42}	mu^{42}	fu^{44}	fu^{44}	fu^{44}
永昌县	mu^{53}	mu^{53}	mu^{53}	mu^{53}	mu^{53}	fu^{44}	fu^{44}	fu^{44}
甘州区	mu^{31}	mu^{31}	mu^{31}	mu^{31}	mu^{31}	fu^{44}	fu^{44}	fu^{44}
临泽县	mu^{214}	mu^{214}	mu^{214}	mu^{214}	mu^{214}	fu^{44}	fu^{44}	fu^{44}
民乐县	mu^{42}	mu^{42}	mu^{42}	mu^{42}	mu^{42}	fu^{44}	fu^{44}	fu^{44}
山丹县	mu^{41}	mu^{41}	mu^{41}	mu^{41}	mu^{41}	fu^{24}	fu^{24}	fu^{24}
高台县	mu^{214}	mu^{214}	mu^{214}	mu^{214}	mu^{214}	fu^{44}	fu^{44}	fu^{44}
肃州区	mu^{214}	mu^{214}	mu^{214}	mu^{214}	mu^{214}	fu^{44}	fu^{44}	fu^{44}
金塔县	mu^{13}	mu^{13}	mu^{13}	mu^{13}	mu^{13}	fu^{44}	fu^{44}	fu^{44}
肃北县	mu^{213}	mu^{213}	mu^{213}	mu^{213}	mu^{213}	fu^{44}	fu^{44}	fu^{44}
玉门市	mu^{213}	mu^{213}	mu^{213}	mu^{213}	mu^{213}	fu^{44}	fu^{44}	fu^{44}
瓜州县	mu^{213}	mu^{213}	mu^{213}	mu^{213}	mu^{213}	fu^{44}	fu^{44}	fu^{44}
西夏区	mu^{13}	mu^{13}	mu^{13}	mu^{13}	mu^{13}	fu^{44}	fu^{44}	fu^{44}

续表

贺兰县	mu^{13}	mu^{13}	mu^{13}	mu^{13}	mu^{13}	fu^{44}	fu^{44}	fu^{44}
灵武市（东塔镇）	mu^{13}	mu^{13}	mu^{13}	mu^{13}	mu^{13}	fu^{44}	fu^{44}	fu^{44}
永宁县	mu^{13}	mu^{13}	mu^{13}	mu^{13}	mu^{13}	fu^{44}	fu^{44}	fu^{44}
中宁县	mu^{13}	mu^{13}	mu^{13}	mu^{13}	mu^{13}	fu^{44}	fu^{44}	fu^{44}
沙坡头区	mu^{13}	mu^{13}	mu^{13}	mu^{13}	mu^{13}	fu^{44}	fu^{44}	fu^{44}
盐池县	mu^{13}	mu^{13}	mu^{13}	mu^{13}	mu^{13}	fu^{44}	fu^{44}	fu^{44}
平罗县（渠口乡）	mu^{13}	mu^{13}	mu^{13}	mu^{13}	mu^{13}	fu^{44}	fu^{44}	fu^{44}
阿拉善左旗	mu^{213}	mu^{213}	mu^{213}	mu^{213}	mu^{213}	fu^{44}	fu^{44}	fu^{44}
乌鲁木齐市	mu^{213}	mu^{213}	mu^{213}	mu^{213}	mu^{213}	fu^{44}	fu^{44}	fu^{44}
阜康市	mu^{213}	mu^{213}	mu^{213}	mu^{213}	mu^{213}	fu^{55}	fu^{55}	fu^{55}
呼图壁县	mu^{213}	mu^{213}	mu^{213}	mu^{213}	mu^{213}	fu^{44}	fu^{44}	fu^{44}
吉木萨尔县	mu^{213}	mu^{213}	mu^{213}	mu^{213}	mu^{213}	fu^{44}	fu^{44}	fu^{44}
奇台县	mu^{213}	mu^{213}	mu^{213}	mu^{213}	mu^{213}	fu^{44}	fu^{44}	fu^{44}
博乐市	mu^{24}	mu^{24}	mu^{24}	mu^{24}	mu^{24}	fu^{45}	fu^{45}	fu^{45}
阿勒泰市	mu^{23}	mu^{23}	mu^{23}	mu^{23}	mu^{23}	fu^{44}	fu^{44}	fu^{44}
布尔津县	mu^{51}	mu^{51}	mu^{51}	mu^{51}	mu^{51}	fu^{44}	fu^{44}	fu^{44}
乌苏市	mu^{213}	mu^{213}	mu^{213}	mu^{213}	mu^{213}	fu^{55}	fu^{55}	fu^{55}
额敏县	mu^{34}	mu^{34}	mu^{34}	mu^{34}	mu^{34}	fu^{44}	fu^{44}	fu^{44}
伊州区	mu^{213}	mu^{213}	mu^{213}	mu^{213}	mu^{213}	fu^{44}	fu^{44}	fu^{44}
巴里坤县	mu^{24}	mu^{24}	mu^{24}	mu^{24}	mu^{24}	fu^{45}	fu^{45}	fu^{45}
伊吾县	mu^{213}	mu^{213}	mu^{213}	mu^{213}	mu^{213}	fu^{44}	fu^{44}	fu^{44}

字目 中古音 方音 方言点	麸	符	扶	浮	福	服	伏	府
	遇合三平虞敷	遇合三平虞奉	遇合三平虞奉	流开三平尤奉	遇合三入屋非	遇合三入屋奉	通合三入屋奉	遇合三上麌非
兰州市（城关区）	fu^{53}	fu^{51}	fu^{51}	fu^{51}	fu^{13}	fu^{51}	fu^{51}	fu^{44}
永登县	fu^{42}	fu^{53}	fu^{53}	fu^{53}	fu^{13}	fu^{53}	fu^{53}	fu^{354}
榆中县	fu^{51}	fu^{332}	fu^{332}	fu^{332}	fu^{13}	fu^{332}	fu^{332}	fu^{44}
皋兰县	fu^{42}	fu^{53}	fu^{53}	fu^{53}	fu^{13}	fu^{53}	fu^{53}	fu^{342}
白银区	fu^{44}	fu^{51}	fu^{51}	fu^{51}	fu^{13}	fu^{51}	fu^{51}	fu^{343}
天祝县	fu^{44}	fu^{53}	fu^{53}	fu^{53}	fu^{213}	fu^{53}	fu^{53}	fu^{44}
景泰县（红水镇）	fu^{44}	fu^{53}	fu^{53}	fu^{53}	fu^{213}	fu^{53}	fu^{53}	fu^{44}
古浪县	fu^{44}	fu^{53}	fu^{53}	fu^{53}	fu^{31}	fu^{53}	fu^{53}	fu^{44}
凉州区	fu^{33}	fu^{13}	fu^{13}	fu^{13}	fu^{53}	fu^{13}	fu^{13}	fu^{33}
民勤县	fu^{44}	fu^{53}	fu^{53}	fu^{53}	fu^{42}	fu^{53}	fu^{53}	fu^{214}
永昌县	fu^{44}	fu^{13}	fu^{13}	fu^{13}	fu^{53}	fu^{13}	fu^{13}	fu^{13}
甘州区	fu^{44}	fu^{53}	fu^{53}	fu^{53}	fu^{31}	fu^{53}	fu^{53}	fu^{53}
临泽县	fu^{44}	fu^{53}	fu^{53}	fu^{53}	fu^{214}	fu^{53}	fu^{53}	fu^{53}
民乐县	fu^{44}	fu^{53}	fu^{53}	fu^{53}	fu^{42}	fu^{53}	fu^{53}	fu^{213}
山丹县	fu^{24}	fu^{53}	fu^{53}	fu^{53}	fu^{41}	fu^{53}	fu^{53}	fu^{53}
高台县	fu^{44}	fu^{53}	fu^{53}	fu^{53}	fu^{214}	fu^{53}	fu^{53}	fu^{53}
肃州区	fu^{44}	fu^{53}	fu^{53}	fu^{53}	fu^{214}	fu^{53}	fu^{53}	fu^{53}
金塔县	fu^{44}	fu^{53}	fu^{53}	fu^{53}	fu^{13}	fu^{53}	fu^{53}	fu^{53}
肃北县	fu^{44}	fu^{53}	fu^{53}	fu^{53}	fu^{213}	fu^{53}	fu^{53}	fu^{53}
玉门市	fu^{44}	fu^{53}	fu^{53}	fu^{53}	fu^{213}	fu^{53}	fu^{53}	fu^{53}
瓜州县	fu^{44}	fu^{53}	fu^{53}	fu^{53}	fu^{213}	fu^{53}	fu^{53}	fu^{53}
西夏区	fu^{44}	fu^{53}	fu^{53}	fu^{53}	fu^{13}	fu^{13}	fu^{13}	fu^{53}

续表

贺兰县	fu^{44}	fu^{53}	fu^{53}	fu^{53}	fu^{13}	fu^{13}	fu^{13}	fu^{53}
灵武市（东塔镇）	fu^{44}	fu^{52}	fu^{52}	fu^{52}	fu^{13}	fu^{13}	fu^{13}	fu^{52}
永宁县	fu^{44}	fu^{53}	fu^{53}	fu^{53}	fu^{13}	fu^{13}	fu^{13}	fu^{53}
中宁县	fu^{44}	fu^{53}	fu^{53}	fu^{53}	fu^{13}	fu^{53}	fu^{53}	fu^{53}
沙坡头区	fu^{44}	fu^{53}	fu^{53}	fu^{53}	fu^{13}	fu^{53}	fu^{53}	fu^{53}
盐池县	fu^{44}	fu^{13}	fu^{13}	fu^{13}	fu^{13}	fu^{13}	fu^{13}	fu^{52}
平罗县（渠口乡）	fu^{44}	fu^{53}	fu^{53}	fu^{53}	fu^{13}	fu^{13}	fu^{13}	fu^{53}
阿拉善左旗	fu^{44}	fu^{51}	fu^{51}	fu^{51}	fu^{213}	fu^{51}	fu^{51}	fu^{51}
乌鲁木齐市	fu^{44}	fu^{52}	fu^{52}	fu^{52}	fu^{213}	fu^{52}	fu^{52}	fu^{52}
阜康市	fu^{55}	fu^{51}	fu^{51}	fu^{51}	fu^{213}	fu^{51}	fu^{51}	fu^{51}
呼图壁县	fu^{44}	fu^{51}	fu^{51}	fu^{51}	fu^{213}	fu^{51}	fu^{51}	fu^{51}
吉木萨尔县	fu^{44}	fu^{51}	fu^{51}	fu^{51}	fu^{213}	fu^{51}	fu^{51}	fu^{51}
奇台县	fu^{44}	fu^{52}	fu^{52}	fu^{52}	fu^{213}	fu^{52}	fu^{52}	fu^{52}
博乐市	fu^{45}	fu^{51}	fu^{51}	fu^{51}	fu^{213}	fu^{51}	fu^{51}	fu^{51}
阿勒泰市	fu^{44}	fu^{51}	fu^{51}	fu^{51}	fu^{23}	fu^{51}	fu^{51}	fu^{51}
布尔津县	fu^{44}	fu^{23}	fu^{23}	fu^{23}	fu^{51}	fu^{23}	fu^{23}	fu^{23}
乌苏市	fu^{55}	fu^{51}	fu^{51}	fu^{51}	fu^{213}	fu^{51}	fu^{51}	fu^{51}
额敏县	fu^{44}	fu^{51}	fu^{51}	fu^{51}	fu^{34}	fu^{51}	fu^{51}	fu^{51}
伊州区	fu^{44}	fu^{51}	fu^{51}	fu^{51}	fu^{213}	fu^{51}	fu^{51}	fu^{51}
巴里坤县	fu^{45}	fu^{51}	fu^{51}	fu^{51}	fu^{24}	fu^{51}	fu^{51}	fu^{51}
伊吾县	fu^{44}	fu^{51}	fu^{51}	fu^{51}	fu^{213}	fu^{51}	fu^{51}	fu^{51}

字目 / 中古音 / 方音 / 方言点	俯	腑	斧	腐	辅[1]	付	傅	赴
	遇合三上麌非	遇合三上麌非	遇合三上麌非	遇合三上麌奉	遇合三上麌奉	遇合三去遇非	遇合三去遇非	遇合三去遇敷
兰州市（城关区）	fu^{44}	fu^{44}	fu^{44}	fu^{44}	fu^{44}	fu^{13}	fu^{13}	fu^{13}
永登县	fu^{354}	fu^{354}	fu^{354}	fu^{354}	fu^{354}	fu^{13}	fu^{13}	fu^{13}
榆中县	fu^{44}	fu^{44}	fu^{44}	fu^{44}	fu^{44}	fu^{13}	fu^{13}	fu^{13}
皋兰县	fu^{342}	fu^{342}	fu^{3542}	fu^{342}	fu^{342}	fu^{13}	fu^{13}	fu^{13}
白银区	fu^{343}	fu^{343}	fu^{343}	fu^{343}	fu^{343}	fu^{13}	fu^{13}	fu^{13}
天祝县	fu^{44}	fu^{44}	fu^{44}	fu^{44}	fu^{44}	fu^{213}	fu^{213}	fu^{213}
景泰县（红水镇）	fu^{44}	fu^{44}	fu^{44}	fu^{44}	fu^{44}	fu^{213}	fu^{213}	fu^{213}
古浪县	fu^{44}	fu^{44}	fu^{44}	fu^{44}	fu^{44}	fu^{31}	fu^{31}	fu^{31}
凉州区	fu^{33}	fu^{33}	fu^{33}	fu^{33}	fu^{33}	fu^{53}	fu^{53}	fu^{53}
民勤县	fu^{214}	fu^{214}	fu^{214}	fu^{214}	fu^{214}	fu^{42}	fu^{42}	fu^{42}
永昌县	fu^{13}	fu^{13}	fu^{13}	fu^{13}	fu^{13}	fu^{53}	fu^{53}	fu^{53}
甘州区	fu^{53}	fu^{53}	fu^{53}	fu^{53}	fu^{53}	fu^{31}	fu^{31}	fu^{31}
临泽县	fu^{53}	fu^{53}	fu^{53}	fu^{53}	fu^{53}	fu^{214}	fu^{214}	fu^{214}
民乐县	fu^{213}	fu^{213}	fu^{213}	fu^{213}	fu^{213}	fu^{42}	fu^{42}	fu^{42}
山丹县	fu^{53}	fu^{53}	fu^{53}	fu^{53}	fu^{53}	fu^{41}	fu^{41}	fu^{41}
高台县	fu^{53}	fu^{53}	fu^{53}	fu^{53}	fu^{53}	fu^{214}	fu^{214}	fu^{214}
肃州区	fu^{53}	fu^{53}	fu^{53}	fu^{53}	fu^{53}	fu^{214}	fu^{214}	fu^{214}
金塔县	fu^{53}	fu^{53}	fu^{53}	fu^{53}	fu^{53}	fu^{13}	fu^{13}	fu^{13}
肃北县	fu^{53}	fu^{53}	fu^{53}	fu^{53}	fu^{53}	fu^{213}	fu^{213}	fu^{213}
玉门市	fu^{53}	fu^{53}	fu^{53}	fu^{53}	fu^{53}	fu^{213}	fu^{213}	fu^{213}

①又通“俌”，方矩切，遇合三上麌非；芳武切，遇合三上麌敷。

续表

瓜州县	fu^{53}	fu^{53}	fu^{53}	fu^{53}	fu^{53}	fu^{213}	fu^{213}	fu^{213}
西夏区	fu^{53}	fu^{53}	fu^{53}	fu^{13}	fu^{13}	fu^{13}	fu^{13}	fu^{13}
贺兰县	fu^{53}	fu^{53}	fu^{53}	fu^{13}	fu^{13}	fu^{13}	fu^{13}	fu^{13}
灵武市（东塔镇）	fu^{52}	fu^{52}	fu^{52}	fu^{13}	fu^{13}	fu^{13}	fu^{13}	fu^{13}
永宁县	fu^{53}	fu^{53}	fu^{53}	fu^{13}	fu^{13}	fu^{13}	fu^{13}	fu^{13}
中宁县	fu^{53}	fu^{53}	fu^{53}	fu^{13}	fu^{13}	fu^{13}	fu^{13}	fu^{13}
沙坡头区	fu^{53}	fu^{53}	fu^{53}	fu^{13}	fu^{13}	fu^{13}	fu^{13}	fu^{13}
盐池县	fu^{52}	fu^{52}	fu^{52}	fu^{13}	fu^{13}	fu^{13}	fu^{13}	fu^{13}
平罗县（渠口乡）	fu^{53}	fu^{53}	fu^{53}	fu^{13}	fu^{13}	fu^{13}	fu^{13}	fu^{13}
阿拉善左旗	fu^{51}	fu^{51}	fu^{51}	fu^{51}	fu^{51}	fu^{213}	fu^{213}	fu^{213}
乌鲁木齐市	fu^{52}	fu^{52}	fu^{52}	fu^{52}	fu^{52}	fu^{213}	fu^{213}	fu^{213}
阜康市	fu^{51}	fu^{51}	fu^{51}	fu^{51}	fu^{51}	fu^{213}	fu^{213}	fu^{213}
呼图壁县	fu^{51}	fu^{51}	fu^{51}	fu^{51}	fu^{51}	fu^{213}	fu^{213}	fu^{213}
吉木萨尔县	fu^{51}	fu^{51}	fu^{51}	fu^{51}	fu^{51}	fu^{213}	fu^{213}	fu^{213}
奇台县	fu^{52}	fu^{52}	fu^{52}	fu^{52}	fu^{52}	fu^{213}	fu^{213}	fu^{213}
博乐市	fu^{51}	fu^{51}	fu^{51}	fu^{51}	fu^{51}	fu^{24}	fu^{24}	fu^{24}
阿勒泰市	fu^{51}	fu^{51}	fu^{51}	fu^{51}	fu^{51}	fu^{23}	fu^{23}	fu^{23}
布尔津县	fu^{23}	fu^{23}	fu^{23}	fu^{23}	fu^{23}	fu^{51}	fu^{51}	fu^{51}
乌苏市	fu^{51}	fu^{51}	fu^{51}	fu^{51}	fu^{51}	fu^{213}	fu^{213}	fu^{213}
额敏县	fu^{51}	fu^{51}	fu^{51}	fu^{51}	fu^{51}	fu^{34}	fu^{34}	fu^{34}
伊州区	fu^{51}	fu^{51}	fu^{51}	fu^{51}	fu^{51}	fu^{213}	fu^{213}	fu^{213}
巴里坤县	fu^{51}	fu^{51}	fu^{51}	fu^{51}	fu^{51}	fu^{24}	fu^{24}	fu^{24}
伊吾县	fu^{51}	fu^{51}	fu^{51}	fu^{51}	fu^{51}	fu^{213}	fu^{213}	fu^{213}

字目 中古音 方音 方言点	父 父母	附	富	副	妇	负	缚	复 复杂
	遇合三上遇奉	咸开二入恰见	假开二上马见	假开二上马见	咸开二入狎见	假开二去祃见	假开二去祃见	假开二去祃见
兰州市（城关区）	fu^{13}	fu^{13}	fu^{13}	fu^{13}	fu^{13}	fu^{13}	fu^{13}	fu^{13}
永登县	fu^{13}	fu^{13}	fu^{13}	fu^{13}	fu^{13}	fu^{13}	fu^{13}	fu^{13}
榆中县	fu^{13}	fu^{13}	fu^{13}	fu^{13}	fu^{13}	fu^{13}	fu^{13}	fu^{13}
皋兰县	fu^{13}	fu^{13}	fu^{13}	fu^{13}	fu^{13}	fu^{13}	fu^{13}	fu^{13}
白银区	fu^{13}	fu^{13}	fu^{13}	fu^{13}	fu^{13}	fu^{13}	fu^{13}	fu^{13}
天祝县	fu^{213}	fu^{213}	fu^{213}	fu^{213}	fu^{213}	fu^{213}	fu^{213}	fu^{213}
景泰县（红水镇）	fu^{213}	fu^{213}	fu^{213}	fu^{213}	fu^{213}	fu^{213}	fu^{213}	fu^{213}
古浪县	fu^{31}	fu^{31}	fu^{31}	fu^{31}	fu^{31}	fu^{31}	fu^{31}	fu^{31}
凉州区	fu^{53}	fu^{53}	fu^{53}	fu^{53}	fu^{53}	fu^{53}	fu^{53}	fu^{53}
民勤县	fu^{42}	fu^{42}	fu^{42}	fu^{42}	fu^{42}	fu^{42}	fu^{42}	fu^{42}
永昌县	fu^{53}	fu^{53}	fu^{53}	fu^{53}	fu^{53}	fu^{53}	fu^{53}	fu^{53}
甘州区	fu^{31}	fu^{31}	fu^{31}	fu^{31}	fu^{31}	fu^{31}	fu^{31}	fu^{31}
临泽县	fu^{214}	fu^{214}	fu^{214}	fu^{214}	fu^{214}	fu^{214}	fu^{214}	fu^{214}
民乐县	fu^{42}	fu^{42}	fu^{42}	fu^{42}	fu^{42}	fu^{42}	fu^{42}	fu^{42}
山丹县	fu^{41}	fu^{41}	fu^{41}	fu^{41}	fu^{41}	fu^{41}	fu^{41}	fu^{41}
高台县	fu^{214}	fu^{214}	fu^{214}	fu^{214}	fu^{214}	fu^{214}	fu^{214}	fu^{214}
肃州区	fu^{214}	fu^{214}	fu^{214}	fu^{214}	fu^{214}	fu^{214}	fu^{214}	fu^{214}
金塔县	fu^{13}	fu^{13}	fu^{13}	fu^{13}	fu^{13}	fu^{13}	fu^{13}	fu^{13}
肃北县	fu^{213}	fu^{213}	fu^{213}	fu^{213}	fu^{213}	fu^{213}	fu^{213}	fu^{213}
玉门市	fu^{213}	fu^{213}	fu^{213}	fu^{213}	fu^{213}	fu^{213}	fu^{213}	fu^{213}
瓜州县	fu^{213}	fu^{213}	fu^{213}	fu^{213}	fu^{213}	fu^{213}	fu^{213}	fu^{213}
西夏区	fu^{13}	fu^{13}	fu^{13}	fu^{13}	fu^{13}	fu^{13}	fu^{13}	fu^{13}

续表

贺兰县	fu^{13}	fu^{13}	fu^{13}	fu^{13}	fu^{13}	fu^{13}	fu^{13}	fu^{13}
灵武市（东塔镇）	fu^{13}	fu^{13}	fu^{13}	fu^{13}	fu^{13}	fu^{13}	fu^{13}	fu^{13}
永宁县	fu^{13}	fu^{13}	fu^{13}	fu^{13}	fu^{13}	fu^{13}	fu^{13}	fu^{13}
中宁县	fu^{13}	fu^{13}	fu^{13}	fu^{13}	fu^{13}	fu^{13}	fu^{13}	fu^{13}
沙坡头区	fu^{13}	fu^{13}	fu^{13}	fu^{13}	fu^{13}	fu^{13}	fu^{13}	fu^{13}
盐池县	fu^{13}	fu^{13}	fu^{13}	fu^{13}	fu^{13}	fu^{13}	fu^{13}	fu^{13}
平罗县（渠口乡）	fu^{13}	fu^{13}	fu^{13}	fu^{13}	fu^{13}	fu^{13}	fu^{13}	fu^{13}
阿拉善左旗	fu^{213}	fu^{213}	fu^{213}	fu^{213}	fu^{213}	fu^{213}	fu^{213}	fu^{213}
乌鲁木齐市	fu^{213}	fu^{213}	fu^{213}	fu^{213}	fu^{213}	fu^{213}	fu^{213}	fu^{213}
阜康市	fu^{213}	fu^{213}	fu^{213}	fu^{213}	fu^{213}	fu^{213}	fu^{213}	fu^{213}
呼图壁县	fu^{213}	fu^{213}	fu^{213}	fu^{213}	fu^{213}	fu^{213}	fu^{213}	fu^{213}
吉木萨尔县	fu^{213}	fu^{213}	fu^{213}	fu^{213}	fu^{213}	fu^{213}	fu^{213}	fu^{213}
奇台县	fu^{213}	fu^{213}	fu^{213}	fu^{213}	fu^{213}	fu^{213}	fu^{213}	fu^{213}
博乐市	fu^{24}	fu^{24}	fu^{24}	fu^{24}	fu^{24}	fu^{24}	fu^{24}	fu^{24}
阿勒泰市	fu^{23}	fu^{23}	fu^{23}	fu^{23}	fu^{23}	fu^{23}	fu^{23}	fu^{23}
布尔津县	fu^{51}	fu^{51}	fu^{51}	fu^{51}	fu^{51}	fu^{51}	fu^{51}	fu^{51}
乌苏市	fu^{213}	fu^{213}	fu^{213}	fu^{213}	fu^{213}	fu^{213}	fu^{213}	fu^{213}
额敏县	fu^{34}	fu^{34}	fu^{34}	fu^{34}	fu^{34}	fu^{34}	fu^{34}	fu^{34}
伊州区	fu^{213}	fu^{213}	fu^{213}	fu^{213}	fu^{213}	fu^{213}	fu^{213}	fu^{213}
巴里坤县	fu^{24}	fu^{24}	fu^{24}	fu^{24}	fu^{24}	fu^{24}	fu^{24}	fu^{24}
伊吾县	fu^{213}	fu^{213}	fu^{213}	fu^{213}	fu^{213}	fu^{213}	fu^{213}	fu^{213}

字目 / 中古音 / 方言点	腹	复 重复	覆①	复② 复原	都	督	独	读
	通开三入屋非	通开三入屋非	通开三入屋敷	通开三入屋奉	遇合一平模端	通开一入沃端	通开一入屋定	通开一入屋定
兰州市（城关区）	fu^{13}	fu^{13}	fu^{13}	fu^{51}	tu^{53}	tu^{13}	tu^{51}	tu^{51}
永登县	fu^{13}	fu^{13}	fu^{13}	fu^{53}	tu^{42}	tu^{13}	tu^{53}	tu^{53}
榆中县	fu^{13}	fu^{13}	fu^{13}	fu^{332}	tu^{51}	tu^{13}	tu^{332}	tu^{332}
皋兰县	fu^{13}	fu^{13}	fu^{13}	fu^{53}	tu^{42}	tu^{13}	tu^{53}	tu^{53}
白银区	fu^{13}	fu^{13}	fu^{13}	fu^{51}	tu^{44}	tu^{13}	tu^{51}	tu^{51}
天祝县	fu^{213}	fu^{213}	fu^{213}	fu^{53}	tu^{44}	tu^{213}	tu^{53}	tu^{53}
景泰县（红水镇）	fu^{213}	fu^{213}	fu^{213}	fu^{53}	tu^{44}	tu^{213}	tu^{53}	tu^{53}
古浪县	fu^{31}	fu^{31}	fu^{31}	fu^{53}	tu^{44}	tu^{31}	tu^{53}	tu^{53}
凉州区	fu^{53}	fu^{53}	fu^{53}	fu^{13}	tu^{44}	tu^{53}	tu^{13}	tu^{13}
民勤县	fu^{42}	fu^{42}	fu^{42}	fu^{53}	tu^{53}	tu^{42}	tu^{53}	tu^{53}
永昌县	fu^{53}	fu^{53}	fu^{53}	fu^{13}	tu^{44}	tu^{53}	tu^{13}	tu^{13}
甘州区	fu^{31}	fu^{31}	fu^{31}	fu^{53}	tu^{44}	tu^{31}	tu^{53}	tu^{53}
临泽县	fu^{214}	fu^{214}	fu^{214}	fu^{53}	tu^{44}	tu^{214}	tu^{53}	tu^{53}
民乐县	fu^{42}	fu^{42}	fu^{42}	fu^{53}	tu^{53}	tu^{42}	tu^{53}	tu^{53}
山丹县	fu^{41}	fu^{41}	fu^{41}	fu^{53}	tu^{24}	tu^{41}	tu^{53}	tu^{53}
高台县	fu^{214}	fu^{214}	fu^{214}	fu^{53}	tu^{44}	tu^{214}	tu^{53}	tu^{53}
肃州区	fu^{214}	fu^{214}	fu^{214}	fu^{53}	tu^{44}	tu^{214}	tu^{53}	tu^{53}
金塔县	fu^{13}	fu^{13}	fu^{13}	fu^{53}	tu^{44}	tu^{13}	tu^{53}	tu^{53}
肃北县	fu^{213}	fu^{213}	fu^{213}	fu^{53}	tu^{44}	tu^{213}	tu^{53}	tu^{53}

①又敷救切，流开三去宥敷；匹北切，曾开一入德滂。

②又扶富切，流开三去宥奉。

续表

玉门市	fu^{213}	fu^{213}	fu^{213}	fu^{53}	tu^{44}	tu^{213}	tu^{53}	tu^{53}
瓜州县	fu^{213}	fu^{213}	fu^{213}	fu^{53}	tu^{44}	tu^{213}	tu^{53}	tu^{53}
西夏区	fu^{13}	fu^{13}	fu^{13}	fu^{13}	tu^{44}	tu^{13}	tu^{13}	tu^{13}
贺兰县	fu^{13}	fu^{13}	fu^{13}	fu^{13}	tu^{44}	tu^{13}	tu^{13}	tu^{13}
灵武市（东塔镇）	fu^{13}	fu^{13}	fu^{13}	fu^{13}	tu^{44}	tu^{13}	tu^{13}	tu^{13}
永宁县	fu^{13}	fu^{13}	fu^{13}	fu^{13}	tu^{44}	tu^{13}	tu^{13}	tu^{13}
中宁县	fu^{13}	fu^{13}	fu^{13}	fu^{13}	tu^{44}	tu^{13}	tu^{53}	tu^{53}
沙坡头区	fu^{13}	fu^{13}	fu^{13}	fu^{13}	tu^{44}	tu^{13}	tu^{53}	tu^{53}
盐池县	fu^{13}	fu^{13}	fu^{13}	fu^{13}	tu^{44}	tu^{13}	tu^{13}	tu^{13}
平罗县（渠口乡）	fu^{13}	fu^{13}	fu^{13}	fu^{13}	tu^{44}	tu^{13}	tu^{13}	tu^{13}
阿拉善左旗	fu^{213}	fu^{213}	fu^{213}	fu^{51}	tu^{44}	tu^{213}	tu^{51}	tu^{51}
乌鲁木齐市	fu^{213}	fu^{213}	fu^{213}	fu^{52}	tu^{44}	tu^{213}	tu^{52}	tu^{52}
阜康市	fu^{213}	fu^{213}	fu^{213}	fu^{51}	tu^{55}	tu^{213}	tu^{51}	tu^{51}
呼图壁县	fu^{213}	fu^{213}	fu^{213}	fu^{51}	tu^{44}	tu^{213}	tu^{51}	tu^{51}
吉木萨尔县	fu^{213}	fu^{213}	fu^{213}	fu^{51}	tu^{44}	tu^{213}	tu^{51}	tu^{51}
奇台县	fu^{213}	fu^{213}	fu^{213}	fu^{52}	tu^{44}	tu^{213}	tu^{52}	tu^{52}
博乐市	fu^{24}	fu^{24}	fu^{24}	fu^{51}	tu^{45}	tu^{24}	tu^{51}	tu^{51}
阿勒泰市	fu^{23}	fu^{23}	fu^{23}	fu^{51}	tu^{44}	tu^{23}	tu^{51}	tu^{51}
布尔津县	fu^{51}	fu^{51}	fu^{51}	fu^{23}	tu^{44}	tu^{51}	tu^{23}	tu^{23}
乌苏市	fu^{213}	fu^{213}	fu^{213}	fu^{51}	tu^{55}	tu^{213}	tu^{51}	tu^{51}
额敏县	fu^{34}	fu^{34}	fu^{34}	fu^{51}	tu^{44}	tu^{34}	tu^{51}	tu^{51}
伊州区	fu^{213}	fu^{213}	fu^{213}	fu^{51}	tu^{44}	tu^{213}	tu^{51}	tu^{51}
巴里坤县	fu^{24}	fu^{24}	fu^{24}	fu^{51}	tu^{45}	tu^{24}	tu^{51}	tu^{51}
伊吾县	fu^{213}	fu^{213}	fu^{213}	fu^{51}	tu^{44}	tu^{213}	tu^{51}	tu^{51}

字目 / 中古音 / 方音 / 方言点	椟	毒	赌	堵	肚[1] 胃	妒	杜	肚[2] 腹肚
	通合一入屋定	通合一入沃定	遇合一入姥端	遇合一入姥端	遇合一上姥端	遇合一去暮端	遇合一上姥定	遇合一上姥定
兰州市（城关区）	tu^{13}	tu^{51}	tu^{13}	tu^{13}	tu^{44}	tu^{13}	tu^{13}	tu^{13}
永登县	tu^{13}	tu^{53}	tu^{13}	tu^{13}	tu^{42}	tu^{13}	tu^{13}	tu^{13}
榆中县	tu^{13}	tu^{51}	tu^{13}	tu^{13}	tu^{44}	tu^{13}	tu^{13}	tu^{13}
皋兰县	tu^{13}	tu^{53}	tu^{13}	tu^{13}	tu^{42}	tu^{13}	tu^{13}	tu^{13}
白银区	tu^{13}	tu^{51}	tu^{13}	tu^{13}	tu^{343}	tu^{13}	tu^{13}	tu^{13}
天祝县	tu^{213}	tu^{53}	tu^{213}	tu^{213}	tu^{44}	tu^{213}	tu^{213}	tu^{213}
景泰县（红水镇）	tu^{213}	tu^{53}	tu^{213}	tu^{213}	tu^{44}	tu^{213}	tu^{213}	tu^{213}
古浪县	tu^{31}	tu^{53}	tu^{31}	tu^{31}	tu^{44}	tu^{31}	tu^{31}	tu^{31}
凉州区	tu^{53}	tu^{13}	tu^{53}	tu^{53}	tu^{33}	tu^{53}	tu^{53}	tu^{53}
民勤县	tu^{42}	tu^{53}	tu^{42}	tu^{42}	tu^{214}	tu^{42}	tu^{42}	tu^{42}
永昌县	tu^{53}	tu^{13}	tu^{53}	tu^{53}	tu^{13}	tu^{53}	tu^{53}	tu^{53}
甘州区	tu^{31}	tu^{53}	tu^{31}	tu^{31}	tu^{53}	tu^{31}	tu^{31}	tu^{31}
临泽县	tu^{214}	tu^{53}	tu^{214}	tu^{214}	tu^{53}	tu^{214}	tu^{214}	tu^{214}
民乐县	tu^{42}	tu^{53}	tu^{42}	tu^{42}	tu^{213}	tu^{42}	tu^{42}	tu^{42}
山丹县	tu^{41}	tu^{53}	tu^{41}	tu^{41}	tu^{53}	tu^{41}	tu^{41}	tu^{41}
高台县	tu^{214}	tu^{53}	tu^{214}	tu^{214}	tu^{53}	tu^{214}	tu^{214}	tu^{214}
肃州区	tu^{214}	tu^{53}	tu^{214}	tu^{214}	tu^{53}	tu^{214}	tu^{214}	tu^{214}
金塔县	tu^{13}	tu^{53}	tu^{13}	tu^{13}	tu^{53}	tu^{13}	tu^{13}	tu^{13}
肃北县	tu^{213}	tu^{53}	tu^{213}	tu^{213}	tu^{53}	tu^{213}	tu^{213}	tu^{213}
玉门市	tu^{213}	tu^{53}	tu^{213}	tu^{213}	tu^{53}	tu^{213}	tu^{213}	tu^{213}

①又动五切，遇合一上姥定。

②又当古切，遇合一上姥端。

续表

瓜州县	tu^{213}	tu^{53}	tu^{213}	tu^{213}	tu^{53}	tu^{213}	tu^{213}	tu^{213}
西夏区	tu^{13}	tu^{13}	tu^{13}	tu^{13}	tu^{53}	tu^{13}	tu^{13}	tu^{13}
贺兰县	tu^{13}	tu^{13}	tu^{13}	tu^{13}	tu^{53}	tu^{13}	tu^{13}	tu^{13}
灵武市（东塔镇）	tu^{13}	tu^{13}	tu^{13}	tu^{13}	tu^{52}	tu^{13}	tu^{13}	tu^{13}
永宁县	tu^{13}	tu^{13}	tu^{13}	tu^{13}	tu^{53}	tu^{13}	tu^{13}	tu^{13}
中宁县	tu^{53}	tu^{53}	tu^{13}	tu^{13}	tu^{53}	tu^{13}	tu^{13}	tu^{13}
沙坡头区	tu^{53}	tu^{53}	tu^{13}	tu^{13}	tu^{53}	tu^{13}	tu^{13}	tu^{13}
盐池县	tu^{13}	tu^{13}	tu^{13}	tu^{13}	tu^{52}	tu^{13}	tu^{13}	tu^{13}
平罗县（渠口乡）	tu^{13}	tu^{13}	tu^{13}	tu^{13}	tu^{53}	tu^{13}	tu^{13}	tu^{13}
阿拉善左旗	tu^{213}	tu^{51}	tu^{213}	tu^{213}	tu^{51}	tu^{213}	tu^{213}	tu^{213}
乌鲁木齐市	tu^{213}	tu^{52}	tu^{213}	tu^{213}	tu^{52}	tu^{213}	tu^{213}	tu^{213}
阜康市	tu^{213}	tu^{51}	tu^{213}	tu^{213}	tu^{51}	tu^{213}	tu^{213}	tu^{213}
呼图壁县	tu^{213}	tu^{51}	tu^{213}	tu^{213}	tu^{51}	tu^{213}	tu^{213}	tu^{213}
吉木萨尔县	tu^{213}	tu^{51}	tu^{213}	tu^{213}	tu^{51}	tu^{213}	tu^{213}	tu^{213}
奇台县	tu^{213}	tu^{52}	tu^{213}	tu^{213}	tu^{52}	tu^{213}	tu^{213}	tu^{213}
博乐市	tu^{24}	tu^{51}	tu^{24}	tu^{24}	tu^{51}	tu^{24}	tu^{24}	tu^{24}
阿勒泰市	tu^{23}	tu^{51}	tu^{23}	tu^{23}	tu^{51}	tu^{23}	tu^{23}	tu^{23}
布尔津县	tu^{51}	tu^{23}	tu^{51}	tu^{51}	tu^{23}	tu^{51}	tu^{51}	tu^{51}
乌苏市	tu^{213}	tu^{51}	tu^{213}	tu^{213}	tu^{51}	tu^{213}	tu^{213}	tu^{213}
额敏县	tu^{34}	tu^{51}	tu^{34}	tu^{23}	tu^{51}	tu^{34}	tu^{34}	tu^{34}
伊州区	tu^{213}	tu^{51}	tu^{213}	tu^{213}	tu^{51}	tu^{213}	tu^{213}	tu^{213}
巴里坤县	tu^{24}	tu^{51}	tu^{24}	tu^{24}	tu^{51}	tu^{24}	tu^{24}	tu^{24}
伊吾县	tu^{213}	tu^{51}	tu^{213}	tu^{213}	tu^{51}	tu^{213}	tu^{213}	tu^{213}

字目 / 方音 中古音 / 方言点	度	渡	镀	突①	秃	徒	途	涂 涂炭
	遇合一去暮定	遇合一去暮定	遇合一去暮定	臻合一入没透	通合一入屋透	遇合一平模定	遇合一平模定	遇合一平模定
兰州市（城关区）	tu^{13}	tu^{13}	tu^{13}	tʻu^{13}	tʻu^{13}	tʻu^{51}	tʻu^{51}	tʻu^{51}
永登县	tu^{13}	tu^{13}	tu^{13}	tʻu^{13}	tʻu^{13}	tʻu^{53}	tʻu^{53}	tʻu^{53}
榆中县	tu^{13}	tu^{13}	tu^{13}	tʻu^{13}	tʻu^{13}	tʻu^{332}	tʻu^{332}	tʻu^{332}
皋兰县	tu^{13}	tu^{13}	tu^{13}	tʻu^{13}	tʻu^{13}	tʻu^{53}	tʻu^{53}	tʻu^{53}
白银区	tu^{13}	tu^{13}	tu^{13}	tʻu^{13}	tʻu^{13}	tʻu^{51}	tʻu^{51}	tʻu^{51}
天祝县	tu^{213}	tu^{213}	tu^{213}	tʻu^{213}	tʻu^{213}	tʻu^{53}	tʻu^{53}	tʻu^{53}
景泰县（红水镇）	tu^{213}	tu^{213}	tu^{213}	tʻu^{213}	tʻu^{213}	tʻu^{53}	tʻu^{53}	tʻu^{53}
古浪县	tu^{31}	tu^{31}	tu^{31}	tʻu^{31}	tʻu^{31}	tʻu^{53}	tʻu^{53}	tʻu^{53}
凉州区	tu^{53}	tu^{53}	tu^{53}	tʻu^{53}	tʻu^{53}	tʻu^{13}	tʻu^{13}	tʻu^{13}
民勤县	tu^{13}	tu^{13}	tu^{13}	tʻu^{13}	tʻu^{13}	tʻu^{53}	tʻu^{53}	tʻu^{53}
永昌县	tu^{53}	tu^{53}	tu^{53}	tʻu^{53}	tʻu^{53}	tʻu^{13}	tʻu^{13}	tʻu^{13}
甘州区	tu^{31}	tu^{31}	tu^{31}	tʻu^{31}	tʻu^{31}	tʻu^{53}	tʻu^{53}	tʻu^{53}
临泽县	tu^{214}	tu^{214}	tu^{214}	tʻu^{214}	tʻu^{214}	tʻu^{53}	tʻu^{53}	tʻu^{53}
民乐县	tu^{13}	tu^{13}	tu^{13}	tʻu^{13}	tʻu^{13}	tʻu^{53}	tʻu^{53}	tʻu^{53}
山丹县	tu^{41}	tu^{41}	tu^{41}	tʻu^{41}	tʻu^{41}	tʻu^{53}	tʻu^{53}	tʻu^{53}
高台县	tu^{214}	tu^{214}	tu^{214}	tʻu^{214}	tʻu^{214}	tʻu^{53}	tʻu^{53}	tʻu^{53}
肃州区	tu^{214}	tu^{214}	tu^{214}	tʻu^{214}	tʻu^{214}	tʻu^{53}	tʻu^{53}	tʻu^{53}
金塔县	tu^{13}	tu^{13}	tu^{13}	tʻu^{13}	tʻu^{13}	tʻu^{53}	tʻu^{53}	tʻu^{53}
肃北县	tu^{213}	tu^{213}	tu^{213}	tʻu^{213}	tʻu^{213}	tʻu^{53}	tʻu^{53}	tʻu^{53}
玉门市	tu^{213}	tu^{213}	tu^{213}	tʻu^{213}	tʻu^{213}	tʻu^{53}	tʻu^{53}	tʻu^{53}

①又陀骨切，臻合一入没定。

续表

瓜州县	tu^{213}	tu^{213}	tu^{213}	$t'u^{213}$	$t'u^{213}$	$t'u^{53}$	$t'u^{53}$	$t'u^{53}$
西夏区	tu^{13}	tu^{13}	tu^{13}	$t'u^{13}$	$t'u^{13}$	$t'u^{53}$	$t'u^{53}$	$t'u^{53}$
贺兰县	tu^{13}	tu^{13}	tu^{13}	$t'u^{13}$	$t'u^{13}$	$t'u^{53}$	$t'u^{53}$	$t'u^{53}$
灵武市（东塔镇）	tu^{13}	tu^{13}	tu^{13}	$t'u^{13}$	$t'u^{13}$	$t'u^{52}$	$t'u^{52}$	$t'u^{52}$
永宁县	tu^{13}	tu^{13}	tu^{13}	$t'u^{13}$	$t'u^{13}$	$t'u^{53}$	$t'u^{53}$	$t'u^{53}$
中宁县	tu^{13}	tu^{13}	tu^{13}	$t'u^{13}$	$t'u^{13}$	$t'u^{53}$	$t'u^{53}$	$t'u^{53}$
沙坡头区	tu^{13}	tu^{13}	tu^{13}	$t'u^{13}$	$t'u^{13}$	$t'u^{53}$	$t'u^{53}$	$t'u^{53}$
盐池县	tu^{13}	tu^{13}	tu^{13}	$t'u^{13}$	$t'u^{13}$	$t'u^{13}$	$t'u^{13}$	$t'u^{13}$
平罗县（渠口乡）	tu^{13}	tu^{13}	tu^{13}	$t'u^{13}$	$t'u^{13}$	$t'u^{53}$	$t'u^{53}$	$t'u^{53}$
阿拉善左旗	tu^{213}	tu^{213}	tu^{213}	$t'u^{213}$	$t'u^{213}$	$t'u^{51}$	$t'u^{51}$	$t'u^{51}$
乌鲁木齐市	tu^{213}	tu^{213}	tu^{213}	$t'u^{213}$	$t'u^{213}$	$t'u^{52}$	$t'u^{52}$	$t'u^{52}$
阜康市	tu^{213}	tu^{213}	tu^{213}	$t'u^{213}$	$t'u^{213}$	$t'u^{51}$	$t'u^{51}$	$t'u^{51}$
呼图壁县	tu^{213}	tu^{213}	tu^{213}	$t'u^{213}$	$t'u^{213}$	$t'u^{51}$	$t'u^{51}$	$t'u^{51}$
吉木萨尔县	tu^{213}	tu^{213}	tu^{213}	$t'u^{213}$	$t'u^{213}$	$t'u^{51}$	$t'u^{51}$	$t'u^{51}$
奇台县	tu^{213}	tu^{213}	tu^{213}	$t'u^{213}$	$t'u^{213}$	$t'u^{52}$	$t'u^{52}$	$t'u^{52}$
博乐市	tu^{24}	tu^{24}	tu^{24}	$t'u^{24}$	$t'u^{24}$	$t'u^{51}$	$t'u^{51}$	$t'u^{51}$
阿勒泰市	tu^{23}	tu^{23}	tu^{23}	$t'u^{23}$	$t'u^{23}$	$t'u^{51}$	$t'u^{51}$	$t'u^{51}$
布尔津县	tu^{51}	tu^{51}	tu^{51}	$t'u^{51}$	$t'u^{51}$	$t'u^{23}$	$t'u^{23}$	$t'u^{23}$
乌苏市	tu^{213}	tu^{213}	tu^{213}	$t'u^{213}$	$t'u^{213}$	$t'u^{51}$	$t'u^{51}$	$t'u^{51}$
额敏县	tu^{34}	tu^{34}	tu^{34}	$t'u^{34}$	$t'u^{34}$	$t'u^{51}$	$t'u^{51}$	$t'u^{51}$
伊州区	tu^{213}	tu^{213}	tu^{213}	$t'u^{213}$	$t'u^{213}$	$t'u^{51}$	$t'u^{51}$	$t'u^{51}$
巴里坤县	tu^{24}	tu^{24}	tu^{24}	$t'u^{24}$	$t'u^{24}$	$t'u^{51}$	$t'u^{51}$	$t'u^{51}$
伊吾县	tu^{213}	tu^{213}	tu^{213}	$t'u^{213}$	$t'u^{213}$	$t'u^{51}$	$t'u^{51}$	$t'u^{51}$

字目 / 中古音 / 方音 / 方言点	图	屠	土	吐 吐痰	吐 呕吐	兔	奴	努①
中古音	遇合一平模定	遇合一平模定	遇合一上姥透	遇合一上姥透	遇合一去暮透	遇合一去暮透	遇合一平模泥	遇合一上姥泥
兰州市（城关区）	tʻu^{51}	tʻu^{51}	tʻu^{44}	tʻu^{44}	tʻu^{13}	tʻu^{13}	lu^{51}	lu^{44}
永登县	tʻu^{53}	tʻu^{53}	tʻu^{354}	tʻu^{354}	tʻu^{13}	tʻu^{13}	nu^{53}	nu^{354}
榆中县	tʻu^{332}	tʻu^{332}	tʻu^{44}	tʻu^{44}	tʻu^{13}	tʻu^{13}	lu^{332}	lu^{44}
皋兰县	tʻu^{53}	tʻu^{53}	tʻu^{342}	tʻu^{342}	tʻu^{13}	tʻu^{13}	nu^{53}	nu^{342}
白银区	tʻu^{51}	tʻu^{51}	tʻu^{343}	tʻu^{343}	tʻu^{13}	tʻu^{13}	lu^{51}	lu^{343}
天祝县	tʻu^{53}	tʻu^{53}	tʻu^{44}	tʻu^{44}	tʻu^{213}	tʻu^{213}	nu^{53}	nu^{44}
景泰县（红水镇）	tʻu^{53}	tʻu^{53}	tʻu^{44}	tʻu^{44}	tʻu^{213}	tʻu^{213}	nu^{53}	nu^{44}
古浪县	tʻu^{53}	tʻu^{53}	tʻu^{44}	tʻu^{44}	tʻu^{31}	tʻu^{31}	nu^{53}	nu^{44}
凉州区	tʻu^{13}	tʻu^{13}	tʻu^{33}	tʻu^{33}	tʻu^{53}	tʻu^{53}	nu^{13}	nu^{33}
民勤县	tʻu^{53}	tʻu^{53}	tʻu^{214}	tʻu^{214}	tʻu^{42}	tʻu^{42}	nu^{53}	nu^{214}
永昌县	tʻu^{13}	tʻu^{13}	tʻu^{44}	tʻu^{13}	tʻu^{53}	tʻu^{53}	nu^{13}	nu^{13}
甘州区	tʻu^{53}	tʻu^{53}	tʻu^{53}	tʻu^{53}	tʻu^{31}	tʻu^{31}	nu^{53}	nu^{53}
临泽县	tʻu^{53}	tʻu^{53}	tʻu^{53}	tʻu^{53}	tʻu^{214}	tʻu^{214}	nu^{53}	nu^{53}
民乐县	tʻu^{53}	tʻu^{53}	tʻu^{213}	tʻu^{213}	tʻu^{42}	tʻu^{42}	nu^{53}	nu^{213}
山丹县	tʻu^{53}	tʻu^{53}	tʻu^{53}	tʻu^{53}	tʻu^{41}	tʻu^{41}	nu^{53}	nu^{53}
高台县	tʻu^{53}	tʻu^{53}	tʻu^{53}	tʻu^{53}	tʻu^{214}	tʻu^{214}	nu^{53}	nu^{53}
肃州区	tʻu^{53}	tʻu^{53}	tʻu^{53}	tʻu^{53}	tʻu^{214}	tʻu^{214}	nu^{53}	nu^{53}
金塔县	tʻu^{53}	tʻu^{53}	tʻu^{53}	tʻu^{53}	tʻu^{13}	tʻu^{13}	lu^{53}	lu^{53}
肃北县	tʻu^{53}	tʻu^{53}	tʻu^{53}	tʻu^{53}	tʻu^{213}	tʻu^{213}	lu^{53}	lu^{53}
玉门市	tʻu^{53}	tʻu^{53}	tʻu^{53}	tʻu^{53}	tʻu^{213}	tʻu^{213}	lu^{53}	lu^{53}

①又农都切，遇合一平模泥。

续表

瓜州县	tʻu^{53}	tʻu^{53}	tʻu^{53}	tʻu^{53}	tʻu^{213}	tʻu^{213}	lu^{53}	lu^{53}
西夏区	tʻu^{53}	tʻu^{53}	tʻu^{53}	tʻu^{53}	tʻu^{13}	tʻu^{13}	nu^{53}	nu^{53}
贺兰县	tʻu^{53}	tʻu^{53}	tʻu^{53}	tʻu^{53}	tʻu^{13}	tʻu^{13}	nu^{53}	nu^{53}
灵武市（东塔镇）	tʻu^{52}	tʻu^{52}	tʻu^{52}	tʻu^{52}	tʻu^{13}	tʻu^{13}	nu^{52}	nu^{52}
永宁县	tʻu^{53}	tʻu^{53}	tʻu^{53}	tʻu^{53}	tʻu^{13}	tʻu^{13}	nu^{53}	nu^{53}
中宁县	tʻu^{53}	tʻu^{53}	tʻu^{53}	tʻu^{53}	tʻu^{13}	tʻu^{13}	nu^{53}	nu^{53}
沙坡头区	tʻu^{53}	tʻu^{53}	tʻu^{53}	tʻu^{53}	tʻu^{13}	tʻu^{13}	nu^{53}	nu^{53}
盐池县	tʻu^{13}	tʻu^{13}	tʻu^{52}	tʻu^{52}	tʻu^{13}	tʻu^{13}	nu^{13}	nu^{52}
平罗县（渠口乡）	tʻu^{53}	tʻu^{53}	tʻu^{53}	tʻu^{53}	tʻu^{13}	tʻu^{13}	nu^{53}	nu^{53}
阿拉善左旗	tʻu^{51}	tʻu^{51}	tʻu^{51}	tʻu^{51}	tʻu^{213}	tʻu^{213}	lu^{51}	lu^{51}
乌鲁木齐市	tʻu^{52}	tʻu^{52}	tʻu^{52}	tʻu^{52}	tʻu^{213}	tʻu^{213}	lu^{52}	lu^{52}
阜康市	tʻu^{51}	tʻu^{51}	tʻu^{51}	tʻu^{51}	tʻu^{213}	tʻu^{213}	lu^{51}	lu^{51}
呼图壁县	tʻu^{51}	tʻu^{51}	tʻu^{51}	tʻu^{51}	tʻu^{213}	tʻu^{213}	lu^{51}	lu^{51}
吉木萨尔县	tʻu^{51}	tʻu^{51}	tʻu^{51}	tʻu^{51}	tʻu^{213}	tʻu^{213}	lu^{51}	lu^{51}
奇台县	tʻu^{52}	tʻu^{52}	tʻu^{52}	tʻu^{52}	tʻu^{213}	tʻu^{213}	lu^{52}	lu^{52}
博乐市	tʻu^{51}	tʻu^{51}	tʻu^{51}	tʻu^{51}	tʻu^{24}	tʻu^{24}	lu^{51}	lu^{51}
阿勒泰市	tʻu^{51}	tʻu^{51}	tʻu^{51}	tʻu^{51}	tʻu^{23}	tʻu^{23}	lu^{51}	lu^{51}
布尔津县	tʻu^{23}	tʻu^{23}	tʻu^{23}	tʻu^{23}	tʻu^{51}	tʻu^{51}	lu^{23}	lu^{23}
乌苏市	tʻu^{51}	tʻu^{51}	tʻu^{51}	tʻu^{51}	tʻu^{213}	tʻu^{213}	lu^{51}	lu^{51}
额敏县	tʻu^{51}	tʻu^{51}	tʻu^{51}	tʻu^{51}	tʻu^{34}	tʻu^{34}	lu^{51}	lu^{51}
伊州区	tʻu^{51}	tʻu^{51}	tʻu^{51}	tʻu^{51}	tʻu^{213}	tʻu^{213}	lu^{51}	lu^{51}
巴里坤县	tʻu^{51}	tʻu^{51}	tʻu^{51}	tʻu^{51}	tʻu^{24}	tʻu^{24}	lu^{51}	lu^{51}
伊吾县	tʻu^{51}	tʻu^{51}	tʻu^{51}	tʻu^{51}	tʻu^{213}	tʻu^{213}	lu^{51}	lu^{51}

字目 中古音 方音 方言点	怒①	卢	炉	芦	鲁	橹	虏	卤 盐卤
	遇合一去暮泥	遇合一平模来	遇合一平模来	遇合一平模来	遇合一上姥来	遇合一上姥来	遇合一上姥来	遇合一上姥来
兰州市（城关区）	lu^{13}	lu^{51}	lu^{51}	lu^{51}	lu^{44}	lu^{44}	lu^{44}	lu^{44}
永登县	nu^{13}	lu^{53}	lu^{53}	lu^{53}	lu^{354}	lu^{354}	lu^{354}	lu^{354}
榆中县	lu^{13}	lu^{332}	lu^{332}	lu^{332}	lu^{44}	lu^{44}	lu^{44}	lu^{44}
皋兰县	nu^{13}	lu^{53}	lu^{53}	lu^{53}	lu^{342}	lu^{342}	lu^{342}	lu^{342}
白银区	lu^{13}	lu^{51}	lu^{51}	lu^{51}	lu^{343}	lu^{343}	lu^{343}	lu^{343}
天祝县	nu^{213}	lu^{53}	lu^{53}	lu^{53}	lu^{44}	lu^{44}	lu^{44}	lu^{44}
景泰县（红水镇）	nu^{213}	lu^{53}	lu^{53}	lu^{53}	lu^{44}	lu^{44}	lu^{44}	lu^{44}
古浪县	nu^{31}	lu^{53}	lu^{53}	lu^{53}	lu^{44}	lu^{44}	lu^{44}	lu^{44}
凉州区	nu^{53}	lu^{13}	lu^{13}	lu^{13}	lu^{33}	lu^{33}	lu^{33}	lu^{44}
民勤县	nu^{42}	lu^{53}	lu^{53}	lu^{53}	lu^{214}	lu^{214}	lu^{214}	lu^{214}
永昌县	nu^{53}	lu^{13}	lu^{13}	lu^{13}	lu^{13}	lu^{13}	lu^{13}	lu^{13}
甘州区	nu^{31}	lu^{53}	lu^{53}	lu^{53}	lu^{53}	lu^{53}	lu^{53}	lu^{53}
临泽县	nu^{214}	lu^{53}	lu^{53}	lu^{53}	lu^{53}	lu^{53}	lu^{53}	lu^{53}
民乐县	nu^{42}	lu^{53}	lu^{53}	lu^{53}	lu^{213}	lu^{213}	lu^{213}	lu^{213}
山丹县	nu^{41}	lu^{53}	lu^{53}	lu^{53}	lu^{53}	lu^{53}	lu^{53}	lu^{53}
高台县	nu^{214}	lu^{53}	lu^{53}	lu^{53}	lu^{53}	lu^{53}	lu^{53}	lu^{53}
肃州区	nu^{214}	lu^{53}	lu^{53}	lu^{53}	lu^{53}	lu^{53}	lu^{53}	lu^{53}
金塔县	lu^{13}	lu^{53}	lu^{53}	lu^{53}	lu^{53}	lu^{53}	lu^{53}	lu^{53}
肃北县	lu^{213}	lu^{53}	lu^{53}	lu^{53}	lu^{53}	lu^{53}	lu^{53}	lu^{53}
玉门市	lu^{213}	lu^{53}	lu^{53}	lu^{53}	lu^{53}	lu^{53}	lu^{53}	lu^{53}

①又奴古切，遇合一上姥泥。

续表

瓜州县	lu^{213}	lu^{53}	lu^{53}	lu^{53}	lu^{53}	lu^{53}	lu^{53}	lu^{53}
西夏区	nu^{13}	lu^{53}	lu^{53}	lu^{53}	lu^{53}	lu^{53}	lu^{53}	lu^{53}
贺兰县	nu^{13}	lu^{53}	lu^{53}	lu^{53}	lu^{53}	lu^{53}	lu^{53}	lu^{53}
灵武市（东塔镇）	nu^{13}	lu^{52}	lu^{52}	lu^{52}	lu^{52}	lu^{52}	lu^{52}	lu^{52}
永宁县	nu^{13}	lu^{53}	lu^{53}	lu^{53}	lu^{53}	lu^{53}	lu^{53}	lu^{53}
中宁县	nu^{13}	lu^{53}	lu^{53}	lu^{53}	lu^{53}	lu^{53}	lu^{53}	lu^{53}
沙坡头区	nu^{13}	lu^{53}	lu^{53}	lu^{53}	lu^{53}	lu^{53}	lu^{53}	lu^{53}
盐池县	nu^{13}	lu^{13}	lu^{13}	lu^{13}	lu^{52}	lu^{52}	lu^{52}	lu^{52}
平罗县（渠口乡）	nu^{13}	lu^{53}	lu^{53}	lu^{53}	lu^{53}	lu^{53}	lu^{53}	lu^{53}
阿拉善左旗	lu^{213}	lu^{51}	lu^{51}	lu^{51}	lu^{51}	lu^{51}	lu^{51}	lu^{51}
乌鲁木齐市	lu^{213}	lu^{52}	lu^{52}	lu^{52}	lu^{52}	lu^{52}	lu^{52}	lu^{52}
阜康市	lu^{213}	lu^{51}	lu^{51}	lu^{51}	lu^{51}	lu^{51}	lu^{51}	lu^{51}
呼图壁县	lu^{213}	lu^{51}	lu^{51}	lu^{51}	lu^{51}	lu^{51}	lu^{51}	lu^{51}
吉木萨尔县	lu^{213}	lu^{51}	lu^{51}	lu^{51}	lu^{51}	lu^{51}	lu^{51}	lu^{51}
奇台县	lu^{213}	lu^{52}	lu^{52}	lu^{52}	lu^{52}	lu^{52}	lu^{52}	lu^{52}
博乐市	lu^{24}	lu^{51}	lu^{51}	lu^{51}	lu^{51}	lu^{51}	lu^{51}	lu^{51}
阿勒泰市	lu^{23}	lu^{51}	lu^{51}	lu^{51}	lu^{51}	lu^{51}	lu^{51}	lu^{51}
布尔津县	lu^{51}	lu^{23}	lu^{23}	lu^{23}	lu^{23}	lu^{23}	lu^{23}	lu^{23}
乌苏市	lu^{213}	lu^{51}	lu^{51}	lu^{51}	lu^{51}	lu^{51}	lu^{51}	lu^{51}
额敏县	lu^{34}	lu^{51}	lu^{51}	lu^{51}	lu^{51}	lu^{51}	lu^{51}	lu^{51}
伊州区	lu^{213}	lu^{51}	lu^{51}	lu^{51}	lu^{51}	lu^{51}	lu^{51}	lu^{51}
巴里坤县	lu^{24}	lu^{51}	lu^{51}	lu^{51}	lu^{51}	lu^{51}	lu^{51}	lu^{51}
伊吾县	lu^{213}	lu^{51}	lu^{51}	lu^{51}	lu^{51}	lu^{51}	lu^{51}	lu^{51}

字目 / 中古音 / 方音 / 方言点	露	路	鹿	禄	陆 大陆	录	租	卒 士卒
	遇合一去暮来	遇合一去暮来	通合一入屋来	通合一入屋来	通合三入屋来	通合三入烛来	遇合一入模精	臻喝一入没精
兰州市（城关区）	lu^{13}	lu^{13}	lu^{13}	lu^{13}	lu^{13}	lu^{13}	tsu^{13}	tsu^{13}
永登县	lu^{13}	lu^{13}	lu^{13}	lu^{13}	lu^{13}	lu^{13}	tsu^{13}	tsu^{13}
榆中县	lu^{13}	lu^{13}	lu^{13}	lu^{13}	lu^{13}	lu^{13}	tsu^{13}	tsu^{13}
皋兰县	lu^{13}	lu^{13}	lu^{13}	lu^{13}	lu^{13}	lu^{13}	tsu^{13}	tsu^{13}
白银区	lu^{13}	lu^{13}	lu^{13}	lu^{13}	lu^{13}	lu^{13}	tsu^{13}	tsu^{13}
天祝县	lu^{213}	lu^{213}	lu^{213}	lu^{213}	lu^{213}	lu^{213}	tsu^{213}	tsu^{213}
景泰县（红水镇）	lu^{213}	lu^{213}	lu^{213}	lu^{213}	lu^{213}	lu^{213}	tsu^{213}	tsu^{213}
古浪县	lu^{31}	lu^{31}	lu^{31}	lu^{31}	lu^{31}	lu^{31}	tsu^{31}	tsu^{31}
凉州区	lu^{53}	lu^{53}	lu^{53}	lu^{53}	lu^{53}	lu^{53}	tsu^{53}	tsu^{53}
民勤县	lu^{42}	lu^{42}	lu^{42}	lu^{42}	lu^{42}	lu^{42}	tsu^{42}	tsu^{42}
永昌县	lu^{53}	lu^{53}	lu^{53}	lu^{53}	lu^{53}	lu^{53}	tsu^{53}	tsu^{53}
甘州区	lu^{31}	lu^{31}	lu^{31}	lu^{31}	lu^{31}	lu^{31}	tsu^{31}	tsu^{31}
临泽县	lu^{214}	lu^{214}	lu^{214}	lu^{214}	lu^{214}	lu^{214}	tsu^{214}	tsu^{214}
民乐县	lu^{42}	lu^{42}	lu^{42}	lu^{42}	lu^{42}	lu^{42}	tsu^{42}	tsu^{42}
山丹县	lu^{41}	lu^{41}	lu^{41}	lu^{41}	lu^{41}	lu^{41}	tsu^{41}	tsu^{41}
高台县	lu^{214}	lu^{214}	lu^{214}	lu^{214}	lu^{214}	lu^{214}	tsu^{214}	tsu^{214}
肃州区	lu^{214}	lu^{214}	lu^{214}	lu^{214}	lu^{214}	lu^{214}	tsu^{214}	tsu^{214}
金塔县	lu^{13}	lu^{13}	lu^{13}	lu^{13}	lu^{13}	lu^{13}	tsu^{13}	tsu^{13}
肃北县	lu^{213}	lu^{213}	lu^{213}	lu^{213}	lu^{213}	lu^{213}	tsu^{213}	tsu^{213}
玉门市	lu^{213}	lu^{213}	lu^{213}	lu^{213}	lu^{213}	lu^{213}	tsu^{213}	tsu^{213}
瓜州县	lu^{213}	lu^{213}	lu^{213}	lu^{213}	lu^{213}	lu^{213}	tsu^{213}	tsu^{213}
西夏区	lu^{13}	lu^{13}	lu^{13}	lu^{13}	lu^{13}	lu^{13}	tsu^{13}	tsu^{13}

续表

贺兰县	lu^{13}	lu^{13}	lu^{13}	lu^{13}	lu^{13}	lu^{13}	tsu^{13}	tsu^{13}
灵武市（东塔镇）	lu^{13}	lu^{13}	lu^{13}	lu^{13}	lu^{13}	lu^{13}	tsu^{13}	tsu^{13}
永宁县	lu^{13}	lu^{13}	lu^{13}	lu^{13}	lu^{13}	lu^{13}	tsu^{13}	tsu^{13}
中宁县	lu^{13}	lu^{13}	lu^{13}	lu^{13}	lu^{13}	lu^{13}	tsu^{13}	tsu^{13}
沙坡头区	lu^{13}	lu^{13}	lu^{13}	lu^{13}	lu^{13}	lu^{13}	tsu^{13}	tsu^{13}
盐池县	lu^{13}	lu^{13}	lu^{13}	lu^{13}	lu^{13}	lu^{13}	tsu^{13}	tsu^{13}
平罗县（渠口乡）	lu^{13}	lu^{13}	lu^{13}	lu^{13}	lu^{13}	lu^{13}	tsu^{13}	tsu^{13}
阿拉善左旗	lu^{213}	lu^{213}	lu^{213}	lu^{213}	lu^{213}	lu^{213}	tsu^{213}	tsu^{213}
乌鲁木齐市	lu^{213}	lu^{213}	lu^{213}	lu^{213}	lu^{213}	lu^{213}	tsu^{213}	tsu^{213}
阜康市	lu^{213}	lu^{213}	lu^{213}	lu^{213}	lu^{213}	lu^{213}	tsu^{213}	tsu^{213}
呼图壁县	lu^{213}	lu^{213}	lu^{213}	lu^{213}	lu^{213}	lu^{213}	tsu^{213}	tsu^{213}
吉木萨尔县	lu^{213}	lu^{213}	lu^{213}	lu^{213}	lu^{213}	lu^{213}	tsu^{213}	tsu^{213}
奇台县	lu^{213}	lu^{213}	lu^{213}	lu^{213}	lu^{213}	lu^{213}	tsu^{213}	tsu^{213}
博乐市	lu^{24}	lu^{24}	lu^{24}	lu^{24}	lu^{24}	lu^{24}	tsu^{24}	tsu^{24}
阿勒泰市	lu^{23}	lu^{23}	lu^{23}	lu^{23}	lu^{23}	lu^{23}	tsu^{23}	tsu^{23}
布尔津县	lu^{51}	lu^{51}	lu^{51}	lu^{51}	lu^{51}	lu^{51}	tsu^{51}	tsu^{51}
乌苏市	lu^{213}	lu^{213}	lu^{213}	lu^{213}	lu^{213}	lu^{213}	tsu^{213}	tsu^{213}
额敏县	lu^{34}	lu^{34}	lu^{34}	lu^{34}	lu^{34}	lu^{34}	tsu^{34}	tsu^{34}
伊州区	lu^{213}	lu^{213}	lu^{213}	lu^{213}	lu^{213}	lu^{213}	tsu^{213}	tsu^{213}
巴里坤县	lu^{24}	lu^{24}	lu^{24}	lu^{24}	lu^{24}	lu^{24}	tsu^{24}	tsu^{24}
伊吾县	lu^{213}	lu^{213}	lu^{213}	lu^{213}	lu^{213}	lu^{213}	tsu^{213}	tsu^{213}

字目 方音 中古音 方言点	族	足	祖	组	阻	粗	醋	促
	通合一入屋从	通合三入烛精	遇合一上姥精	遇合一上姥精	遇合三上语庄	遇合一平模清	遇合一去暮清	通合三入烛清
兰州市（城关区）	tsu^{51}	tsu^{13}	tsu^{44}	tsu^{44}	tsu^{44}	tsʻu^{53}	tsʻu^{13}	tsʻu^{13}
永登县	tsu^{53}	tsu^{13}	tsu^{354}	tsu^{354}	tsu^{354}	tsʻu^{42}	tsʻu^{13}	tsʻu^{13}
榆中县	tsu^{332}	tsu^{13}	tsu^{44}	tsu^{44}	tsu^{44}	tsʻu^{51}	tsʻu^{13}	tsʻu^{13}
皋兰县	tsu^{53}	tsu^{13}	tsu^{342}	tsu^{342}	tsu^{342}	tsʻu^{42}	tsʻu^{13}	tsʻu^{13}
白银区	tsu^{51}	tsu^{13}	tsu^{343}	tsu^{343}	tsu^{343}	tsʻu^{44}	tsʻu^{13}	tsʻu^{13}
天祝县	tsu^{53}	tsu^{213}	tsu^{44}	tsu^{44}	tsu^{44}	tsʻu^{44}	tsʻu^{213}	tsʻu^{213}
景泰县（红水镇）	tsu^{53}	tsu^{213}	tsu^{44}	tsu^{44}	tsu^{44}	tsʻu^{44}	tsʻu^{213}	tsʻu^{213}
古浪县	tsu^{53}	tsu^{31}	tsu^{44}	tsu^{44}	tsu^{44}	tsʻu^{44}	tsʻu^{31}	tsʻu^{31}
凉州区	tsu^{13}	tsu^{53}	tsu^{33}	tsu^{33}	tsu^{33}	tsʻu^{33}	tsʻu^{53}	tsʻu^{53}
民勤县	tsu^{53}	tsu^{42}	tsu^{214}	tsu^{214}	tsu^{214}	tsʻu^{44}	tsʻu^{42}	tsʻu^{42}
永昌县	tsu^{13}	tsu^{53}	tsu^{13}	tsu^{13}	tsu^{13}	tsʻu^{44}	tsʻu^{53}	tsʻu^{53}
甘州区	tsu^{53}	tsu^{31}	tsu^{53}	tsu^{53}	tsu^{53}	tsʻu^{44}	tsʻu^{31}	tsʻu^{31}
临泽县	tsu^{53}	tsu^{214}	tsu^{53}	tsu^{53}	tsu^{53}	tsʻu^{44}	tsʻu^{214}	tsʻu^{214}
民乐县	tsu^{53}	tsu^{42}	tsu^{213}	tsu^{213}	tsu^{213}	tsʻu^{44}	tsʻu^{42}	tsʻu^{42}
山丹县	tsu^{53}	tsu^{41}	tsu^{53}	tsu^{53}	tsu^{53}	tsʻu^{24}	tsʻu^{41}	tsʻu^{41}
高台县	tsu^{53}	tsu^{214}	tsu^{53}	tsu^{53}	tsu^{53}	tsʻu^{44}	tsʻu^{214}	tsʻu^{214}
肃州区	tsu^{53}	tsu^{214}	tsu^{53}	tsu^{53}	tsu^{53}	tsʻu^{44}	tsʻu^{214}	tsʻu^{214}
金塔县	tsu^{53}	tsu^{13}	tsu^{53}	tsu^{53}	tsu^{53}	tsʻu^{44}	tsʻu^{13}	tsʻu^{13}
肃北县	tsu^{53}	tsu^{213}	tsu^{53}	tsu^{53}	tsu^{53}	tsʻu^{44}	tsʻu^{213}	tsʻu^{213}
玉门市	tsu^{53}	tsu^{213}	tsu^{53}	tsu^{53}	tsu^{53}	tsʻu^{44}	tsʻu^{213}	tsʻu^{213}
瓜州县	tsu^{53}	tsu^{213}	tsu^{53}	tsu^{53}	tsu^{53}	tsʻu^{44}	tsʻu^{213}	tsʻu^{213}
西夏区	tsu^{13}	tsu^{13}	tsu^{53}	tsu^{53}	tsu^{53}	tsʻu^{44}	tsʻu^{13}	tsʻu^{13}

续表

贺兰县	tsu^{13}	tsu^{13}	tsu^{53}	tsu^{53}	tsu^{53}	tsʻu^{44}	tsʻu^{13}	tsʻu^{13}
灵武市（东塔镇）	tsu^{13}	tsu^{13}	tsu^{52}	tsu^{52}	tsu^{52}	tsʻu^{44}	tsʻu^{13}	tsʻu^{13}
永宁县	tsu^{13}	tsu^{13}	tsu^{53}	tsu^{53}	tsu^{53}	tsʻu^{44}	tsʻu^{13}	tsʻu^{13}
中宁县	tsu^{53}	tsu^{13}	tsu^{53}	tsu^{53}	tsu^{53}	tsʻu^{44}	tsʻu^{13}	tsʻu^{13}
沙坡头区	tsu^{53}	tsu^{13}	tsu^{53}	tsu^{53}	tsu^{53}	tsʻu^{44}	tsʻu^{13}	tsʻu^{13}
盐池县	tsu^{13}	tsu^{13}	tsu^{52}	tsu^{52}	tsu^{52}	tsʻu^{44}	tsʻu^{13}	tsʻu^{13}
平罗县（渠口乡）	tsu^{13}	tsu^{13}	tsu^{53}	tsu^{53}	tsu^{53}	tsʻu^{44}	tsʻu^{13}	tsʻu^{13}
阿拉善左旗	tsu^{51}	tsu^{213}	tsu^{51}	tsu^{51}	tsu^{51}	tsʻu^{44}	tsʻu^{213}	tsʻu^{213}
乌鲁木齐市	tsu^{52}	tsu^{213}	tsu^{52}	tsu^{52}	tsu^{52}	tsʻu^{44}	tsʻu^{213}	tsʻu^{213}
阜康市	tsu^{51}	tsu^{213}	tsu^{51}	tsu^{51}	tsu^{51}	tsʻu^{55}	tsʻu^{213}	tsʻu^{213}
呼图壁县	tsu^{51}	tsu^{213}	tsu^{51}	tsu^{51}	tsu^{51}	tsʻu^{44}	tsʻu^{213}	tsʻu^{213}
吉木萨尔县	tsu^{51}	tsu^{213}	tsu^{51}	tsu^{51}	tsu^{51}	tsʻu^{44}	tsʻu^{213}	tsʻu^{213}
奇台县	tsu^{52}	tsu^{213}	tsu^{52}	tsu^{52}	tsu^{52}	tsʻu^{44}	tsʻu^{213}	tsʻu^{213}
博乐市	tsu^{51}	tsu^{24}	tsu^{51}	tsu^{51}	tsu^{51}	tsʻu^{45}	tsʻu^{24}	tsʻu^{24}
阿勒泰市	tsu^{51}	tsu^{23}	tsu^{51}	tsu^{51}	tsu^{51}	tsʻu^{44}	tsʻu^{23}	tsʻu^{23}
布尔津县	tsu^{23}	tsu^{51}	tsu^{23}	tsu^{23}	tsu^{23}	tsʻu^{44}	tsʻu^{51}	tsʻu^{51}
乌苏市	tsu^{51}	tsu^{213}	tsu^{51}	tsu^{51}	tsu^{51}	tsʻu^{55}	tsʻu^{213}	tsʻu^{213}
额敏县	tsu^{51}	tsu^{34}	tsu^{51}	tsu^{51}	tsu^{51}	tsʻu^{44}	tsʻu^{34}	tsʻu^{34}
伊州区	tsu^{51}	tsu^{213}	tsu^{51}	tsu^{51}	tsu^{51}	tsʻu^{44}	tsʻu^{213}	tsʻu^{213}
巴里坤县	tsu^{51}	tsu^{24}	tsu^{51}	tsu^{51}	tsu^{51}	tsʻu^{45}	tsʻu^{24}	tsʻu^{24}
伊吾县	tsu^{51}	tsu^{213}	tsu^{51}	tsu^{51}	tsu^{51}	tsʻu^{44}	tsʻu^{213}	tsʻu^{213}

字目 中古音 方言点	苏	酥	俗	素	诉	塑	速	肃
	遇合一 平模心	遇合一 平模心	通合三 入烛邪	遇合一 去暮心	遇合一 去暮心	遇合一 去暮心	通合一 入屋心	通合三 入屋心
兰州市（城关区）	su^{53}	su^{53}	su^{13}	su^{13}	su^{13}	su^{13}	su^{13}	su^{13}
永登县	su^{42}	su^{42}	su^{13}	su^{13}	su^{13}	su^{13}	su^{13}	su^{13}
榆中县	su^{51}	su^{51}	su^{13}	su^{13}	su^{13}	su^{13}	su^{13}	su^{13}
皋兰县	su^{42}	su^{42}	su^{13}	su^{13}	su^{13}	su^{13}	su^{13}	su^{13}
白银区								
天祝县	su^{44}	su^{44}	su^{213}	su^{213}	su^{213}	su^{213}	su^{213}	su^{213}
景泰县（红水镇）	su^{44}	su^{44}	su^{213}	su^{213}	su^{213}	su^{213}	su^{213}	su^{213}
古浪县	su^{44}	su^{44}	su^{31}	su^{31}	su^{31}	su^{31}	su^{31}	su^{31}
凉州区	su^{33}	su^{33}	su^{53}	su^{53}	su^{53}	su^{53}	su^{53}	su^{53}
民勤县	su^{44}	su^{44}	su^{42}	su^{42}	su^{42}	su^{42}	su^{42}	su^{42}
永昌县	su^{44}	su^{44}	su^{53}	su^{53}	su^{53}	su^{53}	su^{53}	su^{53}
甘州区	su^{44}	su^{44}	su^{31}	su^{31}	su^{31}	su^{31}	su^{31}	su^{31}
临泽县	su^{44}	su^{44}	su^{214}	su^{214}	su^{214}	su^{214}	su^{214}	su^{214}
民乐县	su^{44}	su^{44}	su^{42}	su^{42}	su^{42}	su^{42}	su^{42}	su^{42}
山丹县	su^{24}	su^{24}	su^{41}	su^{41}	su^{41}	su^{41}	su^{41}	su^{41}
高台县	su^{44}	su^{44}	su^{214}	su^{214}	su^{214}	su^{214}	su^{214}	su^{214}
肃州区	su^{44}	su^{44}	su^{214}	su^{214}	su^{214}	su^{214}	su^{214}	su^{214}
金塔县	su^{44}	su^{44}	su^{13}	su^{13}	su^{13}	su^{13}	su^{13}	su^{13}
肃北县	su^{44}	su^{44}	su^{213}	su^{213}	su^{213}	su^{213}	su^{213}	su^{213}
玉门市	su^{44}	su^{44}	su^{213}	su^{213}	su^{213}	su^{213}	su^{213}	su^{213}
瓜州县	su^{44}	su^{44}	su^{213}	su^{213}	su^{213}	su^{213}	su^{213}	su^{213}
西夏区	su^{44}	su^{44}	su^{13}	su^{13}	su^{13}	su^{13}	su^{13}	su^{13}

续表

贺兰县	su^{44}	su^{44}	su^{13}	su^{13}	su^{13}	su^{13}	su^{13}	su^{13}
灵武市（东塔镇）	su^{44}	su^{44}	su^{13}	su^{13}	su^{13}	su^{13}	su^{13}	su^{13}
永宁县	su^{44}	su^{44}	su^{13}	su^{13}	su^{13}	su^{13}	su^{13}	su^{13}
中宁县	su^{44}	su^{44}	su^{13}	su^{13}	su^{13}	su^{13}	su^{13}	su^{13}
沙坡头区	su^{44}	su^{44}	su^{13}	su^{13}	su^{13}	su^{13}	su^{13}	su^{13}
盐池县	su^{44}	su^{44}	su^{13}	su^{13}	su^{13}	su^{13}	su^{13}	su^{13}
平罗县（渠口乡）	su^{44}	su^{44}	su^{13}	su^{13}	su^{13}	su^{13}	su^{13}	su^{13}
阿拉善左旗	su^{44}	su^{44}	su^{213}	su^{213}	su^{213}	su^{213}	su^{213}	su^{213}
乌鲁木齐市	su^{44}	su^{44}	su^{213}	su^{213}	su^{213}	su^{213}	su^{213}	su^{213}
阜康市	su^{55}	su^{55}	su^{213}	su^{213}	su^{213}	su^{213}	su^{213}	su^{213}
呼图壁县	su^{44}	su^{44}	su^{213}	su^{213}	su^{213}	su^{213}	su^{213}	su^{213}
吉木萨尔县	su^{44}	su^{44}	su^{213}	su^{213}	su^{213}	su^{213}	su^{213}	su^{213}
奇台县	su^{44}	su^{44}	su^{213}	su^{213}	su^{213}	su^{213}	su^{213}	su^{213}
博乐市	su^{45}	su^{45}	su^{24}	su^{24}	su^{24}	su^{24}	su^{24}	su^{24}
阿勒泰市	su^{44}	su^{44}	su^{23}	su^{23}	su^{23}	su^{23}	su^{23}	su^{23}
布尔津县	su^{44}	su^{44}	su^{51}	su^{51}	su^{51}	su^{51}	su^{51}	su^{51}
乌苏市	su^{55}	su^{55}	su^{213}	su^{213}	su^{213}	su^{213}	su^{213}	su^{213}
额敏县	su^{44}	su^{44}	su^{34}	su^{34}	su^{34}	su^{34}	su^{34}	su^{34}
伊州区	su^{44}	su^{44}	su^{213}	su^{213}	su^{213}	su^{213}	su^{213}	su^{213}
巴里坤县	su^{45}	su^{45}	su^{24}	su^{24}	su^{24}	su^{24}	su^{24}	su^{24}
伊吾县	su^{44}	su^{44}	su^{213}	su^{213}	su^{213}	su^{213}	su^{213}	su^{213}

字目 中古音 方言点	宿① 宿舍	粟	猪	诸	蛛	株	朱	珠
	通合三入屋心	通合三入烛心	遇合三平鱼知	遇合三平鱼章	遇合三平虞知	遇合三平虞知	遇合三平虞章	遇合三平虞章
兰州市（城关区）	su13	su13	pfu53	pfu53	pfu53	pfu53	pfu53	pfu53
永登县	su13	su13	pfu42	pfu42	pfu42	pfu42	pfu42	pfu42
榆中县	su13	su13	tʂu51	tʂu51	tʂu51	tʂu51	tʂu51	tʂu51
皋兰县	su13	su13	pfu42	pfu42	pfu42	pfu42	pfu42	pfu42
白银区	su13	su13	pfu44	pfu44	pfu44	pfu44	pfu44	pfu44
天祝县	su213	su213	tʂu44	tʂu44	tʂu44	tʂu44	tʂu44	tʂu44
景泰县（红水镇）	su213	su213	tʂu44	tʂu44	tʂu44	tʂu44	tʂu44	tʂu44
古浪县	su31	su31	tʂu44	tʂu44	tʂu44	tʂu44	tʂu44	tʂu44
凉州区	su53	su53	tʂu33	tʂu33	tʂu33	tʂu33	tʂu33	tʂu33
民勤县	su42	su42	tʂu44	tʂu44	tʂu44	tʂu44	tʂu44	tʂu44
永昌县	su53	su53	tʂu44	tʂu44	tʂu44	tʂu44	tʂu44	tʂu44
甘州区	su31	su31	ku44	ku44	ku44	ku44	ku44	ku44
临泽县	su214	su214	pfu44	pfu44	pfu44	pfu44	pfu44	pfu44
民乐县	su42	su42	kfu44	kfu44	kfu44	kfu44	kfu44	kfu44
山丹县	su41	su41	pfu24	pfu24	pfu24	pfu24	pfu24	pfu24
高台县	su214	su214	ku44	ku44	ku44	ku44	ku44	ku44
肃州区	su214	su214	tʂu44	tʂu44	tʂu44	tʂu44	tʂu44	tʂu44
金塔县	su13	su13	tʂu44	tʂu44	tʂu44	tʂu44	tʂu44	tʂu44
肃北县	su213	su213	tʂu44	tʂu44	tʂu44	tʂu44	tʂu44	tʂu44
玉门市	su213	su213	tʂu44	tʂu44	tʂu44	tʂu44	tʂu44	tʂu44

①又息救切，流开三去宥心。

续表

瓜州县	su^{213}	su^{213}	tṣu^{44}	tṣu^{44}	tṣu^{44}	tṣu^{44}	tṣu^{44}	tṣu^{44}
西夏区	su^{13}	su^{13}	tṣu^{44}	tṣu^{44}	tṣu^{44}	tṣu^{44}	tṣu^{44}	tṣu^{44}
贺兰县	su^{13}	su^{13}	tṣu^{44} ku^{44}	tṣu^{44} ku^{44}	tṣu^{44} ku^{44}	tṣu^{44} ku^{44}	tṣu^{44} ku^{44}	tṣu^{44} ku^{44}
灵武市 （东塔镇）	su^{13}	su^{13}	tṣu^{44}	tṣu^{44}	tṣu^{44}	tṣu^{44}	tṣu^{44}	tṣu^{44}
永宁县	su^{13}	su^{13}	tṣu^{44}	tṣu^{44}	tṣu^{44}	tṣu^{44}	tṣu^{44}	tṣu^{44}
中宁县	su^{13}	su^{13}	tṣu^{44}	tṣu^{44}	tṣu^{44}	tṣu^{44}	tṣu^{44}	tṣu^{44}
沙坡头区	su^{13}	su^{13}	tṣu^{44}	tṣu^{44}	tṣu^{44}	tṣu^{44}	tṣu^{44}	tṣu^{44}
盐池县	su^{13}	su^{13}	tṣu^{44}	tṣu^{44}	tṣu^{44}	tṣu^{44}	tṣu^{44}	tṣu^{44}
平罗县 （渠口乡）	su^{13}	su^{13}	tṣu^{44}	tṣu^{44}	tṣu^{44}	tṣu^{44}	tṣu^{44}	tṣu^{44}
阿拉善左旗	su^{213}	su^{213}	tṣu^{44}	tṣu^{44}	tṣu^{44}	tṣu^{44}	tṣu^{44}	tṣu^{44}
乌鲁木齐市	su^{213}	su^{213}	tṣu^{44}	tṣu^{44}	tṣu^{44}	tṣu^{44}	tṣu^{44}	tṣu^{44}
阜康市	su^{213}	su^{213}	tṣu^{55}	tṣu^{55}	tṣu^{55}	tṣu^{55}	tṣu^{55}	tṣu^{55}
呼图壁县	su^{213}	su^{213}	tṣu^{44}	tṣu^{44}	tṣu^{44}	tṣu^{44}	tṣu^{44}	tṣu^{44}
吉木萨尔县	su^{213}	su^{213}	tṣu^{44}	tṣu^{44}	tṣu^{44}	tṣu^{44}	tṣu^{44}	tṣu^{44}
奇台县	su^{213}	su^{213}	tṣu^{44}	tṣu^{44}	tṣu^{44}	tṣu^{44}	tṣu^{44}	tṣu^{44}
博乐市	su^{24}	su^{24}	tṣu^{45}	tṣu^{45}	tṣu^{45}	tṣu^{45}	tṣu^{45}	tṣu^{45}
阿勒泰市	su^{23}	su^{23}	tṣu^{44}	tṣu^{44}	tṣu^{44}	tṣu^{44}	tṣu^{44}	tṣu^{44}
布尔津县	su^{44}	su^{51}	tṣu^{44}	tṣu^{44}	tṣu^{44}	tṣu^{44}	tṣu^{44}	tṣu^{44}
乌苏市	su^{213}	su^{213}	tṣu^{55}	tṣu^{55}	tṣu^{55}	tṣu^{55}	tṣu^{55}	tṣu^{55}
额敏县	su^{34}	su^{34}	tṣu^{44}	tṣu^{44}	tṣu^{44}	tṣu^{44}	tṣu^{44}	tṣu^{44}
伊州区	su^{213}	su^{213}	tṣu^{44}	tṣu^{44}	tṣu^{44}	tṣu^{44}	tṣu^{44}	tṣu^{44}
巴里坤县	su^{24}	su^{24}	tṣu^{45}	tṣu^{45}	tṣu^{45}	tṣu^{45}	tṣu^{45}	tṣu^{45}
伊吾县	su^{213}	su^{213}	tṣu^{44}	tṣu^{44}	tṣu^{44}	tṣu^{44}	tṣu^{44}	tṣu^{44}

字目 中古音 方音 方言点	竹	逐	烛	煮	主	嘱	著 显著	助
	通合三入屋知	通合三入屋澄	通合三入烛章	遇合三上语章	遇合三上麌章	通合三入烛章	遇合三去御知	遇合三去御崇
兰州市（城关区）	pfu13	pfu51	pfu13	pfu44	pfu44	pfu13	pfu13	pfu13
永登县	pfu13	pfu53	pfu13	pfu354	pfu354	pfu13	pfu13	pfu13
榆中县	tʂu13	tʂu13	tʂu13	tʂu51	tʂu51	tʂu13	tʂu13	tʂu13
皋兰县	pfu13	pfu53	pfu13	pfu354	pfu354	pfu13	pfu13	pfu13
白银区	pfu13	pfu51	pfu13	pfu343	pfu343	pfu13	pfu13	pfu13
天祝县	tʂu213	tʂu213	tʂu213	tʂu44	tʂu44	tʂu213	tʂu213	tʂu213
景泰县（红水镇）	tʂu213	tʂu213	tʂu213	tʂu44	tʂu44	tʂu213	tʂu213	tʂu213
古浪县	tʂu31	tʂu31	tʂu31	tʂu44	tʂu44	tʂu31	tʂu31	tʂu31
凉州区	tʂu53	tʂu53	tʂu53	tʂu33	tʂu33	tʂu53	tʂu53	tʂu53
民勤县	tʂu42	tʂu53	tʂu42	tʂu44	tʂu44	tʂu42	tʂu42	tʂu42
永昌县	tʂu53	tʂu53	tʂu53	tʂu13	tʂu13	tʂu53	tʂu53	tʂu53
甘州区	ku31	ku31	ku31	ku53	ku53	ku31	ku31	ku31
临泽县	pfu214	pfu214	pfu214	pfu53	pfu53	pfu214	pfu214	pfu214
民乐县	kfu42	kfu53	kfu42	kfu53	kfu53	kfu42	kfu42	kfu42
山丹县	pfu41	pfu41	pfu41	pfu24	pfu24	pfu41	pfu41	pfu41
高台县	ku214	ku214	ku214	ku53	ku53	ku214	ku214	ku214
肃州区	tʂu214	tʂu214	tʂu214	tʂu53	tʂu53	tʂu214	tʂu214	tʂu214
金塔县	tʂu13	tʂu13	tʂu13	tʂu53	tʂu53	tʂu13	tʂu13	tʂu13
肃北县	tʂu213	tʂu213	tʂu213	tʂu53	tʂu53	tʂu213	tʂu213	tʂu213
玉门市	tʂu213	tʂu213	tʂu213	tʂu53	tʂu53	tʂu213	tʂu213	tʂu213
瓜州县	tʂu213	tʂu213	tʂu213	tʂu53	tʂu53	tʂu213	tʂu213	tʂu213
西夏区	tʂu13	tʂu13	tʂu13	tʂu53	tʂu53	tʂu13	tʂu13	tʂu13

续表

贺兰县	tʂu^{13} ku^{13}	tʂu^{13} ku^{13}	tʂu^{13} ku^{13}	tʂu^{53} ku^{53}	tʂu^{53} ku^{53}	tʂu^{13} ku^{13}	tʂu^{13} ku^{13}	tʂu^{13} ku^{13}
灵武市 （东塔镇）	tʂu^{13}	tʂu^{13}	tʂu^{13}	tʂu^{52}	tʂu^{52}	tʂu^{13}	tʂu^{13}	tʂu^{13}
永宁县	tʂu^{13}	tʂu^{13}	tʂu^{13}	tʂu^{53}	tʂu^{53}	tʂu^{13}	tʂu^{13}	tʂu^{13}
中宁县	tʂu^{13}	tʂu^{53}	tʂu^{13}	tʂu^{53}	tʂu^{53}	tʂu^{13}	tʂu^{13}	tʂu^{13}
沙坡头区	tʂu^{13}	tʂu^{53}	tʂu^{13}	tʂu^{53}	tʂu^{53}	tʂu^{13}	tʂu^{13}	tʂu^{13}
盐池县	tʂu^{13}	tʂu^{13}	tʂu^{13}	tʂu^{52}	tʂu^{52}	tʂu^{13}	tʂu^{13}	tʂu^{13}
平罗县 （渠口乡）	tʂu^{13}	tʂu^{13}	tʂu^{13}	tʂu^{53}	tʂu^{53}	tʂu^{13}	tʂu^{13}	tʂu^{13}
阿拉善左旗	tʂu^{213}	tʂu^{213}	tʂu^{213}	tʂu^{51}	tʂu^{51}	tʂu^{213}	tʂu^{213}	tʂu^{213}
乌鲁木齐市	tʂu^{213}	tʂu^{213}	tʂu^{213}	tʂu^{52}	tʂu^{52}	tʂu^{213}	tʂu^{213}	tʂu^{213}
阜康市	tʂu^{213}	tʂu^{213}	tʂu^{213}	tʂu^{51}	tʂu^{51}	tʂu^{213}	tʂu^{213}	tʂu^{213}
呼图壁县	tʂu^{213}	tʂu^{213}	tʂu^{213}	tʂu^{51}	tʂu^{51}	tʂu^{213}	tʂu^{213}	tʂu^{213}
吉木萨尔县	tʂu^{213}	tʂu^{213}	tʂu^{213}	tʂu^{51}	tʂu^{51}	tʂu^{213}	tʂu^{213}	tʂu^{213}
奇台县	tʂu^{213}	tʂu^{213}	tʂu^{213}	tʂu^{52}	tʂu^{52}	tʂu^{213}	tʂu^{213}	tʂu^{213}
博乐市	tʂu^{24}	tʂu^{24}	tʂu^{24}	tʂu^{51}	tʂu^{51}	tʂu^{24}	tʂu^{24}	tʂu^{24}
阿勒泰市	tʂu^{23}	tʂu^{23}	tʂu^{23}	tʂu^{51}	tʂu^{51}	tʂu^{23}	tʂu^{23}	tʂu^{23}
布尔津县	tʂu^{23}	tʂu^{51}	tʂu^{51}	tʂu^{23}	tʂu^{23}	tʂu^{51}	tʂu^{51}	tʂu^{51}
乌苏市	tʂu^{213}	tʂu^{213}	tʂu^{213}	tʂu^{51}	tʂu^{51}	tʂu^{213}	tʂu^{213}	tʂu^{213}
额敏县	tʂu^{34}	tʂu^{34}	tʂu^{34}	tʂu^{51}	tʂu^{51}	tʂu^{34}	tʂu^{34}	tʂu^{34}
伊州区	tʂu^{213}	tʂu^{213}	tʂu^{213}	tʂu^{51}	tʂu^{51}	tʂu^{213}	tʂu^{213}	tʂu^{213}
巴里坤县	tʂu^{24}	tʂu^{24}	tʂu^{24}	tʂu^{51}	tʂu^{51}	tʂu^{24}	tʂu^{24}	tʂu^{24}
伊吾县	tʂu^{213}	tʂu^{213}	tʂu^{213}	tʂu^{51}	tʂu^{51}	tʂu^{213}	tʂu^{213}	tʂu^{213}

字目	驻①	注② 注解	柱	住③	注 注意	蛀	铸	筑 建筑
中古音	遇合三 去遇知	遇合三 去遇知	遇合三 上麌澄	遇合三 去遇澄	遇合三 去遇章	遇合三 去遇章	遇合三 去遇章	捅合三 入屋知
方音 方言点								
兰州市（城关区）	pfu^{13}	pfu^{13}	pfu^{13}	pfu^{13}	pfu^{13}	pfu^{13}	pfu^{13}	pfu^{13}
永登县	pfu^{13}	pfu^{13}	pfu^{13}	pfu^{13}	pfu^{13}	pfu^{13}	pfu^{13}	pfu^{13}
榆中县	tʂu^{13}	tʂu^{13}	tʂu^{13}	tʂu^{13}	tʂu^{13}	tʂu^{13}	tʂu^{13}	tʂu^{13}
皋兰县	pfu^{13}	pfu^{13}	pfu^{13}	pfu^{13}	pfu^{13}	pfu^{13}	pfu^{13}	pfu^{13}
白银区	pfu^{13}	pfu^{13}	pfu^{13}	pfu^{13}	pfu^{13}	pfu^{13}	pfu^{13}	pfu^{13}
天祝县	tʂu^{213}	tʂu^{213}	tʂu^{213}	tʂu^{213}	tʂu^{213}	tʂu^{213}	tʂu^{213}	tʂu^{213}
景泰县（红水镇）	tʂu^{213}	tʂu^{213}	tʂu^{213}	tʂu^{213}	tʂu^{213}	tʂu^{213}	tʂu^{213}	tʂu^{213}
古浪县	tʂu^{31}	tʂu^{31}	tʂu^{31}	tʂu^{31}	tʂu^{31}	tʂu^{31}	tʂu^{31}	tʂu^{31}
凉州区	tʂu^{53}	tʂu^{53}	tʂu^{53}	tʂu^{53}	tʂu^{53}	tʂu^{53}	tʂu^{53}	tʂu^{53}
民勤县	tʂu^{42}	tʂu^{42}	tʂu^{42}	tʂu^{42}	tʂu^{42}	tʂu^{42}	tʂu^{42}	tʂu^{42}
永昌县	tʂu^{53}	tʂu^{53}	tʂu^{53}	tʂu^{53}	tʂu^{53}	tʂu^{53}	tʂu^{53}	tʂu^{53}
甘州区	ku^{31}	ku^{31}	ku^{31}	ku^{31}	ku^{31}	ku^{31}	ku^{31}	ku^{31}
临泽县	pfu^{214}	pfu^{214}	pfu^{214}	pfu^{214}	pfu^{214}	pfu^{214}	pfu^{214}	pfu^{214}
民乐县	kfu^{42}	kfu^{42}	kfu^{42}	kfu^{42}	kfu^{42}	kfu^{42}	kfu^{42}	kfu^{42}
山丹县	pfu^{41}	pfu^{41}	pfu^{41}	pfu^{41}	pfu^{41}	pfu^{41}	pfu^{41}	pfu^{41}
高台县	ku^{214}	ku^{214}	ku^{214}	ku^{214}	ku^{214}	ku^{214}	ku^{214}	ku^{214}
肃州区	tʂu^{214}	tʂu^{214}	tʂu^{214}	tʂu^{214}	tʂu^{214}	tʂu^{214}	tʂu^{214}	tʂu^{214}
金塔县	tʂu^{13}	tʂu^{13}	tʂu^{13}	tʂu^{13}	tʂu^{13}	tʂu^{13}	tʂu^{13}	tʂu^{13}
肃北县	tʂu^{213}	tʂu^{213}	tʂu^{213}	tʂu^{213}	tʂu^{213}	tʂu^{213}	tʂu^{213}	tʂu^{213}

①又厨遇切，遇合三去遇澄。

②又之戍切，遇合三去遇章。

③又中句切，遇合三去遇知。

续表

玉门市	tʂu^{213}	tʂu^{213}	tʂu^{213}	tʂu^{213}	tʂu^{213}	tʂu^{213}	tʂu^{213}	tʂu^{213}
瓜州县	tʂu^{213}	tʂu^{213}	tʂu^{213}	tʂu^{213}	tʂu^{213}	tʂu^{213}	tʂu^{213}	tʂu^{213}
西夏区	tʂu^{13}	tʂu^{13}	tʂu^{13}	tʂu^{13}	tʂu^{13}	tʂu^{13}	tʂu^{13}	tʂu^{13}
贺兰县	tʂu^{13} ku^{13}	tʂu^{13} ku^{13}	tʂu^{13} ku^{13}	tʂu^{13} ku^{13}	tʂu^{13} ku^{13}	tʂu^{13} ku^{13}	tʂu^{13} ku^{13}	tʂu^{13} ku^{13}
灵武市（东塔镇）	tʂu^{13}	tʂu^{13}	tʂu^{13}	tʂu^{13}	tʂu^{13}	tʂu^{13}	tʂu^{13}	tʂu^{13}
永宁县	tʂu^{13}	tʂu^{13}	tʂu^{13}	tʂu^{13}	tʂu^{13}	tʂu^{13}	tʂu^{13}	tʂu^{13}
中宁县	tʂu^{13}	tʂu^{13}	tʂu^{13}	tʂu^{13}	tʂu^{13}	tʂu^{13}	tʂu^{13}	tʂu^{13}
沙坡头区	tʂu^{13}	tʂu^{13}	tʂu^{13}	tʂu^{13}	tʂu^{13}	tʂu^{13}	tʂu^{13}	tʂu^{13}
盐池县	tʂu^{13}	tʂu^{13}	tʂu^{13}	tʂu^{13}	tʂu^{13}	tʂu^{13}	tʂu^{13}	tʂu^{13}
平罗县（渠口乡）	tʂu^{13}	tʂu^{13}	tʂu^{13}	tʂu^{13}	tʂu^{13}	tʂu^{13}	tʂu^{13}	tʂu^{13}
阿拉善左旗	tʂu^{213}	tʂu^{213}	tʂu^{213}	tʂu^{213}	tʂu^{213}	tʂu^{213}	tʂu^{213}	tʂu^{213}
乌鲁木齐市	tʂu^{213}	tʂu^{213}	tʂu^{213}	tʂu^{213}	tʂu^{213}	tʂu^{213}	tʂu^{213}	tʂu^{213}
阜康市	tʂu^{213}	tʂu^{213}	tʂu^{213}	tʂu^{213}	tʂu^{213}	tʂu^{213}	tʂu^{213}	tʂu^{213}
呼图壁县	tʂu^{213}	tʂu^{213}	tʂu^{213}	tʂu^{213}	tʂu^{213}	tʂu^{213}	tʂu^{213}	tʂu^{213}
吉木萨尔县	tʂu^{213}	tʂu^{213}	tʂu^{213}	tʂu^{213}	tʂu^{213}	tʂu^{213}	tʂu^{213}	tʂu^{213}
奇台县	tʂu^{213}	tʂu^{213}	tʂu^{213}	tʂu^{213}	tʂu^{213}	tʂu^{213}	tʂu^{213}	tʂu^{213}
博乐市	tʂu^{24}	tʂu^{24}	tʂu^{24}	tʂu^{24}	tʂu^{24}	tʂu^{24}	tʂu^{24}	tʂu^{24}
阿勒泰市	tʂu^{23}	tʂu^{23}	tʂu^{23}	tʂu^{23}	tʂu^{23}	tʂu^{23}	tʂu^{23}	tʂu^{23}
布尔津县	tʂu^{51}	tʂu^{51}	tʂu^{51}	tʂu^{51}	tʂu^{51}	tʂu^{51}	tʂu^{51}	tʂu^{51}
乌苏市	tʂu^{213}	tʂu^{213}	tʂu^{213}	tʂu^{213}	tʂu^{213}	tʂu^{213}	tʂu^{213}	tʂu^{213}
额敏县	tʂu^{34}	tʂu^{34}	tʂu^{34}	tʂu^{34}	tʂu^{34}	tʂu^{34}	tʂu^{34}	tʂu^{34}
伊州区	tʂu^{213}	tʂu^{213}	tʂu^{213}	tʂu^{213}	tʂu^{213}	tʂu^{213}	tʂu^{213}	tʂu^{213}
巴里坤县	tʂu^{24}	tʂu^{24}	tʂu^{24}	tʂu^{24}	tʂu^{24}	tʂu^{24}	tʂu^{24}	tʂu^{24}
伊吾县	tʂu^{213}	tʂu^{213}	tʂu^{213}	tʂu^{213}	tʂu^{213}	tʂu^{213}	tʂu^{213}	tʂu^{213}

字目 / 中古音 / 方言点	祝	初	出①	除	锄	厨	橱	储
中古音	通合三入屋章	遇合三平鱼初	臻合三入术昌	遇合三平鱼澄	遇合三平鱼崇	遇合三平虞澄	遇合三平虞澄	遇合三平鱼澄
兰州市（城关区）	pfu^{13}	pfʻu^{53}	pfʻu^{13}	pfʻu^{51}	pfʻu^{51}	pfʻu^{51}	pfʻu^{51}	pfʻu^{51}
永登县	pfu^{13}	pfʻu^{42}	pfʻu^{13}	pfʻu^{53}	pfʻu^{53}	pfʻu^{53}	pfʻu^{53}	pfʻu^{53}
榆中县	tʂu^{13}	tʂʻu^{51}	tʂʻu^{13}	tʂʻu^{332}	tʂʻu^{332}	tʂʻu^{332}	tʂʻu^{332}	tʂʻu^{332}
皋兰县	pfu^{13}	pfʻu^{42}	pfʻu^{13}	pfʻu^{53}	pfʻu^{53}	pfʻu^{53}	pfʻu^{53}	pfʻu^{53}
白银区	pfu^{13}	pfʻu^{53}	pfʻu^{13}	pfʻu^{51}	pfʻu^{51}	pfʻu^{51}	pfʻu^{51}	pfʻu^{51}
天祝县	tʂu^{213}	tʂʻu^{44}	tʂʻu^{213}	tʂʻu^{44}	tʂʻu^{44}	tʂʻu^{44}	tʂʻu^{44}	tʂʻu^{44}
景泰县（红水镇）	tʂu^{213}	tʂʻu^{44}	tʂʻu^{213}	tʂʻu^{44}	tʂʻu^{44}	tʂʻu^{44}	tʂʻu^{44}	tʂʻu^{44}
古浪县	tʂu^{31}	tʂʻu^{44}	tʂʻu^{31}	tʂʻu^{53}	tʂʻu^{53}	tʂʻu^{53}	tʂʻu^{53}	tʂʻu^{53}
凉州区	tʂu^{53}	tʂʻu^{33}	tʂʻu^{53}	tʂʻu^{13}	tʂʻu^{13}	tʂʻu^{13}	tʂʻu^{13}	tʂʻu^{13}
民勤县	tʂu^{42}	tʂʻu^{44}	tʂʻu^{42}	tʂʻu^{53}	tʂʻu^{53}	tʂʻu^{53}	tʂʻu^{53}	tʂʻu^{53}
永昌县	tʂu^{53}	tʂʻu^{44}	tʂʻu^{53}	tʂʻu^{13}	tʂʻu^{13}	tʂʻu^{13}	tʂʻu^{13}	tʂʻu^{13}
甘州区	ku^{31}	kʻu^{44}	kʻu^{31}	kʻu^{53}	kʻu^{53}	kʻu^{53}	kʻu^{53}	kʻu^{53}
临泽县	pfu^{214}	pfʻu^{44}	pfʻu^{214}	pfʻu^{53}	pfʻu^{53}	pfʻu^{53}	pfʻu^{53}	pfʻu^{53}
民乐县	kfu^{42}	kfʻu^{44}	kfʻu^{42}	kfʻu^{53}	kfʻu^{53}	kfʻu^{53}	kfʻu^{53}	kfʻu^{53}
山丹县	pfu^{41}	pfʻu^{24}	pfʻu^{41}	pfʻu^{53}	pfʻu^{53}	pfʻu^{53}	pfʻu^{53}	pfʻu^{53}
高台县	ku^{214}	kʻu^{44}	kʻu^{214}	kʻu^{53}	kʻu^{53}	kʻu^{53}	kʻu^{53}	kʻu^{53}
肃州区	tʂu^{214}	tʂʻu^{44}	tʂʻu^{214}	tʂʻu^{53}	tʂʻu^{53}	tʂʻu^{53}	tʂʻu^{53}	tʂʻu^{53}
金塔县	tʂu^{13}	tʂʻu^{44}	tʂʻu^{13}	tʂʻu^{53}	tʂʻu^{53}	tʂʻu^{53}	tʂʻu^{53}	tʂʻu^{53}
肃北县	tʂu^{213}	tʂʻu^{44}	tʂʻu^{213}	tʂʻu^{53}	tʂʻu^{53}	tʂʻu^{53}	tʂʻu^{53}	tʂʻu^{53}
玉门市	tʂu^{213}	tʂʻu^{44}	tʂʻu^{213}	tʂʻu^{53}	tʂʻu^{53}	tʂʻu^{53}	tʂʻu^{53}	tʂʻu^{53}

①又尺类切，止合三去至昌。

续表

瓜州县	tʂu^{213}	tʂʻu^{44}	tʂʻu^{213}	tʂʻu^{53}	tʂʻu^{53}	tʂʻu^{53}	tʂʻu^{53}	tʂʻu^{53}
西夏区	tʂu^{13}	tʂʻu^{44}	tʂʻu^{13}	tʂʻu^{53}	tʂʻu^{53}	tʂʻu^{53}	tʂʻu^{53}	tʂʻu^{53}
贺兰县	tʂu^{13} ku^{13}	tʂʻu^{44} kʻu^{44}	tʂʻu^{13} kʻu^{13}	tʂʻu^{53} kʻu^{53}	tʂʻu^{53} kʻu^{53}	tʂʻu^{53} kʻu^{53}	tʂʻu^{53} kʻu^{53}	tʂʻu^{53} kʻu^{53}
灵武市 （东塔镇）	tʂu^{13}	tʂʻu^{44}	tʂʻu^{13}	tʂʻu^{52}	tʂʻu^{52}	tʂʻu^{52}	tʂʻu^{52}	tʂʻu^{52}
永宁县	tʂu^{13}	tʂʻu^{44}	tʂʻu^{13}	tʂʻu^{53}	tʂʻu^{53}	tʂʻu^{53}	tʂʻu^{53}	tʂʻu^{53}
中宁县	tʂu^{13}	tʂʻu^{44}	tʂʻu^{44}	tʂʻu^{53}	tʂʻu^{53}	tʂʻu^{53}	tʂʻu^{53}	tʂʻu^{53}
沙坡头区	tʂu^{13}	tʂʻu^{44}	tʂʻu^{44}	tʂʻu^{53}	tʂʻu^{53}	tʂʻu^{53}	tʂʻu^{53}	tʂʻu^{53}
盐池县	tʂu^{13}	tʂʻu^{44}	tʂʻu^{13}	tʂʻu^{13}	tʂʻu^{13}	tʂʻu^{13}	tʂʻu^{13}	tʂʻu^{13}
平罗县 （渠口乡）	tʂu^{13}	tʂʻu^{44}	tʂʻu^{13}	tʂʻu^{53}	tʂʻu^{53}	tʂʻu^{53}	tʂʻu^{53}	tʂʻu^{53}
阿拉善左旗	tʂu^{213}	tʂʻu^{44}	tʂʻu^{213}	tʂʻu^{51}	tʂʻu^{51}	tʂʻu^{51}	tʂʻu^{51}	tʂʻu^{51}
乌鲁木齐市	tʂu^{213}	tʂʻu^{44}	tʂʻu^{213}	tʂʻu^{52}	tʂʻu^{52}	tʂʻu^{52}	tʂʻu^{52}	tʂʻu^{52}
阜康市	tʂu^{213}	tʂʻu^{55}	tʂʻu^{213}	tʂʻu^{51}	tʂʻu^{51}	tʂʻu^{51}	tʂʻu^{51}	tʂʻu^{51}
呼图壁县	tʂu^{213}	tʂʻu^{44}	tʂʻu^{213}	tʂʻu^{51}	tʂʻu^{51}	tʂʻu^{51}	tʂʻu^{51}	tʂʻu^{51}
吉木萨尔县	tʂu^{213}	tʂʻu^{44}	tʂʻu^{213}	tʂʻu^{51}	tʂʻu^{51}	tʂʻu^{51}	tʂʻu^{51}	tʂʻu^{51}
奇台县	tʂu^{213}	tʂʻu^{44}	tʂʻu^{213}	tʂʻu^{52}	tʂʻu^{52}	tʂʻu^{52}	tʂʻu^{52}	tʂʻu^{52}
博乐市	tʂu^{24}	tʂʻu^{45}	tʂʻu^{24}	tʂʻu^{51}	tʂʻu^{51}	tʂʻu^{51}	tʂʻu^{51}	tʂʻu^{51}
阿勒泰市	tʂu^{23}	tʂʻu^{44}	tʂʻu^{23}	tʂʻu^{51}	tʂʻu^{51}	tʂʻu^{51}	tʂʻu^{51}	tʂʻu^{51}
布尔津县	tʂu^{51}	tʂʻu^{44}	tʂʻu^{51}	tʂʻu^{23}	tʂʻu^{23}	tʂʻu^{23}	tʂʻu^{23}	tʂʻu^{23}
乌苏市	tʂu^{213}	tʂʻu^{55}	tʂʻu^{213}	tʂʻu^{51}	tʂʻu^{51}	tʂʻu^{51}	tʂʻu^{51}	tʂʻu^{51}
额敏县	tʂu^{34}	tʂʻu^{44}	tʂʻu^{34}	tʂʻu^{51}	tʂʻu^{51}	tʂʻu^{51}	tʂʻu^{51}	tʂʻu^{51}
伊州区	tʂu^{213}	tʂʻu^{44}	tʂʻu^{213}	tʂʻu^{51}	tʂʻu^{51}	tʂʻu^{51}	tʂʻu^{51}	tʂʻu^{51}
巴里坤县	tʂu^{24}	tʂʻu^{45}	tʂʻu^{24}	tʂʻu^{51}	tʂʻu^{51}	tʂʻu^{51}	tʂʻu^{51}	tʂʻu^{51}
伊吾县	tʂu^{213}	tʂʻu^{44}	tʂʻu^{213}	tʂʻu^{51}	tʂʻu^{51}	tʂʻu^{51}	tʂʻu^{51}	tʂʻu^{51}

字目 / 中古音 / 方言点	楚①	础	处 处理	处 处所	畜② 畜生	触③	梳	疏 稀疏
中古音	遇合三上语初	遇合三上语初	遇合三上语昌	遇合三去御昌	通合三入屋彻	通合三入烛昌	遇合三平鱼生	遇合三平鱼生
兰州市（城关区）	pfʻu^{44}	pfʻu^{44}	pfʻu^{44}	pfʻu^{13}	pfʻu^{13}	pfʻu^{13}	fu^{53}	fu^{53}
永登县	pfʻu^{354}	pfʻu^{354}	pfʻu^{354}	pfʻu^{13}	pfʻu^{13}	pfʻu^{13}	fu^{42}	fu^{42}
榆中县	tʂʻu^{44}	tʂʻu^{44}	tʂʻu^{44}	tʂʻu^{13}	tʂʻu^{13}	tʂʻu^{13}	ʂu^{52}	ʂu^{51}
皋兰县	pfʻu^{342}	pfʻu^{342}	pfʻu^{342}	pfʻu^{13}	pfʻu^{13}	pfʻu^{13}	fu^{42}	fu^{42}
白银区	pfʻu^{343}	pfʻu^{343}	pfʻu^{343}	pfʻu^{13}	pfʻu^{13}	pfʻu^{13}	fu^{44}	fu^{44}
天祝县	tʂʻu^{44}	tʂʻu^{44}	tʂʻu^{44}	tʂʻu^{213}	tʂʻu^{31}	tʂʻu^{31}	ʂu^{44}	ʂu^{44}
景泰县（红水镇）	tʂʻu^{44}	tʂʻu^{44}	tʂʻu^{44}	tʂʻu^{213}	tʂʻu^{31}	tʂʻu^{31}	ʂu^{44}	ʂu^{44}
古浪县	tʂʻu^{44}	tʂʻu^{44}	tʂʻu^{44}	tʂʻu^{31}	tʂʻu^{31}	tʂʻu^{31}	ʂu^{44}	ʂu^{44}
凉州区	tʂʻu^{33}	tʂʻu^{33}	tʂʻu^{33}	tʂʻu^{53}	tʂʻu^{53}	tʂʻu^{53}	ʂu^{33}	ʂu^{33}
民勤县	tʂʻu^{214}	tʂʻu^{214}	tʂʻu^{214}	tʂʻu^{42}	tʂʻu^{42}	tʂʻu^{42}	ʂu^{44}	ʂu^{44}
永昌县	tʂʻu^{13}	tʂʻu^{13}	tʂʻu^{13}	tʂʻu^{53}	tʂʻu^{53}	tʂʻu^{53}	ʂu^{33}	ʂu^{33}
甘州区	kʻu^{53}	kʻu^{53}	kʻu^{53}	kʻu^{31}	kʻu^{31}	kʻu^{31}	ʂu^{44}	ʂu^{44}
临泽县	pfʻu^{53}	pfʻu^{53}	pfʻu^{53}	pfʻu^{214}	pfʻu^{214}	pfʻu^{214}	fu^{44}	fu^{44}
民乐县	kfʻu^{214}	kfʻu^{214}	kfʻu^{214}	kfʻu^{42}	kfʻu^{42}	kfʻu^{42}	fu^{44}	fu^{44}
山丹县	pfʻu^{53}	pfʻu^{53}	pfʻu^{53}	pfʻu^{41}	pfʻu^{41}	pfʻu^{41}	fu^{24}	fu^{24}
高台县	kʻu^{53}	kʻu^{53}	kʻu^{53}	kʻu^{214}	kʻu^{214}	kʻu^{214}	ʂu^{44}	ʂu^{44}
肃州区	tʂʻu^{53}	tʂʻu^{53}	tʂʻu^{53}	tʂʻu^{214}	tʂʻu^{214}	tʂʻu^{214}	ʂu^{44}	ʂu^{44}
金塔县	tʂʻu^{53}	tʂʻu^{53}	tʂʻu^{53}	tʂʻu^{13}	tʂʻu^{13}	tʂʻu^{13}	ʂu^{44}	ʂu^{44}
肃北县	tʂʻu^{53}	tʂʻu^{53}	tʂʻu^{53}	tʂʻu^{213}	tʂʻu^{213}	tʂʻu^{213}	ʂu^{44}	ʂu^{44}

①又疮据切，遇合三去御初。

②又许竹切，通合三入屋晓。

③又昌句切，遇合三去遇昌。

续表

玉门市	tʂʻu^{53}	tʂʻu^{53}	tʂʻu^{53}	tʂʻu^{213}	tʂʻu^{213}	tʂʻu^{213}	ʂu^{44}	ʂu^{44}
瓜州县	tʂʻu^{53}	tʂʻu^{53}	tʂʻu^{53}	tʂʻu^{213}	tʂʻu^{213}	tʂʻu^{213}	ʂu^{44}	ʂu^{44}
西夏区	tʂʻu^{53}	tʂʻu^{53}	tʂʻu^{53}	tʂʻu^{13}	tʂʻu^{13}	tʂʻu^{13}	ʂu^{44}	ʂu^{44}
贺兰县	tʂʻu^{53} kʻu^{53}	tʂʻu^{53} kʻu^{53}	tʂʻu^{53} kʻu^{53}	tʂʻu^{13} kʻu^{13}	tʂʻu^{13} kʻu^{13}	tʂʻu^{13} kʻu^{13}	ʂu^{44} fu^{44}	ʂu^{44} fu^{44}
灵武市 （东塔镇）	tʂʻu^{52}	tʂʻu^{52}	tʂʻu^{52}	tʂʻu^{13}	tʂʻu^{13}	tʂʻu^{13}	ʂu^{44}	ʂu^{44}
永宁县	tʂʻu^{53}	tʂʻu^{53}	tʂʻu^{53}	tʂʻu^{13}	tʂʻu^{13}	tʂʻu^{13}	ʂu^{44}	ʂu^{44}
中宁县	tʂʻu^{53}	tʂʻu^{53}	tʂʻu^{53}	tʂʻu^{13}	tʂʻu^{13}	tʂʻu^{13}	ʂu^{44}	ʂu^{44}
沙坡头区	tʂʻu^{53}	tʂʻu^{53}	tʂʻu^{53}	tʂʻu^{13}	tʂʻu^{13}	tʂʻu^{13}	ʂu^{44}	ʂu^{44}
盐池县	tʂʻu^{52}	tʂʻu^{52}	tʂʻu^{52}	tʂʻu^{13}	tʂʻu^{13}	tʂʻu^{13}	ʂu^{44}	ʂu^{44}
平罗县 （渠口乡）	tʂʻu^{53}	tʂʻu^{53}	tʂʻu^{53}	tʂʻu^{13}	tʂʻu^{13}	tʂʻu^{13}	ʂu^{44}	ʂu^{44}
阿拉善左旗	tʂʻu^{51}	tʂʻu^{51}	tʂʻu^{51}	tʂʻu^{213}	tʂʻu^{213}	tʂʻu^{213}	ʂu^{44}	ʂu^{44}
乌鲁木齐市	tʂʻu^{52}	tʂʻu^{52}	tʂʻu^{52}	tʂʻu^{213}	tʂʻu^{213}	tʂʻu^{213}	ʂu^{44}	ʂu^{44}
阜康市	tʂʻu^{51}	tʂʻu^{51}	tʂʻu^{51}	tʂʻu^{213}	tʂʻu^{213}	tʂʻu^{213}	fu^{55}	fu^{55}
呼图壁县	tʂʻu^{51}	tʂʻu^{51}	tʂʻu^{51}	tʂʻu^{213}	tʂʻu^{213}	tʂʻu^{213}	ʂu^{44}	ʂu^{44}
吉木萨尔县	tʂʻu^{51}	tʂʻu^{51}	tʂʻu^{51}	tʂʻu^{213}	tʂʻu^{213}	tʂʻu^{213}	ʂu^{44}	ʂu^{44}
奇台县	tʂʻu^{52}	tʂʻu^{52}	tʂʻu^{52}	tʂʻu^{213}	tʂʻu^{213}	tʂʻu^{213}	ʂu^{44}	ʂu^{44}
博乐市	tʂʻu^{51}	tʂʻu^{51}	tʂʻu^{51}	tʂʻu^{24}	tʂʻu^{24}	tʂʻu^{24}	ʂu^{45}	ʂu^{45}
阿勒泰市	tʂʻu^{51}	tʂʻu^{51}	tʂʻu^{51}	tʂʻu^{23}	tʂʻu^{23}	tʂʻu^{23}	ʂu^{44}	ʂu^{44}
布尔津县	tʂʻu^{23}	tʂʻu^{23}	tʂʻu^{51}	tʂʻu^{51}	tʂʻu^{51}	tʂʻu^{51}	ʂu^{44}	ʂu^{44}
乌苏市	tʂʻu^{51}	tʂʻu^{51}	tʂʻu^{51}	tʂʻu^{213}	tʂʻu^{213}	tʂʻu^{213}	fu^{55}	fu^{55}
额敏县	tʂʻu^{51}	tʂʻu^{51}	tʂʻu^{51}	tʂʻu^{34}	tʂʻu^{34}	tʂʻu^{34}	ʂu^{44}	ʂu^{44}
伊州区	tʂʻu^{51}	tʂʻu^{51}	tʂʻu^{51}	tʂʻu^{213}	tʂʻu^{213}	tʂʻu^{213}	ʂu^{44}	ʂu^{44}
巴里坤县	tʂʻu^{51}	tʂʻu^{51}	tʂʻu^{51}	tʂʻu^{24}	tʂʻu^{24}	tʂʻu^{24}	ʂu^{45}	ʂu^{45}
伊吾县	tʂʻu^{51}	tʂʻu^{51}	tʂʻu^{51}	tʂʻu^{213}	tʂʻu^{213}	tʂʻu^{213}	ʂu^{44}	ʂu^{44}

字目 / 中古音 / 方音 / 方言点	书	舒	输 输赢	输 运输	殊	叔	熟	赎
中古音	遇合三 平鱼书	遇合三 平鱼书	遇合三 平虞书	遇合三 平虞书	遇合三 平虞禅	通合三 入屋书	通合三 入屋禅	通合三 入烛船
兰州市 （城关区）	fu^{53}	fu^{53}	fu^{53}	fu^{53}	fu^{51}	fu^{13}	fu^{51}	fu^{51}
永登县	fu^{42}	fu^{42}	fu^{42}	fu^{42}	fu^{53}	fu^{13}	fu^{53}	fu^{53}
榆中县	fu^{51}	fu^{51}	fu^{51}	fu^{51}	lu^{332}	fu^{13}	fu^{332}	fu^{332}
皋兰县	fu^{42}	fu^{42}	fu^{42}	fu^{42}	fu^{53}	fu^{13}	fu^{53}	fu^{53}
白银区	fu^{44}	fu^{44}	fu^{44}	fu^{44}	fu^{51}	fu^{13}	fu^{51}	fu^{51}
天祝县	ʂu^{44}	ʂu^{44}	ʂu^{44}	ʂu^{44}	ʂu^{44}	ʂu^{231}	ʂu^{213}	ʂu^{213}
景泰县 （红水镇）	ʂu^{44}	ʂu^{44}	ʂu^{44}	ʂu^{44}	ʂu^{44}	ʂu^{231}	ʂu^{213}	ʂu^{213}
古浪县	ʂu^{44}	ʂu^{44}	ʂu^{44}	ʂu^{44}	ʂu^{53}	ʂu^{31}	ʂu^{31}	ʂu^{31}
凉州区	ʂu^{33}	ʂu^{33}	ʂu^{33}	ʂu^{33}	ʂu^{13}	ʂu^{53}	ʂu^{53}	ʂu^{53}
民勤县	ʂu^{44}	ʂu^{44}	ʂu^{44}	ʂu^{44}	ʂu^{53}	ʂu^{42}	ʂu^{53}	ʂu^{53}
永昌县	ʂu^{44}	ʂu^{44}	ʂu^{44}	ʂu^{44}	ʂu^{13}	ʂu^{53}	ʂu^{13}	ʂu^{13}
甘州区	ʂu^{44}	ʂu^{44}	ʂu^{44}	ʂu^{44}	ʂu^{53}	ʂu^{31}	ʂu^{31}	ʂu^{31}
临泽县	fu^{44}	fu^{44}	fu^{44}	fu^{44}	fu^{53}	fu^{214}	fu^{214}	fu^{214}
民乐县	fu^{44}	fu^{44}	fu^{44}	fu^{44}	fu^{53}	fu^{42}	fu^{53}	fu^{53}
山丹县	fu^{24}	fu^{24}	fu^{24}	fu^{24}	fu^{53}	fu^{41}	fu^{41}	fu^{41}
高台县	fu^{44}	fu^{44}	fu^{44}	fu^{44}	fu^{53}	fu^{214}	fu^{214}	fu^{214}
肃州区	ʂu^{44}	ʂu^{44}	ʂu^{44}	ʂu^{44}	ʂu^{53}	ʂu^{214}	ʂu^{214}	ʂu^{214}
金塔县	ʂu^{44}	ʂu^{44}	ʂu^{44}	ʂu^{44}	ʂu^{53}	ʂu^{13}	ʂu^{13}	ʂu^{13}
肃北县	ʂu^{44}	ʂu^{44}	ʂu^{44}	ʂu^{44}	ʂu^{53}	ʂu^{213}	ʂu^{213}	ʂu^{213}
玉门市	ʂu^{44}	ʂu^{44}	ʂu^{44}	ʂu^{44}	ʂu^{53}	ʂu^{213}	ʂu^{213}	ʂu^{213}
瓜州县	ʂu^{44}	ʂu^{44}	ʂu^{44}	ʂu^{44}	ʂu^{53}	ʂu^{213}	ʂu^{213}	ʂu^{213}
西夏区	ʂu^{44}	ʂu^{44}	ʂu^{44}	ʂu^{44}	ʂu^{53}	ʂu^{13}	ʂu^{13}	ʂu^{13}

续表

贺兰县	ʂu^{44} fu^{44}	ʂu^{44} fu^{44}	ʂu^{44} fu^{44}	ʂu^{44} fu^{44}	ʂu^{53} fu^{53}	ʂu^{13} fu^{13}	ʂu^{13} fu^{13}	ʂu^{13} fu^{13}
灵武市（东塔镇）	ʂu^{44}	ʂu^{44}	ʂu^{44}	ʂu^{44}	ʂu^{52}	ʂu^{13}	ʂu^{13}	ʂu^{13}
永宁县	ʂu^{44}	ʂu^{44}	ʂu^{44}	ʂu^{44}	ʂu^{53}	ʂu^{13}	ʂu^{13}	ʂu^{13}
中宁县	ʂu^{44}	ʂu^{44}	ʂu^{44}	ʂu^{44}	ʂu^{53}	ʂu^{13}	ʂu^{53}	ʂu^{53}
沙坡头区	ʂu^{44}	ʂu^{44}	ʂu^{44}	ʂu^{44}	ʂu^{53}	ʂu^{13}	ʂu^{53}	ʂu^{53}
盐池县	ʂu^{44}	ʂu^{44}	ʂu^{44}	ʂu^{44}	ʂu^{52}	ʂu^{13}	ʂu^{13}	ʂu^{13}
平罗县（渠口乡）	ʂu^{44}	ʂu^{44}	ʂu^{44}	ʂu^{44}	ʂu^{53}	ʂu^{13}	ʂu^{13}	ʂu^{13}
阿拉善左旗	fu^{44}	fu^{44}	fu^{44}	fu^{44}	fu^{51}	fu^{213}	fu^{213}	fu^{213}
乌鲁木齐市	ʂu^{44}	ʂu^{44}	ʂu^{44}	ʂu^{44}	ʂu^{52}	ʂu^{213}	ʂu^{213}	ʂu^{213}
阜康市	fu^{55}	fu^{55}	fu^{55}	fu^{55}	fu^{51}	fu^{213}	fu^{213}	fu^{213}
呼图壁县	fu^{44}	fu^{44}	fu^{44}	fu^{44}	fu^{51}	fu^{213}	fu^{213}	fu^{213}
吉木萨尔县	fu^{44}	fu^{44}	fu^{44}	fu^{44}	fu^{51}	fu^{213}	fu^{213}	fu^{213}
奇台县	ʂu^{44}	ʂu^{44}	ʂu^{44}	ʂu^{44}	ʂu^{52}	ʂu^{213}	ʂu^{213}	ʂu^{213}
博乐市	fu^{45}	fu^{45}	fu^{45}	fu^{45}	fu^{51}	fu^{24}	fu^{24}	fu^{24}
阿勒泰市	fu^{44}	fu^{44}	fu^{44}	fu^{44}	fu^{51}	fu^{23}	fu^{23}	fu^{23}
布尔津县	fu^{44}	fu^{44}	fu^{44}	fu^{44}	fu^{23}	fu^{51}	fu^{51}	fu^{51}
乌苏市	fu^{55}	fu^{55}	fu^{55}	fu^{55}	fu^{51}	fu^{213}	fu^{213}	fu^{213}
额敏县	fu^{44}	fu^{44}	fu^{44}	fu^{44}	fu^{51}	fu^{34}	fu^{34}	fu^{34}
伊州区	fu^{44}	fu^{44}	fu^{44}	fu^{44}	fu^{51}	fu^{213}	fu^{213}	fu^{213}
巴里坤县	fu^{45}	fu^{45}	fu^{45}	fu^{45}	fu^{51}	fu^{24}	fu^{24}	fu^{24}
伊吾县	fu^{44}	fu^{44}	fu^{44}	fu^{44}	fu^{51}	fu^{213}	fu^{213}	fu^{213}

字目 方音 中古音 方言点	黍	暑	鼠	著①	数② 数一数	属	蜀	数 数目
	遇合三上书语	遇合三上语书	遇合三上语书	遇合三去御禅	遇合三上麌生	通合三入烛禅	通合三入烛禅	遇合三入遇生
兰州市（城关区）	fu^{44}	fu^{44}	fu^{44}	pfu^{13}	fu^{44}	fu^{51}	fu^{51}	fu^{13}
永登县	fu^{354}	fu^{354}	fu^{354}	pfu^{13}	fu^{354}	fu^{53}	fu^{53}	fu^{13}
榆中县	fu^{44}	fu^{44}	fu^{44}	pfu^{13}	fu^{44}	lu^{332}	fu^{332}	fu^{13}
皋兰县	fu^{342}	fu^{342}	fu^{342}	pfu^{13}	fu^{342}	fu^{53}	fu^{53}	fu^{13}
白银区	fu^{343}	fu^{343}	fu^{343}	pfu^{13}	fu^{343}	fu^{51}	fu^{51}	fu^{13}
天祝县	ʂu^{44}	ʂu^{44}	ʂu^{44}	tʂu^{213}	ʂu^{44}	ʂu^{213}	ʂu^{213}	ʂu^{213}
景泰县（红水镇）	ʂu^{44}	ʂu^{44}	ʂu^{44}	tʂu^{213}	ʂu^{44}	ʂu^{213}	ʂu^{213}	ʂu^{213}
古浪县	ʂu^{44}	ʂu^{44}	ʂu^{44}	tʂu^{31}	ʂu^{44}	ʂu^{31}	ʂu^{31}	ʂu^{31}
凉州区	ʂu^{33}	ʂu^{33}	ʂu^{33}	tʂu^{53}	ʂu^{33}	ʂu^{53}	ʂu^{53}	ʂu^{53}
民勤县	ʂu^{214}	ʂu^{214}	ʂu^{214}	tʂu^{42}	ʂu^{214}	ʂu^{42}	ʂu^{42}	ʂu^{42}
永昌县	ʂu^{13}	ʂu^{13}	ʂu^{13}	tʂu^{53}	ʂu^{13}	ʂu^{13}	ʂu^{13}	ʂu^{53}
甘州区	ʂu^{53}	ʂu^{53}	ʂu^{53}	ku^{31}	ʂu^{53}	ʂu^{31}	ʂu^{31}	ʂu^{31}
临泽县	fu^{53}	fu^{53}	fu^{53}	pfu^{214}	fu^{53}	fu^{214}	fu^{214}	fu^{214}
民乐县	fu^{213}	fu^{213}	fu^{213}	kfu^{42}	fu^{214}	fu^{42}	fu^{42}	fu^{42}
山丹县	fu^{53}	fu^{53}	fu^{53}	pfu^{41}	fu^{53}	fu^{41}	fu^{41}	fu^{41}
高台县	fu^{53}	fu^{53}	fu^{53}	ku^{214}	fu^{53}	fu^{214}	fu^{214}	fu^{214}
肃州区	ʂu^{53}	ʂu^{53}	ʂu^{53}	tʂu^{214}	ʂu^{53}	ʂu^{214}	ʂu^{214}	ʂu^{214}
金塔县	ʂu^{53}	ʂu^{53}	ʂu^{53}	tʂu^{13}	ʂu^{53}	ʂu^{13}	ʂu^{13}	ʂu^{13}
肃北县	ʂu^{53}	ʂu^{53}	ʂu^{53}	tʂu^{213}	ʂu^{53}	ʂu^{213}	ʂu^{213}	ʂu^{213}

①又通“藷”，署鱼切，遇合三平鱼禅；陈如切，遇合三平鱼禅。

②又爽阻切，遇合三上语生。

续表

玉门市	ʂu^{53}	ʂu^{53}	ʂu^{53}	tʂu^{213}	ʂu^{53}	ʂu^{213}	ʂu^{213}	ʂu^{213}
瓜州县	ʂu^{53}	ʂu^{53}	ʂu^{53}	tʂu^{213}	ʂu^{53}	ʂu^{213}	ʂu^{213}	ʂu^{213}
西夏区	ʂu^{53}	ʂu^{53}	ʂu^{53}	tʂu^{13}	ʂu^{53}	ʂu^{13}	ʂu^{13}	ʂu^{13}
贺兰县	ʂu^{53} fu^{53}	ʂu^{53} fu^{53}	ʂu^{53} fu^{53}	tʂu^{13} fu^{13}	ʂu^{53} fu^{53}	ʂu^{13} fu^{13}	ʂu^{13} fu^{13}	ʂu^{13} fu^{13}
灵武市 （东塔镇）	ʂu^{52}	ʂu^{52}	ʂu^{52}	tʂu^{13}	ʂu^{52}	ʂu^{13}	ʂu^{13}	ʂu^{13}
永宁县	ʂu^{53}	ʂu^{53}	ʂu^{53}	tʂu^{13}	ʂu^{53}	ʂu^{13}	ʂu^{13}	ʂu^{13}
中宁县	ʂu^{53}	ʂu^{53}	ʂu^{53}	tʂu^{13}	ʂu^{53}	ʂu^{13}	ʂu^{13}	ʂu^{13}
沙坡头区	ʂu^{53}	ʂu^{53}	ʂu^{53}	tʂu^{13}	ʂu^{53}	ʂu^{13}	ʂu^{13}	ʂu^{13}
盐池县	ʂu^{52}	ʂu^{52}	ʂu^{52}	tʂu^{13}	ʂu^{52}	ʂu^{13}	ʂu^{13}	ʂu^{13}
平罗县 （渠口乡）	ʂu^{53}	ʂu^{53}	ʂu^{53}	tʂu^{13}	ʂu^{53}	ʂu^{13}	ʂu^{13}	ʂu^{13}
阿拉善左旗	fu^{51}	fu^{51}	fu^{51}	tʂu^{213}	ʂu^{51}	ʂu^{213}	ʂu^{213}	ʂu^{213}
乌鲁木齐市	ʂu^{52}	ʂu^{52}	ʂu^{52}	tʂu^{213}	ʂu^{52}	ʂu^{213}	ʂu^{213}	ʂu^{213}
阜康市	fu^{51}	fu^{51}	fu^{51}	tʂu^{213}	ʂu^{51}	ʂu^{213}	ʂu^{213}	ʂu^{213}
呼图壁县	fu^{51}	fu^{51}	fu^{51}	tʂu^{213}	ʂu^{51}	ʂu^{213}	ʂu^{213}	ʂu^{213}
吉木萨尔县	fu^{51}	fu^{51}	fu^{51}	tʂu^{213}	ʂu^{51}	ʂu^{213}	ʂu^{213}	ʂu^{213}
奇台县	ʂu^{52}	ʂu^{52}	ʂu^{52}	tʂu^{213}	ʂu^{52}	ʂu^{213}	ʂu^{213}	ʂu^{213}
博乐市	fu^{51}	fu^{51}	fu^{51}	tʂu^{24}	ʂu^{51}	ʂu^{24}	ʂu^{24}	ʂu^{24}
阿勒泰市	fu^{51}	fu^{51}	fu^{51}	tʂu^{23}	ʂu^{51}	ʂu^{23}	ʂu^{23}	ʂu^{23}
布尔津县	fu^{23}	fu^{23}	fu^{23}	tʂu^{51}	ʂu^{23}	ʂu^{51}	ʂu^{51}	ʂu^{51}
乌苏市	fu^{51}	fu^{51}	fu^{51}	tʂu^{213}	ʂu^{51}	ʂu^{213}	ʂu^{213}	ʂu^{213}
额敏县	fu^{51}	fu^{51}	fu^{51}	tʂu^{34}	ʂu^{51}	ʂu^{34}	ʂu^{34}	ʂu^{34}
伊州区	fu^{51}	fu^{51}	fu^{51}	tʂu^{213}	ʂu^{51}	ʂu^{213}	ʂu^{213}	ʂu^{213}
巴里坤县	fu^{51}	fu^{51}	fu^{51}	tʂu^{24}	ʂu^{51}	ʂu^{24}	ʂu^{24}	ʂu^{24}
伊吾县	fu^{51}	fu^{51}	fu^{51}	tʂu^{213}	ʂu^{51}	ʂu^{213}	ʂu^{213}	ʂu^{213}

字目 / 中古音 / 方言点	竖	树 树立	树 树木	术 算术	述	束	如①	儒
	遇合三 上麌禅	遇合三 上麌禅	遇合三 上遇禅	臻合三 入术船	臻合三 入术船	通喝三 入烛书	遇合三 平鱼日	遇合三 平虞日
兰州市 （城关区）	fu^{13}	fu^{13}	fu^{13}	fu^{13}	fu^{13}	fu^{13}	vu^{51}	vu^{51}
永登县	fu^{13}	fu^{13}	fu^{13}	fu^{13}	fu^{13}	fu^{13}	vu^{53}	vu^{53}
榆中县	fu^{13}	fu^{13}	fu^{13}	fu^{13}	fu^{13}	fu^{13}	vu^{332}	vu^{332}
皋兰县	fu^{13}	fu^{13}	fu^{13}	fu^{13}	fu^{13}	fu^{13}	vu^{53}	vu^{53}
白银区	fu^{13}	fu^{13}	fu^{13}	fu^{13}	fu^{13}	fu^{13}	vu^{51}	vu^{51}
天祝县	ʂu^{213}	ʂu^{213}	ʂu^{213}	ʂu^{213}	ʂu^{213}	ʂu^{213}	ʐu^{44}	ʐu^{53}
景泰县 （红水镇）	ʂu^{213}	ʂu^{213}	ʂu^{213}	ʂu^{213}	ʂu^{213}	ʂu^{213}	ʐu^{44}	ʐu^{53}
古浪县	ʂu^{31}	ʂu^{31}	ʂu^{31}	ʂu^{31}	ʂu^{31}	ʂu^{31}	ʐu^{53}	ʐu^{53}
凉州区	ʂu^{53}	ʂu^{53}	ʂu^{53}	ʂu^{53}	ʂu^{53}	ʂu^{53}	ʐu^{13}	ʐu^{13}
民勤县	ʂu^{42}	ʂu^{42}	ʂu^{42}	ʂu^{42}	ʂu^{42}	ʂu^{42}	ʐu^{53}	ʐu^{53}
永昌县	ʂu^{53}	ʂu^{53}	ʂu^{53}	ʂu^{53}	ʂu^{53}	ʂu^{53}	ʐu^{13}	ʐu^{13}
甘州区	ʂu^{31}	ʂu^{31}	ʂu^{31}	ʂu^{31}	ʂu^{31}	ʂu^{31}	ʐu^{53}	ʐu^{53}
临泽县	fu^{214}	fu^{214}	fu^{214}	fu^{214}	fu^{214}	fu^{214}	vu^{53}	vu^{53}
民乐县	fu^{42}	fu^{42}	fu^{42}	fu^{42}	fu^{42}	fu^{42}	vu^{53}	vu^{53}
山丹县	fu^{41}	fu^{41}	fu^{41}	fu^{41}	fu^{41}	fu^{41}	vu^{53}	vu^{53}
高台县	fu^{214}	fu^{214}	fu^{214}	fu^{214}	fu^{214}	fu^{214}	vu^{53}	vu^{53}
肃州区	ʂu^{214}	ʂu^{214}	ʂu^{214}	ʂu^{214}	ʂu^{214}	ʂu^{214}	ʐu^{53}	ʐu^{52}
金塔县	ʂu^{13}	ʂu^{13}	ʂu^{13}	ʂu^{13}	ʂu^{13}	ʂu^{13}	ʐu^{53}	ʐu^{53}
肃北县	ʂu^{213}	ʂu^{213}	ʂu^{213}	ʂu^{213}	ʂu^{213}	ʂu^{213}	ʐu^{53}	ʐu^{53}
玉门市	ʂu^{213}	ʂu^{213}	ʂu^{213}	ʂu^{213}	ʂu^{213}	ʂu^{213}	ʐu^{53}	ʐu^{53}

①又人恕切，遇合一去御日；乃箇切，果开一去箇泥。

续表

瓜州县	ʂu^{213}	ʂu^{213}	ʂu^{213}	ʂu^{213}	ʂu^{213}	ʂu^{213}	ʐu^{53}	ʐu^{53}
西夏区	ʂu^{13}	ʂu^{13}	ʂu^{13}	ʂu^{13}	ʂu^{13}	ʂu^{13}	ʐu^{53}	ʐu^{52}
贺兰县	ʂu^{13} fu^{13}	ʂu^{13} fu^{13}	ʂu^{13} fu^{13}	ʂu^{13} fu^{13}	ʂu^{13} fu^{13}	ʂu^{13} fu^{13}	ʐu^{53}	ʐu^{52}
灵武市 （东塔镇）	ʂu^{13}	ʂu^{13}	ʂu^{13}	ʂu^{13}	ʂu^{13}	ʂu^{13}	ʐu^{52}	ʐu^{52}
永宁县	ʂu^{13}	ʂu^{13}	ʂu^{13}	ʂu^{13}	ʂu^{13}	ʂu^{13}	ʐu^{53}	ʐu^{52}
中宁县	ʂu^{13}	ʂu^{13}	ʂu^{13}	ʂu^{13}	ʂu^{13}	ʂu^{13}	ʐu^{53}	ʐu^{53}
沙坡头区	ʂu^{13}	ʂu^{13}	ʂu^{13}	ʂu^{13}	ʂu^{13}	ʂu^{13}	ʐu^{53}	ʐu^{53}
盐池县	ʂu^{13}	ʂu^{13}	ʂu^{13}	ʂu^{13}	ʂu^{13}	ʂu^{13}	ʐu^{13}	ʐu^{13}
平罗县 （渠口乡）	ʂu^{13}	ʂu^{13}	ʂu^{13}	ʂu^{13}	ʂu^{13}	ʂu^{13}	ʐu^{53}	ʐu^{52}
阿拉善左旗	ʂu^{213}	ʂu^{213}	ʂu^{213}	ʂu^{213}	ʂu^{213}	ʂu^{213}	ʐu^{51}	ʐu^{51}
乌鲁木齐市	ʂu^{213}	ʂu^{213}	ʂu^{213}	ʂu^{213}	ʂu^{213}	ʂu^{213}	ʐu^{52}	ʐu^{52}
阜康市	ʂu^{213}	ʂu^{213}	ʂu^{213}	ʂu^{213}	ʂu^{213}	ʂu^{213}	ʐu^{51}	ʐu^{51}
呼图壁县	ʂu^{213}	ʂu^{213}	ʂu^{213}	ʂu^{213}	ʂu^{213}	ʂu^{213}	ʐu^{51}	ʐu^{51}
吉木萨尔县	ʂu^{213}	ʂu^{213}	ʂu^{213}	ʂu^{213}	ʂu^{213}	ʂu^{213}	ʐu^{51}	ʐu^{51}
奇台县	ʂu^{213}	ʂu^{213}	ʂu^{213}	ʂu^{213}	ʂu^{213}	ʂu^{213}	ʐu^{52}	ʐu^{52}
博乐市	ʂu^{24}	ʂu^{24}	ʂu^{24}	ʂu^{24}	ʂu^{24}	ʂu^{24}	ʐu^{51}	ʐu^{51}
阿勒泰市	ʂu^{23}	ʂu^{23}	ʂu^{23}	ʂu^{23}	ʂu^{23}	ʂu^{23}	ʐu^{51}	ʐu^{51}
布尔津县	ʂu^{51}	ʂu^{51}	ʂu^{51}	ʂu^{51}	ʂu^{51}	ʂu^{51}	ʐu^{23}	ʐu^{23}
乌苏市	ʂu^{213}	ʂu^{213}	ʂu^{213}	ʂu^{213}	ʂu^{213}	ʂu^{213}	ʐu^{51}	ʐu^{51}
额敏县	ʂu^{34}	ʂu^{34}	ʂu^{34}	ʂu^{34}	ʂu^{34}	ʂu^{34}	ʐu^{51}	ʐu^{51}
伊州区	ʂu^{213}	ʂu^{213}	ʂu^{213}	ʂu^{213}	ʂu^{213}	ʂu^{213}	ʐu^{51}	ʐu^{51}
巴里坤县	ʂu^{24}	ʂu^{24}	ʂu^{24}	ʂu^{24}	ʂu^{24}	ʂu^{24}	ʐu^{51}	ʐu^{51}
伊吾县	ʂu^{213}	ʂu^{213}	ʂu^{213}	ʂu^{213}	ʂu^{213}	ʂu^{213}	ʐu^{51}	ʐu^{51}

字目 / 中古音 / 方言点	乳	辱	入	褥①	姑	孤	箍②	辜
	遇合三上麌日	遇合三入烛日	深开三入缉日	通合三入烛日	遇合一平模见	遇合一平模见	遇合一平模见	遇合一平模见
兰州市（城关区）	vu⁴⁴	vu¹³	vu¹³	vu¹³	ku⁵³	ku⁵³	ku⁵³	ku⁵³
永登县	vu³⁵⁴	vu¹³	vu¹³	vu¹³	ku⁴²	ku⁴²	ku⁴²	ku⁴²
榆中县	vu⁴⁴	vu¹³	vu¹³	vu¹³	ku⁵¹	ku⁵¹	ku⁵¹	ku⁵¹
皋兰县	vu³⁴²	vu¹³	vu¹³	vu¹³	ku⁴²	ku⁴²	ku⁴²	ku⁴²
白银区	vu³⁴³	vu¹³	vu¹³	vu¹³	ku⁴⁴	ku⁴⁴	ku⁴⁴	ku⁴⁴
天祝县	zʅu⁴⁴	zʅu²¹³	zʅu²¹³	zʅu²¹³	ku⁴⁴	ku⁴⁴	ku⁴⁴	ku⁴⁴
景泰县（红水镇）	zʅu⁴⁴	zʅu²¹³	zʅu²¹³	zʅu²¹³	ku⁴⁴	ku⁴⁴	ku⁴⁴	ku⁴⁴
古浪县	zʅu⁴⁴	zʅu³¹	zʅu³¹	zʅu³¹	ku⁴⁴	ku⁴⁴	ku⁴⁴	ku⁴⁴
凉州区	zʅu³³	zʅu⁵³	zʅu⁵³	zʅu⁵³	ku³³	ku³³	ku³³	ku³³
民勤县	zʅu²¹⁴	zʅu⁴²	zʅu⁴²	zʅu⁴²	ku⁴⁴	ku⁴⁴	ku⁴⁴	ku⁴⁴
永昌县	zʅu¹³	zʅu⁵³	zʅu⁵³	zʅu⁵³	ku⁴⁴	ku⁴⁴	ku⁴⁴	ku¹³
甘州区	zʅu⁵³	zʅu³¹	zʅu³¹	zʅu³¹	ku⁴⁴	ku⁴⁴	ku⁴⁴	ku⁴⁴
临泽县	vu⁵³	vu²¹⁴	vu²¹⁴	vu²¹⁴	ku⁴⁴	ku⁴⁴	ku⁴⁴	ku⁴⁴
民乐县	vu²¹⁴	vu⁴²	vu⁴²	vu⁴²	ku²⁴	ku²⁴	ku²⁴	ku²⁴
山丹县	vu⁵³	vu⁴¹	vu⁴¹	vu⁴¹	ku⁴⁴	ku⁴⁴	ku⁴⁴	ku⁴⁴
高台县	vu⁵³	vu²¹⁴	vu²¹⁴	vu²¹⁴	ku⁴⁴	ku⁴⁴	ku⁴⁴	ku⁴⁴
肃州区	zʅu⁵³	zʅu²¹⁴	zʅu²¹⁴	zʅu²¹⁴	ku⁴⁴	ku⁴⁴	ku⁴⁴	ku⁴⁴
金塔县	zʅu⁵³	zʅu¹³	zʅu¹³	zʅu¹³	ku⁴⁴	ku⁴⁴	ku⁴⁴	ku⁴⁴
肃北县	zʅu⁵³	zʅu²¹³	zʅu²¹³	zʅu²¹³	ku⁴⁴	ku⁴⁴	ku⁴⁴	ku⁴⁴

①又内沃切，遇合一入沃泥。

②又空胡切，遇合一平模溪。

续表

玉门市	ʐu^{53}	ʐu^{213}	ʐu^{213}	ʐu^{213}	ku^{44}	ku^{44}	ku^{44}	ku^{44}
瓜州县	ʐu^{53}	ʐu^{213}	ʐu^{213}	ʐu^{213}	ku^{44}	ku^{44}	ku^{44}	ku^{44}
西夏区	ʐu^{53}	ʐu^{13}	ʐu^{13}	ʐu^{13}	ku^{44}	ku^{44}	ku^{44}	ku^{44}
贺兰县	ʐu^{53}	ʐu^{13}	ʐu^{13}	ʐu^{13}	ku^{44}	ku^{44}	ku^{44}	ku^{44}
灵武市（东塔镇）	ʐu^{52}	ʐu^{13}	ʐu^{13}	ʐu^{13}	ku^{44}	ku^{44}	ku^{44}	ku^{44}
永宁县	ʐu^{53}	ʐu^{13}	ʐu^{13}	ʐu^{13}	ku^{44}	ku^{44}	ku^{44}	ku^{44}
中宁县	ʐu^{53}	ʐu^{13}	ʐu^{13}	ʐu^{13}	ku^{44}	ku^{44}	ku^{44}	ku^{44}
沙坡头区	ʐu^{53}	ʐu^{13}	ʐu^{13}	ʐu^{13}	ku^{44}	ku^{44}	ku^{44}	ku^{44}
盐池县	ʐu^{52}	ʐu^{13}	ʐu^{13}	ʐu^{13}	ku^{44}	ku^{44}	ku^{44}	ku^{44}
平罗县（渠口乡）	ʐu^{53}	ʐu^{13}	ʐu^{13}	ʐu^{13}	ku^{44}	ku^{44}	ku^{44}	ku^{44}
阿拉善左旗	ʐu^{51}	ʐu^{213}	ʐu^{213}	ʐu^{213}	ku^{44}	ku^{44}	ku^{44}	ku^{44}
乌鲁木齐市	ʐu^{52}	ʐu^{213}	ʐu^{213}	ʐu^{213}	ku^{44}	ku^{44}	ku^{44}	ku^{44}
阜康市	ʐu^{51}	ʐu^{213}	ʐu^{213}	ʐu^{213}	ku^{55}	ku^{55}	ku^{55}	ku^{55}
呼图壁县	ʐu^{51}	ʐu^{213}	ʐu^{213}	ʐu^{213}	ku^{44}	ku^{44}	ku^{44}	ku^{44}
吉木萨尔县	ʐu^{51}	ʐu^{213}	ʐu^{213}	ʐu^{213}	ku^{44}	ku^{44}	ku^{44}	ku^{44}
奇台县	ʐu^{52}	ʐu^{213}	ʐu^{213}	ʐu^{213}	ku^{44}	ku^{44}	ku^{44}	ku^{44}
博乐市	ʐu^{51}	ʐu^{24}	ʐu^{24}	ʐu^{24}	ku^{45}	ku^{45}	ku^{45}	ku^{45}
阿勒泰市	ʐu^{51}	ʐu^{23}	ʐu^{23}	ʐu^{23}	ku^{44}	ku^{44}	ku^{44}	ku^{44}
布尔津县	ʐu^{3}	ʐu^{51}	ʐu^{51}	ʐu^{51}	ku^{44}	ku^{44}	ku^{44}	ku^{44}
乌苏市	ʐu^{51}	ʐu^{213}	ʐu^{213}	ʐu^{213}	ku^{55}	ku^{55}	ku^{55}	ku^{55}
额敏县	ʐu^{51}	ʐu^{34}	ʐu^{34}	ʐu^{34}	ku^{44}	ku^{44}	ku^{44}	ku^{44}
伊州区	ʐu^{51}	ʐu^{213}	ʐu^{213}	ʐu^{213}	ku^{44}	ku^{44}	ku^{44}	ku^{44}
巴里坤县	ʐu^{51}	ʐu^{24}	ʐu^{24}	ʐu^{24}	ku^{45}	ku^{45}	ku^{45}	ku^{45}
伊吾县	ʐu^{51}	ʐu^{213}	ʐu^{213}	ʐu^{213}	ku^{44}	ku^{44}	ku^{44}	ku^{44}

字目 / 中古音 / 方言点	估① 估计	古	股	鼓	骨 骨头	谷 五谷	谷 山谷	故
	遇合一上姥见	遇合一上姥见	遇合一上姥见	遇合一上姥见	臻合一入没见	通合一入屋见	通合一入屋见	遇合一去暮见
兰州市（城关区）	ku^{44}	ku^{44}	ku^{44}	ku^{44}	ku^{13}	ku^{13}	ku^{13}	ku^{13}
永登县	ku^{354}	ku^{354}	ku^{354}	ku^{354}	ku^{13}	ku^{13}	ku^{13}	ku^{13}
榆中县	ku^{44}	ku^{44}	ku^{44}	ku^{44}	ku^{13}	ku^{13}	ku^{13}	ku^{13}
皋兰县	ku^{342}	ku^{342}	ku^{342}	ku^{342}	ku^{13}	ku^{13}	ku^{13}	ku^{13}
白银区	ku^{343}	ku^{343}	ku^{343}	ku^{343}	ku^{13}	ku^{13}	ku^{13}	ku^{13}
天祝县	ku^{44}	ku^{44}	ku^{44}	ku^{44}	ku^{213}	ku^{213}	ku^{213}	ku^{213}
景泰县（红水镇）	ku^{44}	ku^{44}	ku^{44}	ku^{44}	ku^{213}	ku^{213}	ku^{213}	ku^{213}
古浪县	ku^{44}	ku^{44}	ku^{44}	ku^{44}	ku^{31}	ku^{31}	ku^{31}	ku^{31}
凉州区	ku^{33}	ku^{33}	ku^{33}	ku^{33}	ku^{53}	ku^{53}	ku^{53}	ku^{53}
民勤县	ku^{214}	ku^{214}	ku^{214}	ku^{214}	ku^{42}	ku^{42}	ku^{42}	ku^{42}
永昌县	ku^{13}	ku^{13}	ku^{13}	ku^{13}	ku^{53}	ku^{53}	ku^{53}	ku^{53}
甘州区	ku^{53}	ku^{53}	ku^{53}	ku^{53}	ku^{31}	ku^{31}	ku^{31}	ku^{31}
临泽县	ku^{53}	ku^{53}	ku^{53}	ku^{53}	ku^{214}	ku^{214}	ku^{214}	ku^{214}
民乐县	ku^{213}	ku^{213}	ku^{213}	ku^{213}	ku^{42}	ku^{42}	ku^{42}	ku^{42}
山丹县	ku^{53}	ku^{53}	ku^{53}	ku^{53}	ku^{41}	ku^{31}	ku^{41}	ku^{41}
高台县	ku^{53}	ku^{53}	ku^{53}	ku^{53}	ku^{214}	ku^{214}	ku^{214}	ku^{214}
肃州区	ku^{53}	ku^{53}	ku^{53}	ku^{53}	ku^{214}	ku^{214}	ku^{214}	ku^{214}
金塔县	ku^{53}	ku^{53}	ku^{53}	ku^{53}	ku^{13}	ku^{13}	ku^{13}	ku^{13}
肃北县	ku^{53}	ku^{53}	ku^{53}	ku^{53}	ku^{213}	ku^{213}	ku^{213}	ku^{213}
玉门市	ku^{53}	ku^{53}	ku^{53}	ku^{53}	ku^{213}	ku^{213}	ku^{213}	ku^{213}

①又攻乎切，遇合一平模见。

续表

瓜州县	ku^{53}	ku^{53}	ku^{53}	ku^{53}	ku^{213}	ku^{213}	ku^{213}	ku^{213}
西夏区	ku^{44}	ku^{53}	ku^{53}	ku^{53}	ku^{13}	ku^{13}	ku^{13}	ku^{13}
贺兰县	ku^{44}	ku^{53}	ku^{53}	ku^{53}	ku^{13}	ku^{13}	ku^{13}	ku^{13}
灵武市（东塔镇）	ku^{44}	ku^{52}	ku^{52}	ku^{52}	ku^{13}	ku^{13}	ku^{13}	ku^{13}
永宁县	ku^{44}	ku^{53}	ku^{53}	ku^{53}	ku^{13}	ku^{13}	ku^{13}	ku^{13}
中宁县	ku^{44}	ku^{53}	ku^{53}	ku^{53}	ku^{13}	ku^{13}	ku^{13}	ku^{13}
沙坡头区	ku^{44}	ku^{53}	ku^{53}	ku^{53}	ku^{13}	ku^{13}	ku^{13}	ku^{13}
盐池县	ku^{44}	ku^{52}	ku^{52}	ku^{52}	ku^{13}	ku^{13}	ku^{13}	ku^{13}
平罗县（渠口乡）	ku^{44}	ku^{53}	ku^{53}	ku^{53}	ku^{13}	ku^{13}	ku^{13}	ku^{13}
阿拉善左旗	ku^{51}	ku^{51}	ku^{51}	ku^{51}	ku^{213}	ku^{213}	ku^{213}	ku^{213}
乌鲁木齐市	ku^{52}	ku^{52}	ku^{52}	ku^{52}	ku^{213}	ku^{213}	ku^{213}	ku^{213}
阜康市	ku^{51}	ku^{51}	ku^{51}	ku^{51}	ku^{213}	ku^{213}	ku^{213}	ku^{213}
呼图壁县	ku^{51}	ku^{51}	ku^{51}	ku^{51}	ku^{213}	ku^{213}	ku^{213}	ku^{213}
吉木萨尔县	ku^{51}	ku^{51}	ku^{51}	ku^{51}	ku^{213}	ku^{213}	ku^{213}	ku^{213}
奇台县	ku^{52}	ku^{52}	ku^{52}	ku^{52}	ku^{213}	ku^{213}	ku^{213}	ku^{213}
博乐市	ku^{51}	ku^{51}	ku^{51}	ku^{51}	ku^{24}	ku^{24}	ku^{24}	ku^{24}
阿勒泰市	ku^{51}	ku^{51}	ku^{51}	ku^{51}	ku^{23}	ku^{23}	ku^{23}	ku^{23}
布尔津县	ku^{23}	ku^{23}	ku^{23}	ku^{23}	ku^{51}	ku^{51}	ku^{51}	ku^{51}
乌苏市	ku^{51}	ku^{51}	ku^{51}	ku^{51}	ku^{213}	ku^{213}	ku^{213}	ku^{213}
额敏县	ku^{51}	ku^{51}	ku^{51}	ku^{51}	ku^{34}	ku^{34}	ku^{34}	ku^{34}
伊州区	ku^{51}	ku^{51}	ku^{51}	ku^{51}	ku^{213}	ku^{213}	ku^{213}	ku^{213}
巴里坤县	ku^{51}	ku^{51}	ku^{51}	ku^{51}	ku^{24}	ku^{24}	ku^{24}	ku^{24}
伊吾县	ku^{51}	ku^{51}	ku^{51}	ku^{51}	ku^{213}	ku^{213}	ku^{213}	ku^{213}

字目 / 中古音 / 方音 / 方言点	固	顾	雇	枯	窟	哭	苦	库
	遇合一去暮见	遇合一去暮见	遇合一去暮见	遇合一平模溪	臻合一入没溪	通合一入屋溪	遇合一上姥溪	遇合一去暮溪
兰州市（城关区）	ku^{13}	ku^{13}	ku^{13}	kʻu^{13}	kʻu^{13}	kʻu^{13}	kʻu^{44}	kʻu^{13}
永登县	ku^{13}	ku^{13}	ku^{13}	kʻu^{13}	kʻu^{13}	kʻu^{13}	kʻu^{354}	kʻu^{13}
榆中县	ku^{13}	ku^{13}	ku^{13}	kʻu^{13}	kʻu^{13}	kʻu^{13}	kʻu^{44}	kʻu^{13}
皋兰县	ku^{13}	ku^{13}	ku^{13}	kʻu^{13}	kʻu^{13}	kʻu^{13}	kʻu^{342}	kʻu^{13}
白银区	ku^{13}	ku^{13}	ku^{13}	kʻu^{13}	kʻu^{13}	kʻu^{13}	kʻu^{343}	kʻu^{13}
天祝县	ku^{213}	ku^{213}	ku^{213}	kʻu^{213}	kʻu^{213}	kʻu^{213}	kʻu^{44}	kʻu^{213}
景泰县（红水镇）	ku^{213}	ku^{213}	ku^{213}	kʻu^{213}	kʻu^{213}	kʻu^{213}	kʻu^{44}	kʻu^{213}
古浪县	ku^{31}	ku^{31}	ku^{31}	kʻu^{31}	kʻu^{31}	kʻu^{31}	kʻu^{44}	kʻu^{31}
凉州区	ku^{53}	ku^{53}	ku^{53}	kʻu^{53}	kʻu^{53}	kʻu^{53}	kʻu^{33}	kʻu^{53}
民勤县	ku^{42}	ku^{42}	ku^{42}	kʻu^{42}	kʻu^{42}	kʻu^{42}	kʻu^{324}	kʻu^{42}
永昌县	ku^{53}	ku^{53}	ku^{53}	kʻu^{53}	kʻu^{53}	kʻu^{53}	kʻu^{13}	kʻu^{53}
甘州区	ku^{31}	ku^{31}	ku^{31}	kʻu^{31}	kʻu^{31}	kʻu^{31}	kʻu^{53}	kʻu^{31}
临泽县	ku^{214}	ku^{214}	ku^{214}	kʻu^{214}	kʻu^{214}	kʻu^{214}	kʻu^{53}	kʻu^{214}
民乐县	ku^{42}	ku^{42}	ku^{42}	kʻu^{42}	kʻu^{42}	kʻu^{42}	kʻu^{324}	kʻu^{42}
山丹县	ku^{41}	ku^{41}	ku^{41}	kʻu^{41}	kʻu^{41}	kʻu^{41}	kʻu^{53}	kʻu^{41}
高台县	ku^{214}	ku^{214}	ku^{214}	kʻu^{214}	kʻu^{214}	kʻu^{214}	kʻu^{53}	kʻu^{214}
肃州区	ku^{214}	ku^{214}	ku^{214}	kʻu^{214}	kʻu^{214}	kʻu^{214}	kʻu^{53}	kʻu^{214}
金塔县	ku^{13}	ku^{13}	ku^{13}	kʻu^{13}	kʻu^{13}	kʻu^{13}	kʻu^{53}	kʻu^{13}
肃北县	ku^{213}	ku^{213}	ku^{213}	kʻu^{213}	kʻu^{213}	kʻu^{213}	kʻu^{53}	kʻu^{213}
玉门市	ku^{213}	ku^{213}	ku^{213}	kʻu^{213}	kʻu^{213}	kʻu^{213}	kʻu^{53}	kʻu^{213}
瓜州县	ku^{213}	ku^{213}	ku^{213}	kʻu^{213}	kʻu^{213}	kʻu^{213}	kʻu^{53}	kʻu^{213}
西夏区	ku^{13}	ku^{13}	ku^{13}	kʻu^{13}	kʻu^{13}	kʻu^{13}	kʻu^{53}	kʻu^{13}

续表

贺兰县	ku^{13}	ku^{13}	ku^{13}	kʻu^{13}	kʻu^{13}	kʻu^{13}	kʻu^{53}	kʻu^{13}
灵武市（东塔镇）	ku^{13}	ku^{13}	ku^{13}	kʻu^{13}	kʻu^{13}	kʻu^{13}	kʻu^{52}	kʻu^{13}
永宁县	ku^{13}	ku^{13}	ku^{13}	kʻu^{13}	kʻu^{13}	kʻu^{13}	kʻu^{53}	kʻu^{13}
中宁县	ku^{13}	ku^{13}	ku^{13}	kʻu^{13}	kʻu^{13}	kʻu^{13}	kʻu^{53}	kʻu^{13}
沙坡头区	ku^{13}	ku^{13}	ku^{13}	kʻu^{13}	kʻu^{13}	kʻu^{13}	kʻu^{53}	kʻu^{13}
盐池县	ku^{13}	ku^{13}	ku^{13}	kʻu^{13}	kʻu^{13}	kʻu^{13}	kʻu^{52}	kʻu^{13}
平罗县（渠口乡）	ku^{13}	ku^{13}	ku^{13}	kʻu^{13}	kʻu^{13}	kʻu^{13}	kʻu^{53}	kʻu^{13}
阿拉善左旗	ku^{213}	ku^{213}	ku^{213}	kʻu^{213}	kʻu^{213}	kʻu^{213}	kʻu^{51}	kʻu^{213}
乌鲁木齐市	ku^{213}	ku^{213}	ku^{213}	kʻu^{213}	kʻu^{213}	kʻu^{213}	kʻu^{52}	kʻu^{213}
阜康市	ku^{213}	ku^{213}	ku^{213}	kʻu^{213}	kʻu^{213}	kʻu^{213}	kʻu^{51}	kʻu^{213}
呼图壁县	ku^{213}	ku^{213}	ku^{213}	kʻu^{213}	kʻu^{213}	kʻu^{213}	kʻu^{51}	kʻu^{213}
吉木萨尔县	ku^{213}	ku^{213}	ku^{213}	kʻu^{213}	kʻu^{213}	kʻu^{213}	kʻu^{51}	kʻu^{213}
奇台县	ku^{213}	ku^{213}	ku^{213}	kʻu^{213}	kʻu^{213}	kʻu^{213}	kʻu^{52}	kʻu^{213}
博乐市	ku^{24}	ku^{24}	ku^{24}	kʻu^{24}	kʻu^{24}	kʻu^{24}	kʻu^{51}	kʻu^{24}
阿勒泰市	ku^{23}	ku^{23}	ku^{23}	kʻu^{23}	kʻu^{23}	kʻu^{23}	kʻu^{51}	kʻu^{23}
布尔津县	ku^{51}	ku^{51}	ku^{51}	kʻu^{51}	kʻu^{51}	kʻu^{44}	kʻu^{51}	kʻu^{51}
乌苏市	ku^{213}	ku^{213}	ku^{213}	kʻu^{213}	kʻu^{213}	kʻu^{213}	kʻu^{51}	kʻu^{213}
额敏县	ku^{34}	ku^{34}	ku^{34}	kʻu^{34}	kʻu^{34}	kʻu^{34}	kʻu^{51}	kʻu^{34}
伊州区	ku^{213}	ku^{213}	ku^{213}	kʻu^{213}	kʻu^{213}	kʻu^{213}	kʻu^{51}	kʻu^{213}
巴里坤县	ku^{24}	ku^{24}	ku^{24}	kʻu^{24}	kʻu^{24}	kʻu^{24}	kʻu^{51}	kʻu^{34}
伊吾县	ku^{213}	ku^{213}	ku^{213}	kʻu^{213}	kʻu^{213}	kʻu^{213}	kʻu^{51}	kʻu^{213}

字目 中古音 方言点	裤	酷	呼	忽	胡 胡笳	湖	糊	葫
	遇合一 去暮溪	通合一 入沃溪	遇合一 平模晓	臻合一 入没晓	遇合一 平模匣	遇合一 平模匣	遇合一 平模匣	遇合一 平模匣
兰州市 （城关区）	kʻu^{13}	kʻu^{13}	xu^{53}	xu^{13}	xu^{51}	xu^{51}	xu^{51}	xu^{51}
永登县	kʻu^{13}	kʻu^{13}	xu^{42}	xu^{13}	xu^{53}	xu^{53}	xu^{53}	xu^{53}
榆中县	kʻu^{13}	kʻu^{13}	xu^{51}	xu^{13}	xu^{332}	xu^{332}	xu^{332}	xu^{332}
皋兰县	kʻu^{13}	kʻu^{13}	xu^{42}	xu^{13}	xu^{53}	xu^{53}	xu^{53}	xu^{53}
白银区	kʻu^{13}	kʻu^{13}	xu^{44}	xu^{13}	xu^{51}	xu^{51}	xu^{51}	xu^{51}
天祝县	kʻu^{213}	kʻu^{213}	xu^{44}	xu^{213}	xu^{53}	xu^{53}	xu^{53}	xu^{53}
景泰县 （红水镇）	kʻu^{213}	kʻu^{213}	xu^{44}	xu^{213}	xu^{53}	xu^{53}	xu^{53}	xu^{53}
古浪县	kʻu^{31}	kʻu^{31}	xu^{44}	xu^{31}	xu^{53}	xu^{53}	xu^{53}	xu^{53}
凉州区	kʻu^{53}	kʻu^{53}	xu^{33}	xu^{53}	xu^{13}	xu^{13}	xu^{13}	xu^{13}
民勤县	kʻu^{42}	kʻu^{42}	xu^{44}	xu^{42}	xu^{53}	xu^{53}	xu^{53}	xu^{53}
永昌县	kʻu^{53}	kʻu^{53}	xu^{44}	xu^{53}	xu^{13}	xu^{13}	xu^{13}	xu^{13}
甘州区	kʻu^{31}	kʻu^{31}	xu^{44}	xu^{31}	xu^{53}	xu^{53}	xu^{53}	xu^{53}
临泽县	kʻu^{214}	kʻu^{214}	xu^{44}	xu^{214}	xu^{53}	xu^{53}	xu^{53}	xu^{53}
民乐县	kʻu^{42}	kʻu^{42}	xu^{44}	xu^{42}	xu^{53}	xu^{53}	xu^{53}	xu^{53}
山丹县	kʻu^{41}	kʻu^{41}	xu^{24}	xu^{41}	xu^{53}	xu^{53}	xu^{53}	xu^{53}
高台县	kʻu^{214}	kʻu^{214}	xu^{44}	xu^{214}	xu^{53}	xu^{53}	xu^{53}	xu^{53}
肃州区	kʻu^{214}	kʻu^{214}	xu^{44}	xu^{214}	xu^{53}	xu^{53}	xu^{53}	xu^{53}
金塔县	kʻu^{13}	kʻu^{13}	xu^{44}	xu^{13}	xu^{53}	xu^{53}	xu^{53}	xu^{53}
肃北县	kʻu^{213}	kʻu^{213}	xu^{44}	xu^{213}	xu^{53}	xu^{53}	xu^{53}	xu^{53}
玉门市	kʻu^{213}	kʻu^{213}	xu^{44}	xu^{213}	xu^{53}	xu^{53}	xu^{53}	xu^{53}
瓜州县	kʻu^{213}	kʻu^{213}	xu^{44}	xu^{213}	xu^{53}	xu^{53}	xu^{53}	xu^{53}
西夏区	kʻu^{13}	kʻu^{13}	xu^{44}	xu^{13}	xu^{53}	xu^{53}	xu^{53}	xu^{53}

续表

贺兰县	kʻu13	kʻu13	xu44	xu13	xu53	xu53	xu53	xu53
灵武市（东塔镇）	kʻu13	kʻu13	xu44	xu13	xu52	xu52	xu52	xu52
永宁县	kʻu13	kʻu13	xu44	xu13	xu53	xu53	xu53	xu53
中宁县	kʻu13	kʻu13	xu44	xu13	xu53	xu53	xu53	xu53
沙坡头区	kʻu13	kʻu13	xu44	xu13	xu53	xu53	xu53	xu53
盐池县	kʻu13	kʻu13	xu44	xu13	xu13	xu13	xu13	xu13
平罗县（渠口乡）	kʻu13	kʻu13	xu44	xu13	xu53	xu53	xu53	xu53
阿拉善左旗	kʻu213	kʻu213	xu44	xu213	xu51	xu51	xu51	xu51
乌鲁木齐市	kʻu213	kʻu213	xu44	xu213	xu52	xu52	xu52	xu52
阜康市	kʻu213	kʻu213	xu55	xu213	xu51	xu51	xu51	xu51
呼图壁县	kʻu213	kʻu213	xu44	xu213	xu51	xu51	xu51	xu51
吉木萨尔县	kʻu213	kʻu213	xu44	xu213	xu51	xu51	xu51	xu51
奇台县	kʻu213	kʻu213	xu44	xu213	xu52	xu52	xu52	xu52
博乐市	kʻu24	kʻu24	xu45	xu24	xu51	xu51	xu51	xu51
阿勒泰市	kʻu23	kʻu23	xu44	xu23	xu51	xu51	xu51	xu51
布尔津县	kʻu51	kʻu51	xu44	xu51	xu23	xu23	xu23	xu23
乌苏市	kʻu213	kʻu213	xu55	xu213	xu51	xu51	xu51	xu51
额敏县	kʻu34	kʻu34	xu44	xu34	xu51	xu51	xu51	xu51
伊州区	kʻu213	kʻu213	xu44	xu213	xu51	xu51	xu51	xu51
巴里坤县	kʻu24	kʻu24	xu45	xu24	xu51	xu51	xu51	xu51
伊吾县	kʻu213	kʻu213	xu44	xu213	xu51	xu51	xu51	xu51

字目 / 中古音 / 方音 / 方言点	胡 胡须	狐	壶	核 枣核儿	虎	户	护	互
中古音	遇合一 平模匣	遇合一 平模匣	遇合一 平模匣	臻合一 入没匣	遇合一 上姥晓	遇合一 上姥匣	遇合一 去暮匣	遇合一 去暮匣
兰州市（城关区）	xu^{51}	xu^{51}	xu^{51}	xu^{51}	xu^{44}	xu^{13}	xu^{13}	xu^{13}
永登县	xu^{53}	xu^{53}	xu^{53}	xu^{53}	xu^{354}	xu^{13}	xu^{13}	xu^{13}
榆中县	xu^{332}	xu^{332}	xu^{332}	xu^{332}	xu^{44}	xu^{13}	xu^{13}	xu^{13}
皋兰县	xu^{53}	xu^{53}	xu^{53}	xu^{53}	xu^{342}	xu^{13}	xu^{13}	xu^{13}
白银区	xu^{51}	xu^{51}	xu^{51}	xu^{51}	xu^{343}	xu^{13}	xu^{13}	xu^{13}
天祝县	xu^{53}	xu^{53}	xu^{53}	xu^{53}	xu^{44}	xu^{213}	xu^{213}	xu^{213}
景泰县（红水镇）	xu^{53}	xu^{53}	xu^{53}	xu^{53}	xu^{44}	xu^{213}	xu^{213}	xu^{213}
古浪县	xu^{53}	xu^{53}	xu^{53}	xu^{53}	xu^{44}	xu^{31}	xu^{31}	xu^{31}
凉州区	xu^{13}	xu^{13}	xu^{13}	xu^{13}	xu^{33}	xu^{53}	xu^{53}	xu^{53}
民勤县	xu^{53}	xu^{53}	xu^{53}	xu^{53}	xu^{214}	xu^{42}	xu^{42}	xu^{42}
永昌县	xu^{13}	xu^{13}	xu^{13}	xu^{13}	xu^{13}	xu^{53}	xu^{53}	xu^{53}
甘州区	xu^{53}	xu^{53}	xu^{53}	xu^{53}	xu^{53}	xu^{31}	xu^{31}	xu^{31}
临泽县	xu^{53}	xu^{53}	xu^{53}	xu^{53}	xu^{53}	xu^{214}	xu^{214}	xu^{214}
民乐县	xu^{53}	xu^{53}	xu^{53}	xu^{53}	xu^{213}	xu^{42}	xu^{42}	xu^{42}
山丹县	xu^{53}	xu^{53}	xu^{53}	xu^{53}	xu^{53}	xu^{41}	xu^{41}	xu^{41}
高台县	xu^{53}	xu^{53}	xu^{53}	xu^{53}	xu^{53}	xu^{214}	xu^{214}	xu^{214}
肃州区	xu^{53}	xu^{53}	xu^{53}	xu^{53}	xu^{53}	xu^{214}	xu^{214}	xu^{214}
金塔县	xu^{53}	xu^{53}	xu^{53}	xu^{53}	xu^{53}	xu^{13}	xu^{13}	xu^{13}
肃北县	xu^{53}	xu^{53}	xu^{53}	xu^{53}	xu^{53}	xu^{213}	xu^{213}	xu^{213}
玉门市	xu^{53}	xu^{53}	xu^{53}	xu^{53}	xu^{53}	xu^{213}	xu^{213}	xu^{213}
瓜州县	xu^{53}	xu^{53}	xu^{53}	xu^{53}	xu^{53}	xu^{213}	xu^{213}	xu^{213}
西夏区	xu^{53}	xu^{53}	xu^{53}	xu^{13}	xu^{53}	xu^{13}	xu^{13}	xu^{13}

续表

贺兰县	xu^{53}	xu^{53}	xu^{53}	xu^{13}	xu^{53}	xu^{13}	xu^{13}	xu^{13}
灵武市（东塔镇）	xu^{52}	xu^{52}	xu^{52}	xu^{13}	xu^{52}	xu^{13}	xu^{13}	xu^{13}
永宁县	xu^{53}	xu^{53}	xu^{53}	xu^{13}	xu^{53}	xu^{13}	xu^{13}	xu^{13}
中宁县	xu^{53}	xu^{53}	xu^{53}	xu^{53}	xu^{53}	xu^{13}	xu^{13}	xu^{13}
沙坡头区	xu^{53}	xu^{53}	xu^{53}	xu^{53}	xu^{53}	xu^{13}	xu^{13}	xu^{13}
盐池县	xu^{13}	xu^{13}	xu^{13}	xu^{13}	xu^{52}	xu^{13}	xu^{13}	xu^{13}
平罗县（渠口乡）	xu^{53}	xu^{53}	xu^{53}	xu^{13}	xu^{53}	xu^{13}	xu^{13}	xu^{13}
阿拉善左旗	xu^{51}	xu^{51}	xu^{51}	xu^{51}	xu^{51}	xu^{213}	xu^{213}	xu^{213}
乌鲁木齐市	xu^{52}	xu^{52}	xu^{52}	xu^{52}	xu^{52}	xu^{213}	xu^{213}	xu^{213}
阜康市	xu^{51}	xu^{51}	xu^{51}	xu^{51}	xu^{51}	xu^{213}	xu^{213}	xu^{213}
呼图壁县	xu^{51}	xu^{51}	xu^{51}	xu^{51}	xu^{51}	xu^{213}	xu^{213}	xu^{213}
吉木萨尔县	xu^{51}	xu^{51}	xu^{51}	xu^{51}	xu^{51}	xu^{213}	xu^{213}	xu^{213}
奇台县	xu^{52}	xu^{52}	xu^{52}	xu^{52}	xu^{52}	xu^{213}	xu^{213}	xu^{213}
博乐市	xu^{51}	xu^{51}	xu^{51}	xu^{51}	xu^{51}	xu^{24}	xu^{24}	xu^{24}
阿勒泰市	xu^{51}	xu^{51}	xu^{51}	xu^{51}	xu^{51}	xu^{23}	xu^{23}	xu^{23}
布尔津县	xu^{23}	xu^{23}	xu^{23}	xu^{23}	xu^{23}	xu^{51}	xu^{51}	xu^{51}
乌苏市	xu^{51}	xu^{51}	xu^{51}	xu^{51}	xu^{51}	xu^{213}	xu^{213}	xu^{213}
额敏县	xu^{51}	xu^{51}	xu^{51}	xu^{51}	xu^{51}	xu^{34}	xu^{34}	xu^{34}
伊州区	xu^{51}	xu^{51}	xu^{51}	xu^{51}	xu^{51}	xu^{213}	xu^{213}	xu^{213}
巴里坤县	xu^{51}	xu^{51}	xu^{51}	xu^{51}	xu^{51}	xu^{24}	xu^{24}	xu^{24}
伊吾县	xu^{51}	xu^{51}	xu^{51}	xu^{51}	xu^{51}	xu^{213}	xu^{213}	xu^{213}

字目 中古音 方音 方言点	乌	屋	吴	梧	无 有无	午	伍 队伍	五
	遇合一平模影	通合一入屋影	遇合一平模疑	遇合一平模疑	遇合三平虞微	遇合一上姥疑	遇合一上姥疑	遇合一上姥疑
兰州市（城关区）	vu^{53}	vu^{13}	vu^{51}	vu^{51}	vu^{51}	vu^{44}	vu^{44}	vu^{44}
永登县	vu^{42}	vu^{13}	vu^{53}	vu^{53}	vu^{53}	vu^{354}	vu^{354}	vu^{354}
榆中县	vu^{51}	vu^{13}	vu^{332}	vu^{332}	vu^{332}	vu^{44}	vu^{44}	vu^{44}
皋兰县	vu^{42}	vu^{13}	vu^{53}	vu^{53}	vu^{53}	vu^{342}	vu^{342}	vu^{342}
白银区	vu^{44}	vu^{13}	vu^{51}	vu^{51}	vu^{51}	vu^{343}	vu^{343}	vu^{343}
天祝县	vu^{44}	vu^{213}	vu^{53}	vu^{53}	vu^{53}	vu^{44}	vu^{44}	vu^{44}
景泰县（红水镇）	vu^{44}	vu^{213}	vu^{53}	vu^{53}	vu^{53}	vu^{44}	vu^{44}	vu^{44}
古浪县	vu^{44}	vu^{31}	vu^{53}	vu^{53}	vu^{53}	vu^{44}	vu^{44}	vu^{44}
凉州区	vu^{33}	vu^{53}	vu^{13}	vu^{13}	vu^{13}	vu^{33}	vu^{33}	vu^{33}
民勤县	vu^{44}	vu^{42}	vu^{53}	vu^{53}	vu^{53}	vu^{214}	vu^{214}	vu^{214}
永昌县	vu^{44}	vu^{53}	vu^{13}	vu^{13}	vu^{13}	vu^{13}	vu^{13}	vu^{13}
甘州区	vu^{44}	vu^{31}	vu^{53}	vu^{53}	vu^{53}	vu^{53}	vu^{53}	vu^{53}
临泽县	vu^{44}	vu^{31}	vu^{53}	vu^{53}	vu^{53}	vu^{53}	vu^{53}	vu^{53}
民乐县	vu^{44}	vu^{42}	vu^{53}	vu^{53}	vu^{53}	vu^{213}	vu^{213}	vu^{213}
山丹县	vu^{24}	vu^{41}	vu^{53}	vu^{53}	vu^{53}	vu^{53}	vu^{53}	vu^{53}
高台县	vu^{44}	vu^{214}	vu^{53}	vu^{53}	vu^{53}	vu^{53}	vu^{53}	vu^{53}
肃州区	vu^{44}	vu^{214}	vu^{53}	vu^{53}	vu^{53}	vu^{53}	vu^{53}	vu^{53}
金塔县	vu^{44}	vu^{13}	vu^{53}	vu^{53}	vu^{53}	vu^{53}	vu^{53}	vu^{53}
肃北县	vu^{44}	vu^{213}	vu^{53}	vu^{53}	vu^{53}	vu^{53}	vu^{53}	vu^{53}
玉门市	vu^{44}	vu^{213}	vu^{53}	vu^{53}	vu^{53}	vu^{53}	vu^{53}	vu^{53}
瓜州县	vu^{44}	vu^{213}	vu^{53}	vu^{53}	vu^{53}	vu^{53}	vu^{53}	vu^{53}
西夏区	vu^{44}	vu^{13}	vu^{53}	vu^{53}	vu^{53}	vu^{53}	vu^{53}	vu^{53}

续表

贺兰县	vu^{44}	vu^{13}	vu^{53}	vu^{53}	vu^{53}	vu^{53}	vu^{53}	vu^{53}
灵武市（东塔镇）	vu^{44}	vu^{13}	vu^{52}	vu^{52}	vu^{52}	vu^{52}	vu^{52}	vu^{52}
永宁县	vu^{44}	vu^{13}	vu^{53}	vu^{53}	vu^{53}	vu^{53}	vu^{53}	vu^{53}
中宁县	vu^{44}	vu^{13}	vu^{53}	vu^{53}	vu^{53}	vu^{53}	vu^{53}	vu^{53}
沙坡头区	vu^{44}	vu^{13}	vu^{53}	vu^{53}	vu^{53}	vu^{53}	vu^{53}	vu^{53}
盐池县	vu^{44}	vu^{13}	vu^{13}	vu^{13}	vu^{13}	vu^{52}	vu^{52}	vu^{52}
平罗县（渠口乡）	vu^{44}	vu^{13}	vu^{53}	vu^{53}	vu^{53}	vu^{53}	vu^{53}	vu^{53}
阿拉善左旗	vu^{44}	vu^{213}	vu^{51}	vu^{51}	vu^{51}	vu^{51}	vu^{51}	vu^{51}
乌鲁木齐市	vu^{44}	vu^{213}	vu^{52}	vu^{52}	vu^{52}	vu^{52}	vu^{52}	vu^{52}
阜康市	vu^{55}	vu^{213}	vu^{51}	vu^{51}	vu^{51}	vu^{51}	vu^{51}	vu^{51}
呼图壁县	vu^{44}	vu^{213}	vu^{51}	vu^{51}	vu^{51}	vu^{51}	vu^{51}	vu^{51}
吉木萨尔县	vu^{44}	vu^{213}	vu^{51}	vu^{51}	vu^{51}	vu^{51}	vu^{51}	vu^{51}
奇台县	vu^{44}	vu^{213}	vu^{52}	vu^{52}	vu^{52}	vu^{52}	vu^{52}	vu^{52}
博乐市	vu^{45}	vu^{24}	vu^{51}	vu^{51}	vu^{51}	vu^{51}	vu^{51}	vu^{51}
阿勒泰市	vu^{44}	vu^{23}	vu^{51}	vu^{51}	vu^{51}	vu^{51}	vu^{51}	vu^{51}
布尔津县	vu^{44}	vu^{51}	vu^{23}	vu^{23}	vu^{23}	vu^{23}	vu^{23}	vu^{23}
乌苏市	ʋu^{55}	ʋu^{213}	ʋu^{51}	ʋu^{51}	ʋu^{51}	ʋu^{51}	ʋu^{51}	ʋu^{51}
额敏县	vu^{44}	vu^{34}	vu^{51}	vu^{51}	vu^{51}	vu^{51}	vu^{51}	vu^{51}
伊州区	vu^{44}	vu^{213}	vu^{51}	vu^{51}	vu^{51}	vu^{51}	vu^{51}	vu^{51}
巴里坤县	vu^{45}	vu^{24}	vu^{51}	vu^{51}	vu^{51}	vu^{51}	vu^{51}	vu^{51}
伊吾县	u^{44}	u^{213}	u^{51}	u^{51}	u^{51}	u^{51}	u^{51}	u^{51}

方言点 \ 中古音 \ 字目	舞	武	误	悟	恶 厌恶	务	雾	物
中古音	遇合三上麌微	遇合三上麌微	遇合一去暮疑	遇合一去暮疑	遇合一去暮影	遇合三去遇微	遇合三去遇微	臻合三入物微
兰州市（城关区）	vu^{44}	vu^{44}	vu^{13}	vu^{13}	vu^{13}	vu^{13}	vu^{13}	vu^{13}
永登县	vu^{342}	vu^{342}	vu^{13}	vu^{13}	vu^{13}	vu^{13}	vu^{13}	vu^{13}
榆中县	vu^{44}	vu^{44}	vu^{13}	vu^{13}	vu^{13}	vu^{13}	vu^{13}	vu^{13}
皋兰县	vu^{354}	vu^{354}	vu^{13}	vu^{13}	vu^{13}	vu^{13}	vu^{13}	vu^{13}
白银区	vu^{343}	vu^{343}	vu^{13}	vu^{13}	vu^{13}	vu^{13}	vu^{13}	vu^{13}
天祝县	vu^{44}	vu^{44}	vu^{213}	vu^{213}	vu^{213}	vu^{213}	vu^{213}	vu^{213}
景泰县（红水镇）	vu^{44}	vu^{44}	vu^{213}	vu^{213}	vu^{213}	vu^{213}	vu^{213}	vu^{213}
古浪县	vu^{44}	vu^{44}	vu^{31}	vu^{31}	vu^{31}	vu^{31}	vu^{31}	vu^{31}
凉州区	vu^{33}	vu^{33}	vu^{53}	vu^{53}	vu^{53}	vu^{53}	vu^{53}	vu^{53}
民勤县	vu^{214}	vu^{214}	vu^{42}	vu^{42}	vu^{42}	vu^{42}	vu^{42}	vu^{42}
永昌县	vu^{13}	vu^{13}	vu^{53}	vu^{53}	vu^{53}	vu^{53}	vu^{53}	vu^{53}
甘州区	vu^{53}	vu^{53}	vu^{31}	vu^{31}	vu^{31}	vu^{31}	vu^{31}	vu^{31}
临泽县	vu^{53}	vu^{53}	vu^{214}	vu^{214}	vu^{214}	vu^{214}	vu^{214}	vu^{214}
民乐县	vu^{213}	vu^{213}	vu^{42}	vu^{42}	vu^{42}	vu^{42}	vu^{42}	vu^{42}
山丹县	vu^{53}	vu^{53}	vu^{41}	vu^{41}	vu^{41}	vu^{41}	vu^{41}	vu^{41}
高台县	vu^{53}	vu^{53}	vu^{214}	vu^{214}	vu^{214}	vu^{214}	vu^{214}	vu^{214}
肃州区	vu^{53}	vu^{53}	vu^{214}	vu^{214}	vu^{214}	vu^{214}	vu^{214}	vu^{214}
金塔县	vu^{53}	vu^{53}	vu^{13}	vu^{13}	vu^{13}	vu^{13}	vu^{13}	vu^{13}
肃北县	vu^{53}	vu^{53}	vu^{213}	vu^{213}	vu^{213}	vu^{213}	vu^{213}	vu^{213}
玉门市	vu^{53}	vu^{53}	vu^{213}	vu^{213}	vu^{213}	vu^{213}	vu^{213}	vu^{213}
瓜州县	vu^{53}	vu^{53}	vu^{213}	vu^{213}	vu^{213}	vu^{213}	vu^{213}	vu^{213}
西夏区	vu^{53}	vu^{53}	vu^{13}	vu^{13}	vu^{13}	vu^{13}	vu^{13}	vu^{13}

续表

贺兰县	vu^{53}	vu^{53}	vu^{13}	vu^{13}	vu^{13}	vu^{13}	vu^{13}	vu^{13}
灵武市（东塔镇）	vu^{52}	vu^{52}	vu^{13}	vu^{13}	vu^{13}	vu^{13}	vu^{13}	vu^{13}
永宁县	vu^{53}	vu^{53}	vu^{13}	vu^{13}	vu^{13}	vu^{13}	vu^{13}	vu^{13}
中宁县	vu^{53}	vu^{53}	vu^{13}	vu^{13}	vu^{13}	vu^{13}	vu^{13}	vu^{13}
沙坡头区	vu^{53}	vu^{53}	vu^{13}	vu^{13}	vu^{13}	vu^{13}	vu^{13}	vu^{13}
盐池县	vu^{52}	vu^{52}	vu^{13}	vu^{13}	vu^{13}	vu^{13}	vu^{13}	vu^{13}
平罗县（渠口乡）	vu^{53}	vu^{53}	vu^{13}	vu^{13}	vu^{13}	vu^{13}	vu^{13}	vu^{13}
阿拉善左旗	vu^{51}	vu^{51}	vu^{213}	vu^{213}	vu^{213}	vu^{213}	vu^{213}	vu^{213}
乌鲁木齐市	vu^{52}	vu^{52}	vu^{213}	vu^{213}	vu^{213}	vu^{213}	vu^{213}	vu^{213}
阜康市	vu^{51}	vu^{51}	vu^{213}	vu^{213}	vu^{213}	vu^{213}	vu^{213}	vu^{213}
呼图壁县	vu^{51}	vu^{51}	vu^{213}	vu^{213}	vu^{213}	vu^{213}	vu^{213}	vu^{213}
吉木萨尔县	vu^{51}	vu^{51}	vu^{213}	vu^{213}	vu^{213}	vu^{213}	vu^{213}	vu^{213}
奇台县	vu^{52}	vu^{52}	vu^{213}	vu^{213}	vu^{213}	vu^{213}	vu^{213}	vu^{213}
博乐市	vu^{51}	vu^{51}	vu^{24}	vu^{24}	vu^{24}	vu^{24}	vu^{24}	vu^{24}
阿勒泰市	vu^{51}	vu^{51}	vu^{23}	vu^{23}	vu^{23}	vu^{23}	vu^{23}	vu^{23}
布尔津县	vu^{23}	vu^{23}	vu^{51}	vu^{51}	vu^{51}	vu^{51}	vu^{51}	vu^{51}
乌苏市	$ʋu^{51}$	$ʋu^{51}$	$ʋu^{213}$	$ʋu^{213}$	$ʋu^{213}$	$ʋu^{213}$	$ʋu^{213}$	$ʋu^{213}$
额敏县	vu^{51}	vu^{51}	vu^{34}	vu^{34}	vu^{34}	vu^{34}	vu^{34}	vu^{34}
伊州区	vu^{51}	vu^{51}	vu^{213}	vu^{213}	vu^{213}	vu^{213}	vu^{213}	vu^{213}
巴里坤县	vu^{51}	vu^{51}	vu^{24}	vu^{24}	vu^{24}	vu^{24}	vu^{24}	vu^{24}
伊吾县	u^{51}	u^{51}	u^{213}	u^{213}	u^{213}	u^{213}	u^{213}	u^{213}

字目 / 中古音 / 方言点	勿	女①	驴	吕	旅	缕	屡②	虑
	臻合三入物微	遇合三上语泥	遇合三平鱼来	遇合三上语来	遇合三上语来	遇合三上麌来	遇合三去遇来	遇合三去御来
兰州市（城关区）	vu^{13}	ly^{44}	ly^{51}	ly^{44}	ly^{44}	ly^{44}	ly^{44}	ly^{13}
永登县	vu^{13}	ȵy^{354}	ly^{53}	ly^{354}	ly^{354}	ly^{354}	ly^{354}	ly^{13}
榆中县	vu^{13}	ly^{44}	ly^{332}	ly^{44}	ly^{44}	ly^{44}	ly^{44}	ly^{13}
皋兰县	vu^{13}	ny^{342}	ly^{53}	ly^{342}	ly^{342}	ly^{342}	ly^{342}	ly^{13}
白银区	vu^{13}	ly^{343}	ly^{51}	ly^{343}	ly^{343}	ly^{343}	ly^{343}	ly^{13}
天祝县	vu^{213}	ȵy^{44}	ly^{53}	ly^{44}	ly^{44}	ly^{44}	ly^{44}	ly^{213}
景泰县（红水镇）	vu^{213}	ȵy^{44}	ly^{53}	ly^{44}	ly^{44}	ly^{44}	ly^{44}	ly^{213}
古浪县	vu^{31}	ȵy^{44}	ly^{53}	ly^{44}	ly^{44}	ly^{44}	ly^{44}	ly^{31}
凉州区	vu^{53}	ȵy^{33}	ly^{13}	ly^{33}	ly^{33}	ly^{33}	ly^{33}	ly^{53}
民勤县	vu^{42}	ȵy^{214}	ly^{53}	ly^{214}	ly^{214}	ly^{214}	ly^{214}	ly^{42}
永昌县	vu^{53}	ȵy^{13}	ly^{13}	ly^{13}	ly^{13}	ly^{13}	ly^{13}	ly^{53}
甘州区	vu^{31}	ȵy^{53}	ly^{53}	ly^{53}	ly^{53}	ly^{53}	ly^{53}	ly^{31}
临泽县	vu^{214}	ȵy^{44}	ly^{53}	ly^{53}	ly^{53}	ly^{53}	ly^{53}	ly^{214}
民乐县	vu^{42}	ȵy^{213}	ly^{53}	ly^{213}	ly^{213}	ly^{213}	ly^{213}	ly^{42}
山丹县	vu^{41}	ȵy^{53}	ly^{53}	ly^{53}	ly^{53}	ly^{53}	ly^{53}	ly^{41}
高台县	vu^{214}	ȵy^{44}	ly^{53}	ly^{53}	ly^{53}	ly^{53}	ly^{53}	ly^{214}
肃州区	vu^{214}	ȵy^{44}	ly^{53}	ly^{53}	ly^{53}	ly^{53}	ly^{53}	ly^{214}
金塔县	vu^{13}	ȵy^{53}	ly^{53}	ly^{53}	ly^{53}	ly^{53}	ly^{53}	ly^{13}
肃北县	vu^{213}	ȵy^{53}	ly^{53}	ly^{53}	ly^{53}	ly^{53}	ly^{53}	ly^{213}
玉门市	vu^{213}	ȵy^{53}	ly^{53}	ly^{53}	ly^{53}	ly^{53}	ly^{53}	ly^{213}

①又奴解切，“楚人谓女曰女”（上女尼吕切，下女奴解切），蟹开二上蟹泥。

②《广韵》良遇切，遇合三去遇来。

续表

瓜州县	vu^{213}	ȵy^{53}	ly^{53}	ly^{53}	ly^{53}	ly^{53}	ly^{53}	ly^{213}
西夏区	vu^{13}	ȵy^{53}	ly^{53}	ly^{53}	ly^{53}	ly^{53}	ly^{53}	ly^{13}
贺兰县	vu^{13}	ȵy^{53}	ly^{53}	ly^{53}	ly^{53}	ly^{53}	ly^{53}	ly^{13}
灵武市（东塔镇）	vu^{13}	ȵy^{52}	ly^{52}	ly^{52}	ly^{52}	ly^{52}	ly^{52}	ly^{13}
永宁县	vu^{13}	ȵy^{53}	ly^{53}	ly^{53}	ly^{53}	ly^{53}	ly^{53}	ly^{13}
中宁县	vu^{13}	ny^{53}	ly^{53}	ly^{53}	ly^{53}	ly^{53}	ly^{53}	ly^{13}
沙坡头区	vu^{13}	ny^{53}	ly^{53}	ly^{53}	ly^{53}	ly^{53}	ly^{53}	ly^{13}
盐池县	vu^{13}	ȵy^{52}	ly^{52}	ly^{52}	ly^{52}	ly^{52}	ly^{52}	ly^{13}
平罗县（渠口乡）	vu^{13}	ȵy^{53}	ly^{53}	ly^{53}	ly^{53}	ly^{53}	ly^{53}	ly^{13}
阿拉善左旗	vu^{213}	ȵy^{51}	ly^{51}	ly^{51}	ly^{51}	ly^{51}	ly^{51}	ly^{213}
乌鲁木齐市	vu^{213}	ȵy^{52}	ly^{52}	ly^{52}	ly^{52}	ly^{52}	ly^{52}	ly^{213}
阜康市	vu^{213}	ȵy^{51}	ly^{51}	ly^{51}	ly^{51}	ly^{51}	ly^{51}	ly^{213}
呼图壁县	vu^{213}	ȵy^{51}	ly^{51}	ly^{51}	ly^{51}	ly^{51}	ly^{51}	ly^{213}
吉木萨尔县	vu^{213}	ȵy^{51}	ly^{51}	ly^{51}	ly^{51}	ly^{51}	ly^{51}	ly^{213}
奇台县	vu^{213}	ȵy^{52}	ly^{52}	ly^{52}	ly^{52}	ly^{52}	ly^{52}	ly^{213}
博乐市	vu^{24}	ȵy^{51}	ly^{51}	ly^{51}	ly^{51}	ly^{51}	ly^{51}	ly^{24}
阿勒泰市	vu^{23}	ny^{51}	ly^{51}	ly^{51}	ly^{51}	ly^{51}	ly^{51}	ly^{23}
布尔津县	vu^{51}	ny^{23}	ly^{23}	ly^{23}	ly^{23}	ly^{23}	ly^{23}	ly^{51}
乌苏市	ʋu^{213}	ȵy^{51}	ly^{51}	ly^{51}	ly^{51}	ly^{51}	ly^{51}	ly^{213}
额敏县	vu^{34}	ny^{51}	ly^{51}	ly^{51}	ly^{51}	ly^{51}	ly^{51}	ly^{34}
伊州区	vu^{213}	ȵy^{51}	ly^{51}	ly^{51}	ly^{51}	ly^{51}	ly^{51}	ly^{213}
巴里坤县	vu^{24}	ny^{51}	ly^{51}	ly^{51}	ly^{51}	ly^{51}	ly^{51}	ly^{24}
伊吾县	u^{213}	ȵy^{51}	ly^{51}	ly^{51}	ly^{51}	ly^{51}	ly^{51}	ly^{213}

字目 中古音 方音 方言点	滤	律	率 效率	绿	居	拘①	驹	橘
	遇合三去御来	臻合三入术来	臻合三入术来	通合三入烛来	遇合撒平鱼见	遇合三平虞见	遇合三平虞见	臻合三入术来
兰州市（城关区）	ly^{13}	ly^{13}	ly^{13}	ly^{13}	$tçy^{53}$	$tçy^{53}$	$tçy^{53}$	$tçy^{13}$
永登县	ly^{13}	ly^{13}	ly^{13}	ly^{13}	$tçy^{42}$	$tçy^{42}$	$tçy^{42}$	$tçy^{13}$
榆中县	ly^{13}	ly^{13}	ly^{13}	ly^{13}	$tçy^{51}$	$tçy^{51}$	$tçy^{51}$	$tçy^{13}$
皋兰县	ly^{13}	ly^{13}	ly^{13}	ly^{13}	$tçy^{42}$	$tçy^{42}$	$tçy^{42}$	$tçy^{13}$
白银区	ly^{13}	ly^{13}	ly^{13}	ly^{13}	$tçy^{44}$	$tçy^{44}$	$tçy^{44}$	$tçy^{13}$
天祝县	ly^{213}	ly^{213}	ly^{213}	ly^{213}	$tçy^{44}$	$tçy^{44}$	$tçy^{44}$	$tçy^{213}$
景泰县（红水镇）	ly^{213}	ly^{213}	ly^{213}	ly^{213}	$tçy^{44}$	$tçy^{44}$	$tçy^{44}$	$tçy^{213}$
古浪县	ly^{31}	ly^{31}	ly^{31}	ly^{31}	$tçy^{44}$	$tçy^{44}$	$tçy^{44}$	$tçy^{31}$
凉州区	ly^{53}	ly^{53}	ly^{53}	ly^{53}	$tçy^{33}$	$tçy^{33}$	$tçy^{33}$	$tçy^{53}$
民勤县	ly^{42}	ly^{42}	ly^{42}	ly^{42}	$tçy^{44}$	$tçy^{44}$	$tçy^{44}$	$tçy^{42}$
永昌县	ly^{53}	ly^{53}	ly^{53}	ly^{53}	$tçy^{44}$	$tçy^{44}$	$tçy^{44}$	$tçy^{53}$
甘州区	ly^{31}	ly^{31}	ly^{31}	ly^{31}	$tçy^{44}$	$tçy^{44}$	$tçy^{44}$	$tçy^{31}$
临泽县	ly^{214}	ly^{214}	ly^{214}	ly^{214}	$tçy^{44}$	$tçy^{44}$	$tçy^{44}$	$tçy^{214}$
民乐县	ly^{42}	ly^{42}	ly^{42}	ly^{42}	$tçy^{44}$	$tçy^{44}$	$tçy^{44}$	$tçy^{42}$
山丹县	ly^{41}	ly^{41}	ly^{41}	ly^{41}	$tçy^{24}$	$tçy^{24}$	$tçy^{24}$	$tçy^{41}$
高台县	ly^{214}	ly^{214}	ly^{214}	ly^{214}	$tçy^{44}$	$tçy^{44}$	$tçy^{44}$	$tçy^{214}$
肃州区	ly^{214}	ly^{214}	ly^{214}	ly^{214}	$tçy^{44}$	$tçy^{44}$	$tçy^{44}$	$tçy^{214}$
金塔县	ly^{13}	ly^{13}	ly^{13}	ly^{13}	$tçy^{44}$	$tçy^{44}$	$tçy^{44}$	$tçy^{13}$
肃北县	ly^{213}	ly^{213}	ly^{213}	ly^{213}	$tçy^{44}$	$tçy^{44}$	$tçy^{44}$	$tçy^{213}$
玉门市	ly^{213}	ly^{213}	ly^{213}	ly^{213}	$tçy^{44}$	$tçy^{44}$	$tçy^{44}$	$tçy^{213}$

①又俱遇切，遇合三去遇见。

续表

瓜州县	ly^{213}	ly^{213}	ly^{213}	ly^{213}	$tɕy^{44}$	$tɕy^{44}$	$tɕy^{44}$	$tɕy^{213}$
西夏区	ly^{13}	ly^{13}	ly^{13}	ly^{13}	$tɕy^{44}$	$tɕy^{44}$	$tɕy^{44}$	$tɕy^{13}$
贺兰县	ly^{13}	ly^{13}	ly^{13}	lu^{13} $ləu^{13}$	$tɕy^{44}$	$tɕy^{44}$	$tɕy^{44}$	$tɕy^{13}$
灵武市 （东塔镇）	ly^{13}	ly^{13}	ly^{13}	lu^{13} $ləu^{13}$	$tɕy^{44}$	$tɕy^{44}$	$tɕy^{44}$	$tɕy^{13}$
永宁县	ly^{13}	ly^{13}	ly^{13}	ly^{13}	$tɕy^{44}$	$tɕy^{44}$	$tɕy^{44}$	$tɕy^{13}$
中宁县	ly^{13}	ly^{13}	ly^{13}	ly^{13}	$tɕy^{44}$	$tɕy^{44}$	$tɕy^{44}$	$tɕy^{13}$
沙坡头区	ly^{13}	ly^{13}	ly^{13}	ly^{13}	$tɕy^{44}$	$tɕy^{44}$	$tɕy^{44}$	$tɕy^{13}$
盐池县	ly^{13}	ly^{13}	ly^{13}	lu^{13} $ləu^{13}$	$tɕy^{44}$	$tɕy^{44}$	$tɕy^{44}$	$tɕy^{13}$
平罗县 （渠口乡）	ly^{13}	ly^{13}	ly^{13}	lu^{13} $ləu^{13}$	$tɕy^{44}$	$tɕy^{44}$	$tɕy^{44}$	$tɕy^{13}$
阿拉善左旗	ly^{213}	ly^{213}	ly^{213}	ly^{213}	$tɕy^{44}$	$tɕy^{44}$	$tɕy^{44}$	$tɕy^{213}$
乌鲁木齐市	ly^{213}	ly^{213}	ly^{213}	ly^{213}	$tɕy^{44}$	$tɕy^{44}$	$tɕy^{44}$	$tɕy^{213}$
阜康市	ly^{213}	ly^{213}	ly^{213}	ly^{213}	$tɕy^{55}$	$tɕy^{55}$	$tɕy^{55}$	$tɕy^{213}$
呼图壁县	ly^{213}	ly^{213}	ly^{213}	ly^{213}	$tɕy^{44}$	$tɕy^{44}$	$tɕy^{44}$	$tɕy^{213}$
吉木萨尔县	ly^{213}	ly^{213}	ly^{213}	ly^{213}	$tɕy^{44}$	$tɕy^{44}$	$tɕy^{44}$	$tɕy^{213}$
奇台县	ly^{213}	ly^{213}	ly^{213}	ly^{213}	$tɕy^{44}$	$tɕy^{44}$	$tɕy^{44}$	$tɕy^{213}$
博乐市	ly^{24}	ly^{24}	ly^{24}	ly^{24}	$tɕy^{45}$	$tɕy^{45}$	$tɕy^{45}$	$tɕy^{24}$
阿勒泰市	ly^{23}	ly^{23}	ly^{23}	ly^{23}	$tɕy^{44}$	$tɕy^{44}$	$tɕy^{44}$	$tɕy^{23}$
布尔津县	ly^{51}	ly^{51}	ly^{51}	ly^{23}	$tɕy^{44}$	$tɕy^{44}$	$tɕy^{44}$	$tɕy^{51}$
乌苏市	ly^{213}	ly^{213}	ly^{213}	ly^{213}	$tɕy^{55}$	$tɕy^{55}$	$tɕy^{55}$	$tɕy^{213}$
额敏县	ly^{34}	ly^{34}	ly^{34}	ly^{34}	$tɕy^{44}$	$tɕy^{44}$	$tɕy^{44}$	$tɕy^{34}$
伊州区	ly^{213}	ly^{213}	ly^{213}	ly^{213}	$tɕy^{44}$	$tɕy^{44}$	$tɕy^{44}$	$tɕy^{213}$
巴里坤县	ly^{24}	ly^{24}	ly^{24}	ly^{24}	$tɕy^{45}$	$tɕy^{45}$	$tɕy^{45}$	$tɕy^{24}$
伊吾县	ly^{213}	ly^{213}	ly^{213}	ly^{213}	$tɕy^{44}$	$tɕy^{44}$	$tɕy^{44}$	$tɕy^{213}$

字目 方音 方言点	菊	局	举	据	锯	巨	拒	距
中古音	通合三入屋见	通合三入烛群	遇合三上语见	遇合三去御见	遇合三去御见	遇合三上语群	遇合三上语群	遇合三上语群
兰州市（城关区）	tɕy^{13}	tɕy^{51}	tɕy^{44}	tɕy^{13}	tɕy^{13}	tɕy^{13}	tɕy^{13}	tɕy^{13}
永登县	tɕy^{13}	tɕy^{53}	tɕy^{354}	tɕy^{13}	tɕy^{13}	tɕy^{13}	tɕy^{13}	tɕy^{13}
榆中县	tɕy^{13}	tɕy^{332}	tɕy^{44}	tɕy^{13}	tɕy^{13}	tɕy^{13}	tɕy^{13}	tɕy^{13}
皋兰县	tɕy^{13}	tɕy^{53}	tɕy^{342}	tɕy^{13}	tɕy^{13}	tɕy^{13}	tɕy^{13}	tɕy^{13}
白银区	tɕy^{13}	tɕy^{51}	tɕy^{343}	tɕy^{13}	tɕy^{13}	tɕy^{13}	tɕy^{13}	tɕy^{13}
天祝县	tɕy^{213}	tɕy^{53}	tɕy^{44}	tɕy^{213}	tɕy^{213}	tɕy^{213}	tɕy^{213}	tɕy^{213}
景泰县（红水镇）	tɕy^{213}	tɕy^{53}	tɕy^{44}	tɕy^{213}	tɕy^{213}	tɕy^{213}	tɕy^{213}	tɕy^{213}
古浪县	tɕy^{31}	tɕy^{53}	tɕy^{44}	tɕy^{31}	tɕy^{31}	tɕy^{31}	tɕy^{31}	tɕy^{31}
凉州区	tɕy^{53}	tɕy^{13}	tɕy^{33}	tɕy^{53}	tɕy^{53}	tɕy^{53}	tɕy^{53}	tɕy^{53}
民勤县	tɕy^{42}	tɕy^{53}	tɕy^{214}	tɕy^{42}	tɕy^{42}	tɕy^{42}	tɕy^{42}	tɕy^{42}
永昌县	tɕy^{53}	tɕy^{13}	tɕy^{13}	tɕy^{53}	tɕy^{53}	tɕy^{53}	tɕy^{53}	tɕy^{53}
甘州区	tɕy^{31}	tɕy^{53}	tɕy^{53}	tɕy^{31}	tɕy^{31}	tɕy^{31}	tɕy^{31}	tɕy^{31}
临泽县	tɕy^{214}	tɕy^{53}	tɕy^{53}	tɕy^{214}	tɕy^{214}	tɕy^{214}	tɕy^{214}	tɕy^{214}
民乐县	tɕy^{42}	tɕy^{53}	tɕy^{213}	tɕy^{42}	tɕy^{42}	tɕy^{42}	tɕy^{42}	tɕy^{42}
山丹县	tɕy^{41}	tɕy^{53}	tɕy^{53}	tɕy^{41}	tɕy^{41}	tɕy^{41}	tɕy^{41}	tɕy^{41}
高台县	tɕy^{214}	tɕy^{53}	tɕy^{53}	tɕy^{214}	tɕy^{214}	tɕy^{214}	tɕy^{214}	tɕy^{214}
肃州区	tɕy^{214}	tɕy^{53}	tɕy^{53}	tɕy^{214}	tɕy^{214}	tɕy^{214}	tɕy^{214}	tɕy^{214}
金塔县	tɕy^{13}	tɕy^{53}	tɕy^{53}	tɕy^{13}	tɕy^{13}	tɕy^{13}	tɕy^{13}	tɕy^{13}
肃北县	tɕy^{213}	tɕy^{53}	tɕy^{53}	tɕy^{213}	tɕy^{213}	tɕy^{213}	tɕy^{213}	tɕy^{213}
玉门市	tɕy^{213}	tɕy^{53}	tɕy^{53}	tɕy^{213}	tɕy^{213}	tɕy^{213}	tɕy^{213}	tɕy^{213}
瓜州县	tɕy^{213}	tɕy^{53}	tɕy^{53}	tɕy^{213}	tɕy^{213}	tɕy^{213}	tɕy^{213}	tɕy^{213}
西夏区	tɕy^{13}	tɕy^{13}	tɕy^{53}	tɕy^{13}	tɕy^{13}	tɕy^{13}	tɕy^{13}	tɕy^{13}

续表

贺兰县	tɕy^{13}	tɕy^{13}	tɕy^{53}	tɕy^{13}	tɕy^{13}	tɕy^{13}	tɕy^{13}	tɕy^{13}
灵武市（东塔镇）	tɕy^{13}	tɕy^{13}	tɕy^{52}	tɕy^{13}	tɕy^{13}	tɕy^{13}	tɕy^{13}	tɕy^{13}
永宁县	tɕy^{13}	tɕy^{13}	tɕy^{53}	tɕy^{13}	tɕy^{13}	tɕy^{13}	tɕy^{13}	tɕy^{13}
中宁县	tɕy^{13}	tɕy^{53}	tɕy^{53}	tɕy^{13}	tɕy^{13}	tɕy^{13}	tɕy^{13}	tɕy^{13}
沙坡头区	tɕy^{13}	tɕy^{53}	tɕy^{53}	tɕy^{13}	tɕy^{13}	tɕy^{13}	tɕy^{13}	tɕy^{13}
盐池县	tɕy^{13}	tɕy^{13}	tɕy^{52}	tɕy^{13}	tɕy^{13}	tɕy^{13}	tɕy^{13}	tɕy^{13}
平罗县（渠口乡）	tɕy^{13}	tɕy^{13}	tɕy^{53}	tɕy^{13}	tɕy^{13}	tɕy^{13}	tɕy^{13}	tɕy^{13}
阿拉善左旗	tɕy^{213}	tɕy^{51}	tɕy^{51}	tɕy^{213}	tɕy^{213}	tɕy^{213}	tɕy^{213}	tɕy^{213}
乌鲁木齐市	tɕy^{213}	tɕy^{52}	tɕy^{52}	tɕy^{213}	tɕy^{213}	tɕy^{213}	tɕy^{213}	tɕy^{213}
阜康市	tɕy^{213}	tɕy^{51}	tɕy^{51}	tɕy^{213}	tɕy^{213}	tɕy^{213}	tɕy^{213}	tɕy^{213}
呼图壁县	tɕy^{213}	tɕy^{51}	tɕy^{51}	tɕy^{213}	tɕy^{213}	tɕy^{213}	tɕy^{213}	tɕy^{213}
吉木萨尔县	tɕy^{213}	tɕy^{51}	tɕy^{51}	tɕy^{213}	tɕy^{213}	tɕy^{213}	tɕy^{213}	tɕy^{213}
奇台县	tɕy^{213}	tɕy^{52}	tɕy^{52}	tɕy^{213}	tɕy^{213}	tɕy^{213}	tɕy^{213}	tɕy^{213}
博乐市	tɕy^{24}	tɕy^{51}	tɕy^{51}	tɕy^{24}	tɕy^{24}	tɕy^{24}	tɕy^{24}	tɕy^{24}
阿勒泰市	tɕy^{23}	tɕy^{51}	tɕy^{51}	tɕy^{23}	tɕy^{23}	tɕy^{23}	tɕy^{23}	tɕy^{23}
布尔津县	tɕy^{23}	tɕy^{23}	tɕy^{23}	tɕy^{51}	tɕy^{51}	tɕy^{51}	tɕy^{51}	tɕy^{51}
乌苏市	tɕy^{213}	tɕy^{51}	tɕy^{51}	tɕy^{213}	tɕy^{213}	tɕy^{213}	tɕy^{213}	tɕy^{213}
额敏县	tɕy^{34}	tɕy^{51}	tɕy^{51}	tɕy^{34}	tɕy^{34}	tɕy^{34}	tɕy^{34}	tɕy^{34}
伊州区	tɕy^{213}	tɕy^{51}	tɕy^{51}	tɕy^{213}	tɕy^{213}	tɕy^{213}	tɕy^{213}	tɕy^{213}
巴里坤县	tɕy^{24}	tɕy^{51}	tɕy^{51}	tɕy^{24}	tɕy^{24}	tɕy^{24}	tɕy^{24}	tɕy^{24}
伊吾县	tɕy^{213}	tɕy^{51}	tɕy^{51}	tɕy^{213}	tɕy^{213}	tɕy^{213}	tɕy^{213}	tɕy^{213}

字目 / 中古音 / 方音 / 方言点	聚①	句	具	惧	剧	蛆	趋	区 区域
	遇合三上麌从	遇合三去遇见	遇合三去遇群	遇合三去遇群	梗开三入陌群	遇合三平鱼清	遇合三平虞清	遇合三平虞溪
兰州市（城关区）	tɕy^{13}	tɕy^{13}	tɕy^{13}	tɕy^{13}	tɕy^{13}	tɕʻy^{53}	tɕʻy^{53}	tɕʻy^{53}
永登县	tɕy^{13}	tɕy^{13}	tɕy^{13}	tɕy^{13}	tɕy^{13}	tɕʻy^{42}	tɕʻy^{42}	tɕʻy^{42}
榆中县	tɕy^{13}	tɕy^{13}	tɕy^{13}	tɕy^{13}	tɕy^{13}	tɕʻy^{51}	tɕʻy^{51}	tɕʻy^{51}
皋兰县	tɕy^{13}	tɕy^{13}	tɕy^{13}	tɕy^{13}	tɕy^{13}	tɕʻy^{42}	tɕʻy^{42}	tɕʻy^{42}
白银区	tɕy^{13}	tɕy^{13}	tɕy^{13}	tɕy^{13}	tɕy^{13}	tɕʻy^{44}	tɕʻy^{44}	tɕʻy^{44}
天祝县	tɕy^{213}	tɕy^{213}	tɕy^{213}	tɕy^{213}	tɕy^{213}	tɕʻy^{44}	tɕʻy^{44}	tɕʻy^{44}
景泰县（红水镇）	tɕy^{213}	tɕy^{213}	tɕy^{213}	tɕy^{213}	tɕy^{213}	tɕʻy^{44}	tɕʻy^{44}	tɕʻy^{44}
古浪县	tɕy^{31}	tɕy^{31}	tɕy^{31}	tɕy^{31}	tɕy^{31}	tɕʻy^{44}	tɕʻy^{44}	tɕʻy^{44}
凉州区	tɕy^{53}	tɕy^{53}	tɕy^{53}	tɕy^{53}	tɕy^{53}	tɕʻy^{33}	tɕʻy^{33}	tɕʻy^{33}
民勤县	tɕy^{42}	tɕy^{42}	tɕy^{42}	tɕy^{42}	tɕy^{42}	tɕʻy^{44}	tɕʻy^{44}	tɕʻy^{44}
永昌县	tɕy^{53}	tɕy^{53}	tɕy^{53}	tɕy^{53}	tɕy^{53}	tɕʻy^{44}	tɕʻy^{44}	tɕʻy^{44}
甘州区	tɕy^{31}	tɕy^{31}	tɕy^{31}	tɕy^{31}	tɕy^{31}	tɕʻy^{44}	tɕʻy^{44}	tɕʻy^{44}
临泽县	tɕy^{214}	tɕy^{214}	tɕy^{214}	tɕy^{214}	tɕy^{214}	tɕʻy^{44}	tɕʻy^{44}	tɕʻy^{44}
民乐县	tɕy^{42}	tɕy^{42}	tɕy^{42}	tɕy^{42}	tɕy^{42}	tɕʻy^{44}	tɕʻy^{44}	tɕʻy^{44}
山丹县	tɕy^{41}	tɕy^{41}	tɕy^{41}	tɕy^{41}	tɕy^{41}	tɕʻy^{24}	tɕʻy^{24}	tɕʻy^{24}
高台县	tɕy^{214}	tɕy^{214}	tɕy^{214}	tɕy^{214}	tɕy^{214}	tɕʻy^{44}	tɕʻy^{44}	tɕʻy^{44}
肃州区	tɕy^{214}	tɕy^{214}	tɕy^{214}	tɕy^{214}	tɕy^{214}	tɕʻy^{44}	tɕʻy^{44}	tɕʻy^{44}
金塔县	tɕy^{13}	tɕy^{13}	tɕy^{13}	tɕy^{13}	tɕy^{13}	tɕʻy^{44}	tɕʻy^{44}	tɕʻy^{44}
肃北县	tɕy^{213}	tɕy^{213}	tɕy^{213}	tɕy^{213}	tɕy^{213}	tɕʻy^{44}	tɕʻy^{44}	tɕʻy^{44}
玉门市	tɕy^{213}	tɕy^{213}	tɕy^{213}	tɕy^{213}	tɕy^{213}	tɕʻy^{44}	tɕʻy^{44}	tɕʻy^{44}

①又才句切，遇合三去遇从。

续表

瓜州县	tɕy^{213}	tɕy^{213}	tɕy^{213}	tɕy^{213}	tɕy^{213}	tɕʻy^{44}	tɕʻy^{44}	tɕʻy^{44}
西夏区	tɕy^{13}	tɕy^{13}	tɕy^{13}	tɕy^{13}	tɕy^{13}	tɕʻy^{44}	tɕʻy^{44}	tɕʻy^{44}
贺兰县	tɕy^{13}	tɕy^{13}	tɕy^{13}	tɕy^{13}	tɕy^{13}	tɕʻy^{44}	tɕʻy^{44}	tɕʻy^{44}
灵武市（东塔镇）	tɕy^{13}	tɕy^{13}	tɕy^{13}	tɕy^{13}	tɕy^{13}	tɕʻy^{44}	tɕʻy^{44}	tɕʻy^{44}
永宁县	tɕy^{13}	tɕy^{13}	tɕy^{13}	tɕy^{13}	tɕy^{13}	tɕʻy^{44}	tɕʻy^{44}	tɕʻy^{44}
中宁县	tɕy^{13}	tɕy^{13}	tɕy^{13}	tɕy^{13}	tɕy^{13}	tɕʻy^{44}	tɕʻy^{44}	tɕʻy^{44}
沙坡头区	tɕy^{13}	tɕy^{13}	tɕy^{13}	tɕy^{13}	tɕy^{13}	tɕʻy^{44}	tɕʻy^{44}	tɕʻy^{44}
盐池县	tɕy^{13}	tɕy^{13}	tɕy^{13}	tɕy^{13}	tɕy^{13}	tɕʻy^{44}	tɕʻy^{44}	tɕʻy^{44}
平罗县（渠口乡）	tɕy^{13}	tɕy^{13}	tɕy^{13}	tɕy^{13}	tɕy^{13}	tɕʻy^{44}	tɕʻy^{44}	tɕʻy^{44}
阿拉善左旗	tɕy^{213}	tɕy^{213}	tɕy^{213}	tɕy^{213}	tɕy^{213}	tɕʻy^{44}	tɕʻy^{44}	tɕʻy^{44}
乌鲁木齐市	tɕy^{213}	tɕy^{213}	tɕy^{213}	tɕy^{213}	tɕy^{213}	tɕʻy^{44}	tɕʻy^{44}	tɕʻy^{44}
阜康市	tɕy^{213}	tɕy^{213}	tɕy^{213}	tɕy^{213}	tɕy^{213}	tɕʻy^{55}	tɕʻy^{55}	tɕʻy^{55}
呼图壁县	tɕy^{213}	tɕy^{213}	tɕy^{213}	tɕy^{213}	tɕy^{213}	tɕʻy^{44}	tɕʻy^{44}	tɕʻy^{44}
吉木萨尔县	tɕy^{213}	tɕy^{213}	tɕy^{213}	tɕy^{213}	tɕy^{213}	tɕʻy^{44}	tɕʻy^{44}	tɕʻy^{44}
奇台县	tɕy^{213}	tɕy^{213}	tɕy^{213}	tɕy^{213}	tɕy^{213}	tɕʻy^{44}	tɕʻy^{44}	tɕʻy^{44}
博乐市	tɕy^{24}	tɕy^{24}	tɕy^{24}	tɕy^{24}	tɕy^{24}	tɕʻy^{45}	tɕʻy^{45}	tɕʻy^{45}
阿勒泰市	tɕy^{23}	tɕy^{23}	tɕy^{23}	tɕy^{23}	tɕy^{23}	tɕʻy^{44}	tɕʻy^{44}	tɕʻy^{44}
布尔津县	tɕy^{51}	tɕy^{51}	tɕy^{51}	tɕy^{51}	tɕy^{51}	tɕʻy^{44}	tɕʻy^{44}	tɕʻy^{44}
乌苏市	tɕy^{213}	tɕy^{213}	tɕy^{213}	tɕy^{213}	tɕy^{213}	tɕʻy^{55}	tɕʻy^{55}	tɕʻy^{55}
额敏县	tɕy^{34}	tɕy^{34}	tɕy^{34}	tɕy^{34}	tɕy^{34}	tɕʻy^{44}	tɕʻy^{44}	tɕʻy^{44}
伊州区	tɕy^{213}	tɕy^{213}	tɕy^{213}	tɕy^{213}	tɕy^{213}	tɕʻy^{44}	tɕʻy^{44}	tɕʻy^{44}
巴里坤县	tɕy^{24}	tɕy^{24}	tɕy^{24}	tɕy^{24}	tɕy^{24}	tɕʻy^{45}	tɕʻy^{45}	tɕʻy^{45}
伊吾县	tɕy^{213}	tɕy^{213}	tɕy^{213}	tɕy^{213}	tɕy^{213}	tɕʻy^{44}	tɕʻy^{44}	tɕʻy^{44}

字目 / 中古音 / 方言点	驱	屈	麴	曲	渠 水渠	瞿	取	娶①
	遇合三平虞溪	臻合三入物溪	通合三入屋溪	通合三入烛溪	遇合三平鱼群	遇合三平虞群	遇合三上麌清	遇合三去遇清
兰州市（城关区）	tɕʻy^{53}	tɕʻy^{13}	tɕʻy^{13}	tɕʻy^{13}	tɕʻy^{51}	tɕʻy^{51}	tɕʻy^{44}	tɕʻy^{44}
永登县	tɕʻy^{42}	tɕʻy^{13}	tɕʻy^{13}	tɕʻy^{13}	tɕʻy^{53}	tɕʻy^{53}	tɕʻy^{354}	tɕʻy^{354}
榆中县	tɕʻy^{51}	tɕʻy^{13}	tɕʻy^{13}	tɕʻy^{13}	tɕʻy^{332}	tɕʻy^{332}	tɕʻy^{44}	tɕʻy^{44}
皋兰县	tɕʻy^{42}	tɕʻy^{13}	tɕʻy^{13}	tɕʻy^{13}	tɕʻy^{53}	tɕʻy^{53}	tɕʻy^{342}	tɕʻy^{342}
白银区	tɕʻy^{44}	tɕʻy^{13}	tɕʻy^{13}	tɕʻy^{13}	tɕʻy^{51}	tɕʻy^{51}	tɕʻy^{343}	tɕʻy^{343}
天祝县	tɕʻy^{44}	tɕʻy^{213}	tɕʻy^{213}	tɕʻy^{213}	tɕʻy^{53}	tɕʻy^{53}	tɕʻy^{44}	tɕʻy^{44}
景泰县（红水镇）	tɕʻy^{44}	tɕʻy^{213}	tɕʻy^{213}	tɕʻy^{213}	tɕʻy^{53}	tɕʻy^{53}	tɕʻy^{44}	tɕʻy^{44}
古浪县	tɕʻy^{44}	tɕʻy^{31}	tɕʻy^{31}	tɕʻy^{31}	tɕʻy^{53}	tɕʻy^{53}	tɕʻy^{44}	tɕʻy^{44}
凉州区	tɕʻy^{33}	tɕʻy^{53}	tɕʻy^{53}	tɕʻy^{53}	tɕʻy^{13}	tɕʻy^{13}	tɕʻy^{33}	tɕʻy^{33}
民勤县	tɕʻy^{44}	tɕʻy^{42}	tɕʻy^{42}	tɕʻy^{42}	tɕʻy^{53}	tɕʻy^{53}	tɕʻy^{214}	tɕʻy^{214}
永昌县	tɕʻy^{44}	tɕʻy^{53}	tɕʻy^{53}	tɕʻy^{53}	tɕʻy^{13}	tɕʻy^{13}	tɕʻy^{13}	tɕʻy^{13}
甘州区	tɕʻy^{44}	tɕʻy^{31}	tɕʻy^{31}	tɕʻy^{31}	tɕʻy^{53}	tɕʻy^{53}	tɕʻy^{53}	tɕʻy^{53}
临泽县	tɕʻy^{44}	tɕʻy^{214}	tɕʻy^{214}	tɕʻy^{214}	tɕʻy^{53}	tɕʻy^{53}	tɕʻy^{53}	tɕʻy^{53}
民乐县	tɕʻy^{44}	tɕʻy^{42}	tɕʻy^{42}	tɕʻy^{42}	tɕʻy^{53}	tɕʻy^{53}	tɕʻy^{213}	tɕʻy^{213}
山丹县	tɕʻy^{24}	tɕʻy^{41}	tɕʻy^{41}	tɕʻy^{41}	tɕʻy^{53}	tɕʻy^{53}	tɕʻy^{53}	tɕʻy^{53}
高台县	tɕʻy^{44}	tɕʻy^{214}	tɕʻy^{214}	tɕʻy^{214}	tɕʻy^{53}	tɕʻy^{53}	tɕʻy^{53}	tɕʻy^{53}
肃州区	tɕʻy^{44}	tɕʻy^{214}	tɕʻy^{214}	tɕʻy^{214}	tɕʻy^{53}	tɕʻy^{53}	tɕʻy^{53}	tɕʻy^{53}
金塔县	tɕʻy^{44}	tɕʻy^{13}	tɕʻy^{13}	tɕʻy^{13}	tɕʻy^{53}	tɕʻy^{53}	tɕʻy^{53}	tɕʻy^{53}
肃北县	tɕʻy^{44}	tɕʻy^{213}	tɕʻy^{213}	tɕʻy^{213}	tɕʻy^{53}	tɕʻy^{53}	tɕʻy^{53}	tɕʻy^{53}
玉门市	tɕʻy^{44}	tɕʻy^{213}	tɕʻy^{213}	tɕʻy^{213}	tɕʻy^{53}	tɕʻy^{53}	tɕʻy^{53}	tɕʻy^{53}

①又此主切，遇合三上麌清。

续表

瓜州县	$tɕʻy^{44}$	$tɕʻy^{213}$	$tɕʻy^{213}$	$tɕʻy^{213}$	$tɕʻy^{53}$	$tɕʻy^{53}$	$tɕʻy^{53}$	$tɕʻy^{53}$
西夏区	$tɕʻy^{44}$	$tɕʻy^{13}$	$tɕʻy^{13}$	$tɕʻy^{13}$	$tɕʻy^{53}$	$tɕʻy^{53}$	$tɕʻy^{53}$	$tɕʻy^{53}$
贺兰县	$tɕʻy^{44}$	$tɕʻy^{13}$	$tɕʻy^{13}$	$tɕʻy^{13}$	$tɕʻy^{53}$	$tɕʻy^{53}$	$tɕʻy^{53}$	$tɕʻy^{53}$
灵武市（东塔镇）	$tɕʻy^{44}$	$tɕʻy^{13}$	$tɕʻy^{13}$	$tɕʻy^{13}$	$tɕʻy^{52}$	$tɕʻy^{52}$	$tɕʻy^{52}$	$tɕʻy^{52}$
永宁县	$tɕʻy^{44}$	$tɕʻy^{13}$	$tɕʻy^{13}$	$tɕʻy^{13}$	$tɕʻy^{53}$	$tɕʻy^{53}$	$tɕʻy^{53}$	$tɕʻy^{53}$
中宁县	$tɕʻy^{44}$	$tɕʻy^{13}$	$tɕʻy^{13}$	$tɕʻy^{13}$	$tɕʻy^{53}$	$tɕʻy^{53}$	$tɕʻy^{53}$	$tɕʻy^{53}$
沙坡头区	$tɕʻy^{44}$	$tɕʻy^{13}$	$tɕʻy^{13}$	$tɕʻy^{13}$	$tɕʻy^{53}$	$tɕʻy^{53}$	$tɕʻy^{53}$	$tɕʻy^{53}$
盐池县	$tɕʻy^{44}$	$tɕʻy^{13}$	$tɕʻy^{13}$	$tɕʻy^{13}$	$tɕʻy^{13}$	$tɕʻy^{13}$	$tɕʻy^{52}$	$tɕʻy^{52}$
平罗县（渠口乡）	$tɕʻy^{44}$	$tɕʻy^{13}$	$tɕʻy^{13}$	$tɕʻy^{13}$	$tɕʻy^{53}$	$tɕʻy^{53}$	$tɕʻy^{53}$	$tɕʻy^{53}$
阿拉善左旗	$tɕʻy^{44}$	$tɕʻy^{213}$	$tɕʻy^{213}$	$tɕʻy^{213}$	$tɕʻy^{51}$	$tɕʻy^{51}$	$tɕʻy^{51}$	$tɕʻy^{51}$
乌鲁木齐市	$tɕʻy^{44}$	$tɕʻy^{213}$	$tɕʻy^{213}$	$tɕʻy^{213}$	$tɕʻy^{52}$	$tɕʻy^{52}$	$tɕʻy^{52}$	$tɕʻy^{52}$
阜康市	$tɕʻy^{55}$	$tɕʻy^{213}$	$tɕʻy^{213}$	$tɕʻy^{213}$	$tɕʻy^{51}$	$tɕʻy^{51}$	$tɕʻy^{51}$	$tɕʻy^{51}$
呼图壁县	$tɕʻy^{44}$	$tɕʻy^{213}$	$tɕʻy^{213}$	$tɕʻy^{213}$	$tɕʻy^{51}$	$tɕʻy^{51}$	$tɕʻy^{51}$	$tɕʻy^{51}$
吉木萨尔县	$tɕʻy^{44}$	$tɕʻy^{213}$	$tɕʻy^{213}$	$tɕʻy^{213}$	$tɕʻy^{51}$	$tɕʻy^{51}$	$tɕʻy^{51}$	$tɕʻy^{51}$
奇台县	$tɕʻy^{44}$	$tɕʻy^{213}$	$tɕʻy^{213}$	$tɕʻy^{213}$	$tɕʻy^{52}$	$tɕʻy^{52}$	$tɕʻy^{52}$	$tɕʻy^{52}$
博乐市	$tɕʻy^{45}$	$tɕʻy^{24}$	$tɕʻy^{24}$	$tɕʻy^{24}$	$tɕʻy^{51}$	$tɕʻy^{51}$	$tɕʻy^{51}$	$tɕʻy^{51}$
阿勒泰市	$tɕʻy^{44}$	$tɕʻy^{23}$	$tɕʻy^{23}$	$tɕʻy^{23}$	$tɕʻy^{51}$	$tɕʻy^{51}$	$tɕʻy^{51}$	$tɕʻy^{51}$
布尔津县	$tɕʻy^{44}$	$tɕʻy^{51}$	$tɕʻy^{51}$	$tɕʻy^{51}$	$tɕʻy^{23}$	$tɕʻy^{23}$	$tɕʻy^{23}$	$tɕʻy^{23}$
乌苏市	$tɕʻy^{55}$	$tɕʻy^{213}$	$tɕʻy^{213}$	$tɕʻy^{213}$	$tɕʻy^{51}$	$tɕʻy^{51}$	$tɕʻy^{51}$	$tɕʻy^{51}$
额敏县	$tɕʻy^{44}$	$tɕʻy^{34}$	$tɕʻy^{34}$	$tɕʻy^{34}$	$tɕʻy^{51}$	$tɕʻy^{51}$	$tɕʻy^{51}$	$tɕʻy^{51}$
伊州区	$tɕʻy^{44}$	$tɕʻy^{213}$	$tɕʻy^{213}$	$tɕʻy^{213}$	$tɕʻy^{51}$	$tɕʻy^{51}$	$tɕʻy^{51}$	$tɕʻy^{51}$
巴里坤县	$tɕʻy^{45}$	$tɕʻy^{24}$	$tɕʻy^{24}$	$tɕʻy^{24}$	$tɕʻy^{51}$	$tɕʻy^{51}$	$tɕʻy^{51}$	$tɕʻy^{51}$
伊吾县	$tɕʻy^{44}$	$tɕʻy^{213}$	$tɕʻy^{213}$	$tɕʻy^{213}$	$tɕʻy^{51}$	$tɕʻy^{51}$	$tɕʻy^{51}$	$tɕʻy^{51}$

字目 中古音 方言点	去 除去	去 离去	趣	虚	嘘	需	须 必须	须 胡须
	遇合三上语溪	遇合三去御溪	遇合三去遇溪	遇合三平鱼晓	遇合三平鱼晓	遇合三平虞心	遇合三平虞心	遇合三平虞心
兰州市（城关区）	tɕʻy¹³	tɕʻy¹³	tɕʻy¹³	ɕy⁵³	ɕy⁵³	ɕy⁵³	ɕy⁵³	ɕy⁵³
永登县	tɕʻy¹³	tɕʻy¹³	tɕʻy¹³	ɕy⁴²	ɕy⁴²	ɕy⁴²	ɕy⁴²	ɕy⁴²
榆中县	tɕʻy¹³	tɕʻy¹³	tɕʻy¹³	ɕy⁵¹	ɕy⁵¹	ɕy⁵¹	ɕy⁵¹	ɕy⁵¹
皋兰县	tɕʻy¹³	tɕʻy¹³	tɕʻy¹³	ɕy⁴²	ɕy⁴²	ɕy⁴²	ɕy⁴²	ɕy⁴²
白银区	tɕʻy¹³	tɕʻy¹³	tɕʻy¹³	ɕy⁴⁴	ɕy⁴⁴	ɕy⁴⁴	ɕy⁴⁴	ɕy⁴⁴
天祝县	tɕʻy²¹³	tɕʻy²¹³	tɕʻy²¹³	ɕy⁴⁴	ɕy⁴⁴	ɕy⁴⁴	ɕy⁴⁴	ɕy⁴⁴
景泰县（红水镇）	tɕʻy²¹³	tɕʻy²¹³	tɕʻy²¹³	ɕy⁴⁴	ɕy⁴⁴	ɕy⁴⁴	ɕy⁴⁴	ɕy⁴⁴
古浪县	tɕʻy³¹	tɕʻy³¹	tɕʻy³¹	ɕy⁴⁴	ɕy⁴⁴	ɕy⁴⁴	ɕy⁴⁴	ɕy⁴⁴
凉州区	tɕʻy⁵³	tɕʻy⁵³	tɕʻy⁵³	ɕy³³	ɕy³³	ɕy³³	ɕy³³	ɕy³³
民勤县	tɕʻy⁴²	tɕʻy⁴²	tɕʻy⁴²	ɕy⁴⁴	ɕy⁴⁴	ɕy⁴⁴	ɕy⁴⁴	ɕy⁴⁴
永昌县	tɕʻy⁵³	tɕʻy⁵³	tɕʻy⁵³	ɕy⁴⁴	ɕy⁴⁴	ɕy⁴⁴	ɕy⁴⁴	ɕy⁴⁴
甘州区	tɕʻy³¹	tɕʻy³¹	tɕʻy³¹	ɕy⁴⁴	ɕy⁴⁴	ɕy⁴⁴	ɕy⁴⁴	ɕy⁴⁴
临泽县	tɕʻy²¹⁴	tɕʻy²¹⁴	tɕʻy²¹⁴	ɕy⁴⁴	ɕy⁴⁴	ɕy⁴⁴	ɕy⁴⁴	ɕy⁴⁴
民乐县	tɕʻy⁴²	tɕʻy⁴²	tɕʻy⁴²	ɕy⁴⁴	ɕy⁴⁴	ɕy⁴⁴	ɕy⁴⁴	ɕy⁴⁴
山丹县	tɕʻy⁴¹	tɕʻy⁴¹	tɕʻy⁴¹	ɕy²⁴	ɕy²⁴	ɕy²⁴	ɕy²⁴	ɕy²⁴
高台县	tɕʻy²¹⁴	tɕʻy²¹⁴	tɕʻy²¹⁴	ɕy⁴⁴	ɕy⁴⁴	ɕy⁴⁴	ɕy⁴⁴	ɕy⁴⁴
肃州区	tɕʻy²¹⁴	tɕʻy²¹⁴	tɕʻy²¹⁴	ɕy⁴⁴	ɕy⁴⁴	ɕy⁴⁴	ɕy⁴⁴	ɕy⁴⁴
金塔县	tɕʻy¹³	tɕʻy¹³	tɕʻy¹³	ɕy⁴⁴	ɕy⁴⁴	ɕy⁴⁴	ɕy⁴⁴	ɕy⁴⁴
肃北县	tɕʻy²¹³	tɕʻy²¹³	tɕʻy²¹³	ɕy⁴⁴	ɕy⁴⁴	ɕy⁴⁴	ɕy⁴⁴	ɕy⁴⁴
玉门市	tɕʻy²¹³	tɕʻy²¹³	tɕʻy²¹³	ɕy⁴⁴	ɕy⁴⁴	ɕy⁴⁴	ɕy⁴⁴	ɕy⁴⁴
瓜州县	tɕʻy²¹³	tɕʻy²¹³	tɕʻy²¹³	ɕy⁴⁴	ɕy⁴⁴	ɕy⁴⁴	ɕy⁴⁴	ɕy⁴⁴
西夏区	tɕʻy¹³	tɕʻy¹³	tɕʻy¹³	ɕy⁴⁴	ɕy⁴⁴	ɕy⁴⁴	ɕy⁴⁴	ɕy⁴⁴

续表

贺兰县	tɕʻy^{13}	tɕʻy^{13}	tɕʻy^{13}	ɕy^{44}	ɕy^{44}	ɕy^{44}	ɕy^{44}	ɕy^{44}
灵武市（东塔镇）	tɕʻy^{13}	tɕʻy^{13}	tɕʻy^{13}	ɕy^{44}	ɕy^{44}	ɕy^{44}	ɕy^{44}	ɕy^{44}
永宁县	tɕʻy^{13}	tɕʻy^{13}	tɕʻy^{13}	ɕy^{44}	ɕy^{44}	ɕy^{44}	ɕy^{44}	ɕy^{44}
中宁县	tɕʻy^{13}	tɕʻy^{13}	tɕʻy^{13}	ɕy^{44}	ɕy^{44}	ɕy^{44}	ɕy^{44}	ɕy^{44}
沙坡头区	tɕʻy^{13}	tɕʻy^{13}	tɕʻy^{13}	ɕy^{44}	ɕy^{44}	ɕy^{44}	ɕy^{44}	ɕy^{44}
盐池县	tɕʻy^{13}	tɕʻy^{13}	tɕʻy^{13}	ɕy^{44}	ɕy^{44}	ɕy^{44}	ɕy^{44}	ɕy^{44}
平罗县（渠口乡）	tɕʻy^{13}	tɕʻy^{13}	tɕʻy^{13}	ɕy^{44}	ɕy^{44}	ɕy^{44}	ɕy^{44}	ɕy^{44}
阿拉善左旗	tɕʻy^{213}	tɕʻy^{213}	tɕʻy^{213}	ɕy^{44}	ɕy^{44}	ɕy^{44}	ɕy^{44}	ɕy^{44}
乌鲁木齐市	tɕʻy^{213}	tɕʻy^{213}	tɕʻy^{213}	ɕy^{44}	ɕy^{44}	ɕy^{44}	ɕy^{44}	ɕy^{44}
阜康市	tɕʻy^{213}	tɕʻy^{213}	tɕʻy^{213}	ɕy^{55}	ɕy^{55}	ɕy^{55}	ɕy^{55}	ɕy^{55}
呼图壁县	tɕʻy^{213}	tɕʻy^{213}	tɕʻy^{213}	ɕy^{44}	ɕy^{44}	ɕy^{44}	ɕy^{44}	ɕy^{44}
吉木萨尔县	tɕʻy^{213}	tɕʻy^{213}	tɕʻy^{213}	ɕy^{44}	ɕy^{44}	ɕy^{44}	ɕy^{44}	ɕy^{44}
奇台县	tɕʻy^{213}	tɕʻy^{213}	tɕʻy^{213}	ɕy^{44}	ɕy^{44}	ɕy^{44}	ɕy^{44}	ɕy^{44}
博乐市	tɕʻy^{24}	tɕʻy^{24}	tɕʻy^{24}	ɕy^{45}	ɕy^{45}	ɕy^{45}	ɕy^{45}	ɕy^{45}
阿勒泰市	tɕʻy^{23}	tɕʻy^{23}	tɕʻy^{23}	ɕy^{44}	ɕy^{44}	ɕy^{44}	ɕy^{44}	ɕy^{44}
布尔津县	tɕʻy^{51}	tɕʻy^{51}	tɕʻy^{51}	ɕy^{44}	ɕy^{44}	ɕy^{44}	ɕy^{44}	ɕy^{44}
乌苏市	tɕʻy^{213}	tɕʻy^{213}	tɕʻy^{213}	ɕy^{55}	ɕy^{55}	ɕy^{55}	ɕy^{55}	ɕy^{55}
额敏县	tɕʻy^{34}	tɕʻy^{34}	tɕʻy^{34}	ɕy^{44}	ɕy^{44}	ɕy^{44}	ɕy^{44}	ɕy^{44}
伊州区	tɕʻy^{213}	tɕʻy^{213}	tɕʻy^{213}	ɕy^{44}	ɕy^{44}	ɕy^{44}	ɕy^{44}	ɕy^{44}
巴里坤县	tɕʻy^{24}	tɕʻy^{24}	tɕʻy^{24}	ɕy^{45}	ɕy^{45}	ɕy^{45}	ɕy^{45}	ɕy^{45}
伊吾县	tɕʻy^{213}	tɕʻy^{213}	tɕʻy^{213}	ɕy^{44}	ɕy^{44}	ɕy^{44}	ɕy^{44}	ɕy^{44}

方言点 \ 方音 \ 中古音 \ 字目	徐	许	絮	序	叙	绪	婿	恤
	遇合三平鱼邪	遇合三上语晓	遇合三去御心	遇合三上语邪	遇合三上语邪	遇合三上语邪	蟹开四去霁心	臻合三入术心
兰州市（城关区）	$ɕy^{51}$	$ɕy^{44}$	$ɕy^{13}$	$ɕy^{13}$	$ɕy^{13}$	$ɕy^{13}$	$ɕy^{13}$	$ɕy^{13}$
永登县	$ɕy^{53}$	$ɕy^{354}$	$ɕy^{13}$	$ɕy^{13}$	$ɕy^{13}$	$ɕy^{13}$	$ɕy^{13}$	$ɕy^{13}$
榆中县	$ɕy^{332}$	$ɕy^{44}$	$ɕy^{13}$	$ɕy^{13}$	$ɕy^{13}$	$ɕy^{13}$	$ɕy^{13}$	$ɕy^{13}$
皋兰县	$ɕy^{53}$	$ɕy^{342}$	$ɕy^{13}$	$ɕy^{13}$	$ɕy^{13}$	$ɕy^{13}$	$ɕy^{13}$	$ɕy^{13}$
白银区	$ɕy^{51}$	$ɕy^{343}$	$ɕy^{13}$	$ɕy^{13}$	$ɕy^{13}$	$ɕy^{13}$	$ɕy^{13}$	$ɕy^{13}$
天祝县	$ɕy^{53}$	$ɕy^{44}$	$ɕy^{213}$	$ɕy^{213}$	$ɕy^{213}$	$ɕy^{213}$	$ɕy^{213}$	$ɕy^{213}$
景泰县（红水镇）	$ɕy^{53}$	$ɕy^{44}$	$ɕy^{213}$	$ɕy^{213}$	$ɕy^{213}$	$ɕy^{213}$	$ɕy^{213}$	$ɕy^{213}$
古浪县	$ɕy^{53}$	$ɕy^{44}$	$ɕy^{31}$	$ɕy^{31}$	$ɕy^{31}$	$ɕy^{31}$	$ɕy^{31}$	$ɕy^{31}$
凉州区	$ɕy^{13}$	$ɕy^{33}$	$ɕy^{53}$	$ɕy^{53}$	$ɕy^{53}$	$ɕy^{53}$	$ɕy^{53}$	$ɕy^{53}$
民勤县	$ɕy^{53}$	$ɕy^{214}$	$ɕy^{42}$	$ɕy^{42}$	$ɕy^{42}$	$ɕy^{42}$	$ɕy^{42}$	$ɕy^{42}$
永昌县	$ɕy^{13}$	$ɕy^{13}$	$ɕy^{53}$	$ɕy^{53}$	$ɕy^{53}$	$ɕy^{53}$	$ɕy^{53}$	$ɕy^{53}$
甘州区	$ɕy^{53}$	$ɕy^{53}$	$ɕy^{31}$	$ɕy^{31}$	$ɕy^{31}$	$ɕy^{31}$	$ɕy^{31}$	$ɕy^{31}$
临泽县	$ɕy^{53}$	$ɕy^{53}$	$ɕy^{214}$	$ɕy^{214}$	$ɕy^{214}$	$ɕy^{214}$	$ɕy^{214}$	$ɕy^{214}$
民乐县	$ɕy^{53}$	$ɕy^{213}$	$ɕy^{42}$	$ɕy^{42}$	$ɕy^{42}$	$ɕy^{42}$	$ɕy^{42}$	$ɕy^{42}$
山丹县	$ɕy^{53}$	$ɕy^{53}$	$ɕy^{41}$	$ɕy^{41}$	$ɕy^{41}$	$ɕy^{41}$	$ɕy^{41}$	$ɕy^{41}$
高台县	$ɕy^{53}$	$ɕy^{53}$	$ɕy^{214}$	$ɕy^{214}$	$ɕy^{214}$	$ɕy^{214}$	$ɕy^{214}$	$ɕy^{214}$
肃州区	$ɕy^{53}$	$ɕy^{53}$	$ɕy^{214}$	$ɕy^{214}$	$ɕy^{214}$	$ɕy^{214}$	$ɕy^{214}$	$ɕy^{214}$
金塔县	$ɕy^{53}$	$ɕy^{53}$	$ɕy^{13}$	$ɕy^{13}$	$ɕy^{13}$	$ɕy^{13}$	$ɕy^{13}$	$ɕy^{13}$
肃北县	$ɕy^{53}$	$ɕy^{53}$	$ɕy^{213}$	$ɕy^{213}$	$ɕy^{213}$	$ɕy^{213}$	$ɕy^{213}$	$ɕy^{213}$
玉门市	$ɕy^{53}$	$ɕy^{53}$	$ɕy^{213}$	$ɕy^{213}$	$ɕy^{213}$	$ɕy^{213}$	$ɕy^{213}$	$ɕy^{213}$
瓜州县	$ɕy^{53}$	$ɕy^{53}$	$ɕy^{213}$	$ɕy^{213}$	$ɕy^{213}$	$ɕy^{213}$	$ɕy^{213}$	$ɕy^{213}$
西夏区	$ɕy^{53}$	$ɕy^{53}$	$ɕy^{13}$	$ɕy^{13}$	$ɕy^{13}$	$ɕy^{13}$	$ɕy^{13}$	$ɕy^{13}$

续表

贺兰县	ɕy^{53}	ɕy^{53}	ɕy^{13}	ɕy^{13}	ɕy^{13}	ɕy^{13}	ɕy^{13}	ɕy^{13}
灵武市（东塔镇）	ɕy^{52}	ɕy^{52}	ɕy^{13}	ɕy^{13}	ɕy^{13}	ɕy^{13}	ɕy^{13}	ɕy^{13}
永宁县	ɕy^{53}	ɕy^{53}	ɕy^{13}	ɕy^{13}	ɕy^{13}	ɕy^{13}	ɕy^{13}	ɕy^{13}
中宁县	ɕy^{53}	ɕy^{53}	ɕy^{13}	ɕy^{13}	ɕy^{13}	ɕy^{13}	ɕy^{13}	ɕy^{13}
沙坡头区	ɕy^{53}	ɕy^{53}	ɕy^{13}	ɕy^{13}	ɕy^{13}	ɕy^{13}	ɕy^{13}	ɕy^{13}
盐池县	ɕy^{13}	ɕy^{52}	ɕy^{13}	ɕy^{13}	ɕy^{13}	ɕy^{13}	ɕy^{13}	ɕy^{13}
平罗县（渠口乡）	ɕy^{53}	ɕy^{53}	ɕy^{13}	ɕy^{13}	ɕy^{13}	ɕy^{13}	ɕy^{13}	ɕy^{13}
阿拉善左旗	ɕy^{51}	ɕy^{51}	ɕy^{213}	ɕy^{213}	ɕy^{213}	ɕy^{213}	ɕy^{213}	ɕy^{213}
乌鲁木齐市	ɕy^{52}	ɕy^{52}	ɕy^{213}	ɕy^{213}	ɕy^{213}	ɕy^{213}	ɕy^{213}	ɕy^{213}
阜康市	ɕy^{51}	ɕy^{51}	ɕy^{213}	ɕy^{213}	ɕy^{213}	ɕy^{213}	ɕy^{213}	ɕy^{213}
呼图壁县	ɕy^{51}	ɕy^{51}	ɕy^{213}	ɕy^{213}	ɕy^{213}	ɕy^{213}	ɕy^{213}	ɕy^{213}
吉木萨尔县	ɕy^{51}	ɕy^{51}	ɕy^{213}	ɕy^{213}	ɕy^{213}	ɕy^{213}	ɕy^{213}	ɕy^{213}
奇台县	ɕy^{52}	ɕy^{52}	ɕy^{213}	ɕy^{213}	ɕy^{213}	ɕy^{213}	ɕy^{213}	ɕy^{213}
博乐市	ɕy^{51}	ɕy^{51}	ɕy^{24}	ɕy^{24}	ɕy^{24}	ɕy^{24}	ɕy^{24}	ɕy^{24}
阿勒泰市	ɕy^{51}	ɕy^{51}	ɕy^{23}	ɕy^{23}	ɕy^{23}	ɕy^{23}	ɕy^{23}	ɕy^{23}
布尔津县	ɕy^{23}	ɕy^{23}	ɕy^{51}	ɕy^{51}	ɕy^{51}	ɕy^{51}	ɕy^{51}	ɕy^{51}
乌苏市	ɕy^{51}	ɕy^{51}	ɕy^{213}	ɕy^{213}	ɕy^{213}	ɕy^{213}	ɕy^{213}	ɕy^{213}
额敏县	ɕy^{51}	ɕy^{51}	ɕy^{34}	ɕy^{34}	ɕy^{34}	ɕy^{34}	ɕy^{34}	ɕy^{34}
伊州区	ɕy^{51}	ɕy^{51}	ɕy^{213}	ɕy^{213}	ɕy^{213}	ɕy^{213}	ɕy^{213}	ɕy^{213}
巴里坤县	ɕy^{51}	ɕy^{51}	ɕy^{24}	ɕy^{24}	ɕy^{24}	ɕy^{24}	ɕy^{24}	ɕy^{24}
伊吾县	ɕy^{51}	ɕy^{51}	ɕy^{213}	ɕy^{213}	ɕy^{213}	ɕy^{213}	ɕy^{213}	ɕy^{213}

字目 / 中古音 / 方言点	畜[①] 畜牧	蓄[②]	续[③]	旭	鱼	於	余 姓	余 多余
	通合三入屋晓	通合三入屋晓	通合三入烛邪	通合三入烛晓	遇合三平鱼疑	遇合三平鱼影	遇合三平鱼以	遇合三平鱼以
兰州市（城关区）	ɕy¹³	ɕy¹³	ɕy¹³	ɕy¹³	y⁵¹	y⁵³	y⁵¹	y⁵¹
永登县	ɕy¹³	ɕy¹³	ɕy¹³	ɕy¹³	y⁵³	y⁴²	y⁵³	y⁵³
榆中县	ɕy¹³	ɕy¹³	ɕy¹³	ɕy¹³	y⁵¹	y⁴⁴	y⁵¹	y⁵¹
皋兰县	ɕy¹³	ɕy¹³	ɕy¹³	ɕy¹³	y³³²	y⁵¹	y³³²	y³³²
白银区	ɕy¹³	ɕy¹³	ɕy¹³	ɕy¹³	y⁵¹	y⁴⁴	y⁵¹	y⁵¹
天祝县	ɕy¹³	ɕy¹³	ɕy¹³	ɕy¹³	y⁵¹	y⁴⁴	y⁵¹	y⁵¹
景泰县（红水镇）	ɕy²¹³	ɕy²¹³	ɕy²¹³	ɕy²¹³	ʑy⁵³	ʑy⁴⁴	ʑy⁵³	ʑy⁵³
古浪县	ɕy²¹³	ɕy²¹³	ɕy²¹³	ɕy²¹³	ʑy⁵³	ʑy⁴⁴	ʑy⁵³	ʑy⁵³
凉州区	ɕy³¹	ɕy³¹	ɕy³¹	ɕy³¹	ʑy⁵³	ʑy⁴⁴	ʑy⁵³	ʑy⁵³
民勤县	ɕy⁵³	ɕy⁵³	ɕy⁵³	ɕy⁵³	y¹³	y³³	y¹³	y¹³
永昌县	ɕy⁴²	ɕy⁴²	ɕy⁴²	ɕy⁴²	ʑy⁵³	ʑy⁴⁴	ʑy⁵³	ʑy⁵³
甘州区	ɕy⁵³	ɕy⁵³	ɕy⁵³	ɕy⁵³	ʑy¹³	ʑy⁴⁴	ʑy¹³	ʑy¹³
临泽县	ɕy³¹	ɕy³¹	ɕy³¹	ɕy³¹	ʑy⁵³	ʑy⁵³	ʑy⁵³	ʑy⁵³
民乐县	ɕy²¹⁴	ɕy²¹⁴	ɕy²¹⁴	ɕy²¹⁴	ʑy⁵³	ʑy⁵³	ʑy⁵³	ʑy⁵³
山丹县	ɕy⁴²	ɕy⁴²	ɕy⁴²	ɕy⁴²	ʑy⁵³	ʑy⁵³	ʑy⁵³	ʑy⁵³
高台县	ɕy⁴¹	ɕy⁴¹	ɕy⁴¹	ɕy⁴¹	ʑy⁵³	ʑy⁵³	ʑy⁵³	ʑy⁵³
肃州区	ɕy²¹⁴	ɕy²¹⁴	ɕy²¹⁴	ɕy²¹⁴	ʑy⁵³	ʑy⁵³	ʑy⁵³	ʑy⁵³
金塔县	ɕy²¹⁴	ɕy²¹⁴	ɕy²¹⁴	ɕy²¹⁴	ʑy⁵³	ʑy⁵³	ʑy⁵³	ʑy⁵³
肃北县	ɕy¹³	ɕy¹³	ɕy¹³	ɕy¹³	ʑy⁵³	ʑy⁵³	ʑy⁵³	ʑy⁵³

①又丑六切，通合三入屋彻。

②又丑六切，通合三入屋彻。

③又辞屦切，遇合三去遇邪。

续表

玉门市	ɕy^{213}	ɕy^{213}	ɕy^{213}	ɕy^{213}	ʑy^{53}	ʑy^{53}	ʑy^{53}	ʑy^{53}
瓜州县	ɕy^{213}	ɕy^{213}	ɕy^{213}	ɕy^{213}	ʑy^{53}	ʑy^{53}	ʑy^{53}	ʑy^{53}
西夏区	ɕy^{13}	ɕy^{13}	ɕy^{13}	ɕy^{13}	y^{53}	y^{44}	y^{53}	y^{53}
贺兰县	ɕy^{13}	ɕy^{13}	ɕy^{13}	ɕy^{13}	y^{53}	y^{44}	y^{53}	y^{53}
灵武市（东塔镇）	ɕy^{13}	ɕy^{13}	ɕy^{13}	ɕy^{13}	y^{52}	y^{44}	y^{52}	y^{52}
永宁县	ɕy^{13}	ɕy^{13}	ɕy^{13}	ɕy^{13}	y^{53}	y^{44}	y^{53}	y^{53}
中宁县	ɕy^{13}	ɕy^{13}	ɕy^{13}	ɕy^{13}	y^{53}	y^{44}	y^{53}	y^{53}
沙坡头区	ɕy^{13}	ɕy^{13}	ɕy^{13}	ɕy^{13}	y^{53}	y^{44}	y^{53}	y^{53}
盐池县	ɕy^{13}	ɕy^{13}	ɕy^{13}	ɕy^{13}	y^{13}	y^{44}	y^{13}	y^{13}
平罗县（渠口乡）	ɕy^{13}	ɕy^{13}	ɕy^{13}	ɕy^{13}	y^{53}	y^{44}	y^{53}	y^{53}
阿拉善左旗	ɕy^{213}	ɕy^{213}	ɕy^{213}	ɕy^{213}	jy^{51}	jy^{51}	jy^{51}	jy^{51}
乌鲁木齐市	ɕy^{213}	ɕy^{213}	ɕy^{213}	ɕy^{213}	y^{52}	y^{52}	y^{52}	y^{52}
阜康市	ɕy^{213}	ɕy^{213}	ɕy^{213}	ɕy^{213}	jy^{51}	jy^{51}	jy^{51}	jy^{51}
呼图壁县	ɕy^{213}	ɕy^{213}	ɕy^{213}	ɕy^{213}	y^{51}	y^{51}	y^{51}	y^{51}
吉木萨尔县	ɕy^{213}	ɕy^{213}	ɕy^{213}	ɕy^{213}	y^{51}	y^{51}	y^{51}	y^{51}
奇台县	ɕy^{213}	ɕy^{213}	ɕy^{213}	ɕy^{213}	y^{52}	y^{52}	y^{52}	y^{52}
博乐市	ɕy^{24}	ɕy^{24}	ɕy^{24}	ɕy^{24}	y^{51}	y^{51}	y^{51}	y^{51}
阿勒泰市	ɕy^{23}	ɕy^{23}	ɕy^{23}	ɕy^{23}	y^{51}	y^{51}	y^{51}	y^{51}
布尔津县	ɕy^{51}	ɕy^{51}	ɕy^{51}	ɕy^{51}	y^{23}	y^{23}	y^{23}	y^{23}
乌苏市	ɕy^{213}	ɕy^{213}	ɕy^{213}	ɕy^{213}	ɥy^{51}	ɥy^{51}	ɥy^{51}	ɥy^{51}
额敏县	ɕy^{34}	ɕy^{34}	ɕy^{34}	ɕy^{34}	y^{51}	y^{51}	y^{51}	y^{51}
伊州区	ɕy^{213}	ɕy^{213}	ɕy^{213}	ɕy^{213}	y^{51}	y^{51}	y^{51}	y^{51}
巴里坤县	ɕy^{24}	ɕy^{24}	ɕy^{24}	ɕy^{24}	y^{51}	y^{51}	y^{51}	y^{51}
伊吾县	ɕy^{213}	ɕy^{213}	ɕy^{213}	ɕy^{213}	y^{51}	y^{51}	y^{51}	y^{51}

字目 / 中古音 / 方音 / 方言点	愚	虞	娱	于	盂	榆	愉①	语
	遇合三平虞疑	遇合三平虞疑	遇合三平虞疑	遇合三平虞云	遇合三平虞云	遇合三平虞以	遇合三平虞以	遇合三上语疑
兰州市（城关区）	y^{51}	y^{51}	y^{51}	y^{51}	y^{51}	y^{13}	y^{13}	y^{44}
永登县	y^{53}	y^{53}	y^{53}	y^{53}	y^{53}	y^{13}	y^{13}	y^{354}
榆中县	y^{332}	y^{332}	y^{332}	y^{332}	y^{332}	y^{13}	y^{13}	y^{44}
皋兰县	y^{53}	y^{53}	y^{53}	y^{53}	y^{53}	y^{13}	y^{13}	y^{342}
白银区	y^{51}	y^{51}	y^{51}	y^{51}	y^{51}	y^{13}	y^{13}	y^{343}
天祝县	ʑy^{53}	ʑy^{53}	ʑy^{53}	ʑy^{53}	ʑy^{53}	ʑy^{213}	ʑy^{213}	ʑy^{44}
景泰县（红水镇）	ʑy^{53}	ʑy^{53}	ʑy^{53}	ʑy^{53}	ʑy^{53}	ʑy^{213}	ʑy^{213}	ʑy^{44}
古浪县	ʑy^{53}	ʑy^{53}	ʑy^{53}	ʑy^{53}	ʑy^{53}	ʑy^{31}	ʑy^{31}	ʑy^{44}
凉州区	y^{13}	y^{13}	y^{13}	y^{13}	y^{13}	y^{53}	y^{53}	y^{33}
民勤县	ʑy^{53}	ʑy^{53}	ʑy^{53}	ʑy^{53}	ʑy^{53}	ʑy^{42}	ʑy^{42}	ʑy^{214}
永昌县	ʑy^{13}	ʑy^{13}	ʑy^{13}	ʑy^{13}	ʑy^{13}	ʑy^{53}	ʑy^{53}	ʑy^{13}
甘州区	ʑy^{53}	ʑy^{53}	ʑy^{53}	ʑy^{53}	ʑy^{53}	ʑy^{31}	ʑy^{31}	ʑy^{53}
临泽县	ʑy^{53}	ʑy^{53}	ʑy^{53}	ʑy^{53}	ʑy^{53}	ʑy^{214}	ʑy^{214}	ʑy^{53}
民乐县	ʑy^{53}	ʑy^{53}	ʑy^{53}	ʑy^{53}	ʑy^{53}	ʑy^{42}	ʑy^{42}	ʑy^{213}
山丹县	ʑy^{53}	ʑy^{53}	ʑy^{53}	ʑy^{53}	ʑy^{53}	ʑy^{41}	ʑy^{41}	ʑy^{53}
高台县	ʑy^{53}	ʑy^{53}	ʑy^{53}	ʑy^{53}	ʑy^{53}	ʑy^{214}	ʑy^{214}	ʑy^{53}
肃州区	ʑy^{53}	ʑy^{53}	ʑy^{53}	ʑy^{53}	ʑy^{53}	ʑy^{214}	ʑy^{214}	ʑy^{53}
金塔县	ʑy^{53}	ʑy^{53}	ʑy^{53}	ʑy^{53}	ʑy^{53}	ʑy^{13}	ʑy^{13}	ʑy^{53}
肃北县	ʑy^{53}	ʑy^{53}	ʑy^{53}	ʑy^{53}	ʑy^{53}	ʑy^{213}	ʑy^{213}	ʑy^{53}
玉门市	ʑy^{53}	ʑy^{53}	ʑy^{53}	ʑy^{53}	ʑy^{53}	ʑy^{213}	ʑy^{213}	ʑy^{53}
瓜州县	ʑy^{53}	ʑy^{53}	ʑy^{53}	ʑy^{53}	ʑy^{53}	ʑy^{213}	ʑy^{213}	ʑy^{53}

①又俞戍切，遇合三去遇以。

续表

西夏区	y^{53}	y^{53}	y^{53}	y^{13}	y^{13}	y^{13}	y^{13}	y^{53}
贺兰县	y^{53}	y^{53}	y^{53}	y^{13}	y^{13}	y^{13}	y^{13}	y^{53}
灵武市（东塔镇）	y^{52}	y^{52}	y^{52}	y^{13}	y^{13}	y^{13}	y^{13}	y^{53}
永宁县	y^{53}	y^{53}	y^{53}	y^{13}	y^{13}	y^{13}	y^{13}	y^{53}
中宁县	y^{53}	y^{53}	y^{53}	y^{13}	y^{13}	y^{13}	y^{13}	y^{53}
沙坡头区	y^{53}	y^{53}	y^{53}	y^{13}	y^{13}	y^{13}	y^{13}	y^{53}
盐池县	y^{13}	y^{13}	y^{13}	y^{13}	y^{13}	y^{13}	y^{13}	y^{53}
平罗县（渠口乡）	y^{53}	y^{53}	y^{53}	y^{13}	y^{13}	y^{13}	y^{13}	y^{53}
阿拉善左旗	jy^{51}	jy^{51}	jy^{51}	jy^{51}	jy^{51}	jy^{213}	jy^{213}	jy^{51}
乌鲁木齐市	y^{52}	y^{52}	y^{52}	y^{52}	y^{52}	y^{213}	y^{213}	y^{52}
阜康市	jy^{51}	jy^{51}	jy^{51}	jy^{51}	jy^{51}	jy^{213}	jy^{213}	jy^{51}
呼图壁县	y^{51}	y^{51}	y^{51}	y^{51}	y^{51}	y^{213}	y^{213}	y^{51}
吉木萨尔县	y^{51}	y^{51}	y^{51}	y^{51}	y^{51}	y^{213}	y^{213}	y^{51}
奇台县	y^{52}	y^{52}	y^{52}	y^{52}	y^{52}	y^{213}	y^{213}	y^{52}
博乐市	y^{51}	y^{51}	y^{51}	y^{51}	y^{51}	y^{24}	y^{24}	y^{51}
阿勒泰市	y^{51}	y^{51}	y^{51}	y^{51}	y^{51}	y^{23}	y^{23}	y^{51}
布尔津县	y^{23}	y^{23}	y^{23}	y^{23}	y^{23}	y^{51}	y^{51}	y^{23}
乌苏市	$ɥy^{51}$	$ɥy^{51}$	$ɥy^{51}$	$ɥy^{51}$	$ɥy^{51}$	$ɥy^{213}$	$ɥy^{213}$	$ɥy^{51}$
额敏县	y^{51}	y^{51}	y^{51}	y^{51}	y^{51}	y^{34}	y^{34}	y^{51}
伊州区	y^{51}	y^{51}	y^{51}	y^{51}	y^{51}	y^{213}	y^{213}	y^{51}
巴里坤县	y^{51}	y^{51}	y^{51}	y^{51}	y^{51}	y^{24}	y^{24}	y^{51}
伊吾县	y^{51}	y^{51}	y^{51}	y^{51}	y^{51}	y^{213}	y^{213}	y^{51}

字目 / 中古音 / 方音 / 方言点	与 及、给与	雨	羽①	御② 防御	御 御用	预	誉	遇
	遇合三上语以	遇合三上麌云	遇合三上麌云	遇合三上语疑	遇合三去御疑	遇合三去御以	遇合三去御以	遇合三去御疑
兰州市（城关区）	y^{44}	y^{44}	y^{44}	y^{13}	y^{13}	y^{13}	y^{13}	y^{13}
永登县	y^{354}	y^{354}	y^{354}	y^{13}	y^{13}	y^{13}	y^{13}	y^{13}
榆中县	y^{44}	y^{44}	y^{44}	y^{13}	y^{13}	y^{13}	y^{13}	y^{13}
皋兰县	y^{342}	y^{342}	y^{342}	y^{13}	y^{13}	y^{13}	y^{13}	y^{13}
白银区	y^{343}	y^{343}	y^{343}	y^{13}	y^{13}	y^{13}	y^{13}	y^{13}
天祝县	ʑy^{44}	ʑy^{44}	ʑy^{44}	ʑy^{213}	ʑy^{213}	ʑy^{213}	ʑy^{213}	ʑy^{44}
景泰县（红水镇）	ʑy^{44}	ʑy^{44}	ʑy^{44}	ʑy^{213}	ʑy^{213}	ʑy^{213}	ʑy^{213}	ʑy^{44}
古浪县	ʑy^{44}	ʑy^{44}	ʑy^{44}	ʑy^{31}	ʑy^{31}	ʑy^{31}	ʑy^{31}	ʑy^{44}
凉州区	y^{33}	y^{33}	y^{33}	y^{53}	y^{53}	y^{53}	y^{53}	y^{33}
民勤县	ʑy^{214}	ʑy^{214}	ʑy^{214}	ʑy^{42}	ʑy^{42}	ʑy^{42}	ʑy^{42}	ʑy^{42}
永昌县	ʑy^{13}	ʑy^{13}	ʑy^{13}	ʑy^{53}	ʑy^{53}	ʑy^{53}	ʑy^{53}	ʑy^{53}
甘州区	ʑy^{53}	ʑy^{53}	ʑy^{31}	ʑy^{31}	ʑy^{31}	ʑy^{31}	ʑy^{31}	ʑy^{31}
临泽县	ʑy^{53}	ʑy^{53}	ʑy^{53}	ʑy^{214}	ʑy^{214}	ʑy^{214}	ʑy^{214}	ʑy^{214}
民乐县	ʑy^{213}	ʑy^{213}	ʑy^{213}	ʑy^{42}	ʑy^{42}	ʑy^{42}	ʑy^{42}	ʑy^{42}
山丹县	ʑy^{53}	ʑy^{53}	ʑy^{41}	ʑy^{41}	ʑy^{41}	ʑy^{41}	ʑy^{41}	ʑy^{41}
高台县	ʑy^{53}	ʑy^{53}	ʑy^{53}	ʑy^{214}	ʑy^{214}	ʑy^{214}	ʑy^{214}	ʑy^{214}
肃州区	ʑy^{53}	ʑy^{53}	ʑy^{53}	ʑy^{214}	ʑy^{214}	ʑy^{214}	ʑy^{214}	ʑy^{214}
金塔县	ʑy^{53}	ʑy^{53}	ʑy^{13}	ʑy^{13}	ʑy^{13}	ʑy^{13}	ʑy^{13}	ʑy^{13}
肃北县	ʑy^{53}	ʑy^{53}	ʑy^{213}	ʑy^{213}	ʑy^{213}	ʑy^{213}	ʑy^{213}	ʑy^{213}
玉门市	ʑy^{53}	ʑy^{53}	ʑy^{213}	ʑy^{213}	ʑy^{213}	ʑy^{213}	ʑy^{213}	ʑy^{213}

①又王遇切，遇合三去遇云。

②又牛据切，遇合三去御疑。

续表

瓜州县	ʑy^{53}	ʑy^{53}	ʑy^{213}	ʑy^{213}	ʑy^{213}	ʑy^{213}	ʑy^{213}	ʑy^{213}
西夏区	y^{13}	y^{53}	y^{53}	y^{13}	y^{13}	y^{13}	y^{13}	y^{13}
贺兰县	y^{13}	y^{53}	y^{53}	y^{13}	y^{13}	y^{13}	y^{13}	y^{13}
灵武市（东塔镇）	y^{13}	y^{52}	y^{52}	y^{13}	y^{13}	y^{13}	y^{13}	y^{13}
永宁县	y^{13}	y^{53}	y^{53}	y^{13}	y^{13}	y^{13}	y^{13}	y^{13}
中宁县	y^{13}	y^{53}	y^{53}	y^{13}	y^{13}	y^{13}	y^{13}	y^{13}
沙坡头区	y^{13}	y^{53}	y^{53}	y^{13}	y^{13}	y^{13}	y^{13}	y^{13}
盐池县	y^{13}	y^{52}	y^{52}	y^{13}	y^{13}	y^{13}	y^{13}	y^{13}
平罗县（渠口乡）	y^{13}	y^{53}	y^{53}	y^{13}	y^{13}	y^{13}	y^{13}	y^{13}
阿拉善左旗	jy^{51}	jy^{51}	jy^{213}	jy^{213}	jy^{213}	jy^{213}	jy^{213}	jy^{213}
乌鲁木齐市	y^{52}	y^{52}	y^{213}	y^{213}	y^{213}	y^{213}	y^{213}	y^{213}
阜康市	jy^{51}	jy^{51}	jy^{213}	jy^{213}	jy^{213}	jy^{213}	jy^{213}	jy^{213}
呼图壁县	y^{51}	y^{51}	y^{213}	y^{213}	y^{213}	y^{213}	y^{213}	y^{213}
吉木萨尔县	y^{51}	y^{51}	y^{213}	y^{213}	y^{213}	y^{213}	y^{213}	y^{213}
奇台县	y^{52}	y^{52}	y^{213}	y^{213}	y^{213}	y^{213}	y^{213}	y^{213}
博乐市	y^{51}	y^{51}	y^{24}	y^{24}	y^{24}	y^{24}	y^{24}	y^{24}
阿勒泰市	y^{51}	y^{51}	y^{23}	y^{23}	y^{23}	y^{23}	y^{23}	y^{23}
布尔津县	y^{23}	y^{23}	y^{51}	y^{51}	y^{51}	y^{51}	y^{51}	y^{51}
乌苏市	ɥy^{51}	ɥy^{51}	ɥy^{213}	ɥy^{213}	ɥy^{213}	ɥy^{213}	ɥy^{213}	ɥy^{213}
额敏县	y^{51}	y^{51}	y^{34}	y^{34}	y^{34}	y^{34}	y^{34}	y^{34}
伊州区	y^{51}	y^{51}	y^{213}	y^{213}	y^{213}	y^{213}	y^{213}	y^{213}
巴里坤县	y^{51}	y^{51}	y^{24}	y^{24}	y^{24}	y^{24}	y^{24}	y^{24}
伊吾县	y^{51}	y^{51}	y^{213}	y^{213}	y^{213}	y^{213}	y^{213}	y^{213}

字目 中古音 方音 方言点	寓	裕	喻	郁 忧郁	域	郁 姓	育	玉
	遇合三去遇疑	遇合三去遇以	遇合三去遇以	臻合三入物影	曾合三入职云	通合三入屋影	通合三入屋以	通合三入烛疑
兰州市（城关区）	y^{13}	y^{13}	y^{13}	y^{13}	y^{13}	y^{13}	y^{13}	y^{13}
永登县	y^{13}	y^{13}	y^{13}	y^{13}	y^{13}	y^{13}	y^{13}	y^{13}
榆中县	y^{13}	y^{13}	y^{13}	y^{13}	y^{13}	y^{13}	y^{13}	y^{13}
皋兰县	y^{13}	y^{13}	y^{13}	y^{13}	y^{13}	y^{13}	y^{13}	y^{13}
白银区	y^{13}	y^{13}	y^{13}	y^{13}	y^{13}	y^{13}	y^{13}	y^{13}
天祝县	ʑy^{213}	ʑy^{213}	ʑy^{213}	ʑy^{213}	ʑy^{213}	ʑy^{213}	ʑy^{213}	ʑy^{213}
景泰县（红水镇）	ʑy^{213}	ʑy^{213}	ʑy^{213}	ʑy^{213}	ʑy^{213}	ʑy^{213}	ʑy^{213}	ʑy^{213}
古浪县	ʑy^{31}	ʑy^{31}	ʑy^{31}	ʑy^{31}	ʑy^{31}	ʑy^{31}	ʑy^{31}	ʑy^{31}
凉州区	y^{53}	y^{53}	y^{53}	y^{53}	y^{53}	y^{53}	y^{53}	y^{53}
民勤县	ʑy^{42}	ʑy^{42}	ʑy^{42}	ʑy^{42}	ʑy^{42}	ʑy^{42}	ʑy^{42}	ʑy^{42}
永昌县	ʑy^{53}	ʑy^{31}	ʑy^{31}	ʑy^{53}	ʑy^{3}	ʑy^{53}	ʑy^{53}	ʑy^{53}
甘州区	ʑy^{31}	ʑy^{31}	ʑy^{31}	ʑy^{31}	ʑy^{31}	ʑy^{31}	ʑy^{31}	ʑy^{31}
临泽县	ʑy^{214}	ʑy^{214}	ʑy^{214}	ʑy^{214}	ʑy^{214}	ʑy^{214}	ʑy^{214}	ʑy^{214}
民乐县	ʑy^{42}	ʑy^{42}	ʑy^{42}	ʑy^{42}	ʑy^{42}	ʑy^{42}	ʑy^{42}	ʑy^{42}
山丹县	ʑy^{41}	ʑy^{41}	ʑy^{41}	ʑy^{41}	ʑy^{41}	ʑy^{41}	ʑy^{41}	ʑy^{41}
高台县	ʑy^{214}	ʑy^{214}	ʑy^{214}	ʑy^{214}	ʑy^{214}	ʑy^{214}	ʑy^{214}	ʑy^{214}
肃州区	ʑy^{214}	ʑy^{214}	ʑy^{214}	ʑy^{214}	ʑy^{214}	ʑy^{214}	ʑy^{214}	ʑy^{214}
金塔县	ʑy^{13}	ʑy^{13}	ʑy^{13}	ʑy^{13}	ʑy^{13}	ʑy^{13}	ʑy^{13}	ʑy^{13}
肃北县	ʑy^{213}	ʑy^{213}	ʑy^{213}	ʑy^{213}	ʑy^{213}	ʑy^{213}	ʑy^{213}	ʑy^{213}
玉门市	ʑy^{213}	ʑy^{213}	ʑy^{213}	ʑy^{213}	ʑy^{213}	ʑy^{213}	ʑy^{213}	ʑy^{213}
瓜州县	ʑy^{213}	ʑy^{213}	ʑy^{213}	ʑy^{213}	ʑy^{213}	ʑy^{213}	ʑy^{213}	ʑy^{213}
西夏区	y^{13}	y^{13}	y^{13}	y^{13}	y^{13}	y^{13}	y^{13}	y^{13}

续表

贺兰县	y^{13}	y^{13}	y^{13}	y^{13}	y^{13}	y^{13}	y^{13}	y^{13}
灵武市（东塔镇）	y^{13}	y^{13}	y^{13}	y^{13}	y^{13}	y^{13}	y^{13}	y^{13}
永宁县	y^{13}	y^{13}	y^{13}	y^{13}	y^{13}	y^{13}	y^{13}	y^{13}
中宁县	y^{13}	y^{13}	y^{13}	y^{13}	y^{13}	y^{13}	y^{13}	y^{13}
沙坡头区	y^{13}	y^{13}	y^{13}	y^{13}	y^{13}	y^{13}	y^{13}	y^{13}
盐池县	y^{13}	y^{13}	y^{13}	y^{13}	y^{13}	y^{13}	y^{13}	y^{13}
平罗县（渠口乡）	y^{13}	y^{13}	y^{13}	y^{13}	y^{13}	y^{13}	y^{13}	y^{13}
阿拉善左旗	jy^{213}	jy^{213}	jy^{213}	jy^{213}	jy^{213}	jy^{213}	jy^{213}	jy^{213}
乌鲁木齐市	y^{213}	y^{213}	y^{213}	y^{213}	y^{213}	y^{213}	y^{213}	y^{213}
阜康市	jy^{213}	jy^{213}	jy^{213}	jy^{213}	jy^{213}	jy^{213}	jy^{213}	jy^{213}
呼图壁县	y^{213}	y^{213}	y^{213}	y^{213}	y^{213}	y^{213}	y^{213}	y^{213}
吉木萨尔县	y^{213}	y^{213}	y^{213}	y^{213}	y^{213}	y^{213}	y^{213}	y^{213}
奇台县	y^{213}	y^{213}	y^{213}	y^{213}	y^{213}	y^{213}	y^{213}	y^{213}
博乐市	y^{24}	y^{24}	y^{24}	y^{24}	y^{24}	y^{24}	y^{24}	y^{24}
阿勒泰市	y^{23}	y^{23}	y^{23}	y^{23}	y^{23}	y^{23}	y^{23}	y^{23}
布尔津县	y^{51}	y^{51}	y^{51}	y^{51}	y^{51}	y^{51}	y^{51}	y^{51}
乌苏市	$ɥy^{213}$	$ɥy^{213}$	$ɥy^{213}$	$ɥy^{213}$	$ɥy^{213}$	$ɥy^{213}$	$ɥy^{213}$	$ɥy^{213}$
额敏县	y^{34}	y^{34}	y^{34}	y^{34}	y^{34}	y^{34}	y^{34}	y^{34}
伊州区	y^{213}	y^{213}	y^{213}	y^{213}	y^{213}	y^{213}	y^{213}	y^{213}
巴里坤县	y^{24}	y^{24}	y^{24}	y^{24}	y^{24}	y^{24}	y^{24}	y^{24}
伊吾县	y^{213}	y^{213}	y^{213}	y^{213}	y^{213}	y^{213}	y^{213}	y^{213}

字目 方音 中古音 方言点	狱	欲①	浴	白	摆	百	柏	拜
	通合三入烛疑	通合三入烛以	通合三入烛以	梗开二入陌並	蟹开二上蟹帮	梗开二入陌帮	梗开二入陌帮	蟹开二去怪帮
兰州市（城关区）	y^{13}	y^{13}	y^{13}	pɤ^{51}	pɛ^{44}	pɤ^{13}	pɛ^{13}	pɛ^{13}
永登县	y^{13}	y^{13}	y^{13}	pə^{53}	pɛ^{354}	pə^{13}	pɛ^{13}	pɛ^{13}
榆中县	y^{13}	y^{13}	y^{13}	pə^{332}	pɛ^{44}	pə^{13}	pɛ^{13}	pɛ^{13}
皋兰县	y^{13}	y^{13}	y^{13}	pə^{53}	pɛi^{342}	pə^{13}	pɛi^{13}	pɛi^{13}
白银区	y^{13}	y^{13}	y^{13}	pə^{51}	pɛ^{343}	pə^{13}	pɛ^{13}	pɛ^{13}
天祝县	ʑy^{213}	ʑy^{213}	ʑy^{213}	pɛ^{53}	pɛ^{44}	pɛ^{213}	pɛ^{213}	pɛ^{213}
景泰县（红水镇）	ʑy^{213}	ʑy^{213}	ʑy^{213}	pɛe^{53}	pɛe^{44}	pɛe^{213}	pɛe^{213}	pɛe^{213}
古浪县	ʑy^{31}	ʑy^{31}	ʑy^{31}	pɛ^{53}	pɛ^{44}	pɛ^{31}	pɛ^{31}	pɛ^{31}
凉州区	y^{53}	y^{53}	y^{53}	pɛ^{13}	pɛ^{33}	pɛ^{53}	pɛ^{53}	pɛ^{53}
民勤县	ʑy^{42}	ʑy^{42}	ʑy^{42}	pɤ^{44}	pɛi^{214}	pɤ^{42}	pɤ^{42}	pɛi^{42}
永昌县	ʑy^{53}	ʑy^{53}	ʑy^{53}	pə^{13}	pɛe^{13}	pə^{53}	pə^{53}	pɛe^{53}
甘州区	ʑy^{31}	ʑy^{31}	ʑy^{31}	pɛ^{53}	pɛ^{53}	pɛ^{31}	pɛ^{31}	pɛ^{31}
临泽县	ʑy^{214}	ʑy^{214}	ʑy^{214}	pɛe^{53}	pɛe^{44}	pɛe^{214}	pɛe^{214}	pɛe^{214}
民乐县	ʑy^{42}	ʑy^{42}	ʑy^{42}	pɤ^{44}	pɛi^{213}	pɤ^{42}	pɤ^{42}	pɛ^{42}
山丹县	ʑy^{41}	ʑy^{41}	ʑy^{41}	pɛe^{53}	pɛe^{53}	pɛe^{41}	pɛe^{41}	pɛe^{41}
高台县	ʑy^{214}	ʑy^{214}	ʑy^{214}	pɛ^{53}	pɛ^{44}	pɛ^{214}	pɛ^{214}	pɛ^{214}
肃州区	ʑy^{214}	ʑy^{214}	ʑy^{214}	pɛ^{53}	pɛ^{44}	pɛ^{214}	pɛ^{214}	pɛ^{214}
金塔县	ʑy^{13}	ʑy^{13}	ʑy^{13}	pɛ^{53}	pɛ^{53}	pɛ^{13}	pɛ^{13}	pɛ^{13}
肃北县	ʑy^{213}	ʑy^{213}	ʑy^{213}	pɛ^{53}	pɛ^{53}	pɛ^{213}	pɛ^{213}	pɛ^{213}
玉门市	ʑy^{213}	ʑy^{213}	ʑy^{213}	pɛ^{53}	pɛ^{53}	pɛ^{213}	pɛ^{213}	pɛ^{213}
瓜州县	ʑy^{213}	ʑy^{213}	ʑy^{213}	pɛ^{53}	pɛ^{53}	pɛ^{213}	pɛ^{213}	pɛ^{213}

①又俞戍切，遇合三去遇以。

续表

西夏区	y^{13}	y^{13}	y^{13}	pia^{13} pei^{13}	pε^{53}	pε^{13}	pε^{13}	pε^{13}
贺兰县	y^{13}	y^{13}	y^{13}	pia^{13} pei^{13}	pε^{53}	pε^{13}	pε^{13}	pε^{13}
灵武市 （东塔镇）	y^{13}	y^{13}	y^{13}	pε^{13}	pε^{52}	pε^{13}	pε^{13}	pε^{13}
永宁县	y^{13}	y^{13}	y^{13}	pə^{13}	pε^{53}	pə^{13}	pə^{13}	pε^{13}
中宁县	y^{13}	y^{13}	y^{13}	pɤ^{53}	pε^{53}	pɤ^{13}	pɤ^{13}	pε^{13}
沙坡头区	y^{13}	y^{13}	y^{13}	pə^{13}	pãi^{53}	pə^{13}	pə^{13}	pãi^{13}
盐池县	y^{13}	y^{13}	y^{13}	pia^{13} pε^{13}	pε^{52}	pε^{13}	pε^{13}	pε^{13}
平罗县 （渠口乡）	y^{13}	y^{13}	y^{13}	pia^{13} pε^{13}	pε^{53}	pε^{13}	pε^{13}	pε^{13}
阿拉善左旗	jy^{213}	jy^{213}	jy^{213}	pei^{51}	pai^{51}	pei^{213}	pei^{213}	pai^{213}
乌鲁木齐市	y^{213}	y^{213}	y^{213}	pε^{52}	pε^{52}	pε^{213}	pε^{213}	pε^{213}
阜康市	jy^{213}	jy^{213}	jy^{213}	pei^{51}	pε^{51}	pei^{213}	pei^{213}	pε^{213}
呼图壁县	y^{213}	y^{213}	y^{213}	pei^{51}	pai^{51}	pei^{213}	pei^{213}	pai^{213}
吉木萨尔县	y^{213}	y^{213}	y^{213}	pei^{51}	pai^{51}	pei^{213}	pei^{213}	pai^{213}
奇台县	y^{213}	y^{213}	y^{213}	pei^{52}	pai^{52}	pei^{213}	pei^{213}	pai^{213}
博乐市	y^{24}	y^{24}	y^{24}	pei^{51}	pai^{51}	pei^{24}	pei^{24}	pai^{24}
阿勒泰市	y^{23}	y^{23}	y^{23}	pei^{51}	pai^{51}	pei^{23}	pei^{23}	pai^{23}
布尔津县	y^{51}	y^{51}	y^{51}	pei^{23}	pε^{23}	pei^{51}	pei^{51}	pa^{51}
乌苏市	ɥy^{213}	ɥy^{213}	ɥy^{213}	pei^{51}	pε^{51}	pei^{213}	pei^{213}	pε^{213}
额敏县	y^{34}	y^{34}	y^{34}	pei^{51}	pai^{51}	pei^{34}	pei^{34}	pai^{34}
伊州区	y^{213}	y^{213}	y^{213}	pei^{51}	pε^{51}	pei^{213}	pei^{213}	pε^{213}
巴里坤县	y^{24}	y^{24}	y^{24}	pei^{51}	pæ^{51}	pei^{24}	pei^{24}	pæ^{24}
伊吾县	y^{213}	y^{213}	y^{213}	pei^{51}	pε^{51}	pei^{213}	pei^{213}	pε^{213}

字目 方音 中古音 方言点	稗	败	拍	排	牌[1]	派	埋	买
	蟹开二去卦並	蟹开二去夬並	梗开二入陌滂	蟹开二平皆並	蟹开二平佳並	蟹开二去卦滂	蟹开二平皆明	蟹开二上蟹明
兰州市（城关区）	pɛ^{13}	pɛ^{13}	pʻɤ^{13}	pʻɛ^{51}	pʻɛ^{51}	pʻɛ^{13}	mɛ^{51}	mɛ^{44}
永登县	pɛ^{13}	pɛ^{13}	pʻə^{13}	pʻɛ^{53}	pʻɛ^{53}	pʻɛ^{13}	mɛ^{53}	mɛ^{354}
榆中县	pɛ^{13}	pɛ^{13}	pʻə^{13}	pʻɛ^{332}	pʻɛ^{332}	pʻɛ^{13}	mɛ^{332}	mɛ^{44}
皋兰县	pɛi^{13}	pɛi^{13}	pʻə^{13}	pʻɛi^{53}	pʻɛi^{53}	pʻɛi^{13}	mɛi^{53}	mɛi^{342}
白银区	pɛ^{13}	pɛ^{13}	pʻə^{13}	pʻɛ^{51}	pʻɛ^{51}	pʻɛ^{13}	mɛ^{51}	mɛ^{343}
天祝县	pɛ^{213}	pɛ^{213}	pʻɛ^{213}	pʻɛ^{53}	pʻɛ^{53}	pʻɛ^{213}	mɛ^{53}	mɛ^{44}
景泰县（红水镇）	pɛe^{213}	pɛe^{213}	pʻɛe^{213}	pʻɛe^{53}	pʻɛe^{53}	pʻɛe^{213}	mɛe^{53}	mɛe^{44}
古浪县	pɛ^{31}	pɛ^{31}	pʻɛ^{31}	pʻɛ^{53}	pʻɛ^{53}	pʻɛ^{31}	mɛ^{53}	mɛ^{44}
凉州区	pɛ^{53}	pɛ^{53}	pʻɛ^{53}	pʻɛ^{13}	pʻɛ^{13}	pʻɛ^{53}	mɛ^{13}	mɛ^{33}
民勤县	pɛi^{42}	pɛi^{42}	pʻɤ^{42}	pʻɛi^{53}	pʻɛi^{53}	pʻɛi^{42}	mɛi^{53}	mɛi^{214}
永昌县	pɛe^{53}	pɛe^{53}	pʻɛe^{53}	pʻɛe^{13}	pʻɛe^{13}	pʻɛe^{53}	mɛe^{13}	mɛe^{13}
甘州区	pɛ^{31}	pɛ^{31}	pʻɛ^{31}	pʻɛ^{53}	pʻɛ^{53}	pʻɛ^{31}	mɛ^{53}	mɛ^{53}
临泽县	pɛe^{214}	pɛe^{214}	pʻɛe^{214}	pʻɛe^{53}	pʻɛe^{53}	pʻɛe^{214}	mɛe^{53}	mɛe^{44}
民乐县	pɛ^{42}	pɛ^{42}	pʻɤ^{42}	pʻɛ^{53}	pʻɛ^{53}	pʻɛ^{42}	mɛ^{53}	mɛ^{213}
山丹县	pɛe^{41}	pɛe^{41}	pʻɛe^{41}	pʻɛe^{53}	pʻɛe^{53}	pʻɛe^{41}	mɛe^{53}	mɛe^{53}
高台县	pɛ^{214}	pɛ^{214}	pʻɛ^{214}	pʻɛ^{53}	pʻɛ^{53}	pʻɛ^{214}	mɛ^{53}	mɛ^{214}
肃州区	pɛ^{214}	pɛ^{214}	pʻɛ^{214}	pʻɛ^{53}	pʻɛ^{53}	pʻɛ^{214}	mɛ^{53}	mɛ^{214}
金塔县	pɛ^{13}	pɛ^{13}	pʻɛ^{13}	pʻɛ^{53}	pʻɛ^{53}	pʻɛ^{13}	mɛ^{53}	mɛ^{53}
肃北县	pɛ^{213}	pɛ^{213}	pʻɛ^{213}	pʻɛ^{53}	pʻɛ^{53}	pʻɛ^{213}	mɛ^{53}	mɛ^{53}
玉门市	pɛ^{213}	pɛ^{213}	pʻɛ^{213}	pʻɛ^{53}	pʻɛ^{53}	pʻɛ^{213}	mɛ^{53}	mɛ^{53}
瓜州县	pɛ^{213}	pɛ^{213}	pʻɛ^{213}	pʻɛ^{53}	pʻɛ^{53}	pʻɛ^{213}	mɛ^{53}	mɛ^{53}

[1] 又步皆切，蟹开二平皆并。

续表

西夏区	pɛ^{13}	pɛ^{13}	pʻɛ^{13}	pʻɛ^{53}	pʻɛ^{53}	pʻɛ^{13}	mɛ^{53}	mɛ^{53}
贺兰县	pɛ^{13}	pɛ^{13}	pʻɛ^{13}	pʻɛ^{53}	pʻɛ^{53}	pʻɛ^{13}	mɛ^{53}	mɛ^{53}
灵武市（东塔镇）	pɛ^{13}	pɛ^{13}	pʻɛ^{13}	pʻɛ^{52}	pʻɛ^{52}	pʻɛ^{12}	mɛ^{52}	mɛ^{52}
永宁县	pɛ^{13}	pɛ^{13}	pʻə^{13}	pʻɛ^{53}	pʻɛ^{53}	pʻɛ^{13}	mɛ^{53}	mɛ^{53}
中宁县	pɛ^{13}	pɛ^{13}	pʻɤ^{13}	pʻɛ^{53}	pʻɛ^{53}	pʻɛ^{13}	mɛ^{53}	mɛ^{53}
沙坡头区	pãi^{13}	pãi^{13}	pʻə^{13}	pʻãi^{53}	pʻãi^{53}	pʻãi^{13}	mãi^{53}	mãi^{53}
盐池县	pɛ^{13}	pɛ^{13}	pʻɛ^{13}	pʻɛ^{13}	pʻɛ^{52}	pʻɛ^{12}	mɛ^{52}	mɛ^{52}
平罗县（渠口乡）	pɛ^{13}	pɛ^{13}	pʻə^{13}	pʻɛ^{53}	pʻɛ^{53}	pʻɛ^{13}	mɛ^{53}	mɛ^{53}
阿拉善左旗	pai^{213}	pai^{213}	pʻai^{213}	pʻai^{51}	pʻai^{51}	pʻai^{213}	mai^{51}	mai^{51}
乌鲁木齐市	pɛ^{213}	pɛ^{213}	pʻɛ^{213}	pʻɛ^{52}	pʻɛ^{52}	pʻɛ^{213}	mɛ^{52}	mɛ^{52}
阜康市	pɛ^{213}	pɛ^{213}	pʻɛ^{213}	pʻɛ^{51}	pʻɛ^{51}	pʻɛ^{213}	mɛ^{51}	mɛ^{51}
呼图壁县	pai^{213}	pai^{213}	pʻai^{213}	pʻai^{51}	pʻai^{51}	pʻai^{213}	mai^{51}	mai^{51}
吉木萨尔县	pai^{213}	pai^{213}	pʻai^{213}	pʻai^{51}	pʻai^{51}	pʻai^{213}	mai^{51}	mai^{51}
奇台县	pai^{213}	pai^{213}	pʻai^{213}	pʻai^{52}	pʻai^{52}	pʻai^{213}	mai^{52}	mai^{52}
博乐市	pai^{24}	pai^{24}	pʻai^{24}	pʻai^{51}	pʻai^{51}	pʻai^{24}	mai^{51}	mai^{51}
阿勒泰市	pai^{23}	pai^{23}	pʻai^{23}	pʻai^{51}	pʻai^{51}	pʻai^{23}	mai^{51}	mai^{51}
布尔津县	pɛ^{51}	pɛ^{51}	pʻɛ^{51}	pʻɛ^{23}	pʻɛ^{23}	pʻɛ^{51}	mɛ^{23}	mɛ^{23}
乌苏市	pɛ^{213}	pɛ^{213}	pʻɛ^{213}	pʻɛ^{51}	pʻɛ^{51}	pʻɛ^{213}	mɛ^{51}	mɛ^{51}
额敏县	pai^{34}	pai^{34}	pʻai^{34}	pʻai^{51}	pʻai^{51}	pʻai^{34}	mai^{51}	mai^{51}
伊州区	pɛ^{213}	pɛ^{213}	pʻɛ^{213}	pʻɛ^{51}	pʻɛ^{51}	pʻɛ^{213}	mɛ^{51}	mɛ^{51}
巴里坤县	pæ^{24}	pæ^{24}	pʻæ^{24}	pʻæ^{51}	pʻæ^{51}	pʻæ^{24}	mæ^{51}	mæ^{51}
伊吾县	pɛ^{213}	pɛ^{213}	pʻɛ^{213}	pʻɛ^{51}	pʻɛ^{51}	pʻɛ^{213}	mɛ^{51}	mɛ^{51}

字目 中古音 方音 方言点	卖	迈	麦	脉	戴	贷	待	怠
	蟹开二去卦明	蟹开二去夬明	梗开二入麦明	梗开二入麦明	蟹开一去代端	蟹开一去代透	蟹开一上海定	蟹开一上海定
兰州市（城关区）	$mɛ^{13}$	$mɛ^{13}$	$mɤ^{13}$	$mɤ^{13}$	$tɛ^{13}$	$tɛ^{13}$	$tɛ^{13}$	$tɛ^{13}$
永登县	$mɛ^{13}$	$mɛ^{13}$	$mə^{13}$	$mə^{13}$	$tɛ^{13}$	$tɛ^{13}$	$tɛ^{13}$	$tɛ^{13}$
榆中县	$mɛ^{13}$	$mɛ^{13}$	$mə^{13}$	$mə^{13}$	$tɛ^{13}$	$tɛ^{13}$	$tɛ^{13}$	$tɛ^{13}$
皋兰县	$mɛi^{13}$	$mɛi^{13}$	$mə^{13}$	$mə^{13}$	$tɛi^{13}$	$tɛi^{13}$	$tɛi^{13}$	$tɛi^{13}$
白银区	$mɛ^{13}$	$mɛ^{13}$	$mə^{13}$	$mə^{13}$	$tɛ^{13}$	$tɛ^{13}$	$tɛ^{13}$	$tɛ^{13}$
天祝县	$mɛ^{213}$	$mɛ^{213}$	$mɛ^{213}$	$mɛ^{213}$	$tɛ^{213}$	$tɛ^{213}$	$tɛ^{213}$	$tɛ^{213}$
景泰县（红水镇）	$mɛe^{213}$	$mɛe^{213}$	$mɛe^{213}$	$mɛe^{213}$	$tɛe^{213}$	$tɛe^{213}$	$tɛe^{213}$	$tɛe^{213}$
古浪县	$mɛ^{31}$	$mɛ^{31}$	$mɛ^{31}$	$mɛ^{31}$	$tɛ^{31}$	$tɛ^{31}$	$tɛ^{31}$	$tɛ^{31}$
凉州区	$mɛ^{53}$	$mɛ^{53}$	$mɛ^{53}$	$mɛ^{53}$	$tɛ^{53}$	$tɛ^{53}$	$tɛ^{53}$	$tɛ^{53}$
民勤县	$mɛi^{42}$	$mɛi^{42}$	$mɤ^{42}$	$mɤ^{42}$	$tɛi^{42}$	$tɛi^{42}$	$tɛi^{42}$	$tɛi^{42}$
永昌县	$mɛe^{53}$	$mɛe^{53}$	$mɛe^{53}$	$mɛe^{53}$	$tɛe^{53}$	$tɛe^{53}$	$tɛe^{53}$	$tɛe^{53}$
甘州区	$mɛ^{31}$	$mɛ^{31}$	$mɛ^{31}$	$mɛ^{31}$	$tɛ^{31}$	$tɛ^{31}$	$tɛ^{31}$	$tɛ^{31}$
临泽县	$mɛe^{214}$	$mɛe^{214}$	$mɛe^{214}$	$mɛe^{214}$	$tɛe^{214}$	$tɛe^{214}$	$tɛe^{214}$	$tɛe^{214}$
民乐县	$mɛ^{42}$	$mɛ^{42}$	$mɤ^{42}$	$mɤ^{42}$	$tɛ^{42}$	$tɛ^{42}$	$tɛ^{42}$	$tɛ^{42}$
山丹县	$mɛe^{41}$	$mɛe^{41}$	$mɛe^{41}$	$mɛe^{41}$	$tɛe^{41}$	$tɛe^{41}$	$tɛe^{41}$	$tɛe^{41}$
高台县	$mɛ^{214}$	$mɛ^{214}$	$mɛ^{214}$	$mɛ^{214}$	$tɛ^{214}$	$tɛ^{214}$	$tɛ^{214}$	$tɛ^{214}$
肃州区	$mɛ^{214}$	$mɛ^{214}$	$mɛ^{214}$	$mɛ^{214}$	$tɛ^{214}$	$tɛ^{214}$	$tɛ^{214}$	$tɛ^{214}$
金塔县	$mɛ^{13}$	$mɛ^{13}$	$mɛ^{13}$	$mɛ^{13}$	$tɛ^{13}$	$tɛ^{13}$	$tɛ^{13}$	$tɛ^{13}$
肃北县	$mɛ^{213}$	$mɛ^{213}$	$mɛ^{213}$	$mɛ^{213}$	$tɛ^{213}$	$tɛ^{213}$	$tɛ^{213}$	$tɛ^{213}$
玉门市	$mɛ^{213}$	$mɛ^{213}$	$mɛ^{213}$	$mɛ^{213}$	$tɛ^{213}$	$tɛ^{213}$	$tɛ^{213}$	$tɛ^{213}$
瓜州县	$mɛ^{213}$	$mɛ^{213}$	$mɛ^{213}$	$mɛ^{213}$	$tɛ^{213}$	$tɛ^{213}$	$tɛ^{213}$	$tɛ^{213}$
西夏区	$mɛ^{13}$	$mɛ^{13}$	$mə^{13}$	$mə^{13}$	$tɛ^{13}$	$tɛ^{13}$	$tɛ^{13}$	$tɛ^{13}$

续表

贺兰县	$m\varepsilon^{13}$	$m\varepsilon^{13}$	$m\partial^{13}$	$m\partial^{13}$	$t\varepsilon^{13}$	$t\varepsilon^{13}$	$t\varepsilon^{13}$	$t\varepsilon^{13}$
灵武市（东塔镇）	$m\varepsilon^{13}$	$m\varepsilon^{13}$	$m\varepsilon^{13}$	$m\varepsilon^{13}$	$t\varepsilon^{13}$	$t\varepsilon^{13}$	$t\varepsilon^{13}$	$t\varepsilon^{13}$
永宁县	$m\varepsilon^{13}$	$m\varepsilon^{13}$	$m\partial^{13}$	$m\partial^{13}$	$t\varepsilon^{13}$	$t\varepsilon^{13}$	$t\varepsilon^{13}$	$t\varepsilon^{13}$
中宁县	$m\varepsilon^{13}$	$m\varepsilon^{13}$	$m\gamma^{13}$	$m\gamma^{13}$	$t\varepsilon^{13}$	$t\varepsilon^{13}$	$t\varepsilon^{13}$	$t\varepsilon^{13}$
沙坡头区	$m\tilde{a}i^{13}$	$m\tilde{a}i^{13}$	$m\partial^{13}$	$m\partial^{13}$	$t\tilde{a}i^{13}$	$t\tilde{a}i^{13}$	$t\tilde{a}i^{13}$	$t\tilde{a}i^{13}$
盐池县	$m\varepsilon^{13}$	$m\varepsilon^{13}$	$m\varepsilon^{13}$	$m\varepsilon^{13}$	$t\varepsilon^{13}$	$t\varepsilon^{13}$	$t\varepsilon^{13}$	$t\varepsilon^{13}$
平罗县（渠口乡）	$m\varepsilon^{13}$	$m\varepsilon^{13}$	$m\partial^{13}$	$m\partial^{13}$	$t\varepsilon^{13}$	$t\varepsilon^{13}$	$t\varepsilon^{13}$	$t\varepsilon^{13}$
阿拉善左旗	mai^{213}	mai^{213}	mai^{213}	mai^{213}	tai^{213}	tai^{213}	tai^{213}	tai^{213}
乌鲁木齐市	$m\varepsilon^{213}$	$m\varepsilon^{213}$	$m\varepsilon^{213}$	$m\varepsilon^{213}$	$t\varepsilon^{213}$	$t\varepsilon^{213}$	$t\varepsilon^{213}$	$t\varepsilon^{213}$
阜康市	$m\varepsilon^{213}$	$m\varepsilon^{213}$	$m\varepsilon^{213}$	$m\varepsilon^{213}$	$t\varepsilon^{213}$	$t\varepsilon^{213}$	$t\varepsilon^{213}$	$t\varepsilon^{213}$
呼图壁县	mai^{213}	mai^{213}	mai^{213}	mai^{213}	tai^{213}	tai^{213}	tai^{213}	tai^{213}
吉木萨尔县	mai^{213}	mai^{213}	mai^{213}	mai^{213}	tai^{213}	tai^{213}	tai^{213}	tai^{213}
奇台县	mai^{213}	mai^{213}	mai^{213}	mai^{213}	tai^{213}	tai^{213}	tai^{213}	tai^{213}
博乐市	mai^{24}	mai^{24}	mai^{24}	mai^{24}	tai^{24}	tai^{24}	tai^{24}	tai^{24}
阿勒泰市	mai^{23}	mai^{23}	mai^{23}	mai^{23}	tai^{23}	tai^{23}	tai^{23}	tai^{23}
布尔津县	$m\varepsilon^{51}$	$m\varepsilon^{51}$	$m\varepsilon^{51}$	$m\varepsilon^{51}$	$t\varepsilon^{51}$	$t\varepsilon^{51}$	$t\varepsilon^{51}$	$t\varepsilon^{51}$
乌苏市	$m\varepsilon^{213}$	$m\varepsilon^{213}$	$m\varepsilon^{213}$	$m\varepsilon^{213}$	$t\varepsilon^{213}$	$t\varepsilon^{213}$	$t\varepsilon^{213}$	$t\varepsilon^{213}$
额敏县	mai^{34}	mai^{34}	mai^{34}	mai^{34}	tai^{34}	tai^{34}	tai^{34}	tai^{34}
伊州区	$m\varepsilon^{213}$	$m\varepsilon^{213}$	$m\varepsilon^{213}$	$m\varepsilon^{213}$	$t\varepsilon^{213}$	$t\varepsilon^{213}$	$t\varepsilon^{213}$	$t\varepsilon^{213}$
巴里坤县	$m\ae^{24}$	$m\ae^{24}$	$m\ae^{24}$	$m\ae^{24}$	$t\ae^{24}$	$t\ae^{24}$	$t\ae^{24}$	$t\ae^{24}$
伊吾县	$m\varepsilon^{213}$	$m\varepsilon^{213}$	$m\varepsilon^{213}$	$m\varepsilon^{213}$	$t\varepsilon^{213}$	$t\varepsilon^{213}$	$t\varepsilon^{213}$	$t\varepsilon^{213}$

字目 / 中古音 / 方言点	代	袋	带	大 大夫	胎	台 戏台	苔[①]	抬
中古音	蟹开一去代定	蟹开一去代定	蟹开一去泰端	蟹开一去泰定	蟹开一平咍透	蟹开一平咍定	蟹开一平咍定	蟹开一平咍定
兰州市（城关区）	tɛ^{13}	tɛ^{13}	tɛ^{13}	tɛ^{13}	tʻɛ^{53}	tʻɛ^{51}	tʻɛ^{51}	tʻɛ^{51}
永登县	tɛ^{13}	tɛ^{13}	tɛ^{13}	tɛ^{13}	tʻɛ^{42}	tʻɛ^{53}	tʻɛ^{53}	tʻɛ^{53}
榆中县	tɛ^{13}	tɛ^{13}	tɛ^{13}	tɛ^{13}	tʻɛ^{51}	tʻɛ^{332}	tʻɛ^{332}	tʻɛ^{332}
皋兰县	tɛi^{13}	tɛi^{13}	tɛi^{13}	tɛi^{13}	tʻɛi^{42}	tʻɛi^{53}	tʻɛi^{53}	tʻɛi^{53}
白银区	tɛ^{13}	tɛ^{13}	tɛ^{13}	tɛ^{13}	tʻɛ^{44}	tʻɛ^{51}	tʻɛ^{51}	tʻɛ^{51}
天祝县	tɛ^{213}	tɛ^{213}	tɛ^{213}	tɛ^{213}	tʻɛ^{44}	tʻɛ^{53}	tʻɛ^{53}	tʻɛ^{53}
景泰县（红水镇）	tɛe^{213}	tɛe^{213}	tɛe^{213}	tɛe^{213}	tʻɛe^{44}	tʻɛe^{53}	tʻɛe^{53}	tʻɛe^{53}
古浪县	tɛ^{31}	tɛ^{31}	tɛ^{31}	tɛ^{31}	tʻɛ^{44}	tʻɛ^{53}	tʻɛ^{53}	tʻɛ^{53}
凉州区	tɛ^{53}	tɛ^{53}	tɛ^{53}	tɛ^{53}	tʻɛ^{33}	tʻɛ^{13}	tʻɛ^{13}	tʻɛ^{13}
民勤县	tɛi^{42}	tɛi^{42}	tɛi^{42}	tɛi^{42}	tʻɛi^{44}	tʻɛi^{53}	tʻɛi^{53}	tʻɛi^{53}
永昌县	tɛe^{53}	tɛe^{53}	tɛe^{53}	tɛe^{53}	tʻɛe^{44}	tʻɛe^{13}	tʻɛe^{13}	tʻɛe^{13}
甘州区	tɛ^{31}	tɛ^{31}	tɛ^{31}	tɛ^{31}	tʻɛ^{44}	tʻɛ^{53}	tʻɛ^{53}	tʻɛ^{53}
临泽县	tɛe^{214}	tɛe^{214}	tɛe^{214}	tɛe^{214}	tʻɛe^{44}	tʻɛe^{53}	tʻɛe^{53}	tʻɛe^{53}
民乐县	tɛ^{42}	tɛ^{42}	tɛ^{42}	tɛ^{42}	tʻɛ^{44}	tʻɛ^{53}	tʻɛ^{53}	tʻɛ^{53}
山丹县	tɛe^{41}	tɛe^{41}	tɛe^{41}	tɛe^{41}	tʻɛe^{24}	tʻɛe^{53}	tʻɛe^{53}	tʻɛe^{53}
高台县	tɛ^{214}	tɛ^{214}	tɛ^{214}	tɛ^{214}	tʻɛ^{44}	tʻɛ^{53}	tʻɛ^{53}	tʻɛ^{53}
肃州区	tɛ^{214}	tɛ^{214}	tɛ^{214}	tɛ^{214}	tʻɛ^{44}	tʻɛ^{53}	tʻɛ^{53}	tʻɛ^{53}
金塔县	tɛ^{13}	tɛ^{13}	tɛ^{13}	tɛ^{13}	tʻɛ^{44}	tʻɛ^{53}	tʻɛ^{53}	tʻɛ^{53}
肃北县	tɛ^{213}	tɛ^{213}	tɛ^{213}	tɛ^{213}	tʻɛ^{44}	tʻɛ^{53}	tʻɛ^{53}	tʻɛ^{53}
玉门市	tɛ^{213}	tɛ^{213}	tɛ^{213}	tɛ^{213}	tʻɛ^{44}	tʻɛ^{53}	tʻɛ^{53}	tʻɛ^{53}

①张仲景《伤寒论》卷五："舌上白胎者，可与小柴胡汤。""胎"即"苔"，土来切，蟹开一平咍透。

续表

瓜州县	tε^{213}	tε^{213}	tε^{213}	tε^{213}	tʻε^{44}	tʻε^{53}	tʻε^{53}	tʻε^{53}
西夏区	tε^{13}	tε^{13}	tε^{13}	tε^{13}	tʻε^{44}	tʻε^{53}	tʻε^{53}	tʻε^{53}
贺兰县	tε^{13}	tε^{13}	tε^{13}	tε^{13}	tʻε^{44}	tʻε^{53}	tʻε^{53}	tʻε^{53}
灵武市（东塔镇）	tε^{13}	tε^{13}	tε^{13}	tε^{13}	tʻε^{44}	tʻε^{52}	tʻε^{52}	tʻε^{52}
永宁县	tε^{13}	tε^{13}	tε^{13}	tε^{13}	tʻε^{44}	tʻε^{53}	tʻε^{53}	tʻε^{53}
中宁县	tε^{13}	tε^{13}	tε^{13}	tε^{13}	tʻε^{44}	tʻε^{53}	tʻε^{53}	tʻε^{53}
沙坡头区	tãi^{13}	tãi^{13}	tãi^{13}	tãi^{13}	tʻãi^{44}	tʻãi^{53}	tʻãi^{53}	tʻãi^{53}
盐池县	tε^{13}	tε^{13}	tε^{13}	tε^{13}	tʻε^{44}	tʻε^{13}	tʻε^{13}	tʻε^{13}
平罗县（渠口乡）	tε^{13}	tε^{13}	tε^{13}	tε^{13}	tʻε^{44}	tʻε^{53}	tʻε^{53}	tʻε^{53}
阿拉善左旗	tai^{213}	tai^{213}	tai^{213}	tai^{213}	tʻai^{44}	tʻai^{51}	tʻai^{51}	tʻai^{51}
乌鲁木齐市	tε^{213}	tε^{213}	tε^{213}	tε^{213}	tʻε^{44}	tʻε^{52}	tʻε^{52}	tʻε^{52}
阜康市	tε^{213}	tε^{213}	tε^{213}	tε^{213}	tʻε^{55}	tʻε^{51}	tʻε^{51}	tʻε^{51}
呼图壁县	tai^{213}	tai^{213}	tai^{213}	tai^{213}	tʻai^{44}	tʻai^{51}	tʻai^{51}	tʻai^{51}
吉木萨尔县	tai^{213}	tai^{213}	tai^{213}	tai^{213}	tʻai^{44}	tʻai^{51}	tʻai^{51}	tʻai^{51}
奇台县	tai^{213}	tai^{213}	tai^{213}	tai^{213}	tʻai^{44}	tʻai^{52}	tʻai^{52}	tʻai^{52}
博乐市	tai^{24}	tai^{24}	tai^{24}	tai^{24}	tʻai^{45}	tʻai^{51}	tʻai^{51}	tʻai^{51}
阿勒泰市	tai^{23}	tai^{23}	tai^{23}	tai^{23}	tʻai^{44}	tʻai^{51}	tʻai^{51}	tʻai^{51}
布尔津县	tε^{51}	tε^{51}	tε^{51}	tε^{51}	tʻε^{44}	tʻε^{23}	tʻε^{23}	tʻε^{23}
乌苏市	tε^{213}	tε^{213}	tε^{213}	tε^{213}	tʻε^{55}	tʻε^{51}	tʻε^{51}	tʻε^{51}
额敏县	tai^{34}	tai^{34}	tai^{34}	tai^{34}	tʻai^{44}	tʻai^{51}	tʻai^{51}	tʻai^{51}
伊州区	tε^{213}	tε^{213}	tε^{213}	tε^{213}	tʻε^{44}	tʻε^{51}	tʻε^{51}	tʻε^{51}
巴里坤县	tæ^{24}	tæ^{24}	tæ^{24}	tæ^{24}	tʻæ^{44}	tʻæ^{51}	tʻæ^{51}	tʻæ^{51}
伊吾县	tε^{213}	tε^{213}	tε^{213}	tε^{213}	tʻε^{44}	tʻε^{51}	tʻε^{51}	tʻε^{51}

字目 / 中古音 / 方音 / 方言点	态	太①	泰	乃	奶②	耐	柰③	来④
	蟹开一去代透	蟹开一去泰透	蟹开一去泰透	蟹开一上海泥	蟹开二上蟹泥	蟹开一去代泥	蟹开一去泰泥	蟹开一平哈来
兰州市（城关区）	tʻε^{13}	tʻε^{13}	tʻε^{13}	lε^{44}	lε^{44}	lε^{13}	lε^{13}	lε^{51}
永登县	tʻε^{13}	tʻε^{13}	tʻε^{13}	nε^{354}	lε^{354}	nε^{13}	nε^{13}	lε^{53}
榆中县	tʻε^{13}	tʻε^{13}	tʻε^{13}	lε^{44}	lε^{44}	lε^{13}	lε^{13}	lε^{332}
皋兰县	tʻεi^{13}	tʻεi^{13}	tʻεi^{13}	nεi^{342}	lεi^{342}	nεi^{13}	nεi^{13}	lεi^{53}
白银区	tʻε^{13}	tʻε^{13}	tʻε^{13}	lε^{343}	lε^{343}	lε^{13}	lε^{13}	lε^{51}
天祝县	tʻε^{213}	tʻε^{213}	tʻε^{213}	lε^{44}	lε^{44}	lε^{213}	lε^{213}	lε^{53}
景泰县（红水镇）	tʻεe^{213}	tʻεe^{213}	tʻεe^{213}	lεe^{44}	lεe^{44}	lεe^{213}	lεe^{213}	lεe^{53}
古浪县	tʻε^{31}	tʻε^{31}	tʻε^{31}	lε^{44}	lε^{44}	lε^{31}	lε^{31}	lε^{53}
凉州区	tʻε^{53}	tʻε^{53}	tʻε^{53}	lε^{33}	lε^{33}	lε^{53}	lε^{53}	lε^{13}
民勤县	tʻεi^{42}	tʻεi^{42}	tʻεi^{42}	nεi^{214}	nεi^{214}	nεi^{42}	nεi^{42}	lεi^{53}
永昌县	tʻεe^{53}	tʻεe^{53}	tʻεe^{53}	lεe^{13}	lεe^{13}	lεe^{53}	lεe^{53}	lεe^{13}
甘州区	tʻε^{31}	tʻε^{31}	tʻε^{31}	lε^{53}	lε^{53}	lε^{31}	lε^{31}	lε^{53}
临泽县	tʻεe^{214}	tʻεe^{214}	tʻεe^{214}	lεe^{53}	lεe^{53}	lεe^{214}	lεe^{214}	lεe^{53}
民乐县	tʻε^{42}	tʻε^{42}	tʻε^{42}	nε^{213}	nε^{213}	nε^{42}	nε^{42}	lε^{53}
山丹县	tʻεe^{41}	tʻεe^{41}	tʻεe^{41}	lεe^{53}	lεe^{53}	lεe^{41}	lεe^{41}	lεe^{53}
高台县	tʻε^{214}	tʻε^{214}	tʻε^{214}	lε^{53}	lε^{53}	lε^{214}	lε^{214}	lε^{53}
肃州区	tʻε^{214}	tʻε^{214}	tʻε^{214}	lε^{53}	lε^{53}	lε^{214}	lε^{214}	lε^{53}
金塔县	tʻε^{13}	tʻε^{13}	tʻε^{13}	lε^{53}	lε^{53}	lε^{13}	lε^{13}	lε^{53}

①又他左切，果开一去箇透；通“大”，吐卧切，果合一去过透。

②又奴礼切，蟹开四上荠泥。

③又奴箇切，果开一去箇泥。

④又里之切，止开三平之来。

续表

肃北县	t‘ε^{213}	t‘ε^{213}	t‘ε^{213}	lε^{53}	lε^{53}	lε^{213}	lε^{213}	lε^{53}
玉门市	t‘ε^{213}	t‘ε^{213}	t‘ε^{213}	lε^{53}	lε^{53}	lε^{213}	lε^{213}	lε^{53}
瓜州县	t‘ε^{213}	t‘ε^{213}	t‘ε^{213}	lε^{53}	lε^{53}	lε^{213}	lε^{213}	lε^{53}
西夏区	t‘ε^{13}	t‘ε^{13}	t‘ε^{13}	nε^{53}	nε^{53}	nε^{13}	nε^{13}	lε^{53}
贺兰县	t‘ε^{13}	t‘ε^{13}	t‘ε^{13}	nε^{53}	nε^{53}	nε^{13}	nε^{13}	lε^{53}
灵武市（东塔镇）	t‘ε^{13}	t‘ε^{13}	t‘ε^{13}	nε^{52}	nε^{52}	nε^{13}	nε^{13}	lε^{52}
永宁县	t‘ε^{13}	t‘ε^{13}	t‘ε^{13}	nε^{53}	nε^{53}	nε^{13}	nε^{13}	lε^{53}
中宁县	t‘ε^{13}	t‘ε^{13}	t‘ε^{13}	nε^{53}	nε^{53}	nε^{13}	nε^{13}	lε^{53}
沙坡头区	t‘ãi^{13}	t‘ãi^{13}	t‘ãi^{13}	nãi^{53}	nãi^{53}	nãi^{13}	nãi^{13}	lãi^{53}
盐池县	t‘ε^{13}	t‘ε^{13}	t‘ε^{13}	nε^{52}	nε^{52}	nε^{13}	nε^{13}	lε^{52}
平罗县（渠口乡）	t‘ε^{13}	t‘ε^{13}	t‘ε^{13}	nε^{53}	nε^{53}	nε^{13}	nε^{13}	lε^{53}
阿拉善左旗	t‘ai^{213}	t‘ai^{213}	t‘ai^{213}	lai^{51}	lai^{51}	lai^{213}	lai^{213}	lai^{51}
乌鲁木齐市	t‘ε^{213}	t‘ε^{213}	t‘ε^{213}	lε^{52}	lε^{52}	lε^{213}	lε^{213}	lε^{52}
阜康市	t‘ε^{213}	t‘ε^{213}	t‘ε^{213}	lε^{51}	lε^{51}	lε^{213}	lε^{213}	lε^{51}
呼图壁县	t‘ai^{213}	t‘ai^{213}	t‘ai^{213}	lai^{51}	lai^{51}	lai^{213}	lai^{213}	lai^{51}
吉木萨尔县	t‘ai^{213}	t‘ai^{213}	t‘ai^{213}	lai^{51}	lai^{51}	lai^{213}	lai^{213}	lai^{51}
奇台县	t‘ai^{213}	t‘ai^{213}	t‘ai^{213}	lai^{52}	lai^{52}	lai^{213}	lai^{213}	lai^{52}
博乐市	t‘ai^{24}	t‘ai^{24}	t‘ai^{24}	lai^{51}	lai^{51}	lai^{24}	lai^{24}	lai^{51}
阿勒泰市	t‘ai^{23}	t‘ai^{23}	t‘ai^{23}	lai^{51}	lai^{51}	lai^{23}	lai^{23}	lai^{51}
布尔津县	t‘ε^{51}	t‘ε^{51}	t‘ε^{51}	lε^{23}	lε^{23}	lε^{51}	lε^{51}	lε^{23}
乌苏市	t‘ε^{213}	t‘ε^{213}	t‘ε^{213}	lε^{51}	lε^{51}	lε^{213}	lε^{213}	lε^{51}
额敏县	t‘ai^{34}	t‘ai^{34}	t‘ai^{34}	lai^{51}	lai^{51}	lai^{34}	lai^{34}	lai^{51}
伊州区	t‘ε^{213}	t‘ε^{213}	t‘ε^{213}	lε^{51}	lε^{51}	lε^{213}	lε^{213}	lε^{51}
巴里坤县	t‘æ^{24}	t‘æ^{24}	t‘æ^{24}	læ^{51}	læ^{51}	læ^{24}	læ^{24}	læ^{51}
伊吾县	t‘ε^{213}	t‘ε^{213}	t‘ε^{213}	lε^{51}	lε^{51}	lε^{213}	lε^{213}	lε^{51}

字目 / 中古音 / 方言点	赖	灾	栽	宰	载① 年载	再	载 载重	在②
	蟹开一 去泰来	蟹开一 平咍精	蟹开一 平咍精	蟹开一 上海精	蟹开一 上海精	蟹开一 去代精	蟹开一 去代精	蟹开一 上海从
兰州市 （城关区）	lɛ^{13}	tsɛ^{53}	tsɛ^{53}	tsɛ^{44}	tsɛ^{44}	tsɛ^{13}	tsɛ^{13}	tsɛ^{13}
永登县	lɛ^{13}	tsɛ^{42}	tsɛ^{42}	tsɛ^{354}	tsɛ^{354}	tsɛ^{13}	tsɛ^{13}	tsɛ^{13}
榆中县	lɛ^{13}	tsɛ^{51}	tsɛ^{51}	tsɛ^{44}	tsɛ^{44}	tsɛ^{13}	tsɛ^{13}	tsɛ^{13}
皋兰县	lɛi^{13}	tsɛi^{42}	tsɛi^{42}	tsɛi^{354}	tsɛi^{354}	tsɛi^{13}	tsɛi^{13}	tsɛi^{13}
白银区	lɛ^{13}	tsɛ^{44}	tsɛ^{44}	tsɛ^{343}	tsɛ^{343}	tsɛ^{13}	tsɛ^{13}	tsɛ^{13}
天祝县	lɛ^{213}	tsɛ^{44}	tsɛ^{44}	tsɛ^{44}	tsɛ^{44}	tsɛ^{213}	tsɛ^{213}	tsɛ^{213}
景泰县 （红水镇）	lɛe^{213}	tsɛe^{44}	tsɛe^{44}	tsɛe^{44}	tsɛe^{44}	tsɛe^{213}	tsɛe^{213}	tsɛe^{213}
古浪县	lɛ^{31}	tsɛ^{44}	tsɛ^{44}	tsɛ^{44}	tsɛ^{44}	tsɛ^{31}	tsɛ^{31}	tsɛ^{31}
凉州区	lɛ^{53}	tsɛ^{33}	tsɛ^{33}	tsɛ^{33}	tsɛ^{33}	tsɛ^{53}	tsɛ^{53}	tsɛ^{53}
民勤县	lɛi^{42}	tsɛi^{44}	tsɛi^{44}	tsɛi^{214}	tsɛi^{214}	tsɛi^{42}	tsɛi^{42}	tsɛi^{42}
永昌县	lɛe^{53}	tsɛe^{44}	tsɛe^{44}	tsɛe^{13}	tsɛe^{13}	tsɛe^{53}	tsɛe^{53}	tsɛe^{53}
甘州区	lɛ^{31}	tsɛ^{44}	tsɛ^{44}	tsɛ^{53}	tsɛ^{31}	tsɛ^{31}	tsɛ^{31}	tsɛ^{31}
临泽县	lɛe^{214}	tsɛe^{44}	tsɛe^{44}	tsɛe^{53}	tsɛe^{53}	tsɛe^{214}	tsɛe^{214}	tsɛe^{214}
民乐县	lɛ^{42}	tsɛ^{44}	tsɛ^{44}	tsɛ^{213}	tsɛ^{213}	tsɛ^{42}	tsɛ^{42}	tsɛ^{42}
山丹县	lɛe^{41}	tsɛe^{24}	tsɛe^{24}	tsɛe^{53}	tsɛe^{41}	tsɛe^{41}	tsɛe^{41}	tsɛe^{41}
高台县	lɛ^{214}	tsɛ^{44}	tsɛ^{44}	tsɛ^{53}	tsɛ^{53}	tsɛ^{214}	tsɛ^{214}	tsɛ^{214}
肃州区	lɛ^{214}	tsɛ^{44}	tsɛ^{44}	tsɛ^{53}	tsɛ^{53}	tsɛ^{214}	tsɛ^{214}	tsɛ^{214}
金塔县	lɛ^{13}	tsɛ^{44}	tsɛ^{44}	tsɛ^{53}	tsɛ^{13}	tsɛ^{13}	tsɛ^{13}	tsɛ^{13}
肃北县	lɛ^{213}	tsɛ^{44}	tsɛ^{44}	tsɛ^{53}	tsɛ^{213}	tsɛ^{213}	tsɛ^{213}	tsɛ^{213}
玉门市	lɛ^{213}	tsɛ^{44}	tsɛ^{44}	tsɛ^{53}	tsɛ^{213}	tsɛ^{213}	tsɛ^{213}	tsɛ^{213}

①又作代切，蟹开二去代精。

②又昨代切，蟹开一去代从。

续表

瓜州县	$lɛ^{213}$	$tsɛ^{44}$	$tsɛ^{44}$	$tsɛ^{53}$	$tsɛ^{213}$	$tsɛ^{213}$	$tsɛ^{213}$	$tsɛ^{213}$
西夏区	$lɛ^{13}$	$tsɛ^{44}$	$tsɛ^{44}$	$tsɛ^{53}$	$tsɛ^{53}$	$tsɛ^{13}$	$tsɛ^{13}$	$tsɛ^{13}$
贺兰县	$lɛ^{13}$	$tsɛ^{44}$	$tsɛ^{44}$	$tsɛ^{53}$	$tsɛ^{53}$	$tsɛ^{13}$	$tsɛ^{13}$	$tsɛ^{13}$
灵武市（东塔镇）	$lɛ^{13}$	$tsɛ^{44}$	$tsɛ^{44}$	$tsɛ^{52}$	$tsɛ^{52}$	$tsɛ^{13}$	$tsɛ^{13}$	$tsɛ^{13}$
永宁县	$lɛ^{13}$	$tsɛ^{44}$	$tsɛ^{44}$	$tsɛ^{53}$	$tsɛ^{53}$	$tsɛ^{13}$	$tsɛ^{13}$	$tsɛ^{13}$
中宁县	$lɛ^{13}$	$tsɛ^{44}$	$tsɛ^{44}$	$tsɛ^{53}$	$tsɛ^{53}$	$tsɛ^{13}$	$tsɛ^{13}$	$tsɛ^{13}$
沙坡头区	$lãi^{13}$	$tsãi^{44}$	$tsãi^{44}$	$tsãi^{53}$	$tsãi^{53}$	$tsãi^{13}$	$tsãi^{13}$	$tsãi^{13}$
盐池县	$lɛ^{13}$	$tsɛ^{44}$	$tsɛ^{44}$	$tsɛ^{52}$	$tsɛ^{13}$	$tsɛ^{13}$	$tsɛ^{13}$	$tsɛ^{13}$
平罗县（渠口乡）	$lɛ^{13}$	$tsɛ^{44}$	$tsɛ^{44}$	$tsɛ^{53}$	$tsɛ^{53}$	$tsɛ^{13}$	$tsɛ^{13}$	$tsɛ^{13}$
阿拉善左旗	lai^{213}	$tsai^{44}$	$tsai^{44}$	$tsai^{51}$	$tsai^{213}$	$tsai^{213}$	$tsai^{213}$	$tsai^{213}$
乌鲁木齐市	$lɛ^{213}$	$tsɛ^{44}$	$tsɛ^{44}$	$tsɛ^{52}$	$tsɛ^{213}$	$tsɛ^{213}$	$tsɛ^{213}$	$tsɛ^{213}$
阜康市	$lɛ^{213}$	$tsɛ^{55}$	$tsɛ^{55}$	$tsɛ^{51}$	$tsɛ^{213}$	$tsɛ^{213}$	$tsɛ^{213}$	$tsɛ^{213}$
呼图壁县	lai^{213}	$tsai^{44}$	$tsai^{44}$	$tsai^{51}$	$tsai^{213}$	$tsai^{213}$	$tsai^{213}$	$tsai^{213}$
吉木萨尔县	lai^{213}	$tsai^{44}$	$tsai^{44}$	$tsai^{51}$	$tsai^{213}$	$tsai^{213}$	$tsai^{213}$	$tsai^{213}$
奇台县	lai^{213}	$tsai^{44}$	$tsai^{44}$	$tsai^{52}$	$tsai^{213}$	$tsai^{213}$	$tsai^{213}$	$tsai^{213}$
博乐市	lai^{24}	$tsai^{45}$	$tsai^{45}$	$tsai^{51}$	$tsai^{24}$	$tsai^{24}$	$tsai^{24}$	$tsai^{24}$
阿勒泰市	lai^{23}	$tsai^{44}$	$tsai^{44}$	$tsai^{51}$	$tsai^{23}$	$tsai^{23}$	$tsai^{23}$	$tsai^{23}$
布尔津县	$lɛ^{23}$	$tsɛ^{4455}$	$tsɛ^{44}$	$tsɛ^{51}$	$tsɛ^{23}$	$tsɛ^{23}$	$tsɛ^{23}$	$tsɛ^{23}$
乌苏市	$lɛ^{213}$	$tsɛ^{55}$	$tsɛ^{55}$	$tsɛ^{51}$	$tsɛ^{213}$	$tsɛ^{213}$	$tsɛ^{213}$	$tsɛ^{213}$
额敏县	lai^{34}	$tsai^{44}$	$tsai^{44}$	$tsai^{51}$	$tsai^{34}$	$tsai^{34}$	$tsai^{34}$	$tsai^{34}$
伊州区	$lɛ^{213}$	$tsɛ^{44}$	$tsɛ^{44}$	$tsɛ^{51}$	$tsɛ^{213}$	$tsɛ^{213}$	$tsɛ^{213}$	$tsɛ^{213}$
巴里坤县	$læ^{24}$	$tsæ^{45}$	$tsæ^{45}$	$tsæ^{51}$	$tsæ^{24}$	$tsæ^{24}$	$tsæ^{24}$	$tsæ^{24}$
伊吾县	$lɛ^{213}$	$tsɛ^{44}$	$tsɛ^{44}$	$tsɛ^{51}$	$tsɛ^{213}$	$tsɛ^{213}$	$tsɛ^{213}$	$tsɛ^{213}$

字目 / 中古音 / 方言点	载 满载	猜	才 才华	财	材	裁	彩	采 采摘
	蟹开一 去代从	蟹开一 平咍精	蟹开一 平咍从	蟹开一 平咍从	蟹开一 平咍从	蟹开一 平咍从	蟹开一 上海清	蟹开一 上海清
兰州市 （城关区）	tsɛ^{13}	ts‘ɛ^{53}	ts‘ɛ^{51}	ts‘ɛ^{51}	ts‘ɛ^{51}	ts‘ɛ^{51}	ts‘ɛ^{44}	ts‘ɛ^{44}
永登县	tsɛ^{13}	ts‘ɛ^{42}	ts‘ɛ^{53}	ts‘ɛ^{53}	ts‘ɛ^{53}	ts‘ɛ^{53}	ts‘ɛ^{354}	ts‘ɛ^{354}
榆中县	tsɛ^{13}	ts‘ɛ^{51}	ts‘ɛ^{332}	ts‘ɛ^{332}	ts‘ɛ^{332}	ts‘ɛ^{332}	ts‘ɛ^{44}	ts‘ɛ^{44}
皋兰县	tsɛi^{13}	ts‘ɛi^{42}	ts‘ɛi^{53}	ts‘ɛi^{53}	ts‘ɛi^{53}	ts‘ɛi^{53}	ts‘ɛi^{342}	ts‘ɛi^{342}
白银区	tsɛ^{13}	ts‘ɛ^{44}	ts‘ɛ^{51}	ts‘ɛ^{51}	ts‘ɛ^{51}	ts‘ɛ^{51}	ts‘ɛ^{343}	ts‘ɛ^{343}
天祝县	tsɛ^{213}	ts‘ɛ^{44}	ts‘ɛ^{53}	ts‘ɛ^{53}	ts‘ɛ^{53}	ts‘ɛ^{53}	ts‘ɛ^{44}	ts‘ɛ^{44}
景泰县 （红水镇）	tsɛe^{213}	ts‘ɛe^{44}	ts‘ɛe^{53}	ts‘ɛe^{53}	ts‘ɛe^{53}	ts‘ɛe^{53}	ts‘ɛe^{44}	ts‘ɛe^{44}
古浪县	tsɛ^{31}	ts‘ɛ^{44}	ts‘ɛ^{53}	ts‘ɛ^{53}	ts‘ɛ^{53}	ts‘ɛ^{53}	ts‘ɛ^{44}	ts‘ɛ^{44}
凉州区	tsɛ^{53}	ts‘ɛ^{33}	ts‘ɛ^{13}	ts‘ɛ^{13}	ts‘ɛ^{13}	ts‘ɛ^{13}	ts‘ɛ^{33}	ts‘ɛ^{33}
民勤县	tsɛi^{42}	ts‘ɛi^{44}	ts‘ɛi^{53}	ts‘ɛi^{53}	ts‘ɛi^{53}	ts‘ɛi^{53}	ts‘ɛi^{214}	ts‘ɛi^{214}
永昌县	tsɛe^{53}	ts‘ɛe^{44}	ts‘ɛe^{13}	ts‘ɛe^{13}	ts‘ɛe^{13}	ts‘ɛe^{13}	ts‘ɛe^{13}	ts‘ɛe^{13}
甘州区	tsɛ^{31}	ts‘ɛ^{44}	ts‘ɛ^{53}	ts‘ɛ^{53}	ts‘ɛ^{53}	ts‘ɛ^{53}	ts‘ɛ^{53}	ts‘ɛ^{53}
临泽县	tsɛe^{214}	ts‘ɛe^{44}	ts‘ɛe^{53}	ts‘ɛe^{53}	ts‘ɛe^{53}	ts‘ɛe^{53}	ts‘ɛe^{53}	ts‘ɛe^{53}
民乐县	tsɛ^{42}	ts‘ɛ^{44}	ts‘ɛ^{53}	ts‘ɛ^{53}	ts‘ɛ^{53}	ts‘ɛ^{53}	ts‘ɛ^{214}	ts‘ɛ^{214}
山丹县	tsɛe^{41}	ts‘ɛe^{24}	ts‘ɛe^{53}	ts‘ɛe^{53}	ts‘ɛe^{53}	ts‘ɛe^{53}	ts‘ɛe^{53}	ts‘ɛe^{53}
高台县	tsɛ^{214}	ts‘ɛ^{44}	ts‘ɛ^{53}	ts‘ɛ^{53}	ts‘ɛ^{53}	ts‘ɛ^{53}	ts‘ɛ^{53}	ts‘ɛ^{53}
肃州区	tsɛ^{214}	ts‘ɛ^{44}	ts‘ɛ^{53}	ts‘ɛ^{53}	ts‘ɛ^{53}	ts‘ɛ^{53}	ts‘ɛ^{53}	ts‘ɛ^{53}
金塔县	tsɛ^{13}	ts‘ɛ^{44}	ts‘ɛ^{53}	ts‘ɛ^{53}	ts‘ɛ^{53}	ts‘ɛ^{53}	ts‘ɛ^{53}	ts‘ɛ^{53}
肃北县	tsɛ^{213}	ts‘ɛ^{44}	ts‘ɛ^{53}	ts‘ɛ^{53}	ts‘ɛ^{53}	ts‘ɛ^{53}	ts‘ɛ^{53}	ts‘ɛ^{53}
玉门市	tsɛ^{213}	ts‘ɛ^{44}	ts‘ɛ^{53}	ts‘ɛ^{53}	ts‘ɛ^{53}	ts‘ɛ^{53}	ts‘ɛ^{53}	ts‘ɛ^{53}
瓜州县	tsɛ^{213}	ts‘ɛ^{44}	ts‘ɛ^{53}	ts‘ɛ^{53}	ts‘ɛ^{53}	ts‘ɛ^{53}	ts‘ɛ^{53}	ts‘ɛ^{53}
西夏区	tsɛ^{13}	ts‘ɛ^{44}	ts‘ɛ^{53}	ts‘ɛ^{53}	ts‘ɛ^{53}	ts‘ɛ^{53}	ts‘ɛ^{53}	ts‘ɛ^{53}

续表

贺兰县	tsɛ^{13}	tsʻɛ^{44}	tsʻɛ^{53}	tsʻɛ^{53}	tsʻɛ^{53}	tsʻɛ^{53}	tsʻɛ^{53}	tsʻɛ^{53}
灵武市（东塔镇）	tsɛ^{13}	tsʻɛ^{44}	tsʻɛ^{52}	tsʻɛ^{52}	tsʻɛ^{52}	tsʻɛ^{52}	tsʻɛ^{52}	tsʻɛ^{52}
永宁县	tsɛ^{13}	tsʻɛ^{44}	tsʻɛ^{53}	tsʻɛ^{53}	tsʻɛ^{53}	tsʻɛ^{53}	tsʻɛ^{53}	tsʻɛ^{53}
中宁县	tsɛ^{13}	tsʻɛ^{44}	tsʻɛ^{53}	tsʻɛ^{53}	tsʻɛ^{53}	tsʻɛ^{53}	tsʻɛ^{53}	tsʻɛ^{53}
沙坡头区	tsãi^{13}	tsʻãi^{44}	tsʻãi^{53}	tsʻãi^{53}	tsʻãi^{53}	tsʻãi^{53}	tsʻãi^{53}	tsʻãi^{53}
盐池县	tsɛ^{13}	tsʻɛ^{44}	tsʻɛ^{13}	tsʻɛ^{13}	tsʻɛ^{13}	tsʻɛ^{13}	tsʻɛ^{52}	tsʻɛ^{52}
平罗县（渠口乡）	tsɛ^{13}	tsʻɛ^{44}	tsʻɛ^{53}	tsʻɛ^{53}	tsʻɛ^{53}	tsʻɛ^{53}	tsʻɛ^{53}	tsʻɛ^{53}
阿拉善左旗	tsɛ^{213}	tsʻɛ^{44}	tsʻɛ^{52}	tsʻɛ^{52}	tsʻɛ^{52}	tsʻɛ^{52}	tsʻɛ^{52}	tsʻɛ^{52}
乌鲁木齐市	tsɛ^{213}	tsʻɛ^{55}	tsʻɛ^{51}	tsʻɛ^{51}	tsʻɛ^{51}	tsʻɛ^{51}	tsʻɛ^{51}	tsʻɛ^{51}
阜康市	tsai^{213}	tsʻai^{44}	tsʻai^{51}	tsʻai^{51}	tsʻai^{51}	tsʻai^{51}	tsʻai^{51}	tsʻai^{51}
呼图壁县	tsai^{213}	tsʻai^{44}	tsʻai^{51}	tsʻai^{51}	tsʻai^{51}	tsʻai^{51}	tsʻai^{51}	tsʻai^{51}
吉木萨尔县	tsai^{213}	tsʻai^{44}	tsʻai^{52}	tsʻai^{52}	tsʻai^{52}	tsʻai^{52}	tsʻai^{52}	tsʻai^{52}
奇台县	tsai^{24}	tsʻai^{45}	tsʻai^{51}	tsʻai^{51}	tsʻai^{51}	tsʻai^{51}	tsʻai^{51}	tsʻai^{51}
博乐市	tsai^{23}	tsʻai^{44}	tsʻai^{51}	tsʻai^{51}	tsʻai^{51}	tsʻai^{51}	tsʻai^{51}	tsʻai^{51}
阿勒泰市	tsɛ^{51}	tsʻɛ^{44}	tsʻɛ^{23}	tsʻɛ^{23}	tsʻɛ^{23}	tsʻɛ^{23}	tsʻɛ^{23}	tsʻɛ^{23}
布尔津县	tsɛ^{213}	tsʻɛ^{55}	tsʻɛ^{51}	tsʻɛ^{51}	tsʻɛ^{51}	tsʻɛ^{51}	tsʻɛ^{51}	tsʻɛ^{51}
乌苏市	tsai^{34}	tsʻai^{44}	tsʻai^{51}	tsʻai^{51}	tsʻai^{51}	tsʻai^{51}	tsʻai^{51}	tsʻai^{51}
额敏县	tsɛ^{213}	tsʻɛ^{44}	tsʻɛ^{51}	tsʻɛ^{51}	tsʻɛ^{51}	tsʻɛ^{51}	tsʻɛ^{51}	tsʻɛ^{51}
伊州区	tsai^{213}	tsʻai^{44}	tsʻai^{51}	tsʻai^{51}	tsʻai^{51}	tsʻai^{51}	tsʻai^{51}	tsʻai^{51}
巴里坤县	tsa^{24}	tsa^{51}	tsa^{24}	tsa^{24}	tsa^{24}	tsʻa^{51}	tsʻa^{45}	tsʻa^{45}
伊吾县	tsɑ^{34}	tsɑ^{51}	tsɑ^{34}	tsɑ^{34}	tsɑ^{34}	tsʻɑ^{51}	tsʻɑ^{44}	tsʻɑ^{44}

字目 / 中古音 / 方音 / 方言点	睬	菜	蔡	腮	赛	斋	摘	宅
	蟹开一上海清	蟹开一去代清	蟹开一去泰清	蟹开一平咍心	蟹开一去代心	蟹开二平皆庄	梗开二入麦知	梗开二入陌澄
兰州市（城关区）	tsʻɛ^{44}	tsʻɛ^{13}	tsʻɛ^{13}	sɛ^{44}	sɛ^{13}	tʂɛ^{53}	tʂɤ^{13}	tʂɤ^{51}
永登县	tsʻɛ^{354}	tsʻɛ^{13}	tsʻɛ^{13}	sɛ^{354}	sɛ^{13}	tʂɛ^{42}	tʂə^{13}	tʂə^{53}
榆中县	tsʻɛ^{44}	tsʻɛ^{13}	tsʻɛ^{13}	sɛ^{44}	sɛ^{13}	tʂɛ^{51}	tʂə^{13}	tʂə^{332}
皋兰县	tsʻɛi^{342}	tsʻɛi^{13}	tsʻɛi^{13}	sɛi^{342}	sɛi^{13}	tʂɛi^{42}	tʂə^{13}	tʂə^{53}
白银区	tsʻɛ^{343}	tsʻɛ^{13}	tsʻɛ^{13}	sɛ^{343}	sɛ^{13}	tʂɛ^{44}	tʂə^{13}	tʂə^{51}
天祝县	tsʻɛ^{44}	tsʻɛ^{213}	tsʻɛ^{213}	sɛ^{44}	sɛ^{213}	tʂɛ^{53}	tʂɛ^{213}	tʂɛ^{213}
景泰县（红水镇）	tsʻɛe^{44}	tsʻɛe^{213}	tsʻɛe^{213}	sɛe^{44}	sɛe^{213}	tʂɛe^{53}	tʂɛe^{213}	tʂɛe^{213}
古浪县	tsʻɛ^{44}	tsʻɛ^{31}	tsʻɛ^{31}	sɛ^{44}	sɛ^{31}	tʂɛ^{44}	tʂɛ^{31}	tʂɛ^{31}
凉州区	tsʻɛ^{33}	tsʻɛ^{53}	tsʻɛ^{53}	sɛ^{33}	sɛ^{53}	tʂɛ^{33}	tʂɛ^{53}	tʂɛ^{53}
民勤县	tsʻɛi^{214}	tsʻɛi^{42}	tsʻɛi^{42}	sɛi^{214}	sɛi^{42}	tsɛi^{44}	tsɤ^{42}	tsɤ^{53}
永昌县	tsʻɛe^{13}	tsʻɛe^{53}	tsʻɛe^{53}	sɛe^{44}	sɛe^{53}	tʂɛe^{44}	tʂɛe^{53}	tʂɛe^{53}
甘州区	tsʻɛ^{53}	tsʻɛ^{31}	tsʻɛ^{31}	sɛ^{44}	sɛ^{31}	tʂɛ^{44}	tʂɛ^{31}	tʂɛ^{31}
临泽县	tsʻɛe^{53}	tsʻɛe^{214}	tsʻɛe^{214}	sɛe^{44}	sɛe^{214}	tʂɛe^{44}	tʂɛe^{214}	tʂɛe^{214}
民乐县	tsʻɛ^{213}	tsʻɛ^{42}	tsʻɛ^{42}	sɛ^{213}	sɛ^{42}	tsɛ^{44}	tsɤ^{42}	tsɤ^{53}
山丹县	tsʻɛe^{53}	tsʻɛe^{41}	tsʻɛe^{41}	sɛe^{24}	sɛe^{41}	tʂɛe^{24}	tʂɛe^{41}	tʂɛe^{41}
高台县	tsʻɛ^{53}	tsʻɛ^{214}	tsʻɛ^{214}	sɛ^{44}	sɛ^{214}	tʂɛ^{44}	tʂɛ^{214}	tʂɛ^{214}
肃州区	tsʻɛ^{53}	tsʻɛ^{214}	tsʻɛ^{214}	sɛ^{44}	sɛ^{214}	tʂɛ^{44}	tʂɛ^{214}	tʂɛ^{214}
金塔县	tsʻɛ^{53}	tsʻɛ^{13}	tsʻɛ^{13}	sɛ^{44}	sɛ^{13}	tʂɛ^{44}	tʂɛ^{13}	tʂɛ^{13}
肃北县	tsʻɛ^{53}	tsʻɛ^{213}	tsʻɛ^{213}	sɛ^{44}	sɛ^{213}	tʂɛ^{44}	tʂɛ^{213}	tʂɛ^{213}
玉门市	tsʻɛ^{53}	tsʻɛ^{213}	tsʻɛ^{213}	sɛ^{44}	sɛ^{213}	tʂɛ^{44}	tʂɛ^{213}	tʂɛ^{213}
瓜州县	tsʻɛ^{53}	tsʻɛ^{213}	tsʻɛ^{213}	sɛ^{44}	sɛ^{213}	tʂɛ^{44}	tʂɛ^{213}	tʂɛ^{213}
西夏区	tsʻɛ^{53}	tsʻɛ^{13}	tsʻɛ^{13}	sɛ^{44}	sɛ^{13}	tʂɛ^{44}	tʂə^{13}	tʂə^{13}

续表

贺兰县	tsʻε^{53}	tsʻε^{13}	tsʻε^{13}	sε^{44}	sε^{13}	tʂε^{44}	tʂə^{13}	tʂə^{13}
灵武市（东塔镇）	tsʻε^{52}	tsʻε^{13}	tsʻε^{13}	sε^{44}	sε^{13}	tʂε^{44}	tʂε^{13}	tʂε^{13}
永宁县	tsʻε^{53}	tsʻε^{13}	tsʻε^{13}	sε^{44}	sε^{13}	tʂε^{44}	tʂə^{13}	tʂə^{13}
中宁县	tsʻε^{53}	tsʻε^{13}	tsʻε^{13}	sε^{44}	sε^{13}	tʂε^{44}	tʂɤ^{13}	tʂɤ^{53}
沙坡头区	tsʻãi^{53}	tsʻãi^{13}	tsʻãi^{13}	sãi^{44}	sãi^{13}	tʂãi^{44}	tʂə^{13}	tʂə^{13}
盐池县	tsʻε^{52}	tsʻε^{13}	tsʻε^{13}	sε^{44}	sε^{13}	tsε^{44}	tsε^{13}	tsε^{13}
平罗县（渠口乡）	tsʻε^{53}	tsʻε^{13}	tsʻε^{13}	sε^{44}	sε^{13}	tʂε^{44}	tʂə^{13}	tʂə^{13}
阿拉善左旗	tsʻai^{51}	tsʻai^{213}	tsʻai^{213}	sai^{44}	sai^{213}	tʂai^{44}	tʂai^{213}	tʂai^{213}
乌鲁木齐市	tsʻε^{52}	tsʻε^{213}	tsʻε^{213}	sε^{44}	sε^{213}	tʂε^{44}	tʂε^{213}	tʂε^{213}
阜康市	tsʻε^{51}	tsʻε^{213}	tsʻε^{213}	sε^{55}	sε^{213}	tʂε^{55}	tʂε^{213}	tʂε^{213}
呼图壁县	tsʻai^{51}	tsʻai^{213}	tsʻai^{213}	sai^{44}	sai^{213}	tʂai^{44}	tʂai^{213}	tʂai^{213}
吉木萨尔县	tsʻai^{51}	tsʻai^{213}	tsʻai^{213}	sai^{44}	sai^{213}	tʂai^{44}	tʂai^{213}	tʂai^{213}
奇台县	tsʻai^{52}	tsʻai^{213}	tsʻai^{213}	sai^{44}	sai^{213}	tʂai^{44}	tʂai^{213}	tʂai^{213}
博乐市	tsʻai^{51}	tsʻai^{24}	tsʻai^{24}	sai^{45}	sai^{24}	tʂai^{45}	tʂai^{24}	tʂai^{24}
阿勒泰市	tsʻai^{51}	tsʻai^{23}	tsʻai^{23}	sai^{44}	sai^{23}	tʂai^{44}	tʂai^{23}	tʂai^{23}
布尔津县	tsʻε^{23}	tsʻε^{51}	tsʻε^{51}	sε^{44}	sε^{51}	tʂε^{44}	tʂε^{51}	tʂε^{51}
乌苏市	tsʻε^{51}	tsʻε^{213}	tsʻε^{213}	sε^{55}	sε^{213}	tʂε^{55}	tʂε^{213}	tʂε^{213}
额敏县	tsʻai^{51}	tsʻai^{34}	tsʻai^{34}	sai^{44}	ʃai^{34}	tʂai^{44}	tʂai^{34}	tʂai^{34}
伊州区	tsʻε^{51}	tsʻε^{213}	tsʻε^{213}	sε^{44}	sε^{213}	tʂε^{44}	tʂε^{213}	tʂε^{213}
巴里坤县	tsʻæ^{51}	tsʻæ^{34}	tsʻæ^{24}	sæ^{45}	sæ^{24}	tʂæ^{24}	tʂæ^{24}	tʂæ^{24}
伊吾县	tsʻε^{51}	tsʻε^{213}	tsʻε^{213}	sε^{44}	sε^{213}	tʂε^{44}	tʂε^{213}	tʂε^{213}

字目 / 中古音 / 方音 / 方言点	窄	债	差 出差	钗①	拆	豺	柴②	筛③
	梗开二入陌庄	蟹开二去卦庄	蟹开二平佳初	蟹开二平佳初	梗开二入陌彻	蟹开二平皆崇	蟹开二平佳崇	蟹开二平佳生
兰州市（城关区）	tʂɤ^{13}	tʂɛ^{13}	tʂʻɛ^{53}	tʂʻɛ^{53}	tʂʻɤ^{13}	tʂʻɛ^{51}	tʂʻɛ^{51}	ʂɛ^{53}
永登县	tʂə^{13}	tʂɛ^{13}	tʂʻɛ^{42}	tʂʻɛ^{42}	tʂʻə^{13}	tʂʻɛ^{53}	tʂʻɛ^{53}	ʂɛ^{42}
榆中县	tʂɤ^{13}	tʂɛ^{13}	tʂʻɛ^{51}	tʂʻɛ^{51}	tʂʻɤ^{13}	tʂʻɛ^{332}	tʂʻɛ^{332}	ʂɛ^{51}
皋兰县	tʂə^{13}	tʂɛ^{13}	tʂʻɛ^{42}	tʂʻɛ^{42}	tʂʻə^{13}	tʂʻɛ^{53}	tʂʻɛ^{53}	ʂɛ^{42}
白银区	tʂə^{13}	tʂɛ^{13}	tʂʻɛ^{44}	tʂʻɛ^{44}	tʂʻə^{13}	tʂʻɛ^{51}	tʂʻɛ^{51}	ʂɛ^{44}
天祝县	tʂɛ^{213}	tʂɛ^{213}	tʂʻɛ^{44}	tʂʻɛ^{44}	tʂʻɛ^{213}	tʂʻɛ^{53}	tʂʻɛ^{53}	ʂɛ^{44}
景泰县（红水镇）	tʂɛe^{213}	tʂɛe^{213}	tʂʻɛe^{44}	tʂʻɛe^{44}	tʂʻɛe^{213}	tʂʻɛe^{53}	tʂʻɛe^{53}	ʂɛe^{44}
古浪县	tʂɛ^{31}	tʂɛ^{31}	tʂʻɛ^{44}	tʂʻɛ^{44}	tʂʻɛ^{31}	tʂʻɛ^{53}	tʂʻɛ^{53}	ʂɛ^{44}
凉州区	tʂɛ^{53}	tʂɛ^{53}	tʂʻɛ^{33}	tʂʻɛ^{33}	tʂʻɛ^{53}	tʂʻɛ^{13}	tʂʻɛ^{13}	ʂɛ^{33}
民勤县	tsɤ^{42}	tsɛi^{42}	tsʻɛi^{44}	tsʻɛi^{44}	tʂʻɤ^{42}	tsʻɛi^{53}	tsʻɛi^{53}	sɛi^{44}
永昌县	tʂɛe^{53}	tʂɛe^{53}	tʂʻɛe^{44}	tʂʻɛe^{44}	tʂʻɛe^{53}	tʂʻɛe^{13}	tʂʻɛe^{13}	ʂɛe^{13}
甘州区	tʂɛ^{31}	tʂɛ^{31}	tʂʻɛ^{44}	tʂʻɛ^{44}	tʂʻɛ^{31}	tʂʻɛ^{53}	tʂʻɛ^{53}	ʂɛ^{53}
临泽县	tʂɛe^{214}	tʂɛe^{214}	tʂʻɛe^{44}	tʂʻɛe^{44}	tʂʻɛe^{214}	tʂʻɛe^{53}	tʂʻɛe^{53}	ʂɛe^{44}
民乐县	tʂɤ^{42}	tʂɛ^{42}	tʂʻɛ^{44}	tʂʻɛ^{44}	tʂʻɤ^{42}	tʂʻɛ^{53}	tʂʻɛ^{53}	ʂɛ^{44}
山丹县	tʂɛe^{41}	tʂɛe^{41}	tʂʻɛe^{24}	tʂʻɛe^{24}	tʂʻɛe^{41}	tʂʻɛe^{53}	tʂʻɛe^{53}	ʂɛe^{53}
高台县	tʂɛ^{214}	tʂɛ^{214}	tʂʻɛ^{44}	tʂʻɛ^{44}	tʂʻɛ^{214}	tʂʻɛ^{53}	tʂʻɛ^{53}	ʂɛ^{44}
肃州区	tʂɛ^{214}	tʂɛ^{214}	tʂʻɛ^{44}	tʂʻɛ^{44}	tʂʻɛ^{214}	tʂʻɛ^{53}	tʂʻɛ^{53}	ʂɛ^{44}
金塔县	tʂɛ^{13}	tʂɛ^{13}	tʂʻɛ^{44}	tʂʻɛ^{44}	tʂʻɛ^{13}	tʂʻɛ^{53}	tʂʻɛ^{53}	ʂɛ^{53}
肃北县	tʂɛ^{213}	tʂɛ^{213}	tʂʻɛ^{44}	tʂʻɛ^{44}	tʂʻɛ^{213}	tʂʻɛ^{53}	tʂʻɛ^{53}	ʂɛ^{53}

①又初加切，假开二平麻初。

②又锄加切，假开二平麻崇。

③又所宜切，止开三平支生；疏夷切，止开三平脂生。

续表

玉门市	tʂɛ^{213}	tʂɛ^{213}	tʂʻɛ^{44}	tʂʻɛ^{44}	tʂʻɛ^{213}	tʂʻɛ^{53}	tʂʻɛ^{53}	ʂɛ^{53}
瓜州县	tʂɛ^{213}	tʂɛ^{213}	tʂʻɛ^{44}	tʂʻɛ^{44}	tʂʻɛ^{213}	tʂʻɛ^{53}	tʂʻɛ^{53}	ʂɛ^{53}
西夏区	tʂə^{13}	tʂɛ^{13}	tʂʻɛ^{44}	tʂʻɛ^{44}	tʂʻə^{13}	tʂʻɛ^{53}	tʂʻɛ^{53}	ʂɛ^{44}
贺兰县	tʂə^{13}	tʂɛ^{13}	tʂʻɛ^{44}	tʂʻɛ^{44}	tʂʻə^{13}	tʂʻɛ^{53}	tʂʻɛ^{53}	ʂɛ^{44}
灵武市（东塔镇）	tʂə^{13}	tʂɛ^{13}	tʂʻɛ^{44}	tʂʻɛ^{44}	tʂʻɛ^{13}	tʂʻɛ^{52}	tʂʻɛ^{52}	ʂɛ^{44}
永宁县	tʂə^{13}	tʂɛ^{13}	tʂʻɛ^{44}	tʂʻɛ^{44}	tʂʻə^{13}	tʂʻɛ^{53}	tʂʻɛ^{53}	ʂɛ^{44}
中宁县	tʂɤ^{13}	tʂɛ^{13}	tʂʻɛ^{44}	tʂʻɛ^{44}	tʂʻɤ^{13}	tʂʻɛ^{53}	tʂʻɛ^{53}	ʂɛ^{44}
沙坡头区	tʂə^{13}	tʂãi^{13}	tʂʻãi^{44}	tʂʻãi^{44}	tʂʻə^{13}	tʂʻãi^{53}	tʂʻãi^{53}	ʂãi^{44}
盐池县	tsə^{13}	tsɛ^{13}	tsʻɛ^{44}	tsʻɛ^{44}	tsʻɛ^{13}	tsʻɛ^{13}	tsʻɛ^{13}	sɛ^{44}
平罗县（渠口乡）	tʂə^{13}	tʂɛ^{13}	tʂʻɛ^{44}	tʂʻɛ^{44}	tʂʻə^{13}	tʂʻɛ^{53}	tʂʻɛ^{53}	ʂɛ^{44}
阿拉善左旗	tʂɛ^{213}	tʂɛ^{213}	tʂʻɛ^{44}	tʂʻɛ^{44}	tʂʻɛ^{213}	tʂʻɛ^{52}	tʂʻɛ^{52}	ʂɛ^{52}
乌鲁木齐市	tsei^{213}	tʂɛ^{213}	tʂʻɛ^{55}	tʂʻɛ^{55}	tʂʻɛ^{213}	tʂʻɛ^{51}	tʂʻɛ^{51}	ʂɛ^{51}
阜康市	tsei^{213}	tʂai^{213}	tʂʻai^{44}	tʂʻai^{44}	tʂʻai^{213}	tʂʻai^{51}	tʂʻai^{51}	ʂai^{51}
呼图壁县	tsei^{213}	tʂai^{213}	tʂʻai^{44}	tʂʻai^{44}	tʂʻai^{213}	tʂʻai^{51}	tʂʻai^{51}	ʂai^{51}
吉木萨尔县	tsei^{213}	tʂai^{213}	tʂʻai^{44}	tʂʻai^{44}	tʂʻai^{213}	tʂʻai^{52}	tʂʻai^{52}	ʂai^{52}
奇台县	tsei^{24}	tʂai^{24}	tʂʻai^{45}	tʂʻai^{44}	tʂʻai^{24}	tʂʻai^{51}	tʂʻai^{51}	ʂai^{51}
博乐市	tsei^{23}	tʂai^{23}	tʂʻai^{44}	tʂʻai^{44}	tʂʻai^{23}	tʂʻai^{51}	tʂʻai^{51}	ʂai^{51}
阿勒泰市	tsei^{51}	tʂɛ^{51}	tʂʻɛ^{44}	tʂʻɛ^{44}	tʂʻɛ^{51}	tʂʻɛ^{23}	tʂʻɛ^{23}	ʂɛ^{23}
布尔津县	tsei^{213}	tʂɛ^{213}	tʂʻɛ^{55}	tʂʻɛ^{55}	tʂʻɛ^{213}	tʂʻɛ^{51}	tʂʻɛ^{51}	ʂɛ^{51}
乌苏市	tsei^{34}	tʂai^{34}	tʂʻai^{44}	tʂʻai^{44}	tʂʻai^{34}	tʂʻai^{51}	tʂʻai^{51}	ʂai^{51}
额敏县	tsei^{213}	tʂɛ^{213}	tʂʻɛ^{44}	tʂɛ^{44}	tʂʻɛ^{213}	tʂʻɛ^{51}	tʂʻɛ^{51}	ʂɛ^{51}
伊州区	tsei^{24}	tʂæ^{24}	tʂʻæ^{24}	tʂʻæ^{24}	tʂʻæ^{24}	tʂʻæ^{51}	tʂʻæ^{51}	ʂæ^{51}
巴里坤县	tsei^{213}	tʂɛ^{213}	tʂʻɛ^{44}	tʂɛ^{44}	tʂʻɛ^{213}	tʂʻɛ^{51}	tʂʻɛ^{51}	ʂɛ^{51}
伊吾县	tsei^{213}	tʂai^{213}	tʂʻai^{44}	tʂʻai^{44}	tʂʻai^{213}	tʂʻai^{51}	tʂʻai^{51}	ʂai^{51}

字目 / 中古音 / 方音 / 方言点	晒①	该	该	概	盖 遮盖	开	慨 慷慨	慨② 慨叹
中古音	蟹开二去卦生	蟹开一平哈见	蟹开一上海见	蟹开一去代见	蟹开一去泰见	蟹开一平哈溪	蟹开一去代溪	蟹开一上海溪
兰州市（城关区）	ʂε^{13}	kε^{53}	kε^{53}	kε^{13}	kε^{13}	k‘ε^{53}	k‘ε^{13}	k‘ε^{13}
永登县	ʂε^{13}	kε^{42}	kε^{42}	kε^{13}	kε^{13}	k‘ε^{42}	k‘ε^{13}	k‘ε^{13}
榆中县	ʂε^{13}	kε^{51}	kε^{51}	kε^{13}	kε^{13}	k‘ε^{51}	k‘ε^{13}	k‘ε^{13}
皋兰县	ʂεi^{13}	kεi^{42}	kεi^{42}	kεi^{13}	kεi^{13}	k‘εi^{42}	k‘εi^{13}	k‘εi^{13}
白银区	ʂε^{13}	kε^{44}	kε^{44}	kε^{13}	kε^{13}	k‘ε^{44}	k‘ε^{13}	k‘ε^{13}
天祝县	ʂε^{213}	kε^{44}	kε^{44}	kε^{213}	kε^{213}	k‘ε^{44}	k‘ε^{213}	k‘ε^{213}
景泰县（红水镇）	ʂεe^{213}	kεe^{44}	kεe^{44}	kεe^{213}	kεe^{213}	k‘εe^{44}	k‘εe^{213}	k‘εe^{213}
古浪县	ʂε^{31}	kε^{44}	kε^{44}	kε^{31}	kε^{31}	k‘ε^{44}	k‘ε^{31}	k‘ε^{31}
凉州区	ʂε^{53}	kε^{33}	kε^{33}	kε^{53}	kε^{53}	k‘ε^{33}	k‘ε^{53}	k‘ε^{53}
民勤县	sεi^{13}	kεi^{44}	kεi^{44}	kεi^{13}	kεi^{13}	k‘εi^{44}	k‘εi^{13}	k‘εi^{13}
永昌县	ʂεe^{53}	kεe^{44}	kεe^{44}	kεe^{53}	kεe^{53}	k‘εe^{44}	k‘εe^{53}	k‘εe^{53}
甘州区	ʂε^{31}	kε^{44}	kε^{44}	kε^{31}	kε^{31}	k‘ε^{44}	k‘ε^{31}	k‘ε^{31}
临泽县	ʂεe^{214}	kεe^{44}	kεe^{44}	kεe^{214}	kεe^{214}	k‘εe^{44}	k‘εe^{214}	k‘εe^{214}
民乐县	sε^{13}	kε^{44}	kε^{44}	kε^{13}	kε^{13}	k‘ε^{44}	k‘ε^{13}	k‘ε^{13}
山丹县	ʂεe^{41}	kεe^{24}	kεe^{24}	kεe^{41}	kεe^{41}	k‘εe^{24}	k‘εe^{41}	k‘εe^{41}
高台县	ʂε^{214}	kε^{44}	kε^{44}	kε^{214}	kε^{214}	k‘ε^{44}	k‘ε^{214}	k‘ε^{214}
肃州区	ʂε^{214}	kε^{44}	kε^{44}	kε^{214}	kε^{214}	k‘ε^{44}	k‘ε^{214}	k‘ε^{214}
金塔县	ʂε^{13}	kε^{44}	kε^{44}	kε^{13}	kε^{13}	k‘ε^{44}	k‘ε^{13}	k‘ε^{13}
肃北县	ʂε^{213}	kε^{44}	kε^{44}	kε^{213}	kε^{213}	k‘ε^{44}	k‘ε^{213}	k‘ε^{213}
玉门市	ʂε^{213}	kε^{44}	kε^{44}	kε^{213}	kε^{213}	k‘ε^{44}	k‘ε^{213}	k‘ε^{213}

①又所嫁切，假开二平麻生。

②又可亥切，蟹开一上海溪。

续表

瓜州县	ʂɛ²¹³	kɛ⁴⁴	kɛ⁴⁴	kɛ²¹³	kɛ²¹³	k'ɛ⁴⁴	k'ɛ²¹³	k'ɛ²¹³
西夏区	ʂɛ⁴²	kɛ⁴⁴	kɛ⁴⁴	kɛ⁴²	kɛ⁴²	k'ɛ⁴⁴	k'ɛ⁴²	k'ɛ⁴²
贺兰县	ʂɛ¹³	kɛ⁴⁴	kɛ⁴⁴	kɛ¹³	kɛ¹³	k'ɛ⁴⁴	k'ɛ¹³	k'ɛ¹³
灵武市（东塔镇）	ʂɛ¹³	kɛ⁴⁴	kɛ⁴⁴	kɛ¹³	kɛ¹³	k'ɛ⁴⁴	k'ɛ¹³	k'ɛ¹³
永宁县	ʂɛ¹³	kɛ⁴⁴	kɛ⁴⁴	kɛ¹³	kɛ¹³	k'ɛ⁴⁴	k'ɛ¹³	k'ɛ¹³
中宁县	ʂɛ¹³	kɛ⁴⁴	kɛ⁴⁴	kɛ¹³	kɛ¹³	k'ɛ⁴⁴	k'ɛ¹³	k'ɛ¹³
沙坡头区	ʂãi¹³	kãi⁴⁴	kãi⁴⁴	kãi¹³	kãi¹³	k'ãi⁴⁴	k'ãi¹³	k'ãi¹³
盐池县	sɛ¹³	kɛ⁴⁴	kɛ⁴⁴	kɛ¹³	kɛ¹³	k'ɛ⁴⁴	k'ɛ¹³	k'ɛ¹³
平罗县（渠口乡）	ʂɛ¹³	kɛ⁴⁴	kɛ⁴⁴	kɛ¹³	kɛ¹³	k'ɛ⁴⁴	k'ɛ¹³	k'ɛ¹³
阿拉善左旗	ʂai²¹³	kai⁴⁴	kai⁴⁴	kai²¹³	kai²¹³	k'ai⁴⁴	k'ai²¹³	k'ai²¹³
乌鲁木齐市	ʂɛ²¹³	kɛ⁴⁴	kɛ⁴⁴	kɛ²¹³	kɛ²¹³	k'ɛ⁴⁴	k'ɛ²¹³	k'ɛ²¹³
阜康市	ʂɛ²¹³	kɛ⁵⁵	kɛ⁵⁵	kɛ²¹³	kɛ²¹³	k'ɛ⁵⁵	k'ɛ²¹³	k'ɛ²¹³
呼图壁县	ʂai²¹³	kai⁴⁴	kai⁴⁴	kai²¹³	kai²¹³	k'ai⁴⁴	k'ai²¹³	k'ai²¹³
吉木萨尔县	ʂai²¹³	kai⁴⁴	kai⁴⁴	kai²¹³	kai²¹³	k'ai⁴⁴	k'ai²¹³	k'ai²¹³
奇台县	ʂai²¹³	kai⁴⁴	kai⁴⁴	kai²¹³	kai²¹³	k'ai⁴⁴	k'ai²¹³	k'ai²¹³
博乐市	ʂai²⁴	kai⁴⁵	kai⁴⁵	kai²⁴	kai²⁴	k'ai⁴⁵	k'ai²⁴	k'ai²⁴
阿勒泰市	ʂai²³	kai⁴⁴	kai⁴⁴	kai²³	kai²³	k'ai⁴⁴	k'ai²³	k'ai²³
布尔津县	ʂɛ⁵¹	kɛ⁴⁴	kɛ⁴⁴	kɛ⁵¹	kɛ⁵¹	k'ɛ⁴⁴	k'ɛ⁵¹	k'ɛ⁵¹
乌苏市	ʂɛ²¹³	kɛ⁵⁵	kɛ⁵⁵	kɛ²¹³	kɛ²¹³	k'ɛ⁵⁵	k'ɛ²¹³	k'ɛ²¹³
额敏县	ʂai³⁴	kai⁴⁴	kai⁴⁴	kai³⁴	kai³⁴	k'ai⁴⁴	k'ai³⁴	k'ai³⁴
伊州区	ʂɛ²¹³	kɛ⁴⁴	kɛ⁴⁴	kɛ²¹³	kɛ²¹³	k'ɛ⁴⁴	k'ɛ²¹³	k'ɛ²¹³
巴里坤县	ʂæ²⁴	kæ⁴⁵	kæ⁴⁵	kæ²⁴	kæ²⁴	k'æ²⁴	k'æ²⁴	k'æ²⁴
伊吾县	ʂɛ²¹³	kɛ⁴⁴	kɛ⁴⁴	kɛ²¹³	kɛ²¹³	k'ɛ⁴⁴	k'ɛ²¹³	k'ɛ²¹³

字目 / 中古音 / 方音 / 方言点	楷	孩	海	害	哀	挨 挨近	挨 挨打	癌
	蟹开二 上骇溪	蟹开一 平咍匣	蟹开一 上海晓	蟹开一 去泰匣	蟹开一 平咍影	蟹开二 平皆影	蟹开二 平佳影	咸开二 平咸疑
兰州市 （城关区）	k‘ε^{44}	xε^{51}	xε^{44}	xε^{13}	ε^{53}	ε^{53}	ε^{53}	ε^{51}
永登县	k‘ε^{354}	xε^{53}	xε^{354}	xε^{13}	ε^{42}	ε^{42}	ε^{42}	ε^{53}
榆中县	k‘ε^{44}	xε^{332}	xε^{44}	xε^{13}	ε^{51}	ε^{51}	ε^{51}	ε^{332}
皋兰县	k‘εi^{342}	xεi^{53}	xεi^{342}	xεi^{13}	εi^{42}	εi^{42}	εi^{42}	εi^{53}
白银区	k‘ε^{343}	xε^{51}	xε^{343}	xε^{13}	ε^{44}	ε^{44}	ε^{44}	ε^{51}
天祝县	k‘ε^{44}	xε^{53}	xε^{44}	xε^{21}	ε^{44}	ε^{44}	ε^{44}	ε^{53}
景泰县 （红水镇）	k‘ε^{44}	xε^{53}	xε^{44}	xε^{21}	ɣε^{44}	ɣε^{44}	ɣε^{44}	ɣε^{53}
古浪县	k‘ε^{44}	xε^{53}	xε^{44}	xε^{31}	ε^{44}	ε^{44}	ε^{44}	ε^{53}
凉州区	k‘ε^{33}	xε^{13}	xε^{33}	xε^{53}	ε^{33}	ε^{33}	ε^{33}	ε^{13}
民勤县	k‘εi^{214}	xεi^{53}	xεi^{214}	xεi^{42}	εi^{44}	εi^{44}	εi^{44}	εi^{53}
永昌县	k‘εe^{13}	xεe^{13}	xεe^{13}	xεe^{53}	εe^{44}	εe^{44}	εe^{13}	εe^{13}
甘州区	k‘ε^{53}	xε^{53}	xε^{53}	xε^{31}	ε^{44}	ε^{44}	ε^{53}	ε^{53}
临泽县	k‘εe^{53}	xεe^{53}	xεe^{53}	xεe^{214}	εe^{44}	εe^{44}	εe^{44}	εe^{53}
民乐县	k‘ε^{213}	xε^{53}	xε^{213}	xε^{42}	ε^{44}	ε^{44}	ε^{44}	ε^{53}
山丹县	k‘εe^{53}	xεe^{53}	xεe^{53}	xεe^{41}	εe^{24}	εe^{24}	εe^{53}	εe^{53}
高台县	k‘ε^{53}	xε^{53}	xε^{53}	xε^{214}	ε^{44}	ε^{44}	ε^{44}	ε^{53}
肃州区	k‘ε^{53}	xε^{53}	xε^{53}	xε^{214}	ε^{44}	ε^{44}	ε^{44}	ε^{53}
金塔县	k‘ε^{53}	xε^{53}	xε^{53}	xε^{13}	ε^{44}	ε^{44}	ε^{53}	ε^{53}
肃北县	k‘ε^{53}	xε^{53}	xε^{53}	xε^{213}	ε^{44}	ε^{44}	ε^{53}	ε^{53}
玉门市	k‘ε^{53}	xε^{53}	xε^{53}	xε^{213}	ε^{44}	ε^{44}	ε^{53}	ε^{53}
瓜州县	k‘ε^{53}	xε^{53}	xε^{53}	xε^{213}	ε^{44}	ε^{44}	ε^{53}	ε^{53}
西夏区	k‘ε^{53}	xε^{53}	xε^{53}	xε^{13}	ε^{44}	ε^{44}	ε^{44}	ε^{53}

续表

贺兰县	k‘ε^{53}	xε^{53}	xε^{53}	xε^{13}	ε^{44}	ε^{44}	ε^{44}	ε^{53}
灵武市（东塔镇）	k‘ε^{52}	xε^{52}	xε^{52}	xε^{13}	ε^{44}	ε^{44}	ε^{44}	ε^{52}
永宁县	k‘ε^{53}	xε^{53}	xε^{53}	xε^{13}	ε^{44}	ε^{44}	ε^{44}	ε^{53}
中宁县	k‘ε^{53}	xε^{53}	xε^{53}	xε^{13}	ε^{44}	ε^{44}	ε^{44}	ε^{53}
沙坡头区	k‘ãi^{53}	xãi^{53}	xãi^{53}	xãi^{13}	ãi^{44}	ãi^{44}	ãi^{44}	ãi^{53}
盐池县	k‘ε^{52}	xε^{13}	xε^{52}	xε^{13}	nε^{44}	nε^{44}	nε^{44}	nε^{13}
平罗县（渠口乡）	k‘ε^{53}	xε^{53}	xε^{53}	xε^{13}	ε^{44}	ε^{44}	ε^{44}	ε^{53}
阿拉善左旗	k‘ai^{51}	xai^{51}	xai^{51}	xai^{213}	ɣai^{44}	ɣai^{44}	ɣai^{51}	ɣai^{51}
乌鲁木齐市	k‘ε^{52}	xε^{52}	xε^{52}	xε^{213}	ŋε^{44}	ŋε^{44}	ŋε^{52}	ŋε^{52}
阜康市	k‘ε^{51}	xε^{51}	xε^{51}	xε^{213}	ŋε^{55}	ŋε^{55}	ŋε^{51}	ŋε^{51}
呼图壁县	k‘ai^{51}	xai^{51}	xai^{51}	xai^{213}	ŋai^{44}	ŋai^{44}	ŋai^{51}	ŋai^{51}
吉木萨尔县	k‘ai^{51}	xai^{51}	xai^{51}	xai^{213}	ŋai^{44}	ŋai^{44}	ŋai^{51}	ŋai^{51}
奇台县	k‘ai^{52}	xai^{52}	xai^{52}	xai^{213}	ŋai^{44} nai^{44}	ŋai^{44} nai^{44}	ŋai^{52} nai^{52}	ŋai^{52} nai^{52}
博乐市	k‘ai^{51}	xai^{51}	xai^{51}	xai^{24}	ai^{45}	ai^{45}	ai^{51}	ai^{51}
阿勒泰市	k‘ai^{51}	xai^{51}	xai^{51}	xai^{23}	ŋai^{44}	ŋai^{44}	ŋai^{51}	ŋai^{51}
布尔津县	k‘ε^{23}	xε^{23}	xε^{23}	xε^{51}	ɣε^{44}	ɣε^{44}	ɣε^{23}	ɣε^{23}
乌苏市	k‘ε^{51}	xε^{51}	xε^{51}	xε^{213}	ŋε^{55}	ŋε^{55}	ŋε^{51}	ŋε^{51}
额敏县	k‘ai^{51}	xai^{51}	xai^{51}	xai^{34}	ai^{44}	ai^{44}	ai^{51}	ai^{51}
伊州区	k‘ε^{51}	xε^{51}	xε^{51}	xε^{213}	ŋε^{44}	ŋε^{44}	ŋε^{51}	ŋε^{51}
巴里坤县	k‘æ^{51}	xæ^{51}	xæ^{51}	xæ^{24}	æ^{45}	æ^{45}	æ^{51}	æ^{51}
伊吾县	k‘ε^{51}	xε^{51}	xε^{51}	xε^{213}	ε^{44}	ε^{44}	ε^{51}	ε^{51}

字目 / 中古音 / 方言点	矮	碍	爱	艾 艾草	哀	帅	率① 率领	乖
	蟹开二上蟹影	蟹开一去代疑	蟹开一去代影	蟹开一去泰疑	止合三平脂生	止合三去至生	止合三去至生	蟹合二平皆见
兰州市（城关区）	$ɛ^{44}$	$ɛ^{13}$	$ɛ^{13}$	$ɛ^{13}$	$ɛ^{53}$	$ʂuɛ^{13}$	$ʂuɛ^{13}$	$kuɛ^{53}$
永登县	$ɛ^{354}$	$ɛ^{13}$	$ɛ^{13}$	$ɛ^{13}$	$ɛ^{42}$	$ʂuɛ^{13}$	$ʂuɛ^{13}$	$kuɛ^{42}$
榆中县	$ɛ^{44}$	$ɛ^{13}$	$ɛ^{13}$	$ɛ^{13}$	$ɛ^{51}$	$ʂuɛ^{13}$	$ʂuɛ^{13}$	$kuɛ^{51}$
皋兰县	$ɛi^{342}$	$ɛi^{13}$	$ɛi^{13}$	$ɛi^{13}$	$ɛi^{42}$	$ʂuɛi^{13}$	$ʂuɛi^{13}$	$kuɛi^{42}$
白银区	$ɛ^{343}$	$ɛ^{13}$	$ɛ^{13}$	$ɛ^{13}$	$ɛ^{53}$	$ʂuɛ^{13}$	$ʂuɛ^{13}$	$kuɛ^{53}$
天祝县	$ɛ^{44}$	$ɛ^{213}$	$ɛ^{213}$	$ɛ^{213}$	$ɛ^{44}$	$ʂuɛ^{213}$	$ʂuɛ^{213}$	$kuɛ^{44}$
景泰县（红水镇）	$ɣɛ^{44}$	$ɣɛ^{213}$	$ɣɛ^{213}$	$ɣɛ^{213}$	$ɣɛ^{44}$	$ʂuɛe^{213}$	$ʂuɛe^{213}$	$kuɛe^{44}$
古浪县	$ɛ^{44}$	$ɛ^{31}$	$ɛ^{31}$	$ɛ^{31}$	$ɛ^{44}$	$ʂuɛ^{31}$	$ʂuɛ^{31}$	$kuɛ^{44}$
凉州区	$ɛ^{33}$	$ɛ^{53}$	$ɛ^{53}$	$ɛ^{53}$	$ɛ^{33}$	$ʂuɛ^{53}$	$ʂuɛ^{53}$	$kuɛ^{33}$
民勤县	$ɛi^{214}$	$ɛi^{42}$	$ɛi^{42}$	$ɛi^{42}$	$ɛi^{44}$	$ʂuɛi^{42}$	$ʂuɛi^{42}$	$kuɛi^{44}$
永昌县	$ɛe^{13}$	$ɛe^{53}$	$ɛe^{53}$	$ɛe^{53}$	$ɛe^{44}$	$ʂuɛe^{53}$	$ʂuɛe^{53}$	$kuɛe^{44}$
甘州区	$ɛ^{53}$	$ɛ^{31}$	$ɛ^{31}$	$ɛ^{31}$	$ɛ^{44}$	$ʂuɛ^{31}$	$ʂuɛ^{31}$	$kuɛ^{44}$
临泽县	$ɛe^{44}$	$ɛe^{214}$	$ɛe^{214}$	$ɛe^{214}$	$ɛe^{44}$	$ʂuɛe^{214}$	$ʂuɛe^{214}$	$kuɛe^{44}$
民乐县	$ɛ^{213}$	$ɛ^{42}$	$ɛ^{42}$	$ɛ^{42}$	$ɛ^{44}$	$ʂuɛ^{42}$	$ʂuɛ^{42}$	$kuɛ^{44}$
山丹县	$ɛe^{53}$	$ɛe^{41}$	$ɛe^{41}$	$ɛe^{41}$	$ɛe^{24}$	$ʂuɛe^{41}$	$ʂuɛe^{41}$	$kuɛe^{24}$
高台县	$ɛ^{44}$	$ɛ^{214}$	$ɛ^{214}$	$ɛ^{214}$	$ɛ^{44}$	$ʂuɛ^{214}$	$ʂuɛ^{214}$	$kuɛ^{44}$
肃州区	$ɛ^{44}$	$ɛ^{214}$	$ɛ^{214}$	$ɛ^{214}$	$ɛ^{44}$	$ʂuɛ^{214}$	$ʂuɛ^{214}$	$kuɛ^{44}$
金塔县	$ɛ^{53}$	$ɛ^{13}$	$ɛ^{13}$	$ɛ^{13}$	$ɛ^{44}$	$ʂuɛ^{13}$	$ʂuɛ^{13}$	$kuɛ^{44}$
肃北县	$ɛ^{53}$	$ɛ^{213}$	$ɛ^{213}$	$ɛ^{213}$	$ɛ^{44}$	$ʂuɛ^{213}$	$ʂuɛ^{213}$	$kuɛ^{44}$
玉门市	$ɛ^{53}$	$ɛ^{213}$	$ɛ^{213}$	$ɛ^{213}$	$ɛ^{44}$	$ʂuɛ^{213}$	$ʂuɛ^{213}$	$kuɛ^{44}$
瓜州县	$ɛ^{53}$	$ɛ^{213}$	$ɛ^{213}$	$ɛ^{213}$	$ɛ^{44}$	$ʂuɛ^{213}$	$ʂuɛ^{213}$	$kuɛ^{44}$

①又所律切，臻合三入术生。

续表

西夏区	ε^{53}	ε^{13}	ε^{13}	ε^{13}	ε^{44}	ʂuε^{13}	ʂuε^{13}	kuε^{44}
贺兰县	ε^{53}	ε^{13}	ε^{13}	ε^{13}	ε^{44}	ʂuε^{13}	ʂuε^{13}	kuε^{44}
灵武市 （东塔镇）	ε^{52}	ε^{13}	ε^{13}	ε^{13}	ε^{44}	ʂuε^{13}	ʂuε^{13}	kuε^{44}
永宁县	ε^{53}	ε^{13}	ε^{13}	ε^{13}	ε^{44}	ʂuε^{13}	ʂuε^{13}	kuε^{44}
中宁县	ε^{53}	ε^{13}	ε^{13}	ε^{13}	ε^{44}	ʂuε^{13}	ʂuε^{13}	kuε^{44}
沙坡头区	ãi^{53}	ãi^{13}	ãi^{13}	ãi^{13}	ãi^{44}	ʂuãi^{13}	ʂuãi^{13}	kuãi^{44}
盐池县	nε^{52}	nε^{13}	nε^{13}	nε^{13}	nε^{44}	ʂuε^{13}	ʂuε^{13}	kuε^{44}
平罗县 （渠口乡）	ε^{53}	ε^{13}	ε^{13}	ε^{13}	ε^{44}	ʂuε^{13}	ʂuε^{13}	kuε^{44}
阿拉善左旗	ɣai^{51}	ɣai^{213}	ɣai^{213}	ɣai^{213}	ɣai^{44}	ʂuai^{213}	ʂuai^{213}	kuai^{44}
乌鲁木齐市	ŋε^{52}	ŋε^{213}	ŋε^{213}	ŋε^{213}	ŋε^{44}	ʂuε^{213}	ʂuε^{213}	kuε^{44}
阜康市	ŋε^{51}	ŋε^{213}	ŋε^{213}	ŋε^{213}	ŋε^{55}	ʂuε^{213}	ʂuε^{213}	kuε^{55}
呼图壁县	ŋai^{51}	ŋai^{213}	ŋai^{213}	ŋai^{213}	ŋai^{44}	ʂuai^{213}	ʂuai^{213}	kuai^{44}
吉木萨尔县	ŋai^{51}	ŋai^{213}	ŋai^{213}	ŋai^{213}	ŋai^{44}	ʂuai^{213}	ʂuai^{213}	kuai^{44}
奇台县	ŋai^{52} nai^{52}	ŋai^{213} nai^{213}	ŋai^{213} nai^{213}	ŋai^{213} nai^{213}	ŋai^{44} ŋai^{44}	ʂuai^{213} nai^{213}	ʂuai^{213}	kuai^{44}
博乐市	ai^{51}	ai^{213}	ai^{24}	ai^{24}	ai^{45}	ʂuai^{24}	ʂuai^{24}	kuai^{45}
阿勒泰市	ŋai^{51}	ŋai^{23}	ŋai^{23}	ŋai^{23}	ŋai^{44}	ʂuai^{23}	ʂuai^{23}	kuai^{44}
布尔津县	ɣε^{23}	ɣε^{51}	ɣε^{51}	ɣε^{51}	ɣε^{44}	ʂuε^{51}	ʂuε^{51}	kuε^{44}
乌苏市	ŋε^{51}	ŋε^{213}	ŋε^{213}	ŋε^{213}	ŋε^{55}	ʂuε^{213}	ʂuε^{213}	kuε^{55}
额敏县	ai^{51}	ai^{34}	ai^{34}	ai^{34}	ai^{44}	ʂuai^{34}	ʂuai^{34}	kuai^{44}
伊州区	ŋε^{51}	ŋε^{213}	ŋε^{213}	ŋε^{213}	ŋε^{44}	ʂuε^{213}	ʂuε^{213}	kuε^{44}
巴里坤县	æ^{51}	æ^{24}	æ^{24}	æ^{24}	æ^{45}	ʂuæ^{24}	ʂuæ^{24}	kuæ^{44}
伊吾县	ε^{51}	ε^{213}	ε^{213}	ε^{213}	ε^{44}	ʂuε^{213}	ʂuε^{213}	kuε^{44}

字目 / 中古音 / 方言点	拐 拐杖	怪	会 会计	块①	快	筷	怀	槐
	蟹合二 上蟹见	蟹合二 去怪见	蟹合一 去泰见	蟹合二 去怪溪	蟹合二 去夬溪	蟹合二 去夬溪	蟹合二 平皆匣	蟹合二 平皆匣
兰州市（城关区）	kuɛ^{44}	kuɛ^{13}	kʻuɛ^{44}	kʻuɛ^{13}	kʻuɛ^{13}	kʻuɛ^{13}	xuɛ^{51}	xuɛ^{51}
永登县	kuɛ^{354}	kuɛ^{13}	kʻuɛ^{354}	kʻuɛ^{13}	kʻuɛ^{13}	kʻuɛ^{13}	xuɛ^{54}	xuɛ^{54}
榆中县	kuɛ^{44}	kuɛ^{13}	kʻuɛ^{44}	kʻuɛ^{13}	kʻuɛ^{13}	kʻuɛ^{13}	xuɛ^{332}	xuɛ^{332}
皋兰县	kuɛi^{342}	kuɛi^{13}	kʻuɛi^{342}	kʻuɛi^{13}	kʻuɛi^{13}	kʻuɛi^{13}	xuɛi^{54}	xuɛi^{54}
白银区	kuɛ^{343}	kuɛ^{13}	kʻuɛ^{343}	kʻuɛ^{13}	kʻuɛ^{13}	kʻuɛ^{13}	xuɛ^{51}	xuɛ^{51}
天祝县	kuɛ^{44}	kuɛ^{213}	kʻuɛ^{44}	kʻuɛ^{44}	kʻuɛ^{213}	kʻuɛ^{213}	xuɛ^{53}	xuɛ^{53}
景泰县（红水镇）	kuɛe^{44}	kuɛe^{213}	kʻuɛe^{44}	kʻuɛe^{44}	kʻuɛe^{213}	kʻuɛe^{213}	xuɛe^{53}	xuɛe^{53}
古浪县	kuɛ^{44}	kuɛ^{31}	kʻuɛ^{44}	kʻuɛ^{31}	kʻuɛ^{31}	kʻuɛ^{31}	xuɛ^{53}	xuɛ^{53}
凉州区	kuɛ^{33}	kuɛ^{53}	kʻuɛ^{33}	kʻuɛ^{53}	kʻuɛ^{53}	kʻuɛ^{53}	xuɛ^{13}	xuɛ^{13}
民勤县	kuɛi^{214}	kuɛi^{42}	kʻuɛi^{214}	kʻuɛi^{42}	kʻuɛi^{42}	kʻuɛi^{42}	xuɛi^{53}	xuɛi^{53}
永昌县	kuɛe^{13}	kuɛe^{53}	kʻuɛe^{13}	kʻuɛe^{53}	kʻuɛe^{53}	kʻuɛe^{53}	xuɛe^{13}	xuɛe^{13}
甘州区	kuɛ^{53}	kuɛ^{31}	kʻuɛ^{53}	kʻuɛ^{31}	kʻuɛ^{31}	kʻuɛ^{31}	xuɛ^{53}	xuɛ^{53}
临泽县	kuɛe^{44}	kuɛe^{214}	kʻuɛe^{214}	kʻuɛe^{214}	kʻuɛe^{214}	kʻuɛe^{214}	xuɛe^{53}	xuɛe^{53}
民乐县	kuɛ^{213}	kuɛ^{42}	kʻuɛ^{213}	kʻuɛ^{42}	kʻuɛ^{42}	kʻuɛ^{42}	xuɛ^{53}	xuɛ^{53}
山丹县	kuɛe^{53}	kuɛe^{41}	kʻuɛe^{53}	kʻuɛe^{41}	kʻuɛe^{41}	kʻuɛe^{41}	xuɛe^{53}	xuɛe^{53}
高台县	kuɛ^{53}	kuɛ^{214}	kʻuɛ^{214}	kʻuɛ^{214}	kʻuɛ^{214}	kʻuɛ^{214}	xuɛ^{53}	xuɛ^{53}
肃州区	kuɛ^{53}	kuɛ^{214}	kʻuɛ^{214}	kʻuɛ^{214}	kʻuɛ^{214}	kʻuɛ^{214}	xuɛ^{53}	xuɛ^{53}
金塔县	kuɛ^{53}	kuɛ^{13}	kʻuɛ^{53}	kʻuɛ^{13}	kʻuɛ^{13}	kʻuɛ^{13}	xuɛ^{53}	xuɛ^{53}
肃北县	kuɛ^{53}	kuɛ^{213}	kʻuɛ^{53}	kʻuɛ^{213}	kʻuɛ^{213}	kʻuɛ^{213}	xuɛ^{53}	xuɛ^{53}
玉门市	kuɛ^{53}	kuɛ^{213}	kʻuɛ^{53}	kʻuɛ^{213}	kʻuɛ^{213}	kʻuɛ^{213}	xuɛ^{53}	xuɛ^{53}
瓜州县	kuɛ^{53}	kuɛ^{213}	kʻuɛ^{53}	kʻuɛ^{213}	kʻuɛ^{213}	kʻuɛ^{213}	xuɛ^{53}	xuɛ^{53}

①又苦对切，蟹开一去队溪；苦猬切，蟹合一上贿溪。

续表

西夏区	kuɛ^{53}	kuɛ^{13}	kʻuɛ^{53}	kʻuɛ^{53}	kʻuɛ^{13}	kʻuɛ^{13}	xuɛ^{53}	xuɛ^{53}
贺兰县	kuɛ^{53}	kuɛ^{13}	kʻuɛ^{53}	kʻuɛ^{53}	kʻuɛ^{13}	kʻuɛ^{13}	xuɛ^{53}	xuɛ^{53}
灵武市（东塔镇）	kuɛ^{52}	kuɛ^{13}	kʻuɛ^{52}	kʻuɛ^{52}	kʻuɛ^{13}	kʻuɛ^{13}	xuɛ^{52}	xuɛ^{52}
永宁县	kuɛ^{53}	kuɛ^{13}	kʻuɛ^{53}	kʻuɛ^{53}	kʻuɛ^{13}	kʻuɛ^{13}	xuɛ^{53}	xuɛ^{53}
中宁县	kuɛ^{53}	kuɛ^{13}	kʻuɛ^{53}	kʻuɛ^{53}	kʻuɛ^{13}	kʻuɛ^{13}	xuɛ^{53}	xuɛ^{53}
沙坡头区	kuãi^{53}	kuɛ^{13}	kʻuãi^{53}	kʻuãi^{53}	kʻuãi^{13}	kʻuãi^{13}	xuãi^{53}	xuãi^{53}
盐池县	kuɛ^{52}	kuɛ^{13}	kʻuɛ^{52}	kʻuɛ^{13}	kʻuɛ^{13}	kʻuɛ^{13}	xuɛ^{13}	xuɛ^{13}
平罗县（渠口乡）	kuɛ^{53}	kuɛ^{13}	kʻuɛ^{53}	kʻuɛ^{53}	kʻuɛ^{13}	kʻuɛ^{13}	xuɛ^{53}	xuɛ^{53}
阿拉善左旗	kuai^{51}	kuai^{213}	kʻuai^{51}	kʻuai^{213}	kʻuai^{213}	kʻuai^{213}	xuai^{51}	xuai^{51}
乌鲁木齐市	kuɛ^{52}	kuɛ^{213}	kʻuɛ^{52}	kʻuɛ^{213}	kʻuɛ^{213}	kʻuɛ^{213}	xuɛ^{52}	xuɛ^{52}
阜康市	kuɛ^{51}	kuɛ^{213}	kʻuɛ^{51}	kʻuɛ^{213}	kʻuɛ^{213}	kʻuɛ^{213}	xuɛ^{51}	xuɛ^{51}
呼图壁县	kuai^{51}	kuai^{213}	kʻuai^{51}	kʻuai^{213}	kʻuai^{213}	kʻuai^{213}	xuai^{51}	xuai^{51}
吉木萨尔县	kuai^{51}	kuai^{213}	kʻuai^{51}	kʻuai^{213}	kʻuai^{213}	kʻuai^{213}	xuai^{51}	xuai^{51}
奇台县	kuai^{52}	kuai^{213}	kʻuai^{52}	kʻuai^{213}	kʻuai^{213}	kʻuai^{213}	xuai^{52}	xuai^{52}
博乐市	kuai^{51}	kuai^{24}	kʻuai^{51}	kʻuai^{24}	kʻuai^{24}	kʻuai^{24}	xuai^{51}	xuai^{51}
阿勒泰市	kuai^{51}	kuai^{23}	kʻuai^{51}	kʻuai^{23}	kʻuai^{23}	kʻuai^{23}	xuai^{51}	xuai^{51}
布尔津县	kuɛ^{23}	kuɛ^{51}	kʻuɛ^{23}	kʻuɛ^{51}	kʻuɛ^{51}	kʻuɛ^{51}	xuɛ^{23}	xuɛ^{23}
乌苏市	kuɛ^{51}	kuɛ^{213}	kʻuɛ^{51}	kʻuɛ^{213}	kʻuɛ^{213}	kʻuɛ^{213}	xuɛ^{51}	xuɛ^{51}
额敏县	kuai^{51}	kuai^{34}	kʻuai^{51}	kʻuai^{34}	kʻuai^{34}	kʻuai^{34}	xuai^{51}	xuai^{51}
伊州区	kuɛ^{51}	kuɛ^{213}	kʻuɛ^{51}	kʻuɛ^{213}	kʻuɛ^{213}	kʻuɛ^{213}	xuɛ^{51}	xuɛ^{51}
巴里坤县	kuæ^{51}	kuæ^{34}	kʻuæ^{51}	kʻuæ^{34}	kʻuæ^{34}	kʻuæ^{34}	xuæ^{51}	xuæ^{51}
伊吾县	kuɛ^{51}	kuɛ^{213}	kʻuɛ^{51}	kʻuɛ^{213}	kʻuɛ^{213}	kʻuɛ^{213}	xuɛ^{51}	xuɛ^{51}

字目 / 中古音 / 方言点	淮	坏	歪	外	杯	背 背负	碑	卑
	蟹合二平皆匣	蟹合二去怪匣	蟹合二平佳晓	蟹合一去泰疑	蟹合一平灰帮	蟹合一去队帮	止开三平支帮	止开三平支帮
兰州市（城关区）	$xu\varepsilon^{51}$	$xu\varepsilon^{13}$	$v\varepsilon^{53}$	$v\varepsilon^{13}$	$p\varepsilon^{53}$	pei^{13}	pei^{53}	pei^{53}
永登县	$xu\varepsilon^{53}$	$xu\varepsilon^{13}$	$v\varepsilon^{42}$	$v\varepsilon^{13}$	$p\varepsilon^{42}$	pei^{13}	pei^{42}	pei^{42}
榆中县	$xu\varepsilon^{332}$	$xu\varepsilon^{13}$	$v\varepsilon^{51}$	$v\varepsilon^{13}$	$p\varepsilon^{51}$	pei^{13}	pei^{51}	pei^{51}
皋兰县	$xu\varepsilon i^{53}$	$xu\varepsilon i^{13}$	$v\varepsilon i^{42}$	$v\varepsilon i^{13}$	$p\varepsilon i^{42}$	pei^{13}	pei^{42}	pei^{42}
白银区	$xu\varepsilon^{51}$	$xu\varepsilon^{13}$	$v\varepsilon^{44}$	$v\varepsilon^{13}$	$p\varepsilon^{44}$	pei^{13}	pei^{44}	pei^{44}
天祝县	$xu\varepsilon^{53}$	$xu\varepsilon^{213}$	$v\varepsilon^{44}$	$v\varepsilon^{213}$	$p\varepsilon^{44}$	pei^{213}	pei^{44}	pei^{44}
景泰县（红水镇）	$xu\varepsilon e^{53}$	$xu\varepsilon e^{213}$	$v\varepsilon e^{44}$	$v\varepsilon e^{213}$	$p\varepsilon e^{44}$	pei^{213}	pei^{44}	pei^{44}
古浪县	$xu\varepsilon^{53}$	$xu\varepsilon^{31}$	$v\varepsilon^{44}$	$v\varepsilon^{31}$	$p\varepsilon^{44}$	pei^{31}	pei^{44}	pei^{44}
凉州区	$xu\varepsilon^{13}$	$xu\varepsilon^{53}$	$v\varepsilon^{33}$	$v\varepsilon^{53}$	$p\varepsilon^{33}$	pei^{53}	pei^{33}	pei^{33}
民勤县	$xu\varepsilon i^{53}$	$xu\varepsilon i^{42}$	$v\varepsilon i^{44}$	$v\varepsilon i^{42}$	$p\varepsilon i^{44}$	pil^{42}	pi^{44}	pi^{44}
永昌县	$xu\varepsilon e^{13}$	$xu\varepsilon e^{53}$	$v\varepsilon e^{44}$	$v\varepsilon e^{53}$	$p\varepsilon e^{44}$	pei^{53}	pei^{44}	pei^{44}
甘州区	$xu\varepsilon^{53}$	$xu\varepsilon^{31}$	$v\varepsilon^{44}$	$v\varepsilon^{31}$	$p\varepsilon^{44}$	pei^{31}	pei^{44}	pei^{44}
临泽县	$xu\varepsilon e^{53}$	$xu\varepsilon e^{214}$	$v\varepsilon e^{44}$	$v\varepsilon e^{214}$	$p\varepsilon e^{44}$	pei^{214}	pei^{44}	pei^{44}
民乐县	$xu\varepsilon^{53}$	$xu\varepsilon^{42}$	$v\varepsilon^{44}$	$v\varepsilon^{42}$	$p\varepsilon^{44}$	pei^{42}	pei^{44}	pei^{44}
山丹县	$xu\varepsilon e^{53}$	$xu\varepsilon e^{41}$	$v\varepsilon e^{24}$	$v\varepsilon e^{41}$	$p\varepsilon e^{24}$	pei^{41}	pei^{24}	pei^{24}
高台县	$xu\varepsilon^{53}$	$xu\varepsilon^{214}$	$v\varepsilon^{44}$	$v\varepsilon^{214}$	$p\varepsilon^{44}$	pei^{214}	pei^{44}	pei^{44}
肃州区	$xu\varepsilon^{53}$	$xu\varepsilon^{214}$	$v\varepsilon^{44}$	$v\varepsilon^{214}$	$p\varepsilon^{44}$	pei^{214}	pei^{44}	pei^{44}
金塔县	$xu\varepsilon^{53}$	$xu\varepsilon^{13}$	$v\varepsilon^{44}$	$v\varepsilon^{13}$	$p\varepsilon^{44}$	pei^{13}	pei^{44}	pei^{44}
肃北县	$xu\varepsilon^{53}$	$xu\varepsilon^{213}$	$v\varepsilon^{44}$	$v\varepsilon^{213}$	$p\varepsilon^{44}$	pei^{213}	pei^{44}	pei^{44}
玉门市	$xu\varepsilon^{53}$	$xu\varepsilon^{213}$	$v\varepsilon^{44}$	$v\varepsilon^{213}$	$p\varepsilon^{44}$	pei^{213}	pei^{44}	pei^{44}
瓜州县	$xu\varepsilon^{53}$	$xu\varepsilon^{213}$	$v\varepsilon^{44}$	$v\varepsilon^{213}$	$p\varepsilon^{44}$	pei^{213}	pei^{44}	pei^{44}
西夏区	$xu\varepsilon^{53}$	$xu\varepsilon^{13}$	$v\varepsilon^{44}$	$v\varepsilon^{13}$	$p\varepsilon^{44}$	pei^{13}	pi^{44}	pi^{44}

续表

贺兰县	xuɛ^{53}	xuɛ^{13}	vɛ^{44}	vɛ^{13}	pɛ^{44}	pei^{13}	pi^{44}	pi^{44}
灵武市（东塔镇）	xuɛ^{52}	xuɛ^{13}	vɛ^{44}	vɛ^{13}	pɛ^{44}	pei^{13}	pi^{44}	pi^{44}
永宁县	xuɛ^{53}	xuɛ^{13}	vɛ^{44}	vɛ^{13}	pɛ^{44}	pei^{13}	pi^{44}	pi^{44}
中宁县	xuɛ^{53}	xuɛ^{13}	vɛ^{44}	vɛ^{13}	pɛ^{44}	pei^{13}	pi^{44}	pi^{44}
沙坡头区	xuãi^{53}	xuãi^{13}	vãi^{44}	vãi^{13}	pãi^{44}	pei^{13}	pi^{44}	pi^{44}
盐池县	xuɛ^{13}	xuɛ^{13}	vɛ^{44}	vɛ^{13}	pɛ^{44}	pei^{13}	pi^{44}	pi^{44}
平罗县（渠口乡）	xuɛ^{53}	xuɛ^{13}	vɛ^{44}	vɛ^{13}	pɛ^{44}	pei^{13}	pi^{44}	pi^{44}
阿拉善左旗	xuai^{51}	xuai^{213}	vai^{44}	vai^{213}	pai^{44}	pei^{213}	pei^{44}	pei^{44}
乌鲁木齐市	xuɛ^{52}	xuɛ^{213}	vɛ^{44}	vɛ^{213}	pɛ^{44}	pei^{213}	pei^{44}	pei^{44}
阜康市	xuɛ^{51}	xuɛ^{213}	vɛ^{55}	vɛ^{213}	pɛ^{55}	pei^{213}	pei^{55}	pei^{55}
呼图壁县	xuai^{51}	xuai^{213}	vai^{44}	vai^{213}	pai^{44}	pei^{213}	pei^{44}	pei^{44}
吉木萨尔县	xuai^{51}	xuai^{213}	vai^{44}	vai^{213}	pai^{44}	pei^{213}	pei^{44}	pei^{44}
奇台县	xuai^{52}	xuai^{213}	vai^{44}	vai^{213}	pai^{44}	pei^{213}	pei^{44}	pei^{44}
博乐市	xuai^{51}	xuai^{24}	vai^{45}	vai^{24}	pai^{45}	pei^{24}	pei^{45}	pei^{45}
阿勒泰市	xuai^{51}	xuai^{23}	vai^{44}	vai^{23}	pai^{44}	pei^{23}	pei^{44}	pei^{44}
布尔津县	xuɛ^{23}	xuɛ^{51}	vɛ^{44}	vɛ^{51}	pɛ^{44}	pei^{51}	pei^{44}	pe^{44}
乌苏市	xuɛ^{51}	xuɛ^{213}	ʋɛ^{55}	ʋɛ^{213}	pɛ^{55}	pei^{213}	pei^{55}	pei^{55}
额敏县	xuai^{51}	xuai^{34}	vai^{44}	vai^{34}	pai^{44}	pei^{34}	pei^{44}	pei^{44}
伊州区	xuɛ^{51}	xuɛ^{213}	vɛ^{44}	vɛ^{213}	pɛ^{44}	pei^{213}	pei^{44}	pei^{44}
巴里坤县	xuæ^{51}	xuæ^{24}	væ^{24}	væ^{24}	pæ^{45}	pei^{24}	pei^{45}	pei^{45}
伊吾县	xuɛ^{51}	xuɛ^{213}	vɛ^{44}	vɛ^{213}	pɛ^{44}	pei^{213}	pei^{44}	pei^{44}

字目 / 中古音 / 方言点	悲	北	贝	辈	背 背脊	倍①	背 背诵	被 被子
中古音	止开三平脂帮	曾开一入德帮	蟹开一去泰帮	蟹合一去队帮	蟹合一去队帮	蟹合一上贿並	蟹合一去队並	止合三上纸並
兰州市（城关区）	pei^{53}	pɤ^{13}	pei^{13}	pei^{13}	pei^{13}	pei^{13}	pei^{13}	pei^{13}
永登县	pei^{42}	pə^{13}	pei^{13}	pei^{13}	pei^{13}	pei^{13}	pei^{13}	pei^{13}
榆中县	pei^{51}	pɤ^{13}	pei^{13}	pei^{13}	pei^{13}	pei^{13}	pei^{13}	pei^{13}
皋兰县	pei^{42}	pə^{13}	pei^{13}	pei^{13}	pei^{13}	pei^{13}	pei^{13}	pei^{13}
白银区	pei^{44}	pə^{13}	pei^{13}	pei^{13}	pei^{13}	pei^{13}	pei^{13}	pei^{13}
天祝县	pei^{44}	pɤ^{213}	pei^{213}	pei^{213}	pei^{213}	pei^{213}	pei^{213}	pei^{213}
景泰县（红水镇）	pei^{44}	pɤ^{213}	pei^{213}	pei^{213}	pei^{213}	pei^{213}	pei^{213}	pei^{213}
古浪县	pei^{44}	pɤ^{31}	pei^{31}	pei^{31}	pei^{31}	pei^{31}	pei^{31}	pei^{31}
凉州区	pei^{33}	pə^{53}	pei^{53}	pei^{53}	pei^{53}	pei^{53}	pei^{53}	pei^{53}
民勤县	pi^{44}	pɤ^{42}	pei^{42}	pei^{42}	pei^{42}	pei^{42}	pei^{42}	pei^{42}
永昌县	pei^{44}	pə^{53}	pei^{53}	pei^{53}	pei^{53}	pei^{53}	pei^{53}	pei^{53}
甘州区	pei^{44}	pɤ^{31}	pei^{31}	pei^{31}	pei^{31}	pei^{31}	pei^{31}	pei^{31}
临泽县	pei^{44}	pə^{214}	pei^{214}	pei^{214}	pei^{214}	pei^{214}	pei^{214}	pei^{214}
民乐县	pei^{44}	pɤ^{42}	pei^{42}	pei^{42}	pei^{42}	pei^{42}	pei^{42}	pei^{42}
山丹县	pei^{24}	pɤ^{41}	pei^{41}	pei^{41}	pei^{41}	pei^{41}	pei^{41}	pei^{41}
高台县	pei^{44}	piɛ^{214}	pei^{214}	pei^{214}	pei^{214}	pei^{214}	pei^{214}	pei^{214}
肃州区	pei^{44}	piɛ^{214}	pei^{214}	pei^{214}	pei^{214}	pei^{214}	pei^{214}	pei^{214}
金塔县	pei^{44}	pɤ^{13}	pei^{13}	pei^{13}	pei^{13}	pei^{13}	pei^{13}	pei^{13}
肃北县	pei^{44}	pɤ^{213}	pei^{213}	pei^{213}	pei^{213}	pei^{213}	pei^{213}	pei^{213}
玉门市	pei^{44}	pɤ^{213}	pei^{213}	pei^{213}	pei^{213}	pei^{213}	pei^{213}	pei^{213}
瓜州县	pei^{44}	pɤ^{213}	pei^{213}	pei^{213}	pei^{213}	pei^{213}	pei^{213}	pei^{213}

①《广韵》薄亥切，列海韵，现据《集韵》部浼切，列贿韵。又补妹切，蟹合一去队帮。

续表

西夏区	pei⁴⁴	pə¹³	pei¹³	pei¹³	pei¹³	pei¹³	pei¹³	pei¹³
贺兰县	pei⁴⁴	pia¹³ pei¹³	pei¹³	pei¹³	pei¹³	pei¹³	pei¹³	pei¹³
灵武市 （东塔镇）	pei⁴⁴	pei¹³	pei¹³	pei¹³	pei¹³	pei¹³	pei¹³	pei¹³
永宁县	pei⁴⁴	pə¹³	pei¹³	pei¹³	pei¹³	pei¹³	pei¹³	pei¹³
中宁县	pei⁴⁴	pɤ¹³	pei¹³	pei¹³	pei¹³	pei¹³	pei¹³	pei¹³
沙坡头区	pei⁴⁴	pə¹³	pei¹³	pei¹³	pei¹³	pei¹³	pei¹³	pei¹³
盐池县	pei⁴⁴	pia¹³ pei¹³	pei¹³	pei¹³	pei¹³	pei¹³	pei¹³	pei¹³
平罗县 （渠口乡）	pei⁴⁴	pia¹³ pɛ¹³	pei¹³	pei¹³	pei¹³	pei¹³	pei¹³	pei¹³
阿拉善左旗	pei⁴⁴	pei²¹³	pei²¹³	pei²¹³	pei²¹³	pei²¹³	pei²¹³	pei²¹³
乌鲁木齐市	pei⁴⁴	pei²¹³	pei²¹³	pei²¹³	pei²¹³	pei²¹³	pei²¹³	pei²¹³
阜康市	pei⁵⁵	pei²¹³	pei²¹³	pei²¹³	pei²¹³	pei²¹³	pei²¹³	pei²¹³
呼图壁县	pei⁴⁴	pei²¹³	pei²¹³	pei²¹³	pei²¹³	pei²¹³	pei²¹³	pei²¹³
吉木萨尔县	pei⁴⁴	pei²¹³	pei²¹³	pei²¹³	pei²¹³	pei²¹³	pei²¹³	pei²¹³
奇台县	pei⁴⁴	pei²¹³	pei²¹³	pei²¹³	pei²¹³	pei²¹³	pei²¹³	pei²¹³
博乐市	pei⁴⁵	pei²⁴	pei²⁴	pei²⁴	pei²⁴	pei²⁴	pei²⁴	pei²⁴
阿勒泰市	pei⁴⁴	pei²³	pei²³	pei²³	pei²³	pei²³	pei²³	pei²³
布尔津县	pei⁴⁴	pei⁵¹	pei⁵¹	pei⁵¹	pei⁵¹	pei⁵¹	pei⁵¹	pei⁵¹
乌苏市	pei⁵⁵	pei²¹³	pei²¹³	pei²¹³	pei²¹³	pei²¹³	pei²¹³	pei²¹³
额敏县	pei⁴⁴	pei³⁴	pei³⁴	pei³⁴	pei³⁴	pei³⁴	pei³⁴	pei³⁴
伊州区	pei⁴⁴	pei²¹³	pei²¹³	pei²¹³	pei²¹³	pei²¹³	pei²¹³	pei²¹³
巴里坤县	pei⁴⁵	pei²⁴	pei²⁴	pei²⁴	pei²⁴	pei²⁴	pei²⁴	pei²⁴
伊吾县	pei⁴⁴	pei²¹³	pei²¹³	pei²¹³	pei²¹³	pei²¹³	pei²¹³	pei²¹³

字目 / 中古音 / 方音 / 方言点	被 被迫	备	培	陪	赔	沛	配	佩
	止开三去寘並	止开三去至並	蟹合一平灰並	蟹合一平灰並	蟹合一平灰並	蟹开一去泰滂	蟹合一去队滂	蟹合一去队并
兰州市（城关区）	pei^{13}	pei^{13}	$p'ei^{51}$	$p'ei^{51}$	$p'ei^{51}$	$p'ei^{13}$	$p'ei^{13}$	$p'ei^{13}$
永登县	pei^{13}	pei^{13}	$p'ei^{53}$	$p'ei^{53}$	$p'ei^{53}$	$p'ei^{13}$	$p'ei^{13}$	$p'ei^{13}$
榆中县	pei^{13}	pei^{13}	$p'ei^{332}$	$p'ei^{332}$	$p'ei^{332}$	$p'ei^{13}$	$p'ei^{13}$	$p'ei^{13}$
皋兰县	pei^{13}	pei^{13}	$p'ei^{53}$	$p'ei^{53}$	$p'ei^{53}$	$p'ei^{13}$	$p'ei^{13}$	$p'ei^{13}$
白银区	pei^{13}	pei^{13}	$p'ei^{51}$	$p'ei^{51}$	$p'ei^{51}$	$p'ei^{13}$	$p'ei^{13}$	$p'ei^{13}$
天祝县	pei^{213}	pei^{213}	$p'ei^{53}$	$p'ei^{53}$	$p'ei^{53}$	$p'ei^{213}$	$p'ei^{213}$	$p'ei^{213}$
景泰县（红水镇）	pei^{213}	pei^{213}	$p'ei^{53}$	$p'ei^{53}$	$p'ei^{53}$	$p'ei^{213}$	$p'ei^{213}$	$p'ei^{213}$
古浪县	pei^{31}	pei^{31}	$p'ei^{53}$	$p'ei^{53}$	$p'ei^{53}$	$p'ei^{31}$	$p'ei^{31}$	$p'ei^{31}$
凉州区	pei^{53}	pei^{53}	$p'ei^{13}$	$p'ei^{13}$	$p'ei^{13}$	$p'ei^{53}$	$p'ei^{53}$	$p'ei^{53}$
民勤县	pei^{42}	pei^{42}	$p'ei^{53}$	$p'ei^{53}$	$p'ei^{53}$	$p'ei^{42}$	$p'ei^{42}$	$p'ei^{42}$
永昌县	pei^{53}	pei^{53}	$p'ei^{13}$	$p'ei^{13}$	$p'ei^{13}$	$p'ei^{53}$	$p'ei^{53}$	$p'ei^{53}$
甘州区	pei^{31}	pei^{31}	$p'ei^{53}$	$p'ei^{53}$	$p'ei^{53}$	$p'ei^{31}$	$p'ei^{31}$	$p'ei^{31}$
临泽县	pei^{214}	pei^{214}	$p'ei^{53}$	$p'ei^{53}$	$p'ei^{53}$	$p'ei^{214}$	$p'ei^{214}$	$p'ei^{214}$
民乐县	pei^{42}	pei^{42}	$p'ei^{53}$	$p'ei^{53}$	$p'ei^{53}$	$p'ei^{42}$	$p'ei^{42}$	$p'ei^{42}$
山丹县	pei^{41}	pei^{41}	$p'ei^{53}$	$p'ei^{53}$	$p'ei^{53}$	$p'ei^{41}$	$p'ei^{41}$	$p'ei^{41}$
高台县	pei^{214}	pei^{214}	$p'ei^{53}$	$p'ei^{53}$	$p'ei^{53}$	$p'ei^{214}$	$p'ei^{214}$	$p'ei^{214}$
肃州区	pei^{214}	pei^{214}	$p'ei^{53}$	$p'ei^{53}$	$p'ei^{53}$	$p'ei^{214}$	$p'ei^{214}$	$p'ei^{214}$
金塔县	pei^{13}	pei^{13}	$p'ei^{53}$	$p'ei^{53}$	$p'ei^{53}$	$p'ei^{13}$	$p'ei^{13}$	$p'ei^{13}$
肃北县	pei^{213}	pei^{213}	$p'ei^{53}$	$p'ei^{53}$	$p'ei^{53}$	$p'ei^{213}$	$p'ei^{213}$	$p'ei^{213}$
玉门市	pei^{213}	pei^{213}	$p'ei^{53}$	$p'ei^{53}$	$p'ei^{53}$	$p'ei^{213}$	$p'ei^{213}$	$p'ei^{213}$
瓜州县	pei^{213}	pei^{213}	$p'ei^{53}$	$p'ei^{53}$	$p'ei^{53}$	$p'ei^{213}$	$p'ei^{213}$	$p'ei^{213}$
西夏区	pei^{13}	pei^{13}	$p'ei^{53}$	$p'ei^{53}$	$p'ei^{53}$	$p'ei^{13}$	$p'ei^{13}$	$p'ei^{13}$

续表

贺兰县	pei^{13}	pei^{13}	$p^{‘}ei^{53}$	$p^{‘}ei^{53}$	$p^{‘}ei^{53}$	$p^{‘}ei^{13}$	$p^{‘}ei^{13}$	$p^{‘}ei^{13}$
灵武市（东塔镇）	pei^{13}	pei^{13}	$p^{‘}ei^{52}$	$p^{‘}ei^{52}$	$p^{‘}ei^{52}$	$p^{‘}ei^{13}$	$p^{‘}ei^{13}$	$p^{‘}ei^{13}$
永宁县	pei^{13}	pei^{13}	$p^{‘}ei^{53}$	$p^{‘}ei^{53}$	$p^{‘}ei^{53}$	$p^{‘}ei^{13}$	$p^{‘}ei^{13}$	$p^{‘}ei^{13}$
中宁县	pei^{13}	pei^{13}	$p^{‘}ei^{53}$	$p^{‘}ei^{53}$	$p^{‘}ei^{53}$	$p^{‘}ei^{13}$	$p^{‘}ei^{13}$	$p^{‘}ei^{13}$
沙坡头区	pei^{13}	pei^{13}	$p^{‘}ei^{53}$	$p^{‘}ei^{53}$	$p^{‘}ei^{53}$	$p^{‘}ei^{13}$	$p^{‘}ei^{13}$	$p^{‘}ei^{13}$
盐池县	pei^{13}	pei^{13}	$p^{‘}ei^{13}$	$p^{‘}ei^{13}$	$p^{‘}ei^{13}$	$p^{‘}ei^{13}$	$p^{‘}ei^{13}$	$p^{‘}ei^{13}$
平罗县（渠口乡）	pei^{13}	pei^{13}	$p^{‘}ei^{53}$	$p^{‘}ei^{53}$	$p^{‘}ei^{53}$	$p^{‘}ei^{13}$	$p^{‘}ei^{13}$	$p^{‘}ei^{13}$
阿拉善左旗	pei^{213}	pei^{213}	$p^{‘}ei^{51}$	$p^{‘}ei^{51}$	$p^{‘}ei^{51}$	$p^{‘}ei^{213}$	$p^{‘}ei^{213}$	$p^{‘}ei^{213}$
乌鲁木齐市	pei^{213}	pei^{213}	$p^{‘}ei^{52}$	$p^{‘}ei^{52}$	$p^{‘}ei^{52}$	$p^{‘}ei^{213}$	$p^{‘}ei^{213}$	$p^{‘}ei^{213}$
阜康市	pei^{213}	pei^{213}	$p^{‘}ei^{51}$	$p^{‘}ei^{51}$	$p^{‘}ei^{51}$	$p^{‘}ei^{213}$	$p^{‘}ei^{213}$	$p^{‘}ei^{213}$
呼图壁县	pei^{213}	pei^{213}	$p^{‘}ei^{51}$	$p^{‘}ei^{51}$	$p^{‘}ei^{51}$	$p^{‘}ei^{213}$	$p^{‘}ei^{213}$	$p^{‘}ei^{213}$
吉木萨尔县	pei^{213}	pei^{213}	$p^{‘}ei^{51}$	$p^{‘}ei^{51}$	$p^{‘}ei^{51}$	$p^{‘}ei^{213}$	$p^{‘}ei^{213}$	$p^{‘}ei^{213}$
奇台县	pei^{213}	pei^{213}	$p^{‘}ei^{52}$	$p^{‘}ei^{52}$	$p^{‘}ei^{52}$	$p^{‘}ei^{213}$	$p^{‘}ei^{213}$	$p^{‘}ei^{213}$
博乐市	pei^{24}	pei^{24}	$p^{‘}ei^{51}$	$p^{‘}ei^{51}$	$p^{‘}ei^{51}$	$p^{‘}ei^{24}$	$p^{‘}ei^{24}$	$p^{‘}ei^{24}$
阿勒泰市	pei^{23}	pei^{23}	$p^{‘}ei^{51}$	$p^{‘}ei^{51}$	$p^{‘}ei^{51}$	$p^{‘}ei^{23}$	$p^{‘}ei^{23}$	$p^{‘}ei^{23}$
布尔津县	pei^{51}	pei^{51}	$p^{‘}ei^{23}$	$p^{‘}ei^{23}$	$p^{‘}ei^{23}$	$p^{‘}ei^{51}$	$p^{‘}ei^{51}$	$p^{‘}ei^{51}$
乌苏市	pei^{213}	pei^{213}	$p^{‘}ei^{51}$	$p^{‘}ei^{51}$	$p^{‘}ei^{51}$	$p^{‘}ei^{213}$	$p^{‘}ei^{213}$	$p^{‘}ei^{213}$
额敏县	pei^{34}	pei^{34}	$p^{‘}ei^{51}$	$p^{‘}ei^{51}$	$p^{‘}ei^{51}$	$p^{‘}ei^{34}$	$p^{‘}ei^{34}$	$p^{‘}ei^{34}$
伊州区	pei^{213}	pei^{213}	$p^{‘}ei^{51}$	$p^{‘}ei^{51}$	$p^{‘}ei^{51}$	$p^{‘}ei^{213}$	$p^{‘}ei^{213}$	$p^{‘}ei^{213}$
巴里坤县	pei^{24}	pei^{24}	$p^{‘}ei^{51}$	$p^{‘}ei^{51}$	$p^{‘}ei^{51}$	$p^{‘}ei^{24}$	$p^{‘}ei^{24}$	$p^{‘}ei^{24}$
伊吾县	pei^{213}	pei^{213}	$p^{‘}ei^{51}$	$p^{‘}ei^{51}$	$p^{‘}ei^{51}$	$p^{‘}ei^{213}$	$p^{‘}ei^{213}$	$p^{‘}ei^{213}$

字目 中古音 方音 方言点	梅	枚	媒	煤	眉	霉	每	美
	蟹合一 平灰明	蟹合一 平灰明	蟹合一 平灰明	蟹合一 平灰明	止开三 平脂明	止开三 平脂明	蟹合一 上贿明	止开三 上旨明
兰州市 （城关区）	mei^{51}	mei^{51}	mei^{51}	mei^{51}	mei^{51}	mei^{51}	mei^{44}	mei^{44}
永登县	mei^{53}	mei^{53}	mei^{53}	mei^{53}	mei^{53}	mei^{53}	mei^{354}	mei^{354}
榆中县	mei^{332}	mei^{332}	mei^{332}	mei^{332}	mei^{332}	mei^{332}	mei^{44}	mei^{44}
皋兰县	mei^{53}	mei^{53}	mei^{53}	mei^{53}	mei^{53}	mei^{53}	mei^{342}	mei^{342}
白银区	mei^{51}	mei^{51}	mei^{51}	mei^{51}	mei^{51}	mei^{51}	mei^{343}	mei^{343}
天祝县	mei^{53}	mei^{53}	mei^{53}	mei^{53}	mei^{53}	mei^{53}	mei^{44}	mei^{44}
景泰县 （红水镇）	mei^{53}	mei^{53}	mei^{53}	mei^{53}	mei^{53}	mei^{53}	mei^{44}	mei^{44}
古浪县	mei^{53}	mei^{53}	mei^{53}	mei^{53}	mei^{53}	mei^{53}	mei^{44}	mei^{44}
凉州区	mei^{13}	mei^{13}	mei^{13}	mei^{13}	mei^{13}	mei^{13}	mei^{33}	mei^{33}
民勤县	mei^{53}	mei^{53}	mei^{53}	mei^{53}	mei^{53}	mei^{53}	mei^{214}	mei^{214}
永昌县	mei^{13}	mei^{13}	mei^{13}	mei^{13}	mei^{13}	mei^{13}	mei^{13}	mei^{13}
甘州区	mei^{53}	mei^{53}	mei^{53}	mei^{53}	mei^{53}	mei^{53}	mei^{53}	mei^{53}
临泽县	mei^{53}	mei^{53}	mei^{53}	mei^{53}	mei^{53}	mei^{53}	mei^{53}	mei^{53}
民乐县	mei^{53}	mei^{53}	mei^{53}	mei^{53}	mei^{53}	mei^{53}	mei^{213}	mei^{213}
山丹县	mei^{53}	mei^{53}	mei^{53}	mei^{53}	mei^{53}	mei^{53}	mei^{53}	mei^{53}
高台县	mei^{53}	mei^{53}	mei^{53}	mei^{53}	mei^{53}	mei^{53}	mei^{53}	mei^{53}
肃州区	mei^{53}	mei^{53}	mei^{53}	mei^{53}	mei^{53}	mei^{53}	mei^{53}	mei^{53}
金塔县	mei^{53}	mei^{53}	mei^{53}	mei^{53}	mei^{53}	mei^{53}	mei^{53}	mei^{53}
肃北县	mei^{53}	mei^{53}	mei^{53}	mei^{53}	mei^{53}	mei^{53}	mei^{53}	mei^{53}
玉门市	mei^{53}	mei^{53}	mei^{53}	mei^{53}	mei^{53}	mei^{53}	mei^{53}	mei^{53}
瓜州县	mei^{53}	mei^{53}	mei^{53}	mei^{53}	mei^{53}	mei^{53}	mei^{53}	mei^{53}
西夏区	mei^{53}	mei^{53}	mei^{53}	mei^{53}	mei^{53}	mei^{53}	mei^{53}	mei^{53}

续表

贺兰县	mei⁵³	mei⁵³	mei⁵³	mei⁵³	mei⁵³	mei⁵³	mei⁵³	mei⁵³
灵武市（东塔镇）	mei⁵²	mei⁵²	mei⁵²	mei⁵²	mei⁵²	mei⁵²	mei⁵²	mei⁵²
永宁县	mei⁵³	mei⁵³	mei⁵³	mei⁵³	mei⁵³	mei⁵³	mei⁵³	mei⁵³
中宁县	mei⁵³	mei⁵³	mei⁵³	mei⁵³	mei⁵³	mei⁵³	mei⁵³	mei⁵³
沙坡头区	mei⁵³	mei⁵³	mei⁵³	mei⁵³	mei⁵³	mei⁵³	mei⁵³	mei⁵³
盐池县	mei¹³	mei¹³	mei¹³	mei¹³	mei¹³	mei¹³	mei⁵²	mei⁵²
平罗县（渠口乡）	mei⁵³	mei⁵³	mei⁵³	mei⁵³	mei⁵³	mei⁵³	mei⁵³	mei⁵³
阿拉善左旗	mei⁵¹	mei⁵¹	mei⁵¹	mei⁵¹	mei⁵¹	mei⁵¹	mei⁵¹	mei⁵¹
乌鲁木齐市	mei⁵²	mei⁵²	mei⁵²	mei⁵²	mei⁵²	mei⁵²	mei⁵²	mei⁵²
阜康市	mei⁵¹	mei⁵¹	mei⁵¹	mei⁵¹	mei⁵¹	mei⁵¹	mei⁵¹	mei⁵¹
呼图壁县	mei⁵¹	mei⁵¹	mei⁵¹	mei⁵¹	mei⁵¹	mei⁵¹	mei⁵¹	mei⁵¹
吉木萨尔县	mei⁵¹	mei⁵¹	mei⁵¹	mei⁵¹	mei⁵¹	mei⁵¹	mei⁵¹	mei⁵¹
奇台县	mei⁵²	mei⁵²	mei⁵²	mei⁵²	mei⁵²	mei⁵²	mei⁵²	mei⁵²
博乐市	mei⁵¹	mei⁵¹	mei⁵¹	mei⁵¹	mei⁵¹	mei⁵¹	mei⁵¹	mei⁵¹
阿勒泰市	mei⁵¹	mei⁵¹	mei⁵¹	mei⁵¹	mei⁵¹	mei⁵¹	mei⁵¹	mei⁵¹
布尔津县	mei²³	mei²³	mei²³	mei²³	mei²³	mei²³	mei²³	mei²³
乌苏市	mei⁵¹	mei⁵¹	mei⁵¹	mei⁵¹	mei⁵¹	mei⁵¹	mei⁵¹	mei⁵¹
额敏县	mei⁵¹	mei⁵¹	mei⁵¹	mei⁵¹	mei⁵¹	mei⁵¹	mei⁵¹	mei⁵¹
伊州区	mei⁵¹	mei⁵¹	mei⁵¹	mei⁵¹	mei⁵¹	mei⁵¹	mei⁵¹	mei⁵¹
巴里坤县	mei⁵¹	mei⁵¹	mei⁵¹	mei⁵¹	mei⁵¹	mei⁵¹	mei⁵¹	mei⁵¹
伊吾县	mei⁵¹	mei⁵¹	mei⁵¹	mei⁵¹	mei⁵¹	mei⁵¹	mei⁵¹	mei⁵¹

字目 / 中古音 / 方言点	谜① 破谜儿	妹②	飞	非	妃 妃子	肥	匪	废
	蟹开四去霁明	蟹合一去队明	止合三平微非	止合三平微非	止合三平微敷	止合三平微奉	止合三上尾非	蟹合三去废非
兰州市（城关区）	mi^{13}	mei^{13}	fei^{53}	fei^{53}	fei^{53}	fei^{51}	fei^{44}	fei^{13}
永登县	mi^{13}	mei^{13}	fei^{42}	fei^{42}	fei^{42}	fei^{53}	fei^{354}	fei^{13}
榆中县	mi^{13}	mei^{13}	fei^{51}	fei^{51}	fei^{51}	fei^{332}	fei^{44}	fei^{13}
皋兰县	mi^{13}	mei^{13}	fei^{42}	fei^{42}	fei^{42}	fei^{53}	fei^{342}	fei^{13}
白银区	mi^{13}	mei^{13}	fei^{44}	fei^{44}	fei^{44}	fei^{51}	fei^{343}	fei^{13}
天祝县	mi^{213}	mei^{213}	fei^{44}	fei^{44}	fei^{44}	fei^{53}	fei^{44}	fei^{213}
景泰县（红水镇）	mi^{213}	mei^{213}	fei^{44}	fei^{44}	fei^{44}	fei^{53}	fei^{44}	fei^{213}
古浪县	mi^{31}	mei^{31}	fei^{44}	fei^{44}	fei^{44}	fei^{53}	fei^{44}	fei^{31}
凉州区	mi^{53}	mei^{53}	fei^{33}	fei^{33}	fei^{33}	fei^{13}	fei^{33}	fei^{53}
民勤县	mi^{42}	mei^{42}	fei^{44}	fei^{44}	fei^{44}	fei^{53}	fei^{214}	fei^{42}
永昌县	mi^{53}	mei^{53}	fei^{44}	fei^{44}	fei^{13}	fei^{13}	fei^{13}	fei^{53}
甘州区	mi^{31}	mei^{31}	fei^{44}	fei^{44}	fei^{44}	fei^{53}	fei^{44}	fei^{31}
临泽县	mi^{214}	mei^{214}	fei^{44}	fei^{44}	fei^{44}	fei^{53}	fei^{53}	fei^{214}
民乐县	mi^{42}	mei^{42}	fei^{44}	fei^{44}	fei^{44}	fei^{53}	fei^{213}	fei^{42}
山丹县	mi^{41}	mei^{41}	fei^{24}	fei^{24}	fei^{24}	fei^{53}	fei^{24}	fei^{41}
高台县	mi^{214}	mei^{214}	fei^{44}	fei^{44}	fei^{44}	fei^{53}	fei^{53}	fei^{214}
肃州区	mi^{214}	mei^{214}	fei^{44}	fei^{44}	fei^{44}	fei^{53}	fei^{53}	fei^{214}
金塔县	mi^{13}	mei^{13}	fei^{44}	fei^{44}	fei^{44}	fei^{53}	fei^{44}	fei^{13}
肃北县	mi^{213}	mei^{213}	fei^{44}	fei^{44}	fei^{44}	fei^{53}	fei^{44}	fei^{213}

①又绵批切，蟹开四平齐明。

②又莫贝切，蟹合一去泰明。

续表

玉门市	mi^{213}	mei^{213}	fei^{44}	fei^{44}	fei^{44}	fei^{53}	fei^{44}	fei^{213}
瓜州县	mi^{213}	mei^{213}	fei^{44}	fei^{44}	fei^{44}	fei^{53}	fei^{44}	fei^{213}
西夏区	mi^{13}	mei^{13}	fei^{44}	fei^{44}	fei^{44}	fei^{53}	fei^{53}	fei^{13}
贺兰县	mi^{13}	mei^{13}	fei^{44}	fei^{44}	fei^{44}	fei^{53}	fei^{53}	fei^{13}
灵武市（东塔镇）	mi^{13}	mei^{13}	fei^{44}	fei^{44}	fei^{44}	fei^{52}	fei^{52}	fei^{13}
永宁县	mi^{13}	mei^{13}	fei^{44}	fei^{44}	fei^{44}	fei^{53}	fei^{53}	fei^{13}
中宁县	mi^{13}	mei^{13}	fei^{44}	fei^{44}	fei^{44}	fei^{53}	fei^{53}	fei^{13}
沙坡头区	mi^{13}	mei^{13}	fei^{44}	fei^{44}	fei^{44}	fei^{53}	fei^{53}	fei^{13}
盐池县	mi^{13}	mei^{13}	fei^{44}	fei^{44}	fei^{44}	fei^{13}	fei^{52}	fei^{13}
平罗县（渠口乡）	mi^{13}	mei^{13}	fei^{44}	fei^{44}	fei^{44}	fei^{53}	fei^{53}	fei^{13}
阿拉善左旗	mi^{213}	mei^{213}	fei^{44}	fei^{44}	fei^{44}	fei^{51}	fei^{44}	fei^{213}
乌鲁木齐市	mi^{213}	mei^{213}	fei^{44}	fei^{44}	fei^{44}	fei^{52}	fei^{44}	fei^{213}
阜康市	mi^{213}	mei^{213}	fei^{55}	fei^{55}	fei^{55}	fei^{51}	fei^{55}	fei^{213}
呼图壁县	mi^{213}	mei^{213}	fei^{44}	fei^{44}	fei^{44}	fei^{51}	fei^{44}	fei^{213}
吉木萨尔县	mi^{213}	mei^{213}	fei^{44}	fei^{44}	fei^{44}	fei^{51}	fei^{44}	fei^{213}
奇台县	mi^{213}	mei^{213}	fei^{44}	fei^{44}	fei^{44}	fei^{52}	fei^{44}	fei^{213}
博乐市	mi^{24}	mei^{24}	fei^{45}	fei^{45}	fei^{45}	fei^{51}	fei^{45}	fei^{24}
阿勒泰市	mi^{23}	mei^{23}	fei^{44}	fei^{44}	fei^{44}	fei^{51}	fei^{44}	fei^{23}
布尔津县	mi^{51}	mei^{51}	fei^{44}	fei^{44}	fei^{44}	fei^{44}	fei^{44}	fei^{51}
乌苏市	mi^{213}	mei^{213}	fei^{55}	fei^{55}	fei^{55}	fei^{51}	fei^{55}	fei^{213}
额敏县	mi^{34}	mei^{34}	fei^{44}	fei^{44}	fei^{44}	fei^{51}	fei^{44}	fei^{34}
伊州区	mi^{213}	mei^{213}	fei^{44}	fei^{44}	fei^{44}	fei^{51}	fei^{44}	fei^{213}
巴里坤县	mi^{24}	mei^{24}	fei^{45}	fei^{45}	fei^{45}	fei^{51}	fei^{45}	fei^{24}
伊吾县	mi^{213}	mei^{213}	fei^{44}	fei^{44}	fei^{44}	fei^{51}	fei^{44}	fei^{213}

字目 / 中古音 / 方言点	肺	费 化费	内	雷	累 积累	累 连累	垒	累[①] 劳累
	蟹合三去废敷	止合三去未敷	蟹合一去队泥	蟹合一平灰来	止合三上纸来	止合三去寘来	止合三上旨来	蟹合一去队来
兰州市（城关区）	fei^{13}	fei^{13}	$luei^{13}$	$luei^{51}$	$luei^{44}$	$luei^{13}$	$luei^{44}$	$luei^{13}$
永登县	fei^{13}	fei^{13}	$luei^{13}$	$luei^{53}$	$luei^{354}$	$luei^{13}$	$luei^{354}$	$luei^{13}$
榆中县	fei^{13}	fei^{13}	$luei^{13}$	$luei^{332}$	$luei^{44}$	$luei^{13}$	$luei^{44}$	$luei^{13}$
皋兰县	fei^{13}	fei^{13}	$luei^{13}$	$luei^{53}$	$luei^{342}$	$luei^{13}$	$luei^{342}$	$luei^{13}$
白银区	fei^{13}	fei^{13}	$luei^{13}$	$luei^{51}$	$luei^{343}$	$luei^{13}$	$luei^{343}$	$luei^{13}$
天祝县	fei^{213}	fei^{213}	$nuei^{213}$	$luei^{53}$	$luei^{44}$	$luei^{213}$	$luei^{44}$	$luei^{213}$
景泰县（红水镇）	fei^{213}	fei^{213}	$nuei^{213}$	$luei^{53}$	$luei^{44}$	$luei^{213}$	$luei^{44}$	$luei^{213}$
古浪县	fei^{31}	fei^{31}	nei^{31}	lei^{53}	lei^{44}	lei^{31}	lei^{44}	lei^{31}
凉州区	fei^{53}	fei^{53}	nei^{53}	lei^{13}	lei^{33}	lei^{53}	lei^{33}	lei^{53}
民勤县	fei^{42}	fei^{42}	$luei^{42}$	$luei^{53}$	$luei^{214}$	$luei^{42}$	$luei^{214}$	$luei^{42}$
永昌县	fei^{53}	fei^{53}	nei^{53}	lei^{13}	lei^{13}	lei^{53}	lei^{13}	lei^{53}
甘州区	fei^{31}	fei^{31}	nei^{31}	lei^{53}	lei^{53}	lei^{31}	lei^{53}	lei^{31}
临泽县	fei^{214}	fei^{214}	nei^{214}	lei^{53}	lei^{53}	lei^{214}	lei^{53}	lei^{214}
民乐县	fei^{42}	fei^{42}	lei^{42}	lei^{53}	lei^{213}	lei^{42}	lei^{213}	lei^{42}
山丹县	fei^{41}	fei^{41}	nei^{41}	lei^{53}	lei^{53}	lei^{41}	lei^{53}	lei^{41}
高台县	fei^{214}	fei^{214}	nei^{214}	lei^{53}	lei^{53}	lei^{214}	lei^{53}	lei^{214}
肃州区	fei^{214}	fei^{214}	nei^{214}	lei^{53}	lei^{53}	lei^{214}	lei^{53}	lei^{214}
金塔县	fei^{13}	fei^{13}	nei^{13}	lei^{53}	lei^{53}	lei^{13}	lei^{53}	lei^{13}
肃北县	fei^{213}	fei^{213}	nei^{213}	lei^{53}	lei^{53}	lei^{213}	lei^{53}	lei^{213}
玉门市	fei^{213}	fei^{213}	nei^{213}	lei^{53}	lei^{53}	lei^{213}	lei^{53}	lei^{213}
瓜州县	fei^{213}	fei^{213}	nei^{213}	lei^{53}	lei^{53}	lei^{213}	lei^{53}	lei^{213}

①又鲁猥切，蟹合一上贿来；力伪切，止合三去寘来。

续表

西夏区	fei^{13}	fei^{13}	nuei^{13}	luei^{53}	luei^{53}	luei^{13}	luei^{53}	luei^{13}
贺兰县	fei^{13}	fei^{13}	nuei^{13}	luei^{53}	luei^{53}	luei^{13}	luei^{53}	luei^{13}
灵武市（东塔镇）	fei^{13}	fei^{13}	nuei^{13}	luei^{52}	luei^{52}	luei^{13}	luei^{52}	luei^{13}
永宁县	fei^{13}	fei^{13}	nuei^{13}	luei^{53}	luei^{53}	luei^{13}	luei^{53}	luei^{13}
中宁县	fei^{13}	fei^{13}	nuei^{13}	luei^{53}	luei^{53}	luei^{13}	luei^{53}	luei^{13}
沙坡头区	fei^{13}	fei^{13}	nuei^{13}	luei^{53}	luei^{53}	luei^{13}	luei^{53}	luei^{13}
盐池县	fei^{13}	fei^{13}	nuei^{13}	luei^{13}	luei^{52}	luei^{13}	luei^{52}	luei^{13}
平罗县（渠口乡）	fei^{13}	fei^{13}	nuei^{13}	luei^{53}	luei^{53}	luei^{13}	luei^{53}	luei^{13}
阿拉善左旗	fei^{213}	fei^{213}	nuei^{213}	luei^{51}	luei^{51}	luei^{213}	luei^{51}	luei^{213}
乌鲁木齐市	fei^{213}	fei^{213}	nei^{213}	lei^{52}	lei^{52}	lei^{213}	lei^{52}	lei^{213}
阜康市	fei^{213}	fei^{213}	nuei^{213}	luei^{51}	luei^{51}	luei^{213}	luei^{51}	luei^{213}
呼图壁县	fei^{213}	fei^{213}	nuei^{213}	luei^{51}	luei^{51}	luei^{213}	luei^{51}	luei^{213}
吉木萨尔县	fei^{213}	fei^{213}	nuei^{213}	luei^{51}	luei^{51}	luei^{213}	luei^{51}	luei^{213}
奇台县	fei^{213}	fei^{213}	nei^{213}	lei^{52}	lei^{52}	lei^{213}	lei^{52}	lei^{213}
博乐市	fei^{24}	fei^{24}	nuei^{24}	luei^{51}	luei^{51}	luei^{24}	luei^{51}	luei^{24}
阿勒泰市	fei^{23}	fei^{23}	nuei^{23}	luei^{51}	luei^{51}	luei^{23}	luei^{51}	luei^{23}
布尔津县	fei^{51}	fei^{51}	nuei^{51}	luei^{23}	luei^{23}	luei^{51}	luei^{23}	luei^{51}
乌苏市	fei^{213}	fei^{213}	nuei^{213}	luei^{51}	luei^{51}	luei^{213}	luei^{51}	luei^{213}
额敏县	fei^{34}	fei^{34}	nuei^{34}	luei^{51}	luei^{51}	luei^{34}	luei^{51}	luei^{34}
哈密市	fei^{213}	fei^{213}	nuei^{213}	luei^{51}	luei^{51}	luei^{213}	luei^{51}	luei^{213}
巴里坤县	fei^{24}	fei^{24}	nuei^{24}	luei^{51}	luei^{51}	luei^{24}	luei^{51}	luei^{24}
伊吾县	fei^{213}	fei^{213}	nuei^{213}	luei^{51}	luei^{51}	luei^{213}	luei^{51}	luei^{213}

字目 / 中古音 / 方言点	类	泪	肋	贼	给	黑	堆	对
	止合三去至来	止合三去至来	曾开一入德来	曾开一入德从	深开三入缉见	曾开一入德晓	蟹合一平灰端	蟹合一去队端
兰州市（城关区）	luei¹³	luei¹³	lɣ¹³	tsei⁵¹	kɣ¹³	xɣ¹³	tuei⁵³	tuei¹³
永登县	luei¹³	luei¹³	lə¹³	tsei⁵³	kə¹³	xə¹³	tuei⁴²	tuei¹³
榆中县	luei¹³	luei¹³	lə¹³	tsei³³²	kə¹³	xə¹³	tuei⁵¹	tuei¹³
皋兰县	luei¹³	luei¹³	lə¹³	tsei⁵³	kə¹³	xə¹³	tuei⁴²	tuei¹³
白银区	luei¹³	luei¹³	lə¹³	tsei⁵¹	kə¹³	xə¹³	tuei⁴⁴	tuei¹³
天祝县	luei²¹³	luei²¹³	lei²¹³	tsei²¹³	kei²¹³	xei²¹³	tuei⁴⁴	tuei²¹³
景泰县（红水镇）	luei²¹³	luei²¹³	lei²¹³	tsei²¹³	kei²¹³	xei²¹³	tuei⁴⁴	tuei²¹³
古浪县	luei³¹	luei³¹	lei³¹	tsei³¹	kei³¹	xei³¹	tuei⁴⁴	tuei³¹
凉州区	luei⁵³	luei⁵³	lei⁵³	tsei⁵³	kɣ⁵³	xɣ⁵³	tuei³³	tuei⁵³
民勤县	luei⁴²	luei⁴²	lɣ⁴²	tsei⁵³	kɣ⁴²	xɣ⁴²	tuei⁴⁴	tuei⁴²
永昌县	luei⁵³	luei⁵³	lei⁵³	tsei⁵³	kɣ⁵³	xɣ⁵³	tuei⁴⁴	tuei⁵³
甘州区	lei³¹	lei³¹	lei³¹	tsei³¹	kei³¹	xei³¹	tuei⁴⁴	tuei³¹
临泽县	lei²¹⁴	lei²¹⁴	lei²¹⁴	tsei²¹⁴	kei²¹⁴	xɣ²¹⁴	tuei⁴⁴	tuei²¹⁴
民乐县	lei⁴²	lei⁴²	lɣ⁴²	tsei⁵³	kɣ⁴²	xɣ⁴²	tuei⁴⁴	tuei⁴²
山丹县	lei⁴¹	lei⁴¹	lei⁴¹	tsei⁴¹	kei⁴¹	xei⁴¹	tuei²⁴	tuei⁴¹
高台县	lei²¹⁴	lei²¹⁴	lei²¹⁴	tsei²¹⁴	kɯ²¹⁴	xɯ²¹⁴	tuei⁴⁴	tuei²¹⁴
肃州区	lei²¹⁴	lei²¹⁴	lei²¹⁴	tsei²¹⁴	kɯ²¹⁴	xɯ²¹⁴	tuei⁴⁴	tuei²¹⁴
金塔县	lei¹³	lei¹³	lei¹³	tsei¹³	kə¹³	xə¹³	tuei⁴⁴	tuei¹³
肃北县	lei²¹³	lei²¹³	lei²¹³	tsei²¹³	kə²¹³	xə²¹³	tuei⁴⁴	tuei²¹³
玉门市	lei²¹³	lei²¹³	lei²¹³	tsei²¹³	kə²¹³	xə²¹³	tuei⁴⁴	tuei²¹³
瓜州县	lei²¹³	lei²¹³	lei²¹³	tsei²¹³	kə²¹³	xə²¹³	tuei⁴⁴	tuei²¹³
西夏区	luei¹³	luei¹³	lei¹³	tsei¹³	kei¹³	xei¹³	tuei⁴⁴	tuei¹³

续表

贺兰县	luei^{13}	luei^{13}	lei^{13}	tsei^{13}	kei^{13}	xei^{13}	tuei^{44}	tuei^{13}
灵武市（东塔镇）	luei^{13}	luei^{13}	lei^{13}	tsei^{13}	kei^{13}	xei^{13}	tuei^{44}	tuei^{13}
永宁县	luei^{13}	luei^{13}	lei^{13}	tsei^{13}	kei^{13}	xei^{13}	tuei^{44}	tuei^{13}
中宁县	luei^{13}	luei^{13}	lei^{13}	tsei^{53}	kɯ^{13}	xɯ^{13}	tuei^{44}	tuei^{13}
沙坡头区	luei^{13}	luei^{13}	lei^{13}	tsei^{53}	kɯ^{13}	xɯ^{13}	tuei^{44}	tuei^{13}
盐池县	luei^{13}	luei^{13}	lei^{13}	tsei^{13}	kei^{13}	xei^{13}	tuei^{44}	tuei^{13}
平罗县（渠口乡）	luei^{13}	luei^{13}	lei^{13}	tsei^{13}	kei^{13}	xei^{13}	tuei^{44}	tuei^{13}
阿拉善左旗	lei^{213}	lei^{213}	lei^{213}	tsei^{213}	kə^{213}	xə^{213}	tuei^{44}	tuei^{213}
乌鲁木齐市	lei^{213}	lei^{213}	lei^{213}	tsei^{213}	kə^{213}	xə^{213}	tuei^{44}	tuei^{213}
阜康市	luei^{213}	luei^{213}	lei^{213}	tsei^{213}	kɤ^{213}	xɤ^{213}	tuei^{55}	tuei^{213}
呼图壁县	lei^{213}	lei^{213}	lei^{213}	tsei^{213}	kə^{213}	xə^{213}	tuei^{44}	tuei^{213}
吉木萨尔县	lei^{213}	lei^{213}	lei^{213}	tsei^{213}	kɤ^{213}	xɤ^{213}	tuei^{44}	tuei^{213}
奇台县	lei^{213}	lei^{213}	lei^{213}	tsei^{213}	kɤ^{213}	xɤ^{213}	tuei^{44}	tuei^{213}
博乐市	lei^{24}	lei^{24}	lei^{24}	tsei^{24}	kə^{24}	xə^{24}	tuei^{45}	tuei^{24}
阿勒泰市	lei^{23}	lei^{23}	lei^{23}	tsei^{23}	kɤ^{23}	xɤ^{23}	tuei^{44}	tuei^{23}
布尔津县	lei^{51}	lei^{51}	lei^{51}	tsei^{51}	kɤ^{51}	xɤ^{44}	tuei^{44}	tuei^{51}
乌苏市	luei^{213}	luei^{213}	lei^{213}	tsei^{213}	kə^{213}	xə^{213}	tuei^{55}	tuei^{213}
额敏县	lei^{34}	lei^{34}	lei^{34}	tsei^{34}	kɤ^{34}	xɤ^{34}	tuei^{44}	tuei^{34}
伊州区	lei^{213}	lei^{213}	lei^{213}	tsei^{213}	kə^{213}	xə^{213}	tuei^{44}	tuei^{213}
巴里坤县	lei^{24}	lei^{24}	lei^{24}	tsei^{24}	kə^{24}	xə^{24}	tuei^{45}	tuei^{24}
伊吾县	lei^{213}	lei^{213}	lei^{213}	tsei^{213}	kə^{213}	xə^{213}	tuei^{44}	tuei^{213}

字目 / 中古音 / 方言点	队①	兑	推②	颓	腿	退	蜕③	嘴
	蟹合一去队定	蟹合一去泰定	蟹合一平灰透	蟹合一平灰定	蟹合一上贿透	蟹合一去队透	蟹合一去泰透	止合三上纸精
兰州市（城关区）	tuei^{13}	tuei^{13}	tʻuei^{53}	tʻuei^{51}	tʻuei^{44}	tʻuei^{13}	tʻuei^{13}	tsuei^{44}
永登县	tuei^{13}	tuei^{13}	tʻuei^{42}	tʻuei^{53}	tʻuei^{354}	tʻuei^{13}	tʻuei^{13}	tsuei^{354}
榆中县	tuei^{13}	tuei^{13}	tʻuei^{51}	tʻuei^{332}	tʻuei^{44}	tʻuei^{13}	tʻuei^{13}	tsuei^{44}
皋兰县	tuei^{13}	tuei^{13}	tʻuei^{42}	tʻuei^{53}	tʻuei^{342}	tʻuei^{13}	tʻuei^{13}	tsuei^{342}
白银区	tuei^{13}	tuei^{13}	tʻuei^{44}	tʻuei^{51}	tʻuei^{343}	tʻuei^{13}	tʻuei^{13}	tsuei^{343}
天祝县	tuei^{213}	tuei^{213}	tʻuei^{44}	tʻuei^{51}	tʻuei^{44}	tʻuei^{213}	tʻuei^{213}	tsuei^{44}
景泰县（红水镇）	tuei^{213}	tuei^{213}	tʻuei^{44}	tʻuei^{51}	tʻuei^{44}	tʻuei^{213}	tʻuei^{213}	tsuei^{44}
古浪县	tuei^{31}	tuei^{31}	tʻuei^{44}	tʻuei^{53}	tʻuei^{44}	tʻuei^{31}	tʻuei^{31}	tsuei^{44}
凉州区	tuei^{53}	tuei^{53}	tʻuei^{44}	tʻuei^{13}	tʻuei^{33}	tʻuei^{53}	tʻuei^{53}	tsuei^{33}
民勤县	tuei^{42}	tuei^{42}	tʻuei^{44}	tʻuei^{53}	tʻuei^{214}	tʻuei^{42}	tʻuei^{42}	tsuei^{214}
永昌县	tuei^{53}	tuei^{53}	tʻuei^{44}	tʻuei^{13}	tʻuei^{13}	tʻuei^{53}	tʻuei^{53}	tsuei^{13}
甘州区	tuei^{31}	tuei^{31}	tʻuei^{44}	tʻuei^{53}	tʻuei^{53}	tʻuei^{31}	tʻuei^{31}	tsuei^{53}
临泽县	tuei^{214}	tuei^{214}	tʻuei^{44}	tʻuei^{53}	tʻuei^{53}	tʻuei^{214}	tʻuei^{214}	tsuei^{53}
民乐县	tuei^{42}	tuei^{42}	tʻuei^{44}	tʻuei^{53}	tʻuei^{213}	tʻuei^{42}	tʻuei^{42}	tsuei^{213}
山丹县	tuei^{41}	tuei^{41}	tʻuei^{24}	tʻuei^{53}	tʻuei^{53}	tʻuei^{41}	tʻuei^{41}	tsuei^{53}
高台县	tuei^{214}	tuei^{214}	tʻuei^{44}	tʻuei^{53}	tʻuei^{53}	tʻuei^{214}	tʻuei^{214}	tsuei^{53}
肃州区	tuei^{214}	tuei^{214}	tʻuei^{44}	tʻuei^{53}	tʻuei^{53}	tʻuei^{214}	tʻuei^{214}	tsuei^{53}
金塔县	tuei^{13}	tuei^{13}	tʻuei^{44}	tʻuei^{53}	tʻuei^{53}	tʻuei^{13}	tʻuei^{13}	tsuei^{53}
肃北县	tuei^{213}	tuei^{213}	tʻuei^{44}	tʻuei^{53}	tʻuei^{53}	tʻuei^{213}	tʻuei^{213}	tsuei^{53}

①又杜罪切，蟹合一上贿定。

②又叉隹切，止合三平脂昌。

③又舒芮切，蟹合三去祭书；汤卧切，果合一去过透。

续表

玉门市	tuei^{213}	tuei^{213}	t‘uei^{44}	t‘uei^{53}	t‘uei^{53}	t‘uei^{213}	t‘uei^{213}	tsuei^{53}
瓜州县	tuei^{213}	tuei^{213}	t‘uei^{44}	t‘uei^{53}	t‘uei^{53}	t‘uei^{213}	t‘uei^{213}	tsuei^{53}
西夏区	tuei^{13}	tuei^{13}	t‘uei^{44}	t‘uei^{53}	t‘uei^{53}	t‘uei^{13}	t‘uei^{13}	tsuei^{53}
贺兰县	tuei^{13}	tuei^{13}	t‘uei^{44}	t‘uei^{53}	t‘uei^{53}	t‘uei^{13}	t‘uei^{13}	tsuei^{53}
灵武市（东塔镇）	tuei^{13}	tuei^{13}	t‘uei^{44}	t‘uei^{52}	t‘uei^{52}	t‘uei^{13}	t‘uei^{13}	tsuei^{52}
永宁县	tuei^{13}	tuei^{13}	t‘uei^{44}	t‘uei^{53}	t‘uei^{53}	t‘uei^{13}	t‘uei^{13}	tsuei^{53}
中宁县	tuei^{13}	tuei^{13}	t‘uei^{44}	t‘uei^{53}	t‘uei^{53}	t‘uei^{13}	t‘uei^{13}	tsuei^{53}
沙坡头区	tuei^{13}	tuei^{13}	t‘uei^{44}	t‘uei^{53}	t‘uei^{53}	t‘uei^{13}	t‘uei^{13}	tsuei^{53}
盐池县	tuei^{13}	tuei^{13}	t‘uei^{44}	t‘uei^{52}	t‘uei^{52}	t‘uei^{13}	t‘uei^{13}	tsuei^{52}
平罗县（渠口乡）	tuei^{13}	tuei^{13}	t‘uei^{44}	t‘uei^{53}	t‘uei^{53}	t‘uei^{13}	t‘uei^{13}	tsuei^{53}
阿拉善左旗	tuei^{213}	tuei^{213}	t‘uei^{44}	t‘uei^{51}	t‘uei^{51}	t‘uei^{213}	t‘uei^{213}	tsuei^{51}
乌鲁木齐市	tuei^{213}	tuei^{213}	t‘uei^{44}	t‘uei^{52}	t‘uei^{52}	t‘uei^{213}	t‘uei^{213}	tsuei^{52}
阜康市	tuei^{213}	tuei^{213}	t‘uei^{55}	t‘uei^{51}	t‘uei^{51}	t‘uei^{213}	t‘uei^{213}	tsuei^{51}
呼图壁县	tuei^{213}	tuei^{213}	t‘uei^{44}	t‘uei^{51}	t‘uei^{51}	t‘uei^{213}	t‘uei^{213}	tsuei^{51}
吉木萨尔县	tuei^{213}	tuei^{213}	t‘uei^{44}	t‘uei^{51}	t‘uei^{51}	t‘uei^{213}	t‘uei^{213}	tsuei^{51}
奇台县	tuei^{213}	tuei^{213}	t‘uei^{44}	t‘uei^{52}	t‘uei^{52}	t‘uei^{213}	t‘uei^{213}	tsuei^{52}
博乐市	tuei^{24}	tuei^{24}	t‘uei^{45}	t‘uei^{51}	t‘uei^{51}	t‘uei^{24}	t‘uei^{24}	tsuei^{51}
阿勒泰市	tuei^{23}	tuei^{23}	t‘uei^{44}	t‘uei^{51}	t‘uei^{51}	t‘uei^{23}	t‘uei^{23}	tsuei^{51}
布尔津县	tuei^{23}	tuei^{23}	t‘uei^{44}	t‘uei^{51}	t‘uei^{51}	t‘uei^{23}	t‘uei^{23}	tsuei^{51}
乌苏市	tuei^{213}	tuei^{213}	t‘uei^{55}	t‘uei^{51}	t‘uei^{51}	t‘uei^{213}	t‘uei^{213}	tsuei^{51}
额敏县	tuei^{34}	tuei^{34}	t‘uei^{44}	t‘uei^{51}	t‘uei^{51}	t‘uei^{34}	t‘uei^{34}	tsuei^{51}
伊州区	tuei^{213}	tuei^{213}	t‘uei^{44}	t‘uei^{51}	t‘uei^{51}	t‘uei^{213}	t‘uei^{213}	tsuei^{51}
巴里坤县	tuei^{24}	tuei^{24}	t‘uei^{45}	t‘uei^{51}	t‘uei^{51}	t‘uei^{24}	t‘uei^{24}	tsuei^{51}
伊吾县	tuei^{213}	tuei^{213}	t‘uei^{44}	t‘uei^{51}	t‘uei^{51}	t‘uei^{213}	t‘uei^{213}	tsuei^{51}

字目 / 中古音 / 方言点	罪	最	醉	催	崔	脆	翠	虽
	蟹合一 上贿从	蟹合一 去泰精	止合三 去至精	蟹合一 平灰清	蟹合一 平灰清	蟹合三 去祭清	止合三 去至清	止合三 平脂心
兰州市 （城关区）	tsuei^{13}	tsuei^{13}	tsuei^{13}	tsʻuei^{53}	tsʻuei^{53}	tsʻuei^{13}	tsʻuei^{13}	suei^{53}
永登县	tsuei^{13}	tsuei^{13}	tsuei^{13}	tsʻuei^{42}	tsʻuei^{42}	tsʻuei^{13}	tsʻuei^{13}	suei^{42}
榆中县	tsuei^{13}	tsuei^{13}	tsuei^{13}	tsʻuei^{51}	tsʻuei^{51}	tsʻuei^{13}	tsʻuei^{13}	suei^{51}
皋兰县	tsuei^{13}	tsuei^{13}	tsuei^{13}	tsʻuei^{42}	tsʻuei^{42}	tsʻuei^{13}	tsʻuei^{13}	suei^{42}
白银区	tsuei^{13}	tsuei^{13}	tsuei^{13}	tsʻuei^{44}	tsʻuei^{44}	tsʻuei^{13}	tsʻuei^{13}	suei^{44}
天祝县	tsuei^{213}	tsuei^{213}	tsuei^{213}	tsʻuei^{44}	tsʻuei^{44}	tsʻuei^{213}	tsʻuei^{213}	suei^{44}
景泰县 （红水镇）	tsuei^{213}	tsuei^{213}	tsuei^{213}	tsʻuei^{44}	tsʻuei^{44}	tsʻuei^{213}	tsʻuei^{213}	suei^{44}
古浪县	tsuei^{31}	tsuei^{31}	tsuei^{31}	tsʻuei^{44}	tsʻuei^{44}	tsʻuei^{31}	tsʻuei^{31}	suei^{44}
凉州区	tsuei^{53}	tsuei^{53}	tsuei^{53}	tsʻuei^{33}	tsʻuei^{33}	tsʻuei^{53}	tsʻuei^{53}	suei^{33}
民勤县	tsuei^{42}	tsuei^{42}	tsuei^{42}	tsʻue^{44}	tsʻuei^{44}	tsʻuei^{42}	tsʻuei^{42}	suei^{44}
永昌县	tsuei^{53}	tsuei^{53}	tsuei^{53}	tsʻuei^{44}	tsʻuei^{44}	tsʻuei^{53}	tsʻuei^{53}	suei^{44}
甘州区	tsuei^{31}	tsuei^{31}	tsuei^{31}	tsʻuei^{44}	tsʻuei^{44}	tsʻuei^{31}	tsʻuei^{31}	suei^{44}
临泽县	tsuei^{214}	tsuei^{214}	tsuei^{214}	tsʻuei^{44}	tsʻuei^{44}	tsʻuei^{214}	tsʻuei^{214}	suei^{44}
民乐县	tsuei^{42}	tsuei^{42}	tsuei^{42}	tsʻue^{44}	tsʻuei^{44}	tsʻuei^{42}	tsʻuei^{42}	suei^{44}
山丹县	tsuei^{41}	tsuei^{41}	tsuei^{41}	tsʻuei^{24}	tsʻuei^{24}	tsʻuei^{41}	tsʻuei^{41}	suei^{24}
高台县	tsuei^{214}	tsuei^{214}	tsuei^{214}	tsʻuei^{44}	tsʻuei^{44}	tsʻuei^{214}	tsʻuei^{214}	suei^{44}
肃州区	tsuei^{214}	tsuei^{214}	tsuei^{214}	tsʻuei^{44}	tsʻuei^{44}	tsʻuei^{214}	tsʻuei^{214}	suei^{44}
金塔县	tsuei^{13}	tsuei^{13}	tsuei^{13}	tsʻuei^{44}	tsʻuei^{44}	tsʻuei^{31}	tsʻuei^{13}	suei^{44}
肃北县	tsuei^{213}	tsuei^{213}	tsuei^{213}	tsʻuei^{44}	tsʻuei^{44}	tsʻuei^{213}	tsʻuei^{213}	suei^{44}
玉门市	tsuei^{213}	tsuei^{213}	tsuei^{213}	tsʻuei^{44}	tsʻuei^{44}	tsʻuei^{213}	tsʻuei^{213}	suei^{44}
瓜州县	tsuei^{213}	tsuei^{213}	tsuei^{213}	tsʻuei^{44}	tsʻuei^{44}	tsʻuei^{213}	tsʻuei^{213}	suei^{44}
西夏区	tsuei^{13}	tsuei^{13}	tsuei^{13}	tsʻuei^{44}	tsʻuei^{44}	tsʻuei^{13}	tsʻuei^{13}	suei^{44}

续表

贺兰县	tsuei13	tsuei13	tsuei13	ts'uei44	ts'uei44	ts'uei13	ts'uei13	suei44
灵武市（东塔镇）	tsuei13	tsuei13	tsuei13	ts'uei44	ts'uei44	ts'uei13	ts'uei13	suei44
永宁县	tsuei13	tsuei13	tsuei13	ts'uei44	ts'uei44	ts'uei13	ts'uei13	suei44
中宁县	tsuei13	tsuei13	tsuei13	ts'uei44	ts'uei44	ts'uei13	ts'uei13	suei44
沙坡头区	tsuei13	tsuei13	tsuei13	ts'uei44	ts'uei44	ts'uei13	ts'uei13	suei44
盐池县	tsuei13	tsuei13	tsuei13	ts'uei44	ts'uei44	ts'uei13	ts'uei13	suei44
平罗县（渠口乡）	tsuei13	tsuei13	tsuei13	ts'uei44	ts'uei44	ts'uei13	ts'uei13	suei44
阿拉善左旗	tsuei213	tsuei213	tsuei213	ts'uei44	ts'uei44	ts'uei213	ts'uei213	suei44
乌鲁木齐市	tsuei213	tsuei213	tsuei213	ts'uei44	ts'uei44	ts'uei213	ts'uei213	suei44
阜康市	tsuei213	tsuei213	tsuei213	ts'uei55	ts'uei55	ts'uei213	ts'uei213	suei55
呼图壁县	tsuei213	tsuei213	tsuei213	ts'uei44	ts'uei44	ts'uei213	ts'uei213	suei44
吉木萨尔县	tsuei213	tsuei213	tsuei213	ts'uei44	ts'uei44	ts'uei213	ts'uei213	suei44
奇台县	tsuei213	tsuei213	tsuei213	ts'uei44	ts'uei44	ts'uei213	ts'uei213	suei44
博乐市	tsuei24	tsuei24	tsuei24	ts'uei45	ts'uei45	ts'uei24	ts'uei24	suei45
阿勒泰市	tsuei23	tsuei23	tsuei23	ts'uei44	ts'uei44	ts'uei23	ts'uei23	suei44
布尔津县	tsuei51	tsuei51	tsuei51	ts'uei44	ts'uei44	ts'uei51	ts'uei51	suei44
乌苏市	tsuei213	tsuei213	tsuei213	ts'uei55	ts'uei55	ts'uei213	ts'uei213	suei55
额敏县	tsuei34	tsuei34	tsuei34	ts'uei44	ts'uei44	ts'uei34	ts'uei34	suei44
伊州区	tsuei213	tsuei213	tsuei213	ts'uei44	ts'uei44	ts'uei213	ts'uei213	suei44
巴里坤县	tsuei24	tsuei24	tsuei24	ts'uei45	ts'uei45	ts'uei24	ts'uei24	suei45
伊吾县	tsuei213	tsuei213	tsuei213	ts'uei44	ts'uei44	ts'uei213	ts'uei213	suei44

字目 / 中古音 / 方音 / 方言点	随	隋	髓①	碎	岁	穗	遂	追
	止合三平支邪	止合三平支邪	止合三上纸心	蟹合一去队心	蟹合三去祭心	止合三去至邪	止合三去至邪	止合三平脂知
兰州市（城关区）	$suei^{51}$	$suei^{51}$	$suei^{44}$	$suei^{13}$	$suei^{13}$	$suei^{13}$	$suei^{13}$	$pfei^{53}$
永登县	$suei^{53}$	$suei^{53}$	$suei^{354}$	$suei^{13}$	$suei^{13}$	$suei^{13}$	$suei^{13}$	$pfei^{354}$
榆中县	$suei^{332}$	$suei^{332}$	$suei^{44}$	$suei^{13}$	$suei^{13}$	$suei^{13}$	$suei^{13}$	$tʂuei^{51}$
皋兰县	$suei^{53}$	$suei^{53}$	$suei^{354}$	$suei^{13}$	$suei^{13}$	$suei^{13}$	$suei^{13}$	$pfei^{342}$
白银区	$suei^{51}$	$suei^{51}$	$suei^{343}$	$suei^{13}$	$suei^{13}$	$suei^{13}$	$suei^{13}$	$pfei^{44}$
天祝县	$suei^{53}$	$suei^{53}$	$suei^{44}$	$suei^{213}$	$suei^{213}$	$suei^{213}$	$suei^{213}$	$tʂuei^{44}$
景泰县（红水镇）	$suei^{53}$	$suei^{53}$	$suei^{44}$	$suei^{213}$	$suei^{213}$	$suei^{213}$	$suei^{213}$	$tʂuei^{44}$
古浪县	$suei^{53}$	$suei^{53}$	$suei^{44}$	$suei^{31}$	$suei^{31}$	$suei^{31}$	$suei^{31}$	$tʂuei^{44}$
凉州区	$suei^{13}$	$suei^{13}$	$suei^{33}$	$suei^{53}$	$suei^{53}$	$suei^{53}$	$suei^{53}$	$tʂuei^{33}$
民勤县	$suei^{53}$	$suei^{53}$	$suei^{214}$	$suei^{42}$	$suei^{42}$	$suei^{42}$	$suei^{42}$	$tʂuei^{44}$
永昌县	$suei^{13}$	$suei^{13}$	$suei^{44}$	$suei^{53}$	$suei^{53}$	$suei^{53}$	$suei^{53}$	$tʂuei^{44}$
甘州区	$suei^{53}$	$suei^{53}$	$suei^{53}$	$suei^{31}$	$suei^{31}$	$suei^{31}$	$suei^{31}$	$tʂuei^{44}$
临泽县	$suei^{53}$	$suei^{53}$	$suei^{44}$	$suei^{214}$	$suei^{214}$	$suei^{214}$	$suei^{214}$	$tʂuei^{44}$
民乐县	$suei^{53}$	$suei^{53}$	$suei^{213}$	$suei^{42}$	$suei^{42}$	$suei^{42}$	$suei^{42}$	$tʂuei^{44}$
山丹县	$suei^{53}$	$suei^{53}$	$suei^{53}$	$suei^{41}$	$suei^{41}$	$suei^{41}$	$suei^{41}$	$tʂuei^{24}$
高台县	$suei^{53}$	$suei^{53}$	$suei^{44}$	$suei^{214}$	$suei^{214}$	$suei^{214}$	$suei^{214}$	$tʂuei^{44}$
肃州区	$suei^{53}$	$suei^{53}$	$suei^{44}$	$suei^{214}$	$suei^{214}$	$suei^{214}$	$suei^{214}$	$tʂuei^{44}$
金塔县	$suei^{53}$	$suei^{53}$	$suei^{53}$	$suei^{13}$	$suei^{13}$	$suei^{13}$	$suei^{13}$	$tʂuei^{44}$
肃北县	$suei^{53}$	$suei^{53}$	$suei^{53}$	$suei^{213}$	$suei^{213}$	$suei^{213}$	$suei^{213}$	$tʂuei^{44}$
玉门市	$suei^{53}$	$suei^{53}$	$suei^{53}$	$suei^{213}$	$suei^{213}$	$suei^{213}$	$suei^{213}$	$tʂuei^{44}$
瓜州县	$suei^{53}$	$suei^{53}$	$suei^{53}$	$suei^{213}$	$suei^{213}$	$suei^{213}$	$suei^{213}$	$tʂuei^{44}$

①又思累切，只合三去寘心。

续表

西夏区	$suei^{53}$	$suei^{53}$	$suei^{44}$	$suei^{13}$	$suei^{13}$	$suei^{13}$	$suei^{13}$	$tʂuei^{44}$
贺兰县	$suei^{53}$	$suei^{53}$	$suei^{44}$	$suei^{13}$	$suei^{13}$	$suei^{13}$	$suei^{13}$	$tʂuei^{44}$
灵武市（东塔镇）	$suei^{52}$	$suei^{52}$	$suei^{44}$	$suei^{13}$	$suei^{13}$	$suei^{13}$	$suei^{13}$	$tʂuei^{44}$
永宁县	$suei^{53}$	$suei^{53}$	$suei^{44}$	$suei^{13}$	$suei^{13}$	$suei^{13}$	$suei^{13}$	$tʂuei^{44}$
中宁县	$suei^{53}$	$suei^{53}$	$suei^{44}$	$suei^{13}$	$suei^{13}$	$suei^{13}$	$suei^{13}$	$tʂuei^{44}$
沙坡头区	$suei^{53}$	$suei^{53}$	$suei^{44}$	$suei^{13}$	$suei^{13}$	$suei^{13}$	$suei^{13}$	$tʂuei^{44}$
盐池县	$suei^{13}$	$suei^{13}$	$suei^{44}$	$suei^{13}$	$suei^{13}$	$suei^{13}$	$suei^{13}$	$tʂuei^{44}$
平罗县（渠口乡）	$suei^{53}$	$suei^{53}$	$suei^{44}$	$suei^{13}$	$suei^{13}$	$suei^{13}$	$suei^{13}$	$tʂuei^{44}$
阿拉善左旗	$suei^{51}$	$suei^{51}$	$suei^{51}$	$suei^{213}$	$suei^{213}$	$suei^{213}$	$suei^{213}$	$tʂuei^{44}$
乌鲁木齐市	$suei^{52}$	$suei^{52}$	$suei^{52}$	$suei^{213}$	$suei^{213}$	$suei^{213}$	$suei^{213}$	$tʂuei^{44}$
阜康市	$suei^{51}$	$suei^{51}$	$suei^{51}$	$suei^{213}$	$suei^{213}$	$suei^{213}$	$suei^{213}$	$tʂuei^{55}$
呼图壁县	$suei^{51}$	$suei^{51}$	$suei^{51}$	$suei^{213}$	$suei^{213}$	$suei^{213}$	$suei^{213}$	$tʂuei^{44}$
吉木萨尔县	$suei^{51}$	$suei^{51}$	$suei^{51}$	$suei^{213}$	$suei^{213}$	$suei^{213}$	$suei^{213}$	$tʂuei^{44}$
奇台县	$suei^{52}$	$suei^{52}$	$suei^{52}$	$suei^{213}$	$suei^{213}$	$suei^{213}$	$suei^{213}$	$tʂuei^{44}$
博乐市	$suei^{51}$	$suei^{51}$	$suei^{51}$	$suei^{24}$	$suei^{24}$	$suei^{24}$	$suei^{24}$	$tʂuei^{45}$
阿勒泰市	$suei^{51}$	$suei^{51}$	$suei^{51}$	$suei^{23}$	$suei^{23}$	$suei^{23}$	$suei^{23}$	$tʂuei^{44}$
布尔津县	$suei^{23}$	$suei^{23}$	$suei^{23}$	$suei^{51}$	$suei^{51}$	$suei^{51}$	$suei^{51}$	$tʂuei^{44}$
乌苏市	$suei^{51}$	$suei^{51}$	$suei^{51}$	$suei^{213}$	$suei^{213}$	$suei^{213}$	$suei^{213}$	$tʂuei^{55}$
额敏县	$suei^{51}$	$suei^{51}$	$suei^{51}$	$suei^{34}$	$suei^{34}$	$suei^{34}$	$suei^{34}$	$tʂuei^{44}$
伊州区	$suei^{51}$	$suei^{51}$	$suei^{51}$	$suei^{213}$	$suei^{213}$	$suei^{213}$	$suei^{213}$	$tʂuei^{44}$
巴里坤县	$suei^{51}$	$suei^{51}$	$suei^{51}$	$suei^{24}$	$suei^{24}$	$suei^{24}$	$suei^{24}$	$tʂuei^{45}$
伊吾县	$suei^{51}$	$suei^{51}$	$suei^{51}$	$suei^{213}$	$suei^{213}$	$suei^{213}$	$suei^{213}$	$tʂuei^{44}$

字目 / 方音 / 中古音 / 方言点	锥	赘	坠	吹	炊	垂	锤	谁
	止合三平脂章	蟹合三去祭章	止合三去至澄	止合三平支昌	止合三平支昌	止合三平支禅	止合三平脂澄	止合三平脂禅
兰州市（城关区）	pfei^{53}	pfei^{13}	pfei^{13}	pfʻei^{53}	pfʻei^{53}	pfʻei^{51}	pfʻei^{51}	fei^{51}
永登县	pfei^{42}	pfei^{13}	pfei^{13}	pfʻei^{42}	pfʻei^{42}	pfʻei^{53}	pfʻei^{53}	fei^{53}
榆中县	tʂuei^{51}	tʂuei^{13}	tʂuei^{13}	tʂʻuei^{51}	tʂʻuei^{51}	tʻuei^{332}	tʂʻuei^{332}	ʂuei^{332}
皋兰县	pfei^{42}	pfei^{13}	pfei^{13}	pfʻei^{42}	pfʻei^{42}	pfʻei^{53}	pfʻei^{53}	fei^{53}
白银区	pfei^{44}	pfei^{13}	pfei^{13}	pfʻei^{44}	pfʻei^{44}	pfʻei^{51}	pfʻei^{51}	fei^{51}
天祝县	tʂuei^{53}	tʂuei^{213}	tʂuei^{213}	tʂʻuei^{53}	tʂʻuei^{53}	tʂʻuei^{53}	tʂʻuei^{53}	ʂuei^{53}
景泰县（红水镇）	tʂuei^{53}	tʂuei^{213}	tʂuei^{213}	tʂʻuei^{53}	tʂʻuei^{53}	tʂʻuei^{53}	tʂʻuei^{53}	ʂuei^{53}
古浪县	tʂuei^{44}	tʂuei^{31}	tʂuei^{31}	tʂʻuei^{44}	tʂʻuei^{44}	tʂʻuei^{53}	tʂʻuei^{53}	ʂuei^{53}
凉州区	tʂuei^{33}	tʂuei^{53}	tʂuei^{53}	tʂʻuei^{33}	tʂʻuei^{33}	tʂʻuei^{13}	tʂʻuei^{13}	ʂuei^{13}
民勤县	tʂuei^{44}	tʂuei^{42}	tʂuei^{42}	tʂʻuei^{44}	tʂʻuei^{44}	tʂʻuei^{53}	tʂʻuei^{53}	ʂuei^{53}
永昌县	tʂuei^{44}	tʂuei^{53}	tʂuei^{53}	tʂʻuei^{44}	tʂʻuei^{44}	tʂʻuei^{13}	tʂʻuei^{13}	ʂuei^{13}
甘州区	kuei^{44}	kuei^{31}	kuei^{31}	kʻuei^{44}	kʻuei^{44}	kʻuei^{53}	kʻuei^{53}	ʂuei^{53}
临泽县	pfuei^{44}	pfuei^{214}	pfuei^{214}	pfʻuei^{44}	pfʻuei^{44}	pfʻuei^{53}	pfʻuei^{53}	ʂuei^{53}
民乐县	kfuei^{44}	kfuei^{42}	kfuei^{42}	kfʻuei^{44}	kfʻuei^{44}	kfʻuei^{53}	kfʻuei^{53}	ʂuei^{53}
山丹县	pfuei^{24}	pfuei^{41}	pfuei^{41}	pfʻuei^{24}	pfʻuei^{24}	pfʻuei^{53}	pfʻuei^{53}	ʂuei^{53}
高台县	kuei^{44}	kuei^{214}	kuei^{214}	kʻuei^{44}	kʻuei^{44}	kʻuei^{53}	kʻuei^{53}	ʂuei^{53}
肃州区	tʂuei^{44}	tʂuei^{214}	tʂuei^{214}	tʂʻuei^{44}	tʂʻuei^{44}	tʂʻuei^{53}	tʂʻuei^{53}	ʂuei^{53}
金塔县	tʂuei^{44}	tʂuei^{13}	tʂuei^{13}	tʂʻuei^{44}	tʂʻuei^{44}	tʂʻuei^{53}	tʂʻuei^{53}	ʂuei^{53}
肃北县	tʂuei^{44}	tʂuei^{213}	tʂuei^{213}	tʂʻuei^{44}	tʂʻuei^{44}	tʂʻuei^{53}	tʂʻuei^{53}	ʂuei^{53}
玉门市	tʂuei^{44}	tʂuei^{213}	tʂuei^{213}	tʂʻuei^{44}	tʂʻuei^{44}	tʂʻuei^{53}	tʂʻuei^{53}	ʂuei^{53}
瓜州县	tʂuei^{44}	tʂuei^{213}	tʂuei^{213}	tʂʻuei^{44}	tʂʻuei^{44}	tʂʻuei^{53}	tʂʻuei^{53}	ʂuei^{53}
西夏区	tʂuei^{44}	tʂuei^{13}	tʂuei^{13}	tʂʻuei^{44}	tʂʻuei^{44}	tʂʻuei^{53}	tʂʻuei^{53}	ʂuei^{53}

续表

贺兰县	tʂuei^{44}	tʂuei^{13}	tʂuei^{13}	tʂʻuei^{44}	tʂʻuei^{44}	tʂʻuei^{53}	tʂʻuei^{53}	ʂuei^{53}
灵武市（东塔镇）	tʂuei^{44}	tʂuei^{13}	tʂuei^{13}	tʂʻuei^{44}	tʂʻuei^{44}	tʂʻuei^{52}	tʂʻuei^{52}	ʂuei^{52}
永宁县	tʂuei^{44}	tʂuei^{13}	tʂuei^{13}	tʂʻuei^{44}	tʂʻuei^{44}	tʂʻuei^{53}	tʂʻuei^{53}	ʂuei^{53}
中宁县	tʂuei^{44}	tʂuei^{13}	tʂuei^{13}	tʂʻuei^{44}	tʂʻuei^{44}	tʂʻuei^{53}	tʂʻuei^{53}	ʂuei^{53}
沙坡头区	tʂuei^{44}	tʂuei^{13}	tʂuei^{13}	tʂʻuei^{44}	tʂʻuei^{44}	tʂʻuei^{53}	tʂʻuei^{53}	ʂuei^{53}
盐池县	tʂuei^{44}	tʂuei^{13}	tʂuei^{13}	tʂʻuei^{44}	tʂʻuei^{44}	tʂʻuei^{13}	tʂʻuei^{13}	ʂuei^{13}
平罗县（渠口乡）	tʂuei^{44}	tʂuei^{13}	tʂuei^{13}	tʂʻuei^{44}	tʂʻuei^{44}	tʂʻuei^{53}	tʂʻuei^{53}	ʂuei^{53}
阿拉善左旗	tʂuei^{44}	tʂuei^{213}	tʂuei^{213}	tʂʻuei^{44}	tʂʻuei^{44}	tʂʻuei^{51}	tʂʻuei^{51}	ʂuei^{51}
乌鲁木齐市	tʂuei^{44}	tʂuei^{213}	tʂuei^{213}	tʂʻuei^{44}	tʂʻuei^{44}	tʂʻuei^{52}	tʂʻuei^{52}	ʂuei^{52}
阜康市	tʂuei^{55}	tʂuei^{213}	tʂuei^{213}	tʂʻuei^{55}	tʂʻuei^{55}	tʂʻuei^{51}	tʂʻuei^{51}	ʂuei^{51}
呼图壁县	tʂuei^{44}	tʂuei^{213}	tʂuei^{213}	tʂʻuei^{44}	tʂʻuei^{44}	tʂʻuei^{51}	tʂʻuei^{51}	ʂuei^{51}
吉木萨尔县	tʂuei^{44}	tʂuei^{213}	tʂuei^{213}	tʂʻuei^{44}	tʂʻuei^{44}	tʂʻuei^{51}	tʂʻuei^{51}	ʂuei^{51}
奇台县	tʂuei^{44}	tʂuei^{213}	tʂuei^{213}	tʂʻuei^{44}	tʂʻuei^{44}	tʂʻuei^{52}	tʂʻuei^{52}	ʂuei^{52}
博乐市	tʂuei^{45}	tʂuei^{24}	tʂuei^{24}	tʂʻuei^{45}	tʂʻuei^{45}	tʂʻuei^{51}	tʂʻuei^{51}	ʂuei^{51}
阿勒泰市	tʂuei^{44}	tʂuei^{23}	tʂuei^{23}	tʂʻuei^{44}	tʂʻuei^{44}	tʂʻuei^{51}	tʂʻuei^{51}	ʂuei^{51}
布尔津县	tʂuei^{44}	tʂuei^{51}	tʂuei^{51}	tʂʻuei^{44}	tʂʻuei^{44}	tʂʻuei^{23}	tʂʻuei^{23}	ʂuei^{23}
乌苏市	tʂuei^{55}	tʂuei^{213}	tʂuei^{213}	tʂʻuei^{55}	tʂʻuei^{55}	tʂʻuei^{51}	tʂʻuei^{51}	ʂuei^{51}
额敏县	tʂuei^{44}	tʂuei^{34}	tʂuei^{34}	tʂʻuei^{44}	tʂʻuei^{44}	tʂʻuei^{51}	tʂʻuei^{51}	ʂuei^{51}
伊州区	tʂuei^{44}	tʂuei^{213}	tʂuei^{213}	tʂʻuei^{44}	tʂʻuei^{44}	tʂʻuei^{51}	tʂʻuei^{51}	ʂuei^{51}
巴里坤县	tʂuei^{45}	tʂuei^{24}	tʂuei^{24}	tʂʻuei^{45}	tʂʻuei^{45}	tʂʻuei^{51}	tʂʻuei^{51}	ʂuei^{51}
伊吾县	tʂuei^{44}	tʂuei^{213}	tʂuei^{213}	tʂʻuei^{44}	tʂʻuei^{44}	tʂʻuei^{51}	tʂʻuei^{51}	ʂuei^{51}

字目 中古音 / 方言点	水	税	睡	蕊 花蕊	锐	瑞	规	龟
	止合三上旨书	蟹合三去祭书	止合三去寘禅	止合三上纸日	蟹合三去祭以	止合三去寘禅	止合三平支见	止合三平脂见
兰州市（城关区）	fei⁴⁴	fei¹³	fei¹³	vei⁴⁴	vei⁴⁴	vei¹³	kuei⁵³	kuei⁵³
永登县	fei³⁵⁴	fei¹³	fei¹³	vei³⁵⁴	vei³⁵⁴	vei¹³	kuei⁴²	kuei⁴²
榆中县	fei⁴⁴	fei¹³	fei¹³	vei⁴⁴	vei⁴⁴	vei¹³	kuei⁵¹	kuei⁵¹
皋兰县	fei³⁴²	fei¹³	fei¹³	vei³⁴²	vei³⁴²	vei¹³	kuei⁴²	kuei⁴²
白银区	fei³⁴³	fei¹³	fei¹³	vei³⁴³	vei³⁴³	vei¹³	kuei⁴⁴	kuei⁴⁴
天祝县	fei⁴⁴	fei²¹³	fei²¹³	vei⁴⁴	vei⁴⁴	vei²¹³	kuei⁴⁴	kuei⁴⁴
景泰县（红水镇）	fei⁴⁴	fei²¹³	fei²¹³	vei⁴⁴	vei⁴⁴	vei²¹³	kuei⁴⁴	kuei⁴⁴
古浪县	fei⁴⁴	fei³¹	fei³¹	vei⁴⁴	vei⁴⁴	vei³¹	kuei⁴⁴	kuei⁴⁴
凉州区	fei³³	fei⁵³	fei⁵³	vei³³	vei³³	vei⁵³	kuei³³	kuei³³
民勤县	ʂuei²¹⁴	ʂuei⁴²	ʂuei⁴²	ʐuei²¹⁴	ʐuei²¹⁴	ʂuei⁴²	kuei⁴⁴	kuei⁴⁴
永昌县	fei¹³	fei⁵³	fei⁵³	vei¹³	vei¹³	vei⁵³	kuei⁴⁴	kuei⁴⁴
甘州区	fei⁵³	fei³¹	fei³¹	vei⁵³	vei⁵³	vei³¹	kuei⁴⁴	kuei⁴⁴
临泽县	fei⁵³	fei²¹⁴	fei²¹⁴	vei⁵³	vei²¹⁴	vei²¹⁴	kuei⁴⁴	kuei⁴⁴
民乐县	ʂuei²¹³	ʂuei⁴²	ʂuei⁴²	ʐuei²¹³	ʐuei²¹³	ʂuei⁴²	kuei⁴⁴	kuei⁴⁴
山丹县	fei⁵³	fei⁴¹	fei⁴¹	vei⁵³	vei⁵³	vei⁴¹	kuei²⁴	kuei²⁴
高台县	fei⁵³	fei²¹⁴	fei²¹⁴	vei⁵³	vei²¹⁴	vei²¹⁴	kuei⁴⁴	kuei⁴⁴
肃州区	ʂuei⁵³	ʂuei²¹⁴	ʂuei²¹⁴	ʐuei⁵³	ʐuei²¹⁴	ʂuei²¹⁴	kuei⁴⁴	kuei⁴⁴
金塔县	fei⁵³	fei¹³	fei¹³	vei⁵³	vei⁵³	vei¹³	kuei⁴⁴	kuei⁴⁴
肃北县	fei⁵³	fei²¹³	fei²¹³	vei⁵³	vei⁵³	vei²¹³	kuei⁴⁴	kuei⁴⁴
玉门市	fei⁵³	fei²¹³	fei²¹³	vei⁵³	vei⁵³	vei²¹³	kuei⁴⁴	kuei⁴⁴
瓜州县	fei⁵³	fei²¹³	fei²¹³	vei⁵³	vei⁵³	vei²¹³	kuei⁴⁴	kuei⁴⁴
西夏区	ʂuei⁵³	ʂuei¹³	ʂuei¹³	ʐuei⁵³	ʐuei⁵³	ʂuei¹³	kuei⁴⁴	kuei⁴⁴

续表

贺兰县	ʂuei^{53}	ʂuei^{13}	ʂuei^{13}	ʐuei^{53}	ʐuei^{53}	ʂuei^{13}	kuei^{44}	kuei^{44}
灵武市（东塔镇）	ʂuei^{52}	ʂuei^{13}	ʂuei^{13}	ʐuei^{52}	ʐuei^{52}	ʂuei^{13}	kuei^{44}	kuei^{44}
永宁县	ʂuei^{53}	ʂuei^{13}	ʂuei^{13}	ʐuei^{53}	ʐuei^{53}	ʂuei^{13}	kuei^{44}	kuei^{44}
中宁县	ʂuei^{53}	ʂuei^{13}	ʂuei^{13}	ʐuei^{53}	ʐuei^{53}	ʂuei^{13}	kuei^{44}	kuei^{44}
沙坡头区	ʂuei^{53}	ʂuei^{13}	ʂuei^{13}	ʐuei^{53}	ʐuei^{53}	ʂuei^{13}	kuei^{44}	kuei^{44}
盐池县	ʂuei^{52}	ʂuei^{13}	ʂuei^{13}	ʐuei^{13}	ʐuei^{52}	ʂuei^{13}	kuei^{44}	kuei^{44}
平罗县（渠口乡）	ʂuei^{53}	ʂuei^{13}	ʂuei^{13}	ʐuei^{53}	ʐuei^{53}	ʂuei^{13}	kuei^{44}	kuei^{44}
阿拉善左旗	fei^{51}	fei^{213}	fei^{213}	vei^{51}	vei^{51}	vei^{213}	kuei^{44}	kuei^{44}
乌鲁木齐市	fei^{52}	fei^{213}	fei^{213}	vei^{52}	vei^{52}	vei^{213}	kuei^{44}	kuei^{44}
阜康市	fei^{51}	fei^{213}	fei^{213}	vei^{51}	vei^{51}	vei^{213}	kuei^{55}	kuei^{55}
呼图壁县	fei^{51}	fei^{213}	fei^{213}	vei^{51}	vei^{51}	vei^{213}	kuei^{44}	kuei^{44}
吉木萨尔县	fei^{51}	fei^{213}	fei^{213}	vei^{51}	vei^{51}	vei^{213}	kuei^{44}	kuei^{44}
奇台县	fei^{52}	fei^{213}	fei^{213}	vei^{52}	vei^{52}	vei^{213}	kuei^{44}	kuei^{44}
博乐市	fei^{51}	fei^{24}	fei^{24}	vei^{51}	vei^{51}	vei^{24}	kuei^{45}	kuei^{45}
阿勒泰市	fei^{51}	fei^{23}	fei^{23}	ʋei^{51}	ʋei^{51}	ʋei^{23}	kuei^{44}	kuei^{44}
布尔津县	fei^{23}	fei^{51}	fei^{51}	vei^{23}	vei^{23}	vei^{51}	kuei^{44}	kuei^{44}
乌苏市	fei^{51}	fei^{213}	fei^{213}	ʋei^{51}	ʋei^{51}	ʋei^{213}	kuei^{55}	kuei^{55}
额敏县	fei^{51}	fei^{34}	fei^{34}	vei^{51}	vei^{51}	vei^{34}	kuei^{44}	kuei^{44}
伊州区	fei^{51}	fei^{213}	fei^{213}	vei^{51}	vei^{51}	vei^{213}	kuei^{44}	kuei^{44}
巴里坤县	fei^{51}	fei^{24}	fei^{24}	vei^{51}	vei^{51}	vei^{24}	kuei^{45}	kuei^{45}
伊吾县	fei^{51}	fei^{213}	fei^{213}	vei^{51}	vei^{51}	vei^{213}	kuei^{44}	kuei^{44}

字目 中古音 方音 方言点	归	诡	轨	鬼	桂	跪①	柜	贵
	止合三平微见	止合三上纸见	止合三上旨见	止合三上尾见	蟹合四去霁见	止合三上纸群	止合三去至群	止合三去未见
兰州市（城关区）	kuei^{53}	kuei^{44}	kuei^{53}	kuei^{44}	kuei^{13}	kuei^{13}	kuei^{13}	kuei^{13}
永登县	kuei^{42}	kuei^{354}	kuei^{42}	kuei^{354}	kuei^{13}	kuei^{13}	kuei^{13}	kuei^{13}
榆中县	kuei^{51}	kuei^{44}	kuei^{51}	kuei^{44}	kuei^{13}	kuei^{13}	kuei^{13}	kuei^{13}
皋兰县	kuei^{42}	kuei^{342}	kuei^{42}	kuei^{342}	kuei^{13}	kuei^{13}	kuei^{13}	kuei^{13}
白银区	kuei^{44}	kuei^{343}	kuei^{44}	kuei^{343}	kuei^{13}	kuei^{13}	kuei^{13}	kuei^{13}
天祝县	kuei^{44}	kuei^{44}	kuei^{44}	kuei^{44}	kuei^{214}	kuei^{213}	kuei^{213}	kuei^{213}
景泰县（红水镇）	kuei^{44}	kuei^{44}	kuei^{44}	kuei^{44}	kuei^{213}	kuei^{213}	kuei^{213}	kuei^{213}
古浪县	kuei^{44}	kuei^{44}	kuei^{44}	kuei^{44}	kuei^{31}	kuei^{31}	kuei^{31}	kuei^{31}
凉州区	kuei^{33}	kuei^{33}	kuei^{33}	kuei^{33}	kuei^{53}	kuei^{53}	kuei^{53}	kuei^{53}
民勤县	kuei^{44}	kuei^{214}	kuei^{44}	kuei^{214}	kuei^{42}	kuei^{42}	kuei^{42}	kuei^{42}
永昌县	kuei^{44}	kuei^{13}	kuei^{44}	kuei^{13}	kuei^{53}	kuei^{53}	kuei^{53}	kuei^{53}
甘州区	kuei^{44}	kuei^{53}	kuei^{53}	kuei^{53}	kuei^{31}	kuei^{31}	kuei^{31}	kuei^{31}
临泽县	kuei^{44}	kuei^{53}	kuei^{44}	kuei^{44}	kuei^{214}	kuei^{214}	kuei^{214}	kuei^{214}
民乐县	kuei^{44}	kuei^{213}	kuei^{44}	kuei^{213}	kuei^{42}	kuei^{42}	kuei^{42}	kuei^{42}
山丹县	kuei^{24}	kuei^{53}	kuei^{53}	kuei^{53}	kuei^{41}	kuei^{41}	kuei^{41}	kuei^{41}
高台县	kuei^{44}	kuei^{53}	kuei^{44}	kuei^{53}	kuei^{214}	kuei^{214}	kuei^{214}	kuei^{214}
肃州区	kuei^{44}	kuei^{53}	kuei^{44}	kuei^{53}	kuei^{214}	kuei^{214}	kuei^{214}	kuei^{214}
金塔县	kuei^{44}	kuei^{53}	kuei^{53}	kuei^{53}	kuei^{13}	kuei^{13}	kuei^{13}	kuei^{13}
肃北县	kuei^{44}	kuei^{53}	kuei^{53}	kuei^{53}	kuei^{213}	kuei^{213}	kuei^{213}	kuei^{213}
玉门市	kuei^{44}	kuei^{53}	kuei^{53}	kuei^{53}	kuei^{213}	kuei^{213}	kuei^{213}	kuei^{213}
瓜州县	kuei^{44}	kuei^{53}	kuei^{53}	kuei^{53}	kuei^{213}	kuei^{213}	kuei^{213}	kuei^{213}

①又去委切，止合三上纸溪。

续表

西夏区	$kuei^{44}$	$kuei^{53}$	$kuei^{44}$	$kuei^{53}$	$kuei^{13}$	$kuei^{13}$	$kuei^{13}$	$kuei^{13}$
贺兰县	$kuei^{44}$	$kuei^{53}$	$kuei^{44}$	$kuei^{53}$	$kuei^{13}$	$kuei^{13}$	$kuei^{13}$	$kuei^{13}$
灵武市（东塔镇）	$kuei^{44}$	$kuei^{52}$	$kuei^{44}$	$kuei^{52}$	$kuei^{13}$	$kuei^{13}$	$kuei^{13}$	$kuei^{13}$
永宁县	$kuei^{44}$	$kuei^{53}$	$kuei^{44}$	$kuei^{53}$	$kuei^{13}$	$kuei^{13}$	$kuei^{13}$	$kuei^{13}$
中宁县	$kuei^{44}$	$kuei^{53}$	$kuei^{44}$	$kuei^{53}$	$kuei^{13}$	$kuei^{13}$	$kuei^{13}$	$kuei^{13}$
沙坡头区	$kuei^{44}$	$kuei^{53}$	$kuei^{44}$	$kuei^{53}$	$kuei^{13}$	$kuei^{13}$	$kuei^{13}$	$kuei^{13}$
盐池县	$kuei^{44}$	$kuei^{52}$	$kuei^{44}$	$kuei^{52}$	$kuei^{13}$	$kuei^{13}$	$kuei^{13}$	$kuei^{13}$
平罗县（渠口乡）	$kuei^{44}$	$kuei^{53}$	$kuei^{44}$	$kuei^{53}$	$kuei^{13}$	$kuei^{13}$	$kuei^{13}$	$kuei^{13}$
阿拉善左旗	$kuei^{44}$	$kuei^{51}$	$kuei^{51}$	$kuei^{51}$	$kuei^{213}$	$kuei^{213}$	$kuei^{213}$	$kuei^{213}$
乌鲁木齐市	$kuei^{44}$	$kuei^{52}$	$kuei^{52}$	$kuei^{52}$	$kuei^{213}$	$kuei^{213}$	$kuei^{213}$	$kuei^{213}$
阜康市	$kuei^{55}$	$kuei^{51}$	$kuei^{51}$	$kuei^{51}$	$kuei^{213}$	$kuei^{213}$	$kuei^{213}$	$kuei^{213}$
呼图壁县	$kuei^{44}$	$kuei^{51}$	$kuei^{51}$	$kuei^{51}$	$kuei^{213}$	$kuei^{213}$	$kuei^{213}$	$kuei^{213}$
吉木萨尔县	$kuei^{44}$	$kuei^{51}$	$kuei^{51}$	$kuei^{51}$	$kuei^{213}$	$kuei^{213}$	$kuei^{213}$	$kuei^{213}$
奇台县	$kuei^{44}$	$kuei^{52}$	$kuei^{52}$	$kuei^{52}$	$kuei^{213}$	$kuei^{213}$	$kuei^{213}$	$kuei^{213}$
博乐市	$kuei^{45}$	$kuei^{51}$	$kuei^{51}$	$kuei^{51}$	$kuei^{24}$	$kuei^{24}$	$kuei^{24}$	$kuei^{24}$
阿勒泰市	$kuei^{44}$	$kuei^{51}$	$kuei^{51}$	$kuei^{51}$	$kuei^{23}$	$kuei^{23}$	$kuei^{23}$	$kuei^{23}$
布尔津县	$kuei^{44}$	$kuei^{23}$	$kuei^{23}$	$kuei^{23}$	$kuei^{51}$	$kuei^{51}$	$kuei^{51}$	$kuei^{51}$
乌苏市	$kuei^{55}$	$kuei^{51}$	$kuei^{51}$	$kuei^{51}$	$kuei^{213}$	$kuei^{213}$	$kuei^{213}$	$kuei^{213}$
额敏县	$kuei^{44}$	$kuei^{51}$	$kuei^{51}$	$kuei^{51}$	$kuei^{34}$	$kuei^{34}$	$kuei^{34}$	$kuei^{34}$
伊州区	$kuei^{44}$	$kuei^{51}$	$kuei^{51}$	$kuei^{51}$	$kuei^{213}$	$kuei^{213}$	$kuei^{213}$	$kuei^{213}$
巴里坤县	$kuei^{45}$	$kuei^{51}$	$kuei^{51}$	$kuei^{51}$	$kuei^{24}$	$kuei^{24}$	$kuei^{24}$	$kuei^{24}$
伊吾县	$kuei^{44}$	$kuei^{51}$	$kuei^{51}$	$kuei^{51}$	$kuei^{213}$	$kuei^{213}$	$kuei^{213}$	$kuei^{213}$

字目 / 中古音 / 方音 / 方言点	亏	魁	奎	葵	溃[①] 崩溃	愧[②]	恢	灰
	止合三平支溪	蟹合一平灰溪	蟹合四平齐溪	止合三平脂群	蟹合一去队匣	止合三去至见	蟹合一平灰溪	蟹合一平灰晓
兰州市（城关区）	kʻuei^{53}	kʻuei^{51}	kʻuei^{51}	kʻuei^{51}	kʻuei^{13}	kʻuei^{13}	xuei^{53}	xuei^{53}
永登县	kʻuei^{42}	kʻuei^{53}	kʻuei^{53}	kʻuei^{54}	kʻuei^{13}	kʻuei^{13}	xuei^{42}	xuei^{42}
榆中县	kʻuei^{51}	kʻuei^{332}	kʻuei^{332}	kʻuei^{332}	kʻuei^{13}	kʻuei^{13}	xuei^{51}	xuei^{51}
皋兰县	kʻuei^{42}	kʻuei^{53}	kʻuei^{53}	kʻuei^{54}	kʻuei^{13}	kʻuei^{13}	xuei^{42}	xuei^{42}
白银区	kʻuei^{44}	kʻuei^{51}	kʻuei^{51}	kʻuei^{51}	kʻuei^{13}	kʻuei^{13}	xuei^{44}	xuei^{44}
天祝县	kʻuei^{44}	kʻuei^{53}	kʻuei^{53}	kʻuei^{53}	kʻuei^{213}	kʻuei^{213}	xuei^{44}	xuei^{44}
景泰县（红水镇）	kʻuei^{44}	kʻuei^{53}	kʻuei^{53}	kʻuei^{53}	kʻuei^{213}	kʻuei^{213}	xuei^{44}	xuei^{44}
古浪县	kʻuei^{44}	kʻuei^{53}	kʻuei^{53}	kʻuei^{53}	kʻuei^{31}	kʻuei^{31}	xuei^{44}	xuei^{44}
凉州区	kʻuei^{33}	kʻuei^{13}	kʻuei^{13}	kʻuei^{13}	kʻuei^{53}	kʻuei^{53}	xuei^{33}	xuei^{33}
民勤县	kʻuei^{44}	kʻuei^{53}	kʻuei^{53}	kʻuei^{53}	kʻuei^{42}	kʻuei^{42}	xuei^{44}	xuei^{44}
永昌县	kʻuei^{44}	kʻuei^{13}	kʻuei^{13}	kʻuei^{13}	kʻuei^{53}	kʻuei^{53}	xuei^{44}	xuei^{44}
甘州区	kʻuei^{44}	kʻuei^{53}	kʻuei^{53}	kʻuei^{53}	kʻuei^{31}	kʻuei^{31}	xuei^{44}	xuei^{44}
临泽县	kʻuei^{44}	kʻuei^{53}	kʻuei^{53}	kʻuei^{53}	kʻuei^{214}	kʻuei^{214}	xuei^{44}	xuei^{44}
民乐县	kʻuei^{44}	kʻuei^{53}	kʻuei^{53}	kʻuei^{53}	kʻuei^{42}	kʻuei^{42}	xuei^{44}	xuei^{44}
山丹县	kʻuei^{24}	kʻuei^{53}	kʻuei^{53}	kʻuei^{53}	kʻuei^{41}	kʻuei^{41}	xuei^{24}	xuei^{24}
高台县	kʻuei^{44}	kʻuei^{53}	kʻuei^{53}	kʻuei^{53}	kʻuei^{214}	kʻuei^{214}	xuei^{44}	xuei^{44}
肃州区	kʻuei^{44}	kʻuei^{53}	kʻuei^{53}	kʻuei^{53}	kʻuei^{214}	kʻuei^{214}	xuei^{44}	xuei^{44}
金塔县	kʻuei^{44}	kʻuei^{53}	kʻuei^{53}	kʻuei^{53}	kʻuei^{13}	kʻuei^{13}	xuei^{44}	xuei^{44}
肃北县	kʻuei^{44}	kʻuei^{53}	kʻuei^{53}	kʻuei^{53}	kʻuei^{213}	kʻuei^{213}	xuei^{44}	xuei^{44}
玉门市	kʻuei^{44}	kʻuei^{53}	kʻuei^{53}	kʻuei^{53}	kʻuei^{213}	kʻuei^{213}	xuei^{44}	xuei^{44}

①又户贿切，蟹合一上贿匣。

②《广韵》俱位切，止合三去至见。

续表

瓜州县	kʻuei^{44}	kʻuei^{53}	kʻuei^{53}	kʻuei^{53}	kʻuei^{213}	kʻuei^{213}	xuei^{44}	xuei^{44}
西夏区	kʻuei^{44}	kʻuei^{53}	kʻuei^{53}	kʻuei^{53}	kʻuei^{13}	kʻuei^{13}	xuei^{44}	xuei^{44}
贺兰县	kʻuei^{44}	kʻuei^{53}	kʻuei^{53}	kʻuei^{53}	kʻuei^{13}	kʻuei^{13}	xuei^{44}	xuei^{44}
灵武市（东塔镇）	kʻuei^{44}	kʻuei^{52}	kʻuei^{52}	kʻuei^{52}	kʻuei^{13}	kʻuei^{13}	xuei^{44}	xuei^{44}
永宁县	kʻuei^{44}	kʻuei^{53}	kʻuei^{53}	kʻuei^{53}	kʻuei^{13}	kʻuei^{13}	xuei^{44}	xuei^{44}
中宁县	kʻuei^{44}	kʻuei^{53}	kʻuei^{53}	kʻuei^{53}	kʻuei^{13}	kʻuei^{13}	xuei^{44}	xuei^{44}
沙坡头区	kʻuei^{44}	kʻuei^{53}	kʻuei^{53}	kʻuei^{53}	kʻuei^{13}	kʻuei^{13}	xuei^{44}	xuei^{44}
盐池县	kʻuei^{44}	kʻuei^{13}	kʻuei^{13}	kʻuei^{13}	kʻuei^{13}	kʻuei^{13}	xuei^{44}	xuei^{44}
平罗县（渠口乡）	kʻuei^{44}	kʻuei^{53}	kʻuei^{53}	kʻuei^{53}	kʻuei^{13}	kʻuei^{13}	xuei^{44}	xuei^{44}
阿拉善左旗	kʻuei^{44}	kʻuei^{51}	kʻuei^{51}	kʻuei^{51}	kʻuei^{213}	kʻuei^{213}	xuei^{44}	xuei^{44}
乌鲁木齐市	kʻuei^{44}	kʻuei^{52}	kʻuei^{52}	kʻuei^{52}	kʻuei^{213}	kʻuei^{213}	xuei^{44}	xuei^{44}
阜康市	kʻuei^{55}	kʻuei^{51}	kʻuei^{51}	kʻuei^{51}	kʻuei^{213}	kʻuei^{213}	xuei^{55}	xuei^{55}
呼图壁县	kʻuei^{44}	kʻuei^{51}	kʻuei^{51}	kʻuei^{51}	kʻuei^{213}	kʻuei^{213}	xuei^{44}	xuei^{44}
吉木萨尔县	kʻuei^{44}	kʻuei^{51}	kʻuei^{51}	kʻuei^{51}	kʻuei^{213}	kʻuei^{213}	xuei^{44}	xuei^{44}
奇台县	kʻuei^{44}	kʻuei^{52}	kʻuei^{52}	kʻuei^{52}	kʻuei^{213}	kʻuei^{213}	xuei^{44}	xuei^{44}
博乐市	kʻuei^{45}	kʻuei^{51}	kʻuei^{51}	kʻuei^{51}	kʻuei^{24}	kʻuei^{24}	xuei^{45}	xuei^{45}
阿勒泰市	kʻuei^{44}	kʻuei^{51}	kʻuei^{51}	kʻuei^{51}	kʻuei^{23}	kʻuei^{23}	xuei^{44}	xuei^{44}
布尔津县	kʻuei^{44}	kʻuei^{23}	kʻuei^{23}	kʻuei^{23}	kʻuei^{51}	kʻuei^{51}	xuei^{44}	xuei^{44}
乌苏市	kʻuei^{55}	kʻuei^{51}	kʻuei^{51}	kʻuei^{51}	kʻuei^{213}	kʻuei^{213}	xuei^{55}	xuei^{55}
额敏县	kʻuei^{44}	kʻuei^{51}	kʻuei^{51}	kʻuei^{51}	kʻuei^{34}	kʻuei^{34}	xuei^{44}	xuei^{44}
伊州区	kʻuei^{44}	kʻuei^{51}	kʻuei^{51}	kʻuei^{51}	kʻuei^{213}	kʻuei^{213}	xuei^{44}	xuei^{44}
巴里坤县	kʻuei^{45}	kʻuei^{51}	kʻuei^{51}	kʻuei^{51}	kʻuei^{24}	kʻuei^{24}	xuei^{45}	xuei^{45}
伊吾县	kʻuei^{44}	kʻuei^{51}	kʻuei^{51}	kʻuei^{51}	kʻuei^{213}	kʻuei^{213}	xuei^{44}	xuei^{44}

字目 / 中古音 / 方言点	挥	辉	徽	回	悔①	毁②	贿③	汇④ 汇合
中古音	止合三平微晓	止合三平微晓	止合三平微晓	蟹合一平灰匣	蟹合一上贿晓	止合三上纸晓	蟹合一上贿晓	蟹合一上贿匣
兰州市（城关区）	$xuei^{53}$	$xuei^{53}$	$xuei^{53}$	$xuei^{51}$	$xuei^{44}$	$xuei^{44}$	$xuei^{44}$	$xuei^{13}$
永登县	$xuei^{42}$	$xuei^{42}$	$xuei^{42}$	$xuei^{53}$	$xuei^{354}$	$xuei^{354}$	$xuei^{354}$	$xuei^{13}$
榆中县	$xuei^{51}$	$xuei^{51}$	$xuei^{51}$	$xuei^{332}$	$xuei^{44}$	$xuei^{44}$	$xuei^{44}$	$xuei^{13}$
皋兰县	$xuei^{42}$	$xuei^{42}$	$xuei^{42}$	$xuei^{53}$	$xuei^{342}$	$xuei^{342}$	$xuei^{342}$	$xuei^{13}$
白银区	$xuei^{44}$	$xuei^{44}$	$xuei^{44}$	$xuei^{51}$	$xuei^{343}$	$xuei^{343}$	$xuei^{343}$	$xuei^{13}$
天祝县	$xuei^{44}$	$xuei^{44}$	$xuei^{44}$	$xuei^{51}$	$xuei^{343}$	$xuei^{343}$	$xuei^{343}$	$xuei^{13}$
景泰县（红水镇）	$xuei^{44}$	$xuei^{44}$	$xuei^{44}$	$xuei^{53}$	$xuei^{44}$	$xuei^{44}$	$xuei^{44}$	$xuei^{213}$
古浪县	$xuei^{44}$	$xuei^{44}$	$xuei^{44}$	$xuei^{53}$	$xuei^{44}$	$xuei^{44}$	$xuei^{44}$	$xuei^{213}$
凉州区	$xuei^{44}$	$xuei^{44}$	$xuei^{44}$	$xuei^{53}$	$xuei^{44}$	$xuei^{44}$	$xuei^{44}$	$xuei^{31}$
民勤县	$xuei^{33}$	$xuei^{33}$	$xuei^{33}$	$xuei^{13}$	$xuei^{33}$	$xuei^{33}$	$xuei^{33}$	$xuei^{53}$
永昌县	$xuei^{44}$	$xuei^{44}$	$xuei^{44}$	$xuei^{53}$	$xuei^{214}$	$xuei^{214}$	$xuei^{214}$	$xuei^{42}$
甘州区	$xuei^{44}$	$xuei^{44}$	$xuei^{44}$	$xuei^{13}$	$xuei^{13}$	$xuei^{13}$	$xuei^{13}$	$xuei^{53}$
临泽县	$xuei^{44}$	$xuei^{44}$	$xuei^{44}$	$xuei^{53}$	$xuei^{53}$	$xuei^{53}$	$xuei^{31}$	$xuei^{31}$
民乐县	$xuei^{44}$	$xuei^{44}$	$xuei^{44}$	$xuei^{53}$	$xuei^{53}$	$xuei^{53}$	$xuei^{53}$	$xuei^{214}$
山丹县	$xuei^{44}$	$xuei^{44}$	$xuei^{44}$	$xuei^{53}$	$xuei^{213}$	$xuei^{213}$	$xuei^{213}$	$xuei^{42}$
高台县	$xuei^{24}$	$xuei^{24}$	$xuei^{24}$	$xuei^{53}$	$xuei^{53}$	$xuei^{53}$	$xuei^{41}$	$xuei^{41}$
肃州区	$xuei^{44}$	$xuei^{44}$	$xuei^{44}$	$xuei^{53}$	$xuei^{53}$	$xuei^{53}$	$xuei^{53}$	$xuei^{214}$
金塔县	$xuei^{44}$	$xuei^{44}$	$xuei^{44}$	$xuei^{53}$	$xuei^{53}$	$xuei^{53}$	$xuei^{53}$	$xuei^{214}$

①又荒内切，蟹合一去队晓。

②又况伪切，呼恚切，止合三去寘晓。

③又呼内切，蟹合一去队晓。

④又胡对切，蟹合一去队匣。

续表

肃北县	$xuei^{44}$	$xuei^{44}$	$xuei^{44}$	$xuei^{53}$	$xuei^{53}$	$xuei^{53}$	$xuei^{13}$	$xuei^{13}$
玉门市	$xuei^{44}$	$xuei^{44}$	$xuei^{44}$	$xuei^{53}$	$xuei^{53}$	$xuei^{53}$	$xuei^{213}$	$xuei^{213}$
瓜州县	$xuei^{44}$	$xuei^{44}$	$xuei^{44}$	$xuei^{53}$	$xuei^{53}$	$xuei^{53}$	$xuei^{213}$	$xuei^{213}$
西夏区	$xuei^{44}$	$xuei^{44}$	$xuei^{44}$	$xuei^{53}$	$xuei^{53}$	$xuei^{53}$	$xuei^{213}$	$xuei^{213}$
贺兰县	$xuei^{44}$	$xuei^{44}$	$xuei^{44}$	$xuei^{53}$	$xuei^{53}$	$xuei^{53}$	$xuei^{53}$	$xuei^{13}$
灵武市（东塔镇）	$xuei^{44}$	$xuei^{44}$	$xuei^{44}$	$xuei^{53}$	$xuei^{53}$	$xuei^{53}$	$xuei^{53}$	$xuei^{13}$
永宁县	$xuei^{44}$	$xuei^{44}$	$xuei^{44}$	$xuei^{52}$	$xuei^{52}$	$xuei^{52}$	$xuei^{52}$	$xuei^{13}$
中宁县	$xuei^{44}$	$xuei^{44}$	$xuei^{44}$	$xuei^{53}$	$xuei^{53}$	$xuei^{53}$	$xuei^{53}$	$xuei^{13}$
沙坡头区	$xuei^{44}$	$xuei^{44}$	$xuei^{44}$	$xuei^{53}$	$xuei^{53}$	$xuei^{53}$	$xuei^{53}$	$xuei^{13}$
盐池县	$xuei^{44}$	$xuei^{44}$	$xuei^{44}$	$xuei^{53}$	$xuei^{53}$	$xuei^{53}$	$xuei^{53}$	$xuei^{13}$
平罗县（渠口乡）	$xuei^{44}$	$xuei^{44}$	$xuei^{44}$	$xuei^{13}$	$xuei^{52}$	$xuei^{52}$	$xuei^{13}$	$xuei^{13}$
阿拉善左旗	$xuei^{44}$	$xuei^{44}$	$xuei^{44}$	$xuei^{51}$	$xuei^{51}$	$xuei^{51}$	$xuei^{213}$	$xuei^{213}$
乌鲁木齐市	$xuei^{44}$	$xuei^{44}$	$xuei^{44}$	$xuei^{52}$	$xuei^{52}$	$xuei^{52}$	$xuei^{213}$	$xuei^{213}$
阜康市	$xuei^{55}$	$xuei^{55}$	$xuei^{55}$	$xuei^{51}$	$xuei^{51}$	$xuei^{51}$	$xuei^{213}$	$xuei^{213}$
呼图壁县	$xuei^{44}$	$xuei^{44}$	$xuei^{44}$	$xuei^{51}$	$xuei^{51}$	$xuei^{51}$	$xuei^{213}$	$xuei^{213}$
吉木萨尔县	$xuei^{44}$	$xuei^{44}$	$xuei^{44}$	$xuei^{51}$	$xuei^{51}$	$xuei^{51}$	$xuei^{213}$	$xuei^{213}$
奇台县	$xuei^{44}$	$xuei^{44}$	$xuei^{44}$	$xuei^{52}$	$xuei^{52}$	$xuei^{52}$	$xuei^{213}$	$xuei^{213}$
博乐市	$xuei^{45}$	$xuei^{45}$	$xuei^{45}$	$xuei^{51}$	$xuei^{51}$	$xuei^{51}$	$xuei^{24}$	$xuei^{24}$
阿勒泰市	$xuei^{44}$	$xuei^{44}$	$xuei^{44}$	$xuei^{51}$	$xuei^{51}$	$xuei^{51}$	$xuei^{23}$	$xuei^{23}$
布尔津县	$xuei^{44}$	$xuei^{44}$	$xuei^{44}$	$xuei^{23}$	$xuei^{23}$	$xuei^{23}$	$xuei^{51}$	$xuei^{51}$
乌苏市	$xuei^{55}$	$xuei^{55}$	$xuei^{55}$	$xuei^{51}$	$xuei^{51}$	$xuei^{51}$	$xuei^{213}$	$xuei^{213}$
额敏县	$xuei^{44}$	$xuei^{44}$	$xuei^{44}$	$xuei^{51}$	$xuei^{51}$	$xuei^{51}$	$xuei^{34}$	$xuei^{34}$
伊州区	$xuei^{44}$	$xuei^{44}$	$xuei^{44}$	$xuei^{51}$	$xuei^{51}$	$xuei^{51}$	$xuei^{213}$	$xuei^{213}$
巴里坤县	$xuei^{45}$	$xuei^{45}$	$xuei^{45}$	$xuei^{51}$	$xuei^{51}$	$xuei^{51}$	$xuei^{24}$	$xuei^{24}$
伊吾县	$xuei^{44}$	$xuei^{44}$	$xuei^{44}$	$xuei^{51}$	$xuei^{51}$	$xuei^{51}$	$xuei^{213}$	$xuei^{213}$

字目	溃①	会	会	绘②	彗	惠	慧	讳
	溃浓	开会	会不会		彗星			
中古音 方言点	蟹合一 去队匣	蟹合一 去泰匣	蟹合一 去泰匣	蟹合一 去泰匣	蟹合三 去祭云	蟹合四 去霁匣	蟹合四 去霁匣	止合三 去未晓
兰州市（城关区）	kʻuei^{13}	xuei^{13}	xuei^{13}	xuei^{13}	xuei^{13}	xuei^{13}	xuei^{13}	xuei^{13}
永登县	kʻuei^{13}	xuei^{13}	xuei^{13}	xuei^{13}	xuei^{13}	xuei^{13}	xuei^{13}	xuei^{13}
榆中县	kʻuei^{13}	xuei^{13}	xuei^{13}	xuei^{13}	xuei^{13}	xuei^{13}	xuei^{13}	xuei^{13}
皋兰县	kʻuei^{13}	xuei^{13}	xuei^{13}	xuei^{13}	xuei^{13}	xuei^{13}	xuei^{13}	xuei^{13}
白银区	kʻuei^{13}	xuei^{13}	xuei^{13}	xuei^{13}	xuei^{13}	xuei^{13}	xuei^{13}	xuei^{13}
天祝县	kʻuei^{213}	xuei^{213}	xuei^{213}	kuei^{213}	kuei^{213}	xuei^{213}	xuei^{213}	xuei^{213}
景泰县（红水镇）	kʻuei^{213}	xuei^{213}	xuei^{213}	kuei^{213}	kuei^{213}	xuei^{213}	xuei^{213}	xuei^{213}
古浪县	kʻuei^{31}	xuei^{31}	xuei^{31}	xuei^{31}	xuei^{31}	xuei^{31}	xuei^{31}	xuei^{31}
凉州区	kʻuei^{53}	xuei^{53}	xuei^{53}	xuei^{53}	xuei^{53}	xuei^{53}	xuei^{53}	xuei^{53}
民勤县	kʻuei^{42}	xuei^{42}	xuei^{42}	xuei^{42}	xuei^{42}	xuei^{42}	xuei^{42}	xuei^{42}
永昌县	kʻuei^{53}	xuei^{53}	xuei^{53}	xuei^{53}	xuei^{53}	xuei^{53}	xuei^{53}	xuei^{53}
甘州区	kʻuei^{31}	xuei^{31}	xuei^{31}	xuei^{31}	xuei^{31}	xuei^{31}	xuei^{31}	xuei^{31}
临泽县	kʻuei^{214}	xuei^{214}	xuei^{214}	kuei^{214}	kuei^{214}	xuei^{214}	xuei^{214}	xuei^{214}
民乐县	kʻuei^{42}	xuei^{42}	xuei^{42}	xuei^{42}	xuei^{42}	xuei^{42}	xuei^{42}	xuei^{42}
山丹县	kʻuei^{41}	xuei^{41}	xuei^{41}	xuei^{41}	xuei^{41}	xuei^{41}	xuei^{41}	xuei^{41}
高台县	kʻuei^{214}	xuei^{214}	xuei^{214}	kuei^{214}	kuei^{214}	xuei^{214}	xuei^{214}	xuei^{214}
肃州区	kʻuei^{214}	xuei^{214}	xuei^{214}	kuei^{214}	kuei^{214}	xuei^{214}	xuei^{214}	xuei^{214}
金塔县	kʻuei^{13}	xuei^{13}	xuei^{13}	xuei^{13}	xuei^{13}	xuei^{13}	xuei^{13}	xuei^{13}
肃北县	kʻuei^{213}	xuei^{213}	xuei^{213}	kuei^{213}	kuei^{213}	xuei^{213}	xuei^{213}	xuei^{213}
玉门市	kʻuei^{213}	xuei^{213}	xuei^{213}	kuei^{213}	kuei^{213}	xuei^{213}	xuei^{213}	xuei^{213}

①又户贿切，蟹合一上贿匣。

②又胡对切，蟹合一去队匣；古外切，蟹合一去泰见。

续表

瓜州县	k'uei^{213}	xuei^{213}	xuei^{213}	kuei^{213}	kuei^{213}	xuei^{213}	xuei^{213}	xuei^{213}
西夏区	k'uei^{13}	xuei^{13}	xuei^{13}	xuei^{13}	xuei^{13}	xuei^{13}	xuei^{13}	xuei^{13}
贺兰县	k'uei^{13}	xuei^{13}	xuei^{13}	xuei^{13}	xuei^{13}	xuei^{13}	xuei^{13}	xuei^{13}
灵武市（东塔镇）	k'uei^{13}	xuei^{13}	xuei^{13}	xuei^{13}	xuei^{13}	xuei^{13}	xuei^{13}	xuei^{13}
永宁县	k'uei^{13}	xuei^{13}	xuei^{13}	xuei^{13}	xuei^{13}	xuei^{13}	xuei^{13}	xuei^{13}
中宁县	k'uei^{13}	xuei^{13}	xuei^{13}	xuei^{13}	xuei^{13}	xuei^{13}	xuei^{13}	xuei^{13}
沙坡头区	k'uei^{13}	xuei^{13}	xuei^{13}	xuei^{13}	xuei^{13}	xuei^{13}	xuei^{13}	xuei^{13}
盐池县	k'uei^{13}	xuei^{13}	xuei^{13}	xuei^{13}	xuei^{13}	xuei^{13}	xuei^{13}	xuei^{13}
平罗县（渠口乡）	k'uei^{13}	xuei^{13}	xuei^{13}	xuei^{13}	xuei^{13}	xuei^{13}	xuei^{13}	xuei^{13}
阿拉善左旗	k'uei^{213}	xuei^{213}	xuei^{213}	kuei^{213}	kuei^{213}	xuei^{213}	xuei^{213}	xuei^{213}
乌鲁木齐市	k'uei^{213}	xuei^{213}	xuei^{213}	kuei^{213}	kuei^{213}	xuei^{213}	xuei^{213}	xuei^{213}
阜康市	k'uei^{213}	xuei^{213}	xuei^{213}	kuei^{213}	kuei^{213}	xuei^{213}	xuei^{213}	xuei^{213}
呼图壁县	k'uei^{213}	xuei^{213}	xuei^{213}	kuei^{213}	kuei^{213}	xuei^{213}	xuei^{213}	xuei^{213}
吉木萨尔县	k'uei^{213}	xuei^{213}	xuei^{213}	kuei^{213}	kuei^{213}	xuei^{213}	xuei^{213}	xuei^{213}
奇台县	k'uei^{213}	xuei^{213}	xuei^{213}	kuei^{213}	kuei^{213}	xuei^{213}	xuei^{213}	xuei^{213}
博乐市	k'uei^{24}	xuei^{24}	xuei^{24}	xuei^{24}	xuei^{24}	xuei^{24}	xuei^{24}	xuei^{24}
阿勒泰市	k'uei^{23}	xuei^{23}	xuei^{23}	xuei^{23}	xuei^{23}	xuei^{23}	xuei^{23}	xuei^{23}
布尔津县	k'uei^{51}	xuei^{51}	xuei^{51}	xuei^{51}	xuei^{51}	xuei^{51}	xuei^{51}	xuei^{51}
乌苏市	k'uei^{213}	xuei^{213}	xuei^{213}	kuei^{213}	kuei^{213}	xuei^{213}	xuei^{213}	xuei^{213}
额敏县	k'uei^{34}	xuei^{34}	xuei^{34}	xuei^{34}	xuei^{34}	xuei^{34}	xuei^{34}	xuei^{34}
伊州区	k'uei^{213}	xuei^{213}	xuei^{213}	kuei^{213}	kuei^{213}	xuei^{213}	xuei^{213}	xuei^{213}
巴里坤县	k'uei^{24}	xuei^{24}	xuei^{24}	xuei^{24}	xuei^{24}	xuei^{24}	xuei^{24}	xuei^{24}
伊吾县	k'uei^{213}	xuei^{213}	xuei^{213}	kuei^{213}	kuei^{213}	xuei^{213}	xuei^{213}	xuei^{213}

字目 / 中古音 / 方音 / 方言点	汇 汇集	危	微	威	桅	为 作为	维	唯
	止合三 去未云	止合三 平支疑	止合三 平微微	止合三 平微影	蟹合一 平灰疑	止合三 平支云	止合三 平脂以	止合三 平脂以
兰州市（城关区）	$xuei^{13}$	vei^{53}	vei^{53}	vei^{53}	vei^{53}	vei^{53}	vei^{51}	vei^{51}
永登县	$xuei^{13}$	vei^{42}	vei^{42}	vei^{42}	vei^{42}	vei^{42}	vei^{53}	vei^{53}
榆中县	$xuei^{13}$	vei^{51}	vei^{51}	vei^{51}	vei^{51}	vei^{51}	vei^{332}	vei^{332}
皋兰县	$xuei^{13}$	vei^{42}	vei^{42}	vei^{42}	vei^{42}	vei^{42}	vei^{53}	vei^{53}
白银区	$xuei^{13}$	vei^{44}	vei^{44}	vei^{44}	vei^{44}	vei^{44}	vei^{51}	vei^{51}
天祝县	$xuei^{213}$	vei^{44}	vei^{44}	vei^{44}	vei^{44}	vei^{44}	vei^{53}	vei^{53}
景泰县（红水镇）	$xuei^{213}$	vei^{44}	vei^{44}	vei^{44}	vei^{44}	vei^{44}	vei^{53}	vei^{53}
古浪县	$xuei^{31}$	vei^{44}	vei^{44}	vei^{44}	vei^{44}	vei^{44}	vei^{53}	vei^{53}
凉州区	xei^{53}	vei^{33}	vei^{33}	vei^{33}	vei^{33}	vei^{33}	vei^{13}	vei^{13}
民勤县	$xuei^{42}$	vei^{44}	vei^{44}	vei^{44}	vei^{44}	vei^{44}	vei^{53}	vei^{53}
永昌县	xei^{53}	vei^{44}	vei^{44}	vei^{44}	vei^{44}	vei^{13}	vei^{13}	vei^{13}
甘州区	$xuei^{31}$	vei^{44}	vei^{44}	vei^{44}	vei^{44}	vei^{53}	vei^{53}	vei^{53}
临泽县	$xuei^{214}$	vei^{44}	vei^{44}	vei^{44}	vei^{44}	vei^{53}	vei^{53}	vei^{53}
民乐县	$xuei^{42}$	vei^{44}	vei^{44}	vei^{44}	vei^{44}	vei^{53}	vei^{53}	vei^{53}
山丹县	$xuei^{41}$	vei^{24}	vei^{24}	vei^{24}	vei^{24}	vei^{53}	vei^{53}	vei^{53}
高台县	$xuei^{214}$	vei^{44}	vei^{44}	vei^{44}	vei^{44}	vei^{53}	vei^{53}	vei^{53}
肃州区	$xuei^{214}$	vei^{44}	vei^{44}	vei^{44}	vei^{44}	vei^{53}	vei^{53}	vei^{53}
金塔县	$xuei^{13}$	vei^{44}	vei^{44}	vei^{44}	vei^{44}	vei^{53}	vei^{53}	vei^{53}
肃北县	$xuei^{213}$	vei^{44}	vei^{44}	vei^{44}	vei^{44}	vei^{53}	vei^{53}	vei^{53}
玉门市	$xuei^{213}$	vei^{44}	vei^{44}	vei^{44}	vei^{44}	vei^{53}	vei^{53}	vei^{53}
瓜州县	$xuei^{213}$	vei^{44}	vei^{44}	vei^{44}	vei^{44}	vei^{53}	vei^{53}	vei^{53}
西夏区	$xuei^{13}$	vei^{44}	vei^{44}	vei^{44}	vei^{44}	vei^{44}	vei^{53}	vei^{53}

续表

贺兰县	xuei^{13}	vei^{44}	vei^{44}	vei^{44}	vei^{44}	vei^{44}	vei^{53}	vei^{53}
灵武市（东塔镇）	xuei^{13}	vei^{44}	vei^{44}	vei^{44}	vei^{44}	vei^{44}	vei^{52}	vei^{52}
永宁县	xuei^{13}	vei^{44}	vei^{44}	vei^{44}	vei^{44}	vei^{44}	vei^{53}	vei^{53}
中宁县	xuei^{13}	vei^{44}	vei^{44}	vei^{44}	vei^{44}	vei^{44}	vei^{53}	vei^{53}
沙坡头区	xuei^{13}	vei^{44}	vei^{44}	vei^{44}	vei^{44}	vei^{44}	vei^{53}	vei^{53}
盐池县	xuei^{13}	vei^{44}	vei^{44}	vei^{44}	vei^{44}	vei^{13}	vei^{13}	vei^{13}
平罗县（渠口乡）	xuei^{13}	vei^{44}	vei^{44}	vei^{44}	vei^{44}	vei^{44}	vei^{53}	vei^{53}
阿拉善左旗	xuei^{213}	vei^{44}	vei^{44}	vei^{44}	vei^{44}	vei^{51}	vei^{51}	vei^{51}
乌鲁木齐市	xuei^{213}	vei^{44}	vei^{44}	vei^{44}	vei^{44}	vei^{52}	vei^{52}	vei^{52}
阜康市	xuei^{213}	vei^{55}	vei^{55}	vei^{55}	vei^{55}	vei^{51}	vei^{51}	vei^{51}
呼图壁县	xuei^{213}	vei^{44}	vei^{44}	vei^{44}	vei^{44}	vei^{51}	vei^{51}	vei^{51}
吉木萨尔县	xuei^{213}	vei^{44}	vei^{44}	vei^{44}	vei^{44}	vei^{51}	vei^{51}	vei^{51}
奇台县	xuei^{213}	vei^{44}	vei^{44}	vei^{44}	vei^{44}	vei^{52}	vei^{52}	vei^{52}
博乐市	xuei^{24}	vei^{45}	vei^{45}	vei^{45}	vei^{45}	vei^{51}	vei^{51}	vei^{51}
阿勒泰市	xuei^{23}	vei^{44}	vei^{44}	vei^{44}	vei^{44}	vei^{51}	vei^{51}	vei^{51}
布尔津县	xuei^{51}	vei^{44}	vei^{44}	vei^{44}	vei^{44}	vei^{23}	vei^{23}	vei^{23}
乌苏市	xuei^{213}	ʋei^{55}	ʋei^{55}	ʋei^{55}	ʋei^{55}	ʋei^{51}	ʋei^{51}	ʋei^{51}
额敏县	xuei^{34}	vei^{44}	vei^{44}	vei^{44}	vei^{44}	vei^{51}	vei^{51}	vei^{51}
伊州区	xuei^{213}	vei^{44}	vei^{44}	vei^{44}	vei^{44}	vei^{51}	vei^{51}	vei^{51}
巴里坤县	xuei^{24}	vei^{45}	vei^{45}	vei^{45}	vei^{45}	vei^{51}	vei^{51}	vei^{51}
伊吾县	xuei^{213}	vei^{44}	vei^{44}	vei^{44}	vei^{44}	vei^{51}	vei^{51}	vei^{51}

字目 / 方音	违	围	委	伪①	尾	伟②	苇③	纬
中古音 / 方言点	止合三平微云	止合三平微云	止合三上纸影	止合三去寘疑	止合三上尾微	止合三上尾云	止合三上尾云	止合三上未云
兰州市（城关区）	vei^{51}	vei^{51}	vei^{44}	vei^{13}	vei^{44}	vei^{44}	vei^{44}	vei^{44}
永登县	vei^{53}	vei^{53}	vei^{354}	vei^{13}	vei^{354}	vei^{354}	vei^{354}	vei^{354}
榆中县	vei^{332}	vei^{332}	vei^{44}	vei^{13}	vei^{44}	vei^{44}	vei^{44}	vei^{44}
皋兰县	vei^{53}	vei^{53}	vei^{342}	vei^{13}	vei^{342}	vei^{342}	vei^{342}	vei^{342}
白银区	vei^{51}	vei^{51}	vei^{343}	vei^{13}	vei^{343}	vei^{343}	vei^{343}	vei^{343}
天祝县	vei^{53}	vei^{53}	vei^{44}	vei^{213}	vei^{44}	vei^{44}	vei^{44}	vei^{44}
景泰县（红水镇）	vei^{53}	vei^{53}	vei^{44}	vei^{213}	vei^{44}	vei^{44}	vei^{44}	vei^{44}
古浪县	vei^{53}	vei^{53}	vei^{44}	vei^{31}	vei^{44}	vei^{44}	vei^{44}	vei^{44}
凉州区	vei^{13}	vei^{13}	vei^{33}	vei^{53}	vei^{33}	vei^{33}	vei^{33}	vei^{33}
民勤县	vei^{53}	vei^{53}	vei^{214}	vei^{42}	vei^{214}	vei^{214}	vei^{214}	vei^{214}
永昌县	vei^{13}	vei^{13}	vei^{13}	vei^{53}	vei^{13}	vei^{13}	vei^{13}	vei^{13}
甘州区	vei^{53}	vei^{53}	vei^{53}	vei^{31}	vei^{53}	vei^{53}	vei^{53}	vei^{53}
临泽县	vei^{53}	vei^{53}	vei^{53}	vei^{214}	vei^{53}	vei^{53}	vei^{53}	vei^{53}
民乐县	vei^{53}	vei^{53}	vei^{213}	vei^{42}	vei^{213}	vei^{213}	vei^{213}	vei^{213}
山丹县	vei^{53}	vei^{53}	vei^{53}	vei^{41}	vei^{53}	vei^{53}	vei^{53}	vei^{53}
高台县	vei^{53}	vei^{53}	vei^{53}	vei^{214}	vei^{53}	vei^{53}	vei^{53}	vei^{53}
肃州区	vei^{53}	vei^{53}	vei^{53}	vei^{214}	vei^{53}	vei^{53}	vei^{53}	vei^{53}
金塔县	vei^{53}	vei^{53}	vei^{53}	vei^{13}	vei^{53}	vei^{53}	vei^{53}	vei^{53}
肃北县	vei^{53}	vei^{53}	vei^{53}	vei^{213}	vei^{53}	vei^{53}	vei^{53}	vei^{53}

①又虞为切，止合三平支疑。

②又于贵切，止合三去未云。

③又于非切，止合三平微云。

续表

玉门市	vei^{53}	vei^{53}	vei^{53}	vei^{213}	vei^{53}	vei^{53}	vei^{53}	vei^{53}
瓜州县	vei^{53}	vei^{53}	vei^{53}	vei^{213}	vei^{53}	vei^{53}	vei^{53}	vei^{53}
西夏区	vei^{13}	vei^{13}	vei^{53}	vei^{13}	vei^{53}	vei^{53}	vei^{13}	vei^{53}
贺兰县	vei^{13}	vei^{13}	vei^{53}	vei^{13}	vei^{53}	vei^{53}	vei^{13}	vei^{53}
灵武市（东塔镇）	vei^{13}	vei^{13}	vei^{52}	vei^{13}	vei^{52}	vei^{52}	vei^{13}	vei^{52}
永宁县	vei^{13}	vei^{13}	vei^{53}	vei^{13}	vei^{53}	vei^{53}	vei^{13}	vei^{53}
中宁县	vei^{13}	vei^{13}	vei^{53}	vei^{13}	vei^{53}	vei^{53}	vei^{13}	vei^{53}
沙坡头区	vei^{13}	vei^{13}	vei^{53}	vei^{13}	vei^{53}	vei^{53}	vei^{13}	vei^{53}
盐池县	vei^{13}	vei^{13}	vei^{52}	vei^{13}	vei^{52}	vei^{52}	vei^{13}	vei^{52}
平罗县（渠口乡）	vei^{13}	vei^{13}	vei^{53}	vei^{13}	vei^{53}	vei^{53}	vei^{13}	vei^{53}
阿拉善左旗	vei^{51}	vei^{51}	vei^{51}	vei^{213}	vei^{51}	vei^{51}	vei^{51}	vei^{51}
乌鲁木齐市	vei^{52}	vei^{52}	vei^{52}	vei^{213}	vei^{52}	vei^{52}	vei^{52}	vei^{52}
阜康市	vei^{51}	vei^{51}	vei^{51}	vei^{213}	vei^{51}	vei^{51}	vei^{51}	vei^{51}
呼图壁县	vei^{51}	vei^{51}	vei^{51}	vei^{213}	vei^{51}	vei^{51}	vei^{51}	vei^{51}
吉木萨尔县	vei^{51}	vei^{51}	vei^{51}	vei^{213}	vei^{51}	vei^{51}	vei^{51}	vei^{51}
奇台县	vei^{52}	vei^{52}	vei^{52}	vei^{213}	vei^{52}	vei^{52}	vei^{52}	vei^{52}
博乐市	vei^{51}	vei^{51}	vei^{51}	vei^{24}	vei^{51}	vei^{51}	vei^{51}	vei^{51}
阿勒泰市	vei^{51}	vei^{51}	vei^{51}	vei^{23}	vei^{51}	vei^{51}	vei^{51}	vei^{51}
布尔津县	vei^{23}	vei^{44}	vei^{23}	vei^{23}	vei^{23}	vei^{23}	vei^{23}	vei^{23}
乌苏市	ʋei^{51}	ʋei^{51}	ʋei^{51}	ʋei^{213}	ʋei^{51}	ʋei^{51}	ʋei^{51}	ʋei^{51}
额敏县	vei^{51}	vei^{51}	vei^{51}	vei^{34}	vei^{51}	vei^{51}	vei^{51}	vei^{51}
伊州区	vei^{51}	vei^{51}	vei^{51}	vei^{213}	vei^{51}	vei^{51}	vei^{51}	vei^{51}
巴里坤县	vei^{51}	vei^{51}	vei^{51}	vei^{24}	vei^{51}	vei^{51}	vei^{51}	vei^{51}
伊吾县	vei^{51}	vei^{51}	vei^{51}	vei^{213}	vei^{51}	vei^{51}	vei^{51}	vei^{51}

字目 / 中古音 / 方音 / 方言点	卫	喂 喂养	为 因为	位	未	味	魏	畏
	蟹合三去祭云	止合三去寘影	止合三去寘云	止合三去至云	止合三去未微	止合三去未微	止合三去未疑	止合三去未影
兰州市（城关区）	vei¹³	vei¹³	vei¹³	vei¹³	vei¹³	vei¹³	vei¹³	vei¹³
永登县	vei¹³	vei¹³	vei¹³	vei¹³	vei¹³	vei¹³	vei¹³	vei¹³
榆中县	vei¹³	vei¹³	vei¹³	vei¹³	vei¹³	vei¹³	vei¹³	vei¹³
皋兰县	vei¹³	vei¹³	vei¹³	vei¹³	vei¹³	vei¹³	vei¹³	vei¹³
白银区	vei¹³	vei¹³	vei¹³	vei¹³	vei¹³	vei¹³	vei¹³	vei¹³
天祝县	vei²¹³	vei²¹³	vei²¹³	vei²¹³	vei²¹³	vei²¹³	vei²¹³	vei²¹³
景泰县（红水镇）	vei²¹³	vei²¹³	vei²¹³	vei²¹³	vei²¹³	vei²¹³	vei²¹³	vei²¹³
古浪县	vei³¹	vei³¹	vei³¹	vei³¹	vei³¹	vei³¹	vei³¹	vei³¹
凉州区	vei⁵³	vei⁵³	vei⁵³	vei⁵³	vei⁵³	vei⁵³	vei⁵³	vei⁵³
民勤县	vei⁴²	vei⁴²	vei⁴²	vei⁴²	vei⁴²	vei⁴²	vei⁴²	vei⁴²
永昌县	vei⁵³	vei⁵³	vei⁵³	vei⁵³	vei⁵³	vei⁵³	vei⁵³	vei⁵³
甘州区	vei³¹	vei³¹	vei³¹	vei³¹	vei³¹	vei³¹	vei³¹	vei³¹
临泽县	vei²¹⁴	vei²¹⁴	vei²¹⁴	vei²¹⁴	vei²¹⁴	vei²¹⁴	vei²¹⁴	vei²¹⁴
民乐县	vei⁴²	vei⁴²	vei⁴²	vei⁴²	vei⁴²	vei⁴²	vei⁴²	vei⁴²
山丹县	vei⁴¹	vei⁴¹	vei⁴¹	vei⁴¹	vei⁴¹	vei⁴¹	vei⁴¹	vei⁴¹
高台县	vei²¹⁴	vei²¹⁴	vei²¹⁴	vei²¹⁴	vei²¹⁴	vei²¹⁴	vei²¹⁴	vei²¹⁴
肃州区	vei²¹⁴	vei²¹⁴	vei²¹⁴	vei²¹⁴	vei²¹⁴	vei²¹⁴	vei²¹⁴	vei²¹⁴
金塔县	vei¹³	vei¹³	vei¹³	vei¹³	vei¹³	vei¹³	vei¹³	vei¹³
肃北县	vei²¹³	vei²¹³	vei²¹³	vei²¹³	vei²¹³	vei²¹³	vei²¹³	vei²¹³
玉门市	vei²¹³	vei²¹³	vei²¹³	vei²¹³	vei²¹³	vei²¹³	vei²¹³	vei²¹³
瓜州县	vei²¹³	vei²¹³	vei²¹³	vei²¹³	vei²¹³	vei²¹³	vei²¹³	vei²¹³
西夏区	vei¹³	vei¹³	vei¹³	vei¹³	vei¹³	vei¹³	vei¹³	vei¹³

续表

贺兰县	vei^{13}	vei^{13}	vei^{13}	vei^{13}	vei^{13}	vei^{13}	vei^{13}	vei^{13}
灵武市（东塔镇）	vei^{13}	vei^{13}	vei^{13}	vei^{13}	vei^{13}	vei^{13}	vei^{13}	vei^{13}
永宁县	vei^{13}	vei^{13}	vei^{13}	vei^{13}	vei^{13}	vei^{13}	vei^{13}	vei^{13}
中宁县	vei^{13}	vei^{13}	vei^{13}	vei^{13}	vei^{13}	vei^{13}	vei^{13}	vei^{13}
沙坡头区	vei^{13}	vei^{13}	vei^{13}	vei^{13}	vei^{13}	vei^{13}	vei^{13}	vei^{13}
盐池县	vei^{13}	vei^{13}	vei^{13}	vei^{13}	vei^{13}	vei^{13}	vei^{13}	vei^{13}
平罗县（渠口乡）	vei^{13}	vei^{13}	vei^{13}	vei^{13}	vei^{13}	vei^{13}	vei^{13}	vei^{13}
阿拉善左旗	vei^{213}	vei^{213}	vei^{213}	vei^{213}	vei^{213}	vei^{213}	vei^{213}	vei^{213}
乌鲁木齐市	vei^{213}	vei^{213}	vei^{213}	vei^{213}	vei^{213}	vei^{213}	vei^{213}	vei^{213}
阜康市	vei^{213}	vei^{213}	vei^{213}	vei^{213}	vei^{213}	vei^{213}	vei^{213}	vei^{213}
呼图壁县	vei^{213}	vei^{213}	vei^{213}	vei^{213}	vei^{213}	vei^{213}	vei^{213}	vei^{213}
吉木萨尔县	vei^{213}	vei^{213}	vei^{213}	vei^{213}	vei^{213}	vei^{213}	vei^{213}	vei^{213}
奇台县	vei^{213}	vei^{213}	vei^{213}	vei^{213}	vei^{213}	vei^{213}	vei^{213}	vei^{213}
博乐市	vei^{24}	vei^{24}	vei^{24}	vei^{24}	vei^{24}	vei^{24}	vei^{24}	vei^{24}
阿勒泰市	vei^{23}	vei^{23}	vei^{23}	vei^{23}	vei^{23}	vei^{23}	vei^{23}	vei^{23}
布尔津县	vei^{51}	vei^{51}	vei^{51}	vei^{51}	vei^{51}	vei^{23}	vei^{51}	vei^{51}
乌苏市	$ʋei^{213}$	$ʋei^{213}$	$ʋei^{213}$	$ʋei^{213}$	$ʋei^{213}$	$ʋei^{213}$	$ʋei^{213}$	$ʋei^{213}$
额敏县	vei^{34}	vei^{34}	vei^{34}	vei^{34}	vei^{34}	vei^{34}	vei^{34}	vei^{34}
伊州区	vei^{213}	vei^{213}	vei^{213}	vei^{213}	vei^{213}	vei^{213}	vei^{213}	vei^{213}
巴里坤县	vei^{24}	vei^{24}	vei^{24}	vei^{24}	vei^{24}	vei^{24}	vei^{24}	vei^{24}
伊吾县	vei^{213}	vei^{213}	vei^{213}	vei^{213}	vei^{213}	vei^{213}	vei^{213}	vei^{213}

字目 中古音 方音 方言点	慰	胃	谓	猬	褒	包	薄	雹①
	止合三去未影	止合三去未云	止合三去未云	止合三去未云	效开一平豪帮	效开二平肴帮	宕开一入铎並	江开二入觉並
兰州市（城关区）	vei^{13}	vei^{13}	vei^{13}	vei^{13}	$pɔ^{53}$	$pɔ^{53}$	$pɔ^{51}$	$pɔ^{13}$
永登县	vei^{13}	vei^{13}	vei^{13}	vei^{13}	$pɔ^{42}$	$pɔ^{42}$	$pɔ^{53}$	$pɔ^{13}$
榆中县	vei^{13}	vei^{13}	vei^{13}	vei^{13}	$pɔ^{51}$	$pɔ^{51}$	$pɔ^{332}$	$pɔ^{13}$
皋兰县	vei^{13}	vei^{13}	vei^{13}	vei^{13}	$pɔ^{42}$	$pɔ^{42}$	$pɔ^{53}$	$pɔ^{13}$
白银区	vei^{13}	vei^{13}	vei^{13}	vei^{13}	$pɔ^{44}$	$pɔ^{44}$	$pɔ^{51}$	$pɔ^{13}$
天祝县	vei^{213}	vei^{213}	vei^{213}	vei^{213}	$pɔ^{44}$	$pɔ^{44}$	$pɔ^{53}$	$pɔ^{213}$
景泰县（红水镇）	vei^{213}	vei^{213}	vei^{213}	vei^{213}	$pɔo^{44}$	$pɔo^{44}$	$pɔo^{53}$	$pɔo^{213}$
古浪县	vei^{31}	vei^{31}	vei^{31}	vei^{31}	$pɔ^{44}$	$pɔ^{44}$	$pɔ^{53}$	$pɔ^{31}$
凉州区	vei^{53}	vei^{53}	vei^{53}	vei^{53}	$pɔ^{33}$	$pɔ^{33}$	$pɔ^{13}$	$pɔ^{53}$
民勤县	vei^{42}	vei^{42}	vei^{42}	vei^{42}	pao^{44}	pao^{44}	pao^{53}	pao^{42}
永昌县	vei^{53}	vei^{53}	vei^{53}	vei^{53}	pao^{44}	pao^{44}	pao^{13}	pao^{53}
甘州区	vei^{31}	vei^{31}	vei^{31}	vei^{31}	$pɔ^{44}$	$pɔ^{44}$	$pɔ^{53}$	$pɔ^{31}$
临泽县	vei^{214}	vei^{214}	vei^{214}	vei^{214}	pao^{44}	pao^{44}	pao^{53}	pao^{214}
民乐县	vei^{42}	vei^{42}	vei^{42}	vei^{42}	$pɔo^{44}$	$pɔo^{44}$	$pɔo^{53}$	$pɔo^{42}$
山丹县	vei^{41}	vei^{41}	vei^{41}	vei^{41}	$pɔo^{24}$	$pɔo^{24}$	$pɔo^{53}$	$pɔo^{41}$
高台县	vei^{214}	vei^{214}	vei^{214}	vei^{214}	$pɔo^{44}$	$pɔo^{44}$	$pɔo^{53}$	$pɔo^{214}$
肃州区	vei^{214}	vei^{214}	vei^{214}	vei^{214}	$pɔ^{44}$	$pɔ^{44}$	$pɔ^{53}$	$pɔ^{214}$
金塔县	vei^{13}	vei^{13}	vei^{13}	vei^{13}	$pɔ^{44}$	$pɔ^{44}$	$pɔ^{53}$	$pɔ^{31}$
肃北县	vei^{213}	vei^{213}	vei^{213}	vei^{213}	$pɔo^{44}$	$pɔo^{44}$	$pɔo^{53}$	$pɔo^{213}$
玉门市	vei^{213}	vei^{213}	vei^{213}	vei^{213}	$pɔo^{44}$	$pɔo^{44}$	$pɔo^{53}$	$pɔo^{213}$
瓜州县	vei^{213}	vei^{213}	vei^{213}	vei^{213}	$pɔo^{44}$	$pɔo^{44}$	$pɔo^{53}$	$pɔo^{213}$

①又蒲沃切，通合一入沃并。

续表

西夏区	vei13	vei13	vei13	vei13	pɔ44	pɔ44	pɔ13	pɔ13
贺兰县	vei13	vei13	vei13	vei13	pɔ44	pɔ44	pɔ13	pɔ13
灵武市（东塔镇）	vei13	vei13	vei13	vei13	pɔ44	pɔ44	pɔ13	pɔ13
永宁县	vei13	vei13	vei13	vei13	pɔ44	pɔ44	pɔ13	pɔ13
中宁县	vei13	vei13	vei13	vei13	pɔ44	pɔ44	pɔ13	pɔ13
沙坡头区	vei13	vei13	vei13	vei13	pɔu44	pɔu44	pɔu13	pɔu13
盐池县	vei13	vei13	vei13	vei13	pɔ44	pɔ44	pɔ13	pɔ13
平罗县（渠口乡）	vei13	vei13	vei13	vei13	pɔ44	pɔ44	pɔ13	pɔ13
阿拉善左旗	vei213	vei213	vei213	vei213	pao44	pao44	pao51	pao213
乌鲁木齐市	vei213	vei213	vei213	vei213	pau44	pau44	pau53	pau213
阜康市	vei213	vei213	vei213	vei213	pɔ55	pɔ55	pɔ51	pɔ213
呼图壁县	vei213	vei213	vei213	vei213	pɔ44	pɔ44	pɔ51	pɔ213
吉木萨尔县	vei213	vei213	vei213	vei213	pɔ44	pɔ44	pɔ51	pɔ213
奇台县	vei213	vei213	vei213	vei213	pɔ44	pɔ44	pɔ52	pɔ213
博乐市	vei24	vei24	vei24	vei24	pao45	pao45	pao51	pao24
阿勒泰市	vei23	vei23	vei23	vei23	pau44	pau44	pau51	pau23
布尔津县	vei51	vei51	vei51	vei51	pɔ44	pɔ44	pɔ23	pɔ51
乌苏市	ʋei213	ʋei213	ʋei213	ʋei213	pɔ55	pɔ55	pɔ51	pɔ213
额敏县	vei34	vei34	vei34	vei34	pau44	pau44	pau51	pau34
伊州区	vei213	vei213	vei213	vei213	pɔ44	pɔ44	pɔ51	pɔ213
巴里坤县	vei24	vei24	vei24	vei24	pɔ45	pɔ45	pau51	pɔ24
伊吾县	vei213	vei213	vei213	vei213	pɔ44	pɔ44	pɔ51	pɔ213

字目 / 中古音 / 方言点	宝	保	堡	饱	报	暴	暴 粗暴	豹
中古音	效开一 上皓帮	效开一 上皓帮	效开一 上皓帮	效开二 上巧帮	效开一 去号帮	效开一 上皓並	效开一 上号並	效开二 去效帮
兰州市 （城关区）	pɔ^{44}	pɔ^{44}	pɔ^{44}	pɔ^{44}	pɔ^{13}	pɔ^{13}	pɔ^{13}	pɔ^{13}
永登县	pɔ^{354}	pɔ^{354}	pɔ^{354}	pɔ^{354}	pɔ^{13}	pɔ^{13}	pɔ^{13}	pɔ^{13}
榆中县	pɔ^{44}	pɔ^{44}	pɔ^{44}	pɔ^{44}	pɔ^{13}	pɔ^{13}	pɔ^{13}	pɔ^{13}
皋兰县	pɔ^{342}	pɔ^{342}	pɔ^{342}	pɔ^{342}	pɔ^{13}	pɔ^{13}	pɔ^{13}	pɔ^{13}
白银区	pɔ^{343}	pɔ^{343}	pɔ^{343}	pɔ^{343}	pɔ^{13}	pɔ^{13}	pɔ^{13}	pɔ^{13}
天祝县	pɔ^{44}	pɔ^{44}	pɔ^{44}	pɔ^{44}	pɔ^{213}	pɔ^{213}	pɔ^{213}	pɔ^{213}
景泰县 （红水镇）	pɔo^{44}	pɔo^{44}	pɔo^{44}	pɔo^{44}	pɔo^{213}	pɔo^{213}	pɔo^{213}	pɔo^{213}
古浪县	pɔ^{44}	pɔ^{44}	pɔ^{44}	pɔ^{44}	pɔ^{31}	pɔ^{31}	pɔ^{31}	pɔ^{31}
凉州区	pɔ^{33}	pɔ^{33}	pɔ^{33}	pɔ^{33}	pɔ^{53}	pɔ^{53}	pɔ^{53}	pɔ^{53}
民勤县	pao^{214}	pao^{214}	pao^{214}	pao^{214}	pao^{42}	pao^{42}	pao^{42}	pao^{42}
永昌县	pao^{13}	pao^{13}	pao^{13}	pao^{13}	pao^{53}	pao^{53}	pao^{53}	pao^{53}
甘州区	pɔ^{53}	pɔ^{53}	pɔ^{53}	pɔ^{53}	pɔ^{31}	pɔ^{31}	pɔ^{31}	pɔ^{31}
临泽县	pao^{53}	pao^{53}	pao^{53}	pao^{53}	pao^{214}	pao^{214}	pao^{214}	pao^{214}
民乐县	pɔo^{213}	pɔo^{213}	pɔo^{213}	pɔo^{213}	pɔo^{42}	pɔo^{42}	pɔo^{42}	pɔo^{42}
山丹县	pɔo^{53}	pɔo^{53}	pɔo^{53}	pɔo^{53}	pɔo^{41}	pɔo^{41}	pɔo^{41}	pɔo^{41}
高台县	pɔo^{44}	pɔo^{53}	pɔo^{53}	pɔo^{53}	pɔo^{214}	pɔo^{214}	pɔo^{214}	pɔo^{214}
肃州区	pɔ^{44}	pɔ^{53}	pɔ^{53}	pɔ^{53}	pɔ^{214}	pɔ^{214}	pɔ^{214}	pɔ^{214}
金塔县	pɔ^{53}	pɔ^{53}	pɔ^{53}	pɔ^{53}	pɔ^{13}	pɔ^{13}	pɔ^{13}	pɔ^{13}
肃北县	pɔo^{53}	pɔo^{53}	pɔo^{53}	pɔo^{53}	pɔo^{213}	pɔo^{213}	pɔo^{213}	pɔo^{213}
玉门市	pɔo^{53}	pɔo^{53}	pɔo^{53}	pɔo^{53}	pɔo^{213}	pɔo^{213}	pɔo^{213}	pɔo^{213}
瓜州县	pɔo^{53}	pɔo^{53}	pɔo^{53}	pɔo^{53}	pɔo^{213}	pɔo^{213}	pɔo^{213}	pɔo^{213}
西夏区	pɔ^{53}	pɔ^{53}	pɔ^{53}	pɔ^{53}	pɔ^{13}	pɔ^{13}	pɔ^{13}	pɔ^{13}

续表

贺兰县	pɔ⁵³	pɔ⁵³	pɔ⁵³	pɔ⁵³	pɔ¹³	pɔ¹³	pɔ¹³	pɔ¹³
灵武市（东塔镇）	pɔ⁵²	pɔ⁵²	pɔ⁵²	pɔ⁵²	pɔ¹³	pɔ¹³	pɔ¹³	pɔ¹³
永宁县	pɔ⁵³	pɔ⁵³	pɔ⁵³	pɔ⁵³	pɔ¹³	pɔ¹³	pɔ¹³	pɔ¹³
中宁县	pɔ⁵³	pɔ⁵³	pɔ⁵³	pɔ⁵³	pɔ¹³	pɔ¹³	pɔ¹³	pɔ¹³
沙坡头区	pɔu⁵³	pɔu⁵³	pɔu⁵³	pɔu⁵³	pɔu¹³	pɔu¹³	pɔu¹³	pɔu¹³
盐池县	pɔ⁵²	pɔ⁵²	pɔ⁵²	pɔ⁵²	pɔ¹³	pɔ¹³	pɔ¹³	pɔ¹³
平罗县（渠口乡）	pɔ⁵³	pɔ⁵³	pɔ⁵³	pɔ⁵³	pɔ¹³	pɔ¹³	pɔ¹³	pɔ¹³
阿拉善左旗	pao⁵¹	pao⁵¹	pao⁵¹	pao⁵¹	pao²¹³	pao²¹³	pao²¹³	pao²¹³
乌鲁木齐市	pau⁵²	pau⁵²	pau⁵²	pau⁵²	pau²¹³	pau²¹³	pau²¹³	pau²¹³
阜康市	pɔ⁵¹	pɔ⁵¹	pɔ⁵¹	pɔ⁵¹	pɔ²¹³	pɔ²¹³	pɔ²¹³	pɔ²¹³
呼图壁县	pɔ⁵¹	pɔ⁵¹	pɔ⁵¹	pɔ⁵¹	pɔ²¹³	pɔ²¹³	pɔ²¹³	pɔ²¹³
吉木萨尔县	pɔ⁵¹	pɔ⁵¹	pɔ⁵¹	pɔ⁵¹	pɔ²¹³	pɔ²¹³	pɔ²¹³	pɔ²¹³
奇台县	pɔ⁵²	pɔ⁵²	pɔ⁵²	pɔ⁵²	pɔ²¹³	pɔ²¹³	pɔ²¹³	pɔ²¹³
博乐市	pao⁵¹	pao⁵¹	pao⁵¹	pao⁵¹	pao²⁴	pao²⁴	pao²⁴	pao²⁴
阿勒泰市	pau⁵¹	pau⁵¹	pau⁵¹	pau⁵¹	pau²³	pau²³	pau²³	pau²³
布尔津县	pɔ²³	pɔ²³	pɔ²³	pɔ²³	pɔ⁴⁴	pɔ⁵¹	pɔ⁵¹	pɔ⁵¹
乌苏市	pɔ⁵¹	pɔ⁵¹	pɔ⁵¹	pɔ⁵¹	pɔ²¹³	pɔ²¹³	pɔ²¹³	pɔ²¹³
额敏县	pau⁵¹	pau⁵¹	pau⁵¹	pau⁵¹	pau³⁴	pau³⁴	pau³⁴	pau³⁴
伊州区	pɔ⁵¹	pɔ⁵¹	pɔ⁵¹	pɔ⁵¹	pɔ²¹³	pɔ²¹³	pɔ²¹³	pɔ²¹³
巴里坤县	pɔ⁵¹	pɔ⁵¹	pɔ⁵¹	pɔ⁵¹	pɔ²⁴	pɔ²⁴	pɔ²⁴	pɔ²⁴
伊吾县	pɔ⁵¹	pɔ⁵¹	pɔ⁵¹	pɔ⁵¹	pɔ²⁴	pɔ²⁴	pɔ²⁴	pɔ²⁴

字目 / 中古音 / 方音 / 方言点	爆[1]	鲍 姓	刨[2] 刨子	抛	袍	跑 奔跑	泡 水泡	泡 浸泡
	效开二去效帮	效开二上巧並	效开二去效並	效开二去肴滂	效开一平豪並	效开二平肴滂	效开二平肴滂	效开二去效滂
兰州市（城关区）	pɔ^{13}	pɔ^{53}	pɔ^{13}	pʻɔ^{13}	pʻɔ^{51}	pʻɔ^{44}	pʻɔ^{53}	pʻɔ^{13}
永登县	pɔ^{13}	pɔ^{42}	pɔ^{13}	pʻɔ^{13}	pʻɔ^{53}	pʻɔ^{354}	pʻɔ^{42}	pʻɔ^{13}
榆中县	pɔ^{13}	pɔ^{51}	pɔ^{13}	pʻɔ^{13}	pʻɔ^{332}	pʻɔ^{44}	pʻɔ^{51}	pʻɔ^{13}
皋兰县	pɔ^{13}	pɔ^{42}	pɔ^{13}	pʻɔ^{13}	pʻɔ^{53}	pʻɔ^{342}	pʻɔ^{42}	pʻɔ^{13}
白银区	pɔ^{13}	pɔ^{44}	pɔ^{13}	pʻɔ^{13}	pʻɔ^{51}	pʻɔ^{343}	pʻɔ^{44}	pʻɔ^{13}
天祝县	pɔ^{213}	pɔ^{44}	pɔ^{213}	pʻɔ^{213}	pʻɔ^{53}	pʻɔ^{44}	pʻɔ^{44}	pʻɔ^{213}
景泰县（红水镇）	pɔo^{213}	pɔo^{44}	pɔo^{213}	pʻɔo^{213}	pʻɔo^{53}	pʻɔo^{44}	pʻɔo^{44}	pʻɔo^{213}
古浪县	pɔ^{31}	pɔ^{44}	pɔ^{31}	pʻɔ^{31}	pʻɔ^{53}	pʻɔ^{44}	pʻɔ^{44}	pʻɔ^{31}
凉州区	pɔ^{53}	pɔ^{33}	pɔ^{53}	pʻɔ^{53}	pʻɔ^{13}	pʻɔ^{33}	pʻɔ^{33}	pʻɔ^{53}
民勤县	pao^{42}	pao^{44}	pao^{42}	pʻao^{42}	pʻao^{53}	pʻao^{214}	pʻao^{44}	pʻao^{42}
永昌县	pao^{53}	pao^{13}	pao^{53}	pʻao^{53}	pʻao^{13}	pʻao^{13}	pʻao^{44}	pʻao^{53}
甘州区	pɔ^{31}	pɔ^{53}	pɔ^{31}	pʻɔ^{31}	pʻɔ^{53}	pʻɔ^{53}	pʻɔ^{44}	pʻɔ^{31}
临泽县	pao^{214}	pao^{44}	pao^{214}	pʻao^{214}	pʻao^{53}	pʻao^{53}	pʻao^{44}	pʻao^{214}
民乐县	pɔo^{42}	pɔo^{44}	pɔo^{42}	pʻɔo^{42}	pʻɔo^{53}	pʻɔo^{213}	pʻɔo^{44}	pʻɔo^{42}
山丹县	pɔo^{41}	pɔo^{53}	pɔo^{41}	pʻɔo^{41}	pʻɔo^{53}	pʻɔo^{53}	pʻɔo^{24}	pʻɔo^{41}
高台县	pɔo^{214}	pɔo^{44}	pɔo^{214}	pʻɔo^{214}	pʻɔo^{53}	pʻɔo^{53}	pʻɔo^{44}	pʻɔo^{214}
肃州区	pɔ^{214}	pɔ^{44}	pɔ^{214}	pʻɔ^{214}	pʻɔ^{53}	pʻɔ^{53}	pʻɔ^{44}	pʻɔ^{214}
金塔县	pɔ^{13}	pɔ^{53}	pɔ^{13}	pʻɔ^{13}	pʻɔ^{53}	pʻɔ^{53}	pʻɔ^{44}	pʻɔ^{13}
肃北县	pɔo^{213}	pɔo^{53}	pɔo^{213}	pʻɔo^{213}	pʻɔo^{53}	pʻɔo^{53}	pʻɔo^{44}	pʻɔo^{213}

①又北角切，江开二入觉帮；弼角切，江开二入觉并。

②又薄交切，效开二平肴并。

续表

玉门市	$pɔo^{213}$	$pɔo^{53}$	$pɔo^{213}$	$p'ɔo^{213}$	$p'ɔo^{53}$	$p'ɔo^{53}$	$p'ɔo^{44}$	$p'ɔo^{213}$
瓜州县	$pɔo^{213}$	$pɔo^{53}$	$pɔo^{213}$	$p'ɔo^{213}$	$p'ɔo^{53}$	$p'ɔo^{53}$	$p'ɔo^{44}$	$p'ɔo^{213}$
西夏区	$pɔ^{13}$	$pɔ^{53}$	$pɔ^{13}$	$p'ɔ^{13}$	$p'ɔ^{53}$	$p'ɔ^{53}$	$p'ɔ^{44}$	$p'ɔ^{13}$
贺兰县	$pɔ^{13}$	$pɔ^{53}$	$pɔ^{13}$	$p'ɔ^{13}$	$p'ɔ^{53}$	$p'ɔ^{53}$	$p'ɔ^{44}$	$p'ɔ^{13}$
灵武市（东塔镇）	$pɔ^{13}$	$pɔ^{52}$	$pɔ^{13}$	$p'ɔ^{13}$	$p'ɔ^{52}$	$p'ɔ^{52}$	$p'ɔ^{44}$	$p'ɔ^{13}$
永宁县	$pɔ^{13}$	$pɔ^{53}$	$pɔ^{13}$	$p'ɔ^{13}$	$p'ɔ^{53}$	$p'ɔ^{53}$	$p'ɔ^{44}$	$p'ɔ^{13}$
中宁县	$pɔ^{13}$	$pɔ^{53}$	$pɔ^{13}$	$p'ɔ^{13}$	$p'ɔ^{53}$	$p'ɔ^{53}$	$p'ɔ^{44}$	$p'ɔ^{13}$
沙坡头区	$pɔu^{13}$	$pɔu^{53}$	$pɔu^{13}$	$p'ɔu^{13}$	$p'ɔu^{53}$	$p'ɔu^{53}$	$p'ɔu^{44}$	$p'ɔu^{13}$
盐池县	$pɔ^{13}$	$pɔ^{52}$	$pɔ^{13}$	$p'ɔ^{13}$	$p'ɔ^{13}$	$p'ɔ^{52}$	$p'ɔ^{44}$	$p'ɔ^{13}$
平罗县（渠口乡）	$pɔ^{13}$	$pɔ^{53}$	$pɔ^{13}$	$p'ɔ^{13}$	$p'ɔ^{53}$	$p'ɔ^{53}$	$p'ɔ^{44}$	$p'ɔ^{13}$
阿拉善左旗	pao^{213}	pao^{51}	pao^{213}	$p'ao^{213}$	$p'ao^{51}$	$p'ao^{51}$	$p'ao^{44}$	$p'ao^{213}$
乌鲁木齐市	pau^{213}	pau^{52}	pau^{213}	$p'au^{213}$	$p'au^{52}$	$p'au^{52}$	$p'au^{44}$	$p'au^{213}$
阜康市	$pɔ^{213}$	$pɔ^{51}$	$pɔ^{213}$	$p'ɔ^{213}$	$p'ɔ^{51}$	$p'ɔ^{51}$	$p'ɔ^{55}$	$p'ɔ^{213}$
呼图壁县	$pɔ^{213}$	$pɔ^{51}$	$pɔ^{213}$	$p'ɔ^{213}$	$p'ɔ^{51}$	$p'ɔ^{51}$	$p'ɔ^{44}$	$p'ɔ^{213}$
吉木萨尔县	$pɔ^{213}$	$pɔ^{51}$	$pɔ^{213}$	$p'ɔ^{213}$	$p'ɔ^{51}$	$p'ɔ^{51}$	$p'ɔ^{44}$	$p'ɔ^{213}$
奇台县	$pɔ^{213}$	$pɔ^{52}$	$pɔ^{213}$	$p'ɔ^{213}$	$p'ɔ^{52}$	$p'ɔ^{52}$	$p'ɔ^{44}$	$p'ɔ^{213}$
博乐市	pao^{24}	$pɔ^{51}$	pao^{24}	$p'ao^{24}$	$p'ao^{51}$	$p'ao^{51}$	$p'ao^{45}$	$p'ao^{24}$
阿勒泰市	pau^{23}	pau^{51}	pau^{23}	$p'au^{23}$	$p'au^{51}$	$p'au^{51}$	$p'au^{44}$	$p'au^{23}$
布尔津县	$pɔ^{51}$	$pɔ^{23}$	$pɔ^{51}$	$p'ɔ^{51}$	$p'ɔ^{23}$	$p'ɔ^{23}$	$p'ɔ^{44}$	$p'ɔ^{51}$
乌苏市	$pɔ^{213}$	$pɔ^{51}$	$pɔ^{213}$	$p'ɔ^{213}$	$p'ɔ^{51}$	$p'ɔ^{51}$	$p'ɔ^{55}$	$p'ɔ^{213}$
额敏县	pau^{34}	pau^{51}	pau^{34}	$p'au^{34}$	$p'au^{51}$	$p'au^{51}$	$p'au^{44}$	$p'au^{34}$
伊州区	$pɔ^{213}$	$pɔ^{51}$	$pɔ^{213}$	$p'ɔ^{213}$	$p'ɔ^{51}$	$p'ɔ^{51}$	$p'ɔ^{44}$	$p'ɔ^{213}$
巴里坤县	$pɔ^{24}$	$pɔ^{51}$	$pɔ^{24}$	$p'ɔ^{51}$	$p'ɔ^{51}$	$p'ɔ^{51}$	$p'ɔ^{45}$	$p'ɔ^{24}$
伊吾县	$pɔ^{213}$	$pɔ^{51}$	$pɔ^{213}$	$p'ɔ^{213}$	$p'ɔ^{51}$	$p'ɔ^{51}$	$p'ɔ^{44}$	$p'ɔ^{213}$

字目 / 中古音 / 方言点	炮 枪炮	猫①	毛	茅	锚	矛	卯	冒
	效开二 去效滂	效开二 平肴明	效开一 平豪明	效开二 平肴明		流开三 平尤明	效开二 上巧明	效开一 去号明
兰州市（城关区）	pʻɔ^{13}	mɔ^{53}	mɔ^{51}	mɔ^{51}	mɔ^{51}	mɔ^{51}	mɔ^{44}	mɔ^{13}
永登县	pʻɔ^{13}	mɔ^{42}	mɔ^{53}	mɔ^{53}	mɔ^{53}	mɔ^{53}	mɔ^{354}	mɔ^{13}
榆中县	pʻɔ^{13}	mɔ^{51}	mɔ^{332}	mɔ^{32}	mɔ^{332}	mɔ^{332}	mɔ^{44}	mɔ^{13}
皋兰县	pʻɔ^{13}	mɔ^{42}	mɔ^{53}	mɔ^{53}	mɔ^{53}	mɔ^{53}	mɔ^{342}	mɔ^{13}
白银区	pʻɔ^{13}	mɔ^{44}	mɔ^{51}	mɔ^{51}	mɔ^{51}	mɔ^{51}	mɔ^{343}	mɔ^{13}
天祝县	pʻɔ^{213}	mɔ^{44}	mɔ^{53}	mɔ^{53}	mɔ^{53}	mɔ^{53}	mɔ^{44}	mɔ^{213}
景泰县（红水镇）	pʻɔo^{213}	mɔo^{44}	mɔo^{53}	mɔo^{53}	mɔo^{53}	mɔo^{53}	mɔo^{44}	mɔo^{213}
古浪县	pʻɔ^{31}	mɔ^{44}	mɔ^{53}	mɔ^{53}	mɔ^{53}	mɔ^{53}	mɔ^{44}	mɔ^{31}
凉州区	pʻɔ^{53}	mɔ^{33}	mɔ^{13}	mɔ^{13}	mɔ^{13}	mɔ^{13}	mɔ^{33}	mɔ^{53}
民勤县	pʻɑo^{42}	mɑo^{44}	mɑo^{53}	mɑo^{53}	mɑo^{53}	mɑo^{53}	mɑo^{214}	mɑo^{42}
永昌县	pʻɑo^{53}	mɑo^{44}	mɑo^{13}	mɑo^{13}	mɑo^{13}	mɑo^{13}	mɑo^{13}	mɑo^{53}
甘州区	pʻɔ^{31}	mɔ^{44}	mɔ^{53}	mɔ^{53}	mɔ^{53}	mɔ^{53}	mɔ^{53}	mɔ^{31}
临泽县	pʻɑo^{214}	mɑo^{44}	mɑo^{53}	mɑo^{53}	mɑo^{53}	mɑo^{53}	mɑo^{53}	mɑo^{214}
民乐县	pʻɔo^{42}	mɔo^{44}	mɔo^{53}	mɔo^{53}	mɔo^{53}	mɔo^{53}	mɔo^{213}	mɔo^{42}
山丹县	pʻɔo^{41}	mɔo^{24}	mɔo^{53}	mɔo^{53}	mɔo^{53}	mɔo^{53}	mɔo^{53}	mɔo^{41}
高台县	pʻɔo^{214}	mɔo^{44}	mɔo^{53}	mɔo^{53}	mɔo^{53}	mɔo^{53}	mɔo^{53}	mɔo^{214}
肃州区	pʻɔ^{214}	mɔ^{44}	mɔ^{53}	mɔ^{53}	mɔ^{53}	mɔ^{53}	mɔ^{53}	mɔ^{214}
金塔县	pʻɔ^{13}	mɔ^{44}	mɔ^{53}	mɔ^{53}	mɔ^{53}	mɔ^{53}	mɔ^{53}	mɔ^{13}
肃北县	pʻɔo^{213}	mɔo^{44}	mɔo^{53}	mɔo^{53}	mɔo^{53}	mɔo^{53}	mɔo^{53}	mɔo^{213}
玉门市	pʻɔo^{213}	mɔo^{44}	mɔo^{53}	mɔo^{53}	mɔo^{53}	mɔo^{53}	mɔo^{53}	mɔo^{213}
瓜州县	pʻɔo^{213}	mɔo^{44}	mɔo^{53}	mɔo^{53}	mɔo^{53}	mɔo^{53}	mɔo^{53}	mɔo^{213}

①又武瀌切，效开三平宵明。

续表

西夏区	p'ɔ13	mɔ44	mɔ53	mɔ53	mɔ53	mɔ53	mɔ53	mɔ13
贺兰县	p'ɔ13	mɔ44	mɔ53	mɔ53	mɔ53	mɔ53	mɔ53	mɔ13
灵武市（东塔镇）	p'ɔ13	mɔ44	mɔ52	mɔ52	mɔ52	mɔ52	mɔ52	mɔ13
永宁县	p'ɔ13	mɔ44	mɔ53	mɔ53	mɔ53	mɔ53	mɔ53	mɔ13
中宁县	p'ɔ13	mɔ44	mɔ53	mɔ53	mɔ53	mɔ53	mɔ53	mɔ13
沙坡头区	p'ɔu13	mɔu44	mɔu53	mɔu53	mɔu53	mɔu53	mɔu53	mɔu13
盐池县	p'ɔ13	mɔ44	mɔ13	mɔ13	mɔ13	mɔ13	mɔ52	mɔ13
平罗县（渠口乡）	p'ɔ13	mɔ44	mɔ53	mɔ53	mɔ53	mɔ53	mɔ53	mɔ13
阿拉善左旗	p'ao213	mɔ44	mao51	mao51	mao51	mao51	mao51	mao213
乌鲁木齐市	p'au213	mau44	mau52	mau52	mau52	mau52	mau52	mɔo213
阜康市	p'ɔ213	mɔ55	mɔ51	mɔ51	mɔ51	mɔ51	mɔ51	mɔ213
呼图壁县	p'ɔ213	mɔ44	mɔ51	mɔ51	mɔ51	mɔ51	mɔ51	mɔ213
吉木萨尔县	p'ɔ213	mɔ44	mɔ51	mɔ51	mɔ51	mɔ51	mɔ51	mɔ213
奇台县	p'ɔ213	mɔ44	mɔ52	mɔ52	mɔ52	mɔ52	mɔ52	mɔ213
博乐市	p'ao24	mao45	mao51	mao51	mao51	mao51	mao51	mao24
阿勒泰市	p'au23	mau44	mau51	mau51	mau51	mau51	mau51	mau23
布尔津县	p'ɔ51	mɔ44	mɔ23	mɔ23	mɔ23	mɔ23	mɔ23	mɔ51
乌苏市	p'ɔ213	mɔ55	mɔ51	mɔ51	mɔ51	mɔ51	mɔ51	mɔ213
额敏县	p'au34	mau44	mau51	mau51	mau51	mau51	mau51	mau34
伊州区	p'ɔ213	mɔ44	mɔ51	mɔ51	mɔ51	mɔ51	mɔ51	mɔ213
巴里坤县	p'ɔ24	mɔ45	mɔ51	mɔ51	mɔ51	mɔ51	mɔ51	mɔ24
伊吾县	p'ɔ213	mɔ44	mɔ51	mɔ51	mɔ51	mɔ51	mɔ51	mɔ213

字目 方音　中古音 方言点	帽	貌	茂①	贸	刀	岛	捣	祷
	效开一去号明	效开二去效明	流开一去侯明	流开一去侯明	效开一平豪端	效开以上皓端	效开以上皓端	效开以上皓端
兰州市（城关区）	mɔ^{13}	mɔ^{13}	mɔ^{13}	mɔ^{13}	tɔ^{53}	tɔ^{44}	tɔ^{44}	tɔ^{44}
永登县	mɔ^{13}	mɔ^{13}	mɔ^{13}	mɔ^{13}	tɔ^{42}	tɔ^{354}	tɔ^{354}	tɔ^{354}
榆中县	mɔ^{13}	mɔ^{13}	mɔ^{13}	mɔ^{13}	tɔ^{51}	tɔ^{44}	tɔ^{44}	tɔ^{44}
皋兰县	mɔ^{13}	mɔ^{13}	mɔ^{13}	mɔ^{13}	tɔ^{42}	tɔ^{342}	tɔ^{342}	tɔ^{354}
白银区	mɔ^{13}	mɔ^{13}	mɔ^{13}	mɔ^{13}	tɔ^{44}	tɔ^{343}	tɔ^{3443}	tɔ^{343}
天祝县	mɔ^{213}	mɔ^{213}	mɔ^{213}	mɔ^{213}	tɔ^{44}	tɔ^{44}	tɔ^{44}	tɔ^{44}
景泰县（红水镇）	mɔo^{213}	mɔo^{213}	mɔo^{213}	mɔo^{213}	tɔo^{44}	tɔo^{44}	tɔo^{44}	tɔo^{44}
古浪县	mɔ^{31}	mɔ^{31}	mɔ^{31}	mɔ^{31}	tɔ^{44}	tɔ^{44}	tɔ^{44}	tɔ^{44}
凉州区	mɔ^{53}	mɔ^{53}	mɔ^{53}	mɔ^{53}	tɔ^{33}	tɔ^{33}	tɔ^{33}	tɔ^{33}
民勤县	mao^{42}	mao^{42}	mao^{42}	mao^{42}	tao^{44}	tao^{214}	tao^{214}	tao^{214}
永昌县	mao^{53}	mao^{53}	mao^{53}	mao^{53}	tao^{44}	tao^{13}	tao^{13}	tao^{13}
甘州区	mɔ^{31}	mɔ^{31}	mɔ^{31}	mɔ^{31}	tɔ^{44}	tɔ^{53}	tɔ^{53}	tɔ^{53}
临泽县	mao^{214}	mao^{214}	mao^{214}	mao^{214}	tao^{44}	tao^{53}	tao^{53}	tao^{53}
民乐县	mɔo^{42}	mɔo^{42}	mɔo^{42}	mɔo^{42}	tɔo^{44}	tɔo^{213}	tɔo^{213}	tɔo^{213}
山丹县	mɔo^{41}	mɔo^{41}	mɔo^{41}	mɔo^{41}	tɔo^{24}	tɔo^{53}	tɔo^{53}	tɔo^{53}
高台县	mɔo^{214}	mɔo^{214}	mɔo^{214}	mɔo^{214}	tɔo^{44}	tɔo^{53}	tɔo^{53}	tɔo^{53}
肃州区	mɔ^{214}	mɔ^{214}	mɔ^{214}	mɔ^{214}	tɔ^{44}	tɔ^{53}	tɔ^{53}	tɔ^{53}
金塔县	mɔ^{13}	mɔ^{13}	mɔ^{13}	mɔ^{13}	tɔ^{44}	tɔ^{53}	tɔ^{53}	tɔ^{53}
肃北县	mɔo^{213}	mɔo^{213}	mɔo^{213}	mɔo^{213}	tɔo^{44}	tɔo^{53}	tɔo^{53}	tɔo^{53}
玉门市	mɔo^{213}	mɔo^{213}	mɔo^{213}	mɔo^{213}	tɔo^{44}	tɔo^{53}	tɔo^{53}	tɔo^{53}
瓜州县	mɔo^{213}	mɔo^{213}	mɔo^{213}	mɔo^{213}	tɔo^{44}	tɔo^{53}	tɔo^{53}	tɔo^{53}

①又莫后切，流开三上厚明。

续表

西夏区	$mɔ^{13}$	$mɔ^{13}$	$mɔ^{13}$	$mɔ^{13}$	$tɔ^{44}$	$tɔ^{53}$	$tɔ^{53}$	$tɔ^{53}$
贺兰县	$mɔ^{13}$	$mɔ^{13}$	$mɔ^{13}$	$mɔ^{13}$	$tɔ^{44}$	$tɔ^{53}$	$tɔ^{53}$	$tɔ^{53}$
灵武市（东塔镇）	$mɔ^{13}$	$mɔ^{13}$	$mɔ^{13}$	$mɔ^{13}$	$tɔ^{44}$	$tɔ^{52}$	$tɔ^{52}$	$tɔ^{52}$
永宁县	$mɔ^{13}$	$mɔ^{13}$	$mɔ^{13}$	$mɔ^{13}$	$tɔ^{44}$	$tɔ^{53}$	$tɔ^{53}$	$tɔ^{53}$
中宁县	$mɔ^{13}$	$mɔ^{13}$	$mɔ^{13}$	$mɔ^{13}$	$tɔ^{44}$	$tɔ^{53}$	$tɔ^{53}$	$tɔ^{53}$
沙坡头区	$mɔu^{13}$	$mɔu^{13}$	$mɔu^{13}$	$mɔu^{13}$	$tɔu^{44}$	$tɔu^{53}$	$tɔu^{53}$	$tɔu^{53}$
盐池县	$mɔ^{13}$	$mɔ^{13}$	$mɔ^{13}$	$mɔ^{13}$	$tɔ^{44}$	$tɔ^{52}$	$tɔ^{52}$	$tɔ^{52}$
平罗县（渠口乡）	$mɔ^{13}$	$mɔ^{13}$	$mɔ^{13}$	$mɔ^{13}$	$tɔ^{44}$	$tɔ^{53}$	$tɔ^{53}$	$tɔ^{53}$
阿拉善左旗	mao^{213}	mao^{213}	mao^{213}	mao^{213}	tao^{44}	tao^{51}	tao^{51}	tao^{51}
乌鲁木齐市	mau^{213}	mau^{213}	mau^{213}	mau^{213}	tau^{44}	tau^{52}	tau^{52}	tau^{52}
阜康市	$mɔ^{213}$	$mɔ^{213}$	$mɔ^{213}$	$mɔ^{213}$	$tɔ^{55}$	$tɔ^{51}$	$tɔ^{51}$	$tɔ^{51}$
呼图壁县	$mɔ^{213}$	$mɔ^{213}$	$mɔ^{213}$	$mɔ^{213}$	$tɔ^{44}$	$tɔ^{51}$	$tɔ^{51}$	$tɔ^{51}$
吉木萨尔县	$mɔ^{213}$	$mɔ^{213}$	$mɔ^{213}$	$mɔ^{213}$	$tɔ^{44}$	$tɔ^{51}$	$tɔ^{51}$	$tɔ^{51}$
奇台县	$mɔ^{213}$	$mɔ^{213}$	$mɔ^{213}$	$mɔ^{213}$	$tɔ^{44}$	$tɔ^{52}$	$tɔ^{52}$	$tɔ^{52}$
博乐市	mao^{24}	mao^{24}	mao^{24}	mao^{24}	tao^{45}	tao^{51}	tao^{51}	tao^{51}
阿勒泰市	mau^{23}	mau^{23}	mau^{23}	mau^{23}	tau^{44}	tau^{51}	tau^{51}	tau^{51}
布尔津县	$mɔ^{51}$	$mɔ^{51}$	$mɔ^{51}$	$mɔ^{51}$	$tɔ^{44}$	$tɔ^{23}$	$tɔ^{23}$	$tɔ^{23}$
乌苏市	$mɔ^{213}$	$mɔ^{213}$	$mɔ^{213}$	$mɔ^{213}$	$tɔ^{55}$	$tɔ^{51}$	$tɔ^{51}$	$tɔ^{51}$
额敏县	mau^{34}	mau^{34}	mau^{34}	mau^{34}	tau^{44}	tau^{51}	tau^{51}	tau^{51}
伊州区	$mɔ^{213}$	$mɔ^{213}$	$mɔ^{213}$	$mɔ^{213}$	$tɔ^{44}$	$tɔ^{51}$	$tɔ^{51}$	$tɔ^{51}$
巴里坤县	$mɔ^{24}$	$mɔ^{24}$	$mɔ^{24}$	$mɔ^{24}$	$tɔ^{45}$	$tɔ^{51}$	$tɔ^{51}$	$tɔ^{51}$
伊吾县	$mɔ^{213}$	$mɔ^{213}$	$mɔ^{213}$	$mɔ^{213}$	$tɔ^{44}$	$tɔ^{51}$	$tɔ^{51}$	$tɔ^{51}$

字目 / 中古音 / 方音 / 方言点	倒 倒塌	导	倒 倒水	到	道	稻①	盗	滔
	效开一 上皓端	效开一 去号定	效开一 去号端	效开一 去号端	效开一 上皓定	效开一 上皓定	效开一 去号定	效开一 平豪透
兰州市 （城关区）	tɔ^{44}	tɔ^{44}	tɔ^{44}	tɔ^{13}	tɔ^{13}	tɔ^{44}	tɔ^{13}	t'ɔ^{53}
永登县	tɔ^{354}	tɔ^{354}	tɔ^{354}	tɔ^{13}	tɔ^{13}	tɔ^{354}	tɔ^{13}	t'ɔ^{42}
榆中县	tɔ^{44}	tɔ^{44}	tɔ^{44}	tɔ^{13}	tɔ^{13}	tɔ^{44}	tɔ^{13}	t'ɔ^{51}
皋兰县	tɔ^{342}	tɔ^{342}	tɔ^{342}	tɔ^{13}	tɔ^{13}	tɔ^{342}	tɔ^{13}	t'ɔ^{42}
白银区	tɔ^{343}	tɔ^{343}	tɔ^{43}	tɔ^{13}	tɔ^{13}	tɔ^{343}	tɔ^{13}	t'ɔ^{44}
天祝县	tɔ^{44}	tɔ^{44}	tɔ^{44}	tɔ^{213}	tɔ^{213}	tɔ^{44}	tɔ^{213}	t'ɔ^{44}
景泰县 （红水镇）	tɔo^{44}	tɔo^{44}	tɔo^{44}	tɔo^{213}	tɔo^{213}	tɔo^{44}	tɔo^{213}	t'ɔo^{44}
古浪县	tɔ^{44}	tɔ^{44}	tɔ^{44}	tɔ^{31}	tɔ^{31}	tɔ^{44}	tɔ^{31}	t'ɔ^{44}
凉州区	tɔ^{33}	tɔ^{33}	tɔ^{33}	tɔ^{53}	tɔ^{53}	tɔ^{33}	tɔ^{53}	t'ɔ^{33}
民勤县	tao^{214}	tao^{214}	tao^{214}	tao^{42}	tao^{42}	tao^{214}	tao^{31}	t'ao^{44}
永昌县	tao^{13}	tao^{13}	tao^{13}	tao^{53}	tao^{53}	tao^{13}	tao^{53}	t'ao^{44}
甘州区	tɔ^{53}	tɔ^{53}	tɔ^{31}	tɔ^{31}	tɔ^{31}	tɔ^{53}	tɔ^{31}	t'ɔ^{44}
临泽县	tao^{53}	tao^{53}	tao^{53}	tao^{214}	tao^{214}	tao^{53}	tao^{214}	t'ao^{44}
民乐县	tɔo^{213}	tɔo^{213}	tɔo^{213}	tɔo^{42}	tɔo^{42}	tɔo^{213}	tɔo^{31}	t'ɔo^{44}
山丹县	tɔo^{53}	tɔo^{53}	tɔo^{41}	tɔo^{41}	tɔo^{41}	tɔo^{53}	tɔo^{41}	t'ɔo^{24}
高台县	tɔo^{53}	tɔo^{53}	tɔo^{53}	tɔo^{214}	tɔo^{214}	tɔo^{53}	tɔo^{214}	t'ɔo^{44}
肃州区	tɔ^{53}	tɔ^{53}	tɔ^{53}	tɔ^{214}	tɔ^{214}	tɔ^{53}	tɔ^{214}	t'ɔ^{44}
金塔县	tɔ^{53}	tɔ^{53}	tɔ^{13}	tɔ^{13}	tɔ^{13}	tɔ^{53}	tɔ^{13}	t'ɔ^{44}
肃北县	tɔo^{53}	tɔo^{53}	tɔo^{213}	tɔo^{213}	tɔo^{213}	tɔo^{53}	tɔo^{213}	t'ɔo^{44}
玉门市	tɔo^{53}	tɔo^{53}	tɔo^{213}	tɔo^{213}	tɔo^{213}	tɔo^{53}	tɔo^{213}	t'ɔo^{44}
瓜州县	tɔo^{53}	tɔo^{53}	tɔo^{213}	tɔo^{213}	tɔo^{213}	tɔo^{53}	tɔo^{213}	t'ɔo^{44}

①又土皓切，“秔也，关西语”，效开一上皓透。

续表

西夏区	tɔ^{53}	tɔ^{53}	tɔ^{13}	tɔ^{13}	tɔ^{13}	tɔ^{53}	tɔ^{13}	tʻɔ^{44}
贺兰县	tɔ^{53}	tɔ^{53}	tɔ^{13}	tɔ^{13}	tɔ^{13}	tɔ^{53}	tɔ^{13}	tʻɔ^{44}
灵武市（东塔镇）	tɔ^{52}	tɔ^{52}	tɔ^{13}	tɔ^{13}	tɔ^{13}	tɔ^{52}	tɔ^{13}	tʻɔ^{44}
永宁县	tɔ^{53}	tɔ^{53}	tɔ^{13}	tɔ^{13}	tɔ^{13}	tɔ^{53}	tɔ^{13}	tʻɔ^{44}
中宁县	tɔ^{53}	tɔ^{53}	tɔ^{13}	tɔ^{13}	tɔ^{13}	tɔ^{53}	tɔ^{13}	tʻɔ^{44}
沙坡头区	tɔu^{53}	tɔu^{53}	tɔu^{13}	tɔu^{13}	tɔu^{13}	tɔu^{53}	tɔu^{13}	tʻɔu^{44}
盐池县	tɔ^{52}	tɔ^{52}	tɔ^{13}	tɔ^{13}	tɔ^{13}	tɔ^{52}	tɔ^{13}	tʻɔ^{44}
平罗县（渠口乡）	tɔ^{53}	tɔ^{53}	tɔ^{13}	tɔ^{13}	tɔ^{13}	tɔ^{53}	tɔ^{13}	tʻɔ^{44}
阿拉善左旗	tao^{51}	tao^{51}	tao^{213}	tao^{213}	tao^{213}	tao^{51}	tao^{213}	tʻao^{44}
乌鲁木齐市	tau^{52}	tau^{52}	tau^{213}	tau^{213}	tau^{213}	tau^{52}	tau^{213}	tʻau^{44}
阜康市	tɔ^{51}	tɔ^{51}	tɔ^{213}	tɔ^{213}	tɔ^{213}	tɔ^{51}	tɔ^{213}	tʻɔ^{55}
呼图壁县	tɔ^{51}	tɔ^{51}	tɔ^{213}	tɔ^{213}	tɔ^{213}	tɔ^{51}	tɔ^{213}	tʻɔ^{44}
吉木萨尔县	tɔ^{51}	tɔ^{51}	tɔ^{213}	tɔ^{213}	tɔ^{213}	tɔ^{51}	tɔ^{213}	tʻɔ^{44}
奇台县	tɔ^{52}	tɔ^{52}	tɔ^{213}	tɔ^{213}	tɔ^{213}	tɔ^{52}	tɔ^{213}	tʻɔ^{44}
博乐市	tao^{51}	tao^{51}	tao^{24}	tao^{24}	tao^{24}	tao^{51}	tao^{24}	tʻao^{45}
阿勒泰市	tau^{51}	tau^{51}	tau^{23}	tau^{23}	tau^{23}	tau^{51}	tau^{23}	tʻau^{44}
布尔津县	tɔ^{23}	tɔ^{23}	tɔ^{51}	tɔ^{51}	tɔ^{51}	tɔ^{23}	tɔ^{51}	tʻɔ^{44}
乌苏市	tɔ^{51}	tɔ^{51}	tɔ^{213}	tɔ^{213}	tɔ^{213}	tɔ^{51}	tɔ^{213}	tʻɔ^{55}
额敏县	tau^{51}	tau^{51}	tau^{34}	tau^{34}	tau^{34}	tau^{51}	tau^{34}	tʻau^{44}
伊州区	tɔ^{51}	tɔ^{51}	tɔ^{213}	tɔ^{213}	tɔ^{213}	tɔ^{51}	tɔ^{213}	tʻɔ^{44}
巴里坤县	tɔ^{51}	tɔ^{51}	tɔ^{24}	tɔ^{24}	tɔ^{34}	tɔ^{51}	tɔ^{34}	tʻɔ^{45}
伊吾县	tɔ^{51}	tɔ^{51}	tɔ^{213}	tɔ^{213}	tɔ^{213}	tɔ^{51}	tɔ^{213}	tʻɔ^{44}

字目 / 方音 / 中古音 / 方言点	涛	桃	逃	陶	淘	讨	套	挠① 阻挠
	效开一平豪定	效开一平豪定	效开一平豪定	效开一平豪定	效开一平豪定	效开一上皓透	效开一去号透	效开二去巧泥
兰州市（城关区）	tʻɔ^{53}	tʻɔ^{51}	tʻɔ^{51}	tʻɔ^{51}	tʻɔ^{51}	tʻɔ^{44}	tʻɔ^{13}	lɔ^{13}
永登县	tʻɔ^{42}	tʻɔ^{53}	tʻɔ^{53}	tʻɔ^{53}	tʻɔ^{53}	tʻɔ^{354}	tʻɔ^{13}	lɔ^{13}
榆中县	tʻɔ^{51}	tʻɔ^{332}	tʻɔ^{332}	tʻɔ^{332}	tʻɔ^{332}	tʻɔ^{44}	tʻɔ^{13}	lɔ^{13}
皋兰县	tʻɔ^{42}	tʻɔ^{53}	tʻɔ^{53}	tʻɔ^{53}	tʻɔ^{53}	tʻɔ^{342}	tʻɔ^{13}	lɔ^{13}
白银区	tʻɔ^{44}	tʻɔ^{51}	tʻɔ^{51}	tʻɔ^{51}	tʻɔ^{51}	tʻɔ^{343}	tʻɔ^{13}	lɔ^{13}
天祝县	tʻɔ^{44}	tʻɔ^{53}	tʻɔ^{53}	tʻɔ^{53}	tʻɔ^{53}	tʻɔ^{44}	tʻɔ^{213}	lɔ^{213}
景泰县（红水镇）	tʻɔo^{44}	tʻɔo^{53}	tʻɔo^{53}	tʻɔo^{53}	tʻɔo^{53}	tʻɔo^{44}	tʻɔo^{213}	lɔo^{213}
古浪县	tʻɔ^{44}	tʻɔ^{53}	tʻɔ^{53}	tʻɔ^{53}	tʻɔ^{53}	tʻɔ^{44}	tʻɔ^{31}	lɔ^{31}
凉州区	tʻɔ^{33}	tʻɔ^{13}	tʻɔ^{13}	tʻɔ^{13}	tʻɔ^{13}	tʻɔ^{33}	tʻɔ^{53}	lɔ^{53}
民勤县	tʻao^{44}	tʻao^{53}	tʻao^{53}	tʻao^{53}	tʻao^{53}	tʻao^{214}	tʻao^{42}	nao^{42}
永昌县	tʻao^{44}	tʻao^{13}	tʻao^{13}	tʻao^{13}	tʻao^{13}	tʻao^{13}	tʻao^{53}	nao^{53}
甘州区	tʻɔ^{44}	tʻɔ^{53}	tʻɔ^{53}	tʻɔ^{53}	tʻɔ^{53}	tʻɔ^{53}	tʻɔ^{31}	lɔ^{31}
临泽县	tʻao^{44}	tʻao^{53}	tʻao^{53}	tʻao^{53}	tʻao^{53}	tʻao^{53}	tʻao^{214}	lao^{214}
民乐县	tʻɔo^{44}	tʻɔo^{53}	tʻɔo^{53}	tʻɔo^{53}	tʻɔo^{53}	tʻɔo^{213}	tʻɔo^{42}	nɔo^{42}
山丹县	tʻɔo^{24}	tʻɔo^{53}	tʻɔo^{53}	tʻɔo^{53}	tʻɔo^{53}	tʻɔo^{53}	tʻɔo^{41}	lɔo^{41}
高台县	tʻɔo^{44}	tʻɔo^{53}	tʻɔo^{53}	tʻɔo^{53}	tʻɔo^{53}	tʻɔo^{53}	tʻɔo^{214}	nɔo^{214}
肃州区	tʻɔ^{44}	tʻɔ^{53}	tʻɔ^{53}	tʻɔ^{53}	tʻɔ^{53}	tʻɔ^{53}	tʻɔ^{214}	nɔ^{214}
金塔县	tʻɔ^{44}	tʻɔ^{53}	tʻɔ^{53}	tʻɔ^{53}	tʻɔ^{53}	tʻɔ^{53}	tʻɔ^{13}	lɔ^{13}
肃北县	tʻɔo^{44}	tʻɔo^{53}	tʻɔo^{53}	tʻɔo^{53}	tʻɔo^{53}	tʻɔo^{53}	tʻɔo^{213}	lɔo^{213}
玉门市	tʻɔo^{44}	tʻɔo^{53}	tʻɔo^{53}	tʻɔo^{53}	tʻɔo^{53}	tʻɔo^{53}	tʻɔo^{213}	lɔo^{213}
瓜州县	tʻɔo^{44}	tʻɔo^{53}	tʻɔo^{53}	tʻɔo^{53}	tʻɔo^{53}	tʻɔo^{53}	tʻɔo^{213}	lɔo^{213}

①又尼交切，效开二平肴泥。

续表

西夏区	t'ɔ⁴⁴	t'ɔ⁵³	t'ɔ⁵³	t'ɔ⁵³	t'ɔ⁵³	t'ɔ⁵³	t'ɔ¹³	nɔ¹³
贺兰县	t'ɔ⁴⁴	t'ɔ⁵³	t'ɔ⁵³	t'ɔ⁵³	t'ɔ⁵³	t'ɔ⁵³	t'ɔ¹³	nɔ¹³
灵武市（东塔镇）	t'ɔ⁴⁴	t'ɔ⁵²	t'ɔ⁵²	t'ɔ⁵²	t'ɔ⁵²	t'ɔ⁵²	t'ɔ¹³	nɔ¹³
永宁县	t'ɔ⁴⁴	t'ɔ⁵³	t'ɔ⁵³	t'ɔ⁵³	t'ɔ⁵³	t'ɔ⁵³	t'ɔ¹³	nɔ¹³
中宁县	t'ɔ⁴⁴	t'ɔ⁵³	t'ɔ⁵³	t'ɔ⁵³	t'ɔ⁵³	t'ɔ⁵³	t'ɔ¹³	nɔ¹³
沙坡头区	t'ɔu⁴⁴	t'ɔu⁵³	t'ɔu⁵³	t'ɔu⁵³	t'ɔu⁵³	t'ɔu⁵³	t'ɔu¹³	nɔu¹³
盐池县	t'ɔ⁴⁴	t'ɔ¹³	t'ɔ¹³	t'ɔ¹³	t'ɔ¹³	t'ɔ⁵²	t'ɔ¹³	nɔ¹³
平罗县（渠口乡）	t'ɔ⁴⁴	t'ɔ⁵³	t'ɔ⁵³	t'ɔ⁵³	t'ɔ⁵³	t'ɔ⁵³	t'ɔ¹³	nɔ¹³
阿拉善左旗	t'ao⁴⁴	t'ao⁵¹	t'ao⁵¹	t'ao⁵¹	t'ao⁵¹	t'ao⁵¹	t'ao²¹³	lao²¹³
乌鲁木齐市	t'au⁴⁴	t'au⁵²	t'au⁵²	t'au⁵²	t'au⁵²	t'au⁵²	t'au²¹³	lau²¹³
阜康市	t'ɔ⁵⁵	t'ɔ⁵¹	t'ɔ⁵¹	t'ɔ⁵¹	t'ɔ⁵¹	t'ɔ⁵¹	t'ɔ²¹³	lɔ²¹³
呼图壁县	t'ɔ⁴⁴	t'ɔ⁵¹	t'ɔ⁵¹	t'ɔ⁵¹	t'ɔ⁵¹	t'ɔ⁵¹	t'ɔ²¹³	lɔ²¹³
吉木萨尔县	t'ɔ⁴⁴	t'ɔ⁵¹	t'ɔ⁵¹	t'ɔ⁵¹	t'ɔ⁵¹	t'ɔ⁵¹	t'ɔ²¹³	lɔ²¹³
奇台县	t'ɔ⁴⁴	t'ɔ⁵²	t'ɔ⁵²	t'ɔ⁵²	t'ɔ⁵²	t'ɔ⁵²	t'ɔ²¹³	lɔ²¹³
博乐市	t'ao⁴⁵	t'ao⁵¹	t'ao⁵¹	t'ao⁵¹	t'ao⁵¹	t'ao⁵¹	t'ao²⁴	lao²⁴
阿勒泰市	t'au⁴⁴	t'au⁵¹	t'au⁵¹	t'au⁵¹	t'au⁵¹	t'au⁵¹	t'au²³	lau²³
布尔津县	t'ɔ⁴⁴	t'ɔ²³	t'ɔ²³	t'ɔ²³	t'ɔ²³	t'ɔ⁴⁴	t'ɔ⁵¹	lɔ⁵¹
乌苏市	t'ɔ⁵⁵	t'ɔ⁵¹	t'ɔ⁵¹	t'ɔ⁵¹	t'ɔ⁵¹	t'ɔ⁵¹	t'ɔ²¹³	lɔ²¹³
额敏县	t'au⁴⁴	t'au⁵¹	t'au⁵¹	t'au⁵¹	t'au⁵¹	t'au⁵¹	t'au³⁴	lau³⁴
伊州区	t'ɔ⁴⁴	t'ɔ⁵¹	t'ɔ⁵¹	t'ɔ⁵¹	t'ɔ⁵¹	t'ɔ⁵¹	t'ɔ²¹³	lɔ²¹³
巴里坤县	t'ɔ⁴⁵	t'ɔ⁵¹	t'ɔ⁵¹	t'ɔ⁵¹	t'ɔ⁵¹	t'ɔ⁵¹	t'ɔ²⁴	lɔ²⁴
伊吾县	t'ɔ⁴⁴	t'ɔ⁵¹	t'ɔ⁵¹	t'ɔ⁵¹	t'ɔ⁵¹	t'ɔ⁵¹	t'ɔ²¹³	lɔ²¹³

字目 / 中古音 / 方言点	脑	恼	闹	捞①	劳 劳动	牢	老	涝
	效开一上皓泥	效开一上皓泥	效开二去效泥	效开一平豪来	效开一平豪来	效开一平豪来	效开一上皓来	效开一去号来
兰州市（城关区）	lɔ44	lɔ44	lɔ13	lɔ51	lɔ51	lɔ51	lɔ44	lɔ13
永登县	nɔ354	nɔ354	nɔ13	lɔ53	lɔ53	lɔ53	lɔ354	lɔ13
榆中县	lɔ44	lɔ44	lɔ13	lɔ332	lɔ332	lɔ332	lɔ44	lɔ13
皋兰县	nɔ342	nɔ342	nɔ13	lɔ53	lɔ53	lɔ53	lɔ342	lɔ13
白银区	lɔ343	lɔ343	lɔ13	lɔ51	lɔ51	lɔ51	lɔ343	lɔ13
天祝县	lɔ44	lɔ44	lɔ213	lɔ53	lɔ53	lɔ53	lɔ44	lɔ213
景泰县（红水镇）	lɔo44	lɔo44	lɔo213	lɔo53	lɔo53	lɔo53	lɔo44	lɔo213
古浪县	lɔ44	lɔ44	lɔ31	lɔ53	lɔ53	lɔ53	lɔ44	lɔ31
凉州区	lɔ33	lɔ33	lɔ53	lɔ13	lɔ13	lɔ13	lɔ33	lɔ53
民勤县	nɑo214	nɑo214	nɑo42	lɑo53	lɑo53	lɑo53	lɑo214	lɑo42
永昌县	nɑo13	nɑo13	nɑo53	lɑo13	lɑo13	lɑo13	lɑo13	lɑo53
甘州区	lɔ53	lɔ53	lɔ31	lɔ53	lɔ53	lɔ53	lɔ53	lɔ31
临泽县	lɑo53	lɑo53	lɑo214	lɑo53	lɑo53	lɑo53	lɑo44	lɑo214
民乐县	nɔo213	nɔo213	nɔo42	lɔo53	lɔo53	lɔo53	lɔo213	lɔo42
山丹县	lɔo53	lɔo53	lɔo41	lɔo53	lɔo53	lɔo53	lɔo53	lɔo41
高台县	nɔo53	nɔo53	nɔo214	lɔo53	lɔo53	lɔo53	lɔo213	lɔo214
肃州区	nɔ53	nɔ53	nɔ214	lɔ53	lɔ53	lɔ53	lɔ213	lɔ214
金塔县	t‘ɔ44	t‘ɔ53	t‘ɔ53	t‘ɔ53	t‘ɔ53	t‘ɔ53	t‘ɔ13	lɔ13
肃北县	t‘ɔo44	t‘ɔo53	t‘ɔo53	t‘ɔo53	t‘ɔo53	t‘ɔo53	t‘ɔo213	lɔo213
玉门市	t‘ɔo44	t‘ɔo53	t‘ɔo53	t‘ɔo53	t‘ɔo53	t‘ɔo53	t‘ɔo213	lɔo213
瓜州县	t‘ɔo44	t‘ɔo53	t‘ɔo53	t‘ɔo53	t‘ɔo53	t‘ɔo53	t‘ɔo213	lɔo213

①又怜萧切，效开四平萧来；郎到切，效开一去号来。

续表

西夏区	nɔ53	nɔ53	nɔ13	lɔ53	lɔ53	lɔ53	lɔ53	lɔ13
贺兰县	nɔ53	nɔ53	nɔ13	lɔ53	lɔ53	lɔ53	lɔ53	lɔ13
灵武市（东塔镇）	nɔ52	nɔ52	nɔ13	lɔ52	lɔ52	lɔ52	lɔ52	lɔ13
永宁县	nɔ53	nɔ53	nɔ13	lɔ53	lɔ53	lɔ53	lɔ53	lɔ13
中宁县	nɔ53	nɔ53	nɔ13	lɔ53	lɔ53	lɔ53	lɔ53	lɔ13
沙坡头区	nɔu53	nɔu53	nɔu13	lɔu53	lɔu53	lɔu53	lɔu53	lɔu13
盐池县	nɔ52	nɔ52	nɔ13	lɔ13	lɔ13	lɔ13	lɔ52	lɔ13
平罗县（渠口乡）	nɔ53	nɔ53	nɔ13	lɔ53	lɔ53	lɔ53	lɔ53	lɔ13
阿拉善左旗	lɑo44	lɑo51	lɑo213	lɑo51	lɑo51	lɑo51	lɑo51	lɑo213
乌鲁木齐市	lɑu44	lɑu52	lɑu52	lɑu52	lɑu52	lɑu52	lɑu52	lɑu213
阜康市	nɔ55	nɔ51	nɔ213	lɔ51	lɔ51	lɔ51	lɔ51	lɔ213
呼图壁县	nɔ44	nɔ51	nɔ213	lɔ51	lɔ51	lɔ51	lɔ51	lɔ213
吉木萨尔县	nɔ44	nɔ51	nɔ213	lɔ51	lɔ51	lɔ51	lɔ51	lɔ213
奇台县	nɔ44	nɔ52	nɔ213	lɔ52	lɔ52	lɔ52	lɔ52	lɔ213
博乐市	nɑo45	nɑo51	nɑo24	lɑo51	lɑo51	lɑo51	lɑo51	lɑo24
阿勒泰市	tʻɑu44	tʻɑu51	tʻɑu51	tʻɑu51	tʻɑu51	tʻɑu51	tʻɑu51	lɑu23
布尔津县	nɔ44	nɔ23	nɔ51	lɔ23	lɔ23	lɔ23	lɔ44	lɔ51
乌苏市	nɔ55	nɔ51	nɔ213	lɔ51	lɔ51	lɔ51	lɔ51	lɔ213
额敏县	tʻɑu44	tʻɑu51	tʻɑu51	tʻɑu51	tʻɑu51	tʻɑu51	tʻɑu51	lɑu34
伊州区	nɔ44	nɔ51	nɔ213	lɔ51	lɔ51	lɔ51	lɔ51	lɔ213
巴里坤县	tʻɔ45	tʻɔ51	tʻɔ51	tʻɔ51	tʻɔ51	tʻɔ51	tʻɔ51	lɔ24
伊吾县	nɔ44	nɔ51	nɔ213	lɔ51	lɔ51	lɔ51	lɔ51	lɔ213

字目 / 中古音 / 方言点	烙	酪	遭	糟	凿①	早	枣	躁
	宕开一入铎来	宕开一入铎来	效开一平豪精	效开一平豪精	宕开一入铎从	效开一上皓精	效开一上皓精	效开一去号精
兰州市（城关区）	lɔ^{13} luə^{13}	lɔ^{13}	tsɔ^{53}	tsɔ^{53}	tsɔ^{51}	tsɔ^{44}	tsɔ^{44}	tsɔ^{13}
永登县	lɔ^{13} luə^{13}	lɔ^{13}	tsɔ^{42}	tsɔ^{42}	tsɔ^{53}	tsɔ^{354}	tsɔ^{354}	tsɔ^{13}
榆中县	lɔ^{13} luə^{13}	lɔ^{13}	tsɔ^{51}	tsɔ^{51}	tsɔ^{332}	tsɔ^{44}	tsɔ^{44}	tsɔ^{13}
皋兰县	lɔ^{13} luə^{13}	lɔ^{13}	tsɔ^{42}	tsɔ^{42}	tsɔ^{53}	tsɔ^{342}	tsɔ^{342}	tsɔ^{13}
白银区	lɔ^{13} luə^{13}	lɔ^{13}	tsɔ^{44}	tsɔ^{44}	tsɔ^{51}	tsɔ^{343}	tsɔ^{343}	tsɔ^{13}
天祝县	lɔ^{213} luə^{213}	lɔ^{213}	tsɔ^{44}	tsɔ^{44}	tsɔ^{53}	tsɔ^{44}	tsɔ^{44}	tsɔ^{213}
景泰县（红水镇）	lɔo^{213} luɤ^{213}	lɔo^{213}	tsɔo^{44}	tsɔo^{44}	tsɔo^{53}	tsɔo^{44}	tsɔo^{44}	tsɔo^{213}
古浪县	lɔ^{31} luə^{31}	lɔ^{31}	tsɔ^{44}	tsɔ^{44}	tsɔ^{53}	tsɔ^{44}	tsɔ^{44}	tsɔ^{31}
凉州区	lɔ^{53} luə^{53}	lɔ^{53}	tsɔ^{33}	tsɔ^{33}	tsɔ^{13}	tsɔ^{33}	tsɔ^{33}	tsɔ^{53}
民勤县	lao^{42} luə^{42}	lao^{42}	tsao^{44}	tsao^{44}	tsao^{53}	tsao^{214}	tsao^{214}	tsao^{42}
永昌县	lao^{53} luə^{53}	lao^{53}	tsao^{44}	tsao^{44}	tsao^{53}	tsao^{13}	tsao^{13}	tsao^{53}
甘州区	lɔ^{31} luə^{31}	lɔ^{31}	tsɔ^{44}	tsɔ^{44}	tsɔ^{53}	tsɔ^{53}	tsɔ^{53}	tsɔ^{31}
临泽县	lao^{214} luə^{214}	lao^{214}	tsao^{44}	tsao^{44}	tsao^{53}	tsao^{53}	tsao^{53}	tsao^{214}
民乐县	lɔo^{42} luə^{42}	lɔo^{42}	tsɔo^{44}	tsɔo^{44}	tsɔo^{53}	tsɔo^{213}	tsɔo^{213}	tsɔo^{42}

①又昨木切，通合一入屋从。

续表

山丹县	lɔo^{41} luə^{41}	lɔo^{41}	tsɔo^{24}	tsɔo^{24}	tsɔo^{53}	tsɔo^{53}	tsɔo^{53}	tsɔo^{41}
高台县	lɔo^{214} luə^{214}	lɔo^{214}	tsɔo^{44}	tsɔo^{44}	tsɔo^{53}	tsɔo^{53}	tsɔo^{53}	tsɔo^{214}
肃州区	lɔ^{214} luə^{214}	lɔ^{214}	tsɔ^{44}	tsɔ^{44}	tsɔ^{53}	tsɔ^{53}	tsɔ^{53}	tsɔ^{214}
金塔县	lɔ^{13} luə^{13}	lɔ^{13}	tsɔ^{44}	tsɔ^{44}	tsɔ^{13}	tsɔ^{53}	tsɔ^{53}	tsɔ^{13}
肃北县	lɔo^{213} luə^{213}	lɔo^{213}	tsɔo^{44}	tsɔo^{44}	tsɔo^{213}	tsɔo^{53}	tsɔo^{53}	tsɔo^{213}
玉门市	lɔo^{213} luə^{213}	lɔo^{213}	tsɔo^{44}	tsɔo^{44}	tsɔo^{213}	tsɔo^{53}	tsɔo^{53}	tsɔo^{213}
瓜州县	lɔo^{213} luə^{213}	lɔo^{213}	tsɔo^{44}	tsɔo^{44}	tsɔo^{213}	tsɔo^{53}	tsɔo^{53}	tsɔo^{213}
西夏区	lɔ^{13} luə^{13}	lɔ^{13}	tsɔ^{44}	tsɔ^{44}	tsɔ^{13}	tsɔ^{53}	tsɔ^{53}	tsɔ^{13}
贺兰县	lɔ^{13} luə^{13}	lɔ^{13}	tsɔ^{44}	tsɔ^{44}	tsɔ^{13}	tsɔ^{53}	tsɔ^{53}	tsɔ^{13}
灵武市 （东塔镇）	lɔ^{13} luə^{13}	lɔ^{13}	tsɔ^{44}	tsɔ^{44}	tsɔ^{13}	tsɔ^{52}	tsɔ^{52}	tsɔ^{13}
永宁县	lɔ^{13} luə^{13}	lɔ^{13}	tsɔ^{44}	tsɔ^{44}	tsɔ^{13}	tsɔ^{53}	tsɔ^{53}	tsɔ^{13}
中宁县	lɔ^{13} luə^{13}	lɔ^{13}	tsɔ^{44}	tsɔ^{44}	tsɔ^{13}	tsɔ^{53}	tsɔ^{53}	tsɔ^{13}
沙坡头区	lɔu^{13} luə^{13}	lɔu^{13}	tsɔu^{44}	tsɔu^{44}	tsɔu^{13}	tsɔu^{53}	tsɔu^{53}	tsɔu^{13}
盐池县	lɔ^{13} luə^{13}	lɔ^{13}	tsɔ^{44}	tsɔ^{44}	tsɔ^{13}	tsɔ^{52}	tsɔ^{52}	tsɔ^{13}
平罗县 （渠口乡）	lɔ^{13} luə^{13}	lɔ^{13}	tsɔ^{44}	tsɔ^{44}	tsɔ^{13}	tsɔ^{53}	tsɔ^{53}	tsɔ^{13}
阿拉善左旗	luə^{213}	lao^{213}	tsao^{44}	tsao^{44}	tsao^{213}	tsao^{51}	tsao^{51}	tsao^{213}
乌鲁木齐市	luə^{213}	lau^{213}	tsau^{44}	tsau^{44}	tsau^{213}	tsau^{52}	tsau^{52}	tsau^{213}
阜康市	luə^{213}	lɔ^{213}	tsɔ^{55}	tsɔ^{55}	tsɔ^{213}	tsɔ^{51}	tsɔ^{51}	tsɔ^{213}

续表

呼图壁县	luə²¹³	lɔ²¹³	tsɔ⁴⁴	tsɔ⁴⁴	tsɔ²¹³	tsɔ⁵¹	tsɔ⁵¹	tsɔ²¹³
吉木萨尔县	luɤ²¹³	lɔ²¹³	tsɔ⁴⁴	tsɔ⁴⁴	tsɔ²¹³	tsɔ⁵¹	tsɔ⁵¹	tsɔ²¹³
奇台县	luɤ²¹³	lɔ²¹³	tsɔ⁴⁴	tsɔ⁴⁴	tsɔ²¹³	tsɔ⁵²	tsɔ⁵²	tsɔ²¹³
博乐市	luɤ²⁵	lɑo²⁴	tsɑo⁴⁵	tsɑo⁴⁵	tsɑo²⁴	tsɑo⁵¹	tsɑo⁵¹	tsɑo²¹³
阿勒泰市	luɤ²³	lɑu²³	tsɑu⁴⁴	tsɑu⁴⁴	tsɑu²³	tsɑu⁵¹	tsɑu⁵¹	tsɑu²³
布尔津县	luə⁵¹	lɔ⁵¹	tsɔ⁴⁴	tsɔ⁴⁴	tsɔ⁵¹	tsɔ²³	tsɔ²³	tsɔ⁵¹
乌苏市	luɤ²¹³	lɔ²¹³	tsɔ⁵⁵	tsɔ⁵⁵	tsɔ²¹³	tsɔ⁵¹	tsɔ⁵¹	tsɔ²¹³
额敏县	luɤ³⁴	lɑu³⁴	tsɑu⁴⁴	tsɑu⁴⁴	tsɑu³⁴	tsɑu⁵¹	tsɑu⁵¹	tsɑu³⁴
伊州区	luo²¹³	lɔ²¹³	tsɔ⁴⁴	tsɔ⁴⁴	tsɔ²¹³	tsɔ⁵¹	tsɔ⁵¹	tsɔ²¹³
巴里坤县	luə²⁴	lɔ²⁴	tsɔ⁴⁵	tsɔ⁴⁵	tsɔ²⁴	tsɔ⁵¹	tsɔ⁵¹	tsɔ²⁴
伊吾县	luo²¹³	lɔ²¹³	tsɔ⁴⁴	tsɔ⁴⁴	tsɔ²¹³	tsɔ⁵¹	tsɔ⁵¹	tsɔ²¹³

字目 / 中古音 / 方言点	灶	皂	造 建造	燥	操① 操作	操 节操	糙	曹
中古音	效开一去号精	效开一上皓从	效开一上皓从	效开一去号心	效开一平豪清	效开一去号清	效开一去号清	效开一平豪从
兰州市（城关区）	tsɔ^{13}	tsɔ^{13}	tsɔ^{13}	tsɔ^{13}	tsʻɔ^{53}	tsʻɔ^{53}	tsʻɔ^{13}	tsʻɔ^{51}
永登县	tsɔ^{13}	tsɔ^{13}	tsɔ^{13}	tsɔ^{13}	tsʻɔ^{42}	tsʻɔ^{42}	tsʻɔ^{13}	tsʻɔ^{53}
榆中县	tsɔ^{13}	tsɔ^{13}	tsɔ^{13}	tsɔ^{13}	tsʻɔ^{51}	tsʻɔ^{51}	tsʻɔ^{13}	tsʻɔ^{332}
皋兰县	tsɔ^{13}	tsɔ^{13}	tsɔ^{13}	tsɔ^{13}	tsʻɔ^{42}	tsʻɔ^{42}	tsʻɔ^{13}	tsʻɔ^{53}
白银区	tsɔ^{13}	tsɔ^{13}	tsɔ^{13}	tsɔ^{13}	tsʻɔ^{44}	tsʻɔ^{44}	tsʻɔ^{13}	tsʻɔ^{51}
天祝县	tsɔ^{213}	tsɔ^{213}	tsɔ^{213}	tsɔ^{213}	tsʻɔ^{44}	tsʻɔ^{44}	tsʻɔ^{213}	tsʻɔ^{53}
景泰县（红水镇）	tsɔo^{213}	tsɔo^{213}	tsɔo^{213}	tsɔo^{213}	tsʻɔo^{44}	tsʻɔo^{44}	tsʻɔo^{213}	tsʻɔo^{53}
古浪县	tsɔ^{31}	tsɔ^{31}	tsɔ^{31}	tsɔ^{31}	tsʻɔ^{44}	tsʻɔ^{44}	tsʻɔ^{31}	tsʻɔ^{53}
凉州区	tsɔ^{53}	tsɔ^{53}	tsɔ^{53}	tsɔ^{53}	tsʻɔ^{33}	tsʻɔ^{33}	tsʻɔ^{42}	tsʻɔ^{13}
民勤县	tsao^{42}	tsao^{42}	tsao^{42}	tsao^{42}	tsʻao^{44}	tsʻao^{44}	tsʻao^{53}	tsʻao^{13}
永昌县	tsao^{53}	tsao^{53}	tsao^{53}	tsao^{53}	tsʻao^{44}	tsʻao^{44}	tsʻao^{53}	tsʻao^{13}
甘州区	tsɔ^{31}	tsɔ^{31}	tsɔ^{31}	tsɔ^{31}	tsʻɔ^{44}	tsʻɔ^{44}	tsʻɔ^{31}	tsʻɔ^{53}
临泽县	tsao^{214}	tsao^{214}	tsao^{214}	tsao^{214}	tsʻao^{44}	tsʻao^{44}	tsʻao^{214}	tsʻao^{53}
民乐县	tsɔo^{42}	tsɔo^{42}	tsɔo^{42}	tsɔo^{42}	tsʻɔo^{44}	tsʻɔo^{44}	tsʻɔo^{42}	tsʻɔo^{13}
山丹县	tsɔo^{41}	tsɔo^{41}	tsɔo^{41}	tsɔo^{41}	tsʻɔo^{24}	tsʻɔo^{24}	tsʻɔo^{41}	tsʻɔo^{53}
高台县	tsɔo^{214}	tsɔo^{214}	tsɔo^{214}	tsɔo^{214}	tsʻɔo^{44}	tsʻɔo^{44}	tsʻɔo^{214}	tsʻɔo^{53}
肃州区	tsɔ^{214}	tsɔ^{214}	tsɔ^{214}	tsɔ^{214}	tsʻɔ^{44}	tsʻɔ^{44}	tsʻɔ^{214}	tsʻɔ^{53}
金塔县	tsɔ^{13}	tsɔ^{13}	tsɔ^{13}	tsɔ^{13}	tsʻɔ^{44}	tsʻɔ^{44}	tsʻɔ^{13}	tsʻɔ^{53}
肃北县	tsɔo^{213}	tsɔo^{213}	tsɔo^{213}	tsɔo^{213}	tsʻɔo^{44}	tsʻɔo^{44}	tsʻɔo^{213}	tsʻɔo^{53}
玉门市	tsɔo^{213}	tsɔo^{213}	tsɔo^{213}	tsɔo^{213}	tsʻɔo^{44}	tsʻɔo^{44}	tsʻɔo^{213}	tsʻɔo^{53}
瓜州县	tsɔo^{213}	tsɔo^{213}	tsɔo^{213}	tsɔo^{213}	tsʻɔo^{44}	tsʻɔo^{44}	tsʻɔo^{213}	tsʻɔo^{53}

①又七到切，效开一去号清。

续表

西夏区	tsɔ^{13}	tsɔ^{13}	tsɔ^{13}	tsɔ^{13}	tsʻɔ^{44}	tsʻɔ^{44}	tsʻɔ^{13}	tsʻɔ^{53}
贺兰县	tsɔ^{13}	tsɔ^{13}	tsɔ^{13}	tsɔ^{13}	tsʻɔ^{44}	tsʻɔ^{44}	tsʻɔ^{13}	tsʻɔ^{53}
灵武市（东塔镇）	tsɔ^{13}	tsɔ^{13}	tsɔ^{13}	tsɔ^{13}	tsʻɔ^{44}	tsʻɔ^{44}	tsʻɔ^{13}	tsʻɔ^{52}
永宁县	tsɔ^{13}	tsɔ^{13}	tsɔ^{13}	tsɔ^{13}	tsʻɔ^{44}	tsʻɔ^{44}	tsʻɔ^{13}	tsʻɔ^{53}
中宁县	tsɔ^{13}	tsɔ^{13}	tsɔ^{13}	tsɔ^{13}	tsʻɔ^{44}	tsʻɔ^{44}	tsʻɔ^{13}	tsʻɔ^{53}
沙坡头区	tsɔu^{13}	tsɔu^{13}	tsɔu^{13}	tsɔu^{13}	tsʻɔu^{44}	tsʻɔu^{44}	tsʻɔu^{13}	tsʻɔu^{53}
盐池县	tsɔ^{13}	tsɔ^{13}	tsɔ^{13}	tsɔ^{13}	tsʻɔ^{44}	tsʻɔ^{44}	tsʻɔ^{13}	tsʻɔ^{13}
平罗县（渠口乡）	tsɔ^{13}	tsɔ^{13}	tsɔ^{13}	tsɔ^{13}	tsʻɔ^{44}	tsʻɔ^{44}	tsʻɔ^{13}	tsʻɔ^{53}
阿拉善左旗	tsɑo^{213}	tsɑo^{213}	tsɑo^{213}	tsɑo^{213}	tsʻɑo^{44}	tsʻɑo^{44}	tsʻɑo^{213}	tsʻɑo^{51}
乌鲁木齐市	tsɑu^{213}	tsɑu^{213}	tsɑu^{213}	tsɑu^{213}	tsʻɑu^{44}	tsʻɑu^{44}	tsʻɑu^{213}	tsʻɑu^{52}
阜康市	tsɔ^{213}	tsɔ^{213}	tsɔ^{213}	tsɔ^{213}	tsʻɔ^{55}	tsʻɔ^{55}	tsʻɔ^{213}	tsʻɔ^{51}
呼图壁县	tsɔ^{213}	tsɔ^{213}	tsɔ^{213}	tsɔ^{213}	tsʻɔ^{44}	tsʻɔ^{44}	tsʻɔ^{213}	tsʻɔ^{51}
吉木萨尔县	tsɔ^{213}	tsɔ^{213}	tsɔ^{213}	tsɔ^{213}	tsʻɔ^{44}	tsʻɔ^{44}	tsʻɔ^{213}	tsʻɔ^{51}
奇台县	tsɔ^{213}	tsɔ^{213}	tsɔ^{213}	tsɔ^{213}	tsʻɔ^{44}	tsʻɔ^{44}	tsʻɔ^{213}	tsʻɔ^{52}
博乐市	tsɑo^{24}	tsɑo^{24}	tsɑo^{24}	tsɑo^{24}	tsʻɑo^{45}	tsʻɑo^{45}	tsʻɑo^{25}	tsʻɑo^{51}
阿勒泰市	tsɑu^{23}	tsɑu^{23}	tsɑu^{23}	tsɑu^{23}	tsʻɑu^{44}	tsʻɑu^{44}	tsʻɑu^{23}	tsʻɑu^{51}
布尔津县	tsɔ^{51}	tsɔ^{51}	tsɔ^{51}	tsɔ^{51}	tsʻɔ^{44}	tsʻɔ^{44}	tsʻɔ^{51}	tsʻɔ^{23}
乌苏市	tsɔ^{213}	tsɔ^{213}	tsɔ^{213}	tsɔ^{213}	tsʻɔ^{55}	tsʻɔ^{55}	tsʻɔ^{213}	tsʻɔ^{51}
额敏县	tsɑu^{34}	tsɑu^{34}	tsɑu^{34}	tsɑu^{34}	tsʻɑu^{44}	tsʻɑu^{44}	tsʻɑu^{34}	tsʻɑu^{51}
伊州区	tsɔ^{213}	tsɔ^{213}	tsɔ^{213}	tsɔ^{213}	tsʻɔ^{44}	tsʻɔ^{44}	tsʻɔ^{213}	tsʻɔ^{51}
巴里坤县	tsɔ^{24}	tsɔ^{24}	tsɔ^{24}	tsɔ^{24}	tsʻɔ^{45}	tsʻɔ^{45}	tsʻɔ^{24}	tsʻɔ^{51}
伊吾县	tsɔ^{213}	tsɔ^{213}	tsɔ^{213}	tsɔ^{213}	tsʻɔ^{44}	tsʻɔ^{44}	tsʻɔ^{213}	tsʻɔ^{51}

字目 / 中古音 / 方音 / 方言点	列	烈	裂	劣	皆	阶	街	接
中古音	山开三入薛来	山开三入薛来	山开三入薛来	山开三入薛来	蟹开二平皆见	蟹开二平皆见	蟹开二平佳见	咸开三入叶精
兰州市（城关区）	lie^{13}	lie^{13}	lie^{13}	lie^{13}	tɕie^{53}	tɕie^{53}	tɕie^{53}	tɕie^{13}
永登县	liə^{13}	liə^{13}	liə^{13}	liə^{13}	tɕiə^{42}	tɕiə^{42}	tɕiə^{42}	tɕiə^{13}
榆中县	liᴇ^{13}	liᴇ^{13}	liᴇ^{13}	liᴇ^{13}	tɕiᴇ^{51}	tɕiᴇ^{51}	tɕiᴇ^{51}	tɕiᴇ^{13}
皋兰县	liɛi^{13}	liɛi^{13}	liɛi^{13}	liɛi^{13}	tɕiɛi^{42}	tɕiɛi^{42}	tɕiɛi^{42}	tɕiɛi^{13}
白银区	liə^{13}	liə^{13}	liə^{13}	liə^{13}	tɕiə^{44}	tɕiə^{44}	tɕiə^{44}	tɕiə^{13}
天祝县	liə^{213}	liə^{213}	liə^{213}	liə^{213}	tɕiə^{44}	tɕiə^{44}	tɕiə^{44}	tɕiə^{213}
景泰县（红水镇）	liɤ^{213}	liɤ^{213}	liɤ^{213}	liɤ^{213}	tɕiɤ^{44}	tɕiɤ^{44}	tɕiɤ^{44}	tɕiɤ^{213}
古浪县	liə^{31}	liə^{31}	liə^{31}	liə^{31}	tɕiə^{44}	tɕiə^{44}	tɕiə^{44}	tɕiə^{31}
凉州区	liɛ^{53}	liɛ^{53}	liɛ^{53}	liɛ^{53}	tɕiɛ^{33}	tɕiɛ^{33}	tɕiɛ^{33}	tɕiɛ^{53}
民勤县	liɛ^{42}	liɛ^{42}	liɛ^{42}	liɛ^{42}	tɕiɛ^{44}	tɕiɛ^{44}	tɕiɛ^{44}	tɕiɛ^{42}
永昌县	liə^{53}	liə^{53}	liə^{53}	liə^{53}	tɕiə^{44}	tɕiə^{44}	tɕiə^{44}	tɕiə^{53}
甘州区	liə^{31}	liə^{31}	liə^{31}	liə^{31}	tɕiə^{44}	tɕiə^{44}	tɕiə^{44}	tɕiə^{31}
临泽县	liə^{214}	liə^{214}	liə^{214}	liə^{214}	tɕiə^{44}	tɕiə^{44}	tɕiə^{44}	tɕiə^{214}
民乐县	liɛ^{42}	liɛ^{42}	liɛ^{42}	liɛ^{42}	tɕiɛ^{44}	tɕiɛ^{44}	tɕiɛ^{44}	tɕiɛ^{42}
山丹县	liə^{41}	liə^{41}	liə^{41}	liə^{41}	tɕiə^{24}	tɕiə^{24}	tɕiə^{24}	tɕiə^{41}
高台县	liɛ^{214}	liɛ^{214}	liɛ^{214}	liɛ^{214}	tɕiɛ^{44}	tɕiɛ^{44}	tɕiɛ^{44}	tɕiɛ^{214}
肃州区	liæ^{214}	liæ^{214}	liæ^{214}	liæ^{214}	tɕiæ^{44}	tɕiæ^{44}	tɕiæ^{44}	tɕiæ^{214}
金塔县	liæ^{13}	liæ^{13}	liæ^{13}	liæ^{13}	tɕiæ^{44}	tɕiæ^{44}	tɕiæ^{44}	tɕiæ^{13}
肃北县	liɛ^{213}	liɛ^{213}	liɛ^{213}	liə^{213}	tɕiɛ^{44}	tɕiɛ^{44}	tɕiɛ^{44}	tɕiɛ^{213}
玉门市	liɛ^{213}	liɛ^{213}	liɛ^{213}	liə^{213}	tɕiɛ^{44}	tɕiɛ^{44}	tɕiɛ^{44}	tɕiɛ^{213}
瓜州县	liə^{213}	liə^{213}	liə^{213}	liə^{213}	tɕiə^{44}	tɕiə^{44}	tɕiə^{44}	tɕiə^{213}
西夏区	liə^{13}	liə^{13}	liə^{13}	liə^{13}	tɕiə^{44}	tɕiə^{44}	tɕiə^{44}	tɕiə^{13}

续表

贺兰县	$liə^{13}$	$liə^{13}$	$liə^{13}$	$liə^{13}$	$tɕiə^{44}$	$tɕiə^{44}$	$tɕiə^{44}$	$tɕiə^{13}$
灵武市（东塔镇）	$liɛ^{13}$	$liɛ^{13}$	$liɛ^{13}$	$liɛ^{13}$	$tɕiɛ^{44}$	$tɕiɛ^{44}$	$tɕiɛ^{44}$	$tɕiɛ^{13}$
永宁县	lie^{13}	lie^{13}	lie^{13}	lie^{13}	$tɕie^{44}$	$tɕie^{44}$	$tɕie^{44}$	$tɕie^{13}$
中宁县	$liɤ^{13}$	$liɤ^{13}$	$liɤ^{13}$	$liɤ^{13}$	$tɕiɤ^{44}$	$tɕiɤ^{44}$	$tɕiɤ^{44}$	$tɕiɤ^{13}$
沙坡头区	$liə^{13}$	$liə^{13}$	$liə^{13}$	$liə^{13}$	$tɕiə^{44}$	$tɕiə^{44}$	$tɕiə^{44}$	$tɕiə^{13}$
盐池县	lie^{13}	lie^{13}	lie^{13}	lie^{13}	$tɕie^{44}$	$tɕie^{44}$	$tɕie^{44}$	$tɕie^{13}$
平罗县（渠口乡）	$liə^{13}$	$liə^{13}$	$liə^{13}$	$liə^{13}$	$tɕiə^{44}$	$tɕiə^{44}$	$tɕiə^{44}$	$tɕiə^{13}$
阿拉善左旗	$liə^{213}$	$liə^{213}$	$liə^{213}$	$liə^{213}$	$tɕiə^{44}$	$tɕiə^{44}$	$tɕiə^{44}$	$tɕiə^{213}$
乌鲁木齐市	$liɛ^{213}$	$liɛ^{213}$	$liɛ^{213}$	$liɛ^{213}$	$tɕiɛ^{44}$	$tɕiɛ^{44}$	$tɕiɛ^{44}$	$tɕiɛ^{213}$
阜康市	$liɤ^{213}$	$liɤ^{213}$	$liɤ^{213}$	$liɤ^{213}$	$tɕiɤ^{55}$	$tɕiɤ^{55}$	$tɕiɤ^{55}$	$tɕiɤ^{213}$
呼图壁县	$liə^{213}$	$liə^{213}$	$liə^{213}$	$liə^{213}$	$tɕiə^{44}$	$tɕiə^{44}$	$tɕiə^{44}$	$tɕiə^{213}$
吉木萨尔县	$liɤ^{213}$	$liɤ^{213}$	$liɤ^{213}$	$liɤ^{213}$	$tɕiɤ^{44}$	$tɕiɤ^{44}$	$tɕiɤ^{44}$	$tɕiɤ^{213}$
奇台县	$liɤ^{213}$	$liɤ^{213}$	$liɤ^{213}$	$liɤ^{213}$	$tɕiɤ^{44}$	$tɕiɤ^{44}$	$tɕiɤ^{44}$	$tɕiɤ^{213}$
博乐市	$liɤ^{24}$	$liɤ^{24}$	$liɤ^{24}$	$liɤ^{24}$	$tɕiɤ^{45}$	$tɕiɤ^{45}$	$tɕiɤ^{45}$	$tɕiɤ^{24}$
阿勒泰市	$liɤ^{23}$	$liɤ^{23}$	$liɤ^{23}$	$liɤ^{23}$	$tɕiɤ^{44}$	$tɕiɤ^{44}$	$tɕiɤ^{44}$	$tɕiɤ^{23}$
布尔津县	$liə^{51}$	$liə^{51}$	$liə^{51}$	$liə^{51}$	$tɕiə^{44}$	$tɕiə^{44}$	$tɕiə^{44}$	$tɕiə^{51}$
乌苏市	$liɤ^{213}$	$liɤ^{213}$	$liɤ^{213}$	$liɤ^{213}$	$tɕiɤ^{55}$	$tɕiɤ^{55}$	$tɕiɤ^{55}$	$tɕiɤ^{213}$
额敏县	$liɛ^{34}$	$liɛ^{34}$	$liɛ^{34}$	$liɛ^{34}$	$tɕiɛ^{44}$	$tɕiɛ^{44}$	$tɕiɛ^{44}$	$tɕiɛ^{34}$
伊州区	$liɛ^{213}$	$liɛ^{213}$	$liɛ^{213}$	$liɛ^{213}$	$tɕiɛ^{44}$	$tɕiɛ^{44}$	$tɕiɛ^{44}$	$tɕiɛ^{213}$
巴里坤县	$liə^{24}$	$liə^{24}$	$liə^{24}$	$liə^{24}$	$tɕiə^{45}$	$tɕiə^{45}$	$tɕiə^{45}$	$tɕiə^{24}$
伊吾县	$liɛ^{213}$	$liɛ^{213}$	$liɛ^{213}$	$liɛ^{213}$	$tɕiɛ^{44}$	$tɕiɛ^{44}$	$tɕiɛ^{44}$	$tɕiɛ^{213}$

字目 / 中古音 / 方音 / 方言点	槽	草	骚	臊	扫①	嫂	朝 朝夕	昭
	效开一平豪从	效开一上皓清	效开一平豪心	效开一平豪心	效开一上皓心	效开一上皓心	效开三平宵知	效开三平宵章
兰州市（城关区）	tsʻɔ^{51}	tsʻɔ^{44}	sɔ^{53}	sɔ^{53}	sɔ^{44}	sɔ^{44}	tʂɔ^{53}	tʂɔ^{53}
永登县	tsʻɔ^{53}	tsʻɔ^{354}	sɔ^{42}	sɔ^{42}	sɔ^{354}	sɔ^{354}	tʂɔ^{42}	tʂɔ^{42}
榆中县	tsʻɔ^{332}	tsʻɔ^{44}	sɔ^{51}	sɔ^{51}	sɔ^{44}	sɔ^{44}	tʂɔ^{51}	tʂɔ^{51}
皋兰县	tsʻɔ^{53}	tsʻɔ^{342}	sɔ^{42}	sɔ^{42}	sɔ^{342}	sɔ^{342}	tʂɔ^{42}	tʂɔ^{42}
白银区	tsʻɔ^{51}	tsʻɔ^{343}	sɔ^{44}	sɔ^{44}	sɔ^{343}	sɔ^{343}	tʂɔ^{44}	tʂɔ^{44}
天祝县	tsʻɔ^{53}	tsʻɔ^{44}	sɔ^{44}	sɔ^{44}	sɔ^{44}	sɔ^{44}	tʂɔ^{44}	tʂɔ^{44}
景泰县（红水镇）	tsʻɔo^{53}	tsʻɔo^{44}	sɔo^{44}	sɔo^{44}	sɔo^{44}	sɔo^{44}	tʂɔo^{44}	tʂɔo^{44}
古浪县	tsʻɔ^{53}	tsʻɔ^{44}	sɔ^{44}	sɔ^{44}	sɔ^{44}	sɔ^{44}	tʂɔ^{44}	tʂɔ^{44}
凉州区	tsʻɔ^{13}	tsʻɔ^{33}	sɔ^{33}	sɔ^{33}	sɔ^{33}	sɔ^{33}	tʂɔ^{33}	tʂɔ^{33}
民勤县	tsʻɑo^{53}	tsʻɑo^{214}	sɑo^{44}	sɑo^{44}	sɑo^{214}	sɑo^{214}	tʂɑo^{44}	tʂɑo^{44}
永昌县	tsʻɑo^{53}	tsʻɑo^{13}	sɑo^{44}	sɑo^{44}	sɑo^{13}	sɑo^{13}	tʂɑo^{44}	tʂɑo^{44}
甘州区	tsʻɔ^{53}	tsʻɔ^{53}	sɔ^{44}	sɔ^{31}	sɔ^{53}	sɔ^{53}	tʂɔ^{44}	tʂɔ^{44}
临泽县	tsʻɑo^{53}	tsʻɑo^{53}	sɑo^{44}	sɑo^{44}	sɑo^{53}	sɑo^{53}	tʂɑo^{44}	tʂɑo^{44}
民乐县	tsʻɔo^{53}	tsʻɔo^{213}	sɔo^{44}	sɔo^{44}	sɔo^{213}	sɔo^{213}	tʂɔo^{44}	tʂɔo^{44}
山丹县	tsʻɔo^{53}	tsʻɔo^{53}	sɔo^{24}	sɔo^{41}	sɔo^{53}	sɔo^{53}	tʂɔo^{24}	tʂɔo^{24}
高台县	tsʻɔo^{53}	tsʻɔo^{53}	sɔo^{44}	sɔo^{44}	sɔo^{53}	sɔo^{53}	tʂɔo^{44}	tʂɔo^{44}
肃州区	tsʻɔ^{53}	tsʻɔ^{53}	sɔ^{44}	sɔ^{44}	sɔ^{53}	sɔ^{53}	tʂɔ^{44}	tʂɔ^{44}
金塔县	tsʻɔ^{53}	tsʻɔ^{53}	sɔ^{44}	sɔ^{13}	sɔ^{53}	sɔ^{53}	tʂɔ^{44}	tʂɔ^{44}
肃北县	tsʻɔo^{53}	tsʻɔo^{53}	sɔo^{44}	sɔo^{213}	sɔo^{53}	sɔo^{53}	tʂɔo^{44}	tʂɔo^{44}
玉门市	tsʻɔo^{53}	tsʻɔo^{53}	sɔo^{44}	sɔo^{213}	sɔo^{53}	sɔo^{53}	tʂɔo^{44}	tʂɔo^{44}
瓜州县	tsʻɔo^{53}	tsʻɔo^{53}	sɔo^{44}	sɔo^{213}	sɔo^{53}	sɔo^{53}	tʂɔo^{44}	tʂɔo^{44}

①又苏到切，效开一去号心。

续表

西夏区	tsʻɔ^{53}	tsʻɔ^{53}	sɔ^{44}	sɔ^{13}	sɔ^{53}	sɔ^{53}	tʂɔ^{44}	tʂɔ^{44}
贺兰县	tsʻɔ^{53}	tsʻɔ^{53}	sɔ^{44}	sɔ^{13}	sɔ^{53}	sɔ^{53}	tʂɔ^{44}	tʂɔ^{44}
灵武市（东塔镇）	tsʻɔ^{52}	tsʻɔ^{52}	sɔ^{44}	sɔ^{13}	sɔ^{52}	sɔ^{52}	tʂɔ^{44}	tʂɔ^{44}
永宁县	tsʻɔ^{53}	tsʻɔ^{53}	sɔ^{44}	sɔ^{13}	sɔ^{53}	sɔ^{53}	tʂɔ^{44}	tʂɔ^{44}
中宁县	tsʻɔ^{53}	tsʻɔ^{53}	sɔ^{44}	sɔ^{13}	sɔ^{53}	sɔ^{53}	tʂɔ^{44}	tʂɔ^{44}
沙坡头区	tsʻɔu^{53}	tsʻɔu^{53}	sɔu^{44}	sɔu^{13}	sɔu^{53}	sɔu^{53}	tʂɔu^{44}	tʂɔu^{44}
盐池县	tsʻɔ^{13}	tsʻɔ^{52}	sɔ^{44}	sɔ^{13}	sɔ^{52}	sɔ^{52}	tʂɔ^{44}	tʂɔ^{44}
平罗县（渠口乡）	tsʻɔ^{53}	tsʻɔ^{53}	sɔ^{44}	sɔ^{13}	sɔ^{53}	sɔ^{53}	tʂɔ^{44}	tʂɔ^{44}
阿拉善左旗	tsʻao^{51}	tsʻao^{51}	sao^{44}	sao^{213}	sao^{51}	sao^{51}	tʂao^{44}	tʂao^{44}
乌鲁木齐市	tsʻau^{52}	tsʻau^{52}	sau^{44}	sau^{213}	sau^{52}	sau^{52}	tʂau^{44}	tʂau^{44}
阜康市	tsʻɔ^{51}	tsʻɔ^{51}	sɔ^{55}	sɔ^{213}	sɔ^{51}	sɔ^{51}	tʂɔ^{55}	tʂɔ^{55}
呼图壁县	tsʻɔ^{51}	tsʻɔ^{51}	sɔ^{44}	sɔ^{213}	sɔ^{51}	sɔ^{51}	tʂɔ^{44}	tʂɔ^{44}
吉木萨尔县	tsʻɔ^{51}	tsʻɔ^{51}	sɔ^{44}	sɔ^{213}	sɔ^{51}	sɔ^{51}	tʂɔ^{44}	tʂɔ^{44}
奇台县	tsʻɔ^{52}	tsʻɔ^{52}	sɔ^{44}	sɔ^{213}	sɔ^{52}	sɔ^{52}	tʂɔ^{44}	tʂɔ^{44}
博乐市	tsʻao^{51}	tsʻao^{51}	sao^{45}	sao^{24}	sao^{51}	sao^{51}	tʂao^{45}	tʂao^{45}
阿勒泰市	tsʻau^{51}	tsʻau^{51}	sau^{44}	sau^{23}	sau^{51}	sau^{51}	tʂau^{44}	tʂau^{44}
布尔津县	tsʻɔ^{23}	tsʻɔ^{44}	sɔ^{44}	sɔ^{51}	sɔ^{23}	sɔ^{23}	tʂɔ^{44}	tʂɔ^{44}
乌苏市	tsʻɔ^{51}	tsʻɔ^{51}	sɔ^{55}	sɔ^{213}	sɔ^{51}	sɔ^{51}	tʂɔ^{55}	tʂɔ^{55}
额敏县	tsʻau^{51}	tsʻau^{51}	sau^{44}	sau^{34}	sau^{51}	sau^{51}	tʂau^{44}	tʂau^{44}
伊州区	tsʻɔ^{51}	tsʻɔ^{51}	sɔ^{44}	sɔ^{213}	sɔ^{51}	sɔ^{51}	tʂɔ^{44}	tʂɔ^{44}
巴里坤县	tsʻɔ^{51}	tsʻɔ^{51}	sɔ^{45}	sɔ^{24}	sɔ^{51}	sɔ^{51}	tʂɔ^{45}	tʂɔ^{45}
伊吾县	tsʻɔ^{51}	tsʻɔ^{51}	sɔ^{44}	sɔ^{213}	sɔ^{51}	sɔ^{51}	tʂɔ^{44}	tʂɔ^{44}

字目 / 中古音 / 方言点	招	着 衣着	着 着手	爪	找	罩①	赵	兆
	效开三平宵章	宕开三入药知	宕开三入药澄	效开二上巧庄		效开二去效知	效开二上小澄	效开三上小澄
兰州市（城关区）	tʂɔ^{53}	tʂuɤ^{13}	tʂuɤ^{51}	tʂɔ^{44}	tʂɔ^{44}	tʂɔ^{13}	tʂɔ^{13}	tʂɔ^{13}
永登县	tʂɔ^{42}	tʂuə^{13}	tʂuə^{53}	tʂɔ^{354}	tʂɔ^{354}	tʂɔ^{13}	tʂɔ^{13}	tʂɔ^{13}
榆中县	tʂɔ^{51}	tʂuə^{13}	tʂuə^{332}	tʂɔ^{44}	tʂɔ^{44}	tʂɔ^{13}	tʂɔ^{13}	tʂɔ^{13}
皋兰县	tʂɔ^{42}	tʂuə^{13}	tʂuə^{53}	tʂɔ^{342}	tʂɔ^{342}	tʂɔ^{13}	tʂɔ^{13}	tʂɔ^{13}
白银区	tʂɔ^{44}	tʂuɤ^{13}	tʂuɤ^{51}	tʂɔ^{343}	tʂɔ^{343}	tʂɔ^{13}	tʂɔ^{13}	tʂɔ^{13}
天祝县	tʂɔ^{44}	tʂuɤ^{213}	tʂuɤ^{53}	tʂɔ^{44}	tʂɔ^{44}	tʂɔ^{213}	tʂɔ^{213}	tʂɔ^{213}
景泰县（红水镇）	tʂɔ^{44}	tʂuɤ^{213}	tʂuɤ^{53}	tʂɔo^{44}	tʂɔo^{44}	tʂɔo^{213}	tʂɔo^{213}	tʂɔo^{213}
古浪县	tʂɔ^{44}	tʂuɤ^{31}	tʂuɤ^{53}	tʂɔ^{44}	tʂɔ^{44}	tʂɔ^{31}	tʂɔ^{31}	tʂɔ^{31}
凉州区	tʂɔ^{33}	tʂuɤ^{53}	tʂuɤ^{13}	tʂɔ^{33}	tʂɔ^{33}	tʂɔ^{53}	tʂɔ^{53}	tʂɔ^{53}
民勤县	tʂao^{44}	tʂuɤ^{42}	tʂuɤ^{53}	tʂao^{214}	tʂao^{214}	tsao^{42}	tʂao^{42}	tʂao^{42}
永昌县	tʂao^{44}	tʂuɤ^{53}	tʂuɤ^{13}	tʂao^{13}	tʂao^{13}	tsao^{53}	tʂao^{13}	tʂao^{53}
甘州区	tʂɔ^{44}	tʂuə^{31}	tʂuə^{53}	tʂɔ^{53}	tʂɔ^{53}	tʂɔ^{31}	tʂɔ^{31}	tʂɔ^{31}
临泽县	tʂao^{44}	pfuə^{214}	pfuə^{53}	tʂao^{53}	tʂao^{53}	tʂao^{214}	tʂao^{214}	tʂao^{214}
民乐县	tʂɔo^{44}	tʂuə^{42}	tʂuə^{53}	tʂɔo^{213}	tʂɔo^{213}	tsɔo^{42}	tʂɔo^{42}	tʂɔo^{42}
山丹县	tʂɔo^{24}	tʂuə^{41}	tʂuə^{53}	tʂɔo^{53}	tʂɔo^{53}	tʂɔo^{41}	tʂɔo^{41}	tʂɔo^{41}
高台县	tʂɔo^{44}	tʂuə^{214}	tʂuə^{53}	tʂɔo^{53}	tʂɔo^{53}	tsɔo^{214}	tʂɔo^{214}	tʂɔo^{214}
肃州区	tʂɔ^{44}	tʂuə^{214}	tʂuə^{53}	tʂɔ^{53}	tʂɔ^{53}	tsɔ^{214}	tʂɔ^{214}	tʂɔ^{214}
金塔县	tʂɔ^{44}	tʂuə^{53}	tʂuə^{53}	tʂɔ^{53}	tʂɔ^{53}	tʂɔ^{13}	tʂɔ^{13}	tʂɔ^{13}
肃北县	tʂɔo^{44}	tʂuə^{53}	tʂuə^{53}	tʂɔo^{53}	tʂɔo^{53}	tʂɔo^{213}	tʂɔo^{213}	tʂɔo^{213}
玉门市	tʂɔo^{44}	tʂuə^{53}	tʂuə^{53}	tʂɔo^{53}	tʂɔo^{53}	tʂɔo^{213}	tʂɔo^{213}	tʂɔo^{213}
瓜州县	tʂɔo^{44}	tʂuə^{53}	tʂuə^{53}	tʂɔo^{53}	tʂɔo^{53}	tʂɔo^{213}	tʂɔo^{213}	tʂɔo^{213}

①《广韵》都教切，类隔，现据《集韵》陟教切。

续表

西夏区	tʂɔ^{44}	tʂuə^{53}	tʂuə^{53}	tʂɔ^{53}	tʂɔ^{53}	tʂɔ^{13}	tʂɔ^{13}	tʂɔ^{13}
贺兰县	tʂɔ^{44}	tʂuə^{53}	tʂuə^{53}	tʂɔ^{53}	tʂɔ^{53}	tʂɔ^{13}	tʂɔ^{13}	tʂɔ^{13}
灵武市（东塔镇）	tʂɔ^{44}	tʂuə^{52}	tʂuə^{52}	tʂɔ^{52}	tʂɔ^{52}	tʂɔ^{13}	tʂɔ^{13}	tʂɔ^{13}
永宁县	tʂɔ^{44}	tʂuə^{53}	tʂuə^{53}	tʂɔ^{53}	tʂɔ^{53}	tʂɔ^{13}	tʂɔ^{13}	tʂɔ^{13}
中宁县	tʂɔ^{44}	tʂuɤ^{53}	tʂuɤ^{53}	tʂɔ^{53}	tʂɔ^{53}	tʂɔ^{13}	tʂɔ^{13}	tʂɔ^{13}
沙坡头区	tʂɔu^{44}	tʂuə^{53}	tʂuə^{53}	tʂɔu^{53}	tʂɔu^{53}	tʂɔu^{13}	tʂɔu^{13}	tʂɔu^{13}
盐池县	tʂɔ^{44}	tʂuə^{13}	tʂuə^{13}	tʂɔ^{52}	tʂɔ^{52}	tsɔ^{13}	tʂɔ^{13}	tʂɔ^{13}
平罗县（渠口乡）	tʂɔ^{44}	tʂuə^{53}	tʂuə^{53}	tʂɔ^{53}	tʂɔ^{53}	tʂɔ^{13}	tʂɔ^{13}	tʂɔ^{13}
阿拉善左旗	tʂao^{44}	tʂuə^{51}	tʂuə^{51}	tʂao^{51}	tʂao^{51}	tʂao^{213}	tʂao^{213}	tʂao^{213}
乌鲁木齐市	tʂau^{44}	tʂuə^{52}	tʂuə^{52}	tʂau^{52}	tʂau^{52}	tʂau^{213}	tʂau^{213}	tʂau^{213}
阜康市	tʂɔ^{55}	tʂuɤ^{51}	tʂuə^{51}	tʂɔ^{51}	tʂɔ^{51}	tʂɔ^{213}	tʂɔ^{213}	tʂɔ^{213}
呼图壁县	tʂɔ^{44}	tʂuə^{51}	tʂuə^{51}	tʂɔ^{51}	tʂɔ^{51}	tʂɔ^{213}	tʂɔ^{213}	tʂɔ^{213}
吉木萨尔县	tʂɔ^{44}	tʂuə^{51}	tʂuə^{51}	tʂɔ^{51}	tʂɔ^{51}	tʂɔ^{213}	tʂɔ^{213}	tʂɔ^{213}
奇台县	tʂɔ^{44}	tʂuɤ^{52}	tʂuə^{52}	tʂɔ^{2}	tʂɔ^{52}	tʂɔ^{213}	tʂɔ^{213}	tʂɔ^{213}
博乐市	tʂao^{45}	tʂuɤ^{51}	tʂuɤ^{51}	tʂao^{51}	tʂao^{51}	tʂao^{24}	tʂao^{24}	tʂao^{24}
阿勒泰市	tʂau^{44}	tʂuɤ^{51}	tʂuɤ^{51}	tʂau^{51}	tʂau^{51}	tʂau^{23}	tʂau^{23}	tʂau^{23}
布尔津县	tʂɔ^{44}	tʂuə^{23}	tʂuə^{23}	tʂɔ^{23}	tʂɔ^{23}	tʂɔ^{51}	tʂɔ^{51}	tʂɔ^{51}
乌苏市	tʂɔ^{55}	tʂuə^{51}	tʂuə^{51}	tʂɔ^{51}	tʂɔ^{51}	tʂɔ^{213}	tʂɔ^{213}	tʂɔ^{213}
额敏县	tʂau^{44}	tʂuɤ^{51}	tʂuɤ^{51}	tʂau^{51}	tʂau^{51}	tʂau^{34}	tʂau^{34}	tʂau^{34}
伊州区	tʂɔ^{44}	tʂuə^{51}	tʂuə^{51}	tʂɔ^{51}	tʂɔ^{51}	tʂɔ^{213}	tʂɔ^{213}	tʂɔ^{213}
巴里坤县	tʂɔ^{45}	tʂuə^{51}	tʂuə^{51}	tʂɔ^{51}	tʂɔ^{51}	tʂɔ^{24}	tʂɔ^{24}	tʂɔ^{24}
伊吾县	tʂɔ^{44}	tʂuə^{51}	tʂuə^{51}	tʂɔ^{51}	tʂɔ^{51}	tʂɔ^{213}	tʂɔ^{213}	tʂɔ^{213}

方言点 \ 中古音 \ 字目	照	抄①	超②	巢	朝 朝代	潮	炒	吵
	效开三 去笑章	效开二 平肴初	效开三 平宵彻	效开二 平肴崇	效开三 平宵澄	效开三 平宵澄	效开二 上巧初	效开二 上巧初
兰州市 （城关区）	tʂɔ^{13}	tʂʻɔ^{53}	tʂʻɔ^{53}	tʂʻɔ^{51}	tʂʻɔ^{51}	tʂʻɔ^{51}	tʂʻɔ^{44}	tʂʻɔ^{44}
永登县	tʂɔ^{13}	tʂʻɔ^{42}	tʂʻɔ^{42}	tʂʻɔ^{53}	tʂʻɔ^{53}	tʂʻɔ^{53}	tʂʻɔ^{354}	tʂʻɔ^{354}
榆中县	tʂɔ^{13}	tʂʻɔ^{51}	tʂʻɔ^{51}	tʂʻɔ^{332}	tʂʻɔ^{332}	tʂʻɔ^{332}	tʂʻɔ^{44}	tʂʻɔ^{44}
皋兰县	tʂɔ^{13}	tʂʻɔ^{42}	tʂʻɔ^{42}	tʂʻɔ^{53}	tʂʻɔ^{53}	tʂʻɔ^{53}	tʂʻɔ^{342}	tʂʻɔ^{342}
白银区	tʂɔ^{13}	tʂʻɔ^{44}	tʂʻɔ^{44}	tʂʻɔ^{51}	tʂʻɔ^{51}	tʂʻɔ^{51}	tʂʻɔ^{343}	tʂʻɔ^{343}
天祝县	tʂɔ^{213}	tʂʻɔ^{44}	tʂʻɔ^{44}	tʂʻɔ^{53}	tʂʻɔ^{53}	tʂʻɔ^{53}	tʂʻɔ^{44}	tʂʻɔ^{44}
景泰县 （红水镇）	tʂɔo^{213}	tʂʻɔo^{44}	tʂʻɔo^{44}	tʂʻɔo^{53}	tʂʻɔo^{53}	tʂʻɔo^{53}	tʂʻɔo^{44}	tʂʻɔo^{44}
古浪县	tʂɔ^{31}	tʂʻɔ^{44}	tʂʻɔ^{44}	tʂʻɔ^{53}	tʂʻɔ^{53}	tʂʻɔ^{53}	tʂʻɔ^{44}	tʂʻɔ^{44}
凉州区	tʂɔ^{53}	tʂʻɔ^{33}	tʂʻɔ^{33}	tʂʻɔ^{13}	tʂʻɔ^{13}	tʂʻɔ^{13}	tʂʻɔ^{33}	tʂʻɔ^{33}
民勤县	tʂɑo^{42}	tsʻɑo^{44}	tʂʻɑo^{44}	tsʻɑo^{53}	tʂʻɑo^{53}	tʂʻɑo^{53}	tsʻɑo^{214}	tsʻɑo^{214}
永昌县	tʂɑo^{53}	tsʻɑo^{44}	tʂʻɑo^{44}	tsʻɑo^{53}	tʂʻɑo^{53}	tʂʻɑo^{53}	tsʻɑo^{13}	tsʻɑo^{13}
甘州区	tʂɔ^{31}	tʂʻɔ^{44}	tʂʻɔ^{44}	tʂʻɔ^{53}	tʂʻɔ^{53}	tʂʻɔ^{53}	tʂʻɔ^{53}	tʂʻɔ^{53}
临泽县	tʂɑo^{214}	tʂʻɑo^{44}	tʂʻɑo^{44}	tʂʻɑo^{53}	tʂʻɑo^{53}	tʂʻɑo^{53}	tʂʻɑo^{53}	tʂʻɑo^{53}
民乐县	tʂɔo^{42}	tsʻɔo^{44}	tʂʻɔo^{44}	tsʻɔo^{53}	tʂʻɔo^{53}	tʂʻɔo^{53}	tsʻɔo^{213}	tsʻɔo^{213}
山丹县	tʂɔo^{41}	tʂʻɔo^{24}	tʂʻɔo^{24}	tʂʻɔo^{53}	tʂʻɔo^{53}	tʂʻɔo^{53}	tʂʻɔo^{53}	tʂʻɔo^{53}
高台县	tʂɔo^{214}	tsʻɔo^{44}	tʂʻɔo^{44}	tsʻɔo^{53}	tʂʻɔo^{53}	tʂʻɔo^{53}	tsʻɔo^{53}	tsʻɔo^{53}
肃州区	tʂɔ^{214}	tsʻɔ^{44}	tʂʻɔ^{44}	tsʻɔ^{53}	tʂʻɔ^{53}	tʂʻɔ^{53}	tsʻɔ^{53}	tsʻɔ^{53}
金塔县	tʂɔ^{13}	tʂʻɔ^{44}	tʂʻɔ^{44}	tʂʻɔ^{53}	tʂʻɔ^{53}	tʂʻɔ^{53}	tʂʻɔ^{53}	tʂʻɔ^{53}
肃北县	tʂɔo^{213}	tʂʻɔo^{44}	tʂʻɔo^{44}	tʂʻɔo^{53}	tʂʻɔo^{53}	tʂʻɔo^{53}	tʂʻɔo^{53}	tʂʻɔo^{53}
玉门市	tʂɔo^{213}	tʂʻɔo^{44}	tʂʻɔo^{44}	tʂʻɔo^{53}	tʂʻɔo^{53}	tʂʻɔo^{53}	tʂʻɔo^{53}	tʂʻɔo^{53}

①又初教切，效开三去效初。

②又抽庙切，效开三去笑彻。

续表

瓜州县	tʂɔo^{213}	tʂʻɔo^{44}	tʂʻɔo^{44}	tʂʻɔo^{53}	tʂʻɔo^{53}	tʂʻɔo^{53}	tʂʻɔo^{53}	tʂʻɔo^{53}
西夏区	tʂɔ^{13}	tʂʻɔ^{44}	tʂʻɔ^{44}	tʂʻɔ^{53}	tʂʻɔ^{53}	tʂʻɔ^{53}	tʂʻɔ^{53}	tʂʻɔ^{53}
贺兰县	tʂɔ^{13}	tʂʻɔ^{44}	tʂʻɔ^{44}	tʂʻɔ^{53}	tʂʻɔ^{53}	tʂʻɔ^{53}	tʂʻɔ^{53}	tʂʻɔ^{53}
灵武市（东塔镇）	tʂɔ^{13}	tʂʻɔ^{44}	tʂʻɔ^{44}	tʂʻɔ^{52}	tʂʻɔ^{52}	tʂʻɔ^{52}	tʂʻɔ^{52}	tʂʻɔ^{52}
永宁县	tʂɔ^{13}	tʂʻɔ^{44}	tʂʻɔ^{44}	tʂʻɔ^{53}	tʂʻɔ^{53}	tʂʻɔ^{53}	tʂʻɔ^{53}	tʂʻɔ^{53}
中宁县	tʂɔ^{13}	tʂʻɔ^{44}	tʂʻɔ^{44}	tʂʻɔ^{53}	tʂʻɔ^{53}	tʂʻɔ^{53}	tʂʻɔ^{53}	tʂʻɔ^{53}
沙坡头区	tʂɔu^{13}	tʂʻɔu^{44}	tʂʻɔu^{44}	tʂʻɔu^{53}	tʂʻɔu^{53}	tʂʻɔu^{53}	tʂʻɔu^{53}	tʂʻɔu^{53}
盐池县	tʂɔ^{13}	tsʻɔ^{44}	tʂʻɔ^{44}	tsʻɔ^{13}	tʂʻɔ^{13}	tʂʻɔ^{13}	tsʻɔ^{52}	tsʻɔ^{52}
平罗县（渠口乡）	tʂɔ^{13}	tʂʻɔ^{44}	tʂʻɔ^{44}	tʂʻɔ^{53}	tʂʻɔ^{53}	tʂʻɔ^{53}	tʂʻɔ^{53}	tʂʻɔ^{53}
阿拉善左旗	tʂɑo^{213}	tʂʻɑo^{44}	tʂʻɑo^{44}	tʂʻɑo^{51}	tʂʻɑo^{51}	tʂʻɑo^{51}	tʂʻɑo^{51}	tʂʻɑo^{51}
乌鲁木齐市	tʂɑu^{213}	tʂʻɑu^{44}	tʂʻɑu^{44}	tʂʻɑu^{52}	tʂʻɑu^{52}	tʂʻɑu^{52}	tʂʻɑu^{52}	tʂʻɑu^{52}
阜康市	tʂɔ^{213}	tʂʻɔ^{55}	tʂʻɔ^{55}	tʂʻɔ^{51}	tʂʻɔ^{51}	tʂʻɔ^{51}	tʂʻɔ^{51}	tʂʻɔ^{51}
呼图壁县	tʂɔ^{213}	tʂʻɔ^{44}	tʂʻɔ^{44}	tʂʻɔ^{51}	tʂʻɔ^{51}	tʂʻɔ^{51}	tʂʻɔ^{51}	tʂʻɔ^{51}
吉木萨尔县	tʂɔ^{213}	tʂʻɔ^{44}	tʂʻɔ^{44}	tʂʻɔ^{51}	tʂʻɔ^{51}	tʂʻɔ^{51}	tʂʻɔ^{51}	tʂʻɔ^{51}
奇台县	tʂɔ^{213}	tʂʻɔ^{44}	tʂʻɔ^{44}	tʂʻɔ^{52}	tʂʻɔ^{52}	tʂʻɔ^{52}	tʂʻɔ^{52}	tʂʻɔ^{52}
博乐市	tʂɑo^{24}	tʂʻɑo^{45}	tʂʻɑo^{45}	tʂʻɑo^{51}	tʂʻɑo^{51}	tʂʻɑo^{51}	tʂʻɑo^{51}	tʂʻɑo^{51}
阿勒泰市	tʂɑu^{23}	tʂʻɑu^{44}	tʂʻɑu^{44}	tʂʻɑu^{51}	tʂʻɑu^{51}	tʂʻɑu^{51}	tʂʻɑu^{51}	tʂʻɑu^{51}
布尔津县	tʂɔ^{44}	tʂʻɔ^{44}	tʂʻɔ^{44}	tʂʻɔ^{23}	tʂʻɔ^{23}	tʂʻɔ^{44}	tʂʻɔ^{23}	tʂʻɔ^{23}
乌苏市	tʂɔ^{213}	tʂʻɔ^{55}	tʂʻɔ^{55}	tʂʻɔ^{51}	tʂʻɔ^{51}	tʂʻɔ^{51}	tʂʻɔ^{51}	tʂʻɔ^{51}
额敏县	tʂɑu^{34}	tʂʻɑu^{44}	tʂʻɑu^{44}	tʂʻɑu^{51}	tʂʻɑu^{51}	tʂʻɑu^{51}	tʂʻɑu^{51}	tʂʻɑu^{51}
伊州区	tʂɔ^{213}	tʂʻɔ^{44}	tʂʻɔ^{44}	tʂʻɔ^{51}	tʂʻɔ^{51}	tʂʻɔ^{51}	tʂʻɔ^{51}	tʂʻɔ^{51}
巴里坤县	tʂɔ^{24}	tʂʻɔ^{45}	tʂʻɔ^{45}	tʂʻɔ^{51}	tʂʻɔ^{51}	tʂʻɔ^{51}	tʂʻɔ^{51}	tʂʻɔ^{51}
伊吾县	tʂɔ^{213}	tʂʻɔ^{44}	tʂʻɔ^{44}	tʂʻɔ^{51}	tʂʻɔ^{51}	tʂʻɔ^{51}	tʂʻɔ^{51}	tʂʻɔ^{51}

字目 / 中古音 / 方音 / 方言点	梢	稍①	烧②	勺	少 多少	少 少年	绍	饶
	效开二 平肴生	效开二 去效生	效开三 平宵书	宕开三 入药禅	效开三 上小书	效开三 去笑书	效开三 上小禅	效开三 平宵日
兰州市 （城关区）	ʂɔ^{53}	ʂɔ^{13}	ʂɔ^{53}	ʂɔ^{51}	ʂɔ^{44}	ʂɔ^{13}	ʂɔ^{51}	ʐɔ^{51}
永登县	ʂɔ^{42}	ʂɔ^{13}	ʂɔ^{42}	ʂɔ^{53}	ʂɔ^{354}	ʂɔ^{13}	ʂɔ^{53}	ʐɔ^{53}
榆中县	ʂɔ^{51}	ʂɔ^{13}	ʂɔ^{51}	ʂɔ^{332}	ʂɔ^{44}	ʂɔ^{13}	ʂɔ^{332}	ʐɔ^{332}
皋兰县	ʂɔ^{42}	ʂɔ^{13}	ʂɔ^{42}	ʂɔ^{53}	ʂɔ^{342}	ʂɔ^{13}	ʂɔ^{53}	ʐɔ^{53}
白银区	ʂɔ^{44}	ʂɔ^{13}	ʂɔ^{44}	ʂɔ^{51}	ʂɔ^{343}	ʂɔ^{13}	ʂɔ^{51}	ʐɔ^{51}
天祝县	ʂɔ^{44}	ʂɔ^{213}	ʂɔ^{44}	ʂɔ^{53}	ʂɔ^{44}	ʂɔ^{213}	ʂɔ^{53}	ʐɔ^{53}
景泰县 （红水镇）	ʂɔo^{44}	ʂɔo^{213}	ʂɔo^{44}	ʂɔo^{53}	ʂɔo^{44}	ʂɔo^{213}	ʂɔo^{53}	ʐɔo^{53}
古浪县	ʂɔ^{44}	ʂɔ^{31}	ʂɔ^{44}	ʂɔ^{53}	ʂɔ^{44}	ʂɔ^{31}	ʂɔ^{53}	ʐɔ^{53}
凉州区	ʂɔ^{33}	ʂɔ^{53}	ʂɔ^{33}	ʂɔ^{13}	ʂɔ^{33}	ʂɔ^{53}	ʂɔ^{13}	ʐɔ^{13}
民勤县	sɑo^{44}	sɑo^{42}	ʂɑo^{44}	ʂɑo^{53}	ʂɑo^{214}	ʂɑo^{42}	ʂɑo^{53}	ʐɑo^{53}
永昌县	sɑo^{44}	sɑo^{53}	ʂɑo^{44}	ʂɑo^{13}	ʂɑo^{13}	ʂɑo^{53}	ʂɑo^{13}	ʐɑo^{13}
甘州区	ʂɔ^{44}	ʂɔ^{31}	ʂɔ^{44}	ʂɔ^{53}	ʂɔ^{53}	ʂɔ^{31}	ʂɔ^{53}	ʐɔ^{53}
临泽县	ʂɑo^{44}	ʂɑo^{214}	ʂɑo^{44}	ʂɑo^{53}	ʂɑo^{53}	ʂɑo^{214}	ʂɑo^{53}	ʐɑo^{53}
民乐县	sɔo^{44}	sɔo^{42}	ʂɔo^{44}	ʂɔo^{53}	ʂɔo^{213}	ʂɔo^{42}	ʂɔo^{53}	ʐɔo^{53}
山丹县	ʂɔo^{24}	ʂɔo^{41}	ʂɔo^{24}	ʂɔo^{53}	ʂɔo^{53}	ʂɔo^{41}	ʂɔo^{53}	ʐɔo^{53}
高台县	sɔo^{44}	sɔo^{214}	ʂɔo^{44}	ʂɔo^{53}	ʂɔo^{53}	ʂɔo^{214}	ʂɔo^{53}	ʐɔo^{53}
肃州区	sɔ^{44}	sɔ^{214}	ʂɔ^{44}	ʂɔ^{53}	ʂɔ^{53}	ʂɔ^{214}	ʂɔ^{53}	ʐɔ^{53}
金塔县	ʂɔ^{44}	ʂɔ^{13}	ʂɔ^{44}	ʂɔ^{53}	ʂɔ^{53}	ʂɔ^{13}	ʂɔ^{53}	ʐɔ^{53}
肃北县	ʂɔo^{44}	ʂɔo^{213}	ʂɔo^{44}	ʂɔo^{53}	ʂɔo^{53}	ʂɔo^{213}	ʂɔo^{53}	ʐɔo^{53}
玉门市	ʂɔo^{44}	ʂɔo^{213}	ʂɔo^{44}	ʂɔo^{53}	ʂɔo^{53}	ʂɔo^{213}	ʂɔo^{53}	ʐɔo^{53}

①又山巧切，效开二上巧生。

②又失照切，效开三去笑书。

续表

瓜州县	ʂɔo^{44}	ʂɔo^{213}	ʂɔo^{44}	ʂɔo^{53}	ʂɔo^{53}	ʂɔo^{213}	ʂɔo^{53}	ʐɔo^{53}
西夏区	ʂɔ^{44}	ʂɔ^{44}	ʂɔ^{44}	ʂɔ^{53}	ʂɔ^{53}	ʂɔ^{13}	ʂɔ^{53}	ʐɔ^{53}
贺兰县	ʂɔ^{44}	ʂɔ^{44}	ʂɔ^{44}	ʂɔ^{53}	ʂɔ^{53}	ʂɔ^{13}	ʂɔ^{53}	ʐɔ^{53}
灵武市（东塔镇）	ʂɔ^{44}	ʂɔ^{44}	ʂɔ^{44}	ʂɔ^{52}	ʂɔ^{52}	ʂɔ^{13}	ʂɔ^{52}	ʐɔ^{52}
永宁县	ʂɔ^{44}	ʂɔ^{44}	ʂɔ^{44}	ʂɔ^{53}	ʂɔ^{53}	ʂɔ^{13}	ʂɔ^{53}	ʐɔ^{53}
中宁县	ʂɔ^{44}	ʂɔ^{44}	ʂɔ^{44}	ʂɔ^{53}	ʂɔ^{53}	ʂɔ^{13}	ʂɔ^{53}	ʐɔ^{53}
沙坡头区	ʂɔu^{44}	ʂɔu^{44}	ʂɔu^{44}	ʂɔu^{53}	ʂɔu^{53}	ʂɔu^{13}	ʂɔu^{53}	ʐɔu^{53}
盐池县	sɔ^{44}	sɔ^{44}	ʂɔ^{44}	ʂɔ^{13}	ʂɔ^{52}	ʂɔ^{13}	ʂɔ^{13}	ʐɔ^{13}
平罗县（渠口乡）	ʂɔ^{44}	ʂɔ^{44}	ʂɔ^{44}	ʂɔ^{53}	ʂɔ^{53}	ʂɔ^{13}	ʂɔ^{53}	ʐɔ^{53}
阿拉善左旗	ʂao^{44}	ʂao^{44}	ʂao^{44}	ʂao^{51}	ʂao^{51}	ʂao^{213}	ʂao^{51}	ʐao^{51}
乌鲁木齐市	ʂau^{44}	ʂau^{213}	ʂau^{44}	ʂau^{52}	ʂau^{52}	ʂau^{213}	ʂau^{52}	ʐau^{52}
阜康市	ʂɔ^{55}	ʂɔ^{55}	ʂɔ^{55}	ʂɔ^{51}	ʂɔ^{51}	ʂɔ^{213}	ʂɔ^{51}	ʐɔ^{51}
呼图壁县	ʂɔ^{44}	ʂɔ^{44}	ʂɔ^{44}	ʂɔ^{51}	ʂɔ^{51}	ʂɔ^{213}	ʂɔ^{51}	ʐɔ^{51}
吉木萨尔县	ʂɔ^{44}	ʂɔ^{44}	ʂɔ^{44}	ʂɔ^{51}	ʂɔ^{51}	ʂɔ^{213}	ʂɔ^{51}	ʐɔ^{51}
奇台县	ʂɔ^{44}	ʂɔ^{44}	ʂɔ^{44}	ʂɔ^{52}	ʂɔ^{52}	ʂɔ^{213}	ʂɔ^{52}	ʐɔ^{52}
博乐市	ʂao^{45}	ʂao^{45}	ʂao^{45}	ʂao^{51}	ʂao^{51}	ʂao^{24}	ʂao^{51}	ʐao^{51}
阿勒泰市	ʂau^{44}	ʂau^{23}	ʂau^{44}	ʂau^{51}	ʂau^{51}	ʂau^{23}	ʂau^{51}	ʐau^{51}
布尔津县	ʂɔ^{44}	ʂɔ^{44}	ʂɔ^{44}	ʂɔ^{23}	ʂɔ^{23}	ʂɔ^{51}	ʂɔ^{23}	ʐɔ^{23}
乌苏市	ʂɔ^{55}	ʂɔ^{55}	ʂɔ^{55}	ʂɔ^{51}	ʂɔ^{51}	ʂɔ^{213}	ʂɔ^{51}	ʐɔ^{51}
额敏县	ʂau^{44}	ʂau^{34}	ʂau^{44}	ʂau^{51}	ʂau^{51}	ʂau^{34}	ʂau^{51}	ʐau^{51}
伊州区	ʂɔ^{44}	ʂɔ^{44}	ʂɔ^{44}	ʂɔ^{51}	ʂɔ^{51}	ʂɔ^{213}	ʂɔ^{51}	ʐɔ^{51}
巴里坤县	ʂɔ^{45}	ʂɔ^{24}	ʂɔ^{45}	ʂɔ^{51}	ʂɔ^{51}	ʂɔ^{24}	ʂɔ^{51}	ʐɔ^{51}
伊吾县	ʂɔ^{44}	ʂɔ^{44}	ʂɔ^{44}	ʂɔ^{51}	ʂɔ^{51}	ʂɔ^{213}	ʂɔ^{51}	ʐɔ^{51}

字目 / 中古音 / 方音 / 方言点	扰	绕 围绕	绕 绕线	高	膏 牙膏	糕	羔	稿
中古音	效开三 上小日	效开三 上小日	效开三 去笑日	效开一 平豪见	效开一 平豪见	效开一 平豪见	蟹开二 上蟹匣	山开三 入薛心
兰州市（城关区）	ʐɔ^{44}	ʐɔ^{44}	ʐɔ^{44}	kɔ^{53}	kɔ^{53}	kɔ^{53}	kɔ^{53}	kɔ^{44}
永登县	ʐɔ^{354}	ʐɔ^{354}	ʐɔ^{354}	kɔ^{42}	kɔ^{42}	kɔ^{42}	kɔ^{42}	kɔ^{354}
榆中县	ʐɔ^{44}	ʐɔ^{44}	ʐɔ^{44}	kɔ^{51}	kɔ^{51}	kɔ^{51}	kɔ^{51}	kɔ^{44}
皋兰县	ʐɔ^{342}	ʐɔ^{342}	ʐɔ^{342}	kɔ^{42}	kɔ^{42}	kɔ^{42}	kɔ^{42}	kɔ^{342}
白银区	ʐɔ^{343}	ʐɔ^{343}	ʐɔ^{343}	kɔ^{44}	kɔ^{44}	kɔ^{44}	kɔ^{44}	kɔ^{343}
天祝县	ʐɔ^{44}	ʐɔ^{44}	ʐɔ^{44}	kɔ^{44}	kɔ^{44}	kɔ^{44}	kɔ^{44}	kɔ^{44}
景泰县（红水镇）	ʐɔo^{44}	ʐɔo^{44}	ʐɔo^{44}	kɔo^{44}	kɔo^{44}	kɔo^{44}	kɔo^{44}	kɔo^{44}
古浪县	ʐɔ^{44}	ʐɔ^{44}	ʐɔ^{44}	kɔ^{44}	kɔ^{44}	kɔ^{44}	kɔ^{44}	kɔ^{44}
凉州区	ʐɔ^{33}	ʐɔ^{33}	ʐɔ^{33}	kɔ^{33}	kɔ^{33}	kɔ^{33}	kɔ^{33}	kɔ^{33}
民勤县	ʐɑo^{214}	ʐɑo^{214}	ʐɑo^{214}	kɑo^{44}	kɑo^{44}	kɑo^{44}	kɑo^{44}	kɑo^{214}
永昌县	ʐɑo^{13}	ʐɑo^{13}	ʐɑo^{13}	kɑo^{44}	kɑo^{44}	kɑo^{44}	kɑo^{44}	kɑo^{13}
甘州区	ʐɔ^{53}	ʐɔ^{53}	ʐɔ^{53}	kɔ^{44}	kɔ^{44}	kɔ^{44}	kɔ^{44}	kɔ^{53}
临泽县	ʐɑo^{53}	ʐɑo^{53}	ʐɑo^{53}	kɑo^{44}	kɑo^{44}	kɑo^{44}	kɑo^{44}	kɑo^{53}
民乐县	ʐɔo^{213}	ʐɔo^{213}	ʐɔo^{213}	kɔo^{44}	kɔo^{44}	kɔo^{44}	kɔo^{44}	kɔo^{213}
山丹县	ʐɔo^{53}	ʐɔo^{53}	ʐɔo^{53}	kɔo^{24}	kɔo^{24}	kɔo^{24}	kɔo^{24}	kɔo^{53}
高台县	ʐɔo^{53}	ʐɔo^{53}	ʐɔo^{53}	kɔo^{44}	kɔo^{44}	kɔo^{44}	kɔo^{44}	kɔo^{53}
肃州区	ʐɔ^{53}	ʐɔ^{53}	ʐɔ^{53}	kɔ^{44}	kɔ^{44}	kɔ^{44}	kɔ^{44}	kɔ^{53}
金塔县	ʐɔ^{53}	ʐɔ^{53}	ʐɔ^{53}	kɔ^{44}	kɔ^{44}	kɔ^{44}	kɔ^{44}	kɔ^{53}
肃北县	ʐɔo^{53}	ʐɔo^{53}	ʐɔo^{53}	kɔo^{44}	kɔo^{44}	kɔo^{44}	kɔo^{44}	kɔo^{53}
玉门市	ʐɔo^{53}	ʐɔo^{53}	ʐɔo^{53}	kɔo^{44}	kɔo^{44}	kɔo^{44}	kɔo^{44}	kɔo^{53}
瓜州县	ʐɔo^{53}	ʐɔo^{53}	ʐɔo^{53}	kɔo^{44}	kɔo^{44}	kɔo^{44}	kɔo^{44}	kɔo^{53}
西夏区	ʐɔ^{53}	ʐɔ^{53}	ʐɔ^{53}	kɔ^{44}	kɔ^{44}	kɔ^{44}	kɔ^{44}	kɔ^{53}

续表

贺兰县	ʐɔ^{53}	ʐɔ^{53}	ʐɔ^{53}	kɔ^{44}	kɔ^{44}	kɔ^{44}	kɔ^{44}	kɔ^{53}
灵武市（东塔镇）	ʐɔ^{52}	ʐɔ^{52}	ʐɔ^{52}	kɔ^{44}	kɔ^{44}	kɔ^{44}	kɔ^{44}	kɔ^{52}
永宁县	ʐɔ^{53}	ʐɔ^{53}	ʐɔ^{53}	kɔ^{44}	kɔ^{44}	kɔ^{44}	kɔ^{44}	kɔ^{53}
中宁县	ʐɔ^{53}	ʐɔ^{53}	ʐɔ^{53}	kɔ^{44}	kɔ^{44}	kɔ^{44}	kɔ^{44}	kɔ^{53}
沙坡头区	ʐɔu^{53}	ʐɔu^{53}	ʐɔu^{53}	kɔu^{44}	kɔu^{44}	kɔu^{44}	kɔu^{44}	kɔu^{53}
盐池县	ʐɔ^{52}	ʐɔ^{52}	ʐɔ^{52}	kɔ^{44}	kɔ^{44}	kɔ^{44}	kɔ^{44}	kɔ^{52}
平罗县（渠口乡）	ʐɔ^{53}	ʐɔ^{53}	ʐɔ^{53}	kɔ^{44}	kɔ^{44}	kɔ^{44}	kɔ^{44}	kɔ^{53}
阿拉善左旗	ʐao^{51}	ʐao^{51}	ʐao^{51}	kao^{44}	kao^{44}	kao^{44}	kao^{44}	kao^{51}
乌鲁木齐市	ʐau^{52}	ʐau^{52}	ʐau^{52}	kau^{44}	kau^{44}	kau^{44}	kau^{44}	kau^{52}
阜康市	ʐɔ^{51}	ʐɔ^{51}	ʐɔ^{51}	kɔ^{55}	kɔ^{55}	kɔ^{55}	kɔ^{55}	kɔ^{51}
呼图壁县	ʐɔ^{51}	ʐɔ^{51}	ʐɔ^{51}	kɔ^{44}	kɔ^{44}	kɔ^{44}	kɔ^{44}	kɔ^{51}
吉木萨尔县	ʐɔ^{51}	ʐɔ^{51}	ʐɔ^{51}	kɔ^{44}	kɔ^{44}	kɔ^{44}	kɔ^{44}	kɔ^{51}
奇台县	ʐɔ^{52}	ʐɔ^{52}	ʐɔ^{52}	kɔ^{44}	kɔ^{44}	kɔ^{44}	kɔ^{44}	kɔ^{52}
博乐市	ʐao^{51}	ʐao^{51}	ʐao^{51}	kao^{45}	kao^{45}	kao^{45}	kao^{45}	kao^{51}
阿勒泰市	ʐau^{51}	ʐau^{51}	ʐau^{51}	kau^{44}	kau^{44}	kau^{44}	kau^{44}	kau^{51}
布尔津县	ʐɔ^{23}	ʐɔ^{23}	ʐɔ^{23}	kɔ^{44}	kɔ^{44}	kɔ^{44}	kɔ^{44}	kɔ^{23}
乌苏市	ʐɔ^{51}	ʐɔ^{51}	ʐɔ^{51}	kɔ^{55}	kɔ^{55}	kɔ^{55}	kɔ^{55}	kɔ^{51}
额敏县	ʐau^{51}	ʐau^{51}	ʐau^{51}	kau^{44}	kau^{44}	kau^{44}	kau^{44}	kau^{51}
伊州区	ʐɔ^{51}	ʐɔ^{51}	ʐɔ^{51}	kɔ^{44}	kɔ^{44}	kɔ^{44}	kɔ^{44}	kɔ^{51}
巴里坤县	ʐɔ^{51}	ʐɔ^{51}	ʐɔ^{51}	kɔ^{45}	kɔ^{45}	kɔ^{45}	kɔ^{45}	kɔ^{51}
伊吾县	ʐɔ^{51}	ʐɔ^{51}	ʐɔ^{51}	kɔ^{44}	kɔ^{44}	kɔ^{44}	kɔ^{44}	kɔ^{51}

字目 / 中古音 / 方言点 方音	搞①	告②	考	烤③	靠	豪	毫	好 好坏
	效开二上巧见	效开二上号见	效开一上皓溪	效开一去皓溪	效开一去号溪	效开一平豪匣	效开一平豪匣	效开一上皓晓
兰州市（城关区）	kɔ^{44}	kɔ^{13}	kʻɔ^{44}	kʻɔ^{44}	kʻɔ^{13}	xɔ^{51}	xɔ^{51}	xɔ^{44}
永登县	kɔ^{354}	kɔ^{13}	kʻɔ^{354}	kʻɔ^{354}	kʻɔ^{13}	xɔ^{53}	xɔ^{53}	xɔ^{354}
榆中县	kɔ^{44}	kɔ^{13}	kʻɔ^{44}	kʻɔ^{44}	kʻɔ^{13}	xɔ^{332}	xɔ^{332}	xɔ^{44}
皋兰县	kɔ^{342}	kɔ^{13}	kʻɔ^{342}	kʻɔ^{342}	kʻɔ^{13}	xɔ^{53}	xɔ^{53}	xɔ^{342}
白银区	kɔ^{343}	kɔ^{13}	kʻɔ^{343}	kʻɔ^{343}	kʻɔ^{13}	xɔ^{51}	xɔ^{51}	xɔ^{343}
天祝县	kɔ^{44}	kɔ^{213}	kʻɔ^{44}	kʻɔ^{44}	kʻɔ^{213}	xɔ^{53}	xɔ^{53}	xɔ^{44}
景泰县（红水镇）	kɔo^{44}	kɔo^{213}	kʻɔo^{44}	kʻɔo^{44}	kʻɔo^{213}	xɔo^{53}	xɔo^{53}	xɔo^{44}
古浪县	kɔ^{44}	kɔ^{31}	kʻɔ^{44}	kʻɔ^{44}	kʻɔ^{31}	xɔ^{53}	xɔ^{53}	xɔ^{44}
凉州区	kɔ^{33}	kɔ^{53}	kʻɔ^{33}	kʻɔ^{33}	kʻɔ^{53}	xɔ^{13}	xɔ^{13}	xɔ^{33}
民勤县	kɑo^{214}	kɑo^{42}	kʻɑo^{214}	kʻɑo^{214}	kʻɑo^{42}	xɑo^{53}	xɑo^{53}	xɑo^{214}
永昌县	kɑo^{13}	kɑo^{53}	kʻɑo^{13}	kʻɑo^{13}	kʻɑo^{53}	xɑo^{13}	xɑo^{13}	xɑo^{13}
甘州区	kɔ^{53}	kɔ^{31}	kʻɔ^{53}	kʻɔ^{53}	kʻɔ^{31}	xɔ^{53}	xɔ^{53}	xɔ^{53}
临泽县	kɑo^{53}	kɑo^{214}	kʻɑo^{53}	kʻɑo^{53}	kʻɑo^{214}	xɑo^{53}	xɑo^{53}	xɑo^{53}
民乐县	kɔo^{213}	kɔo^{42}	kʻɔo^{213}	kʻɔo^{213}	kʻɔo^{42}	xɔo^{53}	xɔo^{53}	xɔo^{213}
山丹县	kɔo^{53}	kɔo^{41}	kʻɔo^{53}	kʻɔo^{53}	kʻɔo^{41}	xɔo^{53}	xɔo^{53}	xɔo^{53}
高台县	kɔo^{53}	kɔo^{214}	kʻɔo^{53}	kʻɔo^{53}	kʻɔo^{214}	xɔo^{53}	xɔo^{53}	xɔo^{53}
肃州区	kɔ^{53}	kɔ^{214}	kʻɔ^{53}	kʻɔ^{53}	kʻɔ^{214}	xɔ^{53}	xɔ^{53}	xɔ^{53}
金塔县	kɔ^{53}	kɔ^{13}	kʻɔ^{53}	kʻɔ^{53}	kʻɔ^{13}	xɔ^{53}	xɔ^{53}	xɔ^{53}
肃北县	kɔo^{53}	kɔo^{213}	kʻɔo^{53}	kʻɔo^{53}	kʻɔo^{213}	xɔo^{53}	xɔo^{53}	xɔo^{53}

①“搅”的分化字。

②又居劳切，效开一平豪见。

③又口到切，效开一去号溪。

续表

玉门市	kɔo^{53}	kɔo^{213}	kʻɔo^{53}	kʻɔo^{53}	kʻɔo^{213}	xɔo^{53}	xɔo^{53}	xɔo^{53}
瓜州县	kɔo^{53}	kɔo^{213}	kʻɔo^{53}	kʻɔo^{53}	kʻɔo^{213}	xɔo^{53}	xɔo^{53}	xɔo^{53}
西夏区	kɔ^{53}	kɔ^{13}	kʻɔ^{53}	kʻɔ^{53}	kʻɔ^{13}	xɔ^{53}	xɔ^{53}	xɔ^{53}
贺兰县	kɔ^{53}	kɔ^{13}	kʻɔ^{53}	kʻɔ^{53}	kʻɔ^{13}	xɔ^{53}	xɔ^{53}	xɔ^{53}
灵武市（东塔镇）	kɔ^{52}	kɔ^{13}	kʻɔ^{52}	kʻɔ^{52}	kʻɔ^{13}	xɔ^{52}	xɔ^{52}	xɔ^{52}
永宁县	kɔ^{53}	kɔ^{13}	kʻɔ^{53}	kʻɔ^{53}	kʻɔ^{13}	xɔ^{53}	xɔ^{53}	xɔ^{53}
中宁县	kɔ^{53}	kɔ^{13}	kʻɔ^{53}	kʻɔ^{53}	kʻɔ^{13}	xɔ^{53}	xɔ^{53}	xɔ^{53}
沙坡头区	kɔu^{53}	kɔu^{13}	kʻɔu^{53}	kʻɔu^{53}	kʻɔu^{13}	xɔu^{53}	xɔu^{53}	xɔu^{53}
盐池县	kɔ^{52}	kɔ^{13}	kʻɔ^{52}	kʻɔ^{52}	kʻɔ^{13}	xɔ^{13}	xɔ^{13}	xɔ^{52}
平罗县（渠口乡）	kɔ^{53}	kɔ^{13}	kʻɔ^{53}	kʻɔ^{53}	kʻɔ^{13}	xɔ^{53}	xɔ^{53}	xɔ^{53}
阿拉善左旗	kao^{51}	kao^{213}	kʻao^{51}	kʻao^{51}	kʻao^{213}	xao^{51}	xao^{51}	xao^{51}
乌鲁木齐市	kau^{52}	kau^{213}	kʻau^{52}	kʻau^{52}	kʻau^{213}	xau^{52}	xau^{52}	xau^{52}
阜康市	kɔ^{51}	kɔ^{213}	kʻɔ^{51}	kʻɔ^{51}	kʻɔ^{213}	xɔ^{51}	xɔ^{51}	xɔ^{51}
呼图壁县	kɔ^{51}	kɔ^{213}	kʻɔ^{51}	kʻɔ^{51}	kʻɔ^{213}	xɔ^{51}	xɔ^{51}	xɔ^{51}
吉木萨尔县	kɔ^{51}	kɔ^{213}	kʻɔ^{51}	kʻɔ^{51}	kʻɔ^{213}	xɔ^{51}	xɔ^{51}	xɔ^{51}
奇台县	kɔ^{52}	kɔ^{213}	kʻɔ^{52}	kʻɔ^{52}	kʻɔ^{213}	xɔ^{52}	xɔ^{52}	xɔ^{52}
博乐市	kao^{51}	kao^{24}	kʻao^{51}	kʻao^{51}	kʻao^{24}	xao^{51}	xao^{51}	xao^{51}
阿勒泰市	kau^{51}	kau^{23}	kʻau^{51}	kʻau^{51}	kʻau^{23}	xau^{51}	xau^{51}	xau^{51}
布尔津县	kɔ^{23}	kɔ^{51}	kʻɔ^{23}	kʻɔ^{23}	kʻɔ^{51}	xɔ^{523}	xɔ^{23}	xɔ^{44}
乌苏市	kɔ^{51}	kɔ^{213}	kʻɔ^{51}	kʻɔ^{51}	kʻɔ^{213}	xɔ^{51}	xɔ^{51}	xɔ^{51}
额敏县	kau^{51}	kau^{34}	kʻau^{51}	kʻau^{51}	kʻau^{34}	xau^{51}	xau^{51}	xau^{51}
伊州区	kɔ^{51}	kɔ^{213}	kʻɔ^{51}	kʻɔ^{51}	kʻɔ^{213}	xɔ^{51}	xɔ^{51}	xɔ^{51}
巴里坤县	kɔ^{51}	kɔ^{24}	kʻɔ^{51}	kʻɔ^{51}	kʻɔ^{24}	xɔ^{51}	xɔ^{51}	xɔ^{51}
伊吾县	kɔ^{51}	kɔ^{213}	kʻɔ^{51}	kʻɔ^{51}	kʻɔ^{213}	xɔ^{51}	xɔ^{51}	xɔ^{51}

字目 中古音 方音 方言点	好 喜好	耗	号 号码	熬 煎熬	袄	傲	懊①	奥
	效开一去号晓	效开一去号晓	效开一去号匣	效开一平豪疑	效开一上皓影	效开一去号疑	效开一去号影	效开一去号影
兰州市（城关区）	xɔ^{13}	xɔ^{13}	xɔ^{13}	ɔ^{51}	ɔ^{44}	ɔ^{13}	ɔ^{13}	ɔ^{13}
永登县	xɔ^{13}	xɔ^{13}	xɔ^{13}	ɔ^{53}	ɔ^{354}	ɔ^{13}	ɔ^{13}	ɔ^{13}
榆中县	xɔ^{13}	xɔ^{13}	xɔ^{13}	ɔ^{332}	ɔ^{44}	ɔ^{13}	ɔ^{13}	ɔ^{13}
皋兰县	xɔ^{13}	xɔ^{13}	xɔ^{13}	ɔ^{53}	ɔ^{342}	ɔ^{13}	ɔ^{13}	ɔ^{13}
白银区	xɔ^{13}	xɔ^{13}	xɔ^{13}	ɔ^{51}	ɔ^{343}	ɔ^{13}	ɔ^{13}	ɔ^{13}
天祝县	xɔ^{213}	xɔ^{213}	xɔ^{213}	ɔ^{53}	ɔ^{44}	ɔ^{213}	ɔ^{213}	ɔ^{213}
景泰县（红水镇）	xɔo^{213}	xɔo^{213}	xɔo^{213}	ɣɔo^{53}	ɣɔo^{44}	ɣɔo^{213}	ɣɔo^{213}	ɣɔo^{213}
古浪县	xɔ^{31}	xɔ^{31}	xɔ^{31}	ɔ^{53}	ɔ^{44}	ɔ^{31}	ɔ^{31}	ɔ^{31}
凉州区	xɔ^{53}	xɔ^{53}	xɔ^{53}	ɔ^{13}	ɔ^{33}	ɔ^{53}	ɔ^{53}	ɔ^{53}
民勤县	xɑo^{42}	xɑo^{42}	xɑo^{42}	ɑo^{53}	ɑo^{214}	ɑo^{42}	ɑo^{42}	ɑo^{42}
永昌县	xɑo^{53}	xɑo^{53}	xɑo^{53}	ɑo^{13}	ɑo^{13}	ɑo^{53}	ɑo^{53}	ɑo^{53}
甘州区	xɔ^{31}	xɔ^{31}	xɔ^{31}	ɔ^{53}	ɔ^{53}	ɔ^{31}	ɔ^{31}	ɔ^{31}
临泽县	xɑo^{214}	xɑo^{214}	xɑo^{214}	ɑo^{53}	ɑo^{53}	ɑo^{214}	ɑo^{214}	ɑo^{214}
民乐县	xɔo^{42}	xɔo^{42}	xɔo^{42}	ɔo^{53}	ɔo^{213}	ɔo^{42}	ɔo^{42}	ɔo^{42}
山丹县	xɔo^{41}	xɔo^{41}	xɔo^{41}	ɔo^{53}	ɔo^{53}	ɔo^{41}	ɔo^{41}	ɔo^{41}
高台县	xɔo^{214}	xɔo^{214}	xɔo^{214}	ɔo^{53}	ɔo^{53}	ɔo^{214}	ɔo^{214}	ɔo^{214}
肃州区	xɔ^{214}	xɔ^{214}	xɔ^{214}	ɔ^{53}	ɔ^{53}	ɔ^{214}	ɔ^{214}	ɔ^{214}
金塔县	xɔ^{13}	xɔ^{13}	xɔ^{13}	ɔ^{53}	ɔ^{53}	ɔ^{13}	ɔ^{13}	ɔ^{13}
肃北县	xɔo^{213}	xɔo^{213}	xɔo^{213}	ɔo^{53}	ɔo^{53}	ɔo^{213}	ɔo^{213}	ɔo^{213}
玉门市	xɔo^{213}	xɔo^{213}	xɔo^{213}	ɔo^{53}	ɔo^{53}	ɔo^{213}	ɔo^{213}	ɔo^{213}
瓜州县	xɔo^{213}	xɔo^{213}	xɔo^{213}	ɔo^{53}	ɔo^{53}	ɔo^{213}	ɔo^{213}	ɔo^{213}

①又乌皓切，效开一上皓影。

续表

西夏区	xɔ13	xɔ53	xɔ13	ɔ53	ɔ53	ɔ13	ɔ13	ɔ13
贺兰县	xɔ13	xɔ53	xɔ13	ɔ53	ɔ53	ɔ13	ɔ13	ɔ13
灵武市（东塔镇）	xɔ13	xɔ52	xɔ13	ɔ52	ɔ52	ɔ13	ɔ13	ɔ13
永宁县	xɔ13	xɔ53	xɔ13	ɔ53	ɔ53	ɔ13	ɔ13	ɔ13
中宁县	xɔ13	xɔ53	xɔ13	ɔ53	ɔ53	ɔ13	ɔ13	ɔ13
沙坡头区	xɔu13	xɔu53	xɔu13	ɔu53	ɔu53	ɔu13	ɔu13	ɔu13
盐池县	xɔ13	xɔ13	xɔ13	nɔ13	nɔ52	nɔ13	nɔ13	nɔ13
平罗县（渠口乡）	xɔ13	xɔ53	xɔ13	ɔ53	ɔ53	ɔ13	ɔ13	ɔ13
阿拉善左旗	xao213	xao213	xao213	ɣao51	ɣao51	ɣao213	ɣao213	ɣao213
乌鲁木齐市	xau213	xau213	xau213	au52	au52	au213	au213	au213
阜康市	xɔ213	xɔ213	xɔ213	ŋɔ51	ŋɔ51	ŋɔ213	ŋɔ213	ŋɔ213
呼图壁县	xɔ213	xɔ213	xɔ213	ŋɔ51	ŋɔ51	ŋɔ213	ŋɔ213	ŋɔ213
吉木萨尔县	xɔ213	xɔ213	xɔ213	ŋɔ51	ŋɔ51	ŋɔ213	ŋɔ213	ŋɔ213
奇台县	xɔ213	xɔ213	xɔ213	ŋɔ52 nɔ52	ŋɔ52 nɔ52	ŋɔ213 nɔ213	ŋɔ213 nɔ213	ŋɔ213 nɔ213
博乐市	xao24	xao24	xao24	ao51	ao51	ao24	ao24	ao24
阿勒泰市	xau23	xau23	xau23	ŋau51	ŋau51	ŋau23	ŋau23	ŋau23
布尔津县	xɔ51	xɔ51	xɔ51	ɣɔ23	ɣɔ23	ɣɔ51	ɣɔ51	ɣɔ51
乌苏市	xɔ213	xɔ213	xɔ213	ŋɔ51	ŋɔ51	ŋɔ213	ŋɔ213	ŋɔ213
额敏县	xau34	xau34	xau34	au51	au51	au34	au34	au34
伊州区	xɔ213	xɔ213	xɔ213	ŋɔ51	ŋɔ51	ŋɔ213	ŋɔ213	ŋɔ213
巴里坤县	xɔ24	xɔ24	xɔ24	ɔ51	ɔ51	ɔ24	ɔ24	ɔ24
伊吾县	xɔ213	xɔ213	xɔ213	ɔ51	ɔ51	ɔ213	ɔ213	ɔ213

字目 中古音 方音 方言点	标①	彪	表	飘	漂② 漂浮	瓢	嫖	漂 漂白
	效开三 平宵帮	流开三 平幽帮	效开三 上小帮	效开三 平宵滂	效开三 平宵滂	效开三 平宵並		效开三 去笑滂
兰州市 （城关区）	piɔ^{53}	piɔ^{53}	piɔ^{44}	pʻiɔ^{53}	pʻiɔ^{53}	pʻiɔ^{51}	pʻiɔ^{51}	pʻiɔ^{13}
永登县	piɔ^{42}	piɔ^{42}	piɔ^{354}	pʻiɔ^{42}	pʻiɔ^{42}	pʻiɔ^{53}	pʻiɔ^{53}	pʻiɔ^{13}
榆中县	piɔ^{51}	piɔ^{51}	piɔ^{44}	pʻiɔ^{51}	pʻiɔ^{51}	pʻiɔ^{332}	pʻiɔ^{332}	pʻiɔ^{13}
皋兰县	piɔ^{42}	piɔ^{42}	piɔ^{342}	pʻiɔ^{42}	pʻiɔ^{42}	pʻiɔ^{53}	pʻiɔ^{53}	pʻiɔ^{13}
白银区	piɔ^{44}	piɔ^{44}	piɔ^{343}	pʻiɔ^{343}	pʻiɔ^{343}	pʻiɔ^{51}	pʻiɔ^{51}	pʻiɔ^{13}
天祝县	piɔ^{44}	piɔ^{44}	piɔ^{44}	pʻiɔ^{44}	pʻiɔ^{44}	pʻiɔ^{53}	pʻiɔ^{53}	pʻiɔ^{213}
景泰县 （红水镇）	piɔo^{44}	piɔo^{44}	piɔo^{44}	pʻiɔo^{44}	pʻiɔo^{44}	pʻiɔo^{53}	pʻiɔo^{53}	pʻiɔo^{213}
古浪县	piɔ^{44}	piɔ^{44}	piɔ^{44}	pʻiɔ^{44}	pʻiɔ^{44}	pʻiɔ^{53}	pʻiɔ^{53}	pʻiɔ^{31}
凉州区	piɔ^{33}	piɔ^{33}	piɔ^{33}	pʻiɔ^{33}	pʻiɔ^{33}	pʻiɔ^{13}	pʻiɔ^{13}	pʻiɔ^{53}
民勤县	piao^{44}	piao^{44}	piao^{214}	pʻiao^{44}	pʻiao^{44}	pʻiao^{53}	pʻiao^{53}	pʻiao^{42}
永昌县	piao^{44}	piao^{44}	piao^{13}	pʻiao^{44}	pʻiao^{44}	pʻiao^{13}	pʻiao^{13}	pʻiao^{53}
甘州区	piɔ^{44}	piɔ^{44}	piɔ^{53}	pʻiɔ^{44}	pʻiɔ^{44}	pʻiɔ^{53}	pʻiɔ^{53}	pʻiɔ^{31}
临泽县	piao^{44}	piao^{44}	piao^{53}	pʻiao^{44}	pʻiao^{44}	pʻiao^{53}	pʻiao^{53}	pʻiao^{214}
民乐县	piɔo^{44}	piɔo^{44}	piɔo^{213}	pʻiɔo^{44}	pʻiɔo^{44}	pʻiɔo^{53}	pʻiɔo^{53}	pʻiɔo^{42}
山丹县	piɔo^{24}	piɔo^{24}	piɔo^{53}	pʻiɔo^{24}	pʻiɔo^{24}	pʻiɔo^{53}	pʻiɔo^{53}	pʻiɔo^{41}
高台县	piɔo^{44}	piɔo^{44}	piɔo^{53}	pʻiɔo^{44}	pʻiɔo^{44}	pʻiɔo^{53}	pʻiɔo^{53}	pʻiɔo^{214}
肃州区	piɔ^{44}	piɔ^{44}	piɔ^{53}	pʻiɔ^{44}	pʻiɔ^{44}	pʻiɔ^{53}	pʻiɔ^{53}	pʻiɔ^{214}
金塔县	piɔ^{44}	piɔ^{44}	piɔ^{53}	pʻiɔ^{44}	pʻiɔ^{44}	pʻiɔ^{53}	pʻiɔ^{53}	pʻiɔ^{13}
肃北县	piɔo^{44}	piɔo^{44}	piɔo^{53}	pʻiɔo^{44}	pʻiɔo^{44}	pʻiɔo^{53}	pʻiɔo^{53}	pʻiɔo^{213}
玉门市	piɔo^{44}	piɔo^{44}	piɔo^{53}	pʻiɔo^{44}	pʻiɔo^{44}	pʻiɔo^{53}	pʻiɔo^{53}	pʻiɔo^{213}

①又纰招切。效开三平宵滂。

②又匹妙切，效开三去笑滂。

续表

瓜州县	piɔo^{44}	piɔo^{44}	piɔo^{53}	pʻiɔo^{44}	pʻiɔo^{44}	pʻiɔo^{53}	pʻiɔo^{53}	pʻiɔo^{213}
西夏区	piɔ^{44}	piɔ^{44}	piɔ^{53}	pʻiɔ^{44}	pʻiɔ^{44}	pʻiɔ^{53}	pʻiɔ^{53}	pʻiɔ^{13}
贺兰县	piɔ^{44}	piɔ^{44}	piɔ^{53}	pʻiɔ^{44}	pʻiɔ^{44}	pʻiɔ^{53}	pʻiɔ^{53}	pʻiɔ^{13}
灵武市（东塔镇）	piɔ^{44}	piɔ^{44}	piɔ^{52}	pʻiɔ^{44}	pʻiɔ^{44}	pʻiɔ^{52}	pʻiɔ^{52}	pʻiɔ^{13}
永宁县	piɔ^{44}	piɔ^{44}	piɔ^{53}	pʻiɔ^{44}	pʻiɔ^{44}	pʻiɔ^{53}	pʻiɔ^{53}	pʻiɔ^{13}
中宁县	piɔ^{44}	piɔ^{44}	piɔ^{53}	pʻiɔ^{44}	pʻiɔ^{44}	pʻiɔ^{53}	pʻiɔ^{53}	pʻiɔ^{13}
沙坡头区	piɔu^{44}	piɔu^{44}	piɔu^{53}	pʻiɔu^{44}	pʻiɔu^{44}	pʻiɔu^{53}	pʻiɔu^{53}	pʻiɔu^{13}
盐池县	piɔ^{44}	piɔ^{44}	piɔ^{52}	pʻiɔ^{44}	pʻiɔ^{44}	pʻiɔ^{52}	pʻiɔ^{13}	pʻiɔ^{13}
平罗县（渠口乡）	piɔ^{44}	piɔ^{44}	piɔ^{53}	pʻiɔ^{44}	pʻiɔ^{44}	pʻiɔ^{53}	pʻiɔ^{53}	pʻiɔ^{13}
阿拉善左旗	piao^{44}	piao^{44}	piao^{51}	pʻiao^{44}	pʻiao^{44}	pʻiao^{51}	pʻiao^{51}	pʻiao^{213}
乌鲁木齐市	piau^{44}	piau^{44}	piau^{52}	pʻiau^{44}	pʻiau^{44}	pʻiau^{52}	pʻiau^{52}	pʻiau^{213}
阜康市	piɔ^{55}	piɔ^{55}	piɔ^{51}	pʻiɔ^{55}	pʻiɔ^{55}	pʻiɔ^{51}	pʻiɔ^{51}	pʻiɔ^{213}
呼图壁县	piɔ^{44}	piɔ^{44}	piɔ^{51}	pʻiɔ^{44}	pʻiɔ^{44}	pʻiɔ^{51}	pʻiɔ^{51}	pʻiɔ^{213}
吉木萨尔县	piɔ^{44}	piɔ^{44}	piɔ^{51}	pʻiɔ^{44}	pʻiɔ^{44}	pʻiɔ^{51}	pʻiɔ^{51}	pʻiɔ^{213}
奇台县	piɔ^{44}	piɔ^{44}	piɔ^{52}	pʻiɔ^{44}	pʻiɔ^{44}	pʻiɔ^{52}	pʻiɔ^{52}	pʻiɔ^{213}
博乐市	piao^{45}	piao^{45}	piao^{51}	pʻiao^{45}	pʻiao^{45}	pʻiao^{51}	pʻiao^{51}	pʻiao^{24}
阿勒泰市	piau^{44}	piau^{44}	piau^{51}	pʻiau^{44}	pʻiau^{44}	pʻiau^{51}	pʻiau^{51}	pʻiau^{23}
布尔津县	piɔ^{44}	piɔ^{44}	piɔ^{23}	pʻiɔ^{44}	pʻiɔ^{44}	pʻiɔ^{23}	pʻiɔ^{23}	pʻiɔ^{51}
乌苏市	piɔ^{55}	piɔ^{55}	piɔ^{51}	pʻiɔ^{55}	pʻiɔ^{55}	pʻiɔ^{51}	pʻiɔ^{51}	pʻiɔ^{213}
额敏县	piau^{44}	piau^{44}	piau^{51}	pʻiau^{44}	pʻiau^{44}	pʻiau^{51}	pʻiau^{51}	pʻiau^{34}
伊州区	piɔ^{44}	piɔ^{44}	piɔ^{51}	pʻiɔ^{44}	pʻiɔ^{44}	pʻiɔ^{51}	pʻiɔ^{51}	pʻiɔ^{213}
巴里坤县	piɔ^{45}	piɔ^{45}	piɔ^{51}	pʻiɔ^{45}	pʻiɔ^{45}	pʻiɔ^{51}	pʻiɔ^{51}	pʻiɔ^{24}
伊吾县	piɔ^{44}	piɔ^{44}	piɔ^{51}	pʻiɔ^{44}	pʻiɔ^{44}	pʻiɔ^{51}	pʻiɔ^{51}	pʻiɔ^{213}

字目 / 中古音 / 方言点 / 方音	票	漂 漂亮	苗	描	秒	庙	妙	刁
	效开三 去笑滂		效开三 平宵明	效开三 平宵明	效开三 上小明	效开三 去笑明	效开三 去笑明	效开四 平萧端
兰州市（城关区）	pʻiɔ^{13}	pʻiɔ^{13}	miɔ^{51}	miɔ^{51}	miɔ^{44}	miɔ^{13}	miɔ^{13}	tiɔ^{53}
永登县	pʻiɔ^{13}	pʻiɔ^{13}	miɔ^{53}	miɔ^{53}	miɔ^{354}	miɔ^{13}	miɔ^{13}	tiɔ^{42}
榆中县	pʻiɔ^{13}	pʻiɔ^{13}	miɔ^{332}	miɔ^{332}	miɔ^{44}	miɔ^{13}	miɔ^{13}	tiɔ^{51}
皋兰县	pʻiɔ^{13}	pʻiɔ^{13}	miɔ^{53}	miɔ^{53}	miɔ^{342}	miɔ^{13}	miɔ^{13}	tiɔ^{42}
白银区	pʻiɔ^{13}	pʻiɔ^{13}	miɔ^{51}	miɔ^{51}	miɔ^{343}	miɔ^{13}	miɔ^{13}	tiɔ^{44}
天祝县	pʻiɔ^{213}	pʻiɔ^{213}	miɔ^{53}	miɔ^{53}	miɔ^{44}	miɔ^{213}	miɔ^{213}	tiɔ^{44}
景泰县（红水镇）	pʻiɔo^{213}	pʻiɔo^{213}	miɔo^{53}	miɔo^{53}	miɔo^{44}	miɔo^{213}	miɔo^{213}	tiɔo^{44}
古浪县	pʻiɔ^{31}	pʻiɔ^{31}	miɔ^{53}	miɔ^{53}	miɔ^{44}	miɔ^{31}	miɔ^{31}	tiɔ^{44}
凉州区	pʻiɔ^{53}	pʻiɔ^{53}	miɔ^{13}	miɔ^{13}	miɔ^{33}	miɔ^{53}	miɔ^{53}	tiɔ^{33}
民勤县	pʻiɑo^{42}	pʻiɑo^{42}	miɑo^{53}	miɑo^{53}	miɑo^{214}	miɑo^{42}	miɑo^{42}	tiɑo^{44}
永昌县	pʻiɑo^{53}	pʻiɑo^{53}	miɑo^{13}	miɑo^{13}	miɑo^{13}	miɑo^{53}	miɑo^{53}	tiɑo^{44}
甘州区	pʻiɔ^{31}	pʻiɔ^{31}	miɔ^{53}	miɔ^{53}	miɔ^{53}	miɔ^{31}	miɔ^{31}	tiɔ^{44}
临泽县	pʻiɑo^{214}	pʻiɑo^{214}	miɑo^{53}	miɑo^{53}	miɑo^{53}	miɑo^{214}	miɑo^{214}	tiɑo^{44}
民乐县	pʻiɔo^{42}	pʻiɔo^{42}	miɔo^{53}	miɔo^{53}	miɔo^{213}	miɔo^{42}	miɔo^{42}	tiɔo^{44}
山丹县	pʻiɔo^{41}	pʻiɔo^{41}	miɔo^{53}	miɔo^{53}	miɔo^{53}	miɔo^{41}	miɔo^{41}	tiɔo^{24}
高台县	pʻiɔo^{214}	pʻiɔo^{214}	miɔo^{53}	miɔo^{53}	miɔo^{53}	miɔo^{214}	miɔo^{214}	tiɔo^{44}
肃州区	pʻiɔ^{214}	pʻiɔ^{214}	miɔ^{53}	miɔ^{53}	miɔ^{53}	miɔ^{214}	miɔ^{214}	tiɔ^{44}
金塔县	pʻiɔ^{13}	pʻiɔ^{13}	miɔ^{53}	miɔ^{53}	miɔ^{53}	miɔ^{13}	miɔ^{13}	tiɔ^{44}
肃北县	pʻiɔo^{213}	pʻiɔo^{213}	miɔo^{53}	miɔo^{53}	miɔo^{53}	miɔo^{213}	miɔo^{213}	tiɔo^{44}
玉门市	pʻiɔo^{213}	pʻiɔo^{213}	miɔo^{53}	miɔo^{53}	miɔo^{53}	miɔo^{213}	miɔo^{213}	tiɔo^{44}
瓜州县	pʻiɔo^{213}	pʻiɔo^{213}	miɔo^{53}	miɔo^{53}	miɔo^{53}	miɔo^{213}	miɔo^{213}	tiɔo^{44}
西夏区	pʻiɔ^{13}	pʻiɔ^{13}	miɔ^{53}	miɔ^{53}	miɔ^{53}	miɔ^{13}	miɔ^{53}	tiɔ^{44}

续表

贺兰县	pʻiɔ^{13}	pʻiɔ^{13}	miɔ^{53}	miɔ^{53}	miɔ^{53}	miɔ^{13}	miɔ^{53}	tiɔ^{44}
灵武市（东塔镇）	pʻiɔ^{13}	pʻiɔ^{13}	miɔ^{52}	miɔ^{52}	miɔ^{52}	miɔ^{13}	miɔ^{52}	tiɔ^{44}
永宁县	pʻiɔ^{13}	pʻiɔ^{13}	miɔ^{53}	miɔ^{53}	miɔ^{53}	miɔ^{13}	miɔ^{53}	tiɔ^{44}
中宁县	pʻiɔ^{13}	pʻiɔ^{13}	miɔ^{53}	miɔ^{53}	miɔ^{53}	miɔ^{13}	miɔ^{53}	tiɔ^{44}
沙坡头区	pʻiɔu^{13}	pʻiɔu^{13}	miɔu^{53}	miɔu^{53}	miɔu^{53}	miɔu^{13}	miɔu^{53}	tiɔu^{44}
盐池县	pʻiɔ^{13}	pʻiɔ^{13}	miɔ^{13}	miɔ^{13}	miɔ^{52}	miɔ^{13}	miɔ^{52}	tiɔ^{44}
平罗县（渠口乡）	pʻiɔ^{13}	pʻiɔ^{13}	miɔ^{53}	miɔ^{53}	miɔ^{53}	miɔ^{13}	miɔ^{53}	tiɔ^{44}
阿拉善左旗	pʻiao^{213}	pʻiao^{213}	miao^{51}	miao^{51}	miao^{51}	miao^{213}	miao^{51}	tiao^{44}
乌鲁木齐市	pʻiau^{213}	pʻiau^{213}	miau^{52}	miau^{52}	miau^{52}	miau^{213}	miau^{213}	tiau^{44}
阜康市	pʻiɔ^{213}	pʻiɔ^{213}	miɔ^{51}	miɔ^{51}	miɔ^{51}	miɔ^{213}	miɔ^{51}	tiɔ^{55}
呼图壁县	pʻiɔ^{213}	pʻiɔ^{213}	miɔ^{51}	miɔ^{51}	miɔ^{51}	miɔ^{213}	miɔ^{51}	tiɔ^{44}
吉木萨尔县	pʻiɔ^{213}	pʻiɔ^{213}	miɔ^{51}	miɔ^{51}	miɔ^{51}	miɔ^{213}	miɔ^{51}	tiɔ^{44}
奇台县	pʻiɔ^{213}	pʻiɔ^{213}	miɔ^{52}	miɔ^{52}	miɔ^{52}	miɔ^{213}	miɔ^{52}	tiɔ^{44}
博乐市	pʻiao^{24}	pʻiao^{24}	miao^{51}	miao^{51}	miao^{51}	miao^{24}	miao^{51}	tiao^{45}
阿勒泰市	pʻiau^{23}	pʻiau^{23}	miau^{51}	miau^{51}	miau^{51}	miau^{23}	miau^{23}	tiau^{44}
布尔津县	pʻiɔ^{51}	pʻiɔ^{51}	miɔ^{23}	miɔ^{23}	miɔ^{23}	miɔ^{51}	miɔ^{23}	tiɔ^{44}
乌苏市	pʻiɔ^{213}	pʻiɔ^{213}	miɔ^{51}	miɔ^{51}	miɔ^{51}	miɔ^{213}	miɔ^{51}	tiɔ^{55}
额敏县	pʻiau^{34}	pʻiau^{34}	miau^{51}	miau^{51}	miau^{51}	miau^{34}	miau^{34}	tiau^{44}
伊州区	pʻiɔ^{213}	pʻiɔ^{213}	miɔ^{51}	miɔ^{51}	miɔ^{51}	miɔ^{213}	miɔ^{51}	tiɔ^{44}
巴里坤县	pʻiɔ^{24}	pʻiɔ^{24}	miɔ^{51}	miɔ^{51}	miɔ^{51}	miɔ^{24}	miɔ^{24}	tiɔ^{45}
伊吾县	pʻiɔ^{213}	pʻiɔ^{213}	miɔ^{51}	miɔ^{51}	miɔ^{51}	miɔ^{213}	miɔ^{51}	tiɔ^{44}

字目 / 中古音 / 方言点	貂	雕 雕刻	钓	吊 吊桥	掉①	调 调动	挑 挑担	条
中古音	效开四平萧端	效开四平萧端	效开四去啸端	效开四去啸端	效开四去啸定	效开四去啸定	效开四平萧透	效开四平萧定
兰州市（城关区）	tiɔ^{53}	tiɔ^{53}	tiɔ^{13}	tiɔ^{13}	tiɔ^{13}	tiɔ^{13}	tʻiɔ^{53}	tʻiɔ^{51}
永登县	tiɔ^{42}	tiɔ^{42}	tiɔ^{13}	tiɔ^{13}	tiɔ^{13}	tiɔ^{13}	tʻiɔ^{42}	tʻiɔ^{53}
榆中县	tiɔ^{51}	tiɔ^{51}	tiɔ^{13}	tiɔ^{13}	tiɔ^{13}	tiɔ^{13}	tʻiɔ^{51}	tʻiɔ^{332}
皋兰县	tiɔ^{42}	tiɔ^{42}	tiɔ^{13}	tiɔ^{13}	tiɔ^{13}	tiɔ^{13}	tʻiɔ^{42}	tʻiɔ^{53}
白银区	tiɔ^{44}	tiɔ^{44}	tiɔ^{13}	tiɔ^{13}	tiɔ^{13}	tiɔ^{13}	tʻiɔ^{44}	tʻiɔ^{51}
天祝县	tiɔ^{44}	tiɔ^{44}	tiɔ^{213}	tiɔ^{213}	tiɔ^{213}	tiɔ^{213}	tʻiɔ^{44}	tʻiɔ^{53}
景泰县（红水镇）	tiɔo^{44}	tiɔo^{44}	tiɔo^{213}	tiɔo^{213}	tiɔo^{213}	tiɔo^{213}	tʻiɔo^{44}	tʻiɔo^{53}
古浪县	tiɔ^{44}	tiɔ^{44}	tiɔ^{31}	tiɔ^{31}	tiɔ^{31}	tiɔ^{31}	tʻiɔ^{44}	tʻiɔ^{53}
凉州区	tiɔ^{33}	tiɔ^{33}	tiɔ^{53}	tiɔ^{53}	tiɔ^{53}	tiɔ^{53}	tʻiɔ^{33}	tʻiɔ^{13}
民勤县	tiɑo^{44}	tiɑo^{44}	tiɑo^{42}	tiɑo^{42}	tiɑo^{42}	tiɑo^{42}	tʻiɑo^{44}	tʻiɑo^{53}
永昌县	tiɑo^{44}	tiɑo^{44}	tiɑo^{53}	tiɑo^{53}	tiɑo^{53}	tiɑo^{53}	tʻiɑo^{44}	tʻiɑo^{13}
甘州区	tiɔ^{44}	tiɔ^{44}	tiɔ^{31}	tiɔ^{31}	tiɔ^{31}	tiɔ^{31}	tʻiɔ^{44}	tʻiɔ^{53}
临泽县	tiɑo^{44}	tiɑo^{44}	tiɑo^{214}	tiɑo^{214}	tiɑo^{214}	tiɑo^{214}	tʻiɑo^{44}	tʻiɑo^{53}
民乐县	tiɔo^{44}	tiɔo^{44}	tiɔo^{42}	tiɔo^{42}	tiɔo^{42}	tiɔo^{42}	tʻiɔo^{44}	tʻiɔo^{53}
山丹县	tiɔo^{24}	tiɔo^{24}	tiɔo^{41}	tiɔo^{41}	tiɔo^{41}	tiɔo^{41}	tʻiɔo^{24}	tʻiɔo^{53}
高台县	tiɔo^{44}	tiɔo^{44}	tiɔo^{214}	tiɔo^{214}	tiɔo^{214}	tiɔo^{214}	tʻiɔo^{44}	tʻiɔo^{53}
肃州区	tiɔ^{44}	tiɔ^{44}	tiɔ^{214}	tiɔ^{214}	tiɔ^{214}	tiɔ^{214}	tʻiɔ^{44}	tʻiɔ^{53}
金塔县	pʻiɔ^{13}	pʻiɔ^{13}	miɔ^{53}	miɔ^{53}	miɔ^{53}	miɔ^{13}	miɔ^{13}	tiɔ^{44}
肃北县	pʻiɔo^{213}	pʻiɔo^{213}	miɔo^{53}	miɔo^{53}	miɔo^{53}	miɔo^{213}	miɔo^{213}	tiɔo^{44}
玉门市	pʻiɔo^{213}	pʻiɔo^{213}	miɔo^{53}	miɔo^{53}	miɔo^{53}	miɔo^{213}	miɔo^{213}	tiɔo^{44}
瓜州县	pʻiɔo^{213}	pʻiɔo^{213}	miɔo^{53}	miɔo^{53}	miɔo^{53}	miɔo^{213}	miɔo^{213}	tiɔo^{44}

①又徒了切，效开四上篠定。

续表

西夏区	tiɔ^{44}	tiɔ^{44}	tiɔ^{13}	tiɔ^{13}	tiɔ^{13}	tiɔ^{13}	tʻiɔ^{44}	tʻiɔ^{53}
贺兰县	tiɔ^{44}	tiɔ^{44}	tiɔ^{13}	tiɔ^{13}	tiɔ^{13}	tiɔ^{13}	tʻiɔ^{44}	tʻiɔ^{53}
灵武市（东塔镇）	tiɔ^{44}	tiɔ^{44}	tiɔ^{13}	tiɔ^{13}	tiɔ^{13}	tiɔ^{13}	tʻiɔ^{44}	tʻiɔ^{52}
永宁县	tiɔ^{44}	tiɔ^{44}	tiɔ^{13}	tiɔ^{13}	tiɔ^{13}	tiɔ^{13}	tʻiɔ^{44}	tʻiɔ^{53}
中宁县	tiɔ^{44}	tiɔ^{44}	tiɔ^{13}	tiɔ^{13}	tiɔ^{13}	tiɔ^{13}	tʻiɔ^{44}	tʻiɔ^{53}
沙坡头区	tiɔu^{44}	tiɔu^{44}	tiɔu^{13}	tiɔu^{13}	tiɔu^{13}	tiɔu^{13}	tʻiɔu^{44}	tʻiɔu^{53}
盐池县	tiɔ^{44}	tiɔ^{44}	tiɔ^{13}	tiɔ^{13}	tiɔ^{13}	tiɔ^{13}	tʻiɔ^{44}	tʻiɔ^{13}
平罗县（渠口乡）	tiɔ^{44}	tiɔ^{44}	tiɔ^{13}	tiɔ^{13}	tiɔ^{13}	tiɔ^{13}	tʻiɔ^{44}	tʻiɔ^{53}
阿拉善左旗	tiao^{44}	tiao^{44}	tiao^{213}	tiao^{213}	tiao^{213}	tiao^{213}	tʻiao^{44}	tʻiao^{51}
乌鲁木齐市	pʻiau^{213}	pʻiau^{213}	miau^{52}	miau^{52}	miau^{52}	miau^{213}	miau^{213}	tiau^{44}
阜康市	tiɔ^{55}	tiɔ^{55}	tiɔ^{213}	tiɔ^{213}	tiɔ^{213}	tiɔ^{213}	tʻiɔ^{55}	tʻiɔ^{51}
呼图壁县	tiɔ^{44}	tiɔ^{44}	tiɔ^{213}	tiɔ^{213}	tiɔ^{213}	tiɔ^{213}	tʻiɔ^{44}	tʻiɔ^{51}
吉木萨尔县	tiɔ^{44}	tiɔ^{44}	tiɔ^{213}	tiɔ^{213}	tiɔ^{213}	tiɔ^{213}	tʻiɔ^{44}	tʻiɔ^{51}
奇台县	tiɔ^{44}	tiɔ^{44}	tiɔ^{213}	tiɔ^{213}	tiɔ^{213}	tiɔ^{213}	tʻiɔ^{44}	tʻiɔ^{522}
博乐市	tiao^{45}	tiao^{45}	tiao^{24}	tiao^{24}	tiao^{24}	tiao^{24}	tʻiao^{45}	tʻiao^{51}
阿勒泰市	pʻiau^{44}	pʻiau^{44}	miau^{51}	miau^{51}	miau^{51}	miau^{51}	miau^{44}	tiau^{51}
布尔津县	tiɔ^{44}	tiɔ^{44}	tiɔ^{23}	tiɔ^{23}	tiɔ^{23}	tiɔ^{23}	tʻiɔ^{44}	tʻiɔ^{51}
乌苏市	tiɔ^{55}	tiɔ^{55}	tiɔ^{213}	tiɔ^{213}	tiɔ^{213}	tiɔ^{213}	tʻiɔ^{55}	tʻiɔ^{51}
额敏县	pʻiau^{44}	pʻiau^{44}	miau^{51}	miau^{51}	miau^{51}	miau^{51}	miau^{44}	tiau^{51}
伊州区	tiɔ^{44}	tiɔ^{44}	tiɔ^{213}	tiɔ^{213}	tiɔ^{213}	tiɔ^{213}	tʻiɔ^{44}	tʻiɔ^{51}
巴里坤县	pʻiɔ^{45}	pʻiɔ^{45}	miɔ^{51}	miɔ^{51}	miɔ^{51}	miɔ^{51}	miɔ^{45}	tiɔ^{51}
伊吾县	tiɔ^{44}	tiɔ^{44}	tiɔ^{213}	tiɔ^{213}	tiɔ^{213}	tiɔ^{213}	tʻiɔ^{44}	tʻiɔ^{51}

字目 / 中古音 / 方言点	调 调和	挑① 挑战	跳②	鸟	尿	燎③	疗④	辽
	效开四平萧定	效开四上篠定	效开四去啸透	效开四上篠端	效开四去啸泥	效开三平宵来		效开四平萧来
兰州市（城关区）	tʻiɔ51	tʻiɔ51	tʻiɔ13	liɔ44	liɔ13	liɔ51	liɔ51	liɔ51
永登县	tʻiɔ53	tʻiɔ53	tʻiɔ13	liɔ354	liɔ13	liɔ54	liɔ54	liɔ53
榆中县	tʻiɔ332	tʻiɔ332	tʻiɔ13	liɔ44	liɔ13	liɔ332	liɔ332	liɔ332
皋兰县	tʻiɔ53	tʻiɔ53	tʻiɔ13	liɔ342	liɔ13	liɔ54	liɔ54	liɔ53
白银区	tʻiɔ51	tʻiɔ51	tʻiɔ13	liɔ343	liɔ13	liɔ51	liɔ51	liɔ51
天祝县	tʻiɔ53	tʻiɔ53	tʻiɔ213	liɔ44	liɔ213	liɔ53	liɔ53	liɔ53
景泰县（红水镇）	tʻiɔo53	tʻiɔo53	tʻiɔo213	liɔo44	liɔo213	liɔo53	liɔo53	liɔo53
古浪县	tʻiɔ53	tʻiɔ53	tʻiɔ31	liɔ44	liɔ31	liɔ53	liɔ53	liɔ53
凉州区	tʻiɔ13	tʻiɔ13	tʻiɔ53	liɔ33	liɔ53	liɔ13	liɔ13	liɔ13
民勤县	tʻiao53	tʻiao53	tʻiao42	niao214	niao42	liao53	liao53	liao53
永昌县	tʻiao13	tʻiao13	tʻiao53	niao13	niao53	liao13	liao13	liao13
甘州区	tʻiɔ53	tʻiɔ53	tʻiɔ31	liɔ53	liɔ31	liɔ53	liɔ53	liɔ53
临泽县	tʻiao53	tʻiao53	tʻiao214	liao53	liao214	liao53	liao53	liao53
民乐县	tʻiɔo53	tʻiɔo53	tʻiɔo42	niɔo213	niɔo42	liɔo53	liɔo53	liɔo53
山丹县	tʻiɔo53	tʻiɔo53	tʻiɔo41	liɔo53	liɔo41	liɔo53	liɔo53	liɔo53
高台县	tʻiɔo53	tʻiɔo53	tʻiɔo214	niɔo53	niɔo214	liɔo53	liɔo53	liɔo53
肃州区	tʻiɔ53	tʻiɔ53	tʻiɔ214	niɔ53	niɔ214	liɔ53	liɔ53	liɔ53
金塔县	tʻiɔ53	tʻiɔ53	tʻiɔ13	liɔ53	liɔ13	liɔ53	liɔ53	liɔ53

①又吐彫切，效开四平萧透。

②又徒柳切，效开四平萧定。

③又力小切，效开三上小来；郎鸟切，效开四上篠来；怜萧切，效开四上萧来。

④《广韵》力照切，效开三去笑来。

续表

肃北县	tʻiɔo^{53}	tʻiɔo^{53}	tʻiɔo^{213}	liɔo^{53}	liɔo^{213}	liɔo^{53}	liɔo^{53}	liɔo^{53}
玉门市	tʻiɔo^{53}	tʻiɔo^{53}	tʻiɔo^{213}	liɔo^{53}	liɔo^{213}	liɔo^{53}	liɔo^{53}	liɔo^{53}
瓜州县	tʻiɔo^{53}	tʻiɔo^{53}	tʻiɔo^{213}	liɔo^{53}	liɔo^{213}	liɔo^{53}	liɔo^{53}	liɔo^{53}
西夏区	tʻiɔ^{53}	tʻiɔ^{53}	tʻiɔ^{53}	niɔ^{53}	niɔ^{13}	liɔ^{53}	liɔ^{53}	liɔ^{53}
贺兰县	tʻiɔ^{53}	tʻiɔ^{53}	tʻiɔ^{53}	niɔ^{53}	niɔ^{13}	liɔ^{53}	liɔ^{53}	liɔ^{53}
灵武市（东塔镇）	tʻiɔ^{52}	tʻiɔ^{52}	tʻiɔ^{52}	niɔ^{52}	niɔ^{13}	liɔ^{52}	liɔ^{52}	liɔ^{52}
永宁县	tʻiɔ^{53}	tʻiɔ^{53}	tʻiɔ^{53}	niɔ^{53}	niɔ^{13}	liɔ^{53}	liɔ^{53}	liɔ^{53}
中宁县	tʻiɔ^{53}	tʻiɔ^{53}	tʻiɔ^{53}	ȵiɔ^{53}	ȵiɔ^{13}	liɔ^{53}	liɔ^{53}	liɔ^{53}
沙坡头区	tʻiɔu^{53}	tʻiɔu^{53}	tʻiɔu^{53}	niɔu^{53}	niɔu^{13}	liɔu^{53}	liɔu^{53}	liɔu^{53}
盐池县	tʻiɔ^{13}	tʻiɔ^{13}	tʻiɔ^{13}	niɔ^{52}	niɔ^{13}	liɔ^{13}	liɔ^{13}	liɔ^{13}
平罗县（渠口乡）	tʻiɔ^{53}	tʻiɔ^{53}	tʻiɔ^{53}	ȵiɔ^{53}	ȵiɔ^{13}	liɔ^{53}	liɔ^{53}	liɔ^{53}
阿拉善左旗	tʻiao^{51}	tʻiao^{51}	tʻiao^{51}	niao^{51}	niao^{213}	liao^{51}	liao^{51}	liao^{51}
乌鲁木齐市	tʻiau^{52}	tʻiau^{52}	tʻiau^{213}	liau^{52}	liau^{213}	liau^{52}	liau^{52}	liau^{52}
阜康市	tʻiɔ^{51}	tʻiɔ^{51}	tʻiɔ^{51}	ȵiɔ^{51}	ȵiɔ^{213}	liɔ^{51}	liɔ^{51}	liɔ^{51}
呼图壁县	tʻiɔ^{51}	tʻiɔ^{51}	tʻiɔ^{51}	ȵiɔ^{51}	ȵiɔ^{213}	liɔ^{51}	liɔ^{51}	liɔ^{51}
吉木萨尔县	tʻiɔ^{51}	tʻiɔ^{51}	tʻiɔ^{51}	ȵiɔ^{51}	ȵiɔ^{213}	liɔ^{51}	liɔ^{51}	liɔ^{51}
奇台县	tʻiɔ^{52}	tʻiɔ^{52}	tʻiɔ^{52}	ȵiɔ^{52}	ȵiɔ^{213}	liɔ^{52}	liɔ^{52}	liɔ^{52}
博乐市	tʻiao^{51}	tʻiao^{51}	tʻiao^{51}	ȵiao^{51}	ȵiao^{24}	liao^{51}	liao^{51}	liao^{51}
阿勒泰市	tʻiau^{51}	tʻiau^{51}	tʻiau^{23}	niau^{51}	niau^{23}	liau^{51}	liau^{51}	liau^{51}
布尔津县	tʻiɔ^{23}	tʻiɔ^{23}	tʻiɔ^{23}	niɔ^{23}	niɔ^{51}	liɔ^{23}	liɔ^{23}	liɔ^{23}
乌苏市	tʻiɔ^{51}	tʻiɔ^{51}	tʻiɔ^{51}	ȵiɔ^{51}	ȵiɔ^{213}	liɔ^{51}	liɔ^{51}	liɔ^{51}
额敏县	tʻiau^{51}	tʻiau^{51}	tʻiau^{34}	niau^{51}	niau^{34}	liau^{51}	liau^{51}	liau^{51}
伊州区	tʻiɔ^{51}	tʻiɔ^{51}	tʻiɔ^{51}	ȵiɔ^{51}	ȵiɔ^{213}	liɔ^{51}	liɔ^{51}	liɔ^{51}
巴里坤县	tʻiɔ^{51}	tʻiɔ^{51}	tʻiɔ^{24}	niɔ^{51}	niɔ^{24}	liɔ^{51}	liɔ^{51}	liɔ^{51}
伊吾县	tʻiɔ^{51}	tʻiɔ^{51}	tʻiɔ^{51}	ȵiɔ^{51}	ȵiɔ^{213}	liɔ^{51}	liɔ^{51}	liɔ^{51}

字目 / 中古音 / 方言点	聊	了 了解	料	交	郊	胶	教① 教书	焦
	蟹开四平萧来	效开四上篠来	效开四去啸来	效开二平肴见	效开二平肴见	效开二平肴见	效开二平肴见	效开二平宵精
兰州市（城关区）	liɔ^{51}	liɔ^{51}	liɔ^{13}	tɕiɔ^{53}	tɕiɔ^{53}	tɕiɔ^{53}	tɕiɔ^{53}	tɕiɔ^{53}
永登县	liɔ^{53}	liɔ^{53}	liɔ^{13}	tɕiɔ^{42}	tɕiɔ^{42}	tɕiɔ^{42}	tɕiɔ^{42}	tɕiɔ^{42}
榆中县	liɔ^{332}	liɔ^{332}	liɔ^{13}	tɕiɔ^{51}	tɕiɔ^{51}	tɕiɔ^{51}	tɕiɔ^{51}	tɕiɔ^{51}
皋兰县	liɔ^{53}	liɔ^{53}	liɔ^{13}	tɕiɔ^{42}	tɕiɔ^{42}	tɕiɔ^{42}	tɕiɔ^{42}	tɕiɔ^{42}
白银区	liɔ^{51}	liɔ^{51}	liɔ^{13}	tɕiɔ^{44}	tɕiɔ^{44}	tɕiɔ^{44}	tɕiɔ^{44}	tɕiɔ^{44}
天祝县	liɔ^{53}	liɔ^{53}	liɔ^{213}	tɕiɔ^{44}	tɕiɔ^{44}	tɕiɔ^{44}	tɕiɔ^{44}	tɕiɔ^{44}
景泰县（红水镇）	liɔo^{53}	liɔo^{53}	liɔo^{213}	tɕiɔo^{44}	tɕiɔo^{44}	tɕiɔo^{44}	tɕiɔo^{44}	tɕiɔo^{44}
古浪县	liɔ^{53}	liɔ^{53}	liɔ^{31}	tɕiɔ^{44}	tɕiɔ^{44}	tɕiɔ^{44}	tɕiɔ^{44}	tɕiɔ^{44}
凉州区	liɔ^{13}	liɔ^{13}	liɔ^{53}	tɕiɔ^{33}	tɕiɔ^{33}	tɕiɔ^{33}	tɕiɔ^{33}	tɕiɔ^{33}
民勤县	liɑo^{53}	liɑo^{53}	liɑo^{42}	tɕiɑo^{44}	tɕiɑo^{44}	tɕiɑo^{44}	tɕiɑo^{44}	tɕiɑo^{44}
永昌县	liɑo^{13}	liɑo^{13}	liɑo^{53}	tɕiɑo^{44}	tɕiɑo^{44}	tɕiɑo^{44}	tɕiɑo^{44}	tɕiɑo^{44}
甘州区	liɔ^{53}	liɔ^{53}	liɔ^{31}	tɕiɔ^{44}	tɕiɔ^{44}	tɕiɔ^{44}	tɕiɔ^{44}	tɕiɔ^{44}
临泽县	liɑo^{53}	liɑo^{53}	liɑo^{214}	tɕiɑo^{44}	tɕiɑo^{44}	tɕiɑo^{44}	tɕiɑo^{44}	tɕiɑo^{44}
民乐县	liɔo^{53}	liɔo^{53}	liɔo^{42}	tɕiɔo^{44}	tɕiɔo^{44}	tɕiɔo^{44}	tɕiɔo^{44}	tɕiɔo^{44}
山丹县	liɔo^{53}	liɔo^{53}	liɔo^{41}	tɕiɔo^{24}	tɕiɔo^{24}	tɕiɔo^{24}	tɕiɔo^{24}	tɕiɔo^{24}
高台县	liɔo^{53}	liɔo^{53}	liɔo^{214}	tɕiɔo^{44}	tɕiɔo^{44}	tɕiɔo^{44}	tɕiɔo^{44}	tɕiɔo^{44}
肃州区	liɔ^{53}	liɔ^{53}	liɔ^{214}	tɕiɔ^{44}	tɕiɔ^{44}	tɕiɔ^{44}	tɕiɔ^{44}	tɕiɔ^{44}
金塔县	liɔ^{53}	liɔ^{53}	liɔ^{13}	tɕiɔ^{44}	tɕiɔ^{44}	tɕiɔ^{44}	tɕiɔ^{44}	tɕiɔ^{44}
肃北县	liɔo^{53}	liɔo^{53}	liɔo^{213}	tɕiɔo^{44}	tɕiɔo^{44}	tɕiɔo^{44}	tɕiɔo^{44}	tɕiɔo^{44}
玉门市	liɔo^{53}	liɔo^{53}	liɔo^{213}	tɕiɔo^{44}	tɕiɔo^{44}	tɕiɔo^{44}	tɕiɔo^{44}	tɕiɔo^{44}
瓜州县	liɔo^{53}	liɔo^{53}	liɔo^{213}	tɕiɔo^{44}	tɕiɔo^{44}	tɕiɔo^{44}	tɕiɔo^{44}	tɕiɔo^{44}

①又古孝切，效开二去效见。

续表

西夏区	$li\text{ɔ}^{53}$	$li\text{ɔ}^{53}$	$li\text{ɔ}^{13}$	$t\text{ɕ}i\text{ɔ}^{44}$	$t\text{ɕ}i\text{ɔ}^{44}$	$t\text{ɕ}i\text{ɔ}^{44}$	$t\text{ɕ}i\text{ɔ}^{44}$	$t\text{ɕ}i\text{ɔ}^{44}$
贺兰县	$li\text{ɔ}^{53}$	$li\text{ɔ}^{53}$	$li\text{ɔ}^{13}$	$t\text{ɕ}i\text{ɔ}^{44}$	$t\text{ɕ}i\text{ɔ}^{44}$	$t\text{ɕ}i\text{ɔ}^{44}$	$t\text{ɕ}i\text{ɔ}^{44}$	$t\text{ɕ}i\text{ɔ}^{44}$
灵武市（东塔镇）	$li\text{ɔ}^{52}$	$li\text{ɔ}^{52}$	$li\text{ɔ}^{13}$	$t\text{ɕ}i\text{ɔ}^{44}$	$t\text{ɕ}i\text{ɔ}^{44}$	$t\text{ɕ}i\text{ɔ}^{44}$	$t\text{ɕ}i\text{ɔ}^{44}$	$t\text{ɕ}i\text{ɔ}^{44}$
永宁县	$li\text{ɔ}^{53}$	$li\text{ɔ}^{53}$	$li\text{ɔ}^{13}$	$t\text{ɕ}i\text{ɔ}^{44}$	$t\text{ɕ}i\text{ɔ}^{44}$	$t\text{ɕ}i\text{ɔ}^{44}$	$t\text{ɕ}i\text{ɔ}^{44}$	$t\text{ɕ}i\text{ɔ}^{44}$
中宁县	$li\text{ɔ}^{53}$	$li\text{ɔ}^{53}$	$li\text{ɔ}^{13}$	$t\text{ɕ}i\text{ɔ}^{44}$	$t\text{ɕ}i\text{ɔ}^{44}$	$t\text{ɕ}i\text{ɔ}^{44}$	$t\text{ɕ}i\text{ɔ}^{44}$	$t\text{ɕ}i\text{ɔ}^{44}$
沙坡头区	$li\text{ɔ}u^{53}$	$li\text{ɔ}u^{53}$	$li\text{ɔ}u^{13}$	$t\text{ɕ}i\text{ɔ}u^{44}$	$t\text{ɕ}i\text{ɔ}u^{44}$	$t\text{ɕ}i\text{ɔ}u^{44}$	$t\text{ɕ}i\text{ɔ}u^{44}$	$t\text{ɕ}i\text{ɔ}u^{44}$
盐池县	$li\text{ɔ}^{13}$	$li\text{ɔ}^{52}$	$li\text{ɔ}^{13}$	$t\text{ɕ}i\text{ɔ}^{44}$	$t\text{ɕ}i\text{ɔ}^{44}$	$t\text{ɕ}i\text{ɔ}^{44}$	$t\text{ɕ}i\text{ɔ}^{44}$	$t\text{ɕ}i\text{ɔ}^{44}$
平罗县（渠口乡）	$li\text{ɔ}^{53}$	$li\text{ɔ}^{53}$	$li\text{ɔ}^{13}$	$t\text{ɕ}i\text{ɔ}^{44}$	$t\text{ɕ}i\text{ɔ}^{44}$	$t\text{ɕ}i\text{ɔ}^{44}$	$t\text{ɕ}i\text{ɔ}^{44}$	$t\text{ɕ}i\text{ɔ}^{44}$
阿拉善左旗	$liao^{51}$	$liao^{51}$	$liao^{213}$	$t\text{ɕ}iao^{44}$	$t\text{ɕ}iao^{44}$	$t\text{ɕ}iao^{44}$	$t\text{ɕ}iao^{44}$	$t\text{ɕ}iao^{44}$
乌鲁木齐市	$liau^{52}$	$liau^{52}$	$liau^{213}$	$t\text{ɕ}iau^{44}$	$t\text{ɕ}iau^{44}$	$t\text{ɕ}iau^{44}$	$t\text{ɕ}iau^{44}$	$t\text{ɕ}iau^{44}$
阜康市	$li\text{ɔ}^{51}$	$li\text{ɔ}^{51}$	$li\text{ɔ}^{213}$	$t\text{ɕ}i\text{ɔ}^{55}$	$t\text{ɕ}i\text{ɔ}^{55}$	$t\text{ɕ}i\text{ɔ}^{55}$	$t\text{ɕ}i\text{ɔ}^{55}$	$t\text{ɕ}i\text{ɔ}^{55}$
呼图壁县	$li\text{ɔ}^{51}$	$li\text{ɔ}^{51}$	$li\text{ɔ}^{213}$	$t\text{ɕ}i\text{ɔ}^{44}$	$t\text{ɕ}i\text{ɔ}^{44}$	$t\text{ɕ}i\text{ɔ}^{44}$	$t\text{ɕ}i\text{ɔ}^{44}$	$t\text{ɕ}i\text{ɔ}^{44}$
吉木萨尔县	$li\text{ɔ}^{51}$	$li\text{ɔ}^{51}$	$li\text{ɔ}^{213}$	$t\text{ɕ}i\text{ɔ}^{44}$	$t\text{ɕ}i\text{ɔ}^{44}$	$t\text{ɕ}i\text{ɔ}^{44}$	$t\text{ɕ}i\text{ɔ}^{44}$	$t\text{ɕ}i\text{ɔ}^{44}$
奇台县	$li\text{ɔ}^{52}$	$li\text{ɔ}^{52}$	$li\text{ɔ}^{213}$	$t\text{ɕ}i\text{ɔ}^{44}$	$t\text{ɕ}i\text{ɔ}^{44}$	$t\text{ɕ}i\text{ɔ}^{44}$	$t\text{ɕ}i\text{ɔ}^{44}$	$t\text{ɕ}i\text{ɔ}^{44}$
博乐市	$liao^{51}$	$liao^{51}$	$liao^{24}$	$t\text{ɕ}iao^{45}$	$t\text{ɕ}iao^{45}$	$t\text{ɕ}iao^{45}$	$t\text{ɕ}iao^{45}$	$t\text{ɕ}iao^{45}$
阿勒泰市	$liau^{51}$	$liau^{51}$	$liau^{23}$	$t\text{ɕ}iau^{44}$	$t\text{ɕ}iau^{44}$	$t\text{ɕ}iau^{44}$	$t\text{ɕ}iau^{44}$	$t\text{ɕ}iau^{44}$
布尔津县	$li\text{ɔ}^{23}$	$li\text{ɔ}^{23}$	$li\text{ɔ}^{51}$	$t\text{ɕ}i\text{ɔ}^{44}$	$t\text{ɕ}i\text{ɔ}^{44}$	$t\text{ɕ}i\text{ɔ}^{44}$	$t\text{ɕ}i\text{ɔ}^{44}$	$t\text{ɕ}i\text{ɔ}^{44}$
乌苏市	$li\text{ɔ}^{51}$	$li\text{ɔ}^{51}$	$li\text{ɔ}^{213}$	$t\text{ɕ}i\text{ɔ}^{55}$	$t\text{ɕ}i\text{ɔ}^{55}$	$t\text{ɕ}i\text{ɔ}^{55}$	$t\text{ɕ}i\text{ɔ}^{55}$	$t\text{ɕ}i\text{ɔ}^{55}$
额敏县	$liau^{51}$	$liau^{51}$	$liau^{34}$	$t\text{ɕ}iau^{44}$	$t\text{ɕ}iau^{44}$	$t\text{ɕ}iau^{44}$	$t\text{ɕ}iau^{44}$	$t\text{ɕ}iau^{44}$
伊州区	$li\text{ɔ}^{51}$	$li\text{ɔ}^{51}$	$li\text{ɔ}^{213}$	$t\text{ɕ}i\text{ɔ}^{44}$	$t\text{ɕ}i\text{ɔ}^{44}$	$t\text{ɕ}i\text{ɔ}^{44}$	$t\text{ɕ}i\text{ɔ}^{44}$	$t\text{ɕ}i\text{ɔ}^{44}$
巴里坤县	$li\text{ɔ}^{51}$	$li\text{ɔ}^{51}$	$li\text{ɔ}^{24}$	$t\text{ɕ}i\text{ɔ}^{24}$	$t\text{ɕ}i\text{ɔ}^{45}$	$t\text{ɕ}i\text{ɔ}^{45}$	$t\text{ɕ}i\text{ɔ}^{45}$	$t\text{ɕ}i\text{ɔ}^{45}$
伊吾县	$li\text{ɔ}^{51}$	$li\text{ɔ}^{51}$	$li\text{ɔ}^{213}$	$t\text{ɕ}i\text{ɔ}^{44}$	$t\text{ɕ}i\text{ɔ}^{44}$	$t\text{ɕ}i\text{ɔ}^{44}$	$t\text{ɕ}i\text{ɔ}^{44}$	$t\text{ɕ}i\text{ɔ}^{44}$

字目 中古音 方言点	蕉	椒	娇①	骄	浇	嚼②	绞	狡
	效开三平宵精	效开三平宵精	效开三平宵见	效开三平宵见	效开四平萧见	宕开三入药从	效开二上巧见	效开二上巧见
兰州市（城关区）	tɕiɔ^{53}	tɕiɔ^{53}	tɕiɔ^{53}	tɕiɔ^{53}	tɕiɔ^{53}	tɕiɔ^{51}	tɕiɔ^{44}	tɕiɔ^{44}
永登县	tɕiɔ^{42}	tɕiɔ^{42}	tɕiɔ^{42}	tɕiɔ^{42}	tɕiɔ^{42}	tɕiɔ^{53}	tɕiɔ^{354}	tɕiɔ^{354}
榆中县	tɕiɔ^{51}	tɕiɔ^{51}	tɕiɔ^{51}	tɕiɔ^{51}	tɕiɔ^{51}	tɕiɔ^{332}	tɕiɔ^{44}	tɕiɔ^{44}
皋兰县	tɕiɔ^{42}	tɕiɔ^{42}	tɕiɔ^{42}	tɕiɔ^{42}	tɕiɔ^{42}	tɕiɔ^{53}	tɕiɔ^{342}	tɕiɔ^{342}
白银区	tɕiɔ^{44}	tɕiɔ^{44}	tɕiɔ^{44}	tɕiɔ^{44}	tɕiɔ^{44}	tɕiɔ^{51}	tɕiɔ^{343}	tɕiɔ^{343}
天祝县	tɕiɔ^{44}	tɕiɔ^{44}	tɕiɔ^{44}	tɕiɔ^{44}	tɕiɔ^{44}	tɕiɔ^{53}	tɕiɔ^{44}	tɕiɔ^{44}
景泰县（红水镇）	tɕiɔo^{44}	tɕiɔo^{44}	tɕiɔo^{44}	tɕiɔo^{44}	tɕiɔo^{44}	tɕiɔo^{53}	tɕiɔo^{44}	tɕiɔo^{44}
古浪县	tɕiɔ^{44}	tɕiɔ^{44}	tɕiɔ^{44}	tɕiɔ^{44}	tɕiɔ^{44}	tɕiɔ^{53}	tɕiɔ^{44}	tɕiɔ^{44}
凉州区	tɕiɔ^{33}	tɕiɔ^{33}	tɕiɔ^{33}	tɕiɔ^{33}	tɕiɔ^{33}	tɕiɔ^{13}	tɕiɔ^{33}	tɕiɔ^{33}
民勤县	tɕiao^{44}	tɕiao^{44}	tɕiao^{44}	tɕiao^{44}	tɕiao^{44}	tɕiao^{53}	tɕiao^{214}	tɕiao^{214}
永昌县	tɕiao^{44}	tɕiao^{44}	tɕiao^{44}	tɕiao^{44}	tɕiao^{44}	tɕiao^{13}	tɕiao^{13}	tɕiao^{13}
甘州区	tɕiɔ^{44}	tɕiɔ^{44}	tɕiɔ^{44}	tɕiɔ^{44}	tɕiɔ^{44}	tɕiɔ^{53}	tɕiɔ^{53}	tɕiɔ^{53}
临泽县	tɕiao^{44}	tɕiao^{44}	tɕiao^{44}	tɕiao^{44}	tɕiao^{44}	tɕiao^{53}	tɕiao^{53}	tɕiao^{53}
民乐县	tɕiɔo^{44}	tɕiɔo^{44}	tɕiɔo^{44}	tɕiɔo^{44}	tɕiɔo^{44}	tɕiɔo^{53}	tɕiɔo^{213}	tɕiɔo^{213}
山丹县	tɕiɔo^{24}	tɕiɔo^{24}	tɕiɔo^{24}	tɕiɔo^{24}	tɕiɔo^{24}	tɕiɔo^{53}	tɕiɔo^{53}	tɕiɔo^{53}
高台县	tɕiɔo^{44}	tɕiɔo^{44}	tɕiɔo^{44}	tɕiɔo^{44}	tɕiɔo^{44}	tɕiɔo^{53}	tɕiɔo^{53}	tɕiɔo^{53}
肃州区	tɕiɔ^{44}	tɕiɔ^{44}	tɕiɔ^{44}	tɕiɔ^{44}	tɕiɔ^{44}	tɕiɔ^{53}	tɕiɔ^{53}	tɕiɔ^{53}
金塔县	tɕiɔ^{44}	tɕiɔ^{44}	tɕiɔ^{44}	tɕiɔ^{44}	tɕiɔ^{44}	tɕiɔ^{53}	tɕiɔ^{53}	tɕiɔ^{53}
肃北县	tɕiɔo^{44}	tɕiɔo^{44}	tɕiɔo^{44}	tɕiɔo^{44}	tɕiɔo^{44}	tɕiɔo^{53}	tɕiɔo^{53}	tɕiɔo^{53}
玉门市	tɕiɔo^{44}	tɕiɔo^{44}	tɕiɔo^{44}	tɕiɔo^{44}	tɕiɔo^{44}	tɕiɔo^{53}	tɕiɔo^{53}	tɕiɔo^{53}

①又居夭切，效开三上小见。

②又通“噍”，才笑切，效开三去笑从；子肖切，效开三年〕去笑精。

续表

瓜州县	tɕiɔo^{44}	tɕiɔo^{44}	tɕiɔo^{44}	tɕiɔo^{44}	tɕiɔo^{44}	tɕiɔo^{53}	tɕiɔo^{53}	tɕiɔo^{53}
西夏区	tɕiɔ^{44}	tɕiɔ^{44}	tɕiɔ^{44}	tɕiɔ^{44}	tɕiɔ^{44}	tɕiɔ^{53}	tɕiɔ^{53}	tɕiɔ^{53}
贺兰县	tɕiɔ^{44}	tɕiɔ^{44}	tɕiɔ^{44}	tɕiɔ^{44}	tɕiɔ^{44}	tɕiɔ^{53}	tɕiɔ^{53}	tɕiɔ^{53}
灵武市（东塔镇）	tɕiɔ^{44}	tɕiɔ^{44}	tɕiɔ^{44}	tɕiɔ^{44}	tɕiɔ^{44}	tɕiɔ^{52}	tɕiɔ^{52}	tɕiɔ^{52}
永宁县	tɕiɔ^{44}	tɕiɔ^{44}	tɕiɔ^{44}	tɕiɔ^{44}	tɕiɔ^{44}	tɕiɔ^{53}	tɕiɔ^{53}	tɕiɔ^{53}
中宁县	tɕiɔ^{44}	tɕiɔ^{44}	tɕiɔ^{44}	tɕiɔ^{44}	tɕiɔ^{44}	tɕiɔ^{53}	tɕiɔ^{53}	tɕiɔ^{53}
沙坡头区	tɕiɔu^{44}	tɕiɔu^{44}	tɕiɔu^{44}	tɕiɔu^{44}	tɕiɔu^{44}	tɕiɔu^{53}	tɕiɔu^{53}	tɕiɔu^{53}
盐池县	tɕiɔ^{44}	tɕiɔ^{44}	tɕiɔ^{44}	tɕiɔ^{44}	tɕiɔ^{44}	tɕiɔ^{13}	tɕiɔ^{52}	tɕiɔ^{52}
平罗县（渠口乡）	tɕiɔ^{44}	tɕiɔ^{44}	tɕiɔ^{44}	tɕiɔ^{44}	tɕiɔ^{44}	tɕiɔ^{53}	tɕiɔ^{53}	tɕiɔ^{53}
阿拉善左旗	tɕiɔ^{44}	tɕiɔ^{44}	tɕiɔ^{44}	tɕiɔ^{44}	tɕiɔ^{44}	tɕiɔ^{51}	tɕiɔ^{51}	tɕiɔ^{51}
乌鲁木齐市	tɕiao^{44}	tɕiao^{44}	tɕiao^{44}	tɕiao^{44}	tɕiao^{44}	tɕiao^{51}	tɕiao^{51}	tɕiao^{51}
阜康市	tɕiau^{44}	tɕiau^{44}	tɕiau^{44}	tɕiau^{44}	tɕiau^{44}	tɕiau^{52}	tɕiau^{52}	tɕiau^{52}
呼图壁县	tɕiɔ^{55}	tɕiɔ^{55}	tɕiɔ^{55}	tɕiɔ^{55}	tɕiɔ^{55}	tɕiɔ^{51}	tɕiɔ^{51}	tɕiɔ^{51}
吉木萨尔县	tɕiɔ^{44}	tɕiɔ^{44}	tɕiɔ^{44}	tɕiɔ^{44}	tɕiɔ^{44}	tɕiɔ^{51}	tɕiɔ^{51}	tɕiɔ^{51}
奇台县	tɕiɔ^{44}	tɕiɔ^{44}	tɕiɔ^{44}	tɕiɔ^{44}	tɕiɔ^{44}	tɕiɔ^{51}	tɕiɔ^{51}	tɕiɔ^{51}
博乐市	tɕiɔ^{44}	tɕiɔ^{44}	tɕiɔ^{44}	tɕiɔ^{44}	tɕiɔ^{44}	tɕiɔ^{52}	tɕiɔ^{52}	tɕiɔ^{52}
阿勒泰市	tɕiao^{45}	tɕiao^{45}	tɕiao^{45}	tɕiao^{45}	tɕiao^{45}	tɕiao^{51}	tɕiao^{51}	tɕiao^{51}
布尔津县	tɕiau^{44}	tɕiau^{44}	tɕiau^{44}	tɕiau^{44}	tɕiau^{44}	tɕiau^{51}	tɕiau^{51}	tɕiau^{51}
乌苏市	tɕiɔ^{44}	tɕiɔ^{44}	tɕiɔ^{44}	tɕiɔ^{44}	tɕiɔ^{44}	tɕiɔ^{23}	tɕiɔ^{23}	tɕiɔ^{23}
额敏县	tɕiɔ^{55}	tɕiɔ^{55}	tɕiɔ^{55}	tɕiɔ^{55}	tɕiɔ^{55}	tɕiɔ^{51}	tɕiɔ^{51}	tɕiɔ^{51}
伊州区	tɕiau^{44}	tɕiau^{44}	tɕiau^{44}	tɕiau^{44}	tɕiau^{44}	tɕiau^{51}	tɕiau^{51}	tɕiau^{51}
巴里坤县	tɕiɔ^{44}	tɕiɔ^{44}	tɕiɔ^{44}	tɕiɔ^{44}	tɕiɔ^{44}	tɕiɔ^{51}	tɕiɔ^{51}	tɕiɔ^{51}
伊吾县	tɕiɔ^{45}	tɕiɔ^{45}	tɕiɔ^{45}	tɕiɔ^{45}	tɕiɔ^{45}	tɕiɔ^{51}	tɕiɔ^{51}	tɕiɔ^{51}

字目 方音	搅	缴	脚	角	饺 角	教 教育	酵	校 校对
中古音 方言点	效开二 上巧见	效开四 上筿见	宕开二 入药见	江开二 入觉见	江开二 入觉见	效开二 去效见	效开二 去效见	效开二 去效见
兰州市（城关区）	$tɕiɔ^{44}$	$tɕiɔ^{44}$	$tɕiɔ^{13}$	$tɕiɔ^{13}$	$tɕiɔ^{13}$	$tɕiɔ^{13}$	$tɕiɔ^{13}$	$tɕiɔ^{13}$
永登县	$tɕiɔ^{354}$	$tɕiɔ^{354}$	$tɕiɔ^{13}$	$tɕiɔ^{13}$	$tɕiɔ^{13}$	$tɕiɔ^{13}$	$tɕiɔ^{13}$	$tɕiɔ^{13}$
榆中县	$tɕiɔ^{44}$	$tɕiɔ^{44}$	$tɕiɔ^{13}$	$tɕiɔ^{13}$	$tɕiɔ^{13}$	$tɕiɔ^{13}$	$tɕiɔ^{13}$	$tɕiɔ^{13}$
皋兰县	$tɕiɔ^{342}$	$tɕiɔ^{342}$	$tɕiɔ^{13}$	$tɕiɔ^{13}$	$tɕiɔ^{13}$	$tɕiɔ^{13}$	$tɕiɔ^{13}$	$tɕiɔ^{13}$
白银区	$tɕiɔ^{343}$	$tɕiɔ^{343}$	$tɕiɔ^{13}$	$tɕiɔ^{13}$	$tɕiɔ^{13}$	$tɕiɔ^{13}$	$tɕiɔ^{13}$	$tɕiɔ^{13}$
天祝县	$tɕiɔ^{44}$	$tɕiɔ^{44}$	$tɕiɔ^{213}$	$tɕiɔ^{213}$	$tɕiɔ^{213}$	$tɕiɔ^{213}$	$tɕiɔ^{213}$	$tɕiɔ^{213}$
景泰县（红水镇）	$tɕiɔo^{44}$	$tɕiɔo^{44}$	$tɕiɔo^{213}$	$tɕiɔo^{213}$	$tɕiɔo^{213}$	$tɕiɔo^{213}$	$tɕiɔo^{213}$	$tɕiɔo^{213}$
古浪县	$tɕiɔ^{44}$	$tɕiɔ^{44}$	$tɕiɔ^{31}$	$tɕiɔ^{31}$	$tɕiɔ^{31}$	$tɕiɔ^{31}$	$tɕiɔ^{31}$	$tɕiɔ^{31}$
凉州区	$tɕiɔ^{33}$	$tɕiɔ^{33}$	$tɕiɔ^{53}$	$tɕiɔ^{53}$	$tɕiɔ^{53}$	$tɕiɔ^{53}$	$tɕiɔ^{53}$	$tɕiɔ^{53}$
民勤县	$tɕiao^{214}$	$tɕiao^{214}$	$tɕiao^{42}$	$tɕiao^{42}$	$tɕiao^{42}$	$tɕiao^{42}$	$tɕiao^{42}$	$tɕiao^{42}$
永昌县	$tɕiao^{13}$	$tɕiao^{13}$	$tɕiao^{53}$	$tɕiao^{53}$	$tɕiao^{53}$	$tɕiao^{53}$	$tɕiao^{53}$	$tɕiao^{53}$
甘州区	$tɕiɔ^{53}$	$tɕiɔ^{44}$	$tɕiɔ^{31}$	$tɕiɔ^{31}$	$tɕiɔ^{31}$	$tɕiɔ^{31}$	$tɕiɔ^{31}$	$tɕiɔ^{31}$
临泽县	$tɕiao^{53}$	$tɕiao^{53}$	$tɕiao^{214}$	$tɕiao^{214}$	$tɕiao^{214}$	$tɕiao^{214}$	$tɕiao^{214}$	$tɕiao^{214}$
民乐县	$tɕiɔo^{213}$	$tɕiɔo^{213}$	$tɕiɔo^{42}$	$tɕiɔo^{42}$	$tɕiɔo^{42}$	$tɕiɔo^{42}$	$tɕiɔo^{42}$	$tɕiɔo^{42}$
山丹县	$tɕiɔo^{53}$	$tɕiɔo^{24}$	$tɕiɔo^{41}$	$tɕiɔo^{41}$	$tɕiɔo^{41}$	$tɕiɔo^{41}$	$tɕiɔo^{41}$	$tɕiɔo^{41}$
高台县	$tɕiɔo^{53}$	$tɕiɔo^{53}$	$tɕiɔo^{214}$	$tɕiɔo^{214}$	$tɕiɔo^{214}$	$tɕiɔo^{214}$	$tɕiɔo^{214}$	$tɕiɔo^{214}$
肃州区	$tɕiɔ^{53}$	$tɕiɔ^{53}$	$tɕiɔ^{214}$	$tɕiɔ^{214}$	$tɕiɔ^{214}$	$tɕiɔ^{214}$	$tɕiɔ^{214}$	$tɕiɔ^{214}$
金塔县	$tɕiɔ^{53}$	$tɕiɔ^{44}$	$tɕiɔ^{13}$	$tɕiɔ^{13}$	$tɕiɔ^{13}$	$tɕiɔ^{13}$	$tɕiɔ^{13}$	$tɕiɔ^{13}$
肃北县	$tɕiɔo^{53}$	$tɕiɔo^{44}$	$tɕiɔo^{213}$	$tɕiɔo^{213}$	$tɕiɔo^{213}$	$tɕiɔo^{213}$	$tɕiɔo^{213}$	$tɕiɔo^{213}$
玉门市	$tɕiɔo^{53}$	$tɕiɔo^{44}$	$tɕiɔo^{213}$	$tɕiɔo^{213}$	$tɕiɔo^{213}$	$tɕiɔo^{213}$	$tɕiɔo^{213}$	$tɕiɔo^{213}$
瓜州县	$tɕiɔo^{53}$	$tɕiɔo^{44}$	$tɕiɔo^{213}$	$tɕiɔo^{213}$	$tɕiɔo^{213}$	$tɕiɔo^{213}$	$tɕiɔo^{213}$	$tɕiɔo^{213}$
西夏区	$tɕiɔ^{53}$	$tɕiɔ^{53}$	$tɕiɔ^{13}$	$tɕiɔ^{13}$	$tɕiɔ^{13}$	$tɕiɔ^{13}$	$tɕiɔ^{13}$	$tɕiɔ^{13}$

续表

贺兰县	tɕiɔ53	tɕiɔ53	tɕiɔ13	tɕiɔ13	tɕiɔ13	tɕiɔ13	tɕiɔ13	tɕiɔ13
灵武市（东塔镇）	tɕiɔ52	tɕiɔ52	tɕiɔ13	tɕiɔ13	tɕiɔ13	tɕiɔ13	tɕiɔ13	tɕiɔ13
永宁县	tɕiɔ53	tɕiɔ53	tɕiɔ13	tɕiɔ13	tɕiɔ13	tɕiɔ13	tɕiɔ13	tɕiɔ13
中宁县	tɕiɔ53	tɕiɔ53	tɕiɔ13	tɕiɔ13	tɕiɔ13	tɕiɔ13	tɕiɔ13	tɕiɔ13
沙坡头区	tɕiɔu53	tɕiɔu53	tɕiɔu13	tɕiɔu13	tɕiɔu13	tɕiɔu13	tɕiɔu13	tɕiɔu13
盐池县	tɕiɔ52	tɕiɔ13	tɕiɔ13	tɕiɔ13	tɕiɔ13	tɕiɔ13	tɕiɔ13	tɕiɔ13
平罗县（渠口乡）	tɕiɔ53	tɕiɔ53	tɕiɔ13	tɕiɔ13	tɕiɔ13	tɕiɔ13	tɕiɔ13	tɕiɔ13
阿拉善左旗	tɕiao51	tɕiao51	tɕiao213	tɕiao213	tɕiao213	tɕiao213	tɕiao213	tɕiao213
乌鲁木齐市	tɕiau52	tɕiau44	tɕiau213	tɕiau213	tɕiau213	tɕiau213	tɕiau213	tɕiau213
阜康市	tɕiɔ51	tɕiɔ51	tɕiɔ213	tɕiɔ213	tɕiɔ213	tɕiɔ213	tɕiɔ213	tɕiɔ213
呼图壁县	tɕiɔ51	tɕiɔ51	tɕiɔ213	tɕiɔ213	tɕiɔ213	tɕiɔ213	tɕiɔ213	tɕiɔ213
吉木萨尔县	tɕiɔ51	tɕiɔ51	tɕiɔ213	tɕiɔ213	tɕiɔ213	tɕiɔ213	tɕiɔ213	tɕiɔ213
奇台县	tɕiɔ52	tɕiɔ52	tɕiɔ213	tɕiɔ213	tɕiɔ213	tɕiɔ213	tɕiɔ213	tɕiɔ213
博乐市	tɕiao51	tɕiao51	tɕiao24	tɕiao24	tɕiao24	tɕiao24	tɕiao24	tɕiao24
阿勒泰市	tɕiau51	tɕiau51	tɕiau23	tɕiau23	tɕiau23	tɕiau23	tɕiau23	tɕiau23
布尔津县	tɕiɔ23	tɕiɔ23	tɕiɔ51	tɕiɔ51	tɕiɔ51	tɕiɔ51	tɕiɔ51	tɕiɔ51
乌苏市	tɕiɔ51	tɕiɔ51	tɕiɔ213	tɕiɔ213	tɕiɔ213	tɕiɔ213	tɕiɔ213	tɕiɔ213
额敏县	tɕiau51	tɕiau51	tɕiau34	tɕiau34	tɕiau34	tɕiau34	tɕiau34	tɕiau34
伊州区	tɕiɔ51	tɕiɔ51	tɕiɔ213	tɕiɔ213	tɕiɔ213	tɕiɔ213	tɕiɔ213	tɕiɔ213
巴里坤县	tɕiɔ51	tɕiɔ51	tɕiɔ24	tɕiɔ24	tɕiɔ24	tɕiɔ24	tɕiɔ24	tɕiɔ24
伊吾县	tɕiɔ51	tɕiɔ51	tɕiɔ213	tɕiɔ213	tɕiɔ213	tɕiɔ213	tɕiɔ213	tɕiɔ213

字目 中古音 方言点	较	觉① 睡觉	轿	叫②	敲③	锹	樵	乔
中古音	效开二去效见	效开二去效见	效开三去笑群	效开四去啸见	效开二平肴溪	效开三平宵溪	效开三平宵从	效开三平宵群
兰州市（城关区）	tɕiɔ^{13}	tɕiɔ^{13}	tɕiɔ^{13}	tɕiɔ^{13}	tɕʻiɔ^{53}	tɕʻiəu^{53}	tɕʻiɔ^{51}	tɕʻiɔ^{51}
永登县	tɕiɔ^{13}	tɕiɔ^{13}	tɕiɔ^{13}	tɕiɔ^{13}	tɕʻiɔ^{42}	tɕʻiəu^{42}	tɕʻiɔ^{53}	tɕʻiɔ^{53}
榆中县	tɕiɔ^{13}	tɕiɔ^{13}	tɕiɔ^{13}	tɕiɔ^{13}	tɕʻiɔ^{51}	tɕʻiəu^{51}	tɕʻiɔ^{332}	tɕʻiɔ^{332}
皋兰县	tɕiɔ^{13}	tɕiɔ^{13}	tɕiɔ^{13}	tɕiɔ^{13}	tɕʻiɔ^{42}	tɕʻiəu^{42}	tɕʻiɔ^{53}	tɕʻiɔ^{53}
白银区	tɕiɔ^{13}	tɕiɔ^{13}	tɕiɔ^{13}	tɕiɔ^{13}	tɕʻiɔ^{44}	tɕʻiəu^{44}	tɕʻiɔ^{51}	tɕʻiɔ^{51}
天祝县	tɕiɔ^{213}	tɕiɔ^{213}	tɕiɔ^{213}	tɕiɔ^{213}	tɕʻiɔ^{44}	tɕʻiəu^{44}	tɕʻiɔ^{53}	tɕʻiɔ^{53}
景泰县（红水镇）	tɕiɔo^{213}	tɕiɔo^{213}	tɕiɔo^{213}	tɕiɔo^{213}	tɕʻiɔo^{44}	tɕʻiəu^{44}	tɕʻiɔo^{53}	tɕʻiɔo^{53}
古浪县	tɕiɔ^{31}	tɕiɔ^{31}	tɕiɔ^{31}	tɕiɔ^{31}	tɕʻiɔ^{44}	tɕʻiou^{44}	tɕʻiɔ^{53}	tɕʻiɔ^{53}
凉州区	tɕiɔ^{53}	tɕiɔ^{53}	tɕiɔ^{53}	tɕiɔ^{53}	tɕʻiɔ^{33}	tɕʻiəu^{33}	tɕʻiɔ^{13}	tɕʻiɔ^{13}
民勤县	tɕiao^{42}	tɕiao^{42}	tɕiao^{42}	tɕiao^{42}	tɕʻiao^{44}	tɕʻiɤu^{44}	tɕʻiao^{53}	tɕʻiao^{53}
永昌县	tɕiao^{53}	tɕiao^{53}	tɕiao^{53}	tɕiao^{53}	tɕʻiao^{44}	tɕʻiəu^{44}	tɕʻiao^{13}	tɕʻiao^{13}
甘州区	tɕiɔ^{31}	tɕiɔ^{31}	tɕiɔ^{31}	tɕiɔ^{31}	tɕʻiɔ^{44}	tɕʻiɤu^{44}	tɕʻiɔ^{53}	tɕʻiɔ^{53}
临泽县	tɕiao^{214}	tɕiao^{214}	tɕiao^{214}	tɕiao^{214}	tɕʻiao^{44}	tɕʻiəu^{44}	tɕʻiao^{53}	tɕʻiao^{53}
民乐县	tɕiɔo^{42}	tɕiɔo^{42}	tɕiɔo^{42}	tɕiɔo^{42}	tɕʻiɔo^{44}	tɕʻiəu^{44}	tɕʻiɔo^{53}	tɕʻiɔo^{53}
山丹县	tɕiɔo^{41}	tɕiɔo^{41}	tɕiɔo^{41}	tɕiɔo^{41}	tɕʻiɔo^{24}	tɕʻiəu^{24}	tɕʻiɔo^{53}	tɕʻiɔo^{53}
高台县	tɕiɔo^{214}	tɕiɔo^{214}	tɕiɔo^{214}	tɕiɔo^{214}	tɕʻiɔo^{44}	tɕʻiəu^{44}	tɕʻiɔo^{53}	tɕʻiɔo^{53}
肃州区	tɕiɔ^{214}	tɕiɔ^{214}	tɕiɔ^{214}	tɕiɔ^{214}	tɕʻiɔ^{44}	tɕʻiɤu^{44}	tɕʻiɔ^{53}	tɕʻiɔ^{53}
金塔县	tɕiɔ^{13}	tɕiɔ^{13}	tɕiɔ^{13}	tɕiɔ^{13}	tɕʻiɔ^{44}	tɕʻiɤu^{44}	tɕʻiɔ^{53}	tɕʻiɔ^{53}
肃北县	tɕiɔo^{213}	tɕiɔo^{213}	tɕiɔo^{213}	tɕiɔo^{213}	tɕʻiɔo^{44}	tɕʻiɤu^{44}	tɕʻiɔo^{53}	tɕʻiɔo^{53}

①又居岳切，江开二入觉见。

②又古幼切，流开三去幼见。

③又苦教切，效开二去效溪。

续表

玉门市	tɕiɔo^{213}	tɕiɔo^{213}	tɕiɔo^{213}	tɕiɔo^{213}	tɕʻiɔo^{44}	tɕʻiɤu^{44}	tɕʻiɔo^{53}	tɕʻiɔo^{53}
瓜州县	tɕiɔo^{213}	tɕiɔo^{213}	tɕiɔo^{213}	tɕiɔo^{213}	tɕʻiɔo^{44}	tɕʻiɤu^{44}	tɕʻiɔo^{53}	tɕʻiɔo^{53}
西夏区	tɕiɔ^{53}	tɕiɔ^{13}	tɕiɔ^{13}	tɕiɔ^{13}	tɕʻiɔ^{44}	tɕʻiəu^{44}	tɕʻiɔ^{53}	tɕʻiɔ^{53}
贺兰县	tɕiɔ^{53}	tɕiɔ^{13}	tɕiɔ^{13}	tɕiɔ^{13}	tɕʻiɔ^{44}	tɕʻiəu^{44}	tɕʻiɔ^{53}	tɕʻiɔ^{53}
灵武市（东塔镇）	tɕiɔ^{52}	tɕiɔ^{13}	tɕiɔ^{13}	tɕiɔ^{13}	tɕʻiɔ^{44}	tɕʻiəu^{44}	tɕʻiɔ^{52}	tɕʻiɔ^{52}
永宁县	tɕiɔ^{53}	tɕiɔ^{13}	tɕiɔ^{13}	tɕiɔ^{13}	tɕʻiɔ^{44}	tɕʻiəu^{44}	tɕʻiɔ^{53}	tɕʻiɔ^{53}
中宁县	tɕiɔ^{53}	tɕiɔ^{13}	tɕiɔ^{13}	tɕiɔ^{13}	tɕʻiɔ^{44}	tɕʻiəu^{44}	tɕʻiɔ^{53}	tɕʻiɔ^{53}
沙坡头区	tɕiɔu^{53}	tɕiɔu^{13}	tɕiɔu^{13}	tɕiɔu^{13}	tɕʻiɔu^{44}	tɕʻiou^{44}	tɕʻiɔu^{53}	tɕʻiɔu^{53}
盐池县	tɕiɔ^{52}	tɕiɔ^{13}	tɕiɔ^{13}	tɕiɔ^{13}	tɕʻiɔ^{44}	tɕʻiəu^{44}	tɕʻiɔ^{13}	tɕʻiɔ^{13}
平罗县（渠口乡）	tɕiɔ^{53}	tɕiɔ^{13}	tɕiɔ^{13}	tɕiɔ^{13}	tɕʻiɔ^{44}	tɕʻiəu^{44}	tɕʻiɔ^{53}	tɕʻiɔ^{53}
阿拉善左旗	tɕiao^{51}	tɕiao^{213}	tɕiao^{213}	tɕiao^{213}	tɕʻiao^{44}	tɕʻiəu^{44}	tɕʻiao^{51}	tɕʻiao^{51}
乌鲁木齐市	tɕiau^{213}	tɕiau^{213}	tɕiau^{213}	tɕiau^{213}	tɕʻiau^{44}	tɕʻiəu^{44}	tɕʻiau^{52}	tɕʻiau^{52}
阜康市	tɕiɔ^{51}	tɕiɔ^{213}	tɕiɔ^{213}	tɕiɔ^{213}	tɕʻiɔ^{55}	tɕʻiɤu^{55}	tɕʻiɔ^{51}	tɕʻiɔ^{51}
呼图壁县	tɕiɔ^{51}	tɕiɔ^{213}	tɕiɔ^{213}	tɕiɔ^{213}	tɕʻiɔ^{44}	tɕʻiɤu^{44}	tɕʻiɔ^{51}	tɕʻiɔ^{51}
吉木萨尔县	tɕiɔ^{51}	tɕiɔ^{213}	tɕiɔ^{213}	tɕiɔ^{213}	tɕʻiɔ^{44}	tɕʻiɤu^{44}	tɕʻiɔ^{51}	tɕʻiɔ^{51}
奇台县	tɕiɔ^{52}	tɕiɔ^{213}	tɕiɔ^{213}	tɕiɔ^{213}	tɕʻiɔ^{44}	tɕʻiɤu^{44}	tɕʻiɔ^{52}	tɕʻiɔ^{52}
博乐市	tɕiao^{51}	tɕiao^{24}	tɕiao^{24}	tɕiao^{24}	tɕʻiao^{45}	tɕʻiɤu^{45}	tɕʻiao^{51}	tɕʻiao^{51}
阿勒泰市	tɕiau^{51}	tɕiau^{23}	tɕiau^{23}	tɕiau^{23}	tɕʻiau^{44}	tɕʻiəu^{44}	tɕʻiau^{51}	tɕʻiau^{51}
布尔津县	tɕiɔ^{23}	tɕiɔ^{51}	tɕiɔ^{51}	tɕiɔ^{51}	tɕʻiɔ^{44}	tɕʻiəu^{44}	tɕʻiɔ^{23}	tɕʻiɔ^{23}
乌苏市	tɕiɔ^{51}	tɕiɔ^{213}	tɕiɔ^{213}	tɕiɔ^{213}	tɕʻiɔ^{55}	tɕʻiɤu^{55}	tɕʻiɔ^{51}	tɕʻiɔ^{51}
额敏县	tɕiau^{51}	tɕiau^{34}	tɕiau^{34}	tɕiau^{34}	tɕʻiau^{44}	tɕʻiəu^{44}	tɕʻiau^{51}	tɕʻiau^{51}
伊州区	tɕiɔ^{51}	tɕiɔ^{213}	tɕiɔ^{213}	tɕiɔ^{213}	tɕʻiɔ^{44}	tɕʻiɤu^{44}	tɕʻiɔ^{51}	tɕʻiɔ^{51}
巴里坤县	tɕiɔ^{51}	tɕiɔ^{24}	tɕiɔ^{24}	tɕiɔ^{24}	tɕʻiɔ^{45}	tɕʻiəu^{45}	tɕʻiɔ^{51}	tɕʻiɔ^{51}
伊吾县	tɕiɔ^{51}	tɕiɔ^{213}	tɕiɔ^{213}	tɕiɔ^{213}	tɕʻiɔ^{44}	tɕʻiɤu^{44}	tɕʻiɔ^{51}	tɕʻiɔ^{51}

字目 / 中古音 / 方言点	桥	侨	巧	窍	消	宵	霄	硝
中古音	效开三平宵群	效开三平宵群	效开二上巧溪	效开四去啸溪	效开三平宵心	效开三平宵心	效开三平宵心	效开三平宵心
兰州市（城关区）	tɕʻiɔ^{51}	tɕʻiɔ^{51}	tɕʻiɔ^{44}	tɕʻiɔ^{13}	ɕiɔ^{53}	ɕiɔ^{53}	ɕiɔ^{53}	ɕiɔ^{53}
永登县	tɕʻiɔ^{53}	tɕʻiɔ^{53}	tɕʻiɔ^{354}	tɕʻiɔ^{13}	ɕiɔ^{42}	ɕiɔ^{42}	ɕiɔ^{42}	ɕiɔ^{42}
榆中县	tɕʻiɔ^{332}	tɕʻiɔ^{332}	tɕʻiɔ^{44}	tɕʻiɔ^{13}	ɕiɔ^{51}	ɕiɔ^{51}	ɕiɔ^{51}	ɕiɔ^{51}
皋兰县	tɕʻiɔ^{53}	tɕʻiɔ^{53}	tɕʻiɔ^{342}	tɕʻiɔ^{13}	ɕiɔ^{42}	ɕiɔ^{42}	ɕiɔ^{42}	ɕiɔ^{42}
白银区	tɕʻiɔ^{51}	tɕʻiɔ^{51}	tɕʻiɔ^{343}	tɕʻiɔ^{13}	ɕiɔ^{44}	ɕiɔ^{44}	ɕiɔ^{44}	ɕiɔ^{44}
天祝县	tɕʻiɔ^{53}	tɕʻiɔ^{53}	tɕʻiɔ^{44}	tɕʻiɔ^{213}	ɕiɔ^{44}	ɕiɔ^{44}	ɕiɔ^{44}	ɕiɔ^{44}
景泰县（红水镇）	tɕʻiɔo^{53}	tɕʻiɔo^{53}	tɕʻiɔo^{44}	tɕʻiɔo^{213}	ɕiɔo^{44}	ɕiɔo^{44}	ɕiɔo^{44}	ɕiɔo^{44}
古浪县	tɕʻiɔ^{53}	tɕʻiɔ^{53}	tɕʻiɔ^{44}	tɕʻiɔ^{31}	ɕiɔ^{44}	ɕiɔ^{44}	ɕiɔ^{44}	ɕiɔ^{44}
凉州区	tɕʻiɔ^{13}	tɕʻiɔ^{13}	tɕʻiɔ^{33}	tɕʻiɔ^{53}	ɕiɔ^{33}	ɕiɔ^{33}	ɕiɔ^{33}	ɕiɔ^{33}
民勤县	tɕʻiao^{53}	tɕʻiao^{53}	tɕʻiao^{214}	tɕʻiao^{42}	ɕiao^{44}	ɕiao^{44}	ɕiao^{44}	ɕiao^{44}
永昌县	tɕʻiao^{13}	tɕʻiao^{13}	tɕʻiao^{13}	tɕʻiao^{53}	ɕiao^{44}	ɕiao^{44}	ɕiao^{44}	ɕiao^{44}
甘州区	tɕʻiɔ^{53}	tɕʻiɔ^{53}	tɕʻiɔ^{53}	tɕʻiɔ^{31}	ɕiɔ^{44}	ɕiɔ^{44}	ɕiɔ^{44}	ɕiɔ^{44}
临泽县	tɕʻiao^{53}	tɕʻiao^{53}	tɕʻiao^{53}	tɕʻiao^{214}	ɕiao^{44}	ɕiao^{44}	ɕiao^{44}	ɕiao^{44}
民乐县	tɕʻiɔo^{53}	tɕʻiɔo^{53}	tɕʻiɔo^{213}	tɕʻiɔo^{42}	ɕiɔo^{44}	ɕiɔo^{44}	ɕiɔo^{44}	ɕiɔo^{44}
山丹县	tɕʻiɔo^{53}	tɕʻiɔo^{53}	tɕʻiɔo^{53}	tɕʻiɔo^{41}	ɕiɔo^{24}	ɕiɔo^{24}	ɕiɔo^{24}	ɕiɔo^{24}
高台县	tɕʻiɔo^{53}	tɕʻiɔo^{53}	tɕʻiɔo^{53}	tɕʻiɔo^{214}	ɕiɔo^{44}	ɕiɔo^{44}	ɕiɔo^{44}	ɕiɔo^{44}
肃州区	tɕʻiɔ^{53}	tɕʻiɔ^{53}	tɕʻiɔ^{53}	tɕʻiɔ^{214}	ɕiɔ^{44}	ɕiɔ^{44}	ɕiɔ^{44}	ɕiɔ^{44}
金塔县	tɕʻiɔ^{53}	tɕʻiɔ^{53}	tɕʻiɔ^{53}	tɕʻiɔ^{13}	ɕiɔ^{44}	ɕiɔ^{44}	ɕiɔ^{44}	ɕiɔ^{44}
肃北县	tɕʻiɔo^{53}	tɕʻiɔo^{53}	tɕʻiɔo^{53}	tɕʻiɔo^{213}	ɕiɔo^{44}	ɕiɔo^{44}	ɕiɔo^{44}	ɕiɔo^{44}
玉门市	tɕʻiɔo^{53}	tɕʻiɔo^{53}	tɕʻiɔo^{53}	tɕʻiɔo^{213}	ɕiɔo^{44}	ɕiɔo^{44}	ɕiɔo^{44}	ɕiɔo^{44}
瓜州县	tɕʻiɔo^{53}	tɕʻiɔo^{53}	tɕʻiɔo^{53}	tɕʻiɔo^{213}	ɕiɔo^{44}	ɕiɔo^{44}	ɕiɔo^{44}	ɕiɔo^{44}
西夏区	tɕʻiɔ^{53}	tɕʻiɔ^{53}	tɕʻiɔ^{53}	tɕʻiɔ^{13}	ɕiɔ^{44}	ɕiɔ^{44}	ɕiɔ^{44}	ɕiɔ^{44}

续表

贺兰县	tɕʻiɔ^{53}	tɕʻiɔ^{53}	tɕʻiɔ^{53}	tɕʻiɔ^{13}	ɕiɔ^{44}	ɕiɔ^{44}	ɕiɔ^{44}	ɕiɔ^{44}
灵武市（东塔镇）	tɕʻiɔ^{52}	tɕʻiɔ^{52}	tɕʻiɔ^{52}	tɕʻiɔ^{13}	ɕiɔ^{44}	ɕiɔ^{44}	ɕiɔ^{44}	ɕiɔ^{44}
永宁县	tɕʻiɔ^{53}	tɕʻiɔ^{53}	tɕʻiɔ^{53}	tɕʻiɔ^{13}	ɕiɔ^{44}	ɕiɔ^{44}	ɕiɔ^{44}	ɕiɔ^{44}
中宁县	tɕʻiɔ^{53}	tɕʻiɔ^{53}	tɕʻiɔ^{53}	tɕʻiɔ^{13}	ɕiɔ^{44}	ɕiɔ^{44}	ɕiɔ^{44}	ɕiɔ^{44}
沙坡头区	tɕʻiɔu^{53}	tɕʻiɔu^{53}	tɕʻiɔu^{53}	tɕʻiɔu^{13}	ɕiɔu^{44}	ɕiɔu^{44}	ɕiɔu^{44}	ɕiɔu^{44}
盐池县	tɕʻiɔ^{13}	tɕʻiɔ^{13}	tɕʻiɔ^{52}	tɕʻiɔ^{13}	ɕiɔ^{44}	ɕiɔ^{44}	ɕiɔ^{44}	ɕiɔ^{44}
平罗县（渠口乡）	tɕʻiɔ^{53}	tɕʻiɔ^{53}	tɕʻiɔ^{53}	tɕʻiɔ^{13}	ɕiɔ^{44}	ɕiɔ^{44}	ɕiɔ^{44}	ɕiɔ^{44}
阿拉善左旗	tɕʻiao^{51}	tɕʻiao^{51}	tɕʻiao^{51}	tɕʻiao^{213}	ɕiao^{44}	ɕiao^{44}	ɕiao^{44}	ɕiao^{44}
乌鲁木齐市	tɕʻiau^{52}	tɕʻiau^{52}	tɕʻiau^{52}	tɕʻiau^{213}	ɕiau^{44}	ɕiau^{44}	ɕiau^{44}	ɕiau^{44}
阜康市	tɕʻiɔ^{51}	tɕʻiɔ^{51}	tɕʻiɔ^{51}	tɕʻiɔ^{213}	ɕiɔ^{55}	ɕiɔ^{55}	ɕiɔ^{55}	ɕiɔ^{55}
呼图壁县	tɕʻiɔ^{51}	tɕʻiɔ^{51}	tɕʻiɔ^{51}	tɕʻiɔ^{213}	ɕiɔ^{44}	ɕiɔ^{44}	ɕiɔ^{44}	ɕiɔ^{44}
吉木萨尔县	tɕʻiɔ^{51}	tɕʻiɔ^{51}	tɕʻiɔ^{51}	tɕʻiɔ^{213}	ɕiɔ^{44}	ɕiɔ^{44}	ɕiɔ^{44}	ɕiɔ^{44}
奇台县	tɕʻiɔ^{52}	tɕʻiɔ^{52}	tɕʻiɔ^{52}	tɕʻiɔ^{213}	ɕiɔ^{44}	ɕiɔ^{44}	ɕiɔ^{44}	ɕiɔ^{44}
博乐市	tɕʻiao^{51}	tɕʻiao^{51}	tɕʻiao^{51}	tɕʻiao^{24}	ɕiao^{45}	ɕiao^{45}	ɕiao^{45}	ɕiao^{45}
阿勒泰市	tɕʻiau^{51}	tɕʻiau^{51}	tɕʻiau^{51}	tɕʻiau^{23}	ɕiau^{44}	ɕiau^{44}	ɕiau^{44}	ɕiau^{44}
布尔津县	tɕʻiɔ^{23}	tɕʻiɔ^{23}	tɕʻiɔ^{23}	tɕʻiɔ^{51}	ɕiɔ^{44}	ɕiɔ^{44}	ɕiɔ^{44}	ɕiɔ^{44}
乌苏市	tɕʻiɔ^{51}	tɕʻiɔ^{51}	tɕʻiɔ^{51}	tɕʻiɔ^{213}	ɕiɔ^{55}	ɕiɔ^{55}	ɕiɔ^{55}	ɕiɔ^{55}
额敏县	tɕʻiau^{51}	tɕʻiau^{51}	tɕʻiau^{51}	tɕʻiau^{34}	ɕiau^{44}	ɕiau^{44}	ɕiau^{44}	ɕiau^{44}
伊州区	tɕʻiɔ^{51}	tɕʻiɔ^{51}	tɕʻiɔ^{51}	tɕʻiɔ^{213}	ɕiɔ^{44}	ɕiɔ^{44}	ɕiɔ^{44}	ɕiɔ^{44}
巴里坤县	tɕʻiɔ^{51}	tɕʻiɔ^{51}	tɕʻiɔ^{51}	tɕʻiɔ^{24}	ɕiɔ^{45}	ɕiɔ^{45}	ɕiɔ^{45}	ɕiɔ^{45}
伊吾县	tɕʻiɔ^{51}	tɕʻiɔ^{51}	tɕʻiɔ^{51}	tɕʻiɔ^{213}	ɕiɔ^{44}	ɕiɔ^{44}	ɕiɔ^{44}	ɕiɔ^{44}

字目 / 中古音 / 方言点	萧	箫	淆	小	晓	孝	效	校 学校
	效开四平萧心	效开四平萧心	效开二平肴匣	效开三上小心	效开四上篠晓	效开二去效晓	效开二去效匣	效开二去效匣
兰州市（城关区）	ɕiɔ^{53}	ɕiɔ^{53}	ɕiɔ^{51}	ɕiɔ^{44}	ɕiɔ^{44}	ɕiɔ^{13}	ɕiɔ^{13}	ɕiɔ^{13}
永登县	ɕiɔ^{42}	ɕiɔ^{42}	ɕiɔ^{53}	ɕiɔ^{354}	ɕiɔ^{354}	ɕiɔ^{13}	ɕiɔ^{13}	ɕiɔ^{13}
榆中县	ɕiɔ^{51}	ɕiɔ^{51}	ɕiɔ^{332}	ɕiɔ^{44}	ɕiɔ^{44}	ɕiɔ^{13}	ɕiɔ^{13}	ɕiɔ^{13}
皋兰县	ɕiɔ^{42}	ɕiɔ^{42}	ɕiɔ^{53}	ɕiɔ^{342}	ɕiɔ^{342}	ɕiɔ^{13}	ɕiɔ^{13}	ɕiɔ^{13}
白银区	ɕiɔ^{44}	ɕiɔ^{44}	ɕiɔ^{51}	ɕiɔ^{343}	ɕiɔ^{343}	ɕiɔ^{13}	ɕiɔ^{13}	ɕiɔ^{13}
天祝县	ɕiɔ^{44}	ɕiɔ^{44}	ɕiɔ^{53}	ɕiɔ^{44}	ɕiɔ^{44}	ɕiɔ^{213}	ɕiɔ^{213}	ɕiɔ^{213}
景泰县（红水镇）	ɕiɔo^{44}	ɕiɔo^{44}	ɕiɔo^{53}	ɕiɔo^{44}	ɕiɔo^{44}	ɕiɔo^{213}	ɕiɔo^{213}	ɕiɔo^{213}
古浪县	ɕiɔ^{44}	ɕiɔ^{44}	ɕiɔ^{53}	ɕiɔ^{44}	ɕiɔ^{44}	ɕiɔ^{31}	ɕiɔ^{31}	ɕiɔ^{31}
凉州区	ɕiɔ^{33}	ɕiɔ^{33}	ɕiɔ^{13}	ɕiɔ^{33}	ɕiɔ^{33}	ɕiɔ^{53}	ɕiɔ^{53}	ɕiɔ^{53}
民勤县	ɕiɑo^{44}	ɕiɑo^{44}	ɕiɑo^{53}	ɕiɑo^{214}	ɕiɑo^{214}	ɕiɑo^{42}	ɕiɑo^{42}	ɕiɑo^{42}
永昌县	ɕiɑo^{44}	ɕiɑo^{44}	ɕiɑo^{13}	ɕiɑo^{13}	ɕiɑo^{13}	ɕiɑo^{53}	ɕiɑo^{53}	ɕiɑo^{53}
甘州区	ɕiɔ^{44}	ɕiɔ^{44}	ɕiɔ^{53}	ɕiɔ^{44}	ɕiɔ^{53}	ɕiɔ^{31}	ɕiɔ^{31}	ɕiɔ^{31}
临泽县	ɕiɑo^{44}	ɕiɑo^{44}	ɕiɑo^{53}	ɕiɑo^{53}	ɕiɑo^{53}	ɕiɑo^{214}	ɕiɑo^{214}	ɕiɑo^{214}
民乐县	ɕiɔo^{44}	ɕiɔo^{44}	ɕiɔo^{53}	ɕiɔo^{213}	ɕiɔo^{213}	ɕiɔo^{42}	ɕiɔo^{42}	ɕiɔo^{42}
山丹县	ɕiɔo^{24}	ɕiɔo^{24}	ɕiɔo^{53}	ɕiɔo^{24}	ɕiɔo^{53}	ɕiɔo^{41}	ɕiɔo^{41}	ɕiɔo^{41}
高台县	ɕiɔo^{44}	ɕiɔo^{44}	ɕiɔo^{53}	ɕiɔo^{53}	ɕiɔo^{53}	ɕiɔo^{214}	ɕiɔo^{214}	ɕiɔo^{214}
肃州区	ɕiɔ^{44}	ɕiɔ^{44}	ɕiɔ^{53}	ɕiɔ^{53}	ɕiɔ^{53}	ɕiɔ^{214}	ɕiɔ^{214}	ɕiɔ^{214}
金塔县	ɕiɔ^{44}	ɕiɔ^{44}	ɕiɔ^{53}	ɕiɔ^{44}	ɕiɔ^{53}	ɕiɔ^{13}	ɕiɔ^{13}	ɕiɔ^{13}
肃北县	ɕiɔo^{44}	ɕiɔo^{44}	ɕiɔo^{53}	ɕiɔo^{44}	ɕiɔo^{53}	ɕiɔo^{213}	ɕiɔo^{213}	ɕiɔo^{213}
玉门市	ɕiɔo^{44}	ɕiɔo^{44}	ɕiɔo^{53}	ɕiɔo^{44}	ɕiɔo^{53}	ɕiɔo^{213}	ɕiɔo^{213}	ɕiɔo^{213}
瓜州县	ɕiɔo^{44}	ɕiɔo^{44}	ɕiɔo^{53}	ɕiɔo^{44}	ɕiɔo^{53}	ɕiɔo^{213}	ɕiɔo^{213}	ɕiɔo^{213}
西夏区	ɕiɔ^{44}	ɕiɔ^{44}	ɕiɔ^{53}	ɕiɔ^{53}	ɕiɔ^{53}	ɕiɔ^{13}	ɕiɔ^{13}	ɕiɔ^{13}

续表

贺兰县	çiɔ^{44}	çiɔ^{44}	çiɔ^{53}	çiɔ^{53}	çiɔ^{53}	çiɔ^{13}	çiɔ^{13}	çiɔ^{13}
灵武市（东塔镇）	çiɔ^{44}	çiɔ^{44}	çiɔ^{52}	çiɔ^{52}	çiɔ^{52}	çiɔ^{13}	çiɔ^{13}	çiɔ^{13}
永宁县	çiɔ^{44}	çiɔ^{44}	çiɔ^{53}	çiɔ^{53}	çiɔ^{53}	çiɔ^{13}	çiɔ^{13}	çiɔ^{13}
中宁县	çiɔ^{44}	çiɔ^{44}	çiɔ^{53}	çiɔ^{53}	çiɔ^{53}	çiɔ^{13}	çiɔ^{13}	çiɔ^{13}
沙坡头区	çiɔu^{44}	çiɔu^{44}	çiɔu^{53}	çiɔu^{53}	çiɔu^{53}	çiɔu^{13}	çiɔu^{13}	çiɔu^{13}
盐池县	çiɔ^{44}	çiɔ^{44}	çiɔ^{13}	çiɔ^{52}	çiɔ^{52}	çiɔ^{13}	çiɔ^{13}	çiɔ^{13}
平罗县（渠口乡）	çiɔ^{44}	çiɔ^{44}	çiɔ^{53}	çiɔ^{53}	çiɔ^{53}	çiɔ^{13}	çiɔ^{13}	çiɔ^{13}
阿拉善左旗	çiao^{44}	çiao^{44}	çiao^{51}	çiao^{51}	çiao^{51}	çiao^{213}	çiao^{213}	çiao^{213}
乌鲁木齐市	çiau^{44}	çiau^{44}	çiau^{52}	çiau^{44}	çiau^{52}	çiau^{213}	çiau^{213}	çiau^{213}
阜康市	çiɔ^{55}	çiɔ^{55}	çiɔ^{51}	çiɔ^{51}	çiɔ^{51}	çiɔ^{213}	çiɔ^{213}	çiɔ^{213}
呼图壁县	çiɔ^{44}	çiɔ^{44}	çiɔ^{51}	çiɔ^{51}	çiɔ^{51}	çiɔ^{213}	çiɔ^{213}	çiɔ^{213}
吉木萨尔县	çiɔ^{44}	çiɔ^{44}	çiɔ^{51}	çiɔ^{51}	çiɔ^{51}	çiɔ^{213}	çiɔ^{213}	çiɔ^{213}
奇台县	çiɔ^{44}	çiɔ^{44}	çiɔ^{52}	çiɔ^{52}	çiɔ^{52}	çiɔ^{213}	çiɔ^{213}	çiɔ^{213}
博乐市	çiao^{45}	çiao^{45}	çiao^{51}	çiao^{51}	çiao^{51}	çiao^{24}	çiao^{24}	çiao^{24}
阿勒泰市	çiau^{44}	çiau^{44}	çiau^{51}	çiau^{51}	çiau^{51}	çiau^{23}	çiau^{23}	çiau^{23}
布尔津县	çiɔ^{44}	çiɔ^{44}	çiɔ^{23}	çiɔ^{23}	çiɔ^{23}	çiɔ^{51}	çiɔ^{51}	çiɔ^{51}
乌苏市	çiɔ^{55}	çiɔ^{55}	çiɔ^{51}	çiɔ^{51}	çiɔ^{51}	çiɔ^{213}	çiɔ^{213}	çiɔ^{213}
额敏县	çiau^{44}	çiau^{44}	çiau^{51}	çiau^{51}	çiau^{51}	çiau^{34}	çiau^{34}	çiau^{34}
伊州区	çiɔ^{44}	çiɔ^{44}	çiɔ^{51}	çiɔ^{51}	çiɔ^{51}	çiɔ^{213}	çiɔ^{213}	çiɔ^{213}
巴里坤县	çiɔ^{45}	çiɔ^{45}	çiɔ^{51}	çiɔ^{51}	çiɔ^{51}	çiɔ^{24}	çiɔ^{24}	çiɔ^{24}
伊吾县	çiɔ^{44}	çiɔ^{44}	çiɔ^{51}	çiɔ^{51}	çiɔ^{51}	çiɔ^{213}	çiɔ^{213}	çiɔ^{213}

字目 / 中古音 / 方言点	笑	妖	邀	要 要求	腰	么	摇①	谣
	效开三去笑心	效开三平宵影	效开三平宵影	效开三平宵影	效开三平宵影	效开四平萧影	效开三平宵以	效开三平宵以
兰州市（城关区）	ɕiɔ^{13}	iɔ^{53}	iɔ^{53}	iɔ^{53}	iɔ^{53}	iɔ^{53}	iɔ^{51}	iɔ^{51}
永登县	ɕiɔ^{13}	iɔ^{42}	iɔ^{354}	iɔ^{42}	iɔ^{42}	iɔ^{42}	iɔ^{53}	iɔ^{53}
榆中县	ɕiɔ^{13}	iɔ^{51}	iɔ^{51}	iɔ^{51}	iɔ^{51}	iɔ^{51}	iɔ^{332}	iɔ^{332}
皋兰县	ɕiɔ^{13}	iɔ^{42}	iɔ^{342}	iɔ^{42}	iɔ^{42}	iɔ^{42}	iɔ^{53}	iɔ^{53}
白银区	ɕiɔ^{13}	iɔ^{44}	iɔ^{44}	iɔ^{44}	iɔ^{44}	iɔ^{44}	iɔ^{51}	iɔ^{51}
天祝县	ɕiɔ^{213}	iɔ^{44}	iɔ^{44}	iɔ^{44}	iɔ^{44}	iɔ^{44}	iɔ^{53}	iɔ^{53}
景泰县（红水镇）	ɕiɔo^{213}	iɔo^{44}	iɔo^{44}	iɔo^{44}	iɔo^{44}	iɔo^{44}	iɔo^{53}	iɔo^{53}
古浪县	ɕiɔ^{31}	ʑiɔ^{44}	ʑiɔ^{44}	ʑiɔ^{44}	ʑiɔ^{44}	ʑiɔ^{44}	ʑiɔ^{53}	ʑiɔ^{53}
凉州区	ɕiɔ^{53}	iɔ^{33}	iɔ^{33}	iɔ^{33}	iɔ^{33}	iɔ^{33}	iɔ^{13}	iɔ^{13}
民勤县	ɕiɑo^{42}	iɑo^{44}	iɑo^{44}	iɑo^{44}	iɑo^{44}	iɑo^{44}	iɑo^{53}	iɑo^{53}
永昌县	ɕiɑo^{53}	iɑo^{44}	iɑo^{44}	iɑo^{44}	iɑo^{44}	iɑo^{44}	iɑo^{13}	iɑo^{13}
甘州区	ɕiɔ^{31}	iɔ^{44}	iɔ^{44}	iɔ^{44}	iɔ^{44}	iɔ^{44}	iɔ^{53}	iɔ^{53}
临泽县	ɕiɑo^{214}	ʑiɑo^{44}	ʑiɑo^{44}	ʑiɑo^{44}	ʑiɑo^{44}	ʑiɑo^{44}	ʑiɑo^{53}	ʑiɑo^{53}
民乐县	ɕiɔo^{42}	ʑiɔo^{44}	ʑiɔo^{44}	ʑiɔo^{44}	ʑiɔo^{44}	ʑiɔo^{44}	ʑiɔo^{53}	ʑiɔo^{53}
山丹县	ɕiɔo^{41}	iɔo^{24}	iɔo^{24}	iɔo^{24}	iɔo^{24}	iɔo^{24}	iɔo^{53}	iɔo^{53}
高台县	ɕiɔo^{214}	ʑiɔo^{44}	ʑiɔo^{44}	ʑiɔo^{44}	ʑiɔo^{44}	ʑiɔo^{44}	ʑiɔo^{53}	ʑiɔo^{53}
肃州区	ɕiɔ^{214}	ʑiɔ^{44}	ʑiɔ^{44}	ʑiɔ^{44}	ʑiɔ^{44}	ʑiɔ^{44}	ʑiɔ^{53}	ʑiɔ^{53}
金塔县	ɕiɔ^{13}	ʑiɔ^{44}	ʑiɔ^{44}	ʑiɔ^{44}	ʑiɔ^{44}	ʑiɔ^{44}	ʑiɔ^{53}	ʑiɔ^{53}
肃北县	ɕiɔo^{213}	iɔo^{44}	iɔo^{44}	iɔo^{44}	iɔo^{44}	iɔo^{44}	iɔo^{53}	iɔo^{53}
玉门市	ɕiɔo^{213}	iɔo^{44}	iɔo^{44}	iɔo^{44}	iɔo^{44}	iɔo^{44}	iɔo^{53}	iɔo^{53}
瓜州县	ɕiɔo^{213}	iɔo^{44}	iɔo^{44}	iɔo^{44}	iɔo^{44}	iɔo^{44}	iɔo^{53}	iɔo^{53}

①又弋照切片，效开三去笑以。

续表

西夏区	ɕiɔ^{13}	iɔ^{44}	iɔ^{44}	iɔ^{44}	iɔ^{44}	iɔ^{44}	iɔ^{53}	iɔ^{53}
贺兰县	ɕiɔ^{13}	iɔ^{44}	iɔ^{44}	iɔ^{44}	iɔ^{44}	iɔ^{44}	iɔ^{53}	iɔ^{53}
灵武市（东塔镇）	ɕiɔ^{13}	iɔ^{44}	iɔ^{44}	iɔ^{44}	iɔ^{44}	iɔ^{44}	iɔ^{52}	iɔ^{52}
永宁县	ɕiɔ^{13}	iɔ^{44}	iɔ^{44}	iɔ^{44}	iɔ^{44}	iɔ^{44}	iɔ^{53}	iɔ^{53}
中宁县	ɕiɔ^{13}	iɔ^{44}	iɔ^{44}	iɔ^{44}	iɔ^{44}	iɔ^{44}	iɔ^{53}	iɔ^{53}
沙坡头区	ɕiɔu^{13}	iɔu^{44}	iɔu^{44}	iɔu^{44}	iɔu^{4}	iɔu^{44}	iɔu^{53}	iɔu^{53}
盐池县	ɕiɔ^{13}	iɔ^{44}	iɔ^{44}	iɔ^{44}	iɔ^{44}	iɔ^{44}	iɔ^{13}	iɔ^{13}
平罗县（渠口乡）	ɕiɔ^{13}	iɔ^{44}	iɔ^{44}	iɔ^{44}	iɔ^{44}	iɔ^{44}	iɔ^{53}	iɔ^{53}
阿拉善左旗	ɕiao^{213}	iao^{44}	iao^{44}	iao^{44}	iao^{44}	iao^{44}	iao^{51}	iao^{51}
乌鲁木齐市	ɕiau^{213}	iau^{44}	iau^{44}	iau^{44}	iau^{44}	iau^{44}	iau^{52}	iau^{52}
阜康市	ɕiɔ^{213}	jiɔ^{55}	jiɔ^{55}	jiɔ^{55}	jiɔ^{55}	jiɔ^{55}	jiɔ^{51}	jiɔ^{51}
呼图壁县	ɕiɔ^{213}	iɔ^{44}	iɔ^{44}	iɔ^{44}	iɔ^{44}	iɔ^{44}	iɔ^{51}	iɔ^{51}
吉木萨尔县	ɕiɔ^{213}	iɔ^{44}	iɔ^{44}	iɔ^{44}	iɔ^{44}	iɔ^{44}	iɔ^{51}	iɔ^{51}
奇台县	ɕiɔ^{213}	iɔ^{44}	iɔ^{44}	iɔ^{44}	iɔ^{44}	iɔ^{44}	iɔ^{52}	iɔ^{52}
博乐市	ɕiao^{24}	iao^{45}	iao^{45}	iao^{45}	iao^{45}	iao^{45}	iao^{51}	iao^{51}
阿勒泰市	ɕiau^{23}	iau^{44}	iau^{44}	iau^{44}	iau^{44}	iau^{44}	iau^{51}	iau^{51}
布尔津县	ɕiɔ^{51}	iɔ^{44}	iɔ^{44}	iɔ^{44}	iɔ^{44}	iɔ^{44}	iɔ^{23}	iɔ^{23}
乌苏市	ɕiɔ^{213}	jiɔ^{55}	jiɔ^{55}	jiɔ^{55}	jiɔ^{55}	jiɔ^{55}	jiɔ^{51}	jiɔ^{51}
额敏县	ɕiau^{34}	iau^{44}	iau^{44}	iau^{44}	iau^{44}	iau^{44}	iau^{51}	iau^{51}
伊州区	ɕiɔ^{213}	iɔ^{44}	iɔ^{44}	iɔ^{44}	iɔ^{44}	iɔ^{44}	iɔ^{51}	iɔ^{51}
巴里坤县	ɕiɔ^{24}	iɔ^{45}	iɔ^{45}	iɔ^{45}	iɔ^{45}	iɔ^{45}	iɔ^{51}	iɔ^{51}
伊吾县	ɕiɔ^{213}	iɔ^{44}	iɔ^{44}	iɔ^{44}	iɔ^{44}	iɔ^{44}	iɔ^{51}	iɔ^{51}

字目 / 中古音 / 方言点	窑	遥	姚	尧	咬①	舀	要 重要	耀
	效开三平宵以	效开三平宵以	效开三平宵以	效开四平萧疑	效开二平巧疑	效开三上小以	效开三去笑影	效开三去笑以
兰州市（城关区）	iɔ^{51}	iɔ^{51}	iɔ^{51}	iɔ^{51}	iɔ^{44}	iɔ^{44}	iɔ^{13}	iɔ^{13}
永登县	iɔ^{53}	iɔ^{53}	iɔ^{53}	iɔ^{53}	iɔ^{354}	iɔ^{354}	iɔ^{13}	iɔ^{13}
榆中县	iɔ^{332}	iɔ^{332}	iɔ^{332}	iɔ^{332}	iɔ^{44}	iɔ^{44}	iɔ^{13}	iɔ^{13}
皋兰县	iɔ^{53}	iɔ^{53}	iɔ^{53}	iɔ^{53}	iɔ^{342}	iɔ^{342}	iɔ^{13}	iɔ^{13}
白银区	iɔ^{51}	iɔ^{51}	iɔ^{51}	iɔ^{51}	iɔ^{343}	iɔ^{343}	iɔ^{13}	iɔ^{13}
天祝县	iɔ^{53}	iɔ^{53}	iɔ^{53}	iɔ^{53}	iɔ^{44}	iɔ^{44}	iɔ^{213}	iɔ^{213}
景泰县（红水镇）	iɔo^{53}	iɔo^{53}	iɔo^{53}	iɔo^{53}	iɔo^{44}	iɔo^{44}	iɔo^{213}	iɔo^{213}
古浪县	ʑiɔ^{53}	ʑiɔ^{53}	ʑiɔ^{53}	ʑiɔ^{53}	ʑiɔ^{44}	ʑiɔ^{44}	ʑiɔ^{31}	ʑiɔ^{31}
凉州区	iɔ^{13}	iɔ^{13}	iɔ^{13}	iɔ^{13}	iɔ^{33}	iɔ^{33}	iɔ^{53}	iɔ^{53}
民勤县	iɑo^{53}	iɑo^{53}	iɑo^{53}	iɑo^{53}	iɑo^{214}	iɑo^{214}	iɑo^{42}	iɑo^{42}
永昌县	iɑo^{13}	iɑo^{13}	iɑo^{13}	iɑo^{13}	iɑo^{13}	iɑo^{13}	iɑo^{53}	iɑo^{53}
甘州区	iɔ^{53}	iɔ^{53}	iɔ^{53}	iɔ^{53}	iɔ^{53}	iɔ^{53}	iɔ^{31}	iɔ^{31}
临泽县	ʑiɑo^{53}	ʑiɑo^{53}	ʑiɑo^{53}	ʑiɑo^{53}	ʑiɑo^{53}	ʑiɑo^{53}	ʑiɑo^{214}	ʑiɑo^{214}
民乐县	ʑiɔo^{53}	ʑiɔo^{53}	ʑiɔo^{53}	ʑiɔo^{53}	ʑiɔo^{213}	ʑiɔo^{213}	ʑiɔo^{42}	ʑiɔo^{42}
山丹县	iɔo^{53}	iɔo^{53}	iɔo^{53}	iɔo^{53}	iɔo^{53}	iɔo^{53}	iɔo^{41}	iɔo^{41}
高台县	iɔo^{53}	iɔo^{53}	iɔo^{53}	iɔo^{53}	iɔo^{53}	iɔo^{53}	iɔo^{214}	iɔo^{214}
肃州区	ʑiɔ^{53}	ʑiɔ^{53}	ʑiɔ^{53}	ʑiɔ^{53}	ʑiɔ^{53}	ʑiɔ^{53}	ʑiɔ^{214}	ʑiɔ^{214}
金塔县	ʑiɔ^{53}	ʑiɔ^{53}	ʑiɔ^{53}	ʑiɔ^{53}	ʑiɔ^{53}	ʑiɔ^{53}	ʑiɔ^{13}	ʑiɔ^{13}
肃北县	iɔo^{53}	iɔo^{53}	iɔo^{53}	iɔo^{53}	iɔo^{53}	iɔo^{53}	iɔo^{213}	iɔo^{213}
玉门市	iɔo^{53}	iɔo^{53}	iɔo^{53}	iɔo^{53}	iɔo^{53}	iɔo^{53}	iɔo^{213}	iɔo^{213}
瓜州县	iɔo^{53}	iɔo^{53}	iɔo^{53}	iɔo^{53}	iɔo^{53}	iɔo^{53}	iɔo^{213}	iɔo^{213}

①又下巧切，效开二上巧匣。

续表

西夏区	iɔ^{53}	iɔ^{53}	iɔ^{53}	iɔ^{53}	iɔ^{53}	iɔ^{53}	iɔ^{13}	iɔ^{13}
贺兰县	iɔ^{53}	iɔ^{53}	iɔ^{53}	iɔ^{53}	iɔ^{53}	iɔ^{53}	iɔ^{13}	iɔ^{13}
灵武市（东塔镇）	iɔ^{52}	iɔ^{52}	iɔ^{52}	iɔ^{52}	iɔ^{52}	iɔ^{52}	iɔ^{13}	iɔ^{13}
永宁县	iɔ^{53}	iɔ^{53}	iɔ^{53}	iɔ^{53}	iɔ^{53}	iɔ^{53}	iɔ^{13}	iɔ^{13}
中宁县	iɔ^{53}	iɔ^{53}	iɔ^{53}	iɔ^{53}	iɔ^{53}	iɔ^{53}	iɔ^{13}	iɔ^{13}
沙坡头区	iɔu^{53}	iɔu^{53}	iɔu^{53}	iɔu^{53}	iɔu^{53}	iɔu^{53}	iɔu^{13}	iɔu^{13}
盐池县	iɔ^{13}	iɔ^{13}	iɔ^{13}	iɔ^{13}	iɔ^{52}	iɔ^{52}	iɔ^{13}	iɔ^{13}
平罗县（渠口乡）	iɑo^{51}	iɑo^{51}	iɑo^{51}	iɑo^{51}	iɑo^{51}	iɑo^{51}	iɑo^{213}	iɑo^{213}
阿拉善左旗	iɔ^{53}	iɔ^{53}	iɔ^{53}	iɔ^{53}	iɔ^{53}	iɔ^{53}	iɔ^{13}	iɔ^{13}
乌鲁木齐市	iɑu^{52}	iɑu^{52}	iɑu^{52}	iɑu^{52}	iɑu^{52}	iɑu^{52}	iɑu^{213}	iɑu^{213}
阜康市	jiɔ^{51}	jiɔ^{51}	jiɔ^{51}	jiɔ^{51}	jiɔ^{51}	jiɔ^{51}	jiɔ^{213}	jiɔ^{213}
呼图壁县	iɔ^{51}	iɔ^{51}	iɔ^{51}	iɔ^{51}	iɔ^{51}	iɔ^{51}	iɔ^{213}	iɔ^{213}
吉木萨尔县	iɔ^{51}	iɔ^{51}	iɔ^{51}	iɔ^{51}	iɔ^{51}	iɔ^{51}	iɔ^{213}	iɔ^{213}
奇台县	iɔ^{52}	iɔ^{52}	iɔ^{52}	iɔ^{52}	iɔ^{52}	iɔ^{52}	iɔ^{213}	iɔ^{213}
博乐市	iɑo^{51}	iɑo^{51}	iɑo^{51}	iɑo^{51}	iɑo^{51}	iɑo^{51}	iɑo^{24}	iɑo^{24}
阿勒泰市	iɑu^{51}	iɑu^{51}	iɑu^{51}	iɑu^{51}	iɑu^{51}	iɑu^{51}	iɑu^{23}	iɑu^{23}
布尔津县	iɔ^{23}	iɔ^{23}	iiɔ^{23}	iiɔ^{23}	iiɔ^{23}	iiɔ^{23}	iɔ^{51}	iɔ^{51}
乌苏市	jiɔ^{51}	jiɔ^{51}	jiɔ^{51}	jiɔ^{51}	jiɔ^{51}	jiɔ^{51}	jiɔ^{213}	jiɔ^{213}
额敏县	iɑu^{51}	iɑu^{51}	iɑu^{51}	iɑu^{51}	iɑu^{51}	iɑu^{51}	iɑu^{34}	iɑu^{34}
伊州区	iɔ^{51}	iɔ^{51}	iɔ^{51}	iɔ^{51}	iɔ^{51}	iɔ^{51}	iɔ^{213}	iɔ^{213}
巴里坤县	iɔ^{51}	iɔ^{51}	iɔ^{51}	iɔ^{51}	iɔ^{51}	iɔ^{51}	iɔ^{24}	iɔ^{24}
伊吾县	iɔ^{51}	iɔ^{51}	iɔ^{51}	iɔ^{51}	iɔ^{51}	iɔ^{51}	iɔ^{213}	iɔ^{213}

字目 / 中古音 / 方音 / 方言点	药	钥	剖	谋	某	否	兜	斗 升斗
	宕开三 入药以	宕开三 入药以	流开一 上厚滂	流开三 平尤明	流开一 上厚明	流开三 上有非	流开一 平侯端	流开一 上厚端
兰州市 （城关区）	iɔ^{13}	iɔ^{13}	p'ɔ^{13}	mu^{51}	mu^{44}	fu^{44}	təu^{53}	təu^{44}
永登县	iɔ^{13}	iɔ^{13}	p'ɔ^{13}	mu^{53}	mu^{354}	fu^{354}	təu^{42}	təu^{354}
榆中县	iɔ^{13}	iɔ^{13}	p'ɔ^{13}	mu^{332}	mu^{44}	fu^{44}	təu^{51}	təu^{44}
皋兰县	iɔ^{13}	iɔ^{13}	p'ɔ^{13}	mu^{53}	mu^{342}	fu^{342}	təu^{42}	təu^{342}
白银区	iɔ^{13}	iɔ^{13}	p'ɔ^{13}	mu^{51}	mu^{343}	fu^{343}	təu^{44}	təu^{343}
天祝县	iɔ^{213}	iɔ^{213}	p'ɔ^{213}	mu^{53}	mu^{44}	fu^{44}	tɤu^{44}	tɤu^{44}
景泰县 （红水镇）	iɔo^{213}	iɔo^{213}	p'ɔo^{213}	mu^{53}	mu^{44}	fu^{44}	təu^{44}	təu^{44}
古浪县	ʑiɔ^{31}	ʑiɔ^{31}	p'ɔ^{31}	mu^{53}	mu^{44}	fu^{44}	tou^{44}	tou^{44}
凉州区	iɔ^{53}	iɔ^{53}	p'ɔ^{53}	mu^{13}	mu^{33}	fu^{33}	təu^{33}	təu^{33}
民勤县	yɛ^{42}	yɛ^{42}	p'ɑo^{42}	mu^{53}	mu^{214}	fu^{214}	tɤu^{44}	tɤu^{214}
永昌县	yə^{53}	yə^{53}	p'ɑo^{53}	mu^{13}	mu^{13}	fu^{13}	təu^{44}	təu^{13}
甘州区	iɔ^{31}	iɔ^{31}	p'ɔ^{31}	mu^{53}	mu^{53}	fu^{53}	tɤu^{44}	tɤu^{53}
临泽县	ʑiɑo^{214}	ʑiɑo^{214}	p'ɑo^{214}	mu^{53}	mu^{53}	fu^{53}	təu^{44}	təu^{44}
民乐县	ʑiɔo^{42}	ʑiɔo^{42}	p'ɔo^{42}	mu^{53}	mu^{213}	fu^{213}	təu^{44}	təu^{214}
山丹县	iɔo^{41}	iɔo^{41}	p'ɔo^{41}	mu^{53}	mu^{53}	fu^{53}	təu^{24}	təu^{53}
高台县	iɔo^{214}	iɔo^{214}	p'ɔo^{214}	mu^{53}	mu^{53}	fu^{53}	tɤu^{44}	tɤu^{214}
肃州区	ʑiɔ^{214}	ʑiɔ^{214}	p'ɔ^{214}	mu^{53}	mu^{53}	fu^{53}	tɤu^{44}	tɤu^{214}
金塔县	ʑiɔ^{13}	ʑiɔ^{13}	p'ɔ^{13}	mu^{53}	mu^{53}	fu^{53}	tɤu^{44}	tɤu^{53}
肃北县	iɔo^{213}	iɔo^{213}	p'ɔo^{213}	mu^{53}	mu^{53}	fu^{53}	tɤu^{44}	tɤu^{53}
玉门市	iɔo^{213}	iɔo^{213}	p'ɔo^{213}	mu^{53}	mu^{53}	fu^{53}	tɤu^{44}	tɤu^{53}
瓜州县	iɔo^{213}	iɔo^{213}	p'ɔo^{213}	mu^{53}	mu^{53}	fu^{53}	tɤu^{44}	tɤu^{53}
西夏区	iɔ^{13}	iɔ^{13}	p'ɔ^{13}	mu^{53}	mu^{53}	fu^{53}	təu^{44}	təu^{53}

续表

贺兰县	iɔ^{13}	iɔ^{13}	pʻɔ^{13}	mu^{53}	mu^{53}	fu^{53}	tou^{44}	tou^{53}
灵武市（东塔镇）	iɔ^{13}	iɔ^{13}	pʻɔ^{13}	mu^{52}	mu^{52}	fu^{52}	təu^{44}	təu^{52}
永宁县	iɔ^{13}	iɔ^{13}	pʻɔ^{13}	mu^{53}	mu^{53}	fu^{53}	təu^{44}	təu^{53}
中宁县	iɔ^{13}	iɔ^{13}	pʻɔ^{13}	mu^{53}	mu^{53}	fu^{53}	təu^{44}	təu^{53}
沙坡头区	iɔu^{13}	iɔu^{13}	pʻɔu^{13}	mu^{53}	mu^{53}	fu^{53}	tou^{44}	tou^{53}
盐池县	iɔ^{13}	iɔ^{13}	pʻɔ^{13}	mu^{13}	mu^{52}	fu^{52}	təu^{44}	təu^{52}
平罗县（渠口乡）	iɔ^{13}	iɔ^{13}	pʻɔ^{13}	mu^{53}	mu^{53}	fu^{53}	təu^{44}	təu^{53}
阿拉善左旗	iɑo^{213}	iɑo^{213}	pʻɑo^{213}	mu^{51}	mu^{51}	fu^{51}	təu^{44}	təu^{51}
乌鲁木齐市	iɑu^{213}	iɑu^{213}	pʻɑu^{213}	mu^{52}	mu^{52}	fu^{52}	təu^{44}	təu^{52}
阜康市	jiɔ^{213}	jiɔ^{213}	pʻɔ^{213}	mu^{51}	mu^{51}	fu^{51}	tɤu^{55}	tɤu^{51}
呼图壁县	iɔ^{213}	iɔ^{213}	pʻɔ^{213}	mu^{51}	mu^{51}	fu^{51}	təu^{44}	təu^{51}
吉木萨尔县	iɔ^{213}	iɔ^{213}	pʻɔ^{213}	mu^{51}	mu^{51}	fu^{51}	tɤu^{44}	tɤu^{51}
奇台县	iɔ^{213}	iɔ^{213}	pʻɔ^{213}	mu^{52}	mu^{52}	fu^{52}	təu^{44}	təu^{52}
博乐市	iɑo^{24}	iɑo^{24}	pʻɑo^{24}	mu^{51}	mu^{51}	fu^{51}	tɤu^{45}	tɤu^{51}
阿勒泰市	iɑu^{23}	iɑu^{23}	pʻɑu^{23}	mu^{51}	mu^{51}	fu^{51}	tɤu^{44}	tɤu^{51}
布尔津县	iɔ^{51}	iɔ^{51}	pʻɔ^{51}	mu^{23}	mu^{23}	fu^{23}	təu^{44}	təu^{23}
乌苏市	jiɔ^{213}	jiɔ^{213}	pʻɔ^{213}	mu^{51}	mu^{51}	fu^{51}	tɤu^{55}	tɤu^{51}
额敏县	iɑu^{34}	iɑu^{34}	pʻɑu^{34}	mu^{51}	mu^{51}	fu^{51}	tɤu^{44}	tɤu^{51}
伊州区	iɔ^{213}	iɔ^{213}	pʻɔ^{213}	mu^{51}	mu^{51}	fu^{51}	tɤu^{44}	tɤu^{51}
巴里坤县	iɔ^{24}	iɔ^{24}	pʻɔ^{24}	mu^{51}	mu^{51}	fu^{51}	tɤu^{44}	tɤu^{51}
伊吾县	iɔ^{213}	iɔ^{213}	pʻɔ^{213}	mu^{51}	mu^{51}	fu^{51}	tɤu^{44}	tɤu^{51}

字目 / 中古音 / 方言点	抖	陡	斗 斗争	豆 豆子	痘	偷	头	投
	流开一上厚端	流开一上厚端	流开一去候端	流开一去侯定	流开一去侯定	流开一平侯透	流开一平侯定	流开一平侯定
兰州市（城关区）	təu^{44}	təu^{44}	təu^{13}	təu^{13}	təu^{13}	tʻəu^{53}	tʻəu^{51}	tʻəu^{51}
永登县	təu^{354}	təu^{354}	təu^{13}	təu^{13}	təu^{13}	tʻəu^{42}	tʻəu^{53}	tʻəu^{53}
榆中县	təu^{44}	təu^{44}	təu^{13}	təu^{13}	təu^{13}	tʻəu^{51}	tʻəu^{332}	tʻəu^{332}
皋兰县	təu^{342}	təu^{342}	təu^{13}	təu^{13}	təu^{13}	tʻəu^{42}	tʻəu^{53}	tʻəu^{53}
白银区	təu^{343}	təu^{343}	təu^{13}	təu^{13}	təu^{13}	tʻəu^{44}	tʻəu^{51}	tʻəu^{51}
天祝县	tɤu^{44}	tɤu^{44}	tɤu^{213}	tɤu^{213}	tɤu^{213}	tʻɤu^{44}	tʻɤu^{53}	tʻɤu^{53}
景泰县（红水镇）	təu^{44}	təu^{44}	təu^{213}	təu^{213}	təu^{213}	tʻəu^{44}	tʻəu^{53}	tʻəu^{53}
古浪县	tou^{44}	tou^{44}	tou^{31}	tou^{31}	tou^{31}	tʻou^{44}	tʻou^{53}	tʻou^{53}
凉州区	təu^{33}	təu^{33}	təu^{53}	təu^{53}	təu^{53}	tʻəu^{33}	tʻəu^{13}	tʻəu^{13}
民勤县	tɤu^{214}	tɤu^{214}	tɤu^{42}	tɤu^{42}	tɤu^{42}	tʻɤu^{44}	tʻɤu^{53}	tʻɤu^{53}
永昌县	təu^{13}	təu^{13}	təu^{53}	təu^{53}	təu^{53}	tʻəu^{44}	tʻəu^{13}	tʻəu^{13}
甘州区	tɤu^{53}	tɤu^{53}	tɤu^{31}	tɤu^{31}	tɤu^{31}	tʻɤu^{44}	tʻɤu^{53}	tʻɤu^{53}
临泽县	təu^{53}	təu^{53}	təu^{214}	təu^{214}	təu^{214}	tʻəu^{44}	tʻəu^{53}	tʻəu^{53}
民乐县	təu^{213}	təu^{213}	təu^{42}	təu^{42}	təu^{42}	tʻəu^{44}	tʻəu^{53}	tʻəu^{53}
山丹县	təu^{53}	təu^{53}	təu^{41}	təu^{41}	təu^{41}	tʻəu^{24}	tʻəu^{53}	tʻəu^{53}
高台县	tɤu^{53}	tɤu^{53}	tɤu^{214}	tɤu^{214}	tɤu^{214}	tʻɤu^{44}	tʻɤu^{53}	tʻɤu^{53}
肃州区	tɤu^{53}	tɤu^{53}	tɤu^{214}	tɤu^{214}	tɤu^{214}	tʻɤu^{44}	tʻɤu^{53}	tʻɤu^{53}
金塔县	tɤu^{53}	tɤu^{53}	tɤu^{13}	tɤu^{13}	tɤu^{13}	tʻɤu^{44}	tʻɤu^{53}	tʻɤu^{53}
肃北县	tɤu^{53}	tɤu^{53}	tɤu^{213}	tɤu^{213}	tɤu^{213}	tʻɤu^{44}	tʻɤu^{53}	tʻɤu^{53}
玉门市	tɤu^{53}	tɤu^{53}	tɤu^{213}	tɤu^{213}	tɤu^{213}	tʻɤu^{44}	tʻɤu^{53}	tʻɤu^{53}
瓜州县	tɤu^{53}	tɤu^{53}	tɤu^{213}	tɤu^{213}	tɤu^{213}	tʻɤu^{44}	tʻɤu^{53}	tʻɤu^{53}
西夏区	təu^{53}	təu^{53}	təu^{13}	təu^{13}	təu^{13}	tʻəu^{44}	tʻəu^{53}	tʻəu^{53}

续表

贺兰县	tou^{53}	tou^{53}	tou^{13}	tou^{13}	tou^{13}	tʻou^{44}	tʻou^{53}	tʻou^{53}
灵武市（东塔镇）	təu^{52}	təu^{52}	təu^{13}	təu^{13}	təu^{13}	tʻəu^{44}	tʻəu^{52}	tʻəu^{52}
永宁县	təu^{53}	təu^{53}	təu^{13}	təu^{13}	təu^{13}	tʻəu^{44}	tʻəu^{53}	tʻəu^{53}
中宁县	təu^{53}	təu^{53}	təu^{13}	təu^{13}	təu^{13}	tʻəu^{44}	tʻəu^{53}	tʻəu^{53}
沙坡头区	tou^{53}	tou^{53}	tou^{13}	tou^{13}	tou^{13}	tʻou^{44}	tʻou^{53}	tʻou^{53}
盐池县	təu^{52}	təu^{52}	təu^{13}	təu^{13}	təu^{13}	tʻəu^{44}	tʻəu^{13}	tʻəu^{13}
平罗县（渠口乡）	təu^{53}	təu^{53}	təu^{13}	təu^{13}	təu^{13}	tʻəu^{44}	tʻəu^{53}	tʻəu^{53}
阿拉善左旗	təu^{51}	təu^{51}	təu^{213}	təu^{213}	təu^{213}	tʻəu^{44}	tʻəu^{51}	tʻəu^{51}
乌鲁木齐市	təu^{52}	təu^{52}	təu^{213}	təu^{213}	təu^{213}	tʻəu^{44}	tʻəu^{52}	tʻəu^{52}
阜康市	tɤu^{51}	tɤu^{51}	tɤu^{213}	tɤu^{213}	tɤu^{213}	tʻɤu^{55}	tʻɤu^{51}	tʻɤu^{51}
呼图壁县	təu^{51}	təu^{51}	təu^{213}	təu^{213}	təu^{213}	tʻəu^{44}	tʻəu^{51}	tʻəu^{51}
吉木萨尔县	tɤu^{51}	tɤu^{51}	tɤu^{213}	tɤu^{213}	tɤu^{213}	tʻɤu^{55}	tʻɤu^{51}	tʻɤu^{51}
奇台县	təu^{52}	təu^{52}	təu^{213}	təu^{213}	təu^{213}	tʻəu^{44}	tʻəu^{52}	tʻəu^{52}
博乐市	tɤu^{51}	tɤu^{51}	tɤu^{24}	tɤu^{24}	tɤu^{24}	tʻɤu^{45}	tʻɤu^{51}	tʻɤu^{51}
阿勒泰市	tɤu^{51}	tɤu^{51}	tɤu^{23}	tɤu^{23}	tɤu^{23}	tʻɤu^{44}	tʻɤu^{51}	tʻɤu^{51}
布尔津县	təu^{23}	təu^{23}	təu^{51}	təu^{51}	təu^{51}	tʻəu^{44}	tʻəu^{23}	tʻəu^{23}
乌苏市	tɤu^{51}	tɤu^{51}	tɤu^{213}	tɤu^{213}	tɤu^{213}	tʻɤu^{55}	tʻɤu^{51}	tʻɤu^{51}
额敏县	tɤu^{51}	tɤu^{51}	tɤu^{34}	tɤu^{34}	tɤu^{34}	tʻɤu^{44}	tʻɤu^{51}	tʻɤu^{51}
伊州区	tɤu^{51}	tɤu^{51}	tɤu^{213}	tɤu^{213}	tɤu^{213}	tʻɤu^{44}	tʻɤu^{51}	tʻɤu^{51}
巴里坤县	tɤu^{51}	tɤu^{51}	tɤu^{24}	tɤu^{24}	tɤu^{24}	tʻɤu^{45}	tʻɤu^{51}	tʻɤu^{51}
伊吾县	tɤu^{51}	tɤu^{51}	tɤu^{213}	tɤu^{213}	tɤu^{213}	tʻɤu^{44}	tʻɤu^{51}	tʻɤu^{51}

字目 / 中古音 / 方言点	透	楼	搂 搂抱	漏	邹	走	奏	凑
	流开一去侯透	流开一平侯来	流开一上厚来	流开一去候来	流开三平尤庄	流开一上厚精	流开一去候精	流开一去候精
兰州市（城关区）	t‘əu^{13}	ləu^{51}	ləu^{53}	ləu^{13}	tsəu^{53}	tsəu^{44}	tsəu^{13}	tsəu^{13}
永登县	t‘əu^{13}	ləu^{53}	ləu^{42}	ləu^{13}	tsəu^{42}	tsəu^{354}	tsəu^{13}	tsəu^{13}
榆中县	t‘əu^{13}	ləu^{332}	ləu^{51}	ləu^{13}	tsəu^{51}	tsəu^{44}	tsəu^{13}	tsəu^{13}
皋兰县	t‘əu^{13}	ləu^{53}	ləu^{42}	ləu^{13}	tsəu^{42}	tsəu^{342}	tsəu^{13}	tsəu^{13}
白银区	t‘əu^{13}	ləu^{51}	ləu^{44}	ləu^{13}	tsəu^{44}	tsəu^{343}	tsəu^{13}	tsəu^{13}
天祝县	t‘ɤu^{213}	lɤu^{53}	lɤu^{44}	lɤu^{213}	tsɤu^{44}	tsɤu^{44}	tsɤu^{213}	tsəu^{213}
景泰县（红水镇）	t‘əu^{213}	ləu^{53}	ləu^{44}	ləu^{213}	tsəu^{44}	tsəu^{44}	tsəu^{213}	tsəu^{213}
古浪县	t‘ou^{31}	lou^{53}	lou^{44}	lou^{31}	tsou^{44}	tsou^{44}	tsou^{31}	tsou^{31}
凉州区	t‘əu^{53}	ləu^{13}	ləu^{33}	ləu^{53}	tsəu^{33}	tsəu^{33}	tsəu^{53}	tsəu^{53}
民勤县	t‘ɤu^{42}	lɤu^{53}	lɤu^{44}	lɤu^{42}	tsɤu^{44}	tsɤu^{214}	tsɤu^{42}	tsɤu^{42}
永昌县	t‘əu^{53}	ləu^{13}	ləu^{44}	ləu^{53}	tsəu^{44}	tsəu^{13}	tsəu^{53}	tsəu^{53}
甘州区	t‘ɤu^{31}	lɤu^{53}	lɤu^{44}	lɤu^{31}	tsɤu^{44}	tsɤu^{53}	tsɤu^{31}	tsɤu^{31}
临泽县	t‘əu^{214}	ləu^{53}	ləu^{44}	ləu^{214}	tsəu^{44}	tsəu^{53}	tsəu^{214}	tsəu^{214}
民乐县	t‘əu^{42}	ləu^{53}	ləu^{44}	ləu^{42}	tsəu^{44}	tsəu^{213}	tsəu^{42}	tsəu^{42}
山丹县	t‘əu^{41}	ləu^{53}	ləu^{24}	ləu^{41}	tsəu^{24}	tsəu^{53}	tsəu^{41}	tsəu^{41}
高台县	t‘ɤu^{214}	lɤu^{53}	lɤu^{44}	lɤu^{214}	tsɤu^{44}	tsɤu^{53}	tsɤu^{214}	tsɤu^{214}
肃州区	t‘ɤu^{214}	lɤu^{53}	lɤu^{44}	lɤu^{214}	tsɤu^{44}	tsɤu^{53}	tsɤu^{214}	tsɤu^{214}
金塔县	t‘ɤu^{13}	lɤu^{53}	lɤu^{44}	lɤu^{13}	tsɤu^{44}	tsɤu^{53}	tsɤu^{13}	tsɤu^{13}
肃北县	t‘ɤu^{213}	lɤu^{53}	lɤu^{44}	lɤu^{213}	tsɤu^{44}	tsɤu^{53}	tsɤu^{213}	tsɤu^{213}
玉门市	t‘ɤu^{213}	lɤu^{53}	lɤu^{44}	lɤu^{213}	tsɤu^{44}	tsɤu^{53}	tsɤu^{213}	tsɤu^{213}
瓜州县	t‘ɤu^{213}	lɤu^{53}	lɤu^{44}	lɤu^{213}	tsɤu^{44}	tsɤu^{53}	tsɤu^{213}	tsɤu^{213}
西夏区	t‘əu^{13}	ləu^{53}	ləu^{44}	ləu^{13}	tsəu^{44}	tsəu^{53}	tsəu^{13}	tsəu^{13}

续表

贺兰县	t'ou¹³	lou⁵³	lou⁴⁴	lou¹³	tsou⁴⁴	tsou⁵³	tsou¹³	tsou¹³
灵武市（东塔镇）	t'əu¹³	ləu⁵²	ləu⁴⁴	ləu¹³	tsəu⁴⁴	tsəu⁵²	tsəu¹³	tsəu¹³
永宁县	t'əu¹³	ləu⁵³	ləu⁴⁴	ləu¹³	tsəu⁴⁴	tsəu⁵³	tsəu¹³	tsəu¹³
中宁县	t'əu¹³	ləu⁵³	ləu⁴⁴	ləu¹³	tsəu⁴⁴	tsəu⁵³	tsəu¹³	tsəu¹³
沙坡头区	t'əou¹³	lou⁵³	lou⁴⁴	lou¹³	tsou⁴⁴	tsou⁵³	tsou¹³	tsou¹³
盐池县	t'əu¹³	ləu¹³	ləu⁴⁴	ləu¹³	tsəu⁴⁴	tsəu⁵²	tsəu¹³	tsəu¹³
平罗县（渠口乡）	t'əu¹³	ləu⁵³	ləu⁴⁴	ləu¹³	tsəu⁴⁴	tsəu⁵³	tsəu¹³	tsəu¹³
阿拉善左旗	t'əu²¹³	ləu⁵¹	ləu⁴⁴	ləu²¹³	tsəu⁴⁴	tsəu⁵¹	tsəu²¹³	tsəu²¹³
乌鲁木齐市	t'əu²¹³	ləu⁵²	ləu⁴⁴	ləu²¹³	tsəu⁴⁴	tsəu⁵²	tsəu²¹³	tsəu²¹³
阜康市	t'ɤu²¹³	lɤu⁵¹	lɤu⁵⁵	lɤu²¹³	tsɤu⁵⁵	tsɤu⁵¹	tsɤu²¹³	tsɤu²¹³
呼图壁县	t'əu²¹³	ləu⁵¹	ləu⁴⁴	ləu²¹³	tsəu⁴⁴	tsəu⁵¹	tsəu²¹³	tsəu²¹³
吉木萨尔县	t'ɤu²¹³	lɤu⁵¹	lɤu⁴⁴	lɤu²¹³	tsɤu⁴⁴	tsɤu⁵¹	tsɤu²¹³	tsɤu²¹³
奇台县	t'əu²¹³	ləu⁵²	ləu⁴⁴	ləu²¹³	tsəu⁴⁴	tsəu⁵²	tsəu²¹³	tsəu²¹³
博乐市	t'ɤu²⁴	lɤu⁵¹	lɤu⁴⁵	lɤu²⁴	tsɤu⁴⁵	tsɤu⁵¹	tsɤu²⁴	tsɤu²⁴
阿勒泰市	t'ɤu²³	lɤu⁵¹	lɤu⁴⁴	lɤu²³	tsɤu⁴⁴	tsɤu⁵¹	tsɤu²³	tsɤu²³
布尔津县	t'əu⁵¹	ləu²³	ləu⁴⁴	ləu⁵¹	tsəu⁴⁴	tsəu²³	tsəu⁵¹	tsəu⁵¹
乌苏市	t'ɤu²¹³	lɤu⁵¹	lɤu⁵⁵	lɤu²¹³	tsɤu⁵⁵	tsɤu⁵¹	tsɤu²¹³	tsɤu²¹³
额敏县	t'ɤu³⁴	lɤu⁵¹	lɤu⁴⁴	lɤu³⁴	tsɤu⁴⁴	tsɤu⁵¹	tsɤu³⁴	tsɤu³⁴
伊州区	t'ɤu²¹³	lɤu⁵¹	lɤu⁴⁴	lɤu²¹³	tsɤu⁴⁴	tsɤu⁵¹	tsɤu²¹³	tsɤu²¹³
巴里坤县	t'ɤu²⁴	lɤu⁵¹	lɤu⁴⁵	lɤu²⁴	tsɤu⁴⁵	tsɤu⁵¹	tsɤu²⁴	tsɤu²⁴
伊吾县	t'ɤu²¹³	lɤu⁵¹	lɤu⁴⁴	lɤu²¹³	tsɤu⁴⁴	tsɤu⁵¹	tsɤu²¹³	tsɤu²¹³

字目 / 中古音 / 方言点	搜[①]	馊	周	舟	州	洲	粥	轴
	流开三平尤生	流开三平尤生	流开三平尤章	流开三平尤章	流开三平尤章	流开三平尤章	通合三入屋章	通合三入屋章
兰州市（城关区）	səu^{53}	səu^{53}	tʂəu^{53}	tʂəu^{53}	tʂəu^{53}	tʂəu^{53}	tʂəu^{13}	tʂəu^{13}
永登县	səu^{42}	səu^{42}	tʂəu^{42}	tʂəu^{42}	tʂəu^{42}	tʂəu^{42}	tʂəu^{13}	tʂəu^{13}
榆中县	səu^{51}	səu^{51}	tʂəu^{51}	tʂəu^{51}	tʂəu^{51}	tʂəu^{51}	tʂəu^{13}	tʂəu^{13}
皋兰县	səu^{42}	səu^{42}	tʂəu^{42}	tʂəu^{42}	tʂəu^{42}	tʂəu^{42}	tʂəu^{13}	tʂəu^{13}
白银区	səu^{44}	səu^{44}	tʂəu^{44}	tʂəu^{44}	tʂəu^{44}	tʂəu^{44}	tʂəu^{13}	tʂəu^{13}
天祝县	sɤu^{44}	sɤu^{44}	tʂɤu^{44}	tʂɤu^{44}	tʂɤu^{44}	tʂɤu^{44}	tʂɤu^{213}	tʂɤu^{213}
景泰县（红水镇）	səu^{44}	səu^{44}	tʂəu^{44}	tʂəu^{44}	tʂəu^{44}	tʂəu^{44}	tʂəu^{213}	tʂəu^{213}
古浪县	sou^{44}	sou^{44}	tʂou^{44}	tʂou^{44}	tʂou^{44}	tʂou^{44}	tʂou^{31}	tʂou^{31}
凉州区	səu^{33}	səu^{33}	tʂəu^{33}	tʂəu^{33}	tʂəu^{33}	tʂəu^{33}	tʂəu^{53}	tʂəu^{53}
民勤县	sɤu^{44}	sɤu^{44}	tʂɤu^{44}	tʂɤu^{44}	tʂɤu^{44}	tʂɤu^{44}	tʂɤu^{42}	tʂɤu^{42}
永昌县	səu^{44}	səu^{44}	tʂəu^{44}	tʂəu^{44}	tʂəu^{44}	tʂəu^{44}	tʂəu^{53}	tʂəu^{53}
甘州区	sɤu^{44}	sɤu^{44}	tʂɤu^{44}	tʂɤu^{44}	tʂɤu^{44}	tʂɤu^{44}	tʂɤu^{31}	tʂɤu^{31}
临泽县	səu^{44}	səu^{44}	tʂəu^{44}	tʂəu^{44}	tʂəu^{44}	tʂəu^{44}	tʂəu^{214}	tʂəu^{14}
民乐县	səu^{44}	səu^{44}	tʂəu^{44}	tʂəu^{44}	tʂəu^{44}	tʂəu^{44}	tʂəu^{42}	tʂəu^{42}
山丹县	səu^{24}	səu^{24}	tʂəu^{24}	tʂəu^{24}	tʂəu^{24}	tʂəu^{24}	tʂəu^{41}	tʂəu^{41}
高台县	sɤu^{44}	sɤu^{44}	tʂɤu^{44}	tʂɤu^{44}	tʂɤu^{44}	tʂɤu^{44}	tʂɤu^{214}	tʂɤu^{214}
肃州区	sɤu^{44}	sɤu^{44}	tʂɤu^{44}	tʂɤu^{44}	tʂɤu^{44}	tʂɤu^{44}	tʂɤu^{214}	tʂɤu^{214}
金塔县	sɤu^{44}	sɤu^{44}	tʂɤu^{44}	tʂɤu^{44}	tʂɤu^{44}	tʂɤu^{44}	tʂɤu^{13}	tʂɤu^{13}
肃北县	sɤu^{44}	sɤu^{44}	tʂɤu^{44}	tʂɤu^{44}	tʂɤu^{44}	tʂɤu^{44}	tʂɤu^{213}	tʂɤu^{213}
玉门市	sɤu^{44}	sɤu^{44}	tʂɤu^{44}	tʂɤu^{44}	tʂɤu^{44}	tʂɤu^{44}	tʂɤu^{213}	tʂɤu^{213}
瓜州县	sɤu^{44}	sɤu^{44}	tʂɤu^{44}	tʂɤu^{44}	tʂɤu^{44}	tʂɤu^{44}	tʂɤu^{213}	tʂɤu^{213}

①又先侯切，流开一平侯心。

续表

西夏区	səu^{44}	səu^{44}	tʂəu^{44}	tʂəu^{44}	tʂəu^{44}	tʂəu^{44}	tʂəu^{13}	tʂəu^{13}
贺兰县	sou^{44}	sou^{44}	tʂou^{44}	tʂou^{44}	tʂou^{44}	tʂou^{44}	tʂou^{13}	tʂou^{13}
灵武市（东塔镇）	səu^{44}	səu^{44}	tʂəu^{44}	tʂəu^{44}	tʂəu^{44}	tʂəu^{44}	tʂəu^{13}	tʂəu^{13}
永宁县	səu^{44}	səu^{44}	tʂəu^{44}	tʂəu^{44}	tʂəu^{44}	tʂəu^{44}	tʂəu^{13}	tʂəu^{13}
中宁县	səu^{44}	səu^{44}	tʂəu^{44}	tʂəu^{44}	tʂəu^{44}	tʂəu^{44}	tʂəu^{53}	tʂəu^{53}
沙坡头区	sou^{44}	sou^{44}	tʂou^{44}	tʂou^{44}	tʂou^{44}	tʂou^{44}	tʂou^{53}	tʂou^{53}
盐池县	səu^{44}	səu^{44}	tʂəu^{44}	tʂəu^{44}	tʂəu^{44}	tʂəu^{44}	tʂəu^{13}	tʂəu^{13}
平罗县（渠口乡）	səu^{44}	səu^{44}	tʂəu^{44}	tʂəu^{44}	tʂəu^{44}	tʂəu^{44}	tʂəu^{13}	tʂəu^{13}
阿拉善左旗	səu^{44}	səu^{44}	tʂəu^{44}	tʂəu^{44}	tʂəu^{44}	tʂəu^{44}	tʂəu^{213}	tʂəu^{213}
乌鲁木齐市	səu^{44}	səu^{44}	tʂəu^{44}	tʂəu^{44}	tʂəu^{44}	tʂəu^{44}	tʂəu^{213}	tʂəu^{213}
阜康市	sɤu^{55}	sɤu^{55}	tʂɤu^{55}	tʂɤu^{55}	tʂɤu^{55}	tʂɤu^{55}	tʂɤu^{213}	tʂɤu^{213}
呼图壁县	səu^{44}	səu^{44}	tʂəu^{44}	tʂəu^{44}	tʂəu^{44}	tʂəu^{44}	tʂəu^{213}	tʂəu^{213}
吉木萨尔县	sɤu^{44}	sɤu^{44}	tʂɤu^{44}	tʂɤu^{44}	tʂɤu^{44}	tʂɤu^{44}	tʂɤu^{213}	tʂɤu^{213}
奇台县	səu^{44}	səu^{44}	tʂəu^{44}	tʂəu^{44}	tʂəu^{44}	tʂəu^{44}	tʂəu^{213}	tʂəu^{213}
博乐市	sɤu^{45}	sɤu^{45}	tʂɤu^{45}	tʂɤu^{45}	tʂɤu^{45}	tʂɤu^{45}	tʂɤu^{23}	tʂɤu^{23}
阿勒泰市	sɤu^{44}	sɤu^{44}	tʂɤu^{44}	tʂɤu^{44}	tʂɤu^{44}	tʂɤu^{44}	tʂɤu^{23}	tʂɤu^{23}
布尔津县	səu^{44}	səu^{44}	tʂəu^{44}	tʂəu^{44}	tʂəu^{44}	tʂəu^{44}	tʂəu^{51}	tʂəu^{51}
乌苏市	sɤu^{55}	sɤu^{55}	tʂɤu^{55}	tʂɤu^{55}	tʂɤu^{55}	tʂɤu^{55}	tʂɤu^{213}	tʂɤu^{213}
额敏县	sɤu^{44}	sɤu^{44}	tʂɤu^{44}	tʂɤu^{44}	tʂɤu^{44}	tʂɤu^{44}	tʂɤu^{34}	tʂɤu^{34}
伊州区	sɤu^{44}	sɤu^{44}	tʂɤu^{44}	tʂɤu^{44}	tʂɤu^{44}	tʂɤu^{44}	tʂɤu^{213}	tʂɤu^{213}
巴里坤县	sɤu^{45}	sɤu^{45}	tʂɤu^{45}	tʂɤu^{45}	tʂɤu^{45}	tʂɤu^{45}	tʂɤu^{24}	tʂɤu^{24}
伊吾县	sɤu^{44}	sɤu^{44}	tʂɤu^{44}	tʂɤu^{44}	tʂɤu^{44}	tʂɤu^{44}	tʂɤu^{213}	tʂɤu^{213}

字目 / 中古音 / 方言点	肘	帚	昼	皱①	骤②	咒	抽③	绸
	流开三上有知	流开三上有章	流开三去宥知	流开三去宥庄	流开三去宥崇	流开三去宥章	流开三平尤彻	流开三平尤澄
兰州市（城关区）	tʂəu^{44}	tʂəu^{44}	tʂəu^{13}	tʂəu^{13}	tʂəu^{13}	tʂəu^{13}	tʂʻəu^{53}	tʂʻəu^{51}
永登县	tʂəu^{354}	tʂəu^{354}	tʂəu^{13}	tʂəu^{13}	tʂəu^{13}	tʂəu^{13}	tʂʻəu^{42}	tʂʻəu^{53}
榆中县	tʂəu^{44}	tʂəu^{44}	tʂəu^{13}	tʂəu^{13}	tʂəu^{13}	tʂəu^{13}	tʂʻəu^{51}	tʂʻəu^{332}
皋兰县	tʂəu^{342}	tʂəu^{342}	tʂəu^{13}	tʂəu^{13}	tʂəu^{13}	tʂəu^{13}	tʂʻəu^{42}	tʂʻəu^{53}
白银区	tʂəu^{343}	tʂəu^{343}	tʂəu^{13}	tʂəu^{13}	tʂəu^{13}	tʂəu^{13}	tʂʻəu^{44}	tʂʻəu^{51}
天祝县	tʂɤu^{44}	tʂɤu^{44}	tʂɤu^{213}	tʂɤu^{213}	tʂɤu^{213}	tʂɤu^{213}	tʂʻɤu^{44}	tʂʻɤu^{53}
景泰县（红水镇）	tʂəu^{44}	tʂəu^{44}	tʂəu^{213}	tʂəu^{213}	tʂəu^{213}	tʂəu^{213}	tʂʻəu^{44}	tʂʻəu^{53}
古浪县	tʂou^{44}	tʂou^{44}	tʂou^{31}	tʂou^{31}	tʂou^{31}	tʂou^{31}	tʂʻou^{44}	tʂʻou^{53}
凉州区	tʂəu^{33}	tʂəu^{33}	tʂəu^{53}	tʂəu^{53}	tʂəu^{53}	tʂəu^{53}	tʂʻəu^{33}	tʂʻəu^{13}
民勤县	tʂɤu^{214}	tʂɤu^{214}	tʂɤu^{42}	tʂɤu^{42}	tʂɤu^{42}	tʂɤu^{42}	tʂʻɤu^{44}	tʂʻɤu^{53}
永昌县	tʂəu^{13}	tʂəu^{44}	tʂəu^{53}	tʂəu^{53}	tʂəu^{53}	tʂəu^{53}	tʂʻəu^{44}	tʂʻəu^{13}
甘州区	tʂɤu^{53}	tʂɤu^{44}	tʂɤu^{31}	tʂɤu^{31}	tʂɤu^{31}	tʂɤu^{31}	tʂʻɤu^{44}	tʂʻɤu^{53}
临泽县	tʂəu^{44}	tʂəu^{44}	tʂəu^{214}	tʂəu^{214}	tʂəu^{214}	tʂəu^{214}	tʂʻəu^{44}	tʂʻəu^{53}
民乐县	tʂəu^{213}	tʂəu^{213}	tʂəu^{42}	tʂəu^{42}	tʂəu^{42}	tʂəu^{42}	tʂʻəu^{44}	tʂʻəu^{53}
山丹县	tʂəu^{53}	tʂəu^{24}	tʂəu^{41}	tʂəu^{41}	tʂəu^{41}	tʂəu^{41}	tʂʻəu^{24}	tʂʻəu^{53}
高台县	tʂɤu^{44}	tʂɤu^{44}	tʂɤu^{214}	tʂɤu^{214}	tʂɤu^{214}	tʂɤu^{214}	tʂʻɤu^{44}	tʂʻɤu^{53}
肃州区	tʂɤu^{44}	tʂɤu^{44}	tʂɤu^{214}	tʂɤu^{214}	tʂɤu^{214}	tʂɤu^{214}	tʂʻɤu^{44}	tʂʻɤu^{53}
金塔县	tʂɤu^{53}	tʂɤu^{44}	tʂɤu^{13}	tʂɤu^{13}	tʂɤu^{13}	tʂɤu^{13}	tʂʻɤu^{44}	tʂʻɤu^{53}
肃北县	tʂɤu^{53}	tʂɤu^{44}	tʂɤu^{213}	tʂɤu^{213}	tʂɤu^{213}	tʂɤu^{213}	tʂʻɤu^{44}	tʂʻɤu^{53}

①又甾尤切，流开三平尤庄。

②又才候切，流开一去侯从。

③又通“紬”，直由切，流开三平尤澄。

续表

玉门市	tʂɤu^{53}	tʂɤu^{44}	tʂɤu^{213}	tʂɤu^{213}	tʂɤu^{213}	tʂɤu^{213}	tʂʻɤu^{44}	tʂʻɤu^{53}
瓜州县	tʂɤu^{53}	tʂɤu^{44}	tʂɤu^{213}	tʂɤu^{213}	tʂɤu^{213}	tʂɤu^{213}	tʂʻɤu^{44}	tʂʻɤu^{53}
西夏区	tʂəu^{53}	tʂəu^{53}	tʂəu^{13}	tʂəu^{13}	tʂəu^{13}	tʂəu^{13}	tʂʻəu^{44}	tʂʻəu^{53}
贺兰县	tʂou^{53}	tʂou^{53}	tʂou^{13}	tʂou^{13}	tʂou^{13}	tʂou^{13}	tʂʻou^{44}	tʂʻou^{53}
灵武市（东塔镇）	tʂəu^{52}	tʂəu^{52}	tʂəu^{13}	tʂəu^{13}	tʂəu^{13}	tʂəu^{13}	tʂʻəu^{44}	tʂʻəu^{52}
永宁县	tʂəu^{53}	tʂəu^{53}	tʂəu^{13}	tʂəu^{13}	tʂəu^{13}	tʂəu^{13}	tʂʻəu^{44}	tʂʻəu^{53}
中宁县	tʂəu^{53}	tʂəu^{53}	tʂəu^{13}	tʂəu^{13}	tʂəu^{13}	tʂəu^{13}	tʂʻəu^{44}	tʂʻəu^{53}
沙坡头区	tʂou^{53}	tʂou^{53}	tʂou^{13}	tʂou^{13}	tʂou^{13}	tʂou^{13}	tʂʻou^{44}	tʂʻou^{53}
盐池县	tʂəu^{52}	tʂəu^{52}	tʂəu^{13}	tsəu^{13}	tsəu^{13}	tʂəu^{13}	tʂʻəu^{44}	tʂʻəu^{13}
平罗县（渠口乡）	tʂəu^{53}	tʂəu^{53}	tʂəu^{13}	tʂəu^{13}	tʂəu^{13}	tʂəu^{13}	tʂʻəu^{44}	tʂʻəu^{53}
阿拉善左旗	tʂəu^{51}	tʂəu^{44}	tʂəu^{213}	tʂəu^{213}	tʂəu^{213}	tʂəu^{213}	tʂʻəu^{44}	tʂʻəu^{51}
乌鲁木齐市	tʂəu^{52}	tʂəu^{44}	tʂəu^{213}	tʂəu^{213}	tʂəu^{213}	tʂəu^{213}	tʂʻəu^{44}	tʂʻəu^{52}
阜康市	tʂɤu^{51}	tʂɤu^{55}	tʂɤu^{213}	tʂɤu^{213}	tʂɤu^{213}	tʂɤu^{213}	tʂʻɤu^{55}	tʂʻɤu^{51}
呼图壁县	tʂəu^{51}	tʂəu^{44}	tʂəu^{213}	tʂəu^{213}	tʂəu^{213}	tʂəu^{213}	tʂʻəu^{44}	tʂʻəu^{51}
吉木萨尔县	tʂɤu^{51}	tʂɤu^{44}	tʂɤu^{213}	tʂɤu^{213}	tʂɤu^{213}	tʂɤu^{213}	tʂʻɤu^{44}	tʂʻɤu^{51}
奇台县	tʂəu^{52}	tʂəu^{44}	tʂəu^{213}	tʂəu^{213}	tʂəu^{213}	tʂəu^{213}	tʂʻəu^{44}	tʂʻəu^{52}
博乐市	tʂɤu^{51}	tʂɤu^{45}	tʂɤu^{24}	tʂɤu^{24}	tʂɤu^{24}	tʂɤu^{24}	tʂʻɤu^{45}	tʂʻɤu^{51}
阿勒泰市	tʂɤu^{51}	tʂɤu^{44}	tʂɤu^{23}	tʂɤu^{23}	tʂɤu^{23}	tʂɤu^{23}	tʂʻɤu^{44}	tʂʻɤu^{51}
布尔津县	tʂəu^{23}	tʂəu^{44}	tʂəu^{51}	tʂəu^{51}	tʂəu^{51}	tʂəu^{51}	tʂʻəu^{44}	tʂʻəu^{23}
乌苏市	tʂɤu^{51}	tʂɤu^{55}	tʂɤu^{213}	tʂɤu^{213}	tʂɤu^{213}	tʂɤu^{213}	tʂʻɤu^{55}	tʂʻɤu^{51}
额敏县	tʂɤu^{51}	tʂɤu^{44}	tʂɤu^{34}	tʂɤu^{34}	tʂɤu^{34}	tʂɤu^{34}	tʂʻɤu^{44}	tʂʻɤu^{51}
伊州区	tʂɤu^{51}	tʂɤu^{44}	tʂɤu^{213}	tʂɤu^{213}	tʂɤu^{213}	tʂɤu^{213}	tʂʻɤu^{44}	tʂʻɤu^{51}
巴里坤县	tʂɤu^{51}	tʂɤu^{45}	tʂəu^{24}	tʂɤu^{24}	tʂɤu^{24}	tʂɤu^{24}	tʂʻɤu^{45}	tʂʻɤu^{51}
伊吾县	tʂɤu^{51}	tʂɤu^{44}	tʂɤu^{213}	tʂɤu^{213}	tʂɤu^{213}	tʂɤu^{213}	tʂʻɤu^{44}	tʂʻɤu^{51}

字目 / 中古音 / 方言点	稠	筹	愁	仇 报仇	酬	丑 子丑	丑 丑恶	臭 香臭
	流开三平尤澄	流开三平尤澄	流开三平尤崇	流开三平尤禅	流开三平尤禅	流开三上有彻	流开三上有昌	流开三去宥昌
兰州市（城关区）	tʂʻəu^{51}	tʂʻəu^{51}	tʂʻəu^{51}	tʂʻəu^{51}	tʂʻəu^{51}	tʂʻəu^{44}	tʂʻəu^{44}	tʂʻəu^{13}
永登县	tʂʻəu^{53}	tʂʻəu^{53}	tʂʻəu^{53}	tʂʻəu^{53}	tʂʻəu^{53}	tʂʻəu^{354}	tʂʻəu^{354}	tʂʻəu^{13}
榆中县	tʂʻəu^{332}	tʂʻəu^{332}	tʂʻəu^{332}	tʂʻəu^{332}	tʂʻəu^{332}	tʂʻəu^{44}	tʂʻəu^{44}	tʂʻəu^{13}
皋兰县	tʂʻəu^{53}	tʂʻəu^{53}	tʂʻəu^{53}	tʂʻəu^{53}	tʂʻəu^{53}	tʂʻəu^{342}	tʂʻəu^{342}	tʂʻəu^{13}
白银区	tʂʻəu^{51}	tʂʻəu^{51}	tʂʻəu^{51}	tʂʻəu^{51}	tʂʻəu^{51}	tʂʻəu^{343}	tʂʻəu^{343}	tʂʻəu^{13}
天祝县	tʂʻɤu^{53}	tʂʻɤu^{53}	tʂʻɤu^{53}	tʂʻɤu^{53}	tʂʻɤu^{53}	tʂʻɤu^{44}	tʂʻɤu^{44}	tʂʻɤu^{213}
景泰县（红水镇）	tʂʻəu^{53}	tʂʻəu^{53}	tʂʻəu^{53}	tʂʻəu^{53}	tʂʻəu^{53}	tʂʻəu^{44}	tʂʻəu^{44}	tʂʻəu^{213}
古浪县	tʂʻou^{53}	tʂʻou^{53}	tʂʻou^{53}	tʂʻou^{53}	tʂʻou^{53}	tʂʻou^{44}	tʂʻou^{44}	tʂʻou^{31}
凉州区	tʂʻəu^{13}	tʂʻəu^{13}	tʂʻəu^{13}	tʂʻəu^{13}	tʂʻəu^{13}	tʂʻəu^{33}	tʂʻəu^{33}	tʂʻəu^{53}
民勤县	tʂʻɤu^{53}	tʂʻɤu^{53}	tʂʻɤu^{53}	tʂʻɤu^{53}	tʂʻɤu^{53}	tʂʻɤu^{214}	tʂʻɤu^{214}	tʂʻɤu^{42}
永昌县	tʂʻəu^{13}	tʂʻəu^{13}	tʂʻəu^{13}	tʂʻəu^{13}	tʂʻəu^{13}	tʂʻəu^{13}	tʂʻəu^{13}	tʂʻəu^{53}
甘州区	tʂʻɤu^{53}	tʂʻɤu^{53}	tʂʻɤu^{53}	tʂʻɤu^{53}	tʂʻɤu^{53}	tʂʻɤu^{44}	tʂʻɤu^{53}	tʂʻɤu^{31}
临泽县	tʂʻəu^{53}	tʂʻəu^{53}	tʂʻəu^{53}	tʂʻəu^{53}	tʂʻəu^{53}	tʂʻəu^{53}	tʂʻəu^{53}	tʂʻəu^{214}
民乐县	tʂʻəu^{53}	tʂʻəu^{53}	tʂʻəu^{53}	tʂʻəu^{53}	tʂʻəu^{53}	tʂʻəu^{213}	tʂʻəu^{213}	tʂʻəu^{42}
山丹县	tʂʻəu^{53}	tʂʻəu^{53}	tʂʻəu^{53}	tʂʻəu^{53}	tʂʻəu^{53}	tʂʻəu^{24}	tʂʻəu^{53}	tʂʻəu^{41}
高台县	tʂʻɤu^{53}	tʂʻɤu^{53}	tʂʻɤu^{53}	tʂʻɤu^{53}	tʂʻɤu^{53}	tʂʻɤu^{53}	tʂʻɤu^{53}	tʂʻɤu^{214}
肃州区	tʂʻɤu^{53}	tʂʻɤu^{53}	tʂʻɤu^{53}	tʂʻɤu^{53}	tʂʻɤu^{53}	tʂʻɤu^{53}	tʂʻɤu^{53}	tʂʻɤu^{214}
金塔县	tʂʻɤu^{53}	tʂʻɤu^{53}	tʂʻɤu^{53}	tʂʻɤu^{53}	tʂʻɤu^{53}	tʂʻɤu^{44}	tʂʻɤu^{53}	tʂʻɤu^{13}
肃北县	tʂʻɤu^{53}	tʂʻɤu^{53}	tʂʻɤu^{53}	tʂʻɤu^{53}	tʂʻɤu^{53}	tʂʻɤu^{44}	tʂʻɤu^{53}	tʂʻɤu^{213}
玉门市	tʂʻɤu^{53}	tʂʻɤu^{53}	tʂʻɤu^{53}	tʂʻɤu^{53}	tʂʻɤu^{53}	tʂʻɤu^{44}	tʂʻɤu^{53}	tʂʻɤu^{213}
瓜州县	tʂʻɤu^{53}	tʂʻɤu^{53}	tʂʻɤu^{53}	tʂʻɤu^{53}	tʂʻɤu^{53}	tʂʻɤu^{44}	tʂʻɤu^{53}	tʂʻɤu^{213}
西夏区	tʂʻəu^{53}	tʂʻəu^{53}	tʂʻəu^{53}	tʂʻəu^{53}	tʂʻəu^{53}	tʂʻəu^{53}	tʂʻəu^{53}	tʂʻəu^{13}

续表

贺兰县	tʂʻou^{53}	tʂʻou^{53}	tʂʻou^{53}	tʂʻou^{53}	tʂʻou^{53}	tʂʻou^{53}	tʂʻou^{53}	tʂʻou^{13}
灵武市 （东塔镇）	tʂʻəu^{52}	tʂʻəu^{52}	tʂʻəu^{52}	tʂʻəu^{52}	tʂʻəu^{52}	tʂʻəu^{52}	tʂʻəu^{52}	tʂʻəu^{13}
永宁县	tʂʻəu^{53}	tʂʻəu^{53}	tʂʻəu^{53}	tʂʻəu^{53}	tʂʻəu^{53}	tʂʻəu^{53}	tʂʻəu^{53}	tʂʻəu^{13}
中宁县	tʂʻəu^{53}	tʂʻəu^{53}	tʂʻəu^{53}	tʂʻəu^{53}	tʂʻəu^{53}	tʂʻəu^{53}	tʂʻəu^{53}	tʂʻəu^{13}
沙坡头区	tʂʻou^{53}	tʂʻou^{53}	tʂʻou^{53}	tʂʻou^{53}	tʂʻou^{53}	tʂʻou^{53}	tʂʻou^{53}	tʂʻou^{13}
盐池县	tʂʻəu^{13}	tʂʻəu^{13}	tʂʻəu^{13}	tʂʻəu^{13}	tʂʻəu^{13}	tʂʻəu^{52}	tʂʻəu^{52}	tʂʻəu^{13}
平罗县 （渠口乡）	tʂʻəu^{53}	tʂʻəu^{53}	tʂʻəu^{53}	tʂʻəu^{53}	tʂʻəu^{53}	tʂʻəu^{53}	tʂʻəu^{53}	tʂʻəu^{13}
阿拉善左旗	tʂʻəu^{51}	tʂʻəu^{51}	tʂʻəu^{51}	tʂʻəu^{51}	tʂʻəu^{51}	tʂʻəu^{44}	tʂʻəu^{51}	tʂʻəu^{213}
乌鲁木齐市	tʂʻəu^{52}	tʂʻəu^{52}	tʂʻəu^{52}	tʂʻəu^{52}	tʂʻəu^{52}	tʂʻəu^{44}	tʂʻəu^{52}	tʂʻəu^{213}
阜康市	tʂʻɤu^{51}	tʂʻəu^{51}	tʂʻɤu^{51}	tʂʻɤu^{51}	tʂʻɤu^{51}	tʂʻɤu^{55}	tʂʻɤu^{51}	tʂʻɤu^{213}
呼图壁县	tʂʻəu^{51}	tʂʻəu^{51}	tʂʻəu^{51}	tʂʻəu^{51}	tʂʻəu^{51}	tʂʻəu^{44}	tʂʻəu^{51}	tʂʻəu^{213}
吉木萨尔县	tʂʻɤu^{51}	tʂʻəu^{51}	tʂʻɤu^{51}	tʂʻɤu^{51}	tʂʻɤu^{51}	tʂʻɤu^{44}	tʂʻɤu^{51}	tʂʻɤu^{213}
奇台县	tʂʻəu^{52}	tʂʻəu^{52}	tʂʻəu^{52}	tʂʻəu^{52}	tʂʻəu^{52}	tʂʻəu^{44}	tʂʻəu^{52}	tʂʻəu^{213}
博乐市	tʂʻɤu^{51}	tʂʻəu^{51}	tʂʻɤu^{51}	tʂʻɤu^{51}	tʂʻɤu^{51}	tʂʻɤu^{45}	tʂʻɤu^{51}	tʂʻɤu^{24}
阿勒泰市	tʂʻɤu^{51}	tʂʻəu^{51}	tʂʻɤu^{51}	tʂʻɤu^{51}	tʂʻɤu^{51}	tʂʻɤu^{44}	tʂʻɤu^{51}	tʂʻɤu^{23}
布尔津县	tʂʻəu^{23}	tʂʻəu^{23}	tʂʻəu^{23}	tʂʻəu^{23}	tʂʻəu^{23}	tʂʻəu^{44}	tʂʻəu^{23}	tʂʻəu^{51}
乌苏市	tʂʻɤu^{51}	tʂʻəu^{51}	tʂʻɤu^{51}	tʂʻɤu^{51}	tʂʻɤu^{51}	tʂʻɤu^{55}	tʂʻɤu^{51}	tʂʻɤu^{213}
额敏县	tʂʻɤu^{51}	tʂʻəu^{51}	tʂʻɤu^{51}	tʂʻɤu^{51}	tʂʻɤu^{51}	tʂʻɤu^{44}	tʂʻɤu^{51}	tʂʻɤu^{34}
伊州区	tʂʻɤu^{51}	tʂʻəu^{51}	tʂʻɤu^{51}	tʂʻɤu^{51}	tʂʻɤu^{51}	tʂʻɤu^{44}	tʂʻɤu^{51}	tʂʻɤu^{213}
巴里坤县	tʂʻɤu^{51}	tʂʻɤu^{51}	tʂʻɤu^{51}	tʂʻɤu^{51}	tʂʻɤu^{51}	tʂʻɤu^{454}	tʂʻɤu^{51}	tʂʻɤu^{24}
伊吾县	tʂʻɤu^{51}	tʂʻəu^{51}	tʂʻɤu^{51}	tʂʻɤu^{51}	tʂʻɤu^{51}	tʂʻɤu^{44}	tʂʻɤu^{51}	tʂʻɤu^{213}

字目 / 中古音 / 方音 / 方言点	收	手	首	守	瘦	兽	受	寿[①]
	流开三平尤书	流开三上有书	流开三上有书	流开三上有书	流开三去宥生	流开三去宥书	流开三上有禅	流开三去宥禅
兰州市（城关区）	ʂəu^{53}	ʂəu^{44}	ʂəu^{44}	ʂəu^{44}	ʂəu^{13}	ʂəu^{13}	ʂəu^{13}	ʂəu^{13}
永登县	ʂəu^{42}	ʂəu^{354}	ʂəu^{354}	ʂəu^{354}	ʂəu^{13}	ʂəu^{13}	ʂəu^{13}	ʂəu^{13}
榆中县	ʂəu^{51}	ʂəu^{44}	ʂəu^{44}	ʂəu^{44}	ʂəu^{13}	ʂəu^{13}	ʂəu^{13}	ʂəu^{13}
皋兰县	ʂəu^{42}	ʂəu^{342}	ʂəu^{342}	ʂəu^{342}	ʂəu^{13}	ʂəu^{13}	ʂəu^{13}	ʂəu^{13}
白银区	ʂəu^{44}	ʂəu^{343}	ʂəu^{343}	ʂəu^{343}	ʂəu^{13}	ʂəu^{13}	ʂəu^{13}	ʂəu^{13}
天祝县	ʂɤu^{44}	ʂɤu^{44}	ʂɤu^{44}	ʂɤu^{44}	ʂɤu^{213}	ʂɤu^{213}	ʂɤu^{213}	ʂɤu^{213}
景泰县（红水镇）	ʂəu^{44}	ʂəu^{44}	ʂəu^{44}	ʂəu^{44}	ʂəu^{213}	ʂəu^{213}	ʂəu^{213}	ʂəu^{213}
古浪县	ʂou^{44}	ʂou^{44}	ʂou^{44}	ʂou^{44}	ʂou^{31}	ʂou^{31}	ʂou^{31}	ʂou^{31}
凉州区	ʂəu^{33}	ʂəu^{33}	ʂəu^{33}	ʂəu^{33}	ʂəu^{53}	ʂəu^{53}	ʂəu^{53}	ʂəu^{53}
民勤县	ʂɤu^{44}	ʂɤu^{214}	ʂɤu^{214}	ʂɤu^{214}	ʂɤu^{42}	ʂɤu^{42}	ʂɤu^{42}	ʂɤu^{42}
永昌县	ʂəu^{44}	ʂəu^{13}	ʂəu^{13}	ʂəu^{13}	ʂəu^{53}	ʂəu^{53}	ʂəu^{53}	ʂəu^{53}
甘州区	ʂɤu^{44}	ʂɤu^{53}	ʂɤu^{53}	ʂɤu^{53}	ʂɤu^{31}	ʂɤu^{31}	ʂɤu^{31}	ʂɤu^{31}
临泽县	ʂəu^{44}	ʂəu^{53}	ʂəu^{53}	ʂəu^{53}	ʂəu^{214}	ʂəu^{214}	ʂəu^{214}	ʂəu^{214}
民乐县	ʂəu^{44}	ʂəu^{213}	ʂəu^{213}	ʂəu^{213}	ʂəu^{42}	ʂəu^{42}	ʂəu^{42}	ʂəu^{42}
山丹县	ʂəu^{24}	ʂəu^{53}	ʂəu^{53}	ʂəu^{53}	ʂəu^{41}	ʂəu^{41}	ʂəu^{41}	ʂəu^{41}
高台县	ʂɤu^{44}	ʂɤu^{53}	ʂɤu^{53}	ʂɤu^{53}	ʂɤu^{214}	ʂɤu^{214}	ʂɤu^{214}	ʂɤu^{214}
肃州区	ʂɤu^{44}	ʂɤu^{53}	ʂɤu^{53}	ʂɤu^{53}	ʂɤu^{214}	ʂɤu^{214}	ʂɤu^{214}	ʂɤu^{214}
金塔县	ʂɤu^{44}	ʂɤu^{53}	ʂɤu^{53}	ʂɤu^{53}	ʂɤu^{13}	ʂɤu^{13}	ʂɤu^{13}	ʂɤu^{13}
肃北县	ʂɤu^{44}	ʂɤu^{53}	ʂɤu^{53}	ʂɤu^{53}	ʂɤu^{213}	ʂɤu^{213}	ʂɤu^{213}	ʂɤu^{213}
玉门市	ʂɤu^{44}	ʂɤu^{53}	ʂɤu^{53}	ʂɤu^{53}	ʂɤu^{213}	ʂɤu^{213}	ʂɤu^{213}	ʂɤu^{213}
瓜州县	ʂɤu^{44}	ʂɤu^{53}	ʂɤu^{53}	ʂɤu^{53}	ʂɤu^{213}	ʂɤu^{213}	ʂɤu^{213}	ʂɤu^{213}

①又殖酉切，流开三上有禅。

续表

西夏区	ʂəu^{44}	ʂəu^{53}	ʂəu^{53}	ʂəu^{53}	ʂəu^{13}	ʂəu^{13}	ʂəu^{13}	ʂəu^{13}
贺兰县	ʂou^{44}	ʂou^{53}	ʂou^{53}	ʂou^{53}	ʂou^{13}	ʂou^{13}	ʂou^{13}	ʂou^{13}
灵武市（东塔镇）	ʂəu^{44}	ʂəu^{52}	ʂəu^{52}	ʂəu^{52}	ʂəu^{13}	ʂəu^{13}	ʂəu^{13}	ʂəu^{13}
永宁县	ʂəu^{44}	ʂəu^{53}	ʂəu^{53}	ʂəu^{53}	ʂəu^{13}	ʂəu^{13}	ʂəu^{13}	ʂəu^{13}
中宁县	ʂəu^{44}	ʂəu^{53}	ʂəu^{53}	ʂəu^{53}	ʂəu^{13}	ʂəu^{13}	ʂəu^{13}	ʂəu^{13}
沙坡头区	ʂou^{44}	ʂou^{53}	ʂou^{53}	ʂou^{53}	ʂou^{13}	ʂou^{13}	ʂou^{13}	ʂou^{13}
盐池县	ʂəu^{44}	ʂəu^{52}	ʂəu^{52}	ʂəu^{52}	səu^{13}	ʂəu^{13}	ʂəu^{13}	ʂəu^{13}
平罗县（渠口乡）	ʂəu^{44}	ʂəu^{53}	ʂəu^{53}	ʂəu^{53}	ʂəu^{13}	ʂəu^{13}	ʂəu^{13}	ʂəu^{13}
阿拉善左旗	ʂəu^{44}	ʂəu^{51}	ʂəu^{51}	ʂəu^{51}	ʂəu^{213}	ʂəu^{213}	ʂəu^{213}	ʂəu^{213}
乌鲁木齐市	ʂəu^{44}	ʂəu^{52}	ʂəu^{52}	ʂəu^{52}	ʂəu^{213}	ʂəu^{213}	ʂəu^{213}	ʂəu^{213}
阜康市	ʂɤu^{55}	ʂɤu^{51}	ʂɤu^{51}	ʂɤu^{51}	ʂɤu^{213}	ʂɤu^{213}	ʂɤu^{213}	ʂɤu^{213}
呼图壁县	ʂəu^{44}	ʂəu^{51}	ʂəu^{51}	ʂəu^{51}	ʂəu^{213}	ʂəu^{213}	ʂəu^{213}	ʂəu^{213}
吉木萨尔县	ʂɤu^{44}	ʂɤu^{51}	ʂɤu^{51}	ʂɤu^{51}	ʂɤu^{213}	ʂɤu^{213}	ʂɤu^{213}	ʂɤu^{213}
奇台县	ʂəu^{44}	ʂəu^{52}	ʂəu^{52}	ʂəu^{52}	ʂəu^{213}	ʂəu^{213}	ʂəu^{213}	ʂəu^{213}
博乐市	ʂɤu^{55}	ʂɤu^{51}	ʂɤu^{51}	ʂɤu^{51}	ʂɤu^{24}	ʂɤu^{24}	ʂɤu^{24}	ʂɤu^{24}
阿勒泰市	ʂɤu^{44}	ʂɤu^{51}	ʂɤu^{51}	ʂɤu^{51}	ʂɤu^{23}	ʂɤu^{23}	ʂɤu^{23}	ʂɤu^{23}
布尔津县	ʂəu^{44}	ʂəu^{23}	ʂəu^{23}	ʂəu^{23}	ʂəu^{51}	ʂəu^{51}	ʂəu^{51}	ʂəu^{51}
乌苏市	ʂɤu^{55}	ʂɤu^{51}	ʂɤu^{51}	ʂɤu^{51}	ʂɤu^{213}	ʂɤu^{213}	ʂɤu^{213}	ʂɤu^{213}
额敏县	ʂɤu^{44}	ʂɤu^{51}	ʂɤu^{51}	ʂɤu^{51}	ʂɤu^{34}	ʂɤu^{34}	ʂɤu^{34}	ʂɤu^{34}
伊州区	ʂɤu^{44}	ʂɤu^{51}	ʂɤu^{51}	ʂɤu^{51}	ʂɤu^{213}	ʂɤu^{213}	ʂɤu^{213}	ʂɤu^{213}
巴里坤县	ʂɤu^{45}	ʂɤu^{51}	ʂɤu^{51}	ʂɤu^{51}	ʂɤu^{24}	ʂɤu^{24}	ʂɤu^{24}	ʂɤu^{24}
伊吾县	ʂɤu^{44}	ʂɤu^{51}	ʂɤu^{51}	ʂɤu^{51}	ʂɤu^{213}	ʂɤu^{213}	ʂɤu^{213}	ʂɤu^{213}

字目 / 中古音 / 方言点	授①	售	柔	肉	勾 勾销	钩	沟	狗
	流开三 去宥禅	流开三 去宥禅	流开三 平尤日	通合三 入屋日	流开一 平侯见	流开一 平侯见	流开一 平侯见	流开一 上厚见
兰州市 （城关区）	ʂəu^{13}	ʂəu^{13}	ʐəu^{51}	ʐəu^{13}	kəu^{53}	kəu^{53}	kəu^{53}	kəu^{44}
永登县	ʂəu^{13}	ʂəu^{13}	ʐəu^{54}	ʐəu^{13}	kəu^{42}	kəu^{42}	kəu^{42}	kəu^{354}
榆中县	ʂəu^{13}	ʂəu^{13}	ʐəu^{332}	ʐəu^{13}	kəu^{51}	kəu^{51}	kəu^{51}	kəu^{44}
皋兰县	ʂəu^{13}	ʂəu^{13}	ʐəu^{54}	ʐəu^{13}	kəu^{42}	kəu^{42}	kəu^{42}	kəu^{342}
白银区	ʂəu^{13}	ʂəu^{13}	ʐəu^{51}	ʐəu^{13}	kəu^{44}	kəu^{44}	kəu^{44}	kəu^{343}
天祝县	ʂɤu^{213}	ʂɤu^{213}	ʐɤu^{53}	ʐɤu^{213}	kɤu^{44}	kɤu^{44}	kɤu^{44}	kɤu^{44}
景泰县 （红水镇）	ʂəu^{213}	ʂəu^{213}	ʐəu^{53}	ʐəu^{213}	kəu^{44}	kəu^{44}	kəu^{44}	kəu^{44}
古浪县	ʂou^{31}	ʂou^{31}	ʐou^{53}	ʐou^{31}	kou^{44}	kou^{44}	kou^{44}	kou^{44}
凉州区	ʂəu^{53}	ʂəu^{53}	ʐəu^{13}	ʐəu^{53}	kəu^{33}	kəu^{33}	kəu^{33}	kəu^{33}
民勤县	ʂɤu^{42}	ʂɤu^{42}	ʐɤu^{53}	ʐɤu^{42}	kɤu^{44}	kɤu^{44}	kɤu^{44}	kɤu^{214}
永昌县	ʂəu^{53}	ʂəu^{53}	ʐəu^{13}	ʐəu^{53}	kəu^{44}	kəu^{44}	kəu^{44}	kəu^{13}
甘州区	ʂɤu^{31}	ʂɤu^{31}	ʐɤu^{53}	ʐɤu^{31}	kɤu^{44}	kɤu^{44}	kɤu^{44}	kɤu^{53}
临泽县	ʂəu^{214}	ʂəu^{214}	ʐəu^{53}	ʐəu^{214}	kəu^{44}	kəu^{44}	kəu^{44}	kəu^{53}
民乐县	ʂəu^{42}	ʂəu^{42}	ʐəu^{53}	ʐəu^{42}	kəu^{44}	kəu^{44}	kəu^{44}	kəu^{213}
山丹县	ʂəu^{41}	ʂəu^{41}	ʐəu^{53}	ʐəu^{41}	kəu^{24}	kəu^{24}	kəu^{24}	kəu^{53}
高台县	ʂɤu^{214}	ʂɤu^{214}	ʐɤu^{53}	ʐɤu^{214}	kɤu^{44}	kɤu^{44}	kɤu^{44}	kɤu^{53}
肃州区	ʂɤu^{214}	ʂɤu^{214}	ʐɤu^{53}	ʐɤu^{214}	kɤu^{44}	kɤu^{44}	kɤu^{44}	kɤu^{53}
金塔县	ʂɤu^{13}	ʂɤu^{13}	ʐɤu^{53}	ʐɤu^{13}	kɤu^{44}	kɤu^{44}	kɤu^{44}	kɤu^{53}
肃北县	ʂɤu^{213}	ʂɤu^{213}	ʐɤu^{53}	ʐɤu^{213}	kɤu^{44}	kɤu^{44}	kɤu^{44}	kɤu^{53}
玉门市	ʂɤu^{213}	ʂɤu^{213}	ʐɤu^{53}	ʐɤu^{213}	kɤu^{44}	kɤu^{44}	kɤu^{44}	kɤu^{53}
瓜州县	ʂɤu^{213}	ʂɤu^{213}	ʐɤu^{53}	ʐɤu^{213}	kɤu^{44}	kɤu^{44}	kɤu^{44}	kɤu^{53}

①又是酉切，流开三上有禅。

续表

西夏区	ʂəu^{13}	ʂəu^{13}	ʐəu^{53}	ʐəu^{13}	kəu^{44}	kəu^{44}	kəu^{44}	kəu^{53}
贺兰县	ʂou^{13}	ʂou^{13}	ʐou^{53}	ʐou^{13}	kou^{44}	kou^{44}	kou^{44}	kou^{53}
灵武市（东塔镇）	ʂəu^{13}	ʂəu^{13}	ʐəu^{52}	ʐəu^{13}	kəu^{44}	kəu^{44}	kəu^{44}	kəu^{52}
永宁县	ʂəu^{13}	ʂəu^{13}	ʐəu^{53}	ʐəu^{13}	kəu^{44}	kəu^{44}	kəu^{44}	kəu^{53}
中宁县	ʂəu^{13}	ʂəu^{13}	ʐəu^{53}	ʐəu^{13}	kəu^{44}	kəu^{44}	kəu^{44}	kəu^{53}
沙坡头区	ʂou^{13}	ʂou^{13}	ʐou^{53}	ʐou^{13}	kou^{44}	kou^{44}	kou^{44}	kou^{53}
盐池县	ʂəu^{13}	ʂəu^{13}	ʐəu^{13}	ʐəu^{13}	kəu^{44}	kəu^{44}	kəu^{44}	kəu^{52}
平罗县（渠口乡）	ʂəu^{13}	ʂəu^{13}	ʐəu^{53}	ʐəu^{13}	kəu^{44}	kəu^{44}	kəu^{44}	kəu^{53}
阿拉善左旗	ʂəu^{213}	ʂəu^{213}	ʐəu^{51}	ʐəu^{213}	kəu^{44}	kəu^{44}	kəu^{44}	kəu^{51}
乌鲁木齐市	ʂəu^{213}	ʂəu^{213}	ʐəu^{52}	ʐəu^{213}	kəu^{44}	kəu^{44}	kəu^{44}	kəu^{52}
阜康市	ʂɤu^{213}	ʂɤu^{213}	ʐɤu^{51}	ʐɤu^{213}	kɤu^{55}	kɤu^{55}	kɤu^{55}	kɤu^{51}
呼图壁县	ʂəu^{213}	ʂəu^{213}	ʐəu^{51}	ʐəu^{213}	kəu^{44}	kəu^{44}	kəu^{44}	kəu^{51}
吉木萨尔县	ʂɤu^{213}	ʂɤu^{213}	ʐɤu^{51}	ʐɤu^{213}	kɤu^{44}	kɤu^{44}	kɤu^{44}	kɤu^{51}
奇台县	ʂəu^{213}	ʂəu^{213}	ʐəu^{52}	ʐəu^{213}	kəu^{44}	kəu^{44}	kəu^{44}	kəu^{52}
博乐市	ʂɤu^{24}	ʂɤu^{24}	ʐɤu^{51}	ʐɤu^{24}	kɤu^{45}	kɤu^{45}	kɤu^{45}	kɤu^{51}
阿勒泰市	ʂɤu^{23}	ʂɤu^{23}	ʐɤu^{51}	ʐɤu^{23}	kɤu^{44}	kɤu^{44}	kɤu^{44}	kɤu^{51}
布尔津县	ʂəu^{51}	ʂəu^{51}	ʐəu^{23}	ʐəu^{51}	kəu^{44}	kəu^{44}	kəu^{44}	kəu^{23}
乌苏市	ʂɤu^{213}	ʂɤu^{213}	ʐɤu^{51}	ʐɤu^{213}	kɤu^{55}	kɤu^{55}	kɤu^{55}	kɤu^{51}
额敏县	ʂɤu^{34}	ʂɤu^{34}	ʐɤu^{51}	ʐɤu^{34}	kɤu^{44}	kɤu^{44}	kɤu^{44}	kɤu^{51}
伊州区	ʂɤu^{213}	ʂɤu^{213}	ʐɤu^{51}	ʐɤu^{213}	kɤu^{44}	kɤu^{44}	kɤu^{44}	kɤu^{51}
巴里坤县	ʂɤu^{24}	ʂɤu^{24}	ʐɤu^{51}	ʐɤu^{24}	kɤu^{45}	kɤu^{45}	kɤu^{45}	kɤu^{51}
伊吾县	ʂɤu^{213}	ʂɤu^{213}	ʐɤu^{51}	ʐɤu^{213}	kɤu^{44}	kɤu^{44}	kɤu^{44}	kɤu^{51}

字目 中古音 方音 方言点	苟	够	购[①]	构	媾	口	叩	扣
	流开一上厚见	流开一去候见	流开一去候见	流开一去候见	流开一去候见	流开一上厚见	流开一去候溪	流开一去候溪
兰州市（城关区）	kəu^{44}	kəu^{13}	kəu^{13}	kəu^{13}	kəu^{13}	kʻəu^{44}	kʻəu^{13}	kʻəu^{13}
永登县	kəu^{354}	kəu^{13}	kəu^{13}	kəu^{13}	kəu^{13}	kʻəu^{354}	kʻəu^{13}	kʻəu^{13}
榆中县	kəu^{44}	kəu^{13}	kəu^{13}	kəu^{13}	kəu^{13}	kʻəu^{44}	kʻəu^{13}	kʻəu^{13}
皋兰县	kəu^{342}	kəu^{13}	kəu^{13}	kəu^{13}	kəu^{13}	kʻəu^{342}	kʻəu^{13}	kʻəu^{13}
白银区	kəu^{343}	kəu^{13}	kəu^{13}	kəu^{13}	kəu^{13}	kʻəu^{343}	kʻəu^{13}	kʻəu^{13}
天祝县	kɤu^{44}	kɤu^{213}	kɤu^{213}	kɤu^{213}	kɤu^{213}	kʻɤu^{44}	kʻɤu^{213}	kʻɤu^{213}
景泰县（红水镇）	kəu^{44}	kəu^{213}	kəu^{213}	kəu^{213}	kəu^{213}	kʻəu^{44}	kʻəu^{213}	kʻəu^{213}
古浪县	kou^{44}	kou^{31}	kou^{31}	kou^{31}	kou^{31}	kʻou^{44}	kʻou^{31}	kʻou^{31}
凉州区	kəu^{33}	kəu^{53}	kəu^{53}	kəu^{53}	kəu^{53}	kʻəu^{33}	kʻəu^{53}	kʻəu^{53}
民勤县	kɤu^{214}	kɤu^{42}	kɤu^{42}	kɤu^{42}	kɤu^{42}	kʻɤu^{214}	kʻɤu^{42}	kʻɤu^{42}
永昌县	kəu^{13}	kəu^{53}	kəu^{53}	kəu^{53}	kəu^{53}	kʻəu^{13}	kʻəu^{53}	kʻəu^{53}
甘州区	kɤu^{53}	kɤu^{31}	kɤu^{31}	kɤu^{31}	kɤu^{31}	kʻɤu^{53}	kʻɤu^{31}	kʻɤu^{31}
临泽县	kəu^{53}	kəu^{214}	kəu^{214}	kəu^{214}	kəu^{214}	kʻəu^{53}	kʻəu^{214}	kʻəu^{214}
民乐县	kəu^{213}	kəu^{42}	kəu^{42}	kəu^{42}	kəu^{42}	kʻəu^{213}	kʻəu^{42}	kʻəu^{42}
山丹县	kəu^{53}	kəu^{41}	kəu^{41}	kəu^{41}	kəu^{41}	kʻəu^{53}	kʻəu^{41}	kʻəu^{41}
高台县	kɤu^{53}	kɤu^{214}	kɤu^{214}	kɤu^{214}	kɤu^{214}	kʻɤu^{53}	kʻɤu^{214}	kʻɤu^{214}
肃州区	kɤu^{53}	kɤu^{214}	kɤu^{214}	kɤu^{214}	kɤu^{214}	kʻɤu^{53}	kʻɤu^{214}	kʻɤu^{214}
金塔县	kɤu^{53}	kɤu^{13}	kɤu^{13}	kɤu^{13}	kɤu^{13}	kʻɤu^{53}	kʻɤu^{13}	kʻɤu^{13}
肃北县	kɤu^{53}	kɤu^{213}	kɤu^{213}	kɤu^{213}	kɤu^{213}	kʻɤu^{53}	kʻɤu^{213}	kʻɤu^{213}
玉门市	kɤu^{53}	kɤu^{213}	kɤu^{213}	kɤu^{213}	kɤu^{213}	kʻɤu^{53}	kʻɤu^{213}	kʻɤu^{213}
瓜州县	kɤu^{53}	kɤu^{213}	kɤu^{213}	kɤu^{213}	kɤu^{213}	kʻɤu^{53}	kʻɤu^{213}	kʻɤu^{213}

①又居侯切，流开一平侯见。

续表

西夏区	kəu^{53}	kəu^{13}	kəu^{13}	kəu^{13}	kəu^{13}	kʻəu^{53}	kʻəu^{13}	kʻəu^{13}
贺兰县	kou^{53}	kou^{13}	kou^{13}	kou^{13}	kou^{13}	kʻou^{53}	kʻou^{13}	kʻou^{13}
灵武市（东塔镇）	kəu^{52}	kəu^{13}	kəu^{13}	kəu^{13}	kəu^{13}	kʻəu^{52}	kʻəu^{13}	kʻəu^{13}
永宁县	kəu^{53}	kəu^{13}	kəu^{13}	kəu^{13}	kəu^{13}	kʻəu^{53}	kʻəu^{13}	kʻəu^{13}
中宁县	kəu^{53}	kəu^{13}	kəu^{13}	kəu^{13}	kəu^{13}	kʻəu^{53}	kʻəu^{13}	kʻəu^{13}
沙坡头区	kou^{53}	kou^{13}	kou^{13}	kou^{13}	kou^{13}	kʻou^{53}	kʻou^{13}	kʻou^{13}
盐池县	kəu^{52}	kəu^{13}	kəu^{13}	kəu^{13}	kəu^{13}	kʻəu^{52}	kʻəu^{13}	kʻəu^{13}
平罗县（渠口乡）	kəu^{53}	kəu^{13}	kəu^{13}	kəu^{13}	kəu^{13}	kʻəu^{53}	kʻəu^{13}	kʻəu^{13}
阿拉善左旗	kəu^{51}	kəu^{213}	kəu^{213}	kəu^{213}	kəu^{213}	kʻəu^{51}	kʻəu^{213}	kʻəu^{213}
乌鲁木齐市	kəu^{52}	kəu^{213}	kəu^{213}	kəu^{213}	kəu^{213}	kʻəu^{52}	kʻəu^{213}	kʻəu^{213}
阜康市	kɤu^{51}	kɤu^{213}	kɤu^{213}	kɤu^{213}	kɤu^{213}	kʻɤu^{51}	kʻɤu^{213}	kʻɤu^{213}
呼图壁县	kəu^{51}	kəu^{213}	kəu^{213}	kəu^{213}	kəu^{213}	kʻəu^{51}	kʻəu^{213}	kʻəu^{213}
吉木萨尔县	kɤu^{51}	kɤu^{213}	kɤu^{213}	kɤu^{213}	kɤu^{213}	kʻɤu^{51}	kʻɤu^{213}	kʻɤu^{213}
奇台县	kəu^{52}	kəu^{213}	kəu^{213}	kəu^{213}	kəu^{213}	kʻəu^{52}	kʻəu^{213}	kʻəu^{213}
博乐市	kɤu^{51}	kɤu^{24}	kɤu^{24}	kɤu^{24}	kɤu^{24}	kʻɤu^{51}	kʻɤu^{24}	kʻɤu^{24}
阿勒泰市	kɤu^{51}	kɤu^{23}	kɤu^{23}	kɤu^{23}	kɤu^{23}	kʻɤu^{51}	kʻɤu^{23}	kʻɤu^{23}
布尔津县	kəu^{23}	kəu^{51}	kəu^{51}	kəu^{51}	kəu^{51}	kʻəu^{23}	kʻəu^{51}	kʻəu^{51}
乌苏市	kɤu^{51}	kɤu^{213}	kɤu^{213}	kɤu^{213}	kɤu^{213}	kʻɤu^{51}	kʻɤu^{213}	kʻɤu^{213}
额敏县	kɤu^{51}	kɤu^{34}	kɤu^{34}	kɤu^{34}	kɤu^{34}	kʻɤu^{51}	kʻɤu^{34}	kʻɤu^{34}
伊州区	kɤu^{51}	kɤu^{213}	kɤu^{213}	kɤu^{213}	kɤu^{213}	kʻɤu^{51}	kʻɤu^{213}	kʻɤu^{213}
巴里坤县	kɤu^{51}	kɤu^{24}	kɤu^{24}	kɤu^{24}	kɤu^{24}	kʻɤu^{51}	kʻɤu^{24}	kʻɤu^{24}
伊吾县	kɤu^{51}	kɤu^{213}	kɤu^{213}	kɤu^{213}	kɤu^{213}	kʻɤu^{51}	kʻɤu^{213}	kʻɤu^{213}

字目 / 中古音 / 方言点	寇	侯	喉	猴	吼①	厚②	后② 先后	候
	流开一去候溪	流开一平侯匣	流开一平侯匣	流开一平侯匣	流开一上厚晓	流开一上厚匣	流开一上厚匣	流开一上候匣
兰州市（城关区）	kʻəu^{13}	xəu^{51}	xəu^{51}	xəu^{51}	xəu^{44}	xəu^{13}	xəu^{13}	xəu^{13}
永登县	kʻəu^{13}	xəu^{53}	xəu^{53}	xəu^{53}	xəu^{354}	xəu^{13}	xəu^{13}	xəu^{13}
榆中县	kʻəu^{13}	xəu^{332}	xəu^{332}	xəu^{332}	xəu^{44}	xəu^{13}	xəu^{13}	xəu^{13}
皋兰县	kʻəu^{13}	xəu^{53}	xəu^{53}	xəu^{53}	xəu^{342}	xəu^{13}	xəu^{13}	xəu^{13}
白银区	kʻəu^{13}	xəu^{51}	xəu^{51}	xəu^{51}	xəu^{343}	xəu^{13}	xəu^{13}	xəu^{13}
天祝县	kʻɤu^{213}	xɤu^{53}	xɤu^{53}	xɤu^{53}	xɤu^{44}	xɤu^{213}	xɤu^{213}	xɤu^{213}
景泰县（红水镇）	kʻəu^{213}	xəu^{53}	xəu^{53}	xəu^{53}	xəu^{44}	xəu^{213}	xəu^{213}	xəu^{213}
古浪县	kʻou^{31}	xou^{53}	xou^{53}	xou^{53}	xou^{44}	xou^{31}	xou^{31}	xou^{31}
凉州区	kʻəu^{53}	xəu^{13}	xəu^{13}	xəu^{13}	xəu^{33}	xəu^{53}	xəu^{53}	xəu^{53}
民勤县	kʻɤu^{42}	xɤu^{53}	xɤu^{53}	xɤu^{53}	xɤu^{214}	xɤu^{42}	xɤu^{42}	xɤu^{42}
永昌县	kʻəu^{53}	xəu^{13}	xəu^{13}	xəu^{13}	xəu^{13}	xəu^{53}	xəu^{53}	xəu^{53}
甘州区	kʻɤu^{31}	xɤu^{53}	xɤu^{53}	xɤu^{53}	xɤu^{53}	xɤu^{31}	xɤu^{31}	xɤu^{31}
临泽县	kʻəu^{214}	xəu^{53}	xəu^{53}	xəu^{53}	xəu^{53}	xəu^{214}	xəu^{214}	xəu^{214}
民乐县	kʻəu^{42}	xəu^{53}	xəu^{53}	xəu^{53}	xəu^{213}	xəu^{42}	xəu^{42}	xəu^{42}
山丹县	kʻəu^{41}	xəu^{53}	xəu^{53}	xəu^{53}	xəu^{53}	xəu^{41}	xəu^{41}	xəu^{41}
高台县	kʻɤu^{214}	xɤu^{53}	xɤu^{53}	xɤu^{53}	xɤu^{53}	xɤu^{214}	xɤu^{214}	xɤu^{214}
肃州区	kʻɤu^{214}	xɤu^{53}	xɤu^{53}	xɤu^{53}	xɤu^{53}	xɤu^{214}	xɤu^{214}	xɤu^{214}
金塔县	kʻɤu^{13}	xɤu^{53}	xɤu^{53}	xɤu^{53}	xɤu^{53}	xɤu^{13}	xɤu^{13}	xɤu^{13}
肃北县	kʻɤu^{213}	xɤu^{53}	xɤu^{53}	xɤu^{53}	xɤu^{53}	xɤu^{213}	xɤu^{213}	xɤu^{213}
玉门市	kʻɤu^{213}	xɤu^{53}	xɤu^{53}	xɤu^{53}	xɤu^{53}	xɤu^{213}	xɤu^{213}	xɤu^{213}

①又呼漏切，流开一去候晓。

②又胡遘切，流开一去候匣。

续表

瓜州县	kʻɤu^{213}	xɤu^{53}	xɤu^{53}	xɤu^{53}	xɤu^{53}	xɤu^{213}	xɤu^{213}	xɤu^{213}
西夏区	kʻəu^{13}	xəu^{53}	xəu^{53}	xəu^{53}	xəu^{53}	xəu^{13}	xəu^{13}	xəu^{13}
贺兰县	kʻou^{13}	xou^{53}	xou^{53}	xou^{53}	xou^{53}	xou^{13}	xou^{13}	xou^{13}
灵武市（东塔镇）	kʻəu^{13}	xəu^{52}	xəu^{52}	xəu^{52}	xəu^{52}	xəu^{13}	xəu^{13}	xəu^{13}
永宁县	kʻəu^{13}	xəu^{53}	xəu^{53}	xəu^{53}	xəu^{53}	xəu^{13}	xəu^{13}	xəu^{13}
中宁县	kʻəu^{13}	xəu^{53}	xəu^{53}	xəu^{53}	xəu^{53}	xəu^{13}	xəu^{13}	xəu^{13}
沙坡头区	kʻou^{13}	xou^{53}	xou^{53}	xou^{53}	xou^{53}	xou^{13}	xou^{13}	xou^{13}
盐池县	kʻəu^{13}	xəu^{13}	xəu^{13}	xəu^{13}	xəu^{52}	xəu^{13}	xəu^{13}	xəu^{13}
平罗县（渠口乡）	kʻəu^{13}	xəu^{53}	xəu^{53}	xəu^{53}	xəu^{53}	xəu^{13}	xəu^{13}	xəu^{13}
阿拉善左旗	kʻəu^{213}	xəu^{51}	xəu^{51}	xəu^{51}	xəu^{51}	xəu^{213}	xəu^{213}	xəu^{213}
乌鲁木齐市	kʻəu^{213}	xəu^{52}	xəu^{52}	xəu^{52}	xəu^{52}	xəu^{213}	xəu^{213}	xəu^{213}
阜康市	kʻɤu^{213}	xɤu^{51}	xɤu^{51}	xɤu^{51}	xɤu^{51}	xɤu^{213}	xɤu^{213}	xɤu^{213}
呼图壁县	kʻəu^{213}	xəu^{51}	xəu^{51}	xəu^{51}	xəu^{51}	xəu^{213}	xəu^{213}	xəu^{213}
吉木萨尔县	kʻɤu^{213}	xɤu^{51}	xɤu^{51}	xɤu^{51}	xɤu^{51}	xɤu^{213}	xɤu^{213}	xɤu^{213}
奇台县	kʻəu^{213}	xəu^{52}	xəu^{52}	xəu^{52}	xəu^{52}	xəu^{213}	xəu^{213}	xəu^{213}
博乐市	kʻɤu^{24}	xɤu^{51}	xɤu^{51}	xɤu^{51}	xɤu^{51}	xɤu^{24}	xɤu^{24}	xɤu^{24}
阿勒泰市	kʻɤu^{23}	xɤu^{51}	xɤu^{51}	xɤu^{51}	xɤu^{51}	xɤu^{23}	xɤu^{23}	xɤu^{23}
布尔津县	kʻəu^{51}	xəu^{23}	xəu^{23}	xəu^{23}	xəu^{23}	xəu^{51}	xəu^{51}	xəu^{51}
乌苏市	kʻɤu^{213}	xɤu^{51}	xɤu^{51}	xɤu^{51}	xɤu^{51}	xɤu^{213}	xɤu^{213}	xɤu^{213}
额敏县	kʻɤu^{34}	xɤu^{51}	xɤu^{51}	xɤu^{51}	xɤu^{51}	xɤu^{34}	xɤu^{34}	xɤu^{34}
伊州区	kʻɤu^{213}	xɤu^{51}	xɤu^{51}	xɤu^{51}	xɤu^{51}	xɤu^{213}	xɤu^{213}	xɤu^{213}
巴里坤县	kʻɤu^{24}	xɤu^{51}	xɤu^{51}	xɤu^{51}	xɤu^{51}	xɤu^{24}	xɤu^{24}	xɤu^{24}
伊吾县	kʻɤu^{213}	xɤu^{51}	xɤu^{51}	xɤu^{51}	xɤu^{51}	xɤu^{213}	xɤu^{213}	xɤu^{213}

字目 / 中古音 / 方言点	欧 姓	藕	偶 配偶	偶① 偶然	呕 呕吐	谬② 荒谬	丢	牛
	流开一平侯影	流开一上厚疑	流开一上厚疑	流开一去候疑	流开一上厚影	流开三去幼明	流开三平幽端	流开三平尤疑
兰州市（城关区）	əu^{53}	əu^{44}	əu^{44}	əu^{44}	əu^{44}	miəu^{44}	tiəu^{53}	liəu^{51}
永登县	əu^{42}	əu^{354}	əu^{354}	əu^{354}	əu^{354}	miəu^{354}	tiəu^{42}	liəu^{53}
榆中县	əu^{51}	əu^{44}	əu^{44}	əu^{44}	əu^{44}	miəu^{44}	tiəu^{51}	liəu^{332}
皋兰县	əu^{42}	əu^{342}	əu^{342}	əu^{342}	əu^{342}	miəu^{342}	tiəu^{42}	liəu^{53}
白银区	əu^{44}	əu^{343}	əu^{343}	əu^{343}	əu^{343}	miəu^{343}	tiəu^{44}	liəu^{51}
天祝县	ɤu^{44}	ɤu^{44}	ɤu^{44}	ɤu^{44}	ɤu^{44}	ȵiɤu^{44}	tiɤu^{44}	liɤu^{53}
景泰县（红水镇）	ɣəu^{44}	ɣəu^{44}	ɣəu^{44}	ɣəu^{44}	ɣəu^{44}	ȵiəu^{44}	tiəu^{44}	liəu^{53}
古浪县	ou^{44}	ou^{44}	ou^{44}	ou^{44}	ou^{44}	ȵiou^{44}	tiou^{44}	ȵiou^{53}
凉州区	əu^{33}	əu^{33}	əu^{33}	əu^{33}	əu^{33}	ȵiəu^{33}	tiəu^{33}	ȵiəu^{13}
民勤县	ɤu^{44}	ɤu^{214}	ɤu^{214}	ɤu^{214}	ɤu^{214}	ȵiɤu^{214}	tiɤu^{44}	liɤu^{53}
永昌县	əu^{44}	əu^{13}	əu^{13}	əu^{13}	əu^{13}	ȵiəu^{13}	tiəu^{44}	ȵiəu^{13}
甘州区	ɤu^{44}	ɤu^{53}	ɤu^{53}	ɤu^{53}	ɤu^{53}	ȵiɤu^{53}	tiɤu^{44}	ȵiɤu^{53}
临泽县	əu^{44}	əu^{53}	əu^{53}	əu^{53}	əu^{53}	ȵiəu^{214}	tiəu^{44}	ȵiəu^{53}
民乐县	əu^{44}	əu^{213}	əu^{213}	əu^{213}	əu^{213}	ȵiəu^{213}	tiəu^{44}	liəu^{53}
山丹县	əu^{24}	əu^{53}	əu^{53}	əu^{53}	əu^{53}	ȵiəu^{53}	tiəu^{24}	ȵiəu^{53}
高台县	ɤu^{44}	ɤu^{53}	ɤu^{53}	ɤu^{53}	ɤu^{53}	ȵiɤu^{214}	tiɤu^{44}	ȵiɤu^{53}
肃州区	ɤu^{44}	ɤu^{53}	ɤu^{53}	ɤu^{53}	ɤu^{53}	ȵiɤu^{214}	tiɤu^{44}	ȵiɤu^{53}
金塔县	ɤu^{44}	ɤu^{53}	ɤu^{53}	ɤu^{53}	ɤu^{53}	ȵiɤu^{53}	tiɤu^{44}	ȵiɤu^{53}
肃北县	ɤu^{44}	ɤu^{53}	ɤu^{53}	ɤu^{53}	ɤu^{53}	ȵiɤu^{53}	tiɤu^{44}	ȵiɤu^{53}
玉门市	ɤu^{44}	ɤu^{53}	ɤu^{53}	ɤu^{53}	ɤu^{53}	ȵiɤu^{53}	tiɤu^{44}	ȵiɤu^{53}

①《广韵》五遘切，流开一去侯疑。

②《集韵》眉救切，列宥韵。

续表

瓜州县	ɤu^{44}	ɤu^{53}	ɤu^{53}	ɤu^{53}	ɤu^{53}	ȵiɤu^{53}	tiɤu^{44}	ȵiɤu^{53}
西夏区	əu^{44}	əu^{53}	əu^{53}	əu^{53}	əu^{53}	ȵiəu^{53}	tiəu^{44}	ȵiəu^{53}
贺兰县	ou^{44}	ou^{53}	ou^{53}	ou^{53}	ou^{53}	ȵiou^{53}	tiou^{44}	ȵiou^{53}
灵武市（东塔镇）	əu^{44}	əu^{52}	əu^{52}	əu^{52}	əu^{52}	ȵiəu^{52}	tiəu^{44}	ȵiəu^{52}
永宁县	əu^{44}	əu^{53}	əu^{53}	əu^{53}	əu^{53}	ȵiəu^{53}	tiəu^{44}	ȵiəu^{53}
中宁县	əu^{44}	əu^{53}	əu^{53}	əu^{53}	əu^{53}	niəu^{53}	tiəu^{44}	niəu^{53}
沙坡头区	ou^{44}	ou^{53}	ou^{53}	ou^{53}	ou^{53}	niou^{53}	tiou^{44}	niou^{53}
盐池县	əu^{44}	əu^{52}	əu^{52}	əu^{52}	əu^{52}	ȵiəu^{52}	tiəu^{44}	ȵiəu^{13}
平罗县（渠口乡）	əu^{44}	əu^{53}	əu^{53}	əu^{53}	əu^{53}	ȵiəu^{53}	tiəu^{44}	ȵiəu^{53}
阿拉善左旗	ɣəu^{44}	ɣəu^{51}	ɣəu^{51}	ɣəu^{51}	ɣəu^{51}	niəu^{51}	tiəu^{44}	niəu^{51}
乌鲁木齐市	əu^{44}	əu^{52}	əu^{52}	əu^{52}	əu^{52}	ȵiəu^{52}	tiəu^{44}	ȵiəu^{52}
阜康市	ŋɤu^{55}	ŋɤu^{51}	ŋɤu^{51}	ŋɤu^{51}	ŋɤu^{51}	ȵiɤu^{51}	tiɤu^{55}	ȵiɤu^{51}
呼图壁县	ŋəu^{44}	ŋəu^{51}	ŋəu^{51}	ŋəu^{51}	ŋəu^{51}	ȵiəu^{51}	tiəu^{44}	ȵiəu^{51}
吉木萨尔县	ŋɤu^{44}	ŋɤu^{51}	ŋɤu^{51}	ŋɤu^{51}	ŋɤu^{51}	ȵiɤu^{51}	tiɤu^{44}	ȵiɤu^{51}
奇台县	ŋəu^{44} nəu^{44}	ŋəu^{52} nəu^{52}	ŋəu^{52} nəu^{52}	ŋəu^{52} nəu^{52}	ŋəu^{52} nəu^{52}	ȵiəu^{52}	tiəu^{44}	ȵiəu^{52}
博乐市	ŋəu^{45}	ŋəu^{51}	ŋəu^{51}	ŋəu^{51}	ŋəu^{51}	ȵiəu^{51}	tiəu^{45}	ȵiəu^{51}
阿勒泰市	ŋɤu^{44}	ŋɤu^{51}	ŋɤu^{51}	ŋɤu^{51}	ŋɤu^{51}	ȵiɤu^{51}	tiɤu^{44}	niɤu^{51}
布尔津县	ɣəu^{44}	ɣəu^{3}	ɣəu^{23}	ɣəu^{23}	ɣəu^{23}	niəu^{23}	tiəu^{44}	niəu^{23}
乌苏市	ŋɤu^{55}	ŋɤu^{51}	ŋɤu^{51}	ŋɤu^{51}	ŋɤu^{51}	ȵiɤu^{51}	tiɤu^{55}	ȵiɤu^{51}
额敏县	ɤu^{44}	ɤu^{51}	ɤu^{51}	ɤu^{51}	ɤu^{51}	niɤu^{51}	tiɤu^{44}	niɤu^{51}
伊州区	ɤu^{44}	ɤu^{51}	ɤu^{51}	ɤu^{51}	ɤu^{51}	niɤu^{51}	tiɤu^{44}	niɤu^{51}
巴里坤县	ɤu^{45}	ɤu^{51}	ɤu^{51}	ɤu^{51}	ɤu^{51}	niɤu^{51}	tiɤu^{45}	niɤu^{51}
伊吾县	ɤu^{44}	ɤu^{51}	ɤu^{51}	ɤu^{51}	ɤu^{51}	niɤu^{51}	tiɤu^{44}	niɤu^{51}

字目 / 中古音 / 方言点	扭①	纽	溜 溜冰	流	硫	琉	刘	留
中古音	流开三上有泥	流开三上有泥	流开三去宥来	流开三平尤来	流开三平尤来	流开三平尤来	流开三平尤来	流开三平尤来
兰州市（城关区）	liəu^{44}	liəu^{44}	liəu^{13}	liəu^{51}	liəu^{51}	liəu^{51}	liəu^{51}	liəu^{51}
永登县	liəu^{354}	liəu^{354}	liəu^{13}	liəu^{53}	liəu^{53}	liəu^{53}	liəu^{53}	liəu^{53}
榆中县	liəu^{44}	liəu^{44}	liəu^{13}	liəu^{332}	liəu^{332}	liəu^{332}	liəu^{332}	liəu^{332}
皋兰县	liəu^{342}	liəu^{342}	liəu^{13}	liəu^{53}	liəu^{53}	liəu^{53}	liəu^{53}	liəu^{53}
白银区	liəu^{343}	liəu^{343}	liəu^{13}	liəu^{51}	liəu^{51}	liəu^{51}	liəu^{51}	liəu^{51}
天祝县	liɤu^{44}	liɤu^{44}	liɤu^{213}	liɤu^{53}	liɤu^{53}	liɤu^{53}	liɤu^{53}	liɤu^{53}
景泰县（红水镇）	liəu^{44}	liəu^{44}	liəu^{213}	liəu^{53}	liəu^{53}	liəu^{53}	liəu^{53}	liəu^{53}
古浪县	ȵiou^{44}	ȵiou^{44}	liou^{31}	liou^{53}	liou^{53}	liou^{53}	liou^{53}	liou^{53}
凉州区	ȵiəu^{33}	ȵiəu^{33}	liəu^{53}	liəu^{13}	liəu^{13}	liəu^{13}	liəu^{13}	liəu^{13}
民勤县	niɤu^{214}	niɤu^{214}	liɤu^{42}	liɤu^{53}	liɤu^{53}	liɤu^{53}	liɤu^{53}	liɤu^{53}
永昌县	ȵiəu^{13}	ȵiəu^{13}	liəu^{53}	liəu^{13}	liəu^{13}	liəu^{13}	liəu^{13}	liəu^{13}
甘州区	ȵiɤu^{53}	ȵiɤu^{53}	liɤu^{31}	liɤu^{53}	liɤu^{53}	liɤu^{53}	liɤu^{53}	liɤu^{53}
临泽县	ȵiəu^{53}	ȵiəu^{53}	liəu^{214}	liəu^{53}	liəu^{53}	liəu^{53}	liəu^{53}	liəu^{53}
民乐县	niəu^{213}	niəu^{213}	liəu^{42}	liəu^{53}	liəu^{53}	liəu^{53}	liəu^{53}	liəu^{53}
山丹县	ȵiəu^{53}	ȵiəu^{53}	liəu^{41}	liəu^{53}	liəu^{53}	liəu^{53}	liəu^{53}	liəu^{53}
高台县	ȵiɤu^{53}	ȵiɤu^{53}	liɤu^{214}	liɤu^{53}	liɤu^{53}	liɤu^{53}	liɤu^{53}	liɤu^{53}
肃州区	ȵiɤu^{53}	ȵiɤu^{53}	liɤu^{214}	liɤu^{53}	liɤu^{53}	liɤu^{53}	liɤu^{53}	liɤu^{53}
金塔县	ȵiɤu^{53}	ȵiɤu^{53}	liɤu^{13}	liɤu^{53}	liɤu^{53}	liɤu^{53}	liɤu^{53}	liɤu^{53}
肃北县	ȵiɤu^{53}	ȵiɤu^{53}	liɤu^{213}	liɤu^{53}	liɤu^{53}	liɤu^{53}	liɤu^{53}	liɤu^{53}
玉门市	ȵiɤu^{53}	ȵiɤu^{53}	liɤu^{213}	liɤu^{53}	liɤu^{53}	liɤu^{53}	liɤu^{53}	liɤu^{53}
瓜州县	ȵiɤu^{53}	ȵiɤu^{53}	liɤu^{213}	liɤu^{53}	liɤu^{53}	liɤu^{53}	liɤu^{53}	liɤu^{53}

①又陟柳切，流开三上有知。

续表

西夏区	ȵiəu^{53}	ȵiəu^{53}	liəu^{13}	liəu^{53}	liəu^{53}	liəu^{53}	liəu^{53}	liəu^{53}
贺兰县	ȵiou^{53}	ȵiou^{53}	liou^{13}	liou^{53}	liou^{53}	liou^{53}	liou^{53}	liou^{53}
灵武市（东塔镇）	ȵiəu^{52}	ȵiəu^{52}	liəu^{13}	liəu^{52}	liəu^{52}	liəu^{52}	liəu^{52}	liəu^{52}
永宁县	ȵiəu^{53}	ȵiəu^{53}	liəu^{13}	liəu^{53}	liəu^{53}	liəu^{53}	liəu^{53}	liəu^{53}
中宁县	niəu^{53}	niəu^{53}	liəu^{13}	liəu^{53}	liəu^{53}	liəu^{53}	liəu^{53}	liəu^{53}
沙坡头区	niou^{53}	niou^{53}	liou^{13}	liou^{53}	liou^{53}	liou^{53}	liou^{53}	liou^{53}
盐池县	ȵiəu^{52}	ȵiəu^{52}	liəu^{13}	liəu^{13}	liəu^{13}	liəu^{13}	liəu^{13}	liəu^{13}
平罗县（渠口乡）	ȵiəu^{53}	ȵiəu^{53}	liəu^{13}	liəu^{53}	liəu^{53}	liəu^{53}	liəu^{53}	liəu^{53}
阿拉善左旗	niəu^{51}	niəu^{51}	liəu^{213}	liəu^{51}	liəu^{51}	liəu^{51}	liəu^{51}	liəu^{51}
乌鲁木齐市	ȵiəu^{52}	ȵiəu^{52}	liəu^{213}	liəu^{52}	liəu^{52}	liəu^{52}	liəu^{52}	liəu^{52}
阜康市	ȵiɤu^{51}	ȵiɤu^{51}	liɤu^{213}	liɤu^{51}	liɤu^{51}	liɤu^{51}	liɤu^{51}	liɤu^{51}
呼图壁县	ȵiəu^{51}	ȵiəu^{51}	liəu^{213}	liəu^{51}	liəu^{51}	liəu^{51}	liəu^{51}	liəu^{51}
吉木萨尔县	ȵiɤu^{51}	ȵiɤu^{51}	liɤu^{213}	liɤu^{51}	liɤu^{51}	liɤu^{51}	liɤu^{51}	liɤu^{51}
奇台县	ȵiəu^{52}	ȵiəu^{52}	liəu^{213}	liəu^{52}	liəu^{52}	liəu^{52}	liəu^{52}	liəu^{52}
博乐市	ȵiəu^{51}	ȵiəu^{51}	liəu^{25}	liəu^{51}	liəu^{51}	liəu^{51}	liəu^{51}	liəu^{51}
阿勒泰市	niɤu^{51}	niɤu^{51}	liɤu^{23}	liɤu^{51}	liɤu^{51}	liɤu^{51}	liɤu^{51}	liɤu^{51}
布尔津县	niəu^{23}	niəu^{23}	liəu^{51}	liəu^{23}	liəu^{23}	liəu^{23}	liəu^{23}	liəu^{23}
乌苏市	ȵiɤu^{51}	ȵiɤu^{51}	liɤu^{213}	liɤu^{51}	liɤu^{51}	liɤu^{51}	liɤu^{51}	liɤu^{51}
额敏县	niɤu^{51}	niɤu^{51}	liɤu^{34}	liɤu^{51}	liɤu^{51}	liɤu^{51}	liɤu^{51}	liɤu^{51}
伊州区	niɤu^{51}	niɤu^{51}	liɤu^{213}	liɤu^{51}	liɤu^{51}	liɤu^{51}	liɤu^{51}	liɤu^{51}
巴里坤县	niɤu^{51}	niɤu^{51}	liɤu^{24}	liɤu^{51}	liɤu^{51}	liɤu^{51}	liɤu^{51}	liɤu^{51}
伊吾县	niɤu^{51}	niɤu^{51}	liɤu^{213}	liɤu^{51}	liɤu^{51}	liɤu^{51}	liɤu^{51}	liɤu^{51}

字目 / 中古音 / 方言点	榴	柳	六	纠[①] 纠纷	究	纠 纠察	酒	九
	流开三平尤来	流开三上有来	通合三入屋来	流开三平尤见	流开三去宥见	流开三上黝见	流开三上有精	流开三上有见
兰州市（城关区）	liəu51	liəu44	liəu13	tɕiəu53	tɕiəu13	tɕiəu44	tɕiəu44	tɕiəu44
永登县	liəu53	liəu354	liəu13	tɕiəu42	tɕiəu13	tɕiəu354	tɕiəu354	tɕiəu354
榆中县	liəu332	liəu44	liəu13	tɕiəu51	tɕiəu13	tɕiəu44	tɕiəu44	tɕiəu44
皋兰县	liəu53	liəu342	liəu13	tɕiəu42	tɕiəu13	tɕiəu342	tɕiəu342	tɕiəu342
白银区	liəu51	liəu343	liəu13	tɕiəu44	tɕiəu13	tɕiəu343	tɕiəu343	tɕiəu343
天祝县	liɤu51	liɤu44	liɤu13	tɕiɤu53	tɕiɤu13	tɕiɤu44	tɕiɤu44	tɕiɤu44
景泰县（红水镇）	liəu51	liəu44	liəu13	tɕiəu53	tɕiəu13	tɕiəu44	tɕiəu44	tɕiəu44
古浪县	liou31	liou44	liou31	tɕiou44	tɕiou31	tɕiou44	tɕiou44	tɕiou44
凉州区	liəu53	liəu33	liəu53	tɕiəu33	tɕiəu53	tɕiəu33	tɕiəu33	tɕiəu33
民勤县	liɤu53	liɤu214	liɤu42	tɕiɤu44	tɕiɤu42	tɕiɤu214	tɕiɤu214	tɕiɤu214
永昌县	liəu53	liəu13	liəu53	tɕiəu44	tɕiəu53	tɕiəu44	tɕiəu13	tɕiəu13
甘州区	liɤu31	liɤu53	liɤu31	tɕiɤu44	tɕiɤu31	tɕiɤu44	tɕiɤu53	tɕiɤu53
临泽县	liəu214	liəu53	liəu214	tɕiəu44	tɕiəu214	tɕiəu44	tɕiəu53	tɕiəu53
民乐县	liəu53	liəu213	liəu42	tɕiəu44	tɕiəu42	tɕiəu213	tɕiəu213	tɕiəu213
山丹县	liəu41	liəu53	liəu41	tɕiəu24	tɕiəu41	tɕiəu24	tɕiəu53	tɕiəu53
高台县	liɤu214	liɤu53	liɤu214	tɕiɤu44	tɕiɤu214	tɕiɤu44	tɕiɤu53	tɕiɤu53
肃州区	liɤu214	liɤu53	liɤu214	tɕiɤu44	tɕiɤu214	tɕiɤu44	tɕiɤu53	tɕiɤu53
金塔县	liɤu13	liɤu53	liɤu13	tɕiɤu44	tɕiɤu13	tɕiɤu44	tɕiɤu53	tɕiɤu53
肃北县	liɤu213	liɤu53	liɤu213	tɕiɤu44	tɕiɤu213	tɕiɤu44	tɕiɤu53	tɕiɤu53
玉门市	liɤu213	liɤu53	liɤu213	tɕiɤu44	tɕiɤu213	tɕiɤu44	tɕiɤu53	tɕiɤu53
瓜州县	liɤu213	liɤu53	liɤu213	tɕiɤu44	tɕiɤu213	tɕiɤu44	tɕiɤu53	tɕiɤu53

①又居纠切，流开三平幽见；吉酉切，流开三上黝见（但“酉”字在有韵）。

续表

西夏区	liəu^{13}	liəu^{53}	liəu^{13}	tɕiəu^{44}	tɕiəu^{13}	tɕiəu^{53}	tɕiəu^{53}	tɕiəu^{53}
贺兰县	liou^{13}	liou^{53}	liou^{13}	tɕiou^{44}	tɕiou^{13}	tɕiou^{53}	tɕiou^{53}	tɕiou^{53}
灵武市（东塔镇）	liəu^{13}	liəu^{52}	liəu^{13}	tɕiəu^{44}	tɕiəu^{13}	tɕiəu^{52}	tɕiəu^{52}	tɕiəu^{52}
永宁县	liəu^{13}	liəu^{53}	liəu^{13}	tɕiəu^{44}	tɕiəu^{13}	tɕiəu^{53}	tɕiəu^{53}	tɕiəu^{53}
中宁县	liəu^{13}	liəu^{53}	liəu^{13}	tɕiəu^{44}	tɕiəu^{13}	tɕiəu^{53}	tɕiəu^{53}	tɕiəu^{53}
沙坡头区	liou^{13}	liou^{53}	liou^{13}	tɕiou^{44}	tɕiou^{13}	tɕiou^{53}	tɕiou^{53}	tɕiou^{53}
盐池县	liəu^{13}	liəu^{52}	liəu^{13}	tɕiəu^{44}	tɕiəu^{13}	tɕiəu^{52}	tɕiəu^{52}	tɕiəu^{52}
平罗县（渠口乡）	liəu^{13}	liəu^{53}	liəu^{13}	tɕiəu^{44}	tɕiəu^{13}	tɕiəu^{53}	tɕiəu^{53}	tɕiəu^{53}
阿拉善左旗	liəu^{213}	liəu^{51}	liəu^{213}	tɕiəu^{44}	tɕiəu^{213}	tɕiəu^{44}	tɕiəu^{51}	tɕiəu^{51}
乌鲁木齐市	liəu^{213}	liəu^{52}	liəu^{213}	tɕiəu^{44}	tɕiəu^{213}	tɕiəu^{44}	tɕiəu^{52}	tɕiəu^{52}
阜康市	liɤu^{213}	liɤu^{51}	liɤu^{213}	tɕiɤu^{55}	tɕiɤu^{213}	tɕiɤu^{55}	tɕiɤu^{51}	tɕiɤu^{51}
呼图壁县	liəu^{213}	liəu^{51}	liəu^{213}	tɕiəu^{44}	tɕiəu^{213}	tɕiəu^{44}	tɕiəu^{51}	tɕiəu^{51}
吉木萨尔县	liɤu^{213}	liɤu^{51}	liɤu^{213}	tɕiɤu^{44}	tɕiɤu^{213}	tɕiɤu^{44}	tɕiɤu^{51}	tɕiɤu^{51}
奇台县	liəu^{213}	liəu^{52}	liəu^{213}	tɕiəu^{44}	tɕiəu^{213}	tɕiəu^{44}	tɕiəu^{52}	tɕiəu^{52}
博乐市	liəu^{25}	liəu^{51}	liəu^{25}	tɕiəu^{45}	tɕiəu^{24}	tɕiəu^{45}	tɕiəu^{51}	tɕiəu^{51}
阿勒泰市	liɤu^{23}	liɤu^{51}	liɤu^{23}	tɕiɤu^{44}	tɕiɤu^{23}	tɕiɤu^{44}	tɕiɤu^{51}	tɕiɤu^{51}
布尔津县	liəu^{51}	liəu^{23}	liəu^{51}	tɕiəu^{44}	tɕiəu^{51}	tɕiəu^{44}	tɕiəu^{23}	tɕiəu^{23}
乌苏市	liɤu^{213}	liɤu^{51}	liɤu^{213}	tɕiɤu^{55}	tɕiɤu^{213}	tɕiɤu^{55}	tɕiɤu^{51}	tɕiɤu^{51}
额敏县	liɤu^{34}	liɤu^{51}	liɤu^{34}	tɕiɤu^{44}	tɕiɤu^{34}	tɕiɤu^{44}	tɕiɤu^{51}	tɕiɤu^{51}
伊州区	liɤu^{213}	liɤu^{51}	liɤu^{213}	tɕiɤu^{44}	tɕiɤu^{213}	tɕiɤu^{44}	tɕiɤu^{51}	tɕiɤu^{51}
巴里坤县	liɤu^{24}	liɤu^{51}	liɤu^{24}	tɕiɤu^{45}	tɕiɤu^{24}	tɕiɤu^{45}	tɕiɤu^{51}	tɕiɤu^{51}
伊吾县	liɤu^{213}	liɤu^{51}	liɤu^{213}	tɕiɤu^{44}	tɕiɤu^{213}	tɕiɤu^{44}	tɕiɤu^{51}	tɕiɤu^{51}

字目 中古音 方言点	久	灸①	就	救	臼	舅	旧	秋
	流开三 上有见	流开三 上有见	流开三 去宥从	流开三 去宥见	流开三 上有群	流开三 上有群	流开三 上宥群	流开三 平尤清
兰州市 （城关区）	tɕiəu^{44}	tɕiəu^{44}	tɕiəu^{13}	tɕiəu^{13}	tɕiəu^{13}	tɕiəu^{13}	tɕiəu^{13}	tɕʻiəu^{53}
永登县	tɕiəu^{354}	tɕiəu^{354}	tɕiəu^{13}	tɕiəu^{13}	tɕiəu^{13}	tɕiəu^{13}	tɕiəu^{13}	tɕʻiəu^{42}
榆中县	tɕiəu^{44}	tɕiəu^{44}	tɕiəu^{13}	tɕiəu^{13}	tɕiəu^{13}	tɕiəu^{13}	tɕiəu^{13}	tɕʻiəu^{51}
皋兰县	tɕiəu^{342}	tɕiəu^{342}	tɕiəu^{13}	tɕiəu^{13}	tɕiəu^{13}	tɕiəu^{13}	tɕiəu^{13}	tɕʻiəu^{42}
白银区	tɕiəu^{343}	tɕiəu^{343}	tɕiəu^{13}	tɕiəu^{13}	tɕiəu^{13}	tɕiəu^{13}	tɕiəu^{13}	tɕʻiəu^{44}
天祝县	tɕiɤu^{44}	tɕiɤu^{44}	tɕiɤu^{213}	tɕiɤu^{213}	tɕiɤu^{213}	tɕiɤu^{213}	tɕiɤu^{213}	tɕʻiɤu^{44}
景泰县 （红水镇）	tɕiəu^{44}	tɕiəu^{44}	tɕiəu^{213}	tɕiəu^{213}	tɕiəu^{213}	tɕiəu^{213}	tɕiəu^{213}	tɕʻiəu^{44}
古浪县	tɕiou^{44}	tɕiou^{44}	tɕiou^{31}	tɕiou^{31}	tɕiou^{31}	tɕiou^{31}	tɕiou^{31}	tɕʻiou^{44}
凉州区	tɕiəu^{33}	tɕiəu^{33}	tɕiəu^{53}	tɕiəu^{53}	tɕiəu^{53}	tɕiəu^{53}	tɕiəu^{53}	tɕʻiəu^{33}
民勤县	tɕiɤu^{214}	tɕiɤu^{214}	tɕiɤu^{42}	tɕiɤu^{42}	tɕiɤu^{42}	tɕiɤu^{42}	tɕiɤu^{42}	tɕʻiɤu^{44}
永昌县	tɕiəu^{13}	tɕiəu^{13}	tɕiəu^{53}	tɕiəu^{53}	tɕiəu^{53}	tɕiəu^{53}	tɕiəu^{53}	tɕʻiəu^{44}
甘州区	tɕiɤu^{53}	tɕiɤu^{53}	tɕiɤu^{31}	tɕiɤu^{31}	tɕiɤu^{31}	tɕiɤu^{31}	tɕiɤu^{31}	tɕʻiɤu^{44}
临泽县	tɕiəu^{53}	tɕiəu^{53}	tɕiəu^{214}	tɕiəu^{214}	tɕiəu^{214}	tɕiəu^{214}	tɕiəu^{214}	tɕʻiəu^{44}
民乐县	tɕiəu^{213}	tɕiəu^{213}	tɕiəu^{42}	tɕiəu^{42}	tɕiəu^{42}	tɕiəu^{42}	tɕiəu^{42}	tɕʻiəu^{44}
山丹县	tɕiəu^{53}	tɕiəu^{53}	tɕiəu^{41}	tɕiəu^{41}	tɕiəu^{41}	tɕiəu^{41}	tɕiəu^{41}	tɕʻiəu^{24}
高台县	tɕiɤu^{53}	tɕiɤu^{53}	tɕiɤu^{214}	tɕiɤu^{214}	tɕiɤu^{214}	tɕiɤu^{214}	tɕiɤu^{214}	tɕʻiɤu^{44}
肃州区	tɕiɤu^{53}	tɕiɤu^{53}	tɕiɤu^{214}	tɕiɤu^{214}	tɕiɤu^{214}	tɕiɤu^{214}	tɕiɤu^{214}	tɕʻiɤu^{44}
金塔县	tɕiɤu^{53}	tɕiɤu^{53}	tɕiɤu^{13}	tɕiɤu^{13}	tɕiɤu^{13}	tɕiɤu^{13}	tɕiɤu^{13}	tɕʻiɤu^{44}
肃北县	tɕiɤu^{53}	tɕiɤu^{53}	tɕiɤu^{213}	tɕiɤu^{213}	tɕiɤu^{213}	tɕiɤu^{213}	tɕiɤu^{213}	tɕʻiɤu^{44}
玉门市	tɕiɤu^{53}	tɕiɤu^{53}	tɕiɤu^{213}	tɕiɤu^{213}	tɕiɤu^{213}	tɕiɤu^{213}	tɕiɤu^{213}	tɕʻiɤu^{44}
瓜州县	tɕiɤu^{53}	tɕiɤu^{53}	tɕiɤu^{213}	tɕiɤu^{213}	tɕiɤu^{213}	tɕiɤu^{213}	tɕiɤu^{213}	tɕʻiɤu^{44}

①又居佑切，流开三去宥见。

续表

西夏区	tɕiəu^{53}	tɕiəu^{53}	tɕiəu^{13}	tɕiəu^{13}	tɕiəu^{13}	tɕiəu^{13}	tɕiəu^{13}	tɕʻiəu^{44}
贺兰县	tɕiou^{53}	tɕiou^{53}	tɕiou^{13}	tɕiou^{13}	tɕiou^{13}	tɕiou^{13}	tɕiou^{13}	tɕʻiou^{44}
灵武市（东塔镇）	tɕiəu^{52}	tɕiəu^{52}	tɕiəu^{13}	tɕiəu^{13}	tɕiəu^{13}	tɕiəu^{13}	tɕiəu^{13}	tɕʻiəu^{44}
永宁县	tɕiəu^{53}	tɕiəu^{53}	tɕiəu^{13}	tɕiəu^{13}	tɕiəu^{13}	tɕiəu^{13}	tɕiəu^{13}	tɕʻiəu^{44}
中宁县	tɕiəu^{53}	tɕiəu^{53}	tɕiəu^{13}	tɕiəu^{13}	tɕiəu^{13}	tɕiəu^{13}	tɕiəu^{13}	tɕʻiəu^{44}
沙坡头区	tɕiou^{53}	tɕiou^{53}	tɕioəu^{13}	tɕiou^{13}	tɕiou^{13}	tɕiou^{13}	tɕiou^{13}	tɕʻiou^{44}
盐池县	tɕiəu^{52}	tɕiəu^{52}	tɕiəu^{13}	tɕiəu^{13}	tɕiəu^{13}	tɕiəu^{13}	tɕiəu^{13}	tɕʻiəu^{44}
平罗县（渠口乡）	tɕiəu^{53}	tɕiəu^{53}	tɕiəu^{13}	tɕiəu^{13}	tɕiəu^{13}	tɕiəu^{13}	tɕiəu^{13}	tɕʻiəu^{44}
阿拉善左旗	tɕiəu^{51}	tɕiəu^{51}	tɕiəu^{213}	tɕiəu^{213}	tɕiəu^{213}	tɕiəu^{213}	tɕiəu^{213}	tɕʻiəu^{44}
乌鲁木齐市	tɕiəu^{52}	tɕiəu^{52}	tɕiəu^{213}	tɕiəu^{213}	tɕiəu^{213}	tɕiəu^{213}	tɕiəu^{213}	tɕʻiəu^{44}
阜康市	tɕiɤu^{51}	tɕiɤu^{51}	tɕiɤu^{213}	tɕiɤu^{213}	tɕiɤu^{213}	tɕiɤu^{213}	tɕiɤu^{213}	tɕʻiɤu^{55}
呼图壁县	tɕiəu^{51}	tɕiəu^{51}	tɕiəu^{213}	tɕiəu^{213}	tɕiəu^{213}	tɕiəu^{213}	tɕiəu^{213}	tɕʻiəu^{44}
吉木萨尔县	tɕiɤu^{51}	tɕiɤu^{51}	tɕiɤu^{213}	tɕiɤu^{213}	tɕiɤu^{213}	tɕiɤu^{213}	tɕiɤu^{213}	tɕʻiɤu^{44}
奇台县	tɕiəu^{52}	tɕiəu^{52}	tɕiəu^{213}	tɕiəu^{213}	tɕiəu^{213}	tɕiəu^{213}	tɕiəu^{213}	tɕʻiəu^{44}
博乐市	tɕiəu^{51}	tɕiəu^{51}	tɕiəu^{24}	tɕiəu^{24}	tɕiəu^{24}	tɕiəu^{24}	tɕiəu^{24}	tɕʻiəu^{45}
阿勒泰市	tɕiɤu^{51}	tɕiɤu^{51}	tɕiɤu^{23}	tɕiɤu^{23}	tɕiɤu^{23}	tɕiɤu^{23}	tɕiɤu^{23}	tɕʻiɤu^{44}
布尔津县	tɕiəu^{23}	tɕiəu^{23}	tɕiəu^{51}	tɕiəu^{51}	tɕiəu^{51}	tɕiəu^{51}	tɕiəu^{51}	tɕʻiəu^{44}
乌苏市	tɕiɤu^{51}	tɕiɤu^{51}	tɕiɤu^{213}	tɕiɤu^{213}	tɕiɤu^{213}	tɕiɤu^{213}	tɕiɤu^{213}	tɕʻiɤu^{55}
额敏县	tɕiɤu^{51}	tɕiɤu^{51}	tɕiɤu^{34}	tɕiɤu^{34}	tɕiɤu^{34}	tɕiɤu^{34}	tɕiɤu^{34}	tɕʻiɤu^{44}
伊州区	tɕiɤu^{51}	tɕiɤu^{51}	tɕiɤu^{213}	tɕiɤu^{213}	tɕiɤu^{213}	tɕiɤu^{213}	tɕiɤu^{213}	tɕʻiɤu^{44}
巴里坤县	tɕiɤu^{51}	tɕiɤu^{51}	tɕiɤu^{24}	tɕiɤu^{24}	tɕiɤu^{24}	tɕiɤu^{24}	tɕiɤu^{24}	tɕʻiɤu^{45}
伊吾县	tɕiɤu^{51}	tɕiɤu^{51}	tɕiɤu^{213}	tɕiɤu^{213}	tɕiɤu^{213}	tɕiɤu^{213}	tɕiɤu^{213}	tɕʻiɤu^{44}

字目 / 中古音 / 方言点	丘	囚	求	球	修	羞	休	朽
	流开三平尤溪	流开三平尤邪	流开三平尤群	流开三平尤群	流开三平尤心	流开三平尤心	流开三平尤晓	流开三平尤晓
兰州市（城关区）	tɕʻiəu^{53}	tɕʻiəu^{51}	tɕʻiəu^{51}	tɕʻiəu^{51}	ɕiəu^{53}	ɕiəu^{53}	ɕiəu^{53}	ɕiəu^{53}
永登县	tɕʻiəu^{42}	tɕʻiəu^{53}	tɕʻiəu^{53}	tɕʻiəu^{53}	ɕiəu^{42}	ɕiəu^{42}	ɕiəu^{42}	ɕiəu^{42}
榆中县	tɕʻiəu^{51}	tɕʻiəu^{332}	tɕʻiəu^{332}	tɕʻiəu^{332}	ɕiəu^{51}	ɕiəu^{51}	ɕiəu^{51}	ɕiəu^{51}
皋兰县	tɕʻiəu^{42}	tɕʻiəu^{53}	tɕʻiəu^{53}	tɕʻiəu^{53}	ɕiəu^{42}	ɕiəu^{42}	ɕiəu^{42}	ɕiəu^{42}
白银区	tɕʻiəu^{44}	tɕʻiəu^{51}	tɕʻiəu^{51}	tɕʻiəu^{51}	ɕiəu^{44}	ɕiəu^{44}	ɕiəu^{44}	ɕiəu^{44}
天祝县	tɕʻiʏu^{44}	tɕʻiʏu^{53}	tɕʻiʏu^{53}	tɕʻiʏu^{53}	ɕiʏu^{44}	ɕiʏu^{44}	ɕiʏu^{44}	ɕiʏu^{44}
景泰县（红水镇）	tɕʻiəu^{44}	tɕʻiəu^{53}	tɕʻiəu^{53}	tɕʻiəu^{53}	ɕiəu^{44}	ɕiəu^{44}	ɕiəu^{44}	ɕiəu^{44}
古浪县	tɕʻiou^{44}	tɕʻiou^{53}	tɕʻiou^{53}	tɕʻiou^{53}	ɕiou^{44}	ɕiou^{44}	ɕiou^{44}	ɕiou^{44}
凉州区	tɕʻiəu^{33}	tɕʻiəu^{13}	tɕʻiəu^{13}	tɕʻiəu^{13}	ɕiəu^{33}	ɕiəu^{33}	ɕiəu^{33}	ɕiəu^{33}
民勤县	tɕʻiʏu^{214}	tɕʻiʏu^{53}	tɕʻiʏu^{53}	tɕʻiʏu^{53}	ɕiʏu^{44}	ɕiʏu^{44}	ɕiʏu^{44}	ɕiʏu^{44}
永昌县	tɕʻiəu^{44}	tɕʻiəu^{13}	tɕʻiəu^{13}	tɕʻiəu^{13}	ɕiəu^{44}	ɕiəu^{44}	ɕiəu^{44}	ɕiəu^{13}
甘州区	tɕʻiʏu^{44}	tɕʻiʏu^{53}	tɕʻiʏu^{53}	tɕʻiʏu^{53}	ɕiʏu^{44}	ɕiʏu^{44}	ɕiʏu^{44}	ɕiʏu^{53}
临泽县	tɕʻiəu^{44}	tɕʻiəu^{53}	tɕʻiəu^{53}	tɕʻiəu^{53}	ɕiəu^{44}	ɕiəu^{44}	ɕiəu^{44}	ɕiəu^{44}
民乐县	tɕʻiəu^{213}	tɕʻiəu^{53}	tɕʻiəu^{53}	tɕʻiəu^{53}	ɕiəu^{44}	ɕiəu^{44}	ɕiəu^{44}	ɕiəu^{44}
山丹县	tɕʻiəu^{24}	tɕʻiəu^{53}	tɕʻiəu^{53}	tɕʻiəu^{53}	ɕiəu^{24}	ɕiəu^{24}	ɕiəu^{24}	ɕiəu^{53}
高台县	tɕʻiʏu^{44}	tɕʻiʏu^{53}	tɕʻiʏu^{53}	tɕʻiʏu^{53}	ɕiʏu^{44}	ɕiʏu^{44}	ɕiʏu^{44}	ɕiʏu^{44}
肃州区	tɕʻiʏu^{44}	tɕʻiʏu^{53}	tɕʻiʏu^{53}	tɕʻiʏu^{53}	ɕiʏu^{44}	ɕiʏu^{44}	ɕiʏu^{44}	ɕiʏu^{44}
金塔县	tɕʻiʏu^{44}	tɕʻiʏu^{53}	tɕʻiʏu^{53}	tɕʻiʏu^{53}	ɕiʏu^{44}	ɕiʏu^{44}	ɕiʏu^{44}	ɕiʏu^{53}
肃北县	tɕʻiʏu^{44}	tɕʻiʏu^{53}	tɕʻiʏu^{53}	tɕʻiʏu^{53}	ɕiʏu^{44}	ɕiʏu^{44}	ɕiʏu^{44}	ɕiʏu^{53}
玉门市	tɕʻiʏu^{44}	tɕʻiʏu^{53}	tɕʻiʏu^{53}	tɕʻiʏu^{53}	ɕiʏu^{44}	ɕiʏu^{44}	ɕiʏu^{44}	ɕiʏu^{53}
瓜州县	tɕʻiʏu^{44}	tɕʻiʏu^{53}	tɕʻiʏu^{53}	tɕʻiʏu^{53}	ɕiʏu^{44}	ɕiʏu^{44}	ɕiʏu^{44}	ɕiʏu^{53}
西夏区	tɕʻiəu^{44}	tɕʻiəu^{53}	tɕʻiəu^{53}	tɕʻiəu^{53}	ɕiəu^{44}	ɕiəu^{44}	ɕiəu^{44}	ɕiəu^{44}

续表

贺兰县	tɕʻiou^{44}	tɕʻiou^{53}	tɕʻiou^{53}	tɕʻiou^{53}	ɕiou^{44}	ɕiou^{44}	ɕiou^{44}	ɕiou^{44}
灵武市（东塔镇）	tɕʻiəu^{44}	tɕʻiəu^{52}	tɕʻiəu^{52}	tɕʻiəu^{52}	ɕiəu^{44}	ɕiəu^{44}	ɕiəu^{44}	ɕiəu^{44}
永宁县	tɕʻiəu^{44}	tɕʻiəu^{53}	tɕʻiəu^{53}	tɕʻiəu^{53}	ɕiəu^{44}	ɕiəu^{44}	ɕiəu^{44}	ɕiəu^{44}
中宁县	tɕʻiəu^{44}	tɕʻiəu^{53}	tɕʻiəu^{53}	tɕʻiəu^{53}	ɕiəu^{44}	ɕiəu^{44}	ɕiəu^{44}	ɕiəu^{44}
沙坡头区	tɕʻiou^{44}	tɕʻiou^{53}	tɕʻiou^{53}	tɕʻiou^{53}	ɕiou^{44}	ɕiou^{44}	ɕiou^{44}	ɕou^{44}
盐池县	tɕʻiəu^{44}	tɕʻiəu^{13}	tɕʻiəu^{13}	tɕʻiəu^{13}	ɕiəu^{44}	ɕiəu^{44}	ɕiəu^{44}	ɕiəu^{44}
平罗县（渠口乡）	tɕʻiəu^{44}	tɕʻiəu^{53}	tɕʻiəu^{53}	tɕʻiəu^{53}	ɕiəu^{44}	ɕiəu^{44}	ɕiəu^{44}	ɕiəu^{44}
阿拉善左旗	tɕʻiəu^{44}	tɕʻiəu^{51}	tɕʻiəu^{51}	tɕʻiəu^{51}	ɕiəu^{44}	ɕiəu^{44}	ɕiəu^{44}	ɕiəu^{51}
乌鲁木齐市	tɕʻiəu^{44}	tɕʻiəu^{52}	tɕʻiəu^{52}	tɕʻiəu^{52}	ɕiəu^{44}	ɕiəu^{44}	ɕiəu^{44}	ɕiəu^{52}
阜康市	tɕʻiɤu^{55}	tɕʻiɤu^{51}	tɕʻiɤu^{51}	tɕʻiɤu^{51}	ɕiɤu^{55}	ɕiɤu^{55}	ɕiɤu^{55}	ɕiɤu^{51}
呼图壁县	tɕʻiəu^{44}	tɕʻiəu^{51}	tɕʻiəu^{51}	tɕʻiəu^{51}	ɕiəu^{44}	ɕiəu^{44}	ɕiəu^{44}	ɕiəu^{51}
吉木萨尔县	tɕʻiɤu^{44}	tɕʻiɤu^{51}	tɕʻiɤu^{51}	tɕʻiɤu^{51}	ɕiɤu^{44}	ɕiɤu^{44}	ɕiɤu^{44}	ɕiɤu^{51}
奇台县	tɕʻiəu^{44}	tɕʻiəu^{52}	tɕʻiəu^{52}	tɕʻiəu^{52}	ɕiəu^{44}	ɕiəu^{44}	ɕiəu^{44}	ɕiəu^{52}
博乐市	tɕʻiɤu^{45}	tɕʻiɤu^{51}	tɕʻiɤu^{51}	tɕʻiɤu^{51}	ɕiɤu^{45}	ɕiɤu^{45}	ɕiɤu^{45}	ɕiɤu^{51}
阿勒泰市	tɕʻiɤu^{44}	tɕʻiɤu^{51}	tɕʻiɤu^{51}	tɕʻiɤu^{51}	ɕiɤu^{44}	ɕiɤu^{44}	ɕiɤu^{44}	ɕiɤu^{51}
布尔津县	tɕʻiəu^{44}	tɕʻiəu^{23}	tɕʻiəu^{23}	tɕʻiəu^{23}	ɕiəu^{44}	ɕiəu^{44}	ɕiəu^{44}	ɕiəu^{23}
乌苏市	tɕʻiɤu^{55}	tɕʻiɤu^{51}	tɕʻiɤu^{51}	tɕʻiɤu^{51}	ɕiɤu^{55}	ɕiɤu^{55}	ɕiɤu^{55}	ɕiɤu^{51}
额敏县	tɕʻiɤu^{44}	tɕʻiɤu^{51}	tɕʻiɤu^{51}	tɕʻiɤu^{51}	ɕiɤu^{44}	ɕiɤu^{44}	ɕiɤu^{44}	ɕiɤu^{51}
伊州区	tɕʻiɤu^{44}	tɕʻiɤu^{51}	tɕʻiɤu^{51}	tɕʻiɤu^{51}	ɕiɤu^{44}	ɕiɤu^{44}	ɕiɤu^{44}	ɕiɤu^{51}
巴里坤县	tɕʻiɤu^{45}	tɕʻiɤu^{51}	tɕʻiɤu^{51}	tɕʻiɤu^{51}	ɕiɤu^{45}	ɕiɤu^{45}	ɕiɤu^{45}	ɕiɤu^{51}
伊吾县	tɕʻiɤu^{44}	tɕʻiɤu^{51}	tɕʻiɤu^{51}	tɕʻiɤu^{51}	ɕiɤu^{44}	ɕiɤu^{44}	ɕiɤu^{44}	ɕiɤu^{51}

字目 / 中古音 / 方言点	秀	绣	锈	宿① 星宿	袖	嗅②	忧	优
	流开三 去宥心	流开三 去宥心	流开三 去宥心	流开三 去宥心	流开三 去宥邪	流开三 去宥晓	流开三 平尤影	流开三 平尤影
兰州市 （城关区）	ɕiəu^{13}	ɕiəu^{13}	ɕiəu^{13}	ɕiəu^{13}	ɕiəu^{13}	ɕiəu^{13}	iəu^{53}	iəu^{53}
永登县	ɕiəu^{13}	ɕiəu^{13}	ɕiəu^{13}	ɕiəu^{13}	ɕiəu^{13}	ɕiəu^{13}	iəu^{42}	iəu^{42}
榆中县	ɕiəu^{13}	ɕiəu^{13}	ɕiəu^{13}	ɕiəu^{13}	ɕiəu^{13}	ɕiəu^{13}	iəu^{51}	iəu^{51}
皋兰县	ɕiəu^{13}	ɕiəu^{13}	ɕiəu^{13}	ɕiəu^{13}	ɕiəu^{13}	ɕiəu^{13}	iəu^{42}	iəu^{42}
白银区	ɕiəu^{13}	ɕiəu^{13}	ɕiəu^{13}	ɕiəu^{13}	ɕiəu^{13}	ɕiəu^{13}	iəu^{44}	iəu^{44}
天祝县	ɕiɤu^{213}	ɕiɤu^{213}	ɕiɤu^{213}	ɕiɤu^{213}	ɕiɤu^{213}	ɕiɤu^{213}	iɤu^{44}	iɤu^{44}
景泰县 （红水镇）	ɕiəu^{213}	ɕiəu^{213}	ɕiəu^{213}	ɕiəu^{213}	ɕiəu^{213}	ɕiəu^{213}	iəu^{44}	iəu^{44}
古浪县	ɕiou^{31}	ɕiou^{31}	ɕiou^{31}	ɕiou^{31}	ɕiou^{31}	ɕiou^{31}	ʑiou^{44}	ʑiou^{44}
凉州区	ɕiəu^{53}	ɕiəu^{53}	ɕiəu^{53}	ɕiəu^{53}	ɕiəu^{53}	ɕiəu^{53}	iəu^{33}	iəu^{33}
民勤县	ɕiɤu^{42}	ɕiɤu^{42}	ɕiɤu^{42}	ɕiɤu^{42}	ɕiɤu^{42}	ɕiɤu^{42}	iɤu^{44}	iɤu^{44}
永昌县	ɕiəu^{53}	ɕiəu^{53}	ɕiəu^{53}	ɕiəu^{53}	ɕiəu^{53}	ɕiəu^{53}	iəu^{44}	iəu^{44}
甘州区	ɕiɤu^{31}	ɕiɤu^{31}	ɕiɤu^{31}	ɕiɤu^{31}	ɕiɤu^{31}	ɕiɤu^{31}	iɤu^{44}	iɤu^{44}
临泽县	ɕiəu^{214}	ɕiəu^{214}	ɕiəu^{214}	ɕiəu^{214}	ɕiəu^{214}	ɕiəu^{214}	ʑiəu^{44}	ʑiəu^{44}
民乐县	ɕiəu^{42}	ɕiəu^{42}	ɕiəu^{42}	ɕiəu^{42}	ɕiəu^{42}	ɕiəu^{42}	ʑiəu^{44}	ʑiəu^{44}
山丹县	ɕiəu^{41}	ɕiəu^{41}	ɕiəu^{41}	ɕiəu^{41}	ɕiəu^{41}	ɕiəu^{41}	iəu^{24}	iəu^{24}
高台县	ɕiɤu^{214}	ɕiɤu^{214}	ɕiɤu^{214}	ɕiɤu^{214}	ɕiɤu^{214}	ɕiɤu^{214}	iɤu^{44}	iɤu^{44}
肃州区	ɕiɤu^{214}	ɕiɤu^{214}	ɕiɤu^{214}	ɕiɤu^{214}	ɕiɤu^{214}	ɕiɤu^{214}	ʑiɤu^{44}	ʑiɤu^{44}
金塔县	ɕiɤu^{13}	ɕiɤu^{13}	ɕiɤu^{13}	ɕiɤu^{13}	ɕiɤu^{13}	ɕiɤu^{13}	ʑiɤu^{44}	ʑiɤu^{44}
肃北县	ɕiɤu^{213}	ɕiɤu^{213}	ɕiɤu^{213}	ɕiɤu^{213}	ɕiɤu^{213}	ɕiɤu^{213}	iɤu^{44}	iɤu^{44}
玉门市	ɕiɤu^{213}	ɕiɤu^{213}	ɕiɤu^{213}	ɕiɤu^{213}	ɕiɤu^{213}	ɕiɤu^{213}	iɤu^{44}	iɤu^{44}

①《史记・律书》张守节"正义"又音"夙"，息逐切，通合三入屋心。

②又香仲切，通合三入屋晓。

续表

瓜州县	ɕiɤu^{213}	ɕiɤu^{213}	ɕiɤu^{213}	ɕiɤu^{213}	ɕiɤu^{213}	ɕiɤu^{213}	iɤu^{44}	iɤu^{44}
西夏区	ɕiəu^{13}	ɕiəu^{13}	ɕiəu^{13}	ɕiəu^{13}	ɕiəu^{13}	ɕiəu^{13}	iəu^{44}	iəu^{44}
贺兰县	ɕiou^{13}	ɕiou^{13}	ɕiou^{13}	ɕiou^{13}	ɕiou^{13}	ɕiou^{13}	iou^{44}	iou^{44}
灵武市（东塔镇）	ɕiəu^{13}	ɕiəu^{13}	ɕiəu^{13}	ɕiəu^{13}	ɕiəu^{13}	ɕiəu^{13}	iəu^{44}	iəu^{44}
永宁县	ɕiəu^{13}	ɕiəu^{13}	ɕiəu^{13}	ɕiəu^{13}	ɕiəu^{13}	ɕiəu^{13}	iəu^{44}	iəu^{44}
中宁县	ɕiəu^{13}	ɕiəu^{13}	ɕiəu^{13}	ɕiəu^{13}	ɕiəu^{13}	ɕiəu^{13}	iəu^{44}	iəu^{44}
沙坡头区	ɕiou^{13}	ɕiou^{13}	ɕiou^{13}	ɕiou^{13}	ɕiou^{13}	ɕiou^{13}	iou^{44}	iou^{44}
盐池县	ɕiəu^{13}	ɕiəu^{13}	ɕiəu^{13}	ɕiəu^{13}	ɕiəu^{13}	ɕiəu^{13}	iəu^{44}	iəu^{44}
平罗县（渠口乡）	ɕiəu^{13}	ɕiəu^{13}	ɕiəu^{13}	ɕiəu^{13}	ɕiəu^{13}	ɕiəu^{13}	iəu^{44}	iəu^{44}
阿拉善左旗	ɕiəu^{213}	ɕiəu^{213}	ɕiəu^{213}	ɕiəu^{213}	ɕiəu^{213}	ɕiəu^{213}	iəu^{44}	iəu^{44}
乌鲁木齐市	ɕiəu^{213}	ɕiəu^{213}	ɕiəu^{213}	ɕiəu^{213}	ɕiəu^{213}	ɕiəu^{213}	iəu^{44}	iəu^{44}
阜康市	ɕiɤu^{213}	ɕiɤu^{213}	ɕiɤu^{213}	ɕiɤu^{213}	ɕiɤu^{213}	ɕiɤu^{213}	jiɤu^{55}	jiɤu^{55}
呼图壁县	ɕiəu^{213}	ɕiəu^{213}	ɕiəu^{213}	ɕiəu^{213}	ɕiəu^{213}	ɕiəu^{213}	iəu^{44}	iəu^{44}
吉木萨尔县	ɕiɤu^{213}	ɕiɤu^{213}	ɕiɤu^{213}	ɕiɤu^{213}	ɕiɤu^{213}	ɕiɤu^{213}	iɤu^{44}	iɤu^{44}
奇台县	ɕiəu^{213}	ɕiəu^{213}	ɕiəu^{213}	ɕiəu^{213}	ɕiəu^{213}	ɕiəu^{213}	iəu^{44}	iəu^{44}
博乐市	ɕiɤu^{24}	ɕiɤu^{24}	ɕiɤu^{24}	ɕiɤu^{24}	ɕiɤu^{24}	ɕiɤu^{24}	jiɤu^{45}	jiɤu^{45}
阿勒泰市	ɕiɤu^{23}	ɕiɤu^{23}	ɕiɤu^{23}	ɕiɤu^{23}	ɕiɤu^{23}	ɕiɤu^{23}	iɤu^{44}	iɤu^{44}
布尔津县	ɕiəu^{51}	ɕiəu^{51}	ɕiəu^{51}	ɕiəu^{51}	ɕiəu^{51}	ɕiəu^{51}	iəu^{44}	iəu^{44}
乌苏市	ɕiɤu^{213}	ɕiɤu^{213}	ɕiɤu^{213}	ɕiɤu^{213}	ɕiɤu^{213}	ɕiɤu^{213}	jiɤu^{55}	jiɤu^{55}
额敏县	ɕiɤu^{34}	ɕiɤu^{34}	ɕiɤu^{34}	ɕiɤu^{34}	ɕiɤu^{34}	ɕiɤu^{34}	iɤu^{44}	iɤu^{44}
伊州区	ɕiɤu^{213}	ɕiɤu^{213}	ɕiɤu^{213}	ɕiɤu^{213}	ɕiɤu^{213}	ɕiɤu^{213}	iɤu^{44}	iɤu^{44}
巴里坤县	ɕiɤu^{24}	ɕiɤu^{24}	ɕiɤu^{24}	ɕiɤu^{24}	ɕiɤu^{24}	ɕiɤu^{24}	iɤu^{45}	iɤu^{45}
伊吾县	ɕiɤu^{213}	ɕiɤu^{213}	ɕiɤu^{213}	ɕiɤu^{213}	ɕiɤu^{213}	ɕiɤu^{213}	iɤu^{44}	iɤu^{44}

字目 / 中古音 / 方言点	悠	幽	尤	邮	犹	由	油	游
	流开三平尤以	流开三平幽影	流开三平尤云	流开三平尤云	流开三平尤以	流开三平尤以	流开三平尤以	流开三平尤以
兰州市（城关区）	iəu^{53}	iəu^{53}	iəu^{51}	iəu^{51}	iəu^{51}	iəu^{51}	iəu^{51}	iəu^{51}
永登县	iəu^{42}	iəu^{42}	iəu^{53}	iəu^{53}	iəu^{53}	iəu^{53}	iəu^{53}	iəu^{53}
榆中县	iəu^{51}	iəu^{51}	iəu^{332}	iəu^{332}	iəu^{332}	iəu^{332}	iəu^{332}	iəu^{332}
皋兰县	iəu^{42}	iəu^{42}	iəu^{53}	iəu^{53}	iəu^{53}	iəu^{53}	iəu^{53}	iəu^{53}
白银区	iəu^{44}	iəu^{44}	iəu^{51}	iəu^{51}	iəu^{51}	iəu^{51}	iəu^{51}	iəu^{51}
天祝县	iɤu^{44}	iɤu^{44}	iɤu^{53}	iɤu^{53}	iɤu^{53}	iɤu^{53}	iɤu^{53}	iɤu^{53}
景泰县（红水镇）	iəu^{44}	iəu^{44}	iəu^{53}	iəu^{53}	iəu^{53}	iəu^{53}	iəu^{53}	iəu^{53}
古浪县	ʑiou^{44}	ʑiou^{44}	ʑiou^{53}	ʑiou^{53}	ʑiou^{53}	ʑiou^{53}	ʑiou^{53}	ʑiou^{53}
凉州区	iəu^{33}	iəu^{33}	iəu^{13}	iəu^{13}	iəu^{13}	iəu^{13}	iəu^{13}	iəu^{13}
民勤县	iɤu^{44}	iɤu^{44}	iɤu^{53}	iɤu^{53}	iɤu^{53}	iɤu^{53}	iɤu^{53}	iɤu^{53}
永昌县	iəu^{44}	iəu^{44}	iəu^{13}	iəu^{13}	iəu^{13}	iəu^{13}	iəu^{13}	iəu^{13}
甘州区	iɤu^{44}	iɤu^{44}	iɤu^{53}	iɤu^{53}	iɤu^{53}	iɤu^{53}	iɤu^{53}	iɤu^{53}
临泽县	ʑiəu^{44}	ʑiəu^{44}	ʑiəu^{53}	ʑiəu^{53}	ʑiəu^{53}	ʑiəu^{53}	ʑiəu^{53}	ʑiəu^{53}
民乐县	ʑiəu^{44}	ʑiəu^{44}	ʑiəu^{53}	ʑiəu^{53}	ʑiəu^{53}	ʑiəu^{53}	ʑiəu^{53}	ʑiəu^{53}
山丹县	iəu^{24}	iəu^{24}	iəu^{53}	iəu^{53}	iəu^{53}	iəu^{53}	iəu^{53}	iəu^{53}
高台县	iɤu^{44}	iɤu^{44}	iɤu^{53}	iɤu^{53}	iɤu^{53}	iɤu^{53}	iɤu^{53}	iɤu^{53}
肃州区	ʑiɤu^{44}	ʑiɤu^{44}	ʑiɤu^{53}	ʑiɤu^{53}	ʑiɤu^{53}	ʑiɤu^{53}	ʑiɤu^{53}	ʑiɤu^{53}
金塔县	ʑiɤu^{44}	ʑiɤu^{44}	ʑiɤu^{53}	ʑiɤu^{53}	ʑiɤu^{53}	ʑiɤu^{53}	ʑiɤu^{53}	ʑiɤu^{53}
肃北县	iɤu^{44}	iɤu^{44}	iɤu^{53}	iɤu^{53}	iɤu^{53}	iɤu^{53}	iɤu^{53}	iɤu^{53}
玉门市	iɤu^{44}	iɤu^{44}	iɤu^{53}	iɤu^{53}	iɤu^{53}	iɤu^{53}	iɤu^{53}	iɤu^{53}
瓜州县	iɤu^{44}	iɤu^{44}	iɤu^{53}	iɤu^{53}	iɤu^{53}	iɤu^{53}	iɤu^{53}	iɤu^{53}
西夏区	iəu^{44}	iəu^{44}	iəu^{53}	iəu^{53}	iəu^{53}	iəu^{53}	iəu^{53}	iəu^{53}

续表

贺兰县	iou^{44}	iou^{44}	iou^{53}	iou^{53}	iou^{53}	iou^{53}	iou^{53}	iou^{53}
灵武市（东塔镇）	$iəu^{44}$	$iəu^{44}$	$iəu^{52}$	$iəu^{52}$	$iəu^{52}$	$iəu^{52}$	$iəu^{52}$	$iəu^{52}$
永宁县	$iəu^{44}$	$iəu^{44}$	$iəu^{53}$	$iəu^{53}$	$iəu^{53}$	$iəu^{53}$	$iəu^{53}$	$iəu^{53}$
中宁县	$iəu^{44}$	$iəu^{44}$	$iəu^{53}$	$iəu^{53}$	$iəu^{53}$	$iəu^{53}$	$iəu^{53}$	$iəu^{53}$
沙坡头区	iou^{44}	iou^{44}	iou^{53}	iou^{53}	iou^{53}	iou^{53}	iou^{53}	iou^{53}
盐池县	$iəu^{44}$	$iəu^{44}$	$iəu^{13}$	$iəu^{13}$	$iəu^{13}$	$iəu^{13}$	$iəu^{13}$	$iəu^{13}$
平罗县（渠口乡）	$iəu^{44}$	$iəu^{44}$	$iəu^{53}$	$iəu^{53}$	$iəu^{53}$	$iəu^{53}$	$iəu^{53}$	$iəu^{53}$
阿拉善左旗	$iəu^{44}$	$iəu^{44}$	$iəu^{51}$	$iəu^{51}$	$iəu^{51}$	$iəu^{51}$	$iəu^{51}$	$iəu^{51}$
乌鲁木齐市	$iəu^{44}$	$iəu^{44}$	$iəu^{52}$	$iəu^{52}$	$iəu^{52}$	$iəu^{52}$	$iəu^{52}$	$iəu^{52}$
阜康市	$jiɤu^{55}$	$jiɤu^{55}$	$jiɤu^{51}$	$jiɤu^{51}$	$jiɤu^{51}$	$jiɤu^{51}$	$jiɤu^{51}$	$jiɤu^{51}$
呼图壁县	$iəu^{44}$	$iəu^{44}$	$iəu^{51}$	$iəu^{51}$	$iəu^{51}$	$iəu^{51}$	$iəu^{51}$	$iəu^{51}$
吉木萨尔县	$iɤu^{44}$	$iɤu^{44}$	$iɤu^{51}$	$iɤu^{51}$	$iɤu^{51}$	$iɤu^{51}$	$iɤu^{51}$	$iɤu^{51}$
奇台县	$iəu^{44}$	$iəu^{44}$	$iəu^{52}$	$iəu^{52}$	$iəu^{52}$	$iəu^{52}$	$iəu^{52}$	$iəu^{52}$
博乐市	$jiɤu^{45}$	$jiɤu^{45}$	$jiɤu^{51}$	$jiɤu^{51}$	$jiɤu^{51}$	$jiɤu^{51}$	$jiɤu^{51}$	$jiɤu^{51}$
阿勒泰市	$iɤu^{44}$	$iɤu^{44}$	$iɤu^{51}$	$iɤu^{51}$	$iɤu^{51}$	$iɤu^{51}$	$iɤu^{51}$	$iɤu^{51}$
布尔津县	$iəu^{44}$	$iəu^{44}$	$iəu^{23}$	$iəu^{23}$	$iəu^{23}$	$iəu^{23}$	$iəu^{23}$	$iəu^{23}$
乌苏市	$jiɤu^{55}$	$jiɤu^{55}$	$jiɤu^{51}$	$jiɤu^{51}$	$jiɤu^{51}$	$jiɤu^{51}$	$jiɤu^{51}$	$jiɤu^{51}$
额敏县	$iɤu^{44}$	$iɤu^{44}$	$iɤu^{51}$	$iɤu^{51}$	$iɤu^{51}$	$iɤu^{51}$	$iɤu^{51}$	$iɤu^{51}$
伊州区	$iɤu^{44}$	$iɤu^{44}$	$iɤu^{51}$	$iɤu^{51}$	$iɤu^{51}$	$iɤu^{51}$	$iɤu^{51}$	$iɤu^{51}$
巴里坤县	$iɤu^{45}$	$iɤu^{45}$	$iɤu^{51}$	$iɤu^{51}$	$iɤu^{51}$	$iɤu^{51}$	$iɤu^{51}$	$iɤu^{51}$
伊吾县	$iɤu^{44}$	$iɤu^{44}$	$iɤu^{51}$	$iɤu^{51}$	$iɤu^{51}$	$iɤu^{51}$	$iɤu^{51}$	$iɤu^{51}$

字目 / 中古音 / 方音 / 方言点	有	友	又	右①	祐②	诱	釉	幼
	流开三上有云	流开三上有云	流开三去宥云	流开三去宥云	流开三去宥云	流开三上有以	流开三去宥以	流开三去幼影
兰州市（城关区）	iəu^{44}	iəu^{44}	iəu^{13}	iəu^{13}	iəu^{13}	iəu^{13}	iəu^{13}	iəu^{13}
永登县	iəu^{354}	iəu^{354}	iəu^{13}	iəu^{13}	iəu^{13}	iəu^{13}	iəu^{13}	iəu^{13}
榆中县	iəu^{44}	iəu^{44}	iəu^{13}	iəu^{13}	iəu^{13}	iəu^{13}	iəu^{13}	iəu^{13}
皋兰县	iəu^{342}	iəu^{342}	iəu^{13}	iəu^{13}	iəu^{13}	iəu^{13}	iəu^{13}	iəu^{13}
白银区	iəu^{343}	iəu^{343}	iəu^{13}	iəu^{13}	iəu^{13}	iəu^{13}	iəu^{13}	iəu^{13}
天祝县	iɤu^{44}	iɤu^{44}	iɤu^{213}	iɤu^{213}	iɤu^{213}	iɤu^{213}	iɤu^{213}	iɤu^{213}
景泰县（红水镇）	iəu^{44}	iəu^{44}	iəu^{213}	iəu^{213}	iəu^{213}	iəu^{213}	iəu^{213}	iəu^{213}
古浪县	ʑiou^{53}	ʑiou^{53}	ʑiou^{31}	ʑiou^{31}	ʑiou^{31}	ʑiou^{31}	ʑiou^{31}	ʑiou^{31}
凉州区	iəu^{13}	iəu^{13}	iəu^{53}	iəu^{53}	iəu^{53}	iəu^{53}	iəu^{53}	iəu^{53}
民勤县	iɤu^{214}	iɤu^{214}	iɤu^{42}	iɤu^{42}	iɤu^{42}	iɤu^{42}	iɤu^{42}	iɤu^{42}
甘州区	iɤu^{53}	iɤu^{53}	iɤu^{31}	iɤu^{31}	iɤu^{31}	iɤu^{31}	iɤu^{31}	iɤu^{31}
临泽县	ʑiəu^{53}	ʑiəu^{53}	ʑiəu^{214}	ʑiəu^{214}	ʑiəu^{214}	ʑiəu^{214}	ʑiəu^{214}	ʑiəu^{214}
民乐县	ʑiəu^{213}	ʑiəu^{213}	ʑiəu^{42}	ʑiəu^{42}	ʑiəu^{42}	ʑiəu^{42}	ʑiəu^{42}	ʑiəu^{42}
山丹县	iəu^{53}	iəu^{53}	iəu^{41}	iəu^{41}	iəu^{41}	iəu^{41}	iəu^{41}	iəu^{41}
高台县	iɤu^{53}	iɤu^{53}	iɤu^{214}	iɤu^{214}	iɤu^{214}	iɤu^{214}	iɤu^{214}	iɤu^{214}
肃州区	ʑiɤu^{53}	ʑiɤu^{53}	ʑiɤu^{214}	ʑiɤu^{214}	ʑiɤu^{214}	ʑiɤu^{214}	ʑiɤu^{214}	ʑiɤu^{214}
金塔县	ʑiɤu^{53}	ʑiɤu^{53}	ʑiɤu^{13}	ʑiɤu^{13}	ʑiɤu^{13}	ʑiɤu^{13}	ʑiɤu^{13}	ʑiɤu^{31}
肃北县	iɤu^{53}	iɤu^{53}	iɤu^{213}	iɤu^{213}	iɤu^{213}	iɤu^{213}	iɤu^{213}	iɤu^{213}
玉门市	iɤu^{53}	iɤu^{53}	iɤu^{213}	iɤu^{213}	iɤu^{213}	iɤu^{213}	iɤu^{213}	iɤu^{213}
瓜州县	iɤu^{53}	iɤu^{53}	iɤu^{213}	iɤu^{213}	iɤu^{213}	iɤu^{213}	iɤu^{213}	iɤu^{213}

①又云九切，流开三上有云。

②又云九切，流开三上有云。

续表

西夏区	iəu^{53}	iəu^{53}	iəu^{13}	iəu^{13}	iəu^{13}	iəu^{13}	iəu^{13}	iəu^{13}
贺兰县	iou^{53}	ɪou^{53}	iou^{13}	iou^{13}	iou^{13}	iou^{13}	iou^{13}	iou^{13}
灵武市（东塔镇）	iəu^{52}	iəu^{52}	iəu^{13}	iəu^{13}	iəu^{13}	iəu^{13}	iəu^{13}	iəu^{13}
永宁县	iəu^{53}	iəu^{53}	iəu^{13}	iəu^{13}	iəu^{13}	iəu^{13}	iəu^{13}	iəu^{13}
中宁县	iəu^{53}	iəu^{53}	iəu^{13}	iəu^{13}	iəu^{13}	iəu^{13}	iəu^{13}	iəu^{13}
沙坡头区	iou^{53}	iou^{53}	iou^{13}	iou^{13}	iou^{13}	iou^{13}	iou^{13}	iou^{13}
盐池县	iəu^{52}	iəu^{52}	iəu^{13}	iəu^{13}	iəu^{13}	iəu^{13}	iəu^{13}	iəu^{13}
平罗县（渠口乡）	iəu^{53}	iəu^{53}	iəu^{13}	iəu^{13}	iəu^{13}	iəu^{13}	iəu^{13}	iəu^{13}
阿拉善左旗	iəu^{51}	iəu^{51}	iəu^{213}	iəu^{213}	iəu^{213}	iəu^{213}	iəu^{213}	iəu^{213}
乌鲁木齐市	iəu^{52}	iəu^{52}	iəu^{213}	iəu^{213}	iəu^{213}	iəu^{213}	iəu^{213}	iəu^{213}
阜康市	jiɤu^{51}	jiɤu^{51}	jiɤu^{213}	jiɤu^{213}	jiɤu^{213}	jiɤu^{213}	jiɤu^{213}	jiɤu^{213}
呼图壁县	iəu^{51}	iəu^{51}	iəu^{213}	iəu^{213}	iəu^{213}	iəu^{213}	iəu^{213}	iəu^{213}
吉木萨尔县	iɤu^{51}	iɤu^{51}	iɤu^{213}	iɤu^{213}	iɤu^{213}	iɤu^{213}	iɤu^{213}	iɤu^{213}
奇台县	iəu^{52}	iəu^{52}	iəu^{213}	iəu^{213}	iəu^{213}	iəu^{213}	iəu^{213}	iəu^{213}
博乐市	jiɤu^{51}	jiɤu^{51}	jiɤu^{24}	jiɤu^{24}	jiɤu^{24}	jiɤu^{24}	jiɤu^{24}	jiɤu^{24}
阿勒泰市	iɤu^{51}	iɤu^{51}	iɤu^{23}	iɤu^{23}	iɤu^{23}	iɤu^{23}	iɤu^{23}	iɤu^{23}
布尔津县	iəu^{23}	iəu^{23}	iəu^{51}	iəu^{51}	iəu^{51}	iəu^{51}	iəu^{51}	iəu^{51}
乌苏市	jiɤu^{51}	jiɤu^{51}	jiɤu^{213}	jiɤu^{213}	jiɤu^{213}	jiɤu^{213}	jiɤu^{213}	jiɤu^{213}
额敏县	iɤu^{51}	iɤu^{51}	iɤu^{34}	iɤu^{34}	iɤu^{34}	iɤu^{34}	iɤu^{34}	iɤu^{34}
伊州区	iɤu^{51}	iɤu^{51}	iɤu^{213}	iɤu^{213}	iɤu^{213}	iɤu^{213}	iɤu^{213}	iɤu^{213}
巴里坤县	iɤu^{51}	iɤu^{51}	iɤu^{24}	iɤu^{24}	iɤu^{24}	iɤu^{24}	iɤu^{24}	iɤu^{24}
伊吾县	iɤu^{51}	iɤu^{51}	iɤu^{213}	iɤu^{213}	iɤu^{213}	iɤu^{213}	iɤu^{213}	iɤu^{213}

字目 / 中古音 / 方言点	班	斑	颁	扳①	般②	搬③	板	版
	山开二平删帮	山开二平删帮	山开二平删帮	山开二平删帮	山合一平桓帮	山合一平桓帮	山开二上潸帮	山开二上潸帮
兰州市（城关区）	pan^{53}	pan^{53}	pan^{53}	pan^{53}	pan^{53}	pan^{53}	pan^{44}	pan^{44}
永登县	pæ̃^{42}	pæ̃^{42}	pæ̃^{42}	pæ̃^{42}	pæ̃^{42}	pæ̃^{42}	pæ̃^{354}	pæ̃^{354}
榆中县	pan^{51}	pan^{51}	pan^{51}	pan^{51}	pan^{51}	pan^{51}	pan^{44}	pan^{44}
皋兰县	pæ̃^{42}	pæ̃^{42}	pæ̃^{42}	pæ̃^{42}	pæ̃^{42}	pæ̃^{42}	pæ̃^{342}	pæ̃^{342}
白银区	pan^{44}	pan^{44}	pan^{44}	pan^{44}	pan^{44}	pan^{44}	pan^{343}	pan^{343}
天祝县	pan^{44}	pan^{44}	pan^{44}	pan^{44}	pan^{44}	pan^{44}	pan^{44}	pan^{44}
景泰县（红水镇）	pan^{44}	pan^{44}	pan^{44}	pan^{44}	pan^{44}	pan^{44}	pan^{44}	pan^{44}
古浪县	pæ̆^{44}	pæ̆^{44}	pæ^{44}	pæ̆^{44}	pæ̆^{44}	pæ̆^{44}	pæ̃^{53}	pæ̆^{53}
凉州区	pɑŋ^{33}	pɑŋ^{33}	pɑŋ^{33}	pɑŋ^{33}	pɑŋ^{33}	pɑŋ^{33}	pɑŋ^{13}	pɑŋ^{13}
民勤县	pɛi^{44}	pɛi^{44}	pɛi^{44}	pɛi^{44}	pɛi^{44}	pɛi^{44}	pɛi^{214}	pɛi^{214}
永昌县	pɛe^{44}	pɛe^{44}	pɛe^{44}	pɛe^{44}	pɛe^{44}	pɛe^{44}	pɛe^{13}	pɛe^{13}
甘州区	paŋ^{44}	paŋ^{44}	paŋ^{44}	paŋ^{44}	paŋ^{44}	paŋ^{44}	paŋ^{53}	paŋ^{53}
临泽县	paŋ^{44}	paŋ^{44}	paŋ^{44}	paŋ^{44}	paŋ^{44}	paŋ^{44}	paŋ^{53}	paŋ^{53}
民乐县	pæ̃i^{44}	pæ̃i^{44}	pæ̃i^{44}	pæ̃i^{44}	pæ̃i^{44}	pæ̃i^{44}	pæ̃i^{213}	pæ̃i^{213}
山丹县	pɛe^{24}	pɛe^{24}	pɛe^{24}	pɛe^{24}	pɛe^{24}	pɛe^{24}	pɛe^{53}	pɛe^{53}
高台县	pan^{44}	pan^{44}	pan^{44}	pan^{44}	pan^{44}	pan^{44}	pan^{53}	pan^{53}
肃州区	pã^{44}	pã^{44}	pã^{44}	pã^{44}	pã^{44}	pã^{44}	pã^{53}	pã^{53}
金塔县	pã^{44}	pã^{44}	pã^{44}	pã^{44}	pã^{44}	pã^{44}	pã^{53}	pã^{53}
肃北县	pan^{44}	pan^{44}	pan^{44}	pañ^{44}	pan^{44}	pan^{44}	pan^{53}	pan^{53}

①又通“攀”，普班切，山开二平删滂。

②《玉篇》步干切，山合一平桓并。

③又薄官切，山合一平桓并。

续表

玉门市	pan^{44}	pan^{44}	pan^{44}	pañ^{44}	pan^{44}	pan^{44}	pan^{53}	pan^{53}
瓜州县	pan^{44}	pan^{44}	pan^{44}	pañ^{44}	pan^{44}	pan^{44}	pan^{53}	pan^{53}
西夏区	pæn^{44}	pæn^{44}	pæn^{44}	pæn^{44}	pæn^{44}	pæn^{44}	pæn^{53}	pæn^{53}
贺兰县	pæn^{44}	pæn^{44}	pæn^{44}	pæn^{44}	pæn^{44}	pæn^{44}	pæn^{53}	pæn^{53}
灵武市（东塔镇）	pæn^{44}	pæn^{44}	pæn^{44}	pæn^{44}	pæn^{44}	pæn^{44}	pæn^{52}	pæn^{52}
永宁县	pan^{44}	pan^{44}	pan^{44}	pan^{44}	pan^{44}	pan^{44}	pan^{53}	pan^{53}
中宁县	pæ̆^{44}	pæ̆^{44}	pæ̆^{44}	pæ̆^{44}	pæ̆^{44}	pæ̆^{44}	pæ̆^{53}	pæ̆^{53}
沙坡头区	pãi^{44}	pãi^{44}	pãi^{44}	pãi^{44}	pãi^{44}	pãi^{44}	pãi^{53}	pãi^{53}
盐池县	pæn^{44}	pæn^{44}	pæn^{44}	pæn^{44}	pæn^{44}	pæn^{44}	pæn^{52}	pæn^{52}
平罗县（渠口乡）	pæn^{44}	pæn^{44}	pæn^{44}	pæn^{44}	pæn^{44}	pæn^{44}	pæn^{53}	pæn^{53}
阿拉善左旗	pɛi^{44}	pɛi^{44}	pɛi^{44}	pɛi^{44}	pɛi^{44}	pɛi^{44}	pɛi^{51}	pɛi^{51}
乌鲁木齐市	pan^{44}	pan^{44}	pan^{44}	pan^{44}	pan^{44}	pan^{44}	pan^{52}	pan^{52}
阜康市	pan^{55}	pan^{55}	pan^{55}	pan^{55}	pan^{55}	pan^{55}	pan^{51}	pan^{51}
呼图壁县	pan^{44}	pan^{44}	pan^{44}	pan^{44}	pan^{44}	pan^{44}	pan^{51}	pan^{51}
吉木萨尔县	pan^{44}	pan^{44}	pan^{44}	pan^{44}	pan^{44}	pan^{44}	pan^{51}	pan^{51}
奇台县	pan^{44}	pan^{44}	pan^{44}	pan^{44}	pan^{44}	pan^{44}	pan^{52}	pan^{52}
博乐市	pan^{45}	pan^{45}	pan^{45}	pan^{45}	pan^{45}	pan^{45}	pan^{51}	pan^{51}
阿勒泰市	pɑn^{44}	pɑn^{44}	pɑn^{44}	pɑn^{44}	pɑn^{44}	pɑn^{44}	pɑn^{51}	pɑn^{51}
布尔津县	pan^{44}	pan^{44}	pan^{44}	pan^{44}	pan^{44}	pan^{44}	pan^{23}	pan^{23}
乌苏市	pan^{55}	pan^{55}	pan^{55}	pan^{55}	pan^{55}	pan^{55}	pan^{51}	pan^{51}
额敏县	pɑn^{44}	pɑn^{44}	pɑn^{44}	pɑn^{44}	pɑn^{44}	pɑn^{44}	pɑn^{51}	pɑn^{51}
伊州区	pæ̃^{44}	pæ̃^{44}	pæ̃^{44}	pæ̃^{44}	pæ̃^{44}	pæ̃^{44}	pæ̃^{51}	pæ̃^{51}
巴里坤县	pan^{45}	pan^{45}	pan^{45}	pan^{45}	pan^{45}	pan^{45}	pan^{51}	pan^{51}
伊吾县	pæ̃^{44}	pæ̃^{44}	pæ̃^{44}	pæ̃^{44}	pæ̃^{44}	pæ̃^{44}	pæ̃^{51}	pæ̃^{51}

字目 中古音 方言点	扮	办	瓣①	半	绊	伴②	拌 搅拌	攀③
	山开二去裥帮	山开二去裥並	山开二去裥並	山合一去换帮	山合一去换帮	山合一上缓並	山合一上缓並	山开二平删滂
兰州市（城关区）	pan^{13}	pan^{13}	pan^{13}	pan^{13}	pan^{13}	pan^{13}	pan^{13}	p‘an^{53}
永登县	pæ̆^{13}	pæ̆^{13}	pæ̆^{13}	pæ̆^{13}	pæ̆^{13}	pæ̆^{354}	pæ̆^{13}	p‘æ̆^{42}
榆中县	pan^{13}	pan^{13}	pan^{13}	pan^{13}	pan^{13}	pan^{13}	pan^{13}	p‘an^{51}
皋兰县	pæ̃^{13}	pæ̃^{13}	pæ̃^{13}	pæ̃^{13}	pæ̃^{13}	pæ^{342}	pæ̃^{13}	p‘æ̃^{42}
白银区	pan^{13}	pan^{13}	pan^{13}	pan^{13}	pan^{13}	pan^{13}	pan^{13}	p‘an^{44}
天祝县	pan^{213}	pan^{213}	pan^{213}	pan^{213}	pan^{213}	pan^{213}	pan^{213}	p‘an^{44}
景泰县（红水镇）	pan^{213}	pan^{213}	pan^{213}	pan^{213}	pan^{213}	pan^{213}	pan^{213}	p‘an^{44}
古浪县	pæ̆^{31}	pæ̆^{31}	pæ̆^{31}	pæ̆^{31}	pæ̆^{31}	pæ̆^{31}	pæ̆^{31}	p‘æ̆^{44}
凉州区	pɑŋ^{53}	pɑŋ^{53}	pɑŋ^{53}	pɑŋ^{53}	pɑŋ^{53}	pɑŋ^{53}	pɑŋ^{53}	p‘ɑŋ^{33}
民勤县	pɛi^{42}	pɛi^{42}	pɛi^{42}	pɛi^{42}	pɛi^{42}	pɛi^{42}	pɛi^{42}	p‘ɛi^{44}
永昌县	pɛe^{53}	pɛe^{53}	pɛe^{53}	pɛe^{53}	pɛe^{53}	pɛe^{53}	pɛe^{53}	p‘ɛe^{44}
甘州区	paŋ^{31}	paŋ^{31}	paŋ^{31}	paŋ^{31}	paŋ^{31}	paŋ^{31}	paŋ^{31}	p‘aŋ^{44}
临泽县	paŋ^{214}	paŋ^{214}	paŋ^{214}	paŋ^{214}	paŋ^{214}	paŋ^{214}	paŋ^{214}	p‘aŋ^{44}
民乐县	pæ̃i^{42}	pæ̃i^{42}	pæ̃i^{42}	pæ̃i^{42}	pæ̃i^{42}	pæ̃i^{42}	pæ̃i^{42}	p‘æ̃i^{44}
山丹县	pɛe^{41}	pɛe^{41}	pɛe^{41}	pɛe^{41}	pɛe^{41}	pɛe^{41}	pɛe^{41}	p‘ɛe^{24}
高台县	pan^{214}	pan^{214}	pan^{214}	pan^{214}	pan^{214}	pan^{214}	pan^{214}	p‘an^{44}
肃州区	pã^{214}	pã^{214}	pã^{214}	pã^{214}	pã^{14}	pã^{214}	pã^{214}	p‘ã^{44}
金塔县	pã^{13}	pã^{13}	pã^{13}	pã^{13}	pã^{13}	pã^{13}	pã^{13}	p‘ã^{44}
肃北县	pan^{213}	pan^{213}	pan^{213}	pan^{213}	pan^{213}	pan^{213}	pan^{213}	p‘an^{44}

①又匹见切，山开四去霰滂。

②又薄半切，山合一去换並。

③右通“扳”，布还切，山开二平山帮。

续表

玉门市	pan^{213}	pan^{213}	pan^{213}	pan^{213}	pan^{213}	pan^{213}	pan^{213}	p‘an^{44}
瓜州县	pan^{213}	pan^{213}	pan^{213}	pan^{213}	pan^{213}	pan^{213}	pan^{213}	p‘an^{44}
西夏区	pæn^{13}	pæn^{13}	pæn^{13}	pæn^{13}	pæn^{13}	pæn^{13}	pæn^{13}	p‘æn^{44}
贺兰县	pæn^{13}	pæn^{13}	pæn^{13}	pæn^{13}	pæn^{13}	pæn^{13}	pæn^{13}	p‘æn^{44}
灵武市（东塔镇）	pæn^{13}	pæn^{13}	pæn^{13}	pæn^{13}	pæn^{13}	pæn^{13}	pæn^{13}	p‘æn^{44}
永宁县	pan^{13}	pan^{13}	pan^{13}	pan^{13}	pan^{13}	pan^{13}	pan^{13}	p‘an^{44}
中宁县	pæ̆^{13}	pæ̆^{13}	pæ̆^{13}	pæ̆^{13}	pæ̆^{13}	pæ̆^{13}	pæ̆^{13}	p‘æ̆^{44}
沙坡头区	pãi^{13}	pãi^{13}	pãi^{13}	pãi^{13}	pãi^{13}	pãi^{13}	pãi^{13}	p‘ãi^{44}
盐池县	pæn^{13}	pæn^{13}	pæn^{13}	pæn^{13}	pæn^{13}	pæn^{13}	pæn^{13}	p‘æn^{44}
平罗县（渠口乡）	pæn^{13}	pæn^{13}	pæn^{13}	pæn^{13}	pæn^{13}	pæn^{13}	pæn^{13}	p‘æn^{44}
阿拉善左旗	pɛi^{213}	pɛi^{213}	pɛi^{213}	pɛi^{213}	pɛi^{213}	pɛi^{213}	pɛi^{213}	p‘ɛi^{44}
乌鲁木齐市	pan^{213}	pan^{213}	pan^{213}	pan^{213}	pan^{213}	pan^{213}	pan^{213}	p‘an^{44}
阜康市	pan^{213}	pan^{213}	pan^{213}	pan^{213}	pan^{213}	pan^{213}	pan^{213}	p‘an^{55}
呼图壁县	pan^{213}	pan^{213}	pan^{213}	pan^{213}	pan^{213}	pan^{213}	pan^{213}	p‘an^{44}
吉木萨尔县	pan^{213}	pan^{213}	pan^{213}	pan^{213}	pan^{213}	pan^{213}	pan^{213}	p‘an^{44}
奇台县	pan^{213}	pan^{213}	pan^{213}	pan^{213}	pan^{213}	pan^{213}	pan^{213}	p‘an^{44}
博乐市	pan^{24}	pan^{24}	pan^{24}	pan^{24}	pan^{24}	pan^{24}	pan^{24}	p‘an^{45}
阿勒泰市	pɑn^{23}	pɑn^{23}	pɑn^{23}	pɑn^{23}	pɑn^{23}	pɑn^{23}	pɑn^{23}	p‘ɑn^{44}
布尔津县	pan^{51}	pan^{51}	pan^{51}	pan^{251}	pan^{51}	pan^{51}	pan^{51}	p‘an^{44}
乌苏市	pan^{213}	pan^{213}	pan^{213}	pan^{213}	pan^{213}	pan^{213}	pan^{213}	p‘an^{55}
额敏县	pɑn^{34}	pɑn^{34}	pɑn^{34}	pɑn^{34}	pɑn^{34}	pɑn^{34}	pɑn^{34}	p‘ɑn^{44}
伊州区	pæ̃^{213}	pæ̃^{213}	pæ̃^{213}	pæ̃^{213}	pæ̃^{213}	pæ̃^{213}	pæ̃^{213}	p‘æ̃^{44}
巴里坤县	pan^{24}	pan^{24}	pan^{24}	pan^{24}	pan^{24}	pan^{24}	pan^{24}	pan^{45}
伊吾县	pæ̃^{213}	pæ̃^{213}	pæ̃^{213}	pæ̃^{213}	pæ̃^{213}	pæ̃^{213}	pæ̃^{213}	pæ̃^{44}

字目 / 中古音 / 方音 / 方言点	潘[1]	盘	盼	判	叛	蛮	瞒	满
	山合一平桓滂	山合一平桓並	山开二去裥滂	山合一去换滂	山合一去换並	山开二平删明	山合一平桓明	山合一上缓明
兰州市（城关区）	$p'an^{53}$	$p'an^{51}$	$p'an^{13}$	$p'an^{13}$	$p'an^{13}$	man^{51}	man^{51}	man^{44}
永登县	$p'\tilde{æ}^{354}$	$p'\tilde{æ}^{42}$	$p'\tilde{æ}^{13}$	$p'\tilde{æ}^{13}$	$p'\tilde{æ}^{13}$	$m\tilde{æ}^{42}$	$m\tilde{æ}^{42}$	$m\tilde{æ}^{354}$
榆中县	$p'an^{51}$	$p'an^{332}$	$p'an^{13}$	$p'an^{13}$	$p'an^{13}$	$ɱan^{332}$	$ɱan^{332}$	man^{44}
皋兰县	$p'\tilde{æ}^{342}$	$p'\tilde{æ}^{42}$	$p'\tilde{æ}^{13}$	$p'\tilde{æ}^{13}$	$p'\tilde{æ}^{13}$	$m\tilde{æ}^{42}$	$m\tilde{æ}^{42}$	$m\tilde{æ}^{342}$
白银区	$p'an^{44}$	$p'an^{51}$	$p'an^{13}$	$p'an^{13}$	$p'an^{13}$	man^{51}	man^{51}	man^{343}
天祝县	$p'an^{44}$	$p'an^{53}$	$p'an^{213}$	$p'an^{213}$	$p'an^{213}$	man^{53}	man^{53}	man^{44}
景泰县（红水镇）	$p'an^{44}$	$p'an^{53}$	$p'an^{213}$	$p'an^{213}$	$p'an^{213}$	man^{53}	man^{53}	man^{44}
古浪县	$p'\tilde{æ}^{44}$	$p'\tilde{æ}^{53}$	$p'\tilde{æ}^{31}$	$p'\tilde{æ}^{31}$	$p'\tilde{æ}^{31}$	$m\tilde{æ}^{53}$	$m\tilde{æ}^{53}$	$m\tilde{æ}^{44}$
凉州区	$p'ɑŋ^{33}$	$p'ɑŋ^{13}$	$p'ɑŋ^{53}$	$p'ɑŋ^{53}$	$p'ɑŋ^{53}$	$mɑŋ^{13}$	$mɑŋ^{13}$	$mɑŋ^{33}$
民勤县	$p'ɛi^{44}$	$p'ɛi^{53}$	$p'ɛi^{42}$	$p'ɛi^{42}$	$p'ɛi^{42}$	$mɛi^{53}$	$mɛi^{53}$	$mɛi^{214}$
永昌县	$p'ɛe^{44}$	$p'ɛe^{13}$	$p'ɛe^{53}$	$p'ɛe^{53}$	$p'ɛe^{53}$	$mɛe^{13}$	$mɛe^{13}$	$mɛe^{13}$
甘州区	$p'aŋ^{44}$	$p'aŋ^{53}$	$p'aŋ^{31}$	$p'aŋ^{31}$	$p'aŋ^{31}$	$maŋ^{53}$	$maŋ^{53}$	$maŋ^{53}$
临泽县	$p'aŋ^{44}$	$p'aŋ^{53}$	$p'aŋ^{214}$	$p'aŋ^{214}$	$p'aŋ^{214}$	$maŋ^{53}$	$maŋ^{53}$	$maŋ^{53}$
民乐县	$p'\tilde{æ}i^{44}$	$p'\tilde{æ}i^{53}$	$p'\tilde{æ}i^{42}$	$p'\tilde{æ}i^{42}$	$p'\tilde{æ}i^{42}$	$m\tilde{æ}i^{53}$	$m\tilde{æ}i^{53}$	$m\tilde{æ}i^{213}$
山丹县	$p'ɛe^{24}$	$p'ɛe^{53}$	$p'ɛe^{41}$	$p'ɛe^{41}$	$p'ɛe^{41}$	$mɛe^{53}$	$mɛe^{53}$	$mɛe^{53}$
高台县	$p'an^{44}$	$p'an^{53}$	$p'an^{214}$	$p'an^{214}$	$p'an^{214}$	man^{53}	man^{53}	man^{53}
肃州区	$p'\tilde{a}^{44}$	$p'\tilde{a}^{53}$	$p'\tilde{a}^{214}$	$p'\tilde{a}^{214}$	$p'\tilde{a}^{214}$	$m\tilde{a}^{53}$	$m\tilde{a}^{53}$	$m\tilde{a}^{53}$
金塔县	$p'\tilde{a}^{44}$	$p'\tilde{a}^{53}$	$p'\tilde{a}^{13}$	$p'\tilde{a}^{13}$	$p'\tilde{a}^{13}$	$m\tilde{a}^{53}$	$m\tilde{a}^{53}$	$m\tilde{a}^{53}$
肃北县	$p'an^{44}$	$p'an^{53}$	$p'an^{213}$	$p'an^{213}$	$p'an^{213}$	man^{53}	man^{53}	man^{53}
玉门市	$p'an^{44}$	$p'an^{53}$	$p'an^{213}$	$p'an^{213}$	$p'an^{213}$	man^{53}	man^{53}	man^{53}
瓜州县	$p'an^{44}$	$p'an^{53}$	$p'an^{213}$	$p'an^{213}$	$p'an^{213}$	man^{53}	man^{53}	man^{53}

①又孚远切，山合三平元敷。

续表

西夏区	pʻæn^{44}	pʻæn^{53}	pʻæn^{13}	pʻæn^{13}	pʻæn^{13}	mæn^{53}	mæn^{53}	mæn^{53}
贺兰县	pʻæn^{44}	pʻæn^{53}	pʻæn^{13}	pʻæn^{13}	pʻæn^{13}	mæn^{53}	mæn^{53}	mæn^{53}
灵武市（东塔镇）	pʻæn^{44}	pʻæn^{52}	pʻæn^{13}	pʻæn^{13}	pʻæn^{13}	mæn^{52}	mæn^{52}	mæn^{52}
永宁县	pʻan^{44}	pʻan^{53}	pʻan^{13}	pʻan^{13}	pʻan^{13}	man^{53}	man^{53}	man^{53}
中宁县	pʻæ̆^{44}	pʻæ̆^{53}	pʻæ̆^{13}	pʻæ̆^{13}	pʻæ̆^{13}	mæ̆^{53}	mæ̆^{53}	mæ̆^{53}
沙坡头区	pʻãi^{44}	pʻãi^{53}	pʻãi^{13}	pʻãi^{13}	pʻãi^{13}	mãi^{53}	mãi^{53}	mãi^{53}
盐池县	pʻæn^{44}	pʻæn^{13}	pʻæn^{13}	pʻæn^{13}	pʻæn^{13}	mæn^{13}	mæn^{13}	mæn^{52}
平罗县（渠口乡）	pʻæn^{44}	pʻæn^{53}	pʻæn^{13}	pʻæn^{13}	pʻæn^{13}	mæn^{53}	mæn^{53}	mæn^{53}
阿拉善左旗	pʻɛi^{44}	pʻɛi^{51}	pʻɛi^{213}	pʻɛi^{213}	pʻɛi^{213}	mɛi^{51}	mɛi^{51}	mɛi^{51}
乌鲁木齐市	pʻan^{44}	pʻan^{52}	pʻan^{213}	pʻan^{213}	pʻan^{213}	man^{52}	man^{52}	man^{52}
阜康市	pʻan^{55}	pʻan^{51}	pʻan^{213}	pʻan^{213}	pʻan^{213}	man^{51}	man^{51}	man^{51}
呼图壁县	pʻan^{44}	pʻan^{51}	pʻan^{213}	pʻan^{213}	pʻan^{213}	man^{51}	man^{51}	man^{51}
吉木萨尔县	pʻan^{44}	pʻan^{51}	pʻan^{213}	pʻan^{213}	pʻan^{213}	man^{51}	man^{51}	man^{51}
奇台县	pʻan^{44}	pʻan^{52}	pʻan^{213}	pʻan^{213}	pʻan^{213}	man^{52}	man^{52}	man^{52}
博乐市	pʻan^{45}	pʻan^{51}	pʻan^{24}	pʻan^{24}	pʻan^{24}	man^{51}	man^{51}	man^{51}
阿勒泰市	pʻɑn^{44}	pʻɑn^{51}	pʻɑn^{23}	pʻɑn^{23}	pʻɑn^{23}	mɑn^{51}	mɑn^{51}	mɑn^{51}
布尔津县	pʻan^{44}	pʻan^{23}	pʻan^{51}	pʻan^{51}	pʻan^{51}	man^{23}	man^{23}	man^{23}
乌苏市	pʻan^{55}	pʻan^{51}	pʻan^{213}	pʻan^{213}	pʻan^{213}	man^{51}	man^{51}	man^{51}
额敏县	pʻɑn^{44}	pʻɑn^{51}	pʻɑn^{34}	pʻɑn^{34}	pʻɑn^{34}	mɑn^{51}	mɑn^{51}	mɑn^{51}
伊州区	pʻæ̃^{44}	pʻæ̃^{51}	pʻæ̃^{213}	pʻæ̃^{213}	pʻæ̃^{213}	mæ̃^{51}	mæ̃^{51}	mæ̃^{51}
巴里坤县	pʻan^{45}	pʻan^{51}	pʻan^{24}	pʻan^{24}	pʻan^{24}	man^{51}	man^{51}	man^{51}
伊吾县	pʻæ̃^{44}	pʻæ̃^{51}	pʻæ̃^{213}	pʻæ̃^{213}	pʻæ̃^{213}	mæ̃^{51}	mæ̃^{51}	mæ̃^{51}

字目 / 方言点	慢	漫	幔	曼①	蔓②	帆	番③ 更番	翻
中古音	山开二 去谏明	山合一 去换明	山合一 去换明	山合三 去愿微	山合三 去愿微	咸合三 平凡奉	山合三 平元敷	山合三 平元敷
兰州市 （城关区）	man^{13}	man^{13}	man^{13}	man^{13}	man^{13}	fan^{53}	fan^{53}	fan^{53}
永登县	mæ̃^{13}	mæ̃^{13}	mæ̃^{13}	mæ̃^{13}	mæ̃^{13}	fæ̃^{42}	fæ̃^{42}	fæ̃^{42}
榆中县	man^{13}	man^{13}	man^{13}	man^{13}	man^{13}	fan^{51}	fan^{51}	fan^{51}
皋兰县	mæ̃^{13}	mæ̃^{13}	mæ̃^{13}	mæ̃^{13}	mæ̃^{13}	fæ̃^{42}	fæ̃^{42}	fæ̃^{42}
白银区	man^{13}	man^{13}	man^{13}	man^{13}	man^{13}	fan^{44}	fan^{44}	fan^{44}
天祝县	man^{213}	man^{213}	man^{213}	man^{213}	man^{213}	fan^{44}	fan^{44}	fan^{44}
景泰县 （红水镇）	man^{213}	man^{213}	man^{213}	man^{213}	man^{213}	fan^{44}	fan^{44}	fan^{44}
古浪县	mæ̃^{31}	mæ̃^{31}	mæ̃^{31}	mæ̃^{31}	mæ̃^{31}	fæ̃^{44}	fæ̃^{44}	fæ̃^{44}
凉州区	mɑŋ^{53}	mɑŋ^{53}	mɑŋ^{53}	mɑŋ^{53}	mɑŋ^{53}	fɑŋ^{33}	fɑŋ^{33}	fɑŋ^{33}
民勤县	mɛi^{42}	mɛi^{42}	mɛi^{42}	mɛi^{42}	mɛi^{42}	fɛi^{44}	fɛi^{44}	fɛi^{44}
永昌县	mɛe^{53}	mɛe^{53}	mɛe^{53}	mɛe^{53}	mɛe^{53}	fɛe^{44}	fɛe^{44}	fɛe^{44}
甘州区	maŋ^{31}	maŋ^{31}	maŋ^{31}	maŋ^{31}	maŋ^{31}	faŋ^{44}	faŋ^{44}	faŋ^{44}
临泽县	maŋ^{214}	maŋ^{214}	maŋ^{214}	maŋ^{214}	maŋ^{214}	faŋ^{44}	faŋ^{44}	faŋ^{44}
民乐县	mæ̃i^{42}	mæ̃i^{42}	mæ̃i^{42}	mæ̃i^{42}	mæ̃i^{42}	fæ̃i^{44}	fæ̃i^{44}	fæ̃i^{44}
山丹县	mɛe^{41}	mɛe^{41}	mɛe^{41}	mɛe^{41}	mɛe^{41}	fɛe^{24}	ɛe^{24}	fɛe^{24}
高台县	man^{214}	man^{214}	man^{214}	man^{214}	man^{214}	fan^{44}	fan^{44}	fan^{44}
肃州区	mã^{214}	mã^{214}	mã^{214}	mã^{214}	mã^{214}	fã^{44}	fã^{44}	fã^{44}
金塔县	mã^{13}	mã^{13}	ma^{13}	mã^{13}	mã^{13}	fã^{44}	fã^{44}	fã^{44}
肃北县	man^{213}	man^{213}	man^{213}	man^{213}	man^{213}	fan^{44}	fan^{44}	fan^{44}

①又母官切，山合一平桓明。
②又莫半切，山合一去换明。
③又孚万切，山合三去愿敷。

续表

玉门市	man^{213}	man^{213}	man^{213}	man^{213}	man^{213}	fan^{44}	fan^{44}	fan^{44}
瓜州县	man^{213}	man^{213}	man^{213}	man^{213}	man^{213}	fan^{44}	fan^{44}	fan^{44}
西夏区	mæn^{13}	mæn^{13}	mæn^{13}	mæn^{13}	mæn^{13}	fæn^{53}	fæn^{44}	fæn^{44}
贺兰县	mæn^{13}	mæn^{13}	mæn^{13}	mæn^{13}	mæn^{13}	fæn^{53}	fæn^{44}	fæn^{44}
灵武市（东塔镇）	mæn^{13}	mæn^{13}	mæn^{13}	mæn^{13}	mæn^{13}	fæn^{52}	fæn^{44}	fæn^{44}
永宁县	man^{13}	man^{13}	man^{13}	man^{13}	man^{13}	fan^{53}	fan^{44}	fan^{44}
中宁县	mæ̆^{13}	mæ̆^{13}	mæ̆^{13}	mæ̆^{13}	mæ̆^{13}	fæ̆^{53}	fæ̆^{44}	fæ̆^{44}
沙坡头区	mãi^{13}	mãi^{13}	mãi^{13}	mãi^{13}	mãi^{13}	fãi^{53}	fãi^{44}	fãi^{44}
盐池县	mæn^{13}	mæn^{13}	mæn^{13}	mæn^{13}	mæn^{13}	fæn^{52}	fæn^{44}	fæn^{44}
平罗县（渠口乡）	mæn^{13}	mæn^{13}	mæn^{13}	mæn^{13}	mæn^{13}	fæn^{53}	fæn^{44}	fæn^{44}
阿拉善左旗	mɛi^{213}	mɛi^{213}	mɛi^{213}	mɛi^{213}	mɛi^{213}	fɛi^{44}	fɛi^{44}	fɛi^{44}
乌鲁木齐市	man^{213}	man^{213}	man^{213}	man^{213}	man^{213}	fan^{44}	fan^{44}	fan^{44}
阜康市	man^{213}	man^{213}	man^{213}	man^{213}	man^{213}	fan^{55}	fan^{55}	fan^{55}
呼图壁县	man^{213}	man^{213}	man^{213}	man^{213}	man^{213}	fan^{44}	fan^{44}	fan^{44}
吉木萨尔县	man^{213}	man^{213}	man^{213}	man^{213}	man^{213}	fan^{44}	fan^{44}	fan^{44}
奇台县	man^{213}	man^{213}	man^{213}	man^{213}	man^{213}	fan^{44}	fan^{44}	fan^{44}
博乐市	man^{24}	man^{24}	man^{24}	man^{24}	man^{24}	fan^{45}	fan^{45}	fan^{45}
阿勒泰市	mɑn^{23}	mɑn^{23}	mɑn^{23}	mɑn^{23}	mɑn^{23}	fɑn^{44}	fɑn^{44}	fɑn^{44}
布尔津县	man^{51}	man^{51}	man^{51}	man^{51}	man^{51}	fan^{44}	fan^{44}	fan^{44}
乌苏市	man^{213}	man^{213}	man^{213}	man^{213}	man^{213}	fan^{55}	fan^{55}	fan^{55}
额敏县	mɑn^{34}	mɑn^{34}	mɑn^{34}	mɑn^{34}	mɑn^{34}	fɑn^{44}	fɑn^{44}	fɑn^{44}
伊州区	mæ̃^{213}	mæ̃^{213}	mæ̃^{213}	mæ̃^{213}	mæ̃^{213}	fæ̃^{44}	fæ̃^{44}	fæ̃^{44}
巴里坤县	man^{24}	man^{24}	man^{24}	man^{24}	man^{24}	fan^{45}	fan^{45}	fan^{45}
伊吾县	mæ̃^{213}	mæ̃^{213}	mæ̃^{213}	mæ̃^{213}	mæ̃^{213}	fæ̃^{44}	fæ̃^{44}	fæ̃^{44}

字目 / 中古音 / 方音 / 方言点	凡	烦	繁	矾	反 反复	返	泛	犯
	咸合三 平凡奉	山合三 平元奉	山合三 平元奉	山合三 平元奉	山合三 上阮非	山合三 上阮非	咸合三 去梵敷	咸合三 上范奉
兰州市 （城关区）	fan^{51}	fan^{51}	fan^{51}	fan^{51}	fan^{44}	fan^{44}	fan^{13}	fan^{13}
永登县	fæ̆^{53}	fæ̆^{53}	fæ̆^{53}	fæ̆^{53}	fæ̆^{354}	fæ̆^{354}	fæ̆^{13}	fæ̆^{13}
榆中县	fan^{332}	fan^{332}	fan^{332}	fan^{332}	fan^{44}	fan^{44}	fan^{13}	fan^{13}
皋兰县	fæ̆^{53}	fæ̆^{53}	fæ̆^{53}	fæ̆^{53}	fæ̆^{342}	fæ̆^{342}	fæ̆^{13}	fæ̆^{13}
白银区	fan^{51}	fan^{51}	fan^{51}	fan^{51}	fan^{343}	fan^{343}	fan^{13}	fan^{13}
天祝县	fan^{53}	fan^{53}	fan^{53}	fan^{53}	fan^{44}	fan^{44}	fan^{213}	fan^{213}
景泰县 （红水镇）	fan^{53}	fan^{53}	fan^{53}	fan^{53}	fan^{44}	fan^{44}	fan^{213}	fan^{213}
古浪县	fæ̆^{53}	fæ̆^{53}	fæ̆^{53}	fæ̆^{53}	fæ̆^{44}	fæ̆^{44}	fæ̆^{31}	fæ̆^{31}
凉州区	fɑŋ^{13}	fɑŋ^{13}	fɑŋ^{13}	fɑŋ^{13}	fɑŋ^{33}	fɑŋ^{33}	fɑŋ^{53}	fɑŋ^{53}
民勤县	fɛi^{53}	fɛi^{53}	fɛi^{53}	fɛi^{53}	fɛi^{214}	fɛi^{214}	fɛi^{42}	fɛi^{42}
永昌县	fɛe^{13}	fɛe^{13}	fɛe^{13}	fɛe^{13}	fɛe^{13}	fɛe^{13}	fɛe^{53}	fɛe^{53}
甘州区	faŋ^{53}	faŋ^{53}	faŋ^{53}	faŋ^{53}	faŋ^{53}	faŋ^{53}	faŋ^{31}	faŋ^{31}
临泽县	faŋ^{53}	faŋ^{53}	faŋ^{53}	faŋ^{53}	faŋ^{53}	faŋ^{53}	faŋ^{214}	faŋ^{214}
民乐县	fæ̃i^{53}	fæ̃i^{53}	fæ̃i^{53}	fæ̃i^{53}	fæ̃i^{213}	fæ̃i^{213}	fæ̃i^{42}	fæ̃i^{42}
山丹县	fɛe^{53}	fɛe^{53}	fɛe^{53}	fɛe^{53}	fɛe^{53}	fɛe^{53}	fɛe^{41}	fɛe^{41}
高台县	fan^{53}	fan^{53}	fan^{53}	fan^{53}	fan^{53}	fan^{53}	fan^{214}	fan^{214}
肃州区	fã^{53}	fã^{53}	fã^{53}	fã^{53}	fã^{53}	fã^{53}	fã^{214}	fã^{214}
金塔县	fã^{53}	fã^{53}	fã^{53}	fã^{53}	fã^{53}	fã^{53}	fã^{13}	fã^{13}
肃北县	fan^{53}	fan^{53}	fan^{53}	fan^{53}	fan^{53}	fan^{53}	fan^{213}	fan^{213}
玉门市	fan^{53}	fan^{53}	fan^{53}	fan^{53}	fan^{53}	fan^{53}	fan^{213}	fan^{213}
瓜州县	fan^{53}	fan^{53}	fan^{53}	fan^{53}	fan^{53}	fan^{53}	fan^{213}	fan^{213}
西夏区	fæn^{53}	fæn^{53}	fæn^{53}	fæn^{53}	fæn^{53}	fæn^{53}	fæn^{13}	fæn^{13}

续表

贺兰县	fæn^{53}	fæn^{53}	fæn^{53}	fæn^{53}	fæn^{53}	fæn^{53}	fæn^{13}	fæn^{13}
灵武市 （东塔镇）	fæn^{52}	fæn^{52}	fæn^{52}	fæn^{52}	fæn^{52}	fæn^{52}	fæn^{13}	fæn^{13}
永宁县	fan^{53}	fan^{53}	fan^{53}	fan^{53}	fan^{53}	fan^{53}	fan^{13}	fan^{13}
中宁县	fæ̆^{53}	fæ̆^{53}	fæ̆^{53}	fæ̆^{53}	fæ̆^{53}	fæ̆^{53}	fæ̆^{13}	fæ̆^{13}
沙坡头区	fãi^{13}	fãi^{13}	fãi^{13}	fãi^{13}	fãi^{52}	fãi^{52}	fãi^{13}	fãi^{13}
盐池县	fæn^{13}	fæn^{13}	fæn^{13}	fæn^{13}	fæn^{52}	fæn^{52}	fæn^{13}	fæn^{13}
平罗县 （渠口乡）	fæn^{53}	fæn^{53}	fæn^{53}	fæn^{53}	fæn^{53}	fæn^{53}	fæn^{13}	fæn^{13}
阿拉善左旗	fɛi^{51}	fɛi^{51}	fɛi^{51}	fɛi^{51}	fɛi^{51}	fɛi^{51}	fɛi^{213}	fɛi^{213}
乌鲁木齐市	fan^{52}	fan^{52}	fan^{52}	fan^{52}	fan^{52}	fan^{52}	fan^{213}	fan^{213}
阜康市	fan^{51}	fan^{51}	fan^{51}	fan^{51}	fan^{51}	fan^{51}	fan^{213}	fan^{213}
呼图壁县	fan^{51}	fan^{51}	fan^{51}	fan^{51}	fan^{51}	fan^{51}	fan^{213}	fan^{213}
吉木萨尔县	fan^{51}	fan^{51}	fan^{51}	fan^{51}	fan^{51}	fan^{51}	fan^{213}	fan^{213}
奇台县	fan^{52}	fan^{52}	fan^{52}	fan^{52}	fan^{52}	fan^{52}	fan^{213}	fan^{213}
博乐市	fan^{51}	fan^{51}	fan^{51}	fan^{51}	fan^{51}	fan^{51}	fan^{24}	fan^{24}
阿勒泰市	fɑn^{51}	fɑn^{51}	fɑn^{51}	fɑn^{51}	fɑn^{51}	fɑn^{51}	fɑn^{23}	fɑn^{23}
布尔津县	fan^{23}	fan^{23}	fan^{23}	fan^{23}	fan^{23}	fan^{23}	fan^{51}	fan^{51}
乌苏市	fan^{51}	fan^{51}	fan^{51}	fan^{51}	fan^{51}	fan^{51}	fan^{213}	fan^{213}
额敏县	fɑn^{51}	fɑn^{51}	fɑn^{51}	fɑn^{51}	fɑn^{51}	fɑn^{51}	fɑn^{34}	fɑn^{34}
伊州区	fæ̃^{51}	fæ̃^{51}	fæ̃^{51}	fæ̃^{51}	fæ̃^{51}	fæ̃^{51}	fæ̃^{213}	fæ̃^{213}
巴里坤县	fan^{51}	fan^{51}	fan^{51}	fan^{51}	fan^{51}	fan^{51}	fan^{24}	fan^{24}
伊吾县	fæ̃^{51}	fæ̃^{51}	fæ̃^{51}	fæ̃^{51}	fæ̃^{51}	fæ̃^{51}	fæ̃^{213}	fæ̃^{213}

字目 / 中古音 / 方言点	范 姓	范 模范	贩	饭①	耽 耽搁	担 担在	丹	单
	咸合三上范奉	咸合三上范奉	山合三去愿非	山合三去愿奉	咸开一平覃端	咸开一平谈端	山开一平寒端	山开一平寒端
兰州市（城关区）	fan13	fan13	fan13	fan13	tan53	tan53	tan53	tan53
永登县	fæ̃13	fæ̃13	fæ̃13	fæ̃13	tæ̃42	tæ̃42	tæ̃42	tæ̃42
榆中县	fan13	fan13	fan13	fan13	tan51	tan51	tan51	tan51
皋兰县	fæ̃13	fæ̃13	fæ̃13	fæ̃13	tæ̃42	tæ̃42	tæ̃42	tæ̃42
白银区	fan13	fan13	fan13	fan13	tan44	tan44	tan44	tan44
天祝县	fan213	fan213	fan213	fan213	tan44	tan44	tan44	tan44
景泰县（红水镇）	fan213	fan213	fan213	fan213	tan44	tan44	tan44	tan44
古浪县	fæ̃31	fæ̃31	fæ̃31	fæ̃31	tæ̃44	tæ̃44	tæ̃44	tæ̃44
凉州区	fɑŋ53	fɑŋ53	fɑŋ53	fɑŋ53	tɑŋ33	tɑŋ33	tɑŋ33	tɑŋ33
民勤县	fɛi42	fɛi42	fɛi42	fɛi42	tɛi44	tɛi44	tɛi44	tɛi44
永昌县	fɛe53	fɛe53	fɛe53	fɛe53	tɛe44	tɛe44	tɛe44	tɛe44
甘州区	faŋ31	faŋ31	faŋ31	faŋ31	taŋ44	taŋ44	taŋ44	taŋ44
临泽县	faŋ214	faŋ214	faŋ214	faŋ214	taŋ44	taŋ44	taŋ44	taŋ44
民乐县	fæ̃i42	fæ̃i42	fæ̃i42	fæ̃i42	tæ̃i44	tæ̃i44	tæ̃i44	tæ̃i44
山丹县	fɛe41	fɛe41	fɛe41	fɛe41	tɛe24	tɛe24	tɛe24	tɛe24
高台县	fan214	fan214	fan214	fan214	tan44	tan44	tan44	tan44
肃州区	fã214	fã214	fã214	fã214	tã44	tã44	tã44	tã44
金塔县	fã13	fã13	fa13	fa13	tã44	tã44	tã44	tã44
肃北县	fan213	fan213	fan213	fan213	tan44	tan44	tan44	tan44
玉门市	fan213	fan213	fan213	fan213	tan44	tan44	tan44	tan44
瓜州县	fan213	fan213	fan213	fan213	tan44	tan44	tan44	tan44

①又孚晚切，山合三上阮奉。

续表

西夏区	fæn^{13}	fæn^{13}	fæn^{13}	fæn^{13}	tæn^{44}	tæn^{44}	tæn^{44}	tæn^{44}
贺兰县	fæn^{13}	fæn^{13}	fæn^{13}	fæn^{13}	tæn^{44}	tæn^{44}	tæn^{44}	tæn^{44}
灵武市（东塔镇）	fæn^{13}	fæn^{13}	fæn^{13}	fæn^{13}	tæn^{44}	tæn^{44}	tæn^{44}	tæn^{44}
永宁县	fan^{13}	fan^{13}	fan^{13}	fan^{13}	tan^{44}	tan^{44}	tan^{44}	tan^{44}
中宁县	fæ̆^{13}	fæ̆^{13}	fæ̆^{13}	fæ̆^{13}	tæ̆^{44}	tæ̆^{44}	tæ̆^{44}	tæ̆^{44}
沙坡头区	fãi^{13}	fãi^{13}	fãi^{13}	fãi^{13}	tãi^{44}	tãi^{44}	tãi^{44}	tãi^{44}
盐池县	fæn^{13}	fæn^{13}	fæn^{13}	fæn^{13}	tæn^{44}	tæn^{44}	tæn^{44}	tæn^{44}
平罗县（渠口乡）	fæn^{13}	fæn^{13}	fæn^{13}	fæn^{13}	tæn^{44}	tæn^{44}	tæn^{44}	tæn^{44}
阿拉善左旗	fɛi^{213}	fɛi^{213}	fɛi^{213}	fɛi^{213}	tɛi^{44}	tɛi^{44}	tɛi^{44}	tɛi^{44}
乌鲁木齐市	fan^{213}	fan^{213}	fan^{213}	fan^{213}	tan^{44}	tan^{44}	tan^{44}	tan^{44}
阜康市	fan^{213}	fan^{213}	fan^{213}	fan^{213}	tan^{55}	tan^{55}	tan^{55}	tan^{55}
呼图壁县	fan^{213}	fan^{213}	fan^{213}	fan^{213}	tan^{44}	tan^{44}	tan^{44}	tan^{44}
吉木萨尔县	fan^{213}	fan^{213}	fan^{213}	fan^{213}	tan^{44}	tan^{44}	tan^{44}	tan^{44}
奇台县	fan^{213}	fan^{213}	fan^{213}	fan^{213}	tan^{44}	tan^{44}	tan^{44}	tan^{44}
博乐市	fan^{24}	fan^{24}	fan^{24}	fan^{24}	tan^{45}	tan^{45}	tan^{45}	tan^{45}
阿勒泰市	fɑn^{23}	fɑn^{23}	fɑn^{23}	fɑn^{23}	tɑn^{44}	tɑn^{44}	tɑn^{44}	tɑn^{44}
布尔津县	fan^{51}	fan^{51}	fan^{51}	fan^{51}	tan^{44}	tan^{44}	tan^{44}	tan^{44}
乌苏市	fan^{213}	fan^{213}	fan^{213}	fan^{213}	tan^{55}	tan^{55}	tan^{55}	tan^{55}
额敏县	fɑn^{34}	fɑn^{34}	fɑn^{34}	fɑn^{34}	tɑn^{44}	tɑn^{44}	tɑn^{44}	tɑn^{44}
伊州区	fæ̃^{213}	fæ̃^{213}	fæ̃^{213}	fæ̃^{213}	tæ̃^{44}	tæ̃^{44}	tæ̃^{44}	tæ̃^{44}
巴里坤县	fan^{24}	fan^{24}	fan^{24}	fan^{24}	tan^{45}	tan^{45}	tan^{45}	tan^{45}
伊吾县	fæ̃^{213}	fæ̃^{213}	fæ̃^{213}	fæ̃^{213}	tæ̃^{44}	tæ̃^{44}	tæ̃^{44}	tæ̃^{44}

字目 中古音 方言点	胆	担 挑担	淡①	旦	但②	蛋	弹 弹药	贪
	咸开一 上敢端	咸开一 去阚端	咸开一 上敢定	山开一 去翰端	山开一 上旱定	山开一 去翰定	山开一 去翰定	咸开一 平覃透
兰州市 （城关区）	tan^{44}	tan^{13}	tan^{13}	tan^{13}	tan^{13}	tan^{13}	tan^{13}	t‘an^{53}
永登县	tæ̆^{354}	tæ̆^{13}	tæ̆^{13}	tæ̆^{13}	tæ̆^{13}	tæ̆^{13}	tæ̆^{13}	t‘æ̆^{42}
榆中县	tan^{44}	tan^{13}	tan^{13}	tan^{13}	tan^{13}	tan^{13}	tan^{13}	t‘an^{51}
皋兰县	tæ̆^{342}	tæ̆^{13}	tæ̆^{13}	tæ̆^{13}	tæ̆^{13}	tæ̆^{13}	tæ̆^{13}	t‘æ̆^{42}
白银区	tan^{343}	tan^{13}	tan^{13}	tan^{13}	tan^{13}	tan^{13}	tan^{13}	t‘an^{44}
天祝县	tan^{44}	tan^{213}	tan^{213}	tan^{213}	tan^{213}	tan^{213}	tan^{213}	t‘an^{44}
景泰县 （红水镇）	tan^{44}	tan^{213}	tan^{213}	tan^{213}	tan^{213}	tan^{213}	tan^{213}	t‘an^{44}
古浪县	tæ̆^{44}	tæ̆^{31}	tæ̆^{31}	tæ̆^{31}	tæ̆^{31}	tæ̆^{31}	tæ̆^{31}	t‘æ̆^{44}
凉州区	tɑŋ^{33}	tɑŋ^{53}	tɑŋ^{53}	tɑŋ^{53}	tɑŋ^{53}	tɑŋ^{53}	tɑŋ^{53}	t‘ɑŋ^{33}
民勤县	tɛi^{214}	tɛi^{42}	tɛi^{42}	tɛi^{42}	tɛi^{42}	tɛi^{42}	tɛi^{42}	t‘ɛi^{44}
永昌县	tɛe^{13}	tɛe^{53}	tɛe^{53}	tɛe^{53}	tɛe^{53}	tɛe^{53}	tɛe^{53}	t‘ɛe^{44}
甘州区	taŋ^{53}	taŋ^{31}	taŋ^{31}	taŋ^{31}	taŋ^{31}	taŋ^{31}	taŋ^{31}	t‘aŋ^{44}
临泽县	taŋ^{53}	taŋ^{214}	taŋ^{214}	taŋ^{214}	taŋ^{214}	taŋ^{214}	taŋ^{214}	t‘aŋ^{44}
民乐县	tæi^{213}	tæi^{42}	tæi^{42}	tæi^{42}	tæi^{42}	tæi^{42}	tæi^{42}	t‘æi^{44}
山丹县	tɛe^{53}	tɛe^{41}	tɛe^{41}	tɛe^{41}	tɛe^{41}	tɛe^{41}	tɛe^{41}	t‘ɛe^{24}
高台县	tan^{53}	tan^{214}	tan^{214}	tan^{214}	tan^{214}	tan^{214}	tan^{214}	t‘an^{44}
肃州区	tã^{53}	tã^{214}	tã^{214}	tã^{214}	tã^{214}	tã^{214}	tã^{214}	t‘ã^{44}
金塔县	tã^{53}	tã^{13}	tã^{13}	tã^{13}	tã^{13}	tã^{3}	tã^{13}	t‘ã^{44}
肃北县	tan^{53}	tan^{213}	tan^{213}	tan^{213}	tan^{213}	tan^{213}	tan^{213}	t‘an^{44}
玉门市	tan^{53}	tan^{213}	tan^{213}	tan^{213}	tan^{213}	tan^{213}	tan^{213}	t‘an^{44}

①又徒滥切，咸开一去阚定。

②又徒案切，山开一去翰定。

续表

瓜州县	tan^{53}	tan^{213}	tan^{213}	tan^{213}	tan^{213}	tan^{213}	tan^{213}	t‘an^{44}
西夏区	tæn^{53}	tæn^{13}	tæn^{13}	tæn^{13}	tæn^{13}	tæn^{13}	tæn^{13}	t‘æn^{44}
贺兰县	tæn^{53}	tæn^{13}	tæn^{13}	tæn^{13}	tæn^{13}	tæn^{13}	tæn^{13}	t‘æn^{44}
灵武市（东塔镇）	tæn^{52}	tæn^{13}	tæn^{13}	tæn^{13}	tæn^{13}	tæn^{13}	tæn^{13}	t‘æn^{44}
永宁县	tan^{53}	tan^{13}	tan^{13}	tan^{13}	tan^{13}	tan^{13}	tan^{13}	t‘an^{44}
中宁县	tæ̆^{53}	tæ̆^{13}	tæ̆^{13}	tæ̆^{13}	tæ̆^{13}	tæ̆^{13}	tæ̆^{13}	t‘æ̆^{44}
沙坡头区	tãi^{53}	tãi^{13}	tãi^{13}	tãi^{13}	tãi^{13}	tãi^{13}	tãi^{13}	t‘ãi^{44}
盐池县	tæn^{52}	tæn^{13}	tæn^{13}	tæn^{13}	tæn^{13}	tæn^{13}	tæn^{13}	t‘æn^{44}
平罗县（渠口乡）	tæn^{53}	tæn^{13}	tæn^{13}	tæn^{13}	tæn^{13}	tæn^{13}	tæn^{13}	t‘æn^{44}
阿拉善左旗	tɛi^{51}	tɛi^{213}	tɛi^{213}	tɛi^{213}	tɛi^{213}	tɛi^{213}	tɛi^{213}	t‘ɛi^{44}
乌鲁木齐市	tan^{52}	tan^{213}	tan^{213}	tan^{213}	tan^{213}	tan^{213}	tan^{213}	t‘an^{44}
阜康市	tan^{51}	tan^{213}	tan^{213}	tan^{213}	tan^{213}	tan^{213}	tan^{213}	t‘an^{55}
呼图壁县	tan^{51}	tan^{213}	tan^{213}	tan^{213}	tan^{213}	tan^{213}	tan^{213}	t‘an^{44}
吉木萨尔县	tan^{51}	tan^{213}	tan^{213}	tan^{213}	tan^{213}	tan^{213}	tan^{213}	t‘an^{44}
奇台县	tan^{52}	tan^{213}	tan^{213}	tan^{213}	tan^{213}	tan^{213}	tan^{213}	t‘an^{44}
博乐市	tan^{51}	tan^{24}	tan^{24}	tan^{24}	tan^{24}	tan^{24}	tan^{24}	t‘an^{45}
阿勒泰市	tɑn^{51}	tɑn^{23}	tɑn^{23}	tɑn^{23}	tɑn^{23}	tɑn^{23}	tɑn^{23}	t‘ɑn^{44}
布尔津县	tan^{23}	tan^{51}	tan^{51}	tan^{51}	tan^{51}	tan^{51}	tan^{51}	t‘an^{44}
乌苏市	tan^{51}	tan^{213}	tan^{213}	tan^{213}	tan^{213}	tan^{213}	tan^{213}	t‘an^{55}
额敏县	tɑn^{51}	tɑn^{34}	tɑn^{34}	tɑn^{34}	tɑn^{34}	tɑn^{34}	tɑn^{34}	t‘ɑn^{44}
伊州区	tæ̃^{51}	tæ̃^{213}	tæ̃^{213}	tæ̃^{213}	tæ̃^{213}	tæ̃^{213}	tæ̃^{213}	t‘æ̃^{44}
巴里坤县	tan^{51}	tan^{24}	tan^{24}	tan^{24}	tan^{24}	tan^{24}	tan^{24}	t‘an^{45}
伊吾县	tæ̃^{51}	tæ̃^{213}	tæ̃^{213}	tæ̃^{213}	tæ̃^{213}	tæ̃^{213}	tæ̃^{213}	t‘æ̃^{44}

字目 中古音 方言点	滩	摊	谭姓	潭	坛	谈	痰	檀
	山开一平寒透	山开一平寒透	咸开一平覃定	咸开一平覃定	咸开一平覃定	咸开一平谈定	咸开一平谈定	山开一平寒定
兰州市（城关区）	tʻan^{53}	tʻan^{53}	tʻan^{51}	tʻan^{51}	tʻan^{51}	tʻan^{51}	tʻan^{51}	tʻan^{51}
永登县	tʻæ̃^{42}	tʻæ̃^{42}	tʻæ̃^{53}	tʻæ̃^{53}	tʻæ̃^{53}	tʻæ̃^{53}	tʻæ̃^{53}	tʻæ̃^{53}
榆中县	tʻan^{51}	tʻan^{51}	tʻan^{332}	tʻan^{332}	tʻan^{332}	tʻan^{332}	tʻan^{332}	tʻan^{332}
皋兰县	tʻæ̃^{42}	tʻæ̃^{42}	tʻæ̃^{53}	tʻæ̃^{53}	tʻæ̃^{53}	tʻæ̃^{53}	tʻæ̃^{53}	tʻæ̃^{53}
白银区	tʻan^{44}	tʻan^{44}	tʻan^{51}	tʻan^{51}	tʻan^{51}	tʻan^{51}	tʻan^{51}	tʻan^{51}
天祝县	tʻan^{44}	tʻan^{44}	tʻan^{53}	tʻan^{53}	tʻan^{53}	tʻan^{53}	tʻan^{53}	tʻan^{53}
景泰县（红水镇）	tʻan^{44}	tʻan^{44}	tʻan^{53}	tʻan^{53}	tʻan^{53}	tʻan^{53}	tʻan^{53}	tʻan^{53}
古浪县	tʻæ̃^{44}	tʻæ̃^{44}	tʻæ̃^{53}	tʻæ̃^{53}	tʻæ̃^{53}	tʻæ̃^{53}	tʻæ̃^{53}	tʻæ̃^{53}
凉州区	tʻɑŋ^{33}	tʻɑŋ^{33}	tʻɑŋ^{13}	tʻɑŋ^{13}	tʻɑŋ^{13}	tʻɑŋ^{13}	tʻɑŋ^{13}	tʻɑŋ^{13}
民勤县	tʻɛi^{44}	tʻɛi^{44}	tʻɛi^{53}	tʻɛi^{53}	tʻɛi^{53}	tʻɛi^{53}	tʻɛi^{53}	tʻɛi^{53}
永昌县	tʻɛe^{44}	tʻɛe^{44}	tʻɛe^{13}	tʻɛe^{13}	tʻɛe^{13}	tʻɛe^{13}	tʻɛe^{13}	tʻɛe^{13}
甘州区	tʻaŋ^{44}	tʻaŋ^{44}	tʻaŋ^{53}	tʻaŋ^{53}	tʻaŋ^{53}	tʻaŋ^{53}	tʻaŋ^{53}	tʻaŋ^{53}
临泽县	tʻaŋ^{44}	tʻaŋ^{44}	tʻaŋ^{53}	tʻaŋ^{53}	tʻaŋ^{53}	tʻaŋ^{53}	tʻaŋ^{53}	tʻaŋ^{53}
民乐县	tʻæ̃i^{44}	tʻæ̃i^{44}	tʻæ̃i^{53}	tʻæ̃i^{53}	tʻæ̃i^{53}	tʻæ̃i^{53}	tʻæ̃i^{53}	tʻæ̃i^{53}
山丹县	tʻɛe^{24}	tʻɛe^{24}	tʻɛe^{53}	tʻɛe^{53}	tʻɛe^{53}	tʻɛe^{53}	tʻɛe^{53}	tʻɛe^{53}
高台县	tʻan^{44}	tʻan^{44}	tʻan^{53}	tʻan^{53}	tʻan^{53}	tʻan^{53}	tʻan^{53}	tʻan^{53}
肃州区	tʻã^{44}	tʻan^{44}	tʻã^{53}	tʻã^{53}	tʻã^{53}	tʻã^{53}	tʻã^{53}	tʻã^{53}
金塔县	tʻã^{44}	tʻan^{44}	tʻã^{53}	tʻã^{53}	tʻã^{53}	tʻã^{53}	tʻã^{53}	tʻã^{53}
肃北县	tʻan^{44}	tʻan^{44}	tʻan^{53}	tʻan^{53}	tʻan^{53}	tʻan^{53}	tʻan^{53}	tʻan^{53}
玉门市	tʻan^{44}	tʻan^{44}	tʻan^{53}	tʻan^{53}	tʻan^{53}	tʻan^{53}	tʻan^{53}	tʻan^{53}
瓜州县	tʻan^{44}	tʻan^{44}	tʻan^{53}	tʻan^{53}	tʻan^{53}	tʻan^{53}	tʻan^{53}	tʻan^{53}
西夏区	tʻæn^{44}	tʻæn^{44}	tʻæn^{53}	tʻæn^{53}	tʻæn^{53}	tʻæn^{53}	tʻæn^{53}	tʻæn^{53}

续表

贺兰县	tʻæn44	tʻæn44	tʻæn53	tʻæn53	tʻæn53	tʻæn53	tʻæn53	tʻæn53
灵武市（东塔镇）	tʻæn44	tʻæn44	tʻæn52	tʻæn52	tʻæn52	tʻæn52	tʻæn52	tʻæn52
永宁县	tʻan44	tʻan44	tʻan53	tʻan53	tʻan53	tʻan53	tʻan53	tʻan53
中宁县	tʻæ̃44	tʻæ̃44	tʻæ̃53	tʻæ̃53	tʻæ̃53	tʻæ̃53	tʻæ̃53	tʻæ̃53
沙坡头区	tʻãi44	tʻãi44	tʻãi53	tʻãi53	tʻãi53	tʻãi53	tʻãi53	tʻãi53
盐池县	tʻæn44	tʻæn44	tʻæn13	tʻæn13	tʻæn13	tʻæn13	tʻæn13	tʻæn13
平罗县（渠口乡）	tʻæn44	tʻæn44	tʻæn53	tʻæn53	tʻæn53	tʻæn53	tʻæn53	tʻæn53
阿拉善左旗	tʻɛi44	tʻɛi44	tʻɛi51	tʻɛi51	tʻɛi51	tʻɛi51	tʻɛi51	tʻɛi51
乌鲁木齐市	tʻan44	tʻan44	tʻan52	tʻan52	tʻan52	tʻan52	tʻan52	tʻan52
阜康市	tʻan55	tʻan55	tʻan51	tʻan51	tʻan51	tʻan51	tʻan51	tʻan51
呼图壁县	tʻan44	tʻan44	tʻan51	tʻan51	tʻan51	tʻan51	tʻan51	tʻan51
吉木萨尔县	tʻan44	tʻan44	tʻan51	tʻan51	tʻan51	tʻan51	tʻan51	tʻan51
奇台县	tʻan44	tʻan44	tʻan52	tʻan52	tʻan52	tʻan52	tʻan52	tʻan52
博乐市	tʻan45	tʻan45	tʻan51	tʻan51	tʻan51	tʻan51	tʻan51	tʻan51
阿勒泰市	tʻɑn44	tʻɑn44	tʻɑn51	tʻɑn51	tʻɑn51	tʻɑn51	tʻɑn51	tʻɑn51
布尔津县	tʻan44	tʻan44	tʻan23	tʻan23	tʻan23	tʻan23	tʻan23	tʻan23
乌苏市	tʻan55	tʻan55	tʻan51	tʻan51	tʻan51	tʻan51	tʻan51	tʻan51
额敏县	tʻɑn44	tʻɑn44	tʻɑn51	tʻɑn51	tʻɑn51	tʻɑn51	tʻɑn51	tʻɑn51
伊州区	tʻæ̃44	tʻæ̃44	tʻæ̃51	tʻæ̃51	tʻæ̃51	tʻæ̃51	tʻæ̃51	tʻæ̃51
巴里坤县	tʻan45	tʻan45	tʻan51	tʻan51	tʻan51	tʻan51	tʻan51	tʻan51
伊吾县	tʻæ̃44	tʻæ̃44	tʻæ̃51	tʻæ̃51	tʻæ̃51	tʻæ̃51	tʻæ̃51	tʻæ̃51

字目 / 中古音 / 方音 / 方言点	弹 弹琴	毯	坦	探[①]	炭	叹	男	南 南北
	山开一 平寒定	咸开一 上敢透	山开一 上旱透	咸开一 去勘透	山开一 去翰透	山开一 去翰透	咸开一 平覃泥	咸开一 平覃泥
兰州市（城关区）	tʻan^{51}	tʻan^{44}	tʻan^{44}	tʻan^{13}	tʻan^{13}	tʻan^{13}	lan^{51}	lan^{51}
永登县	tʻæ̃^{53}	tʻæ̃^{354}	tʻæ̃^{354}	tʻæ̃^{13}	tʻæ̃^{13}	tʻæ̃^{13}	næ̃^{53}	næ̃^{53}
榆中县	tʻan^{332}	tʻan^{44}	tʻan^{44}	tʻan^{13}	tʻan^{13}	tʻan^{13}	nan^{332}	nan^{332}
皋兰县	tʻæ̃^{53}	tʻæ̃^{342}	tʻæ̃^{342}	tʻæ̃^{13}	tʻæ̃^{13}	tʻæ̃^{13}	næ̃^{53}	næ̃^{53}
白银区	tʻan^{51}	tʻan^{343}	tʻan^{343}	tʻan^{13}	tʻan^{13}	tʻan^{13}	lan^{51}	lan^{51}
天祝县	tʻan^{53}	tʻan^{44}	tʻan^{44}	tʻan^{213}	tʻan^{213}	tʻan^{213}	lan^{53}	lan^{53}
景泰县（红水镇）	tʻan^{53}	tʻan^{44}	tʻan^{44}	tʻan^{213}	tʻan^{213}	tʻan^{213}	lan^{53}	lan^{53}
古浪县	tʻæ̃^{53}	tʻæ̃^{44}	tʻæ̃^{44}	tʻæ̃^{31}	tʻæ̃^{31}	tʻæ̃^{31}	næ̃^{53}	næ̃^{53}
凉州区	tʻɑŋ^{13}	tʻɑŋ^{33}	tʻɑŋ^{33}	tʻɑŋ^{53}	tʻɑŋ^{53}	tʻɑŋ^{53}	nɑŋ^{13}	nɑŋ^{13}
民勤县	tʻɛi^{53}	tʻɛi^{214}	tʻɛi^{214}	tʻɛi^{42}	tʻɛi^{42}	tʻɛi^{42}	nɛi^{53}	nɛi^{53}
永昌县	tʻɛe^{13}	tʻɛe^{13}	tʻɛe^{13}	tʻɛe^{53}	tʻɛe^{53}	tʻɛe^{53}	nɛe^{13}	nɛe^{13}
甘州区	tʻaŋ^{53}	tʻaŋ^{53}	tʻaŋ^{53}	tʻaŋ^{31}	tʻaŋ^{31}	tʻaŋ^{31}	naŋ^{53}	naŋ^{53}
临泽县	tʻaŋ^{53}	tʻaŋ^{53}	tʻaŋ^{53}	tʻaŋ^{214}	tʻaŋ^{214}	tʻaŋ^{214}	naŋ^{53}	naŋ^{53}
民乐县	tʻæ̃i^{53}	tʻæ̃i^{213}	tʻæ̃i^{213}	tʻæ̃i^{42}	tʻæ̃i^{42}	tʻæ̃i^{42}	næ̃i^{53}	næ̃i^{53}
山丹县	tʻɛe^{53}	tʻɛe^{53}	tʻɛe^{53}	tʻɛe^{41}	tʻɛe^{41}	tʻɛe^{41}	nɛe^{53}	nɛe^{53}
高台县	tʻan^{53}	tʻan^{53}	tʻan^{53}	tʻan^{214}	tʻan^{214}	tʻan^{214}	nan^{53}	nan^{53}
肃州区	tʻã^{53}	tʻã^{53}	tʻã^{53}	tʻã^{214}	tʻã^{214}	tʻã^{214}	nã^{53}	nã^{53}
金塔县	tʻã^{53}	tʻã^{53}	tʻã^{53}	tʻã^{13}	tʻã^{13}	tʻa^{13}	lã^{53}	lã^{53}
肃北县	tʻan^{53}	tʻan^{53}	tʻan^{53}	tʻan^{213}	tʻan^{213}	tʻan^{213}	nan^{53}	nan^{53}
玉门市	tʻan^{53}	tʻan^{53}	tʻan^{53}	tʻan^{213}	tʻan^{213}	tʻan^{213}	nan^{53}	nan^{53}
瓜州县	tʻan^{53}	tʻan^{53}	tʻan^{53}	tʻan^{213}	tʻan^{213}	tʻan^{213}	nan^{53}	nan^{53}

①又他含切，咸开一平覃透。

续表

西夏区	tʻæn^{53}	tʻæn^{53}	tʻæn^{53}	tʻæn^{13}	tʻæn^{13}	tʻæn^{13}	næn^{53}	næn^{53}
贺兰县	tʻæn^{53}	tʻæn^{53}	tʻæn^{53}	tʻæn^{13}	tʻæn^{13}	tʻæn^{13}	næn^{53}	næn^{53}
灵武市（东塔镇）	tʻæn^{52}	tʻæn^{52}	tʻæn^{52}	tʻæn^{13}	tʻæn^{13}	tʻæn^{13}	næn^{52}	næn^{52}
永宁县	tʻan^{53}	tʻan^{53}	tʻan^{53}	tʻan^{13}	tʻan^{13}	tʻan^{13}	nan^{53}	nan^{53}
中宁县	tʻæ̆^{53}	tʻæ̆^{53}	tʻæ̆^{53}	tʻæ̆^{13}	tʻæ̆^{13}	tʻæ̆^{13}	næ̆^{53}	næ̆^{53}
沙坡头区	tʻãi^{53}	tʻãi^{53}	tʻãi^{53}	tʻãi^{13}	tʻãi^{13}	tʻãi^{13}	nãi^{53}	nãi^{53}
盐池县	tʻæn^{13}	tʻæn^{52}	tʻæn^{52}	tʻæn^{13}	tʻæn^{13}	tʻæn^{13}	næn^{13}	næn^{13}
平罗县（渠口乡）	tʻæn^{53}	tʻæn^{53}	tʻæn^{53}	tʻæn^{13}	tʻæn^{13}	tʻæn^{13}	næn^{53}	næn^{53}
阿拉善左旗	tʻɛi^{51}	tʻɛi^{51}	tʻɛi^{51}	tʻɛi^{213}	tʻɛi^{213}	tʻɛi^{213}	lɛi^{51}	lɛi^{51}
乌鲁木齐市	tʻan^{52}	tʻan^{52}	tʻan^{52}	tʻan^{213}	tʻan^{213}	tʻan^{213}	lan^{52}	lan^{52}
阜康市	tʻan^{51}	tʻan^{51}	tʻan^{51}	tʻan^{213}	tʻan^{213}	tʻan^{213}	lan^{51}	lan^{51}
呼图壁县	tʻan^{51}	tʻan^{51}	tʻan^{51}	tʻan^{213}	tʻan^{213}	tʻan^{213}	lan^{51}	lan^{51}
吉木萨尔县	tʻan^{51}	tʻan^{51}	tʻan^{51}	tʻan^{213}	tʻan^{213}	tʻan^{213}	lan^{51}	lan^{51}
奇台县	tʻan^{52}	tʻan^{52}	tʻan^{52}	tʻan^{213}	tʻan^{213}	tʻan^{213}	lan^{52}	lan^{52}
博乐市	tʻan^{51}	tʻan^{51}	tʻan^{51}	tʻan^{24}	tʻan^{24}	tʻan^{24}	lan^{51}	lan^{51}
阿勒泰市	tʻɑn^{51}	tʻɑn^{51}	tʻɑn^{51}	tʻɑn^{23}	tʻɑn^{23}	tʻɑn^{23}	lɑn^{51}	lɑn^{51}
布尔津县	tʻan^{23}	tʻan^{23}	tʻan^{23}	tʻan^{51}	tʻan^{51}	tʻan^{51}	lan^{23}	lan^{23}
乌苏市	tʻan^{51}	tʻan^{51}	tʻan^{51}	tʻan^{213}	tʻan^{213}	tʻan^{213}	lan^{51}	lan^{51}
额敏县	tʻɑn^{51}	tʻɑn^{51}	tʻɑn^{51}	tʻɑn^{34}	tʻɑn^{34}	tʻɑn^{34}	lɑn^{51}	lɑn^{51}
伊州区	tʻæ̃^{51}	tʻæ̃^{51}	tʻæ̃^{51}	tʻæ̃^{213}	tʻæ̃^{213}	tʻæ̃^{213}	læ̃^{51}	læ̃^{51}
巴里坤县	tʻan^{51}	tʻan^{51}	tʻan^{51}	tʻan^{24}	tʻan^{24}	tʻan^{24}	lan^{51}	lan^{51}
伊吾县	tʻæ̃^{51}	tʻæ̃^{51}	tʻæ̃^{51}	tʻæ̃^{213}	tʻæ̃^{213}	tʻæ̃^{213}	læ̃^{51}	læ̃^{51}

字目 / 中古音 / 方言点	难 难易	难 灾难	篮	蓝	兰	拦	栏	览
中古音	山开一 平寒泥	山开一 去翰泥	咸开一 平谈来	咸开一 平谈来	山开一 平寒来	山开一 平寒来	山开一 平寒来	咸开一 上敢来
兰州市 （城关区）	lan^{51}	lan^{13}	lan^{51}	lan^{51}	lan^{51}	lan^{51}	lan^{51}	lan^{44}
永登县	næ̃^{53}	næ̃^{13}	læ̃^{53}	læ̃^{53}	læ̃^{53}	læ̃^{53}	læ̃^{53}	læ̃^{354}
榆中县	lan^{332}	lan^{13}	lan^{332}	lan^{332}	lan^{332}	lan^{332}	lan^{332}	lan^{44}
皋兰县	næ̃^{53}	næ̃^{13}	læ̃^{53}	læ̃^{53}	læ̃^{53}	læ̃^{53}	læ̃^{53}	læ̃^{342}
白银区	lan^{51}	lan^{13}	lan^{51}	lan^{51}	lan^{51}	lan^{51}	lan^{51}	lan^{343}
天祝县	lan^{53}	lan^{213}	lan^{53}	lan^{53}	lan^{53}	lan^{53}	lan^{53}	lan^{44}
景泰县 （红水镇）	lan^{53}	lan^{213}	lan^{53}	lan^{53}	lan^{53}	lan^{53}	lan^{53}	lan^{44}
古浪县	næ̃^{53}	næ̃^{31}	læ̃^{53}	læ̃^{53}	læ̃^{53}	læ̃^{53}	læ̃^{53}	læ̃^{44}
凉州区	nɑŋ^{13}	nɑŋ^{53}	lɑŋ^{13}	lɑŋ^{13}	lɑŋ^{13}	lɑŋ^{13}	lɑŋ^{13}	lɑŋ^{33}
民勤县	nɛi^{53}	nɛi^{42}	lɛi^{53}	lɛi^{53}	lɛi^{53}	lɛi^{53}	lɛi^{53}	lɛi^{214}
永昌县	nɛe^{13}	nɛe^{53}	lɛe^{13}	lɛe^{13}	lɛe^{13}	lɛe^{13}	lɛe^{13}	lɛe^{13}
甘州区	naŋ^{53}	naŋ^{31}	laŋ^{53}	laŋ^{53}	laŋ^{53}	laŋ^{53}	laŋ^{53}	laŋ^{53}
临泽县	naŋ^{53}	naŋ^{214}	laŋ^{53}	laŋ^{53}	laŋ^{53}	laŋ^{53}	laŋ^{53}	laŋ^{53}
民乐县	næ̃i^{53}	næ̃i^{42}	læ̃i^{53}	læ̃i^{53}	læ̃i^{53}	læ̃i^{53}	læ̃i^{53}	læ̃i^{213}
山丹县	nɛe^{53}	nɛe^{41}	lɛe^{53}	lɛe^{53}	lɛe^{53}	lɛe^{53}	lɛe^{53}	lɛe^{53}
高台县	nan^{53}	nan^{214}	lan^{53}	lan^{53}	lan^{53}	lan^{53}	lan^{53}	lan^{53}
肃州区	nã^{53}	nã^{214}	lã^{53}	lã^{53}	lã^{53}	lã^{53}	lã^{53}	lã^{53}
金塔县	lã^{53}	lã^{13}	lã^{53}	lã^{53}	lã^{53}	lã^{53}	lã^{53}	lã^{53}
肃北县	nan^{53}	nan^{213}	lan^{53}	lan^{53}	lan^{53}	lan^{53}	lan^{53}	lan^{53}
玉门市	nan^{53}	nan^{213}	lan^{53}	lan^{53}	lan^{53}	lan^{53}	lan^{53}	lan^{53}
瓜州县	nan^{53}	nan^{213}	lan^{53}	lan^{53}	lan^{53}	lan^{53}	lan^{53}	lan^{53}
西夏区	næn^{53}	næn^{53}	læn^{53}	læn^{53}	læn^{53}	læn^{53}	læn^{53}	læn^{53}

续表

贺兰县	næn53	næn53	læn53	læn53	læn53	læn53	læn53	læn53
灵武市（东塔镇）	næn52	næn52	læn52	læn52	læn52	læn52	læn52	læn52
永宁县	nan53	nan53	lan53	lan53	lan53	lan53	lan53	lan53
中宁县	næ̃53	næ̃53	læ̃53	læ̃53	læ̃53	læ̃53	læ̃53	læ̃53
沙坡头区	nãi53	nãi53	lãi53	lãi53	lãi53	lãi53	lãi53	lãi53
盐池县	næn13	næn13	læn13	læn13	læn13	læn13	læn13	læn52
平罗县（渠口乡）	næn53	næn53	læn53	læn53	læn53	læn53	læn53	læn53
阿拉善左旗	lɛi51	lɛi213	lɛi51	lɛi51	lɛi51	lɛi51	lɛi51	lɛi51
乌鲁木齐市	lan52	lan213	lan52	lan52	lan52	lan52	lan52	lan52
阜康市	lan51	lan213	lan51	lan51	lan51	lan51	lan51	lan51
呼图壁县	lan51	lan213	lan51	lan51	lan51	lan51	lan51	lan51
吉木萨尔县	lan51	lan213	lan51	lan51	lan51	lan51	lan51	lan51
奇台县	lan52	lan213	lan52	lan52	lan52	lan52	lan52	lan52
博乐市	lan51	lan24	lan51	lan51	lan51	lan51	lan51	lan51
阿勒泰市	lɑn51	lɑn23	lɑn51	lɑn51	lɑn51	lɑn51	lɑn51	lɑn51
布尔津县	lan23	lan51	lan23	lan23	lan23	lan23	lan23	lan23
乌苏市	lan51	lan213	lan51	lan51	lan51	lan51	lan51	lan51
额敏县	lɑn51	lɑn34	lɑn51	lɑn51	lɑn51	lɑn51	lɑn51	lɑn51
伊州区	læ̃51	læ̃213	læ̃51	læ̃51	læ̃51	læ̃51	læ̃51	læ̃51
巴里坤县	lan51	lan24	lan51	lan51	lan51	lan51	lan51	lan51
伊吾县	læ̃51	læ̃213	læ̃51	læ̃51	læ̃51	læ̃51	læ̃51	læ̃51

字目 / 中古音 / 方音 / 方言点	揽	懒	滥	烂（腐烂）	暂	赞	参（参加）	餐
	咸开一上敢来	山开一上旱来	咸开一去阚来	山开一去翰来	咸开一去阚从	山开一去翰精	咸开一平覃清	山开一平寒清
兰州市（城关区）	lan^{44}	lan^{44}	lan^{13}	lan^{13}	tsan^{13}	tsan^{13}	tsʻan^{53}	tsʻan^{53}
永登县	læ̆^{354}	læ̆^{354}	læ̆^{13}	læ̆^{13}	tsæ̆^{13}	tsæ̆^{13}	tsʻæ̆^{42}	tsʻæ̆^{42}
榆中县	lan^{44}	lan^{44}	lan^{13}	lan^{13}	tsan^{13}	tsan^{13}	tsʻan^{51}	tsʻan^{51}
皋兰县	læ̆^{342}	læ̆^{342}	læ̆^{13}	læ̆^{13}	tsæ̆^{13}	tsæ̆^{13}	tsʻæ̆^{42}	tsʻæ̆^{42}
白银区	lan^{343}	lan^{343}	lan^{13}	lan^{13}	tsan^{13}	tsan^{13}	tsʻan^{44}	tsʻan^{44}
天祝县	lan^{44}	lan^{44}	lan^{213}	lan^{213}	tsan^{213}	tsan^{213}	tsʻan^{44}	tsʻan^{44}
景泰县（红水镇）	lan^{44}	lan^{44}	lan^{213}	lan^{213}	tsan^{213}	tsan^{213}	tsʻan^{44}	tsʻan^{44}
古浪县	læ̆^{44}	læ̆^{44}	læ̆^{31}	læ̆^{31}	tsæ̆^{31}	tsæ̆^{31}	tsʻæ̆^{44}	tsʻæ̆^{44}
凉州区	lɑŋ^{33}	lɑŋ^{33}	lɑŋ^{53}	lɑŋ^{53}	tsɑŋ^{53}	tsɑŋ^{53}	tsʻɑŋ^{33}	tsʻɑŋ^{33}
民勤县	lɛi^{214}	lɛi^{214}	lɛi^{42}	lɛi^{42}	tsɛi^{42}	tsɛi^{42}	tsʻɛi^{44}	tsʻɛi^{44}
永昌县	lɛe^{13}	lɛe^{13}	lɛe^{53}	lɛe^{53}	tsɛe^{53}	tsɛe^{53}	tsʻɛe^{44}	tsʻɛe^{44}
甘州区	laŋ^{53}	laŋ^{53}	laŋ^{31}	laŋ^{31}	tsaŋ^{31}	tsaŋ^{31}	tsʻaŋ^{44}	tsʻaŋ^{44}
临泽县	laŋ^{53}	laŋ^{53}	laŋ^{214}	laŋ^{214}	tsaŋ^{214}	tsaŋ^{214}	tsʻaŋ^{44}	tsʻaŋ^{44}
民乐县	læ̃i^{213}	læ̃i^{213}	læ̃i^{42}	læ̃i^{42}	tsæ̃i^{42}	tsæ̃i^{42}	tsʻæ̃i^{44}	tsʻæ̃i^{44}
山丹县	lɛe^{53}	lɛe^{53}	lɛe^{41}	lɛe^{41}	tsɛe^{41}	tsɛe^{41}	tsʻɛe^{24}	tsʻɛe^{24}
高台县	lan^{53}	lan^{53}	lan^{214}	lan^{214}	tsan^{214}	tsan^{214}	tsʻan^{44}	tsʻan^{44}
肃州区	lã^{53}	lã^{53}	lã^{214}	lã^{214}	tsã^{214}	tsã^{214}	tsʻã^{44}	tsʻã^{44}
金塔县	lã^{53}	lã^{53}	lã^{13}	lã^{13}	tsã^{13}	tsã^{13}	tsʻã^{44}	tsʻã^{44}
肃北县	lan^{53}	lan^{53}	lan^{213}	lan^{213}	tsan^{213}	tsan^{213}	tsʻan^{44}	tsʻan^{44}
玉门市	lan^{53}	lan^{53}	lan^{213}	lan^{213}	tsan^{213}	tsan^{213}	tsʻan^{44}	tsʻan^{44}
瓜州县	lan^{53}	lan^{53}	lan^{213}	lan^{213}	tsan^{213}	tsan^{213}	tsʻan^{44}	tsʻan^{44}
西夏区	læn^{53}	læn^{53}	læn^{13}	læn^{13}	tsæn^{13}	tsæn^{13}	tsʻæn^{44}	tsʻæn^{44}

续表

贺兰县	læn^{53}	læn^{53}	læn^{13}	læn^{13}	tsæn^{13}	tsæn^{13}	tsʻæn^{44}	tsʻæn^{44}
灵武市（东塔镇）	læn^{52}	læn^{52}	læn^{13}	læn^{13}	tsæn^{13}	tsæn^{13}	tsʻæn^{44}	tsʻæn^{44}
永宁县	lan^{53}	lan^{53}	lan^{13}	lan^{13}	tsan^{13}	tsan^{13}	tsʻan^{44}	tsʻan^{44}
中宁县	læ̆^{53}	læ̆^{53}	læ̆^{13}	læ̆^{13}	tsæ̆^{13}	tsæ̆^{13}	tsʻæ̆^{44}	tsʻæ̆^{44}
沙坡头区	lãi^{53}	lãi^{53}	lãi^{13}	lãi^{13}	tsãi^{13}	tsãi^{13}	tsʻãi^{44}	tsʻãi^{44}
盐池县	læn^{52}	læn^{52}	læn^{13}	læn^{13}	tsæn^{13}	tsæn^{13}	tsʻæn^{44}	tsʻæn^{44}
平罗县（渠口乡）	læn^{53}	læn^{53}	læn^{13}	læn^{13}	tsæn^{13}	tsæn^{13}	tsʻæn^{44}	tsʻæn^{44}
阿拉善左旗	lɛi^{51}	lɛi^{51}	lɛi^{213}	lɛi^{213}	tsɛi^{213}	tsɛi^{213}	tsʻɛi^{44}	tsʻɛi^{44}
乌鲁木齐市	lan^{52}	lan^{52}	lan^{213}	lan^{213}	tsan^{213}	tsan^{213}	tsʻan^{44}	tsʻan^{44}
阜康市	lan^{51}	lan^{51}	lan^{213}	lan^{213}	tsan^{213}	tsan^{213}	tsʻan^{55}	tsʻan^{55}
呼图壁县	lan^{51}	lan^{51}	lan^{213}	lan^{213}	tsan^{213}	tsan^{213}	tsʻan^{44}	tsʻan^{44}
吉木萨尔县	lan^{51}	lan^{51}	lan^{213}	lan^{213}	tsan^{213}	tsan^{213}	tsʻan^{44}	tsʻan^{44}
奇台县	lan^{52}	lan^{52}	lan^{213}	lan^{213}	tsan^{213}	tsan^{213}	tsʻan^{44}	tsʻan^{44}
博乐市	lan^{51}	lan^{51}	lan^{24}	lan^{24}	tsan^{24}	tsan^{24}	tsʻan^{45}	tsʻan^{45}
阿勒泰市	lɑn^{51}	lɑn^{51}	lɑn^{23}	lɑn^{23}	tsɑn^{23}	tsɑn^{23}	tsʻɑn^{44}	tsʻɑn^{44}
布尔津县	lan^{23}	lan^{23}	lan^{51}	lan^{51}	tsan^{51}	tsan^{51}	tsʻan^{44}	tsʻan^{44}
乌苏市	lan^{51}	lan^{51}	lan^{213}	lan^{213}	tsan^{213}	tsan^{213}	tsʻan^{55}	tsʻan^{55}
额敏县	lɑn^{51}	lɑn^{51}	lɑn^{34}	lɑn^{34}	tsɑn^{34}	tsɑn^{34}	tsʻɑn^{44}	tsʻɑn^{44}
伊州区	læ̃^{51}	læ̃^{51}	læ̃^{213}	læ̃^{213}	tsæ̃^{213}	tsæ̃^{213}	tsʻæ̃^{44}	tsʻæ̃^{44}
巴里坤县	lan^{51}	lan^{51}	lan^{24}	lan^{24}	tsan^{24}	tsan^{24}	tsʻan^{45}	tsʻan^{45}
伊吾县	læ̃^{51}	læ̃^{51}	læ̃^{213}	læ̃^{213}	tsæ̃^{213}	tsæ̃^{213}	tsʻæ̃^{44}	tsʻæ̃^{44}

字目 / 中古音 / 方言点	蚕	惭	残	惨	灿	三	散① 松散	伞①
中古音	咸开一 平覃从	咸开一 平谈从	山开一 平寒从	咸开一 上感清	山开一 去翰清	咸开一 平谈心	山开一 上旱心	山开一 上旱心
兰州市 （城关区）	tsʻan^{53}	tsʻan^{53}	tsʻan^{53}	tsʻan^{53}	tsʻan^{13}	san^{53}	san^{44}	san^{44}
永登县	tsʻæ̆^{42}	tsʻæ̆^{42}	tsʻæ̆^{42}	tsʻæ̆^{42}	tsʻæ̆^{13}	sæ̆^{42}	sæ̆^{354}	sæ̆^{354}
榆中县	tsʻan^{51}	tsʻan^{51}	tsʻan^{51}	tsʻan^{51}	tsʻan^{13}	san^{51}	san^{44}	san^{44}
皋兰县	tsʻæ̆^{42}	tsʻæ̆^{42}	tsʻæ̆^{42}	tsʻæ̆^{42}	tsʻæ̆^{13}	sæ̆^{42}	sæ̆^{342}	sæ̆^{342}
白银区	tsʻan^{44}	tsʻan^{44}	tsʻan^{44}	tsʻan^{44}	tsʻan^{13}	san^{44}	san^{343}	san^{343}
天祝县	tsʻan^{44}	tsʻan^{44}	tsʻan^{44}	tsʻan^{44}	tsʻan^{213}	san^{44}	san^{44}	san^{44}
景泰县 （红水镇）	tsʻan^{44}	tsʻan^{44}	tsʻan^{44}	tsʻan^{44}	tsʻan^{213}	san^{44}	san^{44}	san^{44}
古浪县	tsʻæ̆^{44}	tsʻæ̆^{44}	tsʻæ̆^{44}	tsʻæ̆^{44}	tsʻæ̆^{31}	sæ̆^{44}	sæ̆^{44}	sæ̆^{44}
凉州区	tsʻɑŋ^{33}	tsʻɑŋ^{33}	tsʻɑŋ^{33}	tsʻɑŋ^{33}	tsʻɑŋ^{53}	sɑŋ^{33}	sɑŋ^{33}	sɑŋ^{33}
民勤县	tsʻɛi^{44}	tsʻɛi^{44}	tsʻɛi^{44}	tsʻɛi^{44}	tsʻɛi^{42}	sɛi^{44}	sɛi^{214}	sɛi^{214}
永昌县	tsʻɛe^{13}	tsʻɛe^{13}	tsʻɛe^{13}	tsʻɛe^{44}	tsʻɛe^{53}	sɛe^{44}	sɛe^{13}	sɛe^{13}
甘州区	tsʻaŋ^{53}	tsʻaŋ^{53}	tsʻaŋ^{53}	tsʻaŋ^{53}	tsʻaŋ^{31}	saŋ^{44}	saŋ^{53}	saŋ^{53}
临泽县	tsʻaŋ^{53}	tsʻaŋ^{53}	tsʻaŋ^{53}	tsʻaŋ^{53}	tsʻaŋ^{31}	saŋ^{44}	saŋ^{53}	saŋ^{53}
民乐县	tsʻæ̃i^{44}	tsʻæ̃i^{44}	tsʻæ̃i^{44}	tsʻæ̃i^{44}	tsʻæ̃i^{42}	sæ̃i^{44}	sæ̃i^{213}	sæ̃i^{213}
山丹县	tsʻɛe^{53}	tsʻɛe^{53}	tsʻɛe^{53}	tsʻɛe^{53}	tsʻɛe^{41}	sɛe^{24}	sɛe^{53}	sɛe^{53}
高台县	tsʻan^{53}	tsʻan^{53}	tsʻan^{53}	tsʻan^{53}	tsʻan^{31}	san^{44}	san^{53}	san^{53}
肃州区	tsʻã^{53}	tsʻã^{53}	tsʻã^{53}	tsʻã^{53}	tsʻã^{214}	sã^{44}	sã^{53}	sã^{53}
金塔县	tsʻã^{53}	tsʻã^{53}	tsʻã^{53}	tsʻã^{53}	tsʻã^{13}	sã^{44}	sã^{53}	sã^{53}
肃北县	tsʻan^{53}	tsʻan^{53}	tsʻan^{53}	tsʻan^{44}	tsʻan^{213}	san^{44}	san^{53}	san^{53}
玉门市	tsʻan^{53}	tsʻan^{53}	tsʻan^{53}	tsʻan^{44}	tsʻan^{213}	san^{44}	san^{53}	san^{53}
瓜州县	tsʻan^{53}	tsʻan^{53}	tsʻan^{53}	tsʻan^{44}	tsʻan^{213}	san^{44}	san^{53}	san^{53}

①又苏旰切，山开一去翰心。

续表

西夏区	ts‘æn^{53}	ts‘æn^{53}	ts‘æn^{53}	ts‘æn^{44}	ts‘æn^{13}	sæn^{44}	sæn^{53}	sæn^{53}
贺兰县	ts‘æn^{53}	ts‘æn^{53}	ts‘æn^{53}	ts‘æn^{44}	ts‘æn^{13}	sæn^{44}	sæn^{53}	sæn^{53}
灵武市（东塔镇）	ts‘æn^{52}	ts‘æn^{52}	ts‘æn^{52}	ts‘æn^{44}	ts‘æn^{13}	sæn^{44}	sæn^{52}	sæn^{52}
永宁县	ts‘an^{53}	ts‘an^{53}	ts‘an^{53}	ts‘an^{44}	ts‘an^{13}	san^{44}	san^{53}	san^{53}
中宁县	ts‘æ̆^{53}	ts‘æ̆^{53}	ts‘æ̆^{53}	ts‘æ̆^{44}	ts‘æ̆^{13}	sæ̆^{44}	sæ̆^{53}	sæ̆^{53}
沙坡头区	ts‘ãi^{53}	ts‘ãi^{53}	ts‘ãi^{53}	ts‘ãi^{44}	ts‘ãi^{13}	sãi^{44}	sãi^{53}	sãi^{53}
盐池县	ts‘æn^{13}	ts‘æn^{13}	ts‘æn^{13}	ts‘æn^{44}	ts‘æn^{13}	sæn^{44}	sæn^{52}	sæn^{52}
平罗县（渠口乡）	ts‘æn^{53}	ts‘æn^{53}	ts‘æn^{53}	ts‘æn^{44}	ts‘æn^{13}	sæn^{44}	sæn^{53}	sæn^{53}
阿拉善左旗	ts‘ɛi^{51}	ts‘ɛi^{51}	ts‘ɛi^{51}	ts‘ɛi^{44}	ts‘ɛi^{213}	sɛi^{44}	sɛi^{51}	sɛi^{51}
乌鲁木齐市	ts‘an^{52}	ts‘an^{52}	ts‘an^{52}	ts‘an^{44}	ts‘an^{213}	san^{44}	san^{52}	san^{52}
阜康市	ts‘an^{51}	ts‘an^{51}	ts‘an^{51}	ts‘an^{55}	ts‘an^{213}	san^{55}	san^{51}	san^{51}
呼图壁县	ts‘an^{51}	ts‘an^{51}	ts‘an^{51}	ts‘an^{44}	ts‘an^{213}	san^{44}	san^{51}	san^{51}
吉木萨尔县	ts‘an^{51}	ts‘an^{51}	ts‘an^{51}	ts‘an^{44}	ts‘an^{213}	san^{44}	san^{51}	san^{51}
奇台县	ts‘an^{52}	ts‘an^{52}	ts‘an^{52}	ts‘an^{44}	ts‘an^{213}	san^{44}	san^{52}	san^{52}
博乐市	ts‘an^{51}	ts‘an^{51}	ts‘an^{51}	ts‘an^{45}	ts‘an^{24}	san^{45}	san^{51}	san^{51}
阿勒泰市	ts‘ɑn^{51}	ts‘ɑn^{51}	ts‘ɑn^{51}	ts‘ɑn^{44}	ts‘ɑn^{23}	sɑn^{44}	sɑn^{51}	sɑn^{51}
布尔津县	ts‘an^{23}	ts‘an^{23}	ts‘an^{23}	ts‘an^{44}	ts‘an^{51}	san^{44}	san^{23}	san^{23}
乌苏市	ts‘an^{51}	ts‘an^{51}	ts‘an^{51}	ts‘an^{55}	ts‘an^{213}	san^{55}	san^{51}	san^{51}
额敏县	ts‘ɑn^{51}	ts‘ɑn^{51}	ts‘ɑn^{51}	ts‘ɑn^{44}	ts‘ɑn^{34}	sɑn^{44}	sɑn^{51}	sɑn^{51}
伊州区	ts‘æ̃^{51}	ts‘æ̃^{51}	ts‘æ̃^{51}	ts‘æ̃^{44}	ts‘æ̃^{213}	sæ̃^{44}	sæ̃^{51}	sæ̃^{51}
巴里坤县	ts‘an^{51}	ts‘an^{51}	ts‘an^{51}	ts‘an^{45}	ts‘an^{24}	san^{45}	san^{51}	san^{51}
伊吾县	ts‘æ̃^{51}	ts‘æ̃^{51}	ts‘æ̃^{51}	ts‘æ̃^{44}	ts‘æ̃^{213}	sæ̃^{44}	sæ̃^{51}	sæ̃^{51}

字目 / 中古音 / 方音 / 方言点	散 解散	沾	粘 粘贴	毡	斩	盏	展	站 站立
	山开一去翰心	咸开三平盐知	咸开三平盐泥	山开三平仙章	咸开二上豏庄	山开二上产庄	山开三上狝知	咸开三去陷知
兰州市（城关区）	san^{13}	tʂan^{53}	tʂan^{53}	tʂan^{53}	tʂan^{44}	tʂan^{44}	tʂan^{44}	tʂan^{13}
永登县	sæ̆^{13}	tʂæ̆^{42}	tʂæ̆^{42}	tʂæ̆^{42}	tʂæ̆^{354}	tʂæ̆^{354}	tʂæ̆^{354}	tʂæ̆^{13}
榆中县	san^{13}	tʂan^{51}	tʂan^{51}	tʂan^{51}	tʂan^{44}	tʂan^{44}	tʂan^{44}	tʂan^{13}
皋兰县	sæ̆^{13}	tʂæ̆^{42}	tʂæ̆^{42}	tʂæ̆^{42}	tʂæ̆^{342}	tʂæ̆^{342}	tʂæ̆^{342}	tʂæ̆^{13}
白银区	san^{13}	tʂan^{44}	tʂan^{44}	tʂan^{44}	tʂan^{343}	tʂan^{343}	tʂan^{343}	tʂan^{13}
天祝县	san^{213}	tʂan^{44}	tʂan^{44}	tʂan^{44}	tʂan^{44}	tʂan^{44}	tʂan^{44}	tʂan^{213}
景泰县（红水镇）	san^{213}	tʂan^{44}	tʂan^{44}	tʂan^{44}	tʂan^{44}	tʂan^{44}	tʂan^{44}	tʂan^{213}
古浪县	sæ̆^{31}	tʂæ̆^{44}	tʂæ̆^{44}	tʂæ̆^{44}	tʂæ̆^{44}	tʂæ̆^{44}	tʂæ̆^{44}	tʂæ̆^{31}
凉州区	sɑŋ^{53}	tʂɑŋ^{33}	tʂɑŋ^{33}	tʂɑŋ^{33}	tʂɑŋ^{33}	tʂɑŋ^{33}	tʂɑŋ^{33}	tʂɑŋ^{53}
民勤县	sɛi^{42}	tʂɛi^{44}	tʂɛi^{44}	tʂɛi^{44}	tsɛi^{214}	tsɛi^{214}	tʂɛi^{214}	tʂɛi^{42}
永昌县	sɛe^{53}	tʂɛe^{44}	tʂɛe^{44}	tʂɛe^{44}	tʂɛe^{13}	tʂɛe^{13}	tʂɛe^{13}	tʂɛe^{53}
甘州区	saŋ^{31}	tʂaŋ^{44}	tʂaŋ^{44}	tʂaŋ^{44}	tʂaŋ^{53}	tʂaŋ^{44}	tʂaŋ^{53}	tʂaŋ^{31}
临泽县	saŋ^{214}	tʂaŋ^{44}	tʂaŋ^{44}	tʂaŋ^{44}	tʂaŋ^{53}	tʂaŋ^{44}	tʂaŋ^{53}	tʂaŋ^{214}
民乐县	sæ̃i^{42}	tʂæ̃i^{44}	tʂæ̃i^{44}	tʂæ̃i^{44}	tsæ̃i^{213}	tsæ̃i^{213}	tʂæ̃i^{213}	tʂæ̃i^{42}
山丹县	sɛe^{41}	tʂɛe^{24}	tʂɛe^{24}	tʂɛe^{24}	tʂɛe^{53}	tʂɛe^{24}	tʂɛe^{53}	tʂɛe^{41}
高台县	san^{214}	tʂan^{44}	tʂan^{44}	tʂan^{44}	tʂan^{53}	tʂan^{44}	tʂan^{53}	tʂan^{214}
肃州区	sã^{214}	tʂã^{44}	tʂã^{44}	tʂã^{44}	tʂã^{53}	tʂã^{44}	tʂã^{53}	tʂã^{214}
金塔县	sã^{13}	tʂã^{44}	tʂã^{44}	tʂã^{44}	tʂã^{53}	tʂã^{44}	tʂã^{53}	tʂã^{13}
肃北县	san^{213}	tʂan^{44}	tʂan^{44}	tʂan^{44}	tʂan^{53}	tʂan^{44}	tʂan^{53}	tʂan^{213}
玉门市	san^{213}	tʂan^{44}	tʂan^{44}	tʂan^{44}	tʂan^{53}	tʂan^{44}	tʂan^{53}	tʂan^{213}
瓜州县	san^{213}	tʂan^{44}	tʂan^{44}	tʂan^{44}	tʂan^{53}	tʂan^{44}	tʂan^{53}	tʂan^{213}
西夏区	sæn^{13}	tʂæn^{44}	tʂæn^{44}	tʂæn^{44}	tʂæn^{53}	tʂæn^{53}	tʂæn^{53}	tʂæn^{13}

续表

贺兰县	sæn^{13}	tʂæn^{44}	tʂæn^{44}	tʂæn^{44}	tʂæn^{53}	tʂæn^{53}	tʂæn^{53}	tʂæn^{13}
灵武市（东塔镇）	sæn^{13}	tʂæn^{44}	tʂæn^{44}	tʂæn^{44}	tsæn^{52}	tsæn^{52}	tʂæn^{52}	tʂæn^{13}
永宁县	san^{13}	tʂan^{44}	tʂan^{44}	tʂan^{44}	tʂan^{53}	tʂan^{53}	tʂan^{53}	tʂan^{13}
中宁县	sæ̆^{13}	tʂæ̆^{44}	tʂæ̆^{44}	tʂæ̆^{44}	tʂæ̆^{53}	tʂæ̆^{53}	tʂæ̆^{53}	tʂæ̆^{13}
沙坡头区	sãi^{13}	tʂãi^{44}	tʂãi^{44}	tʂãi^{44}	tʂãi^{53}	tʂãi^{53}	tʂãi^{53}	tʂãi^{13}
盐池县	sæn^{13}	tʂæn^{44}	tʂæn^{44}	tʂæn^{44}	tʂæn^{52}	tʂæn^{13}	tʂæn^{52}	tʂæn^{13}
平罗县（渠口乡）	sæn^{13}	tʂæn^{44}	tʂæn^{44}	tʂæn^{44}	tʂæn^{53}	tʂæn^{53}	tʂæn^{53}	tʂæn^{13}
阿拉善左旗	sɛi^{213}	tʂɛi^{44}	tʂɛi^{44}	tʂɛi^{44}	tʂɛi^{51}	tʂɛi^{44}	tʂɛi^{51}	tʂɛi^{213}
乌鲁木齐市	san^{213}	tʂan^{44}	tʂan^{44}	tʂan^{44}	tʂan^{52}	tʂan^{44}	tʂan^{52}	tʂan^{213}
阜康市	san^{213}	tʂan^{55}	tʂan^{55}	tʂan^{55}	tʂan^{51}	tʂan^{55}	tʂan^{51}	tʂan^{213}
呼图壁县	san^{213}	tʂan^{44}	tʂan^{44}	tʂan^{44}	tʂan^{51}	tʂan^{44}	tʂan^{51}	tʂan^{213}
吉木萨尔县	san^{213}	tʂan^{44}	tʂan^{44}	tʂan^{44}	tʂan^{51}	tʂan^{44}	tʂan^{51}	tʂan^{213}
奇台县	san^{213}	tʂan^{44}	tʂan^{44}	tʂan^{44}	tʂan^{52}	tʂan^{44}	tʂan^{52}	tʂan^{213}
博乐市	san^{24}	tʂan^{45}	tʂan^{45}	tʂan^{45}	tʂan^{51}	tʂan^{45}	tʂan^{51}	tʂan^{24}
阿勒泰市	sɑn^{23}	tʂɑn^{44}	tʂɑn^{44}	tʂɑn^{44}	tʂɑn^{51}	tʂɑn^{44}	tʂɑn^{51}	tʂɑn^{23}
布尔津县	san^{51}	tʂan^{44}	tʂan^{44}	tʂan^{44}	tʂan^{23}	tʂan^{44}	tʂan^{23}	tʂan^{51}
乌苏市	san^{213}	tʂan^{55}	tʂan^{55}	tʂan^{55}	tʂan^{51}	tʂan^{55}	tʂan^{51}	tʂan^{213}
额敏县	sɑn^{34}	tʂɑn^{44}	tʂɑn^{44}	tʂɑn^{44}	tʂɑn^{51}	tʂɑn^{44}	tʂɑn^{51}	tʂɑn^{34}
伊州区	sæ̃^{213}	tʂæ̃^{44}	tʂæ̃^{44}	tʂæ̃^{44}	tʂæ̃^{51}	tʂæ̃^{44}	tʂæ̃^{51}	tʂæ̃^{213}
巴里坤县	san^{24}	tʂan^{45}	tʂan^{45}	tʂan^{45}	tʂan^{51}	tʂan^{45}	tʂan^{51}	tʂan^{24}
伊吾县	sæ̃^{213}	tʂæ̃^{44}	tʂæ̃^{44}	tʂæ̃^{44}	tʂæ̃^{51}	tʂæ̃^{44}	tʂæ̃^{51}	tʂæ̃^{213}

字目 中古音 方音 方言点	站 车站	蘸	占 占领	栈①	战	搀 搀扶	馋	缠②
	咸开三 去陷知	咸开二 去陷庄	咸开二 去艳章	山开二 上产崇	山开三 去线章	咸开二 平衔初	咸开二 平衔崇	山开三 平仙澄
兰州市 （城关区）	tʂan^{13}	tʂan^{13}	tʂan^{13}	tʂan^{13}	tʂan^{13}	tʂʻan^{53}	tʂʻan^{51}	tʂʻan^{51}
永登县	tʂæ̃^{13}	tʂæ̃^{13}	tʂæ̃^{13}	tʂæ̃^{13}	tʂæ̃^{13}	tʂʻæ̃^{42}	tʂʻæ̃^{53}	tʂʻæ̃^{53}
榆中县	tʂan^{13}	tʂan^{13}	tʂan^{13}	tʂan^{13}	tʂan^{13}	tʂʻan^{51}	tʂʻan^{332}	tʂʻan^{332}
皋兰县	tʂæ̃^{13}	tʂæ̃^{13}	tʂæ̃^{13}	tʂæ̃^{13}	tʂæ̃^{13}	tʂʻæ̃^{42}	tʂʻæ̃^{53}	tʂʻæ̃^{53}
白银区	tʂan^{13}	tʂan^{13}	tʂan^{13}	tʂan^{13}	tʂan^{13}	tʂʻan^{44}	tʂʻan^{51}	tʂʻan^{51}
天祝县	tʂan^{213}	tʂan^{213}	tʂan^{213}	tʂan^{213}	tʂan^{213}	tʂʻan^{44}	tʂʻan^{53}	tʂʻan^{53}
景泰县 （红水镇）	tʂan^{213}	tʂan^{213}	tʂan^{213}	tʂan^{213}	tʂan^{213}	tʂʻan^{44}	tʂʻan^{53}	tʂʻan^{53}
古浪县	tʂæ̃^{31}	tʂæ̃^{31}	tʂæ̃^{31}	tʂæ̃^{31}	tʂæ̃^{31}	tʂʻæ̃^{44}	tʂʻæ̃^{53}	tʂʻæ̃^{53}
凉州区	tʂɑŋ^{53}	tʂɑŋ^{53}	tʂɑŋ^{53}	tʂɑŋ^{53}	tʂɑŋ^{53}	tʂʻɑŋ^{33}	tʂʻɑŋ^{13}	tʂʻɑŋ^{13}
民勤县	tsɛi^{42}	tsɛi^{42}	tʂɛi^{42}	tʂɛi^{42}	tʂɛi^{42}	tsʻɛi^{44}	tsʻɛi^{53}	tʂʻɛi^{53}
永昌县	tʂɛe^{53}	tʂɛe^{53}	tʂɛe^{53}	tʂɛe^{53}	tʂɛe^{53}	tʂʻɛe^{44}	tʂʻɛe^{13}	tʂʻɛe^{13}
甘州区	tʂaŋ^{31}	tʂaŋ^{31}	tʂaŋ^{31}	tʂaŋ^{31}	tʂaŋ^{31}	tʂʻaŋ^{44}	tʂʻaŋ^{53}	tʂʻaŋ^{53}
临泽县	tʂaŋ^{214}	tʂaŋ^{214}	tʂaŋ^{214}	tʂaŋ^{214}	tʂaŋ^{214}	tʂʻaŋ^{44}	tʂʻaŋ^{53}	tʂʻaŋ^{53}
民乐县	tsæ̃i^{42}	tsæ̃i^{42}	tʂæ̃i^{42}	tʂæ̃i^{42}	tʂæ̃i^{42}	tsʻæ̃i^{44}	tsʻæ̃i^{53}	tʂʻæ̃i^{53}
山丹县	tʂɛe^{41}	tʂɛe^{41}	tʂɛe^{41}	tʂɛe^{41}	tʂɛe^{41}	tʂʻɛe^{24}	tʂʻɛe^{53}	tʂʻɛe^{53}
高台县	tʂan^{214}	tʂan^{214}	tʂan^{214}	tʂan^{214}	tʂan^{214}	tʂʻan^{44}	tʂʻan^{53}	tʂʻan^{53}
肃州区	tʂã^{214}	tʂã^{214}	tʂã^{214}	tʂã^{214}	tʂã^{214}	tʂʻã^{44}	tʂʻã^{53}	tʂʻã^{53}
金塔县	tʂã^{13}	tʂã^{13}	tʂã^{13}	tʂa^{13}	tʂã^{13}	tʂʻã^{44}	tʂʻã^{53}	tʂʻã^{53}
肃北县	tʂan^{213}	tʂan^{213}	tʂan^{213}	tʂan^{213}	tʂan^{213}	tʂʻan^{44}	tʂʻan^{53}	tʂʻan^{53}
玉门市	tʂan^{213}	tʂan^{213}	tʂan^{213}	tʂan^{213}	tʂan^{213}	tʂʻan^{44}	tʂʻan^{53}	tʂʻan^{53}

①又士免切，山开三上狝崇；士谏切，山开二去谏崇。

②又持碾切，山开三去线澄。

续表

瓜州县	tʂan^{213}	tʂan^{213}	tʂan^{213}	tʂan^{213}	tʂan^{213}	tʂʻan^{44}	tʂʻan^{53}	tʂʻan^{53}
西夏区	tʂæn^{13}	tʂæn^{13}	tʂæn^{13}	tʂæn^{13}	tʂæn^{13}	tʂʻæn^{44}	tʂʻæn^{53}	tʂʻæn^{53}
贺兰县	tʂæn^{13}	tʂæn^{13}	tʂæn^{13}	tʂæn^{13}	tʂæn^{13}	tʂʻæn^{44}	tʂʻæn^{53}	tʂʻæn^{53}
灵武市（东塔镇）	tʂæn^{13}	tʂæn^{13}	tʂæn^{13}	tʂæn^{13}	tʂæn^{13}	tʂʻæn^{44}	tʂʻæn^{52}	tʂʻæn^{52}
永宁县	tʂan^{13}	tʂan^{13}	tʂan^{13}	tʂan^{13}	tʂan^{13}	tʂʻan^{44}	tʂʻan^{53}	tʂʻan^{53}
中宁县	tʂæ̆^{13}	tʂæ̆^{13}	tʂæ̆^{13}	tʂæ̆^{13}	tʂæ̆^{13}	tʂʻæ̆^{44}	tʂʻæ̆^{53}	tʂʻæ̆^{53}
沙坡头区	tʂãi^{13}	tʂãi^{13}	tʂãi^{13}	tʂãi^{13}	tʂãi^{13}	tʂʻãi^{44}	tʂʻãi^{53}	tʂʻãi^{53}
盐池县	tsæn^{13}	tsæn^{13}	tʂæn^{13}	tʂæn^{13}	tʂæn^{13}	tsʻæn^{44}	tsʻæn^{52}	tʂʻæn^{13}
平罗县（渠口乡）	tʂæn^{13}	tʂæn^{13}	tʂæn^{13}	tʂæn^{13}	tʂæn^{13}	tʂʻæn^{44}	tʂʻæn^{53}	tʂʻæn^{53}
阿拉善左旗	tʂɛi^{213}	tʂɛi^{213}	tʂɛi^{213}	tʂɛi^{213}	tʂɛi^{213}	tʂʻɛi^{44}	tʂʻɛi^{51}	tʂʻɛi^{51}
乌鲁木齐市	tʂan^{213}	tʂan^{213}	tʂan^{213}	tʂan^{213}	tʂan^{213}	tʂʻan^{44}	tʂʻan^{52}	tʂʻan^{52}
阜康市	tʂan^{213}	tʂan^{213}	tʂan^{213}	tʂan^{213}	tʂan^{213}	tʂʻan^{55}	tʂʻan^{51}	tʂʻan^{51}
呼图壁县	tʂan^{213}	tʂan^{213}	tʂan^{213}	tʂan^{213}	tʂan^{213}	tʂʻan^{44}	tʂʻan^{51}	tʂʻan^{51}
吉木萨尔县	tʂan^{213}	tʂan^{213}	tʂan^{213}	tʂan^{213}	tʂan^{213}	tʂʻan^{44}	tʂʻan^{51}	tʂʻan^{51}
奇台县	tʂan^{213}	tʂan^{213}	tʂan^{213}	tʂan^{213}	tʂan^{213}	tʂʻan^{44}	tʂʻan^{52}	tʂʻan^{52}
博乐市	tʂan^{24}	tʂan^{24}	tʂan^{24}	tʂan^{24}	tʂan^{24}	tʂʻan^{45}	tʂʻan^{51}	tʂʻan^{51}
阿勒泰市	tʂɑn^{23}	tʂɑn^{23}	tʂɑn^{23}	tʂɑn^{23}	tʂɑn^{23}	tʂʻɑn^{44}	tʂʻɑn^{51}	tʂʻɑn^{51}
布尔津县	tʂan^{51}	tʂan^{51}	tʂan^{51}	tʂan^{51}	tʂan^{51}	tʂʻan^{44}	tʂʻan^{23}	tʂʻan^{23}
乌苏市	tʂan^{213}	tʂan^{213}	tʂan^{213}	tʂan^{213}	tʂan^{213}	tʂʻan^{55}	tʂʻan^{51}	tʂʻan^{51}
额敏县	tʂɑn^{34}	tʂɑn^{34}	tʂɑn^{34}	tʂɑn^{34}	tʂɑn^{34}	tʂʻɑn^{44}	tʂʻɑn^{51}	tʂʻɑn^{51}
伊州区	tʂæ̃^{213}	tʂæ̃^{213}	tʂæ̃^{213}	tʂæ̃^{213}	tʂæ̃^{213}	tʂʻæ̃^{44}	tʂʻæ̃^{51}	tʂʻæ̃^{51}
巴里坤县	tʂan^{24}	tʂan^{24}	tʂan^{24}	tʂan^{24}	tʂan^{24}	tʂʻan^{45}	tʂʻan^{51}	tʂʻan^{51}
伊吾县	tʂæ̃^{213}	tʂæ̃^{213}	tʂæ̃^{213}	tʂæ̃^{213}	tʂæ̃^{213}	tʂʻæ̃^{44}	tʂʻæ̃^{51}	tʂʻæ̃^{51}

字目 / 中古音 / 方言点	蝉	铲	产	忏	颤	杉	衫	山①
	山开二平仙禅	山开二上产初	山开二上产生	咸开二去鑑初	山开三去线章	咸开二平咸生	咸开二平衔生	山开二平山生
兰州市（城关区）	tʂ‘an^{51}	tʂ‘an^{44}	tʂ‘an^{44}	tʂ‘an^{13}	tʂ‘an^{13}	ʂan^{53}	ʂan^{53}	ʂan^{53}
永登县	tʂ‘æ̃^{53}	tʂ‘æ̃^{354}	tʂ‘æ̃^{354}	tʂ‘æ̃^{13}	tʂ‘æ̃^{13}	ʂæ̃^{42}	ʂæ̃^{42}	ʂæ̃^{42}
榆中县	tʂ‘an^{332}	tʂ‘an^{44}	tʂ‘an^{44}	tʂ‘an^{13}	tʂ‘an^{13}	ʂan^{51}	ʂan^{51}	ʂan^{51}
皋兰县	tʂ‘æ̃^{53}	tʂ‘æ̃^{342}	tʂ‘æ̃^{342}	tʂ‘æ̃^{13}	tʂ‘æ̃^{13}	ʂæ̃^{42}	ʂæ̃^{42}	ʂæ̃^{42}
白银区	tʂ‘an^{51}	tʂ‘an^{343}	tʂ‘an^{343}	tʂ‘an^{13}	tʂ‘an^{13}	ʂan^{44}	ʂan^{44}	ʂan^{44}
天祝县	tʂ‘an^{53}	tʂ‘an^{44}	tʂ‘an^{44}	tʂ‘an^{213}	tʂ‘an^{213}	ʂan^{44}	ʂan^{44}	ʂan^{44}
景泰县（红水镇）	tʂ‘an^{53}	tʂ‘an^{44}	tʂ‘an^{44}	tʂ‘an^{213}	tʂ‘an^{213}	ʂan^{44}	ʂan^{44}	ʂan^{44}
古浪县	tʂ‘æ̃^{53}	tʂ‘æ̃^{44}	tʂ‘æ̃^{44}	tʂ‘æ̃^{31}	tʂ‘æ̃^{31}	ʂæ̃^{44}	ʂæ̃^{44}	ʂæ̃^{44}
凉州区	tʂ‘ɑŋ^{13}	tʂ‘ɑŋ^{33}	tʂ‘ɑŋ^{33}	tʂ‘ɑŋ^{53}	tʂ‘ɑŋ^{53}	ʂɑŋ^{33}	ʂɑŋ^{33}	ʂɑŋ^{33}
民勤县	tʂ‘ɛi^{53}	tʂ‘ɛi^{214}	tʂ‘ɛi^{214}	tʂ‘ɛi^{42}	tʂ‘ɛi^{42}	ʂɛi^{44}	ʂɛi^{44}	ʂɛi^{44}
永昌县	tʂ‘ɛe^{13}	tʂ‘ɛe^{13}	tʂ‘ɛe^{13}	tʂ‘ɛe^{53}	tʂ‘ɛe^{53}	ʂɛe^{44}	ʂɛe^{44}	ʂɛe^{44}
甘州区	tʂ‘aŋ^{53}	tʂ‘aŋ^{44}	tʂ‘aŋ^{44}	tʂ‘aŋ^{31}	tʂ‘aŋ^{31}	ʂaŋ^{44}	ʂaŋ^{44}	ʂaŋ^{44}
临泽县	tʂ‘aŋ^{53}	tʂ‘aŋ^{44}	tʂ‘aŋ^{44}	tʂ‘aŋ^{214}	tʂ‘aŋ^{214}	ʂaŋ^{44}	ʂaŋ^{44}	ʂaŋ^{44}
民乐县	tʂ‘æ̃i^{53}	tʂ‘æ̃i^{213}	tʂ‘æ̃i^{213}	tʂ‘æ̃i^{42}	tʂ‘æ̃i^{42}	ʂæ̃i^{44}	ʂæ̃i^{44}	ʂæ̃i^{44}
山丹县	tʂ‘ɛe^{53}	tʂ‘ɛe^{24}	tʂ‘ɛe^{24}	tʂ‘ɛe^{41}	tʂ‘ɛe^{41}	ʂɛe^{24}	ʂɛe^{24}	ʂɛe^{24}
高台县	tʂ‘an^{53}	tʂ‘an^{44}	tʂ‘an^{44}	tʂ‘an^{214}	tʂ‘an^{214}	ʂan^{44}	ʂan^{44}	ʂan^{44}
肃州区	tʂ‘ã^{53}	tʂã^{44}	tʂ‘ã^{44}	tʂ‘ã^{214}	tʂ‘ã^{214}	ʂã^{44}	ʂã^{44}	ʂã^{44}
金塔县	tʂ‘ã^{53}	tʂã^{44}	tʂ‘ã^{44}	tʂ‘ã^{13}	tʂ‘a^{13}	ʂã^{44}	ʂã^{44}	ʂã^{44}
肃北县	tʂ‘an^{53}	tʂ‘an^{44}	tʂ‘an^{44}	tʂ‘an^{213}	tʂ‘an^{213}	ʂan^{44}	ʂan^{44}	ʂan^{44}
玉门市	tʂ‘an^{53}	tʂ‘an^{44}	tʂ‘an^{44}	tʂ‘an^{213}	tʂ‘an^{213}	ʂan^{44}	ʂan^{44}	ʂan^{44}
瓜州县	tʂ‘an^{53}	tʂ‘an^{44}	tʂ‘an^{44}	tʂ‘an^{213}	tʂ‘an^{213}	ʂan^{44}	ʂan^{44}	ʂan^{44}

①又所旃切，山开三平仙生。

续表

西夏区	tʂʻæn^{53}	tʂʻæn^{53}	tʂʻæn^{53}	tʂʻæn^{13}	tʂʻæn^{13}	ʂæn^{44}	ʂæn^{44}	ʂæn^{44}
贺兰县	tʂʻæn^{53}	tʂʻæn^{53}	tʂʻæn^{53}	tʂʻæn^{13}	tʂʻæn^{13}	ʂæn^{44}	ʂæn^{44}	ʂæn^{44}
灵武市（东塔镇）	tʂʻæn^{52}	tʂʻæn^{52}	tʂʻæn^{52}	tʂʻæn^{13}	tʂʻæn^{13}	ʂæn^{44}	ʂæn^{44}	ʂæn^{44}
永宁县	tʂʻan^{53}	tʂʻan^{53}	tʂʻan^{53}	tʂʻan^{13}	tʂʻan^{13}	ʂan^{44}	ʂan^{44}	ʂan^{44}
中宁县	tʂʻæ̃^{53}	tʂʻæ̃^{53}	tʂʻæ̃^{53}	tʂʻæ̃^{13}	tʂʻæ̃^{13}	ʂæ̃^{44}	ʂæ̃^{44}	ʂæ̃^{44}
沙坡头区	tʂʻãi^{53}	tʂʻãi^{53}	tʂʻãi^{53}	tʂʻãi^{13}	tʂʻãi^{13}	ʂãi^{44}	ʂãi^{44}	ʂãi^{44}
盐池县	tʂʻæn^{13}	tsʻæn^{52}	tsʻæn^{52}	tʂʻæn^{13}	tʂʻæn^{13}	sæn^{44}	sæn^{44}	sæn^{44}
平罗县（渠口乡）	tʂʻæn^{53}	tʂʻæn^{53}	tʂʻæn^{53}	tʂʻæn^{13}	tʂʻæn^{13}	ʂæn^{44}	ʂæn^{44}	ʂæn^{44}
阿拉善左旗	tʂʻεi^{51}	tʂʻεi^{44}	tʂʻεi^{44}	tʂʻεi^{213}	tʂʻεi^{213}	ʂεi^{44}	ʂεi^{44}	ʂεi^{44}
乌鲁木齐市	tʂʻan^{52}	tʂʻan^{44}	tʂʻan^{44}	tʂʻan^{213}	tʂʻan^{213}	ʂan^{44}	ʂan^{44}	ʂan^{44}
阜康市	tʂʻan^{51}	tʂʻan^{55}	tʂʻan^{55}	tʂʻan^{213}	tʂʻan^{213}	ʂan^{55}	ʂan^{55}	ʂan^{55}
呼图壁县	tʂʻan^{51}	tʂʻan^{44}	tʂʻan^{44}	tʂʻan^{213}	tʂʻan^{213}	ʂan^{44}	ʂan^{44}	ʂan^{44}
吉木萨尔县	tʂʻan^{51}	tʂʻan^{44}	tʂʻan^{44}	tʂʻan^{213}	tʂʻan^{213}	ʂan^{44}	ʂan^{44}	ʂan^{44}
奇台县	tʂʻan^{52}	tʂʻan^{44}	tʂʻan^{44}	tʂʻan^{213}	tʂʻan^{213}	ʂan^{44}	ʂan^{44}	ʂan^{44}
博乐市	tʂʻan^{51}	tʂʻan^{45}	tʂʻan^{45}	tʂʻan^{24}	tʂʻan^{24}	ʂan^{45}	ʂan^{45}	ʂan^{45}
阿勒泰市	tʂʻɑn^{51}	tʂʻɑn^{44}	tʂʻɑn^{44}	tʂʻɑn^{23}	tʂʻɑn^{23}	ʂɑn^{44}	ʂɑn^{44}	ʂɑn^{44}
布尔津县	tʂʻan^{23}	tʂʻan^{44}	tʂʻan^{44}	tʂʻan^{51}	tʂʻan^{51}	ʂan^{44}	ʂan^{44}	ʂan^{44}
乌苏市	tʂʻan^{51}	tʂʻan^{55}	tʂʻan^{55}	tʂʻan^{213}	tʂʻan^{213}	ʂan^{55}	ʂan^{55}	ʂan^{55}
额敏县	tʂʻɑn^{51}	tʂʻɑn^{44}	tʂʻɑn^{44}	tʂʻɑn^{34}	tʂʻɑn^{34}	ʂɑn^{44}	ʂɑn^{44}	ʂɑn^{44}
伊州区	tʂʻæ̃^{51}	tʂʻæ̃^{44}	tʂʻæ̃^{44}	tʂʻæ̃^{213}	tʂʻæ̃^{213}	ʂæ̃^{44}	ʂæ̃^{44}	ʂæ̃^{44}
巴里坤县	tʂʻan^{51}	tʂʻan^{45}	tʂʻan^{45}	tʂʻan^{24}	tʂʻan^{24}	ʂan^{45}	ʂan^{45}	ʂan^{45}
伊吾县	tʂʻæ̃^{51}	tʂʻæ̃^{44}	tʂʻæ̃^{44}	tʂʻæ̃^{213}	tʂʻæ̃^{213}	ʂæ̃^{44}	ʂæ̃^{44}	ʂæ̃^{44}

字目 / 中古音 / 方言点	删	扇[1] 扇动	陕	闪[2]	扇 扇子	善	然	燃
中古音	山开二 平删生	山开二 平仙书	咸开三 上琰书	咸开三 上琰书	山开三 去线书	山开三 上狝禅	山开三 平仙日	山开三 平仙日
兰州市 （城关区）	ʂan^{53}	ʂan^{13}	ʂan^{44}	ʂan^{44}	ʂan^{13}	ʂan^{13}	ʐan^{51}	ʐan^{51}
永登县	ʂæ̃^{42}	ʂæ̃^{13}	ʂæ̃^{354}	ʂæ̃^{354}	ʂæ̃^{13}	ʂæ̃^{13}	ʐæ̃^{53}	ʐæ̃^{53}
榆中县	ʂan^{51}	ʂan^{13}	ʂan^{44}	ʂan^{44}	ʂan^{13}	ʂan^{13}	ʐan^{332}	ʐan^{332}
皋兰县	ʂæ̃^{42}	ʂæ̃^{13}	ʂæ̃^{342}	ʂæ̃^{342}	ʂæ̃^{13}	ʂæ̃^{13}	ʐæ̃^{53}	ʐæ̃^{53}
白银区	ʂan^{44}	ʂan^{13}	ʂan^{343}	ʂan^{343}	ʂan^{13}	ʂan^{13}	ʐan^{51}	ʐan^{51}
天祝县	ʂan^{44}	ʂan^{213}	ʂan^{44}	ʂan^{44}	ʂan^{213}	ʂan^{213}	ʐan^{53}	ʐan^{53}
景泰县 （红水镇）	ʂan^{44}	ʂan^{213}	ʂan^{44}	ʂan^{44}	ʂan^{213}	ʂan^{213}	ʐan^{53}	ʐan^{53}
古浪县	ʂæ̆^{44}	ʂæ̆^{31}	ʂæ̆^{44}	ʂæ̆^{44}	ʂæ̆^{31}	ʂæ̆^{31}	ʐæ̆^{53}	ʐæ̆^{53}
凉州区	ʂɑŋ^{33}	ʂɑŋ^{53}	ʂɑŋ^{33}	ʂɑŋ^{33}	ʂɑŋ^{53}	ʂɑŋ^{53}	ʐɑŋ^{13}	ʐɑŋ^{13}
民勤县	sɛi^{44}	ʂɛi^{42}	ʂɛi^{214}	ʂɛi^{214}	ʂɛi^{42}	ʂɛi^{42}	ʐɛi^{53}	ʐɛi^{53}
永昌县	ʂɛe^{44}	ʂɛe^{53}	ʂɛe^{13}	ʂɛe^{13}	ʂɛe^{53}	ʂɛe^{53}	ʐɛe^{13}	ʐɛe^{13}
甘州区	ʂaŋ^{44}	ʂaŋ^{31}	ʂaŋ^{53}	ʂaŋ^{53}	ʂaŋ^{31}	ʂaŋ^{31}	ʐaŋ^{53}	ʐaŋ^{53}
临泽县	ʂaŋ^{44}	ʂaŋ^{214}	ʂaŋ^{53}	ʂaŋ^{53}	ʂaŋ^{214}	ʂaŋ^{214}	ʐaŋ^{53}	ʐaŋ^{53}
民乐县	sæ̃i^{44}	ʂæ̃i^{42}	ʂæ̃i^{213}	ʂæ̃i^{213}	ʂæ̃i^{42}	ʂæ̃i^{42}	ʐæ̃i^{53}	ʐæ̃i^{53}
山丹县	ʂɛe^{24}	ʂɛe^{41}	ʂɛe^{53}	ʂɛe^{53}	ʂɛe^{41}	ʂɛe^{41}	ʐɛe^{53}	ʐɛe^{53}
高台县	ʂan^{44}	ʂan^{214}	ʂan^{53}	ʂan^{53}	ʂan^{214}	ʂan^{214}	ʐan^{53}	ʐan^{53}
肃州区	ʂã^{44}	ʂã^{214}	ʂã^{53}	ʂã^{53}	ʂã^{214}	ʂã^{214}	ʐã^{53}	ʐã^{53}
金塔县	ʂã^{44}	ʂã^{13}	ʂã^{53}	ʂã^{53}	ʂã^{13}	ʂã^{13}	ʐã^{53}	ʐã^{53}
肃北县	ʂan^{44}	ʂan^{213}	ʂan^{53}	ʂan^{53}	ʂan^{213}	ʂan^{213}	ʐan^{53}	ʐan^{53}
玉门市	ʂan^{44}	ʂan^{213}	ʂan^{53}	ʂan^{53}	ʂan^{213}	ʂan^{213}	ʐan^{53}	ʐan^{53}

①又式战切，山开三去线书。

②又舒瞻切，咸开三去艳书；式剑切，先开三去酽书。

续表

瓜州县	ʂan⁴⁴	ʂan²¹³	ʂan⁵³	ʂan⁵³	ʂan²¹³	ʂan²¹³	ʐan⁵³	ʐan⁵³
西夏区	ʂæn⁴⁴	ʂæn¹³	ʂæn⁵³	ʂæn⁵³	ʂæn¹³	ʂæn¹³	ʐæn⁵³	ʐæn⁵³
贺兰县	ʂæn⁴⁴	ʂæn¹³	ʂæn⁵³	ʂæn⁵³	ʂæn¹³	ʂæn¹³	ʐæn⁵³	ʐæn⁵³
灵武市（东塔镇）	ʂæn⁴⁴	ʂæn¹³	ʂæn⁵²	ʂæn⁵²	ʂæn¹³	ʂæn¹³	ʐæn⁵²	ʐæn⁵²
永宁县	ʂan⁴⁴	ʂan¹³	ʂan⁵³	ʂan⁵³	ʂan¹³	ʂan¹³	ʐan⁵³	ʐan⁵³
中宁县	ʂæ̆⁴⁴	ʂæ̆¹³	ʂæ̆⁵³	ʂæ̆⁵³	ʂæ̆¹³	ʂæ̆¹³	ʐæ̆⁵³	ʐæ̆⁵³
沙坡头区	ʂãi⁴⁴	ʂãi¹³	ʂãi⁵³	ʂãi⁵³	ʂãi¹³	ʂãi¹³	ʐãi⁵³	ʐãi⁵³
盐池县	sæn⁴⁴	ʂæn¹³	ʂæn⁵²	ʂæn⁵²	ʂæn¹³	ʂæn¹³	ʐæn¹³	ʐæn¹³
平罗县（渠口乡）	ʂæn⁴⁴	ʂæn¹³	ʂæn⁵³	ʂæn⁵³	ʂæn¹³	ʂæn¹³	ʐæn⁵³	ʐæn⁵³
阿拉善左旗	ʂɛi⁴⁴	ʂɛi²¹³	ʂɛi⁵¹	ʂɛi⁵¹	ʂɛi²¹³	ʂɛi²¹³	ʐɛi⁵¹	ʐɛi⁵¹
乌鲁木齐市	ʂan⁴⁴	ʂan²¹³	ʂan⁵²	ʂan⁵²	ʂan²¹³	ʂan²¹³	ʐan⁵²	ʐan⁵²
阜康市	ʂan⁵⁵	ʂan²¹³	ʂan⁵¹	ʂan⁵¹	ʂan²¹³	ʂan²¹³	ʐan⁵¹	ʐan⁵¹
呼图壁县	ʂan⁴⁴	ʂan²¹³	ʂan⁵¹	ʂan⁵¹	ʂan²¹³	ʂan²¹³	ʐan⁵¹	ʐan⁵¹
吉木萨尔县	ʂan⁴⁴	ʂan²¹³	ʂan⁵¹	ʂan⁵¹	ʂan²¹³	ʂan²¹³	ʐan⁵¹	ʐan⁵¹
奇台县	ʂan⁴⁴	ʂan²¹³	ʂan⁵²	ʂan⁵²	ʂan²¹³	ʂan²¹³	ʐan⁵²	ʐan⁵²
博乐市	ʂan⁴⁵	ʂan²⁴	ʂan⁵¹	ʂan⁵¹	ʂan²⁴	ʂan²⁴	ʐan⁵¹	ʐan⁵¹
阿勒泰市	ʂɑn⁴⁴	ʂɑn²³	ʂɑn⁵¹	ʂɑn⁵¹	ʂɑn²³	ʂɑn²³	ʐɑn⁵¹	ʐɑn⁵¹
布尔津县	ʂan⁴⁴	ʂan⁵¹	ʂan²³	ʂan²³	ʂan⁵¹	ʂan⁵¹	ʐan²³	ʐan²³
乌苏市	ʂan⁵⁵	ʂan²¹³	ʂan⁵¹	ʂan⁵¹	ʂan²¹³	ʂan²¹³	ʐan⁵¹	ʐan⁵¹
额敏县	ʂɑn⁴⁴	ʂɑn²³	ʂɑn⁵¹	ʂɑn⁵¹	ʂɑn²³	ʂɑn²³	ʐɑn⁵¹	ʐɑn⁵¹
伊州区	ʂæ̃⁴⁴	ʂæ̃²¹³	ʂæ̃⁵¹	ʂæ̃⁵¹	ʂæ̃²¹³	ʂæ̃²¹³	ʐæ̃⁵¹	ʐæ̃⁵¹
巴里坤县	ʂan⁴⁵	ʂan²⁴	ʂan⁵¹	ʂan⁵¹	ʂan²⁴	ʂan²⁴	ʐan⁵¹	ʐan⁵¹
伊吾县	ʂæ̃⁴⁴	ʂæ̃²¹³	ʂæ̃⁵¹	ʂæ̃⁵¹	ʂæ̃²¹³	ʂæ̃²¹³	ʐæ̃⁵¹	ʐæ̃⁵¹

字目 中古音 方言点	染①	甘	柑	干 干涉	干 干燥	竿②	杆 旗杆	肝
	咸开三 上琰日	咸开一 平谈见	咸开一 平谈见	山开一 平寒见	山开一 平寒见	山开一 平寒见	山开一 平寒见	山开一 平寒见
兰州市 （城关区）	ʐan^{44}	kan^{53}	kan^{53}	kan^{53}	kan^{53}	kan^{53}	kan^{53}	kan^{53}
永登县	ʐæ̃^{354}	kæ̃^{42}	kæ̃^{42}	kæ̃^{42}	kæ̃^{42}	kæ̃^{42}	kæ̃^{42}	kæ̃^{42}
榆中县	ʐan^{44}	kan^{51}	kan^{51}	kan^{51}	kan^{51}	kan^{51}	kan^{51}	kan^{53}
皋兰县	ʐæ̃^{342}	kæ̃^{42}	kæ̃^{42}	kæ̃^{42}	kæ̃^{42}	kæ̃^{42}	kæ̃^{42}	kæ̃^{42}
白银区	ʐan^{343}	kan^{44}	kan^{44}	kan^{44}	kan^{44}	kan^{44}	kan^{44}	kan^{44}
天祝县	ʐan^{44}	kan^{44}	kan^{44}	kan^{44}	kan^{44}	kan^{44}	kan^{44}	kan^{44}
景泰县 （红水镇）	ʐan^{44}	kan^{44}	kan^{44}	kan^{44}	kan^{44}	kan^{44}	kan^{44}	kan^{44}
古浪县	ʐæ̃^{44}	kæ̃^{44}	kæ̃^{44}	kæ̃^{44}	kæ̃^{44}	kæ̃^{44}	kæ̃^{44}	kæ̃^{44}
凉州区	ʐɑŋ^{33}	kɑŋ^{33}	kɑŋ^{33}	kɑŋ^{33}	kɑŋ^{33}	kɑŋ^{33}	kɑŋ^{33}	kɑŋ^{33}
民勤县	ʐɛi^{214}	kɛi^{44}	kɛi^{44}	kɛi^{44}	kɛi^{44}	kɛi^{44}	kɛi^{44}	kɛi^{44}
永昌县	ʐɛe^{13}	kɛe^{44}	kɛe^{44}	kɛe^{44}	kɛe^{44}	kɛe^{44}	kɛe^{13}	kɛe^{44}
甘州区	ʐaŋ^{53}	kaŋ^{44}	kaŋ^{44}	kaŋ^{44}	kaŋ^{44}	kaŋ^{44}	kaŋ^{44}	kaŋ^{44}
临泽县	ʐaŋ^{53}	kaŋ^{44}	kaŋ^{44}	kaŋ^{44}	kaŋ^{44}	kaŋ^{44}	kaŋ^{44}	kaŋ^{44}
民乐县	ʐæ̃i^{213}	kæ̃i^{44}	kæ̃i^{44}	kæ̃i^{44}	kæ̃i^{44}	kæ̃i^{44}	kæ̃i^{44}	kæ̃i^{44}
山丹县	ʐɛe^{53}	kɛe^{24}	kɛe^{24}	kɛe^{24}	kɛe^{24}	kɛe^{24}	kɛe^{24}	kɛe^{24}
高台县	ʐan^{53}	kan^{44}	kan^{44}	kan^{44}	kan^{44}	kan^{44}	kan^{44}	kan^{44}
肃州区	ʐã^{53}	kã^{44}	kã^{44}	kã^{44}	kã^{44}	kã^{44}	kã^{44}	kã^{44}
金塔县	ʐã^{53}	kã^{44}	kã^{44}	kã^{44}	kã^{44}	kã^{44}	kã^{44}	kã^{44}
肃北县	ʐan^{53}	kan^{44}	kan^{44}	kan^{44}	kan^{44}	kan^{44}	kan^{44}	kan^{44}
玉门市	ʐan^{53}	kan^{44}	kan^{44}	kan^{44}	kan^{44}	kan^{44}	kan^{44}	kan^{44}

①又而艳切，咸开三去艳日。

②又通“笴”，古旱切，山开一上旱见。

续表

瓜州县	ʐan^{53}	kan^{44}	kan^{44}	kan^{44}	kan^{44}	kan^{44}	kan^{44}	kan^{44}
西夏区	ʐæn^{53}	kæn^{44}	kæn^{44}	kæn^{44}	kæn^{44}	kæn^{44}	kæn^{44}	kæn^{44}
贺兰县	ʐæn^{53}	kæn^{44}	kæn^{44}	kæn^{44}	kæn^{44}	kæn^{44}	kæn^{44}	kæn^{44}
灵武市（东塔镇）	ʐæn^{52}	kæn^{44}	kæn^{44}	kæn^{44}	kæn^{44}	kæn^{44}	kæn^{44}	kæn^{44}
永宁县	ʐan^{53}	kan^{44}	kan^{44}	kan^{44}	kan^{44}	kan^{44}	kan^{44}	kan^{44}
中宁县	ʐæ̆^{53}	kæ̆^{44}	kæ̆^{44}	kæ̆^{44}	kæ̆^{44}	kæ̆^{44}	kæ̆^{44}	kæ̆^{44}
沙坡头区	ʐãi^{53}	kãi^{44}	kãi^{44}	kãi^{44}	kãi^{44}	kãi^{44}	kãi^{44}	kãi^{44}
盐池县	ʐæn^{52}	kæn^{44}	kæn^{44}	kæn^{44}	kæn^{44}	kæn^{44}	kæn^{44}	kæn^{44}
平罗县（渠口乡）	ʐæn^{53}	kæn^{44}	kæn^{44}	kæn^{44}	kæn^{44}	kæn^{44}	kæn^{44}	kæn^{44}
阿拉善左旗	ʐɛi^{51}	kɛi^{44}	kɛi^{44}	kɛi^{44}	kɛi^{44}	kɛi^{44}	kɛi^{44}	kɛi^{44}
乌鲁木齐市	ʐan^{52}	kan^{44}	kan^{44}	kan^{44}	kan^{44}	kan^{44}	kan^{44}	kan^{44}
阜康市	ʐan^{51}	kan^{55}	kan^{55}	kan^{55}	kan^{55}	kan^{55}	kan^{55}	kan^{55}
呼图壁县	ʐan^{51}	kan^{44}	kan^{44}	kan^{44}	kan^{44}	kan^{44}	kan^{44}	kan^{44}
吉木萨尔县	ʐan^{51}	kan^{44}	kan^{44}	kan^{44}	kan^{44}	kan^{44}	kan^{44}	kan^{44}
奇台县	ʐan^{52}	kan^{44}	kan^{44}	kan^{44}	kan^{44}	kan^{44}	kan^{44}	kan^{44}
博乐市	ʐan^{51}	kan^{45}	kan^{45}	kan^{45}	kan^{45}	kan^{45}	kan^{45}	kan^{45}
阿勒泰市	ʐɑn^{51}	kɑn^{44}	kɑn^{44}	kɑn^{44}	kɑn^{44}	kɑn^{44}	kɑn^{44}	kɑn^{44}
布尔津县	ʐan^{23}	kan^{44}	kan^{44}	kan^{44}	kan^{44}	kan^{44}	kan^{44}	kan^{44}
乌苏市	ʐan^{51}	kan^{55}	kan^{55}	kan^{55}	kan^{55}	kan^{55}	kan^{55}	kan^{55}
额敏县	ʐɑn^{51}	kɑn^{44}	kɑn^{44}	kɑn^{44}	kɑn^{44}	kɑn^{44}	kɑn^{44}	kɑn^{44}
伊州区	ʐæ̃^{51}	kæ̃^{44}	kæ̃^{44}	kæ̃^{44}	kæ̃^{44}	kæ̃^{44}	kæ̃^{44}	kæ̃^{44}
巴里坤县	ʐan^{51}	kan^{45}	kan^{45}	kan^{45}	kan^{45}	kan^{45}	kan^{45}	kan^{45}
伊吾县	ʐæ̃^{51}	kæ̃^{44}	kæ̃^{44}	kæ̃^{44}	kæ̃^{44}	kæ̃^{44}	kæ̃^{44}	kæ̃^{44}

字目 / 中古音 / 方言点	感	敢	杆 笔杆	秆 麦秆	赶	干 干劲	堪	勘
中古音	咸开一上感见	咸开一上敢见	山开一上旱见	山开一上旱见		山开一去翰见	咸开一平覃溪	咸开一去勘溪
兰州市（城关区）	kan^{44}	kan^{44}	kan^{44}	kan^{44}	kan^{44}	kan^{13}	kʻan^{53}	kʻan^{53}
永登县	kæ̃^{354}	kæ̃^{354}	kæ̃^{354}	kæ̃^{354}	kæ̃^{354}	kæ̃^{13}	kʻæ̃^{42}	kʻæ̃^{42}
榆中县	kan^{44}	kan^{44}	kan^{44}	kan^{44}	kan^{44}	kan^{13}	kʻan^{51}	kʻan^{51}
皋兰县	kæ̃^{342}	kæ̃^{342}	kæ̃^{342}	kæ̃^{342}	kæ̃^{342}	kæ̃^{13}	kʻæ̃^{42}	kʻæ̃^{42}
白银区	kan^{343}	kan^{343}	kan^{343}	kan^{343}	kan^{343}	kan^{13}	kʻan^{44}	kʻan^{44}
天祝县	kan^{44}	kan^{44}	kan^{44}	kan^{44}	kan^{44}	kan^{213}	kʻan^{44}	kʻan^{44}
景泰县（红水镇）	kan^{44}	kan^{44}	kan^{44}	kan^{44}	kan^{44}	kan^{213}	kʻan^{44}	kʻan^{44}
古浪县	kæ̃^{44}	kæ̃^{44}	kæ̃^{44}	kæ̃^{44}	kæ̃^{44}	kæ̃^{31}	kʻæ̃^{44}	kʻæ̃^{44}
凉州区	kɑŋ^{33}	kɑŋ^{33}	kɑŋ^{33}	kɑŋ^{33}	kɑŋ^{33}	kɑŋ^{53}	kʻɑŋ^{33}	kʻɑŋ^{33}
民勤县	kɛi^{214}	kɛi^{214}	kɛi^{214}	kɛi^{214}	kɛi^{214}	kɛi^{42}	kʻɛi^{44}	kʻɛi^{44}
永昌县	kɛe^{13}	kɛe^{13}	kɛe^{13}	kɛe^{13}	kɛe^{13}	kɛe^{53}	kʻɛe^{44}	kʻɛe^{44}
甘州区	kaŋ^{53}	kaŋ^{53}	kaŋ^{53}	kaŋ^{53}	kaŋ^{53}	kaŋ^{31}	kʻaŋ^{44}	kʻaŋ^{44}
临泽县	kaŋ^{53}	kaŋ^{53}	kaŋ^{53}	kaŋ^{53}	kaŋ^{53}	kaŋ^{214}	kʻaŋ^{44}	kʻaŋ^{44}
民乐县	kæ̃i^{213}	kæ̃i^{213}	kæ̃i^{213}	kæ̃i^{213}	kæ̃i^{213}	kæ̃i^{42}	kʻæ̃i^{44}	kʻæ̃i^{44}
山丹县	kɛe^{53}	kɛe^{53}	kɛe^{53}	kɛe^{53}	kɛe^{53}	kɛe^{41}	kʻɛe^{24}	kʻɛe^{24}
高台县	kan^{53}	kan^{53}	kan^{53}	kan^{53}	kan^{53}	kan^{214}	kʻan^{44}	kʻan^{44}
肃州区	kã^{53}	kã^{53}	kã^{53}	kã^{53}	kã^{53}	kã^{214}	kʻã^{44}	kʻã^{44}
金塔县	kã^{53}	kã^{53}	kã^{53}	kã^{53}	kã^{53}	kã^{13}	kʻã^{44}	kʻã^{44}
肃北县	kan^{53}	kan^{53}	kan^{53}	kan^{53}	kan^{53}	kan^{213}	kʻan^{44}	kʻan^{44}
玉门市	kan^{53}	kan^{53}	kan^{53}	kan^{53}	kan^{53}	kan^{213}	kʻan^{44}	kʻan^{44}
瓜州县	kan^{53}	kan^{53}	kan^{53}	kan^{53}	kan^{53}	kan^{213}	kʻan^{44}	kʻan^{44}
西夏区	kæn^{53}	kæn^{53}	kæn^{53}	kæn^{53}	kæn^{53}	kæn^{13}	kʻæn^{44}	kʻæn^{44}

续表

贺兰县	kæn^{53}	kæn^{53}	kæn^{53}	kæn^{53}	kæn^{53}	kæn^{13}	k‘æn^{44}	k‘æn^{44}
灵武市（东塔镇）	kæn^{52}	kæn^{52}	kæn^{52}	kæn^{52}	kæn^{52}	kæn^{13}	k‘æn^{44}	k‘æn^{44}
永宁县	kan^{53}	kan^{53}	kan^{53}	kan^{53}	kan^{53}	kan^{13}	k‘an^{44}	k‘an^{44}
中宁县	kæ̆^{53}	kæ̆^{53}	kæ̆^{53}	kæ̆^{53}	kæ̆^{53}	kæ̆^{13}	k‘æ̆^{44}	k‘æ̆^{44}
沙坡头区	kãi^{53}	kãi^{53}	kãi^{53}	kãi^{53}	kãi^{53}	kãi^{13}	k‘ãi^{44}	k‘ãi^{44}
盐池县	kæn^{52}	kæn^{52}	kæn^{52}	kæn^{52}	kæn^{52}	kæn^{13}	k‘æn^{44}	k‘æn^{44}
平罗县（渠口乡）	kan^{53}	kan^{53}	kan^{53}	kan^{53}	kan^{53}	kan^{13}	k‘an^{44}	k‘an^{44}
阿拉善左旗	kɛi^{51}	kɛi^{51}	kɛi^{51}	kɛi^{51}	kɛi^{51}	kɛi^{213}	k‘ɛi^{44}	k‘ɛi^{44}
乌鲁木齐市	kan^{52}	kan^{52}	kan^{52}	kan^{52}	kan^{52}	kan^{213}	k‘an^{44}	k‘an^{44}
阜康市	kan^{51}	kan^{51}	kan^{51}	kan^{51}	kan^{51}	kan^{213}	k‘an^{55}	k‘an^{55}
呼图壁县	kan^{51}	kan^{51}	kan^{51}	kan^{51}	kan^{51}	kan^{213}	k‘an^{44}	k‘an^{44}
吉木萨尔县	kan^{51}	kan^{51}	kan^{51}	kan^{51}	kan^{51}	kan^{213}	k‘an^{44}	k‘an^{44}
奇台县	kan^{52}	kan^{52}	kan^{52}	kan^{52}	kan^{52}	kan^{213}	k‘an^{44}	k‘an^{44}
博乐市	kan^{51}	kan^{51}	kan^{51}	kan^{51}	kan^{51}	kan^{24}	k‘an^{45}	k‘an^{45}
阿勒泰市	kɑn^{51}	kɑn^{51}	kɑn^{51}	kɑn^{51}	kɑn^{51}	kɑn^{23}	k‘ɑn^{44}	k‘ɑn^{44}
布尔津县	kan^{23}	kan^{23}	kan^{23}	kan^{23}	kan^{23}	kan^{51}	k‘an^{44}	k‘an^{44}
乌苏市	kan^{51}	kan^{51}	kan^{51}	kan^{51}	kan^{51}	kan^{213}	k‘an^{55}	k‘an^{55}
额敏县	kɑn^{51}	kɑn^{51}	kɑn^{51}	kɑn^{51}	kɑn^{51}	kɑn^{34}	k‘ɑn^{44}	k‘ɑn^{44}
伊州区	kæ̃^{51}	kæ̃^{51}	kæ̃^{51}	kæ̃^{51}	kæ̃^{51}	kæ̃^{213}	k‘æ̃^{44}	k‘æ̃^{44}
巴里坤县	kan^{51}	kan^{51}	kan^{51}	kan^{51}	kan^{51}	kan^{24}	k‘an^{45}	k‘an^{45}
伊吾县	kæ̃^{51}	kæ̃^{51}	kæ̃^{51}	kæ̃^{51}	kæ̃^{51}	kæ̃^{213}	k‘æ̃^{44}	k‘æ̃^{44}

字目 / 中古音 / 方言点	看[1] 看守	刊	坎[2]	砍	看 看见	含	函	寒
	山开一平寒溪	山开一平寒溪	咸开一上感溪		山开一去翰溪	咸开一平覃匣	咸开一平覃匣	山开一平寒匣
兰州市（城关区）	k‘an^{53}	k‘an^{53}	k‘an^{44}	k‘an^{44}	k‘an^{13}	xan^{51}	xan^{51}	xan^{51}
永登县	k‘æ̃^{42}	k‘æ̃^{42}	k‘æ̃^{354}	k‘æ̃^{354}	k‘æ̃^{13}	xæ̃^{53}	xæ̃^{53}	xæ̃^{53}
榆中县	k‘an^{51}	k‘an^{51}	k‘an^{44}	k‘an^{44}	k‘an^{13}	xan^{332}	xan^{332}	xan^{332}
皋兰县	k‘æ̃^{42}	k‘æ̃^{42}	k‘æ̃^{342}	k‘æ̃^{342}	k‘æ̃^{13}	xæ̃^{53}	xæ̃^{53}	xæ̃^{53}
白银区	k‘an^{44}	k‘an^{44}	k‘an^{343}	k‘an^{343}	k‘an^{13}	xan^{51}	xan^{51}	xan^{51}
天祝县	k‘an^{44}	k‘an^{44}	k‘an^{44}	k‘an^{44}	k‘an^{213}	xan^{53}	xan^{53}	xan^{53}
景泰县（红水镇）	k‘an^{44}	k‘an^{44}	k‘an^{44}	k‘an^{44}	k‘an^{213}	xan^{53}	xan^{53}	xan^{53}
古浪县	k‘æ̃^{44}	k‘æ̃^{44}	k‘æ̃^{44}	k‘æ̃^{44}	k‘æ̃^{31}	xæ̃^{53}	xæ̃^{53}	xæ̃^{53}
凉州区	k‘ɑŋ^{33}	k‘ɑŋ^{33}	k‘ɑŋ^{33}	k‘ɑŋ^{33}	k‘ɑŋ^{53}	xɑŋ^{13}	xɑŋ^{13}	xɑŋ^{13}
民勤县	k‘ɛi^{44}	k‘ɛi^{44}	k‘ɛi^{44}	k‘ɛi^{214}	k‘ɛi^{42}	xɛi^{53}	xɛi^{53}	xɛi^{53}
永昌县	k‘ɛe^{44}	k‘ɛe^{44}	k‘ɛe^{13}	k‘ɛe^{13}	k‘ɛe^{53}	xɛe^{13}	xɛe^{13}	xɛe^{13}
甘州区	k‘aŋ^{44}	k‘aŋ^{44}	k‘aŋ^{53}	k‘aŋ^{53}	k‘aŋ^{31}	xaŋ^{53}	xaŋ^{53}	xaŋ^{53}
临泽县	k‘aŋ^{44}	k‘aŋ^{44}	k‘aŋ^{53}	k‘aŋ^{53}	k‘aŋ^{214}	xaŋ^{53}	xaŋ^{53}	xaŋ^{53}
民乐县	k‘æi^{44}	k‘æi^{44}	k‘æi^{44}	k‘æi^{213}	k‘æi^{42}	xæi^{53}	xæi^{53}	xæi^{53}
山丹县	k‘ɛe^{24}	k‘ɛe^{24}	k‘ɛe^{53}	k‘ɛe^{53}	k‘ɛe^{41}	xɛe^{53}	xɛe^{53}	xɛe^{53}
高台县	k‘an^{44}	k‘an^{44}	k‘an^{53}	k‘an^{53}	k‘an^{214}	xan^{53}	xan^{53}	xan^{53}
肃州区	k‘ã^{44}	k‘ã^{44}	k‘ã^{53}	k‘ã^{53}	k‘ã^{214}	xã^{53}	xã^{53}	xã^{53}
金塔县	k‘ã^{44}	k‘ã^{44}	k‘ã^{53}	k‘ã^{53}	k‘ã^{13}	xã^{53}	xã^{53}	xã^{53}
肃北县	k‘an^{44}	k‘an^{44}	k‘an^{53}	k‘an^{53}	k‘an^{213}	xan^{53}	xan^{53}	xan^{53}
玉门市	k‘an^{44}	k‘an^{44}	k‘an^{53}	k‘an^{53}	k‘an^{213}	xan^{53}	xan^{53}	xan^{53}

①又苦旰切，山开一去翰溪。

②又通“墈”苦绀切，咸开一去堪溪。

续表

瓜州县	k‘an^{44}	k‘an^{44}	k‘an^{53}	k‘an^{53}	k‘an^{213}	xan^{53}	xan^{53}	xan^{53}
西夏区	k‘æn^{44}	k‘æn^{44}	k‘æn^{53}	k‘æn^{53}	k‘æn^{13}	xæn^{53}	xæn^{53}	xæn^{53}
贺兰县	k‘æn^{44}	k‘æn^{44}	k‘æn^{53}	k‘æn^{53}	k‘æn^{13}	xæn^{53}	xæn^{53}	xæn^{53}
灵武市（东塔镇）	k‘æn^{44}	k‘æn^{44}	k‘æn^{52}	k‘æn^{52}	k‘æn^{13}	xæn^{52}	xæn^{52}	xæn^{52}
永宁县	k‘an^{44}	k‘an^{44}	k‘an^{53}	k‘an^{53}	k‘an^{13}	xan^{53}	xan^{53}	xan^{53}
中宁县	k‘æ̆^{44}	k‘æ̆^{44}	k‘æ̆^{53}	k‘æ̆^{53}	k‘æ̆^{13}	xæ̆^{53}	xæ̆^{53}	xæ̆^{53}
沙坡头区	k‘ãi^{44}	k‘ãi^{44}	k‘ãi^{53}	k‘ãi^{53}	k‘ãi^{13}	xãi^{53}	xãi^{53}	xãi^{53}
盐池县	k‘æn^{44}	k‘æn^{44}	k‘æn^{52}	k‘æn^{52}	k‘æn^{13}	xæn^{13}	xæn^{13}	xæn^{13}
平罗县（渠口乡）	k‘æn^{44}	k‘æn^{44}	k‘æn^{53}	k‘æn^{53}	k‘æn^{13}	xæn^{53}	xæn^{53}	xæn^{53}
阿拉善左旗	k‘ɛi^{44}	k‘ɛi^{44}	k‘ɛi^{51}	k‘ɛi^{51}	k‘ɛi^{213}	xɛi^{51}	xɛi^{51}	xɛi^{51}
乌鲁木齐市	k‘an^{44}	k‘an^{44}	k‘an^{52}	k‘an^{52}	k‘an^{213}	xan^{52}	xan^{52}	xan^{52}
阜康市	k‘an^{55}	k‘an^{55}	k‘an^{51}	k‘an^{51}	k‘an^{213}	xan^{51}	xan^{51}	xan^{51}
呼图壁县	k‘an^{44}	k‘an^{44}	k‘an^{51}	k‘an^{51}	k‘an^{213}	xan^{51}	xan^{51}	xan^{51}
吉木萨尔县	k‘an^{44}	k‘an^{44}	k‘an^{51}	k‘an^{51}	k‘an^{213}	xan^{51}	xan^{51}	xan^{51}
奇台县	k‘an^{44}	k‘an^{44}	k‘an^{52}	k‘an^{52}	k‘an^{213}	xan^{52}	xan^{52}	xan^{52}
博乐市	k‘an^{45}	k‘an^{45}	k‘an^{51}	k‘an^{51}	k‘an^{24}	xan^{51}	xan^{51}	xan^{51}
阿勒泰市	k‘ɑn^{44}	k‘ɑn^{44}	k‘ɑn^{51}	k‘ɑn^{51}	k‘ɑn^{23}	xɑn^{51}	xɑn^{51}	xɑn^{51}
布尔津县	k‘an^{44}	k‘an^{44}	k‘an^{23}	k‘an^{23}	k‘an^{51}	xan^{23}	xan^{23}	xan^{23}
乌苏市	k‘an^{55}	k‘an^{55}	k‘an^{51}	k‘an^{51}	k‘an^{213}	xan^{51}	xan^{51}	xan^{51}
额敏县	k‘ɑn^{44}	k‘ɑn^{44}	k‘ɑn^{51}	k‘ɑn^{51}	k‘ɑn^{34}	xɑn^{51}	xɑn^{51}	xɑn^{51}
伊州区	k‘æ̃^{44}	k‘æ̃^{44}	k‘æ̃^{51}	k‘æ̃^{51}	k‘æ̃^{213}	xæ̃^{51}	xæ̃^{51}	xæ̃^{51}
巴里坤县	k‘an^{45}	k‘an^{45}	k‘an^{51}	k‘an^{51}	k‘an^{24}	xan^{51}	xan^{51}	xan^{51}
伊吾县	k‘æ̃^{44}	k‘æ̃^{44}	k‘æ̃^{51}	k‘æ̃^{51}	k‘æ̃^{213}	xæ̃^{51}	xæ̃^{51}	xæ̃^{51}

字目 / 中古音 / 方言点	韩	喊①	罕	汉	旱②	汗	庵	安
	山开一平寒匣	咸开一上敢晓	山开一上旱晓	山开一去翰晓	山开一上旱匣	山开一去翰匣	咸开一平覃影	山开一平寒影
兰州市（城关区）	xan^{51}	xan^{44}	xan^{44}	xan^{13}	xan^{13}	xan^{13}	an^{53}	an^{53}
永登县	xæ̃^{53}	xæ̃^{354}	xæ̃^{354}	xæ̃^{13}	xæ̃^{13}	xæ̃^{13}	æ̃^{42}	æ̃^{42}
榆中县	xan^{332}	xan^{44}	xan^{44}	xan^{13}	xan^{13}	xan^{13}	an^{51}	an^{51}
皋兰县	xæ̃^{53}	xæ̃^{342}	xæ̃^{342}	xæ̃^{13}	xæ̃^{13}	xæ̃^{13}	æ̃^{42}	æ̃^{42}
白银区	xan^{51}	xan^{343}	xan^{343}	xan^{13}	xan^{13}	xan^{13}	an^{44}	an^{44}
天祝县	xan^{53}	xan^{44}	xan^{44}	xan^{213}	xan^{213}	xan^{213}	an^{44}	an^{44}
景泰县（红水镇）	xan^{53}	xan^{44}	xan^{44}	xan^{213}	xan^{213}	xan^{213}	ɣan^{44}	ɣan^{44}
古浪县	xæ̃^{53}	xæ̃^{44}	xæ̃^{44}	xæ̃^{31}	xæ̃^{31}	xæ̃^{31}	æ̃^{44}	æ̃^{44}
凉州区	xɑŋ^{13}	xɑŋ^{33}	xɑŋ^{33}	xɑŋ^{53}	xɑŋ^{53}	xɑŋ^{53}	ɑŋ^{33}	ɑŋ^{33}
民勤县	xɛi^{53}	xɛi^{214}	xɛi^{214}	xɛi^{42}	xɛi^{42}	xɛi^{42}	ɛi^{44}	ɛi^{44}
永昌县	xɛe^{13}	xɛe^{13}	xɛe^{13}	xɛe^{53}	xɛe^{53}	xɛe^{53}	ɛe^{44}	ɛe^{44}
甘州区	xaŋ^{53}	xaŋ^{53}	xaŋ^{53}	xaŋ^{31}	xaŋ^{31}	xaŋ^{31}	aŋ^{44}	aŋ^{44}
临泽县	xaŋ^{53}	xaŋ^{53}	xaŋ^{53}	xaŋ^{214}	xaŋ^{214}	xaŋ^{214}	aŋ^{44}	aŋ^{44}
民乐县	xæ̃i^{53}	xæ̃i^{213}	xæ̃i^{213}	xæ̃i^{42}	xæ̃i^{42}	xæ̃i^{42}	æ̃i^{44}	æ̃i^{44}
山丹县	xɛe^{53}	xɛe^{53}	xɛe^{53}	xɛe^{41}	xɛe^{41}	xɛe^{41}	ɛe^{24}	ɛe^{24}
高台县	xan^{53}	xan^{53}	xan^{53}	xan^{214}	xan^{214}	xan^{214}	an^{44}	an^{44}
肃州区	xã^{53}	xã^{53}	xã^{53}	xã^{214}	xã^{214}	xã^{214}	ã^{44}	ã^{44}
金塔县	xã^{53}	xã^{53}	xã^{53}	xã^{13}	xã^{13}	xã^{13}	ã^{44}	ã^{44}
肃北县	xan^{53}	xan^{53}	xan^{53}	xan^{213}	xan^{213}	xan^{213}	an^{44}	an^{44}
玉门市	xan^{53}	xan^{53}	xan^{53}	xan^{213}	xan^{213}	xan^{213}	an^{44}	an^{44}

①又呼豏切，咸开二上豏晓。

②又侯旰切，山开一去翰匣。

续表

瓜州县	xan⁵³	xan⁵³	xan⁵³	xan²¹³	xan²¹³	xan²¹³	an⁴⁴	an⁴⁴
西夏区	xæn⁵³	xæn⁵³	xæn⁵³	xæn¹³	xæn¹³	xæn¹³	æn⁴⁴	æn⁴⁴
贺兰县	xæn⁵³	xæn⁵³	xæn⁵³	xæn¹³	xæn¹³	xæn¹³	æn⁴⁴	æn⁴⁴
灵武市（东塔镇）	xæn⁵²	xæn⁵²	xæn⁵²	xæn¹³	xæn¹³	xæn¹³	æn⁴⁴	æn⁴⁴
永宁县	xan⁵³	xan⁵³	xan⁵³	xan¹³	xan¹³	xan¹³	an⁴⁴	an⁴⁴
中宁县	xæ̆⁵³	xæ̆⁵³	xæ̆⁵³	xæ̆¹³	xæ̆¹³	xæ̆¹³	æ̆⁴⁴	æ̆⁴⁴
沙坡头区	xãi⁵³	xãi⁵³	xãi⁵³	xãi¹³	xãi¹³	xãi¹³	ãi⁴⁴	ãi⁴⁴
盐池县	xæn¹³	xæn⁵²	xæn⁵²	xæn¹³	xæn¹³	xæn¹³	næn⁴⁴	næn⁴⁴
平罗县（渠口乡）	xæn⁵³	xæn⁵³	xæn⁵³	xæn¹³	xæn¹³	xæn¹³	æn⁴⁴	æn⁴⁴
阿拉善左旗	xɛi⁵¹	xɛi⁵¹	xɛi⁵¹	xɛi²¹³	xɛi²¹³	xɛi²¹³	ɣɛi⁴⁴	ɣɛi⁴⁴
乌鲁木齐市	xan⁵²	xan⁵²	xan⁵²	xan²¹³	xan²¹³	xan²¹³	an⁴⁴	an⁴⁴
阜康市	xan⁵¹	xan⁵¹	xan⁵¹	xan²¹³	xan²¹³	xan²¹³	ŋan⁵⁵	ŋan⁵⁵
呼图壁县	xan⁵¹	xan⁵¹	xan⁵¹	xan²¹³	xan²¹³	xan²¹³	ŋan⁴⁴	ŋan⁴⁴
吉木萨尔县	xan⁵¹	xan⁵¹	xan⁵¹	xan²¹³	xan²¹³	xan²¹³	ŋan⁴⁴	ŋan⁴⁴
奇台县	xan⁵²	xan⁵²	xan⁵²	xan²¹³	xan²¹³	xan²¹³	ŋan⁴⁴ nan⁴⁴	ŋan⁴⁴ nan⁴⁴
博乐市	xan⁵¹	xan⁵¹	xan⁵¹	xan²⁴	xan²⁴	xan²⁴	an⁴⁵	an⁴⁵
阿勒泰市	xɑn⁵¹	xɑn⁵¹	xɑn⁵¹	xɑn²³	xɑn²³	xɑn²³	ŋɑn⁴⁴	ŋɑn⁴⁴
布尔津县	xan²³	xan²³	xan²³	xan⁵¹	xan⁵¹	xan⁵¹	ɣan⁴⁴	ɣan⁴⁴
乌苏市	xan⁵¹	xan⁵¹	xan⁵¹	xan²¹³	xan²¹³	xan²¹³	ŋan⁵⁵	ŋan⁵⁵
额敏县	xɑn⁵¹	xɑn⁵¹	xɑn⁵¹	xɑn³⁴	xɑn³⁴	xɑn³⁴	ɑn⁴⁴	ɑn⁴⁴
伊州区	xæ̃⁵¹	xæ̃⁵¹	xæ̃⁵¹	xæ̃²¹³	xæ̃²¹³	xæ̃²¹³	ŋæ̃⁴⁴	ŋæ̃⁴⁴
巴里坤县	xan⁵¹	xan⁵¹	xan⁵¹	xan²⁴	xan²⁴	xan²⁴	an⁴⁵	an⁴⁵
伊吾县	xæ̃⁵¹	xæ̃⁵¹	xæ̃⁵¹	xæ̃²¹³	xæ̃²¹³	xæ̃²¹³	æ̃⁴⁴	æ̃⁴⁴

字目 / 中古音 / 方言点	鞍	暗①	岸	按	案	鞭	编②	边
	山开一平寒影	咸开一去勘影	山开一去翰疑	山开一去翰影	山开一去翰影	山开三平仙帮	山开三平仙帮	山开四平仙帮
兰州市（城关区）	an^{53}	an^{13}	an^{13}	an^{13}	an^{13}	pian^{53}	pian^{53}	pian^{53}
永登县	æ̃^{42}	æ̃^{13}	æ̃^{13}	æ̃^{13}	æ̃^{13}	piæ̃^{42}	piæ̃^{42}	piæ̃^{42}
榆中县	an^{51}	an^{13}	an^{13}	an^{13}	an^{13}	pian^{51}	pian^{51}	pian^{51}
皋兰县	æ̃^{42}	æ̃^{13}	æ̃^{13}	æ̃^{13}	æ̃^{13}	piæ̃^{42}	piæ̃^{42}	piæ̃^{42}
白银区	an^{44}	an^{13}	an^{13}	an^{13}	an^{13}	pian^{44}	pian^{44}	pian^{44}
天祝县	an^{44}	an^{213}	an^{213}	an^{213}	an^{213}	pian^{44}	pian^{44}	pian^{44}
景泰县（红水镇）	ɣan^{44}	ɣan^{213}	ɣan^{213}	ɣan^{213}	ɣan^{213}	pian^{44}	pian^{44}	pian^{44}
古浪县	æ̃^{44}	æ̃^{31}	æ̃^{31}	æ̃^{31}	æ̃^{31}	piæ̃^{44}	piæ̃^{44}	piæ̃^{44}
凉州区	ɑŋ^{33}	ɑŋ^{53}	ɑŋ^{53}	ɑŋ^{53}	ɑŋ^{53}	piɑŋ^{33}	piɑŋ^{33}	piɑŋ^{33}
民勤县	ɛi^{44}	ɛi^{42}	ɛi^{42}	ɛi^{42}	ɛi^{42}	piɛi^{44}	piɛi^{44}	piɛi^{44}
永昌县	ɛe^{44}	ɛe^{53}	ɛe^{53}	ɛe^{53}	ɛe^{53}	piɛ̃^{44}	piɛ̃^{44}	piɛ̃^{44}
甘州区	aŋ^{44}	aŋ^{31}	aŋ^{31}	aŋ^{31}	aŋ^{31}	piaŋ^{44}	piaŋ^{44}	piaŋ^{44}
临泽县	aŋ^{44}	aŋ^{214}	aŋ^{214}	aŋ^{214}	aŋ^{214}	piaŋ^{44}	piaŋ^{44}	piaŋ^{44}
民乐县	æ̃i^{44}	æ̃i^{42}	æ̃i^{42}	æ̃i^{42}	æ̃i^{42}	piæ̃i^{44}	piæ̃i^{44}	piæ̃i^{44}
山丹县	ɛe^{24}	ɛe^{41}	ɛe^{41}	ɛe^{41}	ɛe^{41}	piɛe^{24}	piɛe^{24}	piɛe^{24}
高台县	an^{44}	an^{214}	an^{214}	an^{214}	an^{214}	piɛ̃^{44}	piɛ̃^{44}	piɛ̃^{44}
肃州区	ã^{44}	ã^{214}	ã^{214}	ã^{214}	ã^{214}	piɛ̃^{44}	piɛ̃^{44}	piɛ̃^{44}
金塔县	ã^{44}	ã^{13}	ã^{13}	ɑ̃^{13}	ɑ̃^{13}	piɛ̃^{44}	piɛ̃^{44}	piɛ̃^{44}
肃北县	an^{44}	an^{213}	an^{213}	an^{213}	an^{213}	piɛ̃^{44}	piɛ̃^{44}	piɛ̃^{44}
玉门市	an^{44}	an^{213}	an^{213}	an^{213}	an^{213}	piɛn^{44}	piɛn^{44}	piɛn^{44}

①又鄔感切，咸开一上感影。

②又布玄切，山开四平先帮；纰延切，山开三平先滂。

续表

瓜州县	an^{44}	an^{213}	an^{213}	an^{213}	an^{213}	piɛ̃^{44}	piɛ̃^{44}	piɛ̃^{44}
西夏区	æn^{44}	æn^{13}	æn^{13}	æn^{13}	æn^{13}	piæn^{44}	piæn^{44}	piæn^{44}
贺兰县	æn^{44}	æn^{13}	æn^{13}	æn^{13}	æn^{13}	piæn^{44}	piæn^{44}	piæn^{44}
灵武市（东塔镇）	æn^{44}	æn^{13}	æn^{13}	æn^{13}	æn^{13}	piæn^{44}	piæn^{44}	piæn^{44}
永宁县	an^{44}	an^{13}	an^{13}	an^{13}	an^{13}	pian^{44}	pian^{44}	pian^{44}
中宁县	æ̆^{44}	æ̆^{13}	æ̆^{13}	æ̆^{13}	æ̆^{13}	piæ̆^{44}	piæ̆^{44}	piæ̆^{44}
沙坡头区	ãi^{44}	ãi^{13}	ãi^{13}	ãi^{13}	ãi^{13}	piẼ^{44}	piẼ^{44}	piẼ^{44}
盐池县	næn^{44}	næn^{13}	næn^{13}	næn^{13}	næn^{13}	piæn^{44}	piæn^{44}	piæn^{44}
平罗县（渠口乡）	æn^{44}	æn^{13}	æn^{13}	æn^{13}	æn^{13}	piæn^{44}	piæn^{44}	piæn^{44}
阿拉善左旗	ɣɛi^{44}	ɣɛi^{213}	ɣɛi^{213}	ɣɛi^{213}	ɣɛi^{213}	piɛi^{44}	piɛi^{44}	piɛi^{44}
乌鲁木齐市	an^{44}	an^{213}	an^{213}	an^{213}	an^{213}	pian^{44}	pian^{44}	pian^{44}
阜康市	ŋan^{55}	ŋan^{213}	ŋan^{213}	ŋan^{213}	ŋan^{213}	pian^{55}	pian^{55}	pian^{55}
呼图壁县	ŋan^{44}	ŋan^{213}	ŋan^{213}	ŋan^{213}	ŋan^{213}	pian^{44}	pian^{44}	pian^{44}
吉木萨尔县	ŋan^{44}	ŋan^{213}	ŋan^{213}	ŋan^{213}	ŋan^{213}	pian^{44}	pian^{44}	pian^{44}
奇台县	ŋan^{44} nan^{44}	ŋan^{213} nan^{213}	ŋan^{213} nan^{213}	ŋan^{213} nan^{213}	ŋan^{213} nan^{213}	piɛn^{44}	piɛn^{44}	piɛn^{44}
博乐市	an^{45}	an^{24}	an^{24}	an^{24}	an^{24}	pian^{45}	pian^{45}	pian^{45}
阿勒泰市	ŋɑn^{44}	ŋɑn^{23}	ŋɑn^{23}	ŋɑn^{23}	ŋɑn^{23}	piɑn^{44}	piɑn^{44}	piɑn^{44}
布尔津县	ɣan^{44}	ɣan^{51}	ɣan^{51}	ɣan^{51}	ɣan^{51}	pian^{44}	pian^{44}	pian^{44}
乌苏市	ŋan^{55}	ŋan^{213}	ŋan^{213}	ŋan^{213}	ŋan^{213}	pian^{55}	pian^{55}	pian^{55}
额敏县	ɑn^{44}	ɑn^{34}	ɑn^{34}	ɑn^{34}	ɑn^{34}	piɑn^{44}	piɑn^{44}	piɑn^{44}
伊州区	ŋæ̃^{44}	ŋæ̃^{213}	ŋæ̃^{213}	ŋæ̃^{213}	ŋæ̃^{213}	piæ̃^{44}	piæ̃^{44}	piæ̃^{44}
巴里坤县	an^{45}	an^{24}	an^{24}	an^{24}	an^{24}	pian^{45}	pian^{45}	pian^{45}
伊吾县	æ̃^{44}	æ̃^{213}	æ̃^{213}	æ̃^{213}	æ̃^{213}	piæ̃^{44}	piæ̃^{44}	piæ̃^{44}

字目 中古音 方言点	贬	扁	匾	变	辨	辩	便 方便	遍①
中古音	咸开三上琰帮	山开三上铣帮	山开三上铣帮	山开三去线帮	山开三上狝并	山开三上狝并	山开三去线并	山开四去霰帮
兰州市（城关区）	pian^{44}	pian^{44}	pian^{44}	pian^{13}	pian^{13}	pian^{13}	pian^{13}	pian^{13}
永登县	piæ̃^{354}	piæ̃^{354}	piæ̃^{354}	piæ̃^{13}	piæ̃^{13}	piæ̃^{13}	piæ̃^{13}	piæ̃^{13}
榆中县	pian^{44}	pian^{44}	pian^{44}	pian^{13}	pian^{13}	pian^{13}	pian^{13}	pian^{13}
皋兰县	piæ̃^{342}	piæ̃^{342}	piæ̃^{342}	piæ̃^{13}	piæ̃^{13}	piæ̃^{13}	piæ̃^{13}	piæ̃^{13}
白银区	pian^{343}	pian^{343}	pian^{343}	pian^{13}	pian^{13}	pian^{13}	pian^{13}	pian^{13}
天祝县	pian^{44}	pian^{44}	pian^{44}	pian^{213}	pian^{213}	pian^{213}	pian^{213}	pian^{213}
景泰县（红水镇）	pian^{44}	pian^{44}	pian^{44}	pian^{213}	pian^{213}	pian^{213}	pian^{213}	pian^{213}
古浪县	piæ̃^{44}	piæ̃^{44}	piæ̃^{44}	piæ̃^{31}	piæ̃^{31}	piæ̃^{31}	piæ̃^{31}	piæ̃^{31}
凉州区	piɑŋ^{33}	piɑŋ^{33}	piɑŋ^{33}	piɑŋ^{53}	piɑŋ^{53}	piɑŋ^{53}	piɑŋ^{53}	piɑŋ^{53}
民勤县	piɛi^{214}	piɛi^{214}	piɛi^{214}	piɛi^{42}	piɛi^{42}	piɛi^{42}	piɛi^{42}	piɛi^{42}
永昌县	piɛ̃^{13}	piɛ̃^{13}	piɛ̃^{13}	piɛ̃^{53}	piɛ̃^{53}	piɛ̃^{53}	piɛ̃^{53}	piɛ̃^{53}
甘州区	piaŋ^{53}	piaŋ^{53}	piaŋ^{53}	piaŋ^{31}	piaŋ^{31}	piaŋ^{31}	piaŋ^{31}	piaŋ^{31}
临泽县	piaŋ^{53}	piaŋ^{53}	piaŋ^{53}	piaŋ^{214}	piaŋ^{214}	piaŋ^{214}	piaŋ^{214}	piaŋ^{214}
民乐县	piæ̃i^{213}	piæ̃i^{213}	piæ̃i^{213}	piæ̃i^{42}	piæ̃i^{42}	piæ̃i^{42}	piæ̃i^{42}	piæ̃i^{42}
山丹县	piɛ̃^{53}	piɛ̃^{53}	piɛ̃^{53}	piɛ̃^{41}	piɛ̃^{41}	piɛ̃^{41}	piɛ̃^{41}	piɛ̃^{41}
高台县	piɛ̃^{53}	piɛ̃^{53}	piɛ̃^{53}	piɛ̃^{214}	piɛ̃^{214}	piɛ̃^{214}	piɛ̃^{214}	piɛ̃^{214}
肃州区	piɛ̃^{53}	piɛ̃^{53}	piɛ̃^{53}	piɛ̃^{214}	piɛ̃^{214}	piɛ̃^{214}	piɛ̃^{214}	piɛ̃^{214}
金塔县	piɛ̃^{53}	piɛ̃^{53}	piɛ̃^{53}	piɛ̃^{13}	piɛ̃^{13}	piɛ̃^{13}	piɛ̃^{13}	piɛ̃^{13}
肃北县	piɛ̃^{53}	piɛ̃^{53}	piɛ̃^{53}	piɛ̃^{213}	piɛ̃^{213}	piɛ̃^{213}	piɛ̃^{213}	piɛ̃^{213}
玉门市	piɛn^{53}	piɛn^{53}	piɛn^{53}	piɛn^{213}	piɛn^{213}	piɛn^{213}	piɛn^{213}	piɛn^{213}
瓜州县	piɛ̃^{53}	piɛ̃^{53}	piɛ̃^{53}	piɛ̃^{213}	piɛ̃^{213}	piɛ̃^{213}	piɛ̃^{213}	piɛ̃^{213}

①《广韵》方见切，列线韵，现据反切移入霰韵。

续表

西夏区	piæn^{53}	piæn^{53}	piæn^{53}	piæn^{13}	piæn^{13}	piæn^{13}	piæn^{13}	piæn^{13}
贺兰县	piæn^{53}	piæn^{53}	piæn^{53}	piæn^{13}	piæn^{13}	piæn^{13}	piæn^{13}	piæn^{13}
灵武市（东塔镇）	piæn^{52}	piæn^{52}	piæn^{52}	piæn^{13}	piæn^{13}	piæn^{13}	piæn^{13}	piæn^{13}
永宁县	pian^{53}	pian^{53}	pian^{53}	pian^{13}	pian^{13}	pian^{13}	pian^{13}	pian^{13}
中宁县	piæ̆^{53}	piæ̆^{53}	piæ̆^{53}	piæ̆^{13}	piæ̆^{13}	piæ̆^{13}	piæ̆^{13}	piæ̆^{13}
沙坡头区	piẼ^{53}	piẼ^{53}	piẼ^{53}	piẼ^{13}	piẼ^{13}	piẼ^{13}	piẼ^{13}	piẼ^{13}
盐池县	piæn^{52}	piæn^{52}	piæn^{52}	piæn^{13}	piæn^{13}	piæn^{13}	piæn^{13}	piæn^{13}
平罗县（渠口乡）	piæn^{53}	piæn^{53}	piæn^{53}	piæn^{13}	piæn^{13}	piæn^{13}	piæn^{13}	piæn^{13}
阿拉善左旗	piɛi^{51}	piɛi^{51}	piɛi^{51}	piɛi^{213}	piɛi^{213}	piɛi^{213}	piɛi^{213}	piɛi^{213}
乌鲁木齐市	pian^{52}	pian^{52}	pian^{52}	pian^{213}	pian^{213}	pian^{213}	pian^{213}	pian^{213}
阜康市	pian^{51}	pian^{51}	pian^{51}	pian^{213}	pian^{213}	pian^{213}	pian^{213}	pian^{213}
呼图壁县	pian^{51}	pian^{51}	pian^{51}	pian^{213}	pian^{213}	pian^{213}	pian^{213}	pian^{213}
吉木萨尔县	pian^{51}	pian^{51}	pian^{51}	pian^{213}	pian^{213}	pian^{213}	pian^{213}	pian^{213}
奇台县	piɛn^{52}	piɛn^{52}	piɛn^{52}	piɛn^{213}	piɛn^{213}	piɛn^{213}	piɛn^{213}	piɛn^{213}
博乐市	pian^{51}	pian^{51}	pian^{51}	pian^{24}	pian^{24}	pian^{24}	pian^{24}	pian^{24}
阿勒泰市	piɑn^{51}	piɑn^{51}	piɑn^{51}	piɑn^{23}	piɑn^{23}	piɑn^{23}	piɑn^{23}	piɑn^{23}
布尔津县	pian^{23}	pian^{23}	pian^{23}	pian^{51}	pian^{51}	pian^{51}	pian^{51}	pian^{51}
乌苏市	pian^{51}	pian^{51}	pian^{51}	pian^{213}	pian^{213}	pian^{213}	pian^{213}	pian^{213}
额敏县	piɑn^{51}	piɑn^{51}	piɑn^{51}	piɑn^{34}	piɑn^{34}	piɑn^{34}	piɑn^{34}	piɑn^{34}
伊州区	piæ̃^{51}	piæ̃^{51}	piæ̃^{51}	piæ̃^{213}	piæ̃^{213}	piæ̃^{213}	piæ̃^{213}	piæ̃^{213}
巴里坤县	pian^{51}	pian^{51}	pian^{51}	pian^{24}	pian^{24}	pian^{24}	pian^{24}	pian^{24}
伊吾县	piæ̃^{51}	piæ̃^{51}	piæ̃^{51}	piæ̃^{213}	piæ̃^{213}	piæ̃^{213}	piæ̃^{213}	piæ̃^{213}

字目 / 中古音 / 方言点	辫	篇	偏	便 便宜	骗 欺骗	片	棉	绵
中古音	山开四 上铣並	山开三 平仙滂	山开三 平仙滂	山开三 平仙並	山开三 去线滂	山开四 去霰滂	山开三 平仙明	山开三 平仙明
兰州市 （城关区）	pian^{13}	pʻian^{44}	pʻian^{53}	pʻian^{51}	pʻian^{13}	pʻian^{44}	mian^{51}	mian^{51}
永登县	piæ̃^{13}	pʻiæ̃^{354}	pʻiæ̃^{42}	pʻiæ̃^{53}	pʻiæ̃^{13}	pʻiæ̃^{354}	miæ̃^{53}	miæ̃^{53}
榆中县	pian^{13}	pʻian^{44}	pʻian^{51}	pʻian^{332}	pʻian^{13}	pʻian^{44}	mian^{332}	mian^{332}
皋兰县	piæ̃^{13}	pʻiæ̃^{342}	pʻiæ̃^{42}	pʻiæ̃^{53}	pʻiæ̃^{13}	pʻiæ̃^{342}	miæ̃^{53}	miæ̃^{53}
白银区	pian^{13}	pʻian^{343}	pʻian^{44}	pʻian^{51}	pʻian^{13}	pʻian^{343}	mian^{51}	mian^{51}
天祝县	pian^{213}	pʻian^{44}	pʻian^{44}	pʻian^{53}	pʻian^{213}	pʻian^{44}	mian^{53}	mian^{53}
景泰县 （红水镇）	pian^{213}	pʻian^{44}	pʻian^{44}	pʻian^{53}	pʻian^{213}	pʻian^{44}	mian^{53}	mian^{53}
古浪县	piæ̃^{31}	pʻiæ̃^{44}	pʻiæ̃^{44}	pʻiæ̃^{53}	pʻiæ̃^{31}	pʻiæ̃^{44}	miæ̃^{53}	miæ̃^{53}
凉州区	piɑŋ^{53}	pʻiɑŋ^{33}	pʻiɑŋ^{33}	pʻiɑŋ^{13}	pʻiɑŋ^{53}	pʻiɑŋ^{33}	miɑŋ^{13}	miɑŋ^{13}
民勤县	piɛi^{42}	pʻiɛi^{214}	pʻiɛi^{44}	pʻiɛi^{53}	pʻiɛi^{42}	pʻiɛi^{214}	miɛi^{53}	miɛi^{53}
永昌县	piɛ̃^{53}	pʻiɛ̃^{13}	pʻiɛ̃^{44}	pʻiɛ̃^{13}	pʻiɛ̃^{53}	pʻiɛ̃^{13}	miɛ̃^{13}	miɛ̃^{13}
甘州区	piaŋ^{31}	pʻiaŋ^{53}	pʻiaŋ^{44}	pʻiaŋ^{53}	pʻiaŋ^{31}	pʻiaŋ^{53}	miaŋ^{53}	miaŋ^{53}
临泽县	piaŋ^{214}	pʻiaŋ^{53}	pʻiaŋ^{44}	pʻiaŋ^{53}	pʻiaŋ^{214}	pʻiaŋ^{53}	miaŋ^{53}	miaŋ^{53}
民乐县	piæ̃i^{42}	pʻiæ̃i^{213}	pʻiæ̃i^{44}	pʻiæ̃i^{53}	pʻiæ̃i^{42}	pʻiæ̃i^{13}	miæ̃i^{53}	miæ̃i^{53}
山丹县	piɛ̃^{41}	pʻiɛ̃^{53}	pʻiɛ̃^{24}	pʻiɛ̃^{53}	pʻiɛ̃^{41}	pʻiɛ̃^{53}	miɛ̃^{53}	miɛ̃^{53}
高台县	piɛ̃^{214}	pʻiɛ̃^{53}	pʻiɛ̃^{44}	pʻiɛ̃^{53}	pʻiɛ̃^{214}	pʻiɛ̃^{53}	miɛ̃^{53}	miɛ̃^{53}
肃州区	piɛ̃^{214}	pʻiɛ̃^{53}	pʻiɛ̃^{44}	pʻiɛ̃^{53}	pʻiɛ̃^{214}	pʻiɛ̃^{53}	miɛ̃^{53}	miɛ̃^{53}
金塔县	piɛ̃^{13}	pʻiɛ̃^{53}	pʻiɛ̃^{44}	pʻiɛ̃^{53}	pʻiɛ̃^{13}	pʻiɛ̃^{53}	miɛ̃^{53}	miɛ̃^{53}
肃北县	piɛ̃^{213}	pʻiɛ̃^{53}	pʻiɛ̃^{44}	pʻiɛ̃^{53}	pʻiɛ̃^{213}	pʻiɛ̃^{53}	miɛ̃^{53}	miɛ̃^{53}
玉门市	piɛn^{213}	pʻiɛn^{53}	pʻiɛn^{44}	pʻiɛn^{53}	pʻiɛn^{213}	pʻiɛn^{53}	miɛn^{53}	miɛn^{53}
瓜州县	piɛ̃^{213}	pʻiɛ̃^{53}	pʻiɛ̃^{44}	pʻiɛ̃^{53}	pʻiɛ̃^{213}	pʻiɛ̃^{53}	miɛ̃^{53}	miɛ̃^{53}
西夏区	piæn^{13}	pʻiæn^{53}	pʻiæn^{44}	pʻiæn^{44}	pʻiæn^{13}	pʻiæn^{13}	miæn^{53}	miæn^{53}

续表

贺兰县	piæn^{13}	p‘iæn^{53}	p‘iæn^{44}	p‘iæn^{44}	p‘iæn^{13}	p‘iæn^{13}	miæn^{53}	miæn^{53}
灵武市（东塔镇）	piæn^{13}	p‘iæn^{52}	p‘iæn^{44}	p‘iæn^{44}	p‘iæn^{13}	p‘iæn^{13}	miæn^{52}	miæn^{52}
永宁县	pian^{13}	p‘ian^{53}	p‘ian^{44}	p‘ian^{44}	p‘ian^{13}	p‘ian^{13}	mian^{53}	mian^{53}
中宁县	piæ̆^{13}	p‘iæ̆^{53}	p‘iæ̆^{44}	p‘iæ̆^{44}	p‘iæ̆^{13}	p‘iæ̆^{13}	miæ̆^{53}	miæ̆^{53}
沙坡头区	piᴇ̆^{13}	p‘iᴇ̆^{53}	p‘iᴇ̆^{44}	p‘iᴇ̆^{44}	p‘iᴇ̃^{13}	p‘iᴇ̆^{13}	miᴇ̆^{53}	miᴇ̆^{53}
盐池县	piæn^{13}	p‘iæn^{52}	p‘iæn^{44}	p‘iæn^{44}	p‘iæn^{13}	p‘iæn^{13}	miæn^{13}	miæn^{13}
平罗县（渠口乡）	piæn^{13}	p‘iæn^{53}	p‘iæn^{44}	p‘iæn^{44}	p‘iæn^{13}	p‘iæn^{13}	miæn^{53}	miæn^{53}
阿拉善左旗	piɛi^{213}	p‘iɛi^{51}	p‘iɛi^{44}	p‘iɛi^{51}	p‘iɛi^{213}	p‘iɛi^{51}	miɛi^{51}	miɛi^{51}
乌鲁木齐市	pian^{213}	p‘ian^{52}	p‘ian^{44}	p‘ian^{52}	p‘ian^{213}	p‘ian^{52}	mian^{52}	mian^{52}
阜康市	pian^{213}	p‘ian^{51}	p‘ian^{55}	p‘ian^{51}	p‘ian^{213}	p‘ian^{51}	mian^{51}	mian^{51}
呼图壁县	pian^{213}	p‘ian^{51}	p‘ian^{44}	p‘ian^{51}	p‘ian^{213}	p‘ian^{51}	mian^{51}	mian^{51}
吉木萨尔县	pian^{213}	p‘ian^{51}	p‘ian^{44}	p‘ian^{51}	p‘ian^{213}	p‘ian^{51}	mian^{51}	mian^{51}
奇台县	piɛn^{213}	p‘iɛn^{52}	p‘iɛn^{44}	p‘iɛn^{52}	p‘iɛn^{213}	p‘iɛn^{52}	miɛn^{52}	miɛn^{52}
博乐市	pian^{24}	p‘ian^{51}	p‘ian^{45}	p‘ian^{51}	p‘ian^{24}	p‘ian^{51}	mian^{51}	mian^{51}
阿勒泰市	piɑn^{23}	p‘iɑn^{51}	p‘iɑn^{44}	p‘iɑn^{51}	p‘iɑn^{23}	p‘iɑn^{51}	miɑn^{51}	miɑn^{51}
布尔津县	pian^{51}	p‘ian^{23}	p‘ian^{44}	p‘ian^{23}	p‘ian^{51}	p‘ian^{23}	mian^{23}	mian^{23}
乌苏市	pian^{213}	p‘ian^{51}	p‘ian^{55}	p‘ian^{51}	p‘ian^{213}	p‘ian^{51}	mian^{51}	mian^{51}
额敏县	piɑn^{34}	p‘iɑn^{51}	p‘iɑn^{44}	p‘iɑn^{51}	p‘iɑn^{34}	p‘iɑn^{51}	miɑn^{51}	miɑn^{51}
伊州区	piæ̃^{213}	p‘iæ̃^{51}	p‘iæ̃^{44}	p‘iæ̃^{51}	p‘iæ̃^{213}	p‘iæ̃^{51}	miæ̃^{51}	miæ̃^{51}
巴里坤县	pian^{24}	p‘ian^{51}	p‘ian^{45}	p‘ian^{51}	p‘ian^{24}	p‘ian^{51}	mian^{51}	mian^{51}
伊吾县	piæ̃^{213}	p‘iæ̃^{51}	p‘iæ̃^{44}	p‘iæ̃^{51}	p‘iæ̃^{213}	p‘iæ̃^{51}	miæ̃^{51}	miæ̃^{51}

字目 / 中古音 / 方言点	眠	免	勉	面 脸面	面 面粉	颠	点	典
	山开四 平先明	山开三 上狝明	山开三 上狝明	山开三 去线明	山开四 去霰明	山开四 平先断	咸开四 上忝端	山开四 上铣端
兰州市 （城关区）	mian^{51}	mian^{44}	mian^{44}	mian^{13}	mian^{13}	tian^{53}	tian^{44}	tian^{44}
永登县	miæ̃^{53}	miæ̃^{354}	miæ̃^{354}	miæ̃^{13}	miæ̃^{13}	tiæ̃^{42}	tiæ̃^{354}	tiæ̃^{354}
榆中县	mian^{332}	mian^{44}	mian^{44}	mian^{13}	mian^{13}	tian^{51}	tian^{44}	tian^{44}
皋兰县	miæ̃^{53}	miæ̃^{342}	miæ̃^{342}	miæ̃^{13}	miæ̃^{13}	tiæ̃^{42}	tiæ̃^{342}	tiæ̃^{342}
白银区	mian^{51}	mian^{343}	mian^{343}	mian^{13}	mian^{13}	tian^{44}	tian^{343}	tian^{343}
天祝县	mian^{53}	mian^{44}	mian^{44}	mian^{213}	mian^{213}	tian^{44}	tian^{44}	tian^{44}
景泰县 （红水镇）	mian^{53}	mian^{44}	mian^{44}	mian^{213}	mian^{213}	tian^{44}	tian^{44}	tian^{44}
古浪县	miæ̃^{53}	miæ̃^{44}	miæ̃^{44}	miæ̃^{31}	miæ̃^{31}	tiæ̃^{44}	tiæ̃^{44}	tiæ̃^{44}
凉州区	miɑŋ^{13}	miɑŋ^{33}	miɑŋ^{33}	miɑŋ^{53}	miɑŋ^{53}	tiɑŋ^{33}	tiɑŋ^{33}	tiɑŋ^{33}
民勤县	miɛi^{53}	miɛi^{214}	miɛi^{214}	miɛi^{42}	miɛi^{42}	tiɪ^{44}	tiɪ^{214}	tiɪ^{214}
永昌县	miɛ̃^{13}	miɛ̃^{13}	miɛ̃^{13}	miɛ̃^{53}	miɛ̃^{53}	tiɛ̃^{44}	tiɛ̃^{44}	tiɛ̃^{13}
甘州区	miaŋ^{53}	miaŋ^{53}	miaŋ^{53}	miaŋ^{31}	miaŋ^{31}	tiaŋ^{44}	tiaŋ^{53}	tiaŋ^{53}
临泽县	miaŋ^{53}	miaŋ^{53}	miaŋ^{53}	miaŋ^{214}	miaŋ^{214}	tiaŋ^{44}	tiaŋ^{53}	tiaŋ^{53}
民乐县	miæ̃i^{53}	miæ̃i^{213}	miæ̃i^{213}	miæ̃i^{42}	miæ̃i^{42}	tiæ̃i^{44}	tiæ̃i^{213}	tiæ̃i^{213}
山丹县	miɛ̃^{53}	miɛ̃^{53}	miɛ̃^{53}	miɛ̃^{41}	miɛ̃^{41}	tiɛ̃^{24}	tiɛ̃^{53}	tiɛ̃^{53}
高台县	miɛ̃^{53}	miɛ̃^{53}	miɛ̃^{53}	miɛ̃^{214}	miɛ̃^{214}	tiɛ̃^{44}	tiɛ̃^{53}	tiɛ̃^{53}
肃州区	miɛ̃^{53}	miɛ̃^{53}	miɛ̃^{53}	miɛ̃^{214}	miɛ̃^{214}	tiɛ̃^{44}	tiɛ̃^{53}	tiɛ̃^{53}
金塔县	miɛ̃^{53}	miɛ̃^{53}	miɛ̃^{53}	miɛ̃^{13}	miɛ̃^{13}	tiɛ̃^{44}	tiɛ̃^{53}	tiɛ̃^{53}
肃北县	miɛ̃^{53}	miɛ̃^{53}	miɛ̃^{53}	miɛ̃^{213}	miɛ̃^{213}	tiɛ̃^{44}	tiɛ̃^{53}	tiɛ̃^{53}
玉门市	miɛn^{53}	miɛn^{53}	miɛn^{53}	miɛn^{213}	miɛn^{213}	tiɛn^{44}	tiɛn^{53}	tiɛn^{53}
瓜州县	miɛ̃^{53}	miɛ̃^{53}	miɛ̃^{53}	miɛ̃^{213}	miɛ̃^{213}	tiɛ̃^{44}	tiɛ̃^{53}	tiɛ̃^{53}
西夏区	miæn^{53}	miæn^{53}	miæn^{53}	miæn^{13}	miæn^{13}	tiæn^{13}	tiæn^{53}	tiæn^{53}

续表

贺兰县	$miæn^{53}$	$miæn^{53}$	$miæn^{53}$	$miæn^{13}$	$miæn^{13}$	$tiæn^{13}$	$tiæn^{53}$	$tiæn^{53}$
灵武市（东塔镇）	$miæn^{52}$	$miæn^{52}$	$miæn^{52}$	$miæn^{13}$	$miæn^{13}$	$tiæn^{13}$	$tiæn^{52}$	$tiæn^{52}$
永宁县	$mian^{53}$	$mian^{53}$	$mian^{53}$	$mian^{13}$	$mian^{13}$	$tian^{13}$	$tian^{53}$	$tian^{53}$
中宁县	$mi\tilde{æ}^{53}$	$mi\tilde{æ}^{53}$	$mi\tilde{æ}^{53}$	$mi\tilde{æ}^{13}$	$mi\tilde{æ}^{13}$	$ti\tilde{æ}^{13}$	$ti\tilde{æ}^{53}$	$ti\tilde{æ}^{53}$
沙坡头区	$mi\tilde{E}^{53}$	$mi\tilde{E}^{53}$	$mi\tilde{E}^{53}$	$mi\tilde{E}^{13}$	$mi\tilde{E}^{13}$	$ti\tilde{E}^{13}$	$ti\tilde{E}^{53}$	$ti\tilde{E}^{53}$
盐池县	$miæn^{13}$	$miæn^{52}$	$miæn^{52}$	$miæn^{13}$	$miæn^{13}$	$tiæn^{13}$	$tiæn^{52}$	$tiæn^{52}$
平罗县（渠口乡）	$miæn^{53}$	$miæn^{53}$	$miæn^{53}$	$miæn^{13}$	$miæn^{13}$	$tiæn^{13}$	$tiæn^{53}$	$tiæn^{53}$
阿拉善左旗	$miɛi^{51}$	$miɛi^{51}$	$miɛi^{51}$	$miɛi^{213}$	$miɛi^{213}$	$tiɛi^{44}$	$tiɛi^{51}$	$tiɛi^{51}$
乌鲁木齐市	$mian^{52}$	$mian^{52}$	$mian^{52}$	$mian^{213}$	$mian^{213}$	$tian^{44}$	$tian^{52}$	$tian^{52}$
阜康市	$mian^{51}$	$mian^{51}$	$mian^{51}$	$mian^{213}$	$mian^{213}$	$tian^{55}$	$tian^{51}$	$tian^{51}$
呼图壁县	$mian^{51}$	$mian^{51}$	$mian^{51}$	$mian^{213}$	$mian^{213}$	$tian^{44}$	$tian^{51}$	$tian^{51}$
吉木萨尔县	$mian^{51}$	$mian^{51}$	$mian^{51}$	$mian^{213}$	$mian^{213}$	$tian^{44}$	$tian^{51}$	$tian^{51}$
奇台县	$miɛn^{52}$	$miɛn^{52}$	$miɛn^{52}$	$miɛn^{213}$	$miɛn^{213}$	$miɛn^{44}$	$miɛn^{52}$	$miɛn^{52}$
博乐市	$mian^{51}$	$mian^{51}$	$mian^{51}$	$mian^{24}$	$mian^{24}$	$tian^{45}$	$tian^{51}$	$tian^{51}$
阿勒泰市	$miɑn^{51}$	$miɑn^{51}$	$miɑn^{51}$	$miɑn^{23}$	$miɑn^{23}$	$tiɑn^{44}$	$tiɑn^{51}$	$tiɑn^{51}$
布尔津县	$mian^{23}$	$mian^{23}$	$mian^{23}$	$mian^{51}$	$mian^{51}$	$tian^{44}$	$tian^{23}$	$tian^{23}$
乌苏市	$mian^{51}$	$mian^{51}$	$mian^{51}$	$mian^{213}$	$mian^{213}$	$tian^{55}$	$tian^{51}$	$tian^{51}$
额敏县	$miɑn^{51}$	$miɑn^{51}$	$miɑn^{51}$	$miɑn^{34}$	$miɑn^{34}$	$tiɑn^{44}$	$tiɑn^{51}$	$tiɑn^{51}$
伊州区	$mi\tilde{æ}^{51}$	$mi\tilde{æ}^{51}$	$mi\tilde{æ}^{51}$	$mi\tilde{æ}^{213}$	$mi\tilde{æ}^{213}$	$ti\tilde{æ}^{44}$	$ti\tilde{æ}^{51}$	$ti\tilde{æ}^{51}$
巴里坤县	$mian^{51}$	$mian^{51}$	$mian^{51}$	$mian^{24}$	$mian^{24}$	$tian^{45}$	$tian^{51}$	$tian^{51}$
伊吾县	$mi\tilde{æ}^{51}$	$mi\tilde{æ}^{51}$	$mi\tilde{æ}^{51}$	$mi\tilde{æ}^{213}$	$mi\tilde{æ}^{213}$	$ti\tilde{æ}^{44}$	$ti\tilde{æ}^{51}$	$ti\tilde{æ}^{51}$

字目 中古音 方音 方言点	店	电	殿	添	天	甜	田	填
	咸开四去桥端	山开四去霰定	山开四去霰定	咸开四平添透	山开四平先透	咸开四平添定	山开四平先定	山开四平先定
兰州市（城关区）	tian^{13}	tian^{13}	tian^{13}	tʻian^{53}	tʻian^{53}	tʻian^{51}	tʻian^{51}	tʻian^{51}
永登县	tiæ̃̆^{13}	tiæ̃̆^{13}	tiæ̃̆^{13}	tʻiæ̃̆^{42}	tʻiæ̃̆^{42}	tʻiæ̃̆^{53}	tʻiæ̃̆^{53}	tʻiæ̃̆^{53}
榆中县	tian^{13}	tian^{13}	tian^{13}	tʻian^{51}	tʻian^{51}	tʻian^{332}	tʻian^{332}	tʻian^{332}
皋兰县	tiæ̃̆^{13}	tiæ̃̆^{13}	tiæ̃̆^{13}	tʻiæ̃̆^{42}	tʻiæ̃̆^{42}	tʻiæ̃̆^{53}	tʻiæ̃̆^{53}	tʻiæ̃̆^{53}
白银区	tian^{13}	tian^{13}	tian^{13}	tʻian^{44}	tʻian^{44}	tʻian^{51}	tʻian^{51}	tʻian^{51}
天祝县	tian^{213}	tian^{213}	tian^{213}	tʻian^{44}	tʻian^{44}	tʻian^{53}	tʻian^{53}	tʻian^{53}
景泰县（红水镇）	tian^{213}	tian^{213}	tian^{213}	tʻian^{44}	tʻian^{44}	tʻian^{53}	tʻian^{53}	tʻian^{53}
古浪县	tiæ̃̆^{31}	tiæ̃̆^{31}	tiæ̃̆^{31}	tʻiæ̃̆^{44}	tʻiæ̃̆^{44}	tʻiæ̃̆^{53}	tʻiæ̃̆^{53}	tʻiæ̃̆^{53}
凉州区	tiɑŋ^{53}	tiɑŋ^{53}	tiɑŋ^{53}	tʻiɑŋ^{33}	tʻiɑŋ^{33}	tʻiɑŋ^{13}	tʻiɑŋ^{13}	tʻiɑŋ^{13}
民勤县	til^{42}	til^{42}	til^{42}	tʻiil^{44}	tʻil^{44}	tʻil^{53}	tʻil^{53}	tʻil^{53}
永昌县	tiɛ̃̆^{53}	tiɛ̃̆^{53}	tiɛ̃̆^{53}	tʻiɛ̃̆^{44}	tʻiɛ̃̆^{44}	tʻiɛ̃̆^{13}	tʻiɛ̃̆^{13}	tʻiɛ̃̆^{13}
甘州区	tiaŋ^{31}	tiaŋ^{31}	tiaŋ^{31}	tʻiaŋ^{44}	tʻiaŋ^{44}	tʻiaŋ^{53}	tʻiaŋ^{53}	tʻiaŋ^{53}
临泽县	tiaŋ^{214}	tiaŋ^{214}	tiaŋ^{214}	tʻiaŋ^{44}	tʻiaŋ^{44}	tʻiaŋ^{53}	tʻiaŋ^{53}	tʻiaŋ^{53}
民乐县	tiæ̃i^{42}	tiæ̃i^{42}	tiæ̃i^{42}	tʻiiæ̃i^{44}	tʻiæ̃i^{44}	tʻiæ̃i^{53}	tʻiæ̃i^{53}	tʻiæ̃i^{53}
山丹县	tiɛ̃^{41}	tiɛ̃^{41}	tiɛ̃^{41}	tʻiɛ̃^{24}	tʻiɛ̃^{24}	tʻiɛ̃^{53}	tʻiɛ̃^{53}	tʻiɛ̃^{53}
高台县	tiɛ̃^{214}	tiɛ̃^{214}	tiɛ̃^{214}	tʻiɛ̃^{44}	tʻiɛ̃^{44}	tʻiɛ̃^{53}	tʻiɛ̃^{53}	tʻiɛ̃^{53}
肃州区	tiɛ̃^{214}	tiɛ̃^{214}	tiɛ̃^{214}	tʻiɛ̃^{44}	tʻiɛ̃^{44}	tʻiɛ̃^{53}	tʻiɛ̃^{53}	tʻiɛ̃^{53}
金塔县	tiɛ̃^{13}	tiɛ̃^{13}	tiɛ̃^{13}	tʻiɛ̃^{44}	tʻiɛ̃^{44}	tʻiɛ̃^{53}	tʻiɛ̃^{53}	tʻiɛ̃^{53}
肃北县	tiɛ̃^{213}	tiɛ̃^{213}	tiɛ̃^{213}	tʻiɛ̃^{44}	tʻiɛ̃^{44}	tʻiɛ̃^{53}	tʻiɛ̃^{53}	tʻiɛ̃^{53}
玉门市	tiɛn^{213}	tiɛn^{213}	tiɛn^{213}	tʻiɛn^{44}	tʻiɛn^{44}	tʻiɛn^{53}	tʻiɛn^{53}	tʻiɛn^{53}
瓜州县	tiɛ̃^{213}	tiɛ̃^{213}	tiɛ̃^{213}	tʻiɛ̃^{44}	tʻiɛ̃^{44}	tʻiɛ̃^{53}	tʻiɛ̃^{53}	tʻiɛ̃^{53}
西夏区	tiæn^{13}	tiæn^{13}	tiæn^{13}	tʻiæn^{44}	tʻiæn^{44}	tʻiæn^{53}	tʻiæn^{53}	tʻiæn^{53}

续表

贺兰县	tiæn^{13}	tiæn^{13}	tiæn^{13}	t‘iæn^{44}	t‘iæn^{44}	t‘iæn^{53}	t‘iæn^{53}	t‘iæn^{53}
灵武市（东塔镇）	tiæn^{13}	tiæn^{13}	tiæn^{13}	t‘iæn^{44}	t‘iæn^{44}	t‘iæn^{52}	t‘iæn^{52}	t‘iæn^{52}
永宁县	tian^{13}	tian^{13}	tian^{13}	t‘ian^{44}	t‘ian^{44}	t‘ian^{53}	t‘ian^{53}	t‘ian^{53}
中宁县	tiæ̆^{13}	tiæ̆^{13}	tiæ̆^{13}	t‘iæ̆^{44}	t‘iæ̆^{44}	t‘iæ̆^{53}	t‘iæ̆^{53}	t‘iæ̆^{53}
沙坡头区	tiᴇ̃^{13}	tiᴇ̃^{13}	tiᴇ̃^{13}	t‘iᴇ̃^{44}	t‘iᴇ̃^{44}	t‘iᴇ̃^{53}	t‘iᴇ̃^{53}	t‘iᴇ̃^{53}
盐池县	tiæn^{13}	tiæn^{13}	tiæn^{13}	t‘iæn^{44}	t‘iæn^{44}	t‘iæn^{13}	t‘iæn^{13}	t‘iæn^{13}
平罗县（渠口乡）	tiæn^{13}	tiæn^{13}	tiæn^{13}	t‘iæn^{44}	t‘iæn^{44}	t‘iæn^{52}	t‘iæn^{52}	t‘iæn^{52}
阿拉善左旗	tiɛi^{213}	tiɛi^{213}	tiɛi^{213}	t‘iɛi^{44}	t‘iɛi^{44}	t‘iɛi^{51}	t‘iɛi^{51}	t‘iɛi^{51}
乌鲁木齐市	tian^{213}	tian^{213}	tian^{213}	t‘ian^{44}	t‘ian^{44}	t‘ian^{52}	t‘ian^{52}	t‘ian^{52}
阜康市	tian^{213}	tian^{213}	tian^{213}	t‘ian^{55}	t‘ian^{55}	t‘ian^{51}	t‘ian^{51}	t‘ian^{51}
呼图壁县	tian^{213}	tian^{213}	tian^{213}	t‘ian^{44}	t‘ian^{44}	t‘ian^{51}	t‘ian^{51}	t‘ian^{51}
吉木萨尔县	tian^{213}	tian^{213}	tian^{213}	t‘ian^{44}	t‘ian^{44}	t‘ian^{51}	t‘ian^{51}	t‘ian^{51}
奇台县	tiɛn^{213}	tiɛn^{213}	tiɛn^{213}	t‘iɛn^{44}	t‘iɛn^{44}	t‘iɛn^{52}	t‘iɛn^{52}	t‘iɛn^{52}
博乐市	tian^{24}	tian^{24}	tian^{24}	t‘ian^{45}	t‘ian^{45}	t‘ian^{51}	t‘ian^{51}	t‘ian^{51}
阿勒泰市	tiɑn^{23}	tiɑn^{23}	tiɑn^{23}	t‘iɑn^{44}	t‘iɑn^{44}	t‘iɑn^{51}	t‘iɑn^{51}	t‘iɑn^{51}
布尔津县	tian^{51}	tian^{51}	tian^{51}	t‘ian^{44}	t‘ian^{44}	t‘ian^{23}	t‘ian^{23}	t‘ian^{23}
乌苏市	tian^{213}	tian^{213}	tian^{213}	t‘ian^{55}	t‘ian^{55}	t‘ian^{51}	t‘ian^{51}	t‘ian^{51}
额敏县	tiɑn^{34}	tiɑn^{34}	tiɑn^{34}	t‘iɑn^{44}	t‘iɑn^{44}	t‘iɑn^{51}	t‘iɑn^{51}	t‘iɑn^{51}
伊州区	tiæ̃^{213}	tiæ̃^{213}	tiæ̃^{213}	t‘iæ̃^{44}	t‘iæ̃^{44}	t‘iæ̃^{51}	t‘iæ̃^{51}	t‘iæ̃^{51}
巴里坤县	tian^{24}	tian^{24}	tian^{24}	t‘ian^{45}	t‘ian^{45}	t‘ian^{51}	t‘ian^{51}	t‘ian^{51}
伊吾县	tiæ̃^{213}	tiæ̃^{213}	tiæ̃^{213}	t‘iæ̃^{44}	t‘iæ̃^{44}	t‘iæ̃^{51}	t‘iæ̃^{51}	t‘iæ̃^{51}

字目 / 中古音 / 方言点	添	拈	黏 黏土	年	碾[①]	念	廉	镰
	咸开四 上忝透	咸开四 平添泥	咸开三 平盐泥	山开四 平先泥	山开三 上狝泥	咸开四 去㮇泥	咸开三 平盐来	咸开三 平盐来
兰州市 （城关区）	tʻian^{53}	lian^{53}	lian^{51}	^{1}ian^{51}	lian^{44}	lian^{13}	lian^{51}	lian^{51}
永登县	tʻiæ̃^{42}	ȵiæ̃^{42}	ȵiæ̃^{53}	ȵiæ̃^{53}	ȵiæ̃^{354}	ȵiæ̃^{13}	liæ̃^{53}	liæ̃^{53}
榆中县	tʻian^{51}	lian^{51}	lian^{332}	^{1}ian^{332}	lian^{44}	lian^{13}	lian^{332}	lian^{332}
皋兰县	tʻiæ̃^{42}	ȵiæ̃^{42}	ȵiæ̃^{53}	ȵiæ̃^{53}	ȵiæ̃^{342}	ȵiæ̃^{13}	liæ̃^{53}	liæ̃^{53}
白银区	tʻian^{44}	lian^{44}	lian^{51}	^{1}ian^{51}	lian^{343}	lian^{13}	lian^{51}	lian^{51}
天祝县	tʻian^{44}	lian^{44}	lian^{53}	^{1}ian^{53}	lian^{44}	lian^{213}	lian^{53}	lian^{53}
景泰县 （红水镇）	tʻian^{44}	lian^{44}	lian^{53}	^{1}ian^{53}	lian^{44}	lian^{213}	lian^{53}	lian^{53}
古浪县	tʻiæ̃^{44}	ȵiæ̃^{44}	ȵiæ̃^{53}	ȵiæ̃^{53}	ȵiæ̃^{44}	ȵiæ̃^{31}	liæ̃^{53}	liæ̃^{53}
凉州区	tʻiɑŋ^{33}	ȵiɑŋ^{33}	ȵiɑŋ^{13}	ȵiɑŋ^{13}	ȵiɑŋ^{33}	ȵiɑŋ^{53}	liɑŋ^{13}	liɑŋ^{13}
民勤县	tʻil^{44}	ȵil^{44}	ȵil^{53}	ȵil^{53}	ȵil^{214}	ȵil^{42}	lil^{53}	lil^{53}
永昌县	tʻiɛ̃^{44}	ȵiɛ̃^{44}	ȵiɛ̃^{13}	ȵiɛ̃^{13}	ȵiɛ̃^{13}	ȵiɛ̃^{53}	liɛ̃^{13}	liɛ̃^{13}
甘州区	tʻiaŋ^{44}	ȵiaŋ^{44}	ȵiaŋ^{53}	ȵiaŋ^{53}	ȵiaŋ^{53}	ȵiaŋ^{31}	liaŋ^{53}	liaŋ^{53}
临泽县	tʻiaŋ^{44}	ȵiaŋ^{44}	ȵiaŋ^{53}	ȵiaŋ^{53}	ȵiaŋ^{53}	ȵiaŋ^{214}	liaŋ^{53}	liaŋ^{53}
民乐县	tʻiæ̃i^{44}	ȵiæ̃i^{44}	ȵiæ̃i^{53}	ȵiæ̃i^{53}	ȵiæ̃i^{213}	ȵiæ̃i^{42}	liæ̃i^{53}	liæ̃i^{53}
山丹县	tʻiɛ̃^{24}	ȵiɛ̃^{24}	ȵiɛ̃^{53}	ȵiɛ̃^{53}	ȵiɛ̃^{53}	ȵiɛɛ̃^{41}	liɛ̃^{53}	liɛ̃^{53}
高台县	tʻiɛ̃^{44}	ȵiɛ̃^{44}	ȵiɛ̃^{53}	ȵiɛ̃^{53}	ȵiɛ̃^{53}	ȵiɛ̃^{214}	liɛ̃^{53}	liɛ̃^{53}
肃州区	tʻiɛ̃^{44}	ȵiɛ̃^{44}	ȵiɛ̃^{53}	ȵiɛ̃^{53}	ȵiɛ̃^{53}	ȵiɛ̃^{214}	liɛ̃^{53}	liɛ̃^{53}
金塔县	tʻiɛ̃^{44}	ȵiɛ̃^{44}	ȵiɛ̃^{53}	ȵiɛ̃^{53}	ȵiɛ̃^{53}	ȵiɛ̃^{13}	liɛ̃^{53}	liɛ̃^{53}
肃北县	tʻiɛ̃^{44}	ȵiɛ̃^{44}	ȵiɛ̃^{53}	ȵiɛ̃^{53}	ȵiɛ̃^{53}	ȵiɛ̃^{213}	liɛ̃^{53}	liɛ̃^{53}
玉门市	tʻiɛn^{44}	ȵiɛn^{44}	ȵiɛn^{53}	ȵiɛn^{53}	ȵiɛn^{53}	ȵiɛn^{213}	liɛn^{53}	liɛn^{53}
瓜州县	tʻiɛ̃^{44}	ȵiɛ̃^{44}	ȵiɛ̃^{53}	ȵiɛ̃^{53}	ȵiɛ̃^{53}	ȵiɛ̃^{213}	liɛ̃^{53}	liɛ̃^{53}

①又女箭切，山开三去线泥。

续表

西夏区	tʻiæn^{44}	ȵiæn^{44}	ȵiæn^{53}	ȵiæn^{53}	ȵiæn^{53}	ȵiæn^{13}	liæn^{53}	liæn^{53}
贺兰县	tʻiæn^{44}	ȵiæn^{44}	ȵiæn^{53}	ȵiæn^{53}	ȵiæn^{53}	ȵiæn^{13}	liæn^{53}	liæn^{53}
灵武市（东塔镇）	tʻiæn^{44}	ȵiæn^{44}	ȵiæn^{52}	ȵiæn^{52}	ȵiæn^{52}	ȵiæn^{13}	liæn^{52}	liæn^{52}
永宁县	tʻian^{44}	ȵian^{44}	ȵian^{53}	ȵian^{53}	ȵian^{53}	ȵian^{13}	lian^{53}	lian^{53}
中宁县	tʻiæ̆^{44}	niæ̆^{44}	niæ̆^{53}	niæ̆^{53}	niæ̆^{53}	niæ̆^{13}	liæ̆^{53}	liæ̆^{53}
沙坡头区	tʻiᴇ̃^{44}	niᴇ̃^{44}	niᴇ̃^{53}	niᴇ̃^{53}	niᴇ̃^{53}	niᴇ̃^{13}	liᴇ̃^{53}	liᴇ̃^{53}
盐池县	tʻiæn^{44}	ȵiæn^{44}	ȵiæn^{13}	ȵiæn^{13}	ȵiæn^{52}	ȵiæn^{13}	liæn^{13}	liæn^{13}
平罗县（渠口乡）	tʻiæn^{44}	ȵiæn^{44}	ȵiæn^{53}	ȵiæn^{53}	ȵiæn^{53}	ȵiæn^{13}	liæn^{53}	liæn^{53}
阿拉善左旗	tʻiɛi^{44}	niɛi^{44}	niɛi^{51}	niɛi^{51}	niɛi^{51}	niɛi^{213}	liɛi^{51}	liɛi^{51}
乌鲁木齐市	tʻian^{44}	ȵian^{44}	ȵian^{52}	ȵian^{52}	ȵian^{52}	ȵian^{213}	lian^{52}	lian^{52}
阜康市	tʻian^{55}	ȵian^{55}	ȵian^{51}	ȵian^{51}	ȵian^{51}	ȵian^{213}	lian^{51}	lian^{51}
呼图壁县	tʻian^{44}	ȵian^{44}	ȵian^{51}	ȵian^{51}	ȵian^{51}	ȵian^{213}	lian^{51}	lian^{51}
吉木萨尔县	tʻian^{44}	ȵian^{44}	ȵian^{51}	ȵian^{51}	ȵian^{51}	ȵian^{213}	lian^{51}	lian^{51}
奇台县	tʻiɛn^{44}	ȵiɛn^{44}	ȵiɛn^{52}	ȵiɛn^{52}	ȵiɛn^{52}	ȵiɛn^{213}	liɛn^{52}	liɛn^{52}
博乐市	tʻian^{45}	ȵian^{45}	ȵian^{51}	ȵian^{51}	ȵian^{51}	ȵian^{24}	lian^{51}	lian^{51}
阿勒泰市	tʻiɑn^{44}	niɑn^{44}	niɑn^{51}	niɑn^{51}	niɑn^{51}	niɑn^{23}	liɑn^{51}	liɑn^{51}
布尔津县	tʻian^{44}	nian^{44}	nian^{23}	nian^{23}	nian^{23}	nian^{51}	lian^{23}	lian^{23}
乌苏市	tʻian^{55}	ȵian^{55}	ȵian^{51}	ȵian^{51}	ȵian^{51}	ȵian^{213}	lian^{51}	lian^{51}
额敏县	tʻiɑn^{44}	niɑn^{44}	niɑn^{51}	niɑn^{51}	niɑn^{51}	niɑn^{34}	liɑn^{51}	liɑn^{51}
伊州区	tʻiæ̃^{44}	ȵiæ̃^{44}	ȵiæ̃^{51}	ȵiæ̃^{51}	ȵiæ̃^{51}	ȵiæ̃^{213}	læ̃^{51}	liæ̃^{51}
巴里坤县	tʻian^{45}	ȵian^{45}	ȵian^{51}	ȵian^{51}	ȵian^{51}	ȵian^{24}	lian^{51}	lian^{51}
伊吾县	tʻiæ̃^{44}	ȵiæ̃^{44}	ȵiæ̃^{51}	ȵiæ̃^{51}	ȵiæ̃^{51}	ȵiæ̃^{213}	læ̃^{51}	liæ̃^{51}

方言点＼字目、中古音	帘	连①	联②	怜③	莲	敛④	脸⑤	练
中古音	咸开三平盐来	山开三平仙来	山开三平仙来	山开四平先来	山开四平先来	咸开三上琰来		山开四去霰来
兰州市（城关区）	lian^{51}	lian^{51}	lian^{51}	lian^{51}	lian^{51}	lian^{44}	lian^{44}	lian^{13}
永登县	liæ̃^{53}	liæ̃^{53}	liæ̃^{53}	liæ̃^{53}	liæ̃^{53}	liæ̃^{354}	liæ̃^{354}	liæ̃^{13}
榆中县	lian^{332}	lian^{332}	lian^{332}	lian^{332}	lian^{332}	lian^{44}	lian^{44}	lian^{13}
皋兰县	liæ̃^{53}	liæ̃^{53}	liæ̃^{53}	liæ̃^{53}	liæ̃^{53}	liæ̃^{342}	liæ̃^{342}	liæ̃^{13}
白银区	lian^{51}	lian^{51}	lian^{51}	lian^{51}	lian^{51}	lian^{343}	lian^{343}	lian^{13}
天祝县	lian^{53}	lian^{53}	lian^{53}	lian^{53}	lian^{53}	lian^{44}	lian^{44}	lian^{213}
景泰县（红水镇）	lian^{53}	lian^{53}	lian^{53}	lian^{53}	lian^{53}	lian^{44}	lian^{44}	lian^{213}
古浪县	liæ̃^{53}	liæ̃^{53}	liæ̃^{53}	liæ̃^{53}	liæ̃^{53}	liæ̃^{44}	liæ̃^{44}	liæ̃^{31}
凉州区	liɑŋ^{13}	liɑŋ^{13}	liɑŋ^{13}	liɑŋ^{13}	liɑŋ^{13}	liɑŋ^{33}	liɑŋ^{33}	liɑŋ^{53}
民勤县	lil^{53}	lil^{53}	lil^{53}	lil^{53}	lil^{53}	lil^{214}	lil^{214}	lil^{42}
永昌县	liɛ̃^{13}	liɛ̃^{13}	liɛ̃^{13}	liɛ̃^{13}	liɛ̃^{13}	liɛ̃^{13}	liɛ̃^{13}	liɛ̃^{53}
甘州区	liaŋ^{53}	liaŋ^{53}	liaŋ^{53}	liaŋ^{53}	liaŋ^{53}	liaŋ^{53}	liaŋ^{53}	liaŋ^{31}
临泽县	liaŋ^{53}	liaŋ^{53}	liaŋ^{53}	liaŋ^{53}	liaŋ^{53}	liaŋ^{53}	liaŋ^{53}	liaŋ^{214}
民乐县	liæ̃i^{53}	liæ̃i^{53}	liæ̃i^{53}	liæ̃i^{53}	liæ̃i^{53}	liæ̃i^{213}	liæ̃i^{213}	liæ̃i^{42}
山丹县	liɛ̃^{53}	liɛ̃^{53}	liɛ̃^{53}	liɛ̃^{53}	liɛ̃^{53}	liɛ̃^{53}	liɛ̃^{53}	liɛ̃^{41}
高台县	liɛ̃^{53}	liɛ̃^{53}	liɛ̃^{53}	liɛ̃^{53}	liɛ̃^{53}	liɛ̃^{53}	liɛ̃^{53}	liɛ̃^{214}
肃州区	liɛ̃^{53}	liɛ̃^{53}	liɛ̃^{53}	liɛ̃^{53}	liɛ̃^{53}	liɛ̃^{53}	liɛ̃^{53}	liɛ̃^{214}

①又连彦切，山开三去线来。

②又通“挛”，吕员切，山开三平仙来。

③又离珍切，真开三平真来。

④又力验切，先开三去艳来。

⑤《集韵》居奄切，先开三上琰见。

续表

金塔县	$\text{li}\tilde{\varepsilon}^{53}$	$\text{li}\tilde{\varepsilon}^{53}$	$\text{li}\tilde{\varepsilon}^{53}$	$\text{li}\tilde{\varepsilon}^{53}$	$\text{li}\tilde{\varepsilon}^{53}$	$\text{li}\tilde{\varepsilon}^{53}$	$\text{li}\tilde{\varepsilon}^{53}$	$\text{li}\tilde{\varepsilon}^{13}$
肃北县	$\text{li}\tilde{\varepsilon}^{53}$	$\text{li}\tilde{\varepsilon}^{53}$	$\text{li}\tilde{\varepsilon}^{53}$	$\text{li}\tilde{\varepsilon}^{53}$	$\text{li}\tilde{\varepsilon}^{53}$	$\text{li}\tilde{\varepsilon}^{53}$	$\text{li}\tilde{\varepsilon}^{53}$	$\text{li}\tilde{\varepsilon}^{213}$
玉门市	liɛn^{53}	liɛn^{53}	liɛn^{53}	liɛn^{53}	liɛn^{53}	liɛn^{53}	liɛn^{53}	liɛn^{213}
瓜州县	$\text{li}\tilde{\varepsilon}^{53}$	$\text{li}\tilde{\varepsilon}^{53}$	$\text{li}\tilde{\varepsilon}^{53}$	$\text{li}\tilde{\varepsilon}^{53}$	$\text{li}\tilde{\varepsilon}^{53}$	$\text{li}\tilde{\varepsilon}^{53}$	$\text{li}\tilde{\varepsilon}^{53}$	$\text{li}\tilde{\varepsilon}^{213}$
西夏区	liæn^{53}	liæn^{53}	liæn^{53}	liæn^{53}	liæn^{53}	liæn^{53}	liæn^{53}	liæn^{13}
贺兰县	liæn^{53}	liæn^{53}	liæn^{53}	liæn^{53}	liæn^{53}	liæn^{53}	liæn^{53}	liæn^{13}
灵武市（东塔镇）	liæn^{52}	liæn^{52}	liæn^{52}	liæn^{52}	liæn^{52}	liæn^{52}	liæn^{52}	liæn^{13}
永宁县	lian^{53}	lian^{53}	lian^{53}	lian^{53}	lian^{53}	lian^{53}	lian^{53}	lian^{13}
中宁县	liæ̆^{53}	liæ̆^{53}	liæ̆^{53}	liæ̆^{53}	liæ̆^{53}	liæ̆^{53}	liæ̆^{53}	liæ̆^{13}
沙坡头区	liᴇ̃^{53}	liᴇ̃^{53}	liᴇ̃^{53}	liᴇ̃^{53}	liᴇ̃^{53}	liᴇ̃^{53}	liᴇ̃^{53}	liᴇ̃^{13}
盐池县	liæn^{13}	liæn^{13}	liæn^{13}	liæn^{13}	liæn^{13}	liæn^{52}	liæn^{52}	liæn^{13}
平罗县（渠口乡）	liæn^{53}	liæn^{53}	liæn^{53}	liæn^{53}	liæn^{53}	liæn^{53}	liæn^{53}	liæn^{13}
阿拉善左旗	liɛi^{51}	liɛi^{51}	liɛi^{51}	liɛi^{51}	liɛi^{51}	liɛi^{51}	liɛi^{51}	liɛi^{213}
乌鲁木齐市	lian^{52}	lian^{52}	lian^{52}	lian^{52}	lian^{52}	lian^{52}	lian^{52}	lian^{213}
阜康市	lian^{51}	lian^{51}	lian^{51}	lian^{51}	lian^{51}	lian^{51}	lian^{51}	lian^{213}
呼图壁县	lian^{51}	lian^{51}	lian^{51}	lian^{51}	lian^{51}	lian^{51}	lian^{51}	lian^{213}
吉木萨尔县	lian^{51}	lian^{51}	lian^{51}	lian^{51}	lian^{51}	lian^{51}	lian^{51}	lian^{213}
奇台县	liɛn^{52}	liɛn^{52}	liɛn^{52}	liɛn^{52}	liɛn^{52}	liɛn^{52}	liɛn^{52}	liɛn^{213}
博乐市	lian^{51}	lian^{51}	lian^{51}	lian^{51}	lian^{51}	lian^{51}	lian^{51}	lian^{24}
阿勒泰市	liɑn^{51}	liɑn^{51}	liɑn^{51}	liɑn^{51}	liɑn^{51}	liɑn^{51}	liɑn^{51}	liɑn^{23}
布尔津县	lian^{23}	lian^{23}	lian^{23}	lian^{23}	lian^{23}	lian^{23}	lian^{23}	lian^{51}
乌苏市	lian^{51}	lian^{51}	lian^{51}	lian^{51}	lian^{51}	lian^{51}	lian^{51}	lian^{213}
额敏县	liɑn^{51}	liɑn^{51}	liɑn^{51}	liɑn^{51}	liɑn^{51}	liɑn^{51}	liɑn^{51}	liɑn^{34}
伊州区	liæ̃^{51}	liæ̃^{51}	liæ̃^{51}	liæ̃^{51}	liæ̃^{51}	liæ̃^{51}	liæ̃^{51}	liæ̃^{213}
巴里坤县	lian^{51}	lian^{51}	lian^{51}	lian^{51}	lian^{51}	lian^{51}	lian^{51}	lian^{24}
伊吾县	liæ̃^{51}	liæ̃^{51}	liæ̃^{51}	liæ̃^{51}	liæ̃^{51}	liæ̃^{51}	liæ̃^{51}	liæ̃^{213}

字目 / 中古音 / 方言点	炼	练	恋	监① 监狱	尖	歼	兼	奸②
中古音	山开四 去霰来	山开四 去霰来	山合三 去线来	咸开二 平衔见	咸开三 平盐精	咸开三 平盐精	咸开四 平添见	山开一 平寒见
兰州市 （城关区）	lian^{13}	lian^{13}	lian^{51}	tɕian^{53}	tɕian^{53}	tɕian^{53}	tɕian^{53}	tɕian^{53}
永登县	liæ̃^{13}	liæ̃^{13}	liæ̃^{53}	tɕiæ̃^{42}	tɕiæ̃^{42}	tɕiæ̃^{42}	tɕiæ̃^{42}	tɕiæ̃^{42}
榆中县	lian^{13}	lian^{13}	lian^{332}	tɕian^{51}	tɕian^{51}	tɕian^{51}	tɕian^{51}	tɕian^{51}
皋兰县	liæ̃^{13}	liæ̃^{13}	liæ̃^{53}	tɕiæ̃^{42}	tɕiæ̃^{42}	tɕiæ̃^{42}	tɕiæ̃^{42}	tɕiæ̃^{42}
白银区	lian^{13}	lian^{13}	lian^{51}	tɕian^{44}	tɕian^{44}	tɕian^{44}	tɕian^{44}	tɕian^{44}
天祝县	lian^{213}	lian^{213}	lian^{53}	tɕian^{44}	tɕian^{44}	tɕian^{44}	tɕian^{44}	tɕian^{44}
景泰县 （红水镇）	lian^{213}	lian^{213}	lian^{53}	tɕian^{44}	tɕian^{44}	tɕian^{44}	tɕian^{44}	tɕian^{44}
古浪县	liæ̃^{31}	liæ̃^{31}	liæ̃^{53}	tɕiæ̃^{44}	tɕiæ̃^{44}	tɕiæ̃^{44}	tɕiæ̃^{44}	tɕiæ̃^{44}
凉州区	liɑŋ^{53}	liɑŋ^{53}	liɑŋ^{13}	tɕiɑŋ^{33}	tɕiɑŋ^{33}	tɕiɑŋ^{33}	tɕiɑŋ^{33}	tɕiɑŋ^{33}
民勤县	lil^{42}	lil^{42}	lil^{53}	tɕil^{44}	tɕil^{44}	tɕil^{44}	tɕil^{44}	tɕil^{44}
永昌县	liɛ̃^{53}	liɛ̃^{53}	liɛ̃^{13}	tɕiɛ̃^{44}	tɕiɛ̃^{44}	tɕiɛ̃^{44}	tɕiɛ̃^{44}	tɕiɛ̃^{44}
甘州区	liaŋ^{31}	liaŋ^{31}	liaŋ^{53}	tɕiaŋ^{44}	tɕiaŋ^{44}	tɕiaŋ^{44}	tɕiaŋ^{44}	tɕiaŋ^{44}
临泽县	liaŋ^{214}	liaŋ^{214}	liaŋ^{53}	tɕiaŋ^{44}	tɕiaŋ^{44}	tɕiaŋ^{44}	tɕiaŋ^{44}	tɕiaŋ^{44}
民乐县	liæ̃i^{42}	liæ̃i^{42}	liæ̃i^{53}	tɕiæ̃i^{44}	tɕiæ̃i^{44}	tɕiæ̃i^{44}	tɕiæ̃i^{44}	tɕiæ̃i^{44}
山丹县	liɛ̃^{41}	liɛ̃^{41}	liɛ̃^{53}	tɕiɛ̃^{24}	tɕiɛ̃^{24}	tɕiɛ̃^{24}	tɕiɛ̃^{24}	tɕiɛ̃^{24}
高台县	liɛ̃^{214}	liɛ̃^{214}	liɛ̃^{53}	tɕiɛ̃^{44}	tɕiɛ̃^{44}	tɕiɛ̃^{44}	tɕiɛ̃^{44}	tɕiɛ̃^{44}
肃州区	liɛ̃^{214}	liɛ̃^{214}	liɛ̃^{53}	tɕiɛ̃^{44}	tɕiɛ̃^{44}	tɕiɛ̃^{44}	tɕiɛ̃^{44}	tɕiɛ̃^{44}
金塔县	liɛ̃^{13}	liɛ̃^{13}	liɛ̃^{53}	tɕiɛ̃^{44}	tɕiɛ̃^{44}	tɕiɛ̃^{44}	tɕiɛ̃^{44}	tɕiɛ̃^{44}
肃北县	liɛ̃^{213}	liɛ̃^{213}	liɛ̃^{53}	tɕiɛ̃^{44}	tɕiɛ̃^{44}	tɕiɛ̃^{44}	tɕiɛ̃^{44}	tɕiɛ̃^{44}
玉门市	liɛn^{213}	liɛn^{213}	liɛn^{53}	tɕiɛn^{44}	tɕiɛn^{44}	tɕiɛn^{44}	tɕiɛn^{44}	tɕiɛn^{44}

①又格忏切，咸开二去鑑见。

②又居颜切，山开二平删见。

续表

瓜州县	liɛ̃^{213}	liɛ̃^{213}	liɛ̃^{53}	tɕiɛ̃^{44}	tɕiɛ̃^{44}	tɕiɛ̃^{44}	tɕiɛ̃^{44}	tɕiɛ̃^{44}
西夏区	liæn^{13}	liæn^{13}	liæn^{53}	tɕiæn^{44}	tɕiæn^{44}	tɕiæn^{44}	tɕiæn^{44}	tɕiæn^{44}
贺兰县	liæn^{13}	liæn^{13}	liæn^{53}	tɕiæn^{44}	tɕiæn^{44}	tɕiæn^{44}	tɕiæn^{44}	tɕiæn^{44}
灵武市（东塔镇）	liæn^{13}	liæn^{13}	liæn^{53}	tɕiæn^{44}	tɕiæn^{44}	tɕiæn^{44}	tɕiæn^{44}	tɕiæn^{44}
永宁县	lian^{13}	lian^{13}	lian^{53}	tɕian^{44}	tɕian^{44}	tɕian^{44}	tɕian^{44}	tɕian^{44}
中宁县	liæ̆^{13}	liæ̆^{13}	liæ̆^{53}	tɕiæ̆^{44}	tɕiæ̆^{44}	tɕiæ̆^{44}	tɕiæ̆^{44}	tɕiæ̆^{44}
沙坡头区	liᴇ̃^{13}	liᴇ̃^{13}	liᴇ̃^{53}	tɕiᴇ̃^{44}	tɕiᴇ̃^{44}	tɕiᴇ̃^{44}	tɕiᴇ̃^{44}	tɕiᴇ̃^{44}
盐池县	liæn^{13}	liæn^{13}	liæn^{13}	tɕiæn^{44}	tɕiæn^{44}	tɕiæn^{44}	tɕiæn^{44}	tɕiæn^{44}
平罗县（渠口乡）	liæn^{13}	liæn^{13}	liæn^{53}	tɕiæn^{44}	tɕiæn^{44}	tɕiæn^{44}	tɕiæn^{44}	tɕiæn^{44}
阿拉善左旗	liɛi^{213}	liɛi^{213}	liɛi^{51}	tɕiɛi^{44}	tɕiɛi^{44}	tɕiɛi^{44}	tɕiɛi^{44}	tɕiɛi^{44}
乌鲁木齐市	lian^{213}	lian^{213}	lian^{52}	tɕian^{44}	tɕian^{44}	tɕian^{44}	tɕian^{44}	tɕian^{44}
阜康市	lian^{213}	lian^{213}	lian^{51}	tɕian^{55}	tɕian^{55}	tɕian^{55}	tɕian^{55}	tɕian^{55}
呼图壁县	lian^{213}	lian^{213}	lian^{51}	tɕian^{44}	tɕian^{44}	tɕian^{44}	tɕian^{44}	tɕian^{44}
吉木萨尔县	lian^{213}	lian^{213}	lian^{51}	tɕian^{44}	tɕian^{44}	tɕian^{44}	tɕian^{44}	tɕian^{44}
奇台县	liɛn^{213}	liɛn^{213}	liɛn^{52}	tɕiɛn^{44}	tɕiɛn^{44}	tɕiɛn^{44}	tɕiɛn^{44}	tɕiɛn^{44}
博乐市	lian^{24}	lian^{24}	lian^{51}	tɕian^{45}	tɕian^{45}	tɕian^{45}	tɕian^{45}	tɕian^{45}
阿勒泰市	liɑn^{23}	liɑn^{23}	liɑn^{51}	tɕiɑn^{44}	tɕiɑn^{44}	tɕiɑn^{44}	tɕiɑn^{44}	tɕiɑn^{44}
布尔津县	lian^{51}	lian^{51}	lian^{23}	tɕian^{44}	tɕian^{44}	tɕian^{44}	tɕian^{44}	tɕian^{44}
乌苏市	lian^{213}	lian^{213}	lian^{51}	tɕian^{55}	tɕian^{55}	tɕian^{55}	tɕian^{55}	tɕian^{55}
额敏县	liɑn^{34}	liɑn^{34}	liɑn^{51}	tɕiɑn^{44}	tɕiɑn^{44}	tɕiɑn^{44}	tɕiɑn^{44}	tɕiɑn^{44}
伊州区	liæ̃^{213}	liæ̃^{213}	liæ̃^{51}	tɕiæ̃^{44}	tɕiæ̃^{44}	tɕiæ̃^{44}	tɕiæ̃^{44}	tɕiæ̃^{44}
巴里坤县	lian^{24}	lian^{24}	lian^{51}	tɕian^{45}	tɕian^{45}	tɕian^{45}	tɕian^{45}	tɕian^{45}
伊吾县	liæ̃^{213}	liæ̃^{213}	liæ̃^{51}	tɕiæ̃^{44}	tɕiæ̃^{44}	tɕiæ̃^{44}	tɕiæ̃^{44}	tɕiæ̃^{44}

字目 / 中古音 / 方言点	间 中间	艰	奸 奸诈	煎①	笺	肩	坚	减
	山开二平山见	山开二平山见	山开二平删见	山开三平仙精	山开四平先精	山开四平先见	山开四平先见	咸开二上豏见
兰州市（城关区）	tɕian^{53}	tɕian^{53}	tɕian^{53}	tɕian^{53}	tɕian^{53}	tɕian^{53}	tɕian^{53}	tɕian^{44}
永登县	tɕiæ̃^{42}	tɕiæ̃^{42}	tɕiæ̃^{42}	tɕiæ̃^{42}	tɕiæ̃^{42}	tɕiæ̃^{42}	tɕiæ̃^{42}	tɕiæ̃^{354}
榆中县	tɕian^{51}	tɕian^{51}	tɕian^{51}	tɕian^{51}	tɕian^{51}	tɕian^{51}	tɕian^{51}	tɕian^{44}
皋兰县	tɕiæ̃^{42}	tɕiæ̃^{42}	tɕiæ̃^{42}	tɕiæ̃^{42}	tɕiæ̃^{42}	tɕiæ̃^{42}	tɕiæ̃^{42}	tɕiæ̃^{342}
白银区	tɕian^{44}	tɕian^{44}	tɕian^{44}	tɕian^{44}	tɕian^{44}	tɕian^{44}	tɕian^{44}	tɕian^{343}
天祝县	tɕian^{44}	tɕian^{44}	tɕian^{44}	tɕian^{44}	tɕian^{44}	tɕian^{44}	tɕian^{44}	tɕian^{44}
景泰县（红水镇）	tɕian^{44}	tɕian^{44}	tɕian^{44}	tɕian^{44}	tɕian^{44}	tɕian^{44}	tɕian^{44}	tɕian^{44}
古浪县	tɕiæ̃^{44}	tɕiæ̃^{44}	tɕiæ̃^{44}	tɕiæ̃^{44}	tɕiæ̃^{44}	tɕiæ̃^{44}	tɕiæ̃^{44}	tɕiæ̃^{44}
凉州区	tɕiɑŋ^{33}	tɕiɑŋ^{33}	tɕiɑŋ^{33}	tɕiɑŋ^{33}	tɕiɑŋ^{33}	tɕiɑŋ^{33}	tɕiɑŋ^{33}	tɕiɑŋ^{33}
民勤县	tɕil^{44}	tɕil^{44}	tɕil^{44}	tɕil^{44}	tɕil^{44}	tɕil^{44}	tɕil^{44}	tɕil^{214}
永昌县	tɕiɛ̃^{44}	tɕiɛ̃^{44}	tɕiɛ̃^{44}	tɕiɛ̃^{44}	tɕiɛ̃^{44}	tɕiɛ̃^{44}	tɕiɛ̃^{44}	tɕiɛ̃^{44}
甘州区	tɕiaŋ^{44}	tɕiaŋ^{44}	tɕiaŋ^{44}	tɕiaŋ^{44}	tɕiaŋ^{44}	tɕiaŋ^{44}	tɕiaŋ^{44}	tɕiaŋ^{53}
临泽县	tɕiaŋ^{44}	tɕiaŋ^{44}	tɕiaŋ^{44}	tɕiaŋ^{44}	tɕiaŋ^{44}	tɕiaŋ^{44}	tɕiaŋ^{44}	tɕiaŋ^{53}
民乐县	tɕiæ̃i^{44}	tɕiæ̃i^{44}	tɕiæ̃i^{44}	tɕiæ̃i^{44}	tɕiæ̃i^{44}	tɕiæ̃i^{44}	tɕiæ̃i^{44}	tɕiæ̃i^{213}
山丹县	tɕiɛ̃^{24}	tɕiɛ̃^{24}	tɕiɛ̃^{24}	tɕiɛ̃^{24}	tɕiɛ̃^{24}	tɕiɛ̃^{24}	tɕiɛ̃^{24}	tɕiɛ̃^{53}
高台县	tɕiɛ̃^{44}	tɕiɛ̃^{44}	tɕiɛ̃^{44}	tɕiɛ̃^{44}	tɕiɛ̃^{44}	tɕiɛ̃^{44}	tɕiɛ̃^{44}	tɕiɛ̃^{53}
肃州区	tɕiɛ̃^{44}	tɕiɛ̃^{44}	tɕiɛ̃^{44}	tɕiɛ̃^{44}	tɕiɛ̃^{44}	tɕiɛ̃^{44}	tɕiɛ̃^{44}	tɕiɛ̃^{53}
金塔县	tɕiɛ̃^{44}	tɕiɛ̃^{44}	tɕiɛ̃^{44}	tɕiɛ̃^{44}	tɕiɛ̃^{44}	tɕiɛ̃^{44}	tɕiɛ̃^{44}	tɕiɛ̃^{53}
肃北县	tɕiɛ̃^{44}	tɕiɛ̃^{44}	tɕiɛ̃^{44}	tɕiɛ̃^{44}	tɕiɛ̃^{44}	tɕiɛ̃^{44}	tɕiɛ̃^{44}	tɕiɛ̃^{53}
玉门市	tɕiɛn^{44}	tɕiɛn^{44}	tɕiɛn^{44}	tɕiɛn^{44}	tɕiɛn^{44}	tɕiɛn^{44}	tɕiɛn^{44}	tɕiɛn^{53}
瓜州县	tɕiɛ̃^{44}	tɕiɛ̃^{44}	tɕiɛ̃^{44}	tɕiɛ̃^{44}	tɕiɛ̃^{44}	tɕiɛ̃^{44}	tɕiɛ̃^{44}	tɕiɛ̃^{53}

①又子贱切，山开三去线精。

续表

西夏区	tɕiæn44	tɕiæn44	tɕiæn44	tɕiæn44	tɕiæn44	tɕiæn44	tɕiæn44	tɕiæn53
贺兰县	tɕiæn44	tɕiæn44	tɕiæn44	tɕiæn44	tɕiæn44	tɕiæn44	tɕiæn44	tɕiæn53
灵武市（东塔镇）	tɕiæn44	tɕiæn44	tɕiæn44	tɕiæn44	tɕiæn44	tɕiæn44	tɕiæn44	tɕiæn52
永宁县	tɕian44	tɕian44	tɕian44	tɕian44	tɕian44	tɕian44	tɕian44	tɕian53
中宁县	tɕiæ̃44	tɕiæ̃44	tɕiæ̃44	tɕiæ̃44	tɕiæ̃44	tɕiæ̃44	tɕiæ̃44	tɕiæ̃53
沙坡头区	tɕiẼ44	tɕiẼ44	tɕiẼ44	tɕiẼ44	tɕiẼ44	tɕiẼ44	tɕiẼ44	tɕiẼ53
盐池县	tɕiæn44	tɕiæn44	tɕiæn44	tɕiæn44	tɕiæn44	tɕiæn44	tɕiæn44	tɕiæn52
平罗县（渠口乡）	tɕiæn44	tɕiæn44	tɕiæn44	tɕiæn44	tɕiæn44	tɕiæn44	tɕiæn44	tɕiæn53
阿拉善左旗	tɕiɛi44	tɕiɛi44	tɕiɛi44	tɕiɛi44	tɕiɛi44	tɕiɛi44	tɕiɛi44	tɕiɛi51
乌鲁木齐市	tɕian44	tɕian44	tɕian44	tɕian44	tɕian44	tɕian44	tɕian44	tɕian52
阜康市	tɕian55	tɕian55	tɕian55	tɕian55	tɕian55	tɕian55	tɕian55	tɕian51
呼图壁县	tɕian44	tɕian44	tɕian44	tɕian44	tɕian44	tɕian44	tɕian44	tɕian51
吉木萨尔县	tɕian44	tɕian44	tɕian44	tɕian44	tɕian44	tɕian44	tɕian44	tɕian51
奇台县	tɕiɛn44	tɕiɛn44	tɕiɛn44	tɕiɛn44	tɕiɛn44	tɕiɛn44	tɕiɛn44	tɕiɛn52
博乐市	tɕian45	tɕian45	tɕian45	tɕian45	tɕian45	tɕian45	tɕian45	tɕian51
阿勒泰市	tɕiɑn44	tɕiɑn44	tɕiɑn44	tɕiɑn44	tɕiɑn44	tɕiɑn44	tɕiɑn44	tɕiɑn51
布尔津县	tɕian44	tɕian44	tɕian44	tɕian44	tɕian44	tɕian44	tɕian44	tɕian23
乌苏市	tɕian55	tɕian55	tɕian55	tɕian55	tɕian55	tɕian55	tɕian55	tɕian51
额敏县	tɕiɑn44	tɕiɑn44	tɕiɑn44	tɕiɑn44	tɕiɑn44	tɕiɑn44	tɕiɑn44	tɕiɑn51
伊州区	tɕiæ̃44	tɕiæ̃44	tɕiæ̃44	tɕiæ̃44	tɕiæ̃44	tɕiæ̃44	tɕiæ̃44	tɕiæ̃51
巴里坤县	tɕian45	tɕian45	tɕian45	tɕian45	tɕian45	tɕian45	tɕian45	tɕian51
伊吾县	tɕiæ̃44	tɕiæ̃44	tɕiæ̃44	tɕiæ̃44	tɕiæ̃44	tɕiæ̃44	tɕiæ̃44	tɕiæ̃51

字目 / 方音 中古音 / 方言点	碱	检	俭	简	柬	拣	剪	茧
	咸开二上豏见	咸开二上琰见	咸开二上琰群	山开二上产见	山开二上产见	山开二上产见	山开三上狝精	山开四上铣见
兰州市（城关区）	tɕian^{44}	tɕian^{44}	tɕian^{44}	tɕian^{44}	tɕian^{44}	tɕian^{44}	tɕian^{44}	tɕian^{44}
永登县	tɕiæ̃^{354}	tɕiæ̃^{354}	tɕiæ̃^{354}	tɕiæ̃^{354}	tɕiæ̃^{354}	tɕiæ̃^{354}	tɕiæ̃^{354}	tɕiæ̃^{354}
榆中县	tɕian^{44}	tɕian^{44}	tɕian^{44}	tɕian^{44}	tɕian^{44}	tɕian^{44}	tɕian^{44}	tɕian^{44}
皋兰县	tɕiæ̃^{342}	tɕiæ̃^{342}	tɕiæ̃^{342}	tɕiæ̃^{342}	tɕiæ̃^{342}	tɕiæ̃^{342}	tɕiæ̃^{342}	tɕiæ̃^{342}
白银区	tɕian^{343}	tɕian^{343}	tɕian^{343}	tɕian^{343}	tɕian^{343}	tɕian^{343}	tɕian^{343}	tɕian^{343}
天祝县	tɕian^{44}	tɕian^{44}	tɕian^{44}	tɕian^{44}	tɕian^{44}	tɕian^{44}	tɕian^{44}	tɕian^{44}
景泰县（红水镇）	tɕian^{44}	tɕian^{44}	tɕian^{44}	tɕian^{44}	tɕian^{44}	tɕian^{44}	tɕian^{44}	tɕian^{44}
古浪县	tɕiæ̃^{44}	tɕiæ̃^{44}	tɕiæ̃^{44}	tɕiæ̃^{44}	tɕiæ̃^{44}	tɕiæ̃^{44}	tɕiæ̃^{44}	tɕiæ̃^{44}
凉州区	tɕiɑŋ^{33}	tɕiɑŋ^{33}	tɕiɑŋ^{33}	tɕiɑŋ^{33}	tɕiɑŋ^{33}	tɕiɑŋ^{33}	tɕiɑŋ^{33}	tɕiɑŋ^{33}
民勤县	tɕil^{214}	tɕil^{214}	tɕil^{214}	tɕil^{214}	tɕil^{214}	tɕil^{214}	tɕil^{214}	tɕil^{214}
永昌县	tɕiɛ̃^{13}	tɕiɛ̃^{13}	tɕiɛ̃^{13}	tɕiɛ̃^{13}	tɕiɛ̃^{13}	tɕiɛ̃^{13}	tɕiɛ̃^{13}	tɕiɛ̃^{13}
甘州区	tɕiaŋ^{53}	tɕiaŋ^{53}	tɕiaŋ^{53}	tɕiaŋ^{53}	tɕiaŋ^{53}	tɕiaŋ^{53}	tɕiaŋ^{53}	tɕiaŋ^{53}
临泽县	tɕiaŋ^{53}	tɕiaŋ^{53}	tɕiaŋ^{53}	tɕiaŋ^{53}	tɕiaŋ^{53}	tɕiaŋ^{53}	tɕiaŋ^{53}	tɕiaŋ^{53}
民乐县	tɕiæ̃i^{213}	tɕiæ̃i^{213}	tɕiæ̃i^{213}	tɕiæ̃i^{213}	tɕiæ̃i^{213}	tɕiæ̃i^{213}	tɕiæ̃i^{213}	tɕiæ̃i^{213}
山丹县	tɕiɛ̃^{53}	tɕiɛ̃^{53}	tɕiɛ̃^{53}	tɕiɛ̃^{53}	tɕiɛ̃^{53}	tɕiɛ̃^{53}	tɕiɛ̃^{53}	tɕiɛ̃^{53}
高台县	tɕiɛ̃^{53}	tɕiɛ̃^{53}	tɕiɛ̃^{53}	tɕiɛ̃^{53}	tɕiɛ̃^{53}	tɕiɛ̃^{53}	tɕiɛ̃^{53}	tɕiɛ̃^{53}
肃州区	tɕiɛ̃^{53}	tɕiɛ̃^{53}	tɕiɛ̃^{53}	tɕiɛ̃^{53}	tɕiɛ̃^{53}	tɕiɛ̃^{53}	tɕiɛ̃^{53}	tɕiɛ̃^{53}
金塔县	tɕiɛ̃^{53}	tɕiɛ̃^{53}	tɕiɛ̃^{53}	tɕiɛ̃^{53}	tɕiɛ̃^{53}	tɕiɛ̃^{53}	tɕiɛ̃^{53}	tɕiɛ̃^{53}
肃北县	tɕiɛ̃^{53}	tɕiɛ̃^{53}	tɕiɛ̃^{53}	tɕiɛ̃^{53}	tɕiɛ̃^{53}	tɕiɛ̃^{53}	tɕiɛ̃^{53}	tɕiɛ̃^{53}
玉门市	tɕiɛn^{53}	tɕiɛn^{53}	tɕiɛn^{53}	tɕiɛn^{53}	tɕiɛn^{53}	tɕiɛn^{53}	tɕiɛn^{53}	tɕiɛn^{53}
瓜州县	tɕiɛ̃^{53}	tɕiɛ̃^{53}	tɕiɛ̃^{53}	tɕiɛ̃^{53}	tɕiɛ̃^{53}	tɕiɛ̃^{53}	tɕiɛ̃^{53}	tɕiɛ̃^{53}
西夏区	tɕiæn^{53}	tɕiæn^{53}	tɕiæn^{53}	tɕiæn^{53}	tɕiæn^{53}	tɕiæn^{53}	tɕiæn^{53}	tɕiæn^{53}

续表

贺兰县	tɕiæn^{53}	tɕiæn^{53}	tɕiæn^{53}	tɕiæn^{53}	tɕiæn^{53}	tɕiæn^{53}	tɕiæn^{53}	tɕiæn^{53}
灵武市（东塔镇）	tɕiæn^{52}	tɕiæn^{52}	tɕiæn^{52}	tɕiæn^{52}	tɕiæn^{52}	tɕiæn^{52}	tɕiæn^{52}	tɕiæn^{52}
永宁县	tɕian^{53}	tɕian^{53}	tɕian^{53}	tɕian^{53}	tɕian^{53}	tɕian^{53}	tɕian^{53}	tɕian^{53}
中宁县	tɕiæ̆^{53}	tɕiæ̆^{53}	tɕiæ̆^{53}	tɕiæ̆^{53}	tɕiæ̆^{53}	tɕiæ̆^{53}	tɕiæ̆^{53}	tɕiæ̆^{53}
沙坡头区	tɕiẼ^{53}	tɕiẼ^{53}	tɕiẼ^{53}	tɕiẼ^{53}	tɕiẼ^{53}	tɕiẼ^{53}	tɕiẼ^{53}	tɕiẼ^{53}
盐池县	tɕiæn^{52}	tɕiæn^{52}	tɕiæn^{52}	tɕiæn^{52}	tɕiæn^{52}	tɕiæn^{52}	tɕiæn^{52}	tɕiæn^{52}
平罗县（渠口乡）	tɕiæn^{53}	tɕiæn^{53}	tɕiæn^{53}	tɕiæn^{53}	tɕiæn^{53}	tɕiæn^{53}	tɕiæn^{53}	tɕiæn^{53}
阿拉善左旗	tɕiɛi^{51}	tɕiɛi^{51}	tɕiɛi^{51}	tɕiɛi^{51}	tɕiɛi^{51}	tɕiɛi^{51}	tɕiɛi^{51}	tɕiɛi^{51}
乌鲁木齐市	tɕian^{52}	tɕian^{52}	tɕian^{52}	tɕian^{52}	tɕian^{52}	tɕian^{52}	tɕian^{52}	tɕian^{52}
阜康市	tɕian^{51}	tɕian^{51}	tɕian^{51}	tɕian^{51}	tɕian^{51}	tɕian^{51}	tɕian^{51}	tɕian^{51}
呼图壁县	tɕian^{51}	tɕian^{51}	tɕian^{51}	tɕian^{51}	tɕian^{51}	tɕian^{51}	tɕian^{51}	tɕian^{51}
吉木萨尔县	tɕian^{51}	tɕian^{51}	tɕian^{51}	tɕian^{51}	tɕian^{51}	tɕian^{51}	tɕian^{51}	tɕian^{51}
奇台县	tɕiɛn^{52}	tɕiɛn^{52}	tɕiɛn^{52}	tɕiɛn^{52}	tɕiɛn^{52}	tɕiɛn^{52}	tɕiɛn^{52}	tɕiɛn^{52}
博乐市	tɕian^{51}	tɕian^{51}	tɕian^{51}	tɕian^{51}	tɕian^{51}	tɕian^{51}	tɕian^{51}	tɕian^{51}
阿勒泰市	tɕiɑn^{51}	tɕiɑn^{51}	tɕiɑn^{51}	tɕiɑn^{51}	tɕiɑn^{51}	tɕiɑn^{51}	tɕiɑn^{51}	tɕiɑn^{51}
布尔津县	tɕian^{23}	tɕian^{23}	tɕian^{23}	tɕian^{23}	tɕian^{23}	tɕian^{23}	tɕian^{23}	tɕian^{23}
乌苏市	tɕian^{51}	tɕian^{51}	tɕian^{51}	tɕian^{51}	tɕian^{51}	tɕian^{51}	tɕian^{51}	tɕian^{51}
额敏县	tɕiɑn^{51}	tɕiɑn^{51}	tɕiɑn^{51}	tɕiɑn^{51}	tɕiɑn^{51}	tɕiɑn^{51}	tɕiɑn^{51}	tɕiɑn^{51}
伊州区	tɕiæ̃^{51}	tɕiæ̃^{51}	tɕiæ̃^{51}	tɕiæ̃^{51}	tɕiæ̃^{51}	tɕiæ̃^{51}	tɕiæ̃^{51}	tɕiæ̃^{51}
巴里坤县	tɕian^{51}	tɕian^{51}	tɕian^{51}	tɕian^{51}	tɕian^{51}	tɕian^{51}	tɕian^{51}	tɕian^{51}
伊吾县	tɕiæ̃^{51}	tɕiæ̃^{51}	tɕiæ̃^{51}	tɕiæ̃^{51}	tɕiæ̃^{51}	tɕiæ̃^{51}	tɕiæ̃^{51}	tɕiæ̃^{51}

字目 / 中古音 / 方音 / 方言点	鉴	舰	渐	剑①	间 间断	箭	践②	贱
	咸开二去鉴见	咸开二上槛匣	咸开三上琰从	咸开三去酽见	山开二去裥见	山开三去线精	山开三上狝从	山开三去线从
兰州市（城关区）	tɕian^{13}	tɕian^{13}	tɕian^{13}	tɕian^{44}	tɕian^{13}	tɕian^{13}	tɕian^{13}	tɕian^{13}
永登县	tɕiæ̃^{13}	tɕiæ̃^{13}	tɕiæ̃^{13}	tɕiæ̃^{354}	tɕiæ̃^{13}	tɕiæ̃^{13}	tɕiæ̃^{13}	tɕiæ̃^{13}
榆中县	tɕian^{13}	tɕian^{13}	tɕian^{13}	tɕian^{44}	tɕian^{13}	tɕian^{13}	tɕian^{13}	tɕian^{13}
皋兰县	tɕiæ̃^{13}	tɕiæ̃^{13}	tɕiæ̃^{13}	tɕiæ̃^{342}	tɕiæ̃^{13}	tɕiæ̃^{13}	tɕiæ̃^{13}	tɕiæ̃^{13}
白银区	tɕian^{13}	tɕian^{13}	tɕian^{13}	tɕian^{343}	tɕian^{13}	tɕian^{13}	tɕian^{13}	tɕian^{13}
天祝县	tɕian^{213}	tɕian^{213}	tɕian^{213}	tɕian^{44}	tɕian^{213}	tɕian^{213}	tɕian^{213}	tɕian^{213}
景泰县（红水镇）	tɕian^{213}	tɕian^{213}	tɕian^{213}	tɕian^{44}	tɕian^{213}	tɕian^{213}	tɕian^{213}	tɕian^{213}
古浪县	tɕiæ̃^{31}	tɕiæ̃^{31}	tɕiæ̃^{31}	tɕiæ̃^{44}	tɕiæ̃^{31}	tɕiæ̃^{31}	tɕiæ̃^{31}	tɕiæ̃^{31}
凉州区	tɕiɑŋ^{53}	tɕiɑŋ^{53}	tɕiɑŋ^{53}	tɕiɑŋ^{33}	tɕiɑŋ^{53}	tɕiɑŋ^{53}	tɕiɑŋ^{53}	tɕiɑŋ^{53}
民勤县	tɕil^{42}	tɕil^{42}	tɕil^{42}	tɕil^{214}	tɕil^{42}	tɕil^{42}	tɕil^{42}	tɕil^{42}
永昌县	tɕiɛ̃^{53}	tɕiɛ̃^{53}	tɕiɛ̃^{53}	tɕiɛ̃^{13}	tɕiɛ̃^{53}	tɕiɛ̃^{53}	tɕiɛ̃^{53}	tɕiɛ̃^{53}
甘州区	tɕiaŋ^{31}	tɕiaŋ^{31}	tɕiaŋ^{31}	tɕiaŋ^{53}	tɕiaŋ^{31}	tɕiaŋ^{31}	tɕiaŋ^{31}	tɕiaŋ^{31}
临泽县	tɕiaŋ^{214}	tɕiaŋ^{214}	tɕiaŋ^{214}	tɕiaŋ^{53}	tɕiaŋ^{214}	tɕiaŋ^{214}	tɕiaŋ^{214}	tɕiaŋ^{214}
民乐县	tɕiæ̃i^{42}	tɕiæ̃i^{42}	tɕiæ̃i^{42}	tɕiæ̃i^{213}	tɕiæ̃i^{42}	tɕiæ̃i^{42}	tɕiæ̃i^{42}	tɕiæ̃i^{42}
山丹县	tɕiɛ̃^{41}	tɕiɛ̃^{41}	tɕiɛ̃^{41}	tɕiɛ̃^{53}	tɕiɛ̃^{41}	tɕiɛ̃^{41}	tɕiɛ̃^{41}	tɕiɛ̃^{41}
高台县	tɕiɛ̃^{214}	tɕiɛ̃^{214}	tɕiɛ̃^{214}	tɕiɛ̃^{53}	tɕiɛ̃^{214}	tɕiɛ̃^{214}	tɕiɛ̃^{214}	tɕiɛ̃^{214}
肃州区	tɕiɛ̃^{214}	tɕiɛ̃^{214}	tɕiɛ̃^{214}	tɕiɛ̃^{53}	tɕiɛ̃^{214}	tɕiɛ̃^{214}	tɕiɛ̃^{214}	tɕiɛ̃^{214}
金塔县	tɕiɛ̃^{13}	tɕiɛ̃^{13}	tɕiɛ̃^{13}	tɕiɛ̃^{53}	tɕiɛ̃^{13}	tɕiɛ̃^{13}	tɕiɛ̃^{13}	tɕiɛ̃^{13}
肃北县	tɕiɛ̃^{213}	tɕiɛ̃^{213}	tɕiɛ̃^{213}	tɕiɛ̃^{53}	tɕiɛ̃^{213}	tɕiɛ̃^{213}	tɕiɛ̃^{213}	tɕiɛ̃^{213}
玉门市	tɕiɛn^{213}	tɕiɛn^{213}	tɕiɛn^{213}	tɕiɛn^{53}	tɕiɛn^{213}	tɕiɛn^{213}	tɕiɛn^{213}	tɕiɛn^{213}

①《广韵》居欠切，列梵韵，现据裴务齐正字本《刊谬不确切韵》列酽韵。

②又才线切，山开三去线从。

续表

瓜州县	tɕiɛ̃^{213}	tɕiɛ̃^{213}	tɕiɛ̃^{213}	tɕiɛ̃^{53}	tɕiɛ̃^{213}	tɕiɛ̃^{213}	tɕiɛ̃^{213}	tɕiɛ̃^{213}
西夏区	tɕiæn^{13}	tɕiæn^{13}	tɕiæn^{13}	tɕiæn^{53}	tɕiæn^{13}	tɕiæn^{13}	tɕiæn^{13}	tɕiæn^{13}
贺兰县	tɕiæn^{13}	tɕiæn^{13}	tɕiæn^{13}	tɕiæn^{53}	tɕiæn^{13}	tɕiæn^{13}	tɕiæn^{13}	tɕiæn^{13}
灵武市（东塔镇）	tɕiæn^{13}	tɕiæn^{13}	tɕiæn^{13}	tɕiæn^{52}	tɕiæn^{13}	tɕʻiæn^{13}	tɕʻiæn^{13}	tɕʻiæn^{13}
永宁县	tɕian^{13}	tɕian^{13}	tɕian^{13}	tɕian^{53}	tɕian^{13}	tɕian^{13}	tɕian^{13}	tɕian^{13}
中宁县	tɕiæ̃^{13}	tɕiæ̃^{13}	tɕiæ̃^{13}	tɕiæ̃^{53}	tɕiæ̃^{13}	tɕiæ̃^{13}	tɕiæ̃^{13}	tɕiæ̃^{13}
沙坡头区	tɕiẼ^{13}	tɕiẼ^{13}	tɕiẼ^{13}	tɕiẼ^{53}	tɕiẼ^{13}	tɕiẼ^{13}	tɕiẼ^{13}	tɕiẼ^{13}
盐池县	tɕiæn^{13}	tɕiæn^{13}	tɕiæn^{13}	tɕiæn^{52}	tɕiæn^{13}	tɕʻiæn^{13}	tɕʻiæn^{13}	tɕʻiæn^{13}
平罗县（渠口乡）	tɕiæn^{13}	tɕiæn^{13}	tɕiæn^{13}	tɕiæn^{53}	tɕiæn^{13}	tɕiæn^{13}	tɕiæn^{13}	tɕiæn^{13}
阿拉善左旗	tɕiɛi^{213}	tɕiɛi^{213}	tɕiɛi^{213}	tɕiɛi^{51}	tɕiɛi^{213}	tɕiɛi^{213}	tɕiɛi^{213}	tɕiɛi^{213}
乌鲁木齐市	tɕian^{213}	tɕian^{213}	tɕian^{213}	tɕian^{52}	tɕian^{213}	tɕian^{213}	tɕian^{213}	tɕian^{213}
阜康市	tɕian^{213}	tɕian^{213}	tɕian^{213}	tɕian^{51}	tɕian^{213}	tɕian^{213}	tɕian^{213}	tɕian^{213}
呼图壁县	tɕian^{213}	tɕian^{213}	tɕian^{213}	tɕian^{51}	tɕian^{213}	tɕian^{213}	tɕian^{213}	tɕian^{213}
吉木萨尔县	tɕian^{213}	tɕian^{213}	tɕian^{213}	tɕian^{51}	tɕian^{213}	tɕian^{213}	tɕian^{213}	tɕian^{213}
奇台县	tɕiɛn^{213}	tɕiɛn^{213}	tɕiɛn^{213}	tɕiɛn^{52}	tɕiɛn^{213}	tɕiɛn^{213}	tɕiɛn^{213}	tɕiɛn^{213}
博乐市	tɕian^{24}	tɕian^{24}	tɕian^{24}	tɕian^{51}	tɕian^{24}	tɕian^{24}	tɕian^{24}	tɕian^{24}
阿勒泰市	tɕiɑn^{23}	tɕiɑn^{23}	tɕiɑn^{23}	tɕiɑn^{51}	tɕiɑn^{23}	tɕiɑn^{23}	tɕiɑn^{23}	tɕiɑn^{23}
布尔津县	tɕian^{51}	tɕian^{51}	tɕian^{51}	tɕian^{23}	tɕian^{51}	tɕian^{51}	tɕian^{51}	tɕian^{51}
乌苏市	tɕian^{213}	tɕian^{213}	tɕian^{213}	tɕian^{51}	tɕian^{213}	tɕian^{213}	tɕian^{213}	tɕian^{213}
额敏县	tɕiɑn^{34}	tɕiɑn^{34}	tɕiɑn^{34}	tɕiɑn^{51}	tɕiɑn^{34}	tɕiɑn^{34}	tɕiɑn^{34}	tɕiɑn^{34}
伊州区	tɕiæ^{213}	tɕiæ^{213}	tɕiæ^{213}	tɕiæ^{51}	tɕiæ^{213}	tɕiæ^{213}	tɕiæ^{213}	tɕiæ^{213}
巴里坤县	tɕian^{24}	tɕian^{24}	tɕian^{24}	tɕian^{51}	tɕian^{24}	tɕian^{24}	tɕian^{24}	tɕian^{24}
伊吾县	tɕiæ^{213}	tɕiæ^{213}	tɕiæ^{213}	tɕiæ^{51}	tɕiæ^{213}	tɕiæ^{213}	tɕiæ^{213}	tɕiæ^{213}

字目 / 中古音 / 方言点	件	建	健	荐 推荐	见	签 竹签	签 签字	谦
	山开三 上狝群	山开三 去愿见	山开三 去愿群	山开四 去霰精	山开四 去霰见	咸开三 平盐清	咸开三 平盐清	咸开四 平添溪
兰州市 （城关区）	tɕian^{13}	tɕian^{13}	tɕian^{13}	tɕian^{13}	tɕian^{13}	tɕʻian^{53}	tɕʻian^{53}	tɕʻian^{53}
永登县	tɕiæ̃^{13}	tɕiæ̃^{13}	tɕiæ̃^{13}	tɕiæ̃^{13}	tɕiæ̃^{13}	tɕʻiæ̃^{42}	tɕʻiæ̃^{42}	tɕʻiæ̃^{42}
榆中县	tɕian^{13}	tɕian^{13}	tɕian^{13}	tɕian^{13}	tɕian^{213}	tɕʻian^{53}	tɕʻian^{53}	tɕʻian^{53}
皋兰县	tɕiæ̃^{13}	tɕiæ̃^{13}	tɕiæ̃^{13}	tɕiæ̃^{13}	tɕiæ̃^{13}	tɕʻiæ̃^{42}	tɕʻiæ̃^{42}	tɕʻiæ̃^{42}
白银区	tɕian^{13}	tɕian^{13}	tɕian^{13}	tɕian^{13}	tɕian^{13}	tɕʻian^{44}	tɕʻian^{44}	tɕʻian^{44}
天祝县	tɕian^{213}	tɕian^{213}	tɕian^{213}	tɕian^{213}	tɕian^{13}	tɕʻian^{53}	tɕʻian^{53}	tɕʻian^{53}
景泰县 （红水镇）	tɕian^{213}	tɕian^{213}	tɕian^{213}	tɕian^{213}	tɕian^{13}	tɕʻian^{53}	tɕʻian^{53}	tɕʻian^{53}
古浪县	tɕiæ̃^{31}	tɕiæ̃^{31}	tɕiæ̃^{31}	tɕiæ̃^{31}	tɕiæ̃^{31}	tɕʻiæ̃^{44}	tɕʻiæ̃^{44}	tɕʻiæ̃^{44}
凉州区	tɕiɑŋ^{53}	tɕiɑŋ^{53}	tɕiɑŋ^{53}	tɕiɑŋ^{53}	tɕiɑŋ^{53}	tɕʻiɑŋ^{33}	tɕʻiɑŋ^{33}	tɕʻiɑŋ^{33}
民勤县	tɕil^{42}	tɕil^{42}	tɕil^{42}	tɕil^{42}	tɕil^{42}	tɕʻil^{44}	tɕʻil^{44}	tɕʻil^{44}
永昌县	tɕiɛ̃^{53}	tɕiɛ̃^{53}	tɕiɛ̃^{53}	tɕiɛ̃^{53}	tɕiɛ̃^{53}	tɕʻiɛ̃^{44}	tɕiɛ̃^{44}	tɕʻiɛ̃^{44}
甘州区	tɕiaŋ^{31}	tɕiaŋ^{31}	tɕiaŋ^{31}	tɕiaŋ^{31}	tɕiaŋ^{31}	tɕʻiaŋ^{44}	tɕʻiaŋ^{44}	tɕʻiaŋ^{44}
临泽县	tɕiaŋ^{214}	tɕiaŋ^{214}	tɕiaŋ^{214}	tɕiaŋ^{214}	tɕiaŋ^{214}	tɕʻiaŋ^{44}	tɕʻiaŋ^{44}	tɕʻiaŋ^{44}
民乐县	tɕiæ̃i^{42}	tɕiæ̃i^{42}	tɕiæ̃i^{42}	tɕiæ̃i^{42}	tɕiæ̃i^{42}	tɕʻiæ̃i^{44}	tɕʻiæ̃i^{44}	tɕʻiæ̃i^{44}
山丹县	tɕiɛ̃^{41}	tɕiɛ̃^{41}	tɕiɛ̃^{41}	tɕiɛ̃^{41}	tɕiɛ̃^{41}	tɕʻiɛ̃^{24}	tɕʻiɛ̃^{24}	tɕʻiɛ̃^{24}
高台县	tɕiɛ̃^{214}	tɕiɛ̃^{214}	tɕiɛ̃^{214}	tɕiɛ̃^{214}	tɕiɛ̃^{214}	tɕʻiɛ̃^{44}	tɕʻiɛ̃^{44}	tɕʻiɛ̃^{44}
肃州区	tɕiɛ̃^{214}	tɕiɛ̃^{214}	tɕiɛ̃^{214}	tɕiɛ̃^{214}	tɕiɛ̃^{214}	tɕʻiɛ̃^{44}	tɕʻiɛ̃^{44}	tɕʻiɛ̃^{44}
金塔县	tɕiɛ̃^{13}	tɕiɛ̃^{13}	tɕiɛ̃^{13}	tɕiɛ̃^{13}	tɕiɛ̃^{13}	tɕʻiɛ̃^{44}	tɕʻiɛ̃^{44}	tɕʻiɛ̃^{44}
肃北县	tɕiɛ̃^{213}	tɕiɛ̃^{213}	tɕiɛ̃^{213}	tɕiɛ̃^{213}	tɕiɛ̃^{213}	tɕʻiɛ̃^{44}	tɕʻiɛ̃^{44}	tɕʻiɛ̃^{44}
玉门市	tɕiɛn^{213}	tɕɛn^{213}	tɕiɛn^{213}	tɕiɛn^{213}	tɕiɛn^{213}	tɕʻiɛn^{44}	tɕʻiɛn^{44}	tɕʻiɛn^{44}
瓜州县	tɕiɛ̃^{213}	tɕiɛ̃^{213}	tɕiɛ̃^{213}	tɕiɛ̃^{213}	tɕiɛ̃^{213}	tɕʻiɛ̃^{44}	tɕʻiɛ̃^{44}	tɕʻiɛ̃^{44}
西夏区	tɕiæn^{13}	tɕiæn^{13}	tɕiæn^{13}	tɕiæn^{13}	tɕiæn^{13}	tɕʻiæn^{44}	tɕʻiæn^{44}	tɕʻiæn^{44}

续表

贺兰县	tɕiæn^{13}	tɕiæn^{13}	tɕiæn^{13}	tɕiæn^{13}	tɕiæn^{13}	tɕ‘iæn^{44}	tɕ‘iæn^{44}	tɕ‘iæn^{44}
灵武市（东塔镇）	tɕiæn^{13}	tɕiæn^{13}	tɕiæn^{13}	tɕiæn^{13}	tɕiæn^{13}	tɕ‘iæn^{44}	tɕ‘iæn^{44}	tɕ‘iæn^{44}
永宁县	tɕian^{13}	tɕian^{13}	tɕian^{13}	tɕian^{13}	tɕian^{13}	tɕ‘ian^{44}	tɕ‘ian^{44}	tɕ‘ian^{44}
中宁县	tɕiæ̆^{13}	tɕiæ̆^{13}	tɕiæ̆^{13}	tɕiæ̆^{13}	tɕiæ̆^{13}	tɕ‘iæ̆^{44}	tɕ‘iæ̆^{44}	tɕ‘iæ̆^{44}
沙坡头区	tɕiẼ^{13}	tɕiẼ^{13}	tɕian^{13}	tɕiẼ^{13}	tɕiẼ^{13}	tɕ‘iẼ^{44}	tɕ‘iẼ^{44}	tɕ‘iẼ^{44}
盐池县	tɕiæn^{13}	tɕiæn^{13}	tɕiæn^{13}	tɕiæn^{13}	tɕiæn^{13}	tɕ‘iæn^{44}	tɕ‘iæn^{44}	tɕ‘iæn^{44}
平罗县（渠口乡）	tɕiæn^{13}	tɕiæn^{13}	tɕiæn^{13}	tɕiæn^{13}	tɕiæn^{13}	tɕ‘iæn^{44}	tɕ‘iæn^{44}	tɕ‘iæn^{44}
阿拉善左旗	tɕiɛi^{213}	tɕiɛi^{213}	tɕiɛi^{213}	tɕiɛi^{213}	tɕiɛi^{213}	tɕ‘iɛi^{44}	tɕ‘iɛi^{44}	tɕ‘iɛi^{44}
乌鲁木齐市	tɕian^{213}	tɕian^{213}	tɕian^{213}	tɕian^{213}	tɕian^{213}	tɕ‘ian^{44}	tɕ‘ian^{44}	tɕ‘ian^{44}
阜康市	tɕian^{213}	tɕian^{213}	tɕian^{213}	tɕian^{213}	tɕian^{213}	tɕ‘ian^{55}	tɕ‘ian^{55}	tɕ‘ian^{55}
呼图壁县	tɕian^{213}	tɕian^{213}	tɕian^{213}	tɕian^{213}	tɕian^{213}	tɕ‘ian^{44}	tɕ‘ian^{44}	tɕ‘ian^{44}
吉木萨尔县	tɕian^{213}	tɕian^{213}	tɕian^{213}	tɕian^{213}	tɕian^{213}	tɕ‘ian^{44}	tɕ‘ian^{44}	tɕ‘ian^{44}
奇台县	tɕian^{212}	tɕian^{212}	tɕian^{212}	tɕian^{212}	tɕian^{212}	tɕ‘ian^{44}	tɕ‘ian^{44}	tɕ‘ian^{44}
博乐市	tɕian^{24}	tɕian^{24}	tɕian^{24}	tɕian^{24}	tɕian^{24}	tɕ‘ian^{45}	tɕ‘ian^{45}	tɕ‘ian^{45}
阿勒泰市	tɕian^{23}	tɕian^{23}	tɕian^{23}	tɕian^{23}	tɕian^{23}	tɕ‘ian^{44}	tɕ‘ian^{44}	tɕ‘ian^{44}
布尔津县	tɕiɑn^{23}	tɕiɑn^{23}	tɕiɑn^{23}	tɕiɑn^{23}	tɕiɑn^{23}	tɕ‘iɑn^{44}	tɕ‘iɑn^{44}	tɕ‘iɑn^{44}
乌苏市	tɕian^{213}	tɕian^{213}	tɕian^{213}	tɕian^{213}	tɕian^{213}	tɕ‘ian^{55}	tɕ‘ian^{55}	tɕ‘ian^{55}
额敏县	tɕiɑn^{34}	tɕiɑn^{34}	tɕiɑn^{34}	tɕiɑn^{34}	tɕiɑn^{34}	tɕ‘iɑn^{44}	tɕ‘iɑn^{44}	tɕ‘iɑn^{44}
伊州区	tɕiæ̃^{213}	tɕiæ̃^{213}	tɕiæ̃^{213}	tɕiæ̃^{213}	tɕiæ̃^{213}	tɕ‘iæ̃^{44}	tɕ‘iæ̃^{44}	tɕ‘iæ̃^{44}
巴里坤县	tɕian^{24}	tɕian^{24}	tɕian^{24}	tɕian^{24}	tɕian^{24}	tɕ‘ian^{45}	tɕ‘ian^{45}	tɕ‘ian^{45}
伊吾县	tɕiæ̃^{213}	tɕiæ̃^{213}	tɕiæ̃^{213}	tɕiæ̃^{213}	tɕiæ̃^{213}	tɕ‘iæ̃^{44}	tɕ‘iæ̃^{44}	tɕ‘iæ̃^{44}

字目 / 中古音 / 方音 / 方言点	迁	千	牵①	铅	潜②	钳③	钱	乾 乾坤
	山开三 平仙清	山开四 平先清	山开四 平先溪	山合三 平仙以	咸开三 平盐从	咸开三 平盐群	山开三 平仙从	山开三 平仙群
兰州市 （城关区）	tɕʻian^{53}	tɕʻian^{53}	tɕʻian^{53}	tɕʻian^{53}	tɕʻian^{44}	tɕʻian^{51}	tɕʻian^{51}	tɕʻian^{51}
永登县	tɕʻiæ̆^{42}	tɕʻiæ̆^{42}	tɕʻiæ̆^{42}	tɕʻiæ̆^{42}	tɕʻiæ̆^{354}	tɕʻiæ̆^{53}	tɕʻiæ̆^{53}	tɕʻiæ̆^{53}
榆中县	tɕʻian^{51}	tɕʻian^{51}	tɕʻian^{51}	tɕʻian^{51}	tɕʻian^{44}	tɕʻian^{332}	tɕʻian^{332}	tɕʻian^{332}
皋兰县	tɕʻiæ̆^{42}	tɕʻiæ̆^{42}	tɕʻiæ̆^{42}	tɕʻiæ̆^{42}	tɕʻiæ̆^{342}	tɕʻiæ̆^{53}	tɕʻiæ̆^{53}	tɕʻiæ̆^{53}
白银区	tɕʻian^{44}	tɕʻian^{44}	tɕʻian^{44}	tɕʻian^{44}	tɕʻian^{343}	tɕʻian^{51}	tɕʻian^{51}	tɕʻian^{51}
天祝县	tɕʻian^{44}	tɕʻian^{44}	tɕʻian^{44}	tɕʻian^{44}	tɕʻian^{44}	tɕʻian^{53}	tɕʻian^{53}	tɕʻian^{53}
景泰县 （红水镇）	tɕʻian^{44}	tɕʻian^{44}	tɕʻian^{44}	tɕʻian^{44}	tɕʻian^{44}	tɕʻian^{53}	tɕʻian^{53}	tɕʻian^{53}
古浪县	tɕʻiæ̆^{44}	tɕʻiæ̆^{44}	tɕʻiæ̆^{44}	tɕʻiæ̆^{44}	tɕʻiæ̆^{44}	tɕʻiæ̆^{53}	tɕʻiæ̆^{53}	tɕʻiæ̆^{53}
凉州区	tɕʻiɑŋ^{33}	tɕʻiɑŋ^{33}	tɕʻiɑŋ^{33}	tɕʻiɑŋ^{33}	tɕʻiɑŋ^{33}	tɕʻiɑŋ^{13}	tɕʻiɑŋ^{13}	tɕʻiɑŋ^{13}
民勤县	tɕʻil^{44}	tɕʻil^{44}	tɕʻil^{44}	tɕʻil^{44}	tɕʻil^{214}	tɕʻil^{53}	tɕʻil^{53}	tɕʻil^{53}
永昌县	tɕʻiɛ̆^{44}	tɕʻiɛ̆^{44}	tɕʻiɛ̆^{44}	tɕʻiɛ̆^{44}	tɕʻiɛ̆^{13}	tɕiɛ̆^{13}	tɕʻiɛ̆^{13}	tɕʻiɛ̆^{13}
甘州区	tɕʻiaŋ^{44}	tɕʻiaŋ^{44}	tɕʻiaŋ^{44}	tɕʻiaŋ^{44}	tɕʻiaŋ^{53}	tɕʻiaŋ^{53}	tɕʻiaŋ^{53}	tɕʻiaŋ^{53}
临泽县	tɕʻiaŋ^{44}	tɕʻiaŋ^{44}	tɕʻiaŋ^{44}	tɕʻiaŋ^{44}	tɕʻiaŋ^{53}	tɕʻiaŋ^{53}	tɕʻiaŋ^{53}	tɕʻiaŋ^{53}
民乐县	tɕʻiæ̃i^{44}	tɕʻiæ̃i^{44}	tɕʻiæ̃i^{44}	tɕʻiæ̃i^{44}	tɕʻiæ̃i^{213}	tɕʻiæ̃i^{53}	tɕʻiæ̃i^{53}	tɕʻiæ̃i^{53}
山丹县	tɕʻiɛ̃^{24}	tɕʻiɛ̃^{24}	tɕʻiɛ̃^{24}	tɕʻiɛ̃^{24}	tɕʻiɛ̃^{53}	tɕʻiɛ̃^{53}	tɕʻiɛ̃^{53}	tɕʻiɛ̃^{53}
高台县	tɕʻiɛ̃^{44}	tɕʻiɛ̃^{44}	tɕʻiɛ̃^{44}	tɕʻiɛ̃^{44}	tɕʻiɛ̃^{53}	tɕʻiɛ̃ŋ^{53}	tɕʻiɛ̃^{53}	tɕʻiɛ̃^{53}
肃州区	tɕʻiɛ̃^{44}	tɕʻiɛ̃^{44}	tɕʻiɛ̃^{44}	tɕʻiɛ̃^{44}	tɕʻiɛ̃^{53}	tɕʻiɛ̃ŋ^{53}	tɕʻiɛ̃^{53}	tɕʻiɛ̃^{53}
金塔县	tɕʻiɛ̃^{44}	tɕʻiɛ̃^{44}	tɕʻiɛ̃^{44}	tɕʻiɛ̃^{44}	tɕʻiɛ̃^{53}	tɕʻiɛ̃ŋ^{53}	tɕʻiɛ̃^{53}	tɕʻiɛ̃^{53}
肃北县	tɕʻiɛ̃^{44}	tɕʻiɛ̃^{44}	tɕʻiɛ̃^{44}	tɕʻiɛ̃^{44}	tɕʻiɛ̃^{53}	tɕʻiɛ̃ŋ^{53}	tɕʻiɛ̃^{53}	tɕʻiɛ̃^{53}

①又苦甸切，山开四去霰溪。

②又慈艳切，先开三去艳从。

③又其严切，咸开三平严群。

续表

玉门市	tɕʻiɛn^{44}	tɕʻiɛn^{44}	tɕʻiɛn^{44}	tɕʻiɛn^{44}	tɕʻiɛn^{53}	tɕʻiɛn^{53}	tɕʻiɛn^{53}	tɕʻiɛn^{53}
瓜州县	tɕʻiɛ̃^{44}	tɕʻiɛ̃^{44}	tɕʻiɛ̃^{44}	tɕʻiɛ̃^{44}	tɕʻiɛ̃^{53}	tɕʻiɛ̃ŋ^{53}	tɕʻiɛ̃^{53}	tɕʻiɛ̃^{53}
西夏区	tɕʻiæn^{44}	tɕʻiæn^{44}	tɕʻiæn^{44}	tɕʻiæn^{44}	tɕʻiæn^{53}	tɕʻiæn^{53}	tɕʻiæn^{53}	tɕʻiæn^{53}
贺兰县	tɕʻiæn^{44}	tɕʻiæn^{44}	tɕʻiæn^{44}	tɕʻiæn^{44}	tɕʻiæn^{53}	tɕʻiæn^{53}	tɕʻiæn^{53}	tɕʻiæn^{53}
灵武市（东塔镇）	tɕʻiæn^{44}	tɕʻiæn^{44}	tɕʻiæn^{44}	tɕʻiæn^{44}	tɕʻiæn^{52}	tɕʻiæn^{52}	tɕʻiæn^{52}	tɕʻiæn^{52}
永宁县	tɕʻian^{44}	tɕʻian^{44}	tɕʻian^{44}	tɕʻian^{44}	tɕʻian^{53}	tɕʻian^{53}	tɕʻian^{53}	tɕʻian^{53}
中宁县	tɕʻiæ̃^{44}	tɕʻiæ̃^{44}	tɕʻiæ̃^{44}	tɕʻiæ̃^{44}	tɕʻiæ̃^{53}	tɕʻiæ̃^{53}	tɕʻiæ̃^{53}	tɕʻiæ̃^{53}
沙坡头区	tɕʻiẼ^{44}	tɕʻiẼ^{44}	tɕʻiẼ^{44}	tɕʻiẼ^{44}	tɕʻiẼ^{53}	tɕʻiẼ^{53}	tɕʻiẼ^{53}	tɕʻiẼ^{53}
盐池县	tɕʻiæn^{44}	tɕʻiæn^{44}	tɕʻiæn^{44}	tɕʻiæn^{44}	tɕʻiæn^{52}	tɕʻiæn^{13}	tɕʻiæn^{13}	tɕʻiæn^{13}
平罗县（渠口乡）	tɕʻiæn^{44}	tɕʻiæn^{44}	tɕʻiæn^{44}	tɕʻiæn^{44}	tɕʻiæn^{53}	tɕʻiæn^{53}	tɕʻiæn^{53}	tɕʻiæn^{53}
阿拉善左旗	tɕʻiɛi^{44}	tɕʻiɛi^{44}	tɕʻiɛi^{44}	tɕʻiɛi^{44}	tɕʻiɛi^{51}	tɕʻiɛi^{51}	tɕʻiɛi^{51}	tɕʻiɛi^{51}
乌鲁木齐市	tɕʻian^{44}	tɕʻian^{44}	tɕʻian^{44}	tɕʻian^{44}	tɕʻian^{52}	tɕʻian^{52}	tɕʻian^{52}	tɕʻian^{52}
阜康市	tɕʻian^{55}	tɕʻian^{55}	tɕʻian^{55}	tɕʻian^{55}	tɕʻian^{51}	tɕʻian^{51}	tɕʻian^{51}	tɕʻian^{51}
呼图壁县	tɕʻian^{44}	tɕʻian^{44}	tɕʻian^{44}	tɕʻian^{44}	tɕʻian^{51}	tɕʻian^{51}	tɕʻian^{51}	tɕʻian^{51}
吉木萨尔县	tɕʻian^{44}	tɕʻian^{44}	tɕʻian^{44}	tɕʻian^{44}	tɕʻian^{51}	tɕʻian^{51}	tɕʻian^{51}	tɕʻian^{51}
奇台县	tɕʻiɛn^{44}	tɕʻiɛn^{44}	tɕʻiɛn^{44}	tɕʻiɛn^{44}	tɕʻiɛn^{52}	tɕʻiɛn^{52}	tɕʻiɛn^{52}	tɕʻiɛn^{52}
博乐市	tɕʻian^{45}	tɕʻian^{45}	tɕʻian^{45}	tɕʻian^{45}	tɕʻian^{51}	tɕʻian^{51}	tɕʻian^{51}	tɕʻian^{51}
阿勒泰市	tɕʻiɑn^{44}	tɕʻiɑn^{44}	tɕʻiɑn^{44}	tɕʻiɑn^{44}	tɕʻiɑn^{51}	tɕʻiɑn^{51}	tɕʻiɑn^{51}	tɕʻiɑn^{51}
布尔津县	tɕʻian^{44}	tɕʻian^{44}	tɕʻian^{44}	tɕʻian^{44}	tɕʻian^{23}	tɕʻian^{23}	tɕʻian^{23}	tɕʻian^{23}
乌苏市	tɕʻian^{55}	tɕʻian^{55}	tɕʻian^{55}	tɕʻian^{55}	tɕʻian^{51}	tɕʻian^{51}	tɕʻian^{51}	tɕʻian^{51}
额敏县	tɕʻiɑn^{44}	tɕʻiɑn^{44}	tɕʻiɑn^{44}	tɕʻiɑn^{44}	tɕʻiɑn^{51}	tɕʻiɑn^{51}	tɕʻiɑn^{51}	tɕʻiɑn^{51}
伊州区	tɕʻiæ̃^{44}	tɕʻiæ̃^{44}	tɕʻiæ̃^{44}	tɕʻiæ̃^{44}	tɕʻiæ̃^{51}	tɕʻiæ̃^{51}	tɕʻiæ̃^{51}	tɕʻiæ̃^{51}
巴里坤县	tɕʻian^{45}	tɕʻian^{45}	tɕʻian^{45}	tɕʻian^{45}	tɕʻian^{51}	tɕʻian^{51}	tɕʻian^{51}	tɕʻian^{51}
伊吾县	tɕʻiæ̃^{44}	tɕʻiæ̃^{44}	tɕʻiæ̃^{44}	tɕʻiæ̃^{44}	tɕʻiæ̃^{51}	tɕʻiæ̃^{51}	tɕʻiæ̃^{51}	tɕʻiæ̃^{51}

字目 中古音 方言点	虔	前	浅	欠①	歉②	纤 纤维	仙	鲜 新鲜
	山开三 平仙群	山开四 平先从	山开三 去狝清	咸开三 去釅溪	咸开四 上忝溪	咸开三 平盐心	山开三 平仙心	山开三 平仙心
兰州市 （城关区）	tɕʻian^{53}	tɕʻian^{51}	tɕʻian^{44}	tɕʻian^{13}	tɕʻian^{13}	tɕʻian^{53}	ɕian^{53}	ɕian^{53}
永登县	tɕʻiæ̃^{42}	tɕʻiæ̃^{53}	tɕʻiæ̃^{354}	tɕʻiæ̃^{13}	tɕʻiæ̃^{13}	tɕʻiæ̃^{42}	ɕiæ̃^{42}	ɕiæ̃^{42}
榆中县	tɕʻian^{51}	tɕʻian^{332}	tɕʻian^{44}	tɕʻian^{13}	tɕʻian^{13}	tɕʻian^{51}	ɕian^{51}	ɕian^{51}
皋兰县	tɕʻiæ̃^{42}	tɕʻiæ̃^{53}	tɕʻiæ̃^{342}	tɕʻiæ̃^{13}	tɕʻiæ̃^{13}	tɕʻiæ̃^{42}	ɕiæ̃^{42}	ɕiæ̃^{42}
白银区	tɕʻian^{44}	tɕʻian^{51}	tɕʻian^{343}	tɕʻian^{13}	tɕʻian^{13}	tɕʻian^{44}	ɕian^{44}	ɕian^{44}
天祝县	tɕʻian^{44}	tɕʻian^{53}	tɕʻian^{44}	tɕʻian^{213}	tɕʻian^{213}	tɕʻian^{44}	ɕian^{44}	ɕian^{44}
景泰县 （红水镇）	tɕʻian^{44}	tɕʻian^{53}	tɕʻian^{44}	tɕʻian^{213}	tɕʻian^{213}	tɕʻian^{44}	ɕian^{44}	ɕian^{44}
古浪县	tɕʻiæ̃^{44}	tɕʻiæ̃^{53}	tɕʻiæ̃^{44}	tɕʻiæ̃^{31}	tɕʻiæ̃^{31}	tɕʻiæ̃^{44}	ɕiæ̃^{44}	ɕiæ̃^{44}
凉州区	tɕʻiɑŋ^{33}	tɕʻiɑŋ^{13}	tɕʻiɑŋ^{33}	tɕʻiɑŋ^{53}	tɕʻiɑŋ^{53}	tɕʻiɑŋ^{33}	ɕiɑŋ^{33}	ɕiɑŋ^{33}
民勤县	tɕʻil^{44}	tɕʻil^{53}	tɕʻil^{214}	tɕʻil^{42}	tɕʻil^{42}	tɕʻil^{44}	ɕil^{44}	ɕil^{44}
永昌县	tɕʻiɛ̃^{44}	tɕʻiɛ̃^{13}	tɕʻiɛ̃^{3}	tɕʻiɛ̃^{53}	tɕʻiɛ̃^{53}	tɕʻiɛ̃^{44}	ɕiɛ̃^{44}	ɕiɛ̃^{44}
甘州区	tɕʻiaŋ^{44}	tɕʻiaŋ^{53}	tɕʻiaŋ^{53}	tɕʻiaŋ^{31}	tɕʻiaŋ^{31}	tɕʻiaŋ^{44}	ɕiaŋ^{44}	ɕiaŋ^{44}
临泽县	tɕʻiaŋ^{44}	tɕʻiaŋ^{53}	tɕʻiaŋ^{53}	tɕʻiaŋ^{214}	tɕʻiaŋ^{214}	tɕʻiaŋ^{44}	ɕiaŋ^{44}	ɕiaŋ^{44}
民乐县	tɕʻiæ̃i^{44}	tɕʻiæ̃i^{53}	tɕʻiæ̃i^{213}	tɕʻiæ̃i^{42}	tɕʻiæ̃i^{42}	tɕʻiæ̃i^{44}	ɕiæ̃i^{44}	ɕiæ̃i^{44}
山丹县	tɕʻiɛ̃^{24}	tɕʻiɛ̃^{53}	tɕʻiɛ̃^{53}	tɕʻiɛ̃^{41}	tɕʻiɛ̃^{41}	tɕʻiɛ̃^{24}	ɕiɛ̃^{24}	ɕiɛ̃^{24}
高台县	tɕʻiɛ̃^{44}	tɕʻiɛ̃^{53}	tɕʻiɛ̃^{53}	tɕʻiɛ̃^{214}	tɕʻiɛ̃^{214}	tɕʻiɛ̃^{44}	ɕiɛ̃^{44}	ɕiɛ̃^{44}
肃州区	tɕʻiɛ̃^{44}	tɕʻiɛ̃^{53}	tɕʻiɛ̃^{53}	tɕʻiɛ̃^{214}	tɕʻiɛ̃^{214}	tɕʻiɛ̃^{44}	ɕiɛ̃^{44}	ɕiɛ̃^{44}
金塔县	tɕʻiɛ̃^{44}	tɕʻiɛ̃^{53}	tɕʻiɛ̃^{53}	tɕʻiɛ^{13}	tɕʻiɛ̃^{13}	tɕʻiɛ̃^{44}	ɕiɛ̃^{44}	ɕiɛ̃^{44}
肃北县	tɕʻiɛ̃^{44}	tɕʻiɛ̃^{53}	tɕʻiɛ̃^{53}	tɕʻiɛ̃^{213}	tɕʻiɛ̃^{213}	tɕʻiɛ̃^{44}	ɕiɛ̃^{44}	ɕiɛ̃^{44}
玉门市	tɕʻiɛn^{44}	tɕʻiɛn^{53}	tɕʻiɛn^{53}	tɕʻiɛn^{213}	tɕʻiɛn^{213}	tɕʻiɛn^{44}	ɕiɛn^{44}	ɕiɛn^{44}

①《广韵》去剑切，列梵韵，现据裴务齐正字本《刊谬补缺切韵》列釅韵。

②又苦减切，咸开二上豏溪；口陷切，先开二去陷溪；诘念切，咸开四去㮇溪。

续表

瓜州县	tɕʻiɛ̃^{44}	tɕʻiɛ̃^{53}	tɕʻiɛ̃^{53}	tɕʻiɛ̃^{213}	tɕʻiɛ̃^{213}	tɕʻiɛ̃^{44}	ɕiɛ̃^{44}	ɕiɛ̃^{44}
西夏区	tɕʻiæn^{44}	tɕʻiæn^{53}	tɕʻiæn^{53}	tɕʻiæn^{13}	tɕʻiæn^{13}	tɕʻiæn^{44}	ɕiæn^{44}	ɕiæn^{44}
贺兰县	tɕʻiæn^{44}	tɕʻiæn^{53}	tɕʻiæn^{53}	tɕʻiæn^{13}	tɕʻiæn^{13}	tɕʻiæn^{44}	ɕiæn^{44}	ɕiæn^{44}
灵武市（东塔镇）	tɕʻiæn^{44}	tɕʻiæn^{52}	tɕʻiæn^{52}	tɕʻiæn^{13}	tɕʻiæn^{13}	tɕʻiæn^{44}	ɕiæn^{44}	ɕiæn^{44}
永宁县	tɕʻian^{44}	tɕʻian^{53}	tɕʻian^{53}	tɕʻian^{13}	tɕʻian^{13}	tɕʻian^{44}	ɕian^{44}	ɕian^{44}
中宁县	tɕʻiæ̃^{44}	tɕʻiæ̃^{53}	tɕʻiæ̃^{3}	tɕʻiæ̃^{13}	tɕʻiæ̃^{13}	tɕʻiæ̃^{44}	ɕiæ̃^{44}	ɕiæ̃^{44}
沙坡头区	tɕʻiᴇ̃^{44}	tɕʻiᴇ̃^{53}	tɕʻiᴇ̃^{53}	tɕʻiᴇ̃^{13}	tɕʻiᴇ̃^{13}	tɕʻiᴇ̃^{44}	ɕiᴇ̃^{44}	ɕiᴇ̃^{44}
盐池县	tɕʻiæn^{44}	tɕʻiæn^{13}	tɕʻiæn^{53}	tɕʻiæn^{13}	tɕʻiæn^{13}	tɕʻiæn^{44}	ɕiæn^{44}	ɕiæn^{44}
平罗县（渠口乡）	tɕʻiæn^{44}	tɕʻiæn^{53}	tɕʻiæn^{53}	tɕʻiæn^{13}	tɕʻiæn^{13}	tɕʻiæn^{44}	ɕiæn^{44}	ɕiæn^{44}
阿拉善左旗	tɕʻiɛi^{44}	tɕʻiɛi^{51}	tɕʻiɛi^{51}	tɕʻiɛi^{213}	tɕʻiɛi^{213}	tɕʻiɛi^{44}	ɕiɛi^{44}	ɕiɛi^{44}
乌鲁木齐市	tɕʻian^{44}	tɕʻian^{52}	tɕʻian^{52}	tɕʻian^{213}	tɕʻian^{213}	tɕʻian^{44}	ɕian^{44}	ɕian^{44}
阜康市	tɕʻian^{55}	tɕʻian^{51}	tɕʻian^{51}	tɕʻian^{213}	tɕʻian^{213}	tɕʻian^{55}	ɕian^{55}	ɕian^{55}
呼图壁县	tɕʻian^{44}	tɕʻian^{51}	tɕʻian^{51}	tɕʻian^{213}	tɕʻian^{213}	tɕʻian^{44}	ɕian^{44}	ɕian^{44}
吉木萨尔县	tɕʻian^{44}	tɕʻian^{51}	tɕʻian^{51}	tɕʻian^{213}	tɕʻian^{213}	tɕʻian^{44}	ɕian^{44}	ɕian^{44}
奇台县	tɕʻiɛn^{44}	tɕʻiɛn^{52}	tɕʻiɛn^{52}	tɕʻiɛn^{213}	tɕʻiɛn^{213}	tɕʻiɛn^{44}	ɕiɛn^{44}	ɕiɛn^{44}
博乐市	tɕʻian^{45}	tɕʻian^{51}	tɕʻian^{51}	tɕʻian^{24}	tɕʻian^{24}	tɕʻian^{45}	ɕian^{45}	ɕian^{45}
阿勒泰市	tɕʻiɑn^{44}	tɕʻiɑn^{51}	tɕʻiɑn^{51}	tɕʻiɑn^{23}	tɕʻiɑn^{23}	tɕʻiɑn^{44}	ɕiɑn^{44}	ɕiɑn^{44}
布尔津县	tɕʻian^{44}	tɕʻian^{23}	tɕʻian^{23}	tɕʻian^{51}	tɕʻian^{51}	tɕʻian^{44}	ɕian^{44}	ɕian^{44}
乌苏市	tɕʻian^{55}	tɕʻian^{51}	tɕʻian^{51}	tɕʻian^{213}	tɕʻian^{213}	tɕʻian^{55}	ɕian^{55}	ɕian^{55}
额敏县	tɕʻiɑn^{44}	tɕʻiɑn^{51}	tɕʻiɑn^{51}	tɕʻiɑn^{34}	tɕʻiɑn^{34}	tɕʻiɑn^{44}	ɕiɑn^{44}	ɕiɑn^{44}
伊州区	tɕʻiæ̃^{44}	tɕʻiæ̃^{51}	tɕʻiæ̃^{51}	tɕʻiæ̃^{213}	tɕʻiæ̃^{213}	tɕʻiæ̃^{44}	ɕiæ̃^{44}	ɕiæ̃^{44}
巴里坤县	tɕʻian^{45}	tɕʻian^{51}	tɕʻian^{51}	tɕʻian^{24}	tɕʻian^{24}	tɕʻian^{45}	ɕian^{45}	ɕian^{45}
伊吾县	tɕʻiæ̃^{44}	tɕʻiæ̃^{51}	tɕʻiæ̃^{51}	tɕʻiæ̃^{213}	tɕʻiæ̃^{213}	tɕʻiæ̃^{44}	ɕiæ̃^{44}	ɕiæ̃^{44}

字目 / 中古音 / 方言点	掀①	先②	咸 咸鱼	衔 衔冤	嫌	闲	贤	弦
中古音	山开三 平元晓	山开四 平先心	咸开二 平咸匣	咸开二 平衔匣	咸开四 平添匣	山开二 平山匣	山开四 平先匣	山开四 平先匣
兰州市 （城关区）	ɕian^{53}	ɕian^{53}	ɕian^{51}	ɕian^{51}	ɕian^{51}	ɕian^{51}	ɕian^{51}	ɕian^{51}
永登县	ɕiæ̃^{42}	ɕiæ̃^{42}	ɕiæ̃^{53}	ɕiæ̃^{53}	ɕiæ̃^{53}	ɕiæ̃^{53}	ɕiæ̃^{53}	ɕiæ̃^{53}
榆中县	ɕian^{51}	ɕian^{51}	ɕian^{332}	ɕian^{332}	ɕian^{332}	ɕian^{332}	ɕian^{332}	ɕian^{332}
皋兰县	ɕiæ̃^{42}	ɕiæ̃^{42}	ɕiæ̃^{53}	ɕiæ̃^{53}	ɕiæ̃^{53}	ɕiæ̃^{53}	ɕiæ̃^{53}	ɕiæ̃^{53}
白银区	ɕian^{44}	ɕian^{44}	ɕian^{51}	ɕian^{51}	ɕian^{51}	ɕian^{51}	ɕian^{51}	ɕian^{51}
天祝县	ɕian^{44}	ɕian^{44}	ɕian^{53}	ɕian^{53}	ɕian^{53}	ɕian^{53}	ɕian^{53}	ɕian^{53}
景泰县 （红水镇）	ɕian^{44}	ɕian^{44}	ɕian^{53}	ɕian^{53}	ɕian^{53}	ɕian^{53}	ɕian^{53}	ɕian^{53}
古浪县	ɕiæ̃^{44}	ɕiæ̃^{44}	ɕiæ̃^{53}	ɕiæ̃^{53}	ɕiæ̃^{53}	ɕiæ̃^{53}	ɕiæ̃^{53}	ɕiæ̃^{53}
凉州区	ɕiɑŋ^{33}	ɕiɑŋ^{33}	ɕiɑŋ^{13}	ɕiɑŋ^{13}	ɕiɑŋ^{13}	ɕiɑŋ^{13}	ɕiɑŋ^{13}	ɕiɑŋ^{13}
民勤县	ɕil^{44}	ɕil^{44}	ɕil^{53}	ɕil^{53}	ɕil^{53}	ɕil^{53}	ɕil^{53}	ɕil^{53}
永昌县	ɕiɛ̃^{44}	ɕiɛ̃^{44}	ɕiɛ̃^{13}	ɕiɛ̃^{13}	ɕiɛ̃^{13}	ɕiɛ̃^{13}	ɕiɛ̃^{13}	ɕiɛ̃^{13}
甘州区	ɕiaŋ^{44}	ɕiaŋ^{44}	ɕiaŋ^{53}	ɕiaŋ^{53}	ɕiaŋ^{53}	ɕiaŋ^{53}	ɕiaŋ^{53}	ɕiaŋ^{53}
临泽县	ɕiaŋ^{44}	ɕiaŋ^{44}	ɕiaŋ^{53}	ɕiaŋ^{53}	ɕiaŋ^{53}	ɕiaŋ^{53}	ɕiaŋ^{53}	ɕiaŋ^{53}
民乐县	ɕiæ̃i^{44}	ɕiæ̃i^{44}	ɕiæ̃i^{53}	ɕiæ̃i^{53}	ɕiæ̃i^{53}	ɕiæ̃i^{53}	ɕiæ̃i^{53}	ɕiæ̃i^{53}
山丹县	ɕiɛ̃^{24}	ɕiɛ̃^{24}	ɕiɛ̃^{53}	ɕiɛ̃^{53}	ɕiɛ̃^{53}	ɕiɛ̃^{53}	ɕiɛ̃^{53}	ɕiɛ̃^{53}
高台县	ɕiɛ̃^{44}	ɕiɛ̃^{44}	iɛ̃^{53}	ɕiɛ̃^{53}	ɕiɛ̃^{53}	ɕiɛ̃^{53}	ɕiɛ̃^{53}	ɕiɛ̃^{53}
肃州区	ɕiɛ̃^{44}	ɕiɛ̃^{44}	iɛ̃^{53}	ɕiɛ̃^{53}	ɕiɛ̃^{53}	ɕiɛ̃^{53}	ɕiɛ̃^{53}	ɕiɛ̃^{53}
金塔县	ɕiɛ̃^{44}	ɕiɛ̃^{44}	iɛ̃^{53}	ɕiɛ̃^{53}	ɕiɛ̃^{53}	ɕiɛ̃^{53}	ɕiɛ̃^{53}	ɕiɛ̃^{53}
肃北县	ɕiɛ̃^{44}	ɕiɛ̃^{44}	iɛ̃^{53}	ɕiɛ̃^{53}	ɕiɛ̃^{53}	ɕiɛ̃^{53}	ɕiɛ̃^{53}	ɕiɛ̃^{53}
玉门市	ɕiɛn^{44}	ɕiɛn^{44}	ɕiɛn^{53}	ɕiɛn^{53}	ɕiɛn^{53}	ɕiɛn^{53}	ɕiɛn^{53}	ɕiɛn^{53}

①又许斤切，臻开三平欣晓。

②又苏佃切，山开四去霰心。

续表

瓜州县	ɕiɛ̃^{44}	ɕiɛ̃^{44}	iɛ̃^{53}	ɕiɛ̃^{53}	ɕiɛ̃^{53}	ɕiɛ̃^{53}	ɕiɛ̃^{53}	ɕiɛ̃^{53}
西夏区	ɕiæn^{44}	ɕiæn^{44}	ɕiæn^{53}	ɕiæn^{53}	ɕiæn^{53}	ɕiæn^{53}	ɕiæn^{53}	ɕiæn^{53}
贺兰县	ɕiæn^{44}	ɕiæn^{44}	ɕiæn^{53}	ɕiæn^{53}	ɕiæn^{53}	ɕiæn^{53}	ɕiæn^{53}	ɕiæn^{53}
灵武市（东塔镇）	ɕiæn^{44}	ɕiæn^{44}	ɕiæn^{52}	ɕiæn^{52}	ɕiæn^{52}	ɕiæn^{52}	ɕiæn^{52}	ɕiæn^{52}
永宁县	ɕian^{44}	ɕian^{44}	ɕian^{53}	ɕian^{53}	ɕian^{53}	ɕian^{53}	ɕian^{53}	ɕian^{53}
中宁县	ɕiæ̆^{44}	ɕiæ̆^{44}	ɕiæ̆^{53}	ɕiæ̆^{53}	ɕiæ̆^{53}	ɕiæ̆^{53}	ɕiæ̆^{53}	ɕiæ̆^{53}
沙坡头区	ɕiᴇ̃^{44}	ɕiᴇ̃^{44}	ɕiᴇ̃^{53}	ɕiᴇ̃^{53}	ɕiᴇ̃^{53}	ɕiᴇ̃^{53}	ɕiᴇ̃^{53}	ɕiᴇ̃^{53}
盐池县	ɕiæn^{44}	ɕiæn^{44}	ɕiæn^{13}	ɕiæn^{13}	ɕiæn^{13}	ɕiæn^{13}	ɕiæn^{13}	ɕiæn^{13}
平罗县（渠口乡）	ɕiæn^{44}	ɕiæn^{44}	ɕiæn^{53}	ɕiæn^{53}	ɕiæn^{53}	ɕiæn^{53}	ɕiæn^{53}	ɕiæn^{53}
阿拉善左旗	ɕiɛi^{44}	ɕiɛi^{44}	ɕiɛi^{51}	ɕiɛi^{51}	ɕiɛi^{51}	ɕiɛi^{51}	ɕiɛi^{51}	ɕiɛi^{51}
乌鲁木齐市	ɕian^{44}	ɕian^{44}	ɕian^{52}	ɕian^{52}	ɕian^{52}	ɕian^{52}	ɕian^{52}	ɕian^{52}
阜康市	ɕian^{55}	ɕian^{55}	ɕian^{51}	ɕian^{51}	ɕian^{51}	ɕian^{51}	ɕian^{51}	ɕian^{51}
呼图壁县	ɕian^{44}	ɕian^{44}	ɕian^{51}	ɕian^{51}	ɕian^{51}	ɕian^{51}	ɕian^{51}	ɕian^{51}
吉木萨尔县	ɕian^{44}	ɕian^{44}	ɕian^{51}	ɕian^{51}	ɕian^{51}	ɕian^{51}	ɕian^{51}	ɕian^{51}
奇台县	ɕiɛn^{44}	ɕiɛn^{44}	ɕiɛn^{52}	ɕiɛn^{52}	ɕiɛn^{52}	ɕiɛn^{52}	ɕiɛn^{52}	ɕiɛn^{52}
博乐市	ɕian^{45}	ɕian^{45}	ɕian^{51}	ɕian^{51}	ɕian^{51}	ɕian^{51}	ɕian^{51}	ɕian^{51}
阿勒泰市	ɕiɑn^{44}	ɕiɑn^{44}	ɕiɑn^{51}	ɕiɑn^{51}	ɕiɑn^{51}	ɕiɑn^{51}	ɕiɑn^{51}	ɕiɑn^{51}
布尔津县	ɕian^{44}	ɕian^{44}	ɕian^{23}	ɕian^{23}	ɕian^{23}	ɕian^{23}	ɕian^{23}	ɕian^{23}
乌苏市	ɕian^{55}	ɕian^{55}	ɕian^{51}	ɕian^{51}	ɕian^{51}	ɕian^{51}	ɕian^{51}	ɕian^{51}
额敏县	ɕiɑn^{44}	ɕiɑn^{44}	ɕiɑn^{51}	ɕiɑn^{51}	ɕiɑn^{51}	ɕiɑn^{51}	ɕiɑn^{51}	ɕiɑn^{51}
伊州区	ɕiæ̃^{44}	ɕiæ̃^{44}	ɕiæ̃^{51}	ɕiæ̃^{51}	ɕiæ̃^{51}	ɕiæ̃^{51}	ɕiæ̃^{51}	ɕiæ̃^{51}
巴里坤县	ɕian^{45}	ɕian^{45}	ɕian^{51}	ɕian^{51}	ɕian^{51}	ɕian^{51}	ɕian^{51}	ɕian^{51}
伊吾县	ɕiæ̃^{44}	ɕiæ̃^{44}	ɕiæ̃^{51}	ɕiæ̃^{51}	ɕiæ̃^{51}	ɕiæ̃^{51}	ɕiæ̃^{51}	ɕiæ̃^{51}

字目 中古音 方音 方言点	险①	显	陷	馅	限	线	羡	宪
	咸开三上琰晓	山开四上铣晓	咸开二去陷匣	咸开二去陷匣	山开二上产匣	山开三去线心	山开三去线邪	山开三去愿晓
兰州市（城关区）	ɕian⁴⁴	ɕian⁴⁴	ɕian¹³	ɕian¹³	ɕian¹³	ɕian¹³	ɕian¹³	ɕian¹³
永登县	ɕiæ̃³⁵⁴	ɕiæ̃³⁵⁴	ɕiæ̃¹³	ɕiæ̃¹³	ɕiæ̃¹³	ɕiæ̃¹³	ɕiæ̃¹³	ɕiæ̃¹³
榆中县	ɕian⁴⁴	ɕian⁴⁴	ɕian¹³	ɕian¹³	ɕian¹³	ɕian¹³	ɕian¹³	ɕian¹³
皋兰县	ɕiæ̃³⁴²	ɕiæ̃³⁴²	ɕiæ̃¹³	ɕiæ̃¹³	ɕiæ̃¹³	ɕiæ̃¹³	ɕiæ̃¹³	ɕiæ̃¹³
白银区	ɕian³⁴³	ɕian³⁴³	ɕian¹³	ɕian¹³	ɕian¹³	ɕian¹³	ɕian¹³	ɕian¹³
天祝县	ɕian⁴⁴	ɕian⁴⁴	ɕian²¹³	ɕian²¹³	ɕian²¹³	ɕian²¹³	ɕian²¹³	ɕian²¹³
景泰县（红水镇）	ɕian⁴⁴	ɕian⁴⁴	ɕian²¹³	ɕian²¹³	ɕian²¹³	ɕian²¹³	ɕian²¹³	ɕian²¹³
古浪县	ɕiæ̃⁴⁴	ɕiæ̃⁴⁴	ɕiæ̃³¹	ɕiæ̃³¹	ɕiæ̃³¹	ɕiæ̃³¹	ɕiæ̃³¹	ɕiæ̃³¹
凉州区	ɕiɑŋ³³	ɕiɑŋ³³	ɕiɑŋ⁵³	ɕiɑŋ⁵³	ɕiɑŋ⁵³	ɕiɑŋ⁵³	ɕiɑŋ⁵³	ɕiɑŋ⁵³
民勤县	ɕil²¹⁴	ɕil²¹⁴	ɕil⁴²	ɕil⁴²	ɕil⁴²	ɕil⁴²	ɕil⁴²	ɕil⁴²
永昌县	ɕiɛ̃¹³	ɕiɛ̃¹³	ɕiɛ̃⁵³	ɕiɛ̃⁵³	ɕiɛ̃⁵³	ɕiɛ̃⁵³	ɕiɛ̃⁵³	ɕiɛ̃⁵³
甘州区	ɕiaŋ⁵³	ɕiaŋ⁵³	ɕiaŋ³¹	ɕiaŋ³¹	ɕiaŋ³¹	ɕiaŋ³¹	ɕiaŋ³¹	ɕiaŋ³¹
临泽县	ɕiaŋ⁵³	ɕiaŋ⁵³	ɕiaŋ²¹⁴	ɕiaŋ²¹⁴	ɕiaŋ²¹⁴	ɕiaŋ²¹⁴	ɕiaŋ²¹⁴	ɕiaŋ²¹⁴
民乐县	ɕiæ̃i²¹³	ɕiæ̃i²¹³	ɕiæ̃i⁴²	ɕiæ̃i⁴²	ɕiæ̃i⁴²	ɕiæ̃i⁴²	ɕiæ̃i⁴²	ɕiæ̃i⁴²
山丹县	ɕiɛ̃⁵³	ɕiɛ̃⁵³	ɕiɛ̃⁴¹	ɕiɛ̃⁴¹	ɕiɛ̃⁴¹	ɕiɛ̃⁴¹	ɕiɛ̃⁴¹	ɕiɛ̃⁴¹
高台县	ɕiɛ̃⁵³	ɕiɛ̃⁵³	ɕiɛ̃²¹⁴	ɕiɛ̃²¹⁴	ɕiɛ̃²¹⁴	ɕiɛ̃²¹⁴	ɕiɛ̃²¹⁴	ɕiɛ̃²¹⁴
肃州区	ɕiɛ̃⁵³	ɕiɛ̃⁵³	ɕiɛ̃²¹⁴	ɕiɛ̃²¹⁴	ɕiɛ̃²¹⁴	ɕiɛ̃²¹⁴	ɕiɛ̃²¹⁴	ɕiɛ̃²¹⁴
金塔县	ɕiɛ̃⁵³	ɕiɛ̃⁵³	ɕiɛ̃¹³	ɕiɛ̃¹³	ɕiɛ̃¹³	ɕiɛ̃¹³	ɕiɛ̃¹³	ɕiɛ̃¹³
肃北县	ɕiɛ̃⁵³	ɕiɛ̃⁵³	ɕiɛ̃²¹³	ɕiɛ̃²¹³	ɕiɛ̃²¹³	ɕiɛ̃²¹³	ɕiɛ̃²¹³	ɕiɛ̃²¹³
玉门市	ɕiɛn⁵³	ɕiɛn⁵³	ɕiɛn²¹³	ɕiɛn²¹³	ɕiɛn²¹³	ɕiɛn²¹³	ɕiɛn²¹³	ɕiɛn²¹³
瓜州县	ɕiɛ̃⁵³	ɕiɛ̃⁵³	ɕiɛ̃²¹³	ɕiɛ̃²¹³	ɕiɛ̃²¹³	ɕiɛ̃²¹³	ɕiɛ̃²¹³	ɕiɛ̃²¹³

①又希奄切，咸开三上俨晓。

续表

西夏区	çiæn^{53}	çiæn^{53}	çiæn^{13}	çiæn^{13}	çiæn^{13}	çiæn^{13}	çiæn^{13}	çiæn^{13}
贺兰县	çiæn^{53}	çiæn^{53}	çiæn^{13}	çiæn^{13}	çiæn^{13}	çiæn^{13}	çiæn^{13}	çiæn^{13}
灵武市（东塔镇）	çiæn^{52}	çiæn^{52}	çiæn^{13}	çiæn^{13}	çiæn^{13}	çiæn^{13}	çiæn^{13}	çiæn^{13}
永宁县	çian^{53}	çian^{53}	çian^{13}	çian^{13}	çian^{13}	çian^{13}	çian^{13}	çian^{13}
中宁县	çiæ̆^{53}	çiæ̆^{53}	çiæ̆^{13}	çiæ̆^{13}	çiæ̆^{13}	çiæ̆^{13}	çiæ̆^{13}	çiæ̆^{13}
沙坡头区	çiẼ^{53}	çiẼ^{53}	çiẼ^{13}	çiẼ^{13}	çiẼ^{13}	çiẼ^{13}	çiẼ^{13}	çiẼ^{13}
盐池县	çiæn^{52}	çiæn^{52}	çiæn^{13}	çiæn^{13}	çiæn^{13}	çiæn^{13}	çiæn^{13}	çiæn^{13}
平罗县（渠口乡）	çiæn^{53}	çiæn^{53}	çiæn^{13}	çiæn^{13}	çiæn^{13}	çiæn^{13}	çiæn^{13}	çiæn^{13}
阿拉善左旗	çiɛi^{51}	çiɛi^{51}	çiɛi^{213}	çiɛi^{213}	çiɛi^{213}	çiɛi^{213}	çiɛi^{213}	çiɛi^{213}
乌鲁木齐市	çian^{52}	çian^{52}	çian^{213}	çian^{213}	çian^{213}	çian^{213}	çian^{213}	çian^{213}
阜康市	çian^{51}	çian^{51}	çian^{213}	çian^{213}	çian^{213}	çian^{213}	çian^{213}	çian^{213}
呼图壁县	çian^{51}	çian^{51}	çian^{213}	çian^{213}	çian^{213}	çian^{213}	çian^{213}	çian^{213}
吉木萨尔县	çian^{51}	çian^{51}	çian^{213}	çian^{213}	çian^{213}	çian^{213}	çian^{213}	çian^{213}
奇台县	çiɛn^{52}	çiɛn^{52}	çiɛn^{213}	çiɛn^{213}	çiɛn^{213}	çiɛn^{213}	çiɛn^{213}	çiɛn^{213}
博乐市	çian^{51}	çian^{51}	çian^{24}	çian^{24}	çian^{24}	çian^{24}	çian^{24}	çian^{24}
阿勒泰市	çiɑn^{51}	çiɑn^{51}	çiɑn^{23}	çiɑn^{23}	çiɑn^{23}	çiɑn^{23}	çiɑn^{23}	çiɑn^{23}
布尔津县	çian^{23}	çian^{23}	çian^{51}	çian^{51}	çian^{51}	çian^{51}	çian^{51}	çian^{51}
乌苏市	çian^{51}	çian^{51}	çian^{213}	çian^{213}	çian^{213}	çian^{213}	çian^{213}	çian^{213}
额敏县	çiɑn^{51}	çiɑn^{51}	çiɑn^{34}	çiɑn^{34}	çiɑn^{34}	çiɑn^{34}	çiɑn^{34}	çiɑn^{34}
伊州区	çiæ̃^{51}	çiæ̃^{51}	çiæ̃^{213}	çiæ̃^{213}	çiæ̃^{213}	çiæ̃^{213}	çiæ̃^{213}	çiæ̃^{213}
巴里坤县	çian^{51}	çian^{51}	çian^{24}	çian^{24}	çian^{24}	çian^{24}	çian^{24}	çian^{24}
伊吾县	çiæ̃^{51}	çiæ̃^{51}	çiæ̃^{213}	çiæ̃^{213}	çiæ̃^{213}	çiæ̃^{213}	çiæ̃^{213}	çiæ̃^{213}

字目 / 中古音 / 方言点	献	现	县	淹①	腌② 腌肉	阉③	烟④	胭
中古音	山开三 去愿晓	山开四 去霰匣	山开四 去霰匣	咸开三 平盐影	咸开三 平盐影	咸开三 平盐影	山开四 平先影	山开四 平先影
兰州市 （城关区）	ɕian^{13}	ɕian^{13}	ɕian^{13}	ian^{53}	ian^{53}	ian^{53}	ian^{53}	ian^{53}
永登县	ɕiæ̃^{13}	ɕiæ̃^{13}	ɕiæ̃^{13}	iæ̃^{42}	iæ̃^{42}	iæ̃^{42}	iæ̃^{42}	iæ̃^{42}
榆中县	ɕian^{13}	ɕian^{13}	ɕian^{13}	ian^{51}	ian^{51}	ian^{51}	ian^{51}	ian^{51}
皋兰县	ɕiæ̃^{13}	ɕiæ̃^{13}	ɕiæ̃^{13}	iæ̃^{42}	iæ̃^{42}	iæ̃^{42}	iæ̃^{42}	iæ̃^{42}
白银区	ɕian^{13}	ɕian^{13}	ɕian^{13}	ian^{44}	ian^{44}	ian^{44}	ian^{44}	ian^{44}
天祝县	ɕian^{213}	ɕian^{213}	ɕian^{213}	ian^{44}	ian^{44}	ian^{44}	ian^{44}	ian^{44}
景泰县 （红水镇）	ɕian^{213}	ɕian^{213}	ɕian^{213}	ian^{44}	ian^{44}	ian^{44}	ian^{44}	ian^{44}
古浪县	ɕiæ̃^{31}	ɕiæ̃^{31}	ɕiæ̃^{31}	ʑiæ̃^{44}	ʑiæ̃^{44}	ʑiæ̃^{44}	ʑiæ̃^{44}	ʑiæ̃^{44}
凉州区	ɕiɑŋ^{53}	ɕiɑŋ^{53}	ɕiɑŋ^{53}	iɑŋ^{33}	iɑŋ^{33}	iɑŋ^{33}	iɑŋ^{33}	iɑŋ^{33}
民勤县	ɕil^{42}	ɕil^{42}	ɕil^{42}	il^{44}	il^{44}	il^{44}	il^{44}	il^{44}
永昌县	ɕiɛ̃^{53}	ɕiɛ̃^{53}	ɕiɛ̃^{53}	iɛ̃^{44}	iɛ̃^{44}	iɛ̃^{44}	iɛ̃^{44}	iɛ̃^{44}
甘州区	ɕiaŋ^{31}	ɕiaŋ^{31}	ɕiaŋ^{31}	iaŋ^{44}	iaŋ^{44}	iaŋ^{44}	iaŋ^{44}	iaŋ^{44}
临泽县	ɕiaŋ^{214}	ɕiaŋ^{214}	ɕiaŋ^{214}	iaŋ^{44}	iaŋ^{44}	iaŋ^{44}	iaŋ^{44}	iaŋ^{44}
民乐县	ɕiæ̃i^{42}	ɕiæ̃i^{42}	ɕiæ̃i^{42}	iæ̃i^{44}	iæ̃i^{44}	iæ̃i^{44}	iæ̃i^{44}	iæ̃i^{44}
山丹县	ɕiɛ̃^{41}	ɕiɛ̃^{41}	ɕiɛ̃^{41}	iɛ̃^{24}	iɛ̃^{24}	iɛ̃^{24}	iɛ̃^{24}	iɛ̃^{24}
高台县	ɕiɛ̃^{214}	ɕiɛ̃^{214}	ɕiɛ̃^{214}	iɛ̃^{44}	iɛ̃^{44}	iɛ̃^{44}	iɛ̃^{44}	iɛ̃^{44}
肃州区	ɕiɛ̃^{214}	ɕiɛ̃^{214}	ɕiɛ̃^{214}	ʑiɛ̃^{44}	ʑiɛ̃^{44}	ʑiɛ̃^{44}	ʑiɛ̃^{44}	ʑiɛ̃^{44}
金塔县	ɕiɛ̃^{13}	ɕiɛ̃^{13}	ɕiɛ̃^{13}	ʑiɛ̃^{44}	ʑiɛ̃^{44}	ɕiɛ̃^{44}	ɕiɛ̃^{44}	ɕiɛ̃^{44}

①又於赡切，咸开三去艳影。（《广韵》於剑切，在梵韵）。

②又於严切，先开三平严影；於辄切，咸开三入葉影；於业切，咸开三入业影。

③又衣俭切，咸开三上琰影。

④又於真切，臻开三平真影。

续表

肃北县	ɕiɛ̃^{213}	ɕiɛ̃^{213}	ɕiɛ̃^{213}	iɛ̃^{44}	iɛ̃^{44}	ɕiɛ̃^{44}	ɕiɛ̃^{44}	ɕiɛ̃^{44}
玉门市	ɕiɛn^{213}	ɕiɛn^{213}	ɕiɛn^{213}	iɛn^{44}	iɛn^{44}	iɛn^{44}	iɛn^{44}	iɛn^{44}
瓜州县	ɕiɛ̃^{213}	ɕiɛ̃^{213}	ɕiɛ̃^{213}	iɛ̃^{44}	iɛ̃^{44}	ɕiɛ̃^{44}	ɕiɛ̃^{44}	ɕiɛ̃^{44}
西夏区	ɕiæn^{13}	ɕiæn^{13}	ɕiæn^{13}	iæn^{44}	iæn^{44}	iæn^{44}	iæn^{44}	iæn^{44}
贺兰县	ɕiæn^{13}	ɕiæn^{13}	ɕiæn^{13}	iæn^{44}	iæn^{44}	iæn^{44}	iæn^{44}	iæn^{44}
灵武市（东塔镇）	ɕiæn^{13}	ɕiæn^{13}	ɕiæn^{13}	iæn^{44}	iæn^{44}	iæn^{44}	iæn^{44}	iæn^{44}
永宁县	ɕian^{13}	ɕian^{13}	ɕian^{13}	ian^{44}	ian^{44}	ian^{44}	ian^{44}	ian^{44}
中宁县	ɕiæ̃^{13}	ɕiæ̃^{13}	ɕiæ̃^{13}	iæ̃^{44}	iæ̃^{44}	iæ̃^{44}	iæ̃^{44}	iæ̃^{44}
沙坡头区	ɕiẼ^{13}	ɕiẼ^{13}	ɕiẼ^{13}	iẼ^{44}	iẼ^{44}	iẼ^{44}	iẼ^{44}	iẼ^{44}
盐池县	ɕiæn^{13}	ɕiæn^{13}	ɕiæn^{13}	iæn^{44}	iæn^{44}	iæn^{44}	iæn^{44}	iæn^{44}
平罗县（渠口乡）	ɕiæn^{13}	ɕiæn^{13}	ɕiæn^{13}	iæn^{44}	iæn^{44}	iæn^{44}	iæn^{44}	iæn^{44}
阿拉善左旗	ɕiɛi^{213}	ɕiɛi^{213}	ɕiɛi^{213}	iɛi^{44}	iɛi^{44}	iɛi^{44}	iɛi^{44}	iɛi^{44}
乌鲁木齐市	ɕian^{213}	ɕian^{213}	ɕian^{213}	ian^{44}	ian^{44}	ian^{44}	ian^{44}	ian^{44}
阜康市	ɕian^{213}	ɕian^{213}	ɕian^{213}	jian^{55}	jian^{55}	jian^{55}	jian^{55}	jian^{55}
呼图壁县	ɕian^{213}	ɕian^{213}	ɕian^{213}	ian^{44}	ian^{44}	ian^{44}	ian^{44}	ian^{44}
吉木萨尔县	ɕian^{213}	ɕian^{213}	ɕian^{213}	ian^{44}	ian^{44}	ian^{44}	ian^{44}	ian^{44}
奇台县	ɕiɛn^{213}	ɕiɛn^{213}	ɕiɛn^{213}	iɛn^{44}	iɛn^{44}	iɛn^{44}	iɛn^{44}	iɛn^{44}
博乐市	ɕian^{24}	ɕian^{24}	ɕian^{24}	ian^{45}	ian^{45}	ian^{45}	ian^{45}	ian^{45}
阿勒泰市	ɕiɑn^{23}	ɕiɑn^{23}	ɕiɑn^{23}	iɑn^{44}	iɑn^{44}	iɑn^{44}	iɑn^{44}	iɑn^{44}
布尔津县	ɕian^{51}	ɕian^{51}	ɕian^{51}	ian^{44}	ian^{44}	ian^{44}	ian^{44}	ian^{44}
乌苏市	ɕian^{213}	ɕian^{213}	ɕian^{213}	jian^{55}	jian^{55}	jian^{55}	jian^{55}	jian^{55}
额敏县	ɕiɑn^{34}	ɕiɑn^{34}	ɕiɑn^{34}	iɑn^{44}	iɑn^{44}	iɑn^{44}	iɑn^{44}	iɑn^{44}
伊州区	ɕiæ̃^{213}	ɕiæ̃^{213}	ɕiæ̃^{213}	iæ̃^{44}	iæ̃^{44}	iæ̃^{44}	iæ̃^{44}	iæ̃^{44}
巴里坤县	ɕian^{24}	ɕian^{24}	ɕian^{24}	ian^{45}	ian^{45}	ian^{45}	ian^{45}	ian^{45}
伊吾县	ɕiæ̃^{213}	ɕiæ̃^{213}	ɕiæ̃^{213}	iæ̃^{44}	iæ̃^{44}	iæ̃^{44}	iæ̃^{44}	iæ̃^{44}

字目 方中古 音 音 方言点	岩①	炎②	盐③	檐	阎	严	颜	延④
	咸开二平衔疑	咸开三平盐云	咸开三平盐以	咸开三平盐以	咸开三平盐以	咸开三平盐疑	咸开三平删疑	咸开三平仙以
兰州市（城关区）	ian^{51}	ian^{13}	ian^{51}	ian^{51}	ian^{51}	ian^{51}	ian^{51}	ian^{51}
永登县	iæ̃^{53}	iæ̃^{13}	iæ̃^{53}	iæ̃^{53}	iæ̃^{53}	iæ̃^{53}	iæ̃^{53}	iæ̃^{53}
榆中县	ian^{332}	ian^{13}	ian^{332}	ian^{332}	ian^{332}	ian^{332}	ian^{332}	ian^{332}
皋兰县	iæ̃^{53}	iæ̃^{13}	iæ̃^{53}	iæ̃^{53}	iæ̃^{53}	iæ̃^{53}	iæ̃^{53}	iæ̃^{53}
白银区	ian^{51}	ian^{13}	ian^{51}	ian^{51}	ian^{51}	ian^{51}	ian^{51}	ian^{51}
天祝县	ian^{53}	ian^{213}	ian^{53}	ian^{53}	ian^{53}	ian^{53}	ian^{53}	ian^{53}
景泰县（红水镇）	ian^{53}	ian^{213}	ian^{53}	ian^{53}	ian^{53}	ian^{53}	ian^{53}	ian^{53}
古浪县	ʑiæ̃^{53}	ʑiæ̃^{31}	ʑiæ̃^{53}	ʑiæ̃^{53}	ʑiæ̃^{53}	ʑiæ̃^{53}	ʑiæ̃^{53}	ʑiæ̃^{53}
凉州区	iɑŋ^{13}	iɑŋ^{53}	iɑŋ^{13}	iɑŋ^{13}	iɑŋ^{13}	iɑŋ^{13}	iɑŋ^{13}	iɑŋ^{13}
民勤县	il^{53}	il^{42}	il^{53}	il^{53}	il^{53}	il^{53}	il^{53}	il^{53}
永昌县	iɛ̃^{13}	iɛ̃^{53}	iɛ̃^{13}	iɛ̃^{13}	iɛ̃^{13}	iɛ̃^{13}	iɛ̃^{13}	iɛ̃^{13}
甘州区	iaŋ^{53}	iaŋ^{31}	iaŋ^{53}	iaŋ^{53}	iaŋ^{53}	iaŋ^{53}	iaŋ^{53}	iaŋ^{53}
临泽县	iaŋ^{53}	iaŋ^{214}	iaŋ^{53}	iaŋ^{53}	iaŋ^{53}	iaŋ^{53}	iaŋ^{53}	iaŋ^{53}
民乐县	iæ̃i^{53}	iæ̃i^{42}	iæ̃i^{53}	iæ̃i^{53}	iæ̃i^{53}	iæ̃i^{53}	iæ̃i^{53}	iæ̃i^{53}
山丹县	iɛ̃^{53}	iɛ̃^{41}	iɛ̃^{53}	iɛ̃^{53}	iɛ̃^{53}	iɛ̃^{53}	iɛ̃^{53}	iɛ̃^{53}
高台县	iɛ̃^{53}	iɛ̃^{214}	iɛ̃^{53}	iɛ̃^{53}	iɛ̃^{53}	iɛ̃^{53}	iɛ̃^{53}	iɛ̃^{53}
肃州区	ʑiɛ̃^{53}	ʑiɛ̃^{214}	ʑiɛ^{53}	ʑiɛ̃^{53}	ʑiɛ^{53}	ʑiɛ^{53}	ʑiɛ^{53}	ʑiɛ^{53}
金塔县	ʑiɛ̃^{53}	ʑiɛ̃^{13}	ʑiɛ̃^{53}	ʑiɛ̃^{53}	ʑiɛ^{53}	ʑiɛ̃^{53}	ʑiɛ^{53}	ʑiɛ̃^{53}

①又吾含切，咸开一平覃疑。

②又通“倓”，以赡切，咸开三去艳以。

③又以赡切，咸开三去艳以。

④又予线切，（《广韵》作于线切，现据《唐韵》写本改），山开三去线以。

续表

肃北县	iɛ̃53	iɛ̃213	iɛ̃53	iɛ̃53	iɛ53	iɛ̃53	iɛ53	iɛ̃53
玉门市	iɛn53	iɛn213	iɛn53	iɛn53	iɛn53	iɛn53	iɛn53	iɛn53
瓜州县	iɛ̃53	iɛ̃213	iɛ̃53	iɛ̃53	iɛ53	iɛ̃53	iɛ53	iɛ̃53
西夏区	iæn53	iæn13	iæn53	iæn53	iæn53	iæn53	iæn53	iæn53
贺兰县	iæn53	iæn13	iæn53	iæn53	iæn53	iæn53	iæn53	iæn53
灵武市（东塔镇）	iæn52	iæn13	iæn52	iæn52	iæn52	iæn52	iæn52	iæn52
永宁县	ian53	ian13	ian53	ian53	ian53	ian53	ian53	ian53
中宁县	iæ̆53	iæ̆13	iæ̆53	iæ̆53	iæ̆53	iæ̆53	iæ̆53	iæ̆53
沙坡头区	iẼ53	iẼ13	iẼ53	iẼ53	iẼ53	iẼ53	iẼ53	iẼ53
盐池县	iæn13	iæn13	iæn13	iæn13	iæn13	iæn13	iæn13	iæn13
平罗县（渠口乡）	iæn53	iæn13	iæn53	iæn53	iæn53	iæn53	iæn53	iæn53
阿拉善左旗	iɛi51	iɛi213	iɛi51	iɛi51	iɛi51	iɛi51	iɛi51	iɛi51
乌鲁木齐市	ian52	ian213	ian52	ian52	ian52	ian52	ian52	ian52
阜康市	jian51	jian213	jian51	jian51	jian51	jian51	jian51	jian51
呼图壁县	ian51	ian213	ian51	ian51	ian51	ian51	ian51	ian51
吉木萨尔县	ian51	ian213	ian51	ian51	ian51	ian51	ian51	ian51
奇台县	iɛn52	iɛn213	iɛn52	iɛn52	iɛn52	iɛn52	iɛn52	iɛn52
博乐市	ian51	ian24	ian51	ian51	ian51	ian51	ian51	ian51
阿勒泰市	iɑn51	iɑn23	iɑn51	iɑn51	iɑn51	iɑn51	iɑn51	iɑn51
布尔津县	ian51	ian51	ian23	ian23	ian23	ian23	ian23	ian23
乌苏市	jian51	jian213	jian51	jian51	jian51	jian51	jian51	jian51
额敏县	iɑn51	iɑn34	iɑn51	iɑn51	iɑn51	iɑn51	iɑn51	iɑn51
伊州区	iæ̃51	iæ̃213	iæ̃51	iæ̃51	iæ̃51	iæ̃51	iæ̃51	iæ̃51
巴里坤县	ian51	ian24	ian51	ian51	ian51	ian51	ian51	ian51
伊吾县	iæ̃51	iæ̃213	iæ̃51	iæ̃51	iæ̃51	iæ̃51	iæ̃51	iæ̃51

字目 / 中古音 / 方言点	言	研	沿	掩	眼	演	验	厌
	山开三平元疑	山开四平先疑	山合三平仙以	咸开三上琰影	山开二上产疑	山开三上狝以	咸开三去艳疑	咸开三去艳影
兰州市（城关区）	ian^{51}	ian^{51}	ian^{51}	ian^{44}	ian^{44}	ian^{44}	ian^{13}	ian^{13}
永登县	iæ̃^{53}	iæ̃^{53}	iæ̃^{53}	iæ̃^{354}	iæ̃^{354}	iæ̃^{354}	iæ̃^{13}	iæ̃^{13}
榆中县	ian^{53}	ian^{53}	ian^{53}	ian^{44}	ian^{44}	ian^{44}	ian^{13}	ian^{13}
皋兰县	iæ̃^{53}	iæ̃^{53}	iæ̃^{53}	iæ̃^{342}	iæ̃^{342}	iæ̃^{342}	iæ̃^{13}	iæ̃^{13}
白银区	ian^{51}	ian^{51}	ian^{51}	ian^{343}	ian^{343}	ian^{343}	ian^{13}	ian^{13}
天祝县	ian^{53}	ian^{53}	ian^{53}	ian^{44}	ian^{44}	ian^{44}	ian^{213}	ian^{213}
景泰县（红水镇）	ian^{53}	ian^{53}	ian^{53}	ian^{44}	ian^{44}	ian^{44}	ian^{213}	ian^{213}
古浪县	ʑiæ̃^{53}	ʑiæ̃^{53}	ʑiæ̃^{53}	ʑiæ̃^{44}	ʑiæ̃^{44}	ʑiæ̃^{44}	ʑiæ̃^{31}	ʑiæ̃^{31}
凉州区	iɑŋ^{13}	iɑŋ^{13}	iɑŋ^{13}	iɑŋ^{33}	iɑŋ^{33}	iɑŋ^{33}	iɑŋ^{53}	iɑŋ^{53}
民勤县	il^{53}	il^{53}	il^{53}	il^{214}	il^{214}	il^{214}	il^{42}	il^{42}
永昌县	iɛ̃^{13}	iɛ̃^{13}	iɛ̃^{13}	iɛ̃^{13}	iɛ̃^{13}	iɛ̃^{13}	iɛ̃^{53}	iɛ̃^{53}
甘州区	iaŋ^{53}	iaŋ^{53}	iaŋ^{53}	iaŋ^{53}	iaŋ^{53}	iaŋ^{53}	iaŋ^{31}	iaŋ^{31}
临泽县	iaŋ^{53}	iaŋ^{53}	iaŋ^{53}	iaŋ^{53}	iaŋ^{53}	iaŋ^{53}	iaŋ^{214}	iaŋ^{214}
民乐县	iæ̃i^{53}	iæ̃i^{53}	iæ̃i^{53}	iæ̃i^{213}	iæ̃i^{213}	iæ̃i^{213}	iæ̃i^{42}	iæ̃i^{42}
山丹县	iɛ̃^{53}	iɛ̃^{53}	iɛ̃^{53}	iɛ̃^{53}	iɛ̃^{53}	iɛ̃^{53}	iɛ̃^{41}	iɛ̃^{41}
高台县	iɛ̃^{53}	iɛ̃^{53}	iɛ̃^{53}	iɛ̃^{53}	iɛ̃^{53}	iɛ̃^{53}	iɛ̃^{214}	iɛ̃^{214}
肃州区	ʑiɛ̃^{53}	ʑiɛ̃^{53}	ʑiɛ̃^{53}	ʑiɛ̃^{53}	ʑiɛ̃^{53}	ʑiɛ̃^{53}	ʑiɛ̃^{214}	ʑiɛ̃^{214}
金塔县	ʑiɛ̃^{53}	ʑiɛ̃^{53}	ʑiɛ̃^{53}	ʑiɛ̃^{53}	ʑiɛ̃^{53}	ʑiɛ̃^{53}	ʑiɛ̃^{13}	ʑiɛ̃^{13}
肃北县	iɛ̃^{53}	iɛ̃^{53}	iɛ̃^{53}	iɛ̃^{53}	iɛ̃^{53}	iɛ̃^{53}	iɛ̃^{213}	iɛ̃^{213}
玉门市	iɛn^{53}	iɛn^{53}	iɛn^{53}	iɛn^{53}	iɛn^{53}	iɛn^{53}	iɛn^{213}	iɛn^{213}
瓜州县	iɛ̃^{53}	iɛ̃^{53}	iɛ̃^{53}	iɛ̃^{53}	iɛ̃^{53}	iɛ̃^{53}	iɛ̃^{213}	iɛ̃^{213}
西夏区	iæn^{53}	iæn^{53}	iæn^{53}	iæn^{53}	iæn^{53}	iæn^{53}	iæn^{13}	iæn^{13}

续表

贺兰县	iæn^{53}	iæn^{53}	iæn^{53}	iæn^{53}	iæn^{53}	iæn^{53}	iæn^{13}	iæn^{13}
灵武市（东塔镇）	iæn^{52}	iæn^{52}	iæn^{52}	iæn^{52}	iæn^{52}	iæn^{52}	iæn^{13}	iæn^{13}
永宁县	ian^{53}	ian^{53}	ian^{53}	ian^{53}	ian^{53}	ian^{53}	ian^{13}	ian^{13}
中宁县	iæ^{53}	iæ^{53}	iæ^{53}	iæ^{53}	iæ^{53}	iæ^{53}	iæ^{13}	iæ^{13}
沙坡头区	iẼ^{53}	iẼ^{53}	iẼ^{53}	iẼ^{53}	iẼ^{53}	iẼ^{53}	iẼ^{13}	iẼ^{13}
盐池县	iæn^{13}	iæn^{13}	iæn^{13}	iæn^{52}	iæn^{52}	iæn^{52}	iæn^{13}	iæn^{13}
平罗县（渠口乡）	iæn^{53}	iæn^{53}	iæn^{53}	iæn^{53}	iæn^{53}	iæn^{53}	iæn^{13}	iæn^{13}
阿拉善左旗	iɛi^{51}	iɛi^{51}	ian^{51}	iɛi^{51}	iɛi^{51}	iɛi^{51}	iɛi^{213}	iɛi^{213}
乌鲁木齐市	ian^{52}	ian^{52}	ian^{52}	ian^{52}	ian^{52}	ian^{52}	ian^{213}	ian^{213}
阜康市	jian^{51}	jian^{51}	jian^{51}	jian^{51}	jian^{51}	jian^{51}	jian^{213}	jian^{213}
呼图壁县	ian^{51}	ian^{51}	ian^{51}	ian^{51}	ian^{51}	ian^{51}	ian^{213}	ian^{213}
吉木萨尔县	ian^{51}	ian^{51}	ian^{51}	ian^{51}	ian^{51}	ian^{51}	ian^{213}	ian^{213}
奇台县	iɛn^{52}	iɛn^{52}	iɛn^{52}	iɛn^{52}	iɛn^{52}	iɛn^{52}	iɛn^{213}	iɛn^{213}
博乐市	ian^{51}	ian^{51}	ian^{51}	ian^{51}	ian^{51}	ian^{51}	ian^{24}	ian^{24}
阿勒泰市	iɑn^{51}	iɑn^{51}	iɑn^{51}	iɑn^{51}	iɑn^{51}	iɑn^{51}	iɑn^{23}	iɑn^{23}
布尔津县	ian^{23}	ian^{23}	ian^{23}	ian^{23}	ian^{23}	ian^{23}	ian^{51}	ian^{51}
乌苏市	jian^{51}	jian^{51}	jian^{51}	jian^{51}	jian^{51}	jian^{51}	jian^{213}	jian^{213}
额敏县	iɑn^{51}	iɑn^{51}	iɑn^{51}	iɑn^{51}	iɑn^{51}	iɑn^{51}	iɑn^{34}	iɑn^{34}
伊州区	iæ̃^{51}	iæ̃^{51}	iæ̃^{51}	iæ̃^{51}	iæ̃^{51}	iæ̃^{51}	iæ̃^{213}	iæ̃^{213}
巴里坤县	ian^{51}	ian^{51}	ian^{51}	ian^{51}	ian^{51}	ian^{51}	ian^{24}	ian^{24}
伊吾县	iæ̃^{51}	iæ̃^{51}	iæ̃^{51}	iæ̃^{51}	iæ̃^{51}	iæ̃^{51}	iæ̃^{213}	iæ̃^{213}

字目 / 中古音 / 方言点	艳	雁	晏①	谚	砚	燕 燕子	咽 吞咽	宴② 宴会
	咸开三去艳以	山开二去谏疑	山开二去谏影	山开三去线疑	山开四去霰疑	山开四去霰影	山开四去霰影	山开四去霰影
兰州市（城关区）	ian^{13}	ian^{13}	ian^{13}	ian^{13}	ian^{13}	ian^{13}	ian^{13}	ian^{13}
永登县	iæ̃^{13}	iæ̃^{13}	iæ̃^{13}	iæ̃^{13}	iæ̃^{13}	iæ̃^{13}	iæ̃^{13}	iæ̃^{13}
榆中县	iæ^{13}	iæ^{13}	iæ^{13}	iæ^{13}	iæ^{13}	iæ^{13}	iæ^{13}	iæ^{13}
皋兰县	iæ̃^{13}	iæ̃^{13}	iæ̃^{13}	iæ̃^{13}	iæ̃^{13}	iæ̃^{13}	iæ̃^{13}	iæ̃^{13}
白银区	ian^{13}	ian^{13}	ian^{13}	ian^{13}	ian^{13}	ian^{13}	ian^{13}	ian^{13}
天祝县	ian^{213}	ian^{213}	ian^{213}	ian^{213}	ian^{213}	ian^{213}	ian^{213}	ian^{213}
景泰县（红水镇）	ian^{213}	ian^{213}	ian^{213}	ian^{213}	ian^{213}	ian^{213}	ian^{213}	ian^{213}
古浪县	ʑiæ̃^{31}	ʑiæ̃^{31}	ʑiæ̃^{31}	ʑiæ̃^{31}	ʑiæ̃^{31}	ʑiæ̃^{31}	ʑiæ̃^{31}	ʑiæ̃^{31}
凉州区	iɑŋ^{53}	iɑŋ^{53}	iɑŋ^{53}	iɑŋ^{53}	iɑŋ^{53}	iɑŋ^{53}	iɑŋ^{53}	iɑŋ^{53}
民勤县	il^{42}	il^{42}	il^{42}	il^{42}	il^{42}	il^{42}	il^{42}	il^{42}
永昌县	iɛ̃^{53}	iɛ̃^{53}	iɛ̃^{53}	iɛ̃^{53}	iɛ̃^{53}	iɛ̃^{53}	iɛ̃^{53}	iɛ̃^{53}
甘州区	iaŋ^{31}	iaŋ^{31}	iaŋ^{31}	iaŋ^{31}	iaŋ^{31}	iaŋ^{31}	iaŋ^{31}	iaŋ^{31}
临泽县	iaŋ^{214}	iaŋ^{214}	iaŋ^{214}	iaŋ^{214}	iaŋ^{214}	iaŋ^{214}	iaŋ^{214}	iaŋ^{214}
民乐县	iæ̃i^{42}	iæ̃i^{42}	iæ̃i^{42}	iæ̃i^{42}	iæ̃i^{42}	iæ̃i^{42}	iæ̃i^{42}	iæ̃i^{42}
山丹县	iɛ̃^{41}	iɛ̃^{41}	iɛ̃^{41}	iɛ̃^{41}	iɛ̃^{41}	iɛ̃^{41}	iɛ̃^{41}	iɛ̃^{41}
高台县	iɛ̃^{214}	iɛ̃^{214}	iɛ̃^{214}	iɛ̃^{214}	iɛ̃^{214}	iɛ̃^{214}	iɛ̃^{214}	iɛ̃^{214}
肃州区	ʑiɛ̃^{214}	ʑiɛ̃^{214}	ʑiɛ̃^{214}	ʑiɛ̃^{214}	ʑiɛ̃^{214}	ʑiɛ̃^{214}	ʑiɛ̃^{214}	ʑiɛ̃^{214}
金塔县	ʑiɛ̃^{13}	ʑiɛ̃^{13}	ʑiɛ̃^{13}	ʑiɛ̃^{13}	ʑiɛ̃^{13}	ʑiɛ̃^{13}	ʑiɛ̃^{13}	ʑiɛ̃^{13}
肃北县	iɛ̃^{213}	iɛ̃^{213}	iɛ̃^{213}	iɛ̃^{213}	iɛ̃^{213}	iɛ̃^{213}	iɛ̃^{213}	iɛ̃^{213}
玉门市	iɛn^{213}	iɛn^{213}	iɛn^{213}	iɛn^{213}	iɛn^{213}	iɛn^{213}	iɛn^{213}	iɛn^{213}

①又乌旰切，山开一去翰影。

②又於殄切，山开四上铣影。

续表

瓜州县	iɛ̃²¹³	iɛ̃²¹³	iɛ̃²¹³	iɛ̃²¹³	iɛ̃²¹³	iɛ̃²¹³	iɛ̃²¹³	iɛ̃²¹³
西夏区	iæn¹³	iæn¹³	iæn¹³	iæn¹³	iæn¹³	iæn¹³	iæn¹³	iæn¹³
贺兰县	iæn¹³	iæn¹³	iæn¹³	iæn¹³	iæn¹³	iæn¹³	iæn¹³	iæn¹³
灵武市（东塔镇）	iæn¹³	iæn¹³	iæn¹³	iæn¹³	iæn¹³	iæn¹³	iæn¹³	iæn¹³
永宁县	ian¹³	ian¹³	ian¹³	ian¹³	ian¹³	ian¹³	ian¹³	ian¹³
中宁县	iæ̃¹³	iæ̃¹³	iæ̃¹³	iæ̃¹³	iæ̃¹³	iæ̃¹³	iæ̃¹³	iæ̃¹³
沙坡头区	iẼ¹³	iẼ¹³	iẼ¹³	iẼ¹³	iẼ¹³	iẼ¹³	iẼ¹³	iẼ¹³
盐池县	iæn¹³	iæn¹³	iæn¹³	iæn¹³	iæn¹³	iæn¹³	iæn¹³	iæn¹³
平罗县（渠口乡）	iæn¹³	iæn¹³	iæn¹³	iæn¹³	iæn¹³	iæn¹³	iæn¹³	iæn¹³
阿拉善左旗	iɛi²¹³	iɛi²¹³	iɛi²¹³	iɛi²¹³	iɛi²¹³	iɛi²¹³	iɛi²¹³	iɛi²¹³
乌鲁木齐市	ian²¹³	ian²¹³	ian²¹³	ian²¹³	ian²¹³	ian²¹³	ian²¹³	ian²¹³
阜康市	jian²¹³	jian²¹³	jian²¹³	jian²¹³	jian²¹³	jian²¹³	jian²¹³	jian²¹³
呼图壁县	ian²¹³	ian²¹³	ian²¹³	ian²¹³	ian²¹³	ian²¹³	ian²¹³	ian²¹³
吉木萨尔县	ian²¹³	ian²¹³	ian²¹³	ian²¹³	ian²¹³	ian²¹³	ian²¹³	ian²¹³
奇台县	iɛn²¹³	iɛn²¹³	iɛn²¹³	iɛn²¹³	iɛn²¹³	iɛn²¹³	iɛn²¹³	iɛn²¹³
博乐市	ian²⁴	ian²⁴	ian²⁴	ian²⁴	ian²⁴	ian²⁴	ian²⁴	ian²⁴
阿勒泰市	iɑn²³	iɑn²³	iɑn²³	iɑn²³	iɑn²³	iɑn²³	iɑn²³	iɑn²³
布尔津县	ian⁵¹	ian⁵¹	ian⁵¹	ian⁵¹	ian⁵¹	ian⁵¹	ian⁵¹	ian⁵¹
乌苏市	jian²¹³	jian²¹³	jian²¹³	jian²¹³	jian²¹³	jian²¹³	jian²¹³	jian²¹³
额敏县	iɑn³⁴	iɑn³⁴	iɑn³⁴	iɑn³⁴	iɑn³⁴	iɑn³⁴	iɑn³⁴	iɑn³⁴
伊州区	iæ̃²¹³	iæ̃²¹³	iæ̃²¹³	iæ̃²¹³	iæ̃²¹³	iæ̃²¹³	iæ̃²¹³	iæ̃²¹³
巴里坤县	ian²⁴	ian²⁴	ian²⁴	ian²⁴	ian²⁴	ian²⁴	ian²⁴	ian²⁴
伊吾县	iæ̃²¹³	iæ̃²¹³	iæ̃²¹³	iæ̃²¹³	iæ̃²¹³	iæ̃²¹³	iæ̃²¹³	iæ̃²¹³

字目 / 方音 中古音 / 方言点	端	短	断 决断	锻	断① 断绝	段	缎	团
中古音	山合一平桓端	山合一上缓端	山合一去换端	山合一去换端	山合一上缓定	山合一去换定	山合一去换定	山合一平桓定
兰州市（城关区）	tuan^{53}	tuan^{44}	tuan^{13}	tuan^{13}	tuan^{13}	tuan^{13}	tuan^{13}	tʻuan^{51}
永登县	tuæ̃^{42}	tuæ̃^{354}	tuæ̃^{13}	tuæ̃^{13}	tuæ̃^{13}	tuæ̃^{13}	tuæ̃^{13}	tʻuæ̃^{53}
榆中县	tuan^{51}	tuan^{44}	tuan^{13}	tuan^{13}	tuan^{13}	tuan^{13}	tuan^{13}	tʻuan^{51}
皋兰县	tuæ̃^{42}	tuæ̃^{354}	tuæ̃^{13}	tuæ̃^{13}	tuæ̃^{13}	tuæ̃^{13}	tuæ̃^{13}	tʻuæ̃^{53}
白银区	tuan^{44}	tuan^{343}	tuan^{13}	tuan^{13}	tuan^{13}	tuan^{13}	tuan^{13}	tʻuan^{51}
天祝县	tuan^{51}	tuan^{44}	tuan^{213}	tuan^{213}	tuan^{213}	tuan^{213}	tuan^{213}	tʻuan^{53}
景泰县（红水镇）	tuan^{51}	tuan^{44}	tuan^{213}	tuan^{213}	tuan^{213}	tuan^{213}	tuan^{213}	tʻuan^{53}
古浪县	tuæ̃^{44}	tuæ̃^{44}	tuæ̃^{31}	tuæ̃^{31}	tuæ̃^{31}	tuæ̃^{31}	tuæ̃^{31}	tʻuæ̃^{53}
凉州区	tuaŋ^{33}	tuaŋ^{33}	tuaŋ^{53}	tuaŋ^{53}	tuaŋ^{53}	tuaŋ^{53}	tuaŋ^{53}	tʻuaŋ^{13}
民勤县	tuɛi^{44}	tuɛi^{214}	tuɛi^{42}	tuɛi^{42}	tuɛi^{42}	tuɛi^{42}	tuɛi^{42}	tʻuɛi^{53}
永昌县	tuɛe^{44}	tuɛe^{13}	tuɛe^{53}	tuɛe^{53}	tuɛe^{53}	tuɛe^{53}	tuɛe^{53}	tʻuɛe^{13}
甘州区	tuaŋ^{44}	tuaŋ^{53}	tuaŋ^{31}	tuaŋ^{31}	tuaŋ^{31}	tuaŋ^{31}	tuaŋ^{31}	tʻuaŋ^{53}
临泽县	tuaŋ^{44}	tuaŋ^{53}	tuaŋ^{214}	tuaŋ^{214}	tuaŋ^{214}	tuaŋ^{214}	tuaŋ^{214}	tʻuaŋ^{53}
民乐县	tuæ̃i^{44}	tuæ̃i^{213}	tuæ̃i^{42}	tuæ̃i^{42}	tuæ̃i^{42}	tuæ̃i^{42}	tuæ̃i^{42}	tʻuæ̃i^{53}
山丹县	tuɛ̃^{24}	tuɛ̃^{53}	tuɛ̃^{41}	tuɛ̃^{41}	tuɛ̃^{41}	tuɛ̃^{41}	tuɛ̃^{41}	tʻuɛ̃^{53}
高台县	tuan^{44}	tuan^{53}	tuan^{214}	tuan^{214}	tuan^{214}	tuan^{214}	tuan^{214}	tʻuan^{53}
肃州区	tuã^{44}	tuã^{53}	tuã^{214}	tuã^{214}	tuã^{214}	tuã^{214}	tuã^{214}	tʻuã^{53}
金塔县	tuã^{44}	tuã^{53}	tuã^{13}	tuã^{13}	tuã^{13}	tuã^{13}	tuã^{13}	tʻuã^{53}
肃北县	tuan^{44}	tuan^{53}	tuan^{213}	tuan^{213}	tuan^{213}	tuan^{213}	tuan^{213}	tʻuan^{53}
玉门市	tuan^{44}	tuan^{53}	tuan^{213}	tuan^{213}	tuan^{213}	tuan^{213}	tuan^{213}	tʻuan^{53}
瓜州县	tuan^{44}	tuan^{53}	tuan^{213}	tuan^{213}	tuan^{213}	tuan^{213}	tuan^{213}	tʻuan^{53}

①又都管切，山合一上缓端；徒玩切，山合一去换定。

续表

西夏区	tuæn^{44}	tuæn^{53}	tuæn^{13}	tuæn^{13}	tuæn^{13}	tuæn^{13}	tuæn^{13}	tʻuæn^{53}
贺兰县	tuæn^{44}	tuæn^{53}	tuæn^{13}	tuæn^{13}	tuæn^{13}	tuæn^{13}	tuæn^{13}	tʻuæn^{53}
灵武市（东塔镇）	tuæn^{44}	tuæn^{52}	tuæn^{13}	tuæn^{13}	tuæn^{13}	tuæn^{13}	tuæn^{13}	tʻuæn^{52}
永宁县	tuan^{44}	tuan^{53}	tuan^{13}	tuan^{13}	tuan^{13}	tuan^{13}	tuan^{13}	tʻuan^{53}
中宁县	tuæ̆^{44}	tuæ̆^{53}	tuæ̆^{13}	tuæ̆^{13}	tuæ̆^{13}	tuæ̆^{13}	tuæ̆^{13}	tʻuæ̆^{53}
沙坡头区	tiẼ^{44}	tiẼ^{53}	tiẼ^{13}	tiẼ^{13}	tiẼ^{13}	tiẼ^{13}	tiẼ^{13}	tʻiẼ^{53}
盐池县	tuæn^{44}	tuæn^{52}	tuæn^{13}	tuæn^{13}	tuæn^{13}	tuæn^{13}	tuæn^{13}	tʻuæn^{13}
平罗县（渠口乡）	tuæn^{44}	tuæn^{53}	tuæn^{13}	tuæn^{13}	tuæn^{13}	tuæn^{13}	tuæn^{13}	tʻuæn^{53}
阿拉善左旗	tuɛi^{44}	tuɛi^{51}	tuɛi^{213}	tuɛi^{213}	tuɛi^{213}	tuɛi^{213}	tuɛi^{213}	tʻuɛi^{51}
乌鲁木齐市	tuan^{44}	tuan^{52}	tuan^{213}	tuan^{213}	tuan^{213}	tuan^{213}	tuan^{213}	tʻuan^{52}
阜康市	tuan^{55}	tuan^{51}	tuan^{213}	tuan^{213}	tuan^{213}	tuan^{213}	tuan^{213}	tʻuan^{51}
呼图壁县	tuan^{44}	tuan^{51}	tuan^{213}	tuan^{213}	tuan^{213}	tuan^{213}	tuan^{213}	tʻuan^{51}
吉木萨尔县	tuan^{44}	tuan^{51}	tuan^{213}	tuan^{213}	tuan^{213}	tuan^{213}	tuan^{213}	tʻuan^{51}
奇台县	tuan^{44}	tuan^{52}	tuan^{213}	tuan^{213}	tuan^{213}	tuan^{213}	tuan^{213}	tʻuan^{52}
博乐市	tuan^{45}	tuan^{51}	tuan^{24}	tuan^{24}	tuan^{24}	tuan^{24}	tuan^{24}	tʻuan^{51}
阿勒泰市	tuɑn^{44}	tuɑn^{51}	tuɑn^{23}	tuɑn^{23}	tuɑn^{23}	tuɑn^{23}	tuɑn^{23}	tʻuɑn^{51}
布尔津县	tuan^{44}	tuan^{23}	tuan^{51}	tuan^{51}	tuan^{51}	tuan^{51}	tuan^{51}	tʻuan^{23}
乌苏市	tuan^{55}	tuan^{51}	tuan^{213}	tuan^{213}	tuan^{213}	tuan^{213}	tuan^{213}	tʻuan^{51}
额敏县	tuɑn^{44}	tuɑn^{51}	tuɑn^{34}	tuɑn^{34}	tuɑn^{34}	tuɑn^{34}	tuɑn^{34}	tʻuɑn^{51}
伊州区	tuæ̃^{44}	tuæ̃^{51}	tuæ̃^{213}	tuæ̃^{213}	tuæ̃^{213}	tuæ̃^{213}	tuæ̃^{213}	tʻuæ̃^{51}
巴里坤县	tuan^{45}	tuan^{51}	tuan^{24}	tuan^{24}	tuan^{24}	tuan^{24}	tuan^{24}	tʻuan^{51}
伊吾县	tuæ̃^{44}	tuæ̃^{51}	tuæ̃^{213}	tuæ̃^{213}	tuæ̃^{213}	tuæ̃^{213}	tuæ̃^{213}	tʻuæ̃^{51}

字目 / 中古音 / 方音 / 方言点	暖	鸾	卵①	乱	钻② 钻洞	钻 钻子	篡	酸
	山合一 上缓泥	山合一 平桓来	山合一 上缓来	山合一 去换来	山合一 平桓精	山合一 去换精	山合二 去谏初	山合一 去桓心
兰州市 （城关区）	luan^{44}	luan^{51}	luan^{44}	luan^{13}	tsuan^{53}	tsuan^{13}	tsʻuan^{13}	suan^{53}
永登县	nuæ̃^{354}	luæ̃^{53}	luæ̃^{354}	luæ̃^{13}	tsuæ̃^{42}	tsuæ̃^{13}	tsʻuæ̃^{13}	suæ̃^{42}
榆中县	luan^{44}	luan^{51}	luan^{44}	luan^{13}	tsuan^{51}	tsuan^{13}	tsʻuan^{13}	suan^{51}
皋兰县	nuæ̃^{342}	luæ̃^{53}	luæ̃^{342}	luæ̃^{13}	tsuæ̃^{42}	tsuæ̃^{13}	tsʻuæ̃^{13}	suæ̃^{42}
白银区	luan^{343}	luan^{51}	luan^{343}	luan^{13}	tsuan^{44}	tsuan^{13}	tsʻuan^{13}	suan^{44}
天祝县	luan^{44}	luan^{53}	luan^{44}	luan^{213}	tsuan^{44}	tsuan^{213}	tsʻuan^{213}	suan^{44}
景泰县 （红水镇）	luan^{44}	luan^{53}	luan^{44}	luan^{213}	tsuan^{44}	tsuan^{213}	tsʻuan^{213}	suan^{44}
古浪县	nuæ̃^{44}	luæ̃^{53}	luæ̃^{44}	luæ̃^{31}	tsuæ̃^{44}	tsuæ̃^{31}	tsʻuæ̃^{31}	suæ̃^{44}
凉州区	nuɑŋ^{33}	luɑŋ^{13}	luɑŋ^{33}	luɑŋ^{53}	tsuɑŋ^{33}	tsuɑŋ^{53}	tsʻuɑŋ^{53}	suɑŋ^{33}
民勤县	nuɛi^{214}	luɛi^{53}	luɛi^{214}	luɛi^{42}	tsuɛi^{44}	tsuɛi^{42}	tsʻuɛi^{42}	suɛi^{44}
永昌县	nuɛe^{13}	luɛe^{13}	luɛe^{13}	luɛe^{53}	tsuɛe^{44}	tsuɛe^{53}	tsʻuɛe^{53}	suɛe^{44}
甘州区	nuaŋ^{53}	luaŋ^{53}	luaŋ^{53}	luaŋ^{31}	tsuaŋ^{44}	tsuaŋ^{31}	tsʻuaŋ^{31}	suaŋ^{44}
临泽县	nuaŋ^{53}	luaŋ^{53}	luaŋ^{53}	luaŋ^{214}	tsuaŋ^{44}	tsuaŋ^{214}	tsʻuaŋ^{214}	suaŋ^{44}
民乐县	nuæ̃i^{213}	luæ̃i^{53}	luæ̃i^{213}	luæ̃i^{42}	tsuæ̃i^{44}	tsuæ̃i^{42}	tsʻuæ̃i^{42}	suæ̃i^{44}
山丹县	nuɛ̃^{53}	luɛ̃^{53}	luɛ̃^{53}	luɛ̃^{41}	tsuɛ̃^{24}	tsuɛ̃^{41}	tsʻuɛ̃^{41}	suɛ̃^{24}
高台县	nuan^{53}	luan^{53}	luan^{53}	luan^{214}	tsuan^{44}	tsuan^{214}	tsʻuan^{214}	suan^{44}
肃州区	nuã^{53}	luã^{53}	luã^{53}	luã^{214}	tsuã^{44}	tsuã^{214}	tsʻuã^{214}	suã^{44}
金塔县	nuã^{53}	luã^{53}	luã^{53}	luã^{13}	tsuã^{44}	tsuã^{13}	tsʻuã^{13}	suã^{44}
肃北县	nuan^{53}	luan^{53}	luan^{53}	luan^{213}	tsuan^{44}	tsuan^{213}	tsʻuan^{213}	suan^{44}
玉门市	nuan^{53}	luan^{53}	luan^{53}	luan^{213}	tsuan^{44}	tsuan^{213}	tsʻuan^{213}	suan^{44}

①又郎果切，果合一上果来。

②又祖算切，山合一去换精。

续表

瓜州县	nuan^{53}	luan^{53}	luan^{53}	luan^{213}	tsuan^{44}	tsuan^{213}	tsʻuan^{213}	suan^{44}
西夏区	nuæn^{53}	luæn^{53}	luæn^{53}	luæn^{13}	tsuæn^{44}	tsuæn^{13}	tsʻuæn^{13}	suæn^{44}
贺兰县	nuæn^{53}	luæn^{53}	luæn^{53}	luæn^{13}	tsuæn^{44}	tsuæn^{13}	tsʻuæn^{13}	suæn^{44}
灵武市（东塔镇）	nuæn^{52}	luæn^{52}	luæn^{52}	luæn^{13}	tsuæn^{44}	tsuæn^{13}	tsʻuæn^{13}	suæn^{44}
永宁县	nuan^{53}	luan^{53}	luan^{53}	luan^{13}	tsuan^{44}	tsuan^{13}	tsʻuan^{13}	suan^{44}
中宁县	nuæ̃^{53}	luæ̃^{53}	luæ̃^{53}	luæ̃^{13}	tsuæ̃^{44}	tsuæ̃^{13}	tsʻuæ̃^{13}	suæ̃^{44}
沙坡头区	nuãi^{53}	luãi^{53}	luan^{53}	luãi^{13}	tsuãi^{44}	tsuãi^{13}	tsʻuãi^{13}	suãi^{44}
盐池县	nuæn^{52}	luæn^{13}	luæn^{52}	luæn^{13}	tsuæn^{44}	tsuæn^{13}	tsʻuæn^{13}	suæn^{44}
平罗县（渠口乡）	nuæn^{53}	luæn^{53}	luæn^{53}	luæn^{13}	tsuæn^{44}	tsuæn^{13}	tsʻuæn^{13}	suæn^{44}
阿拉善左旗	luɛi^{51}	luɛi^{51}	luɛi^{51}	luɛi^{213}	tsuɛi^{44}	tsuɛi^{213}	tsʻuɛi^{213}	suɛi^{44}
乌鲁木齐市	luan^{52}	luan^{52}	luan^{52}	luan^{213}	tsuan^{44}	tsuan^{213}	tsʻuan^{213}	suan^{44}
阜康市	luan^{51}	luan^{51}	luan^{51}	luan^{213}	tsuan^{55}	tsuan^{213}	tsʻuan^{213}	suan^{55}
呼图壁县	luan^{51}	luan^{51}	luan^{51}	luan^{213}	tsuan^{44}	tsuan^{213}	tsʻuan^{213}	suan^{44}
吉木萨尔县	luan^{51}	luan^{51}	luan^{51}	luan^{213}	tsuan^{44}	tsuan^{213}	tsʻuan^{213}	suan^{44}
奇台县	luan^{52}	luan^{52}	luan^{52}	luan^{213}	tsuan^{44}	tsuan^{213}	tsʻuan^{213}	suan^{44}
博乐市	luan^{51}	luan^{51}	luan^{51}	luan^{24}	tsuan^{45}	tsuan^{24}	tsʻuan^{24}	suan^{45}
阿勒泰市	luɑn^{51}	luɑn^{51}	luɑn^{51}	luɑn^{23}	tsuɑn^{44}	tsuɑn^{23}	tsʻuɑn^{23}	suɑn^{44}
布尔津县	luan^{23}	luan^{23}	luan^{23}	luan^{51}	tsuan^{44}	tsuan^{51}	tsʻuan^{51}	suan^{44}
乌苏市	luan^{51}	luan^{51}	luan^{51}	luan^{213}	tsuan^{55}	tsuan^{213}	tsʻuan^{213}	suan^{55}
额敏县	luɑn^{51}	luɑn^{51}	luɑn^{51}	luɑn^{34}	tsuɑn^{44}	tsuɑn^{34}	tsʻuɑn^{34}	suɑn^{44}
伊州区	luæ̃^{51}	luæ̃^{51}	luæ̃^{51}	luæ̃^{213}	tsuæ̃^{44}	tsuæ̃^{213}	tsʻuæ̃^{213}	suæ̃^{44}
巴里坤县	luan^{51}	luan^{51}	luan^{51}	luan^{24}	tsuan^{45}	tsuan^{24}	tsʻuan^{24}	suan^{45}
伊吾县	luæ̃^{51}	luæ̃^{51}	luæ̃^{51}	luæ̃^{213}	tsuæ̃^{44}	tsuæ̃^{213}	tsʻuæ̃^{213}	suæ̃^{44}

字目 / 中古音 / 方言点	算	蒜	专	砖	转 转变	赚 赚钱	转① 转动	篆
	山合一去换心	山合一去换心	山合三平仙章	山合三平仙章	山合三上狝知	咸开二去陷澄	山合三去线知	山合三上狝澄
兰州市（城关区）	suan^{13}	suan^{13}	pfan^{53}	pfan^{53}	pfan^{44}	pfan^{13}	pfan^{13}	pfan^{13}
永登县	suæ̃^{13}	suæ̃^{13}	pfæ̃^{42}	pfæ̃^{42}	pfæ̃^{354}	pfæ̃^{13}	pfæ̃^{13}	pfæ̃^{13}
榆中县	suan^{13}	suan^{13}	tʂuan^{51}	tʂuan^{51}	tʂuan^{44}	tʂuan^{13}	tʂuan^{13}	tʂuan^{13}
皋兰县	suæ̃^{13}	suæ̃^{13}	pfæ̃^{42}	pfæ̃^{42}	pfæ̃^{342}	pfæ̃^{13}	pfæ̃^{13}	pfæ̃^{13}
白银区	suan^{13}	suan^{13}	pfan^{44}	pfan^{44}	pfan^{343}	pfan^{13}	pfan^{13}	pfan^{13}
天祝县	suan^{213}	suan^{213}	tʂuan^{53}	tʂuan^{53}	tʂuan^{44}	tʂuan^{213}	tʂuan^{213}	tʂuan^{213}
景泰县（红水镇）	suan^{213}	suan^{213}	tʂuan^{53}	tʂuan^{53}	tʂuan^{44}	tʂuan^{213}	tʂuan^{213}	tʂuan^{213}
古浪县	suæ̃^{31}	suæ̃^{31}	tʂuæ̃^{44}	tʂuæ̃^{44}	tʂuæ̃^{44}	tʂuæ̃^{31}	tʂuæ̃^{31}	tʂuæ̃^{31}
凉州区	suɑŋ^{53}	suɑŋ^{53}	tʂuɑŋ^{33}	tʂuɑŋ^{33}	tʂuɑŋ^{33}	tʂuɑŋ^{53}	tʂuɑŋ^{53}	tʂuɑŋ^{53}
民勤县	suɛi^{42}	suɛi^{42}	tʂuɛi^{44}	tʂuɛi^{44}	tʂuɛi^{214}	tʂuɛi^{42}	tʂuɛi^{42}	tʂuɛi^{42}
永昌县	suɛe^{53}	suɛe^{53}	tʂuɛe^{44}	tʂuɛe^{44}	tʂuɛe^{13}	tʂuɛe^{53}	tʂuɛe^{53}	tʂuɛe^{53}
甘州区	suaŋ^{31}	suaŋ^{31}	kuaŋ^{44}	kuaŋ^{44}	kuaŋ^{53}	kuaŋ^{31}	kuaŋ^{31}	tʂuaŋ^{31}
临泽县	suaŋ^{214}	suaŋ^{214}	pfuaŋ^{44}	pfuaŋ^{44}	pfuaŋ^{53}	pfuaŋ^{214}	pfuaŋ^{214}	pfuaŋ^{214}
民乐县	suæ̃i^{42}	suæ̃i^{42}	kfuæ̃i^{44}	kfuæ̃i^{44}	kfuæ̃i^{214}	kfuæ̃i^{42}	kfuæ̃i^{42}	kfuæ̃i^{42}
山丹县	suɛ̃^{41}	suɛ̃^{41}	pfuɛ̃^{24}	pfuɛ̃^{24}	pfuɛ̃^{53}	pfuɛ̃^{41}	pfuɛ̃^{41}	pfuɛ̃^{41}
高台县	suan^{214}	suan^{214}	kuan^{44}	kuan^{44}	kuan^{53}	kuan^{214}	kuan^{214}	kuan^{214}
肃州区	suã^{214}	suã^{214}	tʂuã^{44}	tʂuã^{44}	tʂuã^{53}	tʂuã^{214}	tʂuã^{214}	tʂuã^{214}
金塔县	suã^{13}	suã^{13}	tʂuã^{44}	tʂuã^{44}	tʂuã^{53}	tʂuã^{13}	tʂuã^{313}	tʂua^{13}
肃北县	suan^{213}	suan^{213}	tʂuan^{44}	tʂuan^{44}	tʂuan^{53}	tʂuan^{213}	tʂuan^{213}	tʂuan^{213}
玉门市	suan^{213}	suan^{213}	tʂuan^{44}	tʂuan^{44}	tʂuan^{53}	tʂuan^{213}	tʂuan^{213}	tʂuan^{213}
瓜州县	suan^{213}	suan^{213}	tʂuan^{44}	tʂuan^{44}	tʂuan^{53}	tʂuan^{213}	tʂuan^{213}	tʂuan^{213}

①又陟兖切，山合一上狝知。

续表

西夏区	suæn^{13}	suæn^{13}	tʂuæn^{44}	tʂuæn^{44}	tʂuæn^{53}	tʂuæn^{13}	tʂuæn^{13}	tʂuæn^{13}
贺兰县	suæn^{13}	suæn^{13}	tʂuæn^{44}	tʂuæn^{44}	tʂuæn^{53}	tʂuæn^{13}	tʂuæn^{13}	tʂuæn^{13}
灵武市（东塔镇）	suæn^{13}	suæn^{13}	tʂuæn^{44}	tʂuæn^{44}	tʂuæn^{52}	tʂuæn^{13}	tʂuæn^{13}	tʂuæn^{13}
永宁县	suan^{13}	suan^{13}	tʂuan^{44}	tʂuan^{44}	tʂuan^{53}	tʂuan^{13}	tʂuan^{13}	tʂuan^{13}
中宁县	suæ̃^{13}	suæ̃^{13}	tʂuæ̃^{44}	tʂuæ̃^{44}	tʂuæ̃^{53}	tʂuæ̃^{13}	tʂuæ̃^{13}	tʂuæ̃^{13}
沙坡头区	suãi^{13}	suãi^{13}	tʂuãi^{44}	tʂuãi^{44}	tʂuãi^{53}	tʂuãi^{13}	tʂuãi^{13}	tʂuãi^{13}
盐池县	suæn^{13}	suæn^{13}	tʂuæn^{44}	tʂuæn^{44}	tʂuæn^{52}	tʂuæn^{13}	tʂuæn^{13}	tʂuæn^{13}
平罗县（渠口乡）	suæn^{13}	suæn^{13}	tʂuæn^{44}	tʂuæn^{44}	tʂuæn^{53}	tʂuæn^{13}	tʂuæn^{13}	tʂuæn^{13}
阿拉善左旗	suɛi^{213}	suɛi^{213}	tʂuɛi^{44}	tʂuɛi^{44}	tʂuɛi^{51}	tʂuɛi^{213}	tʂuɛi^{213}	tʂuɛi^{213}
乌鲁木齐市	suan^{213}	suan^{213}	tʂuan^{44}	tʂuan^{44}	tʂuan^{52}	tʂuan^{213}	tʂuan^{213}	tʂuan^{213}
阜康市	suan^{213}	suan^{213}	tʂuan^{55}	tʂuan^{55}	tʂuan^{51}	tʂuan^{213}	tʂuan^{213}	tʂuan^{213}
呼图壁县	suan^{213}	suan^{213}	tʂuan^{44}	tʂuan^{44}	tʂuan^{51}	tʂuan^{213}	tʂuan^{213}	tʂuan^{213}
吉木萨尔县	suan^{213}	suan^{213}	tʂuan^{44}	tʂuan^{44}	tʂuan^{51}	tʂuan^{213}	tʂuan^{213}	tʂuan^{213}
奇台县	suan^{213}	suan^{213}	tʂuan^{44}	tʂuan^{44}	tʂuan^{52}	tʂuan^{213}	tʂuan^{213}	tʂuan^{213}
博乐市	suan^{24}	suan^{24}	tʂuan^{45}	tʂuan^{45}	tʂuan^{51}	tʂuan^{24}	tʂuan^{24}	tʂuan^{24}
阿勒泰市	suɑn^{23}	suɑn^{23}	tʂuɑn^{44}	tʂuɑn^{44}	tʂuɑn^{51}	tʂuɑn^{23}	tʂuɑn^{23}	tʂuɑn^{23}
布尔津县	suan^{51}	suan^{51}	tʂuan^{44}	tʂuan^{44}	tʂuan^{23}	tʂuan^{51}	tʂuan^{51}	tʂuan^{51}
乌苏市	suan^{213}	suan^{213}	tʂuan^{55}	tʂuan^{55}	tʂuan^{51}	tʂuan^{213}	tʂuan^{213}	tʂuan^{213}
额敏县	suɑn^{34}	suɑn^{34}	tʂuɑn^{44}	tʂuɑn^{44}	tʂuɑn^{51}	tʂuɑn^{34}	tʂuɑn^{34}	tʂuɑn^{34}
伊州区	suæ̃^{213}	suæ̃^{213}	tʂuæ̃^{44}	tʂuæ̃^{44}	tʂuæ̃^{51}	tʂuæ̃^{213}	tʂuæ̃^{213}	tʂuæ̃^{213}
巴里坤县	suan^{24}	suan^{24}	tʂuan^{45}	tʂuan^{45}	tʂuan^{51}	tʂuan^{24}	tʂuan^{24}	tʂuan^{24}
伊吾县	suæ̃^{213}	suæ̃^{213}	tʂuæ̃^{44}	tʂuæ̃^{44}	tʂuæ̃^{51}	tʂuæ̃^{213}	tʂuæ̃^{213}	tʂuæ̃^{213}

字目 / 中古音 / 方言点	传 传记	川	穿①	传 传达	椽	船②	喘	串
	山合三去线澄	山合三平仙昌	山合三平仙昌	山合三平仙澄	山合三平仙澄	山合三平仙船	山合三上狝昌	山合三去线昌
兰州市（城关区）	pfan^{13}	pfʻan^{53}	pfʻan^{53}	pfʻan^{51}	pfʻan^{51}	pfʻan^{51}	pfʻan^{44}	pfʻan^{13}
永登县	pfæ̃^{13}	pfʻæ̃^{42}	pfʻæ̃^{42}	pfʻæ̃^{53}	pfʻæ̃^{53}	pfʻæ̃^{53}	pfʻæ̃^{354}	pfʻæ̃^{13}
榆中县	tʂuan^{13}	tʂʻuan^{51}	tʂʻuan^{51}	tʂʻuan^{332}	tʂʻuan^{332}	tʂʻuan^{332}	tʂʻuan^{44}	tʂʻuan^{13}
皋兰县	pfæ̃^{13}	pfʻæ̃^{42}	pfʻæ̃^{42}	pfʻæ̃^{53}	pfʻæ̃^{53}	pfʻæ̃^{53}	pfʻæ̃^{342}	pfʻæ̃^{13}
白银区	pfan^{13}	pfʻan^{44}	pfʻan^{44}	pfʻan^{51}	pfʻan^{51}	pfʻan^{51}	pfʻan^{343}	pfʻan^{13}
天祝县	tʂuan^{213}	tʂʻuan^{44}	tʂʻuan^{44}	tʂʻuan^{53}	tʂʻuan^{53}	tʂʻuan^{53}	tʂʻuan^{44}	tʂʻuan^{313}
景泰县（红水镇）	tʂuan^{213}	tʂʻuan^{44}	tʂʻuan^{44}	tʂʻuan^{53}	tʂʻuan^{53}	tʂʻuan^{53}	tʂʻuan^{44}	tʂʻuan^{313}
古浪县	tʂuæ̃^{31}	tʂʻuæ̃^{44}	tʂʻuæ̃^{44}	tʂʻuæ̃^{53}	tʂʻuæ̃^{53}	tʂʻuæ̃^{53}	tʂʻuæ̃^{44}	tʂʻuæ̃^{31}
凉州区	tʂuɑŋ^{53}	tʂʻuɑŋ^{33}	tʂʻuɑŋ^{33}	tʂʻuɑŋ^{13}	tʂʻuɑŋ^{13}	tʂʻuɑŋ^{13}	tʂʻuɑŋ^{33}	tʂʻuɑŋ^{53}
民勤县	tʂuɛi^{42}	tʂʻuɛi^{44}	tʂʻuɛi^{44}	tʂʻuɛi^{53}	tʂʻuɛi^{53}	tʂʻuɛi^{53}	tʂʻuɛi^{214}	tʂʻuɛi^{42}
永昌县	tʂuɛe^{53}	tʂʻuɛe^{44}	tʂʻuɛe^{44}	tʂʻuɛe^{13}	tʂʻuɛe^{13}	tʂʻuɛe^{13}	tʂʻuɛe^{13}	tʂʻuɛe^{53}
甘州区	kuaŋ^{31}	kʻuaŋ^{44}	kʻuaŋ^{44}	kʻuaŋ^{53}	kʻuaŋ^{53}	kʻuaŋ^{53}	kʻuaŋ^{53}	kʻuaŋ^{31}
临泽县	pfaŋ^{53}	pfʻaŋ^{44}	pfʻaŋ^{44}	pfʻaŋ^{53}	pfʻaŋ^{53}	pfʻaŋ^{53}	pfʻaŋ^{53}	pfʻaŋ^{214}
民乐县	kfæ̃i^{42}	kfʻæ̃i^{44}	kfʻæ̃i^{44}	kfʻæ̃i^{53}	kfʻæ̃i^{53}	kfʻæ̃i^{53}	kfʻæ̃i^{214}	kfʻæ̃i^{42}
山丹县	pfɛe^{41}	pfʻɛe^{24}	pfʻɛe^{24}	pfʻɛe^{53}	pfʻɛe^{53}	pfʻɛe^{53}	pfʻɛe^{53}	pfʻɛe^{41}
高台县	kuan^{53}	kuan^{44}	kuan^{44}	kuan^{53}	kuan^{53}	kuan^{53}	kuan^{53}	kʻuan^{214}
肃州区	tʂuã^{53}	kuã^{44}	tʂuã^{44}	tʂuã^{53}	tʂuã^{53}	kuã^{53}	tʂuã^{53}	tʂuã^{214}
金塔县	tʂuã^{13}	kuã^{44}	tʂuã^{44}	tʂuã^{53}	tʂuã^{53}	kuã^{53}	tʂuã^{53}	tʂuã^{13}
肃北县	tʂuan^{213}	tʂʻuan^{44}	tʂʻuan^{44}	tʂʻuan^{53}	tʂʻuan^{53}	tʂʻuan^{53}	tʂʻuan^{53}	tʂʻuan^{213}
玉门市	tʂuan^{213}	tʂʻuan^{44}	tʂʻuan^{44}	tʂʻuan^{53}	tʂʻuan^{53}	tʂʻuan^{53}	tʂʻuan^{53}	tʂʻuan^{213}

①又尺绢切。山合一去线昌。

②又余专切，山合三平先以。

续表

瓜州县	tʂuan^{213}	tʂʻuan^{44}	tʂʻuan^{44}	tʂʻuan^{53}	tʂʻuan^{53}	tʂʻuan^{53}	tʂʻuan^{53}	tʂʻuan^{213}
西夏区	tʂuæn^{13}	tʂʻuæn^{44}	tʂʻuæn^{44}	tʂʻuæn^{53}	tʂʻuæn^{53}	tʂʻuæn^{53}	tʂʻuæn^{53}	tʂʻuæn^{13}
贺兰县	tʂuæn^{13}	tʂʻuæn^{44}	tʂʻuæn^{44}	tʂʻuæn^{53}	tʂʻuæn^{53}	tʂʻuæn^{53}	tʂʻuæn^{53}	tʂʻuæn^{13}
灵武市（东塔镇）	tʂuæn^{13}	tʂʻuæn^{44}	tʂʻuæn^{44}	tʂʻuæn^{52}	tʂʻuæn^{52}	tʂʻuæn^{52}	tʂʻuæn^{52}	tʂʻuæn^{13}
永宁县	tʂuan^{13}	tʂʻuan^{44}	tʂʻuan^{44}	tʂʻuan^{53}	tʂʻuan^{53}	tʂʻuan^{53}	tʂʻuan^{53}	tʂʻuan^{13}
中宁县	tʂuæ̆^{13}	tʂʻuæ̆^{44}	tʂʻuæ̆^{44}	tʂʻuæ̆^{53}	tʂʻuæ̆^{53}	tʂʻuæ̆^{53}	tʂʻuæ̆^{53}	tʂʻuæ̆^{13}
沙坡头区	tʂuãi^{13}	tʂʻuãin^{44}	tʂʻuãi^{44}	tʂʻuãi^{53}	tʂʻuãi^{53}	tʂʻuãi^{53}	tʂʻuãi^{53}	tʂʻuãi^{13}
盐池县	tʂuæn^{13}	tʂʻuæn^{44}	tʂʻuæn^{44}	tʂʻuæn^{13}	tʂʻuæn^{13}	tʂʻuæn^{13}	tʂʻuæn^{52}	tʂʻuæn^{13}
平罗县（渠口乡）	tʂuæn^{13}	tʂʻuæn^{44}	tʂʻuæn^{44}	tʂʻuæn^{53}	tʂʻuæn^{53}	tʂʻuæn^{53}	tʂʻuæn^{53}	tʂʻuæn^{13}
阿拉善左旗	tʂuɛi^{213}	tʂʻuɛi^{44}	tʂʻuɛi^{44}	tʂʻuɛi^{51}	tʂʻuɛi^{51}	tʂʻuɛi^{51}	tʂʻuɛi^{51}	tʂʻuɛi^{213}
乌鲁木齐市	tʂuan^{213}	tʂʻuan^{44}	tʂʻuan^{44}	tʂʻuan^{52}	tʂʻuan^{52}	tʂʻuan^{52}	tʂʻuan^{52}	tʂʻuan^{213}
阜康市	tʂuan^{213}	tʂʻuan^{55}	tʂʻuan^{55}	tʂʻuan^{51}	tʂʻuan^{51}	tʂʻuan^{51}	tʂʻuan^{51}	tʂʻuan^{213}
呼图壁县	tʂuan^{213}	tʂʻuan^{44}	tʂʻuan^{44}	tʂʻuan^{51}	tʂʻuan^{51}	tʂʻuan^{51}	tʂʻuan^{51}	tʂʻuan^{213}
吉木萨尔县	tʂuan^{213}	tʂʻuan^{44}	tʂʻuan^{44}	tʂʻuan^{51}	tʂʻuan^{51}	tʂʻuan^{51}	tʂʻuan^{51}	tʂʻuan^{213}
奇台县	tʂuan^{213}	tʂʻuan^{44}	tʂʻuan^{44}	tʂʻuan^{52}	tʂʻuan^{52}	tʂʻuan^{52}	tʂʻuan^{52}	tʂʻuan^{213}
博乐市	tʂuan^{24}	tʂʻuan^{45}	tʂʻuan^{45}	tʂʻuan^{51}	tʂʻuan^{51}	tʂʻuan^{51}	tʂʻuan^{51}	tʂʻuan^{24}
阿勒泰市	tʂuɑn^{23}	tʂʻuɑn^{55}	tʂʻuɑn^{55}	tʂʻuɑn^{51}	tʂʻuɑn^{51}	tʂʻuɑn^{51}	tʂʻuɑn^{51}	tʂʻuɑn^{23}
布尔津县	tʂuan^{51}	tʂʻuan^{44}	tʂʻuan^{44}	tʂʻuan^{23}	tʂʻuan^{23}	tʂʻuan^{23}	tʂʻuan^{23}	tʂʻuan^{51}
乌苏市	tʂuan^{213}	tʂʻuan^{55}	tʂʻuan^{55}	tʂʻuan^{51}	tʂʻuan^{51}	tʂʻuan^{51}	tʂʻuan^{51}	tʂʻuan^{213}
额敏县	tʂuɑn^{34}	tʂʻuɑn^{55}	tʂʻuɑn^{55}	tʂʻuɑn^{51}	tʂʻuɑn^{51}	tʂʻuɑn^{51}	tʂʻuɑn^{51}	tʂʻuɑn^{34}
伊州区	tʂuæ̃^{213}	tʂʻuæ̃^{44}	tʂʻuæ̃^{44}	tʂʻuæ̃^{51}	tʂʻuæ̃^{51}	tʂʻuæ̃^{51}	tʂʻuæ̃^{51}	tʂʻuæ̃^{213}
巴里坤县	tʂuan^{24}	tʂʻuan^{45}	tʂʻuan^{45}	tʂʻuan^{51}	tʂʻuan^{51}	tʂʻuan^{51}	tʂʻuan^{51}	tʂʻuan^{24}
伊吾县	tʂuæ̃^{213}	tʂʻuæ̃^{44}	tʂʻuæ̃^{44}	tʂʻuæ̃^{51}	tʂʻuæ̃^{51}	tʂʻuæ̃^{51}	tʂʻuæ̃^{51}	tʂʻuæ̃^{213}

字目 / 中古音 / 方言点	闩 门闩	软	官	观 参观	冠 衣冠	关	管	馆
	山合二 平删生	山合三 上狝日	山合一 平桓见	山合一 平桓见	山合一 平桓见	山合二 平删见	山合一 上缓见	山合一 上缓见
兰州市 （城关区）	fan^{13}	van^{44}	kuan^{53}	kuan^{53}	kuan^{53}	kuan^{53}	kuan^{44}	kuan^{44}
永登县	fæ̃^{13}	væ̃^{354}	kuæ̃^{42}	kuæ̃^{42}	kuæ̃^{42}	kuæ̃^{42}	kuæ̃^{354}	kuæ̃^{354}
榆中县	ʂuan^{13}	ʐuan^{44}	kuan^{51}	kuan^{51}	kuan^{51}	kuan^{51}	kuan^{44}	kuan^{44}
皋兰县	fæ̃^{13}	væ̃^{354}	kuæ̃^{42}	kuæ̃^{42}	kuæ̃^{42}	kuæ̃^{42}	kuæ̃^{342}	kuæ̃^{342}
白银区	fan^{13}	van^{343}	kuan^{44}	kuan^{44}	kuan^{44}	kuan^{44}	kuan^{343}	kua^{343}
天祝县	fan^{213}	van^{44}	kuan^{44}	kuan^{44}	kuan^{44}	kuan^{44}	kuan^{44}	kuan^{44}
景泰县 （红水镇）	fan^{213}	van^{44}	kuan^{44}	kuan^{44}	kuan^{44}	kuan^{44}	kuan^{44}	kuan^{44}
古浪县	fæ̃^{31}	væ̃^{44}	kuæ̃^{44}	kuæ̃^{44}	kuæ̃^{44}	kuæ̃^{44}	kuæ̃^{44}	kuæ̃^{44}
凉州区	ʂuɑŋ^{53}	ʐuɑŋ^{33}	kuɑŋ^{33}	kuɑŋ^{33}	kuɑŋ^{33}	kuɑŋ^{33}	kuɑŋ^{33}	kuɑŋ^{33}
民勤县	ʂuɛi^{42}	ʐuɛi^{214}	kuɛi^{44}	kuɛi^{44}	kuɛi^{44}	kuɛi^{44}	kuɛi^{214}	kuɛi^{214}
永昌县	ʂuɛe^{53}	ʐuɛe^{13}	kuɛe^{44}	kuɛe^{44}	kuɛe^{44}	kuɛe^{44}	kuɛe^{13}	kuɛe^{13}
甘州区	faŋ^{31}	vaŋ^{53}	kuaŋ^{44}	kuaŋ^{44}	kuaŋ^{44}	kuaŋ^{44}	kuaŋ^{53}	kuaŋ^{44}
临泽县	faŋ^{214}	vaŋ^{53}	kuaŋ^{44}	kuaŋ^{44}	kuaŋ^{44}	kuaŋ^{44}	kuaŋ^{53}	kuaŋ^{44}
民乐县	fæ̃i^{42}	væ̃i^{213}	kuæ̃i^{44}	kuæ̃i^{44}	kuæ̃i^{44}	kuæ̃i^{44}	kuæ̃i^{213}	kuæ̃i^{213}
山丹县	fɛe^{41}	vɛe^{53}	kuɛe^{24}	kuɛe^{24}	kuɛe^{24}	kuɛe^{24}	kuɛe^{53}	kuɛe^{24}
高台县	fan^{214}	van^{53}	kuan^{44}	kuan^{44}	kuan^{44}	kuan^{44}	kuan^{53}	kuan^{53}
肃州区	ʂuã^{214}	vã^{53}	kuã^{44}	kuã^{44}	kuã^{44}	kuã^{44}	kuã^{53}	kuã^{53}
金塔县	ʂuã^{13}	vã^{53}	kuã^{44}	kuã^{44}	kuã^{44}	kuã^{44}	kuã^{53}	kuã^{53}
肃北县	ʂuan^{213}	ʐuan^{53}	kuan^{44}	kuan^{44}	kuan^{44}	kuan^{44}	kuan^{53}	kuan^{53}
玉门市	ʂuan^{213}	ʐuan^{53}	kuan^{44}	kuan^{44}	kuan^{44}	kuan^{44}	kuan^{53}	kuan^{53}
瓜州县	ʂuan^{213}	ʐuan^{53}	kuan^{44}	kuan^{44}	kuan^{44}	kuan^{44}	kuan^{53}	kuan^{53}
西夏区	ʂuæn^{13}	ʐuæn^{53}	kuæn^{44}	kuæn^{44}	kuæn^{44}	kuæn^{44}	kuæn^{53}	kuæn^{53}

续表

贺兰县	ʂuæn^{13}	ʐuæn^{53}	kuæn^{44}	kuæn^{44}	kuæn^{44}	kuæn^{44}	kuæn^{53}	kuæn^{53}
灵武市（东塔镇）	ʂuæn^{13}	ʐuæn^{52}	kuæn^{44}	kuæn^{44}	kuæn^{44}	kuæn^{44}	kuæn^{52}	kuæn^{52}
永宁县	ʂuan^{13}	ʐuan^{53}	kuan^{44}	kuan^{44}	kuan^{44}	kuan^{44}	kuan^{53}	kuan^{53}
中宁县	ʂuæ̃^{13}	ʐuæ̃^{53}	kuæ̃^{44}	kuæ̃^{44}	kuæ̃^{44}	kuæ̃^{44}	kuæ̃^{53}	kuæ̃^{53}
沙坡头区	ʂuãi^{13}	ʐuãi^{53}	kuãi^{44}	kuãi^{44}	kuãi^{44}	kuãi^{44}	kuãi^{53}	kuãi^{53}
盐池县	ʂuæn^{13}	ʐuæn^{52}	kuæn^{44}	kuæn^{44}	kuæn^{44}	kuæn^{44}	kuæn^{52}	kuæn^{52}
平罗县（渠口乡）	ʂuæn^{13}	ʐuæn^{53}	kuæn^{44}	kuæn^{44}	kuæn^{44}	kuæn^{44}	kuæn^{53}	kuæn^{53}
阿拉善左旗	ʂuɛi^{213}	ʐuɛi^{51}	kuɛi^{44}	kuɛi^{44}	kuɛi^{44}	kuɛi^{44}	kuɛi^{51}	kuɛi^{51}
乌鲁木齐市	ʂuan^{213}	ʐuan^{52}	kuan^{44}	kuan^{44}	kuan^{44}	kuan^{44}	kuan^{52}	kuan^{52}
阜康市	ʂuan^{213}	ʐuan^{51}	kuan^{55}	kuan^{55}	kuan^{55}	kuan^{55}	kuan^{51}	kuan^{51}
呼图壁县	ʂuan^{213}	ʐuan^{51}	kuan^{44}	kuan^{44}	kuan^{44}	kuan^{44}	kuan^{51}	kuan^{51}
吉木萨尔县	ʂuan^{213}	ʐuan^{51}	kuan^{44}	kuan^{44}	kuan^{44}	kuan^{44}	kuan^{51}	kuan^{51}
奇台县	ʂuan^{213}	ʐuan^{52}	kuan^{44}	kuan^{44}	kuan^{44}	kuan^{44}	kuan^{52}	kuan^{52}
博乐市	ʂuan^{24}	ʐuan^{51}	kuan^{45}	kuan^{45}	kuan^{45}	kuan^{45}	kuan^{51}	kuan^{51}
阿勒泰市	ʂuɑn^{23}	ʐuɑn^{51}	kuɑn^{44}	kuɑn^{44}	kuɑn^{44}	kuɑn^{44}	kuɑn^{51}	kuɑn^{51}
布尔津县	ʂuan^{51}	ʐuan^{23}	kuan^{44}	kuan^{44}	kuan^{44}	kuan^{44}	kuan^{23}	kuan^{23}
乌苏市	ʂuan^{213}	ʐuan^{51}	kuan^{55}	kuan^{55}	kuan^{55}	kuan^{55}	kuan^{51}	kuan^{51}
额敏县	ʂuɑn^{34}	ʐuɑn^{51}	kuɑn^{44}	kuɑn^{44}	kuɑn^{44}	kuɑn^{44}	kuɑn^{51}	kuɑn^{51}
伊州区	ʂuæ̃^{213}	ʐuæ̃^{51}	kuæ̃^{44}	kuæ̃^{44}	kuæ̃^{44}	kuæ̃^{44}	kuæ̃^{51}	kuæ̃^{51}
巴里坤县	ʂuan^{24}	ʐuan^{51}	kuan^{45}	kuan^{45}	kuan^{45}	kuan^{45}	kuan^{51}	kuan^{51}
伊吾县	ʂuæ̃^{213}	ʐuæ̃^{51}	kuæ̃^{44}	kuæ̃^{44}	kuæ̃^{44}	kuæ̃^{44}	kuæ̃^{51}	kuæ̃^{51}

字目 / 中古音 / 方言点	贯	罐	灌	观 寺观	冠 冠军	惯	宽①	款
	山合一去换见	山合一去换见	山合一去换见	山合一去换见	山合一去换见	山合二去谏见	山合一平桓溪	山合一上缓溪
兰州市（城关区）	kuan^{13}	kuan^{13}	kuan^{13}	kuan^{13}	kuan^{13}	kuan^{13}	kʻuan^{53}	kʻuan^{44}
永登县	kuæ̃^{13}	kuæ̃^{13}	kuæ̃^{13}	kuæ̃^{13}	kuæ̃^{13}	kuæ̃^{13}	kʻuæ̃^{42}	kʻuæ̃^{354}
榆中县	kuan^{13}	kuan^{13}	kuan^{13}	kuan^{13}	kuan^{13}	kuan^{13}	kʻuan^{51}	kʻuan^{44}
皋兰县	kuæ̃^{13}	kuæ̃^{13}	kuæ̃^{13}	kuæ̃^{13}	kuæ̃^{13}	kuæ̃^{13}	kʻuæ̃^{42}	kʻuæ̃^{342}
白银区	kuan^{13}	kuan^{13}	kuan^{13}	kuan^{13}	kuan^{13}	kuan^{13}	kʻuan^{44}	kʻuan^{343}
天祝县	kuan^{213}	kuan^{213}	kuan^{213}	kuan^{213}	kuan^{213}	kuan^{213}	kʻuan^{44}	kʻuan^{44}
景泰县（红水镇）	kuan^{213}	kuan^{213}	kuan^{213}	kuan^{213}	kuan^{213}	kuan^{213}	kʻuan^{44}	kʻuan^{44}
古浪县	kuæ̃^{31}	kuæ̃^{31}	kuæ̃^{31}	kuæ̃^{31}	kuæ̃^{31}	kuæ̃^{31}	kʻuæ̃^{44}	kʻuæ̃^{44}
凉州区	kuɑŋ^{53}	kuɑŋ^{53}	kuɑŋ^{53}	kuɑŋ^{53}	kuɑŋ^{53}	kuɑŋ^{53}	kʻuɑŋ^{33}	kʻuɑŋ^{33}
民勤县	kuɛi^{42}	kuɛi^{42}	kuɛi^{42}	kuɛi^{42}	kuɛi^{42}	kuɛi^{42}	kʻuɛi^{44}	kʻuɛi^{214}
永昌县	kuɛe^{53}	kuɛe^{53}	kuɛe^{53}	kuɛe^{53}	kuɛe^{53}	kuɛe^{53}	kʻuɛe^{44}	kʻuɛe^{13}
甘州区	kuaŋ^{31}	kuaŋ^{31}	kuaŋ^{31}	kuaŋ^{31}	kuaŋ^{31}	kuaŋ^{31}	kʻuaŋ^{44}	kʻuaŋ^{53}
临泽县	kuaŋ^{214}	kuaŋ^{214}	kuaŋ^{214}	kuaŋ^{214}	kuaŋ^{214}	kuaŋ^{214}	kʻuaŋ^{44}	kʻuaŋ^{53}
民乐县	kuæ̃i^{42}	kuæ̃i^{42}	kuæ̃i^{42}	kuæ̃i^{42}	kuæ̃i^{42}	kuæ̃i^{42}	kʻuæ̃i^{44}	kʻuæ̃i^{213}
山丹县	kuɛe^{41}	kuɛe^{41}	kuɛe^{41}	kuɛe^{41}	kuɛe^{41}	kuɛe^{41}	kʻuɛe^{24}	kʻuɛe^{53}
高台县	kuan^{214}	kuan^{214}	kuan^{214}	kuan^{214}	kuan^{214}	kuan^{214}	kʻuan^{44}	kʻuan^{53}
肃州区	kuã^{214}	kuã^{214}	kuã^{214}	kuã^{214}	kuã^{214}	kuã^{214}	kʻuã^{44}	kʻuã^{53}
金塔县	kuã^{13}	kuã^{13}	kuã^{13}	kuã^{13}	kuã^{13}	kuã^{13}	kʻuã^{44}	kʻuã^{53}
肃北县	kuan^{213}	kuan^{213}	kuan^{213}	kuan^{213}	kuan^{213}	kuan^{213}	kʻuan^{44}	kʻuan^{53}
玉门市	kuan^{213}	kuan^{213}	kuan^{213}	kuan^{213}	kuan^{213}	kuan^{213}	kʻuan^{44}	kʻuan^{53}
瓜州县	kuan^{213}	kuan^{213}	kuan^{213}	kuan^{213}	kuan^{213}	kuan^{213}	kʻuan^{44}	kʻuan^{53}

①又苦唤切（述古堂影宋抄本《集韵》），山合一去换溪。

续表

西夏区	kuæn^{13}	kuæn^{13}	kuæn^{13}	kuæn^{13}	kuæn^{13}	kuæn^{13}	kʻuæn^{44}	kʻuæn^{53}
贺兰县	kuæn^{13}	kuæn^{13}	kuæn^{13}	kuæn^{13}	kuæn^{13}	kuæn^{13}	kʻuæn^{44}	kʻuæn^{53}
灵武市（东塔镇）	kuæn^{13}	kuæn^{13}	kuæn^{13}	kuæn^{13}	kuæn^{13}	kuæn^{13}	kʻuæn^{44}	kʻuæn^{52}
永宁县	kuan^{13}	kuan^{13}	kuan^{13}	kuan^{13}	kuan^{13}	kuan^{13}	kʻuan^{44}	kʻuan^{53}
中宁县	kuæ̃^{13}	kuæ̃^{13}	kuæ̃^{13}	kuæ̃^{13}	kuæ̃^{13}	kuæ̃^{13}	kʻuæ̃^{44}	kʻuæ̃^{53}
沙坡头区	kuãi^{13}	kuãi^{13}	kuãi^{13}	kuãi^{13}	kuãi^{13}	kuãi^{13}	kʻuãi^{44}	kʻuãi^{53}
盐池县	kuæn^{13}	kuæn^{13}	kuæn^{13}	kuæn^{13}	kuæn^{13}	kuæn^{13}	kʻuæn^{44}	kʻuæn^{52}
平罗县（渠口乡）	kuæn^{13}	kuæn^{13}	kuæn^{13}	kuæn^{13}	kuæn^{13}	kuæn^{13}	kʻuæn^{44}	kʻuæn^{53}
阿拉善左旗	kuɛi^{213}	kuɛi^{213}	kuɛi^{213}	kuɛi^{213}	kuɛi^{213}	kuɛi^{213}	kʻuɛi^{44}	kʻuɛi^{51}
乌鲁木齐市	kuan^{213}	kuan^{213}	kuan^{213}	kuan^{213}	kuan^{213}	kuan^{213}	kʻuan^{44}	kʻuan^{52}
阜康市	kuan^{213}	kuan^{213}	kuan^{213}	kuan^{213}	kuan^{213}	kuan^{213}	kʻuan^{55}	kʻuan^{51}
呼图壁县	kuan^{213}	kuan^{213}	kuan^{213}	kuan^{213}	kuan^{213}	kuan^{213}	kʻuan^{44}	kʻuan^{51}
吉木萨尔县	kuan^{213}	kuan^{213}	kuan^{213}	kuan^{213}	kuan^{213}	kuan^{213}	kʻuan^{44}	kʻuan^{51}
奇台县	kuan^{213}	kuan^{213}	kuan^{213}	kuan^{213}	kuan^{213}	kuan^{213}	kʻuan^{44}	kʻuan^{52}
博乐市	kuan^{24}	kuan^{24}	kuan^{24}	kuan^{24}	kuan^{24}	kuan^{24}	kʻuan^{45}	kʻuan^{51}
阿勒泰市	kuɑn^{23}	kuɑn^{23}	kuɑn^{23}	kuɑn^{23}	kuɑn^{23}	kuɑn^{23}	kʻuɑn^{44}	kʻuɑn^{51}
布尔津县	kuan^{51}	kuan^{51}	kuan^{51}	kuan^{51}	kuan^{51}	kuan^{51}	kʻuan^{44}	kʻuan^{23}
乌苏市	kuan^{213}	kuan^{213}	kuan^{213}	kuan^{213}	kuan^{213}	kuan^{213}	kʻuan^{55}	kʻuan^{51}
额敏县	kuɑn^{34}	kuɑn^{34}	kuɑn^{34}	kuɑn^{34}	kuɑn^{34}	kuɑn^{34}	kʻuɑn^{44}	kʻuɑn^{51}
伊州区	kuæ̃^{213}	kuæ̃^{213}	kuæ̃^{213}	kuæ̃^{213}	kuæ̃^{213}	kuæ̃^{213}	kʻuæ̃^{44}	kʻuæ̃^{51}
巴里坤县	kuan^{24}	kuan^{24}	kuan^{24}	kuan^{24}	kuan^{24}	kuan^{24}	kʻuan^{45}	kʻuan^{51}
伊吾县	kuæ̃^{213}	kuæ̃^{213}	kuæ̃^{213}	kuæ̃^{213}	kuæ̃^{213}	kuæ̃^{213}	kʻuæ̃^{44}	kʻuæ̃^{51}

字目 / 中古音 / 方言点	欢	还	环	缓	唤	焕	换	幻①
	山合一平桓晓	山合二平删匣	山合二平删匣	山合一上缓匣	山合一去换晓	山合一去换晓	山合一去换匣	山合二去裥匣
兰州市（城关区）	xuan^{53}	xuan^{51}	xuan^{51}	xuan^{44}	xuan^{13}	xuan^{13}	xuan^{13}	xuan^{13}
永登县	xuæ̃^{42}	xuæ̃^{53}	xuæ̃^{53}	xuæ̃^{354}	xuæ̃^{13}	xuæ̃^{13}	xuæ̃^{13}	xuæ̃^{13}
榆中县	xuan^{51}	xuan^{332}	xuan^{332}	xuan^{44}	xuan^{13}	xuan^{13}	xuan^{13}	xuan^{13}
皋兰县	xuæ̃^{42}	xuæ̃^{53}	xuæ̃^{53}	xuæ̃^{342}	xuæ̃^{13}	xuæ̃^{13}	xuæ̃^{13}	xuæ̃^{13}
白银区	xuan^{44}	xuan^{51}	xuan^{51}	xuan^{343}	xuan^{13}	xuan^{13}	xuan^{13}	xuan^{13}
天祝县	xuan^{44}	xuan^{53}	xuan^{53}	xuan^{44}	xuan^{213}	xuan^{213}	xuan^{213}	xuan^{213}
景泰县（红水镇）	xuan^{44}	xuan^{53}	xuan^{53}	xuan^{44}	xuan^{213}	xuan^{213}	xuan^{213}	xuan^{213}
古浪县	xuæ̃^{44}	xuæ̃^{53}	xuæ̃^{53}	xuæ̃^{44}	xuæ̃^{31}	xuæ̃^{31}	xuæ̃^{31}	xuæ̃^{31}
凉州区	xuɑŋ^{33}	xuɑŋ^{13}	xuɑŋ^{13}	xuɑŋ^{33}	xuɑŋ^{53}	xuɑŋ^{53}	xuɑŋ^{53}	xuɑŋ^{53}
民勤县	xuɛi^{44}	xuɛi^{53}	xuɛi^{53}	xuɛi^{214}	xuɛi^{42}	xuɛi^{42}	xuɛi^{42}	xuɛi^{42}
永昌县	xuɛe^{44}	xuɛe^{13}	xuɛe^{13}	xuɛe^{13}	xuɛe^{53}	xuɛe^{53}	xuɛe^{53}	xuɛe^{53}
甘州区	xuaŋ^{44}	xuaŋ^{53}	xuaŋ^{53}	xuaŋ^{53}	xuaŋ^{31}	xuaŋ^{31}	xuaŋ^{31}	xuaŋ^{31}
临泽县	xuaŋ^{44}	xuaŋ^{53}	xuaŋ^{53}	xuaŋ^{53}	xuaŋ^{214}	xuaŋ^{214}	xuaŋ^{214}	xuaŋ^{214}
民乐县	xuæ̃i^{44}	xuæ̃i^{53}	xuæ̃i^{53}	xuæ̃i^{213}	xuæ̃i^{42}	xuæ̃i^{42}	xuæ̃i^{42}	xuæ̃i^{42}
山丹县	xuɛe^{24}	xuɛe^{53}	xuɛe^{53}	xuɛe^{53}	xuɛe^{41}	xuɛe^{41}	xuɛe^{41}	xuɛe^{41}
高台县	xuan^{44}	xuan^{53}	xuan^{53}	xuan^{53}	xuan^{214}	xuan^{214}	xuan^{214}	xuan^{214}
肃州区	xuã^{44}	xuã^{53}	xuã^{53}	xuã^{53}	xuã^{214}	xuã^{214}	xuã^{214}	xuã^{214}
金塔县	xuã^{44}	xuã^{53}	xuã^{53}	xuã^{53}	xuã^{13}	xuã^{13}	xuã^{13}	xuã^{13}
肃北县	xuan^{44}	xuan^{53}	xuan^{53}	xuan^{53}	xuan^{213}	xuan^{213}	xuan^{213}	xuan^{213}
玉门市	xuan^{44}	xuan^{53}	xuan^{53}	xuan^{53}	xuan^{213}	xuan^{213}	xuan^{213}	xuan^{213}
瓜州县	xuan^{44}	xuan^{53}	xuan^{53}	xuan^{53}	xuan^{213}	xuan^{213}	xuan^{213}	xuan^{213}

①又胡惯切，山合二去谏匣。

续表

西夏区	xuæn^{44}	xuæn^{53}	xuæn^{53}	xuæn^{53}	xuæn^{13}	xuæn^{13}	xuæn^{13}	xuæn^{13}
贺兰县	xuæn^{44}	xuæn^{53}	xuæn^{53}	xuæn^{53}	xuæn^{13}	xuæn^{13}	xuæn^{13}	xuæn^{13}
灵武市（东塔镇）	xuæn^{44}	xuæn^{52}	xuæn^{52}	xuæn^{52}	xuæn^{13}	xuæn^{13}	xuæn^{13}	xuæn^{13}
永宁县	xuan^{44}	xuan^{53}	xuan^{53}	xuan^{53}	xuan^{13}	xuan^{13}	xuan^{13}	xuan^{13}
中宁县	xuæ̃^{44}	xuæ̃^{53}	xuæ̃^{53}	xuæ̃^{53}	xuæ̃^{13}	xuæ̃^{13}	xuæ̃^{13}	xuæ̃^{13}
沙坡头区	xuãi^{44}	xuãi^{53}	xuãi^{53}	xuãi^{53}	xuãi^{13}	xuãi^{13}	xuãi^{13}	xuãi^{13}
盐池县	xuæn^{44}	xuæn^{13}	xuæn^{13}	xuæn^{52}	xuæn^{13}	xuæn^{13}	xuæn^{13}	xuæn^{13}
平罗县（渠口乡）	xuæn^{44}	xuæn^{53}	xuæn^{53}	xuæn^{53}	xuæn^{13}	xuæn^{13}	xuæn^{13}	xuæn^{13}
阿拉善左旗	xuɛi^{44}	xuɛi^{51}	xuɛi^{51}	xuɛi^{51}	xuɛi^{213}	xuɛi^{213}	xuɛi^{213}	xuɛi^{213}
乌鲁木齐市	xuan^{44}	xuan^{52}	xuan^{52}	xuan^{52}	xuan^{213}	xuan^{213}	xuan^{213}	xuan^{213}
阜康市	xuan^{55}	xuan^{51}	xuan^{51}	xuan^{51}	xuan^{213}	xuan^{213}	xuan^{213}	xuan^{213}
呼图壁县	xuan^{44}	xuan^{51}	xuan^{51}	xuan^{51}	xuan^{213}	xuan^{213}	xuan^{213}	xuan^{213}
吉木萨尔县	xuan^{44}	xuan^{51}	xuan^{51}	xuan^{51}	xuan^{213}	xuan^{213}	xuan^{213}	xuan^{213}
奇台县	xuan^{44}	xuan^{52}	xuan^{52}	xuan^{52}	xuan^{213}	xuan^{213}	xuan^{213}	xuan^{213}
博乐市	xuan^{45}	xuan^{51}	xuan^{51}	xuan^{51}	xuan^{24}	xuan^{24}	xuan^{24}	xuan^{24}
阿勒泰市	xuɑn^{44}	xuɑn^{51}	xuɑn^{51}	xuɑn^{51}	xuɑn^{23}	xuɑn^{23}	xuɑn^{23}	xuɑn^{23}
布尔津县	xuan^{44}	xuan^{23}	xuan^{23}	xuan^{23}	xuan^{51}	xuan^{51}	xuan^{51}	xuan^{51}
乌苏市	xuan^{55}	xuan^{51}	xuan^{51}	xuan^{51}	xuan^{213}	xuan^{213}	xuan^{213}	xuan^{213}
额敏县	xuɑn^{44}	xuɑn^{51}	xuɑn^{51}	xuɑn^{51}	xuɑn^{34}	xuɑn^{34}	xuɑn^{34}	xuɑn^{34}
伊州区	xuæ̃^{44}	xuæ̃^{51}	xuæ̃^{51}	xuæ̃^{51}	xuæ̃^{213}	xuæ̃^{213}	xuæ̃^{213}	xuæ̃^{213}
巴里坤县	xuan^{45}	xuan^{51}	xuan^{51}	xuan^{51}	xuan^{24}	xuan^{24}	xuan^{24}	xuan^{24}
伊吾县	xuæ̃^{44}	xuæ̃^{51}	xuæ̃^{51}	xuæ̃^{51}	xuæ̃^{213}	xuæ̃^{213}	xuæ̃^{213}	xuæ̃^{213}

字目 / 中古音 / 方音 / 方言点	患	豌	弯	湾	完	丸	玩 玩弄	玩[①] 游玩
	山合二去谏匣	山合一平桓影	山合二平删影	山合二平删影	山合一平桓匣	山合一平桓匣	山合一去换疑	山合一去换疑
兰州市（城关区）	xuan[13]	van[53]	van[53]	van[53]	van[51]	van[51]	van[13]	van[13]
永登县	xuæ̃[13]	væ̃[42]	væ̃[42]	ṽ[42]	væ̃[53]	væ̃[53]	væ̃[13]	væ̃[13]
榆中县	xuan[13]	ʋan[51]	ʋan[51]	ʋan[51]	van[51]	ʋan[32]	van[13]	van[13]
皋兰县	xuæ̃[13]	væ̃[42]	væ̃[42]	ṽ[42]	væ̃[53]	væ̃[53]	væ̃[13]	væ̃[13]
白银区	xuan[13]	van[44]	van[44]	van[44]	van[51]	van[51]	van[13]	van[13]
天祝县	xuan[213]	van[44]	van[44]	van[44]	van[53]	van[53]	van[213]	van[213]
景泰县（红水镇）	xuan[213]	van[44]	van[44]	van[44]	van[53]	van[53]	van[213]	van[213]
古浪县	xuæ̃[31]	væ̃[44]	væ̃[44]	væ̃[44]	væ̃[53]	væ̃[53]	væ̃[31]	væ̃[31]
凉州区	xuɑŋ[53]	vɑŋ[33]	vɑŋ[33]	vɑŋ[33]	vɑŋ[13]	vɑŋ[13]	vɑŋ[53]	vɑŋ[53]
民勤县	xuɛi[42]	vɛi[44]	vɛi[44]	vɛi[44]	vɛi[53]	vɛi[53]	vɛi[42]	vɛi[42]
永昌县	xuɛe[53]	vɛe[44]	vɛe[44]	vɛe[44]	vɛe[13]	vɛe[13]	vɛe[53]	vɛe[53]
甘州区	xuaŋ[31]	vaŋ[44]	vaŋ[44]	vaŋ[44]	vaŋ[53]	vaŋ[53]	vaŋ[31]	vaŋ[31]
临泽县	xuaŋ[214]	vaŋ[44]	vaŋ[44]	vaŋ[44]	vaŋ[53]	vaŋ[53]	vaŋ[214]	vaŋ[214]
民乐县	xuæ̃i[42]	væ̃i[44]	væ̃i[44]	væ̃i[44]	væ̃i[53]	væ̃i[53]	væ̃i[42]	væ̃i[42]
山丹县	xuɛe[41]	vɛe[24]	vɛe[24]	vɛe[24]	vɛe[53]	vɛe[53]	vɛe[41]	vɛe[41]
高台县	xuan[214]	van[44]	van[44]	van[44]	van[53]	van[53]	van[214]	van[214]
肃州区	xuã[214]	vã[44]	vã[44]	vã[44]	vã[53]	vã[53]	vã[214]	vã[214]
金塔县	xuã[13]	vã[44]	vã[44]	vã[44]	vã[53]	vã[53]	vã[13]	vã[13]
肃北县	xuan[213]	van[44]	van[44]	van[44]	van[53]	van[53]	van[213]	van[213]

①又通“顽”（《广韵》五还切，列删韵，现据宋跋本王仁昫《刊谬补缺切韵》吴鳏切。列山韵）。

续表

玉门市	xuan^{213}	van^{44}	van^{44}	van^{44}	van^{53}	van^{53}	van^{213}	van^{213}
瓜州县	xuan^{213}	van^{44}	van^{44}	van^{44}	van^{53}	van^{53}	van^{213}	van^{213}
西夏区	xuæn^{13}	væn^{44}	væn^{44}	væn^{44}	væn^{53}	væn^{53}	væn^{13}	væn^{13}
贺兰县	xuæn^{13}	væn^{44}	væn^{44}	væn^{44}	væn^{53}	væn^{53}	væn^{13}	væn^{13}
灵武市（东塔镇）	xuæn^{13}	væn^{44}	væn^{44}	væn^{44}	væn^{52}	væn^{52}	væn^{13}	væn^{13}
永宁县	xuan^{13}	van^{44}	van^{44}	van^{44}	van^{53}	van^{53}	van^{13}	van^{13}
中宁县	xuæ̃^{13}	væ̃^{44}	væ̃^{44}	væ̃^{44}	væ̃^{53}	væ̃^{53}	væ̃^{13}	væ̃^{13}
沙坡头区	xuãi^{13}	vãi^{44}	vãi^{44}	vãi^{44}	vãi^{53}	vãi^{53}	vãi^{13}	vãi^{13}
盐池县	xuæn^{13}	væn^{44}	væn^{44}	væn^{44}	væn^{13}	væn^{13}	væn^{13}	væn^{13}
平罗县（渠口乡）	xuæn^{13}	væn^{44}	væn^{44}	væn^{44}	væn^{53}	væn^{53}	væn^{13}	væn^{13}
阿拉善左旗	xuɛi^{213}	vɛi^{44}	vɛi^{44}	vɛi^{44}	vɛi^{51}	vɛi^{51}	vɛi^{213}	vɛi^{213}
乌鲁木齐市	xuan^{213}	van^{44}	van^{44}	van^{44}	van^{52}	van^{52}	van^{213}	van^{213}
阜康市	xuan^{213}	van^{55}	van^{55}	van^{55}	van^{51}	van^{51}	van^{213}	van^{213}
呼图壁县	xuan^{213}	van^{44}	van^{44}	van^{44}	van^{51}	van^{51}	van^{213}	van^{213}
吉木萨尔县	xuan^{213}	van^{44}	van^{44}	van^{44}	van^{51}	van^{51}	van^{213}	van^{213}
奇台县	xuan^{213}	van^{44}	van^{44}	van^{44}	van^{52}	van^{52}	van^{213}	van^{213}
博乐市	xuan^{24}	van^{45}	van^{45}	van^{45}	van^{51}	van^{51}	van^{24}	van^{24}
阿勒泰市	xuɑn^{23}	vɑn^{44}	vɑn^{44}	vɑn^{44}	vɑn^{51}	vɑn^{51}	vɑn^{23}	vɑn^{23}
布尔津县	xuan^{51}	van^{44}	van^{44}	van^{44}	van^{23}	van^{23}	van^{51}	van^{213}
乌苏市	xuan^{213}	ʋan^{55}	ʋan^{55}	ʋan^{55}	ʋan^{51}	ʋan^{51}	ʋan^{213}	ʋan^{213}
额敏县	xuɑn^{34}	vɑn^{44}	vɑn^{44}	vɑn^{44}	vɑn^{51}	vɑn^{51}	vɑn^{34}	vɑn^{34}
伊州区	xuæ̃^{213}	væ̃^{44}	væ̃^{44}	væ̃^{44}	væ̃^{51}	væ̃^{51}	væ̃^{213}	væ̃^{213}
巴里坤县	xuan^{24}	van^{45}	van^{45}	van^{45}	van^{51}	van^{51}	van^{24}	van^{24}
伊吾县	xuæ̃^{213}	væ̃^{44}	væ̃^{44}	væ̃^{44}	væ̃^{51}	væ̃^{51}	væ̃^{213}	væ̃^{213}

字目 / 中古音 / 方言点	顽	碗	晚	挽	婉	惋	腕	万
	山合二平山疑	山合一上缓影	山合三上阮微	山合三上阮微	山合三上阮影	山合一去换影	山合一去换影	山合三去愿微
兰州市（城关区）	van^{51}	van^{44}	van^{44}	van^{44}	van^{44}	van^{44}	van^{44}	van^{13}
永登县	væ̃^{53}	væ̃^{354}	væ̃^{354}	væ̃^{354}	væ̃^{354}	væ̃^{354}	væ̃^{354}	væ̃^{13}
榆中县	van^{332}	van^{44}	van^{44}	van^{44}	van^{44}	van^{44}	van^{44}	van^{13}
皋兰县	væ̃^{53}	væ̃^{342}	væ̃^{342}	væ̃^{342}	væ̃^{342}	væ̃^{342}	væ̃^{342}	væ̃^{13}
白银区	van^{51}	van^{343}	van^{343}	van^{343}	van^{343}	van^{343}	van^{343}	van^{13}
天祝县	van^{53}	van^{44}	van^{44}	van^{44}	van^{44}	van^{44}	van^{44}	van^{213}
景泰县（红水镇）	van^{53}	van^{44}	van^{44}	van^{44}	van^{44}	van^{44}	van^{44}	van^{213}
古浪县	væ̃^{53}	væ̃^{44}	væ̃^{44}	væ̃^{44}	væ̃^{44}	væ̃^{44}	væ̃^{44}	væ̃^{31}
凉州区	vɑŋ^{13}	vɑŋ^{33}	vɑŋ^{33}	vɑŋ^{33}	vɑŋ^{33}	vɑŋ^{33}	vɑŋ^{33}	vɑŋ^{53}
民勤县	vɛi^{53}	vɛi^{214}	vɛi^{214}	vɛi^{214}	vɛi^{214}	vɛi^{214}	vɛi^{214}	vɛi^{42}
永昌县	vɛe^{13}	vɛe^{13}	vɛe^{13}	vɛe^{13}	vɛe^{13}	vɛe^{13}	vɛe^{13}	vɛe^{53}
甘州区	vaŋ^{53}	vaŋ^{53}	vaŋ^{53}	vaŋ^{53}	vaŋ^{53}	vaŋ^{53}	vaŋ^{31}	vaŋ^{31}
临泽县	vaŋ^{53}	vaŋ^{53}	vaŋ^{53}	vaŋ^{53}	vaŋ^{53}	vaŋ^{53}	vaŋ^{214}	vaŋ^{214}
民乐县	væ̃i^{53}	væ̃i^{213}	væ̃i^{213}	væ̃i^{213}	væ̃i^{213}	væ̃i^{213}	væ̃i^{213}	væ̃i^{42}
山丹县	vɛe^{53}	vɛe^{53}	vɛe^{53}	vɛe^{53}	vɛe^{53}	vɛe^{53}	vɛe^{41}	vɛe^{41}
高台县	van^{53}	van^{53}	van^{53}	van^{53}	van^{53}	van^{53}	van^{214}	van^{214}
肃州区	vã^{53}	vã^{53}	vã^{53}	vã^{53}	vã^{53}	vã^{53}	vã^{214}	vã^{214}
金塔县	vã^{53}	vã^{53}	vã^{53}	vã^{53}	vã^{53}	vã^{53}	vã^{13}	vã^{13}
肃北县	van^{53}	van^{53}	van^{53}	van^{53}	van^{53}	van^{53}	van^{53}	van^{213}
玉门市	van^{53}	van^{53}	van^{53}	van^{53}	van^{53}	van^{53}	van^{53}	van^{213}
瓜州县	van^{53}	van^{53}	van^{53}	van^{53}	van^{53}	van^{53}	van^{53}	van^{213}
西夏区	væn^{53}	væn^{53}	væn^{53}	væn^{53}	væn^{53}	væn^{53}	væn^{53}	væn^{13}

续表

贺兰县	væn^{53}	væn^{53}	væn^{53}	væn^{53}	væn^{53}	væn^{53}	væn^{53}	væn^{13}
灵武市（东塔镇）	væn^{52}	væn^{52}	væn^{52}	væn^{52}	væn^{52}	væn^{52}	væn^{52}	væn^{13}
永宁县	van^{53}	van^{53}	van^{53}	van^{53}	van^{53}	van^{53}	van^{53}	van^{13}
中宁县	væ̃^{53}	væ̃^{53}	væ̃^{53}	væ̃^{53}	væ̃^{53}	væ̃^{53}	væ̃^{53}	væ̃^{13}
沙坡头区	vãi^{53}	vãi^{53}	vãi^{53}	vãi^{53}	vãi^{53}	vãi^{53}	vãi^{53}	vãi^{13}
盐池县	væn^{13}	væn^{52}	væn^{52}	væn^{52}	væn^{52}	væn^{52}	væn^{52}	væn^{13}
平罗县（渠口乡）	væn^{53}	væn^{53}	væn^{53}	væn^{53}	væn^{53}	væn^{53}	væn^{53}	væn^{13}
阿拉善左旗	vɛi^{51}	vɛi^{51}	vɛi^{51}	vɛi^{51}	vɛi^{51}	vɛi^{51}	vɛi^{51}	vɛi^{213}
乌鲁木齐市	van^{52}	van^{52}	van^{52}	van^{52}	van^{52}	van^{52}	van^{52}	van^{213}
阜康市	van^{51}	van^{51}	van^{51}	van^{51}	van^{51}	van^{51}	van^{51}	van^{213}
呼图壁县	van^{51}	van^{51}	van^{51}	van^{51}	van^{51}	van^{51}	van^{51}	van^{213}
吉木萨尔县	van^{51}	van^{51}	van^{51}	van^{51}	van^{51}	van^{51}	van^{51}	van^{213}
奇台县	van^{52}	van^{52}	van^{52}	van^{52}	van^{52}	van^{52}	van^{52}	van^{213}
博乐市	van^{51}	van^{51}	van^{51}	van^{51}	van^{51}	van^{51}	van^{51}	van^{24}
阿勒泰市	vɑn^{51}	vɑn^{51}	vɑn^{51}	vɑn^{51}	vɑn^{51}	vɑn^{51}	vɑn^{51}	vɑn^{23}
布尔津县	van^{23}	van^{23}	van^{23}	van^{23}	van^{23}	van^{23}	van^{23}	van^{51}
乌苏市	ʋan^{51}	ʋan^{51}	ʋan^{51}	ʋan^{51}	ʋan^{51}	ʋan^{51}	ʋan^{51}	ʋan^{213}
额敏县	vɑn^{51}	vɑn^{51}	vɑn^{51}	vɑn^{51}	vɑn^{51}	vɑn^{51}	vɑn^{51}	vɑn^{34}
伊州区	væ̃^{51}	væ̃^{51}	væ̃^{51}	væ̃^{51}	væ̃^{51}	væ̃^{51}	væ̃^{51}	væ̃^{213}
巴里坤县	van^{51}	van^{51}	van^{51}	van^{51}	van^{51}	van^{51}	van^{51}	van^{24}
伊吾县	væ̃^{51}	væ̃^{51}	væ̃^{51}	væ̃^{51}	væ̃^{51}	væ̃^{51}	væ̃^{51}	væ̃^{213}

字目 中古音 方言点	捐①	卷 卷曲	眷	卷 书卷	绢	倦②	圈③ 圆圈	泉
	山合三平仙以	山合三上狝见	山合三去线见	山合三去线见	山合三去线见	山合三去线群	山合三平仙溪	山合三平仙从
兰州市（城关区）	tɕyan^{44}	tɕyan^{44}	tɕyan^{13}	tɕyan^{13}	tɕyan^{13}	tɕyan^{13}	tɕʻyan^{44}	tɕʻyan^{51}
永登县	tɕyæ̃^{354}	tɕyæ̃^{354}	tɕyæ̃^{13}	tɕyæ̃^{13}	tɕyæ̃^{13}	tɕyæ̃^{13}	tɕʻyæ̃^{354}	tɕʻyæ̃^{53}
榆中县	tɕyan^{44}	tɕyan^{44}	tɕyan^{13}	tɕyan^{13}	tɕyan^{13}	tɕyan^{13}	tɕʻyan^{44}	tɕʻyan^{332}
皋兰县	tɕyæ̃^{342}	tɕyæ̃^{342}	tɕyæ̃^{13}	tɕyæ̃^{13}	tɕyæ̃^{13}	tɕyæ̃^{13}	tɕʻyæ̃^{342}	tɕʻyæ̃^{53}
白银区	tɕyan^{343}	tɕyan^{343}	tɕyan^{13}	tɕyan^{13}	tɕyan^{13}	tɕyan^{13}	tɕʻyan^{343}	tɕʻyan^{51}
天祝县	tɕyan^{44}	tɕyan^{44}	tɕyan^{213}	tɕyan^{213}	tɕyan^{213}	tɕyan^{213}	tɕʻyan^{44}	tɕʻyan^{53}
景泰县（红水镇）	tɕyan^{44}	tɕyan^{44}	tɕyan^{213}	tɕyan^{213}	tɕyan^{213}	tɕyan^{213}	tɕʻyan^{44}	tɕʻyan^{53}
古浪县	tɕyæ̃^{44}	tɕyæ̃^{44}	tɕyæ̃^{31}	tɕyæ̃^{31}	tɕyæ̃^{31}	tɕyæ̃^{31}	tɕʻyæ̃^{44}	tɕʻyæ̃^{53}
凉州区	tɕyɑŋ^{33}	tɕyɑŋ^{33}	tɕyɑŋ^{53}	tɕyɑŋ^{53}	tɕyɑŋ^{53}	tɕyɑŋ^{53}	tɕʻyɑŋ^{33}	tɕʻyɑŋ^{13}
民勤县	tɕye^{44}	tɕye^{214}	tɕye^{42}	tɕye^{42}	tɕye^{42}	tɕye^{42}	tɕʻye^{44}	tɕʻye^{53}
永昌县	tɕyɛ̃^{44}	tɕyɛ̃^{13}	tɕyɛ̃^{53}	tɕyɛ̃^{53}	tɕyɛ̃^{53}	tɕyɛ̃^{53}	tɕʻyɛ̃^{44}	tɕʻyɛ̃^{13}
甘州区	tɕyaŋ^{44}	tɕyaŋ^{53}	tɕyaŋ^{31}	tɕyaŋ^{31}	tɕyaŋ^{31}	tɕyaŋ^{31}	tɕʻyaŋ^{44}	tɕʻyaŋ^{53}
临泽县	tɕyaŋ^{44}	tɕyaŋ^{53}	tɕyaŋ^{214}	tɕyaŋ^{214}	tɕyaŋ^{214}	tɕyaŋ^{214}	tɕʻyaŋ^{44}	tɕʻyaŋ^{53}
民乐县	tɕyɛ^{44}	tɕyɛ^{213}	tɕyɛ^{42}	tɕyɛ^{42}	tɕyɛ^{42}	tɕyɛ^{42}	tɕʻyɛ^{44}	tɕʻyɛ^{53}
山丹县	tɕyẽ^{44}	tɕyẽ^{53}	tɕyẽ^{41}	tɕyẽ^{41}	tɕyẽ^{41}	tɕyẽ^{41}	tɕʻyẽ^{24}	tɕʻyẽ^{53}
高台县	tɕyɛ̃^{44}	tɕyɛ̃^{53}	tɕyɛ̃^{214}	tɕyɛ̃^{214}	tɕyɛ̃^{214}	tɕyɛ̃^{214}	tɕʻyɛ̃^{44}	tɕʻyɛ̃^{53}
肃州区	tɕyɛ̃^{44}	tɕyɛ̃^{53}	tɕyɛ̃^{214}	tɕyɛ̃^{214}	tɕyɛ̃^{214}	tɕyɛ̃^{214}	tɕʻyɛ̃^{44}	tɕʻyɛ̃^{53}
金塔县	tɕyã^{44}	tɕyã^{53}	tɕyã^{13}	tɕyã^{13}	tɕyã^{13}	tɕyã^{13}	tɕʻyã^{44}	tɕʻyã^{53}
肃北县	tɕyɛ̃^{44}	tɕyɛ̃^{53}	tɕyɛ̃^{213}	tɕyɛ̃^{213}	tɕyɛ̃^{213}	tɕyɛ̃^{213}	tɕʻyɛ̃^{44}	tɕʻyɛ̃^{53}

①《广韵》与专切。山合三平仙以。

②又巨卷切，山合三上狝群。

③又去爰切，山合三平元溪。

续表

玉门市	tçyɛn^{44}	tçyɛn^{53}	tçyɛn^{213}	tçyɛn^{213}	tçyɛn^{213}	tçyɛn^{213}	tçʻyɛn^{44}	tçʻyɛn^{53}
瓜州县	tçyɛ̃^{44}	tçyɛ̃^{53}	tçyɛ̃^{213}	tçyɛ̃^{213}	tçyɛ̃^{213}	tçyɛ̃^{213}	tçʻyɛ̃^{44}	tçʻyɛ̃^{53}
西夏区	tçyæn^{44}	tçyæn^{53}	tçyæn^{13}	tçyæn^{13}	tçyæn^{13}	tçyæn^{13}	tçʻyæn^{44}	tçʻyæn^{53}
贺兰县	tçyæn^{44}	tçyæn^{53}	tçyæn^{13}	tçyæn^{13}	tçyæn^{13}	tçyæn^{13}	tçʻyæn^{44}	tçʻyæn^{53}
灵武市（东塔镇）	tçyæn^{44}	tçyæn^{52}	tçyæn^{13}	tçyæn^{13}	tçyæn^{13}	tçyæn^{13}	tçʻyæn^{44}	tçʻyæn^{52}
永宁县	tçyan^{44}	tçyan^{53}	tçyan^{13}	tçyan^{13}	tçyan^{13}	tçyan^{13}	tçʻyan^{44}	tçʻyan^{53}
中宁县	tçyæ̃^{44}	tçyæ̃^{53}	tçyæ̃^{13}	tçyæ̃^{13}	tçyæ̃^{13}	tçyæ̃^{13}	tçʻyæ̃^{44}	tçʻyæ̃^{53}
沙坡头区	tçyᴇ̃^{44}	tçyᴇ̃^{53}	tçyᴇ̃^{13}	tçyᴇ̃^{13}	tçyᴇ̃^{13}	tçyᴇ̃^{13}	tçʻyᴇ̃^{44}	tçʻyᴇ̃^{53}
盐池县	tçyæn^{44}	tçyæn^{52}	tçyæn^{13}	tçyæn^{13}	tçyæn^{13}	tçyæn^{13}	tçʻyæn^{44}	tçʻyæn^{13}
平罗县（渠口乡）	tçyæn^{44}	tçyæn^{53}	tçyæn^{53}	tçyæn^{13}	tçyæn^{13}	tçyæn^{13}	tçʻyæn^{44}	tçyæn^{13}
阿拉善左旗	tçyɛi^{44}	tçyɛi^{51}	tçyɛi^{213}	tçyɛi^{213}	tçyɛi^{213}	tçyɛi^{213}	tçʻyɛi^{44}	tçʻyɛi^{51}
乌鲁木齐市	tçyan^{44}	tçyan^{52}	tçyan^{213}	tçyan^{213}	tçyan^{213}	tçyan^{213}	tçʻyan^{44}	tçʻyan^{52}
阜康市	tçyan^{55}	tçyan^{51}	tçyan^{213}	tçyan^{213}	tçyan^{213}	tçyan^{213}	tçʻyan^{55}	tçʻyan^{51}
呼图壁县	tçyan^{44}	tçyan^{51}	tçyan^{213}	tçyan^{213}	tçyan^{213}	tçyan^{213}	tçʻyan^{44}	tçʻyan^{51}
吉木萨尔县	tçyan^{44}	tçyan^{51}	tçyan^{213}	tçyan^{213}	tçyan^{213}	tçyan^{213}	tçʻyan^{44}	tçʻyan^{51}
奇台县	tçyɛn^{44}	tçyɛn^{52}	tçyɛn^{213}	tçyɛn^{213}	tçyɛn^{213}	tçyɛn^{213}	tçʻyɛn^{44}	tçʻyɛn^{52}
博乐市	tçyan^{45}	tçyan^{51}	tçyan^{24}	tçyan^{24}	tçyan^{24}	tçyan^{24}	tçʻyan^{44}	tçʻyan^{51}
阿勒泰市	tçyɑn^{44}	tçyɑn^{51}	tçyɑn^{23}	tçyɑn^{23}	tçyɑn^{23}	tçyɑn^{23}	tçʻyɑn^{44}	tçʻyɑn^{51}
布尔津县	tçyan^{44}	tçyan^{23}	tçyan^{51}	tçyan^{51}	tçyan^{51}	tçyan^{51}	tçʻyan^{44}	tçʻyan^{51}
乌苏市	tçyan^{55}	tçyan^{51}	tçyan^{213}	tçyan^{213}	tçyan^{213}	tçyan^{213}	tçʻyan^{55}	tçʻyan^{51}
额敏县	tçyɑn^{44}	tçyɑn^{51}	tçyɑn^{34}	tçyɑn^{34}	tçyɑn^{34}	tçyɑn^{34}	tçʻyɑn^{44}	tçʻyɑn^{51}
伊州区	tçyæ̃^{44}	tçyæ̃^{51}	tçyæ̃^{213}	tçyæ̃^{213}	tçyæ̃^{213}	tçyæ̃^{213}	tçʻyæ̃^{44}	tçʻyæ̃^{51}
巴里坤县	tçyan^{45}	tçyan^{51}	tçyan^{24}	tçyan^{24}	tçyan^{24}	tçyan^{24}	tçʻyan^{44}	tçʻyan^{51}
伊吾县	tçyæ̃^{44}	tçyæ̃^{51}	tçyæ̃^{213}	tçyæ̃^{213}	tçyæ̃^{213}	tçyæ̃^{213}	tçʻyæ̃^{44}	tçʻyæ̃^{51}

字目 / 中古音 / 方音 / 方言点	全	权	拳	犬	劝	券	宣	旋 旋转
	山合三 平仙从	山合三 平仙群	山合三 平仙群	山合四 上铣溪	山合三 去愿溪	山合三 去愿溪	山合三 平仙心	山合三 平仙邪
兰州市 （城关区）	tɕʻyan^{51}	tɕʻyan^{51}	tɕʻyan^{51}	tɕʻyan^{44}	tɕʻyan^{13}	tɕʻyan^{13}	ɕyan^{53}	ɕyan^{51}
永登县	tɕʻyæ̃^{53}	tɕʻyæ̃^{53}	tɕʻyæ̃^{53}	tɕʻyæ̃^{354}	tɕʻyæ̃^{13}	tɕʻyæ̃^{13}	ɕyæ̃^{42}	ɕyæ̃^{53}
榆中县	tɕʻyan^{332}	tɕʻyan^{332}	tɕʻyan^{332}	tɕʻyan^{44}	tɕʻyan^{13}	tɕʻyan^{13}	ɕyan^{51}	ɕyan^{332}
皋兰县	tɕʻyæ̃^{53}	tɕʻyæ̃^{53}	tɕʻyæ̃^{53}	tɕʻyæ̃^{342}	tɕʻyæ̃^{13}	tɕʻyæ̃^{13}	ɕyæ̃^{42}	ɕyæ̃^{53}
白银区	tɕʻyan^{51}	tɕʻyan^{51}	tɕʻyan^{51}	tɕʻyan^{343}	tɕʻyan^{13}	tɕʻyan^{13}	ɕyan^{44}	ɕyan^{51}
天祝县	tɕʻyan^{53}	tɕʻyan^{53}	tɕʻyan^{53}	tɕʻyan^{44}	tɕʻyan^{213}	tɕʻyan^{213}	ɕyan^{44}	ɕyan^{53}
景泰县 （红水镇）	tɕʻyan^{53}	tɕʻyan^{53}	tɕʻyan^{53}	tɕʻyan^{44}	tɕʻyan^{213}	tɕʻyan^{213}	ɕyan^{44}	ɕyan^{53}
古浪县	tɕʻyæ̃^{53}	tɕʻyæ̃^{53}	tɕʻyæ̃^{53}	tɕʻyæ̃^{44}	tɕʻyæ̃^{31}	tɕʻyæ̃^{31}	ɕyæ̃^{44}	ɕyæ̃^{53}
凉州区	tɕʻyɑŋ^{13}	tɕʻyɑŋ^{13}	tɕʻyɑŋ^{13}	tɕʻyɑŋ^{33}	tɕʻyɑŋ^{53}	tɕʻyɑŋ^{53}	ɕyɑŋ^{33}	ɕyɑŋ^{13}
民勤县	tɕʻye^{53}	tɕʻye^{53}	tɕʻye^{53}	tɕʻye^{214}	tɕʻye^{42}	tɕʻye^{42}	ɕye^{44}	ɕye^{53}
永昌县	tɕʻyɛ̆^{13}	tɕʻyɛ̆^{13}	tɕʻyɛ̆^{13}	tɕʻyɛ̆^{13}	tɕʻyɛ̆^{53}	tɕʻyɛ̆^{53}	ɕyɛ̆^{44}	ɕyɛ̆^{13}
甘州区	tɕʻyaŋ^{53}	tɕʻyaŋ^{53}	tɕʻyaŋ^{53}	tɕʻyaŋ^{53}	tɕʻyaŋ^{31}	tɕʻyaŋ^{31}	ɕyaŋ^{44}	ɕyaŋ^{53}
临泽县	tɕʻyaŋ^{53}	tɕʻyaŋ^{53}	tɕʻyaŋ^{53}	tɕʻyaŋ^{53}	tɕʻyaŋ^{214}	tɕʻyaŋ^{214}	ɕyaŋ^{44}	ɕyaŋ^{53}
民乐县	tɕʻyɛ^{53}	tɕʻyɛ^{53}	tɕʻyɛ^{53}	tɕʻyɛ^{213}	tɕʻyɛ^{42}	tɕʻyɛ^{42}	ɕyɛ^{44}	ɕyɛ^{53}
山丹县	tɕʻyẽ^{53}	tɕʻyẽ^{53}	tɕʻyẽ^{53}	tɕʻyẽ^{53}	tɕʻyẽ^{41}	tɕʻyẽ^{41}	ɕyẽ^{24}	ɕyẽ^{53}
高台县	tɕʻyɛ̃^{53}	tɕʻyɛ̃^{53}	tɕʻyɛ̃^{53}	tɕʻyɛ̃^{53}	tɕʻyɛ̃^{214}	tɕʻyɛ̃^{214}	ɕyɛ̃^{44}	ɕyɛ̃^{53}
肃州区	tɕʻyɛ̃^{53}	tɕʻyɛ̃^{53}	tɕʻyɛ̃^{53}	tɕʻyɛ̃^{53}	tɕʻyɛ̃^{214}	tɕʻyɛ̃^{214}	ɕyɛ̃^{44}	ɕyɛ̃^{53}
金塔县	tɕʻyã^{53}	tɕʻyã^{53}	tɕʻyã^{53}	tɕʻyã^{53}	tɕʻyã^{13}	tɕʻyã^{13}	ɕyã^{44}	ɕyã^{53}
肃北县	tɕʻyɛ̃^{53}	tɕʻyɛ̃^{53}	tɕʻyɛ̃^{53}	tɕʻyɛ̃^{53}	tɕʻyɛ̃^{213}	tɕʻyɛ̃^{213}	ɕyɛ̃^{44}	ɕyɛ̃^{53}
玉门市	tɕʻyɛn^{53}	tɕʻyɛn^{53}	tɕʻyɛn^{53}	tɕʻyɛn^{53}	tɕʻyɛn^{213}	tɕʻyɛn^{213}	ɕyɛn^{44}	ɕyɛn^{53}
瓜州县	tɕʻyɛ̃^{53}	tɕʻyɛ̃^{53}	tɕʻyɛ̃^{53}	tɕʻyɛ̃^{53}	tɕʻyɛ̃^{213}	tɕʻyɛ̃^{213}	ɕyɛ̃^{44}	ɕyɛ̃^{53}
西夏区	tɕʻyæn^{53}	tɕʻyæn^{53}	tɕʻyæn^{53}	tɕʻyæn^{53}	tɕʻyæn^{13}	tɕʻyæn^{13}	ɕyæn^{44}	ɕyæn^{53}

续表

贺兰县	tɕʻyæn^{53}	tɕʻyæn^{53}	tɕʻyæn^{53}	tɕʻyæn^{53}	tɕʻyæn^{13}	tɕʻyæn^{13}	ɕyæn^{44}	ɕyæn^{53}
灵武市（东塔镇）	tɕʻyæn^{52}	tɕʻyæn^{52}	tɕʻyæn^{52}	tɕʻyæn^{52}	tɕʻyæn^{13}	tɕʻyæn^{13}	ɕyæn^{44}	ɕyæn^{52}
永宁县	tɕʻyan^{53}	tɕʻyan^{53}	tɕʻyan^{53}	tɕʻyan^{53}	tɕʻyan^{13}	tɕʻyan^{13}	ɕyan^{44}	ɕyan^{53}
中宁县	tɕʻyæ̃^{53}	tɕʻyæ̃^{53}	tɕʻyæ̃^{53}	tɕʻyæ̃^{53}	tɕʻyæ̃^{13}	tɕʻyæ̃^{13}	ɕyæ̃^{44}	ɕyæ̃^{53}
沙坡头区	tɕʻyẼ^{53}	tɕʻyẼ^{53}	tɕʻyẼ^{53}	tɕʻyẼ^{53}	tɕʻyẼ^{13}	tɕʻyẼ^{13}	ɕyẼ^{44}	ɕyẼ^{53}
盐池县	tɕʻyæn^{13}	tɕʻyæn^{13}	tɕʻyæn^{13}	tɕʻyæn^{52}	tɕʻyæn^{13}	tɕʻyæn^{13}	ɕyæn^{44}	ɕyæn^{13}
平罗县（渠口乡）	tɕʻyæn^{53}	tɕʻyæn^{53}	tɕʻyæn^{53}	tɕʻyæn^{53}	tɕʻyæn^{13}	tɕʻyæn^{13}	ɕyæn^{44}	ɕyæn^{53}
阿拉善左旗	tɕʻyɛi^{51}	tɕʻyɛi^{51}	tɕʻyɛi^{51}	tɕʻyɛi^{51}	tɕʻyɛi^{213}	tɕʻyɛi^{213}	ɕyɛi^{44}	ɕyɛi^{51}
乌鲁木齐市	tɕʻyan^{52}	tɕʻyan^{52}	tɕʻyan^{52}	tɕʻyan^{52}	tɕʻyan^{213}	tɕʻyan^{213}	ɕyan^{44}	ɕyan^{52}
阜康市	tɕʻyan^{51}	tɕʻyan^{51}	tɕʻyan^{51}	tɕʻyan^{51}	tɕʻyan^{213}	tɕʻyan^{213}	ɕyan^{55}	ɕyan^{51}
呼图壁县	tɕʻyan^{51}	tɕʻyan^{51}	tɕʻyan^{51}	tɕʻyan^{51}	tɕʻyan^{213}	tɕʻyan^{213}	ɕyan^{44}	ɕyan^{51}
吉木萨尔县	tɕʻyan^{51}	tɕʻyan^{51}	tɕʻyan^{51}	tɕʻyan^{51}	tɕʻyan^{213}	tɕʻyan^{213}	ɕyan^{44}	ɕyan^{51}
奇台县	tɕʻyɛn^{52}	tɕʻyɛn^{52}	tɕʻyɛn^{52}	tɕʻyɛn^{52}	tɕʻyɛn^{213}	tɕʻyɛn^{213}	ɕyɛn^{44}	ɕyɛn^{52}
博乐市	tɕʻyan^{51}	tɕʻyan^{51}	tɕʻyan^{51}	tɕʻyan^{51}	tɕʻyan^{24}	tɕʻyan^{24}	ɕyan^{45}	ɕyan^{51}
阿勒泰市	tɕʻyɑn^{51}	tɕʻyɑn^{51}	tɕʻyɑn^{51}	tɕʻyɑn^{51}	tɕʻyɑn^{23}	tɕʻyɑn^{23}	ɕyɑn^{44}	ɕyɑn^{51}
布尔津县	tɕʻyan^{23}	tɕʻyan^{23}	tɕʻyan^{23}	tɕʻyan^{23}	tɕʻyan^{51}	tɕʻyan^{1}	ɕyan^{44}	ɕyan^{23}
乌苏市	tɕʻyan^{51}	tɕʻyan^{51}	tɕʻyan^{51}	tɕʻyan^{51}	tɕʻyan^{213}	tɕʻyan^{213}	ɕyan^{55}	ɕyan^{51}
额敏县	tɕʻyɑn^{51}	tɕʻyɑn^{51}	tɕʻyɑn^{51}	tɕʻyɑn^{51}	tɕʻyɑn^{34}	tɕʻyɑn^{34}	ɕyɑn^{44}	ɕyɑn^{51}
伊州区	tɕʻyæ̃^{51}	tɕʻyæ̃^{51}	tɕʻyæ̃^{51}	tɕʻyæ̃^{51}	tɕʻyæ̃^{213}	tɕʻyæ̃^{213}	ɕyæ̃^{44}	ɕyæ̃^{51}
巴里坤县	tɕʻyan^{51}	tɕʻyan^{51}	tɕʻyan^{51}	tɕʻyan^{51}	tɕʻyan^{24}	tɕʻyan^{24}	ɕyan^{45}	ɕyan^{51}
伊吾县	tɕʻyæ̃^{51}	tɕʻyæ̃^{51}	tɕʻyæ̃^{51}	tɕʻyæ̃^{51}	tɕʻyæ̃^{213}	tɕʻyæ̃^{213}	ɕyæ̃^{44}	ɕyæ̃^{51}

字目 / 中古音 / 方音 / 方言点	玄	悬	癣	选	旋 旋风	楦	冤	渊
	山合四 平先匣	山合四 平先匣	山开三 上狝心	山开三 上狝心	山开三 去线邪	山开三 去愿晓	山开三 平元影	山开四 平先影
兰州市 （城关区）	ɕyan^{51}	ɕyan^{51}	ɕyan^{44}	ɕyan^{44}	ɕyan^{51}	ɕyan^{13}	yan^{53}	yan^{53}
永登县	ɕyæ̃^{53}	ɕyæ̃^{53}	ɕyæ̃^{354}	ɕyæ̃^{354}	ɕyæ̃^{53}	ɕyæ̃^{13}	yæ̃^{42}	yæ̃^{42}
榆中县	ɕyan^{332}	ɕyan^{332}	ɕyan^{44}	ɕyan^{44}	ɕyan^{332}	ɕyan^{13}	yan^{51}	yan^{51}
皋兰县	ɕyæ̃^{53}	ɕyæ̃^{53}	ɕyæ̃^{42}	ɕyæ̃^{342}	ɕyæ̃^{53}	ɕyæ̃^{13}	yæ̃^{42}	yæ̃^{42}
白银区	ɕyan^{51}	ɕyan^{51}	ɕyan^{343}	ɕyan^{343}	ɕyan^{51}	ɕyan^{13}	yan^{44}	yan^{44}
天祝县	ɕyan^{53}	ɕyan^{53}	ɕyan^{44}	ɕyan^{44}	ɕyan^{53}	ɕyan^{213}	yan^{44}	yan^{44}
景泰县 （红水镇）	ɕyan^{53}	ɕyan^{53}	ɕyan^{44}	ɕyan^{44}	ɕyan^{53}	ɕyan^{213}	yan^{44}	yan^{44}
古浪县	ɕyæ̃^{53}	ɕyæ̃^{53}	ɕyæ̃^{44}	ɕyæ̃^{44}	ɕyæ̃^{53}	ɕyæ̃^{31}	yæ̃^{44}	yæ̃^{44}
凉州区	ɕyɑŋ^{13}	ɕyɑŋ^{13}	ɕyɑŋ^{33}	ɕyɑŋ^{33}	ɕyɑŋ^{13}	ɕyɑŋ^{53}	yɑŋ^{33}	yɑŋ^{33}
民勤县	ɕye^{53}	ɕye^{53}	ɕye^{214}	ɕye^{214}	ɕye^{53}	ɕye^{42}	ye^{44}	ye^{44}
永昌县	ɕyɛ̃^{13}	ɕyɛ̃^{13}	ɕyɛ̃^{13}	ɕyɛ̃^{13}	ɕyɛ̃^{13}	ɕyɛ̃^{53}	yɛ̃^{44}	yɛ̃^{44}
甘州区	ɕyaŋ^{53}	ɕyaŋ^{53}	ɕyaŋ^{53}	ɕyaŋ^{53}	ɕyaŋ^{53}	ɕyaŋ^{31}	yaŋ^{44}	yaŋ^{44}
临泽县	ɕyaŋ^{53}	ɕyaŋ^{53}	ɕyaŋ^{53}	ɕyaŋ^{53}	ɕyaŋ^{53}	ɕyaŋ^{214}	yaŋ^{44}	yaŋ^{44}
民乐县	ɕyɛ^{53}	ɕyɛ^{53}	ɕyɛ^{213}	ɕyɛ^{213}	ɕyɛ^{53}	ɕyɛ^{42}	yɛ^{44}	yɛ^{44}
山丹县	ɕyẽ^{53}	ɕyẽ^{53}	ɕyẽ^{53}	ɕyẽ^{53}	ɕyẽ^{53}	ɕyẽ^{41}	yẽ^{24}	yẽ^{24}
高台县	ɕyɛ̃^{53}	ɕyɛ̃^{53}	ɕyɛ̃^{53}	ɕyɛ̃^{53}	ɕyɛ̃^{53}	ɕyɛ̃^{214}	yɛ̃^{44}	yɛ̃^{44}
肃州区	ɕyɛ̃^{53}	ɕyɛ̃^{53}	ɕyɛ̃^{53}	ɕyɛ̃^{53}	ɕyɛ̃^{53}	ɕyɛ̃^{214}	yɛ̃^{44}	yɛ̃^{44}
金塔县	ɕyã^{53}	ɕyã^{53}	ɕyã^{53}	ɕyã^{53}	ɕyã^{53}	ɕyã^{13}	ʑyã^{44}	ʑyã^{44}
肃北县	ɕyɛ̃^{53}	ɕyɛ̃^{53}	ɕyɛ̃^{53}	ɕyɛ̃^{53}	ɕyɛ̃^{53}	ɕyɛ̃^{213}	yɛ̃^{44}	yɛ̃^{44}
玉门市	ɕyɛn^{53}	ɕyɛn^{53}	ɕyɛn^{53}	ɕyɛn^{53}	ɕyɛn^{53}	ɕyɛn^{213}	yɛn^{44}	yɛn^{44}
瓜州县	ɕyɛ̃^{53}	ɕyɛ̃^{53}	ɕyɛ̃^{53}	ɕyɛ̃^{53}	ɕyɛ̃^{53}	ɕyɛ̃^{213}	yɛ̃^{44}	yɛ̃^{44}
西夏区	ɕyæn^{53}	ɕyæn^{53}	ɕyæn^{53}	ɕyæn^{53}	ɕyæn^{53}	ɕyæn^{13}	yæn^{44}	yæn^{44}

续表

贺兰县	çyæn53	çyæn53	çyæn53	çyæn53	çyæn53	çyæn13	yæn44	yæn44
灵武市（东塔镇）	çyæn52	çyæn52	çyæn52	çyæn52	çyæn52	çyæn13	yæn44	yæn44
永宁县	çyan53	çyan53	çyan53	çyan53	çyan53	çyan13	yan44	yan44
中宁县	çyæ̃53	çyæ̃53	çyæ̃53	çyæ̃53	çyæ̃53	çyæ̃13	yæ̃44	yæ̃44
沙坡头区	çyẼ53	çyẼ53	çyẼ53	çyẼ53	çyẼ53	çyẼ13	yẼ44	yẼ44
盐池县	çyæn13	çyæn13	çyæn52	çyæn52	çyæn13	çyæn13	yæn44	yæn44
平罗县（渠口乡）	çyæn53	çyæn53	çyæn53	çyæn53	çyæn53	çyæn13	yæn44	yæn44
阿拉善左旗	çyɛi51	çyɛi51	çyɛi51	çyɛi51	çyɛi51	çyɛi213	yɛi44	yɛi44
乌鲁木齐市	çyan52	çyan52	çyan52	çyan52	çyan52	çyan213	yan44	yan44
阜康市	çyan51	çyan51	çyan51	çyan51	çyan51	çyan213	jyan55	jyan55
呼图壁县	çyan51	çyan51	çyan51	çyan51	çyan51	çyan213	yan44	yan44
吉木萨尔县	çyan51	çyan51	çyan51	çyan51	çyan51	çyan213	yan44	yan44
奇台县	çyɛn52	çyɛn52	çyɛn52	çyɛn52	çyɛn52	çyɛn213	yɛn44	yɛn44
博乐市	çyan51	çyan51	çyan51	çyan51	çyan51	çyan24	yan45	yan45
阿勒泰市	çyɑn51	çyɑn51	çyɑn51	çyɑn51	çyɑn51	çyɑn23	yɑn44	yɑn44
布尔津县	çyan23	çyan23	çyan23	çyan23	çyan23	çyan51	yan44	yan44
乌苏市	çyan51	çyan51	çyan51	çyan51	çyan51	çyan213	ɥyan55	ɥyan55
额敏县	çyɑn51	çyɑn51	çyɑn51	çyɑn51	çyɑn51	çyɑn34	yɑn44	yɑn44
伊州区	çyæ̃51	çyæ̃51	çyæ̃51	çyæ̃51	çyæ̃51	çyæ̃213	yæ̃44	yæ̃44
巴里坤县	çyan51	çyan51	çyan51	çyan51	çyan51	çyan24	yan45	yan45
伊吾县	çyæ̃51	çyæ̃51	çyæ̃51	çyæ̃51	çyæ̃51	çyæ̃213	yæ̃44	yæ̃44

字目 中古音 方音 方言点	员	圆	缘	原	源	元	袁	园
	山合三 平仙云	山合三 平仙云	山合三 平仙以	山合三 平元疑	山合三 平元疑	山合三 平元疑	山合三 平元云	山合三 平元云
兰州市 （城关区）	yan^{51}	yan^{51}	yan^{51}	yan^{51}	yan^{51}	yan^{51}	yan^{51}	yan^{51}
永登县	yæ̃^{53}	yæ̃^{53}	yæ̃^{53}	yæ̃^{53}	yæ̃^{53}	yæ̃^{53}	yæ̃^{53}	yæ̃^{53}
榆中县	yan^{332}	yan^{332}	yan^{332}	yan^{332}	yan^{332}	yan^{332}	yan^{332}	yan^{332}
皋兰县	yæ̃^{53}	yæ̃^{53}	yæ̃^{53}	yæ̃^{53}	yæ̃^{53}	yæ̃^{53}	yæ̃^{53}	yæ̃^{53}
白银区	yan^{51}	yan^{51}	yan^{51}	yan^{51}	yan^{51}	yan^{51}	yan^{51}	yan^{51}
天祝县	yan^{53}	yan^{53}	yan^{53}	yan^{53}	yan^{53}	yan^{53}	yan^{53}	yan^{53}
景泰县 （红水镇）	yan^{53}	yan^{53}	yan^{53}	yan^{53}	yan^{53}	yan^{53}	yan^{53}	yan^{53}
古浪县	yæ̃^{53}	yæ̃^{53}	yæ̃^{53}	yæ̃^{53}	yæ̃^{53}	yæ̃^{53}	yæ̃^{53}	yæ̃^{53}
凉州区	yɑŋ^{13}	yɑŋ^{13}	yɑŋ^{13}	yɑŋ^{13}	yɑŋ^{13}	yɑŋ^{13}	yɑŋ^{13}	yɑŋ^{13}
民勤县	ye^{53}	ye^{53}	ye^{53}	ye^{53}	ye^{53}	ye^{53}	ye^{53}	ye^{53}
永昌县	yɛ̆^{13}	yɛ̆^{13}	yɛ̆^{13}	yɛ̆^{13}	yɛ̆^{13}	yɛ̆^{13}	yɛ̆^{13}	yɛ̆^{13}
甘州区	yaŋ^{53}	yaŋ^{53}	yaŋ^{53}	yaŋ^{53}	yaŋ^{53}	yaŋ^{53}	yaŋ^{53}	yaŋ^{53}
临泽县	yaŋ^{53}	yaŋ^{53}	yaŋ^{53}	yaŋ^{53}	yaŋ^{53}	yaŋ^{53}	yaŋ^{53}	yaŋ^{53}
民乐县	yɛ^{53}	yɛ^{53}	yɛ^{53}	yɛ^{53}	yɛ^{53}	yɛ^{53}	yɛ^{53}	yɛ^{53}
山丹县	yẽ^{53}	yẽ^{53}	yẽ^{53}	yẽ^{53}	yẽ^{53}	yẽ^{53}	yẽ^{53}	yẽ^{53}
高台县	yɛ̃^{53}	yɛ̃^{53}	yɛ̃^{53}	yɛ̃^{53}	yɛ̃^{53}	yɛ̃^{53}	yɛ̃^{53}	yɛ̃^{53}
肃州区	yɛ̃^{53}	yɛ̃^{53}	yɛ̃^{53}	yɛ̃^{53}	yɛ̃^{53}	yɛ̃^{53}	yɛ̃^{53}	yɛ̃^{53}
金塔县	ʑyã^{53}	ʑyã^{53}	ʑyã^{53}	ʑyã^{53}	ʑyã^{53}	ʑyã^{53}	ʑyã^{53}	ʑyã^{53}
肃北县	yɛ̃^{53}	yɛ̃^{53}	yɛ̃^{53}	yɛ̃^{53}	yɛ̃^{53}	yɛ̃^{53}	yɛ̃^{53}	yɛ̃^{53}
玉门市	yɛn^{53}	yɛn^{53}	yɛn^{53}	yɛn^{53}	yɛn^{53}	yɛn^{53}	yɛn^{53}	yɛn^{53}
瓜州县	yɛ̃^{53}	yɛ̃^{53}	yɛ̃^{53}	yɛ̃^{53}	yɛ̃^{53}	yɛ̃^{53}	yɛ̃^{53}	yɛ̃^{53}
西夏区	yæn^{53}	yæn^{53}	yæn^{53}	yæn^{53}	yæn^{53}	yæn^{53}	yæn^{53}	yæn^{53}

续表

贺兰县	yæn^{53}	yæn^{53}	yæn^{53}	yæn^{53}	yæn^{53}	yæn^{53}	yæn^{53}	yæn^{53}
灵武市（东塔镇）	yæn^{52}	yæn^{52}	yæn^{52}	yæn^{52}	yæn^{52}	yæn^{52}	yæn^{52}	yæn^{52}
永宁县	yan^{53}	yan^{53}	yan^{53}	yan^{53}	yan^{53}	yan^{53}	yan^{53}	yan^{53}
中宁县	yæ̃^{53}	yæ̃^{53}	yæ̃^{53}	yæ̃^{53}	yæ̃^{53}	yæ̃^{53}	yæ̃^{53}	yæ̃^{53}
沙坡头区	yᴇ̃^{53}	yᴇ̃^{53}	yᴇ̃^{53}	yᴇ̃^{53}	yᴇ̃^{53}	yᴇ̃^{53}	yᴇ̃^{53}	yᴇ̃^{53}
盐池县	yæn^{13}	yæn^{13}	yæn^{13}	yæn^{13}	yæn^{13}	yæn^{13}	yæn^{13}	yæn^{13}
平罗县（渠口乡）	yæn^{53}	yæn^{53}	yæn^{53}	yæn^{53}	yæn^{53}	yæn^{53}	yæn^{53}	yæn^{53}
阿拉善左旗	yɛi^{51}	yɛi^{51}	yɛi^{51}	yɛi^{51}	yɛi^{51}	yɛi^{51}	yɛi^{51}	yan^{51}
乌鲁木齐市	yan^{52}	yan^{52}	yan^{52}	yan^{52}	yan^{52}	yan^{52}	yan^{52}	yan^{52}
阜康市	jyan^{51}	jyan^{51}	jyan^{51}	jyan^{51}	jyan^{51}	jyan^{51}	jyan^{51}	jyan^{51}
呼图壁县	yan^{51}	yan^{51}	yan^{51}	yan^{51}	yan^{51}	yan^{51}	yan^{51}	yan^{51}
吉木萨尔县	yan^{51}	yan^{51}	yan^{51}	yan^{51}	yan^{51}	yan^{51}	yan^{51}	yan^{51}
奇台县	yɛn^{52}	yɛn^{52}	yɛn^{52}	yɛn^{52}	yɛn^{52}	yɛn^{52}	yɛn^{52}	yɛn^{52}
博乐市	yan^{51}	yan^{51}	yan^{51}	yan^{51}	yan^{51}	yan^{51}	yan^{51}	yan^{51}
阿勒泰市	yɑn^{51}	yɑn^{51}	yɑn^{51}	yɑn^{51}	yɑn^{51}	yɑn^{51}	yɑn^{51}	yɑn^{51}
布尔津县	yan^{23}	yan^{23}	yan^{23}	yan^{23}	yan^{23}	yan^{23}	yan^{23}	yan^{23}
乌苏市	ɥyan^{51}	ɥyan^{51}	ɥyan^{51}	ɥyan^{51}	ɥyan^{51}	ɥyan^{51}	ɥyan^{51}	ɥyan^{51}
额敏县	yɑn^{51}	yɑn^{51}	yɑn^{51}	yɑn^{51}	yɑn^{51}	yɑn^{51}	yɑn^{51}	yɑn^{51}
伊州区	yæ̃^{51}	yæ̃^{51}	yæ̃^{51}	yæ̃^{51}	yæ̃^{51}	yæ̃^{51}	yæ̃^{51}	yæ̃^{51}
巴里坤县	yan^{51}	yan^{51}	yan^{51}	yan^{51}	yan^{51}	yan^{51}	yan^{51}	yan^{51}
伊吾县	yæ̃^{51}	yæ̃^{51}	yæ̃^{51}	yæ̃^{51}	yæ̃^{51}	yæ̃^{51}	yæ̃^{51}	yæ̃^{51}

字目 / 中古音 / 方言点	猿	辕	援[①]	远 远近	院	愿	怨	奔 奔跑
	山合三 平元云	山合三 平元云	山合三 平元云	山合三 上阮云	山合三 去线云	山合三 去愿疑	山合三 去愿影	臻合一 平魂帮
兰州市 （城关区）	yan^{51}	yan^{51}	yan^{51}	yan^{44}	yan^{13}	yan^{13}	yan^{13}	pən^{53}
永登县	yæ̃^{53}	yæ̃^{53}	yæ̃^{53}	yæ̃^{354}	yæ̃^{13}	yæ̃^{13}	yæ̃^{13}	pən^{42}
榆中县	yan^{332}	yan^{332}	yan^{332}	yan^{44}	yan^{13}	yan^{13}	yan^{13}	pən^{51}
皋兰县	yæ̃^{53}	yæ̃^{53}	yæ̃^{53}	yæ̃^{342}	yæ̃^{13}	yæ̃^{13}	yæ̃^{13}	pən^{42}
白银区	yan^{51}	yan^{51}	yan^{51}	yan^{343}	yan^{13}	yan^{13}	yan^{13}	pən^{44}
天祝县	yan^{53}	yan^{53}	yan^{53}	yan^{44}	yan^{213}	yan^{213}	yan^{213}	pɤn^{44}
景泰县 （红水镇）	yan^{53}	yan^{53}	yan^{53}	yan^{44}	yan^{213}	yan^{213}	yan^{213}	pən^{44}
古浪县	yæ̃^{53}	yæ̃^{53}	yæ̃^{53}	yæ̃^{44}	yæ̃^{31}	yæ̃^{31}	yæ̃^{31}	pəŋ^{44}
凉州区	yɑŋ^{13}	yɑŋ^{13}	yɑŋ^{13}	yɑŋ^{33}	yɑŋ^{53}	yɑŋ^{53}	yɑŋ^{53}	pəŋ^{33}
民勤县	ye^{53}	ye^{53}	ye^{53}	ye^{214}	ye^{42}	ye^{42}	ye^{42}	pɤŋ^{44}
永昌县	yɛ̆^{13}	yɛ̆^{13}	yɛ̆^{13}	yɛ̆^{13}	yɛ̆^{53}	yɛ̆^{53}	yɛ̆^{53}	pɤ̆^{44}
甘州区	yaŋ^{53}	yaŋ^{53}	yaŋ^{53}	yaŋ^{53}	yaŋ^{31}	yaŋ^{31}	yaŋ^{31}	pɤŋ^{44}
临泽县	yaŋ^{53}	yaŋ^{53}	yaŋ^{53}	yaŋ^{53}	yaŋ^{214}	yaŋ^{214}	yaŋ^{214}	pəŋ^{44}
民乐县	yɛ^{53}	yɛ^{53}	yɛ^{53}	yɛ^{213}	yɛ^{42}	yɛ^{42}	yɛ^{42}	pəŋ^{44}
山丹县	yẽ^{53}	yẽ^{53}	yẽ^{53}	yẽ^{53}	yẽ^{41}	yẽ^{41}	yẽ^{41}	pəŋ^{24}
高台县	yɛ̃^{53}	yɛ̃^{53}	yɛ̃^{53}	yɛ̃^{53}	yɛ̃^{214}	yɛ̃^{214}	yɛ̃^{214}	pɤ̃^{44}
肃州区	yɛ̃^{53}	yɛ̃^{53}	yɛ̃^{53}	yɛ̃^{53}	yɛ̃^{214}	yɛ^{214}	yɛ̃^{214}	pəŋ^{44}
金塔县	ʑyã^{53}	ʑyã^{53}	ʑyã^{53}	ʑyã^{53}	ʑyã^{13}	ʑyã^{13}	ʑyã^{13}	pɤŋ^{44}
肃北县	yɛ̃^{53}	yɛ̃^{53}	yɛ̃^{53}	yɛ^{53}	yɛ̃^{213}	yɛ̃^{213}	yɛ̃^{213}	pɤ̃^{44}
玉门市	yɛn^{53}	yɛn^{53}	yɛn^{53}	yɛn^{53}	yɛn^{213}	yɛn^{213}	yɛn^{213}	pɤŋ^{44}
瓜州县	yɛ̃^{53}	yɛ̃^{53}	yɛ̃^{53}	yɛ^{53}	yɛ̃^{213}	yɛ̃^{213}	yɛ̃^{213}	pɤŋ^{44}

①又王眷切，山合三去线云；于愿切，山合三去愿云。

续表

西夏区	yæn^{53}	yæn^{53}	yæn^{53}	yæn^{53}	yæn^{13}	yæn^{13}	yæn^{13}	pəŋ^{44}
贺兰县	yæn^{53}	yæn^{53}	yæn^{53}	yæn^{53}	yæn^{13}	yæn^{13}	yæn^{13}	pəŋ^{44}
灵武市（东塔镇）	yæn^{52}	yæn^{52}	yæn^{52}	yæn^{52}	yæn^{13}	yæn^{13}	yæn^{13}	pəŋ^{44}
永宁县	yan^{53}	yan^{53}	yan^{53}	yan^{53}	yan^{13}	yan^{13}	yan^{13}	pəŋ^{44}
中宁县	yæ̃^{53}	yæ̃^{53}	yæ̃^{53}	yæ̃^{53}	yæ̃^{13}	yæ̃^{13}	yæ̃^{13}	pəŋ^{44}
沙坡头区	yẼ^{53}	yẼ^{53}	yẼ^{53}	yẼ^{53}	yẼ^{13}	yẼ^{13}	yẼ^{13}	pə̃i^{44}
盐池县	yæn^{13}	yæn^{13}	yæn^{13}	yæn^{52}	yæn^{13}	yæn^{13}	yæn^{13}	pən^{44}
平罗县（渠口乡）	yæn^{53}	yæn^{53}	yæn^{53}	yæn^{53}	yæn^{13}	yæn^{13}	yæn^{13}	pəŋ^{44}
阿拉善左旗	yɛi^{51}	yɛi^{51}	yɛi^{51}	yɛi^{51}	yɛi^{213}	yɛi^{213}	yɛi^{213}	pəŋ^{44}
乌鲁木齐市	yan^{52}	yan^{52}	yan^{52}	yan^{52}	yan^{213}	yan^{213}	yan^{213}	pəŋ^{44}
阜康市	jyan^{51}	jyan^{51}	jyan^{51}	jyan^{51}	jyan^{213}	jyan^{213}	jyan^{213}	pɤŋ^{55}
呼图壁县	yan^{51}	yan^{51}	yan^{51}	yan^{51}	yan^{213}	yan^{213}	yan^{213}	pəŋ^{44}
吉木萨尔县	yan^{51}	yan^{51}	yan^{51}	yan^{51}	yan^{213}	yan^{213}	yan^{213}	pɤŋ^{44}
奇台县	yɛn^{52}	yɛn^{52}	yɛn^{52}	yɛn^{52}	yɛn^{213}	yɛn^{213}	yɛn^{213}	pəŋ^{44}
博乐市	yan^{51}	yan^{51}	yan^{51}	yan^{51}	yan^{24}	yan^{24}	yan^{24}	pəŋ^{45}
阿勒泰市	yɑn^{51}	yɑn^{51}	yɑn^{51}	yɑn^{51}	yɑn^{23}	yɑn^{23}	yɑn^{23}	pəŋ^{44}
布尔津县	yan^{23}	yan^{23}	yan^{23}	yan^{23}	yan^{51}	yan^{51}	yan^{51}	pəŋ^{44}
乌苏市	ɥyan^{51}	ɥyan^{51}	ɥyan^{51}	ɥyan^{51}	ɥyan^{213}	ɥyan^{213}	ɥyan^{213}	pɤŋ^{55}
额敏县	yɑn^{51}	yɑn^{51}	yɑn^{51}	yɑn^{51}	yɑn^{34}	yɑn^{34}	yɑn^{34}	pəŋ^{44}
伊州区	yæ̃^{51}	yæ̃^{51}	yæ̃^{51}	yæ̃^{51}	yæ̃^{213}	yæ̃^{213}	yæ̃^{213}	pəŋ^{44}
巴里坤县	yan^{51}	yan^{51}	yan^{51}	yan^{51}	yan^{24}	yan^{24}	yan^{24}	pəŋ^{45}
伊吾县	yæ̃^{51}	yæ̃^{51}	yæ̃^{51}	yæ̃^{51}	yæ̃^{213}	yæ̃^{213}	yæ̃^{213}	pəŋ^{44}

字目 / 中古音 / 方言点	本	笨	喷① 喷水	盆	门	闷	分 分开	芬
	臻合一 上混帮	臻合一 上混并	臻合一 平魂滂	臻合一 平魂并	臻合一 平魂明	臻合一 去慁明	臻合三 平文非	臻合三 平文敷
兰州市 （城关区）	pən^{44}	pən^{13}	p‘ən^{53}	p‘ən^{51}	mən^{51}	mən^{13}	fən^{53}	fən^{53}
永登县	pən^{354}	pən^{13}	p‘ən^{42}	p‘ən^{53}	mən^{53}	mən^{13}	fən^{42}	fən^{42}
榆中县	pən^{44}	pən^{13}	p‘ən^{51}	p‘ən^{332}	mən^{332}	mən^{13}	fən^{51}	fən^{51}
皋兰县	pən^{342}	pən^{13}	p‘ən^{42}	p‘ən^{53}	mən^{53}	mən^{13}	fən^{42}	fən^{42}
白银区	pən^{343}	pən^{13}	p‘ən^{44}	p‘ən^{51}	mən^{51}	mən^{13}	fən^{44}	fən^{44}
天祝县	pɤŋ^{44}	pɤŋ^{213}	p‘ɤŋ^{44}	p‘ɤŋ^{53}	mɤŋ^{53}	mɤŋ^{213}	fɤŋ^{44}	fɤŋ^{44}
景泰县 （红水镇）	pəŋ^{44}	pəŋ^{213}	p‘əŋ^{44}	p‘əŋ^{53}	məŋ^{53}	məŋ^{213}	fəŋ^{44}	fəŋ^{44}
古浪县	pəŋ^{44}	pəŋ^{31}	p‘əŋ^{44}	p‘əŋ^{53}	məŋ^{53}	məŋ^{31}	fəŋ^{44}	fəŋ^{44}
凉州区	pəŋ^{33}	pəŋ^{53}	p‘əŋ^{33}	p‘əŋ^{13}	məŋ^{13}	məŋ^{53}	fəŋ^{33}	fəŋ^{33}
民勤县	pɤŋ^{214}	pɤŋ^{42}	p‘ɤŋ^{44}	p‘ɤŋ^{53}	mɤŋ^{53}	mɤŋ^{42}	fɤŋ^{44}	fɤŋ^{44}
永昌县	pɤ̃^{13}	pɤ̃^{53}	p‘ɤ̃^{44}	p‘ɤ̃^{13}	mɤ̃^{13}	mɤ̃^{53}	fɤ̃^{44}	fɤ̃^{13}
甘州区	pɤŋ^{53}	pɤŋ^{31}	p‘ɤŋ^{44}	p‘ɤŋ^{53}	mɤŋ^{53}	mɤŋ^{31}	fɤŋ^{44}	fɤŋ^{44}
临泽县	pəŋ^{53}	pəŋ^{214}	p‘əŋ^{44}	p‘əŋ^{53}	məŋ^{53}	məŋ^{214}	fəŋ^{44}	fəŋ^{44}
民乐县	pəŋ^{213}	pəŋ^{42}	p‘əŋ^{44}	p‘əŋ^{53}	məŋ^{53}	məŋ^{42}	fəŋ^{44}	fəŋ^{44}
山丹县	pəŋ^{53}	pəŋ^{41}	p‘əŋ^{24}	p‘əŋ^{53}	məŋ^{53}	məŋ^{41}	fəŋ^{24}	fəŋ^{24}
高台县	pɤ̃^{53}	pɤ̃^{214}	p‘ɤ̃^{44}	p‘ɤ̃^{53}	mɤ̃^{53}	mɤ̃^{214}	fɤ̃^{44}	fɤ̃^{44}
肃州区	pəŋ^{53}	pəŋ^{214}	p‘əŋ^{44}	p‘əŋ^{53}	məŋ^{53}	məŋ^{214}	fəŋ^{44}	fəŋ^{44}
金塔县	pɤŋ^{53}	pɤŋ^{13}	p‘ɤŋ^{44}	p‘ɤŋ^{53}	mɤŋ^{53}	mɤŋ^{13}	fɤŋ^{44}	fɤŋ^{44}
肃北县	pɤ̃^{53}	pɤ̃^{213}	p‘ɤ̃^{44}	p‘ɤ̃^{53}	mɤ̃^{53}	mɤ̃^{213}	fɤ̃^{44}	fɤ̃^{44}
玉门市	pɤŋ^{53}	pɤŋ^{213}	p‘ɤŋ^{44}	p‘ɤŋ^{53}	mɤŋ^{53}	mɤŋ^{213}	fɤŋ^{44}	fɤŋ^{44}
瓜州县	pɤŋ^{53}	pɤŋ^{213}	p‘ɤŋ^{44}	p‘ɤŋ^{53}	mɤŋ^{53}	mɤŋ^{213}	fɤŋ^{44}	fɤŋ^{44}

①又普闷切，臻合一去慁滂；方问切（《广韵》匹问切，类隔），臻合三去问敷。

续表

西夏区	pəŋ^{53}	pəŋ^{13}	p‘əŋ^{44}	p‘əŋ^{53}	məŋ^{53}	məŋ^{13}	fəŋ^{44}	fəŋ^{44}
贺兰县	pəŋ^{53}	pəŋ^{13}	p‘əŋ^{44}	p‘əŋ^{53}	məŋ^{53}	məŋ^{13}	fəŋ^{44}	fəŋ^{44}
灵武市（东塔镇）	pəŋ^{52}	pəŋ^{13}	p‘əŋ^{44}	p‘əŋ^{52}	məŋ^{52}	məŋ^{13}	fəŋ^{44}	fəŋ^{44}
永宁县	pəŋ^{53}	pəŋ^{13}	p‘əŋ^{44}	p‘əŋ^{53}	məŋ^{53}	məŋ^{13}	fəŋ^{44}	fəŋ^{44}
中宁县	pəŋ^{53}	pəŋ^{13}	p‘əŋ^{44}	p‘əŋ^{53}	məŋ^{53}	məŋ^{13}	fəŋ^{44}	fəŋ^{44}
沙坡头区	pẽi^{53}	pẽi^{13}	p‘ẽi^{44}	p‘ẽi^{53}	mẽi^{53}	mẽi^{13}	fẽi^{44}	fẽi^{44}
盐池县	pən^{52}	pən^{13}	p‘ən^{44}	p‘əŋn^{13}	mən^{13}	mən^{13}	fən^{44}	fən^{44}
平罗县（渠口乡）	pəŋ^{53}	pəŋ^{13}	p‘əŋ^{44}	p‘əŋ^{53}	məŋ^{53}	məŋ^{13}	fəŋ^{44}	fəŋ^{44}
阿拉善左旗	pəŋ^{51}	pəŋ^{213}	p‘əŋ^{44}	p‘əŋ^{51}	məŋ^{51}	məŋ^{213}	fəŋ^{44}	fəŋ^{44}
乌鲁木齐市	pəŋ^{52}	pəŋ^{213}	p‘əŋ^{44}	p‘əŋ^{52}	məŋ^{52}	məŋ^{213}	fəŋ^{44}	fəŋ^{44}
阜康市	pɤŋ^{51}	pɤŋ^{213}	p‘ɤŋ^{55}	p‘ɤŋ^{51}	mɤŋ^{51}	mɤŋ^{213}	fɤŋ^{55}	fɤŋ^{55}
呼图壁县	pəŋ^{51}	pəŋ^{213}	p‘əŋ^{44}	p‘əŋ^{51}	məŋ^{51}	məŋ^{213}	fəŋ^{44}	fəŋ^{44}
吉木萨尔县	pɤŋ^{51}	pɤŋ^{213}	p‘ɤŋ^{44}	p‘ɤŋ^{51}	mɤŋ^{51}	mɤŋ^{213}	fɤŋ^{44}	fɤŋ^{44}
奇台县	pəŋ^{52}	pəŋ^{213}	p‘əŋ^{44}	p‘əŋ^{52}	məŋ^{52}	məŋ^{213}	fəŋ^{44}	fəŋ^{44}
博乐市	pəŋ^{51}	pəŋ^{24}	p‘əŋ^{45}	p‘əŋ^{51}	məŋ^{51}	məŋ^{24}	fəŋ^{45}	fəŋ^{45}
阿勒泰市	pəŋ^{51}	pəŋ^{23}	p‘əŋ^{44}	p‘əŋ^{51}	məŋ^{51}	məŋ^{23}	fəŋ^{44}	fəŋ^{44}
布尔津县	pəŋ^{23}	pəŋ^{51}	p‘əŋ^{44}	p‘əŋ^{23}	məŋ^{23}	məŋ^{51}	fəŋ^{44}	fəŋ^{44}
乌苏市	pɤŋ^{51}	pɤŋ^{213}	p‘ɤŋ^{55}	p‘ɤŋ^{51}	mɤŋ^{51}	mɤŋ^{213}	fɤŋ^{55}	fɤŋ^{55}
额敏县	pəŋ^{51}	pəŋ^{34}	p‘əŋ^{44}	p‘əŋ^{51}	məŋ^{51}	məŋ^{34}	fəŋ^{44}	fəŋ^{44}
伊州区	pəŋ^{51}	pəŋ^{213}	p‘əŋ^{44}	p‘əŋ^{51}	məŋ^{51}	məŋ^{213}	fəŋ^{44}	fəŋ^{44}
巴里坤县	pəŋ^{51}	pəŋ^{213}	p‘əŋ^{44}	p‘əŋ^{51}	məŋ^{51}	məŋ^{213}	fəŋ^{44}	fəŋ^{44}
伊吾县	pəŋ^{51}	pəŋ^{24}	p‘əŋ^{45}	p‘əŋ^{51}	məŋ^{51}	məŋ^{24}	fəŋ^{45}	fəŋ^{45}

字目 / 中古音 / 方言点	纷	坟	粉	粪	奋	忿①	愤	份
	臻合三平文敷	臻合三平文奉	臻合三上吻非	臻合三去问非	臻合三去问非	臻合三去问敷	臻合三上吻奉	臻合三去问奉
兰州市（城关区）	fən^{53}	fən^{51}	fən^{44}	fən^{13}	fən^{13}	fən^{13}	fən^{13}	fən^{13}
永登县	fən^{42}	fən^{53}	fən^{354}	fən^{13}	fən^{13}	fən^{13}	fən^{13}	fən^{13}
榆中县	fən^{51}	fən^{332}	fən^{44}	fən^{13}	fən^{13}	fən^{13}	fən^{13}	fən^{13}
皋兰县	fən^{42}	fən^{53}	fən^{342}	fən^{13}	fən^{13}	fən^{13}	fən^{13}	fən^{13}
白银区	fən^{44}	fən^{51}	fən^{343}	fən^{13}	fən^{13}	fən^{13}	fən^{13}	fən^{13}
天祝县	fɤŋ^{44}	fɤŋ^{53}	fɤŋ^{44}	fɤŋ^{31}	fɤŋ^{31}	fɤŋ^{31}	fɤŋ^{31}	fɤŋ^{31}
景泰县（红水镇）	fəŋ^{44}	fəŋ^{53}	fəŋ^{44}	fəŋ^{31}	fəŋ^{31}	fəŋ^{31}	fəŋ^{31}	fəŋ^{31}
古浪县	fəŋ^{44}	fəŋ^{53}	fəŋ^{44}	fəŋ^{31}	fəŋ^{31}	fəŋ^{31}	fəŋ^{31}	fəŋ^{31}
凉州区	fəŋ^{33}	fəŋ^{13}	fəŋ^{33}	fəŋ^{53}	fəŋ^{53}	fəŋ^{53}	fəŋ^{53}	fəŋ^{53}
民勤县	fɤŋ^{44}	fɤŋ^{53}	fɤŋ^{214}	fɤŋ^{42}	fɤŋ^{42}	fɤŋ^{42}	fɤŋ^{42}	fɤŋ^{42}
永昌县	fɤ̃^{44}	fɤ̃^{13}	fɤ̃^{13}	fɤ̃^{53}	fɤ̃^{53}	fɤ̃^{53}	fɤ̃^{53}	fɤ̃^{53}
甘州区	fɤŋ^{44}	fɤŋ^{53}	fɤŋ^{53}	fɤŋ^{31}	fɤŋ^{31}	fɤŋ^{31}	fɤŋ^{31}	fɤŋ^{31}
临泽县	fəŋ^{44}	fəŋ^{53}	fəŋ^{53}	fəŋ^{214}	fəŋ^{214}	fəŋ^{214}	fəŋ^{214}	fəŋ^{214}
民乐县	fəŋ^{44}	fəŋ^{53}	fəŋ^{213}	fəŋ^{42}	fəŋ^{42}	fəŋ^{42}	fəŋ^{42}	fəŋ^{42}
山丹县	fəŋ^{24}	fəŋ^{53}	fəŋ^{53}	fəŋ^{41}	fɤŋ^{41}	fəŋ^{41}	fəŋ^{41}	fəŋ^{41}
高台县	fɤ̃^{44}	fɤ̃^{53}	fɤ̃^{53}	fɤ̃^{214}	fɤ̃^{214}	fɤ̃^{214}	fɤ̃^{214}	fəŋ^{214}
肃州区	fəŋ^{44}	fəŋ^{53}	fəŋ^{53}	fəŋ^{214}	fəŋ^{214}	fəŋ^{214}	fəŋ^{214}	fəŋ^{214}
金塔县	fɤŋ^{44}	fɤŋ^{53}	fɤŋ^{53}	fɤŋ^{13}	fɤŋ^{13}	fɤŋ^{13}	fɤŋ^{13}	fɤŋ^{13}
肃北县	fɤ̃^{44}	fɤ̃^{53}	fɤ̃^{53}	fɤ̃^{213}	fɤ̃^{213}	fɤ̃^{213}	fɤ̃^{213}	fəŋ^{213}

①《广韵》匹问切，类隔，现据《集韵》芳问切。又敷粉切，臻合三上吻敷；父吻切，臻合三上吻奉。

续表

玉门市	fɤŋ44	fɤŋ53	fɤŋ53	fɤŋ213	fɤŋ213	fɤŋ213	fɤŋ213	fɤŋ213
瓜州县	fɤŋ44	fɤŋ53	fɤŋ53	fɤŋ213	fɤŋ213	fɤŋ213	fɤŋ213	fɤŋ213
西夏区	fəŋ44	fəŋ53	fəŋ53	fəŋ13	fəŋ13	fəŋ13	fəŋ13	fəŋ13
贺兰县	fəŋ44	fəŋ53	fəŋ53	fəŋ13	fəŋ13	fəŋ13	fəŋ13	fəŋ13
灵武市（东塔镇）	fəŋ44	fəŋ52	fəŋ52	fəŋ13	fəŋ13	fəŋ13	fəŋ13	fəŋ13
永宁县	fəŋ44	fəŋ53	fəŋ53	fəŋ13	fəŋ13	fəŋ13	fəŋ13	fəŋ13
中宁县	fəŋ44	fəŋ53	fəŋ53	fəŋ13	fəŋ13	fəŋ13	fəŋ13	fəŋ13
沙坡头区	fẽi44	fẽi53	fẽi53	fẽi13	fẽi13	fẽi13	fẽi13	fẽi13
盐池县	fən44	fən13	fən52	fən13	fən13	fən13	fən13	fən13
平罗县（渠口乡）	fəŋ44	fəŋ53	fəŋ53	fəŋ13	fəŋ13	fəŋ13	fəŋ13	fəŋ13
阿拉善左旗	fəŋ44	fəŋ51	fəŋ51	fəŋ213	fəŋ213	fəŋ213	fəŋ213	fəŋ213
乌鲁木齐市	fəŋ44	fəŋ52	fəŋ52	fəŋ213	fəŋ213	fəŋ213	fəŋ213	fəŋ213
阜康市	fɤŋ55	fɤŋ51	fɤŋ51	fɤŋ213	fɤŋ213	fɤŋ213	fɤŋ213	fɤŋ213
呼图壁县	fəŋ44	fəŋ51	fəŋ51	fəŋ213	fəŋ213	fəŋ213	fəŋ213	fəŋ213
吉木萨尔县	fɤŋ44	fɤŋ51	fɤŋ51	fɤŋ213	fɤŋ213	fɤŋ213	fɤŋ213	fɤŋ213
奇台县	fəŋ44	fəŋ52	fəŋ52	fəŋ213	fəŋ213	fəŋ213	fəŋ213	fəŋ213
博乐市	fəŋ45	fəŋ51	fəŋ51	fəŋ24	fəŋ24	fəŋ24	fəŋ24	fəŋ24
阿勒泰市	fəŋ44	fəŋ51	fəŋ51	fəŋ23	fəŋ23	fəŋ23	fəŋ23	fəŋ23
布尔津县	fəŋ44	fəŋ23	fəŋ23	fəŋ51	fəŋ51	fəŋ51	fəŋ51	fəŋ51
乌苏市	fɤŋ55	fɤŋ51	fɤŋ51	fɤŋ213	fɤŋ213	fɤŋ213	fɤŋ213	fɤŋ213
额敏县	fəŋ44	fəŋ51	fəŋ51	fəŋ34	fəŋ34	fəŋ34	fəŋ34	fəŋ34
伊州区	fəŋ44	fəŋ51	fəŋ51	fəŋ213	fəŋ213	fəŋ213	fəŋ213	fəŋ213
巴里坤县	fəŋ45	fəŋ51	fəŋ51	fəŋ24	fəŋ24	fəŋ24	fəŋ24	fəŋ24
伊吾县	fəŋ44	fəŋ51	fəŋ51	fəŋ213	fəŋ213	fəŋ213	fəŋ213	fəŋ213

字目 / 中古音 / 方音 / 方言点	嫩	森	针	斟	珍	真①	贞	侦②
	臻合一去恩泥	深开三平侵生	深开三平侵章	深开三平侵章	臻开三平真知	臻开三平真章	梗开三平清知	
兰州市（城关区）	lən^{13}	sən^{53}	tʂən^{53}	tʂən^{53}	tʂən^{53}	tʂən^{53}	tʂən^{53}	tʂən^{53}
永登县	lən^{13}	sən^{41}	tʂən^{42}	tʂən^{42}	tʂən^{42}	tʂən^{42}	tʂə^{42}	tʂən^{42}
榆中县	lən^{13}	sən^{51}	tʂən^{51}	tʂən^{51}	tʂən^{51}	tʂən^{51}	tʂən^{51}	tʂən^{51}
皋兰县	lən^{13}	sən^{41}	tʂən^{42}	tʂən^{42}	tʂən^{42}	tʂən^{42}	tʂə^{42}	tʂən^{42}
白银区	lən^{13}	sən^{44}	tʂən^{44}	tʂən^{44}	tʂən^{44}	tʂən^{44}	tʂən^{44}	tʂən^{44}
天祝县	nɤŋ^{213}	sɤŋ^{44}	tʂɤŋ^{44}	tʂɤŋ^{44}	tʂɤŋ^{44}	tʂɤŋ^{44}	tʂɤŋ^{44}	tʂɤŋ^{44}
景泰县（红水镇）	nəŋ^{213}	səŋ^{44}	tʂəŋ^{44}	tʂəŋ^{44}	tʂəŋ^{44}	tʂəŋ^{44}	tʂəŋ^{44}	tʂəŋ^{44}
古浪县	nəŋ^{31}	səŋ^{44}	tʂəŋ^{44}	tʂəŋ^{44}	tʂəŋ^{44}	tʂəŋ^{44}	tʂəŋ^{44}	tʂəŋ^{44}
凉州区	nəŋ^{53}	səŋ^{33}	tʂəŋ^{33}	tʂəŋ^{33}	tʂəŋ^{33}	tʂəŋ^{33}	tʂəŋ^{33}	tʂəŋ^{33}
民勤县	nɤŋ^{42}	sɤŋ^{44}	tʂɤŋ^{44}	tʂɤŋ^{44}	tʂɤŋ^{44}	tʂɤŋ^{44}	tʂɤŋ^{44}	tʂɤŋ^{44}
永昌县	nɤ̃^{53}	sɤ̃^{44}	tʂɤ̃^{44}	tʂɤ̃^{44}	tʂɤ̃^{44}	tʂɤ̃^{44}	tʂɤ̃^{44}	tʂɤ̃^{44}
甘州区	nɤŋ^{31}	sɤŋ^{44}	tʂɤŋ^{44}	tʂɤŋ^{44}	tʂɤŋ^{44}	tʂɤŋ^{44}	tʂɤŋ^{44}	tʂɤŋ^{44}
临泽县	nəŋ^{214}	səŋ^{44}	tʂəŋ^{44}	tʂəŋ^{44}	tʂəŋ^{44}	tʂəŋ^{44}	tʂəŋ^{44}	tʂəŋ^{44}
民乐县	nəŋ^{42}	səŋ^{44}	tʂəŋ^{44}	tʂəŋ^{44}	tʂəŋ^{44}	tʂəŋ^{44}	tʂəŋ^{44}	tʂəŋ^{44}
山丹县	nəŋ^{41}	səŋ^{24}	tʂəŋ^{24}	tʂəŋ^{24}	tʂəŋ^{24}	tʂəŋ^{24}	tʂəŋ^{24}	tʂəŋ^{24}
高台县	nɤ̃^{214}	sɤ̃^{44}	tʂɤ̃^{44}	tʂɤ̃^{44}	tʂɤ̃^{44}	tʂɤ̃^{44}	tʂɤ̃^{44}	tʂɤ̃^{44}
肃州区	nəŋ^{214}	səŋ^{44}	tʂəŋ^{44}	tʂəŋ^{44}	tʂəŋ^{44}	tʂəŋ^{44}	tʂəŋ^{44}	tʂəŋ^{44}
金塔县	lɤŋ^{13}	sɤŋ^{44}	tʂɤŋ^{44}	tʂɤŋ^{44}	tʂɤŋ^{44}	tʂɤŋ^{44}	tʂɤŋ^{44}	tʂɤŋ^{44}
肃北县	nɤ̃^{213}	sɤ̃^{44}	tʂɤ̃^{44}	tʂɤ̃^{44}	tʂɤ̃^{44}	tʂɤ̃^{44}	tʂɤ̃^{44}	tʂɤ̃^{44}
玉门市	nɤŋ^{213}	sɤŋ^{44}	tʂɤŋ^{44}	tʂɤŋ^{44}	tʂɤŋ^{44}	tʂɤŋ^{44}	tʂɤŋ^{44}	tʂɤŋ^{44}

①《广韵》侧邻切，庄母，现据韵目改职邻切，章母。

②《广韵》丑贞切，梗开三平清彻。《集韵》又通“贞”，知盈切，梗开三平清知。

续表

瓜州县	nɤŋ²¹³	sɤŋ⁴⁴	tʂɤŋ⁴⁴	tʂɤŋ⁴⁴	tʂɤŋ⁴⁴	tʂɤŋ⁴⁴	tʂɤŋ⁴⁴	tʂɤŋ⁴⁴
西夏区	nəŋ¹³	səŋ⁴⁴	tʂəŋ⁴⁴	tʂəŋ⁴⁴	tʂəŋ⁴⁴	tʂəŋ⁴⁴	tʂəŋ⁴⁴	tʂəŋ⁴⁴
贺兰县	nəŋ¹³	səŋ⁴⁴	tʂəŋ⁴⁴	tʂəŋ⁴⁴	tʂəŋ⁴⁴	tʂəŋ⁴⁴	tʂəŋ⁴⁴	tʂəŋ⁴⁴
灵武市（东塔镇）	nəŋ¹³	səŋ⁴⁴	tʂəŋ⁴⁴	tʂəŋ⁴⁴	tʂəŋ⁴⁴	tʂəŋ⁴⁴	tʂəŋ⁴⁴	tʂəŋ⁴⁴
永宁县	nəŋ¹³	səŋ⁴⁴	tʂəŋ⁴⁴	tʂəŋ⁴⁴	tʂəŋ⁴⁴	tʂəŋ⁴⁴	tʂəŋ⁴⁴	tʂəŋ⁴⁴
中宁县	nəŋ¹³	səŋ⁴⁴	tʂəŋ⁴⁴	tʂəŋ⁴⁴	tʂəŋ⁴⁴	tʂəŋ⁴⁴	tʂəŋ⁴⁴	tʂəŋ⁴⁴
沙坡头区	nẽi¹³	sẽi⁴⁴	tʂẽi⁴⁴	tʂẽi⁴⁴	tʂẽi⁴⁴	tʂẽi⁴⁴	tʂẽi⁴⁴	tʂẽi⁴⁴
盐池县	nən¹³	sən⁴⁴	tʂən⁴⁴	tʂən⁴⁴	tʂən⁴⁴	tʂən⁴⁴	tʂən⁴⁴	tʂən⁴⁴
平罗县（渠口乡）	nəŋ¹³	səŋ⁴⁴	tʂəŋ⁴⁴	tʂəŋ⁴⁴	tʂəŋ⁴⁴	tʂəŋ⁴⁴	tʂəŋ⁴⁴	tʂəŋ⁴⁴
阿拉善左旗	ləŋ²¹³	səŋ⁴⁴	tʂəŋ⁴⁴	tʂəŋ⁴⁴	tʂəŋ⁴⁴	tʂəŋ⁴⁴	tʂəŋ⁴⁴	tʂəŋ⁴⁴
乌鲁木齐市	ləŋ²¹³	səŋ⁴⁴	tʂəŋ⁴⁴	tʂəŋ⁴⁴	tʂəŋ⁴⁴	tʂəŋ⁴⁴	tʂəŋ⁴⁴	tʂəŋ⁴⁴
阜康市	lɤŋ²¹³	sɤŋ⁵⁵	tʂɤŋ⁵⁵	tʂɤŋ⁵⁵	tʂɤŋ⁵⁵	tʂɤŋ⁵⁵	tʂɤŋ⁵⁵	tʂɤŋ⁵⁵
呼图壁县	ləŋ²¹³	səŋ⁴⁴	tʂəŋ⁴⁴	tʂəŋ⁴⁴	tʂəŋ⁴⁴	tʂəŋ⁴⁴	tʂəŋ⁴⁴	tʂəŋ⁴⁴
吉木萨尔县	lɤŋ²¹³	sɤŋ⁴⁴	tʂɤŋ⁴⁴	tʂɤŋ⁴⁴	tʂɤŋ⁴⁴	tʂɤŋ⁴⁴	tʂɤŋ⁴⁴	tʂɤŋ⁴⁴
奇台县	ləŋ²¹³	səŋ⁴⁴	tʂəŋ⁴⁴	tʂəŋ⁴⁴	tʂəŋ⁴⁴	tʂəŋ⁴⁴	tʂəŋ⁴⁴	tʂəŋ⁴⁴
博乐市	ləŋ²⁴	səŋ⁴⁵	tʂəŋ⁴⁵	tʂəŋ⁴⁵	tʂəŋ⁴⁵	tʂəŋ⁴⁵	tʂəŋ⁴⁵	tʂəŋ⁴⁵
阿勒泰市	ləŋ²³	səŋ⁴⁴	tʂəŋ⁴⁴	tʂəŋ⁴⁴	tʂəŋ⁴⁴	tʂəŋ⁴⁴	tʂəŋ⁴⁴	tʂəŋ⁴⁴
布尔津县	ləŋ⁵¹	səŋ⁴⁴	tʂəŋ⁴⁴	tʂəŋ⁴⁴	tʂəŋ⁴⁴	tʂəŋ⁴⁴	tʂəŋ⁴⁴	tʂəŋ⁴⁴
乌苏市	lɤŋ²¹³	sɤŋ⁵⁵	tʂɤŋ⁵⁵	tʂɤŋ⁵⁵	tʂɤŋ⁵⁵	tʂɤŋ⁵⁵	tʂɤŋ⁵⁵	tʂɤŋ⁵⁵
额敏县	ləŋ³⁴	səŋ⁴⁴	tʂəŋ⁴⁴	tʂəŋ⁴⁴	tʂəŋ⁴⁴	tʂəŋ⁴⁴	tʂəŋ⁴⁴	tʂəŋ⁴⁴
伊州区	ləŋ²¹³	səŋ⁴⁴	tʂəŋ⁴⁴	tʂəŋ⁴⁴	tʂəŋ⁴⁴	tʂəŋ⁴⁴	tʂəŋ⁴⁴	tʂəŋ⁴⁴
巴里坤县	ləŋ²⁴	səŋ⁴⁵	tʂəŋ⁴⁵	tʂəŋ⁴⁵	tʂəŋ⁴⁵	tʂəŋ⁴⁵	tʂəŋ⁴⁵	tʂəŋ⁴⁵
伊吾县	ləŋ²¹³	səŋ⁴⁴	tʂəŋ⁴⁴	tʂəŋ⁴⁴	tʂəŋ⁴⁴	tʂəŋ⁴⁴	tʂəŋ⁴⁴	tʂəŋ⁴⁴

字目 / 中古音 / 方言点	枕 枕席	枕 枕木	诊	疹	镇	阵	振	震
	深开三 上寝章	深开三 去沁章	臻开三 上轸章	臻开三 上轸章	臻开三 去震知	臻开三 去震澄	臻开三 去震章	臻开三 去震章
兰州市 （城关区）	tʂən44	tʂən44	tʂən44	tʂən44	tʂən13	tʂən13	tʂən13	tʂən13
永登县	tʂən354	tʂən354	tʂən354	tʂən354	tʂən13	tʂən13	tʂən13	tʂən13
榆中县	tʂən44	tʂən44	tʂən44	tʂən44	tʂən13	tʂən13	tʂən13	tʂən13
皋兰县	tʂən342	tʂən342	tʂən342	tʂən342	tʂən13	tʂən13	tʂən13	tʂən13
白银区	tʂən343	tʂən343	tʂən343	tʂən343	tʂən13	tʂən13	tʂən13	tʂən13
天祝县	tʂɤŋ44	tʂɤŋ44	tʂɤŋ44	tʂɤŋ44	tʂɤŋ213	tʂɤŋ213	tʂɤŋ213	tʂɤŋ213
景泰县 （红水镇）	tʂəŋ44	tʂəŋ44	tʂəŋ44	tʂəŋ44	tʂəŋ213	tʂəŋ213	tʂəŋ213	tʂəŋ213
古浪县	tʂəŋ44	tʂəŋ44	tʂəŋ44	tʂəŋ44	tʂəŋ31	tʂəŋ31	tʂəŋ31	tʂəŋ31
凉州区	tʂəŋ33	tʂəŋ33	tʂəŋ33	tʂəŋ33	tʂəŋ53	tʂəŋ53	tʂəŋ53	tʂəŋ53
民勤县	tʂɤŋ214	tʂɤŋ214	tʂɤŋ214	tʂɤŋ214	tʂɤŋ42	tʂɤŋ42	tʂɤŋ42	tʂɤŋ42
永昌县	tʂɤ̃13	tʂɤ̃13	tʂɤ̃44	tʂɤ̃44	tʂɤ̃53	tʂɤ̃53	tʂɤ̃53	tʂɤ̃53
甘州区	tʂɤŋ53	tʂɤŋ53	tʂɤŋ53	tʂɤŋ53	tʂɤŋ31	tʂɤŋ31	tʂɤŋ31	tʂɤŋ31
临泽县	tʂəŋ53	tʂəŋ53	tʂəŋ53	tʂəŋ53	tʂəŋ214	tʂəŋ214	tʂəŋ214	tʂəŋ214
民乐县	tʂəŋ213	tʂəŋ213	tʂəŋ213	tʂəŋ213	tʂəŋ42	tʂəŋ42	tʂəŋ42	tʂəŋ42
山丹县	tʂəŋ53	tʂəŋ53	tʂəŋ53	tʂəŋ53	tʂəŋ41	tʂəŋ41	tʂəŋ41	tʂəŋ41
高台县	tʂɤ̃53	tʂɤ̃53	tʂɤ̃53	tʂɤ̃53	tʂɤ̃214	tʂɤ̃214	tʂɤ̃214	tʂɤ̃214
肃州区	tʂəŋ53	tʂəŋ53	tʂəŋ53	tʂəŋ53	tʂəŋ214	tʂəŋ214	tʂəŋ214	tʂəŋ214
金塔县	tʂɤŋ53	tʂɤŋ53	tʂɤŋ53	tʂɤŋ53	tʂɤŋ13	tʂɤŋ13	tʂɤŋ13	tʂɤŋ13
肃北县	tʂɤ̃53	tʂɤ̃53	tʂɤ̃53	tʂɤ̃53	tʂɤ̃213	tʂɤ̃213	tʂɤ̃213	tʂɤ̃213
玉门市	tʂɤŋ53	tʂɤŋ53	tʂɤŋ53	tʂɤŋ53	tʂɤŋ213	tʂɤŋ213	tʂɤŋ213	tʂɤŋ213
瓜州县	tʂɤŋ53	tʂɤŋ53	tʂɤŋ53	tʂɤŋ53	tʂɤŋ213	tʂɤŋ213	tʂɤŋ213	tʂɤŋ213
西夏区	tʂəŋ53	tʂəŋ53	tʂəŋ53	tʂəŋ53	tʂəŋ13	tʂəŋ13	tʂəŋ13	tʂəŋ13

续表

贺兰县	tʂəŋ^{53}	tʂəŋ^{53}	tʂəŋ^{53}	tʂəŋ^{53}	tʂəŋ^{13}	tʂəŋ^{13}	tʂəŋ^{13}	tʂəŋ^{13}
灵武市（东塔镇）	tʂəŋ^{52}	tʂəŋ^{52}	tʂəŋ^{52}	tʂəŋ^{52}	tʂəŋ^{13}	tʂəŋ^{13}	tʂəŋ^{13}	tʂəŋ^{13}
永宁县	tʂəŋ^{53}	tʂəŋ^{53}	tʂəŋ^{53}	tʂəŋ^{53}	tʂəŋ^{13}	tʂəŋ^{13}	tʂəŋ^{13}	tʂəŋ^{13}
中宁县	tʂəŋ^{53}	tʂəŋ^{53}	tʂəŋ^{53}	tʂəŋ^{53}	tʂəŋ^{13}	tʂəŋ^{13}	tʂəŋ^{13}	tʂəŋ^{13}
沙坡头区	tʂẽi^{53}	tʂẽi^{53}	tʂẽi^{53}	tʂẽi^{53}	tʂẽi^{13}	tʂẽi^{13}	tʂẽi^{13}	tʂẽi^{13}
盐池县	tʂən^{52}	tʂən^{52}	tʂən^{13}	tʂən^{13}	tʂən^{13}	tʂən^{13}	tʂən^{13}	tʂən^{13}
平罗县（渠口乡）	tʂəŋ^{53}	tʂəŋ^{53}	tʂəŋ^{53}	tʂəŋ^{53}	tʂəŋ^{13}	tʂəŋ^{13}	tʂəŋ^{13}	tʂəŋ^{13}
阿拉善左旗	tʂəŋ^{51}	tʂəŋ^{51}	tʂəŋ^{51}	tʂəŋ^{51}	tʂəŋ^{213}	tʂəŋ^{213}	tʂəŋ^{213}	tʂəŋ^{213}
乌鲁木齐市	tʂəŋ^{52}	tʂəŋ^{52}	tʂəŋ^{52}	tʂəŋ^{52}	tʂəŋ^{213}	tʂəŋ^{213}	tʂəŋ^{213}	tʂəŋ^{213}
阜康市	tʂɤŋ^{51}	tʂɤŋ^{51}	tʂɤŋ^{51}	tʂɤŋ^{51}	tʂɤŋ^{213}	tʂɤŋ^{213}	tʂɤŋ^{213}	tʂɤŋ^{213}
呼图壁县	tʂəŋ^{51}	tʂəŋ^{51}	tʂəŋ^{51}	tʂəŋ^{51}	tʂəŋ^{213}	tʂəŋ^{213}	tʂəŋ^{213}	tʂəŋ^{213}
吉木萨尔县	tʂɤŋ^{51}	tʂɤŋ^{51}	tʂɤŋ^{51}	tʂɤŋ^{51}	tʂɤŋ^{213}	tʂɤŋ^{213}	tʂɤŋ^{213}	tʂɤŋ^{213}
奇台县	tʂəŋ^{52}	tʂəŋ^{52}	tʂəŋ^{52}	tʂəŋ^{52}	tʂəŋ^{213}	tʂəŋ^{213}	tʂəŋ^{213}	tʂəŋ^{213}
博乐市	tʂəŋ^{51}	tʂəŋ^{51}	tʂəŋ^{51}	tʂəŋ^{51}	tʂəŋ^{24}	tʂəŋ^{24}	tʂəŋ^{24}	tʂəŋ^{24}
阿勒泰市	tʂəŋ^{51}	tʂəŋ^{51}	tʂəŋ^{51}	tʂəŋ^{51}	tʂəŋ^{23}	tʂəŋ^{23}	tʂəŋ^{23}	tʂəŋ^{23}
布尔津县	tʂəŋ^{23}	tʂəŋ^{23}	tʂəŋ^{23}	tʂəŋ^{23}	tʂəŋ^{51}	tʂəŋ^{51}	tʂəŋ^{51}	tʂəŋ^{51}
乌苏市	tʂɤŋ^{51}	tʂɤŋ^{51}	tʂɤŋ^{51}	tʂɤŋ^{51}	tʂɤŋ^{213}	tʂɤŋ^{213}	tʂɤŋ^{213}	tʂɤŋ^{213}
额敏县	tʂəŋ^{51}	tʂəŋ^{51}	tʂəŋ^{51}	tʂəŋ^{51}	tʂəŋ^{34}	tʂəŋ^{34}	tʂəŋ^{34}	tʂəŋ^{34}
伊州区	tʂəŋ^{51}	tʂəŋ^{51}	tʂəŋ^{51}	tʂəŋ^{51}	tʂəŋ^{213}	tʂəŋ^{213}	tʂəŋ^{213}	tʂəŋ^{213}
巴里坤县	tʂəŋ^{51}	tʂəŋ^{51}	tʂəŋ^{51}	tʂəŋ^{51}	tʂəŋ^{24}	tʂəŋ^{24}	tʂəŋ^{24}	tʂəŋ^{24}
伊吾县	tʂəŋ^{51}	tʂəŋ^{51}	tʂəŋ^{51}	tʂəŋ^{51}	tʂəŋ^{213}	tʂəŋ^{213}	tʂəŋ^{213}	tʂəŋ^{213}

字目 / 中古音 / 方言点 / 方音	沉①	陈	尘	晨②	辰	臣	趁	衬
	深开三平侵澄	臻开三平真澄	臻开三平真澄	臻开三平真禅	臻开三平真禅	臻开三平真禅	臻开三去震彻	臻开三去震初
兰州市（城关区）	tʂʻən^{51}	tʂʻən^{51}	tʂʻən^{51}	tʂʻən^{51}	tʂʻən^{51}	tʂʻən^{51}	tʂʻən^{13}	tʂʻən^{13}
永登县	tʂʻən^{53}	tʂʻən^{53}	tʂʻən^{53}	tʂʻən^{53}	tʂʻən^{53}	tʂʻən^{53}	tʂʻən^{13}	tʂʻən^{13}
榆中县	tʂʻən^{332}	tʂʻən^{332}	tʂʻən^{332}	tʂʻən^{32}	tʂʻən^{332}	tʂʻən^{332}	tʂʻən^{13}	tʂʻən^{13}
皋兰县	tʂʻən^{53}	tʂʻən^{53}	tʂʻən^{53}	tʂʻən^{53}	tʂʻən^{53}	tʂʻən^{53}	tʂʻən^{13}	tʂʻən^{13}
白银区	tʂʻən^{51}	tʂʻən^{51}	tʂʻən^{51}	tʂʻən^{51}	tʂʻən^{51}	tʂʻən^{51}	tʂʻən^{13}	tʂʻən^{13}
天祝县	tʂʻɤŋ^{44}	tʂʻɤŋ^{44}	tʂʻɤŋ^{44}	tʂʻɤŋ^{44}	tʂʻɤŋ^{44}	tʂʻɤŋ^{44}	tʂʻɤŋ^{213}	tʂʻɤŋ^{213}
景泰县（红水镇）	tʂʻəŋ^{44}	tʂʻəŋ^{44}	tʂʻəŋ^{44}	tʂʻəŋ^{44}	tʂʻəŋ^{44}	tʂʻəŋ^{44}	tʂʻəŋ^{213}	tʂʻəŋ^{213}
古浪县	tʂʻəŋ^{53}	tʂʻəŋ^{53}	tʂʻəŋ^{53}	tʂʻəŋ^{53}	tʂʻəŋ^{53}	tʂʻəŋ^{53}	tʂʻəŋ^{31}	tʂʻəŋ^{31}
凉州区	tʂʻəŋ^{13}	tʂʻəŋ^{13}	tʂʻəŋ^{13}	tʂʻəŋ^{13}	tʂʻəŋ^{13}	tʂʻəŋ^{13}	tʂʻəŋ^{53}	tʂʻəŋ^{53}
民勤县	tʂʻɤŋ^{53}	tʂʻɤŋ^{53}	tʂʻɤŋ^{53}	tʂʻɤŋ^{53}	tʂʻɤŋ^{53}	tʂʻɤŋ^{53}	tʂʻɤŋ^{42}	tʂʻɤŋ^{42}
永昌县	tʂʻɤ̃^{13}	tʂʻɤ̃^{13}	tʂʻɤ̃^{13}	tʂʻɤ̃^{13}	tʂʻɤ̃^{13}	tʂʻɤ̃^{13}	tʂʻɤ̃^{53}	tʂʻɤ̃^{53}
甘州区	tʂʻɤŋ^{53}	tʂʻɤŋ^{53}	tʂʻɤŋ^{53}	tʂʻɤŋ^{53}	tʂʻɤŋ^{53}	tʂʻɤŋ^{53}	tʂʻɤŋ^{31}	tʂʻɤŋ^{31}
临泽县	tʂʻəŋ^{53}	tʂʻəŋ^{53}	tʂʻəŋ^{53}	tʂʻəŋ^{53}	tʂʻəŋ^{53}	tʂʻəŋ^{53}	tʂʻəŋ^{214}	tʂʻəŋ^{214}
民乐县	tʂʻəŋ^{53}	tʂʻəŋ^{53}	tʂʻəŋ^{53}	tʂʻəŋ^{53}	tʂʻəŋ^{53}	tʂʻəŋ^{53}	tʂʻəŋ^{42}	tʂʻəŋ^{42}
山丹县	tʂʻəŋ^{53}	tʂʻəŋ^{53}	tʂʻəŋ^{53}	tʂʻəŋ^{53}	tʂʻəŋ^{53}	tʂʻəŋ^{53}	tʂʻəŋ^{41}	tʂʻəŋ^{41}
高台县	tʂʻɤ̃^{53}	tʂʻɤ̃^{53}	tʂʻɤ̃^{53}	tʂʻɤ̃^{53}	tʂʻɤ̃^{53}	tʂʻɤ̃^{53}	tʂʻɤ̃^{214}	tʂʻɤ̃^{214}
肃州区	tʂʻəŋ^{53}	tʂʻəŋ^{53}	tʂʻəŋ^{53}	tʂʻəŋ^{53}	tʂʻəŋ^{53}	tʂʻəŋ^{53}	tʂʻəŋ^{214}	tʂʻəŋ^{214}
金塔县	tʂʻɤŋ^{53}	tʂʻɤŋ^{53}	tʂʻɤŋ^{53}	tʂʻɤŋ^{53}	tʂʻɤŋ^{53}	tʂʻɤŋ^{53}	tʂʻɤŋ^{13}	tʂʻɤŋ^{13}
肃北县	tʂʻɤ̃^{53}	tʂʻɤ̃^{53}	tʂʻɤ̃^{53}	tʂʻɤ̃^{53}	tʂʻɤ̃^{53}	tʂʻɤ̃^{53}	tʂʻɤ̃^{213}	tʂʻɤ̃^{213}
玉门市	tʂʻɤŋ^{53}	tʂʻɤŋ^{53}	tʂʻɤŋ^{53}	tʂʻɤŋ^{53}	tʂʻɤŋ^{53}	tʂʻɤŋ^{53}	tʂʻɤŋ^{213}	tʂʻɤŋ^{213}

①又直禁切，深开三去沁澄。

②又食邻切，臻开三平真船；慈邻切，“旦也，关中语”，臻开三平真从。

续表

瓜州县	tʂʻɤŋ^{53}	tʂʻɤŋ^{53}	tʂʻɤŋ^{53}	tʂʻɤŋ^{53}	tʂʻɤŋ^{53}	tʂʻɤŋ^{53}	tʂʻɤŋ^{213}	tʂʻɤŋ^{213}
西夏区	tʂʻəŋ^{53}	tʂʻəŋ^{53}	tʂʻəŋ^{53}	tʂʻəŋ^{53}	tʂʻəŋ^{53}	tʂʻəŋ^{53}	tʂʻəŋ^{13}	tʂʻəŋ^{13}
贺兰县	tʂʻəŋ^{53}	tʂʻəŋ^{53}	tʂʻəŋ^{53}	tʂʻəŋ^{53}	tʂʻəŋ^{53}	tʂʻəŋ^{53}	tʂʻəŋ^{13}	tʂʻəŋ^{13}
灵武市（东塔镇）	tʂʻəŋ^{52}	tʂʻəŋ^{52}	tʂʻəŋ^{52}	tʂʻəŋ^{52}	tʂʻəŋ^{52}	tʂʻəŋ^{52}	tʂʻəŋ^{13}	tʂʻəŋ^{13}
永宁县	tʂʻəŋ^{53}	tʂʻəŋ^{53}	tʂʻəŋ^{53}	tʂʻəŋ^{53}	tʂʻəŋ^{53}	tʂʻəŋ^{53}	tʂʻəŋ^{13}	tʂʻəŋ^{13}
中宁县	tʂʻəŋ^{53}	tʂʻəŋ^{53}	tʂʻəŋ^{53}	tʂʻəŋ^{53}	tʂʻəŋ^{53}	tʂʻəŋ^{53}	tʂʻəŋ^{13}	tʂʻəŋ^{13}
沙坡头区	tʂʻẽi^{53}	tʂʻẽi^{53}	tʂʻẽi^{53}	tʂʻẽi^{53}	tʂʻẽi^{53}	tʂʻəŋ^{53}	tʂʻẽi^{13}	tʂʻẽi^{13}
盐池县	tʂʻən^{13}	tʂʻən^{13}	tʂʻən^{13}	tʂʻən^{13}	tʂʻən^{13}	tʂʻən^{13}	tʂʻən^{13}	tʂʻən^{13}
平罗县（渠口乡）	tʂʻəŋ^{53}	tʂʻəŋ^{53}	tʂʻəŋ^{53}	tʂʻəŋ^{53}	tʂʻəŋ^{53}	tʂʻəŋ^{53}	tʂʻəŋ^{13}	tʂʻəŋ^{13}
阿拉善左旗	tʂʻəŋ^{51}	tʂʻəŋ^{51}	tʂʻəŋ^{51}	tʂʻəŋ^{51}	tʂʻəŋ^{51}	tʂʻəŋ^{51}	tʂʻəŋ^{213}	tʂʻəŋ^{213}
乌鲁木齐市	tʂʻəŋ^{52}	tʂʻəŋ^{52}	tʂʻəŋ^{52}	tʂʻəŋ^{52}	tʂʻəŋ^{52}	tʂʻəŋ^{52}	tʂʻəŋ^{213}	tʂʻəŋ^{213}
阜康市	tʂʻɤŋ^{51}	tʂʻɤŋ^{51}	tʂʻɤŋ^{51}	tʂʻɤŋ^{51}	tʂʻɤŋ^{51}	tʂʻɤŋ^{51}	tʂʻɤŋ^{213}	tʂʻɤŋ^{213}
呼图壁县	tʂʻəŋ^{51}	tʂʻəŋ^{51}	tʂʻəŋ^{51}	tʂʻəŋ^{51}	tʂʻəŋ^{51}	tʂʻəŋ^{51}	tʂʻəŋ^{213}	tʂʻəŋ^{213}
吉木萨尔县	tʂʻɤŋ^{51}	tʂʻɤŋ^{51}	tʂʻɤŋ^{51}	tʂʻɤŋ^{51}	tʂʻɤŋ^{51}	tʂʻɤŋ^{51}	tʂʻɤŋ^{213}	tʂʻɤŋ^{213}
奇台县	tʂʻəŋ^{52}	tʂʻəŋ^{52}	tʂʻəŋ^{52}	tʂʻəŋ^{52}	tʂʻəŋ^{52}	tʂʻəŋ^{52}	tʂʻəŋ^{213}	tʂʻəŋ^{213}
博乐市	tʂʻəŋ^{51}	tʂʻəŋ^{51}	tʂʻəŋ^{51}	tʂʻəŋ^{51}	tʂʻəŋ^{51}	tʂʻəŋ^{51}	tʂʻəŋ^{24}	tʂʻəŋ^{24}
阿勒泰市	tʂʻəŋ^{51}	tʂʻəŋ^{51}	tʂʻəŋ^{51}	tʂʻəŋ^{51}	tʂʻəŋ^{51}	tʂʻəŋ^{51}	tʂʻəŋ^{23}	tʂʻəŋ^{23}
布尔津县	tʂʻəŋ^{23}	tʂʻəŋ^{23}	tʂʻəŋ^{23}	tʂʻəŋ^{23}	tʂʻəŋ^{23}	tʂʻəŋ^{23}	tʂʻəŋ^{51}	tʂʻəŋ^{51}
乌苏市	tʂʻɤŋ^{51}	tʂʻɤŋ^{51}	tʂʻɤŋ^{51}	tʂʻɤŋ^{51}	tʂʻɤŋ^{51}	tʂʻɤŋ^{51}	tʂʻɤŋ^{213}	tʂʻɤŋ^{213}
额敏县	tʂʻəŋ^{51}	tʂʻəŋ^{51}	tʂʻəŋ^{51}	tʂʻəŋ^{51}	tʂʻəŋ^{51}	tʂʻəŋ^{51}	tʂʻəŋ^{34}	tʂʻəŋ^{34}
伊州区	tʂʻəŋ^{51}	tʂʻəŋ^{51}	tʂʻəŋ^{51}	tʂʻəŋ^{51}	tʂʻəŋ^{51}	tʂʻəŋ^{51}	tʂʻəŋ^{213}	tʂʻəŋ^{213}
巴里坤县	tʂʻəŋ^{51}	tʂʻəŋ^{51}	tʂʻəŋ^{51}	tʂʻəŋ^{51}	tʂʻəŋ^{51}	tʂʻəŋ^{51}	tʂʻəŋ^{24}	tʂʻəŋ^{24}
伊吾县	tʂʻəŋ^{51}	tʂʻəŋ^{51}	tʂʻəŋ^{51}	tʂʻəŋ^{51}	tʂʻəŋ^{51}	tʂʻəŋ^{51}	tʂʻəŋ^{213}	tʂʻəŋ^{213}

字目 中古音 方言点	称 相称	参 人参	深	身	申	伸①	神	审
	曾开三 去证昌	深开三 平侵生	深开三 平侵书	臻开三 平真书	臻开三 平真书	臻开三 平真书	臻开三 平真船	深开三 上寝书
兰州市 （城关区）	tʂʻən^{53}	sən^{53}	ʂən^{53}	ʂən^{53}	ʂən^{53}	ʂən^{53}	ʂən^{51}	ʂən^{44}
永登县	tʂʻən^{42}	sən^{42}	ʂən^{42}	ʂən^{42}	ʂən^{42}	ʂən^{42}	ʂən^{53}	ʂən^{354}
榆中县	tʂʻən^{51}	sən^{51}	ʂən^{51}	ʂən^{51}	ʂən^{51}	ʂən^{51}	ʂən^{332}	ʂən^{44}
皋兰县	tʂʻən^{42}	sən^{42}	ʂən^{42}	ʂən^{42}	ʂən^{42}	ʂən^{42}	ʂən^{53}	ʂən^{342}
白银区	tʂʻən^{44}	sən^{44}	ʂən^{44}	ʂən^{44}	ʂən^{44}	ʂən^{44}	ʂən^{51}	ʂən^{343}
天祝县	tʂʻɤŋ^{44}	ʂɤŋ^{44}	ʂɤŋ^{44}	ʂɤŋ^{44}	ʂɤŋ^{44}	ʂɤŋ^{44}	ʂɤŋ^{44}	ʂɤŋ^{44}
景泰县 （红水镇）	tʂʻəŋ^{44}	ʂəŋ^{44}	ʂəŋ^{44}	ʂəŋ^{44}	ʂəŋ^{44}	ʂəŋ^{44}	ʂəŋ^{44}	ʂəŋ^{44}
古浪县	tʂʻəŋ^{44}	ʂəŋ^{44}	ʂəŋ^{44}	ʂəŋ^{44}	ʂəŋ^{44}	ʂəŋ^{44}	ʂəŋ^{53}	ʂəŋ^{44}
凉州区	tʂʻəŋ^{33}	ʂəŋ^{33}	ʂəŋ^{33}	ʂəŋ^{33}	ʂəŋ^{33}	ʂəŋ^{33}	ʂəŋ^{13}	ʂəŋ^{33}
民勤县	tʂʻɤŋ^{44}	ʂɤŋ^{44}	ʂɤŋ^{44}	ʂɤŋ^{44}	ʂɤŋ^{44}	ʂɤŋ^{44}	ʂɤŋ^{53}	ʂɤŋ^{214}
永昌县	tʂʻɤ̃^{44}	ʂɤ̃^{44}	ʂɤ̃^{44}	ʂɤ̃^{44}	ʂɤ̃^{44}	ʂɤ̃^{44}	ʂɤ̃^{13}	ʂɤ̃^{13}
甘州区	tʂʻɤŋ^{44}	ʂɤŋ^{44}	ʂɤŋ^{44}	ʂɤŋ^{44}	ʂɤŋ^{44}	ʂɤŋ^{44}	ʂɤŋ^{53}	ʂɤŋ^{53}
临泽县	tʂʻəŋ^{44}	ʂəŋ^{44}	ʂəŋ^{44}	ʂəŋ^{44}	ʂəŋ^{44}	ʂəŋ^{44}	ʂəŋ^{53}	ʂəŋ^{53}
民乐县	tʂʻəŋ^{44}	ʂəŋ^{44}	ʂəŋ^{44}	ʂəŋ^{44}	ʂəŋ^{44}	ʂəŋ^{44}	ʂəŋ^{53}	ʂəŋ^{213}
山丹县	tʂʻəŋ^{24}	ʂəŋ^{24}	ʂəŋ^{24}	ʂəŋ^{24}	ʂəŋ^{24}	ʂəŋ^{24}	ʂəŋ^{53}	ʂəŋ^{53}
高台县	tʂʻɤ̃^{44}	ʂɤ̃^{44}	ʂɤ̃^{44}	ʂɤ̃^{44}	ʂɤ̃^{44}	ʂɤ̃^{44}	ʂɤ̃^{53}	ʂɤ̃^{53}
肃州区	tʂʻəŋ^{44}	ʂəŋ^{44}	ʂəŋ^{44}	ʂəŋ^{44}	ʂəŋ^{44}	ʂəŋ^{44}	ʂəŋ^{53}	ʂəŋ^{53}
金塔县	tʂʻɤŋ^{44}	ʂɤŋ^{44}	ʂɤŋ^{44}	ʂɤŋ^{44}	ʂɤŋ^{44}	ʂɤŋ^{44}	ʂɤŋ^{53}	ʂɤŋ^{53}
肃北县	tʂʻɤ̃^{44}	ʂɤ̃^{44}	ʂɤ̃^{44}	ʂɤ̃^{44}	ʂɤ̃^{44}	ʂɤ̃^{44}	ʂɤ̃^{53}	ʂɤ̃^{53}
玉门市	tʂʻɤŋ^{44}	ʂɤŋ^{44}	ʂɤŋ^{44}	ʂɤŋ^{44}	ʂɤŋ^{44}	ʂɤŋ^{44}	ʂɤŋ^{53}	ʂɤŋ^{53}
瓜州县	tʂʻɤŋ^{44}	ʂɤŋ^{44}	ʂɤŋ^{44}	ʂɤŋ^{44}	ʂɤŋ^{44}	ʂɤŋ^{44}	ʂɤŋ^{53}	ʂɤŋ^{53}

①又通“抻”，痴邻切，真开三平真彻。

续表

西夏区	tʂʻəŋ^{44}	ʂəŋ^{44}	ʂəŋ^{44}	ʂəŋ^{44}	ʂəŋ^{44}	ʂəŋ^{44}	ʂəŋ^{53}	ʂəŋ^{53}
贺兰县	tʂʻəŋ^{44}	ʂəŋ^{44}	ʂəŋ^{44}	ʂəŋ^{44}	ʂəŋ^{44}	ʂəŋ^{44}	ʂəŋ^{53}	ʂəŋ^{53}
灵武市（东塔镇）	tʂʻəŋ^{44}	ʂəŋ^{44}	ʂəŋ^{44}	ʂəŋ^{44}	ʂəŋ^{44}	ʂəŋ^{44}	ʂəŋ^{52}	ʂəŋ^{52}
永宁县	tʂʻəŋ^{44}	ʂəŋ^{44}	ʂəŋ^{44}	ʂəŋ^{44}	ʂəŋ^{44}	ʂəŋ^{44}	ʂəŋ^{53}	ʂəŋ^{53}
中宁县	tʂʻəŋ^{44}	ʂəŋ^{44}	ʂəŋ^{44}	ʂəŋ^{44}	ʂəŋ^{44}	ʂəŋ^{44}	ʂəŋ^{53}	ʂəŋ^{53}
沙坡头区	tʂʻẽi^{44}	ʂẽi^{44}	ʂẽi^{44}	ʂẽi^{44}	ʂẽi^{44}	ʂẽi^{44}	ʂẽi^{53}	ʂẽi^{53}
盐池县	tʂʻən^{44}	sən^{44}	ʂən^{44}	ʂən^{44}	ʂən^{44}	ʂən^{44}	ʂən^{13}	ʂən^{52}
平罗县（渠口乡）	tʂʻəŋ^{44}	ʂəŋ^{44}	ʂəŋ^{44}	ʂəŋ^{44}	ʂəŋ^{44}	ʂəŋ^{44}	ʂəŋ^{53}	ʂəŋ^{53}
阿拉善左旗	tʂʻəŋ^{44}	ʂəŋ^{44}	ʂəŋ^{44}	ʂəŋ^{44}	ʂəŋ^{44}	ʂəŋ^{44}	ʂəŋ^{51}	ʂəŋ^{51}
乌鲁木齐市	tʂʻəŋ^{44}	ʂəŋ^{44}	ʂəŋ^{44}	ʂəŋ^{44}	ʂəŋ^{44}	ʂəŋ^{44}	ʂəŋ^{52}	ʂəŋ^{52}
阜康市	tʂʻɤŋ^{55}	ʂɤŋ^{55}	ʂɤŋ^{55}	ʂɤŋ^{55}	ʂɤŋ^{55}	ʂɤŋ^{55}	ʂɤŋ^{51}	ʂɤŋ^{51}
呼图壁县	tʂʻəŋ^{44}	ʂəŋ^{44}	ʂəŋ^{44}	ʂəŋ^{44}	ʂəŋ^{44}	ʂəŋ^{44}	ʂəŋ^{51}	ʂəŋ^{51}
吉木萨尔县	tʂʻɤŋ^{44}	ʂɤŋ^{44}	ʂɤŋ^{44}	ʂɤŋ^{44}	ʂɤŋ^{44}	ʂɤŋ^{44}	ʂɤŋ^{51}	ʂɤŋ^{51}
奇台县	tʂʻəŋ^{44}	ʂəŋ^{44}	ʂəŋ^{44}	ʂəŋ^{44}	ʂəŋ^{44}	ʂəŋ^{44}	ʂəŋ^{52}	ʂəŋ^{52}
博乐市	tʂʻəŋ^{45}	ʂəŋ^{45}	ʂəŋ^{45}	ʂəŋ^{45}	ʂəŋ^{45}	ʂəŋ^{45}	ʂəŋ^{51}	ʂəŋ^{51}
阿勒泰市	tʂʻəŋ^{44}	ʂəŋ^{44}	ʂəŋ^{44}	ʂəŋ^{44}	ʂəŋ^{44}	ʂəŋ^{44}	ʂəŋ^{51}	ʂəŋ^{51}
布尔津县	tʂʻəŋ^{44}	ʂəŋ^{44}	ʂəŋ^{44}	ʂəŋ^{44}	ʂəŋ^{44}	ʂəŋ^{44}	ʂəŋ^{23}	ʂəŋ^{23}
乌苏市	tʂʻɤŋ^{55}	ʂɤŋ^{55}	ʂɤŋ^{55}	ʂɤŋ^{55}	ʂɤŋ^{55}	ʂɤŋ^{55}	ʂɤŋ^{51}	ʂɤŋ^{51}
额敏县	tʂʻəŋ^{44}	ʂəŋ^{44}	ʂəŋ^{44}	ʂəŋ^{44}	ʂəŋ^{44}	ʂəŋ^{44}	ʂəŋ^{51}	ʂəŋ^{51}
伊州区	tʂʻəŋ^{44}	ʂəŋ^{44}	ʂəŋ^{44}	ʂəŋ^{44}	ʂəŋ^{44}	ʂəŋ^{44}	ʂəŋ^{51}	ʂəŋ^{51}
巴里坤县	tʂʻəŋ^{45}	ʂəŋ^{45}	ʂəŋ^{45}	ʂəŋ^{45}	ʂəŋ^{45}	ʂəŋ^{45}	ʂəŋ^{51}	ʂəŋ^{51}
伊吾县	tʂʻəŋ^{44}	ʂəŋ^{44}	ʂəŋ^{44}	ʂəŋ^{44}	ʂəŋ^{44}	ʂəŋ^{44}	ʂəŋ^{51}	ʂəŋ^{51}

字目 中古音 方音 方言点	婶	沈 姓	渗	甚① 甚至	肾	慎	人	仁
	深开三上寝书	深开三上寝书	深开三去沁生	深开三上寝禅	臻开三上轸禅	臻开三去震禅	臻开三平真日	臻开三平真日
兰州市（城关区）	ʂən^{44}	ʂən^{44}	sən^{13}	ʂən^{13}	ʂən^{13}	ʂən^{13}	ʐən^{51}	ʐən^{51}
永登县	ʂən^{34}	ʂən^{354}	sən^{13}	ʂən^{13}	ʂən^{13}	ʂən^{13}	ʐən^{53}	ʐən^{53}
榆中县	ʂən^{44}	ʂən^{44}	sən^{13}	ʂən^{13}	ʂən^{13}	ʂən^{13}	ʐən^{332}	ʐən^{332}
皋兰县	ʂən^{34}	ʂən^{342}	sən^{13}	ʂən^{13}	ʂən^{13}	ʂən^{13}	ʐən^{53}	ʐən^{53}
白银区	ʂən^{343}	ʂən^{343}	sən^{13}	ʂən^{13}	ʂən^{13}	ʂən^{13}	ʐən^{51}	ʐən^{51}
天祝县	ʂɤŋ^{44}	ʂɤŋ^{44}	ʂɤŋ^{213}	ʂɤŋ^{213}	ʂɤŋ^{213}	ʂɤŋ^{213}	ʐɤŋ^{53}	ʐɤŋ^{53}
景泰县（红水镇）	ʂəŋ^{44}	ʂəŋ^{44}	ʂəŋ^{213}	ʂəŋ^{213}	ʂəŋ^{213}	ʂəŋ^{213}	ʐəŋ^{53}	ʐəŋ^{53}
古浪县	ʂəŋ^{44}	ʂəŋ^{44}	ʂəŋ^{31}	ʂəŋ^{31}	ʂəŋ^{31}	ʂəŋ^{31}	ʐəŋ^{53}	ʐəŋ^{53}
凉州区	ʂəŋ^{33}	ʂəŋ^{33}	ʂəŋ^{53}	ʂəŋ^{53}	ʂəŋ^{53}	ʂəŋ^{53}	ʐəŋ^{13}	ʐəŋ^{13}
民勤县	ʂɤŋ^{214}	ʂɤŋ^{214}	ʂɤŋ^{42}	ʂɤŋ^{42}	ʂɤŋ^{42}	ʂɤŋ^{42}	ʐɤŋ^{53}	ʐɤŋ^{53}
永昌县	ʂɤ̃^{13}	ʂɤ̃^{13}	ʂɤ̃^{53}	ʂɤ̃^{53}	ʂɤ̃^{53}	ʂɤ̃^{53}	ʐɤ̃^{13}	ʐɤ̃^{13}
甘州区	ʂɤŋ^{53}	ʂɤŋ^{53}	ʂɤŋ^{31}	ʂɤŋ^{31}	ʂɤŋ^{31}	ʂɤŋ^{31}	ʐɤŋ^{53}	ʐɤŋ^{53}
临泽县	ʂəŋ^{53}	ʂəŋ^{53}	ʂəŋ^{214}	ʂəŋ^{214}	ʂəŋ^{214}	ʂəŋ^{214}	ʐəŋ^{53}	ʐəŋ^{53}
民乐县	ʂəŋ^{213}	ʂəŋ^{213}	ʂəŋ^{42}	ʂəŋ^{42}	ʂəŋ^{42}	ʂəŋ^{42}	ʐəŋ^{53}	ʐəŋ^{53}
山丹县	ʂəŋ^{53}	ʂəŋ^{53}	ʂəŋ^{41}	ʂəŋ^{41}	ʂəŋ^{41}	ʂəŋ^{41}	ʐəŋ^{53}	ʐəŋ^{53}
高台县	ʂɤ̃^{53}	ʂɤ̃^{53}	ʂɤ̃^{214}	ʂɤ̃^{214}	ʂɤ̃^{214}	ʂɤ̃^{214}	ʐɤ̃^{53}	ʐɤ̃^{53}
肃州区	ʂəŋ^{53}	ʂəŋ^{53}	ʂəŋ^{214}	ʂəŋ^{214}	ʂəŋ^{214}	ʂəŋ^{214}	ʐəŋ^{53}	ʐəŋ^{53}
金塔县	ʂɤŋ^{53}	ʂɤŋ^{53}	ʂɤŋ^{13}	ʂɤŋ^{13}	ʂɤŋ^{13}	ʂɤŋ^{13}	ʐɤŋ^{53}	ʐɤŋ^{53}
肃北县	ʂɤ̃^{53}	ʂɤ̃^{53}	ʂɤ̃^{213}	ʂɤ̃^{213}	ʂɤ̃^{213}	ʂɤ̃^{213}	ʐɤ̃^{53}	ʐɤ̃^{53}
玉门市	ʂɤŋ^{53}	ʂɤŋ^{53}	ʂɤŋ^{213}	ʂɤŋ^{213}	ʂɤŋ^{213}	ʂɤŋ^{213}	ʐɤŋ^{53}	ʐɤŋ^{53}
瓜州县	ʂɤŋ^{53}	ʂɤŋ^{53}	ʂɤŋ^{213}	ʂɤŋ^{213}	ʂɤŋ^{213}	ʂɤŋ^{213}	ʐɤŋ^{53}	ʐɤŋ^{53}

①又时鸩切，深开三去沁禅。

续表

西夏区	ʂəŋ^{53}	ʂəŋ^{53}	ʂəŋ^{13}	ʂəŋ^{13}	ʂəŋ^{13}	ʂəŋ^{13}	ʐəŋ^{53}	ʐəŋ^{53}
贺兰县	ʂəŋ^{53}	ʂəŋ^{53}	ʂəŋ^{13}	ʂəŋ^{13}	ʂəŋ^{13}	ʂəŋ^{13}	ʐəŋ^{53}	ʐəŋ^{53}
灵武市（东塔镇）	ʂəŋ^{52}	ʂəŋ^{52}	ʂəŋ^{13}	ʂəŋ^{13}	ʂəŋ^{13}	ʂəŋ^{13}	ʐəŋ^{52}	ʐəŋ^{52}
永宁县	ʂəŋ^{53}	ʂəŋ^{53}	ʂəŋ^{13}	ʂəŋ^{13}	ʂəŋ^{13}	ʂəŋ^{13}	ʐəŋ^{53}	ʐəŋ^{53}
中宁县	ʂəŋ^{53}	ʂəŋ^{53}	ʂəŋ^{13}	ʂəŋ^{13}	ʂəŋ^{13}	ʂəŋ^{13}	ʐəŋ^{53}	ʐəŋ^{53}
沙坡头区	ʂẽi^{53}	ʂẽi^{53}	ʂẽi^{13}	ʂẽi^{13}	ʂẽi^{13}	ʂẽi^{13}	ʐẽi^{53}	ʐẽi^{53}
盐池县	ʂən^{52}	ʂən^{52}	sən^{13}	ʂən^{13}	ʂən^{13}	ʂən^{13}	ʐən^{13}	ʐən^{13}
平罗县（渠口乡）	ʂəŋ^{53}	ʂəŋ^{53}	ʂəŋ^{13}	ʂəŋ^{13}	ʂəŋ^{13}	ʂəŋ^{13}	ʐəŋ^{53}	ʐəŋ^{53}
阿拉善左旗	ʂəŋ^{51}	ʂəŋ^{51}	ʂəŋ^{213}	ʂəŋ^{213}	ʂəŋ^{213}	ʂəŋ^{213}	ʐəŋ^{51}	ʐəŋ^{51}
乌鲁木齐市	ʂəŋ^{52}	ʂəŋ^{52}	ʂəŋ^{213}	ʂəŋ^{213}	ʂəŋ^{213}	ʂəŋ^{213}	ʐəŋ^{52}	ʐəŋ^{52}
阜康市	ʂɤŋ^{51}	ʂɤŋ^{51}	ʂɤŋ^{213}	ʂɤŋ^{213}	ʂɤŋ^{213}	ʂɤŋ^{213}	ʐɤŋ^{51}	ʐɤŋ^{51}
呼图壁县	ʂəŋ^{51}	ʂəŋ^{51}	ʂəŋ^{213}	ʂəŋ^{213}	ʂəŋ^{213}	ʂəŋ^{213}	ʐəŋ^{51}	ʐəŋ^{51}
吉木萨尔县	ʂɤŋ^{51}	ʂɤŋ^{51}	ʂɤŋ^{213}	ʂɤŋ^{213}	ʂɤŋ^{213}	ʂɤŋ^{213}	ʐɤŋ^{51}	ʐɤŋ^{51}
奇台县	ʂəŋ^{52}	ʂəŋ^{52}	ʂəŋ^{213}	ʂəŋ^{213}	ʂəŋ^{213}	ʂəŋ^{213}	ʐəŋ^{52}	ʐəŋ^{52}
博乐市	ʂəŋ^{51}	ʂəŋ^{51}	ʂəŋ^{24}	ʂəŋ^{24}	ʂəŋ^{24}	ʂəŋ^{24}	ʐəŋ^{51}	ʐəŋ^{51}
阿勒泰市	ʂəŋ^{51}	ʂəŋ^{51}	ʂəŋ^{23}	ʂəŋ^{23}	ʂəŋ^{23}	ʂəŋ^{23}	ʐəŋ^{51}	ʐəŋ^{51}
布尔津县	ʂəŋ^{23}	ʂəŋ^{23}	ʂəŋ^{51}	ʂəŋ^{51}	ʂəŋ^{51}	ʂəŋ^{51}	ʐəŋ^{51}	ʐəŋ^{51}
乌苏市	ʂɤŋ^{51}	ʂɤŋ^{51}	ʂɤŋ^{213}	ʂɤŋ^{213}	ʂɤŋ^{213}	ʂɤŋ^{213}	ʐɤŋ^{51}	ʐɤŋ^{51}
额敏县	ʂəŋ^{51}	ʂəŋ^{51}	ʂəŋ^{34}	ʂəŋ^{34}	ʂəŋ^{34}	ʂəŋ^{34}	ʐəŋ^{51}	ʐəŋ^{51}
伊州区	ʂəŋ^{51}	ʂəŋ^{51}	ʂəŋ^{213}	ʂəŋ^{213}	ʂəŋ^{213}	ʂəŋ^{213}	ʐəŋ^{51}	ʐəŋ^{51}
巴里坤县	ʂəŋ^{51}	ʂəŋ^{51}	ʂəŋ^{24}	ʂəŋ^{24}	ʂəŋ^{24}	ʂəŋ^{24}	ʐəŋ^{51}	ʐəŋ^{51}
伊吾县	ʂəŋ^{51}	ʂəŋ^{51}	ʂəŋ^{213}	ʂəŋ^{213}	ʂəŋ^{213}	ʂəŋ^{213}	ʐəŋ^{51}	ʐəŋ^{51}

字目 / 中古音 / 方音 / 方言点	忍	任 责任	刃	认①	韧	跟②	根	恳
	臻开三上轸日	深开三去沁日	臻开三去震日	臻开三去震日	臻开三去震日	臻开一平痕见	臻开一平痕见	臻开一上很溪
兰州市（城关区）	ʐən^{44}	ʐən^{13}	ʐən^{13}	ʐən^{13}	ʐən^{13}	kən^{53}	kən^{53}	kʻən^{44}
永登县	ʐən^{354}	ʐən^{13}	ʐən^{13}	ʐən^{13}	ʐən^{13}	kən^{42}	kən^{42}	kʻən^{42}
榆中县	ʐən^{44}	ʐən^{13}	ʐən^{13}	ʐən^{13}	ʐən^{13}	kən^{51}	kən^{51}	kʻən^{44}
皋兰县	ʐən^{342}	ʐən^{13}	ʐən^{13}	ʐən^{13}	ʐən^{13}	kən^{42}	kən^{42}	kʻən^{42}
白银区	ʐən^{343}	ʐən^{13}	ʐən^{13}	ʐən^{13}	ʐən^{13}	kən^{44}	kən^{44}	kʻən^{343}
天祝县	ʐɤŋ^{44}	ʐɤŋ^{213}	ʐɤŋ^{213}	ʐɤŋ^{213}	ʐɤŋ^{213}	kɤŋ^{44}	kɤŋ^{44}	kʻɤŋ^{44}
景泰县（红水镇）	ʐəŋ^{44}	ʐəŋ^{213}	ʐəŋ^{213}	ʐəŋ^{213}	ʐəŋ^{213}	kəŋ^{44}	kəŋ^{44}	kʻəŋ^{44}
古浪县	ʐəŋ^{44}	ʐəŋ^{31}	ʐəŋ^{31}	ʐəŋ^{31}	ʐəŋ^{31}	kəŋ^{44}	kəŋ^{44}	kʻəŋ^{44}
凉州区	ʐəŋ^{33}	ʐəŋ^{53}	ʐəŋ^{53}	ʐəŋ^{53}	ʐəŋ^{53}	kəŋ^{33}	kəŋ^{33}	kʻəŋ^{33}
民勤县	ʐɤŋ^{214}	ʐɤŋ^{42}	ʐɤŋ^{42}	ʐɤŋ^{42}	ʐɤŋ^{42}	kɤŋ^{44}	kɤŋ^{44}	kʻɤŋ^{214}
永昌县	ʐɤ̆^{13}	ʐɤ̆^{53}	ʐɤ̆^{53}	ʐɤ̆^{53}	ʐɤ̆^{53}	kɤ̆^{44}	kɤ̆^{44}	kʻɤ̆^{13}
甘州区	ʐɤŋ^{53}	ʐɤŋ^{31}	ʐɤŋ^{31}	ʐɤŋ^{31}	ʐɤŋ^{31}	kɤŋ^{44}	kɤŋ^{44}	kʻɤŋ^{53}
临泽县	ʐəŋ^{53}	ʐəŋ^{214}	ʐəŋ^{214}	ʐəŋ^{214}	ʐəŋ^{214}	kəŋ^{44}	kəŋ^{44}	kʻəŋ^{53}
民乐县	ʐəŋ^{213}	ʐəŋ^{42}	ʐəŋ^{42}	ʐəŋ^{42}	ʐəŋ^{42}	kəŋ^{44}	kəŋ^{44}	kʻəŋ^{213}
山丹县	ʐəŋ^{53}	ʐəŋ^{41}	ʐəŋ^{41}	ʐəŋ^{41}	ʐəŋ^{41}	kəŋ^{24}	kəŋ^{24}	kʻəŋ^{53}
高台县	ʐɤ̃^{53}	ʐɤ̃^{214}	ʐɤ̃^{214}	ʐɤ̃^{214}	ʐɤ̃^{214}	kɤ̃^{44}	kɤ̃^{44}	kʻɤ̃^{53}
肃州区	ʐəŋ^{53}	ʐəŋ^{214}	ʐəŋ^{214}	ʐəŋ^{214}	ʐəŋ^{214}	kəŋ^{44}	kəŋ^{44}	kʻəŋ^{53}
金塔县	ʐɤŋ^{53}	ʐɤŋ^{13}	ʐɤŋ^{13}	ʐɤŋ^{13}	ʐɤŋ^{13}	kɤŋ^{44}	kɤŋ^{44}	kʻɤŋ^{53}
肃北县	ʐɤ̃^{53}	ʐɤ̃^{213}	ʐɤ̃^{213}	ʐɤ̃^{213}	ʐɤ̃^{213}	kɤ̃^{44}	kɤ̃^{44}	kʻɤ̃^{53}
玉门市	ʐɤŋ^{53}	ʐɤŋ^{213}	ʐɤŋ^{213}	ʐɤŋ^{213}	ʐɤŋ^{213}	kɤŋ^{44}	kɤŋ^{44}	kʻɤŋ^{53}

①又而证切，曾开三去证日。

②又公浑切，臻合一平魂见。

续表

瓜州县	ʐɤŋ^{53}	ʐɤŋ^{213}	ʐɤŋ^{213}	ʐɤŋ^{213}	ʐɤŋ^{213}	kɤŋ^{44}	kɤŋ^{44}	kʻɤŋ^{53}
西夏区	ʐəŋ^{53}	ʐəŋ^{13}	ʐəŋ^{13}	ʐəŋ^{13}	ʐəŋ^{13}	kəŋ^{44}	kəŋ^{44}	kʻəŋ^{53}
贺兰县	ʐəŋ^{53}	ʐəŋ^{13}	ʐəŋ^{13}	ʐəŋ^{13}	ʐəŋ^{13}	kəŋ^{44}	kəŋ^{44}	kʻəŋ^{53}
灵武市（东塔镇）	ʐəŋ^{52}	ʐəŋ^{13}	ʐəŋ^{13}	ʐəŋ^{13}	ʐəŋ^{13}	kəŋ^{44}	kəŋ^{44}	kʻəŋ^{52}
永宁县	ʐəŋ^{53}	ʐəŋ^{13}	ʐəŋ^{13}	ʐəŋ^{13}	ʐəŋ^{13}	kəŋ^{44}	kəŋ^{44}	kʻəŋ^{53}
中宁县	ʐəŋ^{53}	ʐəŋ^{13}	ʐəŋ^{13}	ʐəŋ^{13}	ʐəŋ^{13}	kəŋ^{44}	kəŋ^{44}	kʻəŋ^{53}
沙坡头区	ʐẽi^{53}	ʐẽi^{13}	ʐẽi^{13}	ʐẽi^{13}	ʐẽi^{13}	kẽi^{44}	kẽi^{44}	kʻẽi^{53}
盐池县	ʐən^{52}	ʐən^{13}	ʐən^{13}	ʐən^{13}	ʐən^{13}	kən^{44}	kən^{44}	kʻən^{52}
平罗县（渠口乡）	ʐəŋ^{53}	ʐəŋ^{13}	ʐəŋ^{13}	ʐəŋ^{13}	ʐəŋ^{13}	kəŋ^{44}	kəŋ^{44}	kʻəŋ^{53}
阿拉善左旗	ʐəŋ^{51}	ʐəŋ^{213}	ʐəŋ^{213}	ʐəŋ^{213}	ʐəŋ^{213}	kəŋ^{44}	kəŋ^{44}	kʻəŋ^{51}
乌鲁木齐市	ʐəŋ^{52}	ʐəŋ^{213}	ʐəŋ^{213}	ʐəŋ^{213}	ʐəŋ^{213}	kəŋ^{44}	kəŋ^{44}	kʻəŋ^{52}
阜康市	ʐɤŋ^{51}	ʐɤŋ^{213}	ʐɤŋ^{213}	ʐɤŋ^{213}	ʐɤŋ^{213}	kɤŋ^{55}	kɤŋ^{55}	kʻɤŋ^{51}
呼图壁县	ʐəŋ^{51}	ʐəŋ^{213}	ʐəŋ^{213}	ʐəŋ^{213}	ʐəŋ^{213}	kəŋ^{44}	kəŋ^{44}	kʻəŋ^{51}
吉木萨尔县	ʐɤŋ^{51}	ʐɤŋ^{213}	ʐɤŋ^{213}	ʐɤŋ^{213}	ʐɤŋ^{213}	kɤŋ^{44}	kɤŋ^{44}	kʻɤŋ^{51}
奇台县	ʐəŋ^{52}	ʐəŋ^{213}	ʐəŋ^{213}	ʐəŋ^{213}	ʐəŋ^{213}	kəŋ^{44}	kəŋ^{44}	kʻəŋ^{52}
博乐市	ʐəŋ^{51}	ʐəŋ^{24}	ʐəŋ^{24}	ʐəŋ^{24}	ʐəŋ^{24}	kəŋ^{45}	kəŋ^{45}	kʻəŋ^{51}
阿勒泰市	ʐəŋ^{51}	ʐəŋ^{23}	ʐəŋ^{23}	ʐəŋ^{23}	ʐəŋ^{23}	kəŋ^{44}	kəŋ^{44}	kʻəŋ^{51}
布尔津县	ʐəŋ^{23}	ʐəŋ^{51}	ʐəŋ^{51}	ʐəŋ^{51}	ʐəŋ^{51}	kəŋ^{44}	kəŋ^{44}	kʻəŋ^{23}
乌苏市	ʐɤŋ^{51}	ʐɤŋ^{213}	ʐɤŋ^{213}	ʐɤŋ^{213}	ʐɤŋ^{213}	kɤŋ^{55}	kɤŋ^{55}	kʻɤŋ^{51}
额敏县	ʐəŋ^{51}	ʐəŋ^{34}	ʐəŋ^{34}	ʐəŋ^{34}	ʐəŋ^{34}	kəŋ^{44}	kəŋ^{44}	kʻəŋ^{51}
伊州区	ʐəŋ^{51}	ʐəŋ^{213}	ʐəŋ^{213}	ʐəŋ^{213}	ʐəŋ^{213}	kəŋ^{44}	kəŋ^{44}	kʻəŋ^{51}
巴里坤县	ʐəŋ^{51}	ʐəŋ^{24}	ʐəŋ^{24}	ʐəŋ^{24}	ʐəŋ^{24}	kəŋ^{45}	kəŋ^{45}	kʻəŋ^{51}
伊吾县	ʐəŋ^{51}	ʐəŋ^{213}	ʐəŋ^{213}	ʐəŋ^{213}	ʐəŋ^{213}	kəŋ^{44}	kəŋ^{44}	kʻəŋ^{51}

字目 / 中古音 / 方言点	垦	啃①	肯	痕②	很	恨	恩	宾
	臻开一上很溪	臻开一上很溪	曾开一上等溪	臻开一平痕匣	臻开一上很匣	臻开一去恨匣	臻开一平痕影	臻开三平真帮
兰州市（城关区）	k‘ən^{44}	k‘ən^{44}	k‘ən^{44}	xən^{51}	xən^{44}	xən^{13}	ən^{53}	pin^{53}
永登县	k‘ən^{354}	k‘ən^{354}	k‘ən^{354}	xən^{53}	xən^{354}	xən^{13}	ən^{42}	pin^{42}
榆中县	k‘ən^{44}	k‘ən^{44}	k‘ən^{44}	xən^{332}	xən^{44}	xən^{13}	ən^{51}	pin^{51}
皋兰县	k‘ən^{342}	k‘ən^{342}	k‘ən^{342}	xən^{53}	xən^{342}	xən^{13}	ən^{42}	pin^{42}
白银区	k‘ən^{343}	k‘ən^{343}	k‘ən^{343}	xən^{51}	xən^{343}	xən^{13}	ən^{44}	pin^{53}
天祝县	k‘ɤŋ^{44}	k‘ɤŋ^{44}	k‘ɤŋ^{44}	xɤŋ^{53}	xɤŋ^{44}	xɤŋ^{213}	ɤŋ^{44}	pin^{44}
景泰县（红水镇）	k‘əŋ^{44}	k‘əŋ^{44}	k‘əŋ^{44}	xəŋ^{53}	xəŋ^{44}	xəŋ^{213}	əŋ^{44}	piəŋ^{44}
古浪县	k‘əŋ^{44}	k‘əŋ^{44}	k‘əŋ^{44}	xəŋ^{53}	xəŋ^{44}	xəŋ^{31}	əŋ^{44}	piŋ^{44}
凉州区	k‘əŋ^{33}	k‘əŋ^{33}	k‘əŋ^{33}	xəŋ^{13}	xəŋ^{33}	xəŋ^{53}	əŋ^{33}	piŋ^{33}
民勤县	k‘ɤŋ^{214}	k‘ɤŋ^{214}	k‘ɤŋ^{214}	xɤŋ^{53}	xɤŋ^{214}	xɤŋ^{42}	ɤŋ^{44}	piŋ^{44}
永昌县	k‘ɤ̃^{13}	k‘ɤ̃^{13}	k‘ɤ̃^{13}	xɤ̃^{13}	xɤ̃^{13}	xɤ̃^{53}	ɤ̃^{44}	piɤ̃^{44}
甘州区	k‘ɤŋ^{53}	k‘ɤŋ^{53}	k‘ɤŋ^{53}	xɤŋ^{53}	xɤŋ^{53}	xɤŋ^{31}	ɤŋ^{44}	piŋ^{44}
临泽县	k‘əŋ^{53}	k‘əŋ^{53}	k‘əŋ^{53}	xəŋ^{53}	xəŋ^{53}	xəŋ^{214}	əŋ^{44}	piŋ^{44}
民乐县	k‘əŋ^{213}	k‘əŋ^{213}	k‘əŋ^{213}	xəŋ^{53}	xəŋ^{213}	xəŋ^{42}	əŋ^{44}	piŋ^{44}
山丹县	k‘əŋ^{53}	k‘əŋ^{53}	k‘əŋ^{53}	xəŋ^{53}	xəŋ^{53}	xəŋ^{41}	əŋ^{24}	piŋ^{24}
高台县	k‘ɤ̃^{53}	k‘ɤ̃^{53}	k‘ɤ̃^{53}	xɤ̃^{53}	xɤ̃^{53}	xɤ̃^{214}	ɤ̃^{44}	piɤ̃^{44}
肃州区	k‘əŋ^{53}	k‘əŋ^{53}	k‘əŋ^{53}	xəŋ^{53}	xəŋ^{53}	xəŋ^{214}	əŋ^{44}	piŋ^{44}
金塔县	k‘ɤŋ^{53}	k‘ɤŋ^{53}	k‘ɤŋ^{53}	xɤŋ^{53}	xɤŋ^{53}	xɤŋ^{13}	ɤŋ^{44}	piŋ^{44}
肃北县	k‘ɤ̃^{53}	k‘ɤ̃^{53}	k‘ɤ̃^{53}	xɤ̃^{53}	xɤ̃^{53}	xɤ̃^{213}	ɤ̃^{44}	piɤ̃^{44}
玉门市	k‘ɤŋ^{53}	k‘ɤŋ^{53}	k‘ɤŋ^{53}	xɤŋ^{53}	xɤŋ^{53}	xɤŋ^{213}	ɤŋ^{44}	piŋ^{44}

①又苦本切，臻合一上混溪。

②又古恨切，臻开一去恨见。

续表

瓜州县	k'ɤŋ53	k'ɤŋ53	k'ɤŋ53	xɤŋ53	xɤŋ53	xɤŋ213	ɤŋ44	piŋ44
西夏区	k'əŋ53	k'əŋ53	k'əŋ53	xəŋ53	xəŋ53	xəŋ13	əŋ44	piŋ44
贺兰县	k'əŋ53	k'əŋ53	k'əŋ53	xəŋ53	xəŋ53	xəŋ13	əŋ44	piŋ44
灵武市（东塔镇）	k'əŋ52	k'əŋ52	k'əŋ52	xəŋ52	xəŋ52	xəŋ13	əŋ44	piŋ44
永宁县	k'əŋ53	k'əŋ53	k'əŋ53	xəŋ53	xəŋ53	xəŋ13	əŋ44	piŋ44
中宁县	k'əŋ53	k'əŋ53	k'əŋ53	xəŋ53	xəŋ53	xəŋ13	əŋ44	piŋ44
沙坡头区	k'ẽi53	k'ẽi53	k'ẽi53	xẽi53	xẽi53	xẽi13	ẽi44	pĩ44
盐池县	k'ən52	k'ən52	k'ən52	xən13	xən52	xən13	nən44	piŋ44
平罗县（渠口乡）	k'əŋ53	k'əŋ53	k'əŋ53	xəŋ53	xəŋ53	xəŋ13	əŋ44	piŋ44
阿拉善左旗	k'əŋ51	k'əŋ51	k'əŋ51	xəŋ51	xəŋ51	xəŋ213	ŋəŋ44	piŋ44
乌鲁木齐市	k'əŋ52	k'əŋ52	k'əŋ52	xəŋ52	xəŋ52	xəŋ213	əŋ44	piŋ44
阜康市	k'ɤŋ51	k'ɤŋ51	k'ɤŋ51	xɤŋ51	xɤŋ51	xɤŋ213	ŋɤŋ55	piŋ55
呼图壁县	k'əŋ51	k'əŋ51	k'əŋ51	xəŋ51	xəŋ51	xəŋ213	ŋəŋ44	piŋ44
吉木萨尔县	k'ɤŋ51	k'ɤŋ51	k'ɤŋ51	xɤŋ51	xɤŋ51	xɤŋ213	ŋɤŋ44	piŋ44
奇台县	k'əŋ52	k'əŋ52	k'əŋ52	xəŋ52	xəŋ52	xəŋ213	ŋəŋ44	piŋ44
博乐市	k'əŋ51	k'əŋ51	k'əŋ51	xəŋ51	xəŋ51	xəŋ24	ŋəŋ45	piŋ45
阿勒泰市	k'əŋ51	k'əŋ51	k'əŋ51	xəŋ51	xəŋ51	xəŋ23	ŋəŋ44	piŋ44
布尔津县	k'əŋ23	k'əŋ23	k'əŋ23	xəŋ23	xəŋ23	xəŋ51	ŋəŋ44	piŋ44
乌苏市	k'ɤŋ51	k'ɤŋ51	k'ɤŋ51	xɤŋ51	xɤŋ51	xɤŋ213	ŋɤŋ55	piŋ55
额敏县	k'əŋ51	k'əŋ51	k'əŋ51	xəŋ51	xəŋ51	xəŋ34	ŋəŋ44	piŋ44
伊州区	k'əŋ51	k'əŋ51	k'əŋ51	xəŋ51	xəŋ51	xəŋ213	ŋəŋ44	piŋ44
巴里坤县	k'əŋ51	k'əŋ51	k'əŋ51	xəŋ51	xəŋ51	xəŋ24	ŋəŋ45	piŋ45
伊吾县	k'əŋ51	k'əŋ51	k'əŋ51	xəŋ51	xəŋ51	xəŋ213	əŋ44	piŋ44

字目 / 中古音 / 方音 / 方言点	拼 拼凑	贫	频	品	聘	民	闽①	敏
		臻开三 平真並	臻开三 平真並	深开三 上寝滂	梗开三 去劲滂	臻开三 平真明	臻开三 平真明	臻开三 上轸明
兰州市 （城关区）	pʻin^{53}	pʻin^{51}	pʻin^{51}	pʻin^{44}	pʻin^{13}	min^{51}	min^{44}	min^{44}
永登县	pʻin^{42}	pʻin^{53}	pʻin^{53}	pʻin^{354}	pʻin^{13}	min^{53}	min^{354}	min^{354}
榆中县	pʻin^{51}	pʻin^{332}	pʻin^{332}	pʻin^{44}	pʻin^{13}	min^{332}	min^{44}	min^{44}
皋兰县	pʻin^{42}	pʻin^{53}	pʻin^{53}	pʻin^{342}	pʻin^{13}	min^{53}	min^{342}	min^{342}
白银区	pʻin^{44}	pʻin^{51}	pʻin^{51}	pʻin^{343}	pʻin^{13}	min^{51}	min^{343}	min^{343}
天祝县	pʻin^{44}	pʻin^{53}	pʻin^{53}	pʻin^{44}	pʻin^{213}	min^{53}	min^{44}	min^{44}
景泰县 （红水镇）	pʻiəŋ^{44}	pʻiəŋ^{53}	pʻiəŋ^{53}	pʻiəŋ^{44}	pʻiəŋ^{213}	miəŋ^{53}	miəŋ^{44}	miəŋ^{44}
古浪县	pʻiŋ^{44}	pʻiŋ^{53}	pʻiŋ^{53}	pʻiŋ^{44}	pʻiŋ^{31}	miŋ^{53}	miŋ^{44}	miŋ^{44}
凉州区	pʻiŋ^{33}	pʻiŋ^{13}	pʻiŋ^{13}	pʻiŋ^{33}	pʻiŋ^{53}	miŋ^{13}	miŋ^{33}	miŋ^{33}
民勤县	pʻiŋ^{44}	pʻiŋ^{53}	pʻiŋ^{53}	pʻiŋ^{214}	pʻiŋ^{42}	miŋ^{53}	miŋ^{214}	miŋ^{214}
永昌县	pʻiɤ̃^{44}	pʻiɤ̃^{13}	pʻiɤ̃^{13}	pʻiɤ̃^{13}	pʻiɤ̃^{53}	miɤ̃^{13}	miɤ̃^{13}	miɤ̃^{13}
甘州区	pʻiŋ^{44}	pʻiŋ^{53}	pʻiŋ^{53}	pʻiŋ^{53}	pʻiŋ^{31}	miŋ^{53}	miŋ^{53}	miŋ^{53}
临泽县	pʻiŋ^{44}	pʻiŋ^{53}	pʻiŋ^{53}	pʻiŋ^{53}	pʻiŋ^{214}	miŋ^{53}	miŋ^{53}	miŋ^{53}
民乐县	pʻiŋ^{44}	pʻiŋ^{53}	pʻiŋ^{53}	pʻiŋ^{213}	pʻiŋ^{42}	miŋ^{53}	miŋ^{213}	miŋ^{213}
山丹县	pʻiŋ^{24}	pʻiŋ^{53}	pʻiŋ^{53}	pʻiŋ^{53}	pʻiŋ^{41}	miŋ^{53}	miŋ^{53}	miŋ^{53}
高台县	pʻiɤ̃^{44}	pʻiɤ̃^{53}	pʻiɤ̃^{53}	pʻiɤ̃^{53}	pʻiɤ̃^{214}	miɤ̃^{53}	miɤ̃^{53}	miɤ̃^{53}
肃州区	pʻiŋ^{44}	pʻiŋ^{53}	pʻiŋ^{53}	pʻiŋ^{53}	pʻiŋ^{214}	miŋ^{53}	miŋ^{53}	miŋ^{53}
金塔县	pʻiŋ^{44}	pʻiŋ^{53}	pʻiŋ^{53}	pʻiŋ^{53}	pʻiŋ^{13}	miŋ^{53}	miŋ^{53}	miŋ^{53}
肃北县	pʻiɤ̃^{44}	pʻiɤ̃^{53}	pʻiɤ̃^{53}	pʻiɤ̃^{53}	pʻiɤ̃^{213}	miɤ̃^{53}	miɤ̃^{53}	miɤ̃^{53}
玉门市	pʻiŋ^{44}	pʻiŋ^{53}	pʻiŋ^{53}	pʻiŋ^{53}	pʻiŋ^{213}	miŋ^{53}	miŋ^{53}	miŋ^{53}
瓜州县	pʻiŋ^{44}	pʻiŋ^{53}	pʻiŋ^{53}	pʻiŋ^{53}	pʻiŋ^{213}	miŋ^{53}	miŋ^{53}	miŋ^{53}

①又无分切，臻合三平文微。

续表

西夏区	pʻiŋ^{44}	pʻiŋ^{53}	pʻiŋ^{53}	pʻiŋ^{53}	pʻiŋ^{13}	miŋ^{53}	miŋ^{53}	miŋ^{53}
贺兰县	pʻiŋ^{44}	pʻiŋ^{53}	pʻiŋ^{53}	pʻiŋ^{53}	pʻiŋ^{13}	miŋ^{53}	miŋ^{53}	miŋ^{53}
灵武市（东塔镇）	pʻin^{44}	pʻin^{52}	pʻin^{52}	pʻin^{52}	pʻin^{13}	min^{52}	min^{52}	min^{52}
永宁县	pʻin^{44}	pʻin^{53}	pʻin^{53}	pʻin^{53}	pʻin^{13}	min^{53}	min^{53}	min^{53}
中宁县	pʻiŋ^{44}	pʻiŋ^{53}	pʻiŋ^{53}	pʻiŋ^{53}	pʻiŋ^{13}	miŋ^{53}	miŋ^{53}	miŋ^{53}
沙坡头区	pʻɪ̃^{44}	pʻɪ̃^{53}	pʻɪ̃^{53}	pʻɪ̃^{53}	pʻɪ̃^{13}	mɪ̃^{53}	mɪ̃^{53}	mɪ̃^{53}
盐池县	pʻin^{44}	pʻin^{52}	pʻin^{52}	pʻin^{52}	pʻin^{13}	min^{52}	min^{52}	min^{52}
平罗县（渠口乡）	pʻiŋ^{44}	pʻiŋ^{53}	pʻiŋ^{53}	pʻiŋ^{53}	pʻiŋ^{13}	miŋ^{53}	miŋ^{53}	miŋ^{53}
阿拉善左旗	pʻiŋ^{44}	pʻiŋ^{51}	pʻiŋ^{51}	pʻiŋ^{51}	pʻiŋ^{213}	miŋ^{51}	miŋ^{51}	miŋ^{51}
乌鲁木齐市	pʻiŋ^{44}	pʻiŋ^{52}	pʻiŋ^{52}	pʻiŋ^{52}	pʻiŋ^{213}	miŋ^{52}	miŋ^{52}	miŋ^{52}
阜康市	pʻiŋ^{55}	pʻiŋ^{51}	pʻiŋ^{51}	pʻiŋ^{51}	pʻiŋ^{213}	miŋ^{51}	miŋ^{51}	miŋ^{51}
呼图壁县	pʻiŋ^{44}	pʻiŋ^{51}	pʻiŋ^{51}	pʻiŋ^{51}	pʻiŋ^{213}	miŋ^{51}	miŋ^{51}	miŋ^{51}
吉木萨尔县	pʻiŋ^{44}	pʻiŋ^{51}	pʻiŋ^{51}	pʻiŋ^{51}	pʻiŋ^{213}	miŋ^{51}	miŋ^{51}	miŋ^{51}
奇台县	pʻiŋ^{44}	pʻiŋ^{52}	pʻiŋ^{52}	pʻiŋ^{52}	pʻiŋ^{213}	miŋ^{52}	miŋ^{52}	miŋ^{52}
博乐市	pʻiŋ^{45}	pʻiŋ^{51}	pʻiŋ^{51}	pʻiŋ^{51}	pʻiŋ^{24}	miŋ^{51}	miŋ^{51}	miŋ^{51}
阿勒泰市	pʻiŋ^{44}	pʻiŋ^{51}	pʻiŋ^{51}	pʻiŋ^{51}	pʻiŋ^{23}	miŋ^{51}	miŋ^{51}	miŋ^{51}
布尔津县	pʻiŋ^{44}	pʻiŋ^{23}	pʻiŋ^{23}	pʻiŋ^{23}	pʻiŋ^{51}	miŋ^{23}	miŋ^{23}	miŋ^{23}
乌苏市	pʻiŋ^{55}	pʻiŋ^{51}	pʻiŋ^{51}	pʻiŋ^{51}	pʻiŋ^{213}	miŋ^{51}	miŋ^{51}	miŋ^{51}
额敏县	pʻiŋ^{44}	pʻiŋ^{51}	pʻiŋ^{51}	pʻiŋ^{51}	pʻiŋ^{34}	miŋ^{51}	miŋ^{51}	miŋ^{51}
伊州区	pʻiŋ^{44}	pʻiŋ^{51}	pʻiŋ^{51}	pʻiŋ^{51}	pʻiŋ^{213}	miŋ^{51}	miŋ^{51}	miŋ^{51}
巴里坤县	pʻiŋ^{45}	pʻiŋ^{51}	pʻiŋ^{51}	pʻiŋ^{51}	pʻiŋ^{24}	miŋ^{51}	miŋ^{51}	miŋ^{51}
伊吾县	pʻiŋ^{44}	pʻiŋ^{51}	pʻiŋ^{51}	pʻiŋ^{51}	pʻiŋ^{213}	miŋ^{51}	miŋ^{51}	miŋ^{51}

字目 中古音 方言点	悯	临	林	淋 淋雨	邻	磷 磷火	鳞	今
	臻开三上轸明	深开三平侵来	深开三平侵来	深开三平侵来	臻开三平真来	臻开三平真来	臻开三平真来	臻开三平侵见
兰州市（城关区）	min⁵¹	lin⁵¹	lin⁵¹	lin⁵¹	lin⁵¹	lin⁵¹	lin⁵¹	tɕin⁵³
永登县	min⁵³	lin⁵³	lin⁵³	lin⁵³	lin⁵³	lin⁵³	lin⁵³	tɕin⁴²
榆中县	min³³²	lin³³²	lin³³²	lin³³²	lin³³²	lin³³²	lin³³²	tɕin⁵¹
皋兰县	min⁵³	lin⁵³	lin⁵³	lin⁵³	lin⁵³	lin⁵³	lin⁵³	tɕin⁴²
白银区	min⁵¹	lin⁵¹	lin⁵¹	lin⁵¹	lin⁵¹	lin⁵¹	lin⁵¹	tɕin⁴⁴
天祝县	min⁵³	lin⁵³	lin⁵³	lin⁵³	lin⁵³	lin⁵³	lin⁵³	tɕin⁴⁴
景泰县（红水镇）	miəŋ⁵³	liəŋ⁵³	liəŋ⁵³	liəŋ⁵³	liəŋ⁵³	liəŋ⁵³	liəŋ⁵³	tɕiəŋ⁴⁴
古浪县	miŋ⁵³	liŋ⁵³	liŋ⁵³	liŋ⁵³	liŋ⁵³	liŋ⁵³	liŋ⁵³	tɕiŋ⁴⁴
凉州区	miŋ¹³	liŋ¹³	liŋ¹³	liŋ¹³	liŋ¹³	liŋ¹³	liŋ¹³	tɕiŋ³³
民勤县	miŋ⁵³	liŋ⁵³	liŋ⁵³	liŋ⁵³	liŋ⁵³	liŋ⁵³	liŋ⁵³	tɕiŋ⁴⁴
永昌县	miɤ̃¹³	liɤ̃¹³	liɤ̃¹³	liɤ̃¹³	liɤ̃¹³	liɤ̃¹³	liɤ̃¹³	tɕiɤ̃⁴⁴
甘州区	miŋ⁵³	liŋ⁵³	liŋ⁵³	liŋ⁵³	liŋ⁵³	liŋ⁵³	liŋ⁵³	tɕiŋ⁴⁴
临泽县	miŋ⁵³	liŋ⁵³	liŋ⁵³	liŋ⁵³	liŋ⁵³	liŋ⁵³	liŋ⁵³	tɕiŋ⁴⁴
民乐县	miŋ⁵³	liŋ⁵³	liŋ⁵³	liŋ⁵³	liŋ⁵³	liŋ⁵³	liŋ⁵³	tɕiŋ⁴⁴
山丹县	miŋ⁵³	liŋ⁵³	liŋ⁵³	liŋ⁵³	liŋ⁵³	liŋ⁵³	liŋ⁵³	tɕiŋ²⁴
高台县	miɤ̃⁵³	liɤ̃⁵³	liɤ̃⁵³	liɤ̃⁵³	liɤ̃⁵³	liɤ̃⁵³	liɤ̃⁵³	tɕiɤ̃⁴⁴
肃州区	miŋ⁵³	liŋ⁵³	liŋ⁵³	liŋ⁵³	liŋ⁵³	liŋ⁵³	liŋ⁵³	tɕiŋ⁴⁴
金塔县	miŋ⁵³	liŋ⁵³	liŋ⁵³	liŋ⁵³	liŋ⁵³	liŋ⁵³	liŋ⁵³	tɕiŋ⁴⁴
肃北县	miɤ̃⁵³	liɤ̃⁵³	liɤ̃⁵³	liɤ̃⁵³	liɤ̃⁵³	liɤ̃⁵³	liɤ̃⁵³	tɕiɤ̃⁴⁴
玉门市	miŋ⁵³	liŋ⁵³	liŋ⁵³	liŋ⁵³	liŋ⁵³	liŋ⁵³	liŋ⁵³	tɕiŋ⁴⁴
瓜州县	miŋ⁵³	liŋ⁵³	liŋ⁵³	liŋ⁵³	liŋ⁵³	liŋ⁵³	liŋ⁵³	tɕiŋ⁴⁴
西夏区	miŋ⁵³	liŋ⁵³	liŋ⁵³	liŋ⁵³	liŋ⁵³	liŋ⁵³	liŋ⁵³	tɕiŋ⁵³

续表

贺兰县	miŋ53	liŋ53	liŋ53	liŋ53	liŋ53	liŋ53	liŋ53	tɕiŋ53
灵武市（东塔镇）	min52	lin52	lin52	lin52	lin52	lin52	lin52	tɕin52
永宁县	min53	lin53	lin53	lin53	lin53	lin53	lin53	tɕin53
中宁县	miŋ53	liŋ53	liŋ53	liŋ53	liŋ53	liŋ53	liŋ53	tɕiŋ53
沙坡头区	mĩ53	lĩ53	lĩ53	lĩ53	lĩ53	lĩ53	lĩ53	tɕĩ53
盐池县	min13	lin13	lin13	lin13	lin13	lin13	lin13	tɕin13
平罗县（渠口乡）	miŋ53	liŋ53	liŋ53	liŋ53	liŋ53	liŋ53	liŋ53	tɕiŋ53
阿拉善左旗	miŋ51	liŋ51	liŋ51	liŋ51	liŋ51	liŋ51	liŋ51	tɕiŋ44
乌鲁木齐市	miŋ52	liŋ52	liŋ52	liŋ52	liŋ52	liŋ52	liŋ52	tɕiŋ44
阜康市	miŋ51	liŋ51	liŋ51	liŋ51	liŋ51	liŋ51	liŋ51	tɕiŋ55
呼图壁县	miŋ51	liŋ51	liŋ51	liŋ51	liŋ51	liŋ51	liŋ51	tɕiŋ44
吉木萨尔县	miŋ51	liŋ51	liŋ51	liŋ51	liŋ51	liŋ51	liŋ51	tɕiŋ44
奇台县	miŋ52	liŋ52	liŋ52	liŋ52	liŋ52	liŋ52	liŋ52	tɕiŋ44
博乐市	miŋ51	liŋ51	liŋ51	liŋ51	liŋ51	liŋ51	liŋ51	tɕiŋ45
阿勒泰市	miŋ51	liŋ51	liŋ51	liŋ51	liŋ51	liŋ51	liŋ51	tɕiŋ44
布尔津县	miŋ23	liŋ23	liŋ23	liŋ23	liŋ23	liŋ23	liŋ23	tɕiŋ44
乌苏市	miŋ51	liŋ51	liŋ51	liŋ51	liŋ51	liŋ51	liŋ51	tɕiŋ55
额敏县	miŋ51	liŋ51	liŋ51	liŋ51	liŋ51	liŋ51	liŋ51	tɕiŋ44
伊州区	miŋ51	liŋ51	liŋ51	liŋ51	liŋ51	liŋ51	liŋ51	tɕiŋ44
巴里坤县	miŋ51	liŋ51	liŋ51	liŋ51	liŋ51	liŋ51	liŋ51	tɕiŋ45
伊吾县	miŋ51	liŋ51	liŋ51	liŋ51	liŋ51	liŋ51	liŋ51	tɕiŋ44

字目 / 中古音 / 方言点	金	襟	禁① 禁不住	津	巾	斤	筋	锦
中古音	深开三 平侵见	深开三 平侵见	深开三 平侵见	臻开三 平真精	臻开三 平真见	臻开三 平殷见	臻开三 平殷见	深开三 上寝见
兰州市 （城关区）	tɕin^{53}	tɕin^{53}	tɕin^{53}	tɕin^{53}	tɕin^{53}	tɕin^{53}	tɕin^{53}	tɕin^{44}
永登县	tɕin^{42}	tɕin^{42}	tɕin^{42}	tɕin^{42}	tɕin^{42}	tɕin^{42}	tɕin^{42}	tɕin^{354}
榆中县	tɕin^{51}	tɕin^{51}	tɕin^{51}	tɕin^{51}	tɕin^{51}	tɕin^{51}	tɕin^{51}	tɕin^{44}
皋兰县	tɕin^{42}	tɕin^{42}	tɕin^{42}	tɕin^{42}	tɕin^{42}	tɕin^{42}	tɕin^{42}	tɕin^{342}
白银区	tɕin^{44}	tɕin^{44}	tɕin^{44}	tɕin^{44}	tɕin^{44}	tɕin^{44}	tɕin^{44}	tɕin^{343}
天祝县	tɕin^{44}	tɕin^{44}	tɕin^{44}	tɕin^{44}	tɕin^{44}	tɕin^{44}	tɕin^{44}	tɕin^{44}
景泰县 （红水镇）	tɕiəŋ^{44}	tɕiəŋ^{44}	tɕiəŋ^{44}	tɕiəŋ^{44}	tɕiəŋ^{44}	tɕiəŋ^{44}	tɕiəŋ^{44}	tɕiəŋ^{44}
古浪县	tɕiŋ^{44}	tɕiŋ^{44}	tɕiŋ^{44}	tɕiŋ^{44}	tɕiŋ^{44}	tɕiŋ^{44}	tɕiŋ^{44}	tɕiŋ^{44}
凉州区	tɕiŋ^{33}	tɕiŋ^{33}	tɕiŋ^{33}	tɕiŋ^{33}	tɕiŋ^{33}	tɕiŋ^{33}	tɕiŋ^{33}	tɕiŋ^{33}
民勤县	tɕiŋ^{44}	tɕiŋ^{44}	tɕiŋ^{44}	tɕiŋ^{44}	tɕiŋ^{44}	tɕiŋ^{44}	tɕiŋ^{44}	tɕiŋ^{214}
永昌县	tɕiɤ̃^{44}	tɕiɤ̃^{44}	tɕiɤ̃^{44}	tɕiɤ̃^{44}	tɕiɤ̃^{44}	tɕiɤ̃^{44}	tɕiɤ̃^{44}	tɕiɤ̃^{13}
甘州区	tɕiŋ^{44}	tɕiŋ^{44}	tɕiŋ^{44}	tɕiŋ^{44}	tɕiŋ^{44}	tɕiŋ^{44}	tɕiŋ^{44}	tɕiŋ^{53}
临泽县	tɕiŋ^{44}	tɕiŋ^{44}	tɕiŋ^{44}	tɕiŋ^{44}	tɕiŋ^{44}	tɕiŋ^{44}	tɕiŋ^{44}	tɕiŋ^{53}
民乐县	tɕiŋ^{44}	tɕiŋ^{44}	tɕiŋ^{44}	tɕiŋ^{44}	tɕiŋ^{44}	tɕiŋ^{44}	tɕiŋ^{44}	tɕiŋ^{213}
山丹县	tɕiŋ^{24}	tɕiŋ^{24}	tɕiŋ^{24}	tɕiŋ^{24}	tɕiŋ^{24}	tɕiŋ^{24}	tɕiŋ^{24}	tɕiŋ^{53}
高台县	tɕiɤ̃^{44}	tɕiɤ̃^{44}	tɕiɤ̃^{44}	tɕiɤ̃^{44}	tɕiɤ̃^{44}	tɕiɤ̃^{44}	tɕiɤ̃^{44}	tɕiɤ̃^{53}
肃州区	tɕiŋ^{44}	tɕiŋ^{44}	tɕiŋ^{44}	tɕiŋ^{44}	tɕiŋ^{44}	tɕiŋ^{44}	tɕiŋ^{44}	tɕiŋ^{53}
金塔县	tɕiŋ^{44}	tɕiŋ^{44}	tɕiŋ^{44}	tɕiŋ^{44}	tɕiŋ^{44}	tɕiŋ^{44}	tɕiŋ^{44}	tɕiŋ^{53}
肃北县	tɕiɤ̃^{44}	tɕiɤ̃^{44}	tɕiɤ̃^{44}	tɕiɤ̃^{44}	tɕiɤ̃^{44}	tɕiɤ̃^{44}	tɕiɤ̃^{44}	tɕiɤ̃^{53}
玉门市	tɕiŋ^{44}	tɕiŋ^{44}	tɕiŋ^{44}	tɕiŋ^{44}	tɕiŋ^{44}	tɕiŋ^{44}	tɕiŋ^{44}	tɕiŋ^{53}
瓜州县	tɕiŋ^{44}	tɕiŋ^{44}	tɕiŋ^{44}	tɕiŋ^{44}	tɕiŋ^{44}	tɕiŋ^{44}	tɕiŋ^{44}	tɕiŋ^{53}

①又居荫切，深开三去沁见。

续表

西夏区	tɕiŋ44	tɕiŋ44	tɕiŋ44	tɕiŋ44	tɕiŋ44	tɕiŋ44	tɕiŋ44	tɕiŋ53
贺兰县	tɕiŋ44	tɕiŋ44	tɕiŋ44	tɕiŋ44	tɕiŋ44	tɕiŋ44	tɕiŋ44	tɕiŋ53
灵武市（东塔镇）	tɕin44	tɕin44	tɕin44	tɕin44	tɕin44	tɕin44	tɕin44	tɕin52
永宁县	tɕin44	tɕin44	tɕin44	tɕin44	tɕin44	tɕin44	tɕin44	tɕin53
中宁县	tɕiŋ44	tɕiŋ44	tɕiŋ44	tɕiŋ44	tɕiŋ44	tɕiŋ44	tɕiŋ44	tɕiŋ53
沙坡头区	tɕĩ44	tɕĩ44	tɕĩ44	tɕĩ44	tɕĩ44	tɕĩ44	tɕĩ44	tɕĩ53
盐池县	tɕin44	tɕin44	tɕin44	tɕin44	tɕin44	tɕin44	tɕin44	tɕin52
平罗县（渠口乡）	tɕiŋ44	tɕiŋ44	tɕiŋ44	tɕiŋ44	tɕiŋ44	tɕiŋ44	tɕiŋ44	tɕiŋ53
阿拉善左旗	tɕiŋ44	tɕiŋ44	tɕiŋ44	tɕiŋ44	tɕiŋ44	tɕiŋ44	tɕiŋ44	tɕiŋ51
乌鲁木齐市	tɕiŋ44	tɕiŋ44	tɕiŋ44	tɕiŋ44	tɕiŋ44	tɕiŋ44	tɕiŋ44	tɕiŋ52
阜康市	tɕiŋ55	tɕiŋ55	tɕiŋ55	tɕiŋ55	tɕiŋ55	tɕiŋ55	tɕiŋ55	tɕiŋ51
呼图壁县	tɕiŋ44	tɕiŋ44	tɕiŋ44	tɕiŋ44	tɕiŋ44	tɕiŋ44	tɕiŋ44	tɕiŋ51
吉木萨尔县	tɕiŋ44	tɕiŋ44	tɕiŋ44	tɕiŋ44	tɕiŋ44	tɕiŋ44	tɕiŋ44	tɕiŋ51
奇台县	tɕiŋ44	tɕiŋ44	tɕiŋ44	tɕiŋ44	tɕiŋ44	tɕiŋ44	tɕiŋ44	tɕiŋ52
博乐市	tɕiŋ45	tɕiŋ45	tɕiŋ45	tɕiŋ45	tɕiŋ45	tɕiŋ45	tɕiŋ45	tɕiŋ51
阿勒泰市	tɕiŋ44	tɕiŋ44	tɕiŋ44	tɕiŋ44	tɕiŋ44	tɕiŋ44	tɕiŋ44	tɕiŋ51
布尔津县	tɕiŋ44	tɕiŋ44	tɕiŋ44	tɕiŋ44	tɕiŋ44	tɕiŋ44	tɕiŋ44	tɕiŋ23
乌苏市	tɕiŋ55	tɕiŋ55	tɕiŋ55	tɕiŋ55	tɕiŋ55	tɕiŋ55	tɕiŋ55	tɕiŋ51
额敏县	tɕiŋ44	tɕiŋ44	tɕiŋ44	tɕiŋ44	tɕiŋ44	tɕiŋ44	tɕiŋ44	tɕiŋ51
伊州区	tɕiŋ44	tɕiŋ44	tɕiŋ44	tɕiŋ44	tɕiŋ44	tɕiŋ44	tɕiŋ44	tɕiŋ51
巴里坤县	tɕiŋ45	tɕiŋ45	tɕiŋ45	tɕiŋ45	tɕiŋ45	tɕiŋ45	tɕiŋ45	tɕiŋ51
伊吾县	tɕiŋ44	tɕiŋ44	tɕiŋ44	tɕiŋ44	tɕiŋ44	tɕiŋ44	tɕiŋ44	tɕiŋ51

字目 / 中古音 / 方音 / 方言点	紧	仅	谨	浸①	禁 禁止	进	晋	尽
	臻开三上轸见	臻开三去震群	臻开三上隐见	深开三去沁精	深开三去沁见	臻开三去震精	臻开三去震精	臻开三上轸从
兰州市（城关区）	tɕin^{44}	tɕin^{13}	tɕin^{44}	tɕin^{13}	tɕin^{13}	tɕin^{13}	tɕin^{13}	tɕin^{13}
永登县	tɕin^{354}	tɕin^{13}	tɕin^{354}	tɕin^{13}	tɕin^{13}	tɕin^{13}	tɕin^{13}	tɕin^{13}
榆中县	tɕin^{44}	tɕin^{13}	tɕin^{44}	tɕin^{13}	tɕin^{13}	tɕin^{13}	tɕin^{13}	tɕin^{13}
皋兰县	tɕin^{342}	tɕin^{13}	tɕin^{342}	tɕin^{13}	tɕin^{13}	tɕin^{13}	tɕin^{13}	tɕin^{13}
白银区	tɕin^{343}	tɕin^{13}	tɕin^{343}	tɕin^{13}	tɕin^{13}	tɕin^{13}	tɕin^{13}	tɕin^{13}
天祝县	tɕin^{44}	tɕin^{213}	tɕin^{44}	tɕin^{213}	tɕin^{213}	tɕin^{213}	tɕin^{213}	tɕin^{213}
景泰县（红水镇）	tɕiəŋ^{44}	tɕiəŋ^{213}	tɕiəŋ^{44}	tɕiəŋ^{213}	tɕiəŋ^{213}	tɕiəŋ^{213}	tɕiəŋ^{213}	tɕiəŋ^{213}
古浪县	tɕiŋ^{44}	tɕiŋ^{31}	tɕiŋ^{44}	tɕiŋ^{31}	tɕiŋ^{31}	tɕiŋ^{31}	tɕiŋ^{31}	tɕiŋ^{31}
凉州区	tɕiŋ^{33}	tɕiŋ^{53}	tɕiŋ^{33}	tɕiŋ^{53}	tɕiŋ^{53}	tɕiŋ^{53}	tɕiŋ^{53}	tɕiŋ^{53}
民勤县	tɕiŋ^{214}	tɕiŋ^{42}	tɕiŋ^{214}	tɕiŋ^{42}	tɕiŋ^{42}	tɕiŋ^{42}	tɕiŋ^{42}	tɕiŋ^{42}
永昌县	tɕiɤ̃^{13}	tɕiɤ̃^{53}	tɕiɤ̃^{13}	tɕiɤ̃^{53}	tɕiɤ̃^{53}	tɕiɤ̃^{53}	tɕiɤ̃^{53}	tɕiɤ̃^{53}
甘州区	tɕiŋ^{53}	tɕiŋ^{31}	tɕiŋ^{53}	tɕiŋ^{31}	tɕiŋ^{31}	tɕiŋ^{31}	tɕiŋ^{31}	tɕiŋ^{31}
临泽县	tɕiŋ^{53}	tɕiŋ^{214}	tɕiŋ^{53}	tɕiŋ^{214}	tɕiŋ^{214}	tɕiŋ^{214}	tɕiŋ^{214}	tɕiŋ^{214}
民乐县	tɕiŋ^{214}	tɕiŋ^{42}	tɕiŋ^{213}	tɕiŋ^{42}	tɕiŋ^{42}	tɕiŋ^{42}	tɕiŋ^{42}	tɕiŋ^{42}
山丹县	tɕiŋ^{53}	tɕiŋ^{41}	tɕiŋ^{53}	tɕiŋ^{41}	tɕiŋ^{41}	tɕiŋ^{41}	tɕiŋ^{41}	tɕiŋ^{41}
高台县	tɕiɤ̃^{53}	tɕiɤ̃^{214}	tɕiɤ̃^{53}	tɕiɤ̃^{214}	tɕiɤ̃^{214}	tɕiɤ̃^{214}	tɕiɤ̃^{214}	tɕiɤ̃^{214}
肃州区	tɕiŋ^{53}	tɕiŋ^{214}	tɕiŋ^{53}	tɕiŋ^{214}	tɕiŋ^{214}	tɕiŋ^{214}	tɕiŋ^{214}	tɕiŋ^{214}
金塔县	tɕiŋ^{53}	tɕiŋ^{13}	tɕiŋ^{53}	tɕiŋ^{13}	tɕiŋ^{13}	tɕiŋ^{13}	tɕiŋ^{13}	tɕiŋ^{13}
肃北县	tɕiɤ̃^{53}	tɕiɤ̃^{213}	tɕiɤ̃^{53}	tɕiɤ̃^{213}	tɕiɤ̃^{213}	tɕiɤ̃^{213}	tɕiɤ̃^{213}	tɕiɤ̃^{213}
玉门市	tɕiŋ^{53}	tɕiŋ^{13}	tɕiŋ^{53}	tɕiŋ^{213}	tɕiŋ^{213}	tɕiŋ^{213}	tɕiŋ^{213}	tɕiŋ^{213}
瓜州县	tɕiŋ^{53}	tɕiŋ^{13}	tɕiŋ^{53}	tɕiŋ^{213}	tɕiŋ^{213}	tɕiŋ^{213}	tɕiŋ^{213}	tɕiŋ^{213}

①又七林切，深开三平侵清。

续表

西夏区	tɕiŋ^{53}	tɕiŋ^{13}	tɕiŋ^{53}	tɕiŋ^{13}	tɕiŋ^{13}	tɕiŋ^{13}	tɕiŋ^{13}	tɕiŋ^{13}
贺兰县	tɕiŋ^{53}	tɕiŋ^{13}	tɕiŋ^{53}	tɕiŋ^{13}	tɕiŋ^{13}	tɕiŋ^{13}	tɕiŋ^{13}	tɕiŋ^{13}
灵武市（东塔镇）	tɕin^{52}	tɕin^{13}	tɕin^{52}	tɕin^{13}	tɕin^{13}	tɕin^{13}	tɕin^{13}	tɕin^{13}
永宁县	tɕin^{53}	tɕin^{13}	tɕin^{53}	tɕin^{13}	tɕin^{13}	tɕin^{13}	tɕin^{13}	tɕin^{13}
中宁县	tɕiŋ^{53}	tɕiŋ^{13}	tɕiŋ^{53}	tɕiŋ^{13}	tɕiŋ^{13}	tɕiŋ^{13}	tɕiŋ^{13}	tɕiŋ^{13}
沙坡头区	tɕĩ^{53}	tɕĩ^{13}	tɕĩ^{53}	tɕĩ^{13}	tɕĩ^{13}	tɕĩ^{13}	tɕĩ^{13}	tɕĩ^{13}
盐池县	tɕin^{52}	tɕin^{13}	tɕin^{52}	tɕin^{13}	tɕin^{13}	tɕin^{13}	tɕin^{13}	tɕin^{13}
平罗县（渠口乡）	tɕiŋ^{53}	tɕiŋ^{13}	tɕiŋ^{53}	tɕiŋ^{13}	tɕiŋ^{13}	tɕiŋ^{13}	tɕiŋ^{13}	tɕiŋ^{13}
阿拉善左旗	tɕiŋ^{51}	tɕiŋ^{213}	tɕiŋ^{51}	tɕiŋ^{213}	tɕiŋ^{213}	tɕiŋ^{213}	tɕiŋ^{213}	tɕiŋ^{213}
乌鲁木齐市	tɕiŋ^{52}	tɕiŋ^{213}	tɕiŋ^{52}	tɕiŋ^{213}	tɕiŋ^{213}	tɕiŋ^{213}	tɕiŋ^{213}	tɕiŋ^{213}
阜康市	tɕiŋ^{51}	tɕiŋ^{213}	tɕiŋ^{51}	tɕiŋ^{213}	tɕiŋ^{213}	tɕiŋ^{213}	tɕiŋ^{213}	tɕiŋ^{213}
呼图壁县	tɕiŋ^{51}	tɕiŋ^{213}	tɕiŋ^{51}	tɕiŋ^{213}	tɕiŋ^{213}	tɕiŋ^{213}	tɕiŋ^{213}	tɕiŋ^{213}
吉木萨尔县	tɕiŋ^{51}	tɕiŋ^{213}	tɕiŋ^{51}	tɕiŋ^{213}	tɕiŋ^{213}	tɕiŋ^{213}	tɕiŋ^{213}	tɕiŋ^{213}
奇台县	tɕiŋ^{52}	tɕiŋ^{213}	tɕiŋ^{52}	tɕiŋ^{213}	tɕiŋ^{213}	tɕiŋ^{213}	tɕiŋ^{213}	tɕiŋ^{213}
博乐市	tɕiŋ^{51}	tɕiŋ^{24}	tɕiŋ^{51}	tɕiŋ^{24}	tɕiŋ^{24}	tɕiŋ^{24}	tɕiŋ^{24}	tɕiŋ^{24}
阿勒泰市	tɕiŋ^{51}	tɕiŋ^{23}	tɕiŋ^{51}	tɕiŋ^{23}	tɕiŋ^{23}	tɕiŋ^{23}	tɕiŋ^{23}	tɕiŋ^{23}
布尔津县	tɕiŋ^{23}	tɕiŋ^{51}	tɕiŋ^{23}	tɕiŋ^{51}	tɕiŋ^{51}	tɕiŋ^{51}	tɕiŋ^{51}	tɕiŋ^{51}
乌苏市	tɕiŋ^{51}	tɕiŋ^{213}	tɕiŋ^{51}	tɕiŋ^{213}	tɕiŋ^{213}	tɕiŋ^{213}	tɕiŋ^{213}	tɕiŋ^{213}
额敏县	tɕiŋ^{51}	tɕiŋ^{34}	tɕiŋ^{51}	tɕiŋ^{34}	tɕiŋ^{34}	tɕiŋ^{34}	tɕiŋ^{34}	tɕiŋ^{34}
伊州区	tɕiŋ^{51}	tɕiŋ^{213}	tɕiŋ^{51}	tɕiŋ^{213}	tɕiŋ^{213}	tɕiŋ^{213}	tɕiŋ^{213}	tɕiŋ^{213}
巴里坤县	tɕiŋ^{51}	tɕiŋ^{24}	tɕiŋ^{51}	tɕiŋ^{24}	tɕiŋ^{24}	tɕiŋ^{24}	tɕiŋ^{24}	tɕiŋ^{24}
伊吾县	tɕiŋ^{51}	tɕiŋ^{213}	tɕiŋ^{51}	tɕiŋ^{213}	tɕiŋ^{213}	tɕiŋ^{213}	tɕiŋ^{213}	tɕiŋ^{213}

字目 / 中古音 / 方音 / 方言点	近①	劲 有劲	侵	钦	亲 亲切	琴	禽	擒
	臻开三 上隐群	臻开三 去焮见	深开三 平侵清	深开三 平侵溪	臻开三 平真清	深开三 平侵群	深开三 平侵群	深开三 平侵群
兰州市 （城关区）	tɕin^{13}	tɕin^{13}	tɕʻin^{53}	tɕʻin^{53}	tɕʻin^{53}	tɕʻin^{51}	tɕʻin^{51}	tɕʻin^{51}
永登县	tɕin^{13}	tɕin^{13}	tɕʻin^{42}	tɕʻin^{42}	tɕʻin^{42}	tɕʻin^{53}	tɕʻin^{53}	tɕʻin^{53}
榆中县	tɕin^{13}	tɕin^{13}	tɕʻin^{51}	tɕʻin^{51}	tɕʻin^{51}	tɕʻin^{332}	tɕʻin^{332}	tɕʻin^{332}
皋兰县	tɕin^{13}	tɕin^{13}	tɕʻin^{42}	tɕʻin^{42}	tɕʻin^{42}	tɕʻin^{53}	tɕʻin^{53}	tɕʻin^{53}
白银区	tɕin^{13}	tɕin^{13}	tɕʻin^{44}	tɕʻin^{44}	tɕʻin^{44}	tɕʻin^{51}	tɕʻin^{51}	tɕʻin^{51}
天祝县	tɕin^{213}	tɕin^{213}	tɕʻin^{44}	tɕʻin^{44}	tɕʻin^{44}	tɕʻin^{53}	tɕʻin^{53}	tɕʻin^{53}
景泰县 （红水镇）	tɕiəŋ^{213}	tɕiəŋ^{213}	tɕʻiəŋ^{44}	tɕʻiəŋ^{44}	tɕʻiəŋ^{44}	tɕʻiəŋ^{53}	tɕʻiəŋ^{53}	tɕʻiəŋ^{53}
古浪县	tɕiŋ^{31}	tɕiŋ^{31}	tɕʻiŋ^{44}	tɕʻiŋ^{44}	tɕʻiŋ^{44}	tɕʻiŋ^{53}	tɕʻiŋ^{53}	tɕʻiŋ^{53}
凉州区	tɕiŋ^{53}	tɕiŋ^{53}	tɕʻiŋ^{33}	tɕʻiŋ^{33}	tɕʻiŋ^{33}	tɕʻiŋ^{13}	tɕʻiŋ^{13}	tɕʻiŋ^{13}
民勤县	tɕiŋ^{42}	tɕiŋ^{42}	tɕʻiŋ^{44}	tɕʻiŋ^{44}	tɕʻiŋ^{44}	tɕʻiŋ^{53}	tɕʻiŋ^{53}	tɕʻiŋ^{53}
永昌县	tɕiɣ̃^{53}	tɕiɣ̃^{53}	tɕʻiɣ̃^{44}	tɕʻiɣ̃^{44}	tɕʻiɣ̃^{44}	tɕʻiɣ̃^{13}	tɕʻiɣ̃^{13}	tɕʻiɣ̃^{13}
甘州区	tɕiŋ^{31}	tɕiŋ^{31}	tɕʻiŋ^{44}	tɕʻiŋ^{44}	tɕʻiŋ^{44}	tɕʻiŋ^{53}	tɕʻiŋ^{53}	tɕʻiŋ^{53}
临泽县	tɕiŋ^{214}	tɕiŋ^{214}	tɕʻiŋ^{44}	tɕʻiŋ^{44}	tɕʻiŋ^{44}	tɕʻiŋ^{53}	tɕʻiŋ^{53}	tɕʻiŋ^{53}
民乐县	tɕiŋ^{42}	tɕiŋ^{42}	tɕʻiŋ^{44}	tɕʻiŋ^{44}	tɕʻiŋ^{44}	tɕʻiŋ^{53}	tɕʻiŋ^{53}	tɕʻiŋ^{53}
山丹县	tɕiŋ^{41}	tɕiŋ^{41}	tɕʻiŋ^{24}	tɕʻiŋ^{24}	tɕʻiŋ^{24}	tɕʻiŋ^{53}	tɕʻiŋ^{53}	tɕʻiŋ^{53}
高台县	tɕiɣ̃^{214}	tɕiɣ̃^{214}	tɕʻiɣ̃^{44}	tɕʻiɣ̃^{44}	tɕʻiɣ̃^{44}	tɕʻiɣ̃^{53}	tɕʻiɣ̃^{53}	tɕʻiɣ̃^{53}
肃州区	tɕiŋ^{214}	tɕiŋ^{214}	tɕʻiŋ^{44}	tɕʻiŋ^{44}	tɕʻiŋ^{44}	tɕʻiŋ^{53}	tɕʻiŋ^{53}	tɕʻiŋ^{53}
金塔县	tɕiŋ^{13}	tɕiŋ^{13}	tɕʻiŋ^{44}	tɕʻiŋ^{44}	tɕʻiŋ^{44}	tɕʻiŋ^{53}	tɕʻiŋ^{53}	tɕʻiŋ^{53}
肃北县	tɕiɣ̃^{213}	tɕiɣ̃^{213}	tɕʻiɣ̃^{44}	tɕʻiɣ̃^{44}	tɕʻiɣ̃^{44}	tɕʻiɣ̃^{53}	tɕʻiɣ̃^{53}	tɕʻiɣ̃^{53}
玉门市	tɕiŋ^{213}	tɕiŋ^{213}	tɕʻiŋ^{44}	tɕʻiŋ^{44}	tɕʻiŋ^{44}	tɕʻiŋ^{53}	tɕʻiŋ^{53}	tɕʻiŋ^{53}
瓜州县	tɕiŋ^{213}	tɕiŋ^{213}	tɕʻiŋ^{44}	tɕʻiŋ^{44}	tɕʻiŋ^{44}	tɕʻiŋ^{53}	tɕʻiŋ^{53}	tɕʻiŋ^{53}

①又巨靳切，臻开三去焮群。

续表

西夏区	tɕiŋ^{13}	tɕiŋ^{13}	tɕʻiŋ^{44}	tɕʻiŋ^{44}	tɕʻiŋ^{44}	tɕʻiŋ^{53}	tɕʻiŋ^{53}	tɕʻiŋ^{53}
贺兰县	tɕiŋ^{13}	tɕiŋ^{13}	tɕʻiŋ^{44}	tɕʻiŋ^{44}	tɕʻiŋ^{44}	tɕʻiŋ^{53}	tɕʻiŋ^{53}	tɕʻiŋ^{53}
灵武市（东塔镇）	tɕin^{13}	tɕin^{13}	tɕʻin^{44}	tɕʻin^{44}	tɕʻin^{44}	tɕʻin^{52}	tɕʻin^{52}	tɕʻin^{52}
永宁县	tɕin^{13}	tɕin^{13}	tɕʻin^{44}	tɕʻin^{44}	tɕʻin^{44}	tɕʻin^{53}	tɕʻin^{53}	tɕʻin^{53}
中宁县	tɕiŋ^{13}	tɕiŋ^{13}	tɕʻiŋ^{44}	tɕʻiŋ^{44}	tɕʻiŋ^{44}	tɕʻiŋ^{53}	tɕʻiŋ^{53}	tɕʻiŋ^{53}
沙坡头区	tɕiĩ^{13}	tɕiĩ^{13}	tɕʻiŋ^{44}	tɕʻiĩ^{44}	tɕʻiĩ^{44}	tɕʻiĩ^{53}	tɕʻiĩ^{53}	tɕʻiĩ^{53}
盐池县	tɕin^{13}	tɕin^{13}	tɕʻin^{44}	tɕʻin^{44}	tɕʻin^{44}	tɕʻin^{13}	tɕʻin^{13}	tɕʻin^{13}
平罗县（渠口乡）	tɕiŋ^{13}	tɕiŋ^{13}	tɕʻiŋ^{44}	tɕʻiŋ^{44}	tɕʻiŋ^{44}	tɕʻiŋ^{53}	tɕʻiŋ^{53}	tɕʻiŋ^{53}
阿拉善左旗	tɕiŋ^{213}	tɕiŋ^{213}	tɕʻiŋ^{44}	tɕʻiŋ^{44}	tɕʻiŋ^{44}	tɕʻiŋ^{51}	tɕʻiŋ^{51}	tɕʻiŋ^{51}
乌鲁木齐市	tɕiŋ^{213}	tɕiŋ^{213}	tɕʻiŋ^{44}	tɕʻiŋ^{44}	tɕʻiŋ^{44}	tɕʻiŋ^{52}	tɕʻiŋ^{52}	tɕʻiŋ^{52}
阜康市	tɕiŋ^{213}	tɕiŋ^{213}	tɕʻiŋ^{55}	tɕʻiŋ^{55}	tɕʻiŋ^{55}	tɕʻiŋ^{51}	tɕʻiŋ^{51}	tɕʻiŋ^{51}
呼图壁县	tɕiŋ^{213}	tɕiŋ^{213}	tɕʻiŋ^{44}	tɕʻiŋ^{44}	tɕʻiŋ^{44}	tɕʻiŋ^{51}	tɕʻiŋ^{51}	tɕʻiŋ^{51}
吉木萨尔县	tɕiŋ^{213}	tɕiŋ^{213}	tɕʻiŋ^{44}	tɕʻiŋ^{44}	tɕʻiŋ^{44}	tɕʻiŋ^{51}	tɕʻiŋ^{51}	tɕʻiŋ^{51}
奇台县	tɕiŋ^{213}	tɕiŋ^{213}	tɕʻiŋ^{44}	tɕʻiŋ^{44}	tɕʻiŋ^{44}	tɕʻiŋ^{52}	tɕʻiŋ^{52}	tɕʻiŋ^{52}
博乐市	tɕiŋ^{24}	tɕiŋ^{24}	tɕʻiŋ^{45}	tɕʻiŋ^{45}	tɕʻiŋ^{45}	tɕʻiŋ^{51}	tɕʻiŋ^{51}	tɕʻiŋ^{51}
阿勒泰市	tɕiŋ^{23}	tɕiŋ^{23}	tɕʻiŋ^{44}	tɕʻiŋ^{44}	tɕʻiŋ^{44}	tɕʻiŋ^{51}	tɕʻiŋ^{51}	tɕʻiŋ^{51}
布尔津县	tɕiŋ^{51}	tɕiŋ^{51}	tɕʻiŋ^{44}	tɕʻiŋ^{44}	tɕʻiŋ^{44}	tɕʻiŋ^{23}	tɕʻiŋ^{23}	tɕʻiŋ^{23}
乌苏市	tɕiŋ^{213}	tɕiŋ^{213}	tɕʻiŋ^{55}	tɕʻiŋ^{55}	tɕʻiŋ^{55}	tɕʻiŋ^{51}	tɕʻiŋ^{51}	tɕʻiŋ^{51}
额敏县	tɕiŋ^{34}	tɕiŋ^{34}	tɕʻiŋ^{44}	tɕʻiŋ^{44}	tɕʻiŋ^{44}	tɕʻiŋ^{51}	tɕʻiŋ^{51}	tɕʻiŋ^{51}
伊州区	tɕiŋ^{213}	tɕiŋ^{213}	tɕʻiŋ^{44}	tɕʻiŋ^{44}	tɕʻiŋ^{44}	tɕʻiŋ^{51}	tɕʻiŋ^{51}	tɕʻiŋ^{51}
巴里坤县	tɕiŋ^{24}	tɕiŋ^{24}	tɕʻiŋ^{45}	tɕʻiŋ^{45}	tɕʻiŋ^{45}	tɕʻiŋ^{51}	tɕʻiŋ^{51}	tɕʻiŋ^{51}
伊吾县	tɕiŋ^{213}	tɕiŋ^{213}	tɕʻiŋ^{44}	tɕʻiŋ^{44}	tɕʻiŋ^{44}	tɕʻiŋ^{51}	tɕʻiŋ^{51}	tɕʻiŋ^{51}

字目 / 中古音 / 方言点 方音	秦	勤	芹	寝	心	辛	新	薪
	臻开三平真从	臻开三平殷群	臻开三平殷群	深开三上寝清	深开三平侵心	臻开三平真心	臻开三平真心	臻开三平真心
兰州市（城关区）	tɕʻin^{51}	tɕʻin^{51}	tɕʻin^{51}	tɕʻin^{44}	ɕin^{53}	ɕin^{53}	ɕin^{53}	ɕin^{53}
永登县	tɕʻin^{53}	tɕʻin^{53}	tɕʻin^{53}	tɕʻin^{354}	ɕin^{42}	ɕin^{42}	ɕin^{42}	ɕin^{42}
榆中县	tɕʻin^{332}	tɕʻin^{332}	tɕʻin^{332}	tɕʻin^{44}	ɕin^{51}	ɕin^{51}	ɕin^{51}	ɕin^{51}
皋兰县	tɕʻin^{53}	tɕʻin^{53}	tɕʻin^{53}	tɕʻin^{342}	ɕin^{42}	ɕin^{42}	ɕin^{42}	ɕin^{42}
白银区	tɕʻin^{51}	tɕʻin^{51}	tɕʻin^{51}	tɕʻin^{343}	ɕin^{44}	ɕin^{44}	ɕin^{44}	ɕin^{44}
天祝县	tɕʻin^{53}	tɕʻin^{53}	tɕʻin^{53}	tɕʻin^{44}	ɕin^{44}	ɕin^{44}	ɕin^{44}	ɕin^{44}
景泰县（红水镇）	tɕʻiəŋ^{53}	tɕʻiəŋ^{53}	tɕʻiəŋ^{53}	tɕʻiəŋ^{44}	ɕiəŋ^{44}	ɕiəŋ^{44}	ɕiəŋ^{44}	ɕiəŋ^{44}
古浪县	tɕʻiŋ^{53}	tɕʻiŋ^{53}	tɕʻiŋ^{53}	tɕʻiŋ^{44}	ɕiŋ^{44}	ɕiŋ^{44}	ɕiŋ^{44}	ɕiŋ^{44}
凉州区	tɕʻiŋ^{13}	tɕʻiŋ^{13}	tɕʻiŋ^{13}	tɕʻiŋ^{33}	ɕiŋ^{33}	ɕiŋ^{33}	ɕiŋ^{33}	ɕiŋ^{33}
民勤县	tɕʻiŋ^{53}	tɕʻiŋ^{53}	tɕʻiŋ^{53}	tɕʻiŋ^{214}	ɕiŋ^{44}	ɕiŋ^{44}	ɕiŋ^{44}	ɕiŋ^{44}
永昌县	tɕʻiɤ̃^{13}	tɕʻiɤ̃^{13}	tɕʻiɤ̃^{13}	tɕʻiɤ̃^{44}	ɕiɤ̃^{44}	ɕiɤ̃^{44}	ɕiɤ̃^{44}	ɕiɤ̃^{44}
甘州区	tɕʻiŋ^{53}	tɕʻiŋ^{53}	tɕʻiŋ^{53}	tɕʻiŋ^{44}	ɕiŋ^{44}	ɕiŋ^{44}	ɕiŋ^{44}	ɕiŋ^{44}
临泽县	tɕʻiŋ^{53}	tɕʻiŋ^{53}	tɕʻiŋ^{53}	tɕʻiŋ^{44}	ɕiŋ^{44}	ɕiŋ^{44}	ɕiŋ^{44}	ɕiŋ^{44}
民乐县	tɕʻiŋ^{53}	tɕʻiŋ^{53}	tɕʻiŋ^{53}	tɕʻiŋ^{213}	ɕiŋ^{44}	ɕiŋ^{44}	ɕiŋ^{44}	ɕiŋ^{44}
山丹县	tɕʻiŋ^{53}	tɕʻiŋ^{53}	tɕʻiŋ^{53}	tɕʻiŋ^{24}	ɕiŋ^{24}	ɕiŋ^{24}	ɕiŋ^{24}	ɕiŋ^{24}
高台县	tɕʻiɤ̃^{53}	tɕʻiɤ̃^{53}	tɕʻiɤ̃^{53}	tɕʻiɤ̃^{44}	ɕiɤ̃^{44}	ɕiɤ̃^{44}	ɕiɤ̃^{44}	ɕiɤ̃^{44}
肃州区	tɕʻiŋ^{53}	tɕʻiŋ^{53}	tɕʻiŋ^{53}	tɕʻiŋ^{44}	ɕiŋ^{44}	ɕiŋ^{44}	ɕiŋ^{44}	ɕiŋ^{44}
金塔县	tɕʻiŋ^{53}	tɕʻiŋ^{53}	tɕʻiŋ^{53}	tɕʻiŋ^{44}	ɕiŋ^{44}	ɕiŋ^{44}	ɕiŋ^{44}	ɕiŋ^{44}
肃北县	tɕʻiɤ̃^{53}	tɕʻiɤ̃^{53}	tɕʻiɤ̃^{53}	tɕʻiɤ̃^{44}	ɕiɤ̃^{44}	ɕiɤ̃^{44}	ɕiɤ̃^{44}	ɕiɤ̃^{44}
玉门市	tɕʻiŋ^{53}	tɕʻiŋ^{53}	tɕʻiŋ^{53}	tɕʻiŋ^{44}	ɕiŋ^{44}	ɕiŋ^{44}	ɕiŋ^{44}	ɕiŋ^{44}
瓜州县	tɕʻiŋ^{53}	tɕʻiŋ^{53}	tɕʻiŋ^{53}	tɕʻiŋ^{44}	ɕiŋ^{44}	ɕiŋ^{44}	ɕiŋ^{44}	ɕiŋ^{44}
西夏区	tɕʻiŋ^{53}	tɕʻiŋ^{53}	tɕʻiŋ^{53}	tɕʻiŋ^{44}	ɕiŋ^{44}	ɕiŋ^{44}	ɕiŋ^{44}	ɕiŋ^{44}

续表

贺兰县	tɕʻiŋ⁵³	tɕʻiŋ⁵³	tɕʻiŋ⁵³	tɕʻiŋ⁴⁴	ɕiŋ⁴⁴	ɕiŋ⁴⁴	ɕiŋ⁴⁴	ɕiŋ⁴⁴
灵武市（东塔镇）	tɕʻin⁵²	tɕʻin⁵²	tɕʻin⁵²	tɕʻin⁴⁴	ɕin⁴⁴	ɕin⁴⁴	ɕin⁴⁴	ɕin⁴⁴
永宁县	tɕʻin⁵³	tɕʻin⁵³	tɕʻin⁵³	tɕʻin⁴⁴	ɕin⁴⁴	ɕin⁴⁴	ɕin⁴⁴	ɕin⁴⁴
中宁县	tɕʻiŋ⁵³	tɕʻiŋ⁵³	tɕʻiŋ⁵³	tɕʻiŋ⁴⁴	ɕiŋ⁴⁴	ɕiŋ⁴⁴	ɕiŋ⁴⁴	ɕiŋ⁴⁴
沙坡头区	tɕʻĩ⁵³	tɕʻĩ⁵³	tɕʻĩ⁵³	tɕʻĩ⁴⁴	ɕĩ⁴⁴	ɕĩ⁴⁴	ɕĩ⁴⁴	ɕĩ⁴⁴
盐池县	tɕʻin¹³	tɕʻin¹³	tɕʻin¹³	tɕʻin⁴⁴	ɕin⁴⁴	ɕin⁴⁴	ɕin⁴⁴	ɕin⁴⁴
平罗县（渠口乡）	tɕʻiŋ⁵³	tɕʻiŋ⁵³	tɕʻiŋ⁵³	tɕʻiŋ⁴⁴	ɕiŋ⁴⁴	ɕiŋ⁴⁴	ɕiŋ⁴⁴	ɕiŋ⁴⁴
阿拉善左旗	tɕʻiŋ⁵¹	tɕʻiŋ⁵¹	tɕʻiŋ⁵¹	tɕʻiŋ⁴⁴	ɕiŋ⁴⁴	ɕiŋ⁴⁴	ɕiŋ⁴⁴	ɕiŋ⁴⁴
乌鲁木齐市	tɕʻiŋ⁵²	tɕʻiŋ⁵²	tɕʻiŋ⁵²	tɕʻiŋ⁴⁴	ɕiŋ⁴⁴	ɕiŋ⁴⁴	ɕiŋ⁴⁴	ɕiŋ⁴⁴
阜康市	tɕʻiŋ⁵¹	tɕʻiŋ⁵¹	tɕʻiŋ⁵¹	tɕʻiŋ⁵⁵	ɕiŋ⁵⁵	ɕiŋ⁵⁵	ɕiŋ⁵⁵	ɕiŋ⁵⁵
呼图壁县	tɕʻiŋ⁵¹	tɕʻiŋ⁵¹	tɕʻiŋ⁵¹	tɕʻiŋ⁴⁴	ɕiŋ⁴⁴	ɕiŋ⁴⁴	ɕiŋ⁴⁴	ɕiŋ⁴⁴
吉木萨尔县	tɕʻiŋ⁵¹	tɕʻiŋ⁵¹	tɕʻiŋ⁵¹	tɕʻiŋ⁴⁴	ɕiŋ⁴⁴	ɕiŋ⁴⁴	ɕiŋ⁴⁴	ɕiŋ⁴⁴
奇台县	tɕʻiŋ⁵²	tɕʻiŋ⁵²	tɕʻiŋ⁵²	tɕʻiŋ⁴⁴	ɕiŋ⁴⁴	ɕiŋ⁴⁴	ɕiŋ⁴⁴	ɕiŋ⁴⁴
博乐市	tɕʻiŋ⁵¹	tɕʻiŋ⁵¹	tɕʻiŋ⁵¹	tɕʻiŋ⁴⁵	ɕiŋ⁴⁵	ɕiŋ⁴⁵	ɕiŋ⁴⁵	ɕiŋ⁴⁵
阿勒泰市	tɕʻiŋ⁵¹	tɕʻiŋ⁵¹	tɕʻiŋ⁵¹	tɕʻiŋ⁴⁴	ɕiŋ⁴⁴	ɕiŋ⁴⁴	ɕiŋ⁴⁴	ɕiŋ⁴⁴
布尔津县	tɕʻiŋ²³	tɕʻiŋ²³	tɕʻiŋ²³	tɕʻiŋ⁴⁴	ɕiŋ⁴⁴	ɕiŋ⁴⁴	ɕiŋ⁴⁴	ɕiŋ⁴⁴
乌苏市	tɕʻiŋ⁵¹	tɕʻiŋ⁵¹	tɕʻiŋ⁵¹	tɕʻiŋ⁵⁵	ɕiŋ⁵⁵	ɕiŋ⁵⁵	ɕiŋ⁵⁵	ɕiŋ⁵⁵
额敏县	tɕʻiŋ⁵¹	tɕʻiŋ⁵¹	tɕʻiŋ⁵¹	tɕʻiŋ⁴⁴	ɕiŋ⁴⁴	ɕiŋ⁴⁴	ɕiŋ⁴⁴	ɕiŋ⁴⁴
伊州区	tɕʻiŋ⁵¹	tɕʻiŋ⁵¹	tɕʻiŋ⁵¹	tɕʻiŋ⁴⁴	ɕiŋ⁴⁴	ɕiŋ⁴⁴	ɕiŋ⁴⁴	ɕiŋ⁴⁴
巴里坤县	tɕʻiŋ⁵¹	tɕʻiŋ⁵¹	tɕʻiŋ⁵¹	tɕʻiŋ⁴⁵	ɕiŋ⁴⁵	ɕiŋ⁴⁵	ɕiŋ⁴⁵	ɕiŋ⁴⁵
伊吾县	tɕʻiŋ⁵¹	tɕʻiŋ⁵¹	tɕʻiŋ⁵¹	tɕʻiŋ⁴⁴	ɕiŋ⁴⁴	ɕiŋ⁴⁴	ɕiŋ⁴⁴	ɕiŋ⁴⁴

字目 / 中古音 / 方言点	欣	信	衅 挑衅	音	阴	因	姻	殷①
	臻开三平殷晓	臻开三去震心	臻开三去震晓	深开三平侵影	深开三平侵影	臻开三平真影	臻开三平真影	臻开三平殷影
兰州市（城关区）	$ɕin^{53}$	$ɕin^{13}$	$ɕin^{13}$	in^{53}	in^{53}	in^{53}	in^{53}	in^{53}
永登县	$ɕin^{42}$	$ɕin^{13}$	$ɕin^{13}$	in^{42}	in^{42}	in^{42}	in^{42}	in^{42}
榆中县	$ɕin^{51}$	$ɕin^{13}$	$ɕin^{13}$	in^{51}	in^{51}	in^{51}	in^{51}	in^{51}
皋兰县	$ɕin^{42}$	$ɕin^{13}$	$ɕin^{13}$	in^{42}	in^{42}	in^{42}	in^{42}	in^{42}
白银区	$ɕin^{44}$	$ɕin^{13}$	$ɕin^{13}$	in^{44}	in^{44}	in^{44}	in^{44}	in^{44}
天祝县	$ɕin^{44}$	$ɕin^{213}$	$ɕin^{213}$	in^{44}	in^{44}	in^{44}	in^{44}	in^{44}
景泰县（红水镇）	$ɕiəŋ^{44}$	$ɕiəŋ^{213}$	$ɕiəŋ^{213}$	$iəŋ^{44}$	$iəŋ^{44}$	$iəŋ^{44}$	$iəŋ^{44}$	$iəŋ^{44}$
古浪县	$ɕiŋ^{44}$	$ɕiŋ^{31}$	$ɕiŋ^{31}$	$ʑiŋ^{44}$	$ʑiŋ^{44}$	$ʑiŋ^{44}$	$ʑiŋ^{44}$	$ʑiŋ^{44}$
凉州区	$ɕiŋ^{33}$	$ɕiŋ^{53}$	$ɕiŋ^{53}$	$iŋ^{33}$	$iŋ^{33}$	$iŋ^{33}$	$iŋ^{33}$	$iŋ^{33}$
民勤县	$ɕiŋ^{44}$	$ɕiŋ^{42}$	$ɕiŋ^{42}$	$iŋ^{44}$	$iŋ^{44}$	$iŋ^{44}$	$iŋ^{44}$	$iŋ^{44}$
永昌县	$ɕiɣ̃^{44}$	$ɕiɣ̃^{53}$	$ɕiɣ̃^{53}$	$iɣ̃^{44}$	$iɣ̃^{44}$	$iɣ̃^{44}$	$iɣ̃^{44}$	$iɣ̃^{44}$
甘州区	$ɕiŋ^{44}$	$ɕiŋ^{31}$	$ɕiŋ^{31}$	$iŋ^{44}$	$iŋ^{44}$	$iŋ^{44}$	$iŋ^{44}$	$iŋ^{44}$
临泽县	$ɕiŋ^{44}$	$ɕiŋ^{214}$	$ɕiŋ^{214}$	$ʑiŋ^{44}$	$ʑiŋ^{44}$	$ʑiŋ^{44}$	$ʑiŋ^{44}$	$ʑiŋ^{44}$
民乐县	$ɕiŋ^{44}$	$ɕiŋ^{42}$	$ɕiŋ^{42}$	$ʑiŋ^{44}$	$ʑiŋ^{44}$	$ʑiŋ^{44}$	$ʑiŋ^{44}$	$ʑiŋ^{44}$
山丹县	$ɕiŋ^{24}$	$ɕiŋ^{41}$	$ɕiŋ^{41}$	$iŋ^{24}$	$iŋ^{24}$	$iŋ^{24}$	$iŋ^{24}$	$iŋ^{24}$
高台县	$ɕiɣ̃^{44}$	$ɕiɣ̃^{214}$	$ɕiɣ̃^{214}$	$iɣ̃^{44}$	$iɣ̃^{44}$	$iɣ̃^{44}$	$iɣ̃^{44}$	$iɣ̃^{44}$
肃州区	$ɕiŋ^{44}$	$ɕiŋ^{214}$	$ɕiŋ^{214}$	$ʑiŋ^{44}$	$ʑiŋ^{44}$	$ʑiŋ^{44}$	$ʑiŋ^{44}$	$ʑiŋ^{44}$
金塔县	$ɕiŋ^{44}$	$ɕiŋ^{13}$	$ɕiŋ^{13}$	$ʑiŋ^{44}$	$ʑiŋ^{44}$	$ʑiŋ^{44}$	$ʑiŋ^{44}$	$ʑiŋ^{44}$
肃北县	$ɕiɣ̃^{44}$	$ɕiɣ̃^{213}$	$ɕiɣ̃^{213}$	$iɣ̃^{44}$	$iɣ̃^{44}$	$iɣ̃^{44}$	$iɣ̃^{44}$	$iɣ̃^{44}$
玉门市	$ɕiŋ^{44}$	$ɕiŋ^{213}$	$ɕiŋ^{213}$	$iŋ^{44}$	$iŋ^{44}$	$iŋ^{44}$	$iŋ^{44}$	$iŋ^{44}$
瓜州县	$ɕiŋ^{44}$	$ɕiŋ^{213}$	$ɕiŋ^{213}$	$iŋ^{44}$	$iŋ^{44}$	$iŋ^{44}$	$iŋ^{44}$	$iŋ^{44}$

①又倚谨切，臻开三上隐影。

续表

西夏区	ɕiŋ^{44}	ɕiŋ^{13}	ɕiŋ^{13}	iŋ^{44}	iŋ^{44}	iŋ^{44}	iŋ^{44}	iŋ^{44}
贺兰县	ɕiŋ^{44}	ɕiŋ^{13}	ɕiŋ^{13}	iŋ^{44}	iŋ^{44}	iŋ^{44}	iŋ^{44}	iŋ^{44}
灵武市（东塔镇）	ɕin^{44}	ɕin^{13}	ɕin^{13}	in^{44}	in^{44}	in^{44}	in^{44}	in^{44}
永宁县	ɕin^{44}	ɕin^{13}	ɕin^{13}	in^{44}	in^{44}	in^{44}	in^{44}	in^{44}
中宁县	ɕiŋ^{44}	ɕiŋ^{13}	ɕiŋ^{13}	iŋ^{44}	iŋ^{44}	iŋ^{44}	iŋ^{44}	iŋ^{44}
沙坡头区	ɕĩɪ^{44}	ɕĩɪ^{13}	ɕĩɪ^{13}	ĩɪ^{44}	ĩɪ^{44}	ĩɪ^{44}	ĩɪ^{44}	ĩɪ^{44}
盐池县	ɕin^{44}	ɕin^{13}	ɕin^{13}	in^{44}	in^{44}	in^{44}	in^{44}	in^{44}
平罗县（渠口乡）	ɕiŋ^{44}	ɕiŋ^{13}	ɕiŋ^{13}	iŋ^{44}	iŋ^{44}	iŋ^{44}	iŋ^{44}	iŋ^{44}
阿拉善左旗	ɕiŋ^{44}	ɕiŋ^{213}	ɕiŋ^{213}	iŋ^{44}	iŋ^{44}	iŋ^{44}	iŋ^{44}	iŋ^{44}
乌鲁木齐市	ɕiŋ^{44}	ɕiŋ^{213}	ɕiŋ^{213}	iŋ^{44}	iŋ^{44}	iŋ^{44}	iŋ^{44}	iŋ^{44}
阜康市	ɕiŋ^{55}	ɕiŋ^{213}	ɕiŋ^{213}	jiŋ^{55}	jiŋ^{55}	jiŋ^{55}	jiŋ^{55}	jiŋ^{55}
呼图壁县	ɕiŋ^{44}	ɕiŋ^{213}	ɕiŋ^{213}	iŋ^{44}	iŋ^{44}	iŋ^{44}	iŋ^{44}	iŋ^{44}
吉木萨尔县	ɕiŋ^{44}	ɕiŋ^{213}	ɕiŋ^{213}	iŋ^{44}	iŋ^{44}	iŋ^{44}	iŋ^{44}	iŋ^{44}
奇台县	ɕiŋ^{44}	ɕiŋ^{213}	ɕiŋ^{213}	iŋ^{44}	iŋ^{44}	iŋ^{44}	iŋ^{44}	iŋ^{44}
博乐市	ɕiŋ^{45}	ɕiŋ^{24}	ɕiŋ^{24}	iŋ^{45}	iŋ^{45}	iŋ^{45}	iŋ^{45}	iŋ^{45}
阿勒泰市	ɕiŋ^{44}	ɕiŋ^{23}	ɕiŋ^{23}	iŋ^{44}	iŋ^{44}	iŋ^{44}	iŋ^{44}	iŋ^{44}
布尔津县	ɕiŋ^{44}	ɕiŋ^{51}	ɕiŋ^{51}	iŋ^{44}	iŋ^{44}	iŋ^{44}	iŋ^{44}	iŋ^{44}
乌苏市	ɕiŋ^{55}	ɕiŋ^{213}	ɕiŋ^{213}	jiŋ^{55}	jiŋ^{55}	jiŋ^{55}	jiŋ^{55}	jiŋ^{55}
额敏县	ɕiŋ^{44}	ɕiŋ^{34}	ɕiŋ^{34}	iŋ^{44}	iŋ^{44}	iŋ^{44}	iŋ^{44}	iŋ^{44}
伊州区	ɕiŋ^{44}	ɕiŋ^{213}	ɕiŋ^{213}	iŋ^{44}	iŋ^{44}	iŋ^{44}	iŋ^{44}	iŋ^{44}
巴里坤县	ɕiŋ^{45}	ɕiŋ^{24}	ɕiŋ^{24}	iŋ^{45}	iŋ^{45}	iŋ^{45}	iŋ^{45}	iŋ^{45}
伊吾县	ɕiŋ^{44}	ɕiŋ^{213}	ɕiŋ^{213}	iŋ^{44}	iŋ^{44}	iŋ^{44}	iŋ^{44}	iŋ^{44}

字目 / 中古音 / 方言点	吟	淫	银	寅①	饮 饮水	引②	隐	尹 姓
	深开三平侵疑	深开三平侵以	臻开三平真疑	臻开三平真以	深开三上寝影	臻开三上轸以	臻开三上隐影	臻合三上准以
兰州市（城关区）	in^{51}	in^{51}	in^{51}	in^{51}	in^{44}	in^{44}	in^{44}	in^{44}
永登县	in^{53}	in^{53}	in^{53}	in^{53}	in^{354}	in^{354}	in^{354}	in^{354}
榆中县	in^{332}	in^{332}	in^{332}	in^{332}	in^{44}	in^{44}	in^{44}	in^{44}
皋兰县	in^{53}	in^{53}	in^{53}	in^{53}	in^{354}	in^{354}	in^{354}	in^{354}
白银区	in^{51}	in^{51}	in^{51}	in^{51}	in^{343}	in^{343}	in^{343}	in^{343}
天祝县	in^{53}	in^{53}	in^{53}	in^{53}	in^{44}	in^{44}	in^{44}	in^{44}
景泰县（红水镇）	iəŋ^{53}	iəŋ^{53}	iəŋ^{53}	iəŋ^{53}	iəŋ^{44}	iəŋ^{44}	iəŋ^{44}	iəŋ^{44}
古浪县	ʑiŋ^{53}	ʑiŋ^{53}	ʑiŋ^{53}	ʑiŋ^{53}	ʑiŋ^{44}	ʑiŋ^{44}	ʑiŋ^{44}	ʑiŋ^{44}
凉州区	iŋ^{13}	iŋ^{13}	iŋ^{13}	iŋ^{13}	iŋ^{13}	iŋ^{13}	iŋ^{13}	iŋ^{13}
民勤县	iŋ^{53}	iŋ^{53}	iŋ^{53}	iŋ^{53}	iŋ^{214}	iŋ^{214}	iŋ^{214}	iŋ^{214}
永昌县	iɣ̃^{13}	iɣ̃^{13}	iɣ̃^{13}	iɣ̃^{13}	iɣ̃^{13}	iɣ̃^{13}	iɣ̃^{13}	iɣ̃^{13}
甘州区	iŋ^{53}	iŋ^{53}	iŋ^{53}	iŋ^{53}	iŋ^{53}	iŋ^{53}	iŋ^{53}	iŋ^{53}
临泽县	ʑiŋ^{53}	ʑiŋ^{3}	ʑiŋ^{53}	ʑiŋ^{53}	ʑiŋ^{53}	ʑiŋ^{53}	ʑiŋ^{53}	ʑiŋ^{53}
民乐县	iŋ^{53}	iŋ^{53}	iŋ^{53}	iŋ^{53}	iŋ^{213}	iŋ^{213}	iŋ^{213}	iŋ^{213}
山丹县	iŋ^{53}	iŋ^{53}	iŋ^{53}	iŋ^{53}	iŋ^{53}	iŋ^{53}	iŋ^{53}	iŋ^{53}
高台县	iɣ̃^{53}	iɣ̃^{53}	iɣ̃^{53}	iɣ̃^{53}	iɣ̃^{53}	iɣ̃^{53}	iɣ̃^{53}	iɣ̃^{53}
肃州区	iŋ^{53}	iŋ^{53}	iŋ^{53}	iŋ^{53}	iŋ^{53}	iŋ^{53}	iŋ^{53}	iŋ^{53}
金塔县	ʑiŋ^{53}	ʑiŋ^{53}	ʑiŋ^{53}	ʑiŋ^{53}	ʑiŋ^{53}	ʑiŋ^{53}	ʑiŋ^{53}	ʑiŋ^{53}
肃北县	iɣ̃^{53}	iɣ̃^{53}	iɣ̃^{53}	iɣ̃^{53}	iɣ̃^{53}	iɣ̃^{53}	iɣ̃^{53}	iɣ̃^{53}

①又以脂切，止开三平脂以。

②又羊晋切，臻开三去震以。

续表

玉门市	iŋ^{53}	iŋ^{53}	iŋ^{53}	iŋ^{53}	iŋ^{53}	iŋ^{53}	iŋ^{53}	iŋ^{53}
瓜州县	iŋ^{53}	iŋ^{53}	iŋ^{53}	iŋ^{53}	iŋ^{53}	iŋ^{53}	iŋ^{53}	iŋ^{53}
西夏区	iŋ^{53}	iŋ^{53}	iŋ^{53}	iŋ^{53}	iŋ^{53}	iŋ^{53}	iŋ^{53}	iŋ^{53}
贺兰县	iŋ^{53}	iŋ^{53}	iŋ^{53}	iŋ^{53}	iŋ^{53}	iŋ^{53}	iŋ^{53}	iŋ^{53}
灵武市（东塔镇）	in^{52}	in^{52}	in^{52}	in^{52}	in^{52}	in^{52}	in^{52}	in^{52}
永宁县	in^{53}	in^{53}	in^{53}	in^{53}	in^{53}	in^{53}	in^{53}	in^{53}
中宁县	iŋ^{53}	iŋ^{53}	iŋ^{53}	iŋ^{53}	iŋ^{53}	iŋ^{53}	iŋ^{53}	iŋ^{53}
沙坡头区	ĩɪ^{53}	ĩɪ^{53}	ĩɪ^{53}	ĩɪ^{53}	ĩɪ^{53}	ĩɪ^{53}	ĩɪ^{53}	ĩɪ^{53}
盐池县	in^{13}	in^{13}	in^{13}	in^{13}	in^{52}	in^{52}	in^{52}	in^{52}
平罗县（渠口乡）	iŋ^{53}	iŋ^{53}	iŋ^{53}	iŋ^{53}	iŋ^{53}	iŋ^{53}	iŋ^{53}	iŋ^{53}
阿拉善左旗	iŋ^{51}	iŋ^{51}	iŋ^{51}	iŋ^{51}	iŋ^{51}	iŋ^{51}	iŋ^{51}	iŋ^{51}
乌鲁木齐市	iŋ^{52}	iŋ^{52}	iŋ^{52}	iŋ^{52}	iŋ^{52}	iŋ^{52}	iŋ^{52}	iŋ^{52}
阜康市	jiŋ^{51}	jiŋ^{51}	jiŋ^{51}	jiŋ^{51}	jiŋ^{51}	jiŋ^{51}	jiŋ^{51}	jiŋ^{51}
呼图壁县	iŋ^{51}	iŋ^{51}	iŋ^{51}	iŋ^{51}	iŋ^{51}	iŋ^{51}	iŋ^{51}	iŋ^{51}
吉木萨尔县	iŋ^{51}	iŋ^{51}	iŋ^{51}	iŋ^{51}	iŋ^{51}	iŋ^{51}	iŋ^{51}	iŋ^{51}
奇台县	iŋ^{52}	iŋ^{52}	iŋ^{52}	iŋ^{52}	iŋ^{52}	iŋ^{52}	iŋ^{52}	iŋ^{52}
博乐市	iŋ^{51}	iŋ^{51}	iŋ^{51}	iŋ^{51}	iŋ^{51}	iŋ^{51}	iŋ^{51}	iŋ^{51}
阿勒泰市	iŋ^{51}	iŋ^{51}	iŋ^{51}	iŋ^{51}	iŋ^{51}	iŋ^{51}	iŋ^{51}	iŋ^{51}
布尔津县	iŋ^{23}	iŋ^{23}	iŋ^{23}	iŋ^{23}	iŋ^{23}	iŋ^{23}	iŋ^{23}	iŋ^{23}
乌苏市	jiŋ^{51}	jiŋ^{51}	jiŋ^{51}	jiŋ^{51}	jiŋ^{51}	jiŋ^{51}	jiŋ^{51}	jiŋ^{51}
额敏县	iŋ^{51}	iŋ^{51}	iŋ^{51}	iŋ^{51}	iŋ^{51}	iŋ^{51}	iŋ^{51}	iŋ^{51}
伊州区	iŋ^{51}	iŋ^{51}	iŋ^{51}	iŋ^{51}	iŋ^{51}	iŋ^{51}	iŋ^{51}	iŋ^{51}
巴里坤县	iŋ^{51}	iŋ^{51}	iŋ^{51}	iŋ^{51}	iŋ^{51}	iŋ^{51}	iŋ^{51}	iŋ^{51}
伊吾县	iŋ^{51}	iŋ^{51}	iŋ^{51}	iŋ^{51}	iŋ^{51}	iŋ^{51}	iŋ^{51}	iŋ^{51}

字目 / 中古音 / 方言点	印	敦 敦厚	墩	顿	盾 人名	遁[①]	钝	盾[②] 矛盾
	臻开三去震影	臻合一平魂端	臻合一平魂端	臻合一去慁端	臻合一上混定	臻合一去慁定	臻合一去慁定	臻合三上准船
兰州市（城关区）	in^{13}	tun^{53}	tun^{53}	tun^{13}	tun^{13}	tun^{13}	tun^{13}	tun^{13}
永登县	in^{13}	tun^{42}	tun^{42}	tun^{13}	tun^{13}	tun^{13}	tun^{13}	tun^{13}
榆中县	in^{13}	tun^{51}	tun^{51}	tun^{13}	tun^{13}	tun^{13}	tun^{13}	tun^{13}
皋兰县	in^{13}	tun^{42}	tun^{42}	tun^{13}	tun^{13}	tun^{13}	tun^{13}	tun^{13}
白银区	in^{13}	tun^{44}	tun^{44}	tun^{13}	tun^{13}	tun^{13}	tun^{13}	tun^{13}
天祝县	in^{13}	$tuŋ^{44}$	$tuŋ^{44}$	$tuŋ^{213}$	$tuŋ^{213}$	$tuŋ^{213}$	$tuŋ^{213}$	$tuŋ^{213}$
景泰县（红水镇）	$iəŋ^{13}$	$tuəŋ^{44}$	$tuəŋ^{44}$	$tuəŋ^{213}$	$tuəŋ^{213}$	$tuəŋ^{213}$	$tuəŋ^{213}$	$tuəŋ^{213}$
古浪县	$ʑiŋ^{31}$	$toŋ^{44}$	$toŋ^{44}$	$toŋ^{31}$	$toŋ^{31}$	$toŋ^{31}$	$toŋ^{31}$	$toŋ^{31}$
凉州区	$iŋ^{53}$	$tuŋ^{33}$	$tuŋ^{33}$	$tuŋ^{53}$	$tuŋ^{53}$	$tuŋ^{53}$	$tuŋ^{53}$	$tuŋ^{53}$
民勤县	$iŋ^{42}$	$toŋ^{44}$	$toŋ^{44}$	$toŋ^{42}$	$toŋ^{42}$	$toŋ^{42}$	$toŋ^{42}$	$toŋ^{42}$
永昌县	$i\tilde{ɤ}^{53}$	$tu\tilde{ɤ}^{44}$	$tu\tilde{ɤ}^{44}$	$tu\tilde{ɤ}^{53}$	$tu\tilde{ɤ}^{53}$	$tu\tilde{ɤ}^{53}$	$tu\tilde{ɤ}^{53}$	$tu\tilde{ɤ}^{53}$
甘州区	$iŋ^{31}$	$tuŋ^{44}$	$tuŋ^{44}$	$tuŋ^{31}$	$tuŋ^{31}$	$tuŋ^{31}$	$tuŋ^{31}$	$tuŋ^{31}$
临泽县	$ʑiŋ^{214}$	$tuŋ^{44}$	$tuŋ^{44}$	$tuŋ^{214}$	$tuŋ^{214}$	$tuŋ^{214}$	$tuŋ^{214}$	$tuŋ^{214}$
民乐县	$ʑiŋ^{42}$	$tuŋ^{44}$	$tuŋ^{44}$	$tuŋ^{42}$	$tuŋ^{42}$	$tuŋ^{42}$	$tuŋ^{42}$	$tuŋ^{42}$
山丹县	$iŋ^{41}$	$tuŋ^{24}$	$tuŋ^{24}$	$tuŋ^{41}$	$tuŋ^{41}$	$tuŋ^{41}$	$tuŋ^{41}$	$tuŋ^{41}$
高台县	$i\tilde{ɤ}^{214}$	$tuŋ^{44}$	$tuŋ^{44}$	$tuŋ^{214}$	$tuŋ^{214}$	$tuŋ^{214}$	$tuŋ^{214}$	$tuŋ^{214}$
肃州区	$ʑiŋ^{214}$	$tuŋ^{44}$	$tuŋ^{44}$	$tuŋ^{214}$	$tuŋ^{214}$	$tuŋ^{214}$	$tuŋ^{214}$	$tuŋ^{214}$
金塔县	$ʑiŋ^{13}$	$tuŋ^{44}$	$tuŋ^{44}$	$tuŋ^{13}$	$tuŋ^{13}$	$tuŋ^{13}$	$tuŋ^{13}$	$tuŋ^{13}$
肃北县	$i\tilde{ɤ}^{213}$	$tuŋ^{44}$	$tuŋ^{44}$	$tuŋ^{213}$	$tuŋ^{213}$	$tuŋ^{213}$	$tuŋ^{213}$	$tuŋ^{213}$
玉门市	$iŋ^{213}$	$toŋ^{44}$	$toŋ^{44}$	$toŋ^{213}$	$toŋ^{213}$	$toŋ^{213}$	$toŋ^{213}$	$toŋ^{213}$

①又徒损切，臻合一上混定。

②又辞允切，臻开三上准邪。

续表

瓜州县	iŋ²¹³	toŋ⁴⁴	toŋ⁴⁴	toŋ²¹³	toŋ²¹³	toŋ²¹³	toŋ²¹³	toŋ²¹³
西夏区	iŋ¹³	tuŋ⁴⁴	tuŋ⁴⁴	tuŋ¹³	tuŋ¹³	tuŋ¹³	tuŋ¹³	tuŋ¹³
贺兰县	iŋ¹³	tuŋ⁴⁴	tuŋ⁴⁴	tuŋ¹³	tuŋ¹³	tuŋ¹³	tuŋ¹³	tuŋ¹³
灵武市（东塔镇）	in¹³	tɔŋ⁴⁴	tɔŋ⁴⁴	tɔŋ¹³	tɔŋ¹³	tɔŋ¹³	tɔŋ¹³	tɔŋ¹³
永宁县	in¹³	tuŋ⁴⁴	tuŋ⁴⁴	tuŋ¹³	tuŋ¹³	tuŋ¹³	tuŋ¹³	tuŋ¹³
中宁县	iŋ¹³	tuŋ⁴⁴	tuŋ⁴⁴	tuŋ¹³	tuŋ¹³	tuŋ¹³	tuŋ¹³	tuŋ¹³
沙坡头区	ĩ¹³	tuẽi⁴⁴	tuẽi⁴⁴	tuẽi¹³	tuẽi¹³	tuẽi¹³	tuẽi¹³	tuẽi¹³
盐池县	in¹³	tuŋẽi⁴⁴	tuŋ⁴⁴	tuŋ¹³	tuŋ¹³	tuŋ¹³	tuŋ¹³	tuŋ¹³
平罗县（渠口乡）	iŋ¹³	tuŋ⁴⁴	tuŋ⁴⁴	tuŋ¹³	tuŋ¹³	tuŋ¹³	tuŋ¹³	tuŋ¹³
阿拉善左旗	iŋ²¹³	tuŋ⁴⁴	tuŋ⁴⁴	tuŋ²¹³	tuŋ²¹³	tuŋ²¹³	tuŋ²¹³	tuŋ²¹³
乌鲁木齐市	iŋ²¹³	tuŋ⁴⁴	tuŋ⁴⁴	tuŋ²¹³	tuŋ²¹³	tuŋ²¹³	tuŋ²¹³	tuŋ²¹³
阜康市	jiŋ²¹³	tuŋ⁵⁵	tuŋ⁵⁵	tuŋ²¹³	tuŋ²¹³	tuŋ²¹³	tuŋ²¹³	tuŋ²¹³
呼图壁县	iŋ²¹³	tuŋ⁴⁴	tuŋ⁴⁴	tuŋ²¹³	tuŋ²¹³	tuŋ²¹³	tuŋ²¹³	tuŋ²¹³
吉木萨尔县	iŋ²¹³	tuŋ⁴⁴	tuŋ⁴⁴	tuŋ²¹³	tuŋ²¹³	tuŋ²¹³	tuŋ²¹³	tuŋ²¹³
奇台县	iŋ²¹³	tuŋ⁴⁴	tuŋ⁴⁴	tuŋ²¹³	tuŋ²¹³	tuŋ²¹³	tuŋ²¹³	tuŋ²¹³
博乐市	iŋ²⁴	tuŋ⁴⁵	tuŋ⁴⁵	tuŋ²⁴	tuŋ²⁴	tuŋ²⁴	tuŋ²⁴	tuŋ²⁴
阿勒泰市	iŋ²³	tuŋ⁴⁴	tuŋ⁴⁴	tuŋ²³	tuŋ²³	tuŋ²³	tuŋ²³	tuŋ²³
布尔津县	iŋ⁵¹	tuŋ⁴⁴	tuŋ⁴⁴	tuŋ⁵¹	tuŋ⁵¹	tuŋ⁵¹	tuŋ⁵¹	tuŋ⁵¹
乌苏市	jiŋ²¹³	tuŋ⁵⁵	tuŋ⁵⁵	tuŋ²¹³	tuŋ²¹³	tuŋ²¹³	tuŋ²¹³	tuŋ²¹³
额敏县	iŋ³⁴	tuŋ⁴⁴	tuŋ⁴⁴	tuŋ³⁴	tuŋ³⁴	tuŋ³⁴	tuŋ³⁴	tuŋ³⁴
伊州区	iŋ²¹³	tuŋ⁴⁴	tuŋ⁴⁴	tuŋ²¹³	tuŋ²¹³	tuŋ²¹³	tuŋ²¹³	tuŋ²¹³
巴里坤县	iŋ²⁴	tuŋ⁴⁵	tuŋ⁴⁵	tuŋ²⁴	tuŋ²⁴	tuŋ²⁴	tuŋ²⁴	tuŋ²⁴
伊吾县	iŋ²¹³	tuŋ⁴⁴	tuŋ⁴⁴	tuŋ²¹³	tuŋ²¹³	tuŋ²¹³	tuŋ²¹³	tuŋ²¹³

字目 / 中古音 / 方音 / 方言点	吞	屯 屯田	仑	轮	伦	论 议论	尊	遵
	臻开一平痕透	臻合一平魂定	臻合一平魂来	臻合三平谆来	臻合三平谆来	臻合一去慁来	臻合一平魂精	臻合三平谆精
兰州市（城关区）	tʻun^{53}	tʻun^{51}	lun^{51}	lun^{51}	lun^{51}	lun^{13}	tsun^{53}	tsun^{53}
永登县	tʻun^{42}	tʻun^{53}	lun^{53}	lun^{53}	lun^{53}	lun^{13}	tsun^{42}	tsun^{42}
榆中县	tʻun^{51}	tʻun^{332}	lun^{332}	lun^{332}	lun^{32}	lun^{13}	tsun^{51}	tsun^{51}
皋兰县	tʻun^{42}	tʻun^{53}	lun^{53}	lun^{53}	lun^{53}	lun^{13}	tsun^{42}	tsun^{42}
白银区	tʻun^{44}	tʻun^{51}	lun^{51}	lun^{51}	lun^{51}	lun^{13}	tsun^{44}	tsun^{44}
天祝县	tʻuŋ^{44}	tʻuŋ^{53}	luŋ^{53}	luŋ^{53}	luŋ^{53}	luŋ^{213}	tsuŋ^{44}	tsuŋ^{44}
景泰县（红水镇）	tʻuəŋ^{44}	tʻuəŋ^{53}	luəŋ^{53}	luəŋ^{53}	luəŋ^{53}	luəŋ^{213}	tsuəŋ^{44}	tsuəŋ^{44}
古浪县	tʻoŋ^{44}	tʻoŋ^{53}	loŋ^{53}	loŋ^{53}	loŋ^{53}	loŋ^{31}	tsoŋ^{44}	tsoŋ^{44}
凉州区	tʻuŋ^{44}	tʻuŋ^{53}	luŋ^{53}	luŋ^{53}	luŋ^{53}	luŋ^{13}	tsuŋ^{44}	tsuŋ^{44}
民勤县	tʻoŋ^{44}	tʻoŋ^{53}	loŋ^{53}	loŋ^{53}	loŋ^{53}	loŋ^{214}	tsoŋ^{44}	tsoŋ^{44}
永昌县	tʻuɤ̆^{44}	tʻuɤ̆^{53}	luɤ̆^{53}	luɤ̆^{53}	luɤ̆^{53}	luɤ̆^{13}	tsuɤ̆^{44}	tsuɤ̆^{44}
甘州区	tʻuŋ^{44}	tʻuŋ^{53}	luŋ^{53}	luŋ^{53}	luŋ^{53}	luŋ^{31}	tsuŋ^{44}	tsuŋ^{44}
临泽县	tʻuŋ^{44}	tʻuŋ^{53}	luŋ^{53}	luŋ^{53}	luŋ^{53}	luŋ^{214}	tsuŋ^{44}	tsuŋ^{44}
民乐县	tʻuŋ^{44}	tʻuŋ^{53}	luŋ^{53}	luŋ^{53}	luŋ^{53}	luŋ^{213}	tsuŋ^{44}	tsuŋ^{44}
山丹县	tʻuŋ^{24}	tʻuŋ^{53}	luŋ^{53}	luŋ^{53}	luŋ^{53}	luŋ^{41}	tsuŋ^{24}	tsuŋ^{24}
高台县	tʻuɤ̃^{44}	tʻuɤ̃^{53}	luɤ̃^{53}	luɤ̃^{53}	luɤ̃^{53}	luɤ̃^{214}	tsuɤ̃^{44}	tsuɤ̃^{44}
肃州区	tʻuŋ^{44}	tʻuŋ^{53}	luŋ^{53}	luŋ^{53}	luŋ^{53}	luŋ^{214}	tsuŋ^{44}	tsuŋ^{44}
金塔县	tʻuŋ^{44}	tʻuŋ^{53}	luŋ^{53}	luŋ^{53}	luŋ^{53}	luŋ^{13}	tsuŋ^{44}	tsuŋ^{44}
肃北县	tʻuɤ̃^{44}	tʻuɤ̃^{53}	luɤ̃^{53}	luɤ̃^{53}	luɤ̃^{53}	luɤ̃^{213}	tsuɤ̃^{44}	tsuɤ̃^{44}
玉门市	tʻoŋ^{44}	tʻoŋ^{53}	loŋ^{53}	loŋ^{53}	loŋ^{53}	loŋ^{213}	tsoŋ^{44}	tsoŋ^{44}
瓜州县	tʻoŋ^{44}	tʻoŋ^{53}	loŋ^{53}	loŋ^{53}	loŋ^{53}	loŋ^{213}	tsoŋ^{44}	tsoŋ^{44}
西夏区	tʻuŋ^{44}	tʻuŋ^{53}	luŋ^{53}	luŋ^{53}	luŋ^{53}	luŋ^{13}	tsuŋ^{44}	tsuŋ^{44}

续表

贺兰县	tʻuŋ^{44}	tʻuŋ^{53}	luŋ^{53}	luŋ^{53}	luŋ^{53}	luŋ^{13}	tsuŋ^{44}	tsuŋ^{44}
灵武市（东塔镇）	tʻɔŋ^{44}	tʻɔŋ^{52}	lɔŋ^{52}	lɔŋ^{52}	lɔŋ^{52}	lɔŋ^{13}	tsɔŋ^{44}	tsɔŋ^{44}
永宁县	tʻuŋ^{44}	tʻuŋ^{53}	luŋ^{53}	luŋ^{53}	luŋ^{53}	luŋ^{13}	tsuŋ^{44}	tsuŋ^{44}
中宁县	tʻuŋ^{44}	tʻuŋ^{53}	luŋ^{53}	luŋ^{53}	luŋ^{53}	luŋ^{13}	tsuŋ^{44}	tsuŋ^{44}
沙坡头区	tʻuẽi^{44}	tʻuẽi^{53}	luẽi^{53}	luẽi^{53}	luẽi^{53}	luẽi^{13}	tsuẽi^{44}	tsuẽi^{44}
盐池县	tʻuŋ^{44}	tʻuŋ^{13}	luŋ^{13}	luŋ^{13}	luŋ^{13}	luŋ^{13}	tsuŋ^{44}	tsuŋ^{44}
平罗县（渠口乡）	tʻuŋ^{44}	tʻuŋ^{53}	luŋ^{53}	luŋ^{53}	luŋ^{53}	luŋ^{13}	tsuŋ^{44}	tsuŋ^{44}
阿拉善左旗	tʻuŋ^{44}	tʻuŋ^{51}	luŋ^{51}	luŋ^{51}	luŋ^{51}	luŋ^{213}	tsuŋ^{44}	tsuŋ^{44}
乌鲁木齐市	tʻuŋ^{44}	tʻuŋ^{52}	luŋ^{52}	luŋ^{52}	luŋ^{52}	luŋ^{213}	tsuŋ^{44}	tsuŋ^{44}
阜康市	tʻuŋ^{55}	tʻuŋ^{51}	luŋ^{51}	luŋ^{51}	luŋ^{51}	luŋ^{213}	tsuŋ^{55}	tsuŋ^{55}
呼图壁县	tʻuŋ^{44}	tʻuŋ^{51}	luŋ^{51}	luŋ^{51}	luŋ^{51}	luŋ^{213}	tsuŋ^{44}	tsuŋ^{44}
吉木萨尔县	tʻuŋ^{44}	tʻuŋ^{51}	luŋ^{51}	luŋ^{51}	luŋ^{51}	luŋ^{213}	tsuŋ^{44}	tsuŋ^{44}
奇台县	tʻuŋ^{44}	tʻuŋ^{52}	luŋ^{52}	luŋ^{52}	luŋ^{52}	luŋ^{213}	tsuŋ^{44}	tsuŋ^{44}
博乐市	tʻuŋ^{45}	tʻuŋ^{51}	luŋ^{51}	luŋ^{51}	luŋ^{51}	luŋ^{24}	tsuŋ^{45}	tsuŋ^{45}
阿勒泰市	tʻuŋ^{44}	tʻuŋ^{51}	luŋ^{51}	luŋ^{51}	luŋ^{51}	luŋ^{23}	tsuŋ^{44}	tsuŋ^{44}
布尔津县	tʻuŋ^{44}	tʻuŋ^{23}	luŋ^{23}	luŋ^{23}	luŋ^{23}	luŋ^{51}	tsuŋ^{44}	tsuŋ^{44}
乌苏市	tʻuŋ^{55}	tʻuŋ^{51}	luŋ^{51}	luŋ^{51}	luŋ^{51}	luŋ^{213}	tsuŋ^{55}	tsuŋ^{55}
额敏县	tʻuŋ^{44}	tʻuŋ^{51}	luŋ^{51}	luŋ^{51}	luŋ^{51}	luŋ^{34}	tsuŋ^{44}	tsuŋ^{44}
伊州区	tʻuŋ^{44}	tʻuŋ^{51}	luŋ^{51}	luŋ^{51}	luŋ^{51}	luŋ^{213}	tsuŋ^{44}	tsuŋ^{44}
巴里坤县	tʻuŋ^{45}	tʻuŋ^{51}	luŋ^{51}	luŋ^{51}	luŋ^{51}	luŋ^{24}	tsuŋ^{45}	tsuŋ^{45}
伊吾县	tʻuŋ^{44}	tʻuŋ^{51}	luŋ^{51}	luŋ^{51}	luŋ^{51}	luŋ^{213}	tsuŋ^{44}	tsuŋ^{44}

字目 / 中古音 / 方言点	村	存	寸	孙	损	筍	準	准 批准
	臻合一 平魂清	臻合一 平魂从	臻合一 去慁清	臻合一 平魂心	臻合一 上混心	臻合三 上准心	臻合三 上准心	臻合三 上准章
兰州市（城关区）	tsʻun^{53}	tsʻun^{51}	tsʻun^{13}	sun^{53}	sun^{44}	sun^{44}	pfən^{44}	pfən^{44}
永登县	tsʻun^{42}	tsʻun^{53}	tsʻun^{13}	sun^{42}	sun^{354}	sun^{354}	pfən^{354}	pfən^{354}
榆中县	tsʻun^{44}	tsʻun^{51}	tsʻun^{13}	sun^{51}	sun^{44}	sun^{44}	tʂun^{44}	tʂun^{44}
皋兰县	tsʻun^{42}	tsʻun^{53}	tsʻun^{13}	sun^{42}	sun^{342}	sun^{342}	pfən^{342}	pfən^{342}
白银区	tsʻun^{44}	tsʻun^{51}	tsʻun^{13}	sun^{44}	sun^{343}	sun^{343}	pfən^{343}	pfən^{343}
天祝县	tsʻuŋ^{44}	tsʻuŋ^{53}	tsʻuŋ^{213}	suŋ^{44}	suŋ^{44}	suŋ^{44}	tʂuŋ^{44}	tʂuŋ^{44}
景泰县（红水镇）	tsʻuəŋ^{44}	tsʻuəŋ^{53}	tsʻuəŋ^{213}	suəŋ^{44}	suəŋ^{44}	suəŋ^{44}	tʂuəŋ^{44}	tʂuəŋ^{44}
古浪县	tsʻoŋ^{44}	tsʻoŋ^{53}	tsʻoŋ^{31}	soŋ^{44}	soŋ^{44}	soŋ^{44}	tʂoŋ^{44}	tʂoŋ^{44}
凉州区	tsʻuŋ^{33}	tsʻuŋ^{13}	tsʻuŋ^{53}	suŋ^{33}	suŋ^{33}	suŋ^{33}	tʂuŋ^{33}	tʂuŋ^{33}
民勤县	tsʻoŋ^{44}	tsʻoŋ^{53}	tsʻoŋ^{42}	soŋ^{44}	soŋ^{214}	soŋ^{214}	tʂoŋ^{214}	tʂoŋ^{214}
永昌县	tsʻuɤ^{44}	tsʻuɤ^{13}	tsʻuɤ^{53}	suɤ^{44}	suɤ^{13}	suɤ^{13}	tʂuɤ^{13}	tʂuɤ^{13}
甘州区	tsʻuŋ^{44}	tsʻuŋ^{53}	tsʻuŋ^{31}	suŋ^{44}	suŋ^{44}	suŋ^{53}	kuŋ^{53}	kuŋ^{53}
临泽县	tsʻuŋ^{44}	tsʻuŋ^{53}	tsʻuŋ^{214}	suŋ^{44}	suŋ^{44}	suŋ^{53}	pfuŋ^{53}	pfuŋ^{53}
民乐县	tsʻuŋ^{44}	tsʻuŋ^{53}	tsʻuŋ^{42}	suŋ^{44}	suŋ^{213}	suŋ^{213}	kfuŋ^{213}	kfuŋ^{213}
山丹县	tsʻuŋ^{24}	tsʻuŋ^{53}	tsʻuŋ^{41}	suŋ^{24}	suŋ^{24}	suŋ^{53}	pfuŋ^{53}	pfuŋ^{53}
高台县	tsʻuɤ̃^{44}	tsʻuɤ̃^{53}	tsʻuɤ̃^{214}	suɤ̃^{44}	suɤ̃^{44}	suɤ̃^{53}	kuɤ̃^{53}	kuɤ̃^{53}
肃州区	tsʻuŋ^{44}	tsʻuŋ^{53}	tsʻuŋ^{214}	suŋ^{44}	suŋ^{44}	suŋ^{53}	tʂuŋ^{53}	tʂuŋ^{53}
金塔县	tsʻuŋ^{44}	tsʻuŋ^{53}	tsʻuŋ^{13}	suŋ^{44}	suŋ^{44}	suŋ^{53}	tʂuŋ^{53}	tʂuŋ^{53}
肃北县	tsʻuɤ̃^{44}	tsʻuɤ̃^{53}	tsʻuɤ̃^{213}	suɤ̃^{44}	suɤ̃^{44}	suɤ̃^{53}	tʂuɤ̃^{53}	tʂuɤ̃^{53}
玉门市	tsʻoŋ^{44}	tsʻoŋ^{53}	tsʻoŋ^{213}	soŋ^{44}	soŋ^{44}	soŋ^{53}	tʂoŋ^{53}	tʂoŋ^{53}
瓜州县	tsʻoŋ^{44}	tsʻoŋ^{53}	tsʻoŋ^{213}	soŋ^{44}	soŋ^{44}	soŋ^{53}	tʂoŋ^{53}	tʂoŋ^{53}
西夏区	tsʻuŋ^{44}	tsʻuŋ^{53}	tsʻuŋ^{13}	suŋ^{44}	suŋ^{53}	suŋ^{53}	tʂuŋ^{53}	tʂuŋ^{53}

续表

贺兰县	tsʻuŋ^{44}	tsʻuŋ^{53}	tsʻuŋ^{13}	suŋ^{44}	suŋ^{53}	suŋ^{53}	tʂuŋ^{53}	tʂuŋ^{53}
灵武市（东塔镇）	tsʻɔŋ^{44}	tsʻɔŋ^{52}	tsʻɔŋ^{13}	sɔŋ^{44}	sɔŋ^{52}	sɔŋ^{52}	tʂɔŋ^{52}	tʂɔŋ^{52}
永宁县	tsʻuŋ^{44}	tsʻuŋ^{53}	tsʻuŋ^{13}	suŋ^{44}	suŋ^{53}	suŋ^{53}	tʂuŋ^{53}	tʂuŋ^{53}
中宁县	tsʻuŋ^{44}	tsʻuŋ^{53}	tsʻuŋ^{13}	suŋ^{44}	suŋ^{53}	suŋ^{53}	tʂuŋ^{53}	tʂuŋ^{53}
沙坡头区	tsʻuẽi^{44}	tsʻuẽi^{53}	tsʻuẽi^{13}	suẽi^{44}	suẽi^{53}	suẽi^{53}	tʂuẽi^{53}	tʂuẽi^{53}
盐池县	tsʻuŋ^{44}	tsʻuŋ^{13}	tsʻuŋ^{13}	suŋ^{44}	suŋ^{52}	suŋ^{52}	tʂuŋ^{52}	tʂuŋ^{52}
平罗县（渠口乡）	tsʻuŋ^{44}	tsʻuŋ^{53}	tsʻuŋ^{13}	suŋ^{44}	suŋ^{53}	suŋ^{53}	tʂuŋ^{53}	tʂuŋ^{53}
阿拉善左旗	tsʻuŋ^{44}	tsʻuŋ^{51}	tsʻuŋ^{213}	suŋ^{44}	suŋ^{51}	suŋ^{51}	tʂuŋ^{51}	tʂuŋ^{51}
乌鲁木齐市	tsʻuŋ^{44}	tsʻuŋ^{52}	tsʻuŋ^{213}	suŋ^{44}	suŋ^{52}	suŋ^{52}	tʂuŋ^{52}	tʂuŋ^{52}
阜康市	tsʻuŋ^{55}	tsʻuŋ^{51}	tsʻuŋ^{213}	suŋ^{55}	suŋ^{51}	suŋ^{51}	tʂuŋ^{51}	tʂuŋ^{51}
呼图壁县	tsʻuŋ^{44}	tsʻuŋ^{51}	tsʻuŋ^{213}	suŋ^{44}	suŋ^{51}	suŋ^{51}	tʂuŋ^{51}	tʂuŋ^{51}
吉木萨尔县	tsʻuŋ^{44}	tsʻuŋ^{51}	tsʻuŋ^{213}	suŋ^{44}	suŋ^{51}	suŋ^{51}	tʂuŋ^{51}	tʂuŋ^{51}
奇台县	tsʻuŋ^{44}	tsʻuŋ^{52}	tsʻuŋ^{213}	suŋ^{44}	suŋ^{52}	suŋ^{52}	tʂuŋ^{52}	tʂuŋ^{52}
博乐市	tsʻuŋ^{45}	tsʻuŋ^{51}	tsʻuŋ^{24}	suŋ^{45}	suŋ^{51}	suŋ^{51}	tʂuŋ^{51}	tʂuŋ^{51}
阿勒泰市	tsʻuŋ^{44}	tsʻuŋ^{51}	tsʻuŋ^{23}	suŋ^{44}	suŋ^{51}	suŋ^{51}	tʂuŋ^{51}	tʂuŋ^{51}
布尔津县	tsʻuŋ^{44}	tsʻuŋ^{23}	tsʻuŋ^{51}	suŋ^{44}	suŋ^{23}	suŋ^{23}	tʂuŋ^{23}	tʂuŋ^{23}
乌苏市	tsʻuŋ^{55}	tsʻuŋ^{51}	tsʻuŋ^{213}	suŋ^{55}	suŋ^{51}	suŋ^{51}	tʂuŋ^{51}	tʂuŋ^{51}
额敏县	tsʻuŋ^{44}	tsʻuŋ^{51}	tsʻuŋ^{34}	suŋ^{44}	suŋ^{51}	suŋ^{51}	tʂuŋ^{51}	tʂuŋ^{51}
伊州区	tsʻuŋ^{44}	tsʻuŋ^{51}	tsʻuŋ^{213}	suŋ^{44}	suŋ^{51}	suŋ^{51}	tʂuŋ^{51}	tʂuŋ^{51}
巴里坤县	tsʻuŋ^{45}	tsʻuŋ^{51}	tsʻuŋ^{24}	suŋ^{45}	suŋ^{51}	suŋ^{51}	tʂuŋ^{51}	tʂuŋ^{51}
伊吾县	tsʻuŋ^{44}	tsʻuŋ^{51}	tsʻuŋ^{213}	suŋ^{44}	suŋ^{51}	suŋ^{51}	tʂuŋ^{51}	tʂuŋ^{51}

字目 / 中古音 / 方言点	准 标准	椿	春	唇	纯	蠢	顺	润
	臻合三上准章	臻合三平谆彻	臻合三平谆昌	臻合三平谆船	臻合三平谆禅	臻合三上准昌	臻合三去稕船	臻合三去稕日
兰州市（城关区）	pfən^{44}	pfʻən^{53}	pfʻən^{53}	pfʻən^{51}	pfʻən^{51}	pfʻən^{44}	fən^{13}	vən^{13}
永登县	pfən^{354}	pfʻən^{42}	pfʻən^{42}	pfʻən^{53}	pfʻən^{53}	pfʻən^{354}	fən^{13}	vən^{13}
榆中县	tʂuen^{44}	tʂʻuen^{51}	tʂʻuen^{51}	tʂʻuen^{51}	tʂʻuen^{51}	tʂʻuen^{51}	ʂuen^{13}	ʐuen^{13}
皋兰县	pfən^{354}	pfʻən^{42}	pfʻən^{42}	pfʻən^{53}	pfʻən^{53}	pfʻən^{354}	fən^{13}	vən^{13}
白银区	pfən^{343}	pfʻən^{44}	pfʻən^{44}	pfʻən^{51}	pfʻən^{51}	pfʻən^{343}	fən^{13}	vən^{13}
天祝县	tʂuŋ^{44}	tʂʻuŋ^{44}	tʂʻuŋ^{44}	tʂʻuŋ^{53}	tʂʻuŋ^{53}	tʂʻuŋ^{44}	ʂuŋ^{213}	ʐuŋ^{213}
景泰县（红水镇）	tʂuəŋ^{44}	tʂʻuəŋ^{44}	tʂʻuəŋ^{44}	tʂʻuəŋ^{53}	tʂʻuəŋ^{53}	tʂʻuəŋ^{44}	ʂuəŋ^{213}	ʐuəŋ^{213}
古浪县	tʂoŋ^{44}	tʂʻoŋ^{44}	tʂʻoŋ^{44}	tʂʻoŋ^{53}	tʂʻoŋ^{53}	tʂʻoŋ^{44}	ʂoŋ^{31}	ʐoŋ^{31}
凉州区	tʂuŋ^{33}	tʂʻuŋ^{33}	tʂʻuŋ^{33}	tʂʻuŋ^{13}	tʂʻuŋ^{13}	tʂʻuŋ^{13}	ʂuŋ^{53}	ʐuŋ^{53}
民勤县	tʂoŋ^{214}	tʂʻoŋ^{44}	tʂʻoŋ^{44}	tʂʻoŋ^{53}	tʂʻoŋ^{53}	tʂʻoŋ^{214}	ʂoŋ^{42}	ʐoŋ^{42}
永昌县	tʂuɣ̃^{13}	tʂʻuɣ̃^{44}	tʂʻuɣ̃^{44}	tʂʻuɣ̃^{13}	tʂʻuɣ̃^{13}	tʂʻuɣ̃^{13}	ʂuɣ̃^{53}	ʐuɣ̃^{53}
甘州区	kuŋ^{53}	kʻuŋ^{44}	kʻuŋ^{44}	kʻuŋ^{53}	kʻuŋ^{53}	kʻuŋ^{53}	fəŋ^{31}	ʐuŋ^{31}
临泽县	pfəŋ^{53}	pfʻəŋ^{44}	pfʻəŋ^{44}	pfʻəŋ^{53}	pfʻəŋ^{53}	pfʻəŋ^{53}	fəŋ^{214}	vəŋ^{214}
民乐县	kfuŋ^{213}	kfʻuŋ^{44}	kfʻuŋ^{44}	kfʻuŋ^{53}	kfʻuŋ^{53}	kfʻuŋ^{213}	fəŋ^{42}	vəŋ^{42}
山丹县	pfʻəŋ^{24}	pfʻəŋ^{53}	pfʻəŋ^{41}	pfəŋ^{44}	pfəŋ^{44}	pfəŋ^{53}	fəŋ^{53}	vəŋ^{53}
高台县	kuɣ̃^{53}	kʻuɣ̃^{44}	kʻuɣ̃^{44}	kʻuɣ̃^{53}	kʻuɣ̃^{53}	kʻuɣ̃^{53}	fɣ̃^{214}	vɣ̃^{214}
肃州区	tʂuŋ^{53}	tʂʻuŋ^{44}	tʂʻuŋ^{44}	tʂʻuŋ^{53}	tʂʻuŋ^{53}	tʂʻuŋ^{53}	ʂuŋ^{214}	ʐuŋ^{214}
金塔县	kuŋ^{53}	kʻuŋ^{44}	kʻuŋ^{44}	kʻuŋ^{53}	kʻuŋ^{53}	kʻuŋ^{53}	ʂuŋ^{13}	ʐuŋ^{13}
肃北县	kuɣ̃^{53}	kʻuɣ̃^{44}	kʻuɣ̃^{44}	kʻuɣ̃^{53}	kʻuɣ̃^{53}	kʻuɣ̃^{53}	ʂuɣ̃^{213}	ʐuɣ̃^{213}
玉门市	koŋ^{53}	kʻoŋ^{44}	kʻoŋ^{44}	kʻoŋ^{53}	kʻoŋ^{53}	kʻoŋ^{53}	ʂoŋ^{213}	ʐoŋ^{213}
瓜州县	koŋ^{53}	kʻoŋ^{44}	kʻoŋ^{44}	kʻoŋ^{53}	kʻoŋ^{53}	kʻoŋ^{53}	ʂoŋ^{213}	ʐoŋ^{213}
西夏区	tʂuŋ^{53}	tʂʻuŋ^{44}	tʂʻuŋ^{44}	tʂʻuŋ^{53}	tʂʻuŋ^{53}	tʂʻuŋ^{53}	ʂuŋ^{213}	ʐuŋ^{13}

续表

贺兰县	tʂuŋ^{53} kuŋ^{53}	tʂʻuŋ^{44} kʻuŋ^{44}	tʂʻuŋ^{44} kʻuŋ^{44}	tʂʻuŋ^{53} kʻuŋ^{53}	tʂʻuŋ^{53} kʻuŋ^{53}	tʂʻuŋ^{53} kʻuŋ^{53}	ʂuŋ^{13} fəŋ^{13}	ʐuŋ^{13}
灵武市（东塔镇）	tʂɔŋ^{52}	tʂʻɔŋ^{44}	tʂʻɔŋ^{44}	tʂʻɔŋ^{52}	tʂʻɔŋ^{52}	tʂʻɔŋ^{52}	ʂɔŋ^{13}	ʐɔŋ^{13}
永宁县	tʂuŋ^{53}	tʂʻuŋ^{44}	tʂʻuŋ^{44}	tʂʻuŋ^{53}	tʂʻuŋ^{53}	tʂʻuŋ^{53}	ʂuŋ^{13}	ʐuŋ^{13}
中宁县	tʂuŋ^{53}	tʂʻuŋ^{44}	tʂʻuŋ^{44}	tʂʻuŋ^{53}	tʂʻuŋ^{53}	tʂʻuŋ^{53}	ʂuŋ^{13}	ʐuŋ^{13}
沙坡头区	tʂuẽi^{53}	tʂʻuẽi^{4}	tʂʻuẽi^{44}	tʂʻuẽi^{53}	tʂʻuẽi^{53}	tʂʻuẽi^{53}	ʂuẽi^{13}	ʐuẽi^{13}
盐池县	tʂuŋ^{52}	tʂʻuŋ^{44}	tʂʻuŋ^{44}	tʂʻuŋ^{13}	tʂʻuŋ^{13}	tʂʻuŋ^{52}	ʂuŋ^{13}	ʐuŋ^{13}
平罗县（渠口乡）	tʂuŋ^{53}	tʂʻuŋ^{44}	tʂʻuŋ^{44}	tʂʻuŋ^{53}	tʂʻuŋ^{53}	tʂʻuŋ^{53}	ʂuŋ^{13}	ʐuŋ^{13}
阿拉善左旗	tʂuŋ^{51}	tʂʻuŋ^{44}	tʂʻuŋ^{44}	tʂʻuŋ^{51}	tʂʻuŋ^{51}	tʂʻuŋ^{51}	ʂuŋ^{213}	ʐuŋ^{213}
乌鲁木齐市	tʂuŋ^{52}	tʂʻuŋ^{44}	tʂʻuŋ^{44}	tʂʻuŋ^{52}	tʂʻuŋ^{52}	tʂʻuŋ^{52}	ʂuŋ^{213}	ʐuŋ^{213}
阜康市	tʂuŋ^{51}	tʂʻuŋ^{55}	tʂʻuŋ^{55}	tʂʻuŋ^{51}	tʂʻuŋ^{51}	tʂʻuŋ^{51}	ʂuŋ^{213}	ʐuŋ^{213}
呼图壁县	tʂuŋ^{51}	tʂʻuŋ^{44}	tʂʻuŋ^{44}	tʂʻuŋ^{51}	tʂʻuŋ^{51}	tʂʻuŋ^{51}	ʂuŋ^{213}	ʐuŋ^{213}
吉木萨尔县	tʂuŋ^{51}	tʂʻuŋ^{44}	tʂʻuŋ^{44}	tʂʻuŋ^{51}	tʂʻuŋ^{51}	tʂʻuŋ^{51}	ʂuŋ^{213}	ʐuŋ^{213}
奇台县	tʂuŋ^{52}	tʂʻuŋ^{44}	tʂʻuŋ^{44}	tʂʻuŋ^{52}	tʂʻuŋ^{52}	tʂʻuŋ^{52}	ʂuŋ^{213}	ʐuŋ^{213}
博乐市	tʂuŋ^{51}	tʂʻuŋ^{45}	tʂʻuŋ^{45}	tʂʻuŋ^{51}	tʂʻuŋ^{51}	tʂʻuŋ^{51}	ʂuŋ^{24}	ʐuŋ^{24}
阿勒泰市	tʂuŋ^{51}	tʂʻuŋ^{44}	tʂʻuŋ^{44}	tʂʻuŋ^{51}	tʂʻuŋ^{51}	tʂʻuŋ^{51}	ʂuŋ^{23}	ʐuŋ^{23}
布尔津县	tʂuŋ^{23}	tʂʻuŋ^{44}	tʂʻuŋ^{44}	tʂʻuŋ^{23}	tʂʻuŋ^{23}	tʂʻuŋ^{23}	ʂuŋ^{51}	ʐuŋ^{51}
乌苏市	tʂuŋ^{51}	tʂʻuŋ^{55}	tʂʻuŋ^{55}	tʂʻuŋ^{51}	tʂʻuŋ^{51}	tʂʻuŋ^{51}	ʂuŋ^{213}	ʐuŋ^{213}
额敏县	tʂuŋ^{51}	tʂʻuŋ^{44}	tʂʻuŋ^{44}	tʂʻuŋ^{51}	tʂʻuŋ^{51}	tʂʻuŋ^{51}	ʂuŋ^{34}	ʐuŋ^{34}
伊州区	tʂuŋ^{51}	tʂʻuŋ^{44}	tʂʻuŋ^{44}	tʂʻuŋ^{51}	tʂʻuŋ^{51}	tʂʻuŋ^{51}	ʂuŋ^{213}	ʐuŋ^{213}
巴里坤县	tʂuŋ^{51}	tʂʻuŋ^{45}	tʂʻuŋ^{45}	tʂʻuŋ^{51}	tʂʻuŋ^{51}	tʂʻuŋ^{51}	ʂuŋ^{24}	ʐuŋ^{24}
伊吾县	tʂuŋ^{51}	tʂʻuŋ^{44}	tʂʻuŋ^{44}	tʂʻuŋ^{51}	tʂʻuŋ^{51}	tʂʻuŋ^{51}	ʂuŋ^{213}	ʐuŋ^{213}

字目 / 中古音 / 方言点	闰	滚	棍 木棍	昆	崑	坤	捆[①]	困
	臻合三 去稕日	臻合一 上混见	臻合一 去魂见	臻合一 平魂见	臻合一 平魂见	臻合一 平魂溪	臻合一 上混溪	臻合一 去慁溪
兰州市 （城关区）	vən^{13}	kuən^{44}	kuən^{13}	kʻuən^{44}	kʻuən^{44}	kʻuən^{53}	kʻuən^{13}	kʻuən^{13}
永登县	vən^{13}	kuən^{354}	kuən^{13}	kʻuən^{354}	kʻuən^{354}	kʻuən^{42}	kʻuən^{13}	kʻuən^{13}
榆中县	ʐuen^{13}	kuen^{44}	kuen^{13}	kʻuen^{44}	kʻuen^{44}	kʻuen^{51}	kʻuen^{12}	kʻuen^{13}
皋兰县	vən^{13}	kuən^{342}	kuən^{13}	kʻuən^{342}	kʻuən^{342}	kʻuən^{42}	kʻuən^{13}	kʻuən^{13}
白银区	vən^{13}	kuən^{343}	kuən^{13}	kʻuən^{343}	kʻuən^{343}	kʻuən^{44}	kʻuən^{13}	kʻuən^{13}
天祝县	ʐuŋ^{213}	kuŋ^{44}	kuŋ^{213}	kʻuŋ^{44}	kʻuŋ^{44}	kʻuŋ^{44}	kʻuŋ^{213}	kʻuŋ^{213}
景泰县 （红水镇）	ʐuəŋ^{213}	kuəŋ^{44}	kuəŋ^{213}	kʻuəŋ^{44}	kʻuəŋ^{44}	kʻuəŋ^{44}	kʻuəŋ^{213}	kʻuəŋ^{213}
古浪县	ʐoŋ^{31}	koŋ^{44}	koŋ^{31}	kʻoŋ^{44}	kʻoŋ^{44}	kʻoŋ^{44}	kʻoŋ^{31}	kʻoŋ^{31}
凉州区	ʐuŋ^{53}	kuŋ^{33}	kuŋ^{53}	kʻuŋ^{33}	kʻuŋ^{33}	kʻuŋ^{33}	kʻuŋ^{53}	kʻuŋ^{53}
民勤县	ʐoŋ^{42}	koŋ^{214}	koŋ^{42}	kʻoŋ^{214}	kʻoŋ^{214}	kʻoŋ^{44}	kʻoŋ^{42}	kʻoŋ^{42}
永昌县	ʐuɣ̃^{53}	kuɣ̃^{13}	kuɣ̃^{53}	kʻuɣ̃^{13}	kʻuɣ̃^{13}	kʻuɣ̃^{44}	kʻuɣ̃^{53}	kʻuɣ̃^{53}
甘州区	ʐuŋ^{31}	kuŋ^{53}	kuŋ^{31}	kʻuŋ^{53}	kʻuŋ^{53}	kʻuŋ^{44}	kʻuŋ^{31}	kʻuŋ^{31}
临泽县	vəŋ^{214}	kuŋ^{53}	kuŋ^{214}	kʻuŋ^{53}	kʻuŋ^{53}	kʻuŋ^{44}	kʻuŋ^{214}	kʻuŋ^{214}
民乐县	vəŋ^{42}	kuŋ^{213}	kuŋ^{42}	kʻuŋ^{213}	kʻuŋ^{213}	kʻuŋ^{44}	kʻuŋ^{42}	kʻuŋ^{42}
山丹县	ʐuŋ^{41}	kuŋ^{53}	kuŋ^{41}	kʻuŋ^{53}	kʻuŋ^{53}	kʻuŋ^{24}	kʻuŋ^{41}	kʻuŋ^{41}
高台县	vuɣ̃^{214}	kuɣ̃^{53}	kuɣ̃^{214}	kʻuɣ̃^{44}	kʻuɣ̃^{44}	kʻuɣ̃^{44}	kʻuɣ̃^{53}	kʻuɣ̃^{214}
肃州区	ʐuŋ^{214}	kuŋ^{53}	kuŋ^{214}	kʻuŋ^{44}	kʻuŋ^{44}	kʻuŋ^{44}	kʻuŋ^{53}	kʻuŋ^{214}
金塔县	ʐuŋ^{13}	kuŋ^{53}	kuŋ^{13}	kʻuŋ^{53}	kʻuŋ^{53}	kʻuŋ^{44}	kʻuŋ^{13}	kʻuŋ^{13}
肃北县	ʐuɣ̃^{213}	kuɣ̃^{53}	kuɣ̃^{213}	kʻuɣ̃^{53}	kʻuɣ̃^{53}	kʻuɣ̃^{44}	kʻuɣ̃^{213}	kʻuɣ̃^{213}
玉门市	ʐoŋ^{213}	koŋ^{53}	koŋ^{213}	kʻoŋ^{53}	kʻoŋ^{53}	kʻoŋ^{44}	kʻoŋ^{213}	kʻoŋ^{213}
瓜州县	ʐoŋ^{213}	koŋ^{53}	koŋ^{213}	kʻoŋ^{53}	kʻoŋ^{53}	kʻoŋ^{44}	kʻoŋ^{213}	kʻoŋ^{213}

①又苦殒切，臻合三上准溪。

续表

西夏区	ʐuŋ^{13}	kuŋ^{53}	kuŋ^{13}	kʻuŋ^{44}	kʻuŋ^{44}	kʻuŋ^{44}	kʻuŋ^{53}	kʻuŋ^{13}
贺兰县	ʐuŋ^{13}	kuŋ^{53}	kuŋ^{13}	kʻuŋ^{44}	kʻuŋ^{44}	kʻuŋ^{44}	kʻuŋ^{53}	kʻuŋ^{13}
灵武市（东塔镇）	ʐɔŋ^{13}	kɔŋ^{52}	kɔŋ^{13}	kʻɔŋ^{44}	kʻɔŋ^{44}	kʻɔŋ^{44}	kʻɔŋ^{52}	kʻɔŋ^{13}
永宁县	ʐuŋ^{13}	kuŋ^{53}	kuŋ^{13}	kʻuŋ^{44}	kʻuŋ^{44}	kʻuŋ^{44}	kʻuŋ^{53}	kʻuŋ^{13}
中宁县	ʐuŋ^{13}	kuŋ^{53}	kuŋ^{13}	kʻuŋ^{44}	kʻuŋ^{44}	kʻuŋ^{44}	kʻuŋ^{53}	kʻuŋ^{13}
沙坡头区	ʐuẽi^{13}	kuẽi^{53}	kuẽi^{13}	kʻuẽi^{44}	kʻuẽi^{44}	kʻuẽi^{44}	kʻuẽi^{53}	kʻuẽi^{13}
盐池县	ʐuŋ^{13}	kuŋ^{52}	kuŋ^{13}	kʻuŋ^{44}	kʻuŋ^{44}	kʻuŋ^{44}	kʻuŋ^{52}	kʻuŋ^{13}
平罗县（渠口乡）	ʐuŋ^{13}	kuŋ^{53}	kuŋ^{13}	kʻuŋ^{44}	kʻuŋ^{44}	kʻuŋ^{44}	kʻuŋ^{53}	kʻuŋ^{13}
阿拉善左旗	ʐuŋ^{213}	kuŋ^{51}	kuŋ^{213}	kʻuŋ^{44}	kʻuŋ^{44}	kʻuŋ^{44}	kʻuŋ^{51}	kʻuŋ^{213}
乌鲁木齐市	ʐuŋ^{213}	kuŋ^{52}	kuŋ^{213}	kʻuŋ^{44}	kʻuŋ^{44}	kʻuŋ^{44}	kʻuŋ^{52}	kʻuŋ^{213}
阜康市	ʐuŋ^{213}	kuŋ^{51}	kuŋ^{213}	kʻuŋ^{55}	kʻuŋ^{55}	kʻuŋ^{55}	kʻuŋ^{51}	kʻuŋ^{213}
呼图壁县	ʐuŋ^{213}	kuŋ^{51}	kuŋ^{213}	kʻuŋ^{44}	kʻuŋ^{44}	kʻuŋ^{44}	kʻuŋ^{51}	kʻuŋ^{213}
吉木萨尔县	ʐuŋ^{213}	kuŋ^{51}	kuŋ^{213}	kʻuŋ^{44}	kʻuŋ^{44}	kʻuŋ^{44}	kʻuŋ^{51}	kʻuŋ^{213}
奇台县	ʐuŋ^{213}	kuŋ^{52}	kuŋ^{213}	kʻuŋ^{44}	kʻuŋ^{44}	kʻuŋ^{44}	kʻuŋ^{52}	kʻuŋ^{213}
博乐市	ʐuŋ^{24}	kuŋ^{51}	kuŋ^{24}	kʻuŋ^{45}	kʻuŋ^{45}	kʻuŋ^{45}	kʻuŋ^{51}	kʻuŋ^{24}
阿勒泰市	ʐuŋ^{23}	kuŋ^{51}	kuŋ^{23}	kʻuŋ^{44}	kʻuŋ^{44}	kʻuŋ^{44}	kʻuŋ^{51}	kʻuŋ^{23}
布尔津县	ʐuŋ^{51}	kuŋ^{23}	kuŋ^{51}	kʻuŋ^{44}	kʻuŋ^{44}	kʻuŋ^{44}	kʻuŋ^{23}	kʻuŋ^{51}
乌苏市	ʐuŋ^{213}	kuŋ^{51}	kuŋ^{213}	kʻuŋ^{55}	kʻuŋ^{55}	kʻuŋ^{55}	kʻuŋ^{51}	kʻuŋ^{213}
额敏县	ʐuŋ^{34}	kuŋ^{51}	kuŋ^{34}	kʻuŋ^{44}	kʻuŋ^{44}	kʻuŋ^{44}	kʻuŋ^{51}	kʻuŋ^{34}
伊州区	ʐuŋ^{213}	kuŋ^{51}	kuŋ^{213}	kʻuŋ^{44}	kʻuŋ^{44}	kʻuŋ^{44}	kʻuŋ^{51}	kʻuŋ^{213}
巴里坤县	ʐuŋ^{24}	kuŋ^{51}	kuŋ^{24}	kʻuŋ^{45}	kʻuŋ^{45}	kʻuŋ^{45}	kʻuŋ^{51}	kʻuŋ^{24}
伊吾县	ʐuŋ^{213}	kuŋ^{51}	kuŋ^{213}	kʻuŋ^{44}	kʻuŋ^{44}	kʻuŋ^{44}	kʻuŋ^{51}	kʻuŋ^{213}

字目 / 中古音 / 方言点	昏 昏暗	昏 昏迷	婚	荤	浑 浑浊	浑① 浑身	魂	混
	臻合一 平魂晓	臻合一 平魂晓	臻合一 平魂晓	臻合三 平文晓	臻合一 平魂匣	臻合一 平魂匣	臻合一 平魂匣	臻合一 平混匣
兰州市（城关区）	xuən^{53}	xuən^{53}	xuən^{53}	xuən^{53}	xuən^{51}	xuən^{51}	xuən^{51}	xuən^{13}
永登县	xuən^{42}	xuən^{42}	xuən^{42}	xuən^{42}	xuən^{53}	xuən^{53}	xuən^{53}	xuən^{13}
榆中县	xuən^{51}	xuən^{51}	xuən^{51}	xuən^{51}	xuən^{332}	xuən^{332}	xuən^{332}	xuən^{13}
皋兰县	xuən^{42}	xuən^{42}	xuən^{42}	xuən^{42}	xuən^{53}	xuən^{53}	xuən^{53}	xuən^{13}
白银区	xuən^{44}	xuən^{44}	xuən^{44}	xuən^{44}	xuən^{51}	xuən^{51}	xuən^{51}	xuən^{13}
天祝县	xuŋ^{44}	xuŋ^{44}	xuŋ^{44}	xuŋ^{44}	xuŋ^{53}	xuŋ^{53}	xuŋ^{53}	xuŋ^{213}
景泰县（红水镇）	xuəŋ^{44}	xuəŋ^{44}	xuəŋ^{44}	xuəŋ^{44}	xuəŋ^{53}	xuəŋ^{53}	xuəŋ^{53}	xuəŋ^{213}
古浪县	xoŋ^{44}	xoŋ^{44}	xoŋ^{44}	xoŋ^{44}	xoŋ^{53}	xoŋ^{53}	xoŋ^{53}	xoŋ^{31}
凉州区	xuŋ^{33}	xuŋ^{33}	xuŋ^{33}	xuŋ^{33}	xuŋ^{33}	xuŋ^{13}	xuŋ^{13}	xuŋ^{53}
民勤县	xoŋ^{44}	xoŋ^{44}	xoŋ^{44}	xoŋ^{44}	xoŋ^{53}	xoŋ^{53}	xoŋ^{53}	xoŋ^{42}
永昌县	xuɣ̆^{44}	xuɣ̆^{44}	xuɣ̆^{44}	xuɣ̆^{44}	xuɣ̆^{44}	xuɣ̆^{13}	xuɣ̆^{13}	xuɣ̆^{53}
甘州区	xuŋ^{44}	xuŋ^{44}	xuŋ^{44}	xuŋ^{44}	xuŋ^{53}	xuŋ^{53}	xuŋ^{53}	xuŋ^{31}
临泽县	xuŋ^{44}	xuŋ^{44}	xuŋ^{44}	xuŋ^{44}	xuŋ^{53}	xuŋ^{53}	xuŋ^{53}	xuŋ^{214}
民乐县	xuŋ^{44}	xuŋ^{44}	xuŋ^{44}	xuŋ^{44}	xuŋ^{53}	xuŋ^{53}	xuŋ^{53}	xuŋ^{42}
山丹县	xuŋ^{24}	xuŋ^{24}	xuŋ^{24}	xuŋ^{24}	xuŋ^{53}	xuŋ^{53}	xuŋ^{53}	xuŋ^{41}
高台县	xuɤ̃^{44}	xuɤ̃^{44}	xuɤ̃^{44}	xuɤ̃^{44}	xuɤ̃^{53}	xuɤ̃^{53}	xuɤ̃^{53}	xuɤ̃^{214}
肃州区	xuŋ^{44}	xuŋ^{44}	xuŋ^{44}	xuŋ^{44}	xuŋ^{44}	xuŋ^{53}	xuŋ^{53}	xuŋ^{214}
金塔县	xuŋ^{44}	xuŋ^{44}	xuŋ^{44}	xuŋ^{44}	xuŋ^{53}	xuŋ^{53}	xuŋ^{53}	xuŋ^{13}
肃北县	xuɤ̃^{44}	xuɤ̃^{44}	xuɤ̃^{44}	xuɤ̃^{44}	xuɤ̃^{53}	xuɤ̃^{53}	xuɤ̃^{53}	xuɤ̃^{213}
玉门市	xoŋ^{44}	xoŋ^{44}	xoŋ^{44}	xoŋ^{44}	xoŋ^{53}	xoŋ^{53}	xoŋ^{53}	xoŋ^{213}

①又胡本切，臻合一上混匣。

续表

瓜州县	xoŋ⁴⁴	xoŋ⁴⁴	xoŋ⁴⁴	xoŋ⁴⁴	xoŋ⁵³	xoŋ⁵³	xoŋ⁵³	xoŋ²¹³
西夏区	xuŋ⁴⁴	xuŋ⁴⁴	xuŋ⁴⁴	xuŋ⁴⁴	xuŋ⁴⁴	xuŋ⁵³	xuŋ⁵³	xuŋ¹³
贺兰县	xuŋ⁴⁴	xuŋ⁴⁴	xuŋ⁴⁴	xuŋ⁴⁴	xuŋ⁴⁴	xuŋ⁵³	xuŋ⁵³	xuŋ¹³
灵武市（东塔镇）	xɔŋ⁴⁴	xɔŋ⁴⁴	xɔŋ⁴⁴	xɔŋ⁴⁴	xɔŋ⁴⁴	xɔŋ⁵²	xɔŋ⁵²	xɔŋ¹³
永宁县	xuŋ⁴⁴	xuŋ⁴⁴	xuŋ⁴⁴	xuŋ⁴⁴	xuŋ⁴⁴	xuŋ⁵³	xuŋ⁵³	xuŋ¹³
中宁县	xuŋ⁴⁴	xuŋ⁴⁴	xuŋ⁴⁴	xuŋ⁴⁴	xuŋ⁴⁴	xuŋ⁵³	xuŋ⁵³	xuŋ¹³
沙坡头区	xuẽi⁴⁴	xuẽi⁴⁴	xuẽi⁴⁴	xuẽi⁴⁴	xuẽi⁴⁴	xuẽi⁵³	xuẽi⁵³	xuẽi¹³
盐池县	xuŋ⁴⁴	xuŋ⁴⁴	xuŋ⁴⁴	xuŋ⁴⁴	xuŋ⁴⁴	xuŋ¹³	xuŋ¹³	xuŋ¹³
平罗县（渠口乡）	xuŋ⁴⁴	xuŋ⁴⁴	xuŋ⁴⁴	xuŋ⁴⁴	xuŋ⁴⁴	xuŋ⁵³	xuŋ⁵³	xuŋ¹³
阿拉善左旗	xuŋ⁴⁴	xuŋ⁴⁴	xuŋ⁴⁴	xuŋ⁴⁴	xuŋ⁴⁴	xuŋ⁵¹	xuŋ⁵¹	xuŋ²¹³
乌鲁木齐市	xuŋ⁴⁴	xuŋ⁴⁴	xuŋ⁴⁴	xuŋ⁴⁴	xuŋ⁴⁴	xuŋ⁵²	xuŋ⁵²	xuŋ²¹³
阜康市	xuŋ⁵⁵	xuŋ⁵⁵	xuŋ⁵⁵	xuŋ⁵⁵	xuŋ⁵⁵	xuŋ⁵¹	xuŋ⁵¹	xuŋ²¹³
呼图壁县	xuŋ⁴⁴	xuŋ⁴⁴	xuŋ⁴⁴	xuŋ⁴⁴	xuŋ⁴⁴	xuŋ⁵¹	xuŋ⁵¹	xuŋ²¹³
吉木萨尔县	xuŋ⁴⁴	xuŋ⁴⁴	xuŋ⁴⁴	xuŋ⁴⁴	xuŋ⁴⁴	xuŋ⁵¹	xuŋ⁵¹	xuŋ²¹³
奇台县	xuŋ⁴⁴	xuŋ⁴⁴	xuŋ⁴⁴	xuŋ⁴⁴	xuŋ⁴⁴	xuŋ⁵²	xuŋ⁵²	xuŋ²¹³
博乐市	xuŋ⁴⁵	xuŋ⁴⁵	xuŋ⁴⁵	xuŋ⁴⁵	xuŋ⁴⁵	xuŋ⁵¹	xuŋ⁵¹	xuŋ²⁴
阿勒泰市	xuŋ⁴⁴	xuŋ⁴⁴	xuŋ⁴⁴	xuŋ⁴⁴	xuŋ⁴⁴	xuŋ⁵¹	xuŋ⁵¹	xuŋ²³
布尔津县	xuŋ⁴⁴	xuŋ⁴⁴	xuŋ⁴⁴	xuŋ⁴⁴	xuŋ⁴⁴	xuŋ²³	xuŋ²³	xuŋ⁵¹
乌苏市	xuŋ⁵⁵	xuŋ⁵⁵	xuŋ⁵⁵	xuŋ⁵⁵	xuŋ⁵⁵	xuŋ⁵¹	xuŋ⁵¹	xuŋ²¹³
额敏县	xuŋ⁴⁴	xuŋ⁴⁴	xuŋ⁴⁴	xuŋ⁴⁴	xuŋ⁴⁴	xuŋ⁵¹	xuŋ⁵¹	xuŋ³⁴
伊州区	xuŋ⁴⁴	xuŋ⁴⁴	xuŋ⁴⁴	xuŋ⁴⁴	xuŋ⁴⁴	xuŋ⁵¹	xuŋ⁵¹	xuŋ²¹³
巴里坤县	xuŋ⁴⁵	xuŋ⁴⁵	xuŋ⁴⁵	xuŋ⁴⁵	xuŋ⁴⁵	xuŋ⁵¹	xuŋ⁵¹	xuŋ²⁴
伊吾县	xuŋ⁴⁴	xuŋ⁴⁴	xuŋ⁴⁴	xuŋ⁴⁴	xuŋ⁴⁴	xuŋ⁵¹	xuŋ⁵¹	xuŋ²¹³

字目 / 中古音 / 方音 / 方言点	温	瘟	文①	蚊①	纹	闻 耳闻	稳	问
	臻合一平魂影	臻合一平魂影	臻合三平文微	臻合三平文微	臻合三平文微	臻合三平文微	臻合一上混影	臻合三去问微
兰州市（城关区）	vən^{53}	vən^{53}	vən^{51}	vən^{51}	vən^{51}	vən^{51}	vən^{44}	vən^{13}
永登县	vən^{42}	vən^{42}	vən^{53}	vən^{53}	vən^{53}	vən^{53}	vən^{354}	vən^{13}
榆中县	vən^{51}	vən^{51}	vən^{332}	vən^{332}	vən^{332}	vən^{332}	vən^{44}	vən^{13}
皋兰县	vən^{42}	vən^{42}	vən^{53}	vən^{53}	vən^{53}	vən^{53}	vən^{342}	vən^{13}
白银区	vən^{44}	vən^{44}	vən^{51}	vən^{51}	vən^{51}	vən^{51}	vən^{343}	vən^{13}
天祝县	vɤŋ^{44}	vɤŋ^{44}	vɤŋ^{53}	vɤŋ^{53}	vɤŋ^{44}	vɤŋ^{53}	vɤŋ^{44}	vɤŋ^{213}
景泰县（红水镇）	vəŋ^{44}	vəŋ^{44}	vəŋ^{53}	vəŋ^{53}	vəŋ^{44}	vəŋ^{53}	vəŋ^{44}	vəŋ^{213}
古浪县	vəŋ^{44}	vəŋ^{44}	vəŋ^{53}	vəŋ^{53}	vəŋ^{44}	vəŋ^{53}	vəŋ^{44}	vəŋ^{31}
凉州区	vəŋ^{33}	vəŋ^{33}	vəŋ^{13}	vəŋ^{13}	vəŋ^{13}	vəŋ^{13}	vəŋ^{33}	vəŋ^{53}
民勤县	vəŋ^{44}	vəŋ^{44}	vəŋ^{53}	vəŋ^{53}	vəŋ^{53}	vəŋ^{53}	vəŋ^{214}	vəŋ^{42}
永昌县	vɤ̆^{44}	vɤ̆^{44}	vɤ̆^{13}	vɤ̆^{13}	vɤ̆^{13}	vɤ̆^{13}	vɤ̆^{13}	vɤ̆^{53}
甘州区	vɤŋ^{44}	vɤŋ^{44}	vɤŋ^{53}	vɤŋ^{53}	vɤŋ^{44}	vɤŋ^{53}	vɤŋ^{44}	vɤŋ^{31}
临泽县	vəŋ^{44}	vəŋ^{44}	vəŋ^{53}	vəŋ^{53}	vəŋ^{44}	vəŋ^{53}	vəŋ^{44}	vəŋ^{214}
民乐县	vəŋ^{44}	vəŋ^{44}	vəŋ^{53}	vəŋ^{53}	vəŋ^{53}	vəŋ^{53}	vəŋ^{213}	vəŋ^{42}
山丹县	vəŋ^{24}	vəŋ^{24}	vəŋ^{53}	vəŋ^{53}	vəŋ^{24}	vəŋ^{53}	vəŋ^{24}	vəŋ^{41}
高台县	vɤ̃^{44}	vɤ̃^{44}	vɤ̃^{53}	vɤ̃^{53}	vɤ̃^{44}	vɤ̃^{53}	vɤ̃^{44}	vɤ̃^{214}
肃州区	vəŋ^{44}	vəŋ^{44}	vəŋ^{53}	vəŋ^{53}	vəŋ^{44}	vəŋ^{53}	vəŋ^{44}	vəŋ^{214}
金塔县	vɤŋ^{44}	vɤŋ^{44}	vɤŋ^{53}	vɤŋ^{53}	vɤŋ^{44}	vɤŋ^{53}	vɤŋ^{44}	vɤŋ^{13}
肃北县	vɤ̃^{44}	vɤ̃^{44}	vɤ̃^{53}	vɤ̃^{53}	vɤ̃^{53}	vɤ̃^{53}	vɤ̃^{53}	vɤ̃^{213}
玉门市	vɤŋ^{44}	vɤŋ^{44}	vɤŋ^{53}	vɤŋ^{53}	vɤŋ^{44}	vɤŋ^{53}	vɤŋ^{44}	vɤŋ^{213}
瓜州县	vɤŋ^{44}	vɤŋ^{44}	vɤŋ^{53}	vɤŋ^{53}	vɤŋ^{44}	vɤŋ^{53}	vɤŋ^{44}	vɤŋ^{213}

①又眉贫切，臻开三平真明。

续表

西夏区	vəŋ^{44}	vəŋ^{44}	vəŋ^{53}	vəŋ^{53}	vəŋ^{53}	vəŋ^{53}	vəŋ^{53}	vəŋ^{13}
贺兰县	vəŋ^{44}	vəŋ^{44}	vəŋ^{53}	vəŋ^{53}	vəŋ^{53}	vəŋ^{53}	vəŋ^{53}	vəŋ^{13}
灵武市（东塔镇）	vəŋ^{44}	vəŋ^{44}	vəŋ^{52}	vəŋ^{52}	vəŋ^{52}	vəŋ^{52}	vəŋ^{52}	vəŋ^{13}
永宁县	vəŋ^{44}	vəŋ^{44}	vəŋ^{53}	vəŋ^{53}	vəŋ^{53}	vəŋ^{53}	vəŋ^{53}	vəŋ^{13}
中宁县	vəŋ^{44}	vəŋ^{44}	vəŋ^{53}	vəŋ^{53}	vəŋ^{53}	vəŋ^{53}	vəŋ^{53}	vəŋ^{13}
沙坡头区	vẽi^{44}	vẽi^{44}	vẽi^{53}	vẽi^{53}	vẽi^{53}	vẽi^{53}	vẽi^{53}	vẽi^{13}
盐池县	vəŋ^{44}	vəŋ^{44}	vəŋ^{13}	vəŋ^{13}	vəŋ^{13}	vəŋ^{13}	vəŋ^{52}	vəŋ^{13}
平罗县（渠口乡）	vəŋ^{44}	vəŋ^{44}	vəŋ^{53}	vəŋ^{53}	vəŋ^{53}	vəŋ^{53}	vəŋ^{53}	vəŋ^{13}
阿拉善左旗	vəŋ^{44}	vəŋ^{44}	vəŋ^{51}	vəŋ^{51}	vəŋ^{51}	vəŋ^{51}	vəŋ^{51}	vəŋ^{213}
乌鲁木齐市	vəŋ^{44}	vəŋ^{44}	vəŋ^{52}	vəŋ^{52}	vəŋ^{52}	vəŋ^{52}	vəŋ^{52}	vəŋ^{213}
阜康市	vɤŋ^{55}	vɤŋ^{55}	vɤŋ^{51}	vɤŋ^{51}	vɤŋ^{51}	vɤŋ^{51}	vɤŋ^{51}	vɤŋ^{213}
呼图壁县	vəŋ^{44}	vəŋ^{44}	vəŋ^{51}	vəŋ^{51}	vəŋ^{51}	vəŋ^{51}	vəŋ^{51}	vəŋ^{213}
吉木萨尔县	vɤŋ^{44}	vɤŋ^{44}	vɤŋ^{51}	vɤŋ^{51}	vɤŋ^{51}	vɤŋ^{51}	vɤŋ^{44}	vɤŋ^{213}
奇台县	vəŋ^{44}	vəŋ^{44}	vəŋ^{52}	vəŋ^{52}	vəŋ^{52}	vəŋ^{52}	vəŋ^{52}	vəŋ^{213}
博乐市	vəŋ^{45}	vəŋ^{45}	vəŋ^{51}	vəŋ^{51}	vəŋ^{51}	vəŋ^{51}	vəŋ^{51}	vəŋ^{24}
阿勒泰市	vəŋ^{44}	vəŋ^{44}	vəŋ^{51}	vəŋ^{51}	vəŋ^{51}	vəŋ^{51}	vəŋ^{51}	vəŋ^{23}
布尔津县	vəŋ^{44}	vəŋ^{44}	vəŋ^{23}	vəŋ^{23}	vəŋ^{23}	vəŋ^{23}	vəŋ^{23}	vəŋ^{51}
乌苏市	ʋəŋ^{55}	ʋəŋ^{55}	ʋəŋ^{51}	ʋəŋ^{51}	ʋəŋ^{51}	ʋəŋ^{51}	ʋəŋ^{51}	ʋəŋ^{213}
额敏县	vəŋ^{44}	vəŋ^{44}	vəŋ^{51}	vəŋ^{51}	vəŋ^{51}	vəŋ^{51}	vəŋ^{51}	vəŋ^{34}
伊州区	vəŋ^{44}	vəŋ^{44}	vəŋ^{51}	vəŋ^{51}	vəŋ^{51}	vəŋ^{51}	vəŋ^{51}	vəŋ^{213}
巴里坤县	vəŋ^{45}	vəŋ^{45}	vəŋ^{51}	vəŋ^{51}	vəŋ^{51}	vəŋ^{51}	vəŋ^{51}	vəŋ^{24}
伊吾县	vəŋ^{44}	vəŋ^{44}	vəŋ^{51}	vəŋ^{51}	vəŋ^{51}	vəŋ^{51}	vəŋ^{51}	vəŋ^{213}

字目 / 中古音 / 方音 / 方言点	均	钧	君	军	俊	群	裙	薰①
	臻合三平谆见	臻合三平谆见	臻合三平文见	臻合三平文见	臻合三去稕精	臻合三平文群	臻合三平文群	臻合三平文晓
兰州市（城关区）	tɕyn^{53}	tɕyn^{53}	tɕyn^{53}	tɕyn^{53}	tɕyn^{13}	tɕʻyn^{51}	tɕʻyn^{51}	ɕyn^{53}
永登县	tɕyn^{42}	tɕyn^{42}	tɕyn^{42}	tɕyn^{42}	tɕyn^{13}	tɕʻyn^{53}	tɕʻyn^{53}	ɕyn^{42}
榆中县	tɕyn^{51}	tɕyn^{51}	tɕyn^{51}	tɕyn^{51}	tɕyn^{13}	tɕʻyn^{332}	tɕʻyn^{332}	ɕyn^{51}
皋兰县	tɕyn^{42}	tɕyn^{42}	tɕyn^{42}	tɕyn^{42}	tɕyn^{13}	tɕʻyn^{53}	tɕʻyn^{53}	ɕyn^{42}
白银区	tɕyn^{44}	tɕyn^{44}	tɕyn^{44}	tɕyn^{44}	tɕyn^{13}	tɕʻyn^{51}	tɕʻyn^{51}	ɕyn^{44}
天祝县	tɕyn^{44}	tɕyn^{44}	tɕyn^{44}	tɕyn^{44}	tɕyn^{213}	tɕʻyn^{53}	tɕʻyn^{53}	ɕyn^{44}
景泰县（红水镇）	tɕyəŋ^{44}	tɕyəŋ^{44}	tɕyəŋ^{44}	tɕyəŋ^{44}	tɕyəŋ^{213}	tɕʻyəŋ^{53}	tɕʻyəŋ^{53}	ɕyəŋ^{44}
古浪县	tɕyŋ^{44}	tɕyŋ^{44}	tɕyŋ^{44}	tɕyŋ^{44}	tɕyŋ^{31}	tɕʻyŋ^{53}	tɕʻyŋ^{53}	ɕyŋ^{44}
凉州区	tɕyŋ^{33}	tɕyŋ^{33}	tɕyŋ^{33}	tɕyŋ^{33}	tɕyŋ^{53}	tɕʻyŋ^{13}	tɕʻyŋ^{13}	ɕyŋ^{33}
民勤县	tɕyŋ^{44}	tɕyŋ^{44}	tɕyŋ^{44}	tɕyŋ^{44}	tɕyŋ^{42}	tɕʻyŋ^{53}	tɕʻyŋ^{53}	ɕyŋ^{44}
永昌县	tɕyɤ̆^{44}	tɕyɤ̆^{44}	tɕyɤ̆^{44}	tɕyɤ̆^{44}	tɕyɤ̆^{53}	tɕʻyɤ̆^{13}	tɕʻyɤ̆^{13}	ɕyɤ̆^{44}
甘州区	tɕyŋ^{44}	tɕyŋ^{44}	tɕyŋ^{44}	tɕyŋ^{44}	tɕyŋ^{31}	tɕʻyŋ^{53}	tɕʻyŋ^{53}	ɕyŋ^{44}
临泽县	tɕyŋ^{44}	tɕyŋ^{44}	tɕyŋ^{44}	tɕyŋ^{44}	tɕyŋ^{214}	tɕʻyŋ^{53}	tɕʻyŋ^{53}	ɕyŋ^{44}
民乐县	tɕyŋ^{44}	tɕyŋ^{44}	tɕyŋ^{44}	tɕyŋ^{44}	tɕyŋ^{42}	tɕʻyŋ^{53}	tɕʻyŋ^{53}	ɕyŋ^{44}
山丹县	tɕyŋ^{24}	tɕyŋ^{24}	tɕyŋ^{24}	tɕyŋ^{24}	tɕyŋ^{41}	tɕʻyŋ^{53}	tɕʻyŋ^{53}	ɕyŋ^{24}
高台县	tɕyɤ̃^{44}	tɕyɤ̃^{44}	tɕyɤ̃^{44}	tɕyɤ̃^{44}	tɕyɤ̃^{214}	tɕʻyɤ̃^{53}	tɕʻyɤ̃^{53}	ɕyɤ̃^{44}
肃州区	tɕyŋ^{44}	tɕyŋ^{44}	tɕyŋ^{44}	tɕyŋ^{44}	tɕyŋ^{214}	tɕʻyŋ^{53}	tɕʻyŋ^{53}	ɕyŋ^{44}
金塔县	tɕyŋ^{44}	tɕyŋ^{44}	tɕyŋ^{44}	tɕyŋ^{44}	tɕyŋ^{13}	tɕʻyŋ^{53}	tɕʻyŋ^{53}	ɕyŋ^{44}
肃北县	tɕyɤ̃^{44}	tɕyɤ̃^{44}	tɕyɤ̃^{44}	tɕyɤ̃^{44}	tɕyɤ̃^{213}	tɕʻyɤ̃^{53}	tɕʻyɤ̃^{53}	ɕyɤ̃^{44}
玉门市	tɕioŋ^{44}	tɕioŋ^{44}	tɕioŋ^{44}	tɕioŋ^{44}	tɕioŋ^{213}	tɕʻioŋ^{53}	tɕʻioŋ^{53}	ɕioŋ^{44}
瓜州县	tɕyŋ^{44}	tɕyŋ^{44}	tɕyŋ^{44}	tɕyŋ^{44}	tɕyŋ^{213}	tɕʻyŋ^{53}	tɕʻyŋ^{53}	ɕyŋ^{44}

①又许运切，臻合三去问晓。

续表

西夏区	tɕyŋ^{44}	tɕyŋ^{44}	tɕyŋ^{44}	tɕyŋ^{44}	tɕyŋ^{13}	tɕʻyŋ^{53}	tɕʻyŋ^{53}	ɕyŋ^{44}
贺兰县	tɕyŋ^{44}	tɕyŋ^{44}	tɕyŋ^{44}	tɕyŋ^{44}	tɕyŋ^{13}	tɕʻyŋ^{53}	tɕʻyŋ^{53}	ɕyŋ^{44}
灵武市（东塔镇）	tɕiuŋ^{44}	tɕiuŋ^{44}	tɕiuŋ^{44}	tɕiuŋ^{44}	tɕiuŋ^{13}	tɕʻiuŋ^{53}	tɕʻiuŋ^{53}	ɕiuŋ^{44}
永宁县	tɕyŋ^{44}	tɕyŋ^{44}	tɕyŋ^{44}	tɕyŋ^{44}	tɕyŋ^{13}	tɕʻyŋ^{53}	tɕʻyŋ^{53}	ɕyŋ^{44}
中宁县	tɕyŋ^{44}	tɕyŋ^{44}	tɕyŋ^{44}	tɕyŋ^{44}	tɕyŋ^{13}	tɕʻyŋ^{53}	tɕʻyŋ^{53}	ɕyŋ^{44}
沙坡头区	tɕyĭ^{44}	tɕyĭ^{44}	tɕyĭ^{44}	tɕyĭ^{44}	tɕyĭ^{13}	tɕʻyĭ^{53}	tɕʻyĭ^{53}	ɕyĭ^{44}
盐池县	tɕyŋ^{44}	tɕyŋ^{44}	tɕyŋ^{44}	tɕyŋ^{44}	tɕyŋ^{13}	tɕʻyŋ^{13}	tɕʻyŋ^{13}	ɕyŋ^{44}
平罗县（渠口乡）	tɕyŋ^{44}	tɕyŋ^{44}	tɕyŋ^{44}	tɕyŋ^{44}	tɕyŋ^{13}	tɕʻyŋ^{53}	tɕʻyŋ^{53}	ɕyŋ^{44}
阿拉善左旗	tɕyŋ^{44}	tɕyŋ^{44}	tɕyŋ^{44}	tɕyŋ^{44}	tɕyŋ^{213}	tɕʻyŋ^{51}	tɕʻyŋ^{51}	ɕyŋ^{44}
乌鲁木齐市	tɕyŋ^{44}	tɕyŋ^{44}	tɕyŋ^{44}	tɕyŋ^{44}	tɕyŋ^{213}	tɕʻyŋ^{52}	tɕʻyŋ^{52}	ɕyŋ^{44}
阜康市	tɕyŋ^{55}	tɕyŋ^{55}	tɕyŋ^{55}	tɕyŋ^{55}	tɕyŋ^{213}	tɕʻyŋ^{51}	tɕʻyŋ^{51}	ɕyŋ^{55}
呼图壁县	tɕyŋ^{44}	tɕyŋ^{44}	tɕyŋ^{44}	tɕyŋ^{44}	tɕyŋ^{213}	tɕʻyŋ^{51}	tɕʻyŋ^{51}	ɕyŋ^{44}
吉木萨尔县	tɕyŋ^{44}	tɕyŋ^{44}	tɕyŋ^{44}	tɕyŋ^{44}	tɕyŋ^{213}	tɕʻyŋ^{51}	tɕʻyŋ^{51}	ɕyŋ^{44}
奇台县	tɕyŋ^{44}	tɕyŋ^{44}	tɕyŋ^{44}	tɕyŋ^{44}	tɕyŋ^{213}	tɕʻyŋ^{51}	tɕʻyŋ^{51}	ɕyŋ^{44}
博乐市	tɕyŋ^{44}	tɕyŋ^{44}	tɕyŋ^{44}	tɕyŋ^{44}	tɕyŋ^{213}	tɕʻyŋ^{52}	tɕʻyŋ^{52}	ɕyŋ^{44}
阿勒泰市	tɕyŋ^{45}	tɕyŋ^{45}	tɕyŋ^{45}	tɕyŋ^{45}	tɕyŋ^{24}	tɕʻyŋ^{51}	tɕʻyŋ^{51}	ɕyŋ^{45}
布尔津县	tɕyŋ^{44}	tɕyŋ^{44}	tɕyŋ^{44}	tɕyŋ^{44}	tɕyŋ^{23}	tɕʻyŋ^{51}	tɕʻyŋ^{51}	ɕyŋ^{44}
乌苏市	tɕyŋ^{44}	tɕyŋ^{44}	tɕyŋ^{44}	tɕyŋ^{44}	tɕyŋ^{51}	tɕʻyŋ^{23}	tɕʻyŋ^{23}	ɕyŋ^{44}
额敏县	tɕyŋ^{55}	tɕyŋ^{55}	tɕyŋ^{55}	tɕyŋ^{55}	tɕyŋ^{213}	tɕʻyŋ^{51}	tɕʻyŋ^{51}	ɕyŋ^{55}
伊州区	tɕyŋ^{44}	tɕyŋ^{44}	tɕyŋ^{44}	tɕyŋ^{44}	tɕyŋ^{34}	tɕʻyŋ^{51}	tɕʻyŋ^{51}	ɕyŋ^{44}
巴里坤县	tɕyŋ^{44}	tɕyŋ^{44}	tɕyŋ^{44}	tɕyŋ^{44}	tɕyŋ^{213}	tɕʻyŋ^{51}	tɕʻyŋ^{51}	ɕyŋ^{44}
伊吾县	tɕyŋ^{45}	tɕyŋ^{45}	tɕyŋ^{45}	tɕyŋ^{45}	tɕyŋ^{24}	tɕʻyŋ^{51}	tɕʻyŋ^{51}	ɕyŋ^{45}

方言点 \ 方音 \ 中古音 \ 字目	勋①	熏①	寻	循	旬	巡	讯②	迅③
	臻合三平文晓	臻合三平文晓	深开三平侵邪	臻合三平谆邪	臻合三平谆邪	臻合三平谆邪	臻开三去震心	臻开三去震心
兰州市（城关区）	ɕyn^{53}	ɕyn^{53}	ɕyn^{51}	ɕyn^{51}	ɕyn^{51}	ɕyn^{51}	ɕyn^{13}	ɕyn^{13}
永登县	ɕyn^{42}	ɕyn^{42}	ɕyn^{53}	ɕyn^{53}	ɕyn^{53}	ɕyn^{53}	ɕyn^{13}	ɕyn^{13}
榆中县	ɕyn^{51}	ɕyn^{51}	ɕyn^{332}	ɕyn^{332}	ɕyn^{332}	ɕyn^{332}	ɕyn^{13}	ɕyn^{13}
皋兰县	ɕyn^{42}	ɕyn^{42}	ɕyn^{53}	ɕyn^{53}	ɕyn^{53}	ɕyn^{53}	ɕyn^{13}	ɕyn^{13}
白银区	ɕyn^{44}	ɕyn^{44}	ɕyn^{51}	ɕyn^{51}	ɕyn^{51}	ɕyn^{51}	ɕyn^{13}	ɕyn^{13}
天祝县	ɕyn^{44}	ɕyn^{44}	ɕyn^{53}	ɕyn^{53}	ɕyn^{53}	ɕyn^{53}	ɕyn^{213}	ɕyn^{213}
景泰县（红水镇）	ɕyəŋ^{44}	ɕyəŋ^{44}	ɕyəŋ^{53}	ɕyəŋ^{53}	ɕyəŋ^{53}	ɕyəŋ^{53}	ɕyəŋ^{213}	ɕyəŋ^{213}
古浪县	ɕyŋ^{44}	ɕyŋ^{44}	ɕyŋ^{53}	ɕyŋ^{53}	ɕyŋ^{53}	ɕyŋ^{53}	ɕyŋ^{31}	ɕyŋ^{31}
凉州区	ɕyŋ^{33}	ɕyŋ^{33}	ɕyŋ^{13}	ɕyŋ^{13}	ɕyŋ^{13}	ɕyŋ^{13}	ɕyŋ^{53}	ɕyŋ^{53}
民勤县	ɕyŋ^{44}	ɕyŋ^{44}	ɕyŋ^{53}	ɕyŋ^{53}	ɕyŋ^{53}	ɕyŋ^{53}	ɕyŋ^{42}	ɕyŋ^{42}
永昌县	ɕyɤ̆^{4}	ɕyɤ̆^{44}	ɕyɤ̆^{13}	ɕyɤ̆^{13}	ɕyɤ̆^{13}	ɕyɤ̆^{13}	ɕyɤ̆^{53}	ɕyɤ̆^{53}
甘州区	ɕyŋ^{44}	ɕyŋ^{44}	ɕyŋ^{53}	ɕyŋ^{53}	ɕyŋ^{53}	ɕyŋ^{53}	ɕyŋ^{31}	ɕyŋ^{31}
临泽县	ɕyŋ^{44}	ɕyŋ^{44}	ɕyŋ^{53}	ɕyŋ^{53}	ɕyŋ^{53}	ɕyŋ^{53}	ɕyŋ^{214}	ɕyŋ^{214}
民乐县	ɕyŋ^{44}	ɕyŋ^{44}	ɕyŋ^{53}	ɕyŋ^{53}	ɕyŋ^{53}	ɕyŋ^{53}	ɕyŋ^{42}	ɕyŋ^{42}
山丹县	ɕyŋ^{24}	ɕyŋ^{24}	ɕyŋ^{53}	ɕyŋ^{53}	ɕyŋ^{53}	ɕyŋ^{53}	ɕyŋ^{41}	ɕyŋ^{41}
高台县	ɕyɤ̃^{44}	ɕyɤ̃^{44}	ɕyɤ̃^{53}	ɕyɤ̃^{53}	ɕyɤ̃^{53}	ɕyɤ̃^{53}	ɕyɤ̃^{214}	ɕyɤ̃^{214}
肃州区	ɕyŋ^{44}	ɕyŋ^{44}	ɕyŋ^{53}	ɕyŋ^{53}	ɕyŋ^{53}	ɕyŋ^{53}	ɕyŋ^{214}	ɕyŋ^{214}
金塔县	ɕyŋ^{44}	ɕyŋ^{44}	ɕyŋ^{53}	ɕyŋ^{53}	ɕyŋ^{53}	ɕyŋ^{53}	ɕyŋ^{13}	ɕyŋ^{13}
肃北县	ɕyɤ̃^{44}	ɕyɤ̃^{44}	ɕyɤ̃^{53}	ɕyɤ̃^{53}	ɕyɤ̃^{53}	ɕyɤ̃^{53}	ɕyɤ̃^{213}	ɕyɤ̃^{213}

①又吁运切，臻合三去问晓。

②又须润切，臻合三去稕心。

③又私闰切，臻合三去稕心。

续表

玉门市	ɕioŋ^{44}	ɕioŋ^{44}	ɕioŋ^{53}	ɕioŋ^{53}	ɕioŋ^{53}	ɕioŋ^{53}	ɕioŋ^{213}	ɕioŋ^{213}
瓜州县	ɕyŋ^{44}	ɕyŋ^{44}	ɕyŋ^{53}	ɕyŋ^{53}	ɕyŋ^{53}	ɕyŋ^{53}	ɕyŋ^{213}	ɕyŋ^{213}
西夏区	ɕyŋ^{44}	ɕyŋ^{44}	ɕyŋ^{53}	ɕyŋ^{53}	ɕyŋ^{53}	ɕyŋ^{53}	ɕyŋ^{13}	ɕyŋ^{13}
贺兰县	ɕyŋ^{44}	ɕyŋ^{44}	ɕyŋ^{53}	ɕyŋ^{53}	ɕyŋ^{53}	ɕyŋ^{53}	ɕyŋ^{13}	ɕyŋ^{13}
灵武市（东塔镇）	ɕiuŋ^{44}	ɕiuŋ^{44}	ɕiuŋ^{52}	ɕiuŋ^{52}	ɕiuŋ^{52}	ɕiuŋ^{52}	ɕiuŋ^{13}	ɕiuŋ^{13}
永宁县	ɕyŋ^{44}	ɕyŋ^{44}	ɕyŋ^{53}	ɕyŋ^{53}	ɕyŋ^{53}	ɕyŋ^{53}	ɕyŋ^{13}	ɕyŋ^{13}
中宁县	ɕyŋ^{44}	ɕyŋ^{44}	ɕyŋ^{53}	ɕyŋ^{53}	ɕyŋ^{53}	ɕyŋ^{53}	ɕyŋ^{13}	ɕyŋ^{13}
沙坡头区	ɕyĩ^{44}	ɕyĩ^{44}	ɕyĩ^{53}	ɕyĩ^{53}	ɕyĩ^{53}	ɕyĩ^{53}	ɕyĩ^{13}	ɕyĩ^{13}
盐池县	ɕyŋ^{44}	ɕyŋ^{44}	ɕyŋ^{13}	ɕyŋ^{13}	ɕyŋ^{13}	ɕyŋ^{13}	ɕyŋ^{13}	ɕyŋ^{13}
平罗县（渠口乡）	ɕyŋ^{44}	ɕyŋ^{44}	ɕyŋ^{53}	ɕyŋ^{53}	ɕyŋ^{53}	ɕyŋ^{53}	ɕyŋ^{13}	ɕyŋ^{13}
阿拉善左旗	ɕyŋ^{44}	ɕyŋ^{44}	ɕyŋ^{51}	ɕyŋ^{51}	ɕyŋ^{51}	ɕyŋ^{51}	ɕyŋ^{213}	ɕyŋ^{213}
乌鲁木齐市	ɕyŋ^{44}	ɕyŋ^{44}	ɕyŋ^{52}	ɕyŋ^{52}	ɕyŋ^{52}	ɕyŋ^{52}	ɕyŋ^{213}	ɕyŋ^{213}
阜康市	ɕyŋ^{55}	ɕyŋ^{55}	ɕyŋ^{51}	ɕyŋ^{51}	ɕyŋ^{51}	ɕyŋ^{51}	ɕyŋ^{213}	ɕyŋ^{213}
呼图壁县	ɕyŋ^{44}	ɕyŋ^{44}	ɕyŋ^{51}	ɕyŋ^{51}	ɕyŋ^{51}	ɕyŋ^{51}	ɕyŋ^{213}	ɕyŋ^{213}
吉木萨尔县	ɕyŋ^{44}	ɕyŋ^{44}	ɕyŋ^{51}	ɕyŋ^{51}	ɕyŋ^{51}	ɕyŋ^{51}	ɕyŋ^{213}	ɕyŋ^{213}
奇台县	ɕyŋ^{44}	ɕyŋ^{44}	ɕyŋ^{52}	ɕyŋ^{52}	ɕyŋ^{52}	ɕyŋ^{52}	ɕyŋ^{213}	ɕyŋ^{213}
博乐市	ɕyŋ^{45}	ɕyŋ^{45}	ɕyŋ^{51}	ɕyŋ^{51}	ɕyŋ^{51}	ɕyŋ^{51}	ɕyŋ^{24}	ɕyŋ^{24}
阿勒泰市	ɕyŋ^{44}	ɕyŋ^{44}	ɕyŋ^{51}	ɕyŋ^{51}	ɕyŋ^{51}	ɕyŋ^{51}	ɕyŋ^{23}	ɕyŋ^{23}
布尔津县	ɕyŋ^{44}	ɕyŋ^{44}	ɕyŋ^{23}	ɕyŋ^{23}	ɕyŋ^{23}	ɕyŋ^{23}	ɕyŋ^{51}	ɕyŋ^{51}
乌苏市	ɕyŋ^{55}	ɕyŋ^{55}	ɕyŋ^{51}	ɕyŋ^{51}	ɕyŋ^{51}	ɕyŋ^{51}	ɕyŋ^{213}	ɕyŋ^{213}
额敏县	ɕyŋ^{44}	ɕyŋ^{44}	ɕyŋ^{51}	ɕyŋ^{51}	ɕyŋ^{51}	ɕyŋ^{51}	ɕyŋ^{34}	ɕyŋ^{34}
伊州区	ɕyŋ^{44}	ɕyŋ^{44}	ɕyŋ^{51}	ɕyŋ^{51}	ɕyŋ^{51}	ɕyŋ^{51}	ɕyŋ^{213}	ɕyŋ^{213}
巴里坤县	ɕyŋ^{45}	ɕyŋ^{45}	ɕyŋ^{51}	ɕyŋ^{51}	ɕyŋ^{51}	ɕyŋ^{51}	ɕyŋ^{24}	ɕyŋ^{24}
伊吾县	ɕyŋ^{44}	ɕyŋ^{44}	ɕyŋ^{51}	ɕyŋ^{51}	ɕyŋ^{51}	ɕyŋ^{51}	ɕyŋ^{213}	ɕyŋ^{213}

字目 中古音 方音 方言点	训	匀	云 云彩	允	晕 晕厥	韵①	运	熨②
	臻开三去问晓	臻开三平谆以	臻开三平文云	臻开三上准以	臻开三去问云	臻开三去问云	臻开三去问云	臻开三入物影
兰州市（城关区）	ɕyn^{13}	yn^{51}	yn^{51}	yn^{343}	yn^{44}	yn^{13}	yn^{13}	yn^{13}
永登县	ɕyn^{13}	yn^{53}	yn^{53}	yn^{354}	yn^{42}	yn^{13}	yn^{13}	yn^{13}
榆中县	ɕyn^{13}	yn^{332}	yn^{332}	yn^{44}	yn^{52}	yn^{13}	yn^{13}	yn^{13}
皋兰县	ɕyn^{13}	yn^{53}	yn^{53}	yn^{342}	yn^{42}	yn^{13}	yn^{13}	yn^{13}
白银区	ɕyn^{13}	yn^{51}	yn^{51}	yn^{44}	yn^{53}	yn^{13}	yn^{13}	yn^{13}
天祝县	ɕyn^{213}	yn^{53}	yn^{53}	yn^{44}	yn^{44}	yn^{213}	yn^{213}	yn^{213}
景泰县（红水镇）	ɕyəŋ^{213}	yəŋ^{53}	yəŋ^{53}	yəŋ^{44}	yəŋ^{44}	yəŋ^{213}	yəŋ^{213}	yəŋ^{213}
古浪县	ɕyŋ^{31}	yŋ^{53}	yŋ^{53}	yŋ^{44}	yŋ^{44}	yŋ^{31}	yŋ^{31}	yŋ^{31}
凉州区	ɕyŋ^{53}	yŋ^{13}	yŋ^{13}	yŋ^{33}	yŋ^{33}	yŋ^{53}	yŋ^{53}	yŋ^{53}
民勤县	ɕyŋ^{42}	yŋ^{53}	yŋ^{53}	yŋ^{214}	yŋ^{44}	yŋ^{42}	yŋ^{42}	yŋ^{42}
永昌县	ɕyɤ̃^{53}	yɤ̃^{13}	yɤ̃^{13}	yɤ̃^{44}	yɤ̃^{44}	yɤ̃^{53}	yɤ̃^{53}	yɤ̃^{53}
甘州区	ɕyŋ^{31}	yŋ^{53}	yŋ^{53}	yŋ^{44}	yŋ^{44}	yŋ^{31}	yŋ^{31}	yŋ^{31}
临泽县	ɕyŋ^{214}	yŋ^{53}	yŋ^{53}	yŋ^{44}	yŋ^{44}	yŋ^{214}	yŋ^{214}	yŋ^{214}
民乐县	ɕyŋ^{42}	yŋ^{53}	yŋ^{53}	yŋ^{213}	yŋ^{44}	yŋ^{42}	yŋ^{42}	yŋ^{42}
山丹县	ɕyŋ^{41}	yŋ^{53}	yŋ^{53}	yŋ^{24}	yŋ^{24}	yŋ^{41}	yŋ^{41}	yŋ^{41}
高台县	ɕyɤ̃^{214}	yɤ̃^{53}	yɤ̃^{53}	yɤ̃^{53}	yɤ̃^{44}	yɤ̃^{214}	yɤ̃^{214}	yɤ̃^{214}
肃州区	ɕyŋ^{214}	yŋ^{53}	yŋ^{53}	yŋ^{53}	yŋ^{44}	yŋ^{214}	yŋ^{214}	yŋ^{214}
金塔县	ɕyŋ^{13}	ʑyŋ^{53}	ʑyŋ^{53}	ʑyŋ^{44}	ʑyŋ^{44}	ʑyŋ^{13}	ʑyŋ^{13}	ʑyŋ^{13}
肃北县	ɕyɤ̃^{213}	yɤ̃^{53}	yɤ̃^{53}	yɤ̃^{44}	yɤ̃^{44}	yɤ̃^{213}	yɤ̃^{213}	yɤ̃^{213}
玉门市	ɕioŋ^{213}	ioŋ^{53}	ioŋ^{53}	ioŋ^{44}	ioŋ^{44}	ioŋ^{213}	ioŋ^{213}	ioŋ^{213}

①又筠吻切，臻合三去稕云。

②又纡问切，臻合三去问影。

续表

瓜州县	ɕyŋ^{213}	yŋ^{53}	yŋ^{53}	yŋ^{44}	yŋ^{44}	yŋ^{213}	yŋ^{213}	yŋ^{213}
西夏区	ɕyŋ^{13}	yŋ^{53}	yŋ^{53}	yŋ^{53}	yŋ^{13}	yŋ^{13}	yŋ^{13}	yŋ^{13}
贺兰县	ɕyŋ^{13}	yŋ^{53}	yŋ^{53}	yŋ^{53}	yŋ^{13}	yŋ^{13}	yŋ^{13}	yŋ^{13}
灵武市（东塔镇）	ɕiuŋ^{13}	iuŋ^{52}	iuŋ^{52}	iuŋ^{52}	iuŋ^{13}	iuŋ^{13}	iuŋ^{13}	iuŋ^{13}
永宁县	ɕyŋ^{13}	yŋ^{53}	yŋ^{53}	yŋ^{53}	yŋ^{13}	yŋ^{13}	yŋ^{13}	yŋ^{13}
中宁县	ɕyŋ^{13}	yŋ^{53}	yŋ^{53}	yŋ^{53}	yŋ^{13}	yŋ^{13}	yŋ^{13}	yŋ^{13}
沙坡头区	ɕyĭ^{13}	yĭ^{53}	yĭ^{53}	yĭ^{53}	yĭ^{13}	yĭ^{13}	yĭ^{13}	yĭ^{13}
盐池县	ɕyŋ^{13}	yŋ^{13}	yŋ^{13}	yŋ^{52}	yŋ^{13}	yŋ^{13}	yŋ^{13}	yŋ^{13}
平罗县（渠口乡）	ɕyŋ^{13}	yŋ^{53}	yŋ^{53}	yŋ^{53}	yŋ^{13}	yŋ^{13}	yŋ^{13}	yŋ^{13}
阿拉善左旗	ɕyŋ^{213}	yŋ^{52}	yŋ^{52}	yŋ^{44}	yŋ^{44}	yŋ^{213}	yŋ^{213}	yŋ^{213}
乌鲁木齐市	ɕyŋ^{213}	yŋ^{51}	yŋ^{51}	yŋ^{55}	yŋ^{55}	yŋ^{213}	yŋ^{213}	yŋ^{213}
阜康市	ɕyŋ^{213}	yŋ^{51}	yŋ^{51}	yŋ^{44}	yŋ^{44}	yŋ^{213}	yŋ^{213}	yŋ^{213}
呼图壁县	ɕyŋ^{213}	yŋ^{51}	yŋ^{51}	yŋ^{44}	yŋ^{44}	yŋ^{213}	yŋ^{213}	yŋ^{213}
吉木萨尔县	ɕyŋ^{213}	yŋ^{52}	yŋ^{52}	yŋ^{44}	yŋ^{44}	yŋ^{213}	yŋ^{213}	yŋ^{213}
奇台县	ɕyŋ^{24}	yŋ^{51}	yŋ^{51}	yŋ^{45}	yŋ^{45}	yŋ^{24}	yŋ^{24}	yŋ^{24}
博乐市	ɕyŋ^{23}	yŋ^{51}	yŋ^{51}	yŋ^{44}	yŋ^{44}	yŋ^{23}	yŋ^{23}	yŋ^{23}
阿勒泰市	ɕyŋ^{51}	yŋ^{23}	yŋ^{23}	yŋ^{44}	yŋ^{44}	yŋ^{51}	yŋ^{51}	yŋ^{51}
布尔津县	ɕyŋ^{213}	ɥyŋ^{51}	ɥyŋ^{51}	ɥyŋ^{55}	ɥyŋ^{55}	ɥyŋ^{213}	ɥyŋ^{213}	ɥyŋ^{213}
乌苏市	ɕyŋ^{34}	yŋ^{51}	yŋ^{51}	yŋ^{44}	yŋ^{44}	yŋ^{34}	yŋ^{34}	yŋ^{34}
额敏县	ɕyŋ^{213}	yŋ^{51}	yŋ^{51}	yŋ^{44}	yŋ^{44}	yŋ^{213}	yŋ^{213}	yŋ^{213}
伊州区	ɕyŋ^{24}	yŋ^{51}	yŋ^{51}	yŋ^{45}	yŋ^{45}	yŋ^{24}	yŋ^{24}	yŋ^{24}
巴里坤县	ɕyŋ^{213}	yŋ^{51}	yŋ^{51}	yŋ^{44}	yŋ^{44}	yŋ^{213}	yŋ^{213}	yŋ^{213}
伊吾县	ɕyŋ^{213}	yŋ^{51}	yŋ^{51}	yŋ^{44}	yŋ^{44}	yŋ^{213}	yŋ^{213}	yŋ^{213}

字目 / 中古音 / 方音 / 方言点	孕	帮	邦	榜	绑	棒	蚌①	旁
	曾开三去证以	宕开一平唐帮	江开二平江帮	宕开一上荡帮	江开二上讲帮	江开二上讲並	江开二上讲並	宕开一平唐並
兰州市（城关区）	yn^{13}	pɑŋ^{53}	pɑŋ^{53}	pɑŋ^{44}	pɑŋ^{44}	pɑŋ^{13}	pɑŋ^{13}	pʻɑŋ^{51}
永登县	yn^{13}	pɑŋ^{42}	pɑŋ^{42}	pɑŋ^{354}	pɑŋ^{354}	pɑŋ^{13}	pɑŋ^{13}	pʻɑŋ^{54}
榆中县	yn^{13}	pɑŋ^{51}	pɑŋ^{51}	pɑŋ^{44}	pɑŋ^{44}	pɑŋ^{13}	pɑŋ^{13}	pʻɑŋ^{332}
皋兰县	yn^{13}	pɑŋ^{42}	pɑŋ^{42}	pɑŋ^{342}	pɑŋ^{342}	pɑŋ^{13}	pɑŋ^{13}	pʻɑŋ^{54}
白银区	yn^{13}	pɑŋ^{44}	pɑŋ^{44}	pɑŋ^{343}	pɑŋ^{343}	pɑŋ^{13}	pɑŋ^{13}	pʻɑŋ^{51}
天祝县	yn^{213}	pɔŋ^{44}	pɔŋ^{44}	pɔŋ^{44}	pɔŋ^{44}	pɔŋ^{213}	pɔŋ^{213}	pʻɔŋ^{53}
景泰县（红水镇）	yəŋ^{213}	pɑŋ^{44}	pɑŋ^{44}	pɑŋ^{44}	pɑŋ^{44}	pɑŋ^{213}	pɑŋ^{213}	pʻɑŋ^{53}
古浪县	yŋ^{31}	pao^{44}	pao^{44}	pao^{44}	pao^{44}	pao^{31}	pao^{31}	pʻao^{53}
凉州区	yŋ^{53}	pɑŋ^{33}	pɑŋ^{33}	pɑŋ^{33}	pɑŋ^{33}	pɑŋ^{53}	pɑŋ^{53}	pʻɑŋ^{13}
民勤县	yŋ^{42}	pɑŋ^{44}	pɑŋ^{44}	pɑŋ^{214}	pɑŋ^{214}	pɑŋ^{42}	pɑŋ^{42}	pʻɑŋ^{53}
永昌县	yɤ̃^{53}	pɑŋ^{44}	pɑŋ^{44}	pɑŋ^{13}	pɑŋ^{13}	pɑŋ^{53}	pɑŋ^{53}	pʻɑŋ^{13}
甘州区	yŋ^{31}	pɑŋ^{44}	pɑŋ^{44}	pɑŋ^{53}	pɑŋ^{44}	pɑŋ^{31}	pɑŋ^{31}	pʻɑŋ^{53}
临泽县	yŋ^{214}	pɑŋ^{44}	pɑŋ^{44}	pɑŋ^{53}	pɑŋ^{44}	pɑŋ^{214}	pɑŋ^{214}	pʻɑŋ^{53}
民乐县	yŋ^{42}	pɑŋ^{44}	pɑŋ^{44}	pɑŋ^{213}	pɑŋ^{213}	pɑŋ^{42}	pɑŋ^{42}	pʻɑŋ^{53}
山丹县	yŋ^{41}	pã^{24}	pã^{24}	pã^{53}	pã^{24}	pã^{41}	pã^{41}	pʻã^{53}
高台县	yɤ̃^{214}	pɑŋ^{44}	pɑŋ^{44}	pɑŋ^{53}	pɑŋ^{44}	pɑŋ^{214}	pɑŋ^{214}	pʻɑŋ^{53}
肃州区	yɑŋ^{214}	pɑŋ^{44}	pɑŋ^{44}	pɑŋ^{53}	pɑŋ^{44}	pɑŋ^{214}	pɑŋ^{214}	pʻɑŋ^{53}
金塔县	ʑyɑŋ^{13}	pɑŋ^{44}	pɑŋ^{44}	pɑŋ^{53}	pɑŋ^{44}	pɑŋ^{13}	pɑŋ^{13}	pʻɑŋ^{53}
肃北县	yɤ̃^{213}	pɑŋ^{44}	pɑŋ^{44}	pɑŋ^{53}	pɑŋ^{44}	pɑŋ^{213}	pɑŋ^{213}	pʻɑŋ^{53}
玉门市	ioŋ^{213}	pɑŋ^{44}	pɑŋ^{44}	pɑŋ^{53}	pɑŋ^{44}	pɑŋ^{213}	pɑŋ^{213}	pʻɑŋ^{53}
瓜州县	ʑyŋ^{213}	pɑŋ^{44}	pɑŋ^{44}	pɑŋ^{53}	pɑŋ^{44}	pɑŋ^{213}	pɑŋ^{213}	pʻɑŋ^{53}

①又蒲幸切，梗开二上耿并。

续表

西夏区	yŋ^{13}	paŋ^{44}	paŋ^{44}	paŋ^{53}	paŋ^{53}	paŋ^{13}	paŋ^{13}	pʻaŋ^{53}
贺兰县	yŋ^{13}	paŋ^{44}	paŋ^{44}	paŋ^{53}	paŋ^{53}	paŋ^{13}	paŋ^{13}	pʻaŋ^{53}
灵武市（东塔镇）	iuŋ^{13}	paŋ^{44}	paŋ^{44}	paŋ^{52}	paŋ^{52}	paŋ^{13}	paŋ^{13}	pʻaŋ^{52}
永宁县	yŋ^{13}	paŋ^{44}	paŋ^{44}	paŋ^{53}	paŋ^{53}	paŋ^{13}	paŋ^{13}	pʻaŋ^{53}
中宁县	yŋ^{13}	paŋ^{44}	paŋ^{44}	paŋ^{53}	paŋ^{53}	paŋ^{13}	paŋ^{13}	pʻaŋ^{53}
沙坡头区	yĭ^{13}	paŋ^{44}	paŋ^{44}	paŋ^{53}	paŋ^{53}	paŋ^{13}	paŋ^{13}	pʻaŋ^{53}
盐池县	yŋ^{13}	paŋ^{44}	paŋ^{44}	paŋ^{52}	paŋ^{52}	paŋ^{13}	paŋ^{13}	pʻaŋ^{13}
平罗县（渠口乡）	yŋ^{13}	paŋ^{44}	paŋ^{44}	paŋ^{53}	paŋ^{53}	paŋ^{13}	paŋ^{13}	pʻaŋ^{53}
阿拉善左旗	yŋ^{213}	pɑŋ^{44}	pɑŋ^{44}	pɑŋ^{51}	pɑŋ^{44}	pɑŋ^{213}	pɑŋ^{213}	pʻɑŋ^{51}
乌鲁木齐市	yŋ^{213}	pɑŋ^{44}	pɑŋ^{44}	pɑŋ^{52}	pɑŋ^{44}	pɑŋ^{213}	pɑŋ^{213}	pʻɑŋ^{52}
阜康市	yŋ^{213}	pɑŋ^{55}	pɑŋ^{55}	pɑŋ^{51}	pɑŋ^{55}	pɑŋ^{213}	pɑŋ^{213}	pʻɑŋ^{51}
呼图壁县	yŋ^{213}	pɑŋ^{44}	pɑŋ^{44}	pɑŋ^{51}	pɑŋ^{44}	pɑŋ^{213}	pɑŋ^{213}	pʻɑŋ^{51}
吉木萨尔县	yŋ^{213}	pɑŋ^{44}	pɑŋ^{44}	pɑŋ^{51}	pɑŋ^{44}	pɑŋ^{213}	pɑŋ^{213}	pʻɑŋ^{51}
奇台县	yŋ^{213}	pɑŋ^{44}	pɑŋ^{44}	pɑŋ^{52}	pɑŋ^{44}	pɑŋ^{213}	pɑŋ^{213}	pʻɑŋ^{52}
博乐市	yŋ^{24}	pɑŋ^{45}	pɑŋ^{45}	pɑŋ^{51}	pɑŋ^{45}	pɑŋ^{24}	pɑŋ^{24}	pʻɑŋ^{51}
阿勒泰市	yŋ^{23}	pɑŋ^{44}	pɑŋ^{44}	pɑŋ^{51}	pɑŋ^{44}	pɑŋ^{23}	pɑŋ^{23}	pʻɑŋ^{51}
布尔津县	yŋ^{51}	pɑŋ^{44}	pɑŋ^{44}	pɑŋ^{23}	pɑŋ^{44}	pɑŋ^{51}	pɑŋ^{51}	pʻɑŋ^{23}
乌苏市	ɥyŋ^{213}	pɑŋ^{55}	pɑŋ^{55}	pɑŋ^{51}	pɑŋ^{55}	pɑŋ^{213}	pɑŋ^{213}	pʻɑŋ^{51}
额敏县	yŋ^{34}	pɑŋ^{44}	pɑŋ^{44}	pɑŋ^{51}	pɑŋ^{44}	pɑŋ^{34}	pɑŋ^{34}	pʻɑŋ^{51}
伊州区	yŋ^{213}	pɒ̃^{44}	pɒ̃^{44}	pɒ̃^{51}	pɒ̃^{44}	pɒ̃^{213}	pɒ̃^{213}	pʻɒ̃^{51}
巴里坤县	yŋ^{24}	pɑŋ^{45}	pɑŋ^{45}	pɑŋ^{51}	pɑŋ^{45}	pɑŋ^{24}	pɑŋ^{24}	pʻɑŋ^{51}
伊吾县	yŋ^{213}	pɒ̃^{44}	pɒ̃^{44}	pɒ̃^{51}	pɒ̃^{44}	pɒ̃^{213}	pɒ̃^{213}	pʻɒ̃^{51}

字目 中古音 方言点	庞	胖①	忙	芒②	茫	盲	莽	蟒
	江开二平江並	江开二去绛滂	宕开一平唐明	宕开一平唐明	宕开一平唐明	宕开一平庚明	宕开一上荡明	宕开一上荡明
兰州市（城关区）	p‘aŋ^{51}	p‘aŋ^{13}	maŋ^{51}	maŋ^{51}	maŋ^{51}	maŋ^{53}	maŋ^{44}	maŋ^{44}
永登县	p‘aŋ^{54}	p‘aŋ^{13}	maŋ^{54}	maŋ^{54}	maŋ^{54}	maŋ^{42}	maŋ^{354}	maŋ^{354}
榆中县	p‘aŋ^{332}	p‘aŋ^{13}	maŋ^{332}	maŋ^{332}	maŋ^{332}	maŋ^{51}	maŋ^{44}	maŋ^{44}
皋兰县	p‘ɑŋ^{54}	p‘ɑŋ^{13}	mɑŋ^{54}	mɑŋ^{54}	mɑŋ^{54}	mɑŋ^{42}	mɑŋ^{342}	mɑŋ^{342}
白银区	p‘aŋ^{51}	p‘aŋ^{13}	maŋ^{51}	maŋ^{51}	maŋ^{51}	maŋ^{44}	maŋ^{343}	maŋ^{343}
天祝县	p‘ɔŋ^{53}	p‘ɔŋ^{213}	mɔŋ^{53}	mɔŋ^{53}	mɔŋ^{53}	mɔŋ^{44}	mɔŋ^{44}	mɔŋ^{44}
景泰县（红水镇）	p‘ɑŋ^{53}	p‘ɑŋ^{213}	mɑŋ^{53}	mɑŋ^{53}	mɑŋ^{53}	mɑŋ^{44}	mɑŋ^{44}	mɑŋ^{44}
古浪县	p‘ɑo^{53}	p‘ɑo^{31}	mɑo^{53}	mɑo^{53}	mɑo^{53}	mɑo^{44}	mɑo^{44}	mɑo^{44}
凉州区	p‘ɑŋ^{13}	p‘ɑŋ^{53}	mɑŋ^{13}	mɑŋ^{13}	mɑŋ^{13}	mɑŋ^{13}	mɑŋ^{33}	mɑŋ^{33}
民勤县	p‘ɑŋ^{53}	p‘ɑŋ^{42}	mɑŋ^{53}	mɑŋ^{53}	mɑŋ^{53}	mɑŋ^{44}	mɑŋ^{214}	mɑŋ^{214}
永昌县	p‘ɑŋ^{13}	p‘ɑŋ^{53}	mɑŋ^{13}	mɑŋ^{13}	mɑŋ^{13}	mɑŋ^{13}	mɑŋ^{13}	mɑŋ^{13}
甘州区	p‘aŋ^{53}	p‘aŋ^{31}	maŋ^{53}	maŋ^{53}	maŋ^{53}	maŋ^{53}	maŋ^{53}	maŋ^{53}
临泽县	p‘aŋ^{53}	p‘aŋ^{214}	maŋ^{53}	maŋ^{53}	maŋ^{53}	maŋ^{53}	maŋ^{53}	maŋ^{53}
民乐县	p‘ɑŋ^{53}	p‘ɑŋ^{42}	mɑŋ^{53}	mɑŋ^{53}	mɑŋ^{53}	mɑŋ^{44}	mɑŋ^{213}	mɑŋ^{213}
山丹县	p‘ã^{53}	p‘ã^{41}	mã^{53}	mã^{53}	mã^{53}	mã^{53}	mã^{53}	mã^{53}
高台县	p‘ɑŋ^{53}	p‘ɑŋ^{214}	mɑŋ^{53}	mɑŋ^{53}	mɑŋ^{53}	mɑŋ^{53}	mɑŋ^{53}	mɑŋ^{53}
肃州区	p‘ɑŋ^{53}	p‘ɑŋ^{214}	mɑŋ^{53}	mɑŋ^{53}	mɑŋ^{53}	mɑŋ^{53}	mɑŋ^{53}	mɑŋ^{53}
金塔县	p‘ɑŋ^{53}	p‘ɑŋ^{13}	mɑŋ^{53}	mɑŋ^{53}	mɑŋ^{53}	mɑŋ^{53}	mɑŋ^{53}	mɑŋ^{53}
肃北县	p‘ɑŋ^{53}	p‘ɑŋ^{213}	mɑŋ^{53}	mɑŋ^{53}	mɑŋ^{53}	mɑŋ^{53}	mɑŋ^{53}	mɑŋ^{53}
玉门市	p‘ɑŋ^{53}	p‘ɑŋ^{213}	mɑŋ^{53}	mɑŋ^{53}	mɑŋ^{53}	mɑŋ^{53}	mɑŋ^{53}	mɑŋ^{53}

①又普半切。山合一去换滂。

②又武方切，宕开三平阳微。

续表

瓜州县	pʻaŋ^{53}	pʻaŋ^{213}	maŋ^{53}	maŋ^{53}	maŋ^{53}	maŋ^{53}	maŋ^{53}	maŋ^{53}
西夏区	pʻaŋ^{53}	pʻaŋ^{213}	maŋ^{53}	maŋ^{53}	maŋ^{53}	maŋ^{53}	maŋ^{53}	maŋ^{53}
贺兰县	pʻaŋ^{53}	pʻaŋ^{13}	maŋ^{53}	maŋ^{53}	maŋ^{53}	maŋ^{53}	maŋ^{53}	maŋ^{53}
灵武市（东塔镇）	pʻaŋ^{53}	pʻaŋ^{13}	maŋ^{53}	maŋ^{53}	maŋ^{53}	maŋ^{53}	maŋ^{53}	maŋ^{53}
永宁县	pʻaŋ^{52}	pʻaŋ^{13}	maŋ^{52}	maŋ^{52}	maŋ^{52}	maŋ^{52}	maŋ^{52}	maŋ^{52}
中宁县	pʻaŋ^{53}	pʻaŋ^{13}	maŋ^{53}	maŋ^{53}	maŋ^{53}	maŋ^{53}	maŋ^{53}	maŋ^{53}
沙坡头区	pʻaŋ^{53}	pʻaŋ^{13}	maŋ^{53}	maŋ^{53}	maŋ^{53}	maŋ^{53}	maŋ^{53}	maŋ^{53}
盐池县	pʻaŋ^{53}	pʻaŋ^{13}	maŋ^{53}	maŋ^{53}	maŋ^{53}	maŋ^{53}	maŋ^{53}	maŋ^{53}
平罗县（渠口乡）	pʻaŋ^{13}	pʻaŋ^{13}	maŋ^{13}	maŋ^{13}	maŋ^{13}	maŋ^{13}	maŋ^{52}	maŋ^{52}
阿拉善左旗	pʻaŋ^{53}	pʻaŋ^{13}	maŋ^{53}	maŋ^{53}	maŋ^{53}	maŋ^{53}	maŋ^{53}	maŋ^{53}
乌鲁木齐市	pʻaŋ^{51}	pʻaŋ^{213}	maŋ^{51}	maŋ^{51}	maŋ^{51}	maŋ^{51}	maŋ^{51}	maŋ^{51}
阜康市	pʻaŋ^{52}	pʻaŋ^{213}	maŋ^{52}	maŋ^{52}	maŋ^{52}	maŋ^{52}	maŋ^{52}	maŋ^{52}
呼图壁县	pʻaŋ^{51}	pʻaŋ^{213}	maŋ^{51}	maŋ^{51}	maŋ^{51}	maŋ^{51}	maŋ^{51}	maŋ^{51}
吉木萨尔县	pʻaŋ^{51}	pʻaŋ^{213}	maŋ^{51}	maŋ^{51}	maŋ^{51}	maŋ^{51}	maŋ^{51}	maŋ^{51}
奇台县	pʻaŋ^{52}	pʻaŋ^{213}	maŋ^{52}	maŋ^{52}	maŋ^{52}	maŋ^{52}	maŋ^{52}	maŋ^{52}
博乐市	pʻaŋ^{51}	pʻaŋ^{24}	maŋ^{51}	maŋ^{51}	maŋ^{51}	maŋ^{51}	maŋ^{51}	maŋ^{51}
阿勒泰市	pʻaŋ^{51}	pʻaŋ^{23}	maŋ^{51}	maŋ^{51}	maŋ^{51}	maŋ^{51}	maŋ^{51}	maŋ^{51}
布尔津县	pʻaŋ^{23}	pʻaŋ^{51}	maŋ^{23}	maŋ^{23}	maŋ^{23}	maŋ^{23}	maŋ^{23}	maŋ^{23}
乌苏市	pʻaŋ^{51}	pʻaŋ^{213}	maŋ^{51}	maŋ^{51}	maŋ^{51}	maŋ^{51}	maŋ^{51}	maŋ^{51}
额敏县	pʻaŋ^{51}	pʻaŋ^{34}	maŋ^{51}	maŋ^{51}	maŋ^{51}	maŋ^{51}	maŋ^{51}	maŋ^{51}
伊州区	pʻɒ̃^{51}	pʻɒ̃^{213}	mɒ̃^{51}	mɒ̃^{51}	mɒ̃^{51}	mɒ̃^{51}	mɒ̃^{51}	mɒ̃^{51}
巴里坤县	pʻaŋ^{51}	pʻaŋ^{24}	maŋ^{51}	maŋ^{51}	maŋ^{51}	maŋ^{51}	maŋ^{51}	maŋ^{51}
伊吾县	pʻɒ̃^{51}	pʻɒ̃^{213}	mɒ̃^{51}	mɒ̃^{51}	mɒ̃^{51}	mɒ̃^{51}	mɒ̃^{51}	mɒ̃^{51}

字目 / 中古音 / 方音 / 方言点	方	芳	妨[①]	防	房	仿 仿效	纺	仿 相仿
	宕合三 平阳非	宕合三 平阳敷	宕合三 平阳敷	宕合三 平阳奉	宕合三 平阳奉	宕合三 上养非	宕合三 上养敷	宕合三 上养敷
兰州市 （城关区）	faŋ^{53}	faŋ^{53}	faŋ^{53}	faŋ^{51}	faŋ^{51}	faŋ^{44}	faŋ^{44}	faŋ^{44}
永登县	faŋ^{42}	faŋ^{42}	faŋ^{42}	faŋ^{53}	faŋ^{53}	faŋ^{354}	faŋ^{354}	faŋ^{354}
榆中县	faŋ^{51}	faŋ^{51}	faŋ^{51}	faŋ^{332}	faŋ^{332}	faŋ^{44}	faŋ^{44}	faŋ^{44}
皋兰县	fɑŋ^{42}	fɑŋ^{42}	fɑŋ^{42}	fɑŋ^{53}	fɑŋ^{53}	fɑŋ^{342}	fɑŋ^{342}	fɑŋ^{342}
白银区	faŋ^{44}	faŋ^{44}	faŋ^{44}	faŋ^{51}	faŋ^{51}	faŋ^{343}	faŋ^{343}	faŋ^{343}
天祝县	fɔŋ^{44}	fɔŋ^{44}	fɔŋ^{44}	fɔŋ^{53}	fɔŋ^{53}	fɔŋ^{44}	fɔŋ^{44}	fɔŋ^{44}
景泰县 （红水镇）	fɑŋ^{44}	fɑŋ^{44}	fɑŋ^{44}	fɑŋ^{53}	fɑŋ^{53}	fɑŋ^{44}	fɑŋ^{44}	fɑŋ^{44}
古浪县	fɑo^{44}	fɑo^{44}	fɑo^{44}	fɑo^{53}	fɑo^{53}	fɑo^{44}	fɑo^{44}	fɑo^{44}
凉州区	fɑŋ^{33}	fɑŋ^{33}	fɑŋ^{33}	fɑŋ^{13}	fɑŋ^{13}	fɑŋ^{33}	fɑŋ^{33}	fɑŋ^{33}
民勤县	faŋ^{44}	faŋ^{44}	faŋ^{44}	faŋ^{53}	faŋ^{53}	faŋ^{214}	faŋ^{214}	faŋ^{214}
永昌县	faŋ^{44}	faŋ^{13}	faŋ^{44}	faŋ^{13}	faŋ^{13}	faŋ^{13}	faŋ^{13}	faŋ^{13}
甘州区	faŋ^{44}	faŋ^{44}	faŋ^{44}	faŋ^{53}	faŋ^{53}	faŋ^{53}	faŋ^{53}	faŋ^{53}
临泽县	faŋ^{44}	faŋ^{44}	faŋ^{44}	faŋ^{53}	faŋ^{53}	faŋ^{53}	faŋ^{53}	faŋ^{53}
民乐县	faŋ^{44}	faŋ^{44}	faŋ^{44}	faŋ^{53}	faŋ^{53}	faŋ^{213}	faŋ^{213}	faŋ^{213}
山丹县	fã^{24}	fã^{24}	fã^{24}	fã^{53}	fã^{53}	fã^{53}	fã^{53}	fã^{53}
高台县	faŋ^{44}	faŋ^{44}	faŋ^{44}	faŋ^{53}	faŋ^{53}	faŋ^{53}	faŋ^{53}	faŋ^{53}
肃州区	faŋ^{44}	faŋ^{44}	faŋ^{44}	faŋ^{53}	faŋ^{53}	faŋ^{53}	faŋ^{53}	faŋ^{53}
金塔县	fɑŋ^{44}	fɑŋ^{44}	fɑŋ^{44}	fɑŋ^{53}	fɑŋ^{53}	fɑŋ^{53}	fɑŋ^{53}	fɑŋ^{53}
肃北县	fɑŋ^{44}	fɑŋ^{44}	fɑŋ^{44}	fɑŋ^{53}	fɑŋ^{53}	fɑŋ^{53}	fɑŋ^{53}	fɑŋ^{53}
玉门市	faŋ^{44}	faŋ^{44}	faŋ^{44}	faŋ^{53}	faŋ^{53}	faŋ^{53}	faŋ^{53}	faŋ^{53}
瓜州县	fɑŋ^{44}	fɑŋ^{44}	fɑŋ^{44}	fɑŋ^{53}	fɑŋ^{53}	fɑŋ^{53}	fɑŋ^{53}	fɑŋ^{53}

①又敷亮切，宕开三去漾敷。

续表

西夏区	faŋ^{44}	faŋ^{44}	faŋ^{44}	faŋ^{53}	faŋ^{53}	faŋ^{53}	faŋ^{53}	faŋ^{53}
贺兰县	faŋ^{44}	faŋ^{44}	faŋ^{44}	faŋ^{53}	faŋ^{53}	faŋ^{53}	faŋ^{53}	faŋ^{53}
灵武市（东塔镇）	faŋ^{44}	faŋ^{44}	faŋ^{44}	faŋ^{52}	faŋ^{52}	faŋ^{52}	faŋ^{52}	faŋ^{52}
永宁县	faŋ^{44}	faŋ^{44}	faŋ^{44}	faŋ^{53}	faŋ^{53}	faŋ^{53}	faŋ^{53}	faŋ^{53}
中宁县	faŋ^{44}	faŋ^{44}	faŋ^{44}	faŋ^{53}	faŋ^{53}	faŋ^{53}	faŋ^{53}	faŋ^{53}
沙坡头区	faŋ^{44}	faŋ^{44}	faŋ^{44}	faŋ^{53}	faŋ^{53}	faŋ^{53}	faŋ^{53}	faŋ^{53}
盐池县	faŋ^{44}	faŋ^{44}	faŋ^{44}	faŋ^{13}	faŋ^{13}	faŋ^{52}	faŋ^{52}	faŋ^{52}
平罗县（渠口乡）	faŋ^{44}	faŋ^{44}	faŋ^{44}	faŋ^{53}	faŋ^{53}	faŋ^{53}	faŋ^{53}	faŋ^{53}
阿拉善左旗	faŋ^{44}	faŋ^{44}	faŋ^{44}	faŋ^{51}	faŋ^{51}	faŋ^{51}	faŋ^{51}	faŋ^{51}
乌鲁木齐市	faŋ^{44}	faŋ^{44}	faŋ^{44}	faŋ^{52}	faŋ^{52}	faŋ^{52}	faŋ^{52}	faŋ^{52}
阜康市	faŋ^{55}	faŋ^{55}	faŋ^{55}	faŋ^{51}	faŋ^{51}	faŋ^{51}	faŋ^{51}	faŋ^{51}
呼图壁县	faŋ^{44}	faŋ^{44}	faŋ^{44}	faŋ^{51}	faŋ^{51}	faŋ^{51}	faŋ^{51}	faŋ^{51}
吉木萨尔县	faŋ^{44}	faŋ^{44}	faŋ^{44}	faŋ^{51}	faŋ^{51}	faŋ^{51}	faŋ^{51}	faŋ^{51}
奇台县	faŋ^{44}	faŋ^{44}	faŋ^{44}	faŋ^{52}	faŋ^{52}	faŋ^{52}	faŋ^{52}	faŋ^{52}
博乐市	faŋ^{45}	faŋ^{45}	faŋ^{45}	faŋ^{51}	faŋ^{51}	faŋ^{51}	faŋ^{51}	faŋ^{51}
阿勒泰市	faŋ^{44}	faŋ^{44}	faŋ^{44}	faŋ^{51}	faŋ^{51}	faŋ^{51}	faŋ^{51}	faŋ^{51}
布尔津县	faŋ^{44}	faŋ^{44}	faŋ^{44}	faŋ^{23}	faŋ^{23}	faŋ^{23}	faŋ^{23}	faŋ^{23}
乌苏市	faŋ^{55}	faŋ^{55}	faŋ^{55}	faŋ^{51}	faŋ^{51}	faŋ^{51}	faŋ^{51}	faŋ^{51}
额敏县	faŋ^{44}	faŋ^{44}	faŋ^{44}	faŋ^{51}	faŋ^{51}	faŋ^{51}	faŋ^{51}	faŋ^{51}
伊州区	fɒ̃^{44}	fɒ̃^{44}	fɒ̃^{44}	fɒ̃^{51}	fɒ̃^{51}	fɒ̃^{51}	fɒ̃^{51}	fɒ̃^{51}
巴里坤县	faŋ^{45}	faŋ^{45}	faŋ^{45}	faŋ^{51}	faŋ^{51}	faŋ^{51}	faŋ^{51}	faŋ^{51}
伊吾县	fɒ̃^{44}	fɒ̃^{44}	fɒ̃^{44}	fɒ̃^{51}	fɒ̃^{51}	fɒ̃^{51}	fɒ̃^{51}	fɒ̃^{51}

字目 / 中古音 / 方言点	访①	放	当 应当	党	挡 阻挡	当 上当	荡 浩荡	汤
	宕合三去漾非	宕合三去漾非	宕开一平唐端	宕开一上荡端	宕开一上荡端	宕开一去宕端	宕开一上荡定	宕开一平唐透
兰州市（城关区）	faŋ^{44}	faŋ^{13}	taŋ^{53}	taŋ^{44}	taŋ^{13}	taŋ^{13}	taŋ^{13}	tʻaŋ^{53}
永登县	faŋ^{354}	faŋ^{13}	taŋ^{42}	taŋ^{354}	taŋ^{13}	taŋ^{13}	taŋ^{13}	tʻaŋ^{42}
榆中县	faŋ^{44}	faŋ^{13}	taŋ^{51}	taŋ^{44}	taŋ^{13}	taŋ^{13}	taŋ^{13}	tʻaŋ^{51}
皋兰县	fɑŋ^{342}	fɑŋ^{13}	tɑŋ^{42}	tɑŋ^{354}	tɑŋ^{13}	tɑŋ^{13}	tɑŋ^{13}	tʻɑŋ^{42}
白银区	faŋ^{343}	faŋ^{13}	taŋ^{44}	taŋ^{343}	taŋ^{13}	taŋ^{13}	taŋ^{13}	tʻaŋ^{44}
天祝县	fɔŋ^{44}	fɔŋ^{213}	tɔŋ^{44}	tɔŋ^{44}	tɔŋ^{213}	tɔŋ^{213}	tɔŋ^{213}	tʻɔŋ^{44}
景泰县（红水镇）	faŋ^{44}	faŋ^{213}	taŋ^{44}	taŋ^{44}	taŋ^{213}	taŋ^{213}	taŋ^{213}	tʻaŋ^{44}
古浪县	fao^{44}	fao^{31}	tao^{44}	tao^{44}	tao^{31}	tao^{31}	tao^{31}	tʻao^{44}
凉州区	faŋ^{33}	faŋ^{53}	taŋ^{33}	taŋ^{33}	taŋ^{53}	taŋ^{53}	taŋ^{53}	tʻaŋ^{33}
民勤县	faŋ^{214}	faŋ^{42}	taŋ^{44}	taŋ^{214}	taŋ^{42}	taŋ^{42}	taŋ^{42}	tʻaŋ^{44}
永昌县	faŋ^{13}	faŋ^{53}	taŋ^{44}	taŋ^{13}	taŋ^{53}	taŋ^{53}	taŋ^{53}	tʻaŋ^{44}
甘州区	faŋ^{53}	faŋ^{31}	taŋ^{44}	taŋ^{53}	taŋ^{31}	taŋ^{31}	taŋ^{31}	tʻaŋ^{44}
临泽县	faŋ^{53}	faŋ^{214}	taŋ^{44}	taŋ^{53}	taŋ^{214}	taŋ^{214}	taŋ^{214}	tʻaŋ^{44}
民乐县	faŋ^{214}	faŋ^{42}	taŋ^{44}	taŋ^{214}	taŋ^{42}	taŋ^{42}	taŋ^{42}	tʻaŋ^{44}
山丹县	fã^{53}	fã^{41}	tã^{24}	tã^{53}	tã^{41}	tã^{41}	tã^{41}	tʻã^{24}
高台县	faŋ^{53}	faŋ^{214}	taŋ^{44}	taŋ^{53}	taŋ^{214}	taŋ^{214}	taŋ^{214}	tʻaŋ^{44}
肃州区	fŋ^{53}	fŋ^{214}	tŋ^{44}	tŋ^{53}	tŋ^{214}	tŋ^{214}	tŋ^{214}	tʻŋ^{44}
金塔县	fŋ^{53}	fŋ^{13}	tŋ^{44}	tŋ^{53}	tŋ^{13}	tŋ^{13}	tŋ^{13}	tʻŋ^{44}
肃北县	faŋ^{53}	faŋ^{213}	taŋ^{44}	taŋ^{53}	taŋ^{213}	taŋ^{213}	taŋ^{213}	tʻaŋ^{44}
玉门市	faŋ^{53}	faŋ^{213}	taŋ^{44}	taŋ^{53}	taŋ^{213}	taŋ^{213}	taŋ^{213}	tʻaŋ^{44}
瓜州县	faŋ^{53}	faŋ^{213}	taŋ^{44}	taŋ^{53}	taŋ^{213}	taŋ^{213}	taŋ^{213}	tʻaŋ^{44}

①《广韵》敷亮切，当开三去漾敷。

续表

西夏区	faŋ^{53}	faŋ^{13}	taŋ^{44}	taŋ^{53}	taŋ^{13}	taŋ^{13}	taŋ^{13}	tʻaŋ^{44}
贺兰县	faŋ^{53}	faŋ^{13}	taŋ^{44}	taŋ^{53}	taŋ^{13}	taŋ^{13}	taŋ^{13}	tʻaŋ^{44}
灵武市（东塔镇）	faŋ^{52}	faŋ^{13}	taŋ^{44}	taŋ^{52}	taŋ^{13}	taŋ^{13}	taŋ^{13}	tʻaŋ^{44}
永宁县	faŋ^{53}	faŋ^{13}	taŋ^{44}	taŋ^{53}	taŋ^{13}	taŋ^{13}	taŋ^{13}	tʻaŋ^{44}
中宁县	faŋ^{53}	faŋ^{13}	taŋ^{44}	taŋ^{53}	taŋ^{13}	taŋ^{13}	taŋ^{13}	tʻaŋ^{44}
沙坡头区	faŋ^{53}	faŋ^{13}	taŋ^{44}	taŋ^{53}	taŋ^{13}	taŋ^{13}	taŋ^{13}	tʻaŋ^{44}
盐池县	faŋ^{52}	faŋ^{13}	taŋ^{44}	taŋ^{52}	taŋ^{13}	taŋ^{13}	taŋ^{13}	tʻaŋ^{44}
平罗县（渠口乡）	faŋ^{53}	faŋ^{13}	taŋ^{44}	taŋ^{53}	taŋ^{13}	taŋ^{13}	taŋ^{13}	tʻaŋ^{44}
阿拉善左旗	faŋ^{51}	faŋ^{213}	taŋ^{44}	taŋ^{51}	taŋ^{213}	taŋ^{213}	taŋ^{213}	tʻaŋ^{44}
乌鲁木齐市	faŋ^{52}	faŋ^{213}	taŋ^{44}	taŋ^{52}	taŋ^{213}	taŋ^{213}	taŋ^{213}	tʻaŋ^{44}
阜康市	faŋ^{51}	faŋ^{213}	taŋ^{55}	taŋ^{51}	taŋ^{213}	taŋ^{213}	taŋ^{213}	tʻaŋ^{55}
呼图壁县	faŋ^{51}	faŋ^{213}	taŋ^{44}	taŋ^{51}	taŋ^{213}	taŋ^{213}	taŋ^{213}	tʻaŋ^{44}
吉木萨尔县	faŋ^{51}	faŋ^{213}	taŋ^{44}	taŋ^{51}	taŋ^{213}	taŋ^{213}	taŋ^{213}	tʻaŋ^{44}
奇台县	faŋ^{52}	faŋ^{213}	taŋ^{44}	taŋ^{52}	taŋ^{213}	taŋ^{213}	taŋ^{213}	tʻaŋ^{44}
博乐市	faŋ^{51}	faŋ^{24}	taŋ^{45}	taŋ^{51}	taŋ^{24}	taŋ^{24}	taŋ^{24}	tʻaŋ^{45}
阿勒泰市	faŋ^{51}	faŋ^{23}	taŋ^{44}	taŋ^{51}	taŋ^{23}	taŋ^{23}	taŋ^{23}	tʻaŋ^{44}
布尔津县	faŋ^{23}	faŋ^{51}	taŋ^{44}	taŋ^{23}	taŋ^{51}	taŋ^{51}	taŋ^{51}	tʻaŋ^{44}
乌苏市	faŋ^{51}	faŋ^{213}	taŋ^{55}	taŋ^{51}	taŋ^{213}	taŋ^{213}	taŋ^{213}	tʻaŋ^{55}
额敏县	faŋ^{51}	faŋ^{34}	taŋ^{44}	taŋ^{51}	taŋ^{34}	taŋ^{34}	taŋ^{34}	tʻaŋ^{44}
伊州区	fɒ̃^{51}	fɒ̃^{213}	tɒ̃^{44}	tɒ̃^{51}	tɒ̃^{213}	tɒ̃^{213}	tɒ̃^{213}	tʻɒ̃^{44}
巴里坤县	faŋ^{51}	faŋ^{24}	taŋ^{45}	taŋ^{51}	taŋ^{24}	taŋ^{24}	taŋ^{24}	tʻaŋ^{45}
伊吾县	fɒ̃^{51}	fɒ̃^{213}	tɒ̃^{44}	tɒ̃^{51}	tɒ̃^{213}	tɒ̃^{213}	tɒ̃^{213}	tʻɒ̃^{44}

字目 / 中古音 / 方言点	堂	棠	唐	塘	糖	躺	烫	趟
	宕开一平唐定	宕开一平唐定	宕开一平唐定	宕开一平唐定	宕开一平唐定	宕开一上荡透	宕开一去宕透	宕开一去宕透
兰州市（城关区）	t‘aŋ^{51}	t‘aŋ^{51}	t‘aŋ^{51}	t‘aŋ^{51}	t‘aŋ^{51}	t‘aŋ^{44}	t‘aŋ^{13}	t‘aŋ^{13}
永登县	t‘aŋ^{53}	t‘aŋ^{53}	t‘aŋ^{53}	t‘aŋ^{53}	t‘aŋ^{53}	t‘aŋ^{354}	t‘aŋ^{13}	t‘aŋ^{13}
榆中县	t‘aŋ^{332}	t‘aŋ^{332}	t‘aŋ^{332}	t‘aŋ^{332}	t‘aŋ^{332}	t‘aŋ^{44}	t‘aŋ^{13}	t‘aŋ^{13}
皋兰县	t‘ɑŋ^{53}	t‘ɑŋ^{53}	t‘ɑŋ^{53}	t‘aŋ^{53}	t‘ɑŋ^{53}	t‘ɑŋ^{354}	t‘ɑŋ^{13}	t‘ɑŋ^{13}
白银区	t‘aŋ^{51}	t‘aŋ^{51}	t‘aŋ^{51}	t‘aŋ^{51}	t‘aŋ^{51}	t‘aŋ^{343}	t‘aŋ^{13}	t‘aŋ^{13}
天祝县	t‘ɔŋ^{53}	t‘ɔŋ^{53}	t‘ɔŋ^{53}	t‘ɔŋ^{53}	t‘ɔŋ^{53}	t‘ɔŋ^{44}	t‘ɔŋ^{213}	t‘ɔŋ^{213}
景泰县（红水镇）	t‘ɑŋ^{53}	t‘ɑŋ^{53}	t‘ɑŋ^{53}	t‘ɑŋ^{53}	t‘ɑŋ^{53}	t‘ɑŋ^{44}	t‘ɑŋ^{213}	t‘ɑŋ^{213}
古浪县	t‘ɑo^{53}	t‘ɑo^{53}	t‘ɑo^{53}	t‘ɑo^{53}	t‘ɑo^{53}	t‘ɑo^{44}	t‘ɑo^{31}	t‘ɑo^{31}
凉州区	t‘ɑŋ^{13}	t‘ɑŋ^{13}	t‘ɑŋ^{13}	t‘ɑŋ^{13}	t‘ɑŋ^{13}	t‘ɑŋ^{33}	t‘ɑŋ^{53}	t‘ɑŋ^{53}
民勤县	t‘ɑŋ^{53}	t‘ɑŋ^{53}	t‘ɑŋ^{53}	t‘ɑŋ^{53}	t‘ɑŋ^{53}	t‘ɑŋ^{214}	t‘ɑŋ^{42}	t‘ɑŋ^{42}
永昌县	t‘ɑŋ^{13}	t‘ɑŋ^{13}	t‘ɑŋ^{13}	t‘ɑŋ^{13}	t‘ɑŋ^{13}	t‘ɑŋ^{13}	t‘ɑŋ^{53}	t‘ɑŋ^{53}
甘州区	t‘aŋ^{53}	t‘aŋ^{53}	t‘aŋ^{53}	t‘aŋ^{53}	t‘aŋ^{53}	t‘aŋ^{53}	t‘aŋ^{31}	t‘aŋ^{31}
临泽县	t‘aŋ^{53}	t‘aŋ^{53}	t‘aŋ^{53}	t‘aŋ^{53}	t‘aŋ^{53}	t‘aŋ^{53}	t‘aŋ^{214}	t‘aŋ^{214}
民乐县	t‘ɑŋ^{53}	t‘ɑŋ^{53}	t‘ɑŋ^{53}	t‘ɑŋ^{53}	t‘ɑŋ^{53}	t‘ɑŋ^{213}	t‘ɑŋ^{42}	t‘ɑŋ^{42}
山丹县	t‘ã^{53}	t‘ã^{53}	t‘ã^{53}	t‘ã^{53}	t‘ã^{53}	t‘ã^{53}	t‘ã^{41}	t‘ã^{41}
高台县	t‘ɑŋ^{53}	t‘ɑŋ^{53}	t‘ɑŋ^{53}	t‘ɑŋ^{53}	t‘ɑŋ^{53}	t‘ɑŋ^{53}	t‘ɑŋ^{214}	t‘ɑŋ^{214}
肃州区	t‘ɑŋ^{53}	t‘ɑŋ^{53}	t‘ɑŋ^{53}	t‘ɑŋ^{53}	t‘ɑŋ^{53}	t‘ɑŋ^{53}	t‘ɑŋ^{214}	t‘ɑŋ^{214}
金塔县	t‘ɑŋ^{53}	t‘ɑŋ^{53}	t‘ɑŋ^{53}	t‘ɑŋ^{53}	t‘ɑŋ^{53}	t‘ɑŋ^{53}	t‘ɑŋ^{13}	t‘ɑŋ^{13}
肃北县	t‘ɑŋ^{53}	t‘ɑŋ^{53}	t‘ɑŋ^{53}	t‘ɑŋ^{53}	t‘ɑŋ^{53}	t‘ɑŋ^{53}	t‘ɑŋ^{213}	t‘ɑŋ^{213}
玉门市	t‘ɑŋ^{53}	t‘ɑŋ^{53}	t‘ɑŋ^{53}	t‘ɑŋ^{53}	t‘ɑŋ^{53}	t‘ɑŋ^{53}	t‘ɑŋ^{213}	t‘ɑŋ^{213}
瓜州县	t‘ɑŋ^{53}	t‘ɑŋ^{53}	t‘ɑŋ^{53}	t‘ɑŋ^{53}	t‘ɑŋ^{53}	t‘ɑŋ^{53}	t‘ɑŋ^{213}	t‘ɑŋ^{213}
西夏区	t‘aŋ^{53}	t‘aŋ^{53}	t‘aŋ^{53}	t‘aŋ^{53}	t‘aŋ^{53}	t‘aŋ^{53}	t‘aŋ^{13}	t‘aŋ^{13}

续表

贺兰县	t‘aŋ^{53}	t‘aŋ^{53}	t‘aŋ^{53}	t‘aŋ^{53}	t‘aŋ^{44}	t‘aŋ^{53}	t‘aŋ^{13}	t‘aŋ^{13}
灵武市（东塔镇）	t‘aŋ^{52}	t‘aŋ^{52}	t‘aŋ^{52}	t‘aŋ^{52}	t‘aŋ^{52}	t‘aŋ^{52}	t‘aŋ^{13}	t‘aŋ^{13}
永宁县	t‘aŋ^{53}	t‘aŋ^{53}	t‘aŋ^{53}	t‘aŋ^{53}	t‘aŋ^{44}	t‘aŋ^{53}	t‘aŋ^{13}	t‘aŋ^{13}
中宁县	t‘aŋ^{53}	t‘aŋ^{53}	t‘aŋ^{53}	t‘aŋ^{53}	t‘aŋ^{53}	t‘aŋ^{53}	t‘aŋ^{13}	t‘aŋ^{13}
沙坡头区	t‘aŋ^{53}	t‘aŋ^{53}	t‘aŋ^{53}	t‘aŋ^{53}	t‘aŋ^{53}	t‘aŋ^{53}	t‘aŋ^{13}	t‘aŋ^{13}
盐池县	t‘aŋ^{13}	t‘aŋ^{13}	t‘aŋ^{13}	t‘aŋ^{13}	t‘aŋ^{13}	t‘aŋ^{52}	t‘aŋ^{13}	t‘aŋ^{13}
平罗县（渠口乡）	t‘aŋ^{53}	t‘aŋ^{53}	t‘aŋ^{53}	t‘aŋ^{53}	t‘aŋ^{44}	t‘aŋ^{53}	t‘aŋ^{13}	t‘aŋ^{13}
阿拉善左旗	t‘ɑŋ^{51}	t‘ɑŋ^{51}	t‘ɑŋ^{51}	t‘ɑŋ^{51}	t‘ɑŋ^{51}	t‘ɑŋ^{51}	t‘ɑŋ^{213}	t‘ɑŋ^{213}
乌鲁木齐市	t‘ɑŋ^{52}	t‘ɑŋ^{52}	t‘ɑŋ^{52}	t‘ɑŋ^{52}	t‘ɑŋ^{52}	t‘ɑŋ^{52}	t‘ɑŋ^{213}	t‘ɑŋ^{213}
阜康市	t‘ɑŋ^{51}	t‘ɑŋ^{51}	t‘ɑŋ^{51}	t‘ɑŋ^{51}	t‘ɑŋ^{51}	t‘ɑŋ^{51}	t‘ɑŋ^{213}	t‘ɑŋ^{213}
呼图壁县	t‘ɑŋ^{51}	t‘ɑŋ^{51}	t‘ɑŋ^{51}	t‘ɑŋ^{51}	t‘ɑŋ^{51}	t‘ɑŋ^{51}	t‘ɑŋ^{213}	t‘ɑŋ^{213}
吉木萨尔县	t‘ɑŋ^{51}	t‘ɑŋ^{51}	t‘ɑŋ^{51}	t‘ɑŋ^{51}	t‘ɑŋ^{51}	t‘ɑŋ^{51}	t‘ɑŋ^{213}	t‘ɑŋ^{213}
奇台县	t‘ɑŋ^{52}	t‘ɑŋ^{52}	t‘ɑŋ^{52}	t‘ɑŋ^{52}	t‘ɑŋ^{52}	t‘ɑŋ^{52}	t‘ɑŋ^{213}	t‘ɑŋ^{213}
博乐市	t‘ɑŋ^{51}	t‘ɑŋ^{51}	t‘ɑŋ^{51}	t‘ɑŋ^{51}	t‘ɑŋ^{51}	t‘ɑŋ^{51}	t‘ɑŋ^{24}	t‘ɑŋ^{24}
阿勒泰市	t‘ɑŋ^{51}	t‘ɑŋ^{51}	t‘ɑŋ^{51}	t‘ɑŋ^{51}	t‘ɑŋ^{51}	t‘ɑŋ^{51}	t‘ɑŋ^{23}	t‘ɑŋ^{23}
布尔津县	t‘ɑŋ^{23}	t‘ɑŋ^{23}	t‘ɑŋ^{23}	t‘ɑŋ^{23}	t‘ɑŋ^{23}	t‘ɑŋ^{23}	t‘ɑŋ^{51}	t‘ɑŋ^{51}
乌苏市	t‘ɑŋ^{51}	t‘ɑŋ^{51}	t‘ɑŋ^{51}	t‘ɑŋ^{51}	t‘ɑŋ^{51}	t‘ɑŋ^{51}	t‘ɑŋ^{213}	t‘ɑŋ^{213}
额敏县	t‘ɑŋ^{51}	t‘ɑŋ^{51}	t‘ɑŋ^{51}	t‘ɑŋ^{51}	t‘ɑŋ^{51}	t‘ɑŋ^{51}	t‘ɑŋ^{34}	t‘ɑŋ^{34}
伊州区	t‘ɒ̃^{51}	t‘ɒ̃^{51}	t‘ɒ̃^{51}	t‘ɒ̃^{51}	t‘ɒ̃^{51}	t‘ɒ̃^{51}	t‘ɒ̃^{213}	t‘ɒ̃^{213}
巴里坤县	t‘ɑŋ^{51}	t‘ɑŋ^{51}	t‘ɑŋ^{51}	t‘ɑŋ^{51}	t‘ɑŋ^{51}	t‘ɑŋ^{51}	t‘ɑŋ^{24}	t‘ɑŋ^{24}
伊吾县	t‘ɒ̃^{51}	t‘ɒ̃^{51}	t‘ɒ̃^{51}	t‘ɒ̃^{51}	t‘ɒ̃^{51}	t‘ɒ̃^{51}	t‘ɒ̃^{213}	t‘ɒ̃^{213}

字目 中古音 方言点	囊	狼	郎	廊	浪	脏	葬	藏 西藏
方音	宕开一平唐泥	宕开一平唐来	宕开一平唐来	宕开一平唐来	宕开一去宕来	宕开一平唐精	宕开一去宕精	宕开一去宕从
兰州市（城关区）	$laŋ^{44}$	$laŋ^{51}$	$laŋ^{51}$	$laŋ^{51}$	$laŋ^{13}$	$tsaŋ^{53}$	$tsaŋ^{13}$	$tsaŋ^{13}$
永登县	$naŋ^{354}$	$laŋ^{53}$	$laŋ^{54}$	$laŋ^{54}$	$laŋ^{13}$	$tsaŋ^{42}$	$tsaŋ^{13}$	$tsaŋ^{13}$
榆中县	$laŋ^{44}$	$laŋ^{332}$	$laŋ^{332}$	$laŋ^{332}$	$laŋ^{13}$	$tsaŋ^{51}$	$tsaŋ^{13}$	$tsaŋ^{13}$
皋兰县	$naŋ^{354}$	$laŋ^{53}$	$laŋ^{54}$	$laŋ^{54}$	$laŋ^{13}$	$tsaŋ^{42}$	$tsaŋ^{13}$	$tsaŋ^{13}$
白银区	$laŋ^{343}$	$laŋ^{51}$	$laŋ^{51}$	$laŋ^{51}$	$laŋ^{13}$	$tsaŋ^{44}$	$tsaŋ^{13}$	$tsaŋ^{13}$
天祝县	$lɔŋ^{44}$	$lɔŋ^{53}$	$lɔŋ^{53}$	$lɔŋ^{53}$	$lɔŋ^{213}$	$tsɔŋ^{44}$	$tsɔŋ^{213}$	$tsɔŋ^{213}$
景泰县（红水镇）	$laŋ^{44}$	$laŋ^{53}$	$laŋ^{53}$	$laŋ^{53}$	$laŋ^{213}$	$tsaŋ^{44}$	$tsaŋ^{213}$	$tsaŋ^{213}$
古浪县	lao^{44}	lao^{53}	lao^{53}	lao^{53}	lao^{31}	$tsao^{44}$	$tsao^{31}$	$tsao^{31}$
凉州区	$laŋ^{13}$	$laŋ^{13}$	$laŋ^{13}$	$laŋ^{13}$	$laŋ^{53}$	$tsaŋ^{33}$	$tsaŋ^{53}$	$tsaŋ^{53}$
民勤县	$laŋ^{214}$	$laŋ^{53}$	$laŋ^{53}$	$laŋ^{53}$	$laŋ^{42}$	$tsaŋ^{44}$	$tsaŋ^{42}$	$tsaŋ^{42}$
永昌县	$laŋ^{13}$	$laŋ^{13}$	$laŋ^{13}$	$laŋ^{13}$	$laŋ^{53}$	$tsaŋ^{44}$	$tsaŋ^{53}$	$tsaŋ^{53}$
甘州区	$laŋ^{44}$	$laŋ^{53}$	$laŋ^{53}$	$laŋ^{53}$	$laŋ^{31}$	$tsaŋ^{44}$	$tsaŋ^{31}$	$tsaŋ^{31}$
临泽县	$laŋ^{44}$	$laŋ^{53}$	$laŋ^{53}$	$laŋ^{53}$	$laŋ^{214}$	$tsaŋ^{44}$	$tsaŋ^{214}$	$tsaŋ^{214}$
民乐县	$laŋ^{213}$	$laŋ^{53}$	$laŋ^{53}$	$laŋ^{53}$	$laŋ^{42}$	$tsaŋ^{44}$	$tsaŋ^{42}$	$tsaŋ^{42}$
山丹县	$lã^{24}$	$lã^{53}$	$lã^{53}$	$lã^{53}$	$lã^{41}$	$tsã^{24}$	$tsã^{41}$	$tsã^{41}$
高台县	$laŋ^{44}$	$laŋ^{53}$	$laŋ^{53}$	$laŋ^{53}$	$laŋ^{214}$	$tsaŋ^{44}$	$tsaŋ^{214}$	$tsaŋ^{214}$
肃州区	$laŋ^{44}$	$laŋ^{53}$	$laŋ^{53}$	$laŋ^{53}$	$laŋ^{214}$	$tsaŋ^{44}$	$tsaŋ^{214}$	$tsaŋ^{214}$
金塔县	$laŋ^{44}$	$laŋ^{53}$	$laŋ^{53}$	$laŋ^{53}$	$laŋ^{13}$	$tsaŋ^{44}$	$tsaŋ^{13}$	$tsaŋ^{13}$
肃北县	$laŋ^{44}$	$laŋ^{53}$	$laŋ^{53}$	$laŋ^{53}$	$laŋ^{213}$	$tsaŋ^{44}$	$tsaŋ^{213}$	$tsaŋ^{213}$
玉门市	$laŋ^{44}$	$laŋ^{53}$	$laŋ^{53}$	$laŋ^{53}$	$laŋ^{213}$	$tsaŋ^{44}$	$tsaŋ^{213}$	$tsaŋ^{213}$
瓜州县	$laŋ^{44}$	$laŋ^{53}$	$laŋ^{53}$	$laŋ^{53}$	$laŋ^{213}$	$tsaŋ^{44}$	$tsaŋ^{213}$	$tsaŋ^{213}$

续表

西夏区	$na\eta^{44}$	$la\eta^{53}$	$la\eta^{53}$	$la\eta^{53}$	$la\eta^{13}$	$tsa\eta^{44}$	$tsa\eta^{13}$	$tsa\eta^{13}$
贺兰县	$na\eta^{44}$	$la\eta^{53}$	$la\eta^{53}$	$la\eta^{53}$	$la\eta^{13}$	$tsa\eta^{44}$	$tsa\eta^{13}$	$tsa\eta^{13}$
灵武市（东塔镇）	$na\eta^{44}$	$la\eta^{52}$	$la\eta^{52}$	$la\eta^{52}$	$la\eta^{13}$	$tsa\eta^{44}$	$tsa\eta^{13}$	$tsa\eta^{13}$
永宁县	$na\eta^{44}$	$la\eta^{53}$	$la\eta^{53}$	$la\eta^{53}$	$la\eta^{13}$	$tsa\eta^{44}$	$tsa\eta^{13}$	$tsa\eta^{13}$
中宁县	$na\eta^{44}$	$la\eta^{53}$	$la\eta^{53}$	$la\eta^{53}$	$la\eta^{13}$	$tsa\eta^{44}$	$tsa\eta^{13}$	$tsa\eta^{13}$
沙坡头区	$na\eta^{44}$	$la\eta^{53}$	$la\eta^{53}$	$la\eta^{53}$	$la\eta^{13}$	$tsa\eta^{44}$	$tsa\eta^{13}$	$tsa\eta^{13}$
盐池县	$na\eta^{44}$	$la\eta^{13}$	$la\eta^{13}$	$la\eta^{13}$	$la\eta^{13}$	$tsa\eta^{44}$	$tsa\eta^{13}$	$tsa\eta^{13}$
平罗县（渠口乡）	$na\eta^{44}$	$la\eta^{53}$	$la\eta^{53}$	$la\eta^{53}$	$la\eta^{13}$	$tsa\eta^{44}$	$tsa\eta^{13}$	$tsa\eta^{13}$
阿拉善左旗	$la\eta^{44}$	$la\eta^{51}$	$la\eta^{51}$	$la\eta^{51}$	$la\eta^{213}$	$tsa\eta^{44}$	$tsa\eta^{213}$	$tsa\eta^{213}$
乌鲁木齐市	$la\eta^{44}$	$la\eta^{52}$	$la\eta^{52}$	$la\eta^{52}$	$la\eta^{213}$	$tsa\eta^{44}$	$tsa\eta^{213}$	$tsa\eta^{213}$
阜康市	$la\eta^{55}$	$la\eta^{51}$	$la\eta^{51}$	$la\eta^{51}$	$la\eta^{213}$	$tsa\eta^{55}$	$tsa\eta^{213}$	$tsa\eta^{213}$
呼图壁县	$la\eta^{44}$	$la\eta^{51}$	$la\eta^{51}$	$la\eta^{51}$	$la\eta^{213}$	$tsa\eta^{44}$	$tsa\eta^{213}$	$tsa\eta^{213}$
吉木萨尔县	$la\eta^{44}$	$la\eta^{51}$	$la\eta^{51}$	$la\eta^{51}$	$la\eta^{213}$	$tsa\eta^{44}$	$tsa\eta^{213}$	$tsa\eta^{213}$
奇台县	$la\eta^{44}$	$la\eta^{52}$	$la\eta^{52}$	$la\eta^{52}$	$la\eta^{213}$	$tsa\eta^{44}$	$tsa\eta^{213}$	$tsa\eta^{213}$
博乐市	$la\eta^{45}$	$la\eta^{51}$	$la\eta^{51}$	$la\eta^{51}$	$la\eta^{24}$	$tsa\eta^{45}$	$tsa\eta^{24}$	$tsa\eta^{24}$
阿勒泰市	$la\eta^{44}$	$la\eta^{51}$	$la\eta^{51}$	$la\eta^{51}$	$la\eta^{23}$	$tsa\eta^{44}$	$tsa\eta^{23}$	$tsa\eta^{23}$
布尔津县	$la\eta^{44}$	$la\eta^{23}$	$la\eta^{23}$	$la\eta^{23}$	$la\eta^{51}$	$tsa\eta^{44}$	$tsa\eta^{51}$	$tsa\eta^{51}$
乌苏市	$la\eta^{55}$	$la\eta^{51}$	$la\eta^{51}$	$la\eta^{51}$	$la\eta^{213}$	$tsa\eta^{55}$	$tsa\eta^{213}$	$tsa\eta^{213}$
额敏县	$la\eta^{44}$	$la\eta^{51}$	$la\eta^{51}$	$la\eta^{51}$	$la\eta^{34}$	$tsa\eta^{44}$	$tsa\eta^{34}$	$tsa\eta^{34}$
伊州区	$l\tilde{ɒ}^{44}$	$l\tilde{ɒ}^{51}$	$l\tilde{ɒ}^{51}$	$l\tilde{ɒ}^{51}$	$l\tilde{ɒ}^{213}$	$ts\tilde{ɒ}^{44}$	$ts\tilde{ɒ}^{213}$	$ts\tilde{ɒ}^{213}$
巴里坤县	$la\eta^{45}$	$la\eta^{51}$	$la\eta^{51}$	$la\eta^{51}$	$la\eta^{24}$	$tsa\eta^{45}$	$tsa\eta^{24}$	$tsa\eta^{24}$
伊吾县	$l\tilde{ɒ}^{44}$	$l\tilde{ɒ}^{51}$	$l\tilde{ɒ}^{51}$	$l\tilde{ɒ}^{51}$	$l\tilde{ɒ}^{213}$	$ts\tilde{ɒ}^{44}$	$ts\tilde{ɒ}^{213}$	$ts\tilde{ɒ}^{213}$

字目 / 中古音 / 方言点	脏 五脏	仓	苍	藏 隐藏	桑	丧 婚丧	嗓	丧① 丧失
	宕开一去宕从	宕开一平唐清	宕开一平唐清	宕开一平唐从	宕开一平唐心	宕开一平唐心	宕开一上荡心	宕开一去宕心
兰州市（城关区）	tsaŋ^{13}	ts‘aŋ^{53}	ts‘aŋ^{53}	ts‘aŋ^{51}	saŋ^{53}	saŋ^{53}	saŋ^{44}	saŋ^{13}
永登县	tsaŋ^{13}	ts‘aŋ^{42}	ts‘aŋ^{42}	ts‘aŋ^{53}	saŋ^{42}	saŋ^{42}	saŋ^{354}	saŋ^{13}
榆中县	tsaŋ^{13}	ts‘aŋ^{51}	ts‘aŋ^{51}	ts‘aŋ^{332}	saŋ^{51}	saŋ^{51}	saŋ^{44}	saŋ^{13}
皋兰县	tsɑŋ^{13}	ts‘ɑŋ^{42}	ts‘ɑŋ^{42}	ts‘ɑŋ^{53}	sɑŋ^{42}	sɑŋ^{42}	sɑŋ^{354}	sɑŋ^{13}
白银区	tsaŋ^{13}	ts‘aŋ^{44}	ts‘aŋ^{44}	ts‘aŋ^{51}	saŋ^{44}	saŋ^{44}	saŋ^{343}	saŋ^{13}
天祝县	tsɔŋ^{213}	ts‘ɔŋ^{44}	ts‘ɔŋ^{44}	ts‘ɔŋ^{53}	sɔŋ^{44}	sɔŋ^{44}	sɔŋ^{44}	sɔŋ^{213}
景泰县（红水镇）	tsɑŋ^{213}	ts‘ɑŋ^{44}	ts‘ɑŋ^{44}	ts‘ɑŋ^{53}	sɑŋ^{44}	sɑŋ^{44}	sɑŋ^{44}	sɑŋ^{213}
古浪县	tsɑo^{31}	ts‘ɑo^{44}	ts‘ɑo^{44}	ts‘ɑo^{53}	sɑo^{44}	sɑo^{44}	sɑo^{44}	sɑo^{31}
凉州区	tsɑŋ^{53}	ts‘ɑŋ^{33}	ts‘ɑŋ^{33}	ts‘ɑŋ^{31}	sɑŋ^{33}	sɑŋ^{33}	sɑŋ^{33}	sɑŋ^{53}
民勤县	tsɑŋ^{42}	ts‘ɑŋ^{44}	ts‘ɑŋ^{44}	ts‘ɑŋ^{53}	sɑŋ^{44}	sɑŋ^{44}	sɑŋ^{214}	sɑŋ^{42}
永昌县	tsɑŋ^{53}	ts‘ɑŋ^{44}	ts‘ɑŋ^{44}	ts‘ɑŋ^{31}	sɑŋ^{44}	sɑŋ^{44}	sɑŋ^{13}	sɑŋ^{53}
甘州区	tsaŋ^{31}	ts‘aŋ^{44}	ts‘aŋ^{44}	ts‘aŋ^{53}	saŋ^{44}	saŋ^{44}	saŋ^{53}	saŋ^{31}
临泽县	tsaŋ^{214}	ts‘aŋ^{44}	ts‘aŋ^{44}	ts‘aŋ^{53}	saŋ^{44}	saŋ^{44}	saŋ^{53}	saŋ^{214}
民乐县	tsɑŋ^{42}	ts‘ɑŋ^{44}	ts‘ɑŋ^{44}	ts‘ɑŋ^{53}	sɑŋ^{44}	sɑŋ^{44}	sɑŋ^{213}	sɑŋ^{42}
山丹县	tsã^{41}	ts‘ã^{24}	ts‘ã^{24}	ts‘ã^{53}	sã^{24}	sã^{24}	sã^{53}	sã^{41}
高台县	tsɑŋ^{214}	ts‘ɑŋ^{44}	ts‘ɑŋ^{44}	ts‘ɑŋ^{53}	sɑŋ^{44}	sɑŋ^{44}	sɑŋ^{53}	sɑŋ^{214}
肃州区	tsɑŋ^{214}	ts‘ɑŋ^{44}	ts‘ɑŋ^{44}	ts‘ɑŋ^{53}	sɑŋ^{44}	sɑŋ^{44}	sɑŋ^{53}	sɑŋ^{214}
金塔县	tsɑŋ^{13}	ts‘ɑŋ^{44}	ts‘ɑŋ^{44}	ts‘ɑŋ^{53}	sɑŋ^{44}	sɑŋ^{44}	sɑŋ^{53}	sɑŋ^{13}
肃北县	tsɑŋ^{213}	ts‘ɑŋ^{44}	ts‘ɑŋ^{44}	ts‘ɑŋ^{53}	sɑŋ^{44}	sɑŋ^{44}	sɑŋ^{53}	sɑŋ^{213}
玉门市	tsɑŋ^{213}	ts‘ɑŋ^{44}	ts‘ɑŋ^{44}	ts‘ɑŋ^{53}	sɑŋ^{44}	sɑŋ^{44}	sɑŋ^{53}	sɑŋ^{213}

①又息郎切，宕开一平唐心。

续表

瓜州县	tsɑŋ^{213}	tsʻɑŋ^{44}	tsʻɑŋ^{44}	tsʻɑŋ^{53}	sɑŋ^{44}	sɑŋ^{44}	sɑŋ^{53}	sɑŋ^{213}
西夏区	tsŋ^{13}	tsʻŋ^{44}	tsʻŋ^{44}	tsʻŋ^{53}	sŋ^{44}	sŋ^{44}	sŋ^{53}	sŋ^{13}
贺兰县	tsaŋ^{13}	tsʻaŋ^{44}	tsʻaŋ^{44}	tsʻaŋ^{53}	saŋ^{44}	saŋ^{44}	saŋ^{53}	saŋ^{13}
灵武市（东塔镇）	tsaŋ^{13}	tsʻaŋ^{44}	tsʻaŋ^{44}	tsʻaŋ^{52}	saŋ^{44}	saŋ^{44}	saŋ^{52}	saŋ^{13}
永宁县	tsaŋ^{13}	tsʻaŋ^{44}	tsʻaŋ^{44}	tsʻaŋ^{53}	saŋ^{44}	saŋ^{44}	saŋ^{53}	saŋ^{13}
中宁县	tsaŋ^{13}	tsʻaŋ^{44}	tsʻaŋ^{44}	tsʻaŋ^{53}	saŋ^{44}	saŋ^{44}	saŋ^{53}	saŋ^{13}
沙坡头区	tsaŋ^{13}	tsʻaŋ^{44}	tsʻaŋ^{44}	tsʻaŋ^{53}	saŋ^{44}	saŋ^{44}	saŋ^{53}	saŋ^{13}
盐池县	tsaŋ^{13}	tsʻaŋ^{44}	tsʻaŋ^{44}	tsʻaŋ^{13}	saŋ^{44}	saŋ^{44}	saŋ^{52}	saŋ^{13}
平罗县（渠口乡）	tsaŋ^{13}	tsʻaŋ^{44}	tsʻaŋ^{44}	tsʻaŋ^{53}	saŋ^{44}	saŋ^{44}	saŋ^{53}	saŋ^{13}
阿拉善左旗	tsɑŋ^{213}	tsʻɑŋ^{44}	tsʻɑŋ^{44}	tsʻɑŋ^{51}	sɑŋ^{44}	sɑŋ^{44}	sɑŋ^{51}	sɑŋ^{213}
乌鲁木齐市	tsɑŋ^{213}	tsʻɑŋ^{44}	tsʻɑŋ^{44}	tsʻɑŋ^{52}	sɑŋ^{44}	sɑŋ^{44}	sɑŋ^{52}	sɑŋ^{213}
阜康市	tsɑŋ^{213}	tsʻɑŋ^{55}	tsʻɑŋ^{55}	tsʻɑŋ^{51}	sɑŋ^{55}	sɑŋ^{55}	sɑŋ^{51}	sɑŋ^{213}
呼图壁县	tsɑŋ^{213}	tsʻɑŋ^{44}	tsʻɑŋ^{44}	tsʻɑŋ^{51}	sɑŋ^{44}	sɑŋ^{44}	sɑŋ^{51}	sɑŋ^{213}
吉木萨尔县	tsɑŋ^{213}	tsʻɑŋ^{44}	tsʻɑŋ^{44}	tsʻɑŋ^{51}	sɑŋ^{44}	sɑŋ^{44}	sɑŋ^{51}	sɑŋ^{213}
奇台县	tsɑŋ^{213}	tsʻɑŋ^{44}	tsʻɑŋ^{44}	tsʻɑŋ^{52}	sɑŋ^{44}	sɑŋ^{44}	sɑŋ^{52}	sɑŋ^{213}
博乐市	tsɑŋ^{24}	tsʻɑŋ^{45}	tsʻɑŋ^{45}	tsʻɑŋ^{51}	sɑŋ^{45}	sɑŋ^{45}	sɑŋ^{51}	sɑŋ^{24}
阿勒泰市	tsɑŋ^{23}	tsʻɑŋ^{44}	tsʻɑŋ^{44}	tsʻɑŋ^{51}	sɑŋ^{44}	sɑŋ^{44}	sɑŋ^{51}	sɑŋ^{23}
布尔津县	tsɑŋ^{51}	tsʻɑŋ^{44}	tsʻɑŋ^{44}	tsʻɑŋ^{23}	sɑŋ^{44}	sɑŋ^{44}	sɑŋ^{23}	sɑŋ^{51}
乌苏市	tsɑŋ^{213}	tsʻɑŋ^{55}	tsʻɑŋ^{55}	tsʻɑŋ^{51}	sɑŋ^{55}	sɑŋ^{55}	sɑŋ^{51}	sɑŋ^{213}
额敏县	tsɑŋ^{34}	tsʻɑŋ^{44}	tsʻɑŋ^{44}	tsʻɑŋ^{51}	sɑŋ^{44}	sɑŋ^{44}	sɑŋ^{51}	sɑŋ^{34}
伊州区	tsɒ̃^{213}	tsʻɒ̃^{44}	tsʻɒ̃^{44}	tsʻɒ̃^{51}	sɒ̃^{44}	sɒ̃^{44}	sɒ̃^{51}	sɒ̃^{213}
巴里坤县	tsɑŋ^{24}	tsʻɑŋ^{45}	tsʻɑŋ^{45}	tsʻɑŋ^{51}	sɑŋ^{45}	sɑŋ^{45}	sɑŋ^{51}	sɑŋ^{24}
伊吾县	tsɒ̃^{213}	tsʻɒ̃^{44}	tsʻɒ̃^{44}	tsʻɒ̃^{51}	sɒ̃^{44}	sɒ̃^{44}	sɒ̃^{51}	sɒ̃^{213}

字目 / 中古音 / 方言点	张	章	樟	长 生长	涨① 涨价	掌	涨 涨大	帐 蚊帐
	宕开三 平阳知	宕开三 平阳章	宕开三 平阳章	宕开三 上养知	宕开三 去漾知	宕开三 上养来	宕开三 去漾知	宕开三 去漾知
兰州市（城关区）	tʂaŋ^{53}	tʂaŋ^{53}	tʂaŋ^{53}	tʂaŋ^{44}	tʂaŋ^{44}	tʂaŋ^{44}	tʂaŋ^{44}	tʂaŋ^{13}
永登县	tʂaŋ^{354}	tʂaŋ^{42}	tʂaŋ^{42}	tʂaŋ^{354}	tʂaŋ^{354}	tʂaŋ^{354}	tʂaŋ^{354}	tʂaŋ^{13}
榆中县	tʂaŋ^{51}	tʂaŋ^{51}	tʂaŋ^{51}	tʂaŋ^{44}	tʂaŋ^{44}	tʂaŋ^{44}	tʂaŋ^{44}	tʂaŋ^{13}
皋兰县	tʂɑŋ^{342}	tʂɑŋ^{42}	tʂɑŋ^{42}	tʂɑŋ^{342}	tʂɑŋ^{342}	tʂɑŋ^{342}	tʂɑŋ^{342}	tʂɑŋ^{13}
白银区	tʂaŋ^{44}	tʂaŋ^{44}	tʂaŋ^{44}	tʂaŋ^{343}	tʂaŋ^{343}	tʂaŋ^{343}	tʂaŋ^{343}	tʂaŋ^{13}
天祝县	tʂɔŋ^{44}	tʂɔŋ^{44}	tʂɔŋ^{44}	tʂɔŋ^{53}	tʂɔŋ^{53}	tʂɔŋ^{53}	tʂɔŋ^{53}	tʂɔŋ^{13}
景泰县（红水镇）	tʂaŋ^{44}	tʂaŋ^{44}	tʂaŋ^{44}	tʂaŋ^{44}	tʂaŋ^{44}	tʂaŋ^{44}	tʂaŋ^{44}	tʂaŋ^{213}
古浪县	tʂɑŋ^{44}	tʂɑŋ^{44}	tʂɑŋ^{44}	tʂɑŋ^{44}	tʂɑŋ^{44}	tʂɑŋ^{44}	tʂɑŋ^{44}	tʂɑŋ^{213}
凉州区	tʂao^{44}	tʂao^{44}	tʂao^{44}	tʂao^{44}	tʂao^{44}	tʂao^{44}	tʂao^{44}	tʂao^{31}
民勤县	tʂɑŋ^{33}	tʂɑŋ^{33}	tʂɑŋ^{33}	tʂɑŋ^{33}	tʂɑŋ^{33}	tʂɑŋ^{33}	tʂɑŋ^{33}	tʂɑŋ^{53}
永昌县	tʂɑŋ^{44}	tʂɑŋ^{44}	tʂɑŋ^{44}	tʂɑŋ^{214}	tʂɑŋ^{214}	tʂɑŋ^{214}	tʂɑŋ^{214}	tʂɑŋ^{42}
甘州区	tʂɑŋ^{44}	tʂɑŋ^{44}	tʂɑŋ^{44}	tʂɑŋ^{13}	tʂɑŋ^{13}	tʂɑŋ^{13}	tʂɑŋ^{13}	tʂɑŋ^{53}
临泽县	tʂaŋ^{44}	tʂaŋ^{44}	tʂaŋ^{44}	tʂaŋ^{53}	tʂaŋ^{53}	tʂaŋ^{53}	tʂaŋ^{53}	tʂaŋ^{31}
民乐县	tʂaŋ^{44}	tʂaŋ^{44}	tʂaŋ^{44}	tʂaŋ^{53}	tʂaŋ^{53}	tʂaŋ^{53}	tʂaŋ^{53}	tʂaŋ^{214}
山丹县	tʂɑŋ^{44}	tʂɑŋ^{44}	tʂɑŋ^{44}	tʂɑŋ^{213}	tʂɑŋ^{213}	tʂɑŋ^{213}	tʂɑŋ^{213}	tʂɑŋ^{42}
高台县	tʂã^{24}	tʂã^{24}	tʂã^{24}	tʂã^{53}	tʂã^{53}	tʂã^{53}	tʂã^{53}	tʂã^{41}
肃州区	tʂɑŋ^{44}	tʂɑŋ^{44}	tʂɑŋ^{44}	tʂɑŋ^{53}	tʂɑŋ^{53}	tʂɑŋ^{53}	tʂɑŋ^{53}	tʂɑŋ^{214}
金塔县	tʂaŋ^{44}	tʂaŋ^{44}	tʂaŋ^{44}	tʂaŋ^{53}	tʂaŋ^{53}	tʂaŋ^{53}	tʂaŋ^{53}	tʂaŋ^{214}
肃北县	tʂaŋ^{44}	tʂaŋ^{44}	tʂaŋ^{44}	tʂaŋ^{53}	tʂaŋ^{53}	tʂaŋ^{53}	tʂaŋ^{53}	tʂaŋ^{13}
玉门市	tʂaŋ^{44}	tʂaŋ^{44}	tʂaŋ^{44}	tʂaŋ^{53}	tʂaŋ^{53}	tʂaŋ^{53}	tʂaŋ^{53}	tʂaŋ^{213}
瓜州县	tʂɑŋ^{44}	tʂɑŋ^{44}	tʂɑŋ^{44}	tʂɑŋ^{53}	tʂɑŋ^{53}	tʂɑŋ^{53}	tʂɑŋ^{53}	tʂɑŋ^{213}

①又展两切，当开三上养知。

续表

西夏区	tʂaŋ^{44}	tʂaŋ^{44}	tʂaŋ^{44}	tʂaŋ^{53}	tʂaŋ^{53}	tʂaŋ^{53}	tʂaŋ^{53}	tʂaŋ^{213}
贺兰县	tʂaŋ^{44}	tʂaŋ^{44}	tʂaŋ^{44}	tʂaŋ^{53}	tʂaŋ^{53}	tʂaŋ^{53}	tʂaŋ^{53}	tʂaŋ^{13}
灵武市（东塔镇）	tʂaŋ^{44}	tʂaŋ^{44}	tʂaŋ^{44}	tʂaŋ^{52}	tʂaŋ^{52}	tʂaŋ^{52}	tʂaŋ^{52}	tʂaŋ^{13}
永宁县	tʂaŋ^{44}	tʂaŋ^{44}	tʂaŋ^{44}	tʂaŋ^{53}	tʂaŋ^{53}	tʂaŋ^{53}	tʂaŋ^{53}	tʂaŋ^{13}
中宁县	tʂaŋ^{44}	tʂaŋ^{44}	tʂaŋ^{44}	tʂaŋ^{53}	tʂaŋ^{53}	tʂaŋ^{53}	tʂaŋ^{53}	tʂaŋ^{13}
沙坡头区	tʂaŋ^{44}	tʂaŋ^{44}	tʂaŋ^{44}	tʂaŋ^{53}	tʂaŋ^{53}	tʂaŋ^{53}	tʂaŋ^{53}	tʂaŋ^{13}
盐池县	tʂaŋ^{44}	tʂaŋ^{44}	tʂaŋ^{44}	tʂaŋ^{52}	tʂaŋ^{52}	tʂaŋ^{52}	tʂaŋ^{52}	tʂaŋ^{13}
平罗县（渠口乡）	tʂaŋ^{44}	tʂaŋ^{44}	tʂaŋ^{44}	tʂaŋ^{53}	tʂaŋ^{53}	tʂaŋ^{53}	tʂaŋ^{53}	tʂaŋ^{13}
阿拉善左旗	tʂaŋ^{44}	tʂaŋ^{44}	tʂaŋ^{44}	tʂaŋ^{51}	tʂaŋ^{51}	tʂaŋ^{51}	tʂaŋ^{51}	tʂaŋ^{213}
乌鲁木齐市	tʂaŋ^{44}	tʂaŋ^{44}	tʂaŋ^{44}	tʂaŋ^{52}	tʂaŋ^{52}	tʂaŋ^{52}	tʂaŋ^{52}	tʂaŋ^{213}
阜康市	tʂaŋ^{55}	tʂaŋ^{55}	tʂaŋ^{55}	tʂaŋ^{51}	tʂaŋ^{51}	tʂaŋ^{51}	tʂaŋ^{51}	tʂaŋ^{213}
呼图壁县	tʂaŋ^{44}	tʂaŋ^{44}	tʂaŋ^{44}	tʂaŋ^{51}	tʂaŋ^{51}	tʂaŋ^{51}	tʂaŋ^{51}	tʂaŋ^{213}
吉木萨尔县	tʂaŋ^{44}	tʂaŋ^{44}	tʂaŋ^{44}	tʂaŋ^{51}	tʂaŋ^{51}	tʂaŋ^{51}	tʂaŋ^{51}	tʂaŋ^{213}
奇台县	tʂaŋ^{44}	tʂaŋ^{44}	tʂaŋ^{44}	tʂaŋ^{52}	tʂaŋ^{52}	tʂaŋ^{52}	tʂaŋ^{52}	tʂaŋ^{213}
博乐市	tʂaŋ^{45}	tʂaŋ^{45}	tʂaŋ^{45}	tʂaŋ^{51}	tʂaŋ^{51}	tʂaŋ^{51}	tʂaŋ^{51}	tʂaŋ^{24}
阿勒泰市	tʂaŋ^{44}	tʂaŋ^{44}	tʂaŋ^{44}	tʂaŋ^{51}	tʂaŋ^{51}	tʂaŋ^{51}	tʂaŋ^{51}	tʂaŋ^{23}
布尔津县	tʂaŋ^{44}	tʂaŋ^{44}	tʂaŋ^{44}	tʂaŋ^{23}	tʂaŋ^{23}	tʂaŋ^{23}	tʂaŋ^{23}	tʂaŋ^{51}
乌苏市	tʂaŋ^{55}	tʂaŋ^{55}	tʂaŋ^{55}	tʂaŋ^{51}	tʂaŋ^{51}	tʂaŋ^{51}	tʂaŋ^{51}	tʂaŋ^{213}
额敏县	tʂaŋ^{44}	tʂaŋ^{44}	tʂaŋ^{44}	tʂaŋ^{51}	tʂaŋ^{51}	tʂaŋ^{51}	tʂaŋ^{51}	tʂaŋ^{34}
伊州区	tʂɒ̃^{44}	tʂɒ̃^{44}	tʂɒ̃^{44}	tʂɒ̃^{51}	tʂɒ̃^{51}	tʂɒ̃^{51}	tʂɒ̃^{51}	tʂɒ̃^{213}
巴里坤县	tʂaŋ^{45}	tʂaŋ^{45}	tʂaŋ^{45}	tʂaŋ^{51}	tʂaŋ^{51}	tʂaŋ^{51}	tʂaŋ^{51}	tʂaŋ^{24}
伊吾县	tʂɒ̃^{44}	tʂɒ̃^{44}	tʂɒ̃^{44}	tʂɒ̃^{51}	tʂɒ̃^{51}	tʂɒ̃^{51}	tʂɒ̃^{51}	tʂɒ̃^{213}

字目 / 中古音 / 方音 / 方言点	账 账目	胀 膨胀	丈	杖①	仗② 依仗	仗③ 打仗	障④	昌
中古音	宕开三去漾知	宕开三去漾知	宕开三上养澄	宕开三上养澄	宕开三上养澄	宕开三去养澄	宕开三去漾章	宕开三平阳昌
兰州市（城关区）	tʂaŋ^{13}	tʂaŋ^{13}	tʂaŋ^{13}	tʂaŋ^{13}	tʂaŋ^{13}	tʂaŋ^{13}	tʂaŋ^{13}	tʂ‘aŋ^{53}
永登县	tʂaŋ^{13}	tʂaŋ^{13}	tʂaŋ^{13}	tʂaŋ^{13}	tʂaŋ^{13}	tʂaŋ^{13}	tʂaŋ^{13}	tʂ‘aŋ^{42}
榆中县	tʂaŋ^{13}	tʂaŋ^{13}	tʂaŋ^{13}	tʂaŋ^{13}	tʂaŋ^{13}	tʂaŋ^{13}	tʂaŋ^{13}	tʂ‘aŋ^{51}
皋兰县	tʂɑŋ^{13}	tʂɑŋ^{13}	tʂɑŋ^{13}	tʂɑŋ^{13}	tʂɑŋ^{13}	tʂɑŋ^{13}	tʂɑŋ^{13}	tʂɑŋ^{42}
白银区	tʂaŋ^{13}	tʂaŋ^{13}	tʂaŋ^{13}	tʂaŋ^{13}	tʂaŋ^{13}	tʂaŋ^{13}	tʂaŋ^{13}	tʂ‘aŋ^{44}
天祝县	tʂɔŋ^{213}	tʂɔŋ^{213}	tʂɔŋ^{213}	tʂɔŋ^{213}	tʂɔŋ^{213}	tʂɔŋ^{213}	tʂɔŋ^{213}	tʂ‘ɔŋ^{44}
景泰县（红水镇）	tʂɑŋ^{213}	tʂɑŋ^{213}	tʂɑŋ^{213}	tʂɑŋ^{213}	tʂɑŋ^{213}	tʂɑŋ^{213}	tʂɑŋ^{213}	tʂ‘ɑŋ^{44}
古浪县	tʂao^{31}	tʂao^{31}	tʂao^{31}	tʂao^{31}	tʂao^{31}	tʂao^{31}	tʂao^{31}	tʂ‘ao^{44}
凉州区	tʂɑŋ^{53}	tʂɑŋ^{53}	tʂɑŋ^{53}	tʂɑŋ^{53}	tʂɑŋ^{53}	tʂɑŋ^{53}	tʂɑŋ^{53}	tʂ‘ɑŋ^{33}
民勤县	tʂɑŋ^{42}	tʂɑŋ^{42}	tʂɑŋ^{42}	tʂɑŋ^{42}	tʂɑŋ^{42}	tʂɑŋ^{42}	tʂɑŋ^{42}	tʂ‘ɑŋ^{44}
永昌县	tʂɑŋ^{53}	tʂɑŋ^{53}	tʂɑŋ^{53}	tʂɑŋ^{53}	tʂɑŋ^{53}	tʂɑŋ^{53}	tʂɑŋ^{53}	tʂ‘ɑŋ^{44}
甘州区	tʂaŋ^{31}	tʂaŋ^{31}	tʂaŋ^{31}	tʂaŋ^{31}	tʂaŋ^{31}	tʂaŋ^{31}	tʂaŋ^{31}	tʂ‘aŋ^{44}
临泽县	tʂaŋ^{214}	tʂaŋ^{214}	tʂaŋ^{214}	tʂaŋ^{214}	tʂaŋ^{214}	tʂaŋ^{214}	tʂaŋ^{214}	tʂ‘aŋ^{44}
民乐县	tʂɑŋ^{42}	tʂɑŋ^{42}	tʂɑŋ^{42}	tʂɑŋ^{42}	tʂɑŋ^{42}	tʂɑŋ^{42}	tʂɑŋ^{42}	tʂ‘ɑŋ^{44}
山丹县	tʂã^{41}	tʂã^{41}	tʂã^{41}	tʂã^{41}	tʂã^{41}	tʂã^{41}	tʂã^{41}	tʂ‘ã^{24}
高台县	tʂɑŋ^{214}	tʂɑŋ^{214}	tʂɑŋ^{214}	tʂɑŋ^{214}	tʂɑŋ^{214}	tʂɑŋ^{214}	tʂɑŋ^{214}	tʂ‘ɑŋ^{44}
肃州区	tʂɑŋ^{214}	tʂɑŋ^{214}	tʂɑŋ^{214}	tʂɑŋ^{214}	tʂɑŋ^{214}	tʂɑŋ^{214}	tʂɑŋ^{214}	tʂ‘ɑŋ^{44}
金塔县	tʂɑŋ^{13}	tʂɑŋ^{13}	tʂɑŋ^{13}	tʂɑŋ^{13}	tʂɑŋ^{13}	tʂɑŋ^{13}	tʂɑŋ^{13}	tʂ‘ɑŋ^{44}

①又直亮切，宕开三去漾澄。
②又直亮切，宕开三去漾澄。
③又雉两切，宕开三上漾澄。
④又诸良切，当开三平阳章。

续表

肃北县	tʂɑŋ^{213}	tʂɑŋ^{213}	tʂɑŋ^{213}	tʂɑŋ^{213}	tʂɑŋ^{213}	tʂɑŋ^{213}	tʂɑŋ^{213}	tʂʻɑŋ^{44}
玉门市	tʂɑŋ^{213}	tʂɑŋ^{213}	tʂɑŋ^{213}	tʂɑŋ^{213}	tʂɑŋ^{213}	tʂɑŋ^{213}	tʂɑŋ^{213}	tʂʻɑŋ^{44}
瓜州县	tʂɑŋ^{213}	tʂɑŋ^{213}	tʂɑŋ^{213}	tʂɑŋ^{213}	tʂɑŋ^{213}	tʂɑŋ^{213}	tʂɑŋ^{213}	tʂʻɑŋ^{44}
西夏区	tʂaŋ^{13}	tʂaŋ^{13}	tʂaŋ^{13}	tʂaŋ^{13}	tʂaŋ^{13}	tʂaŋ^{13}	tʂaŋ^{13}	tʂʻaŋ^{44}
贺兰县	tʂaŋ^{13}	tʂaŋ^{13}	tʂaŋ^{13}	tʂaŋ^{13}	tʂaŋ^{13}	tʂaŋ^{13}	tʂaŋ^{13}	tʂʻaŋ^{44}
灵武市（东塔镇）	tʂaŋ^{13}	tʂaŋ^{13}	tʂaŋ^{13}	tʂaŋ^{13}	tʂaŋ^{13}	tʂaŋ^{13}	tʂaŋ^{13}	tʂʻaŋ^{44}
永宁县	tʂaŋ^{13}	tʂaŋ^{13}	tʂaŋ^{13}	tʂaŋ^{13}	tʂaŋ^{13}	tʂaŋ^{13}	tʂaŋ^{13}	tʂʻaŋ^{44}
中宁县	tʂaŋ^{13}	tʂaŋ^{13}	tʂaŋ^{13}	tʂaŋ^{13}	tʂaŋ^{13}	tʂaŋ^{13}	tʂaŋ^{13}	tʂʻaŋ^{44}
沙坡头区	tʂaŋ^{13}	tʂaŋ^{13}	tʂaŋ^{13}	tʂaŋ^{13}	tʂaŋ^{13}	tʂaŋ^{13}	tʂaŋ^{13}	tʂʻaŋ^{44}
盐池县	tʂaŋ^{13}	tʂaŋ^{13}	tʂaŋ^{13}	tʂaŋ^{13}	tʂaŋ^{13}	tʂaŋ^{13}	tʂaŋ^{13}	tʂʻaŋ^{44}
平罗县（渠口乡）	tʂaŋ^{13}	tʂaŋ^{13}	tʂaŋ^{13}	tʂaŋ^{13}	tʂaŋ^{13}	tʂaŋ^{13}	tʂaŋ^{13}	tʂʻaŋ^{44}
阿拉善左旗	tʂɑŋ^{213}	tʂɑŋ^{213}	tʂɑŋ^{213}	tʂɑŋ^{213}	tʂɑŋ^{213}	tʂɑŋ^{213}	tʂɑŋ^{213}	tʂʻɑŋ^{44}
乌鲁木齐市	tʂɑŋ^{213}	tʂɑŋ^{213}	tʂɑŋ^{213}	tʂɑŋ^{213}	tʂɑŋ^{213}	tʂɑŋ^{213}	tʂɑŋ^{213}	tʂʻɑŋ^{44}
阜康市	tʂɑŋ^{213}	tʂɑŋ^{213}	tʂɑŋ^{213}	tʂɑŋ^{213}	tʂɑŋ^{213}	tʂɑŋ^{213}	tʂɑŋ^{213}	tʂʻɑŋ^{55}
呼图壁县	tʂɑŋ^{213}	tʂɑŋ^{213}	tʂɑŋ^{213}	tʂɑŋ^{213}	tʂɑŋ^{213}	tʂɑŋ^{213}	tʂɑŋ^{213}	tʂʻɑŋ^{44}
吉木萨尔县	tʂɑŋ^{213}	tʂɑŋ^{213}	tʂɑŋ^{213}	tʂɑŋ^{213}	tʂɑŋ^{213}	tʂɑŋ^{213}	tʂɑŋ^{213}	tʂʻɑŋ^{44}
奇台县	tʂɑŋ^{213}	tʂɑŋ^{213}	tʂɑŋ^{213}	tʂɑŋ^{213}	tʂɑŋ^{213}	tʂɑŋ^{213}	tʂɑŋ^{213}	tʂʻɑŋ^{44}
博乐市	tʂɑŋ^{24}	tʂɑŋ^{24}	tʂɑŋ^{24}	tʂɑŋ^{24}	tʂɑŋ^{24}	tʂɑŋ^{24}	tʂɑŋ^{24}	tʂʻɑŋ^{45}
阿勒泰市	tʂɑŋ^{23}	tʂɑŋ^{23}	tʂɑŋ^{23}	tʂɑŋ^{23}	tʂɑŋ^{23}	tʂɑŋ^{23}	tʂɑŋ^{23}	tʂʻɑŋ^{44}
布尔津县	tʂɑŋ^{51}	tʂɑŋ^{51}	tʂɑŋ^{51}	tʂɑŋ^{51}	tʂɑŋ^{51}	tʂɑŋ^{51}	tʂɑŋ^{51}	tʂʻɑŋ^{44}
乌苏市	tʂɑŋ^{213}	tʂɑŋ^{213}	tʂɑŋ^{213}	tʂɑŋ^{213}	tʂɑŋ^{213}	tʂɑŋ^{213}	tʂɑŋ^{213}	tʂʻɑŋ^{55}
额敏县	tʂɑŋ^{34}	tʂɑŋ^{34}	tʂɑŋ^{34}	tʂɑŋ^{34}	tʂɑŋ^{34}	tʂɑŋ^{34}	tʂɑŋ^{34}	tʂʻɑŋ^{44}
伊州区	tʂɒ̃^{213}	tʂɒ̃^{213}	tʂɒ̃^{213}	tʂɒ̃^{213}	tʂɒ̃^{213}	tʂɒ̃^{213}	tʂɒ̃^{213}	tʂʻɒ̃^{44}
巴里坤县	tʂɑŋ^{24}	tʂɑŋ^{24}	tʂɑŋ^{24}	tʂɑŋ^{24}	tʂɑŋ^{24}	tʂɑŋ^{24}	tʂɑŋ^{24}	tʂʻɑŋ^{45}
伊吾县	tʂɒ̃^{213}	tʂɒ̃^{213}	tʂɒ̃^{213}	tʂɒ̃^{213}	tʂɒ̃^{213}	tʂɒ̃^{213}	tʂɒ̃^{213}	tʂʻɒ̃^{44}

字目 / 中古音 / 方言点	长 长短	肠	常	尝	偿①	场	厂	畅
	宕开三平阳澄	宕开三平阳澄	宕开三平阳禅	宕开三平阳禅	宕开三平阳禅	宕开三平阳澄	宕开三上养昌	宕开三去漾彻
兰州市（城关区）	tʂʻaŋ^{51}	tʂʻaŋ^{51}	tʂʻaŋ^{51}	tʂʻaŋ^{51}	tʂʻaŋ^{51}	tʂʻaŋ^{51}	tʂʻaŋ^{44}	tʂʻaŋ^{13}
永登县	tʂʻaŋ^{53}	tʂʻaŋ^{53}	tʂʻaŋ^{53}	tʂʻaŋ^{53}	tʂʻaŋ^{53}	tʂʻaŋ^{53}	tʂʻaŋ^{354}	tʂʻaŋ^{13}
榆中县	tʂʻaŋ^{332}	tʂʻaŋ^{332}	tʂʻaŋ^{332}	tʂʻaŋ^{332}	tʂʻaŋ^{332}	tʂʻaŋ^{332}	tʂʻaŋ^{44}	tʂʻaŋ^{13}
皋兰县	tʂʻɑŋ^{53}	tʂʻɑŋ^{53}	tʂʻɑŋ^{53}	tʂʻɑŋ^{53}	tʂʻɑŋ^{53}	tʂʻɑŋ^{53}	tʂʻɑŋ^{354}	tʂʻɑŋ^{13}
白银区	tʂʻaŋ^{51}	tʂʻaŋ^{51}	tʂʻaŋ^{51}	tʂʻaŋ^{51}	tʂʻaŋ^{51}	tʂʻaŋ^{51}	tʂʻaŋ^{343}	tʂʻaŋ^{13}
天祝县	tʂʻɔŋ^{53}	tʂʻɔŋ^{53}	tʂʻɔŋ^{53}	tʂʻɔŋ^{53}	tʂʻɔŋ^{53}	tʂʻɔŋ^{53}	tʂʻɔŋ^{44}	tʂʻɔŋ^{213}
景泰县（红水镇）	tʂʻɑŋ^{53}	tʂʻɑŋ^{53}	tʂʻɑŋ^{53}	tʂʻɑŋ^{53}	tʂʻɑŋ^{53}	tʂʻɑŋ^{53}	tʂʻɑŋ^{44}	tʂʻɑŋ^{213}
古浪县	tʂʻɑo^{53}	tʂʻɑo^{53}	tʂʻɑo^{53}	tʂʻɑo^{53}	tʂʻɑo^{53}	tʂʻɑo^{53}	tʂʻɑo^{44}	tʂʻɑo^{31}
凉州区	tʂʻɑŋ^{13}	tʂʻɑŋ^{13}	tʂʻɑŋ^{13}	tʂʻɑŋ^{13}	tʂʻɑŋ^{13}	tʂʻɑŋ^{13}	tʂʻɑŋ^{33}	tʂʻɑŋ^{53}
民勤县	tʂʻɑŋ^{53}	tʂʻɑŋ^{53}	tʂʻɑŋ^{53}	tʂʻɑŋ^{53}	tʂʻɑŋ^{53}	tʂʻɑŋ^{53}	tʂʻɑŋ^{214}	tʂʻɑŋ^{42}
永昌县	tʂʻɑŋ^{13}	tʂʻɑŋ^{13}	tʂʻɑŋ^{13}	tʂʻɑŋ^{13}	tʂʻɑŋ^{13}	tʂʻɑŋ^{13}	tʂʻɑŋ^{13}	tʂʻɑŋ^{53}
甘州区	tʂʻaŋ^{53}	tʂʻaŋ^{53}	tʂʻaŋ^{53}	tʂʻaŋ^{53}	tʂʻaŋ^{53}	tʂʻaŋ^{53}	tʂʻaŋ^{53}	tʂʻaŋ^{31}
临泽县	tʂʻaŋ^{53}	tʂʻaŋ^{53}	tʂʻaŋ^{53}	tʂʻaŋ^{53}	tʂʻaŋ^{53}	tʂʻaŋ^{53}	tʂʻaŋ^{53}	tʂʻaŋ^{214}
民乐县	tʂʻɑŋ^{53}	tʂʻɑŋ^{53}	tʂʻɑŋ^{53}	tʂʻɑŋ^{53}	tʂʻɑŋ^{53}	tʂʻɑŋ^{53}	tʂʻɑŋ^{213}	tʂʻɑŋ^{42}
山丹县	tʂʻã^{53}	tʂʻã^{53}	tʂʻã^{53}	tʂʻã^{53}	tʂʻã^{53}	tʂʻã^{53}	tʂʻã^{53}	tʂʻã^{41}
高台县	tʂʻɑŋ^{53}	tʂʻɑŋ^{53}	tʂʻɑŋ^{53}	tʂʻɑŋ^{53}	tʂʻɑŋ^{53}	tʂʻɑŋ^{53}	tʂʻɑŋ^{53}	tʂʻɑŋ^{214}
肃州区	tʂʻɑŋ^{53}	tʂʻɑŋ^{53}	tʂʻɑŋ^{53}	tʂʻɑŋ^{53}	tʂʻɑŋ^{53}	tʂʻɑŋ^{53}	tʂʻɑŋ^{53}	tʂʻɑŋ^{214}
金塔县	tʂʻaŋ^{53}	tʂʻaŋ^{53}	tʂʻaŋ^{53}	tʂʻaŋ^{53}	tʂʻaŋ^{53}	tʂʻaŋ^{53}	tʂʻaŋ^{53}	tʂʻɑŋ^{13}
肃北县	tʂʻɑŋ^{53}	tʂʻɑŋ^{53}	tʂʻɑŋ^{53}	tʂʻɑŋ^{53}	tʂʻɑŋ^{53}	tʂʻɑŋ^{53}	tʂʻɑŋ^{53}	tʂʻɑŋ^{213}
玉门市	tʂʻɑŋ^{53}	tʂʻɑŋ^{53}	tʂʻɑŋ^{53}	tʂʻɑŋ^{53}	tʂʻɑŋ^{53}	tʂʻɑŋ^{53}	tʂʻɑŋ^{53}	tʂʻɑŋ^{213}
瓜州县	tʂʻɑŋ^{53}	tʂʻɑŋ^{53}	tʂʻɑŋ^{53}	tʂʻɑŋ^{53}	tʂʻɑŋ^{53}	tʂʻɑŋ^{53}	tʂʻɑŋ^{53}	tʂʻɑŋ^{213}

①又始两切，宕开三上养书。

续表

西夏区	tʂʻaŋ^{53}	tʂʻaŋ^{53}	tʂʻaŋ^{53}	tʂʻaŋ^{53}	tʂʻaŋ^{53}	tʂʻaŋ^{53}	tʂʻaŋ^{53}	tʂʻaŋ^{13}
贺兰县	tʂʻaŋ^{53}	tʂʻaŋ^{53}	tʂʻaŋ^{53}	tʂʻaŋ^{53}	tʂʻaŋ^{53}	tʂʻaŋ^{53}	tʂʻaŋ^{53}	tʂʻaŋ^{13}
灵武市（东塔镇）	tʂʻaŋ^{52}	tʂʻaŋ^{52}	tʂʻaŋ^{52}	tʂʻaŋ^{52}	tʂʻaŋ^{52}	tʂʻaŋ^{52}	tʂʻaŋ^{52}	tʂʻaŋ^{13}
永宁县	tʂʻaŋ^{53}	tʂʻaŋ^{53}	tʂʻaŋ^{53}	tʂʻaŋ^{53}	tʂʻaŋ^{53}	tʂʻaŋ^{53}	tʂʻaŋ^{53}	tʂʻaŋ^{13}
中宁县	tʂʻaŋ^{53}	tʂʻaŋ^{53}	tʂʻaŋ^{53}	tʂʻaŋ^{53}	tʂʻaŋ^{53}	tʂʻaŋ^{53}	tʂʻaŋ^{53}	tʂʻaŋ^{13}
沙坡头区	tʂʻaŋ^{53}	tʂʻaŋ^{53}	tʂʻaŋ^{53}	tʂʻaŋ^{53}	tʂʻaŋ^{53}	tʂʻaŋ^{53}	tʂʻaŋ^{53}	tʂʻaŋ^{13}
盐池县	tʂʻaŋ^{13}	tʂʻaŋ^{13}	tʂʻaŋ^{13}	tʂʻaŋ^{13}	tʂʻaŋ^{52}	tʂʻaŋ^{13}	tʂʻaŋ^{52}	tʂʻaŋ^{13}
平罗县（渠口乡）	tʂʻaŋ^{53}	tʂʻaŋ^{53}	tʂʻaŋ^{53}	tʂʻaŋ^{53}	tʂʻaŋ^{53}	tʂʻaŋ^{53}	tʂʻaŋ^{53}	tʂʻaŋ^{13}
阿拉善左旗	tʂʻɑŋ^{51}	tʂʻɑŋ^{51}	tʂʻɑŋ^{51}	tʂʻɑŋ^{51}	tʂʻɑŋ^{51}	tʂʻɑŋ^{51}	tʂʻɑŋ^{51}	tʂʻɑŋ^{213}
乌鲁木齐市	tʂʻɑŋ^{52}	tʂʻɑŋ^{52}	tʂʻɑŋ^{52}	tʂʻɑŋ^{52}	tʂʻɑŋ^{52}	tʂʻɑŋ^{52}	tʂʻɑŋ^{52}	tʂʻɑŋ^{213}
阜康市	tʂʻɑŋ^{51}	tʂʻɑŋ^{51}	tʂʻɑŋ^{51}	tʂʻɑŋ^{51}	tʂʻɑŋ^{51}	tʂʻɑŋ^{51}	tʂʻɑŋ^{51}	tʂʻɑŋ^{213}
呼图壁县	tʂʻɑŋ^{51}	tʂʻɑŋ^{51}	tʂʻɑŋ^{51}	tʂʻɑŋ^{51}	tʂʻɑŋ^{51}	tʂʻɑŋ^{51}	tʂʻɑŋ^{51}	tʂʻɑŋ^{213}
吉木萨尔县	tʂʻɑŋ^{51}	tʂʻɑŋ^{51}	tʂʻɑŋ^{51}	tʂʻɑŋ^{51}	tʂʻɑŋ^{51}	tʂʻɑŋ^{51}	tʂʻɑŋ^{51}	tʂʻɑŋ^{213}
奇台县	tʂʻɑŋ^{52}	tʂʻɑŋ^{52}	tʂʻɑŋ^{52}	tʂʻɑŋ^{52}	tʂʻɑŋ^{52}	tʂʻɑŋ^{52}	tʂʻɑŋ^{52}	tʂʻɑŋ^{213}
博乐市	tʂʻɑŋ^{51}	tʂʻɑŋ^{51}	tʂʻɑŋ^{51}	tʂʻɑŋ^{51}	tʂʻɑŋ^{51}	tʂʻɑŋ^{51}	tʂʻɑŋ^{51}	tʂʻɑŋ^{24}
阿勒泰市	tʂʻɑŋ^{51}	tʂʻɑŋ^{51}	tʂʻɑŋ^{51}	tʂʻɑŋ^{51}	tʂʻɑŋ^{51}	tʂʻɑŋ^{51}	tʂʻɑŋ^{51}	tʂʻɑŋ^{23}
布尔津县	tʂʻɑŋ^{23}	tʂʻɑŋ^{23}	tʂʻɑŋ^{23}	tʂʻɑŋ^{23}	tʂʻɑŋ^{23}	tʂʻɑŋ^{23}	tʂʻɑŋ^{23}	tʂʻɑŋ^{51}
乌苏市	tʂʻɑŋ^{51}	tʂʻɑŋ^{51}	tʂʻɑŋ^{51}	tʂʻɑŋ^{51}	tʂʻɑŋ^{51}	tʂʻɑŋ^{51}	tʂʻɑŋ^{51}	tʂʻɑŋ^{213}
额敏县	tʂʻɑŋ^{51}	tʂʻɑŋ^{51}	tʂʻɑŋ^{51}	tʂʻɑŋ^{51}	tʂʻɑŋ^{51}	tʂʻɑŋ^{51}	tʂʻɑŋ^{51}	tʂʻɑŋ^{34}
伊州区	tʂʻɒ̃^{51}	tʂʻɒ̃^{51}	tʂʻɒ̃^{51}	tʂʻɒ̃^{51}	tʂʻɒ̃^{51}	tʂʻɒ̃^{51}	tʂʻɒ̃^{51}	tʂʻɒ̃^{213}
巴里坤县	tʂʻɑŋ^{51}	tʂʻɑŋ^{51}	tʂʻɑŋ^{51}	tʂʻɑŋ^{51}	tʂʻɑŋ^{51}	tʂʻɑŋ^{51}	tʂʻɑŋ^{51}	tʂʻɑŋ^{24}
伊吾县	tʂʻɒ̃^{51}	tʂʻɒ̃^{51}	tʂʻɒ̃^{51}	tʂʻɒ̃^{51}	tʂʻɒ̃^{51}	tʂʻɒ̃^{51}	tʂʻɒ̃^{51}	tʂʻɒ̃^{213}

字目 / 中古音 / 方言点	唱	倡 提倡	商	伤	赏	上 上山	上 在上	尚
	宕开三去漾昌	宕开三去漾昌	宕开三平阳书	宕开三平阳书	宕开三上养书	宕开三上养禅	宕开三去漾禅	宕开三去漾禅
兰州市（城关区）	tʂʻaŋ^{13}	tʂʻaŋ^{13}	ʂaŋ^{53}	ʂaŋ^{53}	ʂaŋ^{44}	ʂaŋ^{13}	ʂaŋ^{13}	ʂaŋ^{13}
永登县	tʂʻaŋ^{13}	tʂʻaŋ^{13}	ʂaŋ^{42}	ʂaŋ^{42}	ʂaŋ^{354}	ʂaŋ^{13}	ʂaŋ^{13}	ʂaŋ^{13}
榆中县	tʂʻaŋ^{13}	tʂʻaŋ^{13}	ʂaŋ^{51}	ʂaŋ^{51}	ʂaŋ^{44}	ʂaŋ^{13}	ʂaŋ^{13}	ʂaŋ^{13}
皋兰县	tʂʻɑŋ^{13}	tʂʻɑŋ^{13}	ʂɑŋ^{42}	ʂɑŋ^{42}	ʂɑŋ^{354}	ʂɑŋ^{13}	ʂɑŋ^{13}	ʂɑŋ^{13}
白银区	tʂʻaŋ^{13}	tʂʻaŋ^{13}	ʂaŋ^{44}	ʂaŋ^{44}	ʂaŋ^{343}	ʂaŋ^{13}	ʂaŋ^{13}	ʂaŋ^{13}
天祝县	tʂʻɔŋ^{213}	tʂʻɔŋ^{213}	ʂɔŋ^{44}	ʂɔŋ^{44}	ʂɔŋ^{44}	ʂɔŋ^{213}	ʂɔŋ^{213}	ʂɔŋ^{213}
景泰县（红水镇）	tʂʻɑŋ^{213}	tʂʻɑŋ^{213}	ʂɑŋ^{44}	ʂɑŋ^{44}	ʂɑŋ^{44}	ʂɑŋ^{213}	ʂɑŋ^{213}	ʂɑŋ^{213}
古浪县	tʂʻɑŋ^{213}	tʂʻɑŋ^{213}	ʂɑŋ^{44}	ʂɑŋ^{44}	ʂɑŋ^{44}	ʂɑŋ^{213}	ʂɑŋ^{213}	ʂɑŋ^{213}
凉州区	tʂʻɑo^{31}	tʂʻɑo^{31}	ʂɑo^{44}	ʂɑo^{44}	ʂɑo^{44}	ʂɑo^{31}	ʂɑo^{31}	ʂɑo^{31}
民勤县	tʂʻɑŋ^{53}	tʂʻɑŋ^{53}	ʂɑŋ^{33}	ʂɑŋ^{33}	ʂɑŋ^{13}	ʂɑŋ^{53}	ʂɑŋ^{53}	ʂɑŋ^{53}
永昌县	tʂʻɑŋ^{42}	tʂʻɑŋ^{42}	ʂɑŋ^{44}	ʂɑŋ^{44}	ʂɑŋ^{214}	ʂɑŋ^{42}	ʂɑŋ^{42}	ʂɑŋ^{42}
甘州区	tʂʻɑŋ^{53}	tʂʻɑŋ^{53}	ʂɑŋ^{44}	ʂɑŋ^{44}	ʂɑŋ^{13}	ʂɑŋ^{53}	ʂɑŋ^{53}	ʂɑŋ^{53}
临泽县	tʂʻaŋ^{31}	tʂʻaŋ^{31}	ʂaŋ^{44}	ʂaŋ^{44}	ʂaŋ^{53}	ʂaŋ^{31}	ʂaŋ^{31}	ʂaŋ^{31}
民乐县	tʂʻaŋ^{214}	tʂʻaŋ^{214}	ʂaŋ^{44}	ʂaŋ^{44}	ʂaŋ^{53}	ʂaŋ^{214}	ʂaŋ^{214}	ʂaŋ^{214}
山丹县	tʂʻɑŋ^{42}	tʂʻɑŋ^{42}	ʂɑŋ^{44}	ʂɑŋ^{44}	ʂɑŋ^{213}	ʂɑŋ^{42}	ʂɑŋ^{42}	ʂɑŋ^{42}
高台县	tʂʻã^{41}	tʂʻã^{41}	ʂã^{24}	ʂa^{24}	ʂã^{53}	ʂã^{41}	ʂã^{41}	ʂã^{41}
肃州区	tʂʻɑŋ^{214}	tʂʻɑŋ^{214}	ʂɑŋ^{44}	ʂɑŋ^{44}	ʂɑŋ^{53}	ʂɑŋ^{214}	ʂɑŋ^{214}	ʂɑŋ^{214}
金塔县	tʂʻaŋ^{214}	tʂʻaŋ^{214}	ʂaŋ^{44}	ʂaŋ^{44}	ʂaŋ^{53}	ʂaŋ^{214}	ʂaŋ^{214}	ʂaŋ^{214}
肃北县	tʂʻaŋ^{13}	tʂʻaŋ^{13}	ʂaŋ^{44}	ʂaŋ^{44}	ʂaŋ^{53}	ʂaŋ^{13}	ʂaŋ^{13}	ʂaŋ^{13}
玉门市	tʂʻɑŋ^{213}	tʂʻɑŋ^{213}	ʂɑŋ^{44}	ʂɑŋ^{44}	ʂɑŋ^{53}	ʂɑŋ^{213}	ʂɑŋ^{213}	ʂɑŋ^{213}

①又女良切，宕开三平阳泥；奴当且，宕开一平唐泥。

②又古浪切，宕开一去宕见。

续表

瓜州县	tʂʻɑŋ^{213}	tʂʻɑŋ^{213}	ʂɑŋ^{44}	ʂɑŋ^{44}	ʂɑŋ^{53}	ʂɑŋ^{213}	ʂɑŋ^{213}	ʂɑŋ^{213}
西夏区	tʂʻaŋ^{13}	tʂʻaŋ^{13}	ʂaŋ^{44}	ʂaŋ^{44}	ʂaŋ^{53}	ʂaŋ^{13}	ʂaŋ^{13}	ʂaŋ^{13}
贺兰县	tʂʻaŋ^{13}	tʂʻaŋ^{13}	ʂaŋ^{44}	ʂaŋ^{44}	ʂaŋ^{53}	ʂaŋ^{13}	ʂaŋ^{13}	ʂaŋ^{13}
灵武市（东塔镇）	tʂʻaŋ^{13}	tʂʻaŋ^{13}	ʂaŋ^{44}	ʂaŋ^{44}	ʂaŋ^{52}	ʂaŋ^{13}	ʂaŋ^{13}	ʂaŋ^{13}
永宁县	tʂʻaŋ^{13}	tʂʻaŋ^{13}	ʂaŋ^{44}	ʂaŋ^{44}	ʂaŋ^{53}	ʂaŋ^{13}	ʂaŋ^{13}	ʂaŋ^{13}
中宁县	tʂʻaŋ^{13}	tʂʻaŋ^{13}	ʂaŋ^{44}	ʂaŋ^{44}	ʂaŋ^{53}	ʂaŋ^{13}	ʂaŋ^{13}	ʂaŋ^{13}
沙坡头区	tʂʻaŋ^{13}	tʂʻaŋ^{13}	ʂaŋ^{44}	ʂaŋ^{44}	ʂaŋ^{53}	ʂaŋ^{13}	ʂaŋ^{13}	ʂaŋ^{13}
盐池县	tʂʻaŋ^{13}	tʂʻaŋ^{13}	ʂaŋ^{44}	ʂaŋ^{44}	ʂaŋ^{52}	ʂaŋ^{13}	ʂaŋ^{13}	ʂaŋ^{13}
平罗县（渠口乡）	tʂʻaŋ^{13}	tʂʻaŋ^{13}	ʂaŋ^{44}	ʂaŋ^{44}	ʂaŋ^{53}	ʂaŋ^{13}	ʂaŋ^{13}	ʂaŋ^{13}
阿拉善左旗	tʂʻɑŋ^{213}	tʂʻɑŋ^{213}	ʂɑŋ^{44}	ʂɑŋ^{44}	ʂɑŋ^{51}	ʂɑŋ^{213}	ʂɑŋ^{213}	ʂɑŋ^{213}
乌鲁木齐市	tʂʻɑŋ^{213}	tʂʻɑŋ^{213}	ʂɑŋ^{44}	ʂɑŋ^{44}	ʂɑŋ^{52}	ʂɑŋ^{213}	ʂɑŋ^{213}	ʂɑŋ^{213}
阜康市	tʂʻɑŋ^{213}	tʂʻɑŋ^{213}	ʂɑŋ^{55}	ʂɑŋ^{55}	ʂɑŋ^{51}	ʂɑŋ^{213}	ʂɑŋ^{213}	ʂɑŋ^{213}
呼图壁县	tʂʻɑŋ^{213}	tʂʻɑŋ^{213}	ʂɑŋ^{44}	ʂɑŋ^{44}	ʂɑŋ^{51}	ʂɑŋ^{213}	ʂɑŋ^{213}	ʂɑŋ^{213}
吉木萨尔县	tʂʻɑŋ^{213}	tʂʻɑŋ^{213}	ʂɑŋ^{44}	ʂɑŋ^{44}	ʂɑŋ^{51}	ʂɑŋ^{213}	ʂɑŋ^{213}	ʂɑŋ^{213}
奇台县	tʂʻɑŋ^{213}	tʂʻɑŋ^{213}	ʂɑŋ^{44}	ʂɑŋ^{44}	ʂɑŋ^{52}	ʂɑŋ^{213}	ʂɑŋ^{213}	ʂɑŋ^{213}
博乐市	tʂʻɑŋ^{24}	tʂʻɑŋ^{24}	ʂɑŋ^{45}	ʂɑŋ^{45}	ʂɑŋ^{51}	ʂɑŋ^{24}	ʂɑŋ^{24}	ʂɑŋ^{24}
阿勒泰市	tʂʻɑŋ^{23}	tʂʻɑŋ^{23}	ʂɑŋ^{44}	ʂɑŋ^{44}	ʂɑŋ^{51}	ʂɑŋ^{23}	ʂɑŋ^{23}	ʂɑŋ^{23}
布尔津县	tʂʻɑŋ^{51}	tʂʻɑŋ^{51}	ʂɑŋ^{44}	ʂɑŋ^{44}	ʂɑŋ^{23}	ʂɑŋ^{51}	ʂɑŋ^{51}	ʂɑŋ^{51}
乌苏市	tʂʻɑŋ^{213}	tʂʻɑŋ^{213}	ʂɑŋ^{55}	ʂɑŋ^{55}	ʂɑŋ^{51}	ʂɑŋ^{213}	ʂɑŋ^{213}	ʂɑŋ^{213}
额敏县	tʂʻɑŋ^{34}	tʂʻɑŋ^{34}	ʂɑŋ^{44}	ʂɑŋ^{44}	ʂɑŋ^{51}	ʂɑŋ^{34}	ʂɑŋ^{34}	ʂɑŋ^{34}
伊州区	tʂʻɒ̃^{213}	tʂʻɒ̃^{213}	ʂɒ̃^{44}	ʂɒ̃^{44}	ʂɒ̃^{51}	ʂɒ̃^{213}	ʂɒ̃^{213}	ʂɒ̃^{213}
巴里坤县	tʂʻɑŋ^{24}	tʂʻɑŋ^{24}	ʂɑŋ^{45}	ʂɑŋ^{45}	ʂɑŋ^{51}	ʂɑŋ^{24}	ʂɑŋ^{24}	ʂɑŋ^{24}
伊吾县	tʂʻɒ̃^{213}	tʂʻɒ̃^{213}	ʂɒ̃^{44}	ʂɒ̃^{44}	ʂɒ̃^{51}	ʂɒ̃^{213}	ʂɒ̃^{213}	ʂɒ̃^{213}

字目 / 中古音 / 方言点	杠 杠杆	康	糠	慷①	抗	行 银行	杭	航
	宕开一 去宕见	宕开一 平唐溪	宕开一 平唐溪	宕开一 上荡溪	宕开一 去宕溪	宕开一 平唐匣	宕开一 平唐匣	宕开一 平唐匣
兰州市 （城关区）	kaŋ^{13}	kʻaŋ^{53}	kʻaŋ^{53}	kʻaŋ^{53}	kʻaŋ^{13}	xaŋ^{51}	xaŋ^{51}	xaŋ^{51}
永登县	kaŋ^{13}	kʻaŋ^{42}	kʻaŋ^{42}	kʻaŋ^{42}	kʻaŋ^{13}	xaŋ^{53}	xaŋ^{53}	xaŋ^{53}
榆中县	kaŋ^{13}	kʻaŋ^{51}	kʻaŋ^{51}	kʻaŋ^{51}	kʻaŋ^{13}	xaŋ^{332}	xaŋ^{332}	xaŋ^{332}
皋兰县	kɑŋ^{13}	kʻɑŋ^{42}	kʻɑŋ^{42}	kʻɑŋ^{42}	kʻɑŋ^{13}	xɑŋ^{53}	xɑŋ^{53}	xɑŋ^{53}
白银区	kaŋ^{13}	kʻaŋ^{44}	kʻaŋ^{44}	kʻaŋ^{44}	kʻaŋ^{13}	xaŋ^{51}	xaŋ^{51}	xaŋ^{51}
天祝县	kɔŋ^{213}	kʻɔŋ^{44}	kʻɔŋ^{44}	kʻɔŋ^{44}	kʻɔŋ^{213}	xɔŋ^{53}	xɔŋ^{53}	xɔŋ^{53}
景泰县 （红水镇）	kɑŋ^{213}	kʻɑŋ^{44}	kʻɑŋ^{44}	kʻɑŋ^{44}	kʻɑŋ^{213}	xɑŋ^{53}	xɑŋ^{53}	xɑŋ^{53}
古浪县	kɑo^{31}	kʻɑo^{44}	kʻɑo^{44}	kʻɑo^{44}	kʻɑo^{31}	xɑo^{53}	xɑo^{53}	xɑo^{53}
凉州区	kɑŋ^{53}	kʻɑŋ^{33}	kʻɑŋ^{33}	kʻɑŋ^{33}	kʻɑŋ^{53}	xɑŋ^{13}	xɑŋ^{13}	xɑŋ^{13}
民勤县	kɑŋ^{42}	kʻɑŋ^{44}	kʻɑŋ^{44}	kʻɑŋ^{44}	kʻɑŋ^{42}	xɑŋ^{53}	xɑŋ^{53}	xɑŋ^{53}
永昌县	kɑŋ^{53}	kʻɑŋ^{44}	kʻɑŋ^{44}	kʻɑŋ^{44}	kʻɑŋ^{53}	xɑŋ^{13}	xɑŋ^{13}	xɑŋ^{13}
甘州区	kaŋ^{31}	kʻaŋ^{44}	kʻaŋ^{44}	kʻaŋ^{44}	kʻaŋ^{31}	xaŋ^{53}	xaŋ^{53}	xaŋ^{53}
临泽县	kaŋ^{214}	kʻaŋ^{44}	kʻaŋ^{44}	kʻaŋ^{44}	kʻaŋ^{214}	xaŋ^{53}	xaŋ^{53}	xaŋ^{53}
民乐县	kɑŋ^{42}	kʻɑŋ^{44}	kʻɑŋ^{44}	kʻɑŋ^{44}	kʻɑŋ^{42}	xɑŋ^{53}	xɑŋ^{53}	xɑŋ^{53}
山丹县	kã^{41}	kʻã^{24}	kʻã^{24}	kʻã^{24}	kʻã^{41}	xã^{53}	xã^{53}	xã^{53}
高台县	kɑŋ^{214}	kʻɑŋ^{44}	kʻɑŋ^{44}	kʻɑŋ^{44}	kʻɑŋ^{214}	xɑŋ^{53}	xɑŋ^{53}	xɑŋ^{53}
肃州区	kaŋ^{214}	kʻaŋ^{44}	kʻaŋ^{44}	kʻaŋ^{44}	kʻaŋ^{214}	xaŋ^{53}	xaŋ^{53}	xaŋ^{53}
金塔县	kaŋ^{13}	kʻaŋ^{44}	kʻaŋ^{44}	kʻaŋ^{44}	kʻaŋ^{13}	xaŋ^{53}	xaŋ^{53}	xaŋ^{53}
肃北县	kɑŋ^{213}	kʻɑŋ^{44}	kʻɑŋ^{44}	kʻɑŋ^{44}	kʻɑŋ^{213}	xɑŋ^{53}	xɑŋ^{53}	xɑŋ^{53}
玉门市	kɑŋ^{213}	kʻɑŋ^{44}	kʻɑŋ^{44}	kʻɑŋ^{44}	kʻɑŋ^{213}	xɑŋ^{53}	xɑŋ^{53}	xɑŋ^{53}

①又丘冈切，宕开一平唐溪。

续表

瓜州县	kɑŋ^{213}	k‘ɑŋ^{44}	k‘ɑŋ^{44}	k‘ɑŋ^{44}	k‘ɑŋ^{213}	xɑŋ^{53}	xɑŋ^{53}	xɑŋ^{53}
西夏区	kaŋ^{13}	k‘aŋ^{44}	k‘aŋ^{44}	k‘aŋ^{44}	k‘aŋ^{13}	xaŋ^{53}	xaŋ^{53}	xaŋ^{53}
贺兰县	kaŋ^{13}	k‘aŋ^{44}	k‘aŋ^{44}	k‘aŋ^{44}	k‘aŋ^{13}	xaŋ^{53}	xaŋ^{53}	xaŋ^{53}
灵武市（东塔镇）	kaŋ^{13}	k‘aŋ^{44}	k‘aŋ^{44}	k‘aŋ^{44}	k‘aŋ^{13}	xaŋ^{52}	xaŋ^{52}	xaŋ^{52}
永宁县	kaŋ^{13}	k‘aŋ^{44}	k‘aŋ^{44}	k‘aŋ^{44}	k‘aŋ^{13}	xaŋ^{53}	xaŋ^{53}	xaŋ^{53}
中宁县	kaŋ^{13}	k‘aŋ^{44}	k‘aŋ^{44}	k‘aŋ^{44}	k‘aŋ^{13}	xaŋ^{53}	xaŋ^{53}	xaŋ^{53}
沙坡头区	kaŋ^{13}	k‘aŋ^{44}	k‘aŋ^{44}	k‘aŋ^{44}	k‘aŋ^{13}	xaŋ^{53}	xaŋ^{53}	xaŋ^{53}
盐池县	kaŋ^{13}	k‘aŋ^{44}	k‘aŋ^{44}	k‘aŋ^{44}	k‘aŋ^{13}	xaŋ^{13}	xaŋ^{13}	xaŋ^{13}
平罗县（渠口乡）	kaŋ^{13}	k‘aŋ^{44}	k‘aŋ^{44}	k‘aŋ^{44}	k‘aŋ^{13}	xaŋ^{53}	xaŋ^{53}	xaŋ^{53}
阿拉善左旗	kɑŋ^{213}	k‘ɑŋ^{44}	k‘ɑŋ^{44}	k‘ɑŋ^{44}	k‘ɑŋ^{213}	xɑŋ^{51}	xɑŋ^{51}	xɑŋ^{51}
乌鲁木齐市	kɑŋ^{213}	k‘ɑŋ^{44}	k‘ɑŋ^{44}	k‘ɑŋ^{44}	k‘ɑŋ^{213}	xɑŋ^{52}	xɑŋ^{52}	xɑŋ^{52}
阜康市	kɑŋ^{213}	k‘ɑŋ^{55}	k‘ɑŋ^{55}	k‘ɑŋ^{55}	k‘ɑŋ^{213}	xɑŋ^{51}	xɑŋ^{51}	xɑŋ^{51}
呼图壁县	kɑŋ^{213}	k‘ɑŋ^{44}	k‘ɑŋ^{44}	k‘ɑŋ^{44}	k‘ɑŋ^{213}	xɑŋ^{51}	xɑŋ^{51}	xɑŋ^{51}
吉木萨尔县	kɑŋ^{213}	k‘ɑŋ^{44}	k‘ɑŋ^{44}	k‘ɑŋ^{44}	k‘ɑŋ^{213}	xɑŋ^{51}	xɑŋ^{51}	xɑŋ^{51}
奇台县	kɑŋ^{213}	k‘ɑŋ^{44}	k‘ɑŋ^{44}	k‘ɑŋ^{44}	k‘ɑŋ^{213}	xɑŋ^{52}	xɑŋ^{52}	xɑŋ^{52}
博乐市	kɑŋ^{24}	k‘ɑŋ^{45}	k‘ɑŋ^{45}	k‘ɑŋ^{45}	k‘ɑŋ^{24}	xɑŋ^{51}	xɑŋ^{51}	xɑŋ^{51}
阿勒泰市	kɑŋ^{23}	k‘ɑŋ^{44}	k‘ɑŋ^{44}	k‘ɑŋ^{44}	k‘ɑŋ^{23}	xɑŋ^{51}	xɑŋ^{51}	xɑŋ^{51}
布尔津县	kɑŋ^{51}	k‘ɑŋ^{44}	k‘ɑŋ^{44}	k‘ɑŋ^{44}	k‘ɑŋ^{51}	xɑŋ^{23}	xɑŋ^{23}	xɑŋ^{23}
乌苏市	kɑŋ^{213}	k‘ɑŋ^{55}	k‘ɑŋ^{55}	k‘ɑŋ^{55}	k‘ɑŋ^{213}	xɑŋ^{51}	xɑŋ^{51}	xɑŋ^{51}
额敏县	kɑŋ^{34}	k‘ɑŋ^{44}	k‘ɑŋ^{44}	k‘ɑŋ^{44}	k‘ɑŋ^{34}	xɑŋ^{51}	xɑŋ^{51}	xɑŋ^{51}
伊州区	kɒ̃^{213}	k‘ɒ̃^{44}	k‘ɒ̃^{44}	k‘ɒ̃^{44}	k‘ɒ̃^{213}	xɒ̃^{51}	xɒ̃^{51}	xɒ̃^{51}
巴里坤县	kɑŋ^{24}	k‘ɑŋ^{45}	k‘ɑŋ^{45}	k‘ɑŋ^{45}	k‘ɑŋ^{24}	xɑŋ^{51}	xɑŋ^{51}	xɑŋ^{51}
伊吾县	kɒ̃^{213}	k‘ɒ̃^{44}	k‘ɒ̃^{44}	k‘ɒ̃^{44}	k‘ɒ̃^{213}	xɒ̃^{51}	xɒ̃^{51}	xɒ̃^{51}

字目 / 中古音 / 方言点	昂	娘 爹娘	娘 新娘	酿	良	凉①	梁	粱
	宕开一平唐疑	宕开三平阳泥	宕开三平阳泥	宕开三去漾泥	宕开三平阳来	宕开三平阳来	宕开三平阳来	宕开三平阳来
兰州市（城关区）	aŋ^{53}	liaŋ^{51}	liaŋ^{51}	liaŋ^{13}	liaŋ^{51}	liaŋ^{51}	liaŋ^{51}	liaŋ^{51}
永登县	aŋ^{42}	liaŋ^{53}	liaŋ^{53}	liaŋ^{13}	liaŋ^{53}	liaŋ^{53}	liaŋ^{53}	liaŋ^{53}
榆中县	aŋ^{51}	liaŋ^{332}	liaŋ^{332}	liaŋ^{13}	liaŋ^{332}	liaŋ^{332}	liaŋ^{332}	liaŋ^{332}
皋兰县	ɑŋ^{42}	liɑŋ^{53}	liɑŋ^{53}	liɑŋ^{13}	liɑŋ^{53}	liɑŋ^{53}	liɑŋ^{53}	liɑŋ^{53}
白银区	aŋ^{44}	liaŋ^{51}	liaŋ^{51}	liaŋ^{13}	liaŋ^{51}	liaŋ^{51}	liaŋ^{51}	liaŋ^{51}
天祝县	ɔŋ^{44}	liɔŋ^{53}	liɔŋ^{53}	liɔŋ^{213}	liɔŋ^{53}	liɔŋ^{53}	liɔŋ^{53}	liɔŋ^{53}
景泰县（红水镇）	ɣɑŋ^{44}	liɑŋ^{53}	liɑŋ^{53}	liɑŋ^{213}	liɑŋ^{53}	liɑŋ^{53}	liɑŋ^{53}	liɑŋ^{53}
古浪县	ɑo^{44}	liɑo^{53}	liɑo^{53}	liɑo^{31}	liɑo^{53}	liɑo^{53}	liɑo^{53}	liɑo^{53}
凉州区	ɑŋ^{44}	ȵiɑŋ^{13}	ȵiɑŋ^{13}	ȵiɑŋ^{53}	liɑŋ^{13}	liɑŋ^{13}	liɑŋ^{13}	liɑŋ^{13}
民勤县	ɑŋ^{44}	ȵiɑŋ^{53}	ȵiɑŋ^{53}	ȵiɑŋ^{42}	liɑŋ^{53}	liɑŋ^{53}	liɑŋ^{53}	liɑŋ^{53}
永昌县	ɑŋ^{44}	ȵiɑŋ^{13}	ȵiɑŋ^{13}	ȵiɑŋ^{53}	liɑŋ^{13}	liɑŋ^{13}	liɑŋ^{13}	liɑŋ^{13}
甘州区	ɑŋ^{44}	liɑŋ^{53}	liɑŋ^{53}	liɑŋ^{31}	liɑŋ^{53}	liɑŋ^{53}	liɑŋ^{53}	liɑŋ^{53}
临泽县	ɑŋ^{44}	liɑŋ^{53}	liɑŋ^{53}	liɑŋ^{214}	liɑŋ^{53}	liɑŋ^{53}	liɑŋ^{53}	liɑŋ^{53}
民乐县	ɑŋ^{44}	ȵiɑŋ^{53}	ȵiɑŋ^{53}	ȵiɑŋ^{42}	liɑŋ^{53}	liɑŋ^{53}	liɑŋ^{53}	liɑŋ^{53}
山丹县	ã^{24}	liã^{53}	liã^{53}	liã^{41}	liã^{53}	liã^{53}	liã^{53}	liã^{53}
高台县	ɑŋ^{44}	liɑŋ^{53}	liɑŋ^{53}	liɑŋ^{214}	liɑŋ^{53}	liɑŋ^{53}	liɑŋ^{53}	liɑŋ^{53}
肃州区	ɑŋ^{44}	liŋ^{53}	liŋ^{53}	liŋ^{214}	liŋ^{53}	liŋ^{53}	liŋ^{53}	liŋ^{53}
金塔县	ɑŋ^{44}	liŋ^{53}	liŋ^{53}	liŋ^{13}	liŋ^{53}	liŋ^{53}	liŋ^{53}	liŋ^{53}
肃北县	ɑŋ^{44}	liɑŋ^{53}	liɑŋ^{53}	liɑŋ^{213}	liɑŋ^{53}	liɑŋ^{53}	liɑŋ^{53}	liɑŋ^{53}
玉门市	ɑŋ^{44}	liɑŋ^{53}	liɑŋ^{53}	liɑŋ^{213}	liɑŋ^{53}	liɑŋ^{53}	liɑŋ^{53}	liɑŋ^{53}
瓜州县	ɑŋ^{44}	liɑŋ^{53}	liɑŋ^{53}	liɑŋ^{213}	liɑŋ^{53}	liɑŋ^{53}	liɑŋ^{53}	liɑŋ^{53}

①又力让切，宕开三去漾来。

续表

西夏区	aŋ^{44}	ȵiaŋ^{53}	ȵiaŋ^{53}	ȵiaŋ^{13}	liaŋ^{53}	liaŋ^{53}	liaŋ^{53}	liaŋ^{53}
贺兰县	aŋ^{44}	ȵiaŋ^{53}	ȵiaŋ^{53}	ȵiaŋ^{13}	liaŋ^{53}	liaŋ^{53}	liaŋ^{53}	liaŋ^{53}
灵武市（东塔镇）	aŋ^{44}	ȵiaŋ^{52}	ȵiaŋ^{52}	ȵiaŋ^{13}	liaŋ^{52}	liaŋ^{52}	liaŋ^{52}	liaŋ^{52}
永宁县	aŋ^{44}	ȵiaŋ^{53}	ȵiaŋ^{53}	ȵiaŋ^{13}	liaŋ^{53}	liaŋ^{53}	liaŋ^{53}	liaŋ^{53}
中宁县	aŋ^{44}	niaŋ^{53}	niaŋ^{53}	niaŋ^{13}	liaŋ^{53}	liaŋ^{53}	liaŋ^{53}	liaŋ^{53}
沙坡头区	aŋ^{44}	niaŋ^{53}	niaŋ^{53}	niaŋ^{13}	liaŋ^{53}	liaŋ^{53}	liaŋ^{53}	liaŋ^{53}
盐池县	naŋ^{44}	ȵiaŋ^{13}	ȵiaŋ^{13}	ȵiaŋ^{13}	liaŋ^{13}	liaŋ^{13}	liaŋ^{13}	liaŋ^{13}
平罗县（渠口乡）	aŋ^{44}	ȵiaŋ^{53}	ȵiaŋ^{53}	ȵiaŋ^{13}	liaŋ^{53}	liaŋ^{53}	liaŋ^{53}	liaŋ^{53}
阿拉善左旗	ɣaŋ^{44}	liaŋ^{51}	liaŋ^{51}	liaŋ^{213}	liaŋ^{51}	liaŋ^{51}	liaŋ^{51}	liaŋ^{51}
乌鲁木齐市	aŋ^{44}	liaŋ^{52}	liaŋ^{52}	liaŋ^{213}	liaŋ^{52}	liaŋ^{52}	liaŋ^{52}	liaŋ^{52}
阜康市	ŋaŋ^{55}	liaŋ^{51}	liaŋ^{51}	liaŋ^{213}	liaŋ^{51}	liaŋ^{51}	liaŋ^{51}	liaŋ^{51}
呼图壁县	ŋaŋ^{44}	liaŋ^{51}	liaŋ^{51}	liaŋ^{213}	liaŋ^{51}	liaŋ^{51}	liaŋ^{51}	liaŋ^{51}
吉木萨尔县	ŋaŋ^{44}	liaŋ^{51}	liaŋ^{51}	liaŋ^{213}	liaŋ^{51}	liaŋ^{51}	liaŋ^{51}	liaŋ^{51}
奇台县	ŋaŋ^{44}	liaŋ^{52}	liaŋ^{52}	liaŋ^{213}	liaŋ^{52}	liaŋ^{52}	liaŋ^{52}	liaŋ^{52}
博乐市	ŋaŋ^{45}	liaŋ^{51}	liaŋ^{51}	liaŋ^{24}	liaŋ^{51}	liaŋ^{51}	liaŋ^{51}	liaŋ^{51}
阿勒泰市	ŋaŋ^{44}	liaŋ^{51}	liaŋ^{51}	liaŋ^{23}	liaŋ^{51}	liaŋ^{51}	liaŋ^{51}	liaŋ^{51}
布尔津县	ɣaŋ^{44}	liaŋ^{23}	liaŋ^{23}	liaŋ^{51}	liaŋ^{23}	liaŋ^{23}	liaŋ^{23}	liaŋ^{23}
乌苏市	ŋaŋ^{55}	liaŋ^{51}	liaŋ^{51}	liaŋ^{213}	liaŋ^{51}	liaŋ^{51}	liaŋ^{51}	liaŋ^{51}
额敏县	aŋ^{44}	liaŋ^{51}	liaŋ^{51}	liaŋ^{34}	liaŋ^{51}	liaŋ^{51}	liaŋ^{51}	liaŋ^{51}
伊州区	ŋɒ̃^{44}	liɒ̃^{51}	liɒ̃^{51}	liɒ̃^{213}	liɒ̃^{51}	liɒ̃^{51}	liɒ̃^{51}	liɒ̃^{51}
巴里坤县	aŋ^{45}	liaŋ^{51}	liaŋ^{51}	liaŋ^{24}	liaŋ^{51}	liaŋ^{51}	liaŋ^{51}	liaŋ^{51}
伊吾县	ɒ̃^{44}	liɒ̃^{51}	liɒ̃^{51}	liɒ̃^{213}	liɒ̃^{51}	liɒ̃^{51}	liɒ̃^{51}	liɒ̃^{51}

字目 / 中古音 / 方言点	粮	量	两 两斤	两 斤两	亮	量 度量	谅	将 将来
	宕开三平阳来	宕开三平阳来	宕开三上养来	宕开三上养来	宕开三去漾来	宕开三去漾来	宕开三去漾来	宕开三平阳精
兰州市（城关区）	liaŋ51	liaŋ13	liaŋ44	liaŋ44	liaŋ13	liaŋ13	liaŋ13	tɕiaŋ53
永登县	liaŋ53	liaŋ13	liaŋ354	liaŋ354	liaŋ13	liaŋ13	liaŋ13	tɕiaŋ42
榆中县	liaŋ332	liaŋ13	liaŋ44	liaŋ44	liaŋ13	liaŋ13	liaŋ13	tɕiaŋ51
皋兰县	liaŋ53	liaŋ13	liaŋ342	liaŋ342	liaŋ13	liaŋ13	liaŋ13	tɕiaŋ42
白银区	liaŋ51	liaŋ13	liaŋ343	liaŋ343	liaŋ13	liaŋ13	liaŋ13	tɕiaŋ44
天祝县	liɔŋ53	liɔŋ213	liɔŋ44	liɔŋ44	liɔŋ213	liɔŋ213	liɔŋ213	tɕiɔŋ44
景泰县（红水镇）	liaŋ53	liaŋ213	liaŋ44	liaŋ44	liaŋ213	liaŋ213	liaŋ213	tɕiaŋ44
古浪县	liao53	liao31	liao44	liao44	liao31	liao31	liao31	tɕiao44
凉州区	liaŋ13	liaŋ53	liaŋ33	liaŋ33	liaŋ53	liaŋ53	liaŋ53	tɕiaŋ33
民勤县	liaŋ53	liaŋ42	liaŋ214	liaŋ214	liaŋ42	liaŋ42	liaŋ42	tɕiaŋ44
永昌县	liaŋ13	liaŋ53	liaŋ13	liaŋ13	liaŋ53	liaŋ53	liaŋ53	tɕiaŋ44
甘州区	liaŋ53	liaŋ31	liaŋ53	liaŋ53	liaŋ31	liaŋ31	liaŋ31	tɕiaŋ44
临泽县	liaŋ53	liaŋ214	liaŋ53	liaŋ53	liaŋ214	liaŋ214	liaŋ214	tɕiaŋ44
民乐县	liaŋ53	liaŋ42	liaŋ213	liaŋ213	liaŋ42	liaŋ42	liaŋ42	tɕiaŋ44
山丹县	liã53	liã41	liã53	liã53	liã41	liã41	liã41	tɕiã24
高台县	liaŋ53	liaŋ214	liaŋ53	liaŋ53	liaŋ214	liaŋ214	liaŋ214	tɕiaŋ44
肃州区	liŋ53	liŋ214	liŋ53	liŋ53	liŋ214	liŋ214	liŋ214	tɕiŋ44
金塔县	liŋ53	liŋ13	liŋ53	liŋ53	liŋ13	liŋ13	liŋ13	tɕiŋ44
肃北县	liaŋ53	liaŋ213	liaŋ53	liaŋ53	liaŋ213	liaŋ213	liaŋ213	tɕiaŋ44
玉门市	liaŋ53	liaŋ213	liaŋ53	liaŋ53	liaŋ213	liaŋ213	liaŋ213	tɕiaŋ44
瓜州县	liaŋ53	liaŋ213	liaŋ53	liaŋ53	liaŋ213	liaŋ213	liaŋ213	tɕiaŋ44
西夏区	liaŋ53	liaŋ13	liaŋ53	liaŋ53	liaŋ13	liaŋ13	liaŋ13	tɕiaŋ44

续表

贺兰县	liaŋ^{53}	liaŋ^{13}	liaŋ^{53}	liaŋ^{53}	liaŋ^{13}	liaŋ^{13}	liaŋ^{13}	tɕiaŋ^{44}
灵武市（东塔镇）	liaŋ^{52}	liaŋ^{13}	liaŋ^{52}	liaŋ^{52}	liaŋ^{13}	liaŋ^{13}	liaŋ^{13}	tɕiaŋ^{44}
永宁县	liaŋ^{53}	liaŋ^{13}	liaŋ^{53}	liaŋ^{53}	liaŋ^{13}	liaŋ^{13}	liaŋ^{13}	tɕiaŋ^{44}
中宁县	liaŋ^{53}	liaŋ^{13}	liaŋ^{53}	liaŋ^{53}	liaŋ^{13}	liaŋ^{13}	liaŋ^{13}	tɕiaŋ^{44}
沙坡头区	liaŋ^{53}	liaŋ^{13}	liaŋ^{53}	liaŋ^{53}	liaŋ^{13}	liaŋ^{13}	liaŋ^{13}	tɕiaŋ^{44}
盐池县	liaŋ^{13}	liaŋ^{13}	liaŋ^{52}	liaŋ^{52}	liaŋ^{13}	liaŋ^{13}	liaŋ^{13}	tɕiaŋ^{44}
平罗县（渠口乡）	liaŋ^{53}	liaŋ^{13}	liaŋ^{53}	liaŋ^{53}	liaŋ^{13}	liaŋ^{13}	liaŋ^{13}	tɕiaŋ^{44}
阿拉善左旗	liaŋ^{51}	liaŋ^{213}	liaŋ^{51}	liaŋ^{51}	liaŋ^{213}	liaŋ^{213}	liaŋ^{213}	tɕiaŋ^{44}
乌鲁木齐市	liaŋ^{52}	liaŋ^{213}	liaŋ^{52}	liaŋ^{52}	liaŋ^{213}	liaŋ^{213}	liaŋ^{213}	tɕiaŋ^{44}
阜康市	liaŋ^{51}	liaŋ^{213}	liaŋ^{51}	liaŋ^{51}	liaŋ^{213}	liaŋ^{213}	liaŋ^{213}	tɕiaŋ^{55}
呼图壁县	liaŋ^{51}	liaŋ^{213}	liaŋ^{51}	liaŋ^{51}	liaŋ^{213}	liaŋ^{213}	liaŋ^{213}	tɕiaŋ^{44}
吉木萨尔县	liaŋ^{51}	liaŋ^{213}	liaŋ^{51}	liaŋ^{51}	liaŋ^{213}	liaŋ^{213}	liaŋ^{213}	tɕiaŋ^{44}
奇台县	liaŋ^{52}	liaŋ^{213}	liaŋ^{52}	liaŋ^{52}	liaŋ^{213}	liaŋ^{213}	liaŋ^{213}	tɕiaŋ^{44}
博乐市	liaŋ^{51}	liaŋ^{24}	liaŋ^{51}	liaŋ^{51}	liaŋ^{24}	liaŋ^{24}	liaŋ^{24}	tɕiaŋ^{45}
阿勒泰市	liaŋ^{51}	liaŋ^{23}	liaŋ^{51}	liaŋ^{51}	liaŋ^{23}	liaŋ^{23}	liaŋ^{23}	tɕiaŋ^{44}
布尔津县	liaŋ^{23}	liaŋ^{51}	liaŋ^{23}	liaŋ^{23}	liaŋ^{51}	liaŋ^{51}	liaŋ^{51}	tɕiaŋ^{44}
乌苏市	liaŋ^{51}	liaŋ^{213}	liaŋ^{51}	liaŋ^{51}	liaŋ^{213}	liaŋ^{213}	liaŋ^{213}	tɕiaŋ^{55}
额敏县	liaŋ^{51}	liaŋ^{34}	liaŋ^{51}	liaŋ^{51}	liaŋ^{34}	liaŋ^{34}	liaŋ^{34}	tɕiaŋ^{44}
伊州区	liɒ̃^{51}	liɒ̃^{213}	liɒ̃^{51}	liɒ̃^{51}	liɒ̃^{213}	liɒ̃^{213}	liɒ̃^{213}	tɕiɒ̃^{44}
巴里坤县	liaŋ^{51}	liaŋ^{24}	liaŋ^{51}	liaŋ^{51}	liaŋ^{24}	liaŋ^{24}	liaŋ^{24}	tɕiaŋ^{45}
伊吾县	liɒ̃^{51}	liɒ̃^{213}	liɒ̃^{51}	liɒ̃^{51}	liɒ̃^{213}	liɒ̃^{213}	liɒ̃^{213}	tɕiɒ̃^{44}

字目 方音　中古音 方言点	奖	讲	酱	将 大将	匠	降 降落	枪	羌
中古音	宕开三 上养精	江开二 上讲见	宕开三 去漾精	宕开三 去漾精	宕开三 去漾从	江开二 去绛见	宕开三 平阳清	宕开三 平阳溪
兰州市 （城关区）	tɕiaŋ^{44}	tɕiaŋ^{44}	tɕiaŋ^{13}	tɕiaŋ^{13}	tɕiaŋ^{13}	tɕiaŋ^{13}	tɕʻiaŋ^{53}	tɕʻiaŋ^{53}
永登县	tɕiaŋ^{35}	tɕiaŋ^{354}	tɕiaŋ^{13}	tɕiaŋ^{13}	tɕiaŋ^{13}	tɕiaŋ^{13}	tɕʻiaŋ^{42}	tɕʻiaŋ^{42}
榆中县	tɕiaŋ^{44}	tɕiaŋ^{44}	tɕiaŋ^{13}	tɕiaŋ^{13}	tɕiaŋ^{13}	tɕiaŋ^{13}	tɕʻiaŋ^{53}	tɕʻiaŋ^{51}
皋兰县	tɕiaŋ^{35}	tɕiaŋ^{342}	tɕiaŋ^{13}	tɕiaŋ^{13}	tɕiaŋ^{13}	tɕiaŋ^{13}	tɕʻiaŋ^{42}	tɕʻiaŋ^{42}
白银区	tɕiaŋ^{343}	tɕiaŋ^{343}	tɕiaŋ^{13}	tɕiaŋ^{13}	tɕiaŋ^{13}	tɕiaŋ^{13}	tɕʻiaŋ^{44}	tɕʻiaŋ^{44}
天祝县	tɕiɔŋ^{44}	tɕiɔŋ^{44}	tɕiɔŋ^{213}	tɕiɔŋ^{213}	tɕiɔŋ^{213}	tɕiɔŋ^{213}	tɕʻiɔŋ^{44}	tɕʻiɔŋ^{44}
景泰县 （红水镇）	tɕiaŋ^{44}	tɕiaŋ^{44}	tɕiaŋ^{213}	tɕiaŋ^{213}	tɕiaŋ^{213}	tɕiaŋ^{213}	tɕʻiaŋ^{44}	tɕʻiaŋ^{44}
古浪县	tɕiao^{44}	tɕiao^{44}	tɕiao^{31}	tɕiao^{31}	tɕiao^{31}	tɕiao^{31}	tɕʻiao^{44}	tɕʻiao^{44}
凉州区	tɕiaŋ^{33}	tɕiaŋ^{33}	tɕiaŋ^{53}	tɕiaŋ^{53}	tɕiaŋ^{53}	tɕiaŋ^{53}	tɕʻiaŋ^{33}	tɕʻiaŋ^{33}
民勤县	tɕiaŋ^{214}	tɕiaŋ^{214}	tɕiaŋ^{42}	tɕiaŋ^{42}	tɕiaŋ^{42}	tɕiaŋ^{42}	tɕʻiaŋ^{44}	tɕʻiaŋ^{44}
永昌县	tɕiaŋ^{13}	tɕiaŋ^{13}	tɕiaŋ^{53}	tɕiaŋ^{53}	tɕiaŋ^{53}	tɕiaŋ^{53}	tɕʻiaŋ^{33}	tɕʻiaŋ^{44}
甘州区	tɕiaŋ^{53}	tɕiaŋ^{53}	tɕiaŋ^{31}	tɕiaŋ^{31}	tɕiaŋ^{31}	tɕiaŋ^{31}	tɕʻiaŋ^{44}	tɕʻiaŋ^{44}
临泽县	tɕiaŋ^{53}	tɕiaŋ^{53}	tɕiaŋ^{214}	tɕiaŋ^{214}	tɕiaŋ^{214}	tɕiaŋ^{214}	tɕʻiaŋ^{44}	tɕʻiaŋ^{44}
民乐县	tɕiaŋ^{213}	tɕiaŋ^{213}	tɕiaŋ^{42}	tɕiaŋ^{42}	tɕiaŋ^{42}	tɕiaŋ^{42}	tɕʻiaŋ^{44}	tɕʻiaŋ^{44}
山丹县	tɕiã^{53}	tɕiã^{53}	tɕiã^{41}	tɕiã^{41}	tɕiã^{41}	tɕiã^{41}	tɕʻiã^{24}	tɕʻiã^{24}
高台县	tɕiaŋ^{53}	tɕiaŋ^{53}	tɕiaŋ^{214}	tɕiaŋ^{214}	tɕiaŋ^{214}	tɕiaŋ^{214}	tɕʻiaŋ^{44}	tɕʻiaŋ^{44}
肃州区	tɕiaŋ^{53}	tɕiaŋ^{53}	tɕiaŋ^{214}	tɕiaŋ^{214}	tɕiaŋ^{214}	tɕiaŋ^{214}	tɕʻiaŋ^{44}	tɕʻiaŋ^{44}
金塔县	tɕiaŋ^{53}	tɕiaŋ^{53}	tɕiaŋ^{13}	tɕiaŋ^{13}	tɕiaŋ^{13}	tɕiaŋ^{13}	tɕʻiaŋ^{44}	tɕʻiaŋ^{44}
肃北县	tɕiaŋ^{53}	tɕiaŋ^{53}	tɕiaŋ^{213}	tɕiaŋ^{213}	tɕiaŋ^{213}	tɕiaŋ^{213}	tɕʻiaŋ^{44}	tɕʻiaŋ^{44}
玉门市	tɕiaŋ^{53}	tɕiaŋ^{53}	tɕiaŋ^{213}	tɕiaŋ^{213}	tɕiaŋ^{213}	tɕiaŋ^{213}	tɕʻiaŋ^{44}	tɕʻiaŋ^{44}
瓜州县	tɕiaŋ^{53}	tɕiaŋ^{53}	tɕiaŋ^{213}	tɕiaŋ^{213}	tɕiaŋ^{213}	tɕiaŋ^{213}	tɕʻiaŋ^{44}	tɕʻiaŋ^{44}
西夏区	tɕiaŋ^{53}	tɕiaŋ^{53}	tɕiaŋ^{13}	tɕiaŋ^{13}	tɕiaŋ^{13}	tɕiaŋ^{13}	tɕʻiaŋ^{44}	tɕʻiaŋ^{44}

续表

贺兰县	tɕiaŋ^{53}	tɕiaŋ^{53}	tɕiaŋ^{13}	tɕiaŋ^{13}	tɕiaŋ^{13}	tɕiaŋ^{13}	tɕʻiaŋ^{44}	tɕʻiaŋ^{44}
灵武市（东塔镇）	tɕiaŋ^{52}	tɕiaŋ^{52}	tɕiaŋ^{13}	tɕiaŋ^{13}	tɕiaŋ^{13}	tɕiaŋ^{13}	tɕʻiaŋ^{44}	tɕʻiaŋ^{44}
永宁县	tɕiaŋ^{53}	tɕiaŋ^{53}	tɕiaŋ^{13}	tɕiaŋ^{13}	tɕiaŋ^{13}	tɕiaŋ^{13}	tɕʻiaŋ^{44}	tɕʻiaŋ^{44}
中宁县	tɕiaŋ^{53}	tɕiaŋ^{53}	tɕiaŋ^{13}	tɕiaŋ^{13}	tɕiaŋ^{13}	tɕiaŋ^{13}	tɕʻiaŋ^{44}	tɕʻiaŋ^{44}
沙坡头区	tɕiaŋ^{53}	tɕiaŋ^{53}	tɕiaŋ^{13}	tɕiaŋ^{13}	tɕiaŋ^{13}	tɕiaŋ^{13}	tɕʻiaŋ^{44}	tɕʻiaŋ^{44}
盐池县	tɕiaŋ^{52}	tɕiaŋ^{52}	tɕiaŋ^{13}	tɕiaŋ^{13}	tɕiaŋ^{13}	tɕiaŋ^{13}	tɕʻiaŋ^{44}	tɕʻiaŋ^{44}
平罗县（渠口乡）	tɕiaŋ^{53}	tɕiaŋ^{53}	tɕiaŋ^{13}	tɕiaŋ^{13}	tɕiaŋ^{13}	tɕiaŋ^{13}	tɕʻiaŋ^{44}	tɕʻiaŋ^{44}
阿拉善左旗	tɕiaŋ^{51}	tɕiaŋ^{51}	tɕiaŋ^{213}	tɕiaŋ^{213}	tɕiaŋ^{213}	tɕiaŋ^{213}	tɕʻiaŋ^{44}	tɕʻiaŋ^{44}
乌鲁木齐市	tɕiaŋ^{52}	tɕiaŋ^{52}	tɕiaŋ^{213}	tɕiaŋ^{213}	tɕiaŋ^{213}	tɕiaŋ^{213}	tɕʻiaŋ^{44}	tɕʻiaŋ^{44}
阜康市	tɕiaŋ^{51}	tɕiaŋ^{51}	tɕiaŋ^{213}	tɕiaŋ^{213}	tɕiaŋ^{213}	tɕiaŋ^{213}	tɕʻiaŋ^{55}	tɕʻiaŋ^{55}
呼图壁县	tɕiaŋ^{51}	tɕiaŋ^{51}	tɕiaŋ^{213}	tɕiaŋ^{213}	tɕiaŋ^{213}	tɕiaŋ^{213}	tɕʻiaŋ^{44}	tɕʻiaŋ^{44}
吉木萨尔县	tɕiaŋ^{51}	tɕiaŋ^{51}	tɕiaŋ^{213}	tɕiaŋ^{213}	tɕiaŋ^{213}	tɕiaŋ^{213}	tɕʻiaŋ^{44}	tɕʻiaŋ^{44}
奇台县	tɕiaŋ^{52}	tɕiaŋ^{52}	tɕiaŋ^{213}	tɕiaŋ^{213}	tɕiaŋ^{213}	tɕiaŋ^{213}	tɕʻiaŋ^{44}	tɕʻiaŋ^{44}
博乐市	tɕiaŋ^{51}	tɕiaŋ^{51}	tɕiaŋ^{24}	tɕiaŋ^{24}	tɕiaŋ^{24}	tɕiaŋ^{24}	tɕʻiaŋ^{45}	tɕʻiaŋ^{45}
阿勒泰市	tɕiaŋ^{51}	tɕiaŋ^{51}	tɕiaŋ^{23}	tɕiaŋ^{23}	tɕiaŋ^{23}	tɕiaŋ^{23}	tɕʻiaŋ^{44}	tɕʻiaŋ^{44}
布尔津县	tɕiaŋ^{23}	tɕiaŋ^{23}	tɕiaŋ^{51}	tɕiaŋ^{51}	tɕiaŋ^{51}	tɕiaŋ^{51}	tɕʻiaŋ^{44}	tɕʻiaŋ^{44}
乌苏市	tɕiaŋ^{51}	tɕiaŋ^{51}	tɕiaŋ^{213}	tɕiaŋ^{213}	tɕiaŋ^{213}	tɕiaŋ^{213}	tɕʻiaŋ^{55}	tɕʻiaŋ^{55}
额敏县	tɕiaŋ^{51}	tɕiaŋ^{51}	tɕiaŋ^{34}	tɕiaŋ^{34}	tɕiaŋ^{34}	tɕiaŋ^{34}	tɕʻiaŋ^{44}	tɕʻiaŋ^{44}
伊州区	tɕiɒ̃^{51}	tɕiɒ̃^{51}	tɕiɒ̃^{213}	tɕiɒ̃^{213}	tɕiɒ̃^{213}	tɕiɒ̃^{213}	tɕʻiɒ̃^{44}	tɕʻiɒ̃^{44}
巴里坤县	tɕiaŋ^{51}	tɕiaŋ^{51}	tɕiaŋ^{24}	tɕiaŋ^{24}	tɕiaŋ^{24}	tɕiaŋ^{24}	tɕʻiaŋ^{45}	tɕʻiaŋ^{45}
伊吾县	tɕiɒ̃^{51}	tɕiɒ̃^{51}	tɕiɒ̃^{213}	tɕiɒ̃^{213}	tɕiɒ̃^{213}	tɕiɒ̃^{213}	tɕʻiɒ̃^{44}	tɕʻiɒ̃^{44}

字目 / 中古音 / 方言点	腔	墙	强 强大	抢 抢夺	强 勉强	相 相互	箱	厢
	江开二 平江溪	宕开三 平阳从	宕开三 平阳群	宕开三 上养清	宕开三 上养群	宕开三 平阳心	宕开三 平阳心	宕开三 平阳心
兰州市 （城关区）	tɕʻiaŋ^{53}	tɕʻiaŋ^{51}	tɕʻiaŋ^{51}	tɕʻiaŋ^{44}	tɕʻiaŋ^{13}	ɕiaŋ^{53}	ɕiaŋ^{53}	ɕiaŋ^{53}
永登县	tɕʻiaŋ^{42}	tɕʻiaŋ^{53}	tɕʻiaŋ^{53}	tɕʻiaŋ^{354}	tɕʻiaŋ^{13}	ɕiaŋ^{42}	ɕiaŋ^{42}	ɕiaŋ^{42}
榆中县	tɕʻiaŋ^{51}	tɕʻiaŋ^{332}	tɕʻiaŋ^{332}	tɕʻiaŋ^{44}	tɕʻiaŋ^{13}	ɕiaŋ^{51}	ɕiaŋ^{51}	ɕiaŋ^{51}
皋兰县	tɕʻiɑŋ^{42}	tɕʻiɑŋ^{53}	tɕʻiɑŋ^{53}	tɕʻiɑŋ^{354}	tɕʻiɑŋ^{13}	ɕiɑŋ^{42}	ɕiɑŋ^{42}	ɕiɑŋ^{42}
白银区	tɕʻiaŋ^{44}	tɕʻiaŋ^{51}	tɕʻiaŋ^{51}	tɕʻiaŋ^{343}	tɕʻiaŋ^{13}	ɕiaŋ^{44}	ɕiaŋ^{44}	ɕiaŋ^{44}
天祝县	tɕʻiɔŋ^{44}	tɕʻiɔŋ^{53}	tɕʻiɔŋ^{53}	tɕʻiɔŋ^{44}	tɕʻiɔŋ^{213}	ɕiɔŋ^{44}	ɕiɔŋ^{44}	ɕiɔŋ^{44}
景泰县 （红水镇）	tɕʻiɑŋ^{44}	tɕʻiɑŋ^{53}	tɕʻiɑŋ^{53}	tɕʻiɑŋ^{44}	tɕʻiɑŋ^{213}	ɕiɑŋ^{44}	ɕiɑŋ^{44}	ɕiɑŋ^{44}
古浪县	tɕʻiɑo^{44}	tɕʻiɑo^{53}	tɕʻiɑo^{53}	tɕʻiɑo^{44}	tɕʻiɑo^{31}	ɕiɑo^{44}	ɕiɑo^{44}	ɕiɑo^{44}
凉州区	tɕʻiɑŋ^{33}	tɕʻiɑŋ^{13}	tɕʻiɑŋ^{13}	tɕʻiɑŋ^{33}	tɕʻiɑŋ^{53}	ɕiɑŋ^{33}	ɕiɑŋ^{33}	ɕiɑŋ^{33}
民勤县	tɕʻiɑŋ^{44}	tɕʻiɑŋ^{53}	tɕʻiɑŋ^{53}	tɕʻiɑŋ^{214}	tɕʻiɑŋ^{42}	ɕiɑŋ^{44}	ɕiɑŋ^{44}	ɕiɑŋ^{44}
永昌县	tɕʻiɑŋ^{44}	tɕʻiɑŋ^{13}	tɕʻiɑŋ^{13}	tɕʻiɑŋ^{13}	tɕʻiɑŋ^{53}	ɕiɑŋ^{44}	ɕiɑŋ^{44}	ɕiɑŋ^{44}
甘州区	tɕʻiaŋ^{44}	tɕʻiaŋ^{53}	tɕʻiaŋ^{53}	tɕʻiaŋ^{53}	tɕʻiaŋ^{31}	ɕiaŋ^{44}	ɕiaŋ^{44}	ɕiaŋ^{44}
临泽县	tɕʻiaŋ^{44}	tɕʻiaŋ^{53}	tɕʻiaŋ^{53}	tɕʻiaŋ^{53}	tɕʻiaŋ^{214}	ɕiaŋ^{44}	ɕiaŋ^{44}	ɕiaŋ^{44}
民乐县	tɕʻiɑŋ^{44}	tɕʻiɑŋ^{53}	tɕʻiɑŋ^{53}	tɕʻiɑŋ^{213}	tɕʻiɑŋ^{42}	ɕiɑŋ^{44}	ɕiɑŋ^{44}	ɕiɑŋ^{44}
山丹县	tɕʻiã^{24}	tɕʻiã^{53}	tɕʻiã^{53}	tɕʻiã^{53}	tɕʻiã^{41}	ɕiã^{24}	ɕiã^{24}	ɕiã^{24}
高台县	tɕʻiɑŋ^{44}	tɕʻiɑŋ^{53}	tɕʻiɑŋ^{53}	tɕʻiɑŋ^{53}	tɕʻiɑŋ^{214}	ɕiɑŋ^{44}	ɕiɑŋ^{44}	ɕiɑŋ^{44}
肃州区	tɕʻiaŋ^{44}	tɕʻiaŋ^{53}	tɕʻiaŋ^{53}	tɕʻiaŋ^{53}	tɕʻiaŋ^{214}	ɕiaŋ^{44}	ɕiaŋ^{44}	ɕiaŋ^{44}
金塔县	tɕʻiaŋ^{44}	tɕʻiaŋ^{53}	tɕʻiaŋ^{53}	tɕʻiaŋ^{53}	tɕʻiaŋ^{13}	ɕiaŋ^{44}	ɕiaŋ^{44}	ɕiaŋ^{44}
肃北县	tɕʻiɑŋ^{44}	tɕʻiɑŋ^{53}	tɕʻiɑŋ^{53}	tɕʻiɑŋ^{53}	tɕʻiɑŋ^{213}	ɕiɑŋ^{44}	ɕiɑŋ^{44}	ɕiɑŋ^{44}
玉门市	tɕʻiɑŋ^{44}	tɕʻiɑŋ^{53}	tɕʻiɑŋ^{53}	tɕʻiɑŋ^{53}	tɕʻiɑŋ^{213}	ɕiɑŋ^{44}	ɕiɑŋ^{44}	ɕiɑŋ^{44}
瓜州县	tɕʻiɑŋ^{44}	tɕʻiɑŋ^{53}	tɕʻiɑŋ^{53}	tɕʻiɑŋ^{53}	tɕʻiɑŋ^{213}	ɕiɑŋ^{44}	ɕiɑŋ^{44}	ɕiɑŋ^{44}
西夏区	tɕʻiaŋ^{44}	tɕʻiaŋ^{53}	tɕʻiaŋ^{53}	tɕʻiaŋ^{53}	tɕʻiaŋ^{53}	ɕiaŋ^{44}	ɕiaŋ^{44}	ɕiaŋ^{44}

续表

贺兰县	tɕʻiaŋ^{44}	tɕʻiaŋ^{53}	tɕʻiaŋ^{53}	tɕʻiaŋ^{53}	tɕʻiaŋ^{53}	ɕiaŋ^{44}	ɕiaŋ^{44}	ɕiaŋ^{44}
灵武市（东塔镇）	tɕʻiaŋ^{44}	tɕʻiaŋ^{52}	tɕʻiaŋ^{52}	tɕʻiaŋ^{52}	tɕʻiaŋ^{52}	ɕiaŋ^{44}	ɕiaŋ^{44}	ɕiaŋ^{44}
永宁县	tɕʻiaŋ^{44}	tɕʻiaŋ^{53}	tɕʻiaŋ^{53}	tɕʻiaŋ^{53}	tɕʻiaŋ^{53}	ɕiaŋ^{44}	ɕiaŋ^{44}	ɕiaŋ^{44}
中宁县	tɕʻiaŋ^{44}	tɕʻiaŋ^{53}	tɕʻiaŋ^{53}	tɕʻiaŋ^{53}	tɕʻiaŋ^{53}	ɕiaŋ^{44}	ɕiaŋ^{44}	ɕiaŋ^{44}
沙坡头区	tɕʻiaŋ^{44}	tɕʻiaŋ^{53}	tɕʻiaŋ^{53}	tɕʻiaŋ^{53}	tɕʻiaŋ^{53}	ɕiaŋ^{44}	ɕiaŋ^{44}	ɕiaŋ^{44}
盐池县	tɕʻiaŋ^{44}	tɕʻiaŋ^{13}	tɕʻiaŋ^{13}	tɕʻiaŋ^{52}	tɕʻiaŋ^{52}	ɕiaŋ^{44}	ɕiaŋ^{44}	ɕiaŋ^{44}
平罗县（渠口乡）	tɕʻiaŋ^{44}	tɕʻiaŋ^{53}	tɕʻiaŋ^{53}	tɕʻiaŋ^{53}	tɕʻiaŋ^{53}	ɕiaŋ^{44}	ɕiaŋ^{44}	ɕiaŋ^{44}
阿拉善左旗	tɕʻiaŋ^{44}	tɕʻiaŋ^{51}	tɕʻiaŋ^{51}	tɕʻiaŋ^{51}	tɕʻiaŋ^{213}	ɕiaŋ^{44}	ɕiaŋ^{44}	ɕiaŋ^{44}
乌鲁木齐市	tɕʻiaŋ^{44}	tɕʻiaŋ^{52}	tɕʻiaŋ^{52}	tɕʻiaŋ^{52}	tɕʻiaŋ^{213}	ɕiaŋ^{44}	ɕiaŋ^{44}	ɕiaŋ^{44}
阜康市	tɕʻiaŋ^{55}	tɕʻiaŋ^{51}	tɕʻiaŋ^{51}	tɕʻiaŋ^{51}	tɕʻiaŋ^{213}	ɕiaŋ^{55}	ɕiaŋ^{55}	ɕiaŋ^{55}
呼图壁县	tɕʻiaŋ^{44}	tɕʻiaŋ^{51}	tɕʻiaŋ^{51}	tɕʻiaŋ^{51}	tɕʻiaŋ^{213}	ɕiaŋ^{44}	ɕiaŋ^{44}	ɕiaŋ^{44}
吉木萨尔县	tɕʻiaŋ^{44}	tɕʻiaŋ^{51}	tɕʻiaŋ^{51}	tɕʻiaŋ^{51}	tɕʻiaŋ^{213}	ɕiaŋ^{44}	ɕiaŋ^{44}	ɕiaŋ^{44}
奇台县	tɕʻiaŋ^{44}	tɕʻiaŋ^{52}	tɕʻiaŋ^{52}	tɕʻiaŋ^{52}	tɕʻiaŋ^{213}	ɕiaŋ^{44}	ɕiaŋ^{44}	ɕiaŋ^{44}
博乐市	tɕʻiaŋ^{45}	tɕʻiaŋ^{51}	tɕʻiaŋ^{51}	tɕʻiaŋ^{51}	tɕʻiaŋ^{24}	ɕiaŋ^{45}	ɕiaŋ^{45}	ɕiaŋ^{45}
阿勒泰市	tɕʻiaŋ^{44}	tɕʻiaŋ^{51}	tɕʻiaŋ^{51}	tɕʻiaŋ^{51}	tɕʻiaŋ^{23}	ɕiaŋ^{44}	ɕiaŋ^{44}	ɕiaŋ^{44}
布尔津县	tɕʻiaŋ^{44} kʻaŋ^{44}	tɕʻiaŋ^{23}	tɕʻiaŋ^{23}	tɕʻiaŋ^{23}	tɕʻiaŋ^{51}	ɕiaŋ^{44}	ɕiaŋ^{44}	ɕiaŋ^{44}
乌苏市	tɕʻiaŋ^{55}	tɕʻiaŋ^{51}	tɕʻiaŋ^{51}	tɕʻiaŋ^{51}	tɕʻiaŋ^{213}	ɕiaŋ^{55}	ɕiaŋ^{55}	ɕiaŋ^{55}
额敏县	tɕʻiaŋ^{44}	tɕʻiaŋ^{51}	tɕʻiaŋ^{51}	tɕʻiaŋ^{51}	tɕʻiaŋ^{34}	ɕiaŋ^{44}	ɕiaŋ^{44}	ɕiaŋ^{44}
伊州区	tɕʻiɒ̃^{44}	tɕʻiɒ̃^{51}	tɕʻiɒ̃^{51}	tɕʻiɒ̃^{51}	tɕʻiɒ̃^{213}	ɕiɒ̃^{44}	ɕiɒ̃^{44}	ɕiɒ̃^{44}
巴里坤县	tɕʻiaŋ^{45}	tɕʻiaŋ^{51}	tɕʻiaŋ^{51}	tɕʻiaŋ^{51}	tɕʻiaŋ^{24}	ɕiaŋ^{45}	ɕiaŋ^{45}	ɕiaŋ^{45}
伊吾县	tɕʻiɒ̃^{44}	tɕʻiɒ̃^{51}	tɕʻiɒ̃^{51}	tɕʻiɒ̃^{51}	tɕʻiɒ̃^{213}	ɕiɒ̃^{44}	ɕiɒ̃^{44}	ɕiɒ̃^{44}

字目 / 中古音 / 方言点	香	乡	详	祥	翔	降 投降	想	享
	宕开三平阳晓	宕开三平阳晓	宕开三平阳邪	宕开三平阳邪	宕开三平阳邪	江开二平江匣	宕开三上养心	宕开三上养晓
兰州市（城关区）	ɕiaŋ^{53}	ɕiaŋ^{53}	ɕiaŋ^{51}	ɕiaŋ^{51}	ɕiaŋ^{51}	ɕiaŋ^{51}	ɕiaŋ^{44}	ɕiaŋ^{44}
永登县	ɕiaŋ^{42}	ɕiaŋ^{42}	ɕiaŋ^{53}	ɕiaŋ^{53}	ɕiaŋ^{53}	ɕiaŋ^{53}	ɕiaŋ^{354}	ɕiaŋ^{354}
榆中县	ɕiaŋ^{51}	ɕiaŋ^{51}	ɕiaŋ^{332}	ɕiaŋ^{332}	ɕiaŋ^{332}	ɕiaŋ^{332}	ɕiaŋ^{44}	ɕiaŋ^{44}
皋兰县	ɕiaŋ^{42}	ɕiaŋ^{42}	ɕiaŋ^{53}	ɕiaŋ^{53}	ɕiaŋ^{53}	ɕiaŋ^{53}	ɕiaŋ^{342}	ɕiaŋ^{342}
白银区	ɕiaŋ^{44}	ɕiaŋ^{44}	ɕiaŋ^{51}	ɕiaŋ^{51}	ɕiaŋ^{51}	ɕiaŋ^{51}	ɕiaŋ^{343}	ɕiaŋ^{343}
天祝县	ɕiɔŋ^{44}	ɕiɔŋ^{44}	ɕiɔŋ^{53}	ɕiɔŋ^{53}	ɕiɔŋ^{53}	ɕiɔŋ^{53}	ɕiɔŋ^{44}	ɕiɔŋ^{44}
景泰县（红水镇）	ɕiaŋ^{44}	ɕiaŋ^{44}	ɕiaŋ^{53}	ɕiaŋ^{53}	ɕiaŋ^{53}	ɕiaŋ^{53}	ɕiaŋ^{44}	ɕiaŋ^{44}
古浪县	ɕiao^{44}	ɕiao^{44}	ɕiao^{53}	ɕiao^{53}	ɕiao^{53}	ɕiao^{53}	ɕiao^{44}	ɕiao^{44}
凉州区	ɕiaŋ^{33}	ɕiaŋ^{33}	ɕiaŋ^{13}	ɕiaŋ^{13}	ɕiaŋ^{13}	ɕiaŋ^{13}	ɕiaŋ^{33}	ɕiaŋ^{33}
民勤县	ɕiaŋ^{44}	ɕiaŋ^{44}	ɕiaŋ^{53}	ɕiaŋ^{53}	ɕiaŋ^{53}	ɕiaŋ^{53}	ɕiaŋ^{214}	ɕiaŋ^{214}
永昌县	ɕiaŋ^{44}	ɕiaŋ^{44}	ɕiaŋ^{13}	ɕiaŋ^{13}	ɕiaŋ^{13}	ɕiaŋ^{13}	ɕiaŋ^{13}	ɕiaŋ^{13}
甘州区	ɕiaŋ^{44}	ɕiaŋ^{44}	ɕiaŋ^{53}	ɕiaŋ^{53}	ɕiaŋ^{53}	ɕiaŋ^{53}	ɕiaŋ^{53}	ɕiaŋ^{53}
临泽县	ɕiaŋ^{44}	ɕiaŋ^{44}	ɕiaŋ^{53}	ɕiaŋ^{53}	ɕiaŋ^{53}	ɕiaŋ^{53}	ɕiaŋ^{53}	ɕiaŋ^{53}
民乐县	ɕiaŋ^{44}	ɕiaŋ^{44}	ɕiaŋ^{53}	ɕiaŋ^{53}	ɕiaŋ^{53}	ɕiaŋ^{53}	ɕiaŋ^{213}	ɕiaŋ^{213}
山丹县	ɕiã^{24}	ɕiã^{24}	ɕiã^{53}	ɕiã^{53}	ɕiã^{53}	ɕiã^{53}	ɕiã^{53}	ɕiã^{53}
高台县	ɕiaŋ^{44}	ɕiaŋ^{44}	ɕiaŋ^{53}	ɕiaŋ^{53}	ɕiaŋ^{53}	ɕiaŋ^{53}	ɕiaŋ^{53}	ɕiaŋ^{53}
肃州区	ɕiaŋ^{44}	ɕiaŋ^{44}	ɕiaŋ^{53}	ɕiaŋ^{53}	ɕiaŋ^{53}	ɕiaŋ^{53}	ɕiaŋ^{53}	ɕiaŋ^{53}
金塔县	ɕiaŋ^{44}	ɕiaŋ^{44}	ɕiaŋ^{53}	ɕiaŋ^{53}	ɕiaŋ^{53}	ɕiaŋ^{53}	ɕiaŋ^{53}	ɕiaŋ^{53}
肃北县	ɕiaŋ^{44}	ɕiaŋ^{44}	ɕiaŋ^{53}	ɕiaŋ^{53}	ɕiaŋ^{53}	ɕiaŋ^{53}	ɕiaŋ^{53}	ɕiaŋ^{53}
玉门市	ɕiaŋ^{44}	ɕiaŋ^{44}	ɕiaŋ^{53}	ɕiaŋ^{53}	ɕiaŋ^{53}	ɕiaŋ^{53}	ɕiaŋ^{53}	ɕiaŋ^{53}
瓜州县	ɕiaŋ^{44}	ɕiaŋ^{44}	ɕiaŋ^{53}	ɕiaŋ^{53}	ɕiaŋ^{53}	ɕiaŋ^{53}	ɕiaŋ^{53}	ɕiaŋ^{53}
西夏区	ɕiaŋ^{44}	ɕiaŋ^{44}	ɕiaŋ^{53}	ɕiaŋ^{53}	ɕiaŋ^{53}	ɕiaŋ^{53}	ɕiaŋ^{53}	ɕiaŋ^{53}

续表

贺兰县	ɕiaŋ^{44}	ɕiaŋ^{44}	ɕiaŋ^{53}	ɕiaŋ^{53}	ɕiaŋ^{53}	ɕiaŋ^{53}	ɕiaŋ^{53}	ɕiaŋ^{53}
灵武市（东塔镇）	ɕiaŋ^{44}	ɕiaŋ^{44}	ɕiaŋ^{52}	ɕiaŋ^{52}	ɕiaŋ^{52}	ɕiaŋ^{52}	ɕiaŋ^{52}	ɕiaŋ^{52}
永宁县	ɕiaŋ^{44}	ɕiaŋ^{44}	ɕiaŋ^{53}	ɕiaŋ^{53}	ɕiaŋ^{53}	ɕiaŋ^{53}	ɕiaŋ^{53}	ɕiaŋ^{53}
中宁县	ɕiaŋ^{44}	ɕiaŋ^{44}	ɕiaŋ^{53}	ɕiaŋ^{53}	ɕiaŋ^{53}	ɕiaŋ^{53}	ɕiaŋ^{53}	ɕiaŋ^{53}
沙坡头区	ɕiaŋ^{44}	ɕiaŋ^{44}	ɕiaŋ^{53}	ɕiaŋ^{53}	ɕiaŋ^{53}	ɕiaŋ^{53}	ɕiaŋ^{53}	ɕiaŋ^{53}
盐池县	ɕiaŋ^{44}	ɕiaŋ^{44}	ɕiaŋ^{13}	ɕiaŋ^{13}	ɕiaŋ^{13}	ɕiaŋ^{13}	ɕiaŋ^{52}	ɕiaŋ^{52}
平罗县（渠口乡）	ɕiaŋ^{44}	ɕiaŋ^{44}	ɕiaŋ^{53}	ɕiaŋ^{53}	ɕiaŋ^{53}	ɕiaŋ^{53}	ɕiaŋ^{53}	ɕiaŋ^{53}
阿拉善左旗	ɕiaŋ^{44}	ɕiaŋ^{44}	ɕiaŋ^{51}	ɕiaŋ^{51}	ɕiaŋ^{51}	ɕiaŋ^{51}	ɕiaŋ^{51}	ɕiaŋ^{51}
乌鲁木齐市	ɕiaŋ^{44}	ɕiaŋ^{44}	ɕiaŋ^{52}	ɕiaŋ^{52}	ɕiaŋ^{52}	ɕiaŋ^{52}	ɕiaŋ^{52}	ɕiaŋ^{52}
阜康市	ɕiaŋ^{55}	ɕiaŋ^{55}	ɕiaŋ^{51}	ɕiaŋ^{51}	ɕiaŋ^{51}	ɕiaŋ^{51}	ɕiaŋ^{51}	ɕiaŋ^{51}
呼图壁县	ɕiaŋ^{44}	ɕiaŋ^{44}	ɕiaŋ^{51}	ɕiaŋ^{51}	ɕiaŋ^{51}	ɕiaŋ^{51}	ɕiaŋ^{51}	ɕiaŋ^{51}
吉木萨尔县	ɕiaŋ^{44}	ɕiaŋ^{44}	ɕiaŋ^{51}	ɕiaŋ^{51}	ɕiaŋ^{51}	ɕiaŋ^{51}	ɕiaŋ^{51}	ɕiaŋ^{51}
奇台县	ɕiaŋ^{44}	ɕiaŋ^{44}	ɕiaŋ^{52}	ɕiaŋ^{52}	ɕiaŋ^{52}	ɕiaŋ^{52}	ɕiaŋ^{52}	ɕiaŋ^{52}
博乐市	ɕiaŋ^{45}	ɕiaŋ^{45}	ɕiaŋ^{51}	ɕiaŋ^{51}	ɕiaŋ^{51}	ɕiaŋ^{51}	ɕiaŋ^{51}	ɕiaŋ^{51}
阿勒泰市	ɕiaŋ^{44}	ɕiaŋ^{44}	ɕiaŋ^{51}	ɕiaŋ^{51}	ɕiaŋ^{51}	ɕiaŋ^{51}	ɕiaŋ^{51}	ɕiaŋ^{51}
布尔津县	ɕiaŋ^{44}	ɕiaŋ^{44}	ɕiaŋ^{23}	ɕiaŋ^{23}	ɕiaŋ^{23}	ɕiaŋ^{23}	ɕiaŋ^{23}	ɕiaŋ^{23}
乌苏市	ɕiaŋ^{55}	ɕiaŋ^{55}	ɕiaŋ^{51}	ɕiaŋ^{51}	ɕiaŋ^{51}	ɕiaŋ^{51}	ɕiaŋ^{51}	ɕiaŋ^{51}
额敏县	ɕiaŋ^{44}	ɕiaŋ^{44}	ɕiaŋ^{51}	ɕiaŋ^{51}	ɕiaŋ^{51}	ɕiaŋ^{51}	ɕiaŋ^{51}	ɕiaŋ^{51}
伊州区	ɕiɒ̃^{44}	ɕiɒ̃^{44}	ɕiɒ̃^{51}	ɕiɒ̃^{51}	ɕiɒ̃^{51}	ɕiɒ̃^{51}	ɕiɒ̃^{51}	ɕiɒ̃^{51}
巴里坤县	ɕiaŋ^{45}	ɕiaŋ^{45}	ɕiaŋ^{51}	ɕiaŋ^{51}	ɕiaŋ^{51}	ɕiaŋ^{51}	ɕiaŋ^{51}	ɕiaŋ^{51}
伊吾县	ɕiɒ̃^{44}	ɕiɒ̃^{44}	ɕiɒ̃^{51}	ɕiɒ̃^{51}	ɕiɒ̃^{51}	ɕiɒ̃^{51}	ɕiɒ̃^{51}	ɕiɒ̃^{51}

字目 中古音 方言点	响	相 相貌	像	橡	象	向	项	巷
	宕开三上养晓	宕开三去漾心	宕开三上养邪	宕开三上养邪	宕开三上养邪	宕开三去漾晓	江开二上讲匣	江开二去绛匣
兰州市（城关区）	ɕiaŋ^{44}	ɕiaŋ^{13}	ɕiaŋ^{13}	ɕiaŋ^{13}	ɕiaŋ^{13}	ɕiaŋ^{13}	ɕiaŋ^{13}	ɕiaŋ^{13}
永登县	ɕiaŋ^{354}	ɕiaŋ^{13}	ɕiaŋ^{13}	ɕiaŋ^{13}	ɕiaŋ^{13}	ɕiaŋ^{13}	ɕiaŋ^{13}	ɕiaŋ^{13}
榆中县	ɕiaŋ^{44}	ɕiaŋ^{13}	ɕiaŋ^{13}	ɕiaŋ^{13}	ɕiaŋ^{13}	ɕiaŋ^{13}	ɕiaŋ^{13}	ɕiaŋ^{13}
皋兰县	ɕiɑŋ^{342}	ɕiɑŋ^{13}	ɕiɑŋ^{13}	ɕiɑŋ^{13}	ɕiɑŋ^{13}	ɕiɑŋ^{13}	ɕiɑŋ^{13}	ɕiɑŋ^{13}
白银区	ɕiaŋ^{343}	ɕiaŋ^{13}	ɕiaŋ^{13}	ɕiaŋ^{13}	ɕiaŋ^{13}	ɕiaŋ^{13}	ɕiaŋ^{13}	ɕiaŋ^{13}
天祝县	ɕiɔŋ^{44}	ɕiɔŋ^{213}	ɕiɔŋ^{213}	ɕiɔŋ^{213}	ɕiɔŋ^{213}	ɕiɔŋ^{213}	ɕiɔŋ^{213}	ɕiɔŋ^{213}
景泰县（红水镇）	ɕiɑŋ^{44}	ɕiɑŋ^{213}	ɕiɑŋ^{213}	ɕiɑŋ^{213}	ɕiɑŋ^{213}	ɕiɑŋ^{213}	ɕiɑŋ^{213}	ɕiɑŋ^{213}
古浪县	ɕiɑo^{44}	ɕiɑo^{31}	ɕiɑo^{31}	ɕiɑo^{31}	ɕiɑo^{31}	ɕiɑo^{31}	ɕiɑo^{31}	ɕiɑo^{31}
凉州区	ɕiaŋ^{33}	ɕiaŋ^{53}	ɕiaŋ^{53}	ɕiaŋ^{53}	ɕiaŋ^{53}	ɕiaŋ^{53}	ɕiaŋ^{53}	ɕiaŋ^{53}
民勤县	ɕiɑŋ^{214}	ɕiɑŋ^{42}	ɕiɑŋ^{42}	ɕiɑŋ^{42}	ɕiɑŋ^{42}	ɕiɑŋ^{42}	ɕiɑŋ^{42}	ɕiɑŋ^{42}
永昌县	ɕiɑŋ^{13}	ɕiɑŋ^{53}	ɕiɑŋ^{53}	ɕiɑŋ^{53}	ɕiɑŋ^{53}	ɕiɑŋ^{53}	ɕiɑŋ^{53}	ɕiɑŋ^{53}
甘州区	ɕiaŋ^{53}	ɕiaŋ^{31}	ɕiaŋ^{31}	ɕiaŋ^{31}	ɕiaŋ^{31}	ɕiaŋ^{31}	ɕiaŋ^{31}	ɕiaŋ^{31}
临泽县	ɕiaŋ^{53}	ɕiaŋ^{214}	ɕiaŋ^{214}	ɕiaŋ^{214}	ɕiaŋ^{214}	ɕiaŋ^{214}	ɕiaŋ^{214}	ɕiaŋ^{214}
民乐县	ɕiaŋ^{213}	ɕiaŋ^{42}	ɕiaŋ^{42}	ɕiaŋ^{42}	ɕiaŋ^{42}	ɕiɑŋ^{42}	ɕiɑŋ^{42}	ɕiɑŋ^{42}
山丹县	ɕiã^{53}	ɕiã^{41}	ɕiã^{41}	ɕiã^{41}	ɕiã^{41}	ɕiã^{41}	ɕiã^{41}	ɕiã^{41}
高台县	ɕiɑŋ^{53}	ɕiɑŋ^{214}	ɕiɑŋ^{214}	ɕiɑŋ^{214}	ɕiɑŋ^{214}	ɕiɑŋ^{214}	ɕiɑŋ^{214}	ɕiɑŋ^{214}
肃州区	ɕiaŋ^{53}	ɕiaŋ^{214}	ɕiaŋ^{214}	ɕiaŋ^{214}	ɕiaŋ^{214}	ɕiaŋ^{214}	ɕiaŋ^{214}	ɕiaŋ^{214}
金塔县	ɕiaŋ^{53}	ɕiaŋ^{13}	ɕiaŋ^{13}	ɕiaŋ^{13}	ɕiaŋ^{13}	ɕiaŋ^{13}	ɕiaŋ^{13}	ɕiaŋ^{13}
肃北县	ɕiɑŋ^{53}	ɕiɑŋ^{213}	ɕiɑŋ^{213}	ɕiɑŋ^{213}	ɕiɑŋ^{213}	ɕiɑŋ^{213}	ɕiɑŋ^{213}	ɕiɑŋ^{213}
玉门市	ɕiɑŋ^{53}	ɕiɑŋ^{213}	ɕiɑŋ^{213}	ɕiɑŋ^{213}	ɕiɑŋ^{213}	ɕiɑŋ^{213}	ɕiɑŋ^{213}	ɕiɑŋ^{213}
瓜州县	ɕiɑŋ^{53}	ɕiɑŋ^{213}	ɕiɑŋ^{213}	ɕiɑŋ^{213}	ɕiɑŋ^{213}	ɕiɑŋ^{213}	ɕiɑŋ^{213}	ɕiɑŋ^{213}
西夏区	ɕiaŋ^{53}	ɕiaŋ^{13}	ɕiaŋ^{13}	ɕiaŋ^{13}	ɕiaŋ^{13}	ɕiaŋ^{13}	ɕiaŋ^{13}	ɕiaŋ^{13}

续表

贺兰县	ɕiaŋ^{53}	ɕiaŋ^{13}	ɕiaŋ^{13}	ɕiaŋ^{13}	ɕiaŋ^{13}	ɕiaŋ^{13}	ɕiaŋ^{13}	ɕiaŋ^{13}
灵武市 （东塔镇）	ɕiaŋ^{52}	ɕiaŋ^{13}	ɕiaŋ^{13}	ɕiaŋ^{13}	ɕiaŋ^{13}	ɕiaŋ^{13}	ɕiaŋ^{13}	ɕiaŋ^{13}
永宁县	ɕiaŋ^{53}	ɕiaŋ^{13}	ɕiaŋ^{13}	ɕiaŋ^{13}	ɕiaŋ^{13}	ɕiaŋ^{13}	ɕiaŋ^{13}	ɕiaŋ^{13}
中宁县	ɕiaŋ^{53}	ɕiaŋ^{13}	ɕiaŋ^{13}	ɕiaŋ^{13}	ɕiaŋ^{13}	ɕiaŋ^{13}	ɕiaŋ^{13}	ɕiaŋ^{13}
沙坡头区	ɕiaŋ^{53}	ɕiaŋ^{13}	ɕiaŋ^{13}	ɕiaŋ^{13}	ɕiaŋ^{13}	ɕiaŋ^{13}	ɕiaŋ^{13}	ɕiaŋ^{13}
盐池县	ɕiaŋ^{52}	ɕiaŋ^{13}	ɕiaŋ^{13}	ɕiaŋ^{13}	ɕiaŋ^{13}	ɕiaŋ^{13}	ɕiaŋ^{13}	ɕiaŋ^{13}
平罗县 （渠口乡）	ɕiaŋ^{53}	ɕiaŋ^{13}	ɕiaŋ^{13}	ɕiaŋ^{13}	ɕiaŋ^{13}	ɕiaŋ^{13}	ɕiaŋ^{13}	ɕiaŋ^{13}
阿拉善左旗	ɕiaŋ^{51}	ɕiaŋ^{213}	ɕiaŋ^{213}	ɕiaŋ^{213}	ɕiaŋ^{213}	ɕiaŋ^{213}	ɕiaŋ^{213}	ɕiaŋ^{213}
乌鲁木齐市	ɕiaŋ^{52}	ɕiaŋ^{213}	ɕiaŋ^{213}	ɕiaŋ^{213}	ɕiaŋ^{213}	ɕiaŋ^{213}	ɕiaŋ^{213}	ɕiaŋ^{213}
阜康市	ɕiaŋ^{51}	ɕiaŋ^{213}	ɕiaŋ^{213}	ɕiaŋ^{213}	ɕiaŋ^{213}	ɕiaŋ^{213}	ɕiaŋ^{213}	ɕiaŋ^{213}
呼图壁县	ɕiaŋ^{51}	ɕiaŋ^{213}	ɕiaŋ^{213}	ɕiaŋ^{213}	ɕiaŋ^{213}	ɕiaŋ^{213}	ɕiaŋ^{213}	ɕiaŋ^{213}
吉木萨尔县	ɕiaŋ^{51}	ɕiaŋ^{213}	ɕiaŋ^{213}	ɕiaŋ^{213}	ɕiaŋ^{213}	ɕiaŋ^{213}	ɕiaŋ^{213}	ɕiaŋ^{213}
奇台县	ɕiaŋ^{52}	ɕiaŋ^{213}	ɕiaŋ^{213}	ɕiaŋ^{213}	ɕiaŋ^{213}	ɕiaŋ^{213}	ɕiaŋ^{213}	ɕiaŋ^{213}
博乐市	ɕiaŋ^{51}	ɕiaŋ^{24}	ɕiaŋ^{24}	ɕiaŋ^{24}	ɕiaŋ^{24}	ɕiaŋ^{24}	ɕiaŋ^{24}	ɕiaŋ^{24}
阿勒泰市	ɕiaŋ^{51}	ɕiaŋ^{23}	ɕiaŋ^{23}	ɕiaŋ^{23}	ɕiaŋ^{23}	ɕiaŋ^{23}	ɕiaŋ^{23}	ɕiaŋ^{23}
布尔津县	ɕiaŋ^{23}	ɕiaŋ^{51}	ɕiaŋ^{51}	ɕiaŋ^{51}	ɕiaŋ^{51}	ɕiaŋ^{51}	ɕiaŋ^{51}	ɕiaŋ^{51}
乌苏市	ɕiaŋ^{51}	ɕiaŋ^{213}	ɕiaŋ^{213}	ɕiaŋ^{213}	ɕiaŋ^{213}	ɕiaŋ^{213}	ɕiaŋ^{213}	ɕiaŋ^{213}
额敏县	ɕiaŋ^{51}	ɕiaŋ^{34}	ɕiaŋ^{34}	ɕiaŋ^{34}	ɕiaŋ^{34}	ɕiaŋ^{34}	ɕiaŋ^{34}	ɕiaŋ^{34}
伊州区	ɕiɒ̃^{51}	ɕiɒ̃^{213}	ɕiɒ̃^{213}	ɕiɒ̃^{213}	ɕiɒ̃^{213}	ɕiɒ̃^{213}	ɕiɒ̃^{213}	ɕiɒ̃^{213}
巴里坤县	ɕiaŋ^{51}	ɕiaŋ^{24}	ɕiaŋ^{24}	ɕiaŋ^{24}	ɕiaŋ^{24}	ɕiaŋ^{24}	ɕiaŋ^{24}	ɕiaŋ^{24}
伊吾县	ɕiɒ̃^{51}	ɕiɒ̃^{213}	ɕiɒ̃^{213}	ɕiɒ̃^{213}	ɕiɒ̃^{213}	ɕiɒ̃^{213}	ɕiɒ̃^{213}	ɕiɒ̃^{213}

字目 方 中古音 音 方言点	央	秧	殃	羊	洋	杨	扬	阳
	宕开三平阳影	宕开三平阳影	宕开三平阳影	宕开三平阳以	宕开三平阳以	宕开三平阳以	宕开三平阳以	宕开三平阳以
兰州市（城关区）	iaŋ^{53}	iaŋ^{53}	iaŋ^{53}	iaŋ^{51}	iaŋ^{51}	iaŋ^{51}	iaŋ^{51}	iaŋ^{51}
永登县	iaŋ^{42}	iaŋ^{42}	iaŋ^{42}	iaŋ^{53}	iaŋ^{53}	iaŋ^{53}	iaŋ^{53}	iaŋ^{53}
榆中县	iaŋ^{51}	iaŋ^{51}	iaŋ^{51}	iaŋ^{332}	iaŋ^{332}	iaŋ^{332}	iaŋ^{332}	iaŋ^{332}
皋兰县	iɑŋ^{42}	iɑŋ^{42}	iɑŋ^{42}	iɑŋ^{53}	iɑŋ^{53}	iɑŋ^{53}	iɑŋ^{53}	iɑŋ^{53}
白银区	iaŋ^{44}	iaŋ^{44}	iaŋ^{44}	iaŋ^{51}	iaŋ^{51}	iaŋ^{51}	iaŋ^{51}	iaŋ^{51}
天祝县	iɔŋ^{44}	iɔŋ^{44}	iɔŋ^{44}	iɔŋ^{53}	iɔŋ^{53}	iɔŋ^{53}	iɔŋ^{53}	iɔŋ^{53}
景泰县（红水镇）	iɑŋ^{44}	iɑŋ^{44}	iɑŋ^{44}	iɑŋ^{53}	iɑŋ^{53}	iɑŋ^{53}	iɑŋ^{53}	iɑŋ^{53}
古浪县	ʑiɑo^{44}	ʑiɑo^{44}	ʑiɑo^{44}	ʑiɑo^{53}	ʑiɑo^{53}	ʑiɑo^{53}	ʑiɑo^{53}	ʑiɑo^{53}
凉州区	iɑŋ^{33}	iɑŋ^{33}	iɑŋ^{33}	iɑŋ^{13}	iɑŋ^{13}	iɑŋ^{13}	iɑŋ^{13}	iɑŋ^{13}
民勤县	iɑŋ^{44}	iɑŋ^{44}	iɑŋ^{44}	iɑŋ^{53}	iɑŋ^{53}	iɑŋ^{53}	iɑŋ^{53}	iɑŋ^{53}
永昌县	iɑŋ^{44}	iɑŋ^{44}	iɑŋ^{44}	iɑŋ^{13}	iɑŋ^{13}	iɑŋ^{13}	iɑŋ^{13}	iɑŋ^{13}
甘州区	iaŋ^{44}	iaŋ^{44}	iaŋ^{44}	iaŋ^{53}	iaŋ^{53}	iaŋ^{53}	iaŋ^{53}	iaŋ^{53}
临泽县	iaŋ^{44}	iaŋ^{44}	iaŋ^{44}	iaŋ^{53}	iaŋ^{53}	iaŋ^{53}	iaŋ^{53}	iaŋ^{53}
民乐县	iɑŋ^{44}	iɑŋ^{44}	iɑŋ^{44}	iɑŋ^{53}	iɑŋ^{53}	iɑŋ^{53}	iɑŋ^{53}	iɑŋ^{53}
山丹县	iã^{24}	iã^{24}	iã^{24}	iã^{53}	iã^{53}	iã^{53}	iã^{53}	iã^{53}
高台县	iɑŋ^{44}	iɑŋ^{44}	iɑŋ^{44}	iɑŋ^{53}	iɑŋ^{53}	iɑŋ^{53}	iɑŋ^{53}	iɑŋ^{53}
肃州区	iaŋ^{44}	iaŋ^{44}	iaŋ^{44}	iaŋ^{53}	iaŋ^{53}	iaŋ^{53}	iaŋ^{53}	iaŋ^{53}
金塔县	ʑiaŋ^{44}	ʑiaŋ^{44}	ʑiaŋ^{44}	ʑiaŋ^{53}	ʑiaŋ^{53}	ʑiaŋ^{53}	ʑiaŋ^{53}	ʑiaŋ^{53}
肃北县	iɑŋ^{44}	iɑŋ^{44}	iɑŋ^{44}	iɑŋ^{53}	iɑŋ^{53}	iɑŋ^{53}	iɑŋ^{53}	iɑŋ^{53}
玉门市	iɑŋ^{44}	iɑŋ^{44}	iɑŋ^{44}	iɑŋ^{53}	iɑŋ^{53}	iɑŋ^{53}	iɑŋ^{53}	iɑŋ^{53}
瓜州县	iɑŋ^{44}	iɑŋ^{44}	iɑŋ^{44}	iɑŋ^{53}	iɑŋ^{53}	iɑŋ^{53}	iɑŋ^{53}	iɑŋ^{53}
西夏区	iaŋ^{44}	iaŋ^{44}	iaŋ^{44}	iaŋ^{53}	iaŋ^{53}	iaŋ^{53}	iaŋ^{53}	iaŋ^{53}

续表

贺兰县	iaŋ44	iaŋ44	iaŋ44	iaŋ53	iaŋ53	iaŋ53	iaŋ53	iaŋ53
灵武市（东塔镇）	iaŋ44	iaŋ44	iaŋ44	iaŋ52	iaŋ52	iaŋ52	iaŋ52	iaŋ52
永宁县	iaŋ44	iaŋ44	iaŋ44	iaŋ53	iaŋ53	iaŋ53	iaŋ53	iaŋ53
中宁县	iaŋ44	iaŋ44	iaŋ44	iaŋ53	iaŋ53	iaŋ53	iaŋ53	iaŋ53
沙坡头区	iaŋ44	iaŋ44	iaŋ44	iaŋ53	iaŋ53	iaŋ53	iaŋ53	iaŋ53
盐池县	iaŋ44	iaŋ44	iaŋ44	iaŋ13	iaŋ13	iaŋ13	iaŋ13	iaŋ13
平罗县（渠口乡）	iaŋ44	iaŋ44	iaŋ44	iaŋ53	iaŋ53	iaŋ53	iaŋ53	iaŋ53
阿拉善左旗	iaŋ44	iaŋ44	iaŋ44	iaŋ51	iaŋ51	iaŋ51	iaŋ51	iaŋ51
乌鲁木齐市	iaŋ44	iaŋ44	iaŋ44	iaŋ52	iaŋ52	iaŋ52	iaŋ52	iaŋ52
阜康市	jiaŋ55	jiaŋ55	jiaŋ55	jiaŋ51	jiaŋ51	jiaŋ51	jiaŋ51	jiaŋ51
呼图壁县	iaŋ44	iaŋ44	iaŋ44	iaŋ51	iaŋ51	iaŋ51	iaŋ51	iaŋ51
吉木萨尔县	iaŋ44	iaŋ44	iaŋ44	iaŋ51	iaŋ51	iaŋ51	iaŋ51	iaŋ51
奇台县	iaŋ44	iaŋ44	iaŋ44	iaŋ52	iaŋ52	iaŋ52	iaŋ52	iaŋ52
博乐市	iaŋ45	iaŋ45	iaŋ45	iaŋ51	iaŋ51	iaŋ51	iaŋ51	iaŋ51
阿勒泰市	iaŋ44	iaŋ44	iaŋ44	iaŋ51	iaŋ51	iaŋ51	iaŋ51	iaŋ51
布尔津县	iaŋ44	iaŋ44	iaŋ44	iaŋ23	iaŋ23	iaŋ23	iaŋ23	iaŋ23
乌苏市	jiaŋ55	jiaŋ55	jiaŋ55	jiaŋ51	jiaŋ51	jiaŋ51	jiaŋ51	jiaŋ51
额敏县	iaŋ44	iaŋ44	iaŋ44	iaŋ51	iaŋ51	iaŋ51	iaŋ51	iaŋ51
伊州区	iɒ̃44	iɒ̃44	iɒ̃44	iɒ̃51	iɒ̃51	iɒ̃51	iɒ̃51	iɒ̃51
巴里坤县	iaŋ45	iaŋ45	iaŋ45	iaŋ51	iaŋ51	iaŋ51	iaŋ51	iaŋ51
伊吾县	iɒ̃44	iɒ̃44	iɒ̃44	iɒ̃51	iɒ̃51	iɒ̃51	iɒ̃51	iɒ̃51

字目 / 中古音 / 方言点	仰①	养②	痒	恙	样	庄	装③	桩④ 木桩
	宕开三上养疑	宕开三上养以	宕开三上养以	宕开三去漾以	宕开三去漾以	宕开三平阳庄	宕开三平阳庄	江开二平江知
兰州市（城关区）	iaŋ^{44}	iaŋ^{44}	iaŋ^{44}	iaŋ^{13}	iaŋ^{13}	pfaŋ^{53}	pfaŋ^{53}	pfaŋ^{53}
永登县	iaŋ^{354}	iaŋ^{354}	iaŋ^{354}	iaŋ^{13}	iaŋ^{13}	pfaŋ^{42}	pfaŋ^{42}	pfaŋ^{42}
榆中县	iaŋ^{44}	iaŋ^{44}	iaŋ^{44}	iaŋ^{13}	iaŋ^{13}	tʂuaŋ^{51}	tʂuaŋ^{51}	tʂuaŋ^{51}
皋兰县	iɑŋ^{342}	iɑŋ^{342}	iɑŋ^{342}	iɑŋ^{13}	iɑŋ^{13}	pfɑŋ^{42}	pfɑŋ^{42}	pfɑŋ^{42}
白银区	iaŋ^{343}	iaŋ^{343}	iaŋ^{343}	iaŋ^{13}	iaŋ^{13}	pfaŋ^{44}	pfaŋ^{44}	pfaŋ^{44}
天祝县	iɔŋ^{44}	iɔŋ^{44}	iɔŋ^{44}	iɔŋ^{213}	iɔŋ^{213}	tʂuɔŋ^{53}	tʂuɔŋ^{53}	tʂuɔŋ^{53}
景泰县（红水镇）	iaŋ^{44}	iaŋ^{44}	iaŋ^{44}	iaŋ^{213}	iaŋ^{213}	tʂuaŋ^{53}	tʂuaŋ^{53}	tʂuaŋ^{53}
古浪县	ʑiɑo^{44}	ʑiɑo^{44}	ʑiɑo^{44}	ʑiɑo^{31}	ʑiɑo^{31}	tʂuɑo^{44}	tʂuɑo^{44}	tʂuɑo^{44}
凉州区	iaŋ^{33}	iaŋ^{33}	iaŋ^{33}	iaŋ^{53}	iaŋ^{53}	tʂuaŋ^{33}	tʂuaŋ^{33}	tʂuaŋ^{33}
民勤县	iɑŋ^{214}	iɑŋ^{214}	iɑŋ^{214}	iɑŋ^{42}	iɑŋ^{42}	tʂuɑŋ^{44}	tʂuɑŋ^{44}	tʂuɑŋ^{44}
永昌县	iaŋ^{13}	iaŋ^{13}	iaŋ^{13}	iaŋ^{53}	iaŋ^{53}	tʂuaŋ^{44}	tʂuaŋ^{44}	tʂuaŋ^{44}
甘州区	iaŋ^{53}	iaŋ^{53}	iaŋ^{53}	iaŋ^{31}	iaŋ^{31}	kuaŋ^{44}	kuaŋ^{44}	kuaŋ^{44}
临泽县	iaŋ^{53}	iaŋ^{53}	iaŋ^{53}	iaŋ^{214}	iaŋ^{214}	pfaŋ^{44}	pfaŋ^{44}	pfaŋ^{44}
民乐县	iɑŋ^{213}	iɑŋ^{213}	iɑŋ^{213}	iɑŋ^{42}	iɑŋ^{42}	kfɑŋ^{44}	kfɑŋ^{44}	kfɑŋ^{44}
山丹县	iã^{53}	iã^{53}	iã^{53}	iã^{41}	iã^{41}	pfã^{24}	pfã^{24}	pfã^{24}
高台县	iɑŋ^{53}	iɑŋ^{53}	iɑŋ^{53}	iɑŋ^{214}	iɑŋ^{214}	kuɑŋ^{44}	kuɑŋ^{44}	kuɑŋ^{44}
肃州区	iaŋ^{53}	iaŋ^{53}	iaŋ^{53}	iaŋ^{214}	iaŋ^{214}	tʂuaŋ^{44}	tʂuaŋ^{44}	tʂuaŋ^{44}
金塔县	ʑiaŋ^{53}	ʑiaŋ^{53}	ʑiaŋ^{53}	ʑiaŋ^{13}	ʑiaŋ^{13}	tʂuaŋ^{44}	tʂuaŋ^{44}	tʂuaŋ^{44}

①又鱼向切，宕开三去漾疑。

②又余亮切，宕开三去漾以。

③又侧亮切，宕开三去漾庄。

④《广韵》都江切，类隔，现据《集韵》株江切。

续表

肃北县	iaŋ^{53}	iaŋ^{53}	iaŋ^{53}	iaŋ^{213}	iaŋ^{213}	tʂuaŋ^{44}	tʂuaŋ^{44}	tʂuaŋ^{44}
玉门市	iaŋ^{53}	iaŋ^{53}	iaŋ^{53}	iaŋ^{213}	iaŋ^{213}	tʂuaŋ^{44}	tʂuaŋ^{44}	tʂuaŋ^{44}
瓜州县	iaŋ^{53}	iaŋ^{53}	iaŋ^{53}	iaŋ^{213}	iaŋ^{213}	tʂuaŋ^{44}	tʂuaŋ^{44}	tʂuaŋ^{44}
西夏区	iaŋ^{53}	iaŋ^{53}	iaŋ^{53}	iaŋ^{13}	iaŋ^{13}	tʂuaŋ^{44}	tʂuaŋ^{44}	tʂuaŋ^{44}
贺兰县	iaŋ^{53}	iaŋ^{53}	iaŋ^{53}	iaŋ^{13}	iaŋ^{13}	tʂuaŋ^{44} kuaŋ^{44}	tʂuaŋ^{44} kuaŋ^{44}	tʂuaŋ^{44} kuaŋ^{44}
灵武市 （东塔镇）	iaŋ^{52}	iaŋ^{52}	iaŋ^{52}	iaŋ^{13}	iaŋ^{13}	tʂuaŋ^{44}	tʂuaŋ^{44}	tʂuaŋ^{44}
永宁县	iaŋ^{53}	iaŋ^{53}	iaŋ^{53}	iaŋ^{13}	iaŋ^{13}	tʂuaŋ^{44}	tʂuaŋ^{44}	tʂuaŋ^{44}
中宁县	iaŋ^{53}	iaŋ^{53}	iaŋ^{53}	iaŋ^{13}	iaŋ^{13}	tʂuaŋ^{44}	tʂuaŋ^{44}	tʂuaŋ^{44}
沙坡头区	iaŋ^{53}	iaŋ^{53}	iaŋ^{53}	iaŋ^{13}	iaŋ^{13}	tʂuaŋ^{44}	tʂuaŋ^{44}	tʂuaŋ^{44}
盐池县	iaŋ^{52}	iaŋ^{52}	iaŋ^{52}	iaŋ^{13}	iaŋ^{13}	tʂuaŋ^{44}	tʂuaŋ^{44}	tʂuaŋ^{44}
平罗县 （渠口乡）	iaŋ^{53}	iaŋ^{53}	iaŋ^{53}	iaŋ^{13}	iaŋ^{13}	tʂuaŋ^{44}	tʂuaŋ^{44}	tʂuaŋ^{44}
阿拉善左旗	iaŋ^{51}	iaŋ^{51}	iaŋ^{51}	iaŋ^{213}	iaŋ^{213}	tʂuaŋ^{44}	tʂuaŋ^{44}	tʂuaŋ^{44}
乌鲁木齐市	iaŋ^{52}	iaŋ^{52}	iaŋ^{52}	iaŋ^{213}	iaŋ^{213}	tʂuaŋ^{44}	tʂuaŋ^{44}	tʂuaŋ^{44}
阜康市	jiaŋ^{51}	jiaŋ^{51}	jiaŋ^{51}	jiaŋ^{213}	jiaŋ^{213}	tʂuaŋ^{55}	tʂuaŋ^{55}	tʂuaŋ^{55}
呼图壁县	iaŋ^{51}	iaŋ^{51}	iaŋ^{51}	iaŋ^{213}	iaŋ^{213}	tʂuaŋ^{44}	tʂuaŋ^{44}	tʂuaŋ^{44}
吉木萨尔县	iaŋ^{51}	iaŋ^{51}	iaŋ^{51}	iaŋ^{213}	iaŋ^{213}	tʂuaŋ^{44}	tʂuaŋ^{44}	tʂuaŋ^{44}
奇台县	iaŋ^{52}	iaŋ^{52}	iaŋ^{52}	iaŋ^{213}	iaŋ^{213}	tʂuaŋ^{44}	tʂuaŋ^{44}	tʂuaŋ^{44}
博乐市	iaŋ^{51}	iaŋ^{51}	iaŋ^{51}	iaŋ^{24}	iaŋ^{24}	tʂuaŋ^{45}	tʂuaŋ^{45}	tʂuaŋ^{45}
阿勒泰市	iaŋ^{51}	iaŋ^{51}	iaŋ^{51}	iaŋ^{23}	iaŋ^{23}	tʂuaŋ^{44}	tʂuaŋ^{44}	tʂuaŋ^{44}
布尔津县	iaŋ^{23}	iaŋ^{23}	iaŋ^{23}	iaŋ^{51}	iaŋ^{51}	tʂuaŋ^{44}	tʂuaŋ^{44}	tʂuaŋ^{44}
乌苏市	jiaŋ^{51}	jiaŋ^{51}	jiaŋ^{51}	jiaŋ^{213}	jiaŋ^{213}	tʂuaŋ^{55}	tʂuaŋ^{55}	tʂuaŋ^{55}
额敏县	iaŋ^{51}	iaŋ^{51}	iaŋ^{51}	iaŋ^{34}	iaŋ^{34}	tʂuaŋ^{44}	tʂuaŋ^{44}	tʂuaŋ^{44}
伊州区	iɒ̃^{51}	iɒ̃^{51}	iɒ̃^{51}	iɒ̃^{213}	iɒ̃^{213}	tʂuɒ̃^{44}	tʂuɒ̃^{44}	tʂuɒ̃^{44}
巴里坤县	iaŋ^{51}	iaŋ^{51}	iaŋ^{51}	iaŋ^{24}	iaŋ^{24}	tʂuaŋ^{45}	tʂuaŋ^{45}	tʂuaŋ^{45}
伊吾县	iɒ̃^{51}	iɒ̃^{51}	iɒ̃^{51}	iɒ̃^{213}	iɒ̃^{213}	tʂuɒ̃^{44}	tʂuɒ̃^{44}	tʂuɒ̃^{44}

字目 / 中古音 / 方言点 / 方音	壮	状	撞[①]	疮	创[②] 创伤	窗[③]	床	闯
	宕开三去漾庄	宕开三去漾崇	江开二去绛澄	宕开三平阳初	宕开三平阳初	江开二平江初	宕开三平阳崇	宕开三上养初
兰州市（城关区）	pfaŋ^{13}	pfaŋ^{13}	pfaŋ^{13}	pfʻaŋ^{53}	pfʻaŋ^{44}	pfʻaŋ^{53}	pfʻaŋ^{51}	pfʻaŋ^{44}
永登县	pfaŋ^{13}	pfaŋ^{13}	pfaŋ^{13}	pfʻaŋ^{42}	pfʻaŋ^{354}	pfʻaŋ^{42}	pfʻaŋ^{53}	pfʻaŋ^{354}
榆中县	tʂuaŋ^{13}	tʂuaŋ^{13}	tʂuaŋ^{13}	tʂʻuaŋ^{51}	tʂʻuaŋ^{44}	tʂʻuaŋ^{51}	tʂʻuaŋ^{332}	tʂʻuaŋ^{44}
皋兰县	pfɑŋ^{13}	pfɑŋ^{13}	pfɑŋ^{13}	pfʻɑŋ^{42}	pfʻɑŋ^{342}	pfʻɑŋ^{42}	pfʻɑŋ^{53}	pfʻɑŋ^{42}
白银区	pfaŋ^{13}	pfaŋ^{13}	pfaŋ^{13}	pfʻaŋ^{44}	pfʻaŋ^{343}	pfʻaŋ^{44}	pfʻaŋ^{51}	pfʻaŋ^{343}
天祝县	tʂuɔŋ^{213}	tʂuɔŋ^{213}	tʂuɔŋ^{213}	tʂʻuɔŋ^{44}	tʂʻuɔŋ^{44}	tʂʻuɔŋ^{44}	tʂʻuɔŋ^{53}	tʂʻuɔŋ^{44}
景泰县（红水镇）	tʂuɑŋ^{213}	tʂuɑŋ^{213}	tʂuɑŋ^{213}	tʂʻuɑŋ^{44}	tʂʻuɑŋ^{44}	tʂʻuɑŋ^{44}	tʂʻuɑŋ^{53}	tʂʻuɑŋ^{44}
古浪县	tʂuɑo^{31}	tʂuɑo^{31}	tʂuɑo^{31}	tʂʻuɑo^{44}	tʂʻuɑo^{44}	tʂʻuɑo^{44}	tʂʻuɑo^{53}	tʂʻuɑo^{44}
凉州区	tʂuɑŋ^{53}	tʂuɑŋ^{53}	tʂuɑŋ^{53}	tʂʻuɑŋ^{33}	tʂʻuɑŋ^{33}	tʂʻuɑŋ^{33}	tʂʻuɑŋ^{13}	tʂʻuɑŋ^{33}
民勤县	tʂuɑŋ^{42}	tʂuɑŋ^{42}	tʂuɑŋ^{42}	tʂʻuɑŋ^{44}	tʂʻuɑŋ^{214}	tʂʻuɑŋ^{44}	tʂʻuɑŋ^{53}	tʂʻuɑŋ^{214}
永昌县	tʂuɑŋ^{53}	tʂuɑŋ^{53}	tʂuɑŋ^{53}	tʂʻuɑŋ^{44}	tʂʻuɑŋ^{13}	tʂʻuɑŋ^{44}	tʂʻuɑŋ^{13}	tʂʻuɑŋ^{13}
甘州区	kuaŋ^{31}	kuaŋ^{31}	kuaŋ^{31}	kʻuaŋ^{44}	kʻuaŋ^{53}	kʻuaŋ^{44}	kʻuaŋ^{53}	kʻuaŋ^{53}
临泽县	pfaŋ^{214}	pfaŋ^{214}	pfaŋ^{214}	pfʻaŋ^{44}	pfʻaŋ^{53}	pfʻaŋ^{44}	pfʻaŋ^{53}	pfʻaŋ^{53}
民乐县	kfɑŋ^{42}	kfɑŋ^{42}	kfɑŋ^{42}	kfʻɑŋ^{44}	kfʻɑŋ^{213}	kfʻɑŋ^{44}	kfʻɑŋ^{53}	kfʻɑŋ^{213}
山丹县	pfã^{41}	pfã^{41}	pfã^{41}	pfʻã^{24}	pfʻã^{53}	pfʻã^{24}	pfʻã^{53}	pfʻã^{53}
高台县	kuɑŋ^{214}	kuɑŋ^{214}	kuɑŋ^{214}	kʻuɑŋ^{44}	kʻuɑŋ^{53}	kʻuɑŋ^{44}	kʻuɑŋ^{53}	kʻuɑŋ^{53}
肃州区	tʂuaŋ^{214}	tʂuaŋ^{214}	tʂuaŋ^{214}	tʂʻuaŋ^{44}	tʂʻuaŋ^{53}	tʂʻuaŋ^{44}	tʂʻuaŋ^{53}	tʂʻuaŋ^{53}
金塔县	tʂuaŋ^{13}	tʂuaŋ^{13}	tʂuaŋ^{13}	tʂʻuaŋ^{44}	tʂʻuaŋ^{53}	tʂʻuaŋ^{44}	tʂʻuaŋ^{53}	tʂʻuaŋ^{53}
肃北县	tʂuɑŋ^{213}	tʂuɑŋ^{213}	tʂuɑŋ^{213}	tʂʻuɑŋ^{44}	tʂʻuɑŋ^{53}	tʂʻuɑŋ^{44}	tʂʻuɑŋ^{53}	tʂʻuɑŋ^{53}

①又宅江切，江开二平江澄。

②又楚亮切，宕开三去漾初。

③又粗从切，通合一平东清。

续表

玉门市	tʂuaŋ^{213}	tʂuaŋ^{213}	tʂuaŋ^{213}	tʂʻuaŋ^{44}	tʂʻuaŋ^{53}	tʂʻuaŋ^{44}	tʂʻuaŋ^{53}	tʂʻuaŋ^{53}
瓜州县	tʂuaŋ^{213}	tʂuaŋ^{213}	tʂuaŋ^{213}	tʂʻuaŋ^{44}	tʂʻuaŋ^{53}	tʂʻuaŋ^{44}	tʂʻuaŋ^{53}	tʂʻuaŋ^{53}
西夏区	tʂuaŋ^{13}	tʂuaŋ^{13}	tʂuaŋ^{13}	tʂʻuaŋ^{44}	tʂʻuaŋ^{53}	tʂʻuaŋ^{44}	tʂʻuaŋ^{53}	tʂʻuaŋ^{53}
贺兰县	tʂuaŋ^{13} kuaŋ^{13}	tʂuaŋ^{13} kuaŋ^{13}	tʂuaŋ^{13} kuaŋ^{13}	tʂʻuaŋ^{44} kʻuaŋ^{44}	tʂʻuaŋ^{53} kʻuaŋ^{53}	tʂʻuaŋ^{44} kʻuaŋ^{44}	tʂʻuaŋ^{53} kʻuaŋ^{53}	tʂʻuaŋ^{53} kʻuaŋ^{5}
灵武市（东塔镇）	tʂuaŋ^{13}	tʂuaŋ^{13}	tʂuaŋ^{13}	tʂʻuaŋ^{44}	tʂʻuaŋ^{52}	tʂʻuaŋ^{44}	tʂʻuaŋ^{52}	tʂʻuaŋ^{52}
永宁县	tʂuaŋ^{13}	tʂuaŋ^{13}	tʂuaŋ^{13}	tʂʻuaŋ^{44}	tʂʻuaŋ^{53}	tʂʻuaŋ^{44}	tʂʻuaŋ^{53}	tʂʻuaŋ^{53}
中宁县	tʂuaŋ^{13}	tʂuaŋ^{13}	tʂuaŋ^{13}	tʂʻuaŋ^{44}	tʂʻuaŋ^{53}	tʂʻuaŋ^{44}	tʂʻuaŋ^{53}	tʂʻuaŋ^{53}
沙坡头区	tʂuaŋ^{13}	tʂuaŋ^{13}	tʂuaŋ^{13}	tʂʻuaŋ^{44}	tʂʻuaŋ^{53}	tʂʻuaŋ^{44}	tʂʻuaŋ^{53}	tʂʻuaŋ^{53}
盐池县	tʂuaŋ^{13}	tʂuaŋ^{13}	tʂuaŋ^{13}	tʂʻuaŋ^{44}	tʂʻuaŋ^{52}	tʂʻuaŋ^{44}	tʂʻuaŋ^{13}	tʂʻuaŋ^{52}
平罗县（渠口乡）	tʂuaŋ^{13}	tʂuaŋ^{13}	tʂuaŋ^{13}	tʂʻuaŋ^{44}	tʂʻuaŋ^{53}	tʂʻuaŋ^{44}	tʂʻuaŋ^{53}	tʂʻuaŋ^{53}
阿拉善左旗	tʂuaŋ^{213}	tʂuaŋ^{213}	tʂuaŋ^{213}	tʂʻuaŋ^{44}	tʂʻuaŋ^{51}	tʂʻuaŋ^{44}	tʂʻuaŋ^{51}	tʂʻuaŋ^{51}
乌鲁木齐市	tʂuaŋ^{213}	tʂuaŋ^{213}	tʂuaŋ^{213}	tʂʻuaŋ^{44}	tʂʻuaŋ^{52}	tʂʻuaŋ^{44}	tʂʻuaŋ^{52}	tʂʻuaŋ^{52}
阜康市	tʂuaŋ^{213}	tʂuaŋ^{213}	tʂuaŋ^{213}	tʂʻuaŋ^{55}	tʂʻuaŋ^{51}	tʂʻuaŋ^{55}	tʂʻuaŋ^{51}	tʂʻuaŋ^{51}
呼图壁县	tʂuaŋ^{213}	tʂuaŋ^{213}	tʂuaŋ^{213}	tʂʻuaŋ^{44}	tʂʻuaŋ^{51}	tʂʻuaŋ^{44}	tʂʻuaŋ^{51}	tʂʻuaŋ^{51}
吉木萨尔县	tʂuaŋ^{213}	tʂuaŋ^{213}	tʂuaŋ^{213}	tʂʻuaŋ^{44}	tʂʻuaŋ^{51}	tʂʻuaŋ^{44}	tʂʻuaŋ^{51}	tʂʻuaŋ^{51}
奇台县	tʂuaŋ^{213}	tʂuaŋ^{213}	tʂuaŋ^{213}	tʂʻuaŋ^{44}	tʂʻuaŋ^{52}	tʂʻuaŋ^{44}	tʂʻuaŋ^{52}	tʂʻuaŋ^{52}
博乐市	tʂuaŋ^{24}	tʂuaŋ^{25}	tʂuaŋ^{25}	tʂʻuaŋ^{45}	tʂʻuaŋ^{51}	tʂʻuaŋ^{45}	tʂʻuaŋ^{51}	tʂʻuaŋ^{51}
阿勒泰市	tʂuaŋ^{23}	tʂuaŋ^{23}	tʂuaŋ^{23}	tʂʻuaŋ^{44}	tʂʻuaŋ^{51}	tʂʻuaŋ^{44}	tʂʻuaŋ^{51}	tʂʻuaŋ^{51}
布尔津县	tʂuaŋ^{51}	tʂuaŋ^{51}	tʂuaŋ^{51}	tʂʻuaŋ^{44}	tʂʻuaŋ^{23}	tʂʻuaŋ^{44}	tʂʻuaŋ^{23}	tʂʻuaŋ^{23}
乌苏市	tʂuaŋ^{213}	tʂuaŋ^{213}	tʂuaŋ^{213}	tʂʻuaŋ^{55}	tʂʻuaŋ^{51}	tʂʻuaŋ^{55}	tʂʻuaŋ^{51}	tʂʻuaŋ^{51}
额敏县	tʂuaŋ^{34}	tʂuaŋ^{34}	tʂuaŋ^{34}	tʂʻuaŋ^{44}	tʂʻuaŋ^{51}	tʂʻuaŋ^{44}	tʂʻuaŋ^{51}	tʂʻuaŋ^{51}
伊州区	tʂuɒ̃^{213}	tʂuɒ̃^{213}	tʂuɒ̃^{213}	tʂʻuɒ̃^{44}	tʂʻuɒ̃^{51}	tʂʻuɒ̃^{44}	tʂʻuɒ̃^{51}	tʂʻuɒ̃^{51}
巴里坤县	tʂuaŋ^{24}	tʂuaŋ^{25}	tʂuaŋ^{25}	tʂʻuaŋ^{45}	tʂʻuaŋ^{51}	tʂʻuaŋ^{45}	tʂʻuaŋ^{51}	tʂʻuaŋ^{51}
伊吾县	tʂuɒ̃^{213}	tʂuɒ̃^{213}	tʂuɒ̃^{213}	tʂʻuɒ̃^{44}	tʂʻuɒ̃^{51}	tʂʻuɒ̃^{44}	tʂʻuɒ̃^{51}	tʂʻuɒ̃^{51}

字目 中古音 方音 方言点	创 创造	霜①	双②	爽	光	广	筐	狂
	宕开三去漾初	宕开三平阳生	江开二平江生	宕开三上养生	宕合一平唐见	宕合一上荡见	宕合三平阳溪	宕合三平阳群
兰州市（城关区）	pf‘aŋ^{44}	faŋ^{53}	faŋ^{53}	faŋ^{44}	kuaŋ^{53}	kuaŋ^{44}	k‘uaŋ^{53}	k‘uaŋ^{51}
永登县	pf‘aŋ^{354}	faŋ^{42}	faŋ^{42}	faŋ^{354}	kuaŋ^{42}	kuaŋ^{354}	k‘uaŋ^{42}	k‘uaŋ^{53}
榆中县	tʂ‘uaŋ^{44}	ʂuaŋ^{51}	ʂuaŋ^{51}	ʂuaŋ^{44}	kuaŋ^{51}	kuaŋ^{44}	k‘uaŋ^{51}	k‘uaŋ^{332}
皋兰县	pf‘aŋ^{342}	faŋ^{42}	faŋ^{42}	faŋ^{342}	kuaŋ^{42}	kuaŋ^{342}	k‘uaŋ^{42}	k‘uaŋ^{53}
白银区	pf‘aŋ^{343}	faŋ^{44}	faŋ^{44}	faŋ^{343}	kuaŋ^{44}	kuaŋ^{343}	k‘uaŋ^{44}	k‘uaŋ^{51}
天祝县	tʂ‘uɔŋ^{44}	ʂuɔŋ^{44}	ʂuɔŋ^{44}	ʂuɔŋ^{44}	kuɔŋ^{44}	kuɔŋ^{44}	k‘uɔŋ^{44}	k‘uɔŋ^{53}
景泰县（红水镇）	tʂ‘uaŋ^{44}	ʂuaŋ^{44}	ʂuaŋ^{44}	ʂuaŋ^{44}	kuaŋ^{44}	kuaŋ^{44}	k‘uaŋ^{44}	k‘uaŋ^{53}
古浪县	tʂ‘uao^{44}	ʂuao^{44}	ʂuao^{44}	ʂuao^{44}	kuao^{44}	kuao^{44}	k‘uao^{44}	k‘uao^{53}
凉州区	tʂ‘uaŋ^{33}	ʂuaŋ^{33}	ʂuaŋ^{33}	ʂuaŋ^{13}	kuaŋ^{33}	kuaŋ^{13}	k‘uaŋ^{33}	k‘uaŋ^{13}
民勤县	tʂ‘uaŋ^{214}	ʂuaŋ^{44}	ʂuaŋ^{44}	ʂuaŋ^{214}	kuaŋ^{44}	kuaŋ^{214}	k‘uaŋ^{44}	k‘uaŋ^{53}
永昌县	tʂ‘uaŋ^{13}	ʂuaŋ^{44}	ʂuaŋ^{44}	ʂuaŋ^{13}	kuaŋ^{44}	kuaŋ^{13}	k‘uaŋ^{44}	k‘uaŋ^{13}
甘州区	k‘uaŋ^{53}	ʂuaŋ^{44}	ʂuaŋ^{44}	ʂuaŋ^{53}	kuaŋ^{44}	kuaŋ^{53}	k‘uaŋ^{44}	k‘uaŋ^{53}
临泽县	pf‘aŋ^{53}	ʂuaŋ^{44}	ʂuaŋ^{44}	ʂuaŋ^{53}	kuaŋ^{44}	kuaŋ^{53}	k‘uaŋ^{44}	k‘uaŋ^{53}
民乐县	kf‘aŋ^{213}	faŋ^{44}	faŋ^{44}	faŋ^{213}	kuaŋ^{44}	kuaŋ^{213}	k‘uaŋ^{44}	k‘uaŋ^{53}
山丹县	pf‘ã^{53}	ʂuã^{24}	ʂuã^{24}	ʂuã^{53}	kuã^{24}	kuã^{53}	k‘uã^{4}	k‘uã^{53}
高台县	k‘uaŋ^{53}	ʂuaŋ^{44}	ʂuaŋ^{44}	ʂuaŋ^{53}	kuaŋ^{44}	kuaŋ^{53}	k‘uaŋ^{44}	k‘uaŋ^{53}
肃州区	tʂ‘uaŋ^{53}	ʂuaŋ^{44}	ʂuaŋ^{44}	ʂuaŋ^{53}	kuaŋ^{44}	kuaŋ^{53}	k‘uaŋ^{44}	k‘uaŋ^{53}
金塔县	tʂ‘uaŋ^{53}	ʂuaŋ^{44}	ʂuaŋ^{44}	ʂuaŋ^{53}	kuaŋ^{44}	kuaŋ^{53}	k‘uaŋ^{44}	k‘uaŋ^{53}
肃北县	tʂ‘uaŋ^{53}	ʂuaŋ^{44}	ʂuaŋ^{44}	ʂuaŋ^{53}	kuaŋ^{44}	kuaŋ^{53}	k‘uaŋ^{44}	k‘uaŋ^{53}
玉门市	tʂ‘uaŋ^{53}	ʂuaŋ^{44}	ʂuaŋ^{44}	ʂuaŋ^{53}	kuaŋ^{44}	kuaŋ^{53}	k‘uaŋ^{44}	k‘uaŋ^{53}

①又色状切，宕开三去漾生。

②又朔降切，江开二去绛生。

续表

瓜州县	tʂʻuaŋ^{53}	ʂuaŋ^{44}	ʂuaŋ^{44}	ʂuaŋ^{53}	kuaŋ^{44}	kuaŋ^{53}	kʻuaŋ^{44}	kʻuaŋ^{53}
西夏区	kʻuaŋ^{53}	ʂuaŋ^{44}	ʂuaŋ^{44}	ʂuaŋ^{53}	kuaŋ^{44}	kuaŋ^{53}	kʻuaŋ^{44}	kʻuaŋ^{53}
贺兰县	tʂʻuaŋ^{53} kʻuaŋ^{53}	ʂuaŋ^{44} faŋ^{44}	ʂuaŋ^{44} faŋ^{44}	ʂuaŋ^{53} faŋ^{53}	kuaŋ^{44}	kuaŋ^{53}	kʻuaŋ^{44}	kʻuaŋ^{53}
灵武市（东塔镇）	tʂʻuaŋ^{52}	ʂuaŋ^{44}	ʂuaŋ^{44}	ʂuaŋ^{52}	kuaŋ^{44}	kuaŋ^{52}	kʻuaŋ^{44}	kʻuaŋ^{52}
永宁县	tʂʻuaŋ^{53}	ʂuaŋ^{44}	ʂuaŋ^{44}	ʂuaŋ^{53}	kuaŋ^{44}	kuaŋ^{53}	kʻuaŋ^{44}	kʻuaŋ^{53}
中宁县	tʂʻuaŋ^{53}	ʂuaŋ^{44}	ʂuaŋ^{44}	ʂuaŋ^{53}	kuaŋ^{44}	kuaŋ^{53}	kʻuaŋ^{44}	kʻuaŋ^{53}
沙坡头区	tʂʻuaŋ^{53}	ʂuaŋ^{44}	ʂuaŋ^{44}	ʂuaŋ^{53}	kuaŋ^{44}	kuaŋ^{53}	kʻuaŋ^{44}	kʻuaŋ^{53}
盐池县	tʂʻuaŋ^{52}	ʂuaŋ^{44}	ʂuaŋ^{44}	ʂuaŋ^{52}	kuaŋ^{44}	kuaŋ^{52}	kʻuaŋ^{44}	kʻuaŋ^{13}
平罗县（渠口乡）	tʂʻuaŋ^{53}	ʂuaŋ^{44}	ʂuaŋ^{44}	ʂuaŋ^{53}	kuaŋ^{44}	kuaŋ^{53}	kʻuaŋ^{44}	kʻuaŋ^{53}
阿拉善左旗	tʂʻuaŋ^{51}	ʂuaŋ^{44}	ʂuaŋ^{44}	ʂuaŋ^{51}	kuaŋ^{44}	kuaŋ^{51}	kʻuaŋ^{44}	kʻuaŋ^{51}
乌鲁木齐市	tʂʻuaŋ^{52}	ʂuaŋ^{44}	ʂuaŋ^{44}	ʂuaŋ^{52}	kuaŋ^{44}	kuaŋ^{52}	kʻuaŋ^{44}	kʻuaŋ^{52}
阜康市	tʂʻuaŋ^{51}	ʂuaŋ^{55}	ʂuaŋ^{55}	ʂuaŋ^{51}	kuaŋ^{55}	kuaŋ^{51}	kʻuaŋ^{55}	kʻuaŋ^{51}
呼图壁县	tʂʻuaŋ^{51}	ʂuaŋ^{44}	ʂuaŋ^{44}	ʂuaŋ^{51}	kuaŋ^{44}	kuaŋ^{51}	kʻuaŋ^{44}	kʻuaŋ^{51}
吉木萨尔县	tʂʻuaŋ^{51}	ʂuaŋ^{44}	ʂuaŋ^{44}	ʂuaŋ^{51}	kuaŋ^{44}	kuaŋ^{51}	kʻuaŋ^{44}	kʻuaŋ^{51}
奇台县	tʂʻuaŋ^{52}	ʂuaŋ^{44}	ʂuaŋ^{44}	ʂuaŋ^{52}	kuaŋ^{44}	kuaŋ^{52}	kʻuaŋ^{44}	kʻuaŋ^{52}
博乐市	tʂʻuaŋ^{51}	ʂuaŋ^{45}	ʂuaŋ^{45}	ʂuaŋ^{51}	kuaŋ^{45}	kuaŋ^{51}	kʻuaŋ^{45}	kʻuaŋ^{51}
阿勒泰市	tʂʻuaŋ^{51}	ʂuaŋ^{44}	ʂuaŋ^{44}	ʂuaŋ^{51}	kuaŋ^{44}	kuaŋ^{51}	kʻuaŋ^{44}	kʻuaŋ^{51}
布尔津县	tʂʻuaŋ^{23}	ʂuaŋ^{44}	ʂuaŋ^{44}	ʂuaŋ^{23}	kuaŋ^{44}	kuaŋ^{23}	kʻuaŋ^{44}	kʻuaŋ^{23}
乌苏市	tʂʻuaŋ^{51}	ʂuaŋ^{55}	ʂuaŋ^{55}	ʂuaŋ^{51}	kuaŋ^{55}	kuaŋ^{51}	kʻuaŋ^{55}	kʻuaŋ^{51}
额敏县	tʂʻuaŋ^{51}	ʂuaŋ^{44}	ʂuaŋ^{44}	ʂuaŋ^{51}	kuaŋ^{44}	kuaŋ^{51}	kʻuaŋ^{44}	kʻuaŋ^{51}
伊州区	tʂʻuɒ̃^{51}	ʂuɒ̃^{44}	ʂuɒ̃^{44}	ʂuɒ̃^{51}	kuɒ̃^{44}	kuɒ̃^{51}	kʻuɒ̃^{44}	kʻuɒ̃^{51}
巴里坤县	tʂʻuaŋ^{51}	ʂuaŋ^{45}	ʂuaŋ^{45}	ʂuaŋ^{51}	kuaŋ^{45}	kuaŋ^{51}	kʻuaŋ^{45}	kʻuaŋ^{51}
伊吾县	tʂʻuɒ̃^{51}	ʂuɒ̃^{44}	ʂuɒ̃^{44}	ʂuɒ̃^{51}	kuɒ̃^{44}	kuɒ̃^{51}	kʻuɒ̃^{44}	kʻuɒ̃^{51}

字目 方 中古音 方言点	旷	框	况	矿	荒	慌	黄	簧
	宕合一 去宕溪	宕合三 平阳溪	宕合三 去漾晓	梗合二 上梗见	宕合一 平唐晓	宕合一 平唐晓	宕合一 平唐匣	宕合一 平唐匣
兰州市 （城关区）	kʻuaŋ^{13}	kʻuaŋ^{53}	kʻuaŋ^{13}	kʻuaŋ^{13}	xuaŋ^{53}	xuaŋ^{53}	xuaŋ^{51}	xuaŋ^{51}
永登县	kʻuaŋ^{13}	kʻuaŋ^{42}	kʻuaŋ^{13}	kʻuaŋ^{13}	xuaŋ^{42}	xuaŋ^{42}	xuaŋ^{53}	xuaŋ^{53}
榆中县	kʻuaŋ^{13}	kʻuaŋ^{51}	kʻuaŋ^{13}	kʻuaŋ^{13}	xuaŋ^{51}	xuaŋ^{51}	xuaŋ^{332}	xuaŋ^{332}
皋兰县	kʻuaŋ^{13}	kʻuaŋ^{42}	kʻuaŋ^{13}	kʻuaŋ^{13}	xuaŋ^{42}	xuaŋ^{42}	xuaŋ^{53}	xuaŋ^{53}
白银区	kʻuaŋ^{13}	kʻuaŋ^{44}	kʻuaŋ^{13}	kʻuaŋ^{13}	xuaŋ^{44}	xuaŋ^{44}	xuaŋ^{51}	xuaŋ^{51}
天祝县	kʻuɔŋ^{213}	kʻuɔŋ^{44}	kʻuɔŋ^{213}	kʻuɔŋ^{213}	xuɔŋ^{44}	xuɔŋ^{44}	xuɔŋ^{53}	xuɔŋ^{53}
景泰县 （红水镇）	kʻuaŋ^{213}	kʻuaŋ^{44}	kʻuaŋ^{213}	kʻuaŋ^{213}	xuaŋ^{44}	xuaŋ^{44}	xuaŋ^{53}	xuaŋ^{53}
古浪县	kʻuao^{31}	kʻuao^{44}	kʻuao^{31}	kʻuao^{31}	xuao^{44}	xuao^{44}	xuao^{53}	xuao^{53}
凉州区	kʻuaŋ^{53}	kʻuaŋ^{33}	kʻuaŋ^{53}	kʻuaŋ^{53}	xuaŋ^{33}	xuaŋ^{33}	xuaŋ^{13}	xuaŋ^{13}
民勤县	kʻuaŋ^{42}	kʻuaŋ^{44}	kʻuaŋ^{42}	kʻuaŋ^{42}	xuaŋ^{44}	xuaŋ^{44}	xuaŋ^{53}	xuaŋ^{53}
永昌县	kʻuaŋ^{53}	kʻuaŋ^{44}	kʻuaŋ^{53}	kʻuaŋ^{53}	xuaŋ^{44}	xuaŋ^{4}	xuaŋ^{13}	xuaŋ^{13}
甘州区	kʻuaŋ^{31}	kʻuaŋ^{44}	kʻuaŋ^{31}	kʻuaŋ^{31}	xuaŋ^{44}	xuaŋ^{44}	xuaŋ^{53}	xuaŋ^{53}
临泽县	kʻuaŋ^{214}	kʻuaŋ^{44}	kʻuaŋ^{214}	kʻuaŋ^{31}	xuaŋ^{44}	xuaŋ^{44}	xuaŋ^{53}	xuaŋ^{53}
民乐县	kʻuaŋ^{42}	kʻuaŋ^{44}	kʻuaŋ^{42}	kʻuaŋ^{42}	xuaŋ^{44}	xuaŋ^{44}	xuaŋ^{53}	xuaŋ^{53}
山丹县	kʻuã^{41}	kʻuã^{24}	kʻuã^{41}	kʻuã^{41}	xuã^{24}	xuã^{24}	xuã^{53}	xuã^{53}
高台县	kʻuaŋ^{214}	kʻuaŋ^{44}	kʻuaŋ^{214}	kʻuaŋ^{31}	xuaŋ^{44}	xuaŋ^{44}	xuaŋ^{53}	xuaŋ^{53}
肃州区	kʻuaŋ^{214}	kʻuaŋ^{44}	kʻuaŋ^{214}	kʻuaŋ^{31}	xuaŋ^{44}	xuaŋ^{44}	xuaŋ^{53}	xuaŋ^{53}
金塔县	kʻuaŋ^{13}	kʻuaŋ^{44}	kʻuaŋ^{13}	kʻuaŋ^{13}	xuaŋ^{44}	xuaŋ^{44}	xuaŋ^{53}	xuaŋ^{53}
肃北县	kʻuaŋ^{213}	kʻuaŋ^{44}	kʻuaŋ^{213}	kʻuaŋ^{213}	xuaŋ^{44}	xuaŋ^{44}	xuaŋ^{53}	xuaŋ^{53}
玉门市	kʻuaŋ^{213}	kʻuaŋ^{44}	kʻuaŋ^{213}	kʻuaŋ^{213}	xuaŋ^{44}	xuaŋ^{44}	xuaŋ^{53}	xuaŋ^{53}
瓜州县	kʻuaŋ^{213}	kʻuaŋ^{44}	kʻuaŋ^{213}	kʻuaŋ^{213}	xuaŋ^{44}	xuaŋ^{44}	xuaŋ^{53}	xuaŋ^{53}
西夏区	kʻuaŋ^{13}	kʻuaŋ^{44}	kʻuaŋ^{13}	kʻuaŋ^{13}	xuaŋ^{44}	xuaŋ^{44}	xuaŋ^{53}	xuaŋ^{53}

续表

贺兰县	kʻuaŋ^{13}	kʻuaŋ^{44}	kʻuaŋ^{13}	kʻuaŋ^{13}	xuaŋ^{44}	xuaŋ^{44}	xuaŋ^{53}	xuaŋ^{53}
灵武市（东塔镇）	kʻuaŋ^{13}	kʻuaŋ^{144}	kʻuaŋ^{13}	kʻuaŋ^{13}	xuaŋ^{44}	xuaŋ^{44}	xuaŋ^{52}	xuaŋ^{52}
永宁县	kʻuaŋ^{13}	kʻuaŋ^{44}	kʻuaŋ^{13}	kʻuaŋ^{13}	xuaŋ^{44}	xuaŋ^{44}	xuaŋ^{53}	xuaŋ^{53}
中宁县	kʻuaŋ^{13}	kʻuaŋ^{44}	kʻuaŋ^{13}	kʻuaŋ^{13}	xuaŋ^{44}	xuaŋ^{44}	xuaŋ^{53}	xuaŋ^{53}
沙坡头区	kʻuaŋ^{13}	kʻuaŋ^{44}	kʻuaŋ^{13}	kʻuaŋ^{13}	xuaŋ^{44}	xuaŋ^{44}	xuaŋ^{53}	xuaŋ^{53}
盐池县	kʻuaŋ^{13}	kʻuaŋ^{44}	kʻuaŋ^{13}	kʻuaŋ^{13}	xuaŋ^{44}	xuaŋ^{44}	xuaŋ^{13}	xuaŋ^{13}
平罗县（渠口乡）	kʻuaŋ^{13}	kʻuaŋ^{44}	kʻuaŋ^{13}	kʻuaŋ^{13}	xuaŋ^{44}	xuaŋ^{44}	xuaŋ^{53}	xuaŋ^{53}
阿拉善左旗	kʻuɑŋ^{213}	kʻuɑŋ^{44}	kʻuɑŋ^{213}	kʻuɑŋ^{213}	xuɑŋ^{44}	xuɑŋ^{44}	xuɑŋ^{51}	xuɑŋ^{51}
乌鲁木齐市	kʻuɑŋ^{213}	kʻuɑŋ^{44}	kʻuɑŋ^{213}	kʻuɑŋ^{213}	xuɑŋ^{44}	xuɑŋ^{44}	xuɑŋ^{52}	xuɑŋ^{52}
阜康市	kʻuɑŋ^{213}	kʻuɑŋ^{55}	kʻuɑŋ^{213}	kʻuɑŋ^{213}	xuɑŋ^{55}	xuɑŋ^{55}	xuɑŋ^{51}	xuɑŋ^{51}
呼图壁县	kʻuɑŋ^{213}	kʻuɑŋ^{44}	kʻuɑŋ^{213}	kʻuɑŋ^{213}	xuɑŋ^{44}	xuɑŋ^{44}	xuɑŋ^{51}	xuɑŋ^{51}
吉木萨尔县	kʻuɑŋ^{213}	kʻuɑŋ^{44}	kʻuɑŋ^{213}	kʻuɑŋ^{213}	xuɑŋ^{44}	xuɑŋ^{44}	xuɑŋ^{51}	xuɑŋ^{51}
奇台县	kʻuɑŋ^{213}	kʻuɑŋ^{44}	kʻuɑŋ^{213}	kʻuɑŋ^{213}	xuɑŋ^{44}	xuɑŋ^{44}	xuɑŋ^{52}	xuɑŋ^{52}
博乐市	kʻuɑŋ^{24}	kʻuɑŋ^{45}	kʻuɑŋ^{24}	kʻuɑŋ^{24}	xuɑŋ^{45}	xuɑŋ^{45}	xuɑŋ^{51}	xuɑŋ^{51}
阿勒泰市	kʻuɑŋ^{23}	kʻuɑŋ^{44}	kʻuɑŋ^{23}	kʻuɑŋ^{23}	xuɑŋ^{44}	xuɑŋ^{44}	xuɑŋ^{51}	xuɑŋ^{51}
布尔津县	kʻuɑŋ^{51}	kʻuɑŋ^{44}	kʻuɑŋ^{51}	kʻuɑŋ^{51}	xuɑŋ^{44}	xuɑŋ^{44}	xuɑŋ^{23}	xuɑŋ^{23}
乌苏市	kʻuɑŋ^{213}	kʻuɑŋ^{55}	kʻuɑŋ^{213}	kʻuɑŋ^{213}	xuɑŋ^{55}	xuɑŋ^{55}	xuɑŋ^{51}	xuɑŋ^{51}
额敏县	kʻuɑŋ^{34}	kʻuɑŋ^{44}	kʻu^{34}	kʻuɑŋ^{34}	xuɑŋ^{44}	xuɑŋ^{44}	xuɑŋ^{51}	xuɑŋ^{51}
伊州区	kʻuɒ̃^{213}	kʻuɒ̃^{44}	kʻuɒ̃^{213}	kʻuɒ̃^{213}	xuɒ̃^{44}	xuɒ̃^{44}	xuɒ̃^{51}	xuɒ̃^{51}
巴里坤县	kʻuɑŋ^{24}	kʻuɑŋ^{45}	kʻuɑŋ^{24}	kʻuɑŋ^{24}	xuɑŋ^{45}	xuɑŋ^{45}	xuɑŋ^{51}	xuɑŋ^{51}
伊吾县	kʻuɒ̃^{213}	kʻuɒ̃^{44}	kʻuɒ̃^{213}	kʻuɒ̃^{213}	xuɒ̃^{44}	xuɒ̃^{44}	xuɒ̃^{51}	xuɒ̃^{51}

字目 / 中古音 / 方言点	皇	蝗	谎①	惶	晃 晃眼	晃 摇晃	汪	亡
	宕合一平唐匣	宕合一平唐匣	宕合一上荡晓	宕合一上荡晓	宕合一上荡匣		宕合一平唐影	宕合三平阳微
兰州市（城关区）	xuɑŋ^{51}	xuɑŋ^{51}	xuɑŋ^{44}	xuɑŋ^{44}	xuɑŋ^{44}	xuɑŋ^{44}	vɑŋ^{53}	vɑŋ^{51}
永登县	xuɑŋ^{53}	xuɑŋ^{53}	xuɑŋ^{354}	xuɑŋ^{354}	xuɑŋ^{354}	xuɑŋ^{354}	vɑŋ^{42}	vɑŋ^{53}
榆中县	xuɑŋ^{332}	xuɑŋ^{332}	xuɑŋ^{44}	xuɑŋ^{44}	xuɑŋ^{44}	xuɑŋ^{44}	vɑŋ^{51}	vɑŋ^{332}
皋兰县	xuɑŋ^{53}	xuɑŋ^{53}	xuɑŋ^{342}	xuɑŋ^{342}	xuɑŋ^{342}	xuɑŋ^{342}	vɑŋ^{42}	vɑŋ^{53}
白银区	xuɑŋ^{51}	xuɑŋ^{51}	xuɑŋ^{343}	xuɑŋ^{343}	xuɑŋ^{343}	xuɑŋ^{343}	vɑŋ^{44}	vɑŋ^{51}
天祝县	xuɔŋ^{53}	xuɔŋ^{53}	xuɔŋ^{44}	xuɔŋ^{44}	xuɔŋ^{44}	xuɔŋ^{44}	vɔŋ^{44}	vɔŋ^{53}
景泰县（红水镇）	xuɑŋ^{53}	xuɑŋ^{53}	xuɑŋ^{44}	xuɑŋ^{44}	xuɑŋ^{44}	xuɑŋ^{44}	vɑŋ^{44}	vɑŋ^{53}
古浪县	xuɑo^{53}	xuɑo^{53}	xuɑo^{44}	xuɑo^{44}	xuɑo^{44}	xuɑo^{44}	vɑo^{44}	vɑo^{53}
凉州区	xuɑŋ^{13}	xuɑŋ^{13}	xuɑŋ^{33}	xuɑŋ^{33}	xuɑŋ^{33}	xuɑŋ^{33}	vɑŋ^{33}	vɑŋ^{13}
民勤县	xuɑŋ^{53}	xuɑŋ^{53}	xuɑŋ^{214}	xuɑŋ^{214}	xuɑŋ^{214}	xuɑŋ^{214}	vɑŋ^{44}	vɑŋ^{53}
永昌县	xuɑŋ^{13}	xuɑŋ^{13}	xuɑŋ^{13}	xuɑŋ^{13}	xuɑŋ^{13}	xuɑŋ^{13}	vɑŋ^{44}	vɑŋ^{13}
甘州区	xuɑŋ^{53}	xuɑŋ^{53}	xuɑŋ^{53}	xuɑŋ^{44}	xuɑŋ^{53}	xuɑŋ^{53}	vɑŋ^{44}	vɑŋ^{53}
临泽县	xuɑŋ^{53}	xuɑŋ^{53}	xuɑŋ^{53}	xuɑŋ^{44}	xuɑŋ^{53}	xuɑŋ^{53}	vɑŋ^{44}	vɑŋ^{53}
民乐县	xuɑŋ^{53}	xuɑŋ^{53}	xuɑŋ^{213}	xuɑŋ^{213}	xuɑŋ^{213}	xuɑŋ^{213}	vɑŋ^{44}	vɑŋ^{53}
山丹县	xuã^{53}	xuã^{53}	xuã^{53}	xuã^{24}	xuã^{53}	xuã^{53}	vã^{24}	vã^{53}
高台县	xuɑŋ^{53}	xuɑŋ^{53}	xuɑŋ^{53}	xuɑŋ^{44}	xuɑŋ^{53}	xuɑŋ^{53}	vɑŋ^{44}	vɑŋ^{53}
肃州区	xuɑŋ^{53}	xuɑŋ^{53}	xuɑŋ^{53}	xuɑŋ^{44}	xuɑŋ^{53}	xuɑŋ^{53}	vɑŋ^{44}	vɑŋ^{53}
金塔县	xuɑŋ^{53}	xuɑŋ^{53}	xuɑŋ^{53}	xuɑŋ^{44}	xuɑŋ^{53}	xuɑŋ^{53}	vɑŋ^{44}	vɑŋ^{53}
肃北县	xuɑŋ^{53}	xuɑŋ^{53}	xuɑŋ^{53}	xuɑŋ^{44}	xuɑŋ^{53}	xuɑŋ^{53}	vɑŋ^{44}	vɑŋ^{53}
玉门市	xuɑŋ^{53}	xuɑŋ^{53}	xuɑŋ^{53}	xuɑŋ^{44}	xuɑŋ^{53}	xuɑŋ^{53}	vɑŋ^{44}	vɑŋ^{53}
瓜州县	xuɑŋ^{53}	xuɑŋ^{53}	xuɑŋ^{53}	xuɑŋ^{44}	xuɑŋ^{53}	xuɑŋ^{53}	vɑŋ^{44}	vɑŋ^{53}

①又呼光切，宕开一平唐晓；许昉切，宕开三去养晓。

续表

西夏区	xuaŋ^{53}	xuaŋ^{53}	xuaŋ^{53}	xuaŋ^{53}	xuaŋ^{53}	xuaŋ^{53}	vaŋ^{44}	vaŋ^{53}
贺兰县	xuaŋ^{53}	xuaŋ^{53}	xuaŋ^{53}	xuaŋ^{53}	xuaŋ^{53}	xuaŋ^{53}	vaŋ^{44}	vaŋ^{53}
灵武市（东塔镇）	xuaŋ^{52}	xuaŋ^{52}	xuaŋ^{52}	xuaŋ^{52}	xuaŋ^{52}	xuaŋ^{52}	vaŋ^{44}	vaŋ^{52}
永宁县	xuaŋ^{53}	xuaŋ^{53}	xuaŋ^{53}	xuaŋ^{53}	xuaŋ^{53}	xuaŋ^{53}	vaŋ^{44}	vaŋ^{53}
中宁县	xuaŋ^{53}	xuaŋ^{53}	xuaŋ^{53}	xuaŋ^{53}	xuaŋ^{53}	xuaŋ^{53}	vaŋ^{44}	vaŋ^{53}
沙坡头区	xuaŋ^{53}	xuaŋ^{53}	xuaŋ^{53}	xuaŋ^{53}	xuaŋ^{53}	xuaŋ^{53}	vaŋ^{44}	vaŋ^{53}
盐池县	xuaŋ^{13}	xuaŋ^{13}	xuaŋ^{52}	xuaŋ^{13}	xuaŋ^{52}	xuaŋ^{52}	vaŋ^{44}	vaŋ^{13}
平罗县（渠口乡）	xuaŋ^{53}	xuaŋ^{53}	xuaŋ^{53}	xuaŋ^{53}	xuaŋ^{53}	xuaŋ^{53}	vaŋ^{44}	vaŋ^{53}
阿拉善左旗	xuaŋ^{51}	xuaŋ^{51}	xuaŋ^{51}	xuaŋ^{44}	xuaŋ^{51}	xuaŋ^{51}	vaŋ^{44}	vaŋ^{51}
乌鲁木齐市	xuaŋ^{52}	xuaŋ^{52}	xuaŋ^{52}	xuaŋ^{44}	xuaŋ^{52}	xuaŋ^{52}	vaŋ^{44}	vaŋ^{52}
阜康市	xuaŋ^{51}	xuaŋ^{51}	xuaŋ^{51}	xuaŋ^{55}	xuaŋ^{51}	xuaŋ^{51}	vaŋ^{55}	vaŋ^{51}
呼图壁县	xuaŋ^{51}	xuaŋ^{51}	xuaŋ^{51}	xuaŋ^{44}	xuaŋ^{51}	xuaŋ^{51}	vaŋ^{44}	vaŋ^{51}
吉木萨尔县	xuaŋ^{51}	xuaŋ^{51}	xuaŋ^{51}	xuaŋ^{44}	xuaŋ^{51}	xuaŋ^{51}	vaŋ^{44}	vaŋ^{51}
奇台县	xuaŋ^{52}	xuaŋ^{52}	xuaŋ^{52}	xuaŋ^{44}	xuaŋ^{52}	xuaŋ^{52}	vaŋ^{44}	vaŋ^{52}
博乐市	xuaŋ^{51}	xuaŋ^{51}	xuaŋ^{51}	xuaŋ^{45}	xuaŋ^{51}	xuaŋ^{51}	vaŋ^{45}	vaŋ^{51}
阿勒泰市	xuaŋ^{51}	xuaŋ^{51}	xuaŋ^{51}	xuaŋ^{44}	xuaŋ^{51}	xuaŋ^{51}	vaŋ^{44}	vaŋ^{51}
布尔津县	xuaŋ^{23}	xuaŋ^{23}	xuaŋ^{23}	xuaŋ^{44}	xuaŋ^{23}	xuaŋ^{23}	vaŋ^{44}	vaŋ^{23}
乌苏市	xuaŋ^{51}	xuaŋ^{51}	xuaŋ^{51}	xuaŋ^{55}	xuaŋ^{51}	xuaŋ^{51}	ʋaŋ^{55}	ʋaŋ^{51}
额敏县	xuaŋ^{51}	xuaŋ^{51}	xuaŋ^{51}	xuaŋ^{44}	xuaŋ^{51}	xuaŋ^{51}	vaŋ^{44}	vaŋ^{51}
伊州区	xuɒ̃^{51}	xuɒ̃^{51}	xuɒ̃^{51}	xuɒ̃^{44}	xuɒ̃^{51}	xuɒ̃^{51}	vɒ̃^{44}	vɒ̃^{51}
巴里坤县	xuaŋ^{51}	xuaŋ^{51}	xuaŋ^{51}	xuaŋ^{45}	xuaŋ^{51}	xuaŋ^{51}	vaŋ^{45}	vaŋ^{51}
伊吾县	xuɒ̃^{51}	xuɒ̃^{51}	xuɒ̃^{51}	xuɒ̃^{44}	xuɒ̃^{51}	xuɒ̃^{51}	vɒ̃^{44}	vɒ̃^{51}

字目 中古音 方音 方言点	王	网	枉	往①	忘②	望	旺	崩
	宕合三 平阳云	宕合三 上养微	宕合三 上养影	宕合三 上养云	宕合三 去漾微	宕合三 去漾微	宕合三 去漾云	曾开一 平登帮
兰州市 （城关区）	vaŋ^{51}	vaŋ^{44}	vaŋ^{44}	vaŋ^{44}	vaŋ^{13}	vaŋ^{13}	vaŋ^{13}	pən^{53}
永登县	vaŋ^{53}	vaŋ^{354}	vaŋ^{354}	vaŋ^{354}	vaŋ^{13}	vaŋ^{13}	vaŋ^{13}	pən^{42}
榆中县	vaŋ^{332}	vaŋ^{44}	vaŋ^{44}	vaŋ^{44}	vaŋ^{13}	vaŋ^{13}	vaŋ^{13}	pən^{51}
皋兰县	vɑŋ^{53}	vɑŋ^{342}	vɑŋ^{342}	vɑŋ^{342}	vɑŋ^{13}	vɑŋ^{13}	vɑŋ^{13}	pən^{42}
白银区	vaŋ^{51}	vaŋ^{343}	vaŋ^{343}	vaŋ^{343}	vaŋ^{13}	vaŋ^{13}	vaŋ^{13}	pən^{44}
天祝县	vɔŋ^{53}	vɔŋ^{44}	vɔŋ^{44}	vɔŋ^{44}	vɔŋ^{213}	vɔŋ^{213}	vɔŋ^{213}	pɤŋ^{44}
景泰县 （红水镇）	vɑŋ^{53}	vɑŋ^{44}	vɑŋ^{44}	vɑŋ^{44}	vɑŋ^{213}	vɑŋ^{213}	vɑŋ^{213}	pəŋ^{44}
古浪县	vɑo^{53}	vɑo^{44}	vɑo^{44}	vɑo^{44}	vɑo^{31}	vɑo^{31}	vɑo^{31}	pəŋ^{44}
凉州区	vaŋ^{13}	vaŋ^{33}	vaŋ^{33}	vaŋ^{33}	vaŋ^{53}	vaŋ^{53}	vaŋ^{53}	pəŋ^{33}
民勤县	vɑŋ^{53}	vɑŋ^{214}	vɑŋ^{214}	vɑŋ^{214}	vɑŋ^{42}	vɑŋ^{42}	vɑŋ^{42}	pəŋ^{44}
永昌县	vɑŋ^{13}	vɑŋ^{13}	vɑŋ^{13}	vɑŋ^{13}	vɑŋ^{53}	vɑŋ^{53}	vɑŋ^{53}	pɤ̃^{44}
甘州区	vaŋ^{53}	vaŋ^{53}	vaŋ^{53}	vaŋ^{53}	vaŋ^{31}	vaŋ^{31}	vaŋ^{31}	pɤŋ^{44}
临泽县	vaŋ^{53}	vaŋ^{53}	vaŋ^{53}	vaŋ^{53}	vaŋ^{214}	vaŋ^{214}	vaŋ^{214}	pəŋ^{44}
民乐县	vɑŋ^{53}	vɑŋ^{213}	vɑŋ^{213}	vɑŋ^{213}	vɑŋ^{42}	vɑŋ^{42}	vɑŋ^{42}	pəŋ^{44}
山丹县	vã^{53}	vã^{53}	vã^{53}	vã^{53}	vã^{41}	vã^{41}	vã^{41}	pəŋ^{24}
高台县	vɑŋ^{53}	vɑŋ^{53}	vɑŋ^{53}	vɑŋ^{53}	vɑŋ^{214}	vɑŋ^{214}	vɑŋ^{214}	pəŋ^{44}
肃州区	vaŋ^{53}	vaŋ^{53}	vaŋ^{53}	vaŋ^{53}	vaŋ^{214}	vaŋ^{214}	vaŋ^{214}	pəŋ^{44}
金塔县	vŋ^{53}	vŋ^{53}	vŋ^{53}	vŋ^{53}	vŋ^{13}	vŋ^{13}	vŋ^{13}	pɤŋ^{44}
肃北县	vɑŋ^{53}	vɑŋ^{53}	vɑŋ^{53}	vɑŋ^{53}	vɑŋ^{213}	vɑŋ^{213}	vɑŋ^{213}	pəŋ^{44}

①又于放切，宕合三去漾云。

②又武方切，宕合三去阳微。

续表

玉门市	vaŋ^{53}	vaŋ^{53}	vaŋ^{53}	vaŋ^{53}	vaŋ^{213}	vaŋ^{213}	vaŋ^{213}	pɤŋ^{44}
瓜州县	vaŋ^{53}	vaŋ^{53}	vaŋ^{53}	vaŋ^{53}	vaŋ^{213}	vaŋ^{213}	vaŋ^{213}	pɤŋ^{44}
西夏区	vaŋ^{53}	vaŋ^{53}	vaŋ^{53}	vaŋ^{53}	vaŋ^{13}	vaŋ^{13}	vaŋ^{13}	pəŋ^{44}
贺兰县	vaŋ^{53}	vaŋ^{53}	vaŋ^{53}	vaŋ^{53}	vaŋ^{13}	vaŋ^{13}	vaŋ^{13}	pəŋ^{44}
灵武市（东塔镇）	vaŋ^{52}	vaŋ^{52}	vaŋ^{52}	vaŋ^{52}	vaŋ^{13}	vaŋ^{13}	vaŋ^{13}	pəŋ^{44}
永宁县	vaŋ^{53}	vaŋ^{53}	vaŋ^{53}	vaŋ^{53}	vaŋ^{13}	vaŋ^{13}	vaŋ^{13}	pəŋ^{44}
中宁县	vaŋ^{53}	vaŋ^{53}	vaŋ^{53}	vaŋ^{53}	vaŋ^{13}	vaŋ^{13}	vaŋ^{13}	pəŋ^{44}
沙坡头区	vaŋ^{53}	vaŋ^{53}	vaŋ^{53}	vaŋ^{53}	vaŋ^{13}	vaŋ^{13}	vaŋ^{13}	pəŋ^{44}
盐池县	vaŋ^{13}	vaŋ^{52}	vaŋ^{52}	vaŋ^{52}	vaŋ^{13}	vaŋ^{13}	vaŋ^{13}	pəŋ^{44}
平罗县（渠口乡）	vaŋ^{53}	vaŋ^{53}	vaŋ^{53}	vaŋ^{53}	vaŋ^{13}	vaŋ^{13}	vaŋ^{13}	pəŋ^{44}
阿拉善左旗	vaŋ^{51}	vaŋ^{51}	vaŋ^{51}	vaŋ^{51}	vaŋ^{213}	vaŋ^{213}	vaŋ^{213}	pəŋ^{44}
乌鲁木齐市	vaŋ^{52}	vaŋ^{52}	vaŋ^{52}	vaŋ^{52}	vaŋ^{213}	vaŋ^{213}	vaŋ^{213}	pəŋ^{44}
阜康市	vaŋ^{51}	vaŋ^{51}	vaŋ^{51}	vaŋ^{51}	vaŋ^{213}	vaŋ^{213}	vaŋ^{213}	pɤŋ^{55}
呼图壁县	vaŋ^{51}	vaŋ^{51}	vaŋ^{51}	vaŋ^{51}	vaŋ^{213}	vaŋ^{213}	vaŋ^{213}	pəŋ^{44}
吉木萨尔县	vaŋ^{51}	vaŋ^{51}	vaŋ^{51}	vaŋ^{51}	vaŋ^{213}	vaŋ^{213}	vaŋ^{213}	pɤŋ^{44}
奇台县	vaŋ^{52}	vaŋ^{52}	vaŋ^{52}	vaŋ^{52}	vaŋ^{213}	vaŋ^{213}	vaŋ^{213}	pəŋ^{44}
博乐市	vaŋ^{51}	vaŋ^{51}	vaŋ^{51}	vaŋ^{51}	vaŋ^{24}	vaŋ^{24}	vaŋ^{24}	pɤŋ^{44}
阿勒泰市	vaŋ^{51}	vaŋ^{51}	vaŋ^{51}	vaŋ^{51}	vaŋ^{23}	vaŋ^{23}	vaŋ^{23}	pəŋ^{44}
布尔津县	vaŋ^{23}	vaŋ^{23}	vaŋ^{23}	vaŋ^{23}	vaŋ^{51}	vaŋ^{51}	vaŋ^{51}	pəŋ^{44}
乌苏市	ʋaŋ^{51}	ʋaŋ^{51}	ʋaŋ^{51}	ʋaŋ^{51}	ʋaŋ^{213}	ʋaŋ^{213}	ʋaŋ^{213}	pɤŋ^{55}
额敏县	vaŋ^{51}	vaŋ^{51}	vaŋ^{51}	vaŋ^{51}	vaŋ^{34}	vaŋ^{34}	vaŋ^{34}	pəŋ^{44}
伊州区	vɒ̃^{51}	vɒ̃^{51}	vɒ̃^{51}	vɒ̃^{51}	vɒ̃^{213}	vɒ̃^{213}	vɒ̃^{213}	pəŋ^{44}
巴里坤县	vaŋ^{51}	vaŋ^{51}	vaŋ^{51}	vaŋ^{51}	vaŋ^{24}	vaŋ^{24}	vaŋ^{24}	pəŋ^{44}
伊吾县	vɒ̃^{51}	vɒ̃^{51}	vɒ̃^{51}	vɒ̃^{51}	vɒ̃^{213}	vɒ̃^{213}	vɒ̃^{213}	pəŋ^{44}

字目 中古音 方音 方言点	绷 绷紧	朋	鹏	彭	膨	棚①	蓬 飞蓬	篷
	梗开二 平耕帮	曾开一 平登并	曾开一 平登并	梗开二 平庚并	梗开二 平庚并	梗开二 平耕并	通合一 平东并	通合一 平东并
兰州市 （城关区）	pən^{53}	pʻən^{51}	pʻən^{51}	pʻən^{51}	pʻən^{51}	pʻən^{51}	pʻən^{51}	pʻən^{51}
永登县	pən^{42}	pʻən^{53}	pʻən^{53}	pʻən^{53}	pʻən^{53}	pʻən^{53}	pʻən^{53}	pʻən^{53}
榆中县	pən^{51}	pʻən^{332}	pʻən^{332}	pʻən^{332}	pʻən^{332}	pʻən^{332}	pʻən^{332}	pʻən^{332}
皋兰县	pən^{42}	pʻən^{53}	pʻən^{53}	pʻən^{53}	pʻən^{53}	pʻən^{53}	pʻən^{53}	pʻən^{53}
白银区	pən^{44}	pʻən^{51}	pʻən^{51}	pʻən^{51}	pʻən^{51}	pʻən^{51}	pʻən^{51}	pʻən^{51}
天祝县	pɤŋ^{44}	pʻɤŋ^{53}	pʻɤŋ^{53}	pʻɤŋ^{53}	pʻɤŋ^{53}	pʻɤŋ^{53}	pʻɤŋ^{53}	pʻɤŋ^{53}
景泰县 （红水镇）	pəŋ^{44}	pʻəŋ^{53}	pʻəŋ^{53}	pʻəŋ^{53}	pʻəŋ^{53}	pʻəŋ^{53}	pʻəŋ^{53}	pʻəŋ^{53}
古浪县	pəŋ^{44}	pʻəŋ^{53}	pʻəŋ^{53}	pʻəŋ^{53}	pʻəŋ^{53}	pʻəŋ^{53}	pʻəŋ^{53}	pʻəŋ^{53}
凉州区	pəŋ^{33}	pʻəŋ^{13}	pʻəŋ^{13}	pʻəŋ^{13}	pʻəŋ^{13}	pʻəŋ^{13}	pʻəŋ^{13}	pʻəŋ^{13}
民勤县	pɤŋ^{44}	pʻɤŋ^{53}	pʻɤŋ^{53}	pʻɤŋ^{53}	pʻɤŋ^{53}	pʻɤŋ^{53}	pʻɤŋ^{53}	pʻɤŋ^{53}
永昌县	pɤ̃^{44}	pʻɤ̃^{53}	pʻɤ̃^{53}	pʻɤ̃^{53}	pʻɤ̃^{53}	pʻɤ̃^{53}	pʻɤ̃^{53}	pʻɤ̃^{53}
甘州区	pəŋ^{44}	pʻəŋ^{53}	pʻəŋ^{53}	pʻəŋ^{53}	pʻəŋ^{53}	pʻəŋ^{53}	pʻəŋ^{53}	pʻəŋ^{53}
临泽县	pəŋ^{44}	pʻəŋ^{53}	pʻəŋ^{53}	pʻəŋ^{53}	pʻəŋ^{53}	pʻəŋ^{53}	pʻəŋ^{53}	pʻəŋ^{53}
民乐县	pəŋ^{24}	pʻəŋ^{53}	pʻəŋ^{53}	pʻəŋ^{53}	pʻəŋ^{53}	pʻəŋ^{53}	pʻəŋ^{53}	pʻəŋ^{53}
山丹县	pəŋ^{44}	pʻəŋ^{53}	pʻəŋ^{53}	pʻəŋ^{53}	pʻəŋ^{53}	pʻəŋ^{53}	pʻəŋ^{53}	pʻəŋ^{53}
高台县	pɤ̃^{44}	pʻɤ̃^{53}	pʻɤ̃^{53}	pʻɤ̃^{53}	pʻɤ̃^{53}	pʻɤ̃^{53}	pʻɤ̃^{53}	pʻɤ̃^{53}
肃州区	pɤŋ^{44}	pʻɤŋ^{53}	pʻɤŋ^{53}	pʻɤŋ^{53}	pʻɤŋ^{53}	pʻɤŋ^{53}	pʻɤŋ^{53}	pʻɤŋ^{53}
金塔县	pəŋ^{44}	pʻəŋ^{53}	pʻəŋ^{53}	pʻəŋ^{53}	pʻəŋ^{53}	pʻəŋ^{53}	pʻəŋ^{53}	pʻəŋ^{53}
肃北县	pɤ̃^{44}	pʻɤ̃^{53}	pʻɤ̃^{53}	pʻɤ̃^{53}	pʻɤ̃^{53}	pʻɤ̃^{53}	pʻɤ̃^{53}	pʻɤ̃^{53}
玉门市	pɤŋ^{44}	pʻɤŋ^{53}	pʻɤŋ^{53}	pʻɤŋ^{53}	pʻɤŋ^{53}	pʻɤŋ^{53}	pʻɤŋ^{53}	pʻɤŋ^{53}

①又薄庚切，梗开二平庚并；步崩切，曾开一平登并。

续表

瓜州县	pəŋ^{44}	pʻəŋ^{53}	pʻəŋ^{53}	pʻəŋ^{53}	pʻəŋ^{53}	pʻəŋ^{53}	pʻəŋ^{53}	pʻəŋ^{53}
西夏区	pəŋ^{44}	pʻəŋ^{53}	pʻəŋ^{53}	pʻəŋ^{53}	pʻəŋ^{53}	pʻəŋ^{53}	pʻəŋ^{53}	pʻəŋ^{53}
贺兰县	pəŋ^{44}	pʻəŋ^{53}	pʻəŋ^{53}	pʻəŋ^{53}	pʻəŋ^{53}	pʻəŋ^{53}	pʻəŋ^{53}	pʻəŋ^{53}
灵武市（东塔镇）	pəŋ^{44}	pʻəŋ^{52}	pʻəŋ^{52}	pʻəŋ^{52}	pʻəŋ^{52}	pʻəŋ^{52}	pʻəŋ^{52}	pʻəŋ^{52}
永宁县	pəŋ^{44}	pʻəŋ^{53}	pʻəŋ^{53}	pʻəŋ^{53}	pʻəŋ^{53}	pʻəŋ^{53}	pʻəŋ^{53}	pʻəŋ^{53}
中宁县	pəŋ^{44}	pʻəŋ^{53}	pʻəŋ^{53}	pʻəŋ^{53}	pʻəŋ^{53}	pʻəŋ^{53}	pʻəŋ^{53}	pʻəŋ^{53}
沙坡头区	pəŋ^{44}	pʻəŋ^{53}	pʻəŋ^{53}	pʻəŋ^{53}	pʻəŋ^{53}	pʻəŋ^{53}	pʻəŋ^{53}	pʻəŋ^{53}
盐池县	pəŋ^{44}	pʻəŋ^{13}	pʻəŋ^{13}	pʻəŋ^{13}	pʻəŋ^{13}	pʻəŋ^{13}	pʻəŋ^{13}	pʻəŋ^{13}
平罗县（渠口乡）	pəŋ^{44}	pʻəŋ^{53}	pʻəŋ^{53}	pʻəŋ^{53}	pʻəŋ^{53}	pʻəŋ^{53}	pʻəŋ^{53}	pʻəŋ^{53}
阿拉善左旗	pəŋ^{44}	pʻəŋ^{51}	pʻəŋ^{51}	pʻəŋ^{51}	pʻəŋ^{51}	pʻəŋ^{51}	pʻəŋ^{51}	pʻəŋ^{51}
乌鲁木齐市	pəŋ^{44}	pʻəŋ^{52}	pʻəŋ^{52}	pʻəŋ^{52}	pʻəŋ^{52}	pʻəŋ^{52}	pʻəŋ^{52}	pʻəŋ^{52}
阜康市	pɤŋ^{55}	pʻɤŋ^{51}	pʻɤŋ^{51}	pʻɤŋ^{51}	pʻɤŋ^{51}	pʻɤŋ^{51}	pʻɤŋ^{51}	pʻɤŋ^{51}
呼图壁县	pəŋ^{44}	pʻəŋ^{51}	pʻəŋ^{51}	pʻəŋ^{51}	pʻəŋ^{51}	pʻəŋ^{51}	pʻəŋ^{51}	pʻəŋ^{51}
吉木萨尔县	pɤŋ^{44}	pʻɤŋ^{51}	pʻɤŋ^{51}	pʻɤŋ^{51}	pʻɤŋ^{51}	pʻɤŋ^{51}	pʻɤŋ^{51}	pʻɤŋ^{51}
奇台县	pəŋ^{44}	pʻəŋ^{52}	pʻəŋ^{52}	pʻəŋ^{52}	pʻəŋ^{52}	pʻəŋ^{52}	pʻəŋ^{52}	pʻəŋ^{52}
博乐市	pəŋ^{45}	pʻəŋ^{51}	pʻəŋ^{51}	pʻəŋ^{51}	pʻəŋ^{51}	pʻəŋ^{51}	pʻəŋ^{51}	pʻəŋ^{51}
阿勒泰市	pəŋ^{44}	pʻəŋ^{51}	pʻəŋ^{51}	pʻəŋ^{51}	pʻəŋ^{51}	pʻəŋ^{51}	pʻəŋ^{51}	pʻəŋ^{51}
布尔津县	pəŋ^{44}	pʻəŋ^{23}	pʻəŋ^{23}	pʻəŋ^{23}	pʻəŋ^{23}	pʻəŋ^{23}	pʻəŋ^{23}	pʻəŋ^{23}
乌苏市	pɤŋ^{55}	pʻɤŋ^{51}	pʻɤŋ^{51}	pʻɤŋ^{51}	pʻɤŋ^{51}	pʻɤŋ^{51}	pʻɤŋ^{51}	pʻɤŋ^{51}
额敏县	pəŋ^{44}	pʻəŋ^{51}	pʻəŋ^{51}	pʻəŋ^{51}	pʻəŋ^{51}	pʻəŋ^{51}	pʻəŋ^{51}	pʻəŋ^{51}
伊州区	pəŋ^{44}	pʻəŋ^{51}	pʻəŋ^{51}	pʻəŋ^{51}	pʻəŋ^{51}	pʻəŋ^{51}	pʻəŋ^{51}	pʻəŋ^{51}
巴里坤县	pəŋ^{45}	pʻəŋ^{51}	pʻəŋ^{51}	pʻəŋ^{51}	pʻəŋ^{51}	pʻəŋ^{51}	pʻəŋ^{51}	pʻəŋ^{51}
伊吾县	pəŋ^{44}	pʻəŋ^{51}	pʻəŋ^{51}	pʻəŋ^{51}	pʻəŋ^{51}	pʻəŋ^{51}	pʻəŋ^{51}	pʻəŋ^{51}

字目 中古音 方音 方言点	捧①	碰	萌	盟②	蒙	猛	孟 姓	梦
	通合三 上肿敷		梗开二 平耕明	梗开三 平庚明	通合一 平东明	梗开二 上梗明	梗开二 去映明	通合三 去送明
兰州市（城关区）	$p'ən^{44}$	$p'ən^{13}$	$mən^{51}$	$mən^{51}$	$mən^{51}$	$mən^{44}$	$mən^{13}$	$mən^{13}$
永登县	$p'ən^{344}$	$p'ən^{13}$	$mən^{53}$	$mən^{53}$	$mən^{53}$	$mən^{354}$	$mən^{13}$	$mən^{13}$
榆中县	$p'ən^{44}$	$p'ən^{13}$	$mən^{332}$	$mən^{332}$	$mən^{332}$	$mən^{44}$	$mən^{13}$	$mən^{13}$
皋兰县	$p'ən^{344}$	$p'ən^{13}$	$mən^{53}$	$mən^{53}$	$mən^{53}$	$mən^{354}$	$mən^{13}$	$mən^{13}$
白银区	$p'ən^{343}$	$p'ən^{13}$	$mən^{51}$	$mən^{51}$	$mən^{51}$	$mən^{343}$	$mən^{13}$	$mən^{13}$
天祝县	$p'ɤŋ^{44}$	$p'ɤŋ^{213}$	$mɤŋ^{53}$	$mɤŋ^{53}$	$mɤŋ^{53}$	$mɤŋ^{44}$	$mɤŋ^{213}$	$mɤŋ^{213}$
景泰县（红水镇）	$p'əŋ^{44}$	$p'əŋ^{213}$	$məŋ^{53}$	$məŋ^{53}$	$məŋ^{53}$	$məŋ^{44}$	$məŋ^{213}$	$məŋ^{213}$
古浪县	$p'əŋ^{44}$	$p'əŋ^{31}$	$məŋ^{53}$	$məŋ^{53}$	$məŋ^{53}$	$məŋ^{44}$	$məŋ^{31}$	$məŋ^{31}$
凉州区	$p'əŋ^{33}$	$p'əŋ^{53}$	$məŋ^{13}$	$məŋ^{13}$	$məŋ^{13}$	$məŋ^{33}$	$məŋ^{53}$	$məŋ^{53}$
民勤县	$p'ɤŋ^{214}$	$p'ɤŋ^{42}$	$mɤŋ^{53}$	$mɤŋ^{53}$	$mɤŋ^{53}$	$mɤŋ^{214}$	$mɤŋ^{42}$	$mɤŋ^{42}$
永昌县	$p'\tilde{ɤ}^{13}$	$p'\tilde{ɤ}^{53}$	$m\tilde{ɤ}^{13}$	$m\tilde{ɤ}^{13}$	$m\tilde{ɤ}^{13}$	$m\tilde{ɤ}^{13}$	$m\tilde{ɤ}^{53}$	$m\tilde{ɤ}^{53}$
甘州区	$p'ɤŋ^{53}$	$p'ɤŋ^{31}$	$mɤŋ^{53}$	$mɤŋ^{53}$	$mɤŋ^{53}$	$mɤŋ^{53}$	$mɤŋ^{31}$	$mɤŋ^{31}$
临泽县	$p'əŋ^{53}$	$p'əŋ^{214}$	$məŋ^{53}$	$məŋ^{53}$	$məŋ^{53}$	$məŋ^{53}$	$məŋ^{214}$	$məŋ^{214}$
民乐县	$p'əŋ^{213}$	$p'əŋ^{42}$	$məŋ^{53}$	$məŋ^{53}$	$məŋ^{53}$	$məŋ^{213}$	$məŋ^{42}$	$məŋ^{42}$
山丹县	$p'əŋ^{53}$	$p'əŋ^{41}$	$məŋ^{53}$	$məŋ^{53}$	$məŋ^{53}$	$məŋ^{53}$	$məŋ^{41}$	$məŋ^{41}$
高台县	$p'əŋ^{53}$	$p'əŋ^{214}$	$məŋ^{53}$	$məŋ^{53}$	$məŋ^{53}$	$məŋ^{53}$	$məŋ^{214}$	$məŋ^{214}$
肃州区	$p'əŋ^{53}$	$p'əŋ^{214}$	$məŋ^{53}$	$məŋ^{53}$	$məŋ^{53}$	$məŋ^{53}$	$məŋ^{214}$	$məŋ^{214}$
金塔县	$p'ɤŋ^{53}$	$p'ɤŋ^{13}$	$mɤŋ^{53}$	$mɤŋ^{53}$	$mɤŋ^{53}$	$mɤŋ^{53}$	$mɤŋ^{13}$	$mɤŋ^{13}$
肃北县	$p'əŋ^{53}$	$p'əŋ^{213}$	$məŋ^{53}$	$məŋ^{53}$	$məŋ^{53}$	$məŋ^{53}$	$məŋ^{213}$	$məŋ^{213}$

①又符容切，通合三平锺奉。

②又武永切，梗开三上梗明；谟耕切，梗开二平梗明。

续表

玉门市	pʻɤŋ^{53}	pʻɤŋ^{213}	mɤŋ^{53}	mɤŋ^{53}	mɤŋ^{53}	mɤŋ^{53}	mɤŋ^{213}	mɤŋ^{213}
瓜州县	pʻɤŋ^{53}	pʻɤŋ^{213}	mɤŋ^{53}	mɤŋ^{53}	mɤŋ^{53}	mɤŋ^{53}	mɤŋ^{213}	mɤŋ^{213}
西夏区	pʻəŋ^{53}	pʻəŋ^{13}	məŋ^{53}	məŋ^{53}	məŋ^{53}	məŋ^{53}	məŋ^{13}	məŋ^{13}
贺兰县	pʻəŋ^{53}	pʻəŋ^{13}	məŋ^{53}	məŋ^{53}	məŋ^{53}	məŋ^{53}	məŋ^{13}	məŋ^{13}
灵武市（东塔镇）	pʻəŋ^{52}	pʻəŋ^{13}	məŋ^{52}	məŋ^{52}	məŋ^{52}	məŋ^{52}	məŋ^{13}	məŋ^{13}
永宁县	pʻəŋ^{53}	pʻəŋ^{13}	məŋ^{53}	məŋ^{53}	məŋ^{53}	məŋ^{53}	məŋ^{13}	məŋ^{13}
中宁县	pʻəŋ^{53}	pʻəŋ^{13}	məŋ^{53}	məŋ^{53}	məŋ^{53}	məŋ^{53}	məŋ^{13}	məŋ^{13}
沙坡头区	pʻəŋ^{53}	pʻəŋ^{13}	məŋ^{53}	məŋ^{53}	məŋ^{53}	məŋ^{53}	məŋ^{13}	məŋ^{13}
盐池县	pʻəŋ^{52}	pʻəŋ^{13}	məŋ^{13}	məŋ^{13}	məŋ^{13}	məŋ^{52}	məŋ^{13}	məŋ^{13}
平罗县（渠口乡）	pʻəŋ^{53}	pʻəŋ^{13}	məŋ^{53}	məŋ^{53}	məŋ^{53}	məŋ^{53}	məŋ^{13}	məŋ^{13}
阿拉善左旗	pʻəŋ^{51}	pʻəŋ^{213}	məŋ^{51}	məŋ^{51}	məŋ^{51}	məŋ^{51}	məŋ^{213}	məŋ^{213}
乌鲁木齐市	pʻəŋ^{52}	pʻəŋ^{213}	məŋ^{52}	məŋ^{52}	məŋ^{52}	məŋ^{52}	məŋ^{213}	məŋ^{213}
阜康市	pʻɤŋ^{51}	pʻɤŋ^{213}	mɤŋ^{51}	mɤŋ^{51}	mɤŋ^{51}	mɤŋ^{51}	mɤŋ^{213}	mɤŋ^{213}
呼图壁县	pʻəŋ^{51}	pʻəŋ^{213}	məŋ^{51}	məŋ^{51}	məŋ^{51}	məŋ^{51}	məŋ^{213}	məŋ^{213}
吉木萨尔县	pʻɤŋ^{51}	pʻɤŋ^{213}	mɤŋ^{51}	mɤŋ^{51}	mɤŋ^{51}	mɤŋ^{51}	mɤŋ^{213}	mɤŋ^{213}
奇台县	pʻəŋ^{52}	pʻəŋ^{213}	məŋ^{52}	məŋ^{52}	məŋ^{52}	məŋ^{52}	məŋ^{213}	məŋ^{213}
博乐市	pʻəŋ^{51}	pʻəŋ^{24}	məŋ^{51}	məŋ^{51}	məŋ^{51}	məŋ^{51}	məŋ^{24}	məŋ^{24}
阿勒泰市	pʻəŋ^{51}	pʻəŋ^{23}	məŋ^{51}	məŋ^{51}	məŋ^{51}	məŋ^{51}	məŋ^{23}	məŋ^{23}
布尔津县	pʻəŋ^{23}	pʻəŋ^{51}	məŋ^{23}	məŋ^{23}	məŋ^{23}	məŋ^{23}	məŋ^{51}	məŋ^{51}
乌苏市	pʻɤŋ^{51}	pʻɤŋ^{213}	mɤŋ^{51}	mɤŋ^{51}	mɤŋ^{51}	mɤŋ^{51}	mɤŋ^{13}	mɤŋ^{13}
额敏县	pʻəŋ^{51}	pʻəŋ^{34}	məŋ^{51}	məŋ^{51}	məŋ^{51}	məŋ^{51}	məŋ^{34}	məŋ^{34}
伊州区	pʻəŋ^{51}	pʻəŋ^{213}	məŋ^{51}	məŋ^{51}	məŋ^{51}	məŋ^{51}	məŋ^{213}	məŋ^{213}
巴里坤县	pʻəŋ^{51}	pʻəŋ^{24}	məŋ^{51}	məŋ^{51}	məŋ^{51}	məŋ^{51}	məŋ^{24}	məŋ^{24}
伊吾县	pʻəŋ^{51}	pʻəŋ^{213}	məŋ^{51}	məŋ^{51}	məŋ^{51}	məŋ^{51}	məŋ^{213}	məŋ^{213}

字目 / 中古音 / 方言点	风	疯	丰 丰收	封	峰	锋	蜂	冯 姓
	通合三平东非	通合三平东非	通合三平东敷	通合三平锺非	通合三平锺敷	通合三平锺敷	通合三平锺敷	通合三平东奉
兰州市（城关区）	fən^{53}	fən^{53}	fən^{53}	fən^{53}	fən^{53}	fən^{53}	fən^{53}	fən^{51}
永登县	fən^{42}	fən^{42}	fən^{42}	fən^{42}	fən^{42}	fən^{42}	fən^{42}	fən^{53}
榆中县	fən^{51}	fən^{51}	fən^{51}	fən^{51}	fən^{51}	fən^{51}	fən^{51}	fən^{332}
皋兰县	fən^{42}	fən^{42}	fən^{42}	fən^{42}	fən^{42}	fən^{42}	fən^{42}	fən^{53}
白银区	fən^{44}	fən^{44}	fən^{44}	fən^{44}	fən^{44}	fən^{44}	fən^{44}	fən^{51}
天祝县	fɤŋ^{44}	fɤŋ^{44}	fɤŋ^{44}	fɤŋ^{44}	fɤŋ^{44}	fɤŋ^{44}	fɤŋ^{44}	fɤŋ^{53}
景泰县（红水镇）	fəŋ^{44}	fəŋ^{44}	fəŋ^{44}	fəŋ^{44}	fəŋ^{44}	fəŋ^{44}	fəŋ^{44}	fəŋ^{53}
古浪县	fəŋ^{44}	fəŋ^{44}	fəŋ^{44}	fəŋ^{44}	fəŋ^{44}	fəŋ^{44}	fəŋ^{44}	fəŋ^{53}
凉州区	fəŋ^{33}	fəŋ^{33}	fəŋ^{33}	fəŋ^{33}	fəŋ^{33}	fəŋ^{33}	fəŋ^{33}	fəŋ^{13}
民勤县	fɤŋ^{44}	fɤŋ^{44}	fɤŋ^{44}	fɤŋ^{44}	fɤŋ^{44}	fɤŋ^{44}	fɤŋ^{44}	fɤŋ^{53}
永昌县	fɤ̃^{44}	fɤ̃^{44}	fɤ̃^{44}	fɤ̃^{44}	fɤ̃^{44}	fɤ̃^{44}	fɤ̃^{44}	fɤ̃^{13}
甘州区	fɤŋ^{44}	fɤŋ^{44}	fɤŋ^{44}	fɤŋ^{44}	fɤŋ^{44}	fɤŋ^{44}	fɤŋ^{44}	fɤŋ^{53}
临泽县	fəŋ^{44}	fəŋ^{44}	fəŋ^{44}	fəŋ^{44}	fəŋ^{44}	fəŋ^{44}	fəŋ^{44}	fəŋ^{53}
民乐县	fəŋ^{44}	fəŋ^{44}	fəŋ^{44}	fəŋ^{44}	fəŋ^{44}	fəŋ^{44}	fəŋ^{44}	fəŋ^{53}
山丹县	fəŋ^{24}	fəŋ^{24}	fəŋ^{24}	fəŋ^{24}	fəŋ^{24}	fəŋ^{24}	fəŋ^{24}	fəŋ^{53}
高台县	fəŋ^{44}	fəŋ^{44}	fəŋ^{44}	fəŋ^{44}	fəŋ^{44}	fəŋ^{44}	fəŋ^{44}	fəŋ^{53}
肃州区	fəŋ^{44}	fəŋ^{44}	fəŋ^{44}	fəŋ^{44}	fəŋ^{44}	fəŋ^{44}	fəŋ^{44}	fəŋ^{53}
金塔县	fɤŋ^{44}	fɤŋ^{44}	fɤŋ^{44}	fɤŋ^{44}	fɤŋ^{44}	fɤŋ^{44}	fɤŋ^{44}	fɤŋ^{53}
肃北县	fəŋ^{44}	fəŋ^{44}	fəŋ^{44}	fəŋ^{44}	fəŋ^{44}	fəŋ^{44}	fəŋ^{44}	fəŋ^{53}
玉门市	fɤŋ^{44}	fɤŋ^{44}	fɤŋ^{44}	fɤŋ^{44}	fɤŋ^{44}	fɤŋ^{44}	fɤŋ^{44}	fɤŋ^{53}
瓜州县	fɤŋ^{44}	fɤŋ^{44}	fɤŋ^{44}	fɤŋ^{44}	fɤŋ^{44}	fɤŋ^{44}	fɤŋ^{44}	fɤŋ^{53}
西夏区	fəŋ^{44}	fəŋ^{44}	fəŋ^{44}	fəŋ^{44}	fəŋ^{44}	fəŋ^{44}	fəŋ^{44}	fəŋ^{53}

续表

贺兰县	$fəŋ^{44}$	$fəŋ^{44}$	$fəŋ^{44}$	$fəŋ^{44}$	$fəŋ^{44}$	$fəŋ^{44}$	$fəŋ^{44}$	$fəŋ^{53}$
灵武市（东塔镇）	$fəŋ^{44}$	$fəŋ^{44}$	$fəŋ^{44}$	$fəŋ^{44}$	$fəŋ^{44}$	$fəŋ^{44}$	$fəŋ^{44}$	$fəŋ^{52}$
永宁县	$fəŋ^{44}$	$fəŋ^{44}$	$fəŋ^{44}$	$fəŋ^{44}$	$fəŋ^{44}$	$fəŋ^{44}$	$fəŋ^{44}$	$fəŋ^{53}$
中宁县	$fəŋ^{44}$	$fəŋ^{44}$	$fəŋ^{44}$	$fəŋ^{44}$	$fəŋ^{44}$	$fəŋ^{44}$	$fəŋ^{44}$	$fəŋ^{53}$
沙坡头区	$fəŋ^{44}$	$fəŋ^{44}$	$fəŋ^{44}$	$fəŋ^{44}$	$fəŋ^{44}$	$fəŋ^{44}$	$fəŋ^{44}$	$fəŋ^{53}$
盐池县	$fəŋ^{44}$	$fəŋ^{44}$	$fəŋ^{44}$	$fəŋ^{44}$	$fəŋ^{44}$	$fəŋ^{44}$	$fəŋ^{44}$	$fəŋ^{13}$
平罗县（渠口乡）	$fəŋ^{44}$	$fəŋ^{44}$	$fəŋ^{44}$	$fəŋ^{44}$	$fəŋ^{44}$	$fəŋ^{44}$	$fəŋ^{44}$	$fəŋ^{53}$
阿拉善左旗	$fəŋ^{44}$	$fəŋ^{44}$	$fəŋ^{44}$	$fəŋ^{44}$	$fəŋ^{44}$	$fəŋ^{44}$	$fəŋ^{44}$	$fəŋ^{51}$
乌鲁木齐市	$fəŋ^{44}$	$fəŋ^{44}$	$fəŋ^{44}$	$fəŋ^{44}$	$fəŋ^{44}$	$fəŋ^{44}$	$fəŋ^{44}$	$fəŋ^{52}$
阜康市	$fɤŋ^{55}$	$fɤŋ^{55}$	$fɤŋ^{55}$	$fɤŋ^{55}$	$fɤŋ^{55}$	$fɤŋ^{55}$	$fɤŋ^{55}$	$fɤŋ^{51}$
呼图壁县	$fəŋ^{44}$	$fəŋ^{44}$	$fəŋ^{44}$	$fəŋ^{44}$	$fəŋ^{44}$	$fəŋ^{44}$	$fəŋ^{44}$	$fəŋ^{51}$
吉木萨尔县	$fɤŋ^{44}$	$fɤŋ^{44}$	$fɤŋ^{44}$	$fɤŋ^{44}$	$fɤŋ^{44}$	$fɤŋ^{44}$	$fɤŋ^{44}$	$fɤŋ^{51}$
奇台县	$fəŋ^{44}$	$fəŋ^{44}$	$fəŋ^{44}$	$fəŋ^{44}$	$fəŋ^{44}$	$fəŋ^{44}$	$fəŋ^{44}$	$fəŋ^{52}$
博乐市	$fəŋ^{45}$	$fəŋ^{45}$	$fəŋ^{45}$	$fəŋ^{45}$	$fəŋ^{45}$	$fəŋ^{45}$	$fəŋ^{45}$	$fəŋ^{51}$
阿勒泰市	$fəŋ^{44}$	$fəŋ^{44}$	$fəŋ^{44}$	$fəŋ^{44}$	$fəŋ^{44}$	$fəŋ^{44}$	$fəŋ^{44}$	$fəŋ^{51}$
布尔津县	$fəŋ^{44}$	$fəŋ^{44}$	$fəŋ^{44}$	$fəŋ^{44}$	$fəŋ^{44}$	$fəŋ^{44}$	$fəŋ^{44}$	$fəŋ^{23}$
乌苏市	$fɤŋ^{55}$	$fɤŋ^{55}$	$fɤŋ^{55}$	$fɤŋ^{55}$	$fɤŋ^{55}$	$fɤŋ^{55}$	$fɤŋ^{55}$	$fɤŋ^{51}$
额敏县	$fəŋ^{44}$	$fəŋ^{44}$	$fəŋ^{44}$	$fəŋ^{44}$	$fəŋ^{44}$	$fəŋ^{44}$	$fəŋ^{44}$	$fəŋ^{51}$
伊州区	$fəŋ^{44}$	$fəŋ^{44}$	$fəŋ^{44}$	$fəŋ^{44}$	$fəŋ^{44}$	$fəŋ^{44}$	$fəŋ^{44}$	$fəŋ^{51}$
巴里坤县	$fəŋ^{45}$	$fəŋ^{45}$	$fəŋ^{45}$	$fəŋ^{45}$	$fəŋ^{45}$	$fəŋ^{45}$	$fəŋ^{45}$	$fəŋ^{51}$
伊吾县	$fəŋ^{44}$	$fəŋ^{44}$	$fəŋ^{44}$	$fəŋ^{44}$	$fəŋ^{44}$	$fəŋ^{44}$	$fəŋ^{44}$	$fəŋ^{51}$

字目 / 中古音 / 方言点	逢	缝① 缝补	讽②	风	奉	缝 缝隙	登	灯
	通合三 平锺奉	通合三 平锺奉	通合三 去送非	通合三 去送奉	通合三 上肿奉	通合三 去用奉	曾开一 平登端	曾开一 平登端
兰州市（城关区）	fən^{51}	fən^{51}	fən^{53}	fən^{53}	fən^{13}	fən^{13}	tən^{53}	tən^{53}
永登县	fən^{53}	fən^{53}	fən^{42}	fən^{42}	fən^{13}	fən^{13}	tən^{42}	tən^{42}
榆中县	fən^{332}	fən^{332}	fən^{51}	fən^{51}	fən^{13}	fən^{13}	tən^{51}	tən^{51}
皋兰县	fən^{53}	fən^{53}	fən^{42}	fən^{42}	fən^{13}	fən^{13}	tən^{42}	tən^{42}
白银区	fən^{51}	fən^{51}	fən^{44}	fən^{44}	fən^{13}	fən^{13}	tən^{44}	tən^{44}
天祝县	fɤŋ^{53}	fɤŋ^{53}	fɤŋ^{44}	fɤŋ^{44}	fɤŋ^{213}	fɤŋ^{213}	tɤŋ^{44}	tɤŋ^{44}
景泰县（红水镇）	fəŋ^{53}	fəŋ^{53}	fəŋ^{44}	fəŋ^{44}	fəŋ^{213}	fəŋ^{213}	təŋ^{44}	təŋ^{44}
古浪县	fəŋ^{53}	fəŋ^{53}	fəŋ^{44}	fəŋ^{44}	fəŋ^{31}	fəŋ^{31}	təŋ^{44}	təŋ^{44}
凉州区	fəŋ^{13}	fəŋ^{13}	fəŋ^{33}	fəŋ^{33}	fəŋ^{53}	fəŋ^{53}	təŋ^{33}	təŋ^{33}
民勤县	fɤŋ^{53}	fɤŋ^{53}	fɤŋ^{44}	fɤŋ^{44}	fɤŋ^{42}	fɤŋ^{42}	tɤŋ^{44}	tɤŋ^{44}
永昌县	fɤ̃^{13}	fɤ̃^{13}	fɤ̃^{44}	fɤ̃^{44}	fɤ̃^{53}	fɤ̃^{53}	tɤ̃^{44}	tɤ̃^{44}
甘州区	fɤŋ^{53}	fɤŋ^{53}	fɤŋ^{44}	fɤŋ^{44}	fɤŋ^{31}	fɤŋ^{31}	tɤŋ^{44}	tɤŋ^{44}
临泽县	fəŋ^{53}	fəŋ^{53}	fəŋ^{44}	fəŋ^{44}	fəŋ^{214}	fəŋ^{214}	təŋ^{44}	təŋ^{44}
民乐县	fəŋ^{53}	fəŋ^{53}	fəŋ^{44}	fəŋ^{44}	fəŋ^{42}	fəŋ^{42}	təŋ^{44}	təŋ^{44}
山丹县	fəŋ^{53}	fəŋ^{53}	fəŋ^{24}	fəŋ^{24}	fəŋ^{41}	fəŋ^{41}	təŋ^{24}	təŋ^{24}
高台县	fəŋ^{53}	fəŋ^{53}	fəŋ^{44}	fəŋ^{44}	fəŋ^{214}	fəŋ^{214}	təŋ^{44}	təŋ^{44}
肃州区	fəŋ^{53}	fəŋ^{53}	fəŋ^{44}	fəŋ^{44}	fəŋ^{214}	fəŋ^{214}	təŋ^{44}	təŋ^{44}
金塔县	fɤŋ^{53}	fɤŋ^{53}	fɤŋ^{44}	fɤŋ^{44}	fɤŋ^{13}	fɤŋ^{13}	tɤŋ^{44}	tɤŋ^{44}
肃北县	fəŋ^{53}	fəŋ^{53}	fəŋ^{44}	fəŋ^{44}	fəŋ^{213}	fəŋ^{213}	təŋ^{44}	təŋ^{44}

①又符风切，通合三平东奉。

②又方戎切，通合三平东非。

续表

玉门市	$fɤŋ^{53}$	$fɤŋ^{53}$	$fɤŋ^{44}$	$fɤŋ^{44}$	$fɤŋ^{213}$	$fɤŋ^{213}$	$tɤŋ^{44}$	$tɤŋ^{44}$
瓜州县	$fɤŋ^{53}$	$fɤŋ^{53}$	$fɤŋ^{44}$	$fɤŋ^{44}$	$fɤŋ^{213}$	$fɤŋ^{213}$	$tɤŋ^{44}$	$tɤŋ^{44}$
西夏区	$fəŋ^{53}$	$fəŋ^{53}$	$fəŋ^{44}$	$fəŋ^{44}$	$fəŋ^{13}$	$fəŋ^{13}$	$təŋ^{44}$	$təŋ^{44}$
贺兰县	$fəŋ^{53}$	$fəŋ^{53}$	$fəŋ^{44}$	$fəŋ^{44}$	$fəŋ^{13}$	$fəŋ^{13}$	$təŋ^{44}$	$təŋ^{44}$
灵武市（东塔镇）	$fəŋ^{52}$	$fəŋ^{52}$	$fəŋ^{44}$	$fəŋ^{44}$	$fəŋ^{13}$	$fəŋ^{13}$	$təŋ^{44}$	$təŋ^{44}$
永宁县	$fəŋ^{53}$	$fəŋ^{53}$	$fəŋ^{44}$	$fəŋ^{44}$	$fəŋ^{13}$	$fəŋ^{13}$	$təŋ^{44}$	$təŋ^{44}$
中宁县	$fəŋ^{53}$	$fəŋ^{53}$	$fəŋ^{44}$	$fəŋ^{44}$	$fəŋ^{13}$	$fəŋ^{13}$	$təŋ^{44}$	$təŋ^{44}$
沙坡头区	$fəŋ^{53}$	$fəŋ^{53}$	$fəŋ^{44}$	$fəŋ^{44}$	$fəŋ^{13}$	$fəŋ^{13}$	$təŋ^{44}$	$təŋ^{44}$
盐池县	$fəŋ^{13}$	$fəŋ^{13}$	$fəŋ^{44}$	$fəŋ^{44}$	$fəŋ^{13}$	$fəŋ^{13}$	$təŋ^{44}$	$təŋ^{44}$
平罗县（渠口乡）	$fəŋ^{53}$	$fəŋ^{53}$	$fəŋ^{44}$	$fəŋ^{44}$	$fəŋ^{13}$	$fəŋ^{13}$	$təŋ^{44}$	$təŋ^{44}$
阿拉善左旗	$fəŋ^{51}$	$fəŋ^{51}$	$fəŋ^{44}$	$fəŋ^{44}$	$fəŋ^{213}$	$fəŋ^{213}$	$təŋ^{44}$	$təŋ^{44}$
乌鲁木齐市	$fəŋ^{52}$	$fəŋ^{52}$	$fəŋ^{44}$	$fəŋ^{44}$	$fəŋ^{213}$	$fəŋ^{213}$	$təŋ^{44}$	$təŋ^{44}$
阜康市	$fɤŋ^{51}$	$fɤŋ^{51}$	$fɤŋ^{55}$	$fɤŋ^{55}$	$fɤŋ^{213}$	$fɤŋ^{213}$	$tɤŋ^{55}$	$tɤŋ^{55}$
呼图壁县	$fəŋ^{51}$	$fəŋ^{51}$	$fəŋ^{44}$	$fəŋ^{44}$	$fəŋ^{213}$	$fəŋ^{213}$	$təŋ^{44}$	$təŋ^{44}$
吉木萨尔县	$fɤŋ^{51}$	$fɤŋ^{51}$	$fɤŋ^{44}$	$fɤŋ^{44}$	$fɤŋ^{213}$	$fɤŋ^{213}$	$tɤŋ^{44}$	$tɤŋ^{44}$
奇台县	$fəŋ^{52}$	$fəŋ^{52}$	$fəŋ^{44}$	$fəŋ^{44}$	$fəŋ^{213}$	$fəŋ^{213}$	$təŋ^{44}$	$təŋ^{44}$
博乐市	$fəŋ^{51}$	$fəŋ^{51}$	$fəŋ^{45}$	$fəŋ^{45}$	$fəŋ^{24}$	$fəŋ^{24}$	$təŋ^{45}$	$təŋ^{45}$
阿勒泰市	$fəŋ^{51}$	$fəŋ^{51}$	$fəŋ^{44}$	$fəŋ^{44}$	$fəŋ^{23}$	$fəŋ^{23}$	$təŋ^{44}$	$təŋ^{44}$
布尔津县	$fəŋ^{23}$	$fəŋ^{23}$	$fəŋ^{44}$	$fəŋ^{44}$	$fəŋ^{51}$	$fəŋ^{51}$	$təŋ^{44}$	$təŋ^{44}$
乌苏市	$fɤŋ^{51}$	$fɤŋ^{51}$	$fɤŋ^{55}$	$fɤŋ^{55}$	$fɤŋ^{213}$	$fɤŋ^{213}$	$tɤŋ^{55}$	$tɤŋ^{55}$
额敏县	$fəŋ^{51}$	$fəŋ^{51}$	$fəŋ^{44}$	$fəŋ^{44}$	$fəŋ^{34}$	$fəŋ^{34}$	$təŋ^{44}$	$təŋ^{44}$
伊州区	$fəŋ^{51}$	$fəŋ^{51}$	$fəŋ^{44}$	$fəŋ^{44}$	$fəŋ^{213}$	$fəŋ^{213}$	$təŋ^{44}$	$təŋ^{44}$
巴里坤县	$fəŋ^{51}$	$fəŋ^{51}$	$fəŋ^{45}$	$fəŋ^{45}$	$fəŋ^{24}$	$fəŋ^{24}$	$təŋ^{45}$	$təŋ^{45}$
伊吾县	$fəŋ^{51}$	$fəŋ^{51}$	$fəŋ^{44}$	$fəŋ^{44}$	$fəŋ^{213}$	$fəŋ^{213}$	$təŋ^{44}$	$təŋ^{44}$

字目 中古音 方音 方言点	等	凳	邓 姓	腾	誊	藤	能	棱[1] 棱角
	曾开一上等端	曾开一去嶝端	曾开一去嶝定	曾开一平登定	曾开一平登定	曾开一平登定	曾开一平登泥	曾开一平登来
兰州市（城关区）	$tən^{44}$	$tən^{13}$	$tən^{13}$	$t‘ən^{51}$	$t‘ən^{51}$	$t‘ən^{51}$	$nən^{51}$	$lən^{51}$
永登县	$tən^{354}$	$tən^{13}$	$tən^{13}$	$t‘ən^{53}$	$t‘ən^{53}$	$t‘ən^{53}$	$nən^{53}$	$lən^{53}$
榆中县	$tən^{44}$	$tən^{13}$	$tən^{13}$	$t‘ən^{332}$	$t‘ən^{332}$	$t‘ən^{332}$	$nən^{332}$	$lən^{332}$
皋兰县	$tən^{342}$	$tən^{13}$	$tən^{13}$	$t‘ən^{53}$	$t‘ən^{53}$	$t‘ən^{53}$	$nən^{53}$	$lən^{53}$
白银区	$tən^{343}$	$tən^{13}$	$tən^{13}$	$t‘ən^{51}$	$t‘ən^{51}$	$t‘ən^{51}$	$nən^{51}$	$lən^{51}$
天祝县	$tɤŋ^{44}$	$tɤŋ^{213}$	$tɤŋ^{213}$	$t‘ɤŋ^{53}$	$t‘ɤŋ^{53}$	$t‘ɤŋ^{53}$	$nɤŋ^{53}$	$lɤŋ^{53}$
景泰县（红水镇）	$təŋ^{44}$	$təŋ^{213}$	$təŋ^{213}$	$t‘əŋ^{53}$	$t‘əŋ^{53}$	$t‘əŋ^{53}$	$nəŋ^{53}$	$ləŋ^{53}$
古浪县	$təŋ^{44}$	$təŋ^{31}$	$təŋ^{31}$	$t‘əŋ^{53}$	$t‘əŋ^{53}$	$t‘əŋ^{53}$	$nəŋ^{53}$	$ləŋ^{53}$
凉州区	$təŋ^{33}$	$təŋ^{53}$	$təŋ^{53}$	$t‘əŋ^{33}$	$t‘əŋ^{33}$	$t‘əŋ^{33}$	$nəŋ^{33}$	$ləŋ^{33}$
民勤县	$tɤŋ^{214}$	$tɤŋ^{42}$	$tɤŋ^{42}$	$t‘ɤŋ^{53}$	$t‘ɤŋ^{53}$	$t‘ɤŋ^{53}$	$nɤŋ^{53}$	$lɤŋ^{53}$
永昌县	$t\check{ɤ}^{13}$	$t\check{ɤ}^{53}$	$t\check{ɤ}^{53}$	$t‘\check{ɤ}^{13}$	$t‘\check{ɤ}^{13}$	$t‘\check{ɤ}^{13}$	$n\check{ɤ}^{13}$	$l\check{ɤ}^{13}$
甘州区	$tɤŋ^{53}$	$tɤŋ^{31}$	$tɤŋ^{31}$	$t‘ɤŋ^{53}$	$t‘ɤŋ^{53}$	$t‘ɤŋ^{53}$	$nɤŋ^{53}$	$lɤŋ^{53}$
临泽县	$təŋ^{53}$	$təŋ^{214}$	$təŋ^{214}$	$t‘əŋ^{53}$	$t‘əŋ^{53}$	$t‘əŋ^{53}$	$nəŋ^{53}$	$ləŋ^{53}$
民乐县	$təŋ^{213}$	$təŋ^{42}$	$təŋ^{42}$	$t‘əŋ^{53}$	$t‘əŋ^{53}$	$t‘əŋ^{53}$	$nəŋ^{53}$	$ləŋ^{53}$
山丹县	$təŋ^{53}$	$təŋ^{41}$	$təŋ^{41}$	$t‘əŋ^{53}$	$t‘əŋ^{53}$	$t‘əŋ^{53}$	$nəŋ^{53}$	$ləŋ^{53}$
高台县	$təŋ^{53}$	$təŋ^{214}$	$təŋ^{214}$	$t‘əŋ^{53}$	$t‘əŋ^{53}$	$t‘əŋ^{53}$	$nəŋ^{53}$	$ləŋ^{53}$
肃州区	$təŋ^{53}$	$təŋ^{214}$	$təŋ^{214}$	$t‘əŋ^{53}$	$t‘əŋ^{53}$	$t‘əŋ^{53}$	$nəŋ^{53}$	$ləŋ^{53}$
金塔县	$tɤŋ^{53}$	$tɤŋ^{13}$	$tɤŋ^{13}$	$t‘ɤŋ^{53}$	$t‘ɤŋ^{53}$	$t‘ɤŋ^{53}$	$nɤŋ^{53}$	$lɤŋ^{53}$
肃北县	$təŋ^{53}$	$təŋ^{213}$	$təŋ^{213}$	$t‘əŋ^{53}$	$t‘əŋ^{53}$	$t‘əŋ^{53}$	$nəŋ^{53}$	$ləŋ^{53}$
玉门市	$tɤŋ^{53}$	$tɤŋ^{213}$	$tɤŋ^{213}$	$t‘ɤŋ^{53}$	$t‘ɤŋ^{53}$	$t‘ɤŋ^{53}$	$nɤŋ^{53}$	$lɤŋ^{53}$

①又闾承切，曾开三平蒸来。

续表

瓜州县	tɤŋ⁵³	tɤŋ²¹³	tɤŋ²¹³	tʻɤŋ⁵³	tʻɤŋ⁵³	tʻɤŋ⁵³	nɤŋ⁵³	lɤŋ⁵³
西夏区	təŋ⁵³	təŋ¹³	təŋ¹³	tʻəŋ⁵³	tʻəŋ⁵³	tʻəŋ⁵³	nəŋ⁵³	ləŋ⁵³
贺兰县	təŋ⁵³	təŋ¹³	təŋ¹³	tʻəŋ⁵³	tʻəŋ⁵³	tʻəŋ⁵³	nəŋ⁵³	ləŋ⁵³
灵武市（东塔镇）	təŋ⁵²	təŋ¹³	təŋ¹³	tʻəŋ⁵²	tʻəŋ⁵²	tʻəŋ⁵²	nəŋ⁵²	ləŋ⁵²
永宁县	təŋ⁵³	təŋ¹³	təŋ¹³	tʻəŋ⁵³	tʻəŋ⁵³	tʻəŋ⁵³	nəŋ⁵³	ləŋ⁵³
中宁县	təŋ⁵³	təŋ¹³	təŋ¹³	tʻəŋ⁵³	tʻəŋ⁵³	tʻəŋ⁵³	nəŋ⁵³	ləŋ⁵³
沙坡头区	təŋ⁵³	təŋ¹³	təŋ¹³	tʻəŋ⁵³	tʻəŋ⁵³	tʻəŋ⁵³	nəŋ⁵³	ləŋ⁵³
盐池县	təŋ⁵²	təŋ¹³	təŋ¹³	tʻəŋ¹³	tʻəŋ¹³	tʻəŋ¹³	nəŋ¹³	ləŋ¹³
平罗县（渠口乡）	təŋ⁵³	təŋ¹³	təŋ¹³	tʻəŋ⁵³	tʻəŋ⁵³	tʻəŋ⁵³	nəŋ⁵³	ləŋ⁵³
阿拉善左旗	təŋ⁵¹	təŋ²¹³	təŋ²¹³	tʻəŋ⁵¹	tʻəŋ⁵¹	tʻəŋ⁵¹	ləŋ⁵¹	ləŋ⁵¹
乌鲁木齐市	təŋ⁵²	təŋ²¹³	təŋ²¹³	tʻəŋ⁵²	tʻəŋ⁵²	tʻəŋ⁵²	ləŋ⁵²	ləŋ⁵²
阜康市	tɤŋ⁵¹	tɤŋ²¹³	tɤŋ²¹³	tʻɤŋ⁵¹	tʻɤŋ⁵¹	tʻɤŋ⁵¹	lɤŋ⁵¹	lɤŋ⁵¹
呼图壁县	təŋ⁵¹	təŋ²¹³	təŋ²¹³	tʻəŋ⁵¹	tʻəŋ⁵¹	tʻəŋ⁵¹	ləŋ⁵¹	ləŋ⁵¹
吉木萨尔县	tɤŋ⁵¹	tɤŋ²¹³	tɤŋ²¹³	tʻɤŋ⁵¹	tʻɤŋ⁵¹	tʻɤŋ⁵¹	lɤŋ⁵¹	lɤŋ⁵¹
奇台县	təŋ⁵²	təŋ²¹³	təŋ²¹³	tʻəŋ⁵²	tʻəŋ⁵²	tʻəŋ⁵²	ləŋ⁵²	ləŋ⁵²
博乐市	təŋ⁵¹	təŋ²⁴	təŋ²⁴	tʻəŋ⁵¹	tʻəŋ⁵¹	tʻəŋ⁵¹	ləŋ⁵¹	ləŋ⁵¹
阿勒泰市	təŋ⁵¹	təŋ²³	təŋ²³	tʻəŋ⁵¹	tʻəŋ⁵¹	tʻəŋ⁵¹	ləŋ⁵¹	ləŋ⁵¹
布尔津县	təŋ²³	təŋ⁵¹	təŋ⁵¹	tʻəŋ²³	tʻəŋ²³	tʻəŋ²³	ləŋ²³	ləŋ²³
乌苏市	tɤŋ⁵¹	tɤŋ²¹³	tɤŋ²¹³	tʻɤŋ⁵¹	tʻɤŋ⁵¹	tʻɤŋ⁵¹	lɤŋ⁵¹	lɤŋ⁵¹
额敏县	təŋ⁵¹	təŋ³⁴	təŋ³⁴	tʻəŋ⁵¹	tʻəŋ⁵¹	tʻəŋ⁵¹	ləŋ⁵¹	ləŋ⁵¹
伊州区	təŋ⁵¹	təŋ²¹³	təŋ²¹³	tʻəŋ⁵¹	tʻəŋ⁵¹	tʻəŋ⁵¹	ləŋ⁵¹	ləŋ⁵¹
巴里坤县	təŋ⁵¹	təŋ²⁴	təŋ²⁴	tʻəŋ⁵¹	tʻəŋ⁵¹	tʻəŋ⁵¹	ləŋ⁵¹	ləŋ⁵¹
伊吾县	təŋ⁵¹	təŋ²¹³	təŋ²¹³	tʻəŋ⁵¹	tʻəŋ⁵¹	tʻəŋ⁵¹	ləŋ⁵¹	ləŋ⁵¹

字目 / 中古音 / 方音 / 方言点	冷①	增②	曾 曾孙	赠	曾 曾经	层	僧	征 征求
	梗开二 上梗来	曾开一 平登精	曾开一 平登精	曾开一 去嶝从	曾开一 平登从	曾开一 平登从	曾开一 平登心	曾开三 平蒸知
兰州市 （城关区）	lən^{44}	tsən^{53}	tsən^{53}	tsən^{13}	tsʻən^{51}	tsʻən^{51}	sən^{53}	tʂən^{53}
永登县	lən^{354}	tsən^{42}	tsən^{42}	tsən^{13}	tsʻən^{53}	tsʻən^{53}	sən^{42}	tʂən^{42}
榆中县	lən^{44}	tsən^{51}	tsən^{51}	tsən^{13}	tsʻən^{332}	tsʻən^{332}	sən^{51}	tʂən^{51}
皋兰县	lən^{342}	tsən^{42}	tsən^{42}	tsən^{13}	tsʻən^{53}	tsʻən^{53}	sən^{42}	tʂən^{42}
白银区	lən^{343}	tsən^{44}	tsən^{44}	tsən^{13}	tsʻən^{51}	tsʻən^{51}	sən^{44}	tʂən^{44}
天祝县	lɤŋ^{44}	tsɤŋ^{44}	tsɤŋ^{44}	tsɤŋ^{213}	tsʻɤŋ^{53}	tsʻɤŋ^{53}	sɤŋ^{44}	tʂɤŋ^{44}
景泰县 （红水镇）	ləŋ^{44}	tsəŋ^{44}	tsəŋ^{44}	tsəŋ^{213}	tsʻəŋ^{53}	tsʻəŋ^{53}	səŋ^{44}	tʂəŋ^{44}
古浪县	ləŋ^{44}	tsəŋ^{44}	tsəŋ^{44}	tsəŋ^{31}	tsʻəŋ^{53}	tsʻəŋ^{53}	səŋ^{44}	tʂəŋ^{44}
凉州区	ləŋ^{33}	tsəŋ^{33}	tsəŋ^{33}	tsəŋ^{53}	tsʻəŋ^{13}	tsʻəŋ^{13}	səŋ^{33}	tʂəŋ^{33}
民勤县	lɤŋ^{214}	tsɤŋ^{44}	tsɤŋ^{44}	tsɤŋ^{42}	tsʻɤŋ^{53}	tsʻɤŋ^{53}	sɤŋ^{44}	tʂɤŋ^{44}
永昌县	lɤ̃^{13}	tsɤ̃^{44}	tsɤ̃^{44}	tsɤ̃^{53}	tsʻɤ̃^{13}	tsʻɤ̃^{13}	sɤ̃^{44}	tʂɤ̃^{44}
甘州区	lɤŋ^{53}	tsɤŋ^{44}	tsɤŋ^{44}	tsɤŋ^{31}	tsʻɤŋ^{53}	tsʻɤŋ^{53}	sɤŋ^{44}	tʂɤŋ^{44}
临泽县	ləŋ^{53}	tsəŋ^{44}	tsəŋ^{44}	tsəŋ^{214}	tsʻəŋ^{53}	tsʻəŋ^{53}	səŋ^{44}	tʂəŋ^{44}
民乐县	ləŋ^{213}	tsəŋ^{44}	tsəŋ^{44}	tsəŋ^{42}	tsʻəŋ^{53}	tsʻəŋ^{53}	səŋ^{44}	tʂəŋ^{44}
山丹县	ləŋ^{53}	tsəŋ^{24}	tsəŋ^{24}	tsəŋ^{41}	tsʻəŋ^{53}	tsʻəŋ^{53}	səŋ^{24}	tʂəŋ^{24}
高台县	ləŋ^{53}	tsəŋ^{44}	tsəŋ^{44}	tsəŋ^{214}	tsʻəŋ^{53}	tsʻəŋ^{53}	səŋ^{44}	tʂəŋ^{44}
肃州区	ləŋ^{53}	tsəŋ^{44}	tsəŋ^{44}	tsəŋ^{214}	tsʻəŋ^{53}	tsʻəŋ^{53}	səŋ^{44}	tʂəŋ^{44}
金塔县	lɤŋ^{53}	tsɤŋ^{44}	tsɤŋ^{44}	tsɤŋ^{13}	tsʻɤŋ^{53}	tsʻɤŋ^{53}	sɤŋ^{44}	tʂɤŋ^{44}
肃北县	ləŋ^{53}	tsəŋ^{44}	tsəŋ^{44}	tsəŋ^{213}	tsʻəŋ^{53}	tsʻəŋ^{53}	səŋ^{44}	tʂəŋ^{44}

①又力鼎切，梗开四上迥来。

②又子邓切，曾开一去嶝精。

续表

玉门市	lɤŋ^{53}	tsɤŋ^{44}	tsɤŋ^{44}	tsɤŋ^{213}	tsʻɤŋ^{53}	tsʻɤŋ^{53}	sɤŋ^{44}	tʂɤŋ^{44}
瓜州县	lɤŋ^{53}	tsɤŋ^{44}	tsɤŋ^{44}	tsɤŋ^{213}	tsʻɤŋ^{53}	tsʻɤŋ^{53}	sɤŋ^{44}	tʂɤŋ^{44}
西夏区	ləŋ^{53}	tsəŋ^{44}	tsəŋ^{44}	tsəŋ^{13}	tsʻəŋ^{53}	tsʻəŋ^{53}	səŋ^{44}	tʂəŋ^{44}
贺兰县	ləŋ^{53}	tsəŋ^{44}	tsəŋ^{44}	tsəŋ^{13}	tsʻəŋ^{53}	tsʻəŋ^{53}	səŋ^{44}	tʂəŋ^{44}
灵武市（东塔镇）	ləŋ^{52}	tsəŋ^{44}	tsəŋ^{44}	tsəŋ^{13}	tsʻəŋ^{52}	tsʻəŋ^{52}	səŋ^{44}	tʂəŋ^{44}
永宁县	ləŋ^{53}	tsəŋ^{44}	tsəŋ^{44}	tsəŋ^{13}	tsʻəŋ^{53}	tsʻəŋ^{53}	səŋ^{44}	tʂəŋ^{44}
中宁县	ləŋ^{53}	tsəŋ^{44}	tsəŋ^{44}	tsəŋ^{13}	tsʻəŋ^{53}	tsʻəŋ^{53}	səŋ^{44}	tʂəŋ^{44}
沙坡头区	ləŋ^{53}	tsəŋ^{44}	tsəŋ^{44}	tsəŋ^{13}	tsʻəŋ^{53}	tsʻəŋ^{53}	səŋ^{44}	tʂəŋ^{44}
盐池县	ləŋ^{52}	tsəŋ^{44}	tsəŋ^{44}	tsəŋ^{13}	tsʻəŋ^{13}	tsʻəŋ^{13}	səŋ^{44}	tʂəŋ^{44}
平罗县（渠口乡）	ləŋ^{53}	tsəŋ^{44}	tsəŋ^{44}	tsəŋ^{13}	tsʻəŋ^{53}	tsʻəŋ^{53}	səŋ^{44}	tʂəŋ^{44}
阿拉善左旗	ləŋ^{51}	tsəŋ^{44}	tsəŋ^{44}	tsəŋ^{213}	tsʻəŋ^{51}	tsʻəŋ^{51}	səŋ^{44}	tʂəŋ^{44}
乌鲁木齐市	ləŋ^{52}	tsəŋ^{44}	tsəŋ^{44}	tsəŋ^{213}	tsʻəŋ^{52}	tsʻəŋ^{52}	səŋ^{44}	tʂəŋ^{44}
阜康市	lɤŋ^{51}	tsɤŋ^{55}	tsɤŋ^{55}	tsɤŋ^{213}	tsʻɤŋ^{51}	tsʻɤŋ^{51}	sɤŋ^{55}	tʂɤŋ^{55}
呼图壁县	ləŋ^{51}	tsəŋ^{44}	tsəŋ^{44}	tsəŋ^{213}	tsʻəŋ^{51}	tsʻəŋ^{51}	səŋ^{44}	tʂəŋ^{44}
吉木萨尔县	lɤŋ^{51}	tsɤŋ^{44}	tsɤŋ^{44}	tsɤŋ^{213}	tsʻɤŋ^{51}	tsʻɤŋ^{51}	sɤŋ^{44}	tʂɤŋ^{44}
奇台县	ləŋ^{52}	tsəŋ^{44}	tsəŋ^{44}	tsəŋ^{213}	tsʻəŋ^{52}	tsʻəŋ^{52}	səŋ^{44}	tʂəŋ^{44}
博乐市	ləŋ^{51}	tsəŋ^{45}	tsəŋ^{45}	tsəŋ^{24}	tsʻəŋ^{51}	tsʻəŋ^{51}	səŋ^{45}	tʂəŋ^{45}
阿勒泰市	ləŋ^{51}	tsəŋ^{44}	tsəŋ^{44}	tsəŋ^{23}	tsʻəŋ^{51}	tsʻəŋ^{51}	səŋ^{44}	tʂəŋ^{44}
布尔津县	ləŋ^{23}	tsəŋ^{44}	tsəŋ^{44}	tsəŋ^{51}	tsʻəŋ^{23}	tsʻəŋ^{23}	səŋ^{44}	tʂəŋ^{44}
乌苏市	lɤŋ^{51}	tsɤŋ^{55}	tsɤŋ^{55}	tsɤŋ^{213}	tsʻɤŋ^{51}	tsʻɤŋ^{51}	sɤŋ^{55}	tʂɤŋ^{55}
额敏县	ləŋ^{51}	tsəŋ^{44}	tsəŋ^{44}	tsəŋ^{34}	tsʻəŋ^{51}	tsʻəŋ^{51}	səŋ^{44}	tʂəŋ^{44}
伊州区	ləŋ^{51}	tsəŋ^{44}	tsəŋ^{44}	tsəŋ^{213}	tsʻəŋ^{51}	tsʻəŋ^{51}	səŋ^{44}	tʂəŋ^{44}
巴里坤县	ləŋ^{51}	tsəŋ^{45}	tsəŋ^{45}	tsəŋ^{24}	tsʻəŋ^{51}	tsʻəŋ^{51}	səŋ^{45}	tʂəŋ^{45}
伊吾县	ləŋ^{51}	tsəŋ^{44}	tsəŋ^{44}	tsəŋ^{213}	tsʻəŋ^{51}	tsʻəŋ^{51}	səŋ^{44}	tʂəŋ^{44}

字目 / 中古音 / 方言点	蒸	争	筝	睁	正 正月	征 征伐	整	证 证明
中古音	曾开三 平蒸章	梗开三 平耕庄	梗开三 平耕庄		梗开三 平清章	梗开三 平清章	梗开三 上静章	曾开三 去证章
兰州市 （城关区）	tʂən^{53}	tʂən^{53}	tʂən^{53}	tʂən^{53}	tʂən^{53}	tʂən^{53}	tʂən^{44}	tʂən^{13}
永登县	tʂən^{42}	tʂən^{42}	tʂən^{42}	tʂən^{42}	tʂən^{42}	tʂən^{42}	tʂən^{354}	tʂən^{13}
榆中县	tʂən^{51}	tʂən^{51}	tʂən^{51}	tʂən^{51}	tʂən^{51}	tʂən^{51}	tʂən^{44}	tʂən^{13}
皋兰县	tʂən^{42}	tʂən^{42}	tʂən^{42}	tʂən^{42}	tʂən^{42}	tʂən^{42}	tʂən^{342}	tʂən^{13}
白银区	tʂən^{44}	tʂən^{44}	tʂən^{44}	tʂən^{44}	tʂən^{44}	tʂən^{44}	tʂən^{343}	tʂən^{13}
天祝县	tʂɤŋ^{44}	tʂɤŋ^{44} tsəŋ^{44}	tʂɤŋ^{44}	tʂɤŋ^{44}	tʂɤŋ^{44}	tʂɤŋ^{44}	tʂɤŋ^{44}	tʂɤŋ^{213}
景泰县 （红水镇）	tʂəŋ^{44}	tʂəŋ^{44} tsəŋ^{44}	tʂəŋ^{44}	tʂəŋ^{44}	tʂəŋ^{44}	tʂəŋ^{44}	tʂəŋ^{44}	tʂəŋ^{213}
古浪县	tʂəŋ^{44}	tʂəŋ^{44} tsəŋ^{44}	tʂəŋ^{44}	tʂəŋ^{44}	tʂəŋ^{44}	tʂəŋ^{44}	tʂəŋ^{44}	tʂəŋ^{31}
凉州区	tʂəŋ^{33}	tʂəŋ^{33} tsəŋ^{33}	tʂəŋ^{33}	tʂəŋ^{33}	tʂəŋ^{33}	tʂəŋ^{33}	tʂəŋ^{33}	tʂəŋ^{53}
民勤县	tʂɤŋ^{44}	tʂɤŋ^{44} tsəŋ^{44}	tʂɤŋ^{44}	tʂɤŋ^{44}	tʂɤŋ^{44}	tʂɤŋ^{44}	tʂɤŋ^{214}	tʂɤŋ^{42}
永昌县	tʂɤ̃^{44}	tʂɤ̃^{44} tsɤ̃^{44}	tʂɤ̃^{44}	tʂɤ̃^{44}	tʂɤ̃^{44}	tʂɤ̃^{44}	tʂɤ̃^{13}	tʂɤ̃^{53}
甘州区	tʂɤŋ^{44}	tʂɤŋ^{44} tsɤŋ^{44}	tʂɤŋ^{44}	tʂɤŋ^{44}	tʂɤŋ^{44}	tʂɤŋ^{44}	tʂɤŋ^{53}	tʂɤŋ^{31}
临泽县	tʂəŋ^{44}	tʂəŋ^{44} tsəŋ^{44}	tʂəŋ^{44}	tʂəŋ^{44}	tʂəŋ^{44}	tʂəŋ^{44}	tʂəŋ^{53}	tʂəŋ^{214}
民乐县	tʂəŋ^{44}	tʂəŋ^{44} tsəŋ^{44}	tʂəŋ^{44}	tʂəŋ^{44}	tʂəŋ^{44}	tʂəŋ^{44}	tʂəŋ^{213}	tʂəŋ^{42}
山丹县	tʂəŋ^{24}	tʂəŋ^{24} tsəŋ^{24}	tʂəŋ^{24}	tʂəŋ^{24}	tʂəŋ^{24}	tʂəŋ^{24}	tʂəŋ^{53}	tʂəŋ^{41}
高台县	tʂəŋ^{44}	tʂəŋ^{44} tsəŋ^{44}	tʂəŋ^{44}	tʂəŋ^{44}	tʂəŋ^{44}	tʂəŋ^{44}	tʂəŋ^{53}	tʂəŋ^{214}

续表

肃州区	tʂəŋ^{44}	tʂəŋ^{44} tsəŋ^{44}	tʂəŋ^{44}	tʂəŋ^{44}	tʂəŋ^{44}	tʂəŋ^{44}	tʂəŋ^{53}	tʂəŋ^{214}
金塔县	tʂɤŋ^{44}	tʂɤŋ^{44} tsɤŋ^{44}	tʂɤŋ^{44}	tʂɤŋ^{44}	tʂɤŋ^{44}	tʂɤŋ^{44}	tʂɤŋ^{53}	tʂɤŋ^{13}
肃北县	tʂəŋ^{44}	tʂəŋ^{44} tsəŋ^{44}	tʂəŋ^{44}	tʂəŋ^{44}	tʂəŋ^{44}	tʂəŋ^{44}	tʂəŋ^{53}	tʂəŋ^{213}
玉门市	tʂɤŋ^{44}	tʂɤŋ^{44} tsɤŋ^{44}	tʂɤŋ^{44}	tʂɤŋ^{44}	tʂɤŋ^{44}	tʂɤŋ^{44}	tʂɤŋ^{53}	tʂɤŋ^{213}
瓜州县	tʂɤŋ^{44}	tʂɤŋ^{44} tsɤŋ^{44}	tʂɤŋ^{44}	tʂɤŋ^{44}	tʂɤŋ^{44}	tʂɤŋ^{44}	tʂɤŋ^{53}	tʂɤŋ^{213}
西夏区	tʂəŋ^{44}	tʂəŋ^{44} tsəŋ^{44}	tʂəŋ^{44}	tʂəŋ^{44}	tʂəŋ^{44}	tʂəŋ^{44}	tʂəŋ^{53}	tʂəŋ^{13}
贺兰县	tʂəŋ^{44}	tʂəŋ^{44}	tʂəŋ^{44}	tʂəŋ^{44}	tʂəŋ^{44}	tʂəŋ^{44}	tʂəŋ^{53}	tʂəŋ^{13}
灵武市 （东塔镇）	tʂəŋ^{44}	tʂəŋ^{44}	tʂəŋ^{44}	tʂəŋ^{44}	tʂəŋ^{44}	tʂəŋ^{44}	tʂəŋ^{52}	tʂəŋ^{13}
永宁县	tʂəŋ^{44}	tʂəŋ^{44}	tʂəŋ^{44}	tʂəŋ^{44}	tʂəŋ^{44}	tʂəŋ^{44}	tʂəŋ^{53}	tʂəŋ^{13}
中宁县	tʂəŋ^{44}	tʂəŋ^{44}	tʂəŋ^{44}	tʂəŋ^{44}	tʂəŋ^{44}	tʂəŋ^{44}	tʂəŋ^{53}	tʂəŋ^{13}
沙坡头区	tʂəŋ^{44}	tʂəŋ^{44}	tʂəŋ^{44}	tʂəŋ^{44}	tʂəŋ^{44}	tʂəŋ^{44}	tʂəŋ^{53}	tʂəŋ^{13}
盐池县	tʂəŋ^{44}	tsəŋ^{44}	tsəŋ^{44}	tsəŋ^{44}	tʂəŋ^{44}	tʂəŋ^{44}	tʂəŋ^{52}	tʂəŋ^{13}
平罗县 （渠口乡）	tʂəŋ^{44}	tʂəŋ^{44}	tʂəŋ^{44}	tʂəŋ^{44}	tʂəŋ^{44}	tʂəŋ^{44}	tʂəŋ^{53}	tʂəŋ^{13}
阿拉善左旗	tʂəŋ^{44}	tʂəŋ^{44}	tʂəŋ^{44}	tʂəŋ^{44}	tʂəŋ^{44}	tʂəŋ^{44}	tʂəŋ^{51}	tʂəŋ^{213}
乌鲁木齐市	tʂəŋ^{44}	tʂəŋ^{44}	tʂəŋ^{44}	tʂəŋ^{44}	tʂəŋ^{44}	tʂəŋ^{44}	tʂəŋ^{52}	tʂəŋ^{213}
阜康市	tʂɤŋ^{55}	tʂɤŋ^{55}	tʂɤŋ^{55}	tʂɤŋ^{55}	tʂɤŋ^{55}	tʂɤŋ^{55}	tʂɤŋ^{51}	tʂɤŋ^{213}
呼图壁县	tʂəŋ^{44}	tʂəŋ^{44}	tʂəŋ^{44}	tʂəŋ^{44}	tʂəŋ^{44}	tʂəŋ^{44}	tʂəŋ^{51}	tʂəŋ^{213}
吉木萨尔县	tʂɤŋ^{44}	tʂɤŋ^{44}	tʂɤŋ^{44}	tʂɤŋ^{44}	tʂɤŋ^{44}	tʂɤŋ^{44}	tʂɤŋ^{51}	tʂɤŋ^{213}
奇台县	tʂəŋ^{44}	tʂəŋ^{44}	tʂəŋ^{44}	tʂəŋ^{44}	tʂəŋ^{44}	tʂəŋ^{44}	tʂəŋ^{52}	tʂəŋ^{213}
博乐市	tʂəŋ^{45}	tʂəŋ^{45}	tʂəŋ^{45}	tʂəŋ^{45}	tʂəŋ^{45}	tʂəŋ^{45}	tʂəŋ^{51}	tʂəŋ^{24}
阿勒泰市	tʂəŋ^{44}	tʂəŋ^{44}	tʂəŋ^{44}	tʂəŋ^{44}	tʂəŋ^{44}	tʂəŋ^{44}	tʂəŋ^{51}	tʂəŋ^{23}
布尔津县	tʂəŋ^{44}	tʂəŋ^{44}	tʂəŋ^{44}	tʂəŋ^{44}	tʂəŋ^{44}	tʂəŋ^{44}	tʂəŋ^{23}	tʂəŋ^{51}

续表

乌苏市	tʂɤŋ⁵⁵	tʂɤŋ⁵⁵	tʂɤŋ⁵⁵	tʂɤŋ⁵⁵	tʂɤŋ⁵⁵	tʂɤŋ⁵⁵	tʂɤŋ⁵¹	tʂɤŋ²¹³
额敏县	tʂəŋ⁴⁴	tʂəŋ⁴⁴	tʂəŋ⁴⁴	tʂəŋ⁴⁴	tʂəŋ⁴⁴	tʂəŋ⁴⁴	tʂəŋ⁵¹	tʂəŋ³⁴
伊州区	tʂəŋ⁴⁴	tʂəŋ⁴⁴	tʂəŋ⁴⁴	tʂəŋ⁴⁴	tʂəŋ⁴⁴	tʂəŋ⁴⁴	tʂəŋ⁵¹	tʂəŋ²¹³
巴里坤县	tʂəŋ⁴⁵	tʂəŋ⁴⁵	tʂəŋ⁴⁵	tʂəŋ⁴⁵	tʂəŋ⁴⁵	tʂəŋ⁴⁵	tʂəŋ⁵¹	tʂəŋ²⁴
伊吾县	tʂəŋ⁴⁴	tʂəŋ⁴⁴	tʂəŋ⁴⁴	tʂəŋ⁴⁴	tʂəŋ⁴⁴	tʂəŋ⁴⁴	tʂəŋ⁵¹	tʂəŋ²¹³

字目 / 中古音 / 方言点	症 病症	郑	正 公证	政	称 称呼	撑① 支撑	惩	乘
中古音	曾开三 去证章	梗开三 去劲澄	梗开三 去劲章	梗开三 去劲章	曾开三 平蒸昌	梗开二 平庚彻	梗开三 平蒸章	曾开三 平蒸船
兰州市 （城关区）	tʂən^{13}	tʂən^{13}	tʂən^{13}	tʂən^{13}	tʂʻən^{53}	tʂʻən^{53}	tʂʻən^{51}	tʂʻən^{51}
永登县	tʂən^{13}	tʂən^{13}	tʂən^{13}	tʂən^{13}	tʂʻən^{42}	tʂʻən^{42}	tʂʻən^{53}	tʂʻən^{53}
榆中县	tʂən^{13}	tʂən^{13}	tʂən^{13}	tʂən^{13}	tʂʻən^{51}	tʂʻən^{51}	tʂʻən^{332}	tʂʻən^{332}
皋兰县	tʂən^{13}	tʂən^{13}	tʂən^{13}	tʂən^{13}	tʂʻən^{42}	tʂʻən^{42}	tʂʻən^{53}	tʂʻən^{53}
白银区	tʂən^{13}	tʂən^{13}	tʂən^{13}	tʂən^{13}	tʂʻən^{44}	tʂʻən^{44}	tʂʻən^{51}	tʂʻən^{51}
天祝县	tɤŋ^{213}	tʂɤŋ^{213}	tʂɤŋ^{213}	tʂɤŋ^{213}	tʂʻɤŋ^{44}	tʂʻɤŋ^{44}	tʂʻɤŋ^{53}	tʂʻɤŋ^{53}
景泰县 （红水镇）	tʂəŋ^{213}	tʂəŋ^{213}	tʂəŋ^{213}	tʂəŋ^{213}	tʂʻəŋ^{44}	tʂʻəŋ^{44}	tʂʻəŋ^{53}	tʂʻəŋ^{53}
古浪县	tʂəŋ^{31}	tʂəŋ^{31}	tʂəŋ^{31}	tʂəŋ^{31}	tʂʻəŋ^{44}	tʂʻəŋ^{44}	tʂʻəŋ^{53}	tʂʻəŋ^{53}
凉州区	tʂəŋ^{53}	tʂəŋ^{53}	tʂəŋ^{53}	tʂəŋ^{53}	tʂʻəŋ^{33}	tʂʻəŋ^{33}	tʂʻəŋ^{13}	tʂʻəŋ^{13}
民勤县	tʂɤŋ^{42}	tʂɤŋ^{42}	tʂɤŋ^{42}	tʂɤŋ^{42}	tʂʻɤŋ^{44}	tʂʻɤŋ^{44}	tʂʻɤŋ^{53}	tʂʻɤŋ^{53}
永昌县	tʂɤ̃^{53}	tʂɤ̃^{53}	tʂɤ̃^{53}	tʂɤ̃^{53}	tʂʻɤ̃^{44}	tʂʻɤ̃^{44}	tʂʻɤ̃^{13}	tʂʻɤ̃^{13}
甘州区	tʂɤŋ^{31}	tʂɤŋ^{31}	tʂɤŋ^{31}	tʂɤŋ^{31}	tʂʻɤŋ^{44}	tʂʻɤŋ^{44}	tʂʻɤŋ^{53}	tʂʻɤŋ^{53}
临泽县	tʂəŋ^{214}	tʂəŋ^{214}	tʂəŋ^{214}	tʂəŋ^{214}	tʂʻəŋ^{44}	tʂʻəŋ^{44}	tʂʻəŋ^{53}	tʂʻəŋ^{53}
民乐县	tʂəŋ^{42}	tʂəŋ^{42}	tʂəŋ^{42}	tʂəŋ^{42}	tʂʻəŋ^{44}	tʂʻəŋ^{44}	tʂʻəŋ^{53}	tʂʻəŋ^{53}
山丹县	tʂəŋ^{41}	tʂəŋ^{41}	tʂəŋ^{41}	tʂəŋ^{41}	tʂʻəŋ^{24}	tʂʻəŋ^{24}	tʂʻəŋ^{53}	tʂʻəŋ^{53}
高台县	tʂəŋ^{214}	tʂəŋ^{214}	tʂəŋ^{214}	tʂəŋ^{214}	tʂʻəŋ^{44}	tʂʻəŋ^{44}	tʂʻəŋ^{53}	tʂʻəŋ^{53}
肃州区	tʂəŋ^{214}	tʂəŋ^{214}	tʂəŋ^{214}	tʂəŋ^{214}	tʂʻəŋ^{44}	tʂʻəŋ^{44}	tʂʻəŋ^{53}	tʂʻəŋ^{53}
金塔县	tʂɤŋ^{13}	tʂɤŋ^{13}	tʂɤŋ^{13}	tʂɤŋ^{13}	tʂʻɤŋ^{44}	tʂʻɤŋ^{44}	tʂʻɤŋ^{53}	tʂʻɤŋ^{53}
肃北县	tʂəŋ^{213}	tʂəŋ^{213}	tʂəŋ^{213}	tʂəŋ^{213}	tʂʻəŋ^{44}	tʂʻəŋ^{44}	tʂʻəŋ^{53}	tʂʻəŋ^{53}
玉门市	tʂɤŋ^{213}	tʂɤŋ^{213}	tʂɤŋ^{213}	tʂɤŋ^{213}	tʂʻɤŋ^{44}	tʂʻɤŋ^{44}	tʂʻɤŋ^{53}	tʂʻɤŋ^{53}

①又《广韵》他孟切，类隔，《集韵》耻孟切，梗开二去映彻。

续表

瓜州县	tʂɤŋ^{213}	tʂɤŋ^{213}	tʂɤŋ^{213}	tʂɤŋ^{213}	tʂʻɤŋ^{44}	tʂʻɤŋ^{44}	tʂʻɤŋ^{53}	tʂʻɤŋ^{53}
西夏区	tʂəŋ^{13}	tʂəŋ^{13}	tʂəŋ^{13}	tʂəŋ^{13}	tʂʻəŋ^{44}	tʂʻəŋ^{44}	tʂʻəŋ^{53}	tʂʻəŋ^{53}
贺兰县	tʂəŋ^{13}	tʂəŋ^{13}	tʂəŋ^{13}	tʂəŋ^{13}	tʂʻəŋ^{44}	tʂʻəŋ^{44}	tʂʻəŋ^{53}	tʂʻəŋ^{53}
灵武市（东塔镇）	tʂəŋ^{13}	tʂəŋ^{13}	tʂəŋ^{13}	tʂəŋ^{13}	tʂʻəŋ^{44}	tʂʻəŋ^{44}	tʂʻəŋ^{52}	tʂʻəŋ^{52}
永宁县	tʂəŋ^{13}	tʂəŋ^{13}	tʂəŋ^{13}	tʂəŋ^{13}	tʂʻəŋ^{44}	tʂʻəŋ^{44}	tʂʻəŋ^{53}	tʂʻəŋ^{53}
中宁县	tʂəŋ^{13}	tʂəŋ^{13}	tʂəŋ^{13}	tʂəŋ^{13}	tʂʻəŋ^{44}	tʂʻəŋ^{44}	tʂʻəŋ^{53}	tʂʻəŋ^{53}
沙坡头区	tʂəŋ^{13}	tʂəŋ^{13}	tʂəŋ^{13}	tʂəŋ^{13}	tʂʻəŋ^{44}	tʂʻəŋ^{44}	tʂʻəŋ^{53}	tʂʻəŋ^{53}
盐池县	tʂəŋ^{13}	tʂəŋ^{13}	tʂəŋ^{13}	tʂəŋ^{13}	tʂʻəŋ^{44}	tʂʻəŋ^{44}	tʂʻəŋ^{13}	tʂʻəŋ^{13}
平罗县（渠口乡）	tʂəŋ^{13}	tʂəŋ^{13}	tʂəŋ^{13}	tʂəŋ^{13}	tʂʻəŋ^{44}	tʂʻəŋ^{44}	tʂʻəŋ^{53}	tʂʻəŋ^{53}
阿拉善左旗	tʂəŋ^{213}	tʂəŋ^{213}	tʂəŋ^{213}	tʂəŋ^{213}	tʂʻəŋ^{44}	tʂʻəŋ^{44}	tʂʻəŋ^{51}	tʂʻəŋ^{51}
乌鲁木齐市	tʂəŋ^{213}	tʂəŋ^{213}	tʂəŋ^{213}	tʂəŋ^{213}	tʂʻəŋ^{44}	tʂʻəŋ^{44}	tʂʻəŋ^{52}	tʂʻəŋ^{52}
阜康市	tʂɤŋ^{213}	tʂɤŋ^{213}	tʂɤŋ^{213}	tʂɤŋ^{213}	tʂʻɤŋ^{55}	tʂʻɤŋ^{55}	tʂʻɤŋ^{51}	tʂʻɤŋ^{51}
呼图壁县	tʂəŋ^{213}	tʂəŋ^{213}	tʂəŋ^{213}	tʂəŋ^{213}	tʂʻəŋ^{44}	tʂʻəŋ^{44}	tʂʻəŋ^{51}	tʂʻəŋ^{51}
吉木萨尔县	tʂɤŋ^{213}	tʂɤŋ^{213}	tʂɤŋ^{213}	tʂɤŋ^{213}	tʂʻɤŋ^{44}	tʂʻɤŋ^{44}	tʂʻɤŋ^{51}	tʂʻɤŋ^{51}
奇台县	tʂəŋ^{213}	tʂəŋ^{213}	tʂəŋ^{213}	tʂəŋ^{213}	tʂʻəŋ^{44}	tʂʻəŋ^{44}	tʂʻəŋ^{52}	tʂʻəŋ^{52}
博乐市	tʂəŋ^{24}	tʂəŋ^{24}	tʂəŋ^{24}	tʂəŋ^{24}	tʂʻəŋ^{45}	tʂʻəŋ^{45}	tʂʻəŋ^{51}	tʂʻəŋ^{51}
阿勒泰市	tʂəŋ^{23}	tʂəŋ^{23}	tʂəŋ^{23}	tʂəŋ^{23}	tʂʻəŋ^{44}	tʂʻəŋ^{44}	tʂʻəŋ^{51}	tʂʻəŋ^{51}
布尔津县	tʂəŋ^{51}	tʂəŋ^{51}	tʂəŋ^{51}	tʂəŋ^{51}	tʂʻəŋ^{44}	tʂʻəŋ^{44}	tʂʻəŋ^{23}	tʂʻəŋ^{23}
乌苏市	tʂɤŋ^{213}	tʂɤŋ^{213}	tʂɤŋ^{213}	tʂɤŋ^{213}	tʂʻɤŋ^{55}	tʂʻɤŋ^{55}	tʂʻɤŋ^{51}	tʂʻɤŋ^{51}
额敏县	tʂəŋ^{34}	tʂəŋ^{34}	tʂəŋ^{34}	tʂəŋ^{34}	tʂʻəŋ^{44}	tʂʻəŋ^{44}	tʂʻəŋ^{51}	tʂʻəŋ^{51}
伊州区	tʂəŋ^{213}	tʂəŋ^{213}	tʂəŋ^{213}	tʂəŋ^{213}	tʂʻəŋ^{44}	tʂʻəŋ^{44}	tʂʻəŋ^{51}	tʂʻəŋ^{51}
巴里坤县	tʂəŋ^{24}	tʂəŋ^{24}	tʂəŋ^{24}	tʂəŋ^{24}	tʂʻəŋ^{45}	tʂʻəŋ^{45}	tʂʻəŋ^{51}	tʂʻəŋ^{51}
伊吾县	tʂəŋ^{213}	tʂəŋ^{213}	tʂəŋ^{213}	tʂəŋ^{213}	tʂʻəŋ^{44}	tʂʻəŋ^{44}	tʂʻəŋ^{51}	tʂʻəŋ^{51}

字目 / 中古音 / 方言点	承	呈	程	成	城	诚	盛 盛满	秤
中古音	曾开三 平蒸禅	梗开三 平清澄	梗开三 平清澄	梗开三 平清禅	梗开三 平清禅	梗开三 平清禅	梗开三 平清禅	曾开三 去证昌
兰州市 （城关区）	tʂʻən^{51}	tʂʻən^{51}	tʂʻən^{51}	tʂʻən^{51}	tʂʻən^{51}	tʂʻən^{51}	tʂʻən^{51}	tʂʻən^{13}
永登县	tʂʻən^{53}	tʂʻən^{53}	tʂʻən^{53}	tʂʻən^{53}	tʂʻən^{53}	tʂʻən^{53}	tʂʻən^{53}	tʂʻən^{13}
榆中县	tʂʻən^{332}	tʂʻən^{332}	tʂʻən^{332}	tʂʻən^{332}	tʂʻən^{332}	tʂʻən^{332}	tʂʻən^{332}	tʂʻən^{13}
皋兰县	tʂʻən^{53}	tʂʻən^{53}	tʂʻən^{53}	tʂʻən^{53}	tʂʻən^{53}	tʂʻən^{53}	tʂʻən^{53}	tʂʻən^{13}
白银区	tʂʻən^{51}	tʂʻən^{51}	tʂʻən^{51}	tʂʻən^{51}	tʂʻən^{51}	tʂʻən^{51}	tʂʻən^{51}	tʂʻən^{13}
天祝县	tʂʻɤŋ^{53}	tʂʻɤŋ^{53}	tʂʻɤŋ^{53}	tʂʻɤŋ^{53}	tʂʻɤŋ^{53}	tʂʻɤŋ^{53}	tʂʻɤŋ^{53}	tʂʻɤŋ^{213}
景泰县 （红水镇）	tʂʻəŋ^{53}	tʂʻəŋ^{53}	tʂʻəŋ^{53}	tʂʻəŋ^{53}	tʂʻəŋ^{53}	tʂʻəŋ^{53}	tʂʻəŋ^{53}	tʂʻəŋ^{213}
古浪县	tʂʻəŋ^{53}	tʂʻəŋ^{53}	tʂʻəŋ^{53}	tʂʻəŋ^{53}	tʂʻəŋ^{53}	tʂʻəŋ^{53}	tʂʻəŋ^{53}	tʂʻəŋ^{31}
凉州区	tʂʻəŋ^{13}	tʂʻəŋ^{13}	tʂʻəŋ^{13}	tʂʻəŋ^{13}	tʂʻəŋ^{13}	tʂʻəŋ^{13}	tʂʻəŋ^{13}	tʂʻəŋ^{53}
民勤县	tʂʻɤŋ^{53}	tʂʻɤŋ^{53}	tʂʻɤŋ^{53}	tʂʻɤŋ^{53}	tʂʻɤŋ^{53}	tʂʻɤŋ^{53}	tʂʻɤŋ^{53}	tʂʻɤŋ^{42}
永昌县	tʂʻɤ̃^{13}	tʂʻɤ̃^{13}	tʂʻɤ̃^{13}	tʂʻɤ̃^{13}	tʂʻɤ̃^{13}	tʂʻɤ̃^{13}	tʂʻɤ̃^{13}	tʂʻɤ̃^{53}
甘州区	tʂʻɤŋ^{53}	tʂʻɤŋ^{53}	tʂʻɤŋ^{53}	tʂʻɤŋ^{53}	tʂʻɤŋ^{53}	tʂʻɤŋ^{53}	tʂʻɤŋ^{53}	tʂʻɤŋ^{31}
临泽县	tʂʻəŋ^{53}	tʂʻəŋ^{53}	tʂʻəŋ^{53}	tʂʻəŋ^{53}	tʂʻəŋ^{53}	tʂʻəŋ^{53}	tʂʻəŋ^{53}	tʂʻəŋ^{214}
民乐县	tʂʻəŋ^{53}	tʂʻəŋ^{53}	tʂʻəŋ^{53}	tʂʻəŋ^{53}	tʂʻəŋ^{53}	tʂʻəŋ^{53}	tʂʻəŋ^{53}	tʂʻəŋ^{42}
山丹县	tʂʻəŋ^{53}	tʂʻəŋ^{53}	tʂʻəŋ^{53}	tʂʻəŋ^{53}	tʂʻəŋ^{53}	tʂʻəŋ^{53}	tʂʻəŋ^{53}	tʂʻəŋ^{41}
高台县	tʂʻəŋ^{53}	tʂʻəŋ^{53}	tʂʻəŋ^{53}	tʂʻəŋ^{53}	tʂʻəŋ^{53}	tʂʻəŋ^{53}	tʂʻəŋ^{53}	tʂʻəŋ^{214}
肃州区	tʂʻəŋ^{53}	tʂʻəŋ^{53}	tʂʻəŋ^{53}	tʂʻəŋ^{53}	tʂʻəŋ^{53}	tʂʻəŋ^{53}	tʂʻəŋ^{53}	tʂʻəŋ^{214}
金塔县	tʂʻɤŋ^{53}	tʂʻɤŋ^{53}	tʂʻɤŋ^{53}	tʂʻɤŋ^{53}	tʂʻɤŋ^{53}	tʂʻɤŋ^{53}	tʂʻɤŋ^{53}	tʂʻɤŋ^{13}
肃北县	tʂʻəŋ^{53}	tʂʻəŋ^{53}	tʂʻəŋ^{53}	tʂʻəŋ^{53}	tʂʻəŋ^{53}	tʂʻəŋ^{53}	tʂʻəŋ^{53}	tʂʻəŋ^{213}
玉门市	tʂʻɤŋ^{53}	tʂʻɤŋ^{53}	tʂʻɤŋ^{53}	tʂʻɤŋ^{53}	tʂʻɤŋ^{53}	tʂʻɤŋ^{53}	tʂʻɤŋ^{53}	tʂʻɤŋ^{213}
瓜州县	tʂʻɤŋ^{53}	tʂʻɤŋ^{53}	tʂʻɤŋ^{53}	tʂʻɤŋ^{53}	tʂʻɤŋ^{53}	tʂʻɤŋ^{53}	tʂʻɤŋ^{53}	tʂʻɤŋ^{213}
西夏区	tʂʻəŋ^{53}	tʂʻəŋ^{53}	tʂʻəŋ^{53}	tʂʻəŋ^{53}	tʂʻəŋ^{53}	tʂʻəŋ^{53}	tʂʻəŋ^{53}	tʂʻəŋ^{13}

续表

贺兰县	tʂʻəŋ^{53}	tʂʻəŋ^{53}	tʂʻəŋ^{53}	tʂʻəŋ^{53}	tʂʻəŋ^{53}	tʂʻəŋ^{53}	tʂʻəŋ^{53}	tʂʻəŋ^{13}
灵武市（东塔镇）	tʂʻəŋ^{52}	tʂʻəŋ^{52}	tʂʻəŋ^{52}	tʂʻəŋ^{52}	tʂʻəŋ^{52}	tʂʻəŋ^{52}	tʂʻəŋ^{52}	tʂʻəŋ^{13}
永宁县	tʂʻəŋ^{53}	tʂʻəŋ^{53}	tʂʻəŋ^{53}	tʂʻəŋ^{53}	tʂʻəŋ^{53}	tʂʻəŋ^{53}	tʂʻəŋ^{53}	tʂʻəŋ^{13}
中宁县	tʂʻəŋ^{53}	tʂʻəŋ^{53}	tʂʻəŋ^{53}	tʂʻəŋ^{53}	tʂʻəŋ^{53}	tʂʻəŋ^{53}	tʂʻəŋ^{53}	tʂʻəŋ^{13}
沙坡头区	tʂʻəŋ^{53}	tʂʻəŋ^{53}	tʂʻəŋ^{53}	tʂʻəŋ^{53}	tʂʻəŋ^{53}	tʂʻəŋ^{53}	tʂʻəŋ^{53}	tʂʻəŋ^{13}
盐池县	tʂʻəŋ^{13}	tʂʻəŋ^{13}	tʂʻəŋ^{13}	tʂʻəŋ^{13}	tʂʻəŋ^{1}	tʂʻəŋ^{13}	tʂʻəŋ^{13}	tʂʻəŋ^{13}
平罗县（渠口乡）	tʂʻəŋ^{53}	tʂʻəŋ^{53}	tʂʻəŋ^{53}	tʂʻəŋ^{53}	tʂʻəŋ^{53}	tʂʻəŋ^{53}	tʂʻəŋ^{53}	tʂʻəŋ^{13}
阿拉善左旗	tʂʻəŋ^{51}	tʂʻəŋ^{51}	tʂʻəŋ^{51}	tʂʻəŋ^{51}	tʂʻəŋ^{51}	tʂʻəŋ^{51}	tʂʻəŋ^{51}	tʂʻəŋ^{213}
乌鲁木齐市	tʂʻəŋ^{52}	tʂʻəŋ^{52}	tʂʻəŋ^{52}	tʂʻəŋ^{52}	tʂʻəŋ^{52}	tʂʻəŋ^{52}	tʂʻəŋ^{52}	tʂʻəŋ^{213}
阜康市	tʂʻɤŋ^{51}	tʂʻɤŋ^{51}	tʂʻɤŋ^{51}	tʂʻɤŋ^{51}	tʂʻɤŋ^{51}	tʂʻɤŋ^{51}	tʂʻɤŋ^{51}	tʂʻɤŋ^{213}
呼图壁县	tʂʻəŋ^{51}	tʂʻəŋ^{51}	tʂʻəŋ^{51}	tʂʻəŋ^{51}	tʂʻəŋ^{51}	tʂʻəŋ^{51}	tʂʻəŋ^{51}	tʂʻəŋ^{213}
吉木萨尔县	tʂʻɤŋ^{51}	tʂʻɤŋ^{51}	tʂʻɤŋ^{51}	tʂʻɤŋ^{51}	tʂʻɤŋ^{51}	tʂʻɤŋ^{51}	tʂʻɤŋ^{51}	tʂʻɤŋ^{213}
奇台县	tʂʻəŋ^{52}	tʂʻəŋ^{52}	tʂʻəŋ^{52}	tʂʻəŋ^{52}	tʂʻəŋ^{52}	tʂʻəŋ^{52}	tʂʻəŋ^{52}	tʂʻəŋ^{213}
博乐市	tʂʻəŋ^{51}	tʂʻəŋ^{51}	tʂʻəŋ^{51}	tʂʻəŋ^{51}	tʂʻəŋ^{51}	tʂʻəŋ^{51}	tʂʻəŋ^{51}	tʂʻəŋ^{24}
阿勒泰市	tʂʻəŋ^{51}	tʂʻəŋ^{51}	tʂʻəŋ^{51}	tʂʻəŋ^{51}	tʂʻəŋ^{51}	tʂʻəŋ^{51}	tʂʻəŋ^{51}	tʂʻəŋ^{23}
布尔津县	tʂʻəŋ^{23}	tʂʻəŋ^{23}	tʂʻəŋ^{23}	tʂʻəŋ^{23}	tʂʻəŋ^{23}	tʂʻəŋ^{23}	tʂʻəŋ^{23}	tʂʻəŋ^{51}
乌苏市	tʂʻɤŋ^{51}	tʂʻɤŋ^{51}	tʂʻɤŋ^{51}	tʂʻɤŋ^{51}	tʂʻɤŋ^{51}	tʂʻɤŋ^{51}	tʂʻɤŋ^{51}	tʂʻɤŋ^{213}
额敏县	tʂʻəŋ^{51}	tʂʻəŋ^{51}	tʂʻəŋ^{51}	tʂʻəŋ^{51}	tʂʻəŋ^{51}	tʂʻəŋ^{51}	tʂʻəŋ^{51}	tʂʻəŋ^{34}
伊州区	tʂʻəŋ^{51}	tʂʻəŋ^{51}	tʂʻəŋ^{51}	tʂʻəŋ^{51}	tʂʻəŋ^{51}	tʂʻəŋ^{51}	tʂʻəŋ^{51}	tʂʻəŋ^{213}
巴里坤县	tʂʻəŋ^{51}	tʂʻəŋ^{51}	tʂʻəŋ^{51}	tʂʻəŋ^{51}	tʂʻəŋ^{51}	tʂʻəŋ^{51}	tʂʻəŋ^{51}	tʂʻəŋ^{24}
伊吾县	tʂʻəŋ^{51}	tʂʻəŋ^{51}	tʂʻəŋ^{51}	tʂʻəŋ^{51}	tʂʻəŋ^{51}	tʂʻəŋ^{51}	tʂʻəŋ^{51}	tʂʻəŋ^{213}

字目 / 中古音 / 方言点	升	生①	甥	牲	声	绳	省 节省	剩
	曾开三平蒸书	梗开二平庚生	梗开二平庚生	梗开二平庚生	梗开三平清书	曾开三平蒸船	曾开二上梗生	曾开三去证船
兰州市（城关区）	ʂən^{53}	ʂən^{53}	ʂən^{53}	ʂən^{53}	ʂən^{53}	ʂən^{51}	ʂən^{44}	ʂən^{13}
永登县	ʂən^{42}	ʂən^{42}	ʂən^{42}	ʂən^{42}	ʂən^{42}	ʂən^{53}	ʂən^{354}	ʂən^{13}
榆中县	ʂən^{51}	ʂən^{51}	ʂən^{51}	ʂən^{51}	ʂən^{51}	ʂən^{332}	ʂən^{44}	ʂən^{13}
皋兰县	ʂən^{42}	ʂən^{42}	ʂən^{42}	ʂən^{42}	ʂən^{42}	ʂən^{53}	ʂən^{342}	ʂən^{13}
白银区	ʂən^{44}	ʂən^{44}	ʂən^{44}	ʂən^{44}	ʂən^{44}	ʂən^{51}	ʂən^{343}	ʂən^{13}
天祝县	ʂɤŋ^{44}	ʂɤŋ^{44}	ʂɤŋ^{44}	ʂɤŋ^{44}	ʂɤŋ^{44}	ʂɤŋ^{53}	ʂɤŋ^{44}	ʂɤŋ^{213}
景泰县（红水镇）	ʂəŋ^{44}	ʂəŋ^{44}	ʂəŋ^{44}	ʂəŋ^{44}	ʂəŋ^{44}	ʂəŋ^{53}	ʂəŋ^{44}	ʂəŋ^{213}
古浪县	ʂəŋ^{44}	ʂəŋ^{44}	ʂəŋ^{44}	ʂəŋ^{44}	ʂəŋ^{44}	ʂəŋ^{53}	ʂəŋ^{44}	ʂəŋ^{31}
凉州区	ʂəŋ^{33}	ʂəŋ^{33}	ʂəŋ^{33}	ʂəŋ^{33}	ʂəŋ^{33}	ʂəŋ^{13}	ʂəŋ^{33}	ʂəŋ^{53}
民勤县	ʂɤŋ^{44}	ʂɤŋ^{44}	ʂɤŋ^{44}	ʂɤŋ^{44}	ʂɤŋ^{44}	ʂɤŋ^{53}	ʂɤŋ^{214}	ʂɤŋ^{42}
永昌县	ʂɤ̃^{44}	ʂɤ̃^{44}	ʂɤ̃^{44}	ʂɤ̃^{44}	ʂɤ̃^{44}	ʂɤ̃^{13}	ʂɤ̃^{33}	ʂɤ̃^{53}
甘州区	ʂɤŋ^{44}	ʂɤŋ^{44}	ʂɤŋ^{44}	ʂɤŋ^{44}	ʂɤŋ^{44}	ʂɤŋ^{53}	ʂɤŋ^{53}	ʂɤŋ^{31}
临泽县	ʂəŋ^{44}	ʂəŋ^{44}	ʂəŋ^{44}	ʂəŋ^{44}	ʂəŋ^{44}	ʂəŋ^{53}	ʂəŋ^{53}	ʂəŋ^{214}
民乐县	ʂəŋ^{44}	ʂəŋ^{44}	ʂəŋ^{44}	ʂəŋ^{44}	ʂəŋ^{44}	ʂəŋ^{53}	ʂəŋ^{213}	ʂəŋ^{42}
山丹县	ʂəŋ^{24}	ʂəŋ^{24}	ʂəŋ^{24}	ʂəŋ^{24}	ʂəŋ^{24}	ʂəŋ^{53}	ʂəŋ^{53}	ʂəŋ^{41}
高台县	ʂəŋ^{44}	ʂəŋ^{44}	ʂəŋ^{44}	ʂəŋ^{44}	ʂəŋ^{44}	ʂəŋ^{53}	ʂəŋ^{53}	ʂəŋ^{214}
肃州区	ʂəŋ^{44}	ʂəŋ^{44}	ʂəŋ^{44}	ʂəŋ^{44}	ʂəŋ^{44}	ʂəŋ^{53}	ʂəŋ^{53}	ʂəŋ^{214}
金塔县	ʂɤŋ^{44}	ʂɤŋ^{44}	ʂɤŋ^{44}	ʂɤŋ^{44}	ʂɤŋ^{44}	ʂɤŋ^{53}	ʂɤŋ^{53}	ʂɤŋ^{13}
肃北县	ʂəŋ^{44}	ʂəŋ^{44}	ʂəŋ^{44}	ʂəŋ^{44}	ʂəŋ^{44}	ʂəŋ^{53}	ʂəŋ^{53}	ʂəŋ^{213}
玉门市	ʂɤŋ^{44}	ʂɤŋ^{44}	ʂɤŋ^{44}	ʂɤŋ^{44}	ʂɤŋ^{44}	ʂɤŋ^{53}	ʂɤŋ^{53}	ʂɤŋ^{213}

①又所敬切，梗开二去映生。

续表

瓜州县	ʂɤŋ^{44}	ʂɤŋ^{44}	ʂɤŋ^{44}	ʂɤŋ^{44}	ʂɤŋ^{44}	ʂɤŋ^{53}	ʂɤŋ^{53}	ʂɤŋ^{213}
西夏区	ʂəŋ^{44}	ʂəŋ^{44}	ʂəŋ^{44}	ʂəŋ^{44}	ʂəŋ^{44}	ʂəŋ^{53}	ʂəŋ^{53}	ʂəŋ^{13}
贺兰县	ʂəŋ^{44}	ʂəŋ^{44}	ʂəŋ^{44}	ʂəŋ^{44}	ʂəŋ^{44}	ʂəŋ^{53}	ʂəŋ^{53}	ʂəŋ^{13}
灵武市（东塔镇）	ʂəŋ^{44}	ʂəŋ^{44}	ʂəŋ^{44}	ʂəŋ^{44}	ʂəŋ^{44}	ʂəŋ^{52}	ʂəŋ^{52}	ʂəŋ^{13}
永宁县	ʂəŋ^{44}	ʂəŋ^{44}	ʂəŋ^{44}	ʂəŋ^{44}	ʂəŋ^{44}	ʂəŋ^{53}	ʂəŋ^{53}	ʂəŋ^{13}
中宁县	ʂəŋ^{44}	ʂəŋ^{44}	ʂəŋ^{44}	ʂəŋ^{44}	ʂəŋ^{44}	ʂəŋ^{53}	ʂəŋ^{53}	ʂəŋ^{13}
沙坡头区	ʂəŋ^{44}	ʂəŋ^{44}	ʂəŋ^{44}	ʂəŋ^{44}	ʂəŋ^{44}	ʂəŋ^{53}	ʂəŋ^{53}	ʂəŋ^{13}
盐池县	ʂəŋ^{44}	səŋ^{44}	səŋ^{44}	səŋ^{44}	ʂəŋ^{44}	ʂəŋ^{13}	səŋ^{52}	ʂəŋ^{13}
平罗县（渠口乡）	ʂəŋ^{44}	ʂəŋ^{44}	ʂəŋ^{44}	ʂəŋ^{44}	ʂəŋ^{44}	ʂəŋ^{53}	ʂəŋ^{53}	ʂəŋ^{13}
阿拉善左旗	ʂəŋ^{44}	ʂəŋ^{44}	ʂəŋ^{44}	ʂəŋ^{44}	ʂəŋ^{44}	ʂəŋ^{51}	ʂəŋ^{51}	ʂəŋ^{213}
乌鲁木齐市	ʂəŋ^{44}	ʂəŋ^{44}	ʂəŋ^{44}	ʂəŋ^{44}	ʂəŋ^{44}	ʂəŋ^{52}	ʂəŋ^{52}	ʂəŋ^{213}
阜康市	ʂɤŋ^{55}	ʂɤŋ^{55}	ʂɤŋ^{55}	ʂɤŋ^{55}	ʂɤŋ^{55}	ʂɤŋ^{51}	ʂɤŋ^{51}	ʂɤŋ^{213}
呼图壁县	ʂəŋ^{44}	ʂəŋ^{44}	ʂəŋ^{44}	ʂəŋ^{44}	ʂəŋ^{44}	ʂəŋ^{51}	ʂəŋ^{51}	ʂəŋ^{213}
吉木萨尔县	ʂɤŋ^{44}	ʂɤŋ^{44}	ʂɤŋ^{44}	ʂɤŋ^{44}	ʂɤŋ^{44}	ʂɤŋ^{51}	ʂɤŋ^{51}	ʂɤŋ^{213}
奇台县	ʂəŋ^{44}	ʂəŋ^{44}	ʂəŋ^{44}	ʂəŋ^{44}	ʂəŋ^{44}	ʂəŋ^{52}	ʂəŋ^{52}	ʂəŋ^{213}
博乐市	ʂəŋ^{45}	ʂəŋ^{45}	ʂəŋ^{45}	ʂəŋ^{45}	ʂəŋ^{45}	ʂəŋ^{51}	ʂəŋ^{51}	ʂəŋ^{24}
阿勒泰市	ʂəŋ^{44}	ʂəŋ^{44}	ʂəŋ^{44}	ʂəŋ^{44}	ʂəŋ^{44}	ʂəŋ^{51}	ʂəŋ^{51}	ʂəŋ^{23}
布尔津县	ʂəŋ^{44}	ʂəŋ^{44}	ʂəŋ^{44}	ʂəŋ^{44}	ʂəŋ^{44}	ʂəŋ^{23}	ʂəŋ^{23}	ʂəŋ^{51}
乌苏市	ʂɤŋ^{55}	ʂɤŋ^{55}	ʂɤŋ^{55}	ʂɤŋ^{55}	ʂɤŋ^{55}	ʂɤŋ^{51}	ʂɤŋ^{51}	ʂɤŋ^{213}
额敏县	ʂəŋ^{44}	ʂəŋ^{44}	ʂəŋ^{44}	ʂəŋ^{44}	ʂəŋ^{44}	ʂəŋ^{51}	ʂəŋ^{51}	ʂəŋ^{34}
伊州区	ʂəŋ^{44}	ʂəŋ^{44}	ʂəŋ^{44}	ʂəŋ^{44}	ʂəŋ^{44}	ʂəŋ^{51}	ʂəŋ^{51}	ʂəŋ^{213}
巴里坤县	ʂəŋ^{45}	ʂəŋ^{45}	ʂəŋ^{45}	ʂəŋ^{45}	ʂəŋ^{45}	ʂəŋ^{51}	ʂəŋ^{51}	ʂəŋ^{24}
伊吾县	ʂəŋ^{44}	ʂəŋ^{44}	ʂəŋ^{44}	ʂəŋ^{44}	ʂəŋ^{44}	ʂəŋ^{51}	ʂəŋ^{51}	ʂəŋ^{213}

字目 中古音 / 方音 方言点	胜 胜利	圣	盛 兴盛	仍[①]	更[②] 更改	更 打更	羹	庚
	曾开三 去证书	梗开三 去劲书	梗开三 去劲禅	曾开三 去蒸日	梗开二 平庚见	梗开二 平庚见	梗开二 平庚见	梗开二 平庚见
兰州市 （城关区）	ʂən^{13}	ʂən^{13}	ʂən^{13}	ʐən^{51}	kən^{53}	kən^{53}	kən^{44}	kən^{53}
永登县	ʂən^{13}	ʂən^{13}	ʂən^{13}	ʐən^{53}	kən^{42}	kən^{42}	kən^{354}	kən^{42}
榆中县	ʂən^{13}	ʂən^{13}	ʂən^{13}	ʐən^{332}	kən^{51}	kən^{51}	kən^{44}	kən^{51}
皋兰县	ʂən^{13}	ʂən^{13}	ʂən^{13}	ʐən^{53}	kən^{42}	kən^{42}	kən^{342}	kən^{42}
白银区	ʂən^{13}	ʂən^{13}	ʂən^{13}	ʐən^{51}	kən^{44}	kən^{44}	kən^{343}	kən^{44}
天祝县	ʂɤŋ^{213}	ʂɤŋ^{213}	ʂɤŋ^{213}	ʐɤŋ^{213}	kɤŋ^{44}	kɤŋ^{44}	kɤŋ^{44}	kɤŋ^{44}
景泰县 （红水镇）	ʂəŋ^{213}	ʂəŋ^{213}	ʂəŋ^{213}	ʐəŋ^{213}	kəŋ^{44}	kəŋ^{44}	kəŋ^{44}	kəŋ^{44}
古浪县	ʂəŋ^{31}	ʂəŋ^{31}	ʂəŋ^{31}	ʐəŋ^{31}	kəŋ^{44}	kəŋ^{44}	kəŋ^{44}	kəŋ^{44}
凉州区	ʂəŋ^{53}	ʂəŋ^{53}	ʂəŋ^{53}	ʐəŋ^{53}	kəŋ^{33}	kəŋ^{33}	kəŋ^{33}	kəŋ^{33}
民勤县	ʂɤŋ^{42}	ʂɤŋ^{42}	ʂɤŋ^{42}	ʐɤŋ^{53}	kɤŋ^{44}	kɤŋ^{44}	kɤŋ^{214}	kɤŋ^{44}
永昌县	ʂɤ̆^{53}	ʂɤ̆^{53}	ʂɤ̆^{53}	ʐɤ̆^{53}	kɤ̆^{44}	kɤ̆^{44}	kɤ̆^{44}	kɤ̆^{44}
甘州区	ʂɤŋ^{31}	ʂɤŋ^{31}	ʂɤŋ^{31}	ʐɤŋ^{31}	kɤŋ^{44}	kɤŋ^{44}	kɤŋ^{44}	kɤŋ^{44}
临泽县	ʂəŋ^{214}	ʂəŋ^{214}	ʂəŋ^{214}	ʐəŋ^{214}	kəŋ^{44}	kəŋ^{44}	kəŋ^{44}	kəŋ^{44}
民乐县	ʂəŋ^{42}	ʂəŋ^{42}	ʂəŋ^{42}	ʐəŋ^{53}	kəŋ^{44}	kəŋ^{44}	kəŋ^{213}	kəŋ^{44}
山丹县	ʂəŋ^{41}	ʂəŋ^{41}	ʂəŋ^{41}	ʐəŋ^{41}	kəŋ^{24}	kəŋ^{24}	kəŋ^{24}	kəŋ^{24}
高台县	ʂəŋ^{214}	ʂəŋ^{214}	ʂəŋ^{214}	ʐəŋ^{214}	kəŋ^{44}	kəŋ^{44}	kəŋ^{44}	kəŋ^{44}
肃州区	ʂəŋ^{214}	ʂəŋ^{214}	ʂəŋ^{214}	ʐəŋ^{214}	kəŋ^{44}	kəŋ^{44}	kəŋ^{44}	kəŋ^{44}
金塔县	ʂɤŋ^{13}	ʂɤŋ^{13}	ʂɤŋ^{13}	ʐɤŋ^{13}	kɤŋ^{44}	kɤŋ^{44}	kɤŋ^{44}	kɤŋ^{44}
肃北县	ʂəŋ^{213}	ʂəŋ^{213}	ʂəŋ^{213}	ʐəŋ^{213}	kəŋ^{44}	kəŋ^{44}	kəŋ^{44}	kəŋ^{44}

①又如证切，曾开三去证日。

②又古青切，梗开四平青见。

续表

玉门市	$ʂɤŋ^{213}$	$ʂɤŋ^{213}$	$ʂɤŋ^{213}$	$ʐɤŋ^{213}$	$kɤŋ^{44}$	$kɤŋ^{44}$	$kɤŋ^{44}$	$kɤŋ^{44}$
瓜州县	$ʂɤŋ^{213}$	$ʂɤŋ^{213}$	$ʂɤŋ^{213}$	$ʐɤŋ^{213}$	$kɤŋ^{44}$	$kɤŋ^{44}$	$kɤŋ^{44}$	$kɤŋ^{44}$
西夏区	$ʂəŋ^{13}$	$ʂəŋ^{13}$	$ʂəŋ^{13}$	$ʐəŋ^{13}$	$kəŋ^{44}$	$kəŋ^{44}$	$kəŋ^{44}$	$kəŋ^{44}$
贺兰县	$ʂəŋ^{13}$	$ʂəŋ^{13}$	$ʂəŋ^{13}$	$ʐəŋ^{13}$	$kəŋ^{44}$	$kəŋ^{44}$	$kəŋ^{44}$	$kəŋ^{44}$
灵武市（东塔镇）	$ʂəŋ^{13}$	$ʂəŋ^{13}$	$ʂəŋ^{13}$	$ʐəŋ^{13}$	$kəŋ^{44}$	$kəŋ^{44}$	$kəŋ^{44}$	$kəŋ^{44}$
永宁县	$ʂəŋ^{13}$	$ʂəŋ^{13}$	$ʂəŋ^{13}$	$ʐəŋ^{13}$	$kəŋ^{44}$	$kəŋ^{44}$	$kəŋ^{44}$	$kəŋ^{44}$
中宁县	$ʂəŋ^{13}$	$ʂəŋ^{13}$	$ʂəŋ^{13}$	$ʐəŋ^{13}$	$kəŋ^{44}$	$kəŋ^{44}$	$kəŋ^{44}$	$kəŋ^{44}$
沙坡头区	$ʂəŋ^{13}$	$ʂəŋ^{13}$	$ʂəŋ^{13}$	$ʐəŋ^{13}$	$kəŋ^{44}$	$kəŋ^{44}$	$kəŋ^{44}$	$kəŋ^{44}$
盐池县	$ʂəŋ^{13}$	$ʂəŋ^{13}$	$ʂəŋ^{13}$	$ʐəŋ^{13}$	$kəŋ^{44}$	$kəŋ^{44}$	$kəŋ^{44}$	$kəŋ^{44}$
平罗县（渠口乡）	$ʂəŋ^{13}$	$ʂəŋ^{13}$	$ʂəŋ^{13}$	$ʐəŋ^{13}$	$kəŋ^{44}$	$kəŋ^{44}$	$kəŋ^{44}$	$kəŋ^{44}$
阿拉善左旗	$ʂəŋ^{213}$	$ʂəŋ^{213}$	$ʂəŋ^{213}$	$ʐəŋ^{213}$	$kəŋ^{44}$	$kəŋ^{44}$	$kəŋ^{44}$	$kəŋ^{44}$
乌鲁木齐市	$ʂəŋ^{213}$	$ʂəŋ^{213}$	$ʂəŋ^{213}$	$ʐəŋ^{213}$	$kəŋ^{44}$	$kəŋ^{44}$	$kəŋ^{44}$	$kəŋ^{44}$
阜康市	$ʂɤŋ^{213}$	$ʂɤŋ^{213}$	$ʂɤŋ^{213}$	$ʐɤŋ^{213}$	$kɤŋ^{55}$	$kɤŋ^{55}$	$kɤŋ^{55}$	$kɤŋ^{55}$
呼图壁县	$ʂəŋ^{213}$	$ʂəŋ^{213}$	$ʂəŋ^{213}$	$ʐəŋ^{213}$	$kəŋ^{44}$	$kəŋ^{44}$	$kəŋ^{44}$	$kəŋ^{44}$
吉木萨尔县	$ʂɤŋ^{213}$	$ʂɤŋ^{213}$	$ʂɤŋ^{213}$	$ʐɤŋ^{213}$	$kɤŋ^{44}$	$kɤŋ^{44}$	$kɤŋ^{44}$	$kɤŋ^{44}$
奇台县	$ʂəŋ^{213}$	$ʂəŋ^{213}$	$ʂəŋ^{213}$	$ʐəŋ^{213}$	$kəŋ^{44}$	$kəŋ^{44}$	$kəŋ^{44}$	$kəŋ^{44}$
博乐市	$ʂəŋ^{24}$	$ʂəŋ^{24}$	$ʂəŋ^{24}$	$ʐəŋ^{24}$	$kəŋ^{45}$	$kəŋ^{45}$	$kəŋ^{45}$	$kəŋ^{45}$
阿勒泰市	$ʂəŋ^{23}$	$ʂəŋ^{23}$	$ʂəŋ^{23}$	$ʐəŋ^{23}$	$kəŋ^{44}$	$kəŋ^{44}$	$kəŋ^{44}$	$kəŋ^{44}$
布尔津县	$ʂəŋ^{51}$	$ʂəŋ^{51}$	$ʂəŋ^{51}$	$ʐəŋ^{51}$	$kəŋ^{44}$	$kəŋ^{44}$	$kəŋ^{44}$	$kəŋ^{44}$
乌苏市	$ʂɤŋ^{213}$	$ʂɤŋ^{213}$	$ʂɤŋ^{213}$	$ʐɤŋ^{213}$	$kɤŋ^{55}$	$kɤŋ^{55}$	$kɤŋ^{55}$	$kɤŋ^{55}$
额敏县	$ʂəŋ^{34}$	$ʂəŋ^{34}$	$ʂəŋ^{34}$	$ʐəŋ^{34}$	$kəŋ^{44}$	$kəŋ^{44}$	$kəŋ^{44}$	$kəŋ^{44}$
伊州区	$ʂəŋ^{213}$	$ʂəŋ^{213}$	$ʂəŋ^{213}$	$ʐəŋ^{213}$	$kəŋ^{44}$	$kəŋ^{44}$	$kəŋ^{44}$	$kəŋ^{44}$
巴里坤县	$ʂəŋ^{24}$	$ʂəŋ^{24}$	$ʂəŋ^{24}$	$ʐəŋ^{24}$	$kəŋ^{45}$	$kəŋ^{45}$	$kəŋ^{45}$	$kəŋ^{45}$
伊吾县	$ʂəŋ^{213}$	$ʂəŋ^{213}$	$ʂəŋ^{213}$	$ʐəŋ^{213}$	$kəŋ^{44}$	$kəŋ^{44}$	$kəŋ^{44}$	$kəŋ^{44}$

字目 / 中古音 / 方言点	耕	梗	耿	更 更加	坑	恒	衡	横 横竖
	梗开二 平耕见	梗开二 上梗见	梗开二 上耿见	梗开二 去映见	梗开二 平庚溪	曾开一 平登匣	梗开二 平庚匣	梗合二 平庚匣
兰州市 （城关区）	kən^{53}	kən^{44}	kən^{44}	kən^{13}	kʻən^{53}	xən^{51}	xən^{51}	xən^{13}
永登县	kən^{42}	kən^{354}	kən^{354}	kən^{13}	kʻən^{42}	xən^{53}	xən^{53}	xən^{13}
榆中县	kən^{51}	kən^{44}	kən^{44}	kən^{13}	kʻən^{51}	xən^{332}	xən^{332}	xən^{13}
皋兰县	kən^{42}	kən^{342}	kən^{342}	kən^{13}	kʻən^{42}	xən^{53}	xən^{53}	xən^{13}
白银区	kən^{44}	kən^{343}	kən^{343}	kən^{13}	kʻən^{44}	xən^{51}	xən^{51}	xən^{13}
天祝县	kɤŋ^{44}	kɤŋ^{44}	kɤŋ^{44}	kɤŋ^{213}	kʻɤŋ^{44}	xɤŋ^{53}	xɤŋ^{53}	xɤŋ^{213}
景泰县 （红水镇）	kəŋ^{44}	kəŋ^{44}	kəŋ^{44}	kəŋ^{213}	kʻəŋ^{44}	xəŋ^{53}	xəŋ^{53}	xəŋ^{213}
古浪县	kəŋ^{44}	kəŋ^{44}	kəŋ^{44}	kəŋ^{31}	kʻəŋ^{44}	xəŋ^{53}	xəŋ^{53}	xəŋ^{31}
凉州区	kəŋ^{33}	kəŋ^{33}	kəŋ^{33}	kəŋ^{53}	kʻəŋ^{33}	xəŋ^{13}	xəŋ^{13}	xəŋ^{53}
民勤县	kɤŋ^{44}	kɤŋ^{214}	kɤŋ^{214}	kɤŋ^{42}	kʻɤŋ^{44}	xɤŋ^{53}	xɤŋ^{53}	xɤŋ^{42}
永昌县	kɤ̆^{44}	kɤ̆^{13}	kɤ̆^{13}	kɤ̆^{53}	kʻɤ̆^{44}	xɤ̆^{13}	xɤ̆^{13}	xɤ̆^{53}
甘州区	kɤŋ^{44}	kɤŋ^{44}	kɤŋ^{44}	kɤŋ^{31}	kʻɤŋ^{44}	xɤŋ^{53}	xɤŋ^{53}	xɤŋ^{31}
临泽县	kəŋ^{44}	kəŋ^{44}	kəŋ^{44}	kəŋ^{214}	kʻəŋ^{44}	xəŋ^{53}	xəŋ^{53}	xəŋ^{214}
民乐县	kəŋ^{44}	kəŋ^{213}	kəŋ^{213}	kəŋ^{42}	kʻəŋ^{44}	xəŋ^{53}	xəŋ^{53}	xəŋ^{42}
山丹县	kəŋ^{24}	kəŋ^{24}	kəŋ^{24}	kəŋ^{41}	kʻəŋ^{24}	xəŋ^{53}	xəŋ^{53}	xəŋ^{41}
高台县	kəŋ^{44}	kəŋ^{44}	kəŋ^{44}	kəŋ^{214}	kʻəŋ^{44}	xəŋ^{53}	xəŋ^{53}	xəŋ^{214}
肃州区	kəŋ^{44}	kəŋ^{44}	kəŋ^{44}	kəŋ^{214}	kʻəŋ^{44}	xəŋ^{53}	xəŋ^{53}	xəŋ^{214}
金塔县	kɤŋ^{44}	kɤŋ^{44}	kɤŋ^{44}	kɤŋ^{13}	kʻɤŋ^{44}	xɤŋ^{53}	xɤŋ^{53}	xɤŋ^{13}
肃北县	kəŋ^{44}	kəŋ^{53}	kəŋ^{53}	kəŋ^{213}	kʻəŋ^{44}	xəŋ^{53}	xəŋ^{53}	xəŋ^{213}
玉门市	kɤŋ^{44}	kɤŋ^{44}	kɤŋ^{44}	kɤŋ^{213}	kʻɤŋ^{44}	xɤŋ^{53}	xɤŋ^{53}	xɤŋ^{213}
瓜州县	kɤŋ^{44}	kɤŋ^{44}	kɤŋ^{44}	kɤŋ^{213}	kʻɤŋ^{44}	xɤŋ^{53}	xɤŋ^{53}	xɤŋ^{213}
西夏区	kəŋ^{44}	kəŋ^{53}	kəŋ^{53}	kəŋ^{13}	kʻəŋ^{44}	xəŋ^{53}	xəŋ^{53}	xəŋ^{13}

续表

贺兰县	kəŋ^{44}	kəŋ^{53}	kəŋ^{53}	kəŋ^{13}	kʻəŋ^{44}	xəŋ^{53}	xəŋ^{53}	xəŋ^{13}
灵武市（东塔镇）	kəŋ^{44}	kəŋ^{52}	kəŋ^{52}	kəŋ^{13}	kʻəŋ^{44}	xəŋ^{52}	xəŋ^{52}	xəŋ^{13}
永宁县	kəŋ^{44}	kəŋ^{53}	kəŋ^{53}	kəŋ^{13}	kʻəŋ^{44}	xəŋ^{53}	xəŋ^{53}	xəŋ^{13}
中宁县	kəŋ^{44}	kəŋ^{53}	kəŋ^{53}	kəŋ^{13}	kʻəŋ^{44}	xəŋ^{53}	xəŋ^{53}	xəŋ^{13}
沙坡头区	kəŋ^{44}	kəŋ^{53}	kəŋ^{53}	kəŋ^{13}	kʻəŋ^{44}	xəŋ^{53}	xəŋ^{53}	xəŋ^{13}
盐池县	kəŋ^{44}	kəŋ^{52}	kəŋ^{52}	kəŋ^{13}	kʻəŋ^{44}	xəŋ^{13}	xəŋ^{13}	xəŋ^{13}
平罗县（渠口乡）	kəŋ^{44}	kəŋ^{53}	kəŋ^{53}	kəŋ^{13}	kʻəŋ^{44}	xəŋ^{53}	xəŋ^{53}	xəŋ^{13}
阿拉善左旗	kəŋ^{44}	kəŋ^{51}	kəŋ^{51}	kəŋ^{213}	kʻəŋ^{44}	xəŋ^{51}	xəŋ^{51}	xəŋ^{213}
乌鲁木齐市	kəŋ^{44}	kəŋ^{52}	kəŋ^{52}	kəŋ^{213}	kʻəŋ^{44}	xəŋ^{52}	xəŋ^{52}	xəŋ^{213}
阜康市	kɤŋ^{55}	kɤŋ^{51}	kɤŋ^{51}	kɤŋ^{213}	kʻɤŋ^{55}	xɤŋ^{51}	xɤŋ^{51}	xɤŋ^{213}
呼图壁县	kəŋ^{44}	kəŋ^{51}	kəŋ^{51}	kəŋ^{213}	kʻəŋ^{44}	xəŋ^{51}	xəŋ^{51}	xəŋ^{213}
吉木萨尔县	kɤŋ^{44}	kɤŋ^{51}	kɤŋ^{51}	kɤŋ^{213}	kʻɤŋ^{44}	xɤŋ^{51}	xɤŋ^{51}	xɤŋ^{213}
奇台县	kəŋ^{44}	kəŋ^{52}	kəŋ^{52}	kəŋ^{213}	kʻəŋ^{44}	xəŋ^{52}	xəŋ^{52}	xəŋ^{213}
博乐市	kəŋ^{45}	kəŋ^{51}	kəŋ^{51}	kəŋ^{24}	kʻəŋ^{45}	xəŋ^{51}	xəŋ^{51}	xəŋ^{24}
阿勒泰市	kəŋ^{44}	kəŋ^{51}	kəŋ^{51}	kəŋ^{23}	kʻəŋ^{44}	xəŋ^{51}	xəŋ^{51}	xəŋ^{23}
布尔津县	kəŋ^{44}	kəŋ^{23}	kəŋ^{23}	kəŋ^{51}	kʻəŋ^{44}	xəŋ^{23}	xəŋ^{23}	xəŋ^{51}
乌苏市	kɤŋ^{55}	kɤŋ^{51}	kɤŋ^{51}	kɤŋ^{213}	kʻɤŋ^{55}	xɤŋ^{51}	xɤŋ^{51}	xɤŋ^{213}
额敏县	kəŋ^{44}	kəŋ^{51}	kəŋ^{51}	kəŋ^{34}	kʻəŋ^{44}	xəŋ^{51}	xəŋ^{51}	xəŋ^{34}
伊州区	kəŋ^{44}	kəŋ^{51}	kəŋ^{51}	kəŋ^{213}	kʻəŋ^{44}	xəŋ^{51}	xəŋ^{51}	xəŋ^{213}
巴里坤县	kəŋ^{45}	kəŋ^{51}	kəŋ^{51}	kəŋ^{24}	kʻəŋ^{45}	xəŋ^{51}	xəŋ^{51}	xəŋ^{24}
伊吾县	kəŋ^{44}	kəŋ^{51}	kəŋ^{51}	kəŋ^{213}	kʻəŋ^{44}	xəŋ^{51}	xəŋ^{51}	xəŋ^{213}

字目 中古音 方音 方言点	横 蛮横	冰	兵	禀	秉	丙	饼	病
	梗合二去映匣	曾开三平蒸帮	梗开三平庚帮	深开三上寝帮	梗开三上梗帮	梗开三上梗帮	梗开三上静帮	梗开三去映並
兰州市（城关区）	xən¹³	pin⁵³	pin⁵³	pin⁴⁴	pin⁴⁴	pin⁴⁴	pin⁴⁴	pin¹³
永登县	xən¹³	pin⁴²	pin⁴²	pin³⁵⁴	pin³⁵⁴	pin³⁵⁴	pin³⁵⁴	pin¹³
榆中县	xən¹³	pin⁵¹	pin⁵¹	pin⁴⁴	pin⁴⁴	pin⁴⁴	pin⁴⁴	pin¹³
皋兰县	xən¹³	pin⁴²	pin⁴²	pin³⁴²	pin³⁴²	pin³⁴²	pin³⁴²	pin¹³
白银区	xən¹³	pin⁴⁴	pin⁴⁴	pin³⁴³	pin³⁴³	pin³⁴³	pin³⁴³	pin¹³
天祝县	xɤŋ²¹³	pin⁴⁴	pin⁴⁴	pin⁴⁴	pin⁴⁴	pin⁴⁴	pin⁴⁴	pin²¹³
景泰县（红水镇）	xəŋ²¹³	piəŋ⁴⁴	piəŋ⁴⁴	piəŋ⁴⁴	piəŋ⁴⁴	piəŋ⁴⁴	piəŋ⁴⁴	piəŋ²¹³
古浪县	xəŋ³¹	piŋ⁴⁴	piŋ⁴⁴	piŋ⁴⁴	piŋ⁴⁴	piŋ⁴⁴	piŋ⁴⁴	piŋ³¹
凉州区	xəŋ⁵³	piŋ³³	piŋ³³	piŋ³³	piŋ³³	piŋ³³	piŋ³³	piŋ⁵³
民勤县	xɤŋ⁴²	piŋ⁴⁴	piŋ⁴⁴	piŋ²¹⁴	piŋ²¹⁴	piŋ²¹⁴	piŋ²¹⁴	piŋ⁴²
永昌县	xɤ̃⁵³	piɤ⁴⁴	piɤ⁴⁴	piɤ¹³	piɤ¹³	piɤ¹³	piɤ¹³	piɤ⁵³
甘州区	xɤŋ³¹	piŋ⁴⁴	piŋ⁴⁴	piŋ⁵³	piŋ⁵³	piŋ⁵³	piŋ⁵³	piŋ³¹
临泽县	xəŋ²¹⁴	piŋ⁴⁴	piŋ⁴⁴	piŋ⁵³	piŋ⁵³	piŋ⁵³	piŋ⁵³	piŋ²¹⁴
民乐县	xəŋ⁴²	piŋ⁴⁴	piŋ⁴⁴	piŋ²¹³	piŋ²¹³	piŋ²¹³	piŋ²¹³	piŋ⁴²
山丹县	xəŋ⁴¹	piŋ²⁴	piŋ²⁴	piŋ⁵³	piŋ⁵³	piŋ⁵³	piŋ⁵³	piŋ⁴¹
高台县	xɤ̃²¹⁴	piɤ̃²¹⁴	piɤ̃⁴⁴	piɤ̃⁵³	piɤ̃⁵³	piɤ̃⁵³	piɤ̃⁵³	piɤ̃²¹⁴
肃州区	xəŋ²¹⁴	piəŋ²¹⁴	piəŋ⁴⁴	piəŋ⁵³	piəŋ⁵³	piəŋ⁵³	piəŋ⁵³	piəŋ²¹⁴
金塔县	xɤŋ¹³	piŋ⁴⁴	piŋ⁴⁴	piŋ⁵³	piŋ⁵³	piŋ⁵³	piŋ⁵³	piŋ¹³
肃北县	xɤ̃²¹³	piɤ̃²¹³	piɤ̃⁴⁴	piɤ̃⁵³	piɤ̃⁵³	piɤ̃⁵³	piɤ̃⁵³	piɤ̃²¹³
玉门市	xɤŋ²¹³	piŋ⁴⁴	piŋ⁴⁴	piŋ⁵³	piŋ⁵³	piŋ⁵³	piŋ⁵³	piŋ²¹³
瓜州县	xɤŋ²¹³	piəŋ⁴⁴	piəŋ⁴⁴	piəŋ⁵³	piəŋ⁵³	piəŋ⁵³	piəŋ⁵³	piəŋ²¹³
西夏区	xəŋ¹³	piŋ⁴⁴	piŋ⁴⁴	piŋ⁵³	piŋ⁵³	piŋ⁵³	piŋ⁵³	piŋ¹³

续表

贺兰县	$xəŋ^{13}$	$piŋ^{44}$	$piŋ^{44}$	$piŋ^{53}$	$piŋ^{53}$	$piŋ^{53}$	$piŋ^{53}$	$piŋ^{13}$
灵武市（东塔镇）	$xəŋ^{13}$	$piŋ^{44}$	$piŋ^{44}$	$piŋ^{52}$	$piŋ^{52}$	$piŋ^{52}$	$piŋ^{52}$	$piŋ^{13}$
永宁县	$xəŋ^{13}$	$piŋ^{44}$	$piŋ^{44}$	$piŋ^{53}$	$piŋ^{53}$	$piŋ^{53}$	$piŋ^{53}$	$piŋ^{13}$
中宁县	$xəŋ^{13}$	$piŋ^{44}$	$piŋ^{44}$	$piŋ^{53}$	$piŋ^{53}$	$piŋ^{53}$	$piŋ^{53}$	$piŋ^{13}$
沙坡头区	$xəŋ^{13}$	$piŋ^{44}$	$piŋ^{44}$	$piŋ^{53}$	$piŋ^{53}$	$piŋ^{53}$	$piŋ^{53}$	$piŋ^{13}$
盐池县	$xəŋ^{13}$	$piŋ^{44}$	$piŋ^{44}$	$piŋ^{52}$	$piŋ^{52}$	$piŋ^{52}$	$piŋ^{52}$	$piŋ^{13}$
平罗县（渠口乡）	$xəŋ^{13}$	$piŋ^{44}$	$piŋ^{44}$	$piŋ^{53}$	$piŋ^{53}$	$piŋ^{53}$	$piŋ^{53}$	$piŋ^{13}$
阿拉善左旗	$xəŋ^{213}$	$piŋ^{44}$	$piŋ^{44}$	$piŋ^{51}$	$piŋ^{51}$	$piŋ^{51}$	$piŋ^{51}$	$piŋ^{213}$
乌鲁木齐市	$xəŋ^{213}$	$piŋ^{44}$	$piŋ^{44}$	$piŋ^{52}$	$piŋ^{52}$	$piŋ^{52}$	$piŋ^{52}$	$piŋ^{213}$
阜康市	$xɤŋ^{213}$	$piŋ^{55}$	$piŋ^{55}$	$piŋ^{51}$	$piŋ^{51}$	$piŋ^{51}$	$piŋ^{51}$	$piŋ^{213}$
呼图壁县	$xəŋ^{213}$	$piŋ^{44}$	$piŋ^{44}$	$piŋ^{51}$	$piŋ^{51}$	$piŋ^{51}$	$piŋ^{51}$	$piŋ^{213}$
吉木萨尔县	$xɤŋ^{213}$	$piŋ^{44}$	$piŋ^{44}$	$piŋ^{51}$	$piŋ^{51}$	$piŋ^{51}$	$piŋ^{51}$	$piŋ^{213}$
奇台县	$xəŋ^{213}$	$piŋ^{44}$	$piŋ^{44}$	$piŋ^{52}$	$piŋ^{52}$	$piŋ^{52}$	$piŋ^{52}$	$piŋ^{213}$
博乐市	$xəŋ^{24}$	$piŋ^{45}$	$piŋ^{45}$	$piŋ^{51}$	$piŋ^{51}$	$piŋ^{51}$	$piŋ^{51}$	$piŋ^{24}$
阿勒泰市	$xəŋ^{23}$	$piŋ^{44}$	$piŋ^{44}$	$piŋ^{51}$	$piŋ^{51}$	$piŋ^{51}$	$piŋ^{51}$	$piŋ^{23}$
布尔津县	$xəŋ^{51}$	$piŋ^{44}$	$piŋ^{44}$	$piŋ^{23}$	$piŋ^{23}$	$piŋ^{23}$	$piŋ^{23}$	$piŋ^{51}$
乌苏市	$xɤŋ^{213}$	$piŋ^{55}$	$piŋ^{55}$	$piŋ^{51}$	$piŋ^{51}$	$piŋ^{51}$	$piŋ^{51}$	$piŋ^{213}$
额敏县	$xəŋ^{34}$	$piŋ^{44}$	$piŋ^{44}$	$piŋ^{51}$	$piŋ^{51}$	$piŋ^{51}$	$piŋ^{51}$	$piŋ^{34}$
伊州区	$xəŋ^{213}$	$piŋ^{44}$	$piŋ^{44}$	$piŋ^{51}$	$piŋ^{51}$	$piŋ^{51}$	$piŋ^{51}$	$piŋ^{213}$
巴里坤县	$xəŋ^{24}$	$piŋ^{45}$	$piŋ^{45}$	$piŋ^{51}$	$piŋ^{51}$	$piŋ^{51}$	$piŋ^{51}$	$piŋ^{24}$
伊吾县	$xəŋ^{213}$	$piŋ^{44}$	$piŋ^{44}$	$piŋ^{51}$	$piŋ^{51}$	$piŋ^{51}$	$piŋ^{51}$	$piŋ^{213}$

字目 / 中古音 / 方言点	并[①] 合并	并 并且	凭 凭据	凭[②] 凭靠	平	评	坪	瓶
	梗开三去劲帮	梗开四上迥並	曾开三平蒸並	曾开三平蒸並	梗开三平庚並	梗开三平庚並	梗开三平庚並	梗开四平青並
兰州市（城关区）	pin^{13}	pin^{13}	pʻin^{51}	pʻin^{51}	pʻin^{51}	pʻin^{51}	pʻin^{51}	pʻin^{51}
永登县	pin^{13}	pin^{13}	pʻin^{53}	pʻin^{53}	pʻin^{53}	pʻin^{53}	pʻin^{53}	pʻin^{53}
榆中县	pin^{13}	pin^{13}	pʻin^{332}	pʻin^{332}	pʻin^{332}	pʻin^{332}	pʻin^{332}	pʻin^{332}
皋兰县	pin^{13}	pin^{13}	pʻin^{53}	pʻin^{53}	pʻin^{53}	pʻin^{53}	pʻin^{53}	pʻin^{53}
白银区	pin^{13}	pin^{13}	pʻin^{51}	pʻin^{51}	pʻin^{51}	pʻin^{51}	pʻin^{51}	pʻin^{51}
天祝县	pin^{213}	pin^{213}	pʻin^{53}	pʻin^{53}	pʻin^{53}	pʻin^{53}	pʻin^{53}	pʻin^{53}
景泰县（红水镇）	piəŋ^{213}	piəŋ^{213}	pʻiəŋ^{53}	pʻiəŋ^{53}	pʻiəŋ^{53}	pʻiəŋ^{53}	pʻiəŋ^{53}	pʻiəŋ^{53}
古浪县	piŋ^{31}	piŋ^{31}	pʻiŋ^{53}	pʻiŋ^{53}	pʻiŋ^{53}	pʻiŋ^{53}	pʻiŋ^{53}	pʻiŋ^{53}
凉州区	piŋ^{53}	piŋ^{53}	pʻiŋ^{13}	pʻiŋ^{13}	pʻiŋ^{13}	pʻiŋ^{13}	pʻiŋ^{13}	pʻiŋ^{13}
民勤县	piŋ^{42}	piŋ^{42}	pʻiŋ^{53}	pʻiŋ^{53}	pʻiŋ^{53}	pʻiŋ^{53}	pʻiŋ^{53}	pʻiŋ^{53}
永昌县	piɣ̃^{53}	piɣ̃^{53}	pʻiɣ̃^{13}	pʻiɣ̃^{13}	pʻiɣ̃^{13}	pʻiɣ̃^{13}	pʻiɣ̃^{13}	pʻiɣ̃^{13}
甘州区	piŋ^{31}	piŋ^{31}	pʻiŋ^{53}	pʻiŋ^{53}	pʻiŋ^{53}	pʻiŋ^{53}	pʻiŋ^{53}	pʻiŋ^{53}
临泽县	piŋ^{214}	piŋ^{214}	pʻiŋ^{53}	pʻiŋ^{53}	pʻiŋ^{53}	pʻiŋ^{53}	pʻiŋ^{53}	pʻiŋ^{53}
民乐县	piŋ^{42}	piŋ^{42}	pʻiŋ^{53}	pʻiŋ^{53}	pʻiŋ^{53}	pʻiŋ^{53}	pʻiŋ^{53}	pʻiŋ^{53}
山丹县	piŋ^{41}	piŋ^{41}	pʻiŋ^{53}	pʻiŋ^{53}	pʻiŋ^{53}	pʻiŋ^{53}	pʻiŋ^{53}	pʻiŋ^{53}
高台县	piɣ̃^{214}	piɣ̃^{214}	pʻiɣ̃^{53}	pʻiɣ̃^{53}	pʻiɣ̃^{53}	pʻiɣ̃^{53}	pʻiɣ̃^{53}	pʻiɣ̃^{53}
肃州区	piəŋ^{214}	piəŋ^{214}	pʻiəŋ^{53}	pʻiəŋ^{53}	pʻiəŋ^{53}	pʻiəŋ^{53}	pʻiəŋ^{53}	pʻiəŋ^{53}
金塔县	piŋ^{13}	piŋ^{13}	pʻiŋ^{53}	pʻiŋ^{53}	pʻiŋ^{53}	pʻiŋ^{53}	pʻiŋ^{53}	pʻiŋ^{53}
肃北县	piɣ̃^{213}	piɣ̃^{213}	pʻiɣ̃^{53}	pʻiɣ̃^{53}	pʻiɣ̃^{53}	pʻiɣ̃^{53}	pʻiɣ̃^{53}	pʻiɣ̃^{53}

①又必郢切，梗开三上静帮；蒲迥切，梗开四上迥并。

②又皮证切，曾开三去证并。

续表

玉门市	piŋ^{213}	piŋ^{213}	pʻiŋ^{53}	pʻiŋ^{53}	pʻiŋ^{53}	pʻiŋ^{53}	pʻiŋ^{53}	pʻiŋ^{53}
瓜州县	piəŋ^{213}	piəŋ^{213}	pʻiəŋ^{53}	pʻiəŋ^{53}	pʻiəŋ^{53}	pʻiəŋ^{53}	pʻiəŋ	pʻiəŋ^{53}
西夏区	piŋ^{13}	piŋ^{13}	pʻiŋ^{53}	pʻiŋ^{53}	pʻiŋ^{53}	pʻiŋ^{53}	pʻiŋ^{53}	pʻiŋ^{53}
贺兰县	piŋ^{13}	piŋ^{13}	pʻiŋ^{53}	pʻiŋ^{53}	pʻiŋ^{53}	pʻiŋ^{53}	pʻiŋ^{53}	pʻiŋ^{53}
灵武市（东塔镇）	piŋ^{13}	piŋ^{13}	pʻiŋ^{52}	pʻiŋ^{52}	pʻiŋ^{52}	pʻiŋ^{52}	pʻiŋ^{52}	pʻiŋ^{52}
永宁县	piŋ^{13}	piŋ^{13}	pʻiŋ^{53}	pʻiŋ^{53}	pʻiŋ^{53}	pʻiŋ^{53}	pʻiŋ^{53}	pʻiŋ^{53}
中宁县	piŋ^{13}	piŋ^{13}	pʻiŋ^{53}	pʻiŋ^{53}	pʻiŋ^{53}	pʻiŋ^{53}	pʻiŋ^{53}	pʻiŋ^{53}
沙坡头区	piŋ^{13}	piŋ^{13}	pʻiŋ^{53}	pʻiŋ^{53}	pʻiŋ^{53}	pʻiŋ^{53}	pʻiŋ^{53}	pʻiŋ^{53}
盐池县	piŋ^{13}	piŋ^{13}	pʻiŋ^{13}	pʻiŋ^{13}	pʻiŋ^{13}	pʻiŋ^{13}	pʻiŋ^{13}	pʻiŋ^{13}
平罗县（渠口乡）	piŋ^{13}	piŋ^{13}	pʻiŋ^{53}	pʻiŋ^{53}	pʻiŋ^{53}	pʻiŋ^{53}	pʻiŋ^{53}	pʻiŋ^{53}
阿拉善左旗	piŋ^{213}	piŋ^{213}	pʻiŋ^{51}	pʻiŋ^{51}	pʻiŋ^{51}	pʻiŋ^{51}	pʻiŋ^{51}	pʻiŋ^{51}
乌鲁木齐市	piŋ^{213}	piŋ^{213}	pʻiŋ^{52}	pʻiŋ^{52}	pʻiŋ^{52}	pʻiŋ^{52}	pʻiŋ^{52}	pʻiŋ^{52}
阜康市	piŋ^{213}	piŋ^{213}	pʻiŋ^{51}	pʻiŋ^{51}	pʻiŋ^{51}	pʻiŋ^{51}	pʻiŋ^{51}	pʻiŋ^{51}
呼图壁县	piŋ^{213}	piŋ^{213}	pʻiŋ^{51}	pʻiŋ^{51}	pʻiŋ^{51}	pʻiŋ^{51}	pʻiŋ^{51}	pʻiŋ^{51}
吉木萨尔县	piŋ^{213}	piŋ^{213}	pʻiŋ^{51}	pʻiŋ^{51}	pʻiŋ^{51}	pʻiŋ^{51}	pʻiŋ^{51}	pʻiŋ^{51}
奇台县	piŋ^{213}	piŋ^{213}	pʻiŋ^{52}	pʻiŋ^{52}	pʻiŋ^{52}	pʻiŋ^{52}	pʻiŋ^{52}	pʻiŋ^{52}
博乐市	piŋ^{24}	piŋ^{24}	pʻiŋ^{51}	pʻiŋ^{51}	pʻiŋ^{51}	pʻiŋ^{51}	pʻiŋ^{51}	pʻiŋ^{51}
阿勒泰市	piŋ^{23}	piŋ^{23}	pʻiŋ^{51}	pʻiŋ^{51}	pʻiŋ^{51}	pʻiŋ^{51}	pʻiŋ^{51}	pʻiŋ^{51}
布尔津县	piŋ^{51}	piŋ^{51}	pʻiŋ^{23}	pʻiŋ^{23}	pʻiŋ^{23}	pʻiŋ^{23}	pʻiŋ^{23}	pʻiŋ^{23}
乌苏市	piŋ^{213}	piŋ^{213}	pʻiŋ^{51}	pʻiŋ^{51}	pʻiŋ^{51}	pʻiŋ^{51}	pʻiŋ^{51}	pʻiŋ^{51}
额敏县	piŋ^{34}	piŋ^{34}	pʻiŋ^{51}	pʻiŋ^{51}	pʻiŋ^{51}	pʻiŋ^{51}	pʻiŋ^{51}	pʻiŋ^{51}
伊州区	piŋ^{213}	piŋ^{213}	pʻiŋ^{51}	pʻiŋ^{51}	pʻiŋ^{51}	pʻiŋ^{51}	pʻiŋ^{51}	pʻiŋ^{51}
巴里坤县	piŋ^{24}	piŋ^{24}	pʻiŋ^{51}	pʻiŋ^{51}	pʻiŋ^{51}	pʻiŋ^{51}	pʻiŋ^{51}	pʻiŋ^{51}
伊吾县	piŋ^{213}	piŋ^{213}	pʻiŋ^{51}	pʻiŋ^{51}	pʻiŋ^{51}	pʻiŋ^{51}	pʻiŋ^{51}	pʻiŋ^{51}

字目 / 中古音 / 方言点	屏[1] 屏风	萍	明	鸣	名	铭	冥[2]	命
	梗开四平青並	梗开四平青並	梗开三平庚明	梗开三平庚明	梗开三平清明	梗开四平青明	梗开四平青明	梗开三去映明
兰州市（城关区）	pʻin^{51}	pʻin^{51}	min^{51}	min^{51}	min^{51}	min^{51}	min^{44}	min^{13}
永登县	pʻin^{53}	pʻin^{53}	min^{53}	min^{53}	min^{53}	min^{53}	min^{354}	min^{13}
榆中县	pʻin^{332}	pʻin^{332}	min^{332}	min^{332}	min^{332}	min^{332}	min^{44}	min^{13}
皋兰县	pʻin^{53}	pʻin^{53}	min^{53}	min^{53}	min^{53}	min^{53}	min^{342}	min^{13}
白银区	pʻin^{51}	pʻin^{51}	min^{51}	min^{51}	min^{51}	min^{51}	min^{343}	min^{13}
天祝县	pʻin^{53}	pʻin^{53}	min^{53}	min^{53}	min^{53}	min^{53}	min^{44}	min^{213}
景泰县（红水镇）	pʻiəŋ^{53}	pʻiəŋ^{53}	miəŋ^{53}	miəŋ^{53}	miəŋ^{53}	miəŋ^{53}	miəŋ^{44}	miəŋ^{213}
古浪县	pʻiŋ^{53}	pʻiŋ^{53}	miŋ^{53}	miŋ^{53}	miŋ^{53}	miŋ^{53}	miŋ^{44}	miŋ^{31}
凉州区	pʻiŋ^{13}	pʻiŋ^{13}	miŋ^{13}	miŋ^{13}	miŋ^{13}	miŋ^{13}	miŋ^{33}	miŋ^{53}
民勤县	pʻiŋ^{53}	pʻiŋ^{53}	miŋ^{53}	miŋ^{53}	miŋ^{53}	miŋ^{53}	miŋ^{214}	miŋ^{42}
永昌县	pʻiɤ̃^{13}	pʻiɤ̃^{13}	miɤ̃^{13}	miɤ̃^{13}	miɤ̃^{13}	miɤ̃^{13}	miɤ̃^{13}	miɤ̃^{53}
甘州区	pʻiŋ^{53}	pʻiŋ^{53}	miŋ^{53}	miŋ^{53}	miŋ^{53}	miŋ^{53}	miŋ^{53}	miŋ^{31}
临泽县	pʻiŋ^{53}	pʻiŋ^{53}	miŋ^{53}	miŋ^{53}	miŋ^{53}	miŋ^{53}	miŋ^{53}	miŋ^{214}
民乐县	pʻiŋ^{53}	pʻiŋ^{53}	miŋ^{53}	miŋ^{53}	miŋ^{53}	miŋ^{53}	miŋ^{213}	miŋ^{42}
山丹县	pʻiŋ^{53}	pʻiŋ^{53}	miŋ^{53}	miŋ^{53}	miŋ^{53}	miŋ^{53}	miŋ^{53}	miŋ^{41}
高台县	pʻiɤ̃^{53}	pʻiɤ̃^{53}	miɤ̃^{53}	miɤ̃^{53}	miɤ̃^{53}	miɤ̃^{53}	miɤ̃^{53}	miɤ̃^{214}
肃州区	pʻiəŋ^{53}	pʻiəŋ^{53}	miəŋ^{53}	miəŋ^{53}	miəŋ^{53}	miəŋ^{53}	miəŋ^{53}	miəŋ^{214}
金塔县	pʻiŋ^{53}	pʻiŋ^{53}	miŋ^{53}	miŋ^{53}	miŋ^{53}	miŋ^{53}	miŋ^{53}	miŋ^{13}
肃北县	pʻiɤ̃^{53}	pʻiɤ̃^{53}	miɤ̃^{53}	miɤ̃^{53}	miɤ̃^{53}	miɤ̃^{53}	miɤ̃^{53}	miɤ̃^{213}

①又必郢切，梗开四上静帮。

②又弥并切，更开三平清明；母迥切，梗开四上迥明。

续表

玉门市	pʻiŋ^{53}	pʻiŋ^{53}	miŋ^{53}	miŋ^{53}	miŋ^{53}	miŋ^{53}	miŋ^{53}	miŋ^{213}
瓜州县	pʻiəŋ^{53}	pʻiəŋ^{53}	miəŋ^{53}	miəŋ^{53}	miəŋ^{53}	miəŋ^{53}	miəŋ^{53}	miəŋ^{213}
西夏区	pʻiŋ^{53}	pʻiŋ^{53}	miŋ^{53}	miŋ^{53}	miŋ^{53}	miŋ^{53}	miŋ^{44}	miŋ^{13}
贺兰县	pʻiŋ^{53}	pʻiŋ^{53}	miŋ^{53}	miŋ^{53}	miŋ^{53}	miŋ^{53}	miŋ^{44}	miŋ^{13}
灵武市（东塔镇）	pʻiŋ^{52}	pʻiŋ^{52}	miŋ^{52}	miŋ^{52}	miŋ^{52}	miŋ^{52}	miŋ^{44}	miŋ^{13}
永宁县	pʻiŋ^{53}	pʻiŋ^{53}	miŋ^{53}	miŋ^{53}	miŋ^{53}	miŋ^{53}	miŋ^{44}	miŋ^{13}
中宁县	pʻiŋ^{53}	pʻiŋ^{53}	miŋ^{53}	miŋ^{53}	miŋ^{53}	miŋ^{53}	miŋ^{44}	miŋ^{13}
沙坡头区	pʻiŋ^{53}	pʻiŋ^{53}	miŋ^{53}	miŋ^{53}	miŋ^{53}	miŋ^{53}	miŋ^{44}	miŋ^{13}
盐池县	pʻiŋ^{13}	pʻiŋ^{13}	miŋ^{13}	miŋ^{13}	miŋ^{13}	miŋ^{13}	miŋ^{44}	miŋ^{13}
平罗县（渠口乡）	pʻiŋ^{53}	pʻiŋ^{53}	miŋ^{53}	miŋ^{53}	miŋ^{53}	miŋ^{53}	miŋ^{44}	miŋ^{13}
阿拉善左旗	pʻiŋ^{51}	pʻiŋ^{51}	miŋ^{51}	miŋ^{51}	miŋ^{51}	miŋ^{51}	miŋ^{51}	miŋ^{213}
乌鲁木齐市	pʻiŋ^{52}	pʻiŋ^{52}	miŋ^{52}	miŋ^{52}	miŋ^{52}	miŋ^{52}	miŋ^{52}	miŋ^{213}
阜康市	pʻiŋ^{51}	pʻiŋ^{51}	miŋ^{51}	miŋ^{51}	miŋ^{51}	miŋ^{51}	miŋ^{51}	miŋ^{213}
呼图壁县	pʻiŋ^{51}	pʻiŋ^{51}	miŋ^{51}	miŋ^{51}	miŋ^{51}	miŋ^{51}	miŋ^{51}	miŋ^{213}
吉木萨尔县	pʻiŋ^{51}	pʻiŋ^{51}	miŋ^{51}	miŋ^{51}	miŋ^{51}	miŋ^{51}	miŋ^{51}	miŋ^{213}
奇台县	pʻiŋ^{52}	pʻiŋ^{52}	miŋ^{52}	miŋ^{52}	miŋ^{52}	miŋ^{52}	miŋ^{52}	miŋ^{213}
博乐市	pʻiŋ^{51}	pʻiŋ^{51}	miŋ^{51}	miŋ^{51}	miŋ^{51}	miŋ^{51}	miŋ^{51}	miŋ^{24}
阿勒泰市	pʻiŋ^{51}	pʻiŋ^{51}	miŋ^{51}	miŋ^{51}	miŋ^{51}	miŋ^{51}	miŋ^{51}	miŋ^{23}
布尔津县	pʻiŋ^{23}	pʻiŋ^{23}	miŋ^{23}	miŋ^{23}	miŋ^{23}	miŋ^{23}	miŋ^{23}	miŋ^{51}
乌苏市	pʻiŋ^{51}	pʻiŋ^{51}	miŋ^{51}	miŋ^{51}	miŋ^{51}	miŋ^{51}	miŋ^{51}	miŋ^{213}
额敏县	pʻiŋ^{51}	pʻiŋ^{51}	miŋ^{51}	miŋ^{51}	miŋ^{51}	miŋ^{51}	miŋ^{51}	miŋ^{34}
伊州区	pʻiŋ^{51}	pʻiŋ^{51}	miŋ^{51}	miŋ^{51}	miŋ^{51}	miŋ^{51}	miŋ^{51}	miŋ^{213}
巴里坤县	pʻiŋ^{51}	pʻiŋ^{51}	miŋ^{51}	miŋ^{51}	miŋ^{51}	miŋ^{51}	miŋ^{51}	miŋ^{24}
伊吾县	pʻiŋ^{51}	pʻiŋ^{51}	miŋ^{51}	miŋ^{51}	miŋ^{51}	miŋ^{51}	miŋ^{51}	miŋ^{213}

字目 / 方言点	丁	钉① 铁钉	顶	鼎	订②	钉 钉住	定	听③ 听见
中古音	梗开四 平青端		梗开四 上迥端	梗开四 上迥端	梗开四 去径端		梗开四 去径定	梗开四 平青透
兰州市 （城关区）	tin^{53}	tin^{53}	tin^{44}	tin^{44}	tin^{13}	tin^{13}	tin^{13}	tʻin^{53}
永登县	tin^{42}	tin^{42}	tin^{354}	tin^{354}	tin^{13}	tin^{13}	tin^{13}	tʻin^{42}
榆中县	tin^{51}	tin^{51}	tin^{44}	tin^{44}	tin^{13}	tin^{13}	tin^{13}	tʻin^{51}
皋兰县	tin^{42}	tin^{42}	tin^{342}	tin^{342}	tin^{13}	tin^{13}	tin^{13}	tʻin^{42}
白银区	tin^{44}	tin^{44}	tin^{343}	tin^{343}	tin^{13}	tin^{13}	tin^{13}	tʻin^{44}
天祝县	tin^{44}	tin^{44}	tin^{44}	tin^{44}	tin^{213}	tin^{213}	tin^{213}	tʻin^{44}
景泰县 （红水镇）	tiəŋ^{44}	tiəŋ^{44}	tiəŋ^{44}	tiəŋ^{44}	tiəŋ^{213}	tiəŋ^{213}	tiəŋ^{213}	tʻiəŋ^{44}
古浪县	tiŋ^{44}	tiŋ^{44}	tiŋ^{44}	tiŋ^{44}	tiŋ^{31}	tiŋ^{31}	tiŋ^{31}	tʻiŋ^{44}
凉州区	tiŋ^{33}	tiŋ^{33}	tiŋ^{33}	tiŋ^{33}	tiŋ^{53}	tiŋ^{53}	tiŋ^{53}	tʻiŋ^{33}
民勤县	tiŋ^{44}	tiŋ^{44}	tiŋ^{214}	tiŋ^{214}	tiŋ^{42}	tiŋ^{42}	tiŋ^{42}	tʻiŋ^{44}
永昌县	tiɤ̃^{44}	tiɤ̃^{44}	tiɤ̃^{13}	tiɤ̃^{13}	tiɤ̃^{53}	tiɤ̃^{53}	tiɤ̃^{53}	tʻiɤ̃^{13}
甘州区	tiŋ^{44}	tiŋ^{44}	tiŋ^{53}	tiŋ^{53}	tiŋ^{31}	tiŋ^{31}	tiŋ^{31}	tʻiŋ^{44}
临泽县	tiŋ^{44}	tiŋ^{44}	tiŋ^{53}	tiŋ^{53}	tiŋ^{214}	tiŋ^{214}	tiŋ^{214}	tʻiŋ^{44}
民乐县	tiŋ^{44}	tiŋ^{44}	tiŋ^{213}	tiŋ^{213}	tiŋ^{42}	tiŋ^{42}	tiŋ^{42}	tʻiŋ^{44}
山丹县	tiŋ^{24}	tiŋ^{24}	tiŋ^{53}	tiŋ^{53}	tiŋ^{41}	tiŋ^{41}	tiŋ^{41}	tʻiŋ^{24}
高台县	tiɤ̃^{44}	tiɤ̃^{44}	tiɤ̃^{53}	tiɤ̃^{53}	tiɤ̃^{214}	tiɤ̃^{214}	tiɤ̃^{214}	tʻiɤ̃^{44}
肃州区	tiəŋ^{44}	tiəŋ^{44}	tiəŋ^{53}	tiəŋ^{53}	tiəŋ^{214}	tiəŋ^{214}	tiəŋ^{214}	tʻiəŋ^{44}
金塔县	tiŋ^{44}	tiŋ^{44}	tiŋ^{53}	tiŋ^{53}	tiŋ^{13}	tiŋ^{13}	tiŋ^{13}	tʻiŋ^{44}

①《晋书》卷六十八“陶侃传”作“丁”，当经切，梗开四平青端。

②又徒鼎切，梗开四上迥定。

③又他定切，梗开四去径透。

续表

肃北县	tiɤ̃^{44}	tiɤ̃^{44}	tiɤ̃^{53}	tiɤ̃^{53}	tiɤ̃^{213}	tiɤ̃^{213}	tiɤ̃^{213}	tʻiɤ̃^{44}
玉门市	tiŋ^{44}	tiŋ^{44}	tiŋ^{53}	tiŋ^{53}	tiŋ^{213}	tiŋ^{213}	tiŋ^{213}	tʻiŋ^{44}
瓜州县	tiəŋ^{44}	tiəŋ^{44}	tiəŋ^{53}	tiəŋ^{53}	tiəŋ^{213}	tiəŋ^{213}	tiəŋ^{213}	tʻiəŋ^{44}
西夏区	tiŋ^{44}	tiŋ^{44}	tiŋ^{53}	tiŋ^{53}	tiŋ^{13}	tiŋ^{13}	tiŋ^{13}	tʻiŋ^{44}
贺兰县	tiŋ^{44}	tiŋ^{44}	tiŋ^{53}	tiŋ^{53}	tiŋ^{13}	tiŋ^{13}	tiŋ^{13}	tʻiŋ^{44}
灵武市（东塔镇）	tiŋ^{44}	tiŋ^{44}	tiŋ^{52}	tiŋ^{52}	tiŋ^{13}	tiŋ^{13}	tiŋ^{13}	tʻiŋ^{44}
永宁县	tiŋ^{44}	tiŋ^{44}	tiŋ^{53}	tiŋ^{53}	tiŋ^{13}	tiŋ^{13}	tiŋ^{13}	tʻiŋ^{44}
中宁县	tiŋ^{44}	tiŋ^{44}	tiŋ^{53}	tiŋ^{53}	tiŋ^{13}	tiŋ^{13}	tiŋ^{13}	tʻiŋ^{44}
沙坡头区	tiŋ^{44}	tiŋ^{44}	tiŋ^{53}	tiŋ^{53}	tiŋ^{13}	tiŋ^{13}	tiŋ^{13}	tʻiŋ^{44}
盐池县	tiŋ^{44}	tiŋ^{44}	tiŋ^{52}	tiŋ^{52}	tiŋ^{13}	tiŋ^{13}	tiŋ^{13}	tʻiŋ^{44}
平罗县（渠口乡）	tiŋ^{44}	tiŋ^{44}	tiŋ^{53}	tiŋ^{53}	tiŋ^{13}	tiŋ^{13}	tiŋ^{13}	tʻiŋ^{44}
阿拉善左旗	tiŋ^{44}	tiŋ^{44}	tiŋ^{51}	tiŋ^{51}	tiŋ^{213}	tiŋ^{213}	tiŋ^{213}	tʻiŋ^{44}
乌鲁木齐市	tiŋ^{44}	tiŋ^{44}	tiŋ^{52}	tiŋ^{52}	tiŋ^{213}	tiŋ^{213}	tiŋ^{213}	tʻiŋ^{44}
阜康市	tiŋ^{55}	tiŋ^{55}	tiŋ^{51}	tiŋ^{51}	tiŋ^{213}	tiŋ^{213}	tiŋ^{213}	tʻiŋ^{55}
呼图壁县	tiŋ^{44}	tiŋ^{44}	tiŋ^{51}	tiŋ^{51}	tiŋ^{213}	tiŋ^{213}	tiŋ^{213}	tʻiŋ^{44}
吉木萨尔县	tiŋ^{44}	tiŋ^{44}	tiŋ^{51}	tiŋ^{51}	tiŋ^{213}	tiŋ^{213}	tiŋ^{213}	tʻiŋ^{44}
奇台县	tiŋ^{44}	tiŋ^{44}	tiŋ^{52}	tiŋ^{52}	tiŋ^{213}	tiŋ^{213}	tiŋ^{213}	tʻiŋ^{44}
博乐市	tiŋ^{45}	tiŋ^{45}	tiŋ^{51}	tiŋ^{51}	tiŋ^{24}	tiŋ^{24}	tiŋ^{24}	tʻiŋ^{45}
阿勒泰市	tiŋ^{44}	tiŋ^{44}	tiŋ^{51}	tiŋ^{51}	tiŋ^{23}	tiŋ^{23}	tiŋ^{23}	tʻiŋ^{44}
布尔津县	tiŋ^{44}	tiŋ^{44}	tiŋ^{23}	tiŋ^{23}	tiŋ^{51}	tiŋ^{51}	tiŋ^{51}	tʻiŋ^{44}
乌苏市	tiŋ^{55}	tiŋ^{55}	tiŋ^{51}	tiŋ^{51}	tiŋ^{213}	tiŋ^{213}	tiŋ^{213}	tʻiŋ^{55}
额敏县	tiŋ^{44}	tiŋ^{44}	tiŋ^{51}	tiŋ^{51}	tiŋ^{34}	tiŋ^{34}	tiŋ^{34}	tʻiŋ^{44}
伊州区	tiŋ^{44}	tiŋ^{44}	tiŋ^{51}	tiŋ^{51}	tiŋ^{213}	tiŋ^{213}	tiŋ^{213}	tʻiŋ^{44}
巴里坤县	tiŋ^{45}	tiŋ^{45}	tiŋ^{51}	tiŋ^{51}	tiŋ^{24}	tiŋ^{24}	tiŋ^{24}	tʻiŋ^{45}
伊吾县	tiŋ^{44}	tiŋ^{44}	tiŋ^{51}	tiŋ^{51}	tiŋ^{213}	tiŋ^{213}	tiŋ^{213}	tʻiŋ^{44}

字目 / 中古音 / 方言点	厅	汀	听 听从	亭	停 停止	廷	庭	艇
	梗开四 平青透	梗开四 平青透	梗开四 平径透	梗开四 平青定	梗开四 平青定	梗开四 平青定	梗开四 平青定	梗开四 上迥定
兰州市 （城关区）	tʻin^{53}	tʻin^{53}	tʻin^{53}	tʻin^{51}	tʻin^{51}	tʻin^{51}	tʻin^{51}	tʻin^{13}
永登县	tʻin^{42}	tʻin^{42}	tʻin^{42}	tʻin^{53}	tʻin^{53}	tʻin^{53}	tʻin^{53}	tʻin^{13}
榆中县	tʻin^{51}	tʻin^{51}	tʻin^{51}	tʻin^{332}	tʻin^{332}	tʻin^{332}	tʻin^{332}	tʻin^{13}
皋兰县	tʻin^{42}	tʻin^{42}	tʻin^{42}	tʻin^{53}	tʻin^{53}	tʻin^{53}	tʻin^{53}	tʻin^{13}
白银区	tʻin^{44}	tʻin^{44}	tʻin^{44}	tʻin^{51}	tʻin^{51}	tʻin^{51}	tʻin^{51}	tʻin^{13}
天祝县	tʻin^{44}	tʻin^{44}	tʻin^{44}	tʻin^{53}	tʻin^{53}	tʻin^{53}	tʻin^{53}	tʻin^{213}
景泰县 （红水镇）	tʻiəŋ^{44}	tʻiəŋ^{44}	tʻiəŋ^{44}	tʻiəŋ^{53}	tʻiəŋ^{53}	tʻiəŋ^{53}	tʻiəŋ^{53}	tʻiəŋ^{213}
古浪县	tʻiŋ^{44}	tʻiŋ^{44}	tʻiŋ^{44}	tʻiŋ^{53}	tʻiŋ^{53}	tʻiŋ^{53}	tʻiŋ^{53}	tʻiŋ^{31}
凉州区	tʻiŋ^{33}	tʻiŋ^{33}	tʻiŋ^{33}	tʻiŋ^{13}	tʻiŋ^{13}	tʻiŋ^{13}	tʻiŋ^{13}	tʻiŋ^{53}
民勤县	tʻiŋ^{44}	tʻiŋ^{44}	tʻiŋ^{44}	tʻiŋ^{53}	tʻiŋ^{53}	tʻiŋ^{53}	tʻiŋ^{53}	tʻiŋ^{42}
永昌县	tʻiɣ̃^{44}	tʻiɣ̃^{44}	tʻiɣ̃^{44}	tʻiɣ̃^{13}	tʻiɣ̃^{13}	tʻiɣ̃^{13}	tʻiɣ̃^{13}	tʻiɣ̃^{53}
甘州区	tʻiŋ^{44}	tʻiŋ^{44}	tʻiŋ^{44}	tʻiŋ^{53}	tʻiŋ^{53}	tʻiŋ^{53}	tʻiŋ^{53}	tʻiŋ^{31}
临泽县	tʻiŋ^{44}	tʻiŋ^{44}	tʻiŋ^{44}	tʻiŋ^{53}	tʻiŋ^{53}	tʻiŋ^{53}	tʻiŋ^{53}	tʻiŋ^{214}
民乐县	tʻiŋ^{44}	tʻiŋ^{44}	tʻiŋ^{44}	tʻiŋ^{53}	tʻiŋ^{53}	tʻiŋ^{53}	tʻiŋ^{53}	tʻiŋ^{42}
山丹县	tʻiŋ^{24}	tʻiŋ^{24}	tʻiŋ^{24}	tʻiŋ^{53}	tʻiŋ^{53}	tʻiŋ^{53}	tʻiŋ^{53}	tʻiŋ^{41}
高台县	tʻiɣ̃^{44}	tʻiɣ̃^{44}	tʻiɣ̃^{44}	tʻiɣ̃^{53}	tʻiɣ̃^{53}	tʻiɣ̃^{53}	tʻiɣ̃^{53}	tʻiɣ̃^{214}
肃州区	tʻiəŋ^{44}	tʻiəŋ^{44}	tʻiəŋ^{44}	tʻiəŋ^{53}	tʻiəŋ^{53}	tʻiəŋ^{53}	tʻiəŋ^{53}	tʻiəŋ^{214}
金塔县	tʻiŋ^{44}	tʻiŋ^{44}	tʻiŋ^{44}	tʻiŋ^{53}	tʻiŋ^{53}	tʻiŋ^{53}	tʻiŋ^{53}	tʻiŋ^{13}
肃北县	tʻiɣ̃^{44}	tʻiɣ̃^{44}	tʻiɣ̃^{44}	tʻiɣ̃^{53}	tʻiɣ̃^{53}	tʻiɣ̃^{53}	tʻiɣ̃^{53}	tʻiɣ̃^{213}
玉门市	tʻiŋ^{44}	tʻiŋ^{44}	tʻiŋ^{44}	tʻiŋ^{53}	tʻiŋ^{53}	tʻiŋ^{53}	tʻiŋ^{53}	tʻiŋ^{213}
瓜州县	tʻiəŋ^{44}	tʻiəŋ^{44}	tʻiəŋ^{44}	tʻiəŋ^{53}	tʻiəŋ^{53}	tʻiəŋ^{53}	tʻiəŋ^{53}	tʻiəŋ^{213}
西夏区	tʻiŋ^{44}	tʻiŋ^{44}	tʻiŋ^{44}	tʻiŋ^{53}	tʻiŋ^{53}	tʻiŋ^{44}	tʻiŋ^{44}	tʻiŋ^{53}

续表

贺兰县	tʻiŋ^{44}	tʻiŋ^{44}	tʻiŋ^{44}	tʻiŋ^{53}	tʻiŋ^{53}	tʻiŋ^{44}	tʻiŋ^{44}	tʻiŋ^{53}
灵武市（东塔镇）	tʻiŋ^{44}	tʻiŋ^{44}	tʻiŋ^{44}	tʻiŋ^{52}	tʻiŋ^{52}	tʻiŋ^{44}	tʻiŋ^{44}	tʻiŋ^{52}
永宁县	tʻiŋ^{44}	tʻiŋ^{44}	tʻiŋ^{44}	tʻiŋ^{53}	tʻiŋ^{53}	tʻiŋ^{44}	tʻiŋ^{44}	tʻiŋ^{53}
中宁县	tʻiŋ^{44}	tʻiŋ^{44}	tʻiŋ^{44}	tʻiŋ^{53}	tʻiŋ^{53}	tʻiŋ^{44}	tʻiŋ^{44}	tʻiŋ^{53}
沙坡头区	tʻiŋ^{44}	tʻiŋ^{44}	tʻiŋ^{44}	tʻiŋ^{53}	tʻiŋ^{53}	tʻiŋ^{44}	tʻiŋ^{44}	tʻiŋ^{53}
盐池县	tʻiŋ^{44}	tʻiŋ^{44}	tʻiŋ^{44}	tʻiŋ^{13}	tʻiŋ^{52}	tʻiŋ^{44}	tʻiŋ^{44}	tʻiŋ^{53}
平罗县（渠口乡）	tʻiŋ^{44}	tʻiŋ^{44}	tʻiŋ^{44}	tʻiŋ^{53}	tʻiŋ^{53}	tʻiŋ^{44}	tʻiŋ^{44}	tʻiŋ^{53}
阿拉善左旗	tʻiŋ^{44}	tʻiŋ^{44}	tʻiŋ^{44}	tʻiŋ^{51}	tʻiŋ^{51}	tʻiŋ^{51}	tʻiŋ^{51}	tʻiŋ^{213}
乌鲁木齐市	tʻiŋ^{44}	tʻiŋ^{44}	tʻiŋ^{44}	tʻiŋ^{52}	tʻiŋ^{52}	tʻiŋ^{52}	tʻiŋ^{52}	tʻiŋ^{213}
阜康市	tʻiŋ^{55}	tʻiŋ^{55}	tʻiŋ^{55}	tʻiŋ^{51}	tʻiŋ^{51}	tʻiŋ^{51}	tʻiŋ^{51}	tʻiŋ^{213}
呼图壁县	tʻiŋ^{44}	tʻiŋ^{44}	tʻiŋ^{44}	tʻiŋ^{51}	tʻiŋ^{51}	tʻiŋ^{51}	tʻiŋ^{51}	tʻiŋ^{213}
吉木萨尔县	tʻiŋ^{44}	tʻiŋ^{44}	tʻiŋ^{44}	tʻiŋ^{51}	tʻiŋ^{51}	tʻiŋ^{51}	tʻiŋ^{51}	tʻiŋ^{213}
奇台县	tʻiŋ^{44}	tʻiŋ^{44}	tʻiŋ^{44}	tʻiŋ^{52}	tʻiŋ^{52}	tʻiŋ^{52}	tʻiŋ^{52}	tʻiŋ^{213}
博乐市	tʻiŋ^{45}	tʻiŋ^{45}	tʻiŋ^{45}	tʻiŋ^{51}	tʻiŋ^{51}	tʻiŋ^{51}	tʻiŋ^{51}	tʻiŋ^{24}
阿勒泰市	tʻiŋ^{44}	tʻiŋ^{44}	tʻiŋ^{44}	tʻiŋ^{51}	tʻiŋ^{51}	tʻiŋ^{51}	tʻiŋ^{51}	tʻiŋ^{23}
布尔津县	tʻiŋ^{44}	tʻiŋ^{44}	tʻiŋ^{44}	tʻiŋ^{23}	tʻiŋ^{23}	tʻiŋ^{23}	tʻiŋ^{23}	tʻiŋ^{51}
乌苏市	tʻiŋ^{55}	tʻiŋ^{55}	tʻiŋ^{55}	tʻiŋ^{51}	tʻiŋ^{51}	tʻiŋ^{51}	tʻiŋ^{51}	tʻiŋ^{213}
额敏县	tʻiŋ^{44}	tʻiŋ^{44}	tʻiŋ^{44}	tʻiŋ^{51}	tʻiŋ^{51}	tʻiŋ^{51}	tʻiŋ^{51}	tʻiŋ^{34}
伊州区	tʻiŋ^{44}	tʻiŋ^{44}	tʻiŋ^{44}	tʻiŋ^{51}	tʻiŋ^{51}	tʻiŋ^{51}	tʻiŋ^{51}	tʻiŋ^{213}
巴里坤县	tʻiŋ^{45}	tʻiŋ^{45}	tʻiŋ^{45}	tʻiŋ^{51}	tʻiŋ^{51}	tʻiŋ^{51}	tʻiŋ^{51}	tʻiŋ^{24}
伊吾县	tʻiŋ^{44}	tʻiŋ^{44}	tʻiŋ^{44}	tʻiŋ^{51}	tʻiŋ^{51}	tʻiŋ^{51}	tʻiŋ^{51}	tʻiŋ^{213}

字目 / 方音 \ 中古音 / 方言点	挺①	凝②	宁 安宁	陵	凌③	菱	灵	铃
中古音	梗开四上迥定	曾开三平蒸疑	梗开四平青泥	曾开三平蒸来	曾开三平蒸来	曾开三平蒸来	梗开四平青来	梗开四平青来
兰州市（城关区）	tʻin^{13}	lin^{51}	lin^{51}	lin^{51}	lin^{51}	lin^{51}	lin^{51}	lin^{51}
永登县	tʻin^{13}	nin^{53}	nin^{53}	lin^{53}	lin^{53}	lin^{53}	lin^{53}	lin^{53}
榆中县	tʻin^{13}	nin^{332}	nin^{332}	lin^{332}	lin^{332}	lin^{332}	lin^{332}	lin^{332}
皋兰县	tʻin^{13}	nin^{53}	nin^{53}	lin^{53}	lin^{53}	lin^{53}	lin^{53}	lin^{53}
白银区	tʻin^{13}	lin^{51}	lin^{51}	lin^{51}	lin^{51}	lin^{51}	lin^{51}	lin^{51}
天祝县	tʻin^{213}	lin^{53}	lin^{53}	lin^{53}	lin^{53}	lin^{53}	lin^{53}	lin^{53}
景泰县（红水镇）	tʻiəŋ^{213}	liəŋ^{53}	liəŋ^{53}	liəŋ^{53}	liəŋ^{53}	liəŋ^{53}	liəŋ^{53}	liəŋ^{53}
古浪县	tʻiŋ^{31}	niŋ^{53}	niŋ^{53}	liŋ^{53}	liŋ^{53}	liŋ^{53}	liŋ^{53}	liŋ^{53}
凉州区	tʻiŋ^{53}	niŋ^{13}	niŋ^{13}	liŋ^{13}	liŋ^{13}	liŋ^{13}	liŋ^{13}	liŋ^{13}
民勤县	tʻiŋ^{42}	niŋ^{53}	niŋ^{53}	liŋ^{53}	liŋ^{53}	liŋ^{53}	liŋ^{53}	liŋ^{53}
永昌县	tʻiɣ̃^{53}	niɣ̃^{13}	niɣ̃^{13}	liɣ̃^{13}	liɣ̃^{13}	liɣ̃^{13}	liɣ̃^{13}	liɣ̃^{13}
甘州区	tʻiŋ^{31}	niŋ^{53}	niŋ^{53}	liŋ^{53}	liŋ^{53}	liŋ^{53}	liŋ^{53}	liŋ^{53}
临泽县	tʻiŋ^{214}	niŋ^{53}	niŋ^{53}	liŋ^{53}	liŋ^{53}	liŋ^{53}	liŋ^{53}	liŋ^{53}
民乐县	tʻiŋ^{42}	niŋ^{53}	niŋ^{53}	liŋ^{53}	liŋ^{53}	liŋ^{53}	liŋ^{53}	liŋ^{53}
山丹县	tʻiŋ^{41}	niŋ^{53}	niŋ^{53}	liŋ^{53}	liŋ^{53}	liŋ^{53}	liŋ^{53}	liŋ^{53}
高台县	tʻiɣ̃^{214}	niɣ̃^{53}	niɣ̃^{53}	liɣ̃^{53}	liɣ̃^{53}	liɣ̃^{53}	liɣ̃^{53}	liɣ̃^{53}
肃州区	tʻiəŋ^{214}	niəŋ^{53}	niəŋ^{53}	liəŋ^{53}	liəŋ^{53}	liəŋ^{53}	liəŋ^{53}	liəŋ^{53}
金塔县	tʻiŋ^{13}	niŋ^{53}	niŋ^{53}	liŋ^{53}	liŋ^{53}	liŋ^{53}	liŋ^{53}	liŋ^{53}

①又他顶切，梗开四上迥透。

②又牛切，曾开三去证疑。

③又里孕切，曾开三去证来。

续表

肃北县	tʻiɤ̃^{213}	niɤ̃^{53}	niɤ̃^{53}	liɤ̃^{53}	liɤ̃^{53}	liɤ̃^{53}	liɤ̃^{53}	liɤ̃^{53}
玉门市	tʻiŋ^{213}	niŋ^{53}	niŋ^{53}	liŋ^{53}	liŋ^{53}	liŋ^{53}	liŋ^{53}	liŋ^{53}
瓜州县	tʻiəŋ^{213}	niəŋ^{53}	niəŋ^{53}	liəŋ^{53}	liəŋ^{53}	liəŋ^{53}	liəŋ^{53}	liəŋ^{53}
西夏区	tʻiŋ^{13}	niŋ^{53}	niŋ^{53}	liŋ^{53}	liŋ^{53}	liŋ^{53}	liŋ^{53}	liŋ^{53}
贺兰县	tʻiŋ^{13}	niŋ^{53}	niŋ^{53}	liŋ^{53}	liŋ^{53}	liŋ^{53}	liŋ^{53}	liŋ^{53}
灵武市（东塔镇）	tʻiŋ^{13}	niŋ^{52}	niŋ^{52}	liŋ^{52}	liŋ^{52}	liŋ^{52}	liŋ^{52}	liŋ^{52}
永宁县	tʻiŋ^{13}	niŋ^{53}	niŋ^{53}	liŋ^{53}	liŋ^{53}	liŋ^{53}	liŋ^{53}	liŋ^{53}
中宁县	tʻiŋ^{13}	niŋ^{53}	niŋ^{53}	liŋ^{53}	liŋ^{53}	liŋ^{53}	liŋ^{53}	liŋ^{53}
沙坡头区	tʻiŋ^{13}	niŋ^{53}	niŋ^{53}	liŋ^{53}	liŋ^{53}	liŋ^{53}	liŋ^{53}	liŋ^{53}
盐池县	tʻiŋ^{13}	niŋ^{13}	niŋ^{13}	liŋ^{13}	liŋ^{13}	liŋ^{13}	liŋ^{13}	liŋ^{13}
平罗县（渠口乡）	tʻiŋ^{13}	niŋ^{53}	niŋ^{53}	liŋ^{53}	liŋ^{53}	liŋ^{53}	liŋ^{53}	liŋ^{53}
乌鲁木齐市	tʻiŋ^{213}	ȵiŋ^{52}	ȵiŋ^{52}	liŋ^{52}	liŋ^{52}	liŋ^{52}	liŋ^{52}	liŋ^{52}
阜康市	tʻiŋ^{213}	niŋ^{51}	niŋ^{51}	liŋ^{51}	liŋ^{51}	liŋ^{51}	liŋ^{51}	liŋ^{51}
呼图壁县	tʻiŋ^{213}	niŋ^{51}	niŋ^{51}	liŋ^{51}	liŋ^{51}	liŋ^{51}	liŋ^{51}	liŋ^{51}
吉木萨尔县	tʻiŋ^{213}	niŋ^{51}	niŋ^{51}	liŋ^{51}	liŋ^{51}	liŋ^{51}	liŋ^{51}	liŋ^{51}
奇台县	tʻiŋ^{213}	niŋ^{52}	niŋ^{52}	liŋ^{52}	liŋ^{52}	liŋ^{52}	liŋ^{52}	liŋ^{52}
博乐市	tʻiŋ^{24}	niŋ^{51}	niŋ^{51}	liŋ^{51}	liŋ^{51}	liŋ^{51}	liŋ^{51}	liŋ^{51}
阿勒泰市	tʻiŋ^{23}	niŋ^{51}	niŋ^{51}	liŋ^{51}	liŋ^{51}	liŋ^{51}	liŋ^{51}	liŋ^{51}
布尔津县	tʻiŋ^{51}	niŋ^{23}	niŋ^{23}	liŋ^{23}	liŋ^{23}	liŋ^{23}	liŋ^{23}	liŋ^{23}
乌苏市	tʻiŋ^{213}	niŋ^{51}	niŋ^{51}	liŋ^{51}	liŋ^{51}	liŋ^{51}	liŋ^{51}	liŋ^{51}
额敏县	tʻiŋ^{34}	niŋ^{51}	niŋ^{51}	liŋ^{51}	liŋ^{51}	liŋ^{51}	liŋ^{51}	liŋ^{51}
伊州区	tʻiŋ^{213}	niŋ^{51}	niŋ^{51}	liŋ^{51}	liŋ^{51}	liŋ^{51}	liŋ^{51}	liŋ^{51}
巴里坤县	tʻiŋ^{24}	niŋ^{51}	niŋ^{51}	liŋ^{51}	liŋ^{51}	liŋ^{51}	liŋ^{51}	liŋ^{51}
伊吾县	tʻiŋ^{213}	niŋ^{51}	niŋ^{51}	liŋ^{51}	liŋ^{51}	liŋ^{51}	liŋ^{51}	liŋ^{51}

字目 / 中古音 / 方言点	零	领	岭	令	另	粳	茎	京
	梗开四平青来	梗开三上静来	梗开三上静来	梗开三去劲来		梗开二平庚见	梗开二平耕匣	梗开三平庚见
兰州市（城关区）	lin^{51}	lin^{44}	lin^{44}	lin^{13}	lin^{13}	$tɕin^{53}$	$tɕin^{53}$	$tɕin^{53}$
永登县	lin^{53}	lin^{353}	lin^{353}	lin^{13}	lin^{13}	$tɕin^{42}$	$tɕin^{42}$	$tɕin^{42}$
榆中县	lin^{332}	lin^{44}	lin^{44}	lin^{13}	lin^{13}	$tɕin^{51}$	$tɕin^{51}$	$tɕin^{51}$
皋兰县	lin^{53}	lin^{342}	lin^{342}	lin^{13}	lin^{13}	$tɕin^{42}$	$tɕin^{42}$	$tɕin^{42}$
白银区	lin^{51}	lin^{343}	lin^{343}	lin^{13}	lin^{13}	$tɕin^{44}$	$tɕin^{44}$	$tɕin^{44}$
天祝县	lin^{53}	lin^{44}	lin^{44}	lin^{213}	lin^{213}	$tɕin^{44}$	$tɕin^{44}$	$tɕin^{44}$
景泰县（红水镇）	$liəŋ^{53}$	$liəŋ^{44}$	$liəŋ^{44}$	$liəŋ^{213}$	$liəŋ^{213}$	$tɕiəŋ^{44}$	$tɕiəŋ^{44}$	$tɕiəŋ^{44}$
古浪县	$liŋ^{53}$	$liŋ^{44}$	$liŋ^{44}$	$liŋ^{31}$	$liŋ^{31}$	$tɕiŋ^{44}$	$tɕiŋ^{44}$	$tɕiŋ^{44}$
凉州区	$liŋ^{13}$	$liŋ^{33}$	$liŋ^{33}$	$liŋ^{53}$	$liŋ^{53}$	$tɕiŋ^{33}$	$tɕiŋ^{33}$	$tɕiŋ^{33}$
民勤县	$liŋ^{53}$	$liŋ^{214}$	$liŋ^{214}$	$liŋ^{42}$	$liŋ^{42}$	$tɕiŋ^{44}$	$tɕiŋ^{44}$	$tɕiŋ^{44}$
永昌县	$li\check{ɣ}^{13}$	$li\check{ɣ}^{13}$	$li\check{ɣ}^{13}$	$li\check{ɣ}^{53}$	$li\check{ɣ}^{53}$	$tɕi\check{ɣ}^{44}$	$tɕi\check{ɣ}^{44}$	$tɕi\check{ɣ}^{44}$
甘州区	$liŋ^{53}$	$liŋ^{53}$	$liŋ^{53}$	$liŋ^{31}$	$liŋ^{31}$	$tɕiŋ^{44}$	$tɕiŋ^{44}$	$tɕiŋ^{44}$
临泽县	$liŋ^{53}$	$liŋ^{53}$	$liŋ^{53}$	$liŋ^{214}$	$liŋ^{214}$	$tɕiŋ^{44}$	$tɕiŋ^{44}$	$tɕiŋ^{44}$
民乐县	$liŋ^{53}$	$liŋ^{213}$	$liŋ^{213}$	$liŋ^{42}$	$liŋ^{42}$	$tɕiŋ^{44}$	$tɕiŋ^{44}$	$tɕiŋ^{44}$
山丹县	$liŋ^{53}$	$liŋ^{53}$	$liŋ^{53}$	$liŋ^{41}$	$liŋ^{41}$	$tɕiŋ^{24}$	$tɕiŋ^{24}$	$tɕiŋ^{24}$
高台县	$li\tilde{ɣ}^{53}$	$li\tilde{ɣ}^{53}$	$li\tilde{ɣ}^{53}$	$li\tilde{ɣ}^{214}$	$li\tilde{ɣ}^{214}$	$tɕi\tilde{ɣ}^{44}$	$tɕi\tilde{ɣ}^{44}$	$tɕi\tilde{ɣ}^{44}$
肃州区	$liəŋ^{53}$	$liəŋ^{53}$	$liəŋ^{53}$	$liəŋ^{214}$	$liəŋ^{214}$	$tɕiəŋ^{44}$	$tɕiəŋ^{44}$	$tɕiəŋ^{44}$
金塔县	$liŋ^{53}$	$liŋ^{53}$	$liŋ^{53}$	$liŋ^{13}$	$liŋ^{13}$	$tɕiŋ^{44}$	$tɕiŋ^{44}$	$tɕiŋ^{44}$
肃北县	$li\tilde{ɣ}^{53}$	$li\tilde{ɣ}^{53}$	$li\tilde{ɣ}^{53}$	$li\tilde{ɣ}^{213}$	$li\tilde{ɣ}^{213}$	$tɕi\tilde{ɣ}^{44}$	$tɕi\tilde{ɣ}^{44}$	$tɕi\tilde{ɣ}^{44}$
玉门市	$liŋ^{53}$	$liŋ^{53}$	$liŋ^{53}$	$liŋ^{213}$	$liŋ^{213}$	$tɕiŋ^{44}$	$tɕiŋ^{44}$	$tɕiŋ^{44}$
瓜州县	$liəŋ^{53}$	$liəŋ^{53}$	$liəŋ^{53}$	$liəŋ^{213}$	$liəŋ^{213}$	$tɕiəŋ^{44}$	$tɕiəŋ^{44}$	$tɕiəŋ^{44}$
西夏区	$liŋ^{53}$	$liŋ^{53}$	$liŋ^{53}$	$liŋ^{13}$	$liŋ^{13}$	$tɕiŋ^{44}$	$tɕiŋ^{44}$	$tɕiŋ^{44}$

续表

贺兰县	liŋ^{53}	liŋ^{53}	liŋ^{53}	liŋ^{13}	liŋ^{13}	tɕiŋ^{44}	tɕiŋ^{44}	tɕiŋ^{44}
灵武市（东塔镇）	liŋ^{52}	liŋ^{52}	liŋ^{52}	liŋ^{13}	liŋ^{13}	tɕiŋ^{44}	tɕiŋ^{44}	tɕiŋ^{44}
永宁县	liŋ^{53}	liŋ^{53}	liŋ^{53}	liŋ^{13}	liŋ^{13}	tɕiŋ^{44}	tɕiŋ^{44}	tɕiŋ^{44}
中宁县	liŋ^{53}	liŋ^{53}	liŋ^{53}	liŋ^{13}	liŋ^{13}	tɕiŋ^{44}	tɕiŋ^{44}	tɕiŋ^{44}
沙坡头区	liŋ^{53}	liŋ^{53}	liŋ^{53}	liŋ^{13}	liŋ^{13}	tɕiŋ^{44}	tɕiŋ^{44}	tɕiŋ^{44}
盐池县	liŋ^{13}	liŋ^{52}	liŋ^{52}	liŋ^{13}	liŋ^{13}	tɕiŋ^{44}	tɕiŋ^{44}	tɕiŋ^{44}
平罗县（渠口乡）	liŋ^{53}	liŋ^{53}	liŋ^{53}	liŋ^{13}	liŋ^{13}	tɕiŋ^{44}	tɕiŋ^{44}	tɕiŋ^{44}
阿拉善左旗	liŋ^{51}	liŋ^{51}	liŋ^{51}	liŋ^{213}	liŋ^{213}	tɕiŋ^{44}	tɕiŋ^{44}	tɕiŋ^{44}
乌鲁木齐市	liŋ^{52}	liŋ^{52}	liŋ^{52}	liŋ^{213}	liŋ^{213}	tɕiŋ^{44}	tɕiŋ^{44}	tɕiŋ^{44}
阜康市	liŋ^{51}	liŋ^{51}	liŋ^{51}	liŋ^{213}	liŋ^{213}	tɕiŋ^{55}	tɕiŋ^{55}	tɕiŋ^{55}
呼图壁县	liŋ^{51}	liŋ^{51}	liŋ^{51}	liŋ^{213}	liŋ^{213}	tɕiŋ^{44}	tɕiŋ^{44}	tɕiŋ^{44}
吉木萨尔县	liŋ^{51}	liŋ^{51}	liŋ^{51}	liŋ^{213}	liŋ^{213}	tɕiŋ^{44}	tɕiŋ^{44}	tɕiŋ^{44}
奇台县	liŋ^{52}	liŋ^{52}	liŋ^{52}	liŋ^{213}	liŋ^{213}	tɕiŋ^{44}	tɕiŋ^{44}	tɕiŋ^{44}
博乐市	liŋ^{51}	liŋ^{51}	liŋ^{51}	liŋ^{24}	liŋ^{24}	tɕiŋ^{45}	tɕiŋ^{45}	tɕiŋ^{45}
阿勒泰市	liŋ^{51}	liŋ^{51}	liŋ^{51}	liŋ^{23}	liŋ^{23}	tɕiŋ^{44}	tɕiŋ^{44}	tɕiŋ^{44}
布尔津县	liŋ^{23}	liŋ^{23}	liŋ^{23}	liŋ^{51}	liŋ^{51}	tɕiŋ^{44}	tɕiŋ^{44}	tɕiŋ^{44}
乌苏市	liŋ^{51}	liŋ^{51}	liŋ^{51}	liŋ^{213}	liŋ^{213}	tɕiŋ^{55}	tɕiŋ^{55}	tɕiŋ^{55}
额敏县	liŋ^{51}	liŋ^{51}	liŋ^{51}	liŋ^{34}	liŋ^{34}	tɕiŋ^{44}	tɕiŋ^{44}	tɕiŋ^{44}
伊州区	liŋ^{51}	liŋ^{51}	liŋ^{51}	liŋ^{213}	liŋ^{213}	tɕiŋ^{44}	tɕiŋ^{44}	tɕiŋ^{44}
巴里坤县	liŋ^{51}	liŋ^{51}	liŋ^{51}	liŋ^{24}	liŋ^{24}	tɕiŋ^{45}	tɕiŋ^{45}	tɕiŋ^{45}
伊吾县	liŋ^{51}	liŋ^{51}	liŋ^{51}	liŋ^{213}	liŋ^{213}	tɕiŋ^{44}	tɕiŋ^{44}	tɕiŋ^{44}

字目 / 中古音 / 方言点	荆	惊	精	晶	睛	经①	景	警
	梗开三平庚见	梗开三平庚见	梗开三平清精	梗开三平清精	梗开三平清精	梗开四平青见	梗开三上梗见	梗开三上梗见
兰州市（城关区）	tɕin^{53}	tɕin^{53}	tɕin^{53}	tɕin^{53}	tɕin^{53}	tɕin^{53}	tɕin^{44}	tɕin^{44}
永登县	tɕin^{42}	tɕin^{42}	tɕin^{42}	tɕin^{42}	tɕin^{42}	tɕin^{42}	tɕin^{354}	tɕin^{354}
榆中县	tɕin^{51}	tɕin^{51}	tɕin^{51}	tɕin^{51}	tɕin^{51}	tɕin^{51}	tɕin^{44}	tɕin^{44}
皋兰县	tɕin^{42}	tɕin^{42}	tɕin^{42}	tɕin^{42}	tɕin^{42}	tɕin^{42}	tɕin^{342}	tɕin^{342}
白银区	tɕin^{44}	tɕin^{44}	tɕin^{44}	tɕin^{44}	tɕin^{44}	tɕin^{44}	tɕin^{343}	tɕin^{343}
天祝县	tɕin^{44}	tɕin^{44}	tɕin^{44}	tɕin^{44}	tɕin^{44}	tɕin^{44}	tɕin^{44}	tɕin^{44}
景泰县（红水镇）	tɕiəŋ^{44}	tɕiəŋ^{44}	tɕiəŋ^{44}	tɕiəŋ^{44}	tɕiəŋ^{44}	tɕiəŋ^{44}	tɕiəŋ^{44}	tɕiəŋ^{44}
古浪县	tɕiŋ^{44}	tɕiŋ^{44}	tɕiŋ^{44}	tɕiŋ^{44}	tɕiŋ^{44}	tɕiŋ^{44}	tɕiŋ^{44}	tɕiŋ^{44}
凉州区	tɕiŋ^{33}	tɕiŋ^{33}	tɕiŋ^{33}	tɕiŋ^{33}	tɕiŋ^{33}	tɕiŋ^{33}	tɕiŋ^{33}	tɕiŋ^{33}
民勤县	tɕiŋ^{44}	tɕiŋ^{44}	tɕiŋ^{44}	tɕiŋ^{44}	tɕiŋ^{44}	tɕiŋ^{44}	tɕiŋ^{214}	tɕiŋ^{214}
永昌县	tɕiɤ̃^{44}	tɕiɤ̃^{44}	tɕiɤ̃^{44}	tɕiɤ̃^{44}	tɕiɤ̃^{44}	tɕiɤ̃^{44}	tɕiɤ̃^{13}	tɕiɤ̃^{13}
甘州区	tɕiŋ^{44}	tɕiŋ^{44}	tɕiŋ^{44}	tɕiŋ^{44}	tɕiŋ^{44}	tɕiŋ^{44}	tɕiŋ^{53}	tɕiŋ^{53}
临泽县	tɕiŋ^{44}	tɕiŋ^{44}	tɕiŋ^{44}	tɕiŋ^{44}	tɕiŋ^{44}	tɕiŋ^{44}	tɕiŋ^{53}	tɕiŋ^{53}
民乐县	tɕiŋ^{44}	tɕiŋ^{44}	tɕiŋ^{44}	tɕiŋ^{44}	tɕiŋ^{44}	tɕiŋ^{44}	tɕiŋ^{213}	tɕiŋ^{213}
山丹县	tɕiŋ^{24}	tɕiŋ^{24}	tɕiŋ^{24}	tɕiŋ^{24}	tɕiŋ^{24}	tɕiŋ^{24}	tɕiŋ^{53}	tɕiŋ^{53}
高台县	tɕiɤ̃^{44}	tɕiɤ̃^{44}	tɕiɤ̃^{44}	tɕiɤ̃^{44}	tɕiɤ̃^{44}	tɕiɤ̃^{44}	tɕiɤ̃^{53}	tɕiɤ̃^{53}
肃州区	tɕiəŋ^{44}	tɕiəŋ^{44}	tɕiəŋ^{44}	tɕiəŋ^{44}	tɕiəŋ^{44}	tɕiəŋ^{44}	tɕiəŋ^{53}	tɕiəŋ^{53}
金塔县	tɕiŋ^{44}	tɕiŋ^{44}	tɕiŋ^{44}	tɕiŋ^{44}	tɕiŋ^{44}	tɕiŋ^{44}	tɕiŋ^{53}	tɕiŋ^{53}
肃北县	tɕiɤ̃^{44}	tɕiɤ̃^{44}	tɕiɤ̃^{44}	tɕiɤ̃^{44}	tɕiɤ̃^{44}	tɕiɤ̃^{44}	tɕiɤ̃^{53}	tɕiɤ̃^{53}
玉门市	tɕiŋ^{44}	tɕiŋ^{44}	tɕiŋ^{44}	tɕiŋ^{44}	tɕiŋ^{44}	tɕiŋ^{44}	tɕiŋ^{53}	tɕiŋ^{53}

①又古定切，梗开四去径见。

续表

瓜州县	tɕiəŋ^{44}	tɕiəŋ^{44}	tɕiəŋ^{44}	tɕiəŋ^{44}	tɕiəŋ^{44}	tɕiəŋ^{44}	tɕiəŋ^{53}	tɕiəŋ^{53}
西夏区	tɕiŋ^{44}	tɕiŋ^{44}	tɕiŋ^{44}	tɕiŋ^{44}	tɕiŋ^{44}	tɕiŋ^{44}	tɕiŋ^{53}	tɕiŋ^{53}
贺兰县	tɕiŋ^{44}	tɕiŋ^{44}	tɕiŋ^{44}	tɕiŋ^{44}	tɕiŋ^{44}	tɕiŋ^{44}	tɕiŋ^{53}	tɕiŋ^{53}
灵武市（东塔镇）	tɕiŋ^{44}	tɕiŋ^{44}	tɕiŋ^{44}	tɕiŋ^{44}	tɕiŋ^{44}	tɕiŋ^{44}	tɕiŋ^{52}	tɕiŋ^{52}
永宁县	tɕiŋ^{44}	tɕiŋ^{44}	tɕiŋ^{44}	tɕiŋ^{44}	tɕiŋ^{44}	tɕiŋ^{44}	tɕiŋ^{53}	tɕiŋ^{53}
中宁县	tɕiŋ^{44}	tɕiŋ^{44}	tɕiŋ^{44}	tɕiŋ^{44}	tɕiŋ^{44}	tɕiŋ^{44}	tɕiŋ^{53}	tɕiŋ^{53}
沙坡头区	tɕiŋ^{44}	tɕiŋ^{44}	tɕiŋ^{44}	tɕiŋ^{44}	tɕiŋ^{44}	tɕiŋ^{44}	tɕiŋ^{53}	tɕiŋ^{53}
盐池县	tɕiŋ^{44}	tɕiŋ^{44}	tɕiŋ^{44}	tɕiŋ^{44}	tɕiŋ^{44}	tɕiŋ^{44}	tɕiŋ^{52}	tɕiŋ^{52}
平罗县（渠口乡）	tɕiŋ^{44}	tɕiŋ^{44}	tɕiŋ^{44}	tɕiŋ^{44}	tɕiŋ^{44}	tɕiŋ^{44}	tɕiŋ^{53}	tɕiŋ^{53}
阿拉善左旗	tɕiŋ^{44}	tɕiŋ^{44}	tɕiŋ^{44}	tɕiŋ^{44}	tɕiŋ^{44}	tɕiŋ^{44}	tɕiŋ^{51}	tɕiŋ^{51}
乌鲁木齐市	tɕiŋ^{44}	tɕiŋ^{44}	tɕiŋ^{44}	tɕiŋ^{44}	tɕiŋ^{44}	tɕiŋ^{44}	tɕiŋ^{52}	tɕiŋ^{52}
阜康市	tɕiŋ^{55}	tɕiŋ^{5}	tɕiŋ^{55}	tɕiŋ^{55}	tɕiŋ^{55}	tɕiŋ^{55}	tɕiŋ^{51}	tɕiŋ^{51}
呼图壁县	tɕiŋ^{44}	tɕiŋ^{44}	tɕiŋ^{44}	tɕiŋ^{44}	tɕiŋ^{44}	tɕiŋ^{44}	tɕiŋ^{51}	tɕiŋ^{51}
吉木萨尔县	tɕiŋ^{44}	tɕiŋ^{44}	tɕiŋ^{44}	tɕiŋ^{44}	tɕiŋ^{44}	tɕiŋ^{44}	tɕiŋ^{51}	tɕiŋ^{51}
奇台县	tɕiŋ^{44}	tɕiŋ^{44}	tɕiŋ^{44}	tɕiŋ^{44}	tɕiŋ^{44}	tɕiŋ^{44}	tɕiŋ^{52}	tɕiŋ^{52}
博乐市	tɕiŋ^{45}	tɕiŋ^{45}	tɕiŋ^{45}	tɕiŋ^{45}	tɕiŋ^{45}	tɕiŋ^{45}	tɕiŋ^{51}	tɕiŋ^{51}
阿勒泰市	tɕiŋ^{44}	tɕiŋ^{44}	tɕiŋ^{44}	tɕiŋ^{44}	tɕiŋ^{44}	tɕiŋ^{44}	tɕiŋ^{51}	tɕiŋ^{51}
布尔津县	tɕiŋ^{44}	tɕiŋ^{44}	tɕiŋ^{44}	tɕiŋ^{44}	tɕiŋ^{44}	tɕiŋ^{44}	tɕiŋ^{23}	tɕiŋ^{23}
乌苏市	tɕiŋ^{55}	tɕiŋ^{5}	tɕiŋ^{55}	tɕiŋ^{55}	tɕiŋ^{55}	tɕiŋ^{55}	tɕiŋ^{51}	tɕiŋ^{51}
额敏县	tɕiŋ^{44}	tɕiŋ^{44}	tɕiŋ^{44}	tɕiŋ^{44}	tɕiŋ^{44}	tɕiŋ^{44}	tɕiŋ^{51}	tɕiŋ^{51}
伊州区	tɕiŋ^{44}	tɕiŋ^{44}	tɕiŋ^{44}	tɕiŋ^{44}	tɕiŋ^{44}	tɕiŋ^{44}	tɕiŋ^{51}	tɕiŋ^{51}
巴里坤县	tɕiŋ^{45}	tɕiŋ^{45}	tɕiŋ^{45}	tɕiŋ^{45}	tɕiŋ^{45}	tɕiŋ^{45}	tɕiŋ^{51}	tɕiŋ^{51}
伊吾县	tɕiŋ^{44}	tɕiŋ^{44}	tɕiŋ^{44}	tɕiŋ^{44}	tɕiŋ^{44}	tɕiŋ^{44}	tɕiŋ^{51}	tɕiŋ^{51}

字目 / 中古音 / 方音 / 方言点	井	颈	境	竟	镜	敬	竞	静
	梗开三上静精	梗开三上静见	梗开三上梗见	梗开三去映见	梗开三去映见	梗开三去映见	梗开三去映群	梗开三上静从
兰州市（城关区）	tɕin^{44}	tɕin^{44}	tɕin^{13}	tɕin^{13}	tɕin^{13}	tɕin^{13}	tɕin^{13}	tɕin^{13}
永登县	tɕin^{354}	tɕin^{354}	tɕin^{13}	tɕin^{13}	tɕin^{13}	tɕin^{13}	tɕin^{13}	tɕin^{13}
榆中县	tɕin^{44}	tɕin^{44}	tɕin^{13}	tɕin^{13}	tɕin^{13}	tɕin^{13}	tɕin^{13}	tɕin^{13}
皋兰县	tɕin^{342}	tɕin^{342}	tɕin^{13}	tɕin^{13}	tɕin^{13}	tɕin^{13}	tɕin^{13}	tɕin^{13}
白银区	tɕin^{343}	tɕin^{343}	tɕin^{13}	tɕin^{13}	tɕin^{13}	tɕin^{13}	tɕin^{13}	tɕin^{13}
天祝县	tɕin^{44}	tɕin^{44}	tɕin^{213}	tɕin^{213}	tɕin^{213}	tɕin^{213}	tɕin^{213}	tɕin^{213}
景泰县（红水镇）	tɕiəŋ^{44}	tɕiəŋ^{44}	tɕiəŋ^{213}	tɕiəŋ^{213}	tɕiəŋ^{213}	tɕiəŋ^{213}	tɕiəŋ^{213}	tɕiəŋ^{213}
古浪县	tɕiŋ^{44}	tɕiŋ^{44}	tɕiŋ^{31}	tɕiŋ^{31}	tɕiŋ^{31}	tɕiŋ^{31}	tɕiŋ^{31}	tɕiŋ^{31}
凉州区	tɕiŋ^{33}	tɕiŋ^{33}	tɕiŋ^{53}	tɕiŋ^{53}	tɕiŋ^{53}	tɕiŋ^{53}	tɕiŋ^{53}	tɕiŋ^{53}
民勤县	tɕiŋ^{214}	tɕiŋ^{214}	tɕiŋ^{42}	tɕiŋ^{42}	tɕiŋ^{42}	tɕiŋ^{42}	tɕiŋ^{42}	tɕiŋ^{42}
永昌县	tɕiɣ̃^{13}	tɕiɣ̃^{13}	tɕiɣ̃^{53}	tɕiɣ̃^{53}	tɕiɣ̃^{53}	tɕiɣ̃^{53}	tɕiɣ̃^{53}	tɕiɣ̃^{53}
甘州区	tɕiŋ^{53}	tɕiŋ^{53}	tɕiŋ^{31}	tɕiŋ^{31}	tɕiŋ^{31}	tɕiŋ^{31}	tɕiŋ^{31}	tɕiŋ^{31}
临泽县	tɕiŋ^{53}	tɕiŋ^{53}	tɕiŋ^{214}	tɕiŋ^{214}	tɕiŋ^{214}	tɕiŋ^{214}	tɕiŋ^{214}	tɕiŋ^{214}
民乐县	tɕiŋ^{213}	tɕiŋ^{213}	tɕiŋ^{42}	tɕiŋ^{42}	tɕiŋ^{42}	tɕiŋ^{42}	tɕiŋ^{42}	tɕiŋ^{42}
山丹县	tɕiŋ^{53}	tɕiŋ^{53}	tɕiŋ^{41}	tɕiŋ^{41}	tɕiŋ^{41}	tɕiŋ^{41}	tɕiŋ^{41}	tɕiŋ^{41}
高台县	tɕiɣ̃^{53}	tɕiɣ̃^{53}	tɕiɣ̃^{214}	tɕiɣ̃^{214}	tɕiɣ̃^{214}	tɕiɣ̃^{214}	tɕiɣ̃^{214}	tɕiɣ̃^{214}
肃州区	tɕiəŋ^{53}	tɕiəŋ^{53}	tɕiəŋ^{214}	tɕiəŋ^{214}	tɕiəŋ^{214}	tɕiəŋ^{214}	tɕiəŋ^{214}	tɕiəŋ^{214}
金塔县	tɕiəŋ^{53}	tɕiəŋ^{53}	tɕiəŋ^{13}	tɕiəŋ^{13}	tɕiəŋ^{13}	tɕiəŋ^{3}	tɕiəŋ^{13}	tɕiəŋ^{13}
肃北县	tɕiɣ̃^{53}	tɕiɣ̃^{53}	tɕiɣ̃^{213}	tɕiɣ̃^{213}	tɕiɣ̃^{213}	tɕiɣ̃^{213}	tɕiɣ̃^{213}	tɕiɣ̃^{213}
玉门市	tɕiŋ^{53}	tɕiŋ^{53}	tɕiŋ^{213}	tɕiŋ^{213}	tɕiŋ^{213}	tɕiŋ^{213}	tɕiŋ^{213}	tɕiŋ^{213}
瓜州县	tɕiŋ^{53}	tɕiŋ^{53}	tɕiŋ^{213}	tɕiŋ^{213}	tɕiŋ^{213}	tɕiŋ^{213}	tɕiŋ^{213}	tɕiŋ^{213}
西夏区	tɕiŋ^{53}	tɕiŋ^{53}	tɕiŋ^{13}	tɕiŋ^{13}	tɕiŋ^{13}	tɕiŋ^{13}	tɕiŋ^{13}	tɕiŋ^{13}

续表

贺兰县	$tɕiŋ^{53}$	$tɕiŋ^{53}$	$tɕiŋ^{53}$	$tɕiŋ^{13}$	$tɕiŋ^{13}$	$tɕiŋ^{13}$	$tɕiŋ^{13}$	$tɕiŋ^{13}$
灵武市（东塔镇）	$tɕiŋ^{52}$	$tɕiŋ^{52}$	$tɕiŋ^{52}$	$tɕiŋ^{13}$	$tɕiŋ^{13}$	$tɕiŋ^{13}$	$tɕiŋ^{13}$	$tɕiŋ^{13}$
永宁县	$tɕiŋ^{53}$	$tɕiŋ^{53}$	$tɕiŋ^{53}$	$tɕiŋ^{13}$	$tɕiŋ^{13}$	$tɕiŋ^{13}$	$tɕiŋ^{13}$	$tɕiŋ^{13}$
中宁县	$tɕiŋ^{53}$	$tɕiŋ^{53}$	$tɕiŋ^{53}$	$tɕiŋ^{13}$	$tɕiŋ^{13}$	$tɕiŋ^{13}$	$tɕiŋ^{13}$	$tɕiŋ^{13}$
沙坡头区	$tɕiŋ^{53}$	$tɕiŋ^{53}$	$tɕiŋ^{53}$	$tɕiŋ^{13}$	$tɕiŋ^{13}$	$tɕiŋ^{13}$	$tɕiŋ^{13}$	$tɕiŋ^{13}$
盐池县	$tɕiŋ^{52}$	$tɕiŋ^{52}$	$tɕiŋ^{52}$	$tɕiŋ^{13}$	$tɕiŋ^{13}$	$tɕiŋ^{13}$	$tɕiŋ^{13}$	$tɕiŋ^{13}$
平罗县（渠口乡）	$tɕiŋ^{53}$	$tɕiŋ^{53}$	$tɕiŋ^{53}$	$tɕiŋ^{13}$	$tɕiŋ^{13}$	$tɕiŋ^{13}$	$tɕiŋ^{13}$	$tɕiŋ^{13}$
阿拉善左旗	$tɕiŋ^{51}$	$tɕiŋ^{51}$	$tɕiŋ^{51}$	$tɕiŋ^{213}$	$tɕiŋ^{213}$	$tɕiŋ^{213}$	$tɕiŋ^{213}$	$tɕiŋ^{213}$
乌鲁木齐市	$tɕiŋ^{52}$	$tɕiŋ^{52}$	$tɕiŋ^{213}$	$tɕiŋ^{213}$	$tɕiŋ^{213}$	$tɕiŋ^{213}$	$tɕiŋ^{213}$	$tɕiŋ^{213}$
阜康市	$tɕiŋ^{51}$	$tɕiŋ^{51}$	$tɕiŋ^{213}$	$tɕiŋ^{213}$	$tɕiŋ^{213}$	$tɕiŋ^{213}$	$tɕiŋ^{213}$	$tɕiŋ^{213}$
呼图壁县	$tɕiŋ^{51}$	$tɕiŋ^{51}$	$tɕiŋ^{213}$	$tɕiŋ^{213}$	$tɕiŋ^{213}$	$tɕiŋ^{213}$	$tɕiŋ^{213}$	$tɕiŋ^{213}$
吉木萨尔县	$tɕiŋ^{51}$	$tɕiŋ^{51}$	$tɕiŋ^{213}$	$tɕiŋ^{213}$	$tɕiŋ^{213}$	$tɕiŋ^{213}$	$tɕiŋ^{213}$	$tɕiŋ^{213}$
奇台县	$tɕiŋ^{52}$	$tɕiŋ^{52}$	$tɕiŋ^{213}$	$tɕiŋ^{213}$	$tɕiŋ^{213}$	$tɕiŋ^{213}$	$tɕiŋ^{213}$	$tɕiŋ^{213}$
博乐市	$tɕiŋ^{51}$	$tɕiŋ^{51}$	$tɕiŋ^{24}$	$tɕiŋ^{24}$	$tɕiŋ^{24}$	$tɕiŋ^{24}$	$tɕiŋ^{24}$	$tɕiŋ^{24}$
阿勒泰市	$tɕiŋ^{51}$	$tɕiŋ^{51}$	$tɕiŋ^{23}$	$tɕiŋ^{23}$	$tɕiŋ^{23}$	$tɕiŋ^{23}$	$tɕiŋ^{23}$	$tɕiŋ^{23}$
布尔津县	$tɕiŋ^{23}$	$tɕiŋ^{23}$	$tɕiŋ^{51}$	$tɕiŋ^{51}$	$tɕiŋ^{51}$	$tɕiŋ^{51}$	$tɕiŋ^{51}$	$tɕiŋ^{51}$
乌苏市	$tɕiŋ^{51}$	$tɕiŋ^{51}$	$tɕiŋ^{213}$	$tɕiŋ^{213}$	$tɕiŋ^{213}$	$tɕiŋ^{213}$	$tɕiŋ^{213}$	$tɕiŋ^{213}$
额敏县	$tɕiŋ^{51}$	$tɕiŋ^{51}$	$tɕiŋ^{34}$	$tɕiŋ^{34}$	$tɕiŋ^{34}$	$tɕiŋ^{34}$	$tɕiŋ^{34}$	$tɕiŋ^{34}$
伊州区	$tɕiŋ^{51}$	$tɕiŋ^{51}$	$tɕiŋ^{213}$	$tɕiŋ^{213}$	$tɕiŋ^{213}$	$tɕiŋ^{213}$	$tɕiŋ^{213}$	$tɕiŋ^{213}$
巴里坤县	$tɕiŋ^{51}$	$tɕiŋ^{51}$	$tɕiŋ^{24}$	$tɕiŋ^{24}$	$tɕiŋ^{24}$	$tɕiŋ^{24}$	$tɕiŋ^{24}$	$tɕiŋ^{24}$
伊吾县	$tɕiŋ^{51}$	$tɕiŋ^{51}$	$tɕiŋ^{213}$	$tɕiŋ^{213}$	$tɕiŋ^{213}$	$tɕiŋ^{213}$	$tɕiŋ^{213}$	$tɕiŋ^{213}$

字目 / 方言点 中古音	净①	劲 劲敌	卿	清	轻	青	倾	情
	梗开三 去劲从	梗开三 去劲见	梗开三 平庚溪	梗开三 平清清	梗开三 平清溪	梗开四 平青清	梗开三 平清溪	梗开三 平清从
兰州市 （城关区）	tɕin^{13}	tɕin^{13}	tɕʻin^{53}	tɕʻin^{53}	tɕʻin^{53}	tɕʻin^{53}	tɕʻin^{53}	tɕʻin^{51}
永登县	tɕin^{13}	tɕin^{13}	tɕʻin^{42}	tɕʻin^{42}	tɕʻin^{42}	tɕʻin^{42}	tɕʻin^{42}	tɕʻin^{53}
榆中县	tɕin^{13}	tɕin^{13}	tɕʻin^{51}	tɕʻin^{51}	tɕʻin^{51}	tɕʻin^{51}	tɕʻin^{51}	tɕʻin^{332}
皋兰县	tɕin^{13}	tɕin^{13}	tɕʻin^{42}	tɕʻin^{42}	tɕʻin^{42}	tɕʻin^{42}	tɕʻin^{42}	tɕʻin^{53}
白银区	tɕin^{13}	tɕin^{13}	tɕʻin^{44}	tɕʻin^{44}	tɕʻin^{44}	tɕʻin^{44}	tɕʻin^{44}	tɕʻin^{51}
天祝县	tɕin^{213}	tɕin^{213}	tɕʻin^{44}	tɕʻin^{44}	tɕʻin^{44}	tɕʻin^{44}	tɕʻin^{44}	tɕʻin^{53}
景泰县 （红水镇）	tɕiəŋ^{213}	tɕiəŋ^{213}	tɕʻiəŋ^{44}	tɕʻiəŋ^{44}	tɕʻiəŋ^{44}	tɕʻiəŋ^{44}	tɕʻiəŋ^{44}	tɕʻiəŋ^{53}
古浪县	tɕiŋ^{31}	tɕiŋ^{31}	tɕʻiŋ^{44}	tɕʻiŋ^{44}	tɕʻiŋ^{44}	tɕʻiŋ^{44}	tɕʻiŋ^{44}	tɕʻiŋ^{53}
凉州区	tɕiŋ^{53}	tɕiŋ^{53}	tɕʻiŋ^{33}	tɕʻiŋ^{33}	tɕʻiŋ^{33}	tɕʻiŋ^{33}	tɕʻiŋ^{33}	tɕʻiŋ^{13}
民勤县	tɕiŋ^{42}	tɕiŋ^{42}	tɕʻiŋ^{44}	tɕʻiŋ^{44}	tɕʻiŋ^{44}	tɕʻiŋ^{44}	tɕʻiŋ^{44}	tɕʻiŋ^{53}
永昌县	tɕiɤ̃^{53}	tɕiɤ̃^{53}	tɕʻiɤ̃^{44}	tɕʻiɤ̃^{44}	tɕʻiɤ̃^{44}	tɕʻiɤ̃^{44}	tɕʻiɤ̃^{13}	tɕʻiɤ̃^{13}
甘州区	tɕiŋ^{31}	tɕiŋ^{31}	tɕʻiŋ^{44}	tɕʻiŋ^{44}	tɕʻiŋ^{44}	tɕʻiŋ^{44}	tɕʻiŋ^{44}	tɕʻiŋ^{53}
临泽县	tɕiŋ^{214}	tɕiŋ^{214}	tɕʻiŋ^{44}	tɕʻiŋ^{44}	tɕʻiŋ^{44}	tɕʻiŋ^{44}	tɕʻiŋ^{44}	tɕʻiŋ^{53}
民乐县	tɕiŋ^{42}	tɕiŋ^{42}	tɕʻiŋ^{44}	tɕʻiŋ^{44}	tɕʻiŋ^{44}	tɕʻiŋ^{44}	tɕʻiŋ^{44}	tɕʻiŋ^{53}
山丹县	tɕiŋ^{41}	tɕiŋ^{41}	tɕʻiŋ^{24}	tɕʻiŋ^{24}	tɕʻiŋ^{24}	tɕʻiŋ^{24}	tɕʻiŋ^{24}	tɕʻiŋ^{53}
高台县	tɕiɤ̃^{214}	tɕiɤ̃^{214}	tɕʻiɤ̃^{44}	tɕʻiɤ̃^{44}	tɕʻiɤ̃^{44}	tɕʻiɤ̃^{44}	tɕʻiɤ̃^{44}	tɕʻiɤ̃^{53}
肃州区	tɕiəŋ^{214}	tɕiəŋ^{214}	tɕʻiəŋ^{44}	tɕʻiəŋ^{44}	tɕʻiəŋ^{44}	tɕʻiəŋ^{44}	tɕʻiəŋ^{44}	tɕʻiəŋ^{53}
金塔县	tɕiŋ^{13}	tɕiŋ^{13}	tɕʻiŋ^{44}	tɕʻiŋ^{44}	tɕʻiŋ^{44}	tɕʻiŋ^{44}	tɕʻiŋ^{44}	tɕʻiŋ^{53}
肃北县	tɕiɤ̃^{213}	tɕiɤ̃^{213}	tɕʻiɤ̃^{44}	tɕʻiɤ̃^{44}	tɕʻiɤ̃^{44}	tɕʻiɤ̃^{44}	tɕʻiɤ̃^{44}	tɕʻiɤ̃^{53}
玉门市	tɕiŋ^{213}	tɕiŋ^{213}	tɕʻiŋ^{44}	tɕʻiŋ^{44}	tɕʻiŋ^{44}	tɕʻiŋ^{44}	tɕʻiŋ^{44}	tɕʻiŋ^{53}

①又疾郢切，梗开三上静从。

续表

瓜州县	tɕiəŋ^{213}	tɕiəŋ^{213}	tɕʻiəŋ^{44}	tɕʻiəŋ^{44}	tɕʻiəŋ^{44}	tɕʻiəŋ^{44}	tɕʻiəŋ^{44}	tɕʻiəŋ^{53}
西夏区	tɕiŋ^{13}	tɕiŋ^{13}	tɕʻiŋ^{44}	tɕʻiŋ^{44}	tɕʻiŋ^{44}	tɕʻiŋ^{44}	tɕʻiŋ^{44}	tɕʻiŋ^{53}
贺兰县	tɕiŋ^{13}	tɕiŋ^{13}	tɕʻiŋ^{44}	tɕʻiŋ^{44}	tɕʻiŋ^{44}	tɕʻiŋ^{44}	tɕʻiŋ^{44}	tɕʻiŋ^{53}
灵武市（东塔镇）	tɕiŋ^{13}	tɕiŋ^{13}	tɕʻiŋ^{44}	tɕʻiŋ^{44}	tɕʻiŋ^{44}	tɕʻiŋ^{44}	tɕʻiŋ^{44}	tɕʻiŋ^{52}
永宁县	tɕiŋ^{13}	tɕiŋ^{13}	tɕʻiŋ^{44}	tɕʻiŋ^{44}	tɕʻiŋ^{44}	tɕʻiŋ^{44}	tɕʻiŋ^{44}	tɕʻiŋ^{53}
中宁县	tɕiŋ^{13}	tɕiŋ^{13}	tɕʻiŋ^{44}	tɕʻiŋ^{44}	tɕʻiŋ^{44}	tɕʻiŋ^{44}	tɕʻiŋ^{44}	tɕʻiŋ^{53}
沙坡头区	tɕiŋ^{13}	tɕiŋ^{13}	tɕʻiŋ^{44}	tɕʻiŋ^{44}	tɕʻiŋ^{44}	tɕʻiŋ^{44}	tɕʻiŋ^{44}	tɕʻiŋ^{53}
盐池县	tɕiŋ^{13}	tɕiŋ^{13}	tɕʻiŋ^{44}	tɕʻiŋ^{44}	tɕʻiŋ^{44}	tɕʻiŋ^{44}	tɕʻiŋ^{44}	tɕʻiŋ^{13}
平罗县（渠口乡）	tɕiŋ^{13}	tɕiŋ^{13}	tɕʻiŋ^{44}	tɕʻiŋ^{44}	tɕʻiŋ^{44}	tɕʻiŋ^{44}	tɕʻiŋ^{44}	tɕʻiŋ^{53}
阿拉善左旗	tɕiŋ^{213}	tɕiŋ^{213}	tɕʻiŋ^{44}	tɕʻiŋ^{44}	tɕʻiŋ^{44}	tɕʻiŋ^{44}	tɕʻiŋ^{44}	tɕʻiŋ^{51}
乌鲁木齐市	tɕiŋ^{213}	tɕiŋ^{213}	tɕʻiŋ^{44}	tɕʻiŋ^{44}	tɕʻiŋ^{44}	tɕʻiŋ^{44}	tɕʻiŋ^{44}	tɕʻiŋ^{52}
阜康市	tɕiŋ^{213}	tɕiŋ^{213}	tɕʻiŋ^{55}	tɕʻiŋ^{55}	tɕʻiŋ^{55}	tɕʻiŋ^{55}	tɕʻiŋ^{55}	tɕʻiŋ^{51}
呼图壁县	tɕiŋ^{213}	tɕiŋ^{213}	tɕʻiŋ^{44}	tɕʻiŋ^{44}	tɕʻiŋ^{44}	tɕʻiŋ^{44}	tɕʻiŋ^{44}	tɕʻiŋ^{51}
吉木萨尔县	tɕiŋ^{213}	tɕiŋ^{213}	tɕʻiŋ^{44}	tɕʻiŋ^{44}	tɕʻiŋ^{44}	tɕʻiŋ^{44}	tɕʻiŋ^{44}	tɕʻiŋ^{51}
奇台县	tɕiŋ^{213}	tɕiŋ^{213}	tɕʻiŋ^{44}	tɕʻiŋ^{44}	tɕʻiŋ^{44}	tɕʻiŋ^{44}	tɕʻiŋ^{44}	tɕʻiŋ^{52}
博乐市	tɕiŋ^{24}	tɕiŋ^{24}	tɕʻiŋ^{45}	tɕʻiŋ^{45}	tɕʻiŋ^{45}	tɕʻiŋ^{45}	tɕʻiŋ^{45}	tɕʻiŋ^{51}
阿勒泰市	tɕiŋ^{23}	tɕiŋ^{23}	tɕʻiŋ^{44}	tɕʻiŋ^{44}	tɕʻiŋ^{44}	tɕʻiŋ^{44}	tɕʻiŋ^{44}	tɕʻiŋ^{51}
布尔津县	tɕiŋ^{51}	tɕiŋ^{51}	tɕʻiŋ^{44}	tɕʻiŋ^{44}	tɕʻiŋ^{44}	tɕʻiŋ^{44}	tɕʻiŋ^{44}	tɕʻiŋ^{23}
乌苏市	tɕiŋ^{213}	tɕiŋ^{213}	tɕʻiŋ^{55}	tɕʻiŋ^{55}	tɕʻiŋ^{55}	tɕʻiŋ^{55}	tɕʻiŋ^{55}	tɕʻiŋ^{51}
额敏县	tɕiŋ^{34}	tɕiŋ^{34}	tɕʻiŋ^{44}	tɕʻiŋ^{44}	tɕʻiŋ^{44}	tɕʻiŋ^{44}	tɕʻiŋ^{44}	tɕʻiŋ^{51}
伊州区	tɕiŋ^{213}	tɕiŋ^{213}	tɕʻiŋ^{44}	tɕʻiŋ^{44}	tɕʻiŋ^{44}	tɕʻiŋ^{44}	tɕʻiŋ^{44}	tɕʻiŋ^{51}
巴里坤县	tɕiŋ^{24}	tɕiŋ^{24}	tɕʻiŋ^{45}	tɕʻiŋ^{45}	tɕʻiŋ^{45}	tɕʻiŋ^{45}	tɕʻiŋ^{45}	tɕʻiŋ^{51}
伊吾县	tɕiŋ^{213}	tɕiŋ^{213}	tɕʻiŋ^{44}	tɕʻiŋ^{44}	tɕʻiŋ^{44}	tɕʻiŋ^{44}	tɕʻiŋ^{44}	tɕʻiŋ^{51}

字目 / 中古音 / 方言点	晴	请	顷	亲 亲家	庆	磬	兴 兴旺	星
	梗开三 平清从	梗开三 上静清	梗开三 上静溪	臻开三 去震清	梗开三 去映溪	梗开四 去径溪	曾开三 平蒸晓	梗开四 平青心
兰州市 （城关区）	tɕʻin^{51}	tɕʻin^{44}	tɕʻin^{44}	tɕʻin^{13}	tɕʻin^{13}	tɕʻin^{13}	ɕin^{53}	ɕin^{53}
永登县	tɕʻin^{53}	tɕʻin^{354}	tɕʻin^{354}	tɕʻin^{13}	tɕʻin^{13}	tɕʻin^{13}	ɕin^{42}	ɕin^{42}
榆中县	tɕʻin^{332}	tɕʻin^{44}	tɕʻin^{44}	tɕʻin^{13}	tɕʻin^{13}	tɕʻin^{13}	ɕin^{51}	ɕin^{51}
皋兰县	tɕʻin^{53}	tɕʻin^{342}	tɕʻin^{342}	tɕʻin^{13}	tɕʻin^{13}	tɕʻin^{13}	ɕin^{42}	ɕin^{42}
白银区	tɕʻin^{51}	tɕʻin^{343}	tɕʻin^{343}	tɕʻin^{13}	tɕʻin^{13}	tɕʻin^{13}	ɕin^{44}	ɕin^{44}
天祝县	tɕʻin^{53}	tɕʻin^{44}	tɕʻin^{44}	tɕʻin^{13}	tɕʻin^{213}	tɕʻin^{213}	ɕin^{44}	ɕin^{44}
景泰县 （红水镇）	tɕʻiəŋ^{53}	tɕʻiəŋ^{44}	tɕʻiəŋ^{44}	tɕʻiəŋ^{13}	tɕʻiəŋ^{213}	tɕʻiəŋ^{213}	ɕiəŋ^{44}	ɕiəŋ^{44}
古浪县	tɕʻiŋ^{53}	tɕʻiŋ^{44}	tɕʻiŋ^{44}	tɕʻiŋ^{31}	tɕʻiŋ^{31}	tɕʻiŋ^{31}	ɕiŋ^{44}	ɕiŋ^{44}
凉州区	tɕʻiŋ^{13}	tɕʻiŋ^{33}	tɕʻiŋ^{33}	tɕʻiŋ^{53}	tɕʻiŋ^{53}	tɕʻiŋ^{53}	ɕiŋ^{33}	ɕiŋ^{33}
民勤县	tɕʻiŋ^{53}	tɕʻiŋ^{214}	tɕʻiŋ^{214}	tɕʻiŋ^{42}	tɕʻiŋ^{42}	tɕʻiŋ^{42}	ɕiŋ^{44}	ɕiŋ^{44}
永昌县	tɕʻiɤ̃^{13}	tɕʻiɤ̃^{13}	tɕʻiɤ̃^{13}	tɕʻiɤ̃^{53}	tɕʻiɤ̃^{53}	tɕʻiɤ̃^{53}	ɕiɤ̃^{44}	ɕiɤ̃^{44}
甘州区	tɕʻiŋ^{53}	tɕʻiŋ^{53}	tɕʻiŋ^{53}	tɕʻiŋ^{31}	tɕʻiŋ^{31}	tɕʻiŋ^{31}	ɕiŋ^{44}	ɕiŋ^{44}
临泽县	tɕʻiŋ^{53}	tɕʻiŋ^{53}	tɕʻiŋ^{53}	tɕʻiŋ^{214}	tɕʻiŋ^{214}	tɕʻiŋ^{214}	ɕiŋ^{44}	ɕiŋ^{44}
民乐县	tɕʻiŋ^{53}	tɕʻiŋ^{213}	tɕʻiŋ^{213}	tɕʻiŋ^{42}	tɕʻiŋ^{42}	tɕʻiŋ^{42}	ɕiŋ^{44}	ɕiŋ^{44}
山丹县	tɕʻiŋ^{53}	tɕʻiŋ^{53}	tɕʻiŋ^{53}	tɕʻiŋ^{41}	tɕʻiŋ^{41}	tɕʻiŋ^{41}	ɕiŋ^{24}	ɕiŋ^{24}
高台县	tɕʻiɤ̃^{53}	tɕʻiɤ̃^{53}	tɕʻiɤ̃^{53}	tɕʻiɤ̃^{214}	tɕʻiɤ̃^{214}	tɕʻiɤ̃^{214}	ɕiɤ̃^{44}	ɕiɤ̃^{44}
肃州区	tɕʻiəŋ^{53}	tɕʻiəŋ^{53}	tɕʻiəŋ^{53}	tɕʻiəŋ^{214}	tɕʻiəŋ^{214}	tɕʻiəŋ^{214}	ɕiəŋ^{44}	ɕiəŋ^{44}
金塔县	tɕʻiŋ^{53}	tɕʻiŋ^{53}	tɕʻiŋ^{53}	tɕʻiŋ^{13}	tɕʻiŋ^{13}	tɕʻiŋ^{13}	ɕiŋ^{44}	ɕiŋ^{44}
肃北县	tɕʻiɤ̃^{53}	tɕʻiɤ̃^{53}	tɕʻiɤ̃^{53}	tɕʻiɤ̃^{213}	tɕʻiɤ̃^{213}	tɕʻiɤ̃^{213}	ɕiɤ̃^{44}	ɕiɤ̃^{44}
玉门市	tɕʻiŋ^{53}	tɕʻiŋ^{53}	tɕʻiŋ^{53}	tɕʻiŋ^{213}	tɕʻiŋ^{213}	tɕʻiŋ^{213}	ɕiŋ^{44}	ɕiŋ^{44}
瓜州县	tɕʻiəŋ^{53}	tɕʻiəŋ^{53}	tɕʻiəŋ^{53}	tɕʻiəŋ^{213}	tɕʻiəŋ^{213}	tɕʻiəŋ^{213}	ɕiəŋ^{44}	ɕiəŋ^{44}
西夏区	tɕʻiŋ^{53}	tɕʻiŋ^{53}	tɕʻiŋ^{53}	tɕʻiŋ^{13}	tɕʻiŋ^{13}	tɕʻiŋ^{13}	ɕiŋ^{44}	ɕiŋ^{44}

续表

贺兰县	tɕʻiŋ^{53}	tɕʻiŋ^{53}	tɕʻiŋ^{53}	tɕʻiŋ^{13}	tɕʻiŋ^{13}	tɕʻiŋ^{13}	ɕiŋ^{44}	ɕiŋ^{44}
灵武市（东塔镇）	tɕʻiŋ^{52}	tɕʻiŋ^{52}	tɕʻiŋ^{52}	tɕʻiŋ^{13}	tɕʻiŋ^{13}	tɕʻiŋ^{13}	ɕiŋ^{44}	ɕiŋ^{44}
永宁县	tɕʻiŋ^{53}	tɕʻiŋ^{53}	tɕʻiŋ^{53}	tɕʻiŋ^{13}	tɕʻiŋ^{13}	tɕʻiŋ^{13}	ɕiŋ^{44}	ɕiŋ^{44}
中宁县	tɕʻiŋ^{53}	tɕʻiŋ^{53}	tɕʻiŋ^{53}	tɕʻiŋ^{13}	tɕʻiŋ^{13}	tɕʻiŋ^{13}	ɕiŋ^{44}	ɕiŋ^{44}
沙坡头区	tɕʻiŋ^{53}	tɕʻiŋ^{53}	tɕʻiŋ^{53}	tɕʻiŋ^{13}	tɕʻiŋ^{13}	tɕʻiŋ^{13}	ɕiŋ^{44}	ɕiŋ^{44}
盐池县	tɕʻiŋ^{13}	tɕʻiŋ^{52}	tɕʻiŋ^{52}	tɕʻiŋ^{13}	tɕʻiŋ^{13}	tɕʻiŋ^{13}	ɕiŋ^{44}	ɕiŋ^{44}
平罗县（渠口乡）	tɕʻiŋ^{53}	tɕʻiŋ^{53}	tɕʻiŋ^{53}	tɕʻiŋ^{13}	tɕʻiŋ^{13}	tɕʻiŋ^{13}	ɕiŋ^{44}	ɕiŋ^{44}
阿拉善左旗	tɕʻiŋ^{51}	tɕʻiŋ^{51}	tɕʻiŋ^{51}	tɕʻiŋ^{213}	tɕʻiŋ^{213}	tɕʻiŋ^{213}	ɕiŋ^{44}	ɕiŋ^{44}
乌鲁木齐市	tɕʻiŋ^{52}	tɕʻiŋ^{52}	tɕʻiŋ^{52}	tɕʻiŋ^{213}	tɕʻiŋ^{213}	tɕʻiŋ^{213}	ɕiŋ^{44}	ɕiŋ^{44}
阜康市	tɕʻiŋ^{51}	tɕʻiŋ^{51}	tɕʻiŋ^{51}	tɕʻiŋ^{213}	tɕʻiŋ^{213}	tɕʻiŋ^{213}	ɕiŋ^{55}	ɕiŋ^{55}
呼图壁县	tɕʻiŋ^{51}	tɕʻiŋ^{51}	tɕʻiŋ^{51}	tɕʻiŋ^{213}	tɕʻiŋ^{213}	tɕʻiŋ^{213}	ɕiŋ^{44}	ɕiŋ^{44}
吉木萨尔县	tɕʻiŋ^{51}	tɕʻiŋ^{51}	tɕʻiŋ^{51}	tɕʻiŋ^{213}	tɕʻiŋ^{213}	tɕʻiŋ^{213}	ɕiŋ^{44}	ɕiŋ^{44}
奇台县	tɕʻiŋ^{52}	tɕʻiŋ^{52}	tɕʻiŋ^{52}	tɕʻiŋ^{213}	tɕʻiŋ^{213}	tɕʻiŋ^{213}	ɕiŋ^{44}	ɕiŋ^{44}
博乐市	tɕʻiŋ^{51}	tɕʻiŋ^{51}	tɕʻiŋ^{51}	tɕʻiŋ^{24}	tɕʻiŋ^{24}	tɕʻiŋ^{24}	ɕiŋ^{45}	ɕiŋ^{45}
阿勒泰市	tɕʻiŋ^{51}	tɕʻiŋ^{51}	tɕʻiŋ^{51}	tɕʻiŋ^{23}	tɕʻiŋ^{23}	tɕʻiŋ^{23}	ɕiŋ^{44}	ɕiŋ^{44}
布尔津县	tɕʻiŋ^{23}	tɕʻiŋ^{23}	tɕʻiŋ^{23}	tɕʻiŋ^{51}	tɕʻiŋ^{51}	tɕʻiŋ^{51}	ɕiŋ^{44}	ɕiŋ^{44}
乌苏市	tɕʻiŋ^{51}	tɕʻiŋ^{51}	tɕʻiŋ^{51}	tɕʻiŋ^{213}	tɕʻiŋ^{213}	tɕʻiŋ^{213}	ɕiŋ^{55}	ɕiŋ^{55}
额敏县	tɕʻiŋ^{51}	tɕʻiŋ^{51}	tɕʻiŋ^{51}	tɕʻiŋ^{34}	tɕʻiŋ^{34}	tɕʻiŋ^{34}	ɕiŋ^{44}	ɕiŋ^{44}
伊州区	tɕʻiŋ^{51}	tɕʻiŋ^{51}	tɕʻiŋ^{51}	tɕʻiŋ^{213}	tɕʻiŋ^{213}	tɕʻiŋ^{213}	ɕiŋ^{44}	ɕiŋ^{44}
巴里坤县	tɕʻiŋ^{51}	tɕʻiŋ^{51}	tɕʻiŋ^{51}	tɕʻiŋ^{24}	tɕʻiŋ^{24}	tɕʻiŋ^{24}	ɕiŋ^{45}	ɕiŋ^{45}
伊吾县	tɕʻiŋ^{51}	tɕʻiŋ^{51}	tɕʻiŋ^{51}	tɕʻiŋ^{213}	tɕʻiŋ^{213}	tɕʻiŋ^{213}	ɕiŋ^{44}	ɕiŋ^{44}

字目 / 中古音 / 方言点	腥①	猩②	行 行为	形	刑	型	省③ 反省	醒
	梗开四 平青心	梗开四 平青心	梗开二 平庚匣	梗开四 平青匣	梗开四 平青匣	梗开四 平青匣	梗开三 上静心	梗开四 上迥心
兰州市 （城关区）	ɕin^{53}	ɕin^{53}	ɕin^{51}	ɕin^{51}	ɕin^{51}	ɕin^{51}	ɕin^{44}	ɕin^{44}
永登县	ɕin^{42}	ɕin^{42}	ɕin^{53}	ɕin^{53}	ɕin^{53}	ɕin^{53}	ɕin^{354}	ɕin^{354}
榆中县	ɕin^{51}	ɕin^{51}	ɕin^{332}	ɕin^{332}	ɕin^{332}	ɕin^{332}	ɕin^{44}	ɕin^{44}
皋兰县	ɕin^{42}	ɕin^{42}	ɕin^{53}	ɕin^{53}	ɕin^{53}	ɕin^{53}	ɕin^{342}	ɕin^{342}
白银区	ɕin^{44}	ɕin^{44}	ɕin^{51}	ɕin^{51}	ɕin^{51}	ɕin^{51}	ɕin^{343}	ɕin^{343}
天祝县	ɕin^{44}	ɕin^{44}	ɕin^{53}	ɕin^{53}	ɕin^{53}	ɕin^{53}	ɕin^{44}	ɕin^{44}
景泰县 （红水镇）	ɕiəŋ^{44}	ɕiəŋ^{44}	ɕiəŋ^{53}	ɕiəŋ^{53}	ɕiəŋ^{53}	ɕiəŋ^{53}	ɕiəŋ^{44}	ɕiəŋ^{44}
古浪县	ɕiŋ^{44}	ɕiŋ^{44}	ɕiŋ^{53}	ɕiŋ^{53}	ɕiŋ^{53}	ɕiŋ^{53}	ɕiŋ^{44}	ɕiŋ^{44}
凉州区	ɕiŋ^{33}	ɕiŋ^{33}	ɕiŋ^{13}	ɕiŋ^{13}	ɕiŋ^{13}	ɕiŋ^{13}	ɕiŋ^{33}	ɕiŋ^{33}
民勤县	ɕiŋ^{44}	ɕiŋ^{44}	ɕiŋ^{53}	ɕiŋ^{53}	ɕiŋ^{53}	ɕiŋ^{53}	ɕiŋ^{214}	ɕiŋ^{214}
永昌县	ɕiɤ̆^{44}	ɕiɤ̆^{44}	ɕiɤ̆^{13}	ɕiɤ̆^{13}	ɕiɤ̆^{13}	ɕiɤ̆^{13}	ɕiɤ̆^{13}	ɕiɤ̆^{13}
甘州区	ɕiŋ^{44}	ɕiŋ^{44}	ɕiŋ^{53}	ɕiŋ^{53}	ɕiŋ^{53}	ɕiŋ^{53}	ɕiŋ^{53}	ɕiŋ^{53}
临泽县	ɕiŋ^{44}	ɕiŋ^{44}	ɕiŋ^{53}	ɕiŋ^{53}	ɕiŋ^{53}	ɕiŋ^{53}	ɕiŋ^{53}	ɕiŋ^{53}
民乐县	ɕiŋ^{44}	ɕiŋ^{44}	ɕiŋ^{53}	ɕiŋ^{53}	ɕiŋ^{53}	ɕiŋ^{53}	ɕiŋ^{213}	ɕiŋ^{213}
山丹县	ɕiŋ^{24}	ɕiŋ^{24}	ɕiŋ^{53}	ɕiŋ^{53}	ɕiŋ^{53}	ɕiŋ^{53}	ɕiŋ^{53}	ɕiŋ^{53}
高台县	ɕiɤ̃^{44}	ɕiɤ̃^{44}	ɕiɤ̃^{53}	ɕiɤ̃^{53}	ɕiɤ̃^{53}	ɕiɤ̃^{53}	ɕiɤ̃^{53}	ɕiɤ̃^{53}
肃州区	ɕiəŋ^{44}	ɕiəŋ^{44}	ɕiəŋ^{53}	ɕiəŋ^{53}	ɕiəŋ^{53}	ɕiəŋ^{53}	ɕiəŋ^{53}	ɕiəŋ^{53}
金塔县	ɕiŋ^{44}	ɕiŋ^{44}	ɕiŋ^{53}	ɕiŋ^{53}	ɕiŋ^{53}	ɕiŋ^{53}	ɕiŋ^{53}	ɕiŋ^{53}

①又苏佞切，梗开四去径心。

②又所庚切，更开二去庚生，

③又所景切，梗开二上梗生。

续表

肃北县	ɕiɣ̃^{44}	ɕiɣ̃^{44}	ɕiɣ̃^{53}	ɕiɣ̃^{53}	ɕiɣ̃^{53}	ɕiɣ̃^{53}	ɕiɣ̃^{53}	ɕiɣ̃^{53}
玉门市	ɕiŋ^{44}	ɕiŋ^{44}	ɕiŋ^{53}	ɕiŋ^{53}	ɕiŋ^{53}	ɕiŋ^{53}	ɕiŋ^{53}	ɕiŋ^{53}
瓜州县	ɕiəŋ^{44}	ɕiəŋ^{44}	ɕiəŋ^{53}	ɕiəŋ^{53}	ɕiəŋ^{53}	ɕiəŋ^{53}	ɕiəŋ^{53}	ɕiəŋ^{53}
西夏区	ɕiŋ^{44}	ɕiŋ^{44}	ɕiŋ^{53}	ɕiŋ^{53}	ɕiŋ^{53}	ɕiŋ^{53}	ɕiŋ^{53}	ɕiŋ^{53}
贺兰县	ɕiŋ^{44}	ɕiŋ^{44}	ɕiŋ^{53}	ɕiŋ^{53}	ɕiŋ^{53}	ɕiŋ^{53}	ɕiŋ^{53}	ɕiŋ^{53}
灵武市（东塔镇）	ɕiŋ^{44}	ɕiŋ^{44}	ɕiŋ^{52}	ɕiŋ^{52}	ɕiŋ^{53}	ɕiŋ^{52}	ɕiŋ^{52}	ɕiŋ^{52}
永宁县	ɕiŋ^{44}	ɕiŋ^{44}	ɕiŋ^{53}	ɕiŋ^{53}	ɕiŋ^{53}	ɕiŋ^{53}	ɕiŋ^{53}	ɕiŋ^{53}
中宁县	ɕiŋ^{44}	ɕiŋ^{44}	ɕiŋ^{53}	ɕiŋ^{53}	ɕiŋ^{53}	ɕiŋ^{53}	ɕiŋ^{53}	ɕiŋ^{53}
沙坡头区	ɕiŋ^{44}	ɕiŋ^{44}	ɕiŋ^{53}	ɕiŋ^{53}	ɕiŋ^{53}	ɕiŋ^{53}	ɕiŋ^{53}	ɕiŋ^{53}
盐池县	ɕiŋ^{44}	ɕiŋ^{44}	ɕiŋ^{13}	ɕiŋ^{13}	ɕiŋ^{13}	ɕiŋ^{13}	ɕiŋ^{52}	ɕiŋ^{52}
平罗县（渠口乡）	ɕiŋ^{44}	ɕiŋ^{44}	ɕiŋ^{53}	ɕiŋ^{53}	ɕiŋ^{53}	ɕiŋ^{53}	ɕiŋ^{53}	ɕiŋ^{53}
阿拉善左旗	ɕiŋ^{44}	ɕiŋ^{44}	ɕiŋ^{51}	ɕiŋ^{51}	ɕiŋ^{51}	ɕiŋ^{51}	ɕiŋ^{51}	ɕiŋ^{51}
乌鲁木齐市	ɕiŋ^{44}	ɕiŋ^{44}	ɕiŋ^{52}	ɕiŋ^{52}	ɕiŋ^{52}	ɕiŋ^{52}	ɕiŋ^{52}	ɕiŋ^{52}
阜康市	ɕiŋ^{55}	ɕiŋ^{55}	ɕiŋ^{51}	ɕiŋ^{51}	ɕiŋ^{51}	ɕiŋ^{51}	ɕiŋ^{51}	ɕiŋ^{51}
呼图壁县	ɕiŋ^{44}	ɕiŋ^{44}	ɕiŋ^{51}	ɕiŋ^{51}	ɕiŋ^{51}	ɕiŋ^{51}	ɕiŋ^{51}	ɕiŋ^{51}
吉木萨尔县	ɕiŋ^{44}	ɕiŋ^{44}	ɕiŋ^{51}	ɕiŋ^{51}	ɕiŋ^{51}	ɕiŋ^{51}	ɕiŋ^{51}	ɕiŋ^{51}
奇台县	ɕiŋ^{44}	ɕiŋ^{44}	ɕiŋ^{52}	ɕiŋ^{52}	ɕiŋ^{52}	ɕiŋ^{52}	ɕiŋ^{52}	ɕiŋ^{52}
博乐市	ɕiŋ^{45}	ɕiŋ^{45}	ɕiŋ^{51}	ɕiŋ^{51}	ɕiŋ^{51}	ɕiŋ^{51}	ɕiŋ^{51}	ɕiŋ^{51}
阿勒泰市	ɕiŋ^{44}	ɕiŋ^{44}	ɕiŋ^{51}	ɕiŋ^{51}	ɕiŋ^{51}	ɕiŋ^{51}	ɕiŋ^{51}	ɕiŋ^{51}
布尔津县	ɕiŋ^{44}	ɕiŋ^{44}	ɕiŋ^{23}	ɕiŋ^{23}	ɕiŋ^{23}	ɕiŋ^{23}	ɕiŋ^{23}	ɕiŋ^{23}
乌苏市	ɕiŋ^{55}	ɕiŋ^{55}	ɕiŋ^{51}	ɕiŋ^{51}	ɕiŋ^{51}	ɕiŋ^{51}	ɕiŋ^{51}	ɕiŋ^{51}
额敏县	ɕiŋ^{44}	ɕiŋ^{44}	ɕiŋ^{51}	ɕiŋ^{51}	ɕiŋ^{51}	ɕiŋ^{51}	ɕiŋ^{51}	ɕiŋ^{51}
伊州区	ɕiŋ^{44}	ɕiŋ^{44}	ɕiŋ^{51}	ɕiŋ^{51}	ɕiŋ^{51}	ɕiŋ^{51}	ɕiŋ^{51}	ɕiŋ^{51}
巴里坤县	ɕiŋ^{45}	ɕiŋ^{45}	ɕiŋ^{51}	ɕiŋ^{51}	ɕiŋ^{51}	ɕiŋ^{51}	ɕiŋ^{51}	ɕiŋ^{51}
伊吾县	ɕiŋ^{44}	ɕiŋ^{44}	ɕiŋ^{51}	ɕiŋ^{51}	ɕiŋ^{51}	ɕiŋ^{51}	ɕiŋ^{51}	ɕiŋ^{51}

字目 中古音 方言点	兴 高兴 曾开三去证晓	杏 梗开二上梗匣	幸 梗开二上耿匣	性 梗开三去劲心	姓 梗开三去劲心	应[①] 应当 曾开三平蒸影	鹰 曾开三平蒸影	樱 梗开二平耕影
兰州市（城关区）	ɕin13	ɕin13	ɕin13	ɕin13	ɕin13	in13	in53	in53
永登县	ɕin13	ɕin13	ɕin13	ɕin13	ɕin13	in13	in42	in42
榆中县	ɕin13	ɕin13	ɕin13	ɕin13	ɕin13	in13	in51	in51
皋兰县	ɕin13	ɕin13	ɕin13	ɕin13	ɕin13	in13	in42	in42
白银区	ɕin13	ɕin13	ɕin13	ɕin13	ɕin13	in13	in44	in44
天祝县	ɕin213	ɕin213	ɕin213	ɕin213	ɕin213	in213	in44	in44
景泰县（红水镇）	ɕiəŋ213	ɕiəŋ213	ɕiəŋ213	ɕiəŋ213	ɕiəŋ213	iəŋ213	iəŋ44	iəŋ44
古浪县	ɕiŋ31	ɕiŋ31	ɕiŋ31	ɕiŋ31	ɕiŋ31	ʑiŋ31	ʑiŋ44	ʑiŋ44
凉州区	ɕiŋ53	ɕiŋ53	ɕiŋ53	ɕiŋ53	ɕiŋ53	iŋ53	iŋ33	iŋ33
民勤县	ɕiəŋ42	ɕiəŋ42	ɕiəŋ42	ɕiəŋ42	ɕiəŋ42	iəŋ42	iəŋ44	iəŋ44
永昌县	ɕiɣ̃53	ɕiɣ̃53	ɕiɣ̃53	ɕiɣ̃53	ɕiɣ̃53	iɣ̃53	iɣ̃44	iɣ̃44
甘州区	ɕiŋ31	ɕiŋ31	ɕiŋ31	ɕiŋ31	ɕiŋ31	iŋ31	iŋ44	iŋ44
临泽县	ɕiŋ214	ɕiŋ214	ɕiŋ214	ɕiŋ214	ɕiŋ214	ʑiŋ214	ʑiŋ44	ʑiŋ44
民乐县	ɕiŋ42	ɕiŋ42	ɕiŋ42	ɕiŋ42	ɕiŋ42	ʑiŋ42	ʑiŋ44	ʑiŋ44
山丹县	ɕiŋ41	ɕiŋ41	ɕiŋ41	ɕiŋ41	ɕiŋ41	iŋ41	iŋ24	iŋ24
高台县	ɕiɣ̃214	ɕiɣ̃214	ɕiɣ̃214	ɕiɣ̃214	ɕiɣ̃214	iɣ̃214	iɣ̃44	iɣ̃44
肃州区	ɕiəŋ214	ɕiəŋ214	ɕiəŋ214	ɕiəŋ214	ɕiəŋ214	ʑiəŋ214	ʑiəŋ44	ʑiəŋ44
金塔县	ɕiŋ13	ɕiŋ13	ɕiŋ13	ɕiŋ13	ɕiŋ13	ʑiŋ13	ʑiŋ44	ʑiŋ44
肃北县	ɕiɣ̃213	ɕiɣ̃213	ɕiɣ̃213	ɕiɣ̃213	ɕiɣ̃213	iɣ̃213	iɣ̃44	iɣ̃44
玉门市	ɕiŋ213	ɕiŋ213	ɕiŋ213	ɕiŋ213	ɕiŋ213	iŋ213	iŋ44	iŋ44

①又於证切，曾开三去证影。

续表

瓜州县	ɕiəŋ^{213}	ɕiəŋ^{213}	ɕiəŋ^{213}	ɕiəŋ^{213}	ɕiəŋ^{213}	iəŋ^{213}	iəŋ^{44}	iəŋ^{44}
西夏区	ɕiŋ^{13}	ɕiŋ^{13}	ɕiŋ^{13}	ɕiŋ^{13}	ɕiŋ^{13}	iŋ^{13}	iŋ^{44}	iŋ^{44}
贺兰县	ɕiŋ^{13}	ɕiŋ^{13}	ɕiŋ^{13}	ɕiŋ^{13}	ɕiŋ^{13}	iŋ^{13}	iŋ^{44}	iŋ^{44}
灵武市（东塔镇）	ɕiŋ^{13}	ɕiŋ^{13}	ɕiŋ^{13}	ɕiŋ^{13}	ɕiŋ^{13}	iŋ^{13}	iŋ^{44}	iŋ^{44}
永宁县	ɕiŋ^{13}	ɕiŋ^{13}	ɕiŋ^{13}	ɕiŋ^{13}	ɕiŋ^{13}	iŋ^{13}	iŋ^{44}	iŋ^{44}
中宁县	ɕiŋ^{13}	ɕiŋ^{13}	ɕiŋ^{13}	ɕiŋ^{13}	ɕiŋ^{13}	iŋ^{13}	iŋ^{44}	iŋ^{44}
沙坡头区	ɕiŋ^{13}	ɕiŋ^{13}	ɕiŋ^{13}	ɕiŋ^{13}	ɕiŋ^{13}	iŋ^{13}	iŋ^{44}	iŋ^{44}
盐池县	ɕiŋ^{13}	ɕiŋ^{13}	ɕiŋ^{13}	ɕiŋ^{13}	ɕiŋ^{13}	iŋ^{13}	iŋ^{44}	iŋ^{44}
平罗县（渠口乡）	ɕiŋ^{13}	ɕiŋ^{13}	ɕiŋ^{13}	ɕiŋ^{13}	ɕiŋ^{13}	iŋ^{13}	iŋ^{44}	iŋ^{44}
阿拉善左旗	ɕiŋ^{213}	ɕiŋ^{213}	ɕiŋ^{213}	ɕiŋ^{213}	ɕiŋ^{213}	iŋ^{213}	iŋ^{44}	iŋ^{44}
乌鲁木齐市	ɕiŋ^{213}	ɕiŋ^{213}	ɕiŋ^{213}	ɕiŋ^{213}	ɕiŋ^{213}	iŋ^{213}	iŋ^{44}	iŋ^{44}
阜康市	ɕiŋ^{213}	ɕiŋ^{213}	ɕiŋ^{213}	ɕiŋ^{213}	ɕiŋ^{213}	jiŋ^{213}	jiŋ^{55}	jiŋ^{55}
呼图壁县	ɕiŋ^{213}	ɕiŋ^{213}	ɕiŋ^{213}	ɕiŋ^{213}	ɕiŋ^{213}	iŋ^{213}	iŋ^{44}	iŋ^{44}
吉木萨尔县	ɕiŋ^{213}	ɕiŋ^{213}	ɕiŋ^{213}	ɕiŋ^{213}	ɕiŋ^{213}	iŋ^{213}	iŋ^{44}	iŋ^{44}
奇台县	ɕiŋ^{213}	ɕiŋ^{213}	ɕiŋ^{213}	ɕiŋ^{213}	ɕiŋ^{213}	iŋ^{213}	iŋ^{44}	iŋ^{44}
博乐市	ɕiŋ^{24}	ɕiŋ^{25}	ɕiŋ^{24}	ɕiŋ^{24}	ɕiŋ^{24}	iŋ^{24}	iŋ^{45}	iŋ^{45}
阿勒泰市	ɕiŋ^{23}	ɕiŋ^{23}	ɕiŋ^{23}	ɕiŋ^{23}	ɕiŋ^{23}	iŋ^{23}	iŋ^{44}	iŋ^{44}
布尔津县	ɕiŋ^{51}	ɕiŋ^{51}	ɕiŋ^{51}	ɕiŋ^{51}	ɕiŋ^{51}	iŋ^{51}	iŋ^{44}	iŋ^{44}
乌苏市	ɕiŋ^{213}	ɕiŋ^{213}	ɕiŋ^{213}	ɕiŋ^{213}	ɕiŋ^{213}	jiŋ^{213}	jiŋ^{55}	jiŋ^{55}
额敏县	ɕiŋ^{34}	ɕiŋ^{34}	ɕiŋ^{34}	ɕiŋ^{34}	ɕiŋ^{34}	iŋ^{34}	iŋ^{44}	iŋ^{44}
伊州区	ɕiŋ^{213}	ɕiŋ^{213}	ɕiŋ^{213}	ɕiŋ^{213}	ɕiŋ^{213}	iŋ^{213}	iŋ^{44}	iŋ^{44}
巴里坤县	ɕiŋ^{24}	ɕiŋ^{25}	ɕiŋ^{24}	ɕiŋ^{24}	ɕiŋ^{24}	iŋ^{24}	iŋ^{45}	iŋ^{45}
伊吾县	ɕiŋ^{213}	ɕiŋ^{213}	ɕiŋ^{213}	ɕiŋ^{213}	ɕiŋ^{213}	iŋ^{213}	iŋ^{44}	iŋ^{44}

字目 / 中古音 / 方音 / 方言点	莺	鹦	英	婴	缨	蝇	迎	盈
	梗开二平耕影	梗开二平耕影	梗开三平庚影	梗开三平清影	梗开三平清影	曾开三平蒸以	梗开三平庚疑	梗开三平清以
兰州市（城关区）	in^{53}	in^{53}	in^{53}	in^{53}	in^{53}	in^{51}	in^{51}	in^{51}
永登县	in^{42}	in^{42}	in^{42}	in^{42}	in^{42}	in^{53}	in^{53}	in^{53}
榆中县	in^{51}	in^{51}	in^{51}	in^{51}	in^{51}	in^{332}	in^{332}	in^{332}
皋兰县	in^{42}	in^{42}	in^{42}	in^{42}	in^{42}	in^{53}	in^{53}	in^{53}
白银区	in^{44}	in^{44}	in^{44}	in^{44}	in^{44}	in^{51}	in^{51}	in^{51}
天祝县	in^{44}	in^{44}	in^{44}	in^{44}	in^{44}	in^{53}	in^{53}	in^{53}
景泰县（红水镇）	iəŋ^{44}	iəŋ^{44}	iəŋ^{44}	iəŋ^{44}	iəŋ^{44}	iəŋ^{53}	iəŋ^{53}	iəŋ^{53}
古浪县	ʑiŋ^{44}	ʑiŋ^{44}	ʑiŋ^{44}	ʑiŋ^{44}	ʑiŋ^{44}	ʑiŋ^{53}	ʑiŋ^{53}	ʑiŋ^{53}
凉州区	iŋ^{33}	iŋ^{33}	iŋ^{33}	iŋ^{33}	iŋ^{33}	iŋ^{13}	iŋ^{13}	iŋ^{13}
民勤县	iŋ^{44}	iŋ^{44}	iŋ^{44}	iŋ^{44}	iŋ^{44}	iŋ^{53}	iŋ^{53}	iŋ^{53}
永昌县	iɤ̃^{44}	iɤ̃^{44}	iɤ̃^{44}	iɤ̃^{44}	iɤ̃^{44}	iɤ̃^{13}	iɤ̃^{13}	iɤ̃^{13}
甘州区	iŋ^{44}	iŋ^{44}	iŋ^{44}	iŋ^{44}	iŋ^{44}	iŋ^{53}	iŋ^{53}	iŋ^{53}
临泽县	ʑiŋ^{44}	ʑiŋ^{44}	ʑiŋ^{44}	ʑiŋ^{44}	ʑiŋ^{44}	ʑiŋ^{53}	ʑiŋ^{53}	ʑiŋ^{53}
民乐县	ʑiŋ^{44}	ʑiŋ^{44}	ʑiŋ^{44}	ʑiŋ^{44}	ʑiŋ^{44}	ʑiŋ^{53}	ʑiŋ^{53}	ʑiŋ^{53}
山丹县	iŋ^{24}	iŋ^{24}	iŋ^{24}	iŋ^{24}	iŋ^{24}	iŋ^{53}	iŋ^{53}	iŋ^{53}
高台县	iɤ̃^{44}	iɤ̃^{44}	iɤ̃^{44}	iɤ̃^{44}	iɤ̃^{44}	iɤ̃^{53}	iɤ̃^{53}	iɤ̃^{53}
肃州区	iəŋ^{44}	iəŋ^{44}	iəŋ^{44}	iəŋ^{44}	iəŋ^{44}	iəŋ^{53}	iəŋ^{53}	iəŋ^{53}
金塔县	ʑiŋ^{44}	ʑiŋ^{44}	ʑiŋ^{44}	ʑiŋ^{44}	ʑiŋ^{44}	ʑiŋ^{53}	ʑiŋ^{53}	ʑiŋ^{53}
肃北县	iɤ̃^{44}	iɤ̃^{44}	iɤ̃^{44}	iɤ̃^{44}	iɤ̃^{44}	iɤ̃^{53}	iɤ̃^{53}	iɤ̃^{53}
玉门市	iŋ^{44}	iŋ^{44}	iŋ^{44}	iŋ^{44}	iŋ^{44}	iŋ^{53}	iŋ^{53}	iŋ^{53}
瓜州县	iəŋ^{44}	iəŋ^{44}	iəŋ^{44}	iəŋ^{44}	iəŋ^{44}	iəŋ^{53}	iəŋ^{53}	iəŋ^{53}
西夏区	iŋ^{44}	iŋ^{44}	iŋ^{44}	iŋ^{44}	iŋ^{44}	iŋ^{53}	iŋ^{53}	iŋ^{53}

续表

贺兰县	$iŋ^{44}$	$iŋ^{44}$	$iŋ^{44}$	$iŋ^{44}$	$iŋ^{44}$	$iŋ^{53}$	$iŋ^{53}$	$iŋ^{53}$
灵武市（东塔镇）	$iŋ^{44}$	$iŋ^{44}$	$iŋ^{44}$	$iŋ^{44}$	$iŋ^{44}$	$iŋ^{52}$	$iŋ^{52}$	$iŋ^{52}$
永宁县	$iŋ^{44}$	$iŋ^{44}$	$iŋ^{44}$	$iŋ^{44}$	$iŋ^{44}$	$iŋ^{53}$	$iŋ^{53}$	$iŋ^{53}$
中宁县	$iŋ^{44}$	$iŋ^{44}$	$iŋ^{44}$	$iŋ^{44}$	$iŋ^{44}$	$iŋ^{53}$	$iŋ^{53}$	$iŋ^{53}$
沙坡头区	$iŋ^{44}$	$iŋ^{44}$	$iŋ^{44}$	$iŋ^{44}$	$iŋ^{44}$	$iŋ^{53}$	$iŋ^{53}$	$iŋ^{53}$
盐池县	$iŋ^{44}$	$iŋ^{44}$	$iŋ^{44}$	$iŋ^{44}$	$iŋ^{44}$	$iŋ^{13}$	$iŋ^{13}$	$iŋ^{13}$
平罗县（渠口乡）	$iŋ^{44}$	$iŋ^{44}$	$iŋ^{44}$	$iŋ^{44}$	$iŋ^{44}$	$iŋ^{53}$	$iŋ^{53}$	$iŋ^{53}$
阿拉善左旗	$iŋ^{44}$	$iŋ^{44}$	$iŋ^{44}$	$iŋ^{44}$	$iŋ^{44}$	$iŋ^{51}$	$iŋ^{51}$	$iŋ^{51}$
乌鲁木齐市	$iŋ^{44}$	$iŋ^{44}$	$iŋ^{44}$	$iŋ^{44}$	$iŋ^{44}$	$iŋ^{52}$	$iŋ^{52}$	$iŋ^{52}$
阜康市	$jiŋ^{55}$	$jiŋ^{55}$	$jiŋ^{55}$	$jiŋ^{55}$	$jiŋ^{55}$	$jiŋ^{51}$	$jiŋ^{51}$	$jiŋ^{51}$
呼图壁县	$iŋ^{44}$	$iŋ^{44}$	$iŋ^{44}$	$iŋ^{44}$	$iŋ^{44}$	$iŋ^{51}$	$iŋ^{51}$	$iŋ^{51}$
吉木萨尔县	$iŋ^{44}$	$iŋ^{44}$	$iŋ^{44}$	$iŋ^{44}$	$iŋ^{44}$	$iŋ^{51}$	$iŋ^{51}$	$iŋ^{51}$
奇台县	$iŋ^{44}$	$iŋ^{44}$	$iŋ^{44}$	$iŋ^{44}$	$iŋ^{44}$	$iŋ^{52}$	$iŋ^{52}$	$iŋ^{52}$
博乐市	$iŋ^{45}$	$iŋ^{45}$	$iŋ^{45}$	$iŋ^{45}$	$iŋ^{45}$	$iŋ^{51}$	$iŋ^{51}$	$iŋ^{51}$
阿勒泰市	$iŋ^{44}$	$iŋ^{44}$	$iŋ^{44}$	$iŋ^{44}$	$iŋ^{44}$	$iŋ^{51}$	$iŋ^{51}$	$iŋ^{51}$
布尔津县	$iŋ^{44}$	$iŋ^{44}$	$iŋ^{44}$	$iŋ^{44}$	$iŋ^{44}$	$iŋ^{23}$	$iŋ^{23}$	$iŋ^{23}$
乌苏市	$jiŋ^{55}$	$jiŋ^{55}$	$jiŋ^{55}$	$jiŋ^{55}$	$jiŋ^{55}$	$jiŋ^{51}$	$jiŋ^{51}$	$jiŋ^{51}$
额敏县	$iŋ^{44}$	$iŋ^{44}$	$iŋ^{44}$	$iŋ^{44}$	$iŋ^{44}$	$iŋ^{51}$	$iŋ^{51}$	$iŋ^{51}$
伊州区	$iŋ^{44}$	$iŋ^{44}$	$iŋ^{44}$	$iŋ^{44}$	$iŋ^{44}$	$iŋ^{51}$	$iŋ^{51}$	$iŋ^{51}$
巴里坤县	$iŋ^{45}$	$iŋ^{45}$	$iŋ^{45}$	$iŋ^{45}$	$iŋ^{45}$	$iŋ^{51}$	$iŋ^{51}$	$iŋ^{51}$
伊吾县	$iŋ^{44}$	$iŋ^{44}$	$iŋ^{44}$	$iŋ^{44}$	$iŋ^{44}$	$iŋ^{51}$	$iŋ^{51}$	$iŋ^{51}$

字目 中古音 方言点	赢 梗开三平清以	营 梗合三平清以	萤① 梗合四平青匣	影 梗开三上梗影	颖 梗合三上静以	应 响应 曾开三去证影	硬② 梗开二去映疑	东 通合一平东端
兰州市（城关区）	in^{51}	in^{51}	in^{51}	in^{44}	in^{44}	in^{13}	in^{13}	tuən^{53}
永登县	in^{53}	in^{53}	in^{53}	in^{354}	in^{354}	in^{13}	in^{13}	tuən^{42}
榆中县	in^{332}	in^{332}	in^{332}	in^{44}	in^{44}	in^{13}	in^{13}	tuən^{51}
皋兰县	in^{53}	in^{53}	in^{53}	in^{342}	in^{342}	in^{13}	in^{13}	tuən^{42}
白银区	in^{51}	in^{51}	in^{51}	in^{343}	in^{343}	in^{13}	in^{13}	tuən^{44}
天祝县	in^{53}	in^{53}	in^{53}	in^{44}	in^{44}	in^{213}	in^{213}	tuən^{44}
景泰县（红水镇）	iəŋ^{53}	iəŋ^{53}	iəŋ^{53}	iəŋ^{44}	iəŋ^{44}	iəŋ^{213}	iəŋ^{213}	tuəŋ^{44}
古浪县	ʑiŋ^{53}	ʑiŋ^{53}	ʑiŋ^{53}	ʑiŋ^{44}	ʑiŋ^{44}	ʑiŋ^{31}	ʑiŋ^{31}	toŋ^{44}
凉州区	iŋ^{13}	iŋ^{13}	iŋ^{13}	iŋ^{13}	iŋ^{13}	iŋ^{53}	iŋ^{53}	tuŋ^{33}
民勤县	iŋ^{53}	iŋ^{53}	iŋ^{53}	iŋ^{214}	iŋ^{214}	iŋ^{42}	iŋ^{42}	toŋ^{44}
永昌县	iɣ̃^{13}	iɣ̃^{13}	iɣ̃^{13}	iɣ̃^{13}	iɣ̃^{13}	iɣ̃^{53}	iɣ̃^{53}	tuɣ̃^{44}
甘州区	iŋ^{53}	iŋ^{53}	iŋ^{53}	iŋ^{53}	iŋ^{53}	iŋ^{31}	iŋ^{31}	tuŋ^{44}
临泽县	ʑiŋ^{53}	ʑiŋ^{53}	ʑiŋ^{53}	ʑiŋ^{53}	ʑiŋ^{53}	ʑiŋ^{214}	ʑiŋ^{214}	tuŋ^{44}
民乐县	ʑiŋ^{53}	ʑiŋ^{53}	ʑiŋ^{53}	ʑiŋ^{213}	ʑiŋ^{213}	ʑiŋ^{42}	ʑiŋ^{42}	tuŋ^{44}
山丹县	iŋ^{53}	iŋ^{53}	iŋ^{53}	iŋ^{53}	iŋ^{53}	iŋ^{41}	iŋ^{41}	tuŋ^{24}
高台县	iɣ̃^{53}	iɣ̃^{53}	iɣ̃^{53}	iɣ̃^{53}	iɣ̃^{53}	iɣ̃^{214}	iɣ̃^{214}	tuŋ^{44}
肃州区	ʑiəŋ^{53}	ʑiəŋ^{53}	ʑiəŋ^{53}	ʑiəŋ^{53}	ʑiəŋ^{53}	ʑiəŋ^{214}	ʑiəŋ^{214}	tiəŋ^{44}
金塔县	ʑiŋ^{53}	ʑiŋ^{53}	ʑiŋ^{53}	ʑiŋ^{53}	ʑiŋ^{53}	ʑiŋ^{13}	ʑiŋ^{13}	tuŋ^{44}
肃北县	iɣ̃^{53}	iɣ̃^{53}	iɣ̃^{53}	iɣ̃^{53}	iɣ̃^{53}	iɣ̃^{213}	iɣ̃^{213}	toŋ^{44}

①又于平切，梗合三平庚云。

②《广韵》五争切，归诤韵，现据裴务齐正字本《刊谬补缺切韵》五孟切，归映韵。

续表

玉门市	$iŋ^{53}$	$iŋ^{53}$	$iŋ^{53}$	$iŋ^{53}$	$iŋ^{53}$	$iŋ^{213}$	$iŋ^{213}$	$toŋ^{44}$
瓜州县	$iəŋ^{53}$	$iəŋ^{53}$	$iəŋ^{53}$	$iəŋ^{53}$	$iəŋ^{53}$	$iəŋ^{213}$	$iəŋ^{213}$	$toŋ^{44}$
西夏区	$iŋ^{53}$	$iŋ^{53}$	$iŋ^{53}$	$iŋ^{53}$	$iŋ^{53}$	$iŋ^{13}$	$iŋ^{13}$	$tuŋ^{44}$
贺兰县	$iŋ^{53}$	$iŋ^{53}$	$iŋ^{53}$	$iŋ^{53}$	$iŋ^{53}$	$iŋ^{13}$	$iŋ^{13}$	$tuŋ^{44}$
灵武市（东塔镇）	$iŋ^{52}$	$iŋ^{52}$	$iŋ^{52}$	$iŋ^{52}$	$iŋ^{52}$	$iŋ^{13}$	$iŋ^{13}$	$tuŋ^{44}$
永宁县	$iŋ^{53}$	$iŋ^{53}$	$iŋ^{53}$	$iŋ^{53}$	$iŋ^{53}$	$iŋ^{13}$	$iŋ^{13}$	$tuŋ^{44}$
中宁县	$iŋ^{53}$	$iŋ^{53}$	$iŋ^{53}$	$iŋ^{53}$	$iŋ^{53}$	$iŋ^{13}$	$iŋ^{13}$	$tuŋ^{44}$
沙坡头区	$iŋ^{53}$	$iŋ^{53}$	$iŋ^{53}$	$iŋ^{53}$	$iŋ^{53}$	$iŋ^{13}$	$iŋ^{13}$	$tuŋ^{44}$
盐池县	$iŋ^{13}$	$iŋ^{13}$	$iŋ^{13}$	$iŋ^{52}$	$iŋ^{52}$	$iŋ^{13}$	$iŋ^{13}$	$tuŋ^{44}$
平罗县（渠口乡）	$iŋ^{53}$	$iŋ^{53}$	$iŋ^{53}$	$iŋ^{53}$	$iŋ^{53}$	$iŋ^{13}$	$iŋ^{13}$	$tuŋ^{44}$
阿拉善左旗	$iŋ^{51}$	$iŋ^{51}$	$iŋ^{51}$	$iŋ^{51}$	$iŋ^{51}$	$iŋ^{213}$	$iŋ^{213}$	$tuŋ^{44}$
乌鲁木齐市	$iŋ^{52}$	$iŋ^{52}$	$iŋ^{52}$	$iŋ^{52}$	$iŋ^{52}$	$iŋ^{213}$	$iŋ^{213}$	$tuŋ^{44}$
阜康市	$jiŋ^{51}$	$jiŋ^{51}$	$jiŋ^{51}$	$jiŋ^{51}$	$jiŋ^{51}$	$jiŋ^{213}$	$jiŋ^{213}$	$tuŋ^{55}$
呼图壁县	$iŋ^{51}$	$iŋ^{51}$	$iŋ^{51}$	$iŋ^{51}$	$iŋ^{51}$	$iŋ^{213}$	$iŋ^{213}$	$tuŋ^{44}$
吉木萨尔县	$iŋ^{51}$	$iŋ^{51}$	$iŋ^{51}$	$iŋ^{51}$	$iŋ^{51}$	$iŋ^{213}$	$iŋ^{213}$	$tuŋ^{44}$
奇台县	$iŋ^{52}$	$iŋ^{52}$	$iŋ^{52}$	$iŋ^{52}$	$iŋ^{52}$	$iŋ^{213}$	$iŋ^{213}$	$tuŋ^{44}$
博乐市	$iŋ^{51}$	$iŋ^{51}$	$iŋ^{51}$	$iŋ^{51}$	$iŋ^{51}$	$iŋ^{24}$	$iŋ^{24}$	$tuŋ^{45}$
阿勒泰市	$iŋ^{51}$	$iŋ^{51}$	$iŋ^{51}$	$iŋ^{51}$	$iŋ^{51}$	$iŋ^{23}$	$iŋ^{23}$	$tuŋ^{44}$
布尔津县	$iŋ^{23}$	$iŋ^{23}$	$iŋ^{23}$	$iŋ^{23}$	$iŋ^{23}$	$iŋ^{51}$	$iŋ^{51}$	$tuŋ^{44}$
乌苏市	$jiŋ^{51}$	$jiŋ^{51}$	$jiŋ^{51}$	$jiŋ^{51}$	$jiŋ^{51}$	$jiŋ^{213}$	$jiŋ^{213}$	$tuŋ^{55}$
额敏县	$iŋ^{51}$	$iŋ^{51}$	$iŋ^{51}$	$iŋ^{51}$	$iŋ^{51}$	$iŋ^{34}$	$iŋ^{34}$	$tuŋ^{44}$
伊州区	$iŋ^{51}$	$iŋ^{51}$	$iŋ^{51}$	$iŋ^{51}$	$iŋ^{51}$	$iŋ^{213}$	$iŋ^{213}$	$tuŋ^{44}$
巴里坤县	$iŋ^{51}$	$iŋ^{51}$	$iŋ^{51}$	$iŋ^{51}$	$iŋ^{51}$	$iŋ^{24}$	$iŋ^{24}$	$tuŋ^{45}$
伊吾县	$iŋ^{51}$	$iŋ^{51}$	$iŋ^{51}$	$iŋ^{51}$	$iŋ^{51}$	$iŋ^{213}$	$iŋ^{213}$	$tuŋ^{44}$

字目 中古音 方言点	东	董	懂	冻[①]	栋	动	恫	通
	通合一 平冬端	通合一 上董端	通合一 上董端	通合一 去送端	通合一 去送端	通合一 上董定	通合一 去送定	通合一 平东透
兰州市 （城关区）	tuən^{53}	tuən^{44}	tuən^{44}	tuən^{13}	tuən^{13}	tuən^{13}	tuən^{13}	tʻuən^{53}
永登县	tuən^{42}	tuən^{354}	tuən^{354}	tuən^{13}	tuən^{13}	tuən^{13}	tuən^{13}	tʻuən^{42}
榆中县	tuən^{51}	tuən^{44}	tuən^{44}	tuən^{13}	tuən^{13}	tuən^{13}	tuən^{13}	tʻuən^{51}
皋兰县	tuən^{42}	tuən^{342}	tuən^{342}	tuən^{13}	tuən^{13}	tuən^{13}	tuən^{13}	tʻuən^{42}
白银区	tuən^{44}	tuən^{343}	tuən^{343}	tuən^{13}	tuən^{13}	tuən^{13}	tuən^{13}	tʻuən^{44}
天祝县	tuŋ^{44}	tuŋ^{44}	tuŋ^{44}	tuŋ^{213}	tuŋ^{213}	tuŋ^{213}	tuŋ^{213}	tʻuŋ^{44}
景泰县 （红水镇）	tuəŋ^{44}	tuəŋ^{44}	tuəŋ^{44}	tuəŋ^{213}	tuəŋ^{213}	tuəŋ^{213}	tuəŋ^{213}	tʻuəŋ^{44}
古浪县	toŋ^{44}	toŋ^{44}	toŋ^{44}	toŋ^{31}	toŋ^{31}	toŋ^{31}	toŋ^{31}	tʻoŋ^{44}
凉州区	tuŋ^{33}	tuŋ^{13}	tuŋ^{13}	tuŋ^{53}	tuŋ^{53}	tuŋ^{53}	tuŋ^{53}	tʻuŋ^{33}
民勤县	toŋ^{44}	toŋ^{214}	toŋ^{214}	toŋ^{42}	toŋ^{42}	toŋ^{42}	toŋ^{42}	tʻoŋ^{44}
永昌县	tuɤ̃^{44}	tuɤ̃^{13}	tuɤ̃^{13}	tuɤ̃^{53}	tuɤ̃^{53}	tuɤ̃^{53}	tuɤ̃^{53}	tʻuɤ̃^{44}
甘州区	tuŋ^{44}	tuŋ^{53}	tuŋ^{53}	tuŋ^{31}	tuŋ^{31}	tuŋ^{31}	tuŋ^{31}	tʻuŋ^{44}
临泽县	tuŋ^{44}	tuŋ^{53}	tuŋ^{53}	tuŋ^{214}	tuŋ^{214}	tuŋ^{214}	tuŋ^{214}	tʻuŋ^{44}
民乐县	tuŋ^{44}	tuŋ^{213}	tuŋ^{213}	tuŋ^{42}	tuŋ^{42}	tuŋ^{42}	tuŋ^{42}	tʻuŋ^{44}
山丹县	tuŋ^{24}	tuŋ^{53}	tuŋ^{53}	tuŋ^{41}	tuŋ^{41}	tuŋ^{41}	tuŋ^{41}	tʻuŋ^{24}
高台县	tuŋ^{44}	tuŋ^{53}	tuŋ^{53}	tuŋ^{214}	tuŋ^{214}	tuŋ^{214}	tuŋ^{214}	tʻuŋ^{44}
肃州区	tuəŋ^{44}	tuəŋ^{53}	tuəŋ^{53}	tuəŋ^{214}	tuəŋ^{214}	tuəŋ^{214}	tuəŋ^{214}	tʻuəŋ^{44}
金塔县	tuəŋ^{44}	tuəŋ^{53}	tuəŋ^{53}	tuəŋ^{13}	tuəŋ^{13}	tuəŋ^{13}	tuəŋ^{13}	tʻuəŋ^{44}
肃北县	toŋ^{44}	toŋ^{53}	toŋ^{53}	toŋ^{213}	toŋ^{213}	toŋ^{213}	toŋ^{213}	tʻoŋ^{44}
玉门市	toŋ^{44}	toŋ^{53}	toŋ^{53}	toŋ^{213}	toŋ^{213}	toŋ^{213}	toŋ^{213}	tʻoŋ^{44}

①又德红切，通合一平东端。

续表

瓜州县	toŋ^{44}	toŋ^{53}	toŋ^{53}	toŋ^{213}	toŋ^{213}	toŋ^{213}	toŋ^{213}	tʻoŋ^{44}
西夏区	tuŋ^{44}	tuŋ^{53}	tuŋ^{53}	tuŋ^{13}	tuŋ^{13}	tuŋ^{13}	tuŋ^{13}	tʻuŋ^{44}
贺兰县	tuŋ^{44}	tuŋ^{53}	tuŋ^{53}	tuŋ^{13}	tuŋ^{13}	tuŋ^{13}	tuŋ^{13}	tʻuŋ^{44}
灵武市（东塔镇）	tɔŋ^{44}	tɔŋ^{52}	tɔŋ^{52}	tɔŋ^{13}	tɔŋ^{13}	tɔŋ^{13}	tɔŋ^{13}	tʻɔŋ^{44}
永宁县	tuŋ^{44}	tuŋ^{53}	tuŋ^{53}	tuŋ^{13}	tuŋ^{13}	tuŋ^{13}	tuŋ^{13}	tʻuŋ^{44}
中宁县	tuŋ^{44}	tuŋ^{53}	tuŋ^{53}	tuŋ^{13}	tuŋ^{13}	tuŋ^{13}	tuŋ^{13}	tʻuŋ^{44}
沙坡头区	tuŋ^{44}	tuŋ^{53}	tuŋ^{53}	tuŋ^{13}	tuŋ^{13}	tuŋ^{13}	tuŋ^{13}	tʻuŋ^{44}
盐池县	tuŋ^{44}	tuŋ^{52}	tuŋ^{52}	tuŋ^{13}	tuŋ^{13}	tuŋ^{13}	tuŋ^{13}	tʻuŋ^{44}
平罗县（渠口乡）	tuŋ^{44}	tuŋ^{53}	tuŋ^{53}	tuŋ^{13}	tuŋ^{13}	tuŋ^{13}	tuŋ^{13}	tʻuŋ^{44}
阿拉善左旗	tuŋ^{44}	tuŋ^{51}	tuŋ^{51}	tuŋ^{213}	tuŋ^{213}	tuŋ^{213}	tuŋ^{213}	tʻuŋ^{44}
乌鲁木齐市	tuŋ^{44}	tuŋ^{52}	tuŋ^{52}	tuŋ^{213}	tuŋ^{213}	tuŋ^{213}	tuŋ^{213}	tʻuŋ^{44}
阜康市	tuŋ^{55}	tuŋ^{51}	tuŋ^{51}	tuŋ^{213}	tuŋ^{213}	tuŋ^{213}	tuŋ^{213}	tʻuŋ^{55}
呼图壁县	tuŋ^{44}	tuŋ^{51}	tuŋ^{51}	tuŋ^{213}	tuŋ^{213}	tuŋ^{213}	tuŋ^{213}	tʻuŋ^{44}
吉木萨尔县	tuŋ^{44}	tuŋ^{51}	tuŋ^{51}	tuŋ^{213}	tuŋ^{213}	tuŋ^{213}	tuŋ^{213}	tʻuŋ^{44}
奇台县	tuŋ^{44}	tuŋ^{52}	tuŋ^{52}	tuŋ^{213}	tuŋ^{213}	tuŋ^{213}	tuŋ^{213}	tʻuŋ^{44}
博乐市	tuŋ^{45}	tuŋ^{51}	tuŋ^{51}	tuŋ^{24}	tuŋ^{24}	tuŋ^{24}	tuŋ^{24}	tʻuŋ^{45}
阿勒泰市	tuŋ^{44}	tuŋ^{51}	tuŋ^{51}	tuŋ^{23}	tuŋ^{23}	tuŋ^{23}	tuŋ^{23}	tʻuŋ^{44}
布尔津县	tuŋ^{44}	tuŋ^{23}	tuŋ^{23}	tuŋ^{51}	tuŋ^{51}	tuŋ^{51}	tuŋ^{51}	tʻuŋ^{44}
乌苏市	tuŋ^{55}	tuŋ^{51}	tuŋ^{51}	tuŋ^{213}	tuŋ^{213}	tuŋ^{213}	tuŋ^{213}	tʻuŋ^{55}
额敏县	tuŋ^{44}	tuŋ^{51}	tuŋ^{51}	tuŋ^{34}	tuŋ^{34}	tuŋ^{34}	tuŋ^{34}	tʻuŋ^{44}
伊州区	tuŋ^{44}	tuŋ^{51}	tuŋ^{51}	tuŋ^{213}	tuŋ^{213}	tuŋ^{213}	tuŋ^{213}	tʻuŋ^{44}
巴里坤县	tuŋ^{45}	tuŋ^{51}	tuŋ^{51}	tuŋ^{24}	tuŋ^{24}	tuŋ^{24}	tuŋ^{24}	tʻuŋ^{45}
伊吾县	tuŋ^{44}	tuŋ^{51}	tuŋ^{51}	tuŋ^{213}	tuŋ^{213}	tuŋ^{213}	tuŋ^{213}	tʻuŋ^{44}

字目 / 中古音 / 方言点	同	铜	桐	童	瞳	筒	桶①	统
	通合一平东定	通合一平东定	通合一平东定	通合一平东定	通合一平东定	通合一平东定	通合一上董透	通合一去宋透
兰州市（城关区）	tʻuən^{51}	tʻuən^{51}	tʻuən^{51}	tʻuən^{51}	tʻuən^{51}	tʻuən^{51}	tʻuən^{44}	tʻuən^{44}
永登县	tʻuən^{42}	tʻuən^{42}	tʻuən^{42}	tʻuən^{42}	tʻuən^{42}	tʻuən^{42}	tʻuən^{354}	tʻuən^{354}
榆中县	tʻuən^{332}	tʻuən^{332}	tʻuən^{332}	tʻuən^{332}	tʻuən^{332}	tʻuən^{332}	tʻuən^{44}	tʻuən^{44}
皋兰县	tʻuən^{42}	tʻuən^{42}	tʻuən^{42}	tʻuən^{42}	tʻuən^{42}	tʻuən^{42}	tʻuən^{342}	tʻuən^{342}
白银区	tʻuən^{51}	tʻuən^{51}	tʻuən^{51}	tʻuən^{51}	tʻuən^{51}	tʻuən^{51}	tʻuən^{343}	tʻuən^{343}
天祝县	tʻuŋ^{53}	tʻuŋ^{53}	tʻuŋ^{53}	tʻuŋ^{53}	tʻuŋ^{53}	tʻuŋ^{53}	tʻuŋ^{44}	tʻuŋ^{44}
景泰县（红水镇）	tʻuəŋ^{53}	tʻuəŋ^{53}	tʻuəŋ^{53}	tʻuəŋ^{53}	tʻuəŋ^{53}	tʻuəŋ^{53}	tʻuəŋ^{44}	tʻuəŋ^{44}
古浪县	tʻoŋ^{53}	tʻoŋ^{53}	tʻoŋ^{53}	tʻoŋ^{53}	tʻoŋ^{53}	tʻoŋ^{53}	tʻoŋ^{44}	tʻoŋ^{44}
凉州区	tʻuŋ^{13}	tʻuŋ^{13}	tʻuŋ^{13}	tʻuŋ^{13}	tʻuŋ^{13}	tʻuŋ^{13}	tʻuŋ^{33}	tʻuŋ^{33}
民勤县	tʻoŋ^{53}	tʻoŋ^{53}	tʻoŋ^{53}	tʻoŋ^{53}	tʻoŋ^{53}	tʻoŋ^{53}	tʻoŋ^{214}	tʻoŋ^{214}
永昌县	tʻuɤ̃^{13}	tʻuɤ̃^{13}	tʻuɤ̃^{13}	tʻuɤ̃^{13}	tʻuɤ̃^{13}	tʻuɤ̃^{13}	tʻuɤ̃^{13}	tʻuɤ̃^{13}
甘州区	tʻuŋ^{53}	tʻuŋ^{53}	tʻuŋ^{53}	tʻuŋ^{53}	tʻuŋ^{53}	tʻuŋ^{53}	tʻuŋ^{53}	tʻuŋ^{53}
临泽县	tʻuŋ^{53}	tʻuŋ^{53}	tʻuŋ^{53}	tʻuŋ^{53}	tʻuŋ^{53}	tʻuŋ^{53}	tʻuŋ^{53}	tʻuŋ^{53}
民乐县	tʻuŋ^{53}	tʻuŋ^{53}	tʻuŋ^{53}	tʻuŋ^{53}	tʻuŋ^{53}	tʻuŋ^{53}	tʻuŋ^{213}	tʻuŋ^{213}
山丹县	tʻuŋ^{53}	tʻuŋ^{53}	tʻuŋ^{53}	tʻuŋ^{53}	tʻuŋ^{53}	tʻuŋ^{53}	tʻuŋ^{53}	tʻuŋ^{53}
高台县	tʻuŋ^{53}	tʻuŋ^{53}	tʻuŋ^{53}	tʻuŋ^{53}	tʻuŋ^{53}	tʻuŋ^{53}	tʻuŋ^{53}	tʻuŋ^{53}
肃州区	tʻuŋ^{53}	tʻuŋ^{53}	tʻuŋ^{53}	tʻuŋ^{53}	tʻuŋ^{53}	tʻuŋ^{53}	tʻuŋ^{53}	tʻuŋ^{53}
金塔县	tʻuŋ^{53}	tʻuŋ^{53}	tʻuŋ^{53}	tʻuŋ^{53}	tʻuŋ^{53}	tʻuŋ^{53}	tʻuŋ^{53}	tʻuŋ^{53}
肃北县	tʻoŋ^{53}	tʻoŋ^{53}	tʻoŋ^{53}	tʻoŋ^{53}	tʻoŋ^{53}	tʻoŋ^{53}	tʻoŋ^{53}	tʻoŋ^{53}
玉门市	tʻoŋ^{53}	tʻoŋ^{53}	tʻoŋ^{53}	tʻoŋ^{53}	tʻoŋ^{53}	tʻoŋ^{53}	tʻoŋ^{53}	tʻoŋ^{53}

①又徒　切，通合一上董定。

续表

瓜州县	tʻoŋ^{53}	tʻoŋ^{53}	tʻoŋ^{53}	tʻoŋ^{53}	tʻoŋ^{53}	tʻoŋ^{53}	tʻoŋ^{53}	tʻoŋ^{53}
西夏区	tʻuŋ^{53}	tʻuŋ^{53}	tʻuŋ^{53}	tʻuŋ^{53}	tʻuŋ^{53}	tʻuŋ^{53}	tʻuŋ^{53}	tʻuŋ^{53}
贺兰县	tʻuŋ^{53}	tʻuŋ^{53}	tʻuŋ^{53}	tʻuŋ^{53}	tʻuŋ^{53}	tʻuŋ^{53}	tʻuŋ^{53}	tʻuŋ^{53}
灵武市（东塔镇）	tʻɔŋ^{52}	tʻɔŋ^{52}	tʻɔŋ^{52}	tʻɔŋ^{52}	tʻɔŋ^{52}	tʻɔŋ^{52}	tʻɔŋ^{52}	tʻɔŋ^{52}
永宁县	tʻuŋ^{53}	tʻuŋ^{53}	tʻuŋ^{53}	tʻuŋ^{53}	tʻuŋ^{53}	tʻuŋ^{53}	tʻuŋ^{53}	tʻuŋ^{53}
中宁县	tʻuŋ^{53}	tʻuŋ^{53}	tʻuŋ^{53}	tʻuŋ^{53}	tʻuŋ^{53}	tʻuŋ^{53}	tʻuŋ^{53}	tʻuŋ^{53}
沙坡头区	tʻuŋ^{53}	tʻuŋ^{53}	tʻuŋ^{53}	tʻuŋ^{53}	tʻuŋ^{53}	tʻuŋ^{53}	tʻuŋ^{53}	tʻuŋ^{53}
盐池县	tʻuŋ^{13}	tʻuŋ^{13}	tʻuŋ^{13}	tʻuŋ^{13}	tʻuŋ^{13}	tʻuŋ^{13}	tʻuŋ^{52}	tʻuŋ^{52}
平罗县（渠口乡）	tʻuŋ^{53}	tʻuŋ^{53}	tʻuŋ^{53}	tʻuŋ^{53}	tʻuŋ^{53}	tʻuŋ^{53}	tʻuŋ^{53}	tʻuŋ^{53}
阿拉善左旗	tʻuŋ^{51}	tʻuŋ^{51}	tʻuŋ^{51}	tʻuŋ^{51}	tʻuŋ^{51}	tʻuŋ^{51}	tʻuŋ^{51}	tʻuŋ^{51}
乌鲁木齐市	tʻuŋ^{52}	tʻuŋ^{52}	tʻuŋ^{52}	tʻuŋ^{52}	tʻuŋ^{52}	tʻuŋ^{52}	tʻuŋ^{52}	tʻuŋ^{52}
阜康市	tʻuŋ^{51}	tʻuŋ^{51}	tʻuŋ^{51}	tʻuŋ^{51}	tʻuŋ^{51}	tʻuŋ^{51}	tʻuŋ^{51}	tʻuŋ^{51}
呼图壁县	tʻuŋ^{51}	tʻuŋ^{51}	tʻuŋ^{51}	tʻuŋ^{51}	tʻuŋ^{51}	tʻuŋ^{51}	tʻuŋ^{51}	tʻuŋ^{51}
吉木萨尔县	tʻuŋ^{51}	tʻuŋ^{51}	tʻuŋ^{51}	tʻuŋ^{51}	tʻuŋ^{51}	tʻuŋ^{51}	tʻuŋ^{51}	tʻuŋ^{51}
奇台县	tʻuŋ^{52}	tʻuŋ^{52}	tʻuŋ^{52}	tʻuŋ^{52}	tʻuŋ^{52}	tʻuŋ^{52}	tʻuŋ^{52}	tʻuŋ^{52}
博乐市	tʻuŋ^{51}	tʻuŋ^{51}	tʻuŋ^{51}	tʻuŋ^{51}	tʻuŋ^{51}	tʻuŋ^{51}	tʻuŋ^{51}	tʻuŋ^{51}
阿勒泰市	tʻuŋ^{51}	tʻuŋ^{51}	tʻuŋ^{51}	tʻuŋ^{51}	tʻuŋ^{51}	tʻuŋ^{51}	tʻuŋ^{51}	tʻuŋ^{51}
布尔津县	tʻuŋ^{23}	tʻuŋ^{23}	tʻuŋ^{23}	tʻuŋ^{23}	tʻuŋ^{23}	tʻuŋ^{23}	tʻuŋ^{23}	tʻuŋ^{23}
乌苏市	tʻuŋ^{51}	tʻuŋ^{51}	tʻuŋ^{51}	tʻuŋ^{51}	tʻuŋ^{51}	tʻuŋ^{51}	tʻuŋ^{51}	tʻuŋ^{51}
额敏县	tʻuŋ^{51}	tʻuŋ^{51}	tʻuŋ^{51}	tʻuŋ^{51}	tʻuŋ^{51}	tʻuŋ^{51}	tʻuŋ^{51}	tʻuŋ^{51}
伊州区	tʻuŋ^{51}	tʻuŋ^{51}	tʻuŋ^{51}	tʻuŋ^{51}	tʻuŋ^{51}	tʻuŋ^{51}	tʻuŋ^{51}	tʻuŋ^{51}
巴里坤县	tʻuŋ^{51}	tʻuŋ^{51}	tʻuŋ^{51}	tʻuŋ^{51}	tʻuŋ^{51}	tʻuŋ^{51}	tʻuŋ^{51}	tʻuŋ^{51}
伊吾县	tʻuŋ^{51}	tʻuŋ^{51}	tʻuŋ^{51}	tʻuŋ^{51}	tʻuŋ^{51}	tʻuŋ^{51}	tʻuŋ^{51}	tʻuŋ^{51}

字目 / 中古音 / 方言点	痛	农	脓	浓①	弄 弄坏	笼 鸟笼	聋	隆
	通合一 去送透	通合一 平冬泥	通合一 平冬泥	通合三 平锺泥	通合一 去送来	通合一 平冬来	通合一 平冬来	通合三 平冬来
兰州市 （城关区）	tʻuən^{13}	luən^{51}	luən^{51}	luən^{51}	luən^{13}	luən^{44}	luən^{51}	luən^{51}
永登县	tʻuən^{13}	luən^{54}	luən^{54}	luən^{54}	luən^{13}	luən^{354}	luən^{53}	luən^{53}
榆中县	tʻuən^{13}	luən^{332}	luən^{332}	luən^{332}	luən^{13}	luən^{44}	luən^{332}	luən^{332}
皋兰县	tʻuən^{13}	luən^{54}	luən^{54}	luən^{54}	luən^{13}	luən^{342}	luən^{53}	luən^{53}
白银区	tʻuən^{13}	luən^{51}	luən^{51}	luən^{51}	luən^{13}	luən^{343}	luən^{51}	luən^{51}
天祝县	tʻuŋ^{213}	nuŋ^{53}	nuŋ^{53}	nuŋ^{53}	luŋ^{213}	luŋ^{44}	luŋ^{53}	luŋ^{53}
景泰县 （红水镇）	tʻuəŋ^{213}	nuəŋ^{53}	nuəŋ^{53}	nuəŋ^{53}	luəŋ^{213}	luəŋ^{44}	luəŋ^{53}	luəŋ^{53}
古浪县	tʻoŋ^{31}	noŋ^{53}	noŋ^{53}	noŋ^{53}	loŋ^{31}	loŋ^{44}	loŋ^{53}	loŋ^{53}
凉州区	tʻuŋ^{53}	nuŋ^{13}	nuŋ^{13}	nuŋ^{13}	luŋ^{53}	luŋ^{33}	luŋ^{13}	luŋ^{13}
民勤县	tʻoŋ^{42}	noŋ^{53}	noŋ^{53}	noŋ^{53}	loŋ^{42}	loŋ^{214}	loŋ^{53}	loŋ^{53}
永昌县	tʻuɤ̆^{53}	nuɤ̆^{13}	nuɤ̆^{13}	nuɤ̆^{13}	luɤ̆^{53}	luɤ̆^{13}	luɤ̆^{13}	luɤ̆^{13}
甘州区	tʻuŋ^{31}	nuŋ^{53}	nuŋ^{53}	nuŋ^{53}	luŋ^{31}	luŋ^{53}	luŋ^{53}	luŋ^{53}
临泽县	tʻuŋ^{214}	nuŋ^{53}	nuŋ^{53}	nuŋ^{53}	luŋ^{214}	luŋ^{53}	luŋ^{53}	luŋ^{53}
民乐县	tʻuŋ^{42}	nuŋ^{53}	nuŋ^{53}	nuŋ^{53}	luŋ^{42}	luŋ^{213}	luŋ^{53}	luŋ^{53}
山丹县	tʻuŋ^{41}	nuŋ^{53}	nuŋ^{53}	nuŋ^{53}	luŋ^{41}	luŋ^{53}	luŋ^{53}	luŋ^{53}
高台县	tʻuŋ^{214}	nuŋ^{53}	nuŋ^{53}	nuŋ^{53}	luŋ^{214}	luŋ^{53}	luŋ^{53}	luŋ^{53}
肃州区	tʻuəŋ^{214}	nuəŋ^{53}	nuəŋ^{53}	nuəŋ^{53}	luəŋ^{214}	luəŋ^{53}	luəŋ^{53}	luəŋ^{53}
金塔县	tʻuŋ^{13}	nuŋ^{53}	nuŋ^{53}	nuŋ^{53}	luŋ^{13}	luŋ^{53}	luŋ^{53}	luŋ^{53}
肃北县	tʻoŋ^{213}	noŋ^{53}	noŋ^{53}	noŋ^{53}	loŋ^{213}	loŋ^{53}	loŋ^{53}	loŋ^{53}
玉门市	tʻoŋ^{213}	noŋ^{53}	noŋ^{53}	noŋ^{53}	loŋ^{213}	loŋ^{53}	loŋ^{53}	loŋ^{53}

①又奴东切，通合一平东泥。

续表

瓜州县	tʻoŋ^{213}	noŋ^{53}	noŋ^{53}	noŋ^{53}	loŋ^{213}	loŋ^{53}	loŋ^{53}	loŋ^{53}
西夏区	tʻuŋ^{13}	nuŋ^{53}	nuŋ^{53}	nuŋ^{53}	luŋ^{13}	luŋ^{53}	luŋ^{53}	luŋ^{53}
贺兰县	tʻuŋ^{13}	nuŋ^{53}	nuŋ^{53}	nuŋ^{53}	luŋ^{13}	luŋ^{53}	luŋ^{53}	luŋ^{53}
灵武市（东塔镇）	tʻɔŋ^{13}	nɔŋ^{52}	nɔŋ^{52}	nɔŋ^{52}	lɔŋ^{13}	lɔŋ^{52}	lɔŋ^{52}	lɔŋ^{52}
永宁县	tʻuŋ^{13}	nuŋ^{53}	nuŋ^{53}	nuŋ^{53}	luŋ^{13}	luŋ^{53}	luŋ^{53}	luŋ^{53}
中宁县	tʻuŋ^{13}	nuŋ^{53}	nuŋ^{53}	nuŋ^{53}	luŋ^{13}	luŋ^{53}	luŋ^{53}	luŋ^{53}
沙坡头区	tʻuŋ^{13}	nuŋ^{53}	nuŋ^{53}	nuŋ^{53}	luŋ^{13}	luŋ^{53}	luŋ^{53}	luŋ^{53}
盐池县	tʻuŋ^{13}	nuŋ^{13}	nuŋ^{13}	nuŋ^{13}	luŋ^{13}	luŋ^{13}	luŋ^{13}	luŋ^{13}
平罗县（渠口乡）	tʻuŋ^{13}	nuŋ^{53}	nuŋ^{53}	nuŋ^{53}	luŋ^{13}	luŋ^{53}	luŋ^{53}	luŋ^{53}
阿拉善左旗	tʻuŋ^{213}	nuŋ^{51}	nuŋ^{51}	nuŋ^{51}	luŋ^{213}	luŋ^{51}	luŋ^{51}	luŋ^{51}
乌鲁木齐市	tʻuŋ^{213}	luŋ^{52}	luŋ^{52}	luŋ^{52}	luŋ^{213}	luŋ^{52}	luŋ^{52}	luŋ^{52}
阜康市	tʻuŋ^{213}	nuŋ^{51}	nuŋ^{51}	nuŋ^{51}	luŋ^{213}	luŋ^{51}	luŋ^{51}	luŋ^{51}
呼图壁县	tʻuŋ^{213}	nuŋ^{51}	nuŋ^{51}	nuŋ^{51}	luŋ^{213}	luŋ^{51}	luŋ^{51}	luŋ^{51}
吉木萨尔县	tʻuŋ^{213}	nuŋ^{51}	nuŋ^{51}	nuŋ^{51}	luŋ^{213}	luŋ^{51}	luŋ^{51}	luŋ^{51}
奇台县	tʻuŋ^{213}	nuŋ^{52}	nuŋ^{52}	nuŋ^{52}	luŋ^{213}	luŋ^{52}	luŋ^{52}	luŋ^{52}
博乐市	tʻuŋ^{24}	nuŋ^{51}	nuŋ^{51}	nuŋ^{51}	luŋ^{24}	luŋ^{51}	luŋ^{51}	luŋ^{51}
阿勒泰市	tʻuŋ^{23}	nuŋ^{51}	nuŋ^{51}	nuŋ^{51}	luŋ^{23}	luŋ^{51}	luŋ^{51}	luŋ^{51}
布尔津县	tʻuŋ^{51}	nuŋ^{23}	nuŋ^{23}	nuŋ^{23}	luŋ^{51}	luŋ^{23}	luŋ^{23}	luŋ^{23}
乌苏市	tʻuŋ^{213}	nuŋ^{51}	nuŋ^{51}	nuŋ^{51}	luŋ^{213}	luŋ^{51}	luŋ^{51}	luŋ^{51}
额敏县	tʻuŋ^{34}	nuŋ^{51}	nuŋ^{51}	nuŋ^{51}	luŋ^{34}	luŋ^{51}	luŋ^{51}	luŋ^{51}
伊州区	tʻuŋ^{213}	nuŋ^{51}	nuŋ^{51}	nuŋ^{51}	luŋ^{213}	luŋ^{51}	luŋ^{51}	luŋ^{51}
巴里坤县	tʻuŋ^{24}	nuŋ^{51}	nuŋ^{51}	nuŋ^{51}	luŋ^{24}	luŋ^{51}	luŋ^{51}	luŋ^{51}
伊吾县	tʻuŋ^{213}	nuŋ^{51}	nuŋ^{51}	nuŋ^{51}	luŋ^{213}	luŋ^{51}	luŋ^{51}	luŋ^{51}

字目 中古音 方音 方言点	龙	笼 笼罩	拢	陇	垄①	棕	鬃	宗
	通合三平锺来	通合一上董来	通合一上董来	通合三上肿来	通合三上肿来	通合一平东精	通合一平东精	通合一平冬精
兰州市（城关区）	luən^{51}	luən^{44}	luən^{44}	luən^{44}	luən^{44}	tsuən^{53}	tsuən^{53}	tsuən^{53}
永登县	luən^{53}	luən^{354}	luən^{354}	luən^{354}	luən^{354}	tsuən^{42}	tsuən^{42}	tsuən^{42}
榆中县	luən^{332}	luən^{44}	luən^{44}	luən^{44}	luən^{44}	tsuən^{51}	tsuən^{51}	tsuən^{51}
皋兰县	luən^{53}	luən^{342}	luən^{342}	luən^{342}	luən^{342}	tsuən^{42}	tsuən^{42}	tsuən^{42}
白银区	luən^{51}	luən^{343}	luən^{343}	luən^{343}	luən^{343}	tsuən^{44}	tsuən^{44}	tsuən^{44}
天祝县	luŋ^{53}	luŋ^{44}	luŋ^{44}	luŋ^{44}	luŋ^{44}	tsuŋ^{44}	tsuŋ^{44}	tsuŋ^{44}
景泰县（红水镇）	luəŋ^{53}	luəŋ^{44}	luəŋ^{44}	luəŋ^{44}	luəŋ^{44}	tsuəŋ^{44}	tsuəŋ^{44}	tsuəŋ^{44}
古浪县	loŋ^{53}	loŋ^{44}	loŋ^{44}	loŋ^{44}	loŋ^{44}	tsoŋ^{44}	tsoŋ^{44}	tsoŋ^{44}
凉州区	luŋ^{13}	luŋ^{13}	luŋ^{13}	luŋ^{13}	luŋ^{13}	tsuŋ^{33}	tsuŋ^{33}	tsuŋ^{33}
民勤县	loŋ^{53}	loŋ^{214}	loŋ^{214}	loŋ^{214}	loŋ^{214}	tsoŋ^{44}	tsoŋ^{44}	tsoŋ^{44}
永昌县	luɤ̆^{13}	luɤ̆^{13}	luɤ̆^{13}	luɤ̆^{13}	luɤ̆^{13}	tsuɤ̆^{44}	tsuɤ̆^{44}	tsuɤ̆^{44}
甘州区	luŋ^{53}	luŋ^{53}	luŋ^{53}	luŋ^{53}	luŋ^{53}	tsuŋ^{44}	tsuŋ^{44}	tsuŋ^{44}
临泽县	luŋ^{53}	luŋ^{53}	luŋ^{53}	luŋ^{53}	luŋ^{53}	tsuŋ^{44}	tsuŋ^{44}	tsuŋ^{44}
民乐县	luŋ^{53}	luŋ^{213}	luŋ^{213}	luŋ^{213}	luŋ^{213}	tsuŋ^{44}	tsuŋ^{44}	tsuŋ^{44}
山丹县	luŋ^{53}	luŋ^{53}	luŋ^{53}	luŋ^{53}	luŋ^{53}	tsuŋ^{24}	tsuŋ^{24}	tsuŋ^{24}
高台县	luŋ^{53}	luŋ^{53}	luŋ^{53}	luŋ^{53}	luŋ^{53}	tsuŋ^{44}	tsuŋ^{44}	tsuŋ^{44}
肃州区	luəŋ^{53}	luəŋ^{53}	luəŋ^{53}	luəŋ^{53}	luəŋ^{53}	tsuəŋ^{44}	tsuəŋ^{44}	tsuəŋ^{44}
金塔县	luŋ^{53}	luŋ^{53}	luŋ^{53}	luŋ^{53}	luŋ^{53}	tsuŋ^{44}	tsuŋ^{44}	tsuŋ^{44}
肃北县	loŋ^{53}	loŋ^{53}	loŋ^{53}	loŋ^{53}	loŋ^{53}	tsoŋ^{44}	tsoŋ^{44}	tsoŋ^{44}
玉门市	loŋ^{53}	loŋ^{53}	loŋ^{53}	loŋ^{53}	loŋ^{53}	tsoŋ^{44}	tsoŋ^{44}	tsoŋ^{44}

①又卢东切，通合一平东来。

续表

瓜州县	loŋ^{53}	loŋ^{53}	loŋ^{53}	loŋ^{53}	loŋ^{53}	tsoŋ^{44}	tsoŋ^{44}	tsoŋ^{44}
西夏区	luŋ^{53}	luŋ^{53}	luŋ^{53}	luŋ^{53}	luŋ^{53}	tsuŋ^{44}	tsuŋ^{44}	tsuŋ^{44}
贺兰县	luŋ^{53}	luŋ^{53}	luŋ^{53}	luŋ^{53}	luŋ^{53}	tsuŋ^{44}	tsuŋ^{44}	tsuŋ^{44}
灵武市（东塔镇）	lɔŋ^{52}	lɔŋ^{52}	lɔŋ^{52}	lɔŋ^{52}	lɔŋ^{52}	tsɔŋ^{44}	tsɔŋ^{44}	tsɔŋ^{44}
永宁县	luŋ^{53}	luŋ^{53}	luŋ^{53}	luŋ^{53}	luŋ^{53}	tsuŋ^{44}	tsuŋ^{44}	tsuŋ^{44}
中宁县	luŋ^{53}	luŋ^{53}	luŋ^{53}	luŋ^{53}	luŋ^{53}	tsuŋ^{44}	tsuŋ^{44}	tsuŋ^{44}
沙坡头区	luŋ^{53}	luŋ^{53}	luŋ^{53}	luŋ^{53}	luŋ^{53}	tsuŋ^{44}	tsuŋ^{44}	tsuŋ^{44}
盐池县	luŋ^{13}	luŋ^{52}	luŋ^{52}	luŋ^{52}	luŋ^{52}	tsuŋ^{44}	tsuŋ^{44}	tsuŋ^{44}
平罗县（渠口乡）	luŋ^{53}	luŋ^{53}	luŋ^{53}	luŋ^{53}	luŋ^{53}	tsuŋ^{44}	tsuŋ^{44}	tsuŋ^{44}
阿拉善左旗	luŋ^{51}	luŋ^{51}	luŋ^{51}	luŋ^{51}	luŋ^{51}	tsuŋ^{44}	tsuŋ^{44}	tsuŋ^{44}
乌鲁木齐市	luŋ^{52}	luŋ^{52}	luŋ^{52}	luŋ^{52}	luŋ^{52}	tsuŋ^{44}	tsuŋ^{44}	tsuŋ^{44}
阜康市	luŋ^{51}	luŋ^{51}	luŋ^{51}	luŋ^{51}	luŋ^{51}	tsuŋ^{55}	tsuŋ^{55}	tsuŋ^{55}
呼图壁县	luŋ^{51}	luŋ^{51}	luŋ^{51}	luŋ^{51}	luŋ^{51}	tsuŋ^{44}	tsuŋ^{44}	tsuŋ^{44}
吉木萨尔县	luŋ^{51}	luŋ^{51}	luŋ^{51}	luŋ^{51}	luŋ^{51}	tsuŋ^{44}	tsuŋ^{44}	tsuŋ^{44}
奇台县	luŋ^{52}	luŋ^{52}	luŋ^{52}	luŋ^{52}	luŋ^{52}	tsuŋ^{44}	tsuŋ^{44}	tsuŋ^{44}
博乐市	luŋ^{51}	luŋ^{51}	luŋ^{51}	luŋ^{51}	luŋ^{51}	tsuŋ^{45}	tsuŋ^{45}	tsuŋ^{45}
阿勒泰市	luŋ^{51}	luŋ^{51}	luŋ^{51}	luŋ^{51}	luŋ^{51}	tsuŋ^{44}	tsuŋ^{44}	tsuŋ^{44}
布尔津县	luŋ^{23}	luŋ^{23}	luŋ^{23}	luŋ^{23}	luŋ^{23}	tsuŋ^{44}	tsuŋ^{44}	tsuŋ^{44}
乌苏市	luŋ^{51}	luŋ^{51}	luŋ^{51}	luŋ^{51}	luŋ^{51}	tsuŋ^{55}	tsuŋ^{55}	tsuŋ^{55}
额敏县	luŋ^{51}	luŋ^{51}	luŋ^{51}	luŋ^{51}	luŋ^{51}	tsuŋ^{44}	tsuŋ^{44}	tsuŋ^{44}
伊州区	luŋ^{51}	luŋ^{51}	luŋ^{51}	luŋ^{51}	luŋ^{51}	tsuŋ^{44}	tsuŋ^{44}	tsuŋ^{44}
巴里坤县	luŋ^{51}	luŋ^{51}	luŋ^{51}	luŋ^{51}	luŋ^{51}	tsuŋ^{45}	tsuŋ^{45}	tsuŋ^{45}
伊吾县	luŋ^{51}	luŋ^{51}	luŋ^{51}	luŋ^{51}	luŋ^{51}	tsuŋ^{44}	tsuŋ^{44}	tsuŋ^{44}

字目 中古音 方言点	综①	踪	总	粽 粽子	纵 纵横	纵 放纵	聪	匆
	通合一去宋精	通合三平锺精	通合一上董精	通合一去送精	通合三平锺精	通合三去用精	通合一平东清	通合一平东清
兰州市（城关区）	tsuən^{53}	tsuən^{53}	tsuən^{44}	tsuən^{13}	tsuən^{13}	tsuən^{13}	tsʻuən^{53}	tsʻuən^{53}
永登县	tsuən^{42}	tsuən^{42}	tsuən^{354}	tsuən^{13}	tsuən^{13}	tsuən^{13}	tsʻuən^{42}	tsʻuən^{42}
榆中县	tsuən^{51}	tsuən^{51}	tsuən^{44}	tsuən^{13}	tsuən^{13}	tsuən^{13}	tsʻuən^{51}	tsʻuən^{51}
皋兰县	tsuən^{42}	tsuən^{42}	tsuən^{342}	tsuən^{13}	tsuən^{13}	tsuən^{13}	tsʻuən^{42}	tsʻuən^{42}
白银区	tsuən^{44}	tsuən^{44}	tsuən^{343}	tsuən^{13}	tsuən^{13}	tsuən^{13}	tsʻuən^{44}	tsʻuən^{44}
天祝县	tsuŋ^{44}	tsuŋ^{44}	tsuŋ^{44}	tsuŋ^{213}	tsuŋ^{213}	tsuŋ^{213}	tsʻuŋ^{44}	tsʻuŋ^{44}
景泰县（红水镇）	tsuəŋ^{44}	tsuəŋ^{44}	tsuəŋ^{44}	tsuəŋ^{213}	tsuəŋ^{213}	tsuəŋ^{213}	tsʻuəŋ^{44}	tsʻuəŋ^{44}
古浪县	tsoŋ^{44}	tsoŋ^{44}	tsoŋ^{44}	tsoŋ^{31}	tsoŋ^{31}	tsoŋ^{31}	tsʻoŋ^{44}	tsʻoŋ^{44}
凉州区	tsuŋ^{33}	tsuŋ^{33}	tsuŋ^{33}	tsuŋ^{53}	tsuŋ^{53}	tsuŋ^{53}	tsʻuŋ^{33}	tsʻuŋ^{33}
民勤县	tsoŋ^{44}	tsoŋ^{44}	tsoŋ^{214}	tsoŋ^{42}	tsoŋ^{42}	tsoŋ^{42}	tsʻoŋ^{44}	tsʻoŋ^{44}
永昌县	tsuɤ̃^{44}	tsuɤ̃^{44}	tsuɤ̃^{13}	tsuɤ̃^{53}	tsuɤ̃^{53}	tsuɤ̃^{53}	tsʻuɤ̃^{44}	tsʻuɤ̃^{44}
甘州区	tsuŋ^{44}	tsuŋ^{44}	tsuŋ^{53}	tsuŋ^{31}	tsuŋ^{31}	tsuŋ^{31}	tsʻuŋ^{44}	tsʻuŋ^{44}
临泽县	tsuŋ^{44}	tsuŋ^{44}	tsuŋ^{53}	tsuŋ^{214}	tsuŋ^{214}	tsuŋ^{214}	tsʻuŋ^{44}	tsʻuŋ^{44}
民乐县	tsuŋ^{44}	tsuŋ^{44}	tsuŋ^{213}	tsuŋ^{42}	tsuŋ^{42}	tsuŋ^{42}	tsʻuŋ^{44}	tsʻuŋ^{44}
山丹县	tsuŋ^{24}	tsuŋ^{24}	tsuŋ^{53}	tsuŋ^{41}	tsuŋ^{41}	tsuŋ^{41}	tsʻuŋ^{24}	tsʻuŋ^{24}
高台县	tsuŋ^{44}	tsuŋ^{44}	tsuŋ^{53}	tsuŋ^{214}	tsuŋ^{214}	tsuŋ^{214}	tsʻuŋ^{44}	tsʻuŋ^{44}
肃州区	tsuəŋ^{44}	tsuəŋ^{44}	tsuəŋ^{53}	tsuəŋ^{214}	tsuəŋ^{214}	tsuəŋ^{214}	tsʻuəŋ^{44}	tsʻuəŋ^{44}
金塔县	tsuŋ^{44}	tsuŋ^{44}	tsuŋ^{53}	tsuŋ^{13}	tsuŋ^{13}	tsuŋ^{13}	tsʻuŋ^{44}	tsʻuŋ^{44}
肃北县	tsoŋ^{44}	tsoŋ^{44}	tsoŋ^{53}	tsoŋ^{213}	tsoŋ^{213}	tsoŋ^{213}	tsʻoŋ^{44}	tsʻoŋ^{44}
玉门市	tsoŋ^{44}	tsoŋ^{44}	tsoŋ^{53}	tsoŋ^{213}	tsoŋ^{213}	tsoŋ^{213}	tsʻoŋ^{44}	tsʻoŋ^{44}

①又子邓切，曾开一去嶝精。

续表

瓜州县	tsoŋ^{44}	tsoŋ^{44}	tsoŋ^{53}	tsoŋ^{213}	tsoŋ^{213}	tsoŋ^{213}	tsʻoŋ^{44}	tsʻoŋ^{44}
西夏区	tsuŋ^{44}	tsuŋ^{44}	tsuŋ^{53}	tsuŋ^{13}	tsuŋ^{13}	tsuŋ^{13}	tsʻuŋ^{44}	tsʻuŋ^{44}
贺兰县	tsuŋ^{44}	tsuŋ^{44}	tsuŋ^{53}	tsuŋ^{13}	tsuŋ^{13}	tsuŋ^{13}	tsʻuŋ^{44}	tsʻuŋ^{44}
灵武市 （东塔镇）	tsɔŋ^{44}	tsɔŋ^{44}	tsɔŋ^{52}	tsɔŋ^{13}	tsɔŋ^{13}	tsɔŋ^{13}	tsʻɔŋ^{44}	tsʻɔŋ^{44}
永宁县	tsuŋ^{44}	tsuŋ^{44}	tsuŋ^{53}	tsuŋ^{13}	tsuŋ^{13}	tsuŋ^{13}	tsʻuŋ^{44}	tsʻuŋ^{44}
中宁县	tsuŋ^{44}	tsuŋ^{44}	tsuŋ^{53}	tsuŋ^{13}	tsuŋ^{13}	tsuŋ^{13}	tsʻuŋ^{44}	tsʻuŋ^{44}
沙坡头区	tsuŋ^{44}	tsuŋ^{44}	tsuŋ^{53}	tsuŋ^{13}	tsuŋ^{13}	tsuŋ^{13}	tsʻuŋ^{44}	tsʻuŋ^{44}
盐池县	tsuŋ^{44}	tsuŋ^{44}	tsuŋ^{52}	tsuŋ^{13}	tsuŋ^{13}	tsuŋ^{13}	tsʻuŋ^{44}	tsʻuŋ^{44}
平罗县 （渠口乡）	tsuŋ^{44}	tsuŋ^{44}	tsuŋ^{53}	tsuŋ^{13}	tsuŋ^{13}	tsuŋ^{13}	tsʻuŋ^{44}	tsʻuŋ^{44}
阿拉善左旗	luŋ^{51}	luŋ^{51}	luŋ^{51}	luŋ^{51}	luŋ^{51}	tsuŋ^{44}	tsuŋ^{44}	tsuŋ^{44}
乌鲁木齐市	luŋ^{52}	luŋ^{52}	luŋ^{52}	luŋ^{52}	luŋ^{52}	tsuŋ^{44}	tsuŋ^{44}	tsuŋ^{44}
阜康市	luŋ^{51}	luŋ^{51}	luŋ^{51}	luŋ^{51}	luŋ^{51}	tsuŋ^{55}	tsuŋ^{55}	tsuŋ^{55}
呼图壁县	luŋ^{51}	luŋ^{51}	luŋ^{51}	luŋ^{51}	luŋ^{51}	tsuŋ^{44}	tsuŋ^{44}	tsuŋ^{44}
吉木萨尔县	luŋ^{51}	luŋ^{51}	luŋ^{51}	luŋ^{51}	luŋ^{51}	tsuŋ^{44}	tsuŋ^{44}	tsuŋ^{44}
奇台县	luŋ^{52}	luŋ^{52}	luŋ^{52}	luŋ^{52}	luŋ^{52}	tsuŋ^{44}	tsuŋ^{44}	tsuŋ^{44}
博乐市	luŋ^{51}	luŋ^{51}	luŋ^{51}	luŋ^{51}	luŋ^{51}	tsuŋ^{45}	tsuŋ^{45}	tsuŋ^{45}
阿勒泰市	luŋ^{51}	luŋ^{51}	luŋ^{51}	luŋ^{51}	luŋ^{51}	tsuŋ^{44}	tsuŋ^{44}	tsuŋ^{44}
布尔津县	luŋ^{51}	luŋ^{51}	luŋ^{51}	luŋ^{51}	luŋ^{51}	tsuŋ^{44}	tsuŋ^{44}	tsuŋ^{44}
乌苏市	luŋ^{531}	luŋ^{53}	luŋ^{53}	luŋ^{53}	luŋ^{53}	tsuŋ^{55}	tsuŋ^{55}	tsuŋ^{55}
额敏县	luŋ^{51}	luŋ^{51}	luŋ^{51}	luŋ^{51}	luŋ^{51}	tsuŋ^{44}	tsuŋ^{44}	tsuŋ^{44}
伊州区	luŋ^{51}	luŋ^{51}	luŋ^{51}	luŋ^{51}	luŋ^{51}	tsuŋ^{44}	tsuŋ^{44}	tsuŋ^{44}
巴里坤县	luŋ^{51}	luŋ^{51}	luŋ^{51}	luŋ^{51}	luŋ^{51}	tsuŋ^{45}	tsuŋ^{45}	tsuŋ^{45}
伊吾县	luŋ^{51}	luŋ^{51}	luŋ^{51}	luŋ^{51}	luŋ^{51}	tsuŋ^{44}	tsuŋ^{44}	tsuŋ^{44}

字目 方　中 音　古 音 方言点	葱	从	从 服从	松① 松紧	松② 松树	耸	送	宋
	通合一 平东清	通合一 平东从	通合三 平锺从	通合一 平东心	通合三 平锺邪	通合三 上肿心	通合一 去送心	通合一 去宋心
兰州市 （城关区）	tsʻuən^{53}	tsʻuən^{51}	tsʻuən^{51}	suən^{53}	suən^{53}	suən^{44}	suən^{13}	suən^{13}
永登县	tsʻuən^{42}	tsʻuən^{53}	tsʻuən^{53}	suən^{42}	suən^{42}	suən^{354}	suən^{13}	suən^{13}
榆中县	tsʻuən^{51}	tsʻuən^{332}	tsʻuən^{332}	suən^{51}	suən^{51}	suən^{44}	suən^{13}	suən^{13}
皋兰县	tsʻuən^{42}	tsʻuən^{53}	tsʻuən^{53}	suən^{42}	suən^{42}	suən^{342}	suən^{13}	suən^{13}
白银区	tsʻuən^{44}	tsʻuən^{51}	tsʻuən^{51}	suən^{44}	suən^{44}	suən^{343}	suən^{13}	suən^{13}
天祝县	tsʻuŋ^{44}	tsʻuŋ^{53}	tsʻuŋ^{53}	suŋ^{44}	suŋ^{44}	suŋ^{44}	suŋ^{213}	suŋ^{213}
景泰县 （红水镇）	tsʻuəŋ^{44}	tsʻuəŋ^{53}	tsʻuəŋ^{53}	suəŋ^{44}	suəŋ^{44}	suəŋ^{44}	suəŋ^{213}	suəŋ^{213}
古浪县	tsʻoŋ^{44}	tsʻoŋ^{53}	tsʻoŋ^{53}	soŋ^{44}	soŋ^{44}	soŋ^{44}	soŋ^{31}	soŋ^{31}
凉州区	tsʻuŋ^{33}	tsʻuŋ^{13}	tsʻuŋ^{13}	suŋ^{33}	suŋ^{33}	suŋ^{33}	suŋ^{53}	suŋ^{53}
民勤县	tsʻoŋ^{44}	tsʻoŋ^{53}	tsʻoŋ^{53}	soŋ^{44}	soŋ^{44}	soŋ^{214}	soŋ^{42}	soŋ^{42}
永昌县	tsʻuɤ̌^{44}	tsʻuɤ̌^{13}	tsʻuɤ̌^{13}	suɤ̌^{44}	suɤ̌^{44}	suɤ̌^{13}	suɤ̌^{53}	suɤ̌^{53}
甘州区	tsʻuŋ^{44}	tsʻuŋ^{53}	tsʻuŋ^{53}	suŋ^{44}	suŋ^{44}	suŋ^{53}	suŋ^{31}	suŋ^{31}
临泽县	tsʻuŋ^{44}	tsʻuŋ^{53}	tsʻuŋ^{53}	suŋ^{44}	suŋ^{44}	suŋ^{53}	suŋ^{214}	suŋ^{214}
民乐县	tsʻuŋ^{44}	tsʻuŋ^{53}	tsʻuŋ^{53}	suŋ^{44}	suŋ^{44}	suŋ^{213}	suŋ^{42}	suŋ^{42}
山丹县	tsʻuŋ^{24}	tsʻuŋ^{53}	tsʻuŋ^{53}	suŋ^{24}	suŋ^{24}	suŋ^{53}	suŋ^{41}	suŋ^{41}
高台县	tsʻuŋ^{44}	tsʻuŋ^{53}	tsʻuŋ^{53}	suŋ^{44}	suŋ^{44}	suŋ^{53}	suŋ^{214}	suŋ^{214}
肃州区	tsʻuəŋ^{44}	tsʻuəŋ^{53}	tsʻuəŋ^{53}	suəŋ^{44}	suəŋ^{44}	suəŋ^{53}	suəŋ^{214}	suəŋ^{214}
金塔县	tsʻuŋ^{44}	tsʻuŋ^{53}	tsʻuŋ^{53}	suŋ^{44}	suŋ^{44}	suŋ^{53}	suŋ^{13}	suŋ^{13}
肃北县	tsʻoŋ^{44}	tsʻoŋ^{53}	tsʻoŋ^{53}	soŋ^{44}	soŋ^{44}	soŋ^{53}	soŋ^{213}	soŋ^{213}

①又息恭切，通合三平锺心。

②又思恭切，“木也，关内语”，通合三平锺心。

续表

玉门市	tsʻoŋ^{44}	tsʻoŋ^{53}	tsʻoŋ^{53}	soŋ^{44}	soŋ^{44}	soŋ^{53}	soŋ^{213}	soŋ^{213}
瓜州县	tsʻoŋ^{44}	tsʻoŋ^{53}	tsʻoŋ^{53}	soŋ^{44}	soŋ^{44}	soŋ^{53}	soŋ^{213}	soŋ^{213}
西夏区	tsʻuŋ^{44}	tsʻuŋ^{53}	tsʻuŋ^{53}	suŋ^{44}	suŋ^{44}	suŋ^{53}	suŋ^{13}	suŋ^{13}
贺兰县	tsʻuŋ^{44}	tsʻuŋ^{53}	tsʻuŋ^{53}	suŋ^{44}	suŋ^{44}	suŋ^{53}	suŋ^{13}	suŋ^{13}
灵武市（东塔镇）	tsʻɔŋ^{44}	tsʻɔŋ^{52}	tsʻɔŋ^{52}	sɔŋ^{44}	sɔŋ^{44}	sɔŋ^{52}	sɔŋ^{13}	sɔŋ^{13}
永宁县	tsʻuŋ^{44}	tsʻuŋ^{53}	tsʻuŋ^{53}	suŋ^{44}	suŋ^{44}	suŋ^{53}	suŋ^{13}	suŋ^{13}
中宁县	tsʻuŋ^{44}	tsʻuŋ^{53}	tsʻuŋ^{53}	suŋ^{44}	suŋ^{44}	suŋ^{53}	suŋ^{13}	suŋ^{13}
沙坡头区	tsʻuŋ^{44}	tsʻuŋ^{53}	tsʻuŋ^{53}	suŋ^{44}	suŋ^{44}	suŋ^{53}	suŋ^{13}	suŋ^{13}
盐池县	tsʻuŋ^{44}	tsʻuŋ^{13}	tsʻuŋ^{13}	suŋ^{44}	suŋ^{44}	suŋ^{52}	suŋ^{13}	suŋ^{13}
平罗县（渠口乡）	tsʻuŋ^{44}	tsʻuŋ^{53}	tsʻuŋ^{53}	suŋ^{44}	suŋ^{44}	suŋ^{53}	suŋ^{13}	suŋ^{13}
阿拉善左旗	tsʻuŋ^{44}	tsʻuŋ^{51}	tsʻuŋ^{51}	suŋ^{44}	suŋ^{44}	suŋ^{51}	suŋ^{213}	suŋ^{213}
乌鲁木齐市	tsʻuŋ^{44}	tsʻuŋ^{52}	tsʻuŋ^{52}	suŋ^{44}	suŋ^{44}	suŋ^{52}	suŋ^{213}	suŋ^{213}
阜康市	tsʻuŋ^{55}	tsʻuŋ^{51}	tsʻuŋ^{51}	suŋ^{55}	suŋ^{55}	suŋ^{51}	suŋ^{213}	suŋ^{213}
呼图壁县	tsʻuŋ^{44}	tsʻuŋ^{51}	tsʻuŋ^{51}	suŋ^{44}	suŋ^{44}	suŋ^{51}	suŋ^{213}	suŋ^{213}
吉木萨尔县	tsʻuŋ^{44}	tsʻuŋ^{51}	tsʻuŋ^{51}	suŋ^{44}	suŋ^{44}	suŋ^{51}	suŋ^{213}	suŋ^{213}
奇台县	tsʻuŋ^{44}	tsʻuŋ^{52}	tsʻuŋ^{52}	suŋ^{44}	suŋ^{44}	suŋ^{52}	suŋ^{213}	suŋ^{213}
博乐市	tsʻuŋ^{45}	tsʻuŋ^{51}	tsʻuŋ^{51}	suŋ^{45}	suŋ^{45}	suŋ^{51}	suŋ^{24}	suŋ^{24}
阿勒泰市	tsʻuŋ^{44}	tsʻuŋ^{51}	tsʻuŋ^{51}	suŋ^{44}	suŋ^{44}	suŋ^{51}	suŋ^{23}	suŋ^{23}
布尔津县	tsʻuŋ^{44}	tsʻuŋ^{23}	tsʻuŋ^{23}	suŋ^{44}	suŋ^{44}	suŋ^{23}	suŋ^{51}	suŋ^{51}
乌苏市	tsʻuŋ^{55}	tsʻuŋ^{51}	tsʻuŋ^{51}	suŋ^{55}	suŋ^{55}	suŋ^{51}	suŋ^{213}	suŋ^{213}
额敏县	tsʻuŋ^{44}	tsʻuŋ^{51}	tsʻuŋ^{51}	suŋ^{44}	suŋ^{44}	suŋ^{51}	suŋ^{34}	suŋ^{34}
伊州区	tsʻuŋ^{44}	tsʻuŋ^{51}	tsʻuŋ^{51}	suŋ^{44}	suŋ^{44}	suŋ^{51}	suŋ^{213}	suŋ^{213}
巴里坤县	tsʻuŋ^{45}	tsʻuŋ^{51}	tsʻuŋ^{51}	suŋ^{45}	suŋ^{45}	suŋ^{51}	suŋ^{24}	suŋ^{24}
伊吾县	tsʻuŋ^{44}	tsʻuŋ^{51}	tsʻuŋ^{51}	suŋ^{44}	suŋ^{44}	suŋ^{51}	suŋ^{213}	suŋ^{213}

字目 中古音 方言点	诵	颂	讼	中 当中	忠	衷	终	钟
	通合三去用邪	通合三去用邪	通合三去用邪	通合三平东知	通合三平东知	通合三平东知	通合三平东章	通合三平锺章
兰州市（城关区）	suən^{13}	suən^{13}	suən^{13}	pfən^{53}	pfən^{53}	pfən^{53}	pfən^{53}	pfən^{53}
永登县	suən^{13}	suən^{13}	suən^{13}	pfən^{42}	pfən^{42}	pfən^{42}	pfən^{42}	pfən^{42}
榆中县	suən^{13}	suən^{13}	suən^{13}	tʂuən^{51}	tʂuən^{51}	tʂuən^{51}	tʂuən^{51}	tʂuən^{51}
皋兰县	suən^{13}	suən^{13}	suən^{13}	pfən^{42}	pfən^{42}	pfən^{42}	pfən^{42}	pfən^{42}
白银区	suən^{13}	suən^{13}	suən^{13}	pfən^{44}	pfən^{44}	pfən^{44}	pfən^{44}	pfən^{44}
天祝县	suŋ^{213}	suŋ^{213}	suŋ^{213}	tʂuŋ^{44}	tʂuŋ^{44}	tʂuŋ^{44}	tʂuŋ^{44}	tʂuŋ^{44}
景泰县（红水镇）	suəŋ^{213}	suəŋ^{213}	suəŋ^{213}	tʂuəŋ^{44}	tʂuəŋ^{44}	tʂuəŋ^{44}	tʂuəŋ^{44}	tʂuəŋ^{44}
古浪县	soŋ^{31}	soŋ^{31}	soŋ^{31}	tʂoŋ^{44}	tʂoŋ^{44}	tʂoŋ^{44}	tʂoŋ^{44}	tʂoŋ^{44}
凉州区	suŋ^{53}	suŋ^{53}	suŋ^{53}	tʂuŋ^{33}	tʂuŋ^{33}	tʂuŋ^{33}	tʂuŋ^{33}	tʂuŋ^{33}
民勤县	soŋ^{42}	soŋ^{42}	soŋ^{42}	tʂoŋ^{44}	tʂoŋ^{44}	tʂoŋ^{44}	tʂoŋ^{44}	tʂoŋ^{44}
永昌县	suɤ̃^{53}	suɤ̃^{53}	suɤ̃^{53}	tʂuɤ̃^{44}	tʂuɤ̃^{44}	tʂuɤ̃^{44}	tʂuɤ̃^{44}	tʂuɤ̃^{44}
甘州区	suŋ^{31}	suŋ^{31}	suŋ^{31}	kuŋ^{44}	kuŋ^{44}	kuŋ^{44}	kuŋ^{44}	kuŋ^{44}
临泽县	suŋ^{214}	suŋ^{214}	suŋ^{214}	pfuŋ^{44}	pfuŋ^{44}	pfuŋ^{44}	pfuŋ^{44}	pfuŋ^{44}
民乐县	suŋ^{42}	suŋ^{42}	suŋ^{42}	kfuŋ^{44}	kfuŋ^{44}	kfuŋ^{44}	kfuŋ^{44}	kfuŋ^{44}
山丹县	suŋ^{41}	suŋ^{41}	suŋ^{41}	pfuŋ^{24}	pfuŋ^{24}	pfuŋ^{24}	pfuŋ^{24}	pfuŋ^{24}
高台县	suŋ^{214}	suŋ^{214}	suŋ^{214}	kuŋ^{44}	kuŋ^{44}	kuŋ^{44}	kuŋ^{44}	kuŋ^{44}
肃州区	suəŋ^{214}	suəŋ^{214}	suəŋ^{214}	tʂuəŋ^{44}	tʂuəŋ^{44}	tʂuəŋ^{44}	tʂuəŋ^{44}	tʂuəŋ^{44}
金塔县	suŋ^{13}	suŋ^{13}	suŋ^{13}	tʂuŋ^{44}	tʂuŋ^{44}	tʂuŋ^{44}	tʂuŋ^{44}	tʂuŋ^{44}
肃北县	soŋ^{213}	soŋ^{213}	soŋ^{213}	tʂoŋ^{44}	tʂoŋ^{44}	tʂoŋ^{44}	tʂoŋ^{44}	tʂoŋ^{44}
玉门市	soŋ^{213}	soŋ^{213}	soŋ^{213}	tʂoŋ^{44}	tʂoŋ^{44}	tʂoŋ^{44}	tʂoŋ^{44}	tʂoŋ^{44}
瓜州县	soŋ^{213}	soŋ^{213}	soŋ^{213}	tʂoŋ^{44}	tʂoŋ^{44}	tʂoŋ^{44}	tʂoŋ^{44}	tʂoŋ^{44}
西夏区	suŋ^{13}	suŋ^{13}	suŋ^{13}	tʂuŋ^{44}	tʂuŋ^{44}	tʂuŋ^{44}	tʂuŋ^{44}	tʂuŋ^{44}

续表

贺兰县	suŋ^{13}	suŋ^{13}	suŋ^{13}	tʂuŋ^{44} kuŋ^{44}	tʂuŋ^{44} kuŋ^{44}	tʂuŋ^{44} kuŋ^{44}	tʂuŋ^{44} kuŋ^{44}	tʂuŋ^{44} kuŋ^{44}
灵武市 （东塔镇）	sɔŋ^{13}	sɔŋ^{13}	sɔŋ^{13}	tʂɔŋ^{44}	tʂɔŋ^{44}	tʂɔŋ^{44}	tʂɔŋ^{44}	tʂɔŋ^{44}
永宁县	suŋ^{13}	suŋ^{13}	suŋ^{13}	tʂuŋ^{44}	tʂuŋ^{44}	tʂuŋ^{44}	tʂuŋ^{44}	tʂuŋ^{44}
中宁县	suŋ^{13}	suŋ^{13}	suŋ^{13}	tʂuŋ^{44}	tʂuŋ^{44}	tʂuŋ^{44}	tʂuŋ^{44}	tʂuŋ^{44}
沙坡头区	suŋ^{13}	suŋ^{13}	suŋ^{13}	tʂuŋ^{44}	tʂuŋ^{44}	tʂuŋ^{44}	tʂuŋ^{44}	tʂuŋ^{44}
盐池县	suŋ^{13}	suŋ^{13}	suŋ^{13}	tʂuŋ^{44}	tʂuŋ^{44}	tʂuŋ^{44}	tʂuŋ^{44}	tʂuŋ^{44}
平罗县 （渠口乡）	suŋ^{13}	suŋ^{13}	suŋ^{13}	tʂuŋ^{44}	tʂuŋ^{44}	tʂuŋ^{44}	tʂuŋ^{44}	tʂuŋ^{44}
阿拉善左旗	suŋ^{213}	suŋ^{213}	suŋ^{213}	tʂuŋ^{44}	tʂuŋ^{44}	tʂuŋ^{44}	tʂuŋ^{44}	tʂuŋ^{44}
乌鲁木齐市	suŋ^{213}	suŋ^{213}	suŋ^{213}	tʂuŋ^{44}	tʂuŋ^{44}	tʂuŋ^{44}	tʂuŋ^{44}	tʂuŋ^{44}
阜康市	suŋ^{213}	suŋ^{213}	suŋ^{213}	tʂuŋ^{55}	tʂuŋ^{55}	tʂuŋ^{55}	tʂuŋ^{55}	tʂuŋ^{55}
呼图壁县	suŋ^{213}	suŋ^{213}	suŋ^{213}	tʂuŋ^{44}	tʂuŋ^{44}	tʂuŋ^{44}	tʂuŋ^{44}	tʂuŋ^{44}
吉木萨尔县	suŋ^{213}	suŋ^{213}	suŋ^{213}	tʂuŋ^{44}	tʂuŋ^{44}	tʂuŋ^{44}	tʂuŋ^{44}	tʂuŋ^{44}
奇台县	suŋ^{213}	suŋ^{213}	suŋ^{213}	tʂuŋ^{44}	tʂuŋ^{44}	tʂuŋ^{44}	tʂuŋ^{44}	tʂuŋ^{44}
博乐市	suŋ^{24}	suŋ^{24}	suŋ^{24}	tʂuŋ^{45}	tʂuŋ^{45}	tʂuŋ^{45}	tʂuŋ^{45}	tʂuŋ^{45}
阿勒泰市	suŋ^{23}	suŋ^{23}	suŋ^{23}	tʂuŋ^{44}	tʂuŋ^{44}	tʂuŋ^{44}	tʂuŋ^{44}	tʂuŋ^{44}
布尔津县	suŋ^{51}	suŋ^{51}	suŋ^{51}	tʂuŋ^{44}	tʂuŋ^{44}	tʂuŋ^{44}	tʂuŋ^{44}	tʂuŋ^{44}
乌苏市	suŋ^{213}	suŋ^{213}	suŋ^{213}	tʂuŋ^{55}	tʂuŋ^{55}	tʂuŋ^{55}	tʂuŋ^{55}	tʂuŋ^{55}
额敏县	suŋ^{34}	suŋ^{34}	suŋ^{34}	tʂuŋ^{44}	tʂuŋ^{44}	tʂuŋ^{44}	tʂuŋ^{44}	tʂuŋ^{44}
伊州区	suŋ^{213}	suŋ^{213}	suŋ^{213}	tʂuŋ^{44}	tʂuŋ^{44}	tʂuŋ^{44}	tʂuŋ^{44}	tʂuŋ^{44}
巴里坤县	suŋ^{24}	suŋ^{24}	suŋ^{24}	tʂuŋ^{45}	tʂuŋ^{45}	tʂuŋ^{45}	tʂuŋ^{45}	tʂuŋ^{45}
伊吾县	suŋ^{213}	suŋ^{213}	suŋ^{213}	tʂuŋ^{44}	tʂuŋ^{44}	tʂuŋ^{44}	tʂuŋ^{44}	tʂuŋ^{44}

字目 / 中古音 / 方言点	锺	盅（锺）	种 种类	肿	中① 射中	仲	众②	重③ 重量
	通合三平锺章	通合三平锺章	通合三上肿章	通合三上肿章	通合三去送知	通合三去送澄	通合三去送章	通合三上肿澄
兰州市（城关区）	pfən^{53}	pfən^{53}	pfən^{44}	pfən^{44}	pfən^{13}	pfən^{13}	pfən^{13}	pfən^{13}
永登县	pfən^{42}	pfən^{42}	pfən^{354}	pfən^{354}	pfən^{13}	pfən^{13}	pfən^{13}	pfən^{13}
榆中县	tʂuən^{51}	tʂuən^{51}	tʂuən^{44}	tʂuən^{44}	tʂuən^{13}	tʂuən^{13}	tʂuən^{13}	tʂuən^{13}
皋兰县	pfən^{42}	pfən^{42}	pfən^{342}	pfən^{342}	pfən^{13}	pfən^{13}	pfən^{13}	pfən^{13}
白银区	pfən^{44}	pfən^{44}	pfən^{343}	pfən^{343}	pfən^{13}	pfən^{13}	pfən^{13}	pfən^{13}
天祝县	tʂuŋ^{44}	tʂuŋ^{44}	tʂuŋ^{44}	tʂuŋ^{44}	tʂuŋ^{213}	tʂuŋ^{213}	tʂuŋ^{213}	tʂuŋ^{213}
景泰县（红水镇）	tʂuəŋ^{44}	tʂuəŋ^{44}	tʂuəŋ^{44}	tʂuəŋ^{44}	tʂuəŋ^{213}	tʂuəŋ^{213}	tʂuəŋ^{213}	tʂuəŋ^{213}
古浪县	tʂoŋ^{44}	tʂoŋ^{44}	tʂoŋ^{44}	tʂoŋ^{44}	tʂoŋ^{31}	tʂoŋ^{31}	tʂoŋ^{31}	tʂoŋ^{31}
凉州区	tʂuŋ^{33}	tʂuŋ^{33}	tʂuŋ^{33}	tʂuŋ^{33}	tʂuŋ^{53}	tʂuŋ^{53}	tʂuŋ^{53}	tʂuŋ^{53}
民勤县	tʂoŋ^{44}	tʂoŋ^{44}	tʂoŋ^{214}	tʂoŋ^{214}	tʂoŋ^{42}	tʂoŋ^{42}	tʂoŋ^{42}	tʂoŋ^{42}
永昌县	tʂuɣ̃^{44}	tʂuɣ̃^{44}	tʂuɣ̃^{13}	tʂuɣ̃^{13}	tʂuɣ̃^{53}	tʂuɣ̃^{53}	tʂuɣ̃^{53}	tʂuɣ̃^{53}
甘州区	kuŋ^{44}	kuŋ^{44}	kuŋ^{53}	kuŋ^{53}	kuŋ^{31}	kuŋ^{31}	kuŋ^{31}	kuŋ^{31}
临泽县	pfuŋ^{44}	pfuŋ^{44}	pfuŋ^{53}	pfuŋ^{53}	pfuŋ^{214}	pfuŋ^{214}	pfuŋ^{214}	pfuŋ^{214}
民乐县	kfuŋ^{44}	kfuŋ^{44}	kfuŋ^{214}	kfuŋ^{214}	kfuŋ^{42}	kfuŋ^{42}	kfuŋ^{42}	kfuŋ^{42}
山丹县	pfuŋ^{24}	pfuŋ^{24}	pfuŋ^{53}	pfuŋ^{53}	pfuŋ^{41}	pfuŋ^{41}	pfuŋ^{41}	pfuŋ^{41}
高台县	kuŋ^{44}	kuŋ^{44}	kuŋ^{53}	kuŋ^{53}	kuŋ^{214}	kuŋ^{214}	kuŋ^{214}	kuŋ^{214}
肃州区	tʂuəŋ^{44}	tʂuəŋ^{44}	tʂuəŋ^{53}	tʂuəŋ^{53}	tʂuəŋ^{214}	tʂuəŋ^{214}	tʂuəŋ^{214}	tʂuəŋ^{214}
金塔县	tʂuŋ^{44}	tʂuŋ^{44}	tʂuŋ^{53}	tʂuŋ^{53}	tʂuŋ^{13}	tʂuŋ^{13}	tʂuŋ^{13}	tʂuŋ^{13}
肃北县	tʂoŋ^{44}	tʂoŋ^{44}	tʂoŋ^{53}	tʂoŋ^{53}	tʂoŋ^{213}	tʂoŋ^{213}	tʂoŋ^{213}	tʂoŋ^{213}
玉门市	tʂoŋ^{44}	tʂoŋ^{44}	tʂoŋ^{53}	tʂoŋ^{53}	tʂoŋ^{213}	tʂoŋ^{213}	tʂoŋ^{213}	tʂoŋ^{213}
瓜州县	tʂoŋ^{44}	tʂoŋ^{44}	tʂoŋ^{53}	tʂoŋ^{53}	tʂoŋ^{213}	tʂoŋ^{213}	tʂoŋ^{213}	tʂoŋ^{213}

续表

西夏区	tʂuŋ^{44}	tʂuŋ^{44}	tʂuŋ^{53}	tʂuŋ^{53}	tʂuŋ^{13}	tʂuŋ^{13}	tʂuŋ^{13}	tʂuŋ^{13}
贺兰县	tʂuŋ^{44} kuŋ^{44}	tʂuŋ^{44} kuŋ^{44}	tʂuŋ^{53} kuŋ^{55}	tʂuŋ^{53} kuŋ^{53}	tʂuŋ^{13} kuŋ^{13}	tʂuŋ^{13} kuŋ^{13}	tʂuŋ^{13} kuŋ^{13}	tʂuŋ^{13} kuŋ^{13}
灵武市 （东塔镇）	tʂɔŋ^{44}	tʂɔŋ^{44}	tʂɔŋ^{52}	tʂɔŋ^{52}	tʂɔŋ^{13}	tʂɔŋ^{13}	tʂɔŋ^{13}	tʂɔŋ^{13}
永宁县	tʂuŋ^{44}	tʂuŋ^{44}	tʂuŋ^{53}	tʂuŋ^{53}	tʂuŋ^{13}	tʂuŋ^{13}	tʂuŋ^{13}	tʂuŋ^{13}
中宁县	tʂuŋ^{44}	tʂuŋ^{44}	tʂuŋ^{53}	tʂuŋ^{53}	tʂuŋ^{13}	tʂuŋ^{13}	tʂuŋ^{13}	tʂuŋ^{13}
沙坡头区	tʂuŋ^{44}	tʂuŋ^{44}	tʂuŋ^{53}	tʂuŋ^{53}	tʂuŋ^{13}	tʂuŋ^{13}	tʂuŋ^{13}	tʂuŋ^{13}
盐池县	tʂuŋ^{44}	tʂuŋ^{44}	tʂuŋ^{52}	tʂuŋ^{52}	tʂuŋ^{13}	tʂuŋ^{13}	tʂuŋ^{13}	tʂuŋ^{13}
平罗县 （渠口乡）	tʂuŋ^{44}	tʂuŋ^{44}	tʂuŋ^{53}	tʂuŋ^{53}	tʂuŋ^{13}	tʂuŋ^{13}	tʂuŋ^{13}	tʂuŋ^{13}
阿拉善左旗	tʂuŋ^{44}	tʂuŋ^{44}	tʂuŋ^{51}	tʂuŋ^{51}	tʂuŋ^{213}	tʂuŋ^{213}	tʂuŋ^{213}	tʂuŋ^{213}
乌鲁木齐市	tʂuŋ^{44}	tʂuŋ^{44}	tʂuŋ^{52}	tʂuŋ^{52}	tʂuŋ^{213}	tʂuŋ^{213}	tʂuŋ^{213}	tʂuŋ^{213}
阜康市	tʂuŋ^{55}	tʂuŋ^{55}	tʂuŋ^{51}	tʂuŋ^{51}	tʂuŋ^{213}	tʂuŋ^{213}	tʂuŋ^{213}	tʂuŋ^{213}
呼图壁县	tʂuŋ^{44}	tʂuŋ^{44}	tʂuŋ^{51}	tʂuŋ^{51}	tʂuŋ^{213}	tʂuŋ^{213}	tʂuŋ^{213}	tʂuŋ^{213}
吉木萨尔县	tʂuŋ^{44}	tʂuŋ^{44}	tʂuŋ^{51}	tʂuŋ^{51}	tʂuŋ^{213}	tʂuŋ^{213}	tʂuŋ^{213}	tʂuŋ^{213}
奇台县	tʂuŋ^{44}	tʂuŋ^{44}	tʂuŋ^{52}	tʂuŋ^{52}	tʂuŋ^{213}	tʂuŋ^{213}	tʂuŋ^{213}	tʂuŋ^{213}
博乐市	tʂuŋ^{45}	tʂuŋ^{45}	tʂuŋ^{51}	tʂuŋ^{51}	tʂuŋ^{24}	tʂuŋ^{24}	tʂuŋ^{24}	tʂuŋ^{24}
阿勒泰市	tʂuŋ^{44}	tʂuŋ^{44}	tʂuŋ^{51}	tʂuŋ^{51}	tʂuŋ^{23}	tʂuŋ^{23}	tʂuŋ^{23}	tʂuŋ^{23}
布尔津县	tʂuŋ^{44}	tʂuŋ^{44}	tʂuŋ^{23}	tʂuŋ^{23}	tʂuŋ^{51}	tʂuŋ^{51}	tʂuŋ^{51}	tʂuŋ^{51}
乌苏市	tʂuŋ^{55}	tʂuŋ^{55}	tʂuŋ^{51}	tʂuŋ^{51}	tʂuŋ^{213}	tʂuŋ^{213}	tʂuŋ^{213}	tʂuŋ^{213}
额敏县	tʂuŋ^{44}	tʂuŋ^{44}	tʂuŋ^{51}	tʂuŋ^{51}	tʂuŋ^{34}	tʂuŋ^{34}	tʂuŋ^{34}	tʂuŋ^{34}
伊州区	tʂuŋ^{44}	tʂuŋ^{44}	tʂuŋ^{51}	tʂuŋ^{51}	tʂuŋ^{213}	tʂuŋ^{213}	tʂuŋ^{213}	tʂuŋ^{213}
巴里坤县	tʂuŋ^{45}	tʂuŋ^{45}	tʂuŋ^{51}	tʂuŋ^{51}	tʂuŋ^{24}	tʂuŋ^{24}	tʂuŋ^{24}	tʂuŋ^{24}
伊吾县	tʂuŋ^{44}	tʂuŋ^{44}	tʂuŋ^{51}	tʂuŋ^{51}	tʂuŋ^{213}	tʂuŋ^{213}	tʂuŋ^{213}	tʂuŋ^{213}

字目 / 中古音 / 方言点	种 种植	充	冲 冲锋	春	虫	崇	重 重复	宠
	通合三去用章	通合三平东昌	通合三平锺昌	通合三平锺书	通合三平东澄	通合三平东崇	通合三平锺澄	通合三上肿彻
兰州市（城关区）	pfen^{13}	pfʻen^{53}	pfʻen^{44}	pfʻen^{53}	pfʻen^{51}	pfʻen^{51}	pfʻen^{51}	pfʻen^{51}
永登县	pfen^{13}	pfʻen^{42}	pfʻen^{354}	pfʻen^{42}	pfʻen^{53}	pfʻen^{53}	pfʻen^{53}	pfʻen^{53}
榆中县	tʂuen^{13}	tʂʻuen^{51}	tʂʻuen^{44}	tʂʻuen^{51}	tʂʻuen^{332}	tʂʻuen^{332}	tʂʻuen^{332}	tʂʻuen^{332}
皋兰县	pfen^{13}	pfʻen^{42}	pfʻen^{342}	pfʻen^{42}	pfʻen^{53}	pfʻen^{53}	pfʻen^{53}	pfʻen^{53}
白银区	pfen^{13}	pfʻen^{44}	pfʻen^{343}	pfʻen^{44}	pfʻen^{51}	pfʻen^{51}	pfʻen^{51}	pfʻen^{51}
天祝县	tʂuŋ^{213}	tʂʻuŋ^{44}	tʂʻuŋ^{44}	tʂʻuŋ^{44}	tʂʻuŋ^{53}	tʂʻuŋ^{53}	tʂʻuŋ^{53}	tʂʻuŋ^{53}
景泰县（红水镇）	tʂuəŋ^{213}	tʂʻuəŋ^{44}	tʂʻuəŋ^{44}	tʂʻuəŋ^{44}	tʂʻuəŋ^{53}	tʂʻuəŋ^{53}	tʂʻuəŋ^{53}	tʂʻuəŋ^{53}
古浪县	tʂoŋ^{31}	tʂʻoŋ^{44}	tʂʻoŋ^{44}	tʂʻoŋ^{44}	tʂʻoŋ^{53}	tʂʻoŋ^{53}	tʂʻoŋ^{53}	tʂʻoŋ^{53}
凉州区	tʂuŋ^{53}	tʂʻuŋ^{33}	tʂʻuŋ^{33}	tʂʻuŋ^{33}	tʂʻuŋ^{13}	tʂʻuŋ^{13}	tʂʻuŋ^{13}	tʂʻuŋ^{13}
民勤县	tʂoŋ^{42}	tʂʻoŋ^{44}	tʂʻoŋ^{214}	tʂʻoŋ^{44}	tʂʻoŋ^{53}	tʂʻoŋ^{53}	tʂʻoŋ^{53}	tʂʻoŋ^{53}
永昌县	tʂuɤ̃^{53}	tʂʻuɤ̃^{44}	tʂʻuɤ̃^{13}	tʂʻuɤ̃^{44}	tʂʻuɤ̃^{13}	tʂʻuɤ̃^{13}	tʂʻuɤ̃^{13}	tʂʻuɤ̃^{13}
甘州区	kuŋ^{31}	kʻuŋ^{44}	kʻuŋ^{53}	kʻuŋ^{44}	kʻuŋ^{53}	kʻuŋ^{53}	kʻuŋ^{53}	kʻuŋ^{53}
临泽县	pfəŋ^{214}	pfʻəŋ^{44}	pfʻəŋ^{53}	pfʻəŋ^{44}	pfʻəŋ^{53}	pfʻəŋ^{53}	pfʻəŋ^{53}	pfʻəŋ^{53}
民乐县	kfuŋ^{42}	kfʻuŋ^{44}	kfʻuŋ^{214}	kfʻuŋ^{44}	kfʻuŋ^{53}	kfʻuŋ^{53}	kfʻuŋ^{53}	kfʻuŋ^{53}
山丹县	pfəŋ^{41}	pfʻəŋ^{24}	pfʻəŋ^{53}	pfʻəŋ^{24}	pfʻəŋ^{53}	pfʻəŋ^{53}	pfʻəŋ^{53}	pfʻəŋ^{53}
高台县	kuŋ^{214}	kʻuŋ^{44}	kʻuŋ^{53}	kʻuŋ^{44}	kʻuŋ^{53}	kʻuŋ^{53}	kʻuŋ^{53}	kʻuŋ^{53}
肃州区	tʂuəŋ^{214}	tʂʻuəŋ^{44}	tʂʻuəŋ^{53}	tʂʻuəŋ^{44}	tʂʻuəŋ^{53}	tʂʻuəŋ^{53}	tʂʻuəŋ^{53}	tʂʻuəŋ^{53}
金塔县	tʂuŋ^{13}	tʂʻuŋ^{44}	tʂʻuŋ^{53}	tʂʻuŋ^{44}	tʂʻuŋ^{53}	tʂʻuŋ^{53}	tʂʻuŋ^{53}	tʂʻuŋ^{53}
肃北县	tʂoŋ^{213}	tʂʻoŋ^{44}	tʂʻoŋ^{53}	tʂʻoŋ^{44}	tʂʻoŋ^{53}	tʂʻoŋ^{53}	tʂʻoŋ^{53}	tʂʻoŋ^{53}
玉门市	tʂoŋ^{213}	tʂʻoŋ^{44}	tʂʻoŋ^{53}	tʂʻoŋ^{44}	tʂʻoŋ^{53}	tʂʻoŋ^{53}	tʂʻoŋ^{53}	tʂʻoŋ^{53}
瓜州县	tʂoŋ^{213}	tʂʻoŋ^{44}	tʂʻoŋ^{53}	tʂʻoŋ^{44}	tʂʻoŋ^{53}	tʂʻoŋ^{53}	tʂʻoŋ^{53}	tʂʻoŋ^{53}
西夏区	tʂuŋ^{13}	tʂʻuŋ^{44}	tʂʻuŋ^{44}	tʂʻuŋ^{44}	tʂʻuŋ^{53}	tʂʻuŋ^{53}	tʂʻuŋ^{53}	tʂʻuŋ^{53}

续表

贺兰县	tʂuŋ^{13} kuŋ^{13}	tʂʻuŋ^{44} kʻuŋ^{44}	tʂʻuŋ^{44} kʻuŋ^{44}	tʂʻuŋ^{44} kʻuŋ^{44}	tʂʻuŋ^{53} kʻuŋ^{53}	tʂʻuŋ^{53} kʻuŋ^{53}	tʂʻuŋ^{53} kʻuŋ^{53}	tʂʻuŋ^{53} kʻuŋ^{53}
灵武市（东塔镇）	tʂɔŋ^{13}	tʂʻɔŋ^{44}	tʂʻɔŋ^{44}	tʂʻɔŋ^{44}	tʂʻɔŋ^{52}	tʂʻɔŋ^{52}	tʂʻɔŋ^{52}	tʂʻɔŋ^{52}
永宁县	tʂuŋ^{13}	tʂʻuŋ^{44}	tʂʻuŋ^{44}	tʂʻuŋ^{44}	tʂʻuŋ^{53}	tʂʻuŋ^{53}	tʂʻuŋ^{53}	tʂʻuŋ^{53}
中宁县	tʂuŋ^{13}	tʂʻuŋ^{44}	tʂʻuŋ^{44}	tʂʻuŋ^{44}	tʂʻuŋ^{53}	tʂʻuŋ^{53}	tʂʻuŋ^{53}	tʂʻuŋ^{53}
沙坡头区	tʂuŋ^{13}	tʂʻuŋ^{44}	tʂʻuŋ^{44}	tʂʻuŋ^{44}	tʂʻuŋ^{53}	tʂʻuŋ^{53}	tʂʻuŋ^{53}	tʂʻuŋ^{53}
盐池县	tʂuŋ^{13}	tʂʻuŋ^{44}	tʂʻuŋ^{44}	tʂʻuŋ^{44}	tʂʻuŋ^{13}	tʂʻuŋ^{13}	tʂʻuŋ^{13}	tʂʻuŋ^{13}
平罗县（渠口乡）	tʂuŋ^{13}	tʂʻuŋ^{44}	tʂʻuŋ^{44}	tʂʻuŋ^{44}	tʂʻuŋ^{53}	tʂʻuŋ^{53}	tʂʻuŋ^{53}	tʂʻuŋ^{53}
阿拉善左旗	tʂuŋ^{213}	tʂʻuŋ^{44}	tʂʻuŋ^{44}	tʂʻuŋ^{44}	tʂʻuŋ^{51}	tʂʻuŋ^{51}	tʂʻuŋ^{51}	tʂʻuŋ^{51}
乌鲁木齐市	tʂuŋ^{213}	tʂʻuŋ^{44}	tʂʻuŋ^{44}	tʂʻuŋ^{44}	tʂʻuŋ^{52}	tʂʻuŋ^{52}	tʂʻuŋ^{52}	tʂʻuŋ^{52}
阜康市	tʂuŋ^{213}	tʂʻuŋ^{55}	tʂʻuŋ^{55}	tʂʻuŋ^{55}	tʂʻuŋ^{51}	tʂʻuŋ^{51}	tʂʻuŋ^{51}	tʂʻuŋ^{51}
呼图壁县	tʂuŋ^{213}	tʂʻuŋ^{44}	tʂʻuŋ^{44}	tʂʻuŋ^{44}	tʂʻuŋ^{51}	tʂʻuŋ^{51}	tʂʻuŋ^{51}	tʂʻuŋ^{51}
吉木萨尔县	tʂuŋ^{213}	tʂʻuŋ^{44}	tʂʻuŋ^{44}	tʂʻuŋ^{44}	tʂʻuŋ^{51}	tʂʻuŋ^{51}	tʂʻuŋ^{51}	tʂʻuŋ^{51}
奇台县	tʂuŋ^{213}	tʂʻuŋ^{44}	tʂʻuŋ^{44}	tʂʻuŋ^{44}	tʂʻuŋ^{52}	tʂʻuŋ^{52}	tʂʻuŋ^{52}	tʂʻuŋ^{52}
博乐市	tʂuŋ^{24}	tʂʻuŋ^{45}	tʂʻuŋ^{45}	tʂʻuŋ^{45}	tʂʻuŋ^{51}	tʂʻuŋ^{51}	tʂʻuŋ^{51}	tʂʻuŋ^{51}
阿勒泰市	tʂuŋ^{23}	tʂʻuŋ^{44}	tʂʻuŋ^{44}	tʂʻuŋ^{44}	tʂʻuŋ^{51}	tʂʻuŋ^{51}	tʂʻuŋ^{51}	tʂʻuŋ^{51}
布尔津县	tʂuŋ^{51}	tʂʻuŋ^{44}	tʂʻuŋ^{44}	tʂʻuŋ^{44}	tʂʻuŋ^{23}	tʂʻuŋ^{23}	tʂʻuŋ^{23}	tʂʻuŋ^{23}
乌苏市	tʂuŋ^{213}	tʂʻuŋ^{55}	tʂʻuŋ^{55}	tʂʻuŋ^{55}	tʂʻuŋ^{51}	tʂʻuŋ^{51}	tʂʻuŋ^{51}	tʂʻuŋ^{51}
额敏县	tʂuŋ^{34}	tʂʻuŋ^{44}	tʂʻuŋ^{44}	tʂʻuŋ^{44}	tʂʻuŋ^{51}	tʂʻuŋ^{51}	tʂʻuŋ^{51}	tʂʻuŋ^{51}
伊州区	tʂuŋ^{213}	tʂʻuŋ^{44}	tʂʻuŋ^{44}	tʂʻuŋ^{44}	tʂʻuŋ^{51}	tʂʻuŋ^{51}	tʂʻuŋ^{51}	tʂʻuŋ^{51}
巴里坤县	tʂuŋ^{24}	tʂʻuŋ^{45}	tʂʻuŋ^{45}	tʂʻuŋ^{45}	tʂʻuŋ^{51}	tʂʻuŋ^{51}	tʂʻuŋ^{51}	tʂʻuŋ^{51}
伊吾县	tʂuŋ^{213}	tʂʻuŋ^{44}	tʂʻuŋ^{44}	tʂʻuŋ^{44}	tʂʻuŋ^{51}	tʂʻuŋ^{51}	tʂʻuŋ^{51}	tʂʻuŋ^{51}

字目 中古音 方言点	荣①	戎	绒	融	茸	容	溶	熔
	梗合三平庚云	通合三平东日	通合三平东日	通合三平东以	通合三平锺日	通合三平锺以	通合三平锺以	通合三平锺以
兰州市（城关区）	ven^{51}	ven^{51}	ven^{51}	ven^{51}	ven^{51}	ven^{51}	ven^{51}	ven^{53}
永登县	ven^{53}	ven^{53}	ven^{53}	ven^{53}	ven^{53}	ven^{53}	ven^{53}	ven^{42}
榆中县	ven^{332}	ven^{332}	ven^{332}	ven^{332}	ven^{332}	ven^{332}	ven^{332}	ven^{51}
皋兰县	ven^{53}	ven^{53}	ven^{53}	ven^{53}	ven^{53}	ven^{53}	ven^{53}	ven^{42}
白银区	ven^{51}	ven^{51}	ven^{51}	ven^{51}	ven^{51}	ven^{51}	ven^{51}	ven^{44}
天祝县	ʐuŋ^{53}	ʐuŋ^{53}	ʐuŋ^{53}	ʐuŋ^{53}	ʐuŋ^{53}	ʐuŋ^{53}	ʐuŋ^{53}	ʐuŋ^{44}
景泰县（红水镇）	ʐuəŋ^{53}	ʐuəŋ^{53}	ʐuəŋ^{53}	ʐuəŋ^{53}	ʐuəŋ^{53}	ʐuəŋ^{53}	ʐuəŋ^{53}	ʐuəŋ^{44}
古浪县	ʐoŋ^{53}	ʐoŋ^{53}	ʐoŋ^{53}	ʐoŋ^{53}	ʐoŋ^{53}	ʐoŋ^{53}	ʐoŋ^{53}	ʐoŋ^{44}
凉州区	ʐuŋ^{13}	ʐuŋ^{13}	ʐuŋ^{13}	ʐuŋ^{13}	ʐuŋ^{13}	ʐuŋ^{13}	ʐuŋ^{13}	ʐuŋ^{33}
民勤县	ʐoŋ^{53}	ʐoŋ^{53}	ʐoŋ^{53}	ʐoŋ^{53}	ʐoŋ^{53}	ʐoŋ^{53}	ʐoŋ^{53}	ʐoŋ^{44}
永昌县	ʐuɤ̃^{13}	ʐuɤ̃^{13}	ʐuɤ̃^{13}	ʐuɤ̃^{13}	ʐuɤ̃^{13}	ʐuɤ̃^{13}	ʐuɤ̃^{13}	ʐuɤ̃^{13}
甘州区	vəŋ^{53}	vəŋ^{53}	vəŋ^{53}	vəŋ^{53}	vəŋ^{53}	vəŋ^{53}	vəŋ^{53}	vəŋ^{53}
临泽县	vəŋ^{53}	vəŋ^{53}	vəŋ^{53}	vəŋ^{53}	vəŋ^{53}	vəŋ^{53}	vəŋ^{53}	vəŋ^{53}
民乐县	vəŋ^{53}	vəŋ^{53}	vəŋ^{53}	vəŋ^{53}	vəŋ^{53}	vəŋ^{53}	vəŋ^{53}	vəŋ^{44}
山丹县	vəŋ^{53}	vəŋ^{53}	vəŋ^{53}	vəŋ^{53}	vəŋ^{53}	vəŋ^{53}	vəŋ^{53}	vəŋ^{53}
高台县	vəŋ^{53}	vəŋ^{53}	vəŋ^{53}	vəŋ^{53}	vəŋ^{53}	vəŋ^{53}	vəŋ^{53}	vəŋ^{53}
肃州区	ʐuəŋ^{53}	ʐuəŋ^{53}	ʐuəŋ^{53}	ʐuəŋ^{53}	ʐuəŋ^{53}	ʐuəŋ^{53}	ʐuəŋ^{53}	ʐuəŋ^{53}
金塔县	ʐuŋ^{53}	ʐuŋ^{53}	ʐuŋ^{53}	ʐuŋ^{53}	ʐuŋ^{53}	ʐuŋ^{53}	ʐuŋ^{53}	ʐuŋ^{53}
肃北县	ʐoŋ^{53}	ʐoŋ^{53}	ʐoŋ^{53}	ʐoŋ^{53}	ʐoŋ^{53}	ʐoŋ^{53}	ʐoŋ^{53}	ʐoŋ^{53}
玉门市	ʐoŋ^{53}	ʐoŋ^{53}	ʐoŋ^{53}	ʐoŋ^{53}	ʐoŋ^{53}	ʐoŋ^{53}	ʐoŋ^{53}	ʐoŋ^{53}

①又维倾切，梗合三平清以。

续表

瓜州县	ʐoŋ^{53}	ʐoŋ^{53}	ʐoŋ^{53}	ʐoŋ^{53}	ʐoŋ^{53}	ʐoŋ^{53}	ʐoŋ^{53}	ʐoŋ^{53}
西夏区	ʐuŋ^{53}	ʐuŋ^{53}	ʐuŋ^{53}	ʐuŋ^{53}	ʐuŋ^{53}	ʐuŋ^{53}	ʐuŋ^{53}	ʐuŋ^{53}
贺兰县	ʐuŋ^{53}	ʐuŋ^{53}	ʐuŋ^{53}	ʐuŋ^{53}	ʐuŋ^{53}	ʐuŋ^{53}	ʐuŋ^{53}	ʐuŋ^{53}
灵武市（东塔镇）	ʐɔŋ^{52}	ʐɔŋ^{52}	ʐɔŋ^{52}	ʐuŋ^{52}	ʐɔŋ^{52}	ʐɔŋ^{52}	ʐɔŋ^{52}	ʐɔŋ^{52}
永宁县	ʐuŋ^{53}	ʐuŋ^{53}	ʐuŋ^{53}	ʐuŋ^{53}	ʐuŋ^{53}	ʐuŋ^{53}	ʐuŋ^{53}	ʐuŋ^{53}
中宁县	ʐuŋ^{53}	ʐuŋ^{53}	ʐuŋ^{53}	ʐuŋ^{53}	ʐuŋ^{53}	ʐuŋ^{53}	ʐuŋ^{53}	ʐuŋ^{53}
沙坡头区	ʐuŋ^{53}	ʐuŋ^{53}	ʐuŋ^{53}	ʐuŋ^{53}	ʐuŋ^{53}	ʐuŋ^{53}	ʐuŋ^{53}	ʐuŋ^{53}
盐池县	ʐuŋ^{13}	ʐuŋ^{13}	ʐuŋ^{13}	ʐuŋ^{13}	ʐuŋ^{13}	ʐuŋ^{13}	ʐuŋ^{13}	ʐuŋ^{13}
平罗县（渠口乡）	ʐuŋ^{53}	ʐuŋ^{53}	ʐuŋ^{53}	ʐuŋ^{53}	ʐuŋ^{53}	ʐuŋ^{53}	ʐuŋ^{53}	ʐuŋ^{53}
阿拉善左旗	ʐuŋ^{51}	ʐuŋ^{51}	ʐuŋ^{51}	ʐuŋ^{51}	ʐuŋ^{51}	ʐuŋ^{51}	ʐuŋ^{51}	ʐuŋ^{51}
乌鲁木齐市	ʐuŋ^{52}	ʐuŋ^{52}	ʐuŋ^{52}	ʐuŋ^{52}	ʐuŋ^{52}	ʐuŋ^{52}	ʐuŋ^{52}	ʐuŋ^{52}
阜康市	ʐuŋ^{51}	ʐuŋ^{51}	ʐuŋ^{51}	ʐuŋ^{51}	ʐuŋ^{51}	ʐuŋ^{51}	ʐuŋ^{51}	ʐuŋ^{51}
呼图壁县	ʐuŋ^{51}	ʐuŋ^{51}	ʐuŋ^{51}	ʐuŋ^{51}	ʐuŋ^{51}	ʐuŋ^{51}	ʐuŋ^{51}	ʐuŋ^{51}
吉木萨尔县	ʐuŋ^{51}	ʐuŋ^{51}	ʐuŋ^{51}	ʐuŋ^{51}	ʐuŋ^{51}	ʐuŋ^{51}	ʐuŋ^{51}	ʐuŋ^{51}
奇台县	ʐuŋ^{52}	ʐuŋ^{52}	ʐuŋ^{52}	ʐuŋ^{52}	ʐuŋ^{52}	ʐuŋ^{52}	ʐuŋ^{52}	ʐuŋ^{52}
博乐市	ʐuŋ^{51}	ʐuŋ^{51}	ʐuŋ^{51}	ʐuŋ^{51}	ʐuŋ^{51}	ʐuŋ^{51}	ʐuŋ^{51}	ʐuŋ^{51}
阿勒泰市	ʐuŋ^{51}	ʐuŋ^{51}	ʐuŋ^{51}	ʐuŋ^{51}	ʐuŋ^{51}	ʐuŋ^{51}	ʐuŋ^{51}	ʐuŋ^{51}
布尔津县	ʐuŋ^{23}	ʐuŋ^{23}	ʐuŋ^{23}	ʐuŋ^{23}	ʐuŋ^{23}	ʐuŋ^{23}	ʐuŋ^{23}	ʐuŋ^{23}
乌苏市	ʐuŋ^{51}	ʐuŋ^{51}	ʐuŋ^{51}	ʐuŋ^{51}	ʐuŋ^{51}	ʐuŋ^{51}	ʐuŋ^{51}	ʐuŋ^{51}
额敏县	ʐuŋ^{51}	ʐuŋ^{51}	ʐuŋ^{51}	ʐuŋ^{51}	ʐuŋ^{51}	ʐuŋ^{51}	ʐuŋ^{51}	ʐuŋ^{51}
伊州区	ʐuŋ^{51}	ʐuŋ^{51}	ʐuŋ^{51}	ʐuŋ^{51}	ʐuŋ^{51}	ʐuŋ^{51}	ʐuŋ^{51}	ʐuŋ^{51}
巴里坤县	ʐuŋ^{51}	ʐuŋ^{51}	ʐuŋ^{51}	ʐuŋ^{51}	ʐuŋ^{51}	ʐuŋ^{51}	ʐuŋ^{51}	ʐuŋ^{51}
伊吾县	ʐuŋ^{51}	ʐuŋ^{51}	ʐuŋ^{51}	ʐuŋ^{51}	ʐuŋ^{51}	ʐuŋ^{51}	ʐuŋ^{51}	ʐuŋ^{51}

字目 中古音 方音 方言点	公	工	功	攻①	弓	躬	宫	恭
	通合一平东见	通合一平东见	通合一平东见	通合一平东见	通合三平东见	通合三平东见	通合三平东见	通合三平锺见
兰州市（城关区）	kuen⁵³	kuen⁵³	kuen⁵³	kuen⁵³	kuen⁵³	kuen⁵³	kuen⁵³	kuen⁵³
永登县	kuen⁴²	kuen⁴²	kuen⁴²	kuen⁴²	kuen⁴²	kuen⁴²	kuen⁴²	kuen⁴²
榆中县	kuen⁵¹	kuen⁵¹	kuen⁵¹	kuen⁵¹	kuen⁵¹	kuen⁵¹	kuen⁵¹	kuen⁵¹
皋兰县	kuen⁴²	kuen⁴²	kuen⁴²	kuen⁴²	kuen⁴²	kuen⁴²	kuen⁴²	kuen⁴²
白银区	kuen⁴⁴	kuen⁴⁴	kuen⁴⁴	kuen⁴⁴	kuen⁴⁴	kuen⁴⁴	kuen⁴⁴	kuen⁴⁴
天祝县	kuŋ⁴⁴	kuŋ⁴⁴	kuŋ⁴⁴	kuŋ⁴⁴	kuŋ⁴⁴	kuŋ⁴⁴	kuŋ⁴⁴	kuŋ⁴⁴
景泰县（红水镇）	kuəŋ⁴⁴	kuəŋ⁴⁴	kuəŋ⁴⁴	kuəŋ⁴⁴	kuəŋ⁴⁴	kuəŋ⁴⁴	kuəŋ⁴⁴	kuəŋ⁴⁴
古浪县	koŋ⁴⁴	koŋ⁴⁴	koŋ⁴⁴	koŋ⁴⁴	koŋ⁴⁴	koŋ⁴⁴	koŋ⁴⁴	koŋ⁴⁴
凉州区	kuŋ³³	kuŋ³³	kuŋ³³	kuŋ³³	kuŋ³³	kuŋ³³	kuŋ³³	kuŋ³³
民勤县	koŋ⁴⁴	koŋ⁴⁴	koŋ⁴⁴	koŋ⁴⁴	koŋ⁴⁴	koŋ⁴⁴	koŋ⁴⁴	koŋ⁴⁴
永昌县	kuɣ̃⁴⁴	kuɣ̃⁴⁴	kuɣ̃⁴⁴	kuɣ̃⁴⁴	kuɣ̃⁴⁴	kuɣ̃⁴⁴	kuɣ̃⁴⁴	kuɣ̃⁴⁴
甘州区	kuəŋ⁴⁴	kuəŋ⁴⁴	kuəŋ⁴⁴	kuəŋ⁴⁴	kuəŋ⁴⁴	kuəŋ⁴⁴	kuəŋ⁴⁴	kuəŋ⁴⁴
临泽县	kuŋ⁴⁴	kuŋ⁴⁴	kuŋ⁴⁴	kuŋ⁴⁴	kuŋ⁴⁴	kuŋ⁴⁴	kuŋ⁴⁴	kuŋ⁴⁴
民乐县	kuŋ⁴⁴	kuŋ⁴⁴	kuŋ⁴⁴	kuŋ⁴⁴	kuŋ⁴⁴	kuŋ⁴⁴	kuŋ⁴⁴	kuŋ⁴⁴
山丹县	kuŋ²⁴	kuŋ²⁴	kuŋ²⁴	kuŋ²⁴	kuŋ²⁴	kuŋ²⁴	kuŋ²⁴	kuŋ²⁴
高台县	kuŋ⁴⁴	kuŋ⁴⁴	kuŋ⁴⁴	kuŋ⁴⁴	kuŋ⁴⁴	kuŋ⁴⁴	kuŋ⁴⁴	kuŋ⁴⁴
肃州区	kuŋ⁴⁴	kuŋ⁴⁴	kuŋ⁴⁴	kuŋ⁴⁴	kuŋ⁴⁴	kuŋ⁴⁴	kuŋ⁴⁴	kuŋ⁴⁴
金塔县	kuŋ⁴⁴	kuŋ⁴⁴	kuŋ⁴⁴	kuŋ⁴⁴	kuŋ⁴⁴	kuŋ⁴⁴	kuŋ⁴⁴	kuŋ⁴⁴
肃北县	koŋ⁴⁴	koŋ⁴⁴	koŋ⁴⁴	koŋ⁴⁴	koŋ⁴⁴	koŋ⁴⁴	koŋ⁴⁴	koŋ⁴⁴
玉门市	koŋ⁴⁴	koŋ⁴⁴	koŋ⁴⁴	koŋ⁴⁴	koŋ⁴⁴	koŋ⁴⁴	koŋ⁴⁴	koŋ⁴⁴

①又古冬切，通合一平冬见。

续表

瓜州县	$koŋ^{44}$	$koŋ^{44}$	$koŋ^{44}$	$koŋ^{44}$	$koŋ^{44}$	$koŋ^{44}$	$koŋ^{44}$	$koŋ^{44}$
西夏区	$kuŋ^{44}$	$kuŋ^{44}$	$kuŋ^{44}$	$kuŋ^{44}$	$kuŋ^{44}$	$kuŋ^{44}$	$kuŋ^{44}$	$kuŋ^{44}$
贺兰县	$kuŋ^{44}$	$kuŋ^{44}$	$kuŋ^{44}$	$kuŋ^{44}$	$kuŋ^{44}$	$kuŋ^{44}$	$kuŋ^{44}$	$kuŋ^{44}$
灵武市（东塔镇）	$kɔŋ^{44}$	$kɔŋ^{44}$	$kɔŋ^{44}$	$kɔŋ^{44}$	$kɔŋ^{44}$	$kɔŋ^{44}$	$kɔŋ^{44}$	$kɔŋ^{44}$
永宁县	$kuŋ^{44}$	$kuŋ^{44}$	$kuŋ^{44}$	$kuŋ^{44}$	$kuŋ^{44}$	$kuŋ^{44}$	$kuŋ^{44}$	$kuŋ^{44}$
中宁县	$kuŋ^{44}$	$kuŋ^{44}$	$kuŋ^{44}$	$kuŋ^{44}$	$kuŋ^{44}$	$kuŋ^{44}$	$kuŋ^{44}$	$kuŋ^{44}$
沙坡头区	$kuŋ^{44}$	$kuŋ^{44}$	$kuŋ^{44}$	$kuŋ^{44}$	$kuŋ^{44}$	$kuŋ^{44}$	$kuŋ^{44}$	$kuŋ^{44}$
盐池县	$kuŋ^{44}$	$kuŋ^{44}$	$kuŋ^{44}$	$kuŋ^{44}$	$kuŋ^{44}$	$kuŋ^{44}$	$kuŋ^{44}$	$kuŋ^{44}$
平罗县（渠口乡）	$kuŋ^{44}$	$kuŋ^{44}$	$kuŋ^{44}$	$kuŋ^{44}$	$kuŋ^{44}$	$kuŋ^{44}$	$kuŋ^{44}$	$kuŋ^{44}$
阿拉善左旗	$kuŋ^{44}$	$kuŋ^{44}$	$kuŋ^{44}$	$kuŋ^{44}$	$kuŋ^{44}$	$kuŋ^{44}$	$kuŋ^{44}$	$kuŋ^{44}$
乌鲁木齐市	$kuŋ^{44}$	$kuŋ^{44}$	$kuŋ^{44}$	$kuŋ^{44}$	$kuŋ^{44}$	$kuŋ^{44}$	$kuŋ^{44}$	$kuŋ^{44}$
阜康市	$kuŋ^{55}$	$kuŋ^{55}$	$kuŋ^{55}$	$kuŋ^{55}$	$kuŋ^{55}$	$kuŋ^{55}$	$kuŋ^{55}$	$kuŋ^{55}$
呼图壁县	$kuŋ^{44}$	$kuŋ^{44}$	$kuŋ^{44}$	$kuŋ^{44}$	$kuŋ^{44}$	$kuŋ^{44}$	$kuŋ^{44}$	$kuŋ^{44}$
吉木萨尔县	$kuŋ^{44}$	$kuŋ^{44}$	$kuŋ^{44}$	$kuŋ^{44}$	$kuŋ^{44}$	$kuŋ^{44}$	$kuŋ^{44}$	$kuŋ^{44}$
奇台县	$kuŋ^{44}$	$kuŋ^{44}$	$kuŋ^{44}$	$kuŋ^{44}$	$kuŋ^{44}$	$kuŋ^{44}$	$kuŋ^{44}$	$kuŋ^{44}$
博乐市	$kuŋ^{45}$	$kuŋ^{45}$	$kuŋ^{45}$	$kuŋ^{45}$	$kuŋ^{45}$	$kuŋ^{45}$	$kuŋ^{45}$	$kuŋ^{45}$
阿勒泰市	$kuŋ^{44}$	$kuŋ^{44}$	$kuŋ^{44}$	$kuŋ^{44}$	$kuŋ^{44}$	$kuŋ^{44}$	$kuŋ^{44}$	$kuŋ^{44}$
布尔津县	$kuŋ^{44}$	$kuŋ^{44}$	$kuŋ^{44}$	$kuŋ^{44}$	$kuŋ^{44}$	$kuŋ^{44}$	$kuŋ^{44}$	$kuŋ^{44}$
乌苏市	$kuŋ^{55}$	$kuŋ^{55}$	$kuŋ^{55}$	$kuŋ^{55}$	$kuŋ^{55}$	$kuŋ^{55}$	$kuŋ^{55}$	$kuŋ^{55}$
额敏县	$kuŋ^{44}$	$kuŋ^{44}$	$kuŋ^{44}$	$kuŋ^{44}$	$kuŋ^{44}$	$kuŋ^{44}$	$kuŋ^{44}$	$kuŋ^{44}$
伊州区	$kuŋ^{44}$	$kuŋ^{44}$	$kuŋ^{44}$	$kuŋ^{44}$	$kuŋ^{44}$	$kuŋ^{44}$	$kuŋ^{44}$	$kuŋ^{44}$
巴里坤县	$kuŋ^{45}$	$kuŋ^{45}$	$kuŋ^{45}$	$kuŋ^{45}$	$kuŋ^{45}$	$kuŋ^{45}$	$kuŋ^{45}$	$kuŋ^{45}$
伊吾县	$kuŋ^{44}$	$kuŋ^{44}$	$kuŋ^{44}$	$kuŋ^{44}$	$kuŋ^{44}$	$kuŋ^{44}$	$kuŋ^{44}$	$kuŋ^{44}$

字目 / 中古音 / 方音 / 方言点	供① 供给	汞	拱	巩	贡	供② 供养	共	空 空虚
	通合三 平锺见	通合一 上董晓	通合三 上肿见	通合三 上肿见	通合一 去送见	通合三 去用见	通合三 去用群	通合一 平东溪
兰州市 （城关区）	kuen^{53}	kuen^{44}	kuen^{44}	kuen^{44}	kuen^{13}	kuen^{13}	kuen^{13}	kʻuen^{53}
永登县	kuen^{42}	kuen^{354}	kuen^{354}	kuen^{354}	kuen^{13}	kuen^{13}	kuen^{13}	kʻuen^{42}
榆中县	kuen^{51}	kuen^{44}	kuen^{44}	kuen^{44}	kuen^{13}	kuen^{13}	kuen^{13}	kʻuen^{51}
皋兰县	kuen^{42}	kuen^{342}	kuen^{342}	kuen^{342}	kuen^{13}	kuen^{13}	kuen^{13}	kʻuen^{42}
白银区	kuen^{44}	kuen^{343}	kuen^{343}	kuen^{343}	kuen^{13}	kuen^{13}	kuen^{13}	kʻuen^{44}
天祝县	kuŋ^{44}	kuŋ^{44}	kuŋ^{44}	kuŋ^{44}	kuŋ^{213}	kuŋ^{213}	kuŋ^{213}	kʻuŋ^{44}
景泰县 （红水镇）	kuəŋ^{44}	kuəŋ^{44}	kuəŋ^{44}	kuəŋ^{44}	kuəŋ^{213}	kuəŋ^{213}	kuəŋ^{213}	kʻuəŋ^{44}
古浪县	koŋ^{44}	koŋ^{44}	koŋ^{44}	koŋ^{44}	koŋ^{31}	koŋ^{31}	koŋ^{31}	kʻoŋ^{44}
凉州区	kuŋ^{33}	kuŋ^{13}	kuŋ^{13}	kuŋ^{13}	kuŋ^{53}	kuŋ^{53}	kuŋ^{53}	kʻuŋ^{33}
民勤县	koŋ^{44}	koŋ^{214}	koŋ^{214}	koŋ^{214}	koŋ^{42}	koŋ^{42}	koŋ^{42}	kʻoŋ^{44}
永昌县	kuɤ̃^{44}	kuɤ̃^{13}	kuɤ̃^{13}	kuɤ̃^{13}	kuɤ̃^{53}	kuɤ̃^{53}	kuɤ̃^{53}	kʻuɤ̃^{44}
甘州区	kuŋ^{44}	kuŋ^{53}	kuŋ^{53}	kuŋ^{53}	kuŋ^{31}	kuŋ^{31}	kuŋ^{31}	kʻuŋ^{44}
临泽县	kuŋ^{44}	kuŋ^{53}	kuŋ^{53}	kuŋ^{53}	kuŋ^{214}	kuŋ^{214}	kuŋ^{214}	kʻuŋ^{44}
民乐县	kuŋ^{44}	kuŋ^{213}	kuŋ^{213}	kuŋ^{213}	kuŋ^{42}	kuŋ^{42}	kuŋ^{42}	kʻuŋ^{44}
山丹县	kuŋ^{24}	kuŋ^{53}	kuŋ^{53}	kuŋ^{53}	kuŋ^{41}	kuŋ^{41}	kuŋ^{41}	kʻuŋ^{24}
高台县	kuŋ^{44}	kuŋ^{53}	kuŋ^{53}	kuŋ^{53}	kuŋ^{214}	kuŋ^{214}	kuŋ^{214}	kʻuŋ^{44}
肃州区	kuəŋ^{44}	kuəŋ^{53}	kuəŋ^{53}	kuəŋ^{53}	kuəŋ^{214}	kuəŋ^{214}	kuəŋ^{214}	kʻuəŋ^{44}
金塔县	kuŋ^{44}	kuŋ^{53}	kuŋ^{53}	kuŋ^{53}	kuŋ^{13}	kuŋ^{13}	kuŋ^{13}	kʻuŋ^{44}
肃北县	koŋ^{44}	koŋ^{53}	koŋ^{53}	koŋ^{53}	koŋ^{13}	koŋ^{13}	koŋ^{13}	kʻoŋ^{44}

①又居用切，通合三去用见。

②又九容切，通合一平锺见。

续表

玉门市	koŋ^{44}	koŋ^{53}	koŋ^{53}	koŋ^{53}	koŋ^{13}	koŋ^{13}	koŋ^{13}	k‘oŋ^{44}
瓜州县	koŋ^{44}	koŋ^{53}	koŋ^{53}	koŋ^{53}	koŋ^{13}	koŋ^{13}	koŋ^{13}	k‘oŋ^{44}
西夏区	kuŋ^{44}	kuŋ^{53}	kuŋ^{53}	kuŋ^{53}	kuŋ^{13}	kuŋ^{13}	kuŋ^{13}	k‘uŋ^{44}
贺兰县	kuŋ^{44}	kuŋ^{53}	kuŋ^{53}	kuŋ^{53}	kuŋ^{13}	kuŋ^{13}	kuŋ^{13}	k‘uŋ^{44}
灵武市（东塔镇）	kɔŋ^{44}	kɔŋ^{52}	kɔŋ^{52}	kɔŋ^{52}	kɔŋ^{13}	kɔŋ^{13}	kɔŋ^{13}	k‘ɔŋ^{44}
永宁县	kuŋ^{44}	kuŋ^{53}	kuŋ^{53}	kuŋ^{53}	kuŋ^{13}	kuŋ^{13}	kuŋ^{13}	k‘uŋ^{44}
中宁县	kuŋ^{44}	kuŋ^{53}	kuŋ^{53}	kuŋ^{53}	kuŋ^{13}	kuŋ^{13}	kuŋ^{13}	k‘uŋ^{44}
沙坡头区	kuŋ^{44}	kuŋ^{53}	kuŋ^{53}	kuŋ^{53}	kuŋ^{13}	kuŋ^{13}	kuŋ^{13}	k‘uŋ^{44}
盐池县	kuŋ^{44}	kuŋ^{52}	kuŋ^{52}	kuŋ^{52}	kuŋ^{13}	kuŋ^{13}	kuŋ^{13}	k‘uŋ^{44}
平罗县（渠口乡）	kuŋ^{44}	kuŋ^{53}	kuŋ^{53}	kuŋ^{53}	kuŋ^{13}	kuŋ^{13}	kuŋ^{13}	k‘uŋ^{44}
阿拉善左旗	kuŋ^{44}	kuŋ^{51}	kuŋ^{51}	kuŋ^{51}	kuŋ^{213}	kuŋ^{213}	kuŋ^{213}	k‘uŋ^{44}
乌鲁木齐市	kuŋ^{44}	kuŋ^{52}	kuŋ^{52}	kuŋ^{52}	kuŋ^{213}	kuŋ^{213}	kuŋ^{213}	k‘uŋ^{44}
阜康市	kuŋ^{55}	kuŋ^{51}	kuŋ^{51}	kuŋ^{51}	kuŋ^{213}	kuŋ^{213}	kuŋ^{213}	k‘uŋ^{55}
呼图壁县	kuŋ^{44}	kuŋ^{51}	kuŋ^{51}	kuŋ^{51}	kuŋ^{213}	kuŋ^{213}	kuŋ^{213}	k‘uŋ^{44}
吉木萨尔县	kuŋ^{44}	kuŋ^{51}	kuŋ^{51}	kuŋ^{51}	kuŋ^{213}	kuŋ^{213}	kuŋ^{213}	k‘uŋ^{44}
奇台县	kuŋ^{44}	kuŋ^{52}	kuŋ^{52}	kuŋ^{52}	kuŋ^{213}	kuŋ^{213}	kuŋ^{213}	k‘uŋ^{44}
博乐市	kuŋ^{45}	kuŋ^{51}	kuŋ^{51}	kuŋ^{51}	kuŋ^{24}	kuŋ^{24}	kuŋ^{24}	k‘uŋ^{45}
阿勒泰市	kuŋ^{44}	kuŋ^{51}	kuŋ^{51}	kuŋ^{51}	kuŋ^{23}	kuŋ^{23}	kuŋ^{23}	k‘uŋ^{44}
布尔津县	kuŋ^{44}	kuŋ^{23}	kuŋ^{23}	kuŋ^{23}	kuŋ^{51}	kuŋ^{51}	kuŋ^{51}	k‘uŋ^{44}
乌苏市	kuŋ^{55}	kuŋ^{51}	kuŋ^{51}	kuŋ^{51}	kuŋ^{213}	kuŋ^{213}	kuŋ^{213}	k‘uŋ^{55}
额敏县	kuŋ^{44}	kuŋ^{51}	kuŋ^{51}	kuŋ^{51}	kuŋ^{34}	kuŋ^{34}	kuŋ^{34}	k‘uŋ^{44}
伊州区	kuŋ^{44}	kuŋ^{51}	kuŋ^{51}	kuŋ^{51}	kuŋ^{213}	kuŋ^{213}	kuŋ^{213}	k‘uŋ^{44}
巴里坤县	kuŋ^{45}	kuŋ^{51}	kuŋ^{51}	kuŋ^{51}	kuŋ^{24}	kuŋ^{24}	kuŋ^{24}	k‘uŋ^{45}
伊吾县	kuŋ^{44}	kuŋ^{51}	kuŋ^{51}	kuŋ^{51}	kuŋ^{213}	kuŋ^{213}	kuŋ^{213}	k‘uŋ^{44}

字目 方音 中古音 方言点	孔	恐	控	空 空缺	轰	烘[1]	弘	宏
	通合一 上董溪	通合三 上肿溪	通合一 去送溪	通合一 去送溪	梗合二 平耕晓	通合一 平东晓	通合一 平登匣	梗合二 平耕匣
兰州市 （城关区）	kʻuen^{44}	kʻuen^{44}	kʻuen^{13}	kʻuen^{13}	xuen^{53}	xuen^{53}	xuen^{51}	xuen^{51}
永登县	kʻuen^{354}	kʻuen^{354}	kʻuen^{13}	kʻuen^{13}	xuen^{42}	xuen^{42}	xuen^{53}	xuen^{53}
榆中县	kʻuen^{44}	kʻuen^{44}	kʻuen^{13}	kʻuen^{13}	xuen^{51}	xuen^{51}	xuen^{332}	xuen^{332}
皋兰县	kʻuen^{342}	kʻuen^{342}	kʻuen^{13}	kʻuen^{13}	xuen^{42}	xuen^{42}	xuen^{53}	xuen^{53}
白银区	kʻuen^{343}	kʻuen^{343}	kʻuen^{13}	kʻuen^{13}	xuen^{44}	xuen^{44}	xuen^{51}	xuen^{51}
天祝县	kʻuŋ^{44}	kʻuŋ^{44}	kʻuŋ^{213}	kʻuŋ^{213}	xuŋ^{44}	xuŋ^{44}	xuŋ^{53}	xuŋ^{53}
景泰县 （红水镇）	kʻuəŋ^{44}	kʻuəŋ^{44}	kʻuəŋ^{213}	kʻuəŋ^{213}	xuəŋ^{44}	xuəŋ^{44}	xuəŋ^{53}	xuəŋ^{53}
古浪县	kʻoŋ^{44}	kʻoŋ^{44}	kʻoŋ^{31}	kʻoŋ^{31}	xoŋ^{44}	xoŋ^{44}	xoŋ^{53}	xoŋ^{53}
凉州区	kʻuŋ^{33}	kʻuŋ^{33}	kʻuŋ^{53}	kʻuŋ^{53}	xuŋ^{33}	xuŋ^{33}	xuŋ^{13}	xuŋ^{13}
民勤县	kʻoŋ^{214}	kʻoŋ^{214}	kʻoŋ^{42}	kʻoŋ^{42}	xoŋ^{44}	xoŋ^{44}	xoŋ^{53}	xoŋ^{53}
永昌县	kʻuɤ̆^{13}	kʻuɤ̆^{13}	kʻuɤ̆^{53}	kʻuɤ̆^{53}	xuɤ̆^{44}	xuɤ̆^{44}	xuɤ̆^{13}	xuɤ̆^{13}
甘州区	kʻuŋ^{53}	kʻuŋ^{53}	kʻuŋ^{31}	kʻuŋ^{31}	xuŋ^{44}	xuŋ^{44}	xuŋ^{53}	xuŋ^{53}
临泽县	kʻuŋ^{53}	kʻuŋ^{53}	kʻuŋ^{214}	kʻuŋ^{214}	xuŋ^{44}	xuŋ^{44}	xuŋ^{53}	xuŋ^{53}
民乐县	kʻuŋ^{213}	kʻuŋ^{213}	kʻuŋ^{42}	kʻuŋ^{42}	xuŋ^{44}	xuŋ^{44}	xuŋ^{53}	xuŋ^{53}
山丹县	kʻuŋ^{53}	kʻuŋ^{53}	kʻuŋ^{41}	kʻuŋ^{41}	xuŋ^{24}	xuŋ^{24}	xuŋ^{53}	xuŋ^{53}
高台县	kʻuŋ^{53}	kʻuŋ^{53}	kʻuŋ^{214}	kʻuŋ^{214}	xuŋ^{44}	xuŋ^{44}	xuŋ^{53}	xuŋ^{53}
肃州区	kʻuəŋ^{53}	kʻuəŋ^{53}	kʻuəŋ^{214}	kʻuəŋ^{214}	xuəŋ^{44}	xuəŋ^{44}	xuəŋ^{53}	xuəŋ^{53}
金塔县	kʻuŋ^{53}	kʻuŋ^{53}	kʻuŋ^{13}	kʻuŋ^{13}	xuŋ^{44}	xuŋ^{44}	xuŋ^{53}	xuŋ^{53}
肃北县	kʻoŋ^{53}	kʻoŋ^{53}	kʻoŋ^{213}	kʻoŋ^{213}	xoŋ^{44}	xoŋ^{44}	xoŋ^{53}	xoŋ^{53}
玉门市	kʻoŋ^{53}	kʻoŋ^{53}	kʻoŋ^{213}	kʻoŋ^{213}	xoŋ^{44}	xoŋ^{44}	xoŋ^{53}	xoŋ^{53}

①又呼贡切，通合一去送晓。

续表

瓜州县	k‘oŋ^{53}	k‘oŋ^{53}	k‘oŋ^{213}	k‘oŋ^{213}	xoŋ^{44}	xoŋ^{44}	xoŋ^{53}	xoŋ^{53}
西夏区	k‘uŋ^{53}	k‘uŋ^{53}	k‘uŋ^{13}	k‘uŋ^{13}	xuŋ^{44}	xuŋ^{44}	xuŋ^{53}	xuŋ^{53}
贺兰县	k‘uŋ^{53}	k‘uŋ^{53}	k‘uŋ^{13}	k‘uŋ^{13}	xuŋ^{44}	xuŋ^{44}	xuŋ^{53}	xuŋ^{53}
灵武市（东塔镇）	k‘ɔŋ^{52}	k‘ɔŋ^{52}	k‘ɔŋ^{13}	k‘ɔŋ^{13}	xɔŋ^{44}	xɔŋ^{44}	xɔŋ^{52}	xɔŋ^{52}
永宁县	k‘uŋ^{53}	k‘uŋ^{53}	k‘uŋ^{13}	k‘uŋ^{13}	xuŋ^{44}	xuŋ^{44}	xuŋ^{53}	xuŋ^{53}
中宁县	k‘uŋ^{53}	k‘uŋ^{53}	k‘uŋ^{13}	k‘uŋ^{13}	xuŋ^{44}	xuŋ^{44}	xuŋ^{53}	xuŋ^{53}
沙坡头区	k‘uŋ^{53}	k‘uŋ^{53}	k‘uŋ^{13}	k‘uŋ^{13}	xuŋ^{44}	xuŋ^{44}	xuŋ^{53}	xuŋ^{53}
盐池县	k‘uŋ^{52}	k‘uŋ^{52}	k‘uŋ^{13}	k‘uŋ^{13}	xuŋ^{44}	xuŋ^{44}	xuŋ^{13}	xuŋ^{13}
平罗县（渠口乡）	k‘uŋ^{53}	k‘uŋ^{53}	k‘uŋ^{13}	k‘uŋ^{13}	xuŋ^{44}	xuŋ^{44}	xuŋ^{53}	xuŋ^{53}
阿拉善左旗	k‘uŋ^{51}	k‘uŋ^{51}	k‘uŋ^{213}	k‘uŋ^{213}	xuŋ^{44}	xuŋ^{44}	xuŋ^{51}	xuŋ^{51}
乌鲁木齐市	k‘uŋ^{52}	k‘uŋ^{52}	k‘uŋ^{213}	k‘uŋ^{213}	xuŋ^{44}	xuŋ^{44}	xuŋ^{52}	xuŋ^{52}
阜康市	k‘uŋ^{51}	k‘uŋ^{51}	k‘uŋ^{213}	k‘uŋ^{213}	xuŋ^{55}	xuŋ^{55}	xuŋ^{51}	xuŋ^{51}
呼图壁县	k‘uŋ^{51}	k‘uŋ^{51}	k‘uŋ^{213}	k‘uŋ^{213}	xuŋ^{44}	xuŋ^{44}	xuŋ^{51}	xuŋ^{51}
吉木萨尔县	k‘uŋ^{51}	k‘uŋ^{51}	k‘uŋ^{213}	k‘uŋ^{213}	xuŋ^{44}	xuŋ^{44}	xuŋ^{51}	xuŋ^{51}
奇台县	k‘uŋ^{52}	k‘uŋ^{52}	k‘uŋ^{213}	k‘uŋ^{213}	xuŋ^{44}	xuŋ^{44}	xuŋ^{52}	xuŋ^{52}
博乐市	k‘uŋ^{51}	k‘uŋ^{51}	k‘uŋ^{24}	k‘uŋ^{24}	xuŋ^{45}	xuŋ^{45}	xuŋ^{51}	xuŋ^{51}
阿勒泰市	k‘uŋ^{51}	k‘uŋ^{51}	k‘uŋ^{23}	k‘uŋ^{23}	xuŋ^{44}	xuŋ^{44}	xuŋ^{51}	xuŋ^{51}
布尔津县	k‘uŋ^{23}	k‘uŋ^{23}	k‘uŋ^{51}	k‘uŋ^{51}	xuŋ^{44}	xuŋ^{44}	xuŋ^{23}	xuŋ^{23}
乌苏市	k‘uŋ^{51}	k‘uŋ^{51}	k‘uŋ^{213}	k‘uŋ^{213}	xuŋ^{55}	xuŋ^{55}	xuŋ^{51}	xuŋ^{51}
额敏县	k‘uŋ^{51}	k‘uŋ^{51}	k‘uŋ^{34}	k‘uŋ^{34}	xuŋ^{44}	xuŋ^{44}	xuŋ^{51}	xuŋ^{51}
伊州区	k‘uŋ^{51}	k‘uŋ^{51}	k‘uŋ^{213}	k‘uŋ^{213}	xuŋ^{44}	xuŋ^{44}	xuŋ^{51}	xuŋ^{51}
巴里坤县	k‘uŋ^{51}	k‘uŋ^{51}	k‘uŋ^{24}	k‘uŋ^{24}	xuŋ^{45}	xuŋ^{45}	xuŋ^{51}	xuŋ^{51}
伊吾县	k‘uŋ^{51}	k‘uŋ^{51}	k‘uŋ^{213}	k‘uŋ^{213}	xuŋ^{44}	xuŋ^{44}	xuŋ^{51}	xuŋ^{51}

字目 / 中古音 / 方言点	红	洪①	鸿	虹②	哄 哄骗	翁	瓮	琼
	通合一 平东匣	通合一 平东匣	通合一 平东匣	通合一 平东匣		通合一 平东影	通合一 去送影	梗合三 平清群
兰州市 （城关区）	xuen^{51}	xuen^{51}	xuen^{51}	xuen^{51}	xuen^{44}	ven^{53}	ven^{53}	tɕʻyn^{51}
永登县	xuen^{53}	xuen^{53}	xuen^{53}	xuen^{53}	xuen^{354}	ven^{42}	ven^{42}	tɕʻyn^{53}
榆中县	xuen^{332}	xuen^{332}	xuen^{332}	xuen^{332}	xuen^{44}	ven^{51}	ven^{51}	tɕʻyn^{332}
皋兰县	xuen^{53}	xuen^{53}	xuen^{53}	xuen^{53}	xuen^{342}	ven^{42}	ven^{42}	tɕʻyn^{53}
白银区	xuen^{51}	xuen^{51}	xuen^{51}	xuen^{51}	xuen^{343}	ven^{44}	ven^{44}	tɕʻyn^{51}
天祝县	xuŋ^{53}	xuŋ^{53}	xuŋ^{53}	xuŋ^{53}	xuŋ^{44}	vɤŋ^{44}	vɤŋ^{44}	tɕʻyn^{53}
景泰县 （红水镇）	xuəŋ^{53}	xuəŋ^{53}	xuəŋ^{53}	xuəŋ^{53}	xuəŋ^{44}	vəŋ^{44}	vəŋ^{44}	tɕʻyəŋ^{53}
古浪县	xoŋ^{53}	xoŋ^{53}	xoŋ^{53}	xoŋ^{53}	xoŋ^{44}	vəŋ^{44}	vəŋ^{44}	tɕʻyŋ^{53}
凉州区	xuŋ^{13}	xuŋ^{13}	xuŋ^{13}	xuŋ^{13}	xuŋ^{33}	vəŋ^{33}	vəŋ^{33}	tɕʻyŋ^{13}
民勤县	xoŋ^{53}	xoŋ^{53}	xoŋ^{53}	xoŋ^{53}	xoŋ^{214}	vəŋ^{44}	vəŋ^{44}	tɕʻyŋ^{53}
永昌县	xuɤ̃^{13}	xuɤ̃^{13}	xuɤ̃^{13}	xuɤ̃^{13}	xuɤ̃^{33}	vəɤ̃^{44}	vəɤ̃^{44}	tɕʻyɤ̃^{13}
甘州区	xuŋ^{53}	xuŋ^{53}	xuŋ^{53}	xuŋ^{53}	xuŋ^{53}	vɤŋ^{44}	vɤŋ^{44}	tɕʻyŋ^{53}
临泽县	xuŋ^{53}	xuŋ^{53}	xuŋ^{53}	xuŋ^{53}	xuŋ^{53}	vəŋ^{44}	vəŋ^{44}	tɕʻyŋ^{53}
民乐县	xuŋ^{53}	xuŋ^{53}	xuŋ^{53}	xuŋ^{53}	xuŋ^{213}	vəŋ^{44}	vəŋ^{44}	tɕʻyŋ^{53}
山丹县	xuŋ^{53}	xuŋ^{53}	xuŋ^{53}	xuŋ^{53}	xuŋ^{53}	vəŋ^{24}	vəŋ^{24}	tɕʻyŋ^{53}
高台县	xuŋ^{53}	xuŋ^{53}	xuŋ^{53}	xuŋ^{53}	xuŋ^{53}	vəŋ^{44}	vəŋ^{44}	tɕʻyɤ̃^{53}
肃州区	xuəŋ^{53}	xuəŋ^{53}	xuəŋ^{53}	xuəŋ^{53}	xuəŋ^{53}	vəŋ^{44}	vəŋ^{44}	tɕʻyəŋ^{53}
金塔县	xuŋ^{53}	xuŋ^{53}	xuŋ^{53}	xuŋ^{53}	xuŋ^{53}	vɤŋ^{44}	vɤŋ^{44}	tɕʻyŋ^{53}
肃北县	xoŋ^{53}	xoŋ^{53}	xoŋ^{53}	xoŋ^{53}	xoŋ^{53}	vəŋ^{44}	vəŋ^{44}	tɕʻioŋ^{53}

①又呼贡切，通合一去送匣。

②又古巷切，江开二去绛见。

续表

玉门市	xoŋ^{53}	xoŋ^{53}	xoŋ^{53}	xoŋ^{53}	xoŋ^{53}	vɤŋ^{44}	vɤŋ^{44}	tɕʻioŋ^{53}
瓜州县	xoŋ^{53}	xoŋ^{53}	xoŋ^{53}	xoŋ^{53}	xoŋ^{53}	vɤŋ^{44}	vɤŋ^{44}	tɕʻyɤŋ^{53}
西夏区	xuŋ^{53}	xuŋ^{53}	xuŋ^{53}	xuŋ^{53}	xuŋ^{53}	vəŋ^{44}	vəŋ^{44}	tɕʻyŋ^{53}
贺兰县	xuŋ^{53}	xuŋ^{53}	xuŋ^{53}	xuŋ^{53}	xuŋ^{53}	vəŋ^{44}	vəŋ^{44}	tɕʻyŋ^{53}
灵武市（东塔镇）	xɔŋ^{52}	xɔŋ^{52}	xɔŋ^{52}	xɔŋ^{52}	xɔŋ^{52}	vəŋ^{44}	vəŋ^{44}	tɕʻiuŋ^{52}
永宁县	xuŋ^{53}	xuŋ^{53}	xuŋ^{53}	xuŋ^{53}	xuŋ^{53}	vəŋ^{44}	vəŋ^{44}	tɕʻyŋ^{53}
中宁县	xuŋ^{53}	xuŋ^{53}	xuŋ^{53}	xuŋ^{53}	xuŋ^{53}	vəŋ^{44}	vəŋ^{44}	tɕʻyŋ^{53}
沙坡头区	xuŋ^{53}	xuŋ^{53}	xuŋ^{53}	xuŋ^{53}	xuŋ^{53}	vəŋ^{44}	vəŋ^{44}	tɕʻyẽi^{53}
盐池县	xuŋ^{13}	xuŋ^{13}	xuŋ^{13}	xuŋ^{13}	xuŋ^{52}	vəŋ^{44}	vəŋ^{44}	tɕʻyŋ^{13}
平罗县（渠口乡）	xuŋ^{53}	xuŋ^{53}	xuŋ^{53}	xuŋ^{53}	xuŋ^{53}	vəŋ^{44}	vəŋ^{44}	tɕʻyŋ^{53}
阿拉善左旗	xuŋ^{51}	xuŋ^{51}	xuŋ^{51}	xuŋ^{51}	xuŋ^{51}	vəŋ^{44}	vəŋ^{44}	tɕʻyŋ^{51}
乌鲁木齐市	xuŋ^{52}	xuŋ^{52}	xuŋ^{52}	xuŋ^{52}	xuŋ^{52}	vəŋ^{44}	vəŋ^{44}	tɕʻyŋ^{52}
阜康市	xuŋ^{51}	xuŋ^{51}	xuŋ^{51}	xuŋ^{51}	xuŋ^{51}	vəŋ^{55}	vəŋ^{55}	tɕʻyŋ^{51}
呼图壁县	xuŋ^{51}	xuŋ^{51}	xuŋ^{51}	xuŋ^{51}	xuŋ^{51}	vəŋ^{44}	vəŋ^{44}	tɕʻyŋ^{51}
吉木萨尔县	xuŋ^{51}	xuŋ^{51}	xuŋ^{51}	xuŋ^{51}	xuŋ^{51}	vəŋ^{44}	vəŋ^{44}	tɕʻyŋ^{51}
奇台县	xuŋ^{52}	xuŋ^{52}	xuŋ^{52}	xuŋ^{52}	xuŋ^{52}	vəŋ^{44}	vəŋ^{44}	tɕʻyŋ^{52}
博乐市	xuŋ^{51}	xuŋ^{51}	xuŋ^{51}	xuŋ^{51}	xuŋ^{51}	vəŋ^{45}	vəŋ^{45}	tɕʻyũŋ^{51}
阿勒泰市	xuŋ^{51}	xuŋ^{51}	xuŋ^{51}	xuŋ^{51}	xuŋ^{51}	vəŋ^{44}	vəŋ^{44}	tɕʻyŋ^{51}
布尔津县	xuŋ^{23}	xuŋ^{23}	xuŋ^{23}	xuŋ^{23}	xuŋ^{23}	vəŋ^{44}	vəŋ^{44}	tɕʻyŋ^{23}
乌苏市	xuŋ^{51}	xuŋ^{51}	xuŋ^{51}	xuŋ^{51}	xuŋ^{51}	ʋəŋ^{55}	ʋəŋ^{55}	tɕʻyŋ^{51}
额敏县	xuŋ^{51}	xuŋ^{51}	xuŋ^{51}	xuŋ^{51}	xuŋ^{51}	vəŋ^{44}	vəŋ^{44}	tɕʻyŋ^{51}
伊州区	xuŋ^{51}	xuŋ^{51}	xuŋ^{51}	xuŋ^{51}	xuŋ^{51}	vəŋ^{44}	vəŋ^{44}	tɕʻyŋ^{51}
巴里坤县	xuŋ^{51}	xuŋ^{51}	xuŋ^{51}	xuŋ^{51}	xuŋ^{51}	vəŋ^{45}	vəŋ^{45}	tɕʻyũŋ^{51}
伊吾县	xuŋ^{51}	xuŋ^{51}	xuŋ^{51}	xuŋ^{51}	xuŋ^{51}	vəŋ^{44}	vəŋ^{44}	tɕʻyŋ^{51}

字目 / 中古音 / 方言点	穷	兄	凶 吉凶	凶 凶恶	匈	胸	熊	雄
中古音	通合三平东群	梗合三平庚晓	通合三平锺晓	通合三平锺晓	通合三平锺晓	通合三平锺晓	通合三平东云	通合三平东云
兰州市（城关区）	tɕʻyn^{51}	ɕyn^{53}	ɕyn^{53}	ɕyn^{53}	ɕyn^{53}	ɕyn^{53}	ɕyn^{51}	ɕyn^{51}
永登县	tɕʻyn^{53}	ɕyn^{42}	ɕyn^{42}	ɕyn^{42}	ɕyn^{42}	ɕyn^{42}	ɕyn^{53}	ɕyn^{53}
榆中县	tɕʻyn^{332}	ɕyn^{51}	ɕyn^{51}	ɕyn^{51}	ɕyn^{51}	ɕyn^{51}	ɕyn^{332}	ɕyn^{332}
皋兰县	tɕʻyn^{53}	ɕyn^{42}	ɕyn^{42}	ɕyn^{42}	ɕyn^{42}	ɕyn^{42}	ɕyn^{53}	ɕyn^{53}
白银区	tɕʻyn^{51}	ɕyn^{44}	ɕyn^{44}	ɕyn^{44}	ɕyn^{44}	ɕyn^{44}	ɕyn^{51}	ɕyn^{51}
天祝县	tɕʻyn^{53}	ɕyn^{44}	ɕyn^{44}	ɕyn^{44}	ɕyn^{44}	ɕyn^{44}	ɕyn^{53}	ɕyn^{53}
景泰县（红水镇）	tɕʻyəŋ^{53}	ɕyəŋ^{44}	ɕyəŋ^{44}	ɕyəŋ^{44}	ɕyəŋ^{44}	ɕyəŋ^{44}	ɕyəŋ^{53}	ɕyəŋ^{53}
古浪县	tɕʻyŋ^{53}	ɕyŋ^{44}	ɕyŋ^{44}	ɕyŋ^{44}	ɕyŋ^{44}	ɕyŋ^{44}	ɕyŋ^{53}	ɕyŋ^{53}
凉州区	tɕʻyŋ^{13}	ɕyŋ^{33}	ɕyŋ^{33}	ɕyŋ^{33}	ɕyŋ^{33}	ɕyŋ^{33}	ɕyŋ^{13}	ɕyŋ^{13}
民勤县	tɕʻyŋ^{53}	ɕyŋ^{44}	ɕyŋ^{44}	ɕyŋ^{44}	ɕyŋ^{44}	ɕyŋ^{44}	ɕyŋ^{53}	ɕyŋ^{53}
永昌县	tɕʻyɣ̃^{13}	ɕyɣ̃^{44}	ɕyɣ̃^{44}	ɕyɣ̃^{44}	ɕyɣ̃^{44}	ɕyɣ̃^{44}	ɕyɣ̃^{13}	ɕyɣ̃^{13}
甘州区	tɕʻyŋ^{53}	ɕyŋ^{44}	ɕyŋ^{44}	ɕyŋ^{44}	ɕyŋ^{44}	ɕyŋ^{44}	ɕyŋ^{53}	ɕyŋ^{53}
临泽县	tɕʻyŋ^{53}	ɕyŋ^{44}	ɕyŋ^{44}	ɕyŋ^{44}	ɕyŋ^{44}	ɕyŋ^{44}	ɕyŋ^{53}	ɕyŋ^{53}
民乐县	tɕʻyŋ^{53}	ɕyŋ^{44}	ɕyŋ^{44}	ɕyŋ^{44}	ɕyŋ^{44}	ɕyŋ^{44}	ɕyŋ^{53}	ɕyŋ^{53}
山丹县	tɕʻyŋ^{53}	ɕyŋ^{24}	ɕyŋ^{24}	ɕyŋ^{24}	ɕyŋ^{24}	ɕyŋ^{24}	ɕyŋ^{53}	ɕyŋ^{53}
高台县	tɕʻyɣ̃^{53}	ɕyɣ̃^{44}	ɕyɣ̃^{44}	ɕyɣ̃^{44}	ɕyɣ̃^{44}	ɕyɣ̃^{44}	ɕyɣ̃^{53}	ɕyɣ̃^{53}
肃州区	tɕʻyəŋ^{53}	ɕyəŋ^{44}	ɕyəŋ^{44}	ɕyəŋ^{44}	ɕyəŋ^{44}	ɕyəŋ^{44}	ɕyəŋ^{53}	ɕyəŋ^{53}
金塔县	tɕʻyŋ^{53}	ɕyŋ^{44}	ɕyŋ^{44}	ɕyŋ^{44}	ɕyŋ^{44}	ɕyŋ^{44}	ɕyŋ^{53}	ɕyŋ^{53}
肃北县	tɕʻyɣ̃^{53}	ɕyɣ̃^{44}	ɕyɣ̃^{44}	ɕyɣ̃^{44}	ɕyɣ̃^{44}	ɕyɣ̃^{44}	ɕyɣ̃^{53}	ɕyɣ̃^{53}
玉门市	tɕʻioŋ^{53}	ɕioŋ^{44}	ɕioŋ^{44}	ɕioŋ^{44}	ɕioŋ^{44}	ɕioŋ^{44}	ɕioŋ^{53}	ɕioŋ^{53}
瓜州县	tɕʻyɣŋ^{53}	ɕyɣŋ^{44}	ɕyɣŋ^{44}	ɕyɣŋ^{44}	ɕyɣŋ^{44}	ɕyɣŋ^{44}	ɕyɣŋ^{53}	ɕyɣŋ^{53}

续表

西夏区	tɕʻyŋ^{53}	ɕyŋ^{44}	ɕyŋ^{44}	ɕyŋ^{44}	ɕyŋ^{44}	ɕyŋ^{44}	ɕyŋ^{53}	ɕyŋ^{53}
贺兰县	tɕʻyŋ^{53}	ɕyŋ^{44}	ɕyŋ^{44}	ɕyŋ^{44}	ɕyŋ^{44}	ɕyŋ^{44}	ɕyŋ^{53}	ɕyŋ^{53}
灵武市（东塔镇）	tɕʻiuŋ^{52}	ɕiuŋ^{44}	ɕiuŋ^{44}	ɕiuŋ^{44}	ɕiuŋ^{44}	ɕiuŋ^{44}	ɕiuŋ^{52}	ɕiuŋ^{52}
永宁县	tɕʻyŋ^{53}	ɕyŋ^{44}	ɕyŋ^{44}	ɕyŋ^{44}	ɕyŋ^{44}	ɕyŋ^{44}	ɕyŋ^{53}	ɕyŋ^{53}
中宁县	tɕʻyŋ^{53}	ɕyŋ^{44}	ɕyŋ^{44}	ɕyŋ^{44}	ɕyŋ^{44}	ɕyŋ^{44}	ɕyŋ^{53}	ɕyŋ^{53}
沙坡头区	tɕʻyŋ^{53}	ɕyŋ^{44}	ɕyŋ^{44}	ɕyŋ^{44}	ɕyŋ^{44}	ɕyŋ^{44}	ɕyŋ^{53}	ɕyŋ^{53}
盐池县	tɕʻiuŋ^{13}	ɕiuŋ^{44}	ɕiuŋ^{44}	ɕiuŋ^{44}	ɕiuŋ^{44}	ɕiuŋ^{44}	ɕiuŋ^{13}	ɕiuŋ^{13}
平罗县（渠口乡）	tɕʻyŋ^{53}	ɕyŋ^{44}	ɕyŋ^{44}	ɕyŋ^{44}	ɕyŋ^{44}	ɕyŋ^{44}	ɕyŋ^{53}	ɕyŋ^{53}
阿拉善左旗	tɕʻyŋ^{51}	ɕyŋ^{44}	ɕyŋ^{44}	ɕyŋ^{44}	ɕyŋ^{44}	ɕyŋ^{44}	ɕyŋ^{51}	ɕyŋ^{51}
乌鲁木齐市	tɕʻyŋ^{52}	ɕyŋ^{44}	ɕyŋ^{44}	ɕyŋ^{44}	ɕyŋ^{44}	ɕyŋ^{44}	ɕyŋ^{52}	ɕyŋ^{52}
阜康市	tɕʻyŋ^{51}	ɕyŋ^{55}	ɕyŋ^{55}	ɕyŋ^{55}	ɕyŋ^{55}	ɕyŋ^{55}	ɕyŋ^{51}	ɕyŋ^{51}
呼图壁县	tɕʻyŋ^{51}	ɕyŋ^{44}	ɕyŋ^{44}	ɕyŋ^{44}	ɕyŋ^{44}	ɕyŋ^{44}	ɕyŋ^{51}	ɕyŋ^{51}
吉木萨尔县	tɕʻyŋ^{51}	ɕyŋ^{44}	ɕyŋ^{44}	ɕyŋ^{44}	ɕyŋ^{44}	ɕyŋ^{44}	ɕyŋ^{51}	ɕyŋ^{51}
奇台县	tɕʻyŋ^{52}	ɕyŋ^{44}	ɕyŋ^{44}	ɕyŋ^{44}	ɕyŋ^{44}	ɕyŋ^{44}	ɕyŋ^{52}	ɕyŋ^{52}
博乐市	tɕʻiũŋ^{51}	ɕiũŋ^{45}	ɕiũŋ^{45}	ɕiũŋ^{45}	ɕiũŋ^{45}	ɕiũŋ^{45}	ɕiũŋ^{51}	ɕiũŋ^{51}
阿勒泰市	tɕʻyŋ^{51}	ɕyŋ^{44}	ɕyŋ^{44}	ɕyŋ^{44}	ɕyŋ^{44}	ɕyŋ^{44}	ɕyŋ^{51}	ɕyŋ^{51}
布尔津县	tɕʻyŋ^{23}	ɕyŋ^{44}	ɕyŋ^{44}	ɕyŋ^{44}	ɕyŋ^{44}	ɕyŋ^{44}	ɕyŋ^{23}	ɕyŋ^{23}
乌苏市	tɕʻyŋ^{51}	ɕyŋ^{55}	ɕyŋ^{55}	ɕyŋ^{55}	ɕyŋ^{55}	ɕyŋ^{55}	ɕyŋ^{51}	ɕyŋ^{51}
额敏县	tɕʻyŋ^{51}	ɕyŋ^{44}	ɕyŋ^{44}	ɕyŋ^{44}	ɕyŋ^{44}	ɕyŋ^{44}	ɕyŋ^{51}	ɕyŋ^{51}
伊州区	tɕʻyŋ^{51}	ɕyŋ^{44}	ɕyŋ^{44}	ɕyŋ^{44}	ɕyŋ^{44}	ɕyŋ^{44}	ɕyŋ^{51}	ɕyŋ^{51}
巴里坤县	tɕʻiũŋ^{51}	ɕiũŋ^{45}	ɕiũŋ^{45}	ɕiũŋ^{45}	ɕiũŋ^{45}	ɕiũŋ^{45}	ɕiũŋ^{51}	ɕiũŋ^{51}
伊吾县	tɕʻyŋ^{51}	ɕyŋ^{44}	ɕyŋ^{44}	ɕyŋ^{44}	ɕyŋ^{44}	ɕyŋ^{44}	ɕyŋ^{51}	ɕyŋ^{51}

字目 / 中古音 / 方音 / 方言点	拥	永	咏	泳	勇	涌 涌现	踊	用
	通合三 上肿影	梗合三 上梗云	梗合三 去映云	梗合三 去映云	通合三 上肿以	通合三 上肿以	通合三 上肿以	通合三 去用以
兰州市 （城关区）	yn^{53}	yn^{44}	yn^{44}	yn^{44}	yn^{44}	yn^{44}	yn^{44}	yn^{13}
永登县	yn^{42}	yn^{354}	yn^{354}	yn^{354}	yn^{354}	yn^{354}	yn^{354}	yn^{13}
榆中县	yn^{51}	yn^{44}	yn^{44}	yn^{44}	yn^{44}	yn^{44}	yn^{44}	yn^{13}
皋兰县	yn^{42}	yn^{342}	yn^{342}	yn^{342}	yn^{342}	yn^{342}	yn^{342}	yn^{13}
白银区	yn^{44}	yn^{343}	yn^{343}	yn^{343}	yn^{343}	yn^{343}	yn^{343}	yn^{13}
天祝县	yn^{44}	yn^{44}	yn^{44}	yn^{44}	yn^{44}	yn^{44}	yn^{44}	yn^{213}
景泰县 （红水镇）	yəŋ^{44}	yəŋ^{44}	yəŋ^{44}	yəŋ^{44}	yəŋ^{44}	yəŋ^{44}	yəŋ^{44}	yəŋ^{213}
古浪县	yŋ^{44}	yŋ^{44}	yŋ^{44}	yŋ^{44}	yŋ^{44}	yŋ^{44}	yŋ^{44}	yŋ^{31}
凉州区	yŋ^{33}	yŋ^{33}	yŋ^{33}	yŋ^{33}	yŋ^{33}	yŋ^{33}	yŋ^{33}	yŋ^{53}
民勤县	yŋ^{44}	yŋ^{214}	yŋ^{214}	yŋ^{214}	yŋ^{214}	yŋ^{214}	yŋ^{214}	yŋ^{42}
永昌县	yɤ̆^{44}	yɤ̆^{13}	yɤ̆^{13}	yɤ̆^{13}	yɤ̆^{13}	yɤ̆^{13}	yɤ̆^{13}	yɤ̆^{53}
甘州区	yŋ^{44}	yŋ^{53}	yŋ^{53}	yŋ^{53}	yŋ^{53}	yŋ^{53}	yŋ^{53}	yŋ^{31}
临泽县	yŋ^{44}	yŋ^{53}	yŋ^{53}	yŋ^{53}	yŋ^{53}	yŋ^{53}	yŋ^{53}	yŋ^{214}
民乐县	yŋ^{44}	yŋ^{213}	yŋ^{213}	yŋ^{213}	yŋ^{213}	yŋ^{213}	yŋ^{213}	yŋ^{42}
山丹县	yŋ^{24}	yŋ^{53}	yŋ^{53}	yŋ^{53}	yŋ^{53}	yŋ^{53}	yŋ^{53}	yŋ^{41}
高台县	yɤ̃^{44}	yɤ̃^{53}	yɤ̃^{53}	yɤ̃^{53}	yɤ̃^{53}	yɤ̃^{53}	yɤ̃^{53}	yɤ̃^{214}
肃州区	yəŋ^{44}	yəŋ^{53}	yəŋ^{53}	yəŋ^{53}	yəŋ^{53}	yəŋ^{53}	yəŋ^{53}	yəŋ^{214}
金塔县	ʑyŋ^{44}	ʑyŋ^{53}	ʑyŋ^{53}	ʑyŋ^{53}	ʑyŋ^{53}	ʑyŋ^{53}	ʑyŋ^{53}	ʑyŋ^{13}
肃北县	yɤ̃^{44}	yɤ̃^{53}	yɤ̃^{53}	yɤ̃^{53}	yɤ̃^{53}	yɤ̃^{53}	yɤ̃^{53}	yɤ̃^{213}
玉门市	ioŋ^{44}	ioŋ^{53}	ioŋ^{53}	ioŋ^{53}	ioŋ^{53}	ioŋ^{53}	ioŋ^{53}	ioŋ^{213}
瓜州县	yɤŋ^{44}	yɤŋ^{53}	yɤŋ^{53}	yɤŋ^{53}	yɤŋ^{53}	yɤŋ^{53}	yɤŋ^{53}	yɤŋ^{213}
西夏区	yŋ^{44}	yŋ^{53}	yŋ^{53}	yŋ^{53}	yŋ^{53}	yŋ^{53}	yŋ^{53}	yŋ^{13}

续表

贺兰县	yŋ^{44}	yŋ^{53}	yŋ^{53}	yŋ^{53}	yŋ^{53}	yŋ^{53}	yŋ^{53}	yŋ^{13}
灵武市（东塔镇）	iuŋ^{44}	iuŋ^{52}	iuŋ^{52}	iuŋ^{52}	iuŋ^{52}	iuŋ^{52}	iuŋ^{52}	iuŋ^{13}
永宁县	yŋ^{44}	yŋ^{53}	yŋ^{53}	yŋ^{53}	yŋ^{53}	yŋ^{53}	yŋ^{53}	yŋ^{13}
中宁县	yŋ^{44}	yŋ^{53}	yŋ^{53}	yŋ^{53}	yŋ^{53}	yŋ^{53}	yŋ^{53}	yŋ^{13}
沙坡头区	yŋ^{44}	yŋ^{53}	yŋ^{53}	yŋ^{53}	yŋ^{53}	yŋ^{53}	yŋ^{53}	yŋ^{13}
盐池县	yŋ^{44}	yŋ^{52}	yŋ^{52}	yŋ^{52}	yŋ^{52}	yŋ^{52}	yŋ^{52}	yŋ^{13}
平罗县（渠口乡）	yŋ^{44}	yŋ^{53}	yŋ^{53}	yŋ^{53}	yŋ^{53}	yŋ^{53}	yŋ^{53}	yŋ^{13}
阿拉善左旗	yŋ^{44}	yŋ^{51}	yŋ^{51}	yŋ^{51}	yŋ^{51}	yŋ^{51}	yŋ^{51}	yŋ^{213}
乌鲁木齐市	yŋ^{44}	yŋ^{52}	yŋ^{52}	yŋ^{52}	yŋ^{52}	yŋ^{52}	yŋ^{52}	yŋ^{213}
阜康市	jyŋ^{55}	jyŋ^{51}	jyŋ^{51}	jyŋ^{51}	jyŋ^{51}	jyŋ^{51}	jyŋ^{51}	jyŋ^{213}
呼图壁县	yŋ^{44}	yŋ^{51}	yŋ^{51}	yŋ^{51}	yŋ^{51}	yŋ^{51}	yŋ^{51}	yŋ^{213}
吉木萨尔县	yŋ^{44}	yŋ^{51}	yŋ^{51}	yŋ^{51}	yŋ^{51}	yŋ^{51}	yŋ^{51}	yŋ^{213}
奇台县	yŋ^{44}	yŋ^{52}	yŋ^{52}	yŋ^{52}	yŋ^{52}	yŋ^{52}	yŋ^{52}	yŋ^{213}
博乐市	iũŋ^{45}	iũŋ^{51}	iũŋ^{51}	iũŋ^{51}	iũŋ^{51}	iũŋ^{51}	iũŋ^{51}	iũŋ^{24}
阿勒泰市	yŋ^{44}	yŋ^{51}	yŋ^{51}	yŋ^{51}	yŋ^{51}	yŋ^{51}	yŋ^{51}	yŋ^{23}
布尔津县	yŋ^{44}	yŋ^{23}	yŋ^{23}	yŋ^{23}	yŋ^{23}	yŋ^{23}	yŋ^{23}	yŋ^{51}
乌苏市	ɥyŋ^{55}	ɥyŋ^{51}	ɥyŋ^{51}	ɥyŋ^{51}	ɥyŋ^{51}	ɥyŋ^{51}	ɥyŋ^{51}	ɥyŋ^{213}
额敏县	yŋ^{44}	yŋ^{51}	yŋ^{51}	yŋ^{51}	yŋ^{51}	yŋ^{51}	yŋ^{51}	yŋ^{34}
伊州区	yŋ^{44}	yŋ^{51}	yŋ^{51}	yŋ^{51}	yŋ^{51}	yŋ^{51}	yŋ^{51}	yŋ^{213}
巴里坤县	iũŋ^{45}	iũŋ^{51}	iũŋ^{51}	iũŋ^{51}	iũŋ^{51}	iũŋ^{51}	iũŋ^{51}	iũŋ^{24}
伊吾县	yŋ^{44}	yŋ^{51}	yŋ^{51}	yŋ^{51}	yŋ^{51}	yŋ^{51}	yŋ^{51}	yŋ^{213}

图书在版编目（CIP）数据

兰银官话方音字汇 / 莫超著 . -- 北京 : 民族出版社 , 2024. 12. -- ISBN 978-7-105-17458-4

Ⅰ. H172.2

中国国家版本馆 CIP 数据核字第 2025TW0608 号

兰银官话方音字汇

LANYIN GUANHUA FANGYIN ZIHUI

策划编辑：赵 莹
责任编辑：贾俊杰
封面设计：杜 江
出版发行：民族出版社
地　　址：北京市东城区和平里北街 14 号
邮　　编：100013
电　　话：010–64271909（汉文编辑一室）
010–64224782（发行部）
网　　址：http://www.mzpub.com
印　　刷：北京盛通印刷股份有限公司
经　　销：各地新华书店
版　　次：2025 年 2 月第 1 版　2025 年 2 月北京第 1 次印刷
开　　本：787 毫米 ×1092 毫米　1/16
字　　数：548 千字
印　　张：47.25
定　　价：148.00 元
书　　号：ISBN 978-7-105-17458-4/H · 1281（汉 445）